中国人口普查
CHINA POPULATION CENSUS

U0892987

中国2010年
人口普查分乡、镇、街道资料

TABULATION ON THE 2010 POPULATION CENSUS OF THE PEOPLE'S REPUBLIC OF CHINA BY TOWNSHIP

国 务 院 人 口 普 查 办 公 室
国家统计局人口和就业统计司 编

Compiled by
Population Census Office under the State Council
Department of Population and Employment Statistics
National Bureau of Statistics

中国统计出版社
China Statistics Press

（京）新登字 041 号

图书在版编目（CIP）数据

中国 2010 年人口普查分乡、镇、街道资料 / 国务院人口普查办公室，国家统计局人口和就业统计司编. -- 北京 : 中国统计出版社, 2012.8
ISBN 978-7-5037-6660-2

Ⅰ. ①中… Ⅱ. ①国… ②国… Ⅲ. ①乡镇－人口普查－统计资料－中国－2010②城市人口－人口普查－统计资料－中国－2010 Ⅳ. ①C924.25

中国版本图书馆 CIP 数据核字(2012)第 200197 号

中国 2010 年人口普查分乡、镇、街道资料

作　　者 / 国务院人口普查办公室　国家统计局人口和就业统计司
责任编辑 / 叶礼奇　徐　涛　郭　栋
装帧设计 / 杨　超　李雪燕
出版发行 / 中国统计出版社
通信地址 / 北京市西城区月坛南街 57 号
邮政编码 / 100826
办公地址 / 北京市丰台区西三环南路甲 6 号
电　　话 / 邮购（010）63376907　书店（010）68783172
印　　刷 / 河北天普润印刷厂
经　　销 / 新华书店
开　　本 / 880×1230 毫米　1/16
字　　数 / 1896 千字
印　　张 / 59.25
版　　别 / 2012 年 12 月第 1 版
版　　次 / 2012 年 12 月第 1 次印刷
书　　号 / ISBN 978-7-5037-6660-2/C.2730
定　　价 / 480.00 元

中国统计版图书，如有印装错误，本社发行部负责调换。

《中国2010年人口普查分乡、镇、街道资料》
编委会和编辑工作人员

编委会

主　任：马建堂

副主任：张为民

编　委：冯乃林　严建辉　钟守洋　李希如　彭永涛　胡　英

编辑工作人员

总 编 辑：冯乃林

副总编辑：崔红艳　叶礼奇

编　　辑：武　超　刘勇利　徐　岚　李　睿　陈潇潇
徐　涛　郭　栋

编 辑 说 明

《中国2010年人口普查分乡、镇、街道资料》作为2010年人口普查专题数据集之一，是一套反映中国小区域人口分布和人口规模的数据集，为进行微观人口研究，加强人口管理和开展社会调查提供了丰富的基础数据。为便于读者使用本资料，现将有关情况说明如下:

1. 本资料所有数据均为人口普查登记的2010年11月1日常住人口资料。常住人口包括:居住在本乡镇街道且户口在本乡镇街道或户口待定的人;居住在本乡镇街道且离开户口登记地所在的乡镇街道半年以上的人；户口在本乡镇街道且外出不满半年或在境外工作学习的人。

2. 本资料是按照实际登记直接汇总的数据，不包括人口普查漏登的人口（事后质量抽查表明人口漏登率为0.12%）；不包括230万现役军人；不包括465万难以确定常住地的人口。

3. 本资料中“居住本地，户口在本地”中的本地是指本乡、镇、街道。

4. 本资料中空项表示无数字或数字很小。

编　　者

二〇一二年十一月五日

目　　录

表1　北京市乡、镇、街道人口

单位：人、户

地　区	总人口			家庭户	家庭户总人口		分年龄人口			居住本地，户口在本地
	合　计	男	女	户　数	男	女	0-14岁	15-64岁	65岁及以上	
北京市	**19612368**	**10126430**	**9485938**	**6680552**	**8173161**	**8216562**	**1687437**	**16216079**	**1708852**	**8935375**
市辖区	**18827262**	**9727900**	**9099362**	**6394889**	**7799873**	**7847843**	**1599442**	**15598463**	**1629357**	**8363315**
东城区	**573180**	**284906**	**288274**	**190192**	**233206**	**252837**	**44170**	**458975**	**70035**	**370278**
东华门街道	61366	30517	30849	14842	19804	22142	4462	50163	6741	33646
景山街道	40308	19746	20562	14781	18161	19451	3128	32036	5144	27331
交道口街道	49196	26184	23012	16026	19453	21007	3823	40397	4976	35070
安定门街道	44358	21845	22513	16151	20076	21388	3801	35326	5231	30916
北新桥街道	82273	40241	42032	28871	36844	39090	6167	66434	9672	60744
东四街道	43731	21186	22545	14788	18086	19773	3755	35203	4773	28753
朝阳门街道	36702	17860	18842	12747	15575	17176	3310	29074	4318	24054
建国门街道	57170	29821	27349	15081	18933	20046	3244	48001	5925	32156
东直门街道	46018	22646	23372	16680	19054	20772	3157	36557	6304	28855
和平里街道	112058	54860	57198	40225	47220	51992	9323	85784	16951	68753
西城区	**674531**	**338835**	**335696**	**228304**	**275015**	**297527**	**54022**	**532315**	**88194**	**388956**
西长安街街道	51477	25788	25689	17538	20421	22035	3842	42076	5559	27864
新街口街道	95497	47333	48164	33611	41083	44028	7941	76379	11177	52618
月坛街道	116543	57113	59430	39284	47055	52800	9194	88634	18715	71604
展览路街道	130925	65072	65853	42921	52311	56527	9551	103608	17766	70629
德胜街道	116768	57529	59239	41234	50823	54067	10745	88697	17326	68631
金融街街道	67888	38467	29421	19221	23189	25067	5016	55874	6998	43252
什刹海街道	95433	47533	47900	34495	40133	43003	7733	77047	10653	54358
崇文区	**346073**	**169572**	**176501**	**124210**	**152855**	**162799**	**25019**	**277917**	**43137**	**202298**
前门街道	12924	6764	6160	4447	5491	5705	827	10512	1585	7972
崇文门外街道	48817	23710	25107	16507	18994	20847	3130	40801	4886	22247
东花市街道	52775	25609	27166	19477	22009	23815	3972	43034	5769	23008
龙潭街道	56257	27080	29177	21300	25684	28039	5158	43355	7744	33894
体育馆路街道	40303	19846	20457	14304	18469	19409	2681	31810	5812	28017
天坛街道	50304	24727	25577	16134	21831	23158	3050	40230	7024	36043
永定门外街道	84693	41836	42857	32041	40377	41826	6201	68175	10317	51117
宣武区	**568784**	**283735**	**285049**	**212781**	**248294**	**264830**	**40878**	**458486**	**69420**	**301666**
大栅栏街道	36997	18177	18820	14731	16582	17409	2568	30420	4009	21386
天桥街道	46385	22464	23921	16851	19763	21317	3196	36812	6377	26082
椿树街道	30547	16426	14121	10545	12142	12984	2088	25268	3191	17685
陶然亭街道	43455	21376	22079	16249	19235	20771	3251	34563	5641	25812
广安门内街道	73692	35738	37954	27789	32945	35458	5293	57849	10550	45373
牛街街道	51877	25212	26665	19487	22898	24656	3577	41172	7128	29072
白纸坊街道	95737	46743	48994	35727	43519	46372	6823	75175	13739	57425
广安门外街道	179536	88642	90894	69635	79369	84359	13835	147239	18462	75733
清河地区	10558	8957	1601	1767	1841	1504	247	9988	323	3098
朝阳区	**3545137**	**1824922**	**1720215**	**1317845**	**1490947**	**1490800**	**268057**	**2971354**	**305726**	**1277478**
建外街道	34692	17209	17483	11570	12677	13822	1794	29006	3892	13797
朝外街道	39999	20386	19613	13355	15225	16045	2307	33022	4670	17255
呼家楼街道	61588	30929	30659	20783	24316	26260	3551	48772	9265	33970
三里屯街道	35394	17705	17689	11804	13497	15507	2596	27023	5775	18713
左家庄街道	80249	38948	41301	29265	33914	36377	4926	63219	12104	42094
香河园街道	51880	25482	26398	21159	23382	24507	3167	41492	7221	23823
和平街街道	108406	53168	55238	33507	39626	41403	6157	88132	14117	64330

表1　续表 1　　　　　　　　　　　　　　　　　　　　　　　　单位：人、户

地　区	总人口 合计	总人口 男	总人口 女	家庭户户数	家庭户总人口 男	家庭户总人口 女	分年龄人口 0-14岁	分年龄人口 15-64岁	分年龄人口 65岁及以上	居住本地，户口在本地
安贞街道	68454	32827	35627	24262	27289	29576	4125	53815	10514	31201
亚运村街道	72415	36486	35929	25956	28441	29527	4264	58316	9835	29431
小关街道	68363	31159	37204	19089	22345	23450	3346	58007	7010	30622
酒仙桥街道	62127	31213	30914	24358	30021	30084	4069	44285	13773	44697
麦子店街道	31741	14983	16758	10717	11231	12503	1605	26927	3209	12457
团结湖街道	37674	18284	19390	14639	16289	17746	2218	28893	6563	21369
六里屯街道	107943	60280	47663	38844	41201	43565	5315	91295	11333	55097
八里庄街道	107542	52492	55050	41734	47784	50893	7377	85458	14707	55348
双井街道	96898	47422	49476	46265	44894	47551	6176	79947	10775	41721
劲松街道	106983	52816	54167	40837	46096	49231	7346	85592	14045	48402
潘家园街道	113115	55591	57524	44216	51719	54167	6941	89459	16715	59066
垡头街道	54872	28072	26800	20623	25232	25147	4179	45406	5287	19204
南磨房地区办事处	129844	67109	62735	45514	52048	53426	9627	112623	7594	37768
高碑店地区办事处	118094	61270	56824	46956	50480	50215	8708	102226	7160	32437
将台地区办事处	71341	38117	33224	33483	32090	29623	4036	63546	3759	15855
太阳宫地区办事处	70367	36219	34148	27489	30231	30492	4863	59907	5597	24155
大屯街道	141433	68759	72674	45561	51195	54681	10580	119390	11463	48808
望京街道	168167	82855	85312	55590	62986	66678	13589	142574	12004	56849
小红门地区办事处	57751	31037	26714	22374	27066	25235	5110	49973	2668	20337
十八里店地区办事处	200884	114293	86591	72704	85038	74942	18850	176808	5226	30056
平房地区办事处	120605	64090	56515	49757	57785	53491	13383	102641	4581	23497
东风地区办事处	86525	45811	40714	37947	42050	39395	6322	75144	5059	21762
奥运村街道	105263	53156	52107	37846	43590	45561	9550	86331	9382	32753
来广营地区办事处	123665	63509	60156	44272	51799	52905	12570	104460	6635	29605
常营地区办事处	48470	23806	24664	19485	22540	23281	5443	40043	2984	14921
三间房地区办事处	126183	61516	64667	44212	49277	48128	8233	109819	8131	48211
管庄地区办事处	105407	55110	50297	40869	49255	47993	10230	87861	7316	35371
金盏地区办事处	57618	33907	23711	20215	24378	20528	4680	50852	2086	16627
孙河地区办事处	23876	14184	9692	5651	7982	7748	1647	21094	1135	9656
崔各庄地区办事处	101996	56830	45166	49895	50512	42063	7719	91623	2654	16965
东坝地区办事处	88541	48473	40068	32955	40383	36933	8774	75398	4369	24217
黑庄户地区办事处	57257	32452	24805	18500	22169	20271	4321	49662	3274	16587
豆各庄地区办事处	32535	17791	14744	10582	13167	13428	3524	27262	1749	8693
王四营地区办事处	84394	47862	36532	31933	33443	27905	6597	75672	2125	16187
首都机场街道	20512	10033	10479	7790	8241	8536	1102	16957	2453	10922
东湖街道	64074	31281	32793	23282	28063	29981	7140	51422	5512	22642
丰台区	**2112162**	**1078178**	**1033984**	**795168**	**952845**	**955684**	**184719**	**1740468**	**186975**	**807603**
右安门街道	83936	41218	42718	32202	37610	38907	5760	68636	9540	35146
太平桥街道	63588	31505	32083	24061	27992	28609	4835	52955	5798	20546
西罗园街道	83430	40895	42535	32295	39549	41222	5077	65582	12771	40716
大红门街道	193382	97759	95623	72962	90219	90903	16595	161343	15444	53994
南苑街道	48076	24392	23684	18118	21111	21801	4975	39191	3910	19323
东高地街道	44912	22771	22141	16926	20633	21207	3633	30257	11022	32168
东铁匠营街道	144894	71781	73113	56696	65638	67972	9921	118826	16147	61533
卢沟桥街道	181666	91806	89860	69666	82450	84153	17726	149614	14326	53020
丰台街道	144185	72750	71435	51516	62048	67365	12918	115172	16095	79575
新村街道	159357	80363	78994	53862	66926	67220	15467	132965	10925	49683
长辛店街道	80639	40560	40079	30133	36476	38363	7055	61851	11733	53961
云岗街道	32711	16564	16147	12367	15329	15627	3062	23312	6337	24842
方庄地区办事处	83454	41203	42251	33665	36491	38663	5993	66371	11090	32547

表1 续表 2

单位：人、户

地区	总人口			家庭户	家庭户总人口		分年龄人口			居住本地，户口在本地
	合计	男	女	户数	男	女	0-14岁	15-64岁	65岁及以上	
宛平城地区办事处	49180	26385	22795	18546	23306	21788	5483	40710	2987	15653
马家堡街道	119595	59199	60396	47357	55950	57679	9655	99308	10632	37316
和义街道	40477	20339	20138	14525	18325	18763	3194	33383	3900	14457
长辛店镇	47986	25419	22567	16926	22719	21716	5070	39748	3168	27784
王佐镇	53808	28298	25510	16820	24803	24178	6076	44029	3703	31303
卢沟桥乡	173690	92789	80901	63592	75914	71643	17250	149541	6899	50137
花乡	143041	76697	66344	52738	66306	61238	14491	122218	6332	43086
南苑乡	140155	75485	64670	60195	63050	56667	10483	125456	4216	30813
石景山区	**616083**	**316238**	**299845**	**219907**	**270526**	**275631**	**55249**	**501323**	**59511**	**268809**
八宝山街道	53606	26955	26651	20187	24330	25083	5691	42946	4969	17876
老山街道	42606	21724	20882	14930	19533	19533	3468	33510	5628	21418
八角街道	116416	60161	56255	38513	46369	47519	9000	95740	11676	51516
古城街道	59783	33098	26685	20299	24836	24383	4756	49113	5914	27072
苹果园街道	101775	50391	51384	38355	46271	48273	9794	82862	9119	45059
金顶街街道	75736	37184	38552	26915	35968	37076	5772	61270	8694	45644
广宁街道	17395	9224	8171	6589	7913	7838	1772	13831	1792	9115
五里坨街道	30462	15901	14561	9301	11137	12203	3180	25193	2089	12659
鲁谷街道	95455	48884	46571	36597	43901	43783	9316	78497	7642	32410
首钢迁安矿区	22849	12716	10133	8221	10268	9940	2500	18361	1988	6040
海淀区	**3280670**	**1694525**	**1586145**	**976376**	**1148365**	**1180865**	**253034**	**2752574**	**275062**	**1530997**
万寿路街道	172456	81562	90894	54763	70231	80416	18520	131857	22079	117002
永定路街道	49346	26430	22916	11999	16628	16821	3424	38097	7825	31538
羊坊店街道	127134	61641	65493	45509	52860	59673	11107	98815	17212	73717
甘家口街道	118455	57621	60834	37031	46120	49368	9146	93034	16275	71091
八里庄街道	135984	66111	69873	44135	51768	53938	11150	112242	12592	63360
紫竹院街道	138411	65388	73023	33784	40209	42778	7603	117302	13506	91094
北下关街道	158776	81502	77274	41893	50775	53388	10339	132139	16298	97757
北太平庄街道	201614	102053	99561	51113	59652	62105	10863	174120	16631	106344
学院路街道	243307	125294	118013	53657	64171	65238	13095	212764	17448	131975
中关村街道	159637	83849	75788	39409	51553	52678	13511	130621	15505	78197
海淀街道	144700	76431	68269	34941	41318	43797	10109	124436	10155	76772
青龙桥街道	128887	67805	61082	49773	50970	49524	9133	110902	8852	54403
清华园街道	51785	30542	21243	9275	11912	12180	2517	43914	5354	36305
燕园街道	37548	20811	16737	5742	6650	6925	1410	33431	2707	23242
香山街道	28535	14658	13877	11510	10521	10715	1808	24617	2110	9953
清河街道	139752	72349	67403	46439	56226	57512	15586	115126	9040	46086
花园路街道	148829	76925	71904	43142	49390	54806	9727	121716	17386	83619
西三旗街道	144126	73697	70429	47924	57979	58795	13144	120368	10614	49611
马连洼街道	106585	55130	51455	41726	44283	42793	9335	90730	6520	34616
田村路街道	106744	53709	53035	42503	48346	49947	10466	88337	7941	35555
上地街道	102105	57793	44312	30287	30151	27987	6127	92783	3195	22421
万柳地区办事处	28062	16133	11929	12556	12481	10188	1647	25816	599	4092
东升地区办事处	49852	26552	23300	15403	19581	18451	5158	42358	2336	12055
曙光街道	102397	50967	51430	30306	36961	40361	10370	84769	7258	38957
温泉镇	50800	27222	23578	16617	21542	20974	5203	40537	5060	20521
四季青镇	170579	93841	76738	51435	55352	54039	11395	151496	7688	44608
西北旺镇	142664	80104	62560	45980	52668	47717	12470	125635	4559	28241
苏家坨镇	46786	24310	22476	13820	19603	19793	4432	37743	4611	28491
上庄镇	44814	24095	20719	13704	18464	17958	4239	36869	3706	19374

表1 续表 3　　　　单位：人、户

地区	总人口			家庭户	家庭户总人口		分年龄人口			居住本地，户口在本地
	合计	男	女	户数	男	女	0-14岁	15-64岁	65岁及以上	
门头沟区	**290476**	**147785**	**142691**	**107009**	**139087**	**140369**	**29573**	**228898**	**32005**	**182519**
大峪街道	80413	39644	40769	28945	38438	40099	8181	62723	9509	45303
城子街道	34555	17038	17517	12587	16645	17326	3332	27156	4067	19316
东辛房街道	27335	13612	13723	9916	13206	13592	2669	21172	3494	19684
大台街道	11296	6547	4749	4452	5382	4674	1123	9127	1046	5231
王平地区办事处	6513	3345	3168	2851	3088	3129	494	4772	1247	4995
潭柘寺镇	8672	4511	4161	3310	4170	4137	947	6817	908	7452
永定镇	42446	22385	20061	14118	19421	19291	4811	34503	3132	23370
龙泉镇	32149	16209	15940	12158	15630	15720	3733	26149	2267	17365
军庄镇	12516	6481	6035	4460	5921	5975	1201	9980	1335	9142
雁翅镇	6587	3518	3069	2678	3257	3053	461	4991	1135	5828
斋堂镇	10817	5578	5239	4417	5370	5206	984	8398	1435	9702
清水镇	7906	4179	3727	3488	4055	3687	762	5888	1256	7057
妙峰山镇	9271	4738	4533	3629	4504	4480	875	7222	1174	8074
房山区	**944832**	**485713**	**459119**	**314012**	**429693**	**430097**	**102201**	**759544**	**83087**	**614392**
城关街道	96243	48993	47250	33415	45718	46157	11928	76654	7661	58404
新镇街道	8842	4612	4230	4017	4241	4131	677	5993	2172	5637
向阳街道	8569	4272	4297	3431	3787	4045	869	6889	811	5629
东风街道	24321	12658	11663	9516	11580	11551	2399	19652	2270	16877
迎风街道	31293	15550	15743	12583	14681	14969	3352	24736	3205	22782
星城街道	21861	10820	11041	8604	10744	10966	1455	17053	3353	19417
良乡地区办事处	18978	9943	9035	5266	8460	8333	2115	15288	1575	13076
周口店地区办事处	42840	22141	20699	13718	20268	20187	4544	34668	3628	30661
琉璃河地区办事处	59931	30154	29777	19436	28480	28295	5633	47560	6738	50142
拱辰街道	132320	67766	64554	43343	53287	55008	13665	109411	9244	57611
西潞街道	64757	32299	32458	21905	30554	31575	9276	51256	4225	27573
阎村镇	48773	25760	23013	15476	22582	21992	6039	39469	3265	27124
窦店镇	65574	33637	31937	18296	25523	25574	6028	54236	5310	33901
石楼镇	28902	14765	14137	8905	14032	13866	3056	23192	2654	24858
长阳镇	64996	35869	29127	17933	25479	24967	6856	54590	3550	26351
河北镇	19877	9955	9922	7564	9712	9817	2067	15415	2395	16887
长沟镇	23791	11997	11794	7048	11785	11706	2398	19232	2161	21718
大石窝镇	31139	15721	15418	10915	15319	15278	3419	24311	3409	28386
张坊镇	18446	9272	9174	6486	9045	9088	1854	14493	2099	16803
十渡镇	9778	4893	4885	4096	4686	4720	929	7423	1426	8463
青龙湖镇	44598	23224	21374	14486	21213	20723	4590	36255	3753	34958
韩村河镇	39210	19931	19279	11467	19251	19001	4215	31485	3510	35021
霞云岭乡	7140	3663	3477	2905	3550	3460	757	5268	1115	6753
南窖乡	3739	1895	1844	1627	1846	1842	442	2811	486	3493
佛子庄乡	8925	4496	4429	3708	4332	4372	1071	6659	1195	8053
大安山乡	11217	6773	4444	4031	5067	4373	1539	9001	677	5792
史家营乡	6300	3413	2887	2621	3233	2870	797	4892	611	5671
蒲洼乡	2472	1241	1231	1214	1238	1231	231	1652	589	2351
通州区	**1184256**	**610533**	**573723**	**419109**	**520871**	**516667**	**106821**	**986057**	**91378**	**537449**
中仓街道	57550	28867	28683	21695	26171	27120	5162	46530	5858	28724
新华街道	8891	4367	4524	3447	4269	4425	817	7041	1033	5527
北苑街道	73423	36196	37227	28080	32526	34141	7361	59647	6415	24926
玉桥街道	64482	32190	32292	24220	30029	31181	7475	52470	4537	24178
永顺地区办事处	195194	97828	97366	72017	85486	85964	18698	163482	13014	48221
梨园地区办事处	140520	70575	69945	56030	65483	65943	15606	116295	8619	38171

表1　续表 4　　　　　　　　　　　　　　　　　　　　　　　　　　　　单位：人、户

地区	总人口			家庭户	家庭户总人口		分年龄人口			居住本地，户口在本地
	合计	男	女	户数	男	女	0-14岁	15-64岁	65岁及以上	
宋庄镇	104143	55826	48317	31530	43844	42144	8726	87513	7904	55907
张家湾镇	89273	46159	43114	32709	40618	40328	6943	74969	7361	52732
漷县镇	61413	32075	29338	22582	29067	28172	5293	49596	6524	46020
马驹桥镇	107048	57020	50028	33363	38404	36480	6815	94757	5476	40842
西集镇	43244	22143	21101	14436	20498	20623	3209	34560	5475	36548
台湖镇	99039	54556	44483	31629	38939	36183	8052	85552	5435	42922
永乐店镇	40241	20511	19730	13568	19450	19306	3599	31890	4752	34857
潞城镇	72611	37940	34671	25553	33407	32430	6750	59673	6188	36453
于家务回族乡	27184	14280	12904	8250	12680	12227	2315	22082	2787	21421
顺义区	**876620**	**455205**	**421415**	**294614**	**397668**	**387384**	**82869**	**724319**	**69432**	**430660**
胜利街道	34858	17047	17811	13122	15719	16897	3863	27512	3483	14115
光明街道	54731	27058	27673	19386	24964	26262	6929	44151	3651	19541
仁和地区办事处	49004	26632	22372	17514	21794	20123	4293	41950	2761	15700
后沙峪地区办事处	40793	22029	18764	15627	18582	17117	3977	34898	1918	12279
天竺地区办事处	33342	16969	16373	11442	13540	12626	2553	29377	1412	6881
杨镇地区办事处	54406	27311	27095	16570	25424	25111	4882	43815	5709	39492
牛栏山地区办事处	35789	19007	16782	9812	13748	13561	2668	30287	2834	21461
南法信地区办事处	26153	14607	11546	9980	12242	10411	2670	22592	891	5560
马坡地区办事处	10850	6058	4792	3169	4574	4289	910	9141	799	5506
石园街道	48531	24482	24049	16641	21993	22950	5777	39023	3731	13644
空港街道	43814	22466	21348	14948	18515	18652	4392	36498	2924	11660
双丰街道	22875	11284	11591	6154	7980	7715	1654	19903	1318	7137
旺泉街道	44385	23011	21374	14817	20282	20622	5300	36697	2388	12087
高丽营镇	44461	23940	20521	16447	21031	19437	4117	37546	2798	20526
李桥镇	69830	36885	32945	24582	31659	30041	5965	58938	4927	31361
李遂镇	20046	10189	9857	6081	9493	9510	1635	16144	2267	16122
南彩镇	50639	26639	24000	18088	24857	23318	4367	42276	3996	30481
北务镇	11413	5954	5459	3737	5369	5245	1002	9057	1354	8293
大孙各庄镇	24223	12233	11990	7807	11723	11552	2084	18866	3273	20707
张镇	23636	12238	11398	7300	11268	10910	2162	18886	2588	18174
龙湾屯镇	15457	7854	7603	4890	7484	7385	1357	12207	1893	12972
木林镇	33557	17315	16242	10928	16650	16052	3017	26514	4026	27612
北小营镇	37959	19772	18187	11508	18136	17574	3621	30863	3475	28047
北石槽镇	15386	7998	7388	4494	6752	6624	1130	12418	1838	11343
赵全营镇	30482	16227	14255	9570	13889	13400	2544	24760	3178	19959
昌平区	**1660501**	**889306**	**771195**	**496867**	**610869**	**597424**	**137743**	**1425980**	**96778**	**441427**
城北街道	187228	95738	91490	56566	69032	72181	17421	157952	11855	83097
南口地区办事处	67811	35670	32141	20734	26207	26522	5515	56546	5750	36655
马池口地区办事处	73905	40966	32939	18197	25365	23818	6092	64171	3642	28059
沙河地区办事处	110808	61866	48942	25015	31403	30111	6960	99172	4676	32482
城南街道	58127	30533	27594	17733	22790	21896	6397	49074	2656	14485
回龙观地区办事处	306311	163427	142884	100572	118065	114627	29032	261109	16170	44707
东小口地区办事处	359415	184807	174608	120881	146732	143771	31103	307687	20625	36820
阳坊镇	23701	12187	11514	7336	9877	10368	2643	19205	1853	13126
小汤山镇	55737	29814	25923	17369	22345	21766	4568	46333	4836	24074
南邵镇	24180	12969	11211	6929	10213	10191	2696	19850	1634	13096
崔村镇	21319	11873	9446	5924	8225	8077	1896	17476	1947	11578
百善镇	21662	11757	9905	6047	8835	8607	1945	18045	1672	11853
北七家镇	263323	152395	110928	67955	74142	69107	13900	239826	9597	28180
兴寿镇	33139	17562	15577	10345	14655	14295	2880	26599	3660	23719

表1　续表 5　　　　　　　　　　　　　　　　　　　　　　单位：人、户

地　　区	总人口			家庭户户数	家庭户总人口		分年龄人口			居住本地，户口在本地
	合　计	男	女		男	女	0-14岁	15-64岁	65岁及以上	
长陵镇	15024	7723	7301	4732	7247	6966	1436	11620	1968	12963
流村镇	17900	9533	8367	5886	8556	7929	1688	13831	2381	14593
十三陵镇	20911	10486	10425	4646	7180	7192	1571	17484	1856	11940
大兴区	**1365112**	**738570**	**626542**	**425156**	**554130**	**530761**	**128433**	**1154338**	**82341**	**488985**
兴丰街道	57478	31920	25558	17075	22094	22991	5674	47395	4409	23560
林校路街道	50917	25014	25903	17136	23007	23818	6156	40337	4424	21462
清源街道	102402	51818	50584	31847	41636	43358	11322	83441	7639	30205
亦庄地区办事处	55318	29088	26230	16600	21821	22347	5202	46293	3823	22820
黄村地区办事处	168444	94211	74233	57664	72791	64625	17898	144834	5712	44674
旧宫地区办事处	193585	103609	89976	73345	80595	75400	15324	168494	9767	24043
西红门地区办事处	141355	79602	61753	46743	54478	48011	11790	124640	4925	19840
瀛海地区办事处	49612	27649	21963	14222	19040	17908	4472	42847	2293	17657
观音寺街道	73061	39925	33136	23684	29536	28984	7028	60704	5329	18555
天宫院街道	22433	12738	9695	6641	8287	8359	2294	18418	1721	6671
青云店镇	69157	37286	31871	18779	27707	25929	6417	58998	3742	31312
采育镇	34073	18542	15531	10375	15268	14905	2854	28026	3193	26850
安定镇	29963	15434	14529	8509	14684	14273	3188	23933	2842	26361
礼贤镇	33347	16928	16419	10475	16446	16293	4126	25729	3492	28385
榆垡镇	56002	27909	28093	14262	23100	23136	5341	45871	4790	40008
庞各庄镇	46632	24166	22466	13849	22135	21152	5159	37652	3821	36056
北臧村镇	31524	17679	13845	9767	12969	12124	3189	26614	1721	15162
魏善庄镇	43712	24158	19554	12065	19089	18070	4079	36410	3223	27648
长子营镇	32985	17856	15129	10322	15615	14506	3114	27168	2703	23390
北京经济技术开发区	73112	43038	30074	11796	13832	14572	3806	66534	2772	4326
怀柔区	**372887**	**196954**	**175933**	**135644**	**174714**	**168198**	**42825**	**297506**	**32556**	**203017**
泉河街道	54471	26953	27518	18485	24506	26096	7284	43913	3274	26440
龙山街道	44203	22023	22180	15504	20425	21410	5500	35464	3239	22925
怀柔地区办事处	66485	36184	30301	26584	31810	29053	7957	55315	3213	22553
雁栖地区办事处	25933	14743	11190	10330	11754	10502	2550	21723	1660	10023
庙城地区办事处	34027	18626	15401	12320	16211	14858	3659	27996	2372	16310
北房镇	24541	13176	11365	8877	11933	11069	2901	19562	2078	13769
杨宋镇	24642	13334	11308	8420	11191	10343	2935	19620	2087	13209
桥梓镇	21914	11380	10534	8074	10607	10239	2070	17089	2755	15701
怀北镇	12475	6647	5828	4142	5638	5430	1181	9847	1447	8357
汤河口镇	6372	3383	2989	2444	3046	2876	671	4630	1071	5252
渤海镇	14016	7147	6869	5270	6814	6664	1515	10170	2331	12113
九渡河镇	15206	7764	7442	5355	7686	7405	1773	10930	2503	14161
琉璃庙镇	5938	3276	2662	2130	2820	2622	558	4330	1050	5051
宝山镇	8244	4366	3878	2588	4065	3787	891	5986	1367	7268
长哨营满族乡	6570	3389	3181	2505	3170	3068	735	4665	1170	5747
喇叭沟门满族乡	4895	2598	2297	1877	2277	2212	511	3493	891	4115
雁栖经济开发区	2955	1965	990	739	761	564	134	2773	48	23
平谷区	**415958**	**212923**	**203035**	**137695**	**200788**	**195970**	**43829**	**328409**	**43720**	**316781**
滨河街道	44897	22018	22879	16223	21006	22153	6020	35328	3549	28041
兴谷街道	53000	27351	25649	18658	25006	23842	6369	43671	2960	26573
渔阳地区办事处	56015	28566	27449	19389	27232	26681	6821	44831	4363	35183
峪口地区办事处	26493	13590	12903	8991	12796	12535	2578	20622	3293	22024
马坊地区办事处	17949	9439	8510	5158	8331	8153	1628	14197	2124	15245
金海湖地区办事处	26835	13732	13103	8526	13255	12905	2638	20723	3474	24584
东高村镇	27945	14398	13547	8837	13889	13336	2603	21861	3481	24674

表1　续表 6　　　　单位：人、户

地　区	总人口			家庭户	家庭户总人口		分年龄人口			居住本地，户口在本地
	合　计	男	女	户　数	男	女	0-14岁	15-64岁	65岁及以上	
山东庄镇	16439	8469	7970	5324	8131	7747	1531	12937	1971	13785
南独乐河镇	20449	10465	9984	6559	10205	9790	1950	15999	2500	18221
大华山镇	16396	8416	7980	5599	8266	7884	1498	12590	2308	14898
夏各庄镇	20958	10977	9981	6293	9755	9416	1993	16513	2452	17446
马昌营镇	16303	8345	7958	4590	7447	7177	1378	13205	1720	13437
王辛庄镇	29686	15300	14386	9375	14579	14067	2944	23110	3632	24865
大兴庄镇	17297	8839	8458	5376	8395	8121	1618	13514	2165	15033
刘家店镇	7509	3818	3691	2751	3669	3663	581	5765	1163	6718
镇罗营镇	8875	4568	4307	3038	4448	4294	858	6693	1324	8210
黄松峪乡	5498	2888	2610	1834	2656	2537	494	4284	720	4726
熊儿寨乡	3414	1744	1670	1174	1722	1669	327	2566	521	3118
县	**785106**	**398530**	**386576**	**285663**	**373288**	**368719**	**87995**	**617616**	**79495**	**572060**
密云县	**467680**	**236488**	**231192**	**179493**	**224034**	**222650**	**54080**	**365615**	**47985**	**329969**
鼓楼街道	104479	51991	52488	37908	49713	51231	13888	83144	7447	62289
果园街道	52840	26321	26519	18900	24524	25002	6611	43076	3153	23671
檀营地区办事处	7571	3833	3738	2969	3765	3723	1001	6119	451	3133
密云镇	18722	9865	8857	7712	9259	8675	2350	15308	1064	7920
溪翁庄镇	19811	10161	9650	8941	9388	9335	2149	15127	2535	16155
西田各庄镇	36056	18256	17800	14019	17978	17550	3738	27656	4662	32129
十里堡镇	25086	13215	11871	10635	12317	11582	2462	20581	2043	15326
河南寨镇	24067	12246	11821	8432	11588	11286	2393	19079	2595	18829
巨各庄镇	23017	11833	11184	8059	11144	10928	2369	17742	2906	19249
穆家峪镇	33145	16938	16207	12876	15776	15705	3669	26081	3395	25697
太师屯镇	27311	13731	13580	11246	13317	13210	3302	20441	3568	22726
高岭镇	14186	7170	7016	6120	7077	6985	1641	10493	2052	13358
不老屯镇	15810	7933	7877	6556	7899	7873	1664	11226	2920	15037
冯家峪镇	6640	3496	3144	2490	3218	3117	635	4818	1187	5940
古北口镇	7932	3972	3960	2877	3953	3952	958	5957	1017	7416
大城子镇	11648	5819	5829	4385	5765	5816	1440	8282	1926	11011
东邵渠镇	12276	6334	5942	5585	6192	5891	1172	9377	1727	11111
北庄镇	7769	3948	3821	3016	3868	3732	996	5714	1059	6501
新城子镇	7993	4011	3982	3444	3915	3910	909	5599	1485	7376
石城镇	5453	2765	2688	2494	2692	2669	680	3994	779	5094
工业开发区	5868	2650	3218	829	686	478	53	5801	14	1
延庆县	**317426**	**162042**	**155384**	**106170**	**149254**	**146069**	**33915**	**252001**	**31510**	**242091**
延庆镇	125659	63379	62280	45311	60209	60832	15405	101240	9014	82810
康庄镇	33487	16865	16622	9216	12924	12754	2401	28187	2899	22562
八达岭镇	8094	4298	3796	2503	3646	3571	949	6354	791	6287
永宁镇	24075	12346	11729	8327	12237	11683	2468	18528	3079	22180
旧县镇	19932	10338	9594	7040	10302	9578	2086	15329	2517	17620
张山营镇	23769	12297	11472	7942	11662	11237	2466	18249	3054	21296
四海镇	6001	3124	2877	2130	3095	2871	648	4445	908	5812
千家店镇	9463	4839	4624	3190	4811	4621	1059	7075	1329	9158
沈家营镇	12021	6129	5892	4226	6026	5841	1222	9427	1372	10434
大榆树镇	21630	11137	10493	4870	7363	7169	1502	18519	1609	12904
井庄镇	10646	5567	5079	3790	5368	5013	1100	8014	1532	9597
大庄科乡	5276	2719	2557	1677	2697	2554	641	3853	782	5103
刘斌堡乡	6088	3156	2932	2011	3149	2927	772	4360	956	5817
香营乡	7782	4026	3756	2770	3971	3745	793	5858	1131	7171
珍珠泉乡	3503	1822	1681	1167	1794	1673	403	2563	537	3340

表2　天津市乡、镇、街道人口

单位：人、户

地　区	总人口			家庭户	家庭户总人口		分年龄人口			居住本地，户口在本地
	合　计	男	女	户　数	男	女	0-14岁	15-64岁	65岁及以上	
天津市	**12938693**	**6907091**	**6031602**	**3661992**	**5129604**	**5132582**	**1267568**	**10568737**	**1102388**	**7912258**
市辖区	**11090783**	**5948246**	**5142537**	**3108605**	**4223840**	**4262505**	**962868**	**9179861**	**948054**	**6303153**
和平区	**273477**	**138195**	**135282**	**90152**	**108831**	**116734**	**21902**	**215026**	**36549**	**174695**
劝业场街道	59551	30932	28619	18907	22067	23019	5423	47197	6931	32029
小白楼街道	30982	15923	15059	11052	13014	13635	1831	24395	4756	20633
体育馆街道	41421	21160	20261	12861	15555	16969	3770	32053	5598	27519
新兴街道	60343	28263	32080	19901	24107	26420	4451	47433	8459	42106
南营门社区街道	47306	23966	23340	16095	19523	21461	3519	36786	7001	29923
南市街道	33874	17951	15923	11336	14565	15230	2908	27162	3804	22485
河东区	**860852**	**433031**	**427821**	**310544**	**400178**	**411953**	**65953**	**691617**	**103282**	**586573**
大王庄街道	65614	31767	33847	24277	28631	30633	4061	52482	9071	44132
大直沽街道	88860	44135	44725	33792	42475	43905	5900	71534	11426	59014
中山门街道	94762	46872	47890	34908	46045	47351	6412	75845	12505	72905
富民路街道	45419	22957	22462	16033	20880	21708	3574	36394	5451	26881
二号桥街道	61547	31499	30048	22274	28600	28589	4969	49190	7388	35931
春华街道	69829	34485	35344	26158	33316	34854	5622	56148	8059	46140
唐家口街道	72845	38726	34119	21344	27181	28436	4900	60883	7062	52052
向阳楼街道	80678	39572	41106	29669	38644	40537	6661	64756	9261	54354
常州道街道	51447	25768	25679	18977	24662	25320	3504	41526	6417	34333
上杭路街道	66164	33860	32304	23590	31411	32053	5718	53317	7129	40389
东新街道	90809	45998	44811	33450	43432	43594	5848	71650	13311	78917
鲁山道街道	43109	22162	20947	14751	20518	20648	4505	34800	3804	17880
天津铁厂街道	29769	15230	14539	11321	14383	14325	4279	23092	2398	23645
河西区	**870632**	**428075**	**442557**	**293578**	**367288**	**386012**	**61127**	**699931**	**109574**	**578998**
大营门街道	28358	13572	14786	10141	12218	13341	2108	22100	4150	19489
下瓦房街道	49767	24296	25471	17631	21468	23375	3894	39432	6441	35188
桃园街道	51061	23205	27856	16153	19894	21618	3567	41763	5731	36999
挂甲寺街道	88190	43419	44771	31876	40142	43343	6404	70629	11157	63802
马场街道	54949	27066	27883	17719	22369	24344	4007	43085	7857	34950
越秀路街道	76409	40420	35989	25356	31537	33846	5248	60792	10369	53024
友谊路街道	77883	37881	40002	29514	35581	38190	5217	61253	11413	54065
天塔街道	83753	42217	41536	29557	35070	37303	4759	66315	12679	54613
尖山街道	91767	44552	47215	29342	36473	37113	6711	75526	9530	49997
陈塘庄街道	59256	29926	29330	21585	27473	27936	4292	47639	7325	38377
柳林街道	101679	48082	53597	26928	34716	34883	5515	86477	9687	66703
东海街道	80013	40025	39988	29129	38571	38472	6314	63075	10624	59771
梅江街道	27547	13414	14133	8647	11776	12248	3091	21845	2611	12020
南开区	**1018196**	**517193**	**501003**	**312388**	**397583**	**414039**	**67280**	**831493**	**119423**	**607254**
长虹街道	73346	38666	34680	20270	25986	26991	3799	62249	7298	36867
鼓楼街道	28788	17019	11769	7232	9689	9833	3705	23819	1264	8988
兴南街道	43744	21761	21983	15318	19138	20513	3016	35806	4922	28073
广开街道	73299	36722	36577	23461	31074	32794	6775	59167	7357	48095
万兴街道	140684	67569	73115	46148	57681	61094	8816	112968	18900	93235
学府街道	103319	54528	48791	21254	26168	27694	4049	88133	11137	73224
向阳路街道	145263	76055	69208	45368	59230	59768	8017	120821	16425	80693
嘉陵道街道	102405	50905	51500	34039	43892	46346	6512	82126	13767	64235
王顶堤街道	122599	61076	61523	45701	57148	58642	8504	95727	18368	81929
水上公园街道	64853	32471	32382	16182	20120	20736	3243	55221	6389	37993
体育中心街道	66948	34177	32771	19861	24773	25864	5457	55199	6292	23958
华苑街道	52948	26244	26704	17554	22684	23764	5387	40257	7304	29964

表2 续表 1 单位：人、户

地 区	总人口			家庭户户数	家庭户总人口		分年龄人口			居住本地，户口在本地
	合 计	男	女		男	女	0-14岁	15-64岁	65岁及以上	
河北区	**788451**	**420238**	**368213**	**250192**	**326985**	**333668**	**47988**	**647494**	**92969**	**480827**
光复道街道	53407	35766	17641	12957	16040	16445	2770	46155	4482	24629
望海楼街道	86401	44579	41822	26475	34509	36629	6169	70525	9707	56353
鸿顺里街道	94411	49484	44927	28923	35833	37018	4658	78514	11239	59576
新开河街道	82661	43700	38961	29487	37504	37293	5425	68120	9116	50078
铁东路街道	73722	39165	34557	23084	31725	31821	4911	60248	8563	36658
建昌道街道	90362	48569	41793	28853	37376	37781	5319	74449	10594	55003
宁园街道	47253	25106	22147	14940	19235	19381	2963	39685	4605	26435
王串场街道	114109	59072	55037	35029	48081	50008	6990	94082	13037	72411
江都路街道	60561	31006	29555	19826	25480	26033	3732	48313	8516	37609
月牙河街道	85564	43791	41773	30618	41202	41259	5051	67403	13110	62075
红桥区	**531526**	**274061**	**257465**	**173507**	**221279**	**229152**	**33417**	**434930**	**63179**	**302243**
西于庄街道	80888	41937	38951	26009	33143	34356	4914	66553	9421	45922
双环村街道	35348	17762	17586	13507	17464	17506	2364	27888	5096	16896
咸阳北路街道	74799	38537	36262	24418	30052	31423	3849	59811	11139	46216
丁字沽街道	98652	51852	46800	28092	34735	36242	4921	82330	11401	63729
西沽街道	86971	44900	42071	30092	39384	40343	7142	70946	8883	43450
三条石街道	19255	10212	9043	6450	8348	8701	1370	15764	2121	10025
邵公庄街道	54413	27475	26938	19742	25460	26462	3646	44069	6698	34429
芥园街道	33212	17512	15700	10542	14254	14859	2585	27401	3226	15889
铃铛阁街道	39157	19584	19573	14505	18249	19109	2561	31445	5151	25648
大胡同街道	8239	3770	4469	150	190	151	65	8133	41	39
和苑新城小区	592	520	72					590	2	
东丽区	**598966**	**335320**	**263646**	**180448**	**244559**	**236156**	**63637**	**498059**	**37270**	**266726**
张贵庄街道	45931	22590	23341	17141	21694	22870	5112	36284	4535	20205
丰年村街道	19075	9951	9124	6621	8662	8682	1830	15522	1723	6710
万新街道	98673	51485	47188	37117	48920	45982	10032	80025	8616	22610
无瑕街道	54126	35185	18941	12411	17634	17274	5052	46708	2366	23852
新立街道	136357	76797	59560	37959	53984	51353	14561	114944	6852	69683
华明街道	64138	34479	29659	20741	28558	28359	9375	50590	4173	40823
金钟街道	73732	40657	33075	25605	33166	29862	8268	61561	3903	32851
军粮城街道	52112	27690	24422	16438	23246	23279	6698	41587	3827	39153
么六桥乡	14252	7432	6820	4278	6032	6032	2004	11322	926	8457
开发区西区	7174	5828	1346	229	188	152	4	7163	7	
保税区空港国际物流区	108	62	46	4	5	4	1	106	1	
保税区空港国际物流经济区	21580	15991	5589	239	333	284	142	21383	55	507
东丽区开发区	5142	3077	2065	44	48	49	12	5120	10	42
东丽湖	3650	2439	1211	706	915	876	280	3249	121	309
综合保税区	54	46	8					54		
航空新城	2862	1611	1251	915	1174	1098	266	2441	155	1524
西青区	**713060**	**367537**	**345523**	**187212**	**249444**	**245401**	**67841**	**604215**	**41004**	**339923**
西营门街道	30216	15965	14251	11295	14439	13331	2355	25279	2582	6461
李七庄街道	74762	39774	34988	24980	30840	30082	8256	61945	4561	23288
中北镇	92814	49308	43506	28883	38425	37809	8710	78068	6036	34668
杨柳青镇	118291	68222	50069	34399	46689	47505	11701	97463	9127	77950
辛口镇	42274	21676	20598	14008	19537	19466	5734	32893	3647	34946
张家窝镇	47786	24862	22924	15196	20008	19635	5912	38492	3382	29431
精武镇	49176	27198	21978	14926	20612	19930	6880	39287	3009	26321
大寺镇	113290	54091	59199	29238	36859	36440	10330	97518	5442	34780
王稳庄镇	41363	21359	20004	12768	20345	19495	7532	30893	2938	32269
开发区西青微电子小区	11133	787	10346	45	5	45	4	11128	1	

表2 续表 2 单位：人、户

地区	总人口			家庭户	家庭户总人口		分年龄人口			居住本地，户口在本地
	合计	男	女	户数	男	女	0-14岁	15-64岁	65岁及以上	
新技术产业园区	17237	11507	5730	1386	1546	1538	355	16635	247	349
西青高校区	66494	30014	36480	16	38	23	42	66433	19	39295
西青区开发区	8224	2774	5450	72	101	102	30	8181	13	165
津南区	**593063**	**336006**	**257057**	**150048**	**220807**	**222539**	**67659**	**490251**	**35153**	**350961**
咸水沽镇	148602	86641	61961	38778	56473	58189	16283	122542	9777	93550
葛沽镇	69023	38977	30046	16875	26922	26886	8313	56474	4236	47690
小站镇	82582	44748	37834	23549	34095	33873	10271	66656	5655	54609
双港镇	103185	60177	43008	22860	31859	31734	8367	89934	4884	41711
辛庄镇	38666	22594	16072	8721	12801	12720	3816	32852	1998	19182
双桥河镇	37193	20884	16309	10253	14877	14836	4571	30386	2236	23198
八里台镇	59177	32371	26806	15979	24761	24775	9823	45882	3472	42227
北闸口镇	45741	24209	21532	11489	17065	17291	5633	37438	2670	27468
铁路十八局	3760	1888	1872	1242	1507	1813	462	3113	185	1285
津南开发区东区	1908	1544	364	5	5	4	4	1904		6
津南开发区西区	2147	1290	857	262	376	365	86	2021	40	35
泰达(津南)微电子工业区	650	423	227					650		
双林农场	247	170	77	35	66	53	29	218		
津南国家农业园区	182	90	92				1	181		
北辰区	**669121**	**348526**	**320595**	**199916**	**275038**	**274221**	**63324**	**554228**	**51569**	**307767**
果园新村街道	39607	19725	19882	15078	18935	19505	4372	30954	4281	23775
集贤里街道	17472	8605	8867	6935	8534	8832	1579	13516	2377	9398
普东街道	57621	29379	28242	20135	27128	27068	4625	47447	5549	6757
瑞景街道	72842	37184	35658	26822	34740	34213	5543	61030	6269	5141
天穆镇	116084	57101	58983	35842	48451	48680	9322	96889	9873	45640
北仓镇	46921	24454	22467	14798	20719	20862	5314	37811	3796	26924
双街镇	54564	31227	23337	12520	16978	16826	4466	47705	2393	20364
双口镇	63999	35494	28505	11957	19171	19258	5359	54898	3742	44252
青光镇	43280	23146	20134	13215	18828	18313	5137	35437	2706	23407
宜兴埠镇	41985	22293	19692	12798	16758	16508	3663	35093	3229	19668
小淀镇	34512	17414	17098	8028	11600	11523	3665	29285	1562	20332
大张庄镇	29900	15444	14456	9152	13470	13659	3764	23487	2649	25071
西堤头镇	45407	23860	21547	12136	19083	18416	6353	36031	3023	36538
科技园区北区	1571	1139	432	2	2	1	13	1552	6	3
科技园区南区	1859	1249	610				15	1841	3	77
天津医药医疗器械工业园										
天津陆路港物流装备产业园										
天津风电产业园										
红旗农场	1413	765	648	465	594	520	126	1191	96	357
曙光农场	84	47	37	33	47	37	8	61	15	63
武清区	**951078**	**504396**	**446682**	**252847**	**420949**	**415968**	**130398**	**743179**	**77501**	**755401**
杨村街道	45947	26108	19839	12264	18090	18690	6005	37608	2334	23867
下朱庄街道	24295	12136	12159	6562	10032	10274	3092	19820	1383	11573
东蒲洼街道	44808	27354	17454	10124	16845	17293	5947	36775	2086	23897
黄庄街道	16881	8790	8091	4347	7249	7252	2246	13156	1479	13565
徐官屯街道	16981	11246	5735	3357	5118	5212	1573	14573	835	8102
运河西街道	68661	35187	33474	18387	28312	29704	9333	55004	4324	47442
梅厂镇	35033	18072	16961	10199	16089	15980	4469	27396	3168	29717
大碱厂镇	22323	11156	11167	5919	10530	10348	3299	16951	2073	19256
崔黄口镇	51541	25936	25605	14038	25583	25423	7856	37804	5881	50116
大良镇	39379	19974	19405	11534	19908	19384	5939	29161	4279	38049
下伍旗镇	23889	12169	11720	6718	12130	11687	3109	18178	2602	23751
南蔡村镇	47091	23966	23125	13797	23137	22704	6908	35621	4562	39155

表2　续表 3　　　　单位：人、户

地　区	总人口			家庭户	家庭户总人口		分年龄人口			居住本地，户口在本地
	合　计	男	女	户　数	男	女	0-14岁	15-64岁	65岁及以上	
大孟庄镇	22162	11494	10668	6260	10664	10642	3009	16932	2221	20979
泗村店镇	17247	9149	8098	5490	8077	8046	2415	13178	1654	15684
河西务镇	45814	23978	21836	12537	20351	20068	5828	35785	4201	38655
城关镇	27050	13769	13281	7985	12481	12312	3563	20875	2612	23949
东马圈镇	15850	8257	7593	4569	7374	7335	2028	12386	1436	14159
黄花店镇	24100	12366	11734	6333	11193	11040	3417	18373	2310	21546
石各庄镇	23309	12082	11227	6727	11106	10937	3703	17625	1981	20692
王庆坨镇	45016	23185	21831	11697	20783	20665	7255	34644	3117	38452
汊沽港镇	44843	23568	21275	9780	17860	17907	7014	35073	2756	35358
河北屯镇	30418	15525	14893	8150	15287	14574	4433	22788	3197	29633
上马台镇	22081	13149	8932	5632	11850	8553	2721	17842	1518	15810
大王古庄镇	25061	13312	11749	6271	10966	10832	3485	19441	2135	20855
陈咀镇	30193	15242	14951	9248	15098	14812	4624	22851	2718	28140
豆张庄乡	23421	11884	11537	7563	11398	11330	3461	17794	2166	20767
曹子里乡	27133	14373	12760	5929	10369	10290	3414	21408	2311	20357
大黄堡乡	18432	9866	8566	5240	8493	8372	2730	14152	1550	16601
高村乡	18210	9323	8887	5807	8655	8589	2485	13836	1889	16926
白古屯乡	21443	11130	10313	6593	10277	10047	3285	16113	2045	19687
开发区武清逸仙园小区	1575	982	593	35	31	17	2	1573		
武清区开发区	28991	18654	10337	3122	4658	4780	1557	26949	485	7161
武清农场	1900	1014	886	633	955	869	193	1514	193	1500
宝坻区	**799157**	**427643**	**371514**	**212266**	**333459**	**325408**	**91579**	**643880**	**63698**	**620103**
海滨街道	55821	28627	27194	16683	24734	24992	7004	45241	3576	27716
宝平街道	97164	49804	47360	22593	32993	32884	10037	83117	4010	55823
钰华街道	48825	31253	17572	7849	12938	12942	3675	42863	2287	22722
大口屯镇	56526	30296	26230	13314	23581	23119	6480	44639	5407	46078
大白庄镇	18139	9726	8413	5142	7248	7897	2272	14578	1289	14902
王卜庄镇	32301	16865	15436	10487	15793	15231	3936	24864	3501	30810
方家庄镇	30338	16762	13576	9400	14054	13433	3521	23989	2828	26881
林亭口镇	31810	16695	15115	9734	13802	13567	3662	25165	2983	27068
八门城镇	25325	13420	11905	8574	12459	11832	3753	19376	2196	23890
大钟庄镇	36406	18667	17739	10937	16000	15392	4185	29122	3099	30853
新安镇	30783	15979	14804	9744	14508	13952	3578	24117	3088	27939
马家店镇	30090	16843	13247	7990	12387	12147	3358	24133	2599	23712
霍各庄镇	26607	14433	12174	7868	12620	11953	3134	21071	2402	24118
新开口镇	25748	13381	12367	6700	12532	12020	3354	19816	2578	24097
大唐庄镇	13512	6991	6521	3620	6505	6237	1890	10483	1139	12493
高家庄镇	39941	20503	19438	10761	18556	17931	4960	31507	3474	36040
口东镇	29181	14883	14298	8547	13264	12850	3385	22959	2837	25890
牛道口镇	47168	24753	22415	13251	22664	21902	6139	36138	4891	43948
史各庄镇	25783	13341	12442	6933	12550	11975	3316	19881	2586	24703
郝各庄镇	18752	9687	9065	6019	9113	8707	2468	14179	2105	17576
周良庄镇	12144	7307	4837	2940	4476	4313	1282	9965	897	8478
牛家牌乡	16755	8540	8215	5032	8117	7966	2362	12699	1694	15558
尔王庄乡	13120	6897	6223	3989	6190	6058	1862	10115	1143	11870
黄庄乡	11475	5921	5554	3551	5603	5441	1822	8787	866	10877
天宝工业园区	2073	855	1218					2069	4	
九园工业园区	2063	1703	360					2061	2	1
京津新城	20038	12842	7196	86	151	98	31	19960	47	4949
里自沽农场	505	252	253	182	207	223	44	397	64	368
黄庄农场	104	48	56	45	45	55	7	81	16	84
大钟农场	660	369	291	295	369	291	62	508	90	659

表2 续表 4

单位：人、户

地区	总人口			家庭户	家庭户总人口		分年龄人口			居住本地，户口在本地
	合计	男	女	户数	男	女	0-14岁	15-64岁	65岁及以上	
滨海新区	**2423204**	**1418025**	**1005179**	**495507**	**657440**	**651254**	**180763**	**2125558**	**116883**	**931682**
新村街道	72831	37240	35591	24320	30530	31291	7256	57867	7708	43032
于家堡街道	80801	42584	38217	23189	29654	30589	6580	67902	6319	37852
新港街道	91776	53932	37844	25082	32684	31519	7898	78577	5301	34603
向阳街道	88362	45443	42919	26137	34511	35207	8387	74974	5001	37069
杭州道街道	112173	57286	54887	34021	44905	45852	10847	92984	8342	54251
新河街道	73160	41639	31521	20233	26913	26557	6749	61994	4417	21560
大沽街道	43425	26696	16729	10686	15343	13959	3456	38098	1871	16087
新北街道	80702	47628	33074	16624	21722	20600	6158	72641	1903	10729
北塘街道	16406	10510	5896	4109	5474	5351	1524	13914	968	8750
渤海石油街道	30975	16816	14159	10441	13566	13435	2934	24865	3176	21044
胡家园街道	117235	70229	47006	36181	48418	44720	15524	96411	5300	43762
汉沽街道	50685	26848	23837	17431	22307	22528	5185	41232	4268	28957
寨上街道	66510	38513	27997	18550	23155	23658	4949	56637	4924	34171
河西街道	38329	20145	18184	13112	16357	16913	3038	30456	4835	26314
迎宾街道	133881	66748	67133	32538	43324	44281	14071	113089	6721	66596
胜利街道	49335	25201	24134	19150	22976	23563	5290	38688	5357	33740
古林街道	47050	25135	21915	15480	20129	19877	5749	37884	3417	21640
海滨街道	146009	75828	70181	50075	66126	66416	16980	115458	13571	100855
港西街道	31125	16309	14816	10588	13892	13612	4167	24603	2355	18634
新城镇	43128	23601	19527	12994	18275	17116	5662	35366	2100	15625
大田镇	11974	6064	5910	4244	5950	5851	1791	9097	1086	8296
杨家泊镇	21559	12854	8705	5476	8362	7979	2747	17218	1594	15239
茶淀镇	28050	15503	12547	8658	12217	11833	3864	22000	2186	21451
太平镇	37074	19287	17787	11095	17420	16513	6913	26887	3274	30100
小王庄镇	23084	11987	11097	7803	11545	10929	4197	16626	2261	20809
中塘镇	55586	28512	27074	17670	27281	26525	10943	40994	3649	39619
开发区	130088	70439	59649	19376	23835	24399	7187	120092	2809	32555
保税区	4751	2576	2175	76	94	74	19	4723	9	51
天津滨海新区高新技术产业开发区	7583	6979	604	4	3	4	10	7536	37	3
东疆保税港区	40495	13346	27149	17	24	8	7	40419	69	35
中心商务区	94001	56684	37317	89	187	65	87	93565	349	45088
临港工业区	97895	97082	813	31	115	15	18	97818	59	
中新天津生态城	91280	37215	54065	7	6	1	78	91103	99	22737
滨海旅游区	91078	90118	960	8	7	6	1	90295	782	
南港工业区	92852	91778	1074	12	133	8	445	91947	460	
临港产业园区一	89968	75940	14028				17	89898	53	
临港产业园区二	91988	13330	78658				35	91700	253	20428
县	**1847910**	**958845**	**889065**	**553387**	**905764**	**870077**	**304700**	**1388876**	**154334**	**1609105**
宁河县	**416143**	**222153**	**193990**	**115808**	**192331**	**185106**	**61217**	**323581**	**31345**	**354765**
芦台镇	136379	75297	61082	37175	58049	57468	17429	109955	8995	103062
宁河镇	21689	10933	10756	7349	10618	10133	2797	16829	2063	20331
苗庄镇	17296	8803	8493	4710	8019	7889	2377	13277	1642	15309
丰台镇	23790	12129	11661	7862	12039	11608	3497	17779	2514	22895
岳龙镇	15014	8029	6985	4376	7058	6801	2147	11523	1344	13056
板桥镇	10152	5401	4751	2851	4687	4567	1474	7726	952	8981
潘庄镇	30213	15468	14745	9384	15397	14712	4607	23290	2316	27935
造甲城镇	29536	16438	13098	8713	13169	12654	5015	22803	1718	24841
七里海镇	28007	15158	12849	6936	13727	12785	4952	21191	1864	25625
大北涧沽镇	14846	7821	7025	3368	**6693**	**6201**	2482	11154	1210	**12085**
东棘坨镇	29769	15544	14225	7947	14192	13633	5027	22422	2320	27320
北淮淀乡	20936	10991	9945	5402	10011	9229	3492	16036	1408	18841

表2 续表 5

单位：人、户

地区	总人口			家庭户	家庭户总人口		分年龄人口			居住本地，户口在本地
	合计	男	女	户数	男	女	0-14岁	15-64岁	65岁及以上	
俵口乡	20501	10696	9805	4883	9981	9194	3509	15384	1608	18250
廉庄子乡	17315	9107	8208	4569	8358	7876	2340	13677	1298	15661
潘庄农场	700	338	362	283	333	356	72	535	93	573
静海县	**646978**	**336287**	**310691**	**203142**	**317687**	**303061**	**118208**	**482253**	**46517**	**512253**
静海镇	154325	78717	75608	50543	75887	74136	26682	118659	8984	104653
唐官屯镇	44167	22516	21651	14453	22026	21371	7645	32278	4244	40677
独流镇	36490	18610	17880	12017	18492	17833	6101	27166	3223	33726
王口镇	32622	16924	15698	9596	16742	15578	5749	24014	2859	31319
台头镇	22794	11702	11092	7292	11691	11087	4055	16690	2049	21981
子牙镇	31757	16593	15164	9376	16030	14921	5940	23737	2080	26625
陈官屯镇	29237	14872	14365	9587	14846	14348	5409	20923	2905	28048
中旺镇	31128	16112	15016	10069	16031	14963	6207	21812	3109	29680
大邱庄镇	72194	38386	33808	23102	35744	33299	14551	54453	3190	37461
蔡公庄镇	21498	11299	10199	7057	11090	10153	4513	15367	1618	18086
梁头镇	24832	12879	11953	7886	12116	11701	4819	18076	1937	22013
团泊镇	18299	10349	7950	3541	5663	5281	2414	15352	533	7715
双塘镇	16656	9204	7452	4528	7121	6736	2731	12705	1220	12882
大丰堆镇	16105	8368	7737	5109	8194	7701	3469	11506	1130	13169
沿庄镇	33181	17508	15673	10278	16564	15395	5668	24746	2767	30759
西翟庄镇	13310	6906	6404	4384	6856	6394	2599	9514	1197	12388
良王庄乡	20706	10665	10041	6757	9936	9793	3465	15488	1753	17984
杨成庄乡	24987	12818	12169	7280	12192	11963	5985	17352	1650	22299
天津静海经济开发区	2387	1613	774	270	447	392	206	2117	64	788
天津子牙工业园区	303	246	57	17	19	16		298	5	
蓟县	**784789**	**400405**	**384384**	**234437**	**395746**	**381910**	**125275**	**583042**	**76472**	**742087**
文昌街道	89207	44193	45014	31667	42770	44391	14188	69529	5490	70267
渔阳镇	57669	29085	28584	16502	28694	28381	9002	43360	5307	54289
洇溜镇	23915	12333	11582	6643	12129	11509	3883	17682	2350	22712
官庄镇	30640	15795	14845	8617	15534	14773	4813	22868	2959	29219
马伸桥镇	34763	17790	16973	9912	17527	16828	5345	25742	3676	33861
下营镇	18759	9635	9124	5605	9592	9100	2748	14132	1879	18297
邦均镇	31343	16043	15300	8659	15218	14525	4700	23455	3188	30134
别山镇	43848	22315	21533	13227	22213	21502	7033	32136	4679	41986
尤古庄镇	24601	12793	11808	7181	12583	11708	4232	17960	2409	23388
上仓镇	33380	16845	16535	9838	16780	16482	5029	24635	3716	32553
下仓镇	41717	21461	20256	12918	21391	20229	5770	31318	4629	40689
罗庄子镇	12253	6383	5870	3558	6370	5866	1654	9285	1314	11907
白涧镇	18646	9682	8964	5449	9449	8909	2733	13836	2077	17331
五百户镇	22692	11514	11178	7037	11504	11174	3726	16354	2612	22065
侯家营镇	37346	19012	18334	9553	19003	18330	6070	27562	3714	36736
桑梓镇	36586	18878	17708	10407	18877	17708	6647	26207	3732	35278
东施古镇	15994	8340	7654	4628	8313	7652	2553	11878	1563	15508
下窝头镇	26769	13784	12985	7665	13645	12873	4070	19840	2859	26267
杨津庄镇	33028	17099	15929	10028	17082	15907	4820	24744	3464	32041
出头岭镇	34362	17299	17063	10583	17272	17034	6419	24723	3220	33589
西龙虎峪镇	25196	12781	12415	8022	12769	12413	5174	17621	2401	24573
穿芳峪乡	14548	7446	7102	4248	7446	7102	2206	10859	1483	14322
孙各庄乡	6717	3426	3291	1951	3426	3291	1091	5015	611	6462
东二营乡	16961	8789	8172	4723	8721	8146	2704	12552	1705	16315
许家台乡	10634	5390	5244	2733	5263	5223	1744	7930	960	10508
礼明庄乡	23582	12132	11450	7084	12057	11394	3758	17436	2388	22774
东赵各庄乡	19633	10162	9471	5999	10118	9460	3163	14383	2087	19016

表3　河北省乡、镇、街道人口

单位：人、户

地　区	总人口			家庭户	家庭户总人口		分年龄人口			居住本地，户口在本地
	合　计	男	女	户　数	男	女	0-14岁	15-64岁	65岁及以　上	
河北省	**71854210**	**36430286**	**35423924**	**20395116**	**34552649**	**33986060**	**12093038**	**53841434**	**5919738**	**62987340**
石家庄市	**10163788**	**5087913**	**5075875**	**2720331**	**4726647**	**4717089**	**1548125**	**7789753**	**825910**	**8585930**
长安区	**479801**	**237380**	**242421**	**146881**	**211990**	**220649**	**59928**	**372947**	**46926**	**318461**
建北街道	35914	17743	18171	12034	16162	16867	4620	28359	2935	18522
青园街道	31859	14747	17112	10136	13264	14393	3200	23783	4876	20827
广安街道	40249	18559	21690	10190	13381	14611	2816	31661	5772	28065
育才街道	39217	18435	20782	11663	16198	17032	3675	30291	5251	29569
跃进街道	37827	19197	18630	13459	17545	18205	5122	28983	3722	21690
河东街道	56962	27867	29095	20146	26466	27917	6421	42286	8255	41527
长丰街道	47531	24376	23155	15803	22987	22656	6988	37294	3249	24226
谈固街道	72039	36405	35634	23216	32796	33652	10221	57357	4461	38587
西兆通镇	45711	22897	22814	11698	20917	21366	6582	35910	3219	35009
南村镇	38608	18980	19628	9938	18770	19537	5955	29352	3301	36396
高营镇	33884	18174	15710	8598	13504	14413	4328	27671	1885	24043
桥东区	**410116**	**213329**	**196787**	**124846**	**173453**	**176581**	**44266**	**329432**	**36418**	**282340**
中山东路街道	40599	23952	16647	7223	11163	11971	3409	34042	3148	30009
彭后街道	41331	20253	21078	14440	19487	20488	4842	32406	4083	28479
东风街道	32788	16539	16249	10686	15049	15222	3376	25605	3807	24772
东华街道	18951	9673	9278	6341	8250	8284	1868	14955	2128	14187
休门街道	24441	11905	12536	8274	11031	11587	2481	19481	2479	19454
阜康街道	28536	15693	12843	8770	12243	11750	3434	23243	1859	15858
建安街道	47756	23757	23999	16194	22309	22869	5059	36914	5783	35459
胜利北街道	78465	42128	36337	20950	28185	28680	7035	65107	6323	55169
汇通街道	48340	24313	24027	17346	24166	23958	6430	38149	3761	27843
桃园镇	48909	25116	23793	14622	21570	21772	6332	39530	3047	31110
桥西区	**596164**	**282651**	**313513**	**170458**	**233936**	**244550**	**69366**	**483555**	**43243**	**332604**
东里街道	43022	20968	22054	14787	20104	21495	5207	32883	4932	26258
中山街道	6518	3362	3156	2320	3007	2877	814	5376	328	1718
南长街道	13861	6928	6933	4778	6584	6741	1983	10839	1039	5587
维明街道	36078	18148	17930	11338	15017	16190	3564	27898	4616	24161
裕西街道	23847	11611	12236	8301	11241	11575	3089	19118	1640	10551
友谊街道	56859	27593	29266	20077	26343	27864	7269	42428	7162	41236
红旗街道	64297	28532	35765	12535	17375	18178	5709	55691	2897	32312
新石街道	46493	23522	22971	15218	20241	20708	5592	37811	3090	23049
苑东街道	45243	21513	23730	15279	20126	22809	6249	34298	4696	30160
西里街道	56193	27731	28462	17864	25288	26568	7657	44077	4459	36347
振头街道	109444	47455	61989	22213	31936	32526	9655	95899	3890	58568
留营街道	94309	45288	49021	25748	36674	37019	12578	77237	4494	42657
新华区	**625119**	**304252**	**320867**	**181298**	**251727**	**262117**	**74838**	**503326**	**46955**	**348960**

表3 续表 1

单位：人、户

地 区	总人口			家庭户	家庭户总人口		分年龄人口			居住本地，户口在本地
	合 计	男	女	户 数	男	女	0-14岁	15-64岁	65岁及以上	
革新街道	22134	10366	11768	7375	9714	10339	2440	17142	2552	12997
新华路街道	21729	10994	10735	7769	10703	10402	2968	17453	1308	7700
宁安街道	41371	19790	21581	14132	19232	21132	4906	30948	5517	30733
东焦街道	47971	24736	23235	14535	18973	20226	5047	38037	4887	28577
西苑街道	47750	23865	23885	15112	19982	21354	6266	37609	3875	27672
合作路街道	41450	20217	21233	14564	19144	20389	5448	31461	4541	27399
联盟街道	62447	30646	31801	20928	28371	29673	9051	48418	4978	37849
石岗街道	82239	41501	40738	30490	39293	39656	11733	64371	6135	42288
五七街道	53968	20469	33499	1097	1472	1552	391	53082	495	19171
天苑街道	21230	10608	10622	7339	10286	10500	2974	16722	1534	12631
北苑街道	29713	15569	14144	8941	12646	12987	3665	24341	1707	18359
大郭镇	38169	18840	19329	10053	15623	16186	4616	30695	2858	24157
赵陵铺镇	47938	24483	23455	14966	22294	22922	7777	37705	2456	21915
西三庄乡	40555	18524	22031	7862	12335	12705	4162	34483	1910	17013
杜北乡	26455	13644	12811	6135	11659	12094	3394	20859	2202	20499
井陉矿区	**95170**	**48408**	**46762**	**30383**	**43732**	**44442**	**12472**	**72238**	**10460**	**72235**
矿市街街道	27836	14120	13716	9964	12768	13386	3317	20865	3654	21870
四微街道	17200	8414	8786	6328	6848	7209	1741	13039	2420	6641
贾庄镇	24245	12709	11536	6261	11384	11181	3428	18779	2038	20985
凤山镇	12298	6198	6100	3716	6198	6100	1954	9141	1203	11655
横涧乡	13591	6967	6624	4114	6534	6566	2032	10414	1145	11084
裕华区	**628572**	**306409**	**322163**	**161849**	**248339**	**258682**	**77606**	**509089**	**41877**	**417766**
裕兴街道	38253	18730	19523	10966	17147	18189	5724	30189	2340	26342
裕强街道	53376	26578	26798	17179	25721	26197	8809	42305	2262	34782
东苑街道	74623	36241	38382	23838	34415	35902	9107	58000	7516	57263
建通街道	69198	35611	33587	12450	19600	20362	6231	60067	2900	31206
槐底街道	80918	38681	42237	19054	26763	28695	8076	66150	6692	51765
裕华路街道	57046	27888	29158	18346	25449	26605	7020	42876	7150	41399
裕东街道	71104	35532	35572	21474	31839	32860	10190	57368	3546	45684
长江街道	63694	27727	35967	11604	17630	18489	6337	55303	2054	38265
太行街道	14742	7778	6964	2959	5630	5918	1782	12006	954	10579
宋营镇	56406	27478	28928	14480	26212	26935	8932	44075	3399	45456
方村镇	49212	24165	25047	9499	17933	18530	5398	40750	3064	35025
井陉县	**309882**	**158588**	**151294**	**87786**	**150803**	**146572**	**52831**	**226225**	**30826**	**280550**
微水镇	64722	32885	31837	17859	30785	30380	11031	48929	4762	52763
上安镇	24397	12915	11482	5976	11552	10888	3970	17988	2439	22397
天长镇	38656	19433	19223	10575	17505	17676	6118	28724	3814	34574
秀林镇	25535	13178	12357	7545	12261	11961	4475	18576	2484	22539
南峪镇	13741	7103	6638	4182	7095	6637	2428	9753	1560	13352
威州镇	25830	13156	12674	7049	13047	12571	4663	18792	2375	24813
小作镇	18338	9269	9069	4847	9180	9032	3137	13302	1899	17117
南障城镇	8707	4381	4326	3012	4039	4003	1316	6125	1266	7696
苍岩山镇	6908	3353	3555	2565	3236	3479	1426	4458	1024	6576
测鱼镇	13161	6941	6220	4061	6732	6142	2318	9258	1585	12800
吴家窑乡	12824	6696	6128	3291	6696	6128	2238	9335	1251	12540
北正乡	10680	5357	5323	3134	5357	5323	1786	7978	916	8506
于家乡	6005	3166	2839	1937	2852	2811	948	4206	851	5575
孙庄乡	16285	8385	7900	4220	8161	7845	2753	12000	1532	16133
南陉乡	6263	3204	3059	2036	3204	3059	1264	4274	725	5769
辛庄乡	8786	4447	4339	2610	4403	4324	1334	6203	1249	8679

表3　续表 2

单位：人、户

地　　区	总人口			家庭户	家庭户总人口		分年龄人口			居住本地，户口在本地
	合　计	男	女	户　数	男	女	0-14岁	15-64岁	65岁及以上	
南王庄乡	9044	4719	4325	2887	4698	4313	1626	6324	1094	8721
正定县	**466807**	**229267**	**237540**	**116113**	**218256**	**224608**	**73971**	**356298**	**36538**	**435272**
正定镇	158599	76831	81768	38819	67680	71407	23615	124108	10876	135096
诸福屯镇	34925	17046	17879	9042	16976	17821	5755	26305	2865	34082
新城铺镇	33248	16307	16941	8283	16199	16861	5579	24874	2795	32080
新安镇	37715	18675	19040	10184	18354	18564	5639	28410	3666	36827
南牛乡	40626	20184	20442	10259	20151	20418	6859	30298	3469	39161
南楼乡	50946	25472	25474	13214	25472	25474	8412	38455	4079	49880
西平乐乡	19953	9926	10027	5221	9924	10027	3177	15073	1703	19474
北早现乡	40583	20138	20445	9382	19250	19177	6199	31287	3097	39826
曲阳桥乡	50212	24688	25524	11709	24250	24859	8736	37488	3988	48846
栾城县	**355775**	**178211**	**177564**	**83475**	**172237**	**171100**	**53158**	**275361**	**27256**	**340927**
栾城镇	84068	42021	42047	20505	37493	37120	11159	67178	5731	76951
郄马镇	26842	13256	13586	6613	13256	13585	3855	20866	2121	26524
冶河镇	46333	23126	23207	10454	22537	22538	7116	35621	3596	43902
窦妪镇	49914	25134	24780	11167	24553	24169	7582	38638	3694	48278
楼底镇	39027	19316	19711	9029	19071	19508	6287	29992	2748	38085
南高乡	25671	12812	12859	5965	12783	12806	4197	19156	2318	24643
柳林屯乡	39397	19991	19406	9595	19990	19406	5781	30229	3387	38471
西营乡	44523	22555	21968	10147	22554	21968	7181	33681	3661	44073
行唐县	**406353**	**203863**	**202490**	**115177**	**199852**	**197454**	**84022**	**289606**	**32725**	**378160**
龙州镇	70614	34366	36248	20140	32285	33599	13757	51687	5170	58373
南桥镇	29508	14843	14665	8677	14386	14167	6105	20680	2723	27749
上碑镇	14902	7513	7389	4558	7509	7389	3120	10458	1324	14356
口头镇	24774	12486	12288	7005	12478	12282	5378	17518	1878	24005
独羊岗乡	39454	19762	19692	10752	19734	19690	8368	27873	3213	37779
安香乡	38345	19504	18841	10555	19358	18557	8108	27360	2877	36344
只里乡	40995	20402	20593	11284	19775	19604	8058	29693	3244	37086
市同乡	22675	11328	11347	6186	11056	10967	4779	16312	1584	21130
翟营乡	32349	16268	16081	9336	16263	16081	7255	22534	2560	31606
城寨乡	20239	10406	9833	5700	10270	9745	4311	14365	1563	19732
上方乡	24398	12423	11975	7016	12310	11888	4946	17289	2163	23451
玉亭乡	20523	10331	10192	5723	10331	10192	4017	14509	1997	19843
北河乡	6468	3378	3090	2033	3291	3080	1258	4545	665	6269
上闫庄乡	5728	2954	2774	1768	2921	2751	1187	4062	479	5460
九口子乡	15381	7899	7482	4444	7885	7462	3375	10721	1285	14977
灵寿县	**333558**	**168818**	**164740**	**84405**	**160170**	**158096**	**57163**	**250882**	**25513**	**311454**
灵寿镇	62713	30949	31764	16140	28845	29266	10400	48170	4143	52742
青同镇	29125	14711	14414	6597	13550	13267	4900	22164	2061	27411
塔上镇	10457	5288	5169	3040	5286	5168	1846	7777	834	10092
陈庄镇	20930	10644	10286	6058	10271	9892	3488	15480	1962	20045
慈峪镇	34421	17752	16669	8716	15989	15549	6324	25730	2367	32812
岔头镇	19266	10188	9078	4620	9220	8948	3532	14412	1322	18041
三圣院乡	24993	12480	12513	6141	12454	12497	3985	18834	2174	22847
北洼乡	21952	10768	11184	4962	10489	10941	3770	16640	1542	21263
牛城乡	23672	12265	11407	5468	11189	10821	3920	17798	1954	23108
狗台乡	22881	11827	11054	5508	11428	10925	3945	17293	1643	21632
南寨乡	15754	7905	7849	4156	7872	7837	2691	11705	1358	14966
南燕川乡	13056	6535	6521	3431	6281	6323	2566	9566	924	12793
北谭庄乡	11755	5872	5883	3136	5725	5717	2174	8749	832	11418

表3　续表 3　　单位：人、户

地　　区	总人口			家庭户	家庭户总人口		分年龄人口			居住本地，户口在本地
	合　计	男	女	户　数	男	女	0-14岁	15-64岁	65岁及以上	
寨头乡	13572	7043	6529	3724	7007	6526	2136	10107	1329	13464
南营乡	9011	4591	4420	2708	4564	4419	1486	6457	1068	8820
高邑县	**186478**	**95635**	**90843**	**46959**	**92639**	**88890**	**31625**	**139821**	**15032**	**170223**
高邑镇	52129	26753	25376	13533	24236	23465	9138	39288	3703	43337
大营镇	32016	16291	15725	7947	16289	15722	5326	23846	2844	30397
富村镇	37610	19433	18177	9553	18957	18138	6529	27932	3149	35152
中韩乡	23643	12072	11571	6027	12071	11571	4103	17491	2049	22569
万城乡	41080	21086	19994	9899	21086	19994	6529	31264	3287	38768
深泽县	**250264**	**129676**	**120588**	**67264**	**118630**	**115753**	**37136**	**190088**	**23040**	**232817**
深泽镇	48121	23735	24386	13449	21399	21693	6804	37096	4221	42294
铁杆镇	40683	21615	19068	11783	19292	18968	5252	31293	4138	37160
白庄乡	43066	22048	21018	12006	21121	20462	6268	32152	4646	41798
留村乡	34932	18642	16290	8520	16435	16039	5401	26507	3024	33610
赵八乡	35747	19431	16316	8147	16995	15831	5689	27413	2645	32117
桥头乡	47715	24205	23510	13359	23388	22760	7722	35627	4366	45838
赞皇县	**244799**	**126233**	**118566**	**65677**	**120993**	**114289**	**49900**	**177910**	**16989**	**236081**
赞皇镇	66255	34259	31996	15467	29176	27774	12629	49818	3808	60133
院头镇	20397	10430	9967	6218	10428	9965	4226	14639	1532	20288
西龙门乡	24588	12659	11929	6305	12658	11928	5021	17713	1854	24094
南邢郭乡	23623	12035	11588	6151	11887	11542	5481	16578	1564	22997
南清河乡	20191	10402	9789	5298	10402	9789	4357	14590	1244	19882
西阳泽乡	25466	13075	12391	6776	13075	12385	5051	18691	1724	25326
土门乡	13257	6908	6349	3943	6903	6349	2613	9665	979	13136
黄北坪乡	10709	5578	5131	3491	5578	5131	2218	7494	997	10498
嶂石岩乡	5860	2977	2883	1911	2977	2883	1134	4142	584	5786
许亭乡	19708	10305	9403	5872	10305	9403	4251	13982	1475	19414
张楞乡	14745	7605	7140	4245	7604	7140	2919	10598	1228	14527
无极县	**502662**	**253533**	**249129**	**129011**	**247425**	**244258**	**86007**	**376638**	**40017**	**476455**
无极镇	91952	46152	45800	24684	42856	42210	14954	70696	6302	80582
七汲镇	41134	21093	20041	10535	20555	19870	6545	30984	3605	39755
张段固镇	42911	21950	20961	11457	21623	20808	7418	31976	3517	41426
北苏镇	52752	26501	26251	13837	26320	26120	8706	39985	4061	51443
郭庄镇	41000	20516	20484	10648	20119	20269	6758	30748	3494	39773
大陈镇	30951	15437	15514	7650	15435	15513	5436	22835	2680	30293
高头乡	32158	16347	15811	7994	16069	15681	5516	24209	2433	30023
郝庄乡	53395	27229	26166	12305	26555	25922	10281	39130	3984	51267
东侯坊乡	48491	24410	24081	13355	24220	23984	8529	35913	4049	45508
里城道乡	43423	21577	21846	10239	21354	21710	7703	32036	3684	42271
南流乡	24495	12321	12174	6307	12319	12171	4161	18126	2208	24114
平山县	**433429**	**220805**	**212624**	**122297**	**214200**	**207831**	**80061**	**314827**	**38541**	**395203**
平山镇	120631	60265	60366	31762	57300	57550	21450	90651	8530	99093
东回舍镇	34523	17844	16679	9287	17168	16406	6197	25678	2648	31184
温塘镇	20341	10471	9870	5608	9973	9496	3650	14904	1787	18724
南甸镇	23586	12151	11435	6359	11516	11279	4633	17354	1599	20801
岗南镇	27115	13893	13222	7847	13887	13215	5110	19500	2505	26095
中古月镇	17610	9222	8388	4731	8998	8189	2947	12978	1685	16454
下槐镇	15119	7850	7269	4489	7817	7252	2556	10791	1772	14742
孟家庄镇	5654	2902	2752	1997	2833	2686	1054	3672	928	5455
小觉镇	15824	8207	7617	4674	7796	7381	2877	11360	1587	15383
蛟潭庄镇	6576	3345	3231	2126	3313	3217	1101	4523	952	6445

表3 续表 4

单位：人、户

地　区	总人口			家庭户	家庭户总人口		分年龄人口			居住本地，户口在本地
	合　计	男	女	户　数	男	女	0-14岁	15-64岁	65岁及以上	
西柏坡镇	5142	2579	2563	1829	2459	2447	980	3586	576	4516
下口镇	7700	3957	3743	2470	3822	3675	1436	5513	751	7446
西大吾乡	19029	9743	9286	5073	9737	9284	3724	13766	1539	18076
上三汲乡	19849	10003	9846	5445	9998	9845	3606	14586	1657	19416
两河乡	18069	9070	8999	5027	9066	8996	3898	12799	1372	17173
东王坡乡	19302	9882	9420	5763	9882	9420	3995	13577	1730	18439
苏家庄乡	7083	3605	3478	2253	3568	3456	1487	4744	852	6662
宅北乡	10013	5173	4840	3135	5060	4777	2076	6714	1223	9755
北冶乡	16456	8467	7989	4605	8094	7775	2930	11771	1755	16206
上观音堂乡	3025	1533	1492	1149	1491	1468	538	1931	556	2924
杨家桥乡	7453	3769	3684	2470	3736	3664	1454	5128	871	7134
营里乡	9156	4731	4425	2770	4721	4423	1613	6522	1021	9016
合河口乡	4173	2143	2030	1428	1965	1930	749	2779	645	4064
元氏县	**418466**	**212801**	**205665**	**95829**	**208966**	**202084**	**76594**	**311640**	**30232**	**398576**
城区街道	31002	15531	15471	7847	13356	12815	5935	23741	1326	19951
槐阳镇	50859	25810	25049	11288	25809	25048	9440	37790	3629	48916
因村镇	29344	15210	14134	6882	14368	13661	4943	21999	2402	27720
南佐镇	15704	7894	7810	3545	7827	7733	2698	11742	1264	15452
宋曹镇	33601	17217	16384	7597	16743	16129	6147	25031	2423	33141
南因镇	35344	17972	17372	7475	17943	17354	6454	26426	2464	34532
姬村镇	27538	13685	13853	6067	13685	13853	4602	20732	2204	27028
马村乡	33268	16704	16564	7646	16700	16561	5242	25518	2508	32888
东张乡	38312	19404	18908	7795	19403	18908	8064	27660	2588	38034
赵同乡	28165	14410	13755	6541	14410	13754	4947	21140	2078	26834
北褚乡	20697	10598	10099	5314	10587	10098	3576	15496	1625	20227
苏村乡	14154	7316	6838	3527	7296	6837	2811	10258	1085	14147
苏阳乡	23608	11875	11733	5350	11805	11697	4792	17264	1552	23178
北正乡	13189	6842	6347	3278	6842	6347	2553	9718	918	13173
前仙乡	9727	5101	4626	2269	4966	4569	1789	7027	911	9618
黑水河乡	13954	7232	6722	3408	7226	6720	2601	10098	1255	13737
赵县	**571077**	**294492**	**276585**	**148326**	**286870**	**269938**	**97830**	**427072**	**46175**	**538272**
赵州镇	127545	65836	61709	36693	59788	56243	21141	96984	9420	110375
范庄镇	69155	35958	33197	16507	35876	33089	11401	52340	5414	66854
北王里镇	44112	22853	21259	11063	22642	21042	7937	32581	3594	42393
新寨店镇	30025	15433	14592	8078	15228	14551	5422	21776	2827	28012
韩村镇	49321	25347	23974	12454	25184	23686	9046	36077	4198	47924
南柏舍镇	41138	21487	19651	10096	20923	19528	7866	30052	3220	39271
沙河店镇	31370	15889	15481	8577	15594	15095	5153	23396	2821	30372
前大章乡	44500	22632	21868	11496	22609	21860	6969	33495	4036	43091
谢庄乡	67840	34985	32855	15555	34985	32855	11127	51735	4978	66447
高村乡	39225	20163	19062	10629	20133	19052	6837	29124	3264	38264
王西章乡	26846	13909	12937	7178	13908	12937	4931	19512	2403	25269
辛集市	615919	306944	308975	176891	292363	292693	79660	476295	59964	555030
辛集镇	176308	87242	89066	49517	76306	76682	23548	141271	11489	126859
旧城镇	38632	19307	19325	10670	18370	18121	4413	30060	4159	36552
张古庄镇	29079	14743	14336	8100	14743	14336	3621	22344	3114	28684
位伯镇	38748	19272	19476	10414	18201	18235	5477	29439	3832	36172
新垒头镇	40761	20096	20665	11234	20086	20660	5785	30735	4241	40256
新城镇	20899	10359	10540	6359	9631	9800	2002	16390	2507	19275
南智丘镇	35165	17668	17497	9763	17618	17442	4540	26919	3706	34716

表3 续表 5　　　　　　　　　　　　　　　　　　　　　　　　　　　　单位：人、户

地区	总人口			家庭户	家庭户总人口		分年龄人口			居住本地，户口在本地
	合计	男	女	户数	男	女	0-14岁	15-64岁	65岁及以上	
王口镇	34884	17367	17517	10833	16821	16966	3817	26843	4224	33952
天宫营乡	27290	13764	13526	8201	13745	13519	3464	20846	2980	27072
前营乡	28545	14246	14299	8405	14233	14291	3673	21557	3315	28098
马庄乡	23667	11745	11922	8035	11724	11909	2686	18037	2944	23377
和睦井乡	31189	15527	15662	8982	15397	15628	4145	23494	3550	30665
田家庄乡	46892	23215	23677	12765	23210	23672	6696	35246	4950	46223
中里厢乡	20342	10417	9925	6397	10413	9919	2775	15351	2216	20127
小辛庄乡	23518	11976	11542	7216	11865	11513	3018	17763	2737	23002
藁城市	775110	386589	388521	197063	382079	382456	115310	594462	65338	749461
廉州镇	128209	63238	64971	36946	62286	63886	18756	99965	9488	114007
兴安镇	50703	25442	25261	12975	25354	25133	7109	39083	4511	50305
贾市庄镇	48274	24333	23941	11222	24098	23559	6009	37893	4372	47851
南营镇	43018	21983	21035	10322	21621	20810	6791	32134	4093	42727
梅花镇	60791	31299	29492	14663	30834	29156	9630	45600	5561	60144
岗上镇	37244	17686	19558	8549	16141	16306	4447	29317	3480	33441
丘头镇	46291	22933	23358	12213	22837	23265	6754	35169	4368	45453
南董镇	42934	21134	21800	10640	20683	21557	6323	32694	3917	42377
张家庄镇	52604	26105	26499	13193	26105	26498	8651	39778	4175	51969
南孟镇	44317	21951	22366	10804	21726	22159	7266	33589	3462	43368
增村镇	58339	29670	28669	14609	29669	28669	9522	44534	4283	57347
常安镇	52823	26711	26112	12736	26710	26112	7622	40766	4435	52514
西关镇	43144	21708	21436	10592	21708	21436	6708	33069	3367	42688
九门回族乡	40998	20184	20814	11055	20184	20814	6310	31316	3372	40626
石家庄经济技术开发	25421	12212	13209	6544	12123	13096	3412	19555	2454	24644
晋州市	537679	271218	266461	144670	266054	261026	79322	413452	44905	505703
晋州镇	135521	68267	67254	39987	66246	64633	20309	105495	9717	120066
总十庄镇	49014	24868	24146	12709	24702	23918	7080	37758	4176	47994
营里镇	31981	16298	15683	7952	16298	15682	4511	24585	2885	30800
桃园镇	53826	27337	26489	13508	27327	26482	7629	41514	4683	52834
东卓宿镇	45748	23222	22526	12918	22343	22099	7029	34464	4255	43108
马于镇	42147	21215	20932	10941	21213	20932	5922	32356	3869	40937
小樵镇	59880	29909	29971	14851	29839	29917	8714	46324	4842	57763
槐树镇	54246	27507	26739	15368	27479	26736	8706	40644	4896	52393
东里庄镇	48686	24262	24424	12839	23970	24132	6534	37834	4318	47052
周家庄乡	16630	8333	8297	3597	6637	6495	2888	12478	1264	12756
新乐市	487652	244242	243410	117416	236961	234541	93267	362482	31903	452527
长寿街道	99347	49095	50252	24652	44414	44581	16406	77455	5486	76246
化皮镇	21279	10589	10690	5238	10533	10627	3969	15660	1650	20646
承安镇	73149	36561	36588	17527	35952	35507	14190	54728	4231	70974
正莫镇	21377	10812	10565	5558	10686	10473	4173	15698	1506	20998
南大岳镇	20105	10147	9958	5029	10018	9832	3642	15254	1209	19776
杜固镇	31354	15860	15494	7571	15698	15391	6732	22645	1977	30584
邯邰镇	72633	36585	36048	16843	36347	35695	14718	52784	5131	70531
东王镇	28317	14307	14010	6748	14305	14009	5706	20612	1999	27660
马头铺镇	40010	20232	19778	9624	20175	19727	7710	29221	3079	38510
协神乡	39014	19318	19696	9097	18602	18707	7921	28283	2810	36488
木村乡	20750	10463	10287	4826	10252	10139	4069	15330	1351	20325
彭家庄乡	20317	10273	10044	4703	9979	9853	4031	14812	1474	19789
鹿泉市	432936	214569	218367	106257	194972	198479	61792	336107	35037	356853
获鹿镇	78250	39676	38574	20637	33962	35401	10701	61727	5822	58738

表3 续表 6

单位：人、户

地区	总人口			家庭户	家庭户总人口		分年龄人口			居住本地，户口在本地
	合计	男	女	户数	男	女	0-14岁	15-64岁	65岁及以上	
铜冶镇	73428	36764	36664	16489	31698	32460	10158	57618	5652	59057
寺家庄镇	38403	18947	19456	9373	18813	19403	5667	29493	3243	35654
上庄镇	48394	23392	25002	13244	23183	23916	7869	37062	3463	34671
李村镇	33715	16936	16779	9008	16827	16743	5498	25039	3178	32578
宜安镇	28153	14590	13563	7774	13711	13422	4542	20975	2636	25932
黄壁庄镇	16469	8309	8160	4520	8308	8160	2558	12396	1515	15936
大河镇	44111	22015	22096	10297	20846	21255	6778	33355	3978	41789
山尹村镇	12957	6422	6535	3074	6219	6406	1863	9910	1184	12355
石井乡	11364	5827	5537	3105	5435	5434	1712	8434	1218	10060
白鹿泉乡	7779	4022	3757	2277	3972	3746	1047	5752	980	7334
上寨乡	9176	4713	4463	2580	4713	4463	1211	7047	918	8929
河北鹿泉经济开发区	30737	12956	17781	3879	7285	7670	2188	27299	1250	13820
唐山市	**7577289**	**3871292**	**3705997**	**2375634**	**3635855**	**3583067**	**1108176**	**5772664**	**696449**	**6582381**
路南区	**311076**	**160363**	**150713**	**95975**	**138256**	**139647**	**35638**	**246235**	**29203**	**225643**
学院南路街道	33965	16401	17564	11674	16036	17035	3302	26474	4189	27028
友谊街道	38141	18055	20086	12163	16501	17511	4317	30277	3547	22792
广场街道	35984	19842	16142	8178	11334	12017	2446	29970	3568	24625
永红桥街道	21741	12074	9667	7033	9849	9504	1991	17911	1839	13420
小山街道	14096	7154	6942	5331	7055	6878	1401	11031	1664	9901
文化北后街街道	27415	14519	12896	8573	11431	11712	2639	22706	2070	18970
钱家营矿区街道	6059	3050	3009	2282	3020	3008	794	4852	413	4759
芦台开发区海北镇	27643	14307	13336	7761	13797	13045	4916	20520	2207	25035
汉沽管理区汉丰镇	24639	12601	12038	6873	12537	12036	3788	18557	2294	22534
女织寨乡	47635	24752	22883	14100	21174	21289	6233	38229	3173	30023
芦台开发区街道	13398	6765	6633	5143	6128	6222	1385	9883	2130	11658
汉沽管理区兴农办事处	3021	1529	1492	1150	1509	1476	299	2226	496	1994
汉沽管理区振兴街道	17339	9314	8025	5714	7885	7914	2127	13599	1613	12904
路北区	**743504**	**371162**	**372342**	**229744**	**325106**	**334778**	**76873**	**599252**	**67379**	**569907**
乔屯街道	44198	21987	22211	13390	19265	20180	3838	35160	5200	35373
文化路街道	66676	32373	34303	19554	26076	27922	5266	53110	8300	56967
钓鱼台街道	58733	29440	29293	20340	28230	28993	6120	45414	7199	48942
东新村街道	9771	5345	4426	2990	4314	4262	741	8039	991	8464
缸窑街道	40483	20371	20112	13622	18197	18525	3577	32623	4283	33658
机场路街道	73737	37010	36727	24207	33901	35213	7944	58225	7568	61579
河北路街道	40597	20531	20066	12827	18841	19283	3931	32069	4597	36231
龙东街道	41907	21827	20080	13396	19569	19167	3383	34655	3869	37818
大里街道	59743	28865	30878	20481	27119	28442	6110	48823	4810	41487
光明街道	84795	42690	42105	26303	36876	37479	8910	69230	6655	69193
翔云道街道	30069	14996	15073	10341	14923	15047	3872	24040	2157	19161
果园乡政府	89429	44030	45399	27696	42663	44667	12831	70157	6441	62826
河北唐山高新技术产业园区	103366	51697	51669	24597	35132	35598	10350	87707	5309	58208
古冶区	**358461**	**179907**	**178554**	**126504**	**174970**	**177000**	**39062**	**280105**	**39294**	**320920**
林西街道	80605	39899	40706	29873	39399	40391	8440	63076	9089	69899
唐家庄街道	53212	26148	27064	19548	25859	26753	4679	42188	6345	48914
古冶街道	26742	13408	13334	9728	12425	12620	2529	21456	2757	18111
赵各庄街道	59917	30295	29622	21295	29280	29542	5488	47735	6694	56323
范各庄镇	56339	29067	27272	19049	27115	27231	7070	43685	5584	52549
卑家店乡	28366	14301	14065	9388	14289	14058	3965	21402	2999	26733
王辇庄乡	28991	14619	14372	9612	14559	14354	3850	21997	3144	26676
习家套乡	11912	5977	5935	3928	5904	5904	1526	9022	1364	10635

表3 续表 7 单位：人、户

地区	总人口			家庭户	家庭户总人口		分年龄人口			居住本地，户口在本地
	合计	男	女	户数	男	女	0-14岁	15-64岁	65岁及以上	
大庄坨乡	12377	6193	6184	4083	6140	6147	1515	9544	1318	11080
开平区	**262571**	**133779**	**128792**	**89942**	**127141**	**127223**	**34524**	**205185**	**22862**	**204533**
马家沟街道	25804	13363	12441	9228	12047	12364	2514	20365	2925	19927
开平街道	30183	15305	14878	10498	14241	14311	4451	23602	2130	19739
税务庄街道	18275	9438	8837	6580	8652	8728	1886	14983	1406	12642
陡电街道	2812	1458	1354	1213	1399	1344	158	2396	258	2618
荆各庄街道	6744	3763	2981	2142	2916	2959	689	5528	527	5175
开平镇	60134	30554	29580	20447	29586	29424	7747	47166	5221	47381
栗园镇	29470	14689	14781	9939	14518	14719	4069	22726	2675	26141
郑庄子镇	22344	11179	11165	7695	11025	11079	3008	17384	1952	16979
双桥镇	13725	6925	6800	4373	6865	6766	2097	10309	1319	12930
洼里镇	20373	10259	10114	6756	10129	10077	3409	15164	1800	18384
越河镇	32707	16846	15861	11071	15763	15452	4496	25562	2649	22617
丰南区	**595467**	**307368**	**288099**	**189128**	**287115**	**279243**	**83893**	**460949**	**50625**	**510038**
稻地镇	32921	16695	16226	10216	15353	14738	3957	26078	2886	25880
小集镇	34092	17380	16712	12678	17208	16657	4675	25645	3772	32235
黄各庄镇	52134	26632	25502	17101	26104	25269	7480	40091	4563	44946
西葛镇	23356	11786	11570	7179	11681	11552	3483	17705	2168	22130
大新庄镇	54315	27570	26745	19593	27245	26443	8184	39986	6145	52177
钱营镇	45966	23400	22566	15150	23262	22528	7053	34530	4383	43498
唐坊镇	17779	9215	8564	5396	8696	8137	2267	13892	1620	15807
王兰庄镇	37865	19455	18410	11926	19313	18288	5460	29220	3185	35989
柳树瓠镇	26178	13525	12653	8024	13380	12550	3833	19969	2376	25062
黑沿子镇	18737	9652	9085	6020	9565	9070	2870	14400	1467	18102
滨海镇	16537	8345	8192	5437	8339	8191	2261	12622	1654	15522
丰南镇	131148	66038	65110	40053	59899	59818	19152	103526	8470	89426
大齐各庄镇	13581	6974	6607	4710	6861	6573	1947	10341	1293	12594
南孙庄乡	20649	10607	10042	6506	10557	10028	2635	16118	1896	20022
东田庄乡	16356	8237	8119	4509	8233	8119	2285	12691	1380	15841
尖字沽乡	16275	8230	8045	4626	8181	8033	2355	12525	1395	15579
河北南堡经济开发区	37578	23627	13951	10004	13238	13249	3996	31610	1972	25228
丰润区	**916092**	**469030**	**447062**	**307903**	**445313**	**437462**	**140210**	**688189**	**87693**	**782123**
太平路街道	76959	42228	34731	24251	31276	31940	8227	61657	7075	59023
燕山路街道	54509	26849	27660	20607	25480	27146	6878	41113	6518	40913
浭阳街道	77236	39053	38183	27066	38031	37861	12196	59365	5675	52070
丰润镇	70305	35181	35124	21950	34034	33678	11622	52693	5990	61611
老庄子镇	36052	18203	17849	12833	18142	17841	5421	27146	3485	33208
任各庄镇	32754	16787	15967	9688	14199	13776	4512	25460	2782	25020
左家坞镇	36843	18808	18035	13033	18753	18021	6215	26636	3992	34806
泉河头镇	24565	12489	12076	8574	12301	12019	4345	17727	2493	22785
王官营镇	37262	19172	18090	12206	18706	17680	6833	26973	3456	34483
火石营镇	26903	13975	12928	8829	13681	12886	4548	19351	3004	25116
韩城镇	62032	32183	29849	20424	29521	29045	8616	48208	5208	45605
岔河镇	25798	13207	12591	8466	13177	12582	3922	19258	2618	23269
新军屯镇	37893	19174	18719	12428	18847	18442	5715	28321	3857	34499
小张各庄镇	15845	8070	7775	5016	7993	7766	2400	11788	1657	14801
丰登坞镇	37744	19215	18529	12418	19151	18518	6081	27669	3994	35418
李钊庄镇	21844	11160	10684	7873	11110	10674	3396	16172	2276	20560
白官屯镇	40393	20500	19893	13113	20353	19852	6361	29713	4319	38454
石各庄镇	27995	14214	13781	9347	14168	13777	4565	20392	3038	26318

表3 续表 8 单位：人、户

地区	总人口			家庭户	家庭户总人口		分年龄人口			居住本地，户口在本地
	合计	男	女	户数	男	女	0-14岁	15-64岁	65岁及以上	
沙流河镇	32778	16569	16209	11621	16544	16207	5702	23558	3518	31274
七树庄镇	17775	9041	8734	6297	8757	8488	2806	13139	1830	15876
杨官林镇	25904	13245	12659	9102	13106	12604	4396	18953	2555	24401
姜家营乡	15340	7931	7409	5273	7849	7383	2627	11342	1371	13468
欢喜庄乡	14762	7559	7203	4853	7550	7203	2310	10967	1485	13639
银城铺乡	32471	16505	15966	11129	16068	15844	5163	24583	2725	26468
刘家营乡	13903	7160	6743	4808	6884	6674	2258	10479	1166	11576
常庄乡	20227	10552	9675	6698	9632	9555	3095	15526	1606	17462
滦县	**554315**	**283066**	**271249**	**174418**	**276019**	**265830**	**91028**	**412122**	**51165**	**516293**
滦河街道	41784	20362	21422	13085	18941	19193	6847	32611	2326	30711
古城街道	38721	19145	19576	11375	17708	17586	5307	29375	4039	34060
滦州镇	57537	29629	27908	18358	28251	27295	8976	43221	5340	52821
响堂镇	40358	20950	19408	13036	19828	19302	5849	30433	4076	38224
东安各庄镇	62809	32416	30393	19789	32133	30344	10682	46167	5960	59173
雷庄镇	36240	18631	17609	11532	18603	17607	5569	27425	3246	34947
茨榆坨镇	26069	13200	12869	8435	13037	12803	4270	19315	2484	24790
榛子镇	55216	27951	27265	17152	27821	27225	9532	40679	5005	53047
杨柳庄镇	22338	11477	10861	7308	11389	10831	3649	16432	2257	21479
油榨镇	45417	23445	21972	13352	23141	21780	8432	32829	4156	44224
古马镇	31389	16078	15311	10507	15877	15270	4830	23331	3228	30240
小马庄镇	36198	18608	17590	11725	18520	17552	6266	26551	3381	35252
九百户镇	33982	17638	16344	10388	17278	16330	6508	24478	2996	32068
王店子镇	26257	13536	12721	8376	13492	12712	4311	19275	2671	25257
滦南县	**584518**	**295444**	**289074**	**184264**	**287165**	**282774**	**88586**	**434117**	**61815**	**552363**
倴城街道	43212	21186	22026	13658	19272	19649	6801	33999	2412	29431
倴城镇	62851	31823	31028	19696	30258	30210	9690	46965	6196	58057
宋道口镇	51178	25544	25634	16202	25149	25365	7435	38118	5625	49574
长凝镇	34476	17460	17016	10766	16739	16364	4915	25795	3766	33002
胡各庄镇	35721	17802	17919	10770	17308	17166	4645	27048	4028	33921
坨里镇	18321	9171	9150	5690	9056	9072	2613	13728	1980	18019
姚王庄镇	16959	8582	8377	5446	8461	8281	2418	12578	1963	16614
司各庄镇	42460	21565	20895	14033	20775	20315	6104	31127	5229	41370
安各庄镇	25457	12984	12473	8659	12971	12471	3804	18569	3084	24857
扒齿港镇	38376	19531	18845	11991	18962	18396	6357	27781	4238	36888
程庄镇	50828	26127	24701	15809	26005	24672	8308	37210	5310	50131
青坨营镇	28011	14323	13688	9496	14323	13688	4438	20195	3378	27465
柏各庄镇	47200	23619	23581	14232	23444	23517	7340	34799	5061	46597
柳赞镇	12739	6497	6242	4040	6357	6172	2131	9434	1174	12255
南堡镇	15595	8331	7264	4023	7210	7207	2392	11754	1449	14231
方各庄镇	29010	14693	14317	9379	14693	14317	4118	21477	3415	28345
东黄坨镇	16217	8171	8046	5185	8165	8046	2663	11744	1810	15882
马城镇	15907	8035	7872	5189	8017	7866	2414	11796	1697	15724
乐亭县	**526222**	**268491**	**257731**	**175202**	**247650**	**247668**	**64443**	**405427**	**56352**	**470260**
乐安街道	77103	38706	38397	23405	31156	32782	10771	60625	5707	57707
乐亭镇	36734	18403	18331	13172	18398	18331	4485	27789	4460	34642
汤家河镇	27734	14367	13367	8899	12952	12781	3040	21469	3225	25784
胡家坨镇	21048	10544	10504	7311	10533	10499	2449	16167	2432	19856
王滩镇	46645	23308	23337	16120	23268	23324	5814	35715	5116	44137
闫各庄镇	34633	17284	17349	12091	17239	17331	3811	26717	4105	33027
马头营镇	29021	14826	14195	9547	14083	13872	3667	21844	3510	28333

表3　续表 9　　　　单位：人、户

地　　区	总人口			家庭户	家庭户总人口		分年龄人口			居住本地，户口在本地
	合　计	男	女	户　数	男	女	0-14岁	15-64岁	65岁及以上	
新寨镇	25580	12758	12822	8539	11908	11806	2932	19659	2989	23107
汀流河镇	25940	13052	12888	8872	12593	12473	3257	19720	2963	24608
姜各庄镇	48646	24497	24149	16666	24140	24102	6336	36839	5471	47256
毛庄镇	30910	15572	15338	10762	15526	15317	3577	23570	3763	29529
中堡镇	31005	15654	15351	10925	15253	15144	3784	23254	3967	30021
庞各庄乡	21503	10866	10637	7522	10478	10600	2407	16091	3005	20305
大相各庄乡	21292	10666	10626	7438	10659	10618	2756	16092	2444	20740
古河乡	21222	10639	10583	7092	10639	10583	2747	16078	2397	20754
长芦大清河盐场	3901	2492	1409	1146	1540	1385	300	3250	351	3832
海港区	23305	14857	8448	5695	7285	6720	2310	20548	447	6622
迁西县	**390128**	**201178**	**188950**	**112491**	**194043**	**186579**	**73633**	**286040**	**30455**	**359017**
栗乡街道	38905	19791	19114	12438	18719	18572	6736	30192	1977	25431
兴城镇	52814	26676	26138	15888	26551	26134	9325	38939	4550	49605
金厂峪镇	17289	9151	8138	4818	8537	8133	3323	12666	1300	16456
洒河桥镇	19416	9978	9438	5204	9292	9164	3699	14197	1520	17798
太平寨镇	35197	18333	16864	9721	18063	16843	7326	25297	2574	34161
罗家屯镇	24685	12690	11995	7041	12253	11655	4435	18106	2144	23607
东荒峪镇	14436	7541	6895	4275	7214	6828	2784	10583	1069	13608
新集镇	25853	13249	12604	7895	13082	12513	4735	18584	2534	25015
三屯营镇	28974	15372	13602	7742	13901	13405	5391	21415	2168	26163
滦阳镇	19118	9738	9380	4942	9593	9257	3921	13853	1344	18810
白庙子乡	18110	9229	8881	5146	9017	8801	3340	13240	1530	17143
上营乡	11641	6149	5492	3282	6063	5439	2464	8343	834	11390
汉儿庄乡	20921	10654	10267	5378	10333	10162	4293	15132	1496	20276
渔户寨乡	10682	5719	4963	2970	5227	4917	2141	7783	758	9772
旧城乡	8991	4668	4323	2529	4473	4278	1821	6495	675	8421
尹庄乡	19447	9973	9474	5677	9661	9196	3838	14010	1599	18444
东莲花院乡	11894	6124	5770	3799	5963	5675	2023	8693	1178	11681
新庄子乡	11755	6143	5612	3746	6101	5607	2038	8512	1205	11236
玉田县	**684833**	**348804**	**336029**	**210772**	**338608**	**327667**	**106082**	**514037**	**64714**	**629264**
玉田镇	132205	66415	65790	39336	60329	60098	20687	101080	10438	104905
亮甲店镇	39248	19867	19381	12774	19764	19354	6166	29064	4018	37289
鸦鸿桥镇	58384	29784	28600	17025	29259	28373	9292	44009	5083	52514
窝洛沽镇	51565	26342	25223	16037	26288	25196	7518	39055	4992	49210
石臼窝镇	35910	18202	17708	10987	18102	17607	5546	26885	3479	34913
虹桥镇	30613	15710	14903	9776	15601	14848	4617	22820	3176	28784
散水头镇	26491	13578	12913	8173	13544	12896	4100	19606	2785	25228
林南仓镇	23687	11853	11834	6643	10942	10791	3163	18395	2129	20733
林西镇	30538	15788	14750	9333	15089	14365	4608	22831	3099	29367
杨家板桥镇	26230	13478	12752	8503	13029	12569	3807	19752	2671	25896
彩亭桥镇	19664	10000	9664	6332	9976	9649	3271	14474	1919	18183
孤树镇	25040	12951	12089	7781	12817	12060	4032	18666	2342	24117
大安镇	30213	15484	14729	8653	15378	14649	4845	22436	2932	29502
唐自头镇	18152	9541	8611	5617	9475	8598	2813	13293	2046	17531
郭家屯乡	34509	17648	16861	10767	17527	16849	5499	25581	3429	33479
林头屯乡	21005	10640	10365	6823	10630	10357	3672	15170	2163	20240
杨家套乡	26564	13602	12962	8774	13315	12897	4528	19496	2540	24601
潮落窝乡	22192	11363	10829	7082	11310	10806	3300	16827	2065	21971
陈家铺乡	15800	8047	7753	4835	7722	7393	2218	11944	1638	14706
郭家桥乡	16823	8511	8312	5521	8511	8312	2400	12653	1770	16095

表3 续表 10

单位：人、户

地区	总人口			家庭户	家庭户总人口		分年龄人口			居住本地，户口在本地
	合计	男	女	户数	男	女	0-14岁	15-64岁	65岁及以上	
唐海县	**184931**	**105915**	**79016**	**53466**	**72617**	**72658**	**19803**	**149650**	**15478**	**132232**
唐海镇	54934	30017	24917	16719	22758	22362	5805	44989	4140	37158
一农场	10359	5102	5257	3792	5094	5253	1304	7794	1261	10118
三农场	6590	3324	3266	2221	3097	3133	806	5092	692	5936
四农场	9488	5491	3997	2743	3887	3831	993	7716	779	6700
五农场	6995	3673	3322	2322	3205	3260	874	5388	733	5969
六农场	6247	3109	3138	2385	3052	3117	800	4676	771	5799
七农场	2553	1316	1237	682	927	918	271	2068	214	1781
八农场	27194	13470	13724	10090	13395	13711	4080	20075	3039	25965
九农场	14281	7132	7149	5068	7132	7149	1980	10573	1728	14028
十农场	11263	5630	5633	4064	5620	5632	1623	8401	1239	10927
十一农场	7368	3697	3671	2692	3637	3642	1145	5469	754	7082
八里滩养殖场	154	97	57	42	56	48	10	139	5	
十里海养殖场	1140	708	432	172	278	284	102	993	45	765
曹妃甸工业区	26365	23149	3216	474	479	318	10	26277	78	4
遵化市	**737011**	**372554**	**364457**	**212087**	**363532**	**358603**	**130218**	**544098**	**62695**	**659429**
华明路街道	32204	16007	16197	10488	15410	15950	5961	24201	2042	15811
文化路街道	50363	24660	25703	17001	24597	25678	9207	37976	3180	26307
遵化镇	44870	22485	22385	10830	18279	19549	7360	34874	2636	35964
堡子店镇	38659	19600	19059	10812	19247	18868	7016	28075	3568	36052
马兰峪镇	24569	12655	11914	6084	12301	11906	4548	18081	1940	23046
平安城镇	51631	26129	25502	16104	26096	25461	9500	37498	4633	49776
东新庄镇	36428	18392	18036	11278	18266	17914	5700	27074	3654	34906
新店子镇	48832	24792	24040	13608	24101	23235	8485	36002	4345	45876
党峪镇	28047	14592	13455	7500	13385	12791	4757	20344	2946	27646
地北头镇	21194	10944	10250	7037	10944	10250	3564	15248	2382	20621
东旧寨镇	24495	12493	12002	7089	12430	11929	4002	18063	2430	23579
铁厂镇	18330	9516	8814	5874	9516	8814	2832	13505	1993	17702
苏家洼镇	30521	15370	15151	8125	15298	15138	5847	22270	2404	29046
建明镇	31658	16000	15658	8674	15796	15592	6046	23105	2507	30708
石门镇	32341	16362	15979	8886	16280	15975	5735	23748	2858	31204
西留村乡	24205	12010	12195	6393	11542	11561	4216	18100	1889	21563
崔家庄乡	19825	9925	9900	5370	9925	9900	3898	14306	1621	18986
兴旺寨乡	21475	10773	10702	5659	10645	10672	4158	15670	1647	20823
西下营满族乡	10730	5417	5313	2969	5416	5312	2043	7813	874	10185
汤泉满族乡	8758	4382	4376	2450	4382	4376	1795	6330	633	8466
东陵满族乡	22480	11469	11011	6024	11469	11011	4073	16601	1806	21677
刘备寨乡	21298	10944	10354	6794	10943	10354	3395	15583	2320	20899
团瓢庄乡	27000	13472	13528	8074	13472	13528	4468	19896	2636	25874
娘娘庄乡	20914	10760	10154	6356	10760	10154	2917	15768	2229	20228
西三里乡	16784	8367	8417	4584	8225	8343	3336	12208	1240	14249
侯家寨乡	13716	7083	6633	3710	6852	6613	2532	10240	944	12827
小厂乡	15684	7955	7729	4314	7955	7729	2827	11519	1338	15408
迁安市	**728160**	**374231**	**353929**	**213738**	**358320**	**345935**	**124183**	**547258**	**56719**	**650359**
城区街道	89383	45493	43890	26388	40144	39735	15522	70246	3615	48540
迁安镇	116189	58515	57674	31802	57527	56821	19228	88171	8790	109146
夏官营镇	31303	16044	15259	9718	15799	15073	5332	22955	3016	30263
杨各庄镇	38542	19780	18762	11187	19772	18754	6153	28696	3693	38422
建昌营镇	43896	22599	21297	11899	22028	20752	7249	32848	3799	41898
赵店子镇	19766	10140	9626	6396	9952	9353	3061	15047	1658	18499

表3 续表 11 单位：人、户

地　　区	总人口			家庭户	家庭户总人口		分年龄人口			居住本地，户口在本地
	合　计	男	女	户　数	男	女	0-14岁	15-64岁	65岁及以　上	
野鸡坨镇	36218	18780	17438	11153	18631	17404	6194	26964	3060	34329
大崔庄镇	23631	12063	11568	6967	12059	11568	4467	17315	1849	22740
杨店子镇	63141	34015	29126	18867	29609	28439	9400	49293	4448	54899
蔡园镇	25885	13160	12725	7422	12646	12615	5154	18736	1995	23174
马兰庄镇	19169	9551	9618	5660	9545	9603	3841	13842	1486	18682
沙河驿镇	28664	15013	13651	8844	13803	13236	4749	21611	2304	26380
木厂口镇	24489	12804	11685	7306	11664	11438	4699	17595	2195	22387
扣庄乡	40381	20746	19635	12283	20716	19604	6940	29984	3457	38826
彭店子乡	22312	11207	11105	6372	11185	11093	3874	16537	1901	21912
上射雁庄乡	22927	11860	11067	6646	11772	11049	3707	17084	2136	22442
闫家店乡	23098	11937	11161	6602	11908	11140	3878	17349	1871	22189
五重安乡	25301	13160	12141	7572	12709	11938	4482	18353	2466	24177
大五里乡	17896	9047	8849	5597	8940	8821	3252	12985	1659	16636
太平庄乡	15969	8317	7652	5057	7911	7499	3001	11647	1321	14818
秦皇岛市	**2987605**	**1516194**	**1471411**	**957621**	**1421407**	**1390565**	**425792**	**2279263**	**282550**	**2477844**
海港区	**765254**	**380458**	**384796**	**247093**	**331483**	**338196**	**87400**	**617204**	**60650**	**484914**
文化路街道	40165	19664	20501	14633	19409	20247	5127	31083	3955	26466
海滨路街道	53474	26404	27070	19736	25460	26459	5691	41438	6345	40679
北环路街道	50272	24898	25374	18235	24390	25166	6681	39165	4426	32598
建设大街街道	46916	22886	24030	17134	22768	23849	5417	37213	4286	31811
河东街道	44666	21875	22791	16256	20863	21507	4450	36083	4133	29018
西港路街道	60699	30484	30215	22881	29544	30059	7061	47506	6132	35209
燕山大街街道	30276	14780	15496	11382	14352	15124	3289	23590	3397	18875
港城大街街道	52932	25612	27320	18805	24859	26690	7257	40158	5517	37483
东环路街道	60588	29285	31303	21548	28633	29428	8009	48018	4561	36903
白塔岭街道	101026	51252	49774	14689	19032	18841	4177	92464	4385	59481
珠江道街道	46205	22783	23422	15825	22095	22869	6865	36556	2784	19662
黄河道街道	15254	8228	7026	4173	6139	5992	1689	12790	775	9520
腾飞路街道	24730	11228	13502	4867	7877	7726	2511	21145	1074	21069
东港镇	24605	12630	11975	8484	11923	11717	3521	19354	1730	16614
海港镇	35451	18236	17215	13430	17248	16934	4716	28568	2167	18612
西港镇	19751	9937	9814	6081	8665	8446	2392	16107	1252	11805
海阳镇	27105	13870	13235	9334	13630	13156	4052	21335	1718	16718
北港镇	31139	16406	14733	9600	14596	13986	4495	24631	2013	22391
山海关区	**178769**	**94499**	**84270**	**59789**	**81090**	**81583**	**19026**	**141562**	**18181**	**122200**
南关街道	28953	14415	14538	10720	13817	14379	3109	22198	3646	21639
东街街道	5057	2332	2725	1613	2064	2175	434	3940	683	2135
西街街道	19303	9535	9768	7247	9475	9720	2076	14726	2501	12974
路南街道	33120	17102	16018	12157	15437	15722	2817	25760	4543	25465
船厂路街道	23361	15873	7488	4867	6453	6257	1607	20601	1153	5822
第一关镇	18638	9330	9308	6756	9265	9304	2409	14801	1428	13269
石河镇	21656	11065	10591	6966	10686	10428	2873	16772	2011	18210
孟姜镇	17822	9059	8763	6058	9038	8757	2338	13972	1512	15052
渤海乡	10859	5788	5071	3405	4855	4841	1363	8792	704	7634
北戴河区	**85647**	**40116**	**45531**	**26729**	**34103**	**35166**	**8430**	**69187**	**8030**	**56031**
西山街道	22582	9303	13279	7018	8424	8954	1963	18278	2341	14365
东山街道	12651	6535	6116	4182	5020	5169	992	10215	1444	6606
海滨镇	14101	6951	7150	5485	6900	7131	1822	10853	1426	10210
戴河镇	36313	17327	18986	10044	13759	13912	3653	29841	2819	24850
青龙满族自治县	**496726**	**260581**	**236145**	**142295**	**254113**	**233213**	**90209**	**361465**	**45052**	**464974**

表3 续表 12

单位：人、户

地区	总人口			家庭户	家庭户总人口		分年龄人口			居住本地，户口在本地
	合计	男	女	户数	男	女	0-14岁	15-64岁	65岁及以上	
青龙镇	78577	40870	37707	22482	38340	36150	14907	58142	5528	63975
祖山镇	21722	11266	10456	6346	10795	10398	3925	15749	2048	19631
木头凳镇	29325	15510	13815	7866	15238	13503	5074	21391	2860	28173
双山子镇	20657	10935	9722	5794	10517	9520	3583	15060	2014	19868
马圈子镇	22081	11644	10437	6392	11532	10422	4077	16123	1881	21114
肖营子镇	33213	17396	15817	9305	16980	15442	6093	24153	2967	31517
大巫岚镇	25887	13547	12340	7771	13103	12258	4708	18509	2670	24684
土门子镇	25470	13371	12099	8031	13228	12080	4629	18435	2406	24905
八道河镇	28499	14987	13512	7923	14591	13445	5446	20779	2274	26969
隔河头镇	24251	13060	11191	6762	12134	11155	4015	18095	2141	22895
娄杖子镇	22751	11878	10873	6277	11802	10739	4010	16624	2117	21943
凤凰山乡	8590	4382	4208	2638	4374	4202	1573	6024	993	8393
龙王庙乡	15506	8160	7346	4198	8150	7336	2865	11142	1499	14945
三星口乡	12167	6438	5729	3284	6437	5726	2192	8708	1267	11953
干沟乡	7602	4071	3531	2112	4071	3531	1273	5426	903	7406
大石岭乡	11091	5919	5172	3109	5898	5169	1918	8185	988	10858
官场乡	8965	4524	4441	2900	4520	4441	1477	6426	1062	8769
茨榆山乡	17293	9092	8201	5192	9092	8201	2734	12877	1682	17055
平方子乡	9826	5111	4715	2816	5106	4715	1742	7039	1045	9596
安子岭乡	13522	7172	6350	3734	7154	6341	2492	9780	1250	13015
朱杖子乡	13423	7095	6328	3995	7020	6313	2449	9760	1214	12862
草碾乡	8862	4624	4238	2725	4619	4238	1679	6252	931	8294
七道河乡	8030	4096	3934	2341	4096	3934	1544	5688	798	7667
三拨子乡	11103	5818	5285	3248	5773	5275	2131	7918	1054	10688
凉水河乡	18313	9615	8698	5054	9543	8679	3673	13180	1460	17799
昌黎县	**559697**	**282925**	**276772**	**184921**	**269828**	**263769**	**80717**	**420013**	**58967**	**511016**
昌黎镇	132578	65308	67270	39551	54590	55683	18113	102969	11496	103317
靖安镇	43086	22027	21059	13807	21206	20516	6234	32140	4712	40633
安山镇	45804	23316	22488	15119	23266	22480	7176	33700	4928	44243
龙家店镇	41877	21238	20639	14559	21090	20511	6298	30897	4682	40152
泥井镇	25610	13093	12517	8813	13093	12517	3496	19129	2985	24849
大蒲河镇	29919	15020	14899	9280	14512	14587	4676	22396	2847	28079
新集镇	30828	15814	15014	11371	15812	15013	4181	22697	3950	30047
刘台庄镇	22797	11553	11244	7904	11553	11244	3278	17000	2519	22148
茹荷镇	15432	7908	7524	5650	7864	7521	2068	11454	1910	14756
朱各庄镇	30524	15634	14890	10705	15533	14869	4950	22387	3187	28773
荒佃庄镇	28838	14679	14159	10504	14573	14106	3882	21438	3518	27483
团林乡	21597	10866	10731	6835	10602	10687	3210	16162	2225	20940
葛条港乡	22903	11545	11358	7698	11364	11098	3416	17146	2341	21103
马坨店乡	35762	18295	17467	12452	18295	17467	5060	26337	4365	34575
两山乡	19065	9956	9109	6270	9814	9077	2628	14417	2020	17732
十里铺乡	13077	6673	6404	4403	6661	6393	2051	9744	1282	12186
抚宁县	**517073**	**262457**	**254616**	**165945**	**257213**	**250883**	**75564**	**391742**	**49767**	**474385**
骊城街道	39262	19305	19957	12322	17171	17797	5936	30560	2766	24415
南戴河街道	19789	10031	9758	7007	9386	9531	2446	15695	1648	15349
抚宁镇	76460	39017	37443	25129	38528	37332	10974	57729	7757	73181
留守营镇	63836	31978	31858	21609	31908	31832	8713	48746	6377	61845
榆关镇	49870	25231	24639	15497	25036	24364	7660	37466	4744	49069
牛头崖镇	46171	23065	23106	15083	22970	23027	5964	35500	4707	42969
石门寨镇	46356	23243	23113	14122	22873	22757	6980	35361	4015	43214

表3 续表 13

单位：人、户

地　区	总人口			家庭户	家庭户总人口		分年龄人口			居住本地，户口在本地
	合计	男	女	户数	男	女	0-14岁	15-64岁	65岁及以上	
台营镇	41960	21643	20317	12865	21424	20021	6400	31087	4473	41363
大新寨镇	33709	17487	16222	10309	17424	16218	5031	24768	3910	33314
驻操营镇	22276	11423	10853	6974	11408	10849	3239	16515	2522	21532
杜庄镇	28831	15032	13799	9604	14118	13622	4865	22140	1826	20618
茶棚乡	37426	19307	18119	11810	19281	18105	5518	27953	3955	36862
深河乡	11127	5695	5432	3614	5686	5428	1838	8222	1067	10654
卢龙县	**384439**	**195158**	**189281**	**130849**	**193577**	**187755**	**64446**	**278090**	**41903**	**364324**
卢龙镇	67865	34144	33721	22519	33640	33220	12253	49437	6175	60603
潘庄镇	24363	12601	11762	7681	12328	11409	4067	17695	2601	23200
燕河营镇	30499	15163	15336	11124	15131	15326	4774	21847	3878	29511
双望镇	25871	13006	12865	9112	12995	12860	4339	18337	3195	24916
刘田各庄镇	41676	21316	20360	14443	21142	20095	6307	30610	4759	40108
石门镇	41220	20932	20288	14255	20889	20265	7477	29439	4304	39417
下寨乡	19051	9709	9342	6438	9677	9326	3355	13491	2205	18159
刘家营乡	14531	7414	7117	4912	7299	7067	2689	10283	1559	13829
陈官屯乡	24870	12665	12205	8143	12649	12181	4043	18043	2784	23877
印庄乡	25462	13107	12355	8611	13086	12346	4206	18524	2732	24453
蛤泊乡	26571	13418	13153	9441	13390	13139	3996	19478	3097	25205
木井乡	42460	21683	20777	14170	21351	20521	6940	30906	4614	41046
邯郸市	**9174683**	**4617598**	**4557085**	**2359454**	**4443558**	**4458810**	**1900467**	**6626981**	**647235**	**8309857**
邯山区	**385626**	**193820**	**191806**	**112677**	**169907**	**173812**	**52791**	**302077**	**30758**	**260574**
火磨街道	8498	4237	4261	2899	4124	4228	1295	6397	806	5210
陵园路街道	13982	6815	7167	4939	6773	7095	1956	10644	1382	10251
光明路街道	18164	8869	9295	6015	8773	9170	2595	13922	1647	10109
滏东街道	42946	21417	21529	14575	21130	21413	6293	33422	3231	23041
罗城头街道	88709	45843	42866	19163	27199	27466	7479	75837	5393	51101
渚河路街道	51343	25737	25606	16320	23558	24337	6470	40047	4826	32530
浴新南街道	32986	16899	16087	10579	15885	15782	4265	26702	2019	23967
农林路街道	10865	5432	5433	3524	4800	5082	1238	7873	1754	8607
贸东街道	17019	8227	8792	5772	8128	8667	2668	12573	1778	11548
贸西街道	19522	9707	9815	6356	9641	9787	2978	14702	1842	12071
马头镇	32380	16261	16119	9219	15659	16062	5211	24236	2933	29855
北张庄镇	28196	14028	14168	7481	13949	14087	6028	20285	1883	27311
马庄乡	21016	10348	10668	5835	10288	10636	4315	15437	1264	14973
丛台区	**363778**	**180833**	**182945**	**111469**	**169309**	**175316**	**51254**	**276837**	**35687**	**263217**
丛台西街道	23433	11480	11953	7237	10502	10982	3394	18009	2030	13937
联纺西街道	34172	17430	16742	11153	15644	15863	3808	26463	3901	25028
联纺东街道	42332	20324	22008	13571	20037	21297	4849	32157	5326	32570
光明桥街道	47685	24051	23634	15188	22538	23292	6572	36039	5074	37182
丛台东街道	64312	32418	31894	18563	28172	29585	8997	48053	7262	56684
四季青街道	23727	11724	12003	7442	11463	11759	4401	17925	1401	10501
和平街道	10576	5297	5279	3724	5121	5167	1256	8261	1059	8418
中华街道	16554	8235	8319	5432	7892	8012	2066	12821	1667	12355
人民路街道	30849	14966	15883	8339	13974	14662	4292	23025	3532	26861
柳林桥街道	33451	16684	16767	10113	15822	16260	5179	26303	1969	17761
苏曹乡	36687	18224	18463	10707	18144	18437	6440	27781	2466	21920
复兴区	**192023**	**100846**	**91177**	**58032**	**88554**	**89298**	**27516**	**148526**	**15981**	**148145**
胜利桥街道	26539	13251	13288	9025	13099	13222	4026	20755	1758	15057
百家村街道	29775	15087	14688	9966	14990	14661	4083	22873	2819	25779
铁路大院街道	19298	10288	9010	5472	8587	8523	2111	15407	1780	13554

表3 续表 14 单位：人、户

地区	总人口 合计	总人口 男	总人口 女	家庭户户数	家庭户总人口 男	家庭户总人口 女	分年龄人口 0-14岁	分年龄人口 15-64岁	分年龄人口 65岁及以上	居住本地，户口在本地
化林路街道	47512	26644	20868	13227	19342	20059	6344	36913	4255	38822
庞村街道	7013	3618	3395	2417	3372	3339	771	5351	891	4620
2672街道	15199	8474	6725	4839	6530	6432	2213	12014	972	13001
石化街道	5297	2777	2520	1862	2504	2482	697	3831	769	3887
彭家寨乡	41390	20707	20683	11224	20130	20580	7271	31382	2737	33425
峰峰矿区	**503911**	**262577**	**241334**	**137060**	**231372**	**231180**	**68481**	**391130**	**44300**	**470421**
临水镇	128433	64859	63574	35751	58319	59025	17759	101090	9584	115921
峰峰镇	81631	40719	40912	23448	38991	39730	9847	63285	8499	76113
新坡镇	26898	14071	12827	7418	12971	12814	4122	20553	2223	25729
大社镇	47674	25933	21741	12116	21188	21092	6732	36207	4735	45979
和村镇	65077	37487	27590	16544	28405	27341	7990	50581	6506	61976
义井镇	54899	29248	25651	13236	23460	23010	8278	41649	4972	52976
彭城镇	56711	28460	28251	16992	27765	27910	7430	44704	4577	51527
界城镇	25295	13171	12124	6675	11730	11603	3726	19822	1747	23933
大峪镇	17293	8629	8664	4880	8543	8655	2597	13239	1457	16267
邯郸县	**462012**	**233020**	**228992**	**118489**	**224686**	**224474**	**94898**	**338088**	**29026**	**384045**
尚璧镇	55613	27481	28132	13049	27481	28131	12666	39284	3663	53034
黄粱梦镇	56896	28655	28241	13258	27590	27131	11590	41838	3468	52018
河沙镇镇	39261	19576	19685	9455	19509	19680	8305	28277	2679	37147
户村镇	29893	15272	14621	7789	15010	14563	5665	22237	1991	25077
南堡乡	67697	35053	32644	17644	31622	31288	13544	50315	3838	51250
南吕固乡	33044	16908	16136	8030	16908	16136	7885	23064	2095	30618
兼庄乡	90174	44348	45826	25248	41801	43905	16610	68294	5270	55344
代召乡	34210	17145	17065	9270	17142	17060	8292	23693	2225	30223
康庄乡	30141	15767	14374	8050	14810	14315	5213	22851	2077	25643
三陵乡	25083	12815	12268	6696	12813	12265	5128	18235	1720	23691
临漳县	**600600**	**293925**	**306675**	**148696**	**290068**	**303094**	**136234**	**423055**	**41311**	**580573**
临漳镇	86979	43558	43421	20026	41199	40791	16566	65316	5097	78033
南东坊镇	25116	12260	12856	6113	12242	12847	6384	17036	1696	23840
孙陶集镇	57385	27718	29667	14443	27718	29667	13932	39401	4052	56699
柳园镇	59424	28596	30828	14374	28122	30415	13705	41487	4232	58664
称勾集镇	41591	20387	21204	10799	20002	21012	9241	29109	3241	41242
狄邱乡	28702	14012	14690	6810	13976	14690	7122	19641	1939	28076
张村集乡	51849	26035	25814	13382	26028	25811	11365	36694	3790	51141
西羊羔乡	22219	10918	11301	5617	10918	11301	4714	15801	1704	21950
香菜营乡	30020	14538	15482	7649	14405	15410	7287	20917	1816	29056
杜村集乡	44830	21700	23130	11303	21571	23087	11067	30487	3276	43902
章里集乡	36512	17943	18569	9468	17743	18433	8131	26118	2263	35437
习文乡	37008	19040	17968	9182	19033	17959	8364	26569	2075	36274
砖寨营乡	40727	19129	21598	10125	19088	21589	8910	28636	3181	39436
柏鹤集乡	38238	18091	20147	9405	18023	20082	9446	25843	2949	36823
成安县	**377398**	**182261**	**195137**	**97755**	**178873**	**191999**	**86408**	**261366**	**29624**	**350207**
成安镇	76075	37604	38471	18152	35738	36168	16183	55264	4628	64299
商城镇	60146	29373	30773	14512	28227	30101	13074	42962	4110	55536
漳河店镇	34824	17097	17727	9198	16974	17684	8052	23525	3247	33822
李家疃镇	37015	17483	19532	9887	17372	19445	8994	24997	3024	35767
辛义乡	41533	19905	21628	11130	19905	21628	9323	29003	3207	39504
柏寺营乡	21368	10249	11119	5744	10249	11119	5120	14436	1812	20056
道东堡乡	44560	21398	23162	11706	21264	23138	10449	30358	3753	41886
北乡义乡	38211	18048	20163	10852	18045	20160	9309	24931	3971	36941

表3 续表 15 单位：人、户

地区	总人口			家庭户	家庭户总人口		分年龄人口			居住本地，户口在本地
	合计	男	女	户数	男	女	0-14岁	15-64岁	65岁及以上	
长巷乡	23666	11104	12562	6574	11099	12556	5904	15890	1872	22396
大名县	**767035**	**382886**	**384149**	**183536**	**380873**	**383010**	**182541**	**529442**	**55052**	**743893**
大名镇	59669	29470	30199	16066	29216	29679	11786	43981	3902	50179
杨桥镇	47389	23864	23525	10890	23849	23520	11175	32902	3312	46814
万堤镇	31932	15963	15969	7281	15924	15964	7353	22556	2023	31718
龙王庙镇	51354	25780	25574	11466	25773	25572	11996	35763	3595	50117
束馆镇	40305	20629	19676	8389	20420	19593	9668	27638	2999	40129
金滩镇	46974	23514	23460	11282	23514	23460	10686	33128	3160	46455
沙圪塔乡	29347	14039	15308	8634	14025	15303	7270	19530	2547	28636
王村乡	40589	20178	20411	8449	20126	20382	9045	28371	3173	39947
铺上乡	31033	15440	15593	6713	15440	15593	7146	21908	1979	30802
黄金堤乡	33926	17039	16887	8083	16894	16799	8509	23180	2237	33092
大街乡	37290	18459	18831	8950	18459	18831	9719	24870	2701	36109
旧治乡	44827	22422	22405	10328	22404	22401	10693	31084	3050	43109
西未庄乡	29741	14874	14867	7071	14874	14867	7199	20390	2152	28372
孙甘店乡	38542	19423	19119	9071	19422	19119	9658	26294	2590	37380
西付集乡	40443	20169	20274	9819	19104	19997	9107	28024	3312	40034
埝头乡	45028	22426	22602	10185	22311	22531	10871	30914	3243	44447
北峰乡	33111	16612	16499	8644	16574	16481	8365	22192	2554	32113
张铁集乡	37995	18822	19173	9713	18794	19147	10075	24886	3034	37370
红庙乡	32187	16039	16148	8419	16038	16148	8331	21494	2362	31833
营镇回族乡	15353	7724	7629	4083	7712	7623	3889	10337	1127	15237
涉县	**413057**	**213403**	**199654**	**122001**	**205382**	**193984**	**74820**	**312996**	**25241**	**370208**
涉城镇	83943	43488	40455	24477	38960	36796	15307	64862	3774	58030
河南店镇	30145	15526	14619	8477	15184	14256	5327	22824	1994	27692
索堡镇	23418	12192	11226	6656	12032	11101	4137	17659	1622	22533
西戌镇	15683	8123	7560	5279	7631	7344	2806	11824	1053	13712
井店镇	41474	21500	19974	12413	20928	19566	7816	31124	2534	38388
更乐镇	22635	11602	11033	7509	11489	10951	4143	17044	1448	20944
固新镇	24404	12569	11835	6818	12482	11800	4277	18422	1705	23829
西达镇	16428	8525	7903	4429	8297	7792	3074	12304	1050	16187
偏城镇	13068	6675	6393	4037	6504	6354	2178	9947	943	12854
神头乡	14215	7547	6668	4641	7241	6559	2534	10510	1171	13404
辽城乡	19680	10156	9524	5798	9911	9383	3404	14916	1360	18977
偏店乡	18373	9312	9061	5640	9115	8953	3386	13979	1008	17493
龙虎乡	20737	10563	10174	6071	10457	10131	3921	15524	1292	19728
木井乡	17237	8778	8459	4873	8694	8392	3239	13077	921	16456
关防乡	14032	7428	6604	4176	7333	6564	2424	10622	986	13523
合漳乡	20711	10749	9962	5834	10643	9930	3758	15729	1224	20275
鹿头乡	16874	8670	8204	4873	8481	8112	3089	12629	1156	16183
磁县	**677884**	**342468**	**335416**	**168158**	**335091**	**331243**	**139354**	**497499**	**41031**	**614588**
磁州镇	143465	72232	71233	34674	68626	67804	27069	108505	7891	115494
高臾镇	46259	22997	23262	10827	22921	23201	11427	32042	2790	44983
西光禄镇	42315	21481	20834	10260	21294	20810	10584	29488	2243	37982
讲武城镇	48065	24177	23888	12194	23873	23695	9845	35161	3059	46143
岳城镇	35428	17818	17610	8480	17814	17608	7942	25708	1778	33145
观台镇	32198	16953	15245	8275	15763	15075	5703	24762	1733	29954
林坦镇	31123	15861	15262	8170	15823	15259	6406	22717	2000	28470
白土镇	21135	10480	10655	5994	10427	10619	3799	15740	1596	19996
黄沙镇	16579	9131	7448	3549	7565	7377	2819	13037	723	13939

表3 续表 16　　　　单位：人、户

地　区	总人口			家庭户	家庭户总人口		分年龄人口			居住本地，户口在本地
	合　计	男	女	户　数	男	女	0-14岁	15-64岁	65岁及以上	
路村营乡	23815	11861	11954	5378	11861	11954	4953	17635	1227	22678
西固义乡	21795	10996	10799	5429	10996	10799	4863	15522	1410	20604
辛庄营乡	43575	21867	21708	10710	21856	21683	9362	31331	2882	41494
花官营乡	34947	17658	17289	8317	17658	17289	7437	25246	2264	32740
时村营乡	26392	13375	13017	6389	13174	12908	5710	19064	1618	24427
南城乡	23057	11759	11298	6405	11751	11295	4518	16801	1738	20118
台城乡	26647	13370	13277	6434	13343	13276	5776	19275	1596	24004
陶泉乡	16478	8072	8406	4884	8046	8388	3083	11869	1526	15909
都党乡	16009	8076	7933	4174	8032	7924	2931	12085	993	15260
北贾壁乡	28602	14304	14298	7615	14268	14279	5127	21511	1964	27248
肥乡县	**351690**	**176526**	**175164**	**85056**	**175454**	**173785**	**79529**	**245233**	**26928**	**343556**
肥乡镇	77971	39091	38880	17670	38041	37506	17055	55660	5256	74475
天台山镇	39728	20027	19701	10072	20027	19700	8755	27845	3128	39142
大西韩乡	31971	16162	15809	8255	16162	15807	7395	22235	2341	31576
辛安镇乡	28492	14283	14209	6367	14283	14209	6493	19888	2111	28278
毛演堡乡	39348	19846	19502	9646	19846	19502	9223	27326	2799	38538
元固乡	41515	20457	21058	9601	20457	21058	9169	28660	3686	40786
屯庄营乡	30169	15055	15114	7539	15038	15112	6575	20779	2815	29439
东漳堡乡	31573	15949	15624	7985	15949	15624	7726	21485	2362	30952
旧店乡	30923	15656	15267	7921	15651	15267	7138	21355	2430	30370
永年县	**943935**	**478209**	**465726**	**231986**	**469833**	**457079**	**220818**	**665157**	**57960**	**897250**
临洺关镇	132093	67611	64482	35210	62923	59602	26514	98571	7008	114402
大北汪镇	36818	18582	18236	8649	18582	18236	8453	26122	2243	36382
张西堡镇	45614	23150	22464	10064	23130	22462	11921	30714	2979	44726
广府镇	49716	24853	24863	10846	23699	23361	11659	35250	2807	46452
南沿村镇	53211	27169	26042	12704	27169	26042	13522	36410	3279	52952
永合会镇	40175	20746	19429	10167	19706	19299	8728	28907	2540	35531
西苏乡	60866	30340	30526	15416	30284	30517	14262	42674	3930	57941
界河店乡	31676	15554	16122	7169	14695	14464	6699	23141	1836	28002
刘营乡	52352	26509	25843	11422	26094	25418	12139	37009	3204	50718
刘汉乡	44199	22261	21938	11861	22261	21938	10329	31275	2595	42840
正西乡	37953	19298	18655	9853	19296	18655	8570	26832	2551	36948
讲武乡	45741	23114	22627	12111	23114	22626	10200	32548	2993	44814
曲陌乡	39061	19707	19354	9741	19692	19354	9146	27182	2733	38311
辛庄堡乡	43273	22170	21103	10192	22170	21103	11427	29227	2619	42779
小龙马乡	51053	25953	25100	12598	25947	25095	9976	38049	3028	49873
东杨庄乡	40693	20232	20461	10337	20232	20461	10092	27789	2812	39130
小西堡乡	38097	19649	18448	8843	19628	18446	10654	25412	2031	37430
西河庄乡	32328	16288	16040	7754	16286	16038	9263	20957	2108	31283
姚寨乡	43181	22086	21095	10700	21988	21064	11455	28630	3096	42031
西阳城乡	25835	12937	12898	6349	12937	12898	5809	18458	1568	24705
邱县	**227578**	**114609**	**112969**	**62902**	**110228**	**111521**	**55680**	**158032**	**13866**	**212430**
新马头镇	76797	40154	36643	20303	35891	35254	16837	55799	4161	65234
邱城镇	32605	15959	16646	8788	15887	16625	8133	22413	2059	31294
梁二庄镇	27361	13344	14017	7476	13344	14016	7157	18296	1908	26899
香城固镇	30045	14862	15183	8889	14822	15152	7603	20578	1864	29668
南辛店乡	23855	11868	11987	6975	11868	11986	5748	16544	1563	23410
古城营乡	30688	15266	15422	8831	15266	15422	8640	20179	1869	29745
陈村回族乡	6227	3156	3071	1640	3150	3066	1562	4223	442	6180
鸡泽县	**274328**	**138569**	**135759**	**69422**	**136408**	**133370**	**65358**	**191247**	**17723**	**250605**

表3　续表 17　　　　　　　　　　　　　　　　　　　　　　　　单位：人、户

地　区	总人口			家庭户	家庭户总人口		分年龄人口			居住本地，户口在本地
	合　计	男	女	户　数	男	女	0-14岁	15-64岁	65岁及以　上	
鸡泽镇	65000	33369	31631	15939	31277	29271	12614	48568	3818	56961
小寨镇	39007	19611	19396	10437	19611	19396	9382	26898	2727	36560
双塔镇	36895	18393	18502	9009	18346	18492	10059	24610	2226	33441
浮图店乡	48242	23976	24266	11809	23975	24266	11654	33181	3407	45638
吴官营乡	25732	12928	12804	6867	12928	12804	6515	17498	1719	23685
风正乡	24479	12485	11994	6262	12464	11975	6157	16872	1450	23089
曹庄乡	34973	17807	17166	9099	17807	17166	8977	23620	2376	31231
广平县	**268993**	**131277**	**137716**	**63560**	**130501**	**136973**	**56675**	**192698**	**19620**	**258793**
广平镇	66384	32470	33914	15661	32404	33664	12845	48766	4773	62632
平固店镇	36141	17876	18265	8486	17835	18232	7782	26043	2316	34961
双庙乡	45214	22444	22770	10333	22277	22666	9136	32344	3734	43972
十里铺乡	40189	19142	21047	8936	18877	20854	8485	28749	2955	39220
南韩村乡	30172	14569	15603	7587	14569	15602	6721	21290	2161	29125
南阳堡乡	27192	13090	14102	6478	12906	13969	5721	19420	2051	26645
东张孟乡	23701	11686	12015	6079	11633	11986	5985	16086	1630	22238
馆陶县	**309032**	**153922**	**155110**	**85455**	**151969**	**153202**	**75279**	**213605**	**20148**	**291118**
馆陶镇	66372	33449	32923	18448	32399	31653	14883	47895	3594	53853
房寨镇	25437	12397	13040	6804	12397	13040	5810	17426	2201	25266
柴堡镇	42991	21420	21571	12074	21081	21204	11322	29127	2542	41410
魏僧寨镇	35824	18461	17363	10007	18206	17290	8686	25001	2137	34169
寿山寺乡	39381	19278	20103	10768	19231	20087	9660	26936	2785	38413
王桥乡	35513	17761	17752	9214	17761	17752	7730	25370	2413	35297
南徐村乡	26625	13148	13477	7750	13091	13386	7275	17369	1981	26102
路桥乡	36889	18008	18881	10390	17803	18790	9913	24481	2495	36608
魏县	**809193**	**401542**	**407651**	**184480**	**387934**	**398738**	**169933**	**577340**	**61920**	**762573**
魏城镇	133734	67874	65860	30596	65829	63370	25853	99580	8301	108333
德政镇	24034	12265	11769	4772	10987	11134	4793	17340	1901	23499
北皋镇	62630	30842	31788	14567	29426	31105	13835	43786	5009	61527
双井镇	43629	22253	21376	8843	18308	19239	8782	31514	3333	41649
牙里镇	50291	25237	25054	11355	23933	24606	11082	35044	4165	48778
车往镇	35815	17641	18174	7980	17480	18096	7177	25677	2961	34706
回隆镇	44468	22509	21959	9035	19642	19843	7132	33818	3518	42053
张二庄镇	56975	28378	28597	12420	28378	28597	12701	40407	3867	54762
东代固乡	29371	14379	14992	6226	14379	14992	5654	21456	2261	27986
棘针寨乡	23871	11961	11910	5616	11590	11854	5336	16679	1856	23487
沙口集乡	41557	20195	21362	9991	20006	21103	9709	28702	3146	41057
野胡拐乡	17331	8403	8928	4309	8403	8928	3790	12059	1482	17156
仕望集乡	20270	10152	10118	4517	10145	10116	4191	14425	1654	19725
前大磨乡	26097	12694	13403	6415	12694	13403	5539	18348	2210	25868
院堡乡	18410	8700	9710	4740	8700	9710	4182	12607	1621	17737
南双庙乡	34520	16701	17819	7834	16701	17819	7444	24143	2933	33683
大辛庄乡	31056	15232	15824	7268	15230	15822	6603	22229	2224	30244
大马村乡	18717	9582	9135	4325	9579	9133	4294	13071	1352	18518
边马乡	45042	21873	23169	11318	21855	23164	10270	31161	3611	43917
北台头乡	16267	7507	8760	4543	7505	8760	4009	10613	1645	15311
泊口乡	35108	17164	17944	7810	17164	17944	7557	24681	2870	32577
曲周县	**427610**	**215528**	**212082**	**109357**	**214695**	**211382**	**101164**	**295330**	**31116**	**413878**
曲周镇	69960	35260	34700	18013	34966	34468	15125	49943	4892	64440
安寨镇	54641	27477	27164	13831	27477	27162	12848	37654	4139	53883
侯村镇	59299	29927	29372	13537	29918	29370	15547	40063	3689	59157

表3 续表 18　　　　单位：人、户

地区	总人口			家庭户	家庭户总人口		分年龄人口			居住本地，户口在本地
	合计	男	女	户数	男	女	0-14岁	15-64岁	65岁及以上	
河南疃镇	43134	22020	21114	11589	21818	21012	10377	29377	3380	42667
第四疃镇	39827	20121	19706	10547	20121	19706	9976	27129	2722	38152
槐桥乡	27784	14070	13714	7966	13994	13614	6633	19167	1984	26779
南里岳乡	31832	16025	15807	7763	16025	15807	7194	22300	2338	30908
白寨乡	49761	24988	24773	13075	24736	24511	10914	34656	4191	47223
大河道乡	23403	11850	11553	6095	11850	11553	5043	16518	1842	23350
依庄乡	27969	13790	14179	6941	13790	14179	7507	18523	1939	27319
武安市	**819000**	**421377**	**397623**	**209363**	**392421**	**385350**	**161734**	**607323**	**49943**	**693783**
武安镇	134485	69195	65290	33859	59078	57999	23094	105085	6306	83822
康二城镇	39953	21389	18564	9678	19363	18478	7814	29561	2578	29656
午汲镇	45776	23613	22163	12411	22953	22017	9376	33402	2998	37693
磁山镇	33474	17947	15527	8013	14976	14347	5462	25608	2404	26973
伯延镇	20072	10186	9886	5482	10185	9886	3587	14770	1715	19172
淑村镇	25962	13862	12100	6264	12253	11958	4965	19204	1793	22899
大同镇	43995	22201	21794	10329	21538	21186	9316	32367	2312	41427
邑城镇	38822	19232	19590	9586	19217	19590	8745	27862	2215	37831
矿山镇	51792	27215	24577	13311	24389	24479	9781	39264	2747	40013
贺进镇	24481	12072	12409	6772	12056	12393	5153	17671	1657	23743
阳邑镇	46826	24241	22585	12120	23115	22501	9221	34855	2750	43809
徘徊镇	27589	14056	13533	7569	14038	13527	5815	19688	2086	26634
冶陶镇	22644	11611	11033	6182	11041	10680	4499	16393	1752	21954
上团城乡	34274	17875	16399	8287	16440	16236	7001	25137	2136	29604
北安庄乡	16684	8581	8103	4537	8275	8103	3229	12211	1244	15387
北安乐乡	29889	15142	14747	7607	15112	14734	6965	21239	1685	29355
西土山乡	61348	32171	29177	13767	28310	27354	11949	46211	3188	46589
西寺庄乡	40069	20083	19986	9352	19587	19783	8572	28959	2538	38712
活水乡	21043	10343	10700	7130	10236	10666	4951	14662	1430	20281
石洞乡	22189	11358	10831	5870	11266	10811	4794	15794	1601	21496
管陶乡	19465	9716	9749	5802	9708	9744	3872	14193	1400	19144
马家庄乡	18168	9288	8880	5435	9285	8878	3573	13187	1408	17589
邢台市	**7104103**	**3606588**	**3497515**	**1916890**	**3461272**	**3387992**	**1264127**	**5328332**	**511644**	**6531822**
桥东区	**269603**	**135486**	**134117**	**80650**	**121432**	**123098**	**38636**	**212463**	**18504**	**160011**
南长街街道	77443	38138	39305	20064	30444	30886	9403	63606	4434	44012
北大街街道	36536	18129	18407	10657	15886	16326	5143	28795	2598	20494
西大街街道	47485	23590	23895	16390	23424	23706	7547	36212	3726	26856
西门里街道	45591	24193	21398	14700	20645	21210	5880	35780	3931	29482
大梁庄乡	22838	11570	11268	6878	11433	11202	3524	17983	1331	11372
东郭村乡	20988	10503	10485	6274	10283	10414	3542	16072	1374	14834
市高新技术开发区	18722	9363	9359	5687	9317	9354	3597	14015	1110	12961
桥西区	**400551**	**206685**	**193866**	**113827**	**173154**	**175714**	**54050**	**319538**	**26963**	**260469**
钢铁路街道	48464	25405	23059	13775	21002	21105	6716	38748	3000	31134
中兴路街道	49784	27425	22359	13705	20292	20464	6239	39843	3702	30197
达活泉街道	35809	18047	17762	11161	16390	16655	5360	28570	1879	12969
张宽街道	32369	16732	15637	9112	15161	15143	4352	25529	2488	30706
章村街道	31637	18850	12787	8155	12738	12730	3427	26034	2176	29726
中华大街街道	50724	25104	25620	16627	24035	24526	6988	39730	4006	31148
团结路街道	68779	33968	34811	21920	31514	32214	9381	53723	5675	44835
泉西街道	41816	20813	21003	7785	11913	12107	4417	36086	1313	15869
南大郭乡	26030	12778	13252	7678	12753	13235	4508	19809	1713	19794
李村乡	15139	7563	7576	3909	7356	7535	2662	11466	1011	14091

表3　续表 19　　　　　　　　　　单位：人、户

地　区	总人口			家庭户	家庭户总人口		分年龄人口			居住本地，户口在本地
	合　计	男	女	户　数	男	女	0-14岁	15-64岁	65岁及以上	
邢台县	**466323**	**236302**	**230021**	**131094**	**222140**	**220824**	**79919**	**351072**	**35332**	**425634**
豫让桥街道	27738	13927	13811	7990	12527	12609	4616	21383	1739	22310
东汪镇	32557	16523	16034	8951	16078	15867	6415	24378	1764	25110
王快镇	33909	17448	16461	9948	16929	16299	6332	25390	2187	31439
祝村镇	40317	20293	20024	10115	19648	19603	7420	29978	2919	38701
晏家屯镇	33631	17370	16261	8529	15496	15570	5082	26095	2454	30673
南石门镇	50035	25283	24752	13821	23310	23580	7902	38264	3869	45082
羊范镇	29563	14851	14712	8813	14832	14701	5311	22034	2218	28040
皇寺镇	31841	16227	15614	8708	15797	15428	5408	23950	2483	30971
会宁镇	36488	18094	18394	9784	16317	16622	5671	27927	2890	32074
西黄村镇	19403	10000	9403	5692	8936	8747	3236	14549	1618	18353
路罗镇	16259	8222	8037	4736	7693	7777	2936	12258	1065	15428
将军墓镇	13420	6951	6469	4148	6306	6120	2361	9734	1325	12072
浆水镇	24356	12093	12263	6585	10761	10806	3921	18523	1912	21565
宋家庄镇	17830	9253	8577	5104	8778	8366	2932	13054	1844	16925
太子井乡	11669	5760	5909	3774	5757	5908	1864	8609	1196	11271
龙泉寺乡	11863	6047	5816	3412	5586	5628	2241	8747	875	11330
北小庄乡	8156	4149	4007	2535	4052	3997	1226	6180	750	7764
城计头乡	9195	4657	4538	2718	4428	4403	1768	6817	610	9021
白岸乡	9277	4669	4608	2984	4515	4500	1669	6900	708	9111
冀家村乡	8816	4485	4331	2747	4394	4293	1608	6302	906	8394
临城县	**204086**	**104021**	**100065**	**55073**	**96496**	**93432**	**35343**	**152693**	**16050**	**191014**
临城镇	64247	32492	31755	15514	26622	26200	10045	49771	4431	53821
东镇镇	25652	13189	12463	6277	11964	11594	4281	19113	2258	25454
西竖镇	17848	9063	8785	5095	8964	8723	3279	13331	1238	17636
郝庄镇	13061	6636	6425	4225	6585	6412	2487	9577	997	12811
黑城乡	25548	12985	12563	7229	12982	12561	4776	18604	2168	24797
鸭鸽营乡	29247	14870	14377	8232	14793	14347	5173	21298	2776	28476
石城乡	10714	5521	5193	3091	5520	5192	1955	7979	780	10636
赵庄乡	17769	9265	8504	5410	9066	8403	3347	13020	1402	17383
内邱县	**266620**	**134857**	**131763**	**70240**	**129647**	**127838**	**46643**	**201752**	**18225**	**253604**
内邱镇	64414	32382	32032	16751	29239	29128	10427	50045	3942	54622
大孟村镇	32542	16354	16188	8844	16151	16179	6242	24263	2037	31279
金店镇	62384	31472	30912	15472	30845	30491	10728	47094	4562	61653
官庄镇	29068	14790	14278	7597	14525	14096	4698	22464	1906	28627
柳林镇	21671	11194	10477	5615	10846	10275	4133	16271	1267	21494
五郭店乡	26490	13150	13340	7215	12778	13235	4677	19722	2091	26031
南赛乡	11210	5814	5396	3088	5812	5395	2106	8336	768	11152
獐么乡	6490	3311	3179	1787	3311	3179	1365	4679	446	6437
侯家庄乡	12351	6390	5961	3871	6140	5860	2267	8878	1206	12309
柏乡县	**190225**	**96748**	**93477**	**48063**	**95833**	**92542**	**35453**	**139492**	**15280**	**183112**
柏乡镇	47487	24261	23226	12555	23393	22339	8542	35294	3651	42941
固城店镇	37626	19121	18505	9806	19095	18475	7491	27122	3013	36630
西汪镇	31156	15699	15457	7385	15689	15452	5704	22982	2470	30715
王家庄乡	17773	9110	8663	4597	9105	8658	3344	12956	1473	17539
龙华乡	37738	19173	18565	9182	19173	18565	7145	27327	3266	36952
内步乡	18445	9384	9061	4538	9378	9053	3227	13811	1407	18335
隆尧县	**506552**	**256960**	**249592**	**120083**	**243768**	**237252**	**81750**	**388359**	**36443**	**490522**
隆尧镇	81757	40762	40995	19550	38839	38775	12534	63537	5686	77916
魏家庄镇	31869	16104	15765	7854	15949	15680	4977	24339	2553	31700

表3　续表 20　　　　单位：人、户

地　区	总人口			家庭户	家庭户总人口		分年龄人口			居住本地，户口在本地
	合　计	男	女	户　数	男	女	0-14岁	15-64岁	65岁及以　上	
尹村镇	48011	24723	23288	11315	24360	23148	8608	36162	3241	47780
山口镇	34025	17590	16435	7762	17588	16430	6347	25421	2257	33612
莲子镇	57795	27702	30093	10084	19980	20652	6648	47762	3385	52552
固城镇	43213	22340	20873	11383	22269	20809	8167	31755	3291	42682
北楼乡	30606	15727	14879	7397	15698	14865	5177	23187	2242	30288
东良乡	54210	28839	25371	12470	26334	25367	8162	42182	3866	50295
双碑乡	29250	15022	14228	7278	15022	14228	4899	22408	1943	28923
牛家桥乡	25797	12918	12879	6454	12754	12690	3990	19836	1971	25716
千户营乡	33249	16678	16571	8913	16657	16545	5636	24429	3184	32995
大张庄乡	35061	17674	17387	9041	17437	17235	6325	26070	2666	34560
柳行农场	1709	881	828	582	881	828	280	1271	158	1503
任县	**327926**	**166750**	**161176**	**80019**	**164583**	**159068**	**62049**	**242829**	**23048**	**314225**
任城镇	58320	29429	28891	13918	27950	27115	10011	44633	3676	50675
邢家湾镇	40550	20577	19973	9441	20192	19801	7268	30229	3053	39295
辛店镇	36195	18510	17685	8893	18495	17684	7412	26144	2639	35035
西固城乡	39285	20096	19189	9430	20095	19188	8003	28713	2569	37880
永福庄乡	31881	16249	15632	7133	16248	15632	6328	23427	2126	31775
大屯乡	46276	23636	22640	11756	23354	22482	8238	35007	3031	45045
天口乡	44378	22560	21818	11687	22556	21818	8432	32362	3584	43862
骆庄乡	31041	15693	15348	7761	15693	15348	6357	22314	2370	30658
南和县	**325332**	**165451**	**159881**	**85892**	**164848**	**159214**	**62045**	**241164**	**22123**	**314949**
和阳镇	45571	22955	22616	12598	22652	22363	7638	34752	3181	39761
贾宋镇	49112	25165	23947	12948	25155	23935	8991	36967	3154	48097
郝桥镇	57313	29306	28007	14176	29305	28007	11379	42098	3836	56764
东三召乡	43160	21792	21368	11461	21792	21368	9034	31061	3065	42217
阎里乡	34473	17603	16870	9455	17589	16864	6355	25599	2519	34056
河郭乡	31526	16029	15497	8778	15754	15101	5643	23907	1976	30490
史召乡	33777	17107	16670	8168	17107	16670	7119	24278	2380	33527
三思乡	30400	15494	14906	8308	15494	14906	5886	22502	2012	30037
宁晋县	**764828**	**387650**	**377178**	**193646**	**376536**	**366714**	**139326**	**565577**	**59925**	**720289**
凤凰镇	140692	71319	69373	34836	65165	62831	23677	108374	8641	116998
河渠镇	65132	33784	31348	15654	33136	30941	12167	47662	5303	63922
北河庄镇	50251	25699	24552	13454	25692	24537	9337	36833	4081	48623
耿庄桥镇	57617	28913	28704	14748	28833	28648	11625	40641	5351	55714
东汪镇	35697	18028	17669	8983	17338	17231	6124	26326	3247	34755
贾家口镇	49635	24631	25004	12883	24446	24854	9643	35931	4061	47895
四芝兰镇	57956	29137	28819	14440	27985	27665	9062	44138	4756	55556
大陆村镇	45338	22913	22425	11153	22397	21926	8806	33057	3475	44048
苏家庄镇	62027	31465	30562	14890	31204	30330	10929	46238	4860	59961
换马店镇	51625	26564	25061	12534	26231	24750	10241	37636	3748	49014
侯口乡	22274	10944	11330	6980	10922	11311	4222	15752	2300	21735
纪昌庄乡	27539	13770	13769	7676	13600	13679	4368	20658	2513	27084
唐邱乡	47077	24122	22955	11463	23754	22712	8981	34717	3379	45395
北鱼乡	9724	4673	5051	2586	4629	4999	1848	7042	834	8977
徐家河乡	21942	11156	10786	5810	11020	10732	4616	15581	1745	21275
大曹庄乡	16709	8635	8074	4423	8614	8058	3195	12258	1256	16218
大曹庄管理区	3593	1897	1696	1133	1570	1510	485	2733	375	3119
巨鹿县	**374634**	**188768**	**185866**	**103684**	**185487**	**182922**	**67094**	**277678**	**29862**	**360850**
巨鹿镇	90311	45339	44972	25049	44191	43198	15685	69210	5416	82794
王虎寨镇	25776	13208	12568	6660	13096	12494	4639	18927	2210	24670

表3 续表 21 单位：人、户

地区	总人口			家庭户	家庭户总人口		分年龄人口			居住本地，户口在本地
	合计	男	女	户数	男	女	0-14岁	15-64岁	65岁及以上	
西郭城镇	14133	7098	7035	3754	6869	6959	2565	10415	1153	13358
官亭镇	34583	17430	17153	9268	17009	16876	6210	25246	3127	33843
阎疃镇	27353	13735	13618	7984	13378	13418	4342	20368	2643	27117
小吕寨镇	23097	11504	11593	5626	11142	11407	3984	17176	1937	22553
堤村乡	46089	23347	22742	13601	23135	22619	8203	34182	3704	45099
张王疃乡	42789	21569	21220	12226	21568	21219	8172	31198	3419	42215
观寨乡	35273	17786	17487	9418	17607	17392	6769	25557	2947	34200
苏家营乡	35230	17752	17478	10098	17492	17340	6525	25399	3306	35001
新河县	**169858**	**84598**	**85260**	**51303**	**83113**	**83472**	**27558**	**128447**	**13853**	**166533**
新河镇	48909	24068	24841	14338	22598	23058	7875	37706	3328	46680
寻寨镇	24983	12536	12447	7575	12536	12447	4356	18327	2300	24750
白神首乡	17600	8655	8945	5495	8655	8945	2823	13336	1441	17441
荆家庄乡	24162	12167	11995	7318	12167	11995	4352	17697	2113	23811
西流乡	28139	14163	13976	8540	14163	13976	4090	21759	2290	28033
仁让里乡	26065	13009	13056	8037	12994	13051	4062	19622	2381	25818
广宗县	**283851**	**141871**	**141980**	**82776**	**140537**	**140474**	**60798**	**202372**	**20681**	**273223**
广宗镇	58266	29350	28916	16241	28050	27469	11650	43025	3591	51003
葫芦乡	22446	11396	11050	6503	11396	11050	5048	15620	1778	22220
大平台乡	40521	20295	20226	11366	20283	20214	8027	29328	3166	40060
件只乡	26968	13131	13837	8158	13117	13818	5385	19350	2233	26757
核桃园乡	27748	13384	14364	9114	13377	14337	4961	19895	2892	27138
东召乡	19936	9920	10016	5922	9920	10016	4122	14040	1774	19770
北塘疃乡	47122	23759	23363	14767	23758	23362	10953	33371	2798	46448
冯家寨乡	40844	20636	20208	10705	20636	20208	10652	27743	2449	39827
平乡县	**300029**	**153399**	**146630**	**80347**	**151838**	**144788**	**63837**	**214793**	**21399**	**288437**
丰州镇	66137	33590	32547	18069	32931	31346	12635	49076	4426	61818
平乡镇	36907	18776	18131	10440	18599	17885	7943	26296	2668	36243
河古庙镇	43072	22153	20919	10557	21536	20571	10434	30005	2633	39891
节固乡	41153	21614	19539	11344	21614	19539	7556	30579	3018	40184
油召乡	44695	22408	22287	11383	22408	22287	10889	30446	3360	43616
田付村乡	32403	16476	15927	8883	16380	15887	7329	22914	2160	31492
寻召乡	35662	18382	17280	9671	18370	17273	7051	25477	3134	35193
威县	**556624**	**282452**	**274172**	**161699**	**280034**	**272025**	**103277**	**415345**	**38002**	**550069**
名州镇	69924	36104	33820	21286	33693	31678	11007	54632	4285	66040
梨元屯镇	31530	15893	15637	9134	15893	15637	5759	23598	2173	31263
章台镇	36003	18155	17848	10606	18153	17843	6676	26938	2389	35587
侯贯镇	35055	17620	17435	9311	17620	17435	6645	26147	2263	34787
七级镇	32415	16425	15990	9534	16425	15990	4768	25043	2604	32224
方家营乡	26539	13257	13282	7273	13257	13282	5441	19112	1986	26490
第什营乡	39314	19802	19512	12264	19802	19512	8666	28145	2503	39143
枣园乡	39086	19900	19186	10472	19897	19186	7651	28826	2609	38987
固献乡	32327	16417	15910	9308	16415	15910	6787	23238	2302	32066
贺钊乡	34549	17768	16781	9998	17768	16781	6885	25297	2367	34415
贺营乡	31645	15964	15681	9369	15964	15681	6524	22934	2187	31567
张营乡	25194	12692	12502	7668	12692	12502	4713	18626	1855	25100
常屯乡	31956	16354	15602	9430	16354	15602	6150	23606	2200	31827
常庄乡	29002	14579	14423	7901	14579	14423	5358	21742	1902	28601
高公庄乡	30166	15396	14770	9399	15396	14770	5025	23043	2098	30135
赵村乡	31919	16126	15793	8746	16126	15793	5222	24418	2279	31837
清河县	**386231**	**198443**	**187788**	**105896**	**192578**	**183630**	**68774**	**290853**	**26604**	**365950**

表3　续表 22　　　　　　　　　　　　　　　　　　　　　　单位：人、户

地　　区	总人口			家庭户	家庭户总人口		分年龄人口			居住本地，户口在本地
	合　计	男	女	户　数	男	女	0-14岁	15-64岁	65岁及以上	
葛仙庄镇	122917	63361	59556	31694	58506	55869	21083	94915	6919	106885
连庄镇	59576	30619	28957	15341	30412	28846	10747	44781	4048	59105
油坊镇	50436	25866	24570	15396	25783	24554	9481	37016	3939	49206
谢炉镇	53692	27606	26086	15171	27584	26086	10026	39674	3992	52479
王官庄镇	55258	28228	27030	15657	27977	26888	9763	41431	4064	54476
坝营镇	44352	22763	21589	12637	22316	21387	7674	33036	3642	43799
临西县	**343384**	**176228**	**167156**	**89496**	**169557**	**162692**	**72980**	**248654**	**21750**	**331353**
临西镇	52724	27900	24824	12051	21525	20565	10388	39477	2859	46863
河西镇	41793	21472	20321	10751	21341	20213	8372	30922	2499	40813
下堡寺镇	33469	16923	16546	9359	16923	16545	7660	23646	2163	33285
尖冢镇	37329	18907	18422	9309	18902	18417	8456	26618	2255	35963
老官寨镇	37513	19314	18199	9880	19314	18199	7743	27146	2624	36476
东枣园乡	25925	13255	12670	7213	13255	12670	6183	17832	1910	24698
吕寨乡	37434	19061	18373	10055	18906	18283	7211	27553	2670	37191
摇鞍镇乡	40614	20703	19911	11172	20700	19910	9113	29061	2440	40322
大刘庄乡	36583	18693	17890	9706	18691	17890	7854	26399	2330	35742
南宫市	**469030**	**237148**	**231882**	**138331**	**227891**	**224272**	**67128**	**364630**	**37272**	**448631**
凤岗街道	74821	37242	37579	20317	32052	32051	8975	61049	4797	62619
南杜街道	10816	5391	5425	3281	5291	5335	1355	8493	968	10382
北胡街道	20340	10286	10054	6041	9756	9721	2330	16034	1976	19965
西丁街道	11097	5594	5503	3367	5508	5417	1293	8806	998	11064
苏村镇	22061	11286	10775	5995	10870	10717	2925	17012	2124	21649
大高村镇	21344	10677	10667	6569	10568	10607	2669	16990	1685	21124
垂杨镇	41567	21074	20493	12365	20724	20165	6673	32063	2831	41124
明化镇	33787	17512	16275	10751	16614	15866	4962	26185	2640	33615
段芦头镇	53364	27174	26190	15550	27115	26187	9030	40399	3935	50150
紫冢镇	42196	21472	20724	12783	21420	20683	7155	31646	3395	40603
大村乡	24468	12467	12001	7679	12422	11993	3531	18452	2485	24388
南便村乡	30395	15438	14957	8797	15309	14849	4549	23084	2762	30277
大屯乡	22557	11222	11335	6987	10826	11121	2766	17729	2062	22295
王道寨乡	25377	12597	12780	7010	12221	12577	3646	19581	2150	25184
薛吴村乡	34840	17716	17124	10839	17195	16983	5269	27107	2464	34192
沙河市	**498416**	**252771**	**245645**	**124771**	**241800**	**238021**	**97467**	**370621**	**30328**	**432947**
褡裢街道	57875	29273	28602	16423	25965	25704	8188	44820	4867	41074
桥东街道	53317	27399	25918	13163	24669	23438	9161	41498	2658	35900
桥西街道	21087	10854	10233	5306	10624	10219	3711	16067	1309	16994
赞善办事处	34169	17341	16828	8316	16678	16327	7011	25178	1980	31351
周庄街道	15774	7930	7844	4024	7798	7452	2972	11774	1028	13916
沙河城镇	37722	19125	18597	9533	19119	18589	6652	28472	2598	35443
新城镇	41288	20917	20371	8926	20275	20252	9103	30024	2161	38774
白塔镇	47009	23831	23178	10354	21869	22331	9268	35363	2378	40945
十里亭镇	28711	14676	14035	6637	14158	13932	6262	20905	1544	26725
綦村镇	29927	14954	14973	6879	14871	14959	6624	21693	1610	28107
留村乡	49543	25487	24056	13158	25377	24001	10263	36306	2974	46216
册井乡	25754	12874	12880	7321	12843	12862	5876	18240	1638	24121
刘石岗乡	24204	12121	12083	5951	11892	12077	4881	17797	1526	22845
柴关乡	15829	7881	7948	4365	7745	7879	3569	11132	1128	14947
蝉房乡	16207	8108	8099	4415	7917	7999	3926	11352	929	15589
保定市	**11194382**	**5650947**	**5543435**	**3039158**	**5390579**	**5328766**	**1915792**	**8370581**	**908009**	**10008594**
新市区	**463398**	**228947**	**234451**	**149147**	**217266**	**225426**	**63606**	**355281**	**44511**	**330186**
先锋街道	73058	34855	38203	25626	34356	36295	9123	55062	8873	50860
新市场街道	66281	32510	33771	24323	32000	33321	7921	50537	7823	48129

表3 续表 23

单位：人、户

地区	总人口			家庭户	家庭户总人口		分年龄人口			居住本地，户口在本地
	合计	男	女	户数	男	女	0-14岁	15-64岁	65岁及以上	
东风街道	48733	23775	24958	15982	20464	21693	5045	38096	5592	28331
建南街道	60834	31017	29817	20291	27667	28729	8378	47279	5177	37505
韩村北路街道	59370	29070	30300	20522	28212	29405	7514	46215	5641	37990
颉庄乡	21295	10374	10921	5899	10296	10881	3504	16104	1687	16654
富昌乡	23098	11301	11797	6137	11246	11727	3893	17562	1643	19544
韩村乡	16819	9198	7621	5220	7645	7210	2440	13562	817	9649
南奇乡	20325	10101	10224	5213	10091	10213	3402	15080	1843	19328
江城乡	34246	17144	17102	8577	17135	17090	6096	25315	2835	33081
大马坊乡	17011	8391	8620	4088	8316	8615	3285	12516	1210	16549
保定国家高新区	22328	11211	11117	7269	9838	10247	3005	17953	1370	12566
北市区	**387339**	**192393**	**194946**	**99772**	**142253**	**149882**	**43557**	**316827**	**26955**	**234437**
和平里街道	50436	25155	25281	16712	21517	23354	6083	39397	4956	34467
五四路街道	81034	44159	36875	22494	31411	32880	10283	66137	4614	38737
西关街道	34280	16481	17799	12235	15985	17117	4363	26367	3550	21317
中华路街道	34925	16676	18249	12286	16240	17725	4763	26224	3938	24446
东关街道	75027	36544	38483	18560	24851	25811	6568	63147	5312	44671
韩庄乡	43428	22280	21148	6797	11845	12211	4341	37483	1604	26820
东金庄乡	21233	10523	10710	5349	10025	10422	3500	16342	1391	18465
百楼乡	46976	20575	26401	5339	10379	10362	3656	41730	1590	25514
南市区	**287784**	**141420**	**146364**	**73610**	**112756**	**116783**	**35422**	**231032**	**21330**	**190225**
联盟街道	26432	11881	14551	7523	9693	10565	2940	21170	2322	13443
红星街道	16187	7714	8473	6054	7694	8442	2095	11827	2265	11488
裕华街道	14246	6924	7322	5138	6915	7302	1875	10815	1556	10829
永华街道	30633	14908	15725	10745	14729	15573	4293	23379	2961	22740
南关街道	73057	34670	38387	14280	20337	20527	6003	62450	4604	38683
杨庄乡	16276	7995	8281	4662	7955	8259	2513	12619	1144	12466
南大园乡	50048	25563	24485	10803	17403	17812	5812	41744	2492	28202
焦庄乡	33305	16686	16619	8405	16142	16322	5761	25219	2325	28075
五尧乡	27600	15079	12521	6000	11888	11981	4130	21809	1661	24299
满城县	**406677**	**209560**	**197117**	**108017**	**198884**	**195070**	**72819**	**301365**	**32493**	**370773**
惠阳街道	4130	2043	2087	1897	2043	2087	384	2721	1025	21
满城镇	118104	63369	54735	29571	52861	52766	20489	89747	7868	93659
大册营镇	36091	18230	17861	8687	18215	17854	7416	26088	2587	35079
神星镇	37545	19153	18392	10101	19127	18386	7387	27037	3121	36734
南韩村镇	43141	21793	21348	12018	21735	21320	7644	31751	3746	41850
方顺桥乡	42574	21640	20934	10998	21638	20930	7509	31541	3524	41459
于家庄乡	22212	11145	11067	5682	11144	11065	3743	16585	1884	21644
贤台乡	19370	9730	9640	5439	9710	9631	3285	14579	1506	18883
要庄乡	21577	10826	10751	5593	10815	10750	3917	15978	1682	21229
白龙乡	16073	8229	7844	4810	8205	7835	2761	11777	1535	15520
石井乡	22789	11490	11299	6543	11487	11296	4167	16748	1874	22233
坨南乡	16770	8675	8095	4764	8672	8089	3038	12277	1455	16367
刘家台乡	6301	3237	3064	1914	3232	3061	1079	4536	686	6095
清苑县	**631659**	**320880**	**310779**	**169242**	**317520**	**307096**	**107274**	**471107**	**53278**	**593807**
清苑镇	81383	40113	41270	22683	37648	38008	13618	62606	5159	62631
冉庄镇	36119	18466	17653	9916	18451	17649	5830	26887	3402	34876
阳城镇	37981	19474	18507	10762	19468	18506	5971	28479	3531	36282
魏村镇	38384	19449	18935	10229	19448	18934	6086	28671	3627	37365

表3 续表 24 单位：人、户

地区	总人口			家庭户	家庭户总人口		分年龄人口			居住本地，户口在本地
	合计	男	女	户数	男	女	0-14岁	15-64岁	65岁及以上	
温仁镇	47420	24179	23241	12955	24145	23217	8143	34894	4383	45851
张登镇	37146	19001	18145	9606	18804	18043	6558	27183	3405	35396
大庄镇	23559	11997	11562	5956	11997	11562	4057	17431	2071	22593
臧村镇	31107	15923	15184	8491	15839	15089	4942	23859	2306	30089
白团乡	33594	17115	16479	8814	17114	16478	5301	25252	3041	32141
北店乡	24757	12663	12094	6766	12605	12090	4276	18195	2286	23579
石桥乡	42581	21733	20848	10938	21730	20848	7607	31654	3320	41242
李庄乡	26303	13569	12734	7390	13487	12674	4113	19531	2659	25443
北王力乡	26034	13172	12862	7116	12995	12819	3639	19880	2515	25716
东吕乡	42408	21489	20919	10902	21468	20905	8264	30438	3706	41195
何桥乡	27121	13801	13320	7258	13785	13315	4907	19916	2298	25834
孙村乡	16302	8352	7950	4341	8212	7935	2641	12367	1294	15662
阎庄乡	20276	10305	9971	5085	10275	9934	3340	15385	1551	19680
望亭乡	39184	20079	19105	10034	20049	19090	7981	28479	2724	38232
涞水县	**339063**	**172582**	**166481**	**96562**	**167159**	**163719**	**48434**	**262552**	**28077**	**321146**
城区社区管理办公室街道	27860	13621	14239	8704	12276	12485	4298	22093	1469	21311
涞水镇	36179	18050	18129	9878	17781	17984	4998	28484	2697	34247
永阳镇	29632	15058	14574	7918	14809	14547	4437	22865	2330	28664
义安镇	29813	15005	14808	8184	14889	14701	4027	23194	2592	28777
石亭镇	35103	17920	17183	9995	17704	17038	5116	27069	2918	34662
赵各庄镇	22514	11726	10788	7287	11041	10498	3201	17036	2277	22291
九龙镇	16834	8783	8051	5136	8432	8007	2538	12931	1365	15304
三坡镇	14365	7812	6553	4148	6479	6438	1986	11233	1146	12215
明义乡	20427	10258	10169	5455	10231	10151	2728	15904	1795	20052
王村乡	20997	10656	10341	5882	10607	10338	2920	16295	1782	20495
东文山乡	15674	7952	7722	4393	7929	7719	2272	12102	1300	14971
娄村满族乡	29028	15108	13920	7771	14404	13856	4198	22272	2558	28063
宋各庄乡	9391	4731	4660	2564	4694	4623	1388	7232	771	9287
其中口乡	6555	3389	3166	2058	3389	3164	899	5017	639	6504
龙门乡	10717	5534	5183	3279	5523	5176	1415	8113	1189	10552
胡家庄乡	13974	6979	6995	3910	6971	6994	2013	10712	1249	13751
阜平县	**205299**	**103815**	**101484**	**61404**	**101475**	**99728**	**43635**	**142707**	**18957**	**190287**
阜平镇	59217	29347	29870	17376	28128	28540	12955	42268	3994	48202
龙泉关镇	7394	3728	3666	2383	3668	3652	1355	5038	1001	7262
平阳镇	24036	12154	11882	6853	12154	11882	5754	16440	1842	23333
城南庄镇	20812	10692	10120	6130	10019	9806	4149	14462	2201	19841
天生桥镇	9151	4633	4518	2916	4422	4488	2021	6120	1010	8578
王林口乡	18781	9487	9294	5228	9487	9294	3978	13294	1509	18350
台峪乡	6718	3484	3234	2154	3480	3232	1424	4577	717	6547
大台乡	10975	5643	5332	3549	5638	5330	2263	7563	1149	10663
史家寨乡	8393	4329	4064	2749	4304	4060	1452	5897	1044	8258
砂窝乡	10323	5263	5060	3131	5205	5028	2098	6983	1242	10221
吴王口乡	4276	2214	2062	1593	2214	2062	790	2769	717	4167
夏庄乡	4638	2327	2311	1465	2293	2292	925	3051	662	4616
北果元乡	20585	10514	10071	5877	10463	10062	4471	14245	1869	20249
徐水县	**563030**	**283898**	**279132**	**155050**	**276548**	**271861**	**90725**	**424827**	**47478**	**522287**
安肃镇	141211	70014	71197	37703	63998	64867	21639	108766	10806	114977
崔庄镇	66747	34064	32683	17941	33764	32511	10992	50022	5733	64525
大因镇	53868	27622	26246	15059	27553	26229	9420	39926	4522	52664
遂城镇	45637	22985	22652	12807	22541	22220	7096	34639	3902	43301

表3 续表 25 单位：人、户

地区	总人口			家庭户	家庭户总人口		分年龄人口			居住本地，户口在本地
	合计	男	女	户数	男	女	0-14岁	15-64岁	65岁及以上	
高林村镇	40729	20398	20331	11698	20358	20279	6290	30443	3996	39318
大王店镇	39184	19877	19307	11473	19732	19245	6435	29370	3379	37895
漕河镇	33958	17206	16752	9020	17105	16661	5678	25421	2859	32430
东史端乡	32808	16671	16137	8676	16604	16113	5405	24456	2947	31775
留村乡	28052	14199	13853	7757	14093	13795	4520	21009	2523	26751
正村乡	23750	11986	11764	6649	11949	11747	3815	17926	2009	22964
户木乡	22694	11382	11312	5978	11371	11310	3437	17481	1776	22101
瀑河乡	13831	6986	6845	4069	6986	6845	2347	10193	1291	13493
东釜山乡	12820	6509	6311	3861	6497	6299	2415	9385	1020	12516
义联庄乡	7741	3999	3742	2359	3997	3740	1236	5790	715	7577
定兴县	**517874**	**257422**	**260452**	**136860**	**251346**	**254789**	**85102**	**388052**	**44720**	**498157**
定兴镇	95456	48018	47438	24214	42546	42396	14352	74666	6438	83346
固城镇	45429	22035	23394	12715	21991	23351	7636	33400	4393	44202
贤寓镇	41041	20420	20621	11001	20410	20620	6618	30528	3895	40629
北河镇	19637	9565	10072	5522	9291	9753	3335	14482	1820	18312
东落堡乡	23896	11792	12104	6639	11689	11972	3774	18178	1944	23370
高里乡	47787	23803	23984	12912	23723	23900	7611	35720	4456	47315
张家庄乡	16330	7945	8385	4774	7902	8353	2919	11793	1618	16183
姚村乡	18562	9202	9360	5047	9201	9360	3012	13893	1657	18394
肖村乡	22010	10799	11211	5978	10799	11211	3484	16502	2024	21818
柳卓乡	21679	10338	11341	5811	10338	11341	3562	16078	2039	21515
杨村乡	27752	13541	14211	7510	13522	14209	4852	20418	2482	27263
北田乡	35478	17890	17588	9133	17890	17588	6127	26262	3089	35033
北南蔡乡	19545	10047	9498	4686	10047	9498	3185	14588	1772	19181
李郁庄乡	17771	8816	8955	4656	8813	8954	3061	13119	1591	17209
天宫寺乡	34213	17136	17077	8745	17109	17070	6132	25322	2759	33491
小朱庄乡	31288	16075	15213	7517	16075	15213	5442	23103	2743	30896
唐县	**529067**	**260900**	**268167**	**140291**	**254837**	**264386**	**111359**	**374948**	**42760**	**512057**
仁厚镇	77609	39424	38185	19972	34153	35006	14405	57231	5973	67891
王京镇	49229	23610	25619	12552	23385	25395	9705	35362	4162	48657
高昌镇	31750	15479	16271	9026	15451	16244	6735	22135	2880	31103
北罗镇	50949	24941	26008	12150	24793	25960	10999	36455	3495	50781
白合镇	28925	14812	14113	7781	14704	14098	6614	20110	2201	28392
军城镇	21732	11060	10672	5919	11011	10538	4916	15140	1676	21269
川里镇	9340	4742	4598	2360	4692	4554	1781	6772	787	9004
长古城乡	36937	17155	19782	10118	17128	19775	8650	25288	2999	36109
都亭乡	21976	10320	11656	6276	10320	11656	4761	15452	1763	21514
南店头乡	20753	9716	11037	5456	9716	11037	4526	14592	1635	20555
北店头乡	30559	15416	15143	8656	15400	15132	6643	21167	2749	29862
罗庄乡	34884	16966	17918	8593	16966	17918	7589	24847	2448	33852
雹水乡	15722	7311	8411	4209	7277	8410	3554	10903	1265	15567
大洋乡	22989	11120	11869	6174	11019	11779	4786	16287	1916	22675
迷城乡	10481	5195	5286	3151	5195	5286	2407	7115	959	10329
齐家佐乡	23725	12120	11605	6693	12120	11605	4707	16875	2143	23624
羊角乡	12031	6227	5804	3057	6221	5803	2336	8566	1129	11782
石门乡	8618	4511	4107	2213	4511	4107	2109	5854	655	8549
黄石口乡	16196	8331	7865	4664	8331	7865	3296	11422	1478	16010
倒马关乡	4662	2444	2218	1271	2444	2218	840	3375	447	4532
高阳县	**345160**	**173932**	**171228**	**93488**	**166879**	**163223**	**62522**	**253761**	**28877**	**298413**
高阳镇	78456	38259	40197	20476	34110	34356	13200	60250	5006	53963

表3　续表 26　　　　单位：人、户

地　区	总人口 合　计	男	女	家庭户 户　数	家庭户总人口 男	女	分年龄人口 0-14岁	15-64岁	65岁及以　上	居住本地，户　口在本地
庞口镇	47139	24266	22873	13006	24100	22816	9002	33938	4199	42773
西演镇	47624	24162	23462	12563	23911	23255	9098	34147	4379	43830
邢家南镇	34972	17716	17256	9250	16747	16371	5791	26099	3082	31183
晋庄乡	33888	17253	16635	8894	16384	16109	5879	25066	2943	30594
蒲口乡	24079	12276	11803	6587	11768	11473	4629	17482	1968	22239
小王果庄乡	28398	14439	13959	7837	14317	13844	5330	20543	2525	26237
龙化乡	27294	13763	13531	8268	13747	13488	5228	19554	2512	25966
庞家佐乡	23310	11798	11512	6607	11795	11511	4365	16682	2263	21628
容城县	**258179**	**131354**	**126825**	**63986**	**123772**	**119357**	**42121**	**193915**	**22143**	**237275**
容城镇	69143	34756	34387	16742	31350	30638	10960	52604	5579	60617
小里镇	25015	12757	12258	6385	12280	11833	3962	18756	2297	23992
南张镇	43401	22019	21382	11123	21669	21188	7366	32236	3799	41754
大河镇	23126	11677	11449	5935	11406	10729	3675	17304	2147	21262
晾马台镇	26443	13736	12707	6188	12882	12194	4472	19814	2157	24197
八于乡	20173	10396	9777	5124	9776	9490	3268	15040	1865	18994
贾光乡	24432	12380	12052	6128	12329	11926	4041	18088	2303	23631
平王乡	26446	13633	12813	6361	12080	11359	4377	20073	1996	22828
涞源县	**260678**	**137399**	**123279**	**81197**	**132339**	**120794**	**50686**	**188310**	**21682**	**226874**
涞源镇	92691	47279	45412	27553	44536	43186	18943	68473	5275	66601
银坊镇	12087	6392	5695	3631	6349	5695	2396	8457	1234	11840
走马驿镇	15078	8054	7024	4779	8054	7024	2978	10569	1531	14765
水堡镇	6787	3877	2910	2112	3200	2861	1262	4928	597	5962
王安镇	14163	7430	6733	4553	7388	6700	2840	9967	1356	13166
杨家庄镇	13939	7559	6380	4008	6352	6249	2651	10289	999	11968
白石山镇	15488	8246	7242	5198	8166	7234	2899	11138	1451	14825
南屯乡	8622	4726	3896	2761	4483	3878	1551	6169	902	7939
南马庄乡	8457	4579	3878	2785	4571	3874	1653	5781	1023	8277
北石佛乡	17310	9128	8182	5396	9128	8182	3446	12398	1466	16873
金家井乡	11126	5965	5161	3654	5965	5161	1997	7978	1151	10842
留家庄乡	5622	3063	2559	1777	3063	2559	948	4064	610	5363
上庄乡	11920	6351	5569	4009	6349	5569	2165	8543	1212	11695
东团堡乡	12011	6508	5503	3890	6508	5503	2177	8558	1276	11885
塔崖驿乡	6664	3542	3122	2209	3540	3119	1205	4794	665	6437
乌龙沟乡	5899	3193	2706	1809	3185	2697	1173	4143	583	5640
烟煤洞乡	2814	1507	1307	1073	1502	1303	402	2061	351	2796
望都县	**250014**	**126774**	**123240**	**68642**	**123999**	**121741**	**39339**	**188902**	**21773**	**237880**
望都镇	56288	28087	28201	16120	27149	27082	8543	43165	4580	48384
固店镇	28132	14155	13977	7421	13963	13710	4398	21202	2532	27128
寺庄乡	31533	15763	15770	8989	15763	15770	5272	23628	2633	30884
赵庄乡	27044	14401	12643	7133	12871	12559	4137	20651	2256	26417
黑堡乡	26951	13574	13377	7333	13573	13376	4346	20386	2219	26448
高岭乡	26746	13515	13231	6823	13497	13215	3962	20272	2512	26287
中韩庄乡	26579	13534	13045	7046	13459	13042	4723	19419	2437	25871
贾村乡	26741	13745	12996	7777	13724	12987	3958	20179	2604	26461
安新县	**437378**	**224555**	**212823**	**119584**	**203597**	**198276**	**80112**	**325776**	**31490**	**387910**
安新镇	68962	34422	34540	20677	32301	32423	11886	52151	4925	58684
大王镇	26538	13707	12831	7377	13552	12778	5055	19210	2273	25567
三台镇	60665	33713	26952	7466	15709	15039	5522	52479	2664	30007
端村镇	39136	19561	19575	12590	19422	19455	7494	28509	3133	38429
赵北口镇	17152	8555	8597	5081	8552	8591	3370	12289	1493	16742

表3 续表 27 单位：人、户

地区	总人口			家庭户	家庭户总人口		分年龄人口			居住本地，户口在本地
	合计	男	女	户数	男	女	0-14岁	15-64岁	65岁及以上	
同口镇	31576	16031	15545	8992	15967	15511	6242	22763	2571	30599
刘李庄镇	45276	23075	22201	13646	23064	22198	9473	32463	3340	44752
安州镇	36619	18859	17760	11003	18817	17711	8014	26158	2447	35609
老河头镇	41260	21248	20012	11089	21194	19985	9034	29465	2761	39439
圈头乡	18521	8926	9595	6687	8915	9594	4171	12612	1738	18056
寨里乡	31748	16279	15469	9525	16127	15390	6029	23047	2672	31158
芦庄乡	19925	10179	9746	5451	9977	9601	3822	14630	1473	18868
易县	**537564**	**272911**	**264653**	**148668**	**267005**	**259840**	**90999**	**401192**	**45373**	**512530**
易州镇	94110	46781	47329	25324	43193	43996	15052	73458	5600	81643
梁格庄镇	27710	13824	13886	7724	13784	13859	4835	20511	2364	26861
西陵镇	15053	7554	7499	4299	7552	7499	2630	10975	1448	14419
裴山镇	33800	17230	16570	9092	17210	16547	5976	25197	2627	33089
塘湖镇	41135	21117	20018	11565	21087	19983	7057	30557	3521	40509
狼牙山镇	16601	8622	7979	4691	8448	7842	2810	12108	1683	16135
良岗镇	12754	6571	6183	3449	6507	6165	2511	8988	1255	12299
紫荆关镇	20812	11024	9788	6263	10287	9320	3522	15033	2257	19790
桥头乡	26807	13390	13417	6933	13121	13031	4360	20332	2115	25184
白马乡	14622	7472	7150	4027	7432	7132	2774	10527	1321	13845
流井乡	16473	8455	8018	4595	8452	8017	2895	12132	1446	16069
高村乡	36070	18516	17554	9659	18271	17519	6103	27220	2747	34823
高陌乡	44959	22410	22549	11687	22405	22544	6817	34363	3779	44630
大龙华乡	11318	5685	5633	3443	5680	5607	2194	8036	1088	11033
安格庄乡	10364	5317	5047	2821	5108	4940	1738	7609	1017	10250
凌云册乡	29300	14660	14640	7818	14658	14639	4806	22071	2423	28926
西山北乡	21582	11006	10576	5844	10922	10490	4306	15466	1810	21034
尉都乡	14035	7094	6941	4201	7052	6912	2342	10396	1297	13632
独乐乡	10083	5246	4837	2799	5246	4837	1618	7533	932	9963
七峪乡	2671	1445	1226	798	1381	1219	443	1879	349	2495
富岗乡	5491	2844	2647	1646	2810	2643	1015	3834	642	5329
坡仓乡	5559	2875	2684	1671	2859	2672	983	3968	608	5273
牛岗乡	5451	2827	2624	1564	2827	2624	927	3883	641	5432
桥家河乡	4034	2187	1847	1382	2143	1847	710	2858	466	3785
甘河净乡	1524	855	669	577	707	622	177	1113	234	1264
蔡家峪乡	2564	1377	1187	837	1377	1187	358	1881	325	2516
南城司乡	12682	6527	6155	3959	6486	6147	2040	9264	1378	12302
曲阳县	**588559**	**296755**	**291804**	**153570**	**291457**	**286786**	**134933**	**416094**	**37532**	**566298**
恒州镇	81833	40994	40839	20208	37269	37712	17558	59261	5014	71679
灵山镇	69310	35450	33860	17406	35018	33640	16391	48703	4216	67790
燕赵镇	44279	21917	22362	12144	21914	22357	10218	31443	2618	43950
羊平镇	42091	21373	20718	10614	21371	20715	10196	29282	2613	41224
路庄子乡	20133	9800	10333	4420	9000	8864	3638	15319	1176	17785
下河乡	31528	15437	16091	8113	15437	16091	7526	21738	2264	31224
庄窠乡	12277	6224	6053	3079	6221	6053	2848	8686	743	12151
孝墓乡	26444	13491	12953	7409	13486	12948	6200	18383	1861	25595
文德乡	44232	22005	22227	11446	21991	22216	10119	31209	2904	43256
东旺乡	36605	18406	18199	9893	18240	18089	8461	25699	2445	35646
晓林乡	38135	19309	18826	10064	19308	18825	8670	27068	2397	37480
邸村乡	24796	12555	12241	7047	12555	12240	5470	17784	1542	24748
产德乡	33597	17280	16317	9375	17276	16316	7180	24163	2254	32644
齐村乡	14772	7276	7496	4093	7273	7493	3607	10035	1130	14445

表3　续表 28　　　　　　　　　　　　　　　　　　　　　　　　　单位：人、户

地　区	总人口			家庭户	家庭户总人口		分年龄人口			居住本地，户口在本地
	合　计	男	女	户　数	男	女	0-14岁	15-64岁	65岁及以上	
党城乡	23237	12040	11197	6607	12032	11188	5842	15994	1401	22738
郎家庄乡	24116	12302	11814	6252	12179	11763	5839	16637	1640	23254
范家庄乡	9100	4693	4407	2258	4685	4405	2053	6465	582	8861
北台乡	12074	6203	5871	3142	6202	5871	3117	8225	732	11828
蠡县	**505572**	**259012**	**246560**	**130192**	**254550**	**243551**	**94482**	**369633**	**41457**	**476486**
蠡吾镇	106125	53156	52969	26480	50108	50297	17677	80364	8084	97228
留史镇	54151	28068	26083	12507	27964	26032	11409	38633	4109	50123
大百尺镇	55787	28827	26960	14328	28797	26892	11333	40068	4386	52435
辛兴镇	49161	25195	23966	13185	25138	23906	9212	35884	4065	47530
北郭丹镇	19929	10304	9625	5517	10233	9590	3701	14687	1541	18323
万安镇	28096	14316	13780	7451	14295	13774	4749	21124	2223	27305
桑园镇	26683	13783	12900	6832	13669	12841	5241	19307	2135	25890
南庄镇	35893	18342	17551	10338	18330	17544	6489	25940	3464	34837
小陈乡	22701	11601	11100	6054	11601	11100	4533	16241	1927	21913
林堡乡	19571	10055	9516	5202	10055	9516	3631	14262	1678	18531
北埝头乡	22928	11726	11202	6939	11721	11202	4023	16700	2205	22002
鲍墟乡	40150	21105	19045	9389	20107	18995	7525	29100	3525	37922
大曲堤乡	24397	12534	11863	5970	12532	11862	4959	17323	2115	22447
顺平县	**295764**	**149704**	**146060**	**81232**	**148353**	**144462**	**53157**	**217895**	**24712**	**288007**
蒲阳镇	70305	34940	35365	19533	33844	33945	11490	53354	5461	67021
高于铺镇	51423	25848	25575	12900	25749	25474	9629	37743	4051	50224
腰山镇	35053	17766	17287	9352	17739	17262	6534	25783	2736	33807
蒲上镇	30134	15167	14967	8350	15080	14939	5326	22154	2654	29601
白云乡	28244	14376	13868	8056	14338	13844	4514	21274	2456	27785
河口乡	16674	8497	8177	4702	8497	8177	3288	11968	1418	16470
安阳乡	17107	8901	8206	5185	8901	8206	3233	12209	1665	16876
台鱼乡	16954	8763	8191	4576	8761	8191	3419	12111	1424	16700
大悲乡	18933	9787	9146	5365	9785	9146	3642	13497	1794	18661
神南乡	10937	5659	5278	3213	5659	5278	2082	7802	1053	10862
博野县	**245504**	**123946**	**121558**	**68307**	**123083**	**120444**	**44875**	**179471**	**21158**	**236749**
博野镇	59828	30165	29663	16400	29310	28550	10728	44365	4735	55202
小店镇	30696	15456	15240	8000	15452	15240	5876	22271	2549	29893
程委镇	40111	20391	19720	11929	20387	19719	7304	28635	4172	38914
东墟乡	24046	12092	11954	6832	12092	11954	4547	17514	1985	23219
北杨村乡	25824	12970	12854	6910	12970	12854	4780	19021	2023	25407
城东乡	29297	14916	14381	8611	14916	14381	5057	21748	2492	29028
南小王乡	35702	17956	17746	9625	17956	17746	6583	25917	3202	35086
雄县	**359506**	**183290**	**176216**	**94953**	**181447**	**174991**	**68677**	**263095**	**27734**	**346238**
雄州镇	99693	50825	48868	26747	49735	48134	18842	74148	6703	92226
昝岗镇	31671	16028	15643	8231	15911	15562	5824	23392	2455	30701
大营镇	36660	18791	17869	9857	18775	17819	6658	26896	3106	35921
龙湾镇	49949	25392	24557	13063	24959	24364	10819	35599	3531	48745
朱各庄镇	34165	17572	16593	8670	17502	16557	6183	25195	2787	33742
米家务镇	35955	18282	17673	9302	18200	17568	6230	26641	3084	35226
北沙口乡	21371	10785	10586	5446	10773	10583	3819	15622	1930	20707
双堂乡	20952	10677	10275	5700	10677	10275	4157	14978	1817	20528
张岗乡	29090	14938	14152	7937	14915	14129	6145	20624	2321	28442
涿州市	**603535**	**303125**	**300410**	**176029**	**290657**	**289263**	**88706**	**464958**	**49871**	**494909**
双塔街道	62339	30099	32240	18913	27380	28799	8506	48607	5226	45822
桃园街道	45123	22465	22658	14941	21845	22339	6459	34160	4504	31413

表3 续表 29　　　　单位：人、户

地　区	总人口			家庭户	家庭户总人口		分年龄人口			居住本地，户口在本地
	合　计	男	女	户　数	男	女	0-14岁	15-64岁	65岁及以上	
清凉寺街道	66554	32875	33679	21767	32093	33451	10724	50754	5076	46683
松林店镇	54467	27073	27394	15432	25589	25762	7651	41917	4899	42912
码头镇	34281	17331	16950	9505	17155	16861	5109	26401	2771	32943
东城坊镇	42064	20991	21073	10974	19557	18901	6059	32817	3188	36642
高官庄镇	25389	12889	12500	7195	12599	12295	3680	19296	2413	23883
东仙坡镇	31410	16161	15249	8514	15482	14990	4584	24469	2357	28605
百尺竿镇	40748	20782	19966	11728	20565	19891	5957	31473	3318	38741
义和庄乡	34359	17724	16635	9464	17553	16572	4916	26238	3205	32612
林家屯乡	33195	16828	16367	9027	16754	16352	4907	25464	2824	31883
孙庄乡	16582	8599	7983	4974	8354	7909	2224	12923	1435	15785
豆庄乡	34960	18019	16941	9173	17877	16877	5547	26491	2922	33412
刁窝乡	34304	17883	16421	9288	16583	15863	5193	26422	2689	30841
开发区管理委员会	47760	23406	24354	15134	21271	22401	7190	37526	3044	22732
定州市	**1165182**	**587316**	**577866**	**300607**	**562172**	**558789**	**208580**	**863810**	**92792**	**1079817**
南城区街道	98322	52741	45581	24524	42241	42066	14540	77559	6223	78780
北城区街道	77385	37719	39666	17999	30953	32404	11581	60587	5217	62152
西城区街道	81911	40299	41612	22918	38084	38526	13412	62685	5814	56708
留早镇	44367	22527	21840	12275	22467	21774	7849	32401	4117	43670
清风店镇	43703	21695	22008	11571	21615	21788	7184	32488	4031	42835
庞村镇	46582	23361	23221	11282	23337	23201	8482	34199	3901	45742
砖路镇	53697	26716	26981	11828	26470	26708	12240	37567	3890	52534
明月店镇	46049	23116	22933	11311	23108	22924	9334	33742	2973	45113
叮咛店镇	54494	27556	26938	14694	27534	26926	11089	38765	4640	52660
东亭镇	33772	16878	16894	8882	16727	16753	5731	24942	3099	32782
大辛庄镇	30383	15462	14921	8166	14836	14244	5133	22440	2810	29445
东旺镇	31953	16207	15746	8431	16006	15595	4718	24219	3016	31690
高蓬镇	43319	21916	21403	10744	21331	20926	8252	31405	3662	42755
邢邑镇	33901	16693	17208	9419	16530	17022	6240	24604	3057	33088
李亲顾镇	47398	23776	23622	12281	21545	21229	8031	35386	3981	43597
子位镇	43118	21994	21124	11996	21937	21099	8619	30878	3621	41792
开元镇	49538	25073	24465	12328	24760	24413	9729	36703	3106	48620
赵村镇	52940	26653	26287	13142	26005	25980	9934	39329	3677	50533
周村镇	49091	24563	24528	11871	24558	24524	10376	35250	3465	47623
息冢镇	38319	19257	19062	9999	19247	19057	7903	27299	3117	37476
东留春乡	29567	14974	14593	7935	14952	14577	4743	21799	3025	28628
号头庄回族乡	35178	17749	17429	9719	17595	17282	6437	25569	3172	34105
杨家庄乡	30426	15328	15098	8266	15321	15091	5307	22332	2787	29444
大鹿庄乡	44555	22520	22035	11810	22489	22015	7261	33359	3935	43481
西城乡	25214	12543	12671	7216	12524	12665	4455	18303	2456	24564
安国市	**370317**	**185386**	**184931**	**108016**	**182310**	**181514**	**58020**	**278633**	**33664**	**340988**
祁州药市街道	55998	28288	27710	16905	27871	27390	8666	43349	3983	41982
祁州镇	56696	27895	28801	16132	26050	26498	7901	44169	4626	47583
伍仁桥镇	30912	15593	15319	8637	15592	15318	5320	22522	3070	30163
石佛镇	32266	16418	15848	9685	16417	15848	5261	24032	2973	31217
郑章镇	36229	18214	18015	10457	17666	17409	4990	27679	3560	34335
大五女镇	23979	12002	11977	6801	11903	11957	3616	17868	2495	23600
西佛落镇	22030	11126	10904	6782	10995	10752	3494	16570	1966	21484
明官店乡	29825	14857	14968	8751	14857	14968	4569	22143	3113	29391
南娄底乡	34362	17262	17100	9327	17239	17092	6232	24648	3482	33786
西安国城乡	27609	13774	13835	8183	13771	13834	4394	20667	2548	27256

表3 续表 30

单位：人、户

地区	总人口			家庭户	家庭户总人口		分年龄人口			居住本地，户口在本地
	合计	男	女	户数	男	女	0-14岁	15-64岁	65岁及以上	
北段村乡	20411	9957	10454	6356	9949	10448	3577	14986	1848	20191
高碑店市	**640280**	**323671**	**316609**	**160732**	**298915**	**296995**	**96650**	**496438**	**47192**	**514858**
和平街道	34521	17104	17417	8754	16962	17395	5433	26657	2431	33140
军城街道	15038	8086	6952	3712	6447	6554	2070	11888	1080	12768
东盛街道	25694	12934	12760	6936	12032	12375	3985	19795	1914	23106
北城街道	21350	10693	10657	5586	10408	10461	3230	16474	1646	20069
兴华路街道	95778	47251	48527	30261	43628	45165	14910	74577	6291	66398
方官镇	46090	23313	22777	12065	23172	22720	6537	35233	4320	45174
新城镇	44539	22392	22147	11636	22058	21923	7178	33141	4220	43303
泗庄镇	35392	17936	17456	8361	17177	16812	5285	26949	3158	33956
白沟镇	124274	63867	60407	23932	50436	48357	16736	103138	4400	49211
辛立庄镇	39474	19955	19519	10654	19840	19465	6726	28934	3814	38527
东马营镇	30841	15318	15523	6671	14267	13806	4812	23624	2405	26571
肖官营乡	27600	13785	13815	7276	13780	13811	3940	20956	2704	27238
梁家营乡	26201	13791	12410	6219	11721	12065	3932	20282	1987	23639
张六庄乡	35905	18209	17696	9117	18167	17681	5821	26832	3252	34925
辛桥乡	37583	19037	18546	9552	18820	18405	6055	27958	3570	36833
张家口市	**4345485**	**2225425**	**2120060**	**1481690**	**2117066**	**2047428**	**691706**	**3204272**	**449507**	**3361060**
桥东区	**339372**	**172795**	**166577**	**115991**	**147831**	**151806**	**38864**	**268209**	**32299**	**187164**
红旗楼街道	53386	27045	26341	20343	25226	25899	5355	41289	6742	34707
胜利北路街道	52759	25717	27042	20422	25280	26764	6496	40447	5816	34683
五一路街道	51052	26308	24744	18036	22577	23546	5427	40112	5513	27663
花园街街道	26314	12816	13498	9584	11791	12649	2787	20255	3272	17936
工业路街道	35883	19127	16756	12136	15547	15905	3632	28791	3460	21935
南站街道	34085	17224	16861	6817	8540	8802	2218	30147	1720	9820
马路东街道	18959	10385	8574	4572	5713	5747	1547	16136	1276	5699
老鸦庄镇	45376	22880	22496	16734	22543	22340	7729	34649	2998	22153
姚家庄镇	21558	11293	10265	7347	10614	10154	3673	16383	1502	12568
桥西区	**287900**	**142284**	**145616**	**100044**	**130695**	**132672**	**35393**	**225030**	**27477**	**144549**
新华街街道	41082	20629	20453	15513	19719	20117	5183	32159	3740	16190
大境门街道	21598	9337	12261	6364	8151	8125	1946	17733	1919	10240
明德北街街道	37188	18605	18583	10888	14154	14895	3816	29445	3927	21710
明德南街街道	39334	18975	20359	14294	18063	18967	4029	30365	4940	20404
堡子里街道	14041	7005	7036	5809	6891	6967	1538	10818	1685	5907
南营坊街道	39852	19762	20090	14570	18084	18608	4179	31494	4179	20622
工人新村街道	26227	13001	13226	9757	12836	13135	3410	20424	2393	15024
东窑子镇	26240	13291	12949	9597	13117	12839	4384	19989	1867	11831
沈家屯镇	42338	21679	20659	13252	19680	19019	6908	32603	2827	22621
宣化区	**370569**	**185891**	**184678**	**135710**	**175203**	**176888**	**51842**	**283258**	**35469**	**211382**
天泰寺街道	41701	20669	21032	14462	18467	19222	5613	32360	3728	21140
皇城街道	28956	13857	15099	10691	13041	13783	3783	22356	2817	13688
南关街道	54646	27258	27388	21098	27076	27262	7808	40920	5918	28263
南大街街道	40536	19662	20874	15906	19419	20661	5094	30928	4514	24511
大北街街道	38434	18947	19487	13156	16929	17464	5385	29933	3116	19679
工业街街道	28159	14712	13447	9476	12358	12235	3974	21067	3118	11965
建国街街道	72101	36364	35737	26575	35683	35460	10324	56525	5252	43375
庞家堡镇	20911	11210	9701	7959	9637	9004	2653	14938	3320	18776
河子西乡	19806	10286	9520	7071	9831	9440	3358	14889	1559	13888
春光乡	11752	5933	5819	4267	5891	5804	1791	8996	965	6674
侯家庙乡	13567	6993	6574	5049	6871	6553	2059	10346	1162	9423

表3 续表 31

单位：人、户

地区	总人口			家庭户	家庭户总人口		分年龄人口			居住本地，户口在本地
	合计	男	女	户数	男	女	0-14岁	15-64岁	65岁及以上	
下花园区	**62764**	**32288**	**30476**	**24253**	**30528**	**30070**	**7418**	**47645**	**7701**	**52164**
城镇街道	28536	14412	14124	11192	13657	13960	3355	22024	3157	22283
煤矿街道	9400	4730	4670	3910	4604	4654	886	6982	1532	8159
花园乡	11605	5920	5685	4316	5682	5556	1651	8793	1161	9959
辛庄子乡	4239	2453	1786	1507	1909	1692	459	3194	586	3336
定方水乡	7197	3778	3419	2631	3743	3416	867	5343	987	6777
段家堡乡	1787	995	792	697	933	792	200	1309	278	1650
宣化县	**273506**	**141702**	**131804**	**94185**	**137066**	**126277**	**43928**	**200734**	**28844**	**226143**
洋河南镇	38922	20241	18681	13218	20012	18556	8188	28040	2694	23214
深井镇	21649	11527	10122	8089	11390	10085	2920	15035	3694	20920
崞村镇	15397	8189	7208	5727	8180	7201	2211	10984	2202	14656
沙岭子镇	32960	15838	17122	9261	13680	13090	4633	26066	2261	21593
姚家房镇	21726	11105	10621	7988	11075	10584	3729	15923	2074	18652
大仓盖镇	21076	11253	9823	7104	10727	9778	3105	15913	2058	18512
贾家营镇	20447	10552	9895	7191	10525	9891	3069	15180	2198	19008
顾家营镇	14931	7614	7317	4505	6740	6384	2228	11446	1257	11724
赵川镇	30219	15727	14492	10605	15498	14364	5125	21938	3156	26889
王家湾乡	3151	1759	1392	1383	1685	1379	217	2137	797	3061
塔儿村乡	7048	3773	3275	2774	3747	3264	841	5036	1171	6718
江家屯乡	23484	12308	11176	7886	12026	11036	4439	16650	2395	20605
东望山乡	14780	7754	7026	5462	7747	7022	2121	10822	1837	13459
李家堡乡	7716	4062	3654	2992	4034	3643	1102	5564	1050	7132
张北县	**318669**	**162009**	**156660**	**110037**	**152900**	**150541**	**51568**	**233151**	**33950**	**228907**
张北镇	129338	64932	64406	42087	58235	59190	25104	96923	7311	52434
公会镇	7923	3991	3932	2931	3946	3915	1077	5504	1342	7501
二台镇	18673	9540	9133	6415	9523	9112	2935	13568	2170	17142
大囫囵镇	11314	5780	5534	3932	5684	5491	1520	8231	1563	10444
台路沟乡	7182	3725	3457	2718	3619	3446	896	5155	1131	6967
油篓沟乡	12647	6558	6089	4635	6190	6024	1666	8977	2004	11753
馒头营乡	8986	4602	4384	3203	4506	4349	1082	6515	1389	8564
二泉井乡	11531	5941	5590	4526	5938	5588	1671	8052	1808	11073
单晶河乡	7944	4133	3811	3058	3824	3680	971	5688	1285	7785
大河乡	11740	6062	5678	4309	6007	5665	1562	8572	1606	11547
海流图乡	11770	6093	5677	3870	5974	5636	1636	8310	1824	11540
两面井乡	10185	5224	4961	3507	5022	4857	1348	7251	1586	10039
大西湾乡	7276	3784	3492	2282	3593	3433	886	5110	1280	7004
郝家营乡	8956	4573	4383	2918	4459	4364	1242	6483	1231	8516
白庙滩乡	7558	3851	3707	2466	3777	3674	988	5522	1048	7202
小二台乡	7858	3965	3893	3067	3945	3892	1069	5461	1328	7521
战海乡	7628	3944	3684	2513	3858	3649	1050	5733	845	7322
三号乡	9890	5068	4822	3441	4830	4675	1526	7267	1097	9374
沙沟乡	5699	2860	2839	2197	2782	2803	972	4132	595	4853
宇宙营乡	4438	2235	2203	1642	2234	2200	700	3225	513	4169
察北	10133	5148	4985	4320	4954	4898	1667	7472	994	6157
康保县	**204975**	**103811**	**101164**	**69030**	**102253**	**100129**	**31152**	**151526**	**22297**	**179248**
康保镇	63779	31391	32388	22734	30645	31550	11406	47312	5061	43589
张纪镇	14734	7607	7127	4653	7382	7097	2188	10742	1804	13673
土城子镇	11238	5736	5502	3650	5683	5493	1531	8224	1483	10438
邓油坊镇	9884	5030	4854	3199	4980	4822	1379	7060	1445	9318
李家地镇	10144	5203	4941	3393	5163	4930	1518	7542	1084	9948

表3 续表 32　　　　单位：人、户

地　　区	总人口			家庭户	家庭户总人口		分年龄人口			居住本地，户口在本地
	合　计	男	女	户　数	男	女	0-14岁	15-64岁	65岁及以上	
照阳河镇	6251	3179	3072	2079	3156	3064	744	4617	890	6010
屯垦镇	14736	7559	7177	4953	7543	7174	2004	11150	1582	14396
阎油坊乡	11824	6102	5722	3569	6016	5694	1765	8785	1274	11461
丹清河乡	8171	4171	4000	2985	4138	3986	1041	5943	1187	7870
哈哒嘎乡	8263	4286	3977	2799	4258	3962	1120	6085	1058	8034
二号卜乡	11698	5942	5756	3756	5824	5741	1674	8487	1537	11405
芦家营乡	8291	4292	3999	2674	4266	3990	1131	6243	917	8095
忠义乡	6246	3205	3041	1981	3178	3032	861	4561	824	5955
处长地乡	9808	4957	4851	3390	4913	4849	1457	7270	1081	9647
满德堂乡	9228	4776	4452	2917	4744	4440	1276	6944	1008	8865
康保牧场	567	312	255	242	303	255	55	464	48	471
屯垦林场	113	63	50	56	61	50	2	97	14	73
沽源县	**174619**	**90011**	**84608**	**60792**	**86822**	**83441**	**26551**	**131094**	**16974**	**150385**
平定堡镇	54944	27955	26989	19653	26175	26171	9478	41385	4081	37523
小厂镇	10082	5210	4872	3360	5066	4830	1440	7582	1060	9579
黄盖淖镇	10135	5188	4947	3397	5035	4839	1414	7516	1205	9787
九连城镇	13654	7017	6637	4721	7015	6637	1954	10084	1616	13184
高山堡乡	6322	3313	3009	2092	3175	3005	875	4734	713	6023
小河子乡	11032	5742	5290	3963	5738	5289	1422	8180	1430	10777
二道渠乡	8137	4192	3945	2755	4184	3933	1319	6127	691	7663
大二号回族乡	2624	1344	1280	1016	1340	1279	433	1949	242	2506
闪电河乡	9155	4675	4480	3121	4660	4469	1365	6946	844	8765
长梁乡	8772	4503	4269	2952	4498	4265	1226	6627	919	8591
丰源店乡	7402	3985	3417	2504	3791	3415	1058	5644	700	7070
西辛营乡	11138	5797	5341	3394	5535	5312	1615	8329	1194	10527
莲花滩乡	4735	2516	2219	1714	2510	2217	643	3568	524	4654
白土窑乡	10127	5134	4993	3708	5131	4987	1558	7433	1136	9845
榆树沟	4856	2651	2205	1787	2196	2080	582	3864	410	2650
沙梁子	439	224	215	190	221	215	51	313	75	364
小城子	631	336	295	264	323	293	70	491	70	537
东大门	434	229	205	201	229	205	48	322	64	340
尚义县	**151639**	**76685**	**74954**	**55596**	**74510**	**73628**	**24223**	**110188**	**17228**	**122159**
南壕堑镇	54071	27063	27008	19956	26367	26251	10202	39748	4121	30427
大青沟镇	15426	7706	7720	5497	7593	7695	2643	11106	1677	12953
八道沟镇	9315	4688	4627	3328	4519	4512	1357	6722	1236	9045
红土梁镇	8527	4335	4192	3301	4245	4126	1126	6176	1225	7616
小蒜沟镇	8458	4487	3971	3012	3960	3899	1160	6058	1240	7677
三工地镇	6113	3050	3063	2373	3038	3058	882	4431	800	5914
满井镇	7749	3937	3812	2996	3822	3722	968	5671	1110	7633
大营盘乡	8622	4410	4212	2780	4386	4202	1180	6332	1110	8485
大苏计乡	8326	4193	4133	3037	4172	4129	1279	6113	934	8094
石井乡	6914	3576	3338	2627	3406	3320	882	4913	1119	6671
七甲乡	5113	2577	2536	1952	2543	2529	765	3753	595	4954
套里庄乡	4851	2455	2396	2008	2348	2273	602	3431	818	4769
甲石河乡	5520	2835	2685	1752	2789	2661	846	3920	754	5412
下马圈乡	2634	1373	1261	977	1322	1251	331	1814	489	2509
蔚县	**450236**	**235171**	**215065**	**145376**	**228025**	**212525**	**93163**	**312164**	**44909**	**363992**
蔚州镇	103995	51728	52267	32548	50309	50693	24028	73624	6343	62789
代王城镇	27282	14119	13163	8779	14103	13160	5528	19116	2638	24512
西合营镇	46297	23863	22434	15153	23608	22155	9494	32026	4777	39974

表3 续表 33 单位：人、户

地区	总人口 合计	总人口 男	总人口 女	家庭户户数	家庭户总人口 男	家庭户总人口 女	分年龄人口 0-14岁	分年龄人口 15-64岁	分年龄人口 65岁及以上	居住本地，户口在本地
吉家庄镇	21179	11026	10153	7239	10889	10064	4251	14325	2603	19132
白乐镇	16029	8280	7749	5757	8263	7727	3328	10586	2115	14862
暖泉镇	14531	7606	6925	4693	7567	6910	2861	9974	1696	13020
南留庄镇	28153	14657	13496	8771	14558	13478	6965	18963	2225	20094
北水泉镇	11067	5775	5292	3852	5742	5285	2081	7468	1518	10222
桃花镇	18557	9772	8785	6293	9655	8752	3369	12960	2228	17954
阳眷镇	12840	6826	6014	4158	6520	6009	2585	9061	1194	10628
宋家庄镇	21986	11839	10147	6987	11831	10146	4257	15182	2547	19597
下宫村乡	17563	9383	8180	5828	9347	8172	3442	12040	2081	16190
南杨庄乡	12747	6717	6030	4034	6693	6022	2755	8583	1409	11308
柏树乡	9422	5285	4137	3352	5283	4136	1698	6416	1308	8934
常宁乡	8078	4363	3715	2924	4279	3685	1659	5299	1120	7520
涌泉庄乡	22274	11945	10329	6467	11007	10242	4256	15792	2226	19030
杨庄窠乡	14038	7452	6586	4451	7145	6516	2809	9531	1698	12637
南岭庄乡	9281	4710	4571	3403	4678	4557	1835	6046	1400	8475
陈家洼乡	5832	3008	2824	2162	3000	2824	1132	3826	874	5263
黄梅乡	8066	4209	3857	2762	4165	3831	1452	5510	1104	7610
白草村乡	11913	7563	4350	2623	4374	4113	1764	9418	731	6125
草沟堡乡	9106	5045	4061	3140	5009	4048	1614	6418	1074	8116
阳原县	**258086**	**131517**	**126569**	**84856**	**130476**	**125214**	**49836**	**180618**	**27632**	**218588**
西城镇	75277	37547	37730	24711	36867	36433	16761	53638	4878	51661
东城镇	17154	8694	8460	5440	8661	8459	3386	11831	1937	15004
化稍营镇	24579	12647	11932	8754	12568	11922	4965	16870	2744	21655
揣骨疃镇	21946	11222	10724	7307	11219	10724	3963	15327	2656	20195
东井集镇	26561	13727	12834	9120	13684	12834	4580	18569	3412	24790
要家庄乡	17672	8898	8774	5352	8830	8766	3237	12565	1870	15923
东坊城堡乡	7827	3986	3841	2466	3964	3841	1231	5527	1069	7164
井儿沟乡	9919	5147	4772	3145	5123	4771	1571	7091	1257	9346
三马坊乡	8944	4592	4352	2919	4592	4352	1640	6160	1144	8246
高墙乡	13620	7079	6541	4638	7072	6541	2417	8965	2238	12690
大田洼乡	4479	2401	2078	1454	2333	2045	726	3042	711	4297
辛堡乡	12159	6353	5806	3887	6351	5806	2167	8477	1515	11434
马圈堡乡	7877	4051	3826	2456	4045	3826	1416	5529	932	7023
浮图讲乡	10072	5173	4899	3207	5167	4894	1776	7027	1269	9160
怀安县	**210914**	**107146**	**103768**	**71247**	**104177**	**101808**	**34832**	**151302**	**24780**	**190095**
柴沟堡镇	73028	36476	36552	25613	35394	35475	12826	53219	6983	60554
左卫镇	34669	17739	16930	11024	17512	16819	6248	24824	3597	32520
头百户镇	13432	6754	6678	4329	6718	6675	2319	9517	1596	12359
怀安城镇	26367	13530	12837	8572	12530	12150	4068	19155	3144	25188
渡口堡乡	13296	6777	6519	4364	6767	6514	2056	9303	1937	12802
第六屯乡	9053	4751	4302	2846	4547	4255	1605	6320	1128	8313
西湾堡乡	5861	2939	2922	2259	2902	2919	730	4201	930	5520
西沙城乡	7836	4041	3795	2554	4034	3795	1160	5502	1174	7413
太平庄乡	6626	3419	3207	2593	3408	3207	878	4542	1206	6118
王虎屯乡	10145	5312	4833	3526	4985	4811	1411	7234	1500	9132
第三堡乡	10601	5408	5193	3567	5380	5188	1531	7485	1585	10176
万全县	**211706**	**107737**	**103969**	**71695**	**105347**	**102475**	**36765**	**151466**	**23475**	**177553**
孔家庄镇	81909	41461	40448	27561	39874	39279	15811	60118	5980	57563
万全镇	17217	8823	8394	5582	8701	8313	3030	12436	1751	15102
洗马林镇	7432	3842	3590	2877	3818	3581	926	5119	1387	7046

表3 续表 34

单位：人、户

地区	总人口			家庭户	家庭户总人口		分年龄人口			居住本地，户口在本地
	合计	男	女	户数	男	女	0-14岁	15-64岁	65岁及以上	
郭磊庄镇	22723	11496	11227	7477	11306	11139	3889	16133	2701	20290
膳房堡乡	9377	4837	4540	2997	4803	4527	1337	6781	1259	9064
北新屯乡	5718	3002	2716	2044	2825	2653	665	3977	1076	5522
宣平堡乡	10342	5292	5050	3719	5234	5043	1721	7563	1058	9668
高庙堡乡	9916	5264	4652	3387	5138	4610	1439	6694	1783	9274
旧堡乡	9716	4921	4795	3324	4911	4794	1423	6734	1559	9128
安家堡乡	21661	10937	10724	7276	10889	10703	3759	15185	2717	19970
北沙城乡	15695	7862	7833	5451	7848	7833	2765	10726	2204	14926
怀来县	**352307**	**181121**	**171186**	**117033**	**174375**	**166675**	**55226**	**264224**	**32857**	**307261**
沙城镇	114569	57489	57080	39401	54015	54451	17944	87839	8786	84455
北辛堡镇	17347	8874	8473	5245	8337	8073	2539	13146	1662	16592
新保安镇	20799	11206	9593	8116	10941	9393	2728	15528	2543	18982
东花园镇	15260	7915	7345	4826	7524	7161	2280	11429	1551	13898
官厅镇	10863	5583	5280	3820	5486	5235	1709	8011	1143	10431
桑园镇	25658	13061	12597	8210	12967	12501	4300	18981	2377	24970
存瑞镇	25191	13166	12025	8296	13121	12012	4044	18592	2555	23942
土木镇	24002	12437	11565	7862	12346	11543	4230	17667	2105	20060
大黄庄镇	16438	8514	7924	4902	8486	7918	2605	12338	1495	16014
西八里镇	21330	10927	10403	6532	10539	10140	3571	15897	1862	20581
小南辛堡镇	15134	7906	7228	4838	7671	7074	2327	11132	1675	14727
狼山乡	11808	6107	5701	3519	5687	5431	1908	8804	1096	10970
鸡鸣驿乡	7969	4154	3815	2776	4067	3797	1242	5874	853	7258
东八里乡	9711	5016	4695	3070	4976	4654	1519	7196	996	9338
瑞云观乡	4873	2586	2287	1651	2463	2200	650	3503	720	4693
孙庄子乡	4299	2312	1987	1477	2308	1984	729	2966	604	4204
王家楼回族乡	7056	3868	3188	2492	3441	3108	901	5321	834	6146
涿鹿县	**333932**	**175944**	**157988**	**105710**	**164646**	**152305**	**52798**	**247881**	**33253**	**309402**
涿鹿镇	72538	37545	34993	22291	30982	31168	10369	55920	6249	61365
张家堡镇	22186	11362	10824	7118	11173	10701	3371	16721	2094	20655
武家沟镇	14138	7710	6428	4414	7267	6423	2109	10346	1683	13111
五堡镇	26273	13646	12627	8242	13559	12598	4276	19487	2510	24701
保岱镇	28505	15101	13404	9060	14911	13170	4484	21078	2943	27031
矾山镇	21248	11072	10176	7316	11009	10138	3570	15696	1982	20567
大堡镇	17358	9310	8048	5553	9038	7932	2825	12573	1960	16768
河东镇	11189	6192	4997	3571	5146	4585	1684	8176	1329	9934
东小庄镇	31097	16201	14896	9380	15669	14562	4828	23211	3058	30164
辉耀镇	11361	6115	5246	3679	6104	5243	2046	8044	1271	10801
大河南镇	10053	5212	4841	3156	4971	4702	1749	7341	963	9746
温泉屯镇	13869	7123	6746	3945	7061	6730	2602	10022	1245	13498
蟒石口镇	8973	4627	4346	2873	4473	4178	1424	6565	984	8748
栾庄乡	18872	10229	8643	5898	10151	8613	3030	13752	2090	18134
黑山寺乡	10618	5617	5001	3671	5615	4999	2025	7517	1076	10371
卧佛寺乡	10291	5846	4445	3637	5115	4357	1689	7434	1168	9190
谢家堡乡	5363	3036	2327	1906	2402	2206	717	3998	648	4618
赤城县	**238169**	**124243**	**113926**	**82641**	**120133**	**110956**	**42054**	**167945**	**28170**	**206265**
赤城镇	62057	31205	30852	20833	28450	28245	11213	45963	4881	39737
田家窑镇	16678	8715	7963	5899	8714	7961	3065	11697	1916	16014
龙关镇	27639	14413	13226	9515	14253	13204	5684	19294	2661	23463
雕鹗镇	11631	6213	5418	4291	6112	5409	2107	7958	1566	11133
独石口镇	4473	2369	2104	1526	2359	2099	628	3197	648	4297

表3 续表 35　　　　单位：人、户

地区	总人口			家庭户	家庭户总人口		分年龄人口			居住本地，户口在本地
	合计	男	女	户数	男	女	0-14岁	15-64岁	65岁及以上	
白草镇	7512	3934	3578	2813	3921	3562	1333	5016	1163	7097
龙门所镇	8691	4663	4028	3010	4655	4025	1334	6040	1317	8469
后城镇	14102	7287	6815	5005	7258	6797	2649	9491	1962	13865
东卯镇	15743	8341	7402	5007	8137	7333	2972	10727	2044	15273
炮梁乡	5653	3080	2573	2073	2813	2546	923	4091	639	4777
大海陀乡	7548	4022	3526	2749	4020	3526	1219	5269	1060	7348
镇宁堡乡	7518	4058	3460	2555	3894	3396	1072	5188	1258	7249
马营乡	5734	3028	2706	2148	2996	2684	849	3796	1089	5549
云州乡	11922	6469	5453	4620	6413	5448	1607	8478	1837	11674
三道川乡	5183	2702	2481	1958	2605	2443	863	3557	763	4917
东万口乡	11783	6224	5559	3601	6053	5523	2057	8145	1581	11489
茨营子乡	7474	3924	3550	2657	3903	3537	1246	5236	992	7200
样田乡	6828	3596	3232	2381	3577	3218	1233	4802	793	6714
崇礼县	**106122**	**55070**	**51052**	**37494**	**52079**	**50018**	**16093**	**77837**	**12192**	**85803**
西湾子街道办	23345	11788	11557	7995	10974	11004	4364	17636	1345	13598
西湾子镇	15534	8088	7446	5693	7666	7360	2620	11217	1697	11007
高家营镇	23784	12137	11647	8485	11809	11472	3933	17345	2506	20591
四台嘴乡	9347	5362	3985	3002	4248	3881	1078	7129	1140	7713
红旗营乡	5117	2680	2437	1811	2640	2417	619	3586	912	4887
石窑子乡	4482	2357	2125	1856	2321	2106	487	3181	814	4380
驿马图乡	5568	2873	2695	1935	2828	2675	628	4078	862	5459
石嘴子乡	6317	3231	3086	2254	3135	3060	835	4476	1006	5987
狮子沟乡	4542	2372	2170	1637	2308	2153	525	3351	666	4318
清三营乡	3485	1808	1677	1303	1776	1663	471	2459	555	3341
白旗乡	4601	2374	2227	1523	2374	2227	533	3379	689	4522
承德市	**3473201**	**1782914**	**1690287**	**1024783**	**1688911**	**1621512**	**603229**	**2571760**	**298212**	**3011521**
双桥区	**424897**	**212796**	**212101**	**121817**	**176707**	**178895**	**52691**	**338198**	**34008**	**286265**
西大街街道	25901	12675	13226	9675	12349	12804	2727	20175	2999	19480
头道牌楼街道	23099	11453	11646	7300	9667	10072	2636	17818	2645	15548
潘家沟街道	27209	13393	13816	9846	13087	13568	3316	21280	2613	18940
中华路街道	26708	15339	11369	6453	7965	8605	2260	21645	2803	17895
新华路街道	20444	10071	10373	6700	8782	9155	2364	15628	2452	14625
石洞子沟街道	42766	21310	21456	15529	20446	20953	5316	33265	4185	28930
桥东街道	22720	11381	11339	7951	11058	11242	2490	17990	2240	15214
水泉沟镇	25938	13487	12451	7891	12662	12291	3942	20432	1564	13452
狮子沟镇	24115	10287	13828	5880	7862	8389	2303	20264	1548	12780
牛圈子沟镇	51877	24499	27378	14787	21408	21759	6699	42077	3101	30096
大石庙镇	34621	18169	16452	8987	15450	15302	5902	26614	2105	26177
冯营子镇	39757	18703	21054	4097	7594	7462	3197	35551	1009	16922
双峰寺镇	25443	12906	12537	7736	12878	12528	4732	18809	1902	23838
上板城镇	34299	19123	15176	8985	15499	14765	4807	26650	2842	32368
双滦区	**146878**	**75640**	**71238**	**46584**	**69780**	**68258**	**22229**	**112702**	**11947**	**115300**
元宝山街道	35374	17815	17559	11670	15524	15889	4851	27943	2580	22166
钢城街道	31134	16595	14539	11264	14698	14148	3603	24442	3089	24696
双塔山镇	18250	9253	8997	5503	9100	8910	3165	13851	1234	14970
滦河镇	11950	6174	5776	3462	5521	5590	1736	9212	1002	7875
大庙镇	10950	5639	5311	3826	5450	5256	1725	8192	1033	8874
偏桥子镇	7483	3869	3614	2197	3804	3608	1307	5576	600	7074
陈栅子乡	12119	6316	5803	3460	6316	5803	2310	8744	1065	11600
西地满族乡	19618	9979	9639	5202	9367	9054	3532	14742	1344	18045

表3 续表 36 单位：人、户

地区	总人口			家庭户	家庭户总人口		分年龄人口			居住本地，户口在本地
	合计	男	女	户数	男	女	0-14岁	15-64岁	65岁及以上	
鹰手营子矿区	**62454**	**31951**	**30503**	**22720**	**30200**	**30124**	**7531**	**47786**	**7137**	**51736**
鹰手营子镇	29664	14999	14665	10759	14233	14407	3668	22673	3323	24091
北马圈子镇	12519	6711	5808	4064	5841	5712	1589	9795	1135	9463
寿王坟镇	11306	5657	5649	4413	5578	5624	1312	8481	1513	10413
汪家庄镇	8965	4584	4381	3484	4548	4381	962	6837	1166	7769
承德县	**388554**	**203187**	**185367**	**111146**	**195853**	**181599**	**63186**	**291234**	**34134**	**349982**
下板城镇	80337	40908	39429	24725	38248	37938	13651	61160	5526	57641
甲山镇	19933	10478	9455	5410	9535	8919	2793	15506	1634	17587
六沟镇	27084	13956	13128	7412	12918	12093	4514	20193	2377	24711
三沟镇	20756	11078	9678	5553	10618	9640	3403	15453	1900	19225
头沟镇	23423	12254	11169	6777	12101	11120	3698	17612	2113	22409
高寺台镇	13032	6880	6152	3989	6642	6126	2130	9699	1203	11941
东小白旗乡	8572	4552	4020	2375	4548	4019	1478	6330	764	8311
鞍匠乡	14856	7751	7105	4126	7751	7105	2509	10992	1355	14274
刘杖子乡	10098	5235	4863	2882	5136	4814	1692	7483	923	9780
新杖子乡	12456	6608	5848	3460	6569	5840	1811	9597	1048	12083
孟家院乡	9964	5280	4684	2858	5201	4678	1520	7405	1039	9586
大营子乡	8593	4605	3988	2493	4605	3988	1183	6593	817	8360
八家乡	8519	4428	4091	2553	4417	4089	1372	6536	611	8166
上谷乡	19222	10250	8972	5369	9400	8708	2959	14323	1940	18117
满杖子乡	8267	4580	3687	2317	4262	3652	1197	6276	794	7670
石灰窑乡	19839	10359	9480	5401	10342	9472	3460	14539	1840	19335
五道河乡	7445	3919	3526	2009	3895	3524	1193	5471	781	7257
岔沟乡	13474	7163	6311	3796	6983	6230	2251	9849	1374	12791
岗子满族乡	7427	3838	3589	2170	3820	3580	1264	5463	700	7122
磴上乡	15245	7961	7284	4402	7904	7234	2605	11066	1574	14887
两家满族乡	9630	5021	4609	2681	4932	4544	1476	7241	913	9216
三家乡	20320	10829	9491	5560	10776	9482	3376	15041	1903	19814
仓子乡	10062	5254	4808	2828	5250	4804	1651	7406	1005	9699
兴隆县	**314730**	**161297**	**153433**	**90363**	**157243**	**150717**	**53631**	**235148**	**25951**	**289344**
兴隆镇	75381	37842	37539	24137	35632	35495	11618	58169	5594	63123
半壁山镇	22029	11180	10849	5753	11098	10836	4195	16270	1564	20513
挂兰峪镇	14433	7454	6979	3801	7048	6835	3027	10438	968	13144
青松岭镇	13407	7011	6396	3735	6699	6269	2132	9940	1335	12738
六道河镇	15874	8152	7722	4581	7968	7604	2469	11640	1765	15306
平安堡镇	13870	7214	6656	4345	7085	6642	2235	10463	1172	12465
北营房镇	12403	6372	6031	3640	6320	6023	1891	9380	1132	11608
孤山子镇	11088	5535	5553	3089	5496	5545	2136	8211	741	10511
蓝旗营镇	14148	7226	6922	3728	7177	6854	2699	10282	1167	13399
南天门满族乡	7034	3586	3448	1839	3509	3423	1263	5229	542	6551
八卦岭满族乡	14945	7591	7354	3841	7544	7350	3110	10795	1040	14032
陡子峪乡	6263	3176	3087	1841	3097	3027	869	4705	689	6069
上石洞乡	2485	1319	1166	822	1301	1158	280	1804	401	2411
北水泉乡	11091	5754	5337	3454	5692	5308	1845	8145	1101	10237
李家营乡	9686	5101	4585	2872	4898	4574	1493	7219	974	9010
大杖子乡	16896	8842	8054	4559	8813	8047	2877	12710	1309	16307
蘑菇峪乡	17279	9039	8240	4850	9015	8234	3170	12746	1363	16616
三道河乡	16754	8634	8120	4274	8632	8119	3092	12303	1359	16228
安子岭乡	5194	2713	2481	1416	2705	2481	900	3822	472	4969
大水泉乡	14470	7556	6914	3786	7514	6893	2330	10877	1263	14107

表3 续表 37　　　　单位：人、户

地区	总人口			家庭户	家庭户总人口		分年龄人口			居住本地，户口在本地
	合计	男	女	户数	男	女	0-14岁	15-64岁	65岁及以上	
平泉县	**446939**	**229622**	**217317**	**129228**	**224180**	**213520**	**82382**	**323558**	**40999**	**416029**
平泉镇	110646	55519	55127	34744	53147	53315	19735	82558	8353	90014
黄土梁子镇	20831	10659	10172	5322	9631	9384	3946	15072	1813	19155
榆树林子镇	28686	14919	13767	8081	14903	13744	5300	20791	2595	28264
杨树岭镇	29463	15171	14292	8840	14828	14217	5245	21144	3074	28550
七沟镇	25061	13150	11911	6794	13146	11905	4785	17919	2357	24516
小寺沟镇	22705	11619	11086	6304	11537	11035	4087	16521	2097	22263
党坝镇	24169	12663	11506	6668	12635	11490	4137	17530	2502	23683
卧龙镇	28382	14717	13665	7864	14171	13509	5155	20420	2807	26882
南五十家子镇	19859	10030	9829	5178	9296	9051	3258	14867	1734	17708
北五十家子镇	11940	6112	5828	3290	6091	5824	2465	8368	1107	11705
王土房乡	5419	2869	2550	1521	2821	2548	987	3921	511	5249
柳溪满族乡	11041	5673	5368	3149	5625	5355	2298	7775	968	10852
七家岱满族乡	7912	4016	3896	2391	4015	3896	1664	5460	788	7834
平房满族蒙古族乡	15298	7869	7429	4276	7854	7424	2993	10792	1513	15003
茅兰沟满族蒙古族乡	16756	8708	8048	4891	8695	8045	3307	11638	1811	16441
台头山乡	19081	9974	9107	5702	9896	9065	3766	13454	1861	18858
松树台乡	15954	8286	7668	4688	8281	7665	2840	11392	1722	15809
道虎沟乡	14862	7658	7204	4328	7599	7184	2546	10734	1582	14622
郭杖子满族乡	18874	10010	8864	5197	10009	8864	3868	13202	1804	18621
滦平县	**287986**	**147635**	**140351**	**83476**	**142444**	**136992**	**53337**	**209118**	**25531**	**257377**
中兴路街道	46663	22891	23772	13548	20693	21380	8237	35962	2464	29999
滦平镇	16724	8459	8265	4632	8010	7713	2865	12425	1434	14524
长山峪镇	20024	10339	9685	5587	10142	9647	3684	14342	1998	19307
红旗镇	14163	7295	6868	3729	7199	6850	2724	10311	1128	13563
金沟屯镇	16702	8657	8045	4842	8620	8038	3217	12044	1441	15944
虎什哈镇	19495	10063	9432	5798	9938	9403	3479	14144	1872	18690
巴克什营镇	17216	8728	8488	5113	8647	8471	3591	12078	1547	16464
张百湾镇	22991	11917	11074	6492	11242	10989	4237	16849	1905	20988
平坊满族乡	5352	2712	2640	1788	2690	2630	907	3736	709	5100
安纯沟门满族乡	10823	5678	5145	3266	5667	5142	2005	7538	1280	10499
付营子乡	16717	8764	7953	4568	8678	7942	3296	11917	1504	15778
小营满族乡	13834	7493	6341	3822	6591	6225	2654	10193	987	11647
西沟满族乡	6161	3248	2913	1728	3234	2905	1148	4385	628	5962
邓厂满族乡	2057	1092	965	643	1074	959	335	1457	265	1971
五道营子满族乡	3822	2028	1794	1200	1998	1788	608	2717	497	3660
马营子满族乡	6844	3523	3321	2229	3459	3302	1185	4736	923	6631
付家店满族乡	3953	1996	1957	1301	1980	1956	817	2665	471	3748
火斗山乡	12410	6298	6112	3870	6254	6095	2420	8595	1395	11938
两间房乡	8710	4485	4225	2511	4485	4225	1803	6042	865	8429
涝洼乡	5894	3063	2831	1653	3056	2829	1186	4110	598	5637
大屯满族乡	17431	8906	8525	5156	8787	8503	2939	12872	1620	16898
隆化县	**372030**	**191904**	**180126**	**109424**	**184951**	**175059**	**73597**	**265460**	**32973**	**339591**
隆化镇	85697	43289	42408	25572	40523	39757	15960	63931	5806	62473
韩麻营镇	20713	10816	9897	5903	10372	9739	4297	14841	1575	19531
中关镇	9375	5006	4369	2686	4766	4255	1742	6781	852	8936
七家镇	10804	5584	5220	3363	5549	5193	1990	7846	968	10484
汤头沟镇	24730	12748	11982	6951	12531	11829	5078	17541	2111	24161
张三营镇	19743	10017	9726	5999	9746	9484	4170	13780	1793	19010
唐三营镇	23502	12294	11208	6333	11792	10888	4840	16609	2053	23089

表3　续表 38　　　　　　　　　　　　　　　　　　　　　　　　单位：人、户

地　区	总人口			家庭户	家庭户总人口		分年龄人口			居住本地，户口在本地
	合　计	男	女	户　数	男	女	0-14岁	15-64岁	65岁及以上	
蓝旗镇	15161	7969	7192	4493	7460	6946	3037	10497	1627	14735
步古沟镇	13266	6813	6453	3955	6661	6335	2798	9089	1379	12735
郭家屯镇	18493	9552	8941	5467	9157	8671	3580	13053	1860	17511
荒地乡	14222	7365	6857	4258	7007	6652	2838	10016	1368	13989
章吉营乡	14509	7581	6928	4147	7413	6866	2694	10486	1329	14172
茅荆坝乡	8375	4401	3974	2292	4397	3974	1484	6147	744	8111
尹家营满族乡	7235	3846	3389	2063	3753	3350	1524	5056	655	7064
庙子沟蒙古族满族乡	5846	3057	2789	1673	3033	2784	1250	4033	563	5751
偏坡营满族乡	11058	5857	5201	3071	5856	5201	2182	7896	980	10821
山湾乡	7404	3877	3527	2293	3853	3523	1382	5192	830	7229
八达营蒙古族乡	10057	5173	4884	3277	4931	4707	2063	6830	1164	9772
太平庄满族乡	7482	3784	3698	2355	3778	3690	1473	5285	724	7388
旧屯满族乡	5964	3119	2845	1825	3116	2838	1187	4179	598	5798
西阿超满族蒙古族乡	7849	4033	3816	2403	3829	3705	1527	5428	894	7764
白虎沟满族蒙古族乡	5969	3045	2924	1797	2964	2885	1251	4094	624	5720
碱房乡	5711	2989	2722	1815	2937	2676	1100	4033	578	5553
韩家店乡	11126	5758	5368	3190	5636	5313	2483	7518	1125	10535
湾沟门乡	7739	3931	3808	2243	3891	3798	1667	5299	773	7259
丰宁满族自治县	**357029**	**183768**	**173261**	**105945**	**173342**	**166397**	**64880**	**258749**	**33400**	**316720**
大阁镇	99673	50336	49337	28952	44843	45212	18344	74407	6922	70098
大滩镇	18620	9622	8998	5252	9336	8803	3165	13862	1593	18034
鱼儿山镇	10794	5610	5184	3617	5329	5029	1894	7836	1064	9981
土城镇	14706	7621	7085	4647	7359	6902	2587	10451	1668	13739
黄旗镇	11840	6065	5775	3829	5932	5679	2115	8239	1486	11588
凤山镇	35212	17768	17444	10507	17113	16792	6795	25049	3368	32833
波罗诺镇	10147	5284	4863	3004	5016	4779	1982	7211	954	9537
黑山咀镇	19370	10113	9257	5284	9618	8916	3434	14153	1783	18475
天桥镇	8322	4262	4060	2455	4207	4054	1415	6112	795	8061
万胜永乡	3607	1889	1718	1152	1840	1716	592	2658	357	3512
四岔口乡	5279	2771	2508	1530	2590	2442	904	3873	502	5076
苏家店乡	4063	2129	1934	1356	2090	1927	723	2866	474	3994
外沟门乡	5075	2689	2386	1536	2555	2338	812	3828	435	4835
草原乡	4877	2601	2276	1324	2359	2270	765	3748	364	4524
窟窿山乡	2466	1263	1203	1016	1226	1170	374	1705	387	2394
小坝子乡	3535	1850	1685	1109	1800	1647	567	2552	416	3454
五道营乡	7219	3744	3475	2148	3596	3384	1087	5253	879	7034
南关蒙古族乡	15438	7980	7458	4820	7906	7445	3022	10693	1723	15102
选将营乡	11582	5990	5592	3242	5986	5591	2331	8027	1224	11251
西官营乡	10264	5348	4916	2833	5214	4843	2083	7147	1034	10066
王营乡	4825	2436	2389	1605	2413	2384	914	3348	563	4673
北头营乡	6529	3427	3102	1844	3196	2980	1195	4634	700	6301
胡麻营乡	15207	7935	7272	4749	7390	7057	2906	10847	1454	14434
石人沟乡	14926	7907	7019	4332	7553	6827	2814	10519	1593	14583
汤河乡	6821	3603	3218	1959	3425	3173	1056	4924	841	6603
杨木栅子乡	6632	3525	3107	1843	3450	3037	1004	4807	821	6538
宽城满族自治县	**250304**	**131854**	**118450**	**70737**	**126489**	**116360**	**45756**	**186399**	**18149**	**221331**
宽城镇	73678	38622	35056	20766	35659	33634	13896	55882	3900	52931
龙须门镇	20482	10705	9777	5603	10333	9528	3654	14932	1896	19835
峪耳崖镇	27099	14646	12453	7958	13489	12278	4904	20330	1865	24288
板城镇	21468	11153	10315	6152	11151	10314	3883	15850	1735	20968

表3　续表 39　　　　　　　　　　　　　　　　　　　　　　　　单位：人、户

地　区	总人口			家庭户	家庭户总人口		分年龄人口			居住本地，户口在本地
	合　计	男	女	户　数	男	女	0-14岁	15-64岁	65岁及以上	
汤道河镇	18594	9883	8711	5114	9792	8693	3075	13807	1712	17975
梓椤台镇	7752	3944	3808	2207	3884	3788	1485	5704	563	7107
碾子峪镇	15092	7868	7224	4372	7779	7182	2974	11013	1105	14767
化皮溜子乡	8871	4610	4261	2466	4531	4243	1601	6666	604	8500
塌山乡	5285	2769	2516	1561	2762	2514	910	3977	398	5077
孟子岭乡	6588	3471	3117	1918	3463	3112	1154	4886	548	6319
独石沟乡	1204	614	590	364	602	586	205	881	118	1074
东大地乡	5725	3042	2683	1649	2904	2636	1118	4186	421	5334
锛尖乡	7034	3736	3298	2015	3700	3278	1465	5131	438	6777
东黄花川乡	5915	3221	2694	1631	2995	2663	1104	4358	453	5526
亮甲台乡	7382	3937	3445	2005	3937	3445	1279	5500	603	7209
苇子沟乡	7089	3803	3286	1994	3747	3259	1215	5187	687	6853
大字沟门乡	5044	2724	2320	1334	2696	2319	823	3763	458	4961
大石柱子乡	6002	3106	2896	1628	3065	2888	1011	4346	645	5830
围场满族蒙古族自治县	**421400**	**213260**	**208140**	**133343**	**207722**	**203591**	**84009**	**303408**	**33983**	**367846**
围场镇	89544	44946	44598	27893	40640	40738	16953	67368	5223	52453
四合永镇	24342	12204	12138	6691	11755	11572	4302	18436	1604	21352
克勒沟镇	14740	7596	7144	4443	7488	7141	3089	10417	1234	14092
棋盘山镇	17864	9110	8754	5537	8930	8736	3524	12833	1507	16928
半截塔镇	9542	4897	4645	3063	4876	4641	1948	6763	831	9082
朝阳地镇	13773	7039	6734	4360	7025	6731	2896	9663	1214	13187
朝阳湾镇	15155	7593	7562	4659	7584	7561	3300	10575	1280	14753
道坝子乡	7448	3699	3749	2476	3695	3747	1507	5289	652	7144
龙头山乡	8823	4438	4385	2887	4421	4385	1816	6293	714	8190
腰站乡	17888	9034	8854	5488	9010	8846	3726	12747	1415	17248
黄土坎乡	10531	5351	5180	3447	5347	5180	1992	7467	1072	10253
四道沟乡	6174	3106	3068	2022	3093	3063	1204	4303	667	5842
兰旗卡伦乡	9767	5042	4725	2958	5039	4724	1917	7017	833	9470
银窝沟乡	13042	6515	6527	4049	6494	6510	2897	8990	1155	12613
新地乡	17135	8836	8299	4748	8836	8299	3697	12298	1140	16543
广发永乡	8308	4197	4111	2642	4161	4109	1745	5915	648	8096
育太和乡	5950	2941	3009	1877	2938	3007	1138	4340	472	5779
郭家湾乡	8331	4219	4112	2704	4210	4111	1774	5728	829	8135
杨家湾乡	8045	4067	3978	2610	4066	3978	1686	5581	778	7730
大唤起乡	7131	3594	3537	2327	3593	3537	1546	5041	544	6812
哈里哈乡	7860	3958	3902	2411	3951	3901	1439	5723	698	7568
新拨乡	12396	6354	6042	4007	6335	6037	2485	8875	1036	11937
张家湾乡	4031	2081	1950	1278	2075	1949	798	2898	335	3754
宝元栈乡	7338	3716	3622	2460	3716	3622	1500	5262	576	6920
山湾子乡	8155	4161	3994	2559	4161	3994	1732	5770	653	7805
三义永乡	6943	3525	3418	2236	3521	3415	1500	4836	607	6778
姜家店乡	6188	3156	3032	2075	3095	3023	1274	4452	462	5668
下伙房乡	6126	3099	3027	2147	3094	3027	1197	4226	703	5909
燕格柏乡	3971	1988	1983	1395	1987	1983	773	2792	406	3794
牌楼乡	6390	3190	3200	2399	3185	3196	1319	4337	734	6095
城子乡	8031	3991	4040	3010	3980	4040	1588	5527	916	7738
老窝铺乡	2677	1389	1288	898	1389	1288	495	1946	236	2521
御道口乡	3747	1970	1777	1239	1935	1767	735	2748	264	3341
石桌子乡	4437	2215	2222	1475	2211	2222	932	3021	484	4240
人头山乡	8060	4031	4029	2738	4027	4028	1643	5553	864	7752

表3 续表 40　　单位：人、户

地区	总人口			家庭户	家庭户总人口		分年龄人口			居住本地，户口在本地
	合计	男	女	户数	男	女	0-14岁	15-64岁	65岁及以上	
南山嘴乡	3336	1733	1603	1116	1724	1599	631	2330	375	3206
西龙头乡	3617	1864	1753	1228	1864	1753	727	2502	388	3441
塞罕坝机械林场镇	1356	728	628	544	701	623	179	1116	61	944
国营御道口牧场乡	3208	1687	1521	1247	1570	1508	405	2430	373	2733
沧州市	**7134062**	**3647202**	**3486860**	**2056649**	**3532074**	**3392611**	**1278627**	**5265380**	**590055**	**6461718**
新华区	**228341**	**115203**	**113138**	**73154**	**109384**	**109407**	**36450**	**173846**	**18045**	**163922**
建设北街街道	43487	21807	21680	14546	21054	21230	6463	33515	3509	30527
车站街道	11855	5831	6024	3898	5734	5875	1679	8843	1333	9534
南大街街道	32133	15984	16149	10195	15958	16111	5228	24786	2119	19194
东环街道	47209	23653	23556	15863	23525	23505	8008	35895	3306	29774
道东街道	39422	20366	19056	12752	16981	17468	5283	30055	4084	31049
小赵庄乡	33120	16833	16287	10141	16739	16136	6125	24570	2425	28156
沧州开发区	21115	10729	10386	5759	9393	9082	3664	16182	1269	15688
运河区	**308454**	**153920**	**154534**	**91690**	**136947**	**138776**	**44424**	**241732**	**22298**	**209439**
水月寺街道	24577	12037	12540	8007	11223	11688	3268	18813	2496	18092
南环中路街道	60575	30167	30408	18631	26732	27197	8272	47789	4514	37984
南湖街道	12750	6224	6526	4247	6156	6420	1882	9837	1031	7990
市场街道	7215	3494	3721	2357	3359	3538	1087	5592	536	3847
西环中街街道	52467	27060	25407	16148	23488	23868	6797	41570	4100	34733
公园街道	59049	31438	27611	17478	25272	25845	7768	47382	3899	38007
小王庄镇	36573	18343	18230	11402	18330	18224	6671	27265	2637	29554
南陈屯乡	55248	25157	30091	13420	22387	21996	8679	43484	3085	39232
沧县	**669019**	**343798**	**325221**	**200188**	**340025**	**321891**	**127319**	**488853**	**52847**	**647011**
旧州镇	23056	11894	11162	7123	11767	11069	4091	17077	1888	22587
兴济镇	44849	22968	21881	13434	22958	21880	8021	33165	3663	44409
杜生镇	41774	21465	20309	12903	21196	19978	8242	30394	3138	39369
崔尔庄镇	56096	28904	27192	17360	28873	27169	11153	40966	3977	55585
薛官屯乡	21846	11299	10547	5461	11297	10547	4308	15769	1769	21585
捷地回族乡	31549	16042	15507	8055	14133	13475	5012	24346	2191	25963
张官屯乡	44679	23013	21666	13491	22939	21604	8207	33024	3448	43844
李天木回族乡	36462	18912	17550	11079	18894	17547	7574	26011	2877	35395
风化店乡	40350	20690	19660	11313	20675	19650	7485	29521	3344	39667
姚官屯乡	33795	17367	16428	10325	17319	16405	6572	24588	2635	33164
杜林回族乡	44946	23027	21919	13949	23001	21893	8411	32931	3604	44290
汪家铺乡	33549	17218	16331	10754	17173	16322	6083	24561	2905	32469
刘家庙乡	26575	13713	12862	7558	13436	12718	4787	19504	2284	26197
仵龙堂乡	28804	14786	14018	8877	14726	13973	5499	20739	2566	27804
大官厅乡	39170	20061	19109	12133	20059	19109	7900	28064	3206	37980
高川乡	31779	16335	15444	9593	16333	15444	6497	23002	2280	30333
黄递铺乡	24476	12692	11784	7787	12567	11767	4682	17738	2056	23779
大褚村回族乡	25758	13217	12541	7786	12934	12226	5162	18680	1916	24779
纸房头乡	39506	20195	19311	11207	19745	19115	7633	28773	3100	37812
青县	**402137**	**204920**	**197217**	**125279**	**202131**	**194464**	**67891**	**299812**	**34434**	**367991**
清州镇	111298	55682	55616	35393	53566	53140	17987	85156	8155	92673
金牛镇	42258	21869	20389	12834	21807	20373	7905	30669	3684	40427
新兴镇	36740	18697	18043	10976	18623	18002	6012	27341	3387	35126
流河镇	33774	17519	16255	11507	17462	16236	5901	24826	3047	31794
木门店镇	28997	14760	14237	8440	14760	14237	4853	21444	2700	27478
马厂镇	40893	21030	19863	13162	20801	19782	7165	30228	3500	37148
上伍乡	19959	10162	9797	5531	10087	9728	3489	14691	1779	19177

表3 续表 41

单位：人、户

地区	总人口			家庭户	家庭户总人口		分年龄人口			居住本地，户口在本地
	合计	男	女	户数	男	女	0-14岁	15-64岁	65岁及以上	
曹寺乡	39781	20354	19427	12543	20336	19417	6908	29223	3650	38046
盘古乡	27599	14113	13486	8489	14110	13484	4318	20717	2564	26713
陈嘴乡	16755	8593	8162	5107	8593	8162	2705	12544	1506	15881
青县农场	4083	2141	1942	1297	1986	1903	648	2973	462	3528
东光县	**356502**	**180638**	**175864**	**108615**	**178247**	**173373**	**57895**	**268571**	**30036**	**340551**
东光镇	74999	37579	37420	23292	36027	35721	12431	57336	5232	62250
连镇镇	41635	21047	20588	12636	20594	20005	6329	31819	3487	40073
找王镇	26091	13187	12904	8217	13187	12904	4061	19803	2227	25906
秦村镇	28380	14205	14175	8611	14183	14173	4532	21151	2697	28293
灯明寺镇	30810	15785	15025	9236	15582	14873	4927	22979	2904	30666
南霞口镇	36943	18744	18199	11713	18706	18194	5663	28118	3162	36448
大单镇	44762	22950	21812	12682	22888	21787	7753	33106	3903	44477
龙王李乡	38249	19409	18840	11546	19399	18833	6533	28332	3384	38031
于桥乡	34633	17732	16901	10682	17681	16883	5666	25927	3040	34407
海兴县	**201538**	**103259**	**98279**	**59986**	**102049**	**97509**	**41216**	**142361**	**17961**	**185629**
苏基镇	49643	25412	24231	14531	24530	23569	10372	35782	3489	41497
辛集镇	21087	10757	10330	6290	10629	10243	4115	15209	1763	20043
高湾镇	24828	12701	12127	7527	12695	12121	5036	17149	2643	23283
赵毛陶乡	32492	16702	15790	9254	16691	15787	6923	22420	3149	31058
香坊乡	17562	8942	8620	5549	8941	8618	3613	12294	1655	16549
小山乡	24481	12685	11796	7230	12685	11796	5200	17095	2186	23209
张会亭乡	27089	13733	13356	8345	13732	13356	5123	19126	2840	26034
海兴县农场	2184	1151	1033	630	1146	1032	424	1604	156	2158
青先农场	1099	627	472	265	451	463	192	862	45	905
青锋农场	1073	549	524	365	549	524	218	820	35	893
盐山县	**436812**	**225823**	**210989**	**113690**	**214887**	**203244**	**81707**	**320397**	**34708**	**419033**
盐山镇	97355	50987	46368	24692	43415	41031	16912	74641	5802	81691
望树镇	26558	13769	12789	7000	13767	12789	5089	19337	2132	26240
庆云镇	40117	20639	19478	10715	19612	18778	7375	29193	3549	39617
韩集镇	37139	19158	17981	9023	19080	17910	6601	27441	3097	36914
千童镇	22491	11345	11146	5728	11036	10858	4671	15911	1909	22188
圣佛镇	42159	21756	20403	10990	21242	20080	8371	30245	3543	42061
边务乡	28657	14793	13864	7759	14793	13864	5766	20397	2494	28552
小营乡	25398	13041	12357	6785	12931	12252	4992	18434	1972	25223
杨集乡	27771	14192	13579	7801	13963	13407	5645	19793	2333	27589
孟店乡	39539	20429	19110	10125	19968	18798	7299	28748	3492	39431
常庄乡	19375	9998	9377	4794	9609	9079	3547	14179	1649	19371
小庄乡	30253	15716	14537	8278	15471	14398	5439	22078	2736	30156
肃宁县	**334639**	**171392**	**163247**	**90820**	**164938**	**159638**	**54345**	**249527**	**30767**	**300379**
肃宁镇	65314	33805	31509	16644	28090	28083	9921	50677	4716	48590
梁家村镇	48257	24640	23617	12782	24594	23571	8232	35395	4630	45740
窝北镇	32631	16504	16127	9218	16480	16117	5215	24107	3309	30247
尚村镇	34268	17658	16610	9465	17247	16523	5759	25313	3196	30237
万里镇	34162	17493	16669	9263	17366	16642	5643	25354	3165	32496
师素乡	36232	18378	17854	10143	18266	17846	5537	27063	3632	34087
河北留善寺乡	32887	16892	15995	8390	16892	15995	5887	23909	3091	31304
付家佐乡	27605	14122	13483	7993	14103	13479	4482	20351	2772	25627
邵庄乡	23283	11900	11383	6922	11900	11382	3669	17358	2256	22051
南皮县	**366232**	**188309**	**177923**	**104236**	**185910**	**175090**	**68790**	**266527**	**30915**	**345166**
南皮镇	64380	33121	31259	20361	32685	30527	12255	47387	4738	53538

表3 续表 42

单位：人、户

地区	总人口			家庭户	家庭户总人口		分年龄人口			居住本地，户口在本地
	合计	男	女	户数	男	女	0-14岁	15-64岁	65岁及以上	
冯家口镇	41052	20936	20116	12344	20918	20111	7819	29895	3338	39195
寨子镇	52767	27173	25594	13161	27161	25584	10173	37753	4841	52353
鲍官屯镇	32924	16866	16058	9224	16866	16058	5899	23840	3185	32427
王寺镇	37184	19016	18168	10434	18983	18139	6488	27249	3447	36700
乌马营镇	25220	13072	12148	7531	13058	12143	4874	18046	2300	24979
大浪淀乡	30811	15739	15072	8847	15692	15038	5671	22321	2819	30501
刘八里乡	30255	15445	14810	8262	13688	12835	5159	22979	2117	24174
潞灌乡	51639	26941	24698	14072	26859	24655	10452	37057	4130	51299
吴桥县	**282410**	**141700**	**140710**	**84274**	**131584**	**132647**	**43129**	**212078**	**27203**	**274773**
桑园镇	55749	27273	28476	16143	24029	24735	8522	43129	4098	50865
铁城镇	38485	19180	19305	11393	19180	19305	6071	28509	3905	38249
于集镇	26762	13761	13001	7463	12166	12054	3396	20870	2496	26548
梁集镇	20364	10519	9845	6206	9897	9687	2883	15612	1869	20051
安陵镇	23638	11909	11729	7017	11099	11194	3399	17735	2504	23419
曹家洼乡	20881	10320	10561	6297	10000	10290	3409	15530	1942	20430
宋门乡	24680	12386	12294	7725	11521	11549	4029	18429	2222	24318
杨家寺乡	21300	10848	10452	6524	10325	10164	3782	15399	2119	20805
沟店铺乡	25200	12708	12492	7769	11599	11865	3787	18316	3097	24957
何庄乡	25285	12740	12545	7733	11759	11797	3851	18484	2950	25131
吴桥经济技术开发区	66	56	10	4	9	7		65	1	
献县	**579831**	**294951**	**284880**	**158888**	**288467**	**277850**	**114834**	**419065**	**45932**	**554568**
乐寿镇	88069	43972	44097	22691	39677	39278	15429	66933	5707	74537
淮镇镇	40701	20909	19792	11337	20603	19503	8554	29396	2751	38914
郭庄镇	31409	16266	15143	8374	16057	15132	6269	22882	2258	30817
河城街镇	42413	21447	20966	11497	20533	19809	8554	30578	3281	39901
韩村乡	49377	25554	23823	14597	25495	23774	10257	35310	3810	49119
陌南乡	38158	19367	18791	10171	19327	18761	7804	27021	3333	37526
陈庄乡	32968	16785	16183	8936	16551	15758	6141	24113	2714	31660
徐留高乡	28006	14535	13471	7726	14532	13471	5266	20681	2059	27617
商林乡	24982	12632	12350	7629	12562	12340	5094	17604	2284	24254
段村乡	26524	13546	12978	7799	13474	12963	5256	18891	2377	26362
张村乡	23558	11830	11728	6620	11829	11728	4790	16630	2138	22921
临河乡	26010	12823	13187	7479	12794	13160	5518	17898	2594	25748
小平王乡	18544	9533	9011	4676	9455	8945	3807	13125	1612	18444
十五级乡	25699	13119	12580	7093	13030	12492	5361	18419	1919	25301
垒头乡	21524	11014	10510	5950	11002	10507	4616	15219	1689	21181
南河头乡	22347	11363	10984	5589	11294	10947	4637	15778	1932	21157
西城乡	24176	12371	11805	6544	12368	11802	4625	17314	2237	23978
本斋回族乡	14754	7583	7171	4008	7582	7170	2758	10812	1184	14524
农场	612	302	310	172	302	310	98	461	53	607
孟村回族自治县	**202571**	**105057**	**97514**	**56416**	**102958**	**96173**	**41208**	**145291**	**16072**	**193228**
孟村镇	58061	30046	28015	16346	28517	26930	11565	42343	4153	51989
新县镇	31108	16172	14936	8251	15906	14800	6220	22167	2721	30670
辛店镇	26890	14051	12839	8251	13956	12828	5298	19312	2280	25621
高寨镇	23018	12076	10942	6552	11887	10837	4562	16647	1809	22678
宋庄子乡	31165	16145	15020	8246	16145	15020	6138	22336	2691	30883
牛进庄乡	32329	16567	15762	8770	16547	15758	7425	22486	2418	31387
泊头市	**584308**	**296563**	**287745**	**172378**	**290147**	**279474**	**106494**	**434814**	**43000**	**536960**
解放街道	50502	25083	25419	14801	22643	21212	7304	40472	2726	41890
河东街道	38571	19794	18777	12273	19766	18773	6514	29594	2463	25874

表3 续表 43 单位：人、户

地区	总人口			家庭户	家庭户总人口		分年龄人口			居住本地，户口在本地
	合计	男	女	户数	男	女	0-14岁	15-64岁	65岁及以上	
古楼街道	27353	13352	14001	6520	11011	10846	3508	22165	1680	18455
泊镇	44063	22117	21946	12430	22117	21946	8193	33047	2823	39554
交河镇	43547	22150	21397	13532	22143	21392	8038	31950	3559	41824
齐桥镇	52576	27207	25369	16209	27207	25369	9951	38912	3713	51531
寺门村镇	33619	17251	16368	10051	16719	16115	6336	24445	2838	32877
郝村镇	34597	17466	17131	10879	17442	17116	6388	24970	3239	33632
富镇镇	33371	16687	16684	9889	16684	16682	6687	23874	2810	31697
文庙镇	39081	20241	18840	11044	19836	18620	7766	28411	2904	37812
洼里王镇	38260	19706	18554	11080	19323	18262	7224	28458	2578	37305
王武庄乡	31183	15925	15258	9743	15780	15216	5426	23393	2364	30456
营子乡	44525	22939	21586	12595	22855	21551	8510	32698	3317	43533
四营乡	29390	14794	14596	8695	14792	14596	5539	21275	2576	28772
西辛店乡	36721	18307	18414	10639	18307	18414	7710	26036	2975	35676
泊头市工业区管委会	6949	3544	3405	1998	3522	3364	1400	5114	435	6072
任丘市	**822455**	**418945**	**403510**	**236492**	**407476**	**395645**	**135437**	**615147**	**71871**	**716928**
新华路街道	111627	56142	55485	30922	51195	51067	18930	86255	6442	81488
西环路街道	29201	14850	14351	8150	14590	14269	4737	22329	2135	21736
永丰路街道	14701	7512	7189	4437	7400	7117	2525	11049	1127	9994
出岸镇	37541	19293	18248	10190	18520	17927	5979	28143	3419	33940
石门桥镇	45357	23279	22078	10845	23150	22025	7720	33461	4176	41666
吕公堡镇	38226	19860	18366	10185	19851	18356	6875	28032	3319	36056
长丰镇	46249	23833	22416	11655	23832	22415	8916	33567	3766	44893
鄚州镇	25509	12998	12511	7572	12874	12443	3820	19424	2265	24001
苟各庄镇	27455	13842	13613	8208	13794	13564	4587	20461	2407	26157
梁召镇	41859	21637	20222	11607	21489	20146	7366	30941	3552	39235
辛中驿镇	40081	20640	19441	10062	20358	19317	6736	29769	3576	37989
麻家坞镇	41224	21368	19856	10931	21197	19789	7241	30219	3764	38593
议论堡乡	39128	20300	18828	10845	19834	18672	7085	28537	3506	35194
青塔乡	30566	15558	15008	8675	15375	14946	4881	22926	2759	28087
北辛庄乡	31876	16400	15476	8953	16400	15476	5796	23454	2626	29598
七间房乡	26298	13381	12917	6814	13289	12849	4887	19526	1885	24645
北汉乡	28788	14830	13958	7611	14689	13916	4952	21118	2718	27056
于村乡	38730	19819	18911	11613	19810	18906	6369	29052	3309	37181
华北石油管理局	121423	60104	61319	45527	56707	59357	14861	91946	14616	93692
开发区管理委员会	6616	3299	3317	1690	3122	3088	1174	4938	504	5727
黄骅市	**548507**	**288402**	**260105**	**160879**	**271439**	**249762**	**102796**	**400689**	**45022**	**465011**
骅东街道	11053	5618	5435	2044	3185	3034	1393	9142	518	3541
骅中街道	17432	8312	9120	5083	7813	7489	3263	13306	863	8519
骅西街道	50503	26895	23608	13627	21401	20004	9026	39749	1728	25197
黄骅镇	51456	26886	24570	15800	26635	24435	10356	37043	4057	39072
南排河镇	44331	23220	21111	13601	22958	20985	7599	33030	3702	41700
吕桥镇	37509	19906	17603	10952	19906	17603	7813	26580	3116	37055
旧城镇	35182	18280	16902	10894	18262	16900	6881	24821	3480	34322
羊二庄回族乡	41547	21519	20028	13202	21506	20009	7696	29089	4762	40065
常郭乡	40081	21019	19062	11736	21000	19049	8463	27782	3836	39041
滕庄子乡	38722	20172	18550	11034	20159	18538	8092	27163	3467	37997
官庄乡	29276	15262	14014	8178	15255	14007	5870	20753	2653	28639
齐家务乡	38259	19914	18345	11842	19905	18341	7742	27148	3369	37270
港城开发区新村乡	8173	4200	3973	2516	4083	3960	1585	6042	546	6698
羊三木乡	8175	4211	3964	2305	4198	3964	1827	5663	685	7769

表3 续表 44 单位：人、户

地区	总人口			家庭户	家庭户总人口		分年龄人口			居住本地，户口在本地
	合计	男	女	户数	男	女	0-14岁	15-64岁	65岁及以上	
南大港管理区	42280	22513	19767	12938	22217	19612	7307	30947	4026	38655
国营中捷农场	40436	20796	19640	12783	19571	18817	6636	29683	4117	36387
黄骅港开发区	12970	8815	4155	2344	3385	3015	1247	11631	92	3084
临港化工园区	1122	864	258					1117	5	
河间市	**810306**	**414322**	**395984**	**219664**	**405485**	**387668**	**154692**	**586670**	**68944**	**741129**
瀛州镇	115387	56963	58424	32023	53216	53400	19276	88231	7880	84226
米各庄镇	56577	29605	26972	13941	27716	26144	10229	41387	4961	53675
景和镇	29338	14877	14461	8505	14059	13419	5792	21246	2300	26589
卧佛堂镇	48986	25257	23729	12999	25135	23661	9843	34851	4292	45934
束城镇	51390	26699	24691	13010	26677	24672	11067	35889	4434	48607
留古寺镇	32419	16594	15825	8290	16319	15559	5751	23603	3065	31494
沙河桥镇	42451	21869	20582	12543	21701	20539	8450	30579	3422	40013
故仙乡	37463	19367	18096	10986	19223	17985	7603	26939	2921	35388
黎民居乡	45289	23529	21760	14238	23022	21520	8955	32651	3683	42333
兴村乡	54933	28153	26780	13725	28138	26772	10368	39538	5027	52644
沙洼乡	34840	17704	17136	9036	17416	17005	6876	24876	3088	32373
西九吉乡	29449	14975	14474	8278	14931	14454	5734	20915	2800	28028
北石槽乡	22294	11473	10821	6067	11430	10793	4096	15954	2244	21425
诗经村乡	30036	15231	14805	7901	15220	14801	5896	21418	2722	28297
郭家村乡	26700	13699	13001	7162	13481	12902	4700	19362	2638	25320
时村乡	25209	12894	12315	7064	12597	12086	5004	17642	2563	24335
行别营乡	39834	20580	19254	10676	20427	19138	7749	28672	3413	37923
尊祖庄乡	36391	18816	17575	9947	18814	17571	7613	25700	3078	34735
龙华店乡	29126	14781	14345	7501	14715	14313	5561	20982	2583	27529
果子洼乡	22194	11256	10938	5772	11248	10934	4129	16235	1830	20261
廊坊市	**4358839**	**2233100**	**2125739**	**1204601**	**2055185**	**2002529**	**657274**	**3363591**	**337974**	**3623689**
安次区	**367670**	**187390**	**180280**	**95083**	**159844**	**156131**	**46896**	**294216**	**26558**	**286184**
银河南路街道	20237	10324	9913	7237	10113	9842	2512	16394	1331	11256
光明西道街道	62278	31304	30974	9966	14243	14674	4633	55812	1833	36113
永华道街道	24113	12185	11928	8415	11598	11238	2976	19732	1405	11919
落垡镇	21369	10878	10491	6570	10800	10469	2929	16107	2333	19887
码头镇	42636	21768	20868	12469	21536	20804	6648	31995	3993	39650
葛渔城镇	37452	19115	18337	10382	19098	18335	5486	28993	2973	36229
东沽港镇	35936	18195	17741	9615	18122	17685	5573	27457	2906	34691
杨税务乡	33445	17097	16348	9099	16826	16267	4849	25315	3281	30873
仇庄乡	23721	12059	11662	6651	11734	11549	3488	17856	2377	21625
调河头乡	23333	12054	11279	7002	12044	11278	3210	17865	2258	22957
北史家务乡	16337	8064	8273	4677	7960	8227	2704	12642	991	10990
廊坊龙河高新技术产业区	26813	14347	12466	3000	5770	5763	1888	24048	877	9994
广阳区	**500396**	**251212**	**249184**	**144762**	**223300**	**223105**	**61685**	**400857**	**37854**	**378722**
银河北路街道	27207	13685	13522	8625	11583	11894	2751	21968	2488	18215
爱民东道街道	57426	28733	28693	20293	27918	28109	7321	45834	4271	43010
解放道街道	47703	23828	23875	16285	22813	23482	5882	37832	3989	35186
新开路街道	67152	35226	31926	19717	26379	26014	5293	55010	6849	58369
新源道街道	38572	19413	19159	13538	17801	17095	4687	32448	1437	21785
南尖塔镇	28231	14095	14136	6425	12832	13236	4355	22152	1724	20404
万庄镇	67158	33653	33505	21599	33046	33155	9037	51647	6474	59686
九州镇	49616	25218	24398	12731	25173	24385	6879	38394	4343	46934
北旺乡	32198	16039	16159	8737	15914	16112	5002	24792	2404	27244
廊坊经济技术开发区	84707	41123	43584	16711	29768	29567	10476	70357	3874	47857

表3 续表 45 单位：人、户

地　区	总人口			家庭户	家庭户总人口		分年龄人口			居住本地，户口在本地
	合　计	男	女	户　数	男	女	0-14岁	15-64岁	65岁及以上	
新世纪步行街	426	199	227	101	73	56	2	423	1	32
固安县	**418689**	**213077**	**205612**	**105326**	**200173**	**196685**	**61888**	**321745**	**35056**	**379662**
固安镇	120079	61048	59031	29552	52099	51979	16540	94770	8769	93280
宫村镇	36149	18438	17711	8852	17828	17544	4870	28079	3200	34663
柳泉镇	44765	22635	22130	11306	22563	22028	6876	33920	3969	43639
牛驼镇	38947	19787	19160	10380	19603	19117	5678	29596	3673	37955
马庄镇	32494	16616	15878	8038	16302	15579	5546	24280	2668	30502
东湾乡	38712	19887	18825	9724	19746	18765	5770	29491	3451	37807
彭村乡	26977	13974	13003	6682	11939	12028	3897	20786	2294	24161
渠沟乡	31299	15864	15435	8055	15600	15306	4830	23866	2603	30265
礼让店乡	19727	9950	9777	5282	9820	9733	3174	14631	1922	19051
固安温泉休闲商务产业园区	29540	14878	14662	7455	14673	14606	4707	22326	2507	28339
永清县	**356481**	**181675**	**174806**	**95471**	**178311**	**172552**	**56209**	**269941**	**30331**	**339050**
永清镇	118494	59853	58641	31264	58225	56996	18529	90589	9376	109647
韩村镇	26543	13601	12942	7001	13601	12942	3768	20344	2431	26038
后奕镇	24223	12329	11894	6359	12325	11894	3748	18336	2139	23936
别古庄镇	24591	12532	12059	6987	12475	12030	3257	18948	2386	23971
里澜城镇	25322	12933	12389	7129	12652	12349	3677	19187	2458	24222
管家务回族乡	10039	5065	4974	2639	5061	4968	1514	7667	858	9730
曹家务乡	24173	12339	11834	6610	12031	11761	4038	17903	2232	22658
龙虎庄乡	27957	14265	13692	7487	14218	13667	4866	20753	2338	27075
刘街乡	32323	16527	15796	8998	16282	15649	6098	23572	2653	30307
三圣口乡	32368	16710	15658	8417	16444	15454	5057	24635	2676	32155
永清工业园区	10448	5521	4927	2580	4997	4842	1657	8007	784	9311
香河县	**343372**	**178957**	**164415**	**95063**	**159937**	**156706**	**42940**	**268842**	**31590**	**275966**
淑阳镇	103659	55104	48555	27855	43088	43037	12504	84436	6719	61427
蒋辛屯镇	14559	7335	7224	4217	7028	7020	1637	11263	1659	13609
渠口镇	47716	24288	23428	13195	24002	23330	6926	35858	4932	45036
安头屯镇	25401	13051	12350	6904	12424	12082	2963	19715	2723	23749
安平镇	20450	10648	9802	5880	9704	9676	2362	16175	1913	17792
刘宋镇	33276	17145	16131	9598	16642	15989	4438	25151	3687	31556
五百户镇	36152	18617	17535	10008	18069	17413	4595	27799	3758	33065
钱旺乡	25229	13343	11886	6928	11817	11365	3089	19621	2519	20503
钳屯乡	21506	11312	10194	6013	10087	9862	2646	16615	2245	17825
香河经济技术开发区	3419	1795	1624	1135	1339	1322	407	2907	105	540
香河现代产业园	12005	6319	5686	3330	5737	5610	1373	9302	1330	10864
大城县	**477773**	**245797**	**231976**	**137393**	**242363**	**228450**	**93094**	**347287**	**37392**	**445500**
平舒镇	83808	42434	41374	23887	39970	38213	14811	63985	5012	67885
旺村镇	41710	21673	20037	13160	21521	20003	8208	30055	3447	39956
大尚屯镇	64671	33306	31365	17119	32975	31129	13460	45858	5353	61018
南赵扶镇	44123	22946	21177	13816	22942	21177	8702	31688	3733	42640
留各庄镇	42611	21942	20669	11692	21920	20654	8507	30630	3474	40929
权村镇	36590	18812	17778	10525	18811	17778	6944	26657	2989	35610
里坦镇	23988	12399	11589	7217	12225	11589	4866	17109	2013	22651
广安镇	38862	20068	18794	11040	20052	18787	7178	28488	3196	37493
北位乡	45074	23148	21926	12605	23148	21926	8693	32822	3559	43883
臧屯乡	45537	23457	22080	13877	23345	22064	9202	32453	3882	43406
大城工业园区	10799	5612	5187	2455	5454	5130	2523	7542	734	10029
文安县	**500967**	**259291**	**241676**	**140655**	**243882**	**233555**	**84573**	**380575**	**35819**	**451015**
文安镇	81769	41694	40075	24677	39404	37467	13949	62337	5483	70821

表3 续表 46　　单位：人、户

地　区	总人口			家庭户	家庭户总人口		分年龄人口			居住本地，户口在本地
	合　计	男	女	户　数	男	女	0-14岁	15-64岁	65岁及以上	
新镇镇	32294	17114	15180	8384	15718	14875	5769	24538	1987	29421
苏桥镇	34573	17556	17017	10232	17387	16935	5783	26139	2651	31777
大柳河镇	38760	20301	18459	11202	18571	17385	6375	29814	2571	34670
左各庄镇	34648	19366	15282	7174	12876	12433	4959	27987	1702	23215
滩里镇	32002	16594	15408	8542	15477	15030	5555	24302	2145	28650
史各庄镇	22575	11601	10974	5883	11134	10923	3549	17305	1721	21789
赵各庄镇	46495	23895	22600	13155	23447	22377	8283	34798	3414	41783
兴隆宫镇	28535	14488	14047	8021	13783	13721	4637	21666	2232	26122
大留镇镇	39839	20499	19340	12029	20330	19296	6633	30104	3102	37890
孙氏镇	57980	29848	28132	16996	29743	28062	10095	43010	4875	55667
德归镇	20513	10520	9993	6234	10282	9937	3439	15384	1690	19415
大围河回族满族乡	30984	15815	15169	8126	15730	15114	5547	23191	2246	29795
大厂回族自治县	**118474**	**60083**	**58391**	**37958**	**55720**	**55576**	**14766**	**92548**	**11160**	**103955**
大厂镇	45298	22845	22453	14899	21069	21213	5810	35376	4112	38073
夏垫镇	32686	16339	16347	8344	14931	14934	4426	25409	2851	28655
祁各庄镇	20641	10754	9887	7990	9902	9798	2161	16340	2140	18540
邵府乡	8697	4411	4286	3316	4373	4283	1040	6749	908	8470
陈府乡	10478	5281	5197	3255	5281	5197	1311	8027	1140	10217
大厂工业园区	674	453	221	154	164	151	18	647	9	
霸州市	**622975**	**320113**	**302862**	**168009**	**306869**	**296897**	**108364**	**471028**	**43583**	**537634**
霸州镇	103626	52401	51225	28351	50112	49321	17908	78935	6783	95989
南孟镇	41019	20544	20475	12017	20219	20227	6164	31416	3439	31425
信安镇	29663	15386	14277	6944	14195	14067	5024	22384	2255	26688
堂二里镇	30819	15687	15132	7950	15622	15097	4949	23413	2457	29770
煎茶铺镇	41613	21307	20306	11731	21148	20197	7629	30689	3295	38054
胜芳镇	121328	63866	57462	33345	60369	56221	20889	93763	6676	89830
杨芬港镇	38500	19545	18955	10764	19244	18842	6623	29009	2868	36968
岔河集乡	48767	24663	24104	12780	24112	23872	8102	36563	4102	45315
康仙庄乡	48425	24811	23614	12861	24286	23467	8371	36088	3966	44437
东杨庄乡	22477	11376	11101	6595	11332	11064	4471	16276	1730	21276
王庄子乡	37781	20187	17594	10565	18399	17366	8236	27282	2263	31566
东段乡	46933	24259	22674	10820	22128	21518	8044	35839	3050	40944
霸州经济技术开发区	12024	6081	5943	3286	5703	5638	1954	9371	699	5372
三河市	**652042**	**335505**	**316537**	**184881**	**284786**	**282872**	**86859**	**516552**	**48631**	**426001**
鼎盛东大街街道	21824	11023	10801	7386	10396	10763	3625	16313	1886	8931
泃阳西大街街道	44519	21560	22959	14265	19978	21369	6659	35916	1944	19912
泃阳镇	52479	26755	25724	14641	25842	25334	8316	39199	4964	43051
李旗庄镇	26667	13413	13254	6372	11093	11151	3329	20941	2397	21746
杨庄镇	26469	13523	12946	7255	12732	12392	4026	19643	2800	22797
皇庄镇	39387	19966	19421	10530	19800	19346	6167	28886	4334	36355
新集镇	40408	20560	19848	10901	20516	19824	7536	28795	4077	37161
段甲岭镇	18872	9740	9132	5554	9647	9127	2769	13998	2105	16757
黄土庄镇	32752	16761	15991	9010	16446	15939	5166	24083	3503	28625
高楼镇	35062	17707	17355	9796	16325	15960	4161	27247	3654	29214
齐心庄镇	21398	11021	10377	6045	10467	10263	2890	16085	2423	18906
燕郊镇	72747	38489	34258	19809	32916	32470	10053	57455	5239	48215
燕郊经济技术开发区	219454	114985	104469	63315	78626	78932	22160	187989	9305	94331
三河高新技术农业园区	4	2	2	2	2	2	2	2		
衡水市	**4340773**	**2191113**	**2149660**	**1258305**	**2080095**	**2055691**	**699723**	**3268857**	**372193**	**4032924**
桃城区	**522147**	**259945**	**262202**	**154407**	**232383**	**232777**	**77982**	**407335**	**36830**	**431873**
河西街道	72011	34438	37573	21075	33234	33881	11466	55891	4654	60499
河东街道	56215	29112	27103	17109	25525	25376	8768	44015	3432	44061

表3 续表 47　　单位：人、户

地区	总人口			家庭户	家庭户总人口		分年龄人口			居住本地，户口在本地
	合计	男	女	户数	男	女	0-14岁	15-64岁	65岁及以上	
路北街道	50407	25680	24727	13804	20094	19822	8012	40314	2081	36479
中华街道	113905	55989	57916	30017	44334	44384	15261	92755	5889	94897
郑家河沿镇	39166	19509	19657	12365	19024	19520	5624	29583	3959	37593
赵家圈镇	33576	16973	16603	12554	16808	16534	4472	24999	4105	32129
何家庄乡	26467	13151	13316	8236	12727	12954	4475	20431	1561	19380
大麻森乡	26756	13520	13236	8455	13135	12965	4028	19984	2744	24700
邓家庄乡	26081	13371	12710	8675	12783	12664	3756	19577	2748	24811
彭杜村乡	31060	15204	15856	8525	13598	13701	4574	23873	2613	26282
衡水高新技术产业开发区	40310	19985	20325	11860	18109	17797	6493	31421	2396	24991
衡水湖自然保护区管理处	6193	3013	3180	1732	3012	3179	1053	4492	648	6051
枣强县	**394469**	**198790**	**195679**	**120348**	**189365**	**188234**	**71549**	**291193**	**31727**	**365596**
枣强镇	106005	52689	53316	32150	47952	48184	18712	79531	7762	91082
恩察镇	15594	7868	7726	4947	7486	7338	2699	11443	1452	15348
大营镇	76800	38992	37808	23414	38151	37488	16129	55816	4855	69929
嘉会镇	12519	6256	6263	3496	5978	5961	2375	9053	1091	12250
马屯镇	36415	18290	18125	11512	18171	18055	6284	26495	3636	35697
肖张镇	14171	7329	6842	3894	6420	6386	2379	10604	1188	12544
张秀屯乡	32014	16073	15941	10016	15560	15720	4356	24705	2953	31604
新屯乡	34255	17266	16989	10922	17216	16951	6906	24706	2643	33231
王均乡	22066	11057	11009	6539	10974	10941	4024	16025	2017	21893
唐林乡	24041	12568	11473	6795	11129	11038	4006	17968	2067	21693
王常乡	20589	10402	10187	6663	10328	10172	3679	14847	2063	20325
武邑县	**315693**	**159102**	**156591**	**91936**	**153745**	**151605**	**54653**	**234986**	**26054**	**305900**
武邑镇	82526	41625	40901	22839	36476	35993	13168	63855	5503	75296
清凉店镇	30226	15055	15171	9562	15006	15160	4881	22416	2929	29341
审坡镇	34748	17444	17304	10234	17410	17299	5732	25877	3139	34517
赵桥镇	36123	18268	17855	9860	18268	17855	7142	26264	2717	35960
韩庄镇	37745	19184	18561	10629	19161	18534	7360	27319	3066	37241
肖桥头镇	27763	14084	13679	8499	14084	13677	5056	20135	2572	27614
龙店乡	27084	13848	13236	7640	13848	13236	4875	19878	2331	26917
圈头乡	21370	10591	10779	6376	10536	10770	3424	15973	1973	21056
大紫塔乡	18108	9003	9105	6297	8956	9081	3015	13269	1824	17958
武强县	**214549**	**108300**	**106249**	**56148**	**106030**	**103904**	**34801**	**161234**	**18514**	**205778**
武强镇	63040	31480	31560	16333	30073	29814	10193	47881	4966	56994
街关镇	32028	16237	15791	8642	15919	15548	5107	24000	2921	31413
周窝镇	25764	13011	12753	6529	12619	12442	3974	19623	2167	24748
豆村乡	30991	15705	15286	7958	15692	15280	4938	23415	2638	30705
北代乡	29437	15099	14338	7971	14976	14302	5352	21518	2567	28957
孙庄乡	33289	16768	16521	8715	16751	16518	5237	24797	3255	32961
饶阳县	**280498**	**141867**	**138631**	**80355**	**139522**	**135944**	**36794**	**214676**	**29028**	**269697**
饶阳镇	63559	31607	31952	17788	29764	29612	8310	49900	5349	55806
大尹村镇	23133	11660	11473	6330	11637	11455	3177	17710	2246	22938
五公镇	36605	18577	18028	10220	18353	17750	4402	28080	4123	35741
大官亭镇	39671	20296	19375	11819	20278	19364	5467	30196	4008	39106
王同岳乡	28548	14460	14088	8400	14372	14071	3586	21782	3180	28139
留楚乡	51988	26307	25681	14637	26207	25662	6999	39320	5669	51411
东里满乡	36994	18960	18034	11161	18911	18030	4853	27688	4453	36556
安平县	**328512**	**167943**	**160569**	**93142**	**159872**	**156025**	**49894**	**246657**	**31961**	**303775**

表3 续表 48　　单位：人、户

地区	总人口			家庭户	家庭户总人口		分年龄人口			居住本地，户口在本地
	合计	男	女	户数	男	女	0-14岁	15-64岁	65岁及以上	
安平镇	100035	51581	48454	27439	45853	44998	15056	78033	6946	80315
马店镇	47792	24299	23493	13554	24098	23336	7348	35412	5032	47073
南王庄镇	32948	16642	16306	9861	16543	16216	5086	23993	3869	32368
大何庄乡	32399	16497	15902	9686	16497	15902	4805	23602	3992	32085
程油子乡	36007	18287	17720	9557	18028	17567	5508	26806	3693	35557
西两洼乡	21016	10738	10278	5832	10110	9946	3271	15648	2097	19935
大子文乡	29769	14919	14850	9234	14677	14688	4516	21897	3356	29320
东黄城乡	28546	14980	13566	7979	14066	13372	4304	21266	2976	27122
故城县	**487025**	**246440**	**240585**	**136141**	**238029**	**232848**	**91699**	**358794**	**36532**	**471696**
郑口镇	109827	55380	54447	28519	50758	49339	19475	83809	6543	101824
夏庄镇	38336	19294	19042	10412	18638	18488	7138	28174	3024	37261
青罕镇	27483	14069	13414	7628	13618	13185	5166	19936	2381	26679
故城镇	26545	13347	13198	6941	12742	12666	4345	19718	2482	26059
武官寨镇	36729	18704	18025	10598	18704	18025	7975	26346	2408	36645
饶阳店镇	32822	16765	16057	10013	16294	15748	7098	23327	2397	31812
军屯镇	18207	9355	8852	5112	8897	8504	3434	13373	1400	18068
建国镇	48953	24790	24163	13564	24714	24133	9700	35570	3683	48038
西半屯镇	41184	20736	20448	11674	20021	19976	8409	29547	3228	40560
辛庄乡	28100	14313	13787	7784	14282	13770	4548	21364	2188	27773
里老乡	19115	9697	9418	5377	9636	9410	3319	14255	1541	18374
房庄乡	32829	16436	16393	10304	16265	16322	5923	24009	2897	32597
三郎乡	26895	13554	13341	8215	13460	13282	5169	19366	2360	26006
景县	**528693**	**266845**	**261848**	**147807**	**257235**	**253833**	**95539**	**390739**	**42415**	**502990**
景州镇	72806	36320	36486	19709	33437	33439	13275	54813	4718	58623
龙华镇	43341	21740	21601	12390	21595	21425	8148	32043	3150	41688
广川镇	32567	16704	15863	9290	16655	15850	5844	24114	2609	32551
王瞳镇	26952	13706	13246	7419	12611	12689	4741	19691	2520	26301
洚河流镇	26515	13487	13028	6924	12638	12389	4895	19450	2170	26223
安陵镇	23579	12005	11574	6094	10998	10924	3756	17737	2086	23567
杜桥镇	35567	18203	17364	10082	18202	17360	6493	26198	2876	35295
王谦寺镇	27351	13811	13540	8336	13786	13538	4953	20238	2160	26756
北留智镇	30270	15150	15120	8808	15059	15077	5718	22043	2509	29642
留智庙镇	37089	18696	18393	10583	18597	18348	6371	27814	2904	34701
刘集乡	27330	13752	13578	7403	13168	13198	4928	19901	2501	26591
连镇乡	24494	12346	12148	6784	12055	12036	4491	18023	1980	24376
梁集乡	39518	19772	19746	10445	18279	17992	6994	28985	3539	36062
温城乡	23611	12016	11595	6814	11761	11475	4237	17561	1813	23506
后留名府乡	28376	14275	14101	8021	13542	13636	5147	20652	2577	27943
青兰乡	29327	14862	14465	8705	14852	14457	5548	21476	2303	29165
阜城县	**341087**	**172258**	**168829**	**102326**	**167483**	**165064**	**64751**	**249421**	**26915**	**331226**
阜城镇	68649	34040	34609	20954	32309	32625	13453	50488	4708	61154
古城镇	45309	22507	22802	13358	21934	22159	8780	33044	3485	44203
码头镇	39546	20136	19410	10819	19700	19209	7447	28861	3238	39370
霞口镇	31002	15830	15172	9122	15741	15136	5623	22997	2382	30476
崔家庙镇	40917	20823	20094	13118	20001	19668	7519	30006	3392	40759
漫河乡	27505	14025	13480	8284	13736	13373	5379	20071	2055	27297
建桥乡	16775	8337	8438	5302	8223	8373	3124	12127	1524	16761
蒋坊乡	27123	13686	13437	7888	13675	13434	5401	19420	2302	27115
大白乡	20012	10236	9776	6076	10220	9757	3654	14553	1805	19951
王集乡	24249	12638	11611	7405	11944	11330	4371	17854	2024	24140

表3 续表 49 单位：人、户

地区	总人口			家庭户户数	家庭户总人口		分年龄人口			居住本地，户口在本地
	合计	男	女		男	女	0-14岁	15-64岁	65岁及以上	
冀州市	**362013**	**181208**	**180805**	**116821**	**163289**	**166735**	**46399**	**280684**	**34930**	**315278**
冀州镇	124716	63402	61314	32835	46801	47952	15886	101198	7632	80118
魏屯镇	16611	8325	8286	5787	8291	8270	2461	12542	1608	16437
官道李镇	18789	9425	9364	6310	9023	9122	2290	14109	2390	18492
南午村镇	30427	14879	15548	11639	14827	15537	4100	22885	3442	30096
周村镇	21401	10629	10772	8213	10599	10763	2649	16260	2492	20982
码头李镇	26887	13319	13568	9767	13249	13552	3550	20079	3258	26623
西王镇	27656	13731	13925	9761	13730	13925	3886	20840	2930	27561
门庄乡	19094	9413	9681	6602	9398	9674	2359	14334	2401	18942
徐家庄乡	25153	12479	12674	8111	12421	12647	2952	19376	2825	25109
北漳淮乡	21271	10669	10602	6952	10105	10289	2557	16332	2382	21226
小寨乡	30008	14937	15071	10844	14845	15004	3709	22729	3570	29692
深州市	**566087**	**288415**	**277672**	**158874**	**273142**	**268722**	**75662**	**433138**	**57287**	**529115**
唐奉镇	40341	20626	19715	12060	19842	19647	5690	30335	4316	38872
深州镇	86164	43363	42801	22268	37059	36543	11897	67788	6479	66647
辰时镇	41629	21168	20461	11532	20883	20184	5905	31281	4443	40246
榆科镇	26823	13545	13278	7786	13491	13212	3699	20241	2883	26028
魏桥镇	29341	14631	14710	8299	14288	14449	3695	22525	3121	28737
大堤镇	23763	11835	11928	6891	11588	11795	3167	18002	2594	23324
前磨头镇	23282	11975	11307	6984	10792	10826	2910	17724	2648	22270
王家井镇	34807	17532	17275	10553	17229	17093	4504	26410	3893	33625
护驾迟镇	24105	12412	11693	6856	11629	11169	2951	18585	2569	23625
大屯镇	25662	12884	12778	8266	12884	12778	2851	19845	2966	25118
兵曹乡	16847	8568	8279	4650	8448	8164	2553	12481	1813	16497
穆村乡	29242	14882	14360	7335	14688	14172	4186	22603	2453	28546
东安庄乡	38450	19352	19098	10507	19253	19059	5563	29061	3826	36663
北溪村乡	31733	16224	15509	8479	16224	15508	4366	23705	3662	31365
大冯营乡	31908	16102	15806	8618	15961	15743	4387	24130	3391	31390
乔屯乡	19396	9957	9439	6019	9363	9306	2513	14893	1990	18197
太古庄乡	22208	11165	11043	7054	11159	11035	2517	17299	2392	21868
河北省深州监狱	4310	4038	272	343	325	272	25	4097	188	412
双井经济开发区	16076	8156	7920	4374	8036	7767	2283	12133	1660	15685

表4　山西省乡、镇、街道人口

单位：人、户

地　区	总人口			家庭户	家庭户总人口		分年龄人口			居住本地，户口在本地
	合　计	男	女	户　数	男	女	0-14岁	15-64岁	65岁及以上	
山西省	**35712101**	**18338760**	**17373341**	**10330207**	**16988087**	**16496044**	**6106016**	**26900826**	**2705259**	**28640978**
太原市	**4201592**	**2151719**	**2049873**	**1296291**	**1843923**	**1827030**	**566753**	**3301458**	**333381**	**2617742**
小店区	**804537**	**410370**	**394167**	**231500**	**306691**	**303071**	**95354**	**662936**	**46247**	**437514**
坞城街道	149138	73726	75412	37853	49916	50744	15131	124797	9210	98870
营盘街道	136644	68539	68105	51087	64438	64753	17136	108969	10539	66449
北营街道	53257	27207	26050	13078	16998	16987	5333	44858	3066	25929
平阳路街道	145142	73525	71617	51292	62061	60949	18068	119153	7921	61688
黄陵街道	57074	27488	29586	15092	20260	19989	7008	46967	3099	31290
小店街道	99836	51688	48148	30815	41446	40489	14757	80330	4749	55400
北格镇	36394	19455	16939	9482	16606	16359	5967	27607	2820	31198
西温庄乡	40384	18795	21589	5572	8669	8611	3227	35777	1380	25888
刘家堡乡	32233	16507	15726	8130	15759	15620	5624	23925	2684	29628
太原高新技术产业开发区	9914	5878	4036	1847	2577	2522	1082	8656	176	2561
太原经济技术开发区	44521	27562	16959	7252	7961	6048	2021	41897	603	8613
迎泽区	**592007**	**288623**	**303384**	**194429**	**261768**	**269623**	**70337**	**466942**	**54728**	**342405**
柳巷街道	39581	19198	20383	14368	18058	19009	4396	31363	3822	20446
文庙街道	80257	39114	41143	25870	35705	36882	9313	62926	8018	48764
庙前街道	65457	31971	33486	22928	30630	32075	7361	49828	8268	41515
迎泽街道	118954	55259	63695	32693	44542	46583	10813	96955	11186	84622
桥东街道	129422	62461	66961	44049	58752	60159	15342	102229	11851	70973
老军营街道	70564	35224	35340	23263	32704	34424	8831	53656	8077	49366
郝庄镇	84298	43527	40771	30218	39846	39022	13716	67185	3397	26719
民营区	3474	1869	1605	1040	1531	1469	565	2800	109	
杏花岭区	**643584**	**325299**	**318285**	**215005**	**301307**	**304799**	**81803**	**496490**	**65291**	**369686**
巨轮街道	79085	39448	39637	27430	37783	39012	9378	60931	8776	46557
三桥街道	84007	41861	42146	27962	38048	40137	9360	64067	10580	56797
鼓楼街道	37267	18102	19165	12328	17272	18068	4606	28132	4529	24180
杏花岭街道	41169	19945	21224	14404	19489	20736	5625	31330	4214	25930
坝陵桥街道	44988	22416	22572	13829	18906	19713	5009	35411	4568	28679
大东关街道	54955	29447	25508	16811	22987	23160	6534	44039	4382	24279
职工新街街道	48807	24701	24106	16395	22902	22432	5575	38556	4676	28743
敦化坊街道	79265	39702	39563	27780	38665	39070	8903	59443	10919	52669
涧河街道	76187	38904	37283	26213	37827	36973	8816	59795	7576	50121
杨家峪街道	49984	25866	24118	16838	24122	23124	9207	38482	2295	10364
中涧河乡	32191	16698	15493	9830	15876	15136	6064	24306	1821	13881
小返乡	6574	3439	3135	2137	3196	3049	1139	4859	576	5157
民营区	9105	4770	4335	3048	4234	4189	1587	7139	379	2329
尖草坪区	**415705**	**215952**	**199753**	**119630**	**175269**	**173376**	**52868**	**327933**	**34904**	**266323**
尖草坪街道	31678	15882	15796	11005	15398	15629	3856	24416	3406	19437
光社街道	20655	10599	10056	7220	10194	10029	2677	15843	2135	12811
上兰街道	48736	30553	18183	5092	7572	7610	2467	44501	1768	31442
南寨街道	63692	32746	30946	18884	25978	26229	6882	49011	7799	48312
迎新街道	24838	12811	12027	8213	12094	11865	3476	18647	2715	18165
古城街道	33022	16347	16675	10212	13872	14024	3737	26933	2352	18479
汇丰街道	85435	41628	43807	27284	37423	36697	11137	68494	5804	35609
柴村街道	40143	20400	19743	10803	19525	19048	7579	29713	2851	29570
新城街道	17942	9065	8877	6325	8982	8856	2857	13644	1441	10723
向阳镇	17298	8853	8445	5033	8706	8417	2784	12922	1592	14501
阳曲镇	15799	8335	7464	4766	7414	7279	2815	11654	1330	12457
马头水乡	906	500	406	460	456	403	46	590	270	828
柏板乡	11105	5876	5229	2817	5424	5229	1794	8356	955	9956
西焉乡	4456	2357	2099	1516	2231	2061	761	3209	486	4033

表4　续表 1　　　　单位：人、户

地　　区	总人口			家庭户	家庭户总人口		分年龄人口			居住本地，户口在本地
	合　计	男	女	户　数	男	女	0-14岁	15-64岁	65岁及以上	
万柏林区	**749255**	**393481**	**355774**	**247395**	**329637**	**321457**	**93798**	**600552**	**54905**	**411971**
千峰街道	58727	32965	25762	17167	20176	20083	5226	50012	3489	32134
下元街道	89485	44444	45041	30423	35170	33917	7953	75144	6388	42564
和平街道	86169	46438	39731	25489	34716	34095	9706	69035	7428	54179
兴华街道	71096	35746	35350	24256	32425	32974	9205	57538	4353	31615
万柏林街道	49506	24989	24517	17557	24289	24295	7432	37295	4779	29103
杜儿坪街道	28470	14372	14098	9819	14232	14087	3796	22088	2586	23109
白家庄街道	30685	15590	15095	10541	15405	15076	4589	22940	3156	22782
南寒街道	88576	44284	44292	29915	42776	43258	11421	68938	8217	65555
东社街道	25427	14151	11276	6792	11172	11026	4341	19588	1498	14380
化客头街道	12462	6680	5782	3983	6028	5742	2156	9376	930	8342
小井峪街道	86215	45623	40592	30758	41174	38948	13528	68300	4387	34892
西铭街道	19628	9956	9672	6610	9886	9655	3051	14596	1981	14078
长风西街街道	82649	46148	36501	28041	33995	30284	9327	69882	3440	26531
神堂沟街道	17964	10720	7244	5074	7210	7234	1921	14168	1875	11035
王封乡	2196	1375	821	970	983	783	146	1652	398	1672
晋源区	**221431**	**113394**	**108037**	**59315**	**95386**	**95571**	**33195**	**171450**	**16786**	**172565**
义井街道	53575	27811	25764	15643	22178	22128	6824	42306	4445	31133
罗城街道	22878	11664	11214	6365	8994	9052	2696	17839	2343	18056
晋源街道	41293	21424	19869	11031	19561	19717	7224	30917	3152	36334
金胜镇	39489	21008	18481	10743	16932	17025	6141	30842	2506	31460
晋祠镇	40871	19661	21210	9564	16119	16219	5775	32596	2500	33858
姚村镇	23325	11826	11499	5969	11602	11430	4535	16950	1840	21724
清徐县	**343861**	**177070**	**166791**	**94680**	**160121**	**159572**	**61921**	**255637**	**26303**	**298684**
清源镇	116598	58986	57612	31197	54248	54745	22962	85899	7737	96362
徐沟镇	48040	24225	23815	12509	21108	21219	8132	36242	3666	40681
东于镇	27620	14413	13207	7899	13376	12838	5189	20466	1965	26826
孟封镇	31488	15813	15675	8556	15449	15528	5434	23177	2877	29978
马峪乡	18628	9506	9122	6568	9408	9117	3446	13660	1522	18038
柳杜乡	19449	9798	9651	5894	9706	9633	3477	14292	1680	18522
西谷乡	19086	9598	9488	5754	9338	9298	3194	13985	1907	17578
王答乡	35930	20717	15213	8614	14193	14282	5437	27987	2506	25377
集义乡	27022	14014	13008	7689	13295	12912	4650	19929	2443	25322
阳曲县	**120228**	**63457**	**56771**	**39068**	**59102**	**55374**	**19466**	**87044**	**13718**	**93496**
黄寨镇	22233	11698	10535	6497	10379	9626	3570	16524	2139	12215
大盂镇	10959	5832	5127	3464	5518	5076	1817	7684	1458	9604
东黄水镇	9722	5234	4488	3314	4765	4431	1403	6896	1423	8700
泥屯镇	16854	9066	7788	5774	8692	7756	2719	11907	2228	15769
社区建设管理办公室	26874	13613	13261	8615	12823	13026	5131	19956	1787	16687
高村乡	9904	5215	4689	3196	5048	4667	1696	7027	1181	8773
侯村乡	10356	5422	4934	3499	5378	4909	1514	7478	1364	9848
凌井店乡	8090	4545	3545	2595	3812	3486	1088	5891	1111	6981
西凌井乡	894	483	411	387	462	410	94	631	169	815
北小店乡	1638	892	746	633	814	741	158	1141	339	1493
杨兴乡	2704	1457	1247	1094	1411	1246	276	1909	519	2611
娄烦县	**105841**	**55810**	**50031**	**31230**	**52635**	**49151**	**22515**	**75190**	**8136**	**80046**
娄烦镇	42520	21701	20819	12261	20695	20155	9989	30153	2378	24529
静游镇	17921	9666	8255	5359	8871	8163	3324	12862	1735	15864
杜交曲镇	4493	2475	2018	1537	2082	1995	776	3202	515	3881
庙湾乡	2705	1435	1270	1127	1432	1270	334	1834	537	2644
马家庄乡	15786	8364	7422	5066	8002	7396	3709	11062	1015	12957
盖家庄乡	4768	2802	1966	1191	2251	1924	865	3561	342	3833
米峪镇乡	8070	4352	3718	2047	4296	3686	1578	5763	729	7411
天池店乡	9578	5015	4563	2642	5006	4562	1940	6753	885	8927

表4 续表 2　　　　单位：人、户

地　区	总人口			家庭户	家庭户总人口		分年龄人口			居住本地，户口在本地
	合　计	男	女	户　数	男	女	0-14岁	15-64岁	65岁及以上	
古交市	**205143**	**108263**	**96880**	**64039**	**102007**	**95036**	**35496**	**157284**	**12363**	**145052**
东曲街道	40872	21015	19857	13244	20531	19691	6708	32410	1754	26556
西曲街道	16446	8617	7829	5402	8506	7812	2905	12772	769	10913
桃园街道	38515	19944	18571	11215	18527	17352	6469	30447	1599	25300
屯兰街道	17588	9967	7621	5166	8016	7433	2913	13940	735	7803
河口镇	15161	7879	7282	4438	7712	7251	2676	11176	1309	13841
镇城底镇	9022	4929	4093	2741	4347	4027	1640	6757	625	6359
马兰镇	21056	11116	9940	6447	10618	9856	3744	15909	1403	16816
阁上乡	512	278	234	201	278	233	66	354	92	413
加乐泉乡	7159	3955	3204	2415	3650	3195	1260	5333	566	4819
梭峪乡	16521	8552	7969	5761	8518	7959	2930	12630	961	12393
岔口乡	6629	3444	3185	2002	3423	3179	1254	4669	706	6105
常安乡	6123	3368	2755	1792	3020	2736	1194	4314	615	5311
原相乡	3779	2083	1696	1270	1808	1671	618	2624	537	3146
邢家社乡	5760	3116	2644	1945	3053	2641	1119	3949	692	5277
大同市	**3318054**	**1689841**	**1628213**	**1086073**	**1617374**	**1580637**	**560217**	**2491232**	**266605**	**2458262**
城区	**723013**	**360634**	**362379**	**250629**	**340783**	**344532**	**103412**	**560770**	**58831**	**501146**
南关街道	109250	54350	54900	37253	51335	51517	15952	85153	8145	71633
北关街道	110560	56165	54395	37886	52172	52181	18000	86456	6104	61859
东街街道	27660	13706	13954	9996	13585	13810	4489	20821	2350	23807
西街街道	27083	13416	13667	9331	12954	13210	4359	20463	2261	20400
南街街道	18113	9173	8940	6196	8398	8611	2260	14200	1653	13528
北街街道	34510	16876	17634	12651	16581	16716	4945	26358	3207	23181
新建南路街道	53799	25378	28421	17856	24600	25255	6987	42305	4507	40743
新建北路街道	46175	22940	23235	15979	22569	22909	6712	35517	3946	38628
大庆路街道	43101	22486	20615	14890	19095	19290	5545	33213	4343	30368
新华街街道	90687	44346	46341	32249	43090	44356	11235	70876	8576	66807
西花园街道	26418	13415	13003	9997	12764	12730	3574	19019	3825	23607
老平旺街道	15905	7083	8822	5060	6506	6565	2029	12295	1581	9774
向阳里街道	45063	23882	21181	15292	20883	20720	6570	35917	2576	24349
振华南街街道	74689	37418	37271	25993	36251	36662	10755	58177	5757	52462
矿区	**500155**	**257013**	**243142**	**169227**	**246838**	**240367**	**71231**	**386585**	**42339**	**326480**
新胜街道	68388	37136	31252	20365	29259	28990	8505	55679	4204	42350
新平旺街道	54963	27392	27571	18348	26990	27387	6818	42697	5448	44225
煤峪口街道	10528	5349	5179	3859	5348	5179	1095	8049	1384	10141
永定庄街道	7633	3934	3699	2813	3932	3698	801	5877	955	6431
同家梁街道	9411	4794	4617	3394	4794	4617	1083	7292	1036	8142
四老沟街道	8046	4207	3839	2710	4205	3839	1001	5998	1047	7611
忻州窑街道	5330	2675	2655	1807	2670	2655	569	4084	677	4793
白洞街道	1225	639	586	438	639	586	161	861	203	1141
雁崖街道	10131	5512	4619	4006	5283	4610	1280	7589	1262	9718
挖金湾街道	667	346	321	245	346	321	91	521	55	649
晋华宫街道	20406	10647	9759	7111	10647	9759	3328	15197	1881	18738
马脊梁街道	9614	5310	4304	3490	5045	4298	1546	7578	490	9158
大斗沟街道	1490	771	719	547	736	716	176	1108	206	1169
王村街道	3361	1788	1573	1188	1784	1573	575	2608	178	3093
姜家湾街道	21880	11112	10768	7072	11001	10757	3440	17123	1317	15774
新泉路街道	17260	8860	8400	6134	8598	8400	2400	13061	1799	11654
民胜街道	18496	9325	9171	6397	9238	9133	2410	14318	1768	13167
口泉街道	32012	16125	15887	11660	15969	15782	4554	24109	3349	18324
马口街道	3951	2126	1825	1236	1976	1793	684	3121	146	2061
燕子山街道	13423	7015	6408	4380	7015	6408	2138	10829	456	11228
杏儿沟街道	4751	2572	2179	1355	2348	2154	784	3881	86	1632
青磁窑街道	7577	3720	3857	2521	3720	3857	1328	5819	430	3702
平泉路街道	63918	32067	31851	22224	32006	31783	9473	50326	4119	45199
四台沟街道	8813	4588	4225	2796	4343	4223	1620	6693	500	5930
和顺街道	44800	22761	22039	15408	22743	22035	6841	33884	4075	14951
和瑞街道	52081	26242	25839	17723	26203	25814	8530	38283	5268	15499

表4 续表 3

单位：人、户

地区	总人口			家庭户	家庭户总人口		分年龄人口			居住本地，户口在本地
	合计	男	女	户数	男	女	0-14岁	15-64岁	65岁及以上	
南郊区	**405864**	**207718**	**198146**	**128398**	**194201**	**186228**	**74166**	**309801**	**21897**	**216101**
古店镇	15444	7872	7572	5409	7827	7571	3216	11093	1135	7900
高山镇	13887	7000	6887	4836	6990	6887	2230	10584	1073	11132
云冈镇	19766	10061	9705	6719	10032	9705	3581	15031	1154	11550
口泉乡	57048	30592	26456	18095	27155	25460	9834	43221	3993	33481
新旺乡	40734	20699	20035	14104	20195	19847	7353	31610	1771	13368
水泊寺乡	82358	40420	41938	21326	33254	32013	13312	65165	3881	57891
马军营乡	95867	49598	46269	31569	48137	45956	20042	72269	3556	32441
西韩岭乡	29833	15461	14372	9524	14712	13888	5297	22136	2400	20362
平旺乡	42220	21565	20655	13396	21464	20644	8162	31854	2204	20545
鸦儿崖乡	8707	4450	4257	3420	4435	4257	1139	6838	730	7431
新荣区	**108482**	**56303**	**52179**	**36333**	**54863**	**51661**	**19818**	**79653**	**9011**	**82184**
新荣镇	12819	6529	6290	4647	6526	6289	2572	9254	993	11321
破鲁堡乡	9255	4748	4507	2904	4738	4507	1469	6913	873	8927
郭家窑乡	12084	6423	5661	4118	6292	5624	1907	8862	1315	11640
花元屯乡	15110	7868	7242	5548	7810	7242	2518	10771	1821	13284
西村乡	10654	5604	5050	3701	5340	5032	1813	7885	956	7509
上深涧乡	11270	5858	5412	3724	5638	5371	1908	8553	809	8778
堡子湾乡	14770	7772	6998	4942	7603	6972	2485	10776	1509	12636
新荣区社区建设管理服务中心	22520	11501	11019	6749	10916	10624	5146	16639	735	8089
阳高县	**272488**	**138206**	**134282**	**88012**	**134683**	**131461**	**47531**	**198067**	**26890**	**237783**
龙泉镇	95849	47810	48039	30912	45005	45556	18009	70441	7399	74637
罗文皂镇	27042	13880	13162	8530	13591	13048	4552	19499	2991	24094
大白登镇	18869	9594	9275	6263	9565	9274	3071	13911	1887	17481
王官屯镇	20488	10640	9848	6033	10478	9671	3406	14781	2301	18435
古城镇	17664	9159	8505	5662	9120	8505	3354	12416	1894	16408
东小村镇	10684	5490	5194	3509	5451	5191	1779	7640	1265	10176
友宰镇	9017	4720	4297	3302	4689	4284	1332	6459	1226	8051
长城乡	5329	2744	2585	1844	2663	2561	798	3929	602	4933
北徐屯乡	15809	7843	7966	4592	7842	7965	2561	11827	1421	14989
狮子屯乡	14200	7257	6943	4783	7233	6943	2453	10128	1619	13070
下深井乡	13226	6712	6514	4586	6712	6514	2068	9566	1592	12634
马家皂乡	14211	7151	7060	4475	7151	7060	2549	10139	1523	13638
鳌石乡	10100	5206	4894	3521	5183	4889	1599	7331	1170	9237
天镇县	**206009**	**103102**	**102907**	**68158**	**101548**	**102186**	**36604**	**149546**	**19859**	**181908**
玉泉镇	67449	34012	33437	25073	33651	32916	14448	48104	4897	52652
谷前堡镇	19421	9797	9624	6264	9634	9528	3401	14220	1800	17494
米薪关镇	17379	8407	8972	5064	8396	8972	2736	12827	1816	16629
逯家湾镇	12899	6566	6333	3939	6215	6289	1923	9318	1658	11835
新平镇	12108	6399	5709	3856	5892	5681	1783	8722	1603	10866
卅里铺乡	21546	10620	10926	6599	10597	10924	3644	15713	2189	19881
南河堡乡	22182	11010	11172	7395	11009	11171	3609	16513	2060	20829
贾家屯乡	8768	4226	4542	2648	4226	4542	1371	6386	1011	8518
赵家沟乡	5963	3006	2957	2049	2977	2953	912	4213	838	5642
南高崖乡	6588	3216	3372	1932	3206	3371	919	4890	779	6481
张西河乡	11706	5843	5863	3339	5745	5839	1858	8640	1208	11081
广灵县	**182613**	**94333**	**88280**	**56225**	**92215**	**86898**	**37097**	**130421**	**15095**	**157927**
壶泉镇	66271	33800	32471	21630	33090	31389	13668	48108	4495	50609
南村镇	25710	13159	12551	7447	12809	12321	4759	18542	2409	24167
斗泉乡	10549	5446	5103	3049	5445	5103	2658	7000	891	9783
蕉山乡	16999	9328	7671	4787	8362	7605	3546	12044	1409	14289
加斗乡	16548	8562	7986	4862	8558	7984	3435	11611	1502	15571
宜兴乡	11195	5871	5324	3528	5856	5323	2164	7928	1103	10120
作疃乡	18663	9662	9001	5580	9662	9001	3632	13288	1743	17457

表4 续表 4 单位：人、户

地 区	总人口			家庭户	家庭户总人口		分年龄人口			居住本地，户口在本地
	合 计	男	女	户 数	男	女	0-14岁	15-64岁	65岁及以上	
梁庄乡	10767	5488	5279	3449	5449	5278	2203	7579	985	10250
望狐乡	5911	3017	2894	1893	2984	2894	1032	4321	558	5681
灵丘县	**234004**	**122459**	**111545**	**75712**	**117407**	**109041**	**47074**	**169111**	**17819**	**198362**
武灵镇	121110	63315	57795	40281	60196	55534	25759	88239	7112	93964
东河南镇	26083	13245	12838	8055	13232	12838	5227	18607	2249	24602
上寨镇	14792	7750	7042	4562	7623	7024	2954	10465	1373	13915
落水河乡	21371	11512	9859	6614	10946	9809	4044	15408	1919	19174
史庄乡	4915	2587	2328	1733	2577	2328	832	3561	522	4546
赵北乡	11005	5601	5404	3277	5469	5353	1814	8089	1102	10463
石家田乡	7091	3714	3377	2203	3698	3372	1361	5040	690	6603
柳科乡	5712	3039	2673	1857	2919	2662	1083	4107	522	5427
白崖台乡	4023	2061	1962	1370	2050	1959	662	2851	510	3928
红石塄乡	3286	1731	1555	1202	1711	1544	597	2381	308	2964
下关乡	6778	3561	3217	2190	3283	3179	1349	4721	708	5983
独峪乡	7838	4343	3495	2368	3703	3439	1392	5642	804	6793
浑源县	**343486**	**173495**	**169991**	**101065**	**164918**	**165047**	**61404**	**254837**	**27245**	**300544**
永安镇	122851	60473	62378	36986	57547	58067	22516	91732	8603	96596
西坊城镇	13897	7059	6838	4049	7052	6836	2728	9884	1285	13080
蔡村镇	12674	6443	6231	4216	6322	6215	2306	9288	1080	12138
沙圪坨镇	24233	12599	11634	6965	12078	11614	4392	17854	1987	22639
王庄堡镇	17032	8664	8368	5038	8523	8303	3391	12373	1268	16606
大磁窑镇	5849	3089	2760	1810	2649	2728	1009	4352	488	5090
东坊城乡	27945	14118	13827	7557	13463	13598	4802	20943	2200	24831
裴村乡	15729	7983	7746	4863	7945	7741	2862	11438	1429	14881
驼峰乡	10398	5243	5155	3051	5243	5155	1812	7542	1044	9730
西留村乡	11481	5719	5762	3505	5719	5762	2147	8275	1059	10611
下韩村乡	9047	4607	4440	2814	4481	4429	1650	6539	858	8116
南榆林乡	9444	5130	4314	3126	4549	4269	1309	7141	994	8023
吴城乡	8009	4062	3947	2420	4048	3942	1329	5880	800	7767
黄花滩乡	10260	5538	4722	2683	4398	4659	1641	7967	652	8831
大仁庄乡	7316	3802	3514	1922	3344	3485	1208	5591	517	6667
千佛岭乡	16614	8632	7982	4070	7515	7895	2865	12527	1222	15032
官儿乡	10909	5391	5518	3079	5391	5518	1733	8204	972	10868
青磁窑乡	9798	4943	4855	2911	4651	4831	1704	7307	787	9038
左云县	**156163**	**78998**	**77165**	**55608**	**78245**	**76967**	**27688**	**117115**	**11360**	**123287**
云兴镇	73410	37173	36237	26158	36698	36065	14609	54631	4170	51372
鹊儿山镇	11948	6079	5869	4018	6075	5869	2162	9116	670	7964
店湾镇	12779	6489	6290	4511	6489	6287	2318	9666	795	9446
管家堡乡	8774	4347	4427	3123	4347	4427	1099	6689	986	8423
张家场乡	12122	6019	6103	4805	6009	6101	1922	9042	1158	10847
三屯乡	11800	5964	5836	4176	5929	5826	1782	8868	1150	11546
马道头乡	10087	5127	4960	3671	5127	4960	1604	7548	935	9354
小京庄乡	9870	5088	4782	3462	4862	4771	1350	7428	1092	9396
水窑乡	5373	2712	2661	1684	2709	2661	842	4127	404	4939
大同县	**185777**	**97580**	**88197**	**56706**	**91673**	**86249**	**34192**	**135326**	**16259**	**132540**
西坪镇	27732	14447	13285	8757	14100	13094	5592	20091	2049	18828
倍加造镇	18739	9512	9227	5659	9398	9137	3832	13486	1421	14766
周士庄镇	17620	9410	8210	5230	8582	8120	3379	12506	1735	13409
吉家庄乡	7306	3837	3469	2472	3779	3464	1002	5107	1197	6631
峰峪乡	7325	3769	3556	2305	3742	3555	1021	5183	1121	6704

表4　续表 5　　　　　　　　　　　　　　　　　　　　　　　　　单位：人、户

地　区	总人口			家庭户	家庭户总人口		分年龄人口			居住本地，户口在本地
	合　计	男	女	户　数	男	女	0-14岁	15-64岁	65岁及以上	
杜庄乡	11836	6169	5667	3798	6142	5664	1840	8661	1335	10512
党留庄乡	12956	6934	6022	4077	6608	6007	2399	9319	1238	10805
瓜园乡	6834	3449	3385	2091	3441	3354	1067	4817	950	6011
巨乐乡	6832	3657	3175	2021	3383	3158	987	4839	1006	5890
许堡乡	16522	8703	7819	5426	8657	7813	2691	11716	2115	14890
经济技术开发区	16161	8224	7937	4741	7424	7122	3159	12320	682	7345
湖东办事处	2974	1662	1312	1037	1412	1298	274	2586	114	513
东街办事处	22535	12438	10097	5945	9859	9453	4538	17068	929	11446
西街办事处	10405	5369	5036	3147	5146	5010	2411	7627	367	4790
阳泉市	**1368502**	**710304**	**658198**	**428541**	**661834**	**642608**	**214449**	**1044127**	**109926**	**1063271**
城区	**193106**	**97079**	**96027**	**66626**	**91264**	**92352**	**26957**	**150066**	**16083**	**126578**
上站街道	55628	27920	27708	19546	26270	26750	7374	42804	5450	39941
下站街道	25197	12574	12623	9079	12111	12392	3374	19356	2467	16557
北大街街道	34374	17244	17130	11377	15841	15940	4423	27201	2750	19786
南山路街道	64821	32630	32191	21978	30666	30996	9669	50799	4353	41992
义井街道	10391	5340	5051	3602	5007	4951	1676	7869	846	6059
坡底街道	2695	1371	1324	1044	1369	1323	441	2037	217	2243
矿区	**242994**	**124792**	**118202**	**78871**	**119193**	**116937**	**35578**	**188455**	**18961**	**191320**
平潭街街道	52182	25723	26459	17861	25195	25959	6868	40184	5130	39880
桥头街道	43752	22635	21117	14040	21471	21002	6319	34000	3433	33955
蔡洼街道	41085	21182	19903	13664	20512	19850	6087	31796	3202	31560
赛鱼街道	50557	26007	24550	15922	25055	24392	7682	39361	3514	42321
沙坪街道	34858	18173	16685	11184	17267	16640	5370	26873	2615	28924
贵石沟街道	20560	11072	9488	6200	9693	9094	3252	16241	1067	14680
郊区	**286055**	**153486**	**132569**	**87674**	**136195**	**129515**	**40860**	**223108**	**22087**	**189815**
荫营镇	70614	38626	31988	20888	33273	31831	9764	54957	5893	58754
河底镇	44032	24663	19369	13377	20489	19260	5651	34061	4320	37522
义井镇	42211	22005	20206	13583	20874	19907	6807	32744	2660	17649
平坦镇	30240	15792	14448	9598	15176	14335	4620	23198	2422	15561
西南舁乡	12347	6564	5783	3993	6426	5760	1847	9073	1427	11285
杨家庄乡	10065	5266	4799	3170	5131	4766	1369	7631	1065	8981
李家庄乡	19447	10132	9315	5856	9508	9110	2672	15172	1603	14636
旧街乡	6384	3455	2929	1958	3146	2921	1005	4719	660	5339
开发区	50715	26983	23732	15251	22172	21625	7125	41553	2037	20088
平定县	**335265**	**172940**	**162325**	**101226**	**164314**	**157440**	**60114**	**249248**	**25903**	**288756**
冠山镇	122675	62035	60640	35875	58055	56891	22724	93628	6323	89981
冶西镇	14165	7234	6931	4468	7192	6926	2424	10646	1095	12475
锁簧镇	31978	16322	15656	9324	16272	15631	5945	23801	2232	30436
张庄镇	39012	20734	18278	11873	19515	18034	6715	29060	3237	36611
东回镇	27735	14060	13675	8680	14058	13672	4951	19769	3015	26887
柏井镇	19275	9876	9399	6063	9696	9288	3874	13549	1852	18538
娘子关镇	16561	8364	8197	4953	8319	8171	3007	11901	1653	15632
巨城镇	27018	14030	12988	8999	13493	12651	4628	19600	2790	25856
石门口乡	17474	9125	8349	5164	8746	8267	3144	12766	1564	15638
岔口乡	19372	11160	8212	5827	8968	7909	2702	14528	2142	16702
盂县	**311082**	**162007**	**149075**	**94144**	**150868**	**146364**	**50940**	**233250**	**26892**	**266802**
秀水镇	93013	48088	44925	28686	44883	44019	15878	71313	5822	69816
孙家庄镇	26898	13935	12963	7814	12920	12668	4297	20548	2053	22005
路家村镇	24579	13235	11344	6332	10956	10921	3908	18837	1834	21496
南娄镇	31187	16837	14350	8923	13869	13699	5126	23702	2359	26636

表4 续表 6 单位：人、户

地 区	总人口			家庭户	家庭户总人口		分年龄人口			居住本地，户口在本地
	合 计	男	女	户 数	男	女	0-14岁	15-64岁	65岁及以上	
牛村镇	19280	9938	9342	5795	9562	9333	3110	14363	1807	17338
茌池镇	24238	12273	11965	7219	12151	11953	3893	17868	2477	22526
上社镇	14478	7316	7162	4878	7315	7161	2080	10593	1805	13878
西烟镇	18426	9467	8959	5781	9429	8942	3189	13231	2006	17859
仙人乡	13151	6913	6238	4276	6781	6228	1964	9647	1540	11931
北下庄乡	10985	5588	5397	3451	5499	5333	1597	8174	1214	10141
下社乡	7750	4014	3736	2303	3808	3656	1254	5616	880	7423
梁家寨乡	9345	4843	4502	3007	4638	4369	1645	6603	1097	9125
西潘乡	7983	4294	3689	2594	4293	3688	1240	5802	941	7800
东梁乡	9769	5266	4503	3085	4764	4394	1759	6953	1057	8828
长治市	**3334565**	**1710681**	**1623884**	**923466**	**1594084**	**1555642**	**584607**	**2520821**	**229137**	**2867192**
城区	**483628**	**239887**	**243741**	**139805**	**211240**	**216028**	**68456**	**384467**	**30705**	**359639**
东街街道	51599	23577	28022	12322	18374	19481	6600	42070	2929	40825
西街街道	48617	24848	23769	14375	22493	22697	7496	38243	2878	39971
英雄南路街道	41655	20327	21328	12503	19178	19950	6338	32278	3039	30453
英雄中路街道	34656	17627	17029	9842	14356	15098	4725	27850	2081	23949
紫金街街道	33457	16570	16887	10653	16273	16557	4965	25875	2617	27077
太行东街街道	53340	25912	27428	12262	17654	18675	6046	44829	2465	42113
太行西街街道	37786	18881	18905	12228	17346	17814	5136	29760	2890	28199
延安南路街道	57144	28675	28469	18381	26183	26619	6951	44256	5937	48785
常青街道	47018	24229	22789	14362	22417	22063	7531	37567	1920	27732
五马街道	32538	16476	16062	8572	15089	14986	5098	25562	1878	21989
长治高新技术开发区	45818	22765	23053	14305	21877	22088	7570	36177	2071	28546
郊区	**281213**	**144199**	**137014**	**76092**	**136020**	**133691**	**45897**	**216976**	**18340**	**239810**
长北街道	25687	12202	13485	9099	11579	11777	2917	19783	2987	21667
故县街道	66978	35920	31058	19482	30604	30209	9599	53420	3959	61150
老顶山镇	39336	19979	19357	10082	19499	19232	6379	30420	2537	32849
堠北庄镇	41006	20742	20264	10022	20407	20158	7948	30789	2269	36045
大辛庄镇	30039	15086	14953	7661	14846	14677	5222	23100	1717	21907
马厂镇	33441	17012	16429	8678	16782	16308	5996	25433	2012	30084
黄碾镇	35495	18405	17090	8722	17558	16973	6141	27114	2240	28132
西白兔乡	9231	4853	4378	2346	4745	4357	1695	6917	619	7976
长治县	**340963**	**171172**	**169791**	**91303**	**162703**	**165057**	**59498**	**259659**	**21806**	**299428**
韩店镇	69569	34123	35446	18956	31415	32522	12025	54177	3367	50547
苏店镇	42732	22209	20523	10806	19708	19770	6807	33045	2880	34915
荫城镇	45437	22784	22653	12448	21437	21748	7987	34484	2966	43688
西火镇	24945	12624	12321	6491	12224	12284	5065	18276	1604	23435
八义镇	23327	11548	11779	6204	11433	11771	4070	17589	1668	21710
贾掌镇	15489	7806	7683	4251	7806	7683	2715	11663	1111	14854
郝家庄乡	26480	13213	13267	6817	12992	13249	4887	19994	1599	23891
西池乡	22692	11478	11214	6673	11424	11209	3988	17048	1656	21517
北呈乡	21601	10767	10834	5863	10608	10794	3629	16374	1598	20395
东和乡	19590	9710	9880	5614	9708	9880	3270	14840	1480	18476
南宋乡	17619	9095	8524	4386	8274	8516	3095	13384	1140	16256
开发园区	11482	5815	5667	2794	5674	5631	1960	8785	737	9744
襄垣县	**270216**	**141621**	**128595**	**74233**	**133302**	**126226**	**46346**	**203710**	**20160**	**238740**
古韩镇	82325	42543	39782	21584	40499	39279	14595	62444	5286	74956
王桥镇	33594	18059	15535	8837	16322	15322	5506	25612	2476	31122
侯堡镇	44360	23258	21102	12636	20744	19899	7378	34308	2674	34487
夏店镇	28829	15077	13752	7874	14416	13594	5093	21475	2261	24534

表4　续表 7　　　　单位：人、户

地区	总人口			家庭户	家庭户总人口		分年龄人口			居住本地，户口在本地
	合计	男	女	户数	男	女	0-14岁	15-64岁	65岁及以上	
虒亭镇	15147	7840	7307	4528	7763	7285	2576	11091	1480	14060
西营镇	10322	5391	4931	2989	5267	4884	1865	7421	1036	9455
王村镇	14273	7526	6747	4416	7526	6742	2279	10569	1425	13178
下良镇	15944	8501	7443	4405	7848	7397	2698	11843	1403	14432
善福乡	9569	5032	4537	2541	4791	4535	1677	7191	701	8499
北底乡	8527	4547	3980	2186	4305	3835	1460	6360	707	7194
上马乡	7326	3847	3479	2237	3821	3454	1219	5396	711	6823
屯留县	**263844**	**136501**	**127343**	**70331**	**128773**	**124176**	**48913**	**198715**	**16216**	**232921**
麟绛镇	49488	24836	24652	13393	23273	23332	9697	37124	2667	38739
上村镇	20742	10640	10102	5796	10214	10079	4061	15398	1283	19038
渔泽镇	25992	14457	11535	6643	11623	11267	4357	20608	1027	19673
余吾镇	18486	9627	8859	5145	9235	8814	3664	13591	1231	16999
吾元镇	15530	8111	7419	4613	8048	7400	2788	11557	1185	15100
张店镇	21041	11020	10021	5789	11006	10020	3635	15936	1470	20365
丰宜镇	9397	4843	4554	2562	4841	4553	1758	6967	672	9078
李高乡	16001	8101	7900	4268	8014	7861	2964	11926	1111	15136
路村乡	32618	16989	15629	8193	15954	15487	6141	24484	1993	28756
河神庙乡	16999	8772	8227	4604	8746	8227	3052	12734	1213	16450
西贾乡	14948	7467	7481	3292	6492	6239	2528	11546	874	12155
西流寨开发区	4358	2216	2142	1345	2201	2142	703	3256	399	4281
康庄工业园区	14170	7251	6919	3422	6988	6873	2942	10477	751	13317
上莲开发区	4074	2171	1903	1266	2138	1882	623	3111	340	3834
平顺县	**150955**	**77759**	**73196**	**45474**	**73712**	**71922**	**25576**	**114135**	**11244**	**139541**
青羊镇	34098	17362	16736	10210	16016	16291	6478	25739	1881	26353
龙溪镇	17622	9060	8562	5015	8600	8352	3296	13110	1216	17043
石城镇	12663	6630	6033	3936	6343	5896	2218	9524	921	11995
苗庄镇	8719	4557	4162	2304	4261	4086	1518	6551	650	8350
杏城镇	11866	6011	5855	3531	5686	5752	2074	8863	929	11556
西沟乡	6862	3466	3396	2013	3461	3393	1068	5240	554	6725
东寺头乡	9004	4573	4431	2829	4144	4351	1276	6857	871	8737
虹梯关乡	7780	4187	3593	2378	3570	3509	1100	5947	733	7040
阳高乡	8787	4562	4225	2874	4518	4189	1337	6761	689	8675
北耽车乡	9576	5015	4561	3141	4894	4508	1442	7238	896	9459
中五井乡	7440	3747	3693	2275	3745	3690	1182	5708	550	7390
北社乡	16538	8589	7949	4968	8474	7905	2587	12597	1354	16218
黎城县	**158541**	**82177**	**76364**	**48043**	**78845**	**74882**	**32795**	**113771**	**11975**	**137683**
黎侯镇	56904	28951	27953	17429	27477	26792	12768	40841	3295	41629
东阳关镇	15301	8082	7219	4603	7742	7128	3247	10626	1428	14444
上遥镇	17224	9060	8164	5245	8854	8135	3054	12655	1515	16492
西井镇	25791	13458	12333	7982	13079	12241	5179	18641	1971	24950
黄崖洞镇	13857	7078	6779	3736	6906	6760	3064	9931	862	13294
西仵乡	7307	3930	3377	1999	3550	3340	1378	5331	598	6422
停河铺乡	7582	3921	3661	2359	3801	3644	1517	5359	706	6604
程家山乡	6235	3327	2908	2158	3190	2893	1076	4334	825	5898
洪井乡	8340	4370	3970	2532	4246	3949	1512	6053	775	7950
壶关县	**291609**	**146375**	**145234**	**77295**	**141214**	**142148**	**58289**	**213572**	**19748**	**263184**
龙泉镇	74611	36904	37707	20517	34995	35995	16025	54791	3795	55481
百尺镇	32499	16185	16314	8388	15975	16219	6559	23759	2181	31651
店上镇	28843	14557	14286	7405	14219	14173	5353	21185	2305	28237
晋庄镇	24848	12321	12527	6777	12314	12527	5133	17882	1833	24207

表4 续表 8 单位：人、户

地　　区	总人口			家庭户	家庭户总人口		分年龄人口			居住本地，户口在本地
	合　计	男	女	户　数	男	女	0−14岁	15−64岁	65岁及以上	
树掌镇	11057	5674	5383	3207	5674	5383	1998	8114	945	10787
集店乡	24889	12628	12261	5980	12306	12114	4982	18138	1769	23805
黄山乡	25991	13151	12840	6729	12858	12769	5045	19141	1805	25231
东井岭乡	17600	8900	8700	4636	8898	8700	3245	12999	1356	17032
石坡乡	12701	6296	6405	3577	6179	6370	2643	8997	1061	12406
五龙山乡	9023	4498	4525	2625	4490	4521	1761	6492	770	8781
鹅屋乡	7818	3872	3946	2174	3870	3946	1714	5477	627	7662
桥上乡	8621	4357	4264	2582	4127	4198	1547	6369	705	8287
常平经济开发区	13108	7032	6076	2698	5309	5233	2284	10228	596	9617
长子县	**353266**	**181124**	**172142**	**87667**	**163135**	**161850**	**61335**	**268210**	**23721**	**323708**
丹朱镇	89543	45965	43578	18924	34916	34867	14767	68909	5867	75678
鲍店镇	22685	11520	11165	5643	11462	11138	4332	16899	1454	22099
石哲镇	27643	14063	13580	8358	13994	13564	4542	20942	2159	26633
大堡头镇	36556	18517	18039	9472	18247	17969	6768	27340	2448	34860
慈林镇	33227	18324	14903	7989	13605	13907	4857	26465	1905	26250
色头镇	19277	9903	9374	4977	8785	9062	3404	14699	1174	18060
南漳镇	24760	12371	12389	6677	11979	12294	4530	18688	1542	23418
岚水乡	15948	8101	7847	4278	8047	7818	2927	11769	1252	15626
碾张乡	13666	6986	6680	3574	6904	6668	2506	9999	1161	13189
常张乡	15229	7746	7483	3876	7745	7481	2589	11456	1184	14848
南陈乡	20356	10380	9976	5423	10244	9970	3360	15489	1507	19435
宋村乡	34376	17248	17128	8476	17207	17112	6753	25555	2068	33612
武乡县	**182549**	**97012**	**85537**	**55549**	**92554**	**84071**	**35267**	**131953**	**15329**	**163065**
丰州镇	49594	25183	24411	15642	24183	23722	11281	35454	2859	37620
洪水镇	22508	12020	10488	6841	11418	10259	4249	16248	2011	21319
蟠龙镇	21228	11238	9990	6416	10983	9857	4022	15205	2001	20454
监漳镇	8683	4552	4131	2582	4523	4094	1435	6382	866	8305
故城镇	15861	8545	7316	4683	8432	7249	3146	11285	1430	15110
墨镫乡	7604	4299	3305	2141	3380	3232	1335	5726	543	6575
韩北乡	11097	6056	5041	3186	5515	5014	1944	8155	998	10013
大有乡	10917	5856	5061	3042	5804	5032	1922	8055	940	10683
贾豁乡	5342	2831	2511	2267	2815	2496	803	3737	802	5137
故县乡	4298	2298	2000	1252	2298	2000	747	3162	389	4157
上司乡	6996	3759	3237	2147	3683	3205	1183	5089	724	6872
石北乡	4689	2562	2127	1465	2531	2105	800	3403	486	4486
涌泉乡	7603	4066	3537	2171	4019	3495	1520	5453	630	7210
分水岭乡	6129	3747	2382	1714	2970	2311	880	4599	650	5124
沁县	**172205**	**89893**	**82312**	**49355**	**86899**	**78764**	**31904**	**126322**	**13979**	**153030**
定昌镇	57064	28141	28923	15755	26343	26135	12356	41400	3308	45271
郭村镇	11026	5845	5181	3328	5825	5170	1910	8022	1094	10371
故县镇	13003	7060	5943	3572	7003	5895	2171	9699	1133	12327
新店镇	14838	7848	6990	4433	7462	6760	2677	10760	1401	13820
漳源镇	13367	7277	6090	3988	7187	6030	2465	9603	1299	12765
册村镇	13184	7083	6101	3571	6901	6021	2306	9691	1187	12365
段柳乡	15266	7970	7296	4338	7857	7224	2493	11465	1308	13352
松村乡	10506	5685	4821	3288	5660	4805	1822	7748	936	10083
次村乡	3871	2074	1797	1185	2059	1760	487	2958	426	3764
牛寺乡	6064	3333	2731	1856	3245	2664	1068	4362	634	5742
南里乡	7941	4237	3704	2254	4125	3629	1257	5980	704	7509
南泉乡	3038	1679	1359	868	1624	1320	447	2317	274	2857

表4　续表 9　　　　　　　　　　　　　　　　　　　　　　　　　单位：人、户

地　区	总人口			家庭户	家庭户总人口		分年龄人口			居住本地，户口在本地
	合　计	男	女	户　数	男	女	0-14岁	15-64岁	65岁及以上	
杨安乡	3037	1661	1376	919	1608	1351	445	2317	275	2804
沁源县	**158702**	**86129**	**72573**	**45874**	**76096**	**69590**	**27653**	**119995**	**11054**	**126980**
沁河镇	50143	25300	24843	15010	23962	23590	10020	37810	2313	34940
郭道镇	17198	8957	8241	5317	8906	8225	3175	12688	1335	15149
灵空山镇	9611	5859	3752	2549	4046	3575	1338	7739	534	6940
王和镇	11123	6100	5023	3144	5516	4889	2002	7994	1127	9971
李元镇	14695	9320	5375	3247	5122	4498	2082	11913	700	8721
中峪乡	4724	2504	2220	1546	2462	2200	798	3554	372	4507
法中乡	7717	4032	3685	2261	3895	3547	1153	5858	706	7472
交口乡	7761	4171	3590	2236	4055	3480	1235	5874	652	7405
聪子峪乡	6441	3845	2596	1642	2850	2454	996	5044	401	4650
韩洪乡	8313	4401	3912	2754	4353	3899	1217	6336	760	8067
官滩乡	3441	1909	1532	996	1909	1532	578	2551	312	3362
景凤乡	2077	1184	893	655	1170	890	253	1531	293	2017
赤石桥乡	5937	3211	2726	1753	3157	2713	858	4362	717	5725
王陶乡	9521	5336	4185	2764	4693	4098	1948	6741	832	8054
潞城市	**226874**	**116832**	**110042**	**62445**	**109591**	**107237**	**42678**	**169336**	**14860**	**189463**
潞华街道	73444	38127	35317	19509	32563	32828	13768	56315	3361	49246
成家川街道	28704	14517	14187	9364	14459	14179	4807	21402	2495	26984
店上镇	31314	16469	14845	8110	15367	14593	6108	23353	1853	26496
微子镇	18849	9592	9257	5354	9362	9227	3489	13732	1628	17136
辛安泉镇	12444	6323	6121	3723	6302	6120	2495	8850	1099	11847
翟店镇	21817	11041	10776	5303	11030	10766	4484	15985	1348	20047
合室乡	8275	4267	4008	2464	4262	4007	1442	6069	764	7766
黄牛蹄乡	12865	6521	6344	3711	6496	6342	2385	9397	1083	12353
史回乡	19162	9975	9187	4907	9750	9175	3700	14233	1229	17588
晋城市	**2279146**	**1153981**	**1125165**	**662706**	**1047452**	**1065663**	**386159**	**1750588**	**142399**	**1844185**
城区	**476945**	**240291**	**236654**	**139871**	**207571**	**209711**	**78730**	**377862**	**20353**	**282138**
东街街道	54671	27101	27570	16049	23432	24207	8445	43681	2545	33682
西街街道	57791	28557	29234	18883	27057	27757	10757	44652	2382	29339
南街街道	51947	25984	25963	16754	24661	24482	9819	40599	1529	28698
北街街道	41923	20885	21038	12951	18961	19188	7413	32045	2465	25350
矿区街道	47512	24608	22904	14737	21830	22396	6652	37183	3677	42740
钟家庄办事处	111078	56855	54223	33554	48809	49173	19604	88166	3308	60885
西上庄办事处	36460	18657	17803	10856	17613	17313	6471	28178	1811	23976
北石店镇	33407	17044	16363	10764	16267	16206	6117	25638	1652	21395
开发区	42156	20600	21556	5323	8941	8989	3452	37720	984	16073
沁水县	**213016**	**112630**	**100386**	**66935**	**96478**	**95929**	**32909**	**165967**	**14140**	**167089**
龙港镇	58660	29533	29127	18392	26893	27954	10063	45167	3430	43059
中村镇	13053	6967	6086	4037	6026	5762	2190	9969	894	11443
郑庄镇	14392	7684	6708	4936	6817	6535	1881	11188	1323	13183
端氏镇	29534	15577	13957	9331	13087	13040	4479	23199	1856	22858
嘉峰镇	38076	21912	16164	10617	15673	14883	5727	30849	1500	22104
郑村镇	15992	8422	7570	4719	7104	7345	3048	11979	965	13764
柿庄镇	9568	4883	4685	3127	4747	4674	1261	7422	885	9347
樊村河乡	1153	625	528	599	625	528	65	930	158	1114
土沃乡	4886	2517	2369	1776	2392	2316	619	3770	497	4647
张村乡	3825	1965	1860	1323	1862	1829	492	2932	401	3541
苏庄乡	1421	739	682	559	728	676	146	1118	157	1378
胡底乡	8935	4843	4092	2789	3908	3935	1232	6927	776	7750

表4 续表 10　　单位：人、户

地区	总人口			家庭户	家庭户总人口		分年龄人口			居住本地，户口在本地
	合计	男	女	户数	男	女	0-14岁	15-64岁	65岁及以上	
固县乡	6214	3191	3023	2036	2988	2976	856	4831	527	5817
十里乡	7307	3772	3535	2694	3628	3476	850	5686	771	7084
阳城县	**388789**	**194815**	**193974**	**116294**	**178924**	**182493**	**61223**	**300509**	**27057**	**341698**
凤城镇	126960	63111	63849	36323	55852	57453	20470	99471	7019	101092
北留镇	37801	19323	18478	10967	17673	17954	7026	28331	2444	32229
润城镇	34051	17449	16602	8740	15415	15704	5982	25769	2300	32003
町店镇	15725	7906	7819	4530	7199	7342	2380	12256	1089	14105
芹池镇	15502	7992	7510	4608	7201	7280	2354	11926	1222	14210
次营镇	12595	6214	6381	4393	6132	6351	1793	9607	1195	11824
横河镇	3826	1983	1843	1358	1914	1824	471	2960	395	3741
河北镇	12116	5968	6148	4496	5829	6098	1600	9187	1329	11661
蟒河镇	19646	9939	9707	6378	9664	9576	3044	15123	1479	19013
东冶镇	20531	10323	10208	6731	10044	10083	3228	15734	1569	20184
白桑乡	13732	6875	6857	4226	6706	6781	1941	10607	1184	12622
寺头乡	8786	4531	4255	2944	4214	4116	1216	6744	826	8291
西河乡	15941	7666	8275	4171	6843	7052	2154	12816	971	13107
演礼乡	12726	6256	6470	3862	6129	6372	1856	9838	1032	11855
固隆乡	7849	3894	3955	2493	3859	3954	1140	6050	659	7571
董封乡	6717	3423	3294	2409	3318	3255	715	5278	724	6493
驾岭乡	7743	3853	3890	2856	3659	3782	1023	5933	787	7467
东城街道	16418	8038	8380	4741	7202	7463	2821	12785	812	14107
林场管理处	124	71	53	68	71	53	9	94	21	123
陵川县	**231360**	**118089**	**113271**	**68424**	**114206**	**111154**	**42740**	**171974**	**16646**	**210503**
崇文镇	68079	34687	33392	19501	32427	31970	12690	51449	3940	54491
礼义镇	28408	14460	13948	7918	14117	13812	5323	21029	2056	27419
附城镇	26831	13318	13513	8483	13039	13314	4886	19621	2324	25570
西河底镇	17400	8667	8733	5332	8632	8700	3420	12553	1427	16625
平城镇	21742	11107	10635	6260	10944	10558	4354	15825	1563	20342
杨村镇	16223	8105	8118	4276	8079	8104	3612	11647	964	15535
潞城镇	14308	7615	6693	4260	7458	6639	2344	10879	1085	13898
夺火乡	3957	2090	1867	1323	2005	1837	543	3041	373	3803
马圪当乡	5438	2935	2503	1768	2812	2477	787	4196	455	5201
古郊乡	7471	3980	3491	2409	3707	3398	1061	5814	596	6917
六泉乡	10426	5476	4950	3551	5371	4926	1658	7782	986	10036
秦家庄乡	11077	5649	5428	3343	5615	5419	2062	8138	877	10666
泽州县	**484174**	**248125**	**236049**	**136056**	**227190**	**230328**	**83578**	**368270**	**32326**	**438992**
南村镇	48926	26388	22538	12682	20831	20978	7366	38740	2820	34654
下村镇	46926	24709	22217	13254	21440	21591	8910	35505	2511	40549
大东沟镇	31732	16290	15442	9272	14920	15392	5678	23877	2177	29677
周村镇	23483	11774	11709	7442	11289	11465	4001	17647	1835	22288
犁川镇	14404	7257	7147	4315	7087	7072	2778	10505	1121	14060
晋庙铺镇	19107	9691	9416	5290	9454	9297	3852	14000	1255	18818
金村镇	51880	27246	24634	13224	23660	23810	8292	40212	3376	45866
高都镇	37018	18414	18604	10216	17993	18395	6172	28194	2652	35272
巴公镇	62157	31840	30317	16896	28090	29056	10499	48278	3380	55392
大阳镇	26285	12999	13286	7565	12844	13235	4832	19655	1798	24395
山河镇	22400	11249	11151	7204	11241	11150	3876	16724	1800	22221
大箕镇	17400	8725	8675	5113	8604	8651	2926	13141	1333	16628
柳树口镇	14951	7679	7272	4196	7260	7046	2430	11390	1131	14824
北义城镇	27697	13743	13954	7368	13510	13800	5035	20818	1844	26497

表4　续表 11　　　　　　　　　　　　　　　　　　　　　　　　　　单位：人、户

地区	总人口			家庭户	家庭户总人口		分年龄人口			居住本地，户口在本地
	合计	男	女	户数	男	女	0-14岁	15-64岁	65岁及以上	
川底乡	21491	10967	10524	6221	9953	10292	3982	16075	1434	19916
李寨乡	12093	6029	6064	3691	5956	6028	2027	9044	1022	11817
南岭乡	6224	3125	3099	2107	3058	3070	922	4465	837	6118
高平市	**484862**	**240031**	**244831**	**135126**	**223083**	**236048**	**86979**	**366006**	**31877**	**403765**
北城街道	43559	21375	22184	12712	19970	21094	7574	33618	2367	28236
东城街道	41948	20562	21386	11153	18023	19392	7523	32585	1840	22192
南城街道	66032	32641	33391	16462	27556	29110	11560	51422	3050	41841
米山镇	29906	14696	15210	8345	14098	15102	5257	22348	2301	28429
三甲镇	22916	11430	11486	6221	10802	11390	3514	17649	1753	21528
神农镇	21020	10305	10715	6348	10220	10677	3592	15686	1742	19854
陈区镇	28186	13553	14633	7926	13499	14627	6156	20028	2002	27426
北诗镇	28324	13876	14448	8254	13630	14381	5573	20356	2395	27400
河西镇	43539	21505	22034	11892	20662	21845	7944	32672	2923	40502
马村镇	31569	15316	16253	9267	14957	16212	6356	23087	2126	29666
野川镇	21027	10290	10737	6099	9990	10608	3663	15740	1624	20122
寺庄镇	42936	22525	20411	12314	19517	20022	6193	33632	3111	37276
建宁乡	17778	8879	8899	5103	8498	8820	3621	13054	1103	16946
石末乡	15293	7762	7531	4402	7388	7448	2815	11165	1313	14365
原村乡	19224	9578	9646	5448	8819	9490	3698	14155	1371	17565
永录乡	11605	5738	5867	3180	5454	5830	1940	8809	856	10417
朔州市	**1714857**	**895412**	**819445**	**485730**	**819914**	**775340**	**308410**	**1281181**	**125266**	**1235064**
朔城区	**505294**	**261976**	**243318**	**143869**	**236562**	**223768**	**94453**	**379738**	**31103**	**331473**
北城街道	76132	39075	37057	21719	35196	32883	14369	59102	2661	52262
南城街道	105760	56279	49481	31679	50970	47926	23181	77876	4703	38133
神头街道	30498	15924	14574	10137	14886	14028	5710	23146	1642	22071
北旺庄街道	100797	51970	48827	27147	43359	41224	19277	77494	4026	54829
神头镇	29458	15042	14416	7850	14862	14407	4810	21816	2832	27222
利民镇	7925	4330	3595	3013	4329	3592	875	6070	980	7877
下团堡乡	25141	13613	11528	6540	11956	11416	4661	18532	1948	19522
小平易乡	23658	12446	11212	6340	11770	11182	4272	17578	1808	19984
滋润乡	13568	6799	6769	3938	6799	6769	2168	9600	1800	13035
福善庄乡	11592	5992	5600	3541	5992	5600	2054	8051	1487	11118
南榆林乡	8013	4064	3949	2695	3971	3919	1219	5407	1387	7535
贾庄乡	14283	7548	6735	3881	6987	6689	2572	10306	1405	13310
沙塄河乡	14100	7507	6593	4137	6967	6589	2310	10394	1396	12501
窑子头乡	10195	5282	4913	3247	5201	4892	1628	7459	1108	9683
张蔡庄乡	9108	4681	4427	2619	4615	4399	1599	6535	974	8986
朔州市开发区管委会	25066	11424	13642	5386	8702	8253	3748	20372	946	13405
平鲁区	**203793**	**107223**	**96570**	**53194**	**97102**	**94347**	**37562**	**152449**	**13782**	**142325**
井坪镇	101297	51942	49355	26980	49652	48120	22004	74608	4685	49843
凤凰城镇	5622	2901	2721	1532	2803	2698	880	4177	565	5561
白堂乡	15531	9618	5913	2947	5299	5158	1974	12584	973	10781
陶村乡	13387	7468	5919	2805	5636	5859	2265	10226	896	10970
下水头乡	7050	3749	3301	1963	3444	3264	816	5504	730	6559
双碾乡	4048	2142	1906	947	2059	1887	555	3128	365	3896
阻虎乡	6554	3373	3181	1736	3373	3181	1105	4859	590	6493
高石庄乡	6235	3134	3101	1728	3122	3094	923	4704	608	6075
西水界乡	4768	2479	2289	1437	2412	2284	834	3337	597	4584
下面高乡	14755	7735	7020	4627	7300	6972	2381	10855	1519	14260
下木角乡	2241	1191	1050	679	1190	1050	250	1700	291	2143

表4 续表 12　　单位：人、户

地　区	总人口			家庭户	家庭户总人口		分年龄人口			居住本地，户口在本地
	合　计	男	女	户　数	男	女	0-14岁	15-64岁	65岁及以上	
向阳堡乡	12380	6391	5989	3245	6129	5981	1860	9309	1211	11918
榆岭乡	9925	5100	4825	2568	4683	4799	1715	7458	752	9242
山阴县	**238885**	**124647**	**114238**	**69156**	**115447**	**110293**	**42399**	**176657**	**19829**	**185616**
东城管理委员会	23593	12062	11531	7172	11808	11258	5263	17382	948	14705
西城管理委员会	46031	23396	22635	13334	21172	20196	9274	34941	1816	28101
玉井镇	11863	6539	5324	3445	5505	5220	1701	9015	1147	9271
北周庄镇	21667	12404	9263	4998	9572	8990	3321	16432	1914	16200
古城镇	18253	9270	8983	5128	8732	8479	3009	13352	1892	16658
吴马营乡	2455	1273	1182	862	1266	1182	279	1769	407	2403
马营乡	10437	5912	4525	2813	4573	4414	1640	8101	696	8302
下喇叭乡	3207	1640	1567	1036	1621	1566	444	2272	491	3131
合盛堡乡	8861	4632	4229	2510	4468	4192	1432	6328	1101	8109
岱岳乡	35894	18320	17574	11242	18263	17557	6758	26056	3080	26898
安荣乡	11023	5687	5336	3038	5504	5283	1741	8089	1193	9804
薛圐圙乡	9379	4831	4548	2717	4745	4506	1612	6792	975	8639
后所乡	14110	7297	6813	4166	7221	6801	2475	10081	1554	13090
张家庄乡	6512	3395	3117	2078	3160	3082	1079	4583	850	5760
马营庄乡	13065	6686	6379	3774	6595	6364	1949	9573	1543	12512
山阴农牧场	2535	1303	1232	843	1242	1203	422	1891	222	2033
应县	**327973**	**170234**	**157739**	**92102**	**161043**	**150918**	**55165**	**244031**	**28777**	**277957**
金城镇	105038	55338	49700	27905	46258	42951	18449	80870	5719	63878
南河种镇	38602	20155	18447	11206	20154	18447	6494	28076	4032	37928
下社镇	21781	11210	10571	6631	11200	10556	3708	15793	2280	20871
镇子梁乡	18504	9516	8988	5088	9513	8986	3521	13355	1628	17513
义井乡	19905	10302	9603	5726	10282	9593	3110	14745	2050	19129
藏寨乡	26009	13437	12572	7322	13424	12562	3684	19451	2874	24861
大黄巍乡	13908	7058	6850	3989	7054	6840	2123	10466	1319	12590
杏寨乡	16971	8741	8230	4911	8740	8230	2882	12294	1795	15959
下马峪乡	9922	5202	4720	3119	5187	4718	1621	7141	1160	9646
南泉乡	16195	8314	7881	4875	8280	7858	2723	11738	1734	15638
大临河乡	29407	14860	14547	8275	14860	14547	5040	21455	2912	28534
白马石乡	11731	6101	5630	3055	6091	5630	1810	8647	1274	11410
右玉县	**112063**	**60185**	**51878**	**34235**	**53280**	**50645**	**19150**	**83750**	**9163**	**76752**
新城镇	52903	26898	26005	16139	25580	25188	11330	38540	3033	26302
右卫镇	10017	5205	4812	3593	4928	4699	1345	7302	1370	9057
威远镇	8468	4337	4131	2463	4283	4127	1320	6235	913	8249
元堡子镇	11837	7654	4183	3085	4533	3987	1368	9794	675	7163
牛心堡乡	4455	2385	2070	1548	2203	2055	626	3248	581	4168
白头里乡	5687	3690	1997	1225	2079	1927	592	4680	415	3799
高家堡乡	6958	3720	3238	2420	3580	3227	906	5225	827	6748
丁家窑乡	2335	1222	1113	692	1222	1113	309	1767	259	2261
杨千河乡	2925	1516	1409	962	1516	1409	459	2125	341	2875
李达窑乡	6478	3558	2920	2108	3356	2913	895	4834	749	6130
怀仁县	**326849**	**171147**	**155702**	**93174**	**156480**	**145369**	**59681**	**244556**	**22612**	**220941**
云中镇	169481	89736	79745	45869	78741	72031	31090	130828	7563	105688
吴家窑镇	8117	4209	3908	2667	4045	3895	1595	5893	629	5689
金沙滩镇	21144	11030	10114	6306	10513	9949	3567	15291	2286	15716
毛家皂镇	12800	6522	6278	3777	6419	6223	2393	8992	1415	10452
何家堡乡	21186	11016	10170	6466	10880	10144	4244	15198	1744	12723
新家园乡	45815	23904	21911	13979	22376	20941	8885	33699	3231	32296

表4 续表 13 单位：人、户

地区	总人口			家庭户	家庭户总人口		分年龄人口			居住本地，户口在本地
	合计	男	女	户数	男	女	0-14岁	15-64岁	65岁及以上	
亲和乡	20470	10483	9987	5996	10442	9901	3606	14657	2207	16433
海北头乡	14013	7156	6857	3496	6061	5662	2177	10413	1423	9871
马辛庄乡	5141	2681	2460	1768	2638	2438	831	3521	789	4441
河头乡	8682	4410	4272	2850	4365	4185	1293	6064	1325	7632
晋中市	**3249425**	**1694946**	**1554479**	**1002346**	**1543920**	**1477956**	**555567**	**2425230**	**268628**	**2547661**
榆次区	**635651**	**320345**	**315306**	**194449**	**285955**	**284216**	**92110**	**490078**	**53463**	**436046**
北关街道	24165	11845	12320	8081	11506	11975	3587	17950	2628	18353
锦纶街道	41713	20192	21521	13656	19009	20116	6398	31895	3420	28785
新华街道	32581	16406	16175	10515	14554	15056	4700	25025	2856	16994
西南街道	23173	11306	11867	7849	10851	11276	3534	17767	1872	12025
路西街道	24238	12158	12080	8700	11712	11894	3386	18724	2128	13706
经纬街道	20037	9829	10208	7441	9338	9653	2095	15160	2782	16903
安宁街道	68045	32950	35095	16933	23202	23747	6888	56519	4638	46298
新建街道	38634	19981	18653	11264	16030	16344	4899	31244	2491	18520
晋华街道	50413	24767	25646	17275	23859	25011	7415	37799	5199	33683
乌金山镇	33115	18520	14595	10416	14907	13973	5336	25232	2547	24489
东阳镇	25936	13328	12608	8164	13180	12544	4677	19084	2175	23947
什贴镇	12294	6517	5777	4212	6423	5714	1754	8864	1676	11431
长凝镇	9477	4957	4520	3360	4938	4513	1309	6816	1352	8826
北田镇	20250	10547	9703	6130	10293	9614	3483	14670	2097	18360
修文镇	29183	14959	14224	8506	14742	14155	4942	21692	2549	25376
郭家堡乡	70442	33633	36809	19921	31674	30963	11046	55358	4038	36692
张庆乡	38595	20953	17642	9163	15705	15045	5367	30348	2880	28068
庄子乡	12456	6553	5903	4073	6466	5868	1889	9071	1496	11588
东赵乡	11184	5922	5262	3856	5700	5227	1683	8026	1475	10176
晋中经济开发区	49720	25022	24698	14934	21866	21528	7722	38834	3164	31826
榆社县	**134648**	**71372**	**63276**	**42231**	**68384**	**62202**	**26091**	**98799**	**9758**	**112760**
箕城镇	43484	23184	20300	13220	21411	19991	9431	31486	2567	32765
云簇镇	16153	8606	7547	5228	8518	7504	3083	11793	1277	15529
郝北镇	13063	7016	6047	4356	6966	6021	2398	9713	952	11904
社城镇	6546	3520	3026	2058	3497	3019	1079	4790	677	6316
河峪乡	11141	6151	4990	3430	5781	4938	1793	8335	1013	10437
北寨乡	6656	3544	3112	2079	3540	3109	984	4999	673	6478
西马乡	10191	5514	4677	3263	5509	4670	1743	7532	916	9751
岚峪乡	4032	2169	1863	1512	2153	1856	559	3016	457	3939
讲堂乡	2701	1446	1255	922	1445	1254	352	1991	358	2628
城区管理委员会	20681	10222	10459	6163	9564	9840	4669	15144	868	13013
左权县	**161314**	**86727**	**74587**	**48307**	**75430**	**71442**	**27243**	**122635**	**11436**	**124212**
城区街道管理委员会	47403	24810	22593	13684	21187	20946	8765	36811	1827	22016
辽阳镇	18638	10272	8366	5114	8686	8284	2873	14362	1403	14626
桐峪镇	9423	5011	4412	3039	4768	4332	1744	6938	741	8716
麻田镇	18168	9390	8778	5696	9196	8618	3316	13525	1327	17983
芹泉镇	12599	6685	5914	3929	6580	5860	2454	9208	937	12223
拐儿镇	9675	5025	4650	3397	4790	4520	1532	7173	970	9348
寒王乡	12729	7022	5707	3590	5618	5353	1865	9761	1103	11232
石匣乡	10881	6725	4156	2980	4221	3673	987	8494	1400	8245
龙泉乡	7476	4035	3441	2317	3521	3408	1053	5673	750	6893
粟城乡	8818	4962	3856	2488	4133	3755	1715	6588	515	7605
羊角乡	5504	2790	2714	2073	2730	2693	939	4102	463	5325
和顺县	**144178**	**76430**	**67748**	**44496**	**71018**	**66542**	**22428**	**110677**	**11073**	**115693**

表4　续表 14　　　　单位：人、户

地　区	总人口			家庭户	家庭户总人口		分年龄人口			居住本地，户口在本地
	合　计	男	女	户　数	男	女	0-14岁	15-64岁	65岁及以上	
义兴镇	71271	37416	33855	21896	34054	32887	12285	54954	4032	46487
李阳镇	17748	9439	8309	5130	8857	8245	2452	13795	1501	17050
松烟镇	13521	7165	6356	4234	7104	6324	2201	10136	1184	13074
青城镇	7546	4010	3536	2545	3963	3502	972	5668	906	7343
横岭镇	4540	2366	2174	1407	2341	2145	559	3482	499	4412
喂马乡	7651	4489	3162	2105	3207	3116	991	6116	544	5757
平松乡	7406	3858	3548	2323	3855	3546	1048	5537	821	7322
牛川乡	7360	3797	3563	2325	3797	3563	1151	5481	728	7311
马坊乡	3898	2147	1751	1439	2098	1724	383	3069	446	3809
阳光占乡	3237	1743	1494	1092	1742	1490	386	2439	412	3128
昔阳县	**227896**	**120535**	**107361**	**78404**	**111707**	**105056**	**37763**	**169874**	**20259**	**190593**
乐平镇	88559	46093	42466	29401	41816	41136	15912	67224	5423	61872
皋落镇	11045	5842	5203	3937	5825	5200	1760	8280	1005	10879
冶头镇	12341	6465	5876	4138	6251	5684	1997	8897	1447	11704
沾尚镇	7808	4227	3581	2547	4159	3551	1011	5823	974	7475
大寨镇	32104	17162	14942	10985	15303	14429	5244	23955	2905	27437
李家庄乡	15016	8014	7002	4979	7414	6973	2545	11143	1328	13870
界都乡	11675	6222	5453	3792	6022	5418	1598	8769	1308	11191
三都乡	8810	5190	3620	3095	3845	3561	1228	6690	892	7015
赵壁乡	16859	8784	8075	7179	8668	8015	2501	12103	2255	16230
孔氏乡	10615	5574	5041	3650	5552	5025	1964	7277	1374	10355
闫庄乡	9145	4844	4301	3299	4747	4265	1536	6773	836	8746
西寨乡	3919	2118	1801	1402	2105	1799	467	2940	512	3819
寿阳县	**211014**	**115739**	**95275**	**69811**	**101291**	**92705**	**29937**	**158522**	**22555**	**162376**
朝阳镇	89216	47091	42125	27784	41269	40389	14882	68315	6019	57811
南燕竹镇	13691	7422	6269	5074	7019	6253	1900	9834	1957	12579
宗艾镇	11723	6389	5334	4050	5497	5027	1402	8896	1425	9562
平头镇	21273	11735	9538	6336	10425	9487	3247	15589	2437	18782
松塔镇	7802	4344	3458	2960	4334	3453	872	5725	1205	7606
西洛镇	7513	3987	3526	2956	3950	3512	834	5385	1294	7333
尹灵芝镇	8915	4922	3993	3283	4820	3947	943	6411	1561	8371
平舒乡	14405	8692	5713	4672	6582	5636	1767	11077	1561	10907
解愁乡	9557	5776	3781	3105	4074	3575	978	7418	1161	7145
温家庄乡	8603	5337	3266	2516	3525	3205	1063	6786	754	5134
景尚乡	4593	2571	2022	1648	2449	1998	601	3313	679	4306
上湖乡	3219	1772	1447	1342	1769	1446	309	2214	696	3064
羊头崖乡	5686	3101	2585	2226	3013	2575	560	4158	968	5457
马首乡	4818	2600	2218	1859	2565	2202	579	3401	838	4319
太谷县	**298783**	**153413**	**145370**	**87805**	**134566**	**131856**	**47653**	**226391**	**24739**	**240304**
明星镇	82981	42624	40357	25028	35042	36308	13168	64142	5671	56947
胡村镇	45359	23205	22154	12871	22655	21934	8671	33039	3649	41084
范村镇	13230	6863	6367	4321	6679	6235	2397	9501	1332	12094
侯城乡	56420	28748	27672	13284	19876	19199	6344	46041	4035	36734
北汪乡	22690	11692	10998	7207	11574	10947	3752	16754	2184	21465
水秀乡	23585	12334	11251	7708	11256	10803	3902	17570	2113	21427
阳邑乡	23696	12085	11611	8202	11849	11536	3790	17121	2785	21961
小白乡	15656	8043	7613	4824	8023	7612	2822	11190	1644	14716
任村乡	15166	7819	7347	4360	7612	7282	2807	11033	1326	13876
祁县	**265310**	**138336**	**126974**	**81233**	**129397**	**124744**	**48153**	**195208**	**21949**	**228716**
昌源城区管理委员会	19871	10498	9373	5621	8253	8445	3713	15218	940	13183

表4 续表 15

单位：人、户

地区	总人口			家庭户	家庭户总人口		分年龄人口			居住本地，户口在本地
	合计	男	女	户数	男	女	0-14岁	15-64岁	65岁及以上	
丹枫城区管理委员会	20816	12537	8279	5674	7951	8140	3027	16607	1182	14107
麓台城区管理委员会	17163	8382	8781	5973	8218	8564	3289	12557	1317	11851
昭馀镇	31685	15940	15745	10460	15730	15578	6679	22643	2363	26316
东观镇	51558	26523	25035	15029	25899	24672	9391	37956	4211	47670
古县镇	31538	16322	15216	10203	16175	15179	5503	22824	3211	29675
贾令镇	25942	13386	12556	8069	13298	12543	4618	18804	2520	24684
城赵镇	34888	18208	16680	10217	17758	16444	6622	25154	3112	32375
来远镇	2011	1088	923	861	1014	907	185	1412	414	1853
西六支乡	20527	10620	9907	5981	10384	9823	3989	14858	1680	18304
峪口乡	9311	4832	4479	3145	4717	4449	1137	7175	999	8698
平遥县	**502712**	**261291**	**241421**	**144866**	**245407**	**232960**	**97112**	**361541**	**44059**	**450908**
古陶镇	133675	67733	65942	39955	61199	60819	27773	97341	8561	106018
段村镇	31929	16849	15080	9003	16147	14869	6374	22625	2930	30130
东泉镇	20937	12405	8532	5299	9130	8403	3052	15669	2216	16562
洪善镇	35318	18369	16949	8978	17693	16575	6658	25543	3117	32959
宁固镇	36708	18840	17868	10306	18017	16985	6821	26336	3551	34946
南政乡	38365	19647	18718	11267	19638	18713	7721	27496	3148	37018
中都乡	33438	17303	16135	10108	16941	15833	6655	23959	2824	31342
岳壁乡	49113	25233	23880	13896	24812	23578	9401	35204	4508	45283
卜宜乡	33596	17896	15700	10041	16493	15337	6315	23854	3427	31543
孟山乡	2053	1366	687	732	915	640	115	1563	375	1555
朱坑乡	25483	13467	12016	7821	12752	11670	4172	17982	3329	24185
襄垣乡	22076	11559	10517	6202	11208	10300	4046	15921	2109	20473
杜家庄乡	17070	8770	8300	4677	8722	8223	3312	11960	1798	16700
香乐乡	22951	11854	11097	6581	11740	11015	4697	16088	2166	22194
灵石县	**261402**	**141438**	**119964**	**79074**	**120149**	**114472**	**51784**	**191104**	**18514**	**186290**
东城管理委员会	24910	12830	12080	7774	11769	11564	5573	18228	1109	14829
西城管理委员会	19046	9617	9429	5709	8405	8616	3976	13820	1250	11163
北城管理委员会	14632	7549	7083	4606	7178	6948	3473	10428	731	8942
翠峰镇	38548	20485	18063	12044	18617	17894	8171	27897	2480	27447
静升镇	28767	15037	13730	7703	12039	11366	5513	21457	1797	18913
两渡镇	27669	15470	12199	8789	12801	12013	4988	20692	1989	20908
夏门镇	11653	6246	5407	3644	5787	5336	2285	8335	1033	9686
南关镇	34627	18840	15787	10745	16165	15407	6438	25342	2847	27612
段纯镇	15077	8618	6459	4442	6773	6230	2969	10918	1190	11396
马和乡	8851	4782	4069	2768	4258	3946	1731	6373	747	7148
英武乡	7920	5057	2863	1897	3178	2834	1330	6029	561	5416
王禹乡	6095	3297	2798	2180	2908	2747	1132	4299	664	5171
坛镇乡	6751	3851	2900	2038	2932	2747	1140	4915	696	5218
梁家焉乡	7457	3988	3469	2364	3603	3380	1497	5158	802	6459
交口乡	9399	5771	3628	2371	3736	3444	1568	7213	618	5982
介休市	**406517**	**209320**	**197197**	**131670**	**200616**	**191761**	**75293**	**300401**	**30823**	**299763**
北关街道	21048	10397	10651	7465	10214	10527	3756	15474	1818	13706
西关街道	22041	11235	10806	7722	10591	10534	4064	16452	1525	9459
东南街道	24161	12119	12042	8234	11941	11885	4402	18170	1589	11765
西南街道	29579	14746	14833	10287	13693	13782	3791	23266	2522	19718
北坛街道	16635	7871	8764	4886	7217	7052	2847	13184	604	4769
义安镇	54246	28911	25335	16956	27018	24970	10469	39555	4222	47387
张兰镇	43151	22572	20579	14178	21801	20028	8347	30839	3965	39045
连福镇	28021	14841	13180	9364	14176	13153	5207	20160	2654	25066

表4 续表 16 单位：人、户

地区	总人口			家庭户	家庭户总人口		分年龄人口			居住本地，户口在本地
	合计	男	女	户数	男	女	0-14岁	15-64岁	65岁及以上	
洪山镇	11335	5911	5424	3646	5806	5417	2152	8070	1113	9997
龙凤镇	12666	6551	6115	3947	6459	6104	2317	9204	1145	11616
绵山镇	29578	15415	14163	9595	14984	14061	5373	21831	2374	24279
义棠镇	28237	14618	13619	9369	14353	13586	5702	20413	2122	25098
城关乡	31049	15851	15198	9423	15569	15069	6295	23243	1511	15133
宋古乡	36456	18690	17766	10640	17897	17134	7076	27202	2178	27086
三佳乡	18314	9592	8722	5958	8897	8459	3495	13338	1481	15639
运城市	**5134779**	**2615684**	**2519095**	**1336278**	**2492683**	**2417415**	**863351**	**3859926**	**411502**	**4647875**
盐湖区	**680036**	**337444**	**342592**	**189187**	**310192**	**308857**	**106750**	**524248**	**49038**	**524006**
中城街道	20976	10436	10540	8020	10260	10343	3036	16332	1608	10026
东城街道	107880	52789	55091	33242	45141	45810	15677	86241	5962	70060
西城街道	30141	15119	15022	9802	14713	14339	4632	23727	1782	20977
南城街道	35679	17852	17827	10890	16428	16147	5770	27196	2713	26887
北城街道	82732	41950	40782	26959	39400	38457	13805	65002	3925	41503
安邑街道	51731	25376	26355	10622	20678	21016	7619	40869	3243	41779
大渠街道	14149	7210	6939	3539	6701	6898	2301	10718	1130	12792
姚孟街道	16868	8997	7871	3928	7036	6983	2652	13151	1065	14106
解州镇	57773	29382	28391	15252	28626	27826	9578	43335	4860	55085
龙居镇	34720	17239	17481	9461	17223	17479	5748	25613	3359	33832
北相镇	33489	15502	17987	7734	14515	14830	6069	24751	2669	29035
泓芝驿镇	17956	8907	9049	5148	8844	8993	3359	12675	1922	17757
三路里镇	11940	6024	5916	3293	6020	5915	1893	8675	1372	11841
陶村镇	24943	12560	12383	6183	12525	12362	4192	18682	2069	24681
东郭镇	14320	7242	7078	3539	7242	7078	2125	10723	1472	14120
席张乡	13553	6832	6721	3854	6826	6719	2246	9900	1407	13281
金井乡	21934	10945	10989	5804	10885	10932	3739	16213	1982	21652
王范乡	16758	8514	8244	4212	8494	8221	2636	12624	1498	16708
冯村乡	15627	7770	7857	4597	7770	7857	2722	11218	1687	15394
上郭乡	19215	9656	9559	5207	9656	9559	2939	14379	1897	19013
上王乡	9046	4517	4529	2587	4387	4446	1441	6594	1011	9013
禹都经济技术开发区	11297	5942	5355	3888	5301	5019	1928	9068	301	3270
空港开发区	17309	6683	10626	1426	1521	1628	643	16562	104	1194
临猗县	**572508**	**290798**	**281710**	**143813**	**275482**	**270554**	**90392**	**435548**	**46568**	**531984**
猗氏镇	102090	51802	50288	27601	44404	43007	17115	79611	5364	76634
嵋阳镇	26948	14054	12894	6279	12544	12368	3740	21066	2142	25314
临晋镇	38100	19113	18987	10087	18250	18180	5626	29614	2860	34952
七级镇	28865	14572	14293	7164	14423	14203	4571	22276	2018	28619
东张镇	33604	17115	16489	8132	16736	16351	5109	25892	2603	32938
孙吉镇	54976	27949	27027	12762	27757	26846	9156	40816	5004	54534
三管镇	18782	9495	9287	4455	9331	9253	2784	14135	1863	18717
牛杜镇	34970	17786	17184	8205	16516	16399	5280	26625	3065	32926
耽子镇	23227	11875	11352	5994	10970	11082	3749	17423	2055	22433
楚候乡	27967	13876	14091	7344	13388	13737	5011	20127	2829	27277
庙上乡	31574	16096	15478	7647	15809	15312	5000	23990	2584	31405
角杯乡	40263	20341	19922	9917	20017	19746	6193	30489	3581	38541
北辛乡	30962	15728	15234	7957	15710	15226	4687	23201	3074	30832
北景乡	41220	21029	20191	10377	20309	20019	6546	30710	3964	39701
卓里工贸区	14454	7517	6937	3670	6868	6769	2065	11114	1275	12870
闫家庄工贸区	24506	12450	12056	6222	12450	12056	3760	18459	2287	24291
万荣县	**439364**	**223480**	**215884**	**110566**	**219046**	**211507**	**78234**	**323542**	**37588**	**420604**

表4　续表 17　　　　单位：人、户

地　区	总人口			家庭户	家庭户总人口		分年龄人口			居住本地，户口在本地
	合　计	男	女	户　数	男	女	0-14岁	15-64岁	65岁及以上	
解店镇	81386	41164	40222	22878	38219	37159	15288	61083	5015	68096
通化镇	29718	15301	14417	6705	15227	14406	5254	21909	2555	29492
汉薛镇	24910	12517	12393	6300	12212	12128	3747	18365	2798	24341
荣河镇	42855	21914	20941	10232	21427	20417	7098	31815	3942	42228
万泉乡	14752	7492	7260	3722	7380	7250	2513	10777	1462	14383
里望乡	25586	13165	12421	6439	13066	12284	4784	18555	2247	25077
西村乡	18941	9583	9358	4607	9583	9358	3297	13970	1674	18679
南张乡	31471	16164	15307	7730	16015	15130	5829	23052	2590	31050
高村乡	31564	15947	15617	7786	15935	15613	6004	22806	2754	30876
皇甫乡	20697	10434	10263	5713	10413	10242	3161	15321	2215	20095
贾村乡	25094	12713	12381	6495	12703	12375	4690	18214	2190	24883
王显乡	28862	14602	14260	7430	14591	14250	4813	21264	2785	28293
光华乡	36075	18442	17633	8406	18356	17579	6600	26407	3068	35803
裴庄乡	27453	14042	13411	6123	13919	13316	5156	20004	2293	27308
闻喜县	**404150**	**207043**	**197107**	**102652**	**201987**	**194127**	**70401**	**301025**	**32724**	**376402**
桐城镇	118513	60693	57820	32418	59748	57301	21000	88990	8523	104138
郭家庄镇	32221	16227	15994	8192	16164	15979	4946	24014	3261	31681
凹底镇	28357	14412	13945	7024	14412	13945	4684	20940	2733	27783
薛店镇	13612	7187	6425	3195	6948	6386	2349	10089	1174	13402
东镇镇	52344	27151	25193	13135	24256	23385	8861	39786	3697	42257
礼元镇	31921	16423	15498	7188	16259	15488	6342	23266	2313	31027
河底镇	35092	17820	17272	8550	17443	16885	6343	26055	2694	34699
神柏乡	11478	5814	5664	2800	5810	5637	1708	8585	1185	11476
阳隅乡	14422	7427	6995	3564	7347	6991	2265	10744	1413	14167
侯村乡	23188	11671	11517	5784	11566	11451	4296	16681	2211	23037
裴社乡	17637	9108	8529	4546	9079	8517	3203	12971	1463	17572
后宫乡	18425	9512	8913	4453	9403	8842	3288	13635	1502	18294
石门乡	6940	3598	3342	1803	3552	3320	1116	5269	555	6869
稷山县	**347425**	**176586**	**170839**	**82856**	**169861**	**163555**	**64770**	**254930**	**27725**	**326423**
稷峰镇	132509	67048	65461	30082	61717	59061	24744	99073	8692	115983
西社镇	28334	14386	13948	6494	14338	13941	5352	20840	2142	27686
化峪镇	39608	20073	19535	9367	20061	19528	7957	28471	3180	38796
翟店镇	37439	19282	18157	10081	18408	17544	6530	27220	3689	35526
清河镇	30151	15334	14817	7390	15207	14718	5500	21987	2664	29752
蔡村乡	29512	15050	14462	7260	15049	14462	5532	21261	2719	29376
太阳乡	49872	25413	24459	12182	25081	24301	9155	36078	4639	49304
新绛县	**332473**	**169663**	**162810**	**79338**	**157505**	**154001**	**60251**	**245920**	**26302**	**300839**
龙兴镇	56381	29503	26878	11630	22583	22255	9232	43507	3642	42866
三泉镇	40227	20451	19776	9415	20295	19704	7763	29461	3003	39101
泽掌镇	27773	14003	13770	6859	13865	13664	5096	20276	2401	27259
北张镇	22682	11384	11298	5334	11380	11298	4356	16490	1836	22463
古交镇	41121	20962	20159	9446	20316	19407	8040	29845	3236	39841
万安镇	18575	9456	9119	4465	9129	8826	3239	13569	1767	18444
阳王镇	21766	10826	10940	6117	10785	10931	3698	15835	2233	21372
泉掌镇	17578	8841	8737	4191	8789	8722	3414	12580	1584	17443
横桥乡	40154	20678	19476	9784	20177	19212	7579	29159	3416	39470
社区办	33282	16810	16472	9321	14523	14420	5545	25406	2331	23117
开发区	11997	6110	5887	2684	5560	5458	2261	8883	853	9463
新绛县煤化园区管委会	937	639	298	92	103	104	28	909		
绛县	**281643**	**142723**	**138920**	**74984**	**136298**	**134251**	**46176**	**212178**	**23289**	**259154**

表4 续表 18 单位：人、户

地区	总人口			家庭户	家庭户总人口		分年龄人口			居住本地，户口在本地
	合计	男	女	户数	男	女	0-14岁	15-64岁	65岁及以上	
古绛镇	83478	41840	41638	22881	38721	38652	14024	63675	5779	68127
横水镇	46681	23676	23005	11559	23462	22852	8937	34211	3533	44146
陈村镇	11150	5572	5578	3386	5554	5561	1637	8387	1126	10836
卫庄镇	13659	7352	6307	3269	6320	6185	2067	10679	913	12107
么里镇	9747	4892	4855	3325	4885	4849	1455	7060	1232	9576
南樊镇	24060	12220	11840	5957	11538	11371	3508	18503	2049	23838
安峪镇	29561	14949	14612	7492	14792	14523	4590	22431	2540	29106
大交镇	28660	14485	14175	8001	13792	13606	4123	21625	2912	28249
郝庄乡	18790	9570	9220	4068	9311	9073	3451	13864	1475	18508
冷口乡	8916	4616	4300	2125	4409	4196	1521	6574	821	8715
山西绛县经济开发区	6941	3551	3390	2921	3514	3383	863	5169	909	5946
垣曲县	**231018**	**119918**	**111100**	**67872**	**114625**	**109639**	**41038**	**175587**	**14393**	**204589**
新城镇	76386	38722	37664	24894	37882	37451	14170	56845	5371	59921
历山镇	13755	7547	6208	3549	6661	6118	2247	10849	659	12237
古城镇	23525	12220	11305	7110	12206	11291	3949	18214	1362	23228
王茅镇	10516	5395	5121	2894	5395	5121	1777	8095	644	10227
毛家镇	10832	6172	4660	2952	4550	4191	1355	8744	733	8406
蒲掌乡	16699	8914	7785	4088	8455	7763	3437	12446	816	14239
英言乡	17664	9209	8455	5331	9167	8454	3691	13124	849	17202
解峪乡	6332	3302	3030	1859	3268	3017	1015	4894	423	6197
华峰乡	21591	10994	10597	5736	10993	10597	3835	16507	1249	21419
长直乡	12998	6783	6215	3490	6243	5881	2150	9996	852	12760
皋落乡	20720	10660	10060	5969	9805	9755	3412	15873	1435	18753
夏县	**352821**	**182761**	**170060**	**81594**	**175768**	**164673**	**56858**	**265958**	**30005**	**343400**
瑶峰镇	86435	44456	41979	20239	41023	38757	13903	65975	6557	79456
庙前镇	28471	14807	13664	6664	14627	13548	4616	21071	2784	27997
裴介镇	49502	25858	23644	11423	25762	23556	8159	36635	4708	49025
水头镇	45914	23822	22092	10046	21664	20833	7164	35111	3639	45679
埝掌镇	12263	6339	5924	2942	6102	5775	2028	9243	992	11969
泗交镇	9326	4880	4446	2338	4838	4432	1398	7157	771	9308
尉郭乡	25920	13468	12452	5736	13214	12288	4080	19514	2326	25912
禹王乡	30612	15799	14813	7198	15501	14629	4843	22884	2885	30243
胡张乡	36498	18808	17690	8247	18709	17591	6296	27344	2858	36163
南大里乡	18215	9429	8786	4212	9327	8728	2899	13801	1515	18020
祁家河乡	9665	5095	4570	2549	5001	4536	1472	7223	970	9628
平陆县	**258241**	**132147**	**126094**	**70616**	**126549**	**123172**	**41998**	**192792**	**23451**	**243130**
圣人涧镇	84329	42700	41629	24576	39866	39704	14675	62932	6722	73915
常乐镇	45114	23059	22055	11632	23006	22050	7270	33291	4553	44506
张店镇	18339	9339	9000	4804	8977	8745	2769	13840	1730	17409
张村镇	26063	13201	12862	6802	12915	12672	3858	19600	2605	25975
曹川镇	22100	11824	10276	6333	10530	9931	3454	16727	1919	20358
三门镇	9234	4847	4387	2535	4459	4311	1497	6887	850	8747
洪池乡	15407	7871	7536	3843	7743	7483	2727	11162	1518	15100
杜马乡	12765	6561	6204	3282	6559	6202	1929	9617	1219	12724
部官乡	15248	7730	7518	4075	7730	7518	2310	11532	1406	15067
坡底乡	9642	5015	4627	2734	4764	4556	1509	7204	929	9329
芮城县	**394849**	**200637**	**194212**	**106780**	**192735**	**187815**	**65875**	**294683**	**34291**	**356397**
古魏镇	91225	45875	45350	25611	41802	41357	16990	68313	5922	61619
风陵渡镇	63518	32086	31432	17622	31828	31160	11492	46402	5624	62744
陌南镇	43851	22670	21181	12140	22021	20986	7378	32143	4330	42798

表4 续表 19　　单位：人、户

地　　区	总人口 合　计	总人口 男	总人口 女	家庭户 户　数	家庭户总人口 男	家庭户总人口 女	分年龄人口 0-14岁	分年龄人口 15-64岁	分年龄人口 65岁及以　上	居住本地，户　口在本地
西陌镇	21656	11085	10571	5653	10991	10489	3349	16155	2152	21595
永乐镇	22205	11295	10910	5509	11273	10890	3307	16909	1989	22063
大王镇	29237	14829	14408	7773	14829	14404	4269	22169	2799	28994
阳城镇	36554	18536	18018	9671	18461	17955	5791	27165	3598	36226
东垆乡	20001	10194	9807	5672	10128	9747	3330	14458	2213	19601
南卫乡	30615	15381	15234	8020	15147	15125	4603	22868	3144	29591
学张乡	23798	12065	11733	6017	11999	11701	3290	18202	2306	23385
风陵渡经济开发区	12189	6621	5568	3092	4256	4001	2076	9899	214	7781
永济市	**444724**	**225614**	**219110**	**118869**	**213942**	**212566**	**68303**	**338896**	**37525**	**404627**
城西街道	63327	32087	31240	19977	30156	29848	9098	49773	4456	52058
城北街道	54972	28852	26120	13881	23224	22417	7810	43965	3197	38915
城东街道	52376	26376	26000	16035	25871	25836	8650	39416	4310	44780
于乡镇	43186	21803	21383	11261	20946	20887	6644	32221	4321	42934
卿头镇	47607	24173	23434	12068	23073	22929	7380	35715	4512	46360
开张镇	38578	19420	19158	10002	19097	19118	6086	28746	3746	38064
栲栳镇	47634	23846	23788	11751	23836	23785	7235	36244	4155	47338
蒲州镇	40817	20699	20118	9808	20143	19902	6143	30946	3728	39728
韩阳镇	22630	11325	11305	5778	11324	11305	3944	16563	2123	22262
张营镇	30721	15530	15191	7134	14805	15171	5036	23162	2523	29645
伍姓湖农场	828	420	408	318	407	407	80	599	149	728
于乡农场	941	503	438	397	487	434	97	719	125	812
董村农场	1107	580	527	459	573	527	100	827	180	1003
河津市	**395527**	**206870**	**188657**	**107151**	**198693**	**182698**	**72305**	**294619**	**28603**	**356320**
城区街道	103465	54161	49304	26711	49118	45108	18358	79313	5794	84170
清涧街道	28010	14640	13370	8294	14360	13201	5224	20920	1866	19016
樊村镇	48201	25570	22631	11570	24243	21779	9061	35673	3467	45193
僧楼镇	50893	26661	24232	13038	26363	24166	10179	36759	3955	49715
小梁乡	29448	15269	14179	7657	15002	13933	5013	21619	2816	28856
柴家乡	29071	14972	14099	7421	14802	14018	5575	21168	2328	28388
赵家庄乡	31775	16750	15025	8274	16550	14909	6155	23165	2455	30622
下化乡	15020	7832	7188	4163	7762	7183	3526	10470	1024	14509
阳村乡	21689	11304	10385	5472	11045	10276	4019	15937	1733	20522
山西铝厂	37955	19711	18244	14551	19448	18125	5195	29595	3165	35329
忻州市	**3067503**	**1581660**	**1485843**	**921407**	**1485253**	**1416754**	**545416**	**2244445**	**277642**	**2467545**
忻府区	**544683**	**270071**	**274612**	**162405**	**248177**	**245078**	**93481**	**404413**	**46789**	**434191**
秀容街道	44863	23188	21675	13741	20892	20960	8421	32838	3604	28456
长征街街道	119845	57263	62582	33975	49220	49908	19219	93611	7015	90842
新建路街道	74886	35386	39500	21950	31709	32366	13051	57317	4518	50379
播明镇	35870	16721	19149	7239	11942	11726	5102	28701	2067	23752
奇村镇	28318	14220	14098	9217	14158	13977	4740	20155	3423	25940
三交镇	7930	4208	3722	2849	4005	3660	1216	5473	1241	7483
庄磨镇	12233	6274	5959	3861	6250	5957	2134	8553	1546	11816
豆罗镇	18655	9837	8818	6169	9600	8732	3314	13183	2158	17268
董村镇	21995	10966	11029	6834	10909	10992	3679	15707	2609	20795
曹张乡	18017	9160	8857	5259	9135	8841	3419	12737	1861	16438
高城乡	14983	7572	7411	4574	7360	7345	2954	10599	1430	13665
秦城乡	21914	11144	10770	6927	10954	10741	4094	15776	2044	19465
解原乡	28523	14345	14178	9091	14222	13918	5111	20663	2749	24346
合索乡	16363	8457	7906	6075	8436	7899	2627	11674	2062	13982
阳坡乡	2551	1385	1166	985	1211	1149	231	1813	507	2300

表4　续表 20　　单位：人、户

地　区	总人口			家庭户	家庭户总人口		分年龄人口			居住本地，户口在本地
	合　计	男	女	户　数	男	女	0-14岁	15-64岁	65岁及以上	
兰村乡	18352	9758	8594	5279	8753	8431	3283	13001	2068	15269
紫岩乡	13645	6962	6683	4439	6953	6682	2496	9699	1450	12191
西张乡	12754	6717	6037	3923	6369	6023	2264	9203	1287	11217
东楼乡	18204	9107	9097	5491	8704	8399	3418	13162	1624	15094
北义井乡	14782	7401	7381	4527	7395	7372	2708	10548	1526	13493
定襄县	**217468**	**109439**	**108029**	**65371**	**106877**	**105788**	**38902**	**156961**	**21605**	**192121**
晋昌镇	54533	26964	27569	16453	25420	26011	10459	40239	3835	43993
河边镇	27363	13901	13462	8031	13628	13340	5006	19420	2937	25384
宏道镇	26760	13529	13231	7910	13212	12844	4828	18900	3032	24582
杨芳乡	16054	8007	8047	4763	8001	8042	2821	11618	1615	14579
南王乡	25964	13083	12881	7965	12943	12847	4361	18657	2946	22926
蒋村乡	15532	7788	7744	4564	7785	7743	2662	11176	1694	13671
神山乡	16314	8187	8127	4938	7953	8009	3042	11662	1610	13946
季庄乡	17079	8831	8248	5159	8830	8247	2827	12356	1896	16201
受录乡	17869	9149	8720	5588	9105	8705	2896	12933	2040	16839
五台县	**299391**	**153426**	**145965**	**87665**	**144623**	**139410**	**51394**	**216083**	**31914**	**263695**
台城镇	40145	20255	19890	12200	18474	18358	7917	29355	2873	29270
台怀镇	11814	6119	5695	2816	4241	4253	1669	9386	759	7282
耿镇镇	14861	7564	7297	4388	7424	7241	2573	10720	1568	14036
豆村镇	26880	13814	13066	7924	13335	12687	4561	19079	3240	24853
白家庄镇	11668	5832	5836	3260	5772	5821	2128	8422	1118	11381
东冶镇	37748	18919	18829	11697	17254	16970	6790	26969	3989	31656
沟南乡	23448	12270	11178	6389	10984	10549	3860	17216	2372	18554
东雷乡	10311	5389	4922	3006	5265	4857	1642	7253	1416	9831
高洪口乡	7157	3726	3431	2061	3672	3411	1161	5210	786	6815
门限石乡	8519	4349	4170	2457	4250	4111	1459	6083	977	8140
陈家庄乡	14939	7732	7207	4496	7555	7117	2388	10832	1719	14416
建安乡	13988	7207	6781	4605	7171	6758	2524	9682	1782	12859
神西乡	6319	3240	3079	2050	2993	3015	1106	4528	685	5777
蒋坊乡	10421	5317	5104	3324	5279	5086	1697	7371	1353	10199
灵境乡	1841	990	851	522	929	836	201	1351	289	1718
阳白乡	21424	11133	10291	5725	11087	10267	3410	15250	2764	20696
茹村乡	30612	15903	14709	8392	15573	14537	5104	22189	3319	29816
石咀乡	5240	2652	2588	1664	2433	2525	863	3759	618	4544
金岗库乡	2056	1015	1041	689	932	1011	341	1428	287	1852
代县	**214091**	**111142**	**102949**	**62698**	**102282**	**98731**	**35718**	**157567**	**20806**	**173142**
上馆镇	65960	33498	32462	19125	29620	29184	12160	49398	4402	40866
阳明堡镇	19840	10029	9811	5941	9747	9709	3244	14466	2130	17487
峨口镇	27443	14316	13127	8667	13768	12919	4770	19776	2897	24344
聂营镇	11628	6463	5165	2913	5364	4982	1760	8481	1387	9977
枣林镇	18537	9668	8869	5236	9295	8673	3063	13463	2011	16781
滩上镇	5811	3123	2688	1997	2751	2626	749	4167	895	5238
新高乡	21437	11506	9931	5990	10116	9908	3202	16095	2140	19026
峪口乡	17997	9134	8863	5391	8991	8785	2877	13125	1995	16932
磨坊乡	12347	6387	5960	3764	6303	5943	1949	8961	1437	10983
胡峪乡	5228	2678	2550	1446	2676	2550	837	3773	618	5065
雁门关乡	7863	4340	3523	2228	3651	3452	1107	5862	894	6443
繁峙县	**266800**	**138247**	**128553**	**76977**	**134639**	**125990**	**54148**	**190925**	**21727**	**209953**
繁城镇	76088	38712	37376	22519	37104	35672	16423	55194	4471	45923
砂河镇	60724	31501	29223	16543	30401	28530	13474	43621	3629	44563

表4 续表 21　　　　单位：人、户

地区	总人口			家庭户	家庭户总人口		分年龄人口			居住本地，户口在本地
	合计	男	女	户数	男	女	0-14岁	15-64岁	65岁及以上	
大营镇	17261	9019	8242	4800	8971	8237	3729	11925	1607	15295
下茹越乡	8028	4144	3884	2462	4144	3884	1357	5722	949	7723
杏园乡	17375	9012	8363	5430	9003	8363	3138	12196	2041	15242
光裕堡乡	8258	4271	3987	2601	4270	3987	1358	5822	1078	8002
集义庄乡	11217	5852	5365	3216	5850	5363	1936	8078	1203	10691
东山乡	20432	10746	9686	5745	10443	9577	3904	14462	2066	18274
金山铺乡	14023	7413	6610	3699	7402	6593	2575	10183	1265	12995
柏家庄乡	8188	4369	3819	2292	4369	3819	1617	5820	751	8026
横涧乡	12053	6230	5823	3204	6230	5823	2423	8592	1038	11077
神堂堡乡	6538	3432	3106	2225	3208	3104	1150	4645	743	6307
岩头乡	6615	3546	3069	2241	3244	3038	1064	4665	886	5835
宁武县	**161164**	**86206**	**74958**	**49242**	**79800**	**73307**	**29821**	**118951**	**12392**	**130470**
街道居民办事处	38410	19855	18555	11612	18491	17599	7746	28660	2004	26626
凤凰镇	21067	11339	9728	6546	10297	9689	3990	15744	1333	13705
阳方口镇	11605	6016	5589	3771	5801	5561	2223	8534	848	8781
东寨镇	17452	9487	7965	5458	8622	7734	3266	12722	1464	15821
石家庄镇	3731	2028	1703	1097	1936	1651	624	2689	418	3408
薛家洼乡	5661	3139	2522	1742	2588	2506	750	4380	531	5292
余庄乡	7935	4188	3747	2080	3951	3673	1306	5972	657	7544
涔山乡	3574	1881	1693	1272	1805	1678	570	2680	324	3459
化北屯乡	12818	7251	5567	3339	6212	5431	2161	9595	1062	10827
西马坊乡	8346	4525	3821	2582	4521	3821	1489	6130	727	8271
新堡乡	6157	3463	2694	1767	3079	2655	1018	4542	597	5482
迭台寺乡	3305	1844	1461	1107	1834	1458	599	2306	400	3114
圪廖乡	3123	1703	1420	989	1596	1401	585	2248	290	2909
怀道乡	5042	2713	2329	1517	2499	2316	916	3574	552	4571
东马坊乡	6450	3360	3090	2133	3230	3064	1365	4386	699	6179
阳方口煤矿生活区	6488	3414	3074	2230	3338	3070	1213	4789	486	4481
静乐县	**156846**	**83179**	**73667**	**43101**	**79590**	**71561**	**30010**	**113714**	**13122**	**130348**
鹅城镇	56433	29005	27428	15918	27377	25784	11952	41468	3013	34869
杜家村镇	12395	6792	5603	3711	6182	5563	2244	8942	1209	10670
康家会镇	6480	3368	3112	1557	3367	3111	1153	4709	618	6287
丰润镇	5528	2919	2609	1604	2885	2594	898	3971	659	5257
堂尔上乡	3720	1989	1731	946	1939	1711	600	2691	429	3502
中庄乡	5921	3176	2745	1451	3155	2726	1106	4187	628	5680
双路乡	10971	5838	5133	3271	5823	5128	2145	7816	1010	10890
段家寨乡	9666	5223	4443	2806	4998	4323	1721	6933	1012	9259
辛村乡	6594	3577	3017	1860	3544	3014	1078	4802	714	6332
王村乡	9863	5414	4449	3014	5317	4430	1635	7213	1015	9649
神峪沟乡	7586	4109	3477	1444	3802	3317	1377	5513	696	7336
娘子神乡	8514	4735	3779	2078	4351	3779	1486	6273	755	7893
娑婆乡	5633	2983	2650	1425	2881	2617	1070	3907	656	5393
赤泥洼乡	7542	4051	3491	2016	3969	3464	1545	5289	708	7331
神池县	**106538**	**56992**	**49546**	**32013**	**54025**	**49214**	**16577**	**81738**	**8223**	**92598**
龙泉镇	40562	21652	18910	12795	19702	18722	7334	31014	2214	29373
义井镇	11723	6331	5392	3400	6122	5344	1835	8969	919	11036
八角镇	8776	4655	4121	2547	4655	4121	1244	6712	820	8582
东湖乡	9597	5132	4465	2887	5031	4450	1339	7263	995	9126
太平庄乡	6650	3605	3045	1955	3540	3041	979	5054	617	6294
虎北乡	5890	3256	2634	1619	3094	2626	905	4406	579	5647

表4 续表 22 单位：人、户

地区	总人口			家庭户	家庭户总人口		分年龄人口			居住本地，户口在本地
	合计	男	女	户数	男	女	0-14岁	15-64岁	65岁及以上	
贺职乡	7992	4298	3694	2212	3818	3625	1062	6262	668	7341
长畛乡	5056	2621	2435	1513	2621	2435	672	3900	484	4923
烈堡乡	5103	2668	2435	1458	2668	2435	639	4076	388	5102
大严备乡	5189	2774	2415	1627	2774	2415	568	4082	539	5174
五寨县	**107632**	**54886**	**52746**	**33540**	**52729**	**49135**	**17720**	**81296**	**8616**	**86760**
砚城镇	44962	22109	22853	13853	20603	19889	7997	34116	2849	31257
小河头镇	4473	2262	2211	1393	2232	2185	637	3438	398	4231
三岔镇	12861	6680	6181	4340	6506	6145	2384	9486	991	9357
前所乡	10362	5360	5002	3063	4968	4429	1515	8011	836	8644
李家坪乡	3792	1999	1793	1154	1995	1793	542	2847	403	3676
孙家坪乡	4392	2354	2038	1472	2354	2038	630	3302	460	4187
梁家坪乡	2514	1361	1153	805	1345	1153	363	1897	254	2314
胡会乡	5630	2933	2697	1710	2900	2686	807	4294	529	5273
新寨乡	5026	2600	2426	1502	2600	2426	809	3689	528	4758
韩家楼乡	5327	2785	2542	1705	2785	2542	923	3943	461	4909
东秀庄乡	4793	2546	2247	1371	2546	2247	680	3638	475	4746
杏岭子乡	3500	1897	1603	1172	1895	1602	433	2635	432	3408
岢岚县	**84395**	**44797**	**39598**	**24861**	**43317**	**39130**	**14141**	**63463**	**6791**	**69692**
岚漪镇	38431	19868	18563	11922	19111	18175	7443	28543	2445	26191
三井镇	6796	3545	3251	2023	3467	3241	1123	5054	619	6270
神堂坪乡	6954	3705	3249	1810	3675	3248	1017	5346	591	6596
高家会乡	6639	3592	3047	1974	3542	3034	1023	5120	496	6397
李家沟乡	1715	918	797	505	918	797	246	1279	190	1610
水峪贯乡	4224	2268	1956	1130	2220	1942	766	3018	440	4038
西豹峪乡	2722	1469	1253	810	1469	1253	379	2055	288	2689
温泉乡	2242	1158	1084	650	1155	1083	350	1658	234	2223
阳坪乡	2579	1395	1184	776	1395	1184	330	1979	270	2555
大涧乡	4144	2235	1909	1145	2235	1909	506	3257	381	4029
宋家沟乡	6049	3570	2479	1531	3067	2438	713	4697	639	5320
王家岔乡	1900	1074	826	585	1063	826	245	1457	198	1774
河曲县	**145136**	**77090**	**68046**	**47457**	**70509**	**65695**	**25391**	**105566**	**14179**	**98895**
文笔镇	74307	39607	34700	22751	34964	32749	14965	55202	4140	35712
楼子营镇	7207	3803	3404	2581	3621	3385	1306	4943	958	6266
刘家塔镇	9694	5224	4470	2833	4460	4231	1363	7040	1291	8704
巡镇镇	15044	7829	7215	5558	7551	7181	2264	10814	1966	12460
鹿固乡	5412	2883	2529	2050	2678	2520	629	3716	1067	4895
前川乡	3173	1631	1542	1236	1626	1542	418	2177	578	3064
单寨乡	3383	1807	1576	1247	1780	1563	468	2331	584	3210
土沟乡	2421	1290	1131	758	1290	1131	301	1759	361	2368
旧县乡	6372	3355	3017	2207	3145	2989	970	4601	801	5310
沙坪乡	3981	2118	1863	1623	2102	1859	441	2742	798	3817
社梁乡	5064	2628	2436	1739	2628	2436	774	3623	667	4987
沙泉乡	7421	4022	3399	2286	3771	3345	1206	5440	775	6455
赵家沟乡	1657	893	764	588	893	764	286	1178	193	1647
保德县	**160035**	**85298**	**74737**	**46673**	**77750**	**72523**	**32941**	**116498**	**10596**	**106795**
东关镇	75135	38970	36165	22319	36925	34526	17380	54813	2942	30902
义门镇	15111	8016	7095	4558	7732	7052	2992	10754	1365	14018
桥头镇	17083	9770	7313	4241	7422	7019	3210	12794	1079	13515
杨家湾镇	7874	4169	3705	2323	4054	3688	1451	5676	747	7478
腰庄乡	6873	3627	3246	2131	3414	3232	1261	4923	689	6480

表4 续表 23　　　　单位：人、户

地　区	总人口			家庭户	家庭户总人口		分年龄人口			居住本地，户口在本地
	合　计	男	女	户　数	男	女	0-14岁	15-64岁	65岁及以上	
韩家川乡	4462	2332	2130	1491	2332	2130	865	3136	461	4429
林遮峪乡	3665	1922	1743	1086	1922	1743	740	2613	312	3533
冯家川乡	3901	1978	1923	1197	1938	1904	777	2691	433	3749
土崖塔乡	3125	1603	1522	1001	1601	1520	565	2193	367	3066
孙家沟乡	7550	4446	3104	1916	3169	3039	1174	5737	639	5966
窑洼乡	3836	2439	1397	965	1448	1334	517	2938	381	2671
尧圪台乡	3719	1987	1732	1046	1856	1684	710	2671	338	3419
南河沟乡	7701	4039	3662	2399	3937	3652	1299	5559	843	7569
偏关县	**112111**	**57902**	**54209**	**36274**	**56607**	**53677**	**21261**	**81359**	**9491**	**87081**
新关镇	54981	28155	26826	17028	27479	26419	12412	39474	3095	32520
天峰坪镇	6337	3235	3102	2187	3122	3077	920	4597	820	6053
老营镇	6524	3374	3150	2204	3289	3138	1045	4727	752	6215
万家寨镇	7451	3887	3564	2303	3725	3532	1368	5390	693	7083
窑头乡	11371	5974	5397	3784	5892	5386	1734	8406	1231	10687
楼沟乡	8559	4454	4105	2806	4436	4086	1196	6425	938	8377
尚峪乡	4059	2090	1969	1447	2074	1963	572	3008	479	3968
南堡子乡	3559	1910	1649	1116	1874	1645	535	2668	356	3460
水泉乡	3653	1892	1761	1332	1878	1752	568	2605	480	3519
陈家营乡	5617	2931	2686	2067	2838	2679	911	4059	647	5199
原平市	**491213**	**252985**	**238228**	**153130**	**234328**	**227515**	**83911**	**355911**	**51391**	**391804**
北城街道	41967	20751	21216	11794	17536	17982	7575	32250	2142	20828
南城街道	55947	28249	27698	17684	24973	24964	11363	41556	3028	32746
轩岗街道	32319	16952	15367	10112	15258	14749	5996	23847	2476	26819
东社镇	31929	16738	15191	8969	15932	14823	5104	22045	4780	31160
苏龙口镇	15347	8322	7025	5056	7513	7000	2102	11066	2179	14491
崞阳镇	30874	15433	15441	9142	14879	14873	5135	21775	3964	26109
大牛店镇	19398	9893	9505	6542	9388	9250	2971	13525	2902	17597
闫庄镇	21791	10962	10829	7356	10915	10784	3881	15283	2627	20334
长梁沟镇	16683	8703	7980	5117	8630	7939	2800	12269	1614	15861
轩岗镇	19963	10847	9116	6604	9741	8980	3216	14789	1958	15661
新原乡	44058	22236	21822	14408	21886	21565	8439	31981	3638	29164
南白乡	7830	4090	3740	2689	4090	3740	1132	5487	1211	7501
子干乡	17206	8594	8612	5586	8561	8597	3061	11933	2212	16377
中阳乡	12691	6413	6278	4152	6345	6242	1905	8779	2007	11904
沿沟乡	19381	9823	9558	6409	9568	9369	2902	13783	2696	18836
大林乡	15129	7797	7332	4959	7792	7329	2450	10567	2112	14378
西镇乡	30614	15549	15065	9185	14433	13840	4916	22169	3529	24835
解村乡	12118	6231	5887	3897	6025	5743	2105	8438	1575	10276
王家庄乡	14197	7315	6882	4310	6932	6831	2292	10363	1542	12665
楼板寨乡	6151	3202	2949	2241	3132	2908	882	4267	1002	5699
段家堡乡	19061	10379	8682	5234	8630	8196	3026	14187	1848	15872
山西鲁能晋北铝业工矿区	1352	855	497	296	366	318	111	1237	4	268
原平市石豹沟煤矿工矿区	2432	1347	1085	949	1323	1084	432	1807	193	1920
原平农场	2775	2304	471	439	480	409	115	2508	152	503
临汾市	**4316610**	**2200819**	**2115791**	**1148571**	**2058428**	**2013834**	**776770**	**3245937**	**293903**	**3756326**
尧都区	**944050**	**471813**	**472237**	**244180**	**406429**	**406369**	**150552**	**733077**	**60421**	**696736**
解放路街道	60070	30430	29640	12058	17958	18907	8546	47719	3805	38094
鼓楼西街街道	55999	23720	32279	13053	17653	18465	6717	47229	2053	31057
水塔街街道	33649	16310	17339	10148	14548	15633	6493	25492	1664	23814
南街街道	55876	25469	30407	15456	22161	23120	8630	44013	3233	39369

表4 续表 24 单位：人、户

地　　区	总人口			家庭户	家庭户总人口		分年龄人口			居住本地，户口在本地
	合　计	男	女	户　数	男	女	0-14岁	15-64岁	65岁及以上	
乡贤街街道	58307	28811	29496	17634	26222	26446	9571	45830	2906	31105
辛寺街街道	35856	18070	17786	10948	15906	15920	5416	28475	1965	17103
铁路东街道	94098	48200	45898	27998	38358	37483	11690	76103	6305	68184
车站街街道	40590	19863	20727	13159	18394	18943	5823	31526	3241	25866
汾河街道	9690	5035	4655	1413	2474	2385	892	8483	315	5878
屯里镇	20530	10874	9656	4465	8686	8657	2990	16148	1392	16647
乔李镇	18105	9079	9026	4769	8958	8990	3218	13505	1382	16834
大阳镇	22428	11435	10993	6278	11243	10968	3541	16838	2049	21216
县底镇	33518	16393	17125	7851	15286	15385	4509	26046	2963	29645
刘村镇	56850	29751	27099	12207	25205	25055	12103	41283	3464	49467
金殿镇	65795	33321	32474	15065	30646	30213	12802	47831	5162	64265
吴村镇	23178	11637	11541	6073	11618	11529	3571	17479	2128	22700
土门镇	29948	15711	14237	7301	14728	14011	5385	22286	2277	28124
魏村镇	14364	7439	6925	3435	6996	6769	2560	10649	1155	13054
尧庙镇	37017	18790	18227	9932	16671	16731	6430	28828	1759	21803
段店乡	43174	22081	21093	9381	18247	18049	6702	34001	2471	31791
贾得乡	47737	24157	23580	12861	23727	23395	7547	36402	3788	40512
贺家庄乡	4352	2193	2159	1590	2134	2144	456	3253	643	4199
一平垣乡	15981	8806	7175	3849	7428	7028	2741	12140	1100	14380
枕头乡	19114	10052	9062	4318	9643	9017	3947	14064	1103	18537
河底乡	10111	5775	4336	2252	4524	4296	1819	7789	503	8327
滨河办事处	37713	18411	19302	10686	17015	16830	6453	29665	1595	14765
曲沃县	**237033**	**120616**	**116417**	**59032**	**114836**	**114072**	**36367**	**182567**	**18099**	**220372**
乐昌镇	64587	33201	31386	16911	30332	30237	9680	50514	4393	56292
史村镇	41197	20645	20552	10230	20588	20520	6204	31550	3443	40575
曲村镇	25135	12516	12619	5995	11802	12008	3915	19187	2033	23936
高显镇	29825	15790	14035	7204	13715	13510	4173	23475	2177	25385
里村镇	17986	9080	8906	4475	9060	8905	2952	13662	1372	17237
北董乡	37234	18812	18422	9111	18793	18420	5724	28369	3141	36639
杨谈乡	21069	10572	10497	5106	10546	10472	3719	15810	1540	20308
翼城县	**311471**	**156710**	**154761**	**81815**	**153229**	**152285**	**53822**	**234016**	**23633**	**288822**
唐兴镇	86862	43188	43674	23738	41735	42160	15890	65842	5130	72755
南梁镇	45098	22552	22546	12305	22271	22298	7304	33680	4114	43717
里寨镇	29011	14698	14313	7242	14557	14245	5121	21624	2266	28388
隆化镇	36426	18749	17677	8974	17754	17210	6042	27371	3013	35550
桥上镇	9712	4924	4788	2425	4832	4745	1701	7199	812	9462
西闫镇	6054	3109	2945	1699	2958	2872	1049	4475	530	5864
中卫乡	33455	16614	16841	8558	16608	16835	5766	25020	2669	32049
南唐乡	27260	13637	13623	6908	13619	13613	4629	20460	2171	26658
王庄乡	31495	16103	15392	8394	15762	15348	5334	23789	2372	28494
浇底乡	6098	3136	2962	1572	3133	2959	986	4556	556	5885
襄汾县	**442614**	**222169**	**220445**	**117929**	**212960**	**212539**	**77223**	**327621**	**37770**	**417812**
新城镇	79814	39896	39918	21492	35970	35453	12414	61893	5507	69084
赵康镇	27716	13640	14076	8003	13529	13955	5583	19316	2817	27281
汾城镇	51380	25786	25594	13265	24555	24389	9215	37800	4365	48736
南贾镇	27292	13776	13516	7852	13702	13504	4667	19909	2716	26827
古城镇	45085	22486	22599	11847	22207	22366	8485	32868	3732	43633
襄陵镇	40711	20317	20394	10049	19631	19965	7702	29865	3144	39316
邓庄镇	41741	21130	20611	10623	20694	20177	6798	31319	3624	40139
陶寺乡	19723	9941	9782	5533	9536	9734	3163	14534	2026	18519

表4 续表 25

单位：人、户

地区	总人口 合计	总人口 男	总人口 女	家庭户户数	家庭户总人口 男	家庭户总人口 女	分年龄人口 0-14岁	分年龄人口 15-64岁	分年龄人口 65岁及以上	居住本地，户口在本地
永固乡	15015	7590	7425	4479	7203	7317	3410	9927	1678	14207
景毛乡	16558	8379	8179	4120	8128	8104	2592	12531	1435	15684
西贾乡	18617	9275	9342	5190	9221	9231	3402	13269	1946	18095
南辛店乡	42937	21885	21052	10871	20630	20432	7268	32557	3112	40924
大邓乡	16025	8068	7957	4605	7954	7912	2524	11833	1668	15367
洪洞县	**733420**	**371532**	**361888**	**190388**	**364461**	**357534**	**145819**	**542174**	**45427**	**711032**
大槐树镇	151037	76098	74939	39730	73865	73219	27490	114886	8661	148355
甘亭镇	38347	19473	18874	9531	19435	18866	7747	28207	2393	37841
曲亭镇	51800	26385	25415	12271	26253	25310	9793	38748	3259	51493
苏堡镇	27875	14098	13777	7144	14028	13717	5479	20558	1838	27572
广胜寺镇	47010	23354	23656	13464	22741	22937	8532	35745	2733	44510
明姜镇	47416	23693	23723	12150	23615	23595	9655	34989	2772	46487
赵城镇	78065	39090	38975	22878	38678	38296	16306	57318	4441	74153
万安镇	64458	32818	31640	15858	32700	31609	13081	47157	4220	63658
刘家垣镇	26486	13743	12743	6628	12870	12610	6170	18646	1670	24589
淹底乡	37482	18998	18484	9239	18888	18389	7028	27872	2582	37002
兴唐寺乡	15132	7877	7255	4002	7386	7171	3474	10744	914	14209
堤村乡	50751	25630	25121	13735	25502	25055	13055	34619	3077	48273
辛村乡	56300	28830	27470	13751	28155	27075	10503	41927	3870	53851
龙马乡	25581	13171	12410	5965	12850	12324	4317	19234	2030	24384
山头乡	8393	4455	3938	2021	4060	3937	1793	6104	496	7871
左木乡	7287	3819	3468	2021	3435	3424	1396	5420	471	6784
古县	**91798**	**48771**	**43027**	**24872**	**43616**	**41355**	**16634**	**69879**	**5285**	**79307**
岳阳镇	35259	18079	17180	9750	16253	15727	6566	26988	1705	28040
北平镇	12394	6934	5460	3321	5988	5421	2381	9409	604	10906
古阳镇	12612	7109	5503	3360	5791	5412	2306	9623	683	10578
旧县镇	11098	5948	5150	2905	5272	5109	1924	8407	767	10154
石壁乡	5944	3035	2909	1753	3028	2909	994	4444	506	5855
永乐乡	5487	2948	2539	1396	2721	2526	944	4218	325	5135
南垣乡	9004	4718	4286	2387	4563	4251	1519	6790	695	8639
安泽县	**82012**	**43936**	**38076**	**25157**	**38668**	**36693**	**14990**	**62472**	**4550**	**67465**
府城镇	32816	17098	15718	10056	15010	14814	6480	24759	1577	24475
和川镇	10123	5239	4884	3232	5187	4850	1782	7530	811	9729
唐城镇	11944	7470	4474	3214	4813	4203	1683	9743	518	7561
冀氏镇	9461	4874	4587	2874	4828	4551	1947	7008	506	8965
马必乡	6810	3552	3258	2248	3501	3224	1211	5160	439	6559
杜村乡	5050	2573	2477	1727	2538	2454	924	3793	333	4817
良马乡	5808	3130	2678	1806	2791	2597	963	4479	366	5359
浮山县	**127831**	**66119**	**61712**	**39850**	**63277**	**61080**	**22772**	**94848**	**10211**	**110064**
天坛镇	47736	24059	23677	15865	23442	23373	9686	34934	3116	37977
响水河镇	16498	8684	7814	5042	8011	7674	2810	12382	1306	14737
张庄乡	17436	8839	8597	5294	8812	8588	2719	12938	1779	16170
东张乡	13759	7711	6048	3632	6420	5955	2423	10419	917	10881
槐埝乡	6952	3598	3354	1993	3556	3346	1098	5202	652	6547
北王乡	11316	5782	5534	3511	5722	5479	1825	8406	1085	10521
北韩乡	4894	2627	2267	1498	2545	2261	783	3674	437	4585
米家垣乡	4508	2391	2117	1521	2366	2105	571	3371	566	4357
寨圪塔乡	4732	2428	2304	1494	2403	2299	857	3522	353	4289
吉县	**106407**	**54736**	**51671**	**30362**	**52684**	**50741**	**20459**	**78360**	**7588**	**91285**
吉昌镇	43389	22192	21197	13720	21478	20737	8864	31752	2773	31461

表4　续表 26　　单位：人、户

地　区	总人口			家庭户	家庭户总人口		分年龄人口			居住本地，户口在本地
	合　计	男	女	户　数	男	女	0-14岁	15-64岁	65岁及以上	
屯里镇	12535	6415	6120	3232	6267	6110	2325	9178	1032	12042
壶口镇	3876	2062	1814	965	1871	1740	651	2947	278	3487
车城乡	7964	4221	3743	2051	3686	3454	1335	6044	585	6948
文城乡	8711	4453	4258	2442	4447	4257	1542	6461	708	8534
东城乡	6212	3348	2864	1596	2925	2773	1029	4713	470	5663
柏山寺乡	11497	5843	5654	3088	5809	5649	2295	8362	840	11154
中垛乡	12223	6202	6021	3268	6201	6021	2418	8903	902	11996
乡宁县	**233167**	**123313**	**109854**	**58912**	**112489**	**105250**	**50335**	**169749**	**13083**	**208183**
昌宁镇	68812	35489	33323	18087	31872	30109	13926	51668	3218	57698
光华镇	21622	11303	10319	5572	10913	10205	4865	15492	1265	19990
台头镇	13588	7947	5641	3583	5739	5294	2598	10422	568	8926
管头镇	20982	11567	9415	5053	9662	9109	4274	15496	1212	18395
西坡镇	15755	8593	7162	3668	7708	7048	3548	11485	722	13399
双鹤乡	22130	11702	10428	5177	11238	10347	4723	15889	1518	21451
关王庙乡	20496	10484	10012	5331	10342	9956	4942	14101	1453	20045
尉庄乡	13603	7047	6556	3296	6788	6490	3016	9770	817	13213
西交口乡	10875	5691	5184	2787	5526	5112	2582	7619	674	10574
枣岭乡	25304	13490	11814	6358	12701	11580	5861	17807	1636	24492
大宁县	**64501**	**33365**	**31136**	**18008**	**32869**	**30909**	**12789**	**47322**	**4390**	**58138**
昕水镇	34666	17875	16791	10053	17407	16573	7484	25183	1999	28546
曲峨镇	8103	4175	3928	2335	4175	3928	1497	5965	641	8060
三多乡	7025	3625	3400	1827	3618	3398	1261	5205	559	6971
太德乡	3940	2038	1902	980	2038	1902	646	3016	278	3898
徐家垛乡	6929	3657	3272	1768	3636	3265	1240	5070	619	6841
太古乡	3838	1995	1843	1045	1995	1843	661	2883	294	3822
隰县	**103617**	**54000**	**49617**	**29403**	**53252**	**49452**	**19779**	**76788**	**7050**	**95192**
龙泉镇	39622	20277	19345	12542	20013	19228	8214	29108	2300	32062
午城镇	10094	5272	4822	2915	5196	4818	1771	7541	782	9975
黄土镇	11469	6006	5463	2984	5877	5439	2250	8367	852	11241
阳头升乡	9463	4960	4503	2298	4960	4503	1775	7078	610	9462
寨子乡	6396	3317	3079	1664	3317	3079	1137	4823	436	6318
陡坡乡	4032	2174	1858	921	2174	1858	764	2956	312	4020
下李乡	8623	4545	4078	2258	4545	4078	1595	6314	714	8517
城南乡	13918	7449	6469	3821	7170	6449	2273	10601	1044	13597
永和县	**63649**	**32968**	**30681**	**17727**	**32866**	**30625**	**11657**	**47904**	**4088**	**55319**
芝河镇	26218	13380	12838	7777	13350	12813	5341	19427	1450	18439
桑壁镇	5376	2814	2562	1490	2814	2562	836	4173	367	5263
阁底乡	10737	5664	5073	2766	5664	5073	1977	8037	723	10581
南庄乡	5500	2870	2630	1477	2847	2612	982	4155	363	5442
打石腰乡	5315	2744	2571	1461	2726	2567	923	4035	357	5250
坡头乡	4223	2183	2040	1159	2152	2031	663	3239	321	4066
交口乡	6280	3313	2967	1597	3313	2967	935	4838	507	6278
蒲县	**107339**	**59257**	**48082**	**27341**	**48978**	**46214**	**20633**	**80314**	**6392**	**85873**
蒲城镇	32240	16503	15737	8815	15419	14943	6799	23722	1719	24382
薛关镇	5175	2624	2551	1745	2599	2550	892	3728	555	4733
黑龙关镇	20121	11817	8304	4863	8569	7913	3380	15533	1208	16144
克城镇	17148	8993	8155	4251	8318	7994	4083	12127	938	15620
山中乡	2808	1472	1336	811	1455	1336	429	2120	259	2749
古县乡	4814	2731	2083	1091	2259	2057	840	3625	349	4207
红道乡	2616	1459	1157	779	1258	1132	364	1960	292	2354

表4 续表 27

单位：人、户

地区	总人口			家庭户	家庭户总人口		分年龄人口			居住本地，户口在本地
	合计	男	女	户数	男	女	0-14岁	15-64岁	65岁及以上	
乔家湾乡	13398	7967	5431	2706	5456	5103	2347	10406	645	10100
太林乡	9019	5691	3328	2280	3645	3186	1499	7093	427	5584
汾西县	**144791**	**74857**	**69934**	**37635**	**73847**	**69159**	**32965**	**103132**	**8694**	**127164**
永安镇	21125	11032	10093	5576	10854	10088	4003	15498	1624	20195
对竹镇	11895	6247	5648	3091	6242	5647	2214	8717	964	11567
勍香镇	17654	9222	8432	4076	9219	8430	3735	12910	1009	16820
和平镇	13853	7163	6690	3555	7163	6690	3498	9453	902	13399
僧念镇	14233	7301	6932	3639	7300	6925	3077	10248	908	13660
佃坪乡	10396	5530	4866	2726	5530	4866	2039	7605	752	10098
团柏乡	11569	5887	5682	3098	5887	5679	2992	7893	684	10886
邢家要乡	7086	3706	3380	1682	3697	3366	1486	5051	549	6729
社区管理委员会	36980	18769	18211	10192	17955	17468	9921	25757	1302	23810
侯马市	**240005**	**121413**	**118592**	**69786**	**115099**	**115048**	**36336**	**183932**	**19737**	**198863**
路东街道	35388	17735	17653	12073	17501	17473	5399	27454	2535	28313
路西街道	29666	15044	14622	10386	14387	14380	4287	22184	3195	24165
浍滨街道	46831	23690	23141	14186	19564	20264	5856	36969	4006	35406
上马街道	25653	13092	12561	6691	12724	12479	4227	19176	2250	22954
张村街道	25122	12918	12204	6576	12521	12153	4261	19084	1777	22152
新田乡	42826	21379	21447	11405	21262	21375	6724	32947	3155	33822
高村乡	16946	8679	8267	3974	8294	8240	2826	12751	1369	15882
凤城乡	17573	8876	8697	4495	8846	8684	2756	13367	1450	16169
霍州市	**282905**	**145244**	**137661**	**76174**	**138868**	**134509**	**53638**	**211782**	**17485**	**244699**
鼓楼街道	25061	12718	12343	6744	12215	12046	4808	18821	1432	21693
北环路街道	22647	11342	11305	5840	10590	10258	4727	16993	927	16699
南环路街道	12239	6265	5974	3483	6258	5972	2302	9178	759	8889
开元街道	19273	9539	9734	4748	8843	8769	3777	14444	1052	14860
退沙街道	19489	9958	9531	5503	9623	9461	4122	14231	1136	17040
白龙镇	32725	16991	15734	8915	16060	15540	6403	24718	1604	26254
辛置镇	48543	25323	23220	14685	23620	22842	8240	36867	3436	42792
大张镇	29498	14946	14552	7814	14930	14536	5649	21858	1991	27319
李曹镇	25256	13072	12184	6245	12434	12097	4543	19005	1708	23521
陶唐峪乡	16719	8676	8043	4278	8255	7974	3181	12423	1115	15542
三教乡	19721	10238	9483	4660	9967	9460	3808	14567	1346	18793
师庄乡	11734	6176	5558	3259	6073	5554	2078	8677	979	11297
吕梁市	**3727068**	**1933713**	**1793355**	**1038798**	**1823222**	**1723165**	**744317**	**2735881**	**246870**	**3135855**
离石区	**320142**	**162118**	**158024**	**90748**	**147305**	**138931**	**66303**	**239246**	**14593**	**216716**
滨河街道	82434	40019	42415	21757	34258	32919	15211	64447	2776	56665
凤山街道	81907	42310	39597	24133	39157	36785	19023	60690	2194	44933
莲花池街道	56131	27411	28720	15750	25022	24234	12592	41686	1853	33687
城北街道	9733	5008	4725	2623	4899	4697	2178	6938	617	8347
田家会街道	14904	7706	7198	4443	7571	7157	3237	10736	931	11429
交口街道	19637	10868	8769	5277	9234	8587	4449	14240	948	12311
西属巴街道	18383	8738	9645	4622	7982	7694	3560	13666	1157	15590
吴城镇	9158	4923	4235	2989	4849	4222	1522	6797	839	8649
信义镇	9689	5097	4592	3301	5061	4583	1536	6967	1186	9207
红眼川乡	1745	1006	739	592	810	739	182	1309	254	1504
枣林乡	7774	4244	3530	2369	4033	3482	1591	5478	705	6221
坪头乡	8647	4788	3859	2892	4429	3832	1222	6292	1133	8173
文水县	**421199**	**214566**	**206633**	**110756**	**205940**	**199870**	**84906**	**304265**	**32028**	**395331**
凤城镇	128571	65421	63150	34786	58061	57117	25589	95397	7585	111075

表4 续表 28　　　　单位：人、户

地区	总人口 合计	总人口 男	总人口 女	家庭户 户数	家庭户总人口 男	家庭户总人口 女	分年龄人口 0-14岁	分年龄人口 15-64岁	分年龄人口 65岁及以上	居住本地，户口在本地
开栅镇	34205	17847	16358	8808	17366	16181	6322	25302	2581	33304
南庄镇	20195	10421	9774	5475	10408	9770	4094	14460	1641	19536
南安镇	34229	17453	16776	8785	17441	16762	6754	24837	2638	33657
刘胡兰镇	37235	18630	18605	10076	18502	18357	7417	26412	3406	35692
下曲镇	39332	19724	19608	9702	19701	19607	8443	27254	3635	38376
孝义镇	27981	14387	13594	7471	14286	13584	5676	20105	2200	26746
南武乡	21765	10981	10784	4994	10981	10784	4801	15262	1702	21153
西城乡	25475	13216	12259	6486	12822	12007	4901	18583	1991	24902
北张乡	25105	12648	12457	6874	12605	12435	5075	17703	2327	24521
马西乡	11116	5755	5361	3078	5684	5359	2260	7887	969	10666
西槽头乡	15990	8083	7907	4221	8083	7907	3574	11063	1353	15703
交城县	**230521**	**118050**	**112471**	**65104**	**113198**	**108972**	**45034**	**169699**	**15788**	**206579**
天宁镇	100523	50549	49974	28891	47796	47052	20647	74559	5317	83829
夏家营镇	36525	18461	18064	9682	17985	17985	7077	26835	2613	33753
西营镇	28563	14542	14021	7278	14445	13788	5526	20904	2133	27303
水峪贯镇	13292	7131	6161	3858	6606	6028	2663	9600	1029	13155
西社镇	10695	5667	5028	2998	5465	5008	1972	7779	944	10043
庞泉沟镇	1706	883	823	652	864	815	188	1295	223	1704
洪相乡	21198	11070	10128	6209	10838	10104	4193	15343	1662	19677
岭底乡	6560	3383	3177	2099	3359	3175	1212	4712	636	6304
东坡底乡	5155	2816	2339	1690	2769	2328	744	3793	618	5123
会立乡	6304	3548	2756	1747	3071	2689	812	4879	613	5688
兴县	**279373**	**146216**	**133157**	**77057**	**138397**	**131396**	**50936**	**209999**	**18438**	**230828**
蔚汾镇	100615	51549	49066	28658	50322	47974	21777	73976	4862	63356
魏家滩镇	23079	13276	9803	6403	10173	9483	3318	18001	1760	19237
瓦塘镇	15840	8093	7747	3996	8006	7729	2583	12124	1133	15666
康宁镇	17826	9519	8307	4680	8679	8221	2927	13761	1138	16886
高家村镇	14011	7087	6924	3506	6943	6891	2453	10494	1064	13709
罗峪口镇	6893	3534	3359	1937	3534	3359	1045	5230	618	6881
蔡家会镇	9814	5203	4611	2869	5203	4611	1595	7469	750	9755
交楼申乡	7775	4118	3657	2144	4050	3656	1318	5722	735	7525
恶虎滩乡	7524	4150	3374	1780	3565	3340	1302	5770	452	6671
东会乡	6704	3503	3201	1961	3477	3188	1129	4954	621	6599
固贤乡	9226	4831	4395	2307	4510	4371	1564	6948	714	8883
奥家湾乡	15617	8041	7576	4295	7790	7575	3095	11565	957	13285
蔡家崖乡	16036	8728	7308	4685	7597	7197	2370	12318	1348	14344
贺家会乡	6537	3315	3222	1966	3315	3219	1117	4921	499	6372
孟家坪乡	10645	5438	5207	2706	5402	5182	1577	8241	827	10529
赵家坪乡	4139	2139	2000	1111	2139	2000	513	3139	487	4068
圪垯上乡	7092	3692	3400	2053	3692	3400	1253	5366	473	7062
临县	**579077**	**300447**	**278630**	**158218**	**294673**	**274776**	**117810**	**420595**	**40672**	**538597**
临泉镇	91670	46295	45375	26683	44166	42518	19618	67233	4819	66809
白文镇	32251	16542	15709	9016	16336	15648	6372	23248	2631	31401
城庄镇	24131	12540	11591	6385	12448	11573	4788	17519	1824	23592
兔坂镇	21710	11453	10257	6130	11388	10203	4589	15711	1410	20777
克虎镇	11751	6266	5485	3232	5994	5461	2349	8706	696	11313
三交镇	51252	26502	24750	13997	26262	24548	10742	36626	3884	49156
湍水头镇	16687	8843	7844	4667	8435	7771	3654	11966	1067	15922
林家坪镇	24445	12877	11568	7481	12806	11560	4985	17476	1984	23824
招贤镇	14342	7642	6700	3945	7203	6593	2602	10719	1021	13510

表4 续表 29 单位：人、户

地区	总人口 合计	总人口 男	总人口 女	家庭户户数	家庭户总人口 男	家庭户总人口 女	分年龄人口 0-14岁	分年龄人口 15-64岁	分年龄人口 65岁及以上	居住本地，户口在本地
碛口镇	30009	15578	14431	8259	15424	14295	5649	22012	2348	29739
刘家会镇	29131	15268	13863	6120	15223	13850	5860	21143	2128	28555
从罗峪镇	16790	8751	8039	4181	8746	8035	3498	12097	1195	16498
曲峪镇	26119	13454	12665	6671	13430	12643	5394	19030	1695	25968
木瓜坪乡	18408	10044	8364	5357	8922	8240	3497	13725	1186	15500
安业乡	21476	10997	10479	5819	10976	10468	4495	15433	1548	20753
玉坪乡	17670	9072	8598	4341	9067	8593	3385	12844	1441	17241
青凉寺乡	15175	7958	7217	4233	7914	7202	2811	11209	1155	14763
石白头乡	19765	10437	9328	5165	10336	9265	3917	14385	1463	19301
雷家碛乡	15444	8206	7238	4420	8071	7215	3035	11343	1066	14778
第八堡乡	12161	6346	5815	3424	6343	5813	2468	8836	857	12017
大禹乡	36409	18708	17701	9752	18684	17684	7447	26145	2817	35406
车赶乡	14214	7326	6888	4029	7176	6888	3035	10077	1102	13960
安家庄乡	18067	9342	8725	4911	9323	8710	3620	13112	1335	17814
柳林县	**320676**	**172883**	**147793**	**87442**	**153330**	**142843**	**69596**	**233187**	**17893**	**238322**
柳林镇	112913	58965	53948	29924	53385	51006	26511	82733	3669	67118
穆村镇	34914	19039	15875	9488	16151	15083	8498	24960	1456	19623
薛村镇	15173	8101	7072	4688	7465	6967	2988	10981	1204	12973
庄上镇	18442	9946	8496	4573	8966	8378	4070	13374	998	15594
留誉镇	12606	6720	5886	3402	6302	5814	2398	9254	954	11948
三交镇	11972	6279	5693	4155	6199	5647	2484	8346	1142	11585
成家庄镇	12847	7107	5740	3874	6286	5617	2482	9388	977	11359
孟门镇	15825	9875	5950	3872	6224	5631	2455	12298	1072	11780
李家湾乡	13516	7222	6294	3817	6873	6189	2664	9913	939	11998
贾家垣乡	7916	4172	3744	2588	4170	3743	1435	5648	833	7851
陈家湾乡	22885	12885	10000	5395	10308	9854	4779	16870	1236	19043
金家庄乡	10512	5661	4851	2851	5402	4801	2661	7179	672	8946
高家沟乡	10072	5391	4681	3131	5148	4666	1747	7183	1142	9653
石西乡	8728	4550	4178	2395	4550	4178	2025	6083	620	8579
王家沟乡	12355	6970	5385	3289	5901	5269	2399	8977	979	10272
石楼县	**111815**	**58414**	**53401**	**31214**	**57072**	**53264**	**25388**	**80129**	**6298**	**96460**
灵泉镇	41996	21622	20374	12308	21038	20299	10657	29334	2005	28470
罗村镇	11656	6288	5368	3064	5791	5309	2220	8795	641	11136
义牒镇	6759	3457	3302	1959	3454	3301	1747	4650	362	6200
小蒜镇	9310	4831	4479	2849	4831	4479	1911	6723	676	9111
龙交乡	9703	5193	4510	2537	4943	4508	2081	7008	614	9416
和合乡	9793	5129	4664	2509	5129	4664	2011	7143	639	9662
前山乡	8446	4444	4002	2197	4436	4002	1762	6183	501	8404
曹家垣乡	6742	3618	3124	1646	3618	3124	1370	4987	385	6662
裴沟乡	7410	3832	3578	2145	3832	3578	1629	5306	475	7399
岚县	**174182**	**90118**	**84064**	**46323**	**88271**	**83014**	**35453**	**127334**	**11395**	**146289**
东村镇	59772	30558	29214	17075	29912	28261	13451	43534	2787	36542
岚城镇	10736	5564	5172	2826	5560	5172	2016	7822	898	10268
普明镇	20875	10710	10165	5494	10709	10165	4404	15005	1466	20024
界河口镇	5371	2744	2627	1475	2744	2627	861	4077	433	5234
土峪乡	5486	2816	2670	1433	2816	2670	1009	4057	420	5307
上明乡	13705	7070	6635	3106	7054	6614	2659	10080	966	13629
王狮乡	10127	5428	4699	2582	5246	4683	2059	7353	715	9706
梁家庄乡	12757	6731	6026	3309	6263	5983	2680	9208	869	11751
顺会乡	8437	4331	4106	2021	4327	4104	1473	6281	683	8128
河口乡	5005	2619	2386	1349	2610	2386	906	3622	477	4881
社科乡	15528	8221	7307	3975	7706	7292	2807	11583	1138	14541
大蛇头乡	6383	3326	3057	1678	3324	3057	1128	4712	543	6278
方山县	**143809**	**76778**	**67031**	**41213**	**73105**	**66175**	**28504**	**105998**	**9307**	**129989**
圪洞镇	43409	22527	20882	13567	22488	20878	9218	31769	2422	40005
马坊镇	16652	8881	7771	4266	8872	7768	3285	12131	1236	15984

表4　续表 30　　　　单位：人、户

地　区	总人口			家庭户	家庭户总人口		分年龄人口			居住本地，户口在本地
	合　计	男	女	户　数	男	女	0-14岁	15-64岁	65岁及以上	
峪口镇	25530	13634	11896	7112	12977	11752	4981	18658	1891	23635
大武镇	34315	18888	15427	8755	15931	14726	6520	25686	2109	27175
北武当镇	5846	3176	2670	1846	3169	2669	1018	4319	509	5552
积翠乡	8510	4521	3989	2408	4521	3989	1558	6424	528	8326
麻地会乡	9547	5151	4396	3259	5147	4393	1924	7011	612	9312
中阳县	**141374**	**75444**	**65930**	**39100**	**69866**	**64453**	**29773**	**103478**	**8123**	**101568**
宁乡镇	76490	40091	36399	21276	37969	35140	18230	55352	2908	45049
金罗镇	21834	11601	10233	6040	10691	10130	4496	15968	1370	17314
枝柯镇	6861	3613	3248	1989	3571	3238	1376	4940	545	6715
武家庄镇	7585	4392	3193	1910	3637	3185	1064	5824	697	6618
暖泉镇	10728	5664	5064	3186	5657	5056	1968	7816	944	10557
张子山乡	9829	5473	4356	2607	4462	4313	1500	7423	906	8229
下枣林乡	8047	4610	3437	2092	3879	3391	1139	6155	753	7086
交口县	**119918**	**63123**	**56795**	**32683**	**59922**	**55274**	**25866**	**86473**	**7579**	**101780**
水头镇	29755	15305	14450	7929	14162	13193	6826	21795	1134	20755
康城镇	14867	7883	6984	4261	7827	6962	3383	10431	1053	13578
双池镇	22926	12355	10571	5801	10821	10432	4844	16762	1320	18949
桃红坡镇	16378	8594	7784	4650	8395	7760	3296	11865	1217	14779
石口乡	12874	6806	6068	3336	6722	6028	2581	9279	1014	12444
回龙乡	13583	7111	6472	3963	6961	6452	2982	9591	1010	12258
温泉乡	9535	5069	4466	2743	5034	4447	1954	6750	831	9017
孝义市	**468770**	**243456**	**225314**	**139021**	**222511**	**212431**	**86618**	**349714**	**32438**	**372316**
新义街道	110545	56117	54428	31024	49499	48556	21243	84237	5065	68215
中阳楼街道	37596	19687	17909	11264	18448	17682	7214	28440	1942	25304
振兴街道	14809	7588	7221	4187	7462	7184	2960	10744	1105	13699
东许街道	10198	5312	4886	3219	5312	4886	1760	7419	1019	9693
崇文街道	36284	18469	17815	9479	15414	15009	6960	27885	1439	20368
兑镇镇	42196	22160	20036	13846	21185	19814	7578	31153	3465	36570
阳泉曲镇	34570	18288	16282	10798	16245	15210	5430	26441	2699	31671
下堡镇	18119	9296	8823	5703	9204	8776	3283	13137	1699	16355
西辛庄镇	16839	8542	8297	5386	8539	8282	3148	12412	1279	16583
高阳镇	40393	21299	19094	11858	18527	17386	7420	29657	3316	36941
梧桐镇	26766	13541	13225	7970	13523	13224	5306	19404	2056	24812
柱濮镇	10445	5340	5105	3283	5156	4946	1637	7719	1089	10145
大孝堡乡	32374	16855	15519	10098	16322	15386	6298	23434	2642	30186
下栅乡	15037	8452	6585	4035	6750	6165	2577	11170	1290	12276
驿马乡	7793	4696	3097	2336	3310	3064	1132	5852	809	6019
南阳乡	6402	3407	2995	2014	3273	2942	1165	4563	674	5598
杜村乡	8404	4407	3997	2521	4342	3919	1507	6047	850	7881
汾阳市	**416212**	**212100**	**204112**	**119919**	**199632**	**191766**	**78130**	**305764**	**32318**	**361080**
文峰街道	37970	18120	19850	9846	15373	15159	7214	28295	2461	26442
太和桥街道	39867	19885	19982	10531	15383	15701	6146	31165	2556	28257
贾家庄镇	30070	15650	14420	8575	15456	14276	5830	21718	2522	28098
杏花村镇	30546	15830	14716	8664	14440	13727	5446	22991	2109	28796
冀村镇	39138	19929	19209	11178	19765	19099	8148	27805	3185	37965
肖家庄镇	32757	16803	15954	9773	16524	15738	6425	23617	2715	31533
演武镇	27352	13855	13497	7381	13674	13392	5696	19388	2268	26671
三泉镇	32948	17216	15732	9889	16327	15255	6160	23812	2976	30788
石庄镇	8785	4464	4321	2795	4231	4176	1386	6465	934	8395
杨家庄镇	14177	7372	6805	4327	7213	6780	2627	10189	1361	13278
峪道河镇	20799	10792	10007	6282	10788	10005	3682	15176	1941	20327
西河乡	35057	17790	17267	10814	16742	16520	6473	26591	1993	19083
阳城乡	42592	21763	20829	12619	21575	20605	8613	30794	3185	39964
栗家庄乡	24154	12631	11523	7245	12141	11333	4284	17758	2112	21483

表5　内蒙古自治区乡、镇、街道人口

单位：人、户

地　区	总人口			家庭户	家庭户总人口		分年龄人口			居住本地，户口在本地
	合　计	男	女	户　数	男	女	0-14岁	15-64岁	65岁及以上	
内蒙古自治区	**24706291**	**12838243**	**11868048**	**8205498**	**11725291**	**11346399**	**3476431**	**19361683**	**1868177**	**17389253**
呼和浩特市	**2866615**	**1462776**	**1403839**	**952872**	**1305428**	**1268397**	**398247**	**2249431**	**218937**	**1448982**
新城区	**567255**	**287064**	**280191**	**192500**	**255049**	**255243**	**78894**	**449387**	**38974**	**241753**
海拉尔东路街道	78823	39068	39755	20236	24468	26339	6529	67147	5147	34750
锡林路街道	30574	15015	15559	11343	14253	14772	3013	23382	4179	17915
中山东路街道	17977	8829	9148	6647	7794	8382	1423	13790	2764	10677
东街街道	45044	22175	22869	16289	21252	22123	5336	35075	4633	29596
西街街道	44709	21683	23026	16314	20666	22099	5450	33801	5458	30233
东风路街道	78689	38672	40017	27522	36311	37549	11013	62593	5083	41032
迎新路街道	43601	21340	22261	15007	19955	20244	5668	34640	3293	22326
成吉思汗大街街道	216007	113881	102126	74758	104230	98432	39124	169979	6904	44934
保合少镇	11509	6216	5293	4332	6067	5272	1331	8674	1504	10289
新城区鸿盛高科技园区	322	185	137	52	53	31	7	306	9	1
回民区	**394555**	**195547**	**199008**	**132298**	**172911**	**172261**	**50961**	**315549**	**28045**	**150072**
新华西路街道	38520	17744	20776	12744	16054	16666	3730	30776	4014	19005
中山西路街道	19894	9534	10360	7324	8907	9443	1984	15532	2378	10810
光明路街道	45349	22319	23030	15618	19739	20522	5454	35947	3948	21409
海拉尔西路街道	40656	21172	19484	14897	19346	19212	5131	31913	3612	22629
环河街街道	44548	22033	22515	16557	21330	21888	5735	34723	4090	21600
通道街街道	22161	10868	11293	8153	10356	10741	2384	17159	2618	13940
钢铁路街道	29998	16130	13868	10519	13598	13570	3940	23677	2381	12629
攸攸板镇	153429	75747	77682	46486	63581	60219	22603	125822	5004	28050
玉泉区	**383365**	**197369**	**185996**	**132375**	**180477**	**176108**	**62145**	**300035**	**21185**	**103048**
小召前街街道	24807	12087	12720	9211	11804	12298	3121	19214	2472	12617
兴隆巷街道	27538	13535	14003	10315	13314	13732	4063	21193	2282	11170
长和廊街道	14304	7202	7102	5380	6892	6937	1983	11184	1137	5460
石东路街道	28946	14279	14667	10898	13875	14279	3703	22714	2529	14528
大南街街道	22293	10512	11781	7909	10082	10674	2709	17896	1688	9996
鄂尔多斯路街道	20966	10770	10196	7669	10670	10154	3494	16155	1317	4208
西菜园街道	101654	54821	46833	34784	48277	46535	18602	79619	3433	11469
昭君路街道	78829	39991	38838	24480	34593	33010	13679	62588	2562	8742
小黑河镇	64028	34172	29856	21729	30970	28489	10791	49472	3765	24858
赛罕区	**635599**	**323741**	**311858**	**198301**	**264779**	**261274**	**79234**	**512663**	**43702**	**267160**
人民路街道	62537	30819	31718	22528	28679	30133	7403	48249	6885	37967
大学西路街道	62695	29001	33694	15160	19175	20326	4610	52906	5179	29890
乌兰察布路街道	40644	19906	20738	14949	18790	19942	4936	31939	3769	20794
大学东路街道	59607	30695	28912	15418	19399	20617	4973	50144	4490	24779
中专路街道	55434	27479	27955	18284	23768	24302	6907	45079	3448	17987
巧报镇	142256	72881	69375	51995	69974	67246	24564	111876	5816	34411
榆林镇	14246	7766	6480	5217	6945	6345	1390	10754	2102	12800
巴彦镇	55544	28463	27081	6892	9872	9261	3446	50426	1672	13058
黄合少镇	32405	17160	15245	11753	16528	14958	4001	24106	4298	29047
金河镇	36624	19491	17133	12714	18909	16992	5542	28108	2974	28523
西把栅乡	58815	31806	27009	19989	28476	26671	10336	45907	2572	15789
金桥经济技术开发区	9648	5365	4283	2072	2604	2704	798	8590	260	2098
呼和浩特市如意开发区	5144	2909	2235	1330	1660	1777	328	4579	237	17

表5 续表 1

单位：人、户

地区	总人口			家庭户	家庭户总人口		分年龄人口			居住本地，户口在本地
	合计	男	女	户数	男	女	0-14岁	15-64岁	65岁及以上	
土默特左旗	**312532**	**162482**	**150050**	**103816**	**150769**	**139799**	**42379**	**238462**	**31691**	**242403**
察素齐镇	90027	46522	43505	30868	43762	41500	13378	68803	7846	68637
毕克齐镇	28493	14760	13733	9925	14502	13548	3959	21165	3369	26803
善岱镇	29605	15468	14137	10552	15468	14137	3533	21906	4166	28560
台阁牧镇	27728	14497	13231	9547	14137	13142	4641	21422	1665	14797
白庙子镇	31478	16653	14825	10839	16022	14707	4640	23114	3724	28299
沙尔沁镇	14950	7857	7093	5048	7720	7060	2371	10787	1792	13465
北什轴乡	24222	12806	11416	8231	12800	11416	3147	18166	2909	23152
塔布赛乡	17276	9144	8132	5705	9121	8130	2363	12580	2333	16427
只几梁乡	23682	12310	11372	8927	12164	11354	2919	17247	3516	22226
呼和浩特经济技术开发区金川区	17526	9435	8091	3964	4859	4620	1383	15849	294	19
呼和浩特金山经济技术开发区	7439	2954	4485	210	214	185	44	7323	72	16
呼和浩特如意开发区南区	106	76	30				1	100	5	2
托克托县	**200840**	**104839**	**96001**	**65747**	**98559**	**93425**	**33184**	**150473**	**17183**	**160823**
双河镇	92953	48261	44692	31619	43625	42610	16597	69790	6566	67197
新营子镇	55437	29120	26317	16853	27850	25872	9968	41136	4333	44514
五申镇	21016	10949	10067	7528	10920	10058	2375	15801	2840	20367
伍什家镇	10078	5527	4551	3591	5241	4523	1293	7490	1295	8612
古城镇	21356	10982	10374	6156	10923	10362	2951	16256	2149	20133
和林格尔县	**169856**	**86236**	**83620**	**53063**	**80910**	**74508**	**22547**	**131698**	**15611**	**130590**
城关镇	52284	26897	25387	18088	25504	24343	8310	39745	4229	36074
盛乐镇	36171	19129	17042	10789	18923	16959	5077	27205	3889	34539
新店子镇	11909	6260	5649	3886	6195	5634	1636	9045	1228	11629
舍必崖乡	19504	10170	9334	6312	10081	9298	2270	14885	2349	18264
大红城乡	14037	7376	6661	4997	7358	6660	1508	10663	1866	13790
羊群沟乡	4372	2246	2126	1248	2246	2126	570	3378	424	4333
黑老夭乡	4523	2424	2099	1946	2424	2099	365	3430	728	4465
盛乐经济工业园区	27056	11734	15322	5797	8179	7389	2811	23347	898	7496
清水河县	**93887**	**48981**	**44906**	**33487**	**46551**	**43948**	**14320**	**69583**	**9984**	**72947**
城关镇	39153	19965	19188	13251	19031	18495	6864	29206	3083	25271
宏河镇	12437	6619	5818	4820	6099	5749	1471	9290	1676	11483
喇嘛湾镇	15732	8130	7602	5292	7996	7569	3420	11231	1081	10248
窑沟乡	14186	7569	6617	5187	7143	6567	1557	10466	2163	13839
北堡乡	6043	3265	2778	2420	3136	2757	464	4583	996	5921
韮菜庄乡	6336	3433	2903	2517	3146	2811	544	4807	985	6185
武川县	**108726**	**56517**	**52209**	**41285**	**55423**	**51831**	**14583**	**81581**	**12562**	**80186**
可镇	52412	26242	26170	19082	25915	25898	9369	38973	4070	27212
哈乐镇	16056	8648	7408	5827	8533	7393	1691	12380	1985	15259
西乌兰不浪镇	8462	4511	3951	3281	4343	3941	840	6336	1286	7739
大青山乡	3285	1783	1502	1426	1767	1499	333	2506	446	2910
上秃亥乡	12711	6647	6064	5064	6607	6057	1204	9565	1942	12429
德胜沟乡	2536	1412	1124	1128	1405	1124	157	1929	450	2446
二份子乡	7741	4139	3602	3178	4046	3593	655	5707	1379	7403
哈拉合少乡	5245	2958	2287	2217	2685	2238	307	3945	993	4787
内蒙古武川经济开发区	207	137	70	61	90	62	17	182	8	
武川金三角开发区	71	40	31	21	32	26	10	58	3	1

表5 续表 2 单位：人、户

地区	总人口			家庭户	家庭户总人口		分年龄人口			居住本地，户口在本地
	合计	男	女	户数	男	女	0-14岁	15-64岁	65岁及以上	
包头市	**2650364**	**1368885**	**1281479**	**939459**	**1257914**	**1225018**	**352304**	**2064413**	**233647**	**1494952**
东河区	**512045**	**259157**	**252888**	**187204**	**248459**	**245521**	**61446**	**400321**	**50278**	**307128**
和平路街道	21117	10248	10869	7741	10190	10787	2358	16833	1926	12580
财神庙街道	21616	10780	10836	8345	10661	10702	2258	16591	2767	13735
西脑包街道	48786	24511	24275	18401	24333	24070	6005	37984	4797	27314
南门外街道	33389	16668	16721	12643	16401	16549	3850	26518	3021	17489
南圪洞街道	49216	25350	23866	17240	23147	23646	5651	38643	4922	31664
东站街道	57265	28815	28450	20512	26541	27215	5278	43965	8022	44668
回民街道	22459	11248	11211	8404	10916	10867	2093	17849	2517	15343
二里半街道	34284	17303	16981	13309	17197	16936	3759	27035	3490	18167
河东街道	37312	18926	18386	13833	18329	18084	4664	29107	3541	20223
铁西街道	31264	15896	15368	11842	15523	15149	3958	23990	3316	14558
东兴街道	32097	16265	15832	11918	15446	15436	3591	24583	3923	24762
杨圪楞街道	2437	1325	1112	1038	1232	1111	263	1919	255	1756
河东镇	68269	34362	33907	22845	31632	30009	10590	54138	3541	19795
沙尔沁镇	52534	27460	25074	19133	26911	24960	7128	41166	4240	45074
昆都仑区	**726838**	**376043**	**350795**	**256018**	**341729**	**335964**	**100277**	**564865**	**61696**	**330511**
少先路街道	62359	30998	31361	23017	30050	30734	6449	45487	10423	51650
沼潭街道	48546	29831	18715	9698	12415	12233	2702	42595	3249	25798
林荫路街道	22716	11207	11509	8685	10815	11117	2471	17283	2962	14980
友谊大街街道	25848	13107	12741	10067	12676	12605	3063	18548	4237	15483
阿尔丁大街街道	43421	21212	22209	16397	19843	20921	5450	32326	5645	25011
团结大街街道	25783	13040	12743	9479	12770	12622	3585	20151	2047	14600
鞍山道街道	52626	26128	26498	18992	25389	25951	6904	40469	5253	29551
前进道街道	47523	23662	23861	16366	20867	21676	5905	37058	4560	26199
市府东路街道	30578	15347	15231	10413	14325	14386	3437	24991	2150	18885
白云路街道	28580	14231	14349	10752	13744	14114	3384	21450	3746	18243
黄河西路街道	45503	23142	22361	17241	22370	22000	4836	35973	4694	29760
昆工路街道	23806	11865	11941	8873	11475	11612	2735	16899	4172	18241
昆北街道	60592	31768	28824	22148	30800	28606	11035	47544	2013	9170
昆河镇	174132	91280	82852	61407	87437	82128	32878	136241	5013	22658
卜尔汉图镇	33716	18433	15283	11976	16222	14945	5386	26831	1499	10282
包钢厂区	1109	792	317	507	531	314	57	1019	33	
青山区	**600284**	**307959**	**292325**	**209475**	**272313**	**269655**	**76609**	**472853**	**50822**	**295004**
先锋道街道	36226	18705	17521	12472	15898	16238	3784	28631	3811	19575
幸福路街道	33611	16350	17261	12353	15837	16526	3714	26220	3677	23506
万青路街道	52321	26210	26111	18652	24416	24890	7503	41292	3526	24320
富强路街道	48592	24295	24297	17876	22799	23539	5567	35802	7223	35369
科学路街道	67213	34592	32621	23858	30121	30719	6988	53075	7150	44068
青山路街道	47307	24150	23157	17913	22202	22417	5132	35420	6755	34455
自由路街道	75357	36160	39197	24345	31470	31700	8340	59673	7344	46261
乌素图街道	24684	13236	11448	6883	8171	8290	1860	20194	2630	13710
青福镇	41426	22888	18538	14300	17088	15566	4969	35547	910	5767
兴胜镇	54481	28707	25774	19544	27586	25561	9759	42691	2031	9626
万水泉镇	37262	19566	17696	12764	18106	17388	5747	28841	2674	19430
包头稀土高新区稀土路	81804	43100	38704	28515	38619	36821	13246	65467	3091	18917
石拐区	**35803**	**18990**	**16813**	**15039**	**17962**	**16693**	**3089**	**27326**	**5388**	**31121**
石拐街道	6895	3439	3456	2878	3430	3442	749	5231	915	5436

表5 续表 3 　　　　单位：人、户

地　　区	总人口			家庭户	家庭户总人口		分年龄人口			居住本地，户口在本地
	合　计	男	女	户　数	男	女	0-14岁	15-64岁	65岁及以上	
大发街道	580	310	270	269	300	270	36	393	151	540
大磁街道	3309	1706	1603	1476	1698	1603	249	2298	762	3138
五当沟街道	6655	3366	3289	2800	3357	3288	608	4914	1133	6469
白狐沟街道	5195	2706	2489	2140	2572	2485	400	4020	775	5033
大德恒街道	3278	1834	1444	1207	1528	1405	345	2588	345	2604
五当召镇	6671	3721	2950	2921	3607	2942	508	5212	951	6030
工业园区管理委员会	3220	1908	1312	1348	1470	1258	194	2670	356	1871
白云鄂博矿区	**26050**	**13496**	**12554**	**9605**	**12500**	**12298**	**3665**	**20325**	**2060**	**13681**
矿山路街道	11973	6215	5758	4558	5809	5655	1686	9316	971	7002
通阳道街道	14077	7281	6796	5047	6691	6643	1979	11009	1089	6679
九原区	**195831**	**102662**	**93169**	**69806**	**94355**	**90311**	**32612**	**151546**	**11673**	**70595**
沙河街道	65495	33001	32494	23015	31344	31193	11372	50642	3481	21590
赛汗街道	21602	11482	10120	7843	10604	9944	3685	17040	877	3896
萨如拉街道	4565	2409	2156	1703	2232	2129	604	3557	404	3135
白音席勒街道	35482	19605	15877	11607	16227	15030	6237	27427	1818	5435
麻池镇	32942	17023	15919	12263	16677	15815	5870	25352	1720	11319
哈林格尔镇	21527	11528	9999	8005	10359	9724	3012	16629	1886	13510
哈业胡同镇	12379	6480	5899	4741	6159	5785	1651	9347	1381	10853
阿嘎如泰苏木	1839	1134	705	629	753	691	181	1552	106	857
土默特右旗	**276453**	**145791**	**130662**	**97275**	**130341**	**123454**	**37380**	**212845**	**26228**	**212734**
萨拉齐镇	104090	56344	47746	35257	47859	45757	16409	81149	6532	59961
双龙镇	23420	12049	11371	9562	12008	11368	3227	17182	3011	22477
美岱召镇	23059	11927	11132	8283	11629	11052	2885	17374	2800	21959
沟门镇	30661	15413	15248	8827	11710	10425	3234	25355	2072	19699
将军尧镇	30576	15471	15105	11290	15370	15080	3690	22720	4166	29735
海子乡	20046	10282	9764	8203	10190	9738	2424	14956	2666	19281
明沙淖乡	21203	11381	9822	8112	10380	9681	2740	16061	2402	18490
苏波盖乡	19808	10239	9569	6893	10127	9551	2657	14965	2186	19393
九峰山生态管理委员会	3590	2685	905	848	1068	802	114	3083	393	1739
固阳县	**175574**	**91795**	**83779**	**58908**	**89551**	**83153**	**23488**	**135781**	**16305**	**152167**
金山镇	77915	39765	38150	27691	38467	37631	11532	59759	6624	56544
西斗铺镇	17026	9023	8003	5485	8864	7961	2034	13253	1739	16634
下湿壕镇	27561	14883	12678	8908	14310	12636	3682	21369	2510	26637
银号镇	18933	10054	8879	5580	9994	8875	2261	14951	1721	18633
怀朔镇	19318	10259	9059	6330	10178	9055	2324	14966	2028	19078
兴顺西镇	14821	7811	7010	4914	7738	6995	1655	11483	1683	14641
达尔罕茂明安联合旗	**101486**	**52992**	**48494**	**36129**	**50704**	**47969**	**13738**	**78551**	**9197**	**82011**
满都拉镇	1107	583	524	428	550	510	149	899	59	924
希拉穆仁镇	2077	1094	983	893	1094	980	259	1659	159	1632
百灵庙镇	38575	19787	18788	14007	18276	18367	5779	29462	3334	24417
石宝镇	26397	13703	12694	8284	13457	12631	3593	20365	2439	23511
乌克忽洞镇	26484	13931	12553	9556	13928	12549	3222	20476	2786	25993
明安镇	1714	1003	711	827	997	711	162	1467	85	1300
巴音花镇	1500	800	700	665	764	691	206	1200	94	1291
达尔罕苏木	3253	1743	1510	1438	1606	1504	365	2648	240	2943
达茂巴润工业园区	379	348	31	31	32	26	3	375	1	
乌海市	**532902**	**282386**	**250516**	**187773**	**252140**	**243560**	**74241**	**421757**	**36904**	**300519**
海勃湾区	**296177**	**155757**	**140420**	**103673**	**141225**	**137061**	**41125**	**236086**	**18966**	**168315**
凤凰岭街道	66898	34262	32636	23754	32189	31987	9650	53145	4103	43191
海北街道	73203	37418	35785	26045	35189	35256	10496	57479	5228	47773

表5 续表 4

单位：人、户

地区	总人口			家庭户	家庭户总人口		分年龄人口			居住本地，户口在本地
	合计	男	女	户数	男	女	0-14岁	15-64岁	65岁及以上	
新华街道	46710	24081	22629	17305	23502	22317	6941	36898	2871	25171
新华西街道	35828	18575	17253	13180	17566	17019	4900	28641	2287	17430
卡布其街道	16242	9619	6623	4952	6919	6453	1522	13237	1483	9647
滨河街道	34330	18807	15523	10904	15149	14325	4254	28236	1840	14295
千里山镇	22966	12995	9971	7533	10711	9704	3362	18450	1154	10808
海南区	**103355**	**56876**	**46479**	**35072**	**47477**	**44732**	**15759**	**81221**	**6375**	**50323**
拉僧仲街道	38205	20195	18010	13428	18660	17766	7116	29604	1485	14157
西卓子山街道	7978	4208	3770	3086	3860	3682	1225	6277	476	3950
公乌素镇	26856	14870	11986	8959	12488	11447	3934	21365	1557	14128
拉僧庙镇	14212	7609	6603	4822	6452	6080	1937	11057	1218	8539
巴音陶亥镇	16104	9994	6110	4777	6017	5757	1547	12918	1639	9549
乌达区	**133370**	**69753**	**63617**	**49028**	**63438**	**61767**	**17357**	**104450**	**11563**	**81881**
三道坎街道	10607	6492	4115	2828	3851	3501	1166	8942	499	3662
五虎山街道	16343	8553	7790	6188	8285	7738	2487	12501	1355	9963
新达街道	33799	17090	16709	12318	15893	15967	4132	26598	3069	21259
巴音赛街道	25773	13021	12752	9798	12684	12648	4020	20158	1595	14787
梁家沟街道	14889	7640	7249	6011	7546	7240	1672	11275	1942	12143
苏海图街道	12270	6263	6007	5116	6247	6005	1469	9151	1650	10466
滨海街道	15492	8486	7006	5108	6856	6687	1898	12633	961	6414
乌兰淖尔镇	4197	2208	1989	1661	2076	1981	513	3192	492	3187
赤峰市	**4341245**	**2234825**	**2106420**	**1373247**	**2122531**	**2047476**	**665226**	**3352068**	**323951**	**3581914**
红山区	**434785**	**218985**	**215800**	**143197**	**199823**	**199767**	**59453**	**341542**	**33790**	**250211**
西屯街道	35371	17518	17853	12003	16028	16279	4673	28085	2613	21762
三中街街道	20432	10097	10335	6693	9142	9473	2704	16128	1600	10610
永巨街道	28677	14181	14496	10281	14011	14374	4103	22055	2519	19200
东城街道	38415	19425	18990	13596	18703	18378	5910	30259	2246	12155
南新街街道	40356	19828	20528	14196	19406	20035	5401	30795	4160	28022
站前街道	57673	27629	30044	18239	23988	24612	6923	45968	4782	34401
铁南街道	26830	13686	13144	9743	13206	12847	3706	21391	1733	11312
长青街道	34551	17204	17347	12037	16239	16767	4203	26720	3628	25032
哈达街道	31178	14950	16228	11456	14401	15250	4090	23746	3342	18330
西城街道	52044	26795	25249	17692	26459	25072	8752	40597	2695	22414
桥北街道	11669	6156	5513	3735	5597	5268	1904	8804	961	7874
红庙子镇	15167	7791	7376	4443	7721	7372	2345	11711	1111	13887
文钟镇	29226	15262	13964	8960	14758	13917	4700	22261	2265	25210
红山工业园区	5024	3058	1966	1	1	1		5017	7	
红山物流园区	8172	5405	2767	122	163	122	39	8005	128	2
元宝山区	**325170**	**165562**	**159608**	**105657**	**160876**	**156882**	**48836**	**248059**	**28275**	**250971**
西露天街道	17365	8650	8715	6829	8583	8699	2054	12176	3135	14955
平庄城区街道	39308	19783	19525	13086	18690	18882	5589	30293	3426	26609
平庄东城区街道	43715	21956	21759	15463	21772	21592	6719	33407	3589	28210
平庄西城区街道	20619	10345	10274	6393	8959	9046	3108	16304	1207	6669
马林街道	6317	3214	3103	2424	3165	3095	806	4987	524	5314
云杉路街道	38389	19149	19240	14529	18932	19144	5624	28577	4188	28309
风水沟镇	16776	8643	8133	5385	8550	8110	2551	13008	1217	15215
元宝山镇	35829	18541	17288	10776	18219	17212	5683	27464	2682	31586
美丽河镇	23180	12093	11087	6636	11853	11011	3627	17646	1907	21578
平庄镇	66178	34111	32067	18708	33893	31982	10665	50789	4724	57710
五家镇	16576	8412	8164	5428	8260	8109	2410	12492	1674	14812
赤峰市资源型经济转型开发试验区	918	665	253					916	2	4

表5 续表 5

单位：人、户

地区	总人口			家庭户	家庭户总人口		分年龄人口			居住本地，户口在本地
	合计	男	女	户数	男	女	0-14岁	15-64岁	65岁及以上	
松山区	**573571**	**299399**	**274172**	**169485**	**280342**	**264313**	**91020**	**444820**	**37731**	**389936**
振兴街道	36600	18725	17875	10943	16475	16070	6082	28450	2068	11495
向阳街道	19688	9933	9755	6695	9875	9699	3658	14940	1090	7825
松州街道	36849	20685	16164	11122	16276	15997	6042	28772	2035	8667
铁东街道	7439	3881	3558	2529	3573	3422	1206	5683	550	2238
玉龙街道	34632	17383	17249	10768	14883	15108	4748	28355	1529	5957
兴安街道	19610	11026	8584	3597	4895	4913	1496	17624	490	2026
全宁街道	7502	3531	3971	2726	3135	3540	789	6407	306	544
穆家营子镇	101427	52694	48733	33017	51539	48036	19198	77995	4234	53371
初头朗镇	25179	13135	12044	7338	12378	11458	3860	19201	2118	23166
大庙镇	21807	11419	10388	6246	11388	10384	3329	16600	1878	21402
王府镇	24838	12893	11945	6677	12871	11944	3923	18885	2030	24151
老府镇	27768	14758	13010	7918	14725	13003	4520	20758	2490	27151
哈拉道口镇	24156	12402	11754	6554	12392	11752	3728	18532	1896	23295
上官地镇	13642	7057	6585	4480	6992	6564	2006	10301	1335	13181
安庆镇	25481	13226	12255	7077	13203	12250	3867	19919	1695	24520
太平地镇	37598	19619	17979	10555	19584	17971	6114	28817	2667	36502
当铺地满族乡	32181	16777	15404	8883	16452	15341	5023	24724	2434	30200
夏家店乡	28578	14878	13700	7672	14581	13664	4127	22273	2178	27179
城子乡	23814	12365	11449	6982	12310	11436	3727	18010	2077	23057
大夫营子乡	14033	7318	6715	4552	7228	6707	2153	10357	1523	13629
岗子乡	10749	5694	5055	3154	5587	5054	1424	8217	1108	10380
阿鲁科尔沁旗	**272205**	**141553**	**130652**	**94559**	**131925**	**129294**	**40593**	**212722**	**18890**	**250334**
天山街道	60611	30038	30573	21846	29579	30154	10601	46129	3881	48513
天山镇	31120	15678	15442	9728	15173	15015	4286	24372	2462	29106
天山口镇	30307	15610	14697	11876	15285	14499	4069	23674	2564	29500
双胜镇	16292	8221	8071	5814	8136	8063	2540	12393	1359	15770
坤都镇	8339	4203	4136	2686	4131	4114	1365	6538	436	7627
巴彦花镇	23361	12010	11351	8666	11970	11343	3198	18488	1675	22926
绍根镇	18725	9583	9142	6017	9246	9032	2831	14814	1080	17156
新民乡	9929	5040	4889	3808	4984	4877	1319	7672	938	9351
先锋乡	27976	17462	10514	8391	10423	10508	3069	22969	1938	27307
罕苏木苏木	19452	10110	9342	6531	9785	9226	3435	14996	1021	18513
赛汉塔拉苏木	13880	7287	6593	4615	6936	6563	2141	10989	750	12617
巴拉奇如德苏木	12213	6311	5902	4581	6277	5900	1739	9688	786	11948
巴林左旗	**327765**	**165778**	**161987**	**105380**	**161564**	**158864**	**53242**	**253613**	**20910**	**281618**
林东西城街道	47250	23307	23943	15586	20832	21315	8266	36629	2355	25316
林东东城街道	25451	12597	12854	9102	12425	12742	4607	19198	1646	15816
林东镇	58642	29495	29147	17860	29127	29085	9255	45455	3932	54262
隆昌镇	39959	20378	19581	12528	20301	19562	6337	30823	2799	39236
十三敖包镇	44897	22997	21900	14061	22891	21878	7151	34738	3008	44130
碧流台镇	40513	20703	19810	12647	20685	19797	6449	31274	2790	39882
富河镇	19756	10012	9744	6242	9783	9695	3093	15347	1316	18816
白音诺尔镇	10805	5627	5178	3871	5237	5080	1860	8544	401	5586
哈拉哈达镇	12846	6525	6321	3967	6492	6316	2033	9937	876	12627
查干哈达苏木	12855	6596	6259	4194	6441	6177	1925	10020	910	12442
乌兰达坝苏木	14791	7541	7250	5322	7350	7217	2266	11648	877	13505
巴林右旗	**175543**	**91185**	**84358**	**59420**	**84522**	**81902**	**25894**	**139175**	**10474**	**147551**
大板镇	88516	46227	42289	29446	40386	40144	13766	70262	4488	64622
索博日嘎镇	16799	8708	8091	6080	8706	8091	2344	13292	1163	16261

表5 续表 6 单位：人、户

地　区	总人口			家庭户	家庭户总人口		分年龄人口			居住本地，户口在本地
	合　计	男	女	户　数	男	女	0-14岁	15-64岁	65岁及以上	
宝日勿苏镇	14704	7545	7159	4992	7508	7151	2342	11463	899	14027
查干诺尔镇	12206	6455	5751	4029	6153	5642	1660	9580	966	11862
查干沐沦镇	11869	6103	5766	4270	5966	5753	1475	9630	764	11112
西拉沐沦苏木	12246	6274	5972	3865	6259	5969	1853	9653	740	11689
巴彦塔拉苏木	9664	4966	4698	3566	4964	4696	1196	7758	710	9353
幸福之路苏木	9539	4907	4632	3172	4580	4456	1258	7537	744	8625
林西县	**200619**	**100784**	**99835**	**72555**	**99057**	**98456**	**28613**	**155916**	**16090**	**170432**
林西街道	63060	31086	31974	23146	29828	30735	9459	49206	4395	42667
林西镇	25878	12986	12892	8911	12966	12874	3783	20142	1953	21470
新城子镇	16796	8658	8138	6165	8519	8065	2224	13022	1550	16155
新林镇	12304	6263	6041	4965	6136	6023	1580	9506	1218	11740
五十家子镇	21499	10843	10656	7516	10809	10649	3425	16307	1767	20779
官地镇	16022	8147	7875	5855	8128	7873	2251	12482	1289	15315
大井镇	11960	6014	5946	4550	5980	5945	1476	9463	1021	10867
统部镇	18353	9283	9070	7039	9260	9068	2418	14405	1530	17441
大营子乡	14747	7504	7243	4408	7431	7224	1997	11383	1367	13998
克什克腾旗	**211155**	**115298**	**95857**	**69972**	**95143**	**93702**	**26795**	**169687**	**14673**	**156446**
经棚镇	23116	11978	11138	8445	11084	10921	2715	18364	2037	18170
宇宙地镇	13503	6876	6627	4639	6769	6608	1718	10762	1023	12429
土城子镇	16253	8229	8024	5894	8063	7985	2414	12190	1649	15502
同兴镇	11948	6922	5026	3859	5140	4936	1277	9818	853	9343
万合永镇	13941	7201	6740	5206	6845	6661	1721	10844	1376	13134
芝瑞镇	22456	11821	10635	8192	10868	10520	2673	17922	1861	20574
达来诺日镇	4892	2449	2443	1617	2338	2399	639	3985	268	4358
新开地乡	9008	4580	4428	3473	4522	4420	1367	6837	804	8514
红山子乡	6540	3420	3120	2630	3335	3107	877	5208	455	5830
达日罕乌拉苏木	19567	15977	3590	2068	3068	2877	828	18429	310	5401
巴彦查干苏木	8972	5396	3576	2339	3469	3313	1140	7558	274	6397
克旗经棚街道办事处筹备处	51634	25569	26065	18295	25196	25736	8332	40055	3247	29975
热水塘温泉疗养旅游开发区管委会	1525	732	793	501	607	609	160	1301	64	336
乌兰布统旅游开发区管委会	3830	2041	1789	1334	1899	1767	496	3156	178	3208
浩来呼热街道办事处筹备处	3970	2107	1863	1480	1940	1843	438	3258	274	3275
翁牛特旗	**433298**	**221982**	**211316**	**132851**	**216192**	**206457**	**64801**	**335062**	**33435**	**409678**
乌丹镇	138695	70286	68409	45839	65953	64463	20629	107567	10499	121473
乌敦套海镇	29380	15051	14329	8622	14982	14279	4715	22409	2256	28447
五分地镇	40453	20975	19478	11482	20678	19292	5975	31052	3426	39919
桥头镇	51878	27151	24727	13937	26325	24100	7553	40378	3947	51368
广德公镇	28032	14522	13510	8211	14516	13505	3652	21877	2503	27563
梧桐花镇	34699	17724	16975	10407	17700	16969	4927	27054	2718	34093
海日苏镇	14027	7156	6871	4806	7060	6852	2278	10864	885	12574
亿合公镇	29297	15130	14167	8311	15078	14158	4208	22633	2456	28812
解放营子乡	18045	9333	8712	5131	9310	8710	2411	14083	1551	17774
阿什罕苏木乡	5633	2914	2719	2018	2914	2719	841	4360	432	5617
白音他拉苏木乡	27408	13887	13521	8573	13865	13516	4794	20984	1630	26635
白音套海苏木乡	15751	7853	7898	5514	7811	7894	2818	11801	1132	15403
喀喇沁旗	**293246**	**150861**	**142385**	**93773**	**146546**	**139777**	**50486**	**218736**	**24024**	**268285**
锦山镇	77078	39491	37587	24981	36930	35848	13890	57858	5330	60862
美林镇	23780	12086	11694	8179	11949	11653	4696	17051	2033	23151
王爷府镇	30059	15603	14456	10825	15478	14377	4963	22011	3085	29165
小牛群镇	35106	18236	16870	11860	18052	16840	6053	25633	3420	34253

表5 续表 7 单位：人、户

地区	总人口			家庭户	家庭户总人口		分年龄人口			居住本地，户口在本地
	合计	男	女	户数	男	女	0-14岁	15-64岁	65岁及以上	
牛家营子镇	45950	23779	22171	13539	23202	21798	7934	34318	3698	44060
乃林镇	32013	16233	15780	9718	15963	15567	5118	24529	2366	30168
西桥镇	24959	12785	12174	7548	12639	12114	4028	18932	1999	23851
十家满族乡	23002	11993	11009	6667	11680	10942	3619	17394	1989	21605
乃林果树农场	785	392	393	262	390	387	111	616	58	667
马鞍山羊场	514	263	251	194	263	251	74	394	46	503
宁城县	**546845**	**282510**	**264335**	**160864**	**272429**	**256897**	**86315**	**417532**	**42998**	**506547**
天义镇	121656	62008	59648	36113	56094	54564	19485	94653	7518	94861
小城子镇	25208	13055	12153	7611	12966	12095	4025	19174	2009	24508
大城子镇	33928	17474	16454	9994	17138	16261	5264	26071	2593	32877
八里罕镇	37972	19654	18318	11761	17992	16974	6057	28636	3279	34476
黑里河镇	22298	11679	10619	6680	11504	10554	3104	17198	1996	21775
甸子镇	40752	21189	19563	11754	20691	19298	6339	30685	3728	39732
大双庙镇	41652	21708	19944	11294	21561	19901	6502	31712	3438	40481
汐子镇	53017	27174	25843	15193	26823	25655	8573	40616	3828	51248
大明镇	48349	24893	23456	13929	24693	23429	7860	36691	3798	47175
忙农镇	34705	18179	16526	10711	17938	16522	5276	26481	2948	34120
五化镇	20903	10965	9938	6374	10825	9925	3479	15457	1967	20203
三座店乡	41280	21392	19888	11992	21164	19767	6523	31213	3544	40347
必斯营子乡	25125	13140	11985	7458	13040	11952	3828	18945	2352	24744
敖汉旗	**547043**	**280928**	**266115**	**165534**	**274112**	**261165**	**89178**	**415204**	**42661**	**499905**
新惠镇	119272	60135	59137	37888	55428	54560	20233	91183	7856	87217
四家子镇	43973	22842	21131	13773	22478	21085	7368	32864	3741	42228
长胜镇	49603	25188	24415	14650	25009	24380	7972	37776	3855	47863
贝子府镇	45637	23837	21800	13589	23464	21754	7005	34678	3954	43729
四道湾子镇	32632	16914	15718	9163	16732	15649	5238	25193	2201	30771
下洼镇	31104	15964	15140	8871	15893	15121	5047	23592	2465	30017
金厂沟梁镇	28421	14799	13622	8895	14470	13592	4865	21119	2437	26457
宝国吐乡	30257	15615	14642	8815	15461	14628	5016	22895	2346	29322
牛古吐乡	37833	19519	18314	10315	19447	18299	6481	28294	3058	36994
木头营子乡	31494	16202	15292	8938	16125	15281	5000	23807	2687	30771
古鲁板蒿乡	32894	16865	16029	10151	16808	16021	5089	25263	2542	32518
丰收乡	21920	11421	10499	6228	11349	10470	3479	16589	1852	21582
玛尼罕乡	14168	7234	6934	5036	7142	6910	2094	10697	1377	13790
萨力巴乡	17609	9162	8447	5546	9119	8428	2854	13363	1392	17259
敖润苏莫苏木	3925	2073	1852	1457	2055	1852	537	3073	315	3763
国营种羊场	6301	3158	3143	2219	3132	3135	900	4818	583	5624
通辽市	**3139153**	**1597918**	**1541235**	**948038**	**1537159**	**1497505**	**493708**	**2451178**	**194267**	**2708525**
科尔沁区	**898895**	**454853**	**444042**	**278703**	**425792**	**421689**	**123329**	**712140**	**63426**	**665311**
科尔沁街道	41271	20438	20833	15024	20189	20656	5216	32423	3632	23344
西门街道	57255	28967	28288	16532	21788	22148	6176	47390	3689	27390
永清街道	55608	28297	27311	17239	22959	24100	7032	44478	4098	32147
明仁街道	21922	10483	11439	7319	9942	10603	2878	17356	1688	12877
施介街道	36856	18073	18783	13551	18003	18687	4818	28886	3152	24916
清真街道	52353	25858	26495	18211	25605	26166	7032	41655	3666	26065
东郊街道	28380	14405	13975	9697	12748	12936	2971	22621	2788	15489
铁路街道	52870	25936	26934	16940	24073	24434	5519	42609	4742	40616
红星街道	24371	12746	11625	6744	11528	11418	3425	19621	1325	17387
霍林街道	35489	17797	17692	12636	17766	17668	3796	28616	3077	20624
建国街道	26933	14198	12735	7697	12870	12588	3738	21695	1500	17553

表5 续表 8

单位：人、户

地　区	总人口			家庭户	家庭户总人口		分年龄人口			居住本地，户口在本地
	合　计	男	女	户　数	男	女	0-14岁	15-64岁	65岁及以上	
河西街道	33464	17531	15933	10269	15621	14933	4906	26844	1714	15370
电厂街道	5581	3134	2447	1860	2127	2112	432	4671	478	2259
大林镇	79258	40102	39156	24377	39640	38777	11875	61698	5685	77209
钱家店镇	51419	26148	25271	14685	26023	25184	8020	39880	3519	48396
余粮堡镇	30267	15318	14949	9427	15183	14816	4758	23307	2202	28370
木里图镇	40813	21663	19150	11662	19217	18458	5900	32655	2258	34455
丰田镇	28044	14320	13724	8308	14314	13724	4452	21828	1764	27007
清河镇	35520	18292	17228	11183	18255	17220	5541	27668	2311	32985
育新镇	31142	15810	15332	9018	15800	15324	4675	24425	2042	29715
庆和镇	22508	11520	10988	6336	11384	10940	3820	17252	1436	20764
敖力布皋镇	25508	13130	12378	7262	13129	12377	4016	19708	1784	24588
辽河镇	48646	23560	25086	12388	20731	20164	7188	38973	2485	34878
莫力庙苏木	17748	9039	8709	5423	8983	8693	2649	13841	1258	16695
哲南农场	2249	1174	1075	663	1132	1073	346	1773	130	2029
三义堂农场	2826	1437	1389	866	1427	1382	453	2168	205	2710
高林屯种畜场	4297	2277	2020	1428	2158	2014	645	3343	309	3710
胡力海原种繁殖场	4109	2091	2018	1255	2088	2015	670	3102	337	3821
莫力庙羊场	1431	728	703	477	728	703	235	1094	102	1276
半截店牧场	757	381	376	226	381	376	147	560	50	666
科尔沁左翼中旗	**514741**	**261945**	**252796**	**146676**	**258040**	**248791**	**83479**	**403781**	**27481**	**490063**
保康镇	94516	47214	47302	28063	44830	44424	14266	74660	5590	85669
宝龙山镇	61046	31221	29825	18315	30761	29557	9447	48543	3056	57431
舍伯吐镇	50463	25648	24815	13421	25599	24781	8153	39947	2363	48364
巴彦塔拉镇	33327	17179	16148	9675	17147	16140	5545	25936	1846	32478
门达镇	25637	13068	12569	7489	12761	12323	4757	19180	1700	24303
架玛吐镇	41123	20889	20234	11029	20836	20199	6344	32589	2190	40615
腰林毛都镇	23284	11894	11390	6001	11894	11390	3774	18386	1124	22654
希伯花镇	44374	22647	21727	12524	22518	21622	7625	34619	2130	43170
花吐古拉镇	31953	16389	15564	8986	16233	15484	5672	24472	1809	30420
代力吉镇	19459	9929	9530	5396	9919	9530	2972	15598	889	18643
努日木镇	17138	8878	8260	4978	8871	8257	2596	13446	1096	16430
花胡硕苏木	16383	8415	7968	4287	8415	7968	2803	12845	735	15847
协代苏木	13209	6796	6413	3645	6593	6232	2712	9875	622	12701
白兴吐苏木	14151	7302	6849	4083	7293	6848	2333	11021	797	13635
图布信苏木	24507	12378	12129	7595	12272	11963	3743	19391	1373	23751
东苏林场	4171	2098	2073	1189	2098	2073	737	3273	161	3952
科尔沁左翼后旗	**379237**	**194766**	**184471**	**116319**	**191387**	**182430**	**65481**	**290464**	**23292**	**358485**
甘旗卡镇	89451	45470	43981	31068	44668	43225	13270	70160	6021	85569
吉尔嘎朗镇	24426	12659	11767	7165	12423	11576	4392	18726	1308	23617
金宝屯镇	32291	16435	15856	10364	16250	15697	5788	24630	1873	29332
常胜镇	44502	22845	21657	13313	22804	21655	8181	33346	2975	42878
查日苏镇	37877	19833	18044	10678	18832	18004	6839	29182	1856	32400
双胜镇	33830	17277	16553	9158	16523	15901	6617	24926	2287	32055
阿古拉镇	14552	7484	7068	4268	7276	6858	2813	10943	796	14168
朝鲁吐镇	16693	8710	7983	4952	8707	7983	2836	12811	1046	16294
努古斯台镇	16762	8579	8183	4932	8541	8180	2619	13165	978	16160
海鲁吐镇	21360	11163	10197	6383	11151	10193	3879	16238	1243	20762
阿都沁苏木	18053	9305	8748	5046	9300	8748	3369	13668	1016	17496
茂道吐苏木	12031	6270	5761	3328	6189	5739	2078	9265	688	11625
胜利农场	8115	4034	4081	2660	4021	4079	1340	6163	612	7566

表5 续表 9

单位：人、户

地　　区	总人口			家庭户	家庭户总人口		分年龄人口			居住本地，户　口在本地
	合　计	男	女	户　数	男	女	0－14岁	15－64岁	65岁及以　上	
孟根达坝牧场	1746	923	823	541	923	823	261	1367	118	1653
查金台牧场	2087	1077	1010	696	1077	1010	359	1584	144	1930
原种场	2944	1422	1522	832	1422	1522	470	2305	169	2798
大青沟管理局	678	343	335	264	343	335	105	542	31	645
哈日乌苏种畜场	76	36	40	32	36	40	5	68	3	75
乌兰敖道渔场	191	100	91	61	100	91	28	155	8	174
金宝屯林场	449	215	234	168	215	234	63	350	36	214
朝鲁吐林场	143	79	64	51	79	64	21	115	7	121
茂道吐林场	196	103	93	62	103	93	25	157	14	189
伊胡塔林场	160	82	78	64	82	78	26	120	14	158
乌旦塔拉林场	624	322	302	233	322	302	97	478	49	606
开鲁县	**396166**	**200521**	**195645**	**113971**	**193505**	**189938**	**63836**	**309395**	**22935**	**364906**
开鲁镇	119874	60385	59489	36846	55991	55586	20023	92665	7186	99517
大榆树镇	24231	12472	11759	6802	12456	11759	3658	19295	1278	23828
黑龙坝镇	21660	10992	10668	6354	10973	10656	3418	16957	1285	21006
麦新镇	32830	16532	16298	9351	16357	16197	5290	25749	1791	31890
义和塔拉镇	29571	15060	14511	8594	14982	14486	4660	23353	1558	28968
建华镇	33974	17285	16689	9555	16708	16361	5636	26504	1834	32060
小街基镇	52731	26555	26176	13519	26445	26133	7858	41621	3252	50648
东风镇	21528	10881	10647	6383	10745	10607	3455	16843	1230	20348
吉日嘎郎吐镇	21581	11160	10421	5140	9688	9175	3516	16847	1218	20830
东来镇	19023	9603	9420	5615	9579	9413	3295	14607	1121	17967
清河牧场	3601	1734	1867	1172	1734	1867	547	2837	217	3149
辽河农场	5152	2618	2534	1520	2614	2534	803	4057	292	4893
保安农场	10410	5244	5166	3120	5233	5164	1677	8060	673	9802
库伦旗	**167020**	**86332**	**80688**	**50769**	**84589**	**79909**	**28396**	**126894**	**11730**	**159082**
库伦街道	35011	17694	17317	11720	16855	16697	4697	28086	2228	31052
库伦镇	35604	18406	17198	10689	18264	17171	6391	26606	2607	34896
扣河子镇	36356	19060	17296	10643	18614	17250	6456	27287	2613	34895
白音花镇	21691	11351	10340	6346	11194	10334	4121	16097	1473	21177
六家子镇	17887	9155	8732	5165	9147	8731	3261	13313	1313	17208
额勒顺镇	10346	5390	4956	3087	5320	4907	1761	7823	762	10045
茫汗苏木	10125	5276	4849	3119	5195	4819	1709	7682	734	9809
奈曼旗	**401509**	**202805**	**198704**	**116762**	**197360**	**193185**	**67538**	**307910**	**26061**	**376450**
大沁他拉镇	115306	57499	57807	33262	53071	52905	18511	89723	7072	99913
八仙筒镇	49373	24928	24445	15095	24684	24257	8813	37191	3369	47673
青龙山镇	31855	16111	15744	9197	16033	15712	5068	24459	2328	31022
新镇	34671	17512	17159	9835	17380	17112	6177	26358	2136	33473
治安镇	18553	9367	9186	5314	9252	9060	3164	14203	1186	17745
东明镇	41718	21171	20547	12314	21098	20506	7334	31787	2597	40711
沙日浩来镇	20739	10663	10076	5634	10642	10074	3338	16037	1364	19946
义隆永镇	17392	8919	8473	4859	8804	8434	2750	13402	1240	16785
固日班花苏木	12869	6628	6241	3675	6427	6110	2156	9828	885	12453
白音他拉苏木	17352	8762	8590	5287	8742	8586	2984	13093	1275	16809
明仁苏木	23483	11942	11541	7096	11933	11539	4155	17906	1422	22576
黄花塔拉苏木	14911	7649	7262	4130	7640	7257	2521	11447	943	14245
国有六号农场	3287	1654	1633	1064	1654	1633	567	2476	244	3099
扎鲁特旗	**279371**	**142730**	**136641**	**90314**	**137237**	**134521**	**46770**	**217143**	**15458**	**246771**
鲁北镇	98240	49186	49054	32895	47153	47312	16584	76103	5553	78210
黄花山镇	14952	7723	7229	5434	7658	7202	2333	11870	749	12649

表5 续表 10 单位：人、户

地　区	总人口			家庭户	家庭户总人口		分年龄人口			居住本地，户口在本地
	合　计	男	女	户　数	男	女	0-14岁	15-64岁	65岁及以上	
嘎亥图镇	29801	15062	14739	8670	15012	14723	5153	23247	1401	28736
巨日合镇	23842	12131	11711	7536	11917	11611	4097	18193	1552	23004
巴雅尔图胡硕镇	11975	6111	5864	3368	6003	5821	2119	9352	504	11741
香山镇	18567	9486	9081	6346	9437	9070	3161	14139	1267	18048
阿日昆都楞镇	7251	4890	2361	1502	2349	2252	856	6232	163	4122
巴彦塔拉苏木	15782	8081	7701	5430	7972	7683	2628	12064	1090	15187
乌力吉木仁苏木	15366	7838	7528	5168	7789	7522	2548	12039	779	14546
道老杜苏木	9462	4827	4635	2902	4806	4623	1503	7560	399	9073
格日朝鲁苏木	12361	6403	5958	3768	6215	5948	2149	9661	551	11328
乌额格其牧场	9391	4776	4615	3005	4766	4613	1506	7272	613	8927
香山农场	6725	3384	3341	2386	3378	3341	1258	4964	503	6382
乌日根塔拉农场	3699	1859	1840	1212	1809	1816	600	2885	214	3186
嘎达苏种畜场	1957	973	984	692	973	984	275	1562	120	1632
霍林郭勒市	**102214**	**53966**	**48248**	**34524**	**49249**	**47042**	**14879**	**83451**	**3884**	**47457**
珠斯花街道	31500	16631	14869	10850	15073	14590	4191	26088	1221	16489
莫斯台街道	27630	13992	13638	9429	13408	13134	4390	22067	1173	13301
宝日呼吉尔街道	23255	12027	11228	8127	11892	11178	4093	18528	634	7419
沙尔呼热街道	10423	6024	4399	3232	4548	4147	1061	8891	471	5111
达来胡硕街道	8688	4880	3808	2582	3916	3687	1086	7225	377	4709
东蒙农牧业有限责任公司	718	412	306	304	412	306	58	652	8	428
鄂尔多斯市	**1940653**	**1106242**	**834411**	**604414**	**803468**	**758321**	**272629**	**1551599**	**116425**	**849895**
东胜区	**582544**	**338255**	**244289**	**158909**	**219264**	**207504**	**76117**	**484639**	**21788**	**124992**
交通街道	63907	33154	30753	19557	26020	25481	8221	52908	2778	15193
公园街道	66959	34421	32538	22436	30149	28787	9305	54321	3333	19268
林荫街道	62609	32063	30546	21410	28901	28042	10295	50008	2306	20215
建设街道	45765	26080	19685	11603	16169	15759	6002	38280	1483	9953
富兴街道	63499	34005	29494	18542	27164	25072	10840	50951	1708	7644
天骄街道	41870	25335	16535	9617	13584	13039	5055	35724	1091	7024
诃额伦街道	59026	31549	27477	19414	27859	26038	11108	46336	1582	7601
巴音门克街道	51582	33467	18115	11200	15889	15711	5845	44097	1640	6569
哈巴格希街道	44020	31980	12040	5894	7572	6522	2300	40842	878	7169
泊尔江海子镇	8787	4987	3800	3474	4053	3654	622	6314	1851	6985
罕台镇	31556	22528	9028	5774	8273	7040	2190	27772	1594	7940
铜川镇	42964	28686	14278	9988	13631	12359	4334	37086	1544	9431
达拉特旗	**322101**	**172294**	**149807**	**114580**	**149610**	**142592**	**48728**	**246643**	**26730**	**180787**
树林召镇	219545	115792	103753	74037	101191	97876	38207	169329	12009	96156
吉格斯太镇	12002	6440	5562	5149	5962	5472	1307	8736	1959	10868
白泥井镇	23100	12684	10416	9198	11317	10199	3151	17310	2639	16690
王爱召镇	19613	10351	9262	7723	9696	9019	1959	14514	3140	18156
昭君镇	15702	8680	7022	6198	7215	6801	1249	12110	2343	13307
恩格贝镇	8744	4715	4029	3792	4246	3924	808	6453	1483	7766
中和西镇	5332	2794	2538	2226	2667	2510	566	3930	836	4923
展旦召苏木	18063	10838	7225	6257	7316	6791	1481	14261	2321	12921
准格尔旗	**356501**	**203975**	**152526**	**115312**	**153297**	**142351**	**56499**	**274798**	**25204**	**204778**
薛家湾镇	183905	102305	81600	59471	82294	77354	33391	142350	8164	92863
沙圪堵镇	63832	34342	29490	21451	28420	26526	9798	48318	5716	39977
大路镇	4167	2283	1884	1798	2049	1851	456	3047	664	3634
纳日松镇	29258	20213	9045	6952	8984	7870	3181	24151	1926	13806
龙口镇	30843	17328	13515	11653	13868	12988	4666	22074	4103	25064
准格尔召镇	18969	13359	5610	3933	5533	4761	1755	16192	1022	7272

表5 续表 11 单位：人、户

地区	总人口			家庭户	家庭户总人口		分年龄人口			居住本地，户口在本地
	合计	男	女	户数	男	女	0-14岁	15-64岁	65岁及以上	
暖水乡	6452	3780	2672	2450	2861	2481	676	4798	978	5131
十二连城乡	13969	7332	6637	5545	6922	6478	2097	10059	1813	12724
布尔陶亥苏木	5106	3033	2073	2059	2366	2042	479	3809	818	4307
鄂托克前旗	**68282**	**37896**	**30386**	**22618**	**30118**	**29215**	**9635**	**53889**	**4758**	**44677**
敖勒召其镇	36142	18379	17763	12751	17040	17152	6097	27403	2642	21837
上海庙镇	11342	8470	2872	2365	2895	2482	762	10213	367	4343
城川镇	14070	7395	6675	5106	6974	6592	2041	10771	1258	12667
昂素镇	6728	3652	3076	2396	3209	2989	735	5502	491	5830
鄂托克旗	**148844**	**85066**	**63778**	**44858**	**60997**	**57942**	**21227**	**121098**	**6519**	**60364**
乌兰镇	39255	21482	17773	12687	16793	16632	5303	31492	2460	22683
棋盘井镇	74934	43207	31727	22083	30821	28876	12508	60849	1577	17038
蒙西镇	16006	10379	5627	3265	4356	4005	1413	14033	560	5077
木凯淖尔镇	7094	3670	3424	2830	3586	3379	616	5303	1175	6439
苏米图苏木	4381	2576	1805	1473	1858	1685	402	3646	333	3251
阿尔巴斯苏木	7174	3752	3422	2520	3583	3365	985	5775	414	5876
杭锦旗	**111102**	**59212**	**51890**	**41625**	**52088**	**49791**	**15178**	**85623**	**10301**	**78199**
锡尼镇	59225	31406	27819	21298	26871	26251	8512	45518	5195	35035
巴拉贡镇	9873	5136	4737	3892	4969	4687	1510	7521	842	7739
吉日嘎朗图镇	9543	5007	4536	3672	4762	4472	1298	7274	971	8562
独贵特拉镇	19041	10593	8448	7325	8750	8129	2125	14765	2151	15836
呼和木独镇	5164	2685	2479	1980	2569	2427	712	3994	458	4666
伊和乌素苏木	8256	4385	3871	3458	4167	3825	1021	6551	684	6361
乌审旗	**124527**	**70962**	**53565**	**38463**	**52354**	**49524**	**17350**	**99708**	**7469**	**68178**
嘎鲁图镇	60056	33771	26285	17883	24674	23846	9300	48381	2375	24055
乌审召镇	10506	5637	4869	3865	5072	4734	1835	7958	713	5732
图克镇	14849	9673	5176	3647	4856	4592	1386	12531	932	8715
乌兰陶勒盖镇	9737	5872	3865	2640	3868	3595	1037	8160	540	6363
无定河镇	20077	10814	9263	7200	9621	8907	2733	15281	2063	15855
苏力德苏木	9302	5195	4107	3228	4263	3850	1059	7397	846	7458
伊金霍洛旗	**226752**	**138582**	**88170**	**68049**	**85740**	**79402**	**27895**	**185201**	**13656**	**87920**
阿勒腾席热镇	85777	49975	35802	23930	32942	31803	13026	69853	2898	24217
札萨克镇	17689	9531	8158	6843	8379	7824	2751	13177	1761	13143
乌兰木伦镇	61970	40331	21639	17879	22115	19437	6820	52831	2319	16977
纳林陶亥镇	31582	22653	8929	7046	8725	7431	2735	27471	1376	9530
苏布尔嘎镇	7413	3922	3491	3390	3684	3430	535	5212	1666	6802
红庆河镇	11850	6163	5687	5091	5732	5512	1162	8413	2275	10668
伊金霍洛镇	10471	6007	4464	3870	4163	3965	866	8244	1361	6583
呼伦贝尔市	**2549252**	**1311859**	**1237393**	**896713**	**1237168**	**1203068**	**311887**	**2030535**	**206830**	**2012827**
海拉尔区	**344934**	**175840**	**169094**	**117313**	**154631**	**158192**	**36530**	**280464**	**27940**	**233122**
正阳街道	70955	36737	34218	23644	30619	31983	7485	58542	4928	48158
健康街道	52165	27227	24938	17667	23431	23363	5565	42966	3634	32473
靠山街道	39569	19909	19660	15005	19881	19606	3521	31868	4180	28635
胜利街道	55416	26868	28548	19584	25571	28007	7127	42901	5388	43431
呼伦街道	45671	23947	21724	16122	21296	21620	4817	36952	3902	29207
奋斗街道	32985	15705	17280	8612	11049	11682	2982	28305	1698	16811
建设街道	20858	11118	9740	7132	9663	9200	1893	17041	1924	13880
哈克镇	27315	14329	12986	9547	13121	12731	3140	21889	2286	20527
阿荣旗	**278744**	**143310**	**135434**	**90690**	**140502**	**132908**	**39400**	**221729**	**17615**	**249347**
那吉镇	66056	32855	33201	21280	31007	31228	9143	52858	4055	50897
六合镇	36033	18617	17416	12680	18601	17409	5146	28750	2137	34672

表5　续表 12　　　　　　　　　　　　　　　　　　　　　　　　　　　　　　单位：人、户

地　区	总人口			家庭户	家庭户总人口		分年龄人口			居住本地，户口在本地
	合　计	男	女	户　数	男	女	0-14岁	15-64岁	65岁及以上	
亚东镇	50677	26279	24398	15074	26206	24348	7270	40219	3188	47774
霍尔奇镇	41856	21779	20077	13924	21299	19747	5849	33159	2848	39453
向阳峪镇	27781	14475	13306	9281	14463	13300	3836	22194	1751	26689
得力其鄂温克民族乡	11316	5955	5361	3628	5855	5344	1704	8987	625	10108
查巴奇鄂温克民族乡	10949	5712	5237	3546	5649	5204	1632	8608	709	8968
音河达斡尔鄂温克民族乡	10931	5613	5318	3650	5478	5222	1631	8569	731	10070
新发朝鲜民族乡	8927	4618	4309	2863	4579	4298	1285	7137	505	7517
那吉屯农场	14218	7407	6811	4764	7365	6808	1904	11248	1066	13199
莫力达瓦达斡尔族自治旗	**276912**	**142497**	**134415**	**89495**	**138887**	**131245**	**45059**	**217079**	**14774**	**247277**
尼尔基镇	101408	51267	50141	33819	48869	47757	16767	78848	5793	88595
红彦镇	14657	7604	7053	4863	7508	7002	2318	11510	829	12548
宝山镇	16751	8719	8032	5280	8408	7790	3089	12711	951	15902
哈达阳镇	16579	8569	8010	5170	8433	7919	2652	13021	906	15731
阿尔拉镇	12994	6824	6170	4274	6817	6165	2229	10263	502	11776
西瓦尔图镇	23485	12239	11246	6937	12076	11147	3940	18387	1158	22221
腾克镇	13457	7028	6429	4306	6988	6412	2180	10785	492	11365
塔温敖宝镇	28050	14639	13411	8573	14456	13253	4519	22157	1374	25221
巴彦鄂温克民族乡	42053	21736	20317	13899	21464	20196	6119	33533	2401	37045
杜拉尔鄂温克民族乡	7478	3872	3606	2374	3868	3604	1246	5864	368	6873
鄂伦春自治旗	**223752**	**113726**	**110026**	**79828**	**111209**	**108130**	**28253**	**173868**	**21631**	**185114**
阿里河镇	33022	16739	16283	12431	16008	15946	3645	25415	3962	29921
大杨树镇	98083	49818	48265	32716	48529	47014	13928	77586	6569	73819
甘河镇	41377	20820	20557	16675	20721	20524	3900	30721	6756	39591
托扎敏镇	15139	7694	7445	5647	7651	7431	1678	11485	1976	14208
诺敏镇	17068	8786	8282	5708	8498	8040	2746	13227	1095	13703
乌鲁布铁镇	13810	7101	6709	4640	7067	6702	1791	11071	948	10623
古里乡	5253	2768	2485	2011	2735	2473	565	4363	325	3249
鄂温克族自治旗	**134979**	**70330**	**64649**	**49869**	**66089**	**63726**	**15646**	**109759**	**9574**	**105774**
巴彦托海镇	27834	14283	13551	9816	13462	13386	3530	22335	1969	20122
巴雁镇	57324	29127	28197	22270	28842	28061	6471	46186	4667	51945
伊敏河镇	27601	14382	13219	10457	13469	12843	3196	22428	1977	18503
锡尼河镇	9291	5738	3553	2609	3677	3352	908	8013	370	5593
巴彦塔拉达斡尔民族乡	1743	944	799	743	940	799	187	1450	106	1515
伊敏苏木	7380	3837	3543	2623	3691	3507	862	6138	380	4946
辉苏木	3806	2019	1787	1351	2008	1778	492	3209	105	3150
陈巴尔虎旗	**58244**	**30658**	**27586**	**20375**	**28400**	**27129**	**6493**	**47948**	**3803**	**40774**
巴彦库仁镇	23993	12831	11162	7973	10853	10769	2919	19466	1608	16794
宝日希勒镇	16968	8765	8203	5791	8553	8163	1929	13994	1045	10979
呼和诺尔镇	3921	2058	1863	1399	2041	1854	353	3303	265	2930
乌珠尔苏木	3072	1635	1437	1128	1632	1436	292	2687	93	1966
鄂温克民族苏木	1755	944	811	655	904	797	172	1520	63	1232
陈巴尔虎旗国营哈图达牧场	3381	1758	1623	1369	1758	1623	281	2813	287	2766
陈旗国营浩特陶海农牧场	2516	1298	1218	1000	1295	1218	300	1961	255	1699
陈旗国营特泥河牧场	2638	1369	1269	1060	1364	1269	247	2204	187	2408
新巴尔虎左旗	**40258**	**21024**	**19234**	**14501**	**19737**	**18946**	**5146**	**32907**	**2205**	**30708**
阿木古郎镇	18247	9351	8896	6479	8611	8693	2664	14531	1052	13146
嵯岗镇	4655	2370	2285	1712	2338	2269	639	3744	272	3876
乌布尔宝力格苏木	6590	3502	3088	2368	3375	3068	806	5507	277	5156
吉布胡郎图苏木	3594	2041	1553	1160	1665	1506	375	3066	153	2732
新宝力格苏木	4608	2402	2206	1814	2390	2204	415	3977	216	3754

表5　续表 13

单位：人、户

地　　区	总人口			家庭户	家庭户总人口		分年龄人口			居住本地，户口在本地
	合　计	男	女	户　数	男	女	0-14岁	15-64岁	65岁及以上	
嵯岗双娃牧场	2564	1358	1206	968	1358	1206	247	2082	235	2044
新巴尔虎右旗	**36356**	**19845**	**16511**	**12638**	**16656**	**15785**	**4136**	**30459**	**1761**	**22723**
阿拉坦额莫勒镇	23206	11828	11378	8511	11187	11235	3172	18697	1337	14975
阿日哈沙特镇	2368	1617	751	528	637	543	134	2207	27	920
呼伦镇	3322	1927	1395	1214	1616	1314	218	2965	139	2001
贝尔苏木	3722	2235	1487	1114	1544	1322	284	3320	118	2308
克尔伦苏木	3183	1916	1267	1051	1395	1155	304	2789	90	2232
敖尔金牧场	555	322	233	220	277	216	24	481	50	287
满洲里市	**249472**	**128853**	**120619**	**95277**	**122385**	**118072**	**28944**	**203425**	**17103**	**144744**
东山街道	49273	27212	22061	17619	23215	21606	6076	41270	1927	25073
道南街道	33533	17394	16139	12635	17006	15949	4074	27329	2130	14236
道北街道	35407	18046	17361	13488	17536	17026	5000	28712	1695	15151
兴华街道	23623	11752	11871	7814	10736	10408	3010	19500	1113	10039
满洲里市第一街道	12262	6100	6162	4903	6084	6153	1257	9887	1118	9787
满洲里市第二街道	13091	6922	6169	5327	6676	6159	1203	10800	1088	9179
满洲里市第三街道	18223	8966	9257	7634	8961	9247	1866	14651	1706	14405
满洲里市第四街道	24480	12300	12180	9419	12142	12161	2699	19680	2101	14845
满洲里市第五街道	13568	6970	6598	5741	6958	6588	1234	10841	1493	11343
灵泉街道	18336	9203	9133	7762	9135	9096	1732	14604	2000	15523
新开河街道	7676	3988	3688	2935	3936	3679	793	6151	732	5163
牙克石市	**352173**	**183206**	**168967**	**131194**	**166551**	**164981**	**31257**	**278863**	**42053**	**280114**
胜利街道	21948	12386	9562	7217	9411	9510	1946	18290	1712	15374
红旗街道	23369	12149	11220	7766	10221	10800	1938	18840	2591	15161
新工街道	26008	12421	13587	9517	12062	13160	2569	20264	3175	18867
永兴街道	31196	17643	13553	9578	13012	13398	3187	25359	2650	19542
建设街道	28106	14626	13480	9895	13193	13093	2395	22343	3368	20507
暖泉街道	17314	8969	8345	5882	7978	7867	1617	13869	1828	12417
东兴街道	14819	7961	6858	5547	7376	6723	1260	12007	1552	10363
免渡河镇	37876	19926	17950	13961	18688	17832	3697	30480	3699	31588
博克图镇	27255	13852	13403	10418	13701	13249	2267	21311	3677	23930
绰河源镇	26878	13806	13072	10810	13497	13047	2625	20994	3259	24835
乌尔其汉镇	35179	17791	17388	13881	17059	16719	3278	27271	4630	30362
库都尔镇	26268	13378	12890	10935	12367	12028	2098	19927	4243	23648
图里河镇	35957	18298	17659	15787	17986	17555	2380	27908	5669	33520
扎兰屯市	**366323**	**187603**	**178720**	**122175**	**180231**	**173463**	**50448**	**288107**	**27768**	**310857**
兴华街道	28295	14102	14193	10094	13186	13295	3239	22155	2901	20006
正阳街道	31334	15241	16093	10979	14863	15343	3696	24993	2645	24176
繁荣街道	25419	13316	12103	8419	11361	11521	2914	20420	2085	18148
向阳街道	25621	12962	12659	8871	12765	12566	3087	20533	2001	19475
高台子街道	15347	8095	7252	5544	7483	7154	2005	12284	1058	11603
铁东街道	13724	6856	6868	4141	5879	5754	1479	11306	939	10494
河西街道	13260	6762	6498	4351	6719	6476	1526	10436	1298	10882
磨菇气镇	58694	30397	28297	18370	29774	27778	9249	45495	3950	55386
洼堤镇	18742	9714	9028	6182	9351	8673	3127	14627	988	17017
卧牛河镇	24964	12867	12097	8344	12508	11826	4081	18837	2046	23167
成吉思汗镇	46899	24125	22774	15642	23592	22354	7322	36112	3465	42923
大河湾镇	26658	13739	12919	8140	13621	12850	3621	21300	1737	25250
浩饶山镇	10264	5381	4883	3577	5181	4850	1414	8190	660	8460
达斡尔民族乡	8579	4487	4092	2827	4435	4088	1321	6731	527	7396
南木鄂伦春民族乡	11336	5795	5541	4338	5781	5535	1283	8970	1083	10105

表5　续表 14　　　　　　　　　　　　　　　　　　　　　　　　单位：人、户

地　区	总人口			家庭户	家庭户总人口		分年龄人口			居住本地，户口在本地
	合　计	男	女	户　数	男	女	0-14岁	15-64岁	65岁及以　上	
萨马街鄂温克民族乡	7187	3764	3423	2356	3732	3400	1084	5718	385	6369
额尔古纳市	**76667**	**39126**	**37541**	**29536**	**37712**	**36896**	**9588**	**60730**	**6349**	**63855**
拉布达林街道	35727	18143	17584	13316	17181	17116	4796	28241	2690	28345
上库力街道	6708	3434	3274	2588	3396	3257	897	5270	541	5719
莫尔道嘎镇	17970	9026	8944	7424	8998	8941	1832	14215	1923	16646
黑山头镇	2029	1111	918	778	1037	896	160	1761	108	1106
三河回族乡	10648	5486	5162	4049	5230	5045	1574	8182	892	9237
室韦俄罗斯族民族乡	3585	1926	1659	1381	1870	1641	329	3061	195	2802
根河市	**110438**	**55841**	**54597**	**43822**	**54178**	**53595**	**10987**	**85197**	**14254**	**98418**
河东街道	17009	8424	8585	6520	8247	8441	1891	13404	1714	13164
河西街道	15634	7986	7648	6290	7585	7587	1545	11959	2130	13447
森工街道	20411	10187	10224	8211	10168	10213	2035	15684	2692	17671
金河镇	15614	7847	7767	6141	7031	7038	1371	11831	2412	14714
阿龙山镇	13768	7002	6766	5549	6961	6754	1303	10639	1826	13149
满归镇	11622	5937	5685	4905	5883	5675	1270	9196	1156	10675
敖鲁古雅乡	16380	8458	7922	6206	8303	7887	1572	12484	2324	15598
巴彦淖尔市	**1669915**	**887011**	**782904**	**555161**	**773609**	**743459**	**217396**	**1323990**	**128529**	**1097423**
临河区	**541721**	**279075**	**262646**	**181249**	**249833**	**243475**	**74123**	**429208**	**38390**	**299225**
团结街道	44145	22217	21928	15064	20194	20683	6925	34484	2736	21177
车站街道	31184	16055	15129	10714	14201	14391	4250	24937	1997	17464
先锋街道	42426	21156	21270	14665	19319	19398	5904	34068	2454	17739
解放街道	34461	17386	17075	11188	15247	15521	5426	27392	1643	15649
新华街道	44660	22396	22264	14495	18815	19717	5980	36065	2615	23968
东环路街道	30998	14953	16045	8703	12303	11957	3744	25665	1589	8482
铁南街道	22193	11318	10875	8132	10406	10111	2743	17792	1658	10913
西环路街道	23012	12263	10749	7376	10724	10416	3806	18301	905	6041
北环路街道	33633	18070	15563	10657	15432	14588	4984	27208	1441	10169
曙光街道	9729	5031	4698	3290	4864	4643	1531	7683	515	1528
金川街道	9631	5071	4560	3360	4354	4323	1502	7699	430	2584
汇丰街道	18004	9652	8352	4127	5894	5661	2088	15285	631	3205
狼山镇	21700	11226	10474	7988	11043	10404	2618	16513	2569	19560
新华镇	29443	15281	14162	10710	15162	14099	3858	22249	3336	27090
干召庙镇	29849	15425	14424	10950	15153	14337	3615	22585	3649	28245
乌兰图克镇	36321	19617	16704	12088	16583	15592	4296	28657	3368	28744
双河镇	16952	8964	7988	5754	8180	7712	2041	13289	1622	13376
城关镇	33178	17368	15810	10842	16516	15581	5175	26112	1891	16809
白脑包镇	21187	10971	10216	7969	10950	10214	2486	16050	2651	20099
狼山农场	3492	1836	1656	1246	1827	1654	494	2742	256	2963
临河农场	5523	2819	2704	1931	2666	2473	657	4432	434	3420
五原县	**260480**	**132969**	**127511**	**87739**	**126513**	**122498**	**36406**	**203297**	**20777**	**186060**
隆兴昌镇	149392	75528	73864	47072	70100	69026	22204	118186	9002	82654
塔尔湖镇	27262	13995	13267	10001	13871	13242	3602	20887	2773	25298
套海镇	27239	13988	13251	10175	13826	13167	3621	20486	3132	25056
新公中镇	18889	9763	9126	7114	9721	9123	2304	14553	2032	18087
天吉太镇	10231	5351	4880	3743	5100	4850	1272	7950	1009	9175
胜丰镇	14740	7701	7039	5288	7465	7022	1858	11257	1625	14096
银定图镇	10102	5183	4919	3402	5177	4914	1226	7888	988	9708
巴彦淖尔市建丰农场	2289	1275	1014	799	1073	1004	297	1816	176	1710
内蒙古自治区五原劳动教养管理所	336	185	151	145	180	150	22	274	40	276

表5 续表 15 单位：人、户

地区	总人口			家庭户	家庭户总人口		分年龄人口			居住本地，户口在本地
	合计	男	女	户数	男	女	0-14岁	15-64岁	65岁及以上	
磴口县	**117091**	**60153**	**56938**	**43355**	**58524**	**56310**	**14870**	**91668**	**10553**	**95521**
巴彦高勒镇	68166	34671	33495	25169	33310	32956	8938	53286	5942	52375
隆盛合镇	14388	7418	6970	5352	7303	6916	1645	11142	1601	13355
渡口镇	8906	4583	4323	3307	4572	4318	1057	6817	1032	8436
沙金套海苏木	8266	4366	3900	3055	4336	3892	918	6758	590	7537
乌兰布和农场	4164	2202	1962	1559	2137	1955	525	3281	358	3511
巴彦套海农场	1656	866	790	625	850	785	240	1290	126	1215
哈腾套海农场	3947	2041	1906	1517	2040	1906	493	3107	347	3516
包尔盖农场	3155	1633	1522	1113	1621	1516	448	2463	244	2647
纳林套海农场	2740	1472	1268	1037	1454	1264	357	2178	205	2279
沙漠林业实验中心农场	1703	901	802	621	901	802	249	1346	108	650
乌拉特前旗	**293269**	**160280**	**132989**	**100418**	**132364**	**126813**	**38017**	**230403**	**24849**	**194034**
乌拉山镇	118694	62304	56390	39817	52333	52576	18051	92327	8316	62566
白彦花镇	7839	4142	3697	3039	3681	3530	904	6160	775	4118
先锋镇	30739	17542	13197	10619	13877	12919	3325	24090	3324	23559
新安镇	33950	18666	15284	11518	15779	14744	3739	26841	3370	26606
西小召镇	22333	12654	9679	7452	10183	9418	2457	17622	2254	18479
大佘太镇	32753	17367	15386	12379	15929	14897	4562	25485	2706	27163
明安镇	15529	8675	6854	5659	7442	6775	1789	12032	1708	12822
小佘太镇	7232	4076	3156	2596	3441	3056	764	5770	698	5806
额尔登布拉格苏木	7508	5039	2469	1851	2418	2144	568	6510	430	3253
中滩农场	3300	1988	1312	1118	1433	1273	366	2729	205	1729
西山咀农场	4469	2414	2055	1517	2134	1998	615	3536	318	1832
新安农场	1420	845	575	440	590	570	144	1154	122	984
苏独仑农场	2985	1755	1230	981	1307	1227	360	2364	261	2306
大佘太牧场	1109	703	406	347	462	399	79	935	95	711
内蒙古乌梁素海实业发展有限公司	3409	2110	1299	1085	1355	1287	294	2848	267	2100
乌拉特中旗	**134204**	**80360**	**53844**	**41521**	**54285**	**50223**	**14578**	**110680**	**8946**	**76979**
海流图镇	53830	32472	21358	16469	21010	20311	6544	44045	3241	23664
乌加河镇	20594	10600	9994	7748	10390	9881	3020	15601	1973	18594
德岭山镇	20489	11060	9429	6958	9906	9194	2807	16050	1632	16280
石哈河镇	10217	5684	4533	4138	5009	4447	809	8157	1251	8563
川井镇	18206	14377	3829	2020	2591	1782	362	17731	113	1664
呼鲁斯太苏木	2943	1538	1405	1161	1513	1400	366	2358	219	2534
巴音乌兰苏木	2539	1445	1094	1162	1323	1073	157	2236	146	2020
新忽热苏木	3689	2244	1445	1241	1690	1387	329	3146	214	2530
牧羊海牧场	1170	649	521	409	601	514	151	901	118	828
同和太种畜场	527	291	236	215	252	234	33	455	39	302
乌拉特后旗	**65207**	**39137**	**26070**	**20580**	**26579**	**24371**	**7156**	**54527**	**3524**	**35908**
巴音宝力格镇	40368	23177	17191	12409	16766	15915	5039	33193	2136	22465
呼和温都尔镇	11805	7358	4447	3278	4500	4179	1299	9819	687	6272
潮格温都尔镇	7176	4393	2783	2811	3182	2731	538	6151	487	4599
获各琦苏木	3891	2934	957	1264	1325	857	153	3622	116	1101
巴音前达门苏木	1967	1275	692	818	806	689	127	1742	98	1471
杭锦后旗	**257943**	**135037**	**122906**	**80299**	**125511**	**119769**	**32246**	**204207**	**21490**	**209696**
陕坝镇	119746	63402	56344	37046	54305	53290	16087	96261	7398	86585
头道桥镇	19021	9839	9182	6103	9771	9160	2234	15044	1743	15438
二道桥镇	27504	13974	13530	7457	13947	13527	3108	21705	2691	26752
三道桥镇	23668	12403	11265	7540	12194	11252	2558	18718	2392	21413
蛮会镇	20466	10870	9596	6152	10841	9589	2422	15873	2171	19169
团结镇	12176	6324	5852	3733	6321	5847	1643	9334	1199	11548

表5　续表 16　　　　　　　　　　　　　　　　　　　　　　单位：人、户

地　　区	总人口			家庭户	家庭户总人口		分年龄人口			居住本地，户口在本地
	合　计	男	女	户　数	男	女	0-14岁	15-64岁	65岁及以上	
双庙镇	16277	8294	7983	5975	8255	7953	2087	12317	1873	13271
沙海镇	17601	9180	8421	5711	9130	8419	1915	13852	1834	14176
太阳庙农场	1484	751	733	582	747	732	192	1103	189	1344
乌兰察布市	**2143590**	**1094705**	**1048885**	**794267**	**1063982**	**1025670**	**286774**	**1629539**	**227277**	**1709766**
集宁区	**356135**	**174988**	**181147**	**128436**	**164205**	**166892**	**48282**	**277455**	**30398**	**178089**
新体路街道	38414	19047	19367	15148	18781	19317	4780	29245	4389	23473
桥东街道	19346	9458	9888	7785	9311	9759	2117	15031	2198	12198
前进路街道	55465	27167	28298	20204	25042	26144	7074	43019	5372	30135
常青街道	33214	16691	16523	12694	16343	16194	5058	25128	3028	14617
虎山街道	55271	26026	29245	18487	24165	24436	7954	43108	4209	27009
桥西街道	16429	8202	8227	6616	8120	8220	2063	12264	2102	9662
新华街道	43175	21670	21505	15541	20999	20808	7245	32927	3003	17604
泉山街道	58409	29000	29409	20088	25757	26734	7962	47769	2678	16457
白海子镇	16396	7619	8777	4741	6366	6205	1628	13319	1449	12158
马莲渠乡	20016	10108	9908	7132	9321	9075	2401	15645	1970	14776
卓资县	**136965**	**73272**	**63693**	**50396**	**69719**	**62487**	**13765**	**106187**	**17013**	**122000**
卓资山镇	51161	26500	24661	19528	24926	23710	6186	39565	5410	40899
旗下营镇	25451	13486	11965	8801	13229	11836	2650	19895	2906	23776
十八台镇	17340	9431	7909	6524	8851	7861	1340	13125	2875	16291
巴音锡勒镇	11834	6399	5435	4314	6322	5432	843	9387	1604	11692
梨花镇	13548	7358	6190	4765	7303	6187	1235	10464	1849	13185
大榆树乡	13062	7507	5555	4774	6676	5492	1103	10182	1777	11830
红召乡	4569	2591	1978	1690	2412	1969	408	3569	592	4327
化德县	**123535**	**62378**	**61157**	**49128**	**60944**	**59824**	**15685**	**95496**	**12354**	**101013**
长顺镇	71397	35668	35729	28402	34416	34422	10185	55584	5628	49935
朝阳镇	16901	8525	8376	6884	8496	8376	2012	12653	2236	16409
七号镇	13338	6896	6442	5091	6786	6425	1315	10373	1650	12982
德包图乡	12635	6580	6055	5105	6537	6046	1208	9778	1649	12467
公腊胡洞乡	9264	4709	4555	3646	4709	4555	965	7108	1191	9220
商都县	**234417**	**118873**	**115544**	**90466**	**116577**	**113695**	**32905**	**174819**	**26693**	**199553**
七台镇	92336	45827	46509	33662	43995	44714	15085	68749	8502	60158
十八顷镇	16238	8299	7939	6908	8233	7932	2222	11927	2089	15877
大黑沙土镇	20386	10506	9880	7746	10455	9872	2652	15199	2535	19884
西井子镇	22055	11636	10419	8480	11536	10410	2727	16379	2949	21608
屯垦队镇	23974	12251	11723	9390	12198	11718	3068	17975	2931	23681
小海子镇	21521	10871	10650	8641	10811	10638	2860	15987	2674	21082
大库伦乡	13204	6795	6409	5435	6774	6401	1454	9984	1766	12963
卯都乡	8558	4417	4141	3805	4365	4139	866	6462	1230	8389
玻璃忽镜乡	16145	8271	7874	6399	8210	7871	1971	12157	2017	15911
兴和县	**220067**	**112606**	**107461**	**79802**	**110505**	**106644**	**33664**	**162349**	**24054**	**190208**
城关镇	82611	41347	41264	29598	40406	40640	16201	59631	6779	56777
张皋镇	21457	11292	10165	7967	11219	10157	2802	16009	2646	21190
赛乌素镇	24109	12615	11494	8893	12179	11422	3273	17936	2900	22459
鄂尔栋镇	16045	8362	7683	5489	7952	7586	1431	12225	2389	15198
店子镇	18375	9576	8799	6663	9437	8787	2361	13512	2502	17801
大库联乡	28645	14552	14093	10848	14482	14091	3980	21505	3160	28377
民族团结乡	28284	14596	13688	10068	14564	13686	3575	21110	3599	27915
南部矿区管委会	541	266	275	276	266	275	41	421	79	491
凉城县	**185954**	**97012**	**88942**	**61835**	**95109**	**88483**	**26836**	**138903**	**20215**	**163896**
岱海镇	84148	42812	41336	28519	41880	41078	14602	62344	7202	65838

表5 续表 17 单位：人、户

地　　区	总人口			家庭户	家庭户总人口		分年龄人口			居住本地，户口在本地
	合　计	男	女	户　数	男	女	0-14岁	15-64岁	65岁及以　上	
六苏木镇	25014	13108	11906	9448	13041	11903	3154	18713	3147	24236
麦胡图镇	20412	10611	9801	6316	10572	9775	2568	15414	2430	19583
永兴镇	8806	4741	4065	2757	4730	4064	1067	6617	1122	8583
蛮汉镇	16213	8896	7317	4830	8885	7315	1919	12200	2094	15847
天城乡	17108	8861	8247	4721	8752	8237	2077	12759	2272	16631
曹碾满族自治乡	13389	7279	6110	5239	7239	6110	1449	9996	1944	13172
岱海循环工业发展区	688	593	95	1	5			685	3	3
蛮汉山林场	3	3		2	3			3		
岱海林场	3	2	1	2	2	1		2	1	3
岱海旅游区	170	106	64					170		
察哈尔右翼前旗	**164434**	**84803**	**79631**	**64024**	**82927**	**79356**	**20269**	**122914**	**21251**	**152662**
土贵乌拉镇	62033	31509	30524	24360	31213	30462	8317	47004	6712	57972
平地泉镇	17923	9220	8703	6418	8875	8617	2308	13091	2524	15189
玫瑰营镇	16541	8575	7966	6380	8448	7957	1658	12242	2641	15982
巴音塔拉镇	15592	8024	7568	5750	7975	7561	1967	11558	2067	15024
黄旗海镇	19323	10236	9087	7631	9499	9008	2589	14346	2388	16570
乌拉哈乌拉乡	8104	4158	3946	3415	4148	3943	867	6034	1203	7790
黄茂营乡	11843	6211	5632	4687	6053	5611	1298	8746	1799	11407
三岔口乡	13075	6870	6205	5383	6716	6197	1265	9893	1917	12728
察哈尔右翼中旗	**149483**	**77605**	**71878**	**55003**	**76273**	**71103**	**16209**	**117530**	**15744**	**139089**
科布尔镇	46347	23496	22851	17924	22770	22120	5817	36177	4353	38204
铁沙盖镇	23478	12045	11433	8716	12020	11432	2665	18311	2502	23290
黄羊城镇	13449	7074	6375	4708	7035	6367	1222	10655	1572	13417
广益隆镇	10829	5781	5048	3804	5603	5039	1013	8534	1282	10527
乌素图镇	7919	4041	3878	2730	4040	3878	1153	6073	693	7600
大滩乡	10477	5637	4840	3827	5582	4835	958	8299	1220	10354
宏盘乡	11507	6048	5459	4336	6022	5456	959	9103	1445	11379
巴音乡	7512	3944	3568	2546	3840	3563	886	5865	761	6786
库伦苏木	1612	852	760	580	769	752	202	1294	116	1489
乌兰哈页苏木	12294	6533	5761	4392	6506	5761	904	9979	1411	12170
辉腾锡勒园区管理委员会	4059	2154	1905	1440	2086	1900	430	3240	389	3873
察哈尔右翼后旗	**150174**	**76383**	**73791**	**56738**	**74522**	**73093**	**19498**	**114293**	**16383**	**131212**
白音察干镇	62292	31219	31073	23216	30855	30708	9322	47547	5423	49776
土牧尔台镇	23485	11765	11720	9948	11637	11700	2686	17676	3123	21118
红格尔图镇	17914	9476	8438	5900	8553	8174	2213	14005	1696	15516
贲红镇	23222	11919	11303	8337	11723	11279	2800	17407	3015	22377
当郎忽洞苏木	9269	4747	4522	4004	4661	4514	1168	6895	1206	9046
乌兰哈达苏木	7766	3920	3846	2648	3876	3833	878	5979	909	7397
锡勒乡	6226	3337	2889	2685	3217	2885	431	4784	1011	5982
四子王旗	**176818**	**90749**	**86069**	**67555**	**89404**	**85403**	**25379**	**135103**	**16336**	**140145**
乌兰花镇	68322	33747	34575	25451	32914	33975	12311	50326	5685	35284
吉生太镇	18447	9669	8778	7403	9598	8772	2197	14242	2008	18074
库伦图镇	15908	8275	7633	6044	8265	7633	1734	12474	1700	15808
供济堂镇	17030	8902	8128	6523	8902	8128	2087	13257	1686	16988
白音朝克图镇	5072	2711	2361	2023	2552	2346	635	4184	253	3525
红格尔苏木	2786	1461	1325	1141	1449	1310	246	2285	255	2498
江岸苏木	2587	1455	1132	1100	1260	1108	288	2158	141	2154
查干补力格苏木	2296	1208	1088	929	1208	1088	270	1856	170	2107
脑木更苏木	1624	858	766	708	850	763	172	1372	80	1413
东八号乡	27562	14488	13074	10420	14434	13071	3681	21148	2733	27232

表5 续表 18 单位：人、户

地区	总人口			家庭户	家庭户总人口		分年龄人口			居住本地，户口在本地
	合计	男	女	户数	男	女	0-14岁	15-64岁	65岁及以上	
忽鸡图乡	15044	7902	7142	5755	7899	7142	1749	11688	1607	14924
乌兰牧场	140	73	67	58	73	67	9	113	18	138
丰镇市	**245608**	**126036**	**119572**	**90884**	**123797**	**118690**	**34282**	**184490**	**26836**	**191899**
新城区街道	39343	19750	19593	14582	19573	19522	6946	29581	2816	19954
旧城区街道	21581	10728	10853	8691	10172	10438	3019	16246	2316	13814
北城区街道	23079	11701	11378	9487	11482	11358	3506	17246	2327	16438
工业区街道	26909	13592	13317	10696	13528	13268	4791	20524	1594	14888
南城区街道	23484	12227	11257	8323	11567	11110	3430	18195	1859	20337
隆盛庄镇	18945	9807	9138	6647	9689	9103	1892	13907	3146	17881
黑土台镇	15832	8292	7540	5410	8237	7527	1659	11782	2391	15636
红砂坝镇	9711	5071	4640	3949	5046	4639	877	7315	1519	9323
巨宝庄镇	24081	12422	11659	7745	12349	11642	3461	17861	2759	22084
三义泉镇	9860	5257	4603	3912	5225	4600	931	7422	1507	9655
浑源窑乡	16976	8840	8136	6186	8831	8135	1715	12845	2416	16787
官屯堡乡	15807	8349	7458	5256	8098	7348	2055	11566	2186	15102
兴安盟	1613246	828637	784609	519990	786540	760100	231647	1283867	97732	1376973
乌兰浩特市	**327081**	**164064**	**163017**	**109988**	**153374**	**153894**	**41862**	**262912**	**22307**	**234851**
爱国街道	28002	13812	14190	9818	13486	13849	3318	22632	2052	18019
和平街道	43753	21427	22326	14897	20219	21131	5665	35475	2613	26368
兴安街道	41796	20259	21537	13132	18178	19621	5599	33183	3014	33001
胜利街道	27928	14140	13788	8318	11362	11620	3887	22320	1721	19750
铁西街道	21994	11086	10908	8163	10765	10665	2571	17870	1553	14727
都林街道	29580	14725	14855	11276	14426	14779	3673	23595	2312	20919
五一街道	33707	16944	16763	12252	15247	15816	3644	27296	2767	23114
城郊街道	36187	18071	18116	11270	16831	16047	4085	29982	2120	24398
乌兰哈达镇	32834	17360	15474	10572	16785	15322	4703	25964	2167	26918
葛根庙镇	26872	13912	12960	8714	13805	12949	4125	21046	1701	24331
乌兰哈达原种场	1086	547	539	352	545	539	166	848	72	753
呼和马场	3342	1781	1561	1224	1725	1556	426	2701	215	2553
阿尔山市	**68311**	**38267**	**30044**	**20916**	**29388**	**28636**	**6588**	**56111**	**5612**	**41928**
林海街道	26033	13402	12631	9438	12556	12455	2427	20413	3193	22760
新城街道	3426	1841	1585	1236	1649	1578	361	2697	368	2685
温泉街道	12866	8824	4042	2331	3024	2999	936	11534	396	4724
天池镇	4303	2960	1343	1134	1396	1235	241	3763	299	1748
白狼镇	2449	1314	1135	899	1155	1093	224	2031	194	1695
五岔沟镇	19234	9926	9308	5878	9608	9276	2399	15673	1162	8316
科尔沁右翼前旗	**299834**	**154946**	**144888**	**92893**	**150296**	**141604**	**44226**	**237984**	**17624**	**269661**
科尔沁镇	81780	42007	39773	25156	38823	36987	11522	64627	5631	69516
索伦镇	17985	9319	8666	6446	9293	8657	2482	14246	1257	16017
德伯斯镇	26042	13650	12392	7848	13628	12370	3988	20899	1155	24652
大石寨镇	33130	17100	16030	10062	16994	16004	4586	26450	2094	32088
归流河镇	28316	14756	13560	8913	14595	13539	4376	22369	1571	27063
居力很镇	18673	9650	9023	6302	9407	8966	2618	14798	1257	14573
察尔森镇	17227	9074	8153	5526	8719	7949	2837	13610	780	16505
额尔格图镇	18325	9366	8959	5172	9167	8904	2768	14741	816	16812
满族屯满族乡	4175	2202	1973	1258	2172	1965	698	3343	134	3510
乌兰毛都苏木	10036	5151	4885	2809	5055	4852	1670	8030	336	8285
阿力得尔苏木	29873	15397	14476	8286	15261	14446	4659	23719	1495	28246
跃进马场	5436	2818	2618	1927	2784	2605	767	4245	424	4725
索伦牧场	4872	2431	2441	1711	2431	2437	714	3761	397	4521
阿力得尔牧场	1531	778	753	548	770	750	233	1207	91	1207
公主陵牧场	1694	860	834	666	820	824	227	1309	158	1435
绿水种畜场	739	387	352	263	377	349	81	630	28	506
科尔沁右翼中旗	**251461**	**128098**	**123363**	**80723**	**123355**	**119697**	**40392**	**198402**	**12667**	**228234**
巴彦呼舒镇	89243	44586	44657	29053	42570	42549	13068	71440	4735	75244

表5 续表 19

单位：人、户

地区	总人口 合计	总人口 男	总人口 女	家庭户户数	家庭户总人口 男	家庭户总人口 女	分年龄人口 0-14岁	分年龄人口 15-64岁	分年龄人口 65岁及以上	居住本地，户口在本地
巴仁哲里木镇	18358	9915	8443	5731	8786	8077	3082	14587	689	15878
吐列毛杜镇	28986	14903	14083	9135	14475	13755	5135	22477	1374	27680
杜尔基镇	20247	10374	9873	6146	10238	9847	3494	15817	936	19131
高力板镇	26388	13441	12947	8011	13076	12622	4520	20540	1328	25378
好腰苏木镇	27569	14140	13429	8369	13665	13029	4786	21431	1352	26763
代钦塔拉苏木	15525	7917	7608	5327	7821	7526	2500	12126	899	14998
新佳木苏木	11747	6093	5654	3716	6043	5640	1903	9308	536	11268
布敦化牧场	5554	2792	2762	1908	2779	2755	832	4462	260	5160
吐列毛杜农场	2662	1375	1287	1098	1370	1282	424	2078	160	2184
铅矿管理区	3369	1647	1722	1553	1639	1720	392	2661	316	3054
铜矿管理区	1813	915	898	676	893	895	256	1475	82	1496
扎赉特旗	**392346**	**203752**	**188594**	**124967**	**193329**	**183734**	**58433**	**313232**	**20681**	**349344**
音德尔镇	127998	66918	61080	40588	58508	57688	20349	100565	7084	101464
新林镇	30859	15947	14912	9724	15770	14786	4443	24721	1695	28821
巴彦高勒镇	48409	24794	23615	14781	24514	23335	6558	39437	2414	46692
胡尔勒镇	35780	18725	17055	10963	18186	16566	5942	28507	1331	33609
阿尔本格勒镇	34986	18124	16862	11502	18030	16824	4953	28386	1647	33371
巴达尔胡镇	23221	12343	10878	7524	11924	10550	3648	18587	986	21984
图牧吉镇	12596	6485	6111	3984	6465	6107	1815	10171	610	11854
好力保乡	43688	22377	21311	13603	22239	21236	6267	35043	2378	41154
巴彦乌兰苏木	18511	9638	8873	5606	9582	8851	2930	14886	695	17658
图牧吉劳管所	2349	1214	1135	983	1188	1130	186	1925	238	1567
保安沼监狱	1450	727	723	607	698	708	120	1106	224	1128
乌兰监狱	1405	733	672	630	693	669	71	1111	223	1145
乌塔其监狱	5349	2732	2617	2315	2633	2605	416	4191	742	3914
种畜场	2304	1191	1113	762	1141	1068	426	1789	89	1982
八一牧场	1695	867	828	724	858	819	108	1382	205	1497
巴达尔胡农场	1746	937	809	671	900	792	201	1425	120	1504
突泉县	**274213**	**139510**	**134703**	**90503**	**136798**	**132535**	**40146**	**215226**	**18841**	**252955**
突泉镇	93988	47374	46614	31580	45259	44693	14195	73558	6235	80132
六户镇	43582	22310	21272	14410	22216	21227	6108	34356	3118	42347
东杜尔基镇	40061	20473	19588	13074	20396	19566	5461	31726	2874	38480
永安镇	22518	11559	10959	7548	11410	10920	3340	17491	1687	21429
水泉镇	33627	17179	16448	11055	16945	16331	4844	26630	2153	31445
宝石镇	38276	19528	18748	12089	19485	18724	5826	29834	2616	37155
东杜尔基国营农场	2161	1087	1074	747	1087	1074	372	1631	158	1967
锡林郭勒盟	1028022	536795	491227	355655	485574	475155	141377	817931	68714	679465
二连浩特市	**74179**	**38151**	**36028**	**25597**	**35766**	**34747**	**12805**	**59198**	**2176**	**21947**
乌兰街道	22742	11801	10941	8118	10665	10376	3652	18232	858	7712
锡林街道	38291	19423	18868	12911	18879	18350	7223	30300	768	9400
东城街道	10422	5392	5030	3750	5088	4914	1635	8348	439	3112
格日勒敖都苏木	2724	1535	1189	818	1134	1107	295	2318	111	1723
锡林浩特市	**245886**	**126599**	**119287**	**84718**	**112390**	**111540**	**32514**	**197439**	**15933**	**121254**
希日塔拉街道	43260	21998	21262	15609	19967	20771	6089	34221	2950	25923
宝力根街道	27051	13853	13198	9979	13344	13031	3765	21152	2134	13221
杭盖街道	48472	24699	23773	16673	23570	22862	7375	38721	2376	18535
楚古兰街道	48754	24228	24526	17324	22533	22743	6645	38514	3595	23375
额尔敦街道	41713	20581	21132	14419	18480	18679	5037	33632	3044	21182
南郊街道	6809	3513	3296	2639	3406	3251	645	5518	646	5135
巴彦查干街道	10642	6343	4299	2437	3193	3019	937	9387	318	2338
阿尔善宝拉格镇	6325	4066	2259	1385	1984	1828	526	5650	149	2122
宝力根苏木	4076	2484	1592	1050	1569	1459	398	3547	131	2574
朝克乌拉苏木	2541	1376	1165	760	1209	1145	389	2051	101	2041
巴彦锡勒办事处	5332	2886	2446	2149	2746	2437	634	4254	444	4348
毛登牧场	911	572	339	294	389	315	74	792	45	460

表5 续表 20 单位：人、户

地 区	总人口			家庭户	家庭户总人口		分年龄人口			居住本地，户 口在本地
	合 计	男	女	户 数	男	女	0-14岁	15-64岁	65岁及以 上	
阿巴嘎旗	**43574**	**23575**	**19999**	**14194**	**19718**	**18996**	**5571**	**35284**	**2719**	**31074**
别力古台镇	23027	11636	11391	8199	10537	10687	3265	17941	1821	16068
洪格尔高勒镇	4689	2715	1974	1361	2043	1876	509	3945	235	3381
查干淖尔镇	5224	2909	2315	1503	2487	2274	679	4280	265	4374
那仁宝拉格苏木	3203	1805	1398	1060	1500	1360	345	2716	142	2557
伊和高勒苏木	2817	1478	1339	938	1446	1326	383	2314	120	2323
吉尔嘎郎图苏木	3101	1793	1308	923	1465	1276	366	2609	126	2111
玛尼图煤矿	1513	1239	274	210	240	197	24	1479	10	260
苏尼特左旗	**33652**	**17878**	**15774**	**11519**	**16263**	**15477**	**4862**	**26809**	**1981**	**24663**
满都拉图镇	19213	9811	9402	7126	9228	9244	2946	14812	1455	12902
查干敖包中心镇	2218	1253	965	694	1121	940	325	1816	77	1869
巴彦淖尔镇	5344	2791	2553	1645	2710	2540	793	4337	214	4712
巴彦乌拉苏木	3856	2150	1706	1284	1940	1655	423	3284	149	3214
赛罕高毕苏木	3021	1873	1148	770	1264	1098	375	2560	86	1966
苏尼特右旗	**71063**	**36808**	**34255**	**26103**	**33759**	**33603**	**9623**	**55759**	**5681**	**45160**
赛汉塔拉镇	45716	22917	22799	16883	21810	22435	6331	35129	4256	27594
朱日和镇	10162	5854	4308	3551	4368	4090	1086	8362	714	6577
乌日根塔拉镇	8021	4225	3796	3166	4022	3757	1130	6535	356	4799
桑宝力格苏木	2844	1547	1297	1001	1359	1281	421	2266	157	2471
额仁淖尔苏木	1797	976	821	609	919	808	264	1450	83	1400
赛罕乌力吉苏木	2523	1289	1234	893	1281	1232	391	2017	115	2319
东乌珠穆沁旗	**93962**	**50801**	**43161**	**29742**	**44003**	**42078**	**14481**	**75328**	**4153**	**58290**
乌里雅斯太镇	40290	20390	19900	13775	19615	19692	6612	31564	2114	24270
道特淖尔镇	5165	2763	2402	1477	2439	2285	878	4092	195	4142
嘎达布其镇	3308	1777	1531	905	1494	1462	562	2652	94	2731
满都胡宝拉格镇	5958	3668	2290	1230	2213	1983	759	5009	190	2964
额吉淖尔镇	6294	3682	2612	1574	2741	2566	933	5150	211	4898
巴音胡硕镇	14591	7630	6961	5276	7171	6859	2450	11379	762	8544
呼热图淖尔苏木	4921	2578	2343	1516	2481	2333	783	3991	147	4048
萨麦苏木	3434	1864	1570	1059	1729	1532	415	2941	78	2586
哈拉盖图农牧场	2725	1495	1230	1013	1433	1222	428	2139	158	1789
贺斯格乌拉农牧场	4545	3150	1395	1070	1543	1262	380	4068	97	882
乌拉盖牧场	2267	1543	724	665	883	679	214	1971	82	1150
宝格达乌拉总场	464	261	203	182	261	203	67	372	25	286
西乌珠穆沁旗	**87614**	**47790**	**39824**	**26275**	**39430**	**38485**	**11833**	**71855**	**3926**	**63845**
巴拉嘎尔高勒镇	42069	21610	20459	13578	19998	19921	6131	33513	2425	30242
巴彦花镇	21052	13020	8032	4795	7761	7392	2301	18287	464	12495
吉仁高勒镇	7473	4148	3325	2362	3409	3263	890	6288	295	6176
浩勒图高勒镇	5541	3126	2415	1723	2518	2336	669	4630	242	4276
高日罕镇	3829	1980	1849	1304	1980	1849	662	2951	216	3703
巴彦胡舒苏木	6958	3495	3463	2276	3486	3462	1092	5611	255	6450
林业总场	692	411	281	237	278	262	88	575	29	503
太仆寺旗	**112339**	**56971**	**55368**	**47547**	**56381**	**55221**	**14366**	**84485**	**13488**	**100172**
宝昌镇	61899	31087	30812	25424	30724	30708	8820	46692	6387	51924
千斤沟镇	17500	8967	8533	7592	8889	8512	2113	13049	2338	16856
红旗镇	15040	7763	7277	6575	7660	7266	1473	11319	2248	14520
骆驼山镇	9292	4798	4494	4000	4794	4490	1143	6899	1250	8879
幸福乡	6099	3069	3030	2819	3032	3024	580	4459	1060	5785
贡宝拉格苏木	2509	1287	1222	1137	1282	1221	237	2067	205	2208
镶黄旗	**28450**	**14762**	**13688**	**9978**	**13561**	**13479**	**3658**	**22936**	**1856**	**22715**
新宝拉格镇	21495	11045	10450	7761	10294	10303	2774	17262	1459	16650
巴彦塔拉镇	4177	2270	1907	1297	1886	1848	505	3420	252	3458
翁贡乌拉苏木	2778	1447	1331	920	1381	1328	379	2254	145	2607

表5 续表 21 单位：人、户

地区	总人口			家庭户	家庭户总人口		分年龄人口			居住本地，户口在本地
	合计	男	女	户数	男	女	0-14岁	15-64岁	65岁及以上	
正镶白旗	**54443**	**27734**	**26709**	**19349**	**27013**	**26534**	**7334**	**42588**	**4521**	**43705**
明安图镇	32753	16407	16346	11591	15858	16195	4991	25361	2401	22698
星耀镇	11829	6241	5588	4451	6175	5580	1157	9106	1566	11560
伊和淖尔苏木	4714	2433	2281	1621	2420	2276	583	3890	241	4576
乌兰查布苏木	4424	2247	2177	1448	2244	2177	534	3639	251	4269
额里图种畜场	617	336	281	215	287	274	58	498	61	549
哲日根图林场	106	70	36	23	29	32	11	94	1	53
正蓝旗	**81967**	**42812**	**39155**	**28038**	**38831**	**38348**	**10152**	**66333**	**5482**	**66467**
上都镇	39725	21083	18642	13531	18152	18067	4912	32346	2467	27959
桑根达来镇	10611	5507	5104	3933	5078	5034	1429	8631	551	8775
哈毕日嘎镇	11460	5890	5570	4121	5705	5504	1246	9018	1196	10868
宝绍岱苏木	4279	2182	2097	1348	2155	2087	497	3549	233	4169
那日图苏木	6854	3452	3402	2009	3321	3390	900	5591	363	6405
赛音胡都嘎苏木	4277	2231	2046	1280	2085	2012	555	3529	193	4009
五一种畜场总场	2404	1236	1168	941	1209	1157	346	1773	285	2163
黑城子示范区	2357	1231	1126	875	1126	1097	267	1896	194	2119
多伦县	**100893**	**52914**	**47979**	**32595**	**48459**	**46647**	**14178**	**79917**	**6798**	**80173**
大北沟镇	23528	12406	11122	6986	11817	11063	3001	18857	1670	21967
多伦诺尔镇	54426	28347	26079	18491	25050	24867	8155	42736	3535	36766
大河口乡	10543	5578	4965	3209	5377	4936	1467	8373	703	9851
蔡木山乡	12396	6583	5813	3909	6215	5781	1555	9951	890	11589
阿拉善盟	231334	126204	105130	77909	99778	98670	30995	185375	14964	128012
阿拉善左旗	**173494**	**94537**	**78957**	**58577**	**76649**	**74192**	**23255**	**138832**	**11407**	**95980**
温都尔勒图镇	2425	1314	1111	793	1201	1081	432	1854	139	1963
乌斯太镇	18783	11732	7051	4207	5525	4764	1814	16805	164	920
巴润别立镇	6955	3907	3048	2274	3028	2813	768	5682	505	4808
巴彦浩特镇	94445	47956	46489	33734	44360	45475	14134	72746	7565	60317
嘉尔嘎勒赛汉镇	6888	3822	3066	2220	3093	2826	1048	5344	496	4732
吉兰泰镇	16083	8340	7743	6302	7796	7554	2360	12551	1172	10777
宗别立镇	14538	9677	4861	5116	6093	4557	1211	12895	432	3468
敖伦布拉格镇	4094	2299	1795	1344	1860	1703	511	3311	272	2483
腾格里额里斯镇	1888	1343	545	275	342	319	50	1744	94	672
巴彦木仁苏木	2257	1232	1025	690	1076	993	370	1716	171	1927
乌力吉苏木	1809	1088	721	491	736	673	182	1516	111	1249
巴彦诺日公苏木	2484	1382	1102	831	1099	1035	226	2044	214	1881
额尔克哈什哈苏木	845	445	400	300	440	399	149	624	72	783
阿拉善右旗	**25430**	**13919**	**11511**	**8882**	**11215**	**11097**	**2939**	**20466**	**2025**	**17945**
额肯呼都格镇	16798	9249	7549	5482	7208	7235	2120	13449	1229	10861
雅布赖镇	3379	1752	1627	1466	1651	1579	340	2759	280	2751
阿拉腾敖包镇	2220	1169	1051	899	1077	1028	231	1758	231	2001
曼德拉苏木	1650	1023	627	467	624	604	121	1398	131	1066
阿拉腾朝格苏木	1383	726	657	568	655	651	127	1102	154	1266
额济纳旗	**32410**	**17748**	**14662**	**10450**	**11914**	**13381**	**4801**	**26077**	**1532**	**14087**
达来呼布镇	16927	8995	7932	5607	7782	7732	2219	13677	1031	11322
东风镇	8350	3584	4766	3526	2482	4180	2292	5776	282	654
赛汉陶来苏木	1515	1071	444	409	441	404	65	1391	59	587
马鬃山苏木	1222	1028	194	71	95	76	22	1192	8	124
苏泊淖尔苏木	3792	2742	1050	619	803	714	125	3552	115	898
巴彦陶来农牧业产业化示范园区	604	328	276	218	311	275	78	489	37	502

表6　辽宁省乡、镇、街道人口

单位：人、户

地区	总人口 合计	总人口 男	总人口 女	家庭户 户数	家庭户总人口 男	家庭户总人口 女	分年龄人口 0-14岁	分年龄人口 15-64岁	分年龄人口 65岁及以上	居住本地，户口在本地
辽宁省	**43746323**	**22147745**	**21598578**	**14994046**	**20956756**	**20799118**	**4996977**	**34239905**	**4509441**	**34172463**
沈阳市	**8106171**	**4095172**	**4010999**	**2839413**	**3762600**	**3773699**	**791982**	**6473743**	**840446**	**5636986**
和平区	**700992**	**351519**	**349473**	**240469**	**308887**	**319347**	**54867**	**563588**	**82537**	**493779**
浑河湾街道	50937	25301	25636	19477	25038	25500	4193	39999	6745	35326
新华街道	89088	44198	44890	32504	43394	44497	7929	71084	10075	74431
西塔街道	36601	17986	18615	14290	17087	17903	2246	29682	4673	27847
八经街道	55058	26596	28462	18442	23886	25665	4061	44249	6748	42148
马路湾街道	56499	27435	29064	20331	26762	28711	4338	43414	8747	47847
集贤街道	60448	29835	30613	20722	27549	29184	4227	46566	9655	45857
南湖街道	93568	49517	44051	24199	30892	32275	5752	77361	10455	62880
长白街道	26022	13638	12384	9806	12211	12176	3201	21110	1711	9381
太原街街道	82986	41526	41460	25613	31169	32466	5435	69512	8039	55226
北市场街道	38982	19294	19688	14720	18033	18596	2630	32140	4212	27651
南市场街道	61343	30401	30942	21511	28497	29574	4342	48476	8525	48798
沈水湾街道	7984	4086	3898	2974	3881	3872	967	6431	586	3233
浑河站西街道	41476	21706	19770	15880	20488	18928	5546	33564	2366	13154
沈河区	**849267**	**419282**	**429985**	**306306**	**387941**	**401090**	**70487**	**682637**	**96143**	**544000**
大西街道	50578	24715	25863	18239	23603	24946	3593	40891	6094	41545
滨河街道	62348	30594	31754	23229	29789	30942	5729	49666	6953	43513
万莲街道	37635	18522	19113	14029	17797	18883	3508	28274	5853	31333
大南街道	70678	34667	36011	26554	33857	35231	5423	56345	8910	55365
山东庙街道	79588	39479	40109	27863	35822	37375	4988	63944	10656	64094
朱剪炉街道	60560	29966	30594	21736	28153	29733	4390	49265	6905	48723
新北站街道	36790	18582	18208	12941	16122	16764	2491	30657	3642	23857
风雨坛街道	59559	28856	30703	21825	28202	29755	5107	47562	6890	50528
皇城街道	49343	24991	24352	17156	21821	22801	3546	40026	5771	39701
五里河街道	46660	22003	24657	13740	18323	19572	4513	37056	5091	33224
南塔街道	27094	13584	13510	9747	12015	12301	2059	21057	3978	10025
泉园街道	45250	22326	22924	18103	21727	22351	3898	35251	6101	22202
丰乐街道	68807	34800	34007	25448	32365	32195	6929	55702	6176	26605
马官桥街道	43321	20112	23209	11684	13367	13806	2506	37015	3800	15923
东陵街道	111056	56085	54971	44012	54978	54435	11807	89926	9323	37362
大东区	**782867**	**389874**	**392993**	**292653**	**370659**	**377783**	**64175**	**627349**	**91343**	**552564**
大北街道	71541	34980	36561	26858	34056	36024	6649	57751	7141	48750
万泉街道	47531	22974	24557	17895	22518	24026	3893	37218	6420	34985
洮昌街道	82629	40014	42615	26737	34902	35787	6127	68560	7942	59926
文官街道	59909	30032	29877	19886	25832	26003	3845	48301	7763	45112
二台子街道	34366	17309	17057	13813	16806	16675	2990	28156	3220	17260

表6　续表 1　　　　单位：人、户

地　区	总人口			家庭户户数	家庭户总人口		分年龄人口			居住本地，户口在本地
	合　计	男	女		男	女	0-14岁	15-64岁	65岁及以上	
津桥街道	65907	32410	33497	24886	31724	33055	5173	53317	7417	50987
东站街道	48045	24403	23642	19484	23987	23467	3390	38129	6526	38736
北海街道	50570	25260	25310	20701	24995	25110	3757	40694	6119	37498
长安街道	61912	30397	31515	23465	30359	31481	5825	48149	7938	52590
新东街道	50466	25447	25019	19437	24426	24817	4085	38995	7386	38146
东塔街道	46287	23321	22966	17648	21905	22628	2962	35232	8093	36633
小东街道	32283	16003	16280	11969	15379	16127	2405	26149	3729	26007
上园街道	69730	34587	35143	27018	34370	34965	6191	55889	7650	46227
前进街道	61691	32737	28954	22856	29400	27618	6883	50809	3999	19707
皇姑区	**925176**	**461173**	**464003**	**319816**	**416177**	**430858**	**78426**	**739515**	**107235**	**629143**
三台子街道	88332	44631	43701	31126	41233	41982	7073	66841	14418	73080
辽河街道	92751	45051	47700	32096	40765	43067	6884	73321	12546	69396
黄河街道	103198	49898	53300	36878	47714	51327	10017	81055	12126	81802
三洞桥街道	74625	37608	37017	25633	32589	34413	5067	62246	7312	50531
华山街道	69733	35783	33950	25007	32988	33422	5411	58018	6304	48914
寿泉街道	24318	12441	11877	8309	11030	11228	2071	19969	2278	17295
塔湾街道	80847	39778	41069	29199	38584	40402	6217	64380	10250	63173
明廉街道	84803	42419	42384	31974	41978	42205	7510	67694	9599	60806
新乐街道	101268	49891	51377	26899	38774	41606	8473	80140	12655	71886
舍利塔街道	65670	34608	31062	22049	28664	29844	6197	52160	7313	48616
北塔街道	60987	30174	30813	24298	29082	29598	5034	48912	7041	22291
陵东街道	78644	38891	39753	26348	32776	31764	8472	64779	5393	21353
铁西区	**1017564**	**509923**	**507641**	**391412**	**492176**	**498956**	**85847**	**812177**	**119540**	**697334**
昆明湖街道	38644	20324	18320	14133	16910	15680	2992	32852	2800	7876
工人村街道	102215	51048	51167	39339	50694	51035	7473	78779	15963	81707
七路街道	59435	29943	29492	23679	29515	29384	4504	46486	8445	45409
启工街道	41406	21382	20024	16289	19921	19413	2255	33338	5813	30745
笃工街道	58661	29849	28812	23741	28212	28583	5267	48734	4660	27996
兴华街道	44013	21456	22557	16890	20666	21452	3846	35195	4972	32775
兴工街道	59086	29148	29938	22466	28120	29528	5349	46712	7025	42347
霁虹街道	85275	42460	42815	35499	40970	42419	8553	70101	6621	38404
凌空街道	70813	34693	36120	27195	34273	35822	5702	56004	9107	45651
重工街道	81109	40283	40826	30454	39292	40380	5644	62318	13147	63913
艳粉街道	76274	37903	38371	29680	37525	38171	6402	61898	7974	54829
保工街道	69354	34903	34451	25804	33246	33979	5233	54716	9405	56917
兴顺街道	72118	35716	36402	27070	34911	36028	5306	58166	8646	61337
贵和街道	53270	26413	26857	20487	25738	26558	4173	42301	6796	42469
大青中朝友谊街道	18574	9430	9144	6443	8827	8778	2299	14907	1368	11457
翟家街道	20262	10225	10037	7171	9921	9800	2424	16180	1658	13260
西三环街道	27133	14201	12932	11337	13799	12790	3397	22188	1548	8188
大潘街道	29405	15158	14247	10075	14444	14063	3754	23184	2467	22691
彰驿站镇	10517	5388	5129	3660	5192	5093	1274	8118	1125	9363
苏家屯区	**474779**	**242224**	**232555**	**172984**	**225016**	**222866**	**46691**	**380921**	**47167**	**332764**
解放街道	47201	22398	24803	18856	22129	23015	3972	37124	6105	29782
民主街道	36590	18744	17846	15031	18086	17773	3477	29894	3219	17853
临湖街道	73589	37230	36359	29108	36749	35872	7416	60210	5963	40288
中兴街道	37152	20177	16975	11518	14148	14457	2439	30744	3969	22760
湖西街道	60364	30935	29429	20485	25975	26881	5822	48810	5732	40802
八一街道	18139	9146	8993	6733	9049	8914	1817	14500	1822	14393
红菱街道	30756	16013	14743	11452	15084	14641	3477	24659	2620	23696

表6 续表 2　　　　单位：人、户

地　　区	总人口			家庭户	家庭户总人口		分年龄人口			居住本地，户口在本地
	合　计	男	女	户　数	男	女	0-14岁	15-64岁	65岁及以上	
林盛街道	30955	15980	14975	11432	15170	14793	3085	24714	3156	24188
沙河街道	20299	10269	10030	6689	10131	9999	2322	16187	1790	17120
十里河街道	14196	7702	6494	4082	6657	6375	1542	11380	1274	11590
陈相街道	31017	15697	15320	11790	15589	15294	3462	24098	3457	26070
姚千街道	16541	8365	8176	5937	8019	7842	1664	12980	1897	14161
王纲街道	14332	7355	6977	4957	7307	6937	1493	11231	1608	13060
永乐街道	13033	6713	6320	4621	6634	6307	1472	10182	1379	11835
大沟街道	12074	6181	5893	3974	6055	5822	1367	9485	1222	10931
白清街道	9750	5011	4739	3716	4974	4718	1029	7498	1223	8858
佟沟街道	8791	4308	4483	2603	3260	3226	835	7225	731	5377
东陵区	**411110**	**214991**	**196119**	**132409**	**173085**	**170206**	**43619**	**337183**	**30308**	**221983**
英达街道	6422	3322	3100	2470	3207	3062	797	5056	569	4308
东湖街道	23145	11911	11234	7856	11348	11091	3135	18179	1831	16669
五三街道	121899	65626	56273	32807	40728	41450	9999	104718	7182	37799
浑河站东街道	26193	14259	11934	8876	11284	10697	3093	21717	1383	6512
高坎街道	24274	11502	12772	6999	9211	9429	2364	19638	2272	18986
满堂街道	16908	9039	7869	6348	7675	7700	1850	13035	2023	10264
深井子街道	21408	11105	10303	7755	10604	10181	2444	16944	2020	17792
祝家街道	15504	8013	7491	5427	7903	7433	1852	11938	1714	13822
白塔街道	52906	27207	25699	14975	20773	20875	5743	44114	3049	25836
桃仙街道	23486	11480	12006	8481	11087	11252	2871	18611	2004	17723
李相街道	13363	6874	6489	4828	6742	6425	1677	10274	1412	11759
营城子街道	34831	18393	16438	14970	17858	16313	4073	28395	2363	17285
汪家街道	22648	12031	10617	7636	10604	10448	2832	18255	1561	16291
王滨沟乡	8123	4229	3894	2981	4061	3850	889	6309	925	6937
沈北新区	**423323**	**216726**	**206597**	**119590**	**158570**	**156655**	**36054**	**353784**	**33485**	**240770**
新城子街道	59666	29944	29722	21993	27758	28606	6878	47193	5595	34686
清水台街道	14969	7588	7381	6521	7492	7373	1237	10703	3029	11012
辉山街道	36313	19976	16337	7759	10004	9990	2275	32349	1689	11695
道义街道	93765	47666	46099	15370	19475	19591	5051	86004	2710	28157
蒲河街道	9727	4965	4762	3265	4706	4625	1084	7612	1031	8340
虎石台街道	88563	44677	43886	22452	28302	28462	6440	75218	6905	44477
财落街道	16067	8318	7749	5603	7817	7562	1648	12718	1701	12935
望滨街道	6045	3130	2915	2178	3074	2882	654	4696	695	5546
兴隆台锡伯族镇	10505	5436	5069	3414	5265	5042	1183	8244	1078	9072
清水台镇	16602	8488	8114	5921	8392	8029	1871	12924	1807	13940
新城子乡	26421	13633	12788	9628	13512	12769	2773	21102	2546	20948
黄家锡伯族乡	12467	6350	6117	4061	6332	6113	1441	9710	1316	11824
石佛寺朝鲜族锡伯族乡	9484	4887	4597	3246	4872	4594	1022	7493	969	8428
尹家乡	11714	5994	5720	4155	5971	5715	1421	9117	1176	10042
马刚乡	9001	4643	4358	3267	4567	4319	928	7120	953	7901
青年农场	400	200	200	154	200	200	21	335	44	373
前进农场	1487	767	720	552	767	720	119	1143	225	1317
育新农场	5	3	2	3	3	2		2	3	1
沈北新区马刚林场	28	13	15	13	13	15	1	23	4	20
沈北新区示范农场	38	19	19	13	19	19	5	33		38
沈北新区种畜	56	29	27	22	29	27	2	45	9	18
于洪区	**670843**	**347820**	**323023**	**243061**	**304174**	**298121**	**63162**	**552113**	**55568**	**274581**
迎宾路街道	94935	52267	42668	31865	39160	38528	7835	79869	7231	45557
陵西街道	91545	45705	45840	37485	44463	45322	7615	72097	11833	29442

表6 续表 3　　　　单位：人、户

地　区	总人口			家庭户	家庭户总人口		分年龄人口			居住本地，户口在本地
	合　计	男	女	户　数	男	女	0-14岁	15-64岁	65岁及以上	
于洪街道	69658	36296	33362	26615	33664	32137	7535	57753	4370	25944
北陵街道	117005	57191	59814	44544	55465	55601	10800	96077	10128	29231
沙岭街道	35686	18667	17019	13147	17357	16431	4587	29264	1835	13619
南阳湖街道	68020	39406	28614	18437	21149	19138	4695	60827	2498	17525
城东湖街道	47063	23938	23125	19991	23365	23036	4191	38996	3876	12655
平罗街道	20032	10154	9878	7029	10076	9833	2408	15846	1778	17134
马三家街道	27256	13835	13421	9786	13694	13384	2917	21301	3038	20919
造化街道	34286	16922	17364	11123	13789	13286	3424	28695	2167	14646
大兴街道	19465	10016	9449	7022	9302	9199	2021	15662	1782	10148
高花镇	17363	8894	8469	5578	8296	8272	2185	13659	1519	14706
光辉乡	22578	11554	11024	8125	11421	10979	2478	17691	2409	18726
马三家劳动教养院	1783	877	906	777	877	906	135	1120	528	1323
光辉农场	4168	2098	2070	1537	2096	2069	336	3256	576	3006
辽中县	**476081**	**242186**	**233895**	**169534**	**239174**	**232016**	**65441**	**364988**	**45652**	**411550**
辽中镇	113281	56539	56742	43364	55170	55386	14783	88843	9655	83355
于家房镇	21022	10677	10345	6701	10629	10330	3219	15802	2001	20496
朱家房镇	25400	13023	12377	8457	12957	12347	3521	19158	2721	23696
冷子堡镇	25096	12825	12271	8265	12661	12212	3507	19040	2549	23605
刘二堡镇	17478	8882	8596	6040	8850	8590	2246	13502	1730	16542
茨榆坨镇	52566	26818	25748	18519	26724	25714	7729	40887	3950	41064
新民屯镇	15755	8224	7531	5584	7863	7492	2183	12082	1490	14139
满都户镇	17544	9033	8511	6113	8995	8508	2493	13186	1865	16352
杨士岗镇	14153	7291	6862	4809	7241	6837	1912	11037	1204	13162
肖寨门镇	23170	11810	11360	8313	11751	11358	3257	17688	2225	20993
长滩镇	17345	8951	8394	6540	8951	8394	2266	12981	2098	16539
四方台镇	16528	8417	8111	5928	8406	8100	2446	12499	1583	15514
城郊镇	13279	6738	6541	4631	6699	6530	1717	10079	1483	11435
六间房镇	21061	10794	10267	7247	10535	10142	2712	16225	2124	19219
养士堡镇	14171	7266	6905	4940	7007	6774	1910	10816	1445	11963
潘家堡镇	13816	7103	6713	5133	7101	6713	1865	10515	1436	12577
老观坨镇	11667	5932	5735	4206	5915	5731	1548	8951	1168	10920
老大房乡	12780	6588	6192	4443	6553	6186	1739	9448	1593	11933
大黑岗子乡	11471	5887	5584	4095	5845	5579	1672	8459	1340	10591
牛心坨乡	17050	8674	8376	5679	8608	8359	2547	12668	1835	16078
四方台农场	1448	714	734	527	713	734	169	1122	157	1377
康平县	**316819**	**160877**	**155942**	**100192**	**155952**	**153866**	**43358**	**244224**	**29237**	**287228**
北三家子街道	17707	10172	7535	4753	7650	7527	2264	13732	1711	14226
康平镇	73639	36373	37266	26134	34433	35267	8886	58355	6398	60465
小城子镇	17027	8555	8472	5069	8548	8468	2735	12747	1545	16332
张强镇	22265	11371	10894	6929	11312	10887	3282	16902	2081	21451
方家屯镇	17546	8956	8590	5292	8897	8578	2258	13623	1665	16727
东关屯镇	25961	13029	12932	8653	12979	12922	3437	20127	2397	20854
郝官屯镇	17840	8980	8860	5823	8958	8856	2609	13618	1613	17408
二牛所口镇	19164	9751	9413	5887	9715	9406	2736	14633	1795	18543
北四家子乡	15572	7924	7648	4536	7906	7644	2314	11804	1454	14611
两家子乡	12476	6320	6156	3764	6278	6148	1977	9321	1178	11710
海洲窝堡乡	13282	6716	6566	4130	6696	6563	2042	9987	1253	12817
沙金台蒙古族满族乡	15975	8171	7804	5199	8170	7804	2242	12256	1477	15501
柳树屯蒙古族	14551	7366	7185	4235	7363	7185	1936	11164	1451	14185
西关屯蒙古族满族乡	14914	7606	7308	4282	7591	7308	2194	11384	1336	14260

表6　续表 4　　　　单位：人、户

地　　区	总人口			家庭户	家庭户总人口		分年龄人口			居住本地，户口在本地
	合　计	男	女	户　数	男	女	0-14岁	15-64岁	65岁及以上	
东升满族蒙古族乡	17482	8879	8603	4948	8748	8593	2290	13463	1729	16858
三台子畜牧场	1418	708	710	558	708	710	156	1108	154	1280
法库县	**399587**	**204966**	**194621**	**126791**	**202343**	**193189**	**52834**	**306924**	**39829**	**368237**
法库镇	62422	31099	31323	23137	30291	30427	7054	49166	6202	50917
大孤家子镇	19749	10194	9555	6349	10154	9545	2573	15012	2164	18841
三面船镇	19222	9987	9235	5787	9962	9232	2517	14798	1907	18680
秀水河子镇	28946	14927	14019	8620	14849	13998	4457	21815	2674	27585
叶茂台镇	21060	10904	10156	6430	10860	10151	3040	16089	1931	19975
登仕堡子镇	14857	7618	7239	4810	7603	7238	1857	11422	1578	14047
柏家沟镇	22070	11317	10753	7016	11310	10751	2965	16947	2158	20705
丁家房镇	18114	9337	8777	6064	9293	8767	2345	13843	1926	17458
孟家镇	17432	8994	8438	5197	8919	8429	2434	13453	1545	16003
十间房镇	29200	15249	13951	8637	14140	13603	3637	22748	2815	24229
冯贝堡镇	14844	7608	7236	4552	7571	7219	1954	11512	1378	14261
依牛堡子镇	20464	10546	9918	6308	10475	9868	2692	15466	2306	19602
慈恩寺乡	17617	9031	8586	5201	8998	8581	2400	13416	1801	16686
和平乡	8736	4472	4264	2698	4458	4253	1276	6641	819	8191
五台子乡	11904	6128	5776	3693	6114	5771	1575	9225	1104	11385
四家子蒙古族乡	14756	7561	7195	4317	7561	7194	1963	11369	1424	14123
双台子乡	15430	7958	7472	4963	7883	7447	2022	11869	1539	14534
卧牛石乡	18748	9640	9108	5702	9557	9097	2548	13931	2269	17849
包家屯乡	24016	12396	11620	7310	12345	11618	3525	18202	2289	23166
新民市	**657763**	**333611**	**324152**	**224196**	**328446**	**318746**	**87021**	**508340**	**62402**	**583053**
东城街道	32456	16254	16202	12444	16044	16080	4065	25399	2992	22394
辽滨街道	47502	23177	24325	17822	21694	21979	5852	37560	4090	36784
西城街道	26152	12940	13212	10221	12908	13192	3172	20383	2597	21731
新柳街道	33394	15870	17524	12262	15543	15518	3751	26538	3105	24411
新城街道	12880	6538	6342	4037	6536	6342	1634	10095	1151	12277
大红旗镇	23420	11886	11534	7482	11840	11531	3053	17930	2437	22255
梁山镇	23486	12170	11316	7751	12133	11316	3244	17912	2330	21877
公主屯镇	36849	18801	18048	11345	18729	18043	5575	28005	3269	35821
兴隆镇	26593	14001	12592	8728	12780	12168	3027	20751	2815	23339
前当堡镇	21773	11160	10613	7718	11082	10589	2780	16922	2071	19537
大民屯镇	35928	18168	17760	11553	17955	17715	4583	27863	3482	33086
大柳屯镇	26946	13728	13218	8834	13673	13198	3865	20386	2695	25441
兴隆堡镇	27632	14319	13313	9798	14007	13224	3592	21310	2730	23654
胡台镇	32745	16715	16030	11444	16122	15842	4663	25685	2397	25171
法哈牛镇	28087	14384	13703	9981	14321	13689	3808	21824	2455	25269
柳河沟镇	22977	11761	11216	8037	11718	11211	3164	17664	2149	21459
高台子乡	12716	6542	6174	4170	6530	6167	1661	9799	1256	11715
金五台子乡	15892	8102	7790	5457	8065	7782	2174	12146	1572	15157
红旗乡	11628	5925	5703	3589	5899	5694	1658	8756	1214	11069
卢家屯乡	12734	6549	6185	4125	6536	6177	1850	9580	1304	11762
姚堡乡	15753	8163	7590	4782	8116	7585	2276	12075	1402	15056
周坨子乡	13409	6854	6555	4321	6830	6550	1742	10166	1501	12720
于家窝堡乡	11568	5776	5792	3575	5770	5786	1698	8708	1162	11194
新农乡	11501	5943	5558	3926	5911	5543	1673	8738	1090	10857
东蛇山子乡	22636	11573	11063	7236	11552	11062	3229	17369	2038	21759
陶家屯乡	10762	5430	5332	3388	5379	5327	1409	8413	940	10084
罗家房乡	24424	12489	11935	8268	12453	11933	3171	18740	2513	23136

表6 续表 5 单位：人、户

地区	总人口			家庭户	家庭户总人口		分年龄人口			居住本地，户口在本地
	合计	男	女	户数	男	女	0-14岁	15-64岁	65岁及以上	
三道岗子乡	21251	10883	10368	7183	10839	10358	2590	16481	2180	20407
张家屯乡	14669	7510	7159	4719	7481	7145	2062	11142	1465	13631
大连市	**6690432**	**3375745**	**3314687**	**2324622**	**3050056**	**3064122**	**662180**	**5311902**	**716350**	**4464568**
中山区	**339527**	**162460**	**177067**	**124612**	**153850**	**167405**	**28972**	**263428**	**47127**	**231913**
海军广场街道	63213	30706	32507	23073	29113	31340	5433	49745	8035	41569
桂林街道	30006	13505	16501	10016	12303	14042	2843	22684	4479	21041
人民路街道	20477	9685	10792	7295	7766	8793	1228	16909	2340	10589
青泥洼桥街道	15871	7505	8366	6156	6552	7364	1056	12629	2186	9297
昆明街道	28057	13259	14798	10311	12539	13822	2374	21423	4260	20953
葵英街道	59177	28638	30539	22611	27807	29660	4953	45577	8647	43626
桃源街道	62515	29944	32571	23028	29474	32054	5660	47617	9238	48321
老虎滩街道	60211	29218	30993	22122	28296	30330	5425	46844	7942	36517
西岗区	**305742**	**154909**	**150833**	**115267**	**137262**	**144985**	**24362**	**240958**	**40422**	**190551**
香炉礁街道	52118	28520	23598	18327	22262	23110	3890	41985	6243	29855
站北街道	44803	24523	20280	16065	19134	19346	3192	37015	4596	21604
日新街道	30845	14991	15854	12371	13920	14858	2802	23469	4574	21283
北京街道	38543	19210	19333	14523	17087	18562	3030	31219	4294	22330
八一路街道	58959	28513	30446	22949	27743	29460	4896	45837	8226	41442
人民广场街道	30442	14861	15581	11714	14120	14923	2679	23331	4432	20645
白云街道	50032	24291	25741	19318	22996	24726	3873	38102	8057	33392
沙河口区	**693140**	**336695**	**356445**	**255883**	**308961**	**326006**	**59461**	**550021**	**83658**	**445571**
中山公园街道	56077	26926	29151	21275	26136	28483	6317	43212	6548	40916
白山路街道	29667	14413	15254	12231	14205	15105	2218	22882	4567	24116
兴工街道	76628	39645	36983	29400	33417	35233	4962	61125	10541	54780
春柳街道	91065	44359	46706	36727	43031	45619	6862	71404	12799	60497
马栏街道	92640	42703	49937	31504	38471	39772	6551	76073	10016	51671
南沙河口街道	86012	41902	44110	33778	41297	43689	10050	65791	10171	58037
黑石礁街道	96924	45901	51023	28256	33493	35723	6448	80259	10217	51700
李家街道	106616	52445	54171	40160	51966	53852	11024	84443	11149	67740
星海湾街道	57511	28401	29110	22552	26945	28530	5029	44832	7650	36114
甘井子区	**1321778**	**685984**	**635794**	**449946**	**573651**	**574834**	**128801**	**1082109**	**110868**	**629173**
周水子街道	98792	48360	50432	37460	46886	49332	10990	78475	9327	61635
椒金山街道	72155	36154	36001	27859	35008	35635	7514	55710	8931	47532
甘井子街道	69474	35564	33910	26692	32857	32742	5722	54639	9113	45242
南关岭街道	75049	39516	35533	26467	35102	34369	9195	60960	4894	25913
泡崖街道	125548	61903	63645	42699	56024	57021	13154	101202	11192	53854
中华路街道	81997	40724	41273	31083	40043	41064	7569	65568	8860	47737
兴华街道	77149	38042	39107	29733	37392	38819	7225	59071	10853	55185
机场街道	56886	27691	29195	21625	26680	28102	5361	46078	5447	24105
辛寨子街道	111440	64779	46661	37237	47011	42629	11751	94866	4823	30479
红旗街道	115779	57506	58273	40133	51701	52537	11055	95078	9646	53244
凌水街道	161597	91062	70535	34214	43360	44019	10116	142889	8592	71692
大连湾街道	95505	52345	43160	32839	41209	40381	10198	78970	6337	42465
泉水街道	73708	37501	36207	27799	35797	35840	9443	60217	4048	26873
革镇堡街道	47540	24299	23241	15941	20374	18560	4505	40022	3013	14600
营城子街道	54975	28400	26575	16545	22292	21836	4706	45117	5152	26220
大连华侨果树农场	4184	2138	2046	1620	1915	1948	297	3247	640	2397
旅顺口区	**324773**	**163509**	**161264**	**108004**	**136289**	**136532**	**29374**	**263637**	**31762**	**168486**
登峰街道	30226	14652	15574	11852	14434	15428	3488	23582	3156	19928
市场街道	24042	11670	12372	9432	11464	12130	2539	18295	3208	16414

表6 续表 6 单位：人、户

地区	总人口			家庭户	家庭户总人口		分年龄人口			居住本地，户口在本地
	合计	男	女	户数	男	女	0-14岁	15-64岁	65岁及以上	
得胜街道	34046	16504	17542	13571	15893	17166	3427	26086	4533	23295
光荣街道	18106	8784	9322	6822	7891	8454	1543	14157	2406	8398
水师营街道	35537	18324	17213	13162	17730	17022	4035	28386	3116	18352
龙王塘街道	16225	8727	7498	5694	7083	6874	1704	13212	1309	6466
铁山街道	28613	15063	13550	10771	14079	13301	2903	22689	3021	14904
双岛湾街道	14551	7547	7004	5342	7094	6884	1448	11413	1690	8351
三涧堡街道	20240	10436	9804	7483	10039	9676	2243	15825	2172	11794
长城街道	13824	7006	6818	5128	6676	6569	1253	10772	1799	8771
龙头街道	29421	11960	17461	5458	6960	6625	1374	26451	1596	10823
北海街道	7166	3752	3414	2679	3519	3337	685	5563	918	4728
旅顺经济开发区	49964	27648	22316	9360	12071	11728	2553	45062	2349	14307
大连奶牛场	2812	1436	1376	1250	1356	1338	179	2144	489	1955
金州区	**1102773**	**543984**	**558789**	**372797**	**463207**	**462924**	**109389**	**907016**	**86368**	**559332**
拥政街道	40657	20734	19923	13730	17591	17670	4442	33079	3136	19739
友谊街道	41609	20385	21224	16006	19912	20751	4769	32904	3936	23561
光明街道	57221	26884	30337	20185	26010	26791	6423	45857	4941	34692
马桥子街道	190135	84069	106066	44326	50920	53429	14604	169636	5895	54888
海青岛街道	71018	35923	35095	21961	28402	28173	8426	59751	2841	21333
大孤山街道	41486	21414	20072	16528	19923	19742	5087	33665	2734	16436
中长街道	32029	15863	16166	13304	15773	16089	3168	25242	3619	21342
站前街道	70091	35436	34655	27729	33338	32346	7678	57003	5410	30222
先进街道	64370	32147	32223	24339	31147	31422	7892	50991	5487	33355
董家沟街道	23320	12529	10791	8079	10324	10150	2318	18786	2216	12861
金石滩街道	32546	15648	16898	9288	11587	11472	3032	27471	2043	13142
湾里街道	113802	58297	55505	33320	41832	40518	12285	97344	4173	34070
二十里堡街道	30215	15544	14671	11429	14445	13997	2747	23919	3549	22248
三十里堡街道	55540	27927	27613	22573	27034	26682	5292	43708	6540	41737
亮甲店街道	26288	13383	12905	10646	13101	12808	2280	20263	3745	21603
登沙河街道	36925	18517	18408	13913	17996	18036	3458	28813	4654	30167
石河街道	32517	16348	16169	12037	15556	15336	3283	25771	3463	20500
大魏家街道	25928	13455	12473	9038	11810	11826	2116	20821	2991	18306
杏树街道	27325	13773	13552	10923	13485	13428	2616	21114	3595	22087
七顶山街道	19969	10171	9798	7274	9467	9269	1463	15932	2574	15115
华家街道	19812	10082	9730	7895	9884	9616	1556	15407	2849	16170
向应街道	15070	7656	7414	5767	7507	7318	1209	11785	2076	12678
大李家街道	18120	9062	9058	6647	8835	8918	1747	14410	1963	12534
得胜街道	16780	8737	8043	5860	7328	7137	1498	13344	1938	10546
长海县	**77951**	**40300**	**37651**	**28043**	**37829**	**37085**	**10356**	**59787**	**7808**	**53936**
大长山岛镇	29717	15208	14509	11026	14505	14350	3760	23026	2931	21291
獐子岛镇	13808	6957	6851	5287	6735	6792	1856	10435	1517	10008
小长山乡	16071	8576	7495	5437	7657	7299	2185	12524	1362	9904
广鹿乡	12449	6518	5931	4265	6138	5850	1774	9221	1454	9037
海洋乡	5906	3041	2865	2028	2794	2794	781	4581	544	3696
瓦房店市	**942197**	**489013**	**453184**	**331327**	**456160**	**443218**	**98609**	**728484**	**115104**	**790398**
新华街道	52774	27128	25646	21039	26083	25449	4748	40733	7293	45843
文兰街道	73966	36723	37243	29376	36645	37174	8021	58464	7481	57814
岭东街道	16581	8226	8355	4441	5852	5867	1156	13880	1545	8682
共济街道	49490	26201	23289	18623	22411	23205	4642	39456	5392	40880
铁东街道	35144	17724	17420	14669	17680	17383	2797	27706	4641	29564
祝华街道	33124	16866	16258	11213	16783	16237	3444	25801	3879	21890

表6 续表 7

单位：人、户

地　　区	总人口			家庭户	家庭户总人口		分年龄人口			居住本地，户口在本地
	合　计	男	女	户　数	男	女	0-14岁	15-64岁	65岁及以上	
岗店街道	29913	15504	14409	10096	14783	14157	3220	23678	3015	19524
太阳街道	26023	13469	12554	8721	12942	12196	2947	19681	3395	22082
长兴岛街道	65922	43159	22763	16287	22608	20714	5697	55835	4390	32751
九龙街道	26075	13424	12651	9252	13010	12511	3009	19670	3396	22874
交流岛街道	14682	7429	7253	4696	7309	7207	1743	10797	2142	12625
复州城镇	50970	25771	25199	18051	25675	25160	6415	39055	5500	44314
复州湾镇	29398	14852	14546	11621	14592	14487	2505	22217	4676	27232
松树镇	23745	11931	11814	9659	11897	11805	1904	17744	4097	22655
得利寺镇	19396	10011	9385	7309	9951	9366	1838	14621	2937	17818
万家岭镇	23636	12192	11444	7300	12188	11439	2297	18418	2921	23327
许屯镇	27227	14093	13134	9610	14077	13129	2947	20486	3794	25838
永宁镇	31071	16054	15017	10539	15877	15013	3805	23320	3946	29488
谢屯镇	22457	11260	11197	8030	11233	11183	2417	16934	3106	20458
炮台镇	45589	23071	22518	15918	21569	21073	4743	35250	5596	37531
老虎屯镇	24091	11062	13029	7736	10996	10667	2574	18998	2519	19580
红沿河镇	15711	8074	7637	5144	7638	7567	1804	11978	1929	13958
李官镇	23741	12244	11497	8807	12215	11495	2491	17875	3375	22392
仙浴湾镇	9915	5054	4861	3639	5035	4855	971	7505	1439	9580
赵屯乡	32655	16811	15844	11294	16709	15754	4251	24641	3763	30392
土城乡	20072	10243	9829	6166	10243	9829	2450	15196	2426	19533
阎店乡	23306	11946	11360	7738	11921	11347	3172	17168	2966	22456
西杨乡	23627	12019	11608	8375	11969	11595	2731	17571	3325	22678
驼山乡	18073	9179	8894	6719	9131	8883	2147	13293	2633	16638
三台满族乡	22239	11142	11097	7043	11085	11084	2442	17058	2739	20844
泡崖乡	14203	7269	6934	5861	7250	6929	1440	10508	2255	12972
杨家满族乡	17381	8882	8499	6355	8803	8458	1841	12947	2593	16185
普兰店市	**741230**	**375226**	**366004**	**262184**	**367700**	**359796**	**80240**	**569432**	**91558**	**650959**
丰荣街道	118015	58416	59599	46316	57386	58620	13783	91159	13073	95581
铁西街道	41957	21398	20559	15261	20776	19939	4433	33113	4411	30124
太平街道	43586	22290	21296	15345	20662	20475	4931	34507	4148	31031
南山街道	18500	9386	9114	6361	8757	8618	1949	14744	1807	12118
皮口镇	78822	39171	39651	27702	37740	38021	8572	60642	9608	67880
城子坦镇	60154	30462	29692	21265	30262	29476	5917	46164	8073	57996
大刘家镇	12320	6228	6092	4804	6017	6013	1213	9176	1931	10692
杨树房镇	29838	15005	14833	10659	14501	14299	3319	23272	3247	22222
双塔镇	30080	15363	14717	9958	15359	14714	3541	22979	3560	29224
安波镇	35212	17892	17320	11810	17592	17036	3735	26895	4582	34213
四平镇	22500	11513	10987	6648	11510	10987	2182	17539	2779	22405
沙包镇	25886	13194	12692	8099	13187	12691	2798	19695	3393	25309
瓦窝镇	19446	10033	9413	6392	9815	9368	1853	14967	2626	18095
元台镇	38804	19801	19003	13024	19720	18986	4246	29811	4747	35448
大谭镇	21653	11106	10547	7656	11106	10547	2481	16001	3171	20720
夹河庙镇	25796	13143	12653	8968	13056	12630	2639	19321	3836	24042
莲山镇	23465	11927	11538	8133	11523	11145	2806	17606	3053	21519
星台镇	42123	21690	20433	15414	21609	20381	4593	31647	5883	40824
墨盘乡	18058	9257	8801	6539	9242	8800	1799	13527	2732	17574
同益乡	18270	9373	8897	6144	9351	8894	1829	13885	2556	17749
乐甲满族乡	16745	8578	8167	5686	8529	8156	1621	12782	2342	16193
庄河市	**841321**	**423665**	**417656**	**276559**	**415147**	**411337**	**92616**	**647030**	**101675**	**744249**
城关街道	65309	31990	33319	24429	31670	33184	7907	50954	6448	46678

表6 续表 8

单位：人、户

地区	总人口			家庭户	家庭户总人口		分年龄人口			居住本地，户口在本地
	合计	男	女	户数	男	女	0-14岁	15-64岁	65岁及以上	
新华街道	69954	34508	35446	23772	31830	32624	8369	55827	5758	46718
兴达街道	41877	20807	21070	14709	19776	20363	4715	32922	4240	28379
昌盛街道	13757	7011	6746	4654	7001	6738	1586	10399	1772	11850
明阳街道	54986	27724	27262	18450	27069	26962	5599	42435	6952	51579
青堆镇	47920	23875	24045	15561	23127	23379	5247	36865	5808	43876
徐岭镇	29921	15255	14666	9620	15145	14638	3376	22818	3727	25237
黑岛镇	30522	15409	15113	9589	14999	14889	3013	23589	3920	28058
栗子房镇	47063	23706	23357	17114	23569	23321	4998	35535	6530	44906
大营镇	18061	8990	9071	6499	8931	9042	1999	13208	2854	16953
塔岭满族镇	19800	10110	9690	6691	10069	9683	2227	14852	2721	18906
仙人洞镇	27613	13912	13701	8609	13844	13697	3451	20341	3821	26512
蓉花山镇	33238	17047	16191	9545	16988	16180	3929	25194	4115	32493
长岭镇	26265	13412	12853	7774	13387	12848	2909	20172	3184	25973
荷花山镇	10222	5126	5096	3446	5102	5093	1133	7630	1459	9791
城山镇	31885	16353	15532	10997	16351	15530	3383	24204	4298	31448
光明山镇	49809	25248	24561	15463	25202	24550	5457	38093	6259	47597
大郑镇	53439	26780	26659	16805	26042	25903	5266	41561	6612	51097
吴炉镇	36359	18524	17835	10892	18321	17735	3718	27859	4782	33129
王家镇	5109	2696	2413	1552	2402	2363	612	4040	457	3616
鞍子山乡	42305	21308	20997	13870	21147	20824	4272	32665	5368	40824
太平岭满族乡	20393	10515	9878	5842	10337	9854	2306	15636	2451	19114
步云山乡	17513	9071	8442	5639	9034	8429	2167	13250	2096	16914
桂云花满族乡	17316	8874	8442	5303	8804	8433	1767	13330	2219	16949
兰店乡	21349	10829	10520	6906	10475	10342	2129	16590	2630	17212
石城乡	9336	4585	4751	2828	4525	4733	1081	7061	1194	8440
鞍山市	**3645884**	**1850084**	**1795800**	**1232076**	**1795537**	**1757467**	**430875**	**2823992**	**391017**	**3000141**
铁东区	**549284**	**273279**	**276005**	**186179**	**249321**	**258770**	**45590**	**435506**	**68188**	**414291**
长甸街道	39094	19447	19647	14574	19267	19594	2699	30907	5488	32844
解放街道	42783	21054	21729	15723	20644	21336	2998	33962	5823	33409
山南街道	44249	21890	22359	17363	21728	22261	3592	34799	5858	35982
园林街道	41171	19812	21359	14247	19172	20363	4065	31118	5988	35496
胜利街道	33782	16525	17257	10210	15686	16569	3358	26049	4375	30446
站前街道	16037	7946	8091	5675	7247	7408	1448	12758	1831	12373
钢城街道	30698	14993	15705	11102	14706	15423	2885	23814	3999	25321
和平街道	38974	19710	19264	12760	17863	18431	3149	30315	5510	31770
对炉街道	44450	22179	22271	16146	21170	21853	3111	34675	6664	36444
东长甸街道	45702	21037	24665	14960	19248	19640	2821	37077	5804	33694
湖南街道	59181	28895	30286	20733	28760	30176	5670	45835	7676	47148
常青街道	27555	13408	14147	10238	13356	14108	2123	21194	4238	24005
新兴街道	42453	21838	20615	13475	18544	19165	4544	35012	2897	15413
玉佛山风景区管理委员会	20	19	1	8973				19	1	
高新区东区	43135	24526	18609	112289	11930	12443	3127	37972	2036	19946
铁西区	**282014**	**141412**	**140602**	**4287**	**140227**	**140244**	**21459**	**224896**	**35659**	**224384**
启明街道	10516	5275	5241	11670	5153	5223	664	8369	1483	9273
繁荣街道	30565	15155	15410	9178	15013	15387	2786	24657	3122	23265
八家子街道	22802	11535	11267	10895	11401	11267	1517	18550	2735	20672
兴盛街道	27625	13722	13903	13733	13596	13830	2157	22243	3225	20878
共和街道	34640	17470	17170	20442	17419	17159	2444	27421	4775	28315
永乐街道	51197	25927	25270	9610	25706	25259	3689	40926	6582	41130
北陶官街道	23736	11917	11819	10140	11911	11819	1531	18147	4058	21458

表6 续表 9 单位：人、户

地区	总人口 合计	总人口 男	总人口 女	家庭户户数	家庭户总人口 男	家庭户总人口 女	分年龄人口 0-14岁	分年龄人口 15-64岁	分年龄人口 65岁及以上	居住本地，户口在本地
南华街道	24662	12335	12327	9112	12241	12277	1774	19635	3253	17871
大陆街道	23059	11527	11532	8845	11432	11492	2043	18520	2496	18417
新陶官街道	22043	10942	11101		10906	11070	1763	17422	2858	17571
高新区西区	11169	5607	5562	4377	5449	5461	1091	9006	1072	5534
立山区	**437339**	**220658**	**216681**	**168373**	**217382**	**215902**	**32264**	**345221**	**59854**	**348108**
友好街道	62153	31055	31098	23560	30301	30974	5251	49072	7830	49199
双山街道	65008	32468	32540	24832	31708	32347	4803	51307	8898	53720
立山街道	58440	29377	29063	22561	29256	28980	4221	46311	7908	44340
曙光街道	55729	28101	27628	22329	28080	27612	4131	44773	6825	41804
灵山街道	28740	14897	13843	10999	14056	13840	2132	22158	4450	23570
深南街道	41793	20872	20921	16005	20606	20867	2692	31634	7467	36889
深北街道	62898	32286	30612	24562	32162	30543	3849	50631	8418	55440
沙河街道	42399	21247	21152	16450	21226	21137	3200	33453	5746	29124
沙河镇	10360	5350	5010	3857	5311	5002	1007	8377	976	6293
千山风景区	9819	5005	4814	3218	4676	4600	978	7505	1336	7729
千山区	**275447**	**139732**	**135715**	**98102**	**135529**	**130805**	**28336**	**218171**	**28940**	**181366**
旧堡街道	17377	8831	8546	6734	8746	8514	1329	13433	2615	15362
大孤山街道	20729	10462	10267	8215	10440	10232	1536	16100	3093	17627
东鞍山镇	30175	15356	14819	10255	15032	14478	3454	23929	2792	16420
唐家房镇	20058	10295	9763	6672	10219	9746	2305	15393	2360	16009
大孤山镇	17510	8970	8540	5836	8836	8440	1821	13640	2049	11424
千山镇	19921	10382	9539	7284	9855	9508	1642	15587	2692	15238
齐大山镇	27393	13840	13553	10894	13793	13542	2350	21434	3609	20048
达道湾镇	44842	22410	22432	16419	21868	21928	5049	36107	3686	26489
宁远镇	57039	29767	27272	20589	29184	27203	7196	45701	4142	30603
汤岗子镇	14932	7698	7234	5202	7550	7211	1584	11447	1901	12139
达道湾工业园区管理委员会	5471	1721	3750	2	6	3	70	5400	1	7
汤岗子牧场										
台安县	**332542**	**169338**	**163204**	**109402**	**168021**	**162449**	**47918**	**252472**	**32152**	**304735**
台安镇	86245	43430	42815	31649	42653	42155	10981	67145	8119	67775
西佛镇	26860	13660	13200	7785	13590	13193	4145	20362	2353	25630
新开河镇	26067	13176	12891	8767	13108	12882	3612	19711	2744	25327
黄沙坨镇	40937	21201	19736	12953	21092	19715	6222	30614	4101	39629
高力房镇	35634	18355	17279	11410	18307	17256	5525	26837	3272	34221
桑林镇	22063	11097	10966	7013	11040	10960	3284	16613	2166	20866
富家镇	14958	7616	7342	4824	7614	7342	2050	11359	1549	14433
达牛镇	22964	11844	11120	7080	11795	11116	3328	17301	2335	22361
台安县韭菜台镇	13490	6985	6505	4370	6945	6493	2267	9966	1257	12902
新台镇	16121	8065	8056	4805	8065	8056	2501	12113	1507	15764
桓洞镇	13676	7041	6635	4494	6987	6631	2072	10215	1389	12728
新华农场	5237	2681	2556	1558	2673	2555	746	4007	484	5165
洪家农牧场	4772	2418	2354	1490	2395	2347	694	3583	495	4620
西平林场	3518	1769	1749	1204	1757	1748	491	2646	381	3314
岫岩满族自治县	**475381**	**243456**	**231925**	**138954**	**237462**	**226386**	**73105**	**353079**	**49197**	**436421**
岫岩镇	139393	69452	69941	41152	64230	64504	19625	105948	13820	123938
三家子镇	14835	7783	7052	4658	7735	7046	2296	10896	1643	13533
石庙子镇	15377	8068	7309	4644	8046	7308	2301	11552	1524	14421
黄花甸镇	23170	11925	11245	6261	11876	11232	3425	17603	2142	21622
大营子镇	20673	10649	10024	5991	10622	10021	2969	15575	2129	19927
苏子沟镇	12546	6400	6146	3493	6380	6142	1914	9378	1254	12003

表6　续表 10　　　　　　　　　　　　　　　　　　　　单位：人、户

地　区	总人口			家庭户	家庭户总人口		分年龄人口			居住本地，户口在本地
	合　计	男	女	户　数	男	女	0-14岁	15-64岁	65岁及以上	
偏岭镇	27094	14034	13060	7773	13959	13058	5086	19820	2188	23534
哈达碑镇	27815	14506	13309	7247	14469	13293	4894	20300	2621	25460
新甸镇	21199	10784	10415	6005	10755	10415	3593	15570	2036	19590
洋河镇	15923	8135	7788	4471	8118	7787	2236	11882	1805	15423
杨家堡镇	11942	6170	5772	3525	6140	5769	1742	8851	1349	11081
汤沟镇	12483	6516	5967	4046	6443	5963	1942	9004	1537	11952
石灰窑镇	19895	10424	9471	5327	10304	9459	3567	14175	2153	18170
前营子镇	18672	9565	9107	5518	9558	9104	3026	13481	2165	16984
龙潭镇	15073	7815	7258	4515	7794	7254	2334	11018	1721	14356
牧牛乡	14526	7694	6832	4201	7651	6826	2324	10671	1531	13286
韭菜沟乡	10546	5493	5053	3221	5474	5052	1729	7653	1164	10008
大房身乡	12095	6347	5748	3643	6320	5747	1914	8846	1335	11031
朝阳乡	13030	6785	6245	4022	6750	6242	2032	9491	1507	12528
红旗营子乡	13427	6837	6590	4021	6820	6586	1989	9905	1533	12418
岭沟乡	7754	3953	3801	2574	3917	3792	1044	5757	953	7452
哨子河乡	7913	4121	3792	2646	4101	3786	1123	5703	1087	7704
海城市	**1293877**	**662209**	**631668**	**418777**	**647595**	**622911**	**182203**	**994647**	**117027**	**1090836**
海州街道	185141	93495	91646	73217	93135	91305	20975	147576	16590	154077
兴海街道	96801	50212	46589	34189	47650	46520	12381	76327	8093	78743
响堂街道	38718	19881	18837	12766	19205	18509	5443	30278	2997	25895
东四街道	28588	14433	14155	8306	14192	14094	4572	21542	2474	26076
孤山镇	21061	11106	9955	6054	11070	9946	3142	15383	2536	20186
岔沟镇	21615	11304	10311	6985	11264	10311	3285	15720	2610	20560
接文镇	22447	11613	10834	6716	11500	10681	3780	16245	2422	21290
析木镇	35743	18067	17676	9902	17230	16811	5648	26648	3447	32316
马风镇	31243	16192	15051	9251	16145	15044	5126	23040	3077	29478
牌楼镇	34283	17367	16916	10266	17269	16833	5331	25823	3129	28441
八里镇	41533	21006	20527	12566	20906	20495	5719	31860	3954	36826
毛祁镇	20437	10630	9807	6606	10401	9692	2881	15336	2220	16406
英落镇	45511	23375	22136	13177	22600	21710	6784	34376	4351	41799
感王镇	45464	23343	22121	13442	22913	21840	6973	34253	4238	39877
西柳镇	72635	37075	35560	21984	35111	33969	11039	57461	4135	42097
中小镇	23792	12380	11412	7009	12175	11304	3892	17635	2265	21214
王石镇	43461	22168	21293	13023	22110	21283	6570	32425	4466	37519
南台镇	61342	31803	29539	19135	30272	28307	9218	46752	5372	47381
甘泉镇	26040	13078	12962	8315	13020	12941	3693	19696	2651	24144
大屯镇	35098	17656	17442	11161	17590	17393	4518	27117	3463	27959
腾鳌镇	105242	54732	50510	35850	52943	49736	13986	82336	8920	87807
耿庄镇	43799	22290	21509	13519	22030	21437	6196	33133	4470	41192
牛庄镇	46522	23646	22876	14582	23185	22441	6294	35621	4607	44137
西四镇	27210	14186	13024	7990	14150	13006	4258	20490	2462	26445
望台镇	23017	11909	11108	7681	11816	11036	3417	17173	2427	21653
温香镇	46312	23247	23065	13280	23211	23058	6814	35715	3783	44753
高坨镇	18138	9365	8773	5309	9291	8726	2586	13936	1616	16944
海城经济开发区	52684	26650	26034	16496	25211	24483	7682	40750	4252	35621
抚顺市	**2138090**	**1080753**	**1057337**	**789563**	**1043909**	**1038226**	**203159**	**1693706**	**241225**	**1809881**
新抚区	**252631**	**124039**	**128592**	**94839**	**122994**	**128092**	**22205**	**198968**	**31458**	**226271**
站前街道	48190	23471	24719	18447	23254	24596	4083	37490	6617	42186
东公园街道	32392	15781	16611	12347	15726	16547	2813	25004	4575	29202
福民街道	38726	19150	19576	15100	18880	19477	2627	31829	4270	33495

表6 续表 11 单位：人、户

地　区	总人口 合计	总人口 男	总人口 女	家庭户 户数	家庭户总人口 男	家庭户总人口 女	分年龄人口 0-14岁	分年龄人口 15-64岁	分年龄人口 65岁及以上	居住本地，户口在本地
新抚街道	33233	16304	16929	12737	16249	16877	2597	27245	3391	30182
榆林街道	10319	5219	5100	3896	5098	5048	851	8247	1221	8764
永安台街道	38972	18978	19994	13239	18919	19989	4919	28181	5872	37615
千金街道	23889	11834	12055	8951	11613	12022	1817	19369	2703	21758
南阳街道	26910	13302	13608	10122	13255	13536	2498	21603	2809	23069
东洲区	**320949**	**162401**	**158548**	**130020**	**158564**	**157271**	**21417**	**254309**	**45223**	**288166**
东洲街道	64784	32915	31869	23811	30414	31028	4712	51064	9008	58572
张甸街道	2834	1509	1325	1230	1376	1310	94	2433	307	2419
搭连街道	23851	12149	11702	9048	12131	11698	1595	19365	2891	22325
龙凤街道	42003	21117	20886	18310	21080	20869	2466	33738	5799	38944
新屯街道	35031	17799	17232	13908	17428	17029	1676	27918	5437	30946
万新街道	24937	12269	12668	10866	12258	12658	1314	20199	3424	22978
老虎台街道	24982	12543	12439	10984	12521	12405	1439	19839	3704	22891
平山街道	14906	7540	7366	6510	7507	7349	846	11685	2375	14537
南花园街道	8950	4456	4494	4086	4448	4488	536	6997	1417	8344
刘山街道	23032	11640	11392	10166	11596	11360	1508	17912	3612	19489
章党街道	24520	12228	12292	9851	12161	12274	2046	18757	3717	20787
抚东街道	6501	3305	3196	2638	3177	3151	484	4818	1199	6185
千金乡	14754	7620	7134	5165	7595	7131	1689	11637	1428	12096
碾盘乡	9864	5311	4553	3447	4872	4521	1012	7947	905	7653
望花区	**384514**	**197341**	**187173**	**139133**	**177125**	**176611**	**29610**	**310709**	**44195**	**300404**
田屯街道	9175	4696	4479	3673	4682	4479	693	7109	1373	7446
工农街道	28362	14401	13961	11291	14400	13959	2087	22453	3822	24510
建设街道	60356	32827	27529	15556	20687	20690	3447	51629	5280	40217
和平街道	49690	25601	24089	17926	23163	23941	4547	39195	5948	40924
光明街道	20879	10367	10512	8040	10312	10473	1810	15968	3101	18878
朴屯街道	41078	20592	20486	16020	20473	20435	2685	33663	4730	37839
演武街道	5062	2601	2461	2230	2587	2434	365	3957	740	3679
五老屯街道	23921	12160	11761	10339	12160	11761	1453	18893	3575	18740
古城子街道	22356	11167	11189	9746	11162	11188	1387	17754	3215	18127
新民街道	33521	16685	16836	13234	16633	16806	2632	25885	5004	28471
李石街道	73922	37965	35957	25335	32672	32545	6811	61310	5801	48159
塔峪镇	16192	8279	7913	5743	8194	7900	1693	12893	1606	13414
顺城区	**472920**	**235886**	**237034**	**178916**	**228390**	**233014**	**42101**	**374905**	**55914**	**358741**
河东街道	42986	23173	19813	14064	18079	18651	4020	34928	4038	28196
长春街道	72770	35367	37403	26764	34611	35481	7252	58373	7145	48916
葛布街道	68096	33706	34390	28220	33615	34324	4605	54518	8973	55134
将军堡街道	102380	50574	51806	38821	50126	51578	7819	81434	13127	87094
新华街道	57043	28015	29028	21542	27621	28867	6467	43535	7041	46498
抚顺城街道	65653	32205	33448	25585	31836	33144	5319	51331	9003	50425
前甸镇	25572	13016	12556	10167	12897	12493	2441	20432	2699	13683
河北乡	23965	12370	11595	8832	12255	11509	2526	19028	2411	16310
会元乡	14455	7460	6995	4921	7350	6967	1652	11326	1477	12485
抚顺县	**162588**	**83924**	**78664**	**56233**	**82766**	**77735**	**19813**	**126480**	**16295**	**147744**
石文镇	21976	11086	10890	7259	10497	10186	2718	17329	1929	18683
后安镇	15669	8162	7507	5270	8018	7450	1974	12201	1494	14707
章党镇	21965	11381	10584	8159	11253	10492	2208	17288	2469	18203
哈达镇	18461	9471	8990	6228	9447	8984	2183	14400	1878	17663
马圈子乡	4698	2406	2292	1683	2378	2282	643	3618	437	4423
上马乡	17238	8953	8285	5939	8909	8269	2095	13350	1793	16174

表6 续表 12 单位：人、户

地区	总人口 合计	总人口 男	总人口 女	家庭户户数	家庭户总人口 男	家庭户总人口 女	分年龄人口 0-14岁	分年龄人口 15-64岁	分年龄人口 65岁及以上	居住本地，户口在本地
救兵乡	18214	9493	8721	6074	9400	8697	2508	14045	1661	16979
峡河乡	7673	3979	3694	2651	3965	3691	1056	5824	793	7235
海浪乡	10689	5565	5124	3892	5540	5121	1159	8352	1178	9711
拉古满族乡	14653	7551	7102	5309	7533	7096	1830	11375	1448	13428
兰山乡	5089	2626	2463	1682	2612	2460	613	3971	505	4664
汤图满族乡	6263	3251	3012	2087	3214	3007	826	4727	710	5874
新宾满族自治县	**254118**	**129292**	**124826**	**87880**	**127319**	**123537**	**31676**	**200414**	**22028**	**227237**
新宾镇	63338	31561	31777	23275	30370	30676	6902	50912	5524	54236
旺清门镇	11362	5868	5494	3947	5853	5491	1341	9188	833	9839
永陵镇	33711	17048	16663	11615	16885	16618	4281	26404	3026	30989
平顶山镇	15163	7748	7415	4487	7744	7415	2026	11983	1154	14482
大四平镇	15959	8138	7821	5202	8031	7805	2235	12443	1281	14696
苇子峪镇	13427	6908	6519	4224	6864	6506	1858	10490	1079	12305
木奇镇	15417	7815	7602	5729	7686	7576	1984	11753	1680	14205
上夹河镇	14378	7468	6910	4968	7422	6904	1839	11062	1477	13586
南杂木镇	20159	10291	9868	7675	10103	9798	2568	15859	1732	15855
红升乡	6520	3378	3142	2160	3342	3139	703	5296	521	5503
响水河子乡	6403	3277	3126	2232	3265	3123	811	5034	558	5846
红庙子乡	11736	6090	5646	3930	6072	5644	1440	9378	918	10736
北四平乡	7479	3809	3670	2385	3800	3669	1096	5822	561	7022
榆树乡	11251	5837	5414	3491	5837	5414	1550	8730	971	10511
下夹河乡	7815	4056	3759	2560	4045	3759	1042	6060	713	7426
清原满族自治县	**290370**	**147870**	**142500**	**102542**	**146751**	**141966**	**36337**	**227921**	**26112**	**261318**
清原镇	92201	45976	46225	35413	45615	45844	10650	73153	8398	74058
红透山镇	25647	12928	12719	9683	12848	12669	2550	20202	2895	23316
草市镇	13126	6827	6299	4306	6789	6292	1855	10204	1067	12232
英额门镇	13859	7046	6813	4706	7016	6811	1860	10791	1208	13173
南口前镇	19578	10184	9394	7398	10150	9388	2552	14936	2090	18544
南山城镇	24249	12347	11902	7842	12299	11879	3266	19088	1895	23197
湾甸子镇	13349	6826	6523	4678	6806	6516	1688	10433	1228	12720
大孤家镇	16332	8378	7954	5093	8339	7952	2092	13063	1177	15550
夏家堡镇	25434	13191	12243	8334	13133	12231	3617	19769	2048	24910
土口子乡	12523	6460	6063	3975	6418	6049	1669	9959	895	11768
北三家乡	11909	6152	5757	4104	6117	5754	1539	9252	1118	11003
敖家堡乡	8519	4367	4152	2555	4301	4142	1143	6568	808	8155
大苏河乡	7389	3821	3568	2441	3786	3568	1014	5633	742	7032
枸乃甸乡	6255	3367	2888	2014	3134	2871	842	4870	543	5660
本溪市	**1709538**	**873808**	**835730**	**584175**	**818953**	**814100**	**164841**	**1368112**	**176585**	**1365296**
平山区	**349130**	**175994**	**173136**	**127665**	**169615**	**170792**	**32050**	**277047**	**40033**	**281362**
南地街道	46346	23449	22897	16272	22506	22350	3849	38081	4416	34735
工人街道	45402	23011	22391	16705	22129	22038	4101	36535	4766	32078
平山街道	52863	26264	26599	18877	25962	26436	5216	41174	6473	45735
东明街道	44266	21968	22298	15552	20899	21718	4144	34169	5953	38152
崔东街道	54428	26998	27430	19934	26671	27267	5132	43051	6245	49720
站前街道	16317	8011	8306	5991	7649	8027	1429	12980	1908	13164
千金街道	42357	21365	20992	16933	21057	20927	3120	33816	5421	31922
北台街道	29590	15814	13776	11163	14055	13629	3344	23769	2477	20644
桥头街道	17561	9114	8447	6238	8687	8400	1715	13472	2374	15212
溪湖区	**252671**	**132180**	**120491**	**90022**	**113388**	**113257**	**18985**	**204184**	**29502**	**184249**
河东街道	44745	22955	21790	16998	21150	21566	3398	36151	5196	32491

表6　续表 13　　　　单位：人、户

地　　区	总人口			家庭户	家庭户总人口		分年龄人口			居住本地，户口在本地
	合　计	男	女	户　数	男	女	0-14岁	15-64岁	65岁及以上	
河西街道	20223	10139	10084	8600	10122	10082	1172	15908	3143	17481
彩屯街道	41318	20607	20711	15958	20180	20130	3205	32922	5191	31643
竖井街道	21687	10996	10691	9453	10745	10613	1494	16934	3259	17487
彩北街道	27494	13733	13761	11603	13728	13761	2026	21899	3569	18810
东风街道	11736	6186	5550	4246	5629	5498	1067	9280	1389	8113
石桥子街道	38009	21859	16150	7594	10589	10649	2464	32981	2564	19976
火连寨镇	12776	6989	5787	4597	5824	5652	1090	9958	1728	9879
歪头山镇	24687	13559	11128	7930	10428	10522	2041	20228	2418	19143
张其寨乡	9996	5157	4839	3043	4993	4784	1028	7923	1045	9226
明山区	**409576**	**205390**	**204186**	**144598**	**194104**	**198515**	**39243**	**325925**	**44408**	**289557**
金山街道	70449	34922	35527	24818	34120	35062	7557	54851	8041	49767
北地街道	45769	22724	23045	15723	20668	21732	4655	35499	5615	38037
高峪街道	39140	19805	19335	14318	17814	18200	3400	32059	3681	19715
明山街道	98276	49365	48911	32493	46004	47640	9644	80850	7782	72799
东兴街道	50269	25159	25110	19663	24078	24904	3747	39264	7258	35045
新明街道	44001	21722	22279	15838	20508	21198	3879	35431	4691	25574
牛心台街道	17182	8784	8398	6580	8709	8393	1693	13459	2030	14858
卧龙街道	25085	12923	12162	8623	12500	12070	2534	19299	3252	18607
高台子镇	19405	9986	9419	6542	9703	9316	2134	15213	2058	15155
南芬区	**82917**	**41931**	**40986**	**30234**	**40229**	**39884**	**7229**	**65745**	**9943**	**73197**
南芬街道	29133	14540	14593	12235	14241	14359	2561	22884	3688	25602
铁山街道	16304	8033	8271	6491	8009	8271	1176	13107	2021	15551
郭家街道	12489	6510	5979	4016	5737	5528	996	10019	1474	9057
下马塘镇	13139	6793	6346	3833	6300	6013	1308	10279	1552	11891
思山岭满族乡	11852	6055	5797	3659	5942	5713	1188	9456	1208	11096
本溪满族自治县	**296218**	**152083**	**144135**	**97161**	**147140**	**141489**	**33840**	**234979**	**27399**	**254921**
观音阁街道	93502	46771	46731	33689	44975	45285	11312	75170	7020	74881
小市镇	30734	15886	14848	9723	15794	14835	3224	24529	2981	26760
草河掌镇	10827	5567	5260	2998	5426	5212	1225	8518	1084	10060
草河城镇	12145	6261	5884	3902	6217	5870	1389	9379	1377	11309
草河口镇	22801	11790	11011	7852	11128	10838	2072	18069	2660	20277
连山关镇	13121	6851	6270	4210	6739	6263	1389	10054	1678	12339
清河城镇	11662	6078	5584	3519	6009	5569	1413	9135	1114	10842
田师傅镇	27807	14445	13362	9606	13891	13314	2813	21992	3002	23831
南甸镇	13415	6926	6489	4585	6894	6461	1585	10611	1219	11843
碱厂镇	26121	13523	12598	7373	13386	12498	3514	20584	2023	23308
高官镇	21708	11529	10179	6473	10765	10034	2543	16845	2320	18925
东营房乡	12375	6456	5919	3231	5916	5310	1361	10093	921	10546
桓仁满族自治县	**319026**	**166230**	**152796**	**94495**	**154477**	**150163**	**33494**	**260232**	**25300**	**282010**
八卦城街道	64211	31804	32407	22712	31148	32060	7294	51795	5122	49572
桓仁镇	48206	25083	23123	13437	22183	21663	4984	39873	3349	39819
普乐堡镇	14307	7976	6331	3906	6816	6233	1389	11831	1087	12875
二棚甸子镇	22880	11580	11300	7493	11542	11285	2185	18366	2329	22206
沙尖子镇	17058	8829	8229	4931	8829	8229	1811	13694	1553	16823
五里甸子镇	10862	5711	5151	2865	5702	5148	963	8768	1131	10730
八里甸子镇	17305	8814	8491	5312	8715	8461	2054	13874	1377	16805
华来镇	47999	25144	22855	12670	23592	22661	5165	39123	3711	44576
古城镇	25903	13932	11971	7057	12402	11864	2339	21639	1925	23976
雅河朝鲜族乡	19895	10776	9119	5664	9245	9032	2118	16389	1388	17727
向阳乡	9827	5417	4410	2713	4624	4343	1161	7829	837	8831

表6 续表 14 单位：人、户

地 区	总人口			家庭户	家庭户总人口		分年龄人口			居住本地，户口在本地
	合 计	男	女	户 数	男	女	0-14岁	15-64岁	65岁及以上	
黑沟乡	13469	7535	5934	3659	6189	5833	1270	11180	1019	11614
北甸子乡	7104	3629	3475	2076	3490	3351	761	5871	472	6456
丹东市	**2444697**	**1239795**	**1204902**	**815728**	**1170036**	**1167750**	**270832**	**1911615**	**262250**	**1974202**
元宝区	**215905**	**105992**	**109913**	**79202**	**101325**	**104926**	**16951**	**172803**	**26151**	**151571**
六道口街道	32035	15785	16250	11276	15070	16124	2485	25343	4207	21731
七道街道	41229	20378	20851	16064	20120	20679	3030	32629	5570	31770
八道街道	25100	12288	12812	9688	12209	12742	1897	19677	3526	19754
九道街道	20968	10598	10370	8419	10474	10318	1443	16839	2686	15273
广济街道	23906	11541	12365	9346	11389	12175	1602	19126	3178	17480
兴东街道	34895	16889	18006	13406	16812	17922	3223	27789	3883	21172
金山镇	37772	18513	19259	11003	15251	14966	3271	31400	3101	24391
振兴区	**466343**	**233940**	**232403**	**162462**	**214302**	**221774**	**40696**	**368162**	**57485**	**343511**
头道桥街道	49907	26291	23616	17460	21438	22853	3663	39765	6479	38706
站前街道	33308	15878	17430	12400	15529	16993	3127	25346	4835	26863
临江街道	56368	27640	28728	21161	27313	28417	4867	44435	7066	42764
六道沟街道	40406	19655	20751	15518	19418	20519	3167	31497	5742	29756
帽盔山街道	46416	23421	22995	15596	20559	21398	4517	36726	5173	30809
纤维街道	42851	20794	22057	16006	20381	21393	3268	33039	6544	32407
永昌街道	43645	21524	22121	15274	20056	21069	3867	34248	5530	33569
花园街道	34323	17556	16767	12805	16921	16520	2729	27400	4194	25294
江海街道	12471	6653	5818	3841	5754	5673	1381	10044	1046	9219
西城街道	34500	17754	16746	11040	15099	15158	2910	27312	4278	22219
浪头镇	35872	18374	17498	10009	13799	13950	3003	29747	3122	22267
安民镇	12081	6096	5985	3916	5994	5964	1390	9505	1186	9645
汤池镇	24195	12304	11891	7436	12041	11867	2807	19098	2290	19993
振安区	**183328**	**91539**	**91789**	**65608**	**87473**	**86361**	**17678**	**144587**	**21063**	**136744**
鸭绿江街道	36691	17334	19357	12916	16320	16434	3216	29399	4076	23529
金矿街道	4502	2259	2243	1861	2254	2243	410	3448	644	3633
珍珠街道	23312	11231	12081	9098	10767	11311	1956	18776	2580	12248
太平湾街道	10848	5532	5316	3881	5218	5116	974	8525	1349	9631
同兴镇	19486	10306	9180	6671	9481	9070	1959	15529	1998	12774
五龙背镇	28977	14361	14616	10985	13596	13361	2477	22508	3992	23971
楼房镇	15826	8077	7749	5111	7963	7698	1819	12273	1734	14001
九连城镇	26447	13459	12988	9091	13206	12914	3035	20782	2630	21438
汤山城镇	17239	8980	8259	5994	8668	8214	1832	13347	2060	15519
宽甸满族自治县	**407713**	**213982**	**193731**	**123204**	**196467**	**190944**	**53273**	**314300**	**40140**	**350551**
宽甸镇	94310	48450	45860	32181	42717	44122	11028	74245	9037	69485
灌水镇	29808	16186	13622	7995	14114	13592	4028	23143	2637	26483
硼海镇	12829	6987	5842	3675	6029	5819	1797	9864	1168	10641
红石镇	18234	9426	8808	5287	9355	8789	2542	13910	1782	17775
毛甸子镇	14389	7980	6409	4001	6664	6322	1829	11149	1411	12456
长甸镇	26011	13561	12450	7766	12605	12338	3616	19662	2733	23508
永甸镇	22052	11230	10822	6411	11114	10779	2805	16966	2281	20642
太平哨镇	16974	8770	8204	4977	8704	8196	2417	12748	1809	16236
青山沟镇	10787	5885	4902	3350	5130	4828	1536	8227	1024	9676
牛毛坞镇	13394	6963	6431	3995	6719	6412	1833	10354	1207	12687
大川头镇	10531	5846	4685	2743	4967	4618	1411	8165	955	8956
青椅山镇	11956	6619	5337	3321	5444	5223	1567	9151	1238	9807
杨木川镇	11052	6008	5044	3376	5160	4980	1469	8316	1267	9615
虎山镇	11238	5737	5501	3618	5615	5488	1415	8564	1259	10497

表6 续表 15　　　　单位：人、户

地区	总人口			家庭户	家庭户总人口		分年龄人口			居住本地，户口在本地
	合计	男	女	户数	男	女	0-14岁	15-64岁	65岁及以上	
振江镇	10456	5350	5106	2968	5286	5096	1458	7967	1031	9806
步达远镇	15260	7928	7332	4343	7898	7321	2020	11750	1490	14829
大西岔镇	11155	5733	5422	3548	5683	5413	1652	8320	1183	10627
八河川镇	9841	5611	4230	2632	4427	4141	1299	7687	855	8175
双山子镇	12493	6494	5999	3362	6317	5964	1757	9562	1174	11838
石湖沟乡	26478	13746	12732	7920	13166	12589	3349	20507	2622	19630
古楼子乡	8095	4101	3994	2565	4044	3959	1118	6102	875	7224
下露河朝鲜族乡	10370	5371	4999	3170	5309	4955	1327	7941	1102	9958
东港市	**627475**	**319561**	**307914**	**205160**	**303027**	**301630**	**73407**	**493673**	**60395**	**517386**
大东街道	93838	47526	46312	32604	41982	43639	10711	75746	7381	58700
新兴街道	53316	27146	26170	18546	25118	25402	7150	42861	3305	28194
新城街道	34729	18138	16591	12260	17599	16522	4290	27859	2580	22236
孤山镇	64608	32417	32191	20878	30117	30578	6542	50665	7401	59556
前阳镇	63871	32168	31703	20831	31109	30914	7963	50433	5475	55179
长安镇	11688	5978	5710	4050	5884	5704	1421	8786	1481	10588
十字街镇	27678	13887	13791	8329	13728	13701	3326	21519	2833	25068
长山镇	43904	23148	20756	13336	21371	20740	5022	34320	4562	39858
北井子镇	33458	17455	16003	10255	15886	15893	3751	26396	3311	30338
椅圈镇	32691	16425	16266	10369	16307	16253	3653	25675	3363	30332
黄土坎镇	23489	11766	11723	7233	11689	11715	2679	18250	2560	21532
马家店镇	25999	13196	12803	8938	13161	12798	3243	19731	3025	24731
龙王庙镇	17684	9025	8659	5761	9016	8654	2138	13829	1717	16854
小甸子镇	22764	11478	11286	7361	11430	11276	2839	17251	2674	21722
菩萨庙镇	24186	12575	11611	7218	11589	11554	2676	18904	2606	22119
黑沟镇	12941	6669	6272	3981	6634	6245	1481	9890	1570	12464
新农镇	14619	7464	7155	4628	7387	7151	1524	11174	1921	14071
合隆满族乡	18411	9308	9103	6009	9261	9092	2196	14201	2014	17592
示范农场	452	227	225	177	227	225	35	363	54	333
黄土坎农场	629	326	303	240	325	302	59	518	52	551
海洋红农场	395	213	182	149	196	179	37	317	41	311
兴隆农场	770	389	381	280	388	380	84	621	65	661
五四农场	5355	2637	2718	1727	2623	2713	587	4364	404	4396
凤城市	**543933**	**274781**	**269152**	**180092**	**267442**	**262115**	**68827**	**418090**	**57016**	**474439**
凤凰城街道	130401	63288	67113	42473	59688	62103	14044	103415	12942	102415
凤山街道	52773	26550	26223	18212	26030	25959	6098	41499	5176	41909
草河街道	15888	8105	7783	4957	7931	7670	2019	12272	1597	13766
宝山镇	17948	9307	8641	5951	9286	8634	2515	13441	1992	17125
白旗镇	10599	5372	5227	3713	5342	5225	1398	7942	1259	9836
沙里寨镇	11236	5785	5451	3639	5754	5447	1495	8338	1403	11062
红旗镇	17580	9093	8487	5556	9069	8482	2278	13319	1983	16833
蓝旗镇	15248	7789	7459	4757	7737	7450	1853	11641	1754	14745
边门镇	21392	11024	10368	7593	10869	10321	2808	16020	2564	19517
东汤镇	19526	9954	9572	6402	9954	9572	2584	14658	2284	18842
石城镇	17831	9261	8570	5653	9240	8570	2236	13593	2002	17081
大兴镇	7995	4120	3875	2710	4108	3875	1183	5928	884	7540
爱阳镇	32857	16841	16016	10417	16752	15995	5115	24980	2762	28762
赛马镇	30538	15623	14915	9670	15469	14892	5044	23029	2465	26753
弟兄山镇	13757	7101	6656	4433	7042	6643	1817	10338	1602	13002
鸡冠山镇	19789	10344	9445	6774	9953	9411	2501	14806	2482	17932
刘家河镇	19687	10137	9550	6553	9807	9493	2618	14779	2290	17971

表6　续表 16　　　　　　　　　　　　　　　　　　　　　　单位：人、户

地　区	总人口			家庭户	家庭户总人口		分年龄人口			居住本地，户口在本地
	合　计	男	女	户　数	男	女	0-14岁	15-64岁	65岁及以上	
通远堡镇	29515	14844	14671	9599	13373	13262	3245	23618	2652	23611
四门子镇	12881	6647	6234	4099	6572	6225	1929	9604	1348	12192
青城子镇	26439	13382	13057	10682	13257	13048	3457	19488	3494	24448
大堡蒙古族乡	20053	10214	9839	6249	10209	9838	2590	15382	2081	19097
锦州市	**3126463**	**1566255**	**1560208**	**1038641**	**1504858**	**1509093**	**360266**	**2429329**	**336868**	**2675284**
古塔区	**287599**	**142383**	**145216**	**103466**	**129723**	**136902**	**26396**	**228515**	**32688**	**221271**
天安街道	29070	14083	14987	10963	14009	14946	3257	22442	3371	21800
石油街道	44753	22251	22502	17861	21873	22434	4056	34783	5914	40828
北街街道	25333	12079	13254	9125	11989	13077	2967	19972	2394	21500
敬业街道	55877	29781	26096	16388	20190	20786	4352	46337	5188	35925
保安街道	38625	18754	19871	13935	18448	19340	3789	30230	4606	32612
南街街道	15521	7537	7984	5914	7422	7907	1586	12417	1518	10886
饶阳街道	27228	13178	14050	10511	12870	13827	2250	21701	3277	20721
站前街道	40044	19186	20858	15205	18039	19740	2942	31332	5770	30585
士英街道	11148	5534	5614	3564	4883	4845	1197	9301	650	6414
凌河区	**409606**	**198848**	**210758**	**149945**	**189963**	**199968**	**38399**	**319881**	**51326**	**321044**
正大街道	28661	13709	14952	11167	13510	14435	2473	22516	3672	23347
石桥子街道	31759	15058	16701	11701	14665	15700	3109	24105	4545	24128
龙江街道	36752	17598	19154	14725	17446	18931	3111	28429	5212	29281
榴花街道	45256	21979	23277	17815	21833	23087	4414	35659	5183	36291
铁新街道	15860	8312	7548	6500	7384	7516	1347	12333	2180	10637
凌安街道	38248	18389	19859	14982	18096	19605	4015	29583	4650	31226
菊园街道	48553	23699	24854	19681	23629	24785	4317	38330	5906	40590
康宁街道	35368	17633	17735	13479	17220	17551	2729	27199	5440	28608
锦铁街道	63100	30872	32228	18647	27981	30015	7199	48208	7693	51744
马家街道	35869	16932	18937	10614	14058	14270	2875	29446	3548	23545
百股街道	27610	13395	14215	9748	12869	12775	2564	22047	2999	19460
锦州北山农工商总公司	2570	1272	1298	886	1272	1298	246	2026	298	2187
太和区	**394594**	**195016**	**199578**	**129177**	**177807**	**177832**	**43964**	**315310**	**35320**	**280041**
太和街道	17731	8843	8888	7301	8627	8701	1991	14149	1591	11293
兴隆街道	10377	5113	5264	4239	5113	5264	880	7958	1539	9535
汤河子街道	20146	10047	10099	8385	9765	9981	1637	15008	3501	18186
凌西街道	27826	15885	11941	7840	10063	10031	2416	22965	2445	13419
大薛街道	18883	9797	9086	6427	9048	8747	2089	14742	2052	15872
王家街道	24703	11899	12804	7668	10981	10923	2798	20058	1847	15868
天桥街道	14662	7660	7002	5093	7006	6859	1637	11852	1173	10786
杏山街道	14191	7124	7067	4569	7070	7060	1723	10910	1558	13178
凌南街道	81079	35306	45773	21655	28163	29178	7948	69119	4012	37932
娘娘宫镇	25783	12893	12890	8284	12858	12882	3172	19714	2897	24119
松山镇	35734	18046	17688	12413	17980	17681	4859	27043	3832	33180
女儿河乡	19495	9763	9732	6746	9729	9718	2395	15191	1909	17584
钟屯乡	15892	8175	7717	5327	7872	7683	2091	12537	1264	10235
营盘乡	10669	5470	5199	3611	5227	5077	1298	8394	977	6869
新民乡	43237	21956	21281	14675	21311	20931	5508	34367	3362	30772
锦州市果树农场	14186	7039	7147	4944	6994	7116	1522	11303	1361	11213
黑山县	**615085**	**307716**	**307369**	**202177**	**304444**	**304816**	**73590**	**475887**	**65608**	**566384**
黑山镇	102888	50785	52103	39914	49157	50433	11203	80688	10997	81131
芳山镇	29524	14660	14864	9330	14571	14851	3652	22855	3017	28287
白厂门镇	16004	8173	7831	4670	8138	7824	2296	12198	1510	15232
常兴镇	22099	11129	10970	7108	11092	10962	2693	17058	2348	20790

表6　续表 17　　　　单位：人、户

地　　区	总人口			家庭户	家庭户总人口		分年龄人口			居住本地，户口在本地
	合　计	男	女	户　数	男	女	0-14岁	15-64岁	65岁及以上	
姜屯镇	21037	10648	10389	6515	10619	10389	2851	16021	2165	20468
励家镇	23982	11888	12094	7528	11852	12088	3356	17980	2646	22824
绕阳河镇	24815	12549	12266	7345	12499	12263	3265	18945	2605	23889
半拉门镇	18876	9495	9381	5326	9449	9373	2674	14248	1954	18184
无梁殿镇	23501	11700	11801	6514	11660	11798	3017	18224	2260	22982
胡家镇	22829	11460	11369	7078	11412	11367	2995	17479	2355	21731
新立屯镇	28859	14339	14520	10316	14299	14505	3028	22692	3139	26922
八道壕镇	40761	20734	20027	14096	20703	20024	4153	31798	4810	39063
大虎山镇	43591	21657	21934	16332	20964	21204	3943	34017	5631	38771
四家子镇	20205	10170	10035	5972	10136	10030	2609	15601	1995	19709
新兴镇	14742	7476	7266	4724	7455	7265	2240	10981	1521	13907
太和镇	24077	12087	11990	7389	12056	11986	2917	18648	2512	22528
英城子乡	20037	10155	9882	6175	10116	9878	2571	15378	2088	19316
镇安乡	34274	17191	17083	10558	17055	17039	3930	26954	3390	30737
段家乡	24320	12120	12200	7660	12083	12197	2802	18937	2581	22702
大兴乡	9734	4894	4840	3008	4865	4833	1334	7449	951	9532
薛屯乡	18082	9064	9018	5281	9020	9017	2197	14066	1819	17510
辽宁省锦州市小东种畜场	30848	15342	15506	9338	15243	15490	3864	23670	3314	30169
义县	**396602**	**202359**	**194243**	**124019**	**198171**	**191877**	**51090**	**303839**	**41673**	**355365**
义州镇	51168	25349	25819	18724	24062	24358	5467	40236	5465	41918
刘龙台镇	7295	3761	3534	2160	3740	3532	881	5586	828	6861
七里河镇	30213	15279	14934	9782	15240	14931	3834	22831	3548	29117
大榆树堡镇	29342	15257	14085	8886	15164	14062	4122	22086	3134	28425
稍户营子镇	24254	12487	11767	6796	12367	11762	3582	18705	1967	23330
九道岭镇	32671	16756	15915	9540	16421	15903	4559	25072	3040	31422
高台子镇	22981	11482	11499	6670	11461	11496	3445	17567	1969	22093
瓦子峪镇	24427	12649	11778	6927	12585	11775	3532	18410	2485	23552
城关满族乡	41605	20798	20807	14030	20363	20318	5054	32161	4390	22480
头道河满族乡	13125	6739	6386	3777	6739	6386	1417	10195	1513	13022
地藏寺满族乡	6891	3561	3330	2183	3539	3329	787	5200	904	6738
留龙沟满族乡	10199	5279	4920	3286	5235	4919	1185	7516	1498	9966
大定堡满族乡	7454	3886	3568	2269	3871	3568	781	5601	1072	7283
前杨乡	22114	11847	10267	6623	10524	10115	2681	17332	2101	18998
白庙子乡	19063	9881	9182	6011	9879	9182	2380	14606	2077	18686
聚粮屯满族乡	19446	9677	9769	5488	9564	9741	2450	14954	2042	18321
张家堡乡	23637	12210	11427	7559	11973	11246	3556	17544	2537	22945
头台满族乡	10717	5461	5256	3308	5444	5254	1377	8237	1103	10208
凌海市	**508079**	**258731**	**249348**	**169383**	**250269**	**247066**	**62882**	**389856**	**55341**	**460283**
大凌河街道	87418	43543	43875	33542	42906	43295	10544	68272	8602	72791
金城街道	34497	17776	16721	13667	16619	16575	3310	26642	4545	29582
石山镇	30911	16901	14010	9497	13884	13355	3409	24237	3265	27708
余积镇	20523	10331	10192	7338	10300	10190	2487	15543	2493	19498
双羊镇	25952	13267	12685	8346	13140	12654	3400	19753	2799	23159
班吉塔镇	16728	8506	8222	5322	8439	8219	2366	12514	1848	15554
沈家台镇	20868	10640	10228	6197	10613	10227	2852	15567	2449	19078
三台子镇	38278	20006	18272	12306	18664	18269	5210	28966	4102	36766
右卫满族镇	16796	8433	8363	5045	8401	8363	2008	12943	1845	15796
阎家镇	12759	6477	6282	3969	6437	6278	1621	9786	1352	11954
新庄子镇	29471	14825	14646	8515	14270	13960	3460	22727	3284	26729
翠岩镇	15426	7734	7692	4656	7704	7680	2051	11581	1794	14913

表6 续表 18 单位：人、户

地区	总人口 合计	总人口 男	总人口 女	家庭户户数	家庭户总人口 男	家庭户总人口 女	分年龄人口 0-14岁	分年龄人口 15-64岁	分年龄人口 65岁及以上	居住本地，户口在本地
安屯镇	10761	5474	5287	3206	5333	5204	1498	8335	928	9311
大业乡	21352	10719	10633	7157	10687	10621	2671	16259	2422	19926
西八千乡	9269	4621	4648	3198	4603	4643	1258	7123	888	8666
建业乡	26767	13442	13325	7928	13417	13322	3384	20677	2706	25690
温滴楼满族乡	18142	9217	8925	5766	9194	8922	2385	13795	1962	16608
板石沟乡	11245	5739	5506	4009	5737	5504	1526	8404	1315	10825
白台子乡	28182	14121	14061	9259	14073	14041	3445	21456	3281	26649
谢屯乡	15247	7614	7633	4793	7603	7633	1923	11623	1701	13904
辽宁省金城原种场	4302	2135	2167	1858	2135	2167	362	3375	565	3896
大有农场	13185	7210	5975	3809	6110	5944	1712	10278	1195	11280
北镇市	**514898**	**261202**	**253696**	**160474**	**254481**	**250632**	**63945**	**396041**	**54912**	**470896**
北镇街道	49153	23915	25238	17792	22172	23447	5793	38047	5313	36201
观音阁街道	2755	1391	1364	782	1391	1364	290	2149	316	2601
大市镇	11329	5907	5422	3234	5896	5420	1425	8688	1216	11130
罗罗堡镇	21780	11040	10740	6554	10992	10731	2367	16768	2645	21044
常兴店镇	21916	10995	10921	6271	10960	10911	3253	16472	2191	21421
正安镇	26083	13317	12766	6995	13260	12753	3703	19874	2506	25751
闾阳镇	29836	15152	14684	8779	15135	14682	4045	22613	3178	28658
中安镇	73774	37380	36394	21777	37290	36386	9019	57277	7478	72377
廖屯镇	34771	17603	17168	11119	17554	17159	4615	26226	3930	33396
赵屯镇	26209	13168	13041	7965	13109	13030	3243	20253	2713	25467
青堆子镇	21456	10902	10554	6999	10868	10553	2905	16234	2317	19888
高山子镇	19578	9931	9647	6314	9900	9644	2302	15161	2115	19207
沟帮子镇	62989	31727	31262	21403	29978	30070	7447	49161	6381	51465
富屯乡	19093	9801	9292	6289	9766	9291	2100	14586	2407	17485
鲍家乡	12605	6554	6051	3779	6554	6051	1633	9547	1425	12290
大屯乡	15472	7796	7676	4327	7778	7672	1864	11974	1634	15238
吴家乡	11198	5708	5490	3321	5700	5490	1489	8457	1252	10862
柳家乡	11012	5528	5484	3435	5513	5483	1466	8408	1138	10561
广宁乡	36243	18298	17945	11503	18120	17938	4417	27877	3949	31221
辽宁省北镇市高山子监狱	4769	3652	1117	1005	1108	1117	195	4033	541	1839
新立农场	2877	1437	1440	831	1437	1440	374	2236	267	2794
营口市	**2428534**	**1243569**	**1184965**	**822535**	**1199488**	**1163210**	**280632**	**1906076**	**241826**	**1901155**
站前区	**310634**	**155687**	**154947**	**116818**	**144237**	**148884**	**27635**	**245995**	**37004**	**228747**
八田地街道	40838	19831	21007	15904	19619	20881	4170	31231	5437	34280
建丰街道	79322	38623	40699	27953	34731	35738	6547	64079	8696	53292
建设街道	46479	23029	23450	17750	22223	23271	4603	36410	5466	35893
跃进街道	47076	22955	24121	18166	22687	23793	4279	37473	5324	35763
东风街道	69797	34974	34823	27709	34081	34476	6466	54928	8403	51167
新兴街道	18296	9219	9077	7656	9014	8957	1246	14327	2723	15299
新建街道	8826	7056	1770	1680	1882	1768	324	7547	955	3053
西市区	**164873**	**82912**	**81961**	**64404**	**79363**	**80884**	**13832**	**130289**	**20752**	**115981**
胜利街道	24180	11842	12338	9748	11801	12313	2063	19048	3069	14353
清华街道	22543	11231	11312	9078	11203	11290	1952	17597	2994	17058
滨海街道	30678	16020	14658	11094	14214	14298	2524	24745	3409	21897
得胜街道	15362	7932	7430	5807	7058	7166	1158	12277	1927	10613
五台子街道	43103	21239	21864	16289	20724	21569	3907	33624	5572	30543
渔市街道	26343	13260	13083	11234	13029	12973	1981	20906	3456	20047
河北街道	2664	1388	1276	1154	1334	1275	247	2092	325	1470
鲅鱼圈区	**431087**	**222788**	**208299**	**144205**	**207089**	**200133**	**54640**	**345600**	**30847**	**312080**

表6 续表 19　　　　单位：人、户

地区	总人口 合计	总人口 男	总人口 女	家庭户 户数	家庭户总人口 男	家庭户总人口 女	分年龄人口 0-14岁	分年龄人口 15-64岁	分年龄人口 65岁及以上	居住本地，户口在本地
红海街道	51661	28131	23530	16888	22788	22531	6157	41936	3568	34594
海星街道	136641	70130	66511	48907	67509	65527	19015	110386	7240	96026
望海街道	8146	4530	3616	2211	3668	3502	1018	6543	585	5807
海东街道	55110	28287	26823	19284	27320	26532	7699	44598	2813	27075
熊岳镇	97477	49868	47609	31057	44211	41951	9701	78186	9590	80285
芦屯镇	58062	29572	28490	18279	29380	28409	7657	45496	4909	48443
红旗满族镇	23990	12270	11720	7579	12213	11681	3393	18455	2142	19850
老边区	**125454**	**64621**	**60833**	**42572**	**61733**	**60048**	**13956**	**100450**	**11048**	**81515**
老边街道	30047	15077	14970	10731	14456	14499	3789	24036	2222	19023
城东街道	1595	821	774	548	820	773	164	1318	113	1195
沿海街道	4815	2480	2335	1786	2480	2335	445	3764	606	3220
路南镇	49367	25756	23611	16347	24080	23361	5173	40050	4144	28366
柳树镇	18962	9791	9171	6052	9630	9132	2164	14614	2184	15806
边城镇	20668	10696	9972	7108	10267	9948	2221	16668	1779	13905
盖州市	**691595**	**355463**	**336132**	**219568**	**350636**	**334096**	**82292**	**533667**	**75636**	**597240**
鼓楼街道	51960	26264	25696	23563	26205	25608	5412	39892	6656	42522
西城街道	55030	27900	27130	23739	27321	26632	4983	44902	5145	46021
东城街道	56158	28689	27469	18017	28482	27341	6457	43853	5848	36612
太阳升街道	41612	21135	20477	12032	20196	19556	5076	32513	4023	28869
团山街道	25501	12873	12628	7360	12737	12598	3631	19439	2431	23472
西海街道	21631	10942	10689	7584	10910	10652	2650	16891	2090	18167
九垄地街道	28118	14784	13334	8367	13993	13304	3862	21701	2555	23712
归州街道	29903	15202	14701	8115	15196	14699	3904	22951	3048	27169
高屯镇	18428	9552	8876	5344	9519	8869	2515	13752	2161	17278
沙岗镇	20571	10602	9969	5945	10487	9922	2619	15744	2208	18244
九寨镇	37267	19446	17821	11947	19429	17820	4391	28826	4050	33622
万福镇	37283	19329	17954	10275	18974	17914	4210	28787	4286	34425
卧龙泉镇	17720	9203	8517	4786	9203	8511	1946	13728	2046	17443
青石岭镇	26087	13312	12775	7316	13241	12770	3137	20328	2622	24855
暖泉镇	13842	7122	6720	4153	7093	6713	1575	10558	1709	12938
榜式堡镇	22015	11439	10576	6552	11387	10570	2966	16573	2476	20858
团甸镇	10974	5624	5350	3310	5604	5332	1302	8319	1353	9703
双台镇	18574	9664	8910	5536	9500	8869	2193	14291	2090	15267
杨运镇	25145	13004	12141	6969	12980	12136	3211	18972	2962	24008
徐屯镇	19141	9848	9293	5327	9647	9275	2566	14684	1891	16660
什字街镇	26844	13919	12925	8190	13882	12922	3170	20537	3137	25865
矿洞沟镇	22011	11275	10736	6447	11234	10731	2471	16558	2982	20912
陈屯镇	21320	11037	10283	6362	11030	10283	2830	16084	2406	18534
梁屯镇	26295	13545	12750	7069	13475	12741	3195	20024	3076	24760
小石棚乡	9651	5340	4311	2652	4498	4227	1048	7411	1192	8171
果园乡	1186	615	571	428	615	571	129	896	161	750
二台乡	7328	3798	3530	2183	3798	3530	843	5453	1032	6403
大石桥市	**704891**	**362098**	**342793**	**234968**	**356430**	**339165**	**88277**	**550075**	**66539**	**565592**
石桥街道	65319	32948	32371	24377	31793	31535	7561	52505	5253	40962
青花街道	37279	18982	18297	13102	17487	17101	4137	29848	3294	21826
金桥街道	38680	20108	18572	12664	19689	18478	4662	30433	3585	24393
钢都街道	113457	57400	56057	40503	55913	54943	13963	91053	8441	69368
南楼街道	59470	30611	28859	21486	30305	28745	6636	46332	6502	49927
水源镇	37902	19285	18617	12112	19231	18610	4220	30177	3505	33257
沟沿镇	31766	16321	15445	9423	16288	15441	4238	24949	2579	30297

表6 续表 20 单位：人、户

地区	总人口			家庭户	家庭户总人口		分年龄人口			居住本地，户口在本地
	合计	男	女	户数	男	女	0-14岁	15-64岁	65岁及以上	
石佛镇	19485	9914	9571	5918	9869	9553	2773	15022	1690	18579
高坎镇	44265	22747	21518	15160	22709	21507	5761	34223	4281	42274
旗口镇	48857	25245	23612	14787	25142	23580	7299	37348	4210	47665
虎庄镇	28903	14991	13912	9167	14794	13852	3628	22211	3064	25997
官屯镇	30619	15969	14650	10429	15884	14633	3855	23425	3339	24742
博洛铺镇	27503	14242	13261	8680	14103	13236	3610	21127	2766	24605
永安镇	24908	12812	12096	7753	12805	12096	3162	19253	2493	22121
汤池镇	36739	19222	17517	11251	19180	17505	5248	27422	4069	33845
建一镇	15334	8010	7324	4550	7994	7309	2066	11354	1914	14261
黄土岭镇	25892	13513	12379	7653	13511	12379	3217	19514	3161	24610
周家镇	18513	9778	8735	5953	9733	8662	2241	13879	2393	16863
阜新市	**1819339**	**913619**	**905720**	**635206**	**887132**	**887058**	**220788**	**1413744**	**184807**	**1546120**
海州区	**270757**	**132013**	**138744**	**107942**	**129586**	**135411**	**25144**	**211905**	**33708**	**213819**
新兴街道	24545	11932	12613	9774	11876	12563	2384	19164	2997	17920
和平街道	17469	8561	8908	6633	8415	8842	1959	13658	1852	13965
西山街道	40281	19388	20893	15470	19023	20589	4032	31463	4786	31292
河北街道	45834	21533	24301	16769	20228	21596	4057	36040	5737	32893
站前街道	26711	12922	13789	10396	12819	13735	2939	20784	2988	21640
西阜新街道	24884	12268	12616	10338	12148	12525	1807	19696	3381	20175
五龙街道	24351	12146	12205	10361	12072	12196	1907	19200	3244	20128
平安西部街道	30338	14932	15406	12889	14916	15382	2560	23702	4076	25212
工人村街道	10330	5204	5126	4651	5045	5124	856	8038	1436	8522
东梁街道	6820	3404	3416	3366	3401	3412	692	5085	1043	5961
韩家店镇	19194	9723	9471	7295	9643	9447	1951	15075	2168	16111
新邱区	**81816**	**40312**	**41504**	**33778**	**40032**	**41166**	**7216**	**63617**	**10983**	**63022**
兴隆街道	20229	9838	10391	8308	9673	10099	1558	15731	2940	14088
中兴街道	11859	5750	6109	4913	5720	6091	1053	9070	1736	8908
益民街道	11784	5777	6007	5123	5767	5999	808	9103	1873	9751
新发街道	11553	5725	5828	4991	5715	5823	895	8840	1818	8933
长营子镇	26391	13222	13169	10443	13157	13154	2902	20873	2616	21342
太平区	**166044**	**82432**	**83612**	**68366**	**81033**	**83026**	**13685**	**130226**	**22133**	**136929**
红树街道	50649	24659	25990	20632	24432	25816	4468	39356	6825	40708
煤海街道	30009	14722	15287	11941	14713	15277	2461	23626	3922	25384
高德街道	27424	13695	13729	11381	13039	13561	2095	21967	3362	21746
孙家湾街道	19950	10055	9895	8765	9970	9855	1380	15649	2921	18360
城南街道	20507	10280	10227	8764	10124	10132	1540	15766	3201	17491
水泉镇	17505	9021	8484	6883	8755	8385	1741	13862	1902	13240
清河门区	**60751**	**30268**	**30483**	**23772**	**30135**	**30456**	**7162**	**46850**	**6739**	**48687**
清河街道	20327	10003	10324	8110	9990	10300	2357	15612	2358	16431
六台街道	6069	2985	3084	2759	2985	3084	524	4663	882	5679
艾友街道	5233	2645	2588	2230	2569	2586	580	4106	547	4496
新北街道	4641	2300	2341	2047	2291	2341	552	3561	528	3686
河西镇	14680	7393	7287	5360	7358	7286	1784	11359	1537	9903
乌龙坝镇	9801	4942	4859	3266	4942	4859	1365	7549	887	8492
细河区	**211288**	**107244**	**104044**	**71567**	**92621**	**96662**	**20835**	**170338**	**20115**	**137567**
西苑街道	30932	15389	15543	10287	13837	14241	3333	25326	2273	17192
北苑街道	22089	10898	11191	8548	10600	11073	2223	17681	2185	16401
东苑街道	23596	11998	11598	8637	10631	11353	2404	18694	2498	16747
学苑街道	47306	25324	21982	13347	17279	18414	4236	38679	4391	29122
中苑街道	42079	20317	21762	16554	20224	21685	4011	33207	4861	29449

表6 续表 21

单位：人、户

地区	总人口			家庭户	家庭户总人口		分年龄人口			居住本地，户口在本地
	合计	男	女	户数	男	女	0-14岁	15-64岁	65岁及以上	
华东街道	14454	7158	7296	5253	7104	7254	1685	11401	1368	9359
四合镇	30832	16160	14672	8941	12946	12642	2943	25350	2539	19297
阜新蒙古族自治县	**664971**	**337646**	**327325**	**206904**	**332539**	**322236**	**96097**	**512465**	**56409**	**612105**
城区街道	63494	30724	32770	20717	26923	27933	6406	51541	5547	42686
阜新镇	30345	15534	14811	9099	15380	14781	4415	23573	2357	27756
东梁镇	24435	12401	12034	7959	12353	12027	3223	19051	2161	20887
佛寺镇	10845	5580	5265	3634	5541	5265	1642	8213	990	10450
伊吗图镇	25232	12714	12518	8016	12693	12513	3594	19511	2127	22159
旧庙镇	23895	12224	11671	7229	12215	11671	3812	18196	1887	23335
务欢池镇	25695	13145	12550	7567	13145	12550	4059	19625	2011	24961
建设镇	24194	12367	11827	6989	12343	11823	3848	18510	1836	23207
大巴镇	21083	10573	10510	6643	10573	10510	2714	16434	1935	19994
泡子镇	27271	13824	13447	8532	13746	13445	3476	21294	2501	26508
十家子镇	20274	10323	9951	6224	10295	9945	2811	15689	1774	19153
王府镇	22271	11355	10916	7133	11290	10887	3279	17084	1908	20524
于寺镇	14907	7526	7381	4683	7495	7375	2492	11243	1172	14272
富荣镇	18970	9704	9266	6042	9679	9265	2729	14560	1681	18072
新民镇	15513	7925	7588	4940	7911	7584	2164	11913	1436	14563
福兴地镇	15767	8059	7708	4779	7926	7694	2504	12105	1158	15057
平安地镇	18234	9441	8793	5362	9359	8768	3049	13901	1284	17373
沙拉镇	15299	7807	7492	4847	7800	7483	2130	11889	1280	14226
大固本镇	21564	11046	10518	6285	11033	10513	3267	16508	1789	21001
大五家子镇	17118	8704	8414	5151	8634	8399	2717	13073	1328	16635
大板镇	11319	5886	5433	3631	5678	5405	1500	8792	1027	10256
蜘蛛山乡	18756	9569	9187	6028	9558	9186	3026	14043	1687	17601
卧凤沟乡	12032	6105	5927	3860	6086	5927	1784	9165	1083	11473
八家子乡	11754	6015	5739	3519	6011	5739	1817	8948	989	11328
哈达户稍乡	12325	6315	6010	3651	6292	6006	1942	9313	1070	12046
塔营子乡	11169	5750	5419	3518	5739	5419	1710	8616	843	10723
扎兰营子乡	14594	7449	7145	4385	7424	7130	2259	11130	1205	14046
招束沟乡	15814	8140	7674	4622	8134	7673	2412	12125	1277	15221
苍土乡	12009	6087	5922	3652	6076	5922	1805	9108	1096	11407
老河土乡	17743	9031	8712	5323	9012	8711	2533	13626	1584	17105
七家子乡	12222	6296	5926	4057	6284	5923	1800	9322	1100	11740
红帽子乡	13459	6878	6581	4059	6796	6548	2017	10323	1119	12994
紫都台乡	11178	5740	5438	3446	5728	5435	1733	8381	1064	10691
化石戈乡	12242	6271	5971	3880	6262	5971	2151	8973	1118	11775
太平乡	10236	5178	5058	3521	5175	5058	1744	7676	816	9805
国华乡	9430	4851	4579	3211	4841	4578	1247	7215	968	8868
泡子农场办事处	2283	1109	1174	710	1109	1174	286	1796	201	2207
彰武县	**363712**	**183704**	**180008**	**122877**	**181186**	**178101**	**50649**	**278343**	**34720**	**333991**
彰武镇	72310	35910	36400	26583	34162	34650	7482	56968	7860	59072
哈尔套镇	20962	10693	10269	6633	10660	10263	3121	16017	1824	19928
章古台镇	12105	6059	6046	3996	6047	6044	1798	9324	983	11040
五峰镇	17444	8865	8579	5810	8842	8566	2246	13359	1839	16181
冯家镇	14553	7326	7227	4902	7309	7227	2278	11000	1275	13960
后新秋镇	18642	9417	9225	5893	9393	9224	2894	14106	1642	17699
东六家子镇	14163	7217	6946	4831	7208	6945	2019	10774	1370	13500
阿尔乡镇	5436	2719	2717	1832	2708	2717	843	4167	426	4733
苇子沟蒙古族乡	15161	7708	7453	4806	7686	7452	2157	11617	1387	14396

表6 续表 22

单位：人、户

地　区	总人口			家庭户	家庭户总人口		分年龄人口			居住本地，户口在本地
	合　计	男	女	户　数	男	女	0-14岁	15-64岁	65岁及以上	
二道河子蒙古族乡	11313	5801	5512	3763	5779	5512	1447	8800	1066	10845
西六家子蒙古族满族乡	15286	7689	7597	5044	7667	7594	2200	11592	1494	14444
两家子乡	14496	7386	7110	4760	7377	7110	2024	10958	1514	13712
双庙乡	11575	5861	5714	3984	5846	5714	1757	8691	1127	11028
平安乡	11018	5567	5451	3736	5547	5449	1607	8312	1099	10552
满堂红乡	11385	5809	5576	3573	5661	5517	1750	8623	1012	10719
四堡子乡	12379	6294	6085	4007	6281	6081	2002	9297	1080	11959
丰田乡	9532	4840	4692	3427	4832	4691	1472	7250	810	8976
大德乡	8467	4286	4181	2887	4267	4179	1327	6404	736	8099
大冷蒙古族乡	16042	8082	7960	5193	8060	7956	2579	12138	1325	15385
前福兴地乡	7488	3776	3712	2512	3749	3705	1133	5678	677	7149
兴隆堡乡	14008	7077	6931	4732	7076	6931	2086	10617	1305	13395
兴隆山乡	9014	4655	4359	3015	4394	4313	1157	6963	894	7468
大四家子乡	9870	5016	4854	3202	4999	4849	1461	7373	1036	9409
四合城乡	11063	5651	5412	3756	5636	5412	1809	8315	939	10342
辽阳市	**1858768**	**945546**	**913222**	**639500**	**910347**	**894378**	**220731**	**1450044**	**187993**	**1466171**
白塔区	**224352**	**109516**	**114836**	**83790**	**103590**	**108190**	**22183**	**177210**	**24959**	**146246**
星火街道	15267	7412	7855	5799	7253	7655	1750	11733	1784	10680
胜利街道	28326	13888	14438	10792	13819	14425	2660	22051	3615	20026
跃进街道	54029	25877	28152	17644	22595	24088	5316	43612	5101	33996
卫国路街道	52223	25274	26949	20335	25027	26688	5566	40626	6031	34827
站前街道	25935	13001	12934	9558	12305	12748	2441	20329	3165	18191
铁西街道	48572	24064	24508	19662	22591	22586	4450	38859	5263	28526
文圣区	**193414**	**94953**	**98461**	**72578**	**93904**	**97562**	**19340**	**149879**	**24195**	**145612**
武圣街道	15362	7421	7941	5758	7299	7836	1661	11964	1737	11694
文圣街道	32530	15883	16647	12138	15600	16440	3645	25838	3047	22375
襄平街道	27231	13287	13944	9969	13202	13895	2936	21521	2774	20476
庆阳街道	43474	21620	21854	16397	21419	21757	3566	32336	7572	38876
南门街道	23611	11413	12198	8867	11361	12127	2811	17696	3104	17006
东兴街道	51206	25329	25877	19449	25023	25507	4721	40524	5961	35185
宏伟区	**142734**	**72570**	**70164**	**53803**	**67776**	**68159**	**15291**	**113633**	**13810**	**102329**
工农街道	32994	17436	15558	11025	13557	13852	2706	26948	3340	22554
光华街道	25353	12476	12877	9936	12424	12856	2659	20116	2578	20942
新村街道	17349	8648	8701	6624	8223	8501	2018	14338	993	12854
长征街道	16818	8229	8589	7372	8048	8567	1661	12756	2401	12925
曙光镇	33399	17140	16259	12888	16936	16223	4052	26324	3023	19977
兰家镇	16821	8641	8180	5958	8588	8160	2195	13151	1475	13077
弓长岭区	**90785**	**46426**	**44359**	**35199**	**44785**	**44194**	**9364**	**71248**	**10173**	**66535**
苏家街道	16588	8449	8139	7017	8449	8139	1284	12960	2344	13705
团山街道	26084	12911	13173	10404	12831	13160	2539	20546	2999	20362
安平街道	20523	10239	10284	7949	10187	10265	2554	16297	1672	13922
汤河镇	16001	8858	7143	5280	7407	7030	1709	12561	1731	11375
安平乡	11589	5969	5620	4549	5911	5600	1278	8884	1427	7171
太子河区	**137852**	**72266**	**65586**	**46257**	**63541**	**63219**	**15406**	**109680**	**12766**	**93479**
新华街道	55256	29125	26131	18525	23785	24261	6243	44162	4851	36455
望水台街道	17929	9121	8808	6694	8936	8758	1678	14239	2012	11975
祁家镇	27199	13887	13312	9266	13636	13251	3363	21420	2416	19379
东京陵乡	26446	14715	11731	7932	11785	11354	2856	21178	2412	18228
东宁卫乡	11022	5418	5604	3840	5399	5595	1266	8681	1075	7442
辽阳县	**573509**	**295096**	**278413**	**185791**	**289220**	**274672**	**73133**	**441947**	**58429**	**504757**

表6 续表 23

单位：人、户

地区	总人口			家庭户	家庭户总人口		分年龄人口			居住本地，户口在本地
	合计	男	女	户数	男	女	0-14岁	15-64岁	65岁及以上	
首山镇	98936	50281	48655	37806	47210	46558	12375	78417	8144	71986
刘二堡镇	68832	35031	33801	23546	34427	33196	9124	53134	6574	57452
小屯镇	42778	22054	20724	14834	21560	20507	4966	32911	4901	38174
小北河镇	45348	23533	21815	15116	23486	21813	5894	34947	4507	43774
黄泥洼镇	35364	18270	17094	9823	17498	16416	4069	27688	3607	33905
沙岭镇	42929	21572	21357	11683	21532	21336	5269	33502	4158	40016
唐马寨镇	39326	20281	19045	11262	20211	19035	5317	30154	3855	37739
穆家镇	33478	17115	16363	10435	17018	16336	4065	25952	3461	29996
柳壕镇	23018	11862	11156	8045	11847	11153	3090	17455	2473	22010
河栏镇	21391	11197	10194	6580	11171	10191	2644	15960	2787	19977
隆昌镇	12897	6747	6150	3646	6717	6141	1761	9626	1510	11866
八会镇	16276	8610	7666	4831	8563	7656	2218	12022	2036	15191
寒岭镇	20093	10476	9617	5435	10137	9607	2733	15416	1944	17734
兴隆镇	25517	13016	12501	8357	13014	12501	3143	19924	2450	21337
下达河乡	8239	4304	3935	2932	4239	3917	958	5873	1408	7304
吉洞峪满族乡	18799	9984	8815	5509	9905	8804	2864	13691	2244	17627
甜水满族乡	20288	10763	9525	5951	10685	9505	2643	15275	2370	18669
灯塔市	**496122**	**254719**	**241403**	**162082**	**247531**	**238382**	**66014**	**386447**	**43661**	**407213**
烟台街道	74477	37358	37119	26798	36218	35815	10085	59332	5060	46617
万宝桥街道	38210	19111	19099	12372	18523	18394	5033	29933	3244	19814
古城子街道	20803	10382	10421	6257	10372	10414	2802	16088	1913	19609
佟二堡镇	41953	21898	20055	14074	21168	19516	5530	33022	3401	34354
铧子镇	49045	26775	22270	16333	23853	22148	6052	38342	4651	37502
张台子镇	16863	8435	8428	5419	8373	8422	2071	13121	1671	15199
西大窑镇	23203	12021	11182	7491	11871	11171	3610	17493	2100	19203
沈旦堡镇	31034	15939	15095	9326	15779	14995	4101	23919	3014	29294
西马峰镇	33440	17083	16357	10284	16659	16302	4191	26181	3068	30701
柳条寨镇	33593	17482	16111	11051	17071	16083	4484	25844	3265	31281
柳河子镇	17727	9039	8688	5373	8843	8636	2469	13621	1637	16006
罗大台镇	27462	14013	13449	8708	13832	13402	3886	21089	2487	24234
王家镇	22926	11848	11078	7723	11825	11076	2936	17848	2142	21906
大河南镇	19794	9914	9880	6553	9878	9871	2549	15347	1898	18086
五星镇	39236	20105	19131	11936	20024	19113	5326	30413	3497	38227
鸡冠山乡	6356	3316	3040	2384	3242	3024	889	4854	613	5180
盘锦市	**1392493**	**703258**	**689235**	**479397**	**674208**	**677766**	**176970**	**1103619**	**111904**	**1093924**
双台子区	**208384**	**104132**	**104252**	**72655**	**100327**	**102100**	**26184**	**165653**	**16547**	**120540**
东风街道	14705	7143	7562	5177	6993	7436	1786	11805	1114	7013
胜利街道	48978	24255	24723	16438	23189	24022	6426	38937	3615	28251
建设街道	24494	12230	12264	8369	11778	11816	3100	19714	1680	14105
红旗街道	36072	18157	17915	12668	17447	17337	4547	28520	3005	19282
辽河街道	34147	17197	16950	12274	16217	16698	4258	27019	2870	19425
石油街道	216	113	103	99	97	103	27	181	8	142
化工街道	23008	11404	11604	8455	11005	11561	2391	18330	2287	18655
铁东街道	14022	7190	6832	4734	7190	6832	1864	11198	960	5642
双盛街道	12742	6443	6299	4441	6411	6295	1785	9949	1008	8025
兴隆台区	**468080**	**237798**	**230282**	**169941**	**216822**	**222243**	**57088**	**376640**	**34352**	**339875**
振兴街道	89222	43967	45255	33078	42915	44439	12414	69193	7615	76099
兴隆街道	77449	39142	38307	27566	35045	36303	8844	63226	5379	52196
渤海街道	37177	18388	18789	14683	17814	18599	4124	29741	3312	30854
新工街道	17937	8966	8971	6714	8342	8610	2000	13932	2005	12426

表6 续表 24 单位：人、户

地区	总人口			家庭户	家庭户总人口		分年龄人口			居住本地，户口在本地
	合计	男	女	户数	男	女	0-14岁	15-64岁	65岁及以上	
于楼街道	11694	5725	5969	5113	5709	5963	705	9460	1529	10280
友谊街道	10453	5655	4798	3376	4290	4388	900	8979	574	8165
曙光街道	15250	7888	7362	5900	7314	7298	1821	12335	1094	12340
欢喜街道	12356	6212	6144	4783	5906	6022	1668	10008	680	10904
平安街道	13295	6504	6791	5398	6290	6759	1351	10702	1242	12246
新生街道	12497	8618	3879	3176	3637	3852	892	10180	1425	11160
红村街道	4022	2007	2015	1674	1890	1929	373	3116	533	3567
高升街道	7311	3759	3552	2915	3562	3488	883	6048	380	6542
沈采街道	13959	7033	6926	5274	6589	6781	1712	11530	717	12586
锦采街道	9588	5123	4465	3385	4341	4238	1407	8003	178	8109
茨采街道	6090	3060	3030	2446	2873	2924	660	5097	333	5056
创新街道	46687	22525	24162	16667	21172	22445	5976	37382	3329	29085
兴盛街道	31405	16227	15178	9985	13705	13859	4228	25650	1527	18427
兴海街道	51688	26999	24689	17808	25428	24346	7130	42058	2500	19833
大洼县	**430913**	**217569**	**213344**	**144857**	**214866**	**212351**	**55164**	**341763**	**33986**	**373370**
大洼镇	76569	38047	38522	26718	37902	38466	9221	61425	5923	64289
田庄台镇	29638	14949	14689	10952	14944	14687	3070	23599	2969	27369
二界沟镇	26837	13412	13425	8466	13372	13414	3554	21414	1869	24629
东风镇	22353	11274	11079	6325	11238	11073	3088	17432	1833	21331
新开镇	20808	10524	10284	7362	10461	10278	2636	16334	1838	19572
田家镇	52847	26810	26037	18289	25901	25430	7855	42150	2842	29338
清水镇	24358	12309	12049	7649	12263	12038	3112	19290	1956	23063
新兴镇	22312	11341	10971	8146	11292	10941	2995	17361	1956	20145
西安镇	24771	12584	12187	7905	12561	12183	3352	19251	2168	24054
新立镇	24425	12394	12031	8079	12351	12023	3349	19116	1960	22430
荣兴镇	23036	11592	11444	8527	11522	11435	2552	18473	2011	21147
王家镇	14445	7273	7172	4761	7215	7165	1906	11339	1200	12760
唐家镇	38443	19445	18998	12615	19412	18955	5029	30434	2980	36615
平安镇	19225	9645	9580	6012	9624	9573	2234	15175	1816	17745
赵圈河镇	9450	4787	4663	3024	4787	4663	1210	7580	660	8883
辽滨开发区	1396	1183	213	27	21	27	1	1390	5	
盘山县	**285116**	**143759**	**141357**	**91944**	**142193**	**141072**	**38534**	**219563**	**27019**	**260139**
沙岭镇	39204	19855	19349	11884	19730	19323	5524	30085	3595	36726
高升镇	29652	14898	14754	9417	14809	14734	4046	22723	2883	27080
胡家镇	25607	12923	12684	8088	12859	12675	3453	19620	2534	24251
石新镇	13354	6754	6600	4642	6735	6593	1522	10200	1632	12615
东郭镇	17851	8947	8904	6058	8722	8827	2229	13990	1632	15150
羊圈子镇	16756	8395	8361	5874	8370	8357	2039	12838	1879	15799
古城子镇	18784	9552	9232	5859	9521	9219	2527	14568	1689	17853
坝墙子镇	18725	9340	9385	5972	9308	9374	2632	14494	1599	17777
太平镇	30538	15724	14814	9626	15054	14774	4304	23793	2441	25949
陈家乡	22234	11083	11151	7329	11059	11151	3087	17014	2133	19951
吴家乡	11331	5742	5589	3851	5709	5570	1532	8835	964	9985
陆家乡	12322	6079	6243	4289	5996	6206	1869	9412	1041	10761
甜水乡	13192	6710	6482	4367	6594	6463	1722	10158	1312	11586
大荒乡	15027	7497	7530	4496	7467	7527	1991	11402	1634	14360
盘山县林场	539	260	279	192	260	279	57	431	51	296
铁岭市	**2717732**	**1378537**	**1339195**	**924161**	**1356192**	**1322646**	**347070**	**2118857**	**251805**	**2416668**
银州区	**363076**	**180940**	**182136**	**132625**	**175590**	**178869**	**36997**	**290221**	**35858**	**280859**
红旗街道	43990	21554	22436	16990	21164	22131	4165	34592	5233	34584

表6 续表 25 单位：人、户

地区	总人口			家庭户	家庭户总人口		分年龄人口			居住本地，户口在本地
	合计	男	女	户数	男	女	0-14岁	15-64岁	65岁及以上	
工人街道	53415	26225	27190	19826	26080	26931	4692	42568	6155	46566
铁西街道	46330	23339	22991	17126	23079	22937	4168	37235	4927	38272
铜钟街道	41212	20353	20859	15708	20297	20791	4630	32784	3798	31276
柴河街道	53630	26443	27187	19808	26342	27086	5918	43126	4586	41095
岭东街道	19729	10649	9080	5962	7222	7462	1282	15929	2518	11903
辽海街道	42255	20906	21349	15404	20804	21308	4487	34281	3487	37212
龙山乡	25042	12653	12389	8444	12189	11950	2896	19958	2188	16503
铁岭经济开发区	37473	18818	18655	13357	18413	18273	4759	29748	2966	23448
清河区	**89997**	**45994**	**44003**	**30578**	**44299**	**43439**	**10615**	**70521**	**8861**	**76362**
红旗街道	28156	14078	14078	10290	13732	13664	3094	22188	2874	22713
向阳街道	18033	9411	8622	6522	8268	8526	1761	14175	2097	13856
张相镇	17933	9298	8635	5622	9228	8618	2272	14167	1494	15435
杨木林子镇	17943	9154	8789	5565	9018	8752	2327	14059	1557	16610
聂家满族乡	7932	4053	3879	2579	4053	3879	1161	5932	839	7748
铁岭县	**339045**	**174555**	**164490**	**110021**	**168090**	**158294**	**42776**	**264514**	**31755**	**307461**
新台子镇	32202	16472	15730	11823	16295	15683	3931	25030	3241	27574
阿吉镇	24199	12439	11760	7914	12426	11758	3166	18695	2338	23438
平顶堡镇	16576	8537	8039	5308	8505	8039	1952	13113	1511	16116
大甸子镇	20853	11037	9816	7082	10882	9775	2642	15800	2411	20236
凡河镇	63629	31801	31828	18067	26483	25844	6994	52254	4381	50304
腰堡镇	21362	11138	10224	7327	10823	10158	2603	16719	2040	18237
镇西堡镇	25069	12931	12138	8234	12869	12126	3213	19530	2326	22705
蔡牛镇	29090	15060	14030	9149	14963	14027	3691	22687	2712	27973
李千户镇	34368	17933	16435	11031	17865	16424	4877	26160	3331	33431
双井子乡	21551	10946	10605	6777	10945	10605	2892	16791	1868	20518
熊官屯乡	15832	8252	7580	5384	8198	7560	2030	12069	1733	14344
横道河子满族乡	11575	6088	5487	3895	5968	5478	1623	8678	1274	10917
鸡冠山乡	9519	5015	4504	3471	5009	4503	1253	7057	1209	9216
白旗寨满族乡	10088	5266	4822	3300	5265	4822	1613	7433	1042	9770
种畜场	3132	1640	1492	1259	1594	1492	296	2498	338	2682
西丰县	**290635**	**147906**	**142729**	**94897**	**147086**	**141972**	**38453**	**228405**	**23777**	**275819**
西丰镇	71260	35613	35647	27780	34964	34912	7892	56544	6824	61773
平岗镇	14927	7546	7381	4853	7543	7381	2016	11831	1080	14551
郜家店镇	24934	12721	12213	7744	12719	12213	3476	19549	1909	24647
凉泉镇	12479	6388	6091	3870	6384	6091	1766	9803	910	12246
振兴镇	13385	6842	6543	3939	6842	6543	1922	10421	1042	13012
安民镇	15731	8122	7609	5123	8081	7603	2211	12335	1185	14694
天德镇	18895	9673	9222	5395	9673	9222	2516	14942	1437	18383
房木镇	18399	9436	8963	5798	9436	8963	2557	14289	1553	17989
陶然乡	9497	4879	4618	3081	4852	4614	1269	7446	782	8980
柏榆乡	13313	6793	6520	4037	6791	6520	1872	10437	1004	13218
德兴满族乡	7984	4129	3855	2376	4129	3855	1028	6330	626	7805
钓鱼乡	8131	4151	3980	2544	4151	3980	1192	6233	706	8008
明德满族乡	8695	4401	4294	2607	4401	4294	1089	6869	737	8609
成平满族乡	10498	5362	5136	2926	5362	5136	1521	8100	877	10303
和隆满族乡	13355	6826	6529	3989	6750	6519	1946	10389	1020	13047
营厂满族乡	7653	3977	3676	2446	3977	3676	1073	6024	556	7419
金星满族乡	11999	6185	5814	3544	6185	5814	1770	9418	811	11830
更刻乡	9500	4862	4638	2845	4846	4636	1337	7445	718	9305
昌图县	**847924**	**427858**	**420066**	**273610**	**423660**	**416801**	**125596**	**644334**	**77994**	**786516**

表6 续表 26

单位：人、户

地区	总人口			家庭户	家庭户总人口		分年龄人口			居住本地，户口在本地
	合计	男	女	户数	男	女	0-14岁	15-64岁	65岁及以上	
昌图镇	116975	58732	58243	42855	56149	55958	12400	93438	11137	103296
老城镇	34505	17508	16997	13322	17506	16997	4250	26135	4120	31800
八面城镇	56550	28165	28385	18022	27413	27491	7505	44191	4854	51448
三江口镇	26344	13165	13179	8194	13163	13179	4489	19621	2234	23062
金家镇	24405	12274	12131	7339	12205	12129	3602	18358	2445	23481
宝力镇	38363	19523	18840	11129	19409	18836	6353	28683	3327	35990
泉头镇	16450	8343	8107	5733	8343	8107	2297	12493	1660	14904
双庙子镇	15222	7605	7617	5529	7605	7617	2161	11456	1605	13510
亮中桥镇	29079	14805	14274	9294	14741	14272	4334	22120	2625	27613
马仲河镇	16563	8346	8217	5614	8343	8216	2510	12549	1504	15179
毛家店镇	31433	15902	15531	10244	15790	15505	4559	23973	2901	29502
老四平镇	16898	8626	8272	5362	8614	8263	2663	12924	1311	15004
大洼镇	23087	11713	11374	7128	11688	11374	3377	17650	2060	22129
头道镇	18033	8964	9069	5876	8964	9069	3152	13248	1633	17113
鴜鹭树镇	19155	9662	9493	5773	9611	9489	2846	14644	1665	18684
傅家镇	26428	13398	13030	7628	13379	13029	4489	19914	2025	24704
四合镇	15820	7820	8000	5147	7796	7999	2524	11700	1596	15210
朝阳镇	17345	8768	8577	5384	8768	8577	2708	13116	1521	16791
古榆树镇	31001	15778	15223	8940	15778	15223	5918	22532	2551	29090
七家子镇	15421	7750	7671	4578	7732	7670	2717	11370	1334	14371
东嘎镇	16425	8247	8178	5208	8203	8178	2627	12277	1521	15520
四面城镇	18818	9510	9308	6126	9510	9308	2979	14157	1682	17759
前双井镇	21979	11109	10870	6416	11109	10870	3756	16366	1857	20852
通江口镇	24364	12462	11902	7552	12462	11902	3479	18671	2214	23291
大四家子镇	19586	9884	9702	6064	9732	9684	2956	14598	2032	18673
曲家店镇	27145	13843	13302	7961	13809	13298	4675	20260	2210	25626
大兴乡	13986	7048	6938	4394	7048	6938	2179	10504	1303	13258
十八家子乡	15465	7838	7627	4933	7813	7623	2269	11753	1443	14628
后窑乡	13936	7026	6910	4284	7005	6908	2181	10413	1342	13220
长发乡	11961	6010	5951	3399	6008	5951	2004	8881	1076	11200
太平乡	13242	6764	6478	4285	6763	6478	2147	9872	1223	12531
下二台乡	13523	6903	6620	4788	6903	6620	2102	10130	1291	12783
平安堡乡	15590	7892	7698	4763	7860	7695	2391	11805	1394	14512
三江口农场	2637	1298	1339	942	1293	1339	404	1946	287	1655
宝力农场	5878	2942	2936	1696	2931	2935	886	4427	565	5520
新乡农场	3607	1790	1817	1174	1790	1815	512	2757	338	3092
付家林场	6176	3159	3017	1780	3159	3017	1052	4614	510	5547
牤牛马场	819	411	408	310	411	408	101	615	103	754
两家子农场	13710	6875	6835	4444	6854	6834	2042	10173	1495	13214
调兵山市	**241431**	**122029**	**119402**	**89293**	**121270**	**118930**	**24855**	**193183**	**23393**	**216739**
兀术街街道	103662	52086	51576	38929	51824	51525	10565	83992	9105	99601
调兵山街道	56013	28214	27799	20935	27946	27425	5870	45143	5000	42797
晓明镇	23047	11677	11370	8481	11653	11362	2442	17958	2647	20339
大明镇	29544	14969	14575	10688	14913	14575	2968	22891	3685	27718
晓南镇	29165	15083	14082	10260	14934	14043	3010	23199	2956	26284
开原市	**545624**	**279255**	**266369**	**193137**	**276197**	**264341**	**67778**	**427679**	**50167**	**472912**
新城街道	191649	97951	93698	79461	95726	92208	18916	154141	18592	137915
老城街道	24190	12438	11752	8945	11912	11367	2634	19150	2406	21429
兴开街道	27995	14084	13911	9217	14063	13906	3647	22204	2144	24678
威远堡镇	21491	10913	10578	6217	10913	10578	3204	16466	1821	20887

表6 续表 27

单位：人、户

地区	总人口			家庭户	家庭户总人口		分年龄人口			居住本地，户口在本地
	合计	男	女	户数	男	女	0-14岁	15-64岁	65岁及以上	
庆云堡镇	21954	11123	10831	7482	11017	10726	2860	17171	1923	20134
中固镇	23788	12175	11613	7607	12049	11608	3222	18468	2098	21211
八棵树镇	22828	11630	11198	7414	11629	11193	3199	17594	2035	22460
金沟子镇	23462	11993	11469	7115	11993	11469	3227	18443	1792	22843
八宝镇	27040	13625	13415	8706	13625	13415	3517	21234	2289	25194
业民镇	18662	9477	9185	5514	9477	9185	2439	14708	1515	17842
莲花镇	12249	6289	5960	4121	6289	5960	1608	9460	1181	11958
靠山镇	17255	9016	8239	5643	9007	8238	2599	12798	1858	16474
城东乡	14771	7458	7313	4692	7458	7312	2218	11328	1225	14256
马家寨乡	10462	5436	5026	3305	5436	5024	1729	7688	1045	10159
上肥地满族乡	9326	4854	4472	2804	4853	4472	1376	7158	792	9051
下肥地满族乡	13514	7133	6381	3941	7133	6381	1984	10250	1280	13369
黄旗寨满族乡	13224	7072	6152	3993	7072	6152	2009	9891	1324	12780
松山堡乡	17284	9036	8248	5382	9032	8248	2405	13106	1773	16927
李家台乡	14980	7640	7340	4965	7630	7333	2324	11295	1361	14519
林丰满族乡	6351	3193	3158	2398	3190	3157	976	4746	629	6231
三家子乡	13149	6719	6430	4215	6693	6409	1685	10380	1084	12595
朝阳市	**3044641**	**1547066**	**1497575**	**1013043**	**1491978**	**1467470**	**475148**	**2268615**	**300878**	**2599105**
双塔区	**414085**	**204686**	**209399**	**141510**	**195452**	**198194**	**56490**	**320709**	**36886**	**290860**
南塔街道	25367	12297	13070	9089	12055	12667	2937	19626	2804	19825
北塔街道	20966	9393	11573	7049	8805	9230	2167	16748	2051	12004
前进街道	39358	19333	20025	14362	19148	19698	5705	30295	3358	25580
凌河街道	22521	11338	11183	8383	11007	11111	2964	17458	2099	17057
光明街道	37407	18235	19172	13595	17952	18760	4688	28465	4254	30839
凌凤街道	20197	10039	10158	4699	7005	7088	2637	16503	1057	11049
龙山街道	49144	24290	24854	15605	21346	21564	5604	39781	3759	33685
站南街道	46935	23558	23377	16330	22481	22699	6976	36593	3366	30250
红旗街道	45012	22339	22673	16512	22084	22378	6742	34444	3826	28299
燕北街道	49901	24610	25291	18035	24427	25010	7134	38384	4383	29396
桃花吐镇	17233	8816	8417	5542	8783	8415	2460	12978	1795	16521
他拉皋镇	19190	9754	9436	5912	9716	9422	3003	14325	1862	17137
长宝营子乡	5453	2790	2663	1818	2752	2649	865	3991	597	4875
孙家湾乡	15401	7894	7507	4579	7891	7503	2608	11118	1675	14343
龙城区	**211102**	**108860**	**102242**	**66944**	**102753**	**100054**	**32388**	**159715**	**18999**	**165251**
向阳街道	7953	4015	3938	2500	3160	3261	829	6182	942	7087
半拉山街道	778	384	394	316	384	394	67	578	133	632
马山街道	2527	1227	1300	1122	1208	1280	194	1834	499	1916
新华街道	20102	10144	9958	7239	9675	9662	2954	15559	1589	10264
海龙街道	19746	9959	9787	6661	9835	9764	3416	15077	1253	10942
开发区龙泉街道	35022	17924	17098	10824	16839	16368	5629	26924	2469	21670
七道泉子镇	17969	9183	8786	5553	9183	8784	2825	13597	1547	14899
西大营子镇	28289	15844	12445	7600	12426	12044	4305	21785	2199	23571
召都巴镇	20109	10150	9959	5985	10127	9934	3293	14958	1858	19327
大平房镇	22775	11734	11041	7022	11679	11036	3247	17147	2381	21888
边杖子乡	17174	8733	8441	5522	8716	8436	2649	12662	1863	15418
联合乡	18658	9563	9095	6600	9521	9091	2980	13412	2266	17637
朝阳县	**486774**	**247419**	**239355**	**151846**	**245314**	**237770**	**89217**	**346090**	**51467**	**462681**
波罗赤镇	16929	8655	8274	5598	8644	8273	2863	12289	1777	16300
木头城子镇	24838	12704	12134	7771	12669	12131	4512	17810	2516	24053
二十家子镇	31150	16095	15055	9496	16060	15052	5294	22744	3112	30354

表6 续表 28

单位：人、户

地区	总人口			家庭户	家庭户总人口		分年龄人口			居住本地，户口在本地
	合计	男	女	户数	男	女	0-14岁	15-64岁	65岁及以上	
羊山镇	31558	15810	15748	9911	15775	15716	6138	21685	3735	30321
六家子镇	21968	11339	10629	6627	11332	10624	4171	15407	2390	21155
瓦房子镇	20709	10564	10145	6194	10541	10140	3738	15029	1942	19057
大庙镇	17003	8697	8306	5311	8640	8302	3306	12112	1585	15770
柳城镇	45239	22718	22521	13375	21280	21105	7479	34224	3536	38413
南双庙乡	26563	13398	13165	7247	13398	13165	4674	19080	2809	26056
古山子乡	16926	8639	8287	5526	8539	8267	2836	12209	1881	15866
西五家子乡	9302	4686	4616	3243	4680	4615	1703	6471	1128	9083
北沟门子乡	5466	2706	2760	2069	2669	2740	939	3852	675	5185
杨树湾乡	7288	3754	3534	2516	3730	3532	1187	5223	878	6980
东大道乡	11004	5610	5394	3737	5601	5393	1958	7758	1288	10528
乌兰河硕蒙古族乡	7964	3935	4029	2822	3913	4028	1434	5588	942	7640
台子乡	16104	8273	7831	5596	8261	7830	2883	11457	1764	15273
胜利乡	30453	15313	15140	9644	15295	15131	6230	20962	3261	29448
东大屯乡	13917	7070	6847	4270	7049	6835	2476	9968	1473	13620
松岭门蒙古族乡	9014	4602	4412	3026	4563	4411	1546	6481	987	8539
根德营子乡	15405	7991	7414	4575	7979	7405	2947	10635	1823	14535
西营子乡	8843	4387	4456	2870	4290	4451	1735	6083	1025	8435
七道岭乡	20921	10421	10500	7093	10414	10497	3883	14500	2538	20417
北四家子乡	22542	11680	10862	6330	11664	10861	4527	15726	2289	21886
王营子乡	10311	5332	4979	3153	5328	4976	1964	7084	1263	9827
黑牛营子乡	14892	7591	7301	4383	7579	7300	2922	10427	1543	14556
尚志乡	9907	5075	4832	2847	5069	4824	1936	6822	1149	9421
长在营子乡	14389	7402	6987	4085	7391	6981	2945	9988	1456	13955
国营朝阳县贾家店农场	6169	2972	3197	2531	2961	3185	991	4476	702	6008
建平县	**505437**	**256468**	**248969**	**168424**	**249477**	**244317**	**79782**	**380265**	**45390**	**452753**
叶柏寿街道	30457	15195	15262	10993	15015	15147	4811	23363	2283	21649
红山街道	42456	21461	20995	13163	18053	18172	5513	34076	2867	29504
铁南街道	18693	9401	9292	7275	9381	9288	2120	14325	2248	15998
万寿街道	35703	18419	17284	10727	16273	15845	5233	27851	2619	24702
富山街道	17302	8814	8488	5418	8775	8477	3158	12814	1330	14542
朱碌科镇	18790	9204	9586	6601	9184	9582	3221	13343	2226	17906
建平镇	18347	9217	9130	6488	9196	9129	3023	13604	1720	17456
黑水镇	20005	10249	9756	5974	10242	9755	3221	15204	1580	18950
喀喇沁镇	17021	8673	8348	6107	8501	8332	2794	12309	1918	16184
北二十家子镇	11160	5603	5557	4068	5593	5557	1632	8614	914	10652
沙海镇	25805	13265	12540	8366	13248	12540	4146	19213	2446	24937
哈拉道口镇	12347	6278	6069	4172	6278	6069	2186	9168	993	11793
榆树林子镇	26572	13161	13411	9910	13069	13391	4472	19223	2877	25357
老官地镇	8405	4251	4154	2710	4251	4154	1446	6145	814	8149
深井镇	14099	7226	6873	5025	7134	6852	2284	10541	1274	13289
奎德素镇	15921	8054	7867	5333	8039	7864	2656	11771	1494	15404
小塘镇	16043	8147	7896	5202	8067	7888	2642	11961	1440	15550
马场镇	12422	6357	6065	4229	6345	6064	1970	9339	1113	11962
昌隆镇	13532	7010	6522	4060	7001	6518	2299	10022	1211	13047
张家营子镇	12125	6008	6117	4262	5994	6103	1915	9043	1167	11832
青峰山镇	12125	6394	5731	3870	6055	5715	2075	8955	1095	10800
青松岭乡	7175	3501	3674	2862	3497	3674	1064	5131	980	6940
杨树岭乡	7152	3642	3510	2622	3617	3508	1045	5340	767	6935
罗福沟乡	8583	4322	4261	3138	4317	4253	1383	6385	815	8433

表6 续表 29

单位：人、户

地区	总人口			家庭户	家庭户总人口		分年龄人口			居住本地，户口在本地
	合计	男	女	户数	男	女	0-14岁	15-64岁	65岁及以上	
烧锅营子乡	6807	3455	3352	2172	3455	3352	1220	5016	571	6428
太平庄乡	15610	7993	7617	4912	7955	7612	2640	11645	1325	15183
白山乡	11267	5661	5606	3721	5654	5606	1818	8439	1010	10996
三家蒙古族乡	24865	12702	12163	7329	12508	12028	3847	18777	2241	24340
义成功乡	6179	3176	3003	2039	3169	3002	974	4680	525	6033
八家国营农场	9056	4668	4388	2791	4668	4388	1402	6884	770	8889
热水国营畜牧农场	9413	4961	4452	2885	4943	4452	1572	7084	757	8913
喀喇沁左翼蒙古族自治县	**360419**	**181637**	**178782**	**122826**	**175839**	**174698**	**57088**	**265464**	**37867**	**318317**
大城子镇	83245	41259	41986	28635	36935	38139	13255	63668	6322	57781
南公营子镇	21966	11143	10823	6771	11106	10809	3286	16289	2391	21214
山咀子镇	14437	7129	7308	5089	7124	7307	2566	10198	1673	13798
南哨镇	10298	5117	5181	3405	5096	5175	1579	7605	1114	9538
公营子镇	12531	6383	6148	4664	6354	6145	1992	9116	1423	11101
白塔子镇	21404	10827	10577	7484	10818	10572	3658	15287	2459	20624
中三家镇	13798	7161	6637	4544	6966	6613	2235	10320	1243	12089
老爷庙镇	17935	9242	8693	5781	9108	8675	2860	13120	1955	17031
六官营子镇	9511	4821	4690	3380	4719	4663	1338	6853	1320	8948
平房子镇	22076	11360	10716	7013	11240	10700	3325	16307	2444	21107
十二德堡镇	15202	7767	7435	4791	7765	7433	2579	11007	1616	14555
尤杖子乡	8021	4003	4018	2749	3997	4018	1584	5483	954	7646
东哨乡	12740	6342	6398	4154	6334	6394	1991	9347	1402	12120
羊角沟乡	12572	6166	6406	4608	6163	6401	1908	8889	1775	12191
草场乡	6227	3132	3095	2196	3112	3089	905	4576	746	5917
坤都营子乡	8768	4438	4330	2965	4433	4329	1421	6369	978	8397
大营子乡	7113	3638	3475	2418	3622	3475	1100	5099	914	6807
兴隆庄乡	13272	6626	6646	4820	6554	6641	1988	9726	1558	12278
甘招乡	10982	5432	5550	3815	5399	5540	1797	7833	1352	10386
卧虎沟乡	7070	3629	3441	2741	3627	3440	911	5097	1062	6746
水泉乡	13307	6722	6585	4384	6677	6579	1974	9787	1546	12564
国营官大海农场	2330	1147	1183	871	1132	1181	338	1696	296	2183
冶金铸造工业园区	15614	8153	7461	5548	7558	7380	2498	11792	1324	13296
北票市	**496164**	**249906**	**246258**	**181997**	**245635**	**243089**	**64175**	**374771**	**57218**	**427088**
城关街道	14811	7206	7605	5278	6150	6310	1369	12271	1171	7666
南山街道	44544	21848	22696	17346	20600	21191	4642	35173	4729	33835
冠山街道	16628	8197	8431	8113	8169	8412	1310	12599	2719	14497
桥北街道	4023	2052	1971	1664	2034	1970	447	3120	456	2232
三宝街道	9047	4505	4542	4150	4491	4530	750	6768	1529	7781
台吉街道	15741	7792	7949	7369	7792	7948	1292	12078	2371	14262
双河街道	22069	10947	11122	9367	10946	11122	2194	16959	2916	16910
西官营镇	22963	11680	11283	7992	11628	11276	3442	17193	2328	21657
大板镇	6328	3246	3082	2269	3242	3080	727	4719	882	5395
上园镇	13581	6870	6711	4533	6783	6697	1825	9948	1808	12655
宝国老镇	19999	10150	9849	6916	10010	9828	2856	14959	2184	18052
黑城子镇	16879	8544	8335	5400	8523	8334	2319	12792	1768	14109
五间房镇	32642	16394	16248	11228	16227	16182	4274	25080	3288	24063
台吉镇	16328	8159	8169	5609	8111	8125	1896	12612	1820	11047
长皋乡	10139	5198	4941	3198	5177	4941	1355	7656	1128	9683
常河营乡	8291	4222	4069	2757	4213	4069	1115	6124	1052	7995
小塔子乡	8395	4201	4194	2954	4189	4194	1138	6042	1215	7989
马友营蒙古族乡	14990	7614	7376	4756	7547	7374	2330	11134	1526	14310

表6 续表 30

单位：人、户

地区	总人口			家庭户	家庭户总人口		分年龄人口			居住本地，户口在本地
	合计	男	女	户数	男	女	0-14岁	15-64岁	65岁及以上	
蒙古营乡	12973	6616	6357	4859	6597	6355	1763	9585	1625	11829
泉巨永乡	11696	5882	5814	3846	5859	5806	1653	8651	1392	11115
大三家乡	14666	7402	7264	5652	7373	7261	2034	11102	1530	13324
东官营乡	18938	9611	9327	6594	9297	9281	3051	14005	1882	17459
龙潭乡	16385	8378	8007	5768	8033	7953	2680	12115	1590	14754
哈尔脑乡	14943	7538	7405	5173	7534	7403	2219	10935	1789	14456
南八家子乡	7469	3764	3705	2687	3750	3704	909	5564	996	6989
章吉营乡	8693	4412	4281	3140	4405	4280	1160	6402	1131	8224
三宝营乡	5614	2957	2657	2247	2950	2657	708	3996	910	5348
巴图营乡	11407	5909	5498	3960	5902	5497	1791	8045	1571	10937
台吉营乡	11213	5628	5585	3597	5619	5585	1785	8348	1080	10704
北塔乡	12215	6190	6025	4348	6125	6019	2103	9015	1097	11346
娄家店乡	13086	6731	6355	4515	6461	6319	2016	9790	1280	11940
北四家乡	8996	4630	4366	3309	4586	4362	1325	6740	931	8730
凉水河蒙古族乡	5890	2993	2897	2076	2943	2895	679	4497	714	4976
三宝乡	17276	8726	8550	6821	8707	8546	2017	13265	1994	14355
兴顺德国营农场	3032	1530	1502	913	1530	1502	449	2272	311	2898
下府经济开发区	3706	1892	1814	1412	1857	1809	474	2787	445	3062
大黑山特别行政管理区	568	292	276	181	275	272	78	430	60	504
凌源市	**570660**	**298090**	**272570**	**179496**	**277508**	**269348**	**96008**	**421601**	**53051**	**482155**
东城街道	24702	12636	12066	8150	12288	11894	4372	18319	2011	15704
北街街道	36521	18379	18142	11992	17590	17503	5798	28065	2658	21726
南街街道	60888	38346	22542	15509	21595	21697	6657	50266	3965	33589
凌北街道	29792	15211	14581	10967	14464	14430	3831	23267	2694	21802
热水汤街道	2312	1165	1147	826	1165	1147	424	1678	210	2187
兴源街道	9674	4922	4752	3324	4882	4741	1624	7014	1036	8432
红山街道	8871	4528	4343	2611	4497	4341	1737	6335	799	7842
城关街道	26770	13698	13072	7698	12250	11729	4164	20678	1928	18060
万元店镇	11933	6106	5827	3679	6083	5826	2142	8654	1137	11246
宋杖子镇	26291	13453	12838	8714	13435	12829	4671	19057	2563	25160
三十家子镇	33915	17299	16616	11410	17254	16616	5964	24769	3182	32214
杨杖子镇	4363	2223	2140	1676	2106	2127	622	3331	410	3948
刀尔登镇	21802	11122	10680	6848	11106	10674	3350	16322	2130	20802
松岭子镇	19029	9600	9429	6007	9575	9426	3574	13353	2102	17877
四官营子镇	19454	9992	9462	6124	9973	9456	3581	13949	1924	18217
沟门子镇	25338	12871	12467	7577	12869	12467	4986	17861	2491	23841
小城子镇	16101	8316	7785	5099	8303	7784	2817	11758	1526	15174
四合当镇	30594	15812	14782	9009	15770	14778	5782	21915	2897	29115
乌兰白镇	9678	4913	4765	3155	4910	4764	1594	6988	1096	9278
大王杖子乡	9961	5052	4909	3436	5045	4909	1748	7200	1013	9551
刘杖子乡	8827	4423	4404	2928	4420	4401	1420	6297	1110	8426
前进乡	6001	2956	3045	1975	2951	3045	998	4239	764	5741
大河北乡	15953	8302	7651	4931	8302	7651	2717	11336	1900	15226
三道河子乡	14993	7411	7582	5312	7394	7582	2647	10641	1705	14443
牛营子乡	15831	8182	7649	4858	8168	7646	3195	11037	1599	15291
北炉乡	14019	7065	6954	4828	7060	6954	2419	10060	1540	13381
瓦房店乡	12080	6194	5886	4089	6180	5882	2103	8688	1289	11440
三家子乡	31380	16071	15309	8967	16050	15305	6342	22118	2920	29944
佛爷洞乡	10486	5168	5318	3708	5159	5317	2062	7244	1180	10087
河坎子乡	13101	6674	6427	4089	6664	6427	2667	9162	1272	12411

表6 续表 31

单位：人、户

地区	总人口			家庭户	家庭户总人口		分年龄人口			居住本地，户口在本地
	合计	男	女	户数	男	女	0-14岁	15-64岁	65岁及以上	
葫芦岛市	**2623541**	**1334538**	**1289003**	**855986**	**1291462**	**1262133**	**391503**	**1966551**	**265487**	**2222962**
连山区	**605186**	**301724**	**303462**	**220569**	**299365**	**301686**	**77403**	**462622**	**65161**	**492857**
连山街道	36992	18039	18953	14541	17978	18886	4640	29087	3265	16141
站前街道	24337	11837	12500	9831	11778	12396	2873	19047	2417	18113
渤海街道	39440	19113	20327	14694	19065	20229	5223	30383	3834	30051
兴工街道	42925	20868	22057	16224	20511	21124	4583	34577	3765	27491
石油街道	20492	9868	10624	8697	9741	10614	2102	15339	3051	16466
化工街道	52313	25611	26702	20724	25514	26616	5542	39916	6855	42876
化机街道	26886	13483	13403	10377	12690	13281	3013	20708	3165	19890
水泥街道	15587	7601	7986	6001	7341	7748	1650	12094	1843	11994
锦郊街道	29749	14768	14981	10720	14768	14981	4148	23508	2093	17933
虹螺岘镇	30115	15322	14793	9867	15157	14779	4390	22781	2944	28051
高桥镇	24869	12527	12342	8641	12487	12332	3174	19248	2447	22287
钢屯镇	31699	15798	15901	9566	15751	15880	5422	23342	2935	29996
寺儿堡镇	26445	13491	12954	8710	13459	12950	3907	20159	2379	21864
新台门蒙古族镇	17702	9115	8587	5660	9071	8583	2832	12614	2256	16373
金星镇	28041	14199	13842	9549	14150	13830	3750	21439	2852	25805
台集屯镇	16041	8187	7854	5532	8182	7854	2119	12154	1768	15334
沙河营乡	19332	9961	9371	6473	9936	9370	2676	14636	2020	17189
孤竹营子乡	4617	2343	2274	1648	2343	2274	833	3193	591	4323
白马石乡	5845	3038	2807	2036	3038	2807	807	4183	855	5469
山神庙子乡	12302	6476	5826	4269	6476	5826	1784	8954	1564	12097
塔山乡	23435	11869	11566	8023	11835	11554	2843	17860	2732	22102
张相公屯乡	14022	7101	6921	4240	7077	6917	1912	10693	1417	13556
杨郊乡	9265	4763	4502	3135	4763	4502	1240	6942	1083	7824
大兴乡	21058	10656	10402	7059	10626	10397	2771	15988	2299	19979
杨家杖子经济技术开发区	31677	15690	15987	14352	15628	15956	3169	23777	4731	29653
龙港区	**244053**	**126468**	**117585**	**88538**	**112127**	**114604**	**32187**	**192226**	**19640**	**151079**
葫芦岛街道	11115	8241	2874	2289	2965	2660	821	9796	498	3478
东街道	18937	9550	9387	7543	9522	9387	2602	14938	1397	11016
西街道	32561	16215	16346	13387	16119	16289	4435	25162	2964	23273
望海寺街道	17295	9029	8266	6897	8091	8129	1842	13330	2123	12360
龙湾街道	21483	10669	10814	8250	9991	10599	2906	16172	2405	15697
滨海街道	22593	11487	11106	6831	8379	9307	2786	18549	1258	12113
双龙街道	37255	19824	17431	13632	17074	17384	4424	29377	3454	25497
玉皇街道	41771	20463	21308	15401	20052	20944	6503	32948	2320	22126
连湾街道	16782	8626	8156	5810	8009	8089	2512	13231	1039	9384
北港街道	14095	7082	7013	4988	6984	6985	1914	10890	1291	8875
双树乡	9859	5014	4845	3510	4941	4831	1442	7528	889	7259
葫芦岛经济开发区	195	172	23					194	1	1
葫芦岛市专利技术园区	112	96	16					111	1	
南票区	**120969**	**60718**	**60251**	**43812**	**60327**	**59936**	**17584**	**89196**	**14189**	**102067**
赵家屯街道	6343	3186	3157	2796	3183	3157	531	4686	1126	5985
沙锅屯街道	4663	2340	2323	2319	2336	2322	463	3212	988	4446
邱皮沟街道	4700	2350	2350	2048	2327	2348	470	3339	891	4090
苇子沟街道	2508	1236	1272	1151	1236	1272	271	1841	396	1981
三家子街道	5792	2877	2915	2732	2877	2914	726	4300	766	5299
小凌河街道	2214	1131	1083	1012	1123	1082	194	1671	349	1835
九龙街道	30392	15004	15388	11473	14763	15104	3998	23027	3367	21784
缸窑岭镇	18526	9420	9106	5405	9408	9090	3515	13386	1625	16754

表6 续表 32

单位：人、户

地区	总人口			家庭户	家庭户总人口		分年龄人口			居住本地，户口在本地
	合计	男	女	户数	男	女	0-14岁	15-64岁	65岁及以上	
暖池塘镇	19310	9714	9596	5744	9668	9594	3408	14069	1833	17013
沙锅屯乡	13830	6981	6849	4625	6950	6847	2326	10115	1389	11755
黄土坎乡	12476	6364	6112	4432	6341	6106	1660	9374	1442	11125
乌金塘水库	215	115	100	75	115	100	22	176	17	
绥中县	**586620**	**301289**	**285331**	**181687**	**289653**	**274505**	**89119**	**438287**	**59214**	**529330**
绥中镇	77060	38446	38614	21809	28790	29368	9714	60471	6875	60273
西甸子镇	21885	11309	10576	6910	11293	10573	3568	16090	2227	20223
宽帮满族镇	23690	12519	11171	6787	12462	11168	3940	17276	2474	23039
大王庙满族镇	27159	14210	12949	8041	14188	12946	3927	20101	3131	26306
万家镇	21844	11005	10839	6197	10286	10076	3574	16282	1988	20549
前所镇	23763	12255	11508	8513	12113	11489	3871	17823	2069	19780
高岭镇	24982	12676	12306	7883	12672	12305	3885	18796	2301	24037
前卫镇	21864	11285	10579	6863	11240	10564	3154	16430	2280	21249
荒地满族镇	24031	12332	11699	7420	12293	11694	3969	17554	2508	23111
塔山屯镇	29772	15306	14466	9423	15282	14466	4959	21897	2916	27605
高台镇	26122	13669	12453	7819	13633	12451	4245	19176	2701	24512
王宝镇	17523	8876	8647	6197	8847	8644	2496	13133	1894	16801
沙河镇	30578	15914	14664	9540	15879	14650	5070	22502	3006	28566
小庄子镇	32732	16826	15906	9970	16773	15906	5304	24219	3209	31418
西平坡满族乡	16302	8602	7700	4773	8601	7699	2788	11743	1771	15658
葛家满族乡	11032	5667	5365	3257	5667	5365	1722	8007	1303	10928
高甸子满族乡	17905	9372	8533	5056	9349	8523	2745	13399	1761	17575
范家满族乡	13514	7117	6397	4047	7030	6358	2174	9661	1679	13089
明水满族乡	12294	6470	5824	3749	6464	5824	1520	9485	1289	12127
秋子沟乡	9505	4876	4629	3009	4875	4629	1517	6951	1037	9207
加碑岩乡	16535	8686	7849	5172	8663	7848	2782	11995	1758	16192
永安堡乡	5601	2940	2661	2041	2930	2660	723	4029	849	5467
李家堡乡	19426	10067	9359	5628	10066	9359	2823	14610	1993	18823
网户满族乡	19056	9605	9451	6138	9576	9449	2714	14339	2003	18450
城郊乡	31869	15926	15943	11365	15365	15252	4684	24490	2695	14780
大台山果树农场	6286	3175	3111	2096	3175	3111	892	4728	666	5632
前所果树农场	4290	2158	2132	1984	2141	2128	359	3100	831	3933
建昌县	**520537**	**266423**	**254114**	**151529**	**262506**	**250789**	**93850**	**373825**	**52862**	**481725**
建昌镇	63192	31992	31200	18860	29130	28212	10346	48793	4053	43337
八家子镇	12148	6233	5915	4155	6192	5906	1942	8637	1569	11259
喇嘛洞镇	21414	10720	10694	6536	10663	10691	3905	15445	2064	20862
药王庙镇	25247	13231	12016	7474	13151	12011	4085	18165	2997	24084
汤神庙镇	26956	13977	12979	7445	13939	12961	4830	19743	2383	26423
玲珑塔镇	17640	8783	8857	5361	8706	8827	3768	11961	1911	16799
大屯镇	16045	8257	7788	4587	8223	7783	2829	11311	1905	15411
牛亡牛营子乡	37746	19442	18304	10131	19400	18281	6665	27486	3595	31761
素珠营子乡	20433	10652	9781	5304	10648	9781	3640	14831	1962	19787
石佛乡	13758	6995	6763	4052	6962	6756	2725	9636	1397	12755
王宝营子乡	14840	7490	7350	4524	7490	7350	2849	10594	1397	14504
老达杖子乡	19051	9522	9529	5790	9522	9529	4152	12724	2175	18573
要路沟乡	17990	9186	8804	5233	9112	8779	3493	12499	1998	17601
魏家岭乡	8242	4158	4084	2578	4158	4084	1464	5839	939	8081
西碱厂乡	11295	5407	5888	4115	5405	5885	2078	7764	1453	10877
头道营子乡	10587	5502	5085	3229	5494	5077	1913	7533	1141	10385
新开岭乡	13745	7045	6700	4127	6936	6654	2332	9775	1638	13545

表6 续表 33

单位：人、户

地区	总人口			家庭户	家庭户总人口		分年龄人口			居住本地，户口在本地
	合计	男	女	户数	男	女	0-14岁	15-64岁	65岁及以上	
贺杖子乡	4949	2584	2365	1426	2572	2361	890	3436	623	4790
养马甸子乡	14364	7563	6801	4151	7563	6801	2403	10426	1535	14188
和尚房子乡	24536	12700	11836	6688	12671	11835	4258	17838	2440	24204
杨树湾子乡	13364	6841	6523	3951	6834	6523	2152	9622	1590	13029
黑山科乡	13885	7000	6885	4099	6903	6831	2599	9724	1562	13458
雷家店乡	14843	7575	7268	4525	7298	7183	2836	10176	1831	14330
小德营子乡	15220	7929	7291	4212	7929	7288	2648	10847	1725	14732
二道湾子蒙古族乡	21034	10840	10194	5996	10820	10191	3820	14974	2240	20528
巴什罕乡	23844	12412	11432	6053	12406	11427	4443	17083	2318	23119
娘娘庙乡	11092	5733	5359	3098	5733	5359	1981	7976	1135	10794
谷杖子乡	13077	6654	6423	3829	6646	6423	2804	8987	1286	12509
兴城市	**546176**	**277916**	**268260**	**169851**	**267484**	**260613**	**81360**	**410395**	**54421**	**465904**
古城街道	22225	11362	10863	8401	11243	10858	2568	16626	3031	16839
宁远街道	31026	15631	15395	11446	15601	15378	4153	23890	2983	20471
城东街道	23015	11407	11608	8068	11380	11603	3190	17617	2208	15514
温泉街道	56560	29082	27478	19521	25127	26302	6802	44449	5309	44605
钓鱼台街道	14420	7111	7309	4891	6565	6693	1745	11513	1162	8649
华山街道	11565	5948	5617	4325	5948	5617	1547	8455	1563	10988
四家屯街道	18956	9169	9787	2458	3981	4056	1232	17055	669	6763
曹庄镇	36274	17958	18316	11173	17825	18314	5158	27833	3283	32552
沙后所满族镇	37344	18761	18583	11746	18707	18574	6070	27594	3680	34702
东辛庄满族镇	34176	17330	16846	10979	17319	16837	5620	25181	3375	28897
郭家满族镇	8677	4537	4140	2643	4533	4140	1383	6191	1103	8215
羊安满族乡	20965	10533	10432	6817	10524	10426	3203	15752	2010	18736
元台子满族乡	18467	9315	9152	5703	9286	9145	2820	13796	1851	16487
白塔满族乡	11173	5757	5416	3496	5751	5414	1782	8182	1209	9797
望海满族乡	19359	9818	9541	5554	9792	9537	3058	14450	1851	18555
刘台子满族乡	13311	6779	6532	4037	6706	6520	2093	9805	1413	12760
大寨满族乡	22465	11642	10823	6523	11642	10823	3748	16553	2164	21715
南大山满族乡	20184	10275	9909	5846	10275	9909	3328	14709	2147	19909
围屏满族乡	12163	6431	5732	3714	6422	5731	2100	8628	1435	11808
高家岭满族乡	14944	7833	7111	4155	7793	7108	2639	10662	1643	13907
碱厂满族乡	11578	6180	5398	3226	6052	5384	2050	8231	1297	10853
三道沟满族乡	17363	9174	8189	4831	9174	8189	2758	12569	2036	16923
红崖子满族乡	27962	14331	13631	7876	14325	13617	5318	20042	2602	27058
旧门满族乡	9596	4987	4609	2862	4980	4607	1580	7040	976	8662
药王满族乡	15398	8049	7349	4247	8042	7349	2664	10943	1791	14418
海滨满族乡	14466	7230	7236	4435	7209	7229	2386	10678	1402	13748
菊花岛乡	2544	1286	1258	878	1282	1253	365	1951	228	2373

表7　吉林省乡、镇、街道人口

单位：人、户

地　区	总人口			家庭户	家庭户总人口		分年龄人口			居住本地，户口在本地
	合　计	男	女	户　数	男	女	0-14岁	15-64岁	65岁及以上	
吉林省	**27452815**	**13907218**	**13545597**	**8998492**	**13358390**	**13099379**	**3291515**	**21859462**	**2301838**	**22617333**
长春市	**7674439**	**3877174**	**3797265**	**2328933**	**3613661**	**3557241**	**921047**	**6135394**	**617998**	**5881075**
南关区	**876959**	**427158**	**449801**	**267289**	**358357**	**366915**	**80474**	**728444**	**68041**	**499106**
南岭街道	68974	34277	34697	15686	20135	20954	4382	59628	4964	40315
自强街道	33149	15629	17520	11709	14463	15815	2694	26715	3740	21599
民康街道	34200	16823	17377	12722	16101	16603	3059	27683	3458	24449
新春街道	41617	20293	21324	15593	19796	20979	4203	33582	3832	25151
长通街道	40238	20055	20183	14833	19736	19935	3562	32684	3992	29361
全安街道	48679	23652	25027	17783	23135	24500	4606	39409	4664	34337
曙光街道	40750	19832	20918	15587	19242	20262	3376	31166	6208	29314
永吉街道	44156	21871	22285	16155	20852	21338	4073	35717	4366	26772
桃源街道	39983	19563	20420	15240	19374	20278	3864	32491	3628	26820
鸿城街道	70087	33924	36163	24166	32516	32930	7342	56983	5762	36388
明珠街道	49931	23656	26275	14779	20872	21713	5574	40634	3723	23781
富裕街道	7203	3684	3519	2337	3675	3518	1063	5840	300	3627
临河街道(长春经济技术开发区)	106451	54082	52369	34043	46146	47236	11454	88571	6426	32494
永兴街道(净月潭旅游经济开发区)	59479	31309	28170	7464	10330	10336	2331	55004	2144	34463
净月街道(净月潭旅游经济开发区)	114594	48769	65825	26159	35929	35452	9079	100430	5085	49136
新立城镇(净月潭旅游经济开发区)	22925	11535	11390	7267	11509	11366	2913	18323	1689	19360
新湖镇(净月潭旅游经济开发区)	18500	9465	9035	5673	9433	9031	2534	14277	1689	17469
玉潭镇(净月潭旅游经济开发区)	21334	11230	10104	5209	7709	7492	2031	17658	1645	15635
幸福乡	14709	7509	7200	4884	7404	7177	2334	11649	726	8635
宽城区	**680631**	**350623**	**330008**	**224297**	**325073**	**320871**	**81239**	**546534**	**52858**	**458864**
新发街道	26797	13122	13675	10029	12954	13530	2306	21791	2700	22891
站前街道	60372	35883	24489	18249	22943	23347	3760	51657	4955	38038
南广街道	23579	12064	11515	9275	11892	11284	1767	19516	2296	19859
东广街道	14335	7635	6700	4398	5882	5967	1339	12094	902	6064
群英街道	41342	20565	20777	14955	19532	19562	4166	32865	4311	24201
兴业街道	73301	36306	36995	26265	36065	36778	8816	58363	6122	36513
凯旋街道	39506	19598	19908	12147	16248	16259	3407	32814	3285	24554
团山街道	31547	16140	15407	11686	16066	15371	3883	25471	2193	18673
柳影街道	79417	39822	39595	29676	39458	39385	9905	64308	5204	30266
兰家镇	67528	35060	32468	23568	33647	32172	10447	53163	3918	42226
米沙子镇(德惠市)	62829	32237	30592	18332	32098	30542	9469	48224	5136	59368
万宝镇(德惠市)	28330	14495	13835	7215	14468	13833	3998	22099	2233	27893
兴隆山镇(长春经济技术开发区)	43946	23429	20517	13451	19780	19547	5416	35420	3110	29915
合隆镇(农安县)	68589	34638	33951	18763	34490	33716	9686	53950	4953	61267
奋进乡(长春高新技术产业开发区)	19213	9629	9584	6288	9550	9578	2874	14799	1540	17136
朝阳区	**827189**	**423349**	**403840**	**238269**	**327792**	**330981**	**67222**	**686162**	**73805**	**553740**
前进街道	64961	32648	32313	23024	30243	29681	6124	53106	5731	34063
桂林街道	68853	33298	35555	19478	27846	29659	4975	55965	7913	55669
南湖街道	90120	47353	42767	26435	34819	35651	7609	73590	8921	56424
永昌街道	49042	23609	25433	15898	20630	21854	4209	38070	6763	35748
重庆街道	53898	27597	26301	11301	18453	19400	3883	45433	4582	45869
清和街道	72299	38040	34259	22054	29231	30373	4810	60330	7159	48855
红旗街道	99815	49342	50473	35438	45776	46863	7635	80703	11477	69253
湖西街道	107549	57786	49763	29356	43354	42019	7920	89002	10627	82194
富锋街道	26246	13380	12866	8993	12692	12345	3510	20617	2119	16618
硅谷街道(高新开发区)	16692	8661	8031	5355	7806	7809	2393	13368	931	11070
乐山镇	25544	13281	12263	8120	13217	12238	3742	19789	2013	23998
永春镇	16657	8547	8110	5600	8440	8079	2337	12930	1390	13450
双德乡(高新开发区)	135513	69807	65706	27217	35285	35010	8075	123259	4179	60529
二道区	**619940**	**308473**	**311467**	**203569**	**290856**	**288457**	**72308**	**500841**	**46791**	**417472**
东盛街道	74241	37093	37148	28332	36818	36939	7862	60137	6242	57722
吉林街道	35172	17411	17761	12888	17291	17694	3928	28088	3156	24309
荣光街道	80411	40912	39499	28603	37271	37566	8098	65492	6821	44942

表7 续表 1 单位：人、户

地区	总人口			家庭户	家庭户总人口		分年龄人口			居住本地，户口在本地
	合计	男	女	户数	男	女	0-14岁	15-64岁	65岁及以上	
东站街道	45314	22823	22491	16836	22786	22479	4308	35573	5433	32426
远达街道	50666	22872	27794	13912	19226	18260	4918	43495	2253	22555
八里堡街道	31992	16261	15731	12927	16252	15726	3379	25724	2889	25961
东方广场街道(长春经济技术开发区)	91339	44535	46804	27543	38132	37814	10331	76456	4552	36662
英俊镇	53353	27281	26072	17860	26042	25163	7048	42965	3340	36191
劝农山镇	16767	8525	8242	5459	8459	8167	2338	12895	1534	15261
泉眼镇	4040	2059	1981	1304	2043	1971	573	3070	397	3759
龙嘉镇	50353	24994	25359	13302	24930	25342	7056	39544	3753	46234
卡伦湖镇	48952	24694	24258	12879	22845	23074	6753	38705	3494	41521
东湖镇	27420	13887	13533	8493	13681	13479	4471	21033	1916	20604
四家乡	9920	5126	4794	3231	5080	4783	1245	7664	1011	9325
绿园区	**810551**	**410785**	**399766**	**282666**	**382393**	**379789**	**87761**	**650861**	**71929**	**455584**
正阳街道	100366	50536	49830	36783	48872	48588	11407	79533	9426	63354
普阳街道	85825	42150	43675	31062	40174	40189	7485	69666	8674	58928
春城街道	50547	25843	24704	17307	23400	23492	4947	41492	4108	23177
铁西街道	41798	21144	20654	15134	20190	20161	3318	32841	5639	30971
青年街道	61186	30495	30691	20965	29092	29131	7451	47936	5799	30005
林园街道	64228	32796	31432	22338	30257	29664	7477	52710	4041	30143
同心街道	114937	60792	54145	36989	52173	51078	14131	94721	6085	24622
锦程街道(长春汽车产业开发区)	91698	45884	45814	35095	44774	45209	8777	71665	11256	70411
东风街道(长春汽车产业开发区)	89198	44409	44789	30774	38673	39599	7183	72301	9714	52409
合心镇	18293	9305	8988	6075	9239	8970	2635	14113	1545	14359
西新镇	18209	9409	8800	5977	8987	8625	2639	14429	1141	11732
城西镇	43603	22210	21393	14221	21230	20328	5648	35411	2544	21013
长春汽车产业开发区(省级)	27863	14368	13495	9064	13957	13420	4292	21836	1735	22729
绿园经济开发区	2800	1444	1356	882	1375	1335	371	2207	222	1731
双阳区	**377803**	**189775**	**188028**	**111380**	**180590**	**176308**	**48340**	**300451**	**29012**	**323602**
云山街道	91287	45276	46011	28646	39565	39707	10770	74315	6202	63494
平湖街道	33571	16747	16824	9511	16699	16735	4203	26922	2446	30689
奢岭街道	49168	23860	25308	12769	20882	20069	5766	39726	3676	38553
山河街道	48943	24992	23951	15135	24843	23922	6200	38975	3768	44763
齐家镇	47023	23797	23226	13582	23629	23198	6181	36771	4071	45554
太平镇	49820	25646	24174	14369	25628	24168	6649	39206	3965	47064
鹿乡镇	44198	22802	21396	13295	22693	21371	6321	34328	3549	42156
双营乡(梅花鹿产业经济开发区)	13793	6655	7138	4073	6651	7138	2250	10208	1335	11329
农安县	**960759**	**490234**	**470525**	**267134**	**486860**	**466240**	**127780**	**754557**	**78422**	**919310**
农安镇	225224	115187	110037	74544	112268	106183	27518	179611	18095	201980
伏龙泉镇	52621	26914	25707	14287	26893	25653	6956	41205	4460	51560
哈拉海镇	69582	35725	33857	19185	35682	33843	9036	54735	5811	67854
靠山镇	27111	13908	13203	7408	13908	13203	3670	21174	2267	26723
开安镇	54341	28016	26325	14937	28016	26325	7001	43010	4330	52947
烧锅镇	27050	13804	13246	6861	13758	13241	4028	20841	2181	26006
高家店镇	28138	14364	13774	7331	14350	13771	4010	21945	2183	27497
华家镇	37883	19119	18764	9470	19119	18763	5038	29733	3112	37151
三盛玉镇	35041	17854	17187	9013	17849	17180	4628	27595	2818	33847
巴吉垒镇	47096	24050	23046	13367	23988	22941	6187	36697	4212	45639
三岗镇	30260	15423	14837	7921	15423	14837	4122	23652	2486	28704
前岗乡	45668	23364	22304	11733	23358	22300	6101	35835	3732	45372
龙王乡	26714	13450	13264	7132	13427	13242	3751	20661	2302	25294
万顺乡	33105	16883	16222	9234	16757	16040	4483	25683	2939	32176
杨树林乡	35308	17810	17498	8964	17810	17498	4860	27870	2578	33983
永安乡	27998	14039	13959	6419	13993	13937	3746	22142	2110	27636
青山口乡	28924	14773	14151	7372	14735	14144	4198	22297	2429	28402
黄鱼圈乡	31477	15951	15526	6970	15951	15526	4474	24576	2427	31002
新农乡	34130	17437	16693	8046	17432	16693	5036	26416	2678	33422

表7　续表 2　　　　　　　　　　　　　　　　　　　　单位：人、户

地　　区	总人口			家庭户	家庭户总人口		分年龄人口			居住本地，户口在本地
	合　计	男	女	户　数	男	女	0-14岁	15-64岁	65岁及以上	
万金塔乡	33718	17107	16611	8172	17099	16609	5172	25974	2572	33640
小城子乡	27584	14158	13426	8021	14146	13423	3545	21584	2455	26740
洼中高农场	1786	898	888	747	898	888	220	1321	245	1735
九台市	**611670**	**309776**	**301894**	**180638**	**305224**	**297870**	**82587**	**477404**	**51679**	**538859**
九台街道	131371	64829	66542	49458	63069	64202	15601	103716	12054	89864
营城街道	27254	13728	13526	9649	12124	12226	1916	21938	3400	23282
九郊街道	33106	16606	16500	9601	16413	16315	4110	26586	2410	26045
沐石河镇	51588	26163	25425	13455	26095	25416	7942	39375	4271	49812
城子街镇	47743	24583	23160	12852	24526	23146	7098	36676	3969	46195
其塔木镇	39790	20276	19514	10040	20218	19496	5803	31009	2978	37606
上河湾镇	45115	22967	22148	11726	22957	22141	6697	34950	3468	43191
西营城镇	20131	10484	9647	5836	10405	9616	2784	15675	1672	18361
土们岭镇	23334	12013	11321	6726	11613	11263	3140	18173	2021	20592
苇子沟镇	48607	25054	23553	13041	24986	23544	7011	37639	3957	46288
兴隆镇	35665	17839	17826	9145	17780	17807	4931	27813	2921	34001
纪家镇	32084	16249	15835	8383	16216	15826	4593	24927	2564	30711
波泥河镇	29035	14887	14148	8240	14824	14133	4079	22563	2393	27675
胡家回族乡	19986	10223	9763	5292	10159	9758	3162	15243	1581	19249
莽卡满族乡	26861	13875	12986	7194	13839	12981	3720	21121	2020	25987
榆树市	**1160568**	**586900**	**573668**	**338619**	**579729**	**565672**	**165827**	**907374**	**87367**	**1059412**
华昌街道	55752	27454	28298	17348	24438	24347	6553	45602	3597	29270
正阳街道	55496	27799	27697	21406	26810	26368	6860	44515	4121	37393
培英街道	34405	17182	17223	11973	17152	17207	4918	26994	2493	20495
城郊街道	45029	22312	22717	16426	22222	22529	6211	35336	3482	41866
五棵树镇	61757	31767	29990	19067	31666	29905	8980	48180	4597	54898
弓棚镇	58147	29569	28578	17340	28816	27649	8572	45082	4493	54931
闵家镇	34591	17783	16808	10918	17749	16805	4762	27194	2635	33327
大坡镇	32191	16471	15720	8366	16371	15641	5331	24409	2451	30888
黑林镇	45804	23132	22672	11687	23085	22658	7124	35224	3456	44691
土桥镇	60888	30986	29902	16275	30925	29896	9443	46780	4665	58918
新立镇	49166	24989	24177	14142	24763	23980	6905	38528	3733	47304
大岭镇	54376	27507	26869	16332	27428	26855	7805	42329	4242	52027
于家镇	51317	25667	25650	13293	25628	25644	7648	39885	3784	50089
泗河镇	29063	14702	14361	8699	14669	14353	4296	22301	2466	27735
八号镇	50280	25039	25241	12789	25004	25238	7705	38935	3640	48581
刘家镇	30570	15693	14877	7263	15658	14868	4511	23822	2237	28977
秀水镇	47501	24019	23482	13165	23967	23469	7096	36927	3478	45964
保寿镇	36408	18435	17973	10015	18404	17967	5476	28218	2714	35612
新庄镇	38123	19045	19078	10044	19027	19076	5447	29811	2865	37048
育民乡	29457	15002	14455	9442	14987	14455	3681	23460	2316	29024
红星乡	30429	15586	14843	9230	15563	14842	4497	23579	2353	29196
太安乡	29168	14856	14312	8686	14853	14312	4029	22809	2330	28187
先峰乡	28156	14299	13857	7787	14285	13857	4027	22013	2116	26974
青山乡	28843	14597	14246	6843	14578	14235	4121	22565	2157	28312
延和朝鲜族乡	1851	908	943	933	891	934	96	1550	205	339
恩育乡	30653	15567	15086	8739	15539	15080	4282	23924	2447	29980
城发乡	45543	23168	22375	12657	23126	22373	6181	35958	3404	44585
环城乡	65604	33366	32238	17754	32125	31129	9270	51444	4890	62801
德惠市	**748369**	**380101**	**368268**	**215072**	**376787**	**364138**	**107509**	**582766**	**58094**	**655126**
胜利街道	61452	30597	30855	25122	29916	29716	7716	48548	5188	32748

表7 续表 3 单位：人、户

地　区	总人口			家庭户	家庭户总人口		分年龄人口			居住本地，户口在本地
	合　计	男	女	户　数	男	女	0-14岁	15-64岁	65岁及以上	
建设街道	85978	42858	43120	32155	41119	40970	10956	69080	5942	49558
惠发街道	41246	20939	20307	12461	20701	19875	5564	32832	2850	30983
夏家店街道	24921	12781	12140	6576	12733	12128	3939	18859	2123	24018
大青嘴镇	32775	16759	16016	8394	16757	16015	4994	25138	2643	31482
郭家镇	37040	18922	18118	10086	18891	18113	5674	28367	2999	35382
松花江镇	34559	17541	17018	8360	17505	17014	5126	26813	2620	34012
达家沟镇	30037	15319	14718	7940	15271	14700	3983	23388	2666	29274
大房身镇	56301	28726	27575	14437	28700	27569	8765	42856	4680	54859
岔路口镇	49157	25216	23941	12562	25197	23936	7412	38393	3352	48122
朱城子镇	26706	13578	13128	7513	13378	12843	3832	20634	2240	24948
布海镇	40779	20892	19887	11151	20809	19877	5760	31771	3248	39084
天台镇	34935	17853	17082	9018	17795	17063	5158	27244	2533	33612
菜园子镇	37996	19258	18738	9958	19253	18738	5605	29510	2881	37341
同太乡	49971	25577	24394	12911	25561	24389	7300	38526	4145	49053
边岗乡	38326	19383	18943	9733	19383	18943	5923	29661	2742	37211
五台乡	30702	15735	14967	7826	15677	14934	4525	23566	2611	29303
朝阳乡	35488	18167	17321	8869	18141	17315	5277	27580	2631	34136
吉林市	**4413157**	**2233750**	**2179407**	**1478120**	**2135362**	**2108925**	**488329**	**3513233**	**411595**	**3628536**
昌邑区	**658960**	**330383**	**328577**	**227588**	**311672**	**316749**	**63079**	**527231**	**68650**	**488634**
兴华街道	42518	21123	21395	16080	20444	21140	4172	34046	4300	27450
文庙街道	23920	11636	12284	8122	10322	11239	2053	19026	2841	16210
东局子街道	66993	32952	34041	24669	32846	33883	6323	53403	7267	47484
新地号街道	44764	22703	22061	15271	20845	21941	4322	36072	4370	34401
延安街道	45299	22025	23274	16701	21775	23000	4286	36087	4926	31463
站前街道	21799	10714	11085	8071	10572	11026	1842	17701	2256	17464
民主街道	45823	23070	22753	15354	21337	21565	3622	36925	5276	33455
莲花街道	34795	17149	17646	12963	16935	17330	3543	27840	3412	24360
通江街道	50595	25059	25536	18179	24667	25047	4699	40413	5483	34128
哈达湾街道	32552	16403	16149	12675	16279	16040	2733	26149	3670	23355
新建街道	12570	6439	6131	4391	6047	6122	1097	9927	1546	7776
延江街道	40924	21236	19688	13924	18749	19024	3166	31324	6434	29206
双吉街道	12367	6410	5957	4059	5243	5395	927	9503	1937	10100
九站街道(吉林经济技术开发区)	61612	31349	30263	18570	24193	24251	5279	51699	4634	45357
吉林东市商贸经济示范区(特殊街道)	88	74	14	58	51	9		53	35	
孤店子镇	19034	9596	9438	6194	9558	9420	2194	15269	1571	15579
桦皮厂镇	39201	19558	19643	11781	19534	19629	4946	31034	3221	36033
左家镇	24604	12641	11963	8226	12183	11494	2935	19214	2455	21431
两家子满族乡	15067	7825	7242	4414	7798	7232	2175	11682	1210	14310
土城子满族朝鲜族乡	18330	9304	9026	5729	9262	9023	2025	14835	1470	16419
幸福经济管理区	633	323	310	217	323	310	65	523	45	255
吉林哈达湾工业开发区	5472	2794	2678	1940	2709	2629	675	4506	291	2398
龙潭区	**527350**	**269229**	**258121**	**180359**	**248887**	**249219**	**49470**	**422776**	**55104**	**421102**
龙华街道	39521	19444	20077	14199	18978	19780	3531	30306	5684	33134
湘潭街道	42174	20778	21396	15685	20610	21250	4362	32931	4881	27989
铁东街道	46947	25205	21742	12857	17046	17777	3227	39225	4495	31578
泡子沿街道	10061	5182	4879	4212	5109	4859	913	8283	865	8173
龙潭街道	21125	10542	10583	8213	10475	10510	1626	16846	2653	15558
新吉林街道	23013	11286	11727	8575	10614	10619	1622	19047	2344	15679
山前街道	29778	16411	13367	8822	11721	11418	1709	24903	3166	22608
新安街道	42400	21080	21320	15530	20361	20876	3671	33599	5130	34982

表7 续表 4

单位：人、户

地区	总人口			家庭户	家庭户总人口		分年龄人口			居住本地，户口在本地
	合计	男	女	户数	男	女	0-14岁	15-64岁	65岁及以上	
遵义街道	28929	14239	14690	10513	13910	14401	2136	22348	4445	23976
榆树街道	19295	9656	9639	7308	9310	9577	1456	15580	2259	14757
韋山街道	3049	1545	1504	1310	1509	1484	196	2494	359	2483
东城街道	6653	3484	3169	2344	3349	3134	735	5465	453	2863
承德街道	13708	6884	6824	5095	6855	6807	1160	10918	1630	9829
乌拉街镇	58309	29676	28633	18681	29519	28612	6848	46759	4702	54401
缸窑镇	35107	17932	17175	13212	17856	17155	4266	27504	3337	32219
江密峰镇	38702	19781	18921	12329	19606	18829	4501	30852	3349	34638
大口钦镇	19255	9852	9403	6720	9821	9397	2444	14982	1829	17790
江北乡	22044	10948	11096	7248	10850	11071	2244	18054	1746	16998
金珠乡	27280	15304	11976	7506	11388	11663	2823	22680	1777	21447
船营区	**491989**	**247995**	**243994**	**167964**	**230618**	**235622**	**47931**	**394445**	**49613**	**388154**
德胜街道	31922	15365	16557	11350	14894	16065	3117	25166	3639	24462
南京街道	29916	14536	15380	11103	14381	15267	2948	23649	3319	24152
大东街道	22561	10833	11728	8064	10627	11346	2360	17074	3127	19270
青岛街道	41527	20122	21405	14811	19967	21180	3994	32759	4774	35174
向阳街道	38713	18478	20235	14459	18220	19249	3248	30732	4733	31749
北极街道	32468	15800	16668	12142	15583	16184	2680	26238	3550	24295
致和街道	24303	12169	12134	8804	11703	11844	1915	19660	2728	19737
长春路街道	36971	22029	14942	8280	10490	10395	1961	32528	2482	26084
临江街道	31317	15256	16061	11648	15154	15972	2791	24526	4000	21168
北山街道	45380	23668	21712	15704	20645	21454	4478	36835	4067	34278
黄旗街道	41007	20147	20860	14673	19887	20562	3995	32739	4273	28114
大绥河镇	25344	13058	12286	8786	13027	12273	3100	20130	2114	23705
搜登站镇	45882	23501	22381	13775	23439	22360	5809	36524	3549	42508
越北镇	22084	11219	10865	6898	11070	10811	2743	17828	1513	17892
欢喜乡	22594	11814	10780	7467	11531	10660	2792	18057	1745	15566
丰满区	**296822**	**145770**	**151052**	**96020**	**131929**	**132951**	**29458**	**239247**	**28117**	**205103**
泰山街道	32803	17341	15462	9404	12638	13173	2611	26772	3420	18019
江南街道	46576	22974	23602	17218	22452	23238	4987	36382	5207	30048
石井街道	7896	3899	3997	3312	3814	3969	624	6078	1194	6356
沿丰街道	7062	3522	3540	2521	3342	3454	726	5573	763	4654
丰满街道	9696	4883	4813	4139	4563	4795	679	7316	1701	7865
高新开发区街道	87262	40392	46870	27097	36891	38045	8577	71174	7511	60975
红旗街道	18294	9274	9020	6132	9154	8968	2071	14634	1589	13280
旺起镇	15349	7879	7470	5069	7844	7454	1823	12226	1300	14295
江南乡	39099	18657	20442	10264	14809	14313	3474	33151	2474	23383
前二道乡	17076	8891	8185	5568	8493	7927	2021	13563	1492	13817
小白山乡	15709	8058	7651	5296	7929	7615	1865	12378	1466	12411
永吉县	**394486**	**201156**	**193330**	**122105**	**195402**	**188943**	**43845**	**317400**	**33241**	**347293**
口前镇	102327	51007	51320	35342	49853	50144	11264	80885	10178	84221
双河镇	25126	12833	12293	8520	12772	12275	2628	20403	2095	20836
西阳镇	31485	16376	15109	9371	16161	15086	3404	25370	2711	29408
北大湖镇	36525	18842	17683	10641	18718	17621	4292	29451	2782	31887
一拉溪镇	54855	28145	26710	16117	28063	26697	6655	43760	4440	51674
岔路河镇	47542	24348	23194	15268	24076	23065	5406	38132	4004	40114
万昌镇	46862	23992	22870	11979	21633	21172	4892	38743	3227	45322
永吉经济开发区(特殊乡镇)	11377	5761	5616	3249	4547	4405	975	9714	688	6600
金家乡	21935	11273	10662	6754	11027	10610	2496	17565	1874	21199
黄榆乡	16452	8579	7873	4864	8552	7868	1833	13377	1242	16032

表7 续表 5

单位：人、户

地区	总人口			家庭户	家庭户总人口		分年龄人口			居住本地，户口在本地
	合计	男	女	户数	男	女	0-14岁	15-64岁	65岁及以上	
蛟河市	**447226**	**226997**	**220229**	**151642**	**224741**	**218699**	**54100**	**351155**	**41971**	**381786**
民主街道	52616	25910	26706	19251	25317	25953	6095	41796	4725	34762
长安街道	44435	21570	22865	16748	21425	22761	4797	34943	4695	31665
河南街道	30823	15580	15243	9669	15504	15206	3768	24434	2621	26431
奶子山街道	8461	4378	4083	3653	4310	4060	572	6360	1529	7878
拉法街道	20247	10297	9950	6294	10254	9929	2561	15940	1746	19264
河北街道	21342	10642	10700	7792	10041	10397	2015	16958	2369	11954
新农街道	15397	7841	7556	4635	7824	7555	2161	11925	1311	14353
新站镇	35361	18190	17171	12349	18145	17151	4084	27819	3458	32764
天岗镇	31093	16044	15049	10260	16002	15033	4003	24560	2530	27663
白石山镇	40984	20669	20315	14625	20642	20299	4838	31545	4601	38760
漂河镇	36450	18717	17733	10815	18294	17528	5465	28467	2518	34528
黄松甸镇	20038	10531	9507	6762	10502	9503	2309	15585	2144	18737
天北镇	23565	12132	11433	6987	12069	11424	2785	18806	1974	22089
松江镇	19711	10258	9453	6150	10220	9445	2546	15723	1442	19274
庆岭镇	16430	8619	7811	5510	8578	7802	2059	12640	1731	15330
乌林朝鲜族乡	15400	7921	7479	5155	7921	7479	1773	12217	1410	12877
前进乡	14873	7698	7175	4987	7693	7174	2269	11437	1167	13457
桦甸市	**444843**	**226250**	**218593**	**142272**	**211887**	**205600**	**58631**	**350966**	**35246**	**389209**
明桦街道	43601	21435	22166	15223	20450	20862	5391	35094	3116	27817
永吉街道	34140	17358	16782	8647	12278	12025	4075	27467	2598	29298
胜利街道	25698	12860	12838	8237	10948	11002	3133	20535	2030	23560
新华街道	22486	11151	11335	6624	8717	8867	2939	17628	1919	16464
启新街道	25115	12362	12753	8607	10524	10789	2920	19943	2252	18690
夹皮沟镇	27663	14900	12763	10024	13690	12630	3314	22378	1971	20569
二道甸子镇	22340	11375	10965	7589	11347	10961	3135	17222	1983	20922
红石砬子镇	52728	26924	25804	20962	26865	25785	6118	41315	5295	48993
八道河子镇	36506	18668	17838	11325	18628	17827	4854	29026	2626	35512
常山镇	20198	10489	9709	5626	9862	9298	2841	15869	1488	19709
桦郊乡	46372	23718	22654	13016	23711	22590	6442	36275	3655	44155
横道河子乡	21234	10996	10238	6418	10975	10236	3010	16673	1551	20471
金沙乡	21896	11137	10759	6364	11107	10749	3400	16958	1538	20718
桦树林子乡	13800	7012	6788	4134	6967	6786	2421	10447	932	13334
公吉乡	31066	15865	15201	9476	15818	15193	4638	24136	2292	28997
舒兰市	**645702**	**328088**	**317614**	**217125**	**326565**	**316252**	**79088**	**509003**	**57611**	**576249**
北城街道	55047	27569	27478	21611	27500	27385	6564	43251	5232	41334
南城街道	27390	14292	13098	12101	14266	13077	2750	21968	2672	15065
环城街道	42542	21674	20868	14558	21619	20855	5062	34152	3328	36163
吉舒街道	94312	47890	46422	37353	47616	46246	8681	73673	11958	87304
铁东街道	26372	13342	13030	10604	12602	12101	2866	21493	2013	16682
法特镇	36179	18481	17698	10411	18452	17695	4967	28240	2972	34661
白旗镇	36783	18573	18210	11418	18533	18193	4646	28796	3341	35312
溪河镇	28844	14689	14155	8394	14644	14128	4043	22486	2315	27553
朝阳镇	21627	10973	10654	7160	10973	10654	2978	17003	1646	20763
小城镇	21347	10886	10461	7014	10881	10460	2803	16828	1716	19805
上营镇	20355	10388	9967	7797	10370	9956	2169	15886	2300	19060
水曲柳镇	34765	17547	17218	10470	17542	17213	4222	27423	3120	33087
平安镇	39034	19649	19385	12122	19594	19362	4401	31772	2861	34915
金马镇	16552	8411	8141	5051	8385	8138	2455	12998	1099	15441
开原镇	28537	14685	13852	8025	14628	13834	4218	22465	1854	27069

表7 续表 6

单位：人、户

地　区	总人口			家庭户	家庭户总人口		分年龄人口			居住本地，户口在本地
	合　计	男	女	户　数	男	女	0-14岁	15-64岁	65岁及以上	
莲花乡	15348	7771	7577	3969	7757	7570	2325	11700	1323	14999
亮甲山乡	19055	9708	9347	5409	9708	9347	2651	14878	1526	18469
新安乡	20523	10515	10008	6580	10512	10006	2644	16185	1694	19532
七里乡	27250	13790	13460	7787	13778	13458	3453	21714	2083	25968
天德乡	33840	17255	16585	9291	17205	16574	5190	26092	2558	33067
磐石市	**505779**	**257882**	**247897**	**173045**	**253661**	**244890**	**62727**	**401010**	**42042**	**431006**
福安街道	18622	9578	9044	5902	9215	8778	2145	15138	1339	14200
东宁街道	66251	32690	33561	25882	32380	33319	8693	51382	6176	52545
河南街道	31057	15501	15556	11589	14974	15043	3438	24742	2877	16582
磐石经济开发区(省级)	17173	8683	8490	5965	7699	7455	1736	14061	1376	9403
烟筒山镇	66473	34011	32462	23239	33452	32112	7943	52896	5634	60098
红旗岭镇	32338	16363	15975	11326	15679	15472	3587	25565	3186	26369
明城镇	38865	20024	18841	13893	19630	18799	4417	31340	3108	34366
石嘴镇	27888	14301	13587	9911	14273	13581	3185	22165	2538	25348
驿马镇	12240	6349	5891	3960	6329	5891	1654	9532	1054	11431
牛心镇	23033	11868	11165	7001	11801	11162	3204	18117	1712	21756
呼兰镇	24387	12603	11784	7413	12559	11775	3551	19106	1730	22442
吉昌镇	36929	19095	17834	12539	19047	17831	4554	29468	2907	34081
松山镇	13657	7113	6544	4177	7104	6544	1890	10765	1002	13099
黑石镇	21174	10826	10348	6666	10781	10341	3049	16530	1595	18882
朝阳山镇	21828	11155	10673	6412	11118	10667	2649	17466	1713	20586
富太镇	18617	9587	9030	5684	9568	9027	2518	14892	1207	17545
取柴河镇	15614	8073	7541	5277	8041	7539	1738	12470	1406	14006
宝山乡	19633	10062	9571	6209	10011	9554	2776	15375	1482	18267
四平市	**3385156**	**1715479**	**1669677**	**1036741**	**1669674**	**1627371**	**437553**	**2675593**	**272010**	**3094638**
铁西区	**278741**	**134597**	**144144**	**95633**	**127789**	**128027**	**27846**	**225175**	**25720**	**230360**
仁兴街道	39037	19372	19665	15518	19112	19516	3800	31250	3987	30085
英雄街道	61264	26136	35128	14867	21327	21936	4377	51950	4937	48710
站前街道	35156	17787	17369	13383	17718	17337	2849	29013	3294	32413
北沟街道	33641	16957	16684	13968	16916	16649	3311	26757	3573	25459
地直街道	55560	27404	28156	21575	26868	27842	6624	42820	6116	49259
平西乡	51079	25421	25658	15239	24329	23263	6476	40952	3651	44433
红嘴高新技术开发区	3004	1520	1484	1083	1519	1484	409	2433	162	1
铁东区	**334884**	**170112**	**164772**	**121718**	**165017**	**161226**	**36843**	**266867**	**31174**	**259334**
平东街道	32787	16390	16397	12491	16385	16388	3003	25731	4053	24334
北市场街道	18862	9308	9554	7508	9254	9529	2084	14960	1818	11709
七马路街道	35699	18107	17592	12904	17927	17450	3943	28886	2870	29107
四马路街道	33860	16881	16979	14428	16822	16930	3429	27487	2944	24436
解放街道	13782	6980	6802	5596	6946	6784	1484	10913	1385	8640
北门街道	34985	17997	16988	12749	17447	16722	3250	28064	3671	34000
黄土坑街道	21369	10797	10572	8740	10755	10557	2037	17192	2140	16088
平南街道	23391	12349	11042	8283	11548	11039	2019	18750	2622	18389
山门镇	26839	13672	13167	7838	11959	11381	3207	21673	1959	18453
石岭镇	32453	16608	15845	11441	16517	15816	4260	25226	2967	28062
叶赫满族镇	24141	12278	11863	7904	12233	11853	3733	18287	2121	23154
四平经济开发区（省级）	14988	7701	7287	4583	6181	6093	1666	12504	818	7699
城东乡	21728	11044	10684	7253	11043	10684	2728	17194	1806	15263
梨树县	**782630**	**402162**	**380468**	**224751**	**381612**	**366444**	**112584**	**610800**	**59246**	**732244**
梨树镇	147076	77263	69813	41099	58350	56999	16633	119919	10524	125331
郭家店镇	65953	33595	32358	24394	33318	31931	6983	52171	6799	61832

表7 续表 7

单位：人、户

地区	总人口			家庭户	家庭户总人口		分年龄人口			居住本地，户口在本地
	合计	男	女	户数	男	女	0-14岁	15-64岁	65岁及以上	
榆树台镇	38501	19848	18653	11342	19798	18648	6263	29215	3023	36607
孤家子镇(四平辽河农垦管理区)	48256	24752	23504	14887	24686	23481	7692	37279	3285	41861
小城子镇	43214	22123	21091	12585	21725	20802	6589	33241	3384	41689
喇嘛甸镇	30202	15249	14953	8223	15216	14949	4261	23627	2314	28377
蔡家镇	27941	14268	13673	7754	14237	13670	4423	21602	1916	26565
刘家馆子镇	26848	13698	13150	7400	13660	13145	4178	20651	2019	26522
十家堡镇	30657	15687	14970	9437	15616	14943	4673	23705	2279	28598
孟家岭镇	18044	9209	8835	4992	8828	8475	2756	13962	1326	17085
万发镇	38675	20156	18519	11294	20156	18519	5980	29823	2872	37144
东河镇	28155	14094	14061	7385	14068	14051	4264	21927	1964	27601
沈洋镇	19945	10147	9798	5188	10098	9788	3335	15226	1384	19067
林海镇	29667	15348	14319	8045	15303	14312	5086	22495	2086	28495
小宽镇	21613	11229	10384	5718	11212	10382	3383	16687	1543	21400
白山乡	27946	14039	13907	7427	14003	13897	4172	21720	2054	27520
泉眼岭乡	21162	10940	10222	5867	10923	10219	3547	16113	1502	20601
胜利乡	21837	11164	10673	5686	11144	10668	3586	16648	1603	21416
四棵树乡	26576	13467	13109	7099	13428	13098	3929	20579	2068	25241
双河乡	25651	12920	12731	6548	12894	12729	4051	19745	1855	25342
金山乡	20706	10761	9945	5615	10745	9938	3487	15762	1457	20250
国营梨树农场(四平辽河农垦管理区)	24005	12205	11800	6766	12204	11800	3313	18703	1989	23700
伊通满族自治县	**475245**	**241615**	**233630**	**140673**	**239925**	**231940**	**65389**	**375439**	**34417**	**448331**
伊通镇	122745	61985	60760	39595	60812	59307	15102	98579	9064	111494
二道镇	19820	10190	9630	5839	10160	9625	2747	15706	1367	18873
伊丹镇	29077	14753	14324	8309	14583	14221	4106	22702	2269	27680
马鞍镇	28674	14571	14103	7902	14551	14100	4170	22502	2002	27991
景台镇	35031	17992	17039	10230	17949	17038	5059	27088	2884	33126
靠山镇	28679	14609	14070	8540	14597	14043	4207	22352	2120	26616
大孤山镇	40609	20681	19928	11777	20635	19922	5563	32198	2848	39952
小孤山镇	29179	14641	14538	8153	14622	14535	4206	22959	2014	27317
营城子镇	37397	19266	18131	10749	19226	18123	5237	29776	2384	34891
西苇镇	16259	8270	7989	4511	8259	7983	2306	12855	1098	15887
河源镇	18980	9806	9174	5362	9795	9171	2678	15000	1302	18066
黄岭子镇	16379	8309	8070	4639	8309	8070	2641	12571	1167	16071
新兴乡	16708	8392	8316	4694	8370	8314	2213	13182	1313	15560
莫里青乡	15576	7959	7617	4450	7884	7551	2249	12230	1097	15102
三道乡	20132	10191	9941	5923	10173	9937	2905	15739	1488	19705
公主岭市	**1092936**	**552907**	**540029**	**318194**	**542709**	**534322**	**134149**	**868343**	**90444**	**1022107**
河南街道	19753	9950	9803	8064	9900	9752	2034	15947	1772	16966
河北街道	19985	9977	10008	8103	9974	10004	2141	16340	1504	19144
东三街道	32627	18438	14189	11447	14514	14150	2809	27189	2629	28958
岭东街道	45221	22826	22395	16720	21180	20765	3999	36544	4678	28977
铁北街道	36623	18553	18070	13553	17361	16987	3356	29615	3652	25016
岭西街道	27940	14122	13818	9509	12556	12497	2791	22797	2352	26467
刘房子街道	35658	17791	17867	10337	17706	17760	4421	28232	3005	33546
南崴子街道	30707	15142	15565	8843	15111	15551	4258	24169	2280	29195
环岭街道	20234	10066	10168	5956	10022	10144	2561	16207	1466	18478
苇子沟街道	13244	6729	6515	4431	6729	6515	1486	10702	1056	9389
二十家子镇	23708	11895	11813	6954	11887	11812	2842	19124	1742	23413
黑林子镇	57511	28566	28945	14188	28566	28945	7688	45331	4492	56828
陶家屯镇	31462	15726	15736	8488	15688	15729	3940	24815	2707	29967

表7 续表 8

单位：人、户

地区	总人口			家庭户	家庭户总人口		分年龄人口			居住本地，户口在本地
	合计	男	女	户数	男	女	0-14岁	15-64岁	65岁及以上	
范家屯镇	92008	46261	45747	34530	45876	45445	10551	72304	9153	84645
响水镇	38336	19398	18938	10105	19398	18938	4796	30606	2934	37744
大岭镇	36457	18401	18056	9271	18401	18056	5146	28374	2937	35913
怀德镇	101234	50863	50371	26049	50197	49537	13192	80057	7985	97739
双城堡镇	72630	37164	35466	18493	37163	35465	7567	58361	6702	72444
双龙镇	23718	11934	11784	6161	11914	11783	3059	18766	1893	21736
杨大城子镇	51208	25813	25395	12740	25559	25131	6250	40809	4149	47921
毛城子镇	23904	12309	11595	5939	12286	11594	3625	18638	1641	23823
玻璃城子镇	29703	15081	14622	7658	15059	14622	4197	23504	2002	29003
朝阳坡镇	30969	15528	15441	7937	15446	15441	4097	24506	2366	30522
大榆树镇	25782	13071	12711	6882	13051	12708	3439	20213	2130	24931
秦家屯镇	48787	24634	24153	13773	24574	24143	6190	38753	3844	47539
八屋镇	31991	16254	15737	7840	16254	15737	4477	25216	2298	31909
十屋镇	23205	11809	11396	6202	11776	11390	3211	18242	1752	22838
桑树台镇	23286	11930	11356	6029	11929	11355	3367	18168	1751	23253
龙山乡	14496	7275	7221	3792	7249	7221	2343	10989	1164	13869
永发乡	22000	11068	10932	5476	11053	10931	3332	16967	1701	21624
省原种繁殖场	3477	1759	1718	1185	1759	1718	379	2742	356	3329
四平农科院	119	65	54	56	65	54	11	94	14	95
公主岭市种猪场	751	390	361	314	390	361	78	621	52	740
十屋农场	2428	1225	1203	652	1222	1201	292	1959	177	2427
十屋种牛场	404	191	213	131	191	213	51	313	40	403
创业农场	912	466	446	224	466	446	136	741	35	908
公主岭市鹿场	240	124	116	74	124	116	11	216	13	214
范家屯经济开发区	218	113	105	88	113	105	26	172	20	194
双辽市	**420720**	**214086**	**206634**	**135772**	**212622**	**205412**	**60742**	**328969**	**31009**	**402262**
郑家屯街道	35030	17510	17520	13986	17408	17513	3577	28146	3307	34778
辽西街道	21966	11580	10386	9224	11312	10240	2522	17499	1945	19166
辽南街道	30177	15608	14569	12643	15433	14266	3018	24685	2474	29381
辽北街道	24257	12245	12012	9250	11910	11645	2516	19945	1796	22128
辽东街道	13026	6605	6421	4230	6605	6421	2010	10125	891	12418
红旗街道	11249	5636	5613	2881	5596	5603	1973	8607	669	11000
茂林镇	42824	21791	21033	13153	21791	21033	6650	33278	2896	39916
双山镇	34284	17524	16760	10031	17519	16758	5455	26571	2258	31971
卧虎镇	28399	14164	14235	8509	13899	13868	4663	21917	1819	27068
服先镇	28079	14385	13694	8097	14369	13689	4121	21970	1988	27836
王奔镇	23106	11772	11334	6340	11741	11333	3738	17591	1777	22731
玻璃山镇	8167	4118	4049	2472	4100	4048	1183	6381	603	7988
兴隆镇	13996	7139	6857	4009	7058	6853	2205	10790	1001	13720
东明镇	18776	9577	9199	5048	9555	9199	3136	14340	1300	18350
那木乡	19672	9962	9710	5647	9938	9707	3026	15313	1333	18573
柳条乡	17235	8830	8405	4729	8818	8404	3007	13077	1151	16719
新立乡	16037	8213	7824	4322	8193	7820	2808	12006	1223	15820
永加乡	11646	5915	5731	3424	5872	5731	1847	8929	870	11111
双辽农场(四平辽河农垦管理区)	11726	5885	5841	4061	5884	5841	1734	9127	865	10982
双辽种羊场(四平辽河农垦管理区)	11049	5617	5432	3708	5611	5431	1550	8656	843	10587
双辽经济开发区	19	10	9	8	10	9	3	16		19
辽源市	**1176239**	**598230**	**578009**	**398828**	**587470**	**570979**	**139417**	**935833**	**100989**	**1034965**
龙山区	**294278**	**146089**	**148189**	**104773**	**144576**	**146584**	**32143**	**234882**	**27253**	**226062**
南康街道	35625	17444	18181	13464	17282	18006	3770	28318	3537	26833

表7 续表 9

单位：人、户

地区	总人口			家庭户	家庭户总人口		分年龄人口			居住本地，户口在本地
	合计	男	女	户数	男	女	0-14岁	15-64岁	65岁及以上	
北寿街道	32073	15702	16371	12289	15571	16235	3356	25560	3157	21267
东吉街道	31394	15319	16075	10361	15215	16031	3817	24734	2843	26431
西宁街道	17978	8837	9141	6956	8783	9086	1801	14417	1760	10586
站前街道	16820	8469	8351	6740	8469	8351	1145	13428	2247	14668
新兴街道	30693	15255	15438	11096	14810	15302	3718	24646	2329	21981
福镇街道	20853	10342	10511	7787	10335	10501	1957	16670	2226	18539
向阳街道	39358	19528	19830	15353	19155	19332	3754	31571	4033	26135
辽源民营经济开发区（特殊街道）	13004	6596	6408	4112	6579	6402	1497	10425	1082	10365
寿山镇	35266	17773	17493	10097	17671	16987	4726	28105	2435	31212
工农乡	21214	10824	10390	6518	10706	10351	2602	17008	1604	18045
西安区	**177978**	**91454**	**86524**	**69795**	**88047**	**84818**	**13714**	**143887**	**20377**	**148678**
仙城街道	45055	23499	21556	17069	20298	19959	3123	37360	4572	34159
太安街道	38581	19685	18896	16211	19667	18841	2486	31575	4520	27881
东山街道	34782	17659	17123	14472	17568	17098	2598	27298	4886	32655
安家街道	6056	3114	2942	2541	3114	2942	417	4815	824	5376
先锋街道	10136	5131	5005	4318	5124	4999	630	8113	1393	9480
富国街道	7500	3830	3670	3220	3830	3670	530	5989	981	6529
灯塔镇	35868	18536	17332	11964	18446	17309	3930	28737	3201	32598
东丰县	**355078**	**181476**	**173602**	**111943**	**178137**	**171904**	**49558**	**278175**	**27345**	**329719**
东丰镇	95205	47483	47722	34695	45775	46296	11837	75698	7670	83354
大阳镇	34674	17785	16889	10131	17641	16865	4757	27286	2631	32933
横道河镇	29437	15579	13858	8664	14600	13728	3826	23436	2175	27102
那丹伯镇	15912	8159	7753	4789	8126	7748	2618	12168	1126	14796
猴石镇	13190	6727	6463	4040	6696	6462	2015	10125	1050	12497
杨木林镇	15066	7768	7298	4382	7712	7281	2318	11644	1104	14501
小四平镇	20693	10698	9995	6211	10665	9987	2988	16111	1594	20060
黄河镇	21417	10893	10524	6249	10864	10522	3287	16550	1580	20483
拉拉河镇	12884	6645	6239	3856	6519	6201	1798	10066	1020	11840
沙河镇	12394	6370	6024	3862	6340	6016	1908	9571	915	11915
南屯基镇	23387	12058	11329	6636	12018	11320	3162	18480	1745	22687
大兴镇	11003	5642	5361	3540	5629	5360	1672	8454	877	10324
三合满族朝鲜族乡	23317	12039	11278	7142	11982	11256	3346	18147	1824	21675
二龙山乡	26499	13630	12869	7746	13570	12862	4026	20439	2034	25552
东辽县	**348905**	**179211**	**169694**	**112317**	**176710**	**167673**	**44002**	**278889**	**26014**	**330506**
白泉镇	54726	27420	27306	18738	25990	25870	6776	44102	3848	48307
渭津镇	32217	16769	15448	10387	16317	14992	3808	26130	2279	30111
安石镇	31385	16150	15235	9459	16111	15228	4036	25131	2218	30083
辽河源镇	38622	20155	18467	11848	19995	18428	4787	30828	3007	37436
泉太镇	18316	9364	8952	6031	9324	8948	2144	14690	1482	17281
建安镇	30270	15534	14736	9935	15496	14727	4120	24018	2132	29233
安恕镇	28684	14658	14026	9053	14602	14016	3789	22744	2151	27631
平岗镇	24968	12832	12136	8865	12724	12117	2577	19976	2415	24165
云顶镇	19349	9769	9580	6123	9748	9575	2410	15466	1473	18332
凌云乡	20086	10593	9493	6374	10504	9470	2828	15874	1384	19542
甲山乡	15143	7826	7317	4643	7799	7314	2025	12020	1098	14591
足民乡	19684	10176	9508	6022	10143	9500	2600	15713	1371	18997
金洲乡	15455	7965	7490	4839	7957	7488	2102	12197	1156	14797
通化市	**2324439**	**1183624**	**1140815**	**771490**	**1154099**	**1122708**	**270404**	**1861810**	**192225**	**2042494**
东昌区	**360071**	**179200**	**180871**	**124849**	**173554**	**174304**	**35189**	**289417**	**35465**	**290079**
东昌街道	28311	14045	14266	9515	13866	14062	2719	22796	2796	24868

表7 续表 10　　单位：人、户

地区	总人口			家庭户	家庭户总人口		分年龄人口			居住本地，户口在本地
	合计	男	女	户数	男	女	0–14岁	15–64岁	65岁及以上	
民主街道	35194	17524	17670	12432	17259	17555	3464	28428	3302	30902
老站街道	45178	21705	23473	14687	19018	19244	3276	37191	4711	36469
团结街道	57016	28479	28537	19681	28385	28475	5900	45608	5508	47405
新站街道	55882	27674	28208	19271	27043	26741	5572	44942	5368	45028
光明街道	51786	25579	26207	18982	25337	25961	5116	41400	5270	40153
龙泉街道	34384	17491	16893	12450	16263	16746	3597	27247	3540	24657
金厂镇	17880	9101	8779	5735	9036	8745	2167	14021	1692	15005
通化经济开发区(特殊乡镇)	12978	6558	6420	4774	6489	6388	1376	10421	1181	10745
环通乡	15415	7919	7496	5111	7773	7475	1509	12504	1402	9301
江东乡	6047	3125	2922	2211	3085	2912	493	4859	695	5546
二道江区	**146631**	**74105**	**72526**	**55559**	**72924**	**71702**	**14279**	**117038**	**15314**	**127283**
桃园街道	39206	19629	19577	14327	19559	19561	4382	30924	3900	33876
东通化街道	41117	20646	20471	14383	19677	19713	4286	32932	3899	34890
鸭园镇	19081	9750	9331	7077	9735	9329	1910	15282	1889	17532
铁厂镇	18544	9394	9150	7796	9356	9146	1293	14795	2456	17808
五道江镇	18275	9335	8940	8008	9283	8903	1504	14720	2051	15842
二道江乡	10408	5351	5057	3968	5314	5050	904	8385	1119	7335
通化县	**247140**	**129412**	**117728**	**82062**	**118138**	**113870**	**28255**	**200206**	**18679**	**209273**
快大茂镇	79176	39756	39420	30303	38281	38060	9370	64434	5372	66978
二密镇	23988	14066	9922	6935	10107	9694	2358	19547	2083	17747
果松镇	19170	9964	9206	5999	7915	7473	1805	15794	1571	14347
石湖镇	3737	1886	1851	1246	1868	1850	453	2897	387	3436
大安镇	9280	4849	4431	2763	4435	4213	1257	7301	722	7762
光华镇	9652	4945	4707	3184	4872	4695	1175	7608	869	9123
兴林镇	6020	3121	2899	1901	3038	2878	791	4704	525	5524
英额布镇	8652	4461	4191	2834	4442	4187	974	7022	656	7878
三棵榆树镇	10970	5637	5333	3418	5611	5331	1440	8717	813	10170
江甸镇	14186	7291	6895	4617	7264	6881	1519	11545	1122	13381
通化聚鑫经济开发区管理委员会(特殊乡镇)	10703	5742	4961	3627	5141	4865	1050	8817	836	7705
富江乡	6666	3446	3220	2116	3436	3220	1020	5181	465	6032
四棚乡	8039	4146	3893	2338	4104	3878	1023	6378	638	7552
东来乡	5163	2692	2471	1649	2626	2429	631	3990	542	4694
大泉源满族朝鲜族乡	24298	13637	10661	6774	11284	10584	2585	20157	1556	20778
金斗朝鲜族满族乡	6152	3132	3020	1891	3094	3013	646	5073	433	5114
东宝新村	1288	641	647	467	620	619	158	1041	89	1052
辉南县	**359329**	**182547**	**176782**	**118856**	**179143**	**174306**	**48054**	**281959**	**29316**	**329537**
朝阳镇	132122	66694	65428	46883	64461	63288	16187	104956	10979	115871
辉南镇	39751	20236	19515	12282	20201	19506	5355	30716	3680	38217
样子哨镇	30060	15330	14730	9967	15281	14718	4082	23695	2283	28554
杉松岗镇	24534	12648	11886	9100	12620	11869	3069	19197	2268	23301
石道河镇	19153	9828	9325	6088	9717	9311	2743	14779	1631	18182
辉发城镇	23410	11959	11451	7133	11933	11437	3002	18744	1664	21340
抚民镇	20714	10700	10014	6320	10109	9935	3451	15678	1585	18514
金川镇	13751	7094	6657	4239	6839	6485	2250	10221	1280	12570
团林镇	15557	7834	7723	4828	7793	7715	2234	12277	1046	14783
庆阳镇	15091	7643	7448	4718	7635	7446	2054	11888	1149	14272
楼街朝鲜族乡	25186	12581	12605	7298	12554	12596	3627	19808	1751	23933
柳河县	**363836**	**185828**	**178008**	**108415**	**184160**	**176506**	**44432**	**293575**	**25829**	**341997**
柳河镇	111975	56401	55574	35975	55029	54174	12938	90386	8651	101994
三源浦朝鲜族镇	31349	15957	15392	10341	15904	15365	3424	25462	2463	29093

表7 续表 11

单位：人、户

地区	总人口			家庭户	家庭户总人口		分年龄人口			居住本地，户口在本地
	合计	男	女	户数	男	女	0-14岁	15-64岁	65岁及以上	
五道沟镇	20385	10516	9869	6383	10491	9860	2322	16503	1560	19561
驼腰岭镇	14028	7285	6743	4161	7269	6741	1693	11306	1029	13269
孤山子镇	27053	13739	13314	7397	13711	13309	3349	21843	1861	26148
圣水河子镇	28912	14907	14005	7673	14884	13993	4009	23308	1595	28267
罗通山镇	14205	7358	6847	3688	7324	6840	1847	11443	915	13817
安口镇	18949	9708	9241	5545	9707	9241	2431	15163	1355	17980
向阳镇	17592	9088	8504	4863	9078	8502	2349	14119	1124	17050
红石镇	12611	6458	6153	3689	6426	6134	1600	10172	839	12076
凉水河子镇	16610	8513	8097	4718	8494	8093	2289	13225	1096	15743
亨通镇	13287	6894	6393	3494	6884	6393	1755	10858	674	13067
柳南乡	12691	6622	6069	3568	6606	6067	1551	10194	946	12038
时家店乡	12791	6619	6172	3584	6591	6159	1709	10228	854	12067
姜家店朝鲜族乡	11398	5763	5635	3336	5762	5635	1166	9365	867	9827
梅河口市	**615154**	**314208**	**300946**	**196869**	**310434**	**298988**	**72824**	**495461**	**46869**	**549530**
新华街道	69666	36024	33642	25265	36014	33640	6613	58113	4940	57307
光明街道	16900	8216	8684	6134	8006	8215	2004	13504	1392	11488
和平街道(梅河口市经济贸易开发区)	61650	31078	30572	19931	31065	30564	6396	48790	6464	54429
解放街道(梅河口市经济贸易开发区)	64323	33606	30717	19628	31053	30125	8309	52516	3498	58643
福民街道(梅河口市经济贸易开发区)	28123	14107	14016	9575	13685	13257	3263	23022	1838	19694
山城镇	46225	23410	22815	14892	23375	22810	5341	37054	3830	40235
红梅镇	59194	30397	28797	21472	30346	28797	5382	49199	4613	57206
海龙镇	37568	19275	18293	12852	19252	18288	4271	29499	3798	35467
新合镇	20770	10674	10096	6367	10648	10091	2826	16344	1600	20148
曙光镇	13521	6849	6672	3905	6787	6662	1773	10719	1029	12507
中和镇	13903	6963	6940	4141	6910	6909	1710	11240	953	11327
黑山头镇	12804	6473	6331	3820	6459	6311	1544	10310	950	11612
水道镇	9785	5042	4743	2663	5039	4742	1501	7680	604	8664
进化镇	9887	5075	4812	3008	5055	4811	1386	7788	713	9225
一座营镇	10341	5305	5036	3013	5270	5032	1428	8139	774	10061
康大营镇	10418	5340	5078	3098	5301	5077	1600	8015	803	9449
牛心顶镇	26428	13549	12879	8211	13505	12867	3613	20961	1854	25030
杏岭乡	24809	12665	12144	6311	12631	12142	3363	19927	1519	24196
李炉乡	12424	6277	6147	3412	6277	6147	1667	9946	811	11895
湾龙乡	22420	11441	10979	6263	11415	10971	2736	18035	1649	21206
双兴乡	13012	6644	6368	3816	6610	6361	1926	10072	1014	12417
兴华乡	10142	5176	4966	3025	5144	4956	1524	7888	730	9376
小杨满族朝鲜族乡	13797	7046	6751	3942	7013	6746	1700	11149	948	11950
吉乐乡	7044	3576	3468	2125	3574	3467	948	5551	545	5998
集安市	**232278**	**118324**	**113954**	**84880**	**115746**	**113032**	**27371**	**184154**	**20753**	**194795**
团结街道	29230	14716	14514	10534	13434	13988	3396	23290	2544	22906
黎明街道	23269	11404	11865	9631	11350	11794	2776	18371	2122	10820
通胜街道	15174	7753	7421	6372	7684	7383	1587	12149	1438	10943
青石镇	8263	4449	3814	2845	3949	3757	896	6594	773	7290
榆林镇	10905	5606	5299	3625	5474	5209	1267	8555	1083	10364
花甸镇	12548	6420	6128	4681	6394	6115	1593	9887	1068	11901
头道镇	25946	13445	12501	9197	13265	12484	3392	20283	2271	23401
清河镇	23934	12045	11889	9002	11969	11869	3172	18930	1832	21493
台上镇	14615	7518	7097	5367	7458	7075	1817	11524	1274	13783
财源镇	16642	8580	8062	4963	8558	8057	1903	13214	1525	16269
大路镇	8769	4538	4231	2711	4488	4222	1052	6973	744	8367

表7　续表 12　　　　单位：人、户

地　区	总人口			家庭户	家庭户总人口		分年龄人口			居住本地，户口在本地
	合　计	男	女	户　数	男	女	0-14岁	15-64岁	65岁及以上	
太王镇	26354	13280	13074	10108	13201	13037	2771	21037	2546	22376
麻线乡	9637	4972	4665	3540	4941	4656	1023	7718	896	8627
凉水朝鲜族乡	6992	3598	3394	2304	3581	3386	726	5629	637	6255
白山市	**1296127**	**660809**	**635318**	**513009**	**645153**	**629347**	**147052**	**1015313**	**133762**	**1069539**
浑江区	**364723**	**184321**	**180402**	**140777**	**179294**	**177576**	**40453**	**290915**	**33355**	**254264**
新建街道	52517	26460	26057	19794	25069	25700	6411	41635	4471	31246
通沟街道	23323	11936	11387	9826	11766	11311	1980	18235	3108	21349
东兴街道	64468	31720	32748	24844	30913	31511	6958	52199	5311	46071
红旗街道	55928	27640	28288	23628	27389	27875	6359	44226	5343	46854
城南街道	40915	20653	20262	14524	19767	19842	4752	32834	3329	23884
江北街道	30419	15243	15176	11781	14976	15059	3486	24369	2564	11386
河口街道	25404	12962	12442	10238	12901	12433	3119	20237	2048	17865
板石街道	10281	5444	4837	3799	5151	4819	923	8154	1204	7986
七道江镇	24109	12657	11452	8341	12381	11383	2160	19657	2292	16346
六道江镇	23771	12571	11200	9268	12115	11108	2583	18936	2252	19128
红土崖镇	10609	5458	5151	3682	5409	5146	1342	8086	1181	9760
三道沟镇	2979	1577	1402	1052	1457	1389	380	2347	252	2389
江源区	**254293**	**130462**	**123831**	**106669**	**128791**	**123159**	**24190**	**199485**	**30618**	**219429**
孙家堡子街道	35533	18439	17094	15994	17643	16732	3183	28847	3503	28593
江源街道	17878	9079	8799	7198	8864	8739	2302	14097	1479	9461
正岔街道	25893	13142	12751	10845	13017	12649	2243	20450	3200	22876
城墙街道	39812	20037	19775	17812	19886	19754	3711	30824	5277	35333
湾沟镇	44508	22785	21723	19503	22636	21634	4160	33820	6528	41374
松树镇	31340	16102	15238	12446	16063	15234	2929	24350	4061	29769
砟子镇	16994	9008	7986	7007	8876	7969	1583	13290	2121	13791
石人镇	33051	17007	16044	12420	16983	16035	3021	26789	3241	30202
大阳岔镇	3388	1762	1626	1384	1745	1623	366	2507	515	2916
大石人镇	5896	3101	2795	2060	3078	2790	692	4511	693	5114
抚松县	**297960**	**152585**	**145375**	**114722**	**147788**	**144225**	**37256**	**228335**	**32369**	**270566**
抚松镇	59494	29855	29639	22614	28921	29189	7978	46290	5226	53139
松江河镇	54986	27858	27128	22479	27497	26926	5984	42479	6523	49765
泉阳镇	35106	17680	17426	15356	17637	17392	3495	26057	5554	33389
露水河镇	38397	19483	18914	15324	19455	18903	4236	29692	4469	35463
仙人桥镇	13830	7093	6737	5167	7062	6717	1498	10754	1578	13053
万良镇	21499	11000	10499	7672	10845	10476	4050	15975	1474	20114
新屯子镇	5998	3069	2929	2312	3053	2927	909	4419	670	5724
东岗镇	8989	5783	3206	2529	3318	3020	737	7404	848	5380
漫江镇	2007	1060	947	821	1019	946	203	1579	225	1722
北岗镇	11406	5815	5591	4146	5795	5590	1971	8334	1101	10431
兴参镇	13411	6897	6514	4466	6879	6510	1946	10284	1181	12813
长白山保护开发区管委会池西区(特殊乡镇)	14898	7599	7299	5753	7341	7153	1726	11392	1780	13192
长白山保护开发区管委会池南区(特殊乡镇)	2054	1046	1008	792	991	997	276	1623	155	1655
兴隆乡	8791	4703	4088	2880	4362	4033	1234	6687	870	8035
抽水乡	3467	1821	1646	1030	1790	1642	488	2661	318	3375
沿江乡	3627	1823	1804	1381	1823	1804	525	2705	397	3316
靖宇县	**131631**	**68266**	**63365**	**49102**	**65731**	**62665**	**16781**	**103563**	**11287**	**114403**
靖宇镇	58617	29793	28824	22454	29216	28431	7296	46766	4555	50498
三道湖镇	12574	6639	5935	4734	6148	5774	1409	9924	1241	10872
龙泉镇	7258	3861	3397	2484	3672	3366	1133	5587	538	6620
那尔轰镇	7247	3775	3472	2767	3679	3461	948	5723	576	6435

表7 续表 13　　单位：人、户

地区	总人口			家庭户	家庭户总人口		分年龄人口			居住本地，户口在本地
	合计	男	女	户数	男	女	0-14岁	15-64岁	65岁及以上	
花园口镇	16974	9249	7725	5518	8276	7679	2256	13084	1634	13604
景山镇	13975	7168	6807	5700	7141	6805	1665	10798	1512	13268
赤松乡	4690	2403	2287	1610	2380	2273	782	3558	350	4282
蒙江乡	10296	5378	4918	3835	5219	4876	1292	8123	881	8824
长白朝鲜族自治县	**72550**	**36964**	**35586**	**30045**	**36434**	**35400**	**8945**	**56582**	**7023**	**64839**
长白镇	32050	15956	16094	13486	15676	15972	3910	25227	2913	28892
八道沟镇	8101	4179	3922	3122	4155	3913	1048	6236	817	7774
十四道沟镇	4040	2075	1965	1653	2071	1963	507	3056	477	3785
马鹿沟镇	8588	4476	4112	3432	4432	4095	1017	6741	830	6887
宝泉山镇	5056	2581	2475	2080	2561	2467	746	3859	451	4189
新房子镇	6025	3182	2843	2360	3081	2827	670	4781	574	5522
金华乡	1998	1047	951	885	1044	950	228	1516	254	1860
十二道沟乡	6692	3468	3224	3027	3414	3213	819	5166	707	5930
临江市	**174970**	**88211**	**86759**	**71694**	**87115**	**86322**	**19427**	**136433**	**19110**	**146038**
建国街道	38442	18847	19595	15702	18781	19523	4885	30282	3275	30174
新市街道	13056	6574	6482	5406	6508	6463	1445	10366	1245	9302
兴隆街道	26136	12869	13267	11070	12784	13224	2934	20579	2623	18616
大湖街道	11210	5756	5454	4721	5645	5435	981	9066	1163	9507
森工街道	21490	10763	10727	9520	10640	10571	1830	16773	2887	19373
大栗子街道	8549	4350	4199	3735	4146	4147	689	6565	1295	7573
桦树镇	15951	8222	7729	6665	8076	7701	1546	12249	2156	15027
六道沟镇	13645	7084	6561	4947	6921	6541	1956	10298	1391	12467
苇沙河镇	3536	1847	1689	1475	1822	1686	326	2762	448	3089
花山镇	5791	3035	2756	2182	3002	2748	688	4349	754	5038
闹枝镇	4910	2499	2411	1723	2477	2407	579	3750	581	4448
四道沟镇	7309	3780	3529	2703	3760	3520	1004	5575	730	6802
蚂蚁河乡	4945	2585	2360	1845	2553	2356	564	3819	562	4622
松原市	**2880086**	**1455739**	**1424347**	**878395**	**1437432**	**1407320**	**412812**	**2279721**	**187553**	**2482109**
宁江区	**612816**	**306564**	**306252**	**203250**	**298263**	**298777**	**82062**	**490663**	**40091**	**395870**
团结街道	17439	8657	8782	6175	8592	8734	2412	13790	1237	7482
文化街道	28710	14181	14529	9401	13688	13974	4504	22754	1452	16508
民主街道	23689	11833	11856	8149	11562	11444	3725	18443	1521	8183
临江街道	19352	9849	9503	6523	9128	8935	2560	15338	1454	12216
新区街道	10891	5540	5351	3483	5468	5303	1645	8645	601	2660
前进街道	31857	15827	16030	11149	15492	15644	4331	25278	2248	21582
和平街道	22940	11572	11368	8102	10967	10771	2466	18971	1503	14443
工农街道	10134	5107	5027	3632	4814	4939	1164	8088	882	6838
沿江街道	30688	15706	14982	11238	14803	14768	4192	24980	1516	8820
铁西街道	29071	14599	14472	10328	14462	14424	3787	23811	1473	14720
繁荣街道	28861	14238	14623	10795	14136	14471	3830	23045	1986	17134
建设街道	29742	14875	14867	11369	13916	13957	3736	24236	1770	10903
石化街道	13216	6604	6612	5009	6597	6611	1730	10603	883	8057
伯都讷街道	17124	8520	8604	4440	6473	6365	1890	14503	731	6612
长宁街道	19555	9803	9752	7286	9789	9745	2412	15923	1220	16138
滨江街道	36717	18150	18567	12339	17540	17991	4790	29655	2272	30153
镜湖街道	23879	11692	12187	8526	11599	11863	3249	19098	1532	13588
大洼镇	56958	28499	28459	14615	28416	28447	7355	44382	5221	55848
善友镇	22628	11360	11268	6670	11356	11268	3290	17807	1531	21534
毛都站镇	25744	13028	12716	7314	13028	12713	3717	20087	1940	24546
新城乡	33712	16705	17007	10947	16617	16994	3898	27696	2118	27795

表7 续表 14

单位：人、户

地　区	总人口			家庭户	家庭户总人口		分年龄人口			居住本地，户口在本地
	合　计	男	女	户　数	男	女	0-14岁	15-64岁	65岁及以上	
兴原乡	48020	24248	23772	16058	24043	23706	7068	38571	2381	20697
伯都乡	28005	14059	13946	8409	14030	13936	3884	21856	2265	26284
华侨农场	3884	1912	1972	1293	1747	1774	427	3103	354	3129
前郭尔罗斯蒙古族自治县	**607640**	**306723**	**300917**	**186223**	**303592**	**298088**	**90623**	**479219**	**37798**	**523438**
前郭尔罗斯镇	104744	51759	52985	35406	49370	50438	16581	82513	5650	63939
长山镇	50242	25495	24747	18397	25414	24656	6431	40163	3648	40336
海渤日戈镇	24962	12692	12270	7015	12602	12224	3778	19725	1459	22160
乌兰图嘎镇	29040	14802	14238	8104	14709	14212	4630	22716	1694	26257
查干花镇	21066	10826	10240	6355	10812	10234	3326	16603	1137	18627
王府站镇	30760	15642	15118	9007	15620	15113	4338	24445	1977	27153
八郎镇	31718	16163	15555	9245	16108	15541	4063	25257	2398	30040
哈拉毛都镇	21678	10966	10712	6501	10964	10712	3286	16874	1518	21088
宝甸乡	13497	6912	6585	4127	6895	6582	1978	10661	858	12774
平凤乡	26848	13484	13364	7185	13469	13359	4328	20874	1646	25145
蒙古艾里乡	28622	14415	14207	8898	14360	14198	3943	22768	1911	26322
达里巴乡	11176	5675	5501	3167	5619	5494	1561	8996	619	10119
吉拉吐乡	21541	10703	10838	6288	10694	10837	3169	17053	1319	20338
白依拉嘎乡	24980	12470	12510	6786	12440	12493	4049	19561	1370	22883
洪泉乡	20098	10265	9833	5603	10256	9832	3104	15840	1154	19272
额如乡	19860	10283	9577	5427	10283	9577	3024	15589	1247	18993
套浩太乡	14615	7306	7309	4384	7293	7309	2312	11402	901	13516
长龙乡	20598	10442	10156	6412	10415	10146	3131	16228	1239	18461
乌兰塔拉乡	20613	10446	10167	6123	10430	10165	3373	16032	1208	19812
东三家子乡	14477	7377	7100	4183	7370	7096	2186	11501	790	14009
浩特芒哈乡	16009	8160	7849	4319	8154	7849	2498	12599	912	15546
乌兰敖都乡	11254	5782	5472	3306	5778	5469	1651	8979	624	10751
红旗农场	9568	4706	4862	3035	4703	4860	1234	7468	866	9108
红光农场	7097	3571	3526	2515	3532	3520	909	5542	646	6353
红星牧场	2832	1445	1387	988	1392	1371	348	2223	261	2548
查干花种畜场	3111	1578	1533	1113	1557	1525	559	2308	244	2673
莲花泡农场	1726	863	863	599	863	863	230	1402	94	1418
乌兰嘎图林场	136	65	71	41	65	71	19	114	3	128
查干花林场	733	359	374	262	359	374	94	577	62	267
王府林场	304	148	156	101	148	156	35	234	35	274
八郎农场	849	430	419	274	429	419	123	674	52	752
查干湖渔场	944	497	447	364	497	447	98	762	84	910
韩家店林场	257	131	126	78	131	126	40	202	15	156
长山余热鱼苗繁殖场	276	142	134	100	142	134	41	210	25	180
库里渔场	280	138	142	118	138	142	20	221	39	231
哈拉毛都良种场	951	494	457	326	494	457	115	760	76	772
哈拉毛都林场	176	89	87	71	87	87	18	141	17	125
新庙泡渔场	2	2						2		2
长岭县	**639205**	**325029**	**314176**	**182446**	**321781**	**310549**	**93043**	**506159**	**40003**	**609154**
长岭镇	124990	62692	62298	41470	59800	58814	16936	99785	8269	105660
太平川镇	34669	17676	16993	12821	17623	16938	4306	27773	2590	32783
巨宝镇	33106	17033	16073	8606	17023	16073	5117	25726	2263	32450
太平山镇	27020	13601	13419	6976	13597	13419	4083	21187	1750	26273
前七号镇	34007	17398	16609	9283	17376	16606	4696	27276	2035	33575
新安镇	42003	21581	20422	11139	21538	20391	6539	32964	2500	41315
三青山镇	34581	17587	16994	9138	17556	16992	5527	26822	2232	33947

表7 续表 15

单位：人、户

地　区	总人口			家庭户	家庭户总人口		分年龄人口			居住本地，户口在本地
	合　计	男	女	户　数	男	女	0-14岁	15-64岁	65岁及以上	
大兴镇	32429	16623	15806	9143	16577	15794	4642	25841	1946	31991
北正镇	14238	7244	6994	3943	7233	6992	1943	11422	873	14053
流水镇	32298	16313	15985	8301	16285	15984	5418	25268	1612	31782
永久镇	20026	10123	9903	5292	10120	9902	2923	15659	1444	19818
利发盛镇	17444	8954	8490	4564	8942	8485	2655	13727	1062	17222
太平川(镇)农业园区(特殊乡镇)	7264	3655	3609	2239	3652	3609	960	5794	510	7143
北正(镇)牧业园区(特殊乡镇)	3590	1838	1752	1058	1838	1751	438	2964	188	3449
双龙工业园区(特殊乡镇)	2665	1372	1293	723	1372	1293	409	2129	127	2563
长岭经济开发区(特殊乡镇)	10927	5548	5379	3041	5536	5366	1369	8936	622	10300
集体乡	18200	9241	8959	4724	9231	8957	3046	14216	938	17581
光明乡	19939	10185	9754	5184	10185	9754	3297	15586	1056	19683
三县堡乡	21157	10803	10354	5362	10792	10352	3157	16659	1341	20694
海青乡	11964	6154	5810	3182	6144	5808	1832	9413	719	11874
前进乡	19829	9968	9861	4894	9963	9861	2985	15692	1152	19582
东岭乡	15373	7775	7598	3859	7766	7593	2270	12211	892	15095
腰坨子乡	16974	8839	8135	4419	8821	8134	2606	13432	936	16864
八十八乡	12613	6446	6167	3543	6440	6162	1799	9988	826	12178
三团乡	14077	7337	6740	3978	7334	6740	1890	11310	877	14006
三十号乡	13745	6959	6786	4187	6953	6786	1689	11138	918	13240
长岭种马场	285	146	139	74	146	139	43	224	18	278
太平川机械林场	1131	579	552	427	579	552	123	913	95	1130
三团机械林场	498	250	248	146	250	248	66	390	42	492
东岭机械林场	285	145	140	103	145	140	30	229	26	269
十四号种畜场	529	262	267	187	262	267	78	416	35	529
良种繁育场	724	377	347	223	377	347	91	585	48	724
前七号机械林场	625	325	300	217	325	300	80	484	61	611
乾安县	**301438**	**151633**	**149805**	**100849**	**150950**	**149146**	**37869**	**244550**	**19019**	**283653**
乾安镇	93973	47257	46716	34583	46779	46099	11923	75836	6214	82655
大布苏镇	27778	14037	13741	9544	14001	13733	3285	22593	1900	26607
水字镇	22854	11596	11258	7726	11550	11256	2559	18753	1542	22348
让字镇	22203	11322	10881	6548	11322	10881	2745	18166	1292	21801
所字镇	26154	13203	12951	7942	13191	12943	3413	21257	1484	25604
安字镇	19758	9914	9844	6750	9889	9842	3144	15603	1011	18524
余字乡	20398	10328	10070	6645	10305	10062	2229	16901	1268	20203
道字乡	20599	10203	10396	5992	10179	10389	2470	16635	1494	19844
严字乡	15823	7828	7995	4598	7816	7995	2115	12837	871	15472
赞字乡	20752	10410	10342	6491	10383	10335	2544	16990	1218	20083
国营林场	868	445	423	382	445	423	88	716	64	862
腾字种畜场	1722	864	858	618	864	858	186	1422	114	1558
大遐畜牧场	6207	3044	3163	2233	3044	3163	953	4850	404	5785
乾安鹿场	1330	688	642	441	688	642	148	1122	60	1329
来字良种繁育基地	853	420	433	306	420	433	50	737	66	812
地字种畜场	166	74	92	50	74	92	17	132	17	166
扶余县	**718987**	**365790**	**353197**	**205627**	**362846**	**350760**	**109215**	**559130**	**50642**	**669994**
三岔河镇	112432	57304	55128	35638	54968	52971	16444	88320	7668	87929
长春岭镇	50410	24940	25470	14443	24867	25455	6374	40172	3864	48961
五家站镇	42732	21801	20931	12794	21783	20914	6345	32981	3406	41913
陶赖昭镇	48976	25220	23756	13608	25152	23731	6803	38387	3786	47080
蔡家沟镇	35634	18079	17555	10164	18051	17497	5615	27294	2725	34287
弓棚子镇	41824	21270	20554	11524	21237	20547	6945	32108	2771	38704

表7 续表 16 单位：人、户

地区	总人口			家庭户	家庭户总人口		分年龄人口			居住本地，户口在本地
	合计	男	女	户数	男	女	0-14岁	15-64岁	65岁及以上	
三井子镇	43918	22328	21590	12203	22226	21538	6677	34129	3112	41068
增盛镇	33957	17284	16673	9151	17205	16608	5922	25996	2039	31858
新万发镇	33681	17153	16528	9082	17127	16519	5556	25737	2388	32485
大林子镇	25700	13074	12626	7325	13053	12620	4185	19765	1750	24088
新源镇	16225	8345	7880	4362	8335	7878	2540	12571	1114	15929
得胜镇	43560	22292	21268	12240	22287	21266	6059	34628	2873	42668
三骏满族蒙古族锡伯族乡	41428	21035	20393	11450	20991	20387	5900	32409	3119	39882
永平乡	28897	14551	14346	8230	14541	14346	4596	22499	1802	27556
社里乡	18569	9472	9097	5309	9449	9094	3047	14201	1321	17983
新站乡	24081	12419	11662	6709	12404	11660	4055	18420	1606	22592
更新乡	25458	12900	12558	6766	12879	12550	4180	19809	1469	24571
肖家乡	47565	24320	23245	13371	24288	23242	7388	36709	3468	46675
伊家店农场	3407	1731	1676	1089	1731	1676	495	2569	343	3383
拉林灌区管理局	533	272	261	169	272	261	89	426	18	382
白城市	**2032356**	**1032194**	**1000162**	**744888**	**1011067**	**985850**	**253592**	**1616523**	**162241**	**1781358**
洮北区	**517434**	**257962**	**259472**	**184616**	**249103**	**248547**	**62345**	**411859**	**43230**	**395430**
海明街道	33035	17005	16030	12464	15401	15769	3296	26253	3486	23902
长庆街道	46865	22637	24228	18126	22409	24013	5980	36824	4061	43833
瑞光街道	22725	11118	11607	8015	9539	9575	2004	18947	1774	11137
明仁街道	27288	13515	13773	10709	13370	13613	3299	21419	2570	19284
铁东街道	13313	6911	6402	5450	6524	6375	1175	10617	1521	8366
城南街道	14725	7525	7200	5932	7474	7190	1406	11879	1440	9098
新立街道	15558	7858	7700	5896	7836	7695	1752	12441	1365	6748
幸福街道	54155	26365	27790	20845	25748	27083	6763	42858	4534	36110
新华街道	34376	16810	17566	13829	16692	17459	3271	26791	4314	25107
保平街道	26954	11599	15355	6634	7850	8033	1698	23916	1340	14224
白城经济开发区（省级）	1885	987	898	620	977	898	248	1535	102	1590
平安镇	16778	8452	8326	5922	8426	8326	2397	13016	1365	15703
青山镇	12538	6377	6161	4127	6348	6156	1662	9867	1009	11635
林海镇	14654	7465	7189	4406	7452	7174	2404	11412	838	13345
洮河镇	11976	6129	5847	3791	6117	5846	1735	9351	890	11503
平台镇	15641	7799	7842	5875	7775	7833	2067	12304	1270	13293
到保镇	12069	6230	5839	4262	6176	5829	1493	9644	932	10724
岭下镇(查干浩特旅游经济开发区)	20314	10270	10044	6871	10260	10043	2812	15816	1686	18472
东风乡	30378	15768	14610	10626	15713	14606	3142	25174	2062	20631
三合乡	19384	10023	9361	6435	9996	9360	2588	15444	1352	16368
东胜乡	19451	9966	9485	6320	9914	9468	3064	14954	1433	18407
金祥乡	14476	7331	7145	4273	7307	7138	2451	11078	947	13675
德顺蒙古族乡	18342	9361	8981	5838	9353	8979	2851	14186	1305	17746
民营经济发展区(特殊乡镇)	4105	2101	2004	1376	2101	2004	664	3183	258	3027
白城市工业园区	542	272	270	176	272	270	83	436	23	246
镇南种羊场	8242	4173	4069	2947	4173	4069	1053	6431	758	6400
白城牧场	2287	1159	1128	1022	1159	1128	248	1754	285	1906
洮儿河农场	2608	1346	1262	837	1331	1255	374	2145	89	340
保民农场	2591	1318	1273	932	1318	1273	344	2035	212	2455
到保林场	179	92	87	60	92	87	21	149	9	155
镇赉县	**298301**	**155265**	**143036**	**112904**	**146451**	**142467**	**36154**	**239000**	**23147**	**279931**
镇赉镇	119217	63533	55684	44943	55088	55158	13394	96999	8824	111558
坦途镇	20785	10575	10210	7626	10538	10207	2540	16542	1703	19856
东屏镇	10614	5447	5167	4381	5433	5165	1178	8534	902	10288

表7 续表 17

单位：人、户

地区	总人口			家庭户	家庭户总人口		分年龄人口			居住本地，户口在本地
	合计	男	女	户数	男	女	0-14岁	15-64岁	65岁及以上	
大屯镇	22395	11578	10817	8861	11498	10805	3290	17800	1305	20537
沿江镇	7490	3864	3626	2918	3847	3623	870	6061	559	7122
五棵树镇	16635	8515	8120	6553	8492	8117	2177	13110	1348	15465
黑鱼泡镇	17165	8837	8328	6270	8819	8328	2022	13785	1358	16618
哈吐气蒙古族乡	4254	2185	2069	1686	2145	2065	539	3390	325	4025
莫莫格蒙古族乡	12315	6280	6035	4181	6254	6033	1605	9847	863	11976
建平乡	25873	13276	12597	9157	13246	12590	3294	20530	2049	25200
嘎什根乡	22044	11323	10721	7735	11287	10719	3249	17258	1537	21371
四方坨子农场	12504	6311	6193	5905	6286	6190	1139	9495	1870	10205
白音套海牧场	816	415	401	392	407	401	95	652	69	736
良种繁育场	577	294	283	257	294	283	55	477	45	541
九龙山马场	1281	645	636	428	635	636	192	1038	51	1047
莫莫格林场	286	140	146	116	140	146	38	228	20	224
大岗林场	1702	857	845	623	857	845	228	1377	97	1033
国营渔场	479	231	248	182	230	247	49	388	42	477
到保农场	1869	959	910	690	955	909	200	1489	180	1652
通榆县	**353482**	**179588**	**173894**	**126056**	**178585**	**172873**	**49304**	**279721**	**24457**	**334496**
开通镇	112038	56746	55292	45764	55919	54301	13611	89344	9083	99679
瞻榆镇	30881	15538	15343	11448	15520	15337	4640	24004	2237	30351
双岗镇	10801	5506	5295	3658	5496	5295	1418	8702	681	10556
兴隆山镇	18699	9762	8937	5912	9724	8936	2604	14962	1133	18452
边昭镇	15611	7849	7762	5230	7839	7762	2342	12283	986	15447
鸿兴镇	13019	6606	6413	4536	6606	6413	1779	10294	946	12318
新华镇	22182	11332	10850	7569	11321	10848	3442	17352	1388	21390
乌兰花镇	18032	9174	8858	5629	9155	8858	2756	14229	1047	17745
新发乡	9891	5154	4737	2771	5145	4735	1659	7667	565	9784
新兴乡	9422	4756	4666	3036	4756	4666	1305	7568	549	9390
向海蒙古族乡	23228	11815	11413	7720	11808	11413	3637	18153	1438	22171
包拉温都蒙古族乡	4272	2232	2040	1342	2225	2038	702	3302	268	4096
团结乡	13887	7074	6813	4282	7060	6802	2226	10839	822	13713
十花道乡	13352	6820	6532	4345	6811	6531	1849	10702	801	13006
八面乡	14218	7202	7016	4710	7192	7013	1791	11466	961	13905
苏公坨乡	11771	5903	5868	4020	5894	5868	1684	9381	706	11529
通榆经济开发区	47	22	25	20	22	25	4	36	7	43
三家子种牛场	870	443	427	305	438	425	120	678	72	785
良井子畜牧场	1901	977	924	628	977	924	303	1497	101	1702
双岗鹿场	1431	728	703	547	728	703	161	1120	150	1085
同发牧场	7441	3711	3730	2397	3711	3730	1210	5768	463	6975
新华牛场	488	238	250	187	238	250	61	374	53	374
洮南市	**432122**	**219011**	**213111**	**167110**	**217496**	**211877**	**56448**	**341075**	**34599**	**385719**
团结街道	29901	14978	14923	12508	14892	14921	3578	23556	2767	25513
富文街道	13011	6713	6298	6515	6546	6190	1227	10586	1198	9956
光明街道	37293	18311	18982	15109	17515	17953	4088	29903	3302	27272
兴隆街道	13589	6735	6854	6645	6728	6852	1260	10657	1672	12382
永康街道	19268	9802	9466	9172	9791	9466	2067	15384	1817	15127
通达街道	17230	8751	8479	7099	8694	8433	1884	13960	1386	12552
洮府街道	17085	8931	8154	6705	8897	8148	1777	13996	1312	13864
向阳街道	14196	7191	7005	4771	7186	7004	1816	11409	971	13025
瓦房镇	19959	10150	9809	7526	10150	9809	2867	15606	1486	18991
万宝镇	37874	19340	18534	16179	19306	18534	4309	30060	3505	36999

表7 续表 18　　　　　　　　　　　　　　　　　　　　　　　单位：人、户

地区	总人口			家庭户	家庭户总人口		分年龄人口			居住本地，户口在本地
	合计	男	女	户数	男	女	0-14岁	15-64岁	65岁及以上	
黑水镇	19845	10002	9843	6838	9866	9840	2687	15838	1320	18199
那金镇	16203	8132	8071	6040	8115	8062	2222	12717	1264	15550
安定镇	19282	9811	9471	6157	9803	9471	2877	15119	1286	18250
胡力吐蒙古族乡	7552	3862	3690	2868	3862	3690	1144	5815	593	7289
万宝乡	7495	3799	3696	2766	3781	3692	1135	5777	583	7222
聚宝乡	9802	5022	4780	3450	4994	4771	1392	7706	704	9076
东升乡	12831	6559	6272	5214	6537	6262	1797	9933	1101	12324
野马乡	9349	4744	4605	3126	4744	4605	1363	7281	705	8944
永茂乡	14669	7416	7253	5334	7376	7251	2270	11338	1061	13325
蛟流河乡	18084	9069	9015	6048	9044	9015	2766	14133	1185	17370
大通乡	16984	8752	8232	5902	8752	8231	2597	13249	1138	15771
福顺乡	33898	17246	16652	12033	17238	16652	5694	25702	2502	31586
二龙乡	16406	8411	7995	5423	8405	7995	2156	13130	1120	15776
呼和车力蒙古族乡	7609	3904	3705	2682	3896	3704	1136	6014	459	7095
东方红畜牧场	1044	543	501	394	541	500	124	856	64	842
永茂林场	338	170	168	145	170	168	36	277	25	238
市原种场	1325	667	658	461	667	658	179	1073	73	1181
大安市	**431017**	**220368**	**210649**	**154202**	**219432**	**210086**	**49341**	**344868**	**36808**	**385782**
慧阳街道	24800	12702	12098	8858	12632	12078	2564	19567	2669	20902
临江街道	21294	10729	10565	8682	10318	10188	2412	16867	2015	15171
长虹街道	34724	17914	16810	14179	17868	16784	3255	28372	3097	26831
锦华街道	34537	17387	17150	12610	17368	17134	4205	27354	2978	27759
安北街道	16328	8222	8106	6262	8222	8104	1554	12883	1891	14486
月亮泡镇	14135	7160	6975	4785	7159	6974	1794	11184	1157	13605
安广镇	38977	20101	18876	15732	20076	18869	3869	31659	3449	34620
丰收镇	8767	4474	4293	3018	4467	4292	959	7081	727	8425
新平安镇	11087	5769	5318	3711	5769	5318	1320	8837	930	10767
两家子镇	23095	11900	11195	7896	11877	11189	2602	18652	1841	22386
舍力镇	22563	11495	11068	7806	11495	11068	3307	17549	1707	21283
大岗子镇	9516	4925	4591	3505	4864	4570	1083	7689	744	9011
叉干镇	10490	5397	5093	3775	5385	5087	1525	8106	859	9787
龙沼镇	16862	8737	8125	5164	8725	8121	1924	13554	1384	16475
太山镇	21359	10841	10518	7007	10828	10512	2770	16932	1657	20530
烧锅镇	17929	9216	8713	6334	9144	8710	2187	14180	1562	17141
乐胜镇	22883	11838	11045	7367	11828	11045	2651	18461	1771	22413
四棵树乡	19335	9802	9533	6421	9724	9478	2235	15395	1705	17912
联合乡	16423	8258	8165	4947	8243	8160	2271	13094	1058	15845
大赉乡	11997	6237	5760	4411	6237	5760	1078	10095	824	8025
红岗子乡	7894	3996	3898	2774	3972	3896	946	6318	630	7614
海坨乡	15728	8078	7650	5354	8061	7649	1666	12677	1385	15189
新艾里蒙古族乡	5485	2785	2700	1800	2772	2699	661	4424	400	5220
大安经济开发区(省级)	65	32	33	25	32	33	11	50	4	60
新荒渔场	649	341	308	227	338	307	58	563	28	628
东方红农场	1245	608	637	416	608	637	146	1015	84	1201
舍力林场	190	96	94	69	92	93	28	155	7	134
五间房水库	97	47	50	39	47	50	9	74	14	84
大岗子林场	381	180	201	159	180	201	33	320	28	323
风水山牧场	418	207	211	179	207	211	44	325	49	418
东风马场	237	123	114	99	123	114	24	188	25	225
良种繁育场	439	228	211	168	228	211	55	342	42	296

表7　续表 19　　　　单位：人、户

地　区	总人口			家庭户	家庭户总人口		分年龄人口			居住本地，户口在本地
	合　计	男	女	户　数	男	女	0-14岁	15-64岁	65岁及以上	
大安马场	596	290	306	234	290	306	54	499	43	596
安广猪场	246	130	116	93	130	116	21	204	21	246
红旗饲养场	246	123	123	96	123	122	20	203	23	174
延边朝鲜族自治州	**2270816**	**1150219**	**1120597**	**848088**	**1104472**	**1089638**	**221309**	**1826042**	**223465**	**1602619**
延吉市	**562959**	**280099**	**282860**	**208590**	**256922**	**261756**	**56529**	**456072**	**50358**	**291782**
进学街道	89612	44645	44967	33340	41238	42120	10359	72841	6412	44056
北山街道	73178	36038	37140	28407	34190	35373	7337	59655	6186	40625
新兴街道	55676	28686	26990	17445	23101	24023	4588	46294	4794	27646
公园街道	76497	35958	40539	24064	28649	29796	6144	64813	5540	44170
河南街道	89674	44724	44950	35340	42536	43841	9482	71319	8873	47655
建工街道	73343	36394	36949	30691	35842	36776	8039	58403	6901	33714
小营镇	30579	15759	14820	11516	14827	14013	3482	23914	3183	6344
依兰镇	30963	15834	15129	11330	14974	14706	3236	24522	3205	16255
三道湾镇	6619	3409	3210	2464	3203	3132	696	5276	647	5522
朝阳川镇	36818	18652	18166	13993	18362	17976	3166	29035	4617	25795
图们市	**134452**	**67768**	**66684**	**48839**	**66480**	**66169**	**9114**	**109621**	**15717**	**113741**
向上街道	28624	14427	14197	10637	13794	14031	2272	23456	2896	22960
新华街道	28510	14072	14438	9712	13984	14333	1832	23420	3258	25174
月宫街道	24071	12119	11952	8509	12069	11912	1676	19641	2754	20495
月晴镇	8409	4299	4110	3113	4114	4023	407	6854	1148	5891
石岘镇	22770	11407	11363	8725	11346	11334	1404	18303	3063	20326
长安镇	10090	5261	4829	3601	5095	4780	779	8069	1242	9289
凉水镇	11960	6174	5786	4535	6069	5747	744	9861	1355	9594
图们市林业局	18	9	9	7	9	9		17	1	12
敦化市	**483464**	**244758**	**238706**	**178329**	**240610**	**235883**	**55893**	**380331**	**47240**	**400594**
渤海街道	52787	26101	26686	20827	26020	26608	6054	41942	4791	36965
胜利街道	71715	35290	36425	27147	33856	34878	8393	58335	4987	49178
民主街道	39514	19344	20170	14440	18993	19691	4426	31591	3497	27498
丹江街道	41149	21212	19937	15694	19798	19820	3138	32762	5249	35841
大石头镇	44762	22765	21997	16841	22657	21980	4450	34947	5365	42772
黄泥河镇	41383	20972	20411	15658	20954	20405	4565	31736	5082	36756
官地镇	34617	17804	16813	11782	17399	16370	4924	26754	2939	30571
沙河沿镇	14763	7410	7353	5064	7410	7353	1899	11419	1445	13525
秋梨沟镇	9111	4746	4365	3315	4740	4365	1173	7058	880	8336
额穆镇	11916	6210	5706	3975	6172	5694	1579	9417	920	10650
贤儒镇	12420	6552	5868	4560	6438	5848	1417	9677	1326	11560
大蒲柴河镇	8858	4582	4276	3003	4582	4274	1233	6943	682	8175
雁鸣湖镇	10065	5205	4860	3361	5205	4860	1657	7660	748	9267
江源镇	9215	4786	4429	3261	4784	4429	1277	7125	813	8306
江南镇	20158	10346	9812	6762	10262	9735	2680	15611	1867	17152
大桥乡	7026	3501	3525	2359	3496	3522	978	5426	622	6405
黑石乡	11737	5905	5832	3506	5902	5832	1620	9255	862	10601
青沟子乡	5843	2941	2902	1748	2924	2891	786	4644	413	4966
翰章乡	11144	5792	5352	3877	5766	5342	1521	8646	977	10260
红石乡	7708	4017	3691	2900	4017	3691	961	5951	796	6846
丹峰林业有限公司	4077	2180	1897	1966	2178	1897	228	3034	815	3729
黄泥河林业局	5608	2943	2665	2634	2932	2664	386	4270	952	4023
大石头林业有限公司	4883	2608	2275	2319	2579	2275	323	3707	853	4606
敦化市林业局	2634	1356	1278	1168	1356	1278	206	2110	318	2250
敖东鹿场	204	110	94	81	110	94	12	175	17	190

表7　续表 20　　　　　　　　　　　　　　　　　　　　　　　　　　　　单位：人、户

地　区	总人口			家庭户	家庭户总人口		分年龄人口			居住本地，户口在本地
	合　计	男	女	户　数	男	女	0-14岁	15-64岁	65岁及以上	
红石鹿场	167	80	87	81	80	87	7	136	24	166
珲春市	**241777**	**124304**	**117473**	**87209**	**118404**	**115580**	**23818**	**199357**	**18602**	**143933**
靖和街道	65479	33046	32433	23260	31721	32208	7954	52920	4605	41615
新安街道	42244	21081	21163	15067	19730	20279	4535	35071	2638	22330
河南街道	34903	18061	16842	12173	17159	16692	3457	28822	2624	23610
近海街道	8405	4172	4233	2909	3926	3764	816	7181	408	2665
春化镇	9890	5286	4604	3706	5083	4578	766	8249	875	7327
敬信镇	5014	2685	2329	2144	2677	2327	263	4070	681	3492
板石镇	7548	4102	3446	2542	3668	3422	605	6386	557	3971
英安镇	36135	18661	17474	13332	18532	17427	3241	29608	3286	19558
马川子乡	6301	3316	2985	2369	3196	2959	453	5203	645	3344
杨泡满族乡	4129	2340	1789	1473	1965	1777	315	3480	334	2857
三家子满族乡	8335	4542	3793	3021	3973	3777	581	6958	796	5215
密江乡	2018	1118	900	790	916	900	82	1697	239	1160
哈达门乡	11091	5754	5337	4310	5718	5325	726	9474	891	6537
珲春林业局	285	140	145	113	140	145	24	238	23	252
龙井市	**177234**	**89893**	**87341**	**72196**	**87623**	**86030**	**11860**	**142614**	**22760**	**122355**
安民街道	44390	22100	22290	17804	21502	22157	3844	35314	5232	31668
龙门街道	46097	23040	23057	17299	21837	22039	3785	37001	5311	29898
开山屯镇	18611	9402	9209	7964	9361	9191	919	15273	2419	12230
老头沟镇	28878	14946	13932	12640	14797	13885	1322	22900	4656	21136
三合镇	3774	1970	1804	1684	1952	1793	103	3142	529	2111
东盛涌镇	13646	6965	6681	5572	6909	6650	682	11066	1898	9706
智新镇	13850	7234	6616	5794	7111	6583	791	11383	1676	9235
德新乡	5556	2900	2656	2255	2878	2638	352	4495	709	4642
白金乡	1724	981	743	867	921	741	37	1450	237	1267
龙井大苏果树农场	708	355	353	317	355	353	25	590	93	462
和龙市	**189532**	**97300**	**92232**	**75197**	**95262**	**91765**	**14587**	**153424**	**21521**	**145913**
民慧街道	12599	6238	6361	4829	6173	6245	1398	10069	1132	10059
光明街道	34412	17449	16963	14087	17445	16961	3001	27436	3975	27152
文化街道	29525	14727	14798	11303	14402	14725	2911	23662	2952	20573
八家子镇	21990	11165	10825	8796	11164	10824	1289	17815	2886	17990
福洞镇	10813	5742	5071	4880	5740	5071	676	8871	1266	8369
头道镇	26738	13636	13102	10180	13572	13068	2032	21461	3245	23840
西城镇	9706	4996	4710	3729	4986	4705	621	7909	1176	7516
南坪镇	5770	3593	2177	2204	2419	2046	259	4948	563	2800
东城镇	8963	4614	4349	3451	4614	4349	384	7454	1125	7156
崇善镇	2175	1182	993	1022	1161	986	147	1829	199	1323
龙城镇	21567	11032	10535	8256	10884	10456	1605	17614	2348	16417
和龙林业局	2017	1131	886	1029	1049	881	54	1730	233	1131
八家子林业局	2711	1453	1258	1209	1413	1257	190	2129	392	1357
和龙市林业局	546	342	204	222	240	191	20	497	29	230
汪清县	**255411**	**129934**	**125477**	**101677**	**128247**	**124440**	**23923**	**204674**	**26814**	**185717**
南山社区工作委员会	11536	5730	5806	4583	5633	5767	1312	9298	926	6978
大明社区工作委员会	10206	5186	5020	4030	5184	5019	1085	8390	731	6286
大川社区工作委员会	10843	5404	5439	3840	5250	5145	1149	9014	680	6324
幸福社区工作委员会	10086	4995	5091	3861	4980	5082	1168	8058	860	5889
新民社区工作委员会	7641	3732	3909	3250	3577	3714	645	6243	753	3318
新华社区工作委员会	9343	4664	4679	4077	4628	4629	852	7522	969	5578
东振社区工作委员会	5504	2838	2666	1892	2682	2522	323	4675	506	2820

表7　续表 21　　　　单位：人、户

地　区	总人口			家庭户	家庭户总人口		分年龄人口			居住本地，户口在本地
	合　计	男	女	户　数	男	女	0-14岁	15-64岁	65岁及以上	
江北社区工作委员会	8815	4442	4373	3606	4334	4318	843	7148	824	4740
汪清镇	12639	6333	6306	5716	6219	6192	840	10400	1399	7282
大兴沟镇	25755	13362	12393	10199	13307	12375	2208	20928	2619	21016
天桥岭镇	11161	5734	5427	4213	5728	5424	1118	9037	1006	7629
罗子沟镇	22670	11867	10803	7152	11470	10760	2608	18224	1838	20014
百草沟镇	13921	7333	6588	5555	7131	6554	1011	11429	1481	10166
春阳镇	15798	8146	7652	6448	8115	7643	1849	12646	1303	12030
复兴镇	6726	3545	3181	2447	3523	3177	773	5351	602	5478
东光镇	11550	6015	5535	4443	6015	5535	920	9382	1248	9210
鸡冠乡	8779	4540	4239	2935	4540	4239	1029	7018	732	8091
汪清林业局	21198	10705	10493	9439	10645	10477	1600	16337	3261	15236
天桥岭林业局	17507	8531	8976	7973	8478	8968	1420	13026	3061	15048
大兴沟林业局	9327	4635	4692	4372	4612	4691	729	7008	1590	8940
八人沟农场	1153	603	550	481	603	550	117	927	109	911
罗子沟农场	2107	1013	1094	713	1012	1094	239	1723	145	1773
复兴农场	1146	581	565	452	581	565	85	890	171	960
安图县	**225987**	**116163**	**109824**	**76051**	**110924**	**108015**	**25585**	**179949**	**20453**	**198584**
瓮声街道	34213	17047	17166	11907	16401	16786	3618	27727	2868	31433
九龙街道	29528	14553	14975	9583	13858	14254	2940	23763	2825	27071
明月镇	14336	7419	6917	4877	7383	6883	1441	11342	1553	11407
松江镇	31929	16532	15397	10347	16346	15349	4537	24673	2719	30533
二道白河镇	4791	2494	2297	1657	2491	2296	586	3800	405	4039
两江镇	13388	6835	6553	4230	6706	6518	1756	10596	1036	13132
石门镇	8521	4350	4171	3293	4337	4167	511	6974	1036	4655
万宝镇	10343	5364	4979	3245	5335	4979	1584	7964	795	9749
亮兵镇	8693	4512	4181	2753	4503	4178	844	6826	1023	8377
长白山保护开发区管委会										
池北区(特殊乡镇)	45266	24065	21201	15302	20855	20652	4779	36821	3666	36789
新合乡	7178	3812	3366	2413	3638	3346	811	5683	684	5673
永庆乡	10348	5352	4996	3380	5349	4992	1485	7993	870	9513
白河林业局	2287	1174	1113	992	1153	1110	212	1735	340	2086
安图林业有限公司	1742	893	849	717	858	848	142	1348	252	1323
安图县林业局	547	277	270	196	273	267	62	445	40	459
海沟金矿	2877	1484	1393	1159	1438	1390	277	2259	341	2345

表8　黑龙江省乡、镇、街道人口

单位：人、户

地　区	总人口			家庭户	家庭户总人口		分年龄人口			居住本地，户口在本地
	合　计	男	女	户　数	男	女	0-14岁	15-64岁	65岁及以上	
黑龙江省	**38313991**	**19426106**	**18887885**	**13000088**	**18603181**	**18280858**	**4574441**	**30566236**	**3173314**	**32508828**
哈尔滨市	**10635971**	**5402739**	**5233232**	**3408940**	**4965064**	**4887444**	**1170201**	**8605724**	**860046**	**8458282**
道里区	**923762**	**469114**	**454648**	**306429**	**415765**	**424140**	**73438**	**756719**	**93605**	**654786**
兆麟街道	30723	14563	16160	9470	13405	14603	2001	24778	3944	23048
新阳路街道	31530	15436	16094	11086	15305	15955	2040	25538	3952	25746
抚顺街道	38596	18966	19630	13961	18757	19462	2573	31546	4477	30451
共乐街道	80160	39204	40956	26731	35256	36559	6487	66161	7512	53938
新华街道	52025	29769	22256	16420	21705	21807	3533	44370	4122	44265
城乡路街道	33105	17609	15496	10463	13549	13086	2416	27496	3193	23232
工农街道	33316	18145	15171	10967	15548	14966	2331	28068	2917	19964
尚志街道	14822	7432	7390	5554	6907	6921	828	12437	1557	9006
斯大林街道	25635	12495	13140	8371	11380	11900	2314	19646	3675	20024
通江街道	25840	12292	13548	7578	9849	10608	1199	21138	3503	16467
经纬街道	42006	20507	21499	13973	18603	19530	3244	33244	5518	33656
工程街道	37894	18657	19237	13468	17586	18654	2401	29631	5862	29855
安静街道	53497	26311	27186	18677	25600	26645	3588	42378	7531	43196
安和街道	30947	15094	15853	10030	14871	15713	2331	24820	3796	22696
正阳河街道	74891	37000	37891	26464	36016	37178	4859	60305	9727	54104
建国街道	60884	30480	30404	23080	29514	29724	4629	50348	5907	45812
康安街道	41177	20189	20988	15558	20022	20843	4198	33066	3913	29348
爱建街道	9917	4738	5179	4546	4731	5166	839	8185	893	5140
太平镇	35030	18142	16888	10035	16836	16502	4345	28295	2390	28554
新发镇	75801	40586	35215	22754	31399	30419	8441	64206	3154	40895
新农镇	30244	16140	14104	7178	11563	11175	2968	25261	2015	20864
榆树镇	25668	14350	11318	5784	9356	9333	2222	22188	1258	14629
群力乡	37736	19814	17922	13306	16812	16268	3450	31770	2516	17657
阎家岗农场	2318	1195	1123	975	1195	1123	201	1844	273	2239
南岗区	**1343857**	**684292**	**659565**	**401519**	**523240**	**540395**	**110337**	**1115796**	**117724**	**855567**
花园街道	49149	30514	18635	11624	14620	15042	2891	41920	4338	34190
奋斗路街道	100194	49445	50749	25523	32677	34692	5572	85405	9217	74039
革新街道	48166	24547	23619	13999	18138	19467	2939	39913	5314	28994
文化街道	41672	21038	20634	15640	19693	20116	3384	33994	4294	30356
大成街道	60226	31541	28685	17625	23103	24135	4821	50301	5104	38791
芦家街道	91698	46245	45453	32186	42018	42687	6984	75085	9629	60657
荣市街道	115957	59070	56887	31016	45942	47424	12544	93065	10348	85497
燎原街道	81794	43438	38356	23850	30106	32566	6435	67480	7879	57252
松花江街道	51421	26970	24451	15125	20830	21335	3669	41921	5831	34771
曲线街道	32346	16993	15353	8642	10749	11344	2008	27431	2907	16481
通达街道	42112	20812	21300	16176	20391	20966	3619	33627	4866	31848
七政街道	53544	25560	27984	18180	23696	24799	4863	42816	5865	40318
和兴路街道	131644	63082	68562	38728	50979	52274	11122	109181	11341	83442
哈西街道	89804	47239	42565	19102	22241	22273	4503	80067	5234	36908
保健路街道	85288	41707	43581	25638	31541	32776	7184	70993	7111	47098
先锋路街道	77544	39880	37664	25547	33481	34499	6584	64681	6279	47904
新春街道	83446	42235	41211	30046	38042	39697	10931	66699	5816	49145
跃进街道	33084	16149	16935	8756	10539	10132	1973	29347	1764	10458
王岗镇	54158	27577	26581	18247	25146	24912	6157	44642	3359	31517
红旗满族乡	20610	10250	10360	5869	9308	9259	2154	17228	1228	15901
道外区	**906421**	**459594**	**446827**	**325455**	**430552**	**433324**	**81210**	**741803**	**83408**	**613147**
靖宇街道	28226	13786	14440	11024	13780	14438	2246	23077	2903	20460
太古街道	34443	17096	17347	13364	16948	17247	2552	28192	3699	29655
东莱街道	17680	8736	8944	6968	8660	8901	1437	14455	1788	13145
滨江街道	35357	17668	17689	13794	17510	17605	2805	28839	3713	25456
仁里街道	20782	10427	10355	7568	9906	10053	1477	17199	2106	15589
南市街道	11698	5756	5942	4406	5697	5916	1101	9497	1100	7978
崇俭街道	18942	9413	9529	7422	9365	9491	1833	15638	1471	8511
振江街道	11577	6071	5506	3981	5011	5002	628	9755	1194	6756

表8 续表 1

单位：人、户

地 区	总人口			家庭户	家庭户总人口		分年龄人口			居住本地，户口在本地
	合 计	男	女	户 数	男	女	0-14岁	15-64岁	65岁及以上	
东原街道	22002	10976	11026	8343	10500	10815	1604	17953	2445	14460
大兴街道	33337	16383	16954	12766	15832	16645	2527	26713	4097	21776
胜利街道	17829	8977	8852	7926	8967	8847	1125	14848	1856	13047
南马街道	48412	23168	25244	16975	21359	21964	3748	39584	5080	31956
民强街道	30525	18073	12452	5738	8005	8442	1634	27298	1593	13101
大有坊街道	71382	35264	36118	25335	33560	35057	7185	57417	6780	46945
南直路街道	98954	49172	49782	37819	48647	49405	9791	79033	10130	60752
化工街道	24631	13338	11293	9609	12087	10910	1816	21030	1785	13619
火车头街道	44233	22173	22060	16420	21735	21920	3498	35796	4939	27446
新一街道	53889	28477	25412	20555	26293	24681	4318	44445	5126	31084
三棵树大街街道	37475	18823	18652	13904	18182	18139	3102	30807	3566	27235
水泥路街道	8792	4395	4397	3564	4342	4385	563	7020	1209	6516
太平大街街道	32398	16691	15707	11455	15497	15408	2983	26844	2571	21478
黎华街道	36962	18513	18449	14314	18023	18254	3500	30294	3168	23552
新乐街道	11836	5840	5996	4698	5693	5894	875	9811	1150	9099
永源镇	38692	19519	19173	11780	19504	19164	5035	30922	2735	34841
巨源镇	32263	17550	14713	8832	14633	14629	3583	26545	2135	30834
团结镇	52786	27647	25139	17187	25299	24527	6404	43280	3102	34171
民主乡	31317	15661	15656	9707	15516	15585	3840	25510	1967	23684
青年农场	1	1		1	1			1		1
平房区	**190253**	**96997**	**93256**	**73198**	**90732**	**91665**	**17574**	**148343**	**24336**	**136816**
兴建街道	30325	15225	15100	11404	14541	14808	3090	23997	3238	20271
保国街道	23463	12076	11387	8453	10699	11018	1988	18881	2594	17685
联盟街道	34015	18116	15899	13417	15595	15391	2667	25775	5573	24556
友协街道	28301	14205	14096	11064	13582	13914	2570	21620	4111	21911
新疆街道	27779	13991	13788	11130	13370	13645	2290	21393	4096	18730
新伟街道	16843	8472	8371	6971	8418	8358	1331	12583	2929	12522
平房镇	15040	7669	7371	5200	7436	7320	1966	12206	868	9895
平新镇	14487	7243	7244	5559	7091	7211	1672	11888	927	11246
松北区	**236848**	**123119**	**113729**	**65176**	**89860**	**89006**	**23941**	**197752**	**15155**	**142410**
三电街道	3860	1825	2035	1559	1672	1776	340	2995	525	529
太阳岛街道	439	238	201	106	140	119	12	381	46	126
松浦街道	70869	41247	29622	16438	19592	19258	4414	62802	3653	33854
万宝街道	25591	12923	12668	10413	12795	12608	3408	20207	1976	22086
松北街道	74743	35816	38927	18797	25207	25224	6436	64209	4098	30284
对青山镇	29867	15138	14729	8641	14705	14587	4402	23030	2435	27307
乐业镇	31479	15932	15547	9222	15749	15434	4929	24128	2422	28224
香坊区	**916408**	**457799**	**458609**	**307058**	**400461**	**404815**	**79654**	**746326**	**90428**	**578086**
香坊大街街道	41820	20512	21308	15196	19954	20978	4352	32896	4572	29762
安埠街道	31257	15355	15902	11538	14975	15613	3343	24909	3005	20682
通天街道	38721	20305	18416	13036	16351	16695	3093	31869	3759	24744
新香坊街道	17159	8743	8416	6591	8507	8267	1762	13686	1711	8459
铁东街道	57974	26936	31038	11127	13949	13590	2382	52023	3569	27269
新成街道	47358	24468	22890	16229	21717	21851	3988	37799	5571	35206
红旗街道	59304	29210	30094	21800	28798	29768	5296	46897	7111	44352
六顺街道	53687	25795	27892	20272	25213	26571	4578	42895	6214	41171
建筑街道	37132	18593	18539	13490	14943	14097	2416	32091	2625	16305
哈平路街道	27603	13640	13963	10469	12805	13327	2569	21941	3093	16440
安乐街道	21604	11066	10538	7719	9742	9931	1511	17009	3084	15969
健康路街道	28327	13981	14346	11047	13675	14201	2481	21688	4158	18846
大庆路街道	49830	24758	25072	19283	24408	24995	4848	39024	5958	35571
进乡街道	39711	20019	19692	15086	19168	19450	2761	30465	6485	28959
通乡街道	26565	13289	13276	10511	13208	13249	2393	20822	3350	15901
和平路街道	40062	19863	20199	14907	19012	20040	4274	31221	4567	29451

表8 续表 2　　　　单位：人、户

地区	总人口			家庭户	家庭户总人口		分年龄人口			居住本地，户口在本地
	合计	男	女	户数	男	女	0-14岁	15-64岁	65岁及以上	
民生路街道	23479	11755	11724	8739	11407	11630	1916	18026	3537	16757
文政街道	52669	25494	27175	9455	11716	12087	2141	46991	3537	32024
王兆街道	13804	6586	7218	4943	6117	6562	1463	10550	1791	8499
黎明街道	76856	40048	36808	28170	37558	36598	8434	63084	5338	36396
成高子镇	25234	12766	12468	8605	12485	12349	2399	20843	1992	18039
幸福镇	42725	22115	20610	13745	21714	20304	5645	34979	2101	18984
朝阳镇	48773	25055	23718	11098	15844	15581	3721	42811	2241	25889
向阳乡	14754	7447	7307	4002	7195	7081	1888	11807	1059	12411
呼兰区	**764534**	**378543**	**385991**	**222304**	**327340**	**319956**	**84943**	**632858**	**46733**	**557476**
兰河街道	79276	40340	38936	35697	40032	38515	10001	63517	5758	56684
呼兰街道	69582	33872	35710	26645	31758	30728	7785	56533	5264	44376
建设路街道	35624	20022	15602	12318	15694	15554	4347	28840	2437	26412
利民街道	66706	26247	40459	11736	16984	17152	4905	59671	2130	20323
学院路街道	91896	44889	47007	8851	10757	10425	2517	88215	1164	13093
腰卜街道	22689	11616	11073	7601	11608	11068	3249	17769	1671	20922
康金街道	76443	38712	37731	25246	38590	37622	9533	60685	6225	70647
双井街道	25534	13102	12432	7663	13074	12424	3331	20601	1602	22816
沈家镇	23873	11998	11875	6926	11969	11848	3091	18973	1809	22619
二八镇	23961	12300	11661	6690	12118	11630	2873	19427	1661	22476
石人镇	27018	13496	13522	8223	13496	13522	3719	21473	1826	25648
白奎镇	29684	15048	14636	8946	14688	14388	3615	24031	2038	28510
方台镇	28096	14177	13919	8263	14176	13916	3635	22502	1959	27108
莲花镇	25171	12580	12591	7517	12580	12591	3401	20075	1695	24106
大用镇	26768	13457	13311	7429	13372	13237	3564	21379	1825	25599
长岭镇	25365	12554	12811	7039	12543	12804	3397	20248	1720	23547
杨林乡	27799	14216	13583	7999	14215	13583	3859	22031	1909	26067
许卜乡	25495	12849	12646	7734	12634	12467	3455	20157	1883	24432
孟家乡	33554	17068	16486	9781	17052	16482	4666	26731	2157	32091
阿城区	**596856**	**302132**	**294724**	**198481**	**287663**	**282281**	**67710**	**482334**	**46812**	**500725**
金城街道	71941	36243	35698	25329	34255	34545	8412	58362	5167	46660
金都街道	87640	44593	43047	33289	38455	38304	9003	71811	6826	70933
通城街道	23537	11801	11736	8664	11717	11644	2512	18744	2281	11367
河东街道	23923	11880	12043	8846	11839	12028	2024	18709	3190	20489
阿什河街道	45670	23976	21694	13864	21964	21267	4845	38272	2553	38370
玉泉街道	29922	15177	14745	11545	15162	14745	2910	23674	3338	28036
新利街道	36143	17864	18279	10294	17495	17858	4439	29296	2408	33384
双丰街道	26279	12098	14181	6822	11088	10841	2928	21431	1920	19278
舍利街道	35336	17919	17417	11576	16689	16211	3848	28768	2720	32633
蜚克图镇	23381	11860	11521	6753	11639	11289	3136	18601	1644	21689
亚沟镇	14194	7274	6920	4648	7270	6918	1794	11265	1135	11953
交界镇	18034	9171	8863	6208	9136	8855	2121	14546	1367	16495
小岭镇	24370	12495	11875	8348	11906	11387	2712	19623	2035	22003
平山镇	23943	12148	11795	7602	12148	11795	2990	19026	1927	22059
松峰山镇	11344	5883	5461	3565	5768	5427	1280	9339	725	10257
红星镇	15070	7739	7331	4518	7444	7291	1715	12288	1067	13344
杨树乡	28907	14757	14150	8545	14728	14141	3946	22842	2119	27564
料甸满族乡	41369	21122	20247	13175	21058	20231	5053	33021	3295	39415
大岭乡	15853	8132	7721	4890	7902	7504	2042	12716	1095	14796
依兰县	**388319**	**197866**	**190453**	**135480**	**196943**	**189993**	**56285**	**302305**	**29729**	**353654**
依兰镇	90667	45608	45059	38532	45255	44842	10884	71050	8733	73276
达连河镇	60351	30744	29607	22328	30496	29479	8403	47350	4598	53610
江湾镇	30406	15687	14719	9082	15630	14675	4745	23759	1902	29623
三道岗镇	42703	21816	20887	12665	21783	20875	7125	32974	2604	41182
道台桥镇	42862	22088	20774	13492	21924	20738	7163	33092	2607	41185
宏克利镇	22206	11305	10901	7479	11304	10900	3325	17270	1611	21390
团山子乡	29149	14925	14224	9446	14906	14220	4574	22495	2080	27905

表8 续表 3

单位：人、户

地区	总人口			家庭户	家庭户总人口		分年龄人口			居住本地，户口在本地
	合计	男	女	户数	男	女	0-14岁	15-64岁	65岁及以上	
愚公乡	36494	18612	17882	10998	18606	17872	5940	27979	2575	35927
迎兰朝鲜族乡	24162	12316	11846	7710	12283	11841	3123	19202	1837	22383
依兰县林业局	3029	1578	1451	1162	1575	1451	309	2377	343	2047
依兰农场	2887	1461	1426	1138	1455	1423	313	2165	409	2427
松花江农场	3403	1726	1677	1448	1726	1677	381	2592	430	2699
方正县	**203853**	**103541**	**100312**	**71161**	**102522**	**99647**	**26809**	**162683**	**14361**	**161044**
方正镇	62080	31248	30832	24241	30442	30324	7878	49927	4275	41158
会发镇	26939	13760	13179	8097	13744	13178	3926	21481	1532	23455
大罗密镇	14855	7691	7164	5317	7691	7164	1627	12183	1045	10941
天门乡	19635	10102	9533	6012	10093	9533	2837	15682	1116	16676
松南乡	11757	5964	5793	3559	5961	5784	1805	9307	645	9673
德善乡	13785	7102	6683	4424	7011	6630	1802	11104	879	10611
宝兴乡	16076	8207	7869	4994	8199	7868	2234	12904	938	13223
伊汉通乡	8581	4347	4234	2564	4304	4166	1214	6873	494	7112
方正林业局	28225	14159	14066	11251	14147	14064	3194	21757	3274	26716
沙河农场	1920	961	959	702	930	936	292	1465	163	1479
宾县	**551271**	**280897**	**270374**	**177495**	**277273**	**267527**	**77929**	**434720**	**38622**	**505058**
宾州镇	124717	62586	62131	44253	61638	60984	16304	99246	9167	103835
居仁镇	21349	10883	10466	6475	10871	10465	3025	16894	1430	19788
宾西镇	38968	19917	19051	12436	19887	19024	5463	30915	2590	30571
糖坊镇	35620	18231	17389	11054	18219	17389	5172	27882	2566	34793
宾安镇	29702	14987	14715	10093	14962	14704	4494	23040	2168	28247
新甸镇	23529	11889	11640	7835	11866	11635	3242	18589	1698	22643
胜利镇	28890	14832	14058	9314	14811	14048	4363	22604	1923	27986
宁远镇	39508	20365	19143	11748	20281	19123	6249	30631	2628	38170
摆渡镇	13826	7100	6726	4543	7099	6726	2167	10795	864	12973
平坊镇	20066	10304	9762	7261	10298	9760	2544	15883	1639	18929
满井镇	25483	12924	12559	7730	12890	12550	3641	19938	1904	25164
常安镇	33789	17190	16599	10334	17155	16597	4995	26554	2240	33101
永和乡	12988	6676	6312	3934	6664	6308	1844	10196	948	12389
鸟河乡	30188	15502	14686	9484	15431	14662	4346	23710	2132	29380
民和乡	20836	10712	10124	6502	10651	10096	3070	16254	1512	20358
经建乡	20192	10304	9888	5797	10272	9875	2857	15974	1361	19934
三宝乡	27679	14203	13476	8580	14176	13470	4144	21703	1832	26716
九龙山柞蚕育种场	83	41	42	45	41	42	2	62	19	81
农垦农业职业学院	3858	2251	1607	77	61	69	7	3850	1	
巴彦县	**590555**	**299435**	**291120**	**176668**	**296839**	**288774**	**81303**	**469903**	**39349**	**556384**
巴彦镇	89823	45066	44757	29696	43470	43355	11407	71741	6675	75581
兴隆镇	66009	33270	32739	20962	32845	31964	8736	52741	4532	59904
西集镇	29081	14668	14413	9479	14532	14375	4486	22714	1881	27112
洼兴镇	26786	13766	13020	7471	13617	12992	4087	21062	1637	25949
龙泉镇	25653	13154	12499	7333	13129	12495	3400	20572	1681	24958
巴彦港镇	19347	9779	9568	5649	9777	9565	2533	15641	1173	18968
龙庙镇	27518	14123	13395	8064	14118	13395	3858	21744	1916	26565
万发镇	28827	14876	13951	8126	14811	13945	3952	22813	2062	27601
天增镇	35502	18101	17401	9946	18101	17401	5045	28031	2426	34704
黑山镇	19502	10031	9471	5538	10024	9467	2934	15520	1048	19061
松花江乡	27364	13924	13440	8561	13900	13429	3798	21834	1732	26489
富江乡	18956	9572	9384	5234	9566	9384	2365	15561	1030	18346
华山乡	23223	11857	11366	7132	11857	11366	3383	18466	1374	22583

表8 续表 4 单位：人、户

地　　区	总人口			家庭户	家庭户总人口		分年龄人口			居住本地，户口在本地
	合　计	男	女	户　数	男	女	0-14岁	15-64岁	65岁及以　上	
丰乐乡	29422	14788	14634	9174	14772	14627	4405	23039	1978	28183
德祥乡	35411	17776	17635	9013	17776	17635	4932	28358	2121	34507
红光乡	35783	18349	17434	10456	18329	17431	4860	28501	2422	34884
山后乡	27669	13914	13755	7058	13914	13755	4010	21973	1686	27140
镇东乡	13660	6943	6717	3626	6943	6717	2173	10777	710	13285
兴隆林业局	11019	5478	5541	4150	5358	5476	939	8815	1265	10564
木兰县	**277685**	**142215**	**135470**	**88827**	**141653**	**135068**	**35729**	**223357**	**18599**	**259872**
木兰镇	65208	33281	31927	26067	32926	31788	7702	51916	5590	53335
东兴镇	41688	21426	20262	13412	21366	20184	5207	33886	2595	39262
大贵镇	32555	16788	15767	9342	16784	15764	4615	25993	1947	32041
利东镇	16465	8398	8067	4732	8398	8067	2202	13409	854	15912
柳河镇	41614	21361	20253	12069	21250	20089	5187	33638	2789	41100
新民镇	28431	14445	13986	7514	14445	13986	4220	22654	1557	27730
建国乡	20354	10515	9839	6273	10505	9827	2585	16560	1209	19986
吉兴乡	24981	12748	12233	6769	12734	12227	3450	20187	1344	24950
兴隆林业局办事处	6389	3253	3136	2649	3245	3136	561	5114	714	5556
通河县	**210650**	**107392**	**103258**	**72497**	**106952**	**102958**	**29980**	**164696**	**15974**	**199499**
通河镇	75098	37882	37216	25275	37611	36963	9627	59208	6263	72894
乌鸦泡镇	12389	6313	6076	4494	6313	6076	1754	9513	1122	11717
清河镇	16868	8538	8330	5378	8537	8330	2430	13305	1133	14614
浓河镇	20186	10346	9840	6655	10346	9840	3621	15536	1029	19240
凤山镇	11380	5884	5496	3792	5884	5496	1758	8887	735	10141
祥顺镇	18976	9896	9080	5992	9819	9071	3437	14494	1045	18127
三站乡	9099	4743	4356	3013	4743	4356	1388	7144	567	8813
富林乡	15898	8230	7668	5303	8168	7652	2739	12243	916	15334
清河林业局	20607	10456	10151	8379	10448	10134	2294	16305	2008	19150
兴隆林业局办事处	6688	3359	3329	2941	3338	3324	542	5256	890	6114
岔林河农场	3461	1745	1716	1275	1745	1716	390	2805	266	3355
延寿县	**242455**	**125193**	**117262**	**80077**	**124226**	**116398**	**31583**	**194734**	**16138**	**222583**
延寿镇	80501	40953	39548	28699	40160	38762	9432	65255	5814	68720
六团镇	21964	11403	10561	6898	11388	10558	3064	17594	1306	21007
中和镇	14598	7647	6951	4748	7623	6938	1880	11703	1015	13578
加信镇	24039	12317	11722	6582	12316	11722	3224	19373	1442	23522
延河镇	21084	10922	10162	6968	10865	10159	2875	16769	1440	19190
安山乡	18721	9750	8971	5759	9750	8971	2706	14976	1039	18520
寿山乡	14326	7584	6742	4871	7563	6741	1881	11501	944	13572
玉河乡	21616	11259	10357	6983	11241	10350	2941	17225	1450	19966
青川乡	16975	8968	8007	5463	8967	8007	2516	13426	1033	16615
太平川	1060	527	533	343	490	482	142	841	77	999
庆阳农场	7571	3863	3708	2763	3863	3708	922	6071	578	6894
双城市	**825634**	**424808**	**400826**	**250077**	**407710**	**387751**	**102773**	**665926**	**56935**	**786006**
双城市街道管委会	177708	93712	83996	61837	77766	71223	14256	150989	12463	163898
双城镇	40701	20825	19876	12486	20550	19864	5045	33103	2553	36636
兰棱镇	39044	19971	19073	11008	19931	19060	5358	30816	2870	37600
周家镇	33796	17094	16702	10907	17012	16571	4264	27335	2197	30127
五家镇	37895	19221	18674	11286	19218	18673	4444	30964	2487	37076
韩甸镇	38793	19884	18909	10044	19849	18902	5983	30473	2337	38037
单城镇	20410	10332	10078	5897	10332	10078	3305	15642	1463	19097
东官镇	22964	11729	11235	6770	11716	11235	2741	18600	1623	22485
农丰满族锡伯族镇	20827	10740	10087	7042	10740	10087	2431	16829	1567	20562

表8 续表 5 单位：人、户

地　　区	总人口			家庭户	家庭户总人口		分年龄人口			居住本地，户口在本地
	合　计	男	女	户　数	男	女	0-14岁	15-64岁	65岁及以上	
杏山镇	28843	14688	14155	8083	14688	14155	4243	22518	2082	28082
朝阳乡	50850	26299	24551	14327	26258	24545	7272	40263	3315	49355
金城乡	22657	11551	11106	6336	11539	11106	3355	17535	1767	22136
青岭满族乡	19838	10019	9819	6126	10010	9816	2377	16054	1407	19268
联兴满族乡	19531	9972	9559	5856	9972	9559	2539	15574	1418	18610
幸福满族乡	18144	9237	8907	5317	9220	8901	2335	14630	1179	17433
新兴满族乡	21436	10941	10495	6519	10931	10495	2844	17210	1382	20352
公正满族乡	21683	11159	10524	6307	11118	10518	2994	17209	1480	21225
永胜乡	17363	8892	8471	4894	8873	8461	2437	13717	1209	16509
临江乡	18345	9523	8822	5965	9276	8761	2394	14550	1401	17156
水泉乡	23097	11755	11342	6440	11737	11340	3072	18459	1566	22697
乐群满族乡	21252	10820	10432	5810	10813	10432	3028	16875	1349	20438
团结满族乡	33780	17319	16461	9210	17220	16435	4601	26550	2629	32828
万隆乡	38147	19331	18816	10553	19306	18816	5739	29632	2776	37437
希勤满族乡	19132	9890	9242	5467	9740	9233	2795	15073	1264	18088
同心满族乡	19398	9904	9494	5590	9895	9485	2921	15326	1151	18874
尚志市	**585386**	**301595**	**283791**	**191608**	**298892**	**282079**	**74367**	**464881**	**46138**	**551265**
尚志镇	131006	67013	63993	42834	64614	62438	16447	105667	8892	121456
一面坡镇	34086	17713	16373	12685	17650	16356	3548	27466	3072	33241
苇河镇	46365	24036	22329	14192	24015	22277	7023	35745	3597	44451
亚布力镇	46546	24217	22329	14792	24175	22329	6308	36503	3735	45581
帽儿山镇	26557	13683	12874	8816	13671	12872	3161	21372	2024	25294
亮河镇	25711	13389	12322	7598	13379	12321	3925	20148	1638	23354
庆阳镇	20959	10930	10029	6313	10914	10027	3060	16606	1293	20194
石头河子镇	15868	8249	7619	5280	8249	7619	2092	12409	1367	15292
元宝镇	23107	11908	11199	6541	11892	11193	3363	18418	1326	22377
黑龙宫镇	20196	10813	9383	6070	10813	9383	2252	16954	990	19993
长寿乡	28171	14480	13691	8159	14444	13689	3468	22821	1882	27556
乌吉密乡	23365	12070	11295	7268	12065	11292	3020	18800	1545	22726
鱼池乡	8202	4299	3903	3082	4299	3903	895	6680	627	6594
珍珠山乡	14776	7610	7166	5080	7610	7166	1949	11657	1170	13624
老街基乡	17244	8988	8256	5020	8985	8256	2568	13552	1124	16273
马延乡	20362	10332	10030	5951	10302	10010	2741	16212	1409	19438
河东乡	11910	6169	5741	3575	6169	5741	1271	9717	922	8250
苇河林业局	36768	18569	18199	15023	18526	18157	3708	28092	4968	33988
亚布力林业局	34187	17127	17060	13329	17120	17050	3568	26062	4557	31583
五常市	**881224**	**448207**	**433017**	**265430**	**446441**	**431667**	**114636**	**700588**	**66000**	**823904**
五常镇	175105	89406	85699	62047	88719	85027	17805	143473	13827	162590
拉林满族镇	43197	21580	21617	13387	21398	21574	4939	34704	3554	40887
山河镇	62977	31762	31215	19592	31327	30774	7056	50602	5319	53510
小山子镇	33519	17187	16332	9544	17158	16316	5001	26405	2113	30796
安家镇	27485	13968	13517	8219	13919	13505	3839	21682	1964	26208
牛家满族镇	39932	20170	19762	11483	20121	19725	5355	31763	2814	37829
杜家镇	28180	14329	13851	7636	14329	13851	3877	22106	2197	26492
背荫河镇	21352	10937	10415	5827	10823	10359	2888	16592	1872	19747
冲河镇	27378	14150	13228	7557	14150	13228	4424	21274	1680	26015
沙河子镇	30467	15582	14885	8604	15582	14885	4992	23759	1716	29600
向阳镇	34001	17334	16667	9901	17316	16667	4517	27310	2174	32652
兴盛乡	25015	12890	12125	6909	12864	12112	3762	19594	1659	24503
志广乡	24625	12632	11993	7069	12632	11993	3851	19373	1401	23624

表8 续表 6

单位：人、户

地区	总人口			家庭户	家庭户总人口		分年龄人口			居住本地，户口在本地
	合计	男	女	户数	男	女	0-14岁	15-64岁	65岁及以上	
卫国乡	13917	7226	6691	4251	7174	6685	2103	10530	1284	13120
常堡乡	16915	8761	8154	4724	8724	8146	2301	13008	1606	15877
民意乡	22909	11748	11161	6111	11748	11161	3512	18009	1388	21953
龙凤山乡	39675	20046	19629	10892	20037	19623	5461	31761	2453	36577
红旗满族乡	37025	18750	18275	9574	18749	18274	5351	29278	2396	35551
八家子乡	26415	13254	13161	6560	13254	13161	3956	20358	2101	25149
民乐朝鲜族乡	8508	4276	4232	2960	4272	4231	913	6721	874	5396
营城子满族乡	19929	10085	9844	5653	10085	9844	2986	15479	1464	18616
长山乡	42183	21437	20746	11278	21437	20746	5596	33974	2613	40764
兴隆乡	37286	18701	18585	9668	18700	18584	5291	29575	2420	36244
二河乡	19222	9936	9286	5680	9889	9276	2623	15024	1575	18149
山河屯林业局	24007	12060	11947	10304	12034	11920	2237	18234	3536	22055
齐齐哈尔市	**5367003**	**2710067**	**2656936**	**1810534**	**2637924**	**2613462**	**702843**	**4223264**	**440896**	**4884880**
龙沙区	**354987**	**177582**	**177405**	**129875**	**168855**	**171095**	**29019**	**287017**	**38951**	**295837**
五龙街道	60766	30014	30752	21415	28297	29648	5375	47047	8344	54797
湖滨街道	39443	19659	19784	14616	19032	19164	2689	31313	5441	37399
江安街道	51222	25698	25524	20880	25357	25330	3539	40899	6784	48177
正阳街道	52226	25900	26326	19607	25575	26236	3810	43390	5026	46531
彩虹街道	59289	29647	29642	22233	28821	29340	5282	48381	5626	50786
南航街道	62451	31551	30900	21400	26801	26933	4715	52192	5544	40235
龙沙区(镇)直辖地域	29590	15113	14477	9724	14972	14444	3609	23795	2186	17912
建华区	**292579**	**144428**	**148151**	**97426**	**127953**	**129370**	**26912**	**239344**	**26323**	**232245**
中华街道	29326	14478	14848	10694	14261	14674	3092	23543	2691	25381
西大桥街道	39492	19656	19836	14901	19492	19732	4372	31624	3496	32794
卜奎街道	36552	19160	17392	12710	16750	17086	3233	29602	3717	33424
建设街道	50769	25467	25302	19258	24946	24847	4840	41441	4488	43252
文化街道	111388	53685	57703	33148	42687	43699	8911	91769	10708	85279
建华区(镇)直辖地域	25052	11982	13070	6715	9817	9332	2464	21365	1223	12115
铁锋区	**331951**	**171856**	**160095**	**114738**	**156453**	**154400**	**24625**	**267124**	**40202**	**287391**
站前街道	49672	26151	23521	17451	23387	22843	3223	39008	7441	45068
南浦街道	32306	17720	14586	11003	14539	13784	2099	27085	3122	24669
通东街道	47911	24503	23408	16948	24285	23396	3544	37574	6793	42601
光荣街道	44305	22796	21509	14987	20417	20816	3251	35661	5393	40986
龙华街道	59414	30548	28866	18771	25730	26165	4195	48162	7057	49358
北局宅街道	35094	17767	17327	12765	17370	17268	2334	28966	3794	31503
东湖街道	28920	14824	14096	10562	13216	13360	1884	22746	4290	24392
扎龙乡	26270	13366	12904	8985	13366	12904	3268	21356	1646	22945
齐齐哈尔种畜场	8059	4181	3878	3266	4143	3864	827	6566	666	5869
昂昂溪区	**80109**	**40991**	**39118**	**30724**	**39665**	**38855**	**8478**	**63388**	**8243**	**70061**
新兴街道	15244	7734	7510	6019	7332	7319	1580	12067	1597	13587
新建街道	8564	4330	4234	3844	4318	4222	781	6611	1172	7764
林机街道	2710	1409	1301	1084	1409	1301	217	2091	402	2379
道北街道	9312	4712	4600	4207	4664	4588	633	7212	1467	8327
水师营满族镇	11304	5725	5579	3657	5721	5578	1513	9022	769	9035
榆树屯镇	32975	17081	15894	11913	16221	15847	3754	26385	2836	28969
富拉尔基区	**256159**	**129359**	**126800**	**100583**	**126851**	**126069**	**22328**	**202970**	**30861**	**235773**
红岸街道	55920	27791	28129	21726	27648	27969	5201	44522	6197	52381
沿江街道	34280	17209	17071	13986	16874	16972	2917	27281	4082	32993
电力街道	12681	6363	6318	5285	6156	6235	914	10216	1551	11336
幸福街道	27762	14448	13314	10859	13153	13161	1898	21776	4088	25561

表8 续表 7　　　　单位：人、户

地区	总人口 合计	总人口 男	总人口 女	家庭户户数	家庭户总人口 男	家庭户总人口 女	分年龄人口 0-14岁	分年龄人口 15-64岁	分年龄人口 65岁及以上	居住本地，户口在本地
红宝石街道	19393	9825	9568	7911	9767	9539	1590	15131	2672	18579
北兴街道	29286	14688	14598	12261	14658	14590	2454	22977	3855	25527
铁北街道	38137	19405	18732	15470	19002	18556	2318	29988	5831	35519
和平街道	2713	1387	1326	1134	1387	1326	203	2204	306	2140
长青乡	22479	11318	11161	7671	11318	11161	2828	18183	1468	19601
杜尔门沁达斡尔族乡	13508	6925	6583	4280	6888	6560	2005	10692	811	12136
碾子山区	**72151**	**36059**	**36092**	**31264**	**35885**	**36008**	**6532**	**57054**	**8565**	**67945**
东安街道	9997	4926	5071	4534	4917	5071	605	7419	1973	9711
富强街道	19808	9761	10047	8580	9680	10023	1811	15872	2125	18350
跃进街道	16757	8511	8246	7557	8489	8234	1407	13778	1572	15455
繁荣街道	12536	6213	6323	5681	6159	6276	841	9804	1891	12217
碾子山区（镇）直辖地域	13053	6648	6405	4912	6640	6404	1868	10181	1004	12212
梅里斯达斡尔族区	**165852**	**84165**	**81687**	**58611**	**83831**	**81428**	**23804**	**130295**	**11753**	**148433**
梅里斯街道	11682	5833	5849	4548	5674	5662	1426	9265	991	8801
雅尔塞镇	19463	9875	9588	7041	9768	9550	2814	15286	1363	16842
卧牛吐达斡尔族镇	12205	6244	5961	4338	6239	5959	1984	9542	679	10815
达呼店镇	35289	17775	17514	11875	17768	17505	5289	27689	2311	33386
共和镇	19364	9861	9503	6388	9848	9500	3024	15086	1254	18356
莽格吐达斡尔族乡	7165	3677	3488	2584	3677	3488	1128	5619	418	6708
梅里斯乡	41301	21096	20205	14039	21094	20205	5951	32654	2696	38859
哈拉海农场	4742	2375	2367	1887	2343	2356	530	3726	486	3784
北京市双河农场	14641	7429	7212	5911	7420	7203	1658	11428	1555	10882
龙江县	**572764**	**292703**	**280061**	**190378**	**291465**	**279363**	**89045**	**443527**	**40192**	**547043**
龙江镇	139137	70120	69017	51165	69474	68615	19828	109250	10059	127754
景星镇	60912	31221	29691	20421	31080	29641	9879	46831	4202	58759
龙兴镇	44892	23098	21794	13798	23047	21779	7193	34575	3124	43520
山泉镇	54928	28262	26666	17211	28261	26666	8965	42267	3696	53459
七棵树镇	46892	24147	22745	14194	24137	22745	6320	37270	3302	45812
白山乡	25858	13086	12772	8870	13082	12769	4560	19453	1845	24922
黑岗乡	22439	11641	10798	7709	11570	10795	3143	17575	1721	21528
广厚乡	18810	9554	9256	5974	9322	9043	3247	13944	1619	17821
华民乡	26530	13751	12779	8520	13710	12775	4339	20290	1901	25238
哈拉海乡	19839	10221	9618	6449	10217	9617	3206	15304	1329	19209
杏山乡	40457	20749	19708	13312	20744	19707	6514	31355	2588	39281
头站乡	28503	14543	13960	9113	14538	13957	5162	21526	1815	27295
鲁河乡	24788	12616	12172	7607	12600	12170	3614	19348	1826	24191
济沁河乡	18779	9694	9085	6035	9683	9084	3075	14539	1165	18254
依安县	**480035**	**244546**	**235489**	**145655**	**237695**	**233746**	**65672**	**380084**	**34279**	**432265**
依安镇	88983	46790	42193	30313	40663	40594	10352	71667	6964	50113
依龙镇	45215	22536	22679	13919	22486	22665	6963	35204	3048	44057
双阳镇	21696	11329	10367	6449	11233	10309	2894	17136	1666	21450
三兴镇	27262	13780	13482	7414	13701	13476	3885	21418	1959	26546
中心镇	44288	22349	21939	12572	22232	21933	6548	34553	3187	43424
富饶乡	27206	13960	13246	7929	13960	13246	3652	21719	1835	26445
解放乡	19927	10196	9731	5528	10196	9731	2847	15734	1346	19463
阳春乡	24099	12126	11973	7178	12126	11973	3260	19129	1710	23540
新发乡	20556	10624	9932	6209	10283	9872	2715	16321	1520	20028
太东乡	20236	10371	9865	6722	10371	9865	2686	16207	1343	19845
上游乡	20945	10365	10580	6529	10332	10580	2961	16513	1471	20154
红星乡	22050	11124	10926	6234	11124	10926	2937	17692	1421	21553

表8 续表 8

单位：人、户

地　　区	总人口			家庭户	家庭户总人口		分年龄人口			居住本地，户口在本地
	合　计	男	女	户　数	男	女	0-14岁	15-64岁	65岁及以　上	
先锋乡	27320	13736	13584	7475	13728	13584	3831	21651	1838	27062
新屯乡	26580	13368	13212	7450	13368	13212	3647	21056	1877	25904
新兴乡	41015	20498	20517	12533	20498	20517	6323	31977	2715	40092
依安农场	2657	1394	1263	1201	1394	1263	171	2107	379	2589
泰来县	**302027**	**155162**	**146865**	**99545**	**148531**	**145957**	**40762**	**238983**	**22282**	**284124**
泰来镇	82695	44346	38349	29621	37879	37498	8522	67241	6932	76879
平洋镇	21530	10786	10744	6817	10765	10741	2958	17011	1561	20996
汤池镇	17924	9103	8821	5207	9102	8821	2588	14329	1007	16602
江桥蒙古族镇	18443	9268	9175	5973	9232	9137	2513	14522	1408	17547
塔子城镇	15450	7741	7709	5061	7738	7708	2390	11985	1075	14539
大兴镇	30444	15542	14902	9922	15525	14897	4795	23879	1770	28627
和平镇	33437	16863	16574	10286	16862	16574	5311	25827	2299	31555
克利镇	43472	21824	21648	13202	21741	21639	6648	33810	3014	41739
胜利蒙古族乡	16670	8497	8173	5309	8497	8173	2306	13130	1234	15894
宁姜蒙古族乡	15253	7676	7577	5228	7674	7576	2126	12004	1123	14849
泰来农场	2670	1328	1342	1091	1328	1342	239	2157	274	1604
六三监狱	4039	2188	1851	1828	2188	1851	366	3088	585	3293
甘南县	**368734**	**186999**	**181735**	**125526**	**185784**	**180786**	**54221**	**288402**	**26111**	**353148**
甘南镇	83612	42245	41367	30957	41496	40641	11217	66245	6150	78149
音河镇	14819	7527	7292	5248	7499	7280	2544	11304	971	13838
平阳镇	15147	7666	7481	4983	7632	7475	2468	11867	812	14471
东阳镇	29242	14715	14527	9009	14715	14527	4427	23108	1707	28452
巨宝镇	18632	9574	9058	6024	9574	9058	2839	14769	1024	18279
长山乡	27189	13683	13506	8239	13666	13506	4208	21390	1591	26731
中兴乡	35706	18380	17326	10970	18287	17222	5160	28133	2413	34992
兴隆乡	23068	11608	11460	7121	11554	11455	4110	17599	1359	22108
宝山乡	45254	23019	22235	13740	22969	22229	7618	35017	2619	44297
查哈阳乡	16016	8191	7825	4752	8191	7825	2653	12510	853	15279
查哈阳农场	60049	30391	29658	24483	30201	29568	6977	46460	6612	56552
富裕县	**276537**	**140916**	**135621**	**97692**	**137651**	**134524**	**38423**	**217781**	**20333**	**252633**
富裕镇	82756	41307	41449	33743	40532	40566	8910	66492	7354	70349
富路镇	29377	14913	14464	9020	14810	14453	5026	22601	1750	28459
富海镇	18896	9560	9336	6446	9537	9332	2629	14978	1289	18313
二道湾镇	20939	10696	10243	6714	10261	10067	3091	16211	1637	19752
龙安桥镇	14105	7216	6889	4885	7210	6888	2187	10979	939	13098
繁荣乡	17289	8714	8575	5807	8695	8572	2765	13347	1177	16728
绍文乡	15359	7732	7627	4970	7732	7627	2507	11809	1043	15014
忠厚乡	13117	6658	6459	4218	6635	6457	2034	10174	909	12827
友谊乡	25294	12954	12340	8333	12945	12340	4227	19445	1622	23644
塔哈乡	22314	12317	9997	7009	10470	9991	2957	18017	1340	18711
富裕牧场	10179	5241	4938	4339	5237	4936	1178	8173	828	9134
繁荣种畜场	6912	3608	3304	2208	3587	3295	912	5555	445	6604
克山县	**403175**	**201602**	**201573**	**131337**	**200509**	**200584**	**59119**	**311828**	**32228**	**381600**
克山镇	70341	35257	35084	27654	34373	34182	8956	54944	6441	56739
北兴镇	22717	11599	11118	6930	11599	11118	3444	17619	1654	22308
西城镇	23236	11593	11643	6880	11570	11643	4014	17551	1671	22384
古城镇	26218	13184	13034	8115	13184	13034	3509	20673	2036	25718
北联镇	18648	9143	9505	6016	9141	9505	3035	14187	1426	18146
西河镇	22235	11078	11157	6610	11078	11157	3562	17050	1623	21660
河南乡	25640	12855	12785	6932	12855	12785	3816	20085	1739	25398

表8 续表 9　　　　单位：人、户

地　区	总人口			家庭户	家庭户总人口		分年龄人口			居住本地，户口在本地
	合　计	男	女	户　数	男	女	0-14岁	15-64岁	65岁及以上	
双河乡	30593	15694	14899	9426	15626	14899	3985	24319	2289	30193
河北乡	24656	12406	12250	7469	12403	12250	3835	18933	1888	24062
古北乡	18690	9348	9342	5694	9348	9342	3042	14292	1356	18026
西联乡	19543	9515	10028	6088	9515	10028	3031	15198	1314	19042
发展乡	17726	8791	8935	5557	8790	8934	2917	13449	1360	17296
西建乡	17072	8303	8769	5159	8303	8769	2991	12869	1212	16616
向华乡	26079	13039	13040	8261	13034	13040	4300	19762	2017	25135
曙光乡	18769	9340	9429	6036	9312	9427	2880	14547	1342	18294
克山农场	21012	10457	10555	8510	10378	10471	1802	16350	2860	20583
克东县	**264285**	**130085**	**134200**	**89544**	**128867**	**133428**	**43665**	**203746**	**16874**	**237204**
克东镇	64682	32101	32581	24084	31517	31882	10181	50185	4316	43526
宝泉镇	48165	23675	24490	16491	23624	24485	7438	37662	3065	46854
乾丰镇	27277	13067	14210	9601	13063	14209	5178	20433	1666	26415
玉岗镇	37117	18439	18678	12388	18432	18677	6242	28523	2352	36288
金城乡	23698	11712	11986	7309	11438	11950	3688	18433	1577	22748
润津乡	32666	16006	16660	9887	16003	16660	5325	25499	1842	31979
昌盛乡	25011	12256	12755	7558	12254	12752	4907	18587	1517	24297
建业农场	5669	2829	2840	2226	2536	2813	706	4424	539	5097
拜泉县	**519766**	**263105**	**256661**	**153712**	**261892**	**255486**	**70861**	**413983**	**34922**	**495416**
拜泉镇	86872	43589	43283	32748	42832	42231	11308	68271	7293	72383
三道镇	48840	24642	24198	12502	24602	24177	6838	39120	2882	47479
兴农镇	39469	19979	19490	11512	19861	19457	5541	31331	2597	38751
长春镇	36914	18657	18257	10790	18619	18240	4894	29451	2569	36617
龙泉镇	36760	19081	17679	10469	19011	17665	4817	29500	2443	35435
国富镇	26458	13277	13181	7431	13239	13175	4316	20638	1504	24832
富强镇	25091	12718	12373	6870	12718	12373	3293	20201	1597	24501
新生乡	28972	14742	14230	7041	14695	14220	4359	22835	1778	28294
兴国乡	18406	9205	9201	5460	9205	9201	2490	14782	1134	17931
上升乡	21930	11152	10778	6432	11120	10770	3293	17277	1360	21574
兴华乡	25376	12756	12620	7793	12722	12614	3560	20181	1635	24982
大众乡	21049	10687	10362	5749	10687	10362	3107	16617	1325	20667
丰产乡	36172	18378	17794	10136	18373	17794	4589	29294	2289	35610
永勤乡	20618	10543	10075	5978	10509	10067	2536	16686	1396	20290
爱农乡	28606	14410	14196	7360	14410	14196	3830	22957	1819	28068
时中乡	18233	9289	8944	5441	9289	8944	2090	14842	1301	18002
讷河市	**625892**	**310509**	**315383**	**213924**	**306037**	**312363**	**99377**	**477738**	**48777**	**563762**
雨亭街道	69726	33933	35793	27678	32951	35018	11165	53486	5075	46064
通江街道	71275	35940	35335	27896	34206	34389	10132	55611	5532	50322
拉哈镇	32433	15913	16520	12864	15394	15913	3255	25846	3332	28845
二克浅镇	48033	23991	24042	14787	23762	23845	7993	36796	3244	47015
学田镇	39343	19230	20113	12928	19047	19979	6799	29667	2877	37923
龙河镇	43548	22056	21492	13764	21860	21454	7588	32656	3304	42525
讷南镇	31053	15415	15638	9930	15314	15585	5280	23243	2530	29369
六合镇	28151	13876	14275	9246	13844	14271	4338	21829	1984	27197
长发镇	19806	10014	9792	6491	9926	9727	3175	15089	1542	19133
通南镇	34398	16807	17591	10873	16640	17465	6308	25572	2518	33554
同义镇	27874	13804	14070	8553	13757	14065	4382	21311	2181	27165
九井镇	27881	13678	14203	8814	13638	14203	4557	21028	2296	27115
老莱镇	45296	22222	23074	14614	22163	23052	7470	34230	3596	44125
孔国乡	32713	16487	16226	10453	16457	16187	5509	24480	2724	31933

表8　续表 10　　　　　　　　　　　　　　　　　　　　单位：人、户

地　区	总人口			家庭户	家庭户总人口		分年龄人口			居住本地，户口在本地
	合　计	男	女	户　数	男	女	0-14岁	15-64岁	65岁及以上	
和盛乡	20914	10320	10594	6631	10278	10587	3466	15866	1582	20098
同心乡	25071	12458	12613	8323	12443	12611	3900	19029	2142	24405
兴旺鄂温克族乡	24720	12547	12173	8413	12546	12173	3797	19022	1901	23829
黑龙江省老莱监狱	3657	1818	1839	1666	1811	1839	263	2977	417	3145
鸡西市	**1862165**	**950892**	**911273**	**713808**	**930836**	**899295**	**202974**	**1470614**	**188577**	**1545502**
鸡冠区	**365385**	**185461**	**179924**	**131669**	**174285**	**172957**	**36718**	**294596**	**34071**	**287739**
向阳街道	50299	25274	25025	19736	24980	24962	5379	39048	5872	38121
南山街道	60537	30251	30286	20226	25371	26394	5816	49132	5589	46148
立新街道	8945	4757	4188	3558	4459	4132	766	7108	1071	6733
东风街道	62268	31294	30974	22758	31136	30745	5886	50985	5397	55511
红军路街道	43585	22675	20910	14436	19375	19603	4021	36214	3350	33038
西鸡西街道	30437	15432	15005	11664	15233	14667	2793	23937	3707	26114
西山街道	62077	31618	30459	22985	29835	29700	6481	50184	5412	52968
红星乡	23431	12011	11420	7882	11841	11099	2816	18743	1872	12337
西郊乡	23806	12149	11657	8424	12055	11655	2760	19245	1801	16769
恒山区	**160180**	**81697**	**78483**	**66377**	**81617**	**78397**	**14368**	**126097**	**19715**	**147907**
桦木林街道	1253	622	631	602	622	631	91	918	244	1168
大恒山街道	27792	14244	13548	11816	14220	13538	2341	21687	3764	24829
小恒山街道	33291	16884	16407	14155	16884	16407	2528	25758	5005	32690
二道河子街道	25725	13031	12694	11133	13027	12694	2078	20037	3610	24344
张新街道	12464	6373	6091	5611	6372	6090	964	10077	1423	11823
奋斗街道	19557	9934	9623	8299	9905	9548	1938	15541	2078	17290
柳毛街道	6274	3157	3117	2774	3157	3117	520	5080	674	5666
红旗乡	18432	9596	8836	6483	9589	8836	2070	14781	1581	15200
柳毛乡	15392	7856	7536	5504	7841	7536	1838	12218	1336	14897
滴道区	**103646**	**53303**	**50343**	**42354**	**52366**	**50247**	**9232**	**81839**	**12575**	**93465**
东兴街道	20187	10188	9999	8489	9997	9984	1988	16000	2199	16750
矿里街道	30373	15566	14807	12946	15333	14765	2243	24026	4104	28589
洗煤街道	17171	8777	8394	7376	8777	8394	1168	13629	2374	16159
大通沟街道	5965	3000	2965	2899	2996	2965	439	4541	985	5702
滴道河乡	16297	8646	7651	5735	8152	7618	1677	13050	1570	13295
兰岭乡	13653	7126	6527	4909	7111	6521	1717	10593	1343	12970
梨树区	**76361**	**39162**	**37199**	**34234**	**38917**	**37169**	**7111**	**59433**	**9817**	**68788**
街里街道	12273	6280	5993	4783	6265	5973	1428	9519	1326	9817
穆棱街道	24360	12375	11985	12121	12291	11985	1773	18571	4016	23477
平岗街道	19385	9920	9465	8887	9920	9465	1809	15343	2233	17224
碱场街道	6964	3643	3321	3090	3543	3317	655	5340	969	6000
石磷街道	3420	1792	1628	1592	1792	1628	279	2826	315	3420
梨树区(镇)直辖地域	9959	5152	4807	3761	5106	4801	1167	7834	958	8850
城子河区	**127290**	**65005**	**62285**	**51664**	**64210**	**61397**	**11948**	**101789**	**13553**	**101950**
城子河街道	45573	22890	22683	19354	22610	21994	4182	36661	4730	38002
正阳街道	14766	7571	7195	5705	7485	7175	1386	11759	1621	12448
东海街道	13119	6766	6353	5428	6612	6336	1298	10395	1426	10284
城西街道	16946	8784	8162	7342	8767	8160	1402	13221	2323	15125
杏花街道	14635	7488	7147	6037	7374	7102	1357	11830	1448	12000
长青乡	11329	5865	5464	3922	5834	5459	1203	9126	1000	8812
永丰乡	10922	5641	5281	3876	5528	5171	1120	8797	1005	5279
麻山区	**30097**	**15310**	**14787**	**12167**	**15199**	**14736**	**3359**	**23315**	**3423**	**26266**
麻山街道	15463	7755	7708	7186	7701	7661	1525	11781	2157	13430
麻山区(镇)直辖地域	14634	7555	7079	4981	7498	7075	1834	11534	1266	12836

表8 续表 11 单位：人、户

地 区	总人口			家庭户	家庭户总人口		分年龄人口			居住本地，户口在本地
	合 计	男	女	户 数	男	女	0-14岁	15-64岁	65岁及以上	
鸡东县	**273871**	**140452**	**133419**	**99918**	**138331**	**132364**	**34340**	**216562**	**22969**	**228023**
鸡东镇	87766	44561	43205	33531	43416	42556	10282	70129	7355	72627
平阳镇	21529	10891	10638	6942	10890	10631	3193	16769	1567	20604
向阳镇	17422	8883	8539	6169	8870	8534	2424	13604	1394	16403
哈达镇	18392	9496	8896	6734	9483	8892	2445	14394	1553	12897
永安镇	19230	9981	9249	6823	9954	9245	2315	15196	1719	17251
永和镇	18482	9609	8873	6181	9513	8870	2674	14482	1326	16478
东海镇	25127	12899	12228	8414	12542	11908	3400	19584	2143	23044
兴农镇	16848	9159	7689	6339	8952	7683	2239	13736	873	8962
鸡林乡	5657	2782	2875	2801	2773	2862	306	4700	651	1829
明德乡	7345	3746	3599	2798	3740	3599	896	5943	506	5709
下亮子乡	19229	9863	9366	6183	9863	9366	2632	15077	1520	18504
林业局	3638	1885	1753	1433	1821	1750	377	2870	391	2927
八五一零农场	13206	6697	6509	5570	6514	6468	1157	10078	1971	10788
虎林市	**317884**	**162631**	**155253**	**129037**	**160976**	**154554**	**36384**	**247195**	**34305**	**247479**
虎林镇	83005	42047	40958	35014	41366	40621	9863	65272	7870	66969
东方红镇	4804	2504	2300	2055	2504	2300	529	3818	457	4657
迎春镇	8026	4167	3859	3763	4145	3843	922	6141	963	4991
虎头镇	11657	6064	5593	4334	6029	5569	1696	9330	631	8866
杨岗镇	12980	6742	6238	4773	6701	6236	1660	10192	1128	11737
东诚镇	10984	5684	5300	4248	5684	5300	1353	8601	1030	9974
宝东镇	11290	5791	5499	4142	5732	5475	1627	8726	937	9966
新乐乡	7383	3809	3574	2763	3779	3569	1090	5621	672	7202
伟光乡	5872	3029	2843	2092	3029	2843	844	4490	538	5516
珍宝岛乡	4268	2248	2020	1540	2239	2020	629	3426	213	2811
阿北乡	4201	2173	2028	1384	2170	2027	734	3258	209	3389
东方红林业局	34412	17470	16942	14050	17370	16919	3292	25459	5661	27852
迎春林业局	13750	6934	6816	6364	6906	6805	1389	10362	1999	11308
八五零农场	17249	8822	8427	7004	8721	8378	1708	13231	2310	11926
八五四农场	24224	12501	11723	9944	12309	11692	2402	18886	2936	17760
八五六农场	22168	11344	10824	8492	11156	10697	2172	17675	2321	14350
八五八农场	14898	7600	7298	5751	7569	7278	1732	11758	1408	9120
庆丰农场	14447	7415	7032	6242	7333	7013	1470	11446	1531	10574
云山农场	12266	6287	5979	5082	6234	5969	1272	9503	1491	8511
密山市	**407451**	**207871**	**199580**	**146388**	**204935**	**197474**	**49514**	**319788**	**38149**	**343885**
中心街道	93276	46951	46325	36038	45968	45626	10504	74294	8478	73889
密山镇	19481	10024	9457	6067	9526	8868	2062	15757	1662	16959
连珠山镇	17815	9202	8613	6318	9193	8613	2164	14070	1581	16432
当壁镇	9668	4922	4746	3055	4922	4746	1440	7515	713	9403
知一镇	9799	5068	4731	3201	5068	4731	1309	7777	713	8895
黑台镇	17872	9158	8714	6439	9152	8714	2130	14118	1624	15859
兴凯镇	11827	6089	5738	4340	6079	5737	1516	9258	1053	9174
裴德镇	21052	10882	10170	6704	10776	10131	3042	16307	1703	19577
柳毛乡	8222	4204	4018	2579	4204	4018	1188	6439	595	7980
杨木乡	18459	9418	9041	5827	9403	9038	2710	14404	1345	17647
兴凯湖乡	10570	5404	5166	3234	5403	5166	1375	8382	813	10276
承紫河乡	6572	3379	3193	1815	3369	3191	1021	5124	427	6380
白泡子乡	15129	7772	7357	5107	7751	7356	2171	11823	1135	14564
二人班乡	15271	7902	7369	5106	7902	7369	2124	12026	1121	14405
太平乡	11733	5966	5767	3801	5965	5767	1862	8930	941	10853

表8 续表 12

单位：人、户

地　区	总人口			家庭户	家庭户总人口		分年龄人口			居住本地，户口在本地
	合　计	男	女	户　数	男	女	0-14岁	15-64岁	65岁及以上	
和平乡	16517	8491	8026	5764	8367	7987	1880	13328	1309	13230
富源乡	16488	8494	7994	5186	8449	7994	2597	12590	1301	15311
林业局	1513	785	728	611	785	728	140	1205	168	1067
青年水库	344	184	160	135	184	160	20	281	43	218
煤炭工业局	785	465	320	256	360	313	83	684	18	218
经济开发区管理委员会	19	6	13	5	4	6	1	18		1
牡丹江分局局直	12809	6273	6536	5860	6138	6359	1212	9855	1742	9646
八五五农场	12723	6331	6392	5349	6321	6383	1098	9647	1978	11328
八五七农场	15639	8036	7603	5654	7361	7142	1405	12033	2201	13190
八五一一农场	16368	8310	8058	7089	8302	8057	1657	12386	2325	12921
兴凯湖农场	17986	9340	8646	6913	9236	8628	1998	14155	1833	9221
牡丹江分局北大营管委会	6558	3267	3291	2712	3216	3238	567	5012	979	2949
牡丹江分局双峰农场	214	111	103	84	111	103	15	184	15	119
水产养殖有限公司	1293	681	612	522	664	612	111	988	194	990
种畜场	642	338	304	258	338	304	34	543	65	490
水田良种场	174	98	76	96	98	76	14	147	13	148
市良种场	358	182	176	140	182	176	37	284	37	323
校办企业公司	87	45	42	33	45	42	15	67	5	87
蜂蜜山粮库有限公司	188	93	95	90	93	95	12	157	19	135
鹤岗市	**1058665**	**536776**	**521889**	**397954**	**526395**	**513662**	**114560**	**836000**	**108105**	**898847**
向阳区	**110916**	**55493**	**55423**	**40422**	**55271**	**55308**	**10190**	**87360**	**13366**	**94007**
北山街道	12738	6440	6298	5116	6440	6298	1074	10075	1589	10055
红军街道	35389	17553	17836	13447	17503	17799	3105	27855	4429	32894
光明街道	24191	11904	12287	9324	11845	12255	2355	18845	2991	21711
胜利街道	18426	9249	9177	6197	9186	9135	1825	14548	2053	13623
南翼街道	20172	10347	9825	6338	10297	9821	1831	16037	2304	15724
工农区	**140070**	**70274**	**69796**	**56212**	**69655**	**69706**	**14547**	**112599**	**12924**	**122470**
育才街道	29910	14919	14991	11771	14712	14973	3096	24153	2661	25634
红旗街道	20267	10416	9851	8372	10082	9842	1962	16431	1874	14509
新南街道	24341	12377	11964	9917	12366	11957	2383	19688	2270	22593
湖滨街道	12551	6262	6289	5223	6259	6289	1024	9951	1576	11152
解放街道	24178	12101	12077	9418	12098	12074	2742	19301	2135	22652
团结街道	28823	14199	14624	11511	14138	14571	3340	23075	2408	25930
南山区	**119047**	**60418**	**58629**	**46841**	**60161**	**58492**	**11994**	**94550**	**12503**	**104089**
铁西街道	23036	11531	11505	9030	11440	11434	2690	18321	2025	19505
铁东街道	15547	7812	7735	6122	7804	7731	1483	12322	1742	13550
六号街道	15416	7866	7550	5991	7856	7549	1515	12342	1559	13336
大陆街道	16114	8230	7884	6392	8200	7882	1686	13037	1391	13507
富力街道	14287	7371	6916	5498	7365	6889	1311	11339	1637	13399
麓林山街道	34647	17608	17039	13808	17496	17007	3309	27189	4149	30792
兴安区	**74396**	**38040**	**36356**	**28912**	**37976**	**36309**	**7726**	**59674**	**6996**	**66405**
兴安路街道	23274	11814	11460	9006	11804	11458	2641	18458	2175	20236
兴建路街道	14360	7337	7023	5921	7307	7008	1445	11353	1562	12816
兴长路街道	10270	5236	5034	4104	5230	5028	1024	8059	1187	9592
峻德路街道	23521	12070	11451	8684	12053	11427	2387	19416	1718	21123
河东路街道	2971	1583	1388	1197	1582	1388	229	2388	354	2638
东山区	**175239**	**89891**	**85348**	**60791**	**89242**	**84377**	**17650**	**138032**	**19557**	**141614**
工人村街道	20092	10316	9776	6753	10274	9760	1752	15644	2696	18181
新一街道	15766	8134	7632	5817	8061	7616	1454	12416	1896	13288
三街街道	10185	5256	4929	3782	5252	4926	741	8047	1397	9563

表8 续表 13

单位：人、户

地区	总人口			家庭户	家庭户总人口		分年龄人口			居住本地，户口在本地
	合计	男	女	户数	男	女	0-14岁	15-64岁	65岁及以上	
东山街道	20306	10347	9959	6577	10308	9936	1746	16102	2458	19414
鹤兴街道	17348	8919	8429	6439	8889	8419	1636	13818	1894	14567
光宇街道	11507	5953	5554	4379	5743	5545	1115	9201	1191	15
新华镇	18791	9787	9004	6280	9706	8995	2238	14771	1782	17394
红旗乡	11141	5678	5463	3756	5678	5463	1292	8950	899	8641
蔬园乡	14121	7485	6636	4217	7485	6636	1525	11287	1309	11080
东方红乡	14603	7222	7381	4304	7139	6565	1875	11418	1310	12310
鹤岗市林业局	1968	1029	939	884	1027	938	134	1587	247	1661
新华农场	19411	9765	9646	7603	9680	9578	2142	14791	2478	15500
兴山区	**44803**	**22834**	**21969**	**18356**	**22824**	**21960**	**4329**	**35223**	**5251**	**34250**
岭北街道	12161	6377	5784	4991	6374	5784	1229	9682	1250	8507
岭南街道	10402	5298	5104	4375	5291	5095	982	7974	1446	7658
沟北街道	12175	6142	6033	5067	6142	6033	1112	9540	1523	10110
沟南街道	10065	5017	5048	3923	5017	5048	1006	8027	1032	7975
萝北县	**220131**	**111230**	**108901**	**85437**	**107637**	**106668**	**25169**	**171557**	**23405**	**179312**
凤翔镇	44142	21895	22247	16075	21338	21995	6106	34207	3829	29968
鹤北镇	10178	5289	4889	4031	5289	4889	1270	8119	789	7772
名山镇	3493	1830	1663	1399	1830	1663	359	2776	358	3022
团结镇	15456	7810	7646	5061	7689	7562	2259	12281	916	14784
肇兴镇	9399	4708	4691	3565	4703	4691	1348	7354	697	9206
东明朝鲜族乡	3573	1858	1715	1504	1858	1715	264	3010	299	2580
太平沟乡	1903	998	905	696	998	905	253	1507	143	1638
环山乡	2941	1738	1203	743	1163	1050	296	2476	169	1734
萝北县林业局	1000	529	471	461	504	463	60	822	118	707
鹤北林业局	21175	10692	10483	9020	10636	10440	2229	16418	2528	18761
江滨农场	13882	6989	6893	6024	6893	6814	1354	10468	2060	13397
军川农场	15984	8069	7915	6584	7934	7838	1815	12326	1843	14043
名山农场	10587	5533	5054	4544	5126	5008	956	8236	1395	9052
延军农场	7741	3967	3774	3032	3878	3752	802	5996	943	6805
共青农场	13502	6820	6682	5893	6805	6679	1442	10229	1831	11783
宝泉岭农场	44204	22017	22187	16447	20506	20722	4236	34554	5414	33312
萝北县农业局	971	488	483	358	487	482	120	778	73	748
绥滨县	**174063**	**88596**	**85467**	**60983**	**83629**	**80842**	**22955**	**137005**	**14103**	**156700**
绥滨镇	47356	23830	23526	16913	22339	22052	6219	37719	3418	40652
绥东镇	16086	8307	7779	5779	8307	7779	2343	12870	873	15404
忠仁镇	19691	10023	9668	5983	9285	8988	3144	15358	1189	18927
连生乡	12432	6353	6079	4152	6341	6075	1928	9725	779	12068
北岗乡	10500	5273	5227	3174	5032	4705	1580	8315	605	10276
富强乡	4655	2357	2298	1674	2357	2298	704	3664	287	4463
北山乡	4271	2207	2064	1510	2207	2064	680	3323	268	4026
福兴乡	4286	2201	2085	1465	2195	2085	722	3311	253	3966
新富乡	2649	1393	1256	922	1393	1256	442	2054	153	2337
绥滨西林场	82	42	40	32	42	40	6	68	8	74
国营中兴边防林场	101	57	44	30	57	44	13	82	6	89
忠仁镇良种场	140	67	73	52	67	73	22	110	8	140
绥东镇种畜场	463	253	210	165	253	210	79	358	26	451
二九〇农场	19676	9986	9690	8321	9948	9666	1997	14734	2945	16830
绥滨农场	19074	9918	9156	6357	8077	7837	1705	15391	1978	17513
普阳农场	12601	6329	6272	4454	5729	5670	1371	9923	1307	9484

表8　续表 14　　　　　　　　　　　　　　　　　　　　　　单位：人、户

地　区	总人口			家庭户	家庭户总人口		分年龄人口			居住本地，户口在本地
	合　计	男	女	户　数	男	女	0-14岁	15-64岁	65岁及以上	
双鸭山市	**1462626**	**741730**	**720896**	**550098**	**731527**	**714459**	**174077**	**1154832**	**133717**	**1231719**
尖山区	**251368**	**126088**	**125280**	**100574**	**124178**	**123921**	**25972**	**199722**	**25674**	**207986**
二马路街道	36116	17670	18446	13551	17405	18142	4416	28109	3591	31324
八马路街道	65434	32368	33066	26064	32262	32949	7264	51275	6895	54962
中心站街道	33968	17193	16775	13733	16609	16373	3181	26694	4093	28627
富安街道	22733	11421	11312	9592	11420	11311	2217	17948	2568	20608
窑地街道	5527	2839	2688	2408	2839	2688	593	4359	575	3830
长安街道	10389	5328	5061	4179	5328	5061	961	8235	1193	8762
铁西街道	57540	29110	28430	23880	28224	27940	5171	47050	5319	45413
安邦乡	19661	10159	9502	7167	10091	9457	2169	16052	1440	14460
岭东区	**58012**	**30276**	**27736**	**24263**	**29111**	**27560**	**5198**	**45522**	**7292**	**48962**
中山街道	8237	4160	4077	3398	4098	4056	842	6427	968	7019
北山街道	8259	4284	3975	3553	4284	3975	683	6514	1062	7773
南山街道	12507	6437	6070	5417	6391	6057	1118	9838	1551	11281
东山街道	2804	1438	1366	1237	1438	1366	203	2142	459	2405
中心街道	6647	3354	3293	2933	3349	3284	525	5263	859	5734
西山街道	4978	2902	2076	1747	2199	2002	365	4122	491	3525
长胜乡	3261	1722	1539	1079	1690	1538	352	2604	305	2978
岭东区青山旅游公司	421	219	202	171	202	174	32	313	76	198
岭东区岭东经营所	2618	1395	1223	1228	1340	1214	193	1956	469	1671
双鸭山林业局宝山经营所	894	443	451	412	443	451	90	644	160	765
双鸭山林业局大叶沟林场	759	383	376	362	383	376	57	541	161	651
双鸭山林业局上游经营所	1050	618	432	376	413	411	80	869	101	547
双鸭山林业局南瓮泉经营所	1508	797	711	610	793	711	226	1124	158	985
双鸭山林业局七一林场	646	355	291	261	319	291	60	505	81	442
双鸭山林业局七星河林场	529	265	264	254	265	264	47	410	72	447
双鸭山林业局红旗林场	717	361	356	306	361	356	96	543	78	641
双鸭山林业局三岔河林场	1031	537	494	463	537	494	112	755	164	992
双鸭山林业局青龙林场	331	169	162	134	169	162	34	284	13	237
双鸭山林业局宝石经营所	815	437	378	322	437	378	83	668	64	671
四方台区	**62633**	**32375**	**30258**	**25990**	**32207**	**30230**	**7074**	**49781**	**5778**	**47438**
振兴中路街道	18842	9620	9222	8300	9597	9219	1949	14765	2128	13533
振兴东路街道	10903	5646	5257	4532	5638	5257	1061	8340	1502	9208
集贤街道	13376	6986	6390	5653	6905	6385	1389	11024	963	10558
东荣街道	7875	4138	3737	3151	4120	3732	943	6697	235	4466
太保镇	11637	5985	5652	4354	5947	5637	1732	8955	950	9673
宝山区	**129814**	**66319**	**63495**	**53463**	**65686**	**63382**	**12078**	**104206**	**13530**	**117024**
红旗街道	14906	7528	7378	5633	7492	7351	1428	11633	1845	13856
跃进街道	17717	9076	8641	8276	9038	8638	1718	13886	2113	16103
东保卫街道	7624	3944	3680	2955	3944	3680	690	6440	494	6587
七星街道	29955	15291	14664	12383	15153	14626	2497	24195	3263	27886
双阳街道	13328	6898	6430	5913	6685	6425	1248	10919	1161	12363
新安街道	16398	8412	7986	6525	8256	7978	1467	13725	1206	14854
电厂街道	4916	2427	2489	2042	2427	2489	491	4006	419	4233
七星镇	2336	1214	1122	870	1204	1115	299	1809	228	1388
双鸭山农场	14046	7118	6928	5894	7076	6903	1414	10724	1908	11368
红兴隆分局局直	8588	4411	4177	2972	4411	4177	826	6869	893	8386
集贤县	**299890**	**151797**	**148093**	**106205**	**150153**	**146741**	**39760**	**237325**	**22805**	**255793**
福利镇	110534	55372	55162	39393	54204	53917	14365	88021	8148	82267
集贤镇	30361	15483	14878	11419	15437	14872	4073	24063	2225	27369
升昌镇	22484	11501	10983	7258	11491	10983	3159	17762	1563	20833

表8 续表 15 单位：人、户

地区	总人口			家庭户	家庭户总人口		分年龄人口			居住本地，户口在本地
	合计	男	女	户数	男	女	0-14岁	15-64岁	65岁及以上	
丰乐镇	23075	11800	11275	7680	11767	11273	3330	18016	1729	22323
太平镇	18357	9408	8949	6448	9387	8937	2426	14513	1418	17875
腰屯乡	18885	9644	9241	6161	9485	9227	2744	14915	1226	17827
兴安乡	20693	10437	10256	6349	10379	10238	2921	16266	1506	19756
永安乡	25765	13109	12656	9315	13062	12653	3527	20302	1936	24661
太平林场	172	85	87	89	85	87	10	149	13	131
丰乐林场	225	120	105	97	120	105	10	187	28	181
七星林场	283	150	133	103	150	133	25	225	33	246
峻山林场	236	137	99	88	136	99	24	190	22	221
爱林林场	228	110	118	84	110	118	20	176	32	191
腰屯林场	48	26	22	18	26	22	8	39	1	37
升平煤矿	2069	1046	1023	777	1037	1023	295	1702	72	943
黑龙江省双鸭山监狱	6505	3299	3206	2842	3294	3205	540	5053	912	5432
二九一农场	18796	9471	9325	7657	9424	9303	2178	14843	1775	14495
良种场	433	215	218	170	215	218	42	345	46	409
种畜场	438	230	208	156	222	207	43	356	39	408
果树示范场	303	154	149	101	122	121	20	202	81	188
友谊县	**110790**	**55549**	**55241**	**44366**	**54290**	**53964**	**11574**	**87014**	**12202**	**88942**
友谊镇	31123	15475	15648	12779	15013	15194	3384	24290	3449	23748
兴隆镇	10718	5497	5221	4338	5482	5206	1014	8516	1188	8451
龙山镇	3225	1636	1589	1351	1625	1581	260	2665	300	2434
凤岗镇	6325	3252	3073	2515	3250	3071	585	5066	674	6205
兴盛乡	4747	2415	2332	1964	2415	2332	357	3800	590	4327
东建乡	4852	2452	2400	1997	2452	2400	464	3741	647	4345
庆丰乡	4713	2350	2363	1959	2333	2356	361	3679	673	4346
建设乡	5977	3067	2910	2608	3067	2909	542	4633	802	5160
友邻乡	6563	3339	3224	2488	3334	3221	766	5256	541	6088
新镇乡	3699	1977	1722	1130	1599	1374	315	3062	322	3264
成富朝鲜族满族乡	5351	2672	2679	2034	2607	2617	436	4211	704	5089
红兴隆分局局直	23497	11417	12080	9203	11113	11703	3090	18095	2312	15485
宝清县	**400487**	**202967**	**197520**	**140627**	**200557**	**195873**	**53178**	**312703**	**34606**	**350685**
宝清镇	122690	61616	61074	42062	60258	59703	16782	98006	7902	99739
七星泡镇	51842	26327	25515	16688	26169	25497	7875	40328	3639	49186
青原镇	25015	12835	12180	8232	12805	12175	4061	19322	1632	24254
夹信子镇	18213	9238	8975	5611	9206	8971	2461	14546	1206	17339
龙头镇	10984	5671	5313	3830	5665	5309	1444	8665	875	9506
小城子镇	13570	7032	6538	4490	6996	6532	1975	10816	779	11229
朝阳乡	15160	7680	7480	5115	7679	7480	2194	11901	1065	14067
万金山乡	15929	8064	7865	4895	8041	7855	2164	12683	1082	15143
尖山子乡	15586	7861	7725	4974	7860	7724	2515	12071	1000	14982
七星河乡	12478	6369	6109	4146	6369	6109	2104	9527	847	12033
五九七农场	26501	13444	13057	11047	13374	13015	2693	20443	3365	24271
八五二农场	40138	20458	19680	16584	19899	19599	3788	30058	6292	34392
八五三农场	32381	16372	16009	12953	16236	15904	3122	24337	4922	24544
饶河县	**149632**	**76359**	**73273**	**54610**	**75345**	**72788**	**19243**	**118559**	**11830**	**114889**
饶河镇	31174	15610	15564	11737	15163	15377	4057	24709	2408	23497
小佳河镇	10990	5674	5316	4028	5674	5316	1482	8795	713	9401
西丰镇	9264	4721	4543	3262	4693	4539	1504	7151	609	7812
五林洞镇	1076	575	501	397	575	501	141	824	111	931
西林子乡	4660	2414	2246	1637	2411	2246	754	3584	322	4018

表8 续表 16　　　　　　　　　　　　　　　　　　　　单位：人、户

地　　区	总人口			家庭户	家庭户总人口		分年龄人口			居住本地，户口在本地
	合　计	男	女	户　数	男	女	0-14岁	15-64岁	65岁及以上	
四排乡	1364	718	646	482	718	646	214	1065	85	1168
大佳河乡	3693	1906	1787	1318	1905	1784	555	2810	328	3085
山里乡	5951	3040	2911	1971	3038	2911	1058	4584	309	5510
大通河乡	3990	2058	1932	1412	2051	1932	517	3192	281	3406
小佳河林场	154	84	70	57	75	70	23	123	8	48
威山林场	360	187	173	147	187	173	42	300	18	208
西丰林场	365	201	164	154	201	164	29	299	37	297
大牙克林场	462	241	221	200	241	221	53	343	66	217
石场林场	1326	709	617	540	709	617	117	987	222	1023
宝马山林场	575	290	285	240	290	285	91	432	52	336
大岱林场	860	446	414	350	446	414	70	687	103	576
永幸林场	782	401	381	295	401	381	121	575	86	513
奇源林场	629	332	297	230	332	297	78	493	58	453
五林洞林场	2181	1107	1074	759	1107	1074	279	1759	143	1559
饶河农场	11764	5967	5797	4422	5882	5788	1191	9494	1079	9642
红旗岭农场	9384	4774	4610	3578	4722	4595	954	7351	1079	7407
八五九农场	21074	10801	10273	7282	10715	10244	2423	16899	1752	15633
胜利农场	14677	7521	7156	5415	7284	6960	1718	11682	1277	10622
红卫农场	12877	6582	6295	4697	6525	6253	1772	10421	684	7527
大庆市	**2904532**	**1464252**	**1440280**	**967070**	**1383518**	**1384509**	**376711**	**2326131**	**201690**	**2274324**
萨尔图区	**328808**	**166414**	**162394**	**108119**	**147657**	**151915**	**39322**	**265931**	**23555**	**196579**
萨尔图街道	19720	10680	9040	6741	9410	8768	2810	15959	951	2419
铁人街道	36780	18484	18296	12942	17081	17679	3928	29686	3166	19458
友谊街道	8253	4314	3939	2763	3570	3636	1002	6660	591	2178
富强街道	18322	9079	9243	6275	7961	8231	1706	14325	2291	9070
拥军街道	20096	10152	9944	6699	8602	8715	1962	16257	1877	13313
会战街道	38673	19153	19520	13336	17500	17854	4856	31317	2500	12536
火炬街道	17320	9864	7456	4751	6190	6292	1531	14778	1011	8979
东风街道	78410	39193	39217	24983	33778	35896	8924	63958	5528	51112
东安街道	91234	45495	45739	29629	43565	44844	12603	72991	5640	77514
龙凤区	**352404**	**178142**	**174262**	**115923**	**152428**	**156079**	**41210**	**289147**	**22047**	**217204**
龙凤街道	54035	26193	27842	20326	25589	27065	6370	42087	5578	44025
兴化街道	42642	21498	21144	15895	20483	20843	4242	35164	3236	38166
卧里屯街道	17459	8633	8826	7185	8348	8788	1786	13562	2111	12757
东光街道	30555	15964	14591	10999	13702	14182	3161	24982	2412	18558
三永街道	29022	15044	13978	10459	13898	13866	4179	23842	1001	8254
开发区黎明街道	123864	62669	61195	31508	42943	44845	13895	104956	5013	69549
龙凤镇	54827	28141	26686	19551	27465	26490	7577	44554	2696	25895
让胡路区	**564534**	**281851**	**282683**	**198752**	**262112**	**266245**	**69127**	**455680**	**39727**	**399839**
龙岗街道	86212	42534	43678	31393	40750	42083	10144	68981	7087	68150
银浪街道	54235	26688	27547	20209	26366	27355	6170	44793	3272	42261
奋斗街道	85965	41969	43996	26720	35312	36488	9251	69154	7560	62507
庆新街道	29598	15694	13904	10373	12666	13111	2492	24007	3099	21676
西宾街道	111529	55115	56414	39058	51816	52252	13905	91342	6282	76954
乘风街道	100207	49678	50529	35635	47813	49018	14201	78631	7375	83305
喇嘛甸镇	83280	42939	40341	30355	40857	39779	11428	67769	4083	41424
红骥牧场	4594	2409	2185	1769	2268	2142	525	3662	407	1397
星火牧场	1569	788	781	617	788	781	206	1239	124	591
银浪牧场	7345	4037	3308	2623	3476	3236	805	6102	438	1574
红岗区	**169522**	**86343**	**83179**	**58439**	**78201**	**79490**	**18293**	**138875**	**12354**	**112331**

表8 续表 17

单位：人、户

地区	总人口			家庭户	家庭户总人口		分年龄人口			居住本地，户口在本地
	合计	男	女	户数	男	女	0-14岁	15-64岁	65岁及以上	
红岗街道	38801	19421	19380	14089	17835	18446	4098	31640	3063	27481
八百垧街道	38252	19478	18774	13376	17743	18102	3741	31593	2918	29943
杏南街道	15671	7780	7891	5649	7328	7630	1541	12949	1181	13771
解放街道	28063	14324	13739	9468	12216	12632	2733	22989	2341	10961
创业街道	8356	4103	4253	3176	4034	4221	845	6788	723	6252
杏树岗镇	37523	19247	18276	12364	18684	18128	5272	30165	2086	23921
红岗区铁人生态工业园区	2293	1576	717	261	300	275	54	2200	39	2
大庆庆南工业园区	563	414	149	56	61	56	9	551	3	
大同区	**234557**	**117559**	**116998**	**74998**	**114686**	**114732**	**32053**	**187333**	**15171**	**197251**
庆葡街道	10470	5293	5177	4302	5166	5116	920	9199	351	9596
高平街道	9261	4575	4686	3421	4489	4644	1178	7709	374	7774
林源街道	15743	7717	8026	5872	7127	7360	1571	12767	1405	11684
立志街道	1447	742	705	493	740	705	170	1182	95	584
新华街道	4881	2386	2495	2073	2386	2495	493	3882	506	3859
大同街道	19332	9482	9850	6268	8590	9038	2485	15483	1364	12588
大同镇	30372	14947	15425	9051	14477	14933	4452	23900	2020	26599
高台子镇	24830	12602	12228	7240	12350	12199	3744	19652	1434	21245
太阳升镇	12465	6339	6126	3739	6331	6120	1937	9762	766	10503
林源镇	15672	7951	7721	5421	7887	7665	2209	12447	1016	13141
祝三乡	23054	11744	11310	6754	11590	11258	3358	18104	1592	21693
老山头乡	17406	8793	8613	5235	8786	8613	2583	13742	1081	15179
八井子乡	25218	12650	12568	7420	12581	12554	3731	19975	1512	21761
双榆树乡	14368	7319	7049	4315	7202	7026	2054	11339	975	12679
和平牧场	10038	5019	5019	3394	4984	5006	1168	8190	680	8366
肇州县	**387463**	**196556**	**190907**	**119562**	**194939**	**189477**	**53333**	**306896**	**27234**	**352083**
肇州镇	114009	57365	56644	40120	55970	55269	14864	91059	8086	90971
永乐镇	19993	10186	9807	5942	10186	9806	2926	15634	1433	19328
丰乐镇	18381	9399	8982	6033	9349	8967	2288	14678	1415	17468
朝阳沟镇	28996	14867	14129	8523	14817	14116	4187	22917	1892	26594
兴城镇	41642	21180	20462	12335	21179	20460	5960	32917	2765	39895
二井镇	36544	18732	17812	10472	18683	17804	5183	28873	2488	35432
双发乡	19536	9949	9587	5400	9940	9583	2644	15505	1387	18757
托古乡	22025	11108	10917	6469	11108	10917	2935	17483	1607	20855
朝阳乡	19134	9650	9484	5432	9650	9484	2738	15004	1392	18103
永胜乡	17758	9087	8671	4749	9087	8671	2432	14075	1251	17246
榆树乡	19397	9862	9535	5641	9862	9535	2807	15187	1403	18498
新福乡	27541	13870	13671	7559	13807	13659	4110	21514	1917	26590
乐园良种场	867	445	422	282	445	422	107	716	44	781
卫星种畜场	1640	856	784	605	856	784	152	1334	154	1565
肇源县	**388828**	**195625**	**193203**	**124116**	**194297**	**191726**	**54735**	**306134**	**27959**	**361127**
肇源镇	93505	46559	46946	35879	45678	45589	12165	73920	7420	82444
三站镇	23855	11780	12075	6344	11688	12034	3566	18588	1701	22804
二站镇	30105	15158	14947	9342	15158	14942	4623	23360	2122	28551
茂兴镇	17556	8799	8757	5263	8793	8757	2441	13981	1134	16206
古龙镇	25292	12898	12394	7315	12898	12394	3578	20030	1684	24521
新站镇	38478	19365	19113	12095	19222	19069	5393	30554	2531	35556
头台镇	18734	9596	9138	5454	9543	9131	3023	14456	1255	17468
古恰镇	23510	11959	11551	7564	11875	11539	3397	18309	1804	21902
福兴乡	18364	9247	9117	5149	9247	9117	2666	14414	1284	17363
薄荷台乡	15619	7879	7740	4422	7879	7740	2382	12136	1101	14953

表8 续表 18

单位：人、户

地区	总人口			家庭户	家庭户总人口		分年龄人口			居住本地，户口在本地
	合计	男	女	户数	男	女	0-14岁	15-64岁	65岁及以上	
和平乡	12524	6405	6119	3880	6403	6119	1705	9976	843	12005
超等乡	13788	6961	6827	4109	6958	6827	1948	10827	1013	13407
民意乡	15411	7736	7675	4352	7703	7673	2241	12050	1120	15021
义顺乡	14506	7396	7110	4465	7394	7110	1968	11609	929	13949
浩德乡	7039	3568	3471	2054	3561	3471	952	5563	524	6568
大兴乡	11671	5845	5826	3316	5838	5821	1685	9181	805	10892
肇源农场	3828	1923	1905	1404	1918	1901	432	3048	348	2805
种畜场	1214	611	603	380	603	603	120	1009	85	1121
新立良种繁育场	1426	728	698	442	728	698	172	1159	95	1402
立陡山良种场	415	210	205	132	210	205	65	325	25	385
果树示范场	55	28	27	19	28	27	6	39	10	47
经济作物示范场	638	307	331	190	307	331	64	549	25	627
茂兴湖水产养殖场	1295	667	628	546	665	628	143	1051	101	1130
林甸县	**244578**	**123578**	**121000**	**86349**	**122863**	**120514**	**35421**	**192460**	**16697**	**224605**
林甸镇	69582	34755	34827	26545	34272	34391	9528	54778	5276	57307
红旗镇	20469	10391	10078	7099	10391	10078	3237	15936	1296	19350
花园镇	32648	16573	16075	11408	16462	16057	5245	25450	1953	30892
东兴乡	25057	12797	12260	8252	12797	12260	3596	19787	1674	24221
宏伟乡	17121	8634	8487	6199	8528	8466	2395	13431	1295	16469
三合乡	26523	13475	13048	8718	13475	13048	3960	20938	1625	25402
四合乡	22254	11240	11014	7277	11237	11014	3179	17645	1430	21544
黎明乡	26242	13390	12852	9153	13387	12852	3722	20752	1768	25554
林甸县长青林场	374	192	182	148	192	182	26	313	35	159
巨浪牧场	2485	1218	1267	920	1216	1261	339	1929	217	2209
国营苇场	937	457	480	336	457	480	93	787	57	802
新兴畜牧场	886	456	430	294	449	425	101	714	71	696
杜尔伯特蒙古族自治县	**233838**	**118184**	**115654**	**80812**	**116335**	**114331**	**33217**	**183675**	**16946**	**213305**
泰康镇	66589	32850	33739	24993	31698	32527	8304	52798	5487	57930
胡吉吐莫镇	10588	5345	5243	3417	5303	5235	1569	8377	642	9537
烟筒屯镇	20856	10742	10114	6893	10451	10095	2989	16317	1550	19207
他拉哈镇	19852	10148	9704	6332	10063	9690	3076	15477	1299	18446
一心乡	20099	10274	9825	7050	10160	9815	2757	15917	1425	18062
克尔台乡	14564	7345	7219	4839	7292	7217	2125	11448	991	13837
白音诺勒乡	15206	7726	7480	5305	7656	7434	2241	11671	1294	14207
敖林西伯乡	15788	8124	7664	5437	8111	7660	2637	12279	872	14679
巴彦查干乡	15812	8144	7668	5151	8139	7667	2457	12377	978	15077
腰新乡	19733	10033	9700	6228	10033	9700	2895	15517	1321	19277
江湾乡	7121	3608	3513	2296	3607	3511	1150	5640	331	6495
绿色草原牧场	4890	2444	2446	1906	2424	2441	612	3755	523	4120
大山种羊场	2740	1401	1339	965	1398	1339	405	2102	233	2431
伊春市	**1148126**	**574363**	**573763**	**462944**	**565172**	**567117**	**108967**	**905971**	**133188**	**1046783**
伊春区	**145954**	**71583**	**74371**	**55720**	**67175**	**70531**	**13773**	**116492**	**15689**	**126199**
旭日街道	36121	17820	18301	14945	17535	17851	2718	28808	4595	32239
红升街道	47423	23735	23688	18398	22154	23521	4534	37602	5287	44738
前进街道	48313	23265	25048	16563	20937	21922	5100	39066	4147	38109
朝阳街道	8918	4077	4841	3907	3927	4756	908	6892	1118	7406
东升街道	5179	2686	2493	1907	2622	2481	513	4124	542	3707
南岔区	**118593**	**59336**	**59257**	**48315**	**58537**	**58700**	**9307**	**93708**	**15578**	**107701**
西水街道	21308	10650	10658	8670	10636	10649	1419	16828	3061	20776
联合街道	31436	15435	16001	12486	15365	15926	2752	24706	3978	28901

表8 续表 19　　　　单位：人、户

地 区	总人口			家庭户	家庭户总人口		分年龄人口			居住本地，户口在本地
	合 计	男	女	户 数	男	女	0-14岁	15-64岁	65岁及以上	
东升街道	20810	10301	10509	8435	9924	10172	1310	16585	2915	18379
晨明镇	9810	5014	4796	3989	5013	4796	810	8012	988	9395
浩良河镇	15639	7981	7658	6447	7869	7646	1520	12206	1913	13560
迎春乡	5075	2636	2439	2019	2618	2437	428	4063	584	4476
三岔河林场	645	340	305	266	340	305	45	499	101	586
四合营林场	564	295	269	248	295	269	47	462	55	501
亮子河林场	474	238	236	231	238	236	40	382	52	437
石头河林场	768	387	381	319	387	381	54	607	107	759
岩石经营所	628	315	313	270	315	313	37	494	97	437
奋斗经营所	739	395	344	376	395	344	39	547	153	724
桦阳经营所	808	402	406	335	402	406	60	638	110	749
浩良河经营所	1017	505	512	414	505	512	88	806	123	960
太平经营所	523	265	258	234	265	258	35	401	87	430
南岔经营所	585	317	268	253	256	259	28	462	95	415
威岭经营所	253	126	127	106	126	127	17	183	53	220
松青经营所	2277	1129	1148	1037	1129	1148	110	1768	399	1536
柳树经营所	637	326	311	267	326	311	38	473	126	588
浩良河化肥厂	4597	2279	2318	1913	2133	2205	430	3586	581	3872
友好区	**53493**	**26701**	**26792**	**22180**	**25833**	**25944**	**4301**	**41683**	**7509**	**44938**
友好街道	19367	9559	9808	7115	8775	8985	1653	15577	2137	13945
双子河街道	13786	6921	6865	5891	6889	6849	1105	10527	2154	12794
铁林街道	16304	8152	8152	7407	8121	8143	1276	12417	2611	14746
三合经营所	714	345	369	305	343	369	53	521	140	654
松园林场	200	103	97	99	103	97	7	168	25	159
中心经营所	423	214	209	188	214	209	28	332	63	310
永青经营所	137	67	70	67	67	70	8	102	27	111
碧云经营所	427	223	204	186	223	204	28	333	66	407
友谊经营所	479	259	220	194	242	220	38	391	50	414
青杨经营所	262	132	130	113	132	130	18	189	55	228
岭峰林场	162	77	85	64	77	85	4	138	20	146
奋斗林场	62	36	26	32	36	26	3	58	1	40
东卡林场	116	63	53	49	63	53	8	93	15	109
鸡爪河林场	102	55	47	45	55	47	4	85	13	88
绿源林场	83	46	37	36	46	37	4	75	4	66
广川经营所	297	149	148	141	149	148	24	223	50	261
朝阳经营所	572	300	272	248	298	272	40	454	78	460
西林区	**52741**	**27047**	**25694**	**21947**	**26662**	**25404**	**4864**	**42916**	**4961**	**50207**
西林街道	26490	13588	12902	11010	13308	12658	2384	21585	2521	24964
新兴街道	21238	10855	10383	8893	10758	10339	2182	17243	1813	20514
苔青街道	5013	2604	2409	2044	2596	2407	298	4088	627	4729
翠峦区	**44960**	**22426**	**22534**	**18041**	**22132**	**22480**	**3643**	**35906**	**5411**	**42470**
向阳街道	16484	8132	8352	6628	8091	8349	1363	13233	1888	15838
曙光街道	22608	11287	11321	8949	11208	11289	1882	18044	2682	21250
解放经营所	819	415	404	359	415	404	50	629	140	759
昆仑气林场	750	446	304	284	284	291	35	630	85	544
开源河林场	257	131	126	101	131	126	12	208	37	240
么河经营所	2051	1039	1012	813	1031	1009	172	1612	267	1945
冲锋经营所	616	306	310	265	302	307	42	488	86	570
翠峦河经营所	385	184	201	196	184	201	29	280	76	357
抚育河经营所	441	218	223	202	218	223	26	341	74	427

表8　续表 20　　　　单位：人、户

地区	总人口 合计	总人口 男	总人口 女	家庭户户数	家庭户总人口 男	家庭户总人口 女	分年龄人口 0-14岁	分年龄人口 15-64岁	分年龄人口 65岁及以上	居住本地，户口在本地
尖山河经营所	549	268	281	244	268	281	32	441	76	540
新青区	**43061**	**21521**	**21540**	**17406**	**21268**	**21394**	**3803**	**33894**	**5364**	**37995**
新青街道	19944	9928	10016	7766	9679	9872	1815	15781	2348	17486
兴安街道	16813	8387	8426	7116	8387	8426	1443	13219	2151	14885
红林经营所	536	267	269	215	267	269	48	394	94	507
松林林场	440	217	223	189	217	223	37	325	78	418
泉林林场	350	193	157	140	192	157	34	281	35	298
水源林场	1020	532	488	408	532	488	85	811	124	939
笑山林场	520	262	258	207	262	258	56	379	85	485
汤林林场	1020	501	519	364	498	517	103	770	147	899
桦林经营所	356	177	179	138	177	179	30	266	60	341
青林林场	370	181	189	154	181	189	20	302	48	347
结源林场	330	172	158	142	172	158	31	256	43	298
北沟林场	159	86	73	71	86	73	12	126	21	125
南沟林场	168	90	78	76	90	78	10	150	8	102
乌拉嘎经营所	291	149	142	126	149	142	19	227	45	227
柳树河林场	362	197	165	150	197	165	30	309	23	276
北影林场	382	182	200	144	182	200	30	298	54	362
美溪区	**41028**	**21350**	**19678**	**16482**	**21347**	**19676**	**2867**	**31969**	**6192**	**40327**
美溪街道	31247	16281	14966	12309	16280	14966	2247	24069	4931	30891
大西林林场	4271	2189	2082	1676	2189	2082	311	3401	559	4149
五道库经营所	789	414	375	372	414	375	34	654	101	762
缓岭经营所	575	313	262	273	312	262	19	452	104	530
对青山经营所	811	415	396	384	415	396	46	651	114	783
群峦经营所	366	180	186	160	180	186	26	300	40	355
兰新经营所	398	204	194	185	204	194	23	303	72	386
顺利河林场	299	150	149	135	150	149	15	248	36	292
松岭经营所	363	202	161	144	202	161	23	303	37	355
青山口林场	291	156	135	125	156	135	11	258	22	281
金沙河林场	218	120	98	95	120	98	14	190	14	194
桦皮羌子林场	238	122	116	110	122	116	19	186	33	230
碧仓库林场	168	90	78	74	90	78	3	153	12	157
三股流经营所	594	316	278	264	316	278	44	489	61	574
卧龙河林场	400	198	202	176	197	200	32	312	56	388
金山屯区	**39218**	**19931**	**19287**	**15731**	**19778**	**19282**	**2989**	**31317**	**4912**	**38157**
奋斗街道	24736	12544	12192	9726	12393	12187	1937	19871	2928	24142
金山街道	6241	3188	3053	2476	3187	3053	461	4935	845	6112
白山林场	1395	736	659	584	735	659	75	1139	181	1371
丰岭林场	543	267	276	220	267	276	41	418	84	505
丰林林场	887	443	444	385	443	444	64	695	128	849
丰沟经营所	673	348	325	257	348	325	44	531	98	672
丰茂林场	937	484	453	427	484	453	61	714	162	928
横山经营所	859	440	419	361	440	419	82	712	65	855
丰丽林场	949	466	483	430	466	483	62	710	177	904
大昆仑经营所	833	416	417	363	416	417	72	656	105	779
小昆仑林场	1017	524	493	433	524	493	83	810	124	912
育林经营所	148	75	73	69	75	73	7	126	15	128
五营区	**33988**	**17174**	**16814**	**15193**	**17017**	**16786**	**2865**	**26506**	**4617**	**31786**
五营街道	27041	13516	13525	12034	13491	13512	2396	20984	3661	25900
五星街道	3288	1694	1594	1547	1691	1594	246	2587	455	2559

表8 续表 21 单位：人、户

地区	总人口			家庭户	家庭户总人口		分年龄人口			居住本地，户口在本地
	合计	男	女	户数	男	女	0-14岁	15-64岁	65岁及以上	
翠北林场	891	516	375	411	425	360	19	761	111	701
前丰林场	510	272	238	203	272	238	35	412	63	500
永丰经营所	200	104	96	105	104	96	3	167	30	198
平原经营所	405	205	200	168	205	200	45	306	54	382
丽丰经营所	340	177	163	154	177	163	24	286	30	336
杨树河经营所	479	274	205	210	236	205	29	391	59	425
平山经营所	316	159	157	143	159	157	20	226	70	296
丽林经营所	518	257	261	218	257	261	48	386	84	489
乌马河区	**31416**	**15859**	**15557**	**13212**	**15718**	**15538**	**2615**	**25130**	**3671**	**26773**
乌马河街道	24583	12328	12255	10236	12322	12250	2251	19723	2609	21578
伊敏林场	2292	1151	1141	972	1146	1141	154	1795	343	1445
伊东经营所	534	279	255	265	279	255	19	424	91	468
东方红农场	83	40	43	33	40	43	6	62	15	51
翠岭经营所	678	347	331	300	347	331	28	529	121	628
河北经营所	261	132	129	105	132	129	18	219	24	135
青山林场	519	267	252	271	267	252	25	390	104	471
育苗经营所	858	452	406	345	452	406	46	699	113	820
安全经营所	276	137	139	135	137	139	12	214	50	251
伊青经营所	217	112	105	106	104	105	12	167	38	162
前进经营所	137	67	70	66	67	70	2	109	26	132
西岭林场	384	192	192	159	187	191	16	302	66	321
伊林经营所	594	355	239	219	238	226	26	497	71	311
汤旺河区	**30979**	**15664**	**15315**	**12840**	**15598**	**15281**	**2862**	**24350**	**3767**	**29191**
河南街道	16238	8075	8163	6624	8035	8134	1579	12747	1912	15204
河北街道	10935	5605	5330	4542	5579	5325	951	8550	1434	10638
日新林场	273	141	132	123	141	132	22	208	43	268
石林林场	195	103	92	94	103	92	5	157	33	185
东升林场	118	59	59	58	59	59	10	96	12	116
二龙山林场	107	60	47	68	60	47	3	88	16	105
高峰林场	314	162	152	126	162	152	21	243	50	309
二清河林场	395	206	189	180	206	189	32	306	57	374
守虎山林场	379	196	183	160	196	183	35	310	34	291
泉石林场	209	107	102	105	107	102	9	170	30	203
峻岭林场	228	117	111	93	117	111	7	214	7	221
育林经营所	352	179	173	147	179	173	28	274	50	232
团结经营所	424	209	215	167	209	215	55	338	31	338
磨石山经营所	355	189	166	145	189	166	43	296	16	262
中心苗卜	79	41	38	46	41	38	3	58	18	70
克林经营所	378	215	163	162	215	163	59	295	24	375
带岭区	**32259**	**15992**	**16267**	**14493**	**15934**	**16244**	**2340**	**25580**	**4339**	**30966**
带岭街道	28696	14217	14479	12760	14159	14456	2131	22794	3771	27559
大青川林场	1138	557	581	591	557	581	54	871	213	1049
东方红林场	1004	500	504	480	500	504	76	799	129	997
秀水林场	15	7	8	6	7	8		15		15
永翠林场	172	89	83	81	89	83	8	127	37	154
明月林场	138	71	67	66	71	67	2	101	35	126
红光林场	99	49	50	55	49	50	3	80	16	96
秋沙鸭自然保护区	37	21	16	16	21	16	3	32	2	37
北列林场	243	122	121	119	122	121	13	188	42	231
南列林场	340	174	166	143	174	166	28	257	55	339

表8 续表 22

单位：人、户

地区	总人口			家庭户	家庭户总人口		分年龄人口			居住本地，户口在本地
	合计	男	女	户数	男	女	0-14岁	15-64岁	65岁及以上	
寒月林场	230	108	122	108	108	122	11	191	28	223
环山林场	144	76	68	67	76	68	11	122	11	137
凉水自然保护区	3	1	2	1	1	2		3		3
乌伊岭区	**21147**	**10678**	**10469**	**9176**	**10670**	**10469**	**1952**	**16572**	**2623**	**19984**
乌伊岭街道	17032	8547	8485	7305	8539	8485	1639	13272	2121	16190
上游林场	410	214	196	188	214	196	30	309	71	400
美峰林场	505	258	247	234	258	247	38	396	71	468
美林林场	348	172	176	160	172	176	24	294	30	335
建新林场	315	172	143	126	172	143	31	246	38	315
移山林场	289	155	134	137	155	134	16	226	47	257
林海林场	429	226	203	206	226	203	30	325	74	415
桔源经营所	420	213	207	206	213	207	28	338	54	415
东克林林场	321	158	163	145	158	163	25	248	48	288
福民林场	300	155	145	130	155	145	21	270	9	274
阿廷河林场	150	78	72	69	78	72	11	137	2	126
永胜经营所	230	121	109	94	121	109	25	179	26	198
前卫林场	398	209	189	176	209	189	34	332	32	303
红星区	**21845**	**10887**	**10958**	**11062**	**10879**	**10951**	**1876**	**16690**	**3279**	**20886**
红星街道	18890	9372	9518	9527	9364	9511	1676	14442	2772	18024
清水河经营所	351	179	172	183	179	172	21	259	71	336
五星河经营所	207	98	109	105	98	109	23	140	44	200
汤洪岭林场	379	199	180	190	199	180	20	284	75	370
汤北林场	412	206	206	224	206	206	18	303	91	406
霍吉河林场	196	96	100	90	96	100	16	172	8	190
二杨经营所	179	92	87	95	92	87	7	141	31	178
三杨林场	193	100	93	118	100	93	5	147	41	191
汤南林场	476	251	225	242	251	225	43	330	103	471
共青经营所	229	121	108	124	121	108	21	173	35	225
库斯特林场	156	83	73	76	83	73	12	143	1	142
二皮河经营所	177	90	87	88	90	87	14	156	7	153
上甘岭区	**19496**	**9602**	**9894**	**7440**	**9476**	**9868**	**1420**	**15109**	**2967**	**18242**
红山街道	16792	8195	8597	6237	8173	8583	1296	12980	2516	15874
山峰林场	1	1		1	1			1		1
阳光林场	81	40	41	33	40	41	4	77		81
新风林场	139	77	62	58	57	62	5	127	7	109
卫国林场	372	182	190	191	182	190	4	297	71	366
查山经营所	148	72	76	78	72	76	4	106	38	144
长青经营所	358	181	177	164	181	177	22	275	61	297
青山农场	271	132	139	114	132	139	12	228	31	260
溪水经营所	672	381	291	243	297	279	44	532	96	506
蔚兰经营所	208	105	103	96	105	103	12	149	47	182
永绪经营所	135	70	65	68	70	65	2	104	29	124
美林经营所	189	100	89	89	100	89	10	143	36	176
红山经营所	130	66	64	68	66	64	5	90	35	122
嘉荫县	**68579**	**34961**	**33618**	**25792**	**34276**	**33428**	**9518**	**53430**	**5631**	**54802**
朝阳镇	26047	13099	12948	10186	12565	12816	3597	20246	2204	20435
乌云镇	7894	3997	3897	2740	3963	3866	1347	5881	666	6737
乌拉嘎镇	4582	2399	2183	1997	2322	2166	388	3835	359	2317
常胜乡	2722	1413	1309	950	1412	1309	388	2129	205	2391
向阳乡	5571	2905	2666	1857	2886	2659	860	4354	357	4805

表8　续表 23　　　　单位：人、户

地　区	总人口			家庭户	家庭户总人口		分年龄人口			居住本地，户口在本地
	合　计	男	女	户　数	男	女	0-14岁	15-64岁	65岁及以上	
沪嘉乡	2255	1152	1103	808	1149	1103	389	1739	127	1784
红光乡	2620	1351	1269	881	1350	1269	370	2096	154	2065
保兴乡	6575	3445	3130	2333	3438	3130	972	5231	372	5370
青山乡	2029	1051	978	678	1046	975	265	1635	129	1674
太平林场	118	60	58	58	60	58	3	94	21	67
清河林场	96	52	44	40	52	44	7	71	18	65
马连林场	189	97	92	81	97	92	9	168	12	41
嘉荫农场	7881	3940	3941	3183	3936	3941	923	5951	1007	7051
铁力市	**349369**	**173651**	**175718**	**137914**	**172872**	**175141**	**37972**	**274719**	**36678**	**326159**
铁力镇	107621	53438	54183	42707	53209	53866	11511	85532	10578	101480
双丰镇	49248	24549	24699	18237	24491	24672	6426	38499	4323	45521
桃山镇	51591	25904	25687	19295	25902	25686	5232	41229	5130	49163
朗乡镇	45455	22178	23277	20593	22108	23224	4378	34934	6143	42908
年丰乡	12610	6325	6285	4438	6325	6285	1491	10182	937	11079
工农乡	10160	5076	5084	3544	5076	5083	1346	8141	673	8473
王杨乡	13608	6662	6946	4428	6655	6946	2074	10658	876	12496
铁力林业局	14393	7277	7116	6235	7040	7084	1154	11203	2036	13291
双丰林业局	10325	5053	5272	4339	5040	5266	1012	7685	1628	9898
桃山林业局	11165	5752	5413	4244	5730	5407	1270	8664	1231	10135
朗乡林业局	13842	7032	6810	6058	7032	6810	1140	10479	2223	13534
铁力农场	9351	4405	4946	3796	4264	4812	938	7513	900	8181
佳木斯市	**2552097**	**1306592**	**1245505**	**885958**	**1262679**	**1218745**	**318304**	**2040748**	**193045**	**2175950**
向阳区	**233855**	**115732**	**118123**	**81895**	**106922**	**107726**	**22891**	**190809**	**20155**	**170246**
西林街道	25049	12398	12651	9417	12348	12613	2366	19871	2812	20912
保卫街道	11663	5661	6002	4195	5582	5893	1357	9283	1023	8884
桥南街道	24137	11855	12282	8885	11518	12065	2530	18878	2729	19216
西南岗街道	45443	22407	23036	11217	14335	14136	3571	38863	3009	27209
建设街道	52992	26313	26679	20083	26228	25798	5292	42998	4702	39203
长安街道	59144	29112	30032	22373	28953	29785	6005	48195	4944	45604
直辖地域	15427	7986	7441	5725	7958	7436	1770	12721	936	9218
前进区	**171530**	**86047**	**85483**	**61849**	**81821**	**81865**	**14645**	**138525**	**18360**	**148568**
站前街道	33017	16417	16600	12145	15936	16206	2794	26293	3930	30447
永安街道	39151	19407	19744	14814	19268	19653	3236	31215	4700	38364
奋斗街道	41594	20877	20717	15188	20223	20315	3763	33307	4524	37703
南岗街道	44129	22443	21686	14672	19491	18955	3496	36734	3899	29543
亮子河街道	168	75	93	89	75	93	6	149	13	133
田园街道	13471	6828	6643	4941	6828	6643	1350	10827	1294	12378
东风区	**161740**	**82429**	**79311**	**59349**	**82320**	**79300**	**14791**	**132655**	**14294**	**145249**
晓云街道	27515	13903	13612	10677	13903	13612	2459	21999	3057	25460
佳东街道	17919	8992	8927	6497	8992	8927	1449	14715	1755	16782
造纸街道	27982	14103	13879	10435	14061	13879	2087	22776	3119	27260
佳南街道	1711	887	824	748	887	824	87	1479	145	794
建国街道	18956	9547	9409	7611	9547	9409	1771	15221	1964	18205
松江乡	54663	28381	26282	18950	28314	26271	5347	45821	3495	45178
建国乡	11716	5955	5761	3870	5955	5761	1566	9513	637	11342
东风区农垦	1278	661	617	561	661	617	25	1131	122	228
郊区	**314586**	**162420**	**152166**	**110465**	**152764**	**147506**	**34983**	**256265**	**23338**	**263410**
佳西街道	36606	18527	18079	15948	18503	18062	3354	29381	3871	29510
友谊街道	26962	14296	12666	9474	11603	11227	2405	22702	1855	18407
大来镇	18810	9645	9165	5832	9519	9033	2177	15231	1402	17796

表8 续表 24

单位：人、户

地区	总人口			家庭户	家庭户总人口		分年龄人口			居住本地，户口在本地
	合计	男	女	户数	男	女	0-14岁	15-64岁	65岁及以上	
敖其镇	15257	7717	7540	5168	7717	7540	1754	12465	1038	14503
望江镇	22406	11306	11100	7002	11301	11095	3192	17641	1573	20995
长发镇	17089	8656	8433	5424	8280	8177	2162	13775	1152	15937
莲江口镇	26324	13540	12784	8174	10747	10411	2689	22005	1630	16663
长青乡	50890	26415	24475	20272	26010	24440	5335	41957	3598	38214
沿江乡	21876	11296	10580	7288	11271	10579	2831	17876	1169	19290
西格木乡	14366	7364	7002	4715	7303	6974	1690	11634	1042	13387
平安乡	18786	9469	9317	5216	9469	9317	2817	14793	1176	17661
四丰乡	14417	7288	7129	5066	7194	7063	1651	11762	1004	11887
群胜乡	13148	6752	6396	4701	6752	6396	1612	10555	981	12775
郊区农垦	624	322	302	272	322	302	44	511	69	515
莲江口监狱	17025	9827	7198	5913	6773	6890	1270	13977	1778	15870
桦南县	**468698**	**239691**	**229007**	**151072**	**237215**	**227348**	**65337**	**368409**	**34952**	**433405**
驼腰子镇	20518	10519	9999	6331	10469	9999	2988	16227	1303	19014
石头河子镇	22824	12162	10662	6472	11583	10514	3200	18027	1597	21236
桦南镇	144141	73124	71017	50732	71742	69606	19803	113975	10363	120261
土龙山镇	67782	34719	33063	19285	34670	33057	10202	53473	4107	66763
孟家岗镇	35111	18159	16952	10601	18072	16912	5304	27289	2518	34166
闫家镇	28264	14493	13771	8447	14475	13771	3860	22072	2332	27895
金沙乡	18062	9140	8922	5242	9140	8922	2448	14310	1304	17772
梨树乡	33095	17016	16079	9768	17016	16079	4656	26431	2008	32220
明义乡	26037	13389	12648	7553	13380	12647	3875	20483	1679	25736
大八浪乡	26551	13511	13040	7880	13479	13036	4010	20601	1940	25837
桦南林业局	31797	16191	15606	12809	15999	15598	3590	24189	4018	29520
曙光农场	10118	5085	5033	4389	5011	4992	875	7843	1400	8812
桦南种畜场	4398	2183	2215	1563	2179	2215	526	3489	383	4173
桦川县	**202827**	**103628**	**99199**	**64992**	**101247**	**97637**	**28399**	**159535**	**14893**	**180457**
横头山镇	12122	6250	5872	4186	6220	5866	1639	9414	1069	11326
苏家店镇	13692	7024	6668	4659	6978	6661	2017	10610	1065	13071
悦来镇	85074	43634	41440	25570	41459	39966	11199	67903	5972	72589
新城镇	23152	11636	11516	6959	11593	11510	3555	18166	1431	22347
东河乡	8745	4445	4300	3013	4427	4284	1584	6626	535	7811
梨丰乡	12935	6593	6342	4161	6579	6334	2270	9868	797	12208
创业乡	13278	6801	6477	4551	6788	6474	1942	10378	958	12501
星火乡	3197	1606	1591	1421	1598	1578	97	2689	411	915
四马架乡	14698	7521	7177	4648	7521	7177	2213	11315	1170	13966
江川农场	12699	6443	6256	4702	6417	6233	1470	9936	1293	11596
宝山农场	3235	1675	1560	1122	1667	1554	413	2630	192	2127
汤原县	**255211**	**130321**	**124890**	**97056**	**127296**	**124030**	**31143**	**201678**	**22390**	**231955**
香兰镇	25706	13227	12479	9555	13110	12438	3210	20354	2142	24182
鹤立镇	21197	10790	10407	8232	10712	10356	2337	16834	2026	19351
竹帘镇	12839	6452	6387	4469	6445	6386	1800	9872	1167	12239
汤原镇	87264	43951	43313	35758	43204	42747	9984	69655	7625	77432
汤旺乡	9635	4826	4809	3398	4814	4803	694	8071	870	8031
胜利乡	12033	6167	5866	3871	6167	5866	1741	9396	896	11332
吉祥乡	14145	7215	6930	4681	7208	6929	2166	10994	985	13807
振兴乡	10907	5631	5276	3760	5629	5274	1764	8419	724	10840
太平川乡	13809	7066	6743	4964	6975	6618	2024	10794	991	12648
永发乡	16884	8601	8283	5868	8586	8267	2461	13139	1284	15820
鹤立林业局	12206	6152	6054	5429	6091	6043	1199	9432	1575	10501

表8 续表 25

单位：人、户

地区	总人口			家庭户	家庭户总人口		分年龄人口			居住本地，户口在本地
	合计	男	女	户数	男	女	0-14岁	15-64岁	65岁及以上	
汤原农场	4688	2376	2312	1951	2358	2293	514	3486	688	4184
梧桐河农场	7922	3992	3930	3272	3951	3912	828	6298	796	6236
香兰监狱	5976	3875	2101	1848	2046	2098	421	4934	621	5352
抚远县	**126694**	**68565**	**58129**	**41022**	**61848**	**57853**	**18499**	**103298**	**4897**	**84135**
抚远镇	40552	21673	18879	13408	19415	18750	6075	32753	1724	26485
寒葱沟镇	12175	6792	5383	3197	5577	5314	2022	9746	407	7850
浓桥镇	10065	5707	4358	2741	5054	4358	1509	8248	308	7017
抓吉镇	8145	4771	3374	2516	3653	3363	1111	6759	275	4211
通江乡	5296	3276	2020	1426	2199	2003	662	4438	196	2647
浓江乡	3418	1809	1609	1171	1803	1607	433	2807	178	2875
海青乡	8117	4306	3811	2667	4306	3811	1327	6502	288	5000
别拉洪乡	4375	2259	2116	1516	2259	2116	521	3662	192	2608
鸭南乡	3571	1896	1675	1187	1896	1675	571	2907	93	2861
前哨农场	10568	5486	5082	3694	5337	5080	1528	8641	399	9161
前锋农场	14862	7670	7192	5272	7604	7179	2100	12151	611	10433
二道河农场	5550	2920	2630	2227	2745	2597	640	4684	226	2987
同江市	**179791**	**92690**	**87101**	**65003**	**90706**	**85969**	**26298**	**143022**	**10471**	**139908**
同江市城市管理委员会	52020	26343	25677	18814	25608	25387	8239	40888	2893	38359
同江镇	2117	1094	1023	748	1094	1023	356	1628	133	1967
乐业镇	8173	4174	3999	2857	4159	3999	1417	6156	600	7799
三村镇	8637	4423	4214	2867	4411	4214	1592	6491	554	8230
临江镇	5498	2816	2682	1853	2788	2681	979	4261	258	4548
向阳乡	8018	4097	3921	2965	4052	3914	1387	6117	514	7640
青河乡	7064	3650	3414	2430	3638	3414	1233	5450	381	6164
街津口乡	3334	1694	1640	1125	1666	1640	491	2618	225	3285
八岔乡	3228	1663	1565	1082	1657	1565	611	2496	121	2650
金川乡	3273	1718	1555	1109	1713	1555	609	2550	114	2873
银川乡	2509	1310	1199	765	1304	1199	458	1959	92	2165
街津口林场	128	65	63	52	65	63	12	107	9	68
鸭北林场	38	18	20	11	18	20	10	28		27
勤得利农场	22120	11366	10754	7892	10615	9968	2458	17446	2216	17104
青龙山农场	11306	5811	5495	4103	5794	5487	1447	9217	642	8854
前进农场	20761	11031	9730	8327	10735	9700	2250	17604	907	16054
洪河农场	8302	4399	3903	3081	4371	3893	1080	6926	296	3167
鸭绿河农场	6417	3435	2982	2425	3435	2982	766	5387	264	4447
浓江农场	6227	3268	2959	2276	3268	2959	780	5212	235	3902
良种场	232	116	116	85	116	116	39	184	9	232
畜牧场	369	188	181	127	188	181	83	280	6	353
知青农场	20	11	9	9	11	9	1	17	2	20
富锦市	**437165**	**225069**	**212096**	**153255**	**220540**	**209511**	**61318**	**346552**	**29295**	**378617**
城市社区建设委员会	127672	65672	62000	50121	63800	60946	15301	103344	9027	105910
城关社区建设委员会	14897	7872	7025	5404	7843	7025	1711	12131	1055	13510
长安镇	16087	8206	7881	5276	8206	7881	2482	12604	1001	15737
砚山镇	16042	8211	7831	5045	8211	7831	2582	12410	1050	15396
头林镇	14453	7452	7001	4510	7394	6983	2490	11162	801	13698
兴隆岗镇	11959	6088	5871	3926	6088	5871	2147	9110	702	10948
宏胜镇	12173	6199	5974	3737	6173	5971	2307	9157	709	11108
向阳川镇	29342	15169	14173	9259	15078	14171	4796	22606	1940	28694
二龙山镇	30744	15812	14932	9480	15812	14932	5182	23534	2028	29178
上街基镇	20974	10725	10249	6745	10725	10249	3352	16352	1270	20112

表8 续表 26

单位：人、户

地区	总人口			家庭户	家庭户总人口		分年龄人口			居住本地，户口在本地
	合计	男	女	户数	男	女	0-14岁	15-64岁	65岁及以上	
锦山镇	30752	15813	14939	10262	15745	14937	4873	23970	1909	29865
大榆树镇	26002	13422	12580	8318	13392	12569	3924	20308	1770	25294
七星农场	59501	30759	28742	21397	28464	27279	6643	48516	4342	40784
大兴农场	13201	6865	6336	4813	6845	6322	1767	10626	808	10440
创业农场	13366	6804	6562	4962	6764	6544	1761	10722	883	7943
七台河市	**920471**	**471513**	**448958**	**342089**	**462627**	**445423**	**120221**	**737130**	**63120**	**673980**
新兴区	**236768**	**122067**	**114701**	**88309**	**120420**	**113644**	**28501**	**191364**	**16903**	**171806**
兴华街道	10585	5442	5143	4456	5440	5140	1191	8600	794	7720
新城街道	17286	9038	8248	6938	9031	8246	1728	14488	1070	14703
新立街道	20871	10899	9972	8264	10871	9966	2625	17199	1047	11992
新建街道	14253	7414	6839	5336	7411	6838	1468	11848	937	10746
北山街道	37685	19045	18640	13458	18326	18003	4689	30413	2583	22962
河南街道	14406	7491	6915	5548	7482	6915	1759	11746	901	9215
新合街道	8938	4568	4370	3626	4563	4366	1025	7202	711	5760
缸窑沟街道	14876	7718	7158	5819	7659	7145	1810	12196	870	9022
新安街道	9368	4930	4438	3724	4896	4438	1020	7870	478	6466
越秀街道	11222	5767	5455	3883	5637	5371	1391	8764	1067	9758
红旗镇	24090	12509	11581	8169	12165	11350	3157	19319	1614	19130
长兴乡	19618	9989	9629	6008	9978	9629	2864	15390	1364	17966
种畜场	11700	5920	5780	4563	5914	5779	1524	8892	1284	10694
北兴农场	20059	10402	9657	7784	10130	9585	2022	15952	2085	14659
黑龙江红兴隆农垦	1811	935	876	733	917	873	228	1485	98	1013
桃山区	**230293**	**116994**	**113299**	**85792**	**111968**	**111627**	**30380**	**186454**	**13459**	**141088**
桃南街道	59278	29185	30093	21760	28809	29655	8630	47286	3362	32219
桃北街道	43639	22855	20784	15063	19880	20369	5546	35664	2429	29577
桃西街道	17173	8793	8380	6945	8771	8378	2116	14072	985	12727
兴岗街道	8976	4706	4270	3409	4664	4258	982	7414	580	6516
桃东街道	61929	31101	30828	23036	29739	30107	8207	50338	3384	35950
桃山街道	9169	4797	4372	3410	4752	4329	1164	7461	544	4467
万宝河镇	30129	15557	14572	12169	15353	14531	3735	24219	2175	19632
茄子河区	**153926**	**80399**	**73527**	**57665**	**79390**	**73290**	**20980**	**124285**	**8661**	**105227**
东风街道	22120	11294	10826	8337	11139	10705	2951	17962	1207	16055
向阳街道	6464	3408	3056	2590	3402	3056	738	5308	418	4878
富强街道	14006	7361	6645	5850	7346	6643	1688	11794	524	10363
新富街道	16375	8404	7971	6564	8396	7965	2173	13229	973	10747
龙湖街道	9327	5171	4156	3642	4939	4143	1254	7857	216	2391
茄子河镇	27256	14171	13085	9950	14078	13042	3463	22070	1723	15597
宏伟镇	20164	10538	9626	6677	10291	9603	3518	15481	1165	16278
铁山乡	22224	11752	10472	8306	11624	10465	2796	17978	1450	17035
中心河乡	15990	8300	7690	5749	8175	7668	2399	12606	985	11883
勃利县	**299484**	**152053**	**147431**	**110323**	**150849**	**146862**	**40360**	**235027**	**24097**	**255859**
新起街道	22518	11406	11112	8720	11225	11067	2805	17889	1824	16129
新华街道	16634	8209	8425	6935	8150	8383	1925	13374	1335	10753
元明街道	12511	6221	6290	4914	6196	6281	1535	10094	882	8044
铁西街道	10769	5499	5270	4203	5476	5255	1240	8616	913	7640
城西街道	37215	18355	18860	14616	17949	18498	4738	29305	3172	23260
勃利镇	16519	8503	8016	6025	8502	8015	2120	12964	1435	15418
小五站镇	22928	11939	10989	7772	11825	10979	3168	17953	1807	21229
大四站镇	25952	13381	12571	9196	13317	12559	3703	20204	2045	24656
双河镇	23468	11960	11508	8537	11920	11503	3365	18323	1780	22464

表8 续表 27

单位：人、户

地区	总人口			家庭户	家庭户总人口		分年龄人口			居住本地，户口在本地
	合计	男	女	户数	男	女	0-14岁	15-64岁	65岁及以上	
倭肯镇	19638	9936	9702	7437	9934	9696	2538	15397	1703	18945
青山乡	19843	10183	9660	6653	10183	9660	3009	15396	1438	18507
永恒乡	25641	13092	12549	8691	12894	12513	3696	19980	1965	24530
抢垦乡	13697	7077	6620	4898	7012	6614	1956	10615	1126	13181
杏树朝鲜族乡	18044	9062	8982	6517	9040	8963	2420	14089	1535	17356
吉兴朝鲜族满族乡	14107	7230	6877	5209	7226	6876	2142	10828	1137	13747
牡丹江市	**2798723**	**1413360**	**1385363**	**955603**	**1355448**	**1334721**	**315163**	**2212885**	**270675**	**2342541**
东安区	**200160**	**101481**	**98679**	**68771**	**93504**	**96996**	**19409**	**160241**	**20510**	**164530**
新安街道	52064	25439	26625	18707	24860	26269	4777	41824	5463	45834
长安街道	39618	19463	20155	14405	19200	20097	4494	31040	4084	34146
七星街道	39496	19377	20119	14159	18769	19851	3468	31402	4626	33356
五星街道	23724	11719	12005	8707	11593	11911	2376	18214	3134	18322
兴隆街道	45258	25483	19775	12793	19082	18868	4294	37761	3203	32872
阳明区	**240214**	**121487**	**118727**	**82298**	**118058**	**116369**	**26923**	**188582**	**24709**	**208100**
阳明街道	44922	22219	22703	16730	22026	22575	5041	35077	4804	33989
前进街道	27669	13802	13867	10336	13754	13859	2375	21797	3497	25070
新兴街道	19889	10175	9714	7512	9924	9624	1895	15910	2084	14372
桦林橡胶厂街道	17022	8471	8551	5958	8451	8551	1497	13478	2047	15860
铁岭镇	37468	19019	18449	12056	16929	16586	4045	29633	3790	29068
桦林镇	11240	5733	5507	3881	5726	5502	1056	9059	1125	9842
磨刀石镇	32435	16798	15637	9359	15992	15376	4872	24789	2774	31588
五林镇	49569	25270	24299	16466	25256	24296	6142	38839	4588	48311
爱民区	**275289**	**132903**	**142386**	**88786**	**117987**	**117632**	**22417**	**223974**	**28898**	**200437**
向阳街道	37313	18211	19102	13797	17172	17520	3466	29832	4015	26562
黄花街道	56482	25224	31258	14191	18059	17976	3227	48441	4814	32535
铁北街道	37671	18559	19112	13478	18030	18203	3327	29785	4559	33012
新华街道	25641	12769	12872	9540	12429	12733	2649	20065	2927	20110
大庆街道	30918	15540	15378	11137	15324	14608	2639	24904	3375	21484
兴平街道	31414	14255	17159	7969	10009	10142	1929	26709	2776	24184
北山街道	38183	19234	18949	12803	18114	18023	3196	30101	4886	30061
北安乡	17667	9111	8556	5871	8850	8427	1984	14137	1546	12489
西安区	**249491**	**122853**	**126638**	**90274**	**119636**	**122140**	**26093**	**196666**	**26732**	**196117**
先锋街道	30968	14962	16006	11390	14872	15848	3560	24230	3178	26558
火炬街道	38006	18655	19351	14467	18271	19050	3318	29101	5587	33494
立新街道	47534	23167	24367	17441	23048	24268	5733	37242	4559	36401
牡丹街道	8991	4412	4579	3384	4399	4569	800	7102	1089	7716
江滨街道	10374	5142	5232	3945	5054	5096	803	7661	1910	9102
沿江街道	54108	27006	27102	19845	26831	27017	6250	42829	5029	41985
温春镇	44236	21738	22498	13788	19434	18819	4219	36249	3768	30835
海南朝鲜族乡	15274	7771	7503	6014	7727	7473	1410	12252	1612	10026
东宁县	**200716**	**103138**	**97578**	**74143**	**99437**	**96262**	**26373**	**156086**	**18257**	**154287**
东宁镇	87488	44073	43415	32419	42352	42587	11721	68614	7153	61973
三岔口镇	13482	6968	6514	5234	6820	6510	1459	10705	1318	9212
大肚川镇	17390	9126	8264	6166	8918	8168	2240	13550	1600	15154
老黑山镇	14707	7989	6718	5333	7492	6699	2049	11540	1118	9809
道河镇	14762	7738	7024	5394	7707	7020	2197	11194	1371	13389
绥阳镇	28626	14994	13632	10024	14180	13376	4079	22161	2386	23490
绥阳林业局	24261	12250	12011	9573	11968	11902	2628	18322	3311	21260
林口县	**368956**	**188876**	**180080**	**121401**	**186713**	**178493**	**43093**	**293636**	**32227**	**342894**
林口镇	100000	50568	49432	35798	49111	48043	10588	80331	9081	85140

表8 续表 28 单位：人、户

地区	总人口			家庭户	家庭户总人口		分年龄人口			居住本地，户口在本地
	合计	男	女	户数	男	女	0-14岁	15-64岁	65岁及以上	
古城镇	26338	13718	12620	9069	13715	12620	2961	21116	2261	25855
刁翎镇	40704	20763	19941	11444	20763	19941	5230	32149	3325	39021
朱家镇	24267	12509	11758	7659	12443	11748	2843	19458	1966	23537
柳树镇	23969	12326	11643	6788	12304	11636	3323	18919	1727	23235
三道通镇	22381	11508	10873	6707	11480	10868	2423	18348	1610	21904
龙爪镇	27312	14322	12990	8446	14093	12938	3455	21383	2474	25523
莲花镇	12640	6290	6350	3897	6263	6316	1492	10040	1108	12156
奎山乡	25306	12967	12339	8333	12955	12338	2984	19908	2414	24682
青山乡	28251	14661	13590	10053	14471	13566	3341	22620	2290	26491
建堂乡	21330	10904	10426	6612	10860	10416	2848	16896	1586	20661
林口林业局	16458	8340	8118	6595	8255	8063	1605	12468	2385	14689
绥芬河市	**132315**	**67985**	**64330**	**46119**	**64891**	**62992**	**19228**	**107549**	**5538**	**55367**
绥芬河镇	98561	49984	48577	34253	48036	47437	14645	79847	4069	43211
阜宁镇	33754	18001	15753	11866	16855	15555	4583	27702	1469	12156
海林市	**400859**	**203175**	**197684**	**143645**	**195436**	**192493**	**42557**	**314275**	**44027**	**354926**
海林镇	144443	72900	71543	51650	71370	70482	16126	115474	12843	128804
长汀镇	31215	15977	15238	11849	15958	15229	3607	24370	3238	28651
横道镇	16241	8558	7683	5515	8069	7673	1211	13103	1927	15022
山市镇	21328	10997	10331	5732	10992	10331	2918	16343	2067	14861
柴河镇	24688	12549	12139	8252	12343	11981	2934	19397	2357	19642
二道镇	12316	6371	5945	3980	6339	5936	1756	9627	933	11596
新安朝鲜族镇	19025	9456	9569	6644	9456	9569	2117	15232	1676	15825
三道镇	9629	4891	4738	3327	4852	4733	1208	7654	767	8815
牡林工程公司街道	4048	1964	2084	1613	1956	2067	488	2994	566	1355
柴河林机厂街道	2514	1265	1249	834	1079	1075	228	1925	361	2308
大海林林业局	32748	16348	16400	11552	13248	13427	2748	24763	5237	31991
海林林业局	18310	9027	9283	7060	8794	9004	1857	13251	3202	15261
柴河林业局	50503	25454	25049	20683	24611	24652	4113	39168	7222	48237
海林农场	7421	4164	3257	2525	3198	3171	670	5945	806	6353
山市种奶牛场	6430	3254	3176	2429	3171	3163	576	5029	825	6205
宁安市	**437452**	**219763**	**217689**	**147112**	**213592**	**212200**	**53597**	**343159**	**40696**	**395833**
城区街道	73892	36432	37460	27882	35359	36535	8593	58276	7023	55910
宁安镇	28118	14015	14103	9118	13776	13969	3331	22325	2462	25175
东京城镇	43371	21904	21467	15860	21598	21263	4763	34617	3991	39387
渤海镇	36258	18265	17993	12313	18177	17916	4201	28737	3320	35172
石岩镇	29288	14707	14581	8160	13529	13264	3774	22958	2556	28669
沙兰镇	26502	13401	13101	7047	11267	11105	3966	20519	2017	25761
海浪镇	39600	19930	19670	11965	19895	19649	5810	30354	3436	38501
兰岗镇	14756	7365	7391	4600	7363	7388	1874	11755	1127	14248
江南朝鲜族满族乡	30882	15631	15251	10230	15614	15240	3911	24332	2639	26372
卧龙朝鲜族乡	17336	8689	8647	5608	8680	8616	2161	13886	1289	15862
马河乡	17085	8798	8287	5333	8558	8087	2028	13623	1434	16466
镜泊乡	16630	8635	7995	5569	8459	7965	2237	13097	1296	14680
三陵乡	21283	10721	10562	6874	10713	10558	3018	16346	1919	20546
东京城林业局	36268	18163	18105	14095	17534	17598	3334	27533	5401	33635
宁安农场	6183	3107	3076	2458	3070	3047	596	4801	786	5449
穆棱市	**293271**	**151699**	**141572**	**93054**	**146194**	**139144**	**35473**	**228717**	**29081**	**270050**
八面通镇	76426	39767	36659	24705	37857	35449	7526	61183	7717	68683
穆棱镇	44286	22576	21710	14585	22172	21611	5265	34124	4897	42687
下城子镇	34647	17915	16732	9338	17250	16531	5351	26699	2597	32844

表8 续表 29　　单位：人、户

地区	总人口 合计	总人口 男	总人口 女	家庭户户数	家庭户总人口 男	家庭户总人口 女	分年龄人口 0-14岁	分年龄人口 15-64岁	分年龄人口 65岁及以上	居住本地，户口在本地
马桥河镇	26816	14385	12431	7439	13039	12349	4140	20647	2029	24360
兴源镇	20300	10377	9923	6431	10199	9890	3042	15391	1867	18941
福录乡	18954	9754	9200	5521	9004	8676	2143	15155	1656	17816
河西乡	29525	15114	14411	9671	14999	14284	3781	23415	2329	25713
共和乡	9788	5173	4615	2543	5173	4615	1377	7724	687	8746
八面通林业局	7179	3885	3294	3285	3883	3294	524	5311	1344	6049
穆棱林业局	25350	12753	12597	9536	12618	12445	2324	19068	3958	24211
黑河市	**1673899**	**847863**	**826036**	**622642**	**810413**	**804749**	**216037**	**1320057**	**137805**	**1422241**
爱辉区	**211313**	**108005**	**103308**	**76256**	**98151**	**98294**	**24689**	**170218**	**16406**	**157053**
花园街道	65338	32162	33176	22556	27728	28782	7982	53268	4088	51136
兴安街道	29381	14426	14955	12017	14392	14946	3680	22996	2705	20273
海兰街道	21920	10697	11223	8824	10640	11202	2681	17063	2176	14919
西兴街道	20506	10158	10348	7899	10123	10308	2192	16417	1897	14361
西岗子镇	10242	5165	5077	3625	5165	5077	1234	7898	1110	9698
爱辉镇	8655	4289	4366	2812	4288	4364	1183	6807	665	8232
罕达汽镇	14851	10015	4836	3846	5104	4354	1090	13359	402	7056
幸福乡	12312	6523	5789	4326	6315	5765	1394	10166	752	6636
四嘉子乡	4050	2060	1990	1424	2054	1989	413	3299	338	3760
坤河乡	2034	1028	1006	732	1028	1004	285	1620	129	1881
上马厂乡	3627	1964	1663	1294	1852	1649	474	2884	269	3155
张地营子乡	4349	2245	2104	1456	2212	2082	538	3427	384	3989
西峰山乡	2206	1152	1054	777	1149	1053	264	1814	128	1911
新生乡	1146	612	534	456	604	532	122	954	70	914
二站乡	2824	1463	1361	1078	1451	1361	361	2249	214	2364
锦河农场	7872	4046	3826	3134	4046	3826	796	5997	1079	6768
嫩江县	**495519**	**251070**	**244449**	**180142**	**238756**	**233447**	**68340**	**387673**	**39506**	**428961**
嫩江镇	141991	71138	70853	49010	61125	61665	20806	110719	10466	115306
伊拉哈镇	21031	10625	10406	7326	10539	10266	3089	16165	1777	20271
双山镇	9550	4918	4632	3530	4897	4622	1128	7616	806	7408
多宝山镇	19716	10360	9356	6617	9941	9279	3230	15692	794	12032
海江镇	33275	16653	16622	11091	16567	16499	4967	25993	2315	32006
前进镇	20619	10427	10192	6716	10063	9902	2895	16317	1407	20023
长福镇	17233	8763	8470	6101	8758	8469	2367	13527	1339	16841
科洛镇	15520	7991	7529	5309	7922	7523	2417	12301	802	14366
临江乡	16388	8240	8148	6144	8240	8148	2665	12650	1073	15396
联兴乡	14253	7152	7101	5139	7006	6953	2107	11133	1013	13601
白云乡	15713	8163	7550	5130	8162	7548	2332	12458	923	13661
塔溪乡	9265	4872	4393	3247	4844	4391	1512	7209	544	7702
霍龙门乡	11646	6016	5630	3600	5998	5618	2053	8938	655	9415
长江乡	6458	3367	3091	2362	3313	3051	921	5143	394	5654
多宝山铜矿	2134	1097	1037	925	1095	1035	261	1694	179	1546
九三分局局直	25872	12792	13080	10284	12145	12325	2934	20208	2730	17762
鹤山农场	16206	8202	8004	6721	8177	8001	1758	12476	1972	15494
大西江农场	10995	5532	5463	4445	5502	5441	1348	8402	1245	10471
尖山农场	10641	5346	5295	4516	5279	5256	1234	8018	1389	9824
荣军农场	8292	4143	4149	3622	4143	4145	820	6341	1131	7903
红五月农场	8807	4519	4288	3831	4499	4286	842	6824	1141	8341
七星泡农场	15591	8088	7503	6448	8075	7503	1611	12516	1464	14571
嫩江农场	9491	4813	4678	3892	4808	4677	1125	7453	913	8364
山河农场	13235	6816	6419	5164	6660	6304	1208	10722	1305	12436

表8 续表 30 单位：人、户

地区	总人口			家庭户	家庭户总人口		分年龄人口			居住本地，户口在本地
	合计	男	女	户数	男	女	0-14岁	15-64岁	65岁及以上	
嫩北农场	11925	6082	5843	5096	6069	5828	1427	9424	1074	11026
建边农场	8935	4569	4366	3546	4543	4361	1214	7129	592	6860
马铃薯原种繁殖场	737	386	351	330	386	351	69	605	63	681
逊克县	**101411**	**51217**	**50194**	**37679**	**50442**	**49767**	**13935**	**80183**	**7293**	**84637**
奇克街道	27888	13738	14150	11319	13464	14084	3830	21826	2232	21417
奇克镇	10573	5283	5290	3682	4978	4992	1484	8249	840	9159
逊河镇	9162	4686	4476	3041	4648	4465	1460	7134	568	7183
干岔子乡	9127	4556	4571	3198	4552	4566	1441	7123	563	8433
松树沟乡	5978	3036	2942	2057	3032	2942	820	4771	387	5296
车陆乡	7434	3672	3762	2556	3660	3759	1114	5825	495	6909
新鄂乡	2099	1076	1023	806	1076	1023	333	1673	93	1543
新兴乡	1405	773	632	588	773	632	148	1166	91	1261
克林乡	3552	1826	1726	1172	1826	1726	551	2866	135	3120
宝山乡	4024	2099	1925	1404	2071	1912	525	3297	202	3032
逊克农场	20169	10472	9697	7856	10362	9666	2229	16253	1687	17284
孙吴县	**102821**	**52296**	**50525**	**38893**	**51352**	**49813**	**14627**	**81253**	**6941**	**80372**
孙吴城区街道	36439	18350	18089	14797	18023	17956	5219	28544	2676	26920
孙吴镇	10239	5324	4915	3854	5299	4904	1373	8240	626	5914
辰清镇	4250	2133	2117	1570	2133	2117	679	3311	260	3082
西兴乡	7654	3940	3714	3003	3940	3714	1111	6184	359	6324
沿江满族乡	7288	3579	3709	2271	3579	3709	1098	5758	432	6359
腰屯乡	6709	3371	3338	2658	3371	3338	1018	5249	442	6158
卧牛河乡	3053	1597	1456	1091	1596	1454	440	2430	183	2068
群山乡	3027	1574	1453	1047	1570	1452	436	2443	148	2306
奋斗乡	4253	2212	2041	1553	2203	2041	742	3292	219	3294
红旗乡	2628	1367	1261	966	1365	1254	387	2111	130	2207
正阳山乡	5350	2778	2572	1908	2778	2572	694	4356	300	4960
清溪乡	2469	1277	1192	892	1274	1191	312	1998	159	2135
红色边疆农场	9462	4794	4668	3283	4221	4111	1118	7337	1007	8645
北安市	**436444**	**218050**	**218394**	**166418**	**210110**	**215418**	**52726**	**343272**	**40446**	**384208**
兆麟街道	32313	15457	16856	13075	15376	16784	3989	25177	3147	26833
和平街道	41574	22371	19203	15924	17819	19082	4513	33646	3415	30788
北岗街道	17771	8664	9107	7168	7928	8127	1590	14239	1942	13178
庆华街道	25834	12214	13620	12442	12100	13608	2433	19600	3801	23844
铁西街道	9028	4274	4754	4038	4107	4527	927	7261	840	6295
铁南街道	11422	5641	5781	5686	5637	5781	1121	9075	1226	10071
通北镇	38268	18620	19648	14070	18616	19639	5132	30493	2643	31962
赵光镇	26598	13161	13437	9523	12499	13108	3585	20791	2222	24652
海星镇	16071	7910	8161	5271	7903	8160	2331	12799	941	15694
石泉镇	39166	19519	19647	12105	19128	19263	5664	30912	2590	38720
二井镇	23424	11730	11694	8357	11718	11691	3547	18402	1475	22523
城郊乡	20897	10737	10160	7913	10708	10151	2431	16544	1922	19138
东胜乡	16220	8353	7867	5696	8334	7866	2276	12736	1208	15619
杨家乡	20455	10332	10123	5285	10325	10110	3039	16236	1180	19944
主星乡	3089	1626	1463	1113	1624	1462	331	2461	297	2750
通北林业局	31320	15712	15608	13789	15590	15576	3123	23756	4441	28430
长水河农场	10565	5317	5248	3951	5296	5243	1277	8439	849	9258
赵光农场	29783	14850	14933	11958	14130	14220	2938	22978	3867	24459
红星农场	9435	4859	4576	3700	4569	4512	1062	7372	1001	7823
建设农场	13211	6703	6508	5354	6703	6508	1417	10355	1439	12227

表8　续表 31　　单位：人、户

地　区	总人口			家庭户	家庭户总人口		分年龄人口			居住本地，户口在本地
	合　计	男	女	户　数	男	女	0-14岁	15-64岁	65岁及以上	
五大连池	**326391**	**167225**	**159166**	**123254**	**161602**	**158010**	**41720**	**257458**	**27213**	**287010**
青山街道	54287	29162	25125	20748	24281	24405	6225	43916	4146	40399
龙镇	25257	12881	12376	9035	12868	12372	3382	20053	1822	22597
和平镇	19747	9983	9764	7133	9965	9755	2958	15389	1400	19316
五大连池镇	13846	6879	6967	5128	6712	6844	1808	11029	1009	10695
双泉镇	13581	6905	6676	4871	6899	6671	2240	10426	915	12853
新发乡	10691	5491	5200	3771	5485	5193	1588	8279	824	10215
兴隆乡	8074	4118	3956	2890	4114	3946	1190	6249	635	7928
建设乡	11462	5730	5732	4111	5714	5720	1856	8765	841	11027
太平乡	13746	6815	6931	4852	6815	6931	2238	10561	947	13448
团结乡	15849	7994	7855	4758	7994	7855	2810	12004	1035	15368
兴安乡	3392	1726	1666	1137	1726	1666	578	2603	211	2760
朝阳乡	6904	3543	3361	2329	3543	3361	1108	5364	432	5840
花园劳教所	2297	1152	1145	1013	1142	1128	186	1768	343	2204
永丰监狱	3008	1527	1481	1283	1481	1478	291	2368	349	2774
华山监狱	7383	3713	3670	3343	3690	3664	818	5709	856	6965
凤凰山监狱	4988	2532	2456	2300	2506	2443	416	3778	794	4684
沾河林业局	32495	16550	15945	12736	16457	15906	3386	25828	3281	28523
莲花管理委员会	3454	1745	1709	1124	1745	1709	593	2668	193	2855
龙门农场	7079	3675	3404	2820	3663	3398	863	5820	396	6362
襄河农场	6882	3474	3408	2868	3449	3385	783	5594	505	6429
龙镇农场	13746	7004	6742	4933	6893	6712	1479	10934	1333	10781
二龙山农场	14451	7289	7162	5945	7259	7145	1469	11164	1818	12373
引龙河农场	10990	5647	5343	4406	5603	5328	1176	8903	911	9782
尾山农场	8916	4656	4260	3754	4656	4260	849	7288	779	8435
格球山农场	8116	4103	4013	3567	4020	3920	859	6498	759	7147
五大连池原种场	5750	2931	2819	2399	2922	2815	571	4500	679	5250
绥化市	**5418153**	**2741591**	**2676562**	**1688388**	**2720127**	**2654979**	**701512**	**4320974**	**395667**	**5127264**
北林区	**877114**	**440529**	**436585**	**279567**	**435847**	**429749**	**107973**	**701088**	**68053**	**813325**
紫来办事处	61132	30607	30525	24033	30542	30385	6121	48194	6817	55537
爱路办事处	96087	47995	48092	36412	47749	47634	10316	76677	9094	84698
大有办事处	70554	35174	35380	26926	34672	35076	9148	55465	5941	54464
吉泰办事处	52606	25415	27191	16851	22416	21982	4985	43406	4215	38574
东兴办事处	15622	7810	7812	4906	7810	7812	1593	12989	1040	15237
北林办事处	10389	5157	5232	3468	5149	5223	1117	8538	734	7740
宝山镇	35823	18087	17736	11033	17978	17710	4700	28755	2368	34755
绥胜镇	23480	11829	11651	6822	11828	11650	3108	18703	1669	23169
西长发镇	46429	23457	22972	13193	23386	22953	6289	36791	3349	45429
永安镇	25989	13067	12922	7996	13013	12905	3318	20840	1831	25474
太平川镇	26787	13537	13250	7083	13537	13250	3504	21488	1795	26623
秦家镇	31361	15640	15721	9333	15640	15721	4553	24671	2137	30665
双河镇	23080	11669	11411	6501	11621	11397	3064	18446	1570	22646
三河镇	28138	14472	13666	8273	14467	13663	3711	22572	1855	27653
四方台镇	44708	22814	21894	13912	22814	21893	5497	35519	3692	44211
津河镇	19828	10100	9728	5463	10100	9728	2733	15785	1310	19398
张维镇	33606	17030	16576	10745	17027	16575	4264	26842	2500	33099
东津镇	30190	15193	14997	8687	14791	14932	3684	23991	2515	28568
红旗乡	18667	9489	9178	5360	9487	9174	2405	14972	1290	18598
连岗乡	25800	12925	12875	7402	12920	12870	3613	20421	1766	25291
新华乡	31672	15872	15800	9727	15720	15248	4074	25491	2107	29765

表8　续表 32　　　　单位：人、户

地　区	总人口			家庭户	家庭户总人口		分年龄人口			居住本地，户口在本地
	合　计	男	女	户　数	男	女	0-14岁	15-64岁	65岁及以　上	
兴福乡	36942	18533	18409	10232	18531	18407	4758	29609	2575	35909
东富乡	33317	16812	16505	9550	16812	16504	4353	26845	2119	32014
三井乡	30182	15198	14984	8748	15190	14979	3924	24055	2203	30109
五营乡	21846	11182	10664	5868	11182	10664	2979	17607	1260	21677
兴和乡	2879	1465	1414	1043	1465	1414	162	2416	301	2022
望奎县	**458525**	**229766**	**228759**	**135429**	**229054**	**227882**	**57584**	**365096**	**35845**	**442006**
望奎镇	99617	50185	49432	33612	49655	48636	12207	79078	8332	88223
通江镇	29095	14584	14511	8100	14584	14511	3956	23153	1986	28531
卫星镇	36850	18517	18333	9986	18475	18321	4355	29465	3030	36541
海丰镇	23943	12284	11659	6785	12283	11659	3134	18993	1816	23789
莲花镇	21235	10652	10583	6384	10642	10582	2644	16656	1935	20823
惠七满族镇	23172	11723	11449	6350	11723	11449	2659	18787	1726	22897
先锋镇	37891	19088	18803	10650	18989	18752	4739	30217	2935	36968
东郊乡	19340	9639	9701	5431	9638	9699	2364	15507	1469	18990
灵山满族乡	15440	7735	7705	4178	7735	7705	2011	12382	1047	15277
后三乡	18823	9521	9302	5440	9519	9302	2364	15190	1269	18603
火箭乡	43863	21876	21987	12207	21876	21987	5868	34447	3548	43360
灯塔乡	30469	15643	14826	8922	15643	14826	3639	24459	2371	30168
东升乡	13355	6559	6796	4075	6559	6796	1714	10671	970	13119
恭六乡	17272	8221	9051	5135	8221	9051	2294	13742	1236	16942
厢白满族乡	25306	12080	13226	7374	12064	13217	3308	20042	1956	24930
白四林场	123	68	55	32	68	55	16	90	17	123
种畜场	975	494	481	300	494	481	121	786	68	974
第一良种场	1451	750	701	375	739	695	151	1196	104	1451
第二良种场	305	147	158	93	147	158	40	235	30	297
兰西县	**424562**	**206829**	**217733**	**130461**	**205211**	**216203**	**65325**	**329583**	**29654**	**406267**
兰西镇	99709	48731	50978	34705	47456	49480	13866	78695	7148	86825
榆林镇	34266	16712	17554	10188	16712	17554	5304	26531	2431	33584
临江镇	31150	15027	16123	9222	15018	16120	5030	23811	2309	30684
平山镇	26909	13254	13655	8592	13243	13654	4476	20501	1932	26461
康荣乡	24394	11994	12400	6854	11685	12376	3703	19036	1655	23770
燎原乡	16764	8213	8551	4760	8212	8551	2608	12934	1222	16510
北安乡	18009	8608	9401	5317	8608	9401	2964	13767	1278	17741
长江乡	22067	10582	11485	6451	10576	11483	3398	17162	1507	21728
兰河乡	25122	12226	12896	7806	12226	12896	3997	19342	1783	24676
红星乡	15763	7751	8012	4575	7751	8012	2452	12234	1077	15595
红光乡	23410	11368	12042	6835	11367	12042	3863	18110	1437	23115
长岗乡	22866	10974	11892	6733	10974	11892	3471	17807	1588	22710
远大乡	27285	13128	14157	8118	13122	14155	4336	21084	1865	26926
星火乡	14545	7203	7342	4053	7203	7342	2354	11229	962	14177
奋斗乡	21166	10452	10714	5892	10452	10714	3361	16441	1364	20738
第一原种场	496	278	218	168	278	218	55	380	61	401
第二原种场	131	71	60	48	71	60	13	114	4	123
肉用种羊场	510	257	253	144	257	253	74	405	31	503
青冈县	**474422**	**243406**	**231016**	**144346**	**240557**	**228094**	**57607**	**383525**	**33290**	**457816**
青冈镇	111395	56559	54836	37875	54135	52068	11882	91750	7763	98851
中和镇	25470	13303	12167	8960	13302	12167	2925	20739	1806	25297
祯祥镇	40315	20927	19388	12757	20800	19365	4474	33018	2823	40181
兴华镇	29487	15248	14239	8926	15207	14211	3756	23668	2063	29311
永丰镇	24777	12600	12177	7094	12522	12157	3323	19827	1627	24216

表8 续表 33

单位：人、户

地区	总人口			家庭户	家庭户总人口		分年龄人口			居住本地，户口在本地
	合计	男	女	户数	男	女	0-14岁	15-64岁	65岁及以上	
芦河镇	22447	11537	10910	6133	11537	10910	2895	18041	1511	22195
劳动乡	32925	17030	15895	9287	17030	15895	4169	26232	2524	32673
建设乡	21620	11108	10512	6440	11108	10512	3103	16981	1536	21410
新村乡	12657	6493	6164	4361	6464	6154	1738	9989	930	12314
昌盛乡	21204	10895	10309	5501	10875	10306	2986	16639	1579	20873
柞岗乡	31058	15874	15184	8880	15874	15184	3920	25113	2025	30467
民政乡	26144	13378	12766	7368	13378	12765	3053	21295	1796	26076
德胜乡	31942	16479	15463	9281	16407	15414	3925	25750	2267	31724
迎春乡	21083	10680	10403	5627	10680	10403	2785	16780	1518	20850
连丰乡	18311	9462	8849	5008	9462	8849	2284	14810	1217	17914
青冈县种马场	1864	953	911	375	953	911	214	1489	161	1864
青冈县种羊场	590	284	306	141	284	306	65	477	48	583
青冈县原种场	1133	596	537	332	539	517	110	927	96	1017
庆安县	**386162**	**197107**	**189055**	**119842**	**196410**	**188514**	**51565**	**308838**	**25759**	**367596**
庆安镇	116162	58412	57750	42740	57894	57254	15008	93148	8006	102900
民乐镇	17484	9119	8365	5091	9119	8365	2269	13910	1305	17472
大罗镇	22607	11542	11065	6007	11531	11055	3268	17924	1415	22515
平安镇	17591	8940	8651	5055	8937	8648	2393	14053	1145	17000
勤劳镇	17011	8730	8281	4866	8632	8260	2206	13642	1163	16037
久胜镇	21999	11185	10814	7084	11185	10814	2849	17529	1621	20960
建民乡	19216	9892	9324	5361	9862	9319	2597	15303	1316	19118
巨宝山乡	16088	8280	7808	4405	8280	7808	2333	12835	920	15973
新胜乡	31260	16206	15054	8828	16206	15054	4332	24978	1950	30981
丰收乡	27497	14072	13425	8072	14045	13423	3671	21978	1848	27097
发展乡	18881	9675	9206	5316	9668	9206	2729	14965	1187	18660
同乐乡	17409	8997	8412	4938	8997	8412	2371	14018	1020	17257
致富乡	20624	10659	9965	5603	10659	9965	2538	16740	1346	20425
欢胜乡	17544	8932	8612	4640	8932	8612	2507	13914	1123	17422
国有林场管理局	2211	1148	1063	822	1145	1061	208	1811	192	1972
柳河农场	2578	1318	1260	1014	1318	1258	286	2090	202	1807
明水县	**320695**	**164563**	**156132**	**101506**	**163393**	**155016**	**41185**	**257535**	**21975**	**303537**
明水镇	98124	50067	48057	36059	49170	46996	12581	78737	6806	83987
兴仁镇	16915	8683	8232	4821	8623	8218	2025	13731	1159	16762
永兴镇	24469	12501	11968	6972	12455	11967	3299	19622	1548	24139
崇德镇	22334	11484	10850	6663	11484	10850	2805	18013	1516	22015
通达镇	29835	15286	14549	9287	15286	14549	3331	24153	2351	29615
双兴乡	29117	14943	14174	8207	14917	14170	3813	23375	1929	28635
永久乡	16463	8509	7954	4967	8486	7948	2006	13247	1210	16089
树人乡	13948	7158	6790	3998	7122	6781	2003	10984	961	13792
光荣乡	17004	8834	8170	4922	8810	8167	2395	13660	949	16846
繁荣乡	14068	7264	6804	4088	7245	6799	1878	11266	924	13616
通泉乡	19541	10106	9435	5644	10089	9429	2636	15583	1322	19381
育林乡	17006	8758	8248	5272	8736	8241	2180	13641	1185	16871
国营林场	396	198	198	147	198	198	41	323	32	373
县联社马场	100	56	44	26	56	44	15	79	6	100
明水种畜场	643	327	316	224	327	316	77	528	38	604
育林畜牧场	223	120	103	59	120	103	47	164	12	214
国营第一良种	204	112	92	60	112	92	20	175	9	193
国营第二良种	210	105	105	63	105	105	24	170	16	210
国营第三良种	95	52	43	27	52	43	9	84	2	95

表8 续表 34

单位：人、户

地区	总人口			家庭户	家庭户总人口		分年龄人口			居住本地，户口在本地
	合计	男	女	户数	男	女	0-14岁	15-64岁	65岁及以上	
绥棱县	**331343**	**168476**	**162867**	**114771**	**167857**	**162314**	**40501**	**263839**	**27003**	**311844**
绥棱镇	69334	34549	34785	30751	34008	34238	8601	55087	5646	57608
上集镇	26537	13353	13184	8209	13353	13184	3428	21438	1671	25972
四海店镇	8600	4502	4098	2636	4502	4098	1075	6961	564	8307
双岔河镇	25365	12995	12370	7737	12995	12370	3431	20022	1912	24881
靠山乡	23740	12120	11620	7190	12120	11620	2957	19120	1663	22937
后头乡	19415	9832	9583	5927	9832	9583	2301	15581	1533	19102
长山乡	26111	13451	12660	7618	13451	12660	3567	20689	1855	25619
克音河乡	17463	8977	8486	4924	8977	8486	2083	13895	1485	17294
绥中乡	15588	8033	7555	4589	8033	7555	2149	12417	1022	15399
泥尔河乡	25371	12992	12379	7198	12920	12378	3536	20178	1657	25322
阁山乡	18262	9126	9136	5019	9125	9136	2376	14595	1291	17408
阁山林场	164	80	84	58	80	84	19	123	22	109
四海店林场	329	169	160	121	169	160	45	247	37	308
三吉台林场	400	204	196	147	204	196	31	322	47	392
半截河林场	310	148	162	124	148	162	33	253	24	242
绥棱林业局	43511	22371	21140	18496	22368	21136	3656	34283	5572	40271
绥棱农场	7765	4053	3712	3213	4053	3712	791	6155	819	7599
种马场	713	350	363	210	350	363	115	575	23	712
良种场	1321	655	666	345	653	665	177	1039	105	1318
奶山羊场	1044	516	528	259	516	528	130	859	55	1044
安达市	**472826**	**240541**	**232285**	**164420**	**239249**	**231352**	**59857**	**377687**	**35282**	**433008**
铁西街道	32894	16856	16038	12745	16427	15959	3707	26472	2715	28468
新兴街道	79458	39632	39826	31290	39473	39731	9575	62971	6912	69749
安虹街道	56761	28135	28626	22018	27622	27907	6377	45407	4977	42666
安达镇	26311	13693	12618	9346	13689	12617	2503	21981	1827	23755
任民镇	24990	12714	12276	7964	12714	12276	3181	19751	2058	24303
万宝山镇	28676	14851	13825	9658	14851	13825	3707	23171	1798	27571
昌德镇	22485	11536	10949	6642	11536	10949	3141	17820	1524	22242
升平镇	22935	11855	11080	6771	11827	11069	3226	18207	1502	22464
羊草镇	30679	15677	15002	9546	15667	15002	3789	24740	2150	30187
老虎岗镇	26466	13499	12967	8204	13499	12967	3815	20912	1739	26339
中本镇	13476	6905	6571	4732	6782	6546	1834	10620	1022	12525
太平庄镇	11066	5693	5373	3735	5692	5373	1663	8713	690	10683
吉兴岗镇	28420	14549	13871	8955	14549	13871	4058	22451	1911	27762
火石山乡	13024	6599	6425	4276	6593	6425	1954	10121	949	12520
卧里屯乡	21521	11063	10458	7673	11060	10458	2826	17369	1326	20093
青肯泡乡	17745	9008	8737	5854	9006	8737	2412	14069	1264	16836
先源乡	14370	7471	6899	4401	7469	6898	1956	11642	772	13690
安达畜牧场	1326	689	637	532	677	635	109	1089	128	956
原种场	151	80	71	50	80	71	19	119	13	127
红旗泡水库管理所	29	16	13	11	16	13	3	26		29
东湖水库管理站	43	20	23	17	20	23	2	36	5	43
肇东市	**903067**	**460521**	**442546**	**262712**	**455149**	**438160**	**118444**	**720814**	**63809**	**855412**
朝阳区办事处	97461	49981	47480	27900	48517	45529	10827	77195	9439	92006
东升区办事处	42049	21894	20155	12114	20835	19489	4343	34029	3677	34141
西园区办事处	84294	43309	40985	27167	40789	39442	10103	68886	5305	70940
正阳区办事处	47483	24278	23205	15868	24217	23064	6172	37822	3489	42220
肇东镇	35270	18192	17078	10687	18192	17078	4188	28705	2377	34305
昌五镇	36121	18391	17730	12018	18378	17724	5034	28624	2463	34318

表8 续表 35

单位：人、户

地　区	总人口			家庭户	家庭户总人口		分年龄人口			居住本地，户口在本地
	合　计	男	女	户　数	男	女	0-14岁	15-64岁	65岁及以上	
宋站镇	34547	17746	16801	10851	17746	16801	4531	27451	2565	33318
五站镇	57742	28924	28818	16429	28881	28801	8444	45536	3762	56655
尚家镇	37706	19318	18388	10666	19274	18383	4611	30500	2595	36905
姜家镇	23674	11990	11684	6848	11990	11684	2965	19085	1624	23393
里木店镇	24845	12490	12355	6451	12487	12349	3399	19818	1628	24522
四站镇	27734	14192	13542	7618	14180	13533	4019	22165	1550	27574
涝洲镇	38004	19254	18750	10499	19254	18750	5219	30289	2496	37140
五里明镇	31879	16174	15705	8153	16174	15705	4536	25190	2153	31493
黎明镇	38625	19553	19072	10414	19528	19065	5357	30722	2546	37592
太平乡	21368	10883	10485	6229	10861	10474	3092	16909	1367	20752
海城乡	25336	12830	12506	7477	12829	12506	3370	20387	1579	24364
向阳乡	21731	11150	10581	6904	11150	10581	3064	17171	1496	21279
洪河乡	27405	13961	13444	7130	13930	13443	3766	21833	1806	27014
跃进乡	22044	11085	10959	5489	11054	10953	3312	17286	1446	21662
西八里乡	23208	11709	11499	6771	11704	11499	3706	18041	1461	22617
德昌乡	29962	15234	14728	8114	15214	14723	4324	23692	1946	29683
宣化乡	22097	11221	10876	6673	11221	10876	2968	17590	1539	21566
安民乡	26908	13744	13164	7295	13733	13161	3651	21554	1703	26711
明久乡	23353	11889	11464	6115	11889	11464	3195	18623	1535	22025
四方山农场	1939	988	951	717	981	942	215	1492	232	994
涝洲鱼种场	282	141	141	115	141	141	33	219	30	223
海伦市	**769437**	**389853**	**379584**	**235334**	**387400**	**377695**	**101471**	**612969**	**54997**	**736453**
海伦镇	135656	69117	66539	53947	66927	64937	15488	108632	11536	115608
海北镇	54493	27643	26850	16592	27564	26711	7708	43158	3627	52987
伦河镇	32348	16438	15910	10079	16425	15906	4801	25358	2189	31130
共合镇	32917	16666	16251	9660	16665	16247	4293	26306	2318	32315
海兴镇	26776	13548	13228	7325	13541	13224	3608	21183	1985	26121
祥富镇	25400	12869	12531	7264	12869	12531	3462	20184	1754	24877
东风镇	28570	14450	14120	8231	14351	14002	3904	22721	1945	27998
前进乡	36121	18313	17808	9977	18292	17802	4539	29064	2518	35211
向荣乡	24277	12230	12047	6994	12225	12045	3706	19052	1519	23836
长发乡	18693	9440	9253	5327	9440	9253	2356	15202	1135	18277
东林乡	33487	17211	16276	9809	17210	16274	4199	26790	2498	33188
海南乡	19263	9882	9381	5156	9878	9381	2724	15259	1280	18941
共荣乡	29163	14768	14395	7836	14768	14395	3629	23521	2013	28712
乐业乡	18416	9422	8994	5133	9422	8994	2479	14644	1293	18172
福民乡	20434	10530	9904	5594	10530	9904	2598	16405	1431	20280
丰山乡	24717	12517	12200	6470	12517	12200	3237	19879	1601	24382
永富乡	38988	19386	19602	10172	19382	19602	5547	30859	2582	38356
百祥乡	16699	8511	8188	4919	8511	8188	2162	13369	1168	16282
联发乡	23408	11709	11699	6268	11709	11699	3133	18527	1748	23225
永和乡	31115	15695	15420	8232	15695	15420	4711	24566	1838	30562
爱民乡	25474	12920	12554	6960	12920	12554	3775	20121	1578	25141
扎音河乡	26001	12983	13018	6947	12983	13018	3760	20475	1766	25618
双录乡	22321	11343	10978	6394	11331	10974	2986	17872	1463	21688
林场公司	3186	1611	1575	1228	1610	1573	323	2562	301	2876
东方红水库地区	1740	900	840	527	900	840	185	1434	121	1646
海伦农场	9815	4856	4959	4133	4845	4959	1067	7849	899	9502
红光农场	9959	4895	5064	4160	4890	5062	1091	7977	891	9522
大兴安岭	511560	264368	247192	194060	251451	242293	52871	411906	46783	426515

表8 续表 36

单位：人、户

地区	总人口			家庭户	家庭户总人口		分年龄人口			居住本地，户口在本地
	合计	男	女	户数	男	女	0-14岁	15-64岁	65岁及以上	
加格达奇	154359	77684	76675	58420	72856	72935	16895	122717	14747	117310
东山街道	23273	11510	11763	8325	10223	10464	2359	18320	2594	16561
卫东街道	22866	11200	11666	9385	10923	11508	2639	17541	2686	20124
红旗街道	26749	14004	12745	9827	12024	12704	3169	21317	2263	22960
长虹街道	24243	12240	12003	9014	11776	11412	2626	19374	2243	15473
曙光街道	17724	8946	8778	6977	8809	8713	1910	13933	1881	13724
光明街道	23874	11569	12305	8777	10963	10729	2240	19510	2124	17060
加北乡	6437	3361	3076	2312	3361	3076	756	5243	438	4124
白桦乡	7664	3977	3687	3091	3904	3677	1109	6109	446	6908
加格达奇林业局	1529	877	652	712	873	652	87	1370	72	376
松岭区	**33555**	**19287**	**14268**	**10875**	**14653**	**14241**	**3129**	**27417**	**3009**	**25630**
小扬气镇	20190	11801	8389	6485	8581	8381	1884	16599	1707	14715
劲松镇	8026	4646	3380	2450	3514	3370	768	6640	618	6317
古源镇	5339	2840	2499	1940	2558	2490	477	4178	684	4598
新林区	**50859**	**25962**	**24897**	**20082**	**25572**	**24756**	**4539**	**40531**	**5789**	**47639**
新林镇	23533	11889	11644	9197	11715	11524	2015	18696	2822	21890
翠岗镇	7318	3693	3625	2903	3690	3625	739	5851	728	6806
塔源镇	5172	2716	2456	1965	2553	2443	501	4145	526	4724
大乌苏镇	5298	2737	2561	2082	2731	2561	405	4176	717	5129
塔尔根镇	2369	1236	1133	960	1201	1129	223	1887	259	2197
碧洲镇	4033	2061	1972	1676	2052	1968	356	3195	482	3886
宏图镇	3136	1630	1506	1299	1630	1506	300	2581	255	3007
呼中区	**45039**	**23436**	**21603**	**18840**	**22530**	**21574**	**3864**	**36894**	**4281**	**42111**
呼中镇	26292	13796	12496	10721	12906	12467	2286	21508	2498	24131
碧水镇	9652	5011	4641	4277	4998	4641	804	7869	979	9255
呼源镇	7873	4003	3870	3365	4000	3870	669	6515	689	7541
宏伟镇	1222	626	596	477	626	596	105	1002	115	1184
呼玛县	**51861**	**26848**	**25013**	**20195**	**26422**	**24929**	**6494**	**41659**	**3708**	**41009**
呼玛镇	23045	11607	11438	8781	11319	11403	2934	18099	2012	19413
韩家园镇	5107	2721	2386	1973	2703	2386	585	4143	379	2719
三卡乡	5611	2947	2664	2079	2947	2664	763	4487	361	4533
金山乡	2419	1274	1145	1040	1274	1145	309	1930	180	2159
兴华乡	1907	993	914	783	993	914	244	1536	127	1714
鸥浦乡	1492	759	733	583	758	733	213	1177	102	1390
白银纳鄂伦春族民族乡	2094	1084	1010	834	1082	1006	290	1700	104	1599
北疆乡	3032	1623	1409	1285	1623	1409	278	2526	228	2391
韩家园林业局	7154	3840	3314	2837	3723	3269	878	6061	215	5091
塔河县	**92473**	**47676**	**44797**	**34910**	**47044**	**44440**	**8992**	**74152**	**9329**	**80104**
塔河镇	51635	26212	25423	18762	25654	25082	4952	40778	5905	46139
瓦拉干镇	4695	2472	2223	1900	2454	2223	414	3816	465	4372
盘古镇	6257	3259	2998	2403	3250	2993	538	5287	432	5344
十八站鄂伦春族民族乡	5112	2625	2487	2220	2606	2478	576	4209	327	3853
依西肯乡	1711	870	841	631	856	839	203	1405	103	1611
开库康乡	1844	964	880	690	950	880	136	1590	118	1684
十八站林业局	21219	11274	9945	8304	11274	9945	2173	17067	1979	17101
漠河县	**83414**	**43475**	**39939**	**30738**	**42374**	**39418**	**8958**	**68536**	**5920**	**72712**
西林吉镇	39310	20359	18951	13524	19638	18517	4780	32239	2291	32606
图强镇	20056	10374	9682	8769	10374	9682	1864	16406	1786	19198
劲涛镇	10811	5663	5148	3937	5370	5087	1069	8893	849	10009
兴安镇	1063	566	497	416	546	491	132	854	77	910
北极乡	2199	1112	1087	806	1088	1068	280	1742	177	1879
西林吉林业局	1634	854	780	651	852	780	171	1387	76	1236
图强林业局	840	440	400	381	440	400	51	727	62	735
阿木尔林业局	7501	4107	3394	2254	4066	3393	611	6288	602	6139

表9　上海市乡、镇、街道人口

单位：人、户

地　区	总人口			家庭户	家庭户总人口		分年龄人口			居住本地，户口在本地
	合　计	男	女	户　数	男	女	0-14岁	15-64岁	65岁及以上	
上海市	**23019196**	**11854916**	**11164280**	**8253257**	**10318168**	**10275262**	**1982859**	**18705024**	**2331313**	**10142052**
市辖区	**22315474**	**11495595**	**10819879**	**7960089**	**10002423**	**9940055**	**1925524**	**18184576**	**2205374**	**9636069**
黄浦区	**429891**	**213415**	**216476**	**155657**	**195442**	**203223**	**30282**	**343597**	**56012**	**229948**
南京东路街道	66285	32694	33591	24614	29583	30848	3977	52582	9726	37809
外滩街道	64896	33163	31733	23145	27284	28360	3429	52768	8699	36513
半淞园路街道	89776	43573	46203	31490	40822	43760	7186	70085	12505	46656
小东门街道	74994	37675	37319	26723	34944	35592	5684	60566	8744	39594
豫园街道	61042	30316	30726	23254	29009	29491	4466	49434	7142	31532
老西门街道	72898	35994	36904	26431	33800	35172	5540	58162	9196	37844
卢湾区	**248779**	**120762**	**128017**	**91078**	**111626**	**119756**	**15939**	**192332**	**40508**	**140814**
五里桥街道	82403	40468	41935	28507	36834	39188	5572	63936	12895	45902
打浦桥街道	59085	28286	30799	21643	26581	29232	4544	45758	8783	29994
淮海中路街道	57931	28446	29485	21793	26621	27452	3419	45829	8683	33555
瑞金二路街道	49360	23562	25798	19135	21590	23884	2404	36809	10147	31363
徐汇区	**1085130**	**539751**	**545379**	**383017**	**469230**	**494928**	**79238**	**852163**	**153729**	**576186**
天平路街道	60533	29050	31483	23324	26933	29981	4813	44030	11690	38841
湖南路街道	36281	17340	18941	14616	16031	18237	2007	26559	7715	22833
斜土路街道	69710	34385	35325	25033	31029	33664	4843	53359	11508	38150
枫林路街道	112400	54992	57408	38804	46410	50163	6625	86458	19317	62961
长桥街道	118872	59772	59100	43563	55055	56445	9371	94055	15446	65919
田林街道	97171	47625	49546	34063	41145	44371	7465	73880	15826	48918
虹梅路街道	34877	17840	17037	13235	15135	15114	2378	29498	3001	11629
康健新村街道	100444	49123	51321	35044	42389	44610	7555	78738	14151	55279
徐家汇街道	92915	44964	47951	32793	38987	42975	7571	71591	13753	51521
凌云路街道	108582	54934	53648	35069	44094	45605	7316	87793	13473	66670
龙华街道	85769	43627	42142	29894	38664	39426	5943	69798	10028	40033
漕河泾街道	97917	48705	49212	33527	42367	44606	7680	78270	11967	47702
华泾镇	67415	36053	31362	24052	30991	29731	5654	55979	5782	25662
漕河泾新兴技术开发区	2244	1341	903				17	2155	72	68
长宁区	**690571**	**334570**	**356001**	**242972**	**287814**	**316676**	**47915**	**545102**	**97554**	**367204**
华阳路街道	72730	35385	37345	25425	29939	32590	4475	57607	10648	40781
江苏路街道	51883	24554	27329	19908	22623	25579	3302	39370	9211	29281
新华路街道	73230	35287	37943	25432	29024	32473	4780	57492	10958	34946
周家桥街道	56628	27049	29579	20307	24935	27895	5134	43747	7747	27874
天山路街道	73757	34613	39144	25458	29129	31592	3883	58925	10949	43063
仙霞新村街道	84664	38692	45972	31786	34834	40286	5293	65636	13735	44897
虹桥街道	59551	28295	31256	22197	24899	28217	4248	46670	8633	29031
程家桥街道	24487	12247	12240	8365	9829	10861	1973	19505	3009	10783
北新泾街道	46865	23004	23861	16706	20974	22242	3082	37319	6464	26997
新泾镇	146776	75444	71332	47388	61628	64941	11745	118831	16200	79551
静安区	**246788**	**118817**	**127971**	**91250**	**106882**	**118730**	**16823**	**189540**	**40425**	**139818**
江宁路街道	75272	36440	38832	27693	32560	35533	5262	59169	10841	39856
石门二路街道	34288	16897	17391	12609	14924	16284	2135	26662	5491	19133
南京西路街道	36544	17787	18757	13613	14998	17099	1916	27620	7008	20892
静安寺街道	29173	13459	15714	10903	12206	14046	1553	21783	5837	18028
曹家渡街道	71511	34234	37277	26432	32194	35768	5957	54306	11248	41909

表9 续表 1

单位：人、户

地区	总人口			家庭户	家庭户总人口		分年龄人口			居住本地，户口在本地
	合计	男	女	户数	男	女	0-14岁	15-64岁	65岁及以上	
普陀区	**1288881**	**650774**	**638107**	**463541**	**582987**	**591910**	**92174**	**1040464**	**156243**	**632085**
曹杨新村街道	98267	47866	50401	37272	44521	47444	6271	75759	16237	58573
长风新村街道	120920	59898	61022	40511	50268	52249	8481	96807	15632	61472
长寿路街道	128647	62957	65690	47365	56668	60251	9460	103783	15404	55655
甘泉路街道	112498	55073	57425	43867	53434	56017	6174	87518	18806	71569
石泉路街道	120217	60414	59803	43081	53555	55054	7038	96098	17081	67714
宜川路街道	111185	55235	55950	40988	50374	52094	7937	87785	15463	58567
真如镇	172397	86895	85502	63588	81620	82452	11993	138733	21671	94791
长征镇	229925	117600	112325	82217	107083	106056	19893	190527	19505	87780
桃浦镇	194825	104836	89989	64652	85464	80293	14927	163454	16444	75964
闸北区	**830496**	**419209**	**411287**	**295819**	**376881**	**385481**	**58548**	**666428**	**105520**	**442095**
天目西路街道	34749	17863	16886	11760	14838	15326	2239	28472	4038	16591
北站街道	77968	39549	38419	28149	34896	34699	5217	63675	9076	38626
宝山路街道	80726	41054	39672	29519	37250	37559	5405	64784	10537	42844
共和新路街道	97630	48697	48933	35271	45163	46630	6807	78117	12706	49854
大宁路街道	77710	40320	37390	25133	31294	32658	6094	63013	8603	37490
彭浦新村街道	156276	77070	79206	59537	74726	76764	10216	122126	23934	99547
临汾路街道	78079	39044	39035	28443	36016	37413	5157	61262	11660	44979
芷江西路街道	74633	37615	37018	27306	34699	35095	5129	60005	9499	38979
彭浦镇	152725	77997	74728	50701	67999	69337	12284	124974	15467	73185
虹口区	**852476**	**422514**	**429962**	**325044**	**393103**	**409793**	**58654**	**672866**	**120956**	**461563**
欧阳路街道	73328	35673	37655	28599	34370	36636	4726	55497	13105	42559
曲阳路街道	102564	49094	53470	37553	44001	47468	6731	77964	17869	58216
广中路街道	122669	60653	62016	46367	56525	58768	8252	97413	17004	63498
嘉兴路街道	125634	62750	62884	45228	58608	60438	10083	100581	14970	64582
凉城新村街道	98094	47813	50281	36573	45702	48881	7176	77417	13501	54484
四川北路街道	87401	43662	43739	35018	39801	41795	5378	68979	13044	49601
提篮桥街道	113751	58805	54946	48769	54282	54191	6713	91733	15305	62830
江湾镇街道	129035	64064	64971	46937	59814	61616	9595	103282	16158	65793
杨浦区	**1313222**	**664774**	**648448**	**457767**	**574345**	**591180**	**85147**	**1052538**	**175537**	**737428**
定海路街道	100480	53745	46735	32322	42248	41968	6299	82583	11598	50097
平凉路街道	85870	44384	41486	32237	40275	39956	5271	69092	11507	50399
江浦路街道	95382	47687	47695	34790	43711	45884	6655	75506	13221	48599
四平路街道	92505	47488	45017	30271	35874	37886	5074	73085	14346	60228
控江路街道	105613	51742	53871	40563	49656	51642	7158	82567	15888	59590
长白新村街道	70195	35741	34454	23398	29317	30455	3923	55722	10550	43401
延吉新村街道	90334	44289	46045	35142	41717	43530	4645	68558	17131	56059
殷行街道	192554	96510	96044	69643	88078	90501	11174	152631	28749	121469
大桥街道	124954	63143	61811	44497	57193	58061	7852	100928	16174	70099
五角场街道	149090	73882	75208	46341	57500	59853	9891	122668	16531	83106
新江湾城街道	27251	15564	11687	7017	9563	9906	2557	23420	1274	7534
五角场镇	178994	90599	88395	61546	79213	81538	14648	145778	18568	86847
闵行区	**2429372**	**1259640**	**1169732**	**875243**	**1087599**	**1066540**	**228735**	**2011463**	**189174**	**810229**
江川路街道	185991	99463	86528	61121	77394	77648	15582	149097	21312	109380
古美街道	149141	74950	74191	50050	68006	69952	16844	117798	14499	47364
新虹街道	65256	34549	30707	24545	29610	27843	4593	55470	5193	23990
莘庄镇	277934	139152	138782	102347	131462	134001	32406	219995	25533	108640
七宝镇	283352	144176	139176	105357	130420	130293	27096	231961	24295	101900
颛桥镇	189604	99582	90022	64816	82564	79648	18484	159675	11445	48919
华漕镇	193777	103599	90178	81076	95102	85195	17762	167300	8715	38108

表9 续表 2

单位：人、户

地区	总人口			家庭户	家庭户总人口		分年龄人口			居住本地，户口在本地
	合计	男	女	户数	男	女	0-14岁	15-64岁	65岁及以上	
虹桥镇	165877	80831	85046	60210	70791	76055	13268	136278	16331	55916
梅陇镇	344434	179269	165165	133159	160285	154520	31686	288684	24064	92784
吴泾镇	121164	64818	56346	39476	50069	47108	10250	101598	9316	48087
马桥镇	103989	55948	48041	39803	49026	45444	10100	88367	5522	26220
浦江镇	292750	152439	140311	99652	124199	120051	25650	247316	19784	93163
莘庄工业区	56103	30864	25239	13631	18671	18782	5014	47924	3165	15758
宝山区	**1904886**	**1016282**	**888604**	**673997**	**880122**	**839164**	**169237**	**1573818**	**161831**	**766329**
友谊路街道	136814	68790	68024	49290	63746	65305	14375	107240	15199	80843
吴淞街道	104162	52728	51434	38722	48432	49130	8423	82463	13276	61951
张庙街道	172284	86669	85615	64558	84248	83684	13128	135346	23810	107080
罗店镇	118323	64813	53510	41055	52964	49696	9981	98583	9759	46392
大场镇	371856	195948	175908	128479	170100	161930	32548	310721	28587	123417
杨行镇	204564	118483	86081	66251	89612	79924	21342	175116	8106	51482
月浦镇	139328	75726	63602	50150	65152	61759	14550	113865	10913	59068
罗泾镇	54329	29877	24452	17732	22598	21101	4244	45467	4618	20818
顾村镇	240185	132314	107871	87921	114657	103410	21453	203104	15628	70363
高境镇	127512	65205	62307	45732	59988	59525	10040	104769	12703	55833
庙行镇	89615	48090	41525	32247	40729	38789	7654	76410	5551	26288
淞南镇	127347	66855	60492	45605	60849	58772	10371	103611	13365	61285
宝山城市工业园区	18567	10784	7783	6255	7047	6139	1128	17123	316	1509
嘉定区	**1471231**	**789508**	**681723**	**542806**	**665514**	**623268**	**124376**	**1240661**	**106194**	**465235**
新成路街道	55223	27705	27518	19002	25761	26360	6239	44885	4099	22923
真新街道	106164	53739	52425	37004	49795	49549	8210	85935	12019	40778
菊园新区管委会	60924	32124	28800	21630	27447	26335	6328	51049	3547	18213
嘉定镇街道	81854	39276	42578	30226	35976	38641	7605	63339	10910	46134
南翔镇	139845	76409	63436	49802	60021	56599	11075	119769	9001	44121
安亭镇	232503	130957	101546	80710	100602	90437	18750	199805	13948	77841
马陆镇	172864	93480	79384	65528	75530	69862	12980	150524	9360	41103
徐行镇	165452	89215	76237	67070	77472	69430	14053	139047	12352	44967
华亭镇	46355	24856	21499	19114	22497	20404	3743	36896	5716	17778
外冈镇	80896	43977	36919	32635	38510	34490	6603	68338	5955	25401
江桥镇	256218	139678	116540	96114	118940	108638	21420	220588	14210	54825
嘉定工业区	72933	38092	34841	23971	32963	32523	7370	60486	5077	31151
浦东新区	**5044430**	**2606153**	**2438277**	**1815251**	**2290292**	**2265582**	**478489**	**4103931**	**462010**	**2202624**
潍坊新村街道	100548	49982	50566	36266	43352	45909	6397	80478	13673	57249
陆家嘴街道	112507	57313	55194	37121	44991	48083	7508	91081	13918	58643
周家渡街道	144668	70763	73905	53328	67403	71195	10097	112428	22143	85453
塘桥街道	76916	37777	39139	28015	35126	37125	6709	60681	9526	39625
上钢新村街道	104932	51312	53620	38839	48821	51694	6116	80955	17861	67597
南码头路街道	107130	52328	54802	39439	49610	52634	8018	84288	14824	59371
沪东新村街道	112031	56463	55568	39716	52809	53741	9452	89233	13346	58622
金杨新村街道	206017	102110	103907	72159	93977	97703	18391	163416	24210	108856
洋泾街道	146237	72255	73982	51144	65665	68856	14788	115746	15703	73745
浦兴路街道	177468	88572	88896	61142	83300	85387	18288	141090	18090	85537
东明路街道	121449	60379	61070	44596	58300	59824	9628	96805	15016	50496
花木街道	221327	116087	105240	73777	94731	99390	23600	179186	18541	93749
申港街道	20219	13004	7215	1076	1274	1167	344	19759	116	9948
川沙新镇	369032	189452	179580	137077	173688	169964	41477	298051	29504	158660
高桥镇	184486	97249	87237	66918	87135	83722	21638	148242	14606	76254
北蔡镇	276547	143170	133377	100386	127473	125265	23756	228885	23906	105035

表9 续表 3

单位：人、户

地区	总人口			家庭户	家庭户总人口		分年龄人口			居住本地，户口在本地
	合计	男	女	户数	男	女	0–14岁	15–64岁	65岁及以上	
合庆镇	132038	68904	63134	46867	59317	55760	14101	108646	9291	44152
唐镇	129267	69995	59272	47054	57575	52527	13250	109734	6283	29148
曹路镇	186012	100284	85728	68419	83532	75645	18519	157024	10469	56708
金桥镇	81537	44795	36742	30769	36535	33765	7811	70027	3699	16224
高行镇	137625	73104	64521	50054	63740	60526	15331	113304	8990	37463
高东镇	110552	61199	49353	39901	48932	44568	10685	94124	5743	28192
张江镇	165297	88232	77065	68243	78211	71666	16135	139060	10102	53642
三林镇	360516	192548	167968	135483	168500	160580	34608	301116	24792	97533
惠南镇	213845	109103	104742	75135	96703	97198	23181	173184	17480	103099
周浦镇	147329	75509	71820	51908	66920	66825	14491	119660	13178	63042
新场镇	84183	44019	40164	32232	39323	38315	7964	68077	8142	45629
大团镇	71162	35522	35640	26349	34473	34852	6552	54591	10019	57200
芦潮港镇	27162	15587	11575	9669	11801	11048	2505	22623	2034	12537
康桥镇	174672	90659	84013	55674	73492	70667	15756	148164	10752	51139
航头镇	110060	57520	52540	39000	51193	49051	11363	89394	9303	50220
六灶镇	51013	26337	24676	20021	24651	23942	5293	40650	5070	28687
祝桥镇	104945	53371	51574	39604	50458	49634	11201	82301	11443	66012
泥城镇	62519	32198	30321	23549	28162	28207	5380	49447	7692	47897
宣桥镇	59567	30414	29153	21744	27504	27553	5957	47483	6127	36792
书院镇	59323	29941	29382	23838	28071	28047	5594	45634	8095	39231
万祥镇	24346	12440	11906	9594	11471	11699	2243	18731	3372	19934
老港镇	37408	19232	18176	14482	17954	17738	3450	29302	4656	26517
芦潮港农场	688	593	95	61	76	64	10	674	4	
东海农场	508	367	141	139	161	120	30	471	7	3
朝阳农场	862	529	333	331	381	297	56	779	27	53
外高桥保税区	1349	1208	141	59	28	43	23	1314	12	
金桥出口加工区	5514	3614	1900	984	1042	909	269	5226	19	31
张江高科技园区	23617	10713	12904	3089	2431	2677	524	22867	226	2699
金山区	**732438**	**372691**	**359747**	**245017**	**340214**	**340653**	**69267**	**583280**	**79891**	**461012**
石化街道	87901	44157	43744	35318	42154	42561	9313	71087	7501	46169
朱泾镇	120084	60266	59818	41512	56467	57538	11973	94292	13819	83866
枫泾镇	82477	42283	40194	26742	37353	37256	6642	65214	10621	56623
张堰镇	37057	18317	18740	11795	17300	17500	3143	29076	4838	26068
亭林镇	122272	62669	59603	40708	56777	56063	10616	98162	13494	77799
吕巷镇	52808	26626	26182	16890	25018	24932	4323	41435	7050	37849
廊下镇	33658	16590	17068	10263	15710	16049	2562	26307	4789	26584
金山卫镇	70819	36323	34496	21253	31669	31631	7076	56795	6948	41557
漕泾镇	40722	21224	19498	12281	18233	18223	3614	32190	4918	27181
山阳镇	84640	44236	40404	28255	39533	38900	10005	68722	5913	37316
松江区	**1582398**	**826408**	**755990**	**503027**	**652719**	**628202**	**147616**	**1338685**	**96097**	**442509**
岳阳街道	112671	55211	57460	38348	51183	54169	12347	88513	11811	56848
永丰街道	93330	48640	44690	32432	44608	42832	10214	76557	6559	29836
方松街道	161438	78979	82459	38662	55988	58099	16997	138523	5918	66732
中山街道	98888	51255	47633	29686	39447	39819	9769	82608	6511	30087
泗泾镇	94279	51957	42322	32721	41588	38024	8969	80976	4334	19460
佘山镇	75507	39862	35645	26651	33973	32487	6738	62116	6653	29827
车墩镇	167687	88186	79501	48264	58087	53910	11311	150308	6068	24012
新桥镇	155856	85530	70326	51246	67091	63031	15187	133409	7260	24900
洞泾镇	57861	31279	26582	19560	26663	24221	6442	48823	2596	11245
九亭镇	253110	134335	118775	91807	117391	109899	28389	215680	9041	33766

表9　续表 4　　　　单位：人、户

地　　区	总人口			家庭户	家庭户总人口		分年龄人口			居住本地，户口在本地
	合　计	男	女	户　数	男	女	0-14岁	15-64岁	65岁及以上	
泖港镇	41626	21381	20245	14269	18613	18277	2683	32528	6415	26239
石湖荡镇	44011	23427	20584	17247	20629	19327	3591	35400	5020	18022
新浜镇	33627	18189	15438	12897	15399	14617	2331	26489	4807	18537
叶榭镇	80104	41550	38554	28385	36664	35677	7678	64529	7897	38600
小昆山镇	51606	27035	24571	17211	21308	20318	4139	42537	4930	13757
松江工业区	60797	29592	31205	3641	4087	3495	831	59689	277	641
青浦区	**1081022**	**575044**	**505978**	**390639**	**486226**	**463843**	**105324**	**899760**	**75938**	**369261**
夏阳街道	137321	69124	68197	46172	61613	62755	16850	112773	7698	44468
盈浦街道	118708	62816	55892	37520	49816	51565	13128	97221	8359	39789
香花桥街道	106830	58388	48442	39789	45891	40739	8343	93485	5002	19496
朱家角镇	94351	49841	44510	34020	42809	41736	8160	76171	10020	49088
练塘镇	68485	34887	33598	27049	31929	31844	5929	53671	8885	43712
金泽镇	67735	34211	33524	26749	31249	30923	4621	53339	9775	48094
赵巷镇	74409	41393	33016	27622	34585	31240	6823	63685	3901	19297
徐泾镇	127936	70020	57916	46387	56512	52002	11742	111029	5165	25602
华新镇	153203	84593	68610	57315	70828	63037	15996	131209	5998	31263
重固镇	39756	21272	18484	13748	17714	16864	4278	32565	2913	13049
白鹤镇	92288	48499	43789	34268	43280	41138	9454	74612	8222	35403
奉贤区	**1083463**	**565283**	**518180**	**407964**	**501427**	**481126**	**117760**	**877948**	**87755**	**391729**
南桥镇	361185	184376	176809	133680	171309	168253	45612	293825	21748	113691
奉城镇	176938	93530	83408	71635	85440	79499	19208	142508	15222	71777
庄行镇	62388	32383	30005	23928	29347	28063	5964	48976	7448	29392
金汇镇	108264	56584	51680	40708	48918	46740	10472	88548	9244	39488
四团镇	65389	33215	32174	27614	32012	31464	6604	50869	7916	37389
青村镇	89163	46907	42256	36747	42814	40373	8963	71531	8669	34505
柘林镇	62589	32754	29835	24182	30144	28556	6236	49056	7297	26499
海湾镇	28457	16056	12401	10452	12538	11408	2733	22955	2769	6957
上海工业综合开发区	57341	29955	27386	18072	24443	23743	7004	48019	2318	12223
临海社区	15413	9138	6275	5298	6637	5950	1383	12808	1222	5688
上海市奉贤区海湾旅游区	29151	15655	13496	5256	5806	5307	1361	26902	888	3253
奉贤区现代农业园区	16710	9413	7297	6045	7088	6761	1253	13924	1533	5182
上海海港综合经济开发区	10475	5317	5158	4347	4931	5009	967	8027	1481	5685
县	**703722**	**359321**	**344401**	**293168**	**315745**	**335207**	**57335**	**520448**	**125939**	**505983**
崇明县	**703722**	**359321**	**344401**	**293168**	**315745**	**335207**	**57335**	**520448**	**125939**	**505983**
城桥镇	113442	57453	55989	44244	51461	54061	11105	87701	14636	76506
堡镇	60111	28576	31535	25653	27856	30804	5015	44034	11062	49609
新河镇	42737	20667	22070	19003	19607	21676	3219	30278	9240	34136
庙镇	45926	21593	24333	21196	21123	24052	3410	30340	12176	39598
竖新镇	40823	20541	20282	17508	17910	19401	2764	29580	8479	31481
向化镇	26265	12516	13749	12078	12122	13635	1932	18838	5495	23394
三星镇	29894	13928	15966	14205	13749	15821	1796	19302	8796	26694
港沿镇	40741	19201	21540	19340	18500	21071	2940	28457	9344	35792
中兴镇	25274	12100	13174	11969	11686	13014	2057	17809	5408	21842
陈家镇	53996	27237	26759	20166	23294	25301	4637	40413	8946	44516
绿华镇	7061	3497	3564	3106	3404	3544	564	5386	1111	5229
港西镇	23416	11209	12207	10425	10812	11968	1591	16381	5444	19875
建设镇	27466	13483	13983	12033	12019	13801	1779	19449	6238	22364
新海镇	11646	6058	5588	5507	5953	5536	1027	7658	2961	5141
东平镇	15112	7726	7386	6662	7532	7338	1535	10664	2913	6249
长兴镇	99134	63267	35867	32962	39660	34198	8468	84547	6119	31940
新村乡	9581	4725	4856	4317	4484	4735	955	6853	1773	6974
横沙乡	27916	13716	14200	11702	13108	14026	2068	20108	5740	24587
前卫农场	1695	1022	673	552	741	608	250	1406	39	56
东平林场	35	28	7					35		
上实现代农业园区	1451	778	673	540	724	617	223	1209	19	

表10　江苏省乡、镇、街道人口

单位：人、户

地区	总人口			家庭户	家庭户总人口		分年龄人口			居住本地，户口在本地
	合计	男	女	户数	男	女	0-14岁	15-64岁	65岁及以上	
江苏省	**78660941**	**39626707**	**39034234**	**24381782**	**35542124**	**36143715**	**10233484**	**59868811**	**8558646**	**59693914**
南京市	**8003744**	**4142501**	**3861243**	**2369147**	**3268740**	**3284998**	**761536**	**6507172**	**735036**	**5209420**
玄武区	**651957**	**342821**	**309136**	**170117**	**220478**	**227877**	**52414**	**542714**	**56829**	**419914**
梅园新村街道	107395	59355	48040	17860	24372	26226	6218	94225	6952	84072
新街口街道	93906	48541	45365	26617	35209	36949	8011	76216	9679	70312
玄武门街道	41993	21938	20055	13224	16763	17884	3204	32806	5983	27681
后宰门街道	61990	30763	31227	20019	24926	27687	6296	47792	7902	43377
锁金村街道	76063	38974	37089	15290	20272	21003	4223	65240	6600	44000
红山街道	88217	47303	40914	31434	39126	36747	9375	73371	5471	39877
孝陵卫街道	112654	59210	53444	25758	33595	34876	8312	95121	9221	76059
玄武湖街道	69739	36737	33002	19915	26215	26505	6775	57943	5021	34536
白下区	**601961**	**305412**	**296549**	**189311**	**244390**	**254420**	**51750**	**484058**	**66153**	**368649**
五老村街道	72881	36863	36018	19773	26027	27740	5306	59778	7797	43219
洪武路街道	109385	54532	54853	32824	41569	44031	8009	89669	11707	77330
大光路街道	78475	39607	38868	25863	33211	35070	6834	61930	9711	48786
瑞金路街道	75756	40177	35579	21784	29181	30622	6857	58525	10374	56049
月牙湖街道	70546	35556	34990	23499	31097	32142	7447	55493	7606	36945
光华路街道	84085	43859	40226	26787	35610	34952	8407	70060	5618	29724
朝天宫街道	110833	54818	56015	38781	47695	49863	8890	88603	13340	76596
秦淮区	**405955**	**213350**	**192605**	**123721**	**158442**	**160306**	**33912**	**335577**	**36466**	**183782**
秦虹街道	81332	42218	39114	24199	33886	35131	7876	65688	7768	41847
夫子庙街道	73308	36509	36799	23014	29570	31048	6191	58789	8328	39818
红花街道	112254	62949	49305	32791	42042	39686	9712	96091	6451	31097
双塘街道	101553	52269	49284	30330	37126	38816	7107	84186	10260	52292
中华门街道	37508	19405	18103	13387	15818	15625	3026	30823	3659	18728
建邺区	**427089**	**225556**	**201533**	**138543**	**183447**	**182779**	**43965**	**351585**	**31539**	**192447**
滨湖街道	69291	34534	34757	25384	30821	31555	6352	56923	6016	35442
沙洲街道	56474	32032	24442	17333	22523	22343	6472	47188	2814	20227
双闸街道	19560	11907	7653	6153	8298	7326	2268	16510	782	5164
江心洲街道	20865	10657	10208	5398	8451	8958	2101	16726	2038	13811
南湖街道	83029	41551	41478	26303	34880	36233	7148	66911	8970	43725
兴隆街道	67274	38301	28973	23134	29353	27128	7473	56904	2897	20828
南苑街道	110596	56574	54022	34838	49121	49236	12151	90423	8022	53250
鼓楼区	**826074**	**414115**	**411959**	**223195**	**298312**	**313395**	**72235**	**673578**	**80261**	**533989**
宁海路街道	119506	59266	60240	29216	38696	41420	9745	96784	12977	87669
华侨路街道	114432	54753	59679	24792	33235	35736	8548	96541	9343	83759
湖南路街道	122324	63292	59032	27101	35978	38120	7367	103534	11423	74067
中央门街道	149878	76608	73270	41093	54615	57315	11765	121751	16362	94659
挹江门街道	94874	46518	48356	29482	38109	39940	7852	75650	11372	58262
江东街道	109810	57361	52449	34835	48270	49186	13796	87611	8403	64441
凤凰街道	115250	56317	58933	36676	49409	51678	13162	91707	10381	71132
下关区	**445117**	**236811**	**208306**	**149836**	**186981**	**184975**	**35860**	**365501**	**43756**	**246185**
阅江楼街道	79841	43983	35858	26778	32073	30676	4762	67188	7891	44795
热河南路街道	77401	42087	35314	25693	32396	32685	6472	63183	7746	41614
幕府山街道	43980	22695	21285	16658	21106	20669	4659	35927	3394	22145

表10 续表 1

单位：人、户

地区	总人口			家庭户	家庭户总人口		分年龄人口			居住本地，户口在本地
	合计	男	女	户数	男	女	0-14岁	15-64岁	65岁及以上	
建宁路街道	61720	31191	30529	18330	22731	22896	4071	51524	6125	34150
宝塔桥街道	97631	51366	46265	35077	45329	44447	9392	78888	9351	58832
小市街道	84544	45489	39055	27300	33346	33602	6504	68791	9249	44649
浦口区	**710298**	**372290**	**338008**	**200623**	**291284**	**286932**	**68819**	**585425**	**56054**	**480578**
泰山街道	165706	88334	77372	50235	69060	67426	17960	135507	12239	99370
顶山街道	47082	24985	22097	14485	20399	20073	4480	37549	5053	32224
沿江街道	66329	35503	30826	20204	26784	25259	7450	56417	2462	25211
江浦街道	164891	87012	77879	40663	58627	59035	14466	139837	10588	106340
桥林街道	42718	21476	21242	14030	21205	21147	4376	33425	4917	39753
汤泉街道	26950	13493	13457	8642	13166	13389	2646	21393	2911	24915
盘城街道	69815	36060	33755	13945	20327	19854	5208	61583	3024	39335
永宁镇	44546	22337	22209	13864	22215	22169	4354	35058	5134	40906
星甸镇	32784	16776	16008	10542	16147	15745	3098	25552	4134	29906
石桥镇	25222	12879	12343	7261	12579	12271	2630	19701	2891	23821
乌江镇	24255	13435	10820	6752	10775	10564	2151	19403	2701	18797
栖霞区	**644295**	**330694**	**313601**	**172388**	**227221**	**225539**	**48713**	**549560**	**46022**	**350851**
尧化街道	56213	29514	26699	19037	25066	24902	6077	45980	4156	35668
马群街道	59769	32574	27195	16446	20951	21228	4747	51051	3971	21813
迈皋桥街道	120991	62996	57995	45637	55951	53813	11468	100993	8530	46565
燕子矶街道	100027	48830	51197	28568	39204	38140	8434	83287	8306	54194
栖霞街道	50247	26251	23996	17241	22589	22525	4536	40113	5598	35916
龙潭街道	23980	12176	11804	8947	11630	11606	2108	18403	3469	20919
仙林街道	117287	59404	57883	7101	9043	8951	2687	113498	1102	53810
靖安街道	33384	16667	16717	10742	15963	16614	3173	26201	4010	31607
八卦洲街道	34399	17835	16564	10574	15826	16181	2953	27136	4310	26450
西岗街道	29798	15975	13823	7027	9216	9639	2095	25568	2135	19726
栖霞经济开发区	4109	2081	2028	1068	1782	1940	419	3265	425	3578
南京经济技术开发区	14091	6391	7700				16	14065	10	605
雨花台区	**391293**	**212594**	**178699**	**119848**	**160648**	**156178**	**38749**	**324070**	**28474**	**162244**
宁南街道	47319	27362	19957	11215	16010	16385	5032	40002	2285	20369
赛虹桥街道	67698	37707	29991	21372	28291	26591	6846	57090	3762	27926
雨花新村街道	35504	17827	17677	13093	16918	17240	3542	26724	5238	22393
西善桥街道	40705	21647	19058	14503	19631	18355	4546	33295	2864	11747
板桥街道	26943	14451	12492	8433	11517	11600	2818	21820	2305	13041
铁心桥街道	104798	55978	48820	28195	37997	36926	8579	90162	6057	26222
梅山街道	35831	19068	16763	14013	17420	16431	4238	28145	3448	23549
雨花经济开发区	17711	10317	7394	4651	6699	6449	1664	14925	1122	8446
板桥新城	14784	8237	6547	4373	6165	6201	1484	11907	1393	8551
江宁区	**1145628**	**591017**	**554611**	**326927**	**460885**	**464279**	**114703**	**940595**	**90330**	**800462**
东山街道	180690	90429	90261	58930	81705	83800	25856	143113	11721	121721
秣陵街道	386552	203206	183346	90665	120005	119342	32371	337363	16818	200678
汤山街道	70131	36259	33872	24587	32204	32768	6764	55717	7650	59363
淳化街道	56827	28955	27872	17659	27244	27414	5677	44110	7040	49286
禄口街道	85670	46265	39405	23571	31621	31847	8009	69423	8238	62246
江宁街道	90830	46009	44821	26854	43063	43511	8834	71752	10244	80669
谷里街道	60770	30870	29900	18995	28914	29169	6212	48183	6375	51103
湖熟街道	78247	39231	39016	24892	38258	38509	7538	60932	9777	74463
横溪街道	73465	37458	36007	24191	34239	34019	7485	57595	8385	63522
麒麟街道	62446	32335	30111	16583	23632	23900	5957	52407	4082	37411
六合区	**915625**	**466469**	**449156**	**280731**	**434560**	**435720**	**100553**	**719230**	**95842**	**749945**

表10 续表 2

单位：人、户

地区	总人口			家庭户	家庭户总人口		分年龄人口			居住本地，户口在本地
	合计	男	女	户数	男	女	0-14岁	15-64岁	65岁及以上	
卸甲甸街道	57613	30524	27089	20699	27078	26468	6744	45202	5667	37070
西厂门街道	36043	18739	17304	14398	16846	16553	3421	28535	4087	18704
山潘街道	63259	31638	31621	24715	30512	31014	6851	48572	7836	47546
葛塘街道	86266	45913	40353	25180	36378	36303	9976	70777	5513	47335
长芦街道	16850	9836	7014	4221	6629	6530	1449	13943	1458	11604
雄州街道	133797	67340	66457	41736	62155	63534	15972	105334	12491	104593
龙池街道	60493	30753	29740	17811	29259	29219	6849	47595	6049	52326
程桥街道	46903	23485	23418	11822	22452	22035	5105	36849	4949	42669
金牛湖街道	65388	32921	32467	17646	32706	32283	7465	51147	6776	62638
横梁街道	37497	18792	18705	10799	18393	18526	3759	29528	4210	35228
冶山镇	40466	20344	20122	11260	20243	20113	4378	31712	4376	38403
东沟镇	25263	12668	12595	7239	12540	12559	2351	19600	3312	23883
龙袍镇	30336	15559	14777	8494	14716	14721	2903	23881	3552	28319
玉带镇	22161	11323	10838	8006	10677	10779	2349	16620	3192	20806
瓜埠镇	29869	15052	14817	8507	14140	14421	2626	23687	3556	26757
竹镇镇	56638	28143	28495	17278	27792	28361	6206	43701	6731	53935
马集镇	36897	18444	18453	10830	18292	18402	4527	28177	4193	35436
马鞍镇	46632	23373	23259	13065	22440	22357	5041	36605	4986	40632
新篁镇	23254	11622	11632	7025	11312	11542	2581	17765	2908	22061
溧水县	**421323**	**217519**	**203804**	**133974**	**195482**	**191854**	**49157**	**325597**	**46569**	**342969**
永阳镇	140597	73511	67086	43305	62630	61774	17508	113075	10014	98050
白马镇	32427	16283	16144	11780	15599	15827	3651	24033	4743	30049
东屏镇	34596	17677	16919	11937	16053	16128	3365	26258	4973	30763
柘塘镇	30954	15760	15194	10918	13827	14119	2898	23811	4245	26478
石湫镇	42509	21951	20558	12991	20994	20107	5602	31380	5527	39043
洪蓝镇	43785	22486	21299	13405	21419	20549	4946	33475	5364	39333
晶桥镇	29753	15318	14435	10009	14245	14013	3764	21597	4392	27237
和凤镇	43823	22675	21148	13350	22190	20953	4908	32858	6057	40834
溧水开发区	22879	11858	11021	6279	8525	8384	2515	19110	1254	11182
高淳县	**417129**	**213853**	**203276**	**139933**	**206610**	**200744**	**50706**	**309682**	**56741**	**377405**
淳溪镇	122658	61305	61353	42952	60084	60270	17329	92144	13185	102350
阳江镇	65768	34102	31666	21374	33764	31441	8051	47218	10499	62780
砖墙镇	32200	16517	15683	10913	16471	15654	3563	23408	5229	30759
古柏镇	36332	18422	17910	11663	17481	17024	3750	27418	5164	32229
漆桥镇	22969	11902	11067	7944	11780	11038	2704	16805	3460	21603
固城镇	41637	23110	18527	12495	19177	18465	4613	31777	5247	36062
东坝镇	40172	20551	19621	13892	20076	19443	4584	29583	6005	38118
桠溪镇	55393	27944	27449	18700	27777	27409	6112	41329	7952	53504
无锡市	**6374399**	**3306295**	**3068104**	**2050680**	**2891358**	**2821435**	**656367**	**5113518**	**604514**	**3871570**
崇安区	**229003**	**117156**	**111847**	**78954**	**104228**	**104217**	**23043**	**181854**	**24106**	**123518**
崇安寺街道	36652	17500	19152	12299	15664	16663	3931	27134	5587	26617
通江街道	11886	6632	5254	3752	4856	4938	1050	9632	1204	6988
广瑞路街道	37325	18908	18417	13063	17367	17417	4027	29301	3997	20988
上马墩街道	35190	17335	17855	12249	15971	16542	3611	27260	4319	20275
江海街道	31181	15443	15738	11863	14900	15266	3027	24492	3662	20367
广益街道	76769	41338	35431	25728	35470	33391	7397	64035	5337	28283
南长区	**378491**	**191538**	**186953**	**133180**	**173491**	**176045**	**37152**	**294099**	**47240**	**229845**
迎龙桥街道	66718	33782	32936	22690	29056	30341	6229	50970	9519	43562
南禅寺街道	64927	32484	32443	23298	29428	30486	5901	49936	9090	43191
清名桥街道	63397	31767	31630	24643	30157	31040	5727	47561	10109	44730

表10　续表 3　　　　单位：人、户

地　区	总人口			家庭户	家庭户总人口		分年龄人口			居住本地，户口在本地
	合　计	男	女	户　数	男	女	0-14岁	15-64岁	65岁及以上	
金星街道	67052	33681	33371	24196	32152	32614	7408	51764	7880	45294
金匮街道	21571	10994	10577	6727	9451	9630	1973	17234	2364	8257
扬名街道	94826	48830	45996	31626	43247	41934	9914	76634	8278	44811
北塘区	**336894**	**173983**	**162911**	**117974**	**156535**	**155804**	**34211**	**267560**	**35123**	**186153**
黄巷街道	122616	65161	57455	40635	56187	54437	12478	99471	10667	55774
山北街道	95856	49568	46288	34701	46338	45064	10258	76787	8811	53118
北大街街道	71032	35712	35320	24967	32247	33339	7096	55759	8177	44563
惠山街道	47390	23542	23848	17671	21763	22964	4379	35543	7468	32698
锡山区	**681413**	**355840**	**325573**	**211091**	**307197**	**294647**	**69450**	**557121**	**54842**	**356121**
东亭街道	115941	60170	55771	37537	53859	51919	15462	94823	5656	52047
安镇街道	93195	50874	42321	30897	43912	40743	9550	77012	6633	40794
东北塘街道	61344	32948	28396	20707	28676	25994	6126	51246	3972	25415
羊尖镇	53265	27138	26127	15269	24998	24722	5597	41620	6048	38251
鹅湖镇	61783	31417	30366	20210	29679	29424	6049	48846	6888	42870
锡北镇	88562	45999	42563	28067	42028	40667	9301	70607	8654	50856
东港镇	114362	57728	56634	34206	51496	50685	10935	92249	11178	70150
无锡锡山开发区	92961	49566	43395	24198	32549	30493	6430	80718	5813	35738
惠山区	**691077**	**368299**	**322778**	**222999**	**318374**	**297673**	**74421**	**563842**	**52814**	**369080**
堰桥街道	134301	71412	62889	45663	64445	59698	15318	109632	9351	62126
长安街道	81141	44751	36390	25746	34718	33017	8659	66944	5538	37829
钱桥街道	130330	69412	60918	36135	51196	47765	12337	110673	7320	61749
前洲街道	64704	34442	30262	22034	31939	29358	7052	51984	5668	38183
玉祁街道	68736	35996	32740	22707	33576	31673	7968	54773	5995	40653
洛社镇	169889	90021	79868	56390	82233	76989	18899	136543	14447	100657
阳山镇	41976	22265	19711	14324	20267	19173	4188	33293	4495	27883
滨湖区	**1226841**	**642198**	**584643**	**360807**	**506045**	**494157**	**115291**	**1011338**	**100212**	**645304**
河埒街道	125510	63321	62189	46289	60006	60380	12298	97052	16160	85143
荣巷街道	90735	46002	44733	26881	35814	35476	8866	74086	7783	49689
蠡园街道	45968	24058	21910	14993	20864	20988	5108	36657	4203	22681
蠡湖街道	49355	25059	24296	17029	23263	23622	5276	38697	5382	28849
华庄街道	83552	45370	38182	29179	40161	36731	8878	68427	6247	39274
太湖街道	88960	48188	40772	29718	39528	36975	8774	74499	5687	28677
雪浪街道	116960	62493	54467	27113	38843	37672	8811	99273	8876	65290
马山街道	38909	20407	18502	11963	17560	17045	4381	31497	3031	23998
旺庄街道	128693	66348	62345	24355	36668	36230	7709	113514	7470	53156
硕放街道	83953	43976	39977	23730	33247	32843	7168	70495	6290	43087
江溪街道	142952	74038	68914	42538	60669	59469	15821	117039	10092	68407
新安街道	38255	20862	17393	11565	16121	15772	3381	31345	3529	22815
梅村街道	68011	36041	31970	20297	28616	27067	6559	57380	4072	31324
鸿山街道	70678	36473	34205	19122	30932	31021	6584	56999	7095	51300
胡埭镇	49197	26706	22491	14661	21876	21114	5001	39947	4249	29182
无锡新加坡工业园	4876	2693	2183	1374	1877	1752	675	4155	46	2431
无锡高新技术产业开发区	277	163	114				1	276		1
江阴市	**1595138**	**822326**	**772812**	**495922**	**742002**	**719796**	**174062**	**1272857**	**148219**	**1089400**
澄江街道	324660	164262	160398	107935	149703	151741	41335	256695	26630	214820
申港街道	56478	30382	26096	16078	25424	23945	5393	45829	5256	38845
夏港街道	64873	35081	29792	19483	29107	27713	6854	53364	4655	35494
南闸街道	60768	31679	29089	16463	26512	25262	6587	48416	5765	43557
云亭街道	60478	31644	28834	19800	29946	27889	6639	48609	5230	40688
璜土镇	74116	38728	35388	22662	35513	33947	7762	59166	7188	51581

表10　续表 4　　　　单位：人、户

地　　区	总人口 合 计	总人口 男	总人口 女	家庭户 户 数	家庭户总人口 男	家庭户总人口 女	分年龄人口 0-14岁	分年龄人口 15-64岁	分年龄人口 65岁及以 上	居住本地，户 口在本地
利港镇	65403	34251	31152	20000	31872	30513	6826	51600	6977	51711
月城镇	45673	23679	21994	14276	22266	21472	4920	35368	5385	36732
青阳镇	83302	43006	40296	24380	38313	37268	8492	65878	8932	61809
徐霞客镇	131040	67500	63540	41404	63554	60931	13006	103914	14120	97170
华士镇	129688	66595	63093	43883	64204	60398	13656	104461	11571	82914
周庄镇	134750	69740	65010	42936	67269	63293	16129	106461	12160	94446
新桥镇	38490	19405	19085	12758	18027	17218	4542	31036	2912	21989
长泾镇	71160	35770	35390	23018	33785	33256	7138	56173	7849	50512
顾山镇	73586	36863	36723	22455	33136	32811	7603	58096	7887	49722
祝塘镇	85503	42500	43003	25280	37328	36549	8090	69487	7926	54712
江苏省江阴经济开发区	95170	51241	43929	23111	36043	35590	9090	78304	7776	62698
宜兴市	**1235542**	**634955**	**600587**	**429753**	**583486**	**579096**	**128737**	**964847**	**141958**	**872149**
宜城街道	232148	121944	110204	73617	100162	102897	28075	188863	15210	136082
屺亭街道	51311	26812	24499	17204	23180	22702	4738	41039	5534	31028
新庄街道	32830	16778	16052	11825	16332	15785	2967	25352	4511	24899
新街街道	31457	16191	15266	11021	15006	14708	2576	24614	4267	23332
张渚镇	75994	38293	37701	27236	36391	36738	7246	59268	9480	62266
西渚镇	25376	12870	12506	8770	12060	12213	2623	19193	3560	21573
太华镇	24422	12233	12189	8394	11467	11483	2584	18786	3052	19936
徐舍镇	83512	42523	40989	30666	40664	40074	6507	62661	14344	73869
官林镇	81764	42239	39525	28839	39283	38465	9307	61893	10564	57633
杨巷镇	39750	19755	19995	14686	19497	19932	4036	28934	6780	35310
新建镇	26151	13412	12739	9154	12727	12356	2486	19972	3693	20928
和桥镇	80592	40667	39925	28874	39289	38906	8233	62889	9470	58723
高塍镇	63089	32804	30285	22927	31215	29895	6010	48504	8575	44926
万石镇	34840	18725	16115	13463	17243	15867	3461	27342	4037	20248
周铁镇	55414	28227	27187	19246	27022	26739	4979	41995	8440	46768
芳桥镇	25546	12968	12578	9022	12696	12485	2166	19246	4134	21654
丁蜀镇	199246	101927	97319	69943	96135	94141	22518	156452	20276	133126
湖父镇	20645	10320	10325	7841	9938	10275	1631	15805	3209	17372
环科园	51455	26267	25188	17025	23179	23435	6594	42039	2822	22476
徐州市	**8577225**	**4313811**	**4263414**	**2610420**	**4120775**	**4130750**	**1541559**	**6142187**	**893479**	**7598893**
鼓楼区	**490855**	**247096**	**243759**	**157222**	**233754**	**235354**	**70260**	**375931**	**44664**	**351026**
黄楼街道	39209	19267	19942	14174	18916	19728	4770	30007	4432	26524
丰财街道	76713	38400	38313	27451	37547	37918	8733	59707	8273	56134
琵琶街道	29593	14833	14760	9301	14564	14634	4300	22885	2408	17336
牌楼街道	22012	11159	10853	7588	10637	10752	3250	17257	1505	10853
铜沛街道	50756	26692	24064	16951	23326	23648	5950	40434	4372	30433
环城街道	83311	41272	42039	29495	40357	41323	10377	64153	8781	58097
金山桥街道	31598	15461	16137	8793	13142	12431	4480	25643	1475	17331
东环街道	24932	12782	12150	7075	11872	11868	3825	19061	2046	19910
大黄山街道	10781	5722	5059	3523	4614	4698	900	8543	1338	8565
大庙镇	77179	38826	38353	19284	36448	36383	15448	55509	6222	66420
大黄山镇	44771	22682	22089	13587	22331	21971	8227	32732	3812	39423
云龙区	**345393**	**174042**	**171351**	**107582**	**157498**	**159984**	**43247**	**269900**	**32246**	**249207**
彭城街道	62472	30252	32220	22349	29255	30307	6032	48293	8147	50933
子房街道	69430	34469	34961	24775	33918	34754	7366	53718	8346	54753
黄山街道	66613	32396	34217	19921	27636	28097	8315	53494	4804	33881
骆驼山街道	59707	30656	29051	18300	26602	26329	8742	47137	3828	34955
大郭庄街道	9091	4535	4556	2555	4486	4539	1309	6951	831	6997

表10　续表 5

单位：人、户

地　　区	总人口			家庭户	家庭户总人口		分年龄人口			居住本地，户口在本地
	合　计	男	女	户　数	男	女	0-14岁	15-64岁	65岁及以上	
翠屏山街道	10485	5977	4508	2741	4410	4497	1495	8054	936	10208
大龙湖街道	52815	28339	24476	12928	23979	24263	7707	41165	3943	43701
潘塘街道	14780	7418	7362	4013	7212	7198	2281	11088	1411	13779
九里区	**160561**	**84522**	**76039**	**45005**	**73511**	**71594**	**22981**	**125343**	**12237**	**125074**
庞庄街道	27835	14141	13694	8437	14127	13687	4233	21176	2426	25198
火花街道	25742	13037	12705	7410	12926	12669	3893	19805	2044	19594
利国街道	5215	2691	2524	1916	2686	2522	637	4116	462	4794
桃园街道	11410	5714	5696	3539	5712	5696	1890	8502	1018	10182
三河尖街道	7407	4344	3063	2340	3201	3052	810	5815	782	6103
垞城街道	2847	1508	1339	1098	1495	1339	354	2311	182	2145
义安街道	19	16	3	5	3	2	4	15		5
张集街道	5085	3102	1983	1649	2041	1983	582	4119	384	3628
电厂街道	2418	1795	623	423	603	541	176	2149	93	354
张双楼街道	5625	3592	2033	1730	2225	2015	564	4851	210	4964
九里街道	35649	18575	17074	7355	12562	12804	4523	28936	2190	22490
拾屯街道	13776	7128	6648	3891	7105	6640	2357	10300	1119	11890
苏山街道	17533	8879	8654	5212	8825	8644	2958	13248	1327	13727
贾汪区	**430712**	**220088**	**210624**	**133309**	**216304**	**208359**	**74150**	**311393**	**45169**	**391942**
老矿街道	31838	16016	15822	11253	15788	15612	5176	23850	2812	25746
夏桥街道	23456	11871	11585	8293	11671	11536	2680	18343	2433	17213
贾汪镇	49005	25112	23893	14122	22796	22324	7158	36538	5309	41053
青山泉镇	44314	22526	21788	14466	22436	21715	6965	32475	4874	41780
大吴镇	78567	39937	38630	23366	39323	38398	14223	57461	6883	72235
紫庄镇	52063	26716	25347	17610	26712	25339	8976	37187	5900	50377
塔山镇	59162	30468	28694	17633	30438	28688	11825	40244	7093	56274
汴塘镇	46260	23695	22565	12827	23664	22555	8622	32465	5173	44320
江庄镇	31911	16564	15347	9662	16512	15344	5969	22487	3455	30197
鹿庄粮棉原种场	350	197	153	70	119	116	46	266	38	350
工业园区管委会	13786	6986	6800	4007	6845	6732	2510	10077	1199	12397
泉山区	**539693**	**277824**	**261869**	**169346**	**230537**	**236442**	**58438**	**428607**	**52648**	**376956**
王陵街道	59047	28743	30304	22568	28632	30181	5575	45156	8316	48270
七里沟街道	8361	4403	3958	2526	4103	3888	1275	6553	533	4143
永安街道	76830	37832	38998	28325	37300	38791	8182	58203	10445	61468
湖滨街道	49777	24631	25146	17478	24470	25007	6423	38450	4904	33715
段庄街道	52330	25976	26354	17783	24755	24918	6235	41221	4874	36409
翟山街道	62207	33484	28723	13091	17896	18577	5011	53078	4118	40060
奎山街道	36104	17688	18416	12931	17222	17834	4595	27200	4309	19692
和平街道	94581	46931	47650	33579	46383	47259	12392	72622	9567	73804
金山街道	34927	22241	12686	3224	4925	4992	1736	32251	940	21635
泰山街道	65529	35895	29634	17841	24851	24995	7014	53873	4642	37760
丰县	**963531**	**486511**	**477020**	**310039**	**475247**	**468357**	**179882**	**674255**	**109394**	**891208**
凤城镇	161850	83853	77997	55251	80153	75226	27355	121235	13260	126653
首羡镇	76030	38977	37053	23670	37387	36833	14957	51764	9309	72105
顺河镇	47330	23462	23868	13851	22522	22909	8802	32823	5705	45014
常店镇	49772	25028	24744	15728	24982	24721	9189	34465	6118	47688
欢口镇	77758	38274	39484	25308	37077	38200	15931	52580	9247	72330
师寨镇	62956	31107	31849	20583	31032	31831	12637	42031	8288	60518
华山镇	71281	35917	35364	23196	34695	34242	13702	49727	7852	66368
梁寨镇	54742	28085	26657	17878	27631	26295	9505	39258	5979	53444
范楼镇	62859	31444	31415	21057	31421	31411	12612	42520	7727	60471

表10 续表 6　　　　单位：人、户

地　　区	总人口			家庭户	家庭户总人口		分年龄人口			居住本地，户口在本地
	合　计	男	女	户　数	男	女	0-14岁	15-64岁	65岁及以上	
孙楼镇	46941	23941	23000	15395	23849	22990	8890	32786	5265	43751
宋楼镇	79763	40606	39157	22770	39394	38027	13933	57334	8496	75810
大沙河镇	51426	26461	24965	15430	26384	24916	9426	36478	5522	49690
王沟镇	67140	32550	34590	22885	31984	33960	12476	44832	9832	65054
赵庄镇	53193	26557	26636	16889	26515	26622	10409	36041	6743	52167
大沙河林场	490	249	241	148	221	174	58	381	51	145
沛县	**1141935**	**574727**	**567208**	**334143**	**542717**	**549747**	**194278**	**836091**	**111566**	**1062362**
龙固镇	59086	28959	30127	16712	28164	29816	10571	43090	5425	54710
杨屯镇	53417	27286	26131	15757	27138	26034	8390	40005	5022	50441
大屯镇	64153	32587	31566	18228	30846	30117	9944	48467	5742	52371
沛城镇	195363	100643	94720	57072	94932	89560	31103	150219	14041	167536
胡寨镇	32231	15670	16561	9550	14990	16153	5533	22967	3731	31151
魏庙镇	51820	25401	26419	14638	24310	25291	8896	37652	5272	50366
五段镇	41803	19976	21827	12052	19973	21816	7488	29910	4405	41265
张庄镇	74114	35623	38491	23609	33496	37808	14181	51268	8665	71764
张寨镇	74433	35377	39056	22988	34280	37722	13403	52860	8170	70803
敬安镇	57825	28945	28880	17113	26762	27732	9941	41102	6782	55906
河口镇	47281	22871	24410	15458	22598	24387	9230	32422	5629	45795
栖山镇	51750	25143	26607	16526	24537	26382	9535	36054	6161	49938
鹿楼镇	63704	32026	31678	19101	30640	30895	12532	44118	7054	61014
朱寨镇	56908	28936	27972	16511	28674	27794	10069	40732	6107	54791
安国镇	82181	41308	40873	22139	40768	40565	15780	58247	8154	80067
中煤集团大屯煤电	53698	31433	22265	16244	23242	22004	5251	44723	3724	50692
沛县新城区	20639	10396	10243	5359	10115	9901	3134	15584	1921	19008
沛县湖西农场管理委	15424	8006	7418	4376	8003	7414	2588	11341	1495	15177
经济开发区	46105	24141	21964	10710	19249	18356	6709	35330	4066	39567
铜山县	**1086564**	**532783**	**553781**	**340329**	**508157**	**525875**	**199241**	**771539**	**115784**	**938839**
铜山镇	117820	55907	61913	28165	40693	40034	14491	98128	5201	52584
何桥镇	35118	15598	19520	14086	15563	19505	7393	22477	5248	34107
黄集镇	43038	20271	22767	16128	20271	22767	7176	30030	5832	41311
马坡镇	35358	15665	19693	12371	15662	19693	7097	23704	4557	32515
郑集镇	43021	21931	21090	12071	20175	20036	6995	31718	4308	38340
柳新镇	65258	32799	32459	19602	32382	32349	10881	47892	6485	60127
刘集镇	54785	26715	28070	17534	26593	27993	10238	38440	6107	51158
大彭镇	52219	24530	27689	16647	23715	26999	9835	36948	5436	47581
汉王镇	47205	23501	23704	15413	23247	23558	8442	33872	4891	42423
三堡镇	41091	20959	20132	14173	20836	20106	6576	29789	4726	36833
棠张镇	52985	26668	26317	17073	25419	25267	9274	38122	5589	47100
张集镇	61929	30560	31369	19717	29857	30840	13027	41812	7090	57116
房村镇	54035	25618	28417	17300	25489	28343	12027	35432	6576	50450
伊庄镇	34968	17415	17553	10943	17295	17469	6945	23507	4516	32034
单集镇	50617	25229	25388	16480	25091	25376	10265	33190	7162	46895
利国镇	54960	28470	26490	17161	27315	26283	9897	39618	5445	47123
徐庄镇	56099	28070	28029	17611	28048	28012	12670	37019	6410	53353
大许镇	66563	33858	32705	20177	32157	31376	13332	45575	7656	60409
茅村镇	57649	28228	29421	17451	27593	28823	10574	41556	5519	52171
柳泉镇	51657	25716	25941	16902	25696	25937	10361	35380	5916	45508
国营沿湖农场	10189	5075	5114	3324	5060	5109	1745	7330	1114	9701
睢宁县	**1039315**	**512262**	**527053**	**330971**	**498277**	**516929**	**206650**	**704498**	**128167**	**944847**
睢城镇	232542	119754	112788	66860	111407	106828	42210	172454	17878	170510

表10 续表 7

单位：人、户

地区	总人口			家庭户	家庭户总人口		分年龄人口			居住本地，户口在本地
	合计	男	女	户数	男	女	0-14岁	15-64岁	65岁及以上	
王集镇	54578	27066	27512	18227	25749	26545	10344	37240	6994	51059
双沟镇	45697	21960	23737	14937	21336	23240	9879	30114	5704	43620
岚山镇	55442	27593	27849	17712	27494	27807	12590	35765	7087	54364
李集镇	39691	18929	20762	13191	17441	19659	7783	26676	5232	34767
桃园镇	52861	25415	27446	18181	25236	27357	12082	33330	7449	51864
官山镇	51086	23954	27132	17303	23842	27115	10345	33484	7257	49431
高作镇	43419	21668	21751	14124	21585	21723	7066	30712	5641	41284
沙集镇	46696	23616	23080	13817	23566	23067	8659	32367	5670	45600
凌城镇	53841	25957	27884	16789	25675	27562	11777	34798	7266	52081
邱集镇	76343	37166	39177	23939	36995	39156	15944	50047	10352	74879
古邳镇	48748	23414	25334	16550	23276	25175	10380	31386	6982	47433
姚集镇	65897	31915	33982	22029	31819	33961	13139	43166	9592	64525
魏集镇	48069	22945	25124	17116	22833	24971	10020	29997	8052	46665
梁集镇	52048	25239	26809	17484	25130	26791	10679	33806	7563	50068
庆安镇	48234	23409	24825	16286	23375	24815	9702	31347	7185	47361
经济开发区	24123	12262	11861	6426	11518	11157	4051	17809	2263	19336
新沂市	**920628**	**464345**	**456283**	**275934**	**459005**	**452060**	**186650**	**640345**	**93633**	**858921**
新安镇	186399	94850	91549	58279	93974	90863	33170	138923	14306	169216
瓦窑镇	37080	18982	18098	10264	17979	17118	7347	26096	3637	34245
港头镇	39999	19441	20558	12559	19372	20514	9243	26296	4460	38344
唐店镇	46828	23818	23010	13838	23764	22987	10127	31953	4748	42640
合沟镇	44747	22320	22427	12641	22301	22421	10619	29088	5040	43197
草桥镇	65243	32677	32566	19941	32306	32483	11643	46203	7397	61821
窑湾镇	60668	30757	29911	18755	30598	29753	11709	41627	7332	58473
棋盘镇	66419	33010	33409	22604	32879	33373	14061	44099	8259	64334
马陵山镇	52711	26829	25882	14166	25637	24752	9757	37452	5502	47032
新店镇	44409	22299	22110	12265	21240	21198	8678	30616	5115	42700
邵店镇	32448	16288	16160	9257	16181	16149	5916	22484	4048	31562
北沟镇	50118	25243	24875	13576	25242	24874	9374	37103	3641	45693
时集镇	41652	20554	21098	13609	20530	21097	10457	26377	4818	38763
高流镇	48485	25202	23283	14559	25117	23171	10648	32969	4868	45190
阿湖镇	55298	27865	27433	14859	27856	27425	12243	37276	5779	52724
双塘镇	30958	15535	15423	9871	15358	15391	7868	19741	3349	27221
经济开发区	16905	8544	8361	4823	8540	8361	3731	11858	1316	15505
锡沂工业园区	261	131	130	68	131	130	59	184	18	261
邳州市	**1458038**	**739611**	**718427**	**406540**	**725768**	**706049**	**305782**	**1004285**	**147971**	**1408511**
运河镇	241393	123291	118102	68435	117609	111794	46604	178082	16707	212456
邳城镇	64585	32938	31647	17270	32900	31615	13500	44411	6674	63879
官湖镇	97705	49427	48278	25450	49195	48002	22889	65542	9274	95880
四户镇	40430	20553	19877	11364	20420	19816	8496	27519	4415	40094
宿羊山镇	65333	33419	31914	18115	33392	31877	14309	44281	6743	64916
八义集镇	65830	33017	32813	19492	32190	32101	12638	45219	7973	63408
土山镇	42853	21771	21082	12390	21460	20840	8280	29225	5348	41911
碾庄镇	80617	41308	39309	19862	38313	37062	17114	55327	8176	79528
港上镇	51114	25811	25303	14089	25460	25084	12132	34453	4529	50318
邹庄镇	45461	22709	22752	12073	22649	22711	11153	29674	4634	44988
占城镇	38164	19284	18880	11703	18958	18712	7382	26134	4648	37778
新河镇	48712	24432	24280	14094	24394	24250	9703	32734	6275	48378
八路镇	38894	19686	19208	11238	19656	19176	6900	27294	4700	38260
炮车镇	56083	28210	27873	17408	27963	27797	9431	40282	6370	54356

表10　续表 8　　　　　　　　　　　　　　　　　　　　　　　　　　　单位：人、户

地　区	总人口			家庭户	家庭户总人口		分年龄人口			居住本地，户口在本地
	合　计	男	女	户　数	男	女	0-14岁	15-64岁	65岁及以上	
铁富镇	87689	44437	43252	23614	43391	42438	20618	57961	9110	85693
岔河镇	30094	14800	15294	9142	14738	15264	7252	19321	3521	29855
戴圩镇	44488	22788	21700	12037	22761	21678	8746	31255	4487	44184
陈楼镇	48327	24070	24257	14111	24066	24251	10846	32430	5051	46659
邢楼镇	49653	25615	24038	12822	25259	23839	11189	33650	4814	49291
戴庄镇	42410	21504	20906	11303	21456	20886	10006	27730	4674	42125
车辐山镇	45844	23400	22444	13279	22773	21902	10131	30870	4843	44577
燕子埠镇	25714	13180	12534	7931	13067	12461	5389	17249	3076	24848
赵墩镇	76691	38993	37698	19888	38847	37552	15083	53413	8195	76002
议堂镇	28002	13976	14026	8902	13859	13981	5548	18902	3552	27175
邳城农场	458	219	239	104	219	239	95	315	48	458
张楼农场	37	21	16	17	21	16	1	32	4	37
江苏邳州经济开发区	1457	752	705	407	752	705	347	980	130	1457
常州市	**4592431**	**2341100**	**2251331**	**1553508**	**2108530**	**2102561**	**528808**	**3615046**	**448577**	**2881908**
天宁区	**513794**	**259306**	**254488**	**180089**	**237738**	**237113**	**57815**	**406721**	**49258**	**283308**
雕庄街道	37844	19096	18748	13508	16817	15011	3681	32548	1615	9538
青龙街道	53480	28194	25286	16413	23847	22539	6289	43767	3424	22752
茶山街道	109560	54966	54594	40962	53462	53592	12203	85466	11891	67126
红梅街道	161689	81714	79975	54677	73281	74069	18761	128827	14101	92951
天宁街道	82562	40953	41609	29059	37810	39381	9502	61973	11087	55700
兰陵街道	68659	34383	34276	25470	32521	32521	7379	54140	7140	35241
钟楼区	**505762**	**256442**	**249320**	**165492**	**218103**	**224281**	**54415**	**404727**	**46620**	**286745**
五星街道	164534	85419	79115	55732	72856	73479	18346	132753	13435	86172
永红街道	133960	65080	68880	43245	56782	59435	13898	107276	12786	78317
北港街道	42117	22417	19700	12286	17068	17223	4531	34714	2872	20329
西林街道	24604	13098	11506	7549	10958	10849	3184	19607	1813	11970
南大街街道	52171	25105	27066	18852	23637	25748	5990	40210	5971	32660
荷花池街道	55098	27201	27897	17471	22582	23759	5111	42651	7336	42548
新闸街道	33278	18122	15156	10357	14220	13788	3355	27516	2407	14749
戚墅堰区	**105184**	**55158**	**50026**	**36586**	**49491**	**47095**	**11550**	**82737**	**10897**	**60505**
戚墅堰街道	46605	24495	22110	16508	21299	20961	4593	35743	6269	34152
丁堰街道	28941	15167	13774	10592	14658	13534	3514	22925	2502	12718
潞城街道	29638	15496	14142	9486	13534	12600	3443	24069	2126	13635
新北区	**597144**	**311543**	**285601**	**184747**	**266495**	**260458**	**66703**	**481057**	**49384**	**366269**
河海街道	70185	36819	33366	18559	24901	25011	7441	59122	3622	32449
三井街道	71897	37931	33966	24068	31994	30880	8827	59344	3726	30679
龙虎塘街道	39700	21723	17977	10813	14661	14039	3845	33973	1882	15461
春江镇	140958	73447	67511	43768	66838	65132	15743	111479	13736	101487
孟河镇	91049	46357	44692	29912	44129	43656	10946	70578	9525	68408
新桥镇	34877	17635	17242	10591	15023	14191	3696	28803	2378	16317
薛家镇	56572	30188	26384	17300	25386	24615	6366	45973	4233	31103
罗溪镇	47432	24734	22698	15155	22391	22131	4967	37252	5213	36023
西夏墅镇	44474	22709	21765	14581	21172	20803	4872	34533	5069	34342
武进区	**1569034**	**813258**	**755776**	**517786**	**729434**	**697937**	**185267**	**1251971**	**131796**	**857476**
湖塘镇	260679	134429	126250	82339	112507	108799	32053	213358	15268	119515
牛塘镇	87555	45990	41565	29327	41605	38276	11271	71031	5253	33699
洛阳镇	80279	41636	38643	26231	38476	36723	9921	63157	7201	47305
遥观镇	100065	54302	45763	33368	47900	43555	12355	81085	6625	38567
横林镇	90352	47305	43047	31797	44195	41171	12396	71201	6755	42414
横山桥镇	90580	46765	43815	30164	42913	41171	11301	71166	8113	51835

表10 续表 9 单位：人、户

地区	总人口			家庭户	家庭户总人口		分年龄人口			居住本地，户口在本地
	合计	男	女	户数	男	女	0-14岁	15-64岁	65岁及以上	
郑陆镇	111983	57672	54311	37092	54410	52470	13232	87344	11407	75208
雪堰镇	94705	49356	45349	31889	45521	43915	10389	73784	10532	67468
前黄镇	81580	41828	39752	27720	39445	38355	8616	63610	9354	55287
礼嘉镇	82072	43352	38720	27425	38216	35894	9182	66031	6859	41358
邹区镇	97530	50833	46697	34216	47362	45021	11813	78165	7552	48575
嘉泽镇	73603	36934	36669	26557	35737	36130	8147	55703	9753	59197
湟里镇	72001	36892	35109	24358	34902	34068	8744	54712	8545	52781
奔牛镇	63928	32403	31525	20367	30048	29830	6387	50848	6693	45674
武进经济开发区	38633	20278	18355	11863	16703	15808	4159	31550	2924	19944
高新区	143489	73283	70206	43073	59494	56751	15301	119226	8962	58649
溧阳市	**749522**	**375696**	**373826**	**258028**	**349068**	**365673**	**92370**	**566369**	**90783**	**625856**
溧城镇	294808	152423	142385	94893	134296	138539	39253	230944	24611	218152
埭头镇	26225	13170	13055	8808	12353	12593	2866	19640	3719	22666
上黄镇	23380	11638	11742	8284	11455	11695	2514	17433	3433	20228
戴埠镇	46858	23226	23632	15539	21419	22102	4346	35805	6707	40758
天目湖镇	62847	31168	31679	21442	30404	31423	7693	47260	7894	55687
别桥镇	53403	25132	28271	20149	24726	28163	6103	38489	8811	49082
上兴镇	63373	31519	31854	24083	30195	31443	8090	46025	9258	57242
竹箦镇	52804	26101	26703	18637	25258	26351	6340	38804	7660	47529
南渡镇	58350	27972	30378	21797	26642	29691	6889	42344	9117	52649
社渚镇	63393	31046	32347	22608	30378	31914	8047	46915	8431	57934
常州监狱	2660	1511	1149	1138	1241	1131	147	1790	723	2635
溧阳监狱	1421	790	631	650	701	628	82	920	419	1294
金坛市	**551991**	**269697**	**282294**	**210780**	**258201**	**270004**	**60688**	**421464**	**69839**	**401749**
金城镇	203683	99767	103916	75406	96223	100699	23805	158350	21528	148136
儒林镇	29023	14640	14383	11537	14233	14055	3022	21269	4732	24202
尧塘镇	54599	27186	27413	21246	26689	27138	6135	40237	8227	42675
直溪镇	45725	21500	24225	19414	20720	23402	4231	33191	8303	38046
朱林镇	32098	15762	16336	13462	15367	16243	3060	23563	5475	25015
薛埠镇	58419	28847	29572	24555	28123	29254	5900	43405	9114	46459
指前镇	31552	15128	16424	12692	14185	15508	3045	22903	5604	26547
开发区	96892	46867	50025	32468	42661	43705	11490	78546	6856	50669
苏州市	**10459890**	**5334473**	**5125417**	**2922797**	**4146317**	**4154561**	**963128**	**8607625**	**889137**	**5496584**
沧浪区	**395046**	**196517**	**198529**	**135927**	**176314**	**180700**	**38795**	**309561**	**46690**	**238858**
双塔街道	44352	21630	22722	14706	18011	19327	3612	32978	7762	31161
南门街道	48549	23050	25499	16978	20741	22008	4134	36340	8075	32372
胥江街道	53891	26825	27066	18958	24645	25322	5324	42274	6293	31310
吴门桥街道	84025	41425	42600	30183	39754	40943	8019	64669	11337	58096
葑门街道	74725	38014	36711	24147	30368	30517	6066	61721	6938	41167
友新街道	89504	45573	43931	30955	42795	42583	11640	71579	6285	44752
平江区	**964067**	**490422**	**473645**	**266360**	**358705**	**361298**	**87085**	**803507**	**73475**	**454447**
观前街道	36086	17744	18342	13482	15907	16694	2697	26974	6415	22020
平江路街道	36479	17978	18501	14118	17051	17774	2891	26718	6870	25277
苏锦街道	23325	11810	11515	7776	10898	11078	2676	18522	2127	11665
娄门街道	75704	38488	37216	25897	33583	33801	6915	60232	8557	40556
城北街道	45723	24274	21449	16713	22483	20762	5979	37612	2132	12753
桃花坞街道	51396	25644	25752	19726	23804	24274	4239	38481	8676	32603
娄葑镇	295747	150362	145385	77355	108744	110373	24729	249136	21882	146761
唯亭镇	178691	93159	85532	40048	55391	53899	12515	157434	8742	62765
胜浦镇	62739	33635	29104	16917	23538	22786	5213	53918	3608	26261

表10 续表 10　　　　单位：人、户

地　　区	总人口			家庭户	家庭户总人口		分年龄人口			居住本地，户口在本地
	合　计	男	女	户　数	男	女	0-14岁	15-64岁	65岁及以上	
苏州工业园区直属镇	158177	77328	80849	34328	47306	49857	19231	134480	4466	73786
金阊区	**290830**	**146003**	**144827**	**103054**	**131960**	**131300**	**29406**	**230385**	**31039**	**146917**
石路街道	35159	17054	18105	12358	15231	16181	2953	26322	5884	22952
彩香街道	65827	32278	33549	22720	28564	29831	5862	51022	8943	42253
留园街道	78269	38872	39397	27330	35224	35076	7567	62781	7921	41368
虎丘街道	66609	33557	33052	25356	31225	30446	7129	53757	5723	24868
白洋湾街道	44966	24242	20724	15290	21716	19766	5895	36503	2568	15476
虎丘区	**572071**	**290350**	**281721**	**150476**	**219252**	**220471**	**56786**	**476902**	**38383**	**289341**
横塘街道	65252	31993	33259	14796	20730	19473	5793	57162	2297	16857
狮山街道	123906	62506	61400	33067	43668	45255	13086	104721	6099	59595
枫桥街道	126781	63079	63702	28447	41041	41749	10447	109735	6599	50036
镇湖街道	20492	9859	10633	6192	9512	10334	2419	15264	2809	18276
浒墅关镇	58090	30229	27861	18970	27872	26967	6650	46521	4919	32771
通安镇	56163	28171	27992	14791	25080	25786	6129	44278	5756	42456
东渚镇	33330	16672	16658	9955	15921	16376	3740	25477	4113	28089
高新区浒墅关经济开发区	81332	42957	38375	23398	34433	33817	8366	67234	5732	38862
苏州科技城	6725	4884	1841	860	995	714	156	6510	59	2399
吴中区	**1157120**	**586619**	**570501**	**292407**	**425014**	**426596**	**103643**	**973815**	**79662**	**529482**
长桥街道	62875	33519	29356	26292	31041	27649	6062	53943	2870	16688
越溪街道	79797	36844	42953	12637	19678	19793	5079	71312	3406	31905
郭巷街道	99014	51610	47404	29182	42288	40680	9733	83864	5417	38299
横泾街道	39262	20051	19211	9488	16355	16762	3691	31403	4168	27906
香山街道	23939	12316	11623	5969	9899	10267	2398	18829	2712	17467
苏苑街道	51451	25758	25693	17081	22734	23810	6303	40165	4983	23360
龙西街道	45580	22328	23252	15292	21561	22498	6191	36369	3020	21403
城南街道	105127	53274	51853	24019	32583	32139	9135	93094	2898	25194
甪直镇	135222	69303	65919	35807	50495	49773	11112	115121	8989	57870
木渎镇	234810	121946	112864	44146	64903	65862	18104	206077	10629	74268
胥口镇	78756	39422	39334	15774	25252	25081	6859	67506	4391	27801
东山镇	51873	25445	26428	15731	24438	25697	4889	39842	7142	48400
光福镇	50159	25731	24428	12370	20957	21769	4765	39219	6175	40118
金庭镇	39082	19087	19995	14395	18635	19807	3429	29460	6193	37185
临湖镇	55282	27576	27706	13029	21921	22626	5354	43937	5991	37111
穹窿山风景区	4891	2409	2482	1195	2274	2383	539	3674	678	4507
相城区	**692947**	**362388**	**330559**	**200318**	**290870**	**284625**	**69328**	**575985**	**47634**	**333398**
元和街道	160409	83842	76567	51529	72902	70287	19148	133046	8215	66559
太平街道	55634	30634	25000	15044	21956	21193	4949	46734	3951	26227
黄桥街道	60307	31753	28554	19103	26658	25571	6279	50756	3272	24027
北桥街道	59170	31276	27894	18926	26941	26242	5817	48209	5144	33888
望亭镇	55711	28807	26904	15198	23436	23578	5497	45436	4778	32756
黄埭镇	106010	55685	50325	26760	40495	40178	10484	88440	7086	51227
渭塘镇	63585	33049	30536	19603	27641	26954	6275	53357	3953	29452
阳澄湖镇	53386	26350	27036	12811	19465	19739	3567	44502	5317	31604
开发区	63187	33135	30052	17054	24531	24014	6020	53299	3868	25637
阳澄湖生态休闲旅游度假区	15548	7857	7691	4290	6845	6869	1292	12206	2050	12021
常熟市	**1510453**	**758458**	**751995**	**438123**	**640344**	**649132**	**138289**	**1206618**	**165546**	**971659**
虞山镇	572999	290495	282504	177715	238413	240596	59146	466344	47509	337440
梅李镇	98271	48023	50248	27867	43681	45302	8804	75511	13956	73027
海虞镇	112420	55808	56612	30827	48985	50044	10424	87196	14800	81712
碧溪镇	122770	60183	62587	35697	55979	57383	10569	93508	18693	93949

表10　续表 11　　　　单位：人、户

地　区	总人口			家庭户	家庭户总人口		分年龄人口			居住本地，户口在本地
	合　计	男	女	户　数	男	女	0-14岁	15-64岁	65岁及以上	
古里镇	117259	58703	58556	35697	52504	51657	10412	94547	12300	68898
沙家浜镇	55707	27984	27723	13534	21334	21785	3982	45191	6534	35812
支塘镇	79127	38588	40539	21031	34676	36302	6513	59945	12669	64634
董浜镇	55591	27085	28506	15837	25995	27196	4905	40552	10134	46582
辛庄镇	95669	48009	47660	28427	42912	43560	8525	76084	11060	68280
尚湖镇	111194	56185	55009	28990	43826	44286	8542	90389	12263	71069
虞山林场	8551	4391	4160	2250	3540	3593	739	6911	901	4403
常熟经济开发区	6454	4763	1691	1225	1392	786	229	6199	26	116
常熟东南开发区	11620	6111	5509	201	206	188	6	11605	9	44
常熟虞山尚湖旅游度假区	36025	18218	17807	9184	14164	14359	3036	29521	3468	18557
江苏常熟服装城管理委员会	26796	13912	12884	9641	12737	12095	2457	23115	1224	7136
张家港市	**1246762**	**631019**	**615743**	**342450**	**509934**	**514717**	**125461**	**1000484**	**120817**	**814074**
杨舍镇	419261	213211	206050	109096	163174	166248	48418	340080	30763	247785
塘桥镇	163429	78528	84901	38183	59804	60644	15408	134627	13394	84715
金港镇	217986	111060	106926	63666	97483	96510	21559	175330	21097	157809
锦丰镇	139368	72676	66692	46118	64168	63851	13055	109185	17128	100446
乐余镇	81776	40754	41022	28146	39108	40068	7022	62184	12570	72810
凤凰镇	101671	50840	50831	22151	35218	35680	9079	82633	9959	59516
南丰镇	53442	28100	25342	17259	23518	23707	4529	41471	7442	40399
大新镇	50095	26097	23998	11188	17881	18150	4666	40232	5197	32713
张家港市现代农业示范园	19734	9753	9981	6643	9580	9859	1725	14742	3267	17881
昆山市	**1644860**	**866440**	**778420**	**430509**	**577236**	**569868**	**133175**	**1420606**	**91079**	**598962**
玉山镇	467789	246386	221403	130784	170811	169538	44405	402898	20486	165896
巴城镇	103162	53579	49583	27073	40078	39632	8626	85654	8882	50516
周市镇	144529	76032	68497	47366	62208	60676	15400	122468	6661	46710
陆家镇	90561	48789	41772	28396	36923	35047	7477	78545	4539	27983
花桥镇	104969	60163	44806	18899	25874	25874	4884	94429	5656	30341
淀山湖镇	50067	26256	23811	15293	19098	18692	2712	43256	4099	21320
张浦镇	133820	69433	64387	29055	41138	41062	9342	115150	9328	53912
周庄镇	28599	14020	14579	7558	10998	11111	2217	23096	3286	19197
千灯镇	92940	49162	43778	24289	33488	33297	6157	79291	7492	43310
锦溪镇	51462	26366	25096	13629	18990	19140	2754	41993	6715	33913
开发区	376962	196254	180708	88167	117630	115799	29201	333826	13935	105864
吴江市	**1273880**	**641493**	**632387**	**352265**	**506054**	**504170**	**111895**	**1046567**	**115418**	**707776**
松陵镇	146347	73932	72415	46443	63183	64662	16387	117808	12152	85436
同里镇	50455	25784	24671	14956	21863	22114	4019	39763	6673	36523
平望镇	93351	46849	46502	28735	42460	43551	7989	72854	12508	75747
盛泽镇	243802	124938	118864	81740	110867	106479	24012	201338	18452	121094
横扇镇	55499	27756	27743	15924	25481	25835	5829	43491	6179	39408
七都镇	78000	39701	38299	22768	37138	36682	9204	59490	9306	54932
震泽镇	90026	45997	44029	25556	39775	39205	8677	70839	10510	62314
桃源镇	75209	37534	37675	21601	34015	34443	7006	56685	11518	61563
汾湖镇	195690	99649	96041	62786	86126	85504	17128	156053	22509	126248
经济开发区	242090	117449	124641	30518	43837	44392	11287	225226	5577	44511
东方丝绸市场	3411	1904	1507	1238	1309	1303	357	3020	34	
太仓市	**711854**	**364764**	**347090**	**210908**	**310634**	**311684**	**69265**	**563195**	**79394**	**411670**
城厢镇	118355	59667	58688	38059	53164	54249	13985	94005	10365	67374
沙溪镇	120346	60039	60307	34227	53208	54423	11380	92764	16202	78004
浏河镇	66752	34253	32499	23056	30721	30721	5383	52814	8555	41209
浮桥镇	102283	54303	47980	31005	46409	45417	9361	78560	14362	61196

表10　续表 12　　　　单位：人、户

地　　区	总人口			家庭户户数	家庭户总人口		分年龄人口			居住本地，户口在本地
	合　计	男	女		男	女	0-14岁	15-64岁	65岁及以上	
璜泾镇	64768	32073	32695	18121	29365	29927	5812	48591	10365	44489
双凤镇	49246	25564	23682	12799	20615	20776	3667	39765	5814	30442
陆渡镇	45791	24929	20862	10992	15089	14157	4246	38913	2632	13044
经济开发区	115493	58927	56566	35580	50748	50538	12826	94552	8115	59484
港区	6672	3441	3231	1695	3039	3133	646	5007	1019	4779
科教新城	22148	11568	10580	5374	8276	8343	1959	18224	1965	11649
南通市	**7283622**	**3443092**	**3840530**	**2588400**	**3197038**	**3653785**	**774303**	**5307489**	**1201830**	**6193872**
崇川区	**869049**	**435088**	**433961**	**276769**	**365064**	**374522**	**88103**	**697703**	**83243**	**541770**
城东街道	82736	40449	42287	28627	39681	41635	10052	63297	9387	60834
和平桥街道	65299	31704	33595	22841	31056	32833	7278	50555	7466	46433
任港街道	80781	41522	39259	28491	37237	37101	8858	64893	7030	46101
新城桥街道	50696	23228	27468	16922	21282	23257	5000	39362	6334	35733
虹桥街道	83220	42152	41068	28176	35557	38318	8458	64199	10563	58787
学田街道	68090	31357	36733	16036	22018	22877	5926	58057	4107	38788
钟秀街道	48634	24043	24591	15298	19605	19019	4535	41306	2793	19484
文峰街道	73209	37613	35596	24584	32601	32309	8286	59548	5375	35633
观音山街道	69542	34626	34916	22056	31504	32032	7223	55139	7180	46814
狼山镇街道	64738	32724	32014	16096	21855	21846	5095	54915	4728	36662
中兴街道	37776	18446	19330	9924	13255	13561	3305	31872	2599	18804
新开街道	50636	28761	21875	12767	17838	17584	4386	42581	3669	28533
竹行街道	33804	16816	16988	14419	16718	16898	3960	25234	4610	26221
小海街道	36702	17917	18785	13990	16448	16782	3566	28587	4549	28918
江苏省国营南通农场	21866	12827	9039	6428	8264	8361	2075	16952	2839	14016
南通市富民港良种场	1088	768	320	13	21	19	72	1008	8	9
南通市富民港种畜场	232	135	97	101	124	90	28	198	6	
港闸区	**266326**	**135452**	**130874**	**80317**	**114540**	**115340**	**23956**	**210625**	**31745**	**159812**
永兴街道	56563	29584	26979	16985	24225	23605	6169	46299	4095	25868
唐闸镇街道	58401	29926	28475	19676	26972	26509	5571	46317	6513	33671
天生港镇街道	44922	22920	22002	15420	20652	20897	3370	33936	7616	30219
秦灶街道	48455	24158	24297	10657	15741	16143	3424	41185	3846	21788
陈桥街道	28878	14338	14540	8527	13387	14196	2710	21128	5040	25784
幸福街道	29107	14526	14581	9052	13563	13990	2712	21760	4635	22482
通州区	**1138738**	**526279**	**612459**	**413644**	**495098**	**590951**	**122575**	**813282**	**202881**	**987266**
金沙镇	128928	58595	70333	47379	55757	67332	16195	94213	18520	111042
西亭镇	39831	17825	22006	14909	17178	21573	3772	27794	8265	36005
二甲镇	67228	29852	37376	26579	28855	36678	8389	45565	13274	60961
东社镇	45926	19612	26314	19128	19315	26149	5919	30053	9954	42169
三余镇	83795	34431	49364	38673	33679	48720	9965	54031	19799	78062
十总镇	29615	12623	16992	12764	12420	16780	2867	20097	6651	27370
骑岸镇	38938	16705	22233	16430	16601	22180	3305	25714	9919	36824
五甲镇	26387	11381	15006	10547	11158	14867	2957	17849	5581	24437
石港镇	61820	28921	32899	22697	28319	32390	4923	43497	13400	58597
四安镇	36796	17304	19492	12608	16818	19171	3437	25652	7707	33148
刘桥镇	69846	32596	37250	23959	31346	36301	6404	48681	14761	63784
平潮镇	73998	34744	39254	24068	32837	38030	8280	53424	12294	62737
平东镇	42200	19884	22316	13636	18541	21720	4273	29942	7985	35753
五接镇	40269	21336	18933	11884	16023	18314	4214	30219	5836	30113
兴仁镇	45465	22015	23450	14394	21172	22670	4393	33567	7505	38894
兴东镇	32123	15082	17041	10260	13957	15904	3255	23536	5332	27310
张芝山镇	51028	24406	26622	19274	22865	25261	5306	37383	8339	43755

表10 续表 13　　单位：人、户

地　区	总人口			家庭户	家庭户总人口		分年龄人口			居住本地，户口在本地
	合　计	男	女	户　数	男	女	0-14岁	15-64岁	65岁及以　上	
川姜镇	95545	45920	49625	31181	40263	43245	9668	74157	11720	67578
先锋镇	52551	25313	27238	16835	24186	26048	5402	39334	7815	45120
通州市开发区	74907	36953	37954	25816	33107	36885	9523	57381	8003	62201
环本农场	1542	781	761	623	701	733	128	1193	221	1406
海安县	**866337**	**404695**	**461642**	**302839**	**390218**	**451358**	**89672**	**623313**	**153352**	**779821**
海安镇	198355	95767	102588	68825	91012	99087	23934	149050	25371	165209
城东镇	97189	45064	52125	29629	40953	48852	10305	71636	15248	80310
曲塘镇	90824	41707	49117	33063	39973	47725	8740	64115	17969	82387
李堡镇	74334	34519	39815	24242	33769	39185	7668	53576	13090	69184
老坝港镇	17542	7908	9634	6226	7737	9576	1774	12291	3477	16299
角斜镇	39370	17590	21780	14530	17445	21734	3990	27729	7651	37463
西场镇	40675	18305	22370	13422	18052	22259	4122	28330	8223	38303
大公镇	57522	27230	30292	19351	26510	29860	5153	41372	10997	54426
孙庄镇	28658	12849	15809	11008	12697	15772	2964	19394	6300	26824
雅周镇	49760	22798	26962	18854	22665	26918	5191	33661	10908	47418
胡集镇	35068	16250	18818	13201	15962	18707	3275	24334	7459	32042
白甸镇	26955	12823	14132	10252	12580	14058	2473	19202	5280	25573
南莫镇	48327	22440	25887	17904	21704	25444	4573	34078	9676	45293
墩头镇	59353	28311	31042	21433	28029	30913	5310	42841	11202	56885
海安县农场	2405	1134	1271	899	1130	1268	200	1704	501	2205
如东县	**995983**	**478054**	**517929**	**341107**	**459195**	**503832**	**89487**	**717293**	**189203**	**918304**
栟茶镇	49240	22398	26842	18269	20765	25443	4361	34486	10393	43616
洋口镇	71181	34788	36393	23816	33210	35574	5560	51126	14495	67939
苴镇	35144	17205	17939	11467	16283	17358	2638	25459	7047	33232
长沙镇	35461	17324	18137	12879	16923	18055	2725	25962	6774	33266
大豫镇	82661	36617	46044	33407	35938	45606	8064	56742	17855	78173
掘港镇	222912	108423	114489	75860	102107	108581	23011	166181	33720	191845
马塘镇	77474	37787	39687	25549	36748	38893	6426	56093	14955	72199
丰利镇	79699	38860	40839	25915	38099	40133	6483	57816	15400	75867
曹埠镇	43469	20709	22760	16386	20359	22584	3612	30902	8955	41131
岔河镇	77741	37300	40441	25735	36367	39371	7053	55253	15435	72907
双甸镇	69728	33207	36521	21069	31681	35016	6692	49363	13673	65393
新店镇	35509	17277	18232	12905	17097	18104	2733	24808	7968	34053
河口镇	58703	28073	30630	20227	27764	30477	4966	41823	11914	55631
袁庄镇	54658	25994	28664	17547	25769	28558	5148	38931	10579	53052
如东沿海经济开发区	846	591	255	76	85	79	13	818	15	
如东洋口港经济开发区	1429	1377	52				2	1407	20	
如东东安科技园区	128	124	4					123	5	
启东市	**972525**	**447908**	**524617**	**420406**	**410417**	**500883**	**101965**	**696587**	**173973**	**854909**
汇龙镇	224501	106900	117601	86797	99540	111715	28999	171304	24198	187316
北新镇	59944	25796	34148	28901	24202	33328	5919	41578	12447	53856
惠萍镇	78955	37071	41884	34915	33759	40357	7045	56890	15020	72636
寅阳镇	72326	35679	36647	28780	28923	35015	5935	52314	14077	61206
东海镇	52823	23479	29344	25312	22281	28318	4788	35860	12175	49478
近海镇	52233	24146	28087	25016	22132	26830	4730	36595	10908	47169
南阳镇	84019	37599	46420	40046	35629	44849	7771	58089	18159	78472
海复镇	43610	19072	24538	20633	17571	23374	3965	29873	9772	39388
合作镇	53254	23241	30013	25379	22754	29576	5289	36944	11021	47767
王鲍镇	70840	30372	40468	32896	29375	39747	7340	47850	15650	66426
吕四港镇	140865	65347	75518	57308	58263	70505	16529	97683	26653	127400

表10 续表 14 单位：人、户

地区	总人口			家庭户	家庭户总人口		分年龄人口			居住本地，户口在本地
	合计	男	女	户数	男	女	0-14岁	15-64岁	65岁及以上	
启隆乡	3959	2166	1793	1983	2101	1787	460	3119	380	2068
启东经济开发区	35196	17040	18156	12440	13887	15482	3195	28488	3513	21727
如皋市	**1267066**	**604253**	**662813**	**394838**	**586027**	**649151**	**152536**	**901847**	**212683**	**1186304**
如城镇	184978	89538	95440	56088	86970	91816	22222	138262	24494	166846
柴湾镇	44933	21480	23453	13993	21276	23405	4537	31563	8833	43085
雪岸镇	29069	12874	16195	9847	12814	16165	3037	19759	6273	27979
东陈镇	40107	18349	21758	12627	18213	21728	4278	27674	8155	38490
丁堰镇	47055	21641	25414	14565	21078	24738	4953	33113	8989	44360
白蒲镇	72491	33069	39422	23283	31677	37583	7269	51576	13646	67163
林梓镇	39215	18440	20775	12003	18335	20701	4257	27060	7898	37925
下原镇	54190	25805	28385	16004	25577	28225	6394	38373	9423	52226
九华镇	59036	26205	32831	19696	25407	31662	7316	40708	11012	55030
郭园镇	48410	23115	25295	15906	22956	25192	6315	34000	8095	45986
石庄镇	55154	26646	28508	16537	25708	27835	7531	38695	8928	52054
长江镇	81655	42733	38922	22383	36900	37798	8792	61856	11007	71582
吴窑镇	54791	25988	28803	16771	25920	28729	7979	37721	9091	52655
江安镇	74332	35624	38708	24469	34755	37962	10869	50860	12603	70691
高明镇	43220	20406	22814	14741	20242	22724	6251	29228	7741	41370
常青镇	40376	19079	21297	12857	18394	20774	5749	27710	6917	39027
搬经镇	69747	32693	37054	22982	31601	36096	7974	48957	12816	66726
磨头镇	70610	33885	36725	21572	33315	36280	9143	49876	11591	67791
桃园镇	41071	19837	21234	12185	19734	21172	4829	28897	7345	39808
袁桥镇	43115	20637	22478	13507	19872	21873	4183	30892	8040	40317
如皋市经济开发区	72422	35692	36730	22332	34776	36122	8587	54385	9450	64340
南通市粮棉原种场	1089	517	572	490	507	571	71	682	336	853
海门市	**907598**	**411363**	**496235**	**358480**	**376479**	**467748**	**106009**	**646839**	**154750**	**765686**
海门镇	144724	69219	75505	52288	61777	68749	19188	110137	15399	119540
天补镇	30311	14609	15702	11104	13350	14300	2796	22736	4779	24323
三和镇	29493	13717	15776	12848	13138	15366	2881	21077	5535	24831
德胜镇	39739	18351	21388	16361	17906	21157	3823	27835	8081	35317
三厂镇	72413	33328	39085	29809	31615	37490	6925	52597	12891	62143
常乐镇	38493	16491	22002	17693	15836	21639	3956	25730	8807	34503
麒麟镇	26397	11821	14576	10868	10896	13792	2679	18385	5333	22993
悦来镇	40237	17100	23137	18406	16421	22513	4221	27149	8867	36134
万年镇	22144	9221	12923	9846	9029	12787	2563	14577	5004	20538
三阳镇	23791	10227	13564	10413	10058	13467	2537	16177	5077	21692
四甲镇	44943	19820	25123	18550	18773	24208	5433	30378	9132	40093
货隆镇	24968	10830	14138	9724	10675	14087	3397	16687	4884	23240
余东镇	23019	9517	13502	9729	9309	13402	2868	15162	4989	21173
正余镇	29206	12695	16511	11534	12196	16209	3793	19706	5707	27393
包场镇	44316	19114	25202	17292	17896	24090	5710	30389	8217	40302
刘浩镇	39528	16750	22778	17840	16513	22638	4820	25640	9068	36572
王浩镇	20390	8374	12016	8634	8090	11805	2951	13045	4394	19231
树勋镇	25904	10366	15538	11025	9854	15125	3772	16330	5802	23773
海永乡	4174	2107	2067	1841	1858	2037	483	3010	681	3300
海门市经济技术开发区	72915	35953	36962	25185	29796	32526	10023	57655	5237	45954
江苏省国营江心沙农场	5871	2968	2903	2557	2853	2870	505	4316	1050	4685
海门市临江新区管理委员会	25291	11372	13919	11101	10304	13543	2687	17566	5038	21832
海门市滨海新区管理委员会	26921	11694	15227	11019	10784	14941	3603	18237	5081	24037
海门工业园区管理委员会	52410	25719	26691	12813	17552	19007	4395	42318	5697	32087

表10 续表 15 单位：人、户

地 区	总人口			家庭户	家庭户总人口		分年龄人口			居住本地，户口在本地
	合 计	男	女	户 数	男	女	0-14岁	15-64岁	65岁及以上	
连云港市	**4393482**	**2225490**	**2167992**	**1286515**	**2109870**	**2097402**	**854997**	**3135714**	**402771**	**3808744**
连云区	**232097**	**121740**	**110357**	**73320**	**110348**	**106082**	**31031**	**181815**	**19251**	**161635**
墟沟街道	89068	46941	42127	29689	42189	41154	12819	70614	5635	63061
连云街道	26863	13969	12894	9718	13265	12802	3163	20363	3337	18199
云山街道	13777	7220	6557	3952	6664	6139	2065	10810	902	7511
板桥街道	12223	6461	5762	4382	5975	5693	1393	9336	1494	9480
连岛街道	3559	1811	1748	1214	1755	1744	377	2808	374	2927
中云街道	35772	18600	17172	9481	16852	15791	5229	28339	2204	23266
猴嘴街道	24424	12680	11744	7754	10739	10588	2535	19110	2779	15191
朝阳镇	18885	9766	9119	5044	9622	9077	2737	14327	1821	16638
宿城乡	4932	2907	2025	1206	2005	1903	468	4061	403	3340
高公岛乡	2589	1382	1207	875	1279	1189	245	2046	298	2018
前三岛乡	3	1	2	3	1	2			3	3
连云港碱厂	2	2		2	2			1	1	1
新浦区	**587380**	**308138**	**279242**	**160503**	**249884**	**242486**	**83523**	**461295**	**42562**	**383306**
浦东街道	62543	32587	29956	19094	25971	25559	8610	49406	4527	34243
浦西街道	58226	29670	28556	18128	26558	25601	7225	46142	4859	35595
新东街道	107350	56612	50738	26197	39646	38582	13201	88084	6065	64211
新南街道	82793	45431	37362	23206	34940	34724	11942	65730	5121	46364
路南街道	60833	33115	27718	15145	21149	21385	6780	49896	4157	34348
新海街道	61177	31891	29286	19600	28609	28823	8596	47621	4960	38198
南城镇	6996	3530	3466	2063	3514	3462	1271	5043	682	5221
浦南镇	48774	25311	23463	13286	25275	23452	9778	34731	4265	46929
云台乡	28603	14926	13677	7482	14834	13655	5481	20803	2319	25442
花果山乡	31437	14841	16596	5405	9313	8867	2984	26665	1788	17488
云台农场	4971	2558	2413	1546	2533	2406	884	3536	551	4094
南云台林场	4219	2152	2067	1169	2129	2041	780	3059	380	3237
岗埠农场	21864	11620	10244	6261	11601	10234	4477	15151	2236	20708
新浦经济开发区	7594	3894	3700	1921	3812	3695	1514	5428	652	7228
海州区	**231046**	**117586**	**113460**	**66463**	**114037**	**110971**	**39015**	**171670**	**20361**	**182107**
海州街道	20266	10069	10197	6735	9848	10097	3209	14830	2227	14751
幸福路街道	18840	9431	9409	6028	9021	9071	2728	14528	1584	12134
朐阳街道	31981	16219	15762	9782	15740	15645	4933	24722	2326	16750
洪门街道	17338	8830	8508	5535	8666	8380	2721	13264	1353	10114
新坝镇	26846	13732	13114	7356	13709	13112	4525	19700	2621	24850
锦屏镇	28207	14411	13796	8111	14092	13583	4370	20639	3198	24771
板浦镇	57121	29246	27875	15366	27880	26695	11022	41356	4743	51799
宁海乡	24349	12458	11891	6013	12390	11882	4650	17835	1864	22613
海州经济开发区	6098	3190	2908	1537	2691	2506	857	4796	445	4325
赣榆县	**950486**	**469403**	**481083**	**308240**	**454443**	**470548**	**195280**	**659705**	**95501**	**894526**
青口镇	178631	93894	84737	51598	86630	79776	33069	132217	13345	158825
柘汪镇	47674	24567	23107	16309	23571	22737	9253	33733	4688	44771
石桥镇	53193	25646	27547	18840	25623	27547	11884	35316	5993	50725
金山镇	39685	18171	21514	13847	17576	21184	9299	26009	4377	37801
黑林镇	35019	16978	18041	11418	16973	18038	7674	23470	3875	33987
厉庄镇	31781	15318	16463	10341	14418	15659	6932	21602	3247	28512
海头镇	71419	34816	36603	22857	34204	36195	15089	48997	7333	68714
塔山镇	45285	20946	24339	16040	20857	24321	9600	30320	5365	44368
赣马镇	70575	35088	35487	21720	33790	34379	13664	49606	7305	66173
班庄镇	45404	22021	23383	16077	21945	23357	9940	30291	5173	44304

表10　续表 16　　　　　　　　　　　　　　　　　　　　　　单位：人、户

地　　区	总人口			家庭户	家庭户总人口		分年龄人口			居住本地，户口在本地
	合　计	男	女	户　数	男	女	0-14岁	15-64岁	65岁及以上	
城头镇	43010	21355	21655	13269	19119	20264	8771	30231	4008	39386
门河镇	29778	14179	15599	10425	14178	15599	6705	19867	3206	28993
城西镇	33933	16100	17833	11277	16076	17822	7285	22946	3702	32948
欢墩镇	30339	14287	16052	10756	14286	16051	6901	19874	3564	29027
宋庄镇	31006	14776	16230	9704	14112	15231	5789	22169	3048	27176
沙河镇	96768	48298	48470	31240	48240	48427	20045	66604	10119	94205
墩尚镇	30536	14780	15756	10309	14712	15744	6453	20841	3242	29708
罗阳镇	30199	14996	15203	10200	14946	15153	5880	21224	3095	29072
沙河子园艺场	2381	1184	1197	691	1184	1197	471	1652	258	2297
青口盐场	3870	2003	1867	1322	2003	1867	576	2736	558	3534
东海县	**952668**	**474186**	**478482**	**267850**	**464137**	**469794**	**200264**	**657973**	**94431**	**877462**
牛山镇	149511	77362	72149	42360	73187	69572	28467	110752	10292	121233
白塔埠镇	50231	25836	24395	14195	24618	23433	9282	36037	4912	46518
黄川镇	53121	26172	26949	15249	26085	26868	10726	36696	5699	50894
石梁河镇	34350	16739	17611	10043	16730	17608	7538	23116	3696	33298
青湖镇	45322	21843	23479	13669	21843	23437	10636	29679	5007	44095
石榴镇	63047	31437	31610	14000	28983	29441	11782	45783	5482	52137
温泉镇	13754	6638	7116	3941	6571	7068	3523	8881	1350	12678
双店镇	42403	21103	21300	11711	20987	21198	10076	28125	4202	40942
桃林镇	57459	28749	28710	16582	28705	28674	12296	39250	5913	56497
洪庄镇	24230	11957	12273	7107	11930	12271	5371	16102	2757	23326
安峰镇	55617	27150	28467	15724	26626	27933	11910	37427	6280	52985
房山镇	60877	29945	30932	16808	29497	30473	12679	41313	6885	58170
平明镇	59740	30353	29387	15606	30244	29341	12397	40878	6465	58186
驼峰乡	48244	24313	23931	14447	24231	23928	9501	33498	5245	43346
南辰乡	15180	7215	7965	4399	7215	7965	3699	9824	1657	14438
横沟乡	27399	13453	13946	8526	13442	13944	6540	18032	2827	26213
李埝乡	31179	15364	15815	9623	15201	15756	7969	20400	2810	30001
山左口乡	32020	15848	16172	9070	15825	16166	7186	21243	3591	30775
石湖乡	24528	11988	12540	6448	11988	12540	5374	16457	2697	23819
曲阳乡	29325	14225	15100	8806	14201	15096	6188	19827	3310	27338
张湾乡	24097	11416	12681	7378	11246	12554	4989	16442	2666	23333
江苏东海经济开发区	11034	5080	5954	2158	4782	4528	2135	8211	688	7240
灌云县	**817509**	**417608**	**399901**	**227066**	**408528**	**395895**	**170646**	**571265**	**75598**	**755489**
伊山镇	137235	71394	65841	39206	68135	64476	25495	100371	11369	121908
杨集镇	47500	24243	23257	13818	24238	23245	10615	32499	4386	45361
燕尾港镇	9386	4795	4591	2938	4787	4590	1450	7163	773	8927
同兴镇	28005	14193	13812	7226	14166	13794	5943	19495	2567	26988
四队镇	23524	12158	11366	6841	11953	11164	5186	16008	2330	21579
圩丰镇	37336	18861	18475	9808	18791	18459	7992	26222	3122	34728
龙苴镇	33819	17136	16683	9054	17072	16665	7606	22435	3778	32654
伊芦乡	31708	16144	15564	8267	16077	15519	6436	22519	2753	30260
鲁河乡	21811	10819	10992	6454	10721	10946	4743	14480	2588	21021
图河乡	40911	20213	20698	11869	20183	20695	9550	27458	3903	37614
沂北乡	30223	15003	15220	8979	14953	15209	7866	19233	3124	28005
下车乡	38883	19310	19573	11069	19247	19542	8517	26913	3453	37495
白蚬乡	34670	17589	17081	8990	17562	17074	7648	24048	2974	33218
东王集乡	55356	28150	27206	14347	28118	27197	12320	38597	4439	51754
侍庄乡	45406	23364	22042	11908	21992	21113	9151	32522	3733	37772
小伊乡	48776	24708	24068	13127	24628	24025	9972	34453	4351	45690

表10 续表 17

单位：人、户

地　区	总人口			家庭户	家庭户总人口		分年龄人口			居住本地，户口在本地
	合　计	男	女	户　数	男	女	0-14岁	15-64岁	65岁及以　上	
穆圩乡	26855	13648	13207	7340	13257	13015	5848	18286	2721	25421
陡沟乡	42782	21983	20799	11399	21766	20645	9975	27973	4834	41261
南岗乡	33104	16744	16360	9252	16710	16347	7325	22412	3367	32047
东辛农场	34951	18270	16681	10826	18243	16658	5741	25608	3602	32884
五图河农场	3999	2061	1938	1551	2061	1938	463	3043	493	3000
灌西盐场	6369	3306	3063	2498	3306	3063	605	4911	853	5900
灌云经济开发区	1644	894	750	299	562	516	199	1373	72	2
灌云临港产业区	3256	2622	634					3243	13	
灌南县	**622296**	**316829**	**305467**	**183073**	**308493**	**301626**	**135238**	**431991**	**55067**	**554219**
新安镇	194850	101997	92853	57444	97791	90206	36339	145629	12882	154740
堆沟港镇	38132	20588	17544	10164	17660	17016	7426	27771	2935	32898
长茂镇	34797	17612	17185	8791	17572	17178	7983	24002	2812	32803
北陈集镇	27766	13985	13781	7735	13832	13689	6714	18434	2618	27213
张店镇	27239	14149	13090	7745	14122	13072	6021	18609	2609	26021
三口镇	45247	22526	22721	12885	22461	22711	10871	30122	4254	40552
孟兴庄镇	39383	19205	20178	12785	19145	20171	9595	25455	4333	37041
汤沟镇	20362	10103	10259	6752	10082	10254	4315	13900	2147	19941
百禄镇	45586	22384	23202	13252	22241	23153	10631	30468	4487	43234
五队乡	28336	13687	14649	9669	13682	14648	7187	17756	3393	26404
田楼乡	20560	10428	10132	6875	10379	10108	5377	12674	2509	18728
李集乡	50532	25762	24770	13544	25308	24483	11632	34218	4682	47952
新集乡	23402	11293	12109	7747	11293	12109	5622	15117	2663	22513
花园乡	26104	13110	12994	7685	12925	12828	5525	17836	2743	24179
淮安市	**4801662**	**2387443**	**2414219**	**1390682**	**2256234**	**2306542**	**807031**	**3495942**	**498689**	**4110313**
清河区	**530012**	**275522**	**254490**	**133855**	**212440**	**207447**	**65197**	**430444**	**34371**	**322134**
府前街道	73729	37793	35936	21992	31600	31165	10040	58082	5607	41282
长西街道	33487	16674	16813	10651	15642	15810	4773	25313	3401	26720
淮海街道	87178	44216	42962	26097	37832	36819	10692	70728	5758	54730
长东街道	16474	8790	7684	5023	7336	7359	1974	12869	1631	13860
柳树湾街道	65793	33295	32498	20868	31721	31172	9862	51492	4439	43975
水渡口街道	23277	12687	10590	6555	10241	10211	2909	18592	1776	13617
东湖街道	41075	21868	19207	9789	16725	15739	5814	33266	1995	22198
新港街道	8492	4259	4233	2405	4221	4214	1210	6597	685	6791
广州路街道	21665	11248	10417	5098	10252	9774	3086	16856	1723	19225
枚乘路街道	73081	37876	35205	7559	14000	14166	4379	66561	2141	22968
张码办事处	3055	1542	1513	902	1521	1505	382	2345	328	2966
钵池乡	5941	3097	2844	1442	2914	2830	911	4564	466	4454
徐扬乡	46813	26539	20274	7673	14201	13052	4382	40282	2149	24731
南马厂乡	16625	8603	8022	4460	8575	8012	2857	12255	1513	15910
白鹭湖街道	13327	7035	6292	3341	5659	5619	1926	10642	759	8707
楚州区	**984983**	**491843**	**493140**	**288633**	**473333**	**479638**	**161806**	**713258**	**109919**	**911704**
淮城镇	220084	111059	109025	65531	103374	103737	29427	171011	19646	191864
平桥镇	28412	14019	14393	8960	13974	14390	3992	20737	3683	27354
上河镇	20462	9987	10475	6268	9809	10377	3280	14287	2895	19670
马甸镇	23905	11941	11964	7033	11764	11837	3801	17120	2984	22858
朱桥镇	32217	15848	16369	10255	15825	16368	5722	22258	4237	31429
溪河镇	20747	10144	10603	7131	10144	10603	3299	14455	2993	20274
施河镇	34378	17055	17323	10013	16881	17273	5658	24585	4135	33661
车桥镇	45181	22232	22949	13425	21182	22033	7100	32480	5601	42486
泾口镇	31708	15519	16189	9511	13943	14912	5943	21462	4303	30466

表10　续表 18　　　　单位：人、户

地　区	总人口 合计	总人口 男	总人口 女	家庭户户数	家庭户总人口 男	家庭户总人口 女	分年龄人口 0-14岁	分年龄人口 15-64岁	分年龄人口 65岁及以上	居住本地，户口在本地
流均镇	39832	19594	20238	12627	19063	19767	7337	26719	5776	39136
博里镇	34759	17372	17387	10922	17372	17387	6459	24107	4193	33873
仇桥镇	31785	15913	15872	9065	15537	15511	5998	22130	3657	31179
复兴镇	28176	13746	14430	8351	13698	14414	5798	19183	3195	26795
苏嘴镇	30571	15495	15076	8811	15495	15076	6028	20984	3559	29514
钦工镇	30439	15250	15189	8520	14553	14581	5586	21679	3174	27951
顺河镇	38009	19305	18704	9929	19305	18704	7642	26694	3673	36459
季桥镇	28398	14277	14121	8185	13981	14047	5375	19925	3098	27380
席桥镇	19505	10000	9505	5242	9982	9496	3515	14231	1759	18757
林集镇	17293	8648	8645	5173	8587	8608	2657	12313	2323	16466
南闸镇	22355	10578	11777	7409	10578	11777	3249	15833	3273	21749
范集镇	25625	12869	12756	6870	11708	12029	3440	19414	2771	22403
建淮乡	25895	12981	12914	8115	12862	12880	3795	18618	3482	25023
茭陵乡	24639	12446	12193	6716	12376	12117	5160	16689	2790	23369
宋集乡	32363	16205	16158	9112	15963	16008	6977	21993	3393	30956
城东乡	58092	29756	28336	14246	26317	25769	8612	45358	4122	41684
三堡乡	26033	12642	13391	7164	12616	13391	4119	18884	3030	25383
白马湖农场	14120	6962	7158	4049	6444	6546	1837	10109	2174	13565
淮阴区	**789747**	**389339**	**400408**	**223378**	**377860**	**383654**	**147559**	**558689**	**83499**	**683896**
王营镇	207038	101087	105951	56421	91856	90864	31711	162234	13093	138896
赵集镇	28862	14078	14784	8637	14074	14779	5932	19051	3879	27377
吴城镇	22001	10519	11482	7081	10467	11479	4665	13813	3523	21167
南陈集镇	43380	21326	22054	13253	21300	22038	8305	29197	5878	41888
码头镇	22897	11821	11076	5801	11798	11039	3460	16902	2535	22387
王兴镇	29026	14712	14314	8096	14712	14314	5807	19947	3272	27195
棉花庄镇	36968	18489	18479	9962	17805	17840	6952	26014	4002	32516
丁集镇	28586	14383	14203	7742	14214	14173	4960	20561	3065	26366
五里镇	22318	11037	11281	6916	11021	11279	4533	14978	2807	20813
徐溜镇	26807	12982	13825	8254	12797	13759	6315	16763	3729	25441
渔沟镇	46931	23349	23582	12909	23197	23544	9627	32212	5092	43536
吴集镇	24237	11786	12451	7828	11775	12450	5272	15702	3263	23088
西宋集镇	34643	16350	18293	11042	16289	18275	8987	20703	4953	33310
三树镇	32950	16582	16368	9404	16559	16339	6352	22460	4138	31061
韩桥乡	21859	10444	11415	6449	10431	11414	4824	13897	3138	20874
新渡乡	25464	12959	12505	6976	12844	12429	4448	18467	2549	23458
老张集乡	23102	11518	11584	6574	11517	11584	4625	15724	2753	22274
凌桥乡	25824	12974	12850	7098	12967	12844	5031	17776	3017	23831
袁集乡	25780	12969	12811	6387	12969	12811	4260	19054	2466	24023
刘老庄乡	21375	10511	10864	5877	10494	10859	4081	14634	2660	20115
古寨乡	16150	7632	8518	4677	7632	8518	3525	10565	2060	15960
工业园管理委员会	23549	11831	11718	5994	11142	11023	3887	18035	1627	18320
清浦区	**330664**	**166007**	**164657**	**96932**	**161196**	**162113**	**48234**	**251644**	**30786**	**277260**
清江街道	30111	14785	15326	9775	14581	15163	4377	22329	3405	25835
浦楼街道	31798	15931	15867	10878	15150	15594	4100	24534	3164	25154
闸口街道	41449	20912	20537	13933	19311	19716	5087	32570	3792	29755
清安街道	79616	39818	39798	25296	39095	39140	10544	62076	6996	54357
和平镇	29839	15161	14678	7371	15107	14670	5045	22085	2709	29317
武墩镇	20976	10814	10162	5608	10723	10149	3537	15727	1712	20134
盐河镇	20238	10308	9930	4885	9503	9372	3441	14768	2029	19079
城南乡	31461	15630	15831	7806	15109	15788	4839	24169	2453	29579

表10 续表 19

单位：人、户

地区	总人口			家庭户	家庭户总人口		分年龄人口			居住本地，户口在本地
	合计	男	女	户数	男	女	0-14岁	15-64岁	65岁及以上	
黄码乡	28683	14527	14156	7058	14496	14149	4413	21500	2770	27918
宁连路办事处	16493	8121	8372	4322	8121	8372	2851	11886	1756	16132
涟水县	**859787**	**420602**	**439185**	**245378**	**410532**	**431151**	**181486**	**588988**	**89313**	**767906**
涟城镇	116799	59291	57508	32790	55480	54641	22025	86644	8130	87030
高沟镇	51682	25145	26537	14192	25078	26514	9636	37218	4828	47607
唐集镇	22867	11013	11854	6577	10630	11606	5032	15177	2658	21442
保滩镇	21639	10707	10932	5653	10613	10894	4312	15055	2272	21034
大东镇	22939	11339	11600	6545	11339	11600	4443	15830	2666	21865
五港镇	24774	12169	12605	7506	12169	12605	5019	17025	2730	24183
梁岔镇	28930	14171	14759	8956	14067	14656	6263	19109	3558	27520
石湖镇	12920	6206	6714	3757	5502	6074	2629	8725	1566	12663
朱码镇	31895	16221	15674	8493	15689	15207	6146	23138	2611	23234
岔庙镇	32773	15435	17338	9670	15435	17337	7835	21034	3904	29988
东胡集镇	20841	9898	10943	6540	9898	10942	4729	13338	2774	20142
南集镇	20500	10005	10495	6413	10004	10494	4436	13436	2628	19355
义兴镇	17699	8650	9049	4970	8650	9049	3403	12416	1880	16913
成集镇	18317	8891	9426	5164	8890	9426	4442	11764	2111	17375
红窑镇	24557	11733	12824	7409	11661	12804	5578	16005	2974	22962
陈师镇	21907	10379	11528	6538	10379	11528	4771	14583	2553	21142
前进镇	20565	9587	10978	5928	9566	10973	4934	13132	2499	18733
徐集乡	27893	13505	14388	8614	13467	14377	6503	17921	3469	26504
黄营乡	23989	11629	12360	7440	11629	12360	5260	15589	3140	23021
杨口办事处	21625	10210	11415	6653	10132	11407	5094	13854	2677	20324
方渡办事处	17958	8565	9393	5463	8565	9393	4452	11336	2170	17129
南禄办事处	17419	8300	9119	5429	8300	9119	4081	11292	2046	16844
小李集工业园区管委会	32127	16176	15951	7950	14874	15105	6272	22888	2967	28007
河网办事处	17144	8405	8739	4377	8405	8739	3550	11848	1746	16050
时码办事处	22605	10978	11627	6287	10933	11607	4804	15415	2386	21775
北集办事处	16407	7963	8444	4875	7934	8428	3454	11164	1789	15641
灰墩办事处	20409	10059	10350	5402	10059	10350	4247	14182	1980	19586
余圩办事处	14750	7040	7710	4699	7026	7700	3867	8892	1991	14415
浅集办事处	25870	12470	13400	6969	12435	13384	5995	17002	2873	23783
机场产业园区管委会	27422	13290	14132	7550	13289	14132	5714	18674	3034	26332
麻垛农业开发区管委会	19252	9443	9809	6267	9443	9809	4548	12252	2452	18615
经济开发区	43313	21729	21584	10302	18991	18891	8012	33050	2251	26692
洪泽县	**326459**	**159748**	**166711**	**105484**	**157237**	**164635**	**50304**	**238657**	**37498**	**287394**
高良涧镇	128098	62941	65157	41097	61702	64002	20429	96922	10747	96282
蒋坝镇	5695	2643	3052	2387	2629	3033	700	3869	1126	5308
仁和镇	18332	8857	9475	6485	8788	9449	2818	12648	2866	17852
岔河镇	25663	12196	13467	9373	12044	13416	3630	18008	4025	24976
西顺河镇	7250	3618	3632	2304	3618	3632	1137	5272	841	7088
老子山镇	14609	7376	7233	4669	7333	7214	2582	10308	1719	14267
三河镇	15930	7701	8229	5165	7667	8218	2428	11469	2033	15544
朱坝镇	25342	12510	12832	7348	12346	12742	3826	18547	2969	24354
黄集镇	14688	7071	7617	5120	7064	7610	2137	10398	2153	13515
万集镇	22570	11140	11430	6527	10852	11311	3590	16232	2748	22425
东双沟镇	27557	13538	14019	8181	13531	14011	4464	19499	3594	27169
共和镇	19235	9399	9836	6417	9330	9806	2558	14004	2673	18614
洪泽经济开发区	1490	758	732	411	333	191	5	1481	4	
盱眙县	**658759**	**327149**	**331610**	**182496**	**311862**	**317525**	**115621**	**472185**	**70953**	**590553**

表10　续表 20

单位：人、户

地　　区	总人口			家庭户	家庭户总人口		分年龄人口			居住本地，户口在本地
	合　计	男	女	户　数	男	女	0-14岁	15-64岁	65岁及以　上	
盱城镇	141365	70445	70920	37114	59580	60101	20434	110539	10392	99696
马坝镇	65403	32719	32684	18695	30484	30450	10101	49306	5996	58341
官滩镇	32195	15793	16402	8514	15764	16392	5697	22925	3573	31169
旧铺镇	27234	13473	13761	8109	13278	13542	3914	19910	3410	26573
桂五镇	27572	13940	13632	7774	13806	13565	4759	19431	3382	26671
管镇镇	23376	11474	11902	6230	11312	11842	5155	15223	2998	22220
河桥镇	27646	13836	13810	7843	13685	13731	5402	18919	3325	26870
鲍集镇	39299	19145	20154	11351	19145	20154	10074	24488	4737	37217
黄花塘镇	27910	13638	14272	7950	13632	14272	4345	20331	3234	27174
明祖陵镇	27791	13738	14053	6929	13738	14053	6156	18529	3106	27086
铁佛镇	28002	13729	14273	6932	13603	14230	6928	17655	3419	26530
淮河镇	23889	12110	11779	6631	11394	11465	4108	17098	2683	22102
仇集镇	20602	10219	10383	6431	10103	10330	3641	14072	2889	19930
观音寺镇	24109	11830	12279	7007	11740	12256	3558	17419	3132	23525
维桥乡	21358	10597	10761	5930	10558	10733	3417	15703	2238	20303
穆店乡	20806	10442	10364	5785	10332	10344	3225	15122	2459	20183
王店乡	25525	12774	12751	7473	12666	12705	4776	17523	3226	23874
古桑乡	20458	10293	10165	5625	10192	10150	3258	15028	2172	18730
兴隆乡	22892	11366	11526	6115	11331	11503	5258	14597	3037	22049
三河农场	8621	4239	4382	2992	4225	4373	1047	6377	1197	8219
淮化集团	2706	1349	1357	1066	1294	1334	368	1990	348	2091
金湖县	**321251**	**157233**	**164018**	**114526**	**151774**	**160379**	**36824**	**242077**	**42350**	**269466**
黎城镇	123970	61067	62903	42959	57538	60192	17880	97547	8543	83103
金南镇	26120	12418	13702	9892	12348	13658	2186	18570	5364	24990
闵桥镇	18312	8613	9699	6963	8445	9617	1644	13045	3623	17588
塔集镇	19463	9225	10238	7387	9139	10181	1840	13805	3818	18786
银集镇	16387	8023	8364	5862	7930	8309	1523	11990	2874	15801
涂沟镇	16989	8239	8750	6582	8091	8727	1715	12299	2975	16265
前锋镇	20417	10038	10379	7148	10001	10359	2031	15337	3049	19843
吕良镇	14440	7067	7373	5364	7066	7370	1586	10447	2407	13847
陈桥镇	17550	8630	8920	6708	8510	8882	1841	12644	3065	16695
金北镇	17409	8608	8801	5656	8538	8779	1733	13009	2667	16816
戴楼镇	17902	8964	8938	5442	8728	8847	1937	13609	2356	16982
宝应湖农场	5137	2495	2642	2255	2485	2642	350	3682	1105	4924
复兴圩农场	712	359	353	311	347	350	91	514	107	581
粮棉原种场	1086	525	561	332	525	561	116	839	131	1036
金湖经济开发区	5357	2962	2395	1665	2083	1905	351	4740	266	2209
盐城市	**7262200**	**3650872**	**3611328**	**2400777**	**3485615**	**3493178**	**1042679**	**5351127**	**868394**	**6412609**
亭湖区	**904514**	**460855**	**443659**	**277283**	**425365**	**414002**	**119147**	**702013**	**83354**	**713908**
五星街道	42545	21692	20853	14598	21328	20429	5951	33713	2881	28825
文峰街道	96523	48466	48057	32426	46556	46498	13436	73868	9219	77220
先锋街道	48688	24294	24394	15930	23496	23301	6386	37655	4647	35532
毓龙街道	89644	45719	43925	30516	44602	43427	12717	69182	7745	75596
黄海街道	45811	23154	22657	15085	22394	22095	7755	35576	2480	30600
新洋街道	48011	24385	23626	15310	23692	23109	6777	37655	3579	36294
大洋街道	67976	33912	34064	19087	27161	26468	8104	56598	3274	41292
南洋镇	31866	17026	14840	7171	12312	11803	3583	25663	2620	21697
青墩镇	46880	24077	22803	15297	24054	22798	6489	34517	5874	44118
新兴镇	36893	18876	18017	10744	18087	17377	5420	27500	3973	31892
永丰镇	27488	14090	13398	8962	14085	13396	3377	20186	3925	26384

表10　续表 21　　　　单位：人、户

地　区	总人口			家庭户	家庭户总人口		分年龄人口			居住本地，户口在本地
	合　计	男	女	户　数	男	女	0-14岁	15-64岁	65岁及以上	
便仓镇	31414	16052	15362	10459	16035	15355	3745	23397	4272	30370
伍佑镇	32876	16965	15911	9365	15149	14731	3693	25576	3607	27108
步凤镇	53260	27179	26081	16744	27001	25940	6227	40485	6548	50698
盐东镇	44352	22263	22089	14285	22215	22075	5717	32855	5780	42929
黄尖镇	26147	12937	13210	9186	12897	13194	2887	19531	3729	24619
亭湖新区	40021	22335	17686	7237	12435	11932	4005	34341	1675	19948
市开发区	75198	37892	37306	19506	32327	30694	10268	59661	5269	50493
环保产业园	18921	9541	9380	5375	9539	9380	2610	14054	2257	18293
盐都区	**711322**	**359985**	**351337**	**222716**	**334176**	**324063**	**95400**	**530785**	**85137**	**600811**
新都街道	63411	30063	33348	17374	25928	25194	8791	51208	3412	34855
张庄街道	33377	17191	16186	8421	14472	13851	5247	25618	2512	26132
大纵湖镇	21736	11035	10701	7585	10943	10647	2817	15436	3483	20943
北龙港镇	25517	12877	12640	8300	12706	12481	3257	18752	3508	24828
楼王镇	30165	15140	15025	12068	14948	14934	3233	21943	4989	29026
学富镇	23366	11297	12069	9201	10397	11373	3027	16498	3841	20594
义丰镇	34464	17552	16912	11074	16776	16413	4614	25109	4741	33096
尚庄镇	26971	13776	13195	9459	12152	11925	3411	19166	4394	25872
葛武镇	17667	8633	9034	7020	8633	9034	2744	11497	3426	17000
北蒋镇	22895	11465	11430	8682	11392	11404	3177	15673	4045	21636
秦南镇	69941	35618	34323	23097	33117	32116	8327	51385	10229	67111
龙冈镇	72961	37657	35304	22542	34031	32464	8387	55643	8931	65945
潘黄镇	74799	38574	36225	22553	35638	33882	12162	58478	4159	38891
郭猛镇	43149	22480	20669	12490	22138	20429	6381	31469	5299	41576
大冈镇	76738	39396	37342	23637	37512	35832	10494	55624	10620	73602
新区管委会	33898	16571	17327	7654	13234	12647	3940	27310	2648	21926
西区	40267	20660	19607	11559	20159	19437	5391	29976	4900	37778
响水县	**509880**	**262329**	**247551**	**145315**	**250089**	**242855**	**101767**	**362471**	**45642**	**441785**
响水镇	93707	47539	46168	27239	45614	44656	18166	69596	5945	68740
陈家港镇	58862	32388	26474	15860	27186	26074	11097	42873	4892	49654
小尖镇	56515	28824	27691	14931	26691	26147	11402	40346	4767	51210
黄圩镇	27213	13739	13474	7120	13320	13332	5486	18785	2942	25041
大有镇	20889	10528	10361	6469	10522	10354	4315	14411	2163	18487
双港镇	24311	12479	11832	6631	12071	11627	5509	16268	2534	22216
南河镇	43935	22532	21403	12525	22509	21399	9221	30343	4371	40089
运河镇	33041	17073	15968	9471	16435	15645	6602	23482	2957	29718
张集乡	28184	14449	13735	8506	14122	13580	5395	19902	2887	26064
六套乡	25206	12625	12581	7537	12625	12581	5350	17305	2551	24058
七套乡	19886	10453	9433	6312	9684	9310	4244	13226	2416	19214
老舍乡	28842	14719	14123	7422	14491	13914	6055	20336	2451	25841
县开发区	25233	12795	12438	6568	12777	12433	5410	18165	1658	20221
省属黄海农场	14127	7186	6941	5143	7150	6912	2380	9714	2033	12423
省属灌东盐场	9929	5000	4929	3581	4892	4891	1135	7719	1075	8809
滨海县	**957215**	**485584**	**471631**	**288953**	**477360**	**467299**	**180799**	**681897**	**94519**	**886379**
东坎镇	244740	123334	121406	77351	122217	120190	44719	181650	18371	212349
五汛镇	69728	35152	34576	19665	34284	33966	11630	50607	7491	65710
蔡桥镇	45886	23129	22757	13178	22550	22288	8932	31973	4981	44087
正红镇	83756	42141	41615	25943	41895	41436	14547	59446	9763	79026
通榆镇	30143	14955	15188	9753	14928	15168	5575	21201	3367	28657
界牌镇	56055	28821	27234	16318	28814	27233	11769	38461	5825	53974
八巨镇	35745	18083	17662	11425	18046	17659	7241	24240	4264	33495

表10　续表 22　　单位：人、户

地　区	总人口 合计	总人口 男	总人口 女	家庭户户数	家庭户总人口 男	家庭户总人口 女	分年龄人口 0-14岁	分年龄人口 15-64岁	分年龄人口 65岁及以上	居住本地，户口在本地
八滩镇	57974	29153	28821	18280	29020	28574	11290	40244	6440	54558
滨海港镇	63648	32753	30895	19108	32689	30869	13120	43733	6795	62551
滨淮镇	52202	26455	25747	14937	26422	25744	10383	36834	4985	49729
天场乡	35298	17591	17707	9981	17369	17613	7363	24367	3568	33639
大套乡	31119	15689	15430	8715	15207	15196	6116	21560	3443	29419
陈涛乡	50617	25707	24910	15241	25706	24910	10453	34466	5698	49633
振东乡	41814	21481	20333	13081	21470	20323	7723	29432	4659	40688
樊集乡	26227	13222	13005	7269	13222	13005	5672	18026	2529	25610
滨淮农场	6948	3567	3381	2426	3549	3369	948	5141	859	6361
新滩盐场	5335	2769	2566	1697	2552	2415	628	4155	552	4627
开发区工业园	11016	5490	5526	2661	4982	5116	2073	8210	733	9582
开发区沿海工业园	8964	6092	2872	1924	2438	2225	617	8151	196	2684
阜宁县	**843464**	**425714**	**417750**	**263494**	**411507**	**406776**	**132721**	**609921**	**100822**	**782821**
阜城镇	186841	93852	92989	59364	91261	90838	30760	139951	16130	158188
沟墩镇	51296	25828	25468	16426	25577	25325	6509	37767	7020	49589
陈良镇	34063	17133	16930	11246	16259	16378	4524	24441	5098	32878
三灶镇	42992	22348	20644	12938	21551	20168	6912	31032	5048	40541
郭墅镇(澳洋工业园)	35328	18178	17150	10659	17827	17011	5662	25843	3823	33969
新沟镇	40634	20845	19789	12966	20592	19692	5881	29027	5726	37908
陈集镇	41677	21179	20498	12489	20194	19666	6716	29955	5006	39853
羊寨镇	39294	20047	19247	12164	18688	18296	6982	27390	4922	38030
芦蒲镇	35943	18347	17596	9968	17654	17160	6238	25321	4384	34519
板湖镇	35235	17340	17895	10988	16646	17410	5665	24705	4865	33518
东沟镇	90081	45959	44122	28422	43146	41867	12402	65218	12461	85774
益林镇	69464	34388	35076	23429	33737	34569	11161	49604	8699	63222
古河镇	41213	21008	20205	12200	19923	19357	7831	27955	5427	39977
罗桥镇	40490	20287	20203	13091	19614	19640	6933	27692	5865	39419
开发区	42816	20999	21817	12269	20862	21278	6388	32100	4328	39771
金沙湖开发管委会	16097	7976	8121	4875	7976	8121	2157	11920	2020	15665
射阳县	**897073**	**449659**	**447414**	**313489**	**432739**	**437546**	**125473**	**669734**	**101866**	**799400**
合德镇	195877	98088	97789	69808	92312	95026	29474	149700	16703	169282
临海镇	61098	30793	30305	19831	30514	30177	8967	45761	6370	57429
千秋镇	49628	24867	24761	17533	24762	24694	6819	36990	5819	47404
通洋镇	31669	15965	15704	11740	15779	15617	4446	22754	4469	30096
四明镇	30882	15462	15420	10845	15412	15404	4371	22307	4204	30196
阜余镇	34786	17441	17345	12128	17126	17114	5409	24630	4747	33006
海河镇	42900	21155	21745	15504	20932	21623	6308	30732	5860	41550
陈洋镇	38736	19475	19261	12651	17678	17719	5145	28770	4821	35994
海通镇	30217	15249	14968	10042	13507	13624	3283	23697	3237	25888
兴桥镇	44045	21524	22521	16630	21432	22470	5431	32310	6304	41838
新坍镇	43908	22128	21780	16032	22091	21751	6034	32120	5754	42297
长荡镇	35060	17203	17857	12748	16781	17652	4643	25007	5410	33196
盘湾镇	34986	17354	17632	11700	17199	17545	4287	25891	4808	33432
特庸镇	38160	19299	18861	12567	18672	18402	4974	27987	5199	35952
洋马镇	27387	13720	13667	9658	13636	13651	3363	20536	3488	26122
黄沙港镇	31990	16717	15273	9999	14267	13876	4095	25196	2699	26970
耦耕镇	27386	13614	13772	9640	13607	13766	3338	20471	3577	25209
县经济开发区	70006	34889	35117	23045	33557	34144	12214	53417	4375	42439
淮海农场	6284	3090	3194	2779	3082	3181	540	4350	1394	5854
临海农场	5102	2521	2581	2217	2503	2581	569	3786	747	4114

表10 续表 23 单位：人、户

地区	总人口			家庭户	家庭户总人口		分年龄人口			居住本地，户口在本地
	合计	男	女	户数	男	女	0-14岁	15-64岁	65岁及以上	
新洋农场	6560	3191	3369	2682	2990	3189	619	4811	1130	5067
盐场	3829	2174	1655	1647	1974	1624	295	3043	491	2116
农业经济开发区	6577	3740	2837	2063	2926	2716	849	5468	260	3949
建湖县	**741764**	**375789**	**365975**	**253133**	**355228**	**351925**	**104124**	**544709**	**92931**	**656751**
近湖镇	240047	123093	116954	70593	112705	109170	40688	181479	17880	194730
建阳镇	49844	25941	23903	16110	23635	22366	5892	37255	6697	46369
九龙口镇	25027	12671	12356	9927	12606	12325	3720	17214	4093	23337
恒济镇	24976	12729	12247	8393	12362	12072	3512	17745	3719	23639
颜单镇	25091	12916	12175	9783	12891	12169	3011	18027	4053	23662
沿河镇	28969	14493	14476	10598	13340	13812	3376	20137	5456	27792
芦沟镇	33866	16995	16871	12217	15089	15535	4172	23858	5836	31611
庆丰镇	51510	26027	25483	19360	25979	25448	6409	37761	7340	48803
上冈镇	79145	39131	40014	27999	36868	38502	11220	58719	9206	71133
冈东镇	28538	14019	14519	10487	13981	14497	3277	20707	4554	27420
草堰口镇	29350	14582	14768	11155	14467	14731	4269	20768	4313	27700
冈西镇	24878	12045	12833	10120	12003	12820	2912	17357	4609	23374
钟庄镇	29380	14638	14742	11339	14496	14639	3095	21349	4936	27418
宝塔镇	19366	9790	9576	7229	8968	9113	2135	13764	3467	18327
高作镇	32127	16464	15663	11214	15829	15456	3577	23304	5246	31072
开发区	19650	10255	9395	6609	10009	9270	2859	15265	1526	10364
东台市	**990306**	**478906**	**511400**	**368437**	**462546**	**501159**	**105531**	**716307**	**168468**	**913898**
溱东镇	36663	18359	18304	13032	17106	17724	3719	26618	6326	33171
时堰镇	55148	25905	29243	21099	25219	28690	5956	38773	10419	51180
五烈镇	69866	35374	34492	25057	34626	33929	8296	49011	12559	65388
梁垛镇	69572	33804	35768	24955	33171	35414	7492	49009	13071	66207
安丰镇	44604	20881	23723	17221	20091	23125	4659	31752	8193	40728
南沈灶镇	40603	18628	21975	17139	18304	21835	4245	27809	8549	38893
富安镇	75652	33629	42023	30095	32371	41117	8485	51598	15569	71586
唐洋镇	42373	19542	22831	16577	18867	22276	4162	30314	7897	39042
新街镇	36080	17138	18942	14986	16737	18672	3224	26467	6389	34052
许河镇	42295	20265	22030	16838	20057	21965	3747	30261	8287	40333
三仓镇	64895	31598	33297	25572	30493	32462	5771	48029	11095	60147
头灶镇	66845	32705	34140	25785	32499	34043	6966	48480	11399	63687
弶港镇	42663	21302	21361	15794	20563	21118	3598	32584	6481	38938
东台镇	262873	129476	133397	89936	124076	129589	31236	195154	36483	236919
国营新曹农场	15577	7549	8028	6213	7390	7896	1453	11274	2850	14767
国营弶港农场	5984	3031	2953	2033	2572	2762	512	4509	963	5254
开发区	18075	9296	8779	5900	8219	8459	2008	14141	1926	13606
沿海经济区	538	424	114	205	185	83	2	524	12	
大丰市	**706662**	**352051**	**354611**	**267957**	**336605**	**347553**	**77717**	**533290**	**95655**	**616856**
大中镇	187382	92487	94895	66836	88630	91870	26162	143873	17347	154948
草堰镇	34512	16897	17615	13663	16840	17591	3895	24705	5912	32435
白驹镇	34366	16763	17603	13645	16655	17564	3692	24842	5832	32135
刘庄镇	38522	19205	19317	14150	18439	18769	4406	28077	6039	36088
西团镇	30024	14967	15057	11424	14801	14934	2873	22441	4710	27984
小海镇	36133	17644	18489	14561	17546	18438	3487	26547	6099	34127
大桥镇	29059	14312	14747	11846	14216	14677	2692	21357	5010	27703
草庙镇	24997	12364	12633	9942	12322	12623	2317	18918	3762	23793
万盈镇	44032	21712	22320	17051	21648	22286	4241	32834	6957	41985
南阳镇	36257	17846	18411	14103	16749	17323	3025	27901	5331	32236

表10　续表 24　　　　　　单位：人、户

地　区	总人口			家庭户	家庭户总人口		分年龄人口			居住本地，户口在本地
	合　计	男	女	户　数	男	女	0-14岁	15-64岁	65岁及以上	
裕华镇	36030	17800	18230	14166	17699	18182	3468	27492	5070	32635
新丰镇	71481	35166	36315	27617	34318	35471	7349	54220	9912	64750
三龙镇	45483	22020	23463	17100	21963	23431	5150	33804	6529	42425
方强镇	24132	11385	12747	9343	11119	12595	2865	17437	3830	22558
大中农场	5253	3483	1770	1985	1968	1754	200	4510	543	3470
方强农场	4221	2555	1666	1410	1617	1666	309	3413	499	2936
东坝头农场	1070	532	538	473	519	531	126	787	157	970
大丰经济开发区管委	1446	838	608	261	322	309	77	1336	33	5
大丰港经济区管委会	11899	7769	4130	4019	4815	3745	697	10730	472	3572
上海农场	5501	3312	2189	2339	2370	2126	367	4048	1086	
海丰农场	2378	1398	980	1017	1118	899	210	2076	92	78
川东农场	2484	1596	888	1006	931	769	109	1942	433	23
扬州市	**4460066**	**2196448**	**2263618**	**1402301**	**2049735**	**2157430**	**527229**	**3378085**	**554752**	**3676867**
广陵区	**341043**	**173511**	**167532**	**110157**	**157820**	**158454**	**38336**	**265344**	**37363**	**229970**
东关街道	42835	20808	22027	16656	20312	21262	3678	31060	8097	37740
汶河街道	37023	17468	19555	12662	16711	17852	4342	27269	5412	28296
文峰街道	57205	29462	27743	18705	27280	27061	7215	44526	5464	32308
曲江街道	122954	62964	59990	39452	57496	57230	14057	97392	11505	82733
湾头镇	28681	14726	13955	7809	12875	12690	3110	22434	3137	20377
汤汪乡	23791	12464	11327	7513	11588	11041	3146	19015	1630	11919
产业园	28554	15619	12935	7360	11558	11318	2788	23648	2118	16597
邗江区	**576909**	**290554**	**286355**	**156785**	**254834**	**258363**	**60981**	**455800**	**60128**	**430146**
邗上街道	74526	37176	37350	23246	35155	35701	11415	59024	4087	39110
蒋王街道	19279	9809	9470	5118	9098	9049	2257	15225	1797	12168
汊河街道	56464	28068	28396	9010	14350	14295	3540	50235	2689	26271
新盛街道	33063	16260	16803	7145	11550	11834	3597	27895	1571	17411
公道镇	33966	16703	17263	10044	16206	16786	3508	25777	4681	30031
方巷镇	43761	22275	21486	12384	22169	21467	4592	33250	5919	41044
槐泗镇	47999	24214	23785	13676	23962	23671	5753	36889	5357	43529
瓜洲镇	40169	20266	19903	11231	17717	18506	4150	31160	4859	32624
杭集镇	41205	20733	20472	11004	18976	19077	4407	32300	4498	33011
李典镇	44965	24951	20014	11538	18070	18529	3484	36136	5345	33462
沙头镇	37377	18560	18817	11096	18329	18552	3824	28586	4967	31616
头桥镇	40420	19737	20683	13428	19215	20130	3410	30676	6334	35585
杨寿镇	20930	10583	10347	5900	10561	10344	2307	15910	2713	19024
泰安镇	18866	9142	9724	6060	8722	9515	2059	13871	2936	15921
杨庙镇	22338	11361	10977	5708	10544	10723	2646	17320	2372	19327
邗江工业园	1581	716	865	197	210	184	32	1546	3	12
维扬区	**474611**	**237196**	**237415**	**134166**	**200694**	**204489**	**52933**	**379086**	**42592**	**309460**
双桥街道	82178	39557	42621	23007	32139	33473	8660	66818	6700	54015
梅岭街道	52314	25886	26428	18296	24301	25048	6100	39903	6311	38718
瘦西湖街道	19842	9844	9998	6245	9236	9555	2260	15483	2099	11198
甘泉街道	30494	15428	15066	7738	15075	14661	3679	23805	3010	27562
扬子津街道	51020	26814	24206	12002	18450	18559	5878	42486	2656	23197
文汇街道	52111	25594	26517	16155	23053	23245	6277	41378	4456	35666
西湖镇	39339	20186	19153	10959	17865	17710	4646	31899	2794	23634
施桥镇	42696	22237	20459	9962	16276	16651	3930	35065	3701	28065
八里镇	25576	12502	13074	4877	8043	8261	1964	21551	2061	15422
朴席镇	22078	10599	11479	8386	10454	11417	2857	15089	4132	20353
平山乡	18767	9280	9487	4954	7635	7638	1937	15463	1367	9941

表10 续表 25

单位：人、户

地区	总人口 合计	总人口 男	总人口 女	家庭户户数	家庭户总人口 男	家庭户总人口 女	分年龄人口 0-14岁	分年龄人口 15-64岁	分年龄人口 65岁及以上	居住本地，户口在本地
城北乡	38196	19269	18927	11585	18167	18271	4745	30146	3305	21689
宝应县	**752425**	**362946**	**389479**	**258012**	**353649**	**383114**	**107333**	**541388**	**103704**	**662348**
安宜镇	248543	122005	126538	81867	118018	123273	36398	188047	24098	194022
范水镇	62491	28877	33614	22004	27519	32627	8465	44475	9551	57183
夏集镇	45153	21381	23772	17524	21225	23691	5043	32133	7977	43491
柳堡镇	36589	17371	19218	14075	17121	19103	4392	25593	6604	35091
射阳湖镇	62212	31189	31023	21954	30779	30937	9211	43561	9440	59381
广洋湖镇	22365	11097	11268	8045	11031	11251	3220	15333	3812	21515
鲁垛镇	21783	9862	11921	8266	9158	11282	3382	14578	3823	20101
小官庄镇	21224	9607	11617	7901	9431	11544	3221	14373	3630	19489
望直港镇	44472	21444	23028	15134	20954	22796	7160	30961	6351	41784
曹甸镇	44309	20822	23487	15789	19984	22925	7237	29638	7434	39914
西安丰镇	26587	13245	13342	7669	13057	13269	4325	18497	3765	25563
山阳镇	40441	19455	20986	13165	19220	20911	4734	29280	6427	37658
黄塍镇	20364	9432	10932	6743	9375	10912	2944	14190	3230	19369
泾河镇	41623	20031	21592	13893	19879	21560	5335	29927	6361	37951
开发区管委会	14269	7128	7141	3983	6898	7033	2266	10802	1201	9836
仪征市	**564021**	**286409**	**277612**	**174342**	**267369**	**270760**	**62096**	**439455**	**62470**	**484272**
真州镇	185483	91821	93662	64061	87489	90297	24833	144373	16277	145605
青山镇	28927	14158	14769	9289	14143	14755	2973	22612	3342	26649
新集镇	40901	20347	20554	11941	19701	20116	4497	31217	5187	38368
新城镇	43463	21615	21848	13219	21319	21716	4189	33846	5428	38917
马集镇	27744	13980	13764	8183	13626	13653	2731	21579	3434	25743
刘集镇	46150	23490	22660	12868	23186	22542	5125	35508	5517	43635
陈集镇	35640	17707	17933	10719	17215	17451	3544	27630	4466	33725
大仪镇	44710	22603	22107	13293	22379	21885	4904	34157	5649	41390
谢集乡	25400	12630	12770	7976	12545	12731	2452	19659	3289	23577
月塘乡	26076	13124	12952	8117	13033	12905	2365	20260	3451	25171
十二圩办事处	35170	22538	12632	7465	10634	10767	2266	29587	3317	18710
铜山办事处	24357	12396	11961	7211	12099	11942	2217	19027	3113	22782
高邮市	**744685**	**359914**	**384771**	**241113**	**349630**	**374496**	**86250**	**553228**	**105207**	**662315**
高邮镇	162476	78750	83726	50945	74640	78529	20854	125241	16381	125046
龙虬镇	31355	15396	15959	9562	15215	15851	3378	23383	4594	29944
马棚镇	14855	7080	7775	4926	7018	7759	1716	10817	2322	14191
车逻镇	29458	14146	15312	9288	13872	15132	3002	21743	4713	27706
八桥镇	17447	7963	9484	6399	7745	9294	2035	12208	3204	16571
汉留镇	24164	11332	12832	8161	10785	12406	2603	17422	4139	22503
汤庄镇	26793	13187	13606	9772	13016	13559	2629	19253	4911	25741
卸甲镇	49758	23834	25924	16022	23664	25866	5077	36636	8045	47283
三垛镇	49473	24335	25138	15790	23173	24133	5124	36987	7362	45903
甘垛镇	29555	14756	14799	10276	14629	14747	3395	20947	5213	28217
司徒镇	16652	8091	8561	5956	8042	8550	1809	12066	2777	15457
横泾镇	15936	7859	8077	6035	7791	8065	1775	11279	2882	15362
界首镇	29417	13516	15901	10115	13137	15552	3604	21537	4276	27101
周山镇	19945	9213	10732	7220	9125	10703	2412	13952	3581	19429
周巷镇	24062	11300	12762	8542	11084	12658	2787	16974	4301	23042
临泽镇	44254	20843	23411	15732	20318	22934	5660	31084	7510	41630
送桥镇	25222	12278	12944	7528	11870	12539	2744	19217	3261	22746
郭集镇	23093	11580	11513	6630	11546	11502	2741	17446	2906	21701
天山镇	20069	9867	10202	5679	9686	10083	2282	15338	2449	18351

表10　续表 26　　　　　　　　　　　　　　　　　　　　　　单位：人、户

地　区	总人口			家庭户	家庭户总人口		分年龄人口			居住本地，户口在本地
	合　计	男	女	户　数	男	女	0-14岁	15-64岁	65岁及以上	
菱塘回族乡	21901	10818	11083	6740	10528	10913	2192	16582	3127	20627
城南经济新区	15533	7665	7868	4364	7513	7734	1698	11782	2053	13100
经济开发区	53267	26105	27162	15431	25233	25987	6733	41334	5200	40664
江都市	**1006372**	**485918**	**520454**	**327726**	**465739**	**507754**	**119300**	**743784**	**143288**	**898356**
仙女镇	283429	139008	144421	90104	131247	137310	36901	219770	26758	223675
小纪镇	81761	39161	42600	26272	38966	42518	8341	59264	14156	79341
武坚镇	36526	17629	18897	12553	17551	18874	4072	26413	6041	34872
樊川镇	53790	25063	28727	18722	25050	28723	5620	38244	9926	52284
真武镇	46556	22266	24290	16781	21083	23999	5226	33345	7985	42465
宜陵镇	46778	22538	24240	14957	21466	23479	5382	34955	6441	41530
丁沟镇	55239	26017	29222	17935	25932	29188	6164	40458	8617	52664
郭村镇	73882	35287	38595	22562	33283	36862	9674	52247	11961	69918
邵伯镇	77726	37533	40193	26263	36654	39782	8926	56887	11913	71224
丁伙镇	38778	18172	20606	14198	17788	20511	3628	28110	7040	36287
大桥镇	128966	63719	65247	40484	57354	63154	14441	95218	19307	115284
吴桥镇	40620	18713	21907	14148	18643	21890	5594	28361	6665	38681
浦头镇	42321	20812	21509	12747	20722	21464	5331	30512	6478	40131
镇江市	**3114105**	**1595880**	**1518225**	**974874**	**1419417**	**1428905**	**320858**	**2470907**	**322340**	**2253891**
京口区	**601876**	**317558**	**284318**	**180496**	**252492**	**253579**	**58371**	**486909**	**56596**	**380882**
正东路街道	56177	29912	26265	15653	21414	21160	5038	46907	4232	31912
健康路街道	86448	44897	41551	28135	38558	38949	8324	67833	10291	60100
大市口街道	64370	32327	32043	20695	28347	29246	6188	50676	7506	43357
四牌楼街道	55989	28232	27757	19752	27213	27456	6175	44010	5804	38616
丁卯街道	53114	28339	24775	16079	23784	23637	7200	42871	3043	22082
大港街道	66077	36113	29964	18931	27353	27381	7269	53711	5097	42847
象山镇	82581	43883	38698	19002	26853	25975	6302	72008	4271	39855
谏壁镇	39186	22152	17034	11597	15747	15503	3195	32106	3885	23771
姚桥镇	44703	22591	22112	14631	21091	21532	4188	34439	6076	37872
大路镇	28036	14225	13811	9745	13070	13441	2566	21536	3934	24132
丁岗镇	21646	12818	8828	5352	7774	8010	1645	17938	2063	14562
京口工业园区	2111	1214	897	505	750	758	167	1782	162	1112
共青团农场	1438	855	583	419	538	531	114	1092	232	664
润州区	**296539**	**154821**	**141718**	**98110**	**136461**	**134479**	**30289**	**236643**	**29607**	**180349**
宝塔路街道	74411	37937	36474	25194	35126	35075	8172	58567	7672	44880
和平路街道	54726	27888	26838	18131	26411	26325	6272	42946	5508	39236
金山街道	49157	24984	24173	20084	24120	23711	3974	37889	7294	38612
七里甸街道	57065	31302	25763	15997	22923	22480	5741	47489	3835	26046
蒋乔镇	22800	12107	10693	7393	10635	10237	2254	18429	2117	13383
民营经济发展管理委员会	10949	5846	5103	3546	5283	4980	1213	8904	832	3452
工业园区管理委员会	13848	7589	6259	3340	5450	5713	1210	11410	1228	8619
南山管委会	13583	7168	6415	4425	6513	5958	1453	11009	1121	6121
丹徒区	**302345**	**152400**	**149945**	**90067**	**142670**	**145344**	**30432**	**237283**	**34630**	**253025**
高桥镇	19443	9623	9820	6511	9239	9663	1572	14861	3010	17062
辛丰镇	52751	26311	26440	15819	25680	26031	5734	41289	5728	46341
谷阳镇	29821	14843	14978	8714	13923	14299	3097	23617	3107	24245
上党镇	51354	25450	25904	14400	24071	24694	4942	40507	5905	45735
宝堰镇	22586	11255	11331	7188	11131	11241	2199	17284	3103	21109
高资镇	42916	21947	20969	12754	20225	20623	4359	33551	5006	36553
世业镇	12143	5871	6272	3734	5748	6207	1426	9017	1700	11352
丹徒新城管委会	44473	23581	20892	12792	19637	19474	4840	36385	3248	25703

表10　续表 27　　　　单位：人、户

地　区	总人口			家庭户	家庭户总人口		分年龄人口			居住本地，户口在本地
	合　计	男	女	户　数	男	女	0-14岁	15-64岁	65岁及以上	
江心洲生态农业园区	7052	3518	3534	2345	3444	3520	503	5403	1146	6479
荣炳盐资源区	19806	10001	9805	5810	9572	9592	1760	15369	2677	18446
丹阳市	**960662**	**486281**	**474381**	**311798**	**457939**	**455762**	**104756**	**757672**	**98234**	**694268**
司徒镇	61659	31094	30565	19974	29788	29770	6475	48166	7018	44194
延陵镇	66585	33128	33457	20774	31701	32309	5583	52207	8795	58552
珥陵镇	45858	22850	23008	15634	21506	21884	3876	35468	6514	40610
导墅镇	49005	24609	24396	16180	24445	24263	4765	37580	6660	43400
皇塘镇	55496	27894	27602	18747	26882	26661	5818	42827	6851	43252
吕城镇	53334	26650	26684	16669	25682	25799	5243	41517	6574	46781
陵口镇	43418	21833	21585	13876	21277	21315	4109	33879	5430	39378
访仙镇	51357	25834	25523	16469	24607	24756	4976	40312	6069	45434
界牌镇	53567	28828	24739	17755	26237	23873	7520	43483	2564	20266
新桥镇	35437	18199	17238	10927	16668	16526	4029	28487	2921	20732
后巷镇	51969	27052	24917	17283	25461	24103	6549	41805	3615	26754
埤城镇	28570	14696	13874	9124	13968	13582	3075	22691	2804	19693
云阳镇	189737	93509	96228	62259	89415	93064	23129	147766	18842	143838
经济技术开发区	174670	90105	84565	56127	80302	77857	19609	141484	13577	101384
扬中市	**334977**	**170801**	**164176**	**100018**	**151425**	**155062**	**34123**	**264206**	**36648**	**252928**
三茅镇	154338	78977	75361	44668	67652	69070	18287	124184	11867	105025
新坝镇	54182	27070	27112	16790	25758	26255	5373	42134	6675	42236
油坊镇	42663	21401	21262	13650	20642	20931	3300	32802	6561	37189
八桥镇	34458	17707	16751	10652	15409	16198	2778	26839	4841	28269
西来桥镇	18689	10083	8606	5204	8225	8342	1780	14592	2317	15410
经济开发区	30647	15563	15084	9054	13739	14266	2605	23655	4387	24799
句容市	**617706**	**314019**	**303687**	**194385**	**278430**	**284679**	**62887**	**488194**	**66625**	**492439**
社区工作办公室	118328	57800	60528	39661	51679	54218	15216	95426	7686	74650
华阳镇	51955	25883	26072	16170	25278	25642	5950	40596	5409	43057
黄梅镇	41733	21046	20687	13052	19698	19919	3685	32283	5765	39338
下蜀镇	39789	20108	19681	11788	16335	16712	3525	31825	4439	31427
白兔镇	39228	19537	19691	12335	18737	19167	3152	30807	5269	35909
边城镇	34486	17468	17018	11276	16149	16674	2861	26824	4801	29982
茅山镇	22956	11140	11816	8934	10983	11772	2459	16820	3677	20507
后白镇	52407	26108	26299	17045	25806	26143	5262	40253	6892	49311
郭庄镇	52506	26624	25882	17284	25867	25542	5107	40799	6600	49445
天王镇	47397	23717	23680	15854	23458	23568	5481	35958	5958	44758
宝华镇	22962	11836	11126	7437	10489	10601	2084	18303	2575	19862
开发区	42314	23291	19023	9866	14206	14318	3841	36458	2015	16392
茅山管委会	27791	13616	14175	9175	13449	14069	3025	21035	3731	25669
赤山湖管委会	12090	6080	6010	4116	5924	5995	1206	9376	1508	11531
句容监狱	3806	3706	100	117	110	99	2	3701	103	84
江苏省第一少年管教所	1931	1754	177	112	108	102	5	1847	79	180
江苏省边城监狱	3154	3050	104	121	115	103	15	3071	68	238
江苏省句东劳教所	1294	1255	39	42	39	35	11	1236	47	99
江苏省女子劳教所	1579		1579					1576	3	
泰州市	**4618937**	**2308945**	**2309992**	**1527619**	**2183604**	**2237402**	**559410**	**3402197**	**657330**	**3918668**
海陵区	**594656**	**295837**	**298819**	**179147**	**267139**	**272486**	**67988**	**459796**	**66872**	**415704**
城东街道	102058	49595	52463	25297	36414	37968	9063	84465	8530	56089
城西街道	74460	36804	37656	26463	36118	37201	8153	57586	8721	50061
城南街道	39531	19585	19946	12772	18836	19456	6056	30610	2865	24875
城中街道	53343	25663	27680	19343	24073	26187	6235	38853	8255	40314

表10 续表 28 单位：人、户

地　　区	总人口			家庭户	家庭户总人口		分年龄人口			居住本地，户口在本地
	合　计	男	女	户　数	男	女	0-14岁	15-64岁	65岁及以　上	
城北街道	38963	19123	19840	14808	18788	19590	4222	29226	5515	28652
京泰路街道	61130	29524	31606	14980	25818	25542	6732	48691	5707	40705
农业开发区街道	5651	2957	2694	1843	2499	2472	523	4590	538	4416
凤凰路街道	39444	20796	18648	11540	18644	18392	5040	29947	4457	29313
寺巷街道	35873	18341	17532	10048	17212	17048	4427	26503	4943	31652
明珠街道	44476	23137	21339	11970	20437	20211	5609	34892	3975	25639
九龙镇	31861	16319	15542	9055	15067	14816	3653	24612	3596	24402
罡杨镇	21685	10920	10765	6680	10684	10692	2257	16296	3132	20109
苏陈镇	40978	20378	20600	12821	20101	20481	5506	29471	6001	35676
城北物流园区	5203	2695	2508	1527	2448	2430	512	4054	637	3801
高港区	**283807**	**142484**	**141323**	**90613**	**130963**	**137865**	**34398**	**209075**	**40334**	**236661**
口岸街道	76673	38236	38437	23561	35479	37106	9298	58562	8813	60252
刁铺街道	24654	11938	12716	7823	11409	12304	2823	18624	3207	19591
许庄街道	35662	17480	18182	11355	16347	17463	4193	25849	5620	31069
沿江街道	11492	5874	5618	3168	5443	5496	1315	8758	1419	9642
永安洲镇	33985	19101	14884	9949	14391	14524	3229	27000	3756	24240
白马镇	19294	9641	9653	6516	9472	9617	2554	13553	3187	17192
胡庄镇	35358	16711	18647	13570	16617	18618	5127	23565	6666	33655
大泗镇	24406	12009	12397	8154	11862	12319	3434	16634	4338	22911
野徐镇	22283	11494	10789	6517	9943	10418	2425	16530	3328	18109
兴化市	**1253548**	**641297**	**612251**	**428790**	**609063**	**593362**	**157309**	**910781**	**185458**	**1112476**
戴窑镇	55971	28812	27159	18795	28588	27022	7105	40472	8394	53246
合陈镇	45867	23327	22540	15676	23249	22525	5824	32374	7669	44529
永丰镇	36246	18432	17814	12195	16678	16382	5243	24929	6074	35193
新垛镇	17229	8365	8864	7396	8274	8820	2408	11152	3669	16042
安丰镇	51651	25890	25761	18490	24749	24946	6488	37795	7368	47643
海南镇	19928	9943	9985	8208	9844	9944	3010	13011	3907	18853
钓鱼镇	28358	14349	14009	11321	14226	13883	4222	18909	5227	26955
大邹镇	16701	8399	8302	6311	8277	8202	2255	11461	2985	15990
沙沟镇	20829	10713	10116	6644	10384	9891	2372	15408	3049	19875
中堡镇	19042	9657	9385	7687	9569	9368	2725	12478	3839	18007
李中镇	20551	10538	10013	7862	10537	10013	2930	13737	3884	20164
西郊镇	21420	10869	10551	7947	10863	10547	2681	15020	3719	20437
临城镇	42492	21773	20719	13731	21666	20697	5818	30155	6519	40781
垛田镇	52106	26761	25345	15509	26730	25324	7155	38652	6299	44560
竹泓镇	23777	11946	11831	8653	11872	11819	3074	16299	4404	23126
沈坨镇	16763	8393	8370	6469	8381	8354	2068	11175	3520	16424
大垛镇	34571	17951	16620	11583	17205	16037	4367	25405	4799	31861
荻垛镇	34488	17717	16771	11392	17658	16760	4423	24455	5610	32752
陶庄镇	31130	15882	15248	11193	15787	15161	4060	21417	5653	29733
昌荣镇	30102	15578	14524	9783	15522	14429	4067	21936	4099	29381
茅山镇	26069	13402	12667	8150	13184	12593	2881	19141	4047	25404
周庄镇	45254	22076	23178	17122	21289	22750	4856	31860	8538	42984
陈堡镇	33083	16295	16788	11930	16054	16636	4175	23149	5759	32114
戴南镇	118726	63974	54752	35121	52683	49200	11545	94491	12690	85627

表10 续表 29 单位：人、户

地区	总人口			家庭户	家庭户总人口		分年龄人口			居住本地，户口在本地
	合计	男	女	户数	男	女	0-14岁	15-64岁	65岁及以上	
张郭镇	52050	27018	25032	18586	26093	24609	5950	37780	8320	45729
昭阳镇	180617	92519	88098	58549	80014	80007	21211	142246	17160	127174
大营镇	24082	12080	12002	8389	12010	11994	2883	17398	3801	23291
下圩镇	16732	8534	8198	5943	8511	8179	2379	11693	2660	16276
城东镇	21994	11409	10585	7424	11311	10555	3206	15478	3310	20903
老圩乡	17559	8680	8879	7032	8479	8864	2427	11553	3579	16435
周奋乡	15815	7730	8085	5780	7702	8065	2360	10617	2838	15409
缸顾乡	14199	7102	7097	4771	7031	7039	2062	10043	2094	13957
西鲍乡	23722	12389	11333	7868	12360	11314	3204	17414	3104	22399
林湖乡	22356	11481	10875	8048	11362	10827	3408	15029	3919	21448
开发区	22068	11313	10755	7232	10921	10606	2467	16649	2952	17774
靖江市	**684360**	**348823**	**335537**	**209660**	**318947**	**326300**	**73258**	**525222**	**85880**	**539681**
靖城街道	152907	75276	77631	49119	73274	76260	20091	118539	14277	108813
新桥镇	52687	26716	25971	16527	25736	25697	6412	38951	7324	47622
东兴镇	32329	16311	16018	9766	15520	15743	3611	24318	4400	28207
斜桥镇	45450	22808	22642	14005	21787	22256	4268	34574	6608	41249
西来镇	43266	21399	21867	13768	20918	21760	4618	31810	6838	39806
季市镇	41805	20481	21324	13753	20276	21142	3781	30650	7374	38787
孤山镇	34399	17199	17200	11772	16904	17073	2623	25360	6416	31493
生祠镇	42940	21358	21582	14926	20984	21350	3513	31502	7925	39655
马桥镇	32710	16261	16449	11026	16019	16329	2458	24112	6140	30191
城南办事处	73901	37095	36806	21398	33899	34618	9769	58607	5525	45850
新港园区	39744	23743	16001	8948	14347	14324	3052	32901	3791	25126
城北园区	18884	9542	9342	6066	8868	9129	1812	14555	2517	14021
江阴园区	42845	25023	17822	10113	16500	16188	3684	35480	3681	26808
滨江新城	30493	15611	14882	8473	13915	14431	3566	23863	3064	22053
泰兴市	**1073921**	**525763**	**548158**	**365218**	**512032**	**539053**	**140392**	**774865**	**158664**	**968406**
黄桥镇	168954	80645	88309	61195	79460	87386	23443	119430	26081	151888
分界镇	51071	24596	26475	17593	24549	26433	7290	35355	8426	48850
古溪镇	50385	23851	26534	17930	23435	26142	6208	35085	9092	47528
元竹镇	30055	14447	15608	11312	14341	15568	4618	19949	5488	28116
珊瑚镇	41277	19607	21670	14685	19523	21607	6211	27837	7229	39079
广陵镇	44336	21579	22757	15527	21404	22624	5395	31068	7873	42514
曲霞镇	23410	11311	12099	9082	11215	12041	2444	16242	4724	22193
张桥镇	44420	21578	22842	16758	21262	22680	4427	31370	8623	41085
河失镇	44714	21698	23016	16385	20983	22832	5624	30825	8265	41569
新街镇	55310	28227	27083	18113	28139	27049	7597	39012	8701	53351
姚王镇	47992	23874	24118	16142	23702	24026	5401	35215	7376	44670
宣堡镇	25186	11721	13465	9141	11578	13380	3158	17418	4610	23567
泰兴镇	242377	120580	121797	76066	115039	116775	37299	184415	20663	195585
虹桥镇	70246	35073	35173	22068	32869	34156	6854	52816	10576	63948
滨江镇	90381	45171	45210	28860	42773	44382	9264	67244	13873	82752
根思乡	43807	21805	22002	14361	21760	21972	5159	31584	7064	41711

表10 续表 30

单位：人、户

地区	总人口 合计	总人口 男	总人口 女	家庭户户数	家庭户总人口 男	家庭户总人口 女	分年龄人口 0-14岁	分年龄人口 15-64岁	分年龄人口 65岁及以上	居住本地，户口在本地
姜堰市	**728645**	**354741**	**373904**	**254191**	**345460**	**368336**	**86065**	**522458**	**120122**	**645740**
姜堰镇	169568	82393	87175	56382	79002	85084	24272	127101	18195	132531
溱潼镇	32322	16089	16233	11417	15102	15408	3189	23991	5142	27868
蒋垛镇	39609	18378	21231	14737	17997	20698	5125	26668	7816	36991
顾高镇	25177	12231	12946	8572	12118	12891	3371	17207	4599	23352
大伦镇	31583	14415	17168	12697	14293	17135	3570	21035	6978	29597
张甸镇	66234	32418	33816	21802	31933	33488	8781	45776	11677	62556
梁徐镇	45199	21722	23477	15754	21467	23403	5176	31451	8572	41922
桥头镇	22284	10826	11458	8125	10656	11393	2420	15658	4206	21250
淤溪镇	31879	15589	16290	12235	15479	16267	3541	21890	6448	29468
白米镇	40589	19626	20963	14159	19330	20756	3985	28788	7816	37818
娄庄镇	44520	21653	22867	15276	21043	22397	3881	32200	8439	41758
沈高镇	34141	16965	17176	12366	16340	17094	3018	24965	6158	29832
兴泰镇	22860	11665	11195	8628	11263	11013	2571	16614	3675	20300
俞垛镇	39429	19481	19948	14784	19245	19892	4017	27763	7649	37791
华港镇	37720	18544	19176	13485	18362	19105	3520	27529	6671	34946
开发区	45531	22746	22785	13772	21830	22312	5628	33822	6081	37760
宿迁市	**4719178**	**2380357**	**2338821**	**1304062**	**2304891**	**2274766**	**895579**	**3341802**	**481797**	**4260575**
宿城区	**796626**	**403513**	**393113**	**228655**	**385968**	**381310**	**148540**	**568497**	**79589**	**685449**
幸福街道	68482	34357	34125	21697	32111	32143	9499	52014	6969	56389
项里街道	66590	33295	33295	18565	30568	30708	10221	50740	5629	49639
河滨街道	24552	12673	11879	7292	11888	11446	3425	19331	1796	19843
古城街道	38352	20164	18188	12501	18411	17783	6342	30073	1937	25457
黄河街道办	47045	23959	23086	14522	23734	22986	8930	35362	2753	27358
古楚街道办	21245	11278	9967	4715	8968	8413	3153	16258	1834	17977
双庄镇	45132	23167	21965	12446	21924	20986	7073	34069	3990	33239
耿车镇	33185	17280	15905	9120	17150	15881	5786	23949	3450	31040
埠子镇	43902	21899	22003	12352	21838	21962	7823	30996	5083	41544
龙河镇	39866	19854	20012	11420	19783	20001	7917	27365	4584	38712
洋北镇	32165	15959	16206	9055	15688	16114	6131	22200	3834	30704
仓集镇	34514	17064	17450	10471	17025	17434	8375	21819	4320	32873
洋河镇	64247	33515	30732	15908	28515	27394	11087	48209	4951	52312
中扬镇	40310	20119	20191	11707	19969	20107	9884	25824	4602	38920
郑楼镇	32133	15831	16302	10164	15774	16275	7588	20055	4490	31657
陈集镇	37190	19371	17819	10215	19334	17811	8808	24013	4369	36625
罗圩乡	33375	16607	16768	9666	16504	16724	7086	22184	4105	32110
南蔡乡	33531	16829	16702	10038	16620	16656	6522	22738	4271	31847
屠园乡	30221	14910	15311	8209	14910	15311	7681	19392	3148	28418
三棵树乡	30589	15382	15207	8592	15254	15175	5209	21906	3474	28785
宿豫区	**641059**	**321444**	**319615**	**172358**	**307532**	**305068**	**106809**	**464105**	**70145**	**578424**
顺河镇	117798	60605	57193	30700	54282	52528	17771	91706	8321	86483
晓店镇	66390	31892	34498	14708	27545	26676	10220	50047	6123	52484
蔡集镇	37414	18870	18544	10531	18737	18520	6016	26705	4693	36053
王官集镇	42921	21799	21122	11520	21241	20678	6317	31192	5412	41751
皂河镇	41916	21575	20341	11710	21462	20338	6580	30262	5074	40507
仰化镇	23442	11130	12312	7534	11036	12247	4704	15197	3541	22832
大兴镇	43330	21123	22207	11696	20448	21646	7303	31028	4999	40939

表10　续表 31　　　　单位：人、户

地　　区	总人口			家庭户	家庭户总人口		分年龄人口			居住本地，户　口在本地
	合　计	男	女	户　数	男	女	0-14岁	15-64岁	65岁及以　上	
丁嘴镇	27303	13247	14056	7708	13210	14050	5043	18796	3464	26881
来龙镇	34539	17296	17243	9249	16709	16796	7003	23839	3697	32402
黄墩镇	24961	12627	12334	6410	12444	12197	3774	18167	3020	24478
陆集镇	36959	18740	18219	10098	18576	18172	5763	26671	4525	35616
关庙镇	33013	16423	16590	8820	16156	16363	6249	22916	3848	31692
侍岭镇	25126	12686	12440	7453	12623	12416	5019	17048	3059	24067
新庄镇	18576	9292	9284	5405	9202	9255	3143	13036	2397	17863
井头乡	17572	9030	8542	4720	9022	8535	3205	12474	1893	16730
曹集乡	28972	14876	14096	7758	14647	14070	4760	20752	3460	27630
保安乡	17487	8553	8934	5343	8515	8923	3312	11943	2232	16900
嶂山林场	3340	1680	1660	995	1677	1658	627	2326	387	3116
沭阳县	**1541083**	**773142**	**767941**	**416656**	**751387**	**745866**	**293945**	**1095783**	**151355**	**1390812**
沭城镇	409783	207499	202284	110092	190854	183507	64871	317033	27879	308735
陇集镇	19711	9742	9969	5707	9518	9849	4277	13072	2362	18689
胡集镇	45576	22547	23029	11277	22130	22809	9002	31968	4606	42466
钱集镇	24227	11519	12708	7005	11347	12584	4940	16306	2981	23008
塘沟镇	32879	15975	16904	8962	15738	16793	6672	22406	3801	31700
马厂镇	53281	26152	27129	13856	26025	26960	10400	37304	5577	51055
沂涛镇	55153	27616	27537	14908	27563	27519	12086	37496	5571	53978
庙头镇	40219	20032	20187	11026	19754	19878	7264	28475	4480	38190
韩山镇	30281	14974	15307	8302	14118	14865	6392	20165	3724	29630
华冲镇	42612	21398	21214	11178	21045	20599	8357	29864	4391	39501
桑墟镇	45646	23336	22310	11772	23190	22208	9122	31853	4671	42611
悦来镇	38943	19604	19339	10010	19289	19133	8437	26551	3955	37791
刘集镇	29062	14159	14903	8227	14148	14899	5896	19572	3594	27622
李恒镇	28358	14058	14300	8487	13743	14125	6036	18767	3555	27351
扎下镇	49898	25451	24447	13224	24935	24266	9692	35520	4686	46928
颜集镇	45511	23246	22265	11890	23245	22265	9113	31475	4923	43663
潼阳镇	41489	20865	20624	11518	20860	20619	8892	27919	4678	40353
龙庙镇	41617	21236	20381	11068	21201	20379	8105	29404	4108	40012
高墟镇	26663	13446	13217	7735	13416	13189	5142	18356	3165	25367
耿圩镇	28623	14305	14318	8165	14289	14307	6118	19189	3316	27766
汤涧镇	29299	14461	14838	7894	14023	14602	5483	20331	3485	28330
新河镇	36212	18189	18023	9325	18156	18014	7000	25467	3745	34812
贤官镇	48091	24677	23414	11870	24645	23405	9002	34435	4654	46266
吴集镇	34695	17568	17127	8771	17434	17046	7210	23928	3557	33892
湖东镇	31102	15756	15346	8962	15724	15332	6030	21623	3449	29116
青伊湖镇	32615	16732	15883	8560	16636	15850	5948	23232	3435	30678
北丁集乡	20424	9725	10699	5858	9708	10690	4636	13435	2353	19809
周集乡	19964	9519	10445	5689	9476	10415	4167	13328	2469	19349
东小店乡	25927	12881	13046	7105	12843	13043	5415	17735	2777	24640
张圩乡	17925	8733	9192	5710	8721	9180	4115	11385	2425	17459
茆圩乡	32914	16308	16606	9165	16278	16605	7026	22193	3695	31680
西圩乡	20531	10211	10320	5989	10182	10319	4558	13455	2518	19411
万匹乡	30584	15367	15217	8221	15365	15216	6183	21303	3098	28974
官墩乡	24007	12101	11906	6704	12069	11901	5030	16298	2679	23345
青伊湖农场	7261	3754	3507	2424	3719	3495	1328	4940	993	6635

表10 续表 32

单位：人、户

地 区	总人口			家庭户	家庭户总人口		分年龄人口			居住本地，户口在本地
	合 计	男	女	户 数	男	女	0-14岁	15-64岁	65岁及以上	
泗阳县	**831112**	**423219**	**407893**	**225418**	**411547**	**400074**	**170833**	**572063**	**88216**	**784021**
众兴镇	273152	141285	131867	72848	131679	125075	47965	202467	22720	241831
爱园镇	47481	24150	23331	12693	24113	23316	10458	32263	4760	46830
王集镇	58898	29477	29421	16518	29113	29032	13200	38584	7114	57556
裴圩镇	50068	25591	24477	14583	25500	24434	10087	33554	6427	48014
新袁镇	38877	19561	19316	10443	19500	19308	7408	26896	4573	37978
李口镇	33659	17053	16606	10904	16619	16472	7561	20770	5328	33153
临河镇	40724	20736	19988	10702	20398	19786	8812	27591	4321	39427
穿城镇	29972	14909	15063	8237	14772	15012	6991	19658	3323	29325
张家圩镇	32351	16373	15978	8560	16352	15968	7294	21423	3634	31243
高渡镇	28615	14610	14005	8063	14602	14000	6561	18408	3646	27887
卢集镇	35175	17963	17212	8832	17921	17203	7625	23514	4036	34412
庄圩乡	33492	16237	17255	8332	16024	17171	7891	21797	3804	31916
里仁乡	28297	14095	14202	8033	14095	14202	7141	17873	3283	27912
三庄乡	35033	17876	17157	9222	17875	17157	7976	23256	3801	34130
南刘集乡	32496	16563	15933	8329	16561	15930	7252	21620	3624	31935
八集乡	20020	10078	9942	5639	10049	9939	4588	12992	2440	19333
棉花原种场	4086	2093	1993	1201	2077	1968	628	3025	433	3327
泗阳农场	8716	4569	4147	2279	4297	4101	1395	6372	949	7812
泗洪县	**909298**	**459039**	**450259**	**260975**	**448457**	**442448**	**175452**	**641354**	**92492**	**821869**
青阳镇	254775	128227	126548	77135	121114	119507	45507	190727	18541	197911
双沟镇	34499	17265	17234	10576	17261	17234	5874	25097	3528	33002
上塘镇	43487	21744	21743	12499	21731	21742	7801	30714	4972	41965
魏营镇	31807	16315	15492	8013	16315	15492	5672	22797	3338	31455
临淮镇	12319	6148	6171	3862	6121	6164	2105	9007	1207	11648
半城镇	13707	6982	6725	4585	6968	6720	2564	9430	1713	13088
孙园镇	38649	19722	18927	10710	19680	18924	7867	26414	4368	37273
梅花镇	32662	16611	16051	8729	16534	16036	6961	22477	3224	30855
归仁镇	54572	27217	27355	13215	27216	27354	12380	36734	5458	51992
金锁镇	36587	18141	18446	9798	18007	18411	7708	24547	4332	34563
朱湖镇	33788	17198	16590	9651	16691	16232	6461	23211	4116	32655
界集镇	33945	17168	16777	10224	17128	16772	7873	22113	3959	32396
太平镇	27943	14094	13849	8458	14066	13842	5916	18534	3493	27233
龙集镇	32227	16435	15792	9548	16275	15753	6535	21573	4119	31496
四河乡	23996	11772	12224	7415	11726	12214	4871	15896	3229	22723
峰山乡	17534	8656	8878	5516	8585	8870	3386	11720	2428	16686
天岗湖乡	26283	12818	13465	7170	12761	13459	5385	17540	3358	25828
车门乡	26966	13646	13320	6811	13630	13319	4507	19834	2625	25798
瑶沟乡	20492	10558	9934	5608	10460	9901	4237	14167	2088	19052
石集乡	20996	10676	10320	5679	10635	10315	4014	14933	2049	20090
城头乡	16558	8379	8179	4832	8317	8164	2975	11773	1810	15937
陈圩乡	29436	14920	14516	7969	14864	14513	5869	20104	3463	27975
曹庙乡	32880	16727	16153	8676	16727	16153	7435	21884	3561	30100
五里江农场	6634	3269	3365	2132	3134	3152	1061	5112	461	6068
洪泽湖农场	6556	4351	2205	2164	2511	2205	488	5016	1052	4080

表11 浙江省乡、镇、街道人口

单位：人、户

地区	总人口			家庭户	家庭户总人口		分年龄人口			居住本地，户口在本地
	合计	男	女	户数	男	女	0-14岁	15-64岁	65岁及以上	
浙江省	**54426891**	**27965641**	**26461250**	**18854021**	**25037320**	**24388223**	**7189075**	**42156141**	**5081675**	**33976850**
杭州市	**8700373**	**4457154**	**4243219**	**2970849**	**3866407**	**3814563**	**991077**	**6924910**	**784386**	**5239003**
上城区	**344594**	**170617**	**173977**	**132660**	**160973**	**166553**	**31455**	**265326**	**47813**	**209657**
清波街道	25142	12056	13086	9705	11579	12613	2062	18538	4542	18607
湖滨街道	22939	11110	11829	8681	10364	11113	1763	16213	4963	16628
小营街道	75287	36095	39192	29521	34512	37129	5687	56476	13124	52916
南星街道	47967	24308	23659	18323	22917	22966	4638	38174	5155	25565
紫阳街道	81702	41028	40674	32318	38458	39315	7795	63670	10237	47576
望江街道	91557	46020	45537	34112	43143	43417	9510	72255	9792	48365
下城区	**526096**	**266656**	**259440**	**201735**	**238661**	**239687**	**48896**	**422742**	**54458**	**270042**
长庆街道	45343	21727	23616	16716	20521	22353	4245	34834	6264	30845
武林街道	37510	17951	19559	14075	17023	18745	3465	27141	6904	27383
天水街道	33906	16164	17742	12154	14179	15682	2708	25505	5693	25112
潮鸣街道	58035	28092	29943	21903	27241	29153	5119	44266	8650	39785
朝晖街道	82221	42319	39902	27371	33313	35240	6399	64219	11603	52940
文晖街道	55330	27989	27341	21215	25444	25642	5772	45219	4339	24308
东新街道	118576	60838	57738	50107	56705	54387	11376	99277	7923	48138
石桥街道	95175	51576	43599	38194	44235	38485	9812	82281	3082	21531
江干区	**998783**	**529106**	**469677**	**302743**	**369161**	**348593**	**82669**	**867384**	**48730**	**353553**
凯旋街道	68612	33506	35106	24618	30676	32022	6435	54237	7940	40245
采荷街道	89419	42733	46686	32239	40489	43499	9662	70134	9623	50927
闸弄口街道	91750	45670	46080	33541	43311	44008	10174	72701	8875	44246
四季青街道	53650	28494	25156	17022	23058	22791	6132	44527	2991	20119
白杨街道	210218	105436	104782	16256	18094	15642	5160	204521	537	61842
下沙街道	100515	65767	34748	26026	31985	27613	7461	90126	2928	25608
彭埠镇	150972	81084	69888	62261	69470	62163	13476	133005	4491	31537
笕桥镇	91654	48901	42753	38947	46194	41231	9184	77706	4764	33717
丁桥镇	34377	18736	15641	9982	14712	14437	3852	28072	2453	15099
九堡镇	107616	58779	48837	41851	51172	45187	11133	92355	4128	30213
拱墅区	**551874**	**286478**	**265396**	**215345**	**253072**	**240672**	**50789**	**455603**	**45482**	**240091**
米市巷街道	43540	21367	22173	16299	19898	21102	3711	33871	5958	27036
湖墅街道	35892	18340	17552	14222	16815	17011	3314	28440	4138	20547
小河街道	53607	26719	26888	20292	25321	25814	5464	41351	6792	28507
和睦街道	24805	12632	12173	9941	12180	11761	2434	20084	2287	10437
拱宸桥街道	48004	23856	24148	17989	22683	23330	4791	36120	7093	32034
大关街道	51933	25439	26494	19306	24253	25214	4964	41527	5442	29213
上塘街道	94968	49411	45557	32659	34354	31218	6372	85302	3294	26090
祥符街道	105418	56698	48720	46643	51614	45239	9714	91847	3857	27112
康桥镇	42100	23315	18785	18121	21250	18009	4525	35515	2060	15107
半山镇	51607	28701	22906	19873	24704	21974	5500	41546	4561	24008
西湖区	**820017**	**421010**	**399007**	**251516**	**323988**	**321920**	**83421**	**671344**	**65252**	**447870**
北山街道	29159	13984	15175	10921	13210	14350	2821	20539	5799	21414
西溪街道	79503	39431	40072	24214	31614	32591	9133	60862	9508	58723
翠苑街道	86267	41156	45111	28439	32337	31970	7323	72471	6473	40687
古荡街道	67349	33922	33427	25852	30564	30482	7204	54790	5355	30995
西湖街道	30008	14882	15126	8544	11288	11481	2427	24869	2712	14893
留下街道	95779	52711	43068	24085	25741	22672	5063	88403	2313	25601
转塘街道	71034	35488	35546	18784	27726	27852	7327	58552	5155	44528
蒋村街道	29272	16086	13186	8239	12093	11628	3428	23993	1851	13590
灵隐街道	46070	25913	20157	12733	15376	16330	3416	36488	6166	32566
文新街道	87907	43852	44055	34622	42224	42783	12979	69034	5894	47549
三墩镇	132631	70308	62323	38050	51187	49031	13898	111409	7324	63857
双浦镇	65038	33277	31761	17033	30628	30750	8402	49934	6702	53467
滨江区	**319027**	**167580**	**151447**	**105285**	**127197**	**119475**	**32652**	**272210**	**14165**	**122452**
西兴街道	60435	31876	28559	18649	25060	24713	7915	48938	3582	28382
长河街道	106759	56833	49926	35292	45953	44242	12816	88644	5299	44816
浦沿街道	151833	78871	72962	51344	56184	50520	11921	134628	5284	49254

表11　续表 1　　　　　　　　　　　　　　　　　　　　　　　　　　　　　　单位：人、户

地　　区	总人口			家庭户	家庭户总人口		分年龄人口			居住本地，户口在本地
	合　计	男	女	户　数	男	女	0-14岁	15-64岁	65岁及以上	
萧山区	**1511290**	**765573**	**745717**	**489436**	**693074**	**697219**	**198177**	**1173831**	**139282**	**1025547**
城厢街道	148588	76174	72414	53344	65207	68171	17535	117951	13102	93783
北干街道	97098	47944	49154	32752	44067	45607	13851	76751	6496	51168
蜀山街道	57985	29389	28596	18120	26787	26034	7972	45864	4149	32643
新塘街道	88452	44317	44135	27027	39156	39174	12146	70036	6270	51356
靖江街道	41601	21161	20440	12740	19079	19073	5182	32619	3800	28821
南阳街道	52464	26729	25735	17155	25333	24895	6840	41043	4581	34147
义蓬街道	68091	34215	33876	22697	32446	32537	9387	51758	6946	49269
河庄街道	48047	23866	24181	14867	23419	23833	7002	35275	5770	40316
新湾街道	27050	13915	13135	8651	12834	12787	3877	20381	2792	19975
临江街道	11259	6825	4434	3404	4379	3961	1136	9515	608	4044
前进街道	10653	5668	4985	3799	5177	4898	1467	8347	839	6187
楼塔镇	23614	11622	11992	7767	10911	11238	3213	17407	2994	19769
河上镇	29914	15175	14739	8448	12599	12874	3531	22944	3439	22671
戴村镇	38902	19586	19316	12631	17861	17893	4942	29607	4353	29529
浦阳镇	37696	19551	18145	10094	15668	15477	3974	30111	3611	27455
进化镇	46401	23326	23075	15606	22523	22766	6263	34670	5468	37914
临浦镇	60355	29974	30381	18991	27531	28022	7722	46387	6246	46186
义桥镇	50164	25057	25107	15916	23710	24317	6784	37875	5505	40267
所前镇	39100	19527	19573	11355	18598	18970	5642	29137	4321	32798
衙前镇	35200	17893	17307	11392	16581	16231	4657	27650	2893	22367
闻堰镇	44453	23004	21449	16256	21569	20542	5440	36126	2887	22541
宁围镇	58650	29286	29364	20063	28429	28914	8534	44486	5630	47896
新街镇	66009	33125	32884	22623	32002	31968	9294	51049	5666	46786
坎山镇	57879	29215	28664	17536	27556	27401	7867	44081	5931	44025
瓜沥镇	81263	40448	40815	24052	36001	37279	10583	63093	7587	57568
党山镇	52287	26441	25846	18175	25861	25441	6859	39829	5599	36875
益农镇	45609	23139	22470	15921	22476	22070	6616	33565	5428	35365
党湾镇	43385	21229	22156	14541	20125	21475	6432	31861	5092	34407
萧山经济开发区	44274	24965	19309	11683	13077	11522	3071	40155	1048	8706
湘湖旅游度假区管委会	3792	2128	1664	1407	1651	1504	317	3258	217	707
围垦区	1055	679	376	423	461	345	41	1000	14	6
余杭区	**1170290**	**601883**	**568407**	**391655**	**545752**	**534941**	**138295**	**932643**	**99352**	**743725**
临平街道	33352	16172	17180	12200	15162	15751	3920	26396	3036	19394
南苑街道	82255	46314	35941	23249	33038	33677	9845	66874	5536	51828
东湖街道	47388	23197	24191	16334	21583	21732	6008	38067	3313	24029
星桥街道	36592	19417	17175	12549	17695	16623	4989	29350	2253	16244
五常街道	51740	27477	24263	17304	22452	20398	5135	43984	2621	19168
乔司镇	103911	53851	50060	43226	47549	43548	8958	90038	4915	38330
运河镇	47336	23784	23552	15080	23491	23186	6399	36091	4846	34728
塘栖镇	79990	40318	39672	25023	38317	38308	9185	61262	9543	66840
崇贤镇	53706	27309	26397	17022	26726	26031	7208	41503	4995	38936
仁和镇	65207	32646	32561	19016	31711	32054	8368	49838	7001	57388
良渚镇	148946	77559	71387	50206	71149	68176	17993	119876	11077	88155
闲林镇	49552	25405	24147	16113	22734	22499	6193	39662	3697	25220
仓前镇	34352	17393	16959	10669	16470	16536	4267	26241	3844	26474
余杭镇	80371	40558	39813	28075	36772	37304	8920	64188	7263	52905
径山镇	33408	16925	16483	11989	16244	16156	3809	25172	4427	30035
瓶窑镇	58496	29487	29009	19323	27530	27573	6698	45046	6752	47771
鸬鸟镇	10445	5175	5270	3837	5089	5222	1116	7875	1454	9439
百丈镇	9557	4908	4649	3486	4481	4533	1072	7359	1126	8021
黄湖镇	12112	6075	6037	4203	5949	5946	1550	9000	1562	10627
中泰乡	27709	14307	13402	8696	12984	12696	3240	21647	2822	20497
余杭经济开发区	84804	43981	40823	29172	39674	37808	10792	68985	5027	40880
钱江经济开发区塘南办事处	19061	9625	9436	4883	8952	9184	2630	14189	2242	16816

表11 续表 2

单位：人、户

地区	总人口			家庭户	家庭户总人口		分年龄人口			居住本地，户口在本地
	合计	男	女	户数	男	女	0-14岁	15-64岁	65岁及以上	
桐庐县	**406450**	**206647**	**199803**	**147246**	**191108**	**190942**	**54122**	**308857**	**43471**	**298191**
桐君街道	146228	75197	71031	51131	65651	65703	18809	116638	10781	90498
旧县街道	8568	4367	4201	3037	4142	4105	1127	6393	1048	6290
富春江镇	25859	13542	12317	9606	12551	12120	3126	19160	3573	19612
横村镇	46086	23278	22808	16076	22039	21737	6192	35181	4713	32750
凤川镇	15309	7953	7356	5860	7540	7211	2061	11494	1754	12276
分水镇	55049	27405	27644	20402	25805	26297	7457	42109	5483	38716
瑶琳镇	27078	13434	13644	9600	12815	13301	3456	19509	4113	24315
百江镇	12233	5958	6275	4968	5836	6206	1533	8624	2076	11333
江南镇	38245	19517	18728	13961	19121	18577	5825	27444	4976	34638
莪山畲族乡	7394	3696	3698	2665	3662	3678	1102	5312	980	6537
钟山乡	14030	7043	6987	5419	6918	6965	2015	9653	2362	12772
新合乡	4577	2420	2157	2031	2235	2112	566	3471	540	2937
合村乡	5794	2837	2957	2490	2793	2930	853	3869	1072	5517
淳安县	**336843**	**166055**	**170788**	**132152**	**155863**	**164066**	**48716**	**241470**	**46657**	**283903**
千岛湖镇	103396	52731	50665	36278	45702	46020	14045	81720	7631	62744
文昌镇	8760	4246	4514	3505	4114	4453	1127	6113	1520	8124
石林镇	3162	1626	1536	1150	1431	1468	354	2268	540	2789
临岐镇	13698	6662	7036	5550	6549	7006	2050	9667	1981	12865
威坪镇	29857	14136	15721	12974	13372	15122	4111	20408	5338	28157
姜家镇	14809	7228	7581	6624	7171	7545	2445	9610	2754	13936
梓桐镇	12371	6058	6313	5045	6047	6313	1668	8638	2065	12090
汾口镇	38588	18727	19861	14116	18053	19088	6322	27211	5055	35782
中洲镇	10129	4677	5452	4629	4646	5437	1857	6328	1944	9730
大墅镇	9241	4600	4641	3746	4369	4555	1340	6416	1485	8749
枫树岭镇	11354	5709	5645	4550	5427	5531	1677	7660	2017	10829
里商乡	6934	3435	3499	2746	3298	3419	841	4884	1209	6566
金峰乡	2664	1323	1341	1374	1313	1339	309	1622	733	2484
富文乡	4769	2353	2416	1914	2297	2387	647	3251	871	4565
左口乡	6986	3416	3570	2811	3402	3563	900	4818	1268	6689
屏门乡	8793	4197	4596	3546	4189	4595	1352	6074	1367	8501
瑶山乡	7766	3830	3936	2782	3827	3933	1143	5682	941	7494
王阜乡	11580	5503	6077	4938	5359	6040	1774	7849	1957	11297
宋村乡	4213	2045	2168	1755	2041	2166	602	2819	792	4050
鸠坑乡	4796	2278	2518	2171	2278	2518	559	3366	871	4662
浪川乡	10941	5283	5658	4668	5087	5571	1866	6996	2079	10414
界首乡	5154	2588	2566	2308	2538	2544	715	3476	963	4822
安阳乡	6882	3404	3478	2972	3353	3453	1012	4594	1276	6564
建德市	**430750**	**217344**	**213406**	**156151**	**206140**	**205819**	**56753**	**316375**	**57622**	**356115**
新安江街道	93952	47086	46866	33880	42929	43972	12254	72905	8793	64145
洋溪街道	14970	8050	6920	5087	6852	6220	1747	11727	1496	9562
更楼街道	19377	9975	9402	6726	9841	9344	2542	14377	2458	16837
莲花镇	7988	4054	3934	2836	3913	3870	935	5806	1247	7296
乾潭镇	41220	20611	20609	14221	19897	19948	5097	31219	4904	33888
梅城镇	40356	20364	19992	14933	18811	18830	4430	30594	5332	31546
杨村桥镇	15803	8000	7803	5697	7599	7548	1876	11571	2356	14174
下涯镇	18942	9554	9388	6835	9387	9314	2289	13554	3099	17310
大洋镇	23567	11880	11687	9158	11758	11626	3402	16291	3874	22085
三都镇	18356	9310	9046	6713	9036	8876	2348	13143	2865	17044
寿昌镇	40643	20420	20223	13817	18823	19148	5333	30111	5199	34214
航头镇	23913	12011	11902	8437	11842	11860	3509	16686	3718	22410
大慈岩镇	13583	6803	6780	5539	6703	6741	2096	8929	2558	12512
大同镇	36783	18377	18406	14240	18193	18327	5872	24514	6397	34300
李家镇	13953	7143	6810	5394	7028	6783	2084	9488	2381	12934
钦堂乡	7344	3706	3638	2638	3528	3412	939	5460	945	5858

表11　续表 3　　　　　　　　　　　　　　　　　　单位：人、户

地　区	总人口			家庭户	家庭户总人口		分年龄人口			居住本地，户口在本地
	合　计	男	女	户　数	男	女	0-14岁	15-64岁	65岁及以上	
富阳市	**717694**	**369483**	**348211**	**239196**	**338476**	**327199**	**100032**	**551090**	**66572**	**493633**
富春街道	217180	110534	106646	72379	97914	96974	31002	174210	11968	110778
春江街道	49266	26383	22883	17390	25013	22153	7099	39516	2651	21490
鹿山街道	25263	12789	12474	7171	10771	10532	3196	19879	2188	17436
东洲街道	45715	23965	21750	14201	22006	20909	6309	35099	4307	34761
万市镇	18112	9038	9074	6408	8920	9001	2504	12925	2683	16860
洞桥镇	15573	7821	7752	5187	7591	7611	1792	11406	2375	14807
渌渚镇	12453	6358	6095	4425	6147	6041	1671	9045	1737	11248
永昌镇	9168	4616	4552	2850	4212	4229	1186	6754	1228	7761
里山镇	8062	4064	3998	2704	4047	3991	1199	5811	1052	7636
常绿镇	9819	4931	4888	3963	4908	4887	1434	6620	1765	9202
场口镇	29709	15167	14542	10319	15080	14505	4362	21425	3922	28582
常安镇	15052	7881	7171	5307	7690	7102	1858	10789	2405	14056
龙门镇	4664	2403	2261	1825	2312	2229	580	3369	715	4312
高桥镇	37799	20189	17610	9972	15168	14586	5081	29655	3063	23664
受降镇	21138	11187	9951	6684	9782	9400	2903	16436	1799	13242
新登镇	70580	35764	34816	23886	34023	33339	9267	54132	7181	57547
胥口镇	15174	7883	7291	5218	7414	7182	1846	11057	2271	13373
大源镇	35231	18395	16836	12216	17307	16235	5567	25862	3802	24578
灵桥镇	28181	14687	13494	9070	14018	12967	4018	21542	2621	20047
新桐乡	7832	4092	3740	3176	3911	3700	1095	5469	1268	7297
上官乡	9411	4920	4491	3170	4327	4018	1356	7203	852	5771
环山乡	10814	5559	5255	3482	5355	5072	1848	7874	1092	9464
湖源乡	5784	2904	2880	2540	2871	2861	715	3717	1352	5539
春建乡	6429	3307	3122	2391	3211	3067	807	4700	922	5802
渔山乡	9285	4646	4639	3262	4478	4608	1337	6595	1353	8380
临安市	**566665**	**288722**	**277943**	**205729**	**262942**	**257477**	**65100**	**446035**	**55530**	**394224**
锦城街道	176909	89420	87489	59173	74967	73752	20800	146562	9547	94741
玲珑街道	33251	17218	16033	11272	15216	14697	3924	26748	2579	18378
青山湖街道	30385	17071	13314	9093	13434	12083	3569	24642	2174	15593
锦南街道	17034	9272	7762	7412	8893	7564	1677	14115	1242	8744
三口镇	6033	3098	2935	2362	2905	2840	571	4494	968	5307
横畈镇	14940	7705	7235	5019	6923	6772	1711	11609	1620	10872
高虹镇	29028	14860	14168	12789	14496	13840	3106	24338	1584	11438
太湖源镇	28147	14262	13885	10422	13773	13413	3141	21547	3459	22958
於潜镇	36996	18403	18593	14068	17533	17753	4290	28099	4607	31076
藻溪镇	15766	7929	7837	6017	7513	7624	1762	11694	2310	13904
太阳镇	13707	6911	6796	5519	6832	6738	1615	10174	1918	11749
潜川镇	9545	4751	4794	3985	4719	4791	986	6830	1729	8955
昌化镇	22609	11322	11287	7911	10164	10130	2467	17768	2374	16766
河桥镇	12049	5953	6096	5118	5923	6081	1209	8713	2127	11266
龙岗镇	9077	4543	4534	3325	4467	4518	917	6854	1306	8417
湍口镇	9510	4714	4796	3693	4589	4749	1110	6882	1518	9284
清凉峰镇	16910	8412	8498	6223	8407	8494	1712	12572	2626	16299
岛石镇	16394	8267	8127	6239	8223	8105	2368	11896	2130	15614
大峡谷镇	9899	5089	4810	3678	5033	4790	1292	7297	1310	9372
板桥乡	14477	7503	6974	5353	7318	6924	1662	11030	1785	12268
西天目乡	10605	5400	5205	4050	5062	5060	1135	7884	1586	9556
千洪乡	4489	2251	2238	1856	2245	2236	532	3234	723	4248
横路乡	7547	3716	3831	2949	3716	3831	985	5428	1134	7243
乐平乡	7420	3635	3785	2994	3632	3780	898	5393	1129	6707
马啸乡	7909	4004	3905	2949	3997	3900	774	5902	1233	7674
新桥乡	6029	3013	3016	2260	2962	3012	887	4330	812	5795
宁波市	**7605689**	**3883564**	**3722125**	**2855142**	**3558927**	**3485479**	**888859**	**6062080**	**654750**	**4422496**
海曙区	**373742**	**186890**	**186852**	**137979**	**164196**	**170361**	**37693**	**299236**	**36813**	**197878**
南门街道	56931	27465	29466	22169	25931	27677	5655	44861	6415	33518

表11 续表 4

单位：人、户

地区	总人口			家庭户	家庭户总人口		分年龄人口			居住本地，户口在本地
	合计	男	女	户数	男	女	0-14岁	15-64岁	65岁及以上	
江厦街道	15773	7683	8090	5655	6503	7001	1103	12848	1822	8757
西门街道	72192	35778	36414	24790	28500	30659	5704	57432	9056	44117
月湖街道	22469	10752	11717	8692	9543	10386	1792	17168	3509	14524
鼓楼街道	28862	15853	13009	10048	10998	11909	2031	22985	3846	15834
白云街道	60568	29762	30806	21382	27321	28217	7498	48241	4829	31506
段塘街道	54882	27757	27125	21274	25520	25252	6161	44838	3883	27373
望春街道	62065	31840	30225	23969	29880	29260	7749	50863	3453	22249
江东区	**366648**	**179365**	**187283**	**136373**	**163041**	**172193**	**42158**	**294305**	**30185**	**190710**
百丈街道	48258	22402	25856	17463	19695	22062	4693	38530	5035	26574
东胜街道	38016	17339	20677	14542	15773	17944	3387	30589	4040	20424
明楼街道	49661	24201	25460	18645	22811	24196	5490	39417	4754	28706
白鹤街道	67018	31837	35181	25868	30766	33840	7304	52296	7418	43846
东柳街道	73447	35738	37709	25915	33563	35345	10469	58484	4494	41482
东郊街道	8523	4656	3867	3684	4196	3747	1020	7098	405	2546
福明街道	61701	32877	28824	23115	27820	26741	7426	51509	2766	19969
新明街道	20024	10315	9709	7141	8417	8318	2369	16382	1273	7163
江北区	**361242**	**185058**	**176184**	**131210**	**160855**	**157067**	**40547**	**293560**	**27135**	**177430**
中马街道	18952	9221	9731	7450	8495	9278	1712	14923	2317	11053
白沙街道	20031	9750	10281	7778	9293	9840	2124	15954	1953	11857
孔浦街道	53868	27471	26397	13658	15966	15463	4036	47570	2262	22004
文教街道	37104	17528	19576	13456	16328	17224	4178	29634	3292	18332
甬江街道	30539	16178	14361	12035	15218	13943	4402	24572	1565	10299
庄桥街道	78314	41195	37119	29515	37571	35558	10433	63171	4710	31832
洪塘街道	54794	28765	26029	20511	25436	24082	6831	44258	3705	23933
慈城镇	67640	34950	32690	26807	32548	31679	6831	53478	7331	48120
北仑区	**612267**	**321489**	**290778**	**222322**	**275547**	**263743**	**64972**	**503665**	**43630**	**283771**
大榭街道	39164	21291	17873	12851	16459	16190	4441	31845	2878	21955
新碶街道	150729	78048	72681	54933	67809	66002	17718	126117	6894	61035
小港街道	94080	49742	44338	36532	45705	42260	11542	77377	5161	37945
大碶街道	133564	70809	62755	47931	59815	55223	13093	112905	7566	48319
霞浦街道	45194	24033	21161	16477	21242	20306	5082	36814	3298	21709
柴桥街道	45883	23309	22574	17743	22019	21890	4115	35861	5907	31954
戚家山街道	25187	13675	11512	9035	11436	10934	3162	20765	1260	10395
白峰镇	36651	19396	17255	14330	17102	16780	3250	27528	5873	27672
春晓镇	17912	9540	8372	7112	8141	8033	1491	13733	2688	13079
梅山乡	10669	5417	5252	4394	4824	5148	902	7680	2087	9296
保税区	13234	6229	7005	984	995	977	176	13040	18	412
镇海区	**418500**	**220364**	**198136**	**165724**	**204123**	**190570**	**51108**	**338602**	**28790**	**178014**
招宝山街道	81454	40847	40607	31639	38699	39695	10245	63701	7508	50463
蛟川街道	103000	55625	47375	42016	51298	45253	13139	84075	5786	31685
骆驼街道	95487	50005	45482	36845	45693	43105	11115	78364	6008	39648
庄市街道	65254	34766	30488	25935	32708	29595	8629	53212	3413	22000
澥浦镇	41405	22231	19174	16732	20441	18711	4778	33556	3071	16895
九龙湖镇	31900	16890	15010	12557	15284	14211	3202	25694	3004	17323
鄞州区	**1359198**	**697036**	**662162**	**497417**	**617319**	**592224**	**156255**	**1111123**	**91820**	**649233**
下应街道	84439	44400	40039	31362	40137	37754	11105	69623	3711	27273
钟公庙街道	57130	29380	27750	20620	25691	24773	6957	48229	1944	18033
石碶街道	110406	56365	54041	41715	52085	49315	14494	91527	4385	42473
梅墟街道	48332	25789	22543	17521	22253	20576	6075	40286	1971	15109
中河街道	94547	47043	47504	31979	41324	41518	13959	77246	3342	37444

表11 续表 5 单位：人、户

地区	总人口			家庭户	家庭户总人口		分年龄人口			居住本地，户口在本地
	合计	男	女	户数	男	女	0-14岁	15-64岁	65岁及以上	
首南街道	77340	37710	39630	15865	19153	17777	4782	70246	2312	23465
瞻岐镇	32616	17547	15069	13252	14974	14111	2895	26258	3463	18705
咸祥镇	29147	15133	14014	10715	13241	13201	3175	22622	3350	21447
塘溪镇	37049	19186	17863	13852	17345	16808	4359	29450	3240	21701
东钱湖镇	66244	33749	32495	25240	30732	29990	7386	52885	5973	36217
东吴镇	23949	12877	11072	8886	10632	10027	2354	19404	2191	13369
五乡镇	45354	23553	21801	17733	21645	20502	4894	36674	3786	24410
邱隘镇	72654	36885	35769	24169	31937	30718	8968	59519	4167	32572
云龙镇	42494	22265	20229	17474	21372	19863	4766	34466	3262	21245
横溪镇	40066	20499	19567	15663	19692	19002	5021	31152	3893	22248
姜山镇	100410	51514	48896	40038	49251	47737	10770	80187	9453	65814
高桥镇	90598	47252	43346	33304	41398	38381	10484	75391	4723	41050
横街镇	43804	22144	21660	17840	20799	20643	3927	34484	5393	27875
集仕港镇	55907	28652	27255	21672	27101	26236	6425	45202	4280	31310
古林镇	108601	54979	53622	39052	48861	46927	13201	89096	6304	45879
洞桥镇	35491	18376	17115	13467	16980	15995	4195	28709	2587	17384
鄞江镇	31602	16201	15401	12599	15607	15073	3524	24914	3164	18918
章水镇	19436	9646	9790	8763	9429	9700	1410	14438	3588	16750
龙观乡	11582	5891	5691	4636	5680	5597	1129	9115	1338	8542
象山县	**503279**	**253374**	**249905**	**187639**	**240045**	**241093**	**67569**	**380140**	**55570**	**358364**
丹东街道	78998	39577	39421	28041	37376	38280	11949	61915	5134	46542
丹西街道	80490	40342	40148	29160	37638	37273	10771	65152	4567	36192
爵溪街道	30454	15415	15039	10363	13279	12798	3193	25720	1541	10771
石浦镇	92542	46984	45558	34038	44779	44484	13228	71152	8162	63845
西周镇	33740	16827	16913	13298	15971	16569	4396	24301	5043	29824
鹤浦镇	25952	13409	12543	9382	12982	12394	3980	18868	3104	23271
贤庠镇	16454	8287	8167	7061	7760	8063	1507	11311	3636	14391
墙头镇	15744	7933	7811	6054	7658	7681	1866	11303	2575	14307
泗洲头镇	9612	4773	4839	4071	4711	4810	1499	6153	1960	8936
定塘镇	19938	9697	10241	8060	9677	10222	2774	13706	3458	18750
涂茨镇	11256	5690	5566	4747	5128	5439	1006	7794	2456	10135
大徐镇	12787	6471	6316	4729	5898	6070	1446	9237	2104	11025
新桥镇	16207	7946	8261	6469	7867	8199	2153	11131	2923	15518
东陈乡	17056	8594	8462	6120	8413	8380	2247	12460	2349	15680
晓塘乡	11473	5710	5763	4295	5632	5697	1463	8113	1897	10732
黄避岙乡	6767	3426	3341	2938	3193	3304	628	4769	1370	6061
茅洋乡	7638	3971	3667	3148	3905	3661	874	5208	1556	7036
高塘岛乡	16171	8322	7849	5665	8178	7769	2589	11847	1735	15348
宁海县	**646074**	**331001**	**315073**	**237555**	**315558**	**305248**	**96397**	**488310**	**61367**	**423921**
跃龙街道	173764	86975	86789	61599	83191	83619	26947	135297	11520	88982
桃源街道	80876	42516	38360	30130	39548	36712	12385	64948	3543	30440
梅林街道	34110	17912	16198	10995	15649	14394	4900	26771	2439	19573
桥头胡街道	20977	10770	10207	7910	10457	9908	3204	15582	2191	16278
长街镇	47977	23927	24050	18744	23505	23902	6874	34017	7086	43367
力洋镇	23473	11837	11636	9230	11560	11531	3412	16439	3622	20598
一市镇	15279	7724	7555	6031	7695	7514	2223	10745	2311	14604
岔路镇	19061	9588	9473	7408	9287	9391	3075	13239	2747	16970
前童镇	20030	10304	9726	7120	10079	9632	3217	14295	2518	17725
桑洲镇	11140	5512	5628	4801	5483	5622	1750	7085	2305	10660
黄坛镇	22542	11620	10922	8096	11207	10624	2943	16804	2795	18520

表11 续表 6

单位：人、户

地区	总人口 合计	总人口 男	总人口 女	家庭户 户数	家庭户总人口 男	家庭户总人口 女	分年龄人口 0-14岁	分年龄人口 15-64岁	分年龄人口 65岁及以上	居住本地，户口在本地
大佳何镇	16689	8651	8038	5999	8394	7974	2746	12186	1757	14071
强蛟镇	18214	10169	8045	7313	8972	7804	2222	14251	1741	11482
西店镇	70754	37024	33730	25952	35516	32813	9846	56431	4477	38163
深甽镇	30581	15996	14585	10586	14929	13837	4321	22522	3738	24004
胡陈乡	11231	5455	5776	4659	5455	5774	2079	7055	2097	10794
茶院乡	14773	7569	7204	5539	7324	7103	2210	10188	2375	13776
越溪乡	14603	7452	7151	5443	7307	7094	2043	10455	2105	13914
余姚市	**1010659**	**512316**	**498343**	**358963**	**473725**	**471496**	**111891**	**797053**	**101715**	**703441**
梨洲街道	98429	49511	48918	35692	45848	45930	10926	78140	9363	65103
凤山街道	82569	42191	40378	31942	40100	39429	10197	65433	6939	51872
兰江街道	95315	48455	46860	31885	43117	43149	11229	77704	6382	54037
阳明街道	135922	68192	67730	51085	64419	64617	15782	108475	11665	80239
低塘街道	60205	32146	28059	21057	27773	26959	5771	48407	6027	39527
朗霞街道	58246	29784	28462	19318	26249	25699	5518	46983	5745	37059
临山镇	45323	22395	22928	14799	21935	22503	5233	34564	5526	36484
黄家埠镇	41378	20642	20736	14169	20113	20338	4535	31771	5072	35212
小曹娥镇	30364	15136	15228	11823	14693	14913	3107	23373	3884	24148
泗门镇	78975	39222	39753	24870	34087	35179	8133	62305	8537	58356
马渚镇	56345	28616	27729	17712	24525	24357	5519	44470	6356	41067
牟山镇	20033	10221	9812	6670	9715	9465	2184	15520	2329	16100
丈亭镇	39315	20181	19134	13537	18522	18015	4830	30812	3673	27782
三七市镇	32752	16590	16162	11989	16123	15897	4001	25207	3544	27891
河姆渡镇	25775	13263	12512	9895	13086	12465	3292	20058	2425	18351
大隐镇	12008	6271	5737	4144	5306	5133	1512	9483	1013	7455
陆埠镇	46247	23549	22698	17981	22791	22231	5234	35796	5217	35371
梁弄镇	28536	14446	14090	10395	13985	13873	2971	21985	3580	25438
大岚镇	7799	3881	3918	3317	3830	3900	649	5635	1515	7555
四明山镇	7645	3906	3739	3119	3814	3693	795	5736	1114	7171
鹿亭乡	7478	3718	3760	3564	3694	3751	473	5196	1809	7223
慈溪市	**1462383**	**746733**	**715650**	**589126**	**704348**	**687560**	**161243**	**1175202**	**125938**	**896948**
宗汉街道	93528	48697	44831	37446	45682	43327	10731	74456	8341	55866
坎墩街道	70201	35860	34341	27606	34365	33462	7608	56413	6180	41613
浒山街道	92140	45837	46303	35513	43008	44424	11808	73848	6484	50411
白沙路街道	82511	42233	40278	32647	38415	37974	8036	69142	5333	38805
古塘街道	72020	36233	35787	29821	33929	33877	8305	59527	4188	31643
掌起镇	66274	33654	32620	27648	32878	31993	7311	53239	5724	43574
观海卫镇	152249	76633	75616	58047	69924	70082	16490	120378	15381	109411
附海镇	45828	24009	21819	20056	22566	20990	4702	38172	2954	22834
桥头镇	50251	25421	24830	20041	24455	24133	6016	39792	4443	34243
匡堰镇	30358	15446	14912	10561	13879	13697	3462	24344	2552	19845
逍林镇	55099	27921	27178	23777	26728	26111	5555	44384	5160	35822
新浦镇	64166	32851	31315	26443	31875	30716	7654	51086	5426	42717
胜山镇	53952	27395	26557	21634	26211	25576	5996	43781	4175	32884
横河镇	94391	48892	45499	40371	47462	44845	10599	75888	7904	57280
崇寿镇	37762	19266	18496	14943	17969	17660	4015	30379	3368	23332
庵东镇	47021	23774	23247	17709	22727	22520	5322	36541	5158	35899
天元镇	37169	18902	18267	15158	18457	17942	4170	29165	3834	23969
长河镇	52275	26258	26017	20662	25781	25671	5353	41066	5856	39115
周巷镇	114609	57893	56716	45455	56161	55500	12852	89697	12060	77415
龙山镇	93910	48533	45377	39910	45861	43694	10215	75504	8191	56258

表11　续表 7　　　　　　　　　　　　　　　　　　　　　　　　　　单位：人、户

地　区	总人口			家庭户	家庭户总人口		分年龄人口			居住本地，户口在本地
	合　计	男	女	户　数	男	女	0-14岁	15-64岁	65岁及以上	
慈溪市农垦场	667	333	334	235	315	329	55	517	95	547
慈溪市林场	6	5	1	1	1	1		6		
慈东工业区	4607	2899	1708	1434	1416	987	72	4531	4	
宁波杭州湾新区	51389	27788	23601	22008	24283	22049	4916	43346	3127	23465
奉化市	**491697**	**249938**	**241759**	**190834**	**240170**	**233924**	**59026**	**380884**	**51787**	**362786**
锦屏街道	97782	48667	49115	36262	46791	47079	13231	76506	8045	64788
岳林街道	62433	31782	30651	23124	30083	29403	8230	50705	3498	30418
江口街道	58580	29916	28664	22847	27841	26621	6226	47228	5126	36281
西坞街道	39555	20400	19155	16077	19659	18620	4086	30756	4713	30826
萧王庙街道	27172	13764	13408	10711	13470	13188	3165	20185	3822	23966
溪口镇	73756	37337	36419	28244	36374	35798	9474	55943	8339	62928
尚田镇	32669	16782	15887	12568	16239	15531	3593	24743	4333	27351
莼湖镇	55027	28027	27000	22141	27345	26532	6240	41933	6854	48010
裘村镇	20576	10441	10135	8386	10244	9940	2264	15370	2942	18942
大堰镇	11126	5719	5407	5111	5660	5380	1076	7326	2724	10635
松岙镇	13021	7103	5918	5363	6464	5832	1441	10189	1391	8641
温州市	**9122102**	**4797359**	**4324743**	**2910274**	**4150885**	**3889389**	**1305319**	**7121388**	**695395**	**4738713**
鹿城区	**1293266**	**677507**	**615759**	**431361**	**546193**	**529138**	**141194**	**1074357**	**77715**	**392712**
洪殿街道	56719	29694	27025	20743	26796	25757	7171	46105	3443	14002
五马街道	81702	39347	42355	28612	34752	38173	8960	62280	10462	48345
蒲鞋市街道	92944	45716	47228	29103	37721	39292	10899	74475	7570	36672
莲池街道	31251	15368	15883	10874	13675	14525	3430	24239	3582	14285
广化街道	63863	32861	31002	23546	29431	28748	7362	52528	3973	16806
水心街道	73574	35722	37852	27800	32114	34508	7785	58811	6978	28481
南浦街道	69946	34261	35685	24166	32388	33886	10016	55025	4905	35893
南门街道	65048	31534	33514	21791	28436	30552	7619	51567	5862	31912
江滨街道	58249	28375	29874	19281	25469	27212	6224	46061	5964	29248
黎明街道	76314	40297	36017	25164	34881	32934	11290	62496	2528	15246
绣山街道	71915	37565	34350	24468	33444	31516	10298	59178	2439	19357
黄龙街道	103074	56220	46854	34107	45061	41066	13505	86395	3174	15244
双屿镇	209673	118959	90714	67157	74107	62936	11679	195188	2806	15062
藤桥镇	29974	15700	14274	9626	14167	13069	4128	23340	2506	16776
临江镇	14553	7548	7005	5036	6772	6580	2113	10723	1717	8745
七都镇	10797	5586	5211	3397	5197	5052	1090	8230	1477	4773
南郊乡	81937	46062	35875	30007	36983	31630	8949	70913	2075	9422
仰义乡	63948	36006	27942	14879	18788	17133	4303	57122	2523	13950
双潮乡	7656	3936	3720	2981	3777	3662	972	5295	1389	4475
上戍乡	27393	15374	12019	7513	10894	9563	3008	22688	1697	11631
岙底乡	2736	1376	1360	1110	1340	1344	393	1698	645	2387
龙湾区	**749303**	**406678**	**342625**	**229198**	**326973**	**290670**	**99229**	**620377**	**29697**	**250795**
永中街道	128374	68631	59743	40052	61779	55037	19734	101884	6756	56126
蒲州街道	67466	36374	31092	24983	29846	26769	7287	58761	1418	10753
海滨街道	70014	37735	32279	25074	35196	31002	9901	57272	2841	21984
永兴街道	52798	28546	24252	17795	27166	23659	8530	41337	2931	24406
海城街道	52157	28502	23655	13111	20984	19076	6902	42631	2624	26155
状元镇	85055	46126	38929	26146	35355	32396	10210	72297	2548	21646
瑶溪镇	72148	40001	32147	23741	33043	28225	10114	59081	2953	21929
沙城镇	63041	34302	28739	17281	28602	25199	9693	50497	2851	30094
天河镇	51790	27822	23968	15958	23208	20709	7746	41867	2177	19667
灵昆镇	21564	10990	10574	6520	9549	9324	3121	16470	1973	14796

表11　续表 8　　　　单位：人、户

地　区	总人口			家庭户	家庭户总人口		分年龄人口			居住本地，户口在本地
	合　计	男	女	户　数	男	女	0-14岁	15-64岁	65岁及以上	
温州经济技术开发区	84896	47649	37247	18537	22245	19274	5991	78280	625	3239
瓯海区	**996870**	**537574**	**459296**	**268250**	**377581**	**346280**	**106741**	**847406**	**42723**	**278474**
景山街道	38079	20154	17925	12486	16332	15738	4353	31608	2118	8397
梧田街道	223735	122347	101388	71049	88479	78344	22420	196740	4575	39381
南白象街道	58673	32534	26139	16562	22499	20199	6202	50780	1691	10790
茶山街道	76219	37327	38892	10297	17487	16670	5378	68003	2838	26121
娄桥街道	93151	51574	41577	16828	25076	23387	8148	82309	2694	23703
新桥街道	93531	50425	43106	28548	37780	34470	10837	79899	2795	14608
三垟街道	41705	22772	18933	13340	18901	16871	6021	34000	1684	13858
瞿溪镇	52428	28145	24283	12609	20596	19441	6025	42966	3437	18535
郭溪镇	122982	67265	55717	33720	49541	45434	14018	104185	4779	30436
潘桥镇	73379	39858	33521	17471	28396	26437	8932	60303	4144	33980
泽雅镇	27029	14567	12462	10121	12729	11429	2747	19513	4769	17274
丽岙镇	34976	18142	16834	10361	15263	14699	3919	27622	3435	13611
仙岩镇	60983	32464	28519	14858	24502	23161	7741	49478	3764	27780
洞头县	**87683**	**43635**	**44048**	**34286**	**40410**	**42922**	**13935**	**62925**	**10823**	**68339**
北岙镇	41761	20576	21185	15890	18864	20238	6419	31277	4065	30594
大门镇	12857	6732	6125	5155	5998	6010	1721	8785	2351	11020
东屏镇	15653	7523	8130	6170	7388	8100	2620	11092	1941	11966
元觉乡	4234	1987	2247	1860	1886	2240	745	2821	668	3726
霓屿乡	7274	3660	3614	3047	3436	3599	1325	4807	1142	6564
鹿西乡	5904	3157	2747	2164	2838	2735	1105	4143	656	4469
永嘉县	**789154**	**417513**	**371641**	**260528**	**366138**	**337555**	**130843**	**580991**	**77320**	**466871**
上塘镇	112180	58101	54079	33616	53505	50616	20516	82411	9253	79453
瓯北镇	311917	169919	141998	92857	136851	121071	46132	253887	11898	111306
桥头镇	74839	39022	35817	23154	33160	31569	11761	56989	6089	39599
乌牛镇	42780	22324	20456	13886	20591	19153	7354	31678	3748	26806
桥下镇	37904	20091	17813	10131	16750	15805	6090	28035	3779	24620
大若岩镇	12319	6261	6058	4789	6181	6033	2318	7684	2317	11532
碧莲镇	11604	5640	5964	4327	5342	5482	2517	7381	1706	9056
巽宅镇	8226	4281	3945	3636	4250	3925	1384	5291	1551	7299
岩头镇	22690	11589	11101	8407	11267	10814	4547	14653	3490	18895
枫林镇	16574	8426	8148	6904	8377	8128	3520	9982	3072	15156
岩坦镇	5535	2813	2722	2154	2770	2717	1294	3281	960	4315
沙头镇	12435	6518	5917	4904	5879	5637	1991	8077	2367	9496
西溪乡	15540	7974	7566	6254	7885	7549	2742	9291	3507	14894
徐岙乡	4987	2667	2320	1792	2375	2213	662	3288	1037	4225
昆阳乡	5665	2861	2804	2638	2853	2798	835	3343	1487	5359
茗岙乡	4818	2489	2329	2293	2489	2329	614	2836	1368	4612
山坑乡	2924	1562	1362	1286	1527	1344	472	1852	600	2752
应坑乡	2093	1088	1005	951	1085	1003	332	1232	529	1996
大岙乡	2443	1277	1166	1162	1264	1161	459	1410	574	2172
溪下乡	2701	1464	1237	1226	1460	1236	700	1462	539	2340
界坑乡	3685	2014	1671	1657	2009	1668	743	2248	694	3260
西岙乡	2106	1125	981	939	1078	967	363	1264	479	1881
石染乡	3262	1729	1533	1381	1729	1533	624	2062	576	3081
五濑乡	5063	2621	2442	2109	2613	2432	1083	3023	957	4401
表山乡	1920	1015	905	869	996	892	278	1156	486	1827
东皋乡	5439	2837	2602	2180	2771	2589	1161	3150	1128	5024
鹤盛乡	5669	2989	2680	2344	2946	2643	1042	3438	1189	5301

表11 续表 9 单位：人、户

地区	总人口 合计	总人口 男	总人口 女	家庭户 户数	家庭户总人口 男	家庭户总人口 女	分年龄人口 0-14岁	分年龄人口 15-64岁	分年龄人口 65岁及以上	居住本地，户口在本地
西源乡	3725	1993	1732	1578	1970	1732	792	2181	752	3420
岭头乡	4249	2214	2035	2032	2209	2034	729	2325	1195	4039
溪口乡	4261	2247	2014	2068	2242	2013	808	2379	1074	3928
鲤溪乡	6056	3124	2932	2617	3103	2923	1195	3612	1249	5521
张溪乡	4292	2223	2069	1850	2215	2064	871	2527	894	3896
黄南乡	3509	1885	1624	1432	1846	1597	742	2157	610	3242
潘坑乡	3350	1777	1573	1526	1770	1573	577	1900	873	3031
陡门乡	2515	1301	1214	1302	1293	1212	258	1265	992	2387
花坦乡	8084	4106	3978	3701	4092	3966	1399	4719	1966	7631
渠口乡	8031	4111	3920	3353	4008	3875	1535	4792	1704	7255
下寮乡	1679	867	812	834	862	811	239	886	554	1519
县特产场场区	1938	877	1061	289	434	392	160	1705	73	294
四海山林场	90	57	33	62	57	33	4	83	3	26
正江山林场	57	34	23	38	34	23		56	1	24
平阳县	**761664**	**393942**	**367722**	**248763**	**367548**	**349131**	**114725**	**569153**	**77786**	**553991**
昆阳镇	121472	61381	60091	38518	52724	52333	17245	93775	10452	79489
鳌江镇	168950	86829	82121	56553	81690	78641	23451	131405	14094	115829
水头镇	100489	51693	48796	27080	48522	46058	16340	77365	6784	58965
萧江镇	65237	34112	31125	20103	32468	30082	10578	49037	5622	48398
麻步镇	33396	17234	16162	11066	17115	16122	5465	23616	4315	30622
腾蛟镇	36721	19234	17487	11587	18898	17322	5559	27066	4096	30311
钱仓镇	16180	8387	7793	5094	7990	7356	2091	12613	1476	13480
山门镇	17308	8940	8368	6062	8704	8195	2716	11886	2706	15209
顺溪镇	5403	2867	2536	2295	2844	2534	654	3498	1251	5179
南雁镇	17096	8844	8252	5543	8688	8149	2648	12136	2312	15559
凤卧镇	11925	6247	5678	4114	6070	5620	1976	8004	1945	10642
鹤溪镇	15651	8146	7505	5872	7857	7464	2576	10767	2308	13619
宋埠镇	12881	6554	6327	4706	6400	6230	2238	9157	1486	10008
榆垟镇	10059	5215	4844	3589	5099	4799	1671	7239	1149	8030
南麂镇	1176	636	540	460	612	534	105	1020	51	770
万全镇	52937	28820	24117	17082	23683	22045	7557	41531	3849	30177
西湾乡	4417	2277	2140	1680	2255	2134	508	2888	1021	4294
梅溪乡	9195	4760	4435	3153	4751	4430	1483	6529	1183	8765
梅源乡	6498	3341	3157	2558	3289	3155	1066	4290	1142	6098
凤巢乡	8639	4456	4183	3386	4381	4112	1435	5906	1298	7376
龙尾乡	874	517	357	526	517	357	85	393	396	807
南湖乡	12257	6191	6066	4205	6180	6063	2290	8358	1609	11781
朝阳乡	1677	922	755	691	912	754	258	984	435	1598
闹村乡	10181	5097	5084	4123	5011	5044	1631	6475	2075	9466
晓坑乡	5495	2927	2568	2511	2859	2554	835	2984	1676	5154
怀溪乡	4188	2252	1936	1882	2251	1936	666	2478	1044	4021
青街畲族乡	4658	2396	2262	1725	2396	2262	683	3049	926	4471
维新乡	1622	909	713	754	908	712	241	870	511	1532
吴垟乡	1431	803	628	607	799	628	192	907	332	1391
第一农场	3651	1955	1696	1238	1675	1506	482	2927	242	950
苍南县	**1184643**	**619630**	**565013**	**362698**	**585094**	**541558**	**192931**	**890454**	**101258**	**858344**
灵溪镇	260052	135654	124398	69711	124603	115767	40357	203634	16061	191434
龙港镇	336935	177963	158972	101095	165534	150895	54772	263735	18428	208155
宜山镇	56008	29203	26805	17829	28039	25643	9140	43243	3625	34285
钱库镇	72000	37886	34114	21227	36644	33198	12778	53921	5301	47935

表11　续表 10　　　　　　　　　　　　　　　　　　　　　　　　　　单位：人、户

地　区	总人口			家庭户	家庭户总人口		分年龄人口			居住本地，户口在本地
	合　计	男	女	户　数	男	女	0-14岁	15-64岁	65岁及以上	
芦浦镇	13182	7043	6139	4381	6277	5804	2078	9474	1630	9991
望里镇	32220	16928	15292	9516	16135	14640	5503	24062	2655	24509
金乡镇	85669	45369	40300	23853	41739	38191	13331	65339	6999	59389
舥艚镇	33133	17590	15543	10836	16893	15337	5933	23599	3601	24309
炎亭镇	7575	3922	3653	2837	3879	3635	1177	5407	991	6875
大渔镇	7729	3901	3828	3202	3878	3821	1108	5171	1450	7141
藻溪镇	21591	11447	10144	6970	11178	10056	3638	14843	3110	19170
桥墩镇	32379	16694	15685	10116	16142	15566	5339	23107	3933	28811
莒溪镇	8875	4698	4177	3419	4687	4170	1399	5865	1611	8518
观美镇	20738	10723	10015	6882	10509	9907	3952	14180	2606	18526
矾山镇	28416	13753	14663	10026	13291	14308	4722	20005	3689	24955
赤溪镇	11451	5937	5514	4154	5896	5511	1931	7806	1714	10363
马站镇	21982	10963	11019	8154	10806	10786	3532	15239	3211	17706
霞关镇	13796	7030	6766	5037	6878	6717	2025	9674	2097	12845
沿浦镇	9855	4943	4912	4301	4878	4885	1637	6163	2055	9126
南宋镇	8401	4079	4322	3010	4078	4318	1575	5688	1138	7325
云岩乡	12750	6790	5960	4122	6605	5870	2134	8963	1653	10557
仙居乡	9945	5217	4728	3395	5143	4711	1581	6904	1460	7495
新安乡	15219	8015	7204	4940	7907	7135	2843	10667	1709	10704
括山乡	6769	3565	3204	2538	3523	3174	946	4386	1437	5945
石砰乡	6387	3244	3143	2506	3181	3137	1064	4291	1032	5762
凤池乡	9326	4993	4333	2982	4928	4318	1467	6865	994	7110
浦亭乡	8701	4676	4025	2846	4577	3981	1454	6138	1109	7635
五凤乡	5812	3030	2782	2027	3027	2776	1065	3893	854	5543
腾垟乡	3808	1988	1820	1504	1988	1820	641	2453	714	3506
昌禅乡	1032	555	477	547	549	476	117	590	325	978
中墩乡	5353	2763	2590	1866	2731	2587	893	3708	752	5058
龙沙乡	4267	2259	2008	1491	2241	2007	640	2825	802	4216
凤阳畲族乡	2103	1088	1015	875	1088	1015	405	1331	367	2035
蒲城乡	3525	1732	1793	1508	1689	1750	590	2186	749	3172
岱岭畲族乡	3283	1721	1562	1221	1721	1562	555	2150	578	3216
渔寮乡	4183	2150	2033	1680	2138	2023	600	2796	787	3950
县林场	193	118	75	94	94	61	9	153	31	94
文成县	**212077**	**110682**	**101395**	**81131**	**107121**	**99163**	**36539**	**139992**	**35546**	**150987**
大峃镇	54236	27326	26910	15929	25660	25510	10268	38254	5714	31216
百丈漈镇	7213	3916	3297	2758	3609	3188	1261	4832	1120	5786
南田镇	15411	8030	7381	6047	7922	7296	3318	9781	2312	11748
西坑畲族镇	6679	3538	3141	2675	3451	3102	1149	4263	1267	5733
黄坦镇	10879	5770	5109	4500	5616	5058	1771	6987	2121	9000
珊溪镇	18361	9349	9012	8026	9227	8938	3334	11342	3685	15915
巨屿镇	10858	5816	5042	4345	5366	4904	1930	6987	1941	8771
玉壶镇	12807	6455	6352	4757	6297	6240	2314	7780	2713	7082
樟台乡	6928	3639	3289	2934	3592	3276	1141	4517	1270	5367
金炉乡	1297	723	574	675	720	572	136	830	331	930
龙川乡	7240	3922	3318	2879	3856	3310	1078	4865	1297	5536
里阳乡	1623	898	725	806	891	722	124	1092	407	1122
二源乡	6784	3528	3256	2631	3502	3245	1288	4438	1058	5060
黄寮乡	691	405	286	354	405	286	95	452	144	597
十源乡	3532	1936	1596	1411	1914	1566	654	2197	681	2931
石垟乡	1881	1004	877	834	1001	874	278	1229	374	1608

表11　续表 11　　　　　　　　　　　　　　　　　　　　　　　　　　　　　　单位：人、户

地　　区	总人口			家庭户	家庭户总人口		分年龄人口			居住本地，户口在本地
	合　计	男	女	户　数	男	女	0-14岁	15-64岁	65岁及以上	
下垟乡	714	402	312	283	395	311	151	416	147	591
岭后乡	870	471	399	412	457	392	108	548	214	706
富岙乡	2954	1685	1269	1329	1609	1263	465	1792	697	2487
云湖乡	1004	586	418	550	583	416	112	624	268	832
仰山乡	1866	995	871	793	969	861	326	1184	356	1746
桂山乡	2249	1207	1042	946	1204	1035	407	1360	482	2066
岀口乡	2351	1226	1125	1144	1166	1109	334	1455	562	1807
金垟乡	2551	1328	1223	1261	1327	1223	331	1550	670	2047
双桂乡	3290	1700	1590	1560	1696	1587	504	1908	878	2902
周山畲族乡	1905	969	936	889	967	933	263	1191	451	1718
公阳乡	2113	1159	954	1017	1157	946	194	1314	605	1887
平和乡	3077	1659	1418	1378	1653	1406	471	1923	683	2498
周壤乡	9084	4850	4234	3668	4796	4206	1380	6226	1478	5681
上林乡	1849	997	852	686	996	851	250	1302	297	1109
东溪乡	5880	3077	2803	2234	3033	2776	638	4552	690	2176
金星乡	2295	1232	1063	888	1215	1051	321	1569	405	1416
朱雅乡	1605	884	721	532	869	710	145	1232	228	916
泰顺县	**233443**	**122949**	**110494**	**83457**	**117988**	**107304**	**45220**	**155904**	**32319**	**188720**
罗阳镇	61651	31279	30372	17794	28654	28377	11442	45486	4723	35829
司前畲族镇	10471	5542	4929	3604	5398	4871	2113	7048	1310	7673
百丈镇	2710	1517	1193	1319	1495	1181	356	1656	698	2405
筱村镇	10740	5782	4958	3931	5636	4920	1970	7135	1635	9770
泗溪镇	11523	6031	5492	4326	5787	5349	2369	7569	1585	9763
彭溪镇	7810	4104	3706	2559	3921	3609	1525	5267	1018	6909
雅阳镇	14095	7296	6799	4670	6895	6570	2987	9329	1779	12083
仕阳镇	13932	7350	6582	5084	7124	6477	2761	9107	2064	12725
龟湖镇	5568	3045	2523	2075	2999	2495	1084	3640	844	5202
三魁镇	15593	8126	7467	5328	7736	7196	3266	10271	2056	13446
西旸镇	4368	2334	2034	1858	2301	2015	887	2666	815	3938
岭北乡	1802	1000	802	714	995	802	320	1135	347	1748
仙稔乡	2290	1209	1081	923	1207	1079	371	1490	429	2158
南院乡	3597	1981	1616	1298	1943	1609	664	2372	561	3345
碑排乡	838	481	357	381	481	357	105	510	223	830
竹里畲族乡	1027	572	455	441	561	452	139	678	210	968
黄桥乡	772	447	325	381	435	314	121	487	164	721
峰门乡	387	213	174	208	213	174	40	235	112	362
包垟乡	2740	1482	1258	1460	1481	1257	378	1684	678	2557
新浦乡	3482	1870	1612	1630	1856	1612	567	2105	810	2946
联云乡	2162	1179	983	851	1166	975	354	1374	434	2035
翁山乡	2675	1499	1176	1200	1492	1176	519	1567	589	2543
凤垟乡	4825	2618	2207	2052	2617	2206	1083	2801	941	4607
横坑乡	2897	1555	1342	1160	1554	1342	592	1757	548	2707
九峰乡	3387	1862	1525	1407	1855	1519	718	2085	584	3099
峰文乡	1338	719	619	552	716	616	247	837	254	1238
月湖乡	3305	1831	1474	1152	1582	1401	594	2284	427	2621
松垟乡	3048	1661	1387	1207	1645	1383	639	1868	541	2768
柳峰乡	5085	2694	2391	1903	2667	2382	1161	3127	797	4514
雪溪乡	5092	2767	2325	2043	2760	2322	955	3321	816	4837
万排乡	2055	1122	933	834	1120	933	460	1276	319	1824
东溪乡	5755	3016	2739	2319	2979	2701	1166	3595	994	5351

表11　续表 12　　　　　　　　　　　　　　　　　　　　　　　　　　单位：人、户

地　区	总人口			家庭户	家庭户总人口		分年龄人口			居住本地，户口在本地
	合　计	男	女	户　数	男	女	0–14岁	15–64岁	65岁及以上	
大安乡	5078	2638	2440	2034	2625	2430	1009	3267	802	4797
垟溪乡	2963	1629	1334	1358	1627	1333	558	1783	622	2740
洲岭乡	2928	1558	1370	1332	1558	1370	522	1747	659	2684
下洪乡	5432	2923	2509	2063	2901	2494	1178	3324	930	4976
乌岩岭自然保护区	22	17	5	6	6	5		21	1	1
瑞安市	**1424667**	**743814**	**680853**	**451243**	**662625**	**628995**	**208059**	**1111432**	**105176**	**737060**
安阳街道	89033	45196	43837	28773	40966	40871	14774	71589	2670	36299
玉海街道	79917	38555	41362	29753	36586	39443	10160	61650	8107	43912
锦湖街道	67776	35076	32700	21127	30660	29225	9560	54639	3577	19272
东山街道	56189	30133	26056	18725	26320	24047	7397	46855	1937	17620
上望街道	68206	35729	32477	19705	32693	30668	10420	53676	4110	39492
潘岱街道	21146	11129	10017	6456	9960	9369	3080	16215	1851	13386
塘下镇	312080	168040	144040	97103	142356	129402	43601	254014	14465	134624
莘塍镇	149087	78168	70919	44940	67942	64050	20700	121374	7013	65381
汀田镇	73476	39118	34358	21932	33841	31146	11664	57987	3825	36247
飞云镇	130776	67771	63005	36671	58594	56195	19416	102869	8491	72352
仙降镇	87529	46023	41506	24633	40951	37706	12152	71378	3999	31964
马屿镇	54977	28340	26637	18477	25933	25396	8256	39627	7094	39123
曹村镇	16314	8210	8104	5985	8079	8083	3118	10618	2578	14936
陶山镇	32454	16835	15619	9569	15516	14887	4934	23722	3798	26894
碧山镇	22719	11564	11155	7485	10626	10515	3516	16472	2731	17695
湖岭镇	22121	11061	11060	6814	10913	10947	4112	15267	2742	13236
龙湖镇	9609	4940	4669	3553	4857	4621	1641	6416	1552	7128
平阳坑镇	11385	5838	5547	4707	5558	5487	1565	7306	2514	9756
荆谷乡	10369	5124	5245	4104	5051	5214	1595	6506	2268	9601
梅屿乡	12458	6436	6022	4628	6310	5981	1988	8228	2242	11770
顺泰乡	4848	2456	2392	1786	2433	2376	759	3190	899	4590
大南乡	3267	1750	1517	1600	1741	1512	400	1909	958	3092
桐浦乡	23421	12159	11262	7448	11118	10650	3593	16887	2941	17615
永安乡	6435	3378	3057	2331	3321	3047	891	4413	1131	4128
桂峰乡	1164	589	575	556	580	571	130	678	356	1057
芳庄乡	6243	3265	2978	2700	3236	2973	817	3688	1738	5382
林溪乡	8433	4412	4021	2974	4389	4000	1404	5655	1374	6864
金川乡	3941	2081	1860	1710	2063	1856	510	2331	1100	3688
潮基乡	7227	3824	3403	2520	3674	3376	1173	5058	996	5668
鹿木乡	7288	3693	3595	2596	3640	3573	1345	4640	1303	6614
高楼乡	8977	4661	4316	3246	4575	4286	1327	6072	1578	6673
营前乡	2995	1614	1381	1532	1608	1377	307	1784	904	2396
东岩乡	3933	2058	1875	1605	2032	1875	504	2623	806	2766
宁益乡	3836	1982	1854	1412	1958	1849	569	2533	734	2596
枫岭乡	2880	1443	1437	1082	1414	1427	380	1937	563	1627
北麂乡	1515	802	713	711	789	713	224	1122	169	1167
北龙乡	643	361	282	294	342	281	77	504	62	449
乐清市	**1389332**	**723435**	**665897**	**459359**	**653214**	**616673**	**215903**	**1068397**	**105032**	**792420**
乐成镇	237447	123060	114387	78229	108442	104543	35813	188167	13467	124812
大荆镇	53201	26763	26438	17958	24725	24842	7780	38908	6513	42229
仙溪镇	14459	7446	7013	6139	7366	6994	2383	9514	2562	13943
湖雾镇	12353	6274	6079	4828	6051	6029	1848	8612	1893	10971
雁荡镇	41652	21112	20540	15428	20179	19602	6895	29703	5054	37702
芙蓉镇	25758	13367	12391	9066	12923	11838	3999	19130	2629	17083

表11 续表 13 单位：人、户

地区	总人口			家庭户	家庭户总人口		分年龄人口			居住本地，户口在本地
	合计	男	女	户数	男	女	0-14岁	15-64岁	65岁及以上	
清江镇	34860	18311	16549	10679	16736	15493	5148	26372	3340	27330
南塘镇	19413	10199	9214	6591	9821	8996	2987	14377	2049	15405
虹桥镇	156717	80776	75941	52485	76141	71945	24811	122886	9020	77870
南岳镇	15573	8092	7481	5284	7764	7382	2689	10720	2164	13747
蒲岐镇	26657	13623	13034	8933	13026	12583	4389	19396	2872	21317
淡溪镇	31957	16605	15352	11660	16157	14949	5212	24469	2276	16063
石帆镇	43779	23011	20768	14593	21313	19498	7291	33775	2713	24027
白石镇	35021	19333	15688	9554	14787	13281	5241	27232	2548	18921
柳市镇	219380	116271	103109	71995	102990	93994	33334	176887	9159	78838
北白象镇	156341	82132	74209	46392	67847	62913	23081	124513	8747	72913
象阳镇	42715	22281	20434	14031	21308	19981	7585	31919	3211	23935
翁垟镇	56887	29164	27723	17050	26600	25963	8715	43341	4831	39545
磐石镇	21050	11315	9735	4774	7683	7514	2659	16977	1414	11495
七里港镇	27814	14434	13380	9613	13600	12924	4572	21066	2176	14002
黄华镇	36546	18913	17633	12888	18063	17412	6021	27280	3245	21757
智仁乡	9284	4699	4585	3952	4674	4576	1670	5702	1912	8756
镇安乡	5698	2855	2843	2866	2838	2840	904	3449	1345	5506
福溪乡	1923	959	964	1001	949	962	352	910	661	1845
双峰乡	14230	7162	7068	5777	6985	7012	2230	9752	2248	12932
龙西乡	5205	2684	2521	2315	2668	2517	969	3247	989	4948
雁湖乡	8210	4256	3954	3112	4182	3907	1418	5479	1313	7234
岭底乡	4988	2575	2413	2166	2556	2399	799	3163	1026	4555
四都乡	8743	4647	4096	3009	4572	4058	1564	5919	1260	7628
天成乡	19647	10172	9475	6012	9348	8856	3363	14622	1662	13382
城北乡	1824	944	880	979	920	870	181	910	733	1729
嘉兴市	**4501657**	**2269227**	**2232430**	**1449492**	**2097085**	**2079719**	**536938**	**3514922**	**449797**	**2902303**
南湖区	**612663**	**309970**	**302693**	**205253**	**273441**	**273688**	**66838**	**482332**	**63493**	**362159**
建设街道	31553	15222	16331	11747	12925	14128	2372	23479	5702	18494
解放街道	29348	14924	14424	11100	13908	13747	2952	23035	3361	14861
新嘉街道	74024	36376	37648	29414	34258	35831	7505	57380	9139	44480
南湖街道	65477	32421	33056	23982	30357	30987	7745	50760	6972	41761
新兴街道	55017	26777	28240	17678	21159	22091	5016	44418	5583	28800
城南街道	54990	28188	26802	14725	20062	18870	5242	46606	3142	21974
东栅街道	37945	19990	17955	12526	17791	17327	5543	29849	2553	17434
长水街道	32379	16925	15454	8578	11905	11974	3376	27342	1661	10369
凤桥镇	48057	24410	23647	16749	23840	23334	5377	36866	5814	37679
余新镇	52366	26629	25737	17995	26072	25533	6389	40152	5825	38463
新丰镇	49496	25214	24282	14972	23154	23269	5815	38287	5394	36686
七星镇	24819	12689	12130	7992	11984	11830	3198	19007	2614	15952
大桥镇	57192	30205	26987	17795	26026	24767	6308	45151	5733	35206
秀洲区	**589219**	**302089**	**287130**	**198641**	**280421**	**271735**	**76933**	**464950**	**47336**	**305757**
新城街道	42205	21635	20570	15494	20426	19767	6356	34318	1531	13776
嘉北街道	67657	34427	33230	22424	29118	29136	8609	55967	3081	24408
塘汇街道	31803	17616	14187	9899	12884	11730	2955	27397	1451	8539
高照街道	45333	23772	21561	16413	20306	18940	4980	38527	1826	10818
王江泾镇	111121	56862	54259	36506	54962	52555	14685	85463	10973	68022
油车港镇	49488	25184	24304	17194	24694	24085	5648	37363	6477	35758
新塍镇	78822	39415	39407	25085	38547	38520	10225	58655	9942	63963
王店镇	93291	47645	45646	31270	45492	44227	12988	71776	8527	55049
洪合镇	69499	35533	33966	24356	33992	32775	10487	55484	3528	25424

表11　续表 14　　　　　　　　　　　　　　　　　　　　单位：人、户

地　　区	总人口			家庭户	家庭户总人口		分年龄人口			居住本地，户口在本地
	合　计	男	女	户　数	男	女	0-14岁	15-64岁	65岁及以上	
嘉善县	**574187**	**294425**	**279762**	**206919**	**278482**	**268280**	**66310**	**452649**	**55228**	**323036**
魏塘街道	171290	88001	83289	68365	84219	80595	19530	139474	12286	71445
罗星街道	75473	37577	37896	24430	33741	33745	9395	61046	5032	38241
惠民街道	61049	32191	28858	23125	29690	27085	6322	50442	4285	24892
大云镇	23428	12016	11412	8121	11269	10947	2605	18788	2035	12885
西塘镇	65211	33109	32102	21952	31702	31177	7372	49034	8805	49457
干窑镇	36092	18668	17424	12845	17888	16979	4507	27877	3708	20693
陶庄镇	30595	15796	14799	10774	15105	14634	3674	22518	4403	23578
姚庄镇	52619	27500	25119	18160	26027	24510	6116	40350	6153	34296
天凝镇	58430	29567	28863	19147	28841	28608	6789	43120	8521	47549
海盐县	**430940**	**216181**	**214759**	**132923**	**200305**	**202518**	**52291**	**332400**	**46249**	**323154**
武原镇	160535	80643	79892	52851	73564	74626	20951	125862	13722	107646
沈荡镇	34963	17447	17516	11239	16993	17205	3944	26349	4670	29949
百步镇	35433	17825	17608	10679	17165	17174	4680	26705	4048	28489
于城镇	25138	12596	12542	7594	11891	11872	2987	19352	2799	19357
秦山镇	36746	19152	17594	10956	16615	16365	3746	28737	4263	25473
澉浦镇	31786	15616	16170	9549	14534	15078	3219	24026	4541	25787
通元镇	43456	21475	21981	12444	20076	20370	5210	33133	5113	35405
西塘桥镇	62883	31427	31456	17611	29467	29828	7554	48236	7093	51048
海宁市	**806966**	**405366**	**401600**	**245750**	**378763**	**378552**	**96574**	**625614**	**84778**	**568828**
硖石街道	87621	43372	44249	30320	40499	41471	10431	68128	9062	55896
海洲街道	79683	39210	40473	26554	35323	36579	10112	63427	6144	44946
海昌街道	72496	37280	35216	24022	33244	31761	7859	60154	4483	32848
马桥街道	37189	18934	18255	11265	17772	17253	4352	29288	3549	24741
许村镇	118263	59091	59172	30209	57185	57763	16900	88786	12577	97650
长安镇	110352	55903	54449	32398	50147	49173	13177	86668	10507	70287
周王庙镇	49241	24597	24644	14018	23213	23590	5515	37262	6464	41464
丁桥镇	45954	22619	23335	13662	21534	22256	4507	34874	6573	38360
斜桥镇	65473	32889	32584	19013	32319	31794	8405	48913	8155	54856
黄湾镇	22212	11124	11088	7070	10981	11046	2341	16606	3265	19117
盐官镇	57609	28737	28872	17774	27556	27612	6450	43780	7379	44677
袁花镇	56055	28401	27654	17873	27289	27143	6283	43167	6605	43983
尖山新区	4818	3209	1609	1572	1701	1111	242	4561	15	3
平湖市	**671834**	**332806**	**339028**	**207689**	**298352**	**299137**	**70205**	**534624**	**67005**	**426402**
当湖街道	151626	75337	76289	50988	68049	70716	18362	119072	14192	95317
钟埭街道	98153	46431	51722	30016	40124	39431	8892	82999	6262	39960
曹桥街道	36034	17908	18126	10277	17128	17190	4109	27858	4067	27464
乍浦镇	83527	43931	39596	25707	35761	35345	8404	67835	7288	48852
新埭镇	70209	34765	35444	21803	31430	31097	6538	56049	7622	45214
新仓镇	49305	24301	25004	15182	22886	22728	5255	38335	5715	35116
广陈镇	39509	19666	19843	11851	18933	18964	4080	29734	5695	33394
林埭镇	37828	18765	19063	10919	17376	17481	3926	28998	4904	29758
独山港镇	105643	51702	53941	30946	46665	46185	10639	83744	11260	71327
桐乡市	**815848**	**408390**	**407458**	**252317**	**387321**	**385809**	**107787**	**622353**	**85708**	**592967**
梧桐街道	217020	107853	109167	74562	98941	99591	30801	171127	15092	124536
龙翔街道	25843	12930	12913	8136	12544	12543	2977	19442	3424	22149
凤鸣街道	55061	27893	27168	16808	27062	26692	7372	41078	6611	42696
乌镇镇	53988	26885	27103	17501	26114	26401	6090	40446	7452	46561
濮院镇	95327	47508	47819	29748	42003	41352	12839	76743	5745	41406
屠甸镇	33727	16879	16848	10500	16540	16466	4698	25469	3560	25952

表11　续表 15　　　　单位：人、户

地　区	总人口			家庭户	家庭户总人口		分年龄人口			居住本地，户口在本地
	合　计	男	女	户　数	男	女	0-14岁	15-64岁	65岁及以上	
石门镇	51021	25656	25365	14099	25148	25003	5731	38129	7161	46144
河山镇	28191	14088	14103	8385	13941	13984	3487	20738	3966	23710
洲泉镇	66453	33523	32930	17811	32686	32365	8980	49060	8413	58210
大麻镇	35357	17837	17520	9130	17614	17407	5445	25415	4497	31818
崇福镇	112060	56256	55804	33255	53857	53480	14358	84163	13539	90505
高桥镇	41800	21082	20718	12382	20871	20525	5009	30543	6248	39280
湖州市	**2893542**	**1470472**	**1423070**	**903467**	**1333548**	**1315707**	**337688**	**2240817**	**315037**	**2126747**
吴兴区	**757165**	**381456**	**375709**	**207496**	**310338**	**313877**	**78961**	**604406**	**73798**	**472758**
月河街道	44661	21968	22693	17075	21341	22331	4944	34087	5630	27144
朝阳街道	38630	19079	19551	14707	18644	19061	4053	28935	5642	25822
爱山街道	15318	7605	7713	5468	6880	7205	1559	11737	2022	8679
飞英街道	31621	15246	16375	11893	14852	15920	3607	24485	3529	20048
龙泉街道	62788	28576	34212	17201	22297	23286	5646	52145	4997	36277
凤凰街道	55342	27302	28040	20766	26923	27811	7105	43520	4717	35570
康山街道	22362	11224	11138	7383	11059	10961	2993	17300	2069	15485
仁皇山街道	30888	15674	15214	7920	12098	12482	4335	24776	1777	17423
滨湖街道	12533	6357	6176	3341	5922	6089	1453	9427	1653	10744
织里镇	186609	92324	94285	32172	54827	54824	15219	158641	12749	85574
八里店镇	62833	31993	30840	15539	29183	29242	7145	47949	7739	49323
妙西镇	14723	7521	7202	4604	7258	7118	1537	11071	2115	13434
杨家埠镇	53353	31821	21532	12952	20770	20095	4930	44071	4352	39000
埭溪镇	34047	17367	16680	10800	15880	15633	4033	25730	4284	27187
东林镇	29825	14879	14946	8586	14363	14695	3101	22158	4566	28054
道场乡	20564	10998	9566	5496	8776	8433	2223	16333	2008	11795
环渚乡	41068	21522	19546	11593	19265	18691	5078	32041	3949	21199
南浔区	**536054**	**272095**	**263959**	**169491**	**256086**	**253272**	**57839**	**406680**	**71535**	**410631**
南浔镇	126872	65046	61826	41617	60562	59381	15581	98336	12955	83280
双林镇	74725	37472	37253	21252	35123	35087	7445	56438	10842	62121
练市镇	87255	43735	43520	25451	41810	41853	9352	65919	11984	75752
善琏镇	28079	14198	13881	8508	13225	13226	2633	20989	4457	23060
旧馆镇	24696	13013	11683	7845	12091	11294	2957	18778	2961	16128
菱湖镇	63471	31324	32147	22362	30074	31045	6233	46318	10920	57198
和孚镇	47515	23657	23858	15271	23223	23549	4816	35004	7695	42481
千金镇	18630	9251	9379	6104	9194	9329	1478	13424	3728	17381
石淙镇	13613	6665	6948	4049	6462	6719	1244	10020	2349	12121
开发区	51198	27734	23464	17032	24322	21789	6100	41454	3644	21109
德清县	**491789**	**250741**	**241048**	**160049**	**235450**	**228844**	**58315**	**379582**	**53892**	**359702**
武康镇	142374	72276	70098	50811	67739	65882	18174	114171	10029	87272
乾元镇	48479	24674	23805	16642	23483	23334	5558	36596	6325	36999
新市镇	68646	34532	34114	21466	32977	32823	7339	51845	9462	57693
洛舍镇	22827	12019	10808	7410	11491	10661	2888	17611	2328	14910
钟管镇	41759	21420	20339	13422	20228	19446	4480	31606	5673	33251
莫干山镇	11433	5740	5693	3903	5583	5623	1129	8330	1974	10728
雷甸镇	36652	19137	17515	11668	18529	17348	4972	27766	3914	27512
禹越镇	32034	16243	15791	9215	15656	15214	4254	23939	3841	26264
新安镇	31167	15928	15239	8910	14664	14468	3905	23028	4234	25959
筏头乡	10119	5120	4999	3608	4948	4952	1030	7289	1800	9253
三合乡	20010	10219	9791	5660	10086	9761	2446	15022	2542	18195
德清经济开发区	26289	13433	12856	7334	10066	9332	2140	22379	1770	11666

表11 续表 16　　单位：人、户

地区	总人口			家庭户	家庭户总人口		分年龄人口			居住本地，户口在本地
	合计	男	女	户数	男	女	0-14岁	15-64岁	65岁及以上	
长兴县	**641982**	**328240**	**313742**	**207631**	**307016**	**301111**	**84776**	**488500**	**68706**	**520859**
雉城镇	253443	129942	123501	85705	116990	115195	32240	199398	21805	174394
洪桥镇	38804	19777	19027	12001	19306	18818	5642	28071	5091	35947
李家巷镇	28648	14820	13828	8195	13183	12945	3738	21857	3053	23258
夹浦镇	29963	15270	14693	8755	14093	14032	4349	22507	3107	24597
林城镇	47012	23963	23049	14761	23741	22983	6379	34703	5930	44502
泗安镇	47138	24194	22944	14901	23431	22631	6586	34935	5617	43323
虹星桥镇	32803	16651	16152	10511	16407	16032	4065	24486	4252	30600
和平镇	35217	17956	17261	10563	17255	16810	4537	26349	4331	31670
小浦镇	23118	11818	11300	8328	11435	11117	3015	17196	2907	20208
煤山镇	19060	9671	9389	6781	8974	8857	2554	14328	2178	14651
水口乡	17405	8864	8541	5340	8409	8317	2469	12874	2062	15589
二界岭乡	12919	6688	6231	3992	6558	6181	1850	9534	1535	12022
吕山乡	18311	9250	9061	5568	9071	8984	2335	13501	2475	16713
吴山乡	13791	7168	6623	4140	6630	6478	1907	10352	1532	11940
白岘乡	9608	4861	4747	3489	4577	4619	1236	7170	1202	8578
槐坎乡	14742	7347	7395	4601	6956	7112	1874	11239	1629	12867
安吉县	**466552**	**237940**	**228612**	**158800**	**224658**	**218603**	**57797**	**361649**	**47106**	**362797**
递铺镇	204360	105000	99360	70770	96553	92113	25400	164081	14879	131334
梅溪镇	42396	21427	20969	14023	21179	20885	5302	31505	5589	38846
良朋镇	20461	10417	10044	6588	10175	9972	2696	15357	2408	18438
鄣吴镇	9332	4677	4655	2970	4655	4651	1146	7040	1146	9027
杭垓镇	27407	13847	13560	9313	13658	13467	3394	20401	3612	26527
孝丰镇	44280	22429	21851	15465	21270	20965	5229	34311	4740	34651
报福镇	13701	6936	6765	4956	6857	6739	1684	10095	1922	12855
章村镇	10957	5443	5514	4109	5436	5504	1386	7931	1640	10607
天荒坪镇	21470	10849	10621	7164	10501	10444	2737	16467	2266	16740
高禹镇	25199	13119	12080	8467	12553	11915	3421	18816	2962	22422
昆铜乡	12703	6366	6337	4025	6043	6046	1484	9476	1743	11637
溪龙乡	9178	4681	4497	2490	3979	4018	1169	7078	931	7577
皈山乡	8850	4560	4290	2766	3960	3942	954	6875	1021	7305
上墅乡	12385	6293	6092	4255	5986	5982	1411	9390	1584	11109
山川乡	3873	1896	1977	1439	1853	1960	384	2826	663	3722
绍兴市	**4912239**	**2469399**	**2442840**	**1739568**	**2236958**	**2252121**	**627881**	**3796216**	**488142**	**3302363**
越城区	**883836**	**438052**	**445784**	**300851**	**391586**	**401603**	**108967**	**699230**	**75639**	**497216**
塔山街道	52851	24896	27955	20477	23518	26235	5518	39643	7690	33649
府山街道	97690	46839	50851	28795	36400	38276	9179	80047	8464	53745
蕺山街道	57513	27636	29877	21365	26374	28744	6080	44973	6460	36628
北海街道	49212	24006	25206	18173	23231	24536	6615	37710	4887	35434
城南街道	93003	46347	46656	32938	44073	44485	12470	75899	4634	38924
稽山街道	81048	38481	42567	25439	33851	34596	9420	66248	5380	36948
迪荡街道	18372	9667	8705	5878	7130	7069	1717	15418	1237	7030
东湖镇	52494	25943	26551	18537	25374	25812	7118	40183	5193	36973
灵芝镇	79923	41901	38022	25764	35162	34648	10812	63476	5635	41875
东浦镇	63739	32277	31462	22534	30552	29768	9160	49609	4970	36572
鉴湖镇	27455	13737	13718	9191	12899	12850	3374	21205	2876	21053
皋埠镇	59233	29428	29805	20185	28213	28704	7800	45181	6252	45770
马山镇	72317	36101	36216	25729	31766	33699	10191	55016	7110	39077
斗门镇	78986	40793	38193	25846	33043	32181	9513	64622	4851	33538
绍兴县	**1030847**	**526407**	**504440**	**365123**	**476658**	**469972**	**133343**	**815306**	**82198**	**564957**
柯桥街道	123230	62931	60299	36337	52782	52114	16488	101786	4956	42371

表11 续表 17

单位：人、户

地区	总人口			家庭户	家庭户总人口		分年龄人口			居住本地，户口在本地
	合计	男	女	户数	男	女	0-14岁	15-64岁	65岁及以上	
柯岩街道	88665	45542	43123	31125	42765	41344	11924	70419	6322	44527
华舍街道	88343	46217	42126	32978	41989	39774	10928	72698	4717	33582
湖塘街道	39477	20033	19444	14040	18817	18543	4807	30488	4182	27351
齐贤镇	83978	43532	40446	30423	37757	36955	11105	67103	5770	42595
钱清镇	107821	55186	52635	37080	50235	48146	13247	88006	6568	54104
孙端镇	29399	13796	15603	11676	13177	15426	4753	20142	4504	25094
福全镇	56346	29058	27288	20831	27568	26288	7741	43996	4609	34307
马鞍镇	72043	39523	32520	26601	33408	30375	8468	59136	4439	31137
平水镇	48263	23927	24336	17045	21313	22542	5207	36859	6197	39155
安昌镇	60936	31203	29733	22071	28793	27480	7792	48791	4353	31196
王坛镇	20239	9351	10888	9030	9040	10706	2899	13632	3708	18543
兰亭镇	37880	19378	18502	13730	18288	17818	4657	29480	3743	26249
稽东镇	19923	9482	10441	8459	9418	10384	2824	13323	3776	18868
杨汛桥镇	67406	34260	33146	21800	30239	29660	9182	54342	3882	29875
漓渚镇	23463	11888	11575	8885	11447	11277	3031	17844	2588	15706
富盛镇	19012	9167	9845	7174	8899	9729	2293	13685	3034	17379
陶堰镇	21685	10677	11008	7869	9977	10603	2955	16073	2657	17469
夏履镇	22738	11256	11482	7969	10746	10808	3042	17503	2193	15449
新昌县	**380444**	**194372**	**186072**	**154734**	**188100**	**181272**	**52186**	**282977**	**45281**	**285806**
羽林街道	41698	21485	20213	15929	21042	19939	5732	32010	3956	32961
南明街道	91598	45749	45849	34148	45366	45516	15008	69367	7223	58496
七星街道	74923	39265	35658	29129	36203	33535	10916	60208	3799	37279
澄潭镇	17503	8903	8600	7166	8124	7846	1924	12923	2656	14943
梅渚镇	13040	6601	6439	5806	6601	6435	1598	9430	2012	12432
回山镇	13053	6531	6522	6205	6501	6506	1613	8683	2757	12349
大市聚镇	23730	12227	11503	8736	11012	10385	3005	17822	2903	18179
小将镇	10633	5511	5122	4957	5410	5051	1077	7207	2349	9914
沙溪镇	8174	4313	3861	3759	4252	3857	887	5753	1534	7645
镜岭镇	16731	8426	8305	7842	8401	8304	1979	11533	3219	16020
儒岙镇	24530	12602	11928	10640	12493	11868	3018	17237	4275	23296
城南乡	12123	6194	5929	5442	6176	5918	1566	8217	2340	11141
东茗乡	7933	4030	3903	3747	4011	3878	786	5506	1641	7654
双彩乡	8587	4299	4288	3949	4276	4283	1012	5848	1727	8035
新林乡	8743	4373	4370	3883	4369	4369	1168	6202	1373	8332
巧英乡	7445	3863	3582	3396	3863	3582	897	5031	1517	7130
诸暨市	**1157938**	**580569**	**577369**	**389539**	**505041**	**513780**	**150220**	**890824**	**116894**	**790221**
暨阳街道	249192	123132	126060	82908	105829	111715	34333	197089	17770	135267
浣东街道	56281	28649	27632	18899	24774	24854	8312	42874	5095	36485
陶朱街道	80926	41221	39705	27131	33048	32844	9891	65256	5779	43333
大唐镇	79638	39960	39678	20399	28242	28165	8761	67171	3706	25614
应店街镇	41209	20842	20367	13878	20354	19974	5514	30572	5123	38594
次坞镇	36227	18486	17741	11910	16831	16811	5035	27276	3916	31137
店口镇	88561	47652	40909	33930	41136	37437	11045	71282	6234	45822
阮市镇	33424	16839	16585	10033	15088	15079	4621	25015	3788	27316
直埠镇	24892	12547	12345	8089	10632	10814	3162	18770	2960	20464
江藻镇	22387	11145	11242	8287	10845	11070	2962	16247	3178	20822
山下湖镇	27995	13634	14361	9590	12838	13141	3877	20876	3242	23611
枫桥镇	74641	37773	36868	25731	33725	34080	9112	57181	8348	59150
赵家镇	26670	13221	13449	9774	13030	13308	3557	19354	3759	25689
马剑镇	12372	6156	6216	4753	6084	6145	1887	8366	2119	11865

表11 续表 18 单位：人、户

地区	总人口			家庭户	家庭户总人口		分年龄人口			居住本地，户口在本地
	合计	男	女	户数	男	女	0-14岁	15-64岁	65岁及以上	
五泄镇	12861	6408	6453	4394	5872	5957	1528	9629	1704	9960
草塔镇	54323	26555	27768	14409	20131	20547	6030	43338	4955	31031
王家井镇	28448	13791	14657	10251	12799	13589	3588	21003	3857	23518
牌头镇	42189	20706	21483	14195	17302	18821	5142	31592	5455	32873
同山镇	13447	6463	6984	5411	6389	6886	1728	9094	2625	12700
安华镇	33076	16496	16580	10629	14097	14543	4102	25066	3908	25349
街亭镇	18015	8898	9117	6536	8642	8955	2295	12660	3060	16873
璜山镇	28245	13947	14298	10668	13232	13865	3729	20164	4352	25989
陈宅镇	12129	5810	6319	4840	5629	6102	1730	8203	2196	11106
岭北镇	7751	3730	4021	3413	3596	3965	1447	4847	1457	7295
浬浦镇	17448	8732	8716	5534	7250	7370	2063	13189	2196	13859
东白湖镇	23399	11724	11675	8972	11659	11649	3162	16455	3782	22735
东和乡	12192	6052	6140	4975	5987	6094	1607	8255	2330	11764
上虞市	**779412**	**383307**	**396105**	**274674**	**347740**	**368751**	**96622**	**593953**	**88837**	**606619**
百官街道	148769	72869	75900	49324	62944	67157	20165	117041	11563	100893
经济开发区管委会(曹娥街道)	78652	38649	40003	24570	33068	33960	9747	63515	5390	50208
东关街道	39659	19615	20044	13858	18219	19038	5021	30254	4384	30918
道墟镇	44501	21757	22744	17672	20572	22512	6610	32191	5700	36500
长塘镇	12191	5960	6231	4516	5894	6215	1484	9046	1661	11472
上浦镇	20717	10264	10453	7545	10038	10312	2623	15286	2808	19098
汤浦镇	15333	7568	7765	5760	7427	7657	2030	11555	1748	12982
章镇镇	32791	16302	16489	12671	15878	16332	3797	23676	5318	30339
下管镇	8255	4065	4190	3609	4035	4175	780	5949	1526	7884
丰惠镇	51764	25693	26071	17808	24250	24634	5915	39651	6198	44934
永和镇	14091	7129	6962	5161	6951	6869	1585	10670	1836	13037
梁湖镇	26900	13257	13643	9113	12566	13208	3154	20205	3541	23465
驿亭镇	21507	10965	10542	6933	9761	9540	2197	16690	2620	17378
小越镇	35282	17934	17348	10423	15285	15152	3850	27825	3607	26110
谢塘镇	27317	13650	13667	9129	12753	13065	3288	20562	3467	21015
盖北镇	31157	16124	15033	12293	15955	14992	3769	23993	3395	20430
崧厦镇	98832	46587	52245	35030	42664	49208	12517	73333	12982	83472
沥海镇	51818	25009	26809	20499	19718	24831	6016	38267	7535	37462
岭南乡	6904	3511	3393	3156	3491	3393	650	4894	1360	6716
陈溪乡	4860	2392	2468	2382	2370	2465	490	3377	993	4719
丁宅乡	8112	4007	4105	3222	3901	4036	934	5973	1205	7587
嵊州市	**679762**	**346692**	**333070**	**254647**	**327833**	**316743**	**86543**	**513926**	**79293**	**557544**
剡湖街道	84778	41949	42829	32453	41101	42274	12302	64464	8012	61514
三江街道	65711	33570	32141	24608	29974	29147	8776	54115	2820	28808
鹿山街道	62618	31779	30839	22055	29439	28965	8448	49045	5125	46485
浦口街道	28061	14223	13838	10538	14095	13804	4334	20284	3443	26786
甘霖镇	72345	37008	35337	27571	36350	34921	8209	54204	9932	69075
长乐镇	59174	30412	28762	23853	29707	28074	6578	44860	7736	55059
崇仁镇	64387	33394	30993	25066	32379	30090	7361	47369	9657	60587
黄泽镇	39927	20446	19481	14059	19489	18538	5080	30060	4787	35972
三界镇	38955	19151	19804	14224	17848	18871	6100	26391	6464	36553
石璜镇	22292	11579	10713	8339	11371	10592	2403	16754	3135	21360
谷来镇	18501	9373	9128	6828	9296	9110	2618	13131	2752	18004
仙岩镇	10474	5433	5041	4462	5299	4985	1380	7266	1828	9791
金庭镇	20571	10655	9916	7960	10493	9863	2541	15175	2855	19639
北漳镇	11586	6127	5459	4891	6051	5430	1379	8148	2059	11300

表11　续表 19

单位：人、户

地　　区	总人口			家庭户	家庭户总人口		分年龄人口			居住本地，户口在本地
	合　计	男	女	户　数	男	女	0-14岁	15-64岁	65岁及以　上	
下王镇	7648	4025	3623	3347	3918	3583	1020	5133	1495	7474
贵门乡	7123	3735	3388	3073	3703	3385	901	4968	1254	6966
里南乡	9137	4912	4225	3815	4877	4211	1167	6511	1459	8711
竹溪乡	3027	1563	1464	1144	1539	1451	444	2156	427	2956
雅璜乡	2233	1206	1027	1031	1196	1025	216	1618	399	2160
王院乡	3652	1944	1708	1461	1934	1700	429	2607	616	3585
通源乡	4527	2463	2064	1791	2461	2062	534	3300	693	4404
嵊州经济开发区	43035	21745	21290	12078	15313	14662	4323	36367	2345	20355
金华市	**5361572**	**2777642**	**2583930**	**1942210**	**2422072**	**2327195**	**762941**	**4110512**	**488119**	**3393957**
婺城区	**761662**	**394561**	**367101**	**287407**	**347076**	**335748**	**101160**	**596247**	**64255**	**469498**
城东街道	32674	16002	16672	12719	15514	15995	4393	24434	3847	19410
城中街道	20559	9914	10645	8136	9374	10072	2848	14725	2986	13304
城西街道	24490	12550	11940	10164	12058	11671	3080	18582	2828	11408
城北街道	67480	41020	26460	19647	24215	24326	6913	56062	4505	46941
江南街道	37096	18232	18864	15925	17457	18251	5335	29038	2723	20515
三江街道	103938	52912	51026	44356	51685	50421	16586	82880	4472	50269
西关街道	48370	25411	22959	18366	22085	20888	6785	39707	1878	18757
秋滨街道	55894	31529	24365	24323	28804	22939	8266	46196	1432	12018
新狮街道	64410	29798	34612	15766	19182	18533	5853	55860	2697	24216
罗店镇	20065	10261	9804	7094	9420	9208	2593	15252	2220	16390
雅畈镇	18708	9593	9115	7059	9375	9060	2463	13998	2247	16705
安地镇	9822	5106	4716	4286	4892	4649	1172	7075	1575	9052
白龙桥镇	63570	32650	30920	22510	27584	27551	8108	48694	6768	47010
琅琊镇	14633	7435	7198	5549	7426	7189	2045	10735	1853	13719
蒋堂镇	18702	9691	9011	7036	8825	8217	2239	14532	1931	14487
汤溪镇	38435	19663	18772	14880	17961	17618	5601	28434	4400	32096
罗埠镇	26762	13479	13283	10311	12772	12771	3353	19663	3746	24851
洋埠镇	11042	5610	5432	4613	5349	5344	1444	7903	1695	9949
乾西乡	27576	14266	13310	10593	14012	13242	4152	21129	2295	17932
竹马乡	10389	5341	5048	4058	5236	4999	1492	7776	1121	8905
长山乡	9283	4682	4601	3922	4651	4587	1241	6723	1319	8730
箬阳乡	2124	1089	1035	929	1063	1021	290	1463	371	2034
沙畈乡	7458	3891	3567	3106	3887	3564	864	5310	1284	7317
塔石乡	5759	2955	2804	3123	2944	2795	571	3525	1663	5605
岭上乡	4306	2129	2177	1615	2122	2175	624	3171	511	4126
莘畈乡	2821	1454	1367	1329	1452	1367	321	1840	660	2719
苏孟乡	15296	7898	7398	5992	7731	7295	2528	11540	1228	11033
金东区	**315583**	**164146**	**151437**	**120228**	**145071**	**138736**	**41173**	**241561**	**32849**	**226801**
多湖街道	40530	21934	18596	11425	15461	14779	5101	33056	2373	19880
东孝街道	33039	16837	16202	12907	15517	14797	4407	26160	2472	16022
孝顺镇	71012	36968	34044	27633	31877	30386	8875	55237	6900	47772
傅村镇	30144	15741	14403	10096	12582	11826	3639	23935	2570	18152
曹宅镇	34899	18046	16853	14011	17162	16326	4601	25847	4451	29910
澧浦镇	26731	13891	12840	11029	13029	12566	4042	19023	3666	24108
岭下镇	11697	6130	5567	4948	5751	5502	1470	8688	1539	10053
江东镇	9948	5095	4853	3919	4963	4797	1255	7585	1108	9101
塘雅镇	21577	10955	10622	9076	10673	10469	2869	15789	2919	19084
赤松镇	24581	12755	11826	10148	12380	11732	3294	18236	3051	21857
源东乡	11425	5794	5631	5036	5676	5556	1620	8005	1800	10862

表11　续表 20　　　　单位：人、户

地区	总人口			家庭户	家庭户总人口		分年龄人口			居住本地，户口在本地
	合计	男	女	户数	男	女	0-14岁	15-64岁	65岁及以上	
武义县	**349899**	**182627**	**167272**	**141852**	**174387**	**162883**	**48461**	**264830**	**36608**	**228426**
白洋街道	63842	33797	30045	25021	32528	29570	9585	50699	3558	33298
壶山街道	49716	25508	24208	18276	23156	22664	6585	39290	3841	28447
熟溪街道	44941	22896	22045	16957	21682	21129	6433	34512	3996	29024
柳城畲族镇	20515	10255	10260	8055	9822	9890	2890	14099	3526	17564
履坦镇	12746	6641	6105	5228	6611	6094	1604	9772	1370	10267
桐琴镇	40099	21545	18554	16541	20920	18222	6565	31233	2301	17541
泉溪镇	31871	17469	14402	13892	16466	14080	4219	25462	2190	15374
新宅镇	9146	4694	4452	4563	4609	4434	863	5568	2715	8903
王宅镇	21950	11463	10487	8845	10991	10336	2765	16291	2894	18944
桃溪镇	10559	5192	5367	4925	5122	5322	1432	6875	2252	10165
茭道镇	12599	6822	5777	5114	6248	5638	1576	9800	1223	8110
大田乡	6736	3436	3300	2828	3432	3300	751	4809	1176	6585
白姆乡	6936	3572	3364	3111	3552	3355	826	4746	1364	6636
俞源乡	6482	3290	3192	2983	3249	3172	796	4328	1358	6160
坦洪乡	3846	1958	1888	1881	1932	1871	428	2490	928	3736
西联乡	3931	1989	1942	1630	1971	1922	560	2572	799	3828
三港乡	2076	1080	996	994	1080	996	342	1212	522	2008
大溪口乡	1908	1020	888	1008	1016	888	241	1072	595	1836
浦江县	**437346**	**230214**	**207132**	**145135**	**198084**	**184501**	**67497**	**331027**	**38822**	**281905**
浦南街道	52953	27811	25142	17021	23837	22461	8474	40196	4283	32455
仙华街道	61929	33121	28808	20107	26390	23613	9042	49084	3803	29099
浦阳街道	97852	51073	46779	33425	45793	43525	15985	75342	6525	53481
黄宅镇	70803	37512	33291	22015	29937	27619	10076	54578	6149	49533
白马镇	23409	12092	11317	8053	11085	10569	3642	17106	2661	19478
郑家坞镇	12433	6523	5910	3587	5039	4762	1637	9649	1147	8416
郑宅镇	29420	15792	13628	8803	13023	11779	4358	22398	2664	21958
岩头镇	23253	12315	10938	7782	11049	10204	3592	17089	2572	20638
檀溪镇	10279	5309	4970	4066	5005	4775	1392	7324	1563	8792
杭坪镇	11400	5872	5528	4668	5856	5523	1762	7693	1945	9020
大畈乡	6897	3631	3266	2608	3511	3186	1171	4755	971	4393
中余乡	9901	5235	4666	3106	4027	3842	1228	7397	1276	7328
前吴乡	9273	4749	4524	3509	4543	4380	1416	6494	1363	7958
花桥乡	4681	2359	2322	1952	2317	2295	627	3120	934	4451
虞宅乡	12863	6820	6043	4433	6672	5968	3095	8802	966	4905
磐安县	**174665**	**87826**	**86839**	**67117**	**83221**	**83926**	**29409**	**123519**	**21737**	**149642**
安文镇	47795	24030	23765	16783	22045	22414	8558	35889	3348	33168
新渥镇	12948	6503	6445	5137	6064	6294	2281	8964	1703	10978
尖山镇	12734	6586	6148	4744	6018	5918	2020	9247	1467	10966
仁川镇	9348	4742	4606	3954	4675	4565	1601	6255	1492	8978
大盘镇	5040	2514	2526	1987	2363	2450	801	3433	806	4368
方前镇	8664	4421	4243	3250	4326	4179	1238	6124	1302	8117
玉山镇	12595	6169	6426	4762	5615	5946	2108	8810	1677	11666
尚湖镇	13856	6978	6878	5322	6802	6744	2421	9596	1839	13069
冷水镇	7308	3623	3685	3173	3595	3675	1317	4942	1049	6561
深泽乡	10743	5333	5410	4131	5104	5229	1742	7650	1351	9983
双峰乡	3020	1506	1514	1349	1506	1512	466	2003	551	2927
双溪乡	4034	2026	2008	1638	1980	1976	614	2679	741	3866
窈川乡	2375	1156	1219	995	1156	1219	381	1532	462	2284
盘峰乡	1769	896	873	830	884	867	190	1157	422	1710
高二乡	1728	849	879	809	832	870	215	1098	415	1516

表11 续表 21

单位：人、户

地区	总人口			家庭户	家庭户总人口		分年龄人口			居住本地，户口在本地
	合计	男	女	户数	男	女	0-14岁	15-64岁	65岁及以上	
维新乡	1235	648	587	495	597	541	141	835	259	1104
胡宅乡	8750	4562	4188	3335	4516	4167	1483	6085	1182	8338
万苍乡	6960	3406	3554	2816	3302	3498	1196	4741	1023	6490
九和乡	3763	1878	1885	1607	1841	1862	636	2479	648	3553
兰溪市	**560514**	**284960**	**275554**	**201372**	**272919**	**266870**	**81856**	**408333**	**70325**	**487206**
兰江街道	116951	59418	57533	38709	53622	53135	16801	89693	10457	89327
云山街道	77466	38613	38853	28494	37937	38032	10330	57911	9225	63272
永昌街道	37044	19006	18038	13569	18784	17930	5400	26673	4971	34508
赤溪街道	13958	7102	6856	4923	7047	6806	2153	10029	1776	12597
女埠街道	30277	15773	14504	10937	15453	14414	4781	20921	4575	28173
上华街道	37112	18825	18287	13056	17948	17653	4882	27641	4589	32435
游埠镇	29217	14749	14468	11280	14100	13927	3969	20886	4362	25977
诸葛镇	19806	9774	10032	7989	9647	9998	3065	13789	2952	18749
黄店镇	26274	13580	12694	9651	13385	12622	4000	17936	4338	24844
香溪镇	28043	14500	13543	10133	14168	13415	4402	20206	3435	26238
马涧镇	38159	19727	18432	13805	19573	18353	5818	27335	5006	35516
梅江镇	30818	15609	15209	11670	15198	14984	4661	21511	4646	28866
横溪镇	22774	11673	11101	7617	9857	9725	3575	16692	2507	17865
灵洞乡	17971	9084	8887	5902	8832	8823	2654	13158	2159	16233
水亭畲族乡	14929	7407	7522	6217	7338	7496	2431	10091	2407	13761
柏社乡	19715	10120	9595	7420	10030	9557	2934	13861	2920	18845
义乌市	**1234015**	**647079**	**586936**	**419193**	**508539**	**474864**	**158765**	**999770**	**75480**	**558997**
稠城街道	208984	109240	99744	64363	80925	76707	26004	173672	9308	80793
江东街道	171106	89402	81704	53967	69036	65082	22364	141548	7194	58814
稠江街道	125668	67115	58553	44273	53131	48076	15515	105453	4700	36872
北苑街道	130237	68981	61256	44805	52354	46362	15881	109981	4375	38603
后宅街道	75641	40071	35570	25785	31248	28975	10068	60016	5557	42084
城西街道	52581	27454	25127	18660	24080	22738	7930	40266	4385	30448
廿三里街道	84980	44902	40078	24226	30310	27782	9734	70813	4433	33357
佛堂镇	115571	59936	55635	41658	47927	45747	14216	91671	9684	65535
赤岸镇	31495	16139	15356	13380	14866	14648	4765	21619	5111	25723
义亭镇	50665	26138	24527	20166	23635	22514	7319	37400	5946	40244
上溪镇	54500	28194	26306	21238	23434	22631	7547	41134	5819	37236
苏溪镇	82891	43664	39227	28146	35024	32293	10565	67395	4931	40040
大陈镇	49696	25843	23853	18526	22569	21309	6857	38802	4037	29248
东阳市	**804398**	**402282**	**402116**	**288030**	**345771**	**359155**	**118492**	**595699**	**90207**	**578926**
吴宁街道	102122	50630	51492	37183	46915	48220	15925	78271	7926	67170
南市街道	39501	20219	19282	13723	18609	18408	6313	28327	4861	33285
白云街道	91382	47877	43505	21628	29413	28115	10799	76696	3887	28218
江北街道	63810	33360	30450	20689	23733	23897	8406	49654	5750	40170
城东街道	35902	17797	18105	11363	14419	15620	5310	26496	4096	28037
六石街道	29859	14232	15627	10582	12478	14121	4407	21206	4246	25407
巍山镇	51898	23999	27899	21214	21770	26024	8231	35442	8225	43172
虎鹿镇	20079	9262	10817	8655	8920	10524	3089	13452	3538	18643
歌山镇	29788	13758	16030	12686	13139	15657	4741	19966	5081	24201
佐村镇	13399	6250	7149	6442	5980	6997	2030	8403	2966	12628
东阳江镇	13247	6055	7192	5730	5637	6881	1741	8733	2773	11999
湖溪镇	33234	15552	17682	13079	14516	16827	4799	23208	5227	29938
马宅镇	16702	8115	8587	6870	7924	8504	2574	11232	2896	15810
千祥镇	38963	19254	19709	15058	17466	18112	5648	27956	5359	33539

表11 续表 22　　单位：人、户

地区	总人口			家庭户	家庭户总人口		分年龄人口			居住本地，户口在本地
	合计	男	女	户数	男	女	0-14岁	15-64岁	65岁及以上	
南马镇	62121	32098	30023	24528	29292	28214	9236	45258	7627	52082
画水镇	46158	23458	22700	17458	22817	22303	7822	32404	5932	41612
横店镇	108216	56380	51836	37709	48778	46706	16047	83597	8572	65376
三单乡	8017	3986	4031	3433	3965	4025	1374	5398	1245	7639
永康市	**723490**	**383947**	**339543**	**271876**	**347004**	**320512**	**116128**	**549526**	**57836**	**412556**
东城街道	154493	84336	70157	56071	70610	63942	24131	123762	6600	60366
西城街道	108545	58446	50099	41076	51122	46005	15924	86565	6056	49668
江南街道	72881	37025	35856	25956	33982	33017	11902	55123	5856	43486
石柱镇	36243	19141	17102	13540	18034	16666	6061	26897	3285	24641
前仓镇	22433	11905	10528	7726	10391	9758	3643	16263	2527	17339
舟山镇	15766	8070	7696	6359	7988	7659	2619	10800	2347	13961
古山镇	60674	32486	28188	23739	30420	27357	10206	46061	4407	31507
方岩镇	24625	12883	11742	9467	12051	11234	3948	18077	2600	15994
龙山镇	37127	19465	17662	14248	18147	16891	6177	27300	3650	24484
西溪镇	23723	12173	11550	9716	11940	11475	3725	16621	3377	19599
象珠镇	43812	23145	20667	16342	21532	19952	7545	32084	4183	28339
唐先镇	35691	18303	17388	13753	17440	16867	6007	24800	4884	28763
花街镇	27236	14583	12653	11295	13738	12434	3787	20562	2887	17165
芝英镇	60241	31986	28255	22588	29609	27255	10453	44611	5177	37244
衢州市	**2122661**	**1082602**	**1040059**	**767535**	**998348**	**993321**	**342968**	**1525509**	**254184**	**1696077**
柯城区	**464527**	**235553**	**228974**	**163401**	**216486**	**213050**	**67530**	**349026**	**47971**	**326036**
新新街道	48501	24995	23506	17801	23881	22783	8382	38478	1641	16993
府山街道	38001	18413	19588	13653	15386	16531	4481	27923	5597	26832
荷花街道	52954	26365	26589	19767	25334	25959	8553	40099	4302	32736
信安街道	37335	18121	19214	13486	16316	17188	5261	28688	3386	23082
白云街道	31518	15921	15597	6695	9435	9571	3162	26381	1975	14887
双港街道	31158	15796	15362	10438	14422	14257	5006	23625	2527	17180
花园街道	61678	32051	29627	25098	30129	28745	8384	45902	7392	44596
石梁镇	24489	12541	11948	8570	12417	11931	3240	17761	3488	23479
航埠镇	40242	20520	19722	13394	20236	19625	6108	28712	5422	38091
黄家乡	16319	8364	7955	5613	7928	7786	2648	12010	1661	14168
七里乡	2534	1272	1262	1136	1271	1260	391	1603	540	2413
九华乡	15933	8272	7661	6041	8200	7640	2400	11026	2507	15254
沟溪乡	11697	5999	5698	4224	5946	5689	1823	8246	1628	11212
华墅乡	12422	6555	5867	4434	6477	5828	2049	8847	1526	11859
姜家山乡	9516	4876	4640	3329	4800	4628	1531	6937	1048	8899
万田乡	14140	7244	6896	4963	7208	6877	2078	10245	1817	13138
石室乡	16090	8248	7842	4759	7100	6752	2033	12543	1514	11217
衢江区	**341436**	**182148**	**159288**	**117467**	**162958**	**154009**	**51724**	**248077**	**41635**	**284594**
樟潭街道	59701	37590	22111	14657	20446	18949	7230	49663	2808	24334
浮石街道	13614	6898	6716	4906	6884	6716	1941	10038	1635	11097
上方镇	22610	11574	11036	8202	11474	10993	3801	15421	3388	20959
峡川镇	10436	5334	5102	3994	5312	5094	1774	6896	1766	9977
莲花镇	28415	14560	13855	10581	14518	13827	4603	19913	3899	26641
全旺镇	14714	7577	7137	5576	7542	7134	2470	10098	2146	13829
大洲镇	13086	6781	6305	4854	6676	6251	1769	9556	1761	12041
后溪镇	20260	10554	9706	7339	10554	9706	3245	14395	2620	19625
廿里镇	26732	13733	12999	8828	13714	12996	4546	19262	2924	24560
湖南镇	7994	4149	3845	3223	4025	3748	1348	5352	1294	6811
高家镇	48416	24490	23926	16449	23576	22799	7588	35156	5672	44721

表11 续表 23

单位：人、户

地区	总人口			家庭户	家庭户总人口		分年龄人口			居住本地，户口在本地
	合计	男	女	户数	男	女	0-14岁	15-64岁	65岁及以上	
杜泽镇	23427	11806	11621	8590	11194	10889	3409	16598	3420	21219
灰坪乡	2074	1046	1028	895	1041	1024	319	1293	462	1973
太真乡	2778	1432	1346	1238	1432	1346	368	1731	679	2667
双桥乡	2569	1305	1264	1028	1305	1264	403	1610	556	2360
周家乡	12388	6390	5998	4255	6382	5994	1919	8826	1643	12032
云溪乡	19509	10134	9375	7253	10120	9363	3218	13626	2665	18196
举村乡	2086	1148	938	945	1131	936	277	1330	479	1712
岭洋乡	4661	2521	2140	2255	2506	2140	728	3123	810	4211
黄坛口乡	5966	3126	2840	2399	3126	2840	768	4190	1008	5629
常山县	**241368**	**122243**	**119125**	**89635**	**115566**	**115982**	**43311**	**167700**	**30357**	**210542**
白石镇	5854	2876	2978	2309	2801	2947	1105	3978	771	5144
招贤镇	21834	11115	10719	8785	10969	10652	4155	14325	3354	20611
青石镇	25097	12824	12273	9072	12617	12227	4874	17222	3001	23720
球川镇	22276	12072	10204	8160	9740	10136	4305	14763	3208	19044
天马镇	84775	42388	42387	30102	39268	39745	13514	63294	7967	65389
辉埠镇	13073	6786	6287	4325	6313	6155	2171	9394	1508	11610
芳村镇	11783	5780	6003	4518	5674	5899	2511	7439	1833	11300
何家乡	9438	4779	4659	3492	4756	4642	1612	6487	1339	8938
同弓乡	7410	3731	3679	2744	3662	3670	1383	5130	897	6877
大桥头乡	8713	4359	4354	3505	4344	4350	1625	5751	1337	8291
宋畈乡	10659	5376	5283	4146	5327	5279	2073	7074	1512	10132
新昌乡	8122	4012	4110	3346	3982	4092	1674	4910	1538	7690
新桥乡	3779	1907	1872	1503	1896	1871	692	2428	659	3638
东案乡	8555	4238	4317	3628	4217	4317	1617	5505	1433	8158
开化县	**245088**	**119580**	**125508**	**92742**	**114403**	**121738**	**45269**	**168265**	**31554**	**213435**
桐村镇	10323	4943	5380	4110	4915	5376	2447	6388	1488	9848
杨林镇	9693	4772	4921	3615	4753	4921	2006	6369	1318	9212
苏庄镇	12009	5894	6115	4769	5782	6079	2389	7920	1700	11703
齐溪镇	3790	1730	2060	1688	1693	2035	768	2393	629	3698
城关镇	66097	33008	33089	22904	29760	30641	11225	49283	5589	48900
华埠镇	35141	17580	17561	12543	16652	16732	5832	25437	3872	28436
马金镇	22313	10444	11869	8749	9985	11558	4420	14926	2967	20143
村头镇	9038	4234	4804	3837	4197	4800	1903	5624	1511	8627
池淮镇	16050	7727	8323	5962	7680	8313	2986	10968	2096	14463
中村乡	4933	2378	2555	2002	2361	2547	832	3338	763	4771
长虹乡	7229	3496	3733	2890	3453	3710	1328	4706	1195	7020
张湾乡	4859	2366	2493	1883	2347	2484	797	3315	747	4725
何田乡	5787	2728	3059	2459	2696	3055	1027	3784	976	5586
塘坞乡	4020	1844	2176	1789	1830	2171	965	2264	791	3855
林山乡	8096	3940	4156	3375	3912	4136	1371	5134	1591	7830
音坑乡	16127	7850	8277	6065	7781	8247	3191	10542	2394	15453
大溪边乡	6476	3086	3390	2799	3046	3386	1292	3866	1318	6193
金村乡	3107	1560	1547	1303	1560	1547	490	2008	609	2972
龙游县	**362380**	**188570**	**173810**	**128679**	**164934**	**162951**	**52160**	**266894**	**43326**	**293377**
龙洲街道	88894	48682	40212	28849	36899	37660	12330	69314	7250	58213
东华街道	35136	17949	17187	9826	12901	12881	4034	28372	2730	20788
湖镇镇	42472	21753	20719	16468	20363	19825	6357	31037	5078	35946
小南海镇	26780	13716	13064	9382	12933	12621	4064	19190	3526	24666
詹家镇	20990	10742	10248	7548	10294	10032	3178	14918	2894	19632
溪口镇	17862	9011	8851	6947	8825	8736	2664	12646	2552	15837

表11　续表 24　　　　单位：人、户

地区	总人口			家庭户	家庭户总人口		分年龄人口			居住本地，户口在本地
	合计	男	女	户数	男	女	0-14岁	15-64岁	65岁及以上	
横山镇	24281	12233	12048	8933	10960	11111	3611	17089	3581	22073
塔石镇	32921	16833	16088	12093	16286	15840	5105	23167	4649	31944
罗家乡	6013	3071	2942	2476	3068	2940	839	4113	1061	5771
庙下乡	8447	4275	4172	3335	4193	4145	1296	5676	1475	8071
石佛乡	11904	6018	5886	4811	5973	5869	1916	8015	1973	11405
社阳乡	6292	3261	3031	2839	3214	3011	884	4094	1314	6075
大街乡	5162	2668	2494	2000	2658	2492	825	3534	803	4919
沐尘畲族乡	7650	3927	3723	3109	3898	3703	1084	5261	1305	7390
模环乡	27576	14431	13145	10063	12469	12085	3973	20468	3135	20647
江山市	**467862**	**234508**	**233354**	**175611**	**224001**	**225591**	**82974**	**325547**	**59341**	**368093**
双塔街道	67213	33393	33820	23615	31697	32449	11988	49089	6136	45777
虎山街道	84819	42355	42464	30649	39714	40440	15595	63147	6077	48345
四都镇	11379	5813	5566	4112	5695	5514	1843	8022	1514	10454
清湖镇	32796	16404	16392	11265	14779	14839	5151	23776	3869	25236
坛石镇	17452	8720	8732	7105	8639	8729	3216	11410	2826	16053
大桥镇	10292	5092	5200	4256	4928	5183	1643	6885	1764	9711
淤头镇	21837	10917	10920	8104	10273	10363	3531	15115	3191	18413
新塘边镇	16838	8178	8660	7227	8047	8608	3103	10524	3211	15371
廿八都镇	7022	3567	3455	2880	3527	3450	1514	4364	1144	6699
长台镇	11207	5583	5624	4479	5511	5607	2037	7322	1848	10019
上余镇	32679	16928	15751	11835	15658	14784	5225	23584	3870	27605
贺村镇	44063	22171	21892	16320	21059	21115	7877	30776	5410	33153
凤林镇	24485	12041	12444	9718	11895	12352	4701	15631	4153	22360
峡口镇	29446	14733	14713	11057	14415	14565	5606	19649	4191	26583
石门镇	21918	10972	10946	8807	10801	10904	4210	14064	3644	20601
大陈乡	4580	2331	2249	1997	2326	2246	702	2990	888	4161
碗窑乡	13354	6881	6473	5003	6817	6459	2286	9169	1899	12191
保安乡	3751	1863	1888	1549	1791	1844	661	2413	677	3518
双溪口乡	1066	539	527	541	534	525	97	681	288	918
张村乡	5835	3036	2799	2626	2997	2794	995	3411	1429	5458
塘源口乡	5830	2991	2839	2466	2898	2821	993	3525	1312	5467
舟山市	**1121261**	**588414**	**532847**	**430011**	**516365**	**512341**	**114265**	**889226**	**117770**	**688147**
定海区	**464184**	**241134**	**223050**	**176513**	**212414**	**211632**	**51570**	**366875**	**45739**	**261568**
解放街道	53025	25977	27048	21176	24986	26436	6460	41927	4638	24761
昌国街道	31561	15191	16370	12452	14406	15685	4112	24362	3087	19371
环南街道	30049	14973	15076	12267	13706	14381	3124	23753	3172	14219
城东街道	115494	59295	56199	40328	50014	50447	13431	95989	6074	49789
盐仓街道	28083	14618	13465	11039	13813	13217	3683	22027	2373	13701
临城街道	55897	30601	25296	20034	25093	23478	5912	45646	4339	28879
金塘镇	38106	19665	18441	16599	18482	18204	4800	27917	5389	29877
小沙镇	12127	6732	5395	4843	5254	5127	819	8931	2377	8594
岑港镇	11885	6533	5352	4787	5508	5291	906	8737	2242	8488
双桥镇	14976	7767	7209	5846	7482	7160	1546	11105	2325	12960
白泉镇	31551	16468	15083	11144	14988	14612	3299	24271	3981	24375
干览镇	12241	6432	5809	4814	5944	5655	1256	9422	1563	7943
马岙镇	10929	5880	5049	4555	5443	4974	1048	8451	1430	7297
长白乡	3066	1667	1399	1410	1341	1392	170	2198	698	2518
册子乡	6334	4525	1809	1706	1805	1589	288	5515	531	2120
北蝉乡	8860	4810	4050	3513	4149	3984	716	6624	1520	6676

表11 续表 25　　　　单位：人、户

地　区	总人口			家庭户	家庭户总人口		分年龄人口			居住本地，户口在本地
	合　计	男	女	户　数	男	女	0-14岁	15-64岁	65岁及以上	
普陀区	**378805**	**198417**	**180388**	**145992**	**177466**	**174582**	**36994**	**302522**	**39289**	**227237**
沈家门街道	140179	72202	67977	53954	64616	65751	14490	114107	11582	71473
勾山街道	41644	21826	19818	16204	20988	19630	4520	33637	3487	22988
东港街道	42285	21079	21206	15430	20183	20703	6004	34183	2098	18691
朱家尖街道	27981	14432	13549	10057	12848	12540	2751	22276	2954	19453
展茅街道	20057	10239	9818	8204	9955	9678	1730	15327	3000	16686
六横镇	61325	34170	27155	22487	27623	26527	4969	47868	8488	46152
虾峙镇	13111	6890	6221	5691	6421	6158	734	9474	2903	11225
桃花镇	10867	5488	5379	4744	5390	5351	743	7946	2178	9652
东极镇	1506	800	706	809	786	703	17	1068	421	1200
普陀山镇	10411	5713	4698	4563	4566	3863	781	9035	595	3869
蚂蚁岛乡	5814	3690	2124	1986	2278	1958	187	5106	521	2596
登步乡	2617	1352	1265	1339	1317	1260	54	1798	765	2402
白沙乡	1008	536	472	524	495	460	14	697	297	850
岱山县	**202164**	**110084**	**92080**	**76031**	**89917**	**89485**	**18004**	**160295**	**23865**	**139816**
高亭镇	81439	42285	39154	31277	38229	38385	9085	65287	7067	53208
东沙镇	15297	7451	7846	7162	7261	7640	983	10991	3323	11601
岱东镇	8468	4221	4247	3767	4151	4201	486	6246	1736	7762
岱西镇	12138	7346	4792	4209	4723	4589	610	9549	1979	8355
长涂镇	21500	14911	6589	6014	6434	5923	800	18845	1855	8303
衢山镇	53216	27549	25667	20440	25634	25419	5528	41095	6593	45714
秀山乡	10106	6321	3785	3162	3485	3328	512	8282	1312	4873
嵊泗县	**76108**	**38779**	**37329**	**31475**	**36568**	**36642**	**7697**	**59534**	**8877**	**59526**
菜园镇	38919	19478	19441	15992	18542	18871	4366	30531	4022	28097
嵊山镇	8509	4378	4131	3753	4266	4114	727	6733	1049	6677
洋山镇	9732	5000	4732	3708	4469	4669	1083	7644	1005	8406
五龙乡	3319	1754	1565	1483	1564	1557	204	2480	635	2799
黄龙乡	7041	3749	3292	2922	3485	3276	540	5512	989	6213
枸杞乡	7611	3918	3693	3088	3754	3680	745	5942	924	6450
花鸟乡	977	502	475	529	488	475	32	692	253	884
台州市	**5968838**	**3081620**	**2887218**	**2115870**	**2841847**	**2740306**	**922784**	**4459410**	**586644**	**4022650**
椒江区	**653765**	**338445**	**315320**	**220583**	**299820**	**292586**	**95473**	**504778**	**53514**	**384021**
海门街道	111268	57889	53379	38920	50773	50664	15769	86543	8956	60806
白云街道	115058	58163	56895	41666	51675	52567	15680	92173	7205	50558
葭沚街道	117912	60992	56920	37332	50145	48865	15739	94488	7685	53885
洪家街道	73481	37694	35787	21849	32277	31578	10407	57536	5538	41133
三甲街道	62463	32781	29682	22409	29860	28348	9193	46961	6309	45653
下陈街道	54909	28842	26067	19188	26924	25287	7969	42282	4658	34251
前所街道	45921	24480	21441	15062	21580	20465	7420	33773	4728	32808
章安街道	67456	34570	32886	21780	33995	32570	12820	46802	7834	62350
大陈镇	2227	1313	914	974	994	906	144	1788	295	1358
椒江农场	3070	1721	1349	1403	1597	1336	332	2432	306	1219
黄岩区	**632123**	**321453**	**310670**	**220973**	**299778**	**295114**	**89528**	**473499**	**69096**	**429423**
东城街道	97561	48631	48930	34185	43259	44163	12451	77572	7538	48027
南城街道	31505	16317	15188	11469	15367	14570	4299	24529	2677	18334
西城街道	90672	45979	44693	30315	42381	41575	12736	70168	7768	51015
北城街道	54189	29189	25000	19461	25850	23366	6662	43704	3823	28549
新前街道	55718	28992	26726	17770	26436	25241	8097	42833	4788	37174
澄江街道	34512	17571	16941	11699	16921	16713	5032	25681	3799	26476
江口街道	40315	20951	19364	12886	19179	18275	5613	30953	3749	28972
高桥街道	23140	11670	11470	7497	11187	11097	3418	17133	2589	18127

表11 续表 26

单位：人、户

地区	总人口			家庭户	家庭户总人口		分年龄人口			居住本地，户口在本地
	合计	男	女	户数	男	女	0-14岁	15-64岁	65岁及以上	
宁溪镇	23182	11219	11963	9266	10986	11761	3856	15271	4055	20204
北洋镇	22244	10944	11300	8790	10381	10820	3273	14901	4070	19817
头陀镇	31743	16187	15556	10827	15937	15420	4740	22880	4123	29526
院桥镇	73819	37379	36440	24255	35788	35157	10921	55069	7829	54994
沙埠镇	20863	10482	10381	7281	10350	10343	3366	14554	2943	16987
屿头乡	6232	3073	3159	2673	3024	3146	814	3790	1628	5967
上郑乡	5705	2836	2869	2553	2824	2864	792	3422	1491	5532
富山乡	4305	2175	2130	1950	2174	2128	596	2475	1234	4198
茅畲乡	5745	2724	3021	2642	2628	2952	1078	3104	1563	5219
上垟乡	6830	3280	3550	3503	3268	3540	1031	3570	2229	6549
平田乡	3843	1854	1989	1951	1838	1983	753	1890	1200	3756
路桥区	**616622**	**325663**	**290959**	**200316**	**285072**	**266534**	**87284**	**482157**	**47181**	**345123**
路南街道	49312	26412	22900	15920	22514	20453	6960	39007	3345	26168
路桥街道	84539	42999	41540	29620	38654	38058	11428	67644	5467	38639
路北街道	48281	25478	22803	13005	19550	18716	6513	39485	2283	18281
螺洋街道	40636	22081	18555	11310	16553	15671	5610	32545	2481	20085
桐屿街道	42149	22099	20050	13354	19561	18678	6106	32405	3638	28505
峰江街道	78490	42528	35962	29868	40160	34847	10939	62755	4796	34824
新桥镇	39595	21267	18328	12103	17939	16549	5832	30743	3020	22400
横街镇	40797	21782	19015	14376	20022	18229	5740	31982	3075	22151
金清镇	111481	57709	53772	36339	53199	50759	16378	83446	11657	81577
蓬街镇	81342	43308	38034	24421	36920	34574	11778	62145	7419	52493
玉环县	**616346**	**325511**	**290835**	**228771**	**309948**	**284339**	**87938**	**484937**	**43471**	**348447**
玉城街道	178768	94567	84201	67765	89727	82334	26649	143412	8707	85797
坎门街道	88915	45771	43144	30790	44452	42463	12978	68501	7436	58293
大麦屿街道	83759	44851	38908	30513	41983	37605	11936	66197	5626	44026
清港镇	71536	37815	33721	26873	37049	33514	10838	55231	5467	44019
楚门镇	85047	45059	39988	33159	43749	39400	11261	67860	5926	44248
干江镇	21809	11467	10342	8273	11159	10278	2925	16493	2391	16619
沙门镇	25958	13672	12286	8573	12004	11616	3443	19791	2724	19660
芦浦镇	24438	13349	11089	8586	11305	10156	2733	19807	1898	14818
龙溪乡	29720	15729	13991	11453	15361	13836	4305	23364	2051	15102
鸡山乡	3384	1712	1672	1386	1649	1650	486	2388	510	2983
海山乡	3012	1519	1493	1400	1510	1487	384	1893	735	2882
三门县	**328887**	**169665**	**159222**	**116535**	**159079**	**154337**	**57169**	**235416**	**36302**	**268518**
海游镇	105933	54216	51717	35518	50075	48984	18587	79503	7843	71113
沙柳镇	11420	5727	5693	4385	5623	5678	2114	7674	1632	10422
珠岙镇	16174	8388	7786	5635	8299	7750	2993	11337	1844	14077
亭旁镇	33137	16567	16570	11664	16093	15986	6136	22255	4746	31915
六敖镇	24679	12780	11899	8854	11952	11657	4366	17491	2822	21029
健跳镇	24825	13874	10951	8860	11479	10554	3571	18592	2662	19373
横渡镇	7230	3671	3559	3126	3594	3525	1059	4535	1636	6950
浬浦镇	18455	9394	9061	6852	9130	8926	3306	12617	2532	17540
花桥镇	15299	7494	7805	6211	7363	7713	2791	10127	2381	14524
小雄镇	20577	10445	10132	7485	10305	10034	3823	13998	2756	19718
高枧乡	15021	7728	7293	5179	7692	7255	2664	10581	1776	13187
沿赤乡	16504	9131	7373	5978	7697	7002	2374	12487	1643	11900
泗淋乡	17687	9172	8515	6006	8739	8427	3132	12687	1868	15764
蛇蟠乡	1946	1078	868	782	1038	846	253	1532	161	1006

表11 续表 27 单位：人、户

地区	总人口			家庭户	家庭户总人口		分年龄人口			居住本地，户口在本地
	合计	男	女	户数	男	女	0-14岁	15-64岁	65岁及以上	
天台县	**382812**	**191920**	**190892**	**144586**	**183680**	**183880**	**72313**	**260777**	**49722**	**315708**
赤城街道	93268	46355	46913	32790	44382	45202	17505	67435	8328	70833
始丰街道	36514	18539	17975	12532	16796	16750	6799	26086	3629	27112
福溪街道	42560	22033	20527	14149	20889	19643	8187	30898	3475	28169
白鹤镇	37348	18489	18859	15762	18096	18532	6933	24335	6080	35062
石梁镇	6217	3280	2937	3041	3175	2929	628	4184	1405	5874
街头镇	22039	10834	11205	9504	10696	11092	4490	13729	3820	20694
平桥镇	61598	30095	31503	23912	28280	29597	11010	40426	10162	55352
坦头镇	30362	15673	14689	10677	15041	14044	6300	20710	3352	25573
三合镇	19177	9557	9620	7679	9373	9490	4578	11798	2801	16480
洪畴镇	11955	6073	5882	4306	6015	5839	2520	8007	1428	9854
三州乡	**4649**	**2401**	**2248**	**2049**	**2401**	**2246**	**718**	**3017**	**914**	**4463**
龙溪乡	3070	1507	1563	1407	1486	1552	493	1858	719	2905
雷峰乡	5619	2782	2837	2671	2761	2831	948	3338	1333	5322
南屏乡	4259	2180	2079	2122	2167	2078	586	2419	1254	3994
泳溪乡	4177	2122	2055	1985	2122	2055	618	2537	1022	4021
仙居县	**342676**	**173458**	**169218**	**123657**	**169921**	**166501**	**72804**	**226187**	**43685**	**260627**
安洲街道	39055	19932	19123	12570	18972	18447	7320	28644	3091	22540
南峰街道	53426	27036	26390	16964	26230	25582	10756	39061	3609	24363
福应街道	51166	26005	25161	17072	25329	24822	10187	36206	4773	35484
横溪镇	33757	16669	17088	12162	16208	16581	7731	21650	4376	28512
埠头镇	10610	5277	5333	3926	5248	5332	2440	6650	1520	9686
白塔镇	23879	11954	11925	9253	11704	11773	6373	13835	3671	19618
田市镇	13391	6844	6547	5387	6778	6526	3105	7833	2453	12363
官路镇	15986	8168	7818	5784	8156	7811	3685	10432	1869	13996
下各镇	34378	17440	16938	12406	17339	16821	7677	22243	4458	31624
朱溪镇	11684	5858	5826	5229	5841	5823	2362	6644	2678	10992
安岭乡	4829	2463	2366	2175	2463	2366	1028	2766	1035	4410
溪港乡	3609	1859	1750	1470	1858	1750	714	2175	720	3327
湫山乡	7237	3667	3570	2997	3651	3569	1458	4302	1477	6942
淡竹乡	3878	1990	1888	1784	1975	1877	742	2104	1032	3670
皤滩乡	6750	3382	3368	2839	3355	3348	1490	3979	1281	6093
上张乡	5231	2772	2459	2148	2730	2433	1030	3211	990	4952
步路乡	6559	3362	3197	2576	3357	3186	1266	4026	1267	6094
广度乡	3459	1815	1644	1359	1815	1644	566	2052	841	3278
大战乡	8021	4042	3979	3191	4003	3969	1668	4877	1476	7451
双庙乡	5771	2923	2848	2365	2909	2841	1206	3497	1068	5232
温岭市	**1366794**	**710722**	**656072**	**505042**	**640880**	**615440**	**182387**	**1051538**	**132869**	**860026**
太平街道	139696	68968	70728	47850	61134	63995	19366	110410	9920	88455
城东街道	73673	38620	35053	25463	31731	31100	8911	59089	5673	37966
城西街道	37178	19737	17441	14057	17943	16709	5227	29000	2951	19814
城北街道	57775	31072	26703	21377	25217	22840	6401	48845	2529	15325
横峰街道	79395	42759	36636	27216	34846	31797	10398	65390	3607	25619
泽国镇	192558	102540	90018	70391	89517	82977	25166	153208	14184	95094
大溪镇	163986	87207	76779	58566	77115	71793	21922	127755	14309	94166
松门镇	102259	53386	48873	39112	50125	47476	12706	78897	10656	71984
箬横镇	111652	57534	54118	45794	56181	53348	15897	79890	15865	91269
新河镇	108326	55597	52729	40181	51689	50360	14982	79603	13741	80496
石塘镇	65770	33486	32284	25820	32361	31959	8398	49726	7646	53597
滨海镇	61174	31082	30092	24112	30445	29917	8795	43605	8774	50802
温峤镇	73918	38680	35238	27103	33665	32187	10075	55898	7945	45297

表11　续表 28　　　　单位：人、户

地　区	总人口			家庭户	家庭户总人口		分年龄人口			居住本地，户口在本地
	合　计	男	女	户　数	男	女	0-14岁	15-64岁	65岁及以上	
城南镇	61523	31171	30352	22906	30238	30059	8714	44175	8634	55525
石桥头镇	17674	8740	8934	7339	8650	8895	2481	11917	3276	16107
坞根镇	20237	10143	10094	7755	10023	10028	2948	14130	3159	18510
临海市	**1028813**	**524783**	**504030**	**355407**	**493669**	**481575**	**177888**	**740121**	**110804**	**810757**
古城街道	164758	81478	83280	56965	76309	77995	25655	124265	14838	105286
大洋街道	97138	49834	47304	29001	40290	38085	14493	78475	4170	40950
江南街道	31938	16804	15134	12081	15601	14301	4517	24785	2636	21245
大田街道	45505	23138	22367	15205	21365	21169	7458	34146	3901	30686
邵家渡街道	33773	17567	16206	11545	16427	16034	5608	24448	3717	30242
汛桥镇	17495	9289	8206	6280	8643	8109	2658	12767	2070	14049
东塍镇	51297	26006	25291	18232	25207	24784	8636	36693	5968	42380
汇溪镇	9388	4665	4723	3852	4636	4716	1331	6034	2023	9018
小芝镇	25342	12731	12611	8906	12534	12466	4857	17117	3368	24206
河头镇	24905	12234	12671	10306	12223	12669	4699	16108	4098	23910
白水洋镇	57955	29752	28203	22184	29503	28037	13362	36737	7856	54539
括苍镇	29509	15075	14434	11530	15005	14385	6021	19627	3861	28480
永丰镇	37809	19476	18333	13482	18979	18126	6801	25916	5092	35982
尤溪镇	15472	7707	7765	6161	7570	7625	2285	10339	2848	14694
涌泉镇	42942	22455	20487	14946	21431	20343	7466	30332	5144	37840
沿江镇	42462	21864	20598	13560	20861	20190	6640	30767	5055	38290
杜桥镇	183870	95464	88406	59573	89238	85295	32183	131906	19781	148585
上盘镇	44060	22681	21379	14798	21799	21094	8594	30244	5222	40580
桃渚镇	73195	36563	36632	26800	36048	36152	14624	49415	9156	69795
丽水市	**2116957**	**1088188**	**1028769**	**769603**	**1014878**	**978082**	**358355**	**1511151**	**247451**	**1444394**
莲都区	**451418**	**233100**	**218318**	**164241**	**206755**	**198081**	**64690**	**346475**	**40253**	**219673**
紫金街道	82505	41701	40804	29716	39680	39571	13020	64373	5112	31995
岩泉街道	78070	40761	37309	23529	34892	32778	12237	62503	3330	22775
万象街道	44789	21920	22869	17494	20876	21719	6461	33460	4868	21785
白云街道	73684	36414	37270	21535	28294	27980	9681	60278	3725	21524
水阁街道	47955	27787	20168	18282	20831	17268	5046	41068	1841	12883
富岭街道	8619	4385	4234	2953	4348	4226	1369	6267	983	7839
碧湖镇	40187	20926	19261	16008	19128	18375	5543	29706	4938	30713
联城镇	11300	5773	5527	4895	5609	5444	1641	7987	1672	10625
大港头镇	8541	4387	4154	3839	4330	4124	1314	5863	1364	7178
老竹畲族镇	8875	4568	4307	4026	4476	4247	1593	5601	1681	8067
雅溪镇	8411	4272	4139	4048	4225	4115	1299	4908	2204	8043
太平乡	10894	5609	5285	5083	5594	5275	1785	6802	2307	10422
仙渡乡	5023	2635	2388	2430	2629	2384	598	3147	1278	4751
峰源乡	2972	1610	1362	1468	1604	1358	286	1840	846	2677
高溪乡	5770	3017	2753	2378	2995	2742	754	4005	1011	5465
丽新畲族乡	5347	2795	2552	2431	2793	2552	854	3409	1084	4885
双黄乡	3134	1655	1479	1432	1601	1469	430	1940	764	2938
黄村乡	5342	2885	2457	2694	2850	2454	779	3318	1245	5108
青田县	**336542**	**174912**	**161630**	**115546**	**158803**	**151932**	**66460**	**226199**	**43883**	**216625**
鹤城镇	109586	55312	54274	35441	49947	50969	22431	75051	12104	53376
温溪镇	62407	33051	29356	18188	26118	25181	10345	47278	4784	23766
东源镇	12572	6598	5974	4429	6431	5865	2959	8142	1471	10009
高湖镇	10725	5636	5089	3466	5273	4932	2549	6817	1359	9000
船寮镇	26602	13709	12893	8777	12374	11868	5815	17690	3097	22548
海口镇	10368	5489	4879	3415	5279	4806	2321	6656	1391	9117

表11 续表 29 单位：人、户

地　　区	总人口			家庭户户数	家庭户总人口		分年龄人口			居住本地，户口在本地
	合　计	男	女		男	女	0-14岁	15-64岁	65岁及以上	
腊口镇	14016	7169	6847	5224	6845	6634	2661	9168	2187	11617
北山镇	2610	1441	1169	1199	1372	1121	339	1653	618	2181
山口镇	8010	4123	3887	2802	3991	3823	1909	5060	1041	4419
仁庄镇	5432	2839	2593	2284	2665	2527	1066	3330	1036	4795
万山乡	788	431	357	406	430	357	84	473	231	740
黄垟乡	2783	1567	1216	1138	1500	1188	467	1881	435	2171
季宅乡	7099	3782	3317	2915	3777	3316	1590	4408	1101	6408
高市乡	3371	1779	1592	1302	1726	1583	704	2093	574	3066
海溪乡	4392	2341	2051	1714	2302	2032	937	2662	793	4011
章村乡	5822	3178	2644	2525	3124	2619	853	3380	1589	5686
祯旺乡	2312	1240	1072	869	1218	1053	427	1417	468	2166
祯埠乡	8150	4285	3865	2733	4174	3823	1688	5342	1120	7291
舒桥乡	6285	3427	2858	2514	3382	2821	1265	3757	1263	5902
巨浦乡	2624	1465	1159	1174	1316	1152	436	1586	602	2110
岭根乡	624	358	266	304	357	262	82	379	163	546
万阜乡	3152	1747	1405	1254	1712	1401	555	1881	716	2811
方山乡	3682	1824	1858	1595	1783	1823	736	2136	810	2842
汤垟乡	1813	957	856	757	908	836	323	1091	399	1469
贵岙乡	1613	827	786	802	810	778	206	928	479	1450
小舟山乡	1362	735	627	900	735	627	64	829	469	1073
吴坑乡	2769	1483	1286	1372	1386	1240	237	1655	877	2556
仁宫乡	4724	2422	2302	1857	2396	2277	1070	2846	808	4217
章旦乡	2113	1123	990	909	1112	986	463	1266	384	1790
阜山乡	5585	2958	2627	2152	2769	2520	1144	3394	1047	4805
石溪乡	3151	1616	1535	1129	1591	1512	734	1950	467	2687
缙云县	**358917**	**182500**	**176417**	**144359**	**172866**	**169859**	**63929**	**248414**	**46574**	**281914**
五云镇	114444	58471	55973	42364	53149	52149	20130	84835	9479	69943
壶镇镇	79527	40395	39132	31013	38462	37860	13825	57020	8682	63439
新建镇	43793	22062	21731	18014	21461	21255	8886	28043	6864	39830
舒洪镇	14793	7368	7425	5805	6837	6941	2677	10150	1966	12060
大洋镇	8859	4617	4242	3808	4607	4232	1737	5741	1381	8275
东渡镇	24974	12713	12261	10354	12430	12148	4767	16495	3712	21083
东方镇	17577	9108	8469	7336	8583	8242	2951	11970	2656	15863
大源镇	9570	4764	4806	4692	4626	4725	1428	5825	2317	9075
七里乡	12157	6219	5938	5254	6050	5916	2264	8006	1887	10918
前路乡	4979	2559	2420	2204	2548	2415	749	3290	940	4769
三溪乡	3514	1794	1720	1765	1785	1716	645	2031	838	3368
溶江乡	6971	3434	3537	3334	3388	3531	1059	4150	1762	6624
双溪口乡	6043	2999	3044	2827	2964	3021	938	3735	1370	5650
胡源乡	6832	3441	3391	3283	3431	3390	1114	4148	1570	6517
方溪乡	1830	966	864	902	959	862	228	1142	460	1745
石笕乡	3054	1590	1464	1404	1586	1456	531	1833	690	2755
遂昌县	**190165**	**97241**	**92924**	**70191**	**93557**	**90249**	**29496**	**135571**	**25098**	**158342**
妙高镇	71699	36028	35671	25007	33546	33556	11072	54395	6232	49088
云峰镇	16450	8518	7932	6446	8355	7856	2562	11606	2282	14788
新路湾镇	7818	3989	3829	3188	3974	3822	1139	5387	1292	7510
北界镇	6630	3313	3317	2601	3212	3251	1162	4364	1104	6071
金竹镇	9687	5034	4653	3826	5016	4646	1622	6362	1703	9258
大柘镇	12733	6594	6139	4197	6448	6125	1840	9193	1700	11444
石练镇	10299	5248	5051	3476	5198	5016	1642	7296	1361	9075

表11 续表 30 单位：人、户

地　　区	总人口			家庭户	家庭户总人口		分年龄人口			居住本地，户口在本地
	合　计	男	女	户　数	男	女	0-14岁	15-64岁	65岁及以　上	
王村口镇	6310	3270	3040	2478	3244	3029	948	4272	1090	5891
黄沙腰镇	4442	2316	2126	1840	2223	2105	641	2982	819	4223
三仁畲族乡	7079	3623	3456	2459	3592	3441	976	5114	989	6585
濂竹乡	2267	1189	1078	968	1096	1033	250	1505	512	2058
应村乡	5779	2949	2830	2281	2883	2773	1038	3699	1042	5390
高坪乡	3895	2039	1856	1580	2037	1856	795	2474	626	3651
湖山乡	6855	3597	3258	2649	3511	3229	1115	4599	1141	6332
蔡源乡	2017	1040	977	841	1021	959	277	1324	416	1794
焦滩乡	2148	1114	1034	780	1033	992	300	1476	372	1939
龙洋乡	2847	1490	1357	1104	1451	1332	427	1966	454	2663
柘岱口乡	4362	2287	2075	1894	2228	2046	633	2967	762	4190
西畈乡	2446	1282	1164	981	1244	1145	423	1554	469	2267
垵口乡	4402	2321	2081	1595	2245	2037	634	3036	732	4125
松阳县	**185051**	**94581**	**90470**	**71319**	**91496**	**88156**	**30422**	**131632**	**22997**	**152221**
西屏镇	66021	33085	32936	24163	31229	31221	10800	49467	5754	45804
古市镇	20229	10210	10019	7615	9926	9704	3203	14599	2427	15328
玉岩镇	9213	4749	4464	3537	4704	4443	1972	6100	1141	8228
象溪镇	8765	4489	4276	3648	4397	4252	1269	5954	1542	8344
大东坝镇	9961	5101	4860	4084	5036	4843	1798	6494	1669	9523
望松乡	8619	4517	4102	3416	4351	4090	1345	6258	1016	7270
叶村乡	6253	3319	2934	2402	3030	2828	933	4558	762	5372
斋坛乡	6134	3179	2955	2570	3170	2949	947	4376	811	5742
三都乡	2496	1278	1218	1137	1277	1218	315	1582	599	2431
竹源乡	1966	1017	949	927	1016	949	363	1111	492	1883
四都乡	1165	604	561	543	601	560	184	705	276	1132
赤寿乡	8335	4310	4025	3407	4202	4006	1284	5899	1152	7526
新兴乡	8171	4211	3960	3034	4181	3955	1272	5885	1014	7406
樟溪乡	7231	3700	3531	2918	3699	3531	1178	5065	988	6910
谢村乡	3453	1860	1593	1277	1860	1593	692	2359	402	3212
新处乡	3307	1756	1551	1248	1755	1550	687	2060	560	3167
枫坪乡	5322	2758	2564	1993	2699	2521	910	3664	748	5032
板桥畲族乡	2799	1457	1342	1121	1421	1326	409	1781	609	2671
裕溪乡	3656	1948	1708	1470	1925	1701	529	2424	703	3409
安民乡	1955	1033	922	809	1017	916	332	1291	332	1831
云和县	**111591**	**58012**	**53579**	**36405**	**55002**	**51897**	**17220**	**82428**	**11943**	**72534**
云和镇	79481	40741	38740	24618	37975	37190	12898	60364	6219	42925
石塘镇	4146	2313	1833	1550	2148	1760	457	2963	726	3628
紧水滩镇	1562	872	690	707	872	690	148	1034	380	1461
崇头镇	6333	3342	2991	2042	3324	2982	986	4433	914	5842
雾溪畲族乡	1173	642	531	420	642	531	138	836	199	1109
安溪畲族乡	1642	859	783	572	859	783	212	1143	287	1520
云坛乡	3063	1652	1411	1074	1647	1405	372	2170	521	2862
朱村乡	4122	2206	1916	1567	2198	1905	632	2742	748	3841
大源乡	970	539	431	474	539	431	62	552	356	925
赤石乡	2239	1216	1023	963	1211	1022	245	1464	530	2083
黄源乡	3323	1757	1566	1096	1728	1545	563	2292	468	3045
大湾乡	963	511	452	330	497	441	153	670	140	873
沙铺乡	1193	629	564	436	629	564	206	780	207	1123
云丰乡	1381	733	648	556	733	648	148	985	248	1297
庆元县	**141541**	**71948**	**69593**	**49777**	**68158**	**67033**	**26352**	**100263**	**14926**	**101926**
松源镇	74093	36813	37280	23544	34941	35459	15083	53891	5119	42322
黄田镇	11072	5775	5297	4262	5601	5216	1982	7642	1448	9663
竹口镇	8335	4513	3822	2587	3738	3546	1422	6117	796	6559
屏都镇	8972	4548	4424	3313	4456	4387	1823	6215	934	7274
荷地镇	3702	1905	1797	1565	1755	1729	614	2439	649	3412
左溪镇	2073	1117	956	910	957	908	198	1469	406	1850

表11 续表 31

单位：人、户

地区	总人口 合计	总人口 男	总人口 女	家庭户 户数	家庭户总人口 男	家庭户总人口 女	分年龄人口 0-14岁	分年龄人口 15-64岁	分年龄人口 65岁及以上	居住本地，户口在本地
贤良镇	1482	751	731	661	701	703	185	971	326	1360
岭头乡	2569	1337	1232	1155	1322	1220	288	1716	565	2432
五大堡乡	4065	2122	1943	1658	1973	1890	626	2745	694	3779
淤上乡	5150	2655	2495	1893	2597	2482	1081	3423	646	4724
安南乡	4590	2397	2193	1681	2326	2164	913	3153	524	4213
张村乡	1820	938	882	837	912	872	203	1246	371	1772
隆宫乡	4845	2496	2349	1646	2453	2327	1037	3237	571	4445
举水乡	1821	931	890	859	926	884	205	1255	361	1711
江根乡	1888	958	930	832	930	914	247	1243	398	1779
合湖乡	1557	828	729	758	801	718	144	1073	340	1473
龙溪乡	870	457	413	446	457	413	87	554	229	805
百山祖乡	965	542	423	431	466	405	54	712	199	792
官塘乡	1039	529	510	428	510	499	130	707	202	948
四山乡	633	336	297	311	336	297	30	455	148	613
景宁畲族自治县	**107106**	**55642**	**51464**	**38355**	**52522**	**49671**	**18550**	**74373**	**14183**	**75610**
鹤溪镇	58673	29431	29242	19240	27787	27979	12036	42162	4475	31298
渤海镇	1840	1081	759	820	1038	733	148	1195	497	1700
东坑镇	5723	3180	2543	1851	2727	2379	844	3978	901	4917
英川镇	3736	1998	1738	1765	1911	1704	326	2382	1028	3422
沙湾镇	5987	3168	2819	2481	2995	2769	820	3909	1258	5485
大均乡	2102	1123	979	795	1117	977	309	1460	333	2026
澄照乡	3979	2155	1824	1354	1995	1784	551	2777	651	3551
梅岐乡	1232	704	528	535	678	519	136	780	316	1157
郑坑乡	1619	895	724	546	875	714	287	1047	285	1495
大漈乡	2129	1134	995	754	1081	975	355	1472	302	1928
景南乡	2689	1436	1253	964	1386	1239	385	1906	398	2567
雁溪乡	1107	624	483	514	612	480	109	663	335	1056
葛山乡	954	523	431	490	523	431	66	528	360	939
鸬鹚乡	1998	1036	962	835	962	931	248	1309	441	1838
梧桐乡	2781	1412	1369	1066	1376	1345	487	1842	452	2597
标溪乡	1675	868	807	715	838	789	277	1077	321	1544
毛垟乡	1552	794	758	594	740	731	213	1074	265	1362
秋炉乡	1246	665	581	526	628	567	114	825	307	1179
大地乡	1905	1040	865	760	1036	862	267	1213	425	1829
家地乡	831	475	356	360	434	343	56	586	189	745
九龙乡	3348	1900	1448	1390	1783	1420	516	2188	644	2975
龙泉市	**234626**	**120252**	**114374**	**79410**	**115719**	**111204**	**41236**	**165796**	**27594**	**165549**
龙渊街道	41919	20795	21124	13530	19616	19931	7580	31006	3333	20589
西街街道	22254	11113	11141	7779	10998	11076	3771	15797	2686	13308
剑池街道	45726	23245	22481	14534	21588	21268	8815	34177	2734	17628
八都镇	19877	10208	9669	6039	9898	9442	3597	13707	2573	17697
上垟镇	11703	6047	5656	3931	6019	5650	2133	8039	1531	11132
小梅镇	8559	4426	4133	2841	4312	4091	1631	5888	1040	7833
查田镇	10790	5546	5244	3757	5268	5166	2011	7360	1419	9731
安仁镇	14669	7680	6989	5130	7590	6943	2659	10129	1881	12242
锦溪镇	7472	3927	3545	2505	3800	3516	1185	5115	1172	7040
住龙镇	4498	2348	2150	1525	2244	2106	745	3138	615	4089
屏南镇	2871	1547	1324	1346	1540	1320	291	1813	767	2731
兰巨乡	9396	4914	4482	3329	4772	4439	1554	6366	1476	8719
蛟石乡	5221	2785	2436	1814	2587	2392	850	3591	780	4411
宝溪乡	4325	2243	2082	1586	2215	2064	749	2887	689	4104
竹垟畲族乡	5325	2821	2504	1648	2805	2493	861	3652	812	5055
道太乡	6260	3319	2941	2449	3269	2908	924	4179	1157	5972
岩樟乡	1924	1036	888	755	1010	865	259	1294	371	1811
城北乡	5362	2855	2507	2192	2815	2481	777	3423	1162	5180
龙南乡	6475	3397	3078	2720	3373	3053	844	4235	1396	6277

表12 安徽省乡、镇、街道人口

单位：人、户

地区	总人口			家庭户	家庭户总人口		分年龄人口			居住本地，户口在本地
	合计	男	女	户数	男	女	0-14岁	15-64岁	65岁及以上	
安徽省	**59500468**	**30245513**	**29254955**	**18861956**	**28462853**	**28031038**	**10576136**	**42839784**	**6084548**	**51501605**
合肥市	**5702466**	**2982490**	**2719976**	**1832390**	**2489827**	**2401399**	**801192**	**4418679**	**482595**	**3676449**
瑶海区	**861022**	**446436**	**414586**	**301023**	**402277**	**385386**	**123462**	**677814**	**59746**	**434592**
明光路街道	22264	11638	10626	8502	10561	10186	2438	17710	2116	14379
车站街道	23986	12435	11551	8879	11056	10691	2830	19221	1935	12929
胜利路街道	16472	8141	8331	6260	7217	7273	1493	13089	1890	9305
三里街街道	55538	28314	27224	21880	25900	25682	5893	44189	5456	34285
铜陵路街道	59315	30106	29209	22227	28841	28114	7854	46040	5421	34942
七里站街道	48667	24719	23948	17750	23620	22747	7226	37375	4066	25879
红光街道	49444	25983	23461	18820	24252	22718	5964	37660	5820	37729
和平路街道	30079	15134	14945	11903	14726	14652	3360	22618	4101	21017
大通路街道	30389	15227	15162	11689	14271	14637	4008	23293	3088	20295
城东街道	48916	24843	24073	18097	24208	23716	7969	37902	3045	23867
长淮街道	66593	33609	32984	23503	31053	31068	9030	53782	3781	30254
方庙街道	57578	29478	28100	19388	27215	26963	9591	45756	2231	24478
七里塘街道	124538	65921	58617	41716	57193	54033	19652	99730	5156	47001
大兴镇	38199	20080	18119	12689	18579	17704	5867	29591	2741	18979
磨店乡	51367	27639	23728	10807	14554	12595	4373	43781	3213	26644
瑶海区工业园	38509	20554	17955	12816	18582	16937	6233	29748	2528	23393
合肥龙岗综合经济开发区	99168	52615	46553	34097	50449	45670	19681	76329	3158	29216
庐阳区	**609239**	**314197**	**295042**	**200926**	**266220**	**262776**	**74805**	**486093**	**48341**	**378364**
亳州路街道	64571	32205	32366	22640	30058	30472	8905	50967	4699	37064
双岗街道	82556	41579	40977	30515	38229	38196	9149	66316	7091	49394
杏林街道	47880	24336	23544	16219	21451	21446	7145	38057	2678	25224
海棠街道	34573	17531	17042	12215	16660	16513	5863	26895	1815	15853
杏花村街道	75021	40153	34868	26685	35993	33071	11216	59925	3880	31934
逍遥津街道	19511	9852	9659	6999	8828	8515	1766	15413	2332	12605
三牌楼街道	18436	9243	9193	6384	8580	8678	1966	13509	2961	14848
县桥街道	42820	22787	20033	9837	12893	12950	2934	36228	3658	36288
益民街道	44490	23103	21387	11017	14351	14873	3490	36238	4762	38014
安庆路街道	40759	21168	19591	13237	17335	17953	4316	31888	4555	31043
光明街道	28411	13934	14477	9883	13046	13572	3081	22097	3233	22902
大杨镇	60633	31564	29069	19645	26897	25856	8509	48629	3495	34758
三十岗乡	13176	6728	6448	4422	6413	6268	1719	10130	1327	12283
庐阳工业区	36402	20014	16388	11228	15486	14413	4746	29801	1855	16154
蜀山区	**1022321**	**547663**	**474658**	**270755**	**355166**	**338260**	**108935**	**859131**	**54255**	**514102**
三里庵街道	89255	46773	42482	22039	26934	25832	6640	75030	7585	60478
稻香村街道	51284	29038	22246	17011	19868	18226	4541	43025	3718	20603
琥珀街道	87262	46703	40559	19062	24493	24523	6900	74831	5531	52253
南七街道	66226	33998	32228	22640	28855	29159	8644	52912	4670	32636
西园街道	65440	33457	31983	21308	28874	28850	9652	50217	5571	43098
五里墩街道	76847	39746	37101	24259	31226	29769	9490	62902	4455	35571
荷叶地街道	44102	23862	20240	13272	18829	18085	6225	35553	2324	23506

表12 续表 1　　　　　　　　　　　　　　　　　　　　　　单位：人、户

地　区	总人口			家庭户	家庭户总人口		分年龄人口			居住本地，户口在本地
	合　计	男	女	户　数	男	女	0–14岁	15–64岁	65岁及以上	
笔架山街道	25263	13599	11664	8735	11295	11126	3271	20975	1017	9953
井岗镇	112896	58977	53919	33866	45791	43672	14463	92605	5828	57149
南岗镇	12594	7085	5509	4101	5847	5163	1645	9755	1194	9182
蜀山新产业园区	16542	8810	7732	5554	7366	6851	2463	13258	821	8717
高新技术产业开发区	118723	63718	55005	29365	39046	36365	11902	100765	6056	67183
莲花社区管理委员会	64116	32211	31905	14515	19037	17813	6970	55947	1199	23357
芙蓉社区管理委员会	49218	28854	20364	8346	10986	10400	4043	44441	734	19938
锦绣社区管理委员会	68320	40128	28192	9673	13761	12340	4602	62441	1277	24187
海恒社区管理委员会	48656	26051	22605	11316	15353	13942	5197	42205	1254	16142
临湖社区管理管委会	25577	14653	10924	5693	7605	6144	2287	22269	1021	10149
包河区	**817686**	**450249**	**367437**	**263526**	**344988**	**325275**	**98562**	**665140**	**53984**	**397868**
骆岗街道	75955	44742	31213	20901	29251	26999	8746	63028	4181	32205
常青街道	105575	57784	47791	37370	48066	42987	13631	86398	5546	40120
芜湖路街道	133130	69267	63863	47038	56458	56764	13159	107137	12834	80386
包公街道	105122	57043	48079	31329	39221	39915	10002	85892	9228	62109
望湖街道	179924	96468	83456	58059	78612	75669	24971	146302	8651	62205
义城街道	30329	16025	14304	10731	14205	13839	3786	23618	2925	27127
烟墩街道	88075	54950	33125	26434	34220	29295	10325	73119	4631	46309
淝河镇	78565	42814	35751	23749	34096	30052	10903	64284	3378	29677
大圩镇	21011	11156	9855	7915	10859	9755	3039	15362	2610	17730
长丰县	**671343**	**342814**	**328529**	**232783**	**319598**	**312850**	**110655**	**487734**	**72954**	**570220**
水湖镇	108318	54457	53861	39844	52319	52651	18061	80742	9515	92577
庄墓镇	18817	9542	9275	6645	9380	9201	3918	12756	2143	16956
杨庙镇	29364	14841	14523	10685	14416	14329	5335	20705	3324	27205
吴山镇	32728	16625	16103	13256	16325	15981	4955	24000	3773	30467
岗集镇	50960	26480	24480	17387	24835	23630	7290	38623	5047	44724
双墩镇	76098	37966	38132	24344	35139	34418	11110	57398	7590	62635
下塘镇	64673	32462	32211	24625	31374	31515	9886	46443	8344	60043
朱巷镇	32176	16687	15489	11173	15072	14914	6163	21830	4183	28307
三十头镇	41808	21835	19973	12397	18096	17394	5730	32234	3844	29798
罗塘乡	45036	22974	22062	17063	22846	21985	8669	30684	5683	42256
义井乡	30995	15931	15064	11361	15757	14998	5862	21458	3675	29399
陶楼乡	17730	8959	8771	7005	8921	8755	2780	12543	2407	16749
造甲乡	22435	11387	11048	7630	11264	11020	3540	15506	3389	20744
左店乡	19640	10083	9557	6944	9935	9463	4143	12789	2708	17759
杜集乡	40613	20623	19990	12279	20217	19830	8414	26375	5824	37027
双凤开发区	39952	21962	17990	10145	13702	12766	4799	33648	1505	13574
肥东县	**861960**	**439900**	**422060**	**285800**	**408268**	**404121**	**158570**	**592747**	**110643**	**712159**
店埠镇	225808	115918	109890	71602	105758	103581	40199	167622	17987	154015
撮镇镇	87613	46770	40843	26559	37723	37802	11120	66931	9562	66539
梁园镇	56131	28438	27693	18254	26291	26035	10609	37477	8045	51388
桥头集镇	34447	16728	17719	12854	15939	17069	5219	23411	5817	30869
长临河镇	28706	13646	15060	11872	12583	14476	4686	17335	6685	26788
石塘镇	41356	19722	21634	15593	19461	21376	8201	26000	7155	38752
古城镇	44639	22806	21833	15256	21971	21367	10356	27524	6759	41765

表12 续表 2 单位：人、户

地 区	总人口 合计	总人口 男	总人口 女	家庭户 户数	家庭户总人口 男	家庭户总人口 女	分年龄人口 0-14岁	分年龄人口 15-64岁	分年龄人口 65岁及以上	居住本地，户口在本地
八斗镇	48049	24613	23436	14853	24073	23128	10474	30506	7069	44644
元疃镇	18563	9445	9118	6547	9128	8953	3143	12420	3000	16929
白龙镇	49374	25091	24283	15226	23852	23711	8954	33168	7252	45534
包公镇	38889	18951	19938	13813	18383	19644	8954	23487	6448	36279
众兴乡	16671	8312	8359	5305	7925	7981	2915	11266	2490	15669
张集乡	21593	11075	10518	6683	10909	10432	4301	14063	3229	20598
马湖乡	17142	8784	8358	5936	8669	8306	4281	10145	2716	15782
陈集乡	18399	9720	8679	6320	9606	8617	4142	11580	2677	16766
响导乡	23375	12486	10889	7972	12265	10802	5490	14802	3083	21866
杨店乡	21685	11304	10381	7750	11132	10264	4001	14332	3352	20441
牌坊回族满族乡	29748	15746	14002	10515	14146	13265	4974	20539	4235	25394
肥东新城开发区	28472	14471	14001	8677	12657	11904	5048	21911	1513	11388
合肥循环经济示范园	11300	5874	5426	4213	5797	5408	1503	8228	1569	10753
肥西县	**858895**	**441231**	**417664**	**277577**	**393310**	**372731**	**126203**	**650020**	**82672**	**669144**
上派镇	171429	85818	85611	57555	80905	79783	28576	129948	12905	119330
三河镇	45606	23796	21810	18330	22858	20793	6814	33106	5686	40492
高刘镇	50982	26541	24441	17508	25738	24146	8351	36887	5744	48022
官亭镇	62965	32371	30594	23108	30952	29513	10588	44416	7961	59109
小庙镇	62883	32992	29891	22059	31830	28899	8455	47438	6990	56412
山南镇	63327	33284	30043	19989	32452	29399	9380	47371	6576	60317
花岗镇	64245	33705	30540	24819	32130	29553	10655	45172	8418	58877
紫蓬镇	29500	15185	14315	10361	13823	12697	3855	22468	3177	23837
桃花镇	71638	39841	31797	13321	18219	16906	5666	63631	2341	21873
丰乐镇	38070	19303	18767	12637	19000	18538	6302	27075	4693	35393
高店乡	30984	15787	15197	10109	15591	14926	5428	22093	3463	29951
铭传乡	31020	15907	15113	9207	15608	14972	4507	23064	3449	29830
柿树岗乡	38814	19266	19548	13069	19090	19381	6157	28115	4542	36641
严店乡	30340	15481	14859	11232	15253	14644	5356	20921	4063	28911
桃花工业园管委会	42515	20345	22170	8697	11898	10769	3793	37915	807	5386
紫蓬山管委会	24577	11609	12968	5576	7963	7812	2320	20400	1857	14763
芜湖市	**2263123**	**1165745**	**1097378**	**781367**	**1017956**	**1007169**	**284468**	**1735043**	**243612**	**1741294**
镜湖区	**533330**	**273561**	**259769**	**195986**	**248496**	**244467**	**51620**	**416317**	**65393**	**394430**
北京路街道	51446	25850	25596	19730	24047	24667	4444	39591	7411	39582
赭麓街道	56292	28898	27394	19781	27275	26850	6049	43888	6355	35953
镜湖街道	34427	17396	17031	13320	15968	16107	2772	27117	4538	26940
吉和街道	43990	22601	21389	16387	20474	20720	3916	34897	5177	33340
赭山街道	67693	33042	34651	21637	27706	28791	5444	53251	8998	53072
弋矶山街道	52004	27423	24581	19781	24538	23805	4794	40400	6810	36566
汀棠街道	40348	20160	20188	15290	19902	19950	5304	31270	3774	28197
天门山街道	65892	34188	31704	24406	31923	30775	7212	51647	7033	43981
北门街道	40185	21510	18675	14571	17236	16128	2553	32493	5139	33663
东门街道	40515	21131	19384	15386	18460	17705	3275	32052	5188	25826
荆山街道	9450	4904	4546	3656	4809	4484	1158	7184	1108	8369
方村街道	31088	16458	14630	12041	16158	14485	4699	22527	3862	28941
弋江区	**309514**	**158269**	**151245**	**92065**	**125120**	**120701**	**31465**	**255040**	**23009**	**180965**
弋江桥街道	34097	16610	17487	12903	15940	17079	3545	27083	3469	17900
中山南路街道	22333	11176	11157	9237	10851	10590	2431	18088	1814	10849
利民路街道	20542	10070	10472	7789	9690	10278	2096	16639	1807	11215
马塘街道	33457	17997	15460	11468	15915	14953	3727	26655	3075	18451
澛港街道	89920	45841	44079	14599	18230	16108	4102	83170	2648	39237

表12 续表 3 单位：人、户

地区	总人口			家庭户	家庭户总人口		分年龄人口			居住本地，户口在本地
	合计	男	女	户数	男	女	0-14岁	15-64岁	65岁及以上	
南瑞党工委(原南瑞街道已撤销)	38189	19245	18944	12921	18866	18796	5278	29646	3265	19675
火龙岗镇	70976	37330	33646	23148	35628	32897	10286	53759	6931	63638
鸠江区	**319820**	**177298**	**142522**	**93775**	**121850**	**120487**	**30501**	**265247**	**24072**	**184912**
四褐山街道	29277	15145	14132	10590	13197	13837	2746	23454	3077	19194
裕溪口街道	4570	2147	2423	2479	2073	2414	187	3114	1269	3618
官陡街道	79165	43292	35873	21727	28203	30048	7695	66109	5361	45725
湾里街道	51556	28242	23314	14068	19068	18915	4636	43735	3185	22501
清水街道	36464	18556	17908	12733	17533	17238	4565	27931	3968	30885
龙山街道	88699	53078	35621	19861	26431	25176	7218	77980	3501	37840
万春街道	25540	14372	11168	10605	13169	10905	3037	19125	3378	23201
芜湖经济技术开发区	4549	2466	2083	1712	2176	1954	417	3799	333	1948
三山区	**144378**	**74833**	**69545**	**51190**	**71304**	**68670**	**21138**	**106175**	**17065**	**130529**
三山街道	30439	15699	14740	10931	14695	14321	4280	23080	3079	25071
保定街道	27612	14124	13488	10521	13258	13359	3953	19963	3696	25649
龙湖街道	23072	11978	11094	8188	11614	10985	3461	17033	2578	20628
高安街道	23734	12077	11657	7936	11973	11610	3933	16889	2912	23055
峨桥镇	39521	20955	18566	13614	19764	18395	5511	29210	4800	36126
芜湖县	**294039**	**149384**	**144655**	**107970**	**141771**	**139599**	**44000**	**215604**	**34435**	**252878**
湾沚镇	123300	61594	61706	44041	56491	58098	16820	95474	11006	93417
六郎镇	69964	36698	33266	25164	35294	32338	9983	51318	8663	64063
陶辛镇	38461	19867	18594	14616	19563	18439	6190	27086	5185	36617
红杨镇	34197	17154	17043	13900	16943	16901	6178	22405	5614	32869
花桥镇	28117	14071	14046	10249	13480	13823	4829	19321	3967	25912
繁昌县	**257764**	**131900**	**125864**	**93904**	**124327**	**121730**	**34138**	**196501**	**27125**	**225944**
繁阳镇	101275	50896	50379	38886	49026	49598	13932	77429	9914	87030
荻港镇	35145	18040	17105	14288	16958	16836	4310	26586	4249	29761
孙村镇	54218	27872	26346	18476	25513	24164	7407	41374	5437	48174
平铺镇	26292	13605	12687	8516	13511	12646	3604	19679	3009	25559
新港镇	19024	10368	8656	6087	8881	8339	2455	14463	2106	16499
峨山镇	21810	11119	10691	7651	10438	10147	2430	16970	2410	18921
南陵县	**404278**	**200500**	**203778**	**146477**	**185088**	**191515**	**71606**	**280159**	**52513**	**371636**
籍山镇	138640	68476	70164	46292	60920	62436	22332	102671	13637	119060
许镇镇	77048	38502	38546	27486	35519	36832	14932	51677	10439	72810
弋江镇	67710	32707	35003	26343	32365	34763	11886	45835	9989	65576
三里镇	28516	14420	14096	11147	13535	13695	5158	19152	4206	26826
何湾镇	23206	11672	11534	9652	11240	11379	4702	14550	3954	22401
工山镇	35124	17828	17296	13098	16149	16494	6504	23137	5483	33310
烟墩镇	11770	5818	5952	4551	5336	5582	2480	7541	1749	11311
家发镇	22264	11077	11187	7908	10024	10334	3612	15596	3056	20342
蚌埠市	**3164467**	**1612771**	**1551696**	**972791**	**1553949**	**1507479**	**585261**	**2243337**	**335869**	**2764947**
龙子湖区	**243123**	**123067**	**120056**	**87584**	**118216**	**118311**	**32385**	**182681**	**28057**	**183909**
东风街道	19237	9393	9844	7590	9383	9779	2155	14601	2481	14503
延安街道	14882	7231	7651	5806	7027	7615	1574	10909	2399	11471
治淮街道	22091	10507	11584	8801	10308	11221	2569	16424	3098	14800
东升街道	38229	18898	19331	14002	18097	18947	4469	29272	4488	27838
解放街道	51616	25988	25628	20493	25585	25159	6455	39240	5921	36265
曹山街道	32551	16719	15832	11842	16264	15623	4490	24497	3564	21128
长淮卫镇	45095	24086	21009	13518	21915	20988	7372	33449	4274	40056
李楼乡	19422	10245	9177	5532	9637	8979	3301	14289	1832	17848

表12 续表 4 单位：人、户

地区	总人口			家庭户	家庭户总人口		分年龄人口			居住本地，户口在本地
	合计	男	女	户数	男	女	0-14岁	15-64岁	65岁及以上	
蚌山区	**334426**	**167490**	**166936**	**110307**	**143812**	**144567**	**41160**	**263933**	**29333**	**212295**
天桥街道	9661	4644	5017	4004	4597	4977	1061	7377	1223	7611
青年街道	20458	9690	10768	8904	9569	10628	2037	15925	2496	15365
纬二路街道	19191	9425	9766	7976	9383	9749	1894	15041	2256	14377
黄庄街道	35462	17878	17584	13605	17487	17311	4007	27606	3849	25021
宏业村街道	22113	11084	11029	8533	10818	10826	2327	16842	2944	16974
胜利街道	35187	17410	17777	15197	17068	17481	4075	26513	4599	24033
龙湖街道	21365	10196	11169	5840	7346	7400	1894	17768	1703	12787
湖滨社区行政事务管理中心	65232	33036	32196	11161	16068	15751	4994	57819	2419	32656
淮河社区行政事务管理中心	47541	23669	23872	16694	23239	23595	8701	35722	3118	25555
燕山乡	35795	18953	16842	10768	16946	16043	6116	26562	3117	29424
雪华乡	22421	11505	10916	7625	11291	10806	4054	16758	1609	8492
禹会区	**249361**	**127195**	**122166**	**85605**	**122197**	**120330**	**37228**	**185210**	**26923**	**195718**
朝阳街道	16929	8469	8460	6174	8335	8311	2031	12532	2366	13506
纬四街道	36173	18175	17998	13108	18146	17988	4386	27289	4498	29459
大庆街道	42877	22260	20617	15285	20803	20473	5488	32212	5177	34479
张公山街道	48750	24376	24374	17774	23833	24249	6008	36764	5978	37781
钓鱼台街道	16727	8608	8119	5137	6502	6884	2192	13138	1397	11120
秦集镇	44863	23392	21471	13634	23260	21428	9031	31575	4257	41643
长青乡	30234	15477	14757	10154	15265	14710	5593	22188	2453	20400
高新技术开发区	12808	6438	6370	4339	6053	6287	2499	9512	797	7330
淮上区	**145874**	**73831**	**72043**	**44813**	**72127**	**71068**	**25970**	**105110**	**14794**	**136205**
淮滨街道	3099	1604	1495	1133	1582	1487	365	2346	388	2104
小蚌埠镇	48023	23907	24116	14659	23632	23931	7350	36496	4177	45327
吴小街镇	27454	13904	13550	7757	13150	12943	4381	20800	2273	25322
曹老集镇	36385	18629	17756	11314	18070	17601	7398	24568	4419	33882
梅桥乡	30877	15752	15125	9950	15693	15106	6476	20864	3537	29570
蚌埠工业园区	36	35	1					36		
怀远县	**1028066**	**523605**	**504461**	**317872**	**515899**	**499428**	**238141**	**680370**	**109555**	**935720**
城关镇	165097	84059	81038	52705	77940	76852	29498	121805	13794	132887
鲍集镇	60795	31065	29730	17648	30669	29386	16583	37164	7048	54718
龙亢镇	51998	26387	25611	17775	26332	25591	11421	35054	5523	48749
河溜镇	51965	26526	25439	16789	26449	25421	10857	35259	5849	49445
常坟镇	66062	33746	32316	22467	33685	32237	14583	43800	7679	63189
马城镇	69723	36127	33596	19224	36058	33570	16172	46810	6741	66122
双桥集镇	47389	24217	23172	14030	24172	23094	11897	30778	4714	44540
魏庄镇	31339	15793	15546	9194	15747	15542	8455	19252	3632	28886
万福镇	41766	21186	20580	12355	21185	20580	10906	26324	4536	37381
唐集镇	63884	32696	31188	19126	32623	31102	14346	43283	6255	59595
淝南乡	36918	19140	17778	11401	18957	17720	9088	23233	4597	35586
淝河乡	49909	25000	24909	14989	24901	24896	14077	29415	6417	45303
褚集乡	37937	18741	19196	11043	18717	19191	9919	24300	3718	34577
陈集乡	30737	15334	15403	8530	15272	15380	8138	19455	3144	27240
古城乡	34981	17909	17072	11052	17845	17065	8665	21668	4648	32676
徐圩乡	35555	18123	17432	11589	18055	17425	8564	23155	3836	33676
兰桥乡	31846	16272	15574	9525	16270	15573	7125	21128	3593	30591
荆芡乡	45300	23265	22035	14654	23217	22031	9961	29773	5566	42723
找郢乡	61476	31258	30218	19005	31193	30203	15023	39745	6708	57700
龙亢农场	10065	5058	5007	3615	5042	5005	2120	6770	1175	7317
经济开发区	3324	1703	1621	1156	1570	1564	743	2199	382	2819

表12 续表 5 单位：人、户

地区	总人口			家庭户	家庭户总人口		分年龄人口			居住本地，户口在本地
	合计	男	女	户数	男	女	0-14岁	15-64岁	65岁及以上	
五河县	**621973**	**319949**	**302024**	**179562**	**313575**	**297919**	**117024**	**434623**	**70326**	**592986**
城关镇	96240	48530	47710	33730	47754	46933	16592	69840	9808	80566
新集镇	44076	23107	20969	11951	22050	20285	8069	30513	5494	42842
沫河口镇	61798	32031	29767	17081	31476	29388	11379	43627	6792	59017
小溪镇	25422	13242	12180	7027	12970	12047	4594	17860	2968	25089
双忠庙镇	46037	23591	22446	12261	23099	22144	9817	30915	5305	45752
小圩镇	37994	19690	18304	9982	19534	18266	7118	26849	4027	37184
东刘集镇	51613	26436	25177	14448	26045	24975	11048	34570	5995	49470
头铺镇	47532	24664	22868	12569	23778	22255	8779	33751	5002	45665
大新镇	24910	12839	12071	6688	12671	11971	4451	17607	2852	24226
武桥镇	23378	11776	11602	6661	11002	11152	4919	15393	3066	22884
朱顶镇	43727	22726	21001	11888	22366	20842	7749	31426	4552	43349
浍南镇	44987	23471	21516	13823	23417	21510	8604	30805	5578	43766
申集镇	39796	20171	19625	10869	20134	19564	7987	26887	4922	39122
沱湖乡	13683	7054	6629	4151	6686	6428	2169	10170	1344	13435
临北回族乡	20780	10621	10159	6433	10593	10159	3749	14410	2621	20619
固镇县	**541644**	**277634**	**264010**	**147048**	**268123**	**255856**	**93353**	**391410**	**56881**	**508114**
城关镇	109312	54693	54619	33399	50241	50705	18536	81113	9663	93497
王庄镇	32804	17078	15726	8548	17032	15719	6255	22719	3830	30912
新马桥镇	51386	26076	25310	13300	25312	23957	8564	37902	4920	47630
连城镇	38853	19794	19059	10184	19269	18880	6357	28181	4315	37690
刘集镇	47718	24470	23248	13490	23128	22130	8834	33245	5639	45937
任桥镇	46217	23431	22786	13096	22825	22438	7810	33031	5376	44366
湖沟镇	51506	26564	24942	12922	26244	24415	8303	37422	5781	50295
濠城镇	26575	13745	12830	6740	13729	12828	4808	19009	2758	25803
石湖乡	26261	13624	12637	7570	13147	12441	4390	18631	3240	25421
杨庙乡	59874	31563	28311	14582	31461	28287	10277	43361	6236	57580
仲兴乡	48887	25398	23489	12787	24872	23238	8933	35005	4949	47385
固镇开发区	2251	1198	1053	430	863	818	286	1791	174	1598
淮南市	**2333896**	**1212024**	**1121872**	**760678**	**1136242**	**1086798**	**364563**	**1753023**	**216310**	**1927936**
大通区	**180917**	**91874**	**89043**	**61690**	**89857**	**88374**	**28056**	**134748**	**18113**	**158923**
大通街道	29978	14994	14984	11485	14705	14751	2935	23341	3702	25528
上窑镇	30314	15704	14610	10066	15565	14575	5823	21944	2547	27788
洛河镇	50211	25230	24981	17041	24717	24723	7283	39027	3901	42169
九龙岗镇	28666	14532	14134	10494	13844	14038	3899	21125	3642	23906
孔店乡	41748	21414	20334	12604	21026	20287	8116	29311	4321	39532
田家庵区	**593981**	**307001**	**286980**	**193722**	**270601**	**264197**	**78994**	**465567**	**49420**	**430834**
田东街道	39878	19226	20652	15363	19030	18385	4089	31397	4392	29872
新淮街道	20502	10318	10184	7249	10091	9862	2722	15563	2217	14549
国庆街道	62866	32098	30768	23422	31336	30598	8374	49122	5370	44189
淮滨街道	23130	12012	11118	10097	12006	11096	3022	17633	2475	19438
朝阳街道	85314	46703	38611	26072	33749	33517	9211	70600	5503	56167
公园街道	39378	21885	17493	12797	16650	15957	4773	31791	2814	24152
洞山街道	39333	20038	19295	12509	16763	17094	4959	30733	3641	28893
龙泉街道	93966	46819	47147	27607	36414	37319	8840	76781	8345	67263
泉山街道	20688	10521	10167	7706	9853	9851	2075	16376	2237	16921
舜耕镇	59819	30609	29210	18566	29400	28591	10364	46407	3048	31851
安成镇	36670	19388	17282	9606	18483	16976	6562	27638	2470	30277
曹庵镇	26359	13575	12784	8288	13503	12774	5092	18649	2618	24961
三和乡	32271	16659	15612	9712	16249	15540	6106	23591	2574	28985
史院乡	13807	7150	6657	4728	7074	6637	2805	9286	1716	13316

表12 续表 6 单位：人、户

地区	总人口			家庭户	家庭户总人口		分年龄人口			居住本地，户口在本地
	合计	男	女	户数	男	女	0-14岁	15-64岁	65岁及以上	
谢家集区	**320251**	**163401**	**156850**	**109338**	**158821**	**154934**	**41008**	**245152**	**34091**	**279841**
谢家集街道	49338	25152	24186	17739	24487	23966	4990	39253	5095	42633
蔡家岗街道	26844	13590	13254	9515	13224	13161	2663	21492	2689	22355
立新街道	19063	9699	9364	6935	9158	9089	1958	14726	2379	15358
谢三村街道	25720	13077	12643	8751	12768	12564	2812	19746	3162	21671
平山街道	21847	11038	10809	7300	10846	10728	2565	17113	2169	17234
望峰岗镇	51958	26448	25510	17424	25590	25167	6329	39683	5946	44719
李郢孜镇	44929	22898	22031	15207	22884	22019	5044	35205	4680	42390
唐山镇	25213	13089	12124	8178	12293	11773	3893	19334	1986	20533
杨公镇	25508	13087	12421	8460	12647	12086	5073	17629	2806	24279
孙庙乡	16029	8180	7849	5458	8036	7814	2969	11168	1892	15331
孤堆乡	13802	7143	6659	4371	6888	6567	2712	9803	1287	13338
八公山区	**175993**	**89853**	**86140**	**63929**	**87739**	**85339**	**20500**	**137499**	**17994**	**140587**
新庄孜街道	53156	27077	26079	20027	26340	25597	5550	42023	5583	47422
土坝孜街道	30471	15408	15063	11287	15136	14997	3594	23650	3227	22413
毕家岗街道	19374	10098	9276	7392	9444	9162	1815	15543	2016	16949
八公山镇	21971	11237	10734	7090	11009	10652	3044	17049	1878	7865
山王镇	49520	25231	24289	17663	25008	24232	6162	38228	5130	44610
妙山林场	1501	802	699	470	802	699	335	1006	160	1328
潘集区	**395684**	**208623**	**187061**	**122476**	**195187**	**183893**	**65502**	**296891**	**33291**	**348145**
田集街道	82073	42848	39225	24879	38815	37481	12178	64926	4969	67592
高皇镇	39666	20588	19078	12092	20389	18997	6822	28833	4011	38478
平圩镇	30681	16168	14513	9041	15584	14412	5332	22257	3092	28439
泥河镇	39650	20633	19017	13859	19937	18883	5795	31008	2847	31468
潘集镇	38585	22132	16453	10293	15978	15808	5449	30285	2851	30075
芦集镇	47743	25084	22659	16167	24578	22597	7977	35945	3821	40798
夹沟乡	26577	13866	12711	7991	13593	12671	4710	19224	2643	25424
祁集乡	16520	8630	7890	5368	8514	7860	3087	11684	1749	15772
古沟回族乡	25215	13203	12012	7475	12903	11896	4691	18028	2496	23979
架河乡	22683	11797	10886	7198	11559	10733	3922	16335	2426	21583
贺疃乡	26291	13674	12617	8113	13337	12555	5539	18366	2386	24537
凤台县	**667070**	**351272**	**315798**	**209523**	**334037**	**310061**	**130503**	**473166**	**63401**	**569606**
城关镇	78693	39893	38800	26996	36661	36055	11617	60803	6273	60785
新集镇	58428	30956	27472	17543	30155	27135	11625	42663	4140	44887
朱马店镇	31073	16120	14953	9399	15781	14778	7325	19993	3755	28484
岳张集镇	57564	32524	25040	17856	27048	24375	9752	43391	4421	43636
顾桥镇	29523	16212	13311	9000	13868	12938	5368	21664	2491	24507
毛集镇	48135	25342	22793	15798	24013	22235	8966	35035	4134	39067
夏集镇	23858	12601	11257	7649	12392	11185	4198	17081	2579	22146
桂集镇	38374	20279	18095	12112	19697	17949	7444	27044	3886	34927
城北乡	40096	21021	19075	12106	20295	18860	7902	28571	3623	30204
李冲回族乡	14827	7733	7094	4167	7686	7076	2955	10548	1324	13934
刘集乡	40234	21195	19039	11931	20167	18941	7324	29483	3427	34882
古店乡	22933	11921	11012	7436	11853	10963	5286	14994	2653	21110
钱庙乡	30759	15876	14883	9879	15839	14877	6952	20408	3399	28497
杨村乡	23820	12482	11338	7355	12191	11284	5176	15487	3157	22781
尚塘乡	22081	11549	10532	6676	11373	10486	5202	13650	3229	21320
丁集乡	24594	12669	11925	7778	12578	11888	5588	16581	2425	23208
关店乡	21916	11545	10371	7340	11357	10313	4739	15078	2099	18869
大兴集乡	29399	15381	14018	8031	15315	13987	6448	20422	2529	27292

表12 续表 7　　单位：人、户

地区	总人口			家庭户	家庭户总人口		分年龄人口			居住本地，户口在本地
	合计	男	女	户数	男	女	0-14岁	15-64岁	65岁及以上	
焦岗乡	30763	15973	14790	10471	15768	14736	6636	20270	3857	29070
马鞍山市	**1366302**	**704432**	**661870**	**452888**	**651820**	**633530**	**174575**	**1046455**	**145272**	**1077491**
金家庄区	**128004**	**65979**	**62025**	**48853**	**62466**	**60958**	**15030**	**100889**	**12085**	**83886**
金家庄街道	39395	20236	19159	15307	19345	18789	4303	30441	4651	31536
塘西街道	25919	13742	12177	9742	13015	11970	3216	20559	2144	15145
慈湖街道	14427	7676	6751	6195	7295	6637	1390	11578	1459	11062
江东街道	17590	8929	8661	5892	8423	8605	2595	13669	1326	6326
慈湖乡	26263	13049	13214	9821	12387	12989	3103	20956	2204	17189
马鞍山慈湖经济开发区	4410	2347	2063	1896	2001	1968	423	3686	301	2628
花山区	**303855**	**154896**	**148959**	**113276**	**147103**	**145101**	**37381**	**235002**	**31472**	**214750**
沙塘路街道	48825	23806	25019	19565	23535	24726	5708	36292	6825	37688
解放路街道	67932	34531	33401	25909	34286	33178	8954	52379	6599	47021
湖东路街道	48600	26042	22558	16329	20340	20018	4722	38434	5444	31479
桃源路街道	77354	39130	38224	29678	38367	37647	10186	60472	6696	57536
霍里街道	61144	31387	29757	21795	30575	29532	7811	47425	5908	41026
雨山区	**309672**	**162362**	**147310**	**93898**	**132028**	**129470**	**34335**	**243411**	**31926**	**211184**
平湖街道	39068	20016	19052	13328	17234	17370	4397	29020	5651	29638
雨山街道	50902	26015	24887	18084	23443	23584	5535	37144	8223	37848
安民街道	57022	29147	27875	17828	25950	25360	7170	46339	3513	40684
采石街道	7386	3745	3641	2681	3639	3590	825	5398	1163	5306
向山镇	56480	32068	24412	14421	19732	19535	4607	45210	6663	43046
银塘镇	22218	11436	10782	6585	10922	10622	3024	16748	2446	19919
佳山乡	67408	35922	31486	19904	29648	28023	8369	54976	4063	33058
马鞍山经济技术开发区	9188	4013	5175	1067	1460	1386	408	8576	204	1685
当涂县	**624771**	**321195**	**303576**	**196861**	**310223**	**298001**	**87829**	**467153**	**69789**	**567671**
姑孰镇	119643	58071	61572	41296	56365	60376	15449	92456	11738	98168
黄池镇	41601	20570	21031	14003	20417	20916	5572	30415	5614	39993
乌溪镇	21940	10974	10966	6903	10846	10886	3046	16186	2708	20809
石桥镇	45866	23338	22528	14542	21786	21312	6139	34491	5236	41484
塘南镇	26793	13739	13054	8669	13651	12997	4121	19136	3536	25647
护河镇	26841	13920	12921	9024	13871	12911	3942	19553	3346	25637
太白镇	50698	26846	23852	15492	24368	23235	5965	39125	5608	45936
丹阳镇	51482	27027	24455	15464	25974	23922	7182	38567	5733	47474
博望镇	83780	44502	39278	23463	44257	38907	14185	61387	8208	78663
新市镇	34626	18158	16468	9596	17584	16098	6015	24956	3655	32582
大陇乡	28140	14938	13202	8583	14838	13160	4572	20248	3320	26891
年陡乡	32215	16608	15607	11413	16209	15394	3540	24775	3900	29396
江心乡	21025	11123	9902	6823	9923	9632	2850	15411	2764	19037
湖阳乡	26890	14200	12690	7777	14162	12651	3901	19791	3198	25781
当涂经济开发区	13231	7181	6050	3813	5972	5604	1350	10656	1225	10173
淮北市	**2114276**	**1070553**	**1043723**	**625431**	**1010553**	**998896**	**357928**	**1562229**	**194119**	**1878078**
杜集区	**324398**	**164804**	**159594**	**95421**	**154016**	**153133**	**48173**	**246010**	**30215**	**302106**
高岳街道	78318	39051	39267	22613	36199	36685	11718	59364	7236	67930
矿山集街道	75931	39199	36732	23593	37043	36425	10347	58639	6945	71505
朔里镇	63782	32625	31157	17452	31186	30585	9772	48374	5636	61065
石台镇	45360	23083	22277	13103	22435	21868	7961	33442	3957	43195
段园镇	61007	30846	30161	18660	27153	27570	8375	46191	6441	58411
相山区	**467358**	**234027**	**233331**	**157407**	**218583**	**215806**	**72080**	**360564**	**34714**	**329423**
相南街道	79686	40152	39534	28337	39749	39192	13973	61682	4031	47620
东街道	60102	28245	31857	17669	22587	22908	6290	49135	4677	39749

表12 续表 8 单位：人、户

地 区	总人口 合 计	总人口 男	总人口 女	家庭户 户 数	家庭户总人口 男	家庭户总人口 女	分年龄人口 0-14岁	分年龄人口 15-64岁	分年龄人口 65岁及以 上	居住本地，户 口在本地
西街道	71808	36185	35623	27625	35334	35084	9688	55848	6272	59188
三堤口街道	54930	25902	29028	18240	24204	24117	8027	43818	3085	34396
东山街道	32938	17658	15280	11486	15593	15108	4574	25165	3199	22269
人民路街道	15331	7704	7627	5525	7646	7609	2566	11819	946	7060
刘桥街道	19599	10543	9056	7061	10150	9010	2737	15792	1070	17733
任圩街道	26943	12942	14001	8124	12052	13188	4394	20197	2352	22051
南黎办事处筹备组	23033	12194	10839	6447	9346	9321	3323	18566	1144	8695
曲阳办事处筹备组	21104	10807	10297	7510	10528	10172	3832	15952	1320	13962
渠沟镇	61884	31695	30189	19383	31394	30097	12676	42590	6618	56700
烈山区	**321565**	**165685**	**155880**	**97375**	**153437**	**150340**	**49270**	**242077**	**30218**	**302348**
杨庄街道	53061	27986	25075	18326	26214	24913	6532	41720	4809	49089
临海童街道	46569	25560	21009	15483	22939	20740	6763	37012	2794	41218
百善街道	17736	9681	8055	3518	5147	4999	2001	14086	1649	17014
任楼街道	10624	5831	4793	3491	5482	4778	2144	8349	131	9411
烈山镇	69046	34600	34446	19404	33255	33584	10581	51920	6545	65176
宋町镇	45991	22804	23187	14321	22189	22859	7257	33364	5370	43968
古饶镇	78538	39223	39315	22832	38211	38467	13992	55626	8920	76472
濉溪县	**1000955**	**506037**	**494918**	**275228**	**484517**	**479617**	**188405**	**713578**	**98972**	**944201**
濉溪镇	122658	61045	61613	36274	56487	57041	19006	94213	9439	95381
韩村镇	63656	31616	32040	18221	31117	31521	11820	45789	6047	60358
刘桥镇	58926	28920	30006	16507	28887	29991	10580	42763	5583	57337
五沟镇	86016	43632	42384	24006	42047	41505	18374	58871	8771	82088
临涣镇	81000	41076	39924	22360	37654	38274	15221	56961	8818	78155
双堆集镇	95929	48733	47196	23440	47912	46804	19742	67189	8998	91645
铁佛镇	104482	52865	51617	29598	52773	51543	21692	71915	10875	103854
南坪镇	89352	45464	43888	22679	43472	42520	17381	63290	8681	86299
百善镇	108781	55484	53297	30751	52003	50805	20159	76448	12174	106677
孙町镇	90991	46206	44785	24502	45083	43747	16822	64729	9440	88095
四卜乡	83250	43009	40241	22008	39778	38754	15028	59347	8875	80863
濉溪县经济开发区	15914	7987	7927	4882	7304	7112	2580	12063	1271	13449
铜陵市	**723958**	**369663**	**354295**	**260252**	**345187**	**340841**	**99107**	**551368**	**73483**	**603944**
铜官山区	**287765**	**145725**	**142040**	**104033**	**139234**	**136882**	**37693**	**221938**	**28134**	**248153**
铜官山区虚拟街道	282214	142848	139366	101373	136571	134304	37295	218007	26912	243619
普济圩农场	5551	2877	2674	2660	2663	2578	398	3931	1222	4534
狮子山区	**114297**	**60509**	**53788**	**38927**	**51228**	**49771**	**14321**	**90066**	**9910**	**80887**
狮子山街道	18492	9172	9320	7405	9074	9288	2382	13230	2880	15912
新庙街道	10922	5435	5487	4233	5424	5468	1589	8044	1289	8451
矶山街道	9231	4782	4449	3923	4655	4440	1140	7095	996	7184
凤凰山街道	1792	889	903	815	879	900	160	1279	353	1503
东郊办事处	18354	9375	8979	6811	9059	8790	2593	14601	1160	10347
西湖镇	26770	14723	12047	8903	12562	11894	3589	21233	1948	21224
铜陵市经济开发区	28736	16133	12603	6837	9575	8991	2868	24584	1284	16266
郊区	**72301**	**37222**	**35079**	**25378**	**33862**	**34133**	**10261**	**53711**	**8329**	**56330**
桥南办事处	29829	15867	13962	10093	13604	13477	3974	23338	2517	16812
安矿办事处	4354	2243	2111	1542	2114	2106	638	3216	500	3807
铜山镇	10050	4947	5103	4109	4811	5082	1563	6632	1855	9438
大通镇	21724	10925	10799	7466	10241	10392	3135	15951	2638	20377
灰河乡	5109	2569	2540	1576	2538	2523	806	3695	608	4933
两矿一公司专管办	1138	608	530	570	517	519	134	800	204	963
大桥经济开发区	97	63	34	22	37	34	11	79	7	

表12 续表 9 单位：人、户

地区	总人口			家庭户	家庭户总人口		分年龄人口			居住本地，户口在本地
	合计	男	女	户数	男	女	0-14岁	15-64岁	65岁及以上	
铜陵县	**249595**	**126207**	**123388**	**91914**	**120863**	**120055**	**36832**	**185653**	**27110**	**218574**
五松镇	47421	23418	24003	16766	22746	23079	7045	36739	3637	30819
顺安镇	46243	23555	22688	16729	22944	22323	6287	35433	4523	41127
钟鸣镇	37585	19270	18315	13092	17442	17220	5787	27355	4443	35580
天门镇	35572	18075	17497	13133	17731	17462	5387	26352	3833	33378
老洲乡	8352	4114	4238	3323	4033	4175	1075	5995	1282	8044
东联乡	19381	9936	9445	7161	9384	9272	3295	13679	2407	18247
西联乡	31601	16042	15559	12076	15936	15451	4690	23117	3794	30222
胥坝乡	21595	10611	10984	9460	10417	10899	3169	15254	3172	20954
循环经济园	512	382	130	52	60	48	6	502	4	35
金桥工业园	1333	804	529	122	170	126	91	1227	15	168
安庆市	**5311379**	**2685349**	**2626030**	**1593746**	**2541909**	**2514586**	**878203**	**3883855**	**549321**	**4727802**
迎江区	**251080**	**126363**	**124717**	**88620**	**115460**	**117403**	**30504**	**192783**	**27793**	**186563**
宜城路街道	20677	9759	10918	7652	9027	9846	2241	15476	2960	16044
新河路街道	31493	15925	15568	10595	14572	14587	4503	24004	2986	20650
华中路街道	38686	19160	19526	13529	18364	18736	4886	29859	3941	27834
人民路街道	30978	15181	15797	11130	14905	15470	3967	23560	3451	21517
孝肃路街道	19044	9066	9978	7385	8798	9665	2085	14105	2854	15258
建设路街道	18381	8826	9555	6903	8646	9406	2021	13878	2482	14230
老峰镇	31573	16236	15337	10367	12932	12260	3100	25428	3045	24095
龙狮桥乡	30362	16651	13711	10111	13631	13379	4093	24067	2202	19064
长风乡	22538	11843	10695	7852	10935	10533	2958	16938	2642	20802
新洲乡	7348	3716	3632	3096	3650	3521	650	5468	1230	7069
大观区	**275003**	**137295**	**137708**	**98922**	**128742**	**131624**	**36437**	**208628**	**29938**	**211654**
德宽路街道	22108	11293	10815	8882	10533	10438	2589	17154	2365	15372
玉琳路街道	22953	11327	11626	9484	11075	11237	2633	17655	2665	16556
龙山路街道	24943	12320	12623	10094	12131	12450	2844	18955	3144	19806
菱湖街道	40292	19951	20341	13592	17364	18196	4313	31298	4681	30015
集贤路街道	32438	15998	16440	11399	15570	15993	4520	25152	2766	22635
石化路街道	24526	12391	12135	9903	11838	11880	2836	19195	2495	19289
花亭路街道	22522	11308	11214	8284	10752	10850	3194	17141	2187	16653
海口镇	35045	17271	17774	10390	16701	17422	6292	25058	3695	33362
十里铺乡	23464	12048	11416	7095	10011	9953	3055	18659	1750	12695
山口乡	7226	3640	3586	2949	3345	3546	1517	4768	941	6656
大观开发区	271	204	67	50	55	47	5	260	6	
皖河农场	19215	9544	9671	6800	9367	9612	2639	13333	3243	18615
宜秀区	**254431**	**126045**	**128386**	**82835**	**110466**	**111061**	**36034**	**198220**	**20177**	**166889**
大桥街道	42144	21368	20776	13496	19728	19867	6007	32893	3244	29758
菱北街道	104440	52545	51895	37714	49795	49588	16310	82625	5505	55238
大龙山镇	40482	18582	21900	6308	8863	8898	2627	35969	1886	20470
杨桥镇	20005	9835	10170	7946	9147	9660	2767	14766	2472	17718
罗岭镇	14159	6930	7229	5768	6819	7177	2929	8766	2464	13778
白泽湖乡	24719	12561	12158	8133	11943	11690	3432	18372	2915	21744
五横乡	8482	4224	4258	3470	4171	4181	1962	4829	1691	8183
怀宁县	**592750**	**302983**	**289767**	**163668**	**286625**	**279754**	**99896**	**427418**	**65436**	**555412**
高河镇	85993	43728	42265	25763	39928	39735	14872	64360	6761	69048
石牌镇	76285	38844	37441	21846	36523	35939	12222	54925	9138	71429
月山镇	29550	15481	14069	7988	12901	12625	4554	22094	2902	26653
马庙镇	37359	19220	18139	10225	19149	18102	6098	27215	4046	36197
金拱镇	28012	14530	13482	7550	13475	12799	4286	20987	2739	26373

表12 续表 10 单位：人、户

地区	总人口			家庭户	家庭户总人口		分年龄人口			居住本地，户口在本地
	合计	男	女	户数	男	女	0-14岁	15-64岁	65岁及以上	
茶岭镇	30607	15838	14769	8185	15209	14409	5045	22585	2977	29434
公岭镇	19641	9857	9784	6001	9295	9422	3394	13608	2639	18797
黄墩镇	30396	15431	14965	8206	14893	14532	4988	22091	3317	29344
三桥镇	20670	10521	10149	5441	9866	9727	3289	14760	2621	20220
小市镇	21291	10740	10551	5587	10606	10482	3286	15599	2406	20870
黄龙镇	12964	6493	6471	3636	6266	6346	2187	9032	1745	12635
平山镇	30459	15631	14828	7508	14251	14082	4738	21916	3805	29964
腊树镇	27879	14253	13626	6996	14141	13554	4945	20035	2899	27352
洪铺镇	32105	16522	15583	8317	16193	15342	5284	23445	3376	31333
江镇镇	21837	11207	10630	6474	10882	10463	4653	14005	3179	21011
凉亭乡	20597	10500	10097	5499	10456	10080	4282	13858	2457	19821
石镜乡	19013	9857	9156	5236	9404	8928	3172	13686	2155	18111
秀山乡	16125	8117	8008	4540	7762	7860	2967	10982	2176	15693
清河乡	15035	7666	7369	4103	7216	7129	2431	10591	2013	14710
雷埠乡	16932	8547	8385	4567	8209	8198	3203	11644	2085	16417
枞阳县	**838712**	**423191**	**415521**	**235077**	**404756**	**399773**	**147523**	**610517**	**80672**	**774111**
枞阳镇	96932	46338	50594	32435	43257	47015	15555	73175	8202	81940
欧山镇	41402	20797	20605	11208	20300	20395	7826	29640	3936	38545
汤沟镇	75865	37978	37887	21019	36896	36785	13612	54304	7949	71421
老洲镇	62028	31413	30615	16838	30243	29835	11612	43912	6504	58888
陈瑶湖镇	42464	21647	20817	12126	21230	20551	7636	30762	4066	40340
周潭镇	38522	19664	18858	10828	18977	18200	7044	27713	3765	36156
横埠镇	66635	33854	32781	19895	32186	31436	11797	48559	6279	61036
项铺镇	26304	13394	12910	6924	12524	12092	4834	19267	2203	23775
钱桥镇	48752	24987	23765	13639	24005	23101	8472	35686	4594	45647
麒麟镇	38828	19706	19122	9777	19082	18552	6446	28828	3554	36321
义津镇	43412	21846	21566	11590	21085	20586	7152	31978	4282	40735
浮山镇	24210	12674	11536	5522	10778	9921	3830	18539	1841	19869
官埠桥镇	30515	15611	14904	8843	14609	14382	5656	21905	2954	27463
铁铜乡	9323	4791	4532	2688	4777	4505	1450	6750	1123	8707
凤仪乡	6390	3261	3129	1750	3065	3049	943	4617	830	6068
长沙乡	5180	2625	2555	1323	2486	2493	814	3778	588	4956
钱铺乡	23572	11989	11583	6416	11784	11368	3841	17217	2514	22591
金社乡	35460	18172	17288	9128	17946	17198	6661	25184	3615	33747
白梅乡	18823	9541	9282	5233	9136	9007	3656	13289	1878	17814
白湖乡	32523	16479	16044	9262	16353	15916	6116	23101	3306	31157
会宫乡	39741	20378	19363	10266	18609	18123	7151	29142	3448	36658
雨坛乡	25950	13123	12827	6817	12596	12424	4392	18812	2746	24891
枞阳经济开发区	5881	2923	2958	1550	2832	2839	1027	4359	495	5386
潜山县	**500292**	**252543**	**247749**	**144742**	**243699**	**240800**	**79833**	**368750**	**51709**	**451322**
梅城镇	102928	51191	51737	30809	49404	49961	16476	78371	8081	80034
源潭镇	60086	30390	29696	16759	28647	28261	9273	44935	5878	55830
余井镇	44993	22514	22479	13282	21919	22088	7964	31635	5394	43495
王河镇	40404	20150	20254	10722	20103	20233	6762	29184	4458	39779
黄铺镇	43881	22298	21583	11548	20775	20508	7018	32321	4542	41289
槎水镇	28095	14282	13813	8380	13688	13099	3885	20935	3275	26642
水吼镇	27205	13987	13218	8065	13665	13063	4248	19678	3279	26346
官庄镇	23818	12298	11520	7527	11995	11350	3341	17504	2973	22981
黄泥镇	14368	7150	7218	4308	7060	7145	2729	9746	1893	13820
黄柏镇	12503	6446	6057	3571	6319	6000	1789	9487	1227	12284

表12 续表 11

单位：人、户

地 区	总人口			家庭户	家庭户总人口		分年龄人口			居住本地，户口在本地
	合 计	男	女	户 数	男	女	0-14岁	15-64岁	65岁及以上	
天柱山镇	11397	5908	5489	3411	4835	4833	1693	8450	1254	8679
塔畈乡	17215	8860	8355	5011	8800	8319	2534	12823	1858	16888
油坝乡	16865	8514	8351	4254	8496	8340	2501	12404	1960	16572
龙潭乡	13666	7146	6520	4115	7098	6484	2186	9710	1770	13254
痘姆乡	14927	7486	7441	4200	7403	7392	2601	10729	1597	14290
五庙乡	8376	4175	4201	2861	4121	4181	1481	5842	1053	8044
开发区	19565	9748	9817	5919	9371	9543	3352	14996	1217	11095
太湖县	**515283**	**266073**	**249210**	**143831**	**253711**	**239801**	**76405**	**387164**	**51714**	**478647**
晋熙镇	86840	43197	43643	27493	38166	38409	13534	65767	7539	61074
徐桥镇	42109	21713	20396	11801	20968	19969	5731	32025	4353	40916
新仓镇	65094	33715	31379	16572	32496	30899	9942	48203	6949	63993
小池镇	38480	19467	19013	10609	18976	18595	5550	28830	4100	37608
寺前镇	24794	12920	11874	6992	12767	11820	3574	18312	2908	24650
天华镇	28653	15089	13564	8033	14600	13339	3941	21388	3324	28061
牛镇镇	22128	11626	10502	6175	11165	10204	3259	16722	2147	21658
弥陀镇	31537	16404	15133	9408	15274	14321	4909	23580	3048	29572
北中镇	32830	17273	15557	8768	16284	14932	4620	25116	3094	31937
百里镇	21691	11385	10306	5833	11210	10233	3270	16569	1852	21300
大石乡	28486	14668	13818	7107	14104	13579	4160	21483	2843	27973
城西乡	22104	11727	10377	5996	11533	10243	3175	16599	2330	21299
江塘乡	31286	16361	14925	7860	16212	14886	4638	23336	3312	30800
汤泉乡	15763	8294	7469	4802	8150	7433	2324	11685	1754	15500
刘畈乡	18868	9938	8930	5280	9777	8863	3052	14026	1790	18388
经济开发区	4620	2296	2324	1102	2029	2076	726	3523	371	3918
宿松县	**571025**	**292465**	**278560**	**197913**	**270983**	**267248**	**131317**	**372397**	**67311**	**499255**
孚玉镇	108062	55206	52856	32418	51437	48546	20171	80836	7055	78556
复兴镇	35395	17656	17739	11871	15754	16653	7324	23807	4264	34393
汇口镇	29211	14512	14699	10781	14053	14437	5778	19415	4018	28143
许岭镇	27814	13935	13879	10521	13290	13477	7942	16015	3857	25288
下仓镇	23271	11479	11792	8300	11233	11680	6427	13864	2980	21977
二郎镇	21266	10717	10549	7769	10266	10420	5315	13128	2823	19364
破凉镇	30697	15721	14976	10181	14262	13828	7097	20091	3509	26071
凉亭镇	27399	13717	13682	9629	13302	13438	7503	16511	3385	24459
长铺镇	20970	10757	10213	7295	10398	9899	5251	13280	2439	19276
高岭乡	13594	6836	6758	5051	6723	6732	3775	7866	1953	12665
程岭乡	17549	8887	8662	6302	8656	8552	5130	10383	2036	16694
九姑乡	17314	8873	8441	6022	8011	7835	4320	11192	1802	15183
千岭乡	26869	13604	13265	9659	12583	12679	7452	16161	3256	24327
洲头乡	30039	14697	15342	10519	14190	15062	6571	19641	3827	28388
佐坝乡	26942	13994	12948	10341	13473	12583	7528	15653	3761	24866
北浴乡	7297	3771	3526	2781	3581	3449	1614	4576	1107	6923
陈汉乡	16760	8736	8024	6429	8568	7952	3624	10868	2268	15956
隘口乡	14586	7494	7092	5887	7294	6981	3217	9133	2236	13657
柳坪乡	7901	4174	3727	2714	3933	3625	1682	4942	1277	7570
趾凤乡	7314	3823	3491	3009	3685	3432	1723	4296	1295	6898
河塌乡	18004	8980	9024	6768	8719	8867	5264	9992	2748	16631
五里乡	21698	11441	10257	6606	9974	9560	4622	15066	2010	17918
九成监狱管理分局	9867	7911	1956	1992	2100	1936	358	8700	809	3491
华阳河农场总场	11206	5544	5662	5068	5498	5625	1629	6981	2596	10561

表12 续表 12

单位：人、户

地　区	总人口			家庭户户数	家庭户总人口		分年龄人口			居住本地，户口在本地
	合计	男	女		男	女	0-14岁	15-64岁	65岁及以上	
望江县	**526712**	**265415**	**261297**	**143119**	**249732**	**247870**	**88402**	**383806**	**54504**	**495676**
华阳镇	129253	64424	64829	34654	54431	54818	19768	98632	10853	106745
杨湾镇	24278	12375	11903	6705	11750	11596	3829	17658	2791	23513
漳湖镇	21895	11089	10806	5922	11010	10787	3686	15820	2389	21510
赛口镇	32225	16453	15772	7917	14860	14638	5290	23583	3352	30298
高士镇	65832	33181	32651	17464	32059	31937	11283	47670	6879	64384
鸦滩镇	64008	32493	31515	17659	31755	30941	11272	45742	6994	62834
长岭镇	59396	30326	29070	16219	29215	28577	10979	41539	6878	58646
太慈镇	56042	28183	27859	15496	28025	27787	9737	40115	6190	55128
凉泉乡	34084	17083	17001	9780	16995	16965	6135	24266	3683	33721
雷池乡	39699	19808	19891	11303	19632	19824	6423	28781	4495	38897
岳西县	**321636**	**161967**	**159669**	**106960**	**157698**	**155896**	**53455**	**237225**	**30956**	**301039**
天堂镇	55102	27012	28090	18080	25751	26199	9118	42304	3680	42625
店前镇	17057	8481	8576	6055	7790	7993	3225	12009	1823	15580
来榜镇	18666	9503	9163	6121	9341	9033	3074	13946	1646	18043
菖蒲镇	17423	8699	8724	6409	8506	8557	2862	12523	2038	16884
头陀镇	7740	4030	3710	2628	3849	3622	1040	5822	878	7564
白帽镇	14759	7424	7335	5415	7278	7293	2563	10444	1752	14121
温泉镇	28702	14459	14243	8498	13831	13879	4899	21438	2365	27370
响肠镇	14120	6981	7139	4713	6934	7116	2510	10128	1482	13901
河图镇	7614	3916	3698	2899	3853	3676	1067	5602	945	7383
五河镇	14730	7521	7209	4835	7397	7178	2541	10724	1465	14525
主簿镇	6210	3214	2996	2019	3205	2994	883	4657	670	6129
冶溪镇	15434	7766	7668	5611	7652	7624	2987	10643	1804	15108
黄尾镇	5666	2913	2753	1919	2803	2711	817	4201	648	5353
毛尖山乡	10856	5442	5414	3340	5397	5401	1779	7994	1083	10632
莲云乡	17567	8816	8751	5099	8744	8667	2912	13258	1397	17323
青天乡	8850	4579	4271	2982	4501	4218	1467	6441	942	8582
包家乡	4502	2350	2152	1517	2326	2130	622	3398	482	4404
古坊乡	6322	3147	3175	2262	3095	3155	1052	4514	756	6177
田头乡	8691	4453	4238	3009	4359	4191	1240	6541	910	8536
中关乡	15955	7966	7989	5043	7923	7981	2809	11672	1474	15733
石关乡	8973	4564	4409	3029	4547	4371	1472	6616	885	8737
姚河乡	5919	3033	2886	1975	3009	2871	943	4253	723	5808
和平乡	7769	4111	3658	2488	4051	3628	1167	5837	765	7579
巍岭乡	3009	1587	1422	1014	1556	1408	406	2260	343	2942
桐城市	**664455**	**331009**	**333446**	**188059**	**320037**	**323356**	**98397**	**496947**	**69111**	**607234**
龙腾街道	25444	12154	13290	7071	11470	12367	3929	19530	1985	20403
龙眠街道	82992	41096	41896	25459	39161	39959	12675	63816	6501	59857
文昌街道	60051	29145	30906	19069	27726	28570	8666	45472	5913	46666
孔城镇	65555	32584	32971	17653	31864	32349	10174	48445	6936	63665
吕亭镇	52518	26076	26442	13741	25779	26247	8580	38409	5529	51285
范岗镇	58092	29750	28342	15077	28382	27298	7990	44010	6092	55061
新渡镇	63564	31754	31810	18208	29848	30711	9164	47457	6943	59175
双港镇	44705	22098	22607	13521	21662	22214	6757	32360	5588	43259
大关镇	58243	28687	29556	15862	28358	29320	9659	42818	5766	56898
青草镇	61885	31460	30425	16476	30533	29675	7947	46989	6949	60998
金神镇	50105	24980	25125	13941	24426	24753	7417	37017	5671	49442
嬉子湖镇	19583	9877	9706	5554	9829	9683	2704	14562	2317	19228
唐湾镇	9550	4918	4632	2762	4770	4575	1306	6939	1305	9429
黄甲镇	11552	6130	5422	3376	5934	5326	1356	8670	1526	11378

表12 续表 13

单位：人、户

地区	总人口 合计	总人口 男	总人口 女	家庭户 户数	家庭户总人口 男	家庭户总人口 女	分年龄人口 0-14岁	分年龄人口 15-64岁	分年龄人口 65岁及以上	居住本地，户口在本地
鲟鱼镇	616	300	316	289	295	309	73	453	90	490
黄山市	**1358980**	**690085**	**668895**	**454386**	**647722**	**640559**	**182019**	**1028853**	**148108**	**1150864**
屯溪区	**217637**	**108527**	**109110**	**70005**	**94574**	**97143**	**26463**	**172097**	**19077**	**143079**
昱东街道	24551	12092	12459	9227	11706	12156	3348	18908	2295	13909
昱中街道	35080	16116	18964	12113	15385	16432	4265	27063	3752	24926
昱西街道	16877	8602	8275	4942	6264	6768	1833	13790	1254	9623
老街街道	12834	6548	6286	5446	6074	6141	1546	9779	1509	9652
屯光镇	47480	23894	23586	16272	21926	22179	6066	37609	3805	31802
阳湖镇	42028	21429	20599	10965	15113	15712	4705	34600	2723	23433
黎阳镇	15893	7914	7979	4666	7488	7550	1862	12339	1692	12559
新潭镇	11887	6188	5699	3438	5401	5219	1493	9413	981	8252
奕棋镇	11007	5744	5263	2936	5217	4986	1345	8596	1066	8923
黄山区	**147620**	**76491**	**71129**	**56175**	**71173**	**67861**	**17801**	**112561**	**17258**	**119085**
新城街道	23725	10954	12771	9636	10469	12075	3226	18532	1967	15936
甘棠镇	24417	12388	12029	8666	11588	11409	3176	19099	2142	16543
仙源镇	8863	4548	4315	3342	4467	4285	1102	6493	1268	7787
汤口镇	15177	7977	7200	5462	7051	6578	1963	12104	1110	10859
谭家桥镇	6730	3610	3120	2723	3431	3043	762	5090	878	6025
太平湖镇	7606	4108	3498	2770	3646	3354	915	5749	942	6753
焦村镇	10405	5486	4919	4388	5294	4840	1211	7391	1803	9815
耿城镇	7729	4073	3656	2630	3864	3536	907	5852	970	7071
三口镇	7055	3784	3271	2679	3742	3243	778	5238	1039	6574
新明乡	5813	3174	2639	2137	3129	2627	562	4405	846	5479
龙门乡	3644	2043	1601	1462	1899	1552	323	2752	569	3365
乌石乡	9323	4873	4450	3690	4728	4387	1084	6867	1372	8843
新华乡	4619	2449	2170	1895	2351	2141	604	3294	721	4332
新丰乡	4484	2321	2163	1875	2311	2157	573	3080	831	4208
永丰乡	4653	2414	2239	1843	2353	2200	569	3340	744	4451
黄山风景区	3377	2289	1088	977	850	434	46	3275	56	1044
徽州区	**95529**	**49265**	**46264**	**30684**	**46883**	**45316**	**12410**	**73857**	**9262**	**79856**
徽州街道	13598	6903	6695	4705	6377	6390	2276	10501	821	7949
岩寺镇	31614	16220	15394	10321	15230	14941	4255	24568	2791	24833
西溪南镇	16051	8290	7761	4369	7932	7682	1867	12573	1611	14885
潜口镇	11927	6101	5826	3662	5784	5778	1495	9086	1346	10732
呈坎镇	11176	5973	5203	3537	5863	5181	1232	8674	1270	10719
洽舍乡	2141	1169	972	835	1119	942	192	1626	323	2093
杨村乡	3843	1983	1860	1390	1958	1849	425	2971	447	3639
富溪乡	5179	2626	2553	1865	2620	2553	668	3858	653	5006
歙县	**409247**	**207799**	**201448**	**134338**	**197499**	**194934**	**56804**	**303886**	**48557**	**362397**
徽城镇	74349	36864	37485	24184	32526	33518	10764	56506	7079	52597
深渡镇	18539	9302	9237	6739	9032	9062	2568	13377	2594	17284
北岸镇	19080	9744	9336	6542	9440	9218	2676	13823	2581	17735
富堨镇	15247	7772	7475	4905	7697	7425	1868	11692	1687	13994
郑村镇	17277	8781	8496	4914	8164	8182	2215	13392	1670	13703
桂林镇	25980	13600	12380	8167	12585	12009	3770	19531	2679	21701
许村镇	8052	4107	3945	2384	4022	3890	1151	5987	914	7571
溪头镇	13220	7115	6105	4506	6155	5983	1721	9564	1935	11776
杞梓里镇	19184	9581	9603	7488	9359	9569	2939	13467	2778	18236
霞坑镇	14471	7247	7224	5232	7140	7140	2000	10574	1897	13893
岔口镇	13980	7085	6895	4637	6981	6836	1772	10519	1689	13488

表12　续表 14

单位：人、户

地　区	总人口			家庭户	家庭户总人口		分年龄人口			居住本地，户口在本地
	合　计	男	女	户　数	男	女	0-14岁	15-64岁	65岁及以上	
街口镇	8912	4370	4542	3271	4362	4541	1168	6423	1321	8706
王村镇	21996	11289	10707	6059	10795	10461	2946	16647	2403	20451
坑口乡	6346	3058	3288	2979	3034	3285	959	3993	1394	5894
雄村乡	11291	5753	5538	3389	5735	5506	1419	8385	1487	10751
上丰乡	10936	5645	5291	3389	5537	5261	1515	8114	1307	10491
昌溪乡	4970	2510	2460	1744	2362	2361	748	3532	690	4738
武阳乡	8673	4305	4368	3081	4194	4324	1139	6450	1084	8400
三阳乡	15825	7818	8007	5651	7701	7954	2283	11487	2055	15228
金川乡	8820	4617	4203	2935	4614	4203	1383	6549	888	8434
小川乡	8119	3888	4231	3512	3888	4231	1263	5443	1413	7780
新溪口乡	6512	3369	3143	1996	3353	3131	925	4806	781	6270
璜田乡	16972	8649	8323	5107	8568	8302	2336	12735	1901	16502
长陔乡	11955	6174	5781	3263	6083	5759	1710	9063	1182	11669
森村乡	10991	5813	5178	3247	5807	5174	1537	8036	1418	10598
绍濂乡	10438	5370	5068	3040	5368	5068	1363	7869	1206	10056
石门乡	3365	1801	1564	916	1674	1520	389	2608	368	3233
狮石乡	1277	681	596	406	676	596	187	953	137	1217
歙县经济开发区	2470	1491	979	655	647	425	90	2361	19	1
休宁县	**250457**	**128289**	**122168**	**75044**	**122974**	**119611**	**33180**	**189798**	**27479**	**235559**
海阳镇	48928	24720	24208	16429	23064	23205	7155	36531	5242	42834
齐云山镇	12263	6232	6031	3842	6145	6004	1207	9632	1424	11944
万安镇	21397	10556	10841	6028	9853	10080	2605	16679	2113	18874
五城镇	22663	12068	10595	6065	11241	10471	2786	17314	2563	21491
东临溪镇	17945	9127	8818	5031	8866	8715	2333	13579	2033	16746
兰田镇	10964	5670	5294	3253	5543	5266	1199	8552	1213	10738
溪口镇	22024	11371	10653	6825	11059	10512	2585	16921	2518	21561
流口镇	4232	2086	2146	1380	2068	2142	637	3144	451	4146
汪村镇	6744	3248	3496	2488	3232	3489	1347	4584	813	6671
商山镇	20965	10780	10185	5700	10374	10045	2735	15986	2244	20178
山斗乡	4607	2417	2190	1278	2309	2184	671	3437	499	4334
岭南乡	3113	1588	1525	876	1503	1489	522	2269	322	2966
渭桥乡	11662	6236	5426	3333	5689	5309	1192	8936	1534	11104
板桥乡	4894	2457	2437	1446	2451	2435	738	3698	458	4856
陈霞乡	8172	4243	3929	2454	4234	3925	1128	6058	986	8071
鹤城乡	7130	3613	3517	2031	3570	3503	1214	5254	662	7045
源芳乡	4987	2634	2353	1433	2631	2352	577	3895	515	4920
榆村乡	9249	4742	4507	2589	4697	4493	1174	7035	1040	8778
龙田乡	4760	2540	2220	1323	2491	2203	733	3624	403	4659
璜尖乡	2322	1197	1125	731	1192	1119	394	1684	244	2260
白际乡	1436	764	672	509	762	670	248	986	202	1383
黟县	**80722**	**40417**	**40305**	**32612**	**39534**	**39789**	**10225**	**60873**	**9624**	**73533**
碧阳镇	36905	18099	18806	15339	17601	18427	4701	28140	4064	32715
宏村镇	15527	7902	7625	6410	7862	7597	1815	11728	1984	14169
渔亭镇	8078	4179	3899	3064	4031	3884	1092	6150	836	7384
西递镇	4770	2374	2396	2071	2350	2393	529	3582	659	4415
柯村乡	4719	2393	2326	1692	2359	2303	637	3447	635	4564
美溪乡	2917	1489	1428	1105	1427	1405	387	2154	376	2736
宏潭乡	4131	2114	2017	1554	2106	2003	562	2958	611	3976
洪星乡	3675	1867	1808	1377	1798	1777	502	2714	459	3574
祁门县	**157768**	**79297**	**78471**	**55528**	**75085**	**75905**	**25136**	**115781**	**16851**	**137355**

表12 续表 15

单位：人、户

地区	总人口			家庭户	家庭户总人口		分年龄人口			居住本地，户口在本地
	合计	男	女	户数	男	女	0-14岁	15-64岁	65岁及以上	
祁山镇	55500	27080	28420	19306	25703	26805	8835	41773	4892	42332
小路口镇	4786	2531	2255	1741	2370	2220	719	3539	528	4448
金字牌镇	8731	4582	4149	3274	4139	3966	1143	6491	1097	7655
平里镇	5374	2666	2708	2074	2664	2707	860	3870	644	5118
历口镇	11088	5414	5674	4111	5323	5588	1965	7786	1337	10445
闪里镇	8764	4759	4005	2483	3972	3826	1340	6630	794	7604
安凌镇	10950	5507	5443	3462	5320	5300	1611	8069	1270	10597
凫峰镇	6525	3133	3392	2533	3121	3377	1225	4407	893	6296
大坦乡	3478	1743	1735	1051	1700	1704	561	2548	369	3357
柏溪乡	3558	1793	1765	1329	1709	1737	635	2495	428	3370
塔坊乡	5555	2661	2894	2154	2634	2828	986	3890	679	5070
祁红乡	3429	1745	1684	1515	1721	1679	471	2423	535	3258
溶口乡	3789	1937	1852	1362	1867	1828	567	2719	503	3569
芦溪乡	3566	1836	1730	1452	1788	1708	505	2484	577	3412
渚口乡	5903	3276	2627	1967	2596	2570	889	4395	619	4830
古溪乡	5015	2557	2458	1687	2516	2452	859	3666	490	4841
新安乡	5556	2869	2687	1975	2762	2651	947	4026	583	5216
箬坑乡	6201	3208	2993	2052	3180	2959	1018	4570	613	5937
滁州市	**3937868**	**1999579**	**1938289**	**1235697**	**1911425**	**1872126**	**677498**	**2837131**	**423239**	**3493569**
琅琊区	**310427**	**154876**	**155551**	**108381**	**145215**	**145464**	**41939**	**242155**	**26333**	**220029**
琅琊街道	62752	29351	33401	20550	27409	29036	7597	48975	6180	44960
东门街道	16361	8143	8218	6181	7941	8073	2131	12388	1842	11641
西门街道	16856	7954	8902	6636	7765	8650	1938	13031	1887	11718
南门街道	27194	13263	13931	10065	12960	13674	3390	21402	2402	22144
北门街道	20741	10243	10498	7668	10206	10358	2905	15721	2115	13453
清流街道	56200	28569	27631	21277	27759	27144	8410	43632	4158	39658
扬子街道	36359	18805	17554	12588	18080	17443	5535	27954	2870	28166
凤凰街道(滁州市开发区)	33178	17314	15864	8564	12252	11695	4191	27802	1185	15856
城北新区办事处	14114	7352	6762	4566	7032	6624	2084	10859	1171	10881
西涧街道	26672	13882	12790	10286	13811	12767	3758	20391	2523	21552
南谯区	**251894**	**129794**	**122100**	**90916**	**121578**	**120134**	**34636**	**191718**	**25540**	**208459**
大王街道	9708	4997	4711	3205	4943	4692	1377	7266	1065	8902
龙蟠街道(筹)	62643	33649	28994	20371	28967	27863	9689	50123	2831	32432
乌衣镇	38873	19973	18900	13932	19033	18528	4967	29388	4518	35574
沙河镇	29934	14869	15065	11833	14795	15043	3782	22695	3457	28125
章广镇	18690	9445	9245	7057	9340	9161	2791	13072	2827	18384
黄泥岗镇	15606	7621	7985	6330	7583	7962	2389	11453	1764	14933
珠龙镇	14457	7194	7263	5604	6940	7186	1931	10740	1786	13648
大柳镇	8314	4154	4160	3519	4117	4133	1230	5875	1209	7901
腰铺镇	26792	14106	12686	8776	12963	12682	3186	21203	2403	24231
施集镇	21887	11031	10856	8781	10743	10735	2780	15878	3229	20860
南谯工业园区	4990	2755	2235	1508	2154	2149	514	4025	451	3469
来安县	**432021**	**216021**	**216000**	**138180**	**212529**	**213287**	**66483**	**319981**	**45557**	**398701**
新安镇	105628	51696	53932	35631	50099	52514	16419	79797	9412	88594
半塔镇	66714	33153	33561	19407	32850	33163	11508	48166	7040	63660
水口镇	50172	25131	25041	16181	24726	24715	7551	37074	5547	47034
汊河镇	35774	18293	17481	11657	17705	17261	4554	27314	3906	33145
大英镇	15910	8102	7808	5081	7833	7547	1987	12264	1659	14025
雷官镇	22921	11597	11324	7729	11581	11322	3431	16585	2905	22233
施官镇	34157	17275	16882	10781	17220	16840	5154	25228	3775	33223

表12　续表 16　　　　单位：人、户

地　区	总人口			家庭户	家庭户总人口		分年龄人口			居住本地，户口在本地
	合　计	男	女	户　数	男	女	0-14岁	15-64岁	65岁及以上	
舜山镇	26676	13617	13059	8520	13553	13041	4181	19345	3150	25919
三城乡	18389	9339	9050	6205	9314	9030	2479	13664	2246	17706
独山乡	18688	9356	9332	5453	9354	9332	3049	13576	2063	18176
张山乡	20393	10045	10348	6797	9993	10344	3355	14825	2213	19129
杨郢乡	16599	8417	8182	4738	8301	8178	2815	12143	1641	15857
全椒县	**383885**	**194102**	**189783**	**128161**	**183853**	**182250**	**60913**	**274990**	**47982**	**338024**
襄河镇	138554	69170	69384	44354	64179	65278	22077	104134	12343	106835
古河镇	29512	15034	14478	10443	14935	14351	5452	20187	3873	26839
大墅镇	31539	16141	15398	10859	15482	15048	6149	20430	4960	30230
二郎口镇	39146	19908	19238	13764	19048	18578	6490	26915	5741	37173
武岗镇	15548	8019	7529	5485	7340	7222	2188	10972	2388	14202
马厂镇	28557	14309	14248	9218	13603	13853	4640	19711	4206	27427
石沛镇	17602	8848	8754	6374	8514	8502	2677	12225	2700	16587
十字镇	31266	16030	15236	11006	14952	14359	3617	23527	4122	28252
西王镇	17795	9056	8739	6133	8960	8691	3000	12029	2766	17153
六镇镇	34366	17587	16779	10525	16840	16368	4623	24860	4883	33326
定远县	**779174**	**405278**	**373896**	**228454**	**389647**	**364063**	**153665**	**537996**	**87513**	**721813**
定城镇	174883	91450	83433	48431	78634	74772	32503	127573	14807	140100
炉桥镇	74919	38637	36282	22889	38608	36263	16891	50193	7835	70974
永康镇	44313	23223	21090	13084	22383	20580	9808	29561	4944	41618
吴圩镇	49158	25791	23367	13912	25769	23360	9865	33110	6183	47960
朱湾镇	16473	8649	7824	4891	8619	7814	3225	11111	2137	16283
张桥镇	45187	23634	21553	13508	23437	21455	9464	30459	5264	43499
藕塘镇	39901	20445	19456	11457	20381	19399	7162	27863	4876	38867
池河镇	40965	21131	19834	12810	20844	19808	7729	28767	4469	39250
连江镇	25626	13455	12171	7726	13262	12050	5140	16911	3575	25341
界牌集镇	20850	10726	10124	6562	10677	10114	3648	14463	2739	19848
仓镇	22143	11312	10831	7262	11282	10820	4616	14470	3057	21375
三和集镇	28048	14581	13467	7779	14430	13464	5289	19658	3101	27665
西卅店镇	28947	15097	13850	8257	15031	13826	5401	20030	3516	27725
桑涧镇	28692	14816	13876	8010	14637	13801	5272	19761	3659	28051
蒋集镇	21738	11403	10335	6456	11362	10325	3839	15111	2788	21287
大桥镇	20453	10626	9827	6184	10397	9740	4027	13762	2664	19772
严桥乡	17454	9117	8337	4483	9056	8330	2875	12468	2111	16942
拂晓乡	17024	8564	8460	5233	8545	8459	3168	11578	2278	16468
能仁乡	17911	9168	8743	5208	9139	8718	4758	11284	1869	16315
七里塘乡	22399	11776	10623	6837	11741	10622	4860	14777	2762	21367
二龙回族乡	10238	5416	4822	3626	5370	4815	2037	6926	1275	10079
范岗乡	11852	6261	5591	3849	6043	5528	2088	8160	1604	11027
凤阳县	**644895**	**331937**	**312958**	**187853**	**315993**	**301067**	**126868**	**451949**	**66078**	**590497**
府城镇	135112	69738	65374	34418	58400	56480	21049	103410	10653	108187
临淮镇	38164	19085	19079	12767	18708	18825	5751	28592	3821	35338
武店镇	53679	27917	25762	14427	27917	25762	12288	37036	4355	50997
西泉镇	35246	18312	16934	9610	18069	16790	8021	23962	3263	31903
官塘镇	27242	13936	13306	7925	13690	13207	7100	17250	2892	25682
刘府镇	64905	34135	30770	17636	33757	30543	12794	45915	6196	61649
大庙镇	42761	22528	20233	12137	22091	20022	8726	29235	4800	40733
殷涧镇	19129	9847	9282	6294	9480	9090	3795	12626	2708	18066
总铺镇	37642	19339	18303	11206	19086	18160	7439	25623	4580	36402
红心镇	24008	12211	11797	7646	12041	11684	5572	15155	3281	22903

表12　续表 17　　　　　　　　　　　　　　　　　　　单位：人、户

地　　区	总人口			家庭户	家庭户总人口		分年龄人口			居住本地，户　口在本地
	合　计	男	女	户　数	男	女	0-14岁	15-64岁	65岁及以　上	
板桥镇	50171	25599	24572	15904	24896	23832	10023	34649	5499	48498
大溪河镇	23130	11722	11408	7248	11519	11282	4825	15614	2691	21771
小溪河镇	38032	19446	18586	11961	19152	18339	7894	25400	4738	37089
枣巷镇	18380	9386	8994	6345	9181	8884	4582	11304	2494	18011
黄湾乡	15423	7767	7656	5345	7604	7539	3638	9757	2028	14897
凤阳县工业园区	21871	10969	10902	6984	10402	10628	3371	16421	2079	18371
天长市	**602840**	**300772**	**302068**	**180784**	**280608**	**284244**	**94576**	**444156**	**64108**	**528792**
天长街道	131759	66348	65411	36911	53986	53850	21568	100043	10148	99728
铜城镇	64260	31942	32318	19818	30564	31018	8967	47362	7931	60526
汊涧镇	49421	24466	24955	14965	23695	24414	7590	36457	5374	46134
秦栏镇	41901	20968	20933	11416	19120	19088	6080	31471	4350	34531
大通镇	36039	18116	17923	10097	17777	17698	5501	26419	4119	35026
杨村镇	35721	18002	17719	11028	17782	17633	5634	25676	4411	33605
石梁镇	26528	13223	13305	8080	13059	13194	4073	19333	3122	24957
金集镇	30923	15191	15732	9631	15033	15685	4995	22212	3716	29382
永丰镇	21072	10560	10512	6266	10053	10062	3115	15351	2606	18825
仁和集镇	34785	17360	17425	11047	16936	17065	5457	24950	4378	32213
冶山镇	29726	14853	14873	9057	14265	14446	4700	21844	3182	27537
郑集镇	19184	9658	9526	5792	9179	9296	2837	14142	2205	18102
张铺镇	26567	13246	13321	8592	13225	13313	4341	19199	3027	25335
新街镇	19808	9741	10067	6472	9697	10048	3303	14135	2370	18634
万寿镇	11950	5880	6070	3881	5837	6061	1954	8221	1775	11083
城东新区	21578	10399	11179	7085	9583	10574	4249	16232	1097	11774
安徽省大圹圩农场	1618	819	799	646	817	799	212	1109	297	1400
明光市	**532732**	**266799**	**265933**	**172968**	**262002**	**261617**	**98418**	**374186**	**60128**	**487254**
明光街道	140266	68804	71462	47110	65379	67686	22239	104885	13142	111214
明东街道	15280	7733	7547	5079	7652	7534	2793	10775	1712	14257
明南街道	13186	6830	6356	4042	6805	6353	2545	9123	1518	12604
明西街道	22766	11468	11298	7257	11288	11254	4416	15624	2726	21493
张八岭镇	24456	12180	12276	8701	12125	12262	4317	16754	3385	23040
三界镇	14168	7138	7030	4729	7022	6937	2360	10071	1737	13174
管店镇	15369	7675	7694	5360	7570	7606	2894	10681	1794	13701
自来桥镇	22660	11598	11062	6978	11538	11058	4249	15925	2486	21792
涧溪镇	39257	19722	19535	12036	19613	19495	7505	27247	4505	38035
石坝镇	37783	18835	18948	11456	18725	18925	6899	26547	4337	36789
苏巷镇	19636	9913	9723	6237	9878	9721	3703	13645	2288	18743
桥头镇	23039	11966	11073	7530	11913	11066	4896	15194	2949	21835
女山湖镇	37684	19169	18515	11913	19139	18513	6785	27157	3742	36943
古沛镇	22821	11831	10990	7551	11805	10977	4348	15479	2994	22353
潘村镇	49839	24645	25194	16660	24561	25123	10883	32493	6463	47453
柳巷镇	22025	11040	10985	6762	10745	10867	4982	14169	2874	21651
泊岗乡	12497	6252	6245	3567	6244	6240	2604	8417	1476	12177
阜阳市	**7599913**	**3762319**	**3837594**	**2507792**	**3701615**	**3796258**	**1754020**	**5083752**	**762141**	**6955737**
颍州区	**691698**	**343952**	**347746**	**231434**	**333800**	**338358**	**134404**	**499623**	**57671**	**553402**
鼓楼街道	46656	22533	24123	15312	22245	23622	7369	34687	4600	33411
文峰街道	131387	63722	67665	43856	60809	63809	22920	100490	7977	85237
清河街道	61357	31702	29655	20285	29966	29532	11830	46259	3268	41853
颍西街道	83352	42054	41298	25603	40108	39053	16219	61409	5724	65736
西湖景区街道	8366	3986	4380	2942	3969	4375	1882	5524	960	7908
阜阳开发区京九办事处	88397	45202	43195	29452	42775	41182	17476	65794	5127	62192

表12 续表 18 单位：人、户

地区	总人口			家庭户	家庭户总人口		分年龄人口			居住本地，户口在本地
	合计	男	女	户数	男	女	0-14岁	15-64岁	65岁及以上	
王店镇	50300	25261	25039	16795	25108	24956	10977	34241	5082	47463
程集镇	35490	17820	17670	12579	17682	17550	6870	24825	3795	33375
三合镇	28176	13899	14277	9860	13784	14227	6075	18875	3226	25992
西湖镇	25256	12523	12733	8709	12388	12580	5550	16583	3123	24043
九龙镇	31642	15626	16016	10866	15546	15903	6410	21573	3659	30050
三十里铺镇	32231	16248	15983	11326	16169	15959	6766	21806	3659	30422
袁集镇	33777	16018	17759	11599	15907	17727	7176	22939	3662	31754
马寨乡	35311	17358	17953	12250	17344	17883	6884	24618	3809	33966
颍东区	**519562**	**262476**	**257086**	**162323**	**252225**	**252998**	**104303**	**362554**	**52705**	**477822**
河东办事处	59593	31297	28296	18683	28125	27733	10855	45534	3204	43523
新华街道	35452	17979	17473	10650	17471	17177	6476	25339	3637	34371
向阳街道	56623	28621	28002	16404	25516	25975	9547	42608	4468	46905
口孜镇	57181	28699	28482	16979	28127	28128	12886	37947	6348	55226
插花镇	62091	31379	30712	20070	31108	30554	12641	41897	7553	59709
袁寨镇	49897	24783	25114	16863	24159	24752	10581	33979	5337	47932
枣庄镇	33582	17140	16442	9979	17128	16437	7399	22495	3688	32419
老庙镇	31749	15014	16735	10144	14950	16720	7465	20441	3843	30843
正午镇	36696	17726	18970	11897	17657	18958	7121	25272	4303	35586
杨楼孜镇	30199	15782	14417	9029	14041	14160	5758	21307	3134	26633
新乌江镇	36640	18705	17935	11824	18645	17899	7480	25135	4025	36130
冉庙乡	29859	15351	14508	9801	15298	14505	6094	20600	3165	28545
颍泉区	**557687**	**274118**	**283569**	**192340**	**268250**	**280813**	**122869**	**378686**	**56132**	**506197**
中市街道	140393	69851	70542	46377	67878	69084	24483	104647	11263	104480
周棚街道	68357	33803	34554	21952	31530	34382	13159	49070	6128	65038
伍明镇	95931	47410	48521	33304	47144	48397	22610	63178	10143	92580
宁老庄镇	75456	36891	38565	25456	36226	37888	19713	47351	8392	71798
闻集镇	88224	42480	45744	34593	42254	45613	20478	57178	10568	85525
行流镇	89326	43683	45643	30658	43218	45449	22426	57262	9638	86776
临泉县	**1543218**	**749979**	**793239**	**485412**	**737768**	**785747**	**386639**	**1001308**	**155271**	**1485284**
城关镇	161756	81575	80181	47515	77981	76346	34928	115983	10845	126282
杨桥镇	41913	20304	21609	15672	19909	21435	9490	27127	5296	41065
同城镇	47211	23543	23668	13639	23051	23421	11557	31306	4348	46592
谭棚镇	48140	23870	24270	15774	23758	24172	10515	32047	5578	47059
老集镇	41037	20138	20899	14434	19997	20822	11048	25020	4969	40311
滑集镇	51725	24758	26967	16345	24723	26941	14796	31225	5704	49747
吕寨镇	33263	16190	17073	11065	16179	17071	9864	19324	4075	33162
单桥镇	39120	18637	20483	13486	18619	20480	9576	25224	4320	38217
长官镇	48313	23415	24898	17407	23074	24740	12108	30273	5932	47869
宋集镇	53777	26205	27572	16219	25147	27204	15748	31656	6373	52419
张新镇	34741	16612	18129	11154	16503	18037	10233	20421	4087	33291
艾亭镇	49509	23790	25719	14678	23722	25714	14208	29913	5388	49412
陈集镇	41830	20256	21574	12491	20226	21572	12723	24308	4799	41220
韦寨镇	61875	30677	31198	17817	30259	31042	16129	40180	5566	61433
迎仙镇	49375	24416	24959	15498	24270	24907	14383	30232	4760	48448
瓦店镇	48178	24152	24026	14892	23781	23872	14042	28896	5240	47590
姜寨镇	54738	26950	27788	17041	25505	27122	14537	34831	5370	54263
庙岔镇	51386	23952	27434	15884	23641	27299	13489	33158	4739	50846
黄岭镇	53438	24141	29297	16865	23882	29159	14164	34133	5141	53020
白庙镇	41124	18941	22183	12951	18673	22051	9544	27475	4105	40568
关庙镇	51068	23268	27800	15941	23148	27768	13076	33157	4835	50512

表12　续表 19　　　　单位：人、户

地　区	总人口			家庭户	家庭户总人口		分年龄人口			居住本地，户口在本地
	合　计	男	女	户　数	男	女	0-14岁	15-64岁	65岁及以上	
牛庄乡	43036	19597	23439	15132	19284	23279	8996	29086	4954	42608
高塘乡	39119	17310	21809	13829	17304	21802	9776	24976	4367	38526
范兴集乡	28355	13062	15293	9368	12769	15183	6064	19234	3057	28136
土陂乡	47477	23117	24360	15729	22972	24308	11080	31295	5102	46491
谢集乡	40607	20467	20140	11073	20374	20113	10371	26351	3885	40217
杨小街乡	37264	18728	18536	11903	18413	18454	7985	24817	4462	37006
陶老乡	34320	16846	17474	10302	16399	17318	8631	22349	3340	33286
田桥乡	49329	24642	24687	15059	24572	24643	10738	34062	4529	49098
张营乡	43475	21874	21601	12777	21532	21481	8751	30914	3810	43125
庞营乡	47172	23390	23782	14097	23374	23779	12369	30508	4295	46450
临泉工业园区	29547	15156	14391	9375	14727	14212	5720	21827	2000	27015
太和县	**1361145**	**683983**	**677162**	**446058**	**674009**	**668351**	**317521**	**905380**	**138244**	**1266385**
城关镇	165968	83422	82546	50156	78839	77084	33516	122553	9899	126402
旧县镇	46652	22758	23894	15688	22587	23765	9740	31974	4938	45213
税镇镇	35940	17151	18789	12666	16891	18733	8408	23253	4279	35075
皮条孙镇	19721	9437	10284	7250	9378	10246	4682	12972	2067	18759
原墙镇	47076	22982	24094	15517	22810	23896	10855	30651	5570	45377
倪邱镇	49569	23980	25589	16198	23783	25538	12204	32378	4987	47539
李兴镇	62372	30985	31387	19337	30616	31239	14046	42825	5501	60457
大新镇	45421	22188	23233	15932	22117	23204	9348	30783	5290	44126
肖口镇	46057	21669	24388	17195	21323	24275	10306	30786	4965	45065
关集镇	37974	18441	19533	12942	18243	19463	9072	24226	4676	35804
三塔镇	50780	25540	25240	17650	25468	25218	12184	32438	6158	48195
双浮镇	36421	18668	17753	12416	18516	17647	8242	24164	4015	34951
蔡庙镇	22996	11760	11236	8155	11671	11199	5464	14734	2798	22173
三堂镇	40223	20497	19726	13894	20433	19693	9750	26130	4343	38361
苗老集镇	40017	20498	19519	12381	20441	19463	10581	25040	4396	37532
赵庙镇	44580	22743	21837	14922	22447	21546	11120	28662	4798	42725
宫集镇	34400	17360	17040	11408	17150	16883	9018	21646	3736	31705
坟台镇	69782	35766	34016	22732	35532	33890	16808	45738	7236	64591
洪山镇	59574	30695	28879	16418	30544	28743	14850	39150	5574	57273
清浅镇	28693	14592	14101	9992	14551	14076	7867	17851	2975	27331
五星镇	34082	17420	16662	11916	17407	16658	7790	22627	3665	32529
高庙镇	19710	10132	9578	6533	10098	9559	4484	13200	2026	18900
桑营镇	35733	18575	17158	10754	18488	17123	8626	23648	3459	33561
大庙集镇	34675	17597	17078	11883	17461	17015	8796	21783	4096	33300
阮桥镇	38636	19833	18803	12553	19735	18765	9665	24782	4189	36711
双庙镇	41269	21442	19827	12109	21417	19801	10304	27255	3710	39347
胡总乡	16498	8293	8205	5909	8180	8169	3695	10710	2093	16111
赵集乡	34733	17483	17250	12035	17410	17182	7886	22895	3952	33420
郭庙乡	36051	18322	17729	12667	18230	17699	8886	22573	4592	34883
马集乡	32378	16636	15742	10337	16632	15741	7295	21589	3494	31317
二郎乡	27313	13912	13401	8765	13842	13369	7187	17366	2760	25026
开发区管理委员会	25851	13206	12645	7748	11769	11469	4846	18998	2007	22626
阜南县	**1168112**	**567532**	**600580**	**381599**	**562512**	**597159**	**301481**	**751895**	**114736**	**1054559**
方集镇	27245	12103	15142	8148	12061	15125	6679	17993	2573	25126
中岗镇	29410	13510	15900	9042	13486	15885	7543	18965	2902	27668
柴集镇	47142	21452	25690	15946	21429	25679	12052	29881	5209	43223
新村镇	36384	15950	20434	13237	15907	20411	9477	22735	4172	34027
三塔镇	46354	19937	26417	16420	19914	26397	12318	28653	5383	42738

表12 续表 20　　　　单位：人、户

地区	总人口			家庭户	家庭户总人口		分年龄人口			居住本地，户口在本地
	合计	男	女	户数	男	女	0-14岁	15-64岁	65岁及以上	
朱寨镇	49280	21742	27538	17109	21708	27515	11901	31826	5553	45035
柳沟镇	28434	12459	15975	9699	12432	15963	7506	17523	3405	26685
赵集镇	32518	14772	17746	11106	14725	17713	7832	20895	3791	31266
田集镇	40429	18255	22174	12873	18244	22174	11320	24783	4326	38945
苗集镇	40453	17969	22484	12967	17810	22385	10589	25547	4317	37536
黄岗镇	41024	18545	22479	13104	18462	22440	10812	26360	3852	38118
焦陂镇	43101	18787	24314	14662	18771	24308	11524	26984	4593	40046
张寨镇	37867	16823	21044	12528	16807	21038	9255	24527	4085	35644
王堰镇	39732	17163	22569	12445	17149	22560	11241	24751	3740	34928
地城镇	26506	11685	14821	8986	11647	14810	6927	17113	2466	23837
洪河桥镇	50575	25616	24959	14695	25587	24951	13593	33002	3980	46422
王家坝镇	20523	11359	9164	6667	11274	9118	5300	13324	1899	19078
王化镇	26969	14459	12510	8500	14433	12501	7005	17264	2700	24455
曹集镇	32826	17649	15177	11101	17642	15177	7991	22023	2812	30361
鹿城镇	150105	76795	73310	45976	73913	71050	33948	105372	10785	111879
王店孜乡	37821	20769	17052	12468	19780	16465	10035	23777	4009	33848
许堂乡	43025	23882	19143	15473	23854	19138	11768	26347	4910	41331
会龙乡	31271	16867	14404	10051	16801	14371	7471	20414	3386	30046
段郢乡	44296	23923	20373	13968	23884	20356	12984	27033	4279	40405
公桥乡	37212	19840	17372	12015	19821	17364	9957	23615	3640	34270
龙王乡	22149	11971	10178	7354	11966	10174	5638	14303	2208	19917
于集乡	20399	11304	9095	7088	11304	9094	5441	12923	2035	19333
老观乡	25714	14358	11356	9881	14322	11330	6502	16817	2395	24006
郜台乡	40282	18330	21952	12261	18319	21951	12238	24580	3464	37320
阜南工业园区	17820	8655	9165	5352	8457	9073	4389	11756	1675	15952
阜濛农场	1246	603	643	477	603	643	245	809	192	1114
颍上县	**1196535**	**602139**	**594396**	**408376**	**597567**	**590779**	**269053**	**800634**	**126848**	**1104270**
慎城镇	145287	73162	72125	44268	71405	70477	29034	103218	13035	121246
谢桥镇	76466	40141	36325	26236	39887	36081	16076	53952	6438	62802
南照镇	35995	18322	17673	13625	18063	17494	8461	23515	4019	32967
杨湖镇	33256	16834	16422	12976	16778	16413	7695	21286	4275	31617
江口镇	50916	25344	25572	18714	25260	25511	13333	31850	5733	46673
润河镇	43431	22290	21141	15958	22275	21139	10538	28199	4694	42000
新集镇	27162	13468	13694	9876	13449	13546	6703	16782	3677	25813
六十铺镇	40223	20074	20149	14250	19903	19960	9723	25821	4679	37055
耿棚镇	47239	23990	23249	17258	23910	23180	11548	29607	6084	44608
半岗镇	34273	17333	16940	13167	17242	16691	8505	21810	3958	32931
王岗镇	29905	15268	14637	9968	15232	14577	7078	19634	3193	28404
夏桥镇	36648	18684	17964	11790	18643	17899	8978	23720	3950	34307
江店孜镇	39435	20425	19010	13434	20374	19002	8979	26230	4226	37964
陈桥镇	29172	15205	13967	10135	14999	13839	6577	19194	3401	27892
黄桥镇	45037	22701	22336	15155	22661	22315	10208	29828	5001	43217
八里河镇	34181	17436	16745	12075	17417	16745	8157	21712	4312	32453
迪沟镇	33160	17283	15877	11907	17173	15852	7027	22978	3155	31164
西三十铺镇	29085	13818	15267	10074	13631	15126	7129	18336	3620	27152
红星镇	29455	14360	15095	8622	14258	15058	6572	19889	2994	27765
十八里铺镇	39088	17829	21259	13758	17761	21257	8577	26190	4321	36285
鲁口镇	24560	11123	13437	9123	11073	13435	5578	15874	3108	22936
建颍乡	53604	24865	28739	17504	24835	28730	12772	35202	5630	50807
五十铺乡	28553	14494	14059	9417	14417	14034	5819	19674	3060	26510

表12　续表 21

单位：人、户

地　　区	总人口			家庭户	家庭户总人口		分年龄人口			居住本地，户口在本地
	合　计	男	女	户　数	男	女	0-14岁	15-64岁	65岁及以　上	
盛堂乡	31006	15907	15099	10612	15891	15096	6554	21212	3240	29009
关屯乡	23878	12106	11772	8570	12077	11770	4623	17080	2175	23112
垂岗乡	18023	9181	8842	6316	9173	8841	3759	12327	1937	17139
赛涧回族乡	18136	9208	8928	6665	9203	8928	3423	12943	1770	17873
刘集乡	47301	24075	23226	16080	23997	23198	10022	32369	4910	43880
黄坝乡	33242	17319	15923	9378	17062	15827	7106	22957	3179	32045
古城乡	38818	19894	18924	11465	19518	18758	8499	27245	3074	36644
界首市	**561956**	**278140**	**283816**	**200250**	**275484**	**282053**	**117750**	**383672**	**60534**	**507818**
东城办事处	65842	33262	32580	21058	32562	32295	12231	48119	5492	52349
西城办事处	67453	33843	33610	23809	32825	32532	11879	50507	5067	46444
颍南办事处	35849	17980	17869	11351	17929	17869	6142	26393	3314	33057
光武镇	46786	23568	23218	14880	23491	23171	10192	32307	4287	44272
泉阳镇	26683	12795	13888	11143	12751	13823	6054	17115	3514	25020
芦村镇	20067	9845	10222	7773	9784	10203	4749	12893	2425	18987
新马集镇	26388	12860	13528	9712	12848	13524	5908	17266	3214	25208
大黄镇	23091	11554	11537	8411	11537	11533	5137	15090	2864	22589
田营镇	23123	11693	11430	8294	11600	11415	4718	15986	2419	22717
陶庙镇	41538	20409	21129	14884	20409	21129	8360	28252	4926	40241
王集镇	31246	15239	16007	12471	15238	16006	7503	19908	3835	29953
砖集镇	34700	17069	17631	11804	16912	17547	8142	22625	3933	33332
顾集镇	26459	12664	13795	9927	12613	13786	6143	16898	3418	25338
代桥镇	17904	8507	9397	7243	8465	9381	4073	11075	2756	17115
舒庄镇	18814	9182	9632	7446	9123	9597	4343	12018	2453	18278
邴集乡	23538	11722	11816	7776	11625	11779	5013	15923	2602	22009
靳寨乡	17185	8710	8475	6139	8565	8426	3566	11708	1911	16450
任寨乡	15290	7238	8052	6129	7207	8037	3597	9589	2104	14459
宿州市	**5352924**	**2698929**	**2653995**	**1608582**	**2586871**	**2562859**	**1057052**	**3730594**	**565278**	**4961069**
埇桥区	**1647642**	**832594**	**815048**	**514960**	**792860**	**781122**	**306596**	**1174230**	**166816**	**1426001**
埇桥街道	46306	22501	23805	17595	19664	21498	6935	35839	3532	34283
沱河街道	36182	17908	18274	13061	17146	17950	5111	26645	4426	27122
道东街道	29764	15008	14756	8461	12297	12595	4387	22820	2557	21689
东关街道	45219	21597	23622	13382	19796	20190	6710	34834	3675	32913
三里湾街道	32274	16059	16215	11056	15907	16069	5420	24626	2228	19390
南关街道	70203	34496	35707	21716	30486	32228	10622	54456	5125	52267
西关街道	64278	31866	32412	19089	30165	30927	10630	48827	4821	40641
北关街道	35015	17469	17546	10697	15242	15491	5277	26614	3124	23136
汴河街道	29428	14820	14608	9459	14254	14060	5462	20914	3052	25894
三八街道	49505	25305	24200	14926	24131	23587	8729	37210	3566	30260
城东街道	17830	9003	8827	5067	8684	8640	3027	13270	1533	15261
金海街道	37647	19659	17988	10173	17129	16592	6702	28603	2342	23258
符离镇	77011	37471	39540	25015	35755	35742	13614	54998	8399	68341
芦岭镇	76845	40568	36277	22925	38182	35842	13389	56561	6895	71942
朱仙庄镇	82499	41399	41100	21397	35614	34851	11784	63233	7482	67470
褚兰镇	42692	22078	20614	14039	21483	20029	7829	29928	4935	41241
曹村镇	53754	26848	26906	18387	26652	26734	10415	37170	6169	51582
夹沟镇	47824	23611	24213	16840	23579	23877	9821	31323	6680	46119
栏杆镇	52866	26560	26306	18587	26487	26280	11206	34661	6999	50801
时村镇	62687	31486	31201	19386	29348	30152	13314	41541	7832	60054
永安镇	44403	22502	21901	14719	22462	21775	8716	29966	5721	43609
灰古镇	27994	14509	13485	8358	13610	13106	5262	19060	3672	27276

表12 续表 22

单位：人、户

地区	总人口			家庭户	家庭户总人口		分年龄人口			居住本地，户口在本地
	合计	男	女	户数	男	女	0-14岁	15-64岁	65岁及以上	
大店镇	69044	35548	33496	18526	33903	32345	14662	47633	6749	65944
西寺坡镇	50511	25747	24764	14928	25674	24620	10279	34867	5365	47279
桃园镇	81469	42015	39454	24208	40904	39249	16347	58050	7072	76622
蕲县镇	62256	31965	30291	19282	30694	29622	12481	44375	5400	52745
大营镇	34550	17405	17145	10398	17388	17134	7754	23335	3461	32647
杨庄乡	31498	15907	15591	11580	15806	15550	5890	21529	4079	30216
支河乡	28346	14118	14228	9792	14103	14204	6254	18570	3522	27505
解集乡	48511	25024	23487	15081	25019	23487	10971	31887	5653	46914
桃沟乡	25266	12642	12624	9114	12570	12580	5220	16702	3344	24722
顺河乡	35555	18276	17279	11474	18243	17266	7173	24311	4071	34348
蒿沟乡	37733	19440	18293	12313	19385	18232	7997	24967	4769	36225
苗安乡	41794	21774	20020	11571	21129	19758	9447	28049	4298	40018
永镇乡	21036	10906	10130	6755	10890	10128	4583	14160	2293	20029
西二铺乡	16960	8665	8295	5255	8640	8284	3041	12089	1830	16208
夹沟农场	887	439	448	348	439	448	135	607	145	30
砀山县	**800408**	**405678**	**394730**	**251487**	**391482**	**381795**	**149681**	**565714**	**85013**	**776666**
砀城镇	156532	78670	77862	42717	69835	68332	25172	118534	12826	144087
赵屯镇	50554	25486	25068	17771	25281	24972	10686	33959	5909	50066
李庄镇	45817	23478	22339	14980	22809	22055	8317	32878	4622	45352
唐寨镇	61912	31719	30193	19038	30795	29645	10856	43871	7185	61407
葛集镇	55345	28656	26689	16558	28518	26640	8401	41180	5764	54732
周寨镇	60185	30450	29735	19282	28940	28614	10636	42568	6981	58420
玄庙镇	82203	41477	40726	26585	41405	40668	16002	57198	9003	80339
官庄坝镇	40059	20215	19844	13557	19754	19670	8989	26417	4653	39463
曹庄镇	28676	13999	14677	9834	13777	14532	7093	18098	3485	28107
关帝庙镇	70755	35765	34990	22774	35635	34957	15086	47498	8171	69807
朱楼镇	31091	15615	15476	10365	15300	15272	6620	20587	3884	30683
良梨镇	46138	23553	22585	15584	23023	22064	7935	33098	5105	45416
程庄镇	47425	24379	23046	14982	24262	23005	9693	32178	5554	46868
经济开发区	16632	8483	8149	5500	8430	8025	2809	12510	1313	14853
薛楼板材加工园	7084	3733	3351	1960	3718	3344	1386	5140	558	7066
萧县	**1130916**	**565488**	**565428**	**341072**	**536722**	**543799**	**228910**	**773054**	**128952**	**1072238**
龙城镇	141514	71901	69613	36146	57417	57220	22550	108270	10694	109080
黄口镇	82093	41456	40637	21774	35915	36257	15209	58906	7978	77502
杨楼镇	59096	28143	30953	18640	27363	30288	10393	41567	7136	58768
闫集镇	40750	19517	21233	12424	19393	21168	8600	27658	4492	40262
新庄镇	60067	29685	30382	18277	29285	30130	13054	40215	6798	59106
刘套镇	39016	18978	20038	12259	18245	19752	6806	27684	4526	38319
马井镇	66008	33217	32791	19724	32098	32163	13286	45137	7585	65116
大屯镇	53354	26560	26794	16575	26409	26719	12553	34699	6102	52326
赵庄镇	54319	26904	27415	17063	26891	27409	13064	34854	6401	53695
杜楼镇	54080	27385	26695	17507	26601	26415	11763	35528	6789	52126
丁里镇	34688	17200	17488	10967	17003	17377	7021	23566	4101	33690
王寨镇	57582	28754	28828	19099	28162	28437	13456	36232	7894	55070
祖楼镇	33237	16565	16672	10703	16385	16527	7874	20297	5066	32151
青龙集镇	23080	11757	11323	6986	11602	11221	5400	14958	2722	22338
张庄寨镇	64537	32561	31976	19193	31504	31408	14259	41807	8471	63106
永堌镇	25414	12819	12595	8384	12548	12493	4427	17721	3266	24331
白土镇	26461	13348	13113	9003	12825	12807	5114	18009	3338	25527
官桥镇	17491	8897	8594	5938	8723	8484	3326	11970	2195	16503

表12 续表 23

单位：人、户

地　　区	总人口			家庭户	家庭户总人口		分年龄人口			居住本地，户口在本地
	合　计	男	女	户　数	男	女	0-14岁	15-64岁	65岁及以上	
圣泉乡	62411	31395	31016	18362	30917	30744	10822	44813	6776	61810
酒店乡	49070	24964	24106	14324	24076	23693	10670	32688	5712	48382
孙圩孜乡	39949	20030	19919	12596	19967	19868	8782	26097	5070	38594
庄里乡	22232	11348	10884	7584	11346	10884	4748	14561	2923	21307
石林乡	20569	10078	10491	6257	10033	10467	4969	13125	2475	19420
萧县经济开发区	3898	2026	1872	1287	2014	1868	764	2692	442	3709
灵璧县	**975308**	**491900**	**483408**	**278428**	**475208**	**469674**	**212593**	**661277**	**101438**	**923965**
灵城镇	132306	67463	64843	35118	58234	56198	24591	98741	8974	110299
韦集镇	41191	21051	20140	11444	20859	20019	8378	28074	4739	40283
黄湾镇	38459	19660	18799	10710	19176	18169	7739	26696	4024	36720
娄庄镇	68111	34738	33373	18207	34507	33152	14903	46467	6741	64932
杨疃镇	60273	30990	29283	15771	30611	29080	12858	41435	5980	58410
尹集镇	51948	25863	26085	16412	25302	25852	12833	32498	6617	51150
浍沟镇	35770	17693	18077	11542	17461	17977	8586	22608	4576	34922
尤集镇	40693	20384	20309	12258	20152	20145	9579	26675	4439	39060
夏楼镇	56971	29154	27817	15833	28673	27620	12440	38392	6139	55847
朝阳镇	64063	32767	31296	18091	31928	30842	12566	44584	6913	62983
渔沟镇	55563	27763	27800	16381	26556	26608	12626	37208	5729	51186
高楼镇	51055	25610	25445	15313	24979	25140	11998	33084	5973	49658
冯庙镇	54902	27069	27833	16844	26634	27479	12825	35451	6626	53508
向阳乡	34699	17656	17043	9439	17409	16929	7357	23906	3436	33666
朱集乡	38362	19349	19013	9938	19313	18990	8635	26063	3664	37258
大路乡	29905	14667	15238	8948	14476	15169	7314	19181	3410	29456
大庙乡	36376	17908	18468	11779	17617	18352	8590	23146	4640	35587
禅堂乡	34900	17005	17895	11118	16639	17728	8489	22202	4209	33810
虞姬乡	38232	19388	18844	10111	19297	18816	8090	26484	3658	36987
工业园区	11529	5722	5807	3171	5385	5409	2196	8382	951	8243
泗县	**798650**	**403269**	**395381**	**222635**	**390599**	**386469**	**159272**	**556319**	**83059**	**762199**
泗城镇	92292	46285	46007	27339	42099	42223	15324	69407	7561	76751
墩集镇	28252	14299	13953	8167	14024	13816	5851	19077	3324	27803
丁湖镇	49493	25481	24012	13159	24424	23601	9094	34834	5565	48816
草沟镇	71781	36719	35062	18462	36079	34799	14766	49243	7772	70981
长沟镇	42534	21791	20743	11367	21339	20543	8583	29781	4170	41692
黄圩镇	55946	28040	27906	15242	27708	27744	11588	38247	6111	54471
大庄镇	62320	31298	31022	15684	29576	29683	12244	43460	6616	59492
山头镇	58902	29723	29179	16868	29176	28939	13512	38984	6406	57384
刘圩镇	37439	18410	19029	11933	18186	18938	8372	24702	4365	36800
黑塔镇	69168	34938	34230	20053	34613	34118	14897	46931	7340	67603
草庙镇	24045	12194	11851	6691	12092	11806	4597	17027	2421	23560
屏山镇	58513	29625	28888	16434	29281	28774	11029	41408	6076	57169
大路口乡	37941	19245	18696	10767	18762	18493	7063	26771	4107	37564
大杨乡	36194	18277	17917	9829	18194	17888	7603	24553	4038	35489
瓦坊乡	52183	26268	25915	14487	25392	25572	11108	35475	5600	51686
泗县开发区管委会	21647	10676	10971	6153	9654	9532	3641	16419	1587	14938
巢湖市	**3873102**	**1967100**	**1906002**	**1212100**	**1853960**	**1838698**	**634232**	**2783051**	**455819**	**3494361**
居巢区	**780711**	**394213**	**386498**	**245876**	**344415**	**349279**	**115936**	**565774**	**99001**	**643400**
中庙街道	6982	3582	3400	2176	2593	2899	849	4905	1228	5850
亚父街道	52266	27045	25221	13754	20205	19308	7839	39090	5337	37409
卧牛山街道	77617	40972	36645	20325	29618	29192	11321	58700	7596	54818
凤凰山街道	106651	54396	52255	34942	49023	47384	15460	81925	9266	65838

表12　续表 24　　　　　　　　　　　　　　　　　　单位：人、户

地　区	总人口			家庭户	家庭户总人口		分年龄人口			居住本地，户口在本地
	合　计	男	女	户　数	男	女	0-14岁	15-64岁	65岁及以　上	
天河街道	40453	21064	19389	11439	17054	16240	5733	30865	3855	24657
半汤街道市开发区	38348	19274	19074	7959	12229	12081	4011	31869	2468	23516
栏杆集镇	34982	17198	17784	11794	16742	17597	6137	23568	5277	33980
苏湾镇	38246	18031	20215	14162	17600	20004	6877	25377	5992	36042
柘皋镇	66066	33126	32940	18961	29674	30014	9507	47536	9023	64271
银屏镇	30574	15840	14734	9218	14668	14296	4143	22381	4050	27908
夏阁镇	45579	21777	23802	16192	20412	23245	7179	30772	7628	43355
中垾镇	26866	13107	13759	9413	12714	13587	4243	18206	4417	25475
散兵镇	37258	18991	18267	10861	17091	16923	5802	27345	4111	32374
烔炀镇	49727	24224	25503	16957	22626	24363	6667	33878	9182	47663
黄麓镇	28156	13372	14784	11294	12777	14420	3516	19026	5614	26896
槐林镇	49429	24542	24887	17976	23719	24174	8530	35052	5847	45909
坝镇镇	28171	15454	12717	9666	13757	12559	4353	20087	3731	24954
庙岗乡	23340	12218	11122	8787	11913	10993	3769	15192	4379	22485
庐江县	**973850**	**491156**	**482694**	**309322**	**460758**	**473739**	**174143**	**696141**	**103566**	**878996**
庐城镇	164883	82516	82367	53169	79202	79810	29923	120752	14208	130296
冶父山镇	38127	18978	19149	12400	17921	18524	6967	26179	4981	35473
万山镇	36173	17539	18634	12389	16986	18336	6941	25504	3728	34152
汤池镇	33437	15841	17596	12750	15456	17343	6371	22861	4205	30970
郭河镇	50835	26025	24810	15013	25315	24429	8842	36598	5395	49114
金牛镇	28936	14560	14376	9781	14124	14132	4934	20847	3155	26864
石头镇	31396	15849	15547	9350	15453	15316	5906	22506	2984	29349
同大镇	56890	29208	27682	18142	28670	27505	10225	39212	7453	54374
白山镇	45971	23295	22676	14845	22660	22276	8252	32004	5715	42743
盛桥镇	57568	29396	28172	18279	28950	27945	9561	41371	6636	55387
白湖镇	70175	35024	35151	21963	34391	34354	12587	49761	7827	67299
龙桥镇	44884	22152	22732	15136	21622	22628	9103	31111	4670	42179
矾山镇	44550	21607	22943	15319	21316	22812	8850	29991	5709	41959
罗河镇	56348	27641	28707	17327	26151	28444	11192	39672	5484	52241
泥河镇	75568	35538	40030	24986	34715	39128	14630	52706	8232	71165
乐桥镇	52382	25217	27165	16040	24237	26506	8844	38368	5170	51526
柯坦镇	54165	26781	27384	16103	26427	27182	9304	39531	5330	53010
安徽庐江经济开发区	4703	2381	2322	1489	2223	2195	863	3560	280	2394
安徽省白湖监狱管理分局	22274	17814	4460	4021	4083	4084	710	19473	2091	7186
安徽省白湖阀门厂有限公司	3496	2832	664	689	702	664	107	3113	276	1086
安徽省罪犯技术培训中心	1089	962	127	131	154	126	31	1021	37	229
无为县	**1180069**	**599655**	**580414**	**357834**	**580653**	**568621**	**191465**	**850846**	**137758**	**1102255**
无城镇	164940	82720	82220	56570	77547	77918	26282	120602	18056	136281
襄安镇	48150	24577	23573	14346	24225	23328	8156	34462	5532	45495
二坝镇	46565	24347	22218	15801	22745	22026	6812	33673	6080	43061
汤沟镇	51597	26333	25264	16478	25461	24767	8528	36061	7008	49877
陡沟镇	59839	30539	29300	16454	29684	28729	9388	42362	8089	58307
石涧镇	58192	29855	28337	17081	29224	28072	10331	40357	7504	55220
严桥镇	57793	29805	27988	15908	28531	27046	9771	40944	7078	53355
开城镇	53119	27045	26074	15606	26546	25667	8779	37560	6780	50322
蜀山镇	52410	26662	25748	16310	26054	25321	9281	37371	5758	49736
牛埠镇	59007	30471	28536	15821	29085	27596	9759	43561	5687	57104
刘渡镇	33901	17637	16264	10379	16992	15944	5443	24484	3974	32614
姚沟镇	32053	16382	15671	9704	15950	15472	5086	23209	3758	30086
泥汊镇	56480	28549	27931	16697	28150	27694	8936	40910	6634	53693

表12 续表 25 单位：人、户

地区	总人口			家庭户	家庭户总人口		分年龄人口			居住本地，户口在本地
	合计	男	女	户数	男	女	0-14岁	15-64岁	65岁及以上	
白茆镇	69765	34695	35070	21343	33823	34228	10165	50577	9023	66861
福渡镇	33298	16646	16652	10179	16519	16588	5390	23675	4233	31281
泉塘镇	50500	25817	24683	15051	25717	24635	8525	35904	6071	48621
赫店镇	35592	17863	17729	9959	17594	17536	5348	26149	4095	34555
红庙镇	36474	17947	18527	10746	17307	18170	6163	26110	4201	35510
高沟镇	43193	21981	21212	13994	20920	21032	6540	32148	4505	39174
鹤毛乡	26310	13128	13182	7663	13050	13163	4523	19115	2672	25684
十里墩乡	36191	18289	17902	9933	17657	17628	5854	26526	3811	34228
昆山乡	32673	16931	15742	9403	16786	15670	5526	24199	2948	31495
洪巷乡	41866	21331	20535	12394	21069	20377	6876	30737	4253	39660
安徽无为经济开发区	161	105	56	14	17	14	3	150	8	35
含山县	**376436**	**191498**	**184938**	**123732**	**186936**	**182055**	**60624**	**272950**	**42862**	**353297**
环峰镇	101234	49836	51398	34912	48412	50271	17586	72840	10808	91035
运漕镇	31873	15516	16357	10464	14982	15905	5016	22844	4013	29825
铜闸镇	25880	12676	13204	8118	12463	13045	4114	18522	3244	24643
陶厂镇	32387	16243	16144	9649	15920	16023	5138	23708	3541	30653
林头镇	66951	34384	32567	23706	33699	32303	9799	49070	8082	63012
清溪镇	42279	22056	20223	13242	21780	20087	6664	31010	4605	41145
仙踪镇	55568	29784	25784	17435	28840	25217	8859	40398	6311	53559
昭关镇	20264	11003	9261	6206	10840	9204	3448	14558	2258	19425
和县	**562036**	**290578**	**271458**	**175336**	**281198**	**265004**	**92064**	**397340**	**72632**	**516413**
历阳镇	144733	72745	71988	49055	68870	68104	22059	105849	16825	119479
沈巷镇	101875	52484	49391	28712	51248	48520	17544	72541	11790	98034
白桥镇	36750	19517	17233	11837	19310	17192	6093	24943	5714	35368
姥桥镇	48905	26041	22864	13934	25280	22735	8890	33479	6536	46726
功桥镇	37839	20338	17501	11400	20128	17449	7848	25091	4900	36549
西埠镇	46110	24347	21763	13738	23898	21359	8293	31497	6320	44492
香泉镇	34160	17618	16542	10056	17327	16372	4896	24267	4997	32700
乌江镇	55084	28174	26910	18514	27557	26620	7207	39752	8125	51499
善厚镇	26354	13575	12779	7618	13462	12695	4630	18544	3180	25551
石杨镇	29733	15386	14347	10377	14019	13883	4596	20904	4233	26015
安徽省和县经济开发区	493	353	140	95	99	75	8	473	12	
六安市	**5611701**	**2861086**	**2750615**	**1807765**	**2726977**	**2637789**	**993514**	**4020557**	**597630**	**5137487**
金安区	**789699**	**405402**	**384297**	**225076**	**369049**	**352934**	**128269**	**583796**	**77634**	**676175**
中市街道	73600	38427	35173	17133	24450	24650	9116	56775	7709	53058
东市街道	38776	20538	18238	11336	15784	15761	4705	30247	3824	21704
三里桥街道	44415	22044	22371	15159	19811	20305	6699	34418	3298	22914
望城街道	34505	16571	17934	7514	11972	11862	4329	27891	2285	23747
清水河街道	21173	10643	10530	6717	10591	10508	3465	16027	1681	16030
木厂镇	29700	15165	14535	8570	15021	14424	5504	21154	3042	28553
马头镇	24260	12475	11785	7269	12392	11749	4472	17324	2464	23491
东桥镇	30629	15856	14773	9248	15759	14707	5654	22024	2951	30095
张店镇	41677	21354	20323	11527	21326	20302	6914	30077	4686	40940
毛坦厂镇	20850	9560	11290	5142	8136	8336	2757	16179	1914	14446
东河口镇	35573	17315	18258	10804	17236	18216	6401	24126	5046	35003
双河镇	33709	17039	16670	10109	16321	16047	5929	23644	4136	33110
施桥镇	42523	21885	20638	11935	21541	20457	7855	29841	4827	42480
孙岗镇	43420	22341	21079	12368	22120	21039	8339	30464	4617	42892
三十铺镇	61745	31992	29753	17658	31053	28449	10718	45611	5416	58936
椿树镇	29321	15464	13857	8811	15361	13838	4645	21623	3053	28959

表12 续表 26 单位：人、户

地区	总人口			家庭户	家庭户总人口		分年龄人口			居住本地，户口在本地
	合计	男	女	户数	男	女	0-14岁	15-64岁	65岁及以上	
城北乡	42514	22969	19545	11038	19088	17793	6351	32781	3382	37891
翁墩乡	21136	11174	9962	6436	11043	9936	4019	15148	1969	20948
淠东乡	29889	15725	14164	9056	15712	14163	5770	20876	3243	29829
中店乡	23596	12366	11230	7026	12261	11142	3837	17166	2593	23418
横塘岗乡	15653	7942	7711	5103	7892	7693	2959	10535	2159	15472
先生店乡	23530	12552	10978	6613	12417	10955	3980	17344	2206	23266
六安经济开发区	27505	14005	13500	8504	11762	10602	3851	22521	1133	8993
裕安区	**854645**	**443207**	**411438**	**265424**	**417778**	**389987**	**152940**	**618765**	**82940**	**729814**
鼓楼街道	64004	33341	30663	11318	16585	16649	9069	49448	5487	36863
西市街道	35053	17859	17194	14949	17284	16657	4481	27086	3486	18139
小华山街道	36076	18169	17907	11499	17721	17189	6776	27732	1568	12681
苏埠镇	66324	34803	31521	20097	34299	30870	11184	48637	6503	64243
韩摆渡镇	37888	19631	18257	12427	19519	18181	7059	26123	4706	36121
新安镇	62656	33004	29652	18317	32291	29373	10307	46743	5606	60068
顺河镇	35966	19152	16814	11482	18975	16793	6712	25691	3563	35157
独山镇	59476	30604	28872	16330	29898	27880	11406	42739	5331	57761
石婆店镇	35124	17543	17581	10887	16971	17206	7163	24356	3605	33955
城南镇	37301	19261	18040	10857	17240	16038	5925	28567	2809	32061
丁集镇	42302	22698	19604	12624	22600	19576	7509	30460	4333	41361
固镇镇	34859	18541	16318	11996	18513	16316	6396	25247	3216	33885
徐集镇	30264	15462	14802	10402	15313	14567	5839	21076	3349	29245
分路口镇	37306	19636	17670	11804	19353	17605	6774	26706	3826	36164
江家店镇	26826	13858	12968	9183	12919	12415	5195	18174	3457	26421
单王乡	24153	12368	11785	9208	12368	11785	6010	14792	3351	23337
青山乡	30553	15897	14656	9557	15596	14448	6239	20766	3548	29885
石板冲乡	16692	8537	8155	5567	8463	8129	3674	11051	1967	16109
西河口乡	22700	11683	11017	7473	11556	10913	4367	15451	2882	22261
平桥乡	54999	28084	26915	18819	27475	26478	8691	43063	3245	21485
罗集乡	28043	14730	13313	9072	14575	13244	5521	19008	3514	27564
狮子岗乡	25010	12669	12341	7910	12619	12289	4916	17501	2593	24382
六安市裕安区经济开发区	11070	5677	5393	3646	5645	5386	1727	8348	995	10666
寿县	**1008116**	**503392**	**504724**	**379721**	**489165**	**493632**	**172764**	**714870**	**120482**	**951442**
寿春镇	117893	58581	59312	41304	50484	51550	18052	88162	11679	105384
双桥镇	41138	20395	20743	14294	19993	20507	8831	26962	5345	39119
涧沟镇	33115	15576	17539	13239	15437	17526	6866	21985	4264	31540
丰庄镇	24754	11322	13432	9864	11232	13396	5102	16243	3409	23512
正阳关镇	43143	20529	22614	18007	20282	22479	7548	30189	5406	41023
迎河镇	47898	22264	25634	19119	21951	25425	9577	32030	6291	44292
板桥镇	40572	18709	21863	15349	18550	21759	7500	27499	5573	38731
安丰塘镇	32283	15050	17233	13528	14829	17151	6161	21635	4487	30379
堰口镇	45125	21630	23495	15913	20619	22892	8234	30895	5996	42707
保义镇	48033	24770	23263	16472	24529	23176	8355	34551	5127	46223
隐贤镇	41168	21590	19578	13964	21385	19512	6819	30041	4308	40046
安丰镇	63295	32854	30441	23598	31555	29548	9882	46081	7332	58831
众兴镇	42507	22047	20460	15944	22043	20455	6981	30985	4541	40458
茶庵镇	25236	12978	12258	8681	12819	12179	4201	18217	2818	24506
三觉镇	48094	24845	23249	18550	24606	23188	7821	34862	5411	46692
炎刘镇	55368	28172	27196	19947	27859	27096	8470	41040	5858	53844
刘岗镇	28711	14592	14119	11147	14440	13973	4388	20563	3760	27231
双庙集镇	22552	11503	11049	8321	11333	10971	3862	16043	2647	21398

表12 续表 27　　　　单位：人、户

地　区	总人口			家庭户	家庭户总人口		分年龄人口			居住本地，户口在本地
	合　计	男	女	户　数	男	女	0-14岁	15-64岁	65岁及以　上	
小甸镇	49564	25095	24469	19334	24959	24451	8530	34665	6369	47551
瓦埠镇	24099	12265	11834	9275	12168	11761	4146	17141	2812	23139
大顺镇	31612	16421	15191	14013	16334	15172	5208	22390	4014	30284
八公山乡	17761	9004	8757	7081	8971	8742	2746	13081	1934	15959
张李乡	35025	18126	16899	13602	18064	16843	5467	25333	4225	34076
窑口乡	27620	14298	13322	10919	14184	13319	4539	19349	3732	26093
陶店回族乡	10330	5304	5026	4028	5200	5003	1752	7215	1363	10020
寿西湖农场	8816	4302	4514	3237	4188	4325	1377	6062	1377	6595
正阳关农场	2404	1170	1234	991	1151	1233	349	1651	404	1809
霍邱县	**1380368**	**719777**	**660591**	**417578**	**703477**	**650240**	**267342**	**978784**	**134242**	**1318714**
城关镇	108924	55352	53572	34200	51622	50074	16728	83244	8952	93206
河口镇	21631	11076	10555	6571	10974	10421	3513	15850	2268	21269
周集镇	57947	29951	27996	18084	29283	27518	12880	39499	5568	55227
临水镇	50996	26059	24937	16487	26055	24933	12326	34461	4209	48559
新店镇	54685	28149	26536	16469	27587	25908	10694	37848	6143	50941
石店镇	39549	20976	18573	10843	20823	18468	7009	28757	3783	38972
马店镇	35713	19013	16700	9588	16887	15373	6873	25666	3174	34526
孟集镇	46793	24801	21992	13590	24643	21971	9860	32712	4221	46175
花园镇	32887	17417	15470	9598	17371	15436	6236	23526	3125	31511
扈胡镇	45688	24069	21619	12805	23985	21573	7883	33101	4704	44357
长集镇	28072	14591	13481	8274	14090	13090	4793	20649	2630	26654
洪集镇	31492	16625	14867	9827	16566	14732	5854	22211	3427	30770
姚李镇	46271	24439	21832	13027	24402	21811	8854	33129	4288	44761
乌龙镇	34646	18427	16219	10097	18360	16201	5926	25545	3175	34168
高塘镇	38624	20349	18275	12623	20264	18265	8237	26862	3525	37681
龙潭镇	29901	15515	14386	9677	15392	14302	5408	21419	3074	29042
岔路镇	28894	15116	13778	8168	15060	13760	4929	21287	2678	28467
冯井镇	60339	32499	27840	17232	28428	26808	12560	42616	5163	53772
众兴集镇	27345	14241	13104	8407	14160	13070	5103	19219	3023	27021
夏店镇	31056	16323	14733	10979	16263	14723	5940	21992	3124	30166
曹庙镇	28337	15153	13184	9055	14951	13143	5304	20313	2720	28036
镇区办事处	61008	31260	29748	18780	30395	28658	12215	43766	5027	54950
平岗办事处	15159	7921	7238	4565	7735	7117	2883	10591	1685	14149
彭塔乡	32864	17646	15218	9561	17527	15211	7172	22381	3311	32422
王截流乡	33021	16899	16122	11098	16868	16107	8093	21359	3569	32553
范桥乡	26663	14118	12545	7536	13094	12382	5669	18411	2583	25291
临淮岗乡	34678	17640	17038	11922	17638	17038	6864	23620	4194	34193
城西湖乡	41009	20735	20274	13832	20728	20273	8663	28067	4279	40292
宋店乡	35326	18140	17186	11274	18090	17148	7014	24373	3939	34728
三流乡	29020	15079	13941	9339	15030	13935	5444	20528	3048	28781
邵岗乡	24152	12400	11752	7356	12366	11750	4397	17112	2643	23841
白莲乡	30141	15711	14430	8681	15681	14426	5377	22036	2728	29842
潘集乡	38113	19890	18223	10758	19600	18038	7679	26416	4018	36658
冯瓴乡	41352	21796	19556	10718	21783	19544	8524	28902	3926	41271
孙岗乡	32668	17124	15544	9212	16923	15129	5965	23229	3474	30274
三元乡	25404	13277	12127	7345	12853	11904	4473	18087	2844	24188
舒城县	**749273**	**365049**	**384224**	**254275**	**346347**	**365178**	**124572**	**531718**	**92983**	**693577**
城关镇	183183	89367	93816	56088	74414	78564	28796	137261	17126	157118
晓天镇	23397	11476	11921	9313	11249	11747	3689	15986	3722	22275
桃溪镇	29166	14564	14602	9841	14120	14011	4379	21797	2990	26161

表12 续表 28 单位：人、户

地区	总人口			家庭户	家庭户总人口		分年龄人口			居住本地，户口在本地
	合计	男	女	户数	男	女	0-14岁	15-64岁	65岁及以上	
万佛湖镇	27624	13144	14480	9506	12841	14098	5126	18507	3991	25998
千人桥镇	35700	17443	18257	12561	16635	17501	6460	23983	5257	32117
百神庙镇	28079	13852	14227	8980	13785	14209	5072	19112	3895	27080
杭埠镇	32651	16086	16565	11861	15783	16018	5658	22023	4970	30414
舒茶镇	18302	8409	9893	7410	8346	9863	3518	11885	2899	17507
南港镇	39713	19986	19727	12870	19874	19684	6599	28139	4975	37871
干汊河镇	44207	22339	21868	13124	22227	21739	7044	31664	5499	42719
张母桥镇	17933	8171	9762	7418	8094	9738	3805	10772	3356	17157
五显镇	22003	10390	11613	8315	10260	11505	4370	14055	3578	21322
山七镇	22419	10172	12247	8256	10108	12231	3677	15469	3273	21966
河棚镇	14864	6652	8212	5660	6652	8212	2606	10174	2084	14439
汤池镇	37583	16380	21203	14083	15987	20837	6709	25826	5048	36440
春秋乡	22960	10875	12085	8102	10812	12065	3569	16229	3162	22490
柏林乡	32410	16055	16355	11595	15902	16277	5091	23463	3856	31247
棠树乡	34267	17460	16807	10283	17387	16789	5439	25166	3662	33574
阙店乡	29587	15138	14449	10191	15086	14446	4576	21215	3796	29084
高峰乡	20863	10462	10401	7608	10354	10370	3417	14682	2764	20211
庐镇乡	14645	7630	7015	5376	7603	7011	2098	10724	1823	14451
舒城县经济开发区	17717	8998	8719	5834	8828	8263	2874	13586	1257	11936
金寨县	**514456**	**263935**	**250521**	**169540**	**249091**	**236660**	**100388**	**358853**	**55215**	**484143**
梅山镇	111790	58307	53483	38331	56333	52005	20233	80901	10656	97873
麻埠镇	12361	6324	6037	4464	6124	6013	1967	8905	1489	11622
青山镇	20417	10599	9818	6150	10482	9483	3194	15027	2196	19199
燕子河镇	24922	12898	12024	8862	12152	11246	4447	17552	2923	23710
天堂寨镇	14282	7421	6861	4810	7304	6783	2832	9937	1513	13717
古碑镇	27868	13847	14021	9941	13386	13391	5987	18651	3230	26670
吴家店镇	19121	9649	9472	6393	9182	9072	4115	13037	1969	18637
斑竹园镇	18038	9160	8878	5775	8635	8383	3292	13254	1492	16490
汤家汇镇	25458	12882	12576	9228	12418	12212	6398	15641	3419	24534
南溪镇	42197	21448	20749	12028	13585	12840	7865	30137	4195	41251
双河镇	17547	8912	8635	6173	8648	8439	3684	11874	1989	16409
白塔畈乡	38454	19708	18746	11430	19529	18626	8308	26136	4010	36655
张冲乡	9802	5034	4768	3330	4974	4723	1617	6991	1194	9655
油坊店乡	21766	11201	10565	6610	11033	10395	3600	15659	2507	21285
长岭乡	12001	6014	5987	4260	6006	5986	2403	8154	1444	11547
槐树湾乡	19341	9738	9603	6454	9636	9529	3985	12953	2403	18862
花石乡	9374	4840	4534	3446	4703	4413	1967	6126	1281	8974
沙河乡	13388	6972	6416	3587	6826	6256	2421	9867	1100	13157
桃岭乡	18251	9074	9177	6566	8965	9062	4077	11833	2341	17849
果子园乡	12622	6644	5978	3394	6593	5942	2364	9131	1127	12403
关庙乡	7400	3710	3690	2632	3614	3648	1483	5111	806	7025
全军乡	6307	3323	2984	2162	3265	2951	1516	3982	809	5929
铁冲乡	9355	4897	4458	2876	4748	4353	2254	6137	964	9072
经济开发区	2394	1333	1061	638	950	909	379	1857	158	1618
霍山县	**315144**	**160324**	**154820**	**96151**	**152070**	**149158**	**47239**	**233771**	**34134**	**283622**
衡山镇	68824	34288	34536	23226	33063	33499	10399	52575	5850	50481
佛子岭镇	14996	7683	7313	4610	7074	6749	1955	11211	1830	14073
下符桥镇	15448	8048	7400	4513	7723	7229	2668	11106	1674	15246
但家庙镇	12141	6111	6030	3778	6064	6019	2128	8541	1472	11774
与儿街镇	31204	15561	15643	8458	15017	15138	4700	22757	3747	29802

表12　续表 29

单位：人、户

地　区	总人口			家庭户	家庭户总人口		分年龄人口			居住本地，户口在本地
	合　计	男	女	户　数	男	女	0-14岁	15-64岁	65岁及以上	
黑石渡镇	21019	10825	10194	5910	10474	10045	2850	15835	2334	20501
诸佛庵镇	25464	12503	12961	8407	11975	12411	4008	18255	3201	23907
落儿岭镇	8131	4173	3958	2450	4169	3958	1177	5986	968	7958
磨子潭镇	11941	6195	5746	3209	5804	5417	1480	9118	1343	11389
大化坪镇	19636	10180	9456	6244	10047	9420	3027	14218	2391	19270
漫水河镇	17795	9521	8274	4825	8677	7916	2358	13536	1901	17587
上土市镇	14545	7378	7167	4530	6671	6574	2400	10597	1548	13567
单龙寺乡	11325	6087	5238	3454	5190	5054	1602	8127	1596	10643
东西溪乡	9829	5133	4696	2771	5038	4659	1436	7185	1208	9576
太平畈乡	10255	5086	5169	3483	4908	5062	1764	7277	1214	10141
太阳乡	7263	3717	3546	2112	3443	3365	1077	5506	680	6987
经济开发区	15328	7835	7493	4171	6733	6643	2210	11941	1177	10720
亳州市	**4850657**	**2459168**	**2391489**	**1495949**	**2426063**	**2366415**	**1134505**	**3254761**	**461391**	**4523452**
谯城区	**1409436**	**717269**	**692167**	**434587**	**703658**	**677295**	**284066**	**998141**	**127229**	**1285740**
花戏楼办事处	57276	28765	28511	15881	23764	23701	8987	43825	4464	44056
薛阁办事处	122768	62034	60734	37159	60498	57748	23462	92869	6437	75824
汤陵办事处	79861	39778	40083	25169	38576	37849	14745	59940	5176	56626
古井镇	64869	33328	31541	19114	33300	31315	11919	47217	5733	63115
芦庙镇	32805	16086	16719	10597	15728	16517	6435	23055	3315	32361
华佗镇	40532	20487	20045	12258	20193	19911	7418	29243	3871	39666
魏岗镇	47033	23673	23360	14417	23324	23032	8734	33311	4988	45758
牛集镇	57898	29023	28875	19281	28892	28858	11639	39947	6312	56593
颜集镇	44601	22289	22312	15012	22135	22249	8879	30929	4793	42943
五马镇	35222	18174	17048	11884	17802	16930	6098	25318	3806	34206
十八里镇	58852	29420	29432	18546	29327	29427	11195	41991	5666	57750
谯东镇	57439	28772	28667	18508	28369	28269	10453	41308	5678	55942
十九里镇	62747	31126	31621	19467	30698	29959	11597	45965	5185	58635
沙土镇	48734	25183	23551	16166	24869	23376	10452	33228	5054	46452
观堂镇	61753	32086	29667	18344	31852	29542	14406	42341	5006	58638
大杨镇	57580	29788	27792	16333	29082	27415	12338	39716	5526	55801
城父镇	57876	29948	27928	16626	29750	27832	13989	38716	5171	57618
十河镇	60130	31019	29111	17709	30799	29011	13455	40581	6094	58599
双沟镇	73061	37989	35072	22314	37759	34975	16099	49718	7244	71349
淝河镇	39479	20398	19081	11949	20310	19046	8391	26744	4344	39011
古城镇	47434	24497	22937	15035	24094	22647	9899	32941	4594	44271
龙杨镇	46230	23241	22989	16017	23133	22940	11309	29840	5081	44429
立德镇	44052	22944	21108	12749	22849	21023	9942	30296	3814	43627
张店乡	38522	19937	18585	12154	19433	18398	7514	27225	3783	37374
赵桥乡	53644	27486	26158	16255	27351	26094	11111	37542	4991	51386
亳州市经济技术开发区	19038	9798	9240	5643	9771	9231	3600	14335	1103	13710
涡阳县	**1212054**	**619265**	**592789**	**374500**	**614141**	**590291**	**287593**	**811214**	**113247**	**1159621**
城关镇	107150	54915	52235	34114	52706	50391	22109	78022	7019	86847
城西镇	41808	21454	20354	12314	21442	20349	9967	28280	3561	39034
城东镇	29536	15131	14405	8701	14994	14382	6646	20168	2722	28640
西阳镇	34689	17526	17163	9939	17505	17159	7663	23403	3623	33958
双庙镇	48200	24359	23841	14573	24300	23820	13254	30695	4251	47028
楚店镇	39664	19989	19675	11809	19785	19653	9472	25956	4236	39002
高公镇	35160	17945	17215	10989	17923	17211	9276	22188	3696	34647
闸北镇	67078	33986	33092	19384	33857	33006	14635	46397	6046	65176
高炉镇	39650	19897	19753	12954	19794	19744	8645	26822	4183	38079

表12 续表 30 单位：人、户

地 区	总人口			家庭户	家庭户总人口		分年龄人口			居住本地，户口在本地
	合 计	男	女	户 数	男	女	0-14岁	15-64岁	65岁及以上	
曹市镇	63607	32393	31214	18351	32202	31126	15165	42090	6352	61460
青町镇	63653	32455	31198	20475	32235	31169	15391	42425	5837	62390
石弓镇	41280	20724	20556	13219	20686	20547	9693	27354	4233	38911
龙山镇	51905	25722	26183	17318	25709	26179	13348	33715	4842	48000
义门镇	67751	35150	32601	18121	35082	32569	14611	47272	5868	67069
新兴镇	56701	28979	27722	18416	28936	27710	13847	37029	5825	56510
临湖镇	49575	25592	23983	16451	25571	23965	11626	32851	5098	48952
丹城镇	48983	24690	24293	16322	24656	24281	12755	31504	4724	46985
马店集镇	39678	20770	18908	12400	19303	18672	9362	26704	3612	37287
花沟镇	39659	20184	19475	13175	20179	19474	9344	26091	4224	39025
店集镇	31462	15990	15472	9411	15990	15472	7669	20934	2859	31255
陈大镇	40464	20606	19858	13040	20532	19828	10468	25837	4159	39733
牌坊镇	75809	39966	35843	22359	39927	35839	20098	49411	6300	71763
公吉寺镇	37260	19373	17887	11090	19363	17884	7819	25466	3975	37211
标里镇	44699	22916	21783	14264	22912	21781	11113	29330	4256	44455
单集林场	16633	8553	8080	5311	8552	8080	3617	11270	1746	16204
蒙城县	**1062080**	**537029**	**525051**	**323877**	**526838**	**519124**	**256724**	**703903**	**101453**	**985953**
城关镇	108240	53720	54520	33449	50727	50992	22999	77724	7517	79234
双涧镇	53670	26470	27200	15663	26412	27189	12353	36231	5086	52507
小涧镇	51456	25328	26128	16961	24768	25853	11504	34447	5505	50413
漆园办事处(镇级单位)	55638	27798	27840	16400	27244	27489	12076	38363	5199	52604
坛城镇	45113	21699	23414	14595	21626	23397	10986	29433	4694	42491
范集工业园区(镇级单位)	14038	6848	7190	4361	6804	7179	3505	9366	1167	12781
许疃镇	64949	32472	32477	18237	32072	32458	15005	44924	5020	61099
板桥集镇	69290	34580	34710	19765	34465	34691	16761	46767	5762	65619
马集镇	54741	26904	27837	16585	26847	27821	13925	35576	5240	50457
岳坊镇	50671	25583	25088	14758	25461	25054	12602	33228	4841	49360
立仓镇	72210	36863	35347	22916	36685	35336	19424	44701	8085	70277
楚村镇	63237	33010	30227	20584	32922	30214	17038	38506	7693	60500
乐土镇	74388	38488	35900	22862	38423	35893	18757	48176	7455	70823
三义镇	53086	27227	25859	16792	27224	25859	14245	33051	5790	51814
篱笆镇	40777	21151	19626	13709	21070	19593	10860	24979	4938	39493
蒙城县农业委员会(镇级单位)	1652	860	792	530	857	792	375	1139	138	1521
庄周办事处(乡级单位)	50667	25635	25032	14682	24033	23874	11341	35243	4083	44637
王集乡	57939	29686	28253	17412	29603	28234	13524	38906	5509	55271
小辛集乡	63657	32887	30770	18892	32212	30425	16027	41396	6234	61690
淮北矿业集团有限责任公司许疃煤矿	2612	2470	142	147	141	95		2612		2
白杨林场	14049	7350	6699	4577	7242	6686	3417	9135	1497	13360
利辛县	**1167087**	**585605**	**581482**	**362985**	**581426**	**579705**	**306122**	**741503**	**119462**	**1092138**
城关镇	149333	75417	73916	45127	73270	72477	36539	102181	10613	121335
阚疃镇	65851	30823	35028	21466	30669	34974	17120	41731	7000	62061
张村镇	63519	30468	33051	20016	30457	33048	16001	41230	6288	61277
江集镇	56293	27263	29030	16727	27203	29003	14602	36357	5334	53346
旧城镇	53240	26448	26792	13529	26313	26772	14795	33983	4462	51109
西潘楼镇	47501	22822	24679	14548	22705	24670	12157	30808	4536	44428
孙集镇	34670	16773	17897	10600	16715	17880	9153	22098	3419	33601
汝集镇	52250	25421	26829	16659	25353	26798	13111	33419	5720	50355
巩店镇	51898	24834	27064	18139	24696	27034	12926	32500	6472	49865
王人镇	38125	19180	18945	13876	19077	18934	10194	22685	5246	37210
王市镇	40475	20729	19746	12770	20691	19736	9790	26157	4528	38885

表12 续表 31

单位：人、户

地区	总人口			家庭户	家庭户总人口		分年龄人口			居住本地，户口在本地
	合计	男	女	户数	男	女	0-14岁	15-64岁	65岁及以上	
永兴镇	33899	17224	16675	11962	17199	16666	8436	21381	4082	32819
马店孜镇	46882	23640	23242	15214	23600	23236	12383	29070	5429	45387
大李集镇	37212	19159	18053	12714	19112	18050	9949	22714	4549	35786
胡集镇	58926	30293	28633	17438	29688	28568	15943	36625	6358	55660
展沟镇	25357	13568	11789	8579	13530	11787	6016	16248	3093	24608
程家集镇	40856	21094	19762	12240	20950	19747	11921	24231	4704	39196
中疃镇	46918	24021	22897	13774	24021	22897	13700	28593	4625	44340
望疃镇	79718	41003	38715	22889	40918	38706	22212	50226	7280	75115
刘家集乡	36956	19026	17930	10483	19017	17930	10267	23046	3643	34705
纪王场乡	38141	19287	18854	11254	19205	18840	10693	23287	4161	35099
孙庙乡	35990	18535	17455	11286	18530	17453	9875	21998	4117	34181
新张集乡	32800	18443	14357	11617	18373	14356	8290	20740	3770	31545
柴湖良种繁殖场	277	134	143	78	134	143	49	195	33	225
池州市	**1402518**	**706180**	**696338**	**425181**	**657564**	**660416**	**228951**	**1032955**	**140612**	**1240205**
贵池区	**595268**	**298506**	**296762**	**180176**	**272156**	**276436**	**98189**	**439964**	**57115**	**500422**
池阳街道	27866	14485	13381	8545	12143	11958	4531	21604	1731	17534
秋浦街道	40827	20488	20339	14077	19716	19839	7652	30721	2454	27001
杏花村街道	46424	23388	23036	11890	16314	16390	6539	36996	2889	28258
清风街道	50772	25571	25201	17121	23959	23838	8707	38655	3410	37184
清溪街道	13061	7049	6012	3929	5640	5405	2117	10013	931	9255
里山街道	18021	9262	8759	5862	9011	8693	2897	13040	2084	17407
江口街道	9078	4582	4496	3038	4185	4390	1611	6653	814	8202
马衙街道	39598	18731	20867	9715	14252	14426	4945	31522	3131	27437
梅龙街道	37715	18919	18796	11126	17792	18213	6389	27324	4002	36277
墩上街道	28644	14299	14345	9525	13589	14066	4843	20303	3498	27801
秋江街道	52976	26220	26756	15606	25805	26595	9039	37947	5990	51235
殷汇镇	40276	20009	20267	11846	19323	19793	7162	28608	4506	37970
牛头山镇	30756	15010	15746	10241	14194	15623	6386	20839	3531	28691
涓桥镇	27441	13792	13649	8161	13563	13592	4616	20009	2816	26485
梅街镇	17316	8813	8503	5758	8528	8446	2456	12607	2253	16487
梅村镇	22455	11354	11101	6780	11083	10970	3334	16178	2943	21840
唐田镇	17502	8560	8942	5486	8394	8891	2840	12495	2167	16998
牌楼镇	19420	9725	9695	5361	9689	9683	2919	14418	2083	18994
乌沙镇	34326	16742	17584	10228	16333	17537	6472	23813	4041	33022
棠溪镇	9366	4938	4428	3119	4877	4401	1300	6667	1399	8909
安徽贵池工业园	3330	2017	1313	503	583	508	180	3098	52	8
池州市开发区	6745	3715	3030	1932	2693	2754	1028	5341	376	3427
池州市火车站站前区	1353	837	516	327	490	425	226	1113	14	
东至县	**468280**	**236259**	**232021**	**133741**	**223197**	**222285**	**75792**	**346755**	**45733**	**428473**
尧渡镇	88117	43444	44673	28070	40458	41807	14451	66675	6991	66700
东流镇	30227	15331	14896	8427	13121	13321	4373	23033	2821	26949
大渡口镇	56308	27656	28652	16911	26018	27180	8509	41552	6247	53123
胜利镇	47388	23494	23894	13042	21714	22814	8104	33478	5806	45933
张溪镇	45502	23021	22481	12062	22383	22064	8274	32491	4737	44188
洋湖镇	24707	12614	12093	6801	12487	12032	4071	18147	2489	23865
葛公镇	20646	10709	9937	5822	10427	9809	3185	15367	2094	20082
香隅镇	31103	15922	15181	8472	15519	15055	4705	23610	2788	30040
官港镇	23287	11983	11304	6458	11778	11127	3663	17332	2292	22403
昭潭镇	17341	8807	8534	4627	7992	7856	2720	12988	1633	15861
龙泉镇	24459	12492	11967	6473	12042	11676	4152	18243	2064	23342

表12 续表 32

单位：人、户

地区	总人口			家庭户	家庭户总人口		分年龄人口			居住本地，户口在本地
	合计	男	女	户数	男	女	0-14岁	15-64岁	65岁及以上	
泥溪镇	19309	9888	9421	5569	9694	9291	3102	14195	2012	18685
花园乡	9758	5155	4603	2847	4938	4468	1344	7381	1033	9383
木塔乡	14037	7313	6724	3797	7053	6549	2346	10331	1360	13447
青山乡	14332	7314	7018	3930	7097	6827	2666	10424	1242	13618
香隅化工园区	989	714	275	199	178	119	18	951	20	226
大渡口经济开发区	770	402	368	234	298	290	109	557	104	628
石台县	**92238**	**46518**	**45720**	**31330**	**45403**	**44882**	**13979**	**67007**	**11252**	**86232**
仁里镇	25367	12485	12882	9096	11950	12206	3666	19161	2540	21104
七都镇	14698	7636	7062	4878	7459	7012	2152	10672	1874	14238
仙寓镇	11063	5528	5535	3654	5449	5521	1851	7687	1525	10855
丁香镇	8035	4046	3989	2706	4002	3977	1260	5776	999	7818
小河镇	15001	7474	7527	5167	7429	7510	2447	10644	1910	14611
横渡镇	7292	3811	3481	2423	3689	3432	1028	5216	1048	7024
大演乡	6269	3266	3003	1954	3221	2996	941	4568	760	6173
矶滩乡	4513	2272	2241	1452	2204	2228	634	3283	596	4409
青阳县	**246732**	**124897**	**121835**	**79934**	**116808**	**116813**	**40991**	**179229**	**26512**	**225078**
蓉城镇	69327	34316	35011	24115	33308	34379	12125	50682	6520	60701
木镇镇	23023	11608	11415	7329	10327	10391	4006	16501	2516	21156
庙前镇	20211	10149	10062	6151	8769	8916	3309	14550	2352	18405
陵阳镇	22341	11657	10684	7408	11109	10449	3335	16331	2675	21157
新河镇	15192	7707	7485	4515	6948	7144	2398	11228	1566	14114
丁桥镇	17105	8584	8521	5654	8184	8344	3125	12176	1804	16220
朱备镇	7464	3858	3606	2472	3771	3571	1203	5334	927	7187
杨田镇	16698	8485	8213	5397	8058	7963	2715	11867	2116	16142
九华镇	4441	2205	2236	1199	1389	1664	481	3672	288	2383
乔木乡	8821	4488	4333	2654	4325	4279	1503	6280	1038	8338
西华乡	12746	6684	6062	3748	6302	5880	1977	9334	1435	12312
杜村乡	17133	8812	8321	5459	8645	8234	2904	12135	2094	16619
九华乡	11673	6065	5608	3693	5569	5469	1877	8627	1169	10343
青阳县开发区	557	279	278	140	104	130	33	512	12	1
宣城市	**2532938**	**1298040**	**1234898**	**834961**	**1203213**	**1165220**	**369048**	**1874141**	**289749**	**2146920**
宣州区	**772490**	**390693**	**381797**	**257410**	**360279**	**356240**	**118892**	**562982**	**90616**	**633352**
西林街道	49925	25019	24906	13991	18703	19172	7142	38874	3909	28457
澄江街道	35761	17695	18066	11558	15613	15964	4736	27513	3512	20055
鳌峰街道	77459	38703	38756	23955	31146	32400	9622	62842	4995	48743
济川街道	40507	20603	19904	12895	17421	17319	5861	31574	3072	20061
敬亭山街道	8019	4114	3905	1817	2536	2473	955	5897	1167	6877
双桥街道	14693	7346	7347	5026	7190	6957	2064	11014	1615	12382
飞彩街道	18790	9690	9100	5757	8313	7867	2809	15000	981	7678
金坝街道	17299	8867	8432	5706	7807	7471	2437	12763	2099	14606
水阳镇	66209	32743	33466	22627	31785	32804	11071	45290	9848	62501
狸桥镇	48025	23608	24417	17115	23102	24182	9145	32347	6533	45448
沈村镇	29144	14796	14348	10658	14615	14268	5242	19904	3998	26702
古泉镇	24242	12456	11786	8462	11755	11352	3592	17649	3001	19492
洪林镇	29220	14844	14376	11092	14523	14159	5392	19958	3870	26464
寒亭镇	16926	8729	8197	6318	8562	8092	2604	11837	2485	14384
文昌镇	13502	6679	6823	4644	6642	6779	2264	9174	2064	12952
孙埠镇	45512	23221	22291	14708	22147	21245	7384	33014	5114	41858
向阳镇	36748	18831	17917	12028	18301	17601	5717	26698	4333	35047
杨柳镇	27088	13738	13350	9497	13412	13023	4281	18948	3859	25649

表12 续表 33　　　　单位：人、户

地区	总人口			家庭户	家庭户总人口		分年龄人口			居住本地，户口在本地
	合计	男	女	户数	男	女	0-14岁	15-64岁	65岁及以上	
水东镇	25928	13544	12384	9189	13101	12233	3684	18682	3562	24059
新田镇	13475	6789	6686	5151	6490	6415	2059	9229	2187	12965
周王镇	13721	6942	6779	5179	6696	6611	1928	9484	2309	12652
溪口镇	20217	10473	9744	6393	10072	9432	2543	14999	2675	19484
朱桥乡	24618	12777	11841	7793	12568	11727	3882	17728	3008	23747
养贤乡	28613	14544	14069	9964	14387	14009	5251	19094	4268	27366
五星乡	21309	10912	10397	6652	10635	10203	3080	15918	2311	19785
黄渡乡	25540	13030	12510	9235	12757	12482	4147	17552	3841	23938
郎溪县	**320627**	**164468**	**156159**	**103700**	**157250**	**152223**	**52022**	**235649**	**32956**	**278810**
建平镇	60494	30464	30030	20287	28955	29065	9181	45843	5470	48334
十字镇	40910	20611	20299	14319	20081	19840	6896	29518	4496	34699
新发镇	16840	8574	8266	5733	8185	8144	3048	12195	1597	13242
涛城镇	28525	15656	12869	8553	13409	12435	4101	20901	3523	23272
南丰镇	29587	15148	14439	8817	14261	13627	4752	21862	2973	26116
梅渚镇	24680	12570	12110	7800	12215	11953	3851	18353	2476	22646
东夏镇	14256	7401	6855	4463	7355	6847	2289	10391	1576	13565
毕桥镇	15503	7906	7597	5040	7833	7540	2886	10935	1682	14253
凌笪乡	26344	13399	12945	8089	13006	12779	4526	19297	2521	24763
飞里乡	16671	8591	8080	5597	8533	8063	2981	11865	1825	15673
姚村乡	16900	8720	8180	4806	8615	8096	2468	12705	1727	16320
幸福乡	14524	7539	6985	4905	7423	6946	2595	10252	1677	13834
郎溪经济开发区管委会	15393	7889	7504	5291	7379	6888	2448	11532	1413	12093
广德县	**487243**	**251311**	**235932**	**144384**	**228084**	**218428**	**73550**	**363354**	**50339**	**437303**
桃州镇	146610	74704	71906	40338	59019	58243	21833	111764	13013	120074
柏垫镇	38023	19615	18408	11544	19336	18217	5607	28016	4400	36681
誓节镇	57179	29534	27645	17665	29055	27369	8925	41796	6458	55085
邱村镇	65256	33488	31768	19977	32613	31333	10419	48175	6662	61040
新杭镇	64798	33340	31458	19480	30377	29946	9924	48612	6262	57516
卢村乡	34596	18140	16456	10982	18063	16403	5075	25245	4276	33423
东亭乡	18614	9587	9027	5339	9314	8891	2869	13923	1822	17518
杨滩乡	36405	18716	17689	11716	18474	17461	5601	26167	4637	35361
四合乡	19948	10672	9276	6337	10586	9245	2887	14520	2541	19008
经济开发区	4135	2672	1463	380	425	489	201	3913	21	307
祠山岗茶场	1679	843	836	626	822	831	209	1223	247	1290
泾县	**299555**	**155332**	**144223**	**105608**	**149104**	**140935**	**39904**	**221670**	**37981**	**259279**
泾川镇	106144	53087	53057	38607	49878	50877	14789	81518	9837	75849
茂林镇	16907	9045	7862	6116	8957	7832	1995	12268	2644	16350
榔桥镇	26156	13698	12458	9116	13229	12390	3274	19220	3662	24056
桃花潭镇	23273	12247	11026	8410	11952	10924	2997	16750	3526	22143
琴溪镇	14159	7456	6703	5055	7165	6615	1878	10205	2076	12987
蔡村镇	14594	7505	7089	5040	7005	6725	1794	10647	2153	14170
云岭镇	31937	17186	14751	10757	16769	14626	4380	22878	4679	30577
黄村镇	18094	9594	8500	5857	9457	8440	2352	13183	2559	17440
丁家桥镇	13600	7268	6332	4607	7145	6293	1780	9907	1913	12899
汀溪乡	9473	5049	4424	3479	4978	4406	1148	6910	1415	9207
昌桥乡	25218	13197	12021	8564	12569	11807	3517	18184	3517	23601
绩溪县	**156127**	**79841**	**76286**	**49910**	**68323**	**69045**	**20763**	**115323**	**20041**	**141002**
华阳镇	53319	26951	26368	15363	19234	20779	8811	39892	4616	44441
临溪镇	8875	4619	4256	2775	4124	4057	1109	6677	1089	7674
长安镇	16216	8062	8154	5550	7658	7846	1968	11914	2334	15644

表12 续表 34 单位：人、户

地区	总人口			家庭户户数	家庭户总人口		分年龄人口			居住本地，户口在本地
	合计	男	女		男	女	0-14岁	15-64岁	65岁及以上	
上庄镇	11609	5869	5740	3667	5404	5512	1458	8386	1765	11079
扬溪镇	10742	5527	5215	3479	5277	5113	1162	8082	1498	9898
伏岭镇	13975	7106	6869	5107	6398	6533	1588	9691	2696	13379
金沙镇	7060	3673	3387	2348	3515	3304	776	5434	850	6752
瀛洲乡	7513	3832	3681	2642	3583	3615	768	5515	1230	6704
板桥头乡	10993	5991	5002	3542	5222	4782	1058	8303	1632	10171
家朋乡	9453	4927	4526	3369	4653	4425	1086	6788	1579	9113
荆州乡	6372	3284	3088	2068	3255	3079	979	4641	752	6147
旌德县	**120039**	**61655**	**58384**	**38892**	**59117**	**57087**	**15577**	**88486**	**15976**	**108573**
旌阳镇	39478	19554	19924	14132	18554	19279	5744	29184	4550	31968
蔡家桥镇	11890	6347	5543	3420	6091	5463	1311	8856	1723	11411
三溪镇	9680	5073	4607	3144	4959	4549	1199	7088	1393	9286
庙首镇	9521	4872	4649	2872	4767	4556	1271	7078	1172	9008
白地镇	10458	5373	5085	3321	5181	5023	1491	7525	1442	9839
俞村镇	10327	5353	4974	3143	5294	4933	1189	7577	1561	9998
版书乡	8990	4828	4162	2738	4414	4114	975	6818	1197	8079
云乐乡	4657	2430	2227	1597	2339	2150	581	3330	746	4556
兴隆乡	7057	3712	3345	2159	3566	3240	776	5220	1061	6893
孙村乡	7981	4113	3868	2366	3952	3780	1040	5810	1131	7535
宁国市	**376857**	**194740**	**182117**	**135057**	**181056**	**171262**	**48340**	**286677**	**41840**	**288601**
西津街道	80840	39710	41130	26283	34084	35830	12743	62671	5426	51985
南山街道	68269	35010	33259	22741	30977	29786	9563	54872	3834	31487
河沥街道	34559	17936	16623	11976	16446	15877	4250	26462	3847	25743
汪溪街道	17320	9175	8145	6259	8501	7941	2051	12839	2430	15355
竹峰街道	5451	2891	2560	2033	2847	2529	521	4156	774	4960
天湖街道	4132	2247	1885	1357	2032	1786	783	2848	501	3140
港口镇	26188	13447	12741	10378	13090	12557	3142	19451	3595	23065
梅林镇	16180	8584	7596	5931	8425	7558	1863	11954	2363	15155
中溪镇	18927	9913	9014	7422	9708	8860	1906	14137	2884	17369
宁墩镇	11007	5813	5194	4424	5617	5074	1268	7978	1761	10152
仙霞镇	15495	7951	7544	5836	7918	7491	1920	11218	2357	14880
甲路镇	12528	6537	5991	4036	6477	5961	1673	9295	1560	12055
胡乐镇	10246	5303	4943	3773	5249	4908	1333	7402	1511	9713
霞西镇	13978	7529	6449	6081	7388	6353	1217	10198	2563	13391
云梯畲族乡	4729	2451	2278	1606	2423	2263	633	3451	645	4471
南极乡	8913	4793	4120	3485	4747	4065	944	6770	1199	8476
万家乡	10299	5526	4773	4056	5426	4725	1165	7524	1610	9926
青龙乡	8505	4780	3725	3556	4713	3652	569	6552	1384	8237
方塘乡	9291	5144	4147	3824	4988	4046	796	6899	1596	9041

表13　福建省乡、镇、街道人口

单位：人、户

地　区	总人口			家庭户	家庭户总人口		分年龄人口			居住本地，户口在本地
	合　计	男	女	户　数	男	女	0-14岁	15-64岁	65岁及以上	
福建省	**36894217**	**18981054**	**17913163**	**11206317**	**16901083**	**16496580**	**5705698**	**28276389**	**2912130**	**24864626**
福州市	**7115369**	**3630096**	**3485273**	**2177300**	**3190977**	**3162281**	**1031139**	**5500107**	**584123**	**4377862**
鼓楼区	**687705**	**339021**	**348684**	**203722**	**271575**	**289382**	**78175**	**543487**	**66043**	**407469**
鼓东街道	40769	19705	21064	13164	16925	18631	4577	30984	5208	27621
鼓西街道	67420	32937	34483	20123	26763	29230	7462	52390	7568	42324
温泉街道	67911	33952	33959	18494	24008	26081	6461	54906	6544	43308
东街街道	32438	15405	17033	9781	13370	14604	4013	24534	3891	24028
南街街道	45663	22183	23480	14753	19534	20803	5102	35024	5537	28506
安泰街道	33305	16170	17135	11190	14816	15679	3812	25414	4079	21259
华大街道	101489	50230	51259	26220	35499	37670	10718	81937	8834	77073
水部街道	45746	22283	23463	14437	19634	21128	5200	35616	4930	25344
五凤街道	109429	54051	55378	33120	43834	46520	13571	87098	8760	55267
洪山镇	143535	72105	71430	42440	57192	59036	17259	115584	10692	62739
台江区	**446891**	**224281**	**222610**	**149032**	**201985**	**206681**	**48519**	**349460**	**48912**	**266617**
瀛洲街道	54186	27418	26768	18369	25536	25477	6115	43490	4581	28002
后洲街道	44047	22604	21443	15651	19536	20094	3820	34573	5654	30815
义洲街道	40407	19679	20728	13918	18899	20047	4363	30821	5223	23568
新港街道	49609	25679	23930	15199	19620	19981	4625	40686	4298	30432
上海街道	73010	35983	37027	23200	31702	32670	7285	56853	8872	42431
苍霞街道	43654	21404	22250	15498	20805	21655	4628	33209	5817	27934
茶亭街道	34441	17148	17293	11087	14889	15600	3527	26721	4193	20542
洋中街道	29195	14557	14638	10087	13497	13907	3031	22486	3678	18929
鳌峰街道	43802	22544	21258	14515	21589	20856	6981	34067	2754	23702
宁化街道	34540	17265	17275	11508	15912	16394	4144	26554	3842	20262
仓山区	**762746**	**396776**	**365970**	**208078**	**306512**	**301817**	**95087**	**622212**	**45447**	**359890**
仓前街道	23663	11484	12179	8537	11171	11583	3235	17493	2935	16706
东升街道	13195	6659	6536	4104	5873	6149	1636	10258	1301	5965
对湖街道	35785	16851	18934	7530	9331	10338	2756	30553	2476	15138
临江街道	29598	18847	10751	7114	9611	10254	2457	24728	2413	14020
三叉街街道	23993	11823	12170	8052	11145	11685	2850	18447	2696	12846
上渡街道	43622	21330	22292	12625	18858	19227	5985	34353	3284	19886
下渡街道	36275	17887	18388	12212	17658	18206	5085	27513	3677	21098
金山街道	80791	41029	39762	26406	38926	38609	15436	61650	3705	43185
仓山镇	30247	15751	14496	8763	13082	12907	3663	24577	2007	13230
城门镇	96539	49317	47222	24106	40387	39023	12245	78401	5893	64567
盖山镇	122018	63543	58475	33278	53353	51587	15630	99346	7042	64029
建新镇	201925	108563	93362	48727	67025	62511	21498	174079	6348	54764
螺洲镇	18462	10276	8186	4957	7548	7018	1948	15352	1162	9682
红星农场	6633	3416	3217	1667	2544	2720	663	5462	508	4774
马尾区	**231929**	**117596**	**114333**	**69116**	**97579**	**96754**	**26021**	**190177**	**15731**	**102497**
罗星街道	60117	31145	28972	19778	26769	26364	8442	48826	2849	25487
马尾镇	63299	33604	29695	16700	23180	22596	6960	53339	3000	21974
亭江镇	39624	18728	20896	12630	16466	17306	3560	32207	3857	14739
琅岐镇	68889	34119	34770	20008	31164	30488	7059	55805	6025	40297
晋安区	**792491**	**408549**	**383942**	**277914**	**364501**	**351939**	**109027**	**638402**	**45062**	**274040**
茶园街道	90045	45034	45011	30671	37878	38545	9022	73076	7947	37695
王庄街道	46980	22858	24122	15192	21239	22332	6377	37124	3479	20739
象园街道	48717	24808	23909	16849	21498	21713	6182	39258	3277	18095
鼓山镇	286095	150540	135555	104225	136777	127165	43946	231929	10220	81994
新店镇	166283	86946	79337	55023	75213	71732	23682	134077	8524	49564
岳峰镇	130403	66041	64362	48519	60719	59761	16943	104567	8893	46403
宦溪镇	11965	6016	5949	3271	5215	5087	1297	9563	1105	9249
寿山乡	8091	4191	3900	2752	4041	3870	1080	5935	1076	6969
日溪乡	3912	2115	1797	1412	1921	1734	498	2873	541	3332

表13 续表 1

单位：人、户

地区	总人口			家庭户	家庭户总人口		分年龄人口			居住本地，户口在本地
	合计	男	女	户数	男	女	0-14岁	15-64岁	65岁及以上	
闽侯县	**662118**	**343796**	**318322**	**173436**	**273095**	**262150**	**92890**	**516943**	**52285**	**468231**
甘蔗街道	50974	25821	25153	15531	24152	23591	8501	38742	3731	35805
白沙镇	31811	16599	15212	9678	15554	14646	5645	23449	2717	24439
南屿镇	60707	30671	30036	17307	27741	27891	8783	46501	5423	50221
尚干镇	20177	10490	9687	6125	9624	9015	3194	15230	1753	14072
祥谦镇	52556	27931	24625	15750	25795	24147	8393	39478	4685	45554
青口镇	81488	44684	36804	23865	37650	34814	12711	62366	6411	60844
南通镇	36867	18735	18132	12413	18299	17861	5942	26934	3991	32240
上街镇	165860	83002	82858	22805	37943	37948	12809	146591	6460	72935
荆溪镇	56872	31149	25723	14147	22977	22817	7639	44772	4461	37427
竹岐乡	25564	13022	12542	7790	12589	12379	4709	18148	2707	22080
鸿尾乡	29757	15528	14229	8643	15370	14127	5145	21964	2648	27882
洋里乡	13743	7065	6678	5261	6905	6576	2867	8924	1952	12654
大湖乡	14824	7989	6835	5678	7590	6652	2732	10094	1998	13308
廷坪乡	13393	7177	6216	5691	7116	6192	2419	8645	2329	12458
小箬乡	5680	2930	2750	2020	2843	2680	1132	3820	728	4725
江洋农场	1845	1003	842	732	947	814	269	1285	291	1587
连江县	**561490**	**284416**	**277074**	**177958**	**271985**	**270107**	**91541**	**416838**	**53111**	**437237**
凤城镇	75553	36565	38988	24692	35289	37955	13429	56009	6115	49141
敖江镇	52636	26819	25817	17896	24498	24051	7858	41658	3120	25964
东岱镇	18791	8915	9876	6823	8759	9804	3625	12514	2652	17029
琯头镇	60055	30144	29911	21202	28121	29038	6037	48003	6015	32171
晓澳镇	29520	14771	14749	9282	14476	14565	4823	21418	3279	27044
东湖镇	15272	7774	7498	4005	7623	7423	2965	10854	1453	13413
丹阳镇	24284	12571	11713	7518	12017	11464	4240	17698	2346	21322
长龙镇	9143	4737	4406	2695	4656	4368	1450	6728	965	8736
透堡镇	13455	6700	6755	4364	6439	6649	2588	9149	1718	12260
马鼻镇	26516	13218	13298	8297	12671	12810	4789	18321	3406	24306
官坂镇	24948	12897	12051	7068	12739	11984	4541	17803	2604	23575
筱埕镇	25825	13315	12510	7494	13009	12368	4098	19433	2294	23733
黄岐镇	23368	12156	11212	7898	11622	10932	3755	17764	1849	18602
苔菉镇	25629	13301	12328	8577	12915	12197	4682	18929	2018	21337
浦口镇	27955	14340	13615	8710	13747	13235	4887	20154	2914	25340
坑园镇	16163	8564	7599	4980	7604	7345	2203	12283	1677	14014
潘渡乡	16755	8489	8266	4599	8346	8206	2771	12323	1661	15420
江南乡	22984	11436	11548	6799	10936	11227	3575	17179	2230	16380
蓼沿乡	24216	12734	11482	6749	12402	11390	4493	17485	2238	22476
安凯乡	14296	7548	6748	4577	7250	6642	2662	10372	1262	12232
下宫乡	11180	5907	5273	2926	5390	5031	1567	8612	1001	9959
小沧畲族乡	2946	1515	1431	807	1476	1423	503	2149	294	2783
罗源县	**207677**	**110107**	**97570**	**70028**	**99962**	**94233**	**29491**	**157085**	**21101**	**150148**
凤山镇	78084	38835	39249	25568	37555	38235	13162	59504	5418	43080
松山镇	22960	12103	10857	8054	11821	10780	3134	16969	2857	21064
起步镇	22230	11554	10676	6756	11223	10424	2580	17159	2491	20829
中房镇	9725	5380	4345	4005	5191	4267	1392	6800	1533	8986
飞竹镇	7109	3865	3244	2928	3606	3184	972	4933	1204	6032
鉴江镇	7353	3770	3583	2931	3706	3544	1014	5253	1086	6853
白塔乡	9511	5262	4249	3307	4520	4167	1173	7054	1284	7682
洪洋乡	8356	4538	3818	3161	4298	3751	1154	6080	1122	7290
西兰乡	10628	6208	4420	3523	4646	4061	1341	8171	1116	6924
霍口畲族乡	8300	4398	3902	3323	4288	3863	1355	5708	1237	7397
碧里乡	15669	8482	7187	5047	7524	6789	1924	12017	1728	13973
罗源湾	7752	5712	2040	1425	1584	1168	290	7437	25	38

表13 续表 2

单位：人、户

地区	总人口 合计	总人口 男	总人口 女	家庭户户数	家庭户总人口 男	家庭户总人口 女	分年龄人口 0-14岁	分年龄人口 15-64岁	分年龄人口 65岁及以上	居住本地，户口在本地
闽清县	**237643**	**122003**	**115640**	**79234**	**115046**	**111434**	**43684**	**169218**	**24741**	**189064**
梅城镇	39213	19996	19217	12774	18885	18737	7055	29119	3039	26021
梅溪镇	24083	12396	11687	7380	11702	10989	4087	17835	2161	15048
白樟镇	14659	7560	7099	4870	7003	6859	2624	10562	1473	10877
金沙镇	9285	4861	4424	3447	4538	4322	1526	6486	1273	8200
白中镇	16733	8654	8079	4693	7768	7441	2896	12456	1381	13734
池园镇	21317	10907	10410	6276	9654	9316	3930	15512	1875	16666
坂东镇	31622	15627	15995	10963	15303	15750	6194	21645	3783	27324
塔庄镇	14339	7234	7105	5251	7129	7061	2752	9665	1922	13000
省璜镇	11172	5603	5569	4238	5575	5547	2337	7307	1528	10248
雄江镇	3087	1679	1408	1322	1536	1343	409	2250	428	2610
东桥镇	15325	7987	7338	5093	7425	7137	3140	10712	1473	13323
云龙乡	9738	5078	4660	3161	4714	4508	1636	7010	1092	7786
上莲乡	9086	4781	4305	2818	4582	4194	1645	6532	909	8086
三溪乡	4791	2502	2289	1911	2452	2255	847	3316	628	4443
桔林乡	3507	1956	1551	1332	1655	1501	503	2574	430	2942
下祝乡	9686	5182	4504	3705	5125	4474	2103	6237	1346	8756
永泰县	**249455**	**129462**	**119993**	**83601**	**121016**	**116686**	**42589**	**180552**	**26314**	**210645**
樟城镇	28345	14043	14302	10369	13664	14096	5164	20923	2258	22050
嵩口镇	19319	10019	9300	6952	9450	8909	2997	14095	2227	17835
梧桐镇	24613	12715	11898	7244	12101	11733	4417	17459	2737	22980
葛岭镇	13349	7225	6124	4027	6001	5765	1659	10063	1627	11490
城峰镇	36951	18985	17966	11059	17365	16847	7265	27692	1994	19058
清凉镇	8391	4240	4151	2830	4197	4121	1238	6093	1060	7687
长庆镇	10081	5486	4595	3790	5044	4500	1735	6878	1468	9266
同安镇	16182	8713	7469	5733	7968	7358	2608	11482	2092	14861
大洋镇	18101	8909	9192	6765	8429	8747	3143	12638	2320	16758
塘前乡	3384	1775	1609	1148	1621	1544	482	2455	447	2901
富泉乡	4336	2288	2048	1608	2056	2027	640	3109	587	3966
岭路乡	6407	3430	2977	1804	2978	2900	971	4696	740	5654
赤锡乡	10119	5583	4536	3044	4581	4400	1639	7433	1047	8702
洑口乡	7845	4046	3799	2640	4003	3785	1163	5885	797	7599
盖洋乡	5855	3135	2720	1981	3031	2707	1117	4154	584	5498
东洋乡	5515	3081	2434	1761	2853	2419	857	4076	582	5049
霞拔乡	9578	4902	4676	3405	4852	4660	1942	6524	1112	9019
盘谷乡	6235	3194	3041	2039	3188	3037	1310	4236	689	6023
红星乡	5529	2923	2606	2001	2889	2585	790	4066	673	5318
白云乡	7340	3734	3606	2623	3716	3604	1177	5206	957	6978
丹云乡	1980	1036	944	778	1029	942	275	1389	316	1953
平潭县	**357760**	**177499**	**180261**	**108219**	**174787**	**179066**	**69763**	**259155**	**28842**	**267298**
潭城镇	111447	56461	54986	31669	55735	54426	21976	84161	5310	48694
苏澳镇	17834	8512	9322	5931	8415	9296	3508	12238	2088	16981
流水镇	41001	20554	20447	11895	20439	20395	7649	29493	3859	39746
澳前镇	42856	21384	21472	12519	21109	21299	8750	31127	2979	32417
北厝镇	21915	11080	10835	6789	10148	10703	3903	15596	2416	19849
平原镇	15041	6802	8239	5244	6776	8230	3411	9905	1725	14152
敖东镇	20453	10132	10321	6678	10081	10301	3744	14562	2147	19162
白青乡	12271	5665	6606	4414	5659	6602	2189	8641	1441	11880
屿头乡	13852	6884	6968	3811	6852	6960	2708	9990	1154	12702
大练乡	4505	2219	2286	1355	2190	2266	946	3039	520	4314
芦洋乡	3786	1746	2040	1297	1716	2026	695	2661	430	3588
中楼乡	16333	7993	8340	5254	7905	8294	3126	11539	1668	15500
东庠乡	6391	3262	3129	2106	3174	3101	1444	4298	649	5912
岚城乡	23741	11701	12040	7149	11484	11937	4620	17391	1730	16644

表13　续表 3

单位：人、户

地　区	总人口			家庭户	家庭户总人口		分年龄人口			居住本地，户口在本地
	合　计	男	女	户　数	男	女	0-14岁	15-64岁	65岁及以上	
南海乡	6334	3104	3230	2108	3104	3230	1094	4514	726	5757
福清市	**1234838**	**627553**	**607285**	**354867**	**572143**	**569004**	**211870**	**920099**	**102869**	**834347**
玉屏街道	72237	35063	37174	24168	32685	34285	12836	53648	5753	42129
龙山街道	60140	30026	30114	17559	28587	28673	10350	44790	5000	38847
龙江街道	53033	26185	26848	14344	21927	21551	8343	41532	3158	25165
宏路街道	49142	26071	23071	11411	18986	18821	7068	39457	2617	24581
石竹街道	44494	24798	19696	11284	16048	14820	5458	37818	1218	11537
音西街道	79973	42593	37380	22526	33905	34365	13126	62430	4417	35122
阳下街道	59547	31013	28534	17101	25195	24204	7920	48051	3576	30419
海口镇	60367	30042	30325	18018	29221	28601	10543	44131	5693	46723
城头镇	42188	21506	20682	13327	20287	20250	7756	30156	4276	33773
南岭镇	4484	2351	2133	1453	2333	2124	765	3248	471	4095
龙田镇	111956	56416	55540	30826	53585	52612	19348	82657	9951	87290
江镜镇	75919	38362	37557	20550	37786	37215	14208	54893	6818	58017
港头镇	57888	29017	28871	18358	28287	28235	10251	41401	6236	46068
高山镇	58452	28860	29592	17347	28501	29261	10728	42124	5600	46896
沙埔镇	39558	19589	19969	10362	19490	19896	7783	27763	4012	33526
三山镇	83732	41650	42082	25322	41103	41745	16130	58759	8843	72061
东瀚镇	30583	14813	15770	8946	14656	15702	5284	21904	3395	23156
渔溪镇	50667	25736	24931	15450	24214	24367	9108	37124	4435	37202
上迳镇	28893	14600	14293	8711	13669	13714	5137	21118	2638	21983
新厝镇	25178	12652	12526	7450	12100	12196	3337	18965	2876	15880
江阴镇	71473	37420	34053	19687	35643	33370	14534	51540	5399	46748
东张镇	24634	12414	12220	7480	12081	11870	4221	17816	2597	19880
镜洋镇	33754	17840	15914	7977	13463	13212	4721	26802	2231	20073
一都镇	8796	4543	4253	2730	4505	4237	1497	6423	876	7006
江镜华侨	4318	2267	2051	1303	2241	2042	877	3025	416	3587
东阁华侨	3432	1726	1706	1177	1645	1636	541	2524	367	2583
长乐市	**682626**	**349037**	**333589**	**222095**	**320791**	**313028**	**92482**	**536479**	**53665**	**410379**
吴航街道	76306	36877	39429	26101	34793	37079	11701	59049	5556	37914
航城街道	71320	36606	34714	22919	32681	31688	9418	58517	3385	23607
营前街道	35408	18319	17089	11503	17604	16745	4829	27506	3073	21545
漳港街道	46520	23910	22610	15423	21694	21004	6446	36461	3613	29249
首占镇	21559	10878	10681	7012	10490	10589	2805	16618	2136	14676
玉田镇	32841	16914	15927	9742	16551	15658	5328	24406	3107	27240
松下镇	25281	13416	11865	6408	10004	9597	3439	20255	1587	14769
江田镇	44552	23339	21213	15120	21047	19819	6659	34541	3352	29743
古槐镇	43882	22638	21244	14257	21054	19847	6347	33609	3926	30475
文武砂镇	19985	10671	9314	5616	9494	8735	2593	16058	1334	15354
鹤上镇	51323	26841	24482	16117	25489	23394	6285	40553	4485	36888
湖南镇	27375	14361	13014	8530	11989	11704	3125	22269	1981	16068
金峰镇	84899	43303	41596	28329	39459	38392	11842	67344	5713	45743
文岭镇	27680	14025	13655	9703	13309	13277	3414	21649	2617	18454
梅花镇	14216	7002	7214	5711	6901	7127	1710	11004	1502	10712
潭头镇	48026	24313	23713	15565	22873	22657	5153	37986	4887	30655
罗联乡	6426	3274	3152	2266	3074	3076	953	4693	780	5204
猴屿乡	5027	2350	2677	1773	2285	2640	435	3961	631	2083
厦门市	**3531347**	**1832194**	**1699153**	**1239957**	**1531475**	**1467519**	**453508**	**2916880**	**160959**	**1348881**
思明区	**929998**	**456490**	**473508**	**314704**	**389481**	**410775**	**119453**	**745195**	**65350**	**406555**
厦港街道	42596	20944	21652	14973	18074	19336	4733	33310	4553	22132

表13　续表 4　　　　单位：人、户

地　　区	总人口			家庭户	家庭户总人口		分年龄人口			居住本地，户口在本地
	合　计	男	女	户　数	男	女	0-14岁	15-64岁	65岁及以上	
中华街道	36899	17182	19717	12729	15364	17156	4611	28522	3766	18815
滨海街道	61611	31682	29929	15792	18719	17479	4979	53385	3247	28567
鹭江街道	65298	31950	33348	22770	28256	30813	8430	50905	5963	30931
开元街道	91985	43932	48053	30635	38867	42561	11280	71254	9451	46671
梧村街道	126868	60652	66216	44418	53841	58669	15345	102431	9092	52951
筼筜街道	166296	81541	84755	54328	69438	75100	23116	131732	11448	84056
莲前街道	216122	109950	106172	77739	95919	93549	30688	176163	9271	68886
嘉莲街道	108081	51956	56125	36591	45256	49803	14874	86653	6554	45618
鼓浪屿街道	14242	6701	7541	4729	5747	6309	1397	10840	2005	7928
海沧区	**288739**	**155656**	**133083**	**108514**	**133242**	**119820**	**36864**	**241877**	**9998**	**102930**
海沧街道	145958	76772	69186	48784	66965	63950	22087	117898	5973	65257
新阳街道	97096	53946	43150	43400	44697	36344	8629	87034	1433	12095
东孚镇	41373	22556	18817	14843	19674	17756	5671	33364	2338	23408
第一农场	2052	1102	950	660	945	937	277	1584	191	1602
海沧农场	2168	1232	936	793	927	800	189	1923	56	541
天竺山林场	61	31	30	25	28	30	11	44	6	25
出口加工区	31	17	14	9	6	3		30	1	2
湖里区	**931291**	**491222**	**440069**	**374040**	**426433**	**389622**	**120565**	**791650**	**19076**	**162605**
湖里街道	174435	86462	87973	60393	75438	76462	24250	144098	6087	57919
殿前街道	212541	112194	100347	89248	96932	87452	25872	183967	2702	20229
禾山街道	218418	119769	98649	94236	99889	85739	24838	191172	2408	20074
江头街道	210667	109474	101193	83506	97313	90762	28224	177368	5075	40359
金山街道	115230	63323	51907	46657	56861	49207	17381	95045	2804	24024
火炬高技术开发区										
象屿保税区										
集美区	**580857**	**309941**	**270916**	**202111**	**240040**	**215494**	**69307**	**494381**	**17169**	**172956**
集美街道	61071	32538	28533	11622	14977	15235	4572	54164	2335	24721
侨英街道	127376	67212	60164	49137	49980	43986	12215	113437	1724	23546
杏林街道	88152	45749	42403	32683	40820	38929	12668	71517	3967	32450
杏滨街道	126269	67855	58414	50952	59843	51598	16735	106723	2811	22568
灌口镇	102629	56752	45877	40331	50879	43298	15628	83469	3532	37466
后溪镇	68734	36385	32349	14960	20393	19371	6579	59729	2426	28685
第二农场	2810	1414	1396	981	1351	1372	405	2227	178	2071
省天马种猪场	494	279	215	164	197	205	38	391	65	300
天马华侨农场	3322	1757	1565	1281	1600	1500	467	2724	131	1149
坂头防护林场										
同安区	**496129**	**260670**	**235459**	**145311**	**211286**	**203941**	**67203**	**402150**	**26776**	**275411**
大同街道	84091	41934	42157	25518	38129	38882	12731	65259	6101	50138
祥平街道	111804	59746	52058	29997	44188	43419	15737	91625	4442	44038
莲花镇	32531	16909	15622	9491	15763	15010	5066	24658	2807	28819
新民镇	107981	58864	49117	31663	41737	37482	11850	93088	3043	37006
洪塘镇	35854	18597	17257	10867	16969	16475	5311	27818	2725	29269
西柯镇	62096	33113	28983	19245	26422	24840	7402	51497	3197	34314
汀溪镇	16712	8543	8169	5458	7765	7794	2642	12682	1388	14432
五显镇	39713	20189	19524	11485	17958	17684	5746	31296	2671	33486
凤南农场	880	489	391	247	353	342	107	744	29	376
白沙仑农场	2091	1089	1002	620	890	890	307	1633	151	1557
竹坝华侨农场	2376	1197	1179	720	1112	1123	304	1850	222	1976
翔安区	**304333**	**158215**	**146118**	**95277**	**130993**	**127867**	**40116**	**241627**	**22590**	**228424**
大嶝街道	18328	9008	9320	5983	8373	9080	2905	13531	1892	15995

表13 续表 5

单位：人、户

地区	总人口			家庭户	家庭户总人口		分年龄人口			居住本地，户口在本地
	合计	男	女	户数	男	女	0-14岁	15-64岁	65岁及以上	
马巷镇	117606	62024	55582	35566	48260	45990	14063	96257	7286	74963
新圩镇	36141	18935	17206	11380	17821	16483	5124	28038	2979	32261
新店镇	92770	47954	44816	28636	37491	37828	11904	73558	7308	71282
内厝镇	37254	19164	18090	12891	17935	17389	5720	28645	2889	31796
大帽山农场	2234	1130	1104	821	1113	1097	400	1598	236	2127
莆田市	**2778508**	**1379116**	**1399392**	**761131**	**1244021**	**1297229**	**499265**	**2036469**	**242774**	**2166302**
城厢区	**413853**	**206017**	**207836**	**114533**	**177371**	**183012**	**69378**	**312576**	**31899**	**265312**
龙桥街道	85434	42953	42481	19808	30739	31518	11967	68595	4872	34942
凤凰山街道	74359	37165	37194	21963	31822	32072	10911	59045	4403	35261
霞林街道	58792	30609	28183	16764	26533	25168	9360	46670	2762	24256
常太镇	19988	9890	10098	7546	9682	10001	4122	12387	3479	19147
华亭镇	93085	45928	47157	26384	41295	43313	15280	69464	8341	77056
灵川镇	44193	21245	22948	12263	20164	22235	9412	30472	4309	40803
东海镇	38002	18227	19775	9805	17136	18705	8326	25943	3733	33847
涵江区	**470097**	**236702**	**233395**	**123270**	**200630**	**208462**	**69005**	**360966**	**40126**	**304870**
涵东街道	58640	31377	27263	15823	22970	24200	7886	46702	4052	32427
涵西街道	37348	18422	18926	10652	16610	17430	5554	28801	2993	18113
三江口镇	54722	27451	27271	13155	24681	25410	8325	41940	4457	42256
白塘镇	46490	23433	23057	10857	20117	20766	6857	35952	3681	35812
国欢镇	53883	27378	26505	13745	22999	23026	7729	42779	3375	31143
梧塘镇	47085	23399	23686	12061	20472	21325	6873	36203	4009	31323
江口镇	96895	47879	49016	21390	37398	39529	12519	77216	7160	48525
萩芦镇	20797	10153	10644	6274	9943	10568	3401	14781	2615	18472
白沙镇	12277	6048	6229	4555	5816	6166	2285	8026	1966	11245
庄边镇	15202	7652	7550	5469	7319	7470	2981	10000	2221	14048
新县镇	12840	6551	6289	4665	6341	6243	2376	8524	1940	11641
大洋乡	9042	4457	4585	3213	4092	4532	1677	5998	1367	7936
赤港开发区	4876	2502	2374	1411	1872	1797	542	4044	290	1929
荔城区	**499110**	**249897**	**249213**	**123729**	**212621**	**221336**	**82763**	**378154**	**38193**	**360555**
镇海街道	73225	37813	35412	20401	31454	31821	11967	56561	4697	38231
拱辰街道	68938	34310	34628	16215	27477	28054	9319	55230	4389	38156
西天尾镇	59215	29713	29502	13155	21750	22418	7166	47653	4396	35996
黄石镇	148842	75494	73348	36112	63037	64938	24126	113502	11214	115222
新度镇	85341	42717	42624	20916	39257	40610	15077	63345	6919	72929
北高镇	63549	29850	33699	16930	29646	33495	15108	41863	6578	60021
秀屿区	**570741**	**273517**	**297224**	**153236**	**260051**	**288294**	**111247**	**401046**	**58448**	**522645**
笏石镇	106683	52839	53844	25687	47271	49547	19896	79087	7700	90861
东庄镇	42302	19951	22351	13886	18552	21767	8095	28018	6189	38535
忠门镇	16632	7415	9217	5443	6650	8514	3419	10734	2479	12735
东埔镇	17591	8015	9576	6792	7511	9424	3075	11038	3478	14675
东峤镇	89173	42896	46277	22016	41156	45244	16782	64727	7664	84437
埭头镇	94360	45030	49330	25217	43683	48291	17328	67702	9330	90316
平海镇	69213	32676	36537	17853	32318	36361	15826	46273	7114	66270
南日镇	50784	25616	25168	11924	25451	25069	9485	37211	4088	48798
湄洲镇	30329	14563	15766	7989	14127	15470	6282	21340	2707	28586
山亭镇	26828	12249	14579	8485	11651	14337	5086	17571	4171	24195
月塘乡	26740	12184	14556	7919	11656	14262	5970	17247	3523	23182
前沁农场	60	46	14	23	23	8	2	54	4	43
后海管理局	46	37	9	2	2		1	44	1	12
仙游县	**824707**	**412983**	**411724**	**246363**	**393348**	**396125**	**166872**	**583727**	**74108**	**712920**

表13 续表 6

单位：人、户

地区	总人口			家庭户	家庭户总人口		分年龄人口			居住本地，户口在本地
	合计	男	女	户数	男	女	0-14岁	15-64岁	65岁及以上	
鲤城街道	102394	50072	52322	31317	46414	48034	18257	76192	7945	62818
枫亭镇	101006	50851	50155	25710	45136	45979	19238	74379	7389	84998
榜头镇	126539	65057	61482	35113	63726	60873	25435	90931	10173	114996
郊尾镇	71109	35024	36085	19097	34097	35302	13713	52172	5224	65312
度尾镇	60640	30181	30459	19178	29888	30068	13260	41674	5706	58193
鲤南镇	49021	24527	24494	14778	23475	23919	10234	34640	4147	37222
赖店镇	53711	26595	27116	15072	24769	24952	10657	38180	4874	46625
盖尾镇	71460	35183	36277	21563	34133	35576	14934	50095	6431	65611
园庄镇	28254	14121	14133	10349	13885	13953	7574	17167	3513	26203
大济镇	61537	31033	30504	18698	29409	29541	12725	42597	6215	57743
龙华镇	38170	18967	19203	11835	18789	19040	9376	24863	3931	36426
钟山镇	14103	7200	6903	5115	6882	6758	2765	9558	1780	13694
游洋镇	14454	7503	6951	6431	7248	6853	2773	9323	2358	12605
西苑乡	11061	5836	5225	3461	5166	5071	1985	7819	1257	10240
石苍乡	5465	2855	2610	2365	2716	2570	1002	3616	847	5157
社硎乡	3768	1919	1849	1809	1807	1817	634	2444	690	3373
书峰乡	8350	4232	4118	2863	4058	4002	1559	5762	1029	8166
菜溪乡	3665	1827	1838	1609	1750	1817	751	2315	599	3538
三明市	**2503388**	**1308101**	**1195287**	**778028**	**1214235**	**1151194**	**405998**	**1857749**	**239641**	**1876189**
梅列区	**176539**	**90408**	**86131**	**61554**	**82575**	**80258**	**26495**	**135251**	**14793**	**109063**
列东街道	71111	34431	36680	23501	30741	31943	9801	54773	6537	48945
列西街道	55155	28817	26338	20137	27208	25758	8517	42264	4374	33100
徐碧街道	34638	18661	15977	12344	17013	15564	5750	27021	1867	15378
陈大镇	8706	4831	3875	3138	4180	3819	1204	6298	1204	6441
洋溪乡	5969	3095	2874	2093	2978	2798	1116	4072	781	4883
福建梅列经济开发区	960	573	387	341	455	376	107	823	30	316
三元区	**198958**	**102848**	**96110**	**62411**	**91546**	**87593**	**28608**	**152490**	**17860**	**118155**
城关街道	65909	33320	32589	21446	30291	30236	9951	50919	5039	35732
白沙街道	35538	18433	17105	12823	17511	16791	4962	26552	4024	21665
富兴堡街道	28279	14404	13875	9276	12707	12359	4498	21455	2326	13734
荆西街道	11713	6004	5709	1583	1935	1803	527	10547	639	2163
莘口镇	16905	9051	7854	5046	8452	7693	2238	12753	1914	14207
岩前镇	18188	9488	8700	5580	9145	8594	2891	13419	1878	15419
城东乡	10744	5794	4950	3402	5399	4836	1946	8133	665	4400
中村乡	11682	6354	5328	3255	6106	5281	1595	8712	1375	10835
明溪县	**102667**	**53116**	**49551**	**33850**	**50387**	**48195**	**14821**	**76917**	**10929**	**65092**
雪峰镇	34677	17188	17489	11610	16245	16677	6055	25595	3027	19386
盖洋镇	12726	6612	6114	4754	6468	6040	1725	9251	1750	9853
胡坊镇	7680	4258	3422	2638	3896	3332	762	6053	865	4873
瀚仙镇	10396	5458	4938	2933	5048	4777	1178	8034	1184	6786
城关乡	10658	5563	5095	3471	5466	5077	1551	8106	1001	5931
沙溪乡	6796	3754	3042	2078	3267	2952	728	5418	650	2610
夏阳乡	10753	5722	5031	3408	5528	4983	1498	7890	1365	8230
枫溪乡	3589	1789	1800	1279	1787	1800	540	2558	491	3117
夏坊乡	5392	2772	2620	1679	2682	2557	784	4012	596	4306
清流县	**136248**	**72451**	**63797**	**37948**	**64868**	**62009**	**22946**	**100110**	**13192**	**110232**
龙津镇	38741	20004	18737	11477	18013	17761	6637	28819	3285	26399
嵩溪镇	15148	7818	7330	3751	7044	6992	2627	11125	1396	12507
嵩口镇	15322	8063	7259	4124	7373	7130	2666	11316	1340	12859
灵地镇	9868	5163	4705	2991	5123	4688	1618	7049	1201	9359

表13 续表 7 单位：人、户

地区	总人口			家庭户	家庭户总人口		分年龄人口			居住本地，户口在本地
	合计	男	女	户数	男	女	0-14岁	15-64岁	65岁及以上	
长校镇	10438	5302	5136	3048	5236	5080	1908	7382	1148	9797
温郊乡	3792	2031	1761	921	1849	1723	640	2792	360	3458
林畲乡	8962	6103	2859	1941	3192	2823	850	7384	728	5117
田源乡	6081	3217	2864	1542	2953	2817	992	4530	559	5351
沙芜乡	3586	1931	1655	1032	1760	1633	590	2631	365	3121
赖坊乡	7353	3848	3505	2151	3814	3499	1611	4853	889	6525
余朋乡	4729	2576	2153	1223	2308	2079	806	3410	513	4213
李家乡	7601	4008	3593	2416	3907	3582	1225	5454	922	7260
里田乡	4627	2387	2240	1331	2296	2202	776	3365	486	4266
宁化县	**272443**	**138170**	**134273**	**81373**	**133614**	**130892**	**48151**	**194294**	**29998**	**232079**
翠江镇	62891	31257	31634	18438	29295	29323	10647	47280	4964	37350
泉上镇	16209	8243	7966	4878	8104	7879	2792	11473	1944	15142
湖村镇	12913	6679	6234	4085	6477	6161	2164	9229	1520	11266
石壁镇	25089	12859	12230	7279	12053	11829	3854	18320	2915	23182
城郊乡	18698	9648	9050	5173	9315	8956	2877	13901	1920	15294
城南乡	7385	3761	3624	2190	3705	3545	1109	5486	790	6846
济村乡	10457	5287	5170	3137	5144	5107	1573	7621	1263	10148
淮土乡	19012	9712	9300	5686	9480	9247	3459	12854	2699	17773
方田乡	5262	2640	2622	1994	2633	2622	843	3582	837	5127
安乐乡	13353	6829	6524	3680	6773	6505	2322	9630	1401	12864
曹坊乡	14733	7399	7334	4895	7291	7304	3662	9280	1791	13257
治平畲族乡	8374	4304	4070	2582	4210	4036	1519	5787	1068	7977
中沙乡	9823	4983	4840	3010	4798	4782	1894	6736	1193	9243
河龙乡	5438	2776	2662	1675	2752	2652	1027	3788	623	5260
水茜乡	18297	9145	9152	5548	9122	9148	3267	12585	2445	17812
安远乡	24509	12648	11861	7123	12462	11796	5142	16742	2625	23538
大田县	**311631**	**165011**	**146620**	**92096**	**155134**	**141523**	**45174**	**239587**	**26870**	**254027**
均溪镇	98014	50982	47032	28988	46535	43407	16851	76045	5118	59848
石牌镇	14014	7404	6610	4340	7212	6519	2047	10619	1348	12205
上京镇	18603	10036	8567	5785	9385	8367	2672	14370	1561	14688
广平镇	29394	15869	13525	7991	15065	13428	4395	22316	2683	26481
桃源镇	13392	7089	6303	3965	6908	6244	1821	10322	1249	12363
太华镇	26627	14161	12466	7422	13487	12301	3334	20973	2320	24912
建设镇	20955	11437	9518	5347	10506	9154	2675	16507	1773	18520
奇韬镇	10471	5611	4860	2927	5428	4816	1457	7880	1134	9638
华兴乡	6549	3421	3128	2133	3335	3110	618	5066	865	6260
屏山乡	7355	3807	3548	2590	3721	3535	743	5500	1112	7117
吴山乡	7115	3864	3251	2118	3347	3072	955	5518	642	6208
济阳乡	5166	2712	2454	1637	2587	2426	581	3936	649	4928
武陵乡	6878	3613	3265	2195	3519	3244	909	5108	861	6447
谢洋乡	4917	2598	2319	1458	2504	2291	541	3772	604	4688
文江乡	13384	7189	6195	3841	6881	6141	1712	10130	1542	12729
梅山乡	14188	7530	6658	4687	7444	6650	2046	10404	1738	13413
湖美乡	7721	4074	3647	2595	3861	3588	1015	5843	863	7173
前坪乡	4860	2574	2286	1385	2399	2255	568	3778	514	4517
东风农场	2028	1040	988	692	1010	975	234	1500	294	1892
尤溪县	**352067**	**186141**	**165926**	**108681**	**176527**	**161261**	**54798**	**263589**	**33680**	**294147**
城关镇	69460	36391	33069	21633	32202	30442	11114	54249	4097	41498
梅仙镇	28135	14943	13192	8083	14790	13152	4428	20735	2972	25398
西滨镇	20235	10466	9769	6606	10214	9604	3185	14972	2078	18366

表13 续表 8 单位：人、户

地区	总人口			家庭户	家庭户总人口		分年龄人口			居住本地，户口在本地
	合计	男	女	户数	男	女	0-14岁	15-64岁	65岁及以上	
洋中镇	21112	11132	9980	6485	10593	9795	3295	15708	2109	19329
新阳镇	30454	16033	14421	9715	15746	14171	4925	21756	3773	28560
管前镇	17577	9388	8189	5801	9287	8179	2752	12737	2088	16595
西城镇	42258	22324	19934	12252	20750	18982	6601	32282	3375	31567
尤溪口镇	992	524	468	361	483	455	166	738	88	450
联合乡	14796	7668	7128	4602	7551	7084	2101	10819	1876	14096
汤川乡	11402	6079	5323	4002	5907	5285	1652	8320	1430	10739
溪尾乡	9523	5047	4476	3420	4955	4415	1419	6926	1178	8716
中仙乡	26726	14827	11899	8071	13424	11813	4231	19942	2553	23124
台溪乡	23829	12588	11241	6699	12123	11118	3863	17692	2274	21988
坂面乡	26585	13880	12705	8218	13734	12671	3693	20094	2798	25263
八字桥乡	8983	4851	4132	2733	4768	4095	1373	6619	991	8458
沙县	**226669**	**118547**	**108122**	**74618**	**110537**	**104525**	**43307**	**160010**	**23352**	**157993**
凤岗街道	78643	39944	38699	25422	37105	36803	13246	58514	6883	48191
虬江街道	32231	16915	15316	10711	15845	14974	6212	23146	2873	16947
青州镇	12441	6570	5871	4017	6061	5727	2605	8557	1279	9403
夏茂镇	24735	12739	11996	7934	12227	11744	5920	15784	3031	21414
高砂镇	12040	6550	5490	3928	5926	5373	2364	8220	1456	9869
高桥镇	12640	6577	6063	4006	6398	5983	2703	8429	1508	10996
富口镇	9679	5197	4482	3571	4754	4355	1877	6424	1378	7866
大洛镇	7001	3731	3270	2347	3647	3240	1316	4779	906	6250
南霞乡	6600	3475	3125	2069	3439	3118	1466	4171	963	6024
南阳乡	6397	3451	2946	2070	3280	2918	1302	4147	948	5717
郑湖乡	6712	3593	3119	2164	3518	3097	1365	4430	917	6071
湖源乡	3955	2171	1784	1231	2123	1774	842	2593	520	3534
金沙园开发区	4453	2708	1745	1596	1930	1492	590	3790	73	153
金古园开发区	2245	1376	869	724	905	726	269	1911	65	281
青山纸业工业区	6897	3550	3347	2828	3379	3201	1230	5115	552	5277
将乐县	**148867**	**77710**	**71157**	**44419**	**72019**	**69572**	**26080**	**108042**	**14745**	**108428**
古镛镇	44761	23438	21323	13348	20860	20632	7598	33511	3652	25996
万安镇	7272	3753	3519	2187	3655	3499	1364	5130	778	6567
高唐镇	9352	4866	4486	2767	4601	4338	1573	6761	1018	8469
白莲镇	9247	4692	4555	3003	4512	4519	1706	6187	1354	7983
黄潭镇	9730	4913	4817	2794	4839	4791	1790	6927	1013	9031
水南镇	23973	12622	11351	7182	11268	10955	4012	18315	1646	9669
光明乡	6293	3355	2938	1814	3015	2859	906	4717	670	5596
漠源乡	4586	2543	2043	1269	2239	2010	874	3108	604	3908
南口乡	9826	5008	4818	2752	4923	4771	1676	7048	1102	9215
万全乡	5025	2625	2400	1485	2586	2386	883	3542	600	4461
安仁乡	7353	3857	3496	2314	3798	3476	1483	4891	979	6961
大源乡	6178	3224	2954	1873	3127	2927	1304	4157	717	5743
余坊乡	5271	2814	2457	1631	2596	2409	911	3748	612	4829
泰宁县	**110278**	**57645**	**52633**	**32637**	**52705**	**51054**	**18573**	**81117**	**10588**	**88699**
杉城镇	50345	26272	24073	15259	23566	23215	8375	37962	4008	33164
朱口镇	17370	8992	8378	5427	8672	8231	3279	12100	1991	16262
新桥乡	5618	2907	2711	1693	2785	2643	989	4053	576	5338
上青乡	5482	2853	2629	1743	2721	2581	927	3837	718	5257
大田乡	6156	3545	2611	1454	2574	2446	801	4808	547	5002
梅口乡	4149	2153	1996	1153	2090	1979	614	3087	448	3948
下渠乡	6961	3554	3407	1982	3385	3310	1157	5039	765	6733

表13 续表 9 单位：人、户

地 区	总人口			家庭户	家庭户总人口		分年龄人口			居住本地，户口在本地
	合 计	男	女	户 数	男	女	0-14岁	15-64岁	65岁及以上	
开善乡	5780	3003	2777	1611	2773	2669	914	4232	634	5235
大龙乡	8417	4366	4051	2315	4139	3980	1517	5999	901	7760
建宁县	**119979**	**60743**	**59236**	**37573**	**58301**	**58166**	**21859**	**86114**	**12006**	**99771**
濉溪镇	36072	17974	18098	11414	17090	17385	6396	26847	2829	24672
里心镇	16751	8537	8214	5383	8219	8156	3149	11818	1784	14853
溪口镇	17264	8715	8549	5323	8549	8505	2956	12581	1727	14590
均口镇	14233	7256	6977	4001	6949	6918	2992	9909	1332	13032
伊家乡	7795	3944	3851	2593	3864	3815	1535	5292	968	7265
黄坊乡	6403	3373	3030	2015	2982	2950	950	4708	745	5628
溪源乡	6139	3163	2976	1935	3106	2956	1055	4361	723	5773
客坊乡	6488	3254	3234	2297	3224	3221	1273	4266	949	6099
黄埠乡	8690	4449	4241	2575	4255	4205	1538	6215	937	7767
翔飞工业园区	144	78	66	37	63	55	15	117	12	92
永安市	**347042**	**185311**	**161731**	**110868**	**166022**	**156146**	**55186**	**260228**	**31628**	**238503**
燕东街道	41365	21458	19907	14021	18327	18270	5650	31262	4453	21736
燕西街道	34121	17791	16330	11061	15848	15384	5318	26109	2694	21440
燕南街道	66406	33492	32914	22821	32080	31936	10949	49943	5514	40671
燕北街道	35668	20757	14911	10412	14719	14164	4567	28323	2778	17750
西洋镇	15786	8162	7624	5027	7904	7585	2717	11466	1603	13932
贡川镇	8665	4570	4095	2603	4341	4010	1456	6243	966	7684
安砂镇	17733	9936	7797	5933	8715	7709	2978	13268	1487	11596
小陶镇	24861	13098	11763	7809	12809	11665	4202	17911	2748	22843
大湖镇	17267	9047	8220	5048	8838	8178	2991	12568	1708	15517
曹远镇	29624	17017	12607	9822	13916	11991	4377	23200	2047	17288
洪田镇	15338	8282	7056	4726	7643	6951	2583	11176	1579	12841
槐南乡	17595	9595	8000	4634	9338	7932	3332	12634	1629	15363
上坪乡	5430	2874	2556	1718	2844	2541	1009	3833	588	4544
罗坊乡	4213	2197	2016	1442	2114	1973	732	2987	494	3600
青水乡	12970	7035	5935	3791	6586	5857	2325	9305	1340	11698
泉州市	**8128533**	**4207539**	**3920994**	**2267868**	**3505431**	**3443257**	**1178885**	**6462659**	**486989**	**5041378**
鲤城区	**404817**	**207614**	**197203**	**128876**	**166668**	**162381**	**47378**	**333448**	**23991**	**153408**
海滨街道	40689	20022	20667	13964	18682	19411	5245	31646	3798	20378
临江街道	23017	11315	11702	7599	10099	10612	2663	18094	2260	12485
鲤中街道	53896	26305	27591	18393	23215	24357	6350	42091	5455	27983
开元街道	63245	30282	32963	19686	26232	27749	8127	49523	5595	33964
浮桥街道	34138	17749	16389	11082	15398	14679	4450	27838	1850	15377
江南街道	56638	30189	26449	19875	24591	22394	6893	48110	1635	13338
金龙街道	56665	29756	26909	17855	22580	20221	6347	48704	1614	13338
常泰街道	39771	21984	17787	12756	17125	15214	4971	33128	1672	15220
清濛经济开发区	36758	20012	16746	7666	8746	7744	2332	34314	112	1325
丰泽区	**529640**	**275978**	**253662**	**158089**	**213589**	**206235**	**66218**	**442444**	**20978**	**179479**
东湖街道	72818	38326	34492	23177	30815	31654	9930	59322	3566	25572
丰泽街道	94797	47116	47681	31259	41384	42618	13189	76964	4644	37869
泉秀街道	47381	24745	22636	14543	20044	19841	6334	38956	2091	17475
清源街道	44134	23469	20665	13860	20088	19159	6741	35420	1973	10927
华大街道	31750	16950	14800	7414	8993	8280	2330	28338	1082	11457
城东街道	47981	26107	21874	15021	20627	18816	5950	40126	1905	20257
东海街道	117585	59032	58553	30918	42732	40086	13437	100761	3387	34492
北峰街道	73194	40233	32961	21897	28906	25781	8307	62557	2330	21430
洛江区	**187189**	**94723**	**92466**	**54843**	**76992**	**76567**	**27082**	**148669**	**11438**	**113260**

表13 续表 10

单位：人、户

地　区	总人口			家庭户	家庭户总人口		分年龄人口			居住本地，户口在本地
	合　计	男	女	户　数	男	女	0-14岁	15-64岁	65岁及以　上	
万安街道	31432	16559	14873	9350	12448	11449	3917	26655	860	9599
双阳街道	34937	18469	16468	10472	13819	12955	4176	29517	1244	13025
罗溪镇	23444	11363	12081	8149	10688	11638	4202	16602	2640	20300
马甲镇	59988	29605	30383	14850	22491	22590	8214	48230	3544	40026
河市镇	32731	16483	16248	10101	15371	15551	5586	24684	2461	26002
虹山乡	4657	2244	2413	1921	2175	2384	987	2981	689	4308
泉港区	**313539**	**153631**	**159908**	**99118**	**143530**	**154161**	**50456**	**236597**	**26486**	**268384**
山腰街道	61591	30319	31272	18944	26750	28612	8975	48233	4383	48980
南埔镇	54209	26962	27247	17466	25516	26778	9347	40088	4774	48265
界山镇	40403	19714	20689	11889	19055	20131	7064	29696	3643	37092
后龙镇	44112	21937	22175	14265	20520	21408	6871	33788	3453	32357
峰尾镇	41774	20170	21604	13978	19858	21347	7046	30861	3867	38500
前黄镇	31955	15330	16625	10368	14320	16229	4912	24246	2797	28003
涂岭镇	39495	19199	20296	12208	17511	19656	6241	29685	3569	35187
惠安县	**944231**	**457643**	**486588**	**270677**	**411691**	**455728**	**142835**	**732194**	**69202**	**772362**
螺城镇	114384	55792	58592	35005	47154	51735	16476	90496	7412	72407
螺阳镇	78446	38334	40112	21777	34592	37670	11668	61091	5687	63926
黄塘镇	39102	19668	19434	10743	18211	18716	6161	30206	2735	33969
紫山镇	30714	14835	15879	8853	14121	15214	4709	23550	2455	27752
洛阳镇	69282	34868	34414	17652	28669	29952	9099	55401	4782	51809
东园镇	57184	27850	29334	14729	24493	26248	7953	44822	4409	46332
张坂镇	67430	32448	34982	19886	31460	34478	10703	51231	5496	60300
崇武镇	81730	41606	40124	24284	37920	38646	12570	63428	5732	65285
山霞镇	44152	20675	23477	13083	19269	22898	7253	33593	3306	39397
涂寨镇	72445	33485	38960	21271	32378	38182	10939	55663	5843	67722
东岭镇	55448	25702	29746	15891	23924	28024	8554	42881	4013	49426
东桥镇	53766	25118	28648	15744	23253	28288	8950	40679	4137	49904
净峰镇	52420	24226	28194	16090	22935	28078	9655	38142	4623	49011
小岞镇	27526	13100	14426	8154	13006	14374	4816	20549	2161	26911
辋川镇	57935	27338	30597	17721	26752	30293	8977	43843	5115	54889
百崎回族乡	19693	10283	9410	4990	8368	8314	3349	15098	1246	12887
城南工业区	8156	3777	4379	1782	1682	1444	249	7884	23	377
惠南工业区	14418	8538	5880	3022	3504	3174	754	13637	27	58
安溪县	**977435**	**505585**	**471850**	**268543**	**485737**	**458627**	**187491**	**725901**	**64043**	**807921**
凤城镇	103920	54206	49714	33401	49868	46161	20070	79941	3909	53403
蓬莱镇	55844	28170	27674	15614	26912	26480	9620	41706	4518	50273
湖头镇	74004	38418	35586	20130	37079	34534	13549	55691	4764	67204
官桥镇	65630	33046	32584	18284	31432	30828	12248	48519	4863	58354
剑斗镇	40363	21034	19329	9848	20377	19152	7756	30354	2253	35069
城厢镇	86142	45239	40903	23095	40983	38125	15686	65575	4881	53871
金谷镇	35822	18500	17322	10243	17890	17063	7433	25396	2993	32730
龙门镇	57294	29304	27990	15773	27484	27069	10353	42470	4471	51109
虎邱镇	43039	22082	20957	10906	21909	20817	8332	31774	2933	38177
芦田镇	12051	6393	5658	3423	6312	5640	2459	8723	869	10331
感德镇	53293	27606	25687	12865	26849	25192	10642	40173	2478	47541
魁斗镇	21216	10791	10425	5961	10730	10409	3457	16112	1647	20451
西坪镇	45750	23841	21909	11705	23609	21842	7853	34744	3153	41386
参内乡	20959	10736	10223	6110	10217	10098	3886	15256	1817	18589
白濑乡	8301	4425	3876	2296	4280	3844	1701	6114	486	7460
湖上乡	19615	10249	9366	5619	10038	9309	3925	14350	1340	17591

表13 续表 11 单位：人、户

地区	总人口			家庭户	家庭户总人口		分年龄人口			居住本地，户口在本地
	合计	男	女	户数	男	女	0-14岁	15-64岁	65岁及以上	
尚卿乡	28468	14575	13893	7927	14259	13796	5205	21146	2117	25985
大坪乡	11785	6307	5478	3652	6224	5453	1967	8639	1179	10538
龙涓乡	57000	28925	28075	14988	28671	28003	13226	39068	4706	49192
长坑乡	65648	34478	31170	18041	34153	30944	13431	47884	4333	56182
蓝田乡	19878	10157	9721	5832	9921	9674	4006	14479	1393	17294
祥华乡	33495	17575	15920	7909	17272	15861	7284	24436	1775	29258
桃舟乡	10544	5580	4964	2760	5439	4921	1963	7923	658	9443
福田乡	7374	3948	3426	2161	3829	3412	1439	5428	507	6490
永春县	**452217**	**232206**	**220011**	**140047**	**220535**	**213322**	**80213**	**332446**	**39558**	**378313**
桃城镇	74379	36795	37584	21558	33505	33462	11665	56900	5814	50010
五里街镇	36520	18010	18510	11501	17493	18083	6546	26910	3064	23630
一都镇	14342	7737	6605	4608	7068	6233	2235	11089	1018	12495
下洋镇	21569	13347	8222	5941	9039	7772	2991	17740	838	11679
蓬壶镇	51601	26045	25556	16465	25609	25215	10182	36837	4582	47409
达埔镇	57416	29703	27713	16006	29273	27520	11677	40912	4827	52280
吾峰镇	12592	6388	6204	4303	6352	6195	2529	8709	1354	11960
石鼓镇	28274	14285	13989	8634	14182	13913	4876	20888	2510	25219
岵山镇	17451	8558	8893	5734	8285	8714	3232	12347	1872	16149
东平镇	16492	8249	8243	4705	8054	8111	2620	12393	1479	15804
湖洋镇	14849	7400	7449	6429	7347	7422	2587	9610	2652	13921
坑仔口镇	15568	8394	7174	4460	8020	7128	2401	12114	1053	13610
玉斗镇	16113	8494	7619	4948	8370	7582	3163	11716	1234	14897
锦斗镇	13900	7274	6626	4269	7213	6612	2522	10281	1097	12905
东关镇	9235	4537	4698	3386	4494	4673	1709	6428	1098	8649
桂洋镇	8753	4505	4248	3142	4437	4205	1317	6520	916	8362
苏坑镇	10695	5560	5135	3741	5548	5135	1940	7668	1087	10224
仙夹镇	9359	4594	4765	2931	4474	4703	1808	6461	1090	8725
横口乡	7671	4279	3392	2217	3793	3283	1284	5864	523	6399
呈祥乡	6206	3236	2970	1704	3215	2961	1011	4672	523	5769
介福乡	6474	3371	3103	2180	3324	3087	1228	4694	552	5956
外山乡	2758	1445	1313	1185	1440	1313	690	1693	375	2261
德化县	**277867**	**143100**	**134767**	**100721**	**137817**	**131346**	**45835**	**211948**	**20084**	**146963**
浔中镇	74562	38215	36347	23518	36204	34550	13717	58085	2760	25571
龙浔镇	119931	61427	58504	39911	60549	57526	23071	92498	4362	44099
三班镇	17172	8845	8327	5382	8772	8286	2747	13164	1261	15448
龙门滩镇	4465	2326	2139	2257	2231	2115	443	3242	780	4261
雷峰镇	5394	2705	2689	2675	2681	2682	614	3791	989	5259
南埕镇	3454	1837	1617	1802	1707	1588	272	2423	759	3234
水口镇	5262	2769	2493	2558	2541	2418	529	3716	1017	4793
赤水镇	4063	2109	1954	2213	1951	1924	291	2844	928	3847
上涌镇	7997	4109	3888	3706	3511	3623	796	6055	1146	7147
葛坑镇	5988	3319	2669	2719	2816	2602	687	4403	898	5318
杨梅乡	2334	1285	1049	1123	1195	1028	199	1743	392	2113
汤头乡	2843	1513	1330	1548	1497	1327	205	2210	428	2658
桂阳乡	2406	1295	1111	1255	1216	1098	224	1776	406	2220
盖德乡	8375	4303	4072	3335	4273	4065	981	6183	1211	8048
国宝乡	3230	1616	1614	1672	1592	1607	280	2262	688	3142
美湖乡	5158	2738	2420	2401	2529	2387	413	3761	984	4812
大铭乡	1603	831	772	904	781	766	123	1107	373	1534
春美乡	3630	1858	1772	1742	1771	1754	243	2685	702	3459

表13　续表 12　　　　　　　　　　　　　　　　　　　　单位：人、户

地　　区	总人口			家庭户	家庭户总人口		分年龄人口			居住本地，户口在本地
	合　计	男	女	户　数	男	女	0-14岁	15-64岁	65岁及以上	
石狮市	**636700**	**341333**	**295367**	**175135**	**252055**	**232863**	**71230**	**540569**	**24901**	**256711**
湖滨街道	85196	44568	40628	26391	35803	33550	9653	72735	2808	26871
凤里街道	72634	38249	34385	19709	27445	25429	6820	63131	2683	22677
灵秀镇	124116	66717	57399	33519	42719	39048	11817	109604	2695	26240
宝盖镇	91807	49467	42340	24122	33086	30039	8979	79988	2840	31358
蚶江镇	76426	40663	35763	19276	31901	29510	9674	62915	3837	44235
祥芝镇	52080	28913	23167	13145	21283	19064	7417	42367	2296	27379
鸿山镇	41561	23163	18398	11313	18214	16760	5410	34122	2029	23831
锦尚镇	33396	18497	14899	10627	15414	13955	4134	27467	1795	18768
永宁镇	59484	31096	28388	17033	26190	25508	7326	48240	3918	35352
晋江市	**1986447**	**1065855**	**920592**	**506391**	**776180**	**730137**	**251502**	**1652178**	**82767**	**878950**
青阳街道	104234	55521	48713	30410	41998	39760	13362	87043	3829	38981
梅岭街道	67266	35974	31292	20063	28668	26448	8810	55912	2544	24810
西园街道	49615	26081	23534	13250	22544	21237	8292	38815	2508	31544
罗山街道	73742	39519	34223	16919	29948	27682	10425	59983	3334	43141
新塘街道	67040	35963	31077	17935	27684	26103	8870	55307	2863	29333
灵源街道	34974	18486	16488	9272	16749	15531	5353	27648	1973	24849
安海镇	166754	86910	79844	42447	73142	70657	25529	132169	9056	102458
磁灶镇	102037	53686	48351	29485	45105	43934	13943	82073	6021	65145
陈埭镇	370506	209760	160746	79747	110583	97849	33468	331056	5982	71663
东石镇	161305	84926	76379	39533	66551	63757	25106	128133	8066	88533
深沪镇	89615	45549	44066	24603	35245	34829	10045	75198	4372	37597
金井镇	83653	43126	40527	24785	35259	34558	10631	67667	5355	41105
池店镇	153504	83154	70350	48487	66734	60083	19622	129229	4653	50612
内坑镇	80329	42129	38200	19972	34616	34318	12549	62914	4866	54502
龙湖镇	121126	63898	57228	32703	49336	47288	13868	100125	7133	66518
永和镇	105447	56419	49028	24442	43733	40937	15193	85257	4997	57479
英林镇	90016	47653	42363	16814	28710	27773	11503	74726	3787	38399
紫帽镇	15918	8348	7570	4387	6902	6958	2208	12682	1028	10947
西滨镇	14448	8478	5970	3929	5019	4453	1409	12861	178	1224
安平开发区	7462	3947	3515	2295	2767	2349	680	6608	174	34
晋江市经济开发区	27049	16060	10989	4810	4792	3564	621	26381	47	76
泉州出口加工区	407	268	139	103	95	69	15	391	1	
南安市	**1418451**	**729871**	**688580**	**365428**	**620637**	**621890**	**208645**	**1106265**	**103541**	**1085627**
溪美街道	84231	43093	41138	22906	37640	36825	12289	66626	5316	61331
柳城街道	68548	35085	33463	18912	31905	31545	11036	53425	4087	50074
美林街道	75050	40102	34948	16768	33341	30833	10415	59947	4688	57366
省新镇	48710	25530	23180	11410	21986	20808	7308	38476	2926	36749
仑苍镇	77820	43469	34351	11311	18091	17240	5697	69197	2926	28042
东田镇	33825	17025	16800	9188	16438	16571	5696	25010	3119	32269
英都镇	35042	17569	17473	10220	16031	16539	4838	26333	3871	31004
翔云镇	15181	7492	7689	5206	7400	7637	3097	10221	1863	13673
金淘镇	58429	28684	29745	17013	27445	28665	9369	43406	5654	54292
诗山镇	59825	29362	30463	17191	28438	29720	9704	44310	5811	55327
蓬华镇	10929	5225	5704	3945	5139	5665	2178	7148	1603	10360
码头镇	49759	24113	25646	13864	23060	24788	8122	36487	5150	45686
九都镇	14625	7253	7372	4553	6777	6924	2157	11367	1101	11530
乐峰镇	26717	13075	13642	7351	13002	13623	4324	19922	2471	25779
罗东镇	43168	20950	22218	12418	19812	21225	7019	32174	3975	39211
梅山镇	65073	32540	32533	15445	28307	28473	8908	51527	4638	52415

表13 续表 13

单位：人、户

地区	总人口			家庭户	家庭户总人口		分年龄人口			居住本地，户口在本地
	合计	男	女	户数	男	女	0-14岁	15-64岁	65岁及以上	
洪濑镇	86351	43701	42650	20340	39198	38629	12292	68144	5915	72045
洪梅镇	31122	14933	16189	9460	14805	16097	5625	22599	2898	29685
康美镇	52130	26335	25795	12378	21792	22147	7743	40825	3562	41004
丰州镇	44650	22627	22023	10922	20844	20835	6085	35208	3357	37794
霞美镇	68494	35811	32683	16001	31881	31261	9202	54669	4623	59612
官桥镇	108452	56033	52419	29641	48693	48610	16054	84938	7460	79127
水头镇	147337	80566	66771	36567	57307	56640	21417	117601	8319	81541
石井镇	92806	49072	43734	25384	41512	40733	14700	72289	5817	61638
眉山乡	10680	5233	5447	4011	5210	5438	1803	7365	1512	9979
向阳乡	7901	4059	3842	2419	3893	3810	1388	5725	788	7604
雪峰管委会	1596	934	662	604	690	609	179	1326	91	490
漳州市	**4809983**	**2468870**	**2341113**	**1338117**	**2326509**	**2243165**	**807613**	**3592788**	**409582**	**4024090**
芗城区	**538186**	**269556**	**268630**	**164151**	**234130**	**236389**	**77369**	**418774**	**42043**	**318366**
东铺头街道	62065	30332	31733	14418	18623	20451	5506	51745	4814	35430
西桥街道	23636	11744	11892	8408	11189	11556	3197	17759	2680	13991
新桥街道	59476	28848	30628	18936	27189	28733	8948	45986	4542	33888
巷口街道	76244	37249	38995	26420	35073	36894	11117	58610	6517	45477
南坑街道	80992	40800	40192	27083	39042	39040	13541	61054	6397	47386
通北街道	66698	32626	34072	16205	21275	21782	6959	55332	4407	23591
浦南镇	25605	13324	12281	8053	12566	12171	3969	19008	2628	22251
天宝镇	43309	21998	21311	13239	21188	20840	7338	31975	3996	39047
芝山镇	42260	22351	19909	13836	19519	18037	6642	33498	2120	17129
石亭镇	53341	27860	25481	16097	26396	24870	9549	40328	3464	36591
芗城区奶牛场	41	26	15	25	26	15	1	35	5	13
后房农场	1609	822	787	569	775	774	203	1231	175	1293
天宝林场	99	65	34	43	49	27	3	84	12	36
大房农场	2006	1103	903	517	812	802	275	1544	187	1503
五峰农场	805	408	397	302	408	397	121	585	99	740
龙文区	**167463**	**87048**	**80415**	**48293**	**77175**	**73925**	**25591**	**131165**	**10707**	**111975**
蓝田镇	45844	24173	21671	13838	21400	20228	6855	36307	2682	30595
步文镇	50058	25744	24314	14976	23531	23008	8753	38633	2672	29770
朝阳镇	39842	20381	19461	10901	19613	19063	6301	30156	3385	35216
郭坑镇	17347	8992	8355	4773	8311	8122	2612	13051	1684	14473
蓝田开发区管委会	14372	7758	6614	3805	4320	3504	1070	13018	284	1921
云霄县	**415835**	**215664**	**200171**	**111190**	**211424**	**197010**	**78000**	**301355**	**36480**	**354504**
云陵镇	67442	34450	32992	18611	33301	32232	12203	49537	5702	51930
陈岱镇	35815	18212	17603	9374	18085	17548	5664	26516	3635	34602
东厦镇	52472	27416	25056	13652	27111	24958	9276	38347	4849	50056
莆美镇	78513	40133	38380	19991	38815	36910	15111	58339	5063	48952
列屿镇	20370	10564	9806	5567	10502	9773	3253	14957	2160	19856
火田镇	51080	26600	24480	13771	26539	24448	10164	36342	4574	47851
下河乡	41438	22143	19295	10521	21791	18820	8060	29889	3489	38545
马铺乡	29439	15536	13903	8369	15516	13899	7013	19506	2920	27724
和平乡	13507	7158	6349	4120	7087	6337	2720	9207	1580	12825
和平农场	5638	2979	2659	1612	2974	2655	1120	3954	564	5303
常山华侨经济开发区	20121	10473	9648	5602	9703	9430	3416	14761	1944	16860
漳浦县	**802971**	**408970**	**394001**	**217841**	**395719**	**384350**	**137809**	**596171**	**68991**	**734140**
绥安镇	128141	63914	64227	34999	59165	59479	20431	98771	8939	94976
旧镇镇	68880	34982	33898	18043	34328	33443	11562	51406	5912	65238
佛昙镇	54360	27372	26988	15142	26513	26093	9259	40573	4528	50666

表13　续表 14　　　　单位：人、户

地　区	总人口			家庭户	家庭户总人口		分年龄人口			居住本地，户口在本地
	合　计	男	女	户　数	男	女	0-14岁	15-64岁	65岁及以上	
赤湖镇	54008	27477	26531	14528	26638	25716	9871	39667	4470	50735
杜浔镇	58377	29776	28601	15910	29530	28483	10207	42613	5557	56669
霞美镇	54382	27798	26584	13637	27775	26539	9501	40113	4768	52927
官浔镇	18028	9056	8972	5481	8709	8763	3437	12822	1769	16764
石榴镇	41386	21186	20200	11316	21111	20159	6709	30810	3867	40299
盘陀镇	27510	13660	13850	7200	12966	12930	4970	20324	2216	24762
长桥镇	12501	6391	6110	3724	6169	6053	2015	9263	1223	11217
前亭镇	28423	14513	13910	8009	14144	13764	5259	20602	2562	27244
马坪镇	14700	7483	7217	4357	7385	7183	2649	10524	1527	14046
深土镇	48085	24815	23270	12632	24563	23120	8809	35188	4088	46053
六鳌镇	25165	13153	12012	6736	12604	11901	4392	18533	2240	23852
沙西镇	41658	21490	20168	11118	21454	20155	6526	31081	4051	40737
古雷镇	36020	18915	17105	8716	17302	16920	5756	27321	2943	33428
大南坂镇	9505	4948	4557	2683	4412	4383	1648	6997	860	7792
南浦乡	7833	3968	3865	2620	3940	3855	1418	5529	886	7410
赤岭畲族乡	11155	5751	5404	3132	5710	5391	2258	8019	878	10843
湖西畲族乡	22769	11654	11115	6121	11517	11075	4466	16287	2016	22196
赤土乡	17669	9136	8533	4713	8580	8232	2954	13359	1356	16691
漳浦盐场	7379	3845	3534	2330	3783	3521	1174	5370	835	6798
万安农场	5849	2921	2928	1796	2913	2926	1041	4268	540	4800
石古农场	2052	1065	987	587	1038	984	345	1523	184	1793
长桥农场	2077	1067	1010	621	935	898	330	1522	225	1663
白竹湖农场	1657	841	816	544	822	807	242	1223	192	1546
南山华侨茶果场	894	472	422	335	472	422	176	612	106	808
中西林场	1756	918	838	570	890	832	285	1282	189	1632
玳瑁山茶场	440	232	208	169	231	208	81	308	51	423
下蔡林场	312	171	141	72	120	115	38	261	13	132
诏安县	**597798**	**307810**	**289988**	**152329**	**305102**	**287799**	**108006**	**436624**	**53168**	**562087**
南诏镇	68268	34045	34223	20158	33367	33195	9061	52101	7106	60575
四都镇	53747	27354	26393	13851	27324	26352	8784	39478	5485	51716
梅岭镇	31460	16012	15448	7788	15969	15426	5616	23022	2822	30539
桥东镇	62025	31419	30606	16582	31108	30226	10757	45161	6107	57857
深桥镇	58409	29393	29016	14506	29304	28963	10017	43443	4949	54256
太平镇	47985	25148	22837	11768	25037	22833	9343	34833	3809	45419
霞葛镇	34547	18075	16472	8006	18075	16472	7366	24953	2228	32386
官陂镇	52048	27929	24119	11507	27920	24116	11398	36840	3810	48444
秀篆镇	38127	20543	17584	9250	20471	17577	8539	26490	3098	36778
金星乡	17697	9026	8671	4559	8874	8635	3047	12895	1755	16728
西潭乡	46190	23467	22723	11496	23403	22663	9082	32929	4179	44771
白洋乡	29114	14973	14141	7448	14973	14141	5214	21274	2626	28348
建设乡	12350	6575	5775	3177	5796	5468	2041	9157	1152	11347
红星乡	14708	7796	6912	4050	7788	6911	2591	10897	1220	14303
梅洲乡	18105	9320	8785	4830	9295	8766	3030	13314	1761	17405
国营西山农场	161	131	30	112	118	28	5	148	8	
国营湖内林场	114	81	33	16	42	28	14	78	22	102
岭下溪国有防护林场	17	14	3	1	2	1	1	16		2
边贸旅游区管委会	11132	5667	5465	2868	5629	5443	1887	8291	954	10850
诏安工业园区管委会	1594	842	752	356	607	555	213	1304	77	261
长泰县	**206809**	**107520**	**99289**	**56959**	**95809**	**93298**	**30224**	**159498**	**17087**	**165483**
武安镇	51059	25725	25334	14882	23778	24288	7815	38874	4370	41217

表13 续表 15 单位：人、户

地区	总人口			家庭户	家庭户总人口		分年龄人口			居住本地，户口在本地
	合计	男	女	户数	男	女	0-14岁	15-64岁	65岁及以上	
岩溪镇	36024	18385	17639	10346	17869	17458	5620	27067	3337	33719
陈巷镇	27733	14529	13204	7417	13357	12979	3927	21140	2666	25040
枋洋镇	16051	8343	7708	4418	8202	7656	2322	12220	1509	15312
坂里乡	9751	4981	4770	3035	4785	4681	1381	7261	1109	9154
国营古农农场虚拟镇	12468	6488	5980	3550	5974	5847	1787	9498	1183	9876
长泰经济开发区	19124	10685	8439	3942	5481	4957	1737	16847	540	5499
马洋溪生态旅游区	10154	5356	4798	2906	4527	4583	1544	7630	980	8725
林墩工业区	24445	13028	11417	6463	11836	10849	4091	18961	1393	16941
东山县	**211505**	**107630**	**103875**	**56940**	**102204**	**102082**	**31517**	**159836**	**20152**	**185909**
西埔镇	49214	24499	24715	13854	23579	23939	8498	36466	4250	42098
樟塘镇	16016	8059	7957	4035	7894	7893	2510	11777	1729	14784
康美镇	23938	12388	11550	6422	11295	11261	3284	18477	2177	17512
杏陈镇	26593	13409	13184	6890	13300	13154	4193	19607	2793	25376
陈城镇	34748	18349	16399	8393	16455	16191	5235	26495	3018	30426
前楼镇	12464	6236	6228	3099	6174	6217	2020	9128	1316	11589
铜陵镇	48532	24690	23842	14247	23507	23427	5777	37886	4869	44124
南靖县	**333969**	**170338**	**163631**	**94341**	**162605**	**158466**	**53172**	**249707**	**31090**	**300135**
山城镇	93266	47064	46202	27142	45105	44669	14739	70341	8186	79955
丰田镇	10301	5427	4874	2716	4662	4495	1417	7963	921	8178
靖城镇	65481	33221	32260	16432	31001	30439	10031	49988	5462	59471
龙山镇	37820	19521	18299	10625	18851	18180	6413	28114	3293	34751
金山镇	37978	19227	18751	10579	18257	17880	6203	28357	3418	34868
和溪镇	19438	10014	9424	5991	9674	9357	3202	14259	1977	17747
奎洋镇	10176	5137	5039	3421	5014	4988	1755	7151	1270	9268
梅林镇	9584	4806	4778	3025	4784	4768	1696	6899	989	9057
书洋镇	18267	9455	8812	5050	8934	8547	3011	13328	1928	16904
船场镇	21297	11084	10213	5854	10998	10182	3110	15799	2388	20262
南坑镇	10361	5382	4979	3506	5325	4961	1595	7508	1258	9674
平和县	**498533**	**260089**	**238444**	**141301**	**256000**	**235925**	**106857**	**346615**	**45061**	**457288**
小溪镇	95113	48753	46360	26663	46383	44518	18116	69601	7396	76676
山格镇	42163	21798	20365	11460	21662	20341	7861	30728	3574	39819
文峰镇	13689	7225	6464	4059	7133	6398	2301	10177	1211	12536
南胜镇	22865	11655	11210	6881	11646	11210	4177	16543	2145	21907
坂仔镇	38460	19686	18774	10520	19634	18729	7402	27779	3279	37236
安厚镇	50227	26543	23684	13699	26440	23619	13090	33070	4067	47176
大溪镇	38701	21035	17666	11243	20920	17622	9491	25235	3975	36510
霞寨镇	43851	22650	21201	12706	22528	21167	9526	30253	4072	41751
九峰镇	38689	20256	18433	11062	19967	18246	9116	25759	3814	36218
芦溪镇	33041	17256	15785	9819	17219	15780	7715	22033	3293	31704
五寨乡	15755	8136	7619	4608	8133	7619	3651	10631	1473	14955
国强乡	19709	10539	9170	5462	10389	9150	4119	13787	1803	18817
崎岭乡	21361	11208	10153	5744	11150	10141	4726	14562	2073	19963
长乐乡	7780	4140	3640	2203	4074	3603	1722	5160	898	7274
秀峰乡	9864	5298	4566	2922	5188	4541	2378	6063	1423	9210
安厚农场	2567	1313	1254	834	1278	1223	660	1620	287	2138
黄井工业开发区	4698	2598	2100	1416	2256	2018	806	3614	278	3398
华安县	**159152**	**82206**	**76946**	**47272**	**79283**	**75428**	**27056**	**117920**	**14176**	**143060**
华丰镇	42156	21426	20730	13145	20290	19864	7136	31471	3549	35667
丰山镇	19504	10139	9365	6232	9765	9258	3052	14446	2006	18052
沙建镇	24768	12782	11986	7235	12290	11692	4230	18351	2187	22490

表13 续表 16

单位：人、户

地区	总人口			家庭户	家庭户总人口		分年龄人口			居住本地，户口在本地
	合计	男	女	户数	男	女	0-14岁	15-64岁	65岁及以上	
新圩镇	11618	6050	5568	3269	5756	5486	1851	8667	1100	10410
高安镇	11535	6095	5440	3265	6001	5417	1887	8605	1043	10672
仙都镇	29204	14846	14358	8412	14806	14337	5540	21304	2360	27499
高车乡	6184	3306	2878	1672	3120	2843	928	4654	602	5703
马坑乡	5127	2776	2351	1491	2694	2319	836	3785	506	4706
湖林乡	9056	4786	4270	2551	4561	4212	1596	6637	823	7861
龙海市	**877762**	**452039**	**425723**	**247500**	**407058**	**398493**	**132012**	**675123**	**70627**	**691143**
石码镇	63880	31182	32698	21931	29926	31944	8285	48207	7388	53427
海澄镇	74842	37639	37203	20908	36021	36024	11890	56099	6853	66951
角美镇	158786	84395	74391	51858	75926	70861	23424	124452	10910	109506
白水镇	38641	19479	19162	10624	19337	19045	6489	28307	3845	37162
浮宫镇	51253	26546	24707	13491	25305	24465	7951	39083	4219	47473
程溪镇	32540	16718	15822	10217	15628	14931	4712	24736	3092	28903
港尾镇	46790	24568	22222	12565	20903	21093	7649	35459	3682	39082
九湖镇	59683	30707	28976	16047	28648	27840	8829	45900	4954	51048
颜厝镇	56877	29078	27799	14616	27019	26723	9569	42836	4472	47914
榜山镇	83906	42443	41463	22687	40622	40620	13984	63286	6636	70265
紫泥镇	55783	28262	27521	14568	27358	27396	8569	41955	5259	51720
东园镇	35564	18201	17363	8980	17214	17076	5833	26413	3318	33099
东泗乡	17268	8697	8571	5209	8632	8552	3066	12393	1809	16569
隆教畲族乡	21596	11066	10530	5717	10716	10485	3913	15518	2165	20361
双第华侨农场	3093	1568	1525	1194	1506	1500	374	2240	479	2675
九龙岭林场	133	77	56	54	68	55	10	105	18	98
程溪农场	1394	759	635	524	678	611	209	1073	112	568
良种场	817	415	402	286	408	402	105	632	80	553
苍坂农场	1114	600	514	204	427	424	164	883	67	668
林下林场	582	287	295	190	276	282	51	445	86	547
角美工业开发区	1964	1261	703	560	565	397	97	1856	11	5
招商局漳州开发区	45286	23110	22176	7065	9941	8882	3544	40850	892	10889
东园开发区	51	32	19	18	24	19	8	41	2	43
龙池开发区	25919	14949	10970	7987	9910	8866	3287	22354	278	1617
南平市	**2645548**	**1358661**	**1286887**	**893150**	**1279844**	**1246052**	**469160**	**1909350**	**267038**	**1988695**
延平区	**467875**	**239648**	**228227**	**162763**	**224977**	**220469**	**78780**	**341310**	**47785**	**325473**
梅山街道	29942	14901	15041	10218	13154	13754	3771	23456	2715	14999
黄墩街道	32252	16196	16056	11865	15256	15431	4762	24193	3297	17477
紫云街道	53174	26103	27071	18826	24799	25479	7865	40270	5039	34087
四鹤街道	65431	32691	32740	22827	30777	31186	10500	49538	5393	38581
水南街道	40059	20769	19290	14590	19806	18981	6496	29438	4125	22543
水东街道	38626	20258	18368	13573	18572	17908	6185	29441	3000	18441
来舟镇	8336	4443	3893	3157	4013	3803	1313	6099	924	5070
樟湖镇	15242	7716	7526	5345	7555	7454	2709	10620	1913	13990
夏道镇	27558	14461	13097	7641	12533	12345	4905	20011	2642	22940
西芹镇	23594	12257	11337	8620	11757	11162	4825	15962	2807	20180
峡阳镇	16004	8032	7972	5994	7821	7916	3071	10754	2179	14970
南山镇	17884	9181	8703	6165	8902	8643	3378	12483	2023	16467
大横镇	14357	7466	6891	4684	6672	6706	2516	10413	1428	11159
王台镇	16306	8266	8040	5715	8139	7986	3161	11114	2031	15112
太平镇	13390	7243	6147	4288	6625	6063	2371	9572	1447	11135
塔前镇	15630	8275	7355	5208	8169	7291	3538	10170	1922	13842
茫荡镇	11023	5902	5121	4148	5731	5023	1970	7824	1229	8295

表13 续表 17

单位：人、户

地区	总人口			家庭户	家庭户总人口		分年龄人口			居住本地，户口在本地
	合计	男	女	户数	男	女	0-14岁	15-64岁	65岁及以上	
洋后镇	7143	3831	3312	2588	3820	3309	1463	4786	894	6599
炉下镇	11834	6221	5613	3352	5964	5501	2245	8517	1072	10672
巨口乡	5062	2806	2256	2047	2517	2229	836	3319	907	4373
赤门乡	5028	2630	2398	1912	2395	2299	900	3330	798	4541
顺昌县	**191588**	**97382**	**94206**	**67480**	**94029**	**92001**	**30514**	**138839**	**22235**	**157809**
双溪街道	63395	31288	32107	22729	29637	30453	9551	47309	6535	43744
建西镇	11072	5634	5438	4377	5574	5409	1639	7723	1710	10045
洋口镇	13071	6684	6387	4567	6268	6269	2150	9211	1710	11253
元坑镇	11666	6049	5617	4209	5839	5532	1989	8236	1441	10113
埔上镇	16777	8617	8160	5805	8398	8106	2732	12146	1899	14307
大历镇	5835	2980	2855	2203	2888	2825	928	4068	839	5371
大干镇	12686	6613	6073	4327	6372	6031	1816	9484	1386	10957
仁寿镇	12623	6551	6072	4056	6455	6017	2267	8993	1363	10796
洋墩乡	7918	4070	3848	2599	3970	3811	1278	5732	908	6985
郑坊乡	7239	3806	3433	2673	3711	3407	1381	4880	978	6496
岚下乡	14921	7628	7293	5175	7543	7242	2127	10965	1829	14203
高阳乡	14385	7462	6923	4760	7374	6899	2656	10092	1637	13539
浦城县	**304583**	**153947**	**150636**	**105571**	**148270**	**147150**	**61945**	**205314**	**37324**	**250471**
南浦街道	55824	27175	28649	18238	25965	27423	9622	40955	5247	36302
河滨街道	32574	16061	16513	11381	15551	16185	6173	22963	3438	17320
富岭镇	22411	11654	10757	7646	10932	10619	4354	14894	3163	20924
石陂镇	24744	12605	12139	7950	12396	12029	5692	16411	2641	23175
临江镇	12647	6319	6328	4340	6140	6230	2819	8330	1498	11911
仙阳镇	23418	11933	11485	7670	11018	10768	4792	15407	3219	21533
水北街镇	12201	6339	5862	4664	6072	5718	2536	7901	1764	11264
永兴镇	13384	6827	6557	5181	6714	6521	2785	8699	1900	12595
忠信镇	17471	8948	8523	6690	8718	8453	3809	10959	2703	16316
莲塘镇	16854	8701	8153	6090	8494	8072	3520	11350	1984	13553
九牧镇	8926	4555	4371	2917	4444	4306	1911	5919	1096	8368
万安乡	8852	4536	4316	3057	4350	4281	1711	6081	1060	7949
古楼乡	7304	3854	3450	2672	3689	3401	1432	4899	973	6793
山下乡	6634	3427	3207	2278	3356	3146	1496	4316	822	6294
枫溪乡	3710	2031	1679	1353	1955	1639	657	2464	589	3481
濠村乡	5137	2647	2490	1619	2567	2455	1238	3261	638	4658
管厝乡	9939	5086	4853	3951	4932	4739	2045	6131	1763	9422
盘亭乡	9927	5050	4877	3448	4878	4795	2550	6093	1284	8916
官路乡	7254	3577	3677	2684	3530	3651	1712	4466	1076	6721
水南农场	5372	2622	2750	1742	2569	2719	1091	3815	466	2976
光泽县	**134113**	**68568**	**65545**	**44442**	**65453**	**63745**	**26669**	**93755**	**13689**	**101059**
杭川镇	48979	24636	24343	16738	23475	23634	9144	35885	3950	27747
寨里镇	14634	7544	7090	4640	7000	6765	2937	9886	1811	13079
止马镇	10285	5265	5020	3515	5040	4918	2278	6781	1226	8980
鸾凤乡	17864	9309	8555	5482	8655	8132	3345	12996	1523	13395
崇仁乡	9218	4824	4394	2917	4637	4296	1878	6375	965	7744
李坊乡	7062	3638	3424	2539	3534	3379	1550	4568	944	6379
华桥乡	12666	6507	6159	4166	6388	6105	2842	8292	1532	11090
司前乡	13405	6845	6560	4445	6724	6516	2695	8972	1738	12645
松溪县	**125472**	**64179**	**61293**	**42800**	**61959**	**60006**	**21779**	**90719**	**12974**	**103102**
松源街道	42392	21408	20984	13544	20397	20148	7414	31575	3403	27799
郑墩镇	13148	6889	6259	4700	6529	6180	2378	9308	1462	12101

表13 续表 18

单位：人、户

地区	总人口			家庭户户数	家庭户总人口		分年龄人口			居住本地，户口在本地
	合计	男	女		男	女	0-14岁	15-64岁	65岁及以上	
渭田镇	14607	7460	7147	5535	7392	7096	2452	10258	1897	14111
河东乡	12322	6270	6052	4139	6072	6015	2195	8899	1228	7947
茶平乡	10733	5473	5260	3394	5433	5242	2077	7642	1014	10230
旧县乡	9145	4817	4328	3342	4561	4258	1329	6722	1094	8474
溪东乡	8318	4295	4023	2946	4187	3968	1453	5890	975	8146
花桥乡	9262	4705	4557	3131	4556	4425	1707	6422	1133	8978
祖墩乡	5545	2862	2683	2069	2832	2674	774	4003	768	5316
政和县	**171715**	**91115**	**80600**	**55402**	**85832**	**78537**	**30907**	**125510**	**15298**	**140574**
熊山街道	47617	24606	23011	14103	22965	21677	9300	35061	3256	29805
东平镇	19331	10206	9125	6286	10052	9096	3501	14095	1735	17557
石屯镇	16131	8618	7513	5552	7984	7409	2940	11636	1555	12882
铁山镇	17432	9207	8225	5058	8977	8142	3333	12690	1409	15849
镇前镇	15784	8320	7464	5530	8229	7402	3017	11029	1738	14734
星溪乡	14788	7991	6797	4414	7271	6596	2214	11384	1190	13053
外屯乡	7749	4078	3671	2742	3930	3602	1335	5629	785	7213
杨源乡	11294	6614	4680	3653	5125	4525	1480	8584	1230	9300
澄源乡	14754	7828	6926	5753	7679	6915	2644	10331	1779	13752
岭腰乡	6835	3647	3188	2311	3620	3173	1143	5071	621	6429
邵武市	**275112**	**140818**	**134294**	**100077**	**134897**	**131933**	**44614**	**202025**	**28473**	**174308**
昭阳街道	46216	22987	23229	16322	22285	22675	7959	34688	3569	23478
通泰街道	67159	33687	33472	22673	32853	32942	12770	49924	4465	25528
水北街道	35796	18099	17697	13535	17560	17487	5120	26401	4275	18388
晒口街道	7043	3736	3307	2899	3492	3265	967	5124	952	4334
城郊镇	14668	7846	6822	5358	7239	6651	2195	11179	1294	9267
水北镇	14989	7778	7211	5098	7366	7068	2158	11042	1789	12795
下沙镇	5288	2807	2481	1868	2602	2427	694	4044	550	4327
卫闽镇	5611	2880	2731	2021	2781	2694	984	3969	658	4873
沿山镇	9997	5047	4950	3892	4983	4930	1583	7135	1279	9352
拿口镇	15680	8137	7543	5954	8030	7511	2484	11200	1996	14423
洪墩镇	10541	5515	5026	3495	5193	4928	1749	7489	1303	9514
大埠岗镇	6080	3230	2850	2649	2998	2771	791	4269	1020	5501
和平镇	7975	4039	3936	3450	3863	3852	965	5688	1322	7470
肖家坊镇	5753	3041	2712	2412	2776	2662	859	3910	984	5162
大竹镇	5024	2642	2382	1795	2484	2356	810	3559	655	4592
吴家塘镇	5478	2885	2593	1952	2535	2481	856	3932	690	4777
桂林乡	5035	2721	2314	2058	2567	2254	703	3559	773	4687
张厝乡	3631	1961	1670	1400	1813	1650	588	2562	481	3148
金坑乡	3148	1780	1368	1246	1477	1329	379	2351	418	2692
武夷山市	**233554**	**121317**	**112237**	**69827**	**104636**	**100969**	**36270**	**179113**	**18171**	**152085**
崇安街道	51039	25923	25116	16771	24168	24343	8611	38625	3803	30418
新丰街道	39818	20123	19695	11784	19466	19121	7393	29920	2505	17720
武夷街道	46276	22928	23348	9751	15099	14740	5162	38960	2154	20682
星村镇	21013	10943	10070	6617	10612	9941	3538	15422	2053	18216
兴田镇	25547	14851	10696	6947	10524	9947	3385	20080	2082	19310
五夫镇	9512	4967	4545	3662	4821	4526	1556	6834	1122	8803
上梅乡	8909	4724	4185	3132	4657	4145	1378	6535	996	8524
吴屯乡	11000	5731	5269	4180	5516	5127	1878	7789	1333	10374
岚谷乡	10036	5258	4778	3882	5175	4740	1807	7006	1223	9450
洋庄乡	10404	5869	4535	3101	4598	4339	1562	7942	900	8588
建瓯市	**452174**	**231583**	**220591**	**149121**	**222310**	**216014**	**84925**	**324878**	**42371**	**370717**

表13 续表 19

单位：人、户

地区	总人口			家庭户	家庭户总人口		分年龄人口			居住本地，户口在本地
	合计	男	女	户数	男	女	0-14岁	15-64岁	65岁及以上	
建安街道	26908	13264	13644	9075	12545	12935	4296	20292	2320	16111
通济街道	13778	6892	6886	5016	6681	6753	2092	10316	1370	8408
瓯宁街道	37183	18860	18323	12058	17613	17608	6616	28299	2268	15545
芝山街道	46137	22894	23243	16164	21700	22030	7266	34088	4783	30642
徐墩镇	30879	16112	14767	9730	15033	14502	5870	22209	2800	26982
吉阳镇	22589	11382	11207	7494	11277	11163	4275	15974	2340	21379
房道镇	25749	13109	12640	8852	13003	12596	4858	18025	2866	24208
南雅镇	35095	18152	16943	11023	17176	16669	7320	24500	3275	31714
迪口镇	24440	12780	11660	8181	12645	11624	4868	17316	2256	22523
小桥镇	29466	15080	14386	9398	14940	14314	5768	20760	2938	28454
玉山镇	17589	9048	8541	6034	8972	8511	3318	12647	1624	16470
东游镇	29716	15488	14228	9991	14722	14081	5860	21055	2801	25887
东峰镇	31601	16338	15263	10161	15507	14778	5488	23228	2885	28189
小松镇	22349	11367	10982	7103	10998	10859	4683	15373	2293	21073
顺阳乡	9193	4878	4315	3050	4558	4228	1520	6791	882	8050
水源乡	17294	8934	8360	5727	8871	8334	3394	12241	1659	16004
川石乡	19094	10144	8950	6190	9309	8833	4220	12981	1893	16868
龙村乡	13114	6861	6253	3874	6760	6196	3213	8783	1118	12210
建阳市	**289362**	**150104**	**139258**	**95667**	**137481**	**135228**	**52757**	**207887**	**28718**	**213097**
潭城街道	65349	32028	33321	22388	30187	31342	10699	48543	6107	39574
童游街道	59850	32654	27196	17888	27098	26289	9917	46043	3890	33680
将口镇	14047	7505	6542	4578	6675	6453	2304	10294	1449	11631
徐市镇	15481	7881	7600	5301	7769	7545	3232	10315	1934	14085
莒口镇	17738	9106	8632	6300	8872	8579	3394	12280	2064	15150
麻沙镇	27092	13921	13171	9195	13371	12889	5142	18933	3017	23376
黄坑镇	11818	6175	5643	3762	5640	5491	2178	8408	1232	9025
水吉镇	24014	12501	11513	8083	11414	11329	4627	16687	2700	20472
漳墩镇	17138	9070	8068	5596	8326	7938	3886	11239	2013	14392
小湖镇	13268	6779	6489	4568	6576	6449	2828	8931	1509	11561
崇雒乡	6855	3637	3218	2424	3430	3184	1250	4687	918	5946
书坊乡	7550	3931	3619	2482	3774	3569	1604	5129	817	6546
回龙乡	9162	4916	4246	3102	4349	4171	1696	6398	1068	7659
龙岩市	**2559545**	**1320167**	**1239378**	**845533**	**1203251**	**1183387**	**418128**	**1880680**	**260737**	**1891153**
新罗区	**662429**	**353119**	**309310**	**216670**	**296196**	**283877**	**91838**	**522097**	**48494**	**341735**
东城街道	49045	25368	23677	16228	22365	21770	7364	37689	3992	25503
南城街道	59055	29931	29124	21232	27736	27674	9134	45721	4200	24650
西城街道	56119	27610	28509	20620	24588	25333	6923	45545	3651	21328
中城街道	78290	42681	35609	24007	30766	31116	10386	62771	5133	42832
西陂街道	99594	52973	46621	33370	46609	43280	15894	79111	4589	27794
曹溪街道	59312	32531	26781	17795	25678	23324	8000	48413	2899	20390
东肖街道	38512	20697	17815	10105	14841	13924	4078	31593	2841	19533
龙门街道	42837	22998	19839	14063	20768	19212	6419	33574	2844	21556
铁山街道	20143	11981	8162	5881	8231	7718	2438	16419	1286	9984
红坊镇	23851	12560	11291	7563	11172	10825	3066	18127	2658	18897
适中镇	33481	17478	16003	9654	15942	15483	5307	25265	2909	29340
雁石镇	29415	16420	12995	10426	13593	12532	3602	22778	3035	21238
白沙镇	23295	13282	10013	7981	11106	9769	2980	18278	2037	17491
万安镇	7723	4016	3707	3169	3673	3584	1123	5498	1102	7036
大池镇	9743	5089	4654	3307	4607	4438	1363	7190	1190	7985
小池镇	10637	5620	5017	3474	4951	4781	1352	7954	1331	8811

表13 续表 20

单位：人、户

地区	总人口			家庭户	家庭户总人口		分年龄人口			居住本地，户口在本地
	合计	男	女	户数	男	女	0-14岁	15-64岁	65岁及以上	
江山乡	7780	4134	3646	2902	3735	3606	955	5822	1003	6799
岩山乡	5254	3188	2066	1560	1925	1851	567	4225	462	3200
苏坂乡	8343	4562	3781	3333	3910	3657	887	6124	1332	7368
长汀县	**393390**	**198069**	**195321**	**121498**	**190094**	**187462**	**77249**	**272803**	**43338**	**298566**
汀州镇	92920	45795	47125	28655	42049	41433	16360	68560	8000	48271
大同镇	67907	34362	33545	19506	33374	32862	13294	48668	5945	33657
古城镇	11044	5597	5447	3691	5291	5341	2075	7532	1437	10216
新桥镇	19731	9858	9873	6112	9511	9676	4537	12339	2855	18060
馆前镇	10405	5274	5131	3320	5155	5095	1887	7236	1282	9848
童坊镇	15837	7963	7874	5453	7753	7763	3863	9625	2349	14393
河田镇	44030	22330	21700	13402	21594	21241	8749	30480	4801	40384
南山镇	26632	13442	13190	7411	13043	13029	4963	18625	3044	24586
濯田镇	35083	18043	17040	9912	17712	16918	7553	23445	4085	33629
四都镇	9323	4784	4539	3131	4752	4528	1592	6619	1112	8769
涂坊镇	14225	7290	6935	5102	7151	6876	3208	8920	2097	13275
策武乡	18011	9038	8973	5562	8779	8873	3402	12522	2087	16650
铁长乡	2852	1462	1390	1089	1452	1385	512	1931	409	2771
庵杰乡	3577	1815	1762	1328	1742	1741	535	2409	633	3405
三洲乡	7558	3850	3708	2721	3756	3659	1995	4506	1057	7087
宣成乡	6178	3074	3104	2006	2994	3081	1166	4105	907	5885
红山乡	4764	2419	2345	1665	2378	2338	1013	3151	600	4499
羊牯乡	3313	1673	1640	1432	1608	1623	545	2130	638	3181
永定县	**362658**	**188933**	**173725**	**122199**	**171535**	**168018**	**64097**	**260702**	**37859**	**292393**
凤城镇	56591	27946	28645	18011	26944	27611	11417	40493	4681	37578
坎市镇	27777	14768	13009	8224	12952	12201	4181	21797	1799	19871
下洋镇	25442	12916	12526	8525	11764	11859	5095	17103	3244	22066
湖雷镇	21163	11023	10140	7906	9613	9776	3777	14516	2870	19093
高陂镇	41399	21999	19400	12476	19298	18506	6225	31874	3300	34985
抚市镇	27335	14953	12382	8387	12533	12067	4804	20328	2203	20865
湖坑镇	11482	5822	5660	4721	5471	5587	2063	7611	1808	10423
培丰镇	33762	17971	15791	10132	16606	15481	5594	25348	2820	27507
龙潭镇	17705	10300	7405	6373	8984	7286	2855	13837	1013	10131
峰市镇	4021	2010	2011	1540	1941	2002	757	2650	614	3702
城郊乡	8712	4375	4337	2948	4047	4108	1492	6245	975	7532
西溪乡	2850	1462	1388	1054	1397	1382	518	1987	345	2586
金砂乡	3679	1783	1896	1428	1763	1885	655	2508	516	3488
仙师乡	11190	5549	5641	4129	5485	5616	2175	7492	1523	10813
洪山乡	7169	3951	3218	2299	3349	3121	1265	5169	735	5573
湖山乡	5536	2865	2671	2250	2728	2652	1220	3361	955	5040
岐岭乡	7778	4059	3719	2895	3568	3595	1315	5428	1035	6785
古竹乡	6319	3111	3208	2635	3081	3193	1326	3854	1139	6062
堂堡乡	5872	2936	2936	2612	2817	2903	945	3833	1094	5595
合溪乡	5836	2841	2995	2526	2740	2964	1108	3634	1094	5622
虎岗乡	12241	6544	5697	3965	5996	5671	2106	8831	1304	10864
大溪乡	6609	3335	3274	2597	3148	3242	1237	4328	1044	6119
陈东乡	6971	3749	3222	2692	3162	3153	1120	4860	991	6044
高头乡	5219	2665	2554	1874	2148	2157	847	3615	757	4049
上杭县	**374047**	**187410**	**186637**	**122887**	**174889**	**180746**	**63528**	**263786**	**46733**	**301114**
临江镇	32285	15764	16521	11385	14842	15788	5446	23576	3263	21296
临城镇	75070	37640	37430	20953	34173	34624	11625	57159	6286	35575

表13 续表 21 单位：人、户

地区	总人口			家庭户户数	家庭户总人口		分年龄人口			居住本地，户口在本地
	合计	男	女		男	女	0-14岁	15-64岁	65岁及以上	
中都镇	11012	5322	5690	4013	5225	5658	1584	7583	1845	10583
蓝溪镇	11288	5399	5889	3944	5037	5483	1780	7743	1765	10247
稔田镇	12740	6095	6645	4903	6052	6632	2197	8390	2153	12408
白砂镇	16669	8492	8177	5449	7499	7981	2834	11303	2532	15011
古田镇	16991	8979	8012	5708	8337	7748	2447	12668	1876	14538
才溪镇	18035	8759	9276	5489	8293	8882	3083	12823	2129	16607
南阳镇	30701	15176	15525	9326	14733	15120	6548	20468	3685	27954
湖洋乡	16696	8100	8596	5975	7982	8559	2880	11297	2519	16097
下都乡	7344	3598	3746	2531	3465	3716	1102	5196	1046	7091
庐丰畲族乡	17152	8172	8980	6095	8100	8946	2919	11442	2791	16607
太拔乡	9381	4626	4755	3689	4614	4753	1697	6085	1599	9030
溪口乡	7262	3589	3673	2698	3550	3662	1119	5055	1088	6973
茶地乡	4695	2288	2407	1934	2269	2399	819	2977	899	4487
泮境乡	3021	1432	1589	1264	1424	1589	578	1898	545	2860
蛟洋乡	20968	11661	9307	6869	9782	9088	3157	15353	2458	17490
步云乡	3079	1615	1464	1118	1611	1464	463	2240	376	2901
旧县乡	24531	13575	10956	7340	10821	10676	3781	18067	2683	20025
通贤乡	14436	7087	7349	4549	7081	7348	3149	9432	1855	13501
官庄畲族乡	16467	7942	8525	6145	7917	8507	3507	10298	2662	15725
珊瑚乡	4224	2099	2125	1510	2082	2123	813	2733	678	4108
武平县	**278182**	**139334**	**138848**	**90906**	**131882**	**134190**	**46360**	**197958**	**33864**	**241470**
平川镇	57472	28776	28696	17209	26199	26379	10619	42509	4344	37484
中山镇	12559	6262	6297	4277	6144	6224	1790	9068	1701	12196
岩前镇	33372	17177	16195	10048	15851	15637	4418	25144	3810	29940
十方镇	28973	14263	14710	9654	13671	14171	4584	20512	3877	26889
中堡镇	18407	9236	9171	6127	8670	9004	2929	12789	2689	17502
桃溪镇	11960	5882	6078	4406	5573	5940	2724	7367	1869	10863
城厢乡	21940	11256	10684	7178	10556	10298	3347	16282	2311	17466
万安乡	9490	4825	4665	2983	4799	4654	1475	6928	1087	8818
东留乡	15238	7667	7571	4947	7597	7547	2732	10749	1757	14663
民主乡	4641	2332	2309	1510	2254	2288	722	3314	605	4535
下坝乡	4932	2516	2416	1601	2418	2379	659	3609	664	4709
中赤乡	6744	3292	3452	2293	3183	3408	1121	4577	1046	6428
象洞乡	10564	5226	5338	3542	5079	5281	1596	7517	1451	10258
武东乡	15091	7313	7778	5813	7017	7699	2688	9617	2786	14509
永平乡	11178	5555	5623	4075	5356	5528	1830	7567	1781	10602
湘店乡	6736	3369	3367	2097	3287	3321	1494	4319	923	6295
大禾乡	8885	4387	4498	3146	4228	4432	1632	6090	1163	8313
连城县	**248645**	**126691**	**121954**	**86805**	**121477**	**118926**	**37945**	**183121**	**27579**	**226791**
莲峰镇	60504	30619	29885	20028	29091	28616	8509	47083	4912	48965
北团镇	14832	7709	7123	5326	7481	7045	2246	10539	2047	14200
姑田镇	14897	7721	7176	5225	7410	7058	2239	10917	1741	14171
朋口镇	22216	11353	10863	7348	10589	10425	3786	16308	2122	19569
莒溪镇	12935	6635	6300	4651	6403	6198	1981	9305	1649	12372
新泉镇	22373	11349	11024	7187	10463	10434	3529	16360	2484	21302
庙前镇	23491	11736	11755	8376	11289	11594	3673	17044	2774	22263
揭乐乡	6539	3403	3136	2189	3257	3104	933	4903	703	6154
塘前乡	2575	1301	1274	1051	1292	1274	297	1854	424	2503
隔川乡	7303	3745	3558	2687	3679	3528	1084	5390	829	6977
四堡乡	9926	4872	5054	3665	4846	5043	1840	6742	1344	9695

表13 续表 22

单位：人、户

地区	总人口			家庭户	家庭户总人口		分年龄人口			居住本地，户口在本地
	合计	男	女	户数	男	女	0-14岁	15-64岁	65岁及以上	
罗坊乡	6540	3420	3120	2436	3371	3097	1044	4535	961	6275
林坊乡	8381	4266	4115	3271	4229	4105	1250	6109	1022	8052
文亨乡	20542	10453	10089	7532	10332	10051	3208	14851	2483	19532
曲溪乡	3463	1843	1620	1279	1743	1567	515	2484	464	3255
赖源乡	3714	2033	1681	1262	1808	1624	459	2841	414	3312
宣和乡	8414	4233	4181	3292	4194	4163	1352	5856	1206	8194
漳平市	**240194**	**126611**	**113583**	**84568**	**117178**	**110168**	**37111**	**180213**	**22870**	**189084**
菁城街道	54753	28565	26188	18660	24851	24357	8625	42209	3919	33096
桂林街道	29949	15360	14589	10266	14589	13905	4895	23100	1954	17517
新桥镇	24494	12796	11698	8783	12490	11636	3757	18132	2605	22232
双洋镇	8803	4723	4080	3013	4396	4017	1403	6529	871	7909
永福镇	34377	17682	16695	12011	17540	16643	6047	24351	3979	32198
溪南镇	15107	8541	6566	4821	6890	6278	2134	11587	1386	12612
和平镇	9320	5087	4233	3287	4651	4135	1077	7328	915	7773
拱桥镇	5511	3027	2484	2247	2606	2461	658	4134	719	4729
象湖镇	8723	4593	4130	3223	4515	4112	1432	6402	889	8088
赤水镇	6808	3651	3157	2347	3365	3105	1050	5055	703	6071
芦芝乡	11067	5881	5186	4217	5641	5122	1696	8420	951	8619
西园乡	10761	5887	4874	3693	5305	4799	1280	8262	1219	9587
南洋乡	5277	2696	2581	2261	2677	2571	708	3802	767	5111
官田乡	5749	2982	2767	2263	2921	2731	898	3980	871	5066
吾祠乡	4206	2260	1946	1566	2180	1918	691	2965	550	3913
灵地乡	5289	2880	2409	1910	2561	2378	760	3957	572	4563
宁德市	**2821996**	**1476310**	**1345686**	**905233**	**1405340**	**1302496**	**442002**	**2119707**	**260287**	**2150076**
蕉城区	**429260**	**221304**	**207956**	**134761**	**205505**	**195002**	**63384**	**330047**	**35829**	**278998**
蕉南街道	81742	40743	40999	25406	38274	37966	12813	64286	4643	39169
蕉北街道	49799	25176	24623	16793	23741	23695	7789	38368	3642	27359
城南镇	45038	22335	22703	12536	20407	20191	7557	35466	2015	17794
漳湾镇	43027	21412	21615	11344	20427	19486	6290	32789	3948	37852
七都镇	18985	9974	9011	6211	9936	8996	2783	13936	2266	17501
八都镇	11083	5877	5206	4544	5712	5006	1215	8078	1790	10060
九都镇	6820	3607	3213	2504	3420	3091	851	5086	883	6146
霍童镇	21009	10726	10283	6956	10396	10000	3079	15415	2515	18249
赤溪镇	13374	7009	6365	5002	6903	6281	1987	9512	1875	12383
洋中镇	15918	8625	7293	6618	8508	7239	1752	11624	2542	15191
飞鸾镇	16401	8558	7843	5012	8395	7622	2345	12193	1863	15039
三都镇	24448	13551	10897	6720	12296	10598	3703	18634	2111	21062
金涵畲族乡	24671	13666	11005	6690	11128	10073	3172	19689	1810	14073
洪口乡	2159	1168	991	943	1092	968	337	1611	211	1894
石后乡	5267	2973	2294	2316	2775	2275	558	3754	955	4610
虎贝乡	9712	5220	4492	3679	5162	4464	1230	7065	1417	9245
东侨开发区	39807	20684	19123	11487	16933	17051	5923	32541	1343	11371
霞浦县	**461176**	**242303**	**218873**	**147799**	**236063**	**215033**	**70416**	**348076**	**42684**	**387481**
松城街道	105337	53188	52149	32015	51470	50615	16657	81445	7235	71971
松港街道	60393	31087	29306	17798	29260	28150	9225	46898	4270	38126
长春镇	43760	23626	20134	15103	23494	20038	6792	32064	4904	41542
牙城镇	25519	13539	11980	8546	13496	11947	3544	19478	2497	24212
溪南镇	35568	18926	16642	10777	18685	16602	5820	26045	3703	34008
沙江镇	33287	17839	15448	9950	17693	15346	4780	24850	3657	32064
下浒镇	27902	15009	12893	9398	14971	12878	4721	20095	3086	25862

表13 续表 23　　单位：人、户

地区	总人口			家庭户户数	家庭户总人口		分年龄人口			居住本地，户口在本地
	合计	男	女		男	女	0-14岁	15-64岁	65岁及以上	
三沙镇	36918	19053	17865	12765	18627	17744	5283	28388	3247	33807
盐田畲族乡	23428	12795	10633	7097	11532	10148	3590	17505	2333	20731
水门畲族乡	12773	6806	5967	5011	6738	5937	1919	9374	1480	12180
崇儒畲族乡	14095	7585	6510	5078	7481	6467	1877	10433	1785	13434
柏洋乡	20263	11063	9200	6684	10851	9031	2600	15417	2246	19602
北壁乡	14018	7545	6473	4563	7537	6459	2473	10056	1489	12877
海岛乡	7915	4242	3673	3014	4228	3671	1135	6028	752	7065
古田县	**323700**	**168518**	**155182**	**110102**	**163228**	**151570**	**45634**	**244717**	**33349**	**268232**
城东街道	46475	23582	22893	15399	22622	22028	6493	35711	4271	30564
城西街道	67219	34179	33040	21558	33351	32082	9337	51879	6003	45854
平湖镇	28593	15016	13577	9846	14871	13487	4072	21526	2995	27044
大桥镇	27787	14507	13280	9685	14118	12958	3890	20870	3027	25569
黄田镇	20785	10721	10064	7240	10025	9577	3084	15745	1956	17627
鹤塘镇	33686	17960	15726	10526	16695	15267	5169	25477	3040	27848
杉洋镇	15542	8219	7323	6098	7993	7276	2238	11007	2297	14567
凤都镇	15376	8177	7199	5935	8140	7173	2280	11402	1694	14781
水口镇	7302	3862	3440	2635	3707	3383	942	5558	802	6508
吉巷乡	24744	13141	11603	8451	13031	11516	3403	18651	2690	23458
泮洋乡	5411	2927	2484	1990	2873	2466	656	4049	706	5204
凤埔乡	13030	6779	6251	3886	6500	6114	1715	10074	1241	12359
卓洋乡	9862	5251	4611	3684	5151	4577	1247	7270	1345	9255
大甲乡	7888	4197	3691	3169	4151	3666	1108	5498	1282	7594
屏南县	**137724**	**71794**	**65930**	**43388**	**69307**	**64492**	**21347**	**103018**	**13359**	**116291**
古峰镇	38929	19455	19474	11980	19106	19113	7060	29130	2739	24851
双溪镇	11510	6307	5203	3156	5439	4885	1421	8997	1092	10168
黛溪镇	15933	8487	7446	5063	8358	7351	2132	11820	1981	15358
长桥镇	13291	6984	6307	4158	6834	6207	2193	9863	1235	12464
屏城乡	6918	3667	3251	2526	3543	3210	998	5149	771	5668
棠口乡	12763	6574	6189	4211	6384	6104	1928	9625	1210	12011
甘棠乡	9041	4717	4324	2929	4558	4185	1404	6581	1056	8150
熙岭乡	9666	5161	4505	3017	5042	4422	1263	7231	1172	9346
路下乡	7917	4174	3743	2354	3947	3612	1210	5915	792	7485
寿山乡	4001	2180	1821	1492	2058	1769	478	3061	462	3641
岭下乡	7755	4088	3667	2502	4038	3634	1260	5646	849	7149
寿宁县	**175874**	**92611**	**83263**	**55238**	**85803**	**78610**	**33952**	**123917**	**18005**	**140387**
鳌阳镇	53679	28296	25383	14678	25584	23505	10537	40273	2869	30781
斜滩镇	15568	8310	7258	4775	7143	6415	2569	11412	1587	12967
南阳镇	18025	9429	8596	5675	9105	8413	3392	12757	1876	16204
武曲镇	8257	4421	3836	2525	3766	3526	1300	5933	1024	7085
大安乡	6761	3522	3239	2679	3470	3208	1202	4437	1122	6394
坑底乡	10417	5425	4992	3693	5145	4744	2553	6470	1394	9441
清源乡	10257	5266	4991	3470	5211	4966	1735	7289	1233	9386
竹管垅乡	4529	2381	2148	1556	2144	2041	803	3157	569	3855
犀溪乡	8791	4741	4050	3129	4529	3943	1622	6010	1159	7946
芹洋乡	7756	4190	3566	2605	3750	3272	1517	5192	1047	7397
托溪乡	6596	3376	3220	2404	3142	2863	1233	4391	972	6049
平溪乡	14206	7392	6814	4238	7145	6640	3365	9212	1629	13007
凤阳乡	8502	4488	4014	2865	4416	3980	1654	5687	1161	7674
下党乡	2530	1374	1156	946	1253	1094	470	1697	363	2201
周宁县	**112701**	**59260**	**53441**	**39758**	**55988**	**52253**	**18059**	**80016**	**14626**	**92044**
狮城镇	38473	19411	19062	13187	18951	18759	6955	27877	3641	24988
咸村镇	16235	8551	7684	5607	8419	7550	2663	11518	2054	14986
浦源镇	11413	5872	5541	4178	5723	5434	1622	8010	1781	10562
七步镇	8373	4467	3906	3141	4184	3815	1269	5718	1386	7489
李墩镇	8620	5066	3554	2773	3867	3392	1004	6403	1213	6943
纯池镇	9198	4837	4361	3298	4710	4249	1380	6473	1345	8676

表13 续表 24 单位：人、户

地区	总人口			家庭户	家庭户总人口		分年龄人口			居住本地，户口在本地
	合计	男	女	户数	男	女	0-14岁	15-64岁	65岁及以上	
泗桥乡	6928	3580	3348	2576	3521	3285	1209	4632	1087	6518
礼门乡	6377	3388	2989	2419	3164	2857	1020	4217	1140	5915
玛坑乡	7084	4088	2996	2579	3449	2912	937	5168	979	5967
柘荣县	**88387**	**46095**	**42292**	**27060**	**44301**	**41207**	**14232**	**65804**	**8351**	**63235**
双城镇	39876	19956	19920	10809	19186	19231	7195	30226	2455	22586
富溪镇	6124	3322	2802	2198	3288	2794	877	4382	865	5834
城郊乡	9947	5195	4752	3093	4999	4547	1658	7335	954	6297
乍洋乡	5498	3015	2483	1657	2880	2459	730	4100	668	5013
东源乡	6908	3848	3060	2220	3236	2929	972	5221	715	4533
黄柏乡	4468	2435	2033	1610	2426	2029	539	3215	714	4247
宅中乡	4263	2272	1991	1429	2266	1990	606	3176	481	4089
楮坪乡	7220	3830	3390	2533	3818	3386	1048	5265	907	6878
英山乡	4083	2222	1861	1511	2202	1842	607	2884	592	3758
福安市	**563640**	**297685**	**265955**	**176919**	**286722**	**258720**	**92230**	**423436**	**47974**	**410982**
城南街道	37913	19525	18388	11821	18813	17944	6648	28934	2331	15746
城北街道	80888	41599	39289	23430	39657	37120	13907	62799	4182	32923
阳头街道	35638	18071	17567	10698	17392	17056	6194	27262	2182	14137
赛岐镇	52807	27578	25229	16291	26988	24884	9497	39249	4061	39071
穆阳镇	13248	6700	6548	4644	6578	6466	1810	9956	1482	12367
上白石镇	12397	6522	5875	4920	6236	5574	1711	9025	1661	11498
潭头镇	16884	8964	7920	6386	8808	7811	2112	12412	2360	16607
社口镇	14147	7711	6436	5262	7648	6408	2063	10260	1824	12784
晓阳镇	6781	3671	3110	2569	3592	3084	1114	4730	937	6318
溪潭镇	23220	12336	10884	8131	12293	10855	3493	17057	2670	22277
甘棠镇	41772	22165	19607	11480	21189	19099	6986	31626	3160	37510
下白石镇	35455	19634	15821	11025	18168	15683	5689	26437	3329	31508
溪尾镇	10701	5782	4919	3378	5628	4833	1477	7972	1252	10218
溪柄镇	22945	12071	10874	7612	11976	10826	3609	17014	2322	21851
城阳乡	33044	17391	15653	9803	16975	15467	5870	24888	2286	22562
坂中畲族乡	27883	14761	13122	8470	13846	11946	4797	20888	2198	16585
范坑乡	11972	6610	5362	4034	6555	5335	1705	8822	1445	11705
穆云畲族乡	15180	8185	6995	5275	8068	6915	2291	11078	1811	14537
康厝畲族乡	19536	10613	8923	6389	10545	8913	3112	14473	1951	17928
湾坞乡	16732	9108	7624	5450	8949	7545	2721	12345	1666	14932
松罗乡	9522	5203	4319	3507	5190	4315	1528	6869	1125	9005
赛岐开发区	16328	8326	8002	4154	7759	7294	2739	12543	1046	12362
福安畲族开发区	1485	786	699	436	786	699	248	1092	145	1369
湾坞工业集中区	7162	4373	2789	1754	3083	2648	909	5705	548	5182
福鼎市	**529534**	**276740**	**252794**	**170208**	**258423**	**245609**	**82748**	**400676**	**46110**	**392426**
桐山街道	60451	29919	30532	19057	28739	29728	9240	46622	4589	40255
桐城街道	90108	45654	44454	26748	43226	43131	14686	69836	5586	51691
山前街道	41793	21742	20051	12383	20923	19762	7016	32602	2175	21221
贯岭镇	13982	7552	6430	5124	7300	6314	1811	10220	1951	12916
前岐镇	37632	19064	18568	12901	18580	18012	6442	27235	3955	31877
沙埕镇	25307	12798	12509	8478	12693	12391	3335	19255	2717	23537
店下镇	29982	15532	14450	9705	14727	13573	3825	22898	3259	26436
秦屿镇	58839	33440	25399	16502	24969	23830	8248	46540	4051	42458
磻溪镇	15277	8194	7083	5777	8009	6982	2438	10911	1928	14138
白琳镇	34501	18033	16468	11546	17400	15974	5973	25524	3004	28485
点头镇	34441	17787	16654	11457	17493	16485	5634	25517	3290	30036
管阳镇	34242	18187	16055	11245	17922	15890	5920	24409	3913	31329
嵛山镇	3463	1781	1682	1285	1722	1662	505	2588	370	3149
硖门畲族乡	13506	7348	6158	5110	6116	5917	2113	10134	1259	9252
叠石乡	11041	6028	5013	3860	6022	5013	1701	7695	1645	10364
佳阳乡	10983	5970	5013	4241	5854	4955	1544	7781	1658	10388
龙安开发区	13986	7711	6275	4789	6728	5990	2317	10909	760	4894

表14　江西省乡、镇、街道人口

单位：人、户

地　区	总人口			家庭户	家庭户总人口		分年龄人口			居住本地，户口在本地
	合　计	男	女	户　数	男	女	0-14岁	15-64岁	65岁及以上	
江西省	**44567797**	**23003521**	**21564276**	**11542527**	**21600070**	**20581347**	**9762233**	**31417263**	**3388301**	**38468867**
南昌市	**5042566**	**2633846**	**2408720**	**1299903**	**2258313**	**2150928**	**931136**	**3722491**	**388939**	**3549973**
东湖区	**575489**	**286584**	**288905**	**172253**	**264304**	**266446**	**82805**	**441143**	**51541**	**348138**
公园街道	30328	13212	17116	8413	12380	13261	4062	22813	3453	20675
滕王阁街道	35727	17603	18124	10930	16306	16779	4352	27710	3665	24332
八一桥街道	34940	17006	17934	11328	16758	17602	4016	27422	3502	22857
百花洲街道	48677	23727	24950	14485	22279	23385	6077	37726	4874	36263
墩子塘街道	38881	18595	20286	10967	16944	18015	4696	30067	4118	27614
大院街道	33693	16887	16806	8876	15234	16029	4940	23943	4810	28016
豫章街道	56673	27949	28724	17633	27034	28009	7807	42821	6045	42439
董家窑街道	98961	49397	49564	29945	46262	46629	13049	75725	10187	64856
彭家桥街道	54759	26528	28231	15811	23858	23311	6544	43497	4718	32045
沙井街道（红谷滩新区）	76421	40609	35812	22085	34140	33273	14485	58606	3330	32358
贤士湖管委会	41442	21832	19610	14386	20969	18874	7741	32172	1529	6889
凤凰洲管理处（红谷滩新区）	24987	13239	11748	7394	12140	11279	5036	18641	1310	9794
西湖区	**503821**	**252887**	**250934**	**154108**	**242226**	**241981**	**69791**	**386612**	**47418**	**332272**
南浦街道	46020	22772	23248	14268	22468	23004	5920	35463	4637	32703
朝阳洲街道	38989	19658	19331	12293	19029	19071	5649	30087	3253	20720
广润门街道	37608	18498	19110	11979	18154	18607	4752	29203	3653	25859
西湖街道	33508	16620	16888	10251	15956	16232	3857	26298	3353	27056
系马桩街道	52061	25602	26459	15698	24868	25872	6673	39901	5487	40362
绳金塔街道	37763	18475	19288	12299	18360	18385	4562	28931	4270	30617
丁公路街道	52187	25860	26327	16664	25537	25942	6407	39235	6545	39194
南站街道	42584	21237	21347	13365	20553	20739	5477	30904	6203	33480
桃源街道	43528	21764	21764	13328	21305	21040	7034	33639	2855	23275
十字街街道	62337	32096	30241	18866	28891	28566	8369	49204	4764	38672
桃花镇	39007	20678	18329	10152	17990	16055	7152	30379	1476	14524
南昌市朝阳农场	18229	9627	8602	4945	9115	8468	3939	13368	922	5810
青云谱区	**316723**	**164103**	**152620**	**97479**	**153174**	**147540**	**49021**	**238410**	**29292**	**186195**
洪都街道	55861	28447	27414	18130	26759	26910	7480	39971	8410	48742
京山街道	45369	22865	22504	14492	22522	22057	6790	33965	4614	29805
三家店街道	39041	19748	19293	12569	18960	18796	5724	29132	4185	26430
岱山街道	37772	20514	17258	10121	14822	14558	4422	30353	2997	22172
徐家坊街道	56302	28560	27742	18502	27861	27383	7907	43056	5339	30374
青云谱镇	81166	43308	37858	23222	41592	37287	16519	60920	3727	28667
南昌昌南工业园	1212	661	551	443	658	549	179	1013	20	5
湾里区	**63963**	**33236**	**30727**	**15542**	**24190**	**23048**	**11854**	**47280**	**4829**	**40593**
站前街道	11026	5697	5329	2406	3478	3386	1414	8912	700	4092
幸福街道	5593	2863	2730	1980	2840	2714	1216	3768	609	2903
招贤镇	26120	13044	13076	5167	9331	8671	4796	19826	1498	17032
梅岭镇	5214	2637	2577	1892	2606	2564	1111	3380	723	4723
罗亭镇	11238	6663	4575	2087	3603	3274	1798	8843	597	7440
太平镇	4772	2332	2440	2010	2332	2439	1519	2551	702	4403

表14 续表 1 单位：人、户

地区	总人口 合计	总人口 男	总人口 女	家庭户户数	家庭户总人口 男	家庭户总人口 女	分年龄人口 0-14岁	分年龄人口 15-64岁	分年龄人口 65岁及以上	居住本地，户口在本地
青山湖区	**897843**	**485643**	**412200**	**204505**	**341782**	**319674**	**125275**	**720179**	**52389**	**474420**
青山路街道	21441	10556	10885	6542	9255	9597	2361	15907	3173	16344
上海路街道	79076	40180	38896	24533	39300	38158	10812	60958	7306	55415
京东镇	68752	36904	31848	17635	30258	27913	12330	53550	2872	25155
罗家镇	55192	29413	25779	13314	29243	25736	12316	38783	4093	47437
湖坊镇	163352	85207	78145	49646	77702	72247	26958	126360	10034	70468
塘山镇	115067	59687	55380	30369	46440	44209	16439	92298	6330	50590
扬子洲镇	22286	11674	10612	5603	11407	10545	4808	15547	1931	18769
蛟桥镇(南昌经济技术开发区)	178409	99843	78566	18605	30989	28762	12797	160537	5075	74776
扬子洲农场	1264	647	617	384	630	610	187	915	162	1042
罗家地区省市单位	26346	13618	12728	8969	13380	12557	3904	18985	3457	23861
白水湖管理处(南昌经济技术开发区)	59896	39370	20526	7488	12433	11832	5006	52221	2669	31280
冠山管理处(南昌经济技术开发区)	24917	15040	9877	3036	5022	4722	2057	22002	858	8655
艾溪湖管理处(南昌高新开发区)	39486	21218	18268	8755	16428	15203	7272	30176	2038	21805
南昌昌东工业区	36281	18892	17389	7932	16846	15170	7121	27051	2109	25495
湖西新建区(南昌高新开发区)	6078	3394	2684	1694	2449	2413	907	4889	282	3328
南昌县	**1018675**	**532770**	**485905**	**250564**	**464893**	**431056**	**208330**	**728191**	**82154**	**783734**
莲塘镇	153970	80991	72979	41862	72086	67499	29412	115563	8995	94114
向塘镇	130542	64920	65622	31957	58878	55921	21637	98244	10661	111042
三江镇	22644	11514	11130	6297	11443	11083	5656	14790	2198	20389
塘南镇	37366	19317	18049	11279	19234	18018	9776	22929	4661	34315
幽兰镇	39903	20441	19462	12517	20264	19365	9018	25193	5692	36794
蒋巷镇	63429	33295	30134	15377	32710	29749	16121	41400	5908	59868
武阳镇	36908	19517	17391	9766	19464	17368	8057	25294	3557	34662
冈上镇	39573	20454	19119	10220	19144	17856	8427	27454	3692	33318
广福镇	29653	15061	14592	8124	14974	14569	8170	18765	2718	26563
昌东镇(南昌高新开发区)	148305	80242	68063	19649	37756	34135	19331	123091	5883	77555
麻丘镇(南昌高新开发区)	34673	18286	16387	9057	17433	16024	9017	22354	3302	29567
泾口乡	43111	22704	20407	12009	22556	20353	10229	28457	4425	41181
南新乡	36323	18701	17622	9826	18684	17612	10101	22246	3976	34463
塔城乡	23520	12093	11427	7181	12062	11414	5018	15458	3044	22710
黄马乡	28189	14681	13508	7865	14606	13471	5959	19302	2928	25770
富山乡	17228	9122	8106	4164	9106	8100	4590	11313	1325	15553
东新乡	31360	16595	14765	8416	16408	14712	7353	22236	1771	18190
八一乡	34992	18451	16541	8956	18320	16499	7529	24327	3136	27762
南昌市五星垦殖场	6391	3330	3061	2384	3296	3052	1313	4319	759	5554
银三角管理处	24956	13740	11216	6742	11656	10655	4555	18835	1566	12023
小蓝经济开发区	35639	19315	16324	6916	14813	13601	7061	26621	1957	22341
新建县	**795412**	**427313**	**368099**	**168816**	**334811**	**310372**	**171675**	**575614**	**48123**	**611440**
长埮镇	199182	110673	88509	45535	90437	81655	42908	147369	8905	119686
望城镇	33807	20182	13625	4026	8647	7978	4595	28249	963	16070
生米镇	34136	18256	15880	7079	14279	13209	7798	24402	1936	27827
西山镇	28122	14535	13587	6968	13677	13056	8367	17365	2390	27054
石岗镇	45426	24050	21376	10760	23984	21356	13202	29450	2774	44219
松湖镇	26197	13553	12644	6616	13553	12643	7747	16105	2345	25595

表14 续表 2 单位：人、户

地区	总人口			家庭户	家庭户总人口		分年龄人口			居住本地，户口在本地
	合计	男	女	户数	男	女	0-14岁	15-64岁	65岁及以上	
樵舍镇	28485	14588	13897	6728	13732	13155	7310	18816	2359	27469
乐化镇	24801	12924	11877	5838	11942	11188	6278	16538	1985	22256
溪霞镇	24163	12410	11753	5251	11559	11196	6547	15666	1950	22487
象山镇	15711	7989	7722	4420	7977	7714	4309	9731	1671	15341
石埠乡	38895	20496	18399	8050	20438	18367	11177	25405	2313	37241
流湖乡	31750	16806	14944	6914	16798	14941	9433	20079	2238	31142
厚田乡	15469	7911	7558	4004	7904	7558	3868	10182	1419	15349
联圩乡	25323	12901	12422	6976	12901	12422	6131	16885	2307	24266
金桥乡	15502	7867	7635	3716	7854	7629	4204	9994	1304	14939
铁河乡	7259	3703	3556	2409	3682	3550	1626	4987	646	7022
大塘坪乡	17892	9147	8745	4662	8821	8571	4562	11287	2043	17494
昌邑乡	14299	7319	6980	4125	7291	6964	4022	8917	1360	13782
南矶乡	3289	1682	1607	902	1570	1461	844	2139	306	3181
恒湖垦殖场	6363	3213	3150	2552	3159	3110	969	4017	1377	5407
新丰垦殖场	1979	1077	902	612	1018	877	360	1403	216	1749
成新实业有限公司	2723	1484	1239	1102	1347	1218	360	2046	317	2067
朱港实业有限公司	1463	824	639	634	743	622	159	1154	150	1044
红角洲管理处(红谷滩新区)	114173	63547	50626	7304	12673	11844	6043	106990	1140	54232
九龙湖管理处(红谷滩新区)	4656	2388	2268	1573	2347	2256	1393	2824	439	4429
江西长堎外商投资工业区	11870	6137	5733	3187	6117	5720	3102	8174	594	10426
江西桑海集团有限公司(江西桑海经济开发区)	17173	8957	8216	5417	7671	7505	2967	11897	2309	14802
新祺周管理处(江西桑海经济技术开发区)	5304	2694	2610	1456	2690	2607	1394	3543	367	4864
安义县	**180194**	**93031**	**87163**	**56499**	**84154**	**81317**	**42853**	**118758**	**18583**	**157088**
龙津镇	74098	38766	35332	20729	33866	31530	16868	52835	4395	60569
万埠镇	14228	7215	7013	5163	7138	6983	3853	8540	1835	12806
石鼻镇	18922	9540	9382	7058	9313	9244	5278	10846	2798	17974
鼎湖镇	18887	9541	9346	6210	9163	9053	4199	12236	2452	16937
长埠镇	8213	4124	4089	3077	3996	3985	2206	4668	1339	7911
东阳镇	9441	4642	4799	2953	4629	4794	2220	5928	1293	9162
黄洲镇	8251	4200	4051	2814	3696	3777	1787	5171	1293	7428
乔乐乡	9024	4655	4369	2832	4582	4321	2724	5327	973	8648
长均乡	7497	3776	3721	2563	3432	3447	2033	4544	920	7131
新民乡	6684	3368	3316	2381	3341	3304	1346	4341	997	6455
江西安义工业园区	2767	2043	724	184	188	179	9	2747	11	1
国营万埠垦殖场	1397	731	666	375	571	516	244	962	191	1289
国营峤岭垦殖场	785	430	355	160	239	184	86	613	86	777
进贤县	**690446**	**358279**	**332167**	**180137**	**348779**	**329494**	**169532**	**466304**	**54610**	**616093**
民和镇	170402	87430	82972	47247	86012	82014	41906	117915	10581	126635
李渡镇	40951	21108	19843	10117	21067	19817	8814	28659	3478	38214
温圳镇	40376	22220	18156	9652	20346	18148	8651	28731	2994	36695
文港镇	35209	18248	16961	10028	18074	16879	8011	23647	3551	31416
梅庄镇	31629	16323	15306	7970	16267	15275	7777	21296	2556	30728
张公镇	28131	14460	13671	7179	14419	13655	6664	19090	2377	26598
罗溪镇	26305	13467	12838	7330	13467	12838	6374	17570	2361	25463
架桥镇	24750	12653	12097	6828	12625	12090	6162	16535	2053	24160
前坊镇	26149	13448	12701	6729	13376	12674	6303	17623	2223	25135
三里乡	32605	16704	15901	8442	16578	15841	9630	20005	2970	31073
二塘乡	12647	6574	6073	3260	6530	6063	3092	8478	1077	12327
钟陵乡	22776	12168	10608	5521	10589	10091	4919	15752	2105	21725
池溪乡	20159	10514	9645	5585	10390	9600	4759	13675	1725	19409

表14 续表 3

单位：人、户

地区	总人口			家庭户	家庭户总人口		分年龄人口			居住本地，户口在本地
	合计	男	女	户数	男	女	0-14岁	15-64岁	65岁及以上	
南台乡	15306	7829	7477	3933	7809	7466	3788	10125	1393	15003
三阳集乡	25645	12975	12670	6900	12917	12639	7066	16269	2310	24810
七里乡	27060	14029	13031	6941	13888	12982	6456	18032	2572	26219
下埠集乡	24808	12607	12201	6436	12367	12175	6813	16223	1772	23926
衙前乡	14676	7595	7081	3545	7434	7051	3577	9920	1179	14147
白圩乡	25531	13210	12321	6176	13127	12289	6563	16981	1987	24379
长山晏乡	20877	11990	8887	4416	8896	8211	6226	13212	1439	15817
泉岭乡	24454	12727	11727	5902	12601	11696	5981	16566	1907	22214
景德镇市	**1587477**	**826128**	**761349**	**431567**	**787180**	**736149**	**319364**	**1159176**	**108937**	**1370989**
昌江区	**192203**	**100481**	**91722**	**55039**	**90915**	**86843**	**34546**	**144513**	**13144**	**130625**
西郊街道	57211	28729	28482	17697	24607	24420	7444	45380	4387	33045
新枫街道	20992	10615	10377	7190	10607	10372	3003	15958	2031	14498
竟成镇	43426	22291	21135	11458	22193	21075	8909	32357	2160	32313
鲇鱼山镇	32239	18801	13438	7887	14217	13040	6797	23448	1994	24407
丽阳乡	13322	6911	6411	3847	6850	6391	3489	8848	985	12800
荷塘乡	2926	1491	1435	928	1490	1435	628	2010	288	2696
吕蒙乡	18682	9929	8753	4947	9273	8492	3787	14011	884	8730
枫树山总场	3402	1712	1690	1082	1676	1617	489	2498	415	2136
昌江化工园区	1	1		1	1			1		
六零二所高科技园	1	1		1	1			1		
昌江开发区	1		1	1		1		1		
珠山区	**281358**	**141818**	**139540**	**94324**	**133966**	**132185**	**39392**	**216185**	**25781**	**207524**
石狮埠街道	28307	13466	14841	9663	13290	13280	3809	21921	2577	23846
新厂街道	62824	32080	30744	18606	26003	25676	7767	50007	5050	41758
里村街道	35254	17924	17330	12196	17786	17252	5177	27037	3040	23648
周路口街道	14405	7427	6978	4964	7233	6917	2225	11084	1096	8062
昌江街道	18411	9254	9157	6690	9191	9134	2288	14028	2095	15189
新村街道	60555	30394	30161	20183	30231	30058	9133	45774	5648	45980
珠山街道	15413	7669	7744	5699	7569	7677	1935	11589	1889	12665
太白园街道	25415	13077	12338	8665	12777	12153	4207	19289	1919	18763
昌河街道	20773	10526	10247	7657	9885	10038	2851	15455	2467	17612
高新技术开发区	1	1		1	1			1		1
浮梁县	**303563**	**159495**	**144068**	**77175**	**143950**	**135072**	**50343**	**232937**	**20283**	**262124**
浮梁镇	32345	16503	15842	9552	16248	15663	6182	24639	1524	25827
鹅湖镇	26029	13484	12545	7001	13400	12526	5034	19147	1848	25256
经公桥镇	14918	7582	7336	4110	7560	7334	2596	11153	1169	13844
蛟潭镇	21376	11095	10281	5318	11064	10272	3856	15926	1594	20481
湘湖镇	42788	23904	18884	7982	13776	13016	4628	35976	2184	24767
瑶里镇	12357	6404	5953	3585	6389	5944	2218	9046	1093	11956
洪源镇	16341	8394	7947	3910	8331	7902	3404	11985	952	15462
寿安镇	30747	16204	14543	9321	15982	14482	5606	22933	2208	28545
三龙镇	15400	8583	6817	2847	5528	5056	2050	12606	744	10290
王港乡	9827	4956	4871	2645	4889	4838	1460	7596	771	8639
庄湾乡	12435	6412	6023	3259	6174	5969	1984	9481	970	11972
黄坛乡	11383	6020	5363	2669	6020	5363	1889	8722	772	11120
兴田乡	7564	3934	3630	2033	3910	3629	1222	5655	687	7364
江村乡	9274	4843	4431	2619	4763	4400	1579	6897	798	8990
峙滩乡	12420	6431	5989	3226	6274	5950	2317	9101	1002	11999
勒功乡	7871	4015	3856	2139	3997	3808	1161	6057	653	7431
西湖乡	9824	5264	4560	2512	5195	4546	1485	7532	807	9113

表14　续表 4　　　　　　　　　　　　　　　　　　　　　　　　　　　　单位：人、户

地　区	总人口			家庭户	家庭户总人口		分年龄人口			居住本地，户口在本地
	合　计	男	女	户　数	男	女	0-14岁	15-64岁	65岁及以上	
罗家桥乡(陶瓷工业园)	7504	3854	3650	1735	3343	3265	1202	5919	383	6495
罗家垦殖场	738	366	372	197	356	353	149	546	43	434
浮梁工业园区	2422	1247	1175	515	751	756	321	2020	81	2139
乐平市	**810353**	**424334**	**386019**	**205029**	**418349**	**382049**	**195083**	**565541**	**49729**	**770716**
洎阳街道	140329	71470	68859	39687	70370	67560	26711	104905	8713	116805
塔山街道	21189	11324	9865	6142	11127	9774	4373	15557	1259	19590
镇桥镇	51714	27189	24525	11873	26268	23808	11611	36790	3313	51172
乐港镇	79340	42038	37302	19856	41232	36995	16666	57344	5330	77387
涌山镇	37338	19790	17548	9416	19730	17532	9290	25750	2298	36053
众埠镇	76082	39709	36373	20553	39539	36267	24203	47473	4406	75287
接渡镇	68777	35615	33162	15763	35491	33116	18019	46736	4022	67451
洪岩镇	16603	8637	7966	4113	8232	7680	3377	12077	1149	16167
礼林镇	51370	27459	23911	12301	27357	23831	11937	36536	2897	50633
后港镇	46534	24583	21951	11205	23261	21316	11465	32118	2951	42883
塔前镇	39485	21035	18450	9836	20984	18433	9288	27738	2459	38829
双田镇	40574	21425	19149	10095	21290	19063	9533	28585	2456	39876
临港镇	27106	14369	12737	6318	14293	12719	7504	18041	1561	26679
高家镇	17711	9076	8635	4832	9076	8635	5388	11149	1174	17440
名口镇	24022	12372	11650	5361	12305	11617	6129	16316	1577	23976
浯口镇	27900	14762	13138	6980	14762	13138	7848	18516	1536	27749
鸬鹚乡	21650	11583	10067	5150	11583	10067	5812	14616	1222	21169
十里岗乡	15503	8148	7355	3886	8131	7352	4057	10378	1068	15323
农业高新园	6460	3314	3146	1658	3313	3145	1579	4547	334	6238
江西乐平工业园区	666	436	230	4	5	1	293	369	4	9
萍乡市	**1854515**	**938753**	**915762**	**481518**	**896060**	**881734**	**366978**	**1331908**	**155629**	**1627793**
安源区	**534560**	**267394**	**267166**	**143971**	**245319**	**247227**	**79512**	**412694**	**42354**	**417278**
东大街街道	39507	18302	21205	9114	15308	15614	5001	31907	2599	28643
凤凰街街道	137830	69573	68257	38194	63256	63947	21703	107626	8501	100343
八一街街道	39724	19969	19755	10683	16954	17388	5388	31020	3316	29968
后埠街街道	71438	35576	35862	20370	32528	33504	10188	55157	6093	58081
丹江街街道	17513	8523	8990	4525	7467	7379	2429	13437	1647	16043
白源街街道	16356	7444	8912	3736	7305	7153	2702	12559	1095	13083
安源镇	49288	24867	24421	13577	23740	23893	7125	37823	4340	39258
高坑镇	53777	27993	25784	15337	25109	24957	7203	40600	5974	48626
五陂镇	14833	7617	7216	3716	7293	7148	2548	11072	1213	12938
青山镇	41694	21608	20086	11007	20865	20027	6366	31383	3945	37926
城郊管委会	52600	25922	26678	13712	25494	26217	8859	40110	3631	32369
湘东区	**358990**	**183166**	**175824**	**92808**	**179614**	**173745**	**64965**	**261824**	**32201**	**338033**
峡山口街道	38940	19380	19560	12078	19258	19552	6261	29105	3574	34281
湘东镇	68084	34353	33731	16724	32984	32622	11596	50915	5573	62094
荷尧镇	33941	17522	16419	7995	17327	16390	6048	25101	2792	32579
老关镇	33634	17264	16370	7979	17253	16369	6175	24696	2763	32844
腊市镇	29330	15069	14261	7006	15056	14256	5315	21624	2391	28506
下埠镇	39054	19945	19109	9672	19198	18782	7013	28844	3197	36773
排上镇	27548	13781	13767	8378	13743	13748	5903	18382	3263	26370
东桥镇	30872	15934	14938	8169	15810	14886	5918	21782	3172	29454
麻山镇	34765	17994	16771	8393	17243	16324	6422	25231	3112	32904
广寒寨乡	8831	4639	4192	2543	4623	4180	1574	6358	899	8699
白竺乡	13991	7285	6706	3871	7119	6636	2740	9786	1465	13529
莲花县	**236328**	**118370**	**117958**	**60609**	**108867**	**110764**	**56584**	**158478**	**21266**	**213776**

表14　续表 5　　　　　　　　　　　　　　　　　　　　　　单位：人、户

地　　区	总人口			家庭户	家庭户总人口		分年龄人口			居住本地，户口在本地
	合　计	男	女	户　数	男	女	0-14岁	15-64岁	65岁及以上	
琴亭镇	72401	36641	35760	15814	29166	29206	16242	51556	4603	62498
路口镇	12626	6348	6278	3405	6261	6248	3170	8135	1321	11730
良坊镇	27274	13203	14071	7546	12976	14010	6823	17366	3085	24875
升坊镇	14540	7337	7203	3542	7294	7163	3144	10125	1271	13603
坊楼镇	20390	10378	10012	5724	9722	9810	4785	13383	2222	18725
闪石乡	9787	4891	4896	2720	4689	4839	2432	6223	1132	8946
湖上乡	11647	5739	5908	3270	5686	5893	3168	7262	1217	10937
三板桥乡	9761	4935	4826	2624	4869	4796	2336	6704	721	9267
神泉乡	16889	8468	8421	4535	8243	8384	4265	11147	1477	15553
六市乡	6700	3361	3339	1949	3253	3301	1668	4365	667	5953
高洲乡	12847	6421	6426	3313	6310	6387	3394	8044	1409	11906
荷塘乡	11659	5794	5865	3347	5699	5838	2889	7644	1126	10905
南岭乡	9807	4854	4953	2820	4699	4889	2268	6524	1015	8878
上栗县	**467214**	**238500**	**228714**	**112870**	**234340**	**225853**	**110018**	**320639**	**36557**	**425607**
上栗镇	85670	43857	41813	20441	42772	41115	18961	61000	5709	76102
桐木镇	73592	37333	36259	17043	37140	36207	20173	48294	5125	66907
金山镇	71325	36510	34815	16047	34825	33176	17075	49200	5050	63633
福田镇	43621	22295	21326	10895	21723	21025	8766	31324	3531	37789
彭高镇	27869	14165	13704	6859	13917	13644	5689	19970	2210	25562
赤山镇	49292	25015	24277	12635	24907	24263	11164	33562	4566	46659
鸡冠山乡	29865	15247	14618	6558	15132	14560	7636	20043	2186	28244
长平乡	41032	21098	19934	10652	21017	19917	8704	28540	3788	39440
东源乡	44948	22980	21968	11740	22907	21946	11850	28706	4392	41271
芦溪县	**257423**	**131323**	**126100**	**71260**	**127920**	**124145**	**55899**	**178273**	**23251**	**233099**
芦溪镇	64533	32467	32066	17924	30977	31023	12934	46350	5249	54920
宣风镇	31639	15921	15718	9107	15301	15310	7666	21104	2869	28604
上埠镇	34396	17509	16887	9855	17290	16838	6534	24548	3314	32106
南坑镇	35325	18169	17156	8859	18158	17151	7296	25073	2956	33221
银河镇	36956	18654	18302	9563	18403	18228	9448	24291	3217	33355
源南乡	13851	7202	6649	3495	7006	6597	3152	9526	1173	12751
长丰乡	2336	1223	1113	754	1214	1105	483	1559	294	2191
张佳坊乡	8017	4223	3794	2444	4164	3761	1856	5239	922	7579
新泉乡	21105	11065	10040	6325	10610	9787	4693	14224	2188	19587
万龙山乡	9265	4890	4375	2934	4797	4345	1837	6359	1069	8785
九江市	**4728778**	**2402409**	**2326369**	**1228705**	**2271110**	**2233131**	**991180**	**3383314**	**354284**	**4117871**
庐山区	**302228**	**157881**	**144347**	**77034**	**126138**	**123215**	**44926**	**234194**	**23108**	**195544**
十里街道	106480	56627	49853	22762	33077	32549	10857	89000	6623	48493
五里街道	35451	18390	17061	10566	17340	16975	6376	27190	1885	17090
七里湖街道(九江经济开发区)	21892	11928	9964	4156	7882	7706	3471	17258	1163	13655
姑塘镇	18420	9415	9005	5364	9145	8913	3410	13395	1615	15856
威家镇	7563	3797	3766	2034	3748	3741	1399	5408	756	6602
新港镇	28638	14811	13827	7709	14076	13481	5385	20455	2798	24332
莲花镇	22447	11460	10987	6801	11029	10767	3366	16445	2636	16235
海会镇	24906	12886	12020	6699	12638	11975	4971	17742	2193	23439
赛阳镇	9251	4793	4458	2663	4562	4395	1771	6726	754	8098
牯岭镇(庐山管理局)	13963	6900	7063	4688	6419	6554	1680	10761	1522	11200
虞家河乡	12469	6497	5972	3257	5855	5789	2110	9301	1058	9855
庐山茶科所	518	263	255	246	256	255	108	357	53	468
庐山林科所(归属庐山区)	230	114	116	89	111	115	22	156	52	221
浔阳区	**402758**	**199530**	**203228**	**124063**	**181886**	**183154**	**54936**	**313005**	**34817**	**283751**

表14 续表 6 单位：人、户

地区	总人口			家庭户	家庭户总人口		分年龄人口			居住本地，户口在本地
	合计	男	女	户数	男	女	0-14岁	15-64岁	65岁及以上	
甘棠街道	97451	47709	49742	30456	46399	47837	13932	74516	9003	74514
湓浦街道	31559	15609	15950	10123	14293	14793	4170	24210	3179	23990
人民路街道	94475	45716	48759	26642	38975	39127	12832	74975	6668	64630
白水湖街道	55259	28292	26967	18249	25726	25641	7726	42425	5108	34877
金鸡坡街道	28992	14912	14080	10127	13672	13704	3899	22026	3067	20622
向阳街道(九江经济开发区)	48184	23632	24552	12882	19709	19396	6933	38585	2666	27148
滨兴街道(九江经济开发区)	46067	23279	22788	15310	22734	22273	5339	35642	5086	37420
茅山头企业集团(九江经济开发区)	771	381	390	274	378	383	105	626	40	550
九江县	**315219**	**159909**	**155310**	**83843**	**150895**	**149953**	**66552**	**223404**	**25263**	**289416**
沙河街镇	39560	20597	18963	10571	16918	16253	8356	28190	3014	32110
马回岭镇	27042	13944	13098	6696	13827	13011	6434	18932	1676	25676
江洲镇	30118	15290	14828	7644	15083	14735	4565	22556	2997	29600
城子镇	15119	7709	7410	3772	7294	7166	3122	10599	1398	14442
港口街镇	27293	14011	13282	7037	13764	13223	5824	19464	2005	26110
新合镇	14027	7145	6882	3492	7084	6871	3175	9602	1250	13482
狮子镇	20418	10069	10349	5333	9793	10286	4525	14264	1629	19503
永安乡(九江经济开发区)	21732	11090	10642	6637	10920	10598	5141	14442	2149	20698
涌泉乡	14563	7242	7321	3656	6921	7235	3559	9819	1185	13493
新塘乡	18138	8747	9391	4601	8348	9235	3917	12462	1759	17336
城门乡	21987	10545	11442	6384	10166	11393	4804	15108	2075	21136
岷山乡	25587	12745	12842	7372	12468	12691	5578	18276	1733	24454
沙河经济技术开发区	30045	15724	14321	7718	13737	12782	5933	22554	1558	23202
新洲垦殖场	4685	2343	2342	1290	2330	2335	835	3458	392	4601
赛城湖水产养殖场	215	126	89	63	91	88	36	140	39	203
岷山林场	166	77	89	68	77	89	32	90	44	149
赛城湖垦殖场(九江经济开发区)	4524	2505	2019	1509	2074	1962	716	3448	360	3221
武宁县	**360269**	**183476**	**176793**	**98787**	**179213**	**174351**	**68839**	**262741**	**28689**	**313915**
新宁镇	85462	42527	42935	26023	41136	41885	16304	62826	6332	56683
泉口镇	19387	10151	9236	4860	10021	9140	4587	13395	1405	18482
鲁溪镇	32606	16615	15991	7706	16547	15975	6985	23471	2150	31436
船滩镇	27621	14193	13428	7537	14028	13390	5364	20148	2109	25963
澧溪镇	22225	11279	10946	5565	10968	10889	4170	16365	1690	21204
罗坪镇	16402	8295	8107	3943	8224	8063	2884	12252	1266	15531
石门楼镇	20450	10615	9835	4986	10613	9832	3815	14821	1814	19773
宋溪镇	10983	5650	5333	2899	5340	5219	1579	8430	974	10204
大洞乡	7035	3575	3460	1989	3572	3457	1571	4854	610	6473
横路乡	17434	8803	8631	4918	8787	8622	4101	11825	1508	16729
官莲乡	14662	7525	7137	3819	7463	7134	2880	10607	1175	14381
巾口乡	6299	3137	3162	1776	3024	3142	1078	4587	634	6024
东林乡	7763	3993	3770	2110	3959	3761	1542	5585	636	7506
上汤乡	5284	2764	2520	1503	2718	2490	890	3890	504	5157
甫田乡	11514	6014	5500	3291	5920	5480	1959	8462	1093	11025
清江乡	11223	5684	5539	3172	5661	5529	1941	8220	1062	10808
石渡乡	12832	6644	6188	3376	6393	6068	2122	9630	1080	12202
杨洲乡	7070	3656	3414	2028	3496	3351	1187	5178	705	6800
罗溪乡	12271	6276	5995	3579	6044	5883	2021	8886	1364	12074
万福经济技术开发区管委会	11746	6080	5666	3707	5299	5041	1859	9309	578	5460
修水县	**739986**	**369511**	**370475**	**187024**	**358130**	**362666**	**173625**	**507011**	**59350**	**667893**
义宁镇	109983	54845	55138	31410	51271	51947	23057	80154	6772	65633
白岭镇	30713	15670	15043	7264	15405	14880	6919	21603	2191	29231

表14　续表 7　　　　单位：人、户

地　　区	总人口			家庭户	家庭户总人口		分年龄人口			居住本地，户口在本地
	合　计	男	女	户　数	男	女	0-14岁	15-64岁	65岁及以上	
全丰镇	26384	13480	12904	6357	13125	12681	5817	18631	1936	25505
古市镇	35095	18017	17078	7884	17040	16524	8490	23938	2667	33778
大桥镇	33696	16832	16864	8182	16510	16703	8722	22289	2685	31894
渣津镇	43462	21120	22342	10530	19958	21318	10544	29421	3497	38260
马坳镇	32577	16251	16326	8212	15871	16131	7870	21837	2870	31676
杭口镇	15924	7664	8260	4003	7364	8147	4226	10298	1400	15769
港口镇	20297	10465	9832	5294	10097	9736	4589	14379	1329	18802
溪口镇	27167	13679	13488	6906	13530	13432	7098	17679	2390	26344
西港镇	21136	10861	10275	5204	10649	10178	5614	13937	1585	20626
山口镇	15851	7918	7933	4485	7699	7796	3431	10689	1731	15352
黄沙镇	18219	9342	8877	4777	9254	8844	3704	12646	1869	17709
黄港镇	14674	7400	7274	3791	7264	7226	3479	9757	1438	13756
何市镇	18498	9288	9210	4690	9202	9184	4985	11759	1754	17982
上奉镇	14661	7439	7222	3432	7288	7166	3264	10111	1286	14127
四都镇	20687	10264	10423	5334	10191	10406	4869	13911	1907	20095
太阳升镇	27851	13549	14302	7619	13367	14251	6492	19086	2273	26781
宁州镇	19865	9805	10060	4318	8327	8834	3914	14553	1398	17150
路口乡	14328	7035	7293	3346	7001	7282	3612	9669	1047	13806
黄龙乡	16590	8131	8459	4078	8038	8416	4432	10778	1380	16007
上衫乡	12455	5997	6458	3082	5882	6409	3035	8452	968	12059
余段乡	4139	2075	2064	985	2048	2054	978	2721	440	3955
水源乡	11442	5630	5812	2733	5594	5795	3075	7410	957	11092
石坳乡	14443	6968	7475	3450	6968	7475	3778	9682	983	14117
东港乡	11349	5809	5540	2810	5697	5514	2646	7764	939	11034
上杭乡	16273	7887	8386	4141	7840	8356	4479	10387	1407	15780
新湾乡	9845	4885	4960	2476	4846	4944	2451	6470	924	9659
布甲乡	8494	4260	4234	2061	4227	4222	1860	5992	642	8280
漫江乡	8084	3933	4151	2062	3880	4129	1787	5546	751	7916
复源乡	4043	1990	2053	1066	1902	2026	863	2806	374	3685
竹坪乡	8117	4042	4075	1917	4042	4075	1773	5635	709	7977
征村乡	13107	6502	6605	3404	6417	6581	2991	8791	1325	12421
庙岭乡	8966	4509	4457	2198	4490	4449	1796	6254	916	8679
黄坳乡	14899	7612	7287	3538	7545	7259	3065	10447	1387	14489
大椿乡	16672	8357	8315	3985	8301	8296	3920	11529	1223	16467
永修县	**376107**	**194191**	**181916**	**100599**	**187842**	**177587**	**79109**	**266794**	**30204**	**335085**
涂埠镇	66285	33699	32586	20629	31610	30654	13315	48045	4925	47501
吴城镇	15024	7501	7523	4378	7395	7383	4205	9515	1304	14587
三溪桥镇	12932	6730	6202	3324	6419	6138	2595	9366	971	11723
虬津镇	17899	9128	8771	4828	9001	8691	3479	12947	1473	16247
艾城镇	18748	9716	9032	4338	9546	9014	4514	12920	1314	17492
滩溪镇	18519	9829	8690	4844	9784	8666	4116	13178	1225	17875
白槎镇	13741	7089	6652	3919	7031	6632	2500	9989	1252	13352
梅棠镇	14342	7398	6944	3642	6904	6535	2828	10292	1222	13778
燕坊镇	12480	6321	6159	3360	6315	6151	2452	9011	1017	11906
马口镇	26516	13884	12632	6417	13866	12623	5762	18899	1855	25390
柘林镇	8861	4537	4324	2214	4149	4040	1556	6581	724	7385
江益镇(共青开放开发区)	11324	5807	5517	2955	5721	5466	2623	7847	854	10239
三角乡	23389	12140	11249	5816	12081	11226	5388	16470	1531	22591
九合乡	20600	10689	9911	5155	10353	9739	4703	14267	1630	20036
立新乡	24901	13171	11730	5329	12937	11591	6433	16796	1672	23524

表14　续表 8　　　　单位：人、户

地　区	总人口			家庭户	家庭户总人口		分年龄人口			居住本地，户口在本地
	合　计	男	女	户　数	男	女	0-14岁	15-64岁	65岁及以　上	
江上乡	10362	5334	5028	2787	5164	4955	1894	7464	1004	8964
江西永修云山经济技术开发区	2481	1618	863	625	811	747	234	2106	141	33
云山企业集团	33372	17049	16323	9222	16744	15950	5984	23810	3578	30333
恒丰企业集团	13348	6928	6420	4086	6840	6359	2242	9510	1596	12349
八角岭垦殖场	4668	2345	2323	1182	2289	2306	888	3322	458	4098
永丰垦殖场	6315	3278	3037	1549	2882	2721	1398	4459	458	5682
德安县	**222322**	**114516**	**107806**	**59225**	**104721**	**100253**	**44375**	**162805**	**15142**	**177250**
茶山街道(共青开放开发区)	47284	24951	22333	11405	17988	16800	7884	38055	1345	28814
蒲亭镇	53150	26827	26323	15465	25935	25411	10580	38970	3600	40589
聂桥镇	7694	3913	3781	2060	3878	3775	1667	5381	646	7106
车桥镇	8508	4340	4168	2613	4284	4155	1802	5925	781	8112
丰林镇	11505	5842	5663	2923	5768	5643	2478	8121	906	10449
甘露镇(共青开放开发区)	12631	6688	5943	2891	5869	5502	2476	9490	665	9641
金湖镇(共青开放开发区)	8075	4126	3949	1807	4084	3931	2047	5496	532	7155
宝塔乡	9150	4729	4421	2298	4691	4408	1816	6652	682	7786
河东乡	11346	5710	5636	3177	5418	5248	2193	8161	992	8697
高塘乡	5476	2836	2640	1616	2791	2617	1326	3694	456	4925
林泉乡	6429	3296	3133	2056	3231	3110	1523	4320	586	5935
吴山乡	12132	6305	5827	3410	6132	5797	2291	8569	1272	10875
磨溪乡	9658	4969	4689	2383	4933	4670	1964	6753	941	9213
爱民乡	6299	3316	2983	1542	3236	2923	1358	4456	485	6011
邹桥乡	8306	4301	4005	2059	4262	3995	1790	5837	679	7920
塘山乡	3007	1493	1514	1051	1454	1494	862	1699	446	2823
彭山林场	668	341	327	225	330	326	132	463	73	431
园艺场	1004	533	471	244	437	448	186	763	55	768
星子县	**245526**	**127640**	**117886**	**60085**	**125604**	**116731**	**59004**	**170090**	**16432**	**228126**
南康镇	44641	22990	21651	12649	21639	20853	9762	32229	2650	38086
白鹿镇	27161	14053	13108	6527	13942	13044	5761	19455	1945	25460
温泉镇	23400	12164	11236	5926	12101	11200	5447	16480	1473	22324
蓼花镇	21059	11031	10028	5119	10668	9865	4784	14576	1699	19779
华林镇	27083	14163	12920	6041	14140	12898	6740	18690	1653	25177
蛟塘镇	20631	10778	9853	4748	10775	9852	5268	14004	1359	19644
横塘镇	17443	9169	8274	4083	9169	8274	4526	11862	1055	16604
蓼南乡	21890	11318	10572	5211	11317	10571	5712	14359	1819	20940
苏家当乡	25141	13127	12014	5758	13098	11990	6533	17022	1586	24228
泽泉乡	14531	7546	6985	3288	7468	6942	3832	9704	995	13553
沙湖山管理处	1821	931	890	538	920	889	442	1235	144	1744
东牯山林场	317	166	151	89	163	149	83	203	31	277
农科所	408	204	204	108	204	204	114	271	23	310
都昌县	**716370**	**360295**	**356075**	**166948**	**343956**	**345123**	**183290**	**489021**	**44059**	**681412**
都昌镇	103154	54471	48683	21448	44026	41030	27597	71071	4486	90046
周溪镇	43849	22210	21639	10532	22150	21620	10902	30172	2775	41835
三汊港镇	30890	16110	14780	6354	14164	13290	7345	21871	1674	30290
中馆镇	21601	11065	10536	4814	11029	10531	5592	14750	1259	20947
大沙镇	30926	15512	15414	6950	15510	15411	7822	21307	1797	30146
万户镇	26607	13391	13216	5498	13321	13186	6874	18031	1702	25984
南峰镇	18043	9196	8847	4153	9193	8847	4266	12664	1113	17773
土塘镇	47266	24360	22906	10973	24304	22887	12057	31863	3346	45683
大港镇	22871	11925	10946	5454	11793	10893	4937	16426	1508	22585
蔡岭镇	34060	17523	16537	7871	16497	15969	7974	24082	2004	31865

表14　续表 9　　　　单位：人、户

地　　区	总人口 合　计	总人口 男	总人口 女	家庭户 户　数	家庭户总人口 男	家庭户总人口 女	分年龄人口 0-14岁	分年龄人口 15-64岁	分年龄人口 65岁及以　上	居住本地，户　口在本地
徐埠镇	29746	15383	14363	7114	15299	14308	7957	19960	1829	28480
左里镇	23815	12237	11578	5490	11338	11250	5584	16747	1484	23202
和合乡	22521	10784	11737	5522	10761	11731	6138	14715	1668	21703
阳峰乡	27358	12984	14374	6867	12977	14367	7180	18300	1878	26793
西源乡	20569	9753	10816	5318	9712	10801	5391	13629	1549	20274
芗溪乡	21862	10014	11848	5353	9970	11836	5495	14990	1377	21549
狮山乡	15942	7756	8186	4089	7732	8174	4610	10323	1009	15594
鸣山乡	21614	10258	11356	5319	10199	11340	5667	14345	1602	21084
春桥乡	14706	7044	7662	4095	7031	7651	3359	10194	1153	14137
苏山乡	20459	10275	10184	5039	9762	9994	5444	13661	1354	18975
多宝乡	16650	8143	8507	4275	8019	8445	4126	11421	1103	16103
汪墩乡	42097	20336	21761	10082	19930	21443	11085	28236	2776	40272
北山乡	27443	13797	13646	6600	13782	13641	7266	18568	1609	25865
大树乡	31407	15343	16064	7528	15085	16047	8417	21050	1940	29432
江西省对外经济技术合作蔡岭示范区	112	53	59	2	2	2		109	3	24
都昌县良种场	802	372	430	208	370	429	205	536	61	771
湖口县	**275797**	**141741**	**134056**	**72731**	**133562**	**130818**	**56247**	**200161**	**19389**	**247302**
双钟镇	82167	43344	38823	22984	37819	36688	16714	61203	4250	59800
流泗镇	26437	13382	13055	7076	12681	12760	5689	18605	2143	25553
马影镇	23221	12111	11110	5831	11909	11085	4623	17003	1595	22005
武山镇	12066	6219	5847	2868	5913	5683	2152	8887	1027	11640
城山镇	21549	11066	10483	5397	10898	10394	4323	15603	1623	21350
大垅乡	12464	6348	6116	3192	6309	6103	2814	8524	1126	12042
凰村乡	15905	8160	7745	4254	8048	7693	3466	11271	1168	15007
张青乡	17671	9042	8629	4401	8895	8565	3715	12594	1362	17230
文桥乡	26775	13773	13002	6582	12952	12675	4923	19725	2127	26011
付垅乡	14056	7133	6923	3628	7059	6911	2662	10329	1065	13706
舜德乡	13864	6434	7430	4008	6382	7390	3108	9610	1146	13662
流芳乡	8866	4363	4503	2287	4331	4481	1900	6274	692	8591
南北港水产场	539	255	284	141	255	284	101	393	45	528
武山垦殖场	217	111	106	82	111	106	57	140	20	177
彭泽县	**353149**	**179332**	**173817**	**87773**	**172393**	**168907**	**72747**	**253911**	**26491**	**331532**
龙城镇	65736	33336	32400	18619	29530	29524	13479	47821	4436	55031
棉船镇	35852	17896	17956	8722	17851	17949	5925	26682	3245	35423
马垱镇	33978	16975	17003	8004	16843	16950	6663	24811	2504	33642
芙蓉墩镇	32575	16358	16217	7455	15335	15415	6689	23546	2340	29902
定山镇	15504	7864	7640	3805	7505	7310	3527	10816	1161	14504
天红镇	15974	8322	7652	3624	7973	7519	3410	11525	1039	15452
杨梓镇	29493	15238	14255	6951	14822	13982	6296	20836	2361	28778
东升镇	14070	7115	6955	3424	6864	6816	2820	10145	1105	13398
浪溪镇	12930	6637	6293	3260	6465	6213	2725	9206	999	12489
黄花镇	18078	9317	8761	4251	9195	8671	4395	12478	1205	16914
太平关乡	20612	10462	10150	4738	10385	10112	4952	14246	1414	19895
黄岭乡	16916	8570	8346	3664	8555	8339	3575	12125	1216	16528
浩山乡	12975	6770	6205	3114	6716	6172	2816	9120	1039	12621
太泊湖农业综合开发区	5503	2784	2719	1250	2775	2714	1155	3900	448	5228
上十岭综合垦殖场	3523	1756	1767	878	1729	1756	704	2506	313	3305
芙蓉农场	11108	5757	5351	3564	5722	5344	1970	8222	916	10448
建筑材料厂	2898	1466	1432	943	1425	1417	540	2073	285	2659
县水产养殖场	793	381	412	270	381	412	137	581	75	752

表14　续表 10　　　　单位：人、户

地　区	总人口			家庭户	家庭户总人口		分年龄人口			居住本地，户口在本地
	合　计	男	女	户　数	男	女	0-14岁	15-64岁	65岁及以上	
棉科所	1005	486	519	313	486	519	202	681	122	1003
棉花原种场	2356	1202	1154	603	1196	1143	504	1678	174	2312
太泊湖水产养殖场	582	276	306	168	276	306	119	411	52	576
黄乐林场	688	364	324	153	364	324	144	502	42	672
瑞昌市	**419047**	**214387**	**204660**	**110593**	**206770**	**200373**	**87530**	**300177**	**31340**	**366645**
湓城街道	63973	32588	31385	17453	29836	28925	12694	47658	3621	50558
桂林街道	48206	24901	23305	13072	24439	23157	10124	34681	3401	33794
码头镇	41954	22005	19949	11532	21392	19834	8997	29649	3308	40427
白杨镇	15432	8056	7376	5017	7498	7248	2741	11146	1545	14422
南义镇	20106	10204	9902	4984	9878	9683	3907	14782	1417	19859
横港镇	23512	11735	11777	6143	11606	11719	4502	17013	1997	22837
范镇	30444	15879	14565	7398	15430	14329	5799	22147	2498	29942
肇陈镇	12582	6473	6109	3108	6314	6033	2483	9085	1014	12250
高丰镇	18962	9758	9204	4984	9648	9165	3973	13347	1642	18416
夏畈镇	16915	8895	8020	4193	8616	7959	3584	12085	1246	15969
乐园乡	12404	6368	6036	2954	6283	6006	2937	8481	986	12098
洪一乡	15544	8125	7419	3704	8018	7382	3384	11085	1075	15262
花园乡	17962	9231	8731	4228	9153	8692	4313	12425	1224	17647
洪下乡	10525	4893	5632	2809	4841	5608	2555	6999	971	10429
武蛟乡	12411	5918	6493	3313	5762	6461	2742	8512	1157	11816
横立山乡	7910	3797	4113	2200	3780	4108	1760	5337	813	7611
黄金乡	9318	4771	4547	2301	4194	4434	2057	6515	746	8398
南阳乡	12848	6475	6373	3555	6385	6354	2791	8846	1211	11740
赛湖农场	23650	12263	11387	6304	11665	10953	5133	17456	1061	8831
青山林场	1358	636	722	487	624	721	301	895	162	1326
瑞昌市大德山林场	3031	1416	1615	854	1408	1602	753	2033	245	3013
新余市	**1138874**	**598003**	**540871**	**344441**	**537607**	**504515**	**213994**	**832432**	**92448**	**855735**
渝水区	**839488**	**440125**	**399363**	**257409**	**393259**	**370573**	**155579**	**618320**	**65589**	**595101**
城南街道	110926	57038	53888	36126	55925	53025	22161	82829	5936	61635
城北街道	241519	127720	113799	71163	108082	102617	43692	185265	12562	112458
袁河街道	17561	9133	8428	6124	8561	8358	2919	13042	1600	12231
水北镇	20846	10812	10034	7608	10797	10030	3682	13997	3167	20498
下村镇	34543	18155	16388	10325	15257	14525	6635	23636	4272	32761
良山镇	16288	8688	7600	5804	8337	7536	3006	11794	1488	13492
罗坊镇	48313	24958	23355	16052	24865	23301	10213	32692	5408	47098
姚圩镇	12279	6343	5936	5272	6230	5921	3480	6607	2192	11699
珠珊镇	29911	15606	14305	8762	15489	14201	5985	21198	2728	28640
观巢镇	23211	12263	10948	6729	11509	10647	4577	16630	2004	22459
欧里镇	19247	10232	9015	5238	9860	8919	4076	13457	1714	18675
河下镇	23165	13186	9979	4644	7543	7203	2942	18698	1525	14514
水西镇	120507	63480	57027	30451	51073	46805	19904	92137	8466	90305
鹄山乡	9101	4745	4356	3248	4676	4349	1903	6098	1100	8908
人和乡	11220	5779	5441	4008	5723	5416	2447	7271	1502	10836
界水乡	10003	5090	4913	3589	5061	4904	2012	6818	1173	9685
南安乡	8243	4245	3998	3266	4166	3974	1774	5455	1014	7902
新溪乡	9039	4674	4365	3375	4654	4356	2401	5389	1249	8546
九龙山乡	7434	3865	3569	2358	3786	3539	1443	5278	713	7100
新钢街道	59788	30843	28945	21412	28987	28370	9147	45185	5456	51454
仙来办事处	6344	3270	3074	1855	2678	2577	1180	4844	320	4205
分宜县	**299386**	**157878**	**141508**	**87032**	**144348**	**133942**	**58415**	**214112**	**26859**	**260634**

表14 续表 11

单位：人、户

地区	总人口			家庭户	家庭户总人口		分年龄人口			居住本地，户口在本地
	合计	男	女	户数	男	女	0-14岁	15-64岁	65岁及以上	
分宜镇	124990	64756	60234	35269	56572	54348	24276	91508	9206	98274
杨桥镇	34755	18679	16076	10950	17345	15874	6436	24727	3592	30095
湖泽镇	17002	9173	7829	4967	8433	7698	3135	12251	1616	15070
双林镇	22434	11992	10442	6231	10851	9971	4760	15455	2219	20994
钤山镇	24682	13042	11640	7182	12291	11390	4658	17680	2344	23381
洋江镇	14009	7487	6522	4108	7430	6495	2642	9804	1563	13707
凤阳乡	18436	9872	8564	5566	8960	8136	3628	12994	1814	17221
洞村乡	11375	6096	5279	3147	5870	5186	2314	8005	1056	10922
高岚乡	14799	7837	6962	4332	7796	6935	3138	10235	1426	14574
操场乡	13678	7204	6474	4109	7164	6453	2829	9274	1575	13376
年珠林场	492	280	212	165	238	200	82	340	70	429
山下林场	404	227	177	172	189	171	53	275	76	328
长埠林场	621	323	298	237	306	292	145	366	110	578
凤凰湾办事处	1709	910	799	597	903	793	319	1198	192	1685
鹰潭市	**1125156**	**590971**	**534185**	**296472**	**566630**	**519405**	**243054**	**798894**	**83208**	**973035**
月湖区	**214229**	**109533**	**104696**	**66525**	**102151**	**99218**	**40522**	**157398**	**16309**	**150306**
江边街道	33041	17280	15761	10406	15413	15548	5807	24858	2376	24562
交通街道	38009	19166	18843	12087	18090	17904	6341	28763	2905	25582
东湖街道	31619	16044	15575	10907	15525	15315	5441	23687	2491	19803
梅园街道	30768	15590	15178	11010	14423	14794	5080	22372	3316	21127
四青街道	26808	13444	13364	7479	12583	11863	5186	19768	1854	16997
白露街道	22238	11194	11044	6637	10158	9448	4928	16019	1291	14573
童家镇	20686	11010	9676	5286	10527	9306	4925	14386	1375	18116
夏埠乡	11060	5805	5255	2713	5432	5040	2814	7545	701	9546
余江县	**352476**	**184849**	**167627**	**84726**	**177107**	**162437**	**80149**	**245650**	**26677**	**319181**
邓埠镇	63814	32610	31204	15882	30645	29851	14623	45108	4083	48111
锦江镇	49245	25865	23380	13045	24975	22499	12204	32845	4196	46093
潢溪镇	35422	18740	16682	8302	18320	16534	8253	24632	2537	34285
中童镇	31987	17067	14920	6658	16342	14507	6796	22598	2593	30642
马荃镇	26157	13614	12543	5406	13265	12356	6343	17997	1817	24816
画桥镇	15781	8436	7345	3635	8190	7231	3843	10643	1295	14896
平定乡	26474	14037	12437	6220	13529	12212	5367	18983	2124	25893
春涛乡	31561	16767	14794	7530	16516	14697	7297	21901	2363	30612
杨溪乡	17302	9127	8175	4225	8770	7979	4136	11883	1283	16720
洪湖乡	15517	8277	7240	3572	7498	6793	3387	10969	1161	14138
黄庄乡	12388	6547	5841	2960	6412	5775	2689	8720	979	11904
余江县工业园区	1995	1079	916	203	219	154	41	1945	9	2
鹰潭市龙岗新区	38	23	15	20	23	15	6	31	1	
高公寨营林场	1852	977	875	404	953	866	439	1270	143	1816
刘家站垦殖场	11856	6164	5692	3196	6080	5653	2317	8603	936	10682
邓家埠水稻原种场	5037	2528	2509	1946	2493	2502	985	3323	729	4109
余江县水产场	1877	980	897	455	975	897	433	1326	118	1732
塘潮源林场	746	375	371	192	375	371	175	513	58	691
张公桥农场	580	283	297	194	275	293	153	360	67	499
青年综合垦殖场	1832	827	1005	420	747	765	413	1330	89	789
大桥农场	1015	526	489	261	505	487	249	670	96	751
贵溪市	**558451**	**296589**	**261862**	**145221**	**287372**	**257750**	**122383**	**395846**	**40222**	**503548**
花园街道	25493	13137	12356	8891	11695	11608	3845	19462	2186	20653
雄石街道	34355	18029	16326	9456	15508	14888	6065	26052	2238	19574
东门街道	46895	24276	22619	14642	23599	22481	8950	34767	3178	32849

表14 续表 12

单位：人、户

地区	总人口			家庭户	家庭户总人口		分年龄人口			居住本地，户口在本地
	合计	男	女	户数	男	女	0-14岁	15-64岁	65岁及以上	
泗沥镇	31139	16728	14411	7816	16661	14342	7653	21439	2047	30477
河潭镇	25028	13775	11253	5825	12796	11177	5989	17446	1593	22817
周坊镇	34796	18533	16263	8803	18229	16115	7795	24519	2482	33881
鸿塘镇	33295	17770	15525	7821	17746	15517	7703	23278	2314	32610
志光镇	32672	17273	15399	7766	17108	15340	7799	22639	2234	31705
流口镇	18603	9912	8691	4371	9860	8672	4322	13024	1257	17659
罗河镇	48650	25915	22735	11551	25367	22400	11065	34362	3223	46558
金屯镇	19173	10208	8965	5020	10124	8929	4198	13378	1597	18130
塘湾镇	32629	17523	15106	8178	17231	14871	6938	23177	2514	31653
文坊镇	23464	12417	11047	6183	12379	11025	4881	16589	1994	22384
冷水镇	3911	2098	1813	1093	1877	1781	712	2904	295	3261
龙虎山镇(龙虎山风景旅游区管委会)	9649	5030	4619	2571	4935	4569	2570	6446	633	8979
上清镇(龙虎山风景旅游区管委会)	12218	6343	5875	3790	6293	5855	3007	8015	1196	11506
滨江乡	37365	19721	17644	8901	19490	17531	9106	25639	2620	35128
白田乡	15520	8406	7114	3786	8349	7088	3747	10590	1183	14943
雷溪乡	16116	8529	7587	4353	8433	7548	3801	11020	1295	15225
彭湾乡	10598	5727	4871	2629	5662	4827	2208	7592	798	10212
樟坪畲族乡	3551	1846	1705	935	1832	1702	687	2523	341	3425
耳口乡	9164	4842	4322	2384	4793	4269	1997	6463	704	8952
余家乡	23630	12706	10924	5529	12489	10812	5697	16530	1403	22794
贵溪市工业园区	779	558	221	85	121	102	43	728	8	1
塔桥园艺场	3024	1561	1463	908	1539	1441	525	2288	211	2058
河潭埠垦殖场	1733	919	814	395	753	706	332	1263	138	1542
西窑林场	201	154	47	38	57	44	17	147	37	184
双圳林场	418	275	143	171	227	136	29	345	44	336
耳口林场	468	269	199	181	246	193	65	351	52	404
冷水林场	1680	943	737	474	852	725	227	1251	202	1555
三县岭林场	1929	998	931	560	966	922	366	1386	177	1842
上清林场(龙虎山风景旅游区管委会)	305	168	137	115	155	134	44	233	28	251
赣州市	**8368447**	**4257863**	**4110584**	**2079574**	**3999832**	**3925988**	**2058532**	**5646822**	**663093**	**7330865**
章贡区	**642653**	**325821**	**316832**	**169596**	**276946**	**279787**	**102996**	**489865**	**49792**	**454260**
解放街道	61355	31429	29926	18981	27369	29145	8173	46649	6533	44141
赣江街道	75301	36910	38391	22639	36304	37865	11733	55581	7987	60289
南外街道	94504	48545	45959	24714	37332	38188	11878	74906	7720	68958
东外街道	78086	39413	38673	24831	37496	37784	12096	59396	6594	56141
黄金岭街道(赣州经济技术开发区	46358	23594	22764	11213	18495	18311	8067	35830	2461	24606
沙石镇	36668	17755	18913	8381	16582	15832	7709	26267	2692	30732
水东镇	30506	15844	14662	8375	14526	14448	5101	22682	2723	25348
水南镇	62302	33235	29067	14890	24630	25212	10232	48776	3294	39361
湖边镇(赣州经济技术开发区)	38923	20151	18772	9365	16769	16325	7147	28935	2841	27505
沙河镇	33597	17285	16312	9532	16792	16085	7340	24392	1865	20984
水西镇	29269	14881	14388	7692	14202	14064	6147	20505	2617	25778
蟠龙镇(赣州经济技术开发区)	55035	26542	28493	8947	16414	16498	7372	45200	2463	30390
沙河工业园	749	237	512	36	35	30	1	746	2	27
赣县	**546964**	**281321**	**265643**	**135542**	**261029**	**252728**	**143168**	**359993**	**43803**	**495002**
梅林镇	93711	49043	44668	23656	41517	39400	23877	65450	4384	68089
王母渡镇	36941	18813	18128	8849	18259	17779	10241	23566	3134	34933
沙地镇	35961	18297	17664	9257	17638	17307	8636	23955	3370	34603
江口镇	37182	18974	18208	8492	16878	16904	10555	23676	2951	34765
田村镇	40097	20462	19635	9888	19219	19090	11536	24857	3704	38015

表14　续表 13　　　　　　　　　　　　　　　　　　　　　　　　单位：人、户

地　区	总人口			家庭户	家庭户总人口		分年龄人口			居住本地，户口在本地
	合　计	男	女	户　数	男	女	0-14岁	15-64岁	65岁及以　上	
南塘镇	39785	20524	19261	8846	18993	18407	11182	25360	3243	38173
茅店镇	26417	13518	12899	7218	13165	12762	6542	17717	2158	23740
吉埠镇	27757	13957	13800	7138	12629	12491	7620	17511	2626	24781
五云镇	20715	10525	10190	5441	10372	10100	4243	14550	1922	19840
韩坊乡	33199	17639	15560	7772	16345	15049	8442	21907	2850	32027
阳埠乡	20305	10565	9740	4471	10475	9704	4735	13987	1583	19417
大埠乡	17421	8993	8428	4388	8372	8183	4273	11678	1470	16241
长洛乡	10650	5544	5106	2649	5460	5074	2664	7143	843	10390
大田乡	12387	6375	6012	3318	5924	5789	3260	8052	1075	11578
湖江乡	38954	20025	18929	10278	18889	18359	10145	25167	3642	37298
储潭乡	17853	9163	8690	4782	8959	8612	3775	12506	1572	16861
石芫乡	13059	6526	6533	3145	6417	6475	3748	8179	1132	12252
三溪乡	10788	5573	5215	2516	5321	5065	3325	6494	969	10269
白鹭乡	12205	6151	6054	3250	5962	5959	4251	6812	1142	11547
赣县经济开发区	1577	654	923	188	235	219	118	1426	33	183
信丰县	**664047**	**335239**	**328808**	**165673**	**316442**	**313316**	**151913**	**463223**	**48911**	**602154**
嘉定镇	162416	81574	80842	42158	74812	74275	34782	117438	10196	123386
大塘埠镇	56216	28594	27622	14093	28358	27441	14104	37931	4181	54454
古陂镇	32335	16488	15847	7701	15622	15311	7305	22397	2633	31292
大桥镇	20302	10579	9723	4921	9321	9101	4676	13874	1752	19659
新田镇	22752	11571	11181	5723	11367	11099	5704	15302	1746	21843
安西镇	38438	19911	18527	9875	19110	18120	8934	26225	3279	37651
小江镇	33685	17135	16550	8200	16337	16181	8172	23046	2467	31972
铁石口镇	40428	20975	19453	9483	18875	18194	9854	27906	2668	38005
大阿镇	40233	20271	19962	9523	19754	19505	9689	27433	3111	38726
油山镇	16499	8555	7944	4154	8404	7879	3582	11516	1401	15968
小河镇	33626	15894	17732	9044	15559	17521	8417	22436	2773	32534
西牛镇	58026	28130	29896	13704	24917	25847	10918	42713	4395	49963
正平镇	52669	27150	25519	12696	26310	25141	12262	36442	3965	51124
虎山乡	15066	7539	7527	3913	7415	7435	3357	10448	1261	14917
崇仙乡	20596	10585	10011	5001	10420	9965	4803	14382	1411	20296
万隆乡	20760	10288	10472	5484	9861	10301	5354	13734	1672	20364
大余县	**289378**	**148018**	**141360**	**76781**	**135791**	**135292**	**63443**	**201349**	**24586**	**259011**
南安镇	92062	47011	45051	24878	41475	42406	18014	66532	7516	74409
新城镇	55770	28168	27602	14505	27390	27162	13896	37308	4566	53867
樟斗镇	12065	6761	5304	3018	4955	4680	2357	8247	1461	11508
池江镇	43496	22059	21437	11394	21271	20860	10915	28943	3638	42096
青龙镇	25924	13161	12763	6710	12879	12652	6258	17318	2348	24556
左拔镇	7479	4062	3417	2241	3599	3379	1146	5677	656	6498
黄龙镇	16765	8523	8242	4820	7894	8027	3685	11640	1440	15155
吉村镇	14850	7521	7329	4008	7296	7241	3263	10271	1316	14196
浮江乡	9343	5105	4238	2336	4019	3967	1572	7061	710	7191
河洞乡	3377	1764	1613	994	1637	1567	709	2322	346	3161
内良乡	6685	3377	3308	1753	3282	3268	1619	4478	588	6374
新世纪工业园	1562	506	1056	124	94	83	9	1552	1	
上犹县	**257464**	**131821**	**125643**	**69788**	**128129**	**123359**	**60706**	**171543**	**25215**	**231787**
东山镇	80934	40833	40101	22149	39396	38919	18897	55827	6210	62709
陡水镇	4975	2575	2400	1391	2303	2198	927	3609	439	4443
社溪镇	26723	13674	13049	7027	13599	13027	6866	16999	2858	25962
营前镇	23005	11694	11311	6592	11225	11091	5897	14511	2597	20113

表14　续表 14　　　　单位：人、户

地　　区	总人口			家庭户	家庭户总人口		分年龄人口			居住本地，户口在本地
	合　计	男	女	户　数	男	女	0-14岁	15-64岁	65岁及以　上	
黄埠镇	14224	7239	6985	3674	7194	6943	3382	9444	1398	13877
梅水乡	13631	7082	6549	3561	6883	6481	2982	9275	1374	13350
油石乡	16614	8495	8119	4349	8256	7976	4058	10777	1779	16045
安和乡	8046	4169	3877	2229	4143	3871	1941	5155	950	7973
寺下乡	13472	7025	6447	3989	6883	6373	2871	9118	1483	13020
双溪乡	8125	4125	4000	2748	4089	3993	2048	4906	1171	7959
水岩乡	19314	9927	9387	4887	9777	9312	4864	12353	2097	19049
平富乡	8558	4431	4127	2152	4301	4067	1965	5587	1006	8294
五指峰乡	7207	3728	3479	1999	3560	3411	1491	5053	663	6896
紫阳乡	12340	6612	5728	3039	6519	5695	2517	8634	1189	12097
上犹县黄埠工业区	296	212	84	2	1	2		295	1	
崇义县	**187234**	**95302**	**91932**	**51584**	**90697**	**89632**	**40270**	**130630**	**16334**	**161344**
横水镇	56330	28477	27853	16713	26859	26742	12427	40039	3864	39769
扬眉镇	15246	7746	7500	3954	7535	7423	3296	10485	1465	14267
过埠镇	12582	6452	6130	3153	6119	5973	2618	8849	1115	11595
铅厂镇	10199	5215	4984	2792	4879	4777	1902	7422	875	9404
长龙镇	10591	5613	4978	2734	4902	4767	2209	7436	946	9105
关田镇	8420	4292	4128	2194	3999	4028	1673	5941	806	7716
龙勾乡	13114	6688	6426	3516	6647	6409	3206	8623	1285	12190
杰坝乡	5447	2779	2668	1490	2692	2650	1103	3723	621	5054
金坑乡	6270	3146	3124	1715	3061	3081	1362	4236	672	6043
思顺乡	9078	4576	4502	2651	4445	4442	1718	6214	1146	8775
麟潭乡	6028	3023	3005	1597	2905	2963	1413	3987	628	5553
上堡乡	9828	5007	4821	2517	4948	4791	2047	6944	837	9480
聂都乡	7473	3724	3749	1978	3648	3702	1711	5100	662	7147
文英乡	5916	3044	2872	1701	2931	2807	1301	4135	480	5542
乐洞乡	2505	1297	1208	708	1289	1202	579	1701	225	2348
丰州乡	7958	4083	3875	2104	3726	3768	1671	5597	690	7127
天台山林场	249	140	109	67	112	107	34	198	17	229
安远县	**340740**	**174756**	**165984**	**77769**	**168950**	**162474**	**86713**	**229463**	**24564**	**316166**
欣山镇	92001	47904	44097	21047	45204	42091	19951	66624	5426	79992
孔田镇	26419	13489	12930	6481	13294	12813	6823	17579	2017	24927
版石镇	25757	13268	12489	5820	12260	11929	6601	17304	1852	22398
天心镇	31851	16248	15603	6473	16166	15560	9486	20053	2312	30331
龙布镇	22175	11289	10886	4601	11211	10848	5950	14616	1609	21081
鹤子镇	13066	6814	6252	2946	6732	6209	3040	9007	1019	12700
三百山镇	14369	7323	7046	3382	7023	6893	3647	9614	1108	13761
车头镇	17239	8862	8377	4015	8327	8071	4156	11627	1456	16832
镇岗乡	13277	6830	6447	3233	6737	6396	3191	9104	982	12757
凤山乡	10576	5393	5183	2523	5250	5140	2614	7136	826	10269
新龙乡	10710	5589	5121	2712	5463	5075	2474	7281	955	10384
蔡坊乡	4474	2374	2100	924	2122	2083	1106	3031	337	3974
重石乡	12600	6328	6272	2874	6254	6247	3982	7616	1002	11996
长沙乡	10943	5361	5582	2532	5328	5572	3610	6394	939	10604
浮槎乡	15514	7690	7824	3176	7678	7815	4802	9650	1062	15310
双芫乡	5870	2927	2943	1490	2916	2940	1626	3746	498	5569
塘村乡	6933	3480	3453	1710	3466	3444	2200	4188	545	6488
高云山乡	6957	3583	3374	1825	3515	3343	1453	4885	619	6788
九龙工业园	9	4	5	5	4	5	1	8		5
龙南县	**300301**	**147761**	**152540**	**78694**	**140483**	**144496**	**61779**	**214368**	**24154**	**240956**

表14 续表 15

单位：人、户

地区	总人口			家庭户	家庭户总人口		分年龄人口			居住本地，户口在本地
	合计	男	女	户数	男	女	0-14岁	15-64岁	65岁及以上	
龙南镇	117486	57787	59699	30991	54117	55464	22420	87282	7784	78473
武当镇	11098	5500	5598	2833	5268	5511	2791	7269	1038	10044
杨村镇	38538	18966	19572	9313	18432	19379	11230	24147	3161	33609
汶龙镇	15218	7698	7520	4211	7464	7451	3042	10927	1249	14356
程龙镇	7757	3906	3851	2051	3882	3847	1459	5509	789	7391
关西镇	5193	2626	2567	1412	2520	2522	1014	3664	515	4916
里仁镇	19703	9803	9900	5297	9418	9528	3902	14164	1637	16931
渡江镇	18323	9100	9223	5082	9015	9196	3380	13141	1802	17703
桃江乡	16094	7995	8099	4477	7888	8050	2723	11858	1513	14426
东江乡	10023	5080	4943	2383	4831	4841	1744	7387	892	9045
临塘乡	12529	6092	6437	3457	5937	6363	2451	8883	1195	11776
南亨乡	10556	5012	5544	2830	4886	5493	2372	7065	1119	9810
夹湖乡	9206	4602	4604	2793	4512	4576	2182	6021	1003	8548
金塘开发区	4242	1392	2850	149	169	155	38	4196	8	68
安基山林场	307	174	133	126	132	126	36	239	32	238
九连山林场	4028	2028	2000	1289	2012	1994	995	2616	417	3622
定南县	**172771**	**86723**	**86048**	**47535**	**82369**	**83128**	**38426**	**118670**	**15675**	**133493**
历市镇	95034	47407	47627	25001	45894	46404	21430	67012	6592	62035
岿美山镇	8497	4361	4136	2781	4203	4078	1578	5886	1033	8066
老城镇	10245	5160	5085	2756	4755	4897	2024	7121	1100	9381
天九镇	14751	7600	7151	4024	6717	6773	3111	9702	1938	13551
龙塘镇	10667	5337	5330	3090	5135	5259	2489	7063	1115	10072
岭北镇	13956	7128	6828	4243	6646	6650	2624	9713	1619	12964
鹅公镇	18287	9154	9133	5620	8990	9041	5155	10856	2276	17415
定南县工业园	1334	576	758	20	29	26	15	1317	2	9
全南县	**180691**	**91097**	**89594**	**47156**	**87233**	**86132**	**38948**	**126065**	**15678**	**155387**
城厢镇	57914	29440	28474	15792	28479	27697	13704	40495	3715	44121
大吉山镇	12767	6475	6292	3044	6281	6229	2613	8946	1208	11853
陂头镇	19763	9996	9767	5209	9563	9573	4044	13691	2028	18342
金龙镇	22785	11290	11495	6156	11169	11438	5230	15285	2270	19543
南迳镇	18538	9648	8890	4129	8823	8539	3929	12995	1614	17048
龙源坝镇	12804	6564	6240	3163	6360	6176	2548	9180	1076	12131
中寨乡	12304	6255	6049	3075	6114	5989	2541	8627	1136	12155
社迳乡	10095	5203	4892	2457	4895	4780	2280	6901	914	9724
龙下乡	5126	2573	2553	1526	2467	2533	997	3612	517	4778
大吉山矿社区管理委员会	6207	3072	3135	2576	3053	3133	1057	3957	1193	5641
全南县工业园	2388	581	1807	29	29	45	5	2376	7	51
宁都县	**794806**	**414902**	**379904**	**197232**	**402109**	**368866**	**188637**	**549560**	**56609**	**710941**
梅江镇	170960	88541	82419	43659	83894	77708	38158	123680	9122	127810
青塘镇	34354	17600	16754	8313	17203	16529	9084	22865	2405	31823
长胜镇	54507	28493	26014	13378	28191	25872	12855	37736	3916	51851
黄陂镇	37711	19903	17808	9605	19102	17247	8814	25918	2979	35113
固村镇	38427	20424	18003	9561	20147	17905	8312	26990	3125	36295
赖村镇	51257	26096	25161	10939	25694	25005	14939	33297	3021	46915
石上镇	28350	14979	13371	8023	14697	13245	6420	19460	2470	27348
东山坝镇	24168	12902	11266	6144	12575	11178	5357	17013	1798	22723
洛口镇	30394	15991	14403	8278	15721	14249	6907	21024	2463	29082
小布镇	15020	7968	7052	3870	7737	6966	3367	10361	1292	13745
黄石镇	35698	18752	16946	8528	18561	16878	10851	22030	2817	34243
田头镇	38709	20431	18278	9069	20230	18185	10255	25598	2856	37078

表14　续表 16　　　　单位：人、户

地区	总人口			家庭户	家庭户总人口		分年龄人口			居住本地，户口在本地
	合计	男	女	户数	男	女	0-14岁	15-64岁	65岁及以上	
竹笮乡	27944	14799	13145	7419	14211	12862	6846	18737	2361	26226
对坊乡	27883	14840	13043	6391	14704	12962	7598	18290	1995	26626
固厚乡	21980	11432	10548	5737	11160	10397	5125	15055	1800	20492
田埠乡	24712	12765	11947	5829	12601	11870	6040	16809	1863	23502
会同乡	29197	15491	13706	7584	15222	13553	6165	20603	2429	27135
湛田乡	17066	8915	8151	4565	8812	8092	3778	11927	1361	16303
安福乡	10330	5684	4646	2909	5043	4526	1912	7504	914	9174
东韶乡	20195	10630	9565	4846	10335	9482	3993	14682	1520	19087
肖田乡	9733	5077	4656	2470	4941	4595	2238	6851	644	9408
钓峰乡	11400	6021	5379	2670	5973	5356	2709	7878	813	10712
大沽乡	15491	8066	7425	4007	7877	7323	3483	10553	1455	14644
蔡江乡	14478	7574	6904	3425	7457	6858	3420	9883	1175	13465
宁都县工业园	4842	1528	3314	13	21	23	11	4816	15	141
于都县	**853457**	**420062**	**433395**	**199972**	**398711**	**417868**	**276445**	**510514**	**66498**	**758902**
贡江镇	220482	115908	104574	42612	105479	98100	63911	145296	11275	165717
铁山垅镇	15886	8517	7369	4723	7597	7204	4541	9886	1459	14497
盘古山镇	18729	9272	9457	4640	8926	9402	5354	11823	1552	17358
禾丰镇	45918	22011	23907	11857	21631	23716	14923	26710	4285	44087
祁禄山镇	10468	5365	5103	2560	4910	5031	2519	7049	900	9456
梓山镇	53857	26182	27675	13848	25138	27092	16327	32618	4912	51633
银坑镇	58926	28658	30268	12600	27576	29680	20446	34170	4310	53478
岭背镇	48409	23560	24849	11740	23428	24745	15466	28797	4146	46229
罗坳镇	38554	18937	19617	10808	18651	19435	12792	21819	3943	37833
罗江乡	27779	12959	14820	7295	12676	14638	10714	14556	2509	25913
小溪乡	21040	10200	10840	5541	10123	10802	7249	11664	2127	19708
利村乡	24072	11389	12683	6715	10920	12427	7271	14359	2442	22849
新陂乡	18450	8788	9662	4828	8634	9560	6431	10305	1714	17348
靖石乡	22084	10813	11271	5369	10293	10985	8145	12156	1783	21226
黄麟乡	26757	12595	14162	6690	12275	13964	8942	15478	2337	25052
沙心乡	6837	3293	3544	1698	3187	3480	2391	3812	634	6418
宽田乡	30365	14492	15873	7345	14099	15666	10774	16968	2623	29225
葛坳乡	45605	21708	23897	10079	21294	23640	18205	23939	3461	42994
桥头乡	12266	6014	6252	3358	5799	6179	4222	6977	1067	11821
马安乡	15962	7405	8557	4230	7246	8502	5594	8742	1626	15362
仙下乡	42272	19987	22285	10425	19588	21987	15503	23194	3575	40790
车溪乡	23597	11282	12315	6458	11058	12200	8214	13149	2234	22740
段屋乡	17910	8378	9532	4552	8181	9432	6466	9862	1582	17109
于都工业园	7232	2349	4883	1	2	1	45	7185	2	59
兴国县	**719830**	**371466**	**348364**	**170543**	**348003**	**330231**	**190227**	**471449**	**58154**	**657704**
潋江镇	123195	66162	57033	30047	50597	46509	28080	88127	6988	99347
江背镇	26030	13180	12850	6288	13160	12841	7324	16458	2248	25066
古龙冈镇	34573	17777	16796	8044	17560	16692	9965	21480	3128	32394
梅窖镇	22560	11777	10783	4959	11620	10683	6802	14172	1586	21543
高兴镇	54000	27780	26220	12793	27310	25799	12598	37131	4271	52357
良村镇	17756	8963	8793	5318	8837	8747	5795	9922	2039	16369
龙口镇	21995	11482	10513	5043	11399	10474	5770	14501	1724	21104
兴江乡	25584	13458	12126	6349	12569	11618	6353	16865	2366	23986
樟木乡	13775	7130	6645	2974	7074	6603	3770	8925	1080	13224
东村乡	17390	8929	8461	3747	8904	8446	5088	10786	1516	16987
兴莲乡	16899	8672	8227	4080	8562	8167	5275	10176	1448	16799

表14　续表 17　　　　　　　　　　　　　　　　　　　　　　　　单位：人、户

地　区	总人口			家庭户	家庭户总人口		分年龄人口			居住本地，户口在本地
	合　计	男	女	户　数	男	女	0-14岁	15-64岁	65岁及以上	
杰村乡	18510	9321	9189	4462	9315	9186	5423	11437	1650	18057
社富乡	36662	18673	17989	8475	18380	17818	10443	23237	2982	35851
埠头乡	35426	18028	17398	8616	17584	17276	8722	23903	2801	33794
永丰乡	32984	16913	16071	7325	16779	15972	9731	20842	2411	31373
隆坪乡	10288	5159	5129	2758	5131	5129	3467	5886	935	9682
均村乡	38480	19513	18967	8858	19294	18805	12162	22854	3464	36203
茶园乡	17923	9085	8838	4086	8996	8790	5247	10966	1710	17190
崇贤乡	22616	11612	11004	5433	11438	10913	5806	14706	2104	21682
枫边乡	12942	6863	6079	3021	6753	6039	3219	8373	1350	12622
南坑乡	9694	5188	4506	2473	5172	4494	2444	6194	1056	9337
城岗乡	23088	11690	11398	6098	11658	11384	6926	13804	2358	21131
方太乡	15380	7960	7420	3601	7839	7374	3535	10469	1376	14751
鼎龙乡	24206	12562	11644	5775	12387	11585	7105	14895	2206	22645
长冈乡	38673	19755	18918	9878	19636	18834	9138	26190	3345	34023
兴国县工业园	9201	3834	5367	42	49	53	39	9150	12	187
会昌县	**445137**	**228413**	**216724**	**98115**	**216627**	**211427**	**126509**	**286669**	**31959**	**412523**
文武坝镇	96066	50570	45496	21718	45253	42777	24291	65841	5934	78349
筠门岭镇	41725	22010	19715	9114	20338	19267	10893	27879	2953	38659
西江镇	53700	27221	26479	11388	26944	26337	15212	34616	3872	52591
周田镇	51758	26393	25365	11420	25650	24984	15215	32631	3912	50209
麻州镇	27349	13927	13422	6448	13743	13350	8562	16948	1839	25441
庄口镇	25874	12876	12998	5406	12528	12835	8261	15714	1899	24948
清溪乡	3774	2044	1730	732	1625	1538	814	2722	238	3080
右水乡	13809	7049	6760	3090	6876	6691	4067	8577	1165	13524
高排乡	12007	6047	5960	2711	5947	5920	3559	7554	894	11403
晓龙乡	12973	6509	6464	2722	6390	6412	3867	8200	906	12554
珠兰乡	14968	7679	7289	3375	7398	7160	4464	9305	1199	14135
洞头乡	7845	4130	3715	1664	3982	3666	1976	5253	616	7609
中村乡	6849	3489	3360	1866	3438	3343	1980	4286	583	6624
站塘乡	15173	7749	7424	2963	7284	7251	4459	9614	1100	14460
永隆乡	6537	3387	3150	1411	3206	3120	1749	4223	565	6314
富城乡	11652	6134	5518	2629	5963	5459	3004	7681	967	11522
小密乡	17651	8973	8678	3764	8587	8502	5435	11057	1159	16944
庄埠乡	8523	4134	4389	1921	4011	4342	2915	4858	750	7932
白鹅乡	16661	7963	8698	3762	7439	8437	5772	9484	1405	16221
会昌县燕子窝工业园	243	129	114	11	25	36	14	226	3	4
寻乌县	**288207**	**148225**	**139982**	**72203**	**140386**	**135435**	**63636**	**200803**	**23768**	**261697**
长宁镇	68809	35886	32923	17468	32261	30338	14605	50062	4142	52520
晨光镇	18377	9396	8981	5179	9048	8864	4534	11802	2041	17363
留车镇	28120	14236	13884	6323	13715	13709	5695	19837	2588	27357
南桥镇	28261	14228	14033	6890	13794	13844	6345	19516	2400	27117
吉潭镇	19831	10186	9645	5368	10130	9629	4330	13668	1833	19365
澄江镇	29080	15195	13885	6618	14578	13663	6882	20157	2041	28190
桂竹帽镇	9414	4835	4579	2487	4578	4449	2068	6451	895	8821
文峰乡	25289	13203	12086	6187	11946	11291	5046	18375	1868	22032
三标乡	12241	6263	5978	2809	6205	5947	2623	8572	1046	11996
菖蒲乡	8656	4296	4360	2672	4144	4287	2415	5186	1055	8355
龙廷乡	3906	1935	1971	1145	1861	1927	989	2472	445	3700
丹溪乡	12971	6502	6469	2824	6454	6447	2688	9160	1123	12537
项山乡	5225	2780	2445	1543	2605	2394	937	3601	687	4962

表14　续表 18　　　　单位：人、户

地　　区	总人口			家庭户	家庭户总人口		分年龄人口			居住本地，户口在本地
	合　计	男	女	户　数	男	女	0-14岁	15-64岁	65岁及以上	
水源乡	9523	4924	4599	2645	4898	4588	2605	6056	862	9228
罗珊乡	8504	4360	4144	2045	4169	4058	1874	5888	742	8154
石城县	**278246**	**143821**	**134425**	**69875**	**141259**	**132703**	**61523**	**194611**	**22112**	**261039**
琴江镇	87968	45260	42708	23074	43119	41322	20085	61506	6377	75690
小松镇	27849	14374	13475	7114	14308	13414	5830	19525	2494	27214
屏山镇	29905	15554	14351	7694	15474	14277	6640	20759	2506	29082
横江镇	40030	21183	18847	9625	21073	18765	8528	28125	3377	39210
高田镇	22604	11661	10943	5436	11661	10942	4675	16306	1623	22030
木兰乡	10335	5359	4976	2546	5341	4960	2209	7316	810	10136
丰山乡	16501	8530	7971	4006	8505	7952	3402	11791	1308	16181
大由乡	19476	9944	9532	4429	9928	9522	4642	13262	1572	18991
龙岗乡	9628	4894	4734	2509	4825	4675	2183	6569	876	9023
珠坑乡	13950	7062	6888	3442	7025	6874	3329	9452	1169	13482
瑞金市	**618885**	**314406**	**304479**	**146212**	**298646**	**294048**	**163390**	**408810**	**46685**	**554329**
象湖镇	183062	95573	87489	39823	86381	80571	48998	124460	9604	144148
瑞林镇	33795	17253	16542	6970	16866	16354	11195	20106	2494	32758
壬田镇	43961	22350	21611	11718	21912	21490	9993	30189	3779	42974
九堡镇	51540	26034	25506	13184	25687	25399	14636	32326	4578	49368
沙洲坝镇	24802	12637	12165	5252	10562	10797	5421	17403	1978	19953
谢坊镇	35020	17758	17262	8049	17296	17097	9703	22654	2663	33009
武阳镇	28988	14499	14489	6813	13992	14308	7840	18723	2425	27875
叶坪乡	55397	27217	28180	13998	26650	27961	12708	37713	4976	52823
丁陂乡	9452	4677	4775	2280	4673	4767	3444	5212	796	8636
大柏地乡	9716	4717	4999	2781	4574	4930	2220	6510	986	9315
岗面乡	16179	8007	8172	3675	7838	8084	5256	9548	1375	15345
日东乡	16052	7955	8097	4259	7637	7928	4313	10078	1661	15635
万田乡	12139	5787	6352	2860	5756	6342	3898	7173	1068	11387
黄柏乡	33314	16826	16488	8274	16297	16233	7768	22775	2771	31603
云石山乡	39279	19605	19674	9823	19425	19584	10352	25668	3259	35469
泽覃乡	17606	9123	8483	4351	9000	8429	3489	12590	1527	16647
拔英乡	7840	4086	3754	2054	4047	3729	2152	4947	741	7384
瑞金市工业园	743	302	441	48	53	45	4	735	4	
南康市	**787636**	**398709**	**388927**	**205304**	**366022**	**365066**	**199803**	**519237**	**68596**	**664170**
蓉江街道	111034	57017	54017	26454	44890	43935	26841	77016	7177	79312
东山街道	90541	48099	42442	21888	38236	36632	21584	64150	4807	47920
唐江镇	82158	40842	41316	21892	39561	40183	21177	53422	7559	73922
凤岗镇	38418	19067	19351	9746	18111	18561	9616	25276	3526	35492
潭口镇(赣州经济技术开发区)	45951	23014	22937	12889	22601	22677	11956	29947	4048	40918
龙岭镇	33352	17001	16351	8478	16043	15784	7889	22606	2857	29332
龙回镇	28245	14512	13733	8379	13514	13327	7151	18126	2968	26369
镜坝镇	28784	14779	14005	7662	13879	13858	6655	19474	2655	25336
横市镇	17950	8915	9035	5475	8712	8914	5238	10683	2029	16577
潭东镇(赣州经济技术开发区)	33426	16022	17404	7884	15128	14868	8433	22342	2651	26879
浮石乡	17962	9098	8864	5161	8712	8685	4695	11409	1858	16820
赤土畲族乡	35696	18234	17462	8428	17465	17204	8093	24307	3296	34478
横寨乡	14983	7682	7301	3854	7344	7176	3652	9889	1442	13350
朱坊乡	31670	15886	15784	8197	15585	15609	8161	20517	2992	29434
太窝乡	18360	9171	9189	4760	9080	9161	4730	11991	1639	17055
三江乡	30218	15148	15070	8066	14962	14988	7850	19350	3018	28857
龙华乡	41417	20652	20765	10242	20114	20512	11179	26537	3701	39408

表14　续表 19

单位：人、户

地　　区	总人口			家庭户	家庭户总人口		分年龄人口			居住本地，户口在本地
	合　计	男	女	户　数	男	女	0-14岁	15-64岁	65岁及以上	
十八塘乡	23555	11691	11864	6983	11483	11756	6583	14281	2691	22481
麻双乡	18468	9183	9285	5390	8875	9152	5476	10552	2440	17541
大坪乡	14692	7260	7432	4843	7140	7363	4145	8606	1941	14053
坪市乡	15747	7843	7904	4586	7701	7827	4332	9744	1671	15389
隆木乡	13922	7002	6920	4036	6877	6882	4363	7932	1627	13177
南康市工业园	1087	591	496	11	9	12	4	1080	3	70
吉安市	**4810339**	**2498021**	**2312318**	**1257623**	**2383853**	**2230582**	**1011168**	**3425635**	**373536**	**4360938**
吉州区	**338523**	**171278**	**167245**	**97002**	**162351**	**157870**	**59926**	**249088**	**29509**	**290069**
古南街道	37768	19325	18443	10187	16491	16467	6215	27710	3843	33219
永叔街道	38095	18217	19878	11491	17310	16933	4548	30153	3394	30582
文山街道	31969	15833	16136	10402	15732	16051	4836	23755	3378	26168
习溪桥街道	38261	19206	19055	12379	18951	18846	5777	28776	3708	30858
北门街道	67633	34679	32954	20348	30801	30697	10838	51028	5767	54255
白塘街道	13867	7073	6794	4163	7053	6778	2868	10041	958	11745
兴桥镇	21804	11262	10542	5505	11136	10461	5037	15042	1725	21219
樟山镇	19963	10346	9617	4953	10301	9578	4663	13768	1532	19340
长塘镇	33064	17265	15799	8655	17148	15744	7664	22967	2433	32060
曲濑镇	15761	8209	7552	3866	8153	7520	3636	10837	1288	15384
禾埠乡	17381	8940	8441	4641	8822	8367	3711	12241	1429	14904
吉州区工业园小区	2453	638	1815	205	191	216	64	2379	10	1
吉安监狱	504	285	219	207	262	212	69	391	44	334
青原区	**200176**	**104292**	**95884**	**49134**	**93342**	**87325**	**43872**	**142981**	**13323**	**170563**
河东街道	48923	25528	23395	10161	17167	16168	8024	38600	2299	30192
滨江街道	17296	9223	8073	4359	7574	7283	3524	12750	1022	12530
天玉镇	14575	7633	6942	3795	7544	6907	3211	10257	1107	13934
值夏镇	26217	13518	12699	6666	13270	12524	6558	17619	2040	24909
新圩镇	16684	8716	7968	4192	8709	7962	4117	11403	1164	16081
富滩镇	21656	11183	10473	5595	11027	10403	5338	14665	1653	20182
富田镇	25926	13659	12267	7060	13457	12162	6327	17818	1781	24928
文陂乡	13012	6726	6286	3368	6637	6239	3119	8880	1013	12568
东固畲族少数民族乡	15887	8106	7781	3938	7957	7677	3654	10989	1244	15239
吉安县	**464295**	**242144**	**222151**	**122028**	**228770**	**210476**	**95331**	**334535**	**34429**	**424446**
高新街道	9169	4647	4522	2827	4646	4522	2405	6163	601	8797
敦厚镇	87908	45276	42632	24972	41928	40063	18917	63605	5386	71497
永阳镇	28925	15011	13914	8005	14855	13833	6323	20180	2422	27494
天河镇	15347	8121	7226	4064	7495	6985	2663	11255	1429	14270
横江镇	19697	10199	9498	5730	10106	9454	3726	14483	1488	19114
固江镇	18842	9957	8885	4531	9402	8461	3678	13584	1580	18380
万福镇	37484	19911	17573	9766	19639	17473	8347	26073	3064	36753
永和镇	22730	11792	10938	6425	11781	10917	5113	15971	1646	21715
桐坪镇	34606	18154	16452	9246	17657	16235	7607	24242	2757	33936
凤凰镇	18241	9571	8670	4771	9064	8433	3640	13423	1178	16776
油田镇	23805	12764	11041	6855	12057	10826	4872	17079	1854	22394
敖城镇	17877	9392	8485	4434	8878	8224	3429	13065	1383	17292
大冲乡	12436	6656	5780	3315	6410	5635	2675	8762	999	12186
澧田乡	16220	8621	7599	4201	8508	7542	3208	11651	1361	15672
梅塘乡	22659	11918	10741	5403	11432	10458	4536	16315	1808	22019
登龙乡	15899	8445	7454	3772	8223	7346	3428	11347	1124	15040
安塘乡	11190	5886	5304	2987	5801	5271	2294	8053	843	10398
官田乡	13112	6865	6247	3319	6474	6003	2409	9522	1181	12960

表14 续表 20

单位：人、户

地区	总人口			家庭户	家庭户总人口		分年龄人口			居住本地，户口在本地
	合计	男	女	户数	男	女	0-14岁	15-64岁	65岁及以上	
指阳乡	10153	5402	4751	2472	5159	4659	2004	7283	866	9977
北源乡	17625	9450	8175	4854	9146	8017	4008	12188	1429	17209
吉安县工业园区	3833	1168	2665	1		7		3831	2	452
井冈山经济技术开发区	6537	2938	3599	78	109	112	49	6460	28	115
吉水县	**501337**	**266647**	**234690**	**141571**	**256735**	**227792**	**114187**	**349308**	**37842**	**453426**
文峰镇	127352	66800	60552	36583	61372	56629	34237	86856	6259	96912
阜田镇	36573	19823	16750	10295	18631	16112	7865	25253	3455	35447
盘谷镇	28919	15632	13287	7809	15444	13233	6729	19654	2536	27783
枫江镇	32521	17631	14890	9292	17053	14719	6769	22682	3070	31338
黄桥镇	24536	13051	11485	7185	12993	11459	4975	17248	2313	23485
金滩镇	32380	16947	15433	8945	16387	14375	6376	23436	2568	29896
八都镇	34005	18340	15665	10319	18282	15642	7849	23770	2386	31264
双村镇	10739	5795	4944	2827	5794	4943	2221	7675	843	10649
醪桥镇	19384	10241	9143	5294	9677	8871	4143	13671	1570	17935
螺田镇	18660	9959	8701	4991	9934	8678	4073	13123	1464	18134
白沙镇	20689	11054	9635	5800	10646	9324	4428	14515	1746	19725
白水镇	10808	5766	5042	3023	5645	4993	2206	7747	855	10097
丁江镇	12860	6741	6119	3514	6722	6116	2918	8984	958	12149
乌江镇	19678	10576	9102	5020	10238	8956	4417	13824	1437	18586
水南镇	27152	14362	12790	7826	14235	12767	5474	19282	2396	25757
尚贤乡	20492	10866	9626	5824	10817	9611	4260	14280	1952	20092
水田乡	16025	8455	7570	4604	8427	7547	3545	11188	1292	16007
冠山乡	8564	4608	3956	2420	4438	3817	1702	6120	742	8170
峡江县	**184483**	**97918**	**86565**	**48954**	**92794**	**83654**	**40079**	**130940**	**13464**	**165536**
水边镇	49836	26657	23179	13077	25004	22231	11567	35595	2674	44179
马埠镇	14911	7973	6938	3568	7312	6539	3111	10658	1142	13620
巴邱镇	35255	18370	16885	10188	17948	16617	8238	24328	2689	29382
仁和镇	14360	7598	6762	3646	6974	6407	2896	10281	1183	13821
砚溪镇	11637	6219	5418	3246	5923	5271	2254	8314	1069	11078
罗田镇	18552	9825	8727	5073	9743	8708	3896	13185	1471	17383
桐林乡	7878	4213	3665	1995	4131	3637	1707	5580	591	7095
福民乡	9521	5034	4487	2233	4628	4292	1949	6788	784	8808
戈坪乡	7869	4242	3627	1942	3888	3451	1578	5666	625	7569
金江乡	10206	5406	4800	2694	5100	4696	1985	7308	913	9745
金坪民族乡	3097	1664	1433	968	1619	1417	614	2179	304	2588
峡江县工业园区	1361	717	644	324	524	388	284	1058	19	268
新干县	**329830**	**174655**	**155175**	**91889**	**168982**	**151751**	**71834**	**235002**	**22994**	**293257**
金川镇	87578	45635	41943	24647	42561	39852	19204	63623	4751	63807
三湖镇	38482	20022	18460	10857	19700	18219	7725	27337	3420	36815
大洋洲镇	23736	12428	11308	7128	12102	11198	5182	16840	1714	22336
七琴镇	30586	16623	13963	8193	16618	13954	7030	21383	2173	29348
麦斜镇	20968	11344	9624	6082	11128	9541	4710	14800	1458	19866
溧江乡	19087	10139	8948	4900	9960	8868	4257	13504	1326	18149
桃溪乡	13971	7498	6473	3614	7055	6264	2836	10188	947	13452
城上乡	13937	7533	6404	3513	7375	6373	3089	9794	1054	13183
潭丘乡	17972	9663	8309	5141	9558	8285	4001	12629	1342	16921
神政桥乡	9837	5257	4580	2950	5092	4462	1991	7157	689	9505
沂江乡	11811	6345	5466	3493	6252	5418	2683	8242	886	10917
界埠乡	23477	12493	10984	6428	12247	10893	5142	16561	1774	22129
荷浦乡	17323	9116	8207	4732	9009	8129	3815	12080	1428	16477

表14 续表 21　　　　单位：人、户

地区	总人口			家庭户	家庭户总人口		分年龄人口			居住本地，户口在本地
	合计	男	女	户数	男	女	0-14岁	15-64岁	65岁及以上	
新干工业园区	1065	559	506	211	325	295	169	864	32	352
永丰县	**428276**	**225799**	**202477**	**104288**	**217953**	**198967**	**93362**	**304237**	**30677**	**402231**
恩江镇	84776	44563	40213	23412	42842	39331	19098	60887	4791	70696
坑田镇	18251	9559	8692	4729	9295	8582	3422	13434	1395	17524
沿陂镇	23932	12777	11155	5443	12403	10900	5096	17241	1595	23514
古县镇	21597	11478	10119	5173	11138	10002	4614	15401	1582	20626
瑶田镇	22200	11657	10543	4849	11606	10522	5009	15560	1631	21907
藤田镇	36150	19198	16952	8045	18740	16737	8756	24788	2606	34524
石马镇	32528	17338	15190	7180	16831	14996	7617	22470	2441	31341
沙溪镇	20244	10567	9677	5026	10238	9559	4481	14065	1698	19382
佐龙乡	36833	19160	17673	9276	18935	17567	7094	27035	2704	36063
八江乡	11058	5752	5306	2734	5531	5210	2334	7896	828	10791
潭城乡	16928	9008	7920	3963	8571	7760	3325	12356	1247	16536
鹿冈乡	13119	6997	6122	2965	6668	6013	2669	9537	913	12617
七都乡	13493	7148	6345	3187	6872	6186	2951	9585	957	13269
陶塘乡	13704	7477	6227	3097	6584	5982	2860	9759	1085	12709
中村乡	6163	3261	2902	1595	3167	2869	1185	4413	565	5831
上溪乡	4982	2634	2348	1210	2524	2314	885	3642	455	4785
潭头乡	9925	5130	4795	2398	4880	4686	2202	6891	832	9343
三坊乡	5560	2918	2642	1395	2805	2600	1058	4009	493	5322
上固乡	9559	4978	4581	2193	4818	4510	2275	6640	644	9308
君埠乡	11453	5966	5487	2732	5813	5414	2716	7795	942	10787
龙冈畲族乡	13053	6722	6331	3103	6432	6157	3209	8762	1082	12664
罗铺垦殖场	2248	1219	1029	505	1089	924	431	1672	145	2193
官山林场	520	292	228	78	171	146	75	399	46	499
泰和县	**512225**	**261865**	**250360**	**137910**	**243449**	**236760**	**104483**	**369176**	**38566**	**467183**
澄江镇	112264	56985	55279	29202	47832	47864	23801	81544	6919	89213
碧溪镇	16772	8715	8057	4232	7976	7807	3965	11460	1347	15066
桥头镇	14618	7604	7014	3793	7197	6800	2538	10749	1331	13944
禾市镇	20912	10778	10134	5459	10427	9959	4050	15066	1796	20036
螺溪镇	31018	15655	15363	8112	14876	14895	6352	22085	2581	29859
苏溪镇	19136	9809	9327	5081	8663	8532	3345	14097	1694	18322
马市镇	34320	17641	16679	9544	16981	16238	5813	25775	2732	33288
塘洲镇	31385	15821	15564	8837	15512	15306	6097	22961	2327	30020
冠朝镇	19513	9994	9519	5160	9697	9390	3863	14185	1465	18659
沙村镇	14428	7420	7008	3992	7082	6822	3216	10069	1143	12710
老营盘镇	5733	3037	2696	1470	2808	2615	1152	4089	492	5507
小龙镇	7003	3805	3198	2364	3542	3163	1059	5006	938	6641
灌溪镇	24380	12473	11907	6820	12233	11815	5203	17414	1763	23750
苑前镇	26767	13596	13171	7467	13481	13130	6712	18278	1777	25368
万合镇	48397	25268	23129	14091	24740	23058	10295	34638	3464	46777
沿溪镇	20002	10121	9881	5793	9451	9311	3927	14555	1520	18563
石山乡	12481	6376	6105	3289	6146	5986	2630	8825	1026	11881
南溪乡	13290	6803	6487	3517	6642	6427	2577	9722	991	12864
上模乡	10297	5248	5049	2655	5105	4979	2265	7174	858	9667
水槎乡	11143	5706	5437	2770	5512	5360	2439	7650	1054	10716
上圯乡	8112	4192	3920	2007	3816	3769	1708	5621	783	7584
中龙乡	6543	3381	3162	1858	3244	3108	1320	4678	545	6269
泰和县工业园区	3711	1437	2274	397	486	426	156	3535	20	479
遂川县	**535974**	**279545**	**256429**	**132450**	**271590**	**251946**	**124512**	**369995**	**41467**	**492389**

表14　续表 22　　　　单位：人、户

地　区	总人口			家庭户	家庭户总人口		分年龄人口			居住本地，户口在本地
	合　计	男	女	户　数	男	女	0-14岁	15-64岁	65岁及以上	
泉江镇	111160	57014	54146	28579	53875	51940	26206	77294	7660	94266
雩田镇	55039	28779	26260	14672	28698	26231	12864	38096	4079	52710
碧洲镇	11515	6071	5444	3048	5856	5328	2524	7936	1055	11196
草林镇	30828	15938	14890	7476	15825	14871	7762	20744	2322	28945
堆子前镇	20955	11074	9881	5021	10912	9799	5177	14109	1669	19692
左安镇	32609	17306	15303	7946	17092	15197	7030	22776	2803	30627
高坪镇	14033	7480	6553	3432	7303	6510	3092	9775	1166	13291
大汾镇	37299	19599	17700	8489	18957	17404	8724	25704	2871	34612
衙前镇	11601	5957	5644	2888	5746	5559	2381	8226	994	10904
禾源镇	20915	10937	9978	5225	10658	9856	4888	14334	1693	19828
汤湖镇	15960	8444	7516	3879	8233	7431	3386	11112	1462	15012
珠田乡	21617	11267	10350	4931	11258	10346	5193	14812	1612	20405
巾石乡	25043	12995	12048	5740	12610	11930	6111	17092	1840	23450
大坑乡	15304	8171	7133	3763	7875	7065	3684	10395	1225	14393
枚江乡	20117	10435	9682	5055	10258	9613	4594	13954	1569	19192
双桥乡	6605	3430	3175	1578	3318	3131	1404	4648	553	6454
新江乡	9576	4865	4711	2376	4711	4661	1905	6852	819	9094
五斗江乡	12032	6317	5715	3071	6121	5658	2322	8747	963	11315
西溪乡	14899	7868	7031	3538	7680	6969	3747	10033	1119	13277
南江乡	10872	5714	5158	2619	5592	5105	2616	7258	998	10082
黄坑乡	18056	9399	8657	4446	9242	8617	4575	12025	1456	16453
戴家埔乡	13639	7293	6346	3262	7079	6268	3181	9334	1124	12676
营盘圩乡	4752	2533	2219	1214	2422	2191	998	3357	397	4478
遂川县工业园区	1548	659	889	202	269	266	148	1382	18	37
万安县	**301699**	**153695**	**148004**	**72832**	**143799**	**140670**	**61337**	**215193**	**25169**	**281256**
芙蓉镇	59029	29898	29131	15403	23875	24376	11761	42770	4498	49172
五丰镇	20025	9877	10148	4888	9351	9270	3791	14492	1742	17840
枧头镇	25018	12810	12208	5647	12232	11945	4746	18085	2187	24141
窑头镇	28905	14884	14021	6746	14273	13711	5626	20879	2400	28028
百加镇	19606	9823	9783	4763	9531	9641	3776	14026	1804	18785
高陂镇	12189	6157	6032	2726	5870	5861	2353	8755	1081	11378
潞田镇	18710	9469	9241	4395	9247	9133	3551	13730	1429	18195
沙坪镇	13258	6809	6449	2951	6396	6172	2598	9621	1039	12609
夏造镇	14396	7453	6943	3567	7271	6874	3202	10074	1120	13972
罗塘乡	14388	7422	6966	3388	7238	6890	2733	10470	1185	13886
弹前乡	12593	6383	6210	2891	6240	6140	2560	8807	1226	12151
武术乡	6293	3233	3060	1492	3112	3011	1385	4371	537	6068
宝山乡	11653	6055	5598	2892	5904	5516	2859	7711	1083	10995
涧田乡	13631	7028	6603	3449	6994	6582	3219	9147	1265	13190
顺峰乡	9317	4855	4462	2036	4803	4439	2477	6083	757	9089
韶口乡	21247	10818	10429	5258	10762	10402	4421	15130	1696	20437
万安县麻源垦殖场	1441	721	720	340	700	707	279	1042	120	1320
安福县	**385631**	**198628**	**187003**	**102025**	**193074**	**183491**	**68779**	**284026**	**32826**	**355417**
平都镇	82433	41251	41182	24456	39800	39912	16177	60329	5927	68706
浒坑镇	12887	6773	6114	4167	5971	5866	1708	9335	1844	11572
洲湖镇	36515	18863	17652	9765	18658	17571	5931	27535	3049	35279
横龙镇	21679	11271	10408	5577	10642	9995	3782	16043	1854	18715
洋溪镇	16413	8382	8031	4478	8349	8007	3105	11656	1652	15630
严田镇	24985	13016	11969	6346	12956	11936	4762	18036	2187	23996
枫田镇	22405	11636	10769	5870	11432	10677	3652	16992	1761	20906

表14 续表 23 单位：人、户

地区	总人口			家庭户	家庭户总人口		分年龄人口			居住本地，户口在本地
	合计	男	女	户数	男	女	0-14岁	15-64岁	65岁及以上	
竹江乡	14856	7734	7122	3584	7600	7059	2816	10871	1169	14250
瓜畲乡	10618	5540	5078	2660	5503	5077	1945	7836	837	10281
钱山乡	11468	6102	5366	2849	5961	5336	1994	8356	1118	11010
赤谷乡	7446	4077	3369	1975	3518	3269	1464	5438	544	6561
山庄乡	20265	10662	9603	5324	10533	9552	3662	14959	1644	19298
洋门乡	20762	10693	10069	5138	10529	9982	3764	14944	2054	20323
金田乡	20397	10548	9849	5026	10345	9754	3460	15005	1932	19848
彭坊乡	6720	3485	3235	1685	3404	3229	1038	5070	612	6475
泰山乡	11447	5932	5515	2851	5850	5484	2017	8474	956	10785
寮塘乡	25564	13209	12355	6087	13053	12296	4287	19052	2225	24817
甘洛乡	11675	5985	5690	2775	5968	5685	2109	8552	1014	11404
章庄乡	5821	3027	2794	1380	2975	2773	1102	4276	443	5561
安福县工业园	1275	442	833	32	27	31	4	1267	4	
永新县	**475580**	**244342**	**231238**	**116914**	**237912**	**227325**	**100489**	**334354**	**40737**	**442272**
禾川镇	73652	37213	36439	20800	34770	34817	16686	51272	5694	58024
石桥镇	24065	12505	11560	5594	12416	11513	5034	16796	2235	23405
龙源口镇	23842	12404	11438	5636	12129	11347	4835	16973	2034	22837
澧田镇	41589	21171	20418	10356	21088	20371	8778	29218	3593	39050
龙门镇	19029	9926	9103	4385	9874	9085	3804	13581	1644	18520
沙市镇	18618	9597	9021	4262	9563	9012	4001	13063	1554	18283
文竹镇	23012	11999	11013	5440	11142	10817	4765	16226	2021	22506
埠前镇	20718	10465	10253	5192	9889	9723	4772	14162	1784	18224
怀忠镇	20386	10439	9947	4882	10390	9901	4097	14546	1743	19854
高桥楼镇	15362	7973	7389	3715	7742	7302	3219	10867	1276	14408
坳南乡	7691	4068	3623	1715	3983	3607	1495	5467	729	7508
曲白乡	8091	4162	3929	1817	4060	3861	1616	5773	702	7973
才丰乡	15014	7620	7394	3544	7503	7287	3141	10603	1270	13651
烟阁乡	16588	8479	8109	3941	8462	8103	3506	11583	1499	15992
在中乡	14596	7438	7158	3394	7403	7141	3025	10249	1322	14214
三湾乡	5167	2759	2408	1101	2529	2362	901	3789	477	4903
台岭乡	11487	6011	5476	2724	5905	5436	2269	8235	983	11128
龙田乡	17389	8897	8492	3957	8854	8464	3864	12097	1428	16387
高溪乡	18675	9646	9029	4600	9447	8941	4147	12977	1551	18245
莲洲乡	17013	8801	8212	4164	8773	8198	3682	11929	1402	16885
高市乡	12491	6470	6021	3072	6315	5948	2609	8839	1043	12086
象形乡	28170	14530	13640	7179	14455	13611	5909	19607	2654	26987
芦溪乡	21612	11196	10416	5353	11141	10404	4329	15189	2094	21195
永新县工业园区	1323	573	750	91	79	74	5	1313	5	7
井冈山市	**152310**	**77213**	**75097**	**40626**	**73102**	**72555**	**32977**	**106800**	**12533**	**122893**
茨坪街道	12748	6340	6408	3744	5273	5390	1939	9801	1008	8486
厦坪镇	16771	8647	8124	5274	8036	7876	3869	11900	1002	10488
龙市镇	27174	13634	13540	7092	13001	13006	6397	19060	1717	17338
古城镇	11747	5972	5775	2842	5882	5744	2803	7940	1004	10490
新城镇	6409	3194	3215	1678	3110	3167	1429	4430	550	5881
大陇镇	3623	1824	1799	893	1791	1776	697	2553	373	3430
拿山乡	12998	6554	6444	3225	6150	6170	3033	8969	996	11628
黄坳乡	6056	3172	2884	1696	3138	2877	1303	4190	563	5733
下七乡	6589	3387	3202	1775	3218	3153	1645	4355	589	6058
长坪乡	1513	828	685	379	739	663	256	1145	112	1406
坳里乡	3229	1649	1580	763	1648	1578	782	2172	275	2994

表14 续表 24

单位：人、户

地区	总人口			家庭户	家庭户总人口		分年龄人口			居住本地，户口在本地
	合计	男	女	户数	男	女	0-14岁	15-64岁	65岁及以上	
鹅岭乡	4519	2356	2163	1128	2146	2116	923	3223	373	4023
柏露乡	2334	1178	1156	611	1093	1093	469	1633	232	2286
茅坪乡	2974	1517	1457	788	1514	1455	551	2111	312	2849
葛田乡	5207	2623	2584	1269	2612	2583	1091	3575	541	4738
荷花乡	2570	1262	1308	660	1262	1308	543	1767	260	2428
睦村乡	6147	3176	2971	1456	2949	2939	1194	4336	617	5618
东上乡	7072	3567	3505	1759	3520	3494	1449	5039	584	6303
井企集团	5588	2737	2851	1643	2663	2810	1209	3673	706	4746
井冈山自然保护区	6483	3331	3152	1770	3113	3065	1275	4561	647	5563
白石垦殖场	559	265	294	181	244	292	120	367	72	407
宜春市	**5419591**	**2824148**	**2595443**	**1423419**	**2666405**	**2479101**	**1186517**	**3821290**	**411784**	**4827122**
袁州区	**1045952**	**536732**	**509220**	**263838**	**504296**	**480117**	**237505**	**727350**	**81097**	**848020**
灵泉街道	81110	40184	40926	24477	38862	39797	13259	60417	7434	65267
秀江街道	69521	34648	34873	19630	30750	31290	14162	51176	4183	39168
湛郎街道	21580	10805	10775	6592	10433	10430	4279	15670	1631	12252
珠泉街道	21582	10981	10601	6822	10262	10051	4376	15091	2115	13491
化成街道	30764	15585	15179	8632	13405	13484	5993	22609	2162	18004
官园街道	57672	29747	27925	15636	27153	26514	12758	42063	2851	25459
下浦街道	23278	11986	11292	5756	11452	11178	5690	15724	1864	19883
凤凰街道	65632	30703	34929	13365	20904	21079	8970	52807	3855	31126
金园街道	13376	6866	6510	3703	6760	6397	3359	9174	843	11785
彬江镇	45220	23283	21937	11692	23102	21878	11296	30151	3773	43153
西村镇	57668	29439	28229	13180	28252	27694	14061	39055	4552	53502
金瑞镇	32031	16702	15329	7422	16488	15228	7644	21533	2854	30058
温汤镇	22678	11934	10744	5670	11247	10367	4943	15580	2155	19834
三阳镇	38106	19907	18199	8708	19133	17698	9195	26362	2549	35627
慈化镇	66451	33525	32926	16113	33198	32758	21198	40551	4702	55223
天台镇	45278	23756	21522	11479	23570	21423	11858	29500	3920	43119
洪塘镇	45856	24527	21329	10774	24052	21095	11105	30758	3993	43725
渥江镇	13445	7095	6350	3576	6797	6188	3092	9282	1071	12489
新坊镇	21081	11290	9791	5509	10502	9515	4594	14600	1887	18776
寨下镇	32637	17348	15289	8660	16754	14907	8617	20942	3078	31549
芦村镇	22181	11715	10466	5274	11451	10292	5212	15236	1733	21272
湖田镇	28612	14926	13686	7278	14707	13605	6768	19706	2138	27408
新田镇	26600	13857	12743	6216	13743	12703	6787	17388	2425	25275
洪江乡	11685	6233	5452	2699	5780	5148	2358	8289	1038	11058
南庙乡	19695	10408	9287	4677	10104	9126	4314	13747	1634	18750
竹亭乡	21325	11176	10149	4834	11062	10098	4860	14968	1497	20866
水江乡	22531	11954	10577	5062	11538	10419	5487	15148	1896	21140
楠木乡	17228	9226	8002	3851	8764	7736	3829	11950	1449	16281
辽市乡	19638	10030	9608	5202	9777	9502	5776	11784	2078	18365
柏木乡	19645	10482	9163	4733	10166	9020	4490	13539	1616	18596
飞剑潭乡	21040	10813	10227	4754	10725	10187	5513	14000	1527	20118
宜春经济开发区管理委员会	3445	1718	1727	55	77	74	66	3360	19	237
袁州区工业园区	460	293	167				9	446	5	
宜春市明月山温泉风景名胜区管理委员会	229	181	48	36	32	27	5	222	2	73
宜春市宜阳新区管理委员会农牧实验场	1653	829	824	429	766	795	383	1135	135	935
西岭布果园场	1905	968	937	440	963	937	529	1241	135	1749
明月山采育林场	209	115	94	74	115	94	40	155	14	207

表14 续表 25

单位：人、户

地 区	总人口			家庭户	家庭户总人口		分年龄人口			居住本地，户口在本地
	合 计	男	女	户 数	男	女	0-14岁	15-64岁	65岁及以上	
新坊采育林场	922	491	431	255	480	427	192	645	85	880
油茶林场	1983	1006	977	573	970	956	438	1346	199	1320
奉新县	**312956**	**162478**	**150478**	**85519**	**150503**	**140660**	**71248**	**218926**	**22782**	**272084**
冯川镇	81592	40964	40628	20742	33033	33307	19223	58003	4366	59007
赤岸镇	35064	18127	16937	9804	17911	16739	8640	23878	2546	32467
赤田镇	29711	15620	14091	7996	15123	13804	7152	20549	2010	27836
宋埠镇	27971	14860	13111	7472	14687	13039	6592	19277	2102	26690
干洲镇	33053	17179	15874	9529	17079	15843	6859	23654	2540	31487
澡下镇	10777	5804	4973	3261	5561	4844	2118	7665	994	10350
会埠镇	20729	10866	9863	5952	10198	9348	4756	14192	1781	19002
罗市镇	13542	7245	6297	3804	7033	6258	2859	9589	1094	12498
上富镇	16360	8538	7822	4904	8102	7691	3766	11243	1351	13048
甘坊镇	5461	2901	2560	1343	2628	2365	1076	3914	471	5067
仰山乡	7240	3793	3447	1940	3577	3325	1580	5064	596	6631
澡溪乡	8504	4530	3974	2233	4279	3788	1967	5823	714	7786
柳溪乡	4775	2613	2162	1295	2503	2111	938	3431	406	4449
奉新县工业园区										
石溪办事处	5934	3140	2794	1551	2997	2704	1367	4089	478	5455
百丈山名胜风景区	2492	1323	1169	652	1260	1155	477	1801	214	2305
干洲垦殖场	2999	1552	1447	892	1534	1427	647	2111	241	2618
东风垦殖场	5492	2780	2712	1832	2482	2431	935	3753	804	4357
农牧渔良种场	1260	643	617	317	516	481	296	890	74	1031
万载县	**476856**	**244647**	**232209**	**128997**	**241169**	**229447**	**130543**	**311209**	**35104**	**424856**
康乐街道	93460	46672	46788	26082	44551	45275	20836	66479	6145	79799
株潭镇	60272	30559	29713	14220	30300	29399	19260	37666	3346	51367
黄茅镇	52256	27189	25067	12729	27181	25065	15925	32877	3454	46005
潭埠镇	36629	18370	18259	9188	18316	18242	12163	21938	2528	31053
双桥镇	30100	15622	14478	8448	15475	14441	8533	19031	2536	27627
高村镇	13926	7301	6625	4426	7296	6621	2962	9599	1365	13334
罗城镇	20260	10477	9783	5852	10274	9664	5185	13341	1734	18815
三兴镇	23175	11898	11277	6837	11891	11276	6276	15116	1783	21560
鹅峰乡	18835	9679	9156	4641	9620	9140	5126	12397	1312	17286
马步乡	25255	13173	12082	6816	13171	12082	6973	16519	1763	23759
高城乡	27125	14089	13036	8278	14062	13024	7818	16910	2397	25299
赤兴乡	10126	5411	4715	3086	5387	4708	2749	6335	1042	9431
岭东乡	11546	6179	5367	2895	6161	5356	3123	7567	856	10655
白水乡	9084	4742	4342	2569	4662	4293	2388	5793	903	8123
仙源乡	13514	6981	6533	4097	6859	6485	3534	8562	1418	12491
白良乡	19629	10159	9470	5726	10144	9459	5448	12604	1577	18130
茭湖乡	10563	5744	4819	3012	5715	4807	2217	7414	932	10122
万载县工业园区	1101	402	699	95	104	110	27	1061	13	
上高县	**326697**	**168897**	**157800**	**95929**	**162319**	**151826**	**65584**	**233587**	**27526**	**279276**
敖阳街道	89004	45560	43444	25439	42272	40626	17396	66569	5039	64010
田心镇	35506	18451	17055	10120	18342	16999	7864	24378	3264	33761
徐家渡镇	21821	11287	10534	6598	11139	10471	5190	14398	2233	20288
锦江镇	31339	16331	15008	9284	16065	14903	6291	22471	2577	25348
泗溪镇	32091	16632	15459	10284	16484	15394	6398	22642	3051	31460
翰堂镇	15990	8226	7764	4787	8008	7674	3369	10882	1739	15095
南港镇	12721	6673	6048	4240	6603	6019	2665	8483	1573	12179
敖山镇	8267	4267	4000	2567	4232	3964	1592	5953	722	7527

表14 续表 26

单位：人、户

地区	总人口			家庭户	家庭户总人口		分年龄人口			居住本地，户口在本地
	合计	男	女	户数	男	女	0-14岁	15-64岁	65岁及以上	
芦洲乡	12588	6684	5904	3584	6440	5767	2522	8777	1289	11941
塔下乡	9963	5286	4677	3332	5179	4650	1782	7019	1162	8615
蒙山乡	12323	6549	5774	3392	6468	5765	1992	9145	1186	11773
镇渡乡	9904	5209	4695	2767	5176	4685	2164	6848	892	9635
野市乡	7106	3745	3361	2201	3645	3319	1363	5043	700	6989
新界埠乡	16520	8555	7965	4891	8495	7942	3391	11555	1574	15802
上高县工业园区	4736	1924	2812	293	430	387	159	4525	52	194
墨山垦殖场	5488	2820	2668	1726	2683	2645	1195	3925	368	3864
上甘山林场	1330	698	632	424	658	616	251	974	105	795
宜丰县	**274046**	**142240**	**131806**	**81369**	**134813**	**127981**	**56594**	**193529**	**23923**	**244323**
新昌镇	68847	34368	34479	21881	33907	34140	14448	49216	5183	57125
澄塘镇	18503	9791	8712	5450	9283	8525	3901	12948	1654	17471
棠浦镇	23467	12316	11151	5906	10757	9927	4619	16657	2191	22540
新庄镇	15181	8215	6966	4089	7091	6468	3198	10856	1127	13586
潭山镇	15017	7681	7336	4299	7410	7173	2977	10645	1395	13334
芳溪镇	19132	9874	9258	6051	9839	9249	4329	12947	1856	18211
石市镇	26886	14183	12703	8110	14096	12672	6181	18282	2423	25938
花桥乡	9882	5304	4578	3117	4952	4511	1949	7018	915	9243
同安乡	7663	4022	3641	2228	3915	3601	1523	5477	663	7434
天宝乡	14610	7758	6852	4101	7321	6750	2863	10479	1268	13553
黄岗乡	9421	4819	4602	2729	4774	4584	1985	6584	852	8639
桥西乡	16052	8227	7825	4797	8076	7669	3445	11386	1221	13911
宜丰县工业园区	2732	1884	848	183	238	207	104	2602	26	6
车上林场	6549	3410	3139	1908	3318	3097	1299	4616	634	6161
双峰林场	4225	2206	2019	1237	2007	1924	857	2901	467	3906
石花尖垦殖场	5572	2871	2701	1852	2702	2621	1073	3796	703	4143
黄岗山垦殖场	10307	5311	4996	3431	5127	4863	1843	7119	1345	9122
靖安县	**144800**	**75786**	**69014**	**42211**	**72798**	**67819**	**28044**	**104703**	**12053**	**129895**
双溪镇	44430	22290	22140	14015	21916	22010	8780	32440	3210	37423
仁首镇	19985	10681	9304	5517	10609	9273	4346	13803	1836	19288
宝峰镇	7765	4194	3571	2181	3779	3507	1346	5791	628	7061
高湖镇	12058	6310	5748	3186	6158	5647	2374	8690	994	11563
躁都镇	5615	2958	2657	1617	2831	2592	1038	4027	550	5218
香田乡	13460	7094	6366	3913	6869	6314	2706	9688	1066	12412
水口乡	11644	6153	5491	3293	6082	5461	2137	8537	970	11127
中源乡	11235	6056	5179	3340	5842	5127	2277	7932	1026	10264
罗湾乡	11299	6104	5195	3254	5776	5080	1870	8237	1192	10517
雷公尖乡	4108	2081	2027	1112	1792	1728	759	3044	305	2841
三爪仑乡	2635	1491	1144	765	1115	1052	388	1978	269	2181
靖安县工业园区	566	374	192	18	29	28	23	536	7	
铜鼓县	**135139**	**70151**	**64988**	**37612**	**67360**	**64121**	**27740**	**96916**	**10483**	**116600**
永宁镇	43391	21566	21825	12909	21086	21433	8564	31647	3180	33481
温泉镇	18434	9631	8803	5212	9296	8689	3760	13161	1513	16464
棋坪镇	13650	7021	6629	3541	6990	6617	2846	9815	989	12900
排埠镇	10101	5502	4599	2812	5034	4509	2208	7109	784	9112
三都镇	13595	7223	6372	3660	6704	6249	2758	9742	1095	11666
大段镇	16004	8556	7448	4300	8045	7390	3394	11301	1309	14541
高桥乡	5515	2914	2601	1399	2885	2592	1225	3811	479	5192
港口乡	5224	2780	2444	1249	2704	2426	1072	3742	410	4900
带溪乡	7720	4157	3563	1989	3823	3518	1607	5601	512	6977

表14 续表 27 单位：人、户

地区	总人口			家庭户	家庭户总人口		分年龄人口			居住本地，户口在本地
	合计	男	女	户数	男	女	0-14岁	15-64岁	65岁及以上	
花山林场	458	242	216	131	242	216	108	301	49	417
大沩山林场	385	197	188	155	190	182	66	251	68	345
茶山林场	367	199	168	142	199	168	70	239	58	346
龙门林场	295	163	132	113	162	132	62	196	37	259
丰城市	**1336392**	**708100**	**628292**	**315961**	**685425**	**615132**	**295072**	**943427**	**97893**	**1262641**
剑光街道	67587	34782	32805	19552	33665	31784	12674	49575	5338	58168
河洲街道	52453	28168	24285	12390	24025	22037	9991	39530	2932	41129
剑南街道	45443	23797	21646	11264	23243	21268	9719	32330	3394	38839
孙渡街道	59826	31728	28098	14389	31476	28061	13916	42120	3790	58119
尚庄街道	38569	20224	18345	8769	19551	17809	8369	27458	2742	35668
白土镇	39772	21064	18708	9208	21060	18707	9543	27152	3077	38058
袁渡镇	51628	27183	24445	13508	27175	24440	10129	36839	4660	50832
张巷镇	53552	28398	25154	12908	28100	24977	12627	37362	3563	52112
杜市镇	34377	18178	16199	7455	17942	16079	8404	23876	2097	33067
淘沙镇	40783	21932	18851	9067	21667	18804	10092	27941	2750	40049
秀市镇	58842	31688	27154	13032	30023	26209	13395	41581	3866	58365
洛市镇	38461	20432	18029	9309	20362	18006	8614	27220	2627	36816
铁路镇	40868	22092	18776	9220	21636	18476	9495	28514	2859	39626
丽村镇	20398	10875	9523	4864	10693	9407	3903	15069	1426	20087
董家镇	23455	12375	11080	5765	12173	10986	4786	16902	1767	22871
隍城镇	34061	17919	16142	8389	17918	16142	7669	23746	2646	33314
小港镇	67949	35642	32307	14766	35601	32290	17018	46067	4864	64671
石滩镇	33311	17500	15811	7875	17495	15807	7970	22742	2599	32396
桥东镇	41883	22282	19601	10603	21966	19389	10577	28151	3155	41278
荣塘镇	67326	36050	31276	14791	35092	30678	15445	46919	4962	65896
拖船镇	55282	29740	25542	11931	25816	22763	10624	40292	4366	52114
泉港镇	39936	21185	18751	9479	21118	18715	8870	27977	3089	38947
梅林镇	30093	15771	14322	7369	15524	14132	6985	20801	2307	28363
曲江镇	57144	30538	26606	13429	29525	26262	12850	40241	4053	53926
上塘镇	16227	8596	7631	3814	8302	7469	3333	11875	1019	14609
筱塘乡	24949	13331	11618	5828	13291	11574	6001	17106	1842	24442
段潭乡	35942	18735	17207	7968	18726	17189	8086	25228	2628	34367
蕉坑乡	13182	7012	6170	2815	6981	6155	3291	8945	946	12507
石江乡	11720	6398	5322	2777	6348	5304	2517	8283	920	11694
荷湖乡	27031	14577	12454	6304	13984	12032	5252	19695	2084	26736
湖塘乡	20664	10893	9771	4570	10633	9627	4490	14558	1616	20253
同田乡	37257	19328	17929	8138	19139	17814	9998	25097	2162	36374
丰城矿务局	54118	28464	25654	14415	25175	24740	8430	39945	5743	46943
丰城市工业园区	2303	1223	1080				9	2290	4	5
樟树市	**555120**	**285682**	**269438**	**151882**	**278267**	**264776**	**106621**	**406262**	**42237**	**534313**
淦阳街道	57777	29155	28622	16334	27375	27383	10546	43471	3760	52910
鹿江街道	37768	18865	18903	11562	17910	18217	6373	28485	2910	32980
福城街道	23304	11684	11620	7231	11635	11585	4418	17471	1415	19868
大桥街道	29613	15046	14567	7329	15016	14559	5432	21958	2223	29275
张家山街道	58816	30170	28646	14864	28289	27257	10327	43428	5061	58189
临江镇	41801	21586	20215	11643	20609	19690	7875	30693	3233	40694
永泰镇	15976	8282	7694	4271	8236	7670	3151	11704	1121	15718
黄土岗镇	24618	13258	11360	6711	13067	11267	5483	17360	1775	24259
经楼镇	22709	11682	11027	7192	11621	10980	4749	16081	1879	22323
昌付镇	27990	14703	13287	7301	14661	13265	6805	19038	2147	27346

表14 续表 28

单位：人、户

地区	总人口			家庭户	家庭户总人口		分年龄人口			居住本地，户口在本地
	合计	男	女	户数	男	女	0-14岁	15-64岁	65岁及以上	
店下镇	21481	11087	10394	5304	10881	10271	4355	15713	1413	20987
阁山镇	18994	9711	9283	5303	9697	9279	3611	14111	1272	18865
刘公庙镇	19285	10007	9278	5156	9888	9216	3489	14265	1531	18700
观上镇	24607	12827	11780	6272	12804	11767	4925	17852	1830	24316
义成镇	23900	12689	11211	6258	12583	11180	4912	17207	1781	23407
中洲乡	18499	9925	8574	4811	9925	8574	3668	13419	1412	18407
洲上乡	30597	15242	15355	9297	15075	15278	6048	21544	3005	30156
洋湖乡	28658	14555	14103	7382	14536	14097	5375	21230	2053	28287
吴城乡	21638	11419	10219	5926	11067	10036	4002	15848	1788	21156
樟树市工业园区	492	393	99	4	3	4	1	491		72
省双金园艺场	6597	3396	3201	1731	3389	3201	1076	4893	628	6398
高安市	**811633**	**429435**	**382198**	**220101**	**369455**	**337222**	**167566**	**585381**	**58686**	**715114**
瑞州街道	125053	66269	58784	26024	42203	39255	24680	94880	5493	95484
筠阳街道	97562	50445	47117	25977	43018	40438	20638	70558	6366	79774
蓝坊镇	33565	17458	16107	9793	16577	15504	7541	22565	3459	31880
荷岭镇	20184	10798	9386	6087	10775	9377	4350	14086	1748	19360
黄沙岗镇	30128	15881	14247	9081	15398	13831	6969	20592	2567	28706
新街镇	39027	20865	18162	10845	19466	17307	8534	27432	3061	37325
八景镇	32312	17185	15127	9176	15548	14321	7097	22933	2282	27451
独城镇	28434	15091	13343	7641	14443	12885	5720	20712	2002	27304
太阳镇	17879	9392	8487	5077	8638	7886	4115	12235	1529	17318
建山镇	15775	8233	7542	4975	7579	7036	2988	11411	1376	15285
田南镇	17215	9171	8044	5178	9017	7962	3719	12340	1156	16474
相城镇	25078	13401	11677	7363	12253	11084	5092	17959	2027	23693
灰埠镇	42260	22202	20058	12923	20156	18280	8600	30373	3287	38556
石脑镇	44393	23388	21005	10763	19881	18206	8794	32355	3244	37833
龙潭镇	32281	17138	15143	9537	15904	14334	7328	22201	2752	31321
杨圩镇	39611	21087	18524	11377	20098	17756	8453	27822	3336	37832
村前镇	22843	12100	10743	6767	11683	10437	4911	16202	1730	21847
伍桥镇	14884	7891	6993	4249	7552	6820	3213	10423	1248	14241
祥符镇	24636	12988	11648	7773	12367	11369	5113	17810	1713	23247
大城镇	24529	12890	11639	6731	11934	11007	6221	16671	1637	23011
上湖乡	24365	12760	11605	7017	11883	10929	4681	17339	2345	23486
汪家圩乡	11528	6069	5459	3619	5819	5278	2259	8239	1030	10913
高安市新世纪工业城管委会	13406	7934	5472	824	1247	1099	495	12760	151	1533
英岗岭矿务局	12292	6608	5684	4382	5923	5578	1926	9375	991	11180
江西八景煤矿有限公司	4939	2832	2107	1648	2165	1941	859	3727	353	4233
江西新茂实业公司	3060	1604	1456	1213	1498	1443	334	2296	430	2403
相城垦殖场	2116	1132	984	707	1088	973	495	1462	159	1641
上游水库工程管理局	878	481	397	236	366	359	197	614	67	804
高安市华林山风景区管委会	11400	6142	5258	3118	4976	4527	2244	8009	1147	10979
抚州市	**3912307**	**2037160**	**1875147**	**1041056**	**1967968**	**1826533**	**880995**	**2759852**	**271460**	**3478621**
临川区	**1089888**	**569861**	**520027**	**294730**	**532788**	**492603**	**256010**	**754392**	**79486**	**905132**
青云街道	104154	53923	50231	26642	43139	40593	15627	82932	5595	61731
西大街街道	47071	24958	22113	12227	18529	18287	7406	36558	3107	31192
荆公路街道	42583	21240	21343	15449	20125	19873	7869	31550	3164	30971
六水桥街道	42419	21925	20494	13341	18855	18563	7177	32036	3206	28584
文昌街道	45059	23277	21782	13093	22794	21536	8238	33577	3244	27219
城西街道(金巢开发区)	20212	10480	9732	5950	10323	9659	4707	14356	1149	10232
钟岭街道(金巢开发区)	34829	17301	17528	7610	14087	13251	6333	26071	2425	25660

表14 续表 29 单位：人、户

地区	总人口 合计	总人口 男	总人口 女	家庭户 户数	家庭户总人口 男	家庭户总人口 女	分年龄人口 0-14岁	分年龄人口 15-64岁	分年龄人口 65岁及以上	居住本地，户口在本地
上顿渡镇	117438	61679	55759	34105	59989	54640	30300	79255	7883	95433
温泉镇	29932	15868	14064	7346	14464	13182	9230	18364	2338	26225
高坪镇	25201	13158	12043	6398	12948	11937	8030	14920	2251	23745
秋溪镇	21832	11649	10183	5388	11376	10047	5971	13947	1914	20976
荣山镇	20604	10907	9697	5467	10297	9348	4864	14072	1668	19855
龙溪镇	13924	7007	6917	4365	6854	6844	4828	7789	1307	12110
大岗镇	30920	16528	14392	7674	16528	14392	6445	21880	2595	29748
云山镇	41636	22928	18708	10214	19881	17522	11794	27133	2709	36204
唱凯镇	44497	23121	21376	11408	22862	21229	11755	29260	3482	41823
罗针镇	45986	24300	21686	11882	24175	21601	11110	31308	3568	44086
罗湖镇	61611	31694	29917	13857	30899	29521	14926	42311	4374	56600
太阳镇	18206	9492	8714	4741	9297	8628	5239	11591	1376	17485
东馆镇	18745	9934	8811	4715	9810	8704	4603	12776	1366	18384
腾桥镇	26284	14048	12236	6888	13539	11936	6464	17963	1857	25625
青泥镇	18473	9800	8673	5900	9719	8657	7486	9166	1821	17929
孝桥镇	25078	13267	11811	6840	13199	11761	5266	17987	1825	22779
抚北镇	8980	4716	4264	2610	4654	4240	1857	6407	716	7797
崇岗镇(金巢开发区)	24883	12961	11922	6697	12587	11773	6682	16380	1821	22851
展坪乡	19596	10554	9042	4897	9533	8756	4474	13700	1422	17359
连城乡	19077	9867	9210	5089	9730	9148	5055	12506	1516	18004
桐源乡	23776	12345	11431	6157	12237	11376	6087	15778	1911	22455
湖南乡	43449	22903	20546	11352	22889	20538	10011	30388	3050	41163
七里岗乡	15878	8271	7607	4479	8023	7420	4733	9927	1218	15167
嵩湖乡	17001	8836	8165	4983	8836	8165	5195	10209	1597	16261
鹏田乡	7954	4217	3737	2805	4199	3730	2705	4498	751	7652
茅排乡	4333	2357	1976	1209	2103	1835	1204	2753	376	4064
河埠乡	7630	4006	3624	2737	3987	3619	2212	4603	815	7217
荣山垦殖场	389	209	180	134	208	180	84	276	29	341
七里岗垦殖场	221	111	110	79	111	110	43	139	39	202
开发区管理委员会	27	24	3	2	2	2		26	1	3
南城县	**306236**	**156809**	**149427**	**81059**	**154360**	**146863**	**66412**	**220077**	**19747**	**276110**
建昌镇	109108	54708	54400	29607	53783	52556	22802	79925	6381	85091
株良镇	36404	18908	17496	9691	18776	17482	8066	26089	2249	35216
上唐镇	27320	14126	13194	7037	13890	13107	5587	19780	1953	26765
里塔镇	17707	9157	8550	4777	9120	8525	3887	12709	1111	17359
洪门镇	11221	5763	5458	3137	5650	5413	2421	8015	785	10883
沙洲镇	13671	7138	6533	3314	7075	6514	3322	9598	751	12866
龙湖镇	17199	8949	8250	4704	8592	8031	3678	12047	1474	16729
新丰街镇	7781	3938	3843	2124	3887	3831	1589	5546	646	7332
万坊镇	24435	12663	11772	6274	12481	11649	5449	17432	1554	23754
徐家乡	21521	11095	10426	5163	10854	10301	5254	14905	1362	21097
天井源乡	13367	6892	6475	3495	6870	6470	2885	9480	1002	12786
浔溪乡	6502	3472	3030	1736	3382	2984	1472	4551	479	6232
黎川县	**230086**	**119420**	**110666**	**64636**	**117403**	**109027**	**45989**	**166827**	**17270**	**207886**
日峰镇	82667	42191	40476	25880	40898	39199	16282	60667	5718	63788
宏村镇	13518	7057	6461	3358	6911	6364	2559	9919	1040	13179
洵口镇	10050	5243	4807	2616	5220	4785	2097	7083	870	9691
熊村镇	14146	7582	6564	4190	7531	6548	2893	10034	1219	13863
龙安镇	13915	7365	6550	3507	7318	6528	2815	10121	979	13711
德胜镇	11172	5822	5350	3187	5734	5323	2640	7448	1084	10763

表14 续表 30 单位：人、户

地区	总人口			家庭户	家庭户总人口		分年龄人口			居住本地，户口在本地
	合计	男	女	户数	男	女	0-14岁	15-64岁	65岁及以上	
潭溪乡	18411	9582	8829	4613	9548	8811	3628	13551	1232	18027
湖坊乡	8599	4531	4068	2202	4494	4051	1856	6011	732	8421
荷源乡	8467	4395	4072	2378	4384	4070	1610	6246	611	8240
厚村乡	7412	3948	3464	1945	3868	3421	1493	5296	623	7158
社苹乡	7666	4057	3609	2116	4035	3604	1391	5655	620	7584
樟溪乡	6769	3430	3339	1825	3374	3316	1354	4864	551	6612
西城乡	8646	4564	4082	2124	4544	4075	1576	6388	682	8532
中田乡	13695	7050	6645	3365	6942	6582	2858	9968	869	13461
华山垦殖场	3048	1613	1435	804	1613	1435	625	2160	263	2989
德胜企业集团	1905	990	915	526	989	915	312	1416	177	1867
南丰县	**287932**	**148732**	**139200**	**79022**	**145906**	**137361**	**59792**	**209423**	**18717**	**253113**
琴城镇	99987	50662	49325	29737	49250	48143	20027	74120	5840	75917
太和镇	20197	10464	9733	5339	10312	9646	3917	14837	1443	19687
白舍镇	36830	19336	17494	9211	18996	17324	8485	25937	2408	34183
市山镇	36150	18900	17250	9219	18865	17223	8008	26124	2018	33071
洽湾镇	15825	8295	7530	4141	8184	7513	3271	11494	1060	15245
桑田镇	12722	6609	6113	3582	6609	6113	2624	9272	826	12305
紫霄镇	12779	6557	6222	3406	6489	6207	2643	8981	1155	12155
三溪乡	10152	5424	4728	2702	5344	4706	1937	7470	745	9774
东坪乡	5809	2988	2821	1727	2891	2779	1416	3919	474	5577
莱溪乡	15312	7876	7436	4170	7846	7413	3153	11112	1047	14630
太源乡	8280	4512	3768	2229	4219	3748	1584	6084	612	7523
付坊乡	13344	6849	6495	3470	6770	6445	2702	9601	1041	12887
南丰县长红垦殖场	232	131	101	89	131	101	23	162	47	141
南丰工业园区	313	129	184				2	310	1	18
崇仁县	**347837**	**181262**	**166575**	**82958**	**177815**	**162752**	**93407**	**232139**	**22291**	**314540**
巴山镇	103748	53083	50665	25886	51925	47950	27747	69607	6394	78155
相山镇	23296	12413	10883	6243	12399	10866	5369	16362	1565	22451
航埠镇	30042	15208	14834	6360	15033	14771	9137	19322	1583	29234
孙坊镇	20232	10664	9568	5018	10539	9542	5908	13072	1252	19974
河上镇	25117	13241	11876	5735	12870	11750	7327	16031	1759	24167
礼陂镇	11895	6273	5622	2956	5632	5194	2864	8104	927	11587
马鞍镇	18431	9634	8797	4175	9634	8797	5021	12096	1314	17899
石庄乡	11529	6059	5470	2658	6009	5447	2733	8079	717	11046
六家桥乡	18791	9953	8838	3802	9686	8727	5633	12088	1070	17713
白路乡	17158	9190	7968	3897	8875	7802	4697	11288	1173	16661
三山乡	12921	6736	6185	2993	6701	6176	3623	8349	949	12509
白陂乡	11501	6099	5402	2744	6070	5396	3171	7599	731	11324
桃源乡	16039	8542	7497	3939	8536	7496	3515	11462	1062	15623
许坊乡	12268	6344	5924	2899	6286	5900	3098	8385	785	11703
郭圩乡	14869	7823	7046	3653	7620	6938	3564	10295	1010	14494
乐安县	**345766**	**182893**	**162873**	**95813**	**179456**	**160760**	**81460**	**239239**	**25067**	**315640**
鳌溪镇	82717	42976	39741	24120	41786	38792	18554	59575	4588	64938
公溪镇	27554	14640	12914	7883	14108	12653	5971	19082	2501	25080
山砀镇	21630	11641	9989	5653	11502	9942	5295	14708	1627	20478
龚坊镇	18868	9996	8872	5709	9714	8749	4802	12478	1588	18170
戴坊镇	32796	17518	15278	8196	16640	14759	7779	22514	2503	31538
牛田镇	19725	10399	9326	5264	10375	9307	5315	12965	1445	19121
万崇镇	13939	7358	6581	3480	7358	6581	3787	9195	957	13020
增田镇	18073	9730	8343	5207	9725	8342	3882	12878	1313	17612

表14 续表 31

单位：人、户

地区	总人口			家庭户	家庭户总人口		分年龄人口			居住本地，户口在本地
	合计	男	女	户数	男	女	0-14岁	15-64岁	65岁及以上	
招携镇	22219	11724	10495	5843	11724	10495	5108	15427	1684	21212
湖溪乡	10635	5635	5000	2881	5611	4996	2291	7342	1002	10247
罗陂乡	14820	7732	7088	4017	7523	7001	4334	9405	1081	14178
湖坪乡	17516	9153	8363	4669	9139	8322	4592	11592	1332	16467
南村乡	20408	11041	9367	5689	10989	9339	4500	14446	1462	19480
谷岗乡	11937	6443	5494	3625	6441	5493	2623	8360	954	11545
金竹畲族乡	11357	6083	5274	3143	6022	5250	2286	8162	909	11067
大马头垦殖场	1572	824	748	434	799	739	341	1110	121	1487
宜黄县	**224039**	**115135**	**108904**	**57963**	**111433**	**106649**	**47751**	**161744**	**14544**	**211332**
凤冈镇	64715	32812	31903	18646	32584	31770	13788	46903	4024	59594
棠阴镇	16193	8293	7900	4329	7950	7653	3635	11446	1112	15898
黄陂镇	23494	12277	11217	5917	12233	11203	5034	16840	1620	21977
东陂镇	11554	5902	5652	2975	5875	5642	2374	8284	896	10340
梨溪镇	18272	9478	8794	4155	9022	8501	3835	13451	986	17833
二都镇	15831	8147	7684	4182	7916	7586	3572	11256	1003	15097
中港乡	20222	10532	9690	4860	10036	9448	4455	14518	1249	19679
新丰乡	7241	3815	3426	1733	3774	3416	1427	5250	564	6950
神冈乡	10402	5312	5090	2665	5227	5042	2147	7567	688	10257
圳口乡	11181	5680	5501	2820	5526	5424	2359	7972	850	10862
南源乡	8726	4504	4222	2222	4281	4099	1877	6264	585	8556
桃陂乡	14047	7148	6899	3323	6766	6638	3168	9985	894	13677
黄柏岭垦殖场	331	169	162	79	122	113	39	246	46	329
青年垦殖场	295	155	140	56	120	114	40	233	22	283
宜黄县工业园区	1535	911	624	1	1		1	1529	5	
金溪县	**294826**	**153446**	**141380**	**77432**	**151089**	**139946**	**66501**	**210594**	**17731**	**272314**
秀谷镇	81153	41619	39534	23064	40587	38738	18915	57917	4321	66077
浒湾镇	25371	13232	12139	7503	13180	12104	5116	18428	1827	24554
双塘镇	10967	5675	5292	2780	5654	5278	2223	8005	739	10584
何源镇	15282	7824	7458	3704	7789	7449	3246	11013	1023	14906
合市镇	23204	12138	11066	5866	11946	10992	4976	16720	1508	22191
琅琚镇	26617	14112	12505	6768	14078	12494	6175	18810	1632	25560
左坊镇	20900	11042	9858	5057	10978	9838	4620	14991	1289	20167
黄通乡	10454	5464	4990	2590	5295	4958	2380	7451	623	10016
对桥乡	17362	8954	8408	4104	8648	8181	3939	12353	1070	16673
陆坊乡	14768	7644	7124	3528	7635	7119	3460	10414	894	14473
陈坊积乡	10765	5761	5004	2488	5666	4944	2436	7731	598	10604
琉璃乡	22194	11689	10505	6143	11548	10449	5273	15729	1192	21333
石门乡	13973	7351	6622	3287	7147	6528	3311	9771	891	13646
华侨农场	1816	941	875	550	938	874	431	1261	124	1530
资溪县	**111983**	**56571**	**55412**	**30780**	**54119**	**54296**	**23040**	**80270**	**8673**	**100740**
鹤城镇	42141	21522	20619	12262	20111	20007	8397	30517	3227	33855
马头山镇	11207	5674	5533	2860	5510	5444	2202	8073	932	10767
高阜镇	16102	8252	7850	4113	8131	7802	3574	11370	1158	15132
嵩市镇	9563	4883	4680	2554	4543	4464	1971	6860	732	8846
乌石镇	14161	6987	7174	3918	6754	7076	2855	10054	1252	13867
高田乡	13459	6595	6864	3569	6478	6828	2879	9626	954	13104
石峡乡	5350	2658	2692	1504	2592	2675	1162	3770	418	5169
东乡县	**438319**	**230994**	**207325**	**113952**	**223022**	**203436**	**93371**	**313998**	**30950**	**401689**
孝岗镇	127076	67310	59766	35830	64255	58415	26151	94031	6894	104434
小璜镇	36765	19232	17533	8400	18906	17392	8986	24895	2884	35261

表14 续表 32

单位：人、户

地区	总人口			家庭户	家庭户总人口		分年龄人口			居住本地，户口在本地
	合计	男	女	户数	男	女	0-14岁	15-64岁	65岁及以上	
圩上桥镇	20849	10972	9877	5737	10807	9797	3931	15349	1569	20222
马圩镇	43340	22821	20519	10169	22236	20233	10244	30039	3057	41418
詹圩镇	27529	14621	12908	6984	14620	12908	6303	19346	1880	27119
岗上积镇	19703	10423	9280	5203	10176	9202	4489	13663	1551	18700
杨桥殿镇	33352	17373	15979	7717	16510	15465	6674	23906	2772	32722
黎圩镇	14219	7562	6657	3617	7416	6587	2707	10559	953	13896
王桥镇	15255	8031	7224	3536	7724	7075	3440	10775	1040	14453
珀玕乡	15896	8490	7406	3460	7981	7279	3931	10755	1210	14858
邓家乡	21006	10935	10071	5277	10456	9735	3991	15542	1473	20306
虎圩乡	16588	8735	7853	4095	8489	7720	3388	11969	1231	15882
瑶圩乡	11665	6158	5507	2601	5990	5438	2591	8363	711	11200
红星企业集团	14624	7501	7123	4729	7481	7111	2796	10241	1587	13697
红光垦殖场	3793	1958	1835	779	1691	1562	720	2789	284	3339
红亮垦殖场	1957	1030	927	624	1013	925	404	1372	181	1643
甘坑林场	7348	3886	3462	1808	3816	3424	1513	5353	482	7110
江西铜业集团公司东同矿业有限责任公司	3740	1934	1806	1449	1623	1653	580	2643	517	2548
江西磷肥厂	3301	1802	1499	1913	1802	1499	528	2100	673	2881
东乡县经济开发区	313	220	93	24	30	16	4	308	1	
广昌县	**235395**	**122037**	**113358**	**62711**	**120577**	**112840**	**47262**	**171149**	**16984**	**220125**
盱江镇	87459	44268	43191	24542	44064	43060	18181	63558	5720	76029
头陂镇	23080	11981	11099	6442	11886	11012	4551	16739	1790	22446
赤水镇	19387	10165	9222	5215	10146	9218	4235	13601	1551	19016
驿前镇	23263	12216	11047	5954	12179	11026	4167	17381	1715	22918
甘竹镇	25164	13186	11978	5626	13122	11931	4783	18907	1474	24789
千善乡	5407	2812	2595	1376	2759	2565	1065	3938	404	5229
水南圩乡	6018	3142	2876	1420	3103	2849	1181	4375	462	5762
长桥乡	6055	3150	2905	1756	3138	2899	1277	4247	531	5912
杨溪乡	5050	2631	2419	1253	2620	2418	883	3731	436	4935
尖峰乡	13234	7160	6074	4169	6868	5986	2611	9236	1387	12913
塘坊乡	19252	10245	9007	4402	9742	8956	4035	13878	1339	18442
翠雷山垦殖场	957	489	468	318	448	451	124	711	122	844
广昌县工业园区	1069	592	477	238	502	469	169	847	53	890
上饶市	**6579747**	**3396219**	**3183528**	**1658249**	**3265112**	**3093281**	**1559315**	**4535449**	**484983**	**5975925**
信州区	**416219**	**205170**	**211049**	**114030**	**194828**	**195839**	**78300**	**305073**	**32846**	**333233**
水南街道	43904	20860	23044	12305	20249	20808	6576	33441	3887	37457
东市街道	69117	33992	35125	21245	33073	34011	10318	52804	5995	57747
西市街道	66836	32691	34145	21928	31813	33238	9195	50790	6851	52732
北门街道	53871	25964	27907	15081	24535	24345	9294	41088	3489	33999
茅家岭街道	49403	24116	25287	10352	18870	18391	8595	38575	2233	26877
沙溪镇	42973	21648	21325	11000	21405	21195	11558	27681	3734	40046
灵溪镇	29710	15008	14702	6949	14694	14639	7385	20391	1934	27031
秦峰乡	29378	15077	14301	7703	15077	14301	7513	19420	2445	29128
朝阳乡	31027	15814	15213	7467	15112	14911	7866	20883	2278	28216
上饶县	**700267**	**360520**	**339747**	**169513**	**347492**	**332079**	**178314**	**474219**	**47734**	**617467**
旭日街道	83159	41869	41290	23126	39862	39606	18963	60786	3410	53567
罗桥街道	28519	14818	13701	5758	11625	11516	5847	21049	1623	22517
兴园街道	20266	10530	9736	4221	8536	8410	4150	14884	1232	13265
田墩镇	48854	25050	23804	10791	24763	23677	13141	32280	3433	45046
上泸镇	24138	12526	11612	5487	12131	11354	6001	16538	1599	23121
华坛山镇	18374	9727	8647	4747	9461	8615	4697	12079	1598	16744

表14　续表 33　　　　　　　　　　　　　　　　　　　　　　　　单位：人、户

地　　区	总人口			家庭户	家庭户总人口		分年龄人口			居住本地，户口在本地
	合　计	男	女	户　数	男	女	0-14岁	15-64岁	65岁及以上	
茶亭镇	39617	20441	19176	8627	20295	19129	10135	27185	2297	36406
皂头镇	30528	15689	14839	7677	15297	14759	7414	21111	2003	26802
四十八镇	20357	10729	9628	4626	10451	9577	5318	13478	1561	18611
枫岭头镇	29693	15291	14402	6956	13954	13598	7270	20091	2332	27325
煌固镇	42206	21378	20828	10742	20925	20535	11414	27461	3331	38762
花厅镇	30905	16040	14865	7895	15975	14844	7449	21608	1848	29473
五府山镇	16916	8991	7925	4479	8288	7807	4118	11380	1418	14964
郑坊镇	23293	12230	11063	5765	11605	10927	6225	15041	2027	20878
望仙乡	11448	5829	5619	3426	5829	5618	3858	6418	1172	10341
石人乡	27009	14118	12891	6991	14118	12891	7794	16943	2272	25048
清水乡	22420	11247	11173	5684	11219	11168	5982	14733	1705	21730
石狮乡	19839	9954	9885	4734	9840	9833	4747	13885	1207	17931
湖村乡	38988	20390	18598	9169	20351	18578	10220	25670	3098	37173
尊桥乡	27195	14036	13159	6034	13744	12964	7151	18305	1739	26516
应家乡	25379	13242	12137	5365	13113	12095	6718	16878	1783	23323
黄沙岭乡	20742	10475	10267	5007	10333	10204	5596	13719	1427	19601
铁山乡	12175	6473	5702	2930	6458	5691	3172	7984	1019	11561
董团乡	38247	19447	18800	9276	19319	18683	10934	24713	2600	36762
广丰县	**752953**	**383314**	**369639**	**178147**	**375062**	**362933**	**189417**	**509111**	**54425**	**684702**
永丰街道	105957	53630	52327	21336	52223	50863	27929	72416	5612	89867
芦林街道	35965	17983	17982	7456	16992	16651	8657	25429	1879	31004
丰溪街道	46800	23476	23324	10940	20637	20918	9988	34092	2720	35655
五都镇	60769	30973	29796	14475	30670	29518	14396	41803	4570	56607
洋口镇	64100	32639	31461	16874	32225	31309	15323	44379	4398	59797
横山镇	35097	17909	17188	7975	17847	17162	8993	23395	2709	32773
桐畈镇	34682	17696	16986	8534	17613	16925	9870	21687	3125	32739
湖丰镇	21264	10897	10367	5342	10473	10258	5714	13732	1818	19341
大南镇	16175	8315	7860	4189	7876	7672	4123	10636	1416	14985
排山镇	27770	14144	13626	6956	13968	13519	6980	18644	2146	26723
毛村镇	18224	9550	8674	4545	9401	8616	4542	12178	1504	16436
枧底镇	19211	9790	9421	4514	9753	9412	5133	12747	1331	17806
泉波镇	20759	10764	9995	4877	10719	9985	5261	13508	1990	19906
壶峤镇	21951	11291	10660	5317	11277	10655	6028	14065	1858	20439
霞峰镇	30317	15390	14927	7291	15386	14927	7966	20169	2182	29048
下溪镇	31490	15798	15692	7116	15607	15506	7413	22086	1991	27417
吴村镇	38706	20130	18576	9174	19721	18349	8902	27490	2314	37137
沙田镇	27412	13880	13532	6540	13838	13528	7488	17694	2230	25742
铜钹山镇	14490	7512	6978	3712	7450	6960	3937	9217	1336	13785
大石乡	24158	12246	11912	5211	12215	11884	6036	16273	1849	22830
东阳乡	19122	9592	9530	5563	9517	9501	4326	12774	2022	18338
嵩峰乡	18102	9437	8665	4986	9433	8663	4783	11625	1694	17065
少阳乡	19634	9850	9784	4909	9811	9779	5468	12585	1581	18494
铜拔山垦殖场	798	422	376	315	410	373	161	487	150	768
玉山县	**574369**	**295527**	**278842**	**147148**	**263390**	**259099**	**141344**	**386578**	**46447**	**485128**
枫林办事处	9973	4985	4988	2852	4980	4983	2814	6237	922	9560
冰溪镇	157374	82637	74737	32675	62058	61830	29657	119479	8238	100084
临湖镇	30329	15532	14797	7803	14640	14190	9854	17845	2630	27444
必姆镇	27202	13776	13426	7208	13224	12842	7958	16874	2370	25392
横街镇	28286	14401	13885	7603	14168	13758	7192	18458	2636	26626
文成镇	26871	13656	13215	7269	13343	13044	7037	17601	2233	24442
下镇镇	36574	18007	18567	10515	17116	17893	9943	23071	3560	34093
岩瑞镇	45019	23570	21449	13295	21427	20430	10288	30890	3841	40257
双明镇	22781	11658	11123	6351	10940	10679	5805	14728	2248	21292
紫湖镇	18750	9543	9207	4932	9311	9126	4773	12129	1848	17713
仙岩镇	23403	12345	11058	6453	11430	10585	5239	15304	2860	21861

表14 续表 34 单位：人、户

地区	总人口			家庭户	家庭户总人口		分年龄人口			居住本地，户口在本地
	合计	男	女	户数	男	女	0-14岁	15-64岁	65岁及以上	
樟村镇	28760	14291	14469	7406	13010	13398	8287	17864	2609	25619
南山乡	13138	6913	6225	3329	6609	6046	3491	8478	1169	12589
怀玉乡	17565	8808	8757	4951	8289	8581	4821	10886	1858	16306
下塘乡	20111	10319	9792	5468	9915	9552	5972	12495	1644	19021
四股桥乡	25755	13179	12576	7285	12716	12307	6665	16903	2187	23751
六都乡	37259	19229	18030	10265	17536	17314	10028	24131	3100	34194
三清乡	5219	2678	2541	1488	2678	2541	1520	3205	494	4884
铅山县	**426998**	**221267**	**205731**	**109006**	**217674**	**204196**	**94901**	**302495**	**29602**	**403641**
河口镇	65226	32852	32374	17894	32053	31859	13302	47169	4755	58555
永平镇	45105	23085	22020	11738	22668	21742	9350	32558	3197	43136
石塘镇	16258	8332	7926	4099	8288	7924	3403	11698	1157	15934
鹅湖镇	53641	27922	25719	14035	27825	25690	13530	36601	3510	51490
湖坊镇	26334	13570	12764	6650	13449	12716	6506	17971	1857	23823
武夷山镇	23169	12133	11036	6278	11626	10973	4995	16364	1810	21747
汪二镇	33422	17480	15942	8566	17171	15867	7254	23717	2451	31628
陈坊乡	11501	6032	5469	2991	5958	5433	2410	8170	921	11304
虹桥乡	17269	9141	8128	4096	9135	8119	4267	11919	1083	16255
新滩乡	31380	16522	14858	6938	16447	14797	7317	22248	1815	30169
葛仙山乡	32288	17083	15205	7373	16912	15149	7950	22400	1938	30634
稼轩乡	19589	10227	9362	4651	10049	9275	4327	14004	1258	19105
英将乡	12049	6346	5703	2790	6338	5692	2704	8648	697	11985
紫溪乡	17795	9021	8774	4294	8911	8710	3865	12764	1166	17547
太源畲族乡	1971	1039	932	472	892	831	356	1400	215	1923
天柱山乡	6850	3764	3086	1632	3493	3035	1441	4908	501	6491
篁碧畲族乡	3561	1799	1762	796	1763	1749	721	2587	253	3485
铅山县国营森林苗圃	485	242	243	127	242	243	112	348	25	467
江西铜业集团公司永铜分公司	9105	4677	4428	3586	4454	4392	1091	7021	993	7963
横峰县	**184870**	**95793**	**89077**	**55298**	**93488**	**87802**	**43507**	**126424**	**14939**	**149998**
兴安街道	68428	35777	32651	19135	33970	31566	13088	51631	3709	38305
岑阳镇	12548	6461	6087	3851	6392	6067	2934	8514	1100	11834
葛源镇	16199	8186	8013	5635	8083	7956	4424	9807	1968	15484
姚家乡	11544	6138	5406	3099	6073	5389	2708	7931	905	11045
莲荷乡	16981	8792	8189	4952	8701	8134	4725	10830	1426	16232
司铺乡	8549	4420	4129	2546	4314	4113	2473	5325	751	8231
港边乡	10062	5111	4951	3386	5111	4951	2938	5898	1226	9841
龙门畈乡	17484	8810	8674	5537	8805	8672	4678	11122	1684	17224
青板乡	11952	6254	5698	3853	6238	5693	3068	7642	1242	11672
红桥垦殖场	1903	980	923	522	980	923	452	1320	131	1318
铺前煤矿	785	406	379	356	403	379	121	581	83	513
上坑源林场	376	196	180	210	196	180	79	201	96	375
山黄林场	404	222	182	163	222	182	80	296	28	400
新篁办事处	7655	4040	3615	2053	4000	3597	1739	5326	590	7524
弋阳县	**353379**	**185981**	**167398**	**93475**	**181106**	**165068**	**82060**	**243815**	**27504**	**324575**
曹溪镇	23657	12592	11065	6138	12176	10866	6345	15739	1573	22797
漆工镇	29802	15726	14076	7416	15555	13966	7503	19788	2511	29494
樟树墩镇	10169	5409	4760	2401	5268	4691	2236	6792	1141	9982
南岩镇	36287	18774	17513	10029	18003	17178	8045	25775	2467	28789
朱坑镇	22207	11737	10470	5428	11251	10259	5377	15373	1457	21721
圭峰镇	26269	14184	12085	6301	14086	12038	6636	17584	2049	25110
叠山镇	10919	5686	5233	2766	5455	5092	2254	7740	925	10348
港口镇	14193	7343	6850	3650	7272	6820	3505	9537	1151	13477
弋江镇	70541	36333	34208	20803	34748	33333	12428	52142	5971	58788
三县岭乡	15477	8266	7211	4657	7899	7134	4291	9964	1222	14064
中畈乡	28761	15510	13251	7581	15505	13250	7943	18612	2206	28290
葛溪乡	19545	10397	9148	4381	10361	9138	4851	13254	1440	18929

表14 续表 35　　　　单位：人、户

地区	总人口			家庭户	家庭户总人口		分年龄人口			居住本地，户口在本地
	合计	男	女	户数	男	女	0-14岁	15-64岁	65岁及以上	
湾里乡	15813	8345	7468	4121	8211	7377	4082	10650	1081	15359
花亭乡	9384	4918	4466	2493	4845	4447	1894	6702	788	8115
清湖乡	13360	7052	6308	3364	7003	6298	3337	9139	884	13020
旭光乡	6995	3709	3286	1946	3468	3181	1333	5024	638	6292
余干县	**887616**	**463696**	**423920**	**208358**	**457096**	**420419**	**209203**	**617364**	**61049**	**850782**
玉亭镇	122234	63733	58501	31306	62894	57964	26629	88127	7478	103733
瑞洪镇	65691	34196	31495	17126	33884	31330	15030	45737	4924	64627
黄金埠镇	64647	34078	30569	15538	33240	30222	14825	45509	4313	62080
古埠镇	55106	28712	26394	12338	28622	26308	13818	37698	3590	54251
乌泥镇	9826	5158	4668	2414	5007	4610	2273	6898	655	9569
石口镇	36345	19075	17270	8975	19074	17270	8817	24967	2561	35597
杨埠镇	30022	15808	14214	6457	15595	14110	7523	20462	2037	29449
九龙镇	27045	14092	12953	6387	13996	12907	6410	18883	1752	26678
康山乡	9276	4855	4421	2543	4806	4400	1907	6658	711	9189
东塘乡	17309	9105	8204	3746	8975	8160	3557	12482	1270	17134
大塘乡	8263	4269	3994	1842	4269	3994	1916	5792	555	7995
鹭鸶港乡	28291	14888	13403	6154	14757	13273	6744	19581	1966	27725
三塘乡	67419	35252	32167	16007	35033	32039	16065	46302	5052	65756
洪家嘴乡	76433	39455	36978	16479	39094	36835	18789	52102	5542	73083
白马桥乡	39214	20720	18494	8366	20238	18269	10212	26627	2375	38065
江埠乡	42438	22110	20328	9444	21986	20226	11084	28205	3149	41990
枫港乡	42042	21813	20229	10067	21813	20229	9883	29203	2956	41087
大溪乡	29403	15512	13891	6265	15460	13861	7076	20297	2030	28904
梅港乡	52923	27645	25278	10782	26148	24318	12124	37290	3509	52371
社赓乡	33030	17112	15918	8196	17065	15896	8122	22558	2350	32098
渔池湖水产场	769	384	385	207	363	377	138	577	54	715
县良种场	1024	516	508	234	499	500	174	755	95	1017
李梅林场	1364	702	662	376	702	662	396	846	122	1237
康山垦殖场	9330	5285	4045	2513	4390	3714	1778	7118	434	9240
禾斛岭垦殖场	7072	3614	3458	1691	3607	3453	1524	4870	678	6229
峡山林场	4944	2455	2489	1373	2455	2489	1317	3201	426	4855
信丰垦殖场	6156	3152	3004	1532	3124	3003	1072	4619	465	6108
鄱阳县	**1296757**	**675772**	**620985**	**314836**	**652144**	**606162**	**320528**	**882034**	**94195**	**1228976**
鄱阳镇	221562	116226	105336	51671	102291	96720	42991	164462	14109	179562
谢家滩镇	60353	31605	28748	15924	31596	28742	14914	40859	4580	58890
石门街镇	22384	11645	10739	4937	10583	9888	4625	16243	1516	22139
四十里街镇	28795	15010	13785	8511	14961	13749	8073	18574	2148	28025
油墩街镇	82675	42803	39872	18181	42042	39414	21820	54725	6130	80795
田畈街镇	57035	29559	27476	13772	29358	27350	13888	38758	4389	55943
金盘岭镇	27119	14242	12877	6420	13448	12389	6574	18471	2074	26695
高家岭镇	33983	17886	16097	7622	17127	15534	8222	23460	2301	32978
凰岗镇	63138	33508	29630	15823	33129	29428	16666	42279	4193	61068
双港镇	64233	32839	31394	13983	32794	31358	17470	42136	4627	62803
古县渡镇	76842	40738	36104	17310	38096	34141	20907	50583	5352	74825
饶丰镇	38067	19847	18220	10156	19786	18198	8415	26919	2733	37123
乐丰镇	26610	13812	12798	6560	13309	12544	6015	18426	2169	26095
饶埠镇	38608	19825	18783	9684	19710	18714	10937	24795	2876	36757
侯家岗乡	29961	15425	14536	7473	15297	14493	7340	20346	2275	29103
莲花山乡	6184	3173	3011	1526	3114	2999	1165	4444	575	6009
响水滩乡	31001	16109	14892	9101	15744	14663	8644	19634	2723	30572
枧田街乡	19955	10462	9493	4797	9982	9223	4093	14242	1620	19490
柘港乡	42228	22017	20211	10778	21948	20175	11519	27653	3056	41712
鸦鹊湖乡	10532	5375	5157	2863	5321	5111	2242	7181	1109	10231
银宝湖乡	16703	8497	8206	4698	8487	8204	5206	10265	1232	16138
游城乡	46248	24053	22195	9496	23696	22045	11032	31894	3322	45255

表14 续表 36 单位：人、户

地　　区	总人口			家庭户	家庭户总人口		分年龄人口			居住本地，户口在本地
	合　计	男	女	户　数	男	女	0-14岁	15-64岁	65岁及以　上	
珠湖乡	15942	7753	8189	5166	7708	8163	5102	8867	1973	15508
白沙洲乡	7258	3711	3547	1753	3699	3545	1719	4902	637	7101
团林乡	34652	17934	16718	7553	17916	16705	8819	23649	2184	34464
昌洲乡	29272	15656	13616	6373	15656	13616	7835	19568	1869	28962
庙前乡	58815	30831	27984	12765	30505	27781	14947	39861	4007	58132
莲湖乡	58941	30379	28562	16806	30335	28541	18072	36222	4647	57266
芦田乡	40425	21100	19325	10713	21070	19313	10131	27388	2906	39409
农科所	2103	1063	1040	514	1052	1032	544	1403	156	2006
饶洲监狱	5133	2689	2444	1907	2384	2384	601	3825	707	3920
万年县	**359098**	**187599**	**171499**	**91625**	**176875**	**163869**	**90590**	**243071**	**25437**	**319743**
陈营镇	106415	55510	50905	25435	48093	45136	25769	75060	5586	78125
石镇镇	33395	17672	15723	10460	17306	15569	8257	22120	3018	32065
青云镇	22234	11543	10691	5594	10853	10175	4615	15713	1906	19957
梓埠镇	38014	20087	17927	8801	19488	17600	9594	25903	2517	37181
大源镇	17379	9035	8344	4090	8968	8315	4654	11478	1247	17004
裴梅镇	21851	11278	10573	6087	11221	10544	5273	14959	1619	19966
湖云乡	18214	9474	8740	4650	9213	8683	5170	11542	1502	17733
齐埠乡	20637	10767	9870	5363	10586	9809	5477	13394	1766	20266
汪家乡	17310	9044	8266	4388	8683	8035	4207	11577	1526	16602
上坊乡	19516	10106	9410	5102	9722	9069	5277	12780	1459	18077
苏桥乡	31004	16111	14893	8448	15864	14806	9182	19467	2355	29682
珠田乡	13129	6972	6157	3207	6878	6128	3115	9078	936	13085
婺源县	**334020**	**169724**	**164296**	**93152**	**164244**	**160311**	**68226**	**239453**	**26341**	**317861**
蚺城街道	50533	25035	25498	14321	23544	24398	10281	37063	3189	46929
紫阳镇	47384	24275	23109	11816	22117	21079	9971	34431	2982	41504
清华镇	14582	7366	7216	4503	7307	7183	3000	10168	1414	14089
秋口镇	20899	10740	10159	5143	10279	10053	4387	14804	1708	20037
江湾镇	26804	13347	13457	7709	12971	13240	5441	18934	2429	26048
思口镇	12711	6505	6206	3571	6459	6177	2622	8947	1142	12415
赋春镇	28065	14373	13692	8199	14230	13627	5499	20388	2178	27337
镇头镇	10411	5290	5121	2942	5193	5060	2189	7420	802	9925
太白镇	13813	7059	6754	4011	7026	6745	2817	9844	1152	13324
中云镇	22821	11775	11046	6071	11738	11029	4650	16441	1730	22287
许村镇	16192	8446	7746	4540	8232	7636	3298	11617	1277	15564
溪头乡	10922	5535	5387	3156	5471	5355	2007	7853	1062	10731
段莘乡	13369	6870	6499	3931	6847	6490	2545	9391	1433	13216
浙源乡	12261	6148	6113	3625	6144	6112	2369	8711	1181	12029
沱川乡	6199	3250	2949	1704	3065	2822	1185	4491	523	5858
大鄣山乡	17726	8925	8801	5040	8864	8770	4155	12237	1334	17452
珍珠山乡	9328	4785	4543	2870	4757	4535	1810	6713	805	9116
德兴市	**293201**	**151856**	**141345**	**83661**	**141713**	**135504**	**62925**	**205812**	**24464**	**259819**
银城街道	70625	35815	34810	19650	30478	30245	13150	51671	5804	59382
绕二镇	25495	13242	12253	6737	13071	12101	6227	17062	2206	24361
海口镇	11991	6265	5726	3707	5992	5659	2624	8373	994	10828
新岗山镇	20811	10897	9914	5901	10418	9673	4694	14230	1887	19358
泗洲镇	29428	15068	14360	8945	14699	14249	6050	20715	2663	26162
花桥镇	18185	9548	8637	5686	8688	8455	3299	12947	1939	14834
黄柏乡	25931	13221	12710	6474	13087	12529	7208	16944	1779	23898
万村乡	13725	7094	6631	3406	7055	6617	3631	9029	1065	12719
张村乡	19491	10135	9356	4946	10095	9343	5095	12822	1574	17967
昄大乡	8146	4207	3939	2380	4075	3876	1758	5666	722	7514
李宅乡	9610	5189	4421	2570	4724	4389	2059	6755	796	8660
龙头山乡	12506	6929	5577	3571	5838	5460	2603	8770	1133	10554
江西省德兴铜矿	27257	14246	13011	9688	13493	12908	4527	20828	1902	23582

表15　山东省乡、镇、街道人口

单位：人、户

地　区	总人口			家庭户	家庭户总人口		分年龄人口			居住本地，户口在本地
	合　计	男	女	户　数	男	女	0-14岁	15-64岁	65岁及以上	
山东省	**95792719**	**48446944**	**47345775**	**30105454**	**45023357**	**44832144**	**15074209**	**71288824**	**9429686**	**81179825**
济南市	**6813984**	**3423904**	**3390080**	**2012581**	**2962543**	**3031104**	**929067**	**5261435**	**623482**	**5033092**
历下区	**754136**	**386087**	**368049**	**196603**	**259396**	**269491**	**71246**	**626114**	**56776**	**408707**
解放路街道	40750	20976	19774	11107	14840	16384	4236	32803	3711	27375
千佛山街道	69818	36230	33588	15745	20640	21792	4782	58811	6225	39159
趵突泉街道	53874	26904	26970	11094	14552	15608	3353	45724	4797	26559
泉城路街道	17717	9710	8007	3329	3619	3839	678	16129	910	5540
大明湖街道	22197	11994	10203	6429	7975	8521	1849	18148	2200	12414
东关街道	51919	25956	25963	17772	21725	22915	4558	41750	5611	34844
文东街道	95770	46305	49465	24110	32434	34123	9141	78226	8403	57883
建新街道	45936	25694	20242	14016	18856	19482	4491	35934	5511	35238
甸柳街道	48977	24102	24875	12688	17322	18348	5599	39578	3800	31247
燕山街道	43359	20183	23176	11761	15306	16859	4585	34742	4032	25951
姚家街道	162929	83779	79150	37045	50357	49858	14929	141607	6393	67039
龙洞街道	31328	17914	13414	8236	11608	11708	3992	25748	1588	12568
智远街道	25845	13614	12231	7843	11287	11444	3476	20441	1928	15684
舜华路街道	43717	22726	20991	15428	18875	18610	5577	36473	1667	17206
市中区	**713581**	**362397**	**351184**	**225709**	**304970**	**313802**	**83475**	**567408**	**62698**	**438147**
大观园街道	18822	9167	9655	6565	8476	8996	2120	14437	2265	13378
杆石桥街道	44318	21332	22986	15594	20672	22448	5672	33152	5494	35053
四里村街道	45527	22366	23161	13029	17476	19312	3991	36519	5017	26092
魏家庄街道	22002	14961	7041	4805	6008	6189	1417	19033	1552	12310
二七新村街道	39006	18934	20072	14407	18676	19843	4351	29177	5478	27107
七里山街道	44090	21231	22859	16868	20913	22475	5266	34084	4740	29057
六里山街道	56414	27709	28705	21302	26604	27966	6206	43826	6382	33458
舜玉路街道	69131	34560	34571	18001	23793	25079	6630	57572	4929	39312
泺源街道	24313	11646	12667	9115	11113	12097	2161	18363	3789	18353
王官庄街道	41558	20719	20839	16121	20257	20713	5243	32562	3753	25749
舜耕街道	17512	9055	8457	5766	8023	8223	2516	13716	1280	8065
白马山街道	55977	28225	27752	19208	27242	27458	8188	43588	4201	25057
七贤街道	75636	40254	35382	20716	25221	22956	6375	66585	2676	31810

表15 续表 1

单位：人、户

地区	总人口			家庭户	家庭户总人口		分年龄人口			居住本地，户口在本地
	合计	男	女	户数	男	女	0-14岁	15-64岁	65岁及以上	
十六里河街道	64477	33571	30906	19735	28580	27910	9397	51549	3531	35303
兴隆街道	25248	14010	11238	6277	9968	9875	3415	19909	1924	17285
党家街道	42514	21431	21083	10572	18771	18468	6163	33181	3170	35684
陡沟街道	27036	13226	13810	7628	13177	13794	4364	20155	2517	25074
槐荫区	**476811**	**243771**	**233040**	**154002**	**208233**	**214868**	**59879**	**376258**	**40674**	**288688**
振兴街街道	39779	20341	19438	13939	17945	18613	5621	30335	3823	22300
中大槐树街道	16860	8378	8482	6705	7582	8094	1868	13116	1876	8477
道德街街道	16206	8530	7676	5463	6462	6663	1343	13123	1740	9719
西市场街道	8181	4161	4020	2860	3521	3673	751	6354	1076	5184
五里沟街道	23285	11080	12205	8894	10224	10941	2101	18121	3063	13926
营市街街道	27681	13436	14245	10395	13336	14067	2966	20143	4572	21353
青年公园街道	24733	12618	12115	5506	6871	7305	1665	21019	2049	20133
南辛庄街道	29330	14670	14660	10498	13601	14205	3413	22050	3867	23302
段店北路街道	42317	21119	21198	15220	19816	20493	5301	33475	3541	20007
张庄路街道	48569	24486	24083	14589	19780	20386	6143	39649	2777	20066
匡山街道	54145	27098	27047	20022	26648	26726	7434	43349	3362	28889
美里湖街道	34654	17651	17003	11325	16707	16388	5464	27449	1741	15475
吴家堡镇	26936	13364	13572	7631	12916	13371	4435	20347	2154	22386
段店镇	84135	46839	37296	20955	32824	33943	11374	67728	5033	57471
天桥区	**688415**	**347853**	**340562**	**226889**	**303141**	**308607**	**82852**	**547424**	**58139**	**394338**
无影山街道	38006	18235	19771	13556	17500	18202	4574	28860	4572	21381
天桥东街街道	10376	4989	5387	4265	4910	5290	869	7943	1564	8217
工人新村北村街道	26622	12679	13943	9729	12198	12800	2847	20576	3199	20149
工人新村南村街道	33290	16620	16670	13107	16029	16455	3754	26359	3177	20264
堤口路街道	68413	34995	33418	23941	29349	29940	7274	54093	7046	40378
北坦街道	15209	7531	7678	5814	7169	7506	1692	11797	1720	7020
制锦市街道	19546	9359	10187	7519	9293	10076	2125	14677	2744	15119
宝华街街道	6580	3259	3321	2471	3167	3271	733	5103	744	3939
官扎营街道	10058	4984	5074	4294	4901	5009	798	7786	1474	8083
纬北路街道	29494	14339	15155	10928	13323	13976	2886	23095	3513	18143
药山街道	61504	35286	26218	18152	24427	24340	7466	50952	3086	26699
北园街道	205191	103594	101597	61150	80749	80622	22054	171074	12063	78676
泺口街道	81762	41146	40616	28861	39504	39655	11149	64498	6115	46461
桑梓店镇	32304	16051	16253	9339	15888	16219	5722	23644	2938	31286
大桥镇	50060	24786	25274	13763	24734	25246	8909	36967	4184	48523
历城区	**1124306**	**571050**	**553256**	**312945**	**465242**	**472061**	**150573**	**880214**	**93519**	**809822**
山大路街道	67135	33206	33929	16458	21674	22465	5560	56283	5292	40110
洪家楼街道	43152	20723	22429	12494	15548	16121	5071	35322	2759	20451
东风街道	99367	48853	50514	33221	44519	45450	14070	79541	5756	45535
全福街道	67528	34033	33495	20684	27064	27934	7655	54605	5268	32963
孙村街道	30937	15316	15621	8668	14426	15095	5095	22942	2900	28063
巨野河街道	54497	28069	26428	8242	14014	14538	4483	46959	3055	28105
华山街道	61613	31204	30409	18986	27140	27707	9571	48749	3293	36961
荷花路街道	21782	10964	10818	5993	10383	10688	3481	16313	1988	19734
王舍人街道	66556	33481	33075	18595	28861	29865	10420	51103	5033	46018
鲍山街道	80175	42174	38001	23859	34858	36069	11897	60303	7975	72158
郭店街道	28565	14152	14413	6775	10304	10558	3740	23044	1781	16206
唐冶街道	29089	14333	14756	7268	10388	10870	3911	23209	1969	19460
港沟街道	66856	37739	29117	14842	23272	23348	8384	53692	4780	47987
遥墙街道	25732	12774	12958	7852	12516	12851	3893	18879	2960	24636

表15 续表 2 单位：人、户

地　　区	总人口			家庭户	家庭户总人口		分年龄人口			居住本地，户口在本地
	合　计	男	女	户　数	男	女	0-14岁	15-64岁	65岁及以　上	
临港街道	35533	18619	16914	8723	14085	14341	4360	27923	3250	27475
仲宫镇	107978	54998	52980	35531	52876	51192	17353	79445	11180	100509
柳埠镇	55307	28398	26909	17666	27275	26206	7886	40699	6722	53890
董家镇	44870	22834	22036	11933	19371	19953	6063	34748	4059	37599
唐王镇	56270	27880	28390	16711	27876	28387	8929	40888	6453	55986
西营镇	28794	14712	14082	10074	14639	14049	4316	20901	3577	28061
彩石镇	52570	26588	25982	8370	14153	14374	4435	44666	3469	27915
长清区	**578740**	**285406**	**293334**	**159300**	**246983**	**250861**	**82751**	**443416**	**52573**	**472575**
文昌街道	121327	60629	60698	37537	57506	58333	19996	91757	9574	92914
崮云湖街道	104823	49008	55815	13047	19705	19942	7123	94027	3673	45151
平安街道	60766	30585	30181	14698	25833	26483	9052	46975	4739	50423
五峰山街道	27378	13710	13668	8866	13632	13647	4482	19830	3066	26758
归德镇	66395	32842	33553	21249	32734	33522	10252	47914	8229	65141
孝里镇	38512	18997	19515	12706	18906	19492	5584	27561	5367	37710
万德镇	67894	34294	33600	21037	33809	33404	11225	49426	7243	65928
张夏镇	44301	22025	22276	13588	21773	22059	7809	31823	4669	42360
马山镇	25670	12665	13005	8766	12591	12968	4113	18428	3129	25164
双泉镇	21674	10651	11023	7806	10494	11011	3115	15675	2884	21026
平阴县	**331712**	**162972**	**168740**	**110212**	**160182**	**166302**	**50887**	**242650**	**38175**	**291195**
榆山办事处	96094	47270	48824	32093	45215	46690	15630	72740	7724	69134
锦水办事处	31416	15531	15885	10033	15325	15733	5079	23279	3058	25437
东阿镇	29326	14094	15232	10188	14090	15230	4173	20905	4248	28366
孝直镇	52683	25863	26820	17099	25740	26781	8324	38352	6007	50660
孔村镇	33117	16307	16810	10916	16179	16746	5076	23689	4352	31527
洪范池镇	20762	10243	10519	6892	10231	10513	2877	14704	3181	20214
玫瑰镇	35598	17411	18187	12695	17400	18183	5005	25272	5321	34261
安城镇	32716	16253	16463	10296	16002	16426	4723	23709	4284	31596
济阳县	**517948**	**256802**	**261146**	**149671**	**250676**	**254586**	**88286**	**373464**	**56198**	**481623**
济阳街道	73055	36028	37027	21948	34573	35750	12684	52963	7408	61691
济北街道	31936	15992	15944	8757	13754	14071	5304	24678	1954	21230
垛石镇	67907	33704	34203	19424	33612	34167	11906	48260	7741	66097
孙耿镇	47308	23479	23829	13401	22956	23084	8540	33809	4959	45247
曲堤镇	68646	34066	34580	20183	33909	34485	11622	48431	8593	67115
仁风镇	56853	28221	28632	16450	28142	28601	9974	40753	6126	55737
崔寨镇	46873	22773	24100	12788	21482	21697	6929	35141	4803	41563
太平镇	47546	23360	24186	14994	23206	24133	8730	32927	5889	46439
回河镇	42095	21235	20860	11791	21109	20825	6638	30371	5086	41461
新市镇	35729	17944	17785	9935	17933	17773	5959	26131	3639	35043
商河县	**564125**	**281313**	**282812**	**159230**	**275703**	**278973**	**100779**	**405379**	**57967**	**542504**
许商办事处	101329	50950	50379	29233	46879	47172	16652	76173	8504	89565
殷巷镇	50779	24874	25905	15335	24857	25897	9151	35536	6092	49742
怀仁镇	28928	14079	14849	8284	13648	14639	5087	21118	2723	28475
龙桑寺镇	38933	19323	19610	10795	19269	19600	6780	27533	4620	38080
郑路镇	57969	28794	29175	15715	28722	29154	10043	41602	6324	56817
贾庄镇	46225	22797	23428	13404	22647	23398	8537	33263	4425	44888
玉皇庙镇	59803	30170	29633	16426	29855	29506	11080	42744	5979	57468
孙集乡	45898	22912	22986	13041	22891	22978	8471	32371	5056	45087
沙河乡	38186	19084	19102	10330	19056	19075	6874	27217	4095	37522
韩庙乡	30633	15593	15040	8717	15539	14999	5820	21565	3248	30383
张坊乡	20446	10096	10350	5703	9774	10240	4226	14204	2016	20032

表15 续表 3　　　　单位：人、户

地　区	总人口			家庭户	家庭户总人口		分年龄人口			居住本地，户口在本地
	合　计	男	女	户　数	男	女	0-14岁	15-64岁	65岁及以上	
白桥乡	44996	22641	22355	12247	22566	22315	8058	32053	4885	44445
章丘市	**1064210**	**526253**	**537957**	**318020**	**488017**	**501553**	**158339**	**799108**	**106763**	**905493**
明水街道	163072	80396	82676	52340	72100	74375	24436	126098	12538	118100
双山街道	121487	59724	61763	27998	40638	41954	15048	100685	5754	47611
枣园街道	32784	16466	16318	9821	15002	15799	4613	24678	3493	28636
龙山街道	57558	28302	29256	17138	28279	29242	8417	42901	6240	56147
埠村街道	33376	16724	16652	10107	14355	14972	4470	25690	3216	26936
圣井街道	42626	20677	21949	11270	17672	18817	5463	33418	3745	34899
普集镇	56653	27612	29041	17997	26381	27659	8373	41264	7016	52378
绣惠镇	55158	27057	28101	15839	26020	26969	8326	41060	5772	50896
相公庄镇	58227	28416	29811	18932	28401	29795	8785	42111	7331	55777
垛庄镇	28086	13992	14094	9195	13977	14086	4096	20208	3782	27401
水寨镇	34170	17325	16845	10071	17309	16841	5644	24728	3798	33675
文祖镇	41758	20404	21354	13874	20394	21348	6204	30696	4858	40334
刁镇	62031	30677	31354	18175	30434	31279	10307	44942	6782	59881
曹范镇	33225	16357	16868	11148	16341	16857	4872	24001	4352	32679
白云湖镇	33315	16637	16678	9275	16618	16670	5732	24209	3374	32696
高官寨镇	49512	24924	24588	15420	24753	24526	8414	35430	5668	48834
宁家埠镇	31030	15285	15745	9320	15192	15707	4788	22857	3385	30527
官庄镇	47091	23756	23335	15532	22696	23157	6291	34595	6205	45868
辛寨镇	32814	16416	16398	9969	16365	16374	5054	23848	3912	32374
黄河乡	50237	25106	25131	14599	25090	25126	9006	35689	5542	49844
青岛市	**8715087**	**4391744**	**4323343**	**2824283**	**3918439**	**3950863**	**1171671**	**6649467**	**893949**	**6176444**
市南区	**544847**	**269325**	**275522**	**181559**	**226309**	**246762**	**58310**	**421704**	**64833**	**349582**
香港中路街道	59372	29548	29824	19831	23966	26441	6222	47360	5790	36171
八大峡街道	21039	10415	10624	6910	9207	9840	2212	15618	3209	14866
台西街道	52010	25130	26880	18924	23300	25184	4993	39709	7308	36852
云南路街道	21825	11736	10089	7242	9041	9510	1953	16922	2950	13821
中山路街道	22573	11189	11384	8351	9398	9964	2156	17744	2673	12351
观海路街道	17284	8534	8750	6658	7948	8251	2039	12916	2329	11144
江苏路街道	28807	13706	15101	10756	13251	14548	3553	20638	4616	22129
金口路街道	28728	13438	15290	7935	10358	11788	3399	21901	3428	22937
八大关街道	23866	11502	12364	7138	9472	10799	3395	17617	2854	18811
湛山街道	40446	20964	19482	12454	15445	17331	4550	31631	4265	24966
金湖路街道	47617	22880	24737	16019	20703	22325	4962	37098	5557	29303
八大湖街道	56133	28880	27253	18157	23468	24957	6072	43636	6425	36077
金门路街道	84662	41720	42942	27393	34001	36953	8847	66558	9257	48087
珠海路街道	40485	19683	20802	13791	16751	18871	3957	32356	4172	22067
市北区	**558218**	**273007**	**285211**	**210951**	**257930**	**272771**	**59293**	**433983**	**64942**	**301363**
辽宁路街道	51199	25002	26197	20315	24027	25355	4884	39026	7289	29835
延安路街道	38827	19034	19793	14954	18164	19331	3710	28919	6198	24500
华阳路街道	30130	15011	15119	11823	14389	14723	2923	24001	3206	15350
登州路街道	37371	17897	19474	13667	16723	17716	3368	29611	4392	21656
宁夏路街道	47369	22693	24676	17180	21516	22974	4982	36478	5909	26276
敦化路街道	43726	21454	22272	16409	20277	21429	4659	34423	4644	23098
辽源路街道	45462	22535	22927	17095	21483	22353	4579	35374	5509	23912
合肥路街道	23192	11930	11262	7801	10662	10753	3582	18482	1128	6809
小港街道	6001	3154	2847	2071	2553	2735	527	4848	626	3109
大港街道	14306	7371	6935	5294	6337	6734	1399	11378	1529	7157
即墨路街道	35999	17590	18409	14762	16701	17509	3463	28121	4415	20038

表15　续表 4　　　　单位：人、户

地　　区	总人口			家庭户	家庭户总人口		分年龄人口			居住本地，户口在本地
	合　计	男	女	户　数	男	女	0-14岁	15-64岁	65岁及以上	
台东街道	50013	23993	26020	18569	22216	24135	4853	39570	5590	29924
镇江路街道	48186	23338	24848	18326	22385	24011	5287	37868	5031	27076
洪山坡街道	30812	14968	15844	11386	14385	15338	4207	23545	3060	15654
同安路街道	12226	5989	6237	4426	5742	6045	1664	9738	824	4819
浮山新区街道	43399	21048	22351	16873	20370	21630	5206	32601	5592	22150
四方区	**462497**	**234305**	**228192**	**160630**	**206870**	**210235**	**45645**	**365982**	**50870**	**269215**
阜新路街道	94170	48181	45989	29743	38968	39742	8158	76800	9212	55325
海伦路街道	60432	29966	30466	22458	28424	29116	6691	47129	6612	34249
嘉兴路街道	79064	38628	40436	29575	36925	38677	7245	61182	10637	49356
兴隆路街道	59600	29597	30003	22214	28502	29035	6340	46522	6738	37628
水清沟街道	67361	34184	33177	24554	31542	31903	7172	52453	7736	36934
洛阳路街道	78402	40643	37759	25276	32951	32655	7180	62713	8509	48270
河西街道	23468	13106	10362	6810	9558	9107	2859	19183	1426	7453
黄岛区	**524206**	**288425**	**235781**	**153233**	**204994**	**191734**	**63103**	**433290**	**27813**	**223840**
黄岛街道	76768	42002	34766	25858	36194	32882	11400	60812	4556	33847
辛安街道	131010	75836	55174	37922	50181	42272	13538	112407	5065	45539
薛家岛街道	71169	42463	28706	16633	23103	22537	7431	59677	4061	30732
柳花泊街道	12939	6650	6289	4270	6114	6068	1809	9283	1847	10587
长江路街道	198710	104268	94442	57476	73293	71864	23869	167027	7814	74254
红石崖街道	33610	17206	16404	11074	16109	16111	5056	24084	4470	28881
崂山区	**379469**	**193084**	**186385**	**113878**	**147077**	**149766**	**41480**	**309273**	**28716**	**190980**
中韩街道	240226	124213	116013	65330	82258	82012	22557	204791	12878	73981
沙子口街道	67876	33686	34190	23168	30561	32192	9169	52093	6614	51088
王哥庄街道	44258	21795	22463	16602	21205	22022	5823	32753	5682	40969
北宅街道	27109	13390	13719	8778	13053	13540	3931	19636	3542	24942
李沧区	**512389**	**256496**	**255893**	**165070**	**214667**	**219946**	**61316**	**409159**	**41914**	**246908**
振华路街道	26776	13789	12987	9732	12097	12388	2730	20827	3219	15510
永清路街道	44515	22721	21794	15881	20958	21092	5732	34697	4086	20018
永安路街道	46073	22742	23331	17474	21578	22552	4673	35257	6143	30214
兴华路街道	29402	14597	14805	11195	14086	14478	3293	22945	3164	17329
兴城路街道	17145	8557	8588	6882	8185	8453	1660	12900	2585	11077
李村街道	91592	45293	46299	31627	40882	42597	12144	71732	7716	46974
虎山路街道	65490	32022	33468	20738	27244	27714	8861	53449	3180	25540
浮山路街道	60756	31243	29513	19937	26850	26726	8816	48792	3148	18543
九水路街道	63495	29842	33653	13050	17846	19047	5609	53958	3928	29120
湘潭路街道	42972	22786	20186	10965	14819	14651	5058	35211	2703	19559
楼山街道	24173	12904	11269	7589	10122	10248	2740	19391	2042	13024
城阳区	**737209**	**362904**	**374305**	**210870**	**277560**	**283650**	**86050**	**598022**	**53137**	**416846**
城阳街道	226471	110885	115586	62339	81929	84376	26769	188217	11485	106584
夏庄街道	111655	52986	58669	33489	44573	45504	13619	89431	8605	62707
流亭街道	132978	64486	68492	32580	42943	43540	13692	112178	7108	59752
棘洪滩街道	66597	34540	32057	18622	25197	25221	7810	53511	5276	40570
上马街道	52701	26182	26519	17306	22104	22467	6157	40853	5691	36728
红岛街道	41673	20946	20727	14997	18499	18928	5006	31823	4844	34559
河套街道	47826	23398	24428	16414	20754	21351	6062	35953	5811	38103
惜福镇街道	57308	29481	27827	15123	21561	22263	6935	46056	4317	37843
胶州市	**843054**	**420446**	**422608**	**266666**	**397895**	**401707**	**133484**	**619388**	**90182**	**662043**
阜安街道	92754	45427	47327	32526	43741	45299	14939	69898	7917	56279
中云街道	82391	41110	41281	29020	39392	39975	13465	61982	6944	51140
北关街道	36447	18438	18009	11336	17408	17401	6229	27158	3060	25802

表15　续表 5　　　　单位：人、户

地　　区	总人口			家庭户	家庭户总人口		分年龄人口			居住本地，户口在本地
	合　计	男	女	户　数	男	女	0-14岁	15-64岁	65岁及以上	
三里河街道	62877	31274	31603	16356	25136	25716	8880	49674	4323	35181
云溪街道	31677	16319	15358	8939	12789	12930	4921	25273	1483	13850
营海街道	37644	18715	18929	12053	18356	18653	5922	27325	4397	32085
胶东街道	61029	30072	30957	18977	27653	28106	9544	44943	6542	50214
胶莱镇	38921	19557	19364	12625	19417	19306	6330	27562	5029	36688
马店镇	37108	18559	18549	11756	17863	17879	5921	26718	4469	33399
李哥庄镇	65714	32749	32965	21143	30529	30614	10118	49291	6305	49397
铺集镇	52563	25918	26645	16164	25306	25993	8128	37499	6936	50712
张应镇	28521	13985	14536	9200	13693	13915	4567	20080	3874	25800
里岔镇	26619	13367	13252	8384	13172	13164	4093	18871	3655	25538
胶西镇	59552	29734	29818	17539	29333	29431	10264	42035	7253	55339
洋河镇	50371	25385	24986	15855	25367	24975	7455	35617	7299	48330
九龙镇	28138	14299	13839	9356	13797	13541	4532	19677	3929	25159
杜村镇	20480	10313	10167	6456	10267	10156	3395	14042	3043	19327
胶北镇	30248	15225	15023	8981	14676	14653	4781	21743	3724	27803
即墨市	**1177201**	**591648**	**585553**	**386372**	**561061**	**555886**	**181414**	**870353**	**125434**	**966833**
环秀街道	70109	34345	35764	20704	30703	31189	10032	54310	5767	46958
潮海街道	81287	40705	40582	26120	37718	37412	13160	62556	5571	51705
通济街道	237236	118882	118354	78483	111154	109681	39454	183460	14322	153705
北安街道	51163	25886	25277	15770	24218	23986	7691	37976	5496	40795
龙山街道	42214	21324	20890	13425	19253	19336	6304	31630	4280	33735
鳌山卫镇	47810	23750	24060	16390	23356	23757	7197	34492	6121	45727
温泉镇	45655	23021	22634	14856	22770	22442	7004	32570	6081	44499
龙泉镇	48421	24156	24265	14985	23963	23388	7266	34785	6370	44519
刘家庄镇	26102	13043	13059	8881	12642	12762	3805	18842	3455	24394
蓝村镇	46749	24262	22487	13897	20696	19901	6742	36108	3899	32198
店集镇	45168	22721	22447	15031	21266	20964	6489	32793	5886	40797
灵山镇	27789	14009	13780	9717	13509	13236	4164	19852	3773	25597
七级镇	31926	16124	15802	11240	16046	15773	5110	22735	4081	30359
王村镇	36342	18319	18023	12857	17767	17506	5248	26239	4855	34680
丰城镇	46613	23438	23175	16221	23345	23109	6730	33079	6804	45479
段泊岚镇	28961	14572	14389	10209	14348	14263	4593	20169	4199	27334
移风店镇	47887	24147	23740	16933	23841	23514	8082	33128	6677	46529
普东镇	36917	18473	18444	12134	18174	17997	5345	26449	5123	34949
大信镇	30043	15775	14268	9036	13173	13073	4183	22645	3215	24296
田横镇	41124	20415	20709	15313	20211	20668	6044	29204	5876	40071
金口镇	28430	14324	14106	9336	14322	14097	4362	20076	3992	27713
华山镇	39780	20095	19685	12086	19870	19401	6723	27933	5124	38433
南泉镇	39475	19862	19613	12748	18716	18431	5686	29322	4467	32361
平度市	**1357424**	**682778**	**674646**	**432728**	**653171**	**651248**	**204679**	**993094**	**159651**	**1244873**
城关街道	119673	60227	59446	35215	49433	50517	17247	93085	9341	83518
李园街道	75245	37489	37756	24892	35800	36695	11537	55975	7733	62433
同和街道	41491	19929	21562	12447	18710	19006	5911	31511	4069	31406
香店街道	36263	18426	17837	10696	16558	16872	5576	27183	3504	30302
麻兰镇	41103	21083	20020	12754	20241	19973	6235	30184	4684	40420
古岘镇	44533	22491	22042	14027	22164	21940	6674	32761	5098	43175
仁兆镇	64569	32816	31753	20146	32296	31488	10073	47085	7411	63697
张戈庄镇	44819	22657	22162	14691	22317	21873	7106	32299	5414	43873
郭庄镇	29629	14909	14720	8964	14874	14704	4354	21911	3364	29205
南村镇	59332	29732	29600	19880	28422	28692	9457	42882	6993	54864

表15 续表 6 单位：人、户

地区	总人口			家庭户	家庭户总人口		分年龄人口			居住本地，户口在本地
	合计	男	女	户数	男	女	0-14岁	15-64岁	65岁及以上	
兰底镇	35249	17512	17737	11184	17289	17589	5432	25140	4677	34467
万家镇	38938	19530	19408	12593	19518	19402	6062	27195	5681	38227
蓼兰镇	45368	22805	22563	13677	20937	21118	6442	33366	5560	42237
崔家集镇	47651	23737	23914	14623	23324	23580	7219	34020	6412	45661
明村镇	53926	26884	27042	17877	26708	26994	8283	38680	6963	52522
白埠镇	54189	27305	26884	15879	26407	26292	7544	38945	7700	53396
门村镇	38862	19604	19258	11966	19167	18926	5598	27938	5326	38158
田庄镇	27804	13854	13950	10409	13777	13891	4217	19510	4077	27180
马戈庄镇	27871	13852	14019	8783	13577	13849	3964	20410	3497	27189
张舍镇	37153	18723	18430	12985	18192	18155	5391	26503	5259	36511
新河镇	21656	10765	10891	7208	10141	10225	2974	15884	2798	20146
灰埠镇	48228	24470	23758	15687	23459	23223	7207	34564	6457	45899
长乐镇	29191	14781	14410	9675	14270	14026	4170	21048	3973	28527
店子镇	51267	25653	25614	17565	25132	25028	7384	36500	7383	49603
大泽山镇	30843	15537	15306	10343	15428	15260	4527	22283	4033	30261
大田镇	32208	16555	15653	10040	16009	15315	4539	23800	3869	31725
旧店镇	34272	17526	16746	11733	17210	16598	5507	24780	3985	33387
祝沟镇	31124	15761	15363	10130	15410	15157	5091	22334	3699	30174
云山镇	52249	26682	25567	16689	26438	25490	8409	37938	5902	50992
崔召镇	29398	14971	14427	9017	14816	14253	4626	21410	3362	28578
山东平度经济开发区	33320	16512	16808	10953	15147	15117	5923	25970	1427	17140
胶南市	**868348**	**441681**	**426667**	**294391**	**413409**	**409700**	**129988**	**639778**	**98582**	**661004**
珠山街道	85981	43428	42553	29792	42381	42007	14812	65353	5816	53459
珠海街道	104165	51964	52201	35537	50562	51261	17843	78734	7588	64398
隐珠街道	119982	62013	57969	38518	54825	53263	19316	92861	7805	65428
灵山卫街道	60168	31637	28531	17166	24342	23620	8617	47914	3637	26322
铁山街道	22384	11368	11016	7734	11138	10814	2940	16064	3380	19740
滨海街道	51494	27678	23816	13708	20457	20617	6401	40251	4842	35790
琅琊镇	35743	18176	17567	12707	17827	17502	5217	25046	5480	32982
泊里镇	61853	31091	30762	21093	29549	29625	8692	44024	9137	56635
大场镇	42955	21472	21483	15434	20878	21001	5794	30468	6693	40588
大村镇	33941	17163	16778	13024	17011	16728	4738	23464	5739	32058
六汪镇	42384	21418	20966	15930	21372	20956	6030	29288	7066	40457
王台镇	67171	33655	33516	22976	32938	32998	10095	48071	9005	61006
张家楼镇	38878	19728	19150	13907	19427	19008	5276	27328	6274	35383
海青镇	33964	16916	17048	12213	16880	17041	4875	23960	5129	32831
宝山镇	25828	13158	12670	9578	13089	12665	3532	17893	4403	24484
藏南镇	26388	13296	13092	9529	13255	13078	3695	18467	4226	24958
理务关镇	15069	7520	7549	5545	7478	7516	2115	10592	2362	14485
莱西市	**750225**	**377645**	**372580**	**247935**	**357496**	**357458**	**106909**	**555441**	**87875**	**642957**
水集街道	139808	70598	69210	46714	62964	65117	22370	107509	9929	88459
望城街道	44012	22281	21731	13457	20369	20547	6239	32762	5011	38577
龙水街道	22671	11186	11485	6517	9668	9876	2879	17012	2780	18810
梅花山街道	22206	11257	10949	7416	10892	10626	3206	15985	3015	20353
滨河路街道	40277	19864	20413	13889	19470	20047	6955	30618	2704	24689
沽河街道	41117	20616	20501	12498	18635	18506	5346	30573	5198	36146
孙受镇	31379	15752	15627	10538	15748	15623	4218	22898	4263	30403
姜山镇	48085	24312	23773	15137	22623	22363	6410	35761	5914	42113
夏格庄镇	30706	15433	15273	9915	15222	15050	4293	22315	4098	29368
院上镇	37190	18764	18426	12554	18733	18412	5373	26721	5096	36070

表15　续表 7　　　　　　　　　　　　　　　　　　　　　　　　　　　　　　单位：人、户

地　区	总人口			家庭户	家庭户总人口		分年龄人口			居住本地，户口在本地
	合　计	男	女	户　数	男	女	0-14岁	15-64岁	65岁及以上	
日庄镇	43758	21938	21820	15294	20983	20865	5986	31573	6199	41825
南墅镇	40188	20759	19429	14219	19160	18608	4923	29314	5951	38550
河头店镇	38398	19510	18888	13902	19172	18819	5057	27766	5575	36241
店埠镇	52613	26420	26193	16757	25754	25765	7420	38090	7103	50858
李权庄镇	38557	18872	19685	11187	18532	18288	5628	28693	4236	33704
武备镇	37063	18706	18357	12075	18388	18211	5221	27055	4787	36037
马连庄镇	42197	21377	20820	15866	21183	20735	5385	30796	6016	40754
淄博市	**4530597**	**2272512**	**2258085**	**1524413**	**2124624**	**2151799**	**660511**	**3416111**	**453975**	**3704648**
淄川区	**731848**	**365867**	**365981**	**247844**	**336925**	**343759**	**103891**	**552979**	**74978**	**583575**
般阳路街道	60348	29770	30578	19668	26176	27103	8699	47849	3800	39081
松龄路街道	60972	29469	31503	18539	24825	25098	9438	47977	3557	36381
商城路街道	27040	13662	13378	9529	13459	13248	4031	21426	1583	15333
钟楼街道	51861	24345	27516	14454	20404	20555	7042	40733	4086	32591
城南镇	31105	15182	15923	10464	14514	14761	4552	23414	3139	22971
昆仑镇	49968	26815	23153	16235	21570	22449	6050	38756	5162	40792
磁村镇	24319	12229	12090	9209	11636	11806	3588	17398	3333	22350
岭子镇	35205	18635	16570	12403	16090	16462	4741	26429	4035	31104
商家镇	19673	9680	9993	6942	9482	9901	3094	14172	2407	18554
黑旺镇	21827	11210	10617	7044	10465	10568	3004	15968	2855	20682
淄河镇	19446	9784	9662	6852	9677	9627	2350	14573	2523	19251
东坪镇	13132	6433	6699	4902	6433	6698	1552	9618	1962	12928
西河镇	20821	10253	10568	7908	10142	10529	2694	15407	2720	19486
龙泉镇	40380	19949	20431	13767	19349	20014	5888	29685	4807	36801
寨里镇	33227	16341	16886	10972	15674	16415	4972	24268	3987	28910
罗村镇	56302	27968	28334	19820	27425	28106	8549	41176	6577	52992
洪山镇	50470	24862	25608	18332	23738	25071	6860	37570	6040	37662
双杨镇	71561	37344	34217	24674	34184	33208	11112	54596	5853	52192
太河乡	17954	8840	9114	6425	8703	9040	2368	12896	2690	17822
峨庄乡	13759	6922	6837	5094	6843	6803	1892	9939	1928	13530
张庄乡	12478	6174	6304	4611	6136	6297	1415	9129	1934	12162
张店区	**929242**	**477681**	**451561**	**310169**	**415404**	**419398**	**127949**	**726521**	**74772**	**641181**
车站街道	53320	26689	26631	19991	25524	25989	7103	41132	5085	36487
公园街道	58890	29550	29340	17916	22342	23731	5609	47791	5490	38199
杏园街道	35206	18055	17151	12706	16358	16140	4693	27230	3283	22912
和平街道	40736	20056	20680	14650	19537	20152	6063	30644	4029	30798
科苑街道	129080	64145	64935	46009	59813	61473	20261	99657	9162	97041
体育场街道	67580	36206	31374	23882	30586	30573	9297	53157	5126	50350
石桥街道	89899	45130	44769	29247	40630	41276	13877	70437	5585	54914
四宝山街道	32127	16472	15655	10244	14679	14925	4723	24682	2722	24716
马尚镇	124550	65917	58633	34866	47341	48002	15955	102976	5619	64632
南定镇	90448	46770	43678	33029	42506	42101	11223	68924	10301	70641
沣水镇	36434	18761	17673	11821	16875	16859	4985	27801	3648	29351
湖田镇	26517	13671	12846	9698	12752	12676	3547	20149	2821	19671
傅家镇	67652	36006	31646	23406	32424	30903	10061	53208	4383	36989
中埠镇	20422	11213	9209	6843	8882	9049	2318	15707	2397	17943
卫固镇	26390	13217	13173	8000	12745	12996	4027	19798	2565	24405
房镇镇	29991	15823	14168	7861	12410	12553	4207	23228	2556	22132
博山区	**463013**	**229264**	**233749**	**170620**	**219604**	**224268**	**57655**	**350084**	**55274**	**388947**
城东街道	49097	24169	24928	18347	23209	24532	5752	37304	6041	40694
城西街道	70302	34599	35703	25005	32096	33257	7921	55116	7265	52737

表15　续表 8　　　　单位：人、户

地区	总人口			家庭户	家庭户总人口		分年龄人口			居住本地，户口在本地
	合计	男	女	户数	男	女	0-14岁	15-64岁	65岁及以上	
夏家庄街道	27394	13458	13936	10575	13397	13915	3255	20700	3439	21063
山头街道	52688	26295	26393	20133	25603	26121	5478	40422	6788	42776
域城镇	75988	36738	39250	24486	33065	33373	10337	58936	6715	56006
白塔镇	36761	18539	18222	12733	17692	18049	5581	27283	3897	31337
八陡镇	36357	18142	18215	14035	17466	18054	4069	26242	6046	32886
崮山镇	19482	9634	9848	7467	9613	9840	2928	14036	2518	18461
石马镇	21865	10969	10896	8266	10899	10864	3153	15962	2750	21456
北博山镇	25001	12690	12311	9260	12671	12305	3318	18726	2957	24723
南博山镇	18514	9366	9148	7801	9343	9139	2057	13818	2639	18175
源泉镇	12003	5960	6043	5167	5892	6010	1578	8662	1763	11705
池上镇	17561	8705	8856	7345	8658	8809	2228	12877	2456	16928
临淄区	**642831**	**322798**	**320033**	**218946**	**309990**	**312830**	**97014**	**477788**	**68029**	**537481**
闻韶街道	80387	39818	40569	30141	38934	39880	12540	60993	6854	61236
雪宫街道	51154	25183	25971	19103	24656	25416	8293	39139	3722	34575
辛店街道	63830	31973	31857	22419	29507	30366	8796	48862	6172	46451
稷下街道	65413	33516	31897	20897	30918	30739	10822	50135	4456	44700
齐陵街道	30662	15280	15382	9685	15247	15366	4607	22208	3847	28916
齐都镇	47367	23607	23760	13598	21422	21676	6402	35670	5295	40016
皇城镇	49583	25084	24499	15497	24731	24425	7594	35644	6345	47986
敬仲镇	30935	15720	15215	9957	15453	15133	5174	21930	3831	29740
朱台镇	49375	24941	24434	15470	24453	24306	8481	35460	5434	46652
梧台镇	23649	11947	11702	7888	11727	11541	3746	17056	2847	22512
金岭镇	15667	7811	7856	5375	7277	7545	2049	11545	2073	12784
南王镇	55423	27564	27859	23065	26868	27670	6391	41324	7708	48714
凤凰镇	51025	26171	24854	15971	24796	24632	7960	37294	5771	45449
边河镇	28361	14183	14178	9880	14001	14135	4159	20528	3674	27750
周村区	**362294**	**176161**	**186133**	**112320**	**159092**	**164775**	**49213**	**278090**	**34991**	**279892**
丝绸路街道	46513	22236	24277	15895	21003	21823	6339	35890	4284	32309
大街街道	39629	19223	20406	13485	18276	19176	5759	29795	4075	28693
青年路街道	52758	26841	25917	17762	24130	25248	7442	40921	4395	39292
永安街道	40102	19651	20451	13594	18805	19581	5631	30705	3766	32060
城北路街道	15212	7575	7637	4503	6834	7034	2316	11413	1483	11570
北郊镇	59085	26198	32887	11388	17851	18151	5544	49524	4017	34635
南郊镇	38155	19013	19142	11768	17954	18467	5740	28214	4201	33403
王村镇	43025	21557	21468	14891	20409	21361	6266	31227	5532	40857
萌水镇	27815	13867	13948	9034	13830	13934	4176	20401	3238	27073
桓台县	**504011**	**250470**	**253541**	**156048**	**242499**	**245798**	**80529**	**370326**	**53156**	**440189**
索镇街道	68702	34020	34682	22219	33852	34625	10708	50519	7475	60140
少海街道	87353	43621	43732	28268	41484	41534	16223	66612	4518	53407
起凤镇	52700	26748	25952	15752	26713	25946	8535	37441	6724	51269
邢家镇	17858	8732	9126	5560	8607	8947	2875	12716	2267	17157
田庄镇	45130	22210	22920	14060	22180	22896	7117	32284	5729	44273
荆家镇	41375	20506	20869	12655	20497	20862	6237	29717	5421	40618
马桥镇	31673	16202	15471	9864	14985	15030	5151	23280	3242	28433
陈庄镇	19534	9708	9826	6168	9643	9818	3203	14025	2306	18816
新城镇	34233	16935	17298	10757	16827	17252	5306	25042	3885	33115
周家镇	18285	9039	9246	5904	8980	9231	2923	13303	2059	17807
唐山镇	38113	18500	19613	11134	17357	17992	5460	28201	4452	33638
果里镇	49055	24249	24806	13707	21374	21665	6791	37186	5078	41516
高青县	**347867**	**173440**	**174427**	**115857**	**170265**	**172339**	**59583**	**250278**	**38006**	**321900**

表15　续表 9　　　　单位：人、户

地　区	总人口			家庭户	家庭户总人口		分年龄人口			居住本地，户口在本地
	合　计	男	女	户　数	男	女	0-14岁	15-64岁	65岁及以上	
田镇街道	40749	20306	20443	14223	19891	20151	6998	29530	4221	33491
芦湖街道	38582	19117	19465	13486	17809	18231	6549	29434	2599	25717
青城镇	31961	15939	16022	9382	15912	16011	5374	23077	3510	31234
高城镇	38121	18907	19214	13334	18673	19147	6543	26724	4854	37202
黑里寨镇	39312	19548	19764	12000	19415	19728	7090	28067	4155	38637
唐坊镇	29444	14531	14913	10686	14424	14875	4874	20967	3603	28753
常家镇	28093	14026	14067	8859	13966	14041	5028	20020	3045	27264
花沟镇	52961	26641	26320	19175	26091	26040	8789	37834	6338	52092
赵店镇	17850	9063	8787	5882	8755	8702	2939	12815	2096	17193
木李镇	30794	15362	15432	8830	15329	15413	5399	21810	3585	30317
沂源县	**549491**	**276831**	**272660**	**192609**	**270845**	**268632**	**84677**	**410045**	**54769**	**511483**
历山街道	97248	48946	48302	35252	47658	47232	17562	73509	6177	74404
南麻镇	60949	30386	30563	22007	30030	30189	10809	45347	4793	50410
土门镇	15989	8061	7928	5948	8061	7928	2071	11971	1947	15765
鲁村镇	50346	25628	24718	15362	22089	22452	6648	38373	5325	50026
东里镇	50260	25410	24850	17079	25381	24845	7912	36869	5479	49361
悦庄镇	47893	24371	23522	17129	24127	23398	7205	35706	4982	46905
西里镇	44544	22431	22113	14865	22325	22103	6974	32385	5185	43798
大张庄镇	35459	17804	17655	13727	17708	17626	4875	26235	4349	35196
中庄镇	28506	14277	14229	9826	13986	14096	4200	21046	3260	28338
张家坡镇	24432	12258	12174	8155	12239	12169	3898	17976	2558	24085
燕崖镇	27188	13707	13481	9696	13706	13480	3750	20336	3102	27065
石桥镇	27385	13669	13716	9446	13652	13707	4081	20389	2915	27157
徐家庄乡	20067	10037	10030	7163	10037	10028	2433	15133	2501	19887
三岔乡	19225	9846	9379	6954	9846	9379	2259	14770	2196	19086
枣庄市	**3729140**	**1943932**	**1785208**	**1099307**	**1830468**	**1722332**	**609399**	**2768512**	**351229**	**3299353**
市中区	**535515**	**270113**	**265402**	**164923**	**263018**	**260066**	**91673**	**397641**	**46201**	**431118**
中心街街道	40420	20378	20042	13285	20220	19931	6713	30412	3295	28442
各塔埠街道	50816	25800	25016	17946	25034	24716	7085	40519	3212	38742
矿区街道	25050	12426	12624	8781	12419	12623	3266	17175	4609	21074
文化路街道	81371	40646	40725	26098	40021	40500	13151	61556	6664	66600
龙山路街道	39082	19568	19514	13566	19513	19472	6068	28909	4105	26188
光明路街道	60848	30868	29980	19614	30719	29900	11323	45363	4162	39901
税郭镇	45156	22934	22222	13144	22774	22158	9581	31646	3929	42270
孟庄镇	30184	15341	14843	8241	15060	14641	5534	21804	2846	28378
齐村镇	72027	36681	35346	18558	32129	31434	12431	53600	5996	57928
永安乡	49422	24535	24887	13952	24342	24576	9686	36088	3648	42314
西王庄乡	41139	20936	20203	11738	20787	20115	6835	30569	3735	39281
薛城区	**481450**	**250086**	**231364**	**140707**	**228907**	**219251**	**78564**	**358101**	**44785**	**409158**
临城街道	84860	43858	41002	24989	39356	37759	13740	64812	6308	74369
兴仁街道	62410	32609	29801	17987	28096	26863	9805	49311	3294	35817
兴城街道	27406	13992	13414	8184	13877	13395	5063	19818	2525	25365
沙沟镇	46673	23888	22785	13984	23791	22722	8524	32718	5431	42974
周营镇	51591	26843	24748	14110	24852	23423	9149	37089	5353	47734
邹坞镇	39102	19980	19122	12597	19301	18597	6489	28118	4495	33971
陶庄镇	68253	36315	31938	20462	31614	30899	9458	50701	8094	64221
常庄镇	69153	36210	32943	18904	31750	30012	11186	52215	5752	55897
张范镇	32002	16391	15611	9490	16270	15581	5150	23319	3533	28810
峄城区	**364238**	**189599**	**174639**	**110782**	**185462**	**170362**	**69538**	**261157**	**33543**	**336010**
坛山街道	65521	33687	31834	19500	33101	30580	12817	48540	4164	57448

表15 续表 10

单位：人、户

地区	总人口			家庭户	家庭户总人口		分年龄人口			居住本地，户口在本地
	合计	男	女	户数	男	女	0-14岁	15-64岁	65岁及以上	
吴林街道	33926	17491	16435	10231	17443	16423	7241	23448	3237	30806
古邵镇	66112	34767	31345	18854	34065	30892	13079	47252	5781	63063
阴平镇	47634	24809	22825	15019	23885	22198	8717	33607	5310	46424
底阁镇	40105	20991	19114	12924	20056	18579	7633	28553	3919	37422
榴园镇	56488	29096	27392	17497	28261	26069	9112	41875	5501	49677
峨山镇	54452	28758	25694	16757	28651	25621	10939	37882	5631	51170
台儿庄区	**279474**	**145608**	**133866**	**86940**	**142907**	**132346**	**50199**	**202216**	**27059**	**250915**
运河街道	42008	21902	20106	13019	20593	19242	7258	31976	2774	34750
邳庄镇	26970	13887	13083	7665	13787	13066	5119	19497	2354	23760
张山子镇	40832	21427	19405	13173	20627	19151	6312	29847	4673	38134
泥沟镇	56533	29466	27067	17657	29326	27002	12030	38848	5655	51304
涧头集镇	53631	27823	25808	16962	27641	25644	9105	38616	5910	50077
马兰屯镇	59500	31103	28397	18464	30933	28241	10375	43432	5693	52890
山亭区	**464804**	**244428**	**220376**	**126220**	**229480**	**211357**	**83991**	**332580**	**48233**	**437155**
山城街道	99245	53497	45748	22735	44406	40352	18442	72849	7954	91729
店子镇	31300	16388	14912	8557	16338	14883	5515	22914	2871	29592
西集镇	29568	15085	14483	8492	14626	14206	5442	20700	3426	27016
桑村镇	56551	30075	26476	16199	28428	25486	8805	41827	5919	54708
北庄镇	38827	20122	18705	11218	19418	18326	7569	27213	4045	36084
城头镇	41343	21519	19824	11812	20618	19284	6929	29775	4639	39124
徐庄镇	49345	25450	23895	14370	25379	23862	9946	33320	6079	46133
水泉镇	39412	20949	18463	11130	20636	18273	7214	27492	4706	37821
冯卯镇	51235	27000	24235	13700	26281	23723	9063	37010	5162	48301
凫城乡	27978	14343	13635	8007	13350	12962	5066	19480	3432	26647
滕州市	**1603659**	**844098**	**759561**	**469735**	**780694**	**728950**	**235434**	**1216817**	**151408**	**1434997**
荆河街道	127807	67076	60731	42409	64900	59668	20623	98616	8568	89054
龙泉街道	160898	85913	74985	42290	65720	61057	22753	127726	10419	106422
北辛街道	116923	63946	52977	32819	52604	49310	16058	93114	7751	87850
善南街道	25176	13355	11821	6498	10933	10374	3696	19562	1918	18048
东沙河镇	49022	25557	23465	14306	25208	23244	7452	36729	4841	47111
洪绪镇	37088	19471	17617	10585	18583	17241	5199	28050	3839	34991
南沙河镇	44289	22983	21306	12185	22977	21293	6643	33232	4414	43251
大坞镇	81408	42667	38741	22731	39881	37266	12177	60343	8888	78757
滨湖镇	95863	50676	45187	27369	47512	44427	14490	70570	10803	91529
级索镇	80657	42629	38028	22245	40192	37070	11120	61341	8196	79303
西岗镇	101610	53582	48028	32396	47889	46233	15180	76389	10041	98504
姜屯镇	76836	39697	37139	23160	39532	37119	11471	57344	8021	75480
鲍沟镇	81019	42607	38412	22108	40957	37727	11567	61508	7944	79323
张汪镇	83557	44739	38818	24610	41319	37684	12107	63373	8077	80068
官桥镇	62303	32156	30147	20268	30345	29354	7709	47116	7478	59249
柴胡店镇	34423	17748	16675	11199	17133	16608	4509	25900	4014	32850
羊庄镇	66755	34570	32185	21478	33788	31694	9349	49114	8292	64742
木石镇	44234	22739	21495	13171	22211	21172	5846	33887	4501	42312
界河镇	65974	34050	31924	20445	33368	31449	10247	49152	6575	64311
龙阳镇	65634	34222	31412	19354	33617	31251	9823	49127	6684	64422
东郭镇	102183	53715	48468	28109	52025	47709	17415	74624	10144	97420
东营市	**2035338**	**1030852**	**1004486**	**679068**	**940413**	**952064**	**316934**	**1537054**	**181350**	**1541846**
东营区	**756676**	**384153**	**372523**	**257413**	**339364**	**344670**	**114718**	**585177**	**56781**	**488937**
文汇街道	123764	64150	59614	38654	48628	49988	15990	99988	7786	65776
黄河路街道	105776	52810	52966	39107	50310	51084	16685	81380	7711	62898

表15　续表 11　　　　单位：人、户

地　　区	总人口			家庭户	家庭户总人口		分年龄人口			居住本地，户口在本地
	合　计	男	女	户　数	男	女	0-14岁	15-64岁	65岁及以上	
东城街道	112425	56712	55713	34268	47213	46477	17970	90274	4181	58631
辛店街道	137144	69282	67862	49397	64010	65344	21364	104264	11516	100032
胜利街道	122650	61841	60809	45180	57757	58995	19130	93921	9599	74273
胜园街道	18361	9578	8783	6301	8283	8416	2918	13591	1852	12589
牛庄镇	35021	17436	17585	13146	17172	17549	5676	24970	4375	32802
六户镇	16219	8087	8132	5710	7899	8074	2689	11791	1739	14721
史口镇	34501	17491	17010	11745	16365	16751	5149	25249	4103	31656
龙居镇	31934	15866	16068	9680	15764	16063	4782	23735	3417	31372
东营经济开发区	18881	10900	7981	4225	5963	5929	2365	16014	502	4187
河口区	**247595**	**125934**	**121661**	**90092**	**116012**	**117079**	**38883**	**188828**	**19884**	**185904**
河口街道	78471	39496	38975	28624	35812	36301	11914	59885	6672	61943
六合街道	30476	15481	14995	10931	15011	14771	4906	23400	2170	18238
义和镇	20315	10139	10176	7005	9820	10100	2998	14846	2471	19216
仙河镇	45653	23310	22343	16826	21755	21782	8213	35425	2015	33788
孤岛镇	46068	23192	22876	17751	22032	22389	7363	34819	3886	32581
新户镇	21086	10610	10476	7826	10084	10392	3076	15418	2592	19936
河口经济开发区	1628	1107	521	322	396	351	123	1486	19	15
东营港经济开发区	3898	2599	1299	807	1102	993	290	3549	59	187
垦利县	**242292**	**122443**	**119849**	**79285**	**112052**	**114397**	**37714**	**181516**	**23062**	**176113**
垦利街道	55051	27846	27205	17522	24117	24829	7695	42397	4959	35063
兴隆街道	13406	6744	6662	4873	6442	6563	1626	10737	1043	4341
胜坨镇	57109	29154	27955	17346	27176	27304	9454	41947	5708	48273
郝家镇	16241	8173	8068	5612	7834	7944	2652	11548	2041	14388
永安镇	17436	8539	8897	6234	8142	8689	2648	12626	2162	16497
黄河口镇	23383	11480	11903	7992	11454	11891	3691	16953	2739	22096
董集镇	18464	9293	9171	6152	8924	9044	3317	12988	2159	16444
山东省垦利经济开发区	3289	1813	1476	756	1006	1055	492	2756	41	938
垦利县社区管理委员会	34507	17272	17235	11754	15593	15863	5821	26610	2076	17427
红光渔业办事处	1518	1085	433	305	442	396	110	1338	70	646
垦东办事处	1888	1044	844	739	922	819	208	1616	64	
利津县	**281252**	**139999**	**141253**	**87763**	**134733**	**136939**	**43015**	**208089**	**30148**	**251090**
利津街道	31710	15623	16087	9979	14891	15612	4542	23103	4065	27416
凤凰城街道	21198	10455	10743	6418	9640	9913	3087	16063	2048	15585
北宋镇	34309	17191	17118	10811	17012	17070	5179	25269	3861	33378
盐窝镇	68554	34209	34345	20354	34067	34300	10340	50682	7532	67019
陈庄镇	50396	25043	25353	15507	23639	24077	7708	37361	5327	46126
汀罗镇	28911	14462	14449	9004	14286	14344	4750	20774	3387	27751
明集乡	15893	7965	7928	5504	7869	7928	2577	11337	1979	15472
刁口乡	1934	1124	810	585	782	715	217	1628	89	590
利津县城区管理委员会	28347	13927	14420	9601	12547	12980	4615	21872	1860	17753
广饶县	**507523**	**258323**	**249200**	**164515**	**238252**	**238979**	**82604**	**373444**	**51475**	**439802**
广饶街道	102022	51174	50848	31356	46432	47398	16231	76834	8957	80383
乐安街道	49114	25259	23855	14477	22269	22465	7713	36845	4556	40384
大王镇	98542	50904	47638	29867	45608	45161	16196	72567	9779	83936
稻庄镇	73604	38359	35245	23862	33359	33029	10879	54852	7873	60539
丁庄镇	42014	21098	20916	15405	20328	20593	7562	30289	4163	38480
李鹊镇	34672	17690	16982	10745	17167	16846	5621	25011	4040	33284
大码头镇	44157	22097	22060	16092	21862	21988	7016	31571	5570	42488
花官镇	38180	19245	18935	12943	19076	18863	7033	27721	3426	36973
陈官乡	20256	9987	10269	7708	9822	10226	3722	14339	2195	19369

表15 续表 12

单位：人、户

地区	总人口			家庭户	家庭户总人口		分年龄人口			居住本地，户口在本地
	合计	男	女	户数	男	女	0-14岁	15-64岁	65岁及以上	
广北农场总厂	4962	2510	2452	2060	2329	2410	631	3415	916	3966
烟台市	**6968202**	**3522519**	**3445683**	**2456755**	**3211101**	**3213638**	**764671**	**5405300**	**798231**	**5576919**
芝罘区	**830054**	**416636**	**413418**	**287618**	**368146**	**376684**	**96909**	**660958**	**72187**	**564101**
向阳街道	59119	30486	28633	19113	23496	24867	4449	47675	6995	46964
东山街道	68227	32439	35788	23066	28828	32258	7367	52033	8827	56163
毓璜顶街道	81998	40407	41591	27745	35152	37741	8447	63242	10309	66412
通伸街道	32576	16584	15992	12174	15533	15716	3628	25852	3096	23075
凤凰台街道	59598	30271	29327	20278	26814	26985	7929	47561	4108	42826
奇山街道	64906	31607	33299	24179	31004	32760	6817	50604	7485	50670
白石街道	54824	27126	27698	20057	25355	26533	5328	43065	6431	40045
芝罘岛街道	22788	13617	9171	6594	8475	8448	1995	19177	1616	11635
黄务街道	63625	32761	30864	22416	28552	28713	8264	50839	4522	36920
只楚街道	60704	30833	29871	21996	28632	28920	8123	48106	4475	38818
世回尧街道	86596	41073	45523	23842	30658	31509	9990	73167	3439	45458
幸福街道	175093	89432	85661	66158	85647	82234	24572	139637	10884	105115
福山区	**600468**	**311704**	**288764**	**184290**	**233028**	**233559**	**59699**	**494116**	**46653**	**344026**
清洋街道	104967	53151	51816	38107	48604	49294	13880	83857	7230	65362
福新街道	59633	30526	29107	17847	23004	22735	7401	49455	2777	25652
古现街道	91489	51671	39818	10555	13639	13832	3159	84739	3591	24401
大季家街道	32495	16094	16401	12372	14738	15114	3378	24856	4261	27521
八角街道	24001	13037	10964	6159	8048	8302	1854	20106	2041	14549
东厅街道	11333	5719	5614	4484	5652	5596	952	8663	1718	10286
门楼街道	48423	24285	24138	18344	23601	23799	4373	37019	7031	44826
高疃镇	21159	10567	10592	8780	10551	10592	1590	15921	3648	20242
张格庄镇	14672	7327	7345	6157	7220	7316	1170	10824	2678	14130
回里镇	27471	13746	13725	10961	13626	13687	2511	20716	4244	26440
海河社区管理处	87653	45538	42115	26184	33220	33562	10177	73058	4418	39132
长江社区管理处	77172	40043	37129	24340	31125	29730	9254	64902	3016	31485
牟平区	**467907**	**235622**	**232285**	**174971**	**224362**	**222944**	**45369**	**362288**	**60250**	**407384**
宁海街道	96301	47231	49070	33763	43430	44164	12281	77179	6841	72794
文化街道	73094	36385	36709	27249	35020	35311	9467	57672	5955	62037
养马岛街道	6284	3151	3133	2375	2936	3072	656	4823	805	5428
武宁街道	32227	16300	15927	11684	15306	15174	3359	25186	3682	24421
大窑街道	31142	15636	15506	11662	14258	14359	2760	24591	3791	25527
姜格庄街道	37791	18825	18966	15993	18556	18809	2562	27891	7338	35740
观水镇	50377	25645	24732	19015	25516	24655	3970	38843	7564	48987
龙泉镇	24154	12253	11901	10076	12114	11858	1542	18019	4593	23219
玉林店镇	17909	9088	8821	6588	8982	8794	1321	13466	3122	17151
水道镇	29664	15549	14115	11053	13836	13581	2241	22538	4885	27517
莒格庄镇	17393	8754	8639	6951	8704	8623	1266	12950	3177	16472
高陵镇	32905	16742	16163	11408	16596	16096	2575	24953	5377	31201
王格庄镇	18666	10063	8603	7154	9108	8448	1369	14177	3120	16890
莱山区	**329304**	**162293**	**167011**	**92293**	**116514**	**118863**	**29906**	**275085**	**24313**	**172845**
黄海路街道	89463	42809	46654	20075	25411	26727	6956	78339	4168	34306
初家街道	61867	30880	30987	20518	26040	26494	8004	49782	4081	32290
滨海路街道	55992	28380	27612	12754	15955	16162	4643	48876	2473	21445
解甲庄街道	19343	9832	9511	7824	9504	9446	1700	14607	3036	17109
莱山街道	42125	21065	21060	15530	20115	20409	4589	32769	4767	33125
院格庄街道	16200	8209	7991	6651	8188	7970	1281	12235	2684	15333
马山街道	44314	21118	23196	8941	11301	11655	2733	38477	3104	19237

表15 续表 13

单位：人、户

地区	总人口 合计	总人口 男	总人口 女	家庭户户数	家庭户总人口 男	家庭户总人口 女	分年龄人口 0-14岁	分年龄人口 15-64岁	分年龄人口 65岁及以上	居住本地，户口在本地
长岛县	**44025**	**22290**	**21735**	**16501**	**20676**	**21042**	**4880**	**33902**	**5243**	**35796**
南长山街道	24414	12185	12229	9269	11531	11954	2891	19099	2424	19371
砣矶镇	6758	3297	3461	2470	3133	3338	570	5126	1062	6411
北长山乡	3774	2060	1714	1433	1856	1671	432	2907	435	2419
黑山乡	1668	926	742	618	692	667	144	1294	230	1222
大钦岛乡	3801	1956	1845	1435	1853	1829	462	2752	587	3414
小钦岛乡	658	331	327	275	302	318	50	480	128	580
南隍城乡	1074	540	534	324	432	429	150	832	92	786
北隍城乡	1878	995	883	677	877	836	181	1412	285	1593
龙口市	**688255**	**347992**	**340263**	**241513**	**317020**	**321644**	**78671**	**539293**	**70291**	**547748**
东莱街道	112454	55588	56866	41572	53822	55519	15020	87504	9930	81502
龙港街道	145140	73256	71884	53724	69432	70251	18435	114112	12593	110137
新嘉街道	23481	11927	11554	8198	10716	10886	2607	18554	2320	17834
徐福街道	53925	29906	24019	13513	17607	17587	4301	45236	4388	30151
东江街道	65372	33755	31617	18367	25932	26330	6428	53544	5400	43937
黄山馆镇	11044	5594	5450	4305	5183	5327	1038	8376	1630	10035
北马镇	56086	27778	28308	21340	26823	27512	6029	43117	6940	49956
芦头镇	31130	15674	15456	11522	15112	15078	3683	24190	3257	25269
下丁家镇	15534	7894	7640	4990	7402	7473	1607	12246	1681	14342
七甲镇	24313	12266	12047	8757	12263	12046	3057	18265	2991	24160
石良镇	55362	27420	27942	20006	26489	26800	6430	41985	6947	52844
兰高镇	42643	21359	21284	15396	20836	20880	4490	32766	5387	39880
诸由观镇	51771	25575	26196	19823	25403	25955	5546	39398	6827	47701
莱阳市	**878591**	**444069**	**434522**	**289560**	**424756**	**418310**	**104246**	**670947**	**103398**	**787331**
城厢街道	172357	86703	85654	57190	76170	77797	22813	136145	13399	121350
古柳街道	52224	26066	26158	17219	25356	25395	6907	40339	4978	41257
龙旺庄街道	36420	17507	18913	10900	16416	16267	3795	28445	4180	30353
冯格庄街道	32555	16308	16247	10069	16154	16122	4084	24640	3831	30863
柏林庄街道	32734	16829	15905	9003	14285	14054	3908	25118	3708	26653
沐浴店镇	63130	32254	30876	20506	30980	29995	6953	47743	8434	60457
团旺镇	63150	31994	31156	20563	31925	31143	7748	47519	7883	61399
穴坊镇	56439	28513	27926	18699	28219	27679	7094	42223	7122	54851
羊郡镇	25603	12935	12668	9333	12886	12614	3096	19054	3453	24853
姜疃镇	53285	27208	26077	16897	26455	25394	6010	40381	6894	51711
万第镇	58732	29878	28854	20662	29632	28709	5830	44250	8652	57438
照旺庄镇	49980	25265	24715	15594	25153	24640	5681	38059	6240	49080
谭格庄镇	45807	23278	22529	17204	22832	22321	5139	34166	6502	45086
河洛镇	22488	11373	11115	7175	11263	11056	2719	16994	2775	21399
吕格庄镇	26142	13317	12825	8468	12917	12636	3169	19438	3535	25017
高格庄镇	29922	15297	14625	10191	15236	14620	3431	22582	3909	29390
大夼镇	29875	15326	14549	9987	15030	14358	3032	22707	4136	29381
山前店镇	27748	14018	13730	9900	13847	13510	2837	21144	3767	26793
莱州市	**883896**	**448574**	**435322**	**315149**	**421654**	**420558**	**97076**	**665312**	**121508**	**745485**
文昌路街道	95827	47095	48732	33088	43865	45711	12565	74336	8926	64941
永安路街道	55958	28020	27938	17872	24846	25651	6853	43471	5634	38905
三山岛街道	70388	36075	34313	25741	33927	33610	6327	53344	10717	60598
城港路街道	69738	35399	34339	24948	32602	32193	7248	53265	9225	50735
文峰路街道	22754	11654	11100	8041	11014	10889	2560	17117	3077	17726
沙河镇	102735	52243	50492	35204	50283	49398	12255	76569	13911	92453
朱桥镇	59726	29780	29946	24014	29037	29566	5610	44119	9997	55085

表15 续表 14

单位：人、户

地区	总人口			家庭户	家庭户总人口		分年龄人口			居住本地，户口在本地
	合计	男	女	户数	男	女	0-14岁	15-64岁	65岁及以上	
郭家店镇	50544	25581	24963	18243	25421	24929	5812	37539	7193	49712
金城镇	34004	18254	15750	12688	15391	15322	3119	26062	4823	27527
平里店镇	41544	20665	20879	15475	19782	20307	3570	30955	7019	37335
驿道镇	46682	23439	23243	17899	23298	23209	4365	34998	7319	45805
程郭镇	48639	24546	24093	16991	22644	22233	5082	36772	6785	39101
虎头崖镇	48456	24752	23704	17712	23930	23235	4743	35388	8325	44332
柞村镇	42500	21999	20501	14760	20825	20247	5594	31031	5875	38179
夏邱镇	38947	20206	18741	14220	19130	18524	5183	28845	4919	33008
土山镇	55454	28866	26588	18253	25659	25534	6190	41501	7763	50043
蓬莱市	**451109**	**225888**	**225221**	**172442**	**216540**	**217172**	**49708**	**345121**	**56280**	**401916**
登州街道	70939	34922	36017	26753	34436	35560	10173	54851	5915	55530
紫荆山街道	37199	18116	19083	12677	16277	17000	4750	29268	3181	26821
新港街道	23952	12087	11865	9014	10915	10735	2332	18872	2748	19532
蓬莱阁街道	18010	8578	9432	6167	7986	8299	2035	14280	1695	13069
南王街道	21340	10804	10536	8369	10630	10391	2028	16192	3120	19505
刘家沟镇	28547	14356	14191	11666	14106	13914	2756	21655	4136	26436
潮水镇	27014	13551	13463	10951	12954	13187	2433	20543	4038	25288
大柳行镇	24322	12530	11792	9292	11513	11487	2811	18244	3267	22212
小门家镇	35104	17506	17598	13104	17174	17116	3644	26684	4776	34232
大辛店镇	67453	34012	33441	26954	33243	32669	6502	51207	9744	65459
村里集镇	41373	21062	20311	16027	20368	19797	4528	31028	5817	41094
北沟镇	55856	28364	27492	21468	26938	27017	5716	42297	7843	52738
招远市	**566244**	**284990**	**281254**	**211921**	**271169**	**274953**	**69778**	**424001**	**72465**	**483253**
罗峰街道	69174	34447	34727	25236	32703	33434	9646	53697	5831	50130
泉山街道	45868	22704	23164	16312	22457	22930	7355	35474	3039	31682
梦芝街道	26403	13194	13209	9617	13062	13141	4028	20140	2235	19000
温泉街道	50778	25460	25318	17199	22781	23550	7336	39146	4296	34448
大秦家街道	28538	14953	13585	9780	12857	12734	3197	21566	3775	24437
辛庄镇	34096	16722	17374	14478	16577	17355	3391	24682	6023	32274
蚕庄镇	29086	14355	14731	11947	13842	14507	2757	21356	4973	26431
金岭镇	37209	18322	18887	13749	18197	18826	4023	27108	6078	35930
毕郭镇	30845	15481	15364	12574	15044	14918	3383	22432	5030	29462
玲珑镇	27888	13883	14005	9631	13071	13611	3149	21047	3692	25930
张星镇	59563	29618	29945	22467	28689	29307	6726	43724	9113	56078
夏甸镇	39182	19926	19256	15459	19709	19243	4648	28509	6025	37819
阜山镇	49749	26790	22959	18497	23415	22862	5740	37650	6359	43334
齐山镇	37865	19135	18730	14975	18765	18535	4399	27470	5996	36298
栖霞市	**589620**	**299686**	**289934**	**226416**	**288284**	**282717**	**60348**	**451468**	**77804**	**526949**
翠屏街道	53995	27011	26984	20213	25883	25886	6726	42215	5054	38626
庄园街道	57138	28496	28642	21888	27250	27619	7434	44896	4808	35130
松山街道	37378	19158	18220	13702	17686	17068	3445	28926	5007	34398
观里镇	33022	16891	16131	11631	16050	15647	3218	25236	4568	32463
蛇窝泊镇	58162	29554	28608	22688	29337	28519	5772	43665	8725	56973
唐家泊镇	25001	12872	12129	9932	12861	12127	2371	18886	3744	24291
桃村镇	79158	40012	39146	31519	38370	38211	7421	60848	10889	73276
亭口镇	30400	15588	14812	11990	14962	14445	2545	22860	4995	27598
臧家庄镇	72864	37457	35407	28103	34540	34357	6338	56340	10186	67218
寺口镇	19706	10068	9638	7665	10003	9610	2085	14847	2774	19093
苏家店镇	32642	16607	16035	12154	16377	15833	3835	24521	4286	31724
杨础镇	24815	12558	12257	9339	12202	11805	2619	18677	3519	23441

表15 续表 15　　单位：人、户

地　区	总人口			家庭户	家庭户总人口		分年龄人口			居住本地，户口在本地
	合　计	男	女	户　数	男	女	0-14岁	15-64岁	65岁及以上	
西城镇	19104	9833	9271	7265	9427	9042	2023	14485	2596	17999
官道镇	28440	14562	13878	10816	14439	13819	2976	21576	3888	27776
庙后镇	17795	9019	8776	7511	8897	8729	1540	13490	2765	16943
海阳市	**638729**	**322775**	**315954**	**244081**	**308952**	**305192**	**68081**	**482809**	**87839**	**560085**
方圆街道	74781	37394	37387	27732	36489	36781	10142	57812	6827	58967
东村街道	79039	39724	39315	29751	37483	37286	9557	61346	8136	55754
凤城街道	37777	19024	18753	12487	15411	15344	3871	29581	4325	27070
留格庄镇	59418	30332	29086	20928	27763	28138	5323	45398	8697	53690
盘石店镇	27572	14202	13370	11055	13705	13197	2462	20385	4725	26716
郭城镇	32892	16643	16249	14226	16572	16235	3244	24043	5605	31380
徐家店镇	43554	22084	21470	16428	21400	20796	4562	33254	5738	40765
发城镇	38677	19671	19006	14793	19616	18942	3639	29506	5532	38029
小纪镇	45658	23355	22303	18290	23290	22288	4279	33687	7692	44360
行村镇	44271	22024	22247	18546	21848	22193	4647	32080	7544	42272
辛安镇	45028	22426	22602	18059	22364	22585	4724	33245	7059	44008
二十里店镇	29402	14870	14532	10664	14808	14519	3059	21599	4744	28074
大阎家镇	27151	13815	13336	10868	13155	13124	2792	20199	4160	25325
朱吴镇	35332	18293	17039	14718	18173	17006	3607	25706	6019	34063
外向型工业加工区	18177	8918	9259	5536	6875	6758	2173	14968	1036	9612
潍坊市	**9086241**	**4600438**	**4485803**	**2693924**	**4257288**	**4240130**	**1377457**	**6791130**	**917654**	**7764123**
潍城区	**415118**	**208841**	**206277**	**125215**	**187120**	**186696**	**58717**	**322385**	**34016**	**288014**
城关街道	42617	22550	20067	14417	18797	19445	5054	33603	3960	29937
南关街道	55883	27469	28414	16814	24226	24250	7240	44331	4312	31761
西关街道	71199	36196	35003	23521	33477	32892	10275	55720	5204	45540
北关街道	80164	38878	41286	26207	36708	37184	12215	61746	6203	46447
于河街道	70818	36256	34562	21521	34816	34167	11041	52861	6916	61574
望留街道	94437	47492	46945	22735	39096	38758	12892	74124	7421	72755
寒亭区	**424106**	**217295**	**206811**	**134916**	**198941**	**200844**	**62302**	**315914**	**45890**	**369205**
寒亭街道	97396	50863	46533	30649	44249	44747	13672	74882	8842	74135
开元街道	32457	17127	15330	9917	14907	14945	4632	24429	3396	25296
固堤街道	54053	26823	27230	18474	26731	27199	7606	38653	7794	52263
央子街道	20172	11269	8903	5542	7720	8082	2688	15650	1834	15996
大家洼街道	76459	39320	37139	25273	34355	34850	11165	58619	6675	64044
高里街道	82861	41614	41247	27151	40801	40619	12465	59956	10440	79399
朱里街道	60708	30279	30429	17910	30178	30402	10074	43725	6909	58072
坊子区	**512161**	**259032**	**253129**	**157449**	**248751**	**247500**	**84089**	**373899**	**54173**	**460872**
凤凰街道	56183	29292	26891	16145	24157	23904	8484	44484	3215	36154
坊安街道	47622	24184	23438	14983	24142	23418	7886	34983	4753	45500
坊城街道	90996	46481	44515	28731	43424	43618	13583	67694	9719	79558
九龙街道	70327	35757	34570	20987	35616	34498	12728	50466	7133	66011
黄旗堡街道	47838	24143	23695	15130	24122	23671	8383	34384	5071	45163
太保庄镇	131531	65353	66178	40613	63535	64571	20704	94266	16561	124639
赵戈镇	67664	33822	33842	20860	33755	33820	12321	47622	7721	63847
奎文区	**692643**	**356416**	**336227**	**200127**	**285180**	**289880**	**92012**	**550826**	**49805**	**456128**
东关街道	80724	40743	39981	26692	36645	37033	9641	62733	8350	63487
大虞街道	114307	57034	57273	35564	48051	48394	14428	93083	6796	67069
梨园街道	50651	26349	24302	16293	23607	23940	8666	38686	3299	31243
廿里堡街道	34254	17247	17007	10284	16158	16563	5771	25839	2644	26179
潍州路街道	68910	35846	33064	21268	29883	30930	9378	52961	6571	48946
北苑街道	33207	17609	15598	10531	14836	14634	4281	26691	2235	21702

表15 续表 16　　　　　　　　　　　　　　　　　　　　　　　　　　单位：人、户

地　区	总人口			家庭户	家庭户总人口		分年龄人口			居住本地，户口在本地
	合　计	男	女	户　数	男	女	0-14岁	15-64岁	65岁及以上	
广文街道	70051	35975	34076	18094	26045	27321	8822	56149	5080	52343
新城街道	178546	94378	84168	43548	62716	63716	22001	147667	8878	94460
清池街道	61993	31235	30758	17853	27239	27349	9024	47017	5952	50699
临朐县	**834314**	**424816**	**409498**	**241449**	**384164**	**379151**	**124361**	**626707**	**83246**	**757147**
城关街道	190207	98218	91989	47364	75680	73765	30376	145238	14593	145502
东城街道	109439	55834	53605	30322	51493	50478	17751	81390	10298	96569
五井镇	60260	30863	29397	18247	27654	27769	8599	44383	7278	58192
冶源镇	97936	49743	48193	26824	45149	44535	13782	73564	10590	92701
寺头镇	56289	28246	28043	18412	27308	27535	7506	42318	6465	55084
九山镇	44420	22120	22300	14745	21995	22216	6918	33187	4315	42264
辛寨镇	100168	50336	49832	31610	48779	48771	15274	74456	10438	96409
龙岗镇	63195	32439	30756	18895	30945	29847	8873	46688	7634	60281
柳山镇	33992	17358	16634	10915	17167	16528	4677	25250	4065	33475
沂山镇	78408	39659	38749	24115	37994	37707	10605	60233	7570	76670
昌乐县	**615910**	**312326**	**303584**	**184240**	**295659**	**292212**	**90666**	**465172**	**60072**	**539224**
城关街道	105924	54051	51873	32707	47213	46685	16306	83121	6497	59707
宝城街道	63474	32858	30616	17343	27191	26783	8915	49159	5400	49228
朱刘街道	33925	17268	16657	10475	16727	16473	4952	25488	3485	31027
城南街道	26547	13442	13105	8407	13250	13006	4524	19172	2851	24502
五图街道	29291	14782	14509	9244	14644	14471	4719	21529	3043	28379
乔官镇	82467	41796	40671	24511	41488	40561	12618	60910	8939	80511
唐吾镇	93260	46845	46415	27727	46577	46255	12510	70121	10629	91898
红河镇	88458	44307	44151	25833	42726	42830	12795	66415	9248	84748
营丘镇	92564	46977	45587	27993	45843	45148	13327	69257	9980	89224
青州市	**940355**	**471061**	**469294**	**274644**	**445871**	**444485**	**137515**	**703428**	**99412**	**846365**
王府街道	133240	65327	67913	36452	54022	55169	18829	101657	12754	110200
益都街道	105070	53452	51618	27713	43112	43415	15291	79913	9866	81587
云门山街道	103166	50888	52278	32023	49545	50266	15722	78559	8885	73260
黄楼街道	80055	39934	40121	22145	39934	40121	11800	59610	8645	78322
弥河镇	49545	24834	24711	14337	24695	24618	7016	36519	6010	48435
王坟镇	48052	24419	23633	14725	24402	23626	6464	36068	5520	47217
庙子镇	38147	19380	18767	12414	19379	18766	5212	28481	4454	37493
邵庄镇	66728	33528	33200	20439	33495	33181	10284	48298	8146	64494
高柳镇	67339	34065	33274	20815	33562	32751	10315	48828	8196	64657
何官镇	73470	37191	36279	21993	36907	36188	11170	54267	8033	70820
东夏镇	84083	42022	42061	24196	41033	41223	11918	63049	9116	80113
谭坊镇	91460	46021	45439	27392	45785	45161	13494	68179	9787	89767
诸城市	**1086222**	**549076**	**537146**	**316179**	**524442**	**517439**	**179545**	**793331**	**113346**	**942450**
密州街道	214252	107163	107089	61706	98755	98949	36098	162000	16154	164884
龙都街道	150143	75989	74154	42901	70070	69424	25776	113310	11057	107749
舜王街道	134890	69023	65867	34914	61782	60979	22846	99836	12208	111970
枳沟镇	43152	21811	21341	12384	21539	21154	7293	30903	4956	40590
贾悦镇	93228	46924	46304	28596	46761	46205	13588	68444	11196	89846
石桥子镇	58538	29609	28929	17301	29444	28904	9076	41893	7569	56594
相州镇	**61748**	**31066**	**30682**	**18062**	**30514**	**30245**	**10500**	**43541**	**7707**	**57232**
昌城镇	63208	31452	31756	17706	31212	31573	11425	44639	7144	59515
百尺河镇	42913	21659	21254	13176	21504	21198	7137	30237	5539	40825
辛兴镇	38200	19205	18995	11201	18925	18840	6942	26621	4637	35577
林家村镇	88509	45298	43211	27474	45110	43182	14188	62088	12233	85359
皇华镇	65646	33397	32249	20589	33250	32200	10275	47019	8352	62443

表15 续表 17　　　　单位：人、户

地区	总人口			家庭户	家庭户总人口		分年龄人口			居住本地，户口在本地
	合计	男	女	户数	男	女	0-14岁	15-64岁	65岁及以上	
桃林镇	31795	16480	15315	10169	15576	14586	4401	22800	4594	29866
寿光市	**1139454**	**580569**	**558885**	**341539**	**532175**	**529273**	**171225**	**853689**	**114540**	**956752**
圣城街道	251384	130367	121017	75322	105201	102235	34847	204049	12488	140514
文家街道	58312	29730	28582	15567	27991	27556	9174	43578	5560	50169
古城街道	60149	31260	28889	17469	27723	27573	8881	45080	6188	52167
洛城街道	106656	54550	52106	28841	49899	49243	16093	78828	11735	96717
孙家集街道	57268	28852	28416	16119	28510	28147	9681	41469	6118	54416
化龙镇	52660	26645	26015	15546	25801	25532	8556	38412	5692	49707
营里镇	57091	28562	28529	18094	26619	27968	7715	41251	8125	53118
台头镇	60354	30704	29650	18315	29498	29320	9639	43469	7246	55986
田柳镇	67165	33454	33711	21893	32394	32796	9514	49122	8529	64103
上口镇	65770	32804	32966	19866	32113	32411	9976	47453	8341	62601
侯镇	96737	48542	48195	30736	45907	47214	14773	69872	12092	91250
纪台镇	52144	26572	25572	14986	26009	25331	9326	37176	5642	49038
稻田镇	93728	47487	46241	27635	46442	45702	14871	68038	10819	87956
羊口镇	60036	31040	28996	21150	28068	28245	8179	45892	5965	49010
安丘市	**926894**	**470776**	**456118**	**274405**	**453049**	**442500**	**143995**	**689177**	**93722**	**833891**
兴安街道	224684	114048	110636	69132	106484	104060	38126	169055	17503	163349
新安街道	139524	71140	68384	38614	65568	64424	22867	104328	12329	122808
景芝镇	126703	63587	63116	37045	62728	62396	20446	92387	13870	123252
凌河镇	99069	50245	48824	27451	48655	47747	15627	72773	10669	96912
官庄镇	50826	25722	25104	14672	25195	24759	7298	37677	5851	49137
大盛镇	31797	16359	15438	9146	15888	15147	3775	24500	3522	31195
石埠子镇	58333	29570	28763	18530	29203	28607	7672	43214	7447	56561
石堆镇	35367	18038	17329	10075	18017	17315	6191	25586	3590	33839
柘山镇	28333	14487	13846	9375	14371	13785	3841	21391	3101	27858
辉渠镇	59323	30468	28855	18396	30230	28670	7527	44158	7638	57825
吾山镇	33881	17287	16594	10529	17176	16537	4109	25711	4061	33326
金冢子镇	39054	19825	19229	11440	19534	19053	6516	28397	4141	37829
高密市	**895582**	**447238**	**448344**	**262670**	**423620**	**427277**	**143702**	**653610**	**98270**	**778962**
朝阳街道	118320	59144	59176	35500	55890	55727	20348	86772	11200	92261
醴泉街道	112360	56138	56222	34115	52001	52521	16228	85211	10921	87164
密水街道	161306	80454	80852	48395	75349	75441	25976	122250	13080	119432
柏城镇	77235	38852	38383	20940	35501	35822	13094	54752	9389	72996
夏庄镇	88710	44088	44622	24994	42597	43184	13375	64063	11272	83627
姜庄镇	72453	35950	36503	21371	35083	35362	11429	51840	9184	68734
大牟家镇	47569	23663	23906	14264	23449	23763	7406	33650	6513	46306
阚家镇	75669	37709	37960	20554	35374	36217	12785	54228	8656	72156
井沟镇	62917	31361	31556	18829	30703	31074	10164	44723	8030	60822
柴沟镇	79043	39879	39164	23708	37673	38166	12897	56121	10025	75464
昌邑市	**603482**	**302992**	**300490**	**181091**	**278316**	**282873**	**89328**	**442992**	**71162**	**535113**
奎聚街道	103591	51376	52215	30563	44147	44521	15782	78691	9118	76910
都昌街道	99909	50346	49563	30048	44384	44566	14267	74852	10790	79461
围子街道	98572	50237	48335	28216	46990	47580	15111	71298	12163	92564
柳疃镇	48469	24077	24392	14543	21971	22959	6559	35254	6656	45772
龙池镇	25923	13447	12476	7978	11465	11931	3106	19137	3680	23157
卜庄镇	53474	26610	26864	17237	25476	26275	7120	39092	7262	50640
饮马镇	83872	42318	41554	24589	40713	40565	13795	60154	9923	79577
北孟镇	66277	32902	33375	20969	32801	33302	10434	47225	8618	64701
下营镇	23395	11679	11716	6948	10369	11174	3154	17289	2952	22331

表15　续表 18　　　　　　　　　　　　　　　　　　　　　　　　　　单位：人、户

地　　区	总人口			家庭户	家庭户总人口		分年龄人口			居住本地，户口在本地
	合　计	男	女	户　数	男	女	0-14岁	15-64岁	65岁及以上	
济宁市	**8081905**	**4118415**	**3963490**	**2374970**	**3900852**	**3832738**	**1390048**	**5928680**	**763177**	**7180294**
市中区	**588861**	**295582**	**293279**	**187652**	**281024**	**282531**	**92677**	**440972**	**55212**	**468961**
古槐街道	62130	30553	31577	19492	26106	27001	8818	46336	6976	47367
济阳街道	38075	19274	18801	13351	18178	18166	5449	28592	4034	27897
阜桥街道	124926	61999	62927	42353	58735	60227	17445	95152	12329	95012
越河街道	30602	15236	15366	11179	14642	15016	4671	22677	3254	20770
观音阁街道	65600	33288	32312	22228	31767	31670	10593	50687	4320	35721
南苑街道	39976	20023	19953	13057	18908	19211	6611	30186	3179	23280
安居街道	70296	35162	35134	20919	35142	35125	11643	51793	6860	67793
唐口街道	83191	41935	41256	23721	40975	40263	14620	61318	7253	79775
喻屯镇	74065	38112	35953	21352	36571	35852	12827	54231	7007	71346
任城区	**652151**	**334147**	**318004**	**190848**	**292045**	**288515**	**103722**	**499809**	**48620**	**472471**
许庄街道	58363	28521	29842	13577	21586	21961	7712	46992	3659	34914
柳行街道	36530	19164	17366	10136	16280	16202	6266	28317	1947	22485
洸河街道	30852	15464	15388	10694	15035	15086	5153	23877	1822	16559
李营街道	88346	45555	42791	23726	37823	37653	13472	68451	6423	58811
南张街道	62527	32779	29748	19682	29653	28949	9916	47485	5126	47787
仙营街道	51995	26246	25749	12551	17140	17173	6248	42453	3294	26702
金城街道	87556	45295	42261	27543	37982	38060	14058	68547	4951	43525
廿里铺街道	46645	24021	22624	15192	23052	22569	7491	34772	4382	43781
接庄街道	64512	32434	32078	18200	31045	31213	10783	47998	5731	60654
长沟镇	57058	29534	27524	17811	29348	27510	10936	40482	5640	54854
石桥镇	46665	24175	22490	14201	22585	22039	8051	33805	4809	44719
兖矿集团济东新村	21102	10959	10143	7535	10516	10100	3636	16630	836	17680
微山县	**633357**	**335764**	**297593**	**184354**	**313779**	**293251**	**105487**	**466738**	**61132**	**579490**
夏镇街道	108671	63422	45249	30460	49047	44641	15787	84969	7915	81000
昭阳街道	45316	23999	21317	12232	21248	19502	7387	33700	4229	39437
韩庄镇	57342	29222	28120	17289	28929	28042	9821	41019	6502	53872
欢城镇	84056	44232	39824	25819	43048	39510	13142	63409	7505	80411
南阳镇	24467	12683	11784	6322	11975	11408	4414	17123	2930	23247
鲁桥镇	44325	23065	21260	13151	22056	21028	7378	32444	4503	42469
傅村镇	41049	21482	19567	12168	20710	19060	6606	30983	3460	39213
留庄镇	50386	26662	23724	14239	26580	23716	9921	35654	4811	47815
两城镇	60258	31182	29076	17578	30853	28951	11115	42439	6704	58748
马坡镇	53155	27266	25889	15898	27191	25857	9093	38452	5610	52191
微山岛乡	12026	5925	6101	4169	5921	6099	2293	8055	1678	11366
高楼乡	16371	8435	7936	4694	8416	7931	2644	11947	1780	15942
张楼乡	14044	7113	6931	3962	7060	6919	2332	10325	1387	12941
赵庙乡	13445	6780	6665	3644	6477	6441	2151	10069	1225	12957
西平乡	8446	4296	4150	2729	4268	4146	1403	6150	893	7881
鱼台县	**437146**	**224623**	**212523**	**113373**	**204490**	**199485**	**70219**	**322329**	**44598**	**408221**
谷亭街道	37242	19431	17811	8930	16237	15573	5829	27689	3724	32951
滨湖街道	48710	25332	23378	10975	18720	18050	7603	36913	4194	40083
清河镇	40098	20467	19631	10363	19229	18975	6774	29169	4155	39464
鱼城镇	38985	19762	19223	10658	18767	18243	6179	28526	4280	37303
王鲁镇	40210	20815	19395	10805	19106	18445	6755	29426	4029	36308
张黄镇	56095	29626	26469	14513	26592	25946	9166	41541	5388	52798
王庙镇	54954	28099	26855	14561	27239	26472	8756	40104	6094	53761
李阁镇	37330	18983	18347	10294	18630	18142	6026	27286	4018	36918
唐马镇	30004	14946	15058	7784	13742	13695	4866	22166	2972	26081

表15 续表 19

单位：人、户

地区	总人口			家庭户	家庭户总人口		分年龄人口			居住本地，户口在本地
	合计	男	女	户数	男	女	0-14岁	15-64岁	65岁及以上	
老砦镇	24593	12264	12329	6644	12105	12236	3621	18259	2713	24175
罗屯乡	28925	14898	14027	7846	14123	13708	4644	21250	3031	28379
金乡县	**625262**	**320797**	**304465**	**189650**	**307519**	**296909**	**106262**	**458327**	**60673**	**580242**
金乡街道	96018	49474	46544	27331	43890	43085	15038	73712	7268	76504
羊山镇	50194	25719	24475	15026	25567	24377	9508	35909	4777	48951
胡集镇	59504	30893	28611	17137	29670	28196	11286	42072	6146	55943
肖云镇	45897	23915	21982	14101	22238	21413	7241	33551	5105	43943
鸡黍镇	58829	30256	28573	18871	29305	28243	9811	43051	5967	56606
王丕镇	20503	10425	10078	6766	10387	10068	3303	14964	2236	19996
司马镇	29199	14808	14391	9149	14659	14358	4630	21149	3420	28331
鱼山镇	55984	28516	27468	16864	25950	25277	8829	42484	4671	46163
马庙镇	52762	26867	25895	16982	26307	25655	9445	37826	5491	50958
化雨镇	45798	23497	22301	12488	23363	22241	8152	33314	4332	44875
高河镇	32246	16416	15830	10575	16374	15824	5283	23790	3173	31498
卜集乡	41728	21406	20322	12700	21231	20185	8087	29478	4163	40561
兴隆乡	36600	18605	17995	11660	18578	17987	5649	27027	3924	35913
嘉祥县	**818188**	**422056**	**396132**	**233797**	**409489**	**388611**	**183836**	**560947**	**73405**	**747251**
嘉祥街道	108407	56179	52228	29450	49219	46647	21684	79832	6891	78481
纸坊镇	79077	40645	38432	23550	39602	37365	18517	53272	7288	72659
梁宝寺镇	64944	34825	30119	17063	30924	29326	13423	45561	5960	58986
卧龙山镇	65568	33528	32040	18627	33443	32016	15921	43795	5852	60709
疃里镇	90480	47189	43291	25176	46755	43285	20016	62260	8204	83543
马村镇	41359	21306	20053	11560	21259	20045	10145	27264	3950	38644
金屯镇	58967	29806	29161	17918	29803	29161	12510	40752	5705	57310
大张楼镇	36667	18905	17762	9815	18891	17752	8746	24574	3347	34799
老僧堂乡	38458	19608	18850	11507	19605	18849	8708	26119	3631	37487
黄垓乡	30821	15796	15025	8712	15795	15023	7745	19752	3324	28628
万张乡	40003	20698	19305	10923	20698	19303	9150	27293	3560	38994
马集乡	37526	19322	18204	11103	19321	18204	8628	25562	3336	34897
满硐乡	31997	16456	15541	9200	16456	15541	7090	21723	3184	30823
仲山乡	56163	28436	27727	18174	28366	27702	13378	37190	5595	54468
孟姑集乡	37751	19357	18394	11019	19352	18392	8175	25998	3578	36823
汶上县	**684617**	**341934**	**342683**	**191712**	**331572**	**336214**	**122797**	**499047**	**62773**	**659489**
中都街道	70453	35822	34631	21205	34508	33410	11344	53978	5131	60720
汶上街道	49352	24985	24367	13455	21847	21620	7762	38308	3282	43344
南站镇	70086	35286	34800	20726	34408	34439	12573	50635	6878	68887
南旺镇	52452	27133	25319	13555	27088	25317	11001	36853	4598	50122
次丘镇	70562	34943	35619	18616	33826	35143	12112	51136	7314	70018
寅寺镇	42508	21047	21461	11159	20239	21268	7345	30907	4256	42185
郭楼镇	39780	19162	20618	11211	18473	20210	7372	28340	4068	38872
康驿镇	69191	35967	33224	18509	35817	33143	12655	50901	5635	68592
苑庄镇	31229	14864	16365	8992	14815	16359	5920	22360	2949	31133
义桥镇	40865	19990	20875	11779	19177	20542	7454	29216	4195	40182
郭仓镇	31067	14818	16249	8987	14526	16097	5877	22173	3017	31053
白石镇	33688	16948	16740	9129	16305	16563	5410	24945	3333	32919
刘楼乡	33429	16668	16761	9365	16581	16559	6791	23454	3184	32181
杨店乡	28953	14222	14731	8487	13915	14635	5283	20803	2867	28452
军屯乡	21002	10079	10923	6537	10047	10909	3898	15038	2066	20829
泗水县	**536087**	**270705**	**265382**	**173596**	**262156**	**260166**	**93426**	**385692**	**56969**	**497671**
泗河街道	53505	26953	26552	16576	24632	24808	8877	40047	4581	41139

表15 续表 20

单位：人、户

地区	总人口			家庭户户数	家庭户总人口		分年龄人口			居住本地，户口在本地
	合计	男	女		男	女	0-14岁	15-64岁	65岁及以上	
济河街道	59145	29875	29270	19212	28741	28372	10148	43603	5394	48310
泉林镇	56213	28041	28172	18409	27272	27704	10073	40045	6095	54811
星村镇	44136	22268	21868	14048	22091	21798	7815	31432	4889	42490
柘沟镇	29747	14831	14916	10019	14489	14736	5431	21072	3244	28180
金庄镇	47288	24163	23125	14990	23625	22865	7894	34273	5121	45385
苗馆镇	44700	22730	21970	14586	21867	21547	7940	31503	5257	43188
中册镇	30290	15331	14959	10163	14774	14680	5171	21680	3439	29222
杨柳镇	33606	16983	16623	9899	16354	16302	5109	24615	3882	32833
泗张镇	41158	21018	20140	13772	20501	19888	6909	29654	4595	39796
圣水峪镇	37335	18822	18513	12789	18585	18416	6853	26119	4363	36125
高峪镇	37414	18817	18597	12134	18544	18470	7493	26265	3656	35420
大黄沟乡	21550	10873	10677	6999	10681	10580	3713	15384	2453	20772
梁山县	**730652**	**371772**	**358880**	**213043**	**358495**	**351107**	**148185**	**513375**	**69092**	**673323**
水泊街道	82339	42495	39844	25795	41223	39381	14797	61030	6512	67859
梁山街道	80415	41528	38887	22453	36690	34591	14758	59367	6290	62312
小路口镇	45087	22437	22650	13852	21793	22457	9635	30433	5019	43298
韩岗镇	55142	27605	27537	15467	26466	27039	10979	38630	5533	53797
拳铺镇	111714	57828	53886	29169	56193	53204	23660	77463	10591	105426
杨营镇	53626	27214	26412	16701	26724	26213	10507	37393	5726	50210
韩垓镇	54871	28218	26653	14686	27516	26498	11334	38545	4992	53427
馆驿镇	46913	23442	23471	13845	23139	23293	10520	32333	4060	44592
小安山镇	48760	24391	24369	14875	23403	23868	10704	33546	4510	47037
寿张集镇	34462	17450	17012	10204	16889	16738	7816	23200	3446	31920
黑虎庙镇	28819	14657	14162	9083	14000	13895	5822	19915	3082	28227
马营乡	30916	15599	15317	9453	15551	15250	5900	21655	3361	29359
赵堌堆乡	26699	13521	13178	8184	13521	13178	5488	18399	2812	25889
大路口乡	30889	15387	15502	9276	15387	15502	6265	21466	3158	29970
曲阜市	**640498**	**314778**	**325720**	**180279**	**302459**	**305957**	**97589**	**482425**	**60484**	**572522**
鲁城街道	159062	76053	83009	43137	67663	68634	22565	125455	11042	114317
书院街道	33885	16747	17138	9220	16624	17090	5315	25358	3212	32976
时庄街道	53584	26672	26912	15523	26559	26884	8614	39996	4974	46906
小雪街道	43378	21535	21843	12252	21439	21822	6835	32281	4262	42298
吴村镇	33254	16418	16836	9910	16410	16825	4867	24636	3751	32870
姚村镇	39035	19295	19740	11463	19294	19735	6080	28648	4307	38523
陵城镇	60259	29077	31182	14993	26271	26864	8673	46439	5147	52311
南辛镇	47677	23996	23681	14002	23947	23673	7817	34558	5302	46885
王庄镇	44668	22439	22229	12570	22402	22206	7074	32881	4713	44015
息陬镇	47364	23859	23505	12955	23817	23496	7444	35188	4732	46791
董庄乡	40046	19612	20434	12416	19002	19526	5826	29411	4809	38260
防山乡	38286	19075	19211	11838	19031	19202	6479	27574	4233	36370
兖州市	**618394**	**311091**	**307303**	**189792**	**297921**	**302167**	**96019**	**461883**	**60492**	**527948**
鼓楼街道	98636	48210	50426	32807	46169	48106	15445	73959	9232	68315
龙桥街道	38081	19503	18578	11186	17044	17731	6130	29572	2379	21011
酒仙桥街道	33991	17591	16400	11180	15806	16264	4757	25840	3394	23509
王因街道	60020	30969	29051	18094	28422	28665	9052	45057	5911	55576
黄屯街道	24060	12021	12039	7406	11770	11995	3799	17941	2320	22753
大安镇	83853	42183	41670	25348	41527	41310	12819	62075	8959	76114
新驿镇	46765	23850	22915	12656	22936	22851	7587	34497	4681	44711
颜店镇	59272	29598	29674	18953	29553	29659	9453	43253	6566	57721
新兖镇	51505	26117	25388	15039	24552	24540	7973	39006	4526	41201

表15　续表 21　　　　单位：人、户

地区	总人口			家庭户	家庭户总人口		分年龄人口			居住本地，户口在本地
	合计	男	女	户数	男	女	0-14岁	15-64岁	65岁及以上	
漕河镇	28659	14373	14286	8553	14310	14280	4473	21079	3107	28081
兴隆庄镇	58045	28889	29156	18446	28052	29050	8869	43402	5774	54286
小孟镇	35507	17787	17720	10124	17780	17716	5662	26202	3643	34670
邹城市	**1116692**	**575166**	**541526**	**326874**	**539903**	**527825**	**169829**	**837136**	**109727**	**992705**
钢山街道	123014	64298	58716	38861	56432	56942	18151	93999	10864	87375
千泉街道	91620	46043	45577	27766	43658	43435	14903	70663	6054	59085
凫山街道	62766	31553	31213	21383	29850	29798	9325	48424	5017	40703
香城镇	69731	35859	33872	18765	35457	33710	10673	50953	8105	68473
城前镇	71465	36525	34940	21922	36419	34926	11436	52158	7871	70049
大束镇	73414	38007	35407	20953	37333	35115	11261	54019	8134	71185
北宿镇	106962	56782	50180	29881	48521	48064	15647	82312	9003	96727
中心店镇	80850	41612	39238	22853	38300	38446	12201	61506	7143	76754
唐村镇	36446	18501	17945	11245	17339	17417	5885	27002	3559	33616
太平镇	110992	57520	53472	30169	51225	50455	17103	82687	11202	106714
石墙镇	70098	36282	33816	19112	35126	33211	10050	52176	7872	67881
峄山镇	47720	24131	23589	14200	23736	23431	6762	35805	5153	46585
看庄镇	31460	15710	15750	9599	15142	15442	4773	22825	3862	30655
张庄镇	61922	32163	29759	17713	31850	29627	9552	45662	6708	60669
田黄镇	35677	18041	17636	9897	17989	17632	5493	25955	4229	34369
郭里镇	42555	22139	20416	12555	21526	20174	6614	30990	4951	41865
泰安市	**5494207**	**2742039**	**2752168**	**1700362**	**2550982**	**2609663**	**857353**	**4110633**	**526221**	**4826016**
泰山区	**760045**	**382102**	**377943**	**222920**	**314783**	**322832**	**108389**	**589729**	**61927**	**433542**
岱庙街道	135165	66440	68725	45716	60733	63577	21594	100996	12575	69260
财源街道	164665	83174	81491	52752	70399	72334	21506	131212	11947	88348
泰前街道	161678	83076	78602	37949	51430	53349	17438	131627	12613	81061
上高街道	121586	61334	60252	32137	47280	46791	18858	95738	6990	47571
徐家楼街道	41448	20948	20500	13267	19848	19995	7551	31161	2736	23729
省庄镇	62541	31195	31346	18089	29269	29790	10030	46005	6506	54127
邱家店镇	62026	30495	31531	19443	30409	31511	9639	45194	7193	58989
大津口乡	10936	5440	5496	3567	5415	5485	1773	7796	1367	10457
岱岳区	**975380**	**484209**	**491171**	**289439**	**453007**	**457222**	**148982**	**725648**	**100750**	**868433**
粥店街道	100684	50453	50231	27044	38337	39677	13721	80938	6025	51007
天平街道	35559	16006	19553	9948	15597	15934	5305	27061	3193	25764
北集坡办事处	83871	39029	44842	21155	32286	32519	10637	66445	6789	58419
山口镇	50238	25038	25200	14994	23741	24140	7997	36827	5414	48087
祝阳镇	52618	26542	26076	15802	25697	25638	7759	38892	5967	51746
范镇	55644	27490	28154	16762	26963	27770	8865	40586	6193	54337
角峪镇	30285	15263	15022	10050	14701	14704	4307	22040	3938	29771
徂徕镇	54916	27451	27465	17310	26753	26988	8174	40285	6457	54125
满庄镇	69246	34796	34450	21417	33656	33837	10986	50466	7794	61482
夏张镇	60728	30486	30242	17585	29681	29679	9524	44455	6749	59505
道朗镇	31344	15614	15730	10262	15001	15265	4828	22771	3745	30299
黄前镇	31942	16212	15730	10075	15827	15498	4669	23243	4030	31475
大汶口镇	74986	37542	37444	22038	34360	35492	12096	54681	8209	72289
马庄镇	47272	23623	23649	13942	22841	23311	7965	34450	4857	46616
房村镇	54739	27685	27054	16618	27115	26762	9160	39770	5809	53562
良庄镇	69986	35050	34936	21121	34565	34644	12072	50996	6918	69283
下港乡	38680	19620	19060	11926	19604	19054	5941	27896	4843	38362
化马湾乡	32642	16309	16333	11390	16282	16310	4976	23846	3820	32304
宁阳县	**754647**	**373907**	**380740**	**229670**	**346368**	**363865**	**120465**	**560855**	**73327**	**699146**

表15 续表 22

单位：人、户

地区	总人口			家庭户	家庭户总人口		分年龄人口			居住本地，户口在本地
	合计	男	女	户数	男	女	0-14岁	15-64岁	65岁及以上	
文庙街道	90172	46384	43788	23316	33769	34735	14033	69889	6250	65401
八仙桥街道	41577	20649	20928	12028	18223	18790	7312	31093	3172	31923
泗店镇	39919	19601	20318	11894	19411	20251	6414	29537	3968	37173
东疏镇	53889	26268	27621	16543	25285	27178	8611	39451	5827	52386
伏山镇	57306	27666	29640	17376	26451	28882	9285	42255	5766	55900
堽城镇	70864	34372	36492	22673	34193	36472	11625	52217	7022	67458
蒋集镇	43140	21048	22092	13646	20802	21897	6702	32109	4329	42184
磁窑镇	84922	43035	41887	24550	38607	39365	12737	64479	7706	81154
华丰镇	87989	44410	43579	28151	39490	42031	13797	64917	9275	84525
葛石镇	56115	27379	28736	18028	27302	28720	8850	41227	6038	55130
东庄镇	53459	26449	27010	17456	26295	26927	8726	38948	5785	52075
鹤山乡	44226	21211	23015	14176	21113	22992	7735	31660	4831	43499
乡饮乡	31069	15435	15634	9833	15427	15625	4638	23073	3358	30338
东平县	**741566**	**370468**	**371098**	**210030**	**354141**	**362499**	**117194**	**547148**	**77224**	**717910**
东平街道	147097	73227	73870	42997	68091	70069	24669	109890	12538	136338
州城街道	53699	26330	27369	15041	25178	26531	7865	39800	6034	52205
沙河站镇	54614	27382	27232	14171	26951	27115	8316	40625	5673	54207
彭集镇	60632	30079	30553	16778	27444	29419	10116	43822	6694	58213
老湖镇	60800	30035	30765	16230	29286	30170	9025	44307	7468	60139
银山镇	56196	28698	27498	15608	27554	26954	9372	41689	5135	55487
斑鸠店镇	44229	22210	22019	13053	21594	21731	6944	32391	4894	43695
接山镇	56194	27511	28683	16597	26763	28134	8208	41722	6264	54860
大羊镇	32266	16176	16090	9204	16026	16048	4523	23757	3986	31678
梯门镇	38178	19810	18368	10348	17427	18136	5435	28140	4603	35391
新湖乡	47137	23418	23719	13449	23344	23702	7686	34796	4655	46654
商老庄乡	29458	14753	14705	8772	14538	14621	5481	21383	2594	29067
戴庙乡	36074	18507	17567	10158	17666	17230	5900	26566	3608	35351
旧县乡	24992	12332	12660	7624	12279	12639	3654	18260	3078	24625
新泰市	**1315942**	**664875**	**651067**	**444715**	**626685**	**629176**	**214816**	**974665**	**126461**	**1241043**
青云街道	230917	118905	112012	69408	98812	97827	36010	177625	17282	194440
新汶街道	104583	53668	50915	35425	46308	48129	14801	78490	11292	94155
东都镇	53257	26591	26666	19541	26499	26612	8626	38862	5769	49916
小协镇	44817	22319	22498	16510	21846	22332	7393	32612	4812	42037
翟镇	61248	31071	30177	21354	30427	30103	10716	45298	5234	56081
泉沟镇	48511	25655	22856	15600	21930	21330	7581	36657	4273	46300
羊流镇	93584	47032	46552	33379	45938	46007	15990	68231	9363	92059
果都镇	33594	16562	17032	12242	16532	17021	5735	24243	3616	32675
西张庄镇	37875	19029	18846	13346	19019	18840	6234	27801	3840	36975
天宝镇	71030	34418	36612	24513	34321	36588	12961	50156	7913	70329
楼德镇	67853	33423	34430	22719	32600	33668	10300	50512	7041	65236
禹村镇	48480	23718	24762	15398	23694	24736	7950	35091	5439	47204
宫里镇	51160	25066	26094	18640	25008	26063	8709	37014	5437	50395
谷里镇	49080	24543	24537	17364	24428	24472	8414	35836	4830	48256
石莱镇	60091	30492	29599	20381	30443	29593	10592	44305	5194	59849
放城镇	29726	15018	14708	10389	15017	14707	4885	22266	2575	29512
刘杜镇	28492	14461	14031	9806	14455	14030	4525	21282	2685	28254
汶南镇	110530	56926	53604	36414	53488	52037	18186	81256	11088	107025
龙廷镇	57549	29076	28473	20284	29021	28421	9858	41799	5892	57033
岳家庄乡	33565	16902	16663	12002	16899	16660	5350	25329	2886	33312
肥城市	**946627**	**466478**	**480149**	**303588**	**455998**	**474069**	**147507**	**712588**	**86532**	**865942**

表15　续表 23

单位：人、户

地　　区	总人口			家庭户	家庭户总人口		分年龄人口			居住本地，户口在本地
	合　计	男	女	户　数	男	女	0-14岁	15-64岁	65岁及以上	
新城街道	172902	85286	87616	57800	83419	85656	30574	131234	11094	125004
老城街道	66057	33256	32801	21560	29595	30868	9426	49885	6746	61039
王瓜店街道	82065	40382	41683	26660	40293	41563	12279	61598	8188	73312
潮泉镇	21954	11155	10799	6726	11149	10797	3193	16299	2462	21438
桃园镇	50638	24927	25711	15561	24626	25435	7719	37773	5146	49798
王庄镇	52339	25701	26638	15813	25419	26525	7929	38976	5434	51669
湖屯镇	72838	36420	36418	24302	35096	36279	10758	55913	6167	69469
石横镇	80515	40372	40143	26523	39184	39811	12055	61043	7417	75000
安临站镇	50966	24558	26408	16622	24509	26400	7795	37937	5234	50079
孙伯镇	27872	13483	14389	8692	13256	14289	4347	20410	3115	27591
安驾庄镇	76235	37053	39182	23692	37009	39148	12202	57192	6841	74809
汶阳镇	73411	35679	37732	23098	35564	37705	11266	55621	6524	72713
边院镇	73473	35452	38021	23092	35013	37682	11540	54294	7639	72002
仪阳镇	45362	22754	22608	13447	21866	21911	6424	34413	4525	42019
威海市	**2804771**	**1413199**	**1391572**	**1021912**	**1274967**	**1274005**	**282772**	**2183585**	**338414**	**2158836**
环翠区	**844310**	**425997**	**418313**	**268907**	**350015**	**353558**	**100340**	**680768**	**63202**	**519712**
环翠楼街道	45998	23307	22691	16266	20046	20886	5136	36619	4243	29483
鲸园街道	61815	29793	32022	22846	28404	31127	7424	47924	6467	46631
竹岛街道	88015	44247	43768	30794	41187	41913	12631	69897	5487	64160
怡园街道	142496	71463	71033	36284	48634	49472	15829	120330	6337	71868
田和街道	92597	47443	45154	29411	40574	40781	14637	73795	4165	59875
皇冠街道	65887	33695	32192	20619	26827	27122	9364	52884	3639	39617
凤林街道	51857	24981	26876	14780	19452	18878	6993	43123	1741	22816
西苑街道	25187	13566	11621	8407	10928	10383	3206	20617	1364	13520
张村镇	58617	30320	28297	17542	23146	22965	7456	47786	3375	24905
羊亭镇	31118	16540	14578	10888	13502	13378	2369	24580	4169	21602
温泉镇	33486	16019	17467	11596	14911	14916	3826	26877	2783	19019
崮山镇	24834	13486	11348	8101	10612	10325	2317	19867	2650	14909
孙家疃镇	16495	8009	8486	5279	7143	7405	2101	12874	1520	9571
泊于镇	22017	11012	11005	8892	10945	10974	1730	16347	3940	20306
桥头镇	28345	14326	14019	11448	13800	13429	1813	21555	4977	25659
草庙子镇	21158	10866	10292	7393	9919	9890	1838	16308	3012	18239
初村镇	34388	16924	17464	8361	9985	9714	1670	29385	3333	17532
文登市	**673625**	**338374**	**335251**	**251863**	**318135**	**315378**	**62348**	**515209**	**96068**	**564459**
龙山路街道	54213	26866	27347	18911	25564	25951	7469	42721	4023	41789
天福路街道	62408	29705	32703	21490	27636	28359	7686	49743	4979	42827
环山路街道	74383	36957	37426	26550	34983	35858	11176	58157	5050	57150
文登营镇	32280	16674	15606	10044	13217	12731	2173	25508	4599	24451
大水泊镇	35350	17953	17397	13917	16860	16513	2187	26698	6465	33132
张家产镇	23040	11599	11441	9124	11088	10960	1364	16965	4711	21269
高村镇	26603	13478	13125	11405	13291	12934	1508	19572	5523	25124
泽库镇	24540	12353	12187	9951	11977	12115	2083	18086	4371	20379
侯家镇	22210	11237	10973	9163	10752	10718	1241	16222	4747	21033
宋村镇	37381	18766	18615	14684	18743	18594	2499	27688	7194	35189
泽头镇	33787	16997	16790	13793	16599	16434	1870	25474	6443	32127
小观镇	36706	19519	17187	15325	18047	16556	2322	27829	6555	32579
葛家镇	50354	25356	24998	19247	25026	24836	3392	38029	8933	48011
米山镇	25428	13074	12354	9194	12029	11702	1848	19226	4354	22947
界石镇	29008	14715	14293	11378	13637	13429	2033	21344	5631	26796
汪疃镇	24061	12305	11756	9936	11589	11152	1872	17754	4435	20793

表15 续表 24　　　　单位：人、户

地　　区	总人口			家庭户	家庭户总人口		分年龄人口			居住本地，户口在本地
	合　计	男	女	户　数	男	女	0-14岁	15-64岁	65岁及以上	
苘山镇	39827	19993	19834	13647	18864	18221	4691	30614	4522	29367
文登经济开发区	31274	15331	15943	9950	13322	13310	4271	25219	1784	20428
埠口港管理委员会	10772	5496	5276	4154	4911	5005	663	8360	1749	9068
荣成市	**714355**	**360716**	**353639**	**278609**	**333156**	**333044**	**71536**	**545533**	**97286**	**571023**
宁津街道	22017	10807	11210	9150	10776	11184	1811	16226	3980	21116
港湾街道	64345	32532	31813	24354	30615	30816	8404	50716	5225	48344
桃园街道	13134	6484	6650	4909	6031	6183	1537	10018	1579	9334
王连街道	16530	8357	8173	7054	8234	8046	1298	12212	3020	14763
东山街道	17028	8563	8465	7113	8102	8130	1204	12511	3313	14518
斥山街道	36976	18739	18237	13864	17267	17482	4139	28304	4533	28558
崖头街道	139993	70216	69777	50150	64906	65757	19547	110588	9858	108090
城西街道	19124	9628	9496	7687	9495	9212	1946	14453	2725	14771
寻山街道	29556	15510	14046	9030	11033	10983	2459	23840	3257	19305
崂山街道	18589	9215	9374	7534	9082	9256	1489	13941	3159	16505
俚岛镇	42137	22984	19153	15356	17726	17637	3609	32650	5878	29808
成山镇	43267	21601	21666	16793	19686	19782	4528	33031	5708	32815
埠柳镇	19946	10133	9813	9398	9952	9727	884	14570	4492	18484
港西镇	19246	8714	10532	6881	7668	7684	1303	15342	2601	11632
夏庄镇	11407	5880	5527	4866	5861	5526	790	8566	2051	10613
崖西镇	17575	9066	8509	7667	8795	8439	1230	12961	3384	16241
荫子镇	11914	6122	5792	5484	6060	5788	676	8672	2566	10931
滕家镇	27116	13614	13502	11139	12517	12407	1701	20300	5115	23264
大疃镇	15518	7926	7592	6806	7729	7535	966	11393	3159	13997
上庄镇	22890	11581	11309	9815	11096	10836	1666	16670	4554	20478
虎山镇	38179	18989	19190	15528	17856	17856	3141	28235	6803	32451
人和镇	67868	34055	33813	28031	32669	32778	7208	50334	10326	55005
乳山市	**572481**	**288112**	**284369**	**222533**	**273661**	**272025**	**48548**	**442075**	**81858**	**503642**
城区街道	146554	72271	74283	53395	67774	70430	18598	117897	10059	113940
夏村镇	38792	19666	19126	15954	19574	19075	3085	29777	5930	35479
乳山口镇	31986	16715	15271	12237	14872	14851	2378	24891	4717	27501
海阳所镇	29851	14989	14862	12321	14673	14771	2082	22385	5384	26909
白沙滩镇	46865	22519	24346	16950	20417	20103	2864	36698	7303	34909
大孤山镇	24128	12321	11807	10067	11896	11508	1601	17965	4562	22514
南黄镇	23500	11828	11672	9677	11509	11352	1489	17616	4395	21875
冯家镇	29786	15075	14711	11706	14470	14135	2152	22553	5081	27856
下初镇	26863	13717	13146	11320	13572	13131	1809	20475	4579	25384
午极镇	23081	11761	11320	9567	11415	11128	1559	17572	3950	21931
育黎镇	27429	13815	13614	11607	13711	13574	2136	20343	4950	26403
崖子镇	37165	19060	18105	14172	18060	17431	2695	28417	6053	36104
诸往镇	38557	20107	18450	13336	17960	17242	3120	29721	5716	37144
乳山寨镇	30699	15484	15215	12970	15260	15069	1834	23028	5837	29427
徐家镇	17225	8784	8441	7254	8498	8225	1146	12737	3342	16266
日照市	**2801013**	**1415966**	**1385047**	**988566**	**1341161**	**1323624**	**455336**	**2056745**	**288932**	**2334331**
东港区	**920511**	**463238**	**457273**	**303403**	**417762**	**414254**	**141517**	**701208**	**77786**	**635075**
日照街道	221447	110589	110858	74142	103939	103164	38570	168649	14228	137245
石臼街道	82898	41727	41171	29527	38056	38259	12818	64726	5354	42663
奎山街道	44052	21974	22078	14862	21777	22019	7189	32120	4743	39393
秦楼街道	191953	96970	94983	46852	64624	64725	24167	158956	8830	84196
北京路街道	83340	42306	41034	28625	41274	39973	14327	63656	5357	48532
河山镇	28784	14606	14178	10460	14466	14106	4675	20640	3469	27028

表15　续表 25　　　　　　　　　　　　　　　　　　　　　　　　单位：人、户

地　区	总人口			家庭户户数	家庭户总人口		分年龄人口			居住本地，户口在本地
	合计	男	女		男	女	0-14岁	15-64岁	65岁及以上	
两城镇	38253	19127	19126	13148	18907	19092	6104	27322	4827	36363
涛雒镇	61852	30682	31170	21387	30044	30647	9630	44557	7665	57806
西湖镇	29978	15190	14788	11796	15108	14765	4332	21339	4307	28917
陈疃镇	24706	12571	12135	9923	12507	12111	3493	17735	3478	23655
南湖镇	61034	30894	30140	22043	30826	30124	8898	44269	7867	58749
三庄镇	52214	26602	25612	20638	26234	25269	7314	37239	7661	50528
岚山区	**400067**	**205177**	**194890**	**137485**	**194769**	**191968**	**60554**	**293990**	**45523**	**356766**
岚山头街道	36928	18900	18028	11865	17719	17705	5334	28376	3218	30024
安东卫街道	47896	24759	23137	15028	22529	21880	8197	36161	3538	35006
碑廓镇	45539	23070	22469	17123	22393	22357	7443	32353	5743	41543
虎山镇	65625	36014	29611	20026	31052	29443	10307	49152	6166	54483
巨峰镇	68872	34407	34465	24665	33562	33631	10055	49677	9140	65342
高兴镇	32875	16385	16490	10984	16129	16304	4709	23949	4217	31538
后村镇	53533	26901	26632	19478	26849	26617	7886	38727	6920	51980
黄墩镇	44250	22367	21883	16888	22355	21869	5882	32111	6257	43316
前三岛乡	4549	2374	2175	1428	2181	2162	741	3484	324	3534
五莲县	**484883**	**245926**	**238957**	**177787**	**239251**	**234096**	**74209**	**354411**	**56263**	**433320**
洪凝镇街道	158059	80377	77682	56108	76047	74389	27493	118762	11804	124721
街头镇	54860	27941	26919	20853	27470	26478	7956	39703	7201	50242
潮河镇	31176	15944	15232	11086	15505	15094	4629	22430	4117	29062
许孟镇	51308	26026	25282	18409	25755	25101	7524	37045	6739	49388
于里镇	38679	19356	19323	14489	18951	18984	5583	28064	5032	36768
汪湖镇	20561	10298	10263	7955	10227	10260	2894	14648	3019	19473
叩官镇	25763	12948	12815	9284	12604	12535	3546	18487	3730	24239
中至镇	23336	11795	11541	9240	11792	11539	3141	16811	3384	22509
高泽镇	30804	15534	15270	11835	15339	15161	4315	22304	4185	29174
松柏镇	15957	8108	7849	5820	8040	7819	2233	11573	2151	14794
石场乡	17652	9033	8619	6656	9029	8616	2517	12781	2354	17027
户部乡	16728	8566	8162	6052	8492	8120	2378	11803	2547	15923
莒县	**995552**	**501625**	**493927**	**369891**	**489379**	**483306**	**179056**	**707136**	**109360**	**909170**
城阳街道	166544	84577	81967	54606	75680	73558	31061	123885	11598	121362
招贤镇	60223	30418	29805	22017	30384	29785	10485	43189	6549	57986
阎庄镇	36041	18067	17974	13199	17978	17892	6030	25907	4104	34357
夏庄镇	53529	26632	26897	21563	26527	26863	9941	36922	6666	51192
刘官庄镇	59552	29836	29716	22248	29653	29594	11006	41758	6788	54982
峤山镇	49224	24902	24322	18718	24825	24304	9243	34102	5879	46985
小店镇	46846	23553	23293	18506	23452	23261	8013	32557	6276	45386
中楼镇	48705	24881	23824	18789	24768	23804	9652	33344	5709	46647
龙山镇	35253	17727	17526	14363	17673	17503	6056	24501	4696	33661
东莞镇	30967	15755	15212	11329	15535	15172	4801	22078	4088	29429
浮来山镇	51435	25965	25470	18273	24638	24108	8993	37092	5350	45929
陵阳镇	37691	19040	18651	14266	18867	18536	7241	26233	4217	34605
店子集镇	35738	17957	17781	13314	17721	17668	6111	25527	4100	33760
长岭镇	33892	16988	16904	13117	16988	16904	6251	23867	3774	32674
安庄镇	26130	13115	13015	10286	12941	12893	5277	17850	3003	24736
棋山镇	59930	29794	30136	23004	29584	30093	9503	42711	7716	58006
洛河镇	38938	19825	19113	14070	19769	19104	6826	28213	3899	37704
寨里河镇	29720	14853	14867	11654	14794	14862	5638	20319	3763	28131
桑园镇	45160	22582	22578	17509	22516	22547	8128	31676	5356	43628
果庄乡	28360	14311	14049	10644	14295	14042	5509	20059	2792	27220

表15 续表 26

单位：人、户

地区	总人口			家庭户	家庭户总人口		分年龄人口			居住本地，户口在本地
	合计	男	女	户数	男	女	0-14岁	15-64岁	65岁及以上	
库山乡	21674	10847	10827	8416	10791	10813	3291	15346	3037	20790
莱芜市	**1298529**	**653394**	**645135**	**446455**	**600619**	**603333**	**204950**	**961511**	**132068**	**1102068**
莱城区	**989535**	**495881**	**493654**	**340090**	**457291**	**461122**	**155994**	**730603**	**102938**	**843700**
凤城街道	206688	103961	102727	61523	83422	83663	37398	156511	12779	143936
张家洼街道	72514	36745	35769	23743	32106	32657	11875	54797	5842	51120
高庄街道	83349	41525	41824	29857	40259	41077	12645	61325	9379	75337
鹏泉街道	87112	44204	42908	26571	37961	37579	13911	67158	6043	49639
口镇	78231	38800	39431	27380	37549	37979	11917	56875	9439	74399
羊里镇	54523	27293	27230	20476	27197	27220	8688	39198	6637	52347
方下镇	58374	29085	29289	19686	26924	28004	8795	42418	7161	56015
牛泉镇	65981	33081	32900	24511	31972	32203	9880	47144	8957	63955
苗山镇	47195	23908	23287	19266	23792	23271	6873	33963	6359	46269
雪野镇	41629	20932	20697	16434	20870	20686	6461	30121	5047	40807
大王庄镇	40131	19924	20207	14870	19843	20185	6135	28517	5479	39428
寨里镇	53601	26489	27112	19362	25827	26451	7560	38985	7056	51573
杨庄镇	43046	21003	22043	15113	20759	21942	5938	31162	5946	42286
茶业口镇	33585	16969	16616	12593	16969	16616	4602	24972	4011	33244
和庄镇	23576	11962	11614	8705	11841	11589	3316	17457	2803	23345
钢城区	**308994**	**157513**	**151481**	**106365**	**143328**	**142211**	**48956**	**230908**	**29130**	**258368**
艾山街道	80813	41832	38981	26206	35635	34670	14038	60202	6573	67901
颜庄镇	55022	27728	27294	18777	25728	26257	8111	40757	6154	50540
黄庄镇	66346	33177	33169	25293	32430	32827	10475	50200	5671	41631
里辛镇	59969	31099	28870	20196	26498	25615	9479	44792	5698	52319
辛庄镇	46844	23677	23167	15893	23037	22842	6853	34957	5034	45977
临沂市	**10039440**	**5103107**	**4936333**	**3303932**	**4919778**	**4795212**	**1820328**	**7228910**	**990202**	**8962391**
兰山区	**1159181**	**595572**	**563609**	**344847**	**522569**	**508279**	**202251**	**879087**	**77843**	**803069**
兰山街道	278176	141762	136414	77305	118785	114053	47453	217515	13208	142692
银雀山街	175453	89324	86129	53986	79038	77367	32539	133609	9305	108772
金雀山街	175890	89772	86118	55292	78250	78239	28605	135464	11821	105918
南坊街道	98687	50641	48046	28697	44758	44264	18037	73562	7088	78450
白沙埠镇	62380	31998	30382	19650	31892	30336	11428	45272	5680	59961
枣沟头镇	68140	34642	33498	21217	34224	33309	12265	49705	6170	64009
半程镇	66286	34335	31951	21460	31397	30154	12093	48462	5731	57096
义堂镇	85257	45722	39535	20631	33400	32375	14293	65508	5456	57348
马厂湖镇	56507	29306	27201	17478	27201	26238	9942	41827	4738	48913
李官镇	42035	21358	20677	15242	21308	20656	6904	30393	4738	40866
朱保镇	50370	26712	23658	13889	22316	21288	8692	37770	3908	39044
罗庄区	**510945**	**264599**	**246346**	**156335**	**251015**	**238327**	**94832**	**376729**	**39384**	**417478**
罗庄街道	94633	50288	44345	26180	42318	39872	16889	71611	6133	70465
付庄街道	45886	23530	22356	14408	23422	22277	8087	33616	4183	42288
盛庄街道	65708	33615	32093	21600	33155	31938	12936	48426	4346	47268
汤庄街道	25137	12957	12180	7844	12949	12177	4895	17931	2311	22607
双月湖街	79000	40961	38039	23954	37197	35211	14563	60309	4128	47129
册山街道	55938	28476	27462	17200	28367	27445	9344	41050	5544	53348
高都街道	48159	24718	23441	14976	23704	23035	7672	36194	4293	44508
罗西街道	48787	25188	23599	15458	25040	23541	9535	35133	4119	44215
沂堂镇	47697	24866	22831	14715	24863	22831	10911	32459	4327	45650
河东区	**633522**	**324444**	**309078**	**209023**	**315369**	**302910**	**121597**	**453238**	**58687**	**578778**
九曲街道	102037	52875	49162	31562	49528	47033	18689	76958	6390	74543
芝麻墩街	62840	32683	30157	18628	29389	28452	11188	46510	5142	56940

表15 续表 27

单位：人、户

地　区	总人口			家庭户	家庭户总人口		分年龄人口			居住本地，户口在本地
	合　计	男	女	户　数	男	女	0-14岁	15-64岁	65岁及以上	
梅埠街道	42408	21507	20901	13528	21341	20877	8431	30202	3775	40965
相公街道	67595	34894	32701	21561	33968	32113	13081	48181	6333	63790
太平街道	46585	23613	22972	15900	23553	22947	8837	32752	4996	44398
汤头街道	57046	28430	28616	20141	27547	27101	9719	41402	5925	52801
凤凰岭街	36917	19118	17799	12191	19046	17755	7842	25846	3229	34862
重沟街道	46338	23770	22568	15651	23613	22525	9403	32192	4743	44232
汤河镇	50180	25638	24542	16919	25636	24540	10127	34984	5069	48522
八湖镇	32820	16834	15986	11091	16825	15963	6626	22833	3361	31393
郑旺镇	57883	29373	28510	20878	29285	28469	11757	39655	6471	56224
刘店子乡	30873	15709	15164	10973	15638	15135	5897	21723	3253	30108
沂南县	**822727**	**412693**	**410034**	**306634**	**397794**	**396805**	**150137**	**578256**	**94334**	**756725**
界湖街道	174796	87851	86945	55320	76432	75379	34601	128407	11788	133246
岸堤镇	35078	16774	18304	14992	16621	18249	5516	23588	5974	34111
孙祖镇	33401	16708	16693	13042	16630	16674	5198	23618	4585	32756
双堠镇	35800	17850	17950	13612	17669	17875	7034	24379	4387	34563
青驼镇	55168	28053	27115	20071	27849	27013	10877	37930	6361	53198
张庄镇	40129	20212	19917	15715	20063	19880	7046	27999	5084	38405
砖埠镇	33532	16940	16592	13038	16900	16581	5836	23318	4378	32743
葛沟镇	31875	15968	15907	12905	15863	15856	5674	21938	4263	30724
杨家坡镇	25478	12696	12782	10434	12643	12762	4598	17451	3429	24492
大庄镇	55496	28032	27464	20432	26285	26462	9861	39163	6472	52264
辛集镇	50737	25563	25174	19461	25404	25099	9381	35205	6151	48736
蒲汪镇	46171	22990	23181	18530	22808	23142	8700	31595	5876	43961
湖头镇	42485	21493	20992	16413	21357	20958	7849	29745	4891	40903
苏村镇	46366	23157	23209	17937	23108	23191	8501	32310	5555	43760
铜井镇	51089	25715	25374	19504	25626	25328	8732	36208	6149	49250
依汶镇	41137	20772	20365	15646	20737	20356	7037	28601	5499	40020
马牧池乡	23989	11919	12070	9582	11799	12000	3696	16801	3492	23593
郯城县	**936166**	**474158**	**462008**	**275814**	**463987**	**452698**	**161500**	**683259**	**91407**	**892608**
郯城街道	197214	99576	97638	57776	91320	89905	33702	147176	16336	168448
马头镇	74766	37606	37160	22697	37460	36960	14267	53281	7218	71854
重坊镇	41555	20931	20624	11186	20752	20544	6612	30001	4942	41294
李庄镇	47954	24409	23545	15672	24373	23529	7757	35004	5193	46725
褚墩镇	52775	27201	25574	15678	27174	25542	8489	39724	4562	52108
杨集镇	43677	21797	21880	13105	21789	21383	7505	31261	4911	42407
黄山镇	45372	23279	22093	14652	23200	22019	7711	33155	4506	43543
港上镇	39669	20317	19352	10758	20290	19342	7653	28404	3612	39398
高峰头镇	42688	21309	21379	12965	21267	21364	7103	31038	4547	41278
庙山镇	45356	23025	22331	12016	22247	21982	7892	32739	4725	44835
沙墩镇	47164	24075	23089	14478	23892	23010	7394	35211	4559	46838
红花镇	59392	30170	29222	17131	30107	29216	9974	43407	6011	58366
胜利镇	41376	20666	20710	11791	20544	20620	7109	29935	4332	40414
新村乡	33650	17139	16511	9420	17130	16506	5941	24402	3307	32821
花园乡	44463	22726	21737	12378	22720	21736	8436	31600	4427	43813
归昌乡	33132	16586	16546	10405	16580	16531	5931	23675	3526	32962
泉源乡	45963	23346	22617	13706	23142	22509	8024	33246	4693	45504
沂水县	**998331**	**497657**	**500674**	**367675**	**486253**	**489926**	**154299**	**733437**	**110595**	**919485**
沂水街道	175535	87711	87824	61546	83321	82958	29728	131426	14381	133943
马站镇	60050	29998	30052	21027	29925	29997	8862	45245	5943	58742
高桥镇	56033	28110	27923	20337	28067	27919	8794	41492	5747	54798

表15 续表 28　　　　　　　　　　　　　　　　　　单位：人、户

地　区	总人口			家庭户	家庭户总人口		分年龄人口			居住本地，户口在本地
	合　计	男	女	户　数	男	女	0-14岁	15-64岁	65岁及以上	
许家湖镇	79977	40048	39929	29736	38310	38362	12814	58686	8477	67356
黄山铺镇	42347	20952	21395	16164	20873	21364	6294	30796	5257	41627
姚店子镇	37341	18708	18633	14547	18664	18629	5779	26784	4778	36645
诸葛镇	62553	31031	31522	24039	30450	31096	9231	45408	7914	61358
崔家峪镇	26684	12952	13732	10095	12839	13698	3775	19335	3574	26205
四十里堡镇	55960	27627	28333	21816	27413	28244	9824	39524	6612	54240
杨庄镇	54503	27543	26960	19318	27066	26846	8744	39783	5976	53112
夏蔚镇	44111	22063	22048	16217	21959	22030	5903	32590	5618	43381
沙沟镇	52492	25970	26522	20097	25878	26514	7745	38405	6342	51309
高庄镇	43522	21672	21850	15910	21613	21745	6183	32126	5213	42707
院东头镇	23132	11626	11506	9087	11585	11483	3341	16452	3339	22604
龙家圈镇	59744	29593	30151	20326	26479	26835	9020	44854	5870	49005
富官庄镇	35092	17381	17711	13270	17261	17660	5313	25046	4733	34390
道托镇	31881	15945	15936	12519	15917	15926	5042	23106	3733	31204
泉庄镇	28233	14145	14088	10621	14138	14084	3948	20443	3842	28041
圈里乡	29141	14582	14559	11003	14495	14536	3959	21936	3246	28818
苍山县	**1161932**	**598415**	**563517**	**325487**	**588899**	**557755**	**267773**	**787878**	**106281**	**1074285**
卞庄街道	223162	114303	108859	61870	109770	104773	54531	153339	15292	184563
大仲村镇	81741	42322	39419	23710	41600	39043	17175	56848	7718	80448
兰陵镇	97103	50902	46201	24494	49115	45824	25319	62558	9226	94919
长城镇	50499	25817	24682	12752	25046	24238	11626	34505	4368	46879
磨山镇	65691	33729	31962	19467	33691	31948	14291	45768	5632	60332
神山镇	51874	26942	24932	14713	26885	24925	12119	35584	4171	47021
车辋镇	49975	25793	24182	16051	25726	24152	10526	33950	5499	47340
尚岩镇	40008	20828	19180	12089	20697	19152	7834	27390	4784	38837
向城镇	53297	27548	25749	15655	27443	25673	12125	35777	5395	50510
新兴镇	39748	20665	19083	10609	20565	19066	10244	25928	3576	35626
南桥镇	57732	29554	28178	13200	29419	28130	13957	38017	5758	53160
层山镇	45256	22900	22356	11914	22854	22343	9586	31633	4037	43262
庄坞镇	38259	19535	18724	10768	19516	18711	7128	27571	3560	37298
鲁城镇	36443	19144	17299	10884	18555	17202	8146	24493	3804	34977
矿坑镇	33200	17114	16086	10510	17105	16081	6912	23104	3184	32118
贾庄乡	46857	24280	22577	13885	24170	22568	11088	31028	4741	45099
下村乡	38969	20067	18902	12472	20058	18902	8109	26524	4336	37549
三合乡	33192	16918	16274	9874	16838	16256	8192	21340	3660	30690
兴明乡	35598	18363	17235	9557	18335	17231	8322	23500	3776	32025
二庙乡	43328	21691	21637	11013	21511	21537	10543	29021	3764	41632
费县	**923475**	**474254**	**449221**	**296289**	**461963**	**440978**	**162318**	**669308**	**91849**	**856785**
费城街道	183615	94226	89389	56441	84587	82334	28920	139826	14869	143769
上冶镇	54487	27924	26563	17341	27909	26551	9586	39299	5602	53036
薛庄镇	51761	26630	25131	17138	26578	25118	8603	37443	5715	50025
方城镇	46188	23670	22518	15772	23625	22501	8301	33018	4869	44802
汪沟镇	63554	32718	30836	21183	32593	30777	12280	45327	5947	61133
探沂镇	54608	28508	26100	16439	26604	25212	10719	38661	5228	49431
朱田镇	50623	25986	24637	16527	25940	24626	7789	36622	6212	49406
梁邱镇	79786	40775	39011	25430	40720	38985	13380	57995	8411	78602
新庄镇	47596	24143	23453	15538	24120	23445	9508	33192	4896	45400
马庄镇	31583	16438	15145	10238	16399	15126	5958	22268	3357	29663
新桥镇	56713	29140	27573	17682	29138	27573	11569	40130	5014	54908
刘庄镇	31055	16059	14996	9917	16044	14990	6207	21932	2916	29198

表15　续表 29　　　　单位：人、户

地　区	总人口			家庭户	家庭户总人口		分年龄人口			居住本地，户口在本地
	合　计	男	女	户　数	男	女	0-14岁	15-64岁	65岁及以上	
胡阳镇	40219	20719	19500	13492	20524	19426	7084	29000	4135	39250
石井镇	31683	16249	15434	9659	16249	15434	5050	23064	3569	31381
城北镇	28598	14534	14064	9745	14448	14028	4868	20500	3230	27421
大田庄乡	18127	9106	9021	6566	9089	9009	3108	13021	1998	17636
南张庄乡	33141	17050	16091	10312	17038	16089	5722	24149	3270	32437
芍药山乡	20138	10379	9759	6869	10358	9754	3666	13861	2611	19287
平邑县	**900167**	**456774**	**443393**	**295345**	**448661**	**436723**	**154884**	**647779**	**97504**	**825462**
平邑街道	223267	113304	109963	73244	106763	103983	39181	166327	17759	170673
仲村镇	67507	33557	33950	22889	33529	33930	10631	48761	8115	65376
武台镇	32621	16233	16388	10649	16208	16382	5787	23137	3697	31782
保太镇	66787	33767	33020	21622	33545	32974	12112	47053	7622	64899
柏林镇	42275	21181	21094	13165	21095	21070	7235	29884	5156	41292
卞桥镇	38246	19461	18785	12177	19263	18726	6126	27683	4437	37088
地方镇	61219	31545	29674	20124	31389	29609	9961	44133	7125	58771
铜石镇	66958	34358	32600	22149	34084	32484	11197	48319	7442	64441
温水镇	29738	15016	14722	9976	14998	14719	4655	21618	3465	28749
流峪镇	46133	23705	22428	14860	23700	22421	7703	33113	5317	44913
郑城镇	34339	17627	16712	11026	17568	16678	5860	24729	3750	33506
白彦镇	69130	35743	33387	21428	35494	33245	12597	48817	7716	66813
临涧镇	37543	18802	18741	12719	18800	18740	7011	25732	4800	36387
丰阳镇	31440	15908	15532	11199	15847	15506	5330	21899	4211	30383
资邱镇	30929	15531	15398	10633	15490	15388	5497	21476	3956	29145
魏庄乡	22035	11036	10999	7485	10888	10868	4001	15098	2936	21244
莒南县	**886376**	**445908**	**440468**	**340813**	**436790**	**432014**	**145723**	**638509**	**102144**	**836782**
十字路街	185211	93415	91796	65155	87841	85789	31540	138901	14770	151176
团林镇	37258	19048	18210	13973	19000	18199	6786	26093	4379	36185
大店镇	66830	33881	32949	25198	32836	32387	10957	48013	7860	65500
坊前镇	37982	18854	19128	16065	18594	18990	6018	26411	5553	37059
坪上镇	55658	27770	27888	20900	26698	26649	8807	40281	6570	52873
相邸镇	30602	15429	15173	12196	15395	15164	4647	22057	3898	30005
板泉镇	68308	34369	33939	25414	34184	33807	11306	49116	7886	67468
洙边镇	45088	22854	22234	18255	22840	22225	7419	31998	5671	44372
文疃镇	35991	17852	18139	15220	17780	18121	5755	24984	5252	35281
壮岗镇	37575	18682	18893	15092	18597	18873	6332	26371	4872	36400
汀水镇	22388	11139	11249	8904	11074	11229	3755	15975	2658	21733
石莲子镇	38273	19225	19048	15004	18878	18883	6215	27457	4601	37741
岭泉镇	36277	18047	18230	14966	17961	18195	5699	25561	5017	35459
筵宾镇	42098	21194	20904	16502	21143	20880	6656	30184	5258	41441
涝坡镇	48504	24470	24034	19405	24404	24007	7863	34572	6069	47498
朱芦镇	30679	15433	15246	12230	15379	15234	4564	22118	3997	29990
道口乡	31381	15814	15567	12078	15809	15553	4900	22714	3767	30931
相沟乡	36273	18432	17841	14256	18377	17829	6504	25703	4066	35670
蒙阴县	**489537**	**245613**	**243924**	**172692**	**240721**	**239417**	**85791**	**346935**	**56811**	**448300**
蒙阴街道	161100	81750	79350	53168	77600	75215	31238	115815	14047	130582
常路镇	30228	15290	14938	11172	15286	14935	5394	21193	3641	29057
岱崮镇	42790	21408	21382	16399	21346	21343	6275	30389	6126	41833
坦埠镇	24853	12041	12812	9632	11966	12765	3850	17285	3718	24072
垛庄镇	28938	14155	14783	10181	14088	14765	4769	20295	3874	27812
高都镇	28412	14330	14082	10717	14328	14082	4959	20060	3393	27563
野店镇	30130	14990	15140	11564	14971	15140	4941	21334	3855	29553

表15 续表 30

单位：人、户

地　　区	总人口			家庭户	家庭户总人口		分年龄人口			居住本地，户口在本地
	合　计	男	女	户　数	男	女	0-14岁	15-64岁	65岁及以　上	
桃墟镇	38446	19329	19117	12796	19288	19079	6504	26934	5008	36950
界牌镇	29504	14581	14923	10523	14465	14861	4889	20523	4092	28526
联城镇	42524	21381	21143	15154	21025	20978	7879	29752	4893	40936
旧寨乡	32612	16358	16254	11386	16358	16254	5093	23355	4164	31416
临沭县	**617081**	**313020**	**304061**	**212978**	**305757**	**299380**	**119223**	**434495**	**63363**	**552634**
临沭街道	152027	77965	74062	50275	72912	70287	29823	112394	9810	109886
郑山街道	40209	20710	19499	14195	20282	19347	8009	28297	3903	34278
蛟龙镇	36712	18922	17790	11840	18913	17788	7001	25652	4059	35223
大兴镇	56624	28351	28273	18788	27689	28066	11051	39170	6403	54591
石门镇	47827	23786	24041	16403	23725	24025	10569	32128	5130	44706
曹庄镇	45214	22849	22365	15444	22847	22364	8182	31503	5529	44024
南古镇	48748	24877	23871	16954	24293	23518	8870	34106	5772	46770
白旄镇	38083	19488	18595	13728	19453	18585	7183	26519	4381	36495
青云镇	44881	22629	22252	16854	22300	22097	7909	31558	5414	43660
玉山镇	24914	12398	12516	9768	12375	12512	4753	17084	3077	23995
店头镇	40900	20153	20747	13916	20145	20741	8167	27848	4885	39345
朱仓乡	40942	20892	20050	14813	20823	20050	7706	28236	5000	39661
德州市	**5568235**	**2818739**	**2749496**	**1623811**	**2650163**	**2638911**	**926850**	**4146874**	**494511**	**5139289**
德城区	**679535**	**346814**	**332721**	**210534**	**312009**	**310658**	**103235**	**527882**	**48418**	**546762**
新湖街道	111659	57782	53877	38169	52316	52098	14483	87388	9788	98378
新华街道	89861	45139	44722	30721	44921	44550	14837	68946	6078	68763
天衢街道	53577	26874	26703	17493	26750	26624	9029	41575	2973	39308
运河街道	86765	43311	43454	28394	41944	42131	14455	65682	6628	65091
广川街道	99731	49441	50290	28860	41673	41438	13409	80194	6128	87581
长河街道	48297	28567	19730	8520	12915	12957	4994	41835	1468	17206
宋官屯街	41757	21307	20450	12092	17491	17565	6569	33008	2180	27629
二屯镇	14698	7405	7293	4587	7289	7243	2503	10906	1289	14044
黄河涯镇	49250	24949	24301	16026	24832	24279	8539	36472	4239	48069
赵虎镇	38964	19672	19292	12005	19593	19213	6820	28098	4046	37576
抬头寺镇	24387	12165	12222	7356	12091	12177	4160	18312	1915	23514
袁桥镇	20589	10202	10387	6311	10194	10383	3437	15466	1686	19603
陵县	**569007**	**286735**	**282272**	**166978**	**272870**	**272739**	**96290**	**422948**	**49769**	**535467**
安德街道	45171	22800	22371	12763	19282	19122	7223	35014	2934	31258
临齐街道	136701	69339	67362	40601	66088	65138	22890	102907	10904	121685
郑家寨镇	43593	22184	21409	11075	20308	20368	7471	31981	4141	42986
糜镇	47903	23792	24111	13844	23773	24099	8406	35201	4296	47621
宋家镇	38611	19454	19157	11159	19395	19141	7051	28237	3323	38314
徽王庄镇	42377	21448	20929	12282	18820	19306	6942	30871	4564	42011
神头镇	51497	25796	25701	16146	25796	25701	9011	37955	4531	51357
滋镇	35326	17673	17653	9695	16982	17218	5824	26279	3223	33455
前孙镇	28236	14229	14007	9019	12990	13375	4848	20456	2932	27973
边临镇	26475	13297	13178	8373	13167	13129	4384	19697	2394	26063
义渡口镇	33437	16727	16710	9830	16277	16463	5790	24600	3047	33306
丁庄镇	18010	9061	8949	5785	9058	8945	2759	13615	1636	17856
于集乡	21670	10935	10735	6406	10934	10734	3691	16135	1844	21582
宁津县	**449891**	**227473**	**222418**	**124928**	**216234**	**214498**	**74786**	**335378**	**39727**	**433538**
宁城街道	35198	17574	17624	9523	16854	16828	5430	26878	2890	32907
津城街道	65214	32706	32508	19324	30661	30646	10507	49730	4977	58359
柴胡店镇	52221	26012	26209	14967	25514	25905	8852	38417	4952	51301
长官镇	38056	19520	18536	10504	19245	18357	8158	26876	3022	37506

表15　续表 31　　　　单位：人、户

地　区	总人口			家庭户	家庭户总人口		分年龄人口			居住本地，户口在本地
	合　计	男	女	户　数	男	女	0-14岁	15-64岁	65岁及以　上	
杜集镇	52229	26645	25584	14480	25885	25310	8801	38548	4880	51095
保店镇	34470	17206	17264	9490	16356	16719	5606	25407	3457	33538
大柳镇	28960	14753	14207	7426	13604	13424	4596	21911	2453	28257
大曹镇	34205	17044	17161	9510	17043	17161	5508	25566	3131	33241
相衙镇	23873	12043	11830	6884	11799	11648	3715	17803	2355	23241
时集镇	28882	14669	14213	7760	13316	13384	4611	21650	2621	28119
张大庄镇	35461	18444	17017	9137	16482	15760	5587	26943	2931	35328
刘营伍乡	21122	10857	10265	5923	9475	9356	3415	15649	2058	20646
庆云县	**294684**	**151069**	**143615**	**89004**	**145367**	**139348**	**50978**	**218304**	**25402**	**273858**
渤海路街	62560	32610	29950	18159	27527	26077	10379	47810	4371	48292
庆云镇	36135	18552	17583	10874	18547	17583	6479	26717	2939	34752
常家镇	46801	23886	22915	14996	23870	22906	8124	34412	4265	45373
尚堂镇	57241	29435	27806	16587	29062	27521	10068	42253	4920	56143
崔口镇	13747	7106	6641	4158	7077	6630	2139	10261	1347	13310
东辛店镇	23400	11712	11688	6765	11655	11658	4256	16805	2339	22526
严务乡	19713	9901	9812	5947	9782	9766	3079	14757	1877	19499
中丁乡	19070	9699	9371	6044	9692	9367	3676	13561	1833	18492
徐园子乡	16017	8168	7849	5474	8155	7840	2778	11728	1511	15471
临邑县	**511105**	**255364**	**255741**	**153891**	**249780**	**251687**	**89335**	**375889**	**45881**	**474917**
邢侗街道	87500	43787	43713	28990	43543	43017	14945	65721	6834	73169
恒源街道	35529	17878	17651	8601	15245	15127	5487	27878	2164	25975
临盘街道	78233	39276	38957	24982	38407	38751	13340	57627	7266	72033
临邑镇	45667	22723	22944	12714	22719	22941	7847	34017	3803	43861
临南镇	42432	21677	20755	11466	21047	20639	7832	30276	4324	41952
德平镇	50655	24919	25736	16148	24487	25578	8784	36753	5118	49820
林子镇	21812	10839	10973	7182	10789	10918	4016	15878	1918	21264
兴隆镇	38234	19084	19150	10963	19051	19139	7133	27301	3800	37380
孟寺镇	41060	20958	20102	11561	20449	19929	7630	29048	4382	40291
翟家镇	20933	9967	10966	7378	9830	10861	3771	15150	2012	20672
理合务镇	25574	12672	12902	6901	12652	12899	4388	19022	2164	25434
宿安乡	23476	11584	11892	7005	11561	11888	4162	17218	2096	23066
齐河县	**602042**	**303931**	**298111**	**175019**	**296739**	**296178**	**93125**	**449731**	**59186**	**573521**
晏城街道	82461	42255	40206	26148	39188	39096	12606	63590	6265	66116
晏北街道	61485	31864	29621	16842	29413	29096	9930	46611	4944	56230
表白寺镇	26972	13688	13284	7681	13618	13263	4225	19928	2819	26882
焦庙镇	50590	25154	25436	14557	25077	25414	8102	37261	5227	50134
赵官镇	31596	16130	15466	8958	16126	15460	4433	23923	3240	30107
祝阿镇	57995	28846	29149	16013	28648	29084	8749	43722	5524	57205
仁里集镇	47790	24023	23767	14459	24020	23762	6988	35595	5207	47542
潘店镇	48546	24245	24301	14825	24245	24301	7444	35944	5158	47820
胡官屯镇	35342	17570	17772	10595	17459	17754	5438	25900	4004	34994
宣章屯镇	22506	11356	11150	6388	11207	11098	3587	16420	2499	22323
马集镇	30208	15299	14909	8215	14425	14864	4582	22576	3050	28504
华店乡	23684	11797	11887	7473	11797	11886	3741	17377	2566	23576
安头乡	21609	10941	10668	6074	10801	10614	3463	15835	2311	21395
刘桥乡	34649	17310	17339	9497	17264	17331	5460	25521	3668	34293
大黄乡	26609	13453	13156	7294	13451	13155	4377	19528	2704	26400
平原县	**442948**	**223019**	**219929**	**136636**	**207693**	**209572**	**73587**	**327122**	**42239**	**423230**
龙门街道	85793	43346	42447	25602	36194	36902	13401	65560	6832	70896
桃园街道	27872	13878	13994	9266	13666	13837	4486	20654	2732	27395

表15　续表 32　　　　　　　　　　　　　　　　　　　　　　　　单位：人、户

地　区	总人口			家庭户	家庭户总人口		分年龄人口			居住本地，户口在本地
	合　计	男	女	户　数	男	女	0-14岁	15-64岁	65岁及以上	
王凤楼镇	51959	26213	25746	15791	24466	24744	9003	38118	4838	51149
前曹镇	47909	24042	23867	13726	22546	22927	7348	35653	4908	47510
恩城镇	54104	27375	26729	16626	26036	25952	9767	38738	5599	53564
王庙镇	33340	16469	16871	11045	16443	16855	5622	24282	3436	33154
王杲铺镇	28533	14627	13906	9477	13974	13604	4892	20720	2921	27915
张华镇	25195	12582	12613	7845	12166	12328	4237	18332	2626	24902
腰站镇	26420	13182	13238	7947	12705	12980	4675	19292	2453	26148
王打卦镇	22430	11342	11088	6874	10462	10588	3538	16590	2302	21903
坊子乡	19013	9644	9369	6082	8938	8914	3198	13968	1847	18610
三唐乡	20380	10319	10061	6355	10097	9941	3420	15215	1745	20084
夏津县	**500514**	**253997**	**246517**	**147652**	**236179**	**234507**	**97525**	**355706**	**47283**	**468912**
银城街道	83990	42677	41313	22423	36106	35780	16163	60759	7068	70628
北城街道	45241	23245	21996	13740	21738	21110	10128	31966	3147	35800
南城镇	39507	19999	19508	11339	18912	18859	6776	28826	3905	38238
苏留庄镇	46965	24059	22906	14122	22578	22111	9294	32722	4949	46454
新盛店镇	50556	25333	25223	15867	23907	24228	10275	34857	5424	49255
雷集镇	37630	18772	18858	10948	18116	18404	7574	26351	3705	37116
郑保屯镇	23421	12025	11396	6113	11072	10970	4898	16594	1929	21861
白马湖镇	31009	15780	15229	9398	15049	14785	6109	22275	2625	30133
东李官屯	27055	13551	13504	8749	13548	13500	4941	19129	2985	26556
宋楼镇	30811	15548	15263	9257	14864	14833	5432	22582	2797	30251
香赵庄镇	24875	12679	12196	7739	11725	11721	4534	17781	2560	24359
双庙镇	24595	12639	11956	7371	11709	11499	4464	17862	2269	24332
渡口驿乡	17790	8986	8804	5464	8976	8802	3533	12606	1651	17406
田庄乡	17069	8704	8365	5122	7879	7905	3404	11396	2269	16523
武城县	**376063**	**190503**	**185560**	**107587**	**174674**	**173996**	**62716**	**278258**	**35089**	**352900**
广运街道	73278	37564	35714	18813	29430	29353	12230	55887	5161	56803
武城镇	57122	28770	28352	16291	25982	26420	9154	41597	6371	56344
老城镇	38553	19595	18958	11012	17456	17516	5929	28809	3815	37460
鲁权屯镇	85427	43113	42314	23350	41803	41652	14667	62904	7856	83130
郝王庄镇	40688	20577	20111	13114	20379	19989	6567	30198	3923	39931
杨庄镇	21914	11135	10779	6583	10638	10241	3860	16123	1931	20659
甲马营镇	31818	15977	15841	9687	15912	15783	5623	23174	3021	31538
李家户乡	27263	13772	13491	8737	13074	13042	4686	19566	3011	27035
乐陵市	**652415**	**336297**	**316118**	**167666**	**304418**	**296365**	**105463**	**492756**	**54196**	**595780**
市中街道	105719	54413	51306	29843	48732	46460	15934	82865	6920	73859
胡家街道	24120	12913	11207	5610	10279	10199	3695	18363	2062	23744
云红街道	29424	14995	14429	7619	14793	14299	4957	21822	2645	26356
郭家街道	15710	7976	7734	4193	6699	6654	2217	12175	1318	13162
杨安镇	47374	24226	23148	10647	21197	20513	7691	35822	3861	42665
朱集镇	55801	28650	27151	12689	26582	25495	8989	42125	4687	55410
黄夹镇	57084	29961	27123	14690	26092	24983	9066	42591	5427	56887
丁坞镇	37573	20964	16609	8855	16882	15819	5411	29077	3085	33915
花园镇	43233	22223	21010	10610	20166	19825	7352	31900	3981	42857
郑店镇	59310	29645	29665	16966	28560	29183	9948	44182	5180	55395
化楼镇	36917	18813	18104	9372	17288	17380	5976	28123	2818	34253
孔镇	48186	24550	23636	12448	22578	22196	7420	36862	3904	46395
铁营镇	25431	13155	12276	6087	12139	11671	4485	18531	2415	25303
西段乡	24260	12380	11880	6334	11864	11365	4345	17658	2257	23975
大孙乡	22529	11560	10969	5618	10695	10453	4575	16109	1845	22246

表15　续表 33　　　　　　　　　　　　　　　　　　　　　　　　单位：人、户

地　区	总人口			家庭户	家庭户总人口		分年龄人口			居住本地，户口在本地
	合　计	男	女	户　数	男	女	0-14岁	15-64岁	65岁及以上	
寨头堡乡	19744	9873	9871	6085	9872	9870	3402	14551	1791	19358
禹城市	**490031**	**243537**	**246494**	**143916**	**234200**	**239363**	**79810**	**362900**	**47321**	**460404**
市中街道	151441	75060	76381	43781	70275	72083	25095	114611	11735	129634
伦镇	35545	17475	18070	11546	17365	18037	5935	25534	4076	35013
房寺镇	66695	33313	33382	19295	31538	32325	10353	48880	7462	66162
张庄镇	20630	10188	10442	6698	10130	10432	3240	15138	2252	20161
辛店镇	31804	15809	15995	9606	15772	15990	5476	23204	3124	31236
安仁镇	28669	14032	14637	8204	14005	14605	4936	20725	3008	28515
辛寨镇	39736	19712	20024	12012	19369	19831	6588	29082	4066	39295
梁家镇	40147	20330	19817	10947	19356	19296	6198	29642	4307	39343
十里望镇	29929	14914	15015	8283	13703	14039	4601	22704	2624	25939
李屯乡	21549	10700	10849	6503	10696	10847	3557	15816	2176	21432
莒镇乡	23886	12004	11882	7041	11991	11878	3831	17564	2491	23674
聊城市	**5789863**	**2938609**	**2851254**	**1753952**	**2808432**	**2752710**	**982401**	**4302695**	**504767**	**5264617**
东昌府区	**1229768**	**625296**	**604472**	**375474**	**594030**	**582230**	**211808**	**920146**	**97814**	**1053436**
古楼街道	113862	57699	56163	35068	54333	53964	19908	85180	8774	83818
柳园街道	137260	69821	67439	34852	52675	53253	17428	110708	9124	89340
新区街道	145408	73537	71871	47432	70559	69340	23185	112650	9573	110436
湖西街道	40151	21270	18881	11477	18252	17829	6931	30844	2376	30979
道口铺街	33890	17263	16627	10839	17202	16605	6640	24342	2908	32023
阎寺街道	44746	22640	22106	14281	22638	22105	7890	33175	3681	42107
凤凰街道	37789	19153	18636	12059	18983	18527	6160	27992	3637	35286
北城街道	38301	19318	18983	11574	18897	18750	6994	28229	3078	36757
东城街道	46224	22749	23475	14439	22686	23428	8557	35515	2152	25666
蒋官屯街	34345	17611	16734	11196	17062	16512	6375	25168	2802	32604
侯营镇	44481	22633	21848	13504	22632	21847	8051	32711	3719	43583
沙镇镇	85731	43606	42125	26782	43454	42076	16515	61269	7947	83096
堂邑镇	34146	17123	17023	10333	17074	16975	6322	24928	2896	32710
梁水镇	62061	31394	30667	19034	31374	30652	11173	45364	5524	60655
斗虎屯镇	40790	20900	19890	11710	19709	19322	7145	30253	3392	39758
郑家镇	47872	24618	23254	15473	24427	23204	11292	33089	3491	42925
张炉集镇	33366	16985	16381	10976	16984	16380	6317	24139	2910	32558
于集镇	38154	19253	18901	11349	19248	18891	5833	28519	3802	37782
许营镇	37297	19404	17893	11208	18473	17498	5842	27921	3534	35606
朱老庄镇	35766	18181	17585	11010	18180	17585	6681	25698	3387	34904
顾官屯镇	35209	17883	17326	11423	17279	17012	5453	25904	3852	34345
广平乡	28883	14683	14200	8842	14410	14044	4897	21221	2765	28610
韩集乡	28156	14393	13763	8415	14346	13735	5059	20634	2463	27381
香江管委	5880	3179	2701	2198	3153	2696	1160	4693	27	507
阳谷县	**770725**	**392743**	**377982**	**222452**	**368177**	**360293**	**128605**	**571809**	**70311**	**719067**
博济桥街	74194	37818	36376	21038	32624	31345	11482	57667	5045	54387
侨润街道	61938	31995	29943	15892	24750	23951	9494	47709	4735	52074
狮子楼街	40177	20804	19373	12184	19129	18097	6459	30910	2808	28900
阎楼镇	49285	25089	24196	14473	24290	23727	7830	36873	4582	48961
阿城镇	61652	31108	30544	17039	30546	30340	9783	45635	6234	61412
七级镇	36208	18167	18041	10878	18056	17976	5912	26491	3805	35760
安乐镇	35264	17972	17292	10594	16702	16902	5604	26193	3467	34161
定水镇	26256	13142	13114	8704	13110	13090	4620	19205	2431	26072
石佛镇	34387	17459	16928	10484	16837	16698	5853	25175	3359	33720
李台镇	35814	18329	17485	9608	18026	17341	7095	25387	3332	34516

表15 续表 34　　　　单位：人、户

地　区	总人口			家庭户	家庭户总人口		分年龄人口			居住本地，户口在本地
	合　计	男	女	户　数	男	女	0-14岁	15-64岁	65岁及以上	
寿张镇	65436	33083	32353	17947	31921	31666	10573	48385	6478	63690
十五里园镇	42271	21378	20893	12268	20380	20212	7485	30639	4147	41494
张秋镇	43685	22163	21522	12581	21893	21372	7266	31992	4427	43414
郭店屯镇	26852	13697	13155	8294	12877	12802	4167	19448	3237	26240
西湖镇	37182	19242	17940	11317	17821	17119	6828	27311	3043	36045
大布乡	33661	17193	16468	11026	16662	16224	5895	24618	3148	33159
高庙王乡	37933	19453	18480	10782	18218	17682	7297	27210	3426	37294
金斗营乡	28530	14651	13879	7343	14335	13749	4962	20961	2607	27768
莘县	**958827**	**488795**	**470032**	**281763**	**459299**	**446289**	**172360**	**704665**	**81802**	**903868**
燕塔街道	69511	35445	34066	16697	25909	24418	10660	54403	4448	59892
莘亭街道	35709	18370	17339	10945	16680	16163	6273	26798	2638	31850
莘州街道	28015	14637	13378	7688	11666	11174	4630	21026	2359	24061
东鲁街道	36146	18782	17364	8559	13064	12295	5381	28504	2261	28060
张鲁镇	48165	24529	23636	15535	24087	23414	10027	33633	4505	45128
朝城镇	49297	25124	24173	13971	23672	22956	8480	36328	4489	47583
观城镇	33742	16922	16820	10184	16671	16698	5533	25005	3204	33163
古城镇	49650	25429	24221	13588	23590	23025	7904	37450	4296	48876
大张家镇	36810	18540	18270	11438	18087	18082	5967	27202	3641	35946
古云镇	50717	25997	24720	13449	25312	24296	7919	38576	4222	45906
十八里铺镇	39251	20245	19006	12867	20232	19000	7939	27634	3678	37899
燕店镇	37752	19231	18521	12538	18920	18323	7762	26972	3018	35808
董杜庄镇	29740	15228	14512	9021	15211	14508	6094	21077	2569	28514
王奉镇	43614	22100	21514	13550	21513	21221	8659	30899	4056	41651
樱桃园镇	56932	29728	27204	14858	29069	26784	9598	42732	4602	55318
河店镇	33886	17150	16736	11353	16561	16454	6503	24612	2771	33152
妹冢镇	46584	23600	22984	15369	23010	22695	8961	33257	4366	45486
魏庄镇	38485	19328	19157	12697	19233	19114	7522	27675	3288	37621
张寨镇	43996	22246	21750	13575	21457	21395	8216	31586	4194	42793
大王寨乡	35354	18067	17287	10862	18003	17271	8211	24103	3040	32650
俎店乡	20931	10672	10259	6554	10568	10192	4255	14827	1849	20212
徐庄乡	30974	15648	15326	8014	15034	15032	5416	23111	2447	29547
王庄集乡	33221	16299	16922	9939	16282	16919	5668	24297	3256	32805
柿子园乡	30345	15478	14867	8512	15468	14860	4782	22958	2605	29947
茌平县	**520016**	**261335**	**258681**	**167742**	**250020**	**248965**	**84400**	**384982**	**50634**	**468459**
振兴街道	109595	54889	54706	35080	51427	50630	17961	84096	7538	77017
信发街道	37755	18925	18830	11654	17199	17294	6822	28023	2910	30142
温陈街道	40294	20303	19991	13076	19398	19439	6513	29277	4504	39482
乐平铺镇	48112	24218	23894	14595	23529	23571	7503	35395	5214	46810
冯官屯镇	42210	21078	21132	13408	20153	20508	6774	30979	4457	40954
菜屯镇	25534	12949	12585	8901	12717	12486	4031	18719	2784	25258
博平镇	49516	24640	24876	15608	23518	23532	7585	36760	5171	46785
杜郎口镇	31201	15769	15432	9830	15288	15171	4953	23207	3041	30577
韩屯镇	29374	14840	14534	9575	14111	14211	4516	21616	3242	28683
胡屯镇	23250	11821	11429	7750	11081	10935	3892	16697	2661	22426
贾寨乡	24741	12267	12474	8710	12165	12448	4376	17516	2849	23554
杨官屯乡	14782	7512	7270	5145	7462	7246	2609	10586	1587	14224
洪官屯乡	21859	11145	10714	6736	11135	10710	3569	16220	2070	21364
肖庄乡	21793	10979	10814	7674	10837	10784	3296	15891	2606	21183
东阿县	**352630**	**175326**	**177304**	**115092**	**172224**	**174522**	**52766**	**261692**	**38172**	**317100**
铜城街道	79541	39722	39819	25262	37620	37435	11618	61033	6890	59516

表15 续表 35

单位：人、户

地区	总人口			家庭户	家庭户总人口		分年龄人口			居住本地，户口在本地
	合计	男	女	户数	男	女	0-14岁	15-64岁	65岁及以上	
新城街道	37729	19012	18717	12604	18823	18616	5784	28874	3071	27623
刘集镇	59761	29761	30000	19272	29657	29972	8947	44043	6771	58770
牛角店镇	42705	20898	21807	13484	20856	21793	6478	30990	5237	41878
大桥镇	18228	9112	9116	5847	8947	9007	2619	13415	2194	17574
高集镇	21769	10568	11201	7751	10519	11156	3424	15450	2895	21104
姜楼镇	25731	13044	12687	8270	12789	12642	3730	18946	3055	25146
姚寨镇	28253	13941	14312	9278	13932	14301	4097	20884	3272	27733
鱼山镇	21975	10692	11283	7713	10678	11275	3363	15836	2776	21629
陈集乡	16938	8576	8362	5611	8403	8325	2706	12221	2011	16127
冠县	**764864**	**391713**	**373151**	**221725**	**375140**	**360942**	**137649**	**567961**	**59254**	**736538**
清泉街道	75714	39025	36689	21705	34875	33173	12401	57540	5773	66291
崇文街道	53274	27969	25305	12589	20972	19776	9682	39782	3810	47591
烟庄街道	39493	20068	19425	11406	19394	19063	6678	29840	2975	38878
贾镇	38752	19554	19198	11670	19159	18796	7736	28230	2786	37120
桑阿镇	60484	30660	29824	18682	29453	29114	11019	44034	5431	60158
柳林镇	49376	25269	24107	14051	23847	23275	8246	37268	3862	48764
清水镇	34403	17850	16553	10867	17845	16552	5889	26152	2362	33797
东古城镇	70579	36150	34429	19092	36052	34396	15125	50555	4899	66721
北馆陶镇	35870	18581	17289	9281	18574	17281	7756	25784	2330	35430
店子镇	29188	14880	14308	9594	14737	14246	5187	21562	2439	28726
斜店乡	34450	17576	16874	9236	17476	16789	5925	25833	2692	33526
梁堂乡	32237	16678	15559	8879	16678	15558	5334	24122	2781	32022
定远寨乡	33595	17133	16462	10271	16767	16323	5601	25227	2767	32649
辛集乡	42774	21449	21325	12899	21447	21324	7257	31968	3549	42168
范寨乡	32359	16391	15968	10055	16070	15741	5305	24306	2748	32024
甘官屯乡	42119	21481	20638	12208	21478	20637	7496	31611	3012	41608
兰沃乡	31346	16225	15121	10065	15545	14825	5273	23405	2668	30928
万善乡	28851	14774	14077	9175	14771	14073	5739	20742	2370	28137
高唐县	**473422**	**237225**	**236197**	**150875**	**230872**	**232508**	**76159**	**349735**	**47528**	**403867**
鱼邱湖街	69662	35668	33994	22316	32380	32457	11330	53384	4948	42843
汇鑫街道	39273	19699	19574	12309	19534	19441	6484	28999	3790	30473
人和街道	52949	26594	26355	17504	24981	24968	8844	40007	4098	29964
梁村镇	36639	18075	18564	11330	17986	18530	5440	27165	4034	35597
尹集镇	31154	15544	15610	10668	15503	15596	4918	22810	3426	29929
清平镇	40258	20215	20043	13207	20164	20027	6726	28982	4550	39093
固河镇	34741	17286	17455	10886	16885	17296	5258	25563	3920	34104
三十里铺镇	24677	12530	12147	7783	12489	12123	4430	17839	2408	23221
琉璃寺镇	31444	15491	15953	9846	15210	15755	5616	22223	3605	30500
赵寨子镇	32801	16460	16341	9993	16219	16206	5108	23718	3975	31029
姜店镇	37830	18746	19084	11999	18706	19072	5633	27881	4316	35830
杨屯乡	41994	20917	21077	13034	20815	21037	6372	31164	4458	41284
临清市	**719611**	**366176**	**353435**	**218829**	**358670**	**346961**	**118654**	**541705**	**59252**	**662282**
青年路街	84133	42259	41874	25822	40413	39880	12539	64233	7361	73061
新华路街	107211	53845	53366	34158	52459	52371	16837	82271	8103	86893
先锋路街	57425	28823	28602	16754	26469	26319	8618	43840	4967	53430
大辛庄街	35253	17918	17335	10136	17715	17280	6426	26044	2783	33384
松林镇	32198	16276	15922	10367	16276	15922	5185	24154	2859	31354
老赵庄镇	40589	20487	20102	12508	20487	20102	6430	30720	3439	40198
康庄镇	57636	29274	28362	18522	28508	27554	9258	42940	5438	55115
魏湾镇	22765	11343	11422	7829	11256	11407	3859	16324	2582	22360

表15　续表 36　　　　　　　　　　单位：人、户

地区	总人口			家庭户	家庭户总人口		分年龄人口			居住本地，户口在本地
	合计	男	女	户数	男	女	0-14岁	15-64岁	65岁及以上	
刘垓子镇	27587	13958	13629	8578	13956	13627	4597	20527	2463	27114
八岔路镇	31839	16357	15482	9324	16198	15463	5800	23577	2462	30476
潘庄镇	34984	18580	16404	9105	18513	16393	6028	26691	2265	30968
烟店镇	40712	21601	19111	10710	21226	18959	7301	30947	2464	34804
唐园镇	36431	19232	17199	10088	19213	17190	6008	28008	2415	35866
金郝庄镇	50869	25633	25236	16512	25613	25229	9306	36594	4969	48527
戴湾镇	30444	15524	14920	9362	15303	14798	5119	22883	2442	30172
尚店镇	29535	15066	14469	9054	15065	14467	5343	21952	2240	28560
滨州市	**3748474**	**1884028**	**1864446**	**1159148**	**1780061**	**1790172**	**601542**	**2779463**	**367469**	**3316844**
滨城区	**682717**	**337844**	**344873**	**213593**	**310768**	**317928**	**104819**	**518510**	**59388**	**552443**
市中街道	62152	30686	31466	18036	24103	25137	9237	46442	6473	53759
市西街道	68597	33154	35443	22701	31222	32656	10710	53232	4655	48232
北镇街道	44276	21713	22563	15755	21020	21769	7028	34104	3144	30034
市东街道	53112	26720	26392	18127	23985	24722	8094	40898	4120	33644
彭李街道	72850	35587	37263	21015	28542	29619	9564	59174	4112	43820
小营街道	35964	17869	18095	11275	17198	17501	5771	26627	3566	33204
滨北街道	69105	34513	34592	21669	33058	33069	10767	51851	6487	61257
梁才街道	31986	15836	16150	10144	15708	16102	5218	23590	3178	29492
杜店街道	53783	26687	27096	14576	21362	21738	7511	43455	2817	32363
沙河街道	19216	9447	9769	5671	9442	9768	3206	14218	1792	19027
里则街道	43582	21749	21833	13338	21638	21796	7057	32129	4396	42940
青田街道	26267	12951	13316	8641	12913	13301	4136	18784	3347	25363
三河湖镇	41469	20792	20677	12614	20744	20628	7067	30003	4399	41088
杨柳雪镇	40124	20057	20067	13022	19923	20019	6251	29280	4593	38623
秦皇台乡	20234	10083	10151	7009	9910	10103	3202	14723	2309	19597
惠民县	**602491**	**300413**	**302078**	**172000**	**294260**	**297657**	**95790**	**442982**	**63719**	**578380**
孙武街道	91984	44953	47031	27017	41945	43572	13870	69828	8286	77034
武定府街	11768	6066	5702	3113	5530	5635	1816	8829	1123	10655
石庙镇	51790	25702	26088	14987	25689	26081	8900	36705	6185	51154
桑落墅镇	25292	12522	12770	7870	12464	12745	4094	18027	3171	24889
淄角镇	30184	15560	14624	7266	14515	14352	4292	22575	3317	29923
胡集镇	55177	27663	27514	16548	27549	27458	8903	40246	6028	54194
李庄镇	52457	25910	26547	15013	25835	26520	8661	38581	5215	51311
麻店镇	27755	13988	13767	8243	13785	13750	4614	19966	3175	27068
魏集镇	29930	15038	14892	8370	14846	14831	4864	22193	2873	29500
清河镇	31609	15876	15733	8884	15824	15709	4986	23380	3243	31138
姜楼镇	53101	26550	26551	14649	26534	26545	8375	39234	5492	52567
何坊镇	35925	17936	17989	10581	17878	17965	5669	26276	3980	35001
辛店镇	44334	22076	22258	13075	21793	22146	6985	32397	4952	43688
大年陈镇	30861	15259	15602	8515	15223	15590	5158	22339	3364	30434
皂户李乡	30324	15314	15010	7869	14850	14758	4603	22406	3315	29824
阳信县	**427014**	**216033**	**210981**	**128165**	**209325**	**206523**	**72913**	**312021**	**42080**	**411706**
信城街道	45797	22736	23061	13833	19859	20416	6836	35787	3174	34229
金阳街道	38387	19536	18851	11866	19533	18849	6758	28080	3549	37935
商店镇	46003	23694	22309	13059	22263	21792	7048	34010	4945	45764
温店镇	39211	20188	19023	10675	19473	18709	7552	27880	3779	39062
河流镇	38962	19686	19276	10704	19216	18801	6634	29046	3282	38281
翟王镇	34333	17274	17059	10736	17198	17038	5813	24975	3545	33597
流坡坞镇	38395	19522	18873	11740	19520	18867	7078	27118	4199	38022
水落坡镇	55684	28128	27556	18135	28094	27535	9214	40135	6335	55415

表15 续表 37　　　　单位：人、户

地　区	总人口			家庭户	家庭户总人口		分年龄人口			居住本地，户口在本地
	合　计	男	女	户　数	男	女	0-14岁	15-64岁	65岁及以上	
劳店乡	42011	21418	20593	12943	20387	20173	6965	30444	4602	41840
洋湖乡	48231	23851	24380	14474	23782	24343	9015	34546	4670	47561
无棣县	**418687**	**213756**	**204931**	**148034**	**204146**	**199751**	**70510**	**305460**	**42717**	**377131**
棣丰街道	26206	13695	12511	8748	12346	12011	4674	19182	2350	21913
海丰街道	81452	40875	40577	26479	37494	37107	14113	60739	6600	64930
水湾镇	48535	24980	23555	17826	24576	23345	7481	35568	5486	47029
碣石山镇	22970	11631	11339	8289	11387	11186	3695	16562	2713	21462
小泊头镇	36122	18214	17908	13327	18113	17895	6063	25665	4394	33689
埕口镇	23950	12410	11540	8658	11723	11454	4299	17627	2024	19701
马山子镇	26960	14649	12311	8845	12475	12023	4158	20561	2241	23610
车王镇	43878	22047	21831	15785	21887	21801	7904	31140	4834	41509
柳堡镇	30119	15414	14705	10897	14961	14560	5308	21773	3038	28252
信阳乡	30071	15333	14738	10907	15206	14669	5036	21710	3325	28425
西小王乡	19704	10136	9568	7080	9659	9374	3248	14519	1937	18488
佘家巷乡	28720	14372	14348	11193	14319	14326	4531	20414	3775	28123
沾化县	**351672**	**176699**	**174973**	**120862**	**166368**	**169965**	**50335**	**263304**	**38033**	**326211**
富国街道	63964	32132	31832	19637	28807	29209	8922	49666	5376	52883
富源街道	42358	21911	20447	13288	19306	19347	6139	32082	4137	37131
下洼镇	49016	24294	24722	19244	23579	24666	7323	36000	5693	47074
古城镇	24098	12098	12000	8351	12053	11996	3428	17726	2944	23441
冯家镇	51426	25566	25860	18523	25430	25819	7030	38869	5527	50782
泊头镇	28752	14218	14534	10126	13908	14283	4329	21057	3366	27398
大高镇	36202	18198	18004	12495	16948	17408	5394	26441	4367	35471
黄升镇	21856	10752	11104	7922	10685	11057	2936	15986	2934	21359
滨海镇	8639	5047	3592	2459	3265	3353	895	6953	791	6251
下河乡	13238	6455	6783	4590	6402	6735	1940	9804	1494	12826
利国乡	11829	5853	5976	4073	5815	5973	1982	8463	1384	11443
海防办事处	294	175	119	154	170	119	17	257	20	152
博兴县	**487116**	**246934**	**240182**	**150114**	**234125**	**233152**	**84553**	**353397**	**49166**	**426462**
城东街道	43775	22481	21294	12819	19673	19957	7502	32225	4048	36233
锦秋街道	58753	29172	29581	18584	28410	28778	10057	42337	6359	49985
博昌街道	55458	28276	27182	16844	24172	24257	9345	42816	3297	31738
曹王镇	38310	19469	18841	11249	19306	18794	6940	27107	4263	36599
兴福镇	39618	20901	18717	10345	18885	18056	8032	27739	3847	33620
陈户镇	40880	20525	20355	14142	19850	20275	6435	30354	4091	37262
湖滨镇	43743	22367	21376	12790	21246	20559	8008	30888	4847	39889
店子镇	43512	22445	21067	13336	21899	20997	7970	30506	5036	41394
吕艺镇	44843	22573	22270	14284	22317	22167	8028	32540	4275	44036
纯化镇	23072	11483	11589	8000	11334	11564	3818	16809	2445	22072
庞家镇	24838	12164	12674	8037	12057	12570	3967	17746	3125	23965
乔庄镇	30314	15078	15236	9684	14976	15178	4451	22330	3533	29669
邹平县	**778777**	**392349**	**386428**	**226380**	**361069**	**365196**	**122622**	**583789**	**72366**	**644511**
黛溪街道	81916	40555	41361	25066	36712	37595	12464	62737	6715	58519
黄山街道	48205	24052	24153	13211	20846	21513	7343	37142	3720	29682
高新街道	98549	52159	46390	24218	37091	37488	13838	80535	4176	38982
好生街道	33543	16827	16716	10239	15911	16170	5158	25076	3309	28629
长山镇	67865	34346	33519	21023	32680	32644	10171	49837	7857	63945
魏桥镇	90305	44786	45519	25912	42405	43028	14712	68131	7462	78251
西董镇	35992	18136	17856	10902	17770	17645	5155	26648	4189	35353
临池镇	28802	14771	14031	10120	13711	13709	4119	21183	3500	24719

表15 续表 38

单位：人、户

地区	总人口			家庭户	家庭户总人口		分年龄人口			居住本地，户口在本地
	合计	男	女	户数	男	女	0-14岁	15-64岁	65岁及以上	
焦桥镇	36183	18259	17924	11065	17541	17601	5740	26211	4232	35003
韩店镇	40133	19750	20383	11581	19533	20325	6720	29649	3764	38114
孙镇	36356	18161	18195	10889	18086	18138	6251	26057	4048	36093
九户镇	38921	19227	19694	10923	18965	19497	6905	27749	4267	38639
青阳镇	34944	17854	17090	9222	17593	16966	5785	26048	3111	33642
明集镇	35287	17604	17683	9928	16772	17082	6046	25440	3801	34262
台子镇	30010	14805	15205	9464	14738	15176	5567	20816	3627	29571
码头镇	41766	21057	20709	12617	20715	20619	6648	30530	4588	41107
菏泽市	**8287693**	**4173547**	**4114146**	**2442015**	**3951466**	**3949846**	**1722919**	**5760719**	**804055**	**7798714**
牡丹区	**1346717**	**678657**	**668060**	**377165**	**664804**	**656056**	**257180**	**973653**	**115884**	**1237113**
东城街道	71458	36134	35324	21225	35300	34220	11842	55057	4559	57282
西城街道	58131	28698	29433	15680	25386	25435	8830	45454	3847	35107
南城街道	64576	33920	30656	18322	30034	29532	9944	49982	4650	53787
北城街道	49283	24967	24316	13337	22400	22021	7485	38150	3648	35202
牡丹街道	61065	30862	30203	15562	30807	30100	11776	44018	5271	59096
丹阳街道	101666	50867	50799	30970	49933	49099	16560	78221	6885	71126
岳程街道	58944	29822	29122	16337	28630	28349	10084	43836	5024	55778
佃户屯街	44620	22599	22021	13117	22593	22020	8202	32759	3659	43524
何楼街道	70357	35774	34583	18321	35734	34567	12879	51409	6069	69511
万福街道	44537	22378	22159	11342	21892	21488	7994	32758	3785	42668
沙土镇	85006	43160	41846	23046	43086	41815	18218	59027	7761	83331
吴店镇	48570	24580	23990	13265	24566	23986	9366	35100	4104	48431
王浩屯镇	48230	24390	23840	14205	24283	23771	11004	32542	4684	47676
黄堽镇	66150	32782	33368	18513	32780	33368	14356	45325	6469	64618
都司镇	31441	15483	15958	9858	15483	15957	6445	21573	3423	31350
高庄镇	56476	28583	27893	15699	28583	27893	11066	40238	5172	56184
小留镇	47600	24157	23443	13560	24136	23435	9918	33270	4412	47436
李村镇	52868	25560	27308	15325	25554	27307	11681	36047	5140	52345
马岭岗镇	85107	43138	41969	23548	42889	41897	17919	59100	8088	84422
安兴镇	40894	20140	20754	11237	20125	20753	8846	27845	4203	39875
大黄集镇	42956	21985	20971	11390	21945	20952	9581	29605	3770	42665
吕陵镇	51967	26087	25880	14769	26075	25868	10108	36966	4893	51502
胡集镇	34397	17570	16827	9744	17570	16827	6781	24342	3274	34032
皇镇乡	30418	15021	15397	8793	15020	15396	6295	21029	3094	30165
曹县	**1365675**	**685823**	**679852**	**381702**	**640682**	**641575**	**306665**	**933164**	**125846**	**1287999**
城关街道	88001	44707	43294	16761	28847	28202	13567	67873	6561	68689
磐石街道	89295	45099	44196	19531	34250	33095	15846	67534	5915	60937
青菏办事处	62860	32284	30576	16908	30375	28718	14187	43635	5038	59560
庄寨镇	68544	36035	32509	17433	34283	31380	17323	46213	5008	65399
普连集镇	33914	16417	17497	10204	16230	17361	8263	22508	3143	33271
青固集镇	84437	42137	42300	23548	40483	41223	18621	57291	8525	81942
桃源集镇	68842	35489	33353	18630	34262	32634	16880	46644	5318	68082
韩集镇	48622	24540	24082	14723	24077	23720	10873	33203	4546	48015
砖庙镇	32359	16589	15770	9333	16017	15399	7081	22561	2717	31364
古营集镇	72807	36371	36436	21811	35589	36008	17394	48774	6639	71603
魏湾镇	59661	30516	29145	18034	30070	28913	16235	38341	5085	57342
侯集回族镇	34698	16977	17721	10747	16771	17571	8505	22557	3636	34073
苏集镇	68498	33202	35296	22136	32841	35072	15912	44824	7762	66661
孙老家镇	44338	21694	22644	12535	20064	21582	10004	29638	4696	43465
阎店楼镇	48146	24092	24054	13530	22281	22919	11132	32316	4698	47344

表15 续表 39

单位：人、户

地区	总人口			家庭户	家庭户总人口		分年龄人口			居住本地，户口在本地
	合计	男	女	户数	男	女	0-14岁	15-64岁	65岁及以上	
梁堤头镇	38240	19045	19195	10566	18717	18990	8027	26153	4060	37595
安才楼镇	50254	24988	25266	15750	24336	24854	11844	33156	5254	48299
邵庄镇	47120	23718	23402	12643	23032	23028	10013	32412	4695	46461
王集镇	28718	14087	14631	9478	13313	14208	6718	18793	3207	28343
青岗集镇	45875	22462	23413	15354	21634	22953	11231	29523	5121	44530
郑庄镇	50728	25502	25226	12811	23838	24144	10261	35497	4970	50159
常乐集乡	37712	19192	18520	11989	19187	18520	9362	25165	3185	36391
倪集镇	37888	18997	18891	11613	18564	18662	8629	25819	3440	36713
楼庄乡	33528	16932	16596	9524	16932	16596	8877	22084	2567	32081
大集乡	35190	17420	17770	9729	17375	17763	7724	23676	3790	34912
朱洪庙乡	25897	13064	12833	6991	13064	12833	5374	17786	2737	25735
仵楼乡	29503	14267	15236	9390	14250	15227	6782	19188	3533	29033
单县	**1063243**	**535852**	**527391**	**307865**	**492534**	**495545**	**187894**	**764886**	**110463**	**972378**
北城街道	60124	31401	28723	13438	22776	21740	7567	47194	5363	46619
南城街道	91016	48465	42551	23366	38909	37277	12535	72286	6195	66082
园艺街道	44809	22256	22553	6726	10947	10772	4066	38862	1881	17896
东城街道	26105	13453	12652	8165	12968	12607	4595	18991	2519	25306
郭村镇	64595	31833	32762	19179	29498	30341	12210	45690	6695	59349
黄岗镇	66540	33462	33078	20059	32258	32805	13025	46226	7289	64696
终兴镇	65959	33016	32943	20279	31886	32271	11955	45916	8088	65369
高韦庄镇	37750	19004	18746	10216	17917	18376	7721	26091	3938	36398
徐寨镇	58053	29374	28679	17878	28498	28186	9930	42061	6062	56187
蔡堂镇	42460	20611	21849	14035	20604	21845	8781	28789	4890	40832
朱集镇	28454	14084	14370	9159	13654	14116	5389	19471	3594	27445
李新庄镇	34010	17161	16849	11276	16665	16808	6116	24155	3739	33042
浮岗镇	55092	27498	27594	14686	27498	27594	10655	37965	6472	54636
莱河镇	47402	23888	23514	14229	23181	23106	8986	33695	4721	46242
时楼镇	37098	18945	18153	11503	18026	18119	6688	25971	4439	35948
杨楼镇	43436	21770	21666	13299	20414	21091	8740	29570	5126	42896
张集镇	40655	20308	20347	13606	20295	20344	7642	28139	4874	40555
龙王庙镇	48085	23873	24212	13808	23426	23636	8983	34058	5044	46746
谢集镇	51957	25947	26010	15752	25171	25495	8975	37404	5578	50102
李田楼镇	43067	21765	21302	13234	20852	20584	7621	30415	5031	41631
高老家乡	52459	25851	26608	16631	25437	26372	10814	35746	5899	51058
曹庄乡	24117	11887	12230	7341	11654	12060	4900	16191	3026	23343
成武县	**612016**	**306653**	**305363**	**182580**	**301472**	**299921**	**126471**	**427830**	**57715**	**584932**
文亭街道	45436	23195	22241	12202	20949	20604	7954	33642	3840	37833
永昌街道	58572	29029	29543	15666	26338	25823	10137	44019	4416	46538
大田集镇	71943	36992	34951	22195	36991	34951	15070	49923	6950	71075
天宫庙镇	38350	18935	19415	10609	18934	19414	8062	26601	3687	37569
汶上集镇	61592	30203	31389	20039	30130	31376	14265	41248	6079	60327
南鲁集镇	41068	20706	20362	12156	20706	20362	9202	28021	3845	40737
伯乐集镇	49517	24780	24737	14362	24769	24729	10757	34004	4756	48650
苟村集镇	35188	17762	17426	11064	17756	17421	7140	24780	3268	34493
白浮图镇	42111	21527	20584	12387	21491	20579	8534	29620	3957	41230
孙寺镇	48803	24044	24759	14250	23943	24711	10174	33740	4889	48495
九女集镇	56041	27504	28537	17516	27490	28532	11992	38259	5790	55485
党集镇	32557	16362	16195	10074	16361	16195	6258	22966	3333	32230
张楼镇	30838	15614	15224	10060	15614	15224	6926	21007	2905	30270
巨野县	**860581**	**432084**	**428497**	**267459**	**393201**	**401159**	**182182**	**590491**	**87908**	**816262**

表15 续表 40 单位：人、户

地区	总人口			家庭户	家庭户总人口		分年龄人口			居住本地，户口在本地
	合计	男	女	户数	男	女	0-14岁	15-64岁	65岁及以上	
凤凰街道	65039	33116	31923	13977	23053	22400	9934	50541	4564	51772
永丰街道	92118	47364	44754	22674	34385	33978	16450	68011	7657	80433
龙固镇	54953	28163	26790	18165	25968	26290	12351	36700	5902	51559
大义镇	61542	29908	31634	20688	28357	30699	13215	41584	6743	60787
柳林镇	50907	24259	26648	17314	23373	26264	11966	32920	6021	49339
章缝镇	35603	17529	18074	12501	16370	17496	7907	23506	4190	34691
大谢集镇	57075	29602	27473	16732	28355	26920	12501	39603	4971	55374
独山镇	55139	27613	27526	18325	26690	27117	12922	36420	5797	54042
麒麟镇	56147	27587	28560	19096	25865	27794	12879	37077	6191	54497
核桃园镇	27488	14038	13450	8977	13855	13357	5967	18658	2863	26428
田庄镇	47030	23477	23553	14948	22323	23020	9671	31926	5433	45770
太平镇	42452	21929	20523	13377	21612	20233	8990	29041	4421	41835
万丰镇	59034	29197	29837	19968	27843	29228	12947	39820	6267	58197
陶庙镇	35539	18385	17154	10641	17912	16910	8391	23875	3273	34552
董官屯镇	50416	24350	26066	17276	23238	25639	10845	33541	6030	49518
田桥镇	36651	18648	18003	11576	17865	17592	7633	25310	3708	34684
营里镇	33448	16919	16529	11224	16137	16222	7613	21958	3877	32784
郓城县	**1040690**	**525031**	**515659**	**334689**	**482439**	**488831**	**229793**	**696027**	**114870**	**975527**
郓州街道	132736	69517	63219	32387	52768	49257	22382	99959	10395	99919
唐塔街道	53145	27766	25379	14149	23068	21607	10043	38737	4365	50421
黄安镇	56167	29273	26894	18680	29268	26893	11914	38780	5473	54948
杨庄集镇	50045	24616	25429	15961	24565	25416	11771	32196	6078	48847
侯咽集镇	54258	26664	27594	19380	25373	26833	12249	35214	6795	52806
武安镇	63645	33510	30135	18369	30480	29262	12319	44164	7162	61146
郭屯镇	33021	16940	16081	10562	15595	15846	7509	21649	3863	31051
丁里长镇	36875	18341	18534	12183	17796	18215	8104	24458	4313	35064
玉皇庙镇	46709	23152	23557	16591	20881	22481	11030	30112	5567	44214
程屯镇	44252	21371	22881	15569	20206	21965	10084	28553	5615	43893
随官屯镇	48362	24510	23852	15727	21722	22312	11038	31720	5604	45309
张营镇	52220	26140	26080	15588	24520	25820	11881	34407	5932	49627
潘渡镇	45446	21957	23489	16595	20270	22443	11268	28468	5710	43991
双桥镇	48048	24059	23989	16148	22620	23320	11123	30900	6025	47152
南赵楼镇	35051	18473	16578	10934	15784	15954	7880	23576	3595	32104
黄堆集镇	34456	16982	17474	11491	16179	16885	8693	21734	4029	33929
唐庙乡	46963	24140	22823	15551	24129	22814	11525	30426	5012	45456
黄集乡	38738	19131	19607	14111	19131	19607	8690	25263	4785	38168
李集乡	45596	22429	23167	14700	22393	23162	10524	30199	4873	44118
张鲁集乡	32239	15379	16860	13220	15362	16857	8621	19283	4335	31320
水堡乡	19588	9296	10292	7381	9113	10221	5489	11688	2411	19150
陈坡乡	23130	11385	11745	9412	11216	11661	5656	14541	2933	22894
鄄城县	**721898**	**362707**	**359191**	**223945**	**349542**	**350032**	**154470**	**492745**	**74683**	**696059**
陈王街道	29736	14845	14891	7168	11939	11808	5459	22546	1731	21693
古泉街道	82262	42073	40189	22960	36736	36183	15478	60090	6694	67331
什集镇	54024	27560	26464	17194	27131	26287	11218	37710	5096	53738
红船镇	30354	15537	14817	10460	14364	14299	6401	19935	4018	30286
旧城镇	55028	27441	27587	15962	27311	27513	12026	37015	5987	54952
闫什镇	49418	25016	24402	16097	24530	24188	10436	33792	5190	49202
箕山镇	46597	22699	23898	15125	22499	23814	11688	29628	5281	46523
李进士堂镇	24589	12397	12192	7476	12332	12182	4979	16811	2799	24531
董口镇	53279	26569	26710	15892	25786	26432	11784	35712	5783	53085

表15 续表 41

单位：人、户

地区	总人口			家庭户户数	家庭户总人口		分年龄人口			居住本地，户口在本地
	合计	男	女		男	女	0-14岁	15-64岁	65岁及以上	
临濮镇	32725	16094	16631	10351	16087	16630	6744	22616	3365	32323
彭楼镇	52541	26035	26506	17385	26008	26503	10507	36087	5947	52319
凤凰镇	34758	17348	17410	10927	17073	17273	7896	23163	3699	34328
郑营镇	50446	26027	24419	15338	25870	24347	11483	34095	4868	50165
左营乡	40220	20315	19905	12604	19588	19560	8632	26933	4655	40101
大埝乡	26903	13365	13538	8564	13230	13484	5625	18044	3234	26806
引马乡	27608	13615	13993	10513	13334	13946	6927	17400	3281	27508
富春乡	31410	15771	15639	9929	15724	15583	7187	21168	3055	31168
定陶县	**565793**	**285357**	**280436**	**175059**	**272092**	**270805**	**109910**	**397976**	**57907**	**548949**
天中街道	56495	28976	27519	15671	26645	25492	9821	42044	4630	49620
滨河街道	57909	29352	28557	16167	27258	26485	10223	42709	4977	52336
陈集镇	57941	29531	28410	16759	26962	26856	10264	42005	5672	57060
冉固镇	75263	38797	36466	22037	36504	35020	15013	51874	8376	75031
张湾镇	44975	22801	22174	13870	21910	21588	8636	31479	4860	44710
黄店镇	60840	30153	30687	20690	30143	30684	13232	41000	6608	59804
孟海镇	35301	17357	17944	11662	17275	17887	7112	24387	3802	34795
马集镇	45304	22916	22388	14612	21497	21544	8817	31382	5105	45184
仿山镇	46639	23597	23042	14406	22609	22367	10004	32098	4537	46366
半堤镇	34373	17018	17355	10799	16470	17004	6155	24703	3515	34204
南王店乡	24514	11932	12582	9052	11893	12568	5076	16538	2900	24028
杜堂乡	26239	12927	13312	9334	12926	13310	5557	17757	2925	25811
东明县	**711080**	**361383**	**349697**	**191551**	**354700**	**345922**	**168354**	**483947**	**58779**	**679495**
城关街道	92605	48024	44581	24572	44122	41845	18493	67799	6313	79611
鱼沃街道	35718	18650	17068	9362	18650	17068	8012	24764	2942	34940
东明集镇	53132	27487	25645	13381	27394	25612	12341	36548	4243	52755
刘楼镇	42438	21007	21431	11389	20843	21374	10620	28142	3676	41008
陆圈镇	75006	38013	36993	22095	37512	36894	16709	51577	6720	68402
马头镇	37665	19343	18322	10282	19080	18223	9957	24809	2899	36263
三春集镇	36692	18624	18068	9604	18624	18068	10091	23835	2766	35803
大屯镇	40513	20728	19785	12005	20495	19697	10036	27079	3398	39489
武胜桥镇	43812	21759	22053	12772	21655	22031	9617	30183	4012	43458
菜园集乡	41799	21026	20773	10648	21014	20771	9216	29036	3547	41081
小井乡	45131	22976	22155	13053	22090	21698	11821	29199	4111	44463
沙窝乡	63538	31561	31977	16996	31475	31958	15759	42497	5282	61784
长兴集乡	59852	30470	29382	14146	30117	29240	14276	40242	5334	57648
焦园乡	43179	21715	21464	11246	21629	21443	11406	28237	3536	42790

表16　河南省乡、镇、街道人口

单位：人、户

地区	总人口 合计	总人口 男	总人口 女	家庭户 户数	家庭户总人口 男	家庭户总人口 女	分年龄人口 0-14岁	分年龄人口 15-64岁	分年龄人口 65岁及以上	居住本地，户口在本地
河南省	**94029939**	**47493063**	**46536876**	**25928729**	**45262137**	**44765935**	**19747318**	**66423277**	**7859344**	**83362187**
郑州市	**8627089**	**4422318**	**4204771**	**2436665**	**3881162**	**3786594**	**1380098**	**6629356**	**617635**	**5860380**
中原区	**905491**	**465346**	**440145**	**275145**	**386530**	**382848**	**124835**	**714416**	**66240**	**482205**
林山寨街道	65218	35503	29715	17106	24325	25554	7670	50944	6604	42208
建设路街道	37467	18550	18917	9478	12983	13687	3790	30249	3428	22681
棉纺路街道	36935	17564	19371	13399	17497	19060	3476	27088	6371	29762
秦岭路街道	31619	15579	16040	11762	15015	15891	3702	23645	4272	20130
桐柏路街道	88652	44603	44049	31187	43371	43642	14354	66988	7310	52346
三官庙街道	54551	26950	27601	18378	24912	25578	7281	42033	5237	31965
绿东村街道	62768	31844	30924	21063	28482	29111	8652	47486	6630	36418
汝河路街道	91082	45844	45238	33169	44162	44273	14146	70177	6759	47093
航海西路街道	72227	37263	34964	25681	33670	30969	12055	57847	2325	21849
中原西路街道	34011	17672	16339	13266	16913	15729	5056	27038	1917	13962
西流湖街道	80091	41941	38150	21520	32091	30277	12056	64230	3805	31757
须水街道	44254	22683	21571	10798	18779	18538	6196	34970	3088	29772
石佛镇	153322	82941	70381	35112	50620	46120	17590	131101	4631	57839
沟赵乡	53294	26409	26885	13226	23710	24419	8811	40620	3863	44423
二七区	**712646**	**363265**	**349381**	**209512**	**296408**	**299515**	**95875**	**565784**	**50987**	**376353**
淮河路街道	53884	26359	27525	17526	24693	25112	7294	41821	4769	35183
解放路街道	469	277	192	138	178	156	53	384	32	142
铭功路街道	23390	11741	11649	8318	11202	11260	3369	18223	1798	10321
一马路街道	3522	1806	1716	913	1152	1203	278	2913	331	1060
蜜蜂张街道	25443	12574	12869	8423	11679	12159	2891	19490	3062	18180
五里堡街道	61176	29086	32090	22298	27532	30148	7773	47080	6323	40413
大学路街道	55100	27354	27746	16327	22082	23791	6307	42986	5807	35538
建中街街道	69861	34503	35358	21500	29558	30957	8685	54804	6372	41623
福华街街道	69625	34543	35082	24785	34335	34943	8983	52984	7658	46521
德化街街道	3641	1792	1849	1237	1611	1671	482	2959	200	1078
嵩山路街道	74553	38180	36373	23540	34504	33627	13503	57375	3675	34609
京广路街道	58229	29633	28596	12291	18349	18139	7054	49083	2092	18471
长江路街道	83051	43097	39954	29748	36178	34459	12643	67971	2437	21409
马寨镇	46687	24440	22247	6802	12849	12499	4434	40060	2193	21901
侯寨乡	84015	47880	36135	15666	30506	29391	12126	67651	4238	49904
管城回族区	**645932**	**336548**	**309384**	**198660**	**293557**	**285087**	**107130**	**502640**	**36162**	**313391**
北下街街道	32705	16228	16477	10755	14045	15105	3935	26154	2616	17061
西大街街道	22878	11252	11626	7616	10284	10516	3388	17991	1499	9569
南关街道	57487	27697	29790	19836	26287	27269	8199	45732	3556	24200
城东路街道	36604	17811	18793	12849	16987	18250	5637	28284	2683	18295
东大街街道	33493	16782	16711	11085	14222	14640	4454	26549	2490	15019
二里岗街道	40750	20821	19929	14646	19867	19309	6464	31786	2500	19072
陇海路街道	48899	23934	24965	16656	23142	24102	7055	37528	4316	29274
紫荆山南路街道	73092	37706	35386	24002	35966	34174	13703	55926	3463	25255
航海东路街道	51970	25420	26550	16577	23957	23810	9912	40488	1570	25097
十八里河镇	47463	26147	21316	13030	22063	19137	8547	36746	2170	26132
南曹乡	40825	21510	19315	10187	19954	18631	8441	29670	2714	31751
圃田乡	55131	32825	22306	13271	22279	20353	9495	43514	2122	20013
经济技术开发区明湖街道	66086	37647	28439	20204	27068	23281	9824	54511	1751	20420
经济技术开发区潮河街道	20779	11028	9751	4315	9424	9094	4416	14868	1495	17639
经济技术开发区京航街道	17770	9740	8030	3631	8012	7416	3660	12893	1217	14594
金水区	**1588716**	**813096**	**775620**	**529454**	**652722**	**636915**	**201034**	**1304661**	**83021**	**692081**
经八路街道	79212	37991	41221	26108	36459	39105	11087	58410	9715	55708
花园路街道	42836	20603	22233	14084	20080	21667	5975	30965	5896	31274
人民路街道	37816	18277	19539	12989	17792	19003	4756	28202	4858	27995

表16　续表 1　　　　　　　　　　　　　　　　　　　　　　　　单位：人、户

地　区	总人口			家庭户	家庭户总人口		分年龄人口			居住本地，户口在本地
	合　计	男	女	户　数	男	女	0-14岁	15-64岁	65岁及以上	
杜岭街街道	17339	7367	9972	5142	6882	7281	1993	13809	1537	8662
大石桥街道	37645	18234	19411	12582	17151	18228	5868	28328	3449	24072
南阳路街道	71979	35741	36238	25036	34997	35939	9722	55317	6940	52273
南阳新村街道	105402	52407	52995	35424	50584	51766	17236	80016	8150	66477
文化路街道	101287	51429	49858	29009	35681	37611	10721	83657	6909	47060
丰产路街道	136141	68818	67323	53443	59942	59461	16065	112094	7982	54443
东风路街道	143352	72219	71133	38419	49537	48971	17783	121003	4566	56068
北林路街道	100511	53415	47096	30614	36362	33146	10309	87312	2890	36051
未来路街道	70848	35573	35275	29234	33955	33629	8751	58314	3783	32423
凤凰台街道	29524	15554	13970	9297	13571	13232	4938	23524	1062	12150
龙子湖街道	90781	44157	46624	7592	15357	15581	7277	81181	2323	29926
祭城路街道	124538	66819	57719	35847	55234	54567	23154	95688	5696	68893
柳林镇	183009	98448	84561	84787	86801	74143	22851	156212	3946	48143
庙李镇	216496	116044	100452	79847	82337	73585	22548	190629	3319	40463
上街区	**131549**	**65276**	**66273**	**44227**	**63648**	**65277**	**19383**	**98587**	**13579**	**94153**
济源路街道	39306	19438	19868	13897	18685	19124	5519	29972	3815	25691
中心路街道	34255	16951	17304	12345	16884	17275	5504	25634	3117	21716
新安路街道	12948	6527	6421	4975	6334	6386	1790	9205	1953	8227
工业路街道	5484	2638	2846	1510	2561	2810	719	4174	591	5107
矿山街道	1891	929	962	800	918	961	200	1409	282	1591
峡窝镇	37665	18793	18872	10700	18266	18721	5651	28193	3821	31821
惠济区	**269579**	**132566**	**137013**	**73950**	**113684**	**110560**	**40609**	**213874**	**15096**	**156483**
新城街道	30768	15988	14780	7894	14238	14411	5376	23100	2292	25626
刘寨街道	39916	20006	19910	15589	19790	19772	6596	31214	2106	17227
老鸦陈街道	20225	10093	10132	5138	9665	9657	3305	15359	1561	17231
长兴路街道	60605	33342	27263	21797	28167	24501	9849	48711	2045	20558
迎宾路街道	48242	18355	29887	6004	10127	10221	4252	42418	1572	15043
大河路街道	18421	9301	9120	5009	8612	8735	2928	13935	1558	16981
花园口镇	21259	10845	10414	5185	9983	9956	4212	15465	1582	18002
古荥镇	30143	14636	15507	7334	13102	13307	4091	23672	2380	25815
中牟县	**727440**	**374331**	**353109**	**178841**	**355991**	**338496**	**166706**	**502176**	**58558**	**657422**
青年路街道	70279	35121	35158	16495	26716	26256	10931	55372	3976	42069
东风路街道	45324	23670	21654	12651	21458	20567	10093	32736	2495	30261
广惠街街道	30675	16293	14382	5414	10998	10604	5146	23850	1679	20122
韩寺镇	35192	18342	16850	8697	18338	16849	8712	24097	2383	34431
官渡镇	52311	26557	25754	13699	26537	25742	13112	35131	4068	51218
狼城岗镇	37998	19350	18648	9062	19346	18647	9286	25713	2999	36835
万滩镇	26266	13571	12695	6372	13567	12692	6185	17908	2173	25959
白沙镇	42701	22302	20399	9985	20723	19829	10282	29218	3201	38205
郑庵镇	32314	16519	15795	8470	16478	15789	7884	21432	2998	31187
张庄镇	31052	16036	15016	7652	16000	15005	7343	20838	2871	30687
黄店镇	36443	18637	17806	9512	18637	17806	8485	24374	3584	36202
大孟镇	46670	23975	22695	11453	23945	22689	11550	31208	3912	45748
九龙镇	31760	16590	15170	7872	16211	15066	7927	20962	2871	29972
刘集镇	40615	21038	19577	9819	20797	19512	9983	27365	3267	39865
八岗镇	27563	14322	13241	6689	14322	13241	6401	18463	2699	27069
雁鸣湖镇	23428	12139	11289	5489	12129	11284	5471	15936	2021	22803
三官庙乡	53651	27185	26466	13698	27119	26446	12525	35477	5649	52956
刁家乡	32340	16491	15849	8172	16486	15809	8305	21018	3017	31597
姚家乡	30858	16193	14665	7640	16184	14663	7085	21078	2695	30236
巩义市	**807911**	**411355**	**396556**	**209263**	**382045**	**377770**	**123683**	**612716**	**71512**	**691103**
新华路街道	50973	25337	25636	15644	24147	24697	8156	39650	3167	35371
杜甫路街道	57120	28555	28565	15802	26640	26947	8890	44867	3363	41295
永安路街道	2650	1358	1292	700	1358	1292	515	1883	252	2387
孝义街道	43029	21828	21201	10841	19240	19419	5706	33947	3376	34260
紫荆路街道	26742	12746	13996	5064	8679	9039	2864	22655	1223	14063

表16　续表 2　　　　单位：人、户

地　区	总人口			家庭户	家庭户总人口		分年龄人口			居住本地，户口在本地
	合　计	男	女	户　数	男	女	0-14岁	15-64岁	65岁及以上	
米河镇	45595	23012	22583	12946	22637	22211	6934	34233	4428	43005
新中镇	17395	8942	8453	5709	8617	8394	2623	12633	2139	16725
小关镇	31814	15897	15917	9506	15127	15160	4619	23818	3377	29042
竹林镇	10441	5178	5263	3024	5096	5233	1645	7779	1017	9476
大峪沟镇	35735	19175	16560	10866	16791	16420	5362	26677	3696	30280
河洛镇	30493	15428	15065	9639	15003	14973	4357	22201	3935	28476
站街镇	22757	11329	11428	6545	10844	10992	2972	17456	2329	20819
康店镇	43618	22035	21583	11539	21807	21511	6284	32319	5015	41893
北山口镇	36499	18476	18023	8609	16273	16339	5910	27478	3111	30703
西村镇	58470	29835	28635	14311	28302	27972	9953	43139	5378	55175
芝田镇	46904	23775	23129	11434	23489	22733	7740	35027	4137	44454
回郭镇	113810	60028	53782	21744	51737	49667	15776	88954	9080	87728
鲁庄镇	64108	32777	31331	15912	32396	31114	11146	46677	6285	62386
夹津口镇	24720	12882	11838	6506	11860	11766	4286	18213	2221	21612
涉村镇	36463	18429	18034	10708	18294	17960	6911	26202	3350	34958
豫联工业园区管理委员会	8575	4333	4242	2214	3708	3931	1034	6908	633	6995
荥阳市	**613804**	**310697**	**303107**	**170820**	**299191**	**294451**	**99131**	**459463**	**55210**	**528584**
索河街道	56972	28413	28559	17020	26763	26761	9445	43695	3832	31695
京城街道	86503	43607	42896	26187	40472	40608	15381	66582	4540	48136
乔楼镇	39526	20111	19415	10316	18456	17922	5860	29976	3690	35124
豫龙镇	51785	26472	25313	11998	22902	22758	8385	39112	4288	44968
广武镇	86531	43431	43100	21699	43310	43078	14374	64992	7165	85706
王村镇	47888	24077	23811	13962	24016	23805	6642	35872	5374	46973
汜水镇	19698	9692	10006	6046	9627	9948	2777	14337	2584	19227
高山镇	23841	11987	11854	7564	11983	11849	3093	17449	3299	23313
刘河镇	20893	10662	10231	6381	10644	10211	3025	15262	2606	20294
崔庙镇	44191	22925	21266	12243	22104	21004	7332	32402	4457	42550
贾峪镇	49070	25428	23642	13023	25239	23550	9904	34690	4476	46619
城关乡	37870	19160	18710	10092	18958	18657	5677	28749	3444	35972
高村乡	44004	22219	21785	12925	22206	21781	6218	32842	4944	43176
金寨回族乡	5032	2513	2519	1364	2511	2519	1018	3503	511	4831
新密市	**797256**	**410906**	**386350**	**209086**	**389529**	**374479**	**143800**	**588750**	**64706**	**683704**
青屏街街道	98118	49483	48635	29618	46590	45741	19129	75280	3709	50539
新华路街道	50703	27556	23147	14200	22788	21926	8006	39887	2810	30697
西大街街道	24438	12515	11923	4588	8934	8865	3227	19901	1310	17273
城关镇	31317	16212	15105	7513	14726	13834	4652	24096	2569	25836
米村镇	33808	17062	16746	8704	17023	16719	6031	24798	2979	32255
牛店镇	43929	22264	21665	11402	22256	21663	9187	30931	3811	41929
平陌镇	37322	18923	18399	9537	18849	18373	6477	27542	3303	36317
超化镇	65888	33871	32017	16582	33679	31974	12082	47745	6061	63938
苟堂镇	47370	24581	22789	12273	24558	22774	9331	32963	5076	46185
大隗镇	54201	27872	26329	13798	27733	26295	9175	39746	5280	52703
刘寨镇	42442	21631	20811	10666	20741	19855	7054	31463	3925	39939
白寨镇	57310	29362	27948	13791	29109	27856	12191	39954	5165	55909
岳村镇	34691	17849	16842	9394	17618	16765	6245	24938	3508	32584
来集镇	48795	24988	23807	12608	24069	22831	8023	36172	4600	46253
袁庄乡	22328	11418	10910	5898	10986	10458	4021	16202	2105	19593
曲梁乡	50483	25726	24757	12953	24958	24559	9505	36478	4500	48579
新密市矿区办事处	30016	17314	12702	9204	12953	12437	4744	23759	1513	20055
尖山风景区管理委员会	7374	3717	3657	2266	3659	3620	1237	5045	1092	7181
郑州曲梁产业集聚区管理委员会	16723	8562	8161	4091	8300	7934	3483	11850	1390	15939
新郑市	**758128**	**387552**	**370576**	**171626**	**328413**	**312780**	**125285**	**578089**	**54754**	**593465**
新建路街道	36105	18100	18005	10552	17207	17064	6839	27066	2200	22323
新华路街道	62403	33005	29398	16892	28625	27499	10232	48921	3250	47037
新烟街道	35113	16297	18816	6740	9759	9675	3154	30405	1554	10714

表16 续表 3

单位：人、户

地 区	总人口			家庭户	家庭户总人口		分年龄人口			居住本地，户口在本地
	合 计	男	女	户 数	男	女	0-14岁	15-64岁	65岁及以上	
新村镇	51574	25148	26426	8700	16067	15413	6241	42603	2730	30492
辛店镇	72970	37756	35214	19440	36113	34766	12995	52859	7116	68912
观音寺镇	43103	22007	21096	11854	21930	21084	8141	30660	4302	41861
梨河镇	28851	14723	14128	8118	14639	14110	4844	21148	2859	27426
和庄镇	38591	20136	18455	9644	19450	18384	7464	27659	3468	36769
薛店镇	33918	17904	16014	8100	16386	15303	6905	24387	2626	29648
孟庄镇	35289	18367	16922	8126	18154	16795	7070	25185	3034	34342
郭店镇	49530	26223	23307	11957	24014	22781	9820	35911	3799	45735
龙湖镇	119153	58752	60401	15505	31911	30427	13475	100968	4710	59313
城关乡	29150	15101	14049	7725	14540	13873	4593	21928	2629	27072
八千乡	49582	26132	23450	11180	23545	21947	9008	36378	4196	43625
龙王乡	21123	10951	10172	5360	10902	10162	4387	14697	2039	20606
新港办事处	39675	20803	18872	9122	19257	17910	7460	28866	3349	36782
郑港办事处	11998	6147	5851	2611	5914	5587	2657	8448	893	10808
登封市	**668637**	**351380**	**317257**	**166081**	**319444**	**308416**	**132627**	**488200**	**47810**	**591436**
嵩阳街道	108310	55843	52467	27355	48378	48255	20426	83349	4535	81774
少林街道	32442	22806	9636	3761	7546	7483	3157	28168	1117	14540
中岳街道	22429	11479	10950	5956	10877	10889	4300	16264	1865	19674
大金店镇	57014	29368	27646	14588	29347	27643	12251	40307	4456	54583
颍阳镇	47217	23828	23389	11439	23805	23386	10737	32973	3507	46061
卢店镇	24420	12319	12101	6458	12227	11939	4211	18229	1980	22636
告成镇	46223	23532	22691	11872	22816	22059	9313	33589	3321	43533
阳城区镇	12674	6804	5870	3085	6013	5772	2387	9440	847	11046
大冶镇	72193	37585	34608	19705	35362	34228	13182	53234	5777	64839
宣化镇	20454	10466	9988	5841	10244	9902	4542	13872	2040	19335
徐庄镇	27922	14677	13245	7098	14203	13184	6264	19293	2365	26778
东华镇	55176	29555	25621	13228	27231	25543	11611	39453	4112	51250
白坪乡	13620	7015	6605	3628	6922	6582	3110	9343	1167	12908
君召乡	36256	18803	17453	9260	18466	17445	7561	25678	3017	35045
石道乡	39302	20129	19173	9294	19951	18939	8936	27155	3211	37563
唐庄乡	38513	19507	19006	9982	19025	18456	7234	27894	3385	37270
送表矿区	14472	7664	6808	3531	7031	6711	3405	9959	1108	12601
开封市	**4676483**	**2370764**	**2305719**	**1241002**	**2284661**	**2232093**	**999656**	**3289556**	**387271**	**4329731**
龙亭区	**127784**	**61890**	**65894**	**36201**	**58301**	**59724**	**19709**	**96227**	**11848**	**93738**
北书店街道	10652	4967	5685	3485	4739	5121	1374	8112	1166	8538
午朝门街道	8469	4210	4259	2983	3911	4164	1146	6386	937	5077
大兴街道	10287	4975	5312	3702	4819	5050	1185	7753	1349	7826
北道门街道	18368	8684	9684	6435	8383	8742	1915	14021	2432	14147
北郊乡	47087	22402	24685	11546	19798	20379	7252	36445	3390	26773
柳园口乡	32921	16652	16269	8050	16651	16268	6837	23510	2574	31377
顺河回族区	**232296**	**114173**	**118123**	**75091**	**111362**	**115391**	**32360**	**173255**	**26681**	**198429**
清平街道	14681	6963	7718	5081	6909	7682	1965	11042	1674	11902
铁塔街道	19857	9507	10350	5897	7765	8180	1885	15720	2252	15578
曹门街道	13574	6567	7007	4921	6534	6987	1634	10157	1783	11920
宋门街道	31721	15549	16172	11474	15427	16119	3732	23380	4609	25773
工业街道	47372	23303	24069	17660	22496	23644	5741	34696	6935	39344
苹果园街道	37603	18451	19152	13408	18437	19142	4618	28970	4015	30581
东郊乡	43109	21319	21790	10476	21313	21788	8136	31561	3412	39989
土柏岗乡	24379	12514	11865	6174	12481	11849	4649	17729	2001	23342
鼓楼区	**143175**	**69917**	**73258**	**48745**	**68961**	**72289**	**20278**	**106563**	**16334**	**110602**

表16　续表 4　　　　单位：人、户

地　区	总人口			家庭户	家庭户总人口		分年龄人口			居住本地，户口在本地
	合　计	男	女	户　数	男	女	0-14岁	15-64岁	65岁及以　上	
相国寺街道	5017	2403	2614	1895	2391	2602	503	3833	681	4248
新华街道	17702	8565	9137	6341	8436	9069	2037	13530	2135	14412
卧龙街道	14671	7190	7481	5288	7093	7452	1778	11098	1795	11803
州桥街道	21995	10577	11418	7976	10474	11270	2469	16788	2738	15946
西司门街道	24556	11711	12845	9114	11482	12406	2831	18043	3682	18510
南苑街道	13146	6526	6620	3022	6445	6571	2980	9224	942	12006
五一街道	33572	16382	17190	12115	16287	17081	4666	25451	3455	21736
仙人庄街道	12516	6563	5953	2994	6353	5838	3014	8596	906	11941
禹王台区	**130604**	**64612**	**65992**	**43808**	**63434**	**65244**	**19578**	**97269**	**13757**	**106637**
三里堡街道	20817	10010	10807	7885	9948	10713	2456	15602	2759	15816
新门关街道	23773	11789	11984	8618	11746	11972	2933	18331	2509	19342
繁塔街道	13127	6486	6641	4774	6483	6641	1588	9730	1809	9819
官坊街道	14006	6729	7277	5407	6650	7096	1628	10632	1746	10994
菜市街道	15273	7531	7742	5160	7009	7413	2433	11144	1696	12993
南郊乡	22304	11074	11230	6801	11024	11203	4167	16395	1742	17391
汪屯乡	21304	10993	10311	5163	10574	10206	4373	15435	1496	20282
金明区	**262258**	**134689**	**127569**	**63163**	**104659**	**106702**	**40465**	**204327**	**17466**	**170430**
城西街道	55387	26682	28705	18801	26029	27960	8103	41897	5387	38095
梁苑街道	32246	18990	13256	8829	12370	12724	3640	26212	2394	20454
杏花营镇	20573	10653	9920	4868	10490	9858	5421	13856	1296	19975
西郊乡	66711	34371	32340	7824	13266	13600	4662	59943	2106	20800
水稻乡	28755	14482	14273	6628	14465	14269	6503	20079	2173	28184
杏花营农场	12947	6661	6286	3019	6626	6253	3371	8677	899	12658
河南开封经济开发区	45639	22850	22789	13194	21413	22038	8765	33663	3211	30264
杞县	**956533**	**490986**	**465547**	**254692**	**475755**	**453724**	**215581**	**665546**	**75406**	**936772**
城关镇	72651	37942	34709	16231	31206	28853	12600	55936	4115	60580
五里河镇	57238	29752	27486	14120	28996	26766	11067	42128	4043	56937
傅集镇	51815	26670	25145	13677	26600	25080	11357	36677	3781	51408
圉镇镇	55991	29431	26560	14658	28149	25236	10283	41059	4649	53597
高阳镇	67473	34988	32485	16112	34771	32334	13586	48508	5379	67344
葛岗镇	61424	32066	29358	16804	32066	29358	13686	42564	5174	61164
阳堌镇	44209	22879	21330	11481	16783	17661	9883	30934	3392	44020
邢口镇	44085	23092	20993	11571	23081	20983	9415	31422	3248	43831
裴村店乡	49040	24592	24448	13276	24592	24448	11420	33632	3988	48597
宗店乡	27528	13963	13565	7841	13955	13562	6676	18536	2316	27253
板木乡	31062	15206	15856	9366	15205	15856	7830	20213	3019	30958
竹林乡	26806	13631	13175	7784	13631	13175	6673	17925	2208	26656
官庄乡	34992	17643	17349	9073	17643	17349	7987	24207	2798	34755
湖岗乡	35235	17511	17724	9875	17508	17720	8700	23489	3046	34992
苏木乡	42041	21607	20434	11890	21607	20434	9668	28898	3475	41806
沙沃乡	33137	16784	16353	9558	16784	16353	7537	22419	3181	32896
平城乡	58527	29496	29031	15806	29493	29031	16080	37485	4962	58144
泥沟乡	41381	20509	20872	12110	20508	20871	11586	26356	3439	41088
柿园乡	52650	27026	25624	14977	27026	25624	13151	35291	4208	52503
西寨乡	37928	19523	18405	10019	19512	18397	9583	25776	2569	37485
城郊乡	31320	16675	14645	8463	16639	14633	6813	22091	2416	30758
通许县	**567495**	**290539**	**276956**	**147798**	**285909**	**272071**	**133172**	**389426**	**44897**	**548178**
城关镇	84391	43129	41262	21422	38593	36422	17526	61323	5542	67703
竖岗镇	39740	20205	19535	10638	20199	19529	9516	27173	3051	39340
玉皇庙镇	50942	25960	24982	13892	25960	24982	12149	34570	4223	50814

表16 续表 5　　单位：人、户

地区	总人口 合计	总人口 男	总人口 女	家庭户 户数	家庭户总人口 男	家庭户总人口 女	分年龄人口 0-14岁	分年龄人口 15-64岁	分年龄人口 65岁及以上	居住本地，户口在本地
四所楼镇	56091	28677	27414	15365	28673	27409	13753	37774	4564	55698
朱砂镇	63550	32502	31048	16569	32493	31043	15048	42990	5512	63195
长智镇	42589	21794	20795	11161	21794	20795	9684	29322	3583	42528
冯庄乡	32729	16747	15982	8344	16715	15970	7964	21986	2779	32216
孙营乡	39729	20593	19136	10493	20587	19136	9801	26895	3033	39444
大岗李乡	42472	21784	20688	11046	21769	20680	10420	28703	3349	42194
邸阁乡	37140	19068	18072	9451	19067	18072	9428	24781	2931	37086
练城乡	40885	20953	19932	9961	20950	19931	9372	28198	3315	40747
厉庄乡	37237	19127	18110	9456	19109	18102	8511	25711	3015	37213
尉氏县	**879713**	**452442**	**427271**	**210863**	**440696**	**416638**	**191118**	**620121**	**68474**	**853893**
城关镇	80844	42005	38839	20361	32963	30444	13987	62845	4012	64970
洧川镇	58694	30401	28293	13519	28814	27009	12205	41351	5138	56128
朱曲镇	46504	23270	23234	11422	23103	23141	10144	32159	4201	45955
蔡庄镇	55494	28286	27208	12832	28285	27208	11865	39201	4428	55382
永兴镇	67688	34746	32942	16308	34745	32942	13567	49073	5048	67169
张市镇	46577	23886	22691	11497	23879	22691	9736	33475	3366	46270
十八里镇	57114	29010	28104	14210	28687	27708	12434	40858	3822	56415
水坡镇	50368	25537	24831	13114	25322	24686	11645	34613	4110	49834
邢庄乡	50319	25966	24353	11340	25966	24353	12015	34606	3698	49494
庄头乡	50279	26020	24259	11834	25953	24216	12378	33650	4251	49232
大营乡	48818	25465	23353	11371	25465	23353	10940	33671	4207	48610
大马乡	44528	23387	21141	10475	23383	21141	10459	30018	4051	43996
岗李乡	57089	29765	27324	13423	29765	27324	12808	39276	5005	56307
门楼任乡	36718	18737	17981	8711	18685	17941	8442	24968	3308	36436
大桥乡	49503	25594	23909	11529	25314	23672	10963	34840	3700	48830
南曹乡	51194	26172	25022	12267	26172	25022	12060	35061	4073	51108
小陈乡	27982	14195	13787	6650	14195	13787	5470	20456	2056	27757
开封县	**698799**	**357707**	**341092**	**174082**	**350137**	**333373**	**160629**	**482974**	**55196**	**662297**
城关镇	50451	24740	25711	11564	20225	19953	9323	38265	2863	29587
陈留镇	57718	29229	28489	14628	28216	27364	12251	40624	4843	54550
仇楼镇	53588	27510	26078	13788	27395	26056	12843	36073	4672	53154
八里湾镇	49207	24668	24539	12612	24661	24538	10846	34069	4292	48668
曲兴镇	33264	16842	16422	8700	16798	16417	7276	23191	2797	32715
朱仙镇	32326	16433	15893	8244	16151	15598	7135	22704	2487	31092
半坡店乡	47491	24324	23167	12303	24281	23156	11963	31560	3968	46008
罗王乡	47587	24157	23430	12886	24118	23419	11217	32164	4206	47051
刘店乡	36775	18917	17858	9120	18809	17804	8405	25355	3015	35492
袁坊乡	41574	21910	19664	9752	20773	19279	9162	29302	3110	39152
杜良乡	58761	30332	28429	14222	30330	28426	13963	40176	4622	57614
兴隆乡	41262	21076	20186	10220	21052	20183	9349	28686	3227	40289
西姜寨乡	58586	30429	28157	14368	30380	28148	14286	39632	4668	57893
万隆乡	52405	27325	25080	12703	27293	25075	13669	34923	3813	51751
范村乡	37804	19815	17989	8972	19655	17957	8941	26250	2613	37281
兰考县	**677826**	**333809**	**344017**	**186559**	**325447**	**336937**	**166766**	**453848**	**57212**	**648755**
城关镇	66651	33907	32744	15405	28976	28207	11777	50790	4084	50235
固阳镇	61204	29990	31214	15514	29585	30936	15777	40663	4764	60915
南彰镇	53431	26956	26475	14663	26896	26464	14158	34829	4444	52966
张君墓镇	62051	30972	31079	18624	29693	29665	13140	43396	5515	59488
红庙镇	50710	25941	24769	12792	24836	24157	12419	33986	4305	50571
城关乡	69633	34532	35101	18601	34315	35046	16136	48407	5090	62747

表16 续表 6

单位：人、户

地区	总人口			家庭户	家庭户总人口		分年龄人口			居住本地，户口在本地
	合计	男	女	户数	男	女	0-14岁	15-64岁	65岁及以上	
三义寨乡	48603	23980	24623	13145	23945	24614	12019	32278	4306	47788
坝头乡	27103	13096	14007	7676	12948	13923	6348	18176	2579	27032
爪营乡	28206	13295	14911	8800	13295	14911	8161	17225	2820	28070
谷营乡	30968	14218	16750	9405	14218	16749	8311	19772	2885	30724
小宋乡	41782	20009	21773	11494	19986	21768	12240	25858	3684	41631
孟寨乡	25784	12473	13311	7314	12389	13254	7436	16045	2303	25693
许河乡	23662	11646	12016	6962	11646	12016	5741	15618	2303	23348
葡萄架乡	23942	11769	12173	7213	11769	12173	6403	15361	2178	23912
闫楼乡	23884	11291	12593	7176	11216	12576	6855	14757	2272	23660
仪封乡	40212	19734	20478	11775	19734	20478	9845	26687	3680	39975
洛阳市	**6549941**	**3306567**	**3243374**	**1806277**	**3152891**	**3137736**	**1313131**	**4705634**	**531176**	**5629472**
老城区	**163176**	**79909**	**83267**	**51086**	**78432**	**80853**	**26281**	**121917**	**14978**	**106948**
西关街道	30126	14863	15263	10718	14829	15246	4252	22161	3713	19815
西南隅街道	8532	4246	4286	3150	4052	4247	1052	6289	1191	5802
西北隅街道	20114	9934	10180	6733	9391	9654	3739	14691	1684	12272
东南隅街道	7094	3531	3563	2485	3531	3563	862	5210	1022	5057
东北隅街道	18046	8206	9840	5854	8032	8340	2519	13904	1623	8705
南关街道	5810	2839	2971	2018	2839	2971	909	4300	601	2713
洛浦街道	21999	10754	11245	6402	10542	11019	3148	17249	1602	13753
邙山镇	51455	25536	25919	13726	25216	25813	9800	38113	3542	38831
西工区	**372941**	**189497**	**183444**	**124356**	**171406**	**177123**	**51809**	**283674**	**37458**	**247721**
王城路街道	59592	29135	30457	20748	28538	29922	8248	44558	6786	44722
金谷园街道	60704	29656	31048	21280	29078	30554	8503	45303	6898	43856
西工街道	45783	22541	23242	15653	21772	22883	6242	33625	5916	36962
邙岭路街道	10877	4640	6237	3487	4174	4495	1144	8261	1472	6996
道北路街道	38639	19923	18716	13586	18352	18409	5762	29644	3233	21667
唐宫路街道	23977	11626	12351	8525	11505	12159	3125	16970	3882	18232
汉屯路街道	29654	20145	9509	6171	8316	8753	2363	25249	2042	13831
凯旋东路街道	25758	12339	13419	8512	11790	12331	3434	19532	2792	18180
洛北乡	46846	23933	22913	18274	22904	22291	7723	37273	1850	15654
红山乡	31111	15559	15552	8120	14977	15326	5265	23259	2587	27621
瀍河回族区	**177939**	**89740**	**88199**	**55916**	**80005**	**82651**	**22328**	**138610**	**17001**	**133084**
东关街道	21453	10278	11175	6624	9433	9682	2821	16607	2025	13011
瀍西街道	18012	9042	8970	6174	8353	8396	2484	13557	1971	10503
五股路街道	37068	18581	18487	12711	17629	18039	4449	28413	4206	31788
北窑街道	26979	14519	12460	8153	11541	11596	2995	21486	2498	19661
塔湾街道	15523	7984	7539	5719	7504	7378	1817	11857	1849	14038
杨文街道	12133	6123	6010	4130	5208	5754	1641	9453	1039	10556
华林街道	5802	2840	2962	2200	2825	2933	847	4327	628	1899
瀍河回族乡	40969	20373	20596	10205	17512	18873	5274	32910	2785	31628
涧西区	**619221**	**311597**	**307624**	**205892**	**291319**	**295182**	**89049**	**467049**	**63123**	**418360**
湖北路街道	45281	22174	23107	13810	18536	19616	5098	35190	4993	30164
天津路街道	42183	21076	21107	14517	20659	20950	6779	30809	4595	29217
长春路街道	35352	17453	17899	12533	17322	17736	5418	26146	3788	24683
南昌路街道	45802	22504	23298	16269	22211	23093	6462	33929	5411	32285
长安路街道	51494	25517	25977	18248	24353	25355	5849	36012	9633	43235
重庆路街道	19862	9923	9939	7383	9873	9922	2221	13920	3721	16609
郑州路街道	71568	38310	33258	21795	30726	30345	8222	57786	5560	47137
武汉路街道	29504	14752	14752	10322	14201	14290	4076	22000	3428	20472
徐家营街道	9909	4840	5069	3860	4658	4991	1614	7157	1138	8569

表16 续表 7

单位：人、户

地区	总人口			家庭户	家庭户总人口		分年龄人口			居住本地，户口在本地
	合计	男	女	户数	男	女	0-14岁	15-64岁	65岁及以上	
珠江路街道	39859	19466	20393	13234	17842	18381	4845	30814	4200	24386
周山路街道	18207	9210	8997	6330	8714	8795	2440	13557	2210	13503
辛店镇	43432	21735	21697	11729	21644	21660	7916	31614	3902	40183
工农乡	98647	50559	48088	35157	47498	46492	15933	76984	5730	43404
孙旗屯乡	40396	20098	20298	10694	19334	19980	7856	29567	2973	31584
创业路街道	27725	13980	13745	10011	13748	13576	4320	21564	1841	12929
吉利区	**69076**	**34328**	**34748**	**22495**	**32983**	**34196**	**11564**	**51478**	**6034**	**56131**
大庆路街道	29653	14786	14867	11121	13841	14427	4648	22186	2819	24426
吉利乡	39423	19542	19881	11374	19142	19769	6916	29292	3215	31705
洛龙区	**523726**	**259645**	**264081**	**128086**	**234507**	**237481**	**89406**	**398208**	**36112**	**414801**
安乐街道	23129	8966	14163	3042	4203	4203	1311	20951	867	5116
开元路街道	22073	10842	11231	6738	10156	10655	3857	16940	1276	12702
龙门石窟街道	33260	16591	16669	8154	16505	16618	7049	23799	2412	30408
关林镇	72153	36048	36105	20776	34470	34855	12784	53886	5483	55384
龙门镇	30347	15258	15089	7599	14155	14643	5472	22637	2238	26977
安乐镇	42133	20756	21377	10571	20668	21342	7411	31708	3014	37166
白马寺镇	31432	15889	15543	8360	15100	15292	5200	23548	2684	26257
诸葛镇	52632	26651	25981	12921	26372	25892	10782	37999	3851	50264
李村镇	66126	33024	33102	16675	32420	32427	13410	47283	5433	64042
李楼乡	49850	24909	24941	13021	24430	24384	7521	38087	4242	45628
古城乡	93308	47003	46305	17967	32495	33837	13153	75776	4379	60622
镇北路街道	7283	3708	3575	2262	3533	3333	1456	5594	233	235
孟津县	**414637**	**208155**	**206482**	**117010**	**195868**	**200858**	**75645**	**300944**	**38048**	**371543**
城关镇	84985	42513	42472	23642	37571	38864	16805	62113	6067	62747
会盟镇	46382	22623	23759	14446	22137	23209	7497	33488	5397	43622
平乐镇	44275	21982	22293	12576	21416	21807	7306	32708	4261	41540
送庄镇	24881	12562	12319	7239	11820	12087	4043	18560	2278	22989
白鹤镇	52538	27443	25095	14349	23715	24858	8624	38879	5035	47619
朝阳镇	40681	20055	20626	11227	19908	20573	7774	29071	3836	39188
小浪底镇	28994	14306	14688	8963	14215	14644	5815	19994	3185	28022
麻屯镇	38496	19268	19228	10155	18883	18916	7860	27365	3271	34995
横水镇	29397	15237	14160	8149	14148	14080	5566	21282	2549	27491
常袋乡	24008	12166	11842	6264	12055	11820	4355	17484	2169	23330
新安县	**470198**	**240811**	**229387**	**126185**	**224319**	**220454**	**97878**	**335494**	**36826**	**417857**
城关镇	99861	49829	50032	26220	43241	43456	19562	74618	5681	74972
石寺镇	35271	18728	16543	9673	16727	16225	6900	25825	2546	32342
五头镇	47503	24072	23431	12274	24051	23426	9988	33116	4399	46331
磁涧镇	45206	22949	22257	11695	22706	22161	9413	31742	4051	43383
铁门镇	68479	35141	33338	18878	33793	33128	14737	48752	4990	61701
南李村镇	29179	14652	14527	7859	14543	14515	6920	19528	2731	28085
北冶镇	31821	16132	15689	9432	15929	15620	6945	21818	3058	30342
仓头镇	21973	11080	10893	6339	10936	10819	5030	15000	1943	20740
石井乡	22043	11186	10857	6813	10739	10643	5022	14931	2090	20996
曹村乡	15802	8257	7545	4674	8076	7473	3268	10923	1611	15431
正村乡	35323	19099	16224	8603	16623	16027	7041	25631	2651	31159
洛阳市洛新产业集聚区管理委员会	17737	9686	8051	3725	6955	6961	3052	13610	1075	12375
栾川县	**342848**	**179062**	**163786**	**94755**	**170732**	**159486**	**65852**	**254548**	**22448**	**290644**
城关镇	67701	34584	33117	19612	33226	32143	14039	51244	2418	34517
赤土店镇	12565	6592	5973	3125	6296	5891	2389	9205	971	11832
合峪镇	17553	9242	8311	5181	9131	8275	3360	12694	1499	16896

表16 续表 8

单位：人、户

地区	总人口			家庭户	家庭户总人口		分年龄人口			居住本地，户口在本地
	合计	男	女	户数	男	女	0-14岁	15-64岁	65岁及以上	
潭头镇	32007	16874	15133	8524	15431	14278	6219	23119	2669	30363
三川镇	22695	11953	10742	6107	11499	10586	4106	17027	1562	22075
冷水镇	21190	11389	9801	5309	10095	9461	3964	16026	1200	19162
陶湾镇	29569	15435	14134	7564	14909	13983	5406	22240	1923	28525
石庙镇	17289	8901	8388	4505	8867	8376	3389	12732	1168	16615
庙子镇	27724	14346	13378	7958	13739	12911	4963	20466	2295	25770
栾川乡	36962	19108	17854	9628	17909	16920	7100	27751	2111	29638
秋扒乡	9628	5209	4419	2998	4961	4348	1766	6968	894	9332
狮子庙乡	18823	10022	8801	5355	9822	8727	3510	13871	1442	18231
白土乡	14420	7687	6733	4215	7274	6648	2842	10514	1064	13410
叫河乡	14722	7720	7002	4674	7573	6939	2799	10691	1232	14278
嵩县	**507052**	**255315**	**251737**	**140686**	**249004**	**246378**	**127953**	**339989**	**39110**	**468994**
城关镇	75131	37654	37477	21127	36029	35662	17693	53125	4313	58993
田湖镇	49287	23547	25740	13981	23529	25723	14048	31079	4160	48103
旧县镇	23656	12239	11417	6420	12067	11357	5928	16147	1581	22484
车村镇	50219	26377	23842	14341	24106	22538	10985	34952	4282	48481
闫庄镇	40059	20388	19671	9939	20312	19657	10265	26919	2875	38229
德亭镇	38017	19635	18382	10478	19436	18303	9788	25460	2769	36581
大章镇	26571	13037	13534	7677	13037	13533	7331	17242	1998	25530
大坪乡	29638	15115	14523	7423	15040	14508	6988	20444	2206	29022
库区乡	35629	16906	18723	9301	16524	17430	9136	23967	2526	30194
何村乡	26242	13007	13235	7353	12930	13218	7163	17042	2037	24860
纸房乡	30810	15851	14959	7769	15283	14465	7161	21255	2394	29216
饭坡乡	22865	11770	11095	6182	11299	10951	5675	15315	1875	21204
九店乡	18596	9195	9401	5571	9149	9369	5449	11193	1954	17787
黄庄乡	18791	9050	9741	6118	8997	9727	5552	11299	1940	18169
木植街乡	9732	5055	4677	3463	5009	4658	2356	6339	1037	9283
白河乡	11453	6253	5200	3440	6145	5192	2418	7879	1156	10791
陶村林场	80	42	38	37	42	38	9	71		1
五马寺林场	164	126	38	55	48	25	1	163		
王莽寨林场	112	68	44	11	22	24	7	98	7	66
汝阳县	**408009**	**207103**	**200906**	**106635**	**202300**	**197355**	**106426**	**268228**	**33355**	**377901**
城关镇	72331	36664	35667	18115	33950	33133	18379	49369	4583	57560
上店镇	31928	16248	15680	9431	16192	15671	8819	20218	2891	29111
付店镇	14467	7659	6808	4069	7516	6791	3516	9664	1287	13876
小店镇	43761	22019	21742	11123	21893	21696	11239	29201	3321	41544
柏树乡	23294	12046	11248	5846	12000	11243	6329	15067	1898	22745
十八盘乡	16751	8590	8161	5029	8494	8130	3791	11342	1618	16316
靳村乡	11008	5802	5206	3222	5698	5184	3001	7013	994	10531
王坪乡	11894	6313	5581	3164	6311	5581	3166	7537	1191	11268
三屯乡	32100	16403	15697	8591	16333	15694	8972	20263	2865	31136
刘店乡	30128	15285	14843	7630	15090	14803	8007	19692	2429	28990
陶营乡	31342	15564	15778	7871	15454	15702	8858	19773	2711	29786
内埠乡	21468	10659	10809	5856	10599	10798	5661	13822	1985	20731
蔡店乡	45346	22721	22625	11049	22007	21963	10950	30512	3884	43531
大安工业园区	22191	11130	11061	5639	10763	10966	5738	14755	1698	20776
宜阳县	**636491**	**320518**	**315973**	**161239**	**313183**	**309956**	**151335**	**437412**	**47744**	**602015**
城关镇	59621	30315	29306	16018	27234	26804	12527	42902	4192	45553
丰李镇	48226	24359	23867	11556	24359	23867	10811	34136	3279	47418
柳泉镇	54835	27614	27221	13616	27491	27170	13722	37115	3998	54229

表16 续表 9

单位：人、户

地区	总人口 合计	总人口 男	总人口 女	家庭户户数	家庭户总人口 男	家庭户总人口 女	分年龄人口 0-14岁	分年龄人口 15-64岁	分年龄人口 65岁及以上	居住本地，户口在本地
韩城镇	40790	20239	20551	10820	19834	20116	9440	28511	2839	39635
白杨镇	40386	19915	20471	10318	19797	20430	10505	26301	3580	39482
寻村镇	65594	33371	32223	15168	30852	29881	13693	47354	4547	56926
锦屏镇	36747	18579	18168	9454	18437	18138	8175	25724	2848	34421
三乡镇	30556	15086	15470	8129	15020	15437	7542	20826	2188	29927
盐镇乡	62335	31710	30625	15777	31586	30556	15337	41846	5152	61507
高村乡	43868	22050	21818	11297	21851	21687	10336	30133	3399	42808
张坞乡	30592	15167	15425	8119	15100	15384	7756	20850	1986	30328
穆册乡	3869	2018	1851	1041	1968	1826	963	2616	290	3802
上观乡	5677	2998	2679	1597	2916	2651	1536	3667	474	5467
莲庄乡	27875	13967	13908	7232	13872	13861	6524	19182	2169	27001
赵保乡	29938	15052	14886	7817	14850	14652	7399	20068	2471	29108
董王庄乡	29527	15112	14415	7121	15110	14411	7826	19380	2321	29135
樊村乡	26055	12966	13089	6159	12906	13085	7243	16801	2011	25268
洛宁县	**421262**	**211637**	**209625**	**113064**	**205257**	**205395**	**96159**	**298708**	**26395**	**393320**
城关镇	38395	19059	19336	10164	17405	17585	8419	28020	1956	25592
王范回族镇	26973	13406	13567	7205	13393	13562	6106	19616	1251	19706
上戈镇	14197	7512	6685	3825	7233	6600	3068	10183	946	14145
下峪镇	14762	7867	6895	3865	7559	6806	3243	10629	890	14340
河底镇	39637	19407	20230	10255	19051	20023	9824	26604	3209	38488
兴华镇	19136	10041	9095	4889	9555	8861	3939	14039	1158	19072
城郊乡	34129	16192	17937	9387	15875	17260	8033	24062	2034	31076
东宋乡	35887	17973	17914	9528	17961	17908	8347	25031	2509	35417
小界乡	22656	11755	10901	6246	11271	10704	4901	15979	1776	22497
马店乡	21312	10733	10579	5876	10144	10310	4429	15364	1519	21167
长水乡	11442	5808	5634	3275	5651	5580	2455	8119	868	11273
罗岭乡	8924	4658	4266	2250	4410	4109	1809	6570	545	8820
故县乡	6081	3144	2937	1708	3019	2880	1178	4448	455	5993
底张乡	18177	9358	8819	5016	8900	8566	4144	12741	1292	17812
山底乡	17415	9080	8335	4686	8491	8227	3729	12582	1104	16621
赵村乡	41332	21066	20266	11015	20826	20207	9820	29333	2179	40882
陈吴乡	30490	14925	15565	8015	14925	15565	7236	21610	1644	30358
涧口乡	20317	9653	10664	5859	9588	10642	5479	13778	1060	20061
伊川县	**756669**	**382505**	**374164**	**180478**	**375542**	**367703**	**181515**	**523786**	**51368**	**715218**
城关镇	129696	65359	64337	30505	61092	59606	29743	93039	6914	105563
鸣皋镇	62175	31617	30558	14500	30868	30065	13985	43620	4570	59811
水寨镇	29912	15227	14685	7320	15097	14606	7691	20261	1960	27369
彭婆镇	59615	30058	29557	14885	29921	29538	13865	41774	3976	58762
白沙镇	71204	35634	35570	17367	34487	34680	17819	48356	5029	67505
江左镇	47576	24226	23350	11170	24173	23336	10568	33877	3131	46596
高山镇	46229	23145	23084	10910	23139	23082	11876	30913	3440	45816
鸦岭乡	69631	35535	34096	15175	35417	34051	17323	47500	4808	68581
平等乡	49676	25403	24273	10784	25377	24267	12776	33403	3497	48039
酒后乡	34563	17405	17158	8445	17296	17097	8501	23342	2720	33530
葛寨乡	34624	17109	17515	9045	17090	17507	8981	22813	2830	33312
白元乡	49875	25068	24807	12585	25056	24799	12154	34104	3617	49580
半坡乡	15884	8164	7720	3523	8085	7715	3761	11161	962	15630
吕店乡	56009	28555	27454	14264	28444	27354	12472	39623	3914	55124
偃师市	**666696**	**336745**	**329951**	**178394**	**328034**	**322665**	**119931**	**485589**	**61176**	**614935**
城关镇	133440	66527	66913	38904	62211	63090	23492	99812	10136	104601

表16 续表 10

单位：人、户

地区	总人口			家庭户	家庭户总人口		分年龄人口			居住本地，户口在本地
	合计	男	女	户数	男	女	0-14岁	15-64岁	65岁及以上	
首阳山镇	46483	23469	23014	11828	22803	22347	8179	33801	4503	43294
佃庄镇	38000	19064	18936	10202	18926	18833	6249	28271	3480	37337
翟镇	38301	19610	18691	9757	19296	18371	7077	27776	3448	36285
岳滩镇	38584	19700	18884	9152	19463	18699	6818	28471	3295	37161
顾县镇	54758	28147	26611	13205	27857	26446	9441	40311	5006	53073
缑氏镇	56438	28762	27676	14816	28097	27123	10195	40828	5415	53551
府店镇	52979	27154	25825	13365	26538	25635	10810	37111	5058	49992
高龙镇	32905	16614	16291	8468	16143	15655	6057	23963	2885	30869
寇店镇	32469	16478	15991	8478	16350	15919	6203	23427	2839	31766
庞村镇	37396	19008	18388	9323	18705	18133	7133	27317	2946	36734
山化乡	39766	19698	20068	11912	19347	19829	6439	28628	4699	37961
邙岭乡	27208	13308	13900	8289	13154	13849	4768	18949	3491	25974
大口乡	37969	19206	18763	10695	19144	18736	7070	26924	3975	36337
平顶山市	**4904701**	**2523143**	**2381558**	**1336013**	**2412441**	**2305352**	**992519**	**3480328**	**431854**	**4354321**
新华区	**389866**	**201221**	**188645**	**105171**	**169658**	**166634**	**58663**	**301855**	**29348**	**282852**
曙光街街道	45181	22778	22403	13621	19825	19521	6281	35476	3424	25498
光明路街道	39633	20353	19280	12691	19505	19089	6160	30058	3415	32947
中兴路街道	21492	10562	10930	6749	9651	9897	3155	16686	1651	16267
矿工路街道	41780	21076	20704	13545	20891	20536	6058	31418	4304	32012
西市场街道	36418	19589	16829	9287	14746	13896	4948	28595	2875	28053
新新街街道	30578	16037	14541	9313	14937	13958	5044	23274	2260	26590
青石山街道	8538	4509	4029	2520	4480	4027	1656	6312	570	7025
湛河北路街道	20638	10104	10534	6990	10023	10353	2777	15820	2041	16383
湖滨路街道	34737	20860	13877	4019	6975	7313	3078	30711	948	10976
西高皇街道	10875	5535	5340	3279	5284	5313	1942	8241	692	7482
焦店镇	16757	8289	8468	4288	8210	8394	3571	11874	1312	13733
滍阳镇	26661	13525	13136	6668	13521	13132	5247	19028	2386	25333
香山管委会	25696	14449	11247	6998	11725	10924	4570	19223	1903	21381
滨湖管委会	18957	7728	11229	2035	4096	4192	1703	16613	641	7784
应滨管委会	11925	5827	6098	3168	5789	6089	2473	8526	926	11388
卫东区	**302603**	**152923**	**149680**	**98009**	**149826**	**146947**	**47288**	**231254**	**24061**	**229676**
东安路街道	33155	16784	16371	11730	16644	16236	4829	25916	2410	27602
优越路街道	30952	15047	15905	10410	14868	15215	4361	23600	2991	21443
五一路街道	34982	17518	17464	11096	16865	16855	4807	26635	3540	29025
建设路街道	42395	20891	21504	14530	20128	20640	6650	32697	3048	26902
东环路街道	39056	20191	18865	12797	19712	18646	6109	29932	3015	30687
东工人镇街道	14531	7487	7044	4651	7345	7007	2139	10910	1482	12699
光华路街道	17067	8941	8126	5399	8925	8117	2712	13246	1109	15363
鸿鹰街道	33090	16927	16163	10767	16635	16123	5323	25822	1945	21457
皇台街道	8391	4330	4061	2740	4075	3999	1425	6346	620	5383
北环路街道	22379	11468	10911	6502	11419	10896	3974	16776	1629	16081
东高皇乡	26605	13339	13266	7387	13210	13213	4959	19374	2272	23034
石龙区	**54912**	**30612**	**24300**	**12096**	**19397**	**18253**	**8265**	**43570**	**3077**	**46508**
高庄街道	20842	11965	8877	3539	5565	5299	2741	17065	1036	19252
龙兴街道	11288	6236	5052	2664	4103	3981	1696	8884	708	9035
人民路街道	14686	7983	6703	3737	6000	5519	2465	11339	882	11465
龙河街道	8096	4428	3668	2156	3729	3454	1363	6282	451	6756
湛河区	**286661**	**145544**	**141117**	**82749**	**133680**	**131621**	**46762**	**218423**	**21476**	**202396**
马庄街道	39992	20556	19436	12002	17385	17027	5805	31148	3039	27245
南环路街道	37576	18835	18741	13145	18715	18668	5990	28688	2898	19431

表16 续表 11

单位：人、户

地区	总人口			家庭户	家庭户总人口		分年龄人口			居住本地，户口在本地
	合计	男	女	户数	男	女	0–14岁	15–64岁	65岁及以上	
姚孟街道	19304	9682	9622	6419	9571	9560	2672	14572	2060	18289
九里山街道	45354	23213	22141	11961	17494	16833	5790	36990	2574	23526
轻工路街道	38958	19746	19212	12387	18266	18062	6620	30686	1652	19821
高阳路街道	7957	3888	4069	2123	3745	3853	1494	5872	591	7062
北渡镇	45704	23328	22376	11808	22263	22130	7886	34096	3722	38735
曹镇乡	51816	26296	25520	12904	26241	25488	10505	36371	4940	48287
宝丰县	**490269**	**252298**	**237971**	**134196**	**243892**	**232672**	**97876**	**349109**	**43284**	**445471**
铁路街道	6541	3544	2997	2275	3032	2977	1015	4930	596	5690
城关镇	56151	28375	27776	15619	24544	24300	9021	43905	3225	35405
周庄镇	37439	19172	18267	9969	18725	18032	7332	26583	3524	34518
闹店镇	35707	18274	17433	10102	18250	17428	7499	24601	3607	34692
石桥镇	40174	20620	19554	11342	20553	19540	7580	28436	4158	39543
商酒务镇	39887	20887	19000	10703	19766	18608	8498	27646	3743	37690
大营镇	63628	33025	30603	16105	31169	29755	13596	44432	5600	60735
张八桥镇	32372	16691	15681	8597	16660	15666	6118	23377	2877	31400
杨庄镇	54470	27860	26610	16002	27762	26537	10296	39794	4380	46396
肖旗乡	34755	18139	16616	9596	18065	16614	7142	24197	3416	33869
赵庄乡	35477	18133	17344	8888	17866	17175	8272	24187	3018	34593
前营乡	27250	14102	13148	7410	14067	13129	6150	18745	2355	25557
李庄乡	26418	13476	12942	7588	13433	12911	5357	18276	2785	25383
叶县	**777203**	**398729**	**378474**	**211326**	**390314**	**371622**	**145303**	**552717**	**79183**	**731991**
昆阳镇	50437	25541	24896	14408	23176	22393	7730	39222	3485	39331
任店镇	59748	30914	28834	15714	30832	28808	11038	42426	6284	58783
保安镇	32176	16535	15641	8648	16275	15515	6437	22756	2983	30932
仙台镇	50921	25860	25061	14960	25798	25043	9222	35509	6190	50088
遵化店镇	30766	15624	15142	7967	15510	15103	5192	22960	2614	29619
叶邑镇	58483	30204	28279	14978	29094	27202	11150	41268	6065	55301
廉村镇	54740	27422	27318	15509	27393	27303	10241	38508	5991	54300
城关乡	69007	35649	33358	18111	32378	30839	11478	51567	5962	50672
夏李乡	40919	21324	19595	11553	21231	19547	7932	28343	4644	39616
常村乡	36693	18960	17733	10888	18787	17641	8033	24009	4651	34876
马庄回族乡	10874	5563	5311	2622	5559	5304	2354	7635	885	10192
田庄乡	36292	18540	17752	10529	18452	17730	6957	25441	3894	35717
龚店乡	50851	25995	24856	12810	25940	24849	8136	37661	5054	50584
辛店乡	47277	24638	22639	12041	24233	22425	9694	32766	4817	46170
龙泉乡	44654	23145	21509	11612	23000	21429	8820	31438	4396	44328
水寨乡	30779	15846	14933	8152	15805	14914	6035	21267	3477	30551
洪庄杨乡	33297	17165	16132	9192	17108	16112	6869	23112	3316	32774
邓李乡	39289	19804	19485	11632	19743	19465	7985	26829	4475	38157
鲁山县	**789901**	**407693**	**382208**	**212963**	**398835**	**376447**	**183171**	**536254**	**70476**	**740023**
露峰街道	29026	14366	14660	7806	14330	14626	7011	20197	1818	25897
琴台街道	38750	19525	19225	10102	18023	18145	8718	27228	2804	31830
鲁阳街道	28735	14372	14363	7326	13891	13892	6854	19752	2129	24721
汇源街道	26403	13597	12806	6171	11739	11602	5460	19514	1429	20722
下汤镇	29659	15675	13984	7788	15588	13937	6970	20227	2462	29003
梁洼镇	30727	15795	14932	8130	15662	14905	6328	22066	2333	28333
张官营镇	52217	26818	25399	14473	26760	25387	11476	35366	5375	50516
张良镇	45022	23091	21931	11983	23081	21925	10181	30458	4383	43212
尧山镇	17642	9428	8214	5017	9334	8154	3698	12191	1753	17079
赵村乡	24312	12876	11436	6899	12748	11353	5329	16812	2171	23873

表16　续表 12　　　　单位：人、户

地　区	总人口			家庭户	家庭户总人口		分年龄人口			居住本地，户口在本地
	合　计	男	女	户　数	男	女	0-14岁	15-64岁	65岁及以上	
四棵树乡	13628	7258	6370	3919	6991	6259	3106	9281	1241	13213
团城乡	12152	6569	5583	3466	6476	5557	2732	8249	1171	11403
熊背乡	18235	9581	8654	5095	9549	8646	4125	12297	1813	17401
让河乡	42923	22184	20739	12432	21614	20286	9757	29021	4145	40581
瓦屋乡	26368	13665	12703	7550	13368	12585	7007	16541	2820	25179
观音寺乡	20438	10558	9880	5807	10423	9818	5200	13200	2038	19736
昭平台库区乡	26429	13751	12678	6824	13619	12597	6129	18115	2185	25729
背孜乡	19872	10479	9393	5925	10384	9371	4796	12722	2354	18990
仓头乡	23766	12516	11250	6472	12270	11117	6342	15404	2020	22042
董周乡	42690	22100	20590	11563	21429	20257	10362	28402	3926	40635
张店乡	34312	17800	16512	8814	17749	16474	8576	23041	2695	32532
辛集乡	51208	26396	24812	13024	24744	23581	11235	35362	4611	47743
滚子营乡	57905	29742	28163	15759	29567	28052	12997	39067	5841	55206
马楼乡	77482	39551	37931	20618	39496	37921	18782	51741	6959	74447
郏县	**571524**	**297312**	**274212**	**152856**	**286907**	**266768**	**129069**	**390544**	**51911**	**534646**
龙山街道	76816	39002	37814	19850	36156	34943	15226	56751	4839	59139
东城街道	16194	8458	7736	4743	8135	7568	3606	11585	1003	8239
冢头镇	47647	24660	22987	13275	23699	22467	10186	32268	5193	46795
安良镇	54076	28561	25515	14386	27465	24910	13068	35983	5025	52848
堂街镇	45055	23377	21678	12615	22789	21401	9674	30818	4563	44420
薛店镇	65460	34005	31455	17120	34001	31455	17413	42465	5582	65176
长桥镇	52110	27554	24556	13128	26357	23912	11324	36057	4729	51941
茨芭镇	46807	24456	22351	12247	23881	22142	10771	31084	4952	45799
黄道镇	18017	9628	8389	4692	9200	8208	4570	11954	1493	16737
王集乡	39440	20600	18840	10822	19947	18415	9171	26426	3843	38989
李口乡	24317	12558	11759	7203	12417	11715	5253	16453	2611	23505
姚庄回族乡	7264	3773	3491	2007	3618	3380	1619	4965	680	7038
白庙乡	31697	16437	15260	9055	16428	15243	6864	21608	3225	31139
广阔天地乡	14002	7221	6781	3733	7206	6781	3106	9601	1295	13620
渣元乡	32622	17022	15600	7980	15608	14228	7218	22526	2878	29261
舞钢市	**313828**	**163058**	**150770**	**94266**	**154330**	**145467**	**55283**	**223484**	**35061**	**286618**
垭口街道	20212	10170	10042	6893	9912	9922	3270	15270	1672	18125
寺坡街道	27727	14052	13675	9664	13072	13226	3926	20820	2981	21379
朱兰街道	25443	12888	12555	8015	11343	11392	4442	19008	1993	18593
院岭街道	12108	6267	5841	4109	5786	5636	1947	9059	1102	7337
矿建街道	4829	2509	2320	1426	2309	2229	849	3349	631	4270
尚店镇	39225	20684	18541	10842	20040	18183	8356	26828	4041	37781
八台镇	26466	13583	12883	7800	13283	12715	4764	18434	3268	25898
尹集镇	23419	12433	10986	7699	12260	10974	4135	16180	3104	22741
枣林镇	46810	24197	22613	14116	23880	22324	8038	32792	5980	46015
庙街乡	14429	7636	6793	3852	7347	6628	2759	10013	1657	14247
铁山乡	22617	11795	10822	5546	9941	9557	3859	16311	2447	21850
武功乡	24738	13082	11656	6935	11758	10762	4051	17469	3218	23759
杨庄乡	25805	13762	12043	7369	13399	11919	4887	17951	2967	24623
汝州市	**927934**	**473753**	**454181**	**232381**	**465602**	**448921**	**220839**	**633118**	**73977**	**854140**
煤山街道	54423	27654	26769	14902	27236	26372	11353	39678	3392	35846
风穴路街道	36659	18552	18107	8977	16873	16389	6568	27753	2338	26050
钟楼街道	38352	19574	18778	10235	19374	18705	7798	27647	2907	31115
洗耳河街道	40789	21284	19505	9164	18259	17684	7727	30335	2727	33734
汝南街道	35303	18435	16868	8521	18027	16674	8315	24220	2768	34241

表16 续表 13

单位：人、户

地区	总人口			家庭户	家庭户总人口		分年龄人口			居住本地，户口在本地
	合计	男	女	户数	男	女	0-14岁	15-64岁	65岁及以上	
寄料镇	52982	27346	25636	13828	27287	25588	11364	37165	4453	51595
温泉镇	50753	25740	25013	11847	25457	24840	13138	33904	3711	49380
临汝镇	58809	29459	29350	12878	29311	29245	15428	39225	4156	56259
小屯镇	84941	43780	41161	21221	42916	41093	20963	57596	6382	78758
杨楼镇	55845	28315	27530	14323	28181	27449	14609	37002	4234	54594
蟒川镇	57478	29880	27598	14032	29649	27532	15047	37711	4720	53347
王寨乡	42048	21515	20533	11346	21515	20533	10458	27690	3900	40258
陵头乡	43638	22036	21602	10366	22026	21590	11693	28100	3845	42021
庙下乡	63876	32385	31491	14437	32346	31478	16025	43470	4381	61314
纸坊乡	60791	30697	30094	16513	30326	29677	14379	40568	5844	59044
尚庄乡	41324	20759	20565	11890	20727	20560	9402	27435	4487	40370
骑岭乡	41316	21036	20280	10033	20888	20229	9754	28437	3125	39574
大峪乡	20681	10937	9744	5545	10868	9734	4602	13826	2253	20126
夏店乡	27455	13946	13509	6350	13946	13509	7231	18021	2203	26657
焦村乡	20471	10423	10048	5973	10390	10040	4985	13335	2151	19857
安阳市	**5173188**	**2502912**	**2670276**	**1486536**	**2439104**	**2606297**	**1130695**	**3650050**	**392443**	**4573936**
文峰区	**442885**	**218580**	**224305**	**121130**	**201136**	**201816**	**78256**	**336050**	**28579**	**306275**
东大街街道	6892	3381	3511	2291	3380	3510	1020	4995	877	6516
头二三街道	9766	4772	4994	3448	4703	4954	1613	7030	1123	7136
甜水井街道	10633	5148	5485	3642	5148	5478	1774	7772	1087	6998
东关街道	36417	18452	17965	11634	17474	17835	5954	27976	2487	23897
南关街道	52366	25387	26979	15305	24033	24196	8817	40186	3363	37056
西大街街道	7751	3770	3981	2833	3758	3954	1106	5629	1016	5777
北大街街道	6277	3030	3247	2238	2983	3142	1020	4468	789	4106
西关街道	18999	9395	9604	6389	9368	9583	3162	14262	1575	12003
紫薇大道街道	42431	21116	21315	13384	20734	21023	7391	31716	3324	29319
光华路街道	30371	14928	15443	9411	14882	15020	5576	22941	1854	18443
永明路街道	12232	6014	6218	3475	5862	6037	2125	9252	855	7369
中华路街道	20992	10718	10274	6092	10485	10249	4676	15217	1099	16438
宝莲寺镇	49658	25238	24420	12250	25229	24406	11080	35566	3012	46070
高庄乡	53441	27267	26174	12862	26849	26114	12455	37834	3152	49121
开发区峨嵋大街街道	36131	19094	17037	7053	11337	11365	4411	30402	1318	15948
开发区银杏大街街道	22817	11523	11294	6760	11190	11151	4429	17167	1221	13643
开发区商颂大街街道	25711	9347	16364	2063	3721	3799	1647	23637	427	6435
北关区	**245624**	**120480**	**125144**	**74565**	**117471**	**119652**	**41673**	**182940**	**21011**	**182272**
红旗路街道	36269	17566	18703	11134	17194	17887	5540	26995	3734	31418
解放路街道	16857	8502	8355	5237	7817	8170	2124	12899	1834	12372
灯塔路街道	30570	15125	15445	9166	14795	15249	5480	21997	3093	23250
豆腐营街道	43389	21373	22016	14423	21049	21759	7419	32074	3896	28010
洹北街道	18280	8485	9795	5815	8437	8692	3011	13701	1568	12780
彰东街道	26412	13284	13128	7123	13256	13122	5079	19528	1805	21669
彰北街道	28363	14217	14146	8505	14178	14115	5302	21059	2002	23673
民航路街道	9427	4548	4879	3056	4318	4435	1338	7092	997	4908
曙光路街道	23128	10868	12260	6847	10426	10522	3951	17869	1308	13495
安阳市纺织产业集聚区管理委员会	12929	6512	6417	3259	6001	5701	2429	9726	774	10697
殷都区	**243874**	**124298**	**119576**	**77673**	**119914**	**117537**	**41044**	**183173**	**19657**	**193130**
梅园庄街道	64544	32908	31636	23680	32077	31069	10283	48900	5361	54122
李珍街道	4527	3094	1433	1535	1788	1410	362	3632	533	4279
电厂路街道	6860	3620	3240	2531	3369	3113	812	5142	906	6212
纱厂路街道	14149	6862	7287	4943	6845	7272	2002	10316	1831	11790

表16 续表 14 单位：人、户

地区	总人口			家庭户	家庭户总人口		分年龄人口			居住本地，户口在本地
	合计	男	女	户数	男	女	0-14岁	15-64岁	65岁及以上	
铁西路街道	42269	20816	21453	13378	20290	20562	6853	32126	3290	24945
水冶街道	7710	4223	3487	2481	3226	3224	1229	5895	586	6734
清风街街道	19988	9911	10077	6520	9908	10077	3173	15052	1763	14334
北蒙街道	25848	13117	12731	6933	12819	12649	4809	19151	1888	22935
相台街道	20922	10762	10160	6053	10686	10105	3949	15789	1184	15222
西郊乡	37057	18985	18072	9619	18906	18056	7572	27170	2315	32557
龙安区	**214456**	**110247**	**104209**	**59642**	**108141**	**104011**	**40611**	**159971**	**13874**	**180145**
田村街道	9583	4799	4784	2403	4799	4784	2029	6943	611	8908
彰武街道	22845	12059	10786	6304	11487	10750	4439	16996	1410	20466
文昌大道街道	19679	9971	9708	5760	9684	9595	3529	15086	1064	11273
文明大道街道	6999	3495	3504	2496	3495	3504	1073	5226	700	5131
太行小区街道	17697	8821	8876	6088	8808	8860	2961	13226	1510	11403
中州路街道	2133	1072	1061	756	1069	1061	364	1592	177	1214
龙泉镇	30613	16218	14395	8056	15084	14394	5395	23079	2139	27822
东风乡	55163	27879	27284	14557	27795	27252	10829	41277	3057	46661
马投涧乡	49744	25933	23811	13222	25920	23811	9992	36546	3206	47267
安阳县	**849057**	**404328**	**444729**	**246385**	**395596**	**436622**	**196620**	**594569**	**57868**	**778891**
水冶镇	87029	44351	42678	24289	42688	41048	16274	65497	5258	72447
铜冶镇	35378	18523	16855	9124	17050	16663	7250	26030	2098	30676
善应镇	23770	11920	11850	7171	11919	11850	5475	16703	1592	22862
柏庄镇	37142	18776	18366	11312	18725	18328	7612	27380	2150	31045
白璧镇	65892	32134	33758	17327	29405	30422	13905	47809	4178	56705
曲沟镇	57240	28981	28259	15668	28431	27535	11580	42051	3609	53624
吕村镇	56901	25093	31808	16352	24719	31440	14934	37914	4053	53394
伦掌镇	31320	15012	16308	9594	14926	16269	7106	21836	2378	29437
崔家桥镇	44647	20663	23984	12055	19849	22740	11340	30163	3144	40973
蒋村乡	38397	19604	18793	12061	19401	18656	7799	27971	2627	34790
都里乡	18809	9461	9348	5104	9437	9339	3891	13712	1206	17568
磊口乡	19096	8945	10151	6061	8689	10044	4354	13349	1393	18014
许家沟乡	35545	17803	17742	10224	17700	17731	7900	25563	2082	32968
马家乡	22971	10454	12517	7540	10454	12517	5279	16252	1440	22038
安丰乡	46936	21926	25010	14955	21845	25003	11712	31581	3643	44606
洪河屯乡	33121	15928	17193	10238	15891	17175	6436	23979	2706	31253
韩陵乡	24484	11028	13456	7382	11024	13390	6544	16015	1925	22853
永和乡	40067	18374	21693	11293	18308	21660	10334	26787	2946	37731
瓦店乡	37882	16762	21120	11712	16571	20985	10843	24456	2583	35876
北郭乡	40252	17534	22718	11428	17534	22718	10338	26913	3001	38796
辛村乡	52178	21056	31122	15495	21030	31109	15714	32608	3856	51235
汤阴县	**430803**	**209067**	**221736**	**117542**	**205018**	**217546**	**101841**	**297176**	**31786**	**383062**
城关镇	72046	36099	35947	19881	33453	32837	14587	52912	4547	56571
菜园镇	45839	21280	24559	12717	21243	24549	11221	30845	3773	42195
任固镇	46701	22211	24490	12297	22163	24462	12516	30712	3473	41764
五陵镇	37959	17826	20133	10907	17776	20125	9678	25143	3138	34913
宜沟镇	54899	27640	27259	14638	27605	27256	12297	38610	3992	50893
韩庄乡	43320	21834	21486	10420	20924	20522	9427	31225	2668	37780
白营乡	32842	16314	16528	8859	16278	16519	7466	23038	2338	29820
古贤乡	27788	13065	14723	7717	13030	14720	6836	18744	2208	25879
瓦岗乡	28767	12619	16148	9045	12558	16147	7873	18363	2531	26289
伏道乡	40642	20179	20463	11061	19988	20409	9940	27584	3118	36958
滑县	**1263289**	**632977**	**630312**	**348913**	**624519**	**620250**	**294095**	**867125**	**102069**	**1196681**

表16 续表 15

单位：人、户

地区	总人口			家庭户	家庭户总人口		分年龄人口			居住本地，户口在本地
	合计	男	女	户数	男	女	0-14岁	15-64岁	65岁及以上	
道口镇	65581	33003	32578	16403	29595	29404	11804	49290	4487	52598
城关镇	85642	42623	43019	21364	40537	39569	19478	60864	5300	72193
白道口镇	64368	32569	31799	16816	32309	31437	14131	45417	4820	62932
留固镇	75751	38457	37294	20818	38451	37293	15563	53704	6484	75039
上官镇	72320	36268	36052	19954	35770	35328	17931	48273	6116	69799
牛屯镇	69307	34550	34757	18907	34454	34730	16066	47357	5884	65963
万古镇	55632	28275	27357	17102	28252	27353	13683	37434	4515	54462
高平镇	60353	29805	30548	18292	29803	30545	16217	38809	5327	58421
王庄镇	58491	29010	29481	16241	28917	29420	13732	40214	4545	56701
老店镇	72536	36543	35993	20006	36542	35993	17684	49034	5818	69096
枣村乡	41921	20937	20984	11300	20935	20984	10201	28574	3146	41049
四间房乡	39210	19778	19432	10642	19765	19424	7355	28111	3744	38493
八里营乡	62775	31130	31645	18552	31052	31599	14675	43006	5094	61583
赵营乡	36996	18760	18236	10286	18595	18090	8816	25271	2909	35807
大寨乡	45194	22684	22510	12387	22660	22505	10768	30694	3732	43322
桑村乡	37016	18335	18681	10417	18315	18675	9688	24349	2979	36355
老爷庙乡	57804	29217	28587	16299	28838	28030	14849	38475	4480	56331
慈周寨乡	51219	26348	24871	14435	26260	24785	12393	34364	4462	50120
瓦岗寨乡	37513	18950	18563	10178	18948	18561	8693	25413	3407	36393
焦虎乡	53528	26823	26705	15600	26801	26674	12218	36391	4919	52659
半坡店乡	46190	21637	24553	14010	21575	24497	11435	29739	5016	44567
小铺乡	44392	22544	21848	12062	22528	21837	10206	30940	3246	42686
滑县新区管理委员会	29550	14731	14819	6842	13617	13517	6509	21402	1639	20112
内黄县	**693498**	**350310**	**343188**	**176350**	**342316**	**337313**	**157061**	**482454**	**53983**	**646708**
城关镇	106511	55489	51022	21981	48999	46307	23921	76141	6449	85775
东庄镇	52061	24729	27332	14537	24720	27325	11899	35236	4926	48633
井店镇	39090	19975	19115	10384	19900	19013	7760	28134	3196	37062
梁庄镇	39245	20578	18667	10266	20578	18667	8122	27910	3213	37886
后河镇	42326	22162	20164	10934	22089	20144	9847	29574	2905	38813
楚旺镇	33778	17164	16614	7403	16005	15744	7721	23434	2623	31876
田氏镇	46002	23170	22832	10038	23147	22819	11082	31543	3377	43109
张龙乡	31050	15206	15844	8718	15103	15742	7705	20744	2601	30033
马上乡	43911	22443	21468	10915	22443	21467	10996	29545	3370	41520
高堤乡	33864	16564	17300	9357	16564	17300	8234	22839	2791	33192
亳城乡	43473	22026	21447	12173	22026	21446	9991	30054	3428	43144
二安乡	39657	20202	19455	10303	20179	19429	8603	27973	3081	38462
六村乡	27966	13756	14210	9068	13752	14205	5996	19444	2526	26672
中召乡	28200	14232	13968	8193	14225	13968	6292	19378	2530	26167
宋村乡	30102	14968	15134	7637	14961	15128	7129	20725	2248	29146
石盘屯乡	29528	14615	14913	7055	14596	14906	6139	20937	2452	29126
豆公乡	26734	13031	13703	7388	13029	13703	5624	18843	2267	26092
林州市	**789702**	**332625**	**457077**	**264336**	**324993**	**451550**	**179494**	**546592**	**63616**	**706772**
开元街道	42847	21799	21048	11921	20092	19533	7948	33046	1853	29259
振林街道	38354	19688	18666	10809	18875	17805	6817	29985	1552	30474
龙山街道	25934	13446	12488	7632	13385	12446	4571	20014	1349	23796
桂园街道	30520	15692	14828	8673	15625	14799	5699	23516	1305	22938
合涧镇	45993	18416	27577	17177	18294	27566	10190	31182	4621	43106
临淇镇	67951	27107	40844	22298	25784	39930	18693	43371	5887	63269
东姚镇	38090	14228	23862	14127	14001	23613	8133	26217	3740	35946
横水镇	60933	23911	37022	22614	23575	36858	14623	41230	5080	55678

表16 续表 16

单位：人、户

地区	总人口			家庭户	家庭户总人口		分年龄人口			居住本地，户口在本地
	合计	男	女	户数	男	女	0-14岁	15-64岁	65岁及以上	
河顺镇	47402	19239	28163	15896	18578	27512	10625	32963	3814	43253
任村镇	30961	12256	18705	11839	11994	18670	6875	21295	2791	28769
姚村镇	74207	32412	41795	21569	31487	41193	17187	51789	5231	65891
陵阳镇	22406	11267	11139	6416	11029	11103	3973	16978	1455	20171
原康镇	27648	11530	16118	10114	11338	16021	6272	18475	2901	26030
五龙镇	44089	17231	26858	14787	17201	26846	12967	27419	3703	40560
采桑镇	32371	11033	21338	12064	10969	21325	8403	20888	3080	30445
东岗镇	33298	12765	20533	12180	12739	20531	8227	22114	2957	30862
桂林镇	29084	11190	17894	10680	11079	17873	7149	18835	3100	27548
城郊乡	70286	29359	40927	22968	29130	40803	14636	49810	5840	62554
茶店乡	21826	7605	14221	8518	7579	14212	5433	13682	2711	20932
石板岩乡	5502	2451	3051	2054	2239	2911	1073	3783	646	5291
鹤壁市	**1569208**	**804272**	**764936**	**401216**	**786985**	**752680**	**352985**	**1111733**	**104490**	**1434990**
鹤山区	**131421**	**68077**	**63344**	**36620**	**65906**	**63203**	**20759**	**100270**	**10392**	**119808**
中北街道	13522	7090	6432	3678	6605	6432	1526	10206	1790	13268
中山路街道	16672	8508	8164	5365	8506	8164	2207	12373	2092	16267
新华街街道	7032	3703	3329	2561	3703	3329	1105	5294	633	6587
鹤山街街道	10807	5886	4921	3071	5177	4905	1340	8400	1067	8750
九矿广场街道	3138	2038	1100	809	1246	1100	344	2583	211	2381
鹤壁集镇	63732	32431	31301	16890	32431	31301	11734	48520	3478	59371
姬家山乡	16518	8421	8097	4246	8238	7972	2503	12894	1121	13184
山城区	**230968**	**118775**	**112193**	**64156**	**114045**	**110076**	**40859**	**173564**	**16545**	**204016**
红旗街道	55043	27538	27505	17194	26585	26451	8762	41848	4433	47444
长风中路街道	26652	13704	12948	8400	13697	12939	4380	20432	1840	20654
山城路街道	23043	11689	11354	7006	11637	11317	3727	17026	2290	21983
汤河街街道	17976	9172	8804	5404	8711	8507	2739	13257	1980	14732
鹿楼街道	14747	8162	6585	4352	6775	6461	2182	11464	1101	12215
石林镇	42983	22448	20535	10135	21252	20048	9066	31602	2315	40014
鹿楼乡	50524	26062	24462	11665	25388	24353	10003	37935	2586	46974
淇滨区	**272332**	**138195**	**134137**	**72151**	**132445**	**128196**	**57336**	**197751**	**17245**	**227512**
金山办事处	12938	6737	6201	3129	6378	6170	2759	9390	789	11489
大赉店镇	25143	12796	12347	5985	12796	12347	6519	17171	1453	23742
钜桥镇	40335	20921	19414	9428	20719	19146	10307	27815	2213	38934
上峪乡	8564	4474	4090	2529	4468	4088	1631	6154	779	7872
大河涧乡	14008	7252	6756	3700	7180	6747	2664	10398	946	12330
九州路街道	87740	43502	44238	24843	41496	40910	15659	66634	5447	72664
黎阳路街道	44348	22703	21645	13470	21814	21495	8667	32711	2970	31260
长江路街道	18814	9351	9463	4921	8933	9001	4059	13074	1681	14079
海河路办事处	8793	4366	4427	1697	3504	3450	2531	5826	436	6429
渤海路办事处	5446	2888	2558	975	1975	1851	949	4296	201	3222
东杨办事处	6203	3205	2998	1474	3182	2991	1591	4282	330	5491
浚县	**665338**	**340640**	**324698**	**161483**	**336574**	**320894**	**165784**	**455649**	**43905**	**641191**
城关镇	53866	27421	26445	12919	24556	23653	10884	39437	3545	49649
善堂镇	96921	50070	46851	25245	49999	46845	25210	64900	6811	94176
屯子镇	79852	40546	39306	18919	40437	39248	20348	54343	5161	78259
新镇镇	83320	42158	41162	20088	41840	40953	19773	57960	5587	82263
小河镇	73182	37557	35625	17296	37546	35621	17757	50590	4835	70852
黎阳镇	95687	49251	46436	22429	49002	46055	24281	65663	5743	89908
卫贤镇	63151	32465	30686	15201	32398	30661	16591	42582	3978	60561
王庄乡	73516	37649	35867	18520	37594	35830	18942	49401	5173	72236

表16 续表 17

单位：人、户

地 区	总人口			家庭户	家庭户总人口		分年龄人口			居住本地，户口在本地
	合 计	男	女	户 数	男	女	0-14岁	15-64岁	65岁及以上	
白寺乡	45843	23523	22320	10866	23202	22028	11998	30773	3072	43287
淇县	**269149**	**138585**	**130564**	**66806**	**138015**	**130311**	**68247**	**184499**	**16403**	**242463**
朝歌镇	53799	27465	26334	13927	27305	26267	13181	37497	3121	43234
高村镇	47607	24546	23061	11657	24471	23039	12183	32712	2712	44203
北阳镇	40838	21226	19612	9655	21026	19551	11207	27280	2351	37871
西岗镇	51322	26478	24844	12446	26472	24841	12736	35234	3352	48039
庙口镇	31418	16135	15283	7686	16112	15275	8108	21399	1911	29032
桥盟乡	34604	17868	16736	8559	17770	16644	9206	23404	1994	30779
黄洞乡	9561	4867	4694	2876	4859	4694	1626	6973	962	9305
新乡市	**5708191**	**2873482**	**2834709**	**1435177**	**2779620**	**2744193**	**1197957**	**4063689**	**446545**	**5211897**
红旗区	**391290**	**192977**	**198313**	**100756**	**165863**	**167139**	**60648**	**303369**	**27273**	**257976**
西街街道	15622	7552	8070	5798	7452	7965	1915	12003	1704	10493
东街街道	26107	12834	13273	9102	12681	13176	3760	19667	2680	20176
渠东街道	43058	21717	21341	14117	21053	21140	6582	32909	3567	30662
文化街街道	33470	16430	17040	10365	16288	16868	5635	24388	3447	28855
向阳小区街道	33924	16859	17065	11345	16596	16854	5400	25743	2781	25897
洪门镇	112142	53182	58960	17854	29922	29689	11271	96201	4670	45611
小店镇	29262	14879	14383	6783	14793	14365	6404	20637	2221	28009
开发区关堤乡	40173	20271	19902	8683	20145	19860	9265	28168	2740	37964
新乡工业园区	16759	9014	7745	3159	6925	6764	3380	12413	966	13419
开发区街道	40773	20239	20534	13550	20008	20458	7036	31240	2497	16890
卫滨区	**193506**	**95509**	**97997**	**58807**	**92238**	**94676**	**30947**	**143934**	**18625**	**159595**
胜利路街道	12706	6383	6323	4285	6228	6114	1911	9780	1015	9137
解放路街道	17910	8479	9431	4509	6321	6750	1910	14440	1560	12221
中同街街道	17350	8656	8694	5636	8441	8489	2485	12965	1900	14090
健康路街道	21992	10552	11440	7051	10529	11396	3606	15788	2598	19137
自由路街道	10732	5313	5419	3589	5035	5381	1488	8027	1217	8645
南桥街道	39559	19693	19866	13038	19646	19800	6265	29386	3908	32118
铁西街道	24122	12075	12047	8767	11798	12015	3037	18284	2801	18886
平原乡	49135	24358	24777	11932	24240	24731	10245	35264	3626	45361
凤泉区	**144298**	**76472**	**67826**	**34506**	**69751**	**67578**	**28104**	**106093**	**10101**	**127485**
宝西街道	25131	15828	9303	6381	9306	9171	3356	20227	1548	14519
宝东街道	4539	2309	2230	1712	2304	2228	560	3391	588	3736
大块镇	51133	26053	25080	10801	25876	24974	11879	36063	3191	47884
潞王坟乡	26100	13291	12809	6375	13288	12806	5219	18893	1988	25448
耿黄乡	37395	18991	18404	9237	18977	18399	7090	27519	2786	35898
牧野区	**317994**	**157913**	**160081**	**87379**	**140815**	**143392**	**46865**	**240122**	**31007**	**249842**
东干道街道	57269	24177	33092	12845	17558	18311	4922	47766	4581	31072
荣校路街道	28159	13843	14316	8463	12262	12853	3580	21489	3090	20530
北干道街道	40895	23882	17013	11857	16548	16965	4656	31231	5008	35194
花园街道	27186	13259	13927	9423	13235	13925	3758	20098	3330	23567
卫北街道	21372	10591	10781	7627	10509	10756	2559	15184	3629	18043
新辉路街道	27367	13694	13673	9388	13630	13643	3936	20445	2986	21556
和平路街道	12395	6472	5923	2880	5905	5908	2656	8993	746	10822
王村镇	34913	17741	17172	8642	17188	16980	6655	25588	2670	26939
牧野乡	52477	26213	26264	12677	25944	26135	10760	37866	3851	46535
国家化学与物理电源产业园	15961	8041	7920	3577	8036	7916	3383	11462	1116	15584
新乡县	**339942**	**173454**	**166488**	**75553**	**171456**	**164446**	**75045**	**239833**	**25064**	**315695**
翟坡镇	37805	19078	18727	8419	18624	18208	8073	27005	2727	34990
小冀镇	41511	21164	20347	9795	20956	20143	8850	29664	2997	36119

表16 续表 18

单位：人、户

地区	总人口			家庭户	家庭户总人口		分年龄人口			居住本地，户口在本地
	合计	男	女	户数	男	女	0-14岁	15-64岁	65岁及以上	
七里营镇	94580	48760	45820	20202	48350	45336	20024	67127	7429	90696
朗公庙镇	58094	29855	28239	12666	29727	28201	13613	40194	4287	55039
古固寨镇	38472	19580	18892	8438	19564	18883	9022	26763	2687	36814
大召营镇	19426	9716	9710	4345	9661	9694	4205	13857	1364	18238
合河乡	32907	16653	16254	7743	16652	16254	7482	22898	2527	31682
新乡经济开发区	17147	8648	8499	3945	7922	7727	3776	12325	1046	12117
获嘉县	**402950**	**203118**	**199832**	**98431**	**202811**	**199644**	**91342**	**280435**	**31173**	**378224**
城关镇	49563	25132	24431	16036	24930	24315	10927	35425	3211	40768
照镜镇	33715	16877	16838	8204	16857	16832	7300	23566	2849	32379
黄堤镇	21385	10964	10421	4900	10962	10417	5065	14770	1550	20801
中和镇	26125	13036	13089	6083	13023	13076	6308	17465	2352	24485
徐营镇	32004	15958	16046	7315	15958	16046	7674	21652	2678	30998
冯庄镇	40109	20311	19798	9377	20301	19791	8740	28195	3174	39433
亢村镇	43108	21720	21388	9831	21716	21388	9631	30134	3343	41269
史庄镇	41758	21024	20734	9926	21010	20728	9125	29276	3357	39732
位庄乡	28314	14313	14001	6723	14286	13978	6728	19567	2019	24286
大新庄乡	39087	19577	19510	8744	19577	19510	9071	27026	2990	38110
太山乡	39216	19864	19352	8721	19863	19352	9153	27112	2951	38167
西工区管理委员会	8566	4342	4224	2571	4328	4211	1620	6247	699	7796
原阳县	**659380**	**333046**	**326334**	**153294**	**329917**	**323943**	**159166**	**445829**	**54385**	**633801**
城关镇	52090	27088	25002	12000	25679	23906	10069	38589	3432	44593
原武镇	23862	12266	11596	5022	12144	11543	5792	16243	1827	23318
师寨镇	43170	21707	21463	9893	21695	21460	10672	28861	3637	41754
齐街镇	46621	23483	23138	11146	23116	22687	10429	32458	3734	46198
太平镇	38508	19720	18788	8551	19404	18667	8916	26493	3099	38061
福宁集镇	42731	21786	20945	10060	21780	20943	10166	29005	3560	42189
葛埠口乡	49783	25635	24148	11776	25385	23934	11304	34338	4141	44607
祝楼乡	28156	14208	13948	5675	14124	13882	6602	19648	1906	27340
桥北乡	28793	14478	14315	6235	14150	14133	7206	19501	2086	27284
韩董庄乡	31562	16055	15507	6805	15976	15423	8395	20694	2473	30543
蒋庄乡	31536	15734	15802	6773	15730	15798	8836	20032	2668	29749
官厂乡	35016	16791	18225	8653	16778	18221	10049	21897	3070	33928
大宾乡	33346	16806	16540	8245	16801	16540	8205	22087	3054	33146
陡门乡	54448	27529	26919	12612	27522	26919	12771	36568	5109	53632
路寨乡	32894	16539	16355	8566	16538	16355	7986	22095	2813	32459
阳阿乡	31486	14982	16504	8246	14976	16504	8310	20151	3025	31170
靳堂乡	44607	22811	21796	10660	22691	21685	10907	29745	3955	43410
桥北新镇	10771	5428	5343	2376	5428	5343	2551	7424	796	10420
延津县	**469280**	**239287**	**229993**	**112847**	**234572**	**225201**	**110779**	**324093**	**34408**	**449758**
城关镇	66635	34219	32416	14598	30044	27984	12933	50394	3308	53419
东屯镇	32766	16661	16105	7613	16659	16105	7453	23076	2237	32080
丰庄镇	32546	16242	16304	8492	16240	16302	7121	22587	2838	32065
僧固乡	34348	17647	16701	8209	17630	16700	8365	23447	2536	33218
石婆固乡	46005	23765	22240	11005	23757	22233	11831	30798	3376	45433
位邱乡	45130	23045	22085	10782	22843	21893	10503	31137	3490	45065
司寨乡	38879	19901	18978	9780	19755	18921	9163	26379	3337	38311
王楼乡	29339	14449	14890	7734	14407	14877	7219	19590	2530	28593
马庄乡	44988	22725	22263	11198	22616	22180	11141	30307	3540	44530
胙城乡	33930	17355	16575	8443	17355	16574	8632	22688	2610	33630
榆林乡	28288	14577	13711	6523	14566	13707	7032	19186	2070	27652

表16 续表 19　　单位：人、户

地　区	总人口			家庭户	家庭户总人口		分年龄人口			居住本地，户口在本地
	合　计	男	女	户　数	男	女	0-14岁	15-64岁	65岁及以上	
小潭乡	36426	18701	17725	8470	18700	17725	9386	24504	2536	35762
封丘县	**743837**	**381278**	**362559**	**183688**	**379802**	**361780**	**169103**	**515363**	**59371**	**733805**
城关镇	59485	31124	28361	14142	30239	27807	13250	42985	3250	56447
黄陵镇	35612	17952	17660	8665	17920	17647	7954	24923	2735	35556
黄德镇	31793	15959	15834	8245	15954	15834	7429	21307	3057	31355
应举镇	47279	24500	22779	11881	24470	22772	10785	32429	4065	46498
陈桥镇	44769	22952	21817	10811	22952	21817	9966	31061	3742	43858
赵岗镇	52670	27320	25350	12912	27036	25262	11698	36548	4424	52338
城关乡	49628	25458	24170	12354	25453	24169	10996	34701	3931	48124
回族乡	5215	2721	2494	1126	2716	2494	1214	3617	384	5107
王村乡	42337	21730	20607	10497	21729	20606	9952	29234	3151	41726
陈固乡	37130	18949	18181	9241	18948	18181	9022	25110	2998	37006
居厢乡	28610	14619	13991	7603	14610	13990	6988	19520	2102	28418
鲁岗乡	35904	18083	17821	9163	18081	17821	8034	24658	3212	35574
荆宫乡	56408	29231	27177	13297	29231	27177	11852	40177	4379	56331
留光乡	46031	23429	22602	11049	23385	22592	10602	31569	3860	45676
曹岗乡	31547	16245	15302	7780	16239	15301	7524	21474	2549	31412
潘店乡	52747	26959	25788	13086	26957	25786	11641	36890	4216	52545
李庄乡	24926	12781	12145	6245	12780	12145	5602	17050	2274	24760
尹岗乡	26262	13436	12826	6467	13272	12725	6102	18179	1981	25874
冯村乡	35484	17830	17654	9124	17830	17654	8492	23931	3061	35200
长垣县	**809535**	**403756**	**405779**	**201140**	**392460**	**394806**	**183504**	**561345**	**64686**	**768926**
蒲西街道	53809	27649	26160	10449	21125	20098	9588	41452	2769	40030
蒲东街道	74251	37517	36734	16069	33561	32248	14537	55023	4691	53620
南蒲街道	51546	26452	25094	12376	26451	25094	11900	35087	4559	50740
蒲北街道	22413	11615	10798	5527	11599	10794	5509	15112	1792	21736
丁栾镇	45538	23567	21971	11637	23537	21958	11364	30697	3477	44917
樊相镇	42583	21704	20879	10980	21704	20879	10161	28413	4009	42048
魏庄镇	82385	43124	39261	19532	43051	39242	18252	57868	6265	81582
恼里镇	52256	27314	24942	10987	26879	24607	11895	36534	3827	52172
常村镇	41359	20085	21274	11174	20070	21262	9070	28364	3925	40647
赵堤镇	29187	13487	15700	8062	13448	15693	7335	19488	2364	29128
孟岗镇	33523	15578	17945	9813	15573	17944	7474	22754	3295	33093
满村镇	37724	19635	18089	8869	19603	18086	8125	26809	2790	37517
芦岗乡	43805	20088	23717	12398	20043	23716	9798	29922	4085	43301
苗寨乡	39242	18270	20972	10569	18270	20972	8922	26980	3340	39190
方里乡	39698	18718	20980	10941	18675	20973	10448	25939	3311	39305
武邱乡	41418	18653	22765	11482	18608	22749	11117	26537	3764	41119
佘家乡	45919	23236	22683	12431	23199	22676	10217	32401	3301	45913
张三寨乡	32879	17064	15815	7844	17064	15815	7792	21965	3122	32868
卫辉市	**495744**	**249899**	**245845**	**123462**	**240732**	**234773**	**107797**	**353546**	**34401**	**462564**
汲水镇	50937	25210	25727	13624	23791	23740	8911	38382	3644	37719
太公镇	28264	14545	13719	7138	14542	13712	6641	19816	1807	27544
孙杏村镇	23746	11678	12068	5997	11660	12067	5545	16531	1670	22941
后河镇	34068	17351	16717	8049	16984	16416	8232	23401	2435	33315
李源屯镇	54124	27281	26843	13212	27281	26843	13910	36738	3476	53469
唐庄镇	42211	21646	20565	10685	21643	20565	10366	29154	2691	40857
上乐村镇	35528	18338	17190	8638	18338	17190	9120	24317	2091	35323
狮豹头乡	12409	6127	6282	3857	6123	6282	2122	8838	1449	12269
安都乡	35936	18422	17514	8455	18370	17498	8145	25601	2190	35151

表16 续表 20

单位：人、户

地区	总人口			家庭户	家庭户总人口		分年龄人口			居住本地，户口在本地
	合计	男	女	户数	男	女	0-14岁	15-64岁	65岁及以上	
顿坊店乡	33156	17002	16154	8215	16988	16152	7462	23587	2107	32833
柳庄乡	29073	14846	14227	7146	14832	14223	6069	20992	2012	28465
庞寨乡	25371	12825	12546	6464	12820	12545	6128	17425	1818	24900
城郊乡	88730	43501	45229	21415	36233	36476	14579	67218	6933	75981
原种场	430	230	200	99	230	200	102	325	3	293
东风农场	875	431	444	216	431	444	248	606	21	846
农科所	337	170	167	87	170	167	74	241	22	109
五四农场	549	296	253	165	296	253	143	374	32	549
辉县市	**740435**	**366773**	**373662**	**205314**	**359203**	**366815**	**134657**	**549727**	**56051**	**674226**
城关街道	75375	37671	37704	19783	35349	35290	13777	57195	4403	55988
胡桥街道	35341	18011	17330	8624	16591	16084	5704	27429	2208	29407
薄壁镇	36566	18398	18168	10030	18382	18163	6275	27468	2823	36195
峪河镇	39782	18848	20934	11898	18074	20553	7325	28388	4069	39047
百泉镇	89728	45442	44286	23795	43829	42551	16036	69090	4602	61841
孟庄镇	65019	33100	31919	15490	32188	31226	12601	47938	4480	59681
常村镇	40936	20888	20048	11580	20888	20048	7389	30298	3249	39091
吴村镇	50159	23189	26970	14248	23038	26830	11635	34354	4170	49501
南村镇	24347	12034	12313	7003	12032	12313	4196	18350	1801	24342
南寨镇	17335	8893	8442	5296	8893	8441	2788	12989	1558	17315
上八里镇	15108	7556	7552	4581	7555	7552	2601	11196	1311	14860
北云门镇	45405	22561	22844	12014	22561	22844	8645	33324	3436	45194
占城镇	30686	14698	15988	9153	14693	15982	5513	22471	2702	30372
黄水乡	7386	3525	3861	2688	3525	3861	1413	5077	896	7296
拍石头乡	6320	3084	3236	2436	3084	3235	800	4559	961	6296
高庄乡	35207	17322	17885	10689	17316	17879	5541	26792	2874	34664
张村乡	13152	6605	6547	3711	6602	6545	2104	9922	1126	12993
冀屯乡	40022	18625	21397	11622	18510	21356	7693	28646	3683	39369
赵固乡	40068	20113	19955	10619	20113	19955	7210	29826	3032	38975
西平罗乡	13462	6453	7009	4720	6361	6922	2518	9885	1059	13225
洪洲乡	10309	5199	5110	2545	5061	5021	1841	7800	668	9945
沙窑乡	8722	4558	4164	2789	4558	4164	1052	6730	940	8629
焦作市	**3540101**	**1796311**	**1743790**	**873312**	**1710653**	**1688533**	**667670**	**2608787**	**263644**	**3111489**
解放区	**295695**	**151325**	**144370**	**85673**	**136301**	**139506**	**43975**	**226628**	**25092**	**224559**
民生街道	38008	19817	18191	9960	15139	15915	4785	29879	3344	33489
民主街道	36502	17418	19084	11490	17269	17793	5795	27852	2855	24593
新华街道	23730	11655	12075	7382	11631	12058	3547	18066	2117	18073
焦西街道	24483	12439	12044	8043	12161	12027	3385	18844	2254	19923
焦南街道	46056	22621	23435	14577	22492	23358	7016	34149	4891	39811
焦北街道	14745	7406	7339	4441	6971	7288	2321	10942	1482	12041
七百间街道	23859	11733	12126	7285	11154	11532	3258	18568	2033	17533
上白作街道	29491	15656	13835	7585	13470	13333	4726	22501	2264	20031
王褚街道	58821	32580	26241	14910	26014	26202	9142	45827	3852	39065
中站区	**106064**	**53347**	**52717**	**29395**	**52573**	**52439**	**18283**	**77745**	**10036**	**91879**
李封街道	17193	8427	8766	5126	8272	8558	2712	12839	1642	13384
王封街道	13945	6879	7066	4231	6863	7059	2109	10213	1623	11325
朱村街道	6158	3046	3112	1850	3046	3112	950	4471	737	5310
冯封街道	1429	768	661	492	680	639	219	1088	122	1268
龙洞街道	1260	681	579	570	625	578	123	910	227	1102
月山街道	1419	884	535	460	578	526	87	1159	173	1123
丹河街道										

表16 续表 21 单位：人、户

地　区	总人口 合计	总人口 男	总人口 女	家庭户 户数	家庭户总人口 男	家庭户总人口 女	分年龄人口 0-14岁	分年龄人口 15-64岁	分年龄人口 65岁及以上	居住本地，户口在本地
许衡街道	32176	16098	16078	7945	16036	16070	5605	23777	2794	29114
府城街道	27187	13830	13357	7119	13740	13334	5484	19517	2186	24315
龙翔街道	5297	2734	2563	1602	2733	2563	994	3771	532	4938
马村区	**139533**	**73982**	**65551**	**33514**	**66820**	**65190**	**27020**	**102212**	**10301**	**116514**
马村街道	26245	13614	12631	6907	12530	12577	4208	19798	2239	21719
北山街道	2304	1219	1085	690	1072	1076	424	1536	344	1695
冯营街道	16946	10214	6732	4193	6840	6671	2915	13226	805	11237
九里山街道	7050	4576	2474	1588	2511	2464	997	5355	698	4690
待王街道	37167	18797	18370	8732	18594	18176	7461	26939	2767	31428
安阳城街道	24602	12503	12099	5671	12476	12095	5543	17319	1740	22884
演马街道	25219	13059	12160	5733	12797	12131	5472	18039	1708	22861
山阳区	**324121**	**165176**	**158945**	**82653**	**139955**	**141124**	**48323**	**253460**	**22338**	**225190**
东方红街道	43787	21522	22265	12947	21436	22220	6330	32827	4630	39771
焦东街道	22153	11104	11049	6812	10810	10834	3657	16818	1678	16241
百间房街道	5689	2819	2870	1931	2816	2870	920	4183	586	3801
太行街道	26112	13175	12937	7561	12863	12864	4068	19970	2074	17235
艺新街道	36710	18078	18632	11127	17741	18435	5994	27505	3211	30847
光亚街道	27147	12393	14754	7186	10587	10674	3331	22407	1409	14515
定和街道	25900	12814	13086	8361	12788	13063	4157	19940	1803	16927
中星街道	26739	13580	13159	6645	13131	13011	4899	19788	2052	21447
新城街道	57813	28036	29777	12799	23047	22745	8804	45972	3037	36804
李万街道	36913	23290	13623	4565	8619	8323	3480	32384	1049	16574
文苑街道	15158	8365	6793	2719	6117	6085	2683	11666	809	11028
修武县	**287814**	**148499**	**139315**	**70251**	**145418**	**138854**	**60493**	**205966**	**21355**	**264951**
城关镇	56008	28615	27393	14718	28157	27287	11355	40843	3810	48267
方庄镇	36877	19836	17041	9029	17978	16978	8040	26778	2059	32314
郇封镇	62190	31962	30228	14712	31691	30131	13264	43886	5040	58762
高村乡	51402	26375	25027	12462	26135	24952	10851	36427	4124	49141
周庄乡	21914	11182	10732	5027	11182	10732	4496	15756	1662	21079
五里源乡	37810	19505	18305	8755	19476	18278	8280	26689	2841	35562
岸上乡	3269	1652	1617	747	1540	1559	696	2392	181	2870
西村乡	15402	7849	7553	4069	7788	7543	2916	11105	1381	14303
小营工贸区	2942	1523	1419	732	1471	1394	595	2090	257	2653
博爱县	**436319**	**222672**	**213647**	**104346**	**219137**	**209922**	**89525**	**317133**	**29661**	**395521**
清化镇	96772	49091	47681	23906	48666	47252	19245	71367	6160	80970
博爱县	37761	19397	18364	8993	19383	18360	7618	27615	2528	34497
月山镇	45105	23149	21956	9891	20915	19638	8801	33816	2488	37201
许良镇	47920	24793	23127	11350	24640	22956	10557	34306	3057	44232
阳庙镇	34690	17864	16826	7916	17529	16489	7047	25230	2413	32394
磨头镇	29280	14852	14428	6863	14492	13968	6199	21317	1764	27347
孝敬镇	45802	23302	22500	11165	23301	22500	9768	32311	3723	43562
寨豁乡	13008	6600	6408	3412	6596	6407	2535	9530	943	12401
金城乡	51218	25982	25236	12337	25973	25231	10360	36865	3993	49525
苏家作乡	31939	16237	15702	7658	16237	15702	6970	22700	2269	30868
国营博爱农场	2824	1405	1419	855	1405	1419	425	2076	323	2524
武陟县	**713945**	**362339**	**351606**	**159610**	**354369**	**342908**	**156864**	**506662**	**50419**	**660495**
木城镇	31598	16087	15511	7845	15483	14670	6863	22914	1821	25232
詹店镇	43198	21671	21527	9778	21530	21397	10497	29770	2931	42040
西陶镇	48623	24769	23854	10828	24723	23825	10754	34288	3581	47123
谢旗营镇	68394	34398	33996	14825	34373	33991	15424	47998	4972	66798

表16 续表 22　　单位：人、户

地区	总人口			家庭户	家庭户总人口		分年龄人口			居住本地，户口在本地
	合计	男	女	户数	男	女	0-14岁	15-64岁	65岁及以上	
大封镇	76691	39016	37675	16805	38981	37667	16190	54542	5959	75493
宁郭镇	30368	15420	14948	7049	15346	14912	6855	21290	2223	29242
龙源镇	81817	41543	40274	17068	35269	33700	14902	62179	4736	50909
嘉应观乡	58595	29652	28943	13417	29599	28481	13714	41059	3822	56227
乔庙乡	47867	24311	23556	10140	24087	23457	10581	33982	3304	47340
圪当店乡	45435	23167	22268	9999	22763	21775	10836	31463	3136	43605
三阳乡	43344	21998	21346	9523	21998	21346	9861	30130	3353	41564
小董乡	43440	22131	21309	10439	22065	21290	9482	30695	3263	42526
大虹桥乡	56963	28952	28011	13173	28952	28010	12285	40177	4501	55524
北郭乡	37454	19124	18330	8677	19123	18329	8604	26039	2811	36727
武陟宁郭农场	158	100	58	44	77	58	16	136	6	145
温县	**421796**	**211670**	**210126**	**102810**	**205095**	**205052**	**78692**	**310926**	**32178**	**397431**
温泉镇	100941	51177	49764	23395	45615	45166	18112	77154	5675	85206
祥云镇	48714	24297	24417	12710	24232	24407	9479	35010	4225	47685
番田镇	45532	22622	22910	11670	22450	22734	7712	33664	4156	44729
黄庄镇	51604	25819	25785	12922	25726	25731	9667	37351	4586	50566
武德镇	43199	21680	21519	10050	21563	21493	8717	31051	3431	42683
赵堡镇	41485	21026	20459	9742	20727	20402	8084	30409	2992	40366
南张羌镇	25221	12615	12606	6000	12599	12591	4620	18711	1890	24729
岳村乡	24373	12257	12116	5919	12095	12021	4489	18076	1808	21449
招贤乡	19733	9766	9967	5340	9727	9931	3926	14100	1707	19311
北冷乡	20923	10365	10558	5044	10334	10554	3885	15331	1707	20673
国营温县农场	71	46	25	18	27	22	1	69	1	34
沁阳市	**447701**	**223839**	**223862**	**110845**	**218435**	**218711**	**83567**	**333115**	**31019**	**395736**
覃怀街道	27054	13287	13767	6394	12622	12720	4555	20623	1876	20967
怀庆街道	29194	14567	14627	7320	14514	14614	5570	21457	2167	23711
太行街道	33477	16728	16749	7448	14158	14004	5531	26320	1626	21026
沁园街道	39160	19494	19666	10409	18367	18691	6996	30099	2065	24420
崇义镇	29185	14264	14921	8052	14249	14910	5084	21420	2681	28370
西向镇	56756	28591	28165	13380	28411	28095	11098	41872	3786	54783
西万镇	36186	18537	17649	8546	18235	17612	7650	26427	2109	33064
柏香镇	54618	27162	27456	13725	26830	27254	9323	41236	4059	53240
山王庄镇	28241	14431	13810	6817	14375	13802	5948	20477	1816	26289
紫陵镇	25295	12613	12682	6586	12607	12680	4366	18796	2133	24490
常平乡	8086	4086	4000	1975	4062	3998	1803	5825	458	7628
王召乡	43517	21680	21837	11217	21628	21802	8908	31093	3516	42017
王曲乡	36932	18399	18533	8976	18377	18529	6735	27470	2727	35731
孟州市	**367113**	**183462**	**183651**	**94215**	**172550**	**174827**	**60928**	**274940**	**31245**	**339213**
大定街道	40899	20519	20380	9884	17448	17739	6434	31086	3379	37297
会昌街道	53456	26787	26669	13257	23247	23557	8567	40967	3922	46404
河雍街道	23533	11539	11994	6265	10850	11152	3758	18275	1500	17703
河阳街道	29889	14681	15208	7498	14020	14353	4683	22714	2492	26272
化工镇	35081	17659	17422	9118	17305	17206	6434	25556	3091	33950
南庄镇	40275	20225	20050	9656	19852	19891	7493	29330	3452	39051
城伯镇	31756	15804	15952	8067	15474	15806	5315	23422	3019	30761
谷旦镇	25516	12775	12741	6872	12382	12653	4152	18795	2569	24513
赵和镇	33835	16809	17026	9107	16613	16948	5388	25400	3047	33142
西虢镇	33083	16786	16297	8884	15788	15915	5834	24473	2776	31276
槐树乡	19790	9878	9912	5607	9571	9607	2870	14922	1998	18844

表16 续表 23

单位：人、户

地区	总人口			家庭户	家庭户总人口		分年龄人口			居住本地，户口在本地
	合计	男	女	户数	男	女	0-14岁	15-64岁	65岁及以上	
濮阳市	**3598740**	**1796273**	**1802467**	**952240**	**1758445**	**1764824**	**799688**	**2523420**	**275632**	**3282305**
华龙区	**655674**	**329441**	**326233**	**189020**	**316745**	**312324**	**125285**	**487505**	**42884**	**490973**
中原路街道	33096	16905	16191	10038	16398	15986	6720	25187	1189	17540
胜利路街道	39244	19963	19281	11408	19076	18333	8065	29853	1326	21265
建设路街道	40414	20323	20091	11546	18538	18060	8037	30644	1733	21730
人民路街道	29342	14661	14681	9776	14456	14467	5470	21555	2317	22718
大庆路街道	33382	16640	16742	10325	15593	15480	6689	25722	971	15146
黄河路街道	42764	21557	21207	12589	20003	19764	8177	32588	1999	27361
任丘路街道	8571	4345	4226	2933	4332	4207	1630	6765	176	3529
长庆路街道	20581	10407	10174	6961	10357	10085	3709	16347	525	7152
昆吾路街道	26308	13316	12992	7201	12924	12420	5091	19798	1419	21749
皇甫街道	18700	8537	10163	3606	5909	5804	2266	15141	1293	9978
岳村乡	39463	19645	19818	10512	19632	19816	8679	27720	3064	37397
孟轲乡	31024	15829	15195	7353	14878	14697	6439	22337	2248	26104
胡村乡	58126	29500	28626	14087	29245	28595	12738	40656	4732	54670
王助乡	45608	23440	22168	10932	23213	22090	9597	32234	3777	43361
新习乡	50762	25840	24922	12395	25832	24919	11484	35292	3986	49605
中原油田街道	112668	55310	57358	39112	53592	55573	15539	85838	11291	100505
开发区街道	25621	13223	12398	8246	12767	12028	4955	19828	838	11163
清丰县	**635927**	**317790**	**318137**	**168657**	**314658**	**314189**	**138440**	**445358**	**52129**	**598330**
城关镇	55784	27473	28311	14679	25634	25430	10347	41679	3758	41326
马庄桥镇	23970	11945	12025	7610	11579	11568	4153	17617	2200	17334
瓦屋头镇	50559	26005	24554	13896	25258	24093	10855	35976	3728	45780
六塔乡	33973	16957	17016	9842	16923	16996	7518	23415	3040	32722
仙庄乡	43135	22201	20934	11532	22190	20927	10220	29505	3410	42635
巩营乡	33671	17156	16515	8946	17156	16515	7644	23321	2706	33420
马村乡	38678	19505	19173	10533	19504	19173	8639	27033	3006	37973
高堡乡	35195	17881	17314	8671	17881	17314	7391	24959	2845	34645
古城乡	33942	16512	17430	8726	16458	17402	7257	23326	3359	33591
大流乡	30502	14899	15603	7711	14899	15603	7243	20545	2714	30040
韩村乡	35508	17659	17849	9393	17587	17755	7525	24869	3114	34590
大屯乡	33595	16656	16939	9138	16656	16939	7029	23340	3226	32957
固城乡	32710	16381	16329	7659	16381	16329	6790	23344	2576	32303
柳格乡	36755	17968	18787	9239	17967	18787	8426	25429	2900	35429
双庙乡	34527	17145	17382	9521	17145	17382	7645	24069	2813	33770
纸房乡	38507	18879	19628	10673	18873	19628	8503	26676	3328	37220
阳邵乡	44916	22568	22348	10888	22567	22348	11255	30255	3406	42595
南乐县	**458487**	**220770**	**237717**	**117025**	**216854**	**233557**	**109381**	**312349**	**36757**	**439152**
城关镇	55062	27219	27843	12968	23667	23874	10821	40913	3328	41513
韩张镇	30185	14284	15901	7734	14284	15901	7439	20171	2575	29898
元村镇	41420	18603	22817	10351	18436	22696	9536	28266	3618	40764
杨村乡	27502	13365	14137	7143	13365	14136	6413	18838	2251	27387
张果屯乡	32342	15755	16587	9036	15755	16586	7650	21812	2880	32107
千口乡	36732	17425	19307	10703	17326	19274	9888	23642	3202	35754
福坎乡	41995	21034	20961	10541	21034	20961	10917	28094	2984	41268
谷金楼乡	33037	16399	16638	8290	16398	16638	7448	22929	2660	32901
西邵乡	39883	19084	20799	10193	19077	20797	10441	26357	3085	39608
寺庄乡	46697	22231	24466	11751	22149	24442	11759	30897	4041	46066
梁村乡	43006	20827	22179	9888	20823	22173	10396	29459	3151	41680
近德固乡	30626	14544	16082	8427	14540	16079	6673	20971	2982	30206
范县	**469874**	**234041**	**235833**	**128171**	**229802**	**232257**	**113377**	**319774**	**36723**	**451418**

表16 续表 24 单位：人、户

地　区	总人口			家庭户	家庭户总人口		分年龄人口			居住本地，户口在本地
	合　计	男	女	户　数	男	女	0-14岁	15-64岁	65岁及以上	
城关镇	43382	22529	20853	11817	20454	18725	8039	32917	2426	36268
濮城镇	54467	26784	27683	16002	26587	27630	11510	39010	3947	48348
辛庄乡	44610	22062	22548	11123	21999	22517	11456	29799	3355	44495
杨集乡	45816	22663	23153	11925	22216	22918	11238	30901	3677	45524
陈庄乡	34666	17149	17517	9887	17148	17514	8775	22794	3097	34430
白衣阁乡	37245	18936	18309	9404	18061	17438	8537	25997	2711	35457
王楼乡	30783	15651	15132	7739	15463	15110	7442	21018	2323	30245
颜村铺乡	32179	16016	16163	8839	16016	16162	7962	21288	2929	31873
龙王庄乡	43964	21549	22415	13030	21470	22390	10973	29238	3753	43740
陆集乡	31870	15019	16851	8917	15017	16848	9607	19658	2605	31780
张庄乡	35126	17433	17693	9572	17414	17691	9285	22940	2901	34220
高码头乡	35766	18250	17516	9916	17957	17314	8553	24214	2999	35038
台前县	**332124**	**167289**	**164835**	**87190**	**163010**	**161757**	**78912**	**226673**	**26539**	**314684**
城关镇	48997	25498	23499	11600	21708	20655	9642	36275	3080	40075
侯庙镇	50809	25757	25052	12570	25755	25048	12474	34982	3353	47714
后方乡	30852	15450	15402	8314	15447	15401	7776	20684	2392	30308
清水河乡	29753	15189	14564	7690	15189	14564	6973	20368	2412	29131
马楼乡	45479	23081	22398	11354	23079	22398	10955	30701	3823	44698
孙口乡	28035	14125	13910	8086	13763	13747	6751	19201	2083	26564
打渔陈乡	45148	22246	22902	12786	22244	22902	11136	29681	4331	44149
夹河乡	26971	13126	13845	7683	13022	13784	6620	17716	2635	26527
吴坝乡	26080	12817	13263	7107	12803	13258	6585	17065	2430	25518
濮阳县	**1046654**	**526942**	**519712**	**262177**	**517376**	**510740**	**234293**	**731761**	**80600**	**987748**
城关镇	104994	52894	52100	24106	47096	45298	18131	79847	7016	77540
柳屯镇	79551	40594	38957	21881	40085	38705	15915	57752	5884	74849
文留镇	71486	36289	35197	18889	35734	34972	15910	50510	5066	66239
庆祖镇	55663	27868	27795	13813	27745	27588	12613	38619	4431	54125
八公桥镇	56657	29276	27381	13752	29275	27381	11985	40486	4186	56027
徐镇镇	51466	26400	25066	13229	26047	24850	11802	36174	3490	47748
户部寨乡	46736	23423	23313	12295	23423	23313	10387	32562	3787	43881
清河头乡	45740	23143	22597	10747	23045	22507	9161	33077	3502	43418
鲁河乡	48155	23670	24485	12315	23670	24483	12227	32087	3841	47157
梁庄乡	45356	22859	22497	11804	22855	22496	10734	30880	3742	44194
王称固乡	44597	21070	23527	11927	20428	23305	12062	28328	4207	43255
白罡乡	32672	16636	16036	7890	16625	16035	7338	22401	2933	32197
梨园乡	36863	18141	18722	9454	18140	18721	9612	23867	3384	35962
五星乡	43674	22261	21413	10150	22259	21410	9469	31313	2892	42848
子岸乡	49086	25037	24049	11182	24722	23845	10170	35108	3808	48796
胡状乡	48926	24665	24261	12299	24635	24247	10779	34448	3699	48046
郎中乡	51027	25847	25180	12953	25064	24683	12635	34264	4128	49903
海通乡	49632	25046	24586	12807	25022	24570	11670	33973	3989	48847
渠村乡	41062	20017	21045	10568	19701	20826	10546	27213	3303	40267
习城乡	43311	21806	21505	10116	21805	21505	11147	28852	3312	42449
许昌市	**4307488**	**2206634**	**2100854**	**1156026**	**2073831**	**1996466**	**848842**	**3076350**	**382296**	**3810673**
魏都区	**498087**	**246529**	**251558**	**130468**	**198273**	**201581**	**63699**	**399156**	**35232**	**329460**
西大街道	22492	11469	11023	4656	6810	7047	2321	18861	1310	8124
东大街道	18435	8951	9484	6034	8538	8892	2356	14155	1924	12182
西关街道	41003	19893	21110	13144	17454	18334	4618	32563	3822	25143
南关街道	36739	17535	19204	8996	13557	14210	4178	29555	3006	24201
北大街道	44799	22182	22617	12454	19259	19336	5927	35057	3815	31316

表16　续表 25　　单位：人、户

地　区	总人口			家庭户	家庭户总人口		分年龄人口			居住本地，户口在本地
	合　计	男	女	户　数	男	女	0-14岁	15-64岁	65岁及以　上	
五一路街道	56619	28857	27762	13850	20255	20168	5909	47193	3517	43332
高桥营街道	18289	8957	9332	4522	8367	8346	3283	13548	1458	15536
丁庄街道	21424	10720	10704	6188	10412	10516	3321	16527	1576	15342
七里店街道	47843	24586	23257	12480	19612	19638	6776	37877	3190	37544
文峰街道	62195	31153	31042	17694	26920	27346	8916	49040	4239	49410
新兴街道	54573	26707	27866	16961	25190	25267	7780	42411	4382	39677
半截河街道	61426	29809	31617	10425	16814	17298	6322	52830	2274	21431
许昌经济开发区	12088	5634	6454	3006	5009	5097	1956	9414	718	6208
东城区管委会	162	76	86	58	76	86	36	125	1	14
许昌县	**767449**	**393836**	**373613**	**206259**	**386751**	**368717**	**148907**	**552096**	**66446**	**721185**
将官池镇	83159	42244	40915	22257	40070	38595	15392	62096	5671	52513
五女店镇	45232	22948	22284	12521	22914	22271	8856	32257	4119	44554
尚集镇	47183	24076	23107	12406	24007	23068	9620	33897	3666	45922
苏桥镇	52617	27246	25371	13938	27141	25352	9940	37717	4960	51818
蒋李集镇	50419	25792	24627	13122	25730	24614	9649	36380	4390	49790
张潘镇	41490	21295	20195	10938	21293	20194	7667	30101	3722	41433
灵井镇	54854	29319	25535	14877	27328	25365	10945	39227	4682	51850
陈曹乡	60804	30747	30057	16360	30687	30039	11479	43495	5830	60570
邓庄乡	51522	26590	24932	13662	26588	24932	10057	37188	4277	51063
小召乡	47489	24396	23093	12594	24195	23072	9388	33866	4235	47259
河街乡	42043	21701	20342	10920	21510	20074	7706	30817	3520	40675
桂村乡	29263	15005	14258	8607	14954	14254	6349	19573	3341	28656
椹涧乡	59667	30828	28839	16035	28947	26954	10965	43715	4987	55592
榆林乡	46958	23750	23208	13383	23685	23202	10192	32502	4264	46528
长村张乡	42848	21683	21165	11341	21508	21049	8350	30975	3523	41254
艾庄回族乡	11901	6216	5685	3298	6194	5682	2352	8290	1259	11708
鄢陵县	**551611**	**287092**	**264519**	**143836**	**255785**	**249387**	**115060**	**389254**	**47297**	**505194**
安陵镇	70522	40504	30018	12906	24581	22762	9809	57309	3404	52034
马栏镇	63989	34542	29447	14130	28183	27121	12060	47154	4775	54932
柏梁镇	56156	28028	28128	13799	23542	24302	12173	39612	4371	44619
陈化店镇	33095	17688	15407	8038	13803	13944	5880	24547	2668	28156
望田镇	36524	18967	17557	10400	18886	17532	8189	24923	3412	36283
张桥乡	46740	23361	23379	13616	23340	23375	10505	31797	4438	46713
南坞乡	28923	14950	13973	8682	14910	13937	6510	19399	3014	28894
陶城乡	44854	22858	21996	13473	22854	21990	11357	28978	4519	44823
只乐乡	43917	22482	21435	12487	22471	21435	9618	29989	4310	43504
大马乡	34244	17200	17044	10002	17200	17044	7859	23014	3371	34076
彭店乡	45432	22644	22788	12866	22644	22788	11087	29898	4447	45186
马坊乡	47215	23868	23347	13437	23371	23157	10013	32634	4568	45974
襄城县	**671315**	**339483**	**331832**	**197761**	**330391**	**323346**	**147478**	**455833**	**68004**	**607186**
城关镇	52567	26583	25984	13713	22627	22544	7920	40240	4407	36900
颍桥回族镇	6616	3295	3321	2048	3271	3319	1395	4446	775	6216
麦岭镇	36785	18492	18293	11257	18399	18267	10026	22986	3773	35939
颍阳镇	41341	20811	20530	12925	20757	20513	9418	27683	4240	40340
王洛镇	44001	22128	21873	13828	22076	21853	10308	28703	4990	43449
紫云镇	38529	19947	18582	11130	19799	18505	8012	26729	3788	36828
湛北乡	25373	13084	12289	7260	12922	12281	5205	17732	2436	24711
山头店乡	45540	22839	22701	13133	22810	22692	10453	30277	4810	44786
茨沟乡	65409	33595	31814	18172	32622	31010	12909	46672	5828	43608
丁营乡	36420	18423	17997	11070	18209	17861	8722	23536	4162	35110

表16 续表 26　　单位：人、户

地　区	总人口			家庭户	家庭户总人口		分年龄人口			居住本地，户口在本地
	合　计	男	女	户　数	男	女	0-14岁	15-64岁	65岁及以　上	
姜庄乡	37478	18783	18695	11450	18783	18695	9289	24276	3913	36906
范湖乡	59066	29477	29589	18177	29473	29584	15448	37549	6069	58152
双庙乡	35616	17799	17817	11317	17754	17794	7858	23900	3858	35035
汾陈乡	35443	18165	17278	11329	18120	17267	7515	23810	4118	35016
十里铺乡	51441	25945	25496	15814	25854	25479	12504	33281	5656	50716
库庄乡	59690	30117	29573	15138	26915	25682	10496	44013	5181	43474
禹州市	**1131896**	**587465**	**544431**	**299663**	**555301**	**522637**	**231072**	**794546**	**106278**	**1006077**
颍川街道	68613	34792	33821	15137	25988	25470	12218	52023	4372	43171
夏都街道	59704	30734	28970	14364	24541	23665	10338	45666	3700	32596
韩城街道	26259	13280	12979	7817	13162	12915	5089	18982	2188	16845
钧台街道	58821	31424	27397	12398	21009	20934	8528	46348	3945	32914
火龙镇	51321	26775	24546	13673	26488	24473	11031	35653	4637	49190
顺店镇	71135	36696	34439	18453	36576	34421	15344	48791	7000	68941
方山镇	38442	20318	18124	10104	19511	18035	7553	27212	3677	35675
神垕镇	40336	21727	18609	10003	20141	18428	8339	28811	3186	35909
鸿畅镇	50107	25950	24157	14196	25375	24031	11276	33881	4950	47516
梁北镇	44927	23601	21326	12367	22687	21202	8643	32179	4105	41107
古城镇	43904	22761	21143	11629	22722	21140	8645	31009	4250	42974
无梁镇	35521	18397	17124	9392	18318	17086	7080	24680	3761	34037
文殊镇	44652	23272	21380	12220	22390	20837	10153	30079	4420	41820
鸠山镇	31826	16584	15242	8606	16316	15153	6977	21522	3327	30647
朱阁乡	38770	20065	18705	10815	20059	18701	7728	27005	4037	37916
苌庄乡	30842	16002	14840	8279	15989	14840	6517	21006	3319	29611
花石乡	53569	27950	25619	14140	27928	25616	12431	36118	5020	51315
磨街乡	23577	12391	11186	5428	11747	10990	5638	16192	1747	21868
张得乡	47144	24194	22950	13952	24104	22933	9967	31614	5563	46157
小吕乡	36750	18703	18047	11555	18652	18033	8578	23641	4531	35524
范坡乡	49422	25384	24038	15169	25347	24019	10819	32969	5634	48596
褚河乡	64276	33463	30813	16704	33359	30753	12821	45291	6164	62921
郭连乡	50285	25976	24309	12983	25976	24309	10187	35181	4917	49880
山货回族乡	9730	5017	4713	2694	4999	4711	2047	6634	1049	9195
浅井乡	28111	14543	13568	8014	14526	13567	5888	18908	3315	26945
方岗乡	33852	17466	16386	9571	17391	16375	7237	23151	3464	32807
长葛市	**687130**	**352229**	**334901**	**178039**	**347330**	**330798**	**142626**	**485465**	**59039**	**641571**
建设路街道	44912	22822	22090	13069	21521	20704	7864	34481	2567	39200
长兴路街道	23732	12173	11559	6260	11413	10885	4766	17814	1152	16174
长社路街道	38552	19482	19070	11427	19223	18821	7277	28770	2505	31350
金桥路街道	23851	12248	11603	7035	11945	11462	4973	17577	1301	14650
和尚桥镇	44448	22664	21784	10617	21502	20469	8420	32267	3761	40818
坡胡镇	50162	25815	24347	13162	25734	24336	10125	35003	5034	48953
后河镇	47237	24190	23047	12161	24105	23035	8962	33631	4644	46113
石固镇	40311	20716	19595	10579	20716	19595	8056	28531	3724	39403
老城镇	54254	28085	26169	13630	28081	26168	11469	38096	4689	52855
南席镇	41616	20899	20717	11368	20816	20707	9495	27706	4415	40245
大周镇	68348	35633	32715	15463	35304	32539	16451	46311	5586	66442
董村镇	52138	27083	25055	12629	26976	25041	11494	36064	4580	51329
增福庙乡	27364	13934	13430	7286	13821	13403	5253	19349	2762	26127
官亭乡	41251	21382	19869	10641	21219	19855	8467	28796	3988	40222
石象乡	45933	23319	22614	11732	23315	22613	9737	31992	4204	45473
古桥乡	43021	21784	21237	10980	21639	21165	9817	29077	4127	42217

表16 续表 27

单位：人、户

地区	总人口			家庭户	家庭户总人口		分年龄人口			居住本地，户口在本地
	合计	男	女	户数	男	女	0-14岁	15-64岁	65岁及以上	
漯河市	**2544266**	**1299682**	**1244584**	**662051**	**1221176**	**1181979**	**455055**	**1850655**	**238556**	**2348118**
源汇区	**323954**	**161430**	**162524**	**86536**	**147781**	**146171**	**50968**	**244079**	**28907**	**268247**
老街街道	15846	7860	7986	4578	7019	7185	2308	12033	1505	12319
马路街街道	31319	15493	15826	9306	13244	13614	4062	24194	3063	26834
顺河街街道	33476	16588	16888	8959	13537	13941	4403	25247	3826	28401
干河陈街道	98172	46995	51177	26724	42710	43107	14995	77063	6114	56709
大刘镇	32931	16989	15942	8670	16217	15471	5794	23630	3507	32767
阴阳赵镇	42446	21470	20976	11128	21133	20714	7303	30867	4276	41965
空冢郭镇	44589	22961	21628	10545	21303	20300	7544	33167	3878	44167
问十乡	25175	13074	12101	6626	12618	11839	4559	17878	2738	25085
郾城区	**493680**	**254743**	**238937**	**124851**	**224177**	**217398**	**83022**	**367719**	**42939**	**434892**
沙北街道	83951	42223	41728	23877	37494	37518	13040	65501	5410	62772
城关镇	82789	41924	40865	20751	34675	33958	12743	65279	4767	58331
孟庙镇	59008	31563	27445	13143	26294	25055	9827	43972	5209	56765
商桥镇	41595	21438	20157	10175	18028	17609	7121	29890	4584	37279
裴城镇	45632	23469	22163	11922	22162	21596	8551	32197	4884	44914
新店镇	44359	22981	21378	11283	20261	19704	7825	31868	4666	43435
龙城镇	61219	32334	28885	14536	28005	26511	9749	45517	5953	56712
黑龙潭乡	35902	18518	17384	8589	17715	16859	6634	26098	3170	35807
李集乡	39225	20293	18932	10575	19543	18588	7532	27397	4296	38877
召陵区	**477340**	**243111**	**234229**	**124304**	**238676**	**230326**	**92303**	**344855**	**40182**	**441883**
天桥街街道	37804	18657	19147	13176	18532	19046	5249	28801	3754	31680
翟庄街道	31962	15933	16029	9369	15578	15587	5474	24341	2147	23731
召陵镇	76770	39199	37571	17965	38310	36719	14994	55205	6571	74269
邓襄镇	38679	19833	18846	9770	19818	18841	8104	27013	3562	38166
万金镇	67110	34566	32544	16161	33852	32279	14529	46762	5819	66193
老窝镇	60939	30818	30121	16433	30720	30031	12444	42770	5725	59725
后谢乡	67027	33440	33587	18321	32317	32095	11894	50579	4554	52447
姬石乡	37920	19396	18524	8977	19215	18471	7112	27475	3333	37395
青年村乡	59129	31269	27860	14132	30334	27257	12503	41909	4717	58277
舞阳县	**538447**	**274466**	**263981**	**146113**	**259168**	**254352**	**95475**	**381360**	**61612**	**524180**
舞泉镇	73763	37825	35938	18920	30681	30653	11665	56272	5826	64567
吴城镇	40146	20352	19794	11119	19501	19327	6483	28444	5219	39422
北舞渡镇	25949	13006	12943	7066	12337	12224	4771	18197	2981	24367
莲花镇	37817	18778	19039	10244	18485	18889	7226	26030	4561	37710
辛安镇	33121	16983	16138	9264	15848	15653	5281	23414	4426	32939
孟寨镇	39064	19987	19077	10343	19245	18651	6933	27604	4527	38822
太尉镇	24347	12320	12027	6498	12263	11974	5026	16761	2560	24200
文峰乡	34535	17536	16999	9924	16741	16480	6046	23936	4553	33871
保和乡	44613	22865	21748	12127	22271	21495	8139	31034	5440	44439
马村乡	32546	16712	15834	8979	16291	15651	6139	22671	3736	32288
侯集乡	43394	22410	20984	11475	21517	20609	8205	30640	4549	42694
姜店乡	33902	17133	16769	9593	16067	16321	5699	23633	4570	33829
九街乡	41626	21046	20580	11620	21046	20580	7496	29181	4949	41570
章化乡	33624	17513	16111	8941	16875	15845	6366	23543	3715	33462
临颍县	**710845**	**365932**	**344913**	**180247**	**351374**	**333732**	**133287**	**512642**	**64916**	**678916**
城关镇	148707	75602	73105	35180	69370	66023	22914	115577	10216	126142
繁城镇	55189	28409	26780	13956	27293	26257	10743	39175	5271	54456
杜曲镇	68939	35632	33307	17077	33350	31719	12599	49928	6412	62906
王岗镇	54474	28433	26041	14419	27535	25680	12317	36897	5260	54143

表16　续表 28　　　　　　　　　　　　　　　　　　　　　　单位：人、户

地　区	总人口			家庭户	家庭户总人口		分年龄人口			居住本地，户　口在本地
	合　计	男	女	户　数	男	女	0−14岁	15−64岁	65岁及以　上	
台陈镇	54601	27666	26935	14097	27529	26866	10685	38769	5147	54184
巨陵镇	40862	20994	19868	10391	20600	19634	7735	29280	3847	40810
瓦店镇	38612	19744	18868	10135	19346	18738	7429	27303	3880	38090
三家店镇	33185	17165	16020	8369	16549	15746	6717	23068	3400	33159
窝城镇	28172	14497	13675	7635	14496	13675	5986	19353	2833	28093
大郭乡	45232	23550	21682	12096	23158	21561	9987	30755	4490	45027
皇帝庙乡	29158	15101	14057	7450	14775	13920	5333	21049	2776	28974
固厢乡	28979	14932	14047	7696	14782	14013	5107	21077	2795	28913
石桥乡	24076	12448	11628	6442	11994	11441	4508	17061	2507	23789
陈庄乡	23766	12409	11357	5996	11915	11161	4406	16885	2475	23563
王孟乡	36893	19350	17543	9308	18682	17298	6821	26465	3607	36667
三门峡市	**2234018**	**1148433**	**1085585**	**629601**	**1068162**	**1034684**	**348862**	**1702198**	**182958**	**2017792**
湖滨区	**325628**	**165167**	**160461**	**105174**	**150147**	**150636**	**48465**	**251358**	**25805**	**246105**
湖滨街道	34686	17616	17070	11808	15515	16289	4462	25813	4411	26423
前进街道	39378	19990	19388	12900	17852	18226	5027	30662	3689	33212
车站街道	45105	22457	22648	15087	21653	21875	6759	34442	3904	32455
涧河街道	75496	38702	36794	22233	32555	32367	10913	59449	5134	63916
大安街道	335	195	140	142	164	120	37	269	29	284
会兴街道	19508	10014	9494	5543	9334	9123	3162	14854	1492	14914
崖底街道	46635	23671	22964	18224	22843	22574	8245	36462	1928	20310
交口乡	18887	9524	9363	5401	9345	9224	2725	14472	1690	18105
磁钟乡	7976	4021	3955	2359	4002	3950	1152	6089	735	7675
高庙乡	6561	3283	3278	2379	3272	3277	1127	4504	930	6511
河南三门峡经济开发区	31061	15694	15367	9098	13612	13611	4856	24342	1863	22300
渑池县	**346434**	**175802**	**170632**	**92965**	**162750**	**161052**	**66453**	**251986**	**27995**	**313149**
城关镇	77903	38889	39014	20454	33230	33797	14970	57923	5010	59541
英豪镇	31545	16056	15489	8612	14688	14870	5446	22934	3165	29985
张村镇	24317	12620	11697	6597	10875	10714	4238	17975	2104	22305
洪阳镇	20061	10164	9897	5251	9663	9589	4223	14107	1731	19221
天池镇	40637	20602	20035	10137	20012	19702	8873	28203	3561	39273
仰韶乡	39760	20091	19669	9578	17655	17863	6676	30209	2875	34527
仁村乡	16011	8282	7729	4901	8282	7729	3212	11325	1474	15441
果园乡	36405	18223	18182	9547	17807	17972	7699	25695	3011	35231
陈村乡	33913	17336	16577	9982	17079	16506	6095	25005	2813	32388
坡头乡	13637	7096	6541	3945	7096	6541	2718	9761	1158	13140
段村乡	6770	3620	3150	2155	3620	3150	1264	4934	572	6711
南村乡	5475	2823	2652	1806	2743	2619	1039	3915	521	5386
陕县	**343679**	**178927**	**164752**	**96596**	**163569**	**157048**	**50125**	**262919**	**30635**	**313735**
大营镇	62968	33471	29497	16949	27736	27327	8530	50325	4113	45394
原店镇	35158	18363	16795	10269	14972	14218	4253	28155	2750	30075
西张村镇	47659	24419	23240	13984	23438	22749	6327	36535	4797	47168
观音堂镇	39574	20906	18668	11774	19237	17905	6116	29758	3700	36098
张汴乡	11377	5813	5564	3751	5780	5552	1547	8646	1184	11144
张湾乡	25229	12895	12334	6886	12285	11981	3550	19467	2212	24454
菜园乡	33790	17577	16213	9328	16787	15785	4395	25936	3459	33318
张茅乡	19267	9979	9288	5114	9413	8922	2817	14695	1755	18809
王家后乡	17498	8990	8508	4621	8680	8413	3312	12511	1675	17115
硖石乡	12626	6725	5901	3017	5639	5514	2319	9269	1038	12171
西李村乡	21928	11138	10790	6232	11138	10790	4194	15468	2266	21641
宫前乡	13060	6779	6281	3591	6680	6247	2204	9574	1282	12873

表16 续表 29 单位：人、户

地区	总人口			家庭户	家庭户总人口		分年龄人口			居住本地，户口在本地
	合计	男	女	户数	男	女	0-14岁	15-64岁	65岁及以上	
店子乡	3545	1872	1673	1080	1784	1645	561	2580	404	3475
卢氏县	**352449**	**183265**	**169184**	**103953**	**178713**	**165655**	**60153**	**264962**	**27334**	**329920**
城关镇	44628	22076	22552	14170	21052	21410	7548	34544	2536	31108
杜关镇	16278	8605	7673	4838	8509	7616	2909	11957	1412	16051
五里川镇	18271	9494	8777	5313	9454	8769	3589	13129	1553	17676
官道口镇	20123	10698	9425	5488	10314	9229	3038	15535	1550	20056
朱阳关镇	14571	7631	6940	4204	7607	6929	2904	10651	1016	14463
官坡镇	25204	13203	12001	6901	13052	11928	4335	18703	2166	25063
范里镇	33350	17582	15768	9630	17510	15720	5494	25678	2178	33105
东明镇	31020	15899	15121	8201	13623	13309	4431	24613	1976	25630
文峪乡	25731	13272	12459	7840	13264	12458	4344	19185	2202	25411
横涧乡	26927	13952	12975	8145	13952	12974	4384	20320	2223	26443
磨沟口乡	11997	6330	5667	3615	6330	5667	2270	8639	1088	11781
双槐树乡	11220	5874	5346	3326	5773	5308	2220	7982	1018	11100
汤河乡	9989	5260	4729	3196	5260	4729	1777	7233	979	9928
瓦窑沟乡	13067	6979	6088	3686	6895	6052	2552	9592	923	12956
狮子坪乡	10040	5398	4642	2880	5398	4640	1612	7619	809	9996
沙河乡	13366	6999	6367	3896	6945	6341	2143	10155	1068	13096
徐家湾乡	8232	4293	3939	2478	4249	3917	1475	5864	893	8074
潘河乡	11100	5755	5345	4004	5719	5321	1907	8157	1036	10909
木桐乡	7335	3965	3370	2142	3807	3338	1221	5406	708	7074
义马市	**144779**	**74981**	**69798**	**43518**	**67797**	**67896**	**22823**	**110651**	**11305**	**131158**
千秋路街道	40179	20055	20124	12681	18930	19063	6380	30916	2883	37309
朝阳路街道	10673	5734	4939	3476	4960	4899	1303	7774	1596	10286
新义街街道	26297	15725	10572	7340	10756	9944	2899	21531	1867	25310
常村路街道	10705	5351	5354	3868	5346	5353	1245	8497	963	10365
泰山路街道	9169	4442	4727	2736	4314	4671	1954	6781	434	7456
新区街道	30459	15096	15363	8477	14934	15257	5889	22527	2043	25490
东区街道	17297	8578	8719	4940	8557	8709	3153	12625	1519	14942
灵宝市	**721049**	**370291**	**350758**	**187395**	**345186**	**332397**	**100843**	**560322**	**59884**	**683725**
城关镇	8321	4309	4012	2057	4023	3845	1154	6525	642	7620
尹庄镇	46256	23537	22719	11956	23010	22370	6243	36078	3935	44553
朱阳镇	43372	22858	20514	11791	22452	20389	6811	33312	3249	41360
阳平镇	75540	39349	36191	17565	35692	34371	10711	58746	6083	72198
故县镇	40209	20881	19328	9974	19801	18664	5867	31142	3200	39105
豫灵镇	62588	32794	29794	13751	29426	28526	9724	48257	4607	59628
大王镇	56067	28061	28006	15821	28025	27993	7523	42852	5692	55617
阳店镇	53315	26980	26335	14415	24937	24427	6802	40813	5700	50339
函谷关镇	23719	12220	11499	6289	11631	11145	3352	18139	2228	23383
焦村镇	50113	25428	24685	13182	24055	23594	5653	39642	4818	49370
川口乡	26673	13779	12894	6788	12533	12048	3138	20803	2732	26355
寺河乡	6372	3450	2922	1808	3285	2843	908	4962	502	6136
苏村乡	25215	13243	11972	6729	13154	11937	3730	19320	2165	24963
五亩乡	34692	18111	16581	8655	17008	15921	4622	26510	3560	34498
西阎乡	49663	25518	24145	12356	24273	23441	6728	38156	4779	48633
灵宝市园艺场	554	307	247	81	118	73	63	445	46	554
涧东区管委会	66164	33263	32901	20232	30476	29686	10542	52650	2972	56362
涧西区管委会	52216	26203	26013	13945	21287	21124	7272	41970	2974	43051

表16 续表 30 单位：人、户

地区	总人口			家庭户	家庭户总人口		分年龄人口			居住本地，户口在本地
	合计	男	女	户数	男	女	0-14岁	15-64岁	65岁及以上	
南阳市	**10263660**	**5280744**	**4982916**	**2747972**	**5026503**	**4784898**	**2349244**	**7058934**	**855482**	**9286799**
宛城区	**887234**	**454163**	**433071**	**243365**	**426198**	**414450**	**179264**	**635729**	**72241**	**680727**
东关街道	50300	25789	24511	15705	23170	23724	8514	36417	5369	32126
新华街道	28398	13888	14510	8960	12115	12615	4459	20705	3234	16906
汉冶街道	61444	32272	29172	17039	26182	26455	10583	46858	4003	17864
仲景街道	54054	26815	27239	16530	25010	25485	9564	41194	3296	14433
白河街道	46750	23472	23278	12545	22399	22236	10919	32906	2925	30573
枣林街道	84496	43637	40859	21890	33167	32752	13760	66579	4157	28902
官庄镇	104229	52201	52028	31543	51945	51941	19893	74731	9605	93660
瓦店镇	49208	25186	24022	13178	24414	23372	10168	34383	4657	47033
红泥湾镇	77353	40127	37226	20148	39579	36936	18082	52975	6296	74462
黄台岗镇	49230	25565	23665	13085	25475	23600	10167	34554	4509	48198
溧河乡	48359	24489	23870	12466	24303	23780	11120	33373	3866	47093
汉冢乡	43586	22609	20977	11687	22308	20780	9457	30309	3820	43378
金华乡	44588	22992	21596	11184	22953	21558	9547	31125	3916	43702
茶庵乡	41328	21396	19932	11052	21236	19888	10023	27872	3433	41042
高庙乡	43746	22824	20922	10909	22169	20557	9505	30348	3893	42926
新店乡	60165	30901	29264	15444	29773	28771	13503	41400	5262	58429
卧龙区	**924578**	**464285**	**460293**	**246304**	**427061**	**417557**	**190815**	**661049**	**72714**	**785616**
七一街道	60650	29871	30779	15344	22877	23884	11172	43801	5677	53126
卧龙岗街道	52372	24114	28258	12099	18777	18774	7684	42069	2619	37807
武侯街道	60759	27495	33264	9655	14451	14503	6009	51679	3071	50084
梅溪街道	39698	19514	20184	11532	18660	19275	6825	29068	3805	31728
车站街道	35107	18041	17066	11504	17730	17006	5847	26431	2829	26030
光武街道	54238	27564	26674	17881	27321	26530	10674	39463	4101	29056
靳岗街道	17935	8755	9180	4015	7703	7884	4921	11762	1252	16946
张衡街道	44536	22844	21692	13357	20718	20742	8892	33094	2550	15106
百里奚街道	55530	27710	27820	17664	26858	27244	10945	40157	4428	36550
石桥镇	37598	19060	18538	9535	18660	18196	8452	26450	2696	36464
潦河镇	58889	30393	28496	14951	28619	26988	12872	41385	4632	57553
安皋镇	34631	18053	16578	8942	17966	16519	7984	23865	2782	34417
蒲山镇	84255	43766	40489	21327	42297	40380	19886	58500	5869	78682
陆营镇	52952	26850	26102	14940	26841	26100	13360	34518	5074	52502
青华镇	51297	26331	24966	15372	25642	24630	13006	33046	5245	51048
英庄镇	52988	26902	26086	15076	26115	25589	11510	35940	5538	52439
七里园乡	25695	12678	13017	6467	11810	12429	5742	17987	1966	22025
谢庄乡	38680	20054	18626	9622	19915	18527	9195	26344	3141	38463
王村乡	29557	15129	14428	7715	15011	14338	6617	20531	2409	29116
龙兴乡	18319	9461	8858	4771	9401	8830	4469	12271	1579	18195
龙王沟风景区办事处	18892	9700	9192	4535	9689	9189	4753	12688	1451	18279
南召县	**557153**	**292619**	**264534**	**154116**	**288570**	**261658**	**131020**	**381086**	**45047**	**501743**
城关镇	54394	27983	26411	15277	27001	25629	11744	39570	3080	33357
留山镇	29962	15677	14285	8055	15665	14284	7641	20022	2299	28353
云阳镇	56538	29049	27489	15751	28445	27128	12885	38940	4713	49435
皇路店镇	47748	24647	23101	13453	24588	23079	11165	32842	3741	47222
南河店镇	41405	21472	19933	11328	21454	19927	10880	27355	3170	38739
板山坪镇	24165	13233	10932	6612	13227	10932	5880	16253	2032	23483
乔端镇	14801	7993	6808	3985	7992	6808	3501	9938	1362	14158
白土岗镇	41516	22384	19132	10882	21990	18982	9688	28544	3284	38972
城郊乡	37808	19853	17955	9237	18500	16645	8383	27001	2424	28769
小店乡	30959	16322	14637	8551	16299	14618	7449	20711	2799	28859
皇后乡	26726	14097	12629	7314	14097	12629	6327	18076	2323	25386

表16　续表 31　　　　　　　　　　　　　　　　　　　　　　　　　　单位：人、户

地　区	总人口			家庭户	家庭户总人口		分年龄人口			居住本地，户口在本地
	合　计	男	女	户　数	男	女	0-14岁	15-64岁	65岁及以　上	
太山庙乡	26621	13701	12920	7871	13630	12872	6600	17685	2336	26006
石门乡	30390	15811	14579	8090	15790	14574	7694	20232	2464	29494
四棵树乡	27877	14960	12917	7539	14960	12917	6850	18624	2403	26687
马市坪乡	18663	10086	8577	5365	10061	8568	4618	12316	1729	17074
崔庄乡	33388	18067	15321	9258	18001	15299	7818	22750	2820	32535
河南红阳机械厂	6515	3351	3164	2581	3044	3063	819	4856	840	5973
河南向东机械厂	3718	1851	1867	1450	1851	1867	449	2669	600	3505
河南红宇机械厂	2532	1303	1229	991	1266	1214	436	1765	331	2347
国营东风机械厂	1275	700	575	451	630	550	181	861	233	1237
国营长江机械厂	152	79	73	75	79	73	12	76	64	152
方城县	**922467**	**472494**	**449973**	**258477**	**456843**	**440038**	**233728**	**605407**	**83332**	**868164**
城关镇	93808	47317	46491	25017	44010	43659	17970	69155	6683	68598
独树镇	72314	37126	35188	19626	35526	34253	18314	47434	6566	68567
博望镇	91765	47131	44634	24281	45028	43815	22953	60634	8178	89387
拐河镇	37406	19381	18025	10236	18996	17803	9626	23987	3793	35969
小史店镇	65927	33967	31960	18596	32713	31388	18141	41694	6092	63678
赵河镇	78296	40032	38264	21772	38043	37264	18808	51902	7586	76724
广阳镇	64211	33104	31107	17973	32564	30833	16007	43011	5193	63137
券桥乡	52020	26814	25206	14698	26516	24964	12385	34855	4780	51381
杨集乡	55909	28620	27289	14175	26110	25154	13442	37729	4738	48508
二郎庙乡	39290	20293	18997	10729	19807	18718	10136	25765	3389	38551
古庄店乡	58669	29623	29046	17307	29377	28903	16741	36312	5616	57009
杨楼乡	58852	30269	28583	17935	30035	28455	16674	36199	5979	58180
清河乡	52224	26598	25626	15636	26592	25620	13500	33821	4903	51453
柳河乡	36703	18669	18034	11018	18450	17917	10479	22579	3645	36181
四里店乡	45825	23541	22284	13232	23476	22267	13962	27435	4428	43181
袁店回族乡	13962	7126	6836	4220	6981	6767	3927	8764	1271	13490
河南中南机械厂	5162	2789	2373	1902	2525	2228	663	4007	492	4086
方城大寺林场	124	94	30	124	94	30		124		84
西峡县	**444414**	**231608**	**212806**	**123310**	**223332**	**206080**	**95580**	**313296**	**35538**	**379964**
白羽街道	35064	17922	17142	10795	17645	16912	7722	25754	1588	19109
紫金街道	26947	13517	13430	7413	11821	11839	4601	20992	1354	11713
莲花街道	17886	8926	8960	4844	7802	7597	3046	14042	798	4471
丹水镇	35430	18239	17191	10600	17836	16956	7731	24055	3644	34459
西坪镇	32498	16868	15630	9061	16423	15418	7605	22251	2642	30716
双龙镇	19343	10326	9017	5227	10087	8801	4475	12942	1926	18566
回车镇	36434	19099	17335	9703	18671	17122	8014	25106	3314	34398
丁河镇	32837	17219	15618	9288	17203	15608	7042	22916	2879	31429
桑坪镇	23274	12357	10917	6128	12356	10917	5944	15738	1592	23152
米坪镇	21510	11495	10015	5702	11395	9967	4658	15165	1687	21220
五里桥镇	54990	28295	26695	13872	26025	24683	11128	40064	3798	45460
重阳镇	26305	13810	12495	7258	13597	12357	5864	18053	2388	25666
太平镇	9987	5313	4674	2687	5154	4597	2239	6855	893	9699
田关乡	19325	10223	9102	5951	10141	9061	4013	13354	1958	18893
阳城乡	12346	6610	5736	3735	6388	5646	2722	8148	1476	11861
寨根乡	7462	4061	3401	2124	3950	3346	1525	5248	689	7189
石界河乡	9967	5182	4785	2645	5070	4728	2183	7064	720	9811
军马河乡	15016	7982	7034	4103	7780	6966	3278	10309	1429	14710
二郎坪乡	7793	4164	3629	2174	3988	3559	1790	5240	763	7442
镇平县	**859564**	**448921**	**410643**	**230732**	**433277**	**396535**	**203281**	**583728**	**72555**	**808665**

表16 续表 32

单位：人、户

地区	总人口 合计	总人口 男	总人口 女	家庭户 户数	家庭户总人口 男	家庭户总人口 女	分年龄人口 0-14岁	分年龄人口 15-64岁	分年龄人口 65岁及以上	居住本地，户口在本地
涅阳街道	103275	53321	49954	23599	40240	37904	18961	79179	5135	82123
雪枫街道	30857	16209	14648	8191	15524	14032	6705	21980	2172	25407
玉都街道	47396	25120	22276	12368	24357	21751	10746	33144	3506	41510
石佛寺镇	58548	31602	26946	15916	31525	26912	14506	40055	3987	48753
晁陂镇	41360	21469	19891	11817	21449	19877	10470	27270	3620	40222
贾宋镇	48740	25330	23410	12920	25258	23343	10477	33617	4646	48338
侯集镇	48771	25066	23705	13963	24496	23115	12191	31850	4730	47076
老庄镇	31301	16469	14832	8380	16417	14823	7817	20632	2852	30660
卢医镇	26176	13433	12743	8090	13416	12739	6742	16481	2953	25655
遮山镇	31066	16242	14824	8058	16239	14824	7663	20980	2423	31010
高丘镇	50595	27327	23268	13497	27290	23260	12746	33011	4838	50416
曲屯镇	24109	12291	11818	6948	12289	11817	6102	15453	2554	23875
枣园镇	34233	17858	16375	9019	17784	16307	7991	23079	3163	33962
杨营镇	47245	24882	22363	12709	24874	22362	11505	31514	4226	46457
安字营镇	44928	23144	21784	12466	23093	21761	11273	29629	4026	44317
柳泉铺乡	28469	14737	13732	7866	14736	13732	7096	18718	2655	27823
二龙乡	11457	6229	5228	3242	6228	5228	3207	7187	1063	11442
王岗乡	22341	12105	10236	6031	12098	10234	5447	14757	2137	21909
马庄乡	24459	12782	11677	6728	12773	11665	5677	16517	2265	24313
张林乡	50182	25783	24399	14160	25782	24399	12329	32968	4885	50004
彭营乡	46240	23551	22689	12303	23543	22686	11516	30770	3954	45941
郭庄回族乡	7816	3971	3845	2461	3866	3764	2114	4937	765	7452
内乡县	**575210**	**293834**	**281376**	**161421**	**284187**	**274889**	**143543**	**380377**	**51290**	**541064**
城关镇	52647	26411	26236	15331	23154	23325	10862	38328	3457	40457
夏馆镇	24135	12704	11431	6482	12358	11303	5783	16298	2054	23309
师岗镇	51785	25764	26021	14317	25700	26007	14771	32329	4685	51289
马山口镇	51743	26702	25041	14714	25718	24506	13237	33651	4855	50566
湍东镇	60444	30989	29455	16201	28868	28050	13940	41906	4598	50999
赤眉镇	40959	20846	20113	12287	20312	19685	9833	27164	3962	39779
瓦亭镇	26212	13207	13005	7344	12945	12856	7877	16034	2301	25800
王店镇	44867	23205	21662	12561	23032	21586	11424	29379	4064	43792
灌涨镇	45046	22780	22266	12792	22168	21973	10733	30014	4299	43350
桃溪镇	27049	14174	12875	6947	13961	12771	7213	17578	2258	26605
板场乡	10046	5360	4686	2855	5156	4622	2413	6513	1120	9604
大桥乡	28972	14527	14445	7921	14502	14436	7427	19011	2534	27874
赵店乡	40503	20717	19786	11269	20403	19637	9546	27080	3877	39452
七里坪乡	15743	8221	7522	4338	8039	7423	3774	10457	1512	15162
余关乡	30446	15635	14811	8886	15332	14705	7778	19463	3205	29459
岞岖乡	24613	12592	12021	7176	12539	12004	6932	15172	2509	23567
淅川县	**685683**	**351119**	**334564**	**175665**	**343341**	**327733**	**173817**	**461561**	**50305**	**635610**
龙城街道	42921	21872	21049	12152	21232	20427	9413	31314	2194	32783
商圣街道	46816	23760	23056	12708	20680	19900	10667	34148	2001	26452
荆紫关镇	47497	23917	23580	12175	23783	23478	12046	31949	3502	46667
老城镇	29108	14653	14455	7607	14531	14370	7611	19113	2384	28829
香花镇	44606	22696	21910	10612	22629	21889	11792	29959	2855	43218
厚坡镇	72777	36562	36215	18216	36288	36057	20802	46263	5712	72494
丹阳镇	56778	29061	27717	13284	29043	27699	15188	38020	3570	56537
盛湾镇	42071	21894	20177	11216	21888	20174	10537	27634	3900	41070
金河镇	41560	21978	19582	9885	20235	18112	9328	29243	2989	35783
寺湾镇	34905	17582	17323	8832	17481	17267	8673	23409	2823	34841

表16 续表 33　　　　　　　　　　　　　　　　　　　　　　单位：人、户

地　区	总人口			家庭户	家庭户总人口		分年龄人口			居住本地，户口在本地
	合　计	男	女	户　数	男	女	0-14岁	15-64岁	65岁及以上	
仓房镇	11017	5693	5324	2804	5573	5264	2667	7437	913	10809
上集镇	68982	36137	32845	16696	35138	32079	16728	47278	4976	62908
马蹬镇	42586	21511	21075	10348	21234	20827	11746	27825	3015	41103
西簧乡	19543	10156	9387	5828	10128	9381	5067	12584	1892	19316
毛堂乡	25048	13354	11694	6586	13313	11672	6192	16623	2233	24587
大石桥乡	20066	10142	9924	5962	10021	9892	5107	12864	2095	19630
滔河乡	39402	20151	19251	10754	20144	19245	10253	25898	3251	38583
社旗县	**633786**	**326260**	**307526**	**160689**	**314199**	**298855**	**143077**	**436391**	**54318**	**616654**
赊店镇	60257	30701	29556	16227	26265	25540	9392	46184	4681	50438
桥头镇	41619	21341	20278	11073	20319	19724	8835	28933	3851	41302
饶良镇	56222	29552	26670	13257	28456	26001	12314	39075	4833	56185
兴隆镇	23275	11910	11365	6249	11902	11360	5604	15472	2199	23166
晋庄镇	30635	15724	14911	7312	15425	14748	6594	21497	2544	30508
李店镇	53744	27861	25883	12738	26658	25195	11881	37250	4613	53566
苗店镇	34757	17898	16859	8332	17307	16480	8553	23194	3010	34698
郝寨镇	56154	29131	27023	13980	28869	26817	12813	39201	4140	55755
朱集镇	54151	27895	26256	13537	27009	25743	13583	35378	5190	53686
下洼镇	44836	23251	21585	11035	22642	21274	12995	28221	3620	44332
城郊乡	47584	24491	23093	12014	23088	22021	9319	34286	3979	43692
大冯营乡	36593	18542	18051	9521	18493	18047	7621	25796	3176	36554
太和乡	26570	13335	13235	7398	13291	13181	6578	17214	2778	26475
陌陂乡	33758	17233	16525	8736	17233	16525	9118	21775	2865	33102
唐庄乡	33631	17395	16236	9280	17242	16199	7877	22915	2839	33195
唐河县	**1282262**	**663728**	**618534**	**331373**	**615337**	**582128**	**265948**	**898559**	**117755**	**1189443**
滨河街道	105534	54049	51485	24126	38460	38110	19006	79537	6991	71780
文峰街道	106508	55831	50677	22493	37699	36885	18839	81542	6127	62939
源潭镇	80753	41991	38762	21070	40381	37489	17031	55832	7890	77322
张店镇	88075	45809	42266	24499	44805	41508	17170	62597	8308	86388
郭滩镇	68992	36007	32985	18069	34451	32094	15298	46248	7446	68169
湖阳镇	58386	30412	27974	15052	28925	26982	10015	42777	5594	57882
黑龙镇	46875	24294	22581	13436	23780	22385	9810	32171	4894	46439
大河屯镇	65336	33910	31426	16299	32623	30792	15515	43024	6797	65167
龙潭镇	40725	21335	19390	10918	20866	19163	8282	28335	4108	40359
桐寨铺镇	69101	34955	34146	18313	34289	33790	15589	46951	6561	67889
苍台镇	42251	21921	20330	10379	21589	20212	9772	28422	4057	41331
上屯镇	62271	32179	30092	16934	32078	30057	13063	42761	6447	61524
毕店镇	54021	27767	26254	14788	26906	25715	12813	35938	5270	53064
少拜寺镇	43338	22702	20636	10961	21877	20082	9875	29462	4001	42516
城郊乡	66013	33744	32269	17879	33270	31857	13339	46676	5998	64675
桐河乡	33189	17253	15936	8562	16611	15574	6904	23066	3219	32756
昝岗乡	62592	32034	30558	17336	31220	30071	13196	43033	6363	62282
祁仪乡	38299	20051	18248	10311	19299	17784	7890	26582	3827	38163
马振抚乡	45383	23405	21978	11960	22617	21352	10004	31163	4216	44697
古城乡	57915	29538	28377	15884	29218	28188	12073	40245	5597	57823
东王集乡	46705	24541	22164	12104	24373	22038	10464	32197	4044	46278
新野县	**629210**	**319578**	**309632**	**180935**	**313240**	**303661**	**147886**	**423613**	**57711**	**579938**
汉城街道	67011	34164	32847	19354	30857	30217	12311	50142	4558	49115
汉华街道	54171	27860	26311	15390	25845	24537	9872	41097	3202	35599
王庄镇	23563	12126	11437	7505	12043	11429	5950	15198	2415	23372
沙堰镇	39092	19610	19482	11335	19607	19482	10019	25080	3993	37671

表16　续表 34　　　　单位：人、户

地　　区	总人口			家庭户	家庭户总人口		分年龄人口			居住本地，户口在本地
	合　计	男	女	户　数	男	女	0-14岁	15-64岁	65岁及以上	
新甸铺镇	45578	22536	23042	13495	22475	23038	9646	31757	4175	44909
施庵镇	48693	25195	23498	13482	25166	23495	11516	32659	4518	46954
歪子镇	54768	27833	26935	15850	27827	26932	15044	34120	5604	52430
五星镇	40216	20414	19802	12499	20412	19801	9472	26620	4124	39729
溧河铺镇	47501	24489	23012	12620	24431	22999	11283	31846	4372	46994
王集镇	38841	19718	19123	11277	19598	19010	10177	24520	4144	37816
城郊乡	35762	18275	17487	9717	18267	17484	7833	24796	3133	34960
前高庙乡	32127	16419	15708	9537	16417	15708	8728	19785	3614	32039
樊集乡	24767	12230	12537	7115	12230	12536	6238	16004	2525	24150
上庄乡	38573	19328	19245	11779	19303	19242	11029	23253	4291	36803
上港乡	38547	19381	19166	9980	18762	17751	8768	26736	3043	37397
桐柏县	**393942**	**203103**	**190839**	**114417**	**197351**	**187168**	**94311**	**268330**	**31301**	**352517**
城关镇	73317	37419	35898	22302	36205	34779	14834	53750	4733	56343
月河镇	26245	13589	12656	7841	13575	12655	5686	18053	2506	25874
吴城镇	24958	13011	11947	6970	12948	11867	5962	16906	2090	24286
固县镇	22002	11379	10623	6376	11377	10623	5485	14776	1741	21141
毛集镇	37805	19575	18230	9987	19437	18135	10357	24962	2486	34580
大河镇	11313	5845	5468	3311	5529	5236	2883	7330	1100	10448
埠江镇	34225	17533	16692	10880	17369	16644	7233	24244	2748	30090
平氏镇	20594	10372	10222	6081	9925	9905	5208	13334	2052	19707
淮源镇	18961	9646	9315	5777	9536	9301	4818	12352	1791	17869
黄岗镇	17461	9254	8207	4810	8363	8100	5115	11066	1280	15219
安棚镇	30858	16189	14669	8202	15402	14389	7906	20615	2337	28283
城郊乡	28378	14495	13883	7916	13350	12748	6343	19917	2118	22926
回龙乡	8261	4323	3938	2216	4263	3888	2260	5343	658	8168
朱庄乡	11588	6059	5529	3359	5836	5444	2991	7773	824	10370
程湾乡	11134	5800	5334	3436	5735	5304	2738	7158	1238	10852
新集乡	16842	8614	8228	4953	8501	8150	4492	10751	1599	16361
邓州市	**1468157**	**759032**	**709125**	**367168**	**703567**	**674146**	**346974**	**1009808**	**111375**	**1346694**
古城街道	93750	49114	44636	23226	39800	38082	15907	72071	5772	66981
花洲街道	133707	72128	61579	30239	48660	46984	20567	105882	7258	74809
湍河街道	57575	28569	29006	13669	28110	26450	12466	41557	3552	49894
罗庄镇	46090	23504	22586	12135	21705	21684	11218	30449	4423	45607
汲滩镇	49854	25327	24527	13931	25295	24502	12003	32960	4891	49375
穰东镇	70611	36946	33665	17450	32567	31360	15881	48705	6025	68496
孟楼镇	29139	15127	14012	6640	14417	13596	6941	20197	2001	27554
林扒镇	42110	21873	20237	10344	20276	19609	10878	28089	3143	39480
构林镇	82053	42296	39757	20581	41127	38828	21931	54393	5729	80289
十林镇	53534	27035	26499	14129	26528	26120	13317	35578	4639	53092
张村镇	57180	28856	28324	14285	28621	28172	15027	37855	4298	55655
都司镇	39164	20468	18696	9856	19862	18406	11095	25155	2914	39053
赵集镇	52949	27344	25605	14315	27323	25596	13200	34800	4949	52452
刘集镇	64259	33406	30853	15313	31825	29745	14276	45353	4630	60964
桑庄镇	45765	23321	22444	11930	23303	22417	12930	29264	3571	44375
彭桥镇	38407	19988	18419	9416	18474	18177	10579	25163	2665	36099
张楼乡	36036	18696	17340	8917	18260	17143	7733	25403	2900	35694
白牛乡	39338	20436	18902	10346	19543	18397	8218	27478	3642	38991
夏集乡	61402	31534	29868	15110	31488	29846	13662	42513	5227	61267
裴营乡	81680	43458	38222	19167	39685	36959	18658	57053	5969	78224
文渠乡	48189	24463	23726	11939	23044	22848	12801	31156	4232	47641

表16 续表 35

单位：人、户

地区	总人口			家庭户	家庭户总人口		分年龄人口			居住本地，户口在本地
	合计	男	女	户数	男	女	0-14岁	15-64岁	65岁及以上	
高集乡	52366	26680	25686	13314	26616	25654	13597	35003	3766	51723
陶营乡	36926	19276	17650	9771	18607	17217	10673	23420	2833	36817
小杨营乡	32043	16368	15675	8488	16121	15516	8604	20842	2597	31692
腰店乡	41665	21244	20421	11058	21217	20411	11529	26641	3495	40261
龙堰乡	37977	19028	18949	10426	18939	18830	10776	24202	2999	36755
九龙乡	35607	18105	17502	8842	17878	17357	10127	22910	2570	35012
南阳市黄牛良种繁育场	167	87	80	57	87	80	23	122	22	161
杏山旅游管理区	8614	4355	4259	2274	4189	4160	2357	5594	663	8281
商丘市	**7362975**	**3683893**	**3679082**	**2198804**	**3603584**	**3606342**	**1571393**	**5128197**	**663385**	**6993309**
梁园区	**787984**	**398178**	**389806**	**202356**	**382879**	**372721**	**133910**	**596148**	**57926**	**701851**
前进街道	31697	15617	16080	10465	15571	16023	6064	23710	1923	27165
长征街道	41929	21112	20817	13405	20986	20736	6449	32061	3419	37623
八八街道	33873	16804	17069	10791	16427	16556	4987	25854	3032	28273
东风街道	29931	14835	15096	9484	14132	14197	4342	22536	3053	24116
中州街道	31192	15825	15367	8531	15664	15176	5133	24068	1991	25693
白云街道	50426	25019	25407	16645	24907	25323	8394	38439	3593	34640
平原街道	45189	20783	24406	10283	17079	17035	6050	37177	1962	27288
建设街道	42427	21561	20866	11635	20323	20726	6224	32731	3472	38556
平台街道	33270	16557	16713	5593	11896	11630	4047	27421	1802	23811
平安街道	36589	19044	17545	6917	15041	14915	5337	28959	2293	29688
谢集镇	46577	23780	22797	11168	23779	22797	9036	34237	3304	46432
双八镇	50642	26050	24592	11404	26047	24591	8635	38141	3866	50449
张阁镇	34445	17884	16561	8616	17883	16559	6122	25600	2723	34406
周集乡	29194	14964	14230	7200	14964	14230	5434	21472	2288	29038
水池铺乡	37921	19714	18207	8797	19674	18193	7247	27586	3088	36946
观堂乡	41943	21446	20497	9277	21440	20496	8485	30086	3372	38837
王楼乡	36037	18879	17158	9911	18817	17147	6636	26930	2471	35995
李庄乡	58280	29266	29014	13863	29266	29014	11047	43084	4149	57073
孙福集乡	42069	21441	20628	10453	21441	20628	8461	30412	3196	41776
刘口乡	34353	17597	16756	7918	17542	16749	5780	25644	2929	34046
睢阳区	**748408**	**379327**	**369081**	**213987**	**370218**	**364334**	**154047**	**530740**	**63621**	**692630**
古城街道	42635	21133	21502	11659	19911	19638	6566	31720	4349	35921
文化街道	18695	9353	9342	5540	8965	8875	2971	14038	1686	15016
东方街道	30348	15322	15026	10019	15315	15022	4948	23312	2088	24302
新城街道	75782	40026	35756	21519	36591	35132	12401	59051	4330	49027
宋集镇	34204	17134	17070	10095	16905	16827	7907	23312	2985	33567
郭村镇	50997	25672	25325	14141	25646	25309	11979	34316	4702	49624
李口镇	43754	21956	21798	11890	21948	21783	9378	30211	4165	43551
高辛镇	41267	20650	20617	12492	20629	20599	8971	28548	3748	40023
坞墙镇	41226	21020	20206	13020	20972	20177	9495	27978	3753	41059
古宋乡	58377	30643	27734	14399	27190	26452	11028	43435	3914	52745
闫集乡	47254	24111	23143	12700	24106	23142	9205	34195	3854	47120
冯桥乡	27294	13320	13974	8897	13169	13870	6952	17673	2669	25666
包公庙乡	30514	15291	15223	9540	15246	15194	6376	21047	3091	30423
娄店乡	33029	16768	16261	8371	16768	16261	6701	23547	2781	32965
毛固堆乡	41896	20750	21146	12105	20736	21136	9878	28108	3910	41594
路河乡	45852	22821	23031	13217	22821	23031	10177	31652	4023	45734
勒马乡	47885	24162	23723	13644	24140	23714	10793	32996	4096	47066
临河店乡	37399	19195	18204	10739	19160	18172	8321	25601	3477	37227
民权县	**703428**	**348583**	**354845**	**208487**	**343644**	**349470**	**154089**	**491506**	**57833**	**685887**

表16 续表 36

单位：人、户

地区	总人口			家庭户	家庭户总人口		分年龄人口			居住本地，户口在本地
	合计	男	女	户数	男	女	0-14岁	15-64岁	65岁及以上	
城关镇	113649	57726	55923	31289	53031	50630	17691	87939	8019	102139
人和镇	45796	22930	22866	12269	22930	22866	10479	31600	3717	45236
龙塘镇	44500	21741	22759	14182	21728	22753	10447	30116	3937	44325
北关镇	52055	25515	26540	16363	25515	26539	12702	34822	4531	51974
程庄镇	65476	31985	33491	19309	31950	33487	15796	43727	5953	63563
王庄寨镇	27566	12919	14647	8067	12919	14647	5832	18988	2746	27347
孙六镇	28878	14595	14283	8604	14571	14268	6248	20117	2513	28678
伯党乡	15708	7660	8048	4680	7660	8048	3418	10816	1474	15667
花园乡	20787	10222	10565	6916	10203	10564	4676	14332	1779	20589
尹店乡	44403	22252	22151	13715	22244	22147	10177	30791	3435	44082
野岗乡	38457	19243	19214	12210	19239	19214	9234	26141	3082	37827
双塔乡	27805	14179	13626	8240	14179	13626	6077	19550	2178	27674
林七乡	28294	14021	14273	8715	14021	14273	6154	19737	2403	28007
胡集乡	14287	7124	7163	4445	7123	7163	3131	10023	1133	14079
褚庙乡	30228	15435	14793	8538	15295	14742	6733	21276	2219	30128
老颜集乡	30214	14400	15814	8929	14400	15814	7650	20094	2470	29919
顺河乡	27613	13329	14284	7965	13329	14284	6595	18702	2316	27568
王桥乡	41962	20373	21589	12417	20373	21589	9954	28494	3514	41680
商丘市农场	3025	1485	1540	842	1485	1540	601	2168	256	2730
商丘市林场	2725	1449	1276	792	1449	1276	494	2073	158	2675
睢县	**711136**	**353394**	**357742**	**209412**	**344145**	**347034**	**156600**	**492854**	**61682**	**676478**
长岗镇	29521	15016	14505	8687	14984	14496	7252	19792	2477	29430
平岗镇	34440	17414	17026	9635	17396	17019	7552	23781	3107	34362
周堂镇	28295	13670	14625	9041	13652	14616	6176	19544	2575	28206
蓼堤镇	38730	19542	19188	12138	19541	19187	8884	26457	3389	38507
西陵寺镇	37802	18979	18823	12042	18933	18783	8711	25741	3350	37479
城关镇	59278	29757	29521	14794	27601	26849	11099	44266	3913	45070
潮庄镇	29851	15099	14752	8712	15099	14752	7355	20022	2474	29824
尚屯镇	36033	17974	18059	10756	17945	18045	7924	25013	3096	35962
后台乡	20285	10186	10099	6494	10186	10099	4773	13835	1677	20220
河集乡	39327	18974	20353	12709	18946	20346	9149	26330	3848	39204
孙聚寨乡	38626	19543	19083	10298	19522	19070	7683	27322	3621	38566
白楼乡	26780	13231	13549	8369	13220	13545	6401	17821	2558	26650
河堤乡	30540	14486	16054	10077	14465	16050	7716	19986	2838	30448
白庙乡	28764	14424	14340	8827	14407	14332	6115	19949	2700	28403
胡堂乡	17529	8353	9176	5857	8353	9176	4181	11601	1747	17447
尤吉屯乡	29514	14281	15233	9730	14247	15221	6572	19645	3297	29204
董店乡	49083	24631	24452	14526	24628	24449	10913	33636	4534	48523
涧岗乡	32431	16300	16131	9968	16295	16130	7727	21909	2795	32060
匡城乡	44228	22232	21996	13016	22232	21996	10960	29449	3819	44155
城郊乡	60079	29302	30777	13736	22493	22873	9457	46755	3867	42758
宁陵县	**523403**	**259222**	**264181**	**153492**	**255712**	**260700**	**116873**	**361082**	**45448**	**511111**
城关镇	49255	25105	24150	11522	24136	23177	9704	36443	3108	44814
张弓镇	32563	15784	16779	10804	15732	16738	8244	21248	3071	32555
柳河镇	48641	24168	24473	13413	24044	24386	10312	34167	4162	47957
逻岗镇	39919	20433	19486	11802	20427	19484	9124	27851	2944	39520
石桥镇	40665	19867	20798	12021	19867	20798	8782	28421	3462	40509
黄岗乡	30500	14350	16150	9915	14349	16148	8427	19360	2713	30419
华堡乡	46112	22578	23534	13668	22578	23534	11642	30340	4130	46072
刘楼乡	35234	17495	17739	9620	17493	17738	7857	24330	3047	35163

表16 续表 37

单位：人、户

地　区	总人口			家庭户	家庭户总人口		分年龄人口			居住本地，户口在本地
	合　计	男	女	户　数	男	女	0-14岁	15-64岁	65岁及以上	
程楼乡	30527	14941	15586	9843	14940	15584	6853	20560	3114	30287
乔楼乡	37356	18688	18668	10543	18688	18668	7879	25722	3755	36775
城郊乡	33766	16778	16988	8596	14440	14621	6087	25276	2403	28320
阳驿乡	40995	20774	20221	12806	20774	20221	8935	28665	3395	40985
孔集乡	27949	13673	14276	9287	13673	14276	6009	18953	2987	27848
赵村乡	29921	14588	15333	9652	14571	15327	7018	19746	3157	29887
柘城县	**778158**	**386270**	**391888**	**245310**	**379602**	**386775**	**176249**	**528507**	**73402**	**758964**
柘城县城关镇	67316	35622	31694	19471	34201	30840	11635	51696	3985	59593
陈青集镇	33664	16658	17006	11403	16658	17006	7432	22685	3547	33645
起台镇	34616	17393	17223	11667	17113	17138	7473	23550	3593	34523
胡襄镇	33205	16433	16772	11020	16430	16772	8118	21695	3392	33085
慈圣镇	39465	19502	19963	12581	19325	19838	9557	26246	3662	39368
安平镇	48481	24053	24428	15732	24052	24428	12303	31114	5064	48405
远襄镇	30909	15198	15711	10662	15198	15711	8161	19651	3097	30879
邵元乡	34050	16804	17246	10030	15246	15890	6645	24479	2926	30537
张桥乡	30704	14830	15874	9876	14829	15874	7091	20520	3093	30662
梁庄乡	45443	23116	22327	12523	20404	20091	8218	33961	3264	40443
洪恩乡	24621	11972	12649	8216	11972	12649	5833	16035	2753	24587
老王集乡	28195	13553	14642	9417	13553	14642	6887	18263	3045	27868
大仵乡	33109	16816	16293	11044	16816	16293	7094	22712	3303	33084
马集乡	27750	13262	14488	8982	13262	14488	7459	17597	2694	27750
牛城乡	38952	19736	19216	11925	19372	18788	7565	27759	3628	37905
惠济乡	39256	19195	20061	11996	19187	20061	9976	25580	3700	38833
伯岗乡	41981	19898	22083	13689	19898	22083	10512	27385	4084	41946
岗王乡	41900	20308	21592	12666	20307	21592	9555	27982	4363	41587
申桥乡	36432	17850	18582	11861	17850	18582	9507	23213	3712	36340
李原乡	36523	18464	18059	11038	18322	18030	8002	25125	3396	36460
皇集乡	31586	15607	15979	9511	15607	15979	7226	21259	3101	31464
虞城县	**954785**	**479535**	**475250**	**285503**	**471387**	**467275**	**204850**	**667035**	**82900**	**927559**
城关镇	58676	30096	28580	14349	25167	23882	8909	46260	3507	45301
界沟镇	33687	17065	16622	11655	17065	16622	7322	22660	3705	33631
营郭镇	21336	10503	10833	7632	10503	10833	5185	13983	2168	21125
杜集镇	39576	19635	19941	12405	19634	19941	9513	26253	3810	39560
谷熟镇	29398	14638	14760	8733	14599	14756	6543	20121	2734	29260
大杨集镇	25123	12340	12783	8653	12334	12782	5766	17222	2135	25044
贾寨镇	44869	22008	22861	12828	22002	22850	9364	31658	3847	44819
利民镇	45513	22259	23254	13263	22259	23254	9701	31738	4074	44718
张集镇	34119	17213	16906	10087	17213	16906	7312	23811	2996	34076
站集镇	36555	18799	17756	11276	18759	17744	8378	24943	3234	36213
黄冢乡	41158	21003	20155	12182	21003	20155	9264	28337	3557	41090
沙集乡	26718	13295	13423	9144	13295	13423	7142	16679	2897	26395
店集乡	32004	15765	16239	10963	15734	16232	7710	20874	3420	31559
闻集乡	35626	17696	17930	12238	17696	17930	8722	23574	3330	35613
芒种桥乡	34263	17291	16972	9211	17291	16972	7079	24117	3067	34243
刘店乡	45457	23164	22293	14690	23145	22284	10386	30788	4283	45078
大候乡	46128	23598	22530	15241	23598	22530	9613	32398	4117	45845
城郊乡	55831	27823	28008	13598	24834	24828	10055	42366	3410	47616
郑集乡	26421	12755	13666	7827	12755	13665	5429	18822	2170	26214
李老家乡	44857	22743	22114	12597	22743	22114	8864	32264	3729	44804
稍岗乡	57896	29974	27922	15987	29969	27917	11929	41432	4535	57822

表16　续表 38　　　　单位：人、户

地　区	总人口			家庭户	家庭户总人口		分年龄人口			居住本地，户口在本地
	合　计	男	女	户　数	男	女	0-14岁	15-64岁	65岁及以上	
镇里固乡	21244	10345	10899	7242	10293	10879	5024	14077	2143	21133
古王集乡	29095	14817	14278	8048	14817	14278	5693	21035	2367	28980
刘集乡	38072	19148	18924	10224	19124	18903	8467	26370	3235	36886
乔集乡	27351	13941	13410	8399	13934	13404	5730	19404	2217	27348
田庙乡	23812	11621	12191	7031	11621	12191	5750	15849	2213	23186
夏邑县	**915291**	**456221**	**459070**	**301523**	**453617**	**455189**	**196727**	**624759**	**93805**	**885294**
城关镇	78933	40893	38040	22110	39107	36357	15214	59118	4601	66540
会亭镇	42729	21514	21215	14324	21514	21209	9278	29229	4222	42196
马头镇	31873	16196	15677	11292	16191	15677	7031	20891	3951	31540
济阳镇	27827	13971	13856	9929	13971	13856	6318	18499	3010	27765
李集镇	56845	28667	28178	18465	28667	28178	12090	39509	5246	56570
车站镇	47026	23331	23695	14895	23331	23695	8579	34291	4156	46748
杨集镇	35479	17485	17994	11775	17485	17994	7761	23856	3862	35318
韩道口镇	39400	19357	20043	12050	19354	20041	8960	26402	4038	39037
曹集乡	48551	24047	24504	13838	23320	22378	8919	35929	3703	36612
胡桥乡	34709	16844	17865	12541	16844	17865	7618	23216	3875	34571
歧河乡	30762	14753	16009	11212	14753	16008	6936	20016	3810	30522
郭店乡	34215	16689	17526	11921	16689	17526	7082	23399	3734	34149
业庙乡	43101	21666	21435	13866	21666	21435	9821	28412	4868	42723
中峰乡	25288	12583	12705	8072	12583	12705	6117	16586	2585	24984
罗庄乡	26478	13249	13229	9665	13238	13210	6311	16862	3305	26202
桑固乡	37469	18559	18910	12425	18558	18909	7939	25663	3867	36934
何营乡	25130	12225	12905	9141	12216	12904	5511	16900	2719	24957
王集乡	30369	15378	14991	9793	15378	14991	5998	21148	3223	30138
刘店集乡	27022	13453	13569	8795	13453	13569	5706	18535	2781	26883
骆集乡	32370	15995	16375	11652	15995	16375	7739	20719	3912	32339
太平乡	44199	21840	22359	15340	21840	22358	9990	29379	4830	44067
孔庄乡	39153	19650	19503	13004	19643	19502	8554	25874	4725	38876
火店乡	38111	18904	19207	12143	18855	19168	8894	24734	4483	37800
北镇乡	38252	18972	19280	13275	18966	19279	8361	25592	4299	37823
永城市	**1240382**	**623163**	**617219**	**378734**	**602380**	**602844**	**278048**	**835566**	**126768**	**1153535**
演集镇	142880	74692	68188	39816	62832	58468	24651	110875	7354	102794
城关镇	107144	55648	51496	25875	51509	47997	19721	81530	5893	82173
芒山镇	42070	20853	21217	13553	20608	20828	9192	28207	4671	40654
高庄镇	45481	24144	21337	13152	22796	21305	9685	31089	4707	43605
搓城镇	38183	18402	19781	12884	18396	19776	8829	24812	4542	37649
裴桥镇	44412	20870	23542	14739	20866	23538	12325	27433	4654	43880
马桥镇	45653	21889	23764	13278	21653	23631	13164	28004	4485	43014
薛湖镇	65979	32847	33132	21874	32844	33130	14486	43568	7925	65735
蒋口镇	44497	22253	22244	13977	22252	22243	9580	29201	5716	44008
陈集镇	53602	27465	26137	16111	26948	26119	11607	36017	5978	51593
十八里镇	24723	12335	12388	7691	12334	12388	5409	16648	2666	24362
太邱镇	24535	12186	12349	8445	12186	12349	5274	15899	3362	24192
李寨镇	30871	15423	15448	8886	15414	15448	7703	20378	2790	30283
城厢乡	32866	16325	16541	10982	16321	16540	7205	22257	3404	32641
候岭乡	43820	21879	21941	13400	21825	21924	10151	29190	4479	42713
黄口乡	32552	16175	16377	9556	15803	16183	8466	20712	3374	31646
新桥乡	38255	19512	18743	10891	19004	18730	9793	24823	3639	37408
双桥乡	38051	18705	19346	11490	18705	19346	10147	23702	4202	36861
王集乡	23271	10880	12391	8810	10864	12389	6650	13434	3187	22797

表16 续表 39　　单位：人、户

地区	总人口			家庭户	家庭户总人口		分年龄人口			居住本地，户口在本地
	合计	男	女	户数	男	女	0-14岁	15-64岁	65岁及以上	
卧龙乡	27822	13659	14163	9607	13476	14110	7288	17384	3150	27313
龙岗乡	37610	18647	18963	12621	18631	18951	8517	24099	4994	37403
马牧乡	31993	15829	16164	10770	15757	16083	7227	20749	4017	31551
搓阳乡	38692	19110	19582	13067	19109	19582	9389	24757	4546	38229
顺和乡	32972	16501	16471	10265	16501	16471	7095	21478	4399	32446
条河乡	39431	19589	19842	12137	19147	19653	9575	25058	4798	38934
刘河乡	35354	17913	17441	10962	17691	17437	7879	23137	4338	34395
陈官庄乡	16768	8431	8337	5263	8431	8337	3659	11005	2104	16591
苗桥乡	28722	14870	13852	8871	14362	13852	6591	18608	3523	27329
茴村乡	32173	16131	16042	9761	16115	16036	6790	21512	3871	31336
信阳市	**6109106**	**3066246**	**3042860**	**1825919**	**2973198**	**2956054**	**1436432**	**4090539**	**582135**	**5367080**
浉河区	**594391**	**291148**	**303243**	**181403**	**273301**	**270302**	**98280**	**446188**	**49923**	**419048**
老城街道	39867	19528	20339	14030	19309	20121	6071	29868	3928	31364
民权街道	37101	15187	21914	10008	13422	13992	4058	29817	3226	19436
车站街道	32873	16598	16275	11608	15871	15858	4550	25140	3183	20690
五里墩街道	42048	20759	21289	15022	20510	21098	6051	32009	3988	23752
五星街道	81188	37559	43629	21595	31144	31691	11549	65271	4368	26565
湖东街道	41513	19893	21620	12279	17108	17261	5492	33528	2493	15087
南湾街道	22559	11524	11035	6901	9970	10016	3498	17089	1972	14779
金牛山街道	31883	14344	17539	7670	11223	11114	3959	26021	1903	12918
双井街道	12822	6513	6309	3588	6492	6304	2364	9490	968	12414
李家寨镇	22261	11241	11020	7840	10935	10963	4630	14975	2656	20488
吴家店镇	34083	17498	16585	10295	17467	16580	8174	23002	2907	32916
东双河镇	31637	15949	15688	10224	15721	15456	5680	22849	3108	30415
董家河镇	28749	14825	13924	9099	14810	13914	5884	20158	2707	27687
浉河港镇	26600	13734	12866	7828	13723	12849	5265	19011	2324	26149
游河乡	42636	21821	20815	12309	21775	20805	8847	30352	3437	41035
谭家河乡	22472	11495	10977	7223	11448	10966	4362	15716	2394	21785
柳林乡	16560	8472	8088	5866	8174	8006	3140	11633	1787	15115
十三里桥乡	27539	14208	13331	8018	14199	13308	4706	20259	2574	26453
平桥区	**635651**	**318836**	**316815**	**198222**	**306722**	**305523**	**136490**	**445630**	**53531**	**510728**
羊山街道	24638	12103	12535	9472	11980	12396	2934	18405	3299	17445
前进街道	37040	17140	19900	8347	13367	13227	5572	29925	1543	10965
南京路街道	19492	9864	9628	6353	9806	9597	3765	14666	1061	4659
平桥街道	58078	29707	28371	18850	27648	27470	10660	43977	3441	34134
甘岸街道	18757	9339	9418	5676	9339	9417	4201	12964	1592	17326
五里店街道	17677	8925	8752	5598	8809	8705	3900	12311	1466	15005
明港镇	95419	48370	47049	28818	46470	45781	19380	69034	7005	84067
五里镇	13590	6668	6922	4529	6644	6908	3376	8815	1399	12967
邢集镇	23942	12151	11791	7642	12149	11789	6258	15086	2598	22960
平昌镇	41946	21114	20832	13078	20629	20342	10687	27314	3945	38825
洋河镇	17106	8335	8771	5826	8182	8656	3958	11297	1851	15130
肖王乡	19597	9673	9924	6619	9641	9905	5142	12445	2010	18785
龙井乡	14668	7195	7473	4856	7165	7464	3718	9365	1585	13746
胡店乡	27698	14002	13696	8822	13960	13677	6884	18058	2756	26129
彭家湾乡	13370	6497	6873	4539	6483	6871	2942	9130	1298	12708
长台乡	21621	10939	10682	6440	10663	10421	4378	15332	1911	20248
肖店乡	18434	9143	9291	5179	9116	9290	4513	12295	1626	17101
王岗乡	16676	8429	8247	5350	8394	8237	4482	10363	1831	15887
高粱店乡	13860	7106	6754	4816	7004	6750	3885	8458	1517	12793

表16 续表 40

单位：人、户

地　　区	总人口			家庭户	家庭户总人口		分年龄人口			居住本地，户口在本地
	合　计	男	女	户　数	男	女	0-14岁	15-64岁	65岁及以　上	
查山乡	20659	10510	10149	6279	10474	10137	5188	13607	1864	19472
天梯办事处	9008	4656	4352	2616	4599	4334	1899	6360	749	8055
明港工业管理区	11502	5704	5798	3867	5646	5788	3382	6846	1274	10207
震雷山风景管理局	9064	4615	4449	2895	4558	4441	1727	6459	878	8001
平桥工业园	6418	3221	3197	1870	3159	3173	1225	4734	439	5801
城阳城址保护区	6005	2960	3045	1935	2953	3045	1318	4099	588	5779
龙飞山办事处	8631	4505	4126	2619	4209	4089	1756	6260	615	7273
北湖风景管理区	5769	2890	2879	1772	2883	2876	1063	4206	500	5515
城东办事处	16372	8272	8100	5034	8154	8070	3229	11740	1403	15355
农村改革发展综合试验核心区	4166	2033	2133	1325	2014	2130	884	2843	439	3928
平西街道	24448	12770	11678	7200	10624	10537	4184	19216	1048	10462
罗山县	**504577**	**255781**	**248796**	**157754**	**244990**	**244053**	**116179**	**338354**	**50044**	**453510**
城关镇	59844	30075	29769	18700	28594	28464	11113	44674	4057	45481
周党镇	32696	16289	16407	10422	15747	16037	8160	20613	3923	30599
竹竿镇	35135	17607	17528	10506	17524	17505	8987	23085	3063	34072
灵山镇	16053	8200	7853	5339	7817	7583	3807	10410	1836	15335
子路镇	32830	16654	16176	9878	16402	16042	7193	22341	3296	32470
楠杆镇	30093	15058	15035	8791	13908	13994	6298	21112	2683	27060
青山镇	15476	7868	7608	5404	7784	7588	3689	9814	1973	14173
潘新镇	19328	9937	9391	6383	9657	9210	4655	12073	2600	18275
彭新镇	26656	13441	13215	9029	13190	13096	7024	16033	3599	24598
莽张镇	28309	13744	14565	9032	13191	13996	6942	18444	2923	26403
龙山乡	45475	25292	20183	12070	20055	19605	8823	33845	2807	27750
东卜乡	29710	14864	14846	8915	14864	14846	7287	19926	2497	28757
庙仙乡	22422	11148	11274	6602	11048	11232	5315	14925	2182	22054
定远乡	20432	10065	10367	6813	9993	10345	5963	11887	2582	18603
山店乡	12783	6374	6409	4504	6338	6381	3574	7541	1668	12083
铁铺乡	8374	4224	4150	3125	4219	4149	1823	5316	1235	8183
朱堂乡	17379	9072	8307	5906	9011	8300	4020	11417	1942	17031
尤店乡	21822	10971	10851	6733	10929	10846	4722	14986	2114	21405
高店乡	26995	13531	13464	8380	13359	13436	6426	17940	2629	26734
河南省五一农场	2765	1367	1398	1222	1360	1398	358	1972	435	2444
光山县	**585353**	**299475**	**285878**	**171030**	**298820**	**285609**	**144678**	**383484**	**57191**	**557585**
弦山街道	65739	34199	31540	18126	34120	31517	14094	47099	4546	63607
紫水街道	59531	30528	29003	16606	30424	28967	13835	42113	3583	48365
十里镇	25825	13325	12500	6820	13289	12499	5964	17956	1905	24121
寨河镇	34401	17535	16866	9691	17526	16863	8216	23231	2954	34084
孙铁铺镇	39726	20011	19715	11462	19998	19709	10255	25789	3682	39086
马畈镇	26136	13147	12989	8447	13037	12913	7375	15589	3172	23702
泼陂河镇	40086	20244	19842	12310	20225	19825	10936	24717	4433	38618
白雀园镇	41851	21578	20273	11893	21566	20273	10911	26629	4311	40983
砖桥镇	22075	11526	10549	5907	11526	10549	4408	15574	2093	22043
仙居乡	23122	11314	11808	7095	11304	11805	6160	14404	2558	22473
北向店乡	20059	10148	9911	6318	10143	9902	4835	12840	2384	19325
罗陈乡	17079	8732	8347	5307	8728	8346	4192	10755	2132	16611
殷棚乡	9868	5038	4830	3328	5022	4828	2944	5595	1329	9518
南向店乡	22931	11888	11043	7411	11886	11042	6166	13677	3088	22486
晏河乡	34060	17113	16947	10607	17062	16934	9861	19958	4241	32786
凉亭乡	15705	8117	7588	4855	8012	7552	3825	10187	1693	15390
斛山乡	34980	18057	16923	9256	18047	16916	8214	23587	3179	33876

表16　续表 41　　　　单位：人、户

地　区	总人口			家庭户	家庭户总人口		分年龄人口			居住本地，户口在本地
	合　计	男	女	户　数	男	女	0-14岁	15-64岁	65岁及以上	
槐店乡	25467	13138	12329	7363	13076	12295	5964	17034	2469	24024
文殊乡	26712	13837	12875	8228	13829	12874	6523	16750	3439	26487
新县	**275304**	**139144**	**136160**	**88835**	**133618**	**132471**	**66705**	**182065**	**26534**	**231696**
新集镇	96362	49014	47348	28566	45849	44705	21618	69033	5711	64669
沙窝镇	18554	9286	9268	6262	8983	9178	5378	11021	2155	17371
吴陈河镇	17802	8901	8901	5667	8675	8775	4564	11117	2121	16750
苏河镇	16260	8362	7898	5437	8254	7866	3887	10428	1945	15118
八里畈镇	16954	8176	8778	5936	8068	8730	4786	10126	2042	15705
周河乡	7684	3987	3697	2864	3763	3613	1721	4921	1042	7176
陡山河乡	15701	7852	7849	5215	7712	7798	4368	9610	1723	14922
浒湾乡	12390	6223	6167	4145	6011	6072	3123	7929	1338	11199
千斤乡	20667	10472	10195	6890	10110	9989	5221	12839	2607	19310
卡房乡	5486	2822	2664	2172	2732	2643	1096	3718	672	5168
郭家河乡	6970	3489	3481	2391	3384	3431	1771	4408	791	6691
陈店乡	11017	5604	5413	3583	5494	5343	2618	7062	1337	10653
箭厂河乡	13246	6734	6512	4315	6584	6415	3229	8744	1273	12194
泗店乡	10694	5423	5271	3547	5297	5236	2201	7274	1219	9679
田铺乡	5517	2799	2718	1845	2702	2677	1124	3835	558	5091
商城县	**495526**	**244817**	**250709**	**155274**	**234356**	**243567**	**133860**	**306019**	**55647**	**455861**
城关镇	35472	17724	17748	11134	17329	17439	6241	25637	3594	30017
上石桥镇	52937	27005	25932	16993	25473	25135	15222	32257	5458	50088
鄢岗镇	28475	13922	14553	9165	13307	14251	8360	16055	4060	27950
双椿铺镇	35200	17105	18095	10933	16866	17916	9455	21456	4289	34113
汪桥镇	34891	16568	18323	10487	16023	17923	9526	21947	3418	33646
余集镇	34712	16436	18276	10712	16428	18268	10389	20992	3331	33653
达权店镇	20962	10583	10379	6705	9871	9785	5858	12524	2580	19586
河风桥乡	23171	11422	11749	7537	11285	11708	7181	12818	3172	22532
李集乡	21115	10538	10577	6802	10351	10445	5991	12495	2629	20442
丰集乡	27375	13624	13751	8215	12595	12934	7134	17247	2994	22483
金刚台乡	15865	7749	8116	5298	7184	7676	4427	9430	2008	14345
苏仙石乡	9485	4879	4606	3091	4852	4592	2769	5615	1101	9232
汪岗乡	15809	8007	7802	5104	7790	7683	4601	9226	1982	15274
伏山乡	16350	8244	8106	5875	8187	8068	5059	9090	2201	15558
鲇鱼山乡	41661	20864	20797	10770	18337	19113	8543	30142	2976	28636
观庙乡	24236	11538	12698	7483	10590	11907	6554	14713	2969	22767
吴河乡	19921	9598	10323	6185	9273	10089	5818	12006	2097	19004
冯店乡	14492	7257	7235	5011	7219	7227	4105	8486	1901	14121
长竹园乡	22267	11210	11057	7512	10961	10999	6426	13032	2809	21712
汤泉池管理处	1130	544	586	262	435	409	201	851	78	702
固始县	**1023929**	**520057**	**503872**	**328592**	**507304**	**494099**	**264138**	**640999**	**118792**	**931230**
城关镇	110515	55899	54616	33351	53534	52874	23588	78251	8676	78247
陈淋子镇	33042	17135	15907	11268	17130	15905	9137	19688	4217	32270
黎集镇	45935	23490	22445	15026	23443	22432	12692	27357	5886	43877
蒋集镇	27280	13664	13616	9212	12764	13040	6307	16281	4692	27130
往流镇	33913	16927	16986	10332	16927	16986	9212	21151	3550	32283
郭陆滩镇	35443	17695	17748	11687	17685	17735	10239	21187	4017	34475
胡族铺镇	51412	26206	25206	15942	26202	25206	14767	31664	4981	49806
方集镇	22907	11690	11217	7361	11663	11200	6867	13337	2703	21813
三河尖镇	30221	15155	15066	8299	15155	15066	7736	19859	2626	29641
段集镇	22998	11894	11104	7178	11846	11094	6591	13998	2409	21930

表16　续表 42　　　　单位：人、户

地　　区	总人口			家庭户	家庭户总人口		分年龄人口			居住本地，户口在本地
	合　计	男	女	户　数	男	女	0–14岁	15–64岁	65岁及以上	
城郊乡	87203	44837	42366	22859	37190	35851	18763	62756	5684	48576
洪埠乡	35209	17277	17932	12048	17129	17851	9335	21388	4486	34030
杨集乡	26325	13248	13077	8714	13242	13071	7707	15461	3157	25428
马罡集乡	27778	13814	13964	9197	13775	13947	7927	16980	2871	26736
草庙集乡	21502	10821	10681	7012	10760	10658	6809	12261	2432	20892
汪棚乡	37953	19338	18615	12350	19260	18603	10051	23450	4452	37662
南大桥乡	18603	9498	9105	6792	9480	9099	5270	10604	2729	18016
赵岗乡	15367	7866	7501	4874	7772	7434	4053	9223	2091	15081
武庙集乡	16475	8538	7937	5709	8530	7935	4517	9845	2113	16234
祖师庙乡	21104	10829	10275	7075	10827	10275	6260	12383	2461	20997
张老埠乡	16826	8630	8196	6460	8630	8189	4499	9417	2910	16550
石佛店乡	18598	9313	9285	7232	9250	9255	5156	10071	3371	17973
张广庙乡	24948	12693	12255	9032	12660	12247	6502	14537	3909	23879
泉河铺乡	23702	12363	11339	8297	12266	11307	5635	14759	3308	23298
分水亭乡	30834	15931	14903	9908	15904	14884	6951	19598	4285	30453
沙河铺乡	33547	17090	16457	11252	16565	16121	8008	20974	4565	32130
陈集乡	25696	13135	12561	9908	12997	12531	6776	14758	4162	25009
徐集乡	27782	13961	13821	9491	13775	13702	7469	16464	3849	27506
李店乡	26832	13882	12950	7558	13882	12950	5996	17891	2945	26674
丰港乡	37744	18871	18873	11485	18784	18830	9888	23209	4647	37121
柳树店乡	16673	8478	8195	5933	8458	8186	4351	9753	2569	16464
观堂乡	19562	9889	9673	5750	9819	9635	5079	12444	2039	19049
潢川县	**630376**	**314308**	**316068**	**185398**	**305226**	**308958**	**145000**	**430837**	**54539**	**536312**
春申街道	78571	39220	39351	23918	38259	38456	16462	56309	5800	50113
定城街道	57630	28950	28680	16729	28045	27508	10986	42692	3952	30779
弋阳街道	38922	19961	18961	8908	14898	15079	8839	27977	2106	21425
老城街道	21495	10521	10974	6571	10406	10823	4967	14897	1631	14291
双柳树镇	33410	16319	17091	9571	15431	16582	8533	21605	3272	32125
伞陂镇	24250	11987	12263	7238	11984	12260	5549	16496	2205	23545
卜塔集镇	21672	11120	10552	5972	11120	10552	4563	15459	1650	21624
仁和镇	23293	11197	12096	7696	11187	12082	6099	14570	2624	22186
付店镇	25940	13363	12577	7282	13303	12541	5174	18758	2008	25490
踅孜镇	15910	7633	8277	5327	7633	8277	4408	9695	1807	15745
桃林铺镇	25748	13088	12660	7404	12974	12635	5884	17423	2441	24779
黄寺岗镇	25860	12795	13065	7625	12694	13024	6127	17278	2455	24955
江家集镇	25221	12057	13164	7717	12049	13161	6742	15867	2612	24659
传流店乡	22764	11113	11651	7213	11030	11602	5091	15288	2385	22288
魏岗乡	32873	16802	16071	9556	16714	16004	7648	22324	2901	31973
张集乡	23544	11637	11907	7234	11619	11898	6091	15225	2228	23091
来龙乡	32256	15630	16626	9275	15550	16596	8284	21054	2918	31940
隆古乡	15530	7890	7640	4762	7867	7633	3662	10419	1449	15054
谈店乡	28759	14561	14198	8207	14301	14134	6467	19506	2786	28365
上油岗乡	19864	9905	9959	6038	9889	9950	4460	13333	2071	19258
白店乡	29386	14664	14722	8798	14464	14612	7273	19185	2928	28762
黄湖农场	1245	635	610	451	630	605	269	875	101	1088
河南省潢川经济技术开发区	6233	3260	2973	1906	3179	2944	1422	4602	209	2777
淮滨县	**570197**	**281043**	**289154**	**152684**	**275839**	**283964**	**137754**	**381670**	**50773**	**537780**
城关镇	69121	34906	34215	19361	34483	33757	14415	49848	4858	56561
马集镇	24052	12013	12039	6651	12006	12039	5486	16071	2495	23299
栏杆镇	46352	23258	23094	9537	18804	18496	8490	35530	2332	32493

表16　续表 43

单位：人、户

地　　区	总人口 合　计	总人口 男	总人口 女	家庭户 户　数	家庭户总人口 男	家庭户总人口 女	分年龄人口 0-14岁	分年龄人口 15-64岁	分年龄人口 65岁及以　上	居住本地，户　口在本地
防胡镇	37121	17996	19125	10314	17995	19125	9084	24057	3980	36647
新里镇	29044	13846	15198	7887	13845	15191	7289	18195	3560	28551
期思镇	24242	12028	12214	7283	11938	12190	6949	15083	2210	23451
赵集镇	26259	12217	14042	7112	12155	14018	7163	16619	2477	25903
台头乡	32223	16143	16080	8921	16143	16080	7216	22322	2685	32184
王家岗乡	35913	17562	18351	9166	17562	18350	9445	23861	2607	35784
固城乡	39094	19560	19534	9823	19542	19532	9012	26625	3457	38913
三空桥乡	32039	15363	16676	8582	15362	16675	8480	20366	3193	31417
张里乡	22541	10816	11725	6391	10816	11725	5601	14041	2899	22022
邓湾乡	21920	10785	11135	6087	10783	11135	5749	13905	2266	21861
张庄乡	23990	11941	12049	6833	11914	12040	5746	15831	2413	23723
王店乡	29825	15298	14527	7903	15205	14466	6917	20367	2541	29712
谷堆乡	42984	21210	21774	11452	21209	21769	11205	28161	3618	42681
芦集乡	33477	16101	17376	9381	16077	17376	9507	20788	3182	32578
息县	**793802**	**401637**	**392165**	**206727**	**393022**	**387508**	**193348**	**535293**	**65161**	**733330**
城关镇	84087	43144	40943	21924	41492	39806	17113	61304	5670	68767
包信镇	41942	21269	20673	11200	20761	20413	9145	28678	4119	40482
夏庄镇	38340	19448	18892	9093	19101	18721	8315	27422	2603	34615
东岳镇	50694	25882	24812	11456	23799	23741	11739	34770	4185	49621
项店镇	38002	19733	18269	9088	18837	18226	8727	26010	3265	37268
小茴店镇	59140	29166	29974	14906	29088	29947	14788	38940	5412	57127
城郊乡	65791	33708	32083	16271	31575	30515	12657	49135	3999	40184
孙庙乡	23118	11844	11274	7673	11844	11274	5417	15794	1907	22310
路口乡	36189	18285	17904	9838	18282	17903	8519	24677	2993	35789
彭店乡	29111	14654	14457	8055	14654	14457	7012	19555	2544	28492
杨店乡	33059	16926	16133	8009	16921	16132	7253	22886	2920	32602
张陶乡	35962	18290	17672	9678	17815	17500	9029	23402	3531	34733
白土店乡	34909	17673	17236	8881	17670	17234	9032	23352	2525	34174
岗李店乡	40108	19928	20180	11034	19926	20179	10706	25374	4028	39270
长陵乡	24719	12036	12683	7039	12035	12675	7206	15432	2081	24325
陈棚乡	20129	9771	10358	5442	9656	10309	6645	11715	1769	19626
临河乡	25091	12651	12440	6923	12505	12367	7209	15269	2613	24502
关店乡	39719	19917	19802	10796	19917	19802	11818	24625	3276	39144
曹黄林乡	30982	15782	15200	8478	15731	15173	9105	19323	2554	29572
八里岔乡	36464	18289	18175	9322	18283	18175	10473	23294	2697	35023
地矿局	6246	3241	3005	1621	3130	2959	1440	4336	470	5704
周口市	**8953793**	**4425662**	**4528131**	**2505505**	**4311642**	**4417516**	**2134841**	**6042730**	**776222**	**8496582**
川汇区	**505171**	**252259**	**252912**	**130444**	**234953**	**231958**	**97030**	**374287**	**33854**	**410262**
陈州回族街道	45542	22853	22689	14309	22557	22488	8001	34241	3300	38836
七一路街道	70925	34630	36295	20368	33118	32910	12793	53666	4466	55087
荷花街道	70214	35176	35038	20622	34555	34836	13027	52437	4750	59385
人和街道	28922	14292	14630	8593	14205	14542	4971	21226	2725	23277
小桥街道	26491	13493	12998	6949	12439	12469	4527	19907	2057	21014
城南办事处	16429	8255	8174	4181	8120	8095	3881	11424	1124	14213
城北办事处	28746	14566	14180	6657	13394	13092	6094	20786	1866	25439
文昌办事处	27514	11434	16080	3917	7768	7560	3405	23153	956	13664
搬口办事处	40878	20481	20397	10603	20027	19705	9259	28839	2780	39153
金海路办事处	31422	16079	15343	6740	13679	13627	6068	23421	1933	21817
太昊路办事处	43874	23134	20740	9521	18446	17834	8179	33532	2163	28005
淮河路办事处	31024	15869	15155	7011	14651	13611	6402	22618	2004	27523

表16 续表 44　　单位：人、户

地　区	总人口			家庭户	家庭户总人口		分年龄人口			居住本地，户口在本地
	合　计	男	女	户　数	男	女	0-14岁	15-64岁	65岁及以上	
李埠口乡	43190	21997	21193	10973	21994	21189	10423	29037	3730	42849
扶沟县	**625819**	**317609**	**308210**	**169346**	**302965**	**294262**	**133631**	**438585**	**53603**	**592741**
城关镇	55331	28727	26604	14607	24704	23541	10603	40918	3810	42751
崔桥镇	42287	21154	21133	12193	21088	21120	9123	29439	3725	41972
江村镇	54387	27627	26760	14436	26757	26458	12289	37484	4614	53961
白潭镇	40183	20460	19723	11235	19020	18978	8813	27544	3826	39702
韭园镇	42796	21484	21312	12563	20843	20784	9369	29240	4187	41454
练寺镇	43910	22719	21191	11726	22691	21188	9951	29876	4083	43511
大新镇	35168	17936	17232	9696	17705	17119	8366	23996	2806	34769
包屯镇	41456	21240	20216	11542	20257	19323	9144	29098	3214	39979
汴岗镇	40485	20691	19794	10739	20065	19369	8833	28317	3335	40313
曹里乡	34906	17592	17314	10312	17531	17285	7477	24147	3282	34549
柴岗乡	35277	17832	17445	10304	17793	17438	6977	24540	3760	34933
固城乡	35195	17890	17305	10046	17566	17101	8626	22824	3745	34872
吕潭乡	43995	22478	21517	11900	22250	21241	9428	31181	3386	43312
大李庄乡	29254	13637	15617	6576	12077	11683	5325	21837	2092	24717
城郊乡	45135	23053	22082	9833	19529	18669	8015	33803	3317	36240
国营农牧场	6054	3089	2965	1638	3089	2965	1292	4341	421	5706
西华县	**787918**	**403445**	**384473**	**207536**	**394776**	**379546**	**180027**	**543290**	**64601**	**761774**
娲城街道	24669	12548	12121	7254	12508	12096	5007	18161	1501	22325
箕子台街道	33485	16864	16621	7378	13080	12475	5166	26727	1592	24185
昆山街道	18643	9502	9141	5044	9499	9139	3859	13657	1127	17614
西夏亭镇	51099	26110	24989	13041	26110	24989	12279	34420	4400	50441
逍遥镇	38867	19867	19000	10482	19526	18591	9073	26090	3704	37759
奉母镇	49541	25503	24038	13620	25503	24038	11620	33118	4803	49534
红花集镇	51723	26057	25666	13609	26057	25664	11741	35675	4307	51722
聂堆镇	39828	20173	19655	10950	20160	19646	9886	26576	3366	39323
东夏亭镇	32440	16368	16072	9363	16368	16072	7902	22120	2418	31998
西华营镇	53542	27157	26385	13987	27117	26382	13457	36524	3561	53305
址坊镇	30269	15309	14960	8281	15303	14954	6607	20596	3066	30045
田口乡	27386	14272	13114	6953	14168	13114	5917	19364	2105	27263
清河驿乡	33853	17271	16582	7938	17271	16582	8293	23314	2246	33816
皮营乡	32012	16233	15779	8551	16232	15779	8303	21333	2376	32010
东王营乡	27146	13887	13259	6906	13887	13259	6209	18894	2043	26966
大王庄乡	30331	15628	14703	7758	15596	14696	6768	21216	2347	29930
李大庄乡	39796	20463	19333	9374	20435	19333	9786	27006	3004	38575
叶埠口乡	40031	20452	19579	10952	20406	19570	9974	25849	4208	39653
迟营乡	40057	20576	19481	9975	20473	19378	9412	27844	2801	39112
黄土桥乡	27591	14178	13413	7390	14178	13413	6135	19100	2356	27287
艾岗乡	31968	16193	15775	8738	16154	15758	7469	21322	3177	31917
黄泛区农场	26082	13159	12923	8556	12868	12739	4632	17990	3460	23706
五二农场	7559	5675	1884	1436	1877	1879	532	6394	633	3288
商水县	**940792**	**462379**	**478413**	**261378**	**452547**	**468902**	**252798**	**606550**	**81444**	**899602**
新城街道	36982	19229	17753	8624	15316	14163	6443	28681	1858	26525
东城街道	27346	13970	13376	6582	12815	12071	5255	20472	1619	23099
老城街道	20815	10649	10166	4458	8410	7775	3519	16032	1264	14713
黄寨镇	49037	24163	24874	14740	24077	24859	11301	32421	5315	48242
练集镇	42493	21533	20960	11051	21526	20957	10536	28550	3407	42312
魏集镇	50666	24132	26534	14591	24132	26534	14866	31088	4712	48935
固墙镇	63939	30836	33103	18057	30835	33103	18556	40164	5219	61664

表16 续表 45

单位：人、户

地区	总人口 合计	总人口 男	总人口 女	家庭户户数	家庭户总人口 男	家庭户总人口 女	分年龄人口 0-14岁	分年龄人口 15-64岁	分年龄人口 65岁及以上	居住本地，户口在本地
白寺镇	39422	19911	19511	10196	19557	19313	10474	25767	3181	38649
巴村镇	41152	20407	20745	11629	20369	20743	11419	25981	3752	40532
谭庄镇	53802	26498	27304	14924	26368	27202	14954	34208	4640	51101
邓城镇	49066	24632	24434	14018	24620	24429	12697	31805	4564	48776
胡吉镇	40243	20003	20240	10711	19974	20220	11704	25220	3319	38974
城关乡	26913	12934	13979	7655	12704	13399	6634	17895	2384	25479
平店乡	40167	19404	20763	11978	18912	20372	11798	24469	3900	38070
袁老乡	42061	20378	21683	11981	20378	21683	12397	26066	3598	41710
化河乡	34903	16978	17925	9479	16977	17925	9389	22768	2746	34656
姚集乡	53486	25637	27849	15187	25623	27848	16396	32256	4834	51901
舒庄乡	28014	12815	15199	9073	12815	15199	9468	15667	2879	26926
大武乡	38017	18031	19986	11046	17881	19897	11925	22460	3632	37488
张明乡	40626	19730	20896	11498	19621	20844	11944	24901	3781	39988
郝岗乡	32397	15815	16582	9746	15638	16460	8861	20287	3249	32110
张庄乡	45928	23014	22914	12284	22323	22270	11386	30731	3811	45148
汤庄乡	37737	18860	18877	10285	18858	18876	9443	24970	3324	37213
商水县农场	5580	2820	2760	1585	2818	2760	1433	3691	456	5391
沈丘县	**983583**	**482409**	**501174**	**275005**	**473257**	**494232**	**232707**	**657815**	**93061**	**955484**
东城办事处	12799	6442	6357	3465	6441	6357	2978	8645	1176	12358
北城办事处	33002	16891	16111	7878	16870	16111	6633	23668	2701	31314
槐店回族镇	106972	54982	51990	26227	48888	46633	17061	82856	7055	87811
刘庄店镇	54000	25282	28718	15782	25217	28684	14380	34953	4667	53825
留福集镇	37353	17572	19781	11814	17572	19781	10306	23246	3801	37111
老城镇	45923	22226	23697	13324	22214	23694	11206	29956	4761	45440
赵德营镇	56848	27655	29193	16215	27655	29193	13075	37547	6226	56674
付井镇	55663	25572	30091	16888	25298	29933	13369	35626	6668	54798
纸店镇	34532	17328	17204	9928	17238	17076	7172	23862	3498	34217
新安集镇	38906	19475	19431	11271	18449	18905	10004	24676	4226	38095
白集镇	52204	25869	26335	14592	25805	26305	12667	34928	4609	51727
刘湾镇	28739	14403	14336	8085	14402	14336	6868	19080	2791	28177
连池乡	41021	20469	20552	10514	20469	20552	8815	28411	3795	40891
石槽集乡	44942	21901	23041	13024	21891	23026	9933	30522	4487	44780
范营乡	47897	22202	25695	14876	22202	25695	13439	29169	5289	47817
李老庄乡	45160	21299	23861	12624	21297	23859	12420	28442	4298	45054
大邢庄乡	23833	11511	12322	6849	11511	12322	6146	15121	2566	23783
冯营乡	48951	23821	25130	15369	23821	25129	12391	31362	5198	48315
周营乡	36093	17939	18154	9331	17772	18139	8215	24239	3639	35770
洪山乡	52674	26173	26501	14029	26172	26501	14684	33527	4463	51676
北杨集乡	44894	23252	21642	11362	21928	20969	10428	30680	3786	44822
卞路口乡	41177	20145	21032	11558	20145	21032	10517	27299	3361	41029
郸城县	**1003910**	**496608**	**507302**	**293894**	**487389**	**498399**	**247356**	**669493**	**87061**	**965686**
洺南办事处	69250	34975	34275	15646	30950	30220	12260	55298	1692	58365
洺北办事处	30432	15547	14885	6998	13619	12908	5650	23336	1446	24266
新城办事处	25448	13061	12387	5533	10571	10191	5003	19091	1354	17598
吴台镇	48049	22275	25774	16396	22274	25773	13189	30336	4524	47359
南丰镇	43785	22371	21414	11772	22370	21414	10557	29544	3684	42649
白马镇	52308	25351	26957	17116	25341	26955	14118	33204	4986	51199
宁平镇	46326	22740	23586	14373	22695	23566	12531	29159	4636	45684
宜路镇	50687	24964	25723	15480	24964	25723	12557	33314	4816	50283
钱店镇	57323	27923	29400	17162	27899	29398	13785	37813	5725	56631

表16　续表 46　　　　　　　　　　　　　　　　单位：人、户

地　　区	总人口			家庭户	家庭户总人口		分年龄人口			居住本地，户口在本地
	合　计	男	女	户　数	男	女	0-14岁	15-64岁	65岁及以上	
汲冢镇	59846	29773	30073	16679	29773	30073	15166	39028	5652	59415
石槽镇	45681	22933	22748	12279	22933	22748	10911	30341	4429	45010
城郊乡	36201	17903	18298	9916	17902	18298	9057	24327	2817	35769
虎头岗乡	46981	22682	24299	14081	22682	24299	12743	29853	4385	45572
汲水乡	46820	23549	23271	15083	23549	23271	11314	30357	5149	46503
张完集乡	47300	23711	23589	13671	23711	23589	13333	29820	4147	46592
丁村乡	42516	21165	21351	13205	21165	21351	11414	27348	3754	42054
双楼乡	33753	16828	16925	11514	16804	16922	8516	21970	3267	33587
秋渠乡	42178	21084	21094	13867	21081	21093	10589	26871	4718	41786
东风乡	30408	15533	14875	9464	15533	14875	6478	20930	3000	29995
巴集乡	43684	21241	22443	14381	21208	22432	10743	28432	4509	43135
李楼乡	48412	23626	24786	12580	23599	24779	12365	31901	4146	48161
胡集乡	40301	19042	21259	12933	19042	21259	11772	25206	3323	39386
工业区管委会	16221	8331	7890	3765	7724	7262	3305	12014	902	14687
淮阳县	**1089699**	**534112**	**555587**	**297172**	**517930**	**539646**	**263828**	**727376**	**98495**	**1038097**
城关回族镇	134571	67696	66875	27769	51615	51005	20113	106333	8125	96239
新站镇	53839	26157	27682	16004	26157	27682	12899	35296	5644	53736
鲁台镇	60603	29500	31103	15275	29498	31102	15178	40337	5088	59269
四通镇	42492	21119	21373	12093	21115	21364	11187	27525	3780	38927
临蔡镇	48169	23900	24269	13396	23900	24269	12306	31296	4567	48057
安岭镇	61160	29973	31187	17490	29973	31187	15830	39397	5933	60356
白楼镇	47919	23230	24689	14576	23230	24689	11527	32120	4272	47467
朱集乡	56408	27511	28897	15065	27479	28857	15053	36159	5196	55663
豆门乡	39671	19745	19926	11105	19743	19925	9018	26821	3832	38196
冯塘乡	64755	30771	33984	18461	30771	33984	19060	39615	6080	64473
刘振屯乡	53002	26113	26889	14761	26113	26889	13806	33886	5310	52720
王店乡	52352	25364	26988	17307	25309	26968	13257	33255	5840	51953
大连乡	62202	30184	32018	16983	30184	32018	15466	40961	5775	60844
葛店乡	53920	26589	27331	14311	26589	27331	13130	35369	5421	53273
黄集乡	39741	19174	20567	11338	19173	20567	11023	24608	4110	39328
齐老乡	54679	26859	27820	15913	26858	27820	13742	36080	4857	54214
郑集乡	55600	26940	28660	15739	26936	28660	14408	35871	5321	55237
曹河乡	46111	22626	23485	12953	22626	23485	12354	30078	3679	45708
许湾乡	62505	30661	31844	16633	30661	31844	14471	42369	5665	62437
太康县	**1102952**	**550324**	**552628**	**320656**	**542686**	**542649**	**268807**	**742489**	**91656**	**1065399**
城关回族镇	93048	46550	46498	21287	40286	38508	16363	71465	5220	68017
常营镇	50178	25047	25131	15158	25036	25125	12464	33619	4095	49147
逊母口镇	50518	24507	26011	15946	24506	26011	13578	32741	4199	50161
老冢镇	56065	27434	28631	15552	27390	28625	13910	36570	5585	55484
朱口镇	69189	35327	33862	20324	35223	33774	16960	46567	5662	68806
马头镇	68367	34732	33635	20639	34696	33617	16427	45828	6112	68307
龙曲镇	30920	15676	15244	8960	15655	15237	7282	20888	2750	30683
板桥镇	42564	21021	21543	12966	20984	21527	10852	28257	3455	41743
符草楼镇	41522	20383	21139	12556	20381	21137	10983	26332	4207	41069
马厂镇	64341	31802	32539	18975	31802	32539	16139	42304	5898	63997
毛庄镇	49766	24624	25142	13351	23632	23330	10702	35564	3500	46624
张集镇	48223	24342	23881	12544	24342	23881	12081	32246	3896	47947
城郊乡	28816	14402	14414	8283	14348	14401	6348	19928	2540	28450
杨庙乡	41557	20843	20714	12815	20836	20709	10849	27234	3474	41404
王集乡	44605	22028	22577	12944	22015	22570	11908	28809	3888	43676

表16　续表 47　　　　单位：人、户

地　区	总人口			家庭户户数	家庭户总人口		分年龄人口			居住本地，户口在本地
	合　计	男	女		男	女	0-14岁	15-64岁	65岁及以上	
高贤乡	40282	20260	20022	12280	20254	20022	10398	26603	3281	40062
芝麻洼乡	44082	22120	21962	12321	22120	21962	10303	30670	3109	44027
清集乡	39440	19473	19967	12170	19453	19961	10136	25847	3457	38488
独塘乡	34525	17319	17206	10312	17304	17206	8531	23315	2679	34257
大许寨乡	44084	21668	22416	13414	21657	22413	11824	28674	3586	43686
五里口乡	35196	17701	17495	10853	17701	17495	9111	22730	3355	34927
高朗乡	45828	23160	22668	14510	23160	22668	11248	30651	3929	45312
转楼乡	39836	19905	19931	12496	19905	19931	10410	25647	3779	39125
鹿邑县	**910251**	**432053**	**478198**	**276486**	**427493**	**473465**	**238288**	**587132**	**84831**	**893587**
真源办事处	26330	13654	12676	7633	13583	12668	3541	20278	2511	25815
谷阳办事处	29726	14633	15093	7699	14102	14451	6500	21124	2102	28336
卫真办事处	36465	17993	18472	7784	15012	14959	6244	28119	2102	30065
鸣鹿办事处	31620	15838	15782	7602	15769	15725	6694	22601	2325	28669
涡北镇	28324	13357	14967	9095	13001	14628	7160	18543	2621	27295
玄武镇	45611	20770	24841	13925	20747	24836	13090	28036	4485	45260
宋河镇	39849	19850	19999	12025	19850	19999	9456	26734	3659	38926
太清宫镇	30931	14598	16333	8961	14597	16333	7492	20532	2907	30906
王皮溜镇	45232	22409	22823	13075	22406	22819	9663	31299	4270	45133
试量镇	40572	17903	22669	13749	17902	22669	12473	24110	3989	40570
辛集镇	37528	17219	20309	11206	17146	20294	11415	22462	3651	37359
马铺镇	41016	19971	21045	12160	19971	21045	10224	26640	4152	40880
贾滩镇	49892	23316	26576	17120	23316	26576	13882	30741	5269	49885
杨湖口镇	55990	26083	29907	18015	26083	29907	16084	34384	5522	55550
张店镇	50409	24333	26076	14353	24254	26064	14306	32287	3816	49867
郑家集乡	25075	11762	13313	7206	11500	13196	6964	15865	2246	25046
观堂乡	35311	17032	18279	11035	17032	18279	8642	22899	3770	35085
生铁冢乡	38200	17613	20587	11816	17613	20587	11156	23144	3900	38165
赵村乡	43040	20119	22921	14258	20119	22920	12191	26808	4041	42649
任集乡	44029	21326	22703	14290	21282	22690	12099	28313	3617	43700
唐集乡	27649	12875	14774	8955	12872	14771	8045	16826	2778	27437
高集乡	34912	15637	19275	11110	15574	19271	10600	20488	3824	34787
邱集乡	34279	15393	18886	10335	15393	18886	10082	20963	3234	34015
穆店乡	38261	18369	19892	13079	18369	19892	10285	23936	4040	38187
项城市	**1003698**	**494464**	**509234**	**273588**	**477646**	**494457**	**220369**	**695713**	**87616**	**913950**
花园办事处	44058	22820	21238	7348	14169	13400	6091	36393	1574	24643
水寨办事处	120051	62380	57671	29805	55166	51421	23594	91869	4588	82481
东方办事处	20621	10674	9947	4945	10674	9947	4267	15127	1227	17363
莲花办事处	14577	7574	7003	3839	7571	7003	2757	10660	1160	13393
千佛阁办事处	39817	20526	19291	10186	20503	19253	7866	29322	2629	28739
光武办事处	34822	18019	16803	8028	17770	16661	6434	26347	2041	23378
南顿镇	53360	26355	27005	14539	26353	27003	11778	36533	5049	52940
孙店镇	56382	28348	28034	15786	28348	28034	12093	38706	5583	55913
李寨镇	51307	25065	26242	14421	24925	26166	11951	34460	4896	50891
贾岭镇	53718	25674	28044	15410	25511	27953	12454	35932	5332	52997
高寺镇	45830	21889	23941	13781	21887	23941	10552	30633	4645	45591
新桥镇	53759	25132	28627	15373	25132	28627	14519	33824	5416	53285
付集镇	37477	17318	20159	10933	17310	20155	8786	24383	4308	37205
官会镇	52285	24616	27669	14914	24613	27665	12688	34289	5308	52208
丁集镇	43752	20980	22772	12516	20967	22762	9945	29237	4570	43467
郑郭镇	47423	23424	23999	12900	23424	23999	9059	33752	4612	46897

表16 续表 48 单位：人、户

地区	总人口 合计	总人口 男	总人口 女	家庭户户数	家庭户总人口 男	家庭户总人口 女	分年龄人口 0-14岁	分年龄人口 15-64岁	分年龄人口 65岁及以上	居住本地，户口在本地
秣陵镇	51438	25327	26111	13870	25000	25796	11324	35446	4668	50249
王明口镇	50512	24578	25934	13985	24559	25927	11878	32688	5946	50420
永丰乡	50617	24879	25738	14270	24878	25738	11795	33789	5033	50473
范集乡	49427	24110	25317	15703	24110	25317	12223	31958	5246	49404
三店乡	32465	14776	17689	11036	14776	17689	8315	20365	3785	32013
驻马店市	**7231234**	**3641356**	**3589878**	**2056880**	**3454424**	**3453133**	**1652001**	**4895923**	**683310**	**6683699**
驿城区	**721723**	**370895**	**350828**	**192007**	**326695**	**318578**	**137896**	**529347**	**54480**	**603291**
人民街道	46091	24013	22078	11732	17153	17185	6373	36741	2977	38565
东风街道	44058	23684	20374	11179	17514	17343	6815	34307	2936	33431
西园街道	50732	25707	25025	11977	16328	17097	8562	37929	4241	42558
新华街道	29421	14607	14814	7094	9940	10015	4039	23190	2192	23368
南海街道	23123	11790	11333	7669	11467	11086	3793	17592	1738	16084
老街街道	49401	24493	24908	14482	21484	21275	8097	38577	2727	33347
橡林街道	58444	29353	29091	16300	24271	24332	9386	45686	3372	37026
雪松街道	31273	15733	15540	9971	14543	14480	5204	23874	2195	24064
顺河街道	28573	14767	13806	7464	14617	13667	6187	20075	2311	28240
刘阁街道	23157	12072	11085	5829	11651	10928	5263	15946	1948	21702
香山街道	15873	8166	7707	4316	8094	7701	3338	11275	1260	15411
水屯镇	63888	32777	31111	15820	32729	31080	14498	43457	5933	63235
诸市乡	33183	17058	16125	8443	17046	16119	6765	23168	3250	32628
朱古洞乡	26640	13673	12967	7142	13654	12964	7092	17046	2502	25813
胡庙乡	40783	21067	19716	10525	20982	19653	10433	26768	3582	40155
古城乡	35331	18028	17303	9208	17889	17259	8835	23399	3097	34610
关王庙乡	31118	15782	15336	7900	15192	14782	6183	22233	2702	29376
五三农场	5338	4524	814	354	452	418	145	4824	369	1545
金河街道	46720	24126	22594	14720	22347	22151	8547	36062	2111	25703
金桥街道	20951	10586	10365	5389	10505	10333	4810	14595	1546	19884
金山街道	8246	4111	4135	2130	4059	4109	1659	5843	744	7320
开源街道	9379	4778	4601	2363	4778	4601	1872	6760	747	9226
西平县	**700152**	**353002**	**347150**	**203031**	**339266**	**335877**	**139534**	**481363**	**79255**	**663964**
柏城街道	86274	44171	42103	22297	36072	35470	14496	64760	7018	67694
柏亭街道	27982	14082	13900	6036	10801	10459	4521	21439	2022	19046
五沟营镇	35049	17655	17394	10033	17629	17389	7341	23535	4173	34488
权寨镇	29044	14233	14811	9294	14212	14783	6142	19279	3623	28505
师灵镇	31291	14933	16358	10737	14893	16344	6361	20287	4643	30665
出山镇	35872	18488	17384	11178	18289	17359	6836	23965	5071	35328
盆尧镇	44738	22320	22418	13149	22279	22372	9178	30274	5286	44133
环城乡	30114	15294	14820	7856	15234	14795	5864	21256	2994	29432
重渠乡	32602	16331	16271	9458	16142	16156	7174	21735	3693	32251
人和乡	39844	20687	19157	10267	20351	18952	7164	28783	3897	39310
宋集乡	31315	15819	15496	9169	15790	15495	6869	21014	3432	30742
谭店乡	35183	17464	17719	10429	17083	17488	7411	23645	4127	34999
吕店乡	33717	17048	16669	9940	16818	16525	6058	23195	4464	33262
芦庙乡	33776	17310	16466	10747	17122	16378	6455	22543	4778	33515
杨庄乡	30887	15703	15184	9359	15619	15176	5793	21269	3825	30394
专探乡	47482	23931	23551	13972	23923	23542	10125	32231	5126	47085
二郎乡	37498	19168	18330	11123	18905	18191	8718	24571	4209	36985
蔡寨回族乡	11843	5989	5854	3702	5988	5853	2560	7887	1396	11718
焦庄乡	24766	12085	12681	8288	11970	12643	6019	15569	3178	24291
老王坡农场	7139	3557	3582	2133	3545	3580	1471	4789	879	6917

表16 续表 49

单位：人、户

地区	总人口			家庭户	家庭户总人口		分年龄人口			居住本地，户口在本地
	合计	男	女	户数	男	女	0-14岁	15-64岁	65岁及以上	
产业集聚区	13736	6734	7002	3864	6601	6927	2978	9337	1421	13204
上蔡县	**1084210**	**534698**	**549512**	**304479**	**498477**	**522024**	**290628**	**693283**	**100299**	**1026620**
蔡都街道	56370	29096	27274	11264	20678	20011	11849	41021	3500	45232
芦岗街道	55055	28222	26833	11859	21633	20720	11041	40492	3522	44254
重阳街道	42784	22660	20124	8645	16240	15535	7914	32487	2383	33494
卧龙街道	42162	21760	20402	7756	15346	15018	7706	31446	3010	31092
黄埠镇	31931	16187	15744	9590	15574	15403	8120	20451	3360	31300
杨集镇	46467	23458	23009	12886	22660	22524	11932	30653	3882	46322
洙湖镇	43587	21564	22023	12224	21497	21995	10526	28366	4695	42620
党店镇	43874	21694	22180	12399	20627	21692	11469	27912	4493	42440
朱里镇	51255	25400	25855	14908	25232	25764	13865	32940	4450	50593
华陂镇	46788	22465	24323	14088	21433	23804	13774	28158	4856	46185
塔桥镇	55053	26548	28505	16408	24846	27607	15858	33443	5752	53971
东洪镇	57553	27983	29570	16936	26930	29121	16985	34636	5932	56817
大路李乡	30935	15105	15830	10080	15105	15830	8956	18630	3349	30433
无量寺乡	29086	14418	14668	9375	14411	14667	7832	18020	3234	28478
邵店乡	55992	27942	28050	15195	27938	28048	14497	36433	5062	55328
五龙乡	20658	10088	10570	6255	9687	10341	5517	13015	2126	20294
杨屯乡	20573	9991	10582	6099	9737	10471	5576	12915	2082	20195
和店乡	56484	27682	28802	16021	27137	28544	15908	35197	5379	54762
蔡沟乡	44449	21498	22951	13860	21380	22928	13426	26805	4218	43911
齐海乡	27916	13305	14611	8580	13252	14604	8223	16799	2894	27477
崇礼乡	38567	18971	19596	11239	18965	19595	12306	22792	3469	37817
韩寨乡	35195	17053	18142	10322	16984	18113	10177	21796	3222	34625
东岸乡	37056	17555	19501	12502	17441	19407	12475	20664	3917	36292
小岳寺乡	26951	12344	14607	8895	12231	14576	8921	15440	2590	26682
西洪乡	38917	17613	21304	12594	17545	21268	12512	22333	4072	38066
百尺乡	48552	24096	24456	14499	23968	24438	13263	30439	4850	47940
平舆县	**748398**	**373514**	**374884**	**217875**	**364803**	**365296**	**160674**	**516478**	**71246**	**723681**
古槐街道	63617	32137	31480	16768	27984	26165	9363	50455	3799	51152
清河街道	41450	21064	20386	8861	17040	16325	6429	32656	2365	31931
东皇街道	38032	19480	18552	10272	19479	18552	7280	27457	3295	37750
杨埠镇	46749	23308	23441	13222	23035	23305	10598	31848	4303	46745
东和店镇	43185	21249	21936	12723	21246	21936	9817	28999	4369	43011
庙湾镇	45178	21627	23551	13286	21571	23520	10553	29723	4902	44981
射桥镇	53273	27127	26146	13148	27126	26145	12412	36478	4383	52932
西洋店镇	54728	28110	26618	17013	28110	26618	11997	37676	5055	54039
阳城镇	48391	24556	23835	14272	24553	23833	10984	32222	5185	48283
郭楼镇	34506	17308	17198	10364	17308	17198	7066	24359	3081	34392
李屯镇	30310	15390	14920	8501	15309	14902	5763	21494	3053	30122
万金店镇	35032	17866	17166	10856	17866	17165	7960	23664	3408	34926
高杨店乡	37900	17708	20192	12867	17707	20192	8996	24743	4161	37809
十字路乡	25749	12391	13358	9029	12358	13348	6925	15655	3169	25721
万冢乡	41153	20646	20507	11900	20597	20503	9045	27890	4218	40926
玉皇庙乡	33851	16679	17172	10071	16660	17167	7629	22860	3362	33811
老王岗乡	26386	12792	13594	8738	12789	13594	6095	16688	3603	26356
辛店乡	25175	12488	12687	8438	12488	12687	5573	16698	2904	25146
双庙乡	23733	11588	12145	7546	11577	12141	6189	14913	2631	23648
正阳县	**645034**	**317668**	**327366**	**188866**	**311174**	**321799**	**154909**	**434424**	**55701**	**615732**
真阳镇	92059	46800	45259	24418	44328	42809	17215	68537	6307	73765

表16　续表 50　　　　　　　　　　　　　　　　　　　　　　单位：人、户

地　区	总人口			家庭户	家庭户总人口		分年龄人口			居住本地，户口在本地
	合　计	男	女	户　数	男	女	0-14岁	15-64岁	65岁及以上	
寒冻镇	36855	17511	19344	11905	17355	19268	9231	23800	3824	36761
汝南埠镇	48876	23957	24919	13820	23402	24598	12199	32239	4438	48658
铜钟镇	30023	15423	14600	8137	15419	14596	6419	21098	2506	29613
陡沟镇	35396	18043	17353	9709	17923	17278	8075	24374	2947	34876
熊寨镇	23774	11792	11982	6878	11792	11982	6073	15628	2073	23663
大林镇	36308	18486	17822	10637	18408	17818	8936	24442	2930	35904
永兴镇	23548	11288	12260	7222	11200	12245	6602	14784	2162	23286
慎水乡	44875	22072	22803	11762	19344	20337	9448	31794	3633	39419
傅寨乡	27153	13160	13993	8194	13112	13983	6684	17798	2671	26638
袁寨乡	31168	14821	16347	9226	14799	16339	8009	20487	2672	31045
新阮店乡	20950	9712	11238	6816	9691	11234	6034	13077	1839	20783
油坊店乡	30750	14758	15992	9511	14739	15988	8396	19558	2796	30492
雷寨乡	38474	18527	19947	11849	18527	19945	10214	24906	3354	37855
王勿桥乡	25433	12292	13141	7375	12184	13031	6918	16411	2104	25045
吕河乡	22960	10862	12098	7802	10827	12086	6169	14497	2294	22334
皮店乡	27485	13924	13561	8248	13924	13561	6479	18472	2534	27206
彭桥乡	21127	10798	10329	6492	10777	10327	4657	14420	2050	20722
兰青乡	27820	13442	14378	8865	13423	14374	7151	18102	2567	27667
确山县	**406021**	**198081**	**207940**	**131582**	**193096**	**203635**	**114699**	**252548**	**38774**	**377001**
盘龙镇	47008	23098	23910	13731	19814	20303	8317	35211	3480	32406
竹沟镇	23789	12073	11716	7381	12030	11701	7251	14294	2244	22962
任店镇	35935	17364	18571	12808	16988	18432	10777	21243	3915	34344
新安店镇	39607	19264	20343	13442	19264	20343	12436	23309	3862	39153
留庄镇	40254	19538	20716	12922	19412	20699	13099	23076	4079	39547
刘店镇	36843	16706	20137	13168	16690	20134	11338	21642	3863	36174
蚁蜂镇	17889	9224	8665	5466	9110	8638	5270	10949	1670	17239
瓦岗镇	19616	9727	9889	6530	9708	9885	5958	11734	1924	19142
双河镇	39429	19397	20032	12387	19098	19814	11012	24914	3503	38301
石滚河镇	17466	8798	8668	5230	8744	8662	5533	10441	1492	17204
李新店镇	19359	9607	9752	6115	9480	9730	5594	11810	1955	19028
三里河乡	50034	24596	25438	15342	24206	25202	12319	33196	4519	42942
普会寺乡	18792	8689	10103	7060	8552	10092	5795	10729	2268	18559
泌阳县	**810409**	**424811**	**385598**	**226512**	**401092**	**369158**	**188587**	**543359**	**78463**	**740736**
泌水镇	75737	38972	36765	19690	33442	31813	16771	54839	4127	56839
沙河店镇	29250	15133	14117	8193	15119	14112	7340	19152	2758	28970
羊册镇	46090	24104	21986	13686	24099	21986	11289	30063	4738	45909
马谷田镇	35755	18959	16796	10207	18118	16540	8758	23827	3170	34010
板桥镇	34776	17932	16844	10644	17845	16825	9309	21283	4184	33993
春水镇	30830	16185	14645	8801	16054	14576	8185	19007	3638	30097
官庄镇	42975	22399	20576	12392	22399	20576	10082	28489	4404	42858
赊湾镇	37013	19494	17519	10744	19384	17519	7613	25422	3978	36869
高店乡	25429	13274	12155	7026	12662	11760	5804	17380	2245	25288
盘古乡	32579	16866	15713	9929	16726	15704	7280	21969	3330	32363
高邑乡	20836	11034	9802	6200	11006	9786	5087	13146	2603	20319
王店乡	34073	17794	16279	9250	17731	16273	8284	22359	3430	33909
铜山乡	22719	12045	10674	6579	11979	10672	6336	14154	2229	22127
老河乡	24540	12871	11669	8020	12841	11663	7305	14448	2787	24318
下碑寺乡	17414	9075	8339	5571	9039	8338	4646	10403	2365	17185
象河乡	24413	12899	11514	7097	12621	11467	6542	14977	2894	23929
付庄乡	24704	12715	11989	7245	12715	11989	6170	15815	2719	24627

表16 续表 51 单位：人、户

地区	总人口			家庭户	家庭户总人口		分年龄人口			居住本地，户口在本地
	合计	男	女	户数	男	女	0-14岁	15-64岁	65岁及以上	
贾楼乡	15617	8367	7250	4467	8367	7250	3878	10156	1583	15594
黄山口乡	14555	7751	6804	4829	7745	6799	3969	8427	2159	14439
郭集乡	32842	17154	15688	9687	16791	15415	8009	21501	3332	32634
泰山庙乡	36099	18670	17429	11200	18627	17421	9113	22876	4110	35885
杨家集乡	32850	17270	15580	9383	17219	15580	7497	21912	3441	32593
双庙街乡	26625	13779	12846	7398	13698	12844	5949	17390	3286	26359
花园乡	75302	39611	35691	18274	34865	32250	13362	57014	4926	47692
工业园区管委会	8737	2534	6203					8731	6	287
石材开发区管委会	8649	7924	725				9	8619	21	1643
汝南县	**769995**	**391111**	**378884**	**212598**	**384897**	**371638**	**166746**	**534694**	**68555**	**683001**
汝宁街道	111475	55637	55838	26318	51341	49532	15983	87082	8410	59198
三门闸街道	53117	26903	26214	14454	26707	26176	11089	37459	4569	45707
古塔街道	69185	35666	33519	16803	34986	33041	12485	52411	4289	47885
王岗镇	40883	20865	20018	10877	20853	20015	9406	27862	3615	40511
梁祝镇	36950	18867	18083	11467	18711	18055	9161	24286	3503	36349
和孝镇	30621	15807	14814	8276	15666	14757	7114	20368	3139	30448
老君庙镇	42407	21477	20930	11633	21390	20916	8981	29567	3859	41597
留盆镇	49004	25139	23865	14126	25076	23820	10485	34230	4289	48904
金铺镇	41168	20575	20593	12041	20434	20496	10411	26733	4024	40314
东官庄镇	42730	21958	20772	11706	21923	20759	9321	29388	4021	42237
三桥乡	55305	27510	27795	15802	27463	27762	13547	36666	5092	54896
南余店乡	20671	10685	9986	5551	10675	9973	4777	14116	1778	20360
常兴乡	47510	24320	23190	14224	24222	23162	12064	30671	4775	46844
韩庄乡	33296	17071	16225	9102	17029	16211	7758	22336	3202	32950
罗店乡	46167	23702	22465	13301	23599	22434	10426	31157	4584	45805
张楼乡	26116	13060	13056	8574	12999	13033	7170	16151	2795	25676
板店乡	23390	11869	11521	8343	11823	11496	6568	14211	2611	23320
遂平县	**493930**	**257976**	**235954**	**133735**	**222701**	**220600**	**89630**	**354611**	**49689**	**434961**
瞿阳街道	46146	23118	23028	12264	20341	20249	7446	35136	3564	38918
车站街道	28930	14623	14307	8026	14365	14190	5339	20788	2803	27100
莲花湖街道	35815	17994	17821	8635	14879	15083	5528	27635	2652	27358
玉山镇	24329	12083	12246	7711	12077	12243	4716	16649	2964	24159
查岈山镇	19859	10121	9738	6533	10037	9721	3870	13137	2852	19595
石寨铺镇	27325	13897	13428	7848	13828	13395	5731	18740	2854	27027
常庄乡	39415	19598	19817	11341	19562	19812	8807	26119	4489	38607
和兴乡	57331	28413	28918	17041	28365	28900	11810	39217	6304	56543
沈寨乡	39806	19634	20172	13093	19441	20012	8380	26150	5276	39433
槐树乡	25310	12800	12510	8263	12751	12504	4875	16905	3530	25121
阳丰乡	31376	15934	15442	9401	15828	15433	6124	21753	3499	30965
花庄乡	26287	13688	12599	7131	13617	12595	5402	18167	2718	26171
文城乡	24691	12619	12072	7772	12389	11973	5711	16147	2833	24440
褚堂乡	19275	9807	9468	5773	9772	9459	3609	13442	2224	19154
工业园区	35272	26657	8615	48	79	87	30	35221	21	145
查岈山风景区	6204	3431	2773	1393	2550	2396	1078	4540	586	5028
凤鸣谷风景区	6559	3559	3000	1462	2820	2548	1174	4865	520	5197
新蔡县	**851362**	**419600**	**431762**	**246195**	**412223**	**424528**	**208698**	**555816**	**86848**	**814712**
古吕镇	99050	49833	49217	23621	46027	44679	16686	76085	6279	75938
砖店镇	24467	12308	12159	7137	12290	12148	5544	16575	2348	23989
陈店镇	27632	13730	13902	8032	13661	13853	6274	18097	3261	27451
佛阁寺镇	36768	18665	18103	10428	18665	18103	8302	24367	4099	36211

表16 续表 52 单位：人、户

地区	总人口			家庭户	家庭户总人口		分年龄人口			居住本地，户口在本地
	合计	男	女	户数	男	女	0-14岁	15-64岁	65岁及以上	
练村镇	45702	21708	23994	13907	21704	23993	12210	28692	4800	45103
棠村镇	38541	19028	19513	11376	18999	19480	11709	23239	3593	37810
韩集镇	35648	17386	18262	11637	17386	18262	9804	22009	3835	35466
龙口镇	41872	20542	21330	11724	20518	21318	12259	25438	4175	41564
李桥回族镇	21132	10518	10614	5986	10503	10610	5712	13349	2071	20918
黄楼镇	36781	18340	18441	9595	18340	18441	9149	23853	3779	35915
孙召镇	37783	18683	19100	11099	18192	18795	9371	24057	4355	37482
十里铺乡	44847	22590	22257	11605	20196	20277	8607	32473	3767	39888
余店乡	50684	24418	26266	16108	24241	26208	13442	31292	5950	50367
河坞乡	27177	13421	13756	7717	13421	13756	6242	17988	2947	26956
关津乡	42069	20868	21201	12274	20814	21165	10221	27090	4758	41487
宋岗乡	26776	13058	13718	8604	12930	13658	6994	16317	3465	26429
顿岗乡	31557	14654	16903	9753	14653	16903	8298	19351	3908	31242
涧头乡	44623	21927	22696	13481	21927	22696	10613	29384	4626	44593
杨庄户乡	26717	12737	13980	8210	12736	13980	7602	15699	3416	25848
化庄乡	46140	23015	23125	13861	22991	23111	11953	29530	4657	45807
栎城乡	36360	17718	18642	11198	17576	18509	9223	23034	4103	35274
弥陀寺乡	29036	14453	14583	8842	14453	14583	8483	17897	2656	28974
省直辖县级行政区划	**675757**	**344371**	**331386**	**177533**	**323655**	**316561**	**116249**	**515198**	**44310**	**569614**
济源市	**675757**	**344371**	**331386**	**177533**	**323655**	**316561**	**116249**	**515198**	**44310**	**569614**
沁园街道	78423	40563	37860	18359	30240	30088	11300	63875	3248	37134
济水街道	47328	23712	23616	13555	22638	22860	8548	36462	2318	32052
北海街道	48371	24343	24028	13724	24121	23569	8755	37066	2550	31501
天坛街道	35291	18336	16955	9050	16579	16255	6091	27438	1762	25375
玉泉街道	32730	16530	16200	8002	15331	15275	5064	25257	2409	28450
克井镇	58599	30044	28555	14317	28468	27636	10337	44401	3861	54520
五龙口镇	47057	23850	23207	12371	22688	22780	7120	35909	4028	45143
轵城镇	73252	36827	36425	18790	35570	35181	11189	56371	5692	68670
承留镇	53099	26986	26113	14660	26305	25400	7862	40811	4426	51211
邵原镇	35339	18222	17117	9602	18217	17112	8586	24777	1976	34136
坡头镇	22761	11438	11323	6379	10979	11087	3906	16692	2163	22110
梨林镇	37053	18580	18473	10124	18578	18473	6583	27594	2876	36183
大峪镇	25301	13182	12119	6992	12828	11998	4957	18538	1806	24551
思礼镇	26447	13344	13103	6737	12788	12633	4145	20448	1854	24743
王屋镇	27601	14395	13206	7267	14308	13128	5766	20240	1595	27030
下冶镇	27105	14019	13086	7604	14017	13086	6040	19319	1746	26805

表17　湖北省乡、镇、街道人口

单位：人、户

地区	总人口			家庭户	家庭户总人口		分年龄人口			居住本地，户口在本地
	合计	男	女	户数	男	女	0-14岁	15-64岁	65岁及以上	
湖北省	**57237727**	**29391247**	**27846480**	**16695121**	**26826301**	**25919324**	**7963808**	**44072025**	**5201894**	**47349628**
武汉市	**9785388**	**5033091**	**4752297**	**2932764**	**4110554**	**4051027**	**976947**	**8013310**	**795131**	**5871684**
江岸区	**895957**	**447333**	**448624**	**311234**	**397579**	**406594**	**84931**	**726638**	**84388**	**449032**
上海街办事处	25425	12283	13142	9355	11286	12075	1910	20027	3488	13769
大智街办事处	35087	17113	17974	12448	14590	15257	2385	29262	3440	17128
一元街办事处	24827	12173	12654	7887	9772	10383	1663	20111	3053	12654
车站街办事处	25069	12280	12789	10082	11668	12503	2095	20078	2896	15338
四唯街办事处	32234	15828	16406	11631	14927	15750	3115	25704	3415	18070
永清街办事处	18545	9079	9466	6990	8875	9252	2011	14670	1864	12710
西马街办事处	61595	30393	31202	22158	29269	29510	4767	49677	7151	42373
球场街办事处	26139	13368	12771	9275	11488	11958	2028	21369	2742	14726
劳动街办事处	71910	34963	36947	26569	33302	35837	6846	55692	9372	47013
二七街办事处	81312	39949	41363	30291	37681	40051	8625	64608	8079	42012
新村街办事处	68916	34670	34246	23926	33009	33602	6368	54850	7698	41958
丹水池街办事处	57768	29442	28326	20659	27632	27262	5504	46212	6052	30463
台北街办事处	38531	19063	19468	14849	18256	18794	3060	31033	4438	24453
花桥街办事处	131229	65882	65347	49626	61277	61514	14110	105732	11387	57578
谌家矶街办事处	16197	7748	8449	2462	3667	3609	901	14574	722	6339
后湖街办事处	137279	71451	65828	38245	49295	47034	13313	118950	5016	31700
百步亭花园	43894	21648	22246	14781	21585	22203	6230	34089	3575	20748
江汉区	**685699**	**347568**	**338131**	**234724**	**310434**	**310988**	**64565**	**565806**	**55328**	**325394**
民族街办事处	32213	17558	14655	10673	14028	13752	2482	26837	2894	19995
花楼街办事处	2354	1335	1019	1185	803	921	128	2121	105	524
水塔街办事处	19426	10093	9333	5898	7868	8380	1497	16108	1821	12807
民权街办事处	36387	17913	18474	14199	17351	17930	2839	29564	3984	23679
满春街办事处	23878	12016	11862	8688	11165	11204	2036	20162	1680	11002
民意街办事处	35693	17627	18066	11901	16285	16834	3358	29247	3088	19032
新华街办事处	40765	20053	20712	13860	17939	18694	3011	33057	4697	27349
万松街办事处	83040	40860	42180	28347	36850	39008	6746	66575	9719	54551
唐家墩街办事处	107612	54819	52793	39021	51498	50460	11882	88370	7360	37016
北湖街办事处	37768	18701	19067	12148	16212	16675	3158	30609	4001	20544
前进街办事处	29010	14277	14733	11019	13675	14057	2341	23927	2742	19703
常青街办事处	86882	45198	41684	28754	39824	38446	9289	72515	5078	32365
汉兴街办事处	150671	77118	73553	49031	66936	64627	15798	126714	8159	46827
硚口区	**829665**	**419116**	**410549**	**259574**	**346057**	**344460**	**72697**	**696313**	**60655**	**331215**
易家墩街道	86627	43601	43026	29962	39931	40094	8510	69374	8743	48299
韩家墩街道	94340	48337	46003	31635	43815	43762	10103	76169	8068	40465
宗关街道	64649	33585	31064	22587	30303	29911	6406	52062	6181	31890
汉水桥街道	71776	35586	36190	25070	32173	33304	6625	58103	7048	42279
宝丰街道	56647	27150	29497	16376	21696	22954	4454	46049	6144	37766
荣华街道	50592	24664	25928	18153	22931	24187	4500	40939	5153	27719
崇仁街道	36025	17498	18527	12159	15058	15367	2606	30105	3314	19253
汉中街道	29597	14877	14720	8728	11499	11611	2301	25122	2174	15092
汉正街道	113975	58276	55699	38423	51975	49819	10591	97689	5695	36665
六角亭街道	46285	23187	23098	15260	19489	19916	3917	38882	3486	17697
长丰街道	179152	92355	86797	41221	57187	53535	12684	161819	4649	14090
汉阳区	**584098**	**304534**	**279564**	**191148**	**260883**	**258425**	**52121**	**481273**	**50704**	**327867**
翠微街办事处	44529	22106	22423	15786	21627	22074	3857	35492	5180	34830
建桥街办事处	46960	22987	23973	17316	21840	22942	3644	37418	5898	32088
月湖街办事处	20944	14353	6591	2894	3881	3820	828	19447	669	12805
晴川街办事处	17138	8484	8654	5910	7710	7845	1307	13706	2125	9159
鹦鹉街办事处	51945	26822	25123	17692	24396	24575	4810	42559	4576	35669
洲头街办事处	38888	19874	19014	13728	19212	18741	3239	31922	3727	26960
五里墩街办事处	87346	44880	42466	30544	41479	40846	8393	70674	8279	46648

表17 续表 1 单位：人、户

地区	总人口			家庭户	家庭户总人口		分年龄人口			居住本地，户口在本地
	合计	男	女	户数	男	女	0-14岁	15-64岁	65岁及以上	
琴断口街办事处	66908	34274	32634	24750	32879	32086	7102	54536	5270	33840
江汉二桥街办事处	76001	38713	37288	28211	37230	36468	7080	61227	7694	44764
永丰街办事处	106482	57370	49112	25743	38705	37156	9136	92120	5226	35558
江堤街办事处	24496	13320	11176	7661	10846	10795	2443	20178	1875	13766
四新地区管委会	2461	1351	1110	913	1078	1077	282	1994	185	1780
武昌区	**1214287**	**618210**	**596077**	**387582**	**499572**	**503372**	**105114**	**996619**	**112554**	**801731**
积玉桥街办事处	60323	30276	30047	22253	29155	29519	5820	48140	6363	37442
杨园街办事处	109485	59288	50197	36000	47334	46829	9984	88812	10689	67727
徐家棚街办事处	123918	62505	61413	37464	50733	50950	10548	103203	10167	82376
粮道街办事处	64704	31945	32759	22032	27603	28645	6343	51869	6492	42205
中华路街办事处	44262	21751	22511	16899	20906	21649	4061	35106	5095	31997
黄鹤楼街办事处	60909	28461	32448	20275	25125	26155	4579	49530	6800	45831
紫阳街办事处	61135	31235	29900	23722	29518	29125	5479	49157	6499	35529
白沙洲街办事处	76226	38445	37781	28283	36854	35912	7297	61960	6969	43546
首义路街办事处	69562	34788	34774	22057	29755	30324	6296	55774	7492	47990
中南路街办事处	216216	113062	103154	70677	85064	85147	17174	180462	18580	148276
水果湖街办事处	178628	90346	88282	53365	72684	73952	15990	144382	18256	132328
珞珈山街办事处	75128	40351	34777	8575	11321	11671	2248	68971	3909	53037
石洞街办事处	6664	3268	3396	2829	3125	3286	591	4718	1355	5792
南湖街办事处	52596	26601	25995	19875	26026	25788	7779	41939	2878	20312
东湖风景区街道(武昌)	14531	5888	8643	3276	4369	4420	925	12596	1010	7343
青山区	**485607**	**249776**	**235831**	**164112**	**227339**	**227406**	**45341**	**382038**	**58228**	**343420**
红卫路街道	82337	44127	38210	27149	35297	34558	6697	66530	9110	55360
冶金街道	78887	39559	39328	26390	37596	38318	8068	62097	8722	59281
新沟桥街道	54932	26967	27965	19713	26192	27098	5203	42060	7669	38681
红钢城街道	37992	19284	18708	12430	16955	17447	3256	29501	5235	24577
工人村街道	14141	8244	5897	4590	6293	5692	1420	11885	836	4987
青山镇街道	20791	11864	8927	7106	9044	8463	1692	16892	2207	13428
厂前街道	9961	5412	4549	3423	4833	4380	1146	7750	1065	5850
武东街道	25254	13353	11901	9257	11973	11600	2396	19707	3151	17881
白玉山街道	37703	19672	18031	13737	18629	17798	3902	29013	4788	21894
钢花村街道	77222	38143	39079	24872	37806	38868	7533	59482	10207	63340
武钢厂区	281	276	5	35	37	5		279	2	
钢都花园管委会	39919	19811	20108	12829	19762	20075	3618	33216	3085	33634
北湖管委会	6187	3064	3123	2581	2922	3104	410	3626	2151	4507
洪山区	**1390243**	**739303**	**650940**	**345453**	**448326**	**430559**	**111887**	**1208611**	**69745**	**635527**
珞南街道	230583	123056	107527	53622	66543	66437	15891	200772	13920	126130
关山街道	314096	169926	144170	57116	76796	75351	20931	277550	15615	197699
狮子山街道	99255	54332	44923	13453	17754	17696	4417	90619	4219	52456
张家湾街道	27028	14212	12816	6529	8806	8493	1853	23078	2097	13254
梨园街街道	22384	11510	10874	8659	11084	10699	2145	18228	2011	11277
洪山街道	164992	86861	78131	54918	60677	56641	14018	146520	4454	34941
和平街道	107811	56391	51420	38345	53238	50372	13257	88792	5762	26251
东湖风景区街道(洪山)	53110	25663	27447	10533	15142	14776	3509	46452	3149	20855
东湖开发区花山镇	22256	11790	10466	7055	10942	10350	2576	17309	2371	18950
东湖开发区左岭镇	27680	14334	13346	10231	13918	13243	3865	20489	3326	23443
青菱乡	79913	41265	38648	13382	19984	19064	5033	72086	2794	29625
天兴乡	3368	1680	1688	851	1674	1681	406	2559	403	3004
武汉化工区建设乡	29807	15864	13943	9068	13777	13235	3323	23563	2921	18071
东湖开发区九峰乡	12526	6847	5679	3721	5814	5521	1498	9861	1167	8582
武汉化工区清潭湖办事处	6438	3329	3109	2072	3274	3089	802	4866	770	5456
东湖开发区关东街办事处	188996	102243	86753	55898	68903	63911	18363	165867	4766	45533
东西湖区	**452053**	**235027**	**217026**	**142963**	**205114**	**200603**	**57205**	**363451**	**31397**	**181165**
吴家山街道	115067	58873	56194	37220	54862	54260	16194	93185	5688	59006
柏泉办事处	9402	4712	4690	3228	4590	4617	943	6981	1478	7912

表17 续表 2

单位：人、户

地区	总人口			家庭户	家庭户总人口		分年龄人口			居住本地，户口在本地
	合计	男	女	户数	男	女	0-14岁	15-64岁	65岁及以上	
将军路街道	42259	22362	19897	13655	20069	18872	6051	34037	2171	9128
慈惠街道	16373	8643	7730	4817	7032	6752	1565	13330	1478	6666
走马岭街道	26744	14149	12595	8868	12349	11744	3061	20987	2696	15982
径河街道	36937	19001	17936	11638	18230	17551	5161	29643	2133	14551
长青街道	41648	22261	19387	12763	18363	16950	5278	34788	1582	11139
辛安渡办事处	12620	6447	6173	4686	6144	5958	1358	9166	2096	9563
东山办事处	14446	7190	7256	5242	7010	7180	1818	10600	2028	11830
新沟镇街道	17839	9172	8667	6676	8439	8371	1873	13674	2292	12592
金银湖街道	58891	30960	27931	17188	24073	23672	6406	49250	3235	8787
常青花园新区管理委员会	55353	28941	26412	15471	21747	22570	6918	44354	4081	11594
台商工业园区管理委员会	4474	2316	2158	1511	2206	2106	579	3456	439	2415
汉南区	**114970**	**60055**	**54915**	**36564**	**55748**	**53278**	**13305**	**91762**	**9903**	**90000**
纱帽街道	71724	37308	34416	23509	34425	33471	8751	57767	5206	52833
邓南街道	13690	7255	6435	4141	6919	6315	1358	10505	1827	12180
东荆街道	13963	7364	6599	3935	6619	6148	1420	11086	1457	11419
湘口街道	15593	8128	7465	4979	7785	7344	1776	12404	1413	13568
蔡甸区	**618994**	**321698**	**297296**	**178414**	**269418**	**263640**	**69659**	**497240**	**52095**	**427848**
蔡甸街办事处	146138	76217	69921	47061	68275	68331	16145	116222	13771	112920
奓山街办事处	46008	23478	22530	14153	22103	21706	5772	35523	4713	38063
永安街办事处	26989	13676	13313	8125	13364	13210	3474	20337	3178	24367
侏儒街办事处	47326	24437	22889	14504	24093	22693	6951	34999	5376	43322
大集街办事处	29532	15316	14216	8669	13804	13854	3251	23154	3127	24454
张湾街办事处	28674	14442	14232	9467	14276	14169	3333	21846	3495	25432
沌口街办事处	181575	94596	86979	44420	64246	61570	18282	155487	7806	79630
军山街办事处	26531	14854	11677	7061	11099	10975	2895	21090	2546	19447
索河镇	21544	10721	10823	6798	10606	10765	2993	16024	2527	19447
玉贤镇	15417	7831	7586	4911	7609	7470	1642	11865	1910	13390
消泗乡	13251	6920	6331	4308	6821	6277	1602	10193	1456	12134
桐湖办事处	2314	1195	1119	846	1153	1110	321	1713	280	1960
洪北管委会	3585	1900	1685	1193	1728	1546	380	2895	310	2650
蔡甸经济开发区沌口办事处	13139	7342	5797	2075	2885	2550	719	12178	242	560
蔡甸经济开发区常福办事处	6966	3621	3345	1845	3003	3028	762	5656	548	5545
蔡甸经济开发区文岭办事处	827	444	383	286	404	375	108	677	42	
蔡甸经济开发区姚家山办事处	9178	4708	4470	2692	3949	4011	1029	7381	768	4527
江夏区	**790117**	**404289**	**385828**	**184777**	**267319**	**258078**	**78693**	**663523**	**47901**	**421282**
纸坊街办事处	189290	95730	93560	55428	81475	80756	25548	152871	10871	104402
金口街办事处	52560	26385	26175	19644	25512	25686	6696	39059	6805	46394
乌龙泉街办事处	31535	16288	15247	11451	15839	15039	4328	23663	3544	27232
郑店街办事处	36969	19551	17418	11424	18153	16874	5647	28359	2963	25829
五里界街办事处	25773	13471	12302	4491	6532	6303	1811	22632	1330	11432
金水办事处	5437	2698	2739	1940	2659	2734	674	4002	761	4926
东湖开发区佛祖岭办事处	94290	49910	44380	12753	18864	17300	5541	86647	2102	23282
东湖开发区豹獬办事处	24592	13005	11587	8350	12330	11477	3683	18336	2573	22161
东湖开发区流芳街办事处	14336	7457	6879	4937	7088	6649	2132	10765	1439	12379
东湖开发区大屋陈办事处	12064	6272	5792	4300	6218	5784	1527	9273	1264	11136
法泗镇	16982	8599	8383	6117	8509	8341	2399	12299	2284	15894
安山镇	13303	6817	6486	4906	6693	6439	1990	9768	1545	12141
湖泗镇	13669	7170	6499	4651	7046	6444	2132	9775	1762	12708
山坡乡	29148	15037	14111	10017	14067	13527	4461	21556	3131	26070
舒安乡	8909	4576	4333	3472	4571	4331	1159	6597	1153	8392
江夏经济开发区庙山办事处	53920	26895	27025	4773	7197	6819	2138	50782	1000	7674
江夏经济开发区藏龙岛办事处	97474	48554	48920	6522	9533	8918	2749	93756	969	20002
江夏经济开发区大桥新区办事处	66087	33885	32202	8411	13168	12914	3635	60435	2017	25771
江夏经济开发区梁子湖风景区办事处	3779	1989	1790	1190	1865	1743	443	2948	388	3457

表17 续表 3 单位：人、户

地区	总人口			家庭户户数	家庭户总人口		分年龄人口			居住本地，户口在本地
	合计	男	女		男	女	0-14岁	15-64岁	65岁及以上	
黄陂区	**874938**	**445292**	**429646**	**259892**	**411443**	**404572**	**109903**	**676687**	**88348**	**773182**
前川街道	190978	95417	95561	54324	88971	87836	22016	153164	15798	162041
祁家湾街道	64228	32401	31827	20199	32359	31820	8354	47946	7928	61984
横店街道	52988	26949	26039	15938	24520	24253	6545	40597	5846	50544
罗汉寺街道	49793	25069	24724	16773	24740	24592	6729	36800	6264	48401
滠口街道	42985	23877	19108	11500	19052	18163	5163	34869	2953	31638
六指街道	62508	31545	30963	18292	30681	30359	8057	47457	6994	60084
天河街道	25758	12748	13010	6930	11064	11029	2884	20598	2276	20578
王家河街道	45220	22597	22623	14230	22503	22575	5764	33566	5890	43968
长轩岭街道	32159	16404	15755	10531	15303	15027	4379	23951	3829	29048
李家集街道	70197	36014	34183	19637	34634	33110	9259	53763	7175	67458
姚家集街道	33669	17258	16411	11372	17117	16372	5068	24524	4077	32189
蔡家榨街道	26228	13114	13114	8975	13081	13103	3513	19274	3441	25609
武湖街道	35631	18876	16755	10443	15949	16034	4335	28241	3055	27650
三里镇	15731	8151	7580	5346	7876	7452	2167	12029	1535	14574
蔡店乡	32765	16882	15883	10746	15966	15487	4669	23943	4153	31580
木兰乡	30039	15211	14828	10505	15104	14752	4357	21970	3712	29019
木兰山风景区	1564	799	765	659	759	736	202	1162	200	1330
大潭办事处	3290	1620	1670	1295	1613	1668	528	2387	375	2921
盘龙城经济开发区	59207	30360	28847	12197	20151	20204	5914	50446	2847	32566
新洲区	**848760**	**440890**	**407870**	**236327**	**411322**	**389052**	**111526**	**663349**	**73885**	**764021**
邾城街道	161628	83996	77632	45655	76752	72370	22835	126753	12040	131714
阳逻街道	156158	82086	74072	41852	71364	66597	18301	127897	9960	130253
仓埠街道	67496	34903	32593	19310	33475	31474	8511	52504	6481	63817
汪集街道	66500	34166	32334	18494	33004	31641	8813	50719	6968	63728
李集街道	46483	23738	22745	14497	23570	22701	5941	35363	5179	45362
三店街道	67832	35323	32509	18355	35262	32486	9040	52351	6441	65447
潘塘街道	29059	15018	14041	7216	13305	12911	3540	22613	2906	27927
旧街街道	63850	33006	30844	17933	31639	29848	8666	49290	5894	59299
双柳街道	49364	25462	23902	15034	25236	23869	6179	38640	4545	47251
辛冲镇	55080	28036	27044	14538	27198	26597	8387	41470	5223	52508
徐古镇	31067	16204	14863	9058	15872	14753	4540	23112	3415	29375
凤凰镇	23188	11850	11338	7119	11699	11290	3270	17421	2497	22178
道观河风景旅游管理处	4783	2503	2280	1227	2247	2109	655	3740	388	4220
涨渡湖农场	7664	3863	3801	2001	3770	3751	1036	5917	711	7223
龙王咀农场	3366	1743	1623	1055	1734	1619	421	2535	410	3232
阳逻开发区	14724	8742	5982	2817	4944	4769	1325	12650	749	9976
新洲原种场	518	251	267	166	251	267	66	374	78	511
黄石市	**2429318**	**1259260**	**1170058**	**683236**	**1188021**	**1122796**	**422413**	**1817352**	**189553**	**1976461**
黄石港区	**224314**	**110076**	**114238**	**67556**	**99546**	**100625**	**26160**	**178701**	**19453**	**153887**
沈家营街道	46405	21219	25186	10484	15616	15603	4065	38858	3482	28753
黄石港街道	55831	27866	27965	18710	27100	27348	7268	43506	5057	39719
红旗桥街道	40619	20046	20573	13563	19490	20018	4634	31863	4122	30447
胜阳港街道	46649	22672	23977	14713	22152	23055	5712	36174	4763	33775
花湖街道	31214	16434	14780	8990	13390	12880	4001	25475	1738	18025
江北管理区	3596	1839	1757	1096	1798	1721	480	2825	291	3168
西塞山区	**233708**	**119350**	**114358**	**77040**	**114718**	**111817**	**30515**	**180907**	**22286**	**169112**
临江街道	28265	14335	13930	9684	14072	13732	3628	21642	2995	20212
八泉街道	27692	14046	13646	9267	13881	13604	3966	21444	2282	16944
陈家湾街道	53129	26966	26163	17370	25868	25390	6814	42078	4237	36211
澄月街道	59384	30273	29111	19453	28620	27858	7558	46158	5668	41753

表17 续表 4

单位：人、户

地区	总人口			家庭户	家庭户总人口		分年龄人口			居住本地，户口在本地
	合计	男	女	户数	男	女	0-14岁	15-64岁	65岁及以上	
黄思湾街道	34596	17563	17033	12596	17183	16905	3428	26771	4397	28839
西塞山街道	12741	6862	5879	3638	6068	5776	1859	9747	1135	9824
河口镇	17679	9174	8505	4899	8895	8461	3247	12900	1532	15288
冶钢农场	222	131	91	133	131	91	15	167	40	41
下陆区	**176614**	**93068**	**83546**	**50614**	**76211**	**73920**	**20982**	**141381**	**14251**	**116199**
新下陆街道	57914	30480	27434	19051	27436	26527	6942	44350	6622	47808
老下陆街道	38256	19974	18282	12073	18075	17195	5105	29612	3539	27864
东方山街道	14755	7660	7095	4388	7384	6917	2406	11370	979	8423
团城山街道	65689	34954	30735	15102	23316	23281	6529	56049	3111	32104
铁山区	**57327**	**29405**	**27922**	**19627**	**27742**	**27215**	**6916**	**43243**	**7168**	**47485**
区直辖虚拟镇	57327	29405	27922	19627	27742	27215	6916	43243	7168	47485
阳新县	**827631**	**427271**	**400360**	**215230**	**410400**	**390418**	**176670**	**592134**	**58827**	**741415**
兴国镇	137412	71569	65843	37200	66256	61987	24232	105592	7588	99136
富池镇	32821	17450	15371	8227	15596	14275	6380	24168	2273	28645
黄颡口镇	32898	16901	15997	8163	16585	15882	6223	24122	2553	30400
韦源口镇	27430	14052	13378	6881	13875	13320	5115	20301	2014	25578
太子镇	36606	18755	17851	10558	18239	17665	8155	25527	2924	34351
大王镇	39500	20146	19354	9943	19779	19171	8300	28165	3035	37931
陶港镇	28052	14538	13514	6657	14125	13286	5646	20460	1946	26902
白沙镇	84882	44049	40833	21831	42673	40193	17751	61016	6115	76896
浮屠镇	73213	37788	35425	18375	36337	34771	15976	52378	4859	67199
三溪镇	37787	19664	18123	9909	19499	18053	8280	26773	2734	35539
龙港镇	79743	40737	39006	20738	38382	37706	21470	52430	5843	77422
洋港镇	31164	15801	15363	8197	15624	15307	8044	20871	2249	29066
排市镇	33780	17460	16320	8442	16885	16072	8561	22723	2496	32070
木港镇	42448	21817	20631	10666	21465	20465	9028	30589	2831	39800
枫林镇	36878	19003	17875	8878	18707	17751	7808	26357	2713	35768
王英镇	35105	18190	16915	9845	17916	16755	8976	22909	3220	32368
综合农场	10373	5288	5085	2700	4653	4439	1506	8025	842	7010
率洲农场	10129	5091	5038	3186	5046	5017	2065	6972	1092	9212
半壁山农场	3669	1849	1820	1053	1723	1715	680	2632	357	3368
荆头山农场	4162	2121	2041	1121	2092	2028	608	3126	428	4079
阳新原种场	1022	498	524	322	494	524	222	676	124	792
金海开发区	8557	4504	4053	2338	4449	4036	1644	6322	591	7883
大冶市	**909724**	**480090**	**429634**	**253169**	**459404**	**418801**	**161170**	**680986**	**67568**	**748363**
东岳路街道	101859	53560	48299	30321	50573	46446	17658	78503	5698	61570
金湖街道	83051	44601	38450	22354	41650	36941	13800	63193	6058	67361
罗家桥街道	57456	30727	26729	15129	27735	24760	10182	43522	3752	46482
金山街道	33830	17665	16165	9490	17310	15888	6006	25182	2642	30114
金牛镇	61733	31912	29821	18373	31388	29412	11770	44332	5631	56682
保安镇	62122	32156	29966	16210	31316	29707	10156	46742	5224	56269
灵乡镇	49815	26571	23244	14011	25475	22884	9060	37014	3741	44068
金山店镇	42966	23199	19767	13850	21964	19611	7209	31458	4299	38402
还地桥镇	88142	46766	41376	24394	45522	40578	12959	67824	7359	81141
殷祖镇	35626	18393	17233	10134	18126	17105	7426	25338	2862	33958
刘仁八镇	35446	18777	16669	9247	18540	16589	7155	25727	2564	32547
陈贵镇	55918	29725	26193	15630	28230	25496	10497	40724	4697	50181
大箕铺镇	56369	29704	26665	13606	28731	26275	10887	41322	4160	50486
汪仁镇	38778	20161	18617	10468	19797	18447	6455	28977	3346	35269
茗山乡	35403	18348	17055	9446	18260	17010	7262	25191	2950	32747

表17 续表 5　　单位：人、户

地　区	总人口			家庭户	家庭户总人口		分年龄人口			居住本地，户口在本地
	合　计	男	女	户　数	男	女	0-14岁	15-64岁	65岁及以上	
大冶经济开发区	67691	35981	31710	19404	32975	29981	12087	53234	2370	28261
东风农场管理区	2718	1419	1299	847	1403	1295	467	2091	160	2278
四顾闸管理处	801	425	376	255	409	376	134	612	55	547
十堰市	**3340841**	**1751833**	**1589008**	**980327**	**1611308**	**1499452**	**503558**	**2552026**	**285257**	**2741204**
茅箭区	**399449**	**204668**	**194781**	**126112**	**179392**	**172661**	**58508**	**319874**	**21067**	**239399**
武当路街道	47476	24485	22991	16120	22344	21597	7925	37158	2393	24995
二堰街道	122898	61714	61184	35564	50041	47590	16798	100635	5465	65989
五堰街道	136909	69490	67419	44523	62542	61706	20166	109763	6980	91807
白浪开发区白浪街道	50561	26450	24111	16921	24823	23523	7906	39394	3261	29503
大川镇	2920	1535	1385	931	1504	1376	345	2240	335	2668
茅塔乡	3874	2059	1815	1138	1995	1806	488	2893	493	3565
鸳鸯乡	33410	18207	15203	10456	15446	14397	4726	26776	1908	19573
小川乡	1401	728	673	459	697	666	154	1015	232	1299
张湾区	**368471**	**195248**	**173223**	**122360**	**167752**	**161449**	**53132**	**288881**	**26458**	**219285**
花果街道	49027	25914	23113	16548	22961	22057	6435	38348	4244	36599
红卫街道	85628	48433	37195	25954	35482	33737	11980	68813	4835	39083
车城路街道	121907	62380	59527	43930	57158	55289	18301	94916	8690	73931
汉江路街道	77559	40426	37133	24650	35614	34559	11862	60985	4712	44113
黄龙镇	14291	7781	6510	4571	6697	6394	1729	10814	1748	11088
柏林镇	8689	4371	4318	2758	4129	4030	1367	6622	700	5535
方滩乡	3442	1796	1646	1251	1706	1613	442	2358	642	3213
西沟乡	3345	1734	1611	1196	1730	1608	358	2491	496	3059
西城开发区	4090	2140	1950	1317	2004	1943	630	3156	304	2194
秦家坪林场	229	129	100	111	127	99	11	174	44	209
凤凰山茶场	264	144	120	74	144	120	17	204	43	261
郧县	**558355**	**292044**	**266311**	**143833**	**257756**	**242635**	**87000**	**423427**	**47928**	**496717**
城关镇	133014	67806	65208	30370	50182	48999	18369	106949	7696	98013
安阳镇	23239	12171	11068	6089	10831	10235	2510	17822	2907	21925
杨溪铺镇	16039	8271	7768	4744	8178	7713	2109	12312	1618	15813
青曲镇	24115	12816	11299	6517	12286	11099	3003	18668	2444	23840
白桑关镇	24932	12887	12045	7000	12493	11926	4289	17828	2815	23850
南化塘镇	46315	23937	22378	13293	23649	22223	8841	33130	4344	45414
白浪镇	10097	5129	4968	2660	4972	4886	2129	7073	895	9839
刘洞镇	14818	7616	7202	3754	7389	7081	3086	10133	1599	14394
谭山镇	29923	15498	14425	7667	15267	14299	7157	20235	2531	28716
梅铺镇	27126	14213	12913	6770	14089	12865	5209	19577	2340	26577
青山镇	11753	6141	5612	3446	5976	5462	1370	9133	1250	11626
茶店镇	27022	14689	12333	6475	11776	11372	3442	21831	1749	22760
柳陂镇	56729	30889	25840	12557	24699	23480	7242	45415	4072	51671
鲍峡镇	27592	14979	12613	7516	14054	12478	4284	20715	2593	25017
胡家营镇	18281	9588	8693	5361	9294	8580	3512	12760	2009	16957
谭家湾镇	23010	11859	11151	5949	9836	9441	3287	18038	1685	17330
大柳乡	11762	6352	5410	3344	6126	5325	1718	8722	1322	11493
五峰乡	22333	11812	10521	6734	11412	10349	3632	16024	2677	21715
叶大乡	9569	5021	4548	3335	4900	4506	1733	6593	1243	9119
红岩背林场	686	370	316	252	347	316	78	469	139	648
郧西县	**447482**	**235050**	**212432**	**124954**	**227056**	**207066**	**67981**	**339434**	**40067**	**413538**
城关镇	93805	47223	46582	28241	44023	43915	14738	72932	6135	70081
土门镇	24150	12839	11311	6637	12838	11310	3227	18771	2152	23806
上津镇	28813	14960	13853	7137	13993	13076	3942	22788	2083	27111

表17 续表 6

单位：人、户

地区	总人口			家庭户	家庭户总人口		分年龄人口			居住本地，户口在本地
	合计	男	女	户数	男	女	0-14岁	15-64岁	65岁及以上	
店子镇	24327	13185	11142	6081	13081	11094	3273	18787	2267	23869
夹河镇	30246	16049	14197	7843	15841	14164	5698	21804	2744	29142
羊尾镇	19118	9996	9122	5361	9907	9083	3112	14215	1791	18654
观音镇	32135	16732	15403	8883	15329	14346	4323	24502	3310	29521
马鞍镇	23776	12666	11110	6553	12514	11093	3580	17612	2584	23600
河夹镇	25261	13552	11709	7537	13065	11471	3105	19213	2943	24937
香口乡	22532	11953	10579	6715	11650	10474	3273	17018	2241	21946
关防乡	16882	9092	7790	4404	8797	7633	2831	12590	1461	16327
湖北口回族乡	21425	11539	9886	5691	11490	9874	3545	15925	1955	21023
景阳乡	28423	15239	13184	7175	15036	13143	4754	21139	2530	27632
六郎乡	25590	13691	11899	6765	13486	11838	4496	18900	2194	25492
涧池乡	14509	7450	7059	4690	7436	7053	2053	10711	1745	14376
安家乡	9712	5219	4493	2890	5007	4406	1034	7662	1016	9511
槐树林乡	4250	2269	1981	1383	2208	1968	711	3001	538	4103
三官洞乡	2528	1396	1132	968	1355	1125	286	1864	378	2407
竹山县	**417079**	**223970**	**193109**	**118996**	**214028**	**188239**	**65810**	**311452**	**39817**	**384385**
城关镇	64251	33110	31141	18970	30760	29544	10319	50062	3870	45654
溢水镇	31298	16812	14486	8862	16635	14423	4490	24004	2804	30419
麻家渡镇	28655	15358	13297	7980	15071	13226	4431	21506	2718	27489
宝丰镇	55401	28979	26422	17270	28193	26119	10126	40119	5156	51789
擂鼓镇	25034	13304	11730	8034	12941	11622	4331	17941	2762	24241
秦古镇	23500	12729	10771	6832	12408	10662	3684	17518	2298	22512
得胜镇	24723	13643	11080	7159	13125	10858	3881	18240	2602	24332
上庸镇	14884	8021	6863	3883	7284	6416	2245	11239	1400	14371
官渡镇	15200	8122	7078	4125	7705	6845	2376	11219	1605	14809
潘口乡	17789	9723	8066	4471	8890	7873	2585	13707	1497	15758
竹坪乡	24730	13832	10898	6335	12887	10415	3720	17807	3203	24477
大庙乡	12028	6656	5372	3536	6445	5303	2076	8696	1256	11919
双台乡	16108	8934	7174	4803	8593	7108	2398	11899	1811	15058
楼台乡	24249	13312	10937	5875	12519	10316	3543	18292	2414	23589
文峰乡	14021	7768	6253	3615	7307	6105	1809	10634	1578	13488
深河乡	10987	6128	4859	3050	5959	4800	1561	8286	1140	10643
柳林乡	13391	7106	6285	3950	6877	6209	2118	9681	1592	13029
九华林场	830	433	397	246	429	395	117	602	111	808
竹溪县	**315259**	**168282**	**146977**	**88217**	**160761**	**142617**	**48807**	**238097**	**28355**	**298701**
城关镇	65559	33037	32522	20064	32500	32224	11789	49511	4259	58052
蒋家堰镇	32879	17460	15419	8652	17280	15206	6314	23952	2613	32186
中峰镇	31306	16455	14851	8476	16207	14721	5171	23667	2468	30621
水坪镇	46559	25032	21527	12031	22405	19751	6512	36073	3974	41991
县河镇	17624	9721	7903	4630	8976	7574	2504	13394	1726	17178
泉溪镇	10502	5815	4687	2807	5506	4506	1312	8006	1184	10320
丰溪镇	11191	6139	5052	3075	5894	4966	1546	8444	1201	10866
龙坝乡	16085	8718	7367	4292	8489	7233	2498	12053	1534	15930
新洲乡	19184	10601	8583	5219	10020	8218	2566	14773	1845	18859
兵营乡	9632	5340	4292	3210	4642	3888	964	7416	1252	9518
鄂坪乡	7023	3934	3089	1877	3704	3010	832	5340	851	6812
汇湾乡	13541	7448	6093	4156	7344	6033	1957	10123	1461	13415
天宝乡	14547	8022	6525	3770	7550	6348	2007	10921	1619	14304
桃源乡	6259	3408	2851	1922	3272	2777	865	4536	858	6070
向坝乡	7076	3761	3315	1845	3691	3295	1077	5437	562	6812

表17　续表 7　　　　　　　　　　　　　　　　　　　　单位：人、户

地　区	总人口			家庭户	家庭户总人口		分年龄人口			居住本地，户　口在本地
	合　计	男	女	户　数	男	女	0-14岁	15-64岁	65岁及以　上	
龙王垭茶场	163	89	74	73	89	74	17	126	20	91
国营竹溪综合农场	554	300	254	160	300	253	75	389	90	527
原种场	393	185	208	147	179	205	83	263	47	297
渔种场	23	10	13	10	10	13	3	14	6	19
种畜场	71	35	36	28	35	36	13	52	6	35
标湖林场	207	119	88	94	117	88	27	145	35	197
双竹林场	794	434	360	301	384	347	92	534	168	723
八卦山林场	243	130	113	85	129	113	33	169	41	231
源茂林场	1116	592	524	356	579	518	190	763	163	1054
岱王沟林场	116	79	37	86	79	37	2	71	43	106
望府座林场	163	97	66	43	97	66	16	126	21	163
天池垭林场	143	87	56	60	71	52	9	99	35	117
九里岗林场	59	38	21	25	38	21	9	40	10	42
竹溪县十八里长峡管理局	2247	1196	1051	723	1174	1044	324	1660	263	2165
房县	**390991**	**204387**	**186604**	**114795**	**189466**	**177030**	**54820**	**290129**	**46042**	**346007**
城关镇	89898	44760	45138	27043	39665	40594	13403	66113	10382	62431
军店镇	32346	16693	15653	8291	14496	13860	4284	24575	3487	27677
化龙堰镇	20163	10256	9907	5684	9385	9428	3053	14547	2563	18639
土城镇	16404	8925	7479	4932	8183	7161	2037	12063	2304	15080
大木厂镇	26828	14204	12624	7466	13603	12299	4367	19500	2961	25316
青峰镇	27231	14494	12737	8812	13834	12587	3674	20581	2976	25913
门古寺镇	26488	14464	12024	6533	14080	11868	3431	20361	2696	25753
白鹤镇	28435	15137	13298	7840	14710	13140	3535	22307	2593	27366
野人谷镇	9638	5287	4351	2992	5016	4286	1144	6851	1643	9195
红塔乡	31367	15929	15438	9763	15083	14971	4488	23370	3509	29618
窑淮乡	10763	5566	5197	3758	5162	5122	1630	7592	1541	10062
姚坪乡	13008	7103	5905	3702	6911	5865	2361	9349	1298	12470
榔口乡	7261	3801	3460	2381	3399	3349	1035	5264	962	6785
沙河乡	7197	4052	3145	2280	3913	3105	932	5311	954	7047
万峪河乡	6917	3748	3169	2154	3570	3116	979	5148	790	6845
上龛乡	8712	4864	3848	1938	4023	3241	801	6661	1250	8519
中坝乡	7130	3812	3318	2349	3648	3264	1074	5079	977	6820
九道乡	8675	4581	4094	2609	4488	4055	1085	6426	1164	8517
回龙乡	3022	1643	1379	992	1513	1331	344	2185	493	2950
国营五台山林业总场	3268	1793	1475	1070	1569	1442	383	2421	464	3042
国营杨岔山林场	1474	809	665	521	797	663	173	1023	278	1430
国营九口山林场	944	509	435	373	496	435	96	667	181	901
国营毛家山林场	125	66	59	53	66	59	13	86	26	124
国营代东河林场	319	185	134	116	178	133	30	220	69	308
房县西蒿漆场	151	83	68	52	76	68	16	114	21	146
房县园艺场	1963	990	973	657	990	973	260	1444	259	1863
谭家湾水库管养所	437	227	210	137	206	194	71	294	72	409
温泉风景区	316	170	146	106	170	146	48	218	50	303
房县旱粮粮种场	511	236	275	191	236	275	73	359	79	478
丹江口市	**443755**	**228184**	**215571**	**141060**	**215097**	**207755**	**67500**	**340732**	**35523**	**343172**
均州路街道	55248	27595	27653	19657	27250	27486	9143	42253	3852	34497
大坝路街道	48225	24169	24056	18098	23792	23905	7406	36349	4470	31064
丹赵路街道	39091	19328	19763	12443	17013	16849	5910	31079	2102	17110
三官殿街道	21346	11062	10284	6846	10068	9823	2929	16719	1698	17347
土关垭镇	10408	5479	4929	3078	5293	4881	1544	7794	1070	9744

表17 续表 8 单位：人、户

地区	总人口			家庭户	家庭户总人口		分年龄人口			居住本地，户口在本地
	合计	男	女	户数	男	女	0-14岁	15-64岁	65岁及以上	
浪河镇	14147	7287	6860	5024	7062	6803	2293	10441	1413	12449
丁家营镇	13530	6851	6679	3977	6527	6449	2087	10333	1110	12101
六里坪镇	47148	24442	22706	14265	23912	22586	7534	36004	3610	41163
盐池河镇	6552	3459	3093	2538	3430	3081	948	4665	939	6179
均县镇	19916	10471	9445	5244	10256	9315	2656	15589	1671	19748
习家店镇	29896	15839	14057	7682	13497	12739	4429	22953	2514	28046
蒿坪镇	9067	4628	4439	2622	4204	4112	1328	6857	882	8793
石鼓镇	9049	4713	4336	2958	4570	4288	1339	6789	921	8541
凉水河镇	19547	10313	9234	5598	10117	9162	2310	15084	2153	19018
官山镇	10693	6305	4388	2933	4687	4206	1266	8318	1109	8630
土台乡	9176	4697	4479	3131	4525	4422	1271	6929	976	8763
新港经济开发管理处	12876	6587	6289	4146	6350	6212	2432	9983	461	5836
牛河林业开发管理区	5624	2888	2736	1773	2888	2736	639	4334	651	5443
白杨坪林业开发管理区	1909	1073	836	646	1033	829	203	1417	289	1853
大沟林业开发管理区	5136	2770	2366	1335	2656	2351	802	3911	423	4713
武当山特区	55171	28228	26943	17066	25967	25520	9031	42931	3209	42134
宜昌市	**4059686**	**2080389**	**1979297**	**1294008**	**1905366**	**1860475**	**441349**	**3183622**	**434715**	**3410121**
西陵区	**512074**	**260743**	**251331**	**162428**	**214037**	**221071**	**57724**	**407183**	**47167**	**336493**
西陵街道	104773	55300	49473	25088	33749	34321	8953	88545	7275	64945
学院街道	71140	35006	36134	25323	33226	34321	7407	56348	7385	52001
云集街道	71595	37777	33818	19839	26030	26747	6670	58282	6643	45589
西坝街道	42482	21737	20745	15352	19778	20315	5253	31698	5531	33650
葛洲坝街道	40111	19615	20496	14859	18252	19931	5098	29541	5472	30822
夜明珠街道	64237	31207	33030	23565	29516	31715	8943	47445	7849	47911
窑湾乡	28892	14907	13985	8758	12848	12862	3604	23530	1758	13417
宜昌开发区管委会	85361	43455	41906	28655	39135	39252	11403	68998	4960	45514
峡口风景区	3483	1739	1744	989	1503	1607	393	2796	294	2644
伍家岗区	**214194**	**108280**	**105914**	**74008**	**100493**	**100540**	**25208**	**171833**	**17153**	**130284**
大公桥街道	37473	18509	18964	13114	17471	18059	4378	29096	3999	26995
万寿桥街道	42873	21258	21615	15575	19710	20096	4369	34420	4084	24791
宝塔河街道	41114	20865	20249	14743	19859	19975	5184	32655	3275	25411
伍家岗街道	44953	22299	22654	15993	21063	21149	5601	36612	2740	30643
伍家乡	47781	25349	22432	14583	22390	21261	5676	39050	3055	22444
点军区	**103696**	**52919**	**50777**	**31860**	**49433**	**48665**	**10872**	**81426**	**11398**	**90075**
点军街道	34111	17294	16817	9875	15176	15576	3322	27705	3084	25867
艾家镇	8348	4236	4112	2537	3912	3885	905	6615	828	7168
桥边镇	26332	13339	12993	8071	13051	12859	2954	20473	2905	24570
联棚乡	13949	7112	6837	4002	6730	6582	1502	10920	1527	12550
土城乡	20956	10938	10018	7375	10564	9763	2189	15713	3054	19920
猇亭区	**61230**	**32902**	**28328**	**16447**	**25124**	**25288**	**6179**	**49533**	**5518**	**41591**
古老背街道	32273	17667	14606	8421	12429	12525	3280	26424	2569	19714
虎牙街道	13390	6769	6621	3872	6209	6244	1459	10534	1397	10479
云池街道	15567	8466	7101	4154	6486	6519	1440	12575	1552	11398
夷陵区	**520186**	**268646**	**251540**	**166957**	**247873**	**239301**	**58015**	**409388**	**52783**	**439409**
小溪塔街道办	133704	66517	67187	42725	59241	60569	17302	105870	10532	92193
樟村坪镇	23342	13126	10216	7474	10711	9675	2436	18443	2463	20567
雾渡河镇	33074	18211	14863	10701	16173	14512	3098	26323	3653	30865
分乡镇	35761	18429	17332	11312	17820	16943	3628	28130	4003	34779
太平溪镇	23979	12423	11556	8201	12182	11505	2915	18468	2596	22754
三斗坪镇	29494	15314	14180	9733	14645	13781	3078	22789	3627	27398

表17　续表 9

单位：人、户

地　　区	总人口			家庭户	家庭户总人口		分年龄人口			居住本地，户口在本地
	合　计	男	女	户　数	男	女	0-14岁	15-64岁	65岁及以　上	
乐天溪镇	24979	12850	12129	8612	12434	12000	3251	19060	2668	21963
龙泉镇	50265	25638	24627	14872	24200	23821	5330	39809	5126	45378
鸦鹊岭镇	56089	28444	27645	18182	27904	27346	5304	44376	6409	51519
下堡坪乡	20614	10972	9642	7298	10751	9523	2069	15767	2778	19895
邓村乡	24520	13019	11501	8633	12888	11490	2726	18846	2948	23855
黄花乡	33254	17634	15620	10230	15698	15018	3291	25938	4025	30134
三峡坝区	1500	1044	456	820	688	362	45	1431	24	
夷陵经济开发区	29611	15025	14586	8164	12538	12756	3542	24138	1931	18109
远安县	**184532**	**96756**	**87776**	**60776**	**86282**	**82797**	**21221**	**144766**	**18545**	**159856**
鸣凤镇	55838	28227	27611	18659	24316	24488	7202	44552	4084	42119
花林寺镇	14402	7474	6928	5093	6901	6515	1362	11181	1859	13161
旧县镇	**20865**	**10678**	**10187**	**6995**	**10390**	**10016**	**2415**	**16118**	**2332**	**19489**
洋坪镇	29722	15188	14534	10168	14301	14166	3879	22391	3452	28233
茅坪场镇	24797	13920	10877	7280	11049	10348	2375	19913	2509	21292
荷花镇	25250	13899	11351	8351	12401	11085	2504	19931	2815	22750
河口乡	13658	7370	6288	4230	6924	6179	1484	10680	1494	12812
兴山县	**170630**	**89392**	**81238**	**56208**	**84036**	**78386**	**18253**	**133793**	**18584**	**153808**
古夫镇	42425	21576	20849	14204	19977	19682	5549	33055	3821	34669
昭君镇	22809	12094	10715	9869	11774	10616	2593	17881	2335	18954
峡口镇	24582	12806	11776	7727	12026	11489	2349	19501	2732	23351
南阳镇	11195	5860	5335	3518	5684	5154	901	8772	1522	10910
黄粮镇	21864	11478	10386	6614	10737	9957	1981	17231	2652	21012
水月寺镇	22187	11933	10254	6600	10588	9709	2344	17253	2590	20432
高桥乡	14568	7742	6826	4280	7562	6733	1397	11436	1735	14112
榛子乡	11000	5903	5097	3396	5688	5046	1139	8664	1197	10368
秭归县	**367107**	**189341**	**177766**	**118509**	**178581**	**168661**	**40833**	**285218**	**41056**	**333778**
茅坪镇	101620	50196	51424	29989	42525	43628	12808	79830	8982	78985
归州镇	26155	13374	12781	8624	12953	12412	3283	20048	2824	23399
屈原镇	16839	8785	8054	6594	8762	8051	1786	12743	2310	16306
沙镇溪镇	30996	15981	15015	9627	15486	14801	3156	24316	3524	30055
两河口镇	23649	12372	11277	8254	12212	11235	2241	18130	3278	22881
郭家坝镇	46708	24460	22248	15162	23748	22002	5612	36005	5091	44329
杨林桥镇	26082	13964	12118	8917	13886	12105	2162	20378	3542	25417
九畹溪镇	22657	12041	10616	7337	11729	10450	2172	17516	2969	22057
水田坝乡	31180	16216	14964	10266	15511	14769	3350	24170	3660	30167
泄滩乡	12586	6701	5885	4361	6639	5852	1411	9747	1428	12319
梅家河乡	17267	9052	8215	5664	8975	8196	1805	13490	1972	16843
磨坪乡	11368	6199	5169	3714	6155	5160	1047	8845	1476	11020
长阳土家族自治县	**388228**	**202555**	**185673**	**119306**	**190286**	**176785**	**44616**	**296826**	**46786**	**361444**
龙舟坪镇	89679	44946	44733	28566	38411	39354	12244	68240	9195	73168
高家堰镇	20590	10907	9683	6095	10255	9292	2514	15545	2531	19484
磨市镇	29832	15752	14080	8685	14040	13196	3157	22759	3916	28892
都镇湾镇	49755	26089	23666	14364	25288	23223	4976	38325	6454	48737
资丘镇	37651	20020	17631	11978	19499	17160	3905	29427	4319	35944
渔峡口镇	33524	17351	16173	10465	16569	15624	3895	25278	4351	32650
榔坪镇	39348	20792	18556	11560	19928	17911	4876	29859	4613	38191
贺家坪镇	27170	14420	12750	8272	14139	12669	2931	20999	3240	25904
大堰乡	32839	17408	15431	10278	17300	15398	3247	25218	4374	31830
鸭子口乡	20087	10808	9279	6387	10801	9268	1778	15323	2986	19635
火烧坪乡	7753	4062	3691	2656	4056	3690	1093	5853	807	7009

表17 续表 10 单位：人、户

地区	总人口			家庭户	家庭户总人口		分年龄人口			居住本地，户口在本地
	合计	男	女	户数	男	女	0-14岁	15-64岁	65岁及以上	
五峰土家族自治县	**188923**	**98429**	**90494**	**61992**	**96354**	**89314**	**21533**	**143661**	**23729**	**179763**
五峰镇	37746	19651	18095	12800	18991	17693	4527	29236	3983	34249
长乐坪镇	22500	11736	10764	7179	11664	10718	2301	17262	2937	21932
渔洋关镇	46145	23873	22272	14713	23029	21756	5071	35563	5511	43042
仁和坪镇	18879	9869	9010	6555	9815	8982	2200	13520	3159	18332
湾潭镇	16743	8711	8032	4997	8599	7998	2110	12671	1962	16255
付家堰乡	15567	8194	7373	5359	8060	7281	1616	11797	2154	15289
牛庄乡	7496	3959	3537	2450	3895	3494	852	5693	951	7344
采花乡	23847	12436	11411	7939	12301	11392	2856	17919	3072	23320
宜都市	**384598**	**195298**	**189300**	**123488**	**185295**	**182705**	**37889**	**298708**	**48001**	**352469**
陆城街道	90849	44753	46096	31506	41962	43688	10408	71034	9407	75467
红花套镇	27053	12904	14149	7799	11856	12128	2444	21110	3499	23543
高坝洲镇	25860	12944	12916	8110	12680	12857	2698	19484	3678	24009
聂家河镇	16847	8911	7936	5332	8602	7853	1302	12914	2631	15756
松木坪镇	28553	14564	13989	9041	14476	13973	2586	22546	3421	27809
枝城镇	88935	45580	43355	28265	42614	42033	8604	69883	10448	84765
姚家店镇	24292	12186	12106	7476	11887	11864	2262	18741	3289	21068
五眼泉镇	21898	11086	10812	6838	10971	10777	1877	16630	3391	21079
潘家湾土家族乡	15057	8046	7011	4815	7932	6957	1186	11603	2268	14729
王家畈乡	29747	15509	14238	9034	15267	14151	2702	22528	4517	29109
松宜矿区管理委员会	15507	8815	6692	5272	7048	6424	1820	12235	1452	15135
当阳市	**468293**	**236455**	**231838**	**148834**	**225497**	**223723**	**49856**	**370858**	**47579**	**391330**
玉阳街道	104568	52029	52539	35501	47933	49704	12668	82745	9155	73621
坝陵街道	54384	27297	27087	16693	26037	25870	5991	42946	5447	41417
玉泉街道	45390	23029	22361	14027	22427	22033	4962	36146	4282	36102
两河镇	32412	16349	16063	10061	15917	15759	2983	25652	3777	30412
河溶镇	51339	26098	25241	15846	25360	24498	5101	40679	5559	47124
育溪镇	50205	25489	24716	15460	23125	23028	5369	39604	5232	45247
庙前镇	36917	18912	18005	10921	18424	17710	3678	29897	3342	34521
王店镇	39481	20137	19344	12731	19845	19167	3804	30963	4714	34156
半月镇	32749	16683	16066	10333	16269	15740	3334	26096	3319	28801
草埠湖镇	20848	10432	10416	7261	10160	10214	1966	16130	2752	19929
枝江市	**495995**	**248673**	**247322**	**153195**	**222075**	**223239**	**49150**	**390429**	**56416**	**439821**
马家店街道	132746	65332	67414	39809	53099	54471	15502	107066	10178	106765
安福寺镇	52784	26828	25956	15965	23430	23495	4960	40931	6893	47836
白洋镇	37444	18911	18533	11054	17296	17374	3372	28962	5110	34044
顾家店镇	26303	13153	13150	8154	12765	12817	2576	19766	3961	24926
董市镇	54730	27900	26830	17060	23876	23652	5530	43151	6049	46978
仙女镇	32174	16362	15812	9933	15304	14971	2980	25242	3952	28521
问安镇	41213	21003	20210	13657	20615	19901	3616	32508	5089	37843
七星台镇	43478	21898	21580	13862	21345	21266	4096	34264	5118	40910
百里洲镇	75123	37286	37837	23701	34345	35292	6518	58539	10066	71998
襄樊市	**5500307**	**2783478**	**2716829**	**1572191**	**2586384**	**2548427**	**824860**	**4208287**	**467160**	**4673563**
襄城区	**473202**	**236053**	**237149**	**133977**	**198724**	**200019**	**60068**	**372927**	**40207**	**336087**
王府街道	71260	33123	38137	20469	26147	27623	7934	58410	4916	37563
昭明街道	60420	30777	29643	18638	25695	26424	7607	48155	4658	39264
庞公街道	68191	34020	34171	22120	30142	31223	9182	52059	6950	36316
檀溪街道	57762	29942	27820	17305	23131	23062	7802	44530	5430	42041
隆中街道	44387	21323	23064	5526	7613	7892	2335	40408	1644	16804
余家湖街道	21849	10976	10873	6916	10882	10840	3371	16145	2333	20348

表17 续表 11

单位：人、户

地 区	总人口			家庭户	家庭户总人口		分年龄人口			居住本地，户口在本地
	合 计	男	女	户 数	男	女	0-14岁	15-64岁	65岁及以上	
欧庙镇	66575	33765	32810	19410	33484	32656	10301	49192	7082	64239
卧龙镇	70673	36129	34544	20100	35668	34226	9850	54663	6160	68562
尹集乡	12085	5998	6087	3493	5962	6073	1686	9365	1034	10950
樊城区	**821531**	**411802**	**409729**	**264405**	**381038**	**384267**	**120860**	**641695**	**58976**	**497946**
汉江街道	74514	37745	36769	25924	33852	34985	9503	59727	5284	43228
王寨街道	75392	37123	38269	24832	34391	34645	11158	59063	5171	31289
中原街道	97025	48703	48322	33001	45168	44977	13787	76892	6346	43018
定中门街道	25167	12213	12954	8028	10144	10803	2730	20485	1952	9543
清河口街道	46821	23628	23193	15969	22064	22175	6890	36084	3847	22221
屏襄门街道	66354	32459	33895	21078	28972	29909	8966	52595	4793	35049
米公街道	83034	40816	42218	28052	38452	39690	11310	64888	6836	44589
柿铺街道	28413	14035	14378	7199	13354	13622	4634	21682	2097	25820
襄樊高新区紫贞街道	23517	12204	11313	8286	10509	11016	3523	18069	1925	15169
襄樊高新区七里河街道	30176	15258	14918	10236	13672	13774	4402	24350	1424	10340
牛首镇	74166	37604	36562	19702	37256	36365	11954	56503	5709	71653
太平店镇	61614	30657	30957	18745	30313	30823	10655	44876	6083	59842
襄樊高新区团山镇	50066	25540	24526	14738	22422	22020	7695	39350	3021	29943
襄樊高新区米庄镇	39096	20101	18995	12593	18972	18478	6544	30632	1920	25545
樊城区经济开发区	15184	7513	7671	5419	7446	7584	2344	11782	1058	14548
襄樊高新区东风公司襄樊基地	18259	9672	8587	6331	8062	7466	2611	14773	875	13877
襄樊鱼梁洲开发区	12733	6531	6202	4272	5989	5935	2154	9944	635	2272
襄阳区	**904957**	**461519**	**443438**	**239431**	**432955**	**422796**	**152076**	**682315**	**70566**	**838054**
张湾镇	156631	81929	74702	41452	65982	64845	23159	124697	8775	107321
龙王镇	53636	26949	26687	15205	26843	26643	10190	39112	4334	52194
石桥镇	70131	35937	34194	18447	35832	34083	14112	50422	5597	69204
黄集镇	69289	34869	34420	18709	34239	33874	11533	52376	5380	65634
伙牌镇	50976	25853	25123	12778	23740	23339	6987	39621	4368	49928
古驿镇	63950	32519	31431	17661	32203	31298	12610	46866	4474	63285
朱集镇	63164	31924	31240	14693	28269	27673	12052	45036	6076	62818
程河镇	56993	28863	28130	14281	28283	27820	11078	40668	5247	56401
双沟镇	84352	42587	41765	21622	40391	39365	13493	64506	6353	79161
张家集镇	50366	25670	24696	13536	25557	24646	8655	37894	3817	49882
黄龙镇	41111	21158	19953	11908	20986	19896	6371	31303	3437	40383
峪山镇	48570	24845	23725	14130	23712	23157	6900	37060	4610	47739
东津镇	95788	48416	47372	25009	46918	46157	14936	72754	8098	94104
南漳县	**533661**	**273122**	**260539**	**149607**	**255083**	**243683**	**65358**	**416487**	**51816**	**504705**
城关镇	157183	78119	79064	41288	66250	66998	19801	125353	12029	138863
武安镇	101101	50962	50139	27835	47866	46953	12594	79418	9089	98823
九集镇	83743	42105	41638	24469	41768	41428	11108	64691	7944	81470
李庙镇	24980	13472	11508	7029	13370	11478	3033	18882	3065	24184
长坪镇	16425	8912	7513	4793	8825	7490	1724	12605	2096	15952
薛坪镇	29151	15949	13202	8964	15392	12859	3102	22157	3892	28964
板桥镇	17851	9750	8101	5463	9486	8016	1983	13491	2377	17376
巡检镇	29306	15286	14020	8391	14732	13722	3220	22772	3314	28470
东巩镇	33055	17481	15574	9640	16979	15386	3874	25886	3295	31588
肖堰镇	28152	14764	13388	8277	14215	13082	3248	21433	3471	27031
清河管理区	12714	6322	6392	3458	6200	6271	1671	9799	1244	11984
谷城县	**523607**	**262478**	**261129**	**146051**	**232843**	**235773**	**85237**	**390583**	**47787**	**478310**
城关镇	178990	88748	90242	46830	72720	75380	28600	137487	12903	150495
石花镇	108753	54836	53917	29015	49134	49520	18550	81886	8317	101690

表17　续表12　　　　　　　　　　　　　　　　　　　　　　　　　　单位：人、户

地　区	总人口			家庭户	家庭户总人口		分年龄人口			居住本地，户口在本地
	合　计	男	女	户　数	男	女	0-14岁	15-64岁	65岁及以上	
盛康镇	56582	28163	28419	15341	25859	26422	9780	41091	5711	54023
庙滩镇	42184	21076	21108	12824	20316	20355	6938	30359	4887	41001
五山镇	26932	13127	13805	9041	12666	13451	4917	18909	3106	25349
茨河镇	16550	8427	8123	4595	7185	7112	2186	12325	2039	15797
南河镇	17447	8934	8513	5076	8093	7917	2766	12642	2039	16931
紫金镇	17527	9437	8090	5786	8559	7658	2333	12973	2221	16609
冷集镇	47288	23566	23722	13847	22457	22884	7696	34691	4901	45316
赵湾乡	9567	5241	4326	3030	4949	4220	1256	6925	1386	9389
薤山林场	1787	923	864	666	905	854	215	1295	277	1710
保康县	**254596**	**133100**	**121496**	**76451**	**126402**	**117175**	**30384**	**195998**	**28214**	**239330**
城关镇	55047	27977	27070	16928	24931	24739	7581	42928	4538	46119
黄堡镇	21649	11780	9869	6516	11414	9665	2267	16213	3169	21025
后坪镇	9868	5323	4545	2907	5141	4432	1132	7424	1312	9577
龙坪镇	8888	4912	3976	2752	4625	3889	1017	6597	1274	8618
店垭镇	14271	7335	6936	4934	7169	6865	1745	10800	1726	13716
马良镇	30986	16128	14858	8998	15554	14509	3264	24583	3139	30477
歇马镇	42752	22281	20471	12233	21443	19882	4968	33344	4440	41369
马桥镇	28034	14726	13308	8351	14298	13114	3450	21570	3014	26799
寺坪镇	24539	12770	11769	6792	12190	11475	3096	18515	2928	23773
过渡湾镇	9498	5018	4480	3116	4829	4396	1014	6981	1503	9025
两峪乡	9064	4850	4214	2924	4808	4209	850	7043	1171	8832
老河口市	**471482**	**235712**	**235770**	**128958**	**230128**	**230995**	**81770**	**351888**	**37824**	**421859**
光化街道	67317	33191	34126	20429	32430	33322	10370	51471	5476	56455
酂阳街道	97148	47130	50018	29963	44691	47301	15049	74002	8097	72429
孟楼镇	31968	16079	15889	7905	15948	15806	7248	22438	2282	29357
竹林桥镇	35022	17723	17299	8855	17661	17280	6692	25741	2589	34544
薛集镇	42538	21553	20985	9964	21370	20873	8798	30788	2952	41481
张集镇	41215	20815	20400	10181	20585	20307	7476	30586	3153	39835
仙人渡镇	36042	17945	18097	9973	17712	18018	6327	26496	3219	33850
洪山嘴镇	50677	26106	24571	14329	24908	23866	7517	38544	4616	48468
李楼镇	37453	18688	18765	9688	18571	18745	6260	27994	3199	34777
袁冲乡	32102	16482	15620	7671	16252	15477	6033	23828	2241	30663
枣阳市	**1004741**	**510830**	**493911**	**290041**	**483475**	**469720**	**158720**	**760622**	**85399**	**890459**
北城街道	74143	36609	37534	19266	26507	27091	12096	57348	4699	51574
南城街道	137934	69240	68694	39928	61335	61537	21675	107228	9031	96102
环城街道	51994	26349	25645	13786	23309	22799	7921	39336	4737	47680
琚湾镇	66773	34222	32551	18181	34063	32509	11077	50371	5325	64999
七方镇	85860	44163	41697	23613	43472	41372	13967	64393	7500	84092
杨当镇	65941	34314	31627	16728	33482	31208	11467	48581	5893	64300
太平镇	81251	41721	39530	23740	41168	39269	13078	59606	8567	79549
新市镇	48362	24836	23526	14412	24380	23318	7893	35483	4986	46966
鹿头镇	55667	28321	27346	15490	27627	26956	9861	40323	5483	53777
刘升镇	34045	17461	16584	10499	17371	16563	5560	25339	3146	33279
兴隆镇	54837	28017	26820	16754	27464	26552	8762	41594	4481	52310
王城镇	40964	20969	19995	12285	20722	19826	5831	31353	3780	40412
吴店镇	80714	40555	40159	25519	39207	38777	10811	62427	7476	76772
熊集镇	41802	21286	20516	13796	21259	20505	5556	32323	3923	41354
平林镇	25163	12957	12206	7307	12890	12149	3285	19499	2379	25052
枣阳经济开发区	44146	22273	21873	14131	21703	21690	7653	33927	2566	17589
随阳农场	6883	3381	3502	2066	3361	3493	1156	5128	599	6661

表17 续表 13 单位：人、户

地区	总人口 合计	总人口 男	总人口 女	家庭户 户数	家庭户总人口 男	家庭户总人口 女	分年龄人口 0-14岁	分年龄人口 15-64岁	分年龄人口 65岁及以上	居住本地，户口在本地
车河农场	8262	4156	4106	2540	4155	4106	1071	6363	828	7991
宜城市	**512530**	**258862**	**253668**	**143270**	**245736**	**243999**	**70387**	**395772**	**46371**	**466813**
鄢城街道	133877	67216	66661	38931	60058	61450	17822	106283	9772	106588
南营街道	42060	21152	20908	10497	21008	20827	5861	32426	3773	40759
郑集镇	69169	34797	34372	18780	34664	34317	9491	52219	7459	67255
小河镇	50922	25597	25325	13717	24484	24531	6607	39179	5136	48723
刘猴镇	31807	16187	15620	9012	15893	15466	4627	24245	2935	30447
孔湾镇	19514	9804	9710	5558	9546	9511	2753	14772	1989	18419
流水镇	49832	25494	24338	14563	24140	23281	6431	38872	4529	46483
板桥镇	40391	20730	19661	10566	19104	18255	5650	31588	3153	38690
王集镇	34258	17302	16956	9094	17230	16928	5636	25176	3446	33040
雷河镇	36498	18428	18070	11491	17872	17682	4881	27704	3913	32553
大雁工业园区	4202	2155	2047	1061	1737	1751	628	3308	266	3856
鄂州市	**1048668**	**551366**	**497302**	**294451**	**503484**	**462421**	**161405**	**804826**	**82437**	**908500**
梁子湖区	**142608**	**74205**	**68403**	**37287**	**72385**	**67056**	**26202**	**105076**	**11330**	**136547**
太和镇	45473	23759	21714	10899	22782	21054	8789	33541	3143	43203
东沟镇	20860	10906	9954	5744	10652	9763	3257	15860	1743	20385
梁子镇	16044	8330	7714	4176	7890	7282	2854	11907	1283	14209
涂家垴镇	26376	13907	12469	7105	13834	12429	4037	19868	2471	25867
沼山镇	33855	17303	16552	9363	17227	16528	7265	23900	2690	32883
华容区	**237333**	**125190**	**112143**	**64496**	**111030**	**103126**	**32980**	**182624**	**21729**	**221978**
华容镇	58401	30537	27864	15179	26125	24216	8441	44844	5116	54433
葛店镇	62173	32081	30092	17447	28125	27159	7932	48940	5301	59533
庙岭镇	30090	16018	14072	8565	14466	13467	4754	22847	2489	28180
段店镇	34601	18716	15885	8955	16861	15172	4281	26621	3699	32080
临江乡	30056	15895	14161	8256	15201	13866	4454	22415	3187	28446
蒲团乡	19451	10377	9074	5854	9908	8930	2978	14558	1915	18603
葛店开发区	2561	1566	995	240	344	316	140	2399	22	703
鄂城区	**668727**	**351971**	**316756**	**192668**	**320069**	**292239**	**102223**	**517126**	**49378**	**549975**
凤凰街道	138032	72031	66001	36903	57124	52550	19961	111211	6860	98222
古楼街道	127600	66315	61285	40288	60648	56520	20946	99680	6974	90536
西山街道	68767	36847	31920	22993	34111	30719	9792	53066	5909	57387
泽林镇	50200	26381	23819	14874	24788	22708	7468	37991	4741	43852
杜山镇	18981	10026	8955	5217	9492	8690	2473	14591	1917	18286
新庙镇	20133	10647	9486	5627	10124	9372	3184	14894	2055	18383
碧石镇	24979	13168	11811	7052	13126	11797	3646	19340	1993	23955
汀祖镇	51381	27357	24024	13631	26071	23318	7662	39806	3913	48495
燕矶镇	40286	21289	18997	11075	21135	18983	6758	29519	4009	38147
杨叶镇	22606	11836	10770	6346	11621	10654	4097	16622	1887	21466
花湖镇	34634	18443	16191	9459	17381	15546	5386	26833	2415	26581
长港镇	13273	6888	6385	3646	6132	5832	2095	9943	1235	12658
沙窝乡	26842	14500	12342	6842	13667	11907	4179	20185	2478	25707
鄂州经济开发区	31013	16243	14770	8715	14649	13643	4576	23445	2992	26300
荆门市	**2873687**	**1461065**	**1412622**	**818037**	**1334117**	**1315591**	**341194**	**2282468**	**250025**	**2469631**
东宝区	**360984**	**182806**	**178178**	**117376**	**166449**	**163982**	**41277**	**291180**	**28527**	**262037**
龙泉街道办	92280	45065	47215	33670	42610	42832	11098	75170	6012	57992
泉口街道办	98912	50083	48829	32413	40505	40465	11883	81929	5100	52039
栗溪镇	17779	9569	8210	5206	8612	7968	1668	14293	1818	16208
子陵镇	40537	20594	19943	12409	20247	19748	4461	32068	4008	34856
漳河镇	34355	17590	16765	10617	16751	16355	3557	27329	3469	31273

表17 续表 14　　　　单位：人、户

地区	总人口			家庭户	家庭户总人口		分年龄人口			居住本地，户口在本地
	合计	男	女	户数	男	女	0-14岁	15-64岁	65岁及以上	
马河镇	8579	4640	3939	2524	4052	3880	844	6949	786	7033
石桥驿镇	28015	14745	13270	8555	13556	13102	3011	21786	3218	25496
牌楼镇	20121	10156	9965	5545	9902	9644	2409	16081	1631	17286
仙居乡	20406	10364	10042	6437	10214	9988	2346	15575	2485	19854
掇刀区	**271970**	**137542**	**134428**	**84449**	**123237**	**120516**	**34750**	**219164**	**18056**	**155462**
掇刀石街道	119288	59599	59689	32955	48336	48143	15586	99075	4627	44993
白庙街道	87602	44504	43098	31288	41811	40812	11822	68926	6854	52256
团林铺镇	41572	21209	20363	12472	21095	20326	4399	32830	4343	38949
麻城镇	23508	12230	11278	7734	11995	11235	2943	18333	2232	19264
京山县	**636776**	**322914**	**313862**	**189816**	**299442**	**293855**	**76175**	**503196**	**57405**	**586122**
新市镇	143186	71675	71511	42193	59538	59439	15575	118215	9396	120459
永兴镇	21302	11249	10053	6038	9689	9299	2220	16736	2346	19064
曹武镇	30051	15383	14668	8038	15154	14427	3184	24028	2839	29519
罗店镇	62504	31738	30766	19019	31094	30394	8132	47973	6399	61528
宋河镇	47582	23933	23649	14200	22407	22111	5534	37620	4428	44905
坪坝镇	15692	7616	8076	5632	7527	8035	2587	10990	2115	15340
三阳镇	25735	12896	12839	8565	12747	12768	3730	19165	2840	25058
绿林镇	9640	4911	4729	3047	4859	4713	1281	7307	1052	9294
杨集镇	12758	6510	6248	3495	6490	6236	1439	10035	1284	12411
孙桥镇	34594	18000	16594	9223	15928	15539	3758	27731	3105	31760
石龙镇	24422	12450	11972	6881	12350	11901	2862	19539	2021	23451
永隆镇	48817	24746	24071	13790	24369	23844	5814	38120	4883	47636
雁门口镇	38021	19499	18522	10693	18999	18223	4710	29829	3482	35814
钱场镇	32704	16809	15895	10852	16233	15650	4453	25124	3127	30554
京山经济开发区	21043	10802	10241	5006	7880	7757	2493	17551	999	14211
京山县原种场	2657	1375	1282	900	1363	1280	286	2140	231	2344
太子山林管局	2210	1135	1075	801	1109	1067	253	1648	309	1831
罗汉寺办事处	4915	2471	2444	1413	2471	2444	619	3772	524	4708
长滩办事处	7772	3922	3850	2469	3922	3850	989	5955	828	7299
何集办事处	11150	5618	5532	3485	5593	5530	1487	8391	1272	10539
屈家岭办事处	10520	5375	5145	3674	5374	5145	1350	8037	1133	9808
易家岭办事处	29501	14801	14700	10402	14346	14203	3419	23290	2792	28589
沙洋县	**581443**	**302897**	**278546**	**165108**	**274811**	**271460**	**62813**	**464199**	**54431**	**537131**
沙洋镇	59158	29656	29502	17290	25745	26396	6699	48299	4160	43996
五里铺镇	43825	22432	21393	12723	21821	20928	4255	35443	4127	41442
十里铺镇	34162	17313	16849	10004	17277	16833	3591	27469	3102	31692
纪山镇	23543	11818	11725	6978	11703	11659	2768	18516	2259	22052
拾回桥镇	41035	20798	20237	11821	20669	20182	4689	32336	4010	38556
后港镇	69968	35155	34813	19704	33445	33235	8636	54789	6543	65193
毛李镇	36830	18630	18200	9595	18489	18119	4562	28819	3449	36352
官当镇	34813	17565	17248	9378	17247	16993	4005	27856	2952	34285
李市镇	37237	18620	18617	10144	18580	18603	4653	29339	3245	36260
马良镇	34910	17606	17304	10412	17254	17056	3674	27746	3490	34349
高阳镇	39137	20003	19134	11135	19907	19087	4207	31184	3746	37724
沈集镇	33647	17016	16631	9839	16302	16163	3672	26437	3538	32140
曾集镇	44627	22643	21984	13180	22317	21689	4346	35754	4527	43136
沙洋监狱管理局	48551	33642	14909	12905	14055	14517	3056	40212	5283	39954
钟祥市	**1022514**	**514906**	**507608**	**261288**	**470178**	**465778**	**126179**	**804729**	**91606**	**928879**
郢中街道	190147	93887	96260	47678	72682	74291	23266	154862	12019	131355
洋梓镇	52466	26710	25756	13987	25128	24463	5770	41463	5233	50262

表17 续表 15　　　　单位：人、户

地　区	总人口			家庭户	家庭户总人口		分年龄人口			居住本地，户口在本地
	合　计	男	女	户　数	男	女	0-14岁	15-64岁	65岁及以上	
长寿镇	28033	14170	13863	7759	13282	13001	3159	22333	2541	26175
丰乐镇	64531	32609	31922	16208	31110	30622	7985	50013	6533	63314
胡集镇	127586	64568	63018	33988	58309	57786	15541	100420	11625	118534
双河镇	38159	19467	18692	10374	18822	18239	4182	30403	3574	35984
磷矿镇	41410	20975	20435	10367	18359	18388	4460	32286	4664	39540
文集镇	40286	20305	19981	10980	19789	19554	4902	30677	4707	38889
冷水镇	45373	23111	22262	11497	23050	22230	5244	35771	4358	43885
石牌镇	84301	42735	41566	19969	41824	40867	10322	66044	7935	82324
旧口镇	96356	48452	47904	23957	43501	43541	10973	76779	8604	92922
柴湖镇	95169	47593	47576	21851	46916	47023	17851	69330	7988	92967
长滩镇	18311	9339	8972	5202	8737	8401	1848	14603	1860	17277
东桥镇	24293	12303	11990	6494	11987	11750	2483	19552	2258	23258
客店镇	13263	6842	6421	3832	6767	6381	1377	10624	1262	12668
张集镇	22034	11262	10772	6088	10663	10344	2107	17607	2320	21559
九里乡	17163	8825	8338	4425	8314	7964	1794	13721	1648	15954
钟祥市官庄湖管理区	12689	6246	6443	3580	5719	5816	1771	9486	1432	12339
南湖原种场	7253	3647	3606	1839	3478	3442	780	5780	693	6834
罗汉寺种畜场	2304	1106	1198	611	1007	1045	258	1843	203	2064
温峡水库	1015	551	464	422	540	463	83	847	85	701
石门水库	255	137	118	129	137	117	13	192	50	74
黄坡水库	117	66	51	51	57	50	10	93	14	
孝感市	**4814542**	**2479051**	**2335491**	**1348768**	**2317108**	**2205931**	**696674**	**3683369**	**434499**	**4294592**
孝南区	**908266**	**458839**	**449427**	**285284**	**421190**	**413768**	**126083**	**697278**	**84905**	**718261**
书院街办事处	74012	39729	34283	26981	33530	31954	9075	58572	6365	49753
新华街办事处	72659	34083	38576	20974	28696	28296	8624	58909	5126	47272
广场街办事处	157648	77831	79817	49712	69265	68806	20741	126755	10152	107407
车站街道	40221	20324	19897	13970	19081	18938	5539	31836	2846	22779
新铺镇	26990	13851	13139	8580	13614	13042	4005	20014	2971	24051
西河镇	20285	10209	10076	6530	9748	9863	3377	14298	2610	19411
杨店镇	48580	23508	25072	17582	23325	25022	8643	33637	6300	46129
陡岗镇	37314	19052	18262	10907	18338	17917	6291	27217	3806	36234
肖港镇	70304	35380	34924	21318	32323	32127	11052	51431	7821	67250
毛陈镇	35438	17891	17547	10855	17336	16989	4804	26953	3681	31693
三汊镇	35633	18300	17333	11189	17262	16864	5575	26023	4035	33747
祝站镇	24763	12125	12638	8665	11996	12609	3841	17637	3285	23704
朋兴乡	35544	18492	17052	10658	18378	17030	5094	26758	3692	32769
卧龙乡	43584	22665	20919	12257	21883	20028	5617	33525	4442	38531
闵集乡	22201	11632	10569	5403	10943	10438	2844	17204	2153	20733
孝南区经济开发区管理委员会	23265	11868	11397	6059	11033	10750	3004	18266	1995	18586
孝南区朱湖农场	16919	8630	8289	5799	8422	8207	2057	12859	2003	15683
孝南区东山头原种场	5443	2782	2661	1849	2639	2594	690	4068	685	4804
孝感开发区丹阳办事处	85345	43937	41408	26997	37976	37498	10461	66746	8138	50690
孝感开发区孝天办事处	21396	10729	10667	6105	10288	9981	3242	16226	1928	18181
孝感开发区槐荫办事处	10722	5821	4901	2894	5114	4815	1507	8344	871	8854
孝昌县	**588666**	**303958**	**284708**	**150000**	**294616**	**278664**	**99223**	**440560**	**48883**	**558060**
花园镇	107709	55620	52089	28507	51251	48836	17907	82339	7463	88291
丰山镇	23100	11545	11555	6505	11497	11530	3986	16869	2245	21997
周巷镇	54161	27790	26371	14167	27725	26353	9269	40357	4535	53564
小河镇	38981	20337	18644	9582	20292	18633	6716	28916	3349	38806
王店镇	39985	20841	19144	9746	19540	18453	7463	28896	3626	39318

表17 续表 16　　单位：人、户

地区	总人口			家庭户	家庭户总人口		分年龄人口			居住本地，户口在本地
	合计	男	女	户数	男	女	0-14岁	15-64岁	65岁及以上	
卫店镇	27584	14143	13441	6895	13915	13354	4768	20301	2515	27163
白沙镇	43094	22584	20510	10570	22518	20483	6722	32715	3657	42705
邹岗镇	58155	29681	28474	14922	29487	28389	9267	43684	5204	56756
小悟乡	16023	8148	7875	4759	8078	7851	3094	11285	1644	15365
季店乡	44994	23640	21354	11015	22991	20985	7665	33702	3627	44810
花西乡	42493	22139	20354	10572	22056	20312	6852	32028	3613	42003
陡山乡	48179	24827	23352	11736	24076	23091	7987	36412	3780	47594
孝昌县开发区	22225	11350	10875	5343	10131	9821	3557	17203	1465	18689
观音湖生态文化旅游度假区	13060	6799	6261	3261	6614	6209	2324	9525	1211	12436
双峰山旅游度假区	8923	4514	4409	2420	4445	4364	1646	6328	949	8563
大悟县	**614902**	**317540**	**297362**	**162663**	**297336**	**281457**	**100331**	**463546**	**51025**	**573115**
城关镇	133788	67481	66307	35334	55255	55537	20604	104884	8300	103865
阳平镇	19828	10489	9339	5371	9824	8940	2947	15083	1798	18890
芳畈镇	32899	16761	16138	7990	16292	15842	5246	24585	3068	32323
新城镇	44031	23349	20682	11713	22399	20105	7457	32835	3739	43086
夏店镇	29459	15188	14271	7905	14310	13570	4734	21894	2831	28427
刘集镇	26582	13837	12745	6890	13338	12555	3384	20702	2496	26211
河口镇	23993	12537	11456	6435	12240	11322	3586	18611	1796	22958
四姑镇	22858	11998	10860	5618	11716	10593	3937	16765	2156	22818
吕王镇	26319	13857	12462	7029	13525	12247	5181	18841	2297	25545
黄站镇	15134	7760	7374	4068	7032	6771	2938	10818	1378	14676
宣化店镇	55113	28402	26711	14566	27654	25982	9834	40464	4815	52733
丰店镇	30259	15751	14508	7757	15569	14428	5344	22288	2627	29794
大新镇	32148	16632	15516	8948	16331	15330	5419	24190	2539	31537
三里镇	23173	11510	11663	7631	10687	11163	3713	16902	2558	22736
高店乡	36754	19388	17366	9295	18841	17223	5963	27661	3130	35758
彭店乡	32013	16694	15319	8349	16522	15251	5192	23962	2859	31517
东新乡	30551	15906	14645	7764	15801	14598	4852	23061	2638	30241
云梦县	**524799**	**274488**	**250311**	**138717**	**252879**	**235896**	**71001**	**407820**	**45978**	**477787**
城关镇	137873	72211	65662	36051	60811	57116	16735	111909	9229	101061
义堂镇	40180	20733	19447	10679	20382	19176	6011	30377	3792	39559
曾店镇	31059	16500	14559	8021	15576	14132	4482	23783	2794	30813
吴铺镇	28399	14929	13470	8100	14094	13098	4279	21193	2927	27245
伍洛镇	35006	18251	16755	9121	16750	15539	4949	26341	3716	34376
下辛店镇	47870	25222	22648	11883	24818	22574	6765	36314	4791	47383
道桥镇	21978	11474	10504	6104	10806	9953	2897	16516	2565	21215
隔蒲潭镇	51137	26544	24593	13965	24788	23238	6849	39455	4833	50596
胡金店镇	27439	14333	13106	7262	13605	12628	3965	20920	2554	26963
倒店乡	27222	14772	12450	6549	12673	11808	3520	21620	2082	26795
沙河乡	31241	16227	15014	8467	15674	14726	4412	23789	3040	30488
清明河乡	24697	12565	12132	6682	12534	12116	3423	19071	2203	24462
云梦县经济开发区	20698	10727	9971	5833	10368	9792	2714	16532	1452	16831
应城市	**593812**	**306465**	**287347**	**179556**	**287209**	**273944**	**76458**	**459161**	**58193**	**523948**
城中街道	134010	68015	65995	45675	65021	63542	16499	106060	11451	93072
城北街道	43785	22684	21101	12270	18483	18309	5167	33700	4918	40160
四里棚街道	24438	12994	11444	5899	8683	8405	2811	19235	2392	22212
东马坊街道	40684	20852	19832	13241	19747	18989	5498	31653	3533	37627
长江埠街道	23504	12081	11423	8484	11814	11293	3225	17755	2524	21261
田店镇	14570	7363	7207	4641	7191	7127	1845	11082	1643	14036
杨河镇	37398	18596	18802	12765	18212	18440	5454	27589	4355	35494

表17 续表 17 单位：人、户

地　　区	总人口			家庭户	家庭户总人口		分年龄人口			居住本地，户口在本地
	合　计	男	女	户　数	男	女	0-14岁	15-64岁	65岁及以　上	
三合镇	28568	14807	13761	7604	14328	13547	3687	21948	2933	27967
郎君镇	50520	26516	24004	13236	26427	23966	5796	39731	4993	49915
黄滩镇	45325	23539	21786	12763	22143	20873	5635	35192	4498	44781
天鹅镇	26812	14123	12689	7005	13100	12039	3756	20276	2780	26339
义和镇	18922	9976	8946	5577	9496	8688	2993	14045	1884	18653
陈河镇	43200	22769	20431	12283	22448	20322	5837	32886	4477	42582
杨岭镇	27861	14482	13379	8249	13846	12895	3372	21379	3110	26251
汤池镇	13354	6998	6356	3722	6174	5704	1709	10311	1334	12037
应城市经济技术开发区	17204	8742	8462	5183	8184	8080	2690	13477	1037	8137
南垸良种场	3657	1928	1729	959	1912	1725	484	2842	331	3424
安陆市	**568590**	**288029**	**280561**	**163755**	**260897**	**259984**	**76502**	**438405**	**53683**	**514239**
府城街道	132486	66877	65609	38734	55564	56030	17359	105731	9396	106166
南城街道	21735	11223	10512	5884	10235	10059	2815	16767	2153	20752
赵棚镇	29411	15037	14374	8473	13313	13295	4330	21355	3726	28895
李店镇	22166	11292	10874	6747	11121	10747	3221	16879	2066	21986
巡店镇	40338	20723	19615	10126	18773	17849	4811	31839	3688	40213
棠棣镇	25578	12737	12841	7244	11693	12177	3215	19628	2735	24545
雷公镇	30400	15460	14940	9359	14073	14220	4437	22669	3294	29468
王义贞镇	25927	13134	12793	7789	12367	12402	3411	19512	3004	25381
烟店镇	36269	17992	18277	9632	17952	18242	4364	28057	3848	36109
孛畈镇	24765	12364	12401	8401	11960	12173	3445	18095	3225	24262
洑水镇	29112	14787	14325	8247	13327	13274	3710	22094	3308	27830
陈店乡	28808	14914	13894	8978	14573	13776	4074	21761	2973	28156
辛榨乡	28791	14601	14190	7900	13889	13917	4562	21010	3219	27971
木梓乡	19661	9891	9770	5746	9731	9658	2720	14885	2056	19458
接官乡	22057	11424	10633	5836	10163	9872	2710	16687	2660	21903
安陆市开发区	51086	25573	25513	14659	22163	22293	7318	41436	2332	31144
汉川市	**1015507**	**529732**	**485775**	**268793**	**502981**	**462218**	**147076**	**776599**	**91832**	**929182**
仙女山街道	165230	86535	78695	48468	77340	72160	23447	129514	12269	127394
马口镇	79833	39626	40207	19805	33681	32458	9158	63815	6860	63938
脉旺镇	32414	17015	15399	9179	15707	14543	5017	24060	3337	30190
城隍镇	52412	26686	25726	12731	25372	23494	6625	40961	4826	49646
分水镇	61045	32028	29017	14801	31636	28477	9368	46067	5610	58914
沉湖镇	60342	32089	28253	15119	31775	28099	10737	44836	4769	57027
田二河镇	39415	20827	18588	9894	20204	18013	6360	29566	3489	38498
回龙镇	33077	17660	15417	7716	16926	14999	5462	24656	2959	32122
新堰镇	32455	17193	15262	10228	16570	14926	5256	23876	3323	30902
垌塚镇	18587	9755	8832	4928	9700	8820	2468	14202	1917	18065
麻河镇	32101	16998	15103	8937	16909	15071	4768	24284	3049	31370
刘家隔镇	40442	20973	19469	10324	20664	19261	5533	31226	3683	39635
新河镇	62096	32308	29788	16387	29634	28003	7386	49309	5401	55727
庙头镇	30254	15523	14731	8075	15396	14600	4196	23006	3052	29382
杨林沟镇	35507	18702	16805	9580	18631	16682	5548	26442	3517	35205
西江乡	39861	21015	18846	9792	20896	18805	6092	29955	3814	39346
湾潭乡	19534	10172	9362	5302	9525	8951	3043	14063	2428	19180
南河乡	37918	19563	18355	9150	18815	17899	5479	28672	3767	36668
马鞍乡	27965	14322	13643	7356	13855	13258	3564	21429	2972	26406
里潭乡	24924	13238	11686	6532	13209	11660	4215	18453	2256	24466
韩集乡	35046	18898	16148	8487	18896	16147	5098	26891	3057	34853
国营中洲农场	13219	6735	6484	4376	6721	6483	2107	9583	1529	12559

表17 续表 18 单位：人、户

地区	总人口			家庭户	家庭户总人口		分年龄人口			居住本地，户口在本地
	合计	男	女	户数	男	女	0-14岁	15-64岁	65岁及以上	
华严农场	11368	5889	5479	3287	5799	5364	1814	8249	1305	10974
汈东棉花原种场	9012	4694	4318	2593	4279	4013	1238	6807	967	7955
三星垸原种场	3978	2097	1881	1056	2072	1871	500	3096	382	3933
汈汊湖养殖场	9809	5145	4664	2682	5129	4659	1466	7551	792	9224
汉川市经济技术开发区	7647	4040	3607	2006	3635	3498	1129	6017	501	5596
沉湖基地开发总公司	16	6	10	2	5	4	2	13	1	7
荆州市	**5691707**	**2899608**	**2792099**	**1618921**	**2732886**	**2659538**	**751800**	**4377410**	**562497**	**5002926**
沙市区	**600330**	**305830**	**294500**	**198450**	**280783**	**279830**	**64949**	**484364**	**51017**	**422465**
中山街道	57566	28479	29087	21033	27756	28433	5349	45952	6265	46359
崇文街道	51208	26166	25042	15884	20349	21210	4529	41819	4860	28195
解放街道	85584	43591	41993	30446	40972	40990	8989	68213	8382	57622
胜利街道	75002	37398	37604	26907	36430	36549	8221	60245	6536	58076
朝阳街道	58834	29379	29455	20410	28599	28894	6709	47351	4774	45586
联合街道	88308	45123	43185	30617	42057	41385	10116	72725	5467	52660
锣场镇	9927	5059	4868	2486	4758	4738	1116	7964	847	8694
岑河镇	47121	23951	23170	12795	23549	22857	5382	37437	4302	43071
观音当镇	34010	17104	16906	10518	16588	16699	4822	25107	4081	30870
关沮镇	15841	8160	7681	4848	7574	7312	1774	12908	1159	12988
立新乡	55505	30282	25223	15859	21918	20807	5605	47626	2274	21290
岑河原种场	7928	4062	3866	2509	3847	3776	891	6286	751	6562
沙市农场	13496	7076	6420	4138	6386	6180	1446	10731	1319	10492
荆州区	**553756**	**280088**	**273668**	**159170**	**231210**	**232907**	**57352**	**447722**	**48682**	**395381**
西城街道	48773	22604	26169	14052	18474	19405	4358	40186	4229	34195
东城街道	76451	38790	37661	23530	31111	32191	7976	61781	6694	46966
城南街道	140212	73803	66409	29868	41656	42010	10842	122215	7155	60187
纪南镇	52715	26631	26084	15805	26322	25890	6885	40729	5101	46219
川店镇	28404	14434	13970	9378	14261	13889	3169	22207	3028	26679
马山镇	24265	12307	11958	8041	12046	11742	2586	19003	2676	22767
八岭山镇	27753	14117	13636	8899	13950	13588	3407	21116	3230	25076
李埠镇	22235	11071	11164	7610	10941	11091	2561	16977	2697	20649
弥市镇	58712	28871	29841	19935	28019	28843	6856	44486	7370	56227
郢城镇	42392	21532	20860	12028	19287	19047	4967	34745	2680	28937
太湖港管理区	22491	11276	11215	6698	10593	10617	2684	17209	2598	18539
菱角湖管理区	9353	4652	4701	3326	4550	4594	1061	7068	1224	8940
公安县	**881128**	**440041**	**441087**	**247197**	**424187**	**427842**	**104440**	**690117**	**86571**	**804287**
埠河镇	81365	40341	41024	22653	40239	40973	9076	64095	8194	78190
斗湖堤镇	146148	72928	73220	43626	65614	67416	17668	117907	10573	106023
夹竹园镇	40224	19946	20278	12374	19837	20245	4830	30581	4813	38599
闸口镇	45945	23001	22944	11263	20599	20784	5407	36305	4233	40390
杨家厂镇	43568	21705	21863	11536	21608	21791	4803	34831	3934	42357
麻豪口镇	55232	27933	27299	14194	27728	27139	6572	43398	5262	53915
藕池镇	38776	19418	19358	11394	18464	18412	4728	30337	3711	36034
黄山头镇	34105	17228	16877	9925	17124	16817	4149	26816	3140	32364
孟家溪镇	37006	18403	18603	10762	18314	18564	4789	28223	3994	35781
南平镇	45517	22520	22997	15237	20146	20922	5831	35027	4659	37925
章庄铺镇	57236	28587	28649	15737	27963	28018	7111	44397	5728	54717
狮子口镇	54366	27218	27148	15048	26997	27010	6249	41921	6196	52246
斑竹垱镇	63061	31452	31609	15948	30883	31030	6684	49137	7240	60426
毛家港镇	60745	30116	30629	17158	30086	30608	6720	47006	7019	59416
甘家厂乡	37294	18828	18466	10189	18190	18000	4840	28588	3866	36415

表17　续表 19　　　　　　　　　　　　　　　　　　　　　　单位：人、户

地　　区	总人口			家庭户	家庭户总人口		分年龄人口			居住本地，户口在本地
	合　计	男	女	户　数	男	女	0-14岁	15-64岁	65岁及以上	
章田寺乡	40540	20417	20123	10153	20395	20113	4983	31548	4009	39489
监利县	**1162770**	**601369**	**561401**	**324131**	**584360**	**544885**	**204682**	**834718**	**123370**	**1077543**
容城镇	146031	74602	71429	45390	71178	69129	19194	114397	12440	122560
朱河镇	76486	39403	37083	21737	37920	35945	13640	53953	8893	68322
新沟镇	72679	37614	35065	19011	34185	32274	11145	53998	7536	68713
龚场镇	32758	16984	15774	10180	16709	15479	5854	22663	4241	30460
周老嘴镇	54212	28233	25979	13788	27656	25594	8637	39862	5713	52070
黄歇口镇	54489	28379	26110	14088	28312	26057	8256	41401	4832	52694
汪桥镇	57487	29480	28007	16274	29014	27706	10107	41613	5767	54638
程集镇	37723	19271	18452	11951	19219	18424	6696	26274	4753	36830
分盐镇	44536	23586	20950	11751	23560	20926	7899	32121	4516	43587
毛市镇	44214	22946	21268	12050	22813	20905	9288	29993	4933	41504
福田寺镇	33768	17917	15851	9043	17602	15475	6919	23524	3325	30416
上车湾镇	30460	15703	14757	8579	15284	14272	5957	20863	3640	28944
汴河镇	46400	24236	22164	13234	23893	21876	8971	32220	5209	43137
尺八镇	55217	27969	27248	14586	26291	24283	10882	37860	6475	53227
白螺镇	42749	22196	20553	10378	21792	20340	8887	29930	3932	37362
网市镇	39050	20098	18952	11492	20018	18702	7489	26677	4884	34903
三洲镇	25619	13275	12344	8153	13177	12291	5301	17214	3104	23905
桥市镇	45541	24242	21299	10809	22944	20473	8717	31908	4916	40993
红城乡	81298	41257	40041	22811	40061	37699	15191	57827	8280	77629
棋盘乡	30256	16028	14228	8417	15481	13803	6218	20146	3892	27587
柘木乡	59068	31490	27578	13130	31316	27445	12170	41721	5177	57521
人民大垸管理区	34069	17017	17052	11858	16626	16691	4556	24888	4625	32506
荒湖管理区	18660	9443	9217	5421	9309	9096	2708	13665	2287	18035
江陵县	**331344**	**167977**	**163367**	**93885**	**156650**	**156164**	**42243**	**256731**	**32370**	**300983**
资市镇	22261	11145	11116	6615	10660	10699	2756	16924	2581	21585
滩桥镇	21788	10825	10963	6552	10623	10783	2755	16943	2090	20193
熊河镇	38689	19351	19338	10831	19290	19296	5377	29793	3519	37529
白马寺镇	41470	20857	20613	11780	20763	20555	5066	31863	4541	40406
沙岗镇	40336	20225	20111	11093	19995	19915	5877	30397	4062	39146
普济镇	31729	16050	15679	8249	15111	14867	4179	24497	3053	30713
郝穴镇	44100	21852	22248	12523	17824	17916	5014	36147	2939	28680
马家寨乡	35400	17599	17801	10261	17546	17754	4657	27091	3652	34563
秦市乡	23067	11794	11273	6393	11257	10798	3440	17370	2257	22556
江北监狱	11369	7778	3591	3194	3624	3527	792	9529	1048	5238
三湖管理区	12457	6192	6265	3920	5651	5687	1348	9574	1535	11959
六合垸管理区	8678	4309	4369	2474	4306	4367	982	6603	1093	8415
石首市	**577022**	**290267**	**286755**	**163300**	**281161**	**279306**	**75388**	**449586**	**52048**	**515104**
绣林街道	75395	37183	38212	23008	36199	37380	10681	59074	5640	56907
笔架山街道	83068	41612	41456	25790	37653	38281	11506	65825	5737	62434
新厂镇	36342	18090	18252	9566	17521	17676	4242	28893	3207	34090
横沟市镇	36051	17945	18106	9630	17719	17907	4432	28220	3399	35047
大垸镇	49320	24920	24400	12684	24118	23861	5872	38387	5061	46972
小河口镇	27278	13932	13346	7869	13728	13291	4188	20361	2729	25958
桃花山镇	21848	11285	10563	5567	10698	10046	3130	16739	1979	20751
调关镇	38901	19621	19280	10859	19567	19243	5127	29957	3817	34480
东升镇	53184	26969	26215	15971	26754	26051	6675	41117	5392	48173
高基庙镇	35237	17977	17260	9717	17643	16954	4535	27305	3397	33619
南口镇	27252	13760	13492	7106	13408	13181	3418	21334	2500	26439

表17 续表 20　　　　单位：人、户

地　　区	总人口			家庭户	家庭户总人口		分年龄人口			居住本地，户口在本地
	合　计	男	女	户　数	男	女	0-14岁	15-64岁	65岁及以上	
高陵镇	29776	15044	14732	8229	14986	14709	3780	23171	2825	28394
团山寺镇	29045	14636	14409	7848	13896	13709	3580	22523	2942	28288
久合垸乡	24708	12563	12145	6670	12544	12130	2740	19476	2492	24314
天鹅洲开发区	9617	4730	4887	2786	4727	4887	1482	7204	931	9238
洪湖市	**819446**	**429810**	**389636**	**218859**	**418068**	**382120**	**111918**	**624174**	**83354**	**770594**
新堤街道	128039	67031	61008	37939	59458	56245	15875	99889	12275	114265
滨湖街道	24020	12508	11512	7278	12392	11441	3563	17918	2539	21431
螺山镇	34410	18077	16333	8445	17973	16291	5817	25383	3210	33792
乌林镇	45901	24142	21759	11534	24103	21726	6975	34537	4389	43340
龙口镇	41425	21927	19498	10984	21882	19462	5621	32344	3460	41089
燕窝镇	33999	17698	16301	10342	17656	16291	4769	25795	3435	33370
新滩镇	35496	18149	17347	9643	17908	17262	3956	27915	3625	33968
峰口镇	79078	42048	37030	20315	40710	36261	11718	59045	8315	69994
曹市镇	49428	26342	23086	12135	26277	23061	6650	37347	5431	46687
府场镇	16380	8640	7740	4302	8624	7729	2317	12217	1846	15652
戴家场镇	47172	24927	22245	11383	24765	22115	6709	34997	5466	44783
瞿家湾镇	14047	7453	6594	3500	7365	6542	2025	10671	1351	13390
沙口镇	43997	23341	20656	10697	23141	20496	5890	33678	4429	42360
万全镇	63023	33186	29837	14852	31977	28836	8751	47544	6728	59617
汊河镇	47253	25002	22251	12014	24944	22214	6702	36002	4549	45771
黄家口镇	33468	17657	15811	9160	17435	15713	4166	25865	3437	32432
老湾乡	11011	5678	5333	3528	5657	5316	1919	7877	1215	10623
小港管理区	11906	6101	5805	3337	6087	5800	1402	9297	1207	11538
大同湖管理区	27678	14220	13458	8260	14148	13417	3216	21329	3133	26512
大沙湖管理区	31715	15683	16032	9211	15566	15902	3877	24524	3314	29980
松滋市	**765911**	**384226**	**381685**	**213929**	**356467**	**356484**	**90828**	**589998**	**85085**	**716569**
新江口镇	135923	67026	68897	35285	49332	51242	17359	106621	11943	113624
南海镇	57647	28885	28762	16656	26677	26746	6472	44248	6927	55803
八宝镇	68982	34203	34779	19272	33553	34023	7124	53787	8071	64518
宛市镇	48778	24545	24233	13251	24414	24177	5002	38355	5421	47276
老城镇	44398	22291	22107	12667	22134	21962	4704	34474	5220	42951
陈店镇	33550	17028	16522	9966	16416	16146	3710	25420	4420	32419
王家桥镇	44780	22907	21873	12989	22808	21845	4459	34775	5546	43509
斯家场镇	26654	13401	13253	7089	13349	13235	3343	20247	3064	25358
杨林市镇	41745	21222	20523	11057	21050	20430	4980	32362	4403	40886
纸厂河镇	34995	17558	17437	9727	16375	16436	4062	27090	3843	33531
街河市镇	36350	18276	18074	10559	17950	17739	4312	27580	4458	34998
危水镇	66183	33076	33107	19185	32931	33071	8898	49629	7656	63322
刘家场镇	56661	28775	27886	16775	25193	25661	8001	42100	6560	52693
沙道观镇	32750	16345	16405	9861	16260	16358	3461	25758	3531	30508
万家乡	23522	11887	11635	6077	11466	11340	2985	18077	2460	22563
卸甲坪土家族乡	12993	6801	6192	3513	6559	6073	1956	9475	1562	12610
黄冈市	**6162069**	**3178651**	**2983418**	**1769281**	**2942308**	**2824033**	**1004878**	**4551351**	**605840**	**5704006**
黄州区	**366769**	**187205**	**179564**	**103324**	**155661**	**151930**	**46477**	**289691**	**30601**	**277413**
赤壁街道	156011	76915	79096	50209	71835	71728	22295	121483	12233	115684
东湖街道	21939	11261	10678	4993	8660	8296	2604	17828	1507	16915
禹王街道	22977	12394	10583	6434	10995	10325	3061	17515	2401	19568
南湖街道	16593	9770	6823	1742	2514	2559	751	15177	665	5625
路口镇	21550	11064	10486	6562	10195	9802	3027	15872	2651	19605
堵城镇	25416	13049	12367	8720	12750	12186	3315	18945	3156	24566

表17 续表 21

单位：人、户

地区	总人口			家庭户	家庭户总人口		分年龄人口			居住本地，户口在本地
	合计	男	女	户数	男	女	0-14岁	15-64岁	65岁及以上	
陈策楼镇	25856	13324	12532	7613	13214	12495	3655	19006	3195	24859
陶店乡	19654	10058	9596	6577	9939	9522	2647	14444	2563	18588
火车站开发区	4753	2523	2230	1471	2170	2167	756	3485	512	3050
黄冈经济开发区	52020	26847	25173	9003	13389	12850	4366	45936	1718	28953
团风县	**338609**	**177757**	**160852**	**99777**	**168668**	**155681**	**44053**	**257411**	**37145**	**317990**
团风镇	71185	37134	34051	20741	33580	32000	9502	54978	6705	59169
淋山河镇	57183	29916	27267	16161	29454	27004	7688	43567	5928	55723
方高坪镇	22811	11960	10851	7039	11747	10719	2966	17047	2798	22089
回龙山镇	32134	16735	15399	9604	15912	14690	3728	24414	3992	31493
马曹庙镇	19640	10338	9302	6464	10233	9231	2394	14704	2542	18773
上巴河镇	29827	15695	14132	8992	14766	13576	4127	22315	3385	28723
总路咀镇	24063	12475	11588	7297	11603	10923	2950	18425	2688	22881
但店镇	41226	21505	19721	12288	21162	19565	6010	30557	4659	39690
贾庙乡	19117	10287	8830	5473	9743	8604	2099	14832	2186	18552
杜皮乡	18816	10079	8737	5105	9566	8481	2373	14441	2002	18432
黄湖农场	1137	904	233	243	255	232	39	988	110	1080
金锣港农场	1470	729	741	370	647	656	177	1143	150	1385
红安县	**602148**	**309007**	**293141**	**174951**	**284480**	**276172**	**91983**	**458183**	**51982**	**554291**
城关镇	119425	59752	59673	37628	54786	55013	20011	90615	8799	90879
七里坪镇	80798	42045	38753	22099	39665	37176	13018	61222	6558	79716
华河镇	43804	22857	20947	13208	21581	20552	7491	31686	4627	43050
二程镇	39658	20385	19273	10879	18247	17591	5457	30739	3462	37647
上新集镇	35447	18662	16785	9413	17585	16073	5515	26890	3042	34788
高桥镇	50883	25647	25236	15668	25114	24930	7258	38862	4763	50658
觅儿镇	32145	16607	15538	9464	15394	14887	3948	24851	3346	31547
八里镇	30639	15529	15110	9712	14905	14699	4067	23825	2747	29641
太平桥镇	23432	11971	11461	7304	11395	11195	2693	18219	2520	22935
永河镇	56044	28940	27104	15886	26193	26038	7394	43260	5390	55513
杏花乡	86479	44849	41630	22583	38033	36486	14583	65535	6361	74748
火连畈茶场	2049	1068	981	711	911	907	332	1459	258	1913
天台山旅游开发管理处	1345	695	650	396	671	625	216	1020	109	1256
罗田县	**544650**	**288997**	**255653**	**153807**	**272391**	**246182**	**77399**	**419264**	**47987**	**528331**
凤山镇	114890	59645	55245	35816	55407	52679	15807	90258	8825	104385
骆驼坳镇	33132	17571	15561	8597	15320	14116	4192	26042	2898	31007
大河岸镇	30825	16294	14531	8542	15314	14040	4178	23528	3119	30425
九资河镇	30041	16118	13923	8273	15452	13547	3862	23351	2828	29874
胜利镇	59219	31711	27508	16186	30798	27099	10218	44578	4423	58816
河铺镇	50823	27433	23390	13515	26921	23176	7806	38931	4086	50689
三里畈镇	57980	30680	27300	17319	29162	26495	8895	43829	5256	56890
白莲河乡	19585	10314	9271	5567	9990	9212	2744	15026	1815	19298
匡河乡	59270	31574	27696	15841	29930	27006	7493	45978	5799	59136
白庙河乡	29204	15741	13463	8111	14611	12919	3408	22832	2964	28928
平湖乡	20283	11043	9240	5282	10065	8786	2890	15397	1996	20153
大崎乡	35918	19040	16878	9552	17626	15475	5428	26881	3609	35339
青苔关林场	883	459	424	339	441	417	111	681	91	865
天堂寨林场	1158	605	553	403	605	551	136	894	128	1110
薄刀峰林场	1145	601	544	370	592	538	184	840	121	1122
黄狮寨林场	294	168	126	94	157	126	47	218	29	294
英山县	**357296**	**181833**	**175463**	**110795**	**169050**	**166738**	**52611**	**262509**	**42176**	**342080**
温泉镇	121669	61863	59806	35915	59029	57451	18335	93414	9920	112649

表17　续表 22

单位：人、户

地　区	总人口			家庭户	家庭户总人口		分年龄人口			居住本地，户口在本地
	合　计	男	女	户　数	男	女	0-14岁	15-64岁	65岁及以上	
南河镇	16027	8066	7961	5239	8007	7952	2550	11575	1902	15830
红山镇	19731	10127	9604	6298	9466	9204	2810	14465	2456	19113
金家铺镇	22065	11205	10860	7693	11052	10783	3685	15702	2678	21387
石头咀镇	32412	16681	15731	9390	14961	14495	4533	24061	3818	31938
草盘地镇	18108	9222	8886	5547	8500	8468	2580	13065	2463	17885
雷家店镇	32279	16762	15517	9533	13885	13742	4199	23211	4869	31048
杨柳湾镇	42325	21106	21219	14697	19956	20312	6284	30049	5992	40897
方家咀乡	25045	12842	12203	7445	11987	11670	3511	18056	3478	24615
孔家坊乡	19318	9623	9695	6383	8548	9055	3058	12966	3294	18627
陶家河乡	7477	3898	3579	2326	3260	3214	981	5320	1176	7335
桃花冲林场	426	224	202	153	195	193	45	319	62	383
吴家山林场	333	174	159	143	164	158	26	252	55	294
五峰山林场	81	40	41	33	40	41	14	54	13	79
浠水县	**872649**	**444640**	**428009**	**254052**	**418433**	**410340**	**136944**	**648944**	**86761**	**835198**
清泉镇	193988	98247	95741	59769	92610	91418	28869	149887	15232	176110
巴河镇	113356	57906	55450	31991	54138	52921	17589	83751	12016	111191
竹瓦镇	66860	34279	32581	18321	32739	31517	10158	50295	6407	65849
汪岗镇	49785	25291	24494	14361	24242	23743	8232	35783	5770	48415
团陂镇	78925	40379	38546	22930	39168	37934	12458	58719	7748	77247
关口镇	71852	36607	35245	22412	33401	32920	11585	49735	10532	70231
白莲镇	14885	7487	7398	5057	7319	7336	2667	10521	1697	14456
蔡河镇	35562	17831	17731	9767	16706	16632	5373	25523	4666	35147
洗马镇	49312	24627	24685	13723	23562	23985	7858	36409	5045	48392
丁司垱镇	35922	18244	17678	11000	17547	17202	6059	26129	3734	35218
散花镇	60655	31018	29637	17525	30021	28866	10648	44544	5463	58964
兰溪镇	48792	25720	23072	12104	22387	21323	7094	37651	4047	48178
绿杨乡	22214	11399	10815	6360	10990	10687	3525	16465	2224	21558
策湖养殖场	6711	3424	3287	1908	3416	3280	1126	4936	649	6533
三角山林场	1984	1019	965	514	927	917	275	1532	177	1944
浠水经济开发区	21846	11162	10684	6310	9260	9659	3428	17064	1354	15765
蕲春县	**727805**	**371774**	**356031**	**218287**	**355832**	**346007**	**138589**	**515294**	**73922**	**680339**
漕河镇	150600	77603	72997	43830	73527	70166	25227	114399	10974	125721
赤东镇	49666	25508	24158	13631	24995	23869	8112	36190	5364	48066
蕲州镇	67040	34572	32468	19297	33260	31527	12522	47992	6526	63917
管窑镇	20547	10259	10288	6929	10091	10196	4315	13867	2365	20251
彭思镇	35569	17819	17750	10632	17262	17415	6697	25112	3760	34356
横车镇	68543	34531	34012	20914	34271	33873	13139	48111	7293	64943
株林镇	30920	15377	15543	10367	14874	15336	6679	20243	3998	30124
刘河镇	67756	34208	33548	19234	29708	30452	14156	46724	6876	64103
狮子镇	42447	21716	20731	13698	21068	20411	10364	27028	5055	41069
青石镇	50072	25489	24583	14669	25119	24363	10829	34457	4786	49142
张榜镇	42065	21594	20471	13281	20015	19639	7801	29390	4874	40006
大同镇	19624	10072	9552	6474	9915	9498	3613	13516	2495	19072
檀林镇	30936	15826	15110	10526	15424	14906	6035	21167	3734	29854
向桥乡	36759	19485	17274	9701	18752	16936	6203	26674	3882	36115
八里湖农场	10407	5236	5171	3652	5107	5111	1995	6988	1424	9478
铁路经济开发区	4854	2479	2375	1452	2444	2309	902	3436	516	4122
黄梅县	**858806**	**447044**	**411762**	**217043**	**411510**	**391625**	**153410**	**618412**	**86984**	**803894**
黄梅镇	141488	75853	65635	35342	63426	58557	22610	108535	10343	118303
孔垄镇	98543	50865	47678	22946	47537	45382	17706	70939	9898	94584

表17　续表 23

单位：人、户

地　区	总人口			家庭户	家庭户总人口		分年龄人口			居住本地，户口在本地
	合　计	男	女	户　数	男	女	0-14岁	15-64岁	65岁及以　上	
小池镇	97956	50864	47092	23952	47598	44782	15531	72792	9633	92262
下新镇	21945	11448	10497	5695	9816	9714	3873	15628	2444	21303
大河镇	59759	31417	28342	14382	26459	25216	10203	43646	5910	55290
停前镇	33323	17538	15785	7268	15985	14988	5753	24158	3412	32652
五祖镇	13971	7096	6875	4288	7080	6865	2791	9201	1979	13654
濯港镇	65122	33995	31127	17368	32401	30353	12723	45305	7094	64398
蔡山镇	71168	36116	35052	19742	35400	34739	15680	47478	8010	67260
新开镇	55883	28977	26906	12378	27396	26150	10042	39827	6014	55390
独山镇	27127	13916	13211	7153	12975	12701	5019	19274	2834	26841
分路镇	47872	24746	23126	11817	23230	22597	8315	34152	5405	44332
柳林乡	12357	6529	5828	3756	6043	5635	2277	8506	1574	12090
杉木乡	34299	17462	16837	9916	17042	16634	6805	23594	3900	33056
苦竹乡	27634	14437	13197	6745	13557	12836	4839	20007	2788	26906
刘佐乡	15919	7967	7952	4463	7960	7951	3137	11103	1679	15345
挪步园风景管理处	280	152	128	93	152	128	53	183	44	275
黄梅县农业开发总公司	1579	802	777	496	729	717	241	1083	255	1553
黄梅县农科所	149	76	73	35	76	73	29	100	20	149
严家闸办事处	15193	7799	7394	4288	7792	7391	2840	10742	1611	12666
芦柴湖办事处	3042	1596	1446	897	1584	1440	565	2102	375	2746
洋湖办事处	1809	930	879	544	930	878	358	1201	250	1731
沙湖办事处	4614	2410	2204	1283	2361	2189	770	3254	590	4140
春港办事处	2477	1292	1185	697	1292	1185	422	1764	291	2104
塞湖办事处	4781	2469	2312	1372	2469	2312	767	3428	586	4560
青泥湖办事处	486	271	215	127	220	212	61	380	45	304
龙感湖工业园区	30	21	9					30		
麻城市	**849090**	**433322**	**415768**	**266641**	**387135**	**381859**	**138559**	**624576**	**85955**	**791862**
龙池办事处	68485	34524	33961	19199	29688	29818	10203	53335	4947	55567
鼓楼办事处	80722	41635	39087	17160	26499	26348	11364	63785	5573	66279
南湖办事处	55601	28323	27278	15392	24526	24016	8545	42502	4554	47436
中馆驿镇	42918	21599	21319	15342	21292	21212	7199	30501	5218	41358
宋埠镇	50109	25307	24802	15984	22053	22756	7620	37041	5448	48294
歧亭镇	20520	10221	10299	7226	9937	10085	2971	14906	2643	20055
白果镇	61839	31293	30546	19954	26793	27328	8835	45672	7332	59373
夫子河镇	26470	13444	13026	8660	12125	12031	4565	18364	3541	25769
阎家河镇	31297	15754	15543	10275	15336	15437	5060	23409	2828	30942
龟山镇	36567	18809	17758	12545	18273	17579	6047	26690	3830	35644
盐田河镇	32079	16723	15356	10739	15651	14852	5677	22489	3913	31536
张家畈镇	37066	20072	16994	13146	19706	16887	7691	24815	4560	36390
木子店镇	37992	20039	17953	13368	19137	17663	7421	26265	4306	37324
三河口镇	40083	20566	19517	12607	19961	19226	6756	29523	3804	39157
黄土岗镇	34513	17381	17132	12065	16703	16716	6221	24957	3335	33511
福田河镇	36169	18210	17959	12461	16810	17271	6638	25274	4257	35534
乘马岗镇	47632	24520	23112	15081	22979	22278	8148	35336	4148	46548
顺河镇	43233	21325	21908	15196	20761	21615	8271	30718	4244	42377
铁门岗乡	40457	20104	20353	14115	20045	20322	5613	28756	6088	39862
麻城浮桥河水库	175	95	80	61	67	77	22	139	14	152
宋埠良种场	673	335	338	268	332	337	87	466	120	537
麻城明山水库	7	4	3	3	4	3	1	6		6
麻城三河水库	164	134	30	22	47	19	8	151	5	94
狮子峰林场	850	443	407	258	430	402	108	645	97	825

表17 续表 24

单位：人、户

地区	总人口			家庭户	家庭户总人口		分年龄人口			居住本地，户口在本地
	合计	男	女	户数	男	女	0-14岁	15-64岁	65岁及以上	
麻城林店茶场	312	148	164	146	146	164	41	216	55	295
铁路生活区	2775	1534	1241	1067	1439	1200	355	2360	60	2046
麻城开发区	16953	9053	7900	3063	4790	4581	2517	13752	684	11675
龟山风景区管理处	2108	1077	1031	794	1023	1007	376	1511	221	2011
五脑山林场	1321	650	671	444	582	629	199	992	130	1265
武穴市	**644247**	**337072**	**307175**	**170604**	**319148**	**297499**	**124853**	**457067**	**62327**	**572608**
武穴办事处	161582	86842	74740	42974	76291	69259	27076	122368	12138	125111
刊江办事处	34026	18069	15957	8155	17115	15410	5751	25234	3041	28965
田镇办事处	18948	10371	8577	4365	9044	8063	3444	13833	1671	17170
万丈湖办事处	4083	2114	1969	1511	2080	1958	709	2748	626	3820
梅川镇	113247	58101	55146	30091	54843	53143	20232	81297	11718	105748
余川镇	50297	25428	24869	14181	25227	24744	9268	34960	6069	48155
花桥镇	64690	33103	31587	17269	32585	31220	13367	44561	6762	62659
大金镇	35921	18505	17416	8899	18277	17288	8061	24273	3587	32621
石佛寺镇	44857	23264	21593	12992	23081	21479	11968	28204	4685	40659
四望镇	32203	16659	15544	9299	16601	15521	8193	20220	3790	29349
大法寺镇	47311	25264	22047	11069	24933	21881	10917	32158	4236	42985
龙坪镇	37082	19352	17730	9799	19071	17533	5867	27211	4004	35366
咸宁市	**2462583**	**1264784**	**1197799**	**693808**	**1195546**	**1141112**	**434855**	**1840118**	**187610**	**2068339**
咸安区	**512517**	**263302**	**249215**	**144437**	**243677**	**228271**	**93080**	**384159**	**35278**	**390063**
温泉办事处	120156	59862	60294	32367	49001	46499	16411	98336	5409	75899
浮山办事处	47776	25349	22427	13060	23276	21873	8099	37231	2446	31939
永安办事处	91500	46080	45420	25775	43204	41171	15159	71109	5232	62620
汀泗桥镇	22368	11436	10932	7477	11318	10894	4253	15499	2616	20036
向阳湖镇	20828	10898	9930	5786	10538	9823	4207	15021	1600	17557
官埠桥镇	31657	16427	15230	9839	15933	15085	6014	22922	2721	24760
横沟桥镇	33874	17976	15898	8837	16999	15308	6759	24592	2523	28539
贺胜桥镇	14275	7408	6867	4085	7328	6829	2438	10350	1487	12965
双溪桥镇	33276	17311	15965	9915	17248	15926	7415	22501	3360	30897
马桥镇	24357	12755	11602	7172	12703	11562	5317	17020	2020	21212
桂花镇	25746	13380	12366	6762	13199	12224	6241	17541	1964	23087
高桥镇	15982	8361	7621	4982	8269	7579	3612	10787	1583	14222
大幕乡	25606	13354	12252	7306	13050	12080	6576	16879	2151	23792
向阳湖奶牛良种场	2859	1509	1350	731	1163	1043	443	2258	158	2535
咸宁经济开发区	833	591	242	97	108	62	19	809	5	1
咸安经济开发区	1424	605	819	246	340	313	117	1304	3	2
嘉鱼县	**319196**	**164899**	**154297**	**93375**	**159525**	**150442**	**44907**	**245729**	**28560**	**277863**
陆溪镇	18342	9545	8797	4787	9341	8701	2837	13739	1766	17554
高铁岭镇	22131	11549	10582	5739	11160	10441	3377	16644	2110	20932
官桥镇	22494	11524	10970	7247	11312	10875	3366	16390	2738	20754
鱼岳镇	117207	60355	56852	36628	57791	54858	16404	92408	8395	84771
新街镇	22995	11932	11063	5818	11771	10951	3273	17546	2176	22012
渡普镇	27270	14320	12950	6982	13179	12049	3672	21147	2451	26375
潘家湾镇	42386	22089	20297	11781	21434	19810	5705	32766	3915	40438
牌洲湾镇	39533	20040	19493	12008	19992	19464	5244	30187	4102	38710
头墩农场	6838	3545	3293	2385	3545	3293	1029	4902	907	6317
通城县	**380758**	**194116**	**186642**	**106427**	**184552**	**179171**	**72506**	**274454**	**33798**	**337434**
隽水镇	104026	52725	51301	28926	48778	47737	18009	79604	6413	72813
麦市镇	28008	14297	13711	7592	13041	12733	4928	20217	2863	26996
塘湖镇	32330	16632	15698	8650	16389	15599	6229	23443	2658	31242

表17 续表 25 单位：人、户

地　区	总人口 合计	总人口 男	总人口 女	家庭户 户数	家庭户总人口 男	家庭户总人口 女	分年龄人口 0-14岁	分年龄人口 15-64岁	分年龄人口 65岁及以上	居住本地，户口在本地
关刀镇	35537	18204	17333	9312	17332	16791	6516	25627	3394	34298
沙堆镇	19828	10120	9708	5702	9724	9486	3838	14178	1812	18611
五里镇	21522	10893	10629	6492	10308	10213	4309	14835	2378	19973
石南镇	21593	11012	10581	6098	10511	10265	4425	14818	2350	20622
北港镇	21421	10723	10698	6621	10185	10144	4384	14778	2259	20360
马港镇	29126	14868	14258	8894	14770	14211	6057	19592	3477	27778
四庄乡	25770	13333	12437	6516	12742	12060	4621	18656	2493	24795
大坪乡	41013	20991	20022	11361	20466	19666	9108	28270	3635	39447
鹿角山林场	226	117	109	97	117	109	37	166	23	212
锡山森林公园管理处	182	95	87	77	95	87	26	137	19	149
黄龙林场	112	67	45	52	57	45	15	89	8	79
黄袍林场	29	18	11	18	16	11		23	6	27
药姑林场	35	21	14	19	21	14	4	21	10	32
崇阳县	**410623**	**206468**	**204155**	**111035**	**199389**	**198449**	**78626**	**305281**	**26716**	**350876**
天城镇	129117	65450	63667	34739	60534	59331	23985	98979	6153	88122
沙坪镇	29318	15093	14225	7697	14889	14146	5470	21819	2029	27180
石城镇	35841	17586	18255	9663	16930	17847	6611	26608	2622	33884
桂花泉镇	7331	3812	3519	2286	3788	3516	1465	5223	643	6678
白霓镇	46663	22981	23682	12830	22834	23621	9412	34035	3216	42951
路口镇	26916	13146	13770	8068	12959	13714	5511	19132	2273	25297
金塘镇	14547	7048	7499	4302	6924	7446	2716	10578	1253	13354
青山镇	45718	23203	22515	11093	22847	22295	8378	34397	2943	43576
肖岭乡	27964	14355	13609	7423	14279	13560	5698	20333	1933	26454
铜钟乡	16174	8243	7931	4382	8242	7930	3175	11748	1251	15450
港口乡	20439	10145	10294	5683	9922	10186	4155	14725	1559	18914
高枧乡	8577	4477	4100	2438	4442	4090	1738	6061	778	7953
崇阳经济开发区	2018	929	1089	431	799	767	312	1643	63	1063
通山县	**361079**	**187813**	**173266**	**95806**	**176661**	**166430**	**70478**	**264910**	**25691**	**326842**
通羊镇	124141	64730	59411	31298	57753	54567	22090	95501	6550	100830
南林桥镇	25289	12933	12356	7384	12913	12348	5957	17201	2131	24132
黄沙铺镇	28058	14725	13333	7728	14329	13237	5813	19677	2568	26528
厦铺镇	13131	6772	6359	4246	6680	6316	2733	9194	1204	12610
九宫山镇	28284	14719	13565	7446	13796	13028	5564	20555	2165	27330
闯王镇	14904	7840	7064	4186	7591	6965	2953	10778	1173	13932
洪港镇	25191	13230	11961	7121	12828	11705	4691	18535	1965	24643
大畈镇	23770	12749	11021	5275	11305	10457	4143	17916	1711	22385
大路乡	26116	13338	12778	7021	13205	12660	5784	18779	1553	24214
杨芳林乡	12727	6506	6221	4000	6436	6182	2923	8726	1078	12303
燕厦乡	23629	12085	11544	5794	11944	11477	4886	16685	2058	22650
慈口乡	13487	6890	6597	3586	6878	6595	2520	9619	1348	13253
九宫山风景区	2300	1259	1041	697	981	887	421	1692	187	2032
通山县开发区	52	37	15	24	22	6		52		
赤壁市	**478410**	**248186**	**230224**	**142728**	**231742**	**218349**	**75258**	**365585**	**37567**	**385261**
蒲圻街道	118129	62025	56104	36058	54818	51505	17413	92269	8447	83754
赤马港街道	80844	42149	38695	24792	39791	37170	13226	63302	4316	42632
陆水湖街道	17806	8717	9089	4378	7160	6938	2543	14028	1235	12720
新店镇	23186	11969	11217	6779	11687	11083	4055	17055	2076	21715
赵李桥镇	22793	11705	11088	7112	11615	11061	3735	17173	1885	20658
茶庵岭镇	15416	8070	7346	4089	7945	7266	2468	11588	1360	14569
车埠镇	32076	16998	15078	8140	14597	13328	5335	23923	2818	30262

表17　续表 26　　　　单位：人、户

地区	总人口			家庭户	家庭户总人口		分年龄人口			居住本地，户口在本地
	合计	男	女	户数	男	女	0-14岁	15-64岁	65岁及以上	
赤壁镇	18917	9948	8969	5309	9542	8705	3037	14120	1760	18709
柳山湖镇	7231	3768	3463	2252	3731	3443	1081	5421	729	6932
神山镇	24846	13178	11668	6605	13103	11639	3486	18839	2521	23978
中伙铺镇	25061	12888	12173	7243	12545	11956	4015	18440	2606	23708
官塘驿镇	47552	24703	22849	13782	23869	22643	8267	35107	4178	44925
黄盖湖镇	5228	2683	2545	1625	2671	2545	786	3846	596	4937
余家桥乡	10422	5511	4911	3122	5467	4905	1956	7443	1023	9953
蒲纺工业园	20517	9622	10895	8804	8987	10060	2557	16563	1397	18623
官塘驿林场	2382	1204	1178	795	1201	1174	400	1768	214	2229
羊楼洞茶场	3870	1948	1922	1264	1933	1897	549	3087	234	2990
沧湖开发区	2134	1100	1034	579	1080	1031	349	1613	172	1967
随州市	**2162222**	**1096250**	**1065972**	**622578**	**1031190**	**1011393**	**298995**	**1665122**	**198105**	**1951464**
曾都区	**618582**	**311216**	**307366**	**184662**	**289549**	**288588**	**80126**	**489410**	**49046**	**497014**
西城街道	68012	33565	34447	24517	32448	33446	9609	53720	4683	39674
东城街道	101334	50682	50652	32907	45113	45517	13396	82341	5597	64805
南郊街道	64161	32195	31966	18852	28807	29255	8071	51331	4759	44250
北郊街道	63175	31976	31199	19838	29421	28652	7778	51147	4250	50950
城南新区管委会	14217	7173	7044	2892	4402	4295	1268	12203	746	7667
万店镇	42586	21755	20831	11670	21583	20775	5376	33256	3954	41746
何店镇	41831	21315	20516	12369	20502	19998	4994	32101	4736	40484
洛阳镇	31481	16045	15436	8600	15336	14909	4084	24046	3351	30759
府河镇	43950	22214	21736	12064	22105	21692	6229	33043	4678	43345
淅河镇	108089	54207	53882	29912	52430	52285	13968	84347	9774	103847
曾都区经济开发区	17227	8502	8725	4944	8010	8212	2347	13641	1239	14046
随州市经济开发区	22519	11587	10932	6097	9392	9552	3006	18234	1279	15441
随县	**787730**	**401861**	**385869**	**222920**	**377068**	**365526**	**104350**	**604980**	**78400**	**764338**
厉山镇	60825	30404	30421	16682	25156	25693	7953	46929	5943	56286
高城镇	23137	11836	11301	6426	11746	11226	2560	18305	2272	22595
殷店镇	55011	28406	26605	14699	26169	24620	7403	42711	4897	53156
草店镇	24053	12525	11528	7362	12391	11478	3769	18165	2119	23325
小林镇	27664	14358	13306	7324	13983	13096	5225	20279	2160	26371
淮河镇	24327	12759	11568	6398	12385	11477	4344	18095	1888	23562
万和镇	59487	31342	28145	16905	30436	27875	9073	44809	5605	58798
尚市镇	42169	21383	20786	12178	21124	20673	5357	32699	4113	41459
唐县镇	78538	40084	38454	22371	36584	35725	9650	60742	8146	77031
吴山镇	27000	14197	12803	8278	13206	12398	3326	20930	2744	25917
新街镇	36106	18262	17844	10486	17993	17733	4623	27920	3563	35798
安居镇	54693	27588	27105	15266	25976	25830	6632	42435	5626	53651
环潭镇	53878	26992	26886	15196	23591	23522	6948	40063	6867	53115
洪山镇	65219	32683	32536	19083	30934	30781	7666	50975	6578	60845
长岗镇	16960	8725	8235	4966	8575	8179	1989	13351	1620	16618
三里岗镇	37188	19177	18011	11654	19044	17981	4701	28707	3780	36015
柳林镇	21229	10917	10312	6514	10428	10118	2958	15998	2273	20527
均川镇	54367	27342	27025	15410	27069	26976	6869	41570	5928	53830
万福店镇	25879	12881	12998	5722	10278	10145	3304	20297	2278	25439
广水市	**755910**	**383173**	**372737**	**214996**	**364573**	**357279**	**114519**	**570732**	**70659**	**690112**
应山街道	98587	48471	50116	32601	46630	48617	16068	75676	6843	69460
十里街道	46666	23703	22963	12791	22727	22165	6602	35574	4490	41838
广水街道	75111	37360	37751	23270	34682	35066	9116	59842	6153	64098
武胜关镇	37010	18885	18125	9429	16366	15777	5775	28062	3173	35157

表17 续表 27

单位：人、户

地　区	总人口			家庭户	家庭户总人口		分年龄人口			居住本地，户口在本地
	合　计	男	女	户　数	男	女	0-14岁	15-64岁	65岁及以上	
杨寨镇	36701	18974	17727	10390	18258	17260	5419	27309	3973	35463
陈巷镇	39236	19679	19557	10796	19639	19531	6653	28473	4110	38434
长岭镇	66685	33511	33174	19381	33395	33137	10807	49557	6321	64713
马坪镇	31221	15613	15608	8523	12967	13324	4533	23402	3286	28395
关庙镇	43906	22863	21043	11940	21647	20249	7282	31919	4705	43579
余店镇	49973	25600	24373	14142	25252	24078	8061	36865	5047	49129
吴店镇	22383	11637	10746	5821	10993	10335	3410	16814	2159	21774
郝店镇	26816	13850	12966	6868	12301	11847	4142	19900	2774	26215
蔡河镇	37773	19472	18301	10030	19356	18103	5643	28330	3800	36967
城郊乡	49269	25354	23915	13328	23853	22525	6873	38197	4199	41947
李店乡	30862	15725	15137	8630	15075	14714	4629	22853	3380	30459
太平乡	26629	13623	13006	7066	13450	12887	4169	19878	2582	25895
骆店乡	36236	18397	17839	9688	17567	17284	5222	27449	3565	35878
中华山林场	128	68	60	65	68	60	12	97	19	106
三潭风景区	718	388	330	237	347	320	103	535	80	605
恩施州	**3290294**	**1674095**	**1616199**	**1044013**	**1586189**	**1550598**	**614714**	**2315738**	**359842**	**2945055**
恩施市	**749574**	**377775**	**371799**	**229713**	**343800**	**340276**	**126327**	**544951**	**78296**	**618855**
舞阳坝街道	168902	82728	86174	43931	60544	62238	20420	137336	11146	101190
六角亭街道	53889	26865	27024	17356	24913	25286	8344	40585	4960	36470
小渡船街道	56394	27789	28605	19337	26775	27886	8776	43448	4170	29867
龙凤镇	61862	31582	30280	17975	29373	28462	10526	44903	6433	56242
崔坝镇	34250	17571	16679	10864	16549	16026	6229	23923	4098	33241
板桥镇	14174	7409	6765	4778	7336	6753	2491	9679	2004	13749
三岔乡	30816	15689	15127	10024	15241	14913	4829	21854	4133	29912
新塘乡	37258	19118	18140	12214	18089	17720	7365	24618	5275	36025
红土乡	36179	18140	18039	11586	17987	17986	7636	24356	4187	35081
沙地乡	26019	13100	12919	9277	12689	12622	4890	17688	3441	25221
白杨坪乡	49580	25290	24290	15104	25167	24255	9012	35053	5515	48294
太阳河乡	18275	9604	8671	6102	8842	8336	2729	12692	2854	17776
屯堡乡	39190	19899	19291	11920	19134	18842	7623	26899	4668	38106
白果乡	21789	11328	10461	7261	10648	10153	4483	14188	3118	20975
芭蕉侗族乡	49875	25507	24368	15378	24758	23975	9781	33954	6140	47524
盛家坝乡	30659	15855	14804	10017	15668	14716	6047	20787	3825	29801
沐抚办事处	20463	10301	10162	6589	10087	10107	5146	12988	2329	19381
利川市	**654094**	**334206**	**319888**	**204195**	**319660**	**310286**	**148179**	**435786**	**70129**	**587408**
都亭街道	80586	40159	40427	23231	36158	36753	14187	61080	5319	48344
东城街道	40001	20134	19867	11822	19434	19206	7467	29797	2737	25773
谋道镇	44236	22318	21918	15676	22008	21796	12640	25583	6013	42637
柏杨坝镇	60771	31595	29176	17245	28533	27052	12734	40847	7190	58283
汪营镇	60984	30953	30031	19589	30419	29796	15251	39221	6512	57882
建南镇	47264	24367	22897	15317	22894	22270	12482	28649	6133	46060
忠路镇	59539	30876	28663	18083	29464	27663	12527	40535	6477	58133
团堡镇	59580	31104	28476	17186	30508	28174	11330	41935	6315	58468
凉雾乡	43379	22368	21011	14058	21363	20649	9882	28232	5265	40881
元堡乡	23067	11919	11148	7603	11581	10987	5264	15018	2785	22214
南坪乡	35593	18016	17577	11131	17914	17548	8844	22825	3924	34299
文斗乡	50015	25837	24178	15742	25462	24067	13493	31209	5313	47021
毛坝乡	25913	12789	13124	9254	12588	13071	6178	16383	3352	25061
沙溪乡	21674	11001	10673	7759	10593	10539	5639	13426	2609	20958
福宝山生态综合开发区	1492	770	722	499	741	715	261	1046	185	1394

表17 续表 28

单位：人、户

地区	总人口 合计	总人口 男	总人口 女	家庭户 户数	家庭户总人口 男	家庭户总人口 女	分年龄人口 0-14岁	分年龄人口 15-64岁	分年龄人口 65岁及以上	居住本地，户口在本地
建始县	**412038**	**207431**	**204607**	**130263**	**201281**	**200353**	**68927**	**293463**	**49648**	**388376**
业州镇	104839	52175	52664	32066	49430	50086	16258	77981	10600	92727
高坪镇	43995	22200	21795	13835	22086	21757	6850	31762	5383	42321
红岩镇	19208	9918	9290	5475	9558	9107	2798	14355	2055	18079
景阳镇	34906	18034	16872	9432	17693	16773	6132	25245	3529	34169
官店镇	41508	20716	20792	13181	20521	20737	8415	28070	5023	40267
长梁乡	54998	27543	27455	18569	26910	27130	9346	38168	7484	53008
茅田乡	18248	9415	8833	5966	9131	8709	2976	12751	2521	17247
龙坪乡	23580	12139	11441	7505	11654	11227	3729	17079	2772	22323
三里乡	28869	14189	14680	10337	13832	14533	5810	18695	4364	27988
花坪乡	41887	21102	20785	13897	20466	20294	6613	29357	5917	40247
巴东县	**420840**	**215018**	**205822**	**146342**	**202827**	**198577**	**68799**	**304387**	**47654**	**381178**
信陵镇	60831	30440	30391	21253	27954	28192	9089	46909	4833	43539
东瀼口镇	22771	11498	11273	7862	11232	11153	3847	16582	2342	21667
沿渡河镇	39607	21020	18587	13884	19335	18118	6042	28524	5041	37068
官渡口镇	44157	22497	21660	15853	21346	20627	8334	30438	5385	40327
茶店子镇	26510	13537	12973	10997	13465	12951	4210	18428	3872	25257
绿葱坡镇	22533	12078	10455	7087	11235	10174	2910	16944	2679	21366
大支坪镇	16901	8482	8419	5856	8012	8192	2716	11991	2194	16146
野三关镇	61233	31102	30131	20439	29512	28965	10077	44755	6401	56585
水布垭镇	39011	19930	19081	12836	18674	18591	6520	27856	4635	37459
清太坪镇	31645	15764	15881	11332	15625	15828	5875	21839	3931	30654
溪丘湾乡	36477	19052	17425	12631	17163	16399	5813	26505	4159	32978
金果坪乡	19164	9618	9546	6312	9274	9387	3366	13616	2182	18132
宣恩县	**310368**	**160382**	**149986**	**96388**	**156798**	**148255**	**60586**	**215792**	**33990**	**291284**
珠山镇	54494	27465	27029	16903	25981	26019	10182	39829	4483	43477
椒园镇	23287	12065	11222	6952	11754	11100	4077	16729	2481	22514
沙道沟镇	54562	28327	26235	17761	28010	26163	11178	37081	6303	52981
万寨乡	23573	12279	11294	7521	11884	11213	4418	16305	2850	22905
长潭河乡	29101	15149	13952	9296	15011	13919	5680	19858	3563	28066
李家河乡	41451	21493	19958	10867	21070	19800	9071	27944	4436	39980
晓关乡	34272	17676	16596	11879	17402	16457	6089	23873	4310	33046
高罗乡	39157	20354	18803	11681	20191	18719	7811	27007	4339	38319
椿木营乡	10471	5574	4897	3528	5495	4865	2080	7166	1225	9996
咸丰县	**300618**	**153228**	**147390**	**95639**	**145127**	**141950**	**61288**	**207012**	**32318**	**273193**
高乐山镇	81220	41030	40190	24704	36730	36385	14241	59856	7123	62652
忠堡镇	10804	5534	5270	3586	5225	5096	2225	7014	1565	10334
甲马池镇	43615	22898	20717	13273	21641	20170	9756	29309	4550	41343
朝阳寺镇	10701	5431	5270	3298	5238	5172	2525	7029	1147	10074
清坪镇	33268	17183	16085	11023	16301	15681	6429	22804	4035	32181
丁寨乡	21103	10631	10472	6986	10461	10383	4329	13947	2827	19798
尖山乡	29042	14683	14359	9806	14430	14283	6329	19509	3204	28042
活龙坪乡	29982	15244	14738	9392	15057	14636	6956	19885	3141	29087
小村乡	17159	8744	8415	5400	8338	8305	3579	11823	1757	16733
黄金洞乡	16419	8035	8384	5825	7937	8357	3390	10868	2161	15998
大路坝区	7305	3815	3490	2346	3769	3482	1529	4968	808	6951
来凤县	**242870**	**122615**	**120255**	**76554**	**119557**	**118196**	**49402**	**169514**	**23954**	**225514**
翔凤镇	94270	46785	47485	28961	45457	46067	16876	69984	7410	81154
百福司镇	16731	8243	8488	5994	8158	8479	4228	10544	1959	15854
大河镇	37231	19451	17780	12166	19156	17727	7784	25244	4203	36426

表17　续表 29　　　　单位：人、户

地区	总人口			家庭户	家庭户总人口		分年龄人口			居住本地，户口在本地
	合计	男	女	户数	男	女	0-14岁	15-64岁	65岁及以上	
绿水乡	17325	8662	8663	5114	8600	8634	3930	11946	1449	16197
漫水乡	17365	8902	8463	4985	8673	8396	3827	12161	1377	17038
旧司乡	32050	16332	15718	9710	15430	15264	6580	21666	3804	31737
革勒车乡	10042	5134	4908	3898	5053	4891	2230	6249	1563	9703
三胡乡	17856	9106	8750	5726	9030	8738	3947	11720	2189	17405
鹤峰县	**199892**	**103440**	**96452**	**64919**	**97139**	**92705**	**31206**	**144833**	**23853**	**179247**
走马镇	44422	23535	20887	13723	21373	19965	6262	32751	5409	41342
容美镇	49631	24792	24839	16250	22425	22523	7921	37229	4481	37126
铁炉乡	11659	6007	5652	3997	5974	5643	2096	7914	1649	11223
五里乡	17318	9010	8308	5794	8806	8261	2518	12432	2368	16464
燕子乡	17796	9359	8437	6057	9159	8362	2630	12767	2399	16966
下坪乡	11939	6206	5733	3947	5849	5654	1876	8564	1499	11438
邬阳乡	12823	6840	5983	4052	6390	5860	2051	9132	1640	12427
中营乡	19754	10174	9580	6212	10077	9549	3222	13988	2544	19221
太平乡	13537	7007	6530	4554	6593	6395	2370	9359	1808	12502
鹤峰经济开发区	1013	510	503	333	493	493	260	697	56	538
省直辖县级行政区划	**3616415**	**1878326**	**1738089**	**1022738**	**1781840**	**1666530**	**490166**	**2777026**	**349223**	**3332082**
仙桃市	**1175085**	**613294**	**561791**	**352595**	**588584**	**545007**	**167102**	**885258**	**122725**	**1034593**
沙嘴街道	72590	38518	34072	22252	35459	32510	10038	57424	5128	43615
干河街道	147528	77905	69623	44265	72901	66968	20894	115216	11418	109008
龙华山办事处	104160	55189	48971	28377	48797	45498	14450	81714	7996	73946
郑场镇	45198	23004	22194	15104	22697	22010	7054	32369	5775	44262
毛嘴镇	57563	30036	27527	15101	28695	26728	8037	43933	5593	53339
豆河镇	61822	31779	30043	16972	31673	29988	9555	46240	6027	61172
三伏潭镇	52571	26723	25848	17189	26533	25739	9292	37140	6139	51522
胡场镇	54476	28614	25862	17410	28358	25776	9738	38108	6630	53113
长倘口镇	74671	39245	35426	22732	38330	34746	10523	54520	9628	71404
西流河镇	72471	37957	34514	23818	37773	34432	8605	54926	8940	70735
沙湖镇	32465	16822	15643	10119	16806	15637	4043	24263	4159	30902
杨林尾镇	57492	29981	27511	19524	29345	27173	7902	41286	8304	55142
彭场镇	82724	43629	39095	22654	41629	37555	9606	65108	8010	76849
张沟镇	58965	30717	28248	18318	30598	28132	8297	43437	7231	56636
郭河镇	46312	24152	22160	14939	24081	22069	6824	33289	6199	45079
沔城回族镇	17140	8845	8295	5561	8493	8140	2742	12345	2053	16219
通海口镇	44935	23212	21723	13096	23071	21657	6328	33795	4812	43131
陈场镇	55041	28465	26576	15687	27986	26144	8965	40256	5820	53881
仙桃工业园	20070	9702	10368	4060	6740	6112	1885	17328	857	9243
九合垸原种场	3922	2052	1870	1205	2028	1862	567	2904	451	3830
沙湖原种场	6784	3530	3254	2146	3487	3227	900	4993	891	6394
排湖渔场	1748	930	818	524	869	802	218	1399	131	1462
五湖渔场	2049	1066	983	629	1017	936	278	1597	174	1798
赵西垸林场	429	219	210	167	219	209	64	299	66	426
刘家垸林场	1027	516	511	417	516	511	163	703	161	940
畜禽良种场	932	486	446	329	483	446	134	666	132	545
潜江市	**946277**	**476281**	**469996**	**274692**	**460402**	**456820**	**122796**	**734816**	**88665**	**872313**
园林办事处	139393	69903	69490	44949	66865	66253	17974	112634	8785	119175
杨市办事处	43365	22187	21178	11279	21906	20983	5516	34048	3801	41514
周矶办事处	38937	19714	19223	10253	19266	18994	4709	30254	3974	37215
广华办事处	7687	3835	3852	2741	3816	3838	1400	6007	280	4126
竹根滩镇	61372	31124	30248	15979	29701	29081	7419	47981	5972	56485
渔洋镇	49116	25237	23879	13408	25104	23840	6716	37799	4601	48224
王场镇	42370	21644	20726	10502	19801	19094	5587	33380	3403	41051
高石碑镇	40784	20739	20045	11172	20132	19935	5184	32034	3566	37818
熊口镇	44443	22426	22017	11660	22272	21947	5608	34946	3889	43196
老新镇	53600	27355	26245	13502	26723	25772	7218	41702	4680	52402

表17 续表 30

单位：人、户

地 区	总人口			家庭户	家庭户总人口		分年龄人口			居住本地，户口在本地
	合 计	男	女	户 数	男	女	0-14岁	15-64岁	65岁及以上	
浩口镇	57015	28590	28425	14407	28581	28417	6518	45201	5296	55929
积玉口镇	34966	17593	17373	9242	17360	17123	4624	27095	3247	33346
张金镇	58560	29609	28951	14005	26537	25995	8580	44608	5372	56886
龙湾镇	39258	19825	19433	9796	19240	18908	5394	30187	3677	37804
江汉石油管理局	86439	42003	44436	35625	39692	43261	11190	62886	12363	72555
潜江经济开发区	21797	11280	10517	6694	11155	10443	2652	17390	1755	20179
周矶管理区	10462	5221	5241	3082	5217	5229	1634	7973	855	8234
后湖管理区	24651	12293	12358	7593	12121	12199	3239	18758	2654	23299
熊口管理区	13024	6296	6728	3715	6211	6552	1647	9890	1487	11181
总口管理区	34879	17333	17546	11977	17121	17417	4577	25664	4638	33395
西大垸管理区	12907	6432	6475	3668	6382	6431	1424	10099	1384	12277
运粮湖管理区	13153	6547	6606	4291	6476	6559	1621	9955	1577	12337
高场原种场	7206	3627	3579	2059	3612	3574	985	5611	610	6257
浩口原种场	2647	1310	1337	769	1310	1335	300	2095	252	2366
棉花原种场	8246	4158	4088	2324	3801	3640	1080	6619	547	5062
天门市	**1418913**	**748097**	**670816**	**373331**	**696395**	**631760**	**190953**	**1098398**	**129562**	**1356052**
竟陵街道	169734	88899	80835	39938	61722	58760	20258	134883	14593	143458
天门经济开发区管委会	33768	17790	15978	8797	17311	15574	4436	27041	2291	27454
杨林街道	28208	15029	13179	7697	14696	12878	3821	21634	2753	27488
多宝镇	71908	36761	35147	19824	36591	35081	9764	56282	5862	70697
拖市镇	58347	29658	28689	16975	29529	28628	7179	46213	4955	57486
张港镇	76305	39958	36347	20348	36554	33701	9742	60303	6260	73868
蒋场镇	39989	20239	19750	10661	20192	19712	5407	31283	3299	39831
汪场镇	39225	20410	18815	10550	19480	18109	5513	30320	3392	38491
渔薪镇	56915	29600	27315	15677	27443	25683	7486	44053	5376	55046
黄潭镇	50754	26567	24187	13598	26244	23702	6277	39708	4769	48932
岳口镇	88095	46224	41871	25128	43930	39890	11759	66739	9597	86934
横林镇	63621	34098	29523	16015	33571	29135	10548	47622	5451	62868
彭市镇	52070	28034	24036	12749	27020	23302	8587	39106	4377	51833
麻洋镇	48023	25920	22103	12175	25353	21672	8032	35799	4192	47496
多祥镇	62396	33943	28453	15390	32527	27998	10055	46810	5531	60056
干驿镇	46601	25075	21526	12678	23362	20538	6298	35076	5227	44661
马湾镇	36632	19600	17032	9800	18829	16494	5225	27765	3642	36319
卢市镇	55895	29794	26101	13473	27817	24788	7080	42800	6015	53090
小板镇	32630	17466	15164	8098	16644	14699	4774	25013	2843	31599
九真镇	72608	38967	33641	18304	38797	33445	9958	56911	5739	71216
皂市镇	68272	36068	32204	20216	34020	31070	7871	53529	6872	62966
胡市镇	30211	16258	13953	8047	15380	13371	3691	23306	3214	30109
石河镇	50171	26364	23807	13379	25227	23027	6148	39141	4882	49585
佛子山镇	33154	17580	15574	8793	16536	14966	4120	26248	2786	32904
净潭乡	27855	14882	12973	7614	14838	12956	3580	21352	2923	26722
蒋湖农场	18827	9413	9414	5564	9406	9408	2455	14235	2137	18552
白茅湖农场	6515	3365	3150	1811	3329	3134	870	5063	582	6391
沉湖管委会	184	135	49	32	47	39	19	163	2	
神农架林区	**76140**	**40654**	**35486**	**22120**	**36459**	**32943**	**9315**	**58554**	**8271**	**69124**
松柏镇	31207	16316	14891	9089	13765	13176	3987	24223	2997	28056
阳日镇	10085	5416	4669	3123	5136	4586	1243	7739	1103	9117
木鱼镇	9089	4807	4282	2818	4522	4006	991	7107	991	7854
红坪镇	5901	3263	2638	1581	2857	2406	666	4446	789	5311
新华镇	3688	2056	1632	1066	1830	1562	403	2832	453	3364
宋洛乡	6609	3678	2931	1660	3335	2801	752	5017	840	6177
九湖乡	3657	1977	1680	1034	1924	1657	515	2682	460	3499
下谷坪土家族乡	5904	3141	2763	1749	3090	2749	758	4508	638	5746

表18　湖南省乡、镇、街道人口

单位：人、户

地　区	总人口			家庭户	家庭户总人口		分年龄人口			居住本地，户口在本地
	合　计	男	女	户　数	男	女	0-14岁	15-64岁	65岁及以上	
湖南省	**65700762**	**33776459**	**31924303**	**18625710**	**31611459**	**30299987**	**11576515**	**47704886**	**6419361**	**57153579**
长沙市	**7040952**	**3579624**	**3461328**	**2072002**	**3056638**	**3038667**	**955323**	**5450342**	**635287**	**5025435**
芙蓉区	**523997**	**263665**	**260332**	**157645**	**208069**	**213068**	**58608**	**429285**	**36104**	**227429**
文艺路街道	37961	18342	19619	12139	15402	16379	3375	29939	4647	22906
朝阳街街道	38513	19073	19440	12715	16232	16722	3396	30376	4741	23601
韭菜园街道	41731	19855	21876	12563	16862	18111	4106	32852	4773	27300
浏正街街道	11664	5667	5997	3870	4670	4947	905	9617	1142	5386
解放路街道	9056	4135	4921	3270	3692	4176	750	7268	1038	4723
府后街街道	11473	5611	5862	3615	4301	4783	1027	9510	936	5208
都正街街道	12127	5843	6284	3934	4714	5187	1042	9911	1174	5131
五里牌街道	12673	6203	6470	4089	5017	5231	998	10480	1195	6352
火星街道	30455	15466	14989	9882	13481	13406	3673	24846	1936	13944
马王堆街道	104958	53453	51505	35522	47302	46802	14396	86131	4431	38152
东屯渡街道	68948	34370	34578	22658	29723	30856	9984	55538	3426	23990
湘湖街道	32959	16384	16575	9901	13778	14370	4400	26612	1947	12304
东岸乡	111479	59263	52216	23487	32895	32098	10556	96205	4718	38432
天心区	**475221**	**237357**	**237864**	**143462**	**187141**	**190248**	**47042**	**391025**	**37154**	**281605**
书院路街道	30022	13634	16388	9652	12252	12949	2936	24019	3067	18251
坡子街街道	16000	7668	8332	5538	6670	7151	1425	13243	1332	6719
学院街街道	15058	7442	7616	5234	6469	6774	1308	12311	1439	8089
城南路街道	36858	18121	18737	12429	16147	16707	2975	29670	4213	25535
裕南街街道	68805	34070	34735	23908	30618	31399	6642	55411	6752	45681
金盆岭街道	101291	52576	48715	30461	40337	40655	9977	82888	8426	67510
新开铺街道	106445	55232	51213	27383	35409	35128	9552	90780	6113	51954
青园街道	37472	15869	21603	10688	13717	13878	3982	31929	1561	21867
桂花坪街道	12926	6533	6393	2703	3863	3966	1246	11198	482	4372
大托镇	50344	26212	24132	15466	21659	21641	6999	39576	3769	31627
岳麓区	**801781**	**398862**	**402919**	**204700**	**284915**	**288305**	**88004**	**661350**	**52427**	**456642**
望月湖街道	35043	17177	17866	12099	15313	16058	3813	27404	3826	22829
岳麓街道	81367	43446	37921	17099	22496	23364	6830	69340	5197	51890
桔子洲街道	81089	41404	39685	14187	17795	18551	4350	72001	4738	46965
银盆岭街道	52994	25965	27029	16451	21972	22651	5765	43022	4207	31782
观沙岭街道	51324	25464	25860	17153	24059	24857	7544	40307	3473	27689
望城坡街道	64278	31610	32668	16988	23508	23130	7592	54116	2570	29872
西湖街道	43606	21116	22490	14905	17975	17965	4593	36529	2484	18536
咸嘉湖街道	39534	17638	21896	10177	13390	13406	4478	33439	1617	15691
望岳街道	27812	14500	13312	8055	11921	12288	4015	22009	1788	11880
梅溪湖街道	8071	4078	3993	2501	3793	3848	1588	5942	541	4972
麓谷街道	74203	33846	40357	7754	10799	11159	3988	68990	1225	13786
东方红镇	9014	4539	4475	2876	4386	4419	1567	6659	788	8042
莲花镇	38139	19636	18503	12815	18600	18322	6142	27628	4369	35826
坪塘镇	54435	27334	27101	17543	27036	27039	8331	40610	5494	51945
含浦镇	68385	35955	32430	13220	21022	20620	7100	57343	3942	38703
雨敞坪镇	25918	12996	12922	8702	12929	12901	4136	18496	3286	25203
天顶乡	46569	22158	24411	12175	17921	17727	6172	37515	2882	21031
开福区	**567166**	**288320**	**278846**	**180003**	**240458**	**244756**	**61565**	**458038**	**47563**	**333592**
芙蓉北路街道	35304	18295	17009	11875	16101	15445	5270	28714	1320	15156
东风路街道	49674	24893	24781	17644	22152	22704	4404	39292	5978	33933

表18 续表 1

单位：人、户

地区	总人口			家庭户户数	家庭户总人口		分年龄人口			居住本地，户口在本地
	合计	男	女		男	女	0-14岁	15-64岁	65岁及以上	
清水塘街道	26271	12991	13280	7059	9750	10298	2293	21001	2977	14047
望麓园街道	43880	20515	23365	14648	17673	18881	3648	35472	4760	26202
湘雅路街道	48092	23989	24103	16154	20831	21083	3552	38929	5611	32090
伍家岭街道	60517	32276	28241	20178	26144	26551	6266	49416	4835	37458
新河街道	40489	21634	18855	12569	17004	17150	3627	33274	3588	23344
通泰街街道	44100	22453	21647	15854	19318	19876	3279	36449	4372	25124
四方坪街道	64486	32167	32319	22769	29739	30603	8773	51483	4230	29643
洪山街道	62744	32579	30165	14782	22344	22300	6978	53176	2590	25653
捞刀河镇	51376	26116	25260	15926	23777	23715	7633	39352	4391	43855
新港镇	27468	14002	13466	7327	10414	10725	4024	21547	1897	17124
青竹湖镇	12765	6410	6355	3218	5211	5425	1818	9933	1014	9963
雨花区	**724048**	**366550**	**357498**	**231114**	**305384**	**306410**	**87362**	**585262**	**51424**	**407477**
侯家塘街道	64034	32306	31728	20648	27767	27960	5787	50257	7990	51762
左家塘街道	128641	64863	63778	48582	59774	60809	13141	103392	12108	93311
圭塘街道	54729	28792	25937	14906	20246	20301	6367	44444	3918	24632
砂子塘街道	58575	28778	29797	20165	26078	26600	6359	46656	5560	44667
东塘街道	37103	18099	19004	13458	16787	17323	4422	28759	3922	26578
雨花亭街道	170243	83713	86530	51052	67618	68186	21921	138722	9600	84384
高桥街道	72591	38138	34453	24516	32735	31126	9778	60816	1997	21002
洞井镇	73415	37152	36263	20427	29659	29127	10036	59618	3761	30247
黎托乡	64717	34709	30008	17360	24720	24978	9551	52598	2568	30894
长沙县	**979472**	**514434**	**465038**	**263288**	**399211**	**392342**	**125769**	**773188**	**80515**	**641040**
星沙街道	122360	59818	62542	30992	41036	40748	14867	104096	3397	29118
泉塘街道	68232	39923	28309	14510	18960	17367	6079	60725	1428	9795
湘龙街道	86442	51645	34797	16249	22747	21752	8082	76908	1452	13328
暮云镇	66242	36941	29301	12841	20806	21288	6665	54778	4799	30979
黄兴镇	50324	25848	24476	14213	24449	23883	7645	37918	4761	41661
榔梨镇	36279	19690	16589	9102	13786	14101	4483	29152	2644	23915
江背镇	52998	27320	25678	15425	26147	25081	7770	38778	6450	50524
黄花镇	82636	42191	40445	23199	36599	36534	11765	63392	7479	70645
春华镇	36837	18805	18032	11537	18435	17874	5914	26432	4491	34391
果园镇	21565	10956	10609	6519	10724	10426	3135	16089	2341	20873
路口镇	23249	11822	11427	7414	10758	10942	3337	16967	2945	20689
高桥镇	21908	11110	10798	7849	10871	10656	3126	15583	3199	21143
金井镇	33304	16701	16603	11274	16486	16399	4976	23954	4374	31749
福临镇	22825	11481	11344	7992	11416	11311	3194	16488	3143	21639
青山铺镇	17480	8761	8719	5078	8613	8604	2287	13199	1994	16480
安沙镇	51119	25384	25735	15374	21898	21606	6267	39617	5235	41218
北山镇	45476	23231	22245	14511	22773	21907	5898	33947	5631	43811
双江镇	15310	7651	7659	5427	7502	7552	2714	10540	2056	14440
跳马乡	61421	33114	28307	16186	27672	26553	9026	46538	5857	50754
干杉乡	30509	15728	14781	6928	11392	11188	3548	24473	2488	21818
白沙乡	16122	8045	8077	5186	7926	8030	2436	11566	2120	15639
开慧乡	16834	8269	8565	5482	8215	8540	2555	12048	2231	16431

表18　续表 2　　　　　　　　　　　　　　　　　　　　　　　　单位：人、户

地　区	总人口			家庭户	家庭户总人口		分年龄人口			居住本地，户口在本地
	合　计	男	女	户　数	男	女	0-14岁	15-64岁	65岁及以上	
望城县	**523660**	**266165**	**257495**	**149781**	**237787**	**234555**	**70836**	**399570**	**53254**	**435741**
高塘岭镇	72171	37601	34570	19260	28748	28428	8520	58813	4838	44519
桥驿镇	31364	15918	15446	10401	15348	15109	4313	23234	3817	29064
丁字镇	37241	18789	18452	11714	18051	18232	4993	28129	4119	34882
茶亭镇	28513	14717	13796	8910	14148	13585	4040	21115	3358	26766
东城镇	13576	6925	6651	4518	6869	6643	2042	9632	1902	13292
铜官镇	20056	10133	9923	7738	9813	9822	2132	14956	2968	18487
靖港镇	29054	14788	14266	7492	14284	13973	3738	21639	3677	27361
乔口镇	30068	15207	14861	8109	15096	14766	4393	22186	3489	28951
乌山镇	32412	16621	15791	9816	15944	15480	4798	23488	4126	30651
星城镇	46932	23917	23015	13745	21990	22340	7457	35476	3999	40563
雷锋镇	44606	22809	21797	11236	16499	16311	5667	36293	2646	25238
白箬铺镇	38818	19895	18923	11919	19274	18665	5996	28601	4221	36581
黄金镇	47971	23066	24905	10205	16749	16259	5400	39014	3557	30848
格塘乡	22603	11089	11514	6975	11045	11471	3579	15954	3070	21811
新康乡	28275	14690	13585	7743	13929	13471	3768	21040	3467	26727
宁乡县	**1166138**	**587816**	**578322**	**375999**	**560170**	**561581**	**200620**	**822334**	**143184**	**1063831**
玉潭镇	94773	47533	47240	28851	39732	41876	12652	74979	7142	64723
道林镇	44317	22411	21906	15167	22406	21903	7442	31164	5711	43594
花明楼镇	38618	19103	19515	13010	17899	18306	6480	26902	5236	35525
东湖塘镇	38190	19179	19011	12814	19034	18936	6561	26219	5410	37250
夏铎铺镇	35242	18413	16829	10279	16328	15981	5463	25754	4025	31090
双江口镇	39004	19741	19263	12177	19741	19263	6377	27920	4707	38638
煤炭坝镇	42285	21380	20905	13967	20806	20842	6752	30895	4638	38816
坝塘镇	38052	19162	18890	11580	19032	18838	6098	27171	4783	37078
偕乐桥镇	27274	13560	13714	8516	13382	13601	4474	18961	3839	26836
灰汤镇	19717	9942	9775	6252	9082	9472	3392	13887	2438	17959
双凫铺镇	32988	16611	16377	10395	16253	16120	5425	23309	4254	31947
老粮仓镇	42387	21099	21288	14779	20691	21045	8935	26911	6541	40591
流沙河镇	48972	24571	24401	16223	24243	24183	9714	31990	7268	48086
巷子口镇	33563	16550	17013	11376	16509	16991	7387	21347	4829	32565
龙田镇	17789	8989	8800	5847	8725	8725	3689	11666	2434	17026
横市镇	41388	20691	20697	12986	20509	20558	7824	28101	5463	40260
回龙铺镇	34640	17498	17142	10424	17476	17129	5699	24996	3945	33642
黄材镇	47717	23931	23786	16163	23852	23747	9145	31729	6843	46665
大成桥镇	26835	13307	13528	9055	13238	13516	4681	18631	3523	26076
青山桥镇	34627	17262	17365	12602	17097	17299	6792	21904	5931	33985
金洲镇	30842	16420	14422	8737	14414	13930	4602	23205	3035	27825
大屯营乡	34966	17561	17405	11601	17138	17015	5689	24474	4803	33688
朱良桥乡	26240	13289	12951	8766	13100	12864	4857	18011	3372	25444
菁华铺乡	29164	14834	14330	8874	14699	14249	5033	20922	3209	28127
南田坪乡	21033	10417	10616	7403	10218	10495	3638	14317	3078	20627
资福乡	30574	15187	15387	9979	15115	15352	5302	20881	4391	30092
枫木桥乡	30243	15145	15098	9971	14998	15012	5904	20148	4191	29634
喻家坳乡	33975	17209	16766	10825	16863	16586	5793	23874	4308	33429
沙田乡	22838	11188	11650	8206	11123	11637	4701	14417	3720	22261
白马桥乡	34579	17325	17254	11887	15858	15813	5868	26561	2150	20991
历经铺乡	29433	15030	14403	8723	13719	13748	4557	22372	2504	24554
城郊乡	51459	26931	24528	14242	20722	20557	7245	40851	3363	32869
沩山乡	12414	6347	6067	4322	6168	5992	2449	7865	2100	11938

表18 续表 3

单位：人、户

地区	总人口 合计	总人口 男	总人口 女	家庭户 户数	家庭户总人口 男	家庭户总人口 女	分年龄人口 0-14岁	分年龄人口 15-64岁	分年龄人口 65岁及以上	居住本地，户口在本地
浏阳市	**1279469**	**656455**	**623014**	**366010**	**633503**	**607402**	**215517**	**930290**	**133662**	**1178078**
淮川街道	67774	33160	34614	22085	30544	31886	9479	52743	5552	43748
集里街道	53676	27341	26335	16374	25253	25089	8307	42056	3313	28807
荷花街道	48415	24549	23866	13610	24074	23613	8119	35758	4538	40098
关口街道	26929	13484	13445	6068	11759	11661	4127	20497	2305	22552
社港镇	38238	19685	18553	11509	19220	18206	6807	27092	4339	36444
官渡镇	26501	13602	12899	7501	13225	12610	4753	18875	2873	26123
张坊镇	24135	12912	11223	7379	12187	11087	4275	17151	2709	22928
达浒镇	21748	11308	10440	6553	11185	10345	3705	15607	2436	21367
沿溪镇	28172	14602	13570	7488	14554	13529	4790	20587	2795	27816
古港镇	34767	17802	16965	9480	17206	16282	6095	25047	3625	33483
永和镇	18231	9488	8743	5887	9037	8621	2923	13152	2156	16981
大瑶镇	57550	29354	28196	15077	29107	28025	10870	42169	4511	55612
金刚镇	54757	28063	26694	13531	27935	26648	11038	39231	4488	53259
文家市镇	45582	23696	21886	11375	22277	21197	9607	32086	3889	44422
太平桥镇	20674	10627	10047	5289	10020	9508	3203	15153	2318	19235
枨冲镇	41047	21246	19801	11103	21206	19782	6665	29465	4917	40964
镇头镇	51307	26063	25244	15245	25188	24466	7140	37929	6238	48706
普迹镇	33078	17138	15940	10476	16857	15812	4807	23255	5016	32238
永安镇	58493	30344	28149	16168	27892	27370	8754	43791	5948	53670
北盛镇	47158	23844	23314	13792	23327	23020	7769	33959	5430	46472
龙伏镇	36808	18730	18078	12025	18483	17914	6290	25768	4750	35738
澄潭江镇	56167	29155	27012	14635	28994	26936	11453	39869	4845	54921
中和镇	18088	9590	8498	5191	9510	8464	3511	12426	2151	17505
柏加镇	20041	10150	9891	6359	10144	9888	3048	14839	2154	19698
洞阳镇	41369	20989	20380	10394	17752	17362	6166	31362	3841	33506
大围山镇	20042	10490	9552	7172	10382	9501	3332	14168	2542	19545
沙市镇	59140	30298	28842	16677	29834	28694	8615	43797	6728	58670
淳口镇	53841	27505	26336	16428	27181	26170	9017	38442	6382	52623
高坪镇	31329	16281	15048	8886	16178	14940	5940	21820	3569	30886
三口镇	18388	9439	8949	5188	9169	8812	3354	12912	2122	17889
官桥镇	24449	12562	11887	7060	12146	11727	3278	18067	3104	23744
小河乡	11122	5873	5249	3695	5725	5187	2223	7406	1493	10837
七宝山乡	11495	6051	5444	3933	5939	5411	1849	8268	1378	11223
溪江乡	19060	9842	9218	5108	9671	9179	3410	13608	2042	18641
杨花乡	20881	10870	10011	5374	10765	9955	4196	14688	1997	20530
葛家乡	16322	8487	7835	5011	8347	7773	2399	11501	2422	15655
蕉溪乡	22695	11835	10860	6884	11230	10732	4203	15746	2746	21542
株洲市	**3857100**	**1969989**	**1887111**	**1064120**	**1810712**	**1784731**	**583492**	**2910316**	**363292**	**3224007**
荷塘区	**309061**	**157559**	**151502**	**93843**	**133248**	**130057**	**38258**	**246677**	**24126**	**173337**
月塘街道	105661	53108	52553	25782	36457	35340	10696	89861	5104	34257
茨菇塘街道	62347	31845	30502	23054	30160	29547	7802	47808	6737	39984
宋家桥街道	22418	11389	11029	8382	10882	10893	3115	16846	2457	16907
桂花街道	38414	20426	17988	12615	17336	16925	5047	30193	3174	23062
金山街道	36599	18439	18160	11370	17029	16401	5361	29036	2202	18989
仙庾镇	17385	8906	8479	5044	8697	8418	2516	12906	1963	16513
明照乡	26237	13446	12791	7596	12687	12533	3721	20027	2489	23625
芦淞区	**247518**	**123025**	**124493**	**78824**	**110297**	**110232**	**29548**	**194786**	**23184**	**150383**
贺家土街道	37675	18519	19156	14233	17958	18317	4144	28283	5248	29711
建设街道	24943	12384	12559	8055	9998	11113	2045	19849	3049	14970

表18 续表 4 单位：人、户

地　区	总人口			家庭户	家庭户总人口		分年龄人口			居住本地，户口在本地
	合　计	男	女	户　数	男	女	0-14岁	15-64岁	65岁及以上	
建宁街道	23871	11992	11879	7202	10791	10250	2925	20142	804	5768
董家段街道	40722	21041	19681	14680	19835	19237	4856	29457	6409	37654
庆云街道	43007	21637	21370	14347	20848	20641	6448	33454	3105	23368
枫溪街道	13627	6937	6690	4483	6347	6348	1802	10396	1429	11825
龙泉街道	54938	25984	28954	13501	20515	20293	6170	46319	2449	20151
五里墩乡	8735	4531	4204	2323	4005	4033	1158	6886	691	6936
石峰区	**283179**	**149469**	**133710**	**90150**	**126298**	**121668**	**31771**	**223451**	**27957**	**217686**
田心街道	67178	36833	30345	18922	25454	24065	5770	54870	6538	47298
响石岭街道	74139	38412	35727	26426	35579	34522	8906	58152	7081	57795
清水塘街道	52892	27551	25341	17825	23913	22628	5735	41327	5830	40043
铜塘湾街道	36925	19643	17282	11760	16889	16194	4298	29408	3219	26253
井龙街道	18455	10026	8429	5622	8072	7895	2329	14621	1505	14692
龙头铺镇	12383	6322	6061	3806	5997	5917	1667	9457	1259	11148
云田乡	21207	10682	10525	5789	10394	10447	3066	15616	2525	20457
天元区	**215392**	**110035**	**105357**	**63167**	**93315**	**93437**	**28428**	**172883**	**14081**	**135508**
嵩山路街道	67177	34012	33165	20940	30081	30583	9645	53424	4108	37278
泰山路街道	94636	48614	46022	26500	37323	37247	10788	79102	4746	52428
栗雨街道	13763	7140	6623	3699	6091	6242	2072	10679	1012	8939
马家河镇	19345	9749	9596	5854	9556	9477	2999	14394	1952	18195
群丰镇	20471	10520	9951	6174	10264	9888	2924	15284	2263	18668
株洲县	**383598**	**197063**	**186535**	**111570**	**191991**	**183456**	**55788**	**282235**	**45575**	**366124**
渌口镇	64627	33087	31540	21301	30969	29977	9327	49405	5895	57756
朱亭镇	17290	8608	8682	5427	8580	8659	2734	12002	2554	16577
雷打石镇	29514	15181	14333	9452	14607	13951	4120	21715	3679	28400
三门镇	27502	14009	13493	7822	13968	13472	4032	20112	3358	26503
古岳峰镇	19713	10209	9504	5682	10204	9504	2729	14482	2502	19276
淦田镇	18608	9529	9079	5328	8670	8483	2544	13531	2533	17493
白关镇	22674	11745	10929	6604	11719	10912	3219	17019	2436	21376
龙凤乡	10486	5216	5270	3244	5186	5248	1718	7261	1507	10364
龙潭乡	6866	3542	3324	1803	3471	3300	1014	4843	1009	6710
砖桥乡	10522	5393	5129	2696	5348	5110	1492	7702	1328	10173
平山乡	8631	4465	4166	2349	4451	4166	1090	6419	1122	8439
洲坪乡	19930	10184	9746	5274	9943	9620	2867	14503	2560	19207
南阳桥乡	20930	10731	10199	5722	10627	10149	3202	15383	2345	20278
仙井乡	30019	15562	14457	7821	15521	14453	4811	22184	3024	29471
姚家坝乡	17600	9052	8548	4943	9020	8527	2418	12975	2207	17124
堂市乡	20074	10574	9500	6132	9959	9371	2894	14547	2633	19190
王十万乡	22037	11466	10571	5947	11423	10557	3235	16092	2710	21642
太湖乡	16575	8510	8065	4023	8325	7997	2342	12060	2173	16145
攸县	**693458**	**350639**	**342819**	**183547**	**320701**	**325553**	**117867**	**504002**	**71589**	**628689**
城关镇	103060	50829	52231	24365	39464	41191	15568	81242	6250	71176
酒埠江镇	28654	14406	14248	7401	13159	13249	4326	21508	2820	26266
桃水镇	30825	15592	15233	7485	14420	14516	5499	21984	3342	29691
网岭镇	36847	20179	16668	9525	16337	16514	4937	27932	3978	35181
渌田镇	41415	20643	20772	10574	20461	20680	9825	28589	3001	39125
柏市镇	10925	5559	5366	3028	5453	5310	1641	8120	1164	10644
大同桥镇	24194	11948	12246	6431	11808	12187	3786	17305	3103	22944
石羊塘镇	31067	15682	15385	7479	15004	15142	5658	21712	3697	30230
黄丰桥镇	26497	15342	11155	5994	10388	10444	3409	21176	1912	20415
鸾山镇	23798	12258	11540	6610	11382	11331	4122	17138	2538	21835

表18　续表 5　　　　　　　　　　　　　　　　　　　　　　　　　　　　单位：人、户

地　　区	总人口			家庭户	家庭户总人口		分年龄人口			居住本地，户口在本地
	合　计	男	女	户　数	男	女	0-14岁	15-64岁	65岁及以　上	
丫江桥镇	37320	18759	18561	9347	18664	18534	5713	27325	4282	36756
上云桥镇	30223	15106	15117	8843	14731	14913	5428	21307	3488	28578
皇图岭镇	60014	30195	29819	16395	29030	28844	9229	43729	7056	56372
新市镇	35674	17663	18011	10377	16874	17676	5761	24984	4929	34456
菜花坪镇	55632	28168	27464	12991	26462	26567	11549	39784	4299	51178
湖南坳乡	19030	9550	9480	6051	9382	9425	2873	13639	2518	18613
坪阳庙乡	17196	8588	8608	5748	8481	8561	2827	11720	2649	16488
槚山乡	19023	9445	9578	5629	9228	9496	3139	13171	2713	18675
鸭塘铺乡	25672	12870	12802	6618	12209	12456	5299	17539	2834	24459
莲塘坳乡	36392	17857	18535	12656	17764	18517	7278	24098	5016	35607
茶陵县	**575436**	**292197**	**283239**	**147076**	**282864**	**280698**	**106647**	**423602**	**45187**	**529891**
城关镇	73223	36064	37159	21448	35058	36561	13433	54804	4986	45160
界首镇	28241	14585	13656	7429	14512	13603	5077	21031	2133	27813
湖口镇	23176	11809	11367	6130	11782	11346	5338	15933	1905	22777
浣溪镇	16322	8281	8041	4030	7961	7915	3374	11747	1201	15605
马江镇	27709	13971	13738	6916	13944	13721	5344	20384	1981	27146
高陇镇	18632	9542	9090	4445	9159	8952	3248	14006	1378	18094
潞水镇	23224	11834	11390	5786	11684	11317	4037	17403	1784	22247
虎踞镇	26415	13416	12999	6235	13409	12988	5098	19174	2143	25751
平水镇	28025	14012	14013	6775	13702	13893	4957	20910	2158	27648
枣市镇	25390	12774	12616	6632	12773	12615	4448	18997	1945	24795
火田镇	22603	11424	11179	5395	11150	11098	3845	17053	1705	22106
严塘镇	38963	19608	19355	9502	19416	19308	7269	28731	2963	38496
腰陂镇	51459	25984	25475	12883	25089	25107	10199	37025	4235	49941
秩堂镇	26431	13674	12757	5798	13319	12588	4731	19677	2023	26120
下东乡	38076	18884	19192	10505	18526	19075	7270	27537	3269	36030
舲舫乡	29605	15122	14483	7010	14881	14411	5922	21411	2272	29430
思聪乡	23603	11644	11959	6112	11522	11908	4295	17498	1810	21985
洣江乡	26977	13584	13393	6689	13456	13336	5241	19554	2182	25671
八团乡	6111	3201	2910	1579	3136	2894	966	4583	562	5990
桃坑乡	9654	4916	4738	2749	4828	4705	1818	6718	1118	9273
茶陵监狱	4732	4026	706	687	770	700	194	4321	217	1264
汉背办事处	2612	1408	1204	1144	1293	1189	203	1935	474	2328
利民办事处	4253	2434	1819	1197	1494	1468	340	3170	743	4221
炎陵县	**202071**	**107758**	**94313**	**50844**	**86173**	**86871**	**31042**	**153508**	**17521**	**163766**
霞阳镇	53347	28580	24767	13999	21674	22534	8281	41399	3667	37655
沔渡镇	14754	7740	7014	3756	6455	6467	2359	10913	1482	12585
十都镇	11612	5888	5724	3324	5499	5582	1868	8550	1194	10481
水口镇	16501	8849	7652	4092	7506	7201	2600	12268	1633	14513
三河镇	24924	13675	11249	4764	8693	9032	2962	20285	1677	17270
鹿原镇	23176	11789	11387	6043	10796	10876	3851	17175	2150	21473
垄溪乡	7679	3829	3850	2082	3485	3617	1352	5524	803	6924
石洲乡	4916	2613	2303	1214	2088	2114	651	3795	470	4218
策源乡	6237	3319	2918	1517	3018	2843	974	4660	603	5835
下村乡	7879	4199	3680	2243	3875	3586	1384	5627	868	7319
中村乡	8628	5186	3442	2012	3295	3199	1285	6642	701	6274
龙渣瑶族乡	3190	2110	1080	585	1018	981	360	2628	202	1986
平乐乡	2323	1197	1126	661	1142	1100	372	1676	275	2202
船形乡	6831	3810	3021	1816	2884	2757	1063	4995	773	5648
东风乡	9175	4516	4659	2489	4363	4590	1543	6667	965	8623

表18 续表 6　　　　　　　　　　　　　　　　　　　单位：人、户

地　　区	总人口			家庭户	家庭户总人口		分年龄人口			居住本地，户口在本地
	合　计	男	女	户　数	男	女	0-14岁	15-64岁	65岁及以上	
炎陵县大院农场	766	395	371	208	319	322	123	599	44	634
炎陵县神农谷管理局	133	63	70	39	63	70	14	105	14	126
醴陵市	**947387**	**482244**	**465143**	**245099**	**465825**	**452759**	**144143**	**709172**	**94072**	**858623**
阳三街道	47368	23556	23812	13126	23129	23594	6796	36722	3850	37297
西山街道	48128	24017	24111	12676	22828	23255	6431	37598	4099	37276
黄泥坳街道	49332	24813	24519	13079	22682	22858	5979	39097	4256	39326
来龙门街道	77866	38143	39723	19160	32461	34004	9337	62649	5880	48863
南桥镇	40556	20928	19628	9273	20748	19533	6779	30270	3507	39723
富里镇	34669	17702	16967	7800	17480	16788	6878	24986	2805	32624
白兔潭镇	35806	18084	17722	8127	17792	17510	6332	26456	3018	33134
浦口镇	39290	19942	19348	9242	19479	19054	6814	29047	3429	36558
王坊镇	28421	14460	13961	6957	14411	13943	5009	20830	2582	27443
王仙镇	36580	18849	17731	9368	18212	17566	5904	26848	3828	33870
泗汾镇	36607	18501	18106	8718	17342	16814	5263	27813	3531	33081
沈潭镇	20071	10052	10019	6231	10052	10019	3841	13831	2399	19354
船湾镇	23189	11756	11433	6487	11587	11358	3805	16790	2594	22559
大障镇	45828	23619	22209	11259	23444	22144	7020	34357	4451	44999
贺家桥镇	17971	9112	8859	4726	8815	8746	3012	12933	2026	17445
仙霞镇	18472	9439	9033	4990	9366	8961	2771	13710	1991	18150
黄獭嘴镇	16744	8775	7969	5143	8287	7871	2687	12000	2057	15659
均楚镇	35792	18457	17335	9402	17771	16968	5256	25949	4587	34729
东富镇	40437	20718	19719	11116	20714	19717	6219	29896	4322	39397
石亭镇	32459	16853	15606	8985	16740	15532	5147	23521	3791	31777
栗山坝镇	33201	17191	16010	8518	17014	15921	4772	24837	3592	32506
神福港镇	24603	12476	12127	6471	12405	12099	3740	18006	2857	23971
孙家湾乡	20222	10272	9950	5374	10159	9803	2704	15365	2153	19484
清水江乡	21668	11046	10622	5552	11035	10619	3668	15894	2106	21475
嘉树乡	21376	11065	10311	5287	10862	10271	3224	15739	2413	20444
新阳乡	21179	10805	10374	5252	10700	10327	3023	15829	2327	20741
官庄乡	11807	6457	5350	3662	5862	5037	1492	8472	1843	11544
枫林市乡	13461	7040	6421	4037	6915	6383	1929	9877	1655	13086
东堡乡	19185	10213	8972	5256	9856	8935	2765	14211	2209	18024
板杉乡	35099	17903	17196	9825	17677	17129	5546	25639	3914	34084
湘潭市	**2752171**	**1403112**	**1349059**	**813460**	**1257887**	**1240790**	**394944**	**2052185**	**305042**	**2281297**
雨湖区	**501848**	**255221**	**246627**	**140216**	**199453**	**201246**	**53375**	**403837**	**44636**	**332270**
雨湖路街道	31657	14288	17369	9611	12776	13531	3402	24386	3869	21097
城正街街道	61639	33712	27927	11525	15139	15334	3531	54425	3683	34321
平政路街道	10123	4918	5205	3626	4777	5077	1179	7847	1097	6822
云塘街道	53959	25928	28031	17450	24489	25296	6086	42539	5334	32511
广场街道	44027	22661	21366	14200	17663	18230	4377	34720	4930	25862
中山路街道	33484	16558	16926	12235	16458	16804	3350	25642	4492	30119
窑湾街道	22896	11637	11259	8095	11576	11240	3021	18039	1836	11308
羊牯塘街道	34747	17656	17091	2593	3041	3164	967	32785	995	16155
鹤岭镇	13388	6793	6595	5176	6661	6547	1645	10045	1698	11744
楠竹山镇	25790	13706	12084	9105	11759	11707	2410	18807	4573	22538
昭潭乡	23224	11632	11592	7966	11321	11352	3312	18408	1504	11299
护潭乡	17371	8565	8806	5058	8146	8597	2306	13808	1257	14582
长城乡	26878	13772	13106	7286	13475	12970	4193	20549	2136	20338
先锋乡	16751	8521	8230	5287	8182	8034	2214	13221	1316	10156
响水乡	85914	44874	41040	21003	33990	33363	11382	68616	5916	63418

表18 续表 7 单位：人、户

地　区	总人口			家庭户	家庭户总人口		分年龄人口			居住本地，户口在本地
	合　计	男	女	户　数	男	女	0-14岁	15-64岁	65岁及以　上	
岳塘区	**458455**	**237952**	**220503**	**132515**	**193953**	**194130**	**50484**	**365540**	**42431**	**321300**
岳塘街道	68530	35742	32788	21199	30435	30806	7581	52401	8548	56583
东坪街道	12633	6476	6157	3808	5387	5409	1398	10140	1095	8362
中洲路街道	40146	21312	18834	13123	17690	17779	3454	31406	5286	32967
书院路街道	37939	23037	14902	9255	12462	12595	2775	32006	3158	25146
下摄司街道	14132	7419	6713	4769	6492	6359	1374	11364	1394	12271
建设路街道	28006	14677	13329	8797	12623	12294	3180	22520	2306	19263
滴水埠街道	17511	9310	8201	5885	8362	7740	1929	13745	1837	14988
五里堆街道	23798	10076	13722	6094	8395	8537	2086	19942	1770	15429
社建村街道	21003	10257	10746	7614	9623	10074	2191	15874	2938	18297
宝塔街道	58194	29475	28719	17022	25535	25799	8088	46172	3934	24387
易家湾镇	20384	10661	9723	5627	8437	8063	2440	16363	1581	11967
双马镇	18375	9708	8667	4810	8183	8014	2540	14161	1674	15380
霞城乡	23657	11869	11788	6911	11449	11589	3265	18539	1853	15694
板塘乡	11006	5599	5407	3072	5075	5134	1499	8492	1015	8805
荷塘乡	19911	9897	10014	4870	9852	9963	2886	15295	1730	18932
昭山乡	12822	6510	6312	4037	6367	6245	1784	9663	1375	11756
红旗农场	30408	15927	14481	5622	7586	7730	2014	27457	937	11073
湘潭县	**917616**	**468394**	**449222**	**272644**	**436206**	**422190**	**142085**	**664169**	**111362**	**828842**
易俗河镇	114281	57285	56996	25783	39395	39235	15581	91776	6924	62111
梅林桥镇	39632	20567	19065	12966	20532	19039	5567	28833	5232	38518
谭家山镇	40673	21326	19347	12153	18427	17621	6065	29431	5177	38100
中路铺镇	46224	23086	23138	14591	22078	21996	7674	32475	6075	42498
茶恩寺镇	33894	17127	16767	10208	16769	16592	6734	22913	4247	33152
河口镇	35818	18572	17246	11688	18185	17074	5273	25904	4641	33806
射埠镇	48286	24742	23544	15378	23935	23160	7041	34306	6939	47307
花石镇	41683	21292	20391	13296	21079	20221	6388	29605	5690	40766
青山桥镇	35859	18206	17653	10434	17348	17291	6726	24446	4687	34037
石鼓镇	40505	20885	19620	12083	19591	19012	6659	28185	5661	38059
姜畲镇	46353	23991	22362	13231	22954	21478	6700	34613	5040	43705
云湖桥镇	48102	24478	23624	15535	24155	23473	7422	34172	6508	45558
石潭镇	60935	30892	30043	18390	29708	28977	8881	44670	7384	57937
杨嘉桥镇	50288	26058	24230	15406	25087	23711	7715	36178	6395	46688
乌石镇	28970	14810	14160	9095	14669	14090	4365	20629	3976	27860
白石镇	29498	15034	14464	8963	14780	14375	5097	20745	3656	28810
响塘乡	50906	26258	24648	15669	25831	24317	7328	37378	6200	48976
分水乡	28346	14278	14068	9508	14113	13977	5061	18995	4290	27587
排头乡	53562	27326	26236	14765	25830	25179	8287	38742	6533	50829
龙口乡	20855	10532	10323	6541	10409	10273	3841	14146	2868	20292
锦石乡	22946	11649	11297	6961	11331	11099	3680	16027	3239	22246
湘乡市	**788216**	**398776**	**389440**	**241243**	**386974**	**381355**	**135832**	**556552**	**95832**	**720738**
望春门街道	44453	22021	22432	15058	21311	21982	7102	33588	3763	32087
新湘路街道	39702	19685	20017	13448	19232	19381	6676	29848	3178	22955
昆仑桥街道	44836	22063	22773	14666	19655	20540	7015	33564	4257	29469
东山街道	22136	11281	10855	5744	9071	9165	3412	16923	1801	15843
山枣镇	39703	20116	19587	11964	20069	19577	6885	28134	4684	39137
栗山镇	22874	11821	11053	7149	11716	11024	4293	15677	2904	22542
中沙镇	21170	11064	10106	6363	10901	9971	4284	14149	2737	20324
虞塘镇	31048	15875	15173	8832	15608	15018	5087	22152	3809	30632
潭市镇	40926	21342	19584	11489	20220	19081	6689	28719	5518	40416

表18　续表 8　　　　单位：人、户

地　区	总人口			家庭户	家庭户总人口		分年龄人口			居住本地，户口在本地
	合　计	男	女	户　数	男	女	0-14岁	15-64岁	65岁及以上	
棋梓镇	46006	23319	22687	15245	23031	22557	8228	32484	5294	43416
壶天镇	44825	22796	22029	12330	22471	21849	8330	31269	5226	43720
翻江镇	32364	16493	15871	9488	16224	15722	6284	21622	4458	31401
金石镇	27567	13609	13958	8687	13187	13748	4351	19036	4180	27146
白田镇	37361	18805	18556	10852	18788	18548	6099	26089	5173	36927
月山镇	46568	23697	22871	14659	23562	22795	8686	31068	6814	45163
泉塘镇	42971	21686	21285	12948	20723	20471	7377	30626	4968	41721
梅桥镇	40507	20607	19900	11852	20578	19888	7238	28206	5063	39087
毛田镇	29382	14902	14480	9599	14660	14351	5002	20350	4030	28594
龙洞镇	31533	15909	15624	9333	15900	15620	5021	22401	4111	31001
东郊乡	42300	21114	21186	12833	20743	21052	6752	30031	5517	40625
金薮乡	29420	15063	14357	9005	13946	13998	5612	19399	4409	28329
育塅乡	30564	15508	15056	9699	15378	15017	5409	21217	3938	30203
韶山市	**86036**	**42769**	**43267**	**26842**	**41301**	**41869**	**13168**	**62087**	**10781**	**78147**
清溪镇	13491	6669	6822	4120	5492	5612	1796	10641	1054	9770
银田镇	13535	6728	6807	4368	6657	6783	2035	9666	1834	12725
如意镇	11475	5752	5723	3762	5634	5634	1777	8028	1670	10630
韶山乡	15438	7615	7823	4566	7557	7765	2475	11283	1680	14238
永义乡	8475	4264	4211	2712	4238	4201	1325	6033	1117	7943
杨林乡	12515	6223	6292	3987	6205	6285	1963	8733	1819	11898
大坪乡	11107	5518	5589	3327	5518	5589	1797	7703	1607	10943
衡阳市	**7148344**	**3707589**	**3440755**	**1942855**	**3478074**	**3285201**	**1460583**	**5050453**	**637308**	**6336804**
珠晖区	**331094**	**167381**	**163713**	**96287**	**146675**	**146149**	**46573**	**254057**	**30464**	**235199**
广东路街道	47850	24267	23583	15609	23523	23060	6704	37088	4058	31132
东风路街道	24744	12096	12648	7792	10289	10169	3037	19671	2036	17982
冶金街道	19975	10108	9867	6981	9527	9644	2212	14725	3038	16727
苗圃街道	58336	28979	29357	19694	25498	25967	6605	43944	7787	42341
粤汉街道	23122	11260	11862	7494	10603	10625	3200	18266	1656	12647
新湘街道	14556	7306	7250	5229	6982	6972	2087	9865	2604	12587
衡州路街道	4040	1993	2047	1029	1984	2039	761	2963	316	3905
茶山坳镇	24544	13076	11468	6968	11987	11369	4305	17981	2258	23059
东阳渡镇	32766	16695	16071	8657	16469	15981	6169	23956	2641	30112
和平乡	32090	15917	16173	9269	15803	16124	6025	24167	1898	16890
酃湖乡	44537	23231	21306	6323	11950	12176	4713	37989	1835	24592
金甲岭农场	2495	1317	1178	698	1197	1152	441	1893	161	2271
白渔潭园艺场	648	426	222	117	159	192	49	518	81	214
酃湖渔场	1362	697	665	418	691	663	256	1013	93	724
松林茶场	29	13	16	9	13	16	9	18	2	16
雁峰区	**212914**	**106650**	**106264**	**64503**	**89642**	**91668**	**28349**	**167129**	**17436**	**137427**
先锋街道	28037	13535	14502	10106	13198	13941	3512	22056	2469	19047
雁峰街道	40330	20818	19512	11114	15071	15691	4250	33008	3072	21889
天马山街道	21890	11030	10860	7622	10361	10529	2857	16729	2304	16119
黄茶岭街道	35899	16456	19443	9914	12695	13079	3881	29213	2805	20311
白沙洲街道	39918	20307	19611	13060	17676	17856	5715	30493	3710	29646
岳屏镇	21088	11664	9424	4849	8056	7795	3144	16462	1482	13200
湘江乡	16769	8357	8412	4969	8134	8291	3212	12623	934	8686
白沙洲工业园	8983	4483	4500	2869	4451	4486	1778	6545	660	8529
石鼓区	**231592**	**116272**	**115320**	**71776**	**104630**	**105414**	**32946**	**179237**	**19409**	**171987**
人民路街道	27326	13361	13965	9698	12970	13454	3523	21448	2355	19227
青山街道	41608	20645	20963	14316	19914	20263	5211	31972	4425	30094

表18 续表 9 单位：人、户

地区	总人口			家庭户	家庭户总人口		分年龄人口			居住本地，户口在本地
	合计	男	女	户数	男	女	0-14岁	15-64岁	65岁及以上	
潇湘街道	48262	24000	24262	16770	23554	24012	6775	37661	3826	36086
五一街道	33491	16902	16589	11091	15549	15417	4526	25840	3125	27154
合江街道	25312	14358	10954	7467	10071	10167	3272	19350	2690	19670
黄沙湾街道	9410	4945	4465	2849	4403	4338	1665	7323	422	4652
松木乡	19744	8231	11513	3414	6295	6207	2614	16259	871	12308
角山乡	17113	8704	8409	4194	8365	8150	3800	12101	1212	16573
松木工业园	9326	5126	4200	1977	3509	3406	1560	7283	483	6223
蒸湘区	**298686**	**153710**	**144976**	**85158**	**126403**	**124124**	**42807**	**238004**	**17875**	**181237**
蒸湘街道	40531	19576	20955	13140	19279	19052	5501	31740	3290	26386
红湘街道	76982	41389	35593	15010	21766	21107	6922	66540	3520	35894
华兴街道	62028	31401	30627	20016	29179	29438	10561	48169	3298	37145
联合街道	42196	21800	20396	14636	20618	20148	6306	32610	3280	29108
呆鹰岭镇	27810	14445	13365	6707	10915	10493	4378	21915	1517	20514
长湖乡	30817	15674	15143	10253	15440	14994	5752	23557	1508	14496
雨母山乡	18322	9425	8897	5396	9206	8892	3387	13473	1462	17694
南岳区	**59681**	**30255**	**29426**	**16381**	**27771**	**27649**	**11181**	**43836**	**4664**	**44398**
祝融街道	21820	10853	10967	5884	9200	9623	3719	16726	1375	12404
南岳镇	33010	16939	16071	9088	16110	15645	6453	23932	2625	27292
岳林乡	1716	877	839	520	877	836	346	1093	277	1671
龙凤乡	1798	909	889	544	909	889	395	1169	234	1724
拜殿乡	1337	677	660	345	675	656	268	916	153	1307
衡阳县	**1103677**	**578005**	**525672**	**291280**	**554320**	**511426**	**230090**	**772412**	**101175**	**1049583**
西渡镇	170351	88493	81858	44561	77575	73847	31537	127673	11141	143423
集兵镇	29806	15462	14344	8004	15427	14335	6099	21655	2052	28591
杉桥镇	20049	10545	9504	5226	10305	9430	4047	14202	1800	19854
井头镇	59713	31312	28401	15866	31285	28392	12293	41280	6140	58961
演陂镇	38456	19953	18503	10458	18481	17796	7626	26880	3950	36182
金兰镇	70784	37031	33753	18895	35649	33017	15211	48202	7371	67593
洪市镇	56014	29290	26724	13719	28008	25844	12301	38663	5050	53670
曲兰镇	45609	23678	21931	11965	23676	21930	10792	30519	4298	45040
金溪镇	32625	17417	15208	7830	16521	14883	7217	22082	3326	32281
界牌镇	30390	15986	14404	8803	15828	14369	5935	21840	2615	29752
渣江镇	62506	32789	29717	16466	31412	28799	14049	42505	5952	58784
三湖镇	48156	25519	22637	12520	24627	22312	10723	32632	4801	47086
台源镇	52384	27760	24624	14708	27183	24238	9864	37527	4993	50948
樟木乡	25164	13070	12094	6749	12931	12049	4992	18393	1779	24743
岣嵝乡	21154	11141	10013	5528	10910	9930	4237	15074	1843	20614
岘山乡	61153	31796	29357	16477	31733	29322	12310	42655	6188	60733
关市乡	42835	22709	20126	11597	22231	20020	9938	28429	4468	41018
栏垅乡	21394	11220	10174	5611	11013	10053	4123	15110	2161	21169
库宗乡	43618	22548	21070	11435	21335	20193	9550	29590	4478	41952
大安乡	39483	20637	18846	10773	20485	18780	8855	26734	3894	38583
溪江乡	32915	17325	15590	8659	16865	15426	7817	21725	3373	32295
石市乡	49365	26206	23159	12410	24949	22920	10655	33647	5063	47573
长安乡	15432	8144	7288	4335	8073	7252	3234	10490	1708	15231
板市乡	12958	6807	6151	3178	6728	6119	2523	9374	1061	12491
樟树乡	12958	6730	6228	3425	6730	6228	2463	9499	996	12909
潮江乡	8405	4437	3968	2082	4360	3942	1699	6032	674	8107
衡南县	**954619**	**504374**	**450245**	**250456**	**469060**	**428924**	**195665**	**676180**	**82774**	**904977**
云集镇	50649	27019	23630	13352	21534	20049	11317	36483	2849	38208

表18 续表 10 单位：人、户

地区	总人口			家庭户	家庭户总人口		分年龄人口			居住本地，户口在本地
	合计	男	女	户数	男	女	0-14岁	15-64岁	65岁及以上	
向阳镇	45752	24457	21295	9141	15743	14568	8594	34138	3020	39493
廖田镇	25037	12928	12109	6164	12702	12023	5534	17504	1999	24217
茶市镇	29992	15670	14322	7710	14312	13464	6212	21162	2618	27918
冠市镇	39881	20818	19063	11062	20363	18899	8308	27977	3596	39148
江口镇	49100	25258	23842	13964	25211	23825	10855	33776	4469	47000
宝盖镇	41073	21573	19500	10438	21461	19444	10124	27654	3295	39619
花桥镇	39122	20970	18152	8364	17783	16526	8831	27234	3057	37925
铁丝塘镇	20305	10687	9618	4989	10102	9341	5070	13466	1769	19918
泉溪镇	22633	11706	10927	6962	11652	10901	4521	16001	2111	22191
洪山镇	38514	19859	18655	9836	19507	18169	8171	27149	3194	37863
三塘镇	58275	31838	26437	13870	23187	21337	8513	46439	3323	49331
谭子山镇	45197	23697	21500	13320	23697	21500	8299	32765	4133	45139
鸡笼镇	34229	18141	16088	10029	18131	16086	7057	23536	3636	33798
泉湖镇	29879	15541	14338	8958	15482	14324	6059	20337	3483	29327
柞市镇	27176	14253	12923	6506	14113	12820	5818	18385	2973	26535
茅市镇	54280	28928	25352	15597	28668	25194	11404	37262	5614	52673
硫市镇	36972	19729	17243	10316	19549	17218	7255	25606	4111	35835
栗江镇	59845	32369	27476	14975	31335	27120	13067	41469	5309	58724
近尾洲镇	26497	13906	12591	7621	13896	12590	5639	17708	3150	25991
车江镇	35530	18513	17017	9929	17568	16238	6949	25836	2745	34496
咸塘镇	17940	9208	8732	4429	8592	8234	3299	13179	1462	17114
松江镇	42874	22452	20422	10526	22180	20297	9177	30530	3167	40979
相市乡	22972	11896	11076	6891	11882	11070	4567	16140	2265	22550
洲市乡	35959	18928	17031	9359	18918	17029	6555	26012	3392	35827
川口办事处	17602	9492	8110	4635	8560	7905	3316	12785	1501	17482
衡南县原种场	986	500	486	262	498	486	199	700	87	925
衡州监狱	1953	1765	188	132	172	146	32	1850	71	391
衡南县岐山办事处	4395	2273	2122	1119	2262	2121	923	3097	375	4360
衡山县	**384196**	**197025**	**187171**	**101099**	**191344**	**183348**	**76670**	**270795**	**36731**	**365519**
开云镇	80254	40841	39413	22983	38181	37343	15096	58974	6184	69371
白果镇	30819	15825	14994	7922	14898	14261	5788	22042	2989	28456
东湖镇	18113	9344	8769	4535	8999	8631	3662	12584	1867	17550
萱洲镇	17149	8732	8417	4709	8729	8416	3444	12032	1673	16824
长江镇	30479	15637	14842	7705	15508	14774	6305	21454	2720	29121
新桥镇	27386	13938	13448	6922	13891	13411	5511	19146	2729	26959
马迹镇	11409	5903	5506	2802	5516	5256	2326	7860	1223	11320
店门镇	24961	12914	12047	6236	12731	11962	4810	17846	2305	24568
贺家乡	15885	8265	7620	4261	8114	7550	3048	11266	1571	15571
永和乡	25735	13420	12315	6394	13069	12162	5305	17921	2509	24857
沙泉乡	15231	7739	7492	4313	7739	7492	3254	10261	1716	14956
福田乡	15219	7858	7361	3812	7582	7237	3296	10323	1600	15146
岭坡乡	12224	6243	5981	3028	6233	5970	2522	8295	1407	11988
望峰乡	10053	5151	4902	2762	5128	4896	2144	6767	1142	9980
长青乡	15654	8052	7602	4186	7945	7562	3037	10888	1729	15326
贯塘乡	18104	9253	8851	4745	9253	8851	3710	12554	1840	18053
江东乡	15521	7910	7611	3784	7828	7574	3412	10582	1527	15473
衡东县	**630029**	**319773**	**310256**	**162052**	**309707**	**302610**	**134742**	**435516**	**59771**	**588756**
城关镇	55556	27697	27859	15600	24651	24942	11376	40534	3646	39447
石湾镇	29991	14998	14993	8215	14976	14966	6103	21062	2826	28590
新塘镇	39032	19668	19364	10667	18960	18719	7922	27080	4030	36651

表18 续表 11

单位：人、户

地 区	总人口			家庭户	家庭户总人口		分年龄人口			居住本地，户口在本地
	合 计	男	女	户 数	男	女	0-14岁	15-64岁	65岁及以上	
大浦镇	49253	25412	23841	13295	23562	22589	9773	34284	5196	41003
吴集镇	37019	18914	18105	8961	18667	17943	7807	25611	3601	35955
甘溪镇	28012	14355	13657	6570	13834	13418	5682	19713	2617	27134
杨林镇	28529	14185	14344	6985	13165	13282	6279	19597	2653	26457
草市镇	28076	14264	13812	7520	13933	13680	6875	18757	2444	27182
杨桥镇	30541	15481	15060	8016	15121	14815	6119	21258	3164	29799
霞流镇	40386	21022	19364	9675	20650	19150	8413	28358	3615	39926
荣恒镇	25607	12782	12825	6396	12547	12721	5910	17209	2488	25079
高湖镇	22065	10978	11087	6523	10814	10989	6220	13504	2341	21616
白莲镇	20591	10211	10380	6011	10107	10338	4406	13768	2417	19813
大桥镇	20080	10247	9833	4946	10048	9732	3815	14240	2025	19617
蓬源镇	22042	11066	10976	4994	10903	10928	4255	15427	2360	21472
莫井乡	9817	4979	4838	2754	4943	4817	2203	6492	1122	9599
踏庄乡	13959	7253	6706	3543	7165	6658	2824	9756	1379	13856
高塘乡	19194	9820	9374	4731	9816	9372	4471	13122	1601	18931
南湾乡	12175	6169	6006	2803	6061	5980	3039	8221	915	11494
三樟乡	16056	8072	7984	4153	7987	7919	3204	11012	1840	15749
栗木乡	16176	8254	7922	3847	8124	7833	3656	11012	1508	15622
珍珠乡	16906	8700	8206	4189	8533	8146	3754	11380	1772	16249
石滩乡	35213	18065	17148	8232	18029	17120	7844	24430	2939	34005
德圳乡	10646	5601	5045	2589	5531	5027	2130	7546	970	10418
大浦工业园	3107	1580	1527	837	1580	1526	662	2143	302	3092
祁东县	**979855**	**510033**	**469822**	**278553**	**497449**	**461359**	**210822**	**671252**	**97781**	**912067**
洪桥镇	209836	107570	102266	52787	100547	96257	43590	152137	14109	159029
白鹤铺镇	43122	22361	20761	12664	22279	20736	8767	30148	4207	42487
金桥镇	41829	21603	20226	11448	21602	20224	8615	28733	4481	41166
鸟江镇	26063	13440	12623	7769	13123	12529	5486	17730	2847	25484
粮市镇	17298	9001	8297	5332	8847	8221	3877	11137	2284	16983
河洲镇	31254	16328	14926	8899	16322	14926	7393	20343	3518	30495
归阳镇	36615	18965	17650	13104	18370	17426	7169	25088	4358	36000
过水坪镇	41994	21856	20138	12196	21810	20122	8871	28541	4582	41465
双桥镇	42634	22677	19957	12692	22256	19895	8205	29693	4736	42100
灵官镇	37877	19820	18057	11161	19657	18026	8179	25354	4344	37554
风石堰镇	52853	27222	25631	14543	27138	25597	11386	36323	5144	51696
白地市镇	65230	33902	31328	18107	33150	30837	13866	45007	6357	62364
黄土铺镇	43870	23271	20599	12934	22172	20030	8859	30406	4605	43289
石亭子镇	25170	12954	12216	8177	12634	11985	6347	15667	3156	24938
官家嘴镇	34115	17853	16262	9103	17286	16074	6953	23602	3560	33752
步云桥镇	68334	35773	32561	18689	35707	32545	15185	45973	7176	66827
砖塘镇	22655	11722	10933	8088	11450	10803	6140	12898	3617	21574
蒋家桥镇	33998	18031	15967	10668	18030	15966	8294	21852	3852	32699
太和堂镇	52948	27887	25061	15751	27867	25055	12211	35201	5536	51768
马杜桥乡	13263	7042	6221	3710	6929	6208	3085	8874	1304	12650
凤歧坪乡	12451	6707	5744	3352	6619	5721	2878	8331	1242	11950
城连圩乡	24457	12953	11504	6769	12569	11285	5004	16931	2522	23873
四明山乡	1989	1095	894	610	1085	891	462	1283	244	1924
耒阳市	**1151554**	**597899**	**553655**	**324065**	**566051**	**537209**	**266954**	**787601**	**96999**	**976739**
蔡子池街道	181173	96721	84452	45613	84399	79602	34607	137633	8933	110641
灶市街街道	69185	36483	32702	19283	35280	32398	12816	51888	4481	43848
水东江街道	28197	14718	13479	8034	14421	13381	6389	20068	1740	23274

表18 续表 12

单位：人、户

地区	总人口			家庭户	家庭户总人口		分年龄人口			居住本地，户口在本地
	合计	男	女	户数	男	女	0-14岁	15-64岁	65岁及以上	
五里牌街道	109660	56288	53372	25553	48139	44625	18556	86113	4991	62023
黄市镇	21916	11750	10166	6228	10593	9941	4656	15380	1880	19859
小水镇	33516	17242	16274	10693	16978	16225	10358	19673	3485	33023
公平圩镇	33963	17238	16725	8774	16940	16596	9401	21768	2794	33251
泗门洲镇	38038	19669	18369	12831	19291	18340	8682	25853	3503	34459
三都镇	26420	13947	12473	7673	13098	12402	6118	17823	2479	24779
南阳镇	36443	19410	17033	10909	18121	16795	8263	25064	3116	33507
竹市镇	24425	12551	11874	7088	12551	11874	6195	16256	1974	24118
夏塘镇	20574	10542	10032	6899	10254	9955	4636	13148	2790	20186
龙塘镇	22508	11581	10927	6707	11350	10851	5305	15024	2179	21892
哲桥镇	42156	21742	20414	12668	21714	20396	10935	27835	3386	41365
永济镇	18581	9448	9133	6258	9448	9133	4690	11264	2627	18267
遥田镇	26493	13501	12992	7772	13114	12886	6025	17396	3072	26099
新市镇	27504	13744	13760	8924	13644	13727	7352	17078	3074	27056
洲陂乡	16207	8508	7699	4103	8227	7599	3911	10774	1522	15825
亮源乡	14361	7185	7176	4542	7018	7139	3953	8566	1842	14143
马水乡	19891	10345	9546	6102	9549	9208	5096	12351	2444	19682
太平圩乡	19552	10537	9015	4562	10304	8970	5052	12168	2332	19107
导子乡	28903	14942	13961	7344	14388	13856	6342	19747	2814	28101
东湖圩乡	30087	15394	14693	8229	14792	14525	8411	18554	3122	28369
上架乡	10468	5389	5079	3721	5234	5037	2389	6041	2038	10217
沙明乡	5140	2681	2459	1354	2518	2411	1254	3436	450	5120
大义乡	29570	15071	14499	7985	14798	14430	6777	20138	2655	28855
磨形乡	11786	6174	5612	2784	6081	5582	2947	7632	1207	11681
南京乡	17037	8787	8250	4907	8525	8155	5154	10211	1672	16479
仁义乡	34482	17663	16819	9176	17652	16814	9818	21852	2812	34038
余庆乡	21469	10956	10513	6860	10956	10509	5892	13612	1965	21157
长坪乡	20787	10639	10148	6541	10550	10113	6416	11840	2531	20342
太和圩乡	26431	13346	13085	8547	12971	12980	7175	16563	2693	25356
坛下乡	25497	13323	12174	6126	13165	12131	5748	17896	1853	24576
大市乡	39634	20296	19338	12479	20044	19255	11288	24389	3957	36737
肥田乡	19500	10088	9412	6796	9944	9368	4347	12567	2586	19307
常宁市	**810447**	**426212**	**384235**	**201245**	**395022**	**365321**	**183784**	**554434**	**72229**	**768915**
宜阳街道	40489	20897	19592	6734	12878	12383	8347	29824	2318	35003
泉峰街道	56785	29390	27395	14031	25674	23964	12459	40507	3819	39214
培元街道	24959	12928	12031	6539	11689	11175	5313	18043	1603	17537
水口山街道	46055	24689	21366	14022	20875	20113	7760	34478	3817	42302
柏坊镇	51344	27367	23977	14476	26539	23776	10227	36013	5104	51026
松柏镇	25163	13212	11951	5521	10475	10134	4790	18030	2343	24152
烟洲镇	34941	18412	16529	7878	16887	15804	8430	23942	2569	34883
荫田镇	33660	17581	16079	8110	16916	15820	9070	21616	2974	33315
白沙镇	31182	16284	14898	7661	15936	14747	8703	20338	2141	30764
西岭镇	31349	16671	14678	7246	16402	14608	7954	21173	2222	31220
盐湖镇	18672	10264	8408	5368	8945	8072	3878	12833	1961	18640
三角塘镇	28083	14674	13409	6576	14163	13268	5824	19862	2397	27971
洋泉镇	50940	26887	24053	13805	25410	23641	13745	31615	5580	49128
庙前镇	16369	8695	7674	3780	8523	7616	3680	11139	1550	16190
罗桥镇	33453	17985	15468	8215	17872	15428	7413	23219	2821	32683
板桥镇	37530	19584	17946	8223	19164	17788	8661	25531	3338	37320
胜桥镇	37087	19792	17295	7877	19082	17090	8705	24870	3512	36806

表18　续表 13　　　　单位：人、户

地　　区	总人口			家庭户	家庭户总人口		分年龄人口			居住本地，户口在本地
	合　计	男	女	户　数	男	女	0-14岁	15-64岁	65岁及以上	
官岭镇	37453	19343	18110	10349	19289	18083	9056	24644	3753	37326
新河镇	22233	11553	10680	6725	11553	10680	5177	14200	2856	22119
宜潭乡	39297	20416	18881	8752	19855	18523	7947	27589	3761	38716
蓬塘乡	38904	20572	18332	10038	20166	18230	9317	26419	3168	38603
兰江乡	26825	14024	12801	7040	13407	12526	6324	17639	2862	26626
大堡乡	24393	12658	11735	6328	11423	11144	5807	15114	3472	24137
江河乡	13386	7081	6305	3554	6968	6273	2704	9188	1494	13359
弥泉乡	2231	1212	1019	467	974	839	532	1509	190	2212
塔山瑶族乡	7664	4041	3623	1930	3957	3596	1961	5099	604	7663
邵阳市	**7071735**	**3671019**	**3400716**	**1950605**	**3575710**	**3338197**	**1512662**	**4862462**	**696611**	**6610107**
双清区	**307980**	**158427**	**149553**	**92192**	**148856**	**144330**	**54019**	**225904**	**28057**	**246142**
兴隆街道	18309	10067	8242	5649	8112	7555	2621	14171	1517	13134
龙须塘街道	33477	17411	16066	10587	15527	15116	5181	25334	2962	26168
汽车站街道	43183	22338	20845	13120	21312	20378	6822	32474	3887	33036
小江湖街道	33824	17087	16737	11284	16392	16404	5159	24692	3973	25872
东风路街道	36838	18879	17959	10806	17316	16597	5822	27765	3251	30547
桥头街道	24864	12690	12174	7745	12093	11774	3682	18884	2298	17640
高崇山镇	27695	14073	13622	7721	13616	13316	5745	19286	2664	25068
渡头桥镇	18586	9833	8753	5137	9420	8504	3872	12879	1835	18000
城东乡	13557	6680	6877	3991	6447	6675	2953	9613	991	10442
石桥乡	20542	10387	10155	6155	10336	10138	4636	14492	1414	14225
火车站乡	21140	10764	10376	5525	10257	10155	4455	14858	1827	16912
云水乡	15965	8218	7747	4472	8028	7718	3071	11456	1438	15098
大祥区	**340605**	**171300**	**169305**	**96045**	**157442**	**154688**	**59725**	**250263**	**30617**	**280751**
中心路街道	24922	12467	12455	8029	12214	12260	3937	18148	2837	19891
红旗路街道	36244	18010	18234	9804	16533	17036	6346	26142	3756	32794
城北路街道	29644	13576	16068	8119	12812	13364	4344	22781	2519	25672
城西路街道	34707	17232	17475	10724	16778	16291	5264	26057	3386	27391
翠园街道	31894	14847	17047	8155	11954	12236	4397	25109	2388	22634
百春园街道	29382	15930	13452	6259	9300	9554	3604	23854	1924	18743
雨溪镇	17837	9200	8637	4698	8609	8501	3832	12267	1738	16645
罗市镇	22411	11617	10794	6124	11521	10748	4468	15582	2361	21641
城南乡	29942	14847	15095	10425	14809	15077	6252	21621	2069	21735
檀江乡	25501	13433	12068	7116	13271	11982	4990	18104	2407	24837
蔡锷乡	19901	10495	9406	5520	10495	9406	4157	13669	2075	19561
板桥乡	23373	12201	11172	6408	11922	11039	4716	16314	2343	22829
城南园艺场	3988	2018	1970	1300	1979	1961	888	2805	295	3002
火车南站站前管理区	10859	5427	5432	3364	5245	5233	2530	7810	519	3376
北塔区	**104609**	**52402**	**52207**	**29485**	**47848**	**47355**	**19585**	**77156**	**7868**	**81719**
新滩镇街道	12108	5507	6601	3392	5117	5296	1972	9237	899	10552
状元洲街道	40699	19802	20897	12068	17960	17785	7347	30947	2405	22734
田江乡	12138	5927	6211	3579	5699	6004	2485	8603	1050	11734
茶元头乡	19083	10632	8451	4795	8591	8249	3562	13848	1673	16717
陈家桥乡	19766	10126	9640	5411	10107	9632	4064	13945	1757	19319
邵阳市园艺场	815	408	407	240	374	389	155	576	84	663
邵东县	**896619**	**466851**	**429768**	**264305**	**448194**	**417591**	**201353**	**591450**	**103816**	**835169**
两市镇	191761	100233	91528	53947	91920	85485	40335	139393	12033	152233
牛马司镇	33569	17193	16376	10710	17045	16311	6886	22542	4141	32148
范家山镇	16210	8243	7967	5515	8232	7961	3378	10506	2326	15484
九龙岭镇	25848	13394	12454	7736	13347	12396	5705	16370	3773	25753

表18　续表 14　　　　单位：人、户

地　　区	总人口			家庭户	家庭户总人口		分年龄人口			居住本地，户口在本地
	合　计	男	女	户　数	男	女	0-14岁	15-64岁	65岁及以上	
仙槎桥镇	33395	17438	15957	9701	17027	15799	7352	21780	4263	32991
火厂坪镇	42727	22375	20352	12453	20514	19230	9891	27495	5341	41060
佘田桥镇	22145	11920	10225	6690	9966	9319	5188	13983	2974	20866
灵官殿镇	39729	20638	19091	12430	20392	19052	10177	24204	5348	38280
团山镇	44954	22961	21993	14124	21041	20298	10903	27865	6186	44315
砂石镇	23827	12356	11471	6943	12099	11448	4992	16086	2749	22968
廉桥镇	49431	25903	23528	16377	25514	23217	10702	32812	5917	46195
流光岭镇	13884	7063	6821	4324	6843	6693	2880	8872	2132	13664
流泽镇	30647	15959	14688	7497	15583	14484	7234	20005	3408	29958
魏家桥镇	31130	16250	14880	8243	16225	14860	6622	20559	3949	30727
野鸡坪镇	29705	15517	14188	8831	15495	14184	6653	18861	4191	28663
杨桥镇	17787	8976	8811	5948	8891	8754	4006	10926	2855	17542
水东江镇	34655	17807	16848	9784	17671	16763	7620	22233	4802	34178
黄陂桥乡	28524	14723	13801	7814	14403	13512	5893	19390	3241	27471
黑田铺乡	45815	24363	21452	12838	23216	20810	10290	30355	5170	42799
双凤乡	14323	7544	6779	3984	7309	6679	3621	8816	1886	14270
周官桥乡	21969	11398	10571	6035	11250	10531	4583	14402	2984	20778
简家陇乡	37758	19648	18110	11125	19512	18047	8671	23710	5377	37091
堡面前乡	10796	5674	5122	3363	5659	5115	3054	6232	1510	10684
石株桥乡	18087	9309	8778	6433	9307	8777	4922	10537	2628	17759
界岭乡	21124	10938	10186	6516	10812	10154	5089	13340	2695	20808
斫曹乡	16819	9028	7791	4944	8921	7712	4706	10176	1937	16484
新邵县	**743073**	**388254**	**354819**	**196864**	**376548**	**349272**	**162827**	**507609**	**72637**	**717932**
酿溪镇	92299	47873	44426	26057	45702	42930	17200	67650	7449	80958
严塘镇	51702	26785	24917	13736	26712	24888	10828	35505	5369	49875
雀塘镇	52682	27573	25109	13406	26675	24971	10669	36706	5307	50852
陈家坊镇	64306	33256	31050	16449	32611	30666	13643	44452	6211	63005
潭溪镇	35358	18569	16789	10441	18547	16783	7594	23851	3913	34945
寸石镇	43551	22352	21199	11808	22112	21063	9228	29654	4669	42758
坪上镇	79480	41036	38444	19980	38268	37037	16113	55506	7861	78463
龙溪铺镇	52234	27471	24763	12046	25344	23776	13217	34434	4583	51015
巨口铺镇	51107	26994	24113	14141	26532	24033	13272	32730	5105	50821
新田铺镇	56362	29406	26956	15369	29115	26791	13298	37737	5327	54750
小塘镇	46260	24553	21707	12308	23565	21400	10116	30831	5313	45803
潭府乡	29123	15303	13820	7422	14874	13562	6185	19869	3069	28528
太芝庙乡	27130	14659	12471	7014	14308	12430	6224	18484	2422	26172
大新乡	34691	18400	16291	9876	18250	16207	8626	22641	3424	33792
迎光乡	26788	14024	12764	6811	13933	12735	6614	17559	2615	26195
邵阳县	**915600**	**477577**	**438023**	**237993**	**474302**	**436118**	**205740**	**622407**	**87453**	**868851**
塘渡口镇	116026	59805	56221	31221	58739	55363	25937	80979	9110	97674
白仓镇	67816	35112	32704	17393	34822	32581	15469	45793	6554	65511
金称市镇	38696	20591	18105	9956	20561	18080	8375	26461	3860	37016
塘田市镇	42385	22495	19890	11059	22454	19864	9033	29299	4053	40963
黄亭市镇	55611	29171	26440	13911	29170	26440	12943	37416	5252	53900
长阳铺镇	39262	20420	18842	11177	20121	18706	8305	26862	4095	37273
岩口铺镇	30115	15867	14248	7920	15699	14153	6375	20481	3259	29255
九公桥镇	52077	27549	24528	14640	27234	24476	10567	36216	5294	49851
下花桥镇	47483	24398	23085	12321	24372	23072	10319	32636	4528	46314
谷洲镇	53544	28056	25488	13113	27711	25348	11204	37219	5121	51473
郦家坪镇	50677	26519	24158	12653	26479	24150	12054	33670	4953	48630

表18　续表 15　　　　单位：人、户

地　　区	总人口			家庭户	家庭户总人口		分年龄人口			居住本地，户口在本地
	合　计	男	女	户　数	男	女	0-14岁	15-64岁	65岁及以上	
五峰铺镇	88516	45848	42668	22215	45597	42427	21204	59063	8249	85583
黄塘乡	22795	11586	11209	6335	11583	11209	5466	14835	2494	22109
小溪市乡	33708	17736	15972	8704	17702	15967	7544	22681	3483	32280
霞塘云乡	26762	13901	12861	7280	13827	12832	6403	17830	2529	25964
长乐乡	24774	12932	11842	5857	12916	11832	5864	16649	2261	24143
蔡桥乡	26918	14227	12691	6600	14174	12658	6743	17878	2297	25451
河伯乡	27702	14575	13127	7340	14448	13072	6007	18817	2878	27187
黄荆乡	18103	9502	8601	4537	9497	8600	3816	12293	1994	17457
诸甲亭乡	24489	12931	11558	6081	12907	11540	5652	16550	2287	23654
罗城乡	17418	8949	8469	4683	8897	8439	4295	11348	1775	16775
金江乡	2748	1359	1389	643	1359	1389	587	1882	279	2645
七里山园艺场	6940	3492	3448	1947	3477	3441	1361	4886	693	6751
五丰铺林场	337	181	156	96	181	156	68	243	26	335
河伯岭林场	698	375	323	311	375	323	149	420	129	657
隆回县	**1095392**	**577224**	**518168**	**313114**	**568962**	**513502**	**250048**	**742572**	**102772**	**1048629**
桃洪镇	113272	58586	54686	33527	55851	52400	22387	82319	8566	94926
小沙江镇	21650	11303	10347	6792	11111	10284	5461	14283	1906	20492
金石桥镇	61419	31785	29634	18098	31592	29506	15143	40826	5450	60147
司门前镇	51305	26966	24339	15340	26754	24265	12155	34402	4748	49662
高平镇	73831	39171	34660	18674	38126	34127	16802	50730	6299	71952
六都寨镇	53779	28483	25296	17549	28466	25295	11795	36488	5496	52397
荷香桥镇	52998	28288	24710	14778	27501	24285	12967	34703	5328	51228
横板桥镇	45001	23863	21138	12114	23735	21092	10202	30534	4265	44058
周旺镇	31898	16821	15077	8957	16821	15077	6221	22510	3167	30799
滩头镇	72383	38438	33945	21514	38366	33941	15486	49396	7501	69969
鸭田镇	28287	14848	13439	7417	14703	13382	7112	18776	2399	27384
西洋江镇	37292	19655	17637	9820	19408	17533	9151	24413	3728	35771
雨山铺镇	38075	19989	18086	11100	19586	17989	8259	25904	3912	36741
岩口镇	59983	32167	27816	16358	31966	27743	14449	39856	5678	58549
麻塘山乡	13206	6838	6368	3866	6722	6320	3280	8671	1255	12243
虎形山瑶族乡	14964	7878	7086	3994	7763	7039	3674	10061	1229	13850
大水田乡	10449	5541	4908	3394	5400	4864	2603	6782	1064	9824
羊古坳乡	30284	15917	14367	8840	15768	14310	7291	20241	2752	29497
罗洪乡	24254	12911	11343	6816	12735	11264	5600	16682	1972	23694
七江乡	47221	24376	22845	14298	23996	22693	11007	31348	4866	46617
荷田乡	24129	12647	11482	6905	12510	11421	5175	16542	2412	23584
石门乡	37485	20038	17447	10615	19957	17427	8722	24886	3877	36743
南岳庙乡	29900	15614	14286	8968	15477	14224	7320	19634	2946	28636
山界回族乡	23033	12270	10763	6781	12220	10724	5136	15612	2285	22277
三阁司乡	62220	32940	29280	16611	32753	29164	14645	41662	5913	61579
北山乡	37074	19891	17183	9988	19675	17133	8005	25311	3758	36010
洞口县	**770473**	**398901**	**371572**	**216122**	**393217**	**368204**	**164219**	**526056**	**80198**	**736365**
洞口镇	85479	43310	42169	26407	42335	41438	17214	60295	7970	79295
江口镇	12001	6115	5886	3350	6072	5845	2371	8308	1322	11316
毓兰镇	44593	23008	21585	13022	22324	21334	8749	30707	5137	43434
高沙镇	106099	54396	51703	31117	53985	51385	21875	73610	10614	102789
竹市镇	74538	38754	35784	20748	38548	35666	16460	49975	8103	71329
石江镇	80854	42107	38747	23712	41506	38257	16950	55284	8620	77726
黄桥镇	86548	45171	41377	22777	45030	41328	19706	58725	8117	83692
山门镇	51992	27162	24830	13681	25656	23979	11393	34939	5660	50002

表18 续表 16　　　　单位：人、户

地区	总人口			家庭户	家庭户总人口		分年龄人口			居住本地，户口在本地
	合计	男	女	户数	男	女	0-14岁	15-64岁	65岁及以上	
醪田镇	24180	12716	11464	6217	12606	11424	5942	15618	2620	22577
花园镇	30883	16032	14851	8619	15792	14749	5977	21351	3555	29836
花古乡	21436	10880	10556	6113	10771	10496	4512	14669	2255	20512
古楼乡	5719	2933	2786	1567	2931	2786	1098	3948	673	5518
长塘瑶族乡	4663	2413	2250	1246	2347	2228	881	3215	567	4427
罗溪瑶族乡	9704	5104	4600	2767	5089	4598	2027	6707	970	9557
月溪乡	14961	7903	7058	3896	7643	6912	2908	10405	1648	14216
渣坪乡	7664	4012	3652	2116	4010	3651	1521	5161	982	7321
岩山乡	23014	11916	11098	6478	11907	11087	4997	15506	2511	21512
杨林乡	22002	11496	10506	5632	11379	10448	5191	14628	2183	20935
水东乡	19491	10220	9271	4637	10180	9249	4479	13038	1974	18686
石柱乡	25552	13284	12268	6564	13179	12217	5954	16878	2720	23797
桐山乡	9679	5078	4601	2613	5043	4600	2056	6529	1094	8823
大屋瑶族乡	4607	2469	2138	1320	2462	2135	960	3144	503	4453
邵阳市茶铺茶场	4814	2422	2392	1523	2422	2392	998	3416	400	4612
绥宁县	**351139**	**180785**	**170354**	**93227**	**176189**	**168233**	**68134**	**250530**	**32475**	**325462**
长铺镇	44265	22316	21949	14213	21753	21451	8289	32840	3136	27533
武阳镇	26568	13737	12831	7068	13531	12761	5406	18817	2345	25808
李熙桥镇	18466	9435	9031	4522	9166	8927	3976	12811	1679	18070
红岩镇	26389	13577	12812	7047	13216	12702	5591	18091	2707	25723
唐家坊镇	20301	10552	9749	5343	10329	9696	4016	14236	2049	19718
金屋塘镇	14205	7387	6818	3670	7282	6789	3064	9755	1386	13763
东山侗族乡	15965	8301	7664	3463	7929	7475	3013	11450	1502	15648
鹅公岭侗族苗族乡	11160	5745	5415	2817	5743	5415	2247	7800	1113	11024
朝仪侗族乡	7656	3942	3714	1817	3885	3695	1396	5567	693	7403
在市苗族乡	13997	7110	6887	3712	7058	6867	2450	10092	1455	13730
乐安铺苗族侗族乡	9009	4689	4320	2270	4482	4259	1720	6574	715	8394
黄桑坪苗族乡	5043	2571	2472	1336	2479	2416	978	3542	523	4955
关峡苗族乡	20791	10791	10000	5388	10724	9976	4048	14915	1828	20412
长铺子苗族乡	17613	9002	8611	4851	8574	8364	3167	12845	1601	15445
党坪苗族乡	10132	5325	4807	2424	5237	4784	1805	7362	965	9885
联民苗族瑶族乡	5319	2794	2525	1437	2643	2467	921	3877	521	5252
麻塘苗族乡	9093	4736	4357	2264	4547	4286	1763	6443	887	8853
枫木团苗族侗族乡	6538	3369	3169	1714	3277	3147	1252	4730	556	6393
河口苗族乡	5681	2937	2744	1464	2857	2706	1035	4115	531	5441
竹舟江苗族乡	7742	4028	3714	1927	3961	3689	1347	5673	722	7661
白玉乡	8521	4334	4187	2144	4298	4170	1971	5834	716	8332
黄土矿乡	16276	8416	7860	4146	7908	7633	3051	11481	1744	16055
瓦屋塘乡	19170	9850	9320	5141	9560	9211	3765	13547	1858	18874
水口乡	8642	4498	4144	2360	4417	4093	1419	6237	986	8573
梅坪乡	2597	1343	1254	689	1333	1254	444	1896	257	2517
新宁县	**560742**	**290426**	**270316**	**149692**	**286906**	**268755**	**108442**	**396142**	**56158**	**541723**
金石镇	101687	51201	50486	31262	50433	49955	17807	75094	8786	89687
水庙镇	21061	10699	10362	5927	10565	10324	3740	14984	2337	20802
崀山镇	26790	13993	12797	7058	13436	12719	4327	19626	2837	25893
白沙镇	26582	13696	12886	7024	13690	12882	4438	19329	2815	26422
黄龙镇	24613	13028	11585	6239	12610	11433	4042	17811	2760	24216
高桥镇	33858	17809	16049	9267	17804	16048	6019	23935	3904	33635
回龙寺镇	73474	37999	35475	19257	37946	35425	16225	50521	6728	71622
一渡水镇	33197	17515	15682	8662	17158	15536	6696	22989	3512	32990

表18 续表 17

单位：人、户

地区	总人口			家庭户	家庭户总人口		分年龄人口			居住本地，户口在本地
	合计	男	女	户数	男	女	0-14岁	15-64岁	65岁及以上	
马头桥镇	49745	26251	23494	11746	26074	23416	11739	33329	4677	49223
黄金瑶族乡	7961	4008	3953	1967	3970	3938	1557	5676	728	7832
麻林瑶族乡	12643	6488	6155	3238	6299	6051	2345	9084	1214	12492
飞仙桥乡	23413	11928	11485	5697	11843	11469	3623	17392	2398	22987
万塘乡	24449	12761	11688	6280	12746	11686	4243	17495	2711	24260
清江桥乡	24497	12606	11891	6559	12368	11766	4904	16749	2844	23861
安山乡	24469	12831	11638	6148	12688	11565	5433	16344	2692	24182
丰田乡	23057	12337	10720	5972	12217	10637	5504	15342	2211	22891
巡田乡	22445	11686	10759	5678	11565	10729	4634	15572	2239	22112
靖位乡	6801	3590	3211	1711	3494	3176	1166	4870	765	6616
城步苗族自治县	**250633**	**129245**	**121388**	**63979**	**125266**	**119340**	**49465**	**180272**	**20896**	**241352**
儒林镇	64364	32213	32151	17949	31668	31718	12412	46717	5235	58290
茅坪镇	27863	14584	13279	7078	14017	12991	5777	19800	2286	27507
西岩镇	68245	35123	33122	17121	33925	32378	15129	47577	5539	67918
丹口镇	22848	12105	10743	5387	11427	10560	4145	16693	2010	22627
五团镇	11109	5771	5338	2669	5722	5331	1927	8224	958	10951
南山镇	2682	1426	1256	819	1347	1227	479	1971	232	1684
威溪乡	8183	4352	3831	2082	4262	3810	1583	5835	765	8105
长安营乡	5382	2887	2495	1403	2817	2467	896	3907	579	5204
白毛坪乡	15361	8022	7339	3777	7687	7152	2712	11428	1221	14985
兰蓉乡	8215	4293	3922	1983	4182	3898	1536	5974	705	8062
汀坪乡	16381	8469	7912	3711	8212	7808	2869	12146	1366	16019
武冈市	**734870**	**379627**	**355243**	**197587**	**371980**	**350809**	**169105**	**492101**	**73664**	**686012**
辕门口街道	63834	31860	31974	18187	30409	30443	12926	45092	5816	51179
迎春亭街道	68623	34772	33851	20200	32890	32469	13841	49980	4802	50114
邓元泰镇	64070	32847	31223	16176	32759	31205	13897	43649	6524	62142
湾头桥镇	70863	37149	33714	19276	36376	33364	15179	48284	7400	69264
文坪镇	32052	16447	15605	8865	16417	15598	7673	20982	3397	31166
荆竹铺镇	38623	19790	18833	10828	19465	18692	9428	24991	4204	37549
稠树塘镇	35448	18472	16976	9349	18216	16904	8333	23433	3682	34888
邓家铺镇	52401	27402	24999	12817	26344	24623	14005	33359	5037	50236
龙溪镇	31863	16376	15487	8988	16291	15459	7742	21018	3103	31243
司马冲镇	23128	12082	11046	6156	11672	10930	4919	15842	2367	22221
龙田乡	23470	12318	11152	6733	11968	11038	5380	15235	2855	22938
头堂乡	39469	20471	18998	10586	20166	18946	8741	26426	4302	37904
安乐乡	25684	13233	12451	7055	13160	12432	5919	17271	2494	24889
大甸乡	24039	12435	11604	6348	12345	11584	5358	16236	2445	22934
马坪乡	34679	17856	16823	8399	17673	16734	8387	22725	3567	33524
晏田乡	23476	12370	11106	6087	12327	11089	5739	15174	2563	22753
秦桥乡	20975	11131	9844	5613	11057	9834	5163	13542	2270	20663
水浸坪乡	24706	12910	11796	6286	12797	11744	6000	15837	2869	23667
双牌乡	37467	19706	17761	9638	19648	17721	10475	23025	3967	36738
岳阳市	**5476084**	**2833087**	**2642997**	**1504946**	**2597131**	**2474096**	**877044**	**4099568**	**499472**	**4876591**
岳阳楼区	**814369**	**411380**	**402989**	**242345**	**362425**	**348905**	**116991**	**643421**	**53957**	**547595**
岳阳楼街道	35290	17627	17663	11987	16215	16038	3710	27896	3684	31949
三眼桥街道	40534	20313	20221	13477	19912	19662	6524	31372	2638	24616
吕仙亭街道	38444	19559	18885	12478	18964	18463	4360	29760	4324	29183
金鹗山街道	54382	27253	27129	17596	23790	24072	7190	42917	4275	39978
东茅岭街道	43157	21603	21554	12497	16497	16522	4831	34641	3685	29814
五里牌街道	66043	34198	31845	21188	30089	29077	8838	52255	4950	49117

表18 续表 18　　单位：人、户

地　　区	总人口			家庭户	家庭户总人口		分年龄人口			居住本地，户口在本地
	合　计	男	女	户　数	男	女	0-14岁	15-64岁	65岁及以上	
望岳路街道	39784	20347	19437	13726	18843	18162	5982	30830	2972	30467
城陵矶街道	24687	12918	11769	8969	12090	11609	3198	18989	2500	19564
枫桥湖街道	46424	24003	22421	15865	23512	22151	7422	36934	2068	21256
奇家岭街道	60375	30514	29861	9291	16776	15740	6239	52316	1820	48303
洞庭街道	6696	3450	3246	1990	3118	2950	941	5357	398	3595
洛王街道	34870	17996	16874	10010	17077	16214	6834	26803	1233	13258
南湖街道	16113	8129	7984	4967	7476	7430	2761	12453	899	7313
站前街道	35542	17376	18166	12366	15972	16036	5145	28590	1807	25584
王家河街道	32938	17311	15627	10415	15718	14717	5663	25736	1539	17669
西塘镇	18118	9404	8714	5106	9317	8680	3013	13611	1494	17663
梅溪乡	38989	20154	18835	11894	19504	18480	6381	28964	3644	31197
郭镇乡	29574	10445	19129	3879	6562	6207	2582	25961	1031	20104
三荷乡	24549	13056	11493	7380	12668	11408	3809	18364	2376	23981
康王乡	28237	14807	13430	8805	14031	12960	4734	21176	2327	26413
经济技术开发区										
通海路管理处	58338	30958	27380	17340	27012	25375	10134	46197	2007	13659
求索街道	9004	4321	4683	2837	4027	4068	1308	7269	427	2343
湖滨街道	14138	5953	8185	2851	4409	4921	1993	11245	900	6976
金凤桥管理处	18143	9685	8458	5431	8846	7963	3399	13785	959	13593
云溪区	**176672**	**92171**	**84501**	**51282**	**79502**	**76038**	**26074**	**135531**	**15067**	**153071**
云溪镇	19997	10218	9779	5196	8510	8229	3330	15472	1195	13383
陆城镇	9443	4870	4573	2119	3932	3775	1303	7166	974	9327
路口镇	23245	12151	11094	5339	9532	9227	3561	17578	2106	19978
道仁矶镇	8851	4580	4271	2359	4421	4208	1396	6694	761	8420
文桥镇	18633	9533	9100	4909	9182	8914	2867	14098	1668	18120
云溪乡	31818	16747	15071	7527	14128	13124	5014	24515	2289	26666
永济乡	7496	3848	3648	2425	3594	3576	1299	5615	582	6693
长炼工矿区	28197	15527	12670	9839	12528	11647	3174	22368	2655	25041
岳化工矿区	28992	14697	14295	11569	13675	13338	4130	22025	2837	25443
君山区	**240468**	**125315**	**115153**	**73313**	**116303**	**112788**	**35155**	**181285**	**24028**	**222840**
西城街道	26497	13551	12946	8218	13412	12852	4215	20010	2272	24677
柳林洲镇	54517	30705	23812	18057	24223	23407	7752	42204	4561	42797
广兴洲镇	35492	18206	17286	10157	18125	17255	5378	26581	3533	34587
许市镇	29599	15397	14202	7384	14587	13709	4581	22247	2771	29172
钱粮湖镇	45802	23151	22651	13912	23066	22613	6400	34109	5293	44538
良心堡镇	31627	15787	15840	10317	14652	14735	4307	23770	3550	30828
采桑湖镇	16934	8518	8416	5268	8238	8217	2522	12364	2048	16241
岳阳县	**716829**	**391804**	**325025**	**179151**	**322489**	**300434**	**111147**	**547339**	**58343**	**624924**
荣家湾镇	140120	74817	65303	31622	49241	46102	20139	113517	6464	107025
麻塘镇	21349	10909	10440	5995	10657	10015	3096	16249	2004	20037
鹿角镇	31459	16480	14979	9171	16270	14937	5046	23228	3185	30590
黄沙街镇	45859	23924	21935	12893	23892	21927	8577	33105	4177	45364
新墙镇	32457	16943	15514	8798	14979	14050	5018	24704	2735	28696
柏祥镇	30624	15938	14686	8443	15779	14625	5163	22633	2828	29608
筻口镇	51797	26998	24799	14171	26763	24700	8232	38330	5235	50992
公田镇	24403	12639	11764	6918	12362	11690	3789	17994	2620	23619
毛田镇	20555	10642	9913	5462	10126	9632	3401	15002	2152	20331
月田镇	40180	20639	19541	10481	20602	19532	7619	28557	4004	39475
张谷英镇	26581	13764	12817	7106	13699	12782	5190	19088	2303	26231
新开镇	33940	17679	16261	9657	17043	16001	5090	25705	3145	32198
中洲乡	26442	13522	12920	7390	13281	12792	4254	19742	2446	25865

表18 续表 19　　单位：人、户

地区	总人口			家庭户	家庭户总人口		分年龄人口			居住本地，户口在本地
	合计	男	女	户数	男	女	0-14岁	15-64岁	65岁及以上	
长湖乡	36657	19060	17597	10235	18311	17156	6269	27322	3066	35218
步仙乡	29379	15359	14020	7349	15310	14004	5546	21074	2759	28675
甘田乡	15433	8071	7362	4026	7821	7278	2408	11314	1711	14765
杨林乡	27401	14233	13168	7292	14042	13075	4728	19904	2769	26899
云山乡	9279	4765	4514	3040	4722	4489	1571	6616	1092	8998
相思乡	16744	8755	7989	4611	8655	7911	3323	11637	1784	15870
饶村乡	13264	6915	6349	3482	6845	6312	2220	9556	1488	12740
东洞庭湖管委会	42906	39752	3154	1009	2089	1424	468	42062	376	1728
华容县	**708898**	**363450**	**345448**	**190352**	**336100**	**323461**	**96374**	**540613**	**71911**	**671790**
城关镇	99728	50351	49377	21789	30878	31773	15028	76100	8600	78895
三封寺镇	28564	14651	13913	7370	14176	13640	4123	21682	2759	27748
治河渡镇	28000	14486	13514	7576	13700	13023	3644	21606	2750	27107
北景港镇	37347	19097	18250	10020	18675	17972	4805	28142	4400	36644
鲇鱼须镇	31139	16040	15099	8989	15632	14893	4266	23711	3162	30761
宋家嘴镇	21077	10848	10229	6047	10788	10214	2924	15943	2210	21024
万庾镇	41915	21678	20237	11943	21303	20136	5799	32327	3789	41408
插旗镇	29692	15039	14653	8137	14853	14584	3738	22577	3377	29505
注滋口镇	39845	20182	19663	11365	19432	19169	4538	30726	4581	39042
操军镇	45689	23869	21820	12562	23579	21783	6284	34557	4848	45003
东山镇	75824	39201	36623	20288	37832	35757	10807	57928	7089	74249
梅田湖镇	17839	9144	8695	4983	8915	8583	2203	13407	2229	17521
胜峰乡	22870	11965	10905	6081	11509	10706	2987	17831	2052	22686
新河乡	35880	18338	17542	10133	18231	17470	4917	27133	3830	35611
护城乡	28807	14490	14317	9078	14265	14266	4758	21033	3016	21056
新建乡	20485	10590	9895	5418	10132	9593	2628	15498	2359	20408
南山乡	25772	13431	12341	7465	13337	12285	3635	19320	2817	25433
终南乡	19732	10315	9417	5227	10059	9294	2568	15077	2087	19519
幸福乡	32942	16519	16423	8602	16036	16066	3788	25526	3628	32694
团洲乡	25751	13216	12535	7279	12768	12254	2934	20489	2328	25476
湘阴县	**680875**	**347139**	**333736**	**182136**	**313500**	**303057**	**109593**	**499951**	**71331**	**651350**
文星镇	143889	72824	71065	30110	45895	46403	17445	114454	11990	125366
东塘镇	26534	13925	12609	7717	13674	12430	4552	19506	2476	25722
袁家铺镇	20077	10281	9796	5465	9966	9576	3336	14956	1785	19694
界头铺镇	15212	7834	7378	4240	7531	7223	2509	11090	1613	14785
樟树镇	22420	11548	10872	6534	11423	10839	3674	16246	2500	21899
三塘镇	19093	9670	9423	5303	9251	8730	3088	14265	1740	18625
长康镇	21413	11228	10185	6491	11043	10063	3604	15390	2419	21220
城西镇	62138	31905	30233	16045	31589	30081	10894	44408	6836	60622
岭北镇	65526	33154	32372	19077	32632	31791	10279	47483	7764	64980
新泉镇	69802	34743	35059	20594	32928	32962	12163	48829	8810	68273
湘滨镇	48736	24627	24109	13693	23794	23428	9333	33688	5715	47440
南湖洲镇	50536	25682	24854	14877	25638	24831	8371	36213	5952	49657
石塘乡	21374	11364	10010	5935	11023	9825	3538	15834	2002	20660
六塘乡	13389	7087	6302	3953	6893	6215	2291	9697	1401	13012
白泥湖乡	14704	7630	7074	3867	7250	6758	2456	10856	1392	14198
静河乡	26484	13682	12802	7454	13178	12515	4712	18868	2904	26239
玉华乡	16380	8462	7918	4467	8377	7735	2793	11869	1718	16191
杨林寨乡	22210	11015	11195	5963	10958	11174	4468	15609	2133	22052
青潭乡	958	478	480	351	457	478	87	690	181	715
平江县	**947574**	**487170**	**460404**	**256991**	**475081**	**451012**	**185136**	**668031**	**94407**	**898612**

表18　续表 20　　　　单位：人、户

地　区	总人口			家庭户	家庭户总人口		分年龄人口			居住本地，户口在本地
	合　计	男	女	户　数	男	女	0-14岁	15-64岁	65岁及以上	
城关镇	96121	47695	48426	29547	44090	44315	16957	71277	7887	69715
安定镇	55186	27771	27415	16252	27507	27208	11238	37529	6419	53885
三市镇	49744	25401	24343	12190	25251	24278	9816	34970	4958	49260
加义镇	43271	21894	21377	11678	21865	21362	9076	29732	4463	42434
长寿镇	67073	34172	32901	17944	33153	32222	14039	46831	6203	62365
龙门镇	32763	17176	15587	8509	17028	15479	7643	21606	3514	32144
虹桥镇	31585	16477	15108	8455	15887	14681	6661	21619	3305	30988
南江镇	69536	35635	33901	18347	35475	33785	13058	49907	6571	68370
梅仙镇	60489	31128	29361	15060	30499	28946	12420	42424	5645	59180
浯口镇	33212	17525	15687	8961	17354	15583	6097	23567	3548	32634
瓮江镇	45461	24045	21416	12291	23195	20846	7683	32580	5198	44944
伍市镇	69146	35589	33557	17504	33657	32046	12243	50731	6172	66274
向家镇	16151	8279	7872	4484	8089	7716	2685	11918	1548	15105
童市镇	28524	15086	13438	7318	14549	13134	4853	20565	3106	28156
岑川镇	17630	9026	8604	5046	8957	8587	3671	12463	1496	16965
福寿山镇	18274	9452	8822	4422	9327	8778	3295	12894	2085	17555
三阳乡	50093	25602	24491	14977	24945	24365	9738	34801	5554	48161
咏生乡	3194	1721	1473	829	1679	1461	587	2251	356	3128
黄金洞乡	4354	2309	2045	1305	2289	2036	795	3185	374	4172
南桥乡	2544	1424	1120	780	1294	1096	463	1781	300	2418
木金乡	20654	10632	10022	5706	10450	9914	4862	13540	2252	20265
大坪乡	20907	10794	10113	5352	10737	10090	4723	14179	2005	20492
冬塔乡	22016	11166	10850	5360	11166	10850	4426	15717	1873	21721
板江乡	12970	6646	6324	3400	6544	6284	2308	9487	1175	12800
大洲乡	18888	9984	8904	4991	9955	8898	3782	13239	1867	18641
三墩乡	24747	13126	11621	7209	12847	11484	5158	16631	2958	24226
余坪乡	33041	17415	15626	9074	17292	15568	6859	22607	3575	32614
汨罗市	**692080**	**354293**	**337787**	**197796**	**339323**	**325767**	**107441**	**515423**	**69216**	**654336**
天问街道	5667	2672	2995	2356	2646	2891	674	4527	466	4367
城关镇	56412	28333	28079	15316	21902	22018	7173	44319	4920	50896
汨罗镇	23352	12131	11221	6637	12005	11157	3752	17357	2243	21307
新市镇	28072	14496	13576	7400	13684	13041	4416	21343	2313	25149
古培镇	31141	16093	15048	8233	15471	14764	4678	23463	3000	30844
白水镇	28213	14536	13677	7578	14448	13625	4198	21336	2679	27210
川山坪镇	25124	12863	12261	6983	12830	12251	3559	19176	2389	24389
高家坊镇	23630	12242	11388	7233	11362	10692	2938	17793	2899	21630
弼时镇	24142	12182	11960	8389	11889	11764	3195	17929	3018	23738
李家段镇	19882	10102	9780	5606	9519	9422	2502	14624	2756	19446
黄柏镇	30001	15156	14845	8084	14026	13808	3812	22616	3573	29881
长乐镇	28963	14861	14102	8058	14190	13623	5091	21440	2432	27873
大荆镇	11545	5938	5607	3060	5908	5600	1901	8540	1104	11502
桃林寺镇	27216	14180	13036	7599	13625	12506	4723	20172	2321	25871
三江镇	15899	8319	7580	4320	8212	7518	2738	11800	1361	15681
范家园镇	14965	7696	7269	4594	7691	7269	2538	10842	1585	14555
沙溪镇	16393	8345	8048	4573	8325	8032	2145	11724	2524	16229
营田镇	31749	16008	15741	10272	15831	15558	4820	23702	3227	28393
河市镇	8762	4456	4306	2556	4422	4299	1501	6419	842	8250
屈子祠镇	16909	8499	8410	5549	8466	8383	3207	11766	1936	16444
城郊乡	46173	23254	22919	13905	22765	22668	7369	35508	3296	37443
红花乡	24333	12436	11897	6637	12151	11710	4351	17797	2185	23585

表18 续表 21

单位：人、户

地 区	总人口			家庭户	家庭户总人口		分年龄人口			居住本地，户口在本地
	合 计	男	女	户 数	男	女	0-14岁	15-64岁	65岁及以上	
黄市乡	14485	7515	6970	3964	7375	6901	2642	10437	1406	14121
玉池乡	5950	3181	2769	1976	3094	2745	658	4380	912	5627
天井乡	15048	7846	7202	3904	7672	7120	2433	11103	1512	14960
智峰乡	9151	4684	4467	2389	4648	4432	1723	6641	787	9128
古仑乡	13062	6775	6287	3265	6531	6130	2264	9188	1610	13042
火天乡	18578	9716	8862	4815	9709	8853	3204	13704	1670	18450
新塘乡	10604	5366	5238	3768	5330	5223	2188	6890	1526	10222
白塘乡	19684	10328	9356	5669	10193	9338	3662	14078	1944	19411
磊石乡	5537	2864	2673	1546	2777	2632	864	4220	453	5478
八景乡	3742	1968	1774	946	1886	1716	627	2789	326	3701
黄金乡	14418	7387	7031	3947	7059	6760	2301	10589	1528	13835
琴棋乡	6893	3535	3358	1959	3512	3343	1150	5046	697	6548
凤凰乡	8964	4508	4456	2485	4364	4383	1368	6546	1050	8756
原种场	3285	1720	1565	922	1704	1559	490	2523	272	2976
范家园茶叶示范场	2265	1182	1083	638	1181	1082	357	1692	216	2153
营田办事处	1871	920	951	665	920	951	229	1404	238	1245
临湘市	**498319**	**260365**	**237954**	**131580**	**252408**	**232634**	**89133**	**367974**	**41212**	**452073**
长安街道	118057	61085	56972	33658	58780	55075	22065	89037	6955	96131
桃矿街道	8431	4271	4160	3778	4252	4144	1041	5670	1720	7631
忠防镇	28759	15102	13657	7241	15094	13651	5071	21351	2337	28057
白云镇	15238	7953	7285	3744	7579	6951	3052	11094	1092	12914
聂市镇	20311	10599	9712	5303	10374	9525	3524	14645	2142	19131
源潭镇	15796	8127	7669	3924	7783	7420	2528	11825	1443	15053
江南镇	21547	11387	10160	5827	11018	9999	3555	15356	2636	20869
桃林镇	36304	19162	17142	8770	17262	15778	6731	26783	2790	31914
长塘镇	24580	12906	11674	6157	12784	11620	4739	17755	2086	23178
白羊田镇	21974	11412	10562	5682	11401	10553	3641	16077	2256	21525
詹桥镇	37050	19465	17585	9049	19336	17536	7013	27051	2986	36009
儒溪镇	10385	5381	5004	2599	5291	4975	1563	7815	1007	9518
定湖镇	15280	7953	7327	3831	7820	7259	2791	11201	1288	14798
黄盖镇	9743	4947	4796	2876	4943	4795	1377	7391	975	9356
羊楼司镇	38835	20175	18660	10289	19939	18560	7433	28419	2983	36456
五里乡	23755	12466	11289	5580	12169	11095	4411	17405	1939	20344
乘风乡	8754	4563	4191	2480	4559	4188	1436	6402	916	8400
坦渡乡	16055	8691	7364	3831	7554	6884	2642	12137	1276	14222
城南乡	12688	6805	5883	3068	6555	5764	2156	9573	959	11801
横铺乡	14777	7915	6862	3893	7915	6862	2364	10987	1426	14766
常德市	**5714623**	**2881031**	**2833592**	**1702266**	**2690542**	**2665230**	**756259**	**4305150**	**653214**	**5130863**
武陵区	**620580**	**304415**	**316165**	**185365**	**256410**	**265114**	**70298**	**498166**	**52116**	**422672**
城东街道	66441	32774	33667	22671	29630	30317	7748	52798	5895	48249
城南街道	36248	18466	17782	10862	13574	14314	3258	30025	2965	19556
城西街道	78076	37906	40170	26156	33974	35718	9503	62646	5927	55778
城北街道	56755	27910	28845	20163	27054	27785	7186	44723	4846	37883
三岔路街道	115702	51185	64517	27207	35849	37243	9835	98595	7272	59070
德山街道	53184	28942	24242	13503	16067	16452	6626	40922	5636	42312
河洑镇	17139	8518	8621	5152	8007	8304	1881	13231	2027	14884
德山镇	31191	15364	15827	8708	14155	14878	3989	24212	2990	26610
芦荻山乡	27115	13751	13364	8029	13387	13320	2882	21041	3192	25604
东郊乡	27197	13471	13726	8675	12715	13264	3390	21678	2129	15494
东江乡	10428	5211	5217	2662	4576	4804	1245	8216	967	8056

表18 续表 22

单位：人、户

地区	总人口			家庭户	家庭户总人口		分年龄人口			居住本地，户口在本地
	合计	男	女	户数	男	女	0-14岁	15-64岁	65岁及以上	
护城乡	26206	12995	13211	8982	12166	12627	3464	21258	1484	11317
丹洲乡	23256	11542	11714	7195	11304	11583	2781	17482	2993	21662
南坪岗乡	27166	14255	12911	7947	12151	12243	3462	22109	1595	16261
柳叶湖旅游渡假区	24476	12125	12351	7453	11801	12262	3048	19230	2198	19936
鼎城区	**836839**	**421042**	**415797**	**238147**	**386277**	**385471**	**97269**	**638400**	**101170**	**747733**
武陵镇	119614	59635	59979	28801	44159	44656	14743	97126	7745	73281
蒿子港镇	29276	14851	14425	7732	12997	13062	3237	22669	3370	27185
中河口镇	27511	13976	13535	7707	13930	13506	3404	20785	3322	26979
十美堂镇	22290	11222	11068	6143	11074	10958	2619	16901	2770	21299
牛鼻滩镇	33837	16997	16840	9924	16167	16065	3661	25797	4379	33513
韩公渡镇	36675	18476	18199	10855	18422	18181	4326	27666	4683	35889
石公桥镇	30745	15579	15166	9103	14947	14719	3477	23220	4048	30291
镇德桥镇	16742	8461	8281	5130	8350	8236	1592	12947	2203	16370
周家店镇	31419	15801	15618	9578	14868	14851	4034	23503	3882	29040
大龙站镇	10427	5344	5083	2803	4692	4718	1040	7993	1394	10093
双桥坪镇	16790	8507	8283	5251	8207	8134	2368	12015	2407	16335
灌溪镇	29200	14953	14247	7603	13816	13927	3268	23009	2923	25359
蔡家岗镇	15591	7848	7743	4584	7596	7579	1681	12012	1898	14842
斗姆湖镇	20814	10508	10306	5465	9565	9575	2369	15928	2517	19796
草坪镇	23531	11798	11733	7130	11760	11707	2551	17869	3111	22966
石门桥镇	41411	20774	20637	10826	19839	19975	4640	31555	5216	40368
谢家铺镇	19997	9960	10037	5986	9760	9896	2775	14497	2725	18812
黄土店镇	23229	11545	11684	6494	10590	10743	2520	17645	3064	20437
尧天坪镇	12433	6316	6117	4220	6247	6053	1664	8909	1860	11873
港二口镇	13960	7098	6862	4256	6712	6576	1827	10004	2129	13784
雷公庙镇	13330	6780	6550	4021	6660	6502	1611	10059	1660	13086
石板滩镇	20729	10528	10201	6092	10098	10116	2082	16173	2474	19351
黄珠洲乡	15844	7983	7861	4489	7850	7798	2032	11887	1925	15748
黑山嘴乡	16227	8212	8015	4899	8068	7930	1931	12139	2157	15536
白鹤山乡	23114	12536	10578	7211	10282	10450	2273	17663	3178	20140
长岭岗乡	9193	4651	4542	2811	4478	4431	1044	6816	1333	8873
许家桥回族维吾尔族乡	19587	9799	9788	5591	9475	9371	2405	14344	2838	18087
丁家港乡	14351	7283	7068	4565	7258	7049	1800	10322	2229	13986
钱家坪乡	11858	6045	5813	3336	5788	5679	1532	8487	1839	11417
唐家铺乡	13660	6937	6723	4149	6700	6577	1539	9991	2130	13366
沧山乡	10754	5417	5337	3405	5338	5282	1393	7596	1765	10287
长茅岭乡	11374	5725	5649	4100	5722	5648	1666	7683	2025	11165
逆江坪乡	9146	4496	4650	3168	4408	4594	1395	6222	1529	8775
鼎城区园艺场	5810	2936	2874	1675	2738	2819	587	4547	676	5490
特种养殖场	4006	2018	1988	1249	2018	1988	452	3073	481	3968
花岩溪林场	3246	1623	1623	1050	1571	1588	437	2410	399	3199
贺家山原种场	8293	3992	4301	2555	3948	4251	972	6082	1239	8188
西洞庭管理区	50825	24432	26393	14190	20179	20281	4322	40856	5647	38559
安乡县	**525844**	**267186**	**258658**	**141793**	**236970**	**230706**	**63142**	**401508**	**61194**	**496751**
深柳镇	126586	63466	63120	32463	49002	48466	16158	98680	11748	108272
大鲸港镇	21980	11227	10753	5351	9106	8854	2447	17342	2191	21078
黄山头镇	34018	17347	16671	10017	15849	15514	4217	26108	3693	32809
三岔河镇	20833	10515	10318	5544	9807	9708	2456	15650	2727	20188
官垱镇	21765	11072	10693	6088	10678	10342	2409	16908	2448	21510
下渔口镇	33232	16970	16262	9463	16478	15901	4094	25107	4031	32588

表18 续表 23 单位：人、户

地区	总人口			家庭户	家庭户总人口		分年龄人口			居住本地，户口在本地
	合计	男	女	户数	男	女	0-14岁	15-64岁	65岁及以上	
陈家嘴镇	21423	10937	10486	5908	10383	10006	2697	16191	2535	21033
焦圻镇	17485	8642	8843	5100	7992	8056	2378	12999	2108	17119
安障乡	20695	10453	10242	5232	9366	9128	2494	15822	2379	20414
安昌乡	19566	10200	9366	5487	9601	9079	2161	14788	2617	19322
安宏乡	17663	9085	8578	5203	8988	8565	2094	13150	2419	17230
安生乡	17357	8918	8439	4249	7394	7066	1972	13242	2143	17065
安全乡	26061	13071	12990	6864	11731	11515	3082	19893	3086	23470
安福乡	22304	11503	10801	5948	9980	9703	2437	16781	3086	21954
安凝乡	20793	10617	10176	5553	9954	9656	2060	15928	2805	20674
安丰乡	25386	12804	12582	7861	12405	12347	3127	18737	3522	24508
安裕乡	17806	9118	8688	4958	8997	8611	2011	13385	2410	17351
安康乡	23867	12396	11471	6230	10966	10448	2777	18010	3080	23379
安德乡	17024	8845	8179	4274	8293	7741	2071	12787	2166	16787
汉寿县	**800019**	**404826**	**395193**	**231992**	**395203**	**385943**	**126471**	**587662**	**85886**	**749090**
蒋家嘴镇	48538	24224	24314	15268	23256	22800	7342	37079	4117	43708
岩汪湖镇	26269	13304	12965	6761	12528	12367	3655	19683	2931	25099
坡头镇	21067	10620	10447	6859	10529	10394	3084	15298	2685	19960
西港镇	37132	18823	18309	10168	18287	17872	5357	27691	4084	35975
洲口镇	31488	15961	15527	9210	15953	15524	4398	23398	3692	30990
罐头嘴镇	31400	15846	15554	8671	15554	15292	4343	23490	3567	30765
沧港镇	20037	10099	9938	5748	10081	9924	2578	15068	2391	19685
朱家铺镇	22015	11248	10767	5751	11238	10765	3155	16281	2579	21482
太子庙镇	21403	10802	10601	6285	10569	10410	4069	15170	2164	19914
毓德铺镇	12388	6185	6203	3993	6178	6203	2240	8530	1618	11718
崔家桥镇	16845	8624	8221	4459	8438	8131	2971	12052	1822	16031
军山铺镇	25619	13206	12413	6352	12721	11984	4572	18395	2652	25116
百禄桥镇	18531	9464	9067	5612	9370	8999	3358	13077	2096	17458
西湖镇	13199	6697	6502	4681	6561	6327	2343	9919	937	11958
洋淘湖镇	13668	6773	6895	3548	5874	6039	1771	10258	1639	13369
龙阳镇	119413	59260	60153	38636	56384	57068	17763	91019	10631	95472
周文庙乡	17574	8931	8643	5217	8931	8643	2994	12504	2076	17097
鸭子港乡	22860	11512	11348	6207	11406	11280	3058	17141	2661	22280
文蔚乡	14461	7365	7096	4235	7360	7092	1864	11007	1590	14225
新兴乡	20598	10390	10208	5881	10390	10208	2689	15317	2592	20117
聂家桥乡	17423	8863	8560	5059	8821	8541	2407	12716	2300	16606
毛家滩回族维吾尔族乡	25383	12766	12617	7331	12377	12213	3635	18910	2838	24975
丰家铺乡	23759	12478	11281	5985	12248	11164	4319	16959	2481	22785
东岳庙乡	22012	11461	10551	5439	11198	10411	3918	15542	2552	21123
岩嘴乡	21641	11142	10499	6043	11142	10499	3840	15306	2495	20551
株木山乡	24489	12463	12026	6819	12058	11708	4331	17502	2656	22212
三和乡	18433	9632	8801	5130	9554	8766	3398	12980	2055	17741
龙潭桥乡	24324	12549	11775	6767	12549	11775	4410	17153	2761	23699
月明潭乡	20078	10146	9932	6242	10066	9873	3819	13749	2510	19556
大南湖乡	9992	5076	4916	2791	4732	4660	1478	7522	992	9823
西湖管理区	37980	18916	19064	10844	18850	19011	7312	26946	3722	37600
澧县	**826655**	**410838**	**415817**	**253749**	**390456**	**396840**	**116332**	**616506**	**93817**	**752842**
澧阳镇	199773	96756	103017	56906	84726	89601	29483	155564	14726	145460
张公庙镇	26176	12692	13484	8321	12633	13458	3362	19108	3706	25484
小渡口镇	42070	21387	20683	10822	18887	18539	4817	32897	4356	38882
梦溪镇	23057	11579	11478	7505	10759	10844	3218	16615	3224	22539

表18 续表 24

单位：人、户

地区	总人口			家庭户	家庭户总人口		分年龄人口			居住本地，户口在本地
	合计	男	女	户数	男	女	0-14岁	15-64岁	65岁及以上	
复兴厂镇	15461	7783	7678	5258	7639	7593	1895	11557	2009	15193
盐井镇	14904	7541	7363	5075	7501	7341	1737	11183	1984	14567
雷公塔镇	18444	9250	9194	5729	9147	9137	2502	13595	2347	17974
大堰垱镇	33632	16867	16765	12698	16193	16480	5060	24255	4317	32572
王家厂镇	19471	9730	9741	6514	9549	9646	2791	13991	2689	18621
金罗镇	25654	13005	12649	8237	12541	12332	3617	19004	3033	25220
码头铺镇	13209	6579	6630	3931	6366	6542	1965	9503	1741	13072
方石坪镇	12719	6417	6302	4216	6384	6292	1872	9180	1667	12191
甘溪滩镇	17324	8750	8574	5453	8712	8570	2645	12538	2141	16803
火连坡镇	13818	6846	6972	4376	6778	6947	2407	9677	1734	13343
澧南镇	24804	12065	12739	7553	12062	12737	3280	18488	3036	24436
九垸乡	21668	10767	10901	6412	10741	10899	2727	16292	2649	21359
官垸乡	17452	8819	8633	5996	8819	8633	2128	12951	2373	15510
永丰乡	19932	9776	10156	6510	9206	9633	2901	14007	3024	19555
如东乡	22449	11156	11293	6961	11125	11286	3254	16532	2663	22165
澧澹乡	37941	19077	18864	10746	18801	18783	5360	28813	3768	34997
澧东乡	25632	12667	12965	7662	12479	12890	3645	18538	3449	25193
涔南乡	20097	9828	10269	6606	9818	10264	3009	14508	2580	19858
大坪乡	17822	8986	8836	5361	8873	8768	2526	12893	2403	17100
道河乡	13044	6620	6424	4168	6343	6310	1478	9978	1588	12894
双龙乡	12822	6421	6401	3936	6372	6384	1806	9457	1559	12564
宜万乡	19608	9987	9621	6146	9965	9617	2502	14635	2471	19325
车溪乡	25168	12755	12413	7770	12499	12282	3615	18405	3148	24809
中武乡	18868	9528	9340	5764	9056	9038	2403	14304	2161	18701
闸口乡	19698	10046	9652	6327	9613	9287	2662	14503	2533	19435
涧市乡	10833	5425	5408	3250	5415	5398	1550	7899	1384	10382
杨家坊乡	8592	4296	4296	2849	4265	4290	1547	5760	1285	8346
太青乡	14513	7437	7076	4691	7189	7019	2568	9876	2069	14292
临澧县	**400839**	**200729**	**200110**	**120263**	**193399**	**194426**	**54109**	**301459**	**45271**	**373071**
安福镇	72943	35680	37263	21759	32256	33626	10181	57345	5417	54821
合口镇	42872	21336	21536	13405	20803	21241	5985	31695	5192	40490
新安镇	42886	21206	21680	12506	20896	21487	6015	31713	5158	39707
佘市桥镇	18581	9432	9149	5623	9424	9142	2502	14024	2055	18272
太浮镇	13069	6670	6399	3877	6584	6321	1699	9778	1592	12875
四新岗镇	16574	8450	8124	5463	8297	8046	2309	12070	2195	16338
停弦渡镇	17016	8484	8532	5554	8054	8292	2107	12541	2368	16762
修梅镇	17636	8882	8754	5375	8788	8729	2136	13376	2124	17404
杉板乡	12447	6179	6268	4047	6018	6222	2041	8797	1609	11906
文家乡	14017	7091	6926	4316	6924	6772	1853	10401	1763	13735
陈二乡	13732	7093	6639	3874	6737	6505	1599	10464	1669	13611
柏枝乡	25812	13189	12623	7251	12697	12416	3450	19180	3182	25694
烽火乡	19846	10041	9805	5759	9699	9609	2349	15105	2392	19762
望城乡	17637	8850	8787	4942	8600	8650	2347	13385	1905	17337
杨板乡	16985	8551	8434	5656	8448	8371	2130	12673	2182	16700
官亭乡	21055	10636	10419	5562	10547	10373	2935	15700	2420	20630
九里乡	17731	8959	8772	5294	8627	8624	2471	13212	2048	17027
桃源县	**853662**	**436465**	**417197**	**267277**	**427364**	**409798**	**117324**	**624188**	**112150**	**800391**
漳江镇	121377	59700	61677	41895	56475	57778	16147	94294	10936	96920
陬市镇	51155	25609	25546	16615	25067	24935	6397	39103	5655	47839
盘塘镇	19942	10980	8962	5969	9076	8742	2531	15014	2397	17694

表18 续表 25

单位：人、户

地区	总人口			家庭户	家庭户总人口		分年龄人口			居住本地，户口在本地
	合计	男	女	户数	男	女	0-14岁	15-64岁	65岁及以上	
热市镇	26041	13279	12762	8170	13250	12749	3910	18801	3330	25366
黄石镇	16600	8530	8070	5471	8469	8035	2225	11843	2532	16206
漆河镇	50392	25719	24673	15621	25241	24187	6645	36912	6835	47779
理公港镇	14989	7777	7212	4361	7777	7212	2423	10410	2156	14431
观音寺镇	20512	10960	9552	6493	10958	9552	2731	14958	2823	20185
龙潭镇	22618	11747	10871	7449	11730	10850	3674	15097	3847	22179
三阳港镇	21913	11349	10564	6847	10790	10131	2649	16158	3106	20256
剪市镇	20437	10491	9946	6826	10432	9905	2874	14423	3140	20034
茶庵铺镇	22414	11481	10933	7612	11350	10860	3257	15911	3246	20926
西安镇	13168	6858	6310	3791	6837	6305	2177	9461	1530	12512
沙坪镇	14854	7748	7106	5126	7744	7103	1728	11141	1985	14633
桃花源镇	26340	13416	12924	7775	12876	12364	3411	19399	3530	24156
架桥镇	26307	13483	12824	8247	13435	12797	3616	18855	3836	25622
马鬃岭镇	19272	9873	9399	6287	9868	9394	2755	13835	2682	19016
凌津滩镇	17248	8910	8338	5286	8865	8322	2352	12360	2536	16932
青林乡	21242	10685	10557	5847	10160	9974	3216	15467	2559	19447
车湖垸乡	15335	7730	7605	4301	7729	7605	2184	11024	2127	14822
枫树维吾尔族回族乡	27087	13924	13163	7359	13869	13139	4031	19778	3278	26293
木塘垸乡	27870	14022	13848	7860	13964	13822	3977	19822	4071	27196
双溪口乡	21840	11189	10651	6486	11189	10651	3261	15819	2760	21630
郝坪乡	9458	4949	4509	2834	4936	4501	1243	6979	1236	9162
九溪乡	18861	9744	9117	5720	9707	9105	2465	13496	2900	18243
黄甲铺乡	15073	7669	7404	4545	7666	7404	2068	10827	2178	14627
钟家铺乡	13086	6828	6258	3887	6783	6238	1875	9164	2047	12747
牛车河乡	11424	5870	5554	3714	5870	5554	1494	8005	1925	11153
佘家坪乡	17230	9023	8207	5652	9004	8200	2150	12184	2896	16670
太平桥乡	14164	7372	6792	4536	7365	6791	1767	10200	2197	14062
浯溪河乡	12000	6210	5790	3524	6200	5781	1742	8486	1772	11836
深水港乡	18089	9138	8951	5465	9128	8946	2239	13262	2588	17826
泥窝潭乡	15807	8199	7608	4625	8199	7608	2202	11382	2223	15262
兴隆街乡	10474	5423	5051	3337	5332	5014	1659	7443	1372	10094
太平铺乡	9203	4883	4320	2643	4752	4224	1265	6723	1215	8679
牯牛山乡	4822	2685	2137	1307	2325	2064	470	3758	594	4329
杨溪桥乡	9554	4898	4656	2995	4889	4654	1360	6917	1277	9035
寺坪乡	11835	5956	5879	3598	5943	5866	1771	8538	1526	11595
郑家驿乡	11169	5679	5490	3562	5635	5455	1575	8054	1540	10755
芦花潭乡	12460	6479	5981	3639	6479	5981	1808	8885	1767	12242
石门县	**599287**	**304238**	**295049**	**184846**	**293887**	**286327**	**82950**	**443305**	**73032**	**555879**
楚江镇	109522	53465	56057	35086	49174	51646	14986	86005	8531	82695
蒙泉镇	62636	31322	31314	17689	29849	30015	8777	46943	6916	60764
夹山镇	43154	21749	21405	12502	21363	21195	6044	32380	4730	42242
易家渡镇	29562	14659	14903	8391	14343	14639	4158	21934	3470	27876
新关镇	19056	9465	9591	6213	9285	9554	2712	14001	2343	17919
皂市镇	20369	10149	10220	7168	9760	9835	2908	14474	2987	18636
维新镇	17403	9161	8242	5056	9021	8174	2262	12769	2372	16810
太平镇	24668	12994	11674	8391	12947	11663	3391	17525	3752	24254
磨市镇	28146	14786	13360	7877	14709	13334	3703	20572	3871	27837
壶瓶山镇	25947	13907	12040	7840	13743	11984	3034	19332	3581	25156
南北镇	6847	3625	3222	2374	3591	3216	845	4944	1058	6530
二都乡	27770	13665	14105	7782	12985	13465	3836	20844	3090	25312

表18　续表 26　　　　　　　　　　　　　　　　　　　　　　　　单位：人、户

地　　区	总人口			家庭户	家庭户总人口		分年龄人口			居住本地，户口在本地
	合　计	男	女	户　数	男	女	0-14岁	15-64岁	65岁及以上	
新铺乡	25802	13212	12590	7684	13207	12583	4079	18281	3442	25111
白云乡	27821	14297	13524	8601	14121	13439	3661	20650	3510	27206
三圣乡	34094	17680	16414	10123	17539	16349	4879	24364	4851	33668
子良乡	22164	11335	10829	7428	10921	10578	3376	15463	3325	21643
所街乡	23877	12371	11506	8089	12322	11484	3412	16942	3523	23297
雁池乡	24719	12917	11802	8696	12307	11595	3605	16943	4171	23960
罗坪乡	13806	7331	6475	4166	7285	6465	1797	10193	1816	13614
秀坪园艺场	3613	1780	1833	1319	1779	1825	581	2590	442	3499
东山峰农场	4768	2513	2255	1237	1835	1614	457	3591	720	4480
大同山林场	1311	696	615	380	663	605	163	975	173	1252
白云山林场	593	320	273	242	317	273	61	399	133	575
洛浦寺林场	620	333	287	228	315	284	78	447	95	574
夹山管理处	1019	506	513	284	506	513	145	744	130	969
津市市	**250898**	**131292**	**119606**	**78834**	**110576**	**110605**	**28364**	**193956**	**28578**	**232434**
三洲驿街道	35985	18360	17625	13248	15865	16202	3875	28209	3901	29845
汪家桥街道	36775	18282	18493	13787	17282	17375	3965	28474	4336	32540
襄阳街街道	22858	12136	10722	7471	9623	9719	2410	17963	2485	20104
金鱼岭街道	18935	9898	9037	5528	7428	7339	2215	14800	1920	16688
新洲镇	23987	12634	11353	6055	9235	9274	2422	18930	2635	23385
渡口镇	19933	10082	9851	5556	9516	9427	2330	15346	2257	19685
保和堤镇	23044	11661	11383	6499	10758	10688	3026	17509	2509	22705
白衣镇	18087	9137	8950	6324	9119	8931	2318	13113	2656	17905
灵泉镇	10197	5003	5194	3432	4896	5085	1233	7725	1239	9893
棠华乡	14558	7407	7151	4546	7259	6992	2100	10619	1839	14316
李家铺乡	15884	7992	7892	4762	7700	7725	2029	11897	1958	15629
涔澹农场	10655	8700	1955	1626	1895	1848	441	9371	843	9739
张家界市	**1478149**	**754897**	**723252**	**438780**	**705316**	**684794**	**262265**	**1050977**	**164907**	**1316948**
永定区	**441804**	**226269**	**215535**	**132052**	**205682**	**199807**	**80725**	**319790**	**41289**	**357211**
永定街道	64947	32857	32090	19632	27498	27622	11732	49608	3607	45453
大庸桥街道	23774	11090	12684	5367	8697	8644	3778	19027	969	10204
西溪坪街道	36495	18640	17855	9786	16265	16203	6345	26789	3361	33568
官黎坪街道	21609	10841	10768	7904	10564	10514	4421	15722	1466	14269
崇文街道	54178	27929	26249	14646	21471	21993	8724	42446	3008	33712
南庄坪街道	19437	9823	9614	6020	9317	9227	3403	14951	1083	9928
新桥镇	8723	4427	4296	2962	4333	4272	1623	5884	1216	8323
温塘镇	3348	1726	1622	1276	1713	1618	699	2101	548	3263
教字垭镇	21390	11229	10161	6402	10657	9925	4307	14529	2554	20807
大坪镇	4962	2510	2452	1742	2356	2424	1057	3182	723	4778
沅古坪镇	11920	6217	5703	3957	6212	5702	1901	8356	1663	11566
尹家溪镇	22926	11985	10941	6746	11658	10872	4427	15919	2580	21648
后坪镇	18903	9604	9299	4937	9538	9292	3875	13165	1863	17749
阳湖坪镇	19592	9908	9684	6193	9726	9615	3561	13839	2192	18798
王家坪镇	8753	4387	4366	3301	4362	4363	1587	5421	1745	8547
三家馆乡	10268	5992	4276	2922	4578	4116	1744	7345	1179	8337
沙堤乡	16112	8369	7743	4463	8213	7711	2990	11523	1599	14820
枫香岗乡	11535	5945	5590	3383	5945	5590	2190	8127	1218	11052
合作桥乡	9583	4958	4625	3462	4958	4625	1952	6225	1406	9070
双溪桥乡	4048	2087	1961	1392	2086	1961	764	2584	700	3924
谢家垭乡	5879	2961	2918	2171	2961	2918	926	3857	1096	5718
青安坪乡	4315	2249	2066	1541	2147	2046	1001	2570	744	3935

表18 续表 27

单位：人、户

地区	总人口			家庭户	家庭户总人口		分年龄人口			居住本地，户口在本地
	合计	男	女	户数	男	女	0-14岁	15-64岁	65岁及以上	
罗塔坪乡	4821	2434	2387	1628	2434	2387	1142	2985	694	4471
罗水乡	7423	3955	3468	2269	3955	3468	1466	5152	805	7282
桥头乡	10889	5791	5098	3319	5783	5092	2399	7170	1320	10454
三岔乡	4379	2252	2127	1338	2252	2127	705	3110	564	4307
四都坪乡	10093	5317	4776	2731	5217	4764	1692	7212	1189	9817
茅溪水库管理所	902	465	437	297	465	437	197	604	101	824
猪石头林场	600	321	279	265	321	279	117	387	96	587
武陵源区	**52724**	**26834**	**25890**	**14935**	**22876**	**22227**	**9877**	**38455**	**4392**	**40254**
军地坪街道	19377	9701	9676	4429	6558	6511	3047	15568	762	11107
天子山镇	3665	1973	1692	1216	1824	1653	727	2516	422	3277
索溪峪土家族乡	10388	5249	5139	3179	5073	5014	2220	7238	930	8350
协合乡	5740	2954	2786	1825	2930	2781	1069	3921	750	5514
中湖乡	9693	5007	4686	3213	4877	4671	2197	6211	1285	8930
张家界国家森林公园管理处	3861	1950	1911	1073	1614	1597	617	3001	243	3076
慈利县	**602736**	**306846**	**295890**	**181545**	**296775**	**288590**	**92774**	**437220**	**72742**	**566095**
零阳镇	119781	59261	60520	38958	57245	58350	18045	89118	12618	100292
岩泊渡镇	23844	12156	11688	6553	11198	11082	3178	17788	2878	21972
溪口镇	14300	7403	6897	4094	6240	5987	2149	10272	1879	12096
东岳观镇	25814	12978	12836	8042	12952	12830	3256	19268	3290	25529
通津铺镇	24731	12621	12110	7388	12399	11975	3317	18417	2997	24125
杉木桥镇	16388	8166	8222	6502	7932	8173	3054	10463	2871	15703
象市镇	21074	10832	10242	6123	10556	10110	3213	15240	2621	20364
江垭镇	44630	22371	22259	13848	21017	20992	7236	32120	5274	40779
苗市镇	23941	12026	11915	6529	11608	11747	3500	17695	2746	23109
零溪镇	23637	11932	11705	7344	11930	11691	3310	17442	2885	23375
高桥镇	12006	6182	5824	3295	6111	5810	1628	8823	1555	11619
龙潭河镇	12957	6739	6218	4291	6626	6147	1711	9808	1438	12557
广福桥镇	13804	7014	6790	3762	6899	6720	1886	10428	1490	13515
南山坪乡	10737	5638	5099	2780	5502	5053	1282	8041	1414	10497
宜冲桥乡	12949	6726	6223	4491	6725	6221	2149	8874	1926	12723
洞溪乡	8340	4279	4061	2880	4226	4035	1424	5729	1187	8061
金坪乡	8339	4361	3978	2311	4275	3942	1194	6158	987	8159
景龙桥乡	9979	5147	4832	2757	5069	4786	1433	7367	1179	9846
二坊坪乡	9137	4656	4481	2462	4565	4439	1138	6786	1213	8974
三合口乡	7987	4164	3823	2505	3995	3765	1164	5630	1193	7506
国太桥乡	7236	3780	3456	2273	3578	3384	873	5397	966	6865
庄塌乡	6304	3333	2971	1993	3265	2943	882	4562	860	6089
杨柳铺乡	18630	9399	9231	5429	9241	9115	2563	13486	2581	18052
朝阳乡	8212	4240	3972	2264	4238	3970	1168	6015	1029	8023
三官寺土家族乡	21561	11134	10427	5746	10732	10152	4464	14666	2431	21052
高峰土家族乡	15006	7731	7275	4148	7532	7181	2351	10801	1854	14854
许家坊土家族乡	15916	8342	7574	4920	7844	7207	3088	10864	1964	15741
金岩土家族乡	15540	8288	7252	4091	7745	6979	2579	11036	1925	15447
赵家岗土家族乡	14575	7442	7133	3813	7411	7111	3129	9878	1568	14363
甘堰土家族乡	18164	9552	8612	5345	9439	8551	3385	12772	2007	17915
阳和土家族乡	17217	8953	8264	4608	8680	8142	3025	12276	1916	16893
桑植县	**380885**	**194948**	**185937**	**110248**	**179983**	**174170**	**78889**	**255512**	**46484**	**353388**
澧源镇	81001	40883	40118	19009	28419	29474	16075	58780	6146	66706
瑞塔铺镇	20042	10133	9909	6629	10081	9880	4252	13503	2287	18777
官地坪镇	14418	7412	7006	4390	7408	7005	2793	9723	1902	13959

表18　续表 28　　　　单位：人、户

地　区	总人口 合　计	总人口 男	总人口 女	家庭户户　数	家庭户总人口 男	家庭户总人口 女	分年龄人口 0-14岁	分年龄人口 15-64岁	分年龄人口 65岁及以　上	居住本地，户　口在本地
凉水口镇	8882	4505	4377	2626	4354	4294	2024	5686	1172	8563
龙潭坪镇	6932	3526	3406	2232	3448	3391	1466	4526	940	6649
五道水镇	5944	3163	2781	1656	2935	2728	1123	4045	776	5116
陈家河镇	14801	7530	7271	4078	7359	7183	3174	9931	1696	14035
廖家村镇	9469	4858	4611	2437	4853	4610	2022	6386	1061	9120
利福塔镇	16902	8752	8150	4497	8721	8137	3433	11492	1977	16247
空壳树乡	11888	5956	5932	3642	5915	5907	2610	7763	1515	11618
汨湖乡	7556	3914	3642	2287	3802	3588	1669	4902	985	7232
竹叶坪乡	8903	4710	4193	2765	4553	4127	1668	6135	1100	8734
走马坪白族乡	6606	3499	3107	1950	3449	3090	1301	4418	887	6397
人潮溪乡	5284	2801	2483	1739	2756	2465	905	3618	761	5094
西莲乡	4641	2471	2170	1502	2395	2138	731	3288	622	4505
白石乡	4535	2434	2101	1390	2313	2075	675	3182	678	4195
刘家坪白族乡	8688	4315	4373	2734	4287	4349	1814	5627	1247	8403
芙蓉桥白族乡	9743	4960	4783	2866	4843	4702	2004	6475	1264	9310
麦地坪白族乡	4006	2131	1875	1281	2097	1867	780	2663	563	3856
马合口白族乡	7848	3925	3923	2557	3859	3874	1675	4869	1304	7554
长潭坪乡	3609	1856	1753	1202	1819	1740	706	2376	527	3459
淋溪河乡	3343	1736	1607	1145	1736	1607	629	2176	538	3231
洪家关乡	19292	9692	9600	5483	9496	9505	3912	12803	2577	18558
桥自湾乡	10185	5168	5017	3054	5139	5014	2480	6340	1365	9787
谷罗山乡	3928	1956	1972	1480	1876	1942	1117	2088	723	3665
沙塔坪乡	12477	6483	5994	3708	6409	5948	2549	8317	1611	11935
苦竹坪乡	3875	1944	1931	1392	1944	1931	1029	2232	614	3660
四方溪乡	3604	1872	1732	1279	1867	1732	825	2169	610	3454
芭茅溪乡	3777	1976	1801	1328	1922	1772	770	2328	679	3540
细沙坪乡	5123	2613	2510	1798	2594	2498	1107	3123	893	4818
八大公山乡	3259	1726	1533	1085	1656	1513	626	2078	555	3068
蹇家坡乡	4831	2489	2342	1486	2464	2335	912	3216	703	4668
岩屋口乡	3630	1802	1828	1298	1802	1828	880	2165	585	3441
河口乡	9520	4910	4610	2795	4849	4578	1903	6323	1294	9159
上河溪乡	11527	6056	5471	3221	5954	5417	2430	7697	1400	11098
两河口乡	7746	4081	3665	2180	3981	3610	1729	5100	917	7284
打鼓泉乡	4308	2156	2152	1563	2124	2134	1099	2411	798	3977
上洞街乡	7595	3969	3626	2003	3919	3600	1751	4854	990	7392
天星山林场	1167	585	582	481	585	582	241	704	222	1124
益阳市	**4307933**	**2190041**	**2117892**	**1254000**	**2091217**	**2032050**	**643357**	**3181309**	**483267**	**3968832**
资阳区	**409062**	**207251**	**201811**	**121171**	**199127**	**192999**	**58664**	**306691**	**43707**	**358858**
大码头街道	43483	21370	22113	16947	20304	20947	4255	33439	5789	33524
汽车路街道	35296	17545	17751	13700	16606	16836	3307	27449	4540	29027
迎风桥镇	40403	20824	19579	9190	17301	16436	5635	31234	3534	32480
沙头镇	21944	11237	10707	6213	10841	10406	3406	15971	2567	20641
茈湖口镇	33532	17067	16465	9574	17005	16406	5089	24685	3758	32738
长春镇	79371	40721	38650	21721	40420	38567	12024	58605	8742	77171
新桥河镇	77842	39940	37902	20813	39822	37511	12523	57143	8176	76480
张家塞乡	39724	20318	19406	12087	20270	19388	7244	28238	4242	39095
长春工业园	37467	18229	19238	10926	16558	16502	5181	29927	2359	17702
赫山区	**836455**	**419766**	**416689**	**256319**	**395605**	**391037**	**119490**	**625715**	**91250**	**721142**
赫山街道	83349	41952	41397	27552	38638	38388	10561	65876	6912	66107
桃花仑街道	56903	28060	28843	20429	27051	28329	7178	43576	6149	45401

表18 续表 29

单位：人、户

地区	总人口			家庭户	家庭户总人口		分年龄人口			居住本地，户口在本地
	合计	男	女	户数	男	女	0-14岁	15-64岁	65岁及以上	
金银山街道	49930	25620	24310	14401	18401	18828	4697	41149	4084	26212
朝阳街道	54090	25528	28562	17367	23803	24220	7469	42959	3662	29166
会龙山街道	44385	21817	22568	13584	18507	18151	4374	34735	5276	36504
八字哨镇	19482	9877	9605	5910	9831	9585	3251	13662	2569	18946
泉交河镇	42811	21578	21233	12660	21026	20664	6696	30976	5139	40886
欧江岔镇	35467	18053	17414	9677	17145	16634	5633	25548	4286	34076
沧水铺镇	49027	24832	24195	13502	23550	23074	7288	36725	5014	45053
岳家桥镇	40535	20523	20012	13250	20249	19770	6601	28708	5226	39092
谢林港镇	27252	13783	13469	9630	13660	13454	3822	20075	3355	25751
新市渡镇	15897	7958	7939	5644	7921	7921	2415	11357	2125	15271
兰溪镇	72056	36878	35178	21093	36544	34962	10984	52460	8612	70155
龙光桥镇	57694	29272	28422	17010	29112	28260	9018	41791	6885	54826
衡龙桥镇	68985	35203	33782	20270	34662	33402	11260	50263	7462	66581
泥江口镇	44376	21849	22527	14393	21806	22501	7543	30508	6325	43557
牌口乡	22188	11340	10848	6147	11340	10848	3285	16118	2785	21880
笔架山乡	27907	14141	13766	8477	13961	13669	4248	19943	3716	26850
龙岭工业园	24121	11502	12619	5323	8398	8377	3167	19286	1668	14828
南县	**725288**	**368398**	**356890**	**203142**	**351635**	**342447**	**96134**	**547097**	**82057**	**681159**
明山头镇	32058	16353	15705	8149	16160	15549	4217	23853	3988	31358
青树嘴镇	35060	17889	17171	8986	17491	16865	4826	25824	4410	34345
厂窖镇	33558	17177	16381	10154	16928	16194	4799	24690	4069	33198
武圣宫镇	27183	13787	13396	7347	13779	13392	3520	20651	3012	26504
河坝镇	38898	19398	19500	11445	17465	17437	4756	28924	5218	33627
金盆镇	18828	9469	9359	6070	9223	9242	2035	14128	2665	17580
北洲子镇	14774	7472	7302	4512	6957	6763	1657	11085	2032	13922
南洲镇	154068	77545	76523	48395	72192	71572	20224	119874	13970	132930
华阁镇	66708	33853	32855	16797	32130	31454	8420	50920	7368	64274
茅草街镇	59680	30301	29379	16338	29846	29029	8197	44667	6816	58110
三仙湖镇	45094	23485	21609	11267	21924	20402	5907	34163	5024	43885
麻河口镇	45753	23353	22400	11781	22304	21649	6276	33592	5885	44966
千山红镇	24889	12685	12204	8010	12666	12201	3376	18812	2701	23324
浪拔湖镇	42569	21706	20863	10740	20156	19578	5760	31720	5089	41213
乌嘴乡	36236	18396	17840	10101	17898	17363	4951	27021	4264	35157
中鱼口乡	46451	23721	22730	11848	22933	22163	6829	34461	5161	44519
沙堡洲街道	2334	1155	1179	811	1100	1166	250	1772	312	2141
南湾湖街道	1147	653	494	391	483	428	134	940	73	106
桃江县	**769863**	**394694**	**375169**	**213565**	**373203**	**358028**	**125861**	**553153**	**90849**	**737711**
修山镇	26955	13653	13302	8071	13650	13301	4882	18545	3528	26409
鸬鹚渡镇	28289	14675	13614	8986	14087	13226	5185	19325	3779	27738
石牛江镇	29995	15281	14714	9498	14660	14250	5155	21003	3837	29570
牛田镇	31447	16094	15353	9802	15394	14892	5237	22231	3979	30880
松木塘镇	30248	15741	14507	7861	14831	14242	5060	21094	4094	29590
桃花江镇	156286	79126	77160	42043	67965	66941	22258	118845	15183	140670
灰山港镇	117510	60559	56951	31788	57025	54333	18071	86704	12735	115170
武潭镇	66681	34118	32563	18184	33773	32418	11844	46524	8313	64499
马迹塘镇	58344	30052	28292	15481	29781	28007	10505	40999	6840	56274
三堂街镇	50715	25738	24977	13725	25577	24856	8699	35637	6379	49497
大栗港镇	57999	29825	28174	14731	28627	27284	10272	40769	6958	54998
高桥乡	25538	13233	12305	6801	13097	12243	3922	18258	3358	25212
沾溪乡	24687	12811	11876	7692	12648	11814	4028	17638	3021	23818

表18 续表 30　　单位：人、户

地区	总人口			家庭户	家庭户总人口		分年龄人口			居住本地，户口在本地
	合计	男	女	户数	男	女	0-14岁	15-64岁	65岁及以上	
鲊埠回族乡	18837	9681	9156	4627	9132	8561	3579	13110	2148	18318
浮邱山乡	44631	23161	21470	13583	22010	20907	6946	31137	6548	43654
板溪林场	1701	946	755	692	946	753	218	1334	149	1414
安化县	**900995**	**461547**	**439448**	**249745**	**450953**	**431037**	**154285**	**648040**	**98670**	**870146**
清塘铺镇	56965	29193	27772	15235	27935	26465	10748	40423	5794	54302
仙溪镇	46660	23920	22740	12110	23497	22632	8354	32858	5448	45671
长塘镇	43111	22078	21033	10227	21601	20806	8613	29865	4633	42297
小淹镇	34984	18030	16954	9487	18000	16945	5832	25597	3555	34623
羊角塘镇	59160	30366	28794	15706	29709	28321	10209	42025	6926	58325
冷市镇	32164	16546	15618	8040	16173	15406	4768	23810	3586	31735
奎溪镇	17842	9107	8735	5882	8786	8499	3108	12564	2170	17042
烟溪镇	20291	10201	10090	5614	9805	9823	3006	14892	2393	19971
渠江镇	12780	6656	6124	3266	6509	6055	2111	9321	1348	12449
平口镇	17543	8876	8667	4650	8760	8601	3082	12840	1621	16958
柘溪镇	15624	7869	7755	4336	7767	7686	2398	11693	1533	15176
乐安镇	43417	21929	21488	12116	21839	21433	7264	30834	5319	41979
滔溪镇	25904	13603	12301	7102	13430	12223	4542	18444	2918	25611
梅城镇	75007	38030	36977	21261	37610	36767	13405	53556	8046	69089
大福镇	86362	44359	42003	21565	43732	41610	18032	58951	9379	84947
马路镇	39552	20439	19113	10646	19336	18332	6238	28996	4318	38339
东坪镇	126164	63935	62229	43367	61548	59904	19240	93830	13094	116620
江南镇	51073	26212	24861	14078	25696	24049	8201	36862	6010	50245
高明乡	17025	8874	8151	4420	8610	8014	3060	12065	1900	16543
龙塘乡	24679	12741	11938	6248	12293	11567	3734	18216	2729	24217
田庄乡	29692	15569	14123	7240	15432	14008	4293	22192	3207	29315
南金乡	10756	5644	5112	3242	5624	5111	1786	7815	1155	10679
古楼乡	14240	7370	6870	3907	7261	6780	2261	10391	1588	14013
沅江市	**666270**	**338385**	**327885**	**210058**	**320694**	**316502**	**88923**	**500613**	**76734**	**599816**
琼湖街道	84374	41699	42675	28675	39303	40565	11459	65611	7304	58726
庆云山街道	70457	37118	33339	22938	29103	29521	7727	56347	6383	52535
四季红镇	13690	6765	6925	4347	6763	6925	2423	9626	1641	13332
泗湖山镇	44018	22381	21637	14675	22305	21593	6110	31993	5915	43110
南嘴镇	21323	10922	10401	7680	10835	10376	3022	15951	2350	19183
新湾镇	19599	9925	9674	6751	9354	9055	2935	14500	2164	17923
茶盘洲镇	22837	11419	11418	8658	11404	11401	2893	16946	2998	21898
南大膳镇	75742	38572	37170	22615	37847	36733	10327	56103	9312	73634
黄茅洲镇	65157	33202	31955	18140	31232	30179	8888	48314	7955	60670
草尾镇	80854	41061	39793	25081	40274	39172	9935	60540	10379	77108
阳罗洲镇	39804	20230	19574	11706	20147	19512	5267	28974	5563	38869
共华镇	58642	29816	28826	17728	28968	28278	7637	43631	7374	56762
三眼塘镇	45366	23272	22094	12922	21820	21166	7210	33281	4875	43262
万子湖乡	7675	3691	3984	2541	3689	3979	998	6003	674	7255
南洞庭芦苇场	7746	3811	3935	2799	3703	3855	996	5804	946	7642
漉湖芦苇场	6205	2986	3219	2102	2968	3201	782	4708	715	6074
经济开发区	2781	1515	1266	700	979	991	314	2281	186	1833
郴州市	**4583531**	**2375678**	**2207853**	**1344046**	**2272724**	**2140109**	**1004311**	**3205917**	**373303**	**3859612**
北湖区	**419784**	**216619**	**203165**	**133321**	**198538**	**193010**	**81625**	**309625**	**28534**	**238448**
人民路街道	49264	23916	25348	16682	22075	22565	7017	37732	4515	27847
北湖街道	53820	27370	26450	18162	26731	26023	9426	41146	3248	25726
燕泉街道	96354	50215	46139	30606	43663	44281	15938	73984	6432	47003

表18 续表 31

单位：人、户

地区	总人口			家庭户	家庭户总人口		分年龄人口			居住本地，户口在本地
	合计	男	女	户数	男	女	0-14岁	15-64岁	65岁及以上	
下湄桥街道	25110	12547	12563	8531	11819	11557	4399	19132	1579	11887
石盖塘镇	13275	7263	6012	3430	5585	5390	2658	9761	856	8217
华塘镇	18220	9509	8711	5628	8896	8563	4099	12467	1654	16237
鲁塘镇	25050	13294	11756	6987	12654	11467	7187	16388	1475	20793
郴江镇	44081	22869	21212	14142	21248	20353	9846	32972	1263	14987
万华岩镇	11544	6104	5440	3356	5348	5056	2534	8029	981	8766
江口乡	4362	2306	2056	1498	2286	2051	884	2956	522	4123
市郊乡	14104	7360	6744	4189	6612	6370	2924	10276	904	10573
大塘瑶族乡	3555	1910	1645	1113	1910	1645	1062	2218	275	3135
同和乡	5418	2815	2603	1795	2740	2560	1396	3394	628	5006
保和乡	7408	4140	3268	2274	3485	3134	1560	5065	783	6030
月峰瑶族乡	5520	3012	2508	1718	2972	2499	1385	3696	439	4772
芙蓉乡	5716	3154	2562	1784	2843	2490	1342	3917	457	4491
永春乡	7689	4041	3648	2492	3933	3597	1952	4993	744	7005
南溪乡	3588	1884	1704	1198	1867	1698	868	2308	412	3395
郴州市经济技术开发区	25706	12910	12796	7736	11871	11711	5148	19191	1367	8455
苏仙区	**402750**	**204878**	**197872**	**120798**	**180328**	**174567**	**66311**	**304062**	**32377**	**295725**
苏仙岭街道	100910	50281	50629	26164	36225	36541	12342	81688	6880	53424
南塔街道	29468	14455	15013	10430	13962	14405	4745	22001	2722	16643
桥口镇	17693	9168	8525	6078	8998	8492	3096	12927	1670	16500
白露塘镇	36672	17925	18747	9812	13675	13282	5526	28628	2518	23547
良田镇	27806	14209	13597	8005	13324	12567	5558	20261	1987	18324
栖凤渡镇	26713	14136	12577	8113	12828	12109	3844	20390	2479	23470
坳上镇	20019	10334	9685	6766	10152	9658	3896	14448	1675	18523
许家洞镇	13476	6797	6679	5511	6313	6115	1965	9374	2137	11500
白鹿洞镇	23885	12210	11675	7694	10745	11037	5038	17827	1020	13428
五里牌镇	20942	10822	10120	6449	10646	10085	3526	15624	1792	19260
岗脚乡	7499	3954	3545	2093	3917	3540	1505	5275	719	7050
廖王坪乡	10682	5477	5205	3143	5417	5179	2040	7768	874	10285
马头岭乡	9193	4760	4433	3170	4741	4418	1685	6605	903	8809
荷叶坪乡	9454	4998	4456	2939	4884	4423	1879	6759	816	9038
塘溪乡	9493	4822	4671	2999	4794	4664	1971	6623	899	9304
太平乡	10969	5699	5270	3372	5685	5256	1962	8002	1005	10818
邓家塘乡	8270	4408	3862	2458	4030	3745	1570	6053	647	7522
廖家湾乡	11196	5929	5267	3316	5810	5221	2075	8146	975	10540
大奎上乡	8410	4494	3916	2286	4182	3830	2088	5663	659	7740
桂阳县	**696922**	**363879**	**333043**	**199308**	**354401**	**326661**	**166943**	**472734**	**57245**	**615109**
城关镇	122976	63057	59919	35068	58622	56215	27050	88818	7108	73434
黄沙坪镇	12045	6391	5654	3962	5536	5173	1897	8642	1506	9490
仁义镇	17274	9010	8264	5432	8939	8239	3599	12100	1575	16217
太和镇	21166	11214	9952	5572	11068	9895	5313	14404	1449	19542
洋市镇	24373	12722	11651	6599	12669	11642	6041	16284	2048	22512
和平镇	15158	7681	7477	4960	7483	7373	3386	10065	1707	14464
流峰镇	16817	8741	8076	6009	8527	8019	4349	10872	1596	15732
塘市镇	18190	9459	8731	5937	9367	8694	5318	11033	1839	17220
莲塘镇	18706	9779	8927	5947	9558	8809	4669	12108	1929	18211
飞仙镇	18329	9632	8697	4713	9607	8679	4729	11987	1613	18230
荷叶镇	26661	13908	12753	6950	13705	12709	7770	17219	1672	23944
方元镇	18596	9769	8827	5527	9497	8769	4781	12096	1719	17982
樟市镇	25064	12924	12140	6592	12891	12117	5246	17800	2018	24193

表18　续表 32　　　　单位：人、户

地　区	总人口			家庭户	家庭户总人口		分年龄人口			居住本地，户口在本地
	合　计	男	女	户　数	男	女	0-14岁	15-64岁	65岁及以上	
敖泉镇	20226	10476	9750	5402	10270	9625	4405	13947	1874	19481
城郊乡	29412	15511	13901	8141	15151	13805	6999	20660	1753	22335
清和乡	11611	6237	5374	3374	6157	5354	3018	7687	906	10587
正和乡	8503	4494	4009	2310	4386	3965	1867	5935	701	7883
燕塘乡	13621	7143	6478	4454	7118	6474	3922	8390	1309	12868
浩塘乡	14713	7697	7016	4099	7696	7016	3444	9911	1358	14557
团结乡	11523	6087	5436	3135	6052	5414	2832	7743	948	10934
东城乡	15389	7918	7471	4557	7772	7379	3980	10099	1310	14587
雷坪乡	11626	6098	5528	3292	6098	5528	2938	7684	1004	11429
青兰乡	14328	7602	6726	3581	7062	6303	3441	9733	1154	13557
桥市乡	14657	7528	7129	4216	7512	7126	3535	10017	1105	14350
银河乡	8548	4447	4101	2240	4364	4082	1435	6325	788	8179
樟木乡	14353	7527	6826	3961	7308	6686	3653	9597	1103	14151
板桥乡	13020	6894	6126	3993	6845	6113	3399	8213	1408	12845
华山瑶族乡	2088	1107	981	614	1095	973	540	1378	170	2052
四里乡	17855	9453	8402	4671	9417	8371	4357	11667	1831	17790
六合乡	10855	5762	5093	2904	5738	5084	2744	7117	994	10729
泗洲乡	13055	6872	6183	4003	6870	6183	2982	8858	1215	12842
欧阳海乡	19315	10221	9094	5405	10077	9060	4713	12939	1663	18422
光明乡	15488	8330	7158	4157	8281	7130	3730	10673	1085	14850
白水乡	8723	4806	3917	2327	4703	3872	2410	5606	707	8575
杨柳瑶族乡	2066	1129	937	531	1112	931	467	1424	175	2003
华泉乡	4687	2490	2197	1542	2476	2183	1090	3094	503	4470
古楼乡	10216	5399	4817	3052	5399	4817	2394	6741	1081	10145
十字乡	11043	5780	5263	3064	5597	5232	2548	7468	1027	10791
余田乡	15937	8307	7630	4448	8267	7612	4060	10237	1640	15692
共和农场	3996	2003	1993	1240	1987	1986	903	2833	260	3885
桂阳茶场	2519	1302	1217	728	1302	1217	580	1773	166	2477
太和国有林场	818	426	392	297	426	392	190	530	98	738
莲花坪管理区	373	178	195	164	178	195	90	206	77	357
畜禽良种场	139	66	73	36	66	73	38	88	13	122
烤烟科学研究所	61	31	30	23	31	30	17	42	2	24
农业科学研究所	231	115	116	76	115	113	52	144	35	214
工业园区管委会	572	156	416	3	4	4	22	547	3	17
宜章县	**579340**	**302633**	**276707**	**153716**	**294303**	**271157**	**140353**	**395668**	**43319**	**488015**
城关镇	74185	37820	36365	20964	34927	32913	15801	54205	4179	39733
白石渡镇	11580	6291	5289	3395	5467	4903	2075	8449	1056	10031
杨梅山镇	12869	6628	6241	4121	6578	6220	2285	9285	1299	11120
瑶岗仙镇	8228	4109	4119	2931	3991	4098	1412	5851	965	6683
梅田镇	32805	17322	15483	8454	16886	15339	8048	22753	2004	28006
麻田镇	19826	10527	9299	5114	10488	9296	5118	13486	1222	16889
黄沙镇	34164	17960	16204	8458	17388	16123	9169	22637	2358	29763
迎春镇	22068	11357	10711	5498	11259	10642	5972	14511	1585	21165
一六镇	41271	21560	19711	9547	21345	19527	11984	26588	2699	36554
栗源镇	31309	16223	15086	8095	16119	15010	7704	21243	2362	28618
岩泉镇	36511	19143	17368	8788	18681	17089	9504	24568	2439	32429
城南乡	34204	17900	16304	9284	17145	15910	7508	24201	2495	28688
浆水乡	21255	11277	9978	5735	11079	9950	4931	14931	1393	18516
长村乡	14729	7636	7093	3629	7636	7092	3689	9942	1098	14089
东风乡	14342	7471	6871	3686	7393	6823	3632	9477	1233	13121

表18　续表 33

单位：人、户

地　区	总人口			家庭户	家庭户总人口		分年龄人口			居住本地，户口在本地
	合　计	男	女	户　数	男	女	0-14岁	15-64岁	65岁及以上	
天塘乡	25702	13509	12193	6812	13499	12191	7323	16258	2121	22723
莽山瑶族乡	7793	4149	3644	2052	4008	3615	1631	5447	715	6734
笆篱乡	19282	10074	9208	4596	9774	9069	4652	13110	1520	17146
白沙圩乡	16987	8859	8128	4614	8764	8090	4459	10840	1688	15633
关溪乡	13545	7041	6504	3720	7012	6495	3275	8939	1331	12276
长策乡	10817	5620	5197	3192	5596	5186	2771	7117	929	9767
里田乡	11948	6347	5601	3631	6046	5556	3148	7738	1062	9724
新华乡	9502	4958	4544	2321	4946	4541	2323	6416	763	8686
赤石乡	14370	7461	6909	3970	7461	6909	3370	9714	1286	13282
平和乡	10893	6025	4868	2914	5475	4800	2452	7433	1008	9151
太平里乡	11203	5894	5309	3145	5894	5309	2354	7823	1026	10581
沙坪乡	17952	9472	8480	5050	9446	8461	3763	12706	1483	16907
永兴县	**572655**	**295882**	**276773**	**173359**	**291894**	**274228**	**130215**	**393697**	**48743**	**523619**
城关镇	76122	38503	37619	25486	36892	36270	15006	54979	6137	55843
马田镇	69745	36354	33391	23391	36187	33356	15432	48188	6125	63945
湘阴渡镇	30919	15907	15012	8746	15793	14964	6648	21924	2347	30153
塘门口镇	14166	7279	6887	4741	7260	6878	3257	9384	1525	12939
金龟镇	18091	9392	8699	5021	8893	8401	3917	12709	1465	17923
柏林镇	31885	16681	15204	8745	16522	15176	6973	22220	2692	30108
鲤鱼塘镇	22426	11686	10740	7344	11593	10667	4520	15862	2044	22135
油市镇	25288	13156	12132	7284	13046	12073	5984	17330	1974	24997
城郊乡	5656	2929	2727	1597	2929	2727	1147	4001	508	5482
碧塘乡	22372	11632	10740	6281	11486	10662	4806	15864	1702	21458
高亭乡	29423	15047	14376	8175	14892	14282	7505	19672	2246	26965
洋塘乡	18974	9707	9267	5504	9691	9251	4974	12328	1672	17384
复和乡	19359	10045	9314	5557	9992	9301	4449	13503	1407	18811
油麻乡	17512	9132	8380	4579	9112	8368	4595	11539	1378	16273
三塘乡	20449	10835	9614	5720	10774	9593	5801	12975	1673	18882
悦来乡	20241	10564	9677	5979	10380	9590	6073	12149	2019	18212
黄泥乡	27234	13887	13347	7677	13715	13208	5710	19257	2267	25786
香梅乡	10508	5212	5296	3630	5140	5253	2428	6879	1201	9021
樟树乡	29334	15127	14207	8558	15075	14189	7674	19547	2113	25743
太和乡	15167	7830	7337	4849	7826	7336	3440	10263	1464	15098
洞口乡	7984	4161	3823	2220	4161	3823	1688	5509	787	7694
千冲乡	4708	2494	2214	1419	2455	2207	849	3392	467	4466
大布江乡	13397	7076	6321	4321	7061	6319	2873	9291	1233	13169
龙形市乡	10323	5355	4968	3166	5147	4862	2060	7136	1127	9842
七甲乡	11372	5891	5481	3369	5872	5472	2406	7796	1170	11290
嘉禾县	**296811**	**154938**	**141873**	**97181**	**153810**	**141362**	**80687**	**187977**	**28147**	**278026**
城关镇	46427	23973	22454	13903	23663	22145	11066	32242	3119	40838
车头镇	13809	7402	6407	4768	7398	6407	3675	8958	1176	13449
塘村镇	21318	11060	10258	6262	11056	10258	5485	14046	1787	18912
袁家镇	12061	6231	5830	4070	6135	5827	3382	7417	1262	11094
行廊镇	18411	9557	8854	6579	9491	8834	5190	11551	1670	17352
肖家镇	10892	5706	5186	3680	5685	5180	3222	6682	988	9758
龙潭镇	20518	10711	9807	7059	10585	9775	5956	12386	2176	19734
石桥镇	24361	12381	11980	8109	12381	11979	6951	14833	2577	22546
泮头乡	9048	4709	4339	2836	4312	4209	2598	5504	946	7906
普满乡	13874	7315	6559	5122	7258	6557	3840	8343	1691	13219
田心乡	15383	8057	7326	5349	8015	7321	4347	9486	1550	14518

表18　续表 34　　　　单位：人、户

地　区	总人口			家庭户	家庭户总人口		分年龄人口			居住本地，户口在本地
	合　计	男	女	户　数	男	女	0-14岁	15-64岁	65岁及以上	
坦坪乡	12848	6665	6183	5060	6665	6183	4003	6854	1991	12246
广发乡	26790	14164	12626	7488	14164	12626	6768	17701	2321	26459
莲荷乡	11423	6077	5346	3873	6077	5346	3407	6972	1044	11313
盘江乡	11094	5949	5145	3406	5949	5145	2813	7279	1002	10968
钟水乡	14332	7490	6842	4669	7489	6841	3932	9001	1399	14107
石羔乡	14222	7491	6731	4948	7487	6729	4052	8722	1448	13607
临武县	**338445**	**175191**	**163254**	**97000**	**171662**	**160088**	**90699**	**221146**	**26600**	**296882**
城关镇	61424	31122	30302	18639	30233	29099	13731	43728	3965	46871
金江镇	21761	11361	10400	5503	11216	10272	6693	13912	1156	18245
香花岭镇	7655	3995	3660	2577	3901	3619	2046	5102	507	3698
岚桥镇	11730	6227	5503	3166	6143	5471	3106	7665	959	10836
武水镇	26907	13808	13099	7430	13780	13089	7174	17754	1979	25255
双溪乡	17420	9129	8291	4991	9035	8209	4156	11911	1353	16681
南强乡	13822	7088	6734	4042	6974	6674	3832	8670	1320	12961
广宜乡	5811	2993	2818	2043	2952	2807	1592	3499	720	5281
同益乡	10391	5435	4956	3067	5354	4913	2878	6595	918	9719
汾市乡	14139	7422	6717	4010	7420	6699	4085	8825	1229	12819
土地乡	11760	6200	5560	3484	6126	5520	3253	7500	1007	10910
水东乡	10519	5586	4933	2789	5267	4826	2974	6831	714	9426
接龙乡	6821	3662	3159	1743	3581	3130	1892	4576	353	6485
花塘乡	14916	7772	7144	4723	7624	7105	3814	9670	1432	13640
楚江乡	17137	8834	8303	5053	8445	8110	5315	10138	1684	15350
武源乡	7878	4131	3747	2542	4031	3715	2209	4842	827	7012
万水乡	18563	9607	8956	4692	9503	8900	5488	11496	1579	16622
麦市乡	27755	14470	13285	7206	14214	13158	7745	17888	2122	26147
三合乡	12921	6655	6266	4272	6593	6237	3937	7829	1155	11945
镇南乡	10712	5484	5228	2817	5443	5209	2855	7002	855	9886
大冲乡	5834	3134	2700	1742	3075	2688	1549	3660	625	5492
西山瑶族乡	1402	750	652	446	729	638	371	892	139	1177
临武县工业园	1144	303	841				4	1138	2	418
三十六湾矿区	2	2		2	2			2		2
金江煤区	21	21		21	21			21		4
汝城县	**330260**	**172131**	**158129**	**96028**	**166627**	**155865**	**74686**	**225763**	**29811**	**295875**
城关镇	24273	12108	12165	7678	11451	11505	4496	17713	2064	16721
小垣瑶族镇	7129	3752	3377	2193	3537	3299	1651	4751	727	6386
热水镇	10056	5160	4896	2763	5123	4881	2232	7064	760	9402
土桥镇	28239	14614	13625	7472	14061	13193	6083	19719	2437	25640
三星镇	23364	12100	11264	7252	11895	11185	5925	14903	2536	21061
暖水镇	9484	5043	4441	2947	4613	4355	2391	6164	929	8581
大坪镇	27684	14666	13018	7497	14310	12911	6757	18602	2325	24591
三江口瑶族镇	8389	4500	3889	2391	4116	3820	2050	5615	724	7324
城郊乡	17520	8757	8763	4753	8621	8740	3613	12625	1282	13460
附城乡	22446	11667	10779	6581	11667	10779	4687	15771	1988	21344
井坡乡	17248	9020	8228	5298	8871	8159	3610	11958	1680	16696
文明乡	25814	13437	12377	7395	13130	12239	5705	17974	2135	23788
盈洞瑶族乡	6037	3242	2795	1756	3142	2764	1396	4118	523	5853
岭秀瑶族乡	9798	5350	4448	2554	5011	4368	2214	6859	725	8962
田庄乡	12160	6453	5707	3499	6081	5620	2902	8132	1126	11173
南洞乡	8149	4249	3900	2338	4161	3861	1678	5574	897	7541
永丰乡	12496	6503	5993	3852	6369	5937	2930	8348	1218	11705

表18　续表 35　　　　　　　　　　　　　　　　　　　　　　　　单位：人、户

地　区	总人口			家庭户	家庭户总人口		分年龄人口			居住本地，户口在本地
	合　计	男	女	户　数	男	女	0-14岁	15-64岁	65岁及以　上	
濠头乡	11011	5770	5241	3497	5713	5236	2543	7349	1119	10470
益将乡	6216	3438	2778	1724	3063	2733	1352	4374	490	5467
集龙乡	5115	2655	2460	1229	2575	2434	1062	3640	413	4738
马桥乡	14250	7642	6608	3985	7342	6540	3052	9910	1288	13236
外沙乡	11628	6049	5579	3472	5922	5538	2864	7613	1151	10814
延寿瑶族乡	11754	5956	5798	3902	5853	5768	3493	6987	1274	10922
桂东县	**226562**	**121137**	**105425**	**56048**	**101958**	**98211**	**36596**	**172454**	**17512**	**184966**
城关镇	41004	20740	20264	11563	18785	18326	6552	31651	2801	28014
沙田镇	26892	14970	11922	6251	10908	10604	4011	21138	1743	19963
清泉镇	11338	5947	5391	2677	5609	5249	1992	8393	953	9167
桥头乡	10484	5544	4940	2476	5024	4794	1660	7885	939	8861
寨口乡	6375	3336	3039	1653	3109	2880	1005	4773	597	5773
黄洞乡	5323	2876	2447	1351	2441	2261	827	4040	456	4677
三洞乡	5492	3020	2472	1315	2432	2327	882	4145	465	4504
增口乡	11345	5862	5483	2320	4922	4871	1824	8619	902	9560
寨前乡	17204	9478	7726	3938	7145	7172	2722	13182	1300	14149
流源乡	4995	2542	2453	1244	2353	2366	838	3720	437	4775
大塘乡	17823	9161	8662	4477	8699	8515	3296	12908	1619	17293
新坊乡	10947	5634	5313	2358	4433	4249	1851	8237	859	8542
普乐乡	15659	7953	7706	4053	7697	7638	2799	11546	1314	14913
东洛乡	6798	3484	3314	1925	3484	3314	1246	4997	555	6725
贝溪乡	6825	4066	2759	1624	2769	2640	928	5423	474	5289
大水乡	3985	2076	1909	1065	2011	1887	707	2912	366	3820
青山乡	5605	3327	2278	1281	2370	2119	662	4530	413	4502
四都乡	17422	10464	6958	4257	7493	6781	2718	13469	1235	13986
宋坪林场	1046	657	389	220	274	218	76	886	84	453
安仁县	**382708**	**196938**	**185770**	**104322**	**194881**	**184532**	**80451**	**274420**	**27837**	**367636**
城关镇	37384	18648	18736	11431	18378	18370	7231	27674	2479	30635
安平镇	36625	18755	17870	9826	18614	17779	7711	26119	2795	36248
龙海镇	18438	9711	8727	4501	9079	8518	3455	13681	1302	17377
清溪镇	35078	18148	16930	9003	18090	16843	7204	25866	2008	34275
关王镇	14877	7674	7203	3768	7528	7144	2807	10843	1227	14707
灵官镇	14213	7304	6909	4804	7084	6803	3842	9156	1215	13352
排山乡	11819	6002	5817	3487	5951	5770	2511	8456	852	11388
龙市乡	15256	7941	7315	3875	7938	7312	3344	10975	937	14722
军山乡	14617	7495	7122	3887	7480	7111	3182	10493	942	14156
禾市乡	18892	9846	9046	5294	9809	9033	4357	13346	1189	18265
渡口乡	22719	11734	10985	5589	11700	10972	5264	15905	1550	22159
华王乡	12959	6661	6298	4327	6604	6275	3544	8388	1027	12404
牌楼乡	30383	15743	14640	7904	15697	14609	6059	22015	2309	29987
平背乡	18543	9670	8873	5014	9602	8830	3703	13492	1348	18163
坪上乡	15486	7849	7637	3879	7849	7637	2809	11464	1213	15361
承坪乡	15405	8039	7366	4046	7885	7283	3178	10978	1249	15123
竹山乡	12705	6524	6181	3620	6518	6176	2557	9140	1008	12618
豪山乡	9284	4663	4621	2760	4589	4598	1947	6325	1012	9001
羊脑乡	7287	3759	3528	1963	3726	3514	1315	5268	704	7198
新洲乡	6816	3539	3277	1809	3539	3277	1484	4754	578	6657
洋际乡	13922	7233	6689	3535	7221	6678	2947	10082	893	13840
资兴市	**337294**	**171452**	**165842**	**112965**	**164322**	**160428**	**55745**	**248371**	**33178**	**275311**
唐洞街道	61990	30988	31002	19231	28610	28874	9776	46904	5310	43006

表18 续表 36 单位：人、户

地区	总人口			家庭户	家庭户总人口		分年龄人口			居住本地，户口在本地
	合计	男	女	户数	男	女	0-14岁	15-64岁	65岁及以上	
滁口镇	11965	5992	5973	4127	5990	5973	2019	8800	1146	11409
鲤鱼江镇	25976	13037	12939	9146	11988	12205	4190	19464	2322	15245
三都镇	25992	13026	12966	9075	12952	12910	3869	18816	3307	22571
蓼江镇	15486	7991	7495	4771	7777	7375	2669	11198	1619	14265
七里镇	12293	6321	5972	3831	6311	5970	2129	8978	1186	11667
兴宁镇	17453	8813	8640	5550	7860	7827	3092	12790	1571	11013
州门司镇	7248	3819	3429	2781	3792	3425	1159	5287	802	7175
青腰镇	7629	4052	3577	3014	4052	3577	1296	5441	892	7399
黄草镇	9847	5040	4807	3875	4960	4770	1819	6943	1085	9531
东江镇	34733	17451	17282	11325	16324	16256	5944	26274	2515	22314
香花乡	16996	8644	8352	5108	8384	8192	2792	12639	1565	15256
高码乡	9354	4826	4528	2950	4579	4458	1625	6865	864	7852
东坪乡	3234	1650	1584	1027	1640	1580	540	2363	331	3145
团结瑶族乡	1820	952	868	550	943	865	252	1340	228	1757
碑记乡	7739	4064	3675	2654	4034	3661	1233	5695	811	7394
连坪瑶族乡	1688	879	809	596	879	809	273	1244	171	1556
何家山乡	4511	2294	2217	1890	2292	2214	784	3156	571	4386
坪石乡	5809	2984	2825	2132	2965	2819	929	4250	630	5620
彭市乡	6182	3168	3014	1926	3132	2994	1070	4511	601	5813
汤市乡	6260	3265	2995	1851	3200	2982	973	4625	662	6016
烟坪乡	3856	2015	1841	1309	2012	1840	674	2748	434	3562
兰市乡	5239	2748	2491	1778	2725	2477	767	3863	609	5041
波水乡	6956	3520	3436	2728	3403	3394	1325	4649	982	6567
皮石乡	3555	1877	1678	1368	1866	1678	549	2522	484	3410
清江乡	10271	5309	4962	3311	5117	4919	1751	7502	1018	9786
龙溪乡	3543	1819	1724	1447	1783	1711	519	2585	439	3419
白廊乡	9669	4908	4761	3614	4752	4673	1727	6919	1023	9136
永州市	**5194275**	**2705361**	**2488914**	**1428723**	**2610627**	**2415708**	**1078531**	**3626785**	**488959**	**4737805**
零陵区	**532705**	**273588**	**259117**	**143521**	**259156**	**244748**	**94743**	**386531**	**51431**	**463189**
朝阳街道	45120	22399	22721	10359	15933	16000	5170	37071	2879	28740
南津渡街道	44146	21872	22274	13067	20198	20249	7025	33084	4037	29749
七里店街道	50682	24414	26268	14156	21959	21243	8847	38698	3137	28666
徐家井街道	29822	16293	13529	9171	13446	13343	4920	22444	2458	21071
水口山镇	34105	17694	16411	8948	17621	16388	7470	23159	3476	33243
珠山镇	57387	29968	27419	14603	29629	27268	11710	40534	5143	55738
黄田铺镇	23991	12474	11517	6183	12442	11507	4216	17056	2719	23817
富家桥镇	37364	19075	18289	10715	18962	18197	7002	26033	4329	35680
菱角塘镇	23917	12346	11571	6357	12327	11562	4141	17136	2640	23504
邮亭圩镇	49105	25377	23728	14052	25341	23728	8338	35438	5329	48199
接履桥镇	19578	10220	9358	5596	10220	9358	3294	14127	2157	19227
石岩头镇	34174	18037	16137	8396	18009	16133	7163	23749	3262	33595
大庆坪乡	22654	11976	10678	5862	11901	10653	4900	15011	2743	22359
梳子铺乡	19379	10184	9195	5282	10056	9166	3613	13322	2444	19166
石山脚乡	23967	12332	11635	6478	12185	11566	3814	17273	2880	23490
肉底乡	17314	8927	8387	4296	8927	8387	3120	12396	1798	16945
冷水滩区	**488010**	**250026**	**237984**	**140576**	**235763**	**226868**	**85100**	**358194**	**44716**	**375359**
梅湾街道	60265	30696	29569	18320	27105	26883	10161	45925	4179	39666
菱角山街道	35471	17725	17746	11289	15928	16310	5405	26932	3134	25058
肖家园街道	18274	9061	9213	6437	8842	9031	3327	13539	1408	10069
杨家桥街道	40362	20362	20000	12992	18670	18449	7105	29957	3300	27016

表18 续表 37　　　　单位：人、户

地区	总人口			家庭户	家庭户总人口		分年龄人口			居住本地，户口在本地
	合计	男	女	户数	男	女	0-14岁	15-64岁	65岁及以上	
梧桐街道	43699	22573	21126	13023	19729	19357	7968	32941	2790	18467
凤凰街道	33696	16517	17179	9256	14913	14903	7014	24853	1829	11068
花桥街镇	13223	6938	6285	3690	6938	6285	2237	9321	1665	13148
普利桥镇	36850	19538	17312	10854	19538	17312	6537	26143	4170	36287
牛角坝镇	19701	10434	9267	5117	10430	9266	3577	13881	2243	19525
高溪市镇	13543	6919	6624	3254	6719	6561	2238	9750	1555	12949
黄阳司镇	28748	15135	13613	7765	14885	13509	4995	20246	3507	27846
上岭桥镇	23168	11842	11326	6615	11800	11305	3894	16841	2433	22659
竹山桥镇	14673	7620	7053	4199	7612	7047	2312	10565	1796	14234
伊塘镇	16729	8668	8061	4393	8668	8061	2808	11865	2056	16199
岚角山镇	22279	11465	10814	5702	10915	10603	3545	16404	2330	20629
蔡市镇	12750	6518	6232	3392	6518	6232	1973	9385	1392	12596
仁湾镇	20687	10389	10298	5499	10386	10295	3759	15150	1778	19768
珊瑚乡	10746	5361	5385	2971	5360	5381	2157	7798	791	9038
杨村甸乡	13784	7284	6500	3602	7155	6468	2533	9497	1754	13652
马坪农业开发区	3671	1938	1733	903	1773	1694	579	2780	312	3213
工业园区	5691	3043	2648	1303	1879	1916	976	4421	294	2272
祁阳县	**852204**	**436007**	**416197**	**234600**	**409316**	**395524**	**172439**	**588297**	**91468**	**792624**
浯溪镇	174363	86406	87957	46237	76789	77682	30717	130360	13286	142016
观音滩镇	32380	16552	15828	9867	16464	15791	6242	22593	3545	31770
茅竹镇	19833	10133	9700	5336	10091	9682	3373	13979	2481	19354
大忠桥镇	42453	21648	20805	10311	19480	18495	7677	30044	4732	42311
三口塘镇	19165	9924	9241	4852	8824	8518	3540	12921	2704	18586
肖家村镇	29447	15118	14329	8788	13946	13808	7569	17867	4011	28306
八宝镇	32319	16681	15638	8499	16276	15439	7243	21536	3540	30846
白水镇	55677	28505	27172	16074	25273	25283	12868	36411	6398	51982
黄泥塘镇	24281	12392	11889	7426	11743	11699	6173	14795	3313	22384
进宝塘镇	24728	12646	12082	7183	12414	11971	5487	16270	2971	23481
潘市镇	37522	19068	18454	11167	18967	18390	7785	25354	4383	36888
梅溪镇	21897	11251	10646	6109	10958	10544	4981	14212	2704	21073
羊角塘镇	53165	27544	25621	13640	27076	25438	11126	36648	5391	51554
下马渡镇	43120	22138	20982	11890	21265	20564	8428	29853	4839	42478
七里桥镇	29978	15426	14552	7583	15303	14448	5559	20758	3661	29328
大村甸镇	27369	14145	13224	7665	14052	13198	5599	18723	3047	26762
黎家坪镇	43570	22713	20857	12206	19101	18523	8084	31369	4117	37877
文富市镇	25117	13132	11985	6718	12832	11864	5077	16987	3053	24142
文明铺镇	35982	18916	17066	10326	18097	16618	7363	24031	4588	35000
龚家坪镇	27340	14555	12785	7489	14340	12704	5786	18447	3107	26557
金洞镇	8559	4516	4043	2412	4169	3885	1814	5898	847	7844
小金洞乡	5246	2712	2534	1469	2506	2439	1296	3458	492	5008
晒北滩瑶族乡	4502	2389	2113	1338	2174	1971	1007	3040	455	4345
凤凰乡	7351	3731	3620	1946	3730	3620	1564	5060	727	6978
白果市乡	3755	1936	1819	1204	1888	1807	779	2547	429	3609
石鼓源乡	7051	3668	3383	2364	3584	3355	1843	4264	944	6915
上司源乡	3859	2031	1828	1217	1996	1821	1011	2411	437	3693
内下乡	2592	1319	1273	635	1287	1270	557	1848	187	2571
原种场	2376	1147	1229	516	1144	1227	431	1734	211	2217
畜牧场	605	304	301	182	298	297	104	445	56	440
挂榜山林场	2216	1115	1101	837	1044	1048	550	1282	384	2180
大江林场	4386	2246	2140	1114	2205	2125	806	3152	428	4129

表18　续表 38　　　　单位：人、户

地　区	总人口			家庭户	家庭户总人口		分年龄人口			居住本地，户口在本地
	合　计	男	女	户　数	男	女	0-14岁	15-64岁	65岁及以上	
东安县	**546744**	**282558**	**264186**	**160813**	**276126**	**261084**	**100700**	**392772**	**53272**	**519360**
白牙市镇	106550	55114	51436	35380	51985	50483	18609	79185	8756	88763
大庙口镇	31176	15858	15318	8871	15677	15251	5050	22830	3296	30617
紫溪市镇	33480	17071	16409	8678	16251	15836	5634	24501	3345	33009
横塘镇	27337	14198	13139	7184	14073	13089	5491	18952	2894	26077
石期市镇	34821	18171	16650	9994	17644	16379	6672	24571	3578	33955
井头圩镇	44880	23322	21558	12664	23306	21556	8520	31877	4483	44253
端桥铺镇	37342	19009	18333	10870	18728	18206	6983	26610	3749	36437
鹿马桥镇	27496	14128	13368	8185	14106	13357	5174	19662	2660	27209
芦洪市镇	50463	25935	24528	14755	24989	23642	8994	36455	5014	48396
新圩江镇	24782	13094	11688	7889	13094	11687	5072	17161	2549	24382
花桥镇	13596	7106	6490	4233	7091	6486	2435	9652	1509	13227
大盛镇	26966	13863	13103	7930	13828	13099	5791	18504	2671	26884
南桥镇	28101	14723	13378	8110	14595	13299	5311	19977	2813	27517
大江口乡	23706	12469	11237	6141	12461	11237	4550	16780	2376	23201
川岩乡	15480	7873	7607	4258	7872	7606	2836	11153	1491	15459
水岭乡	11271	5795	5476	2866	5696	5453	1953	8147	1171	11073
大庙口林场	3706	1912	1794	1198	1871	1787	560	2711	435	3517
黄泥洞林场	5591	2917	2674	1607	2859	2631	1065	4044	482	5384
双牌县	**164947**	**86827**	**78120**	**46772**	**81734**	**75619**	**29708**	**120026**	**15213**	**144827**
泷泊镇	56360	29188	27172	19906	27436	25882	9862	42063	4435	40995
江村镇	16357	8689	7668	3706	7905	6998	3481	11257	1619	15671
五里牌镇	13555	6839	6716	3601	6836	6714	2197	10029	1329	13260
平福头乡	6867	3530	3337	1682	3398	3280	1129	5000	738	6769
尚仁里乡	3894	1964	1930	1000	1932	1911	634	2805	455	3790
永江乡	3766	1946	1820	959	1885	1790	605	2779	382	3644
何家洞乡	9055	4785	4270	2212	4618	4184	1467	6489	1099	8788
麻江乡	7251	3980	3271	1757	3363	3205	1230	5338	683	6559
茶林乡	8292	4721	3571	1920	3628	3435	1231	6316	745	6962
塘底乡	4818	2568	2250	1302	2487	2235	922	3392	504	4649
上梧江瑶族乡	10587	5660	4927	2708	5572	4886	1964	7638	985	10324
理家坪乡	13900	7423	6477	3190	7356	6447	3118	9523	1259	13720
双牌打鼓坪林场	3933	2125	1808	1015	2054	1791	863	2748	322	3768
双牌五星岭林场	3634	1978	1656	1057	1902	1631	560	2675	399	3395
双牌阳明山林场	2678	1431	1247	757	1362	1230	445	1974	259	2533
道县	**606299**	**327262**	**279037**	**154261**	**317331**	**270499**	**145182**	**409843**	**51274**	**562989**
道江镇	73908	38322	35586	17519	30230	27892	13171	55536	5201	47879
梅花镇	33328	18234	15094	8552	18122	15021	8309	22154	2865	32238
寿雁镇	65706	36229	29477	18683	36214	29471	18419	41913	5374	63990
仙子脚镇	26902	14914	11988	6976	14881	11984	7183	17092	2627	25613
清塘镇	31429	17344	14085	8056	17090	13955	8507	20035	2887	30725
祥霖铺镇	40275	21732	18543	9557	21270	18348	9326	27608	3341	39117
蚣坝镇	41539	22175	19364	10175	22113	19342	10219	27661	3659	40000
四马桥镇	29897	15875	14022	7908	15875	14022	7434	19820	2643	28781
白马渡镇	32257	17250	15007	8501	17230	14988	7578	22138	2541	30734
富塘乡	10204	5474	4730	2535	5359	4675	2323	7058	823	9736
乐福堂乡	12990	7325	5665	3438	7310	5657	2949	8706	1335	12876
桥头乡	22664	12315	10349	6015	12188	10287	5819	14746	2099	21833
营江乡	13749	7340	6409	3392	7327	6405	3719	9049	981	13055
万家庄乡	13125	6949	6176	3338	6913	6164	3073	9094	958	12919

表18　续表 39　　　　单位：人、户

地　区	总人口			家庭户	家庭户总人口		分年龄人口			居住本地，户口在本地
	合　计	男	女	户　数	男	女	0-14岁	15-64岁	65岁及以上	
新车乡	21280	11573	9707	5050	11511	9692	5257	14078	1945	20485
上关乡	22849	12294	10555	5778	12273	10542	5097	15878	1874	22289
白芒铺乡	26006	14441	11565	6527	14210	11462	6264	17333	2409	25254
柑子园乡	26956	14643	12313	6848	14643	12313	6265	18324	2367	26351
东门乡	12610	6515	6095	2985	6512	6094	2890	8780	940	12170
审章塘瑶族乡	12033	6561	5472	3008	6517	5457	2927	7897	1209	11964
井塘瑶族乡	7846	4207	3639	1981	4146	3581	1920	5268	658	7483
横岭瑶族乡	7140	3870	3270	1692	3865	3268	1581	4891	668	6843
洪塘营瑶族乡	11887	6422	5465	2971	6356	5451	2455	8429	1003	11651
道县月岩林场	3282	1805	1477	789	1779	1471	778	2225	279	3110
道县桥头林场	6064	3251	2813	1823	3195	2786	1631	3898	535	5547
道县大坪铺农场	373	202	171	164	202	171	88	232	53	346
江永县	**231898**	**121404**	**110494**	**67687**	**120747**	**110133**	**48628**	**162817**	**20453**	**221932**
消浦镇	38372	19824	18548	12054	19516	18397	7596	27314	3462	35871
上江圩镇	18578	9861	8717	5257	9847	8705	4365	12547	1666	17986
允山镇	29560	15611	13949	8198	15546	13908	6779	20375	2406	28384
夏层铺镇	21377	11278	10099	6163	11260	10096	4406	14877	2094	20793
桃川镇	44511	23102	21409	12799	23063	21383	9137	31848	3526	42315
粗石江镇	25912	13536	12376	7845	13485	12348	5012	18479	2421	25171
迴龙圩镇	11696	6100	5596	3183	5962	5513	2183	8505	1008	10600
松柏瑶族乡	9053	4793	4260	3085	4791	4260	2135	5893	1025	8963
黄甲岭乡	12901	6925	5976	3582	6925	5976	2935	8834	1132	12285
千家峒瑶族乡	8180	4334	3846	2284	4332	3842	1737	5882	561	8097
兰溪瑶族乡	5053	2616	2437	1346	2610	2435	1032	3522	499	4942
源口瑶族乡	6705	3424	3281	1891	3410	3270	1311	4741	653	6525
宁远县	**702562**	**374262**	**328300**	**184842**	**366117**	**323051**	**152152**	**486067**	**64343**	**663017**
舜陵镇	127115	66356	60759	35627	60992	56320	25854	90004	11257	92472
天堂镇	34752	18763	15989	9291	18597	15920	7111	24358	3283	34300
水市镇	63323	34014	29309	16629	33856	29242	12733	44637	5953	63044
湾井镇	34222	18539	15683	8664	18489	15670	7266	23581	3375	34014
冷水镇	71255	38311	32944	18577	37876	32900	16681	48059	6515	70570
太平镇	48561	25933	22628	12076	25779	22590	11435	32659	4467	48258
禾亭镇	38617	20683	17934	10516	20670	17924	8139	26688	3790	38434
仁和镇	28869	15224	13645	7703	14709	13397	5956	19977	2936	28403
中和镇	60547	32561	27986	15129	32393	27938	13491	41734	5322	60198
柏家坪镇	54777	29074	25703	13963	28819	25664	12268	37743	4766	54306
清水桥镇	34384	18132	16252	9423	18129	16252	8105	23248	3031	34221
鲤溪镇	40843	21748	19095	9856	21706	19086	8461	28864	3518	40591
九疑山瑶族乡	25738	13698	12040	7068	13452	11924	6130	17198	2410	25236
保安乡	26462	14365	12097	6647	13926	12039	5361	18671	2430	25999
荒塘瑶族乡	7690	4070	3620	1869	3984	3582	1673	5343	674	7632
棉花坪瑶族乡	2203	1134	1069	793	1110	1061	618	1317	268	2199
桐木漯瑶族乡	3204	1657	1547	1011	1630	1542	870	1986	348	3140
蓝山县	**328385**	**170040**	**158345**	**86454**	**165488**	**154468**	**80387**	**219417**	**28581**	**302966**
塔峰镇	86529	43818	42711	22208	40873	39247	18211	61749	6569	68154
竹管寺镇	32420	17277	15143	8082	16859	15029	8108	21546	2766	31109
毛俊镇	30745	15949	14796	8542	15933	14791	8219	19584	2942	30100
楠市镇	27190	14365	12825	7115	14282	12786	7510	17277	2403	26480
所城镇	22592	11781	10811	5668	11176	10764	5091	15470	2031	21413
新圩镇	40510	20947	19563	10650	20923	19559	9926	27116	3468	39861

表18　续表 40

单位：人、户

地　　区	总人口			家庭户	家庭户总人口		分年龄人口			居住本地，户口在本地
	合　计	男	女	户　数	男	女	0-14岁	15-64岁	65岁及以　上	
汇源瑶族乡	1711	892	819	544	892	819	470	1029	212	1645
犁头瑶族乡	1423	763	660	470	763	660	382	909	132	1359
浆洞瑶族乡	4106	2178	1928	1107	2137	1895	950	2766	390	3957
紫良瑶族乡	2314	1166	1148	650	1143	1141	559	1493	262	2186
大桥瑶族乡	7595	3907	3688	1925	3867	3667	1734	5062	799	7322
荆竹瑶族乡	3293	1663	1630	1028	1544	1599	595	2344	354	3064
祠堂圩乡	13467	7111	6356	4426	7105	6355	4023	7833	1611	13119
土市乡	28227	14553	13674	7253	14516	13659	7701	18035	2491	27507
太平圩乡	25252	13143	12109	6501	12966	12016	6679	16518	2055	24727
蓝山荆竹林场	68	41	27	19	29	25	9	57	2	41
蓝山浆洞林场	69	39	30	36	33	29	9	54	6	48
蓝山南岭林场	686	354	332	171	354	332	177	455	54	686
蓝山原种场	64	32	32	29	32	32	9	36	19	64
蓝山黄毛岭茶场	124	61	63	30	61	63	25	84	15	124
新田县	**328982**	**170616**	**158366**	**91197**	**169092**	**156771**	**75197**	**224101**	**29684**	**298384**
龙泉镇	98496	50225	48271	29187	49210	46972	22114	69041	7341	72400
金陵镇	8384	4339	4045	2252	4319	4029	1903	5701	780	7818
骥村镇	14537	7535	7002	3767	7535	7002	3188	10032	1317	14296
枧头镇	17267	9074	8193	4587	8990	8144	3814	11789	1664	16903
新圩镇	17380	9034	8346	4576	8830	8234	3856	11841	1683	17315
石羊镇	25162	13167	11995	6416	13159	11994	5931	17043	2188	24621
新隆镇	11960	6234	5726	3194	6234	5726	2926	7763	1271	11801
莲花乡	9547	4963	4584	2503	4940	4584	2055	6558	934	9227
冷水井乡	7295	3827	3468	1838	3813	3465	1645	4873	777	7040
门楼下瑶族乡	7588	3897	3691	1813	3897	3691	1626	5377	585	7455
茂家乡	8402	4430	3972	2150	4417	3962	1645	5857	900	8311
毛里乡	12547	6483	6064	3628	6399	5988	3001	8273	1273	12339
十字乡	13051	6869	6182	3260	6869	6182	3057	8661	1333	12314
金盆圩乡	18770	9888	8882	5575	9877	8877	4884	12178	1708	18424
三井乡	10955	5758	5197	2921	5758	5197	2234	7613	1108	10703
陶岭乡	10707	5647	5060	3304	5632	5051	2501	7121	1085	10663
高山乡	10345	5338	5007	3232	5306	4993	2775	6478	1092	10242
知市坪乡	12037	6344	5693	2999	6344	5693	2638	8172	1227	12021
大坪塘乡	14552	7564	6988	3995	7563	6987	3404	9730	1418	14491
江华瑶族自治县	**411539**	**212771**	**198768**	**118000**	**209757**	**196943**	**94295**	**278720**	**38524**	**393158**
沱江镇	79648	41000	38648	23541	40239	38021	15194	58108	6346	71573
桥头铺镇	24772	13066	11706	7806	13017	11698	5835	16575	2362	24189
东田镇	13852	7233	6619	4345	7233	6619	3010	9544	1298	13306
大路铺镇	28314	14917	13397	7860	14915	13397	6883	18717	2714	27025
白芒营镇	42818	22976	19842	11232	22847	19776	10893	27698	4227	41398
涛圩镇	27549	14564	12985	6925	14125	12782	6751	18396	2402	27178
河路口镇	18892	9605	9287	5028	9505	9257	5038	12412	1442	18291
小圩镇	19976	10080	9896	5727	10075	9895	5243	12582	2151	19265
大圩镇	23676	12038	11638	7033	12038	11638	6181	14669	2826	22845
水口镇	7943	3947	3996	2470	3632	3722	1652	5591	700	7295
码市镇	25931	12919	13012	7180	12884	13004	5222	18159	2550	25026
界牌乡	14282	7477	6805	4410	7469	6803	3440	9454	1388	13886
桥市乡	10350	5449	4901	3226	5399	4864	2463	6829	1058	10055
大石桥乡	19542	10278	9264	5206	10278	9264	5178	12578	1786	19308
清塘壮族乡	5144	2592	2552	1689	2565	2545	1437	3045	662	5023

表18 续表 41

单位：人、户

地区	总人口			家庭户	家庭户总人口		分年龄人口			居住本地，户口在本地
	合计	男	女	户数	男	女	0-14岁	15-64岁	65岁及以上	
两岔河乡	3763	1890	1873	1108	1867	1869	769	2532	462	3648
务江乡	5273	2574	2699	1607	2574	2699	1215	3745	313	5232
花江乡	6106	2982	3124	1948	2982	3124	1417	4116	573	6030
湘江乡	5458	2751	2707	1605	2743	2700	1110	3907	441	5418
贝江乡	9868	4805	5063	3018	4797	5055	2051	6879	938	9840
未竹口乡	7172	3627	3545	2060	3627	3545	1414	5062	696	7135
大锡乡	4499	2302	2197	1212	2279	2191	827	3188	484	4354
江华林业采育场	6711	3699	3012	1764	2667	2475	1072	4934	705	5838
怀化市	**4741673**	**2447003**	**2294670**	**1359814**	**2353195**	**2232550**	**810905**	**3434662**	**496106**	**4170204**
鹤城区	**552622**	**281659**	**270963**	**162680**	**253336**	**246201**	**84746**	**430317**	**37559**	**310574**
城中街道	123873	63498	60375	36785	57324	56735	18494	97859	7520	62303
城北街道	61813	31309	30504	20528	30044	28862	8675	49010	4128	40673
红星街道	54674	28381	26293	19034	25965	25112	8429	42550	3695	30924
迎丰街道	79465	38704	40761	23205	33739	33926	11225	61542	6698	48714
坨院街道	35380	17008	18372	7153	10970	10979	3911	29412	2057	15615
河西街道	47903	25232	22671	12483	21710	20712	8031	37822	2050	18292
城南街道	9113	5137	3976	2886	3832	3460	1179	7374	560	4748
黄金坳镇	12048	6400	5648	3564	6400	5648	2343	8533	1172	11597
盈口乡	78408	40079	38329	21479	37747	36812	13367	60683	4358	32797
杨村乡	9714	4909	4805	3283	4851	4778	1841	7109	764	8241
石门乡	19153	10025	9128	5302	9961	9114	3005	14360	1788	16407
贺家田乡	3169	1670	1499	1068	1631	1482	558	2187	424	3047
凉亭坳乡	5986	3135	2851	2097	3008	2833	1539	3582	865	5695
芦坪乡	9110	4743	4367	3064	4725	4364	1699	6254	1157	8798
黄岩旅游度假区	2813	1429	1384	749	1429	1384	450	2040	323	2723
中方县	**236649**	**122642**	**114007**	**67806**	**119031**	**112409**	**39428**	**170531**	**26690**	**224030**
中方镇	30782	15728	15054	9832	15012	14753	5206	22879	2697	26928
牌楼镇	16577	8569	8008	4886	8344	7928	2778	11913	1886	15480
泸阳镇	20243	10445	9798	5111	9863	9540	3284	15034	1925	18499
花桥镇	16888	8632	8256	4482	8627	8255	2673	12444	1771	16688
铜湾镇	21621	11167	10454	6678	11151	10454	3667	15685	2269	20617
桐木镇	19484	10029	9455	5535	9779	9406	3105	14201	2178	18364
铁坡镇	8606	4523	4083	2462	4517	4076	1419	6169	1018	8127
炉亭坳乡	5159	2702	2457	1579	2619	2412	839	3658	662	4823
下坪乡	7963	4060	3903	1968	3730	3577	1260	5936	767	7214
聂家村乡	9128	4654	4474	2579	4627	4472	1521	6493	1114	8989
龙场乡	5562	2977	2585	1401	2948	2576	916	3912	734	5332
铜鼎乡	11898	6170	5728	3410	5900	5629	2144	8286	1468	11541
新建乡	11526	6056	5470	3110	5760	5348	2053	8063	1410	11358
袁家乡	5007	2511	2496	1670	2417	2457	941	3344	722	4743
蒋家乡	5474	2851	2623	1588	2778	2597	902	3846	726	5395
新路河乡	9613	5090	4523	2763	5047	4510	1546	6893	1174	9543
丁家乡	3845	2050	1795	1220	1989	1785	604	2655	586	3770
锦溪乡	3966	2125	1841	1057	2067	1823	629	2759	578	3866
活水乡	4601	2377	2224	1329	2238	2173	771	3198	632	4518
石宝乡	6928	3667	3261	1803	3589	3223	1129	4864	935	6848
蒿吉坪瑶族乡	4035	2078	1957	1290	2078	1957	798	2739	498	4035
接龙乡	7743	4181	3562	2053	3951	3458	1243	5560	940	7352
沅陵县	**582582**	**302061**	**280521**	**160102**	**294427**	**276618**	**98337**	**416772**	**67473**	**542862**
麻溪铺镇	16383	8543	7840	3952	8308	7704	2833	11772	1778	15716

表18　续表 42　　　　单位：人、户

地　区	总人口			家庭户	家庭户总人口		分年龄人口			居住本地，户口在本地
	合　计	男	女	户　数	男	女	0-14岁	15-64岁	65岁及以　上	
五强溪镇	28158	14506	13652	8028	13490	13089	4636	20635	2887	25880
沅陵镇	108291	54081	54210	32516	52935	53666	18530	79107	10654	84691
明溪口镇	19525	10324	9201	4781	10025	9040	3238	13856	2431	19100
凉水井镇	49869	26664	23205	13278	26441	23116	8597	35362	5910	48270
七甲坪镇	37696	19219	18477	11608	19022	18398	6746	26034	4916	36543
筲箕湾镇	27986	14661	13325	7571	14225	13179	5873	19179	2934	27261
官庄镇	44298	22988	21310	13967	22078	21074	6560	32271	5467	40676
杜家坪乡	6064	3160	2904	1642	3115	2893	963	4443	658	5793
楠木铺乡	13271	6851	6420	3550	6784	6383	2343	9307	1621	12669
深溪口乡	9937	5122	4815	2382	5005	4747	1469	7311	1157	9761
肖家桥乡	10337	5238	5099	3112	5228	5093	1692	7360	1285	10219
火场土家族乡	6900	3689	3211	1439	3226	2825	1124	4970	806	6789
陈家滩乡	8401	4217	4184	2909	4164	4148	1372	5928	1101	8167
清浪乡	21247	11007	10240	5763	10748	10108	3403	15247	2597	20624
借母溪乡	17886	9568	8318	4744	9278	8208	2805	12785	2296	17521
荔溪乡	27647	14889	12758	6564	14718	12719	5272	19032	3343	26947
大合坪乡	16210	8570	7640	4227	8500	7611	2260	11713	2237	16035
太常乡	22232	11679	10553	5292	11096	10143	3390	16354	2488	21967
马底驿乡	17726	9073	8653	5058	8817	8471	3235	12170	2321	17079
北溶乡	17745	9478	8267	4746	9197	8111	2519	12873	2353	17443
二酉乡	35361	18549	16812	8212	18043	16465	6246	25087	4028	34743
盘古乡	19412	9985	9427	4761	9984	9427	3231	13976	2205	18968
辰溪县	**453565**	**235151**	**218414**	**133479**	**228949**	**214867**	**73611**	**329408**	**50546**	**411451**
辰阳镇	78122	39008	39114	30047	38170	38187	12472	58477	7173	55035
孝坪镇	24278	12540	11738	8733	12252	11595	3228	17540	3510	23965
田湾镇	8482	4516	3966	2227	4481	3951	1353	6085	1044	8415
火马冲镇	19885	10789	9096	5927	9567	8760	2846	15269	1770	17559
黄溪口镇	19056	9828	9228	5463	9638	9076	3548	13618	1890	16954
潭湾镇	19385	9969	9416	4840	9969	9416	3022	14113	2250	19186
安坪镇	16630	8637	7993	4662	8238	7768	2601	12138	1891	15721
寺前镇	14259	7493	6766	3697	6741	6305	2091	10611	1557	13991
船溪乡	10684	5506	5178	2435	5434	5153	1798	7651	1235	10551
城郊乡	24611	12576	12035	7493	12426	11919	4057	18429	2125	16642
板桥乡	8562	4524	4038	2244	4378	3961	1336	6062	1164	8403
长田湾乡	13114	6824	6290	3543	6630	6200	2175	9403	1536	12925
小龙门乡	10685	5675	5010	2496	4974	4592	1621	7984	1080	10107
后塘瑶族乡	14773	7702	7071	3963	7676	7066	2837	10330	1606	14732
苏木溪瑶族乡	8067	4332	3735	2170	4317	3725	1566	5641	860	7919
罗子山瑶族乡	5708	3028	2680	1479	3018	2676	1010	4071	627	5686
上蒲溪瑶族乡	7470	3967	3503	1975	3967	3503	1208	5381	881	7404
仙人湾瑶族乡	19417	10196	9221	4923	10137	9194	3373	13980	2064	19152
龙头庵乡	13193	6893	6300	3334	6878	6295	2218	9376	1599	12944
锦滨乡	13274	6895	6379	4399	6814	6359	2043	9737	1494	11791
石碧乡	11170	5708	5462	2916	5672	5442	1813	8031	1326	10956
桥头乡	11045	5697	5348	2705	5676	5339	1777	7885	1383	10994
大水田乡	14129	7575	6554	3384	7187	6389	2740	9715	1674	13988
桥头溪乡	7490	3908	3582	1893	3898	3582	1156	5324	1010	7379
石马湾乡	12069	6195	5874	2951	6002	5788	1949	8624	1496	11921
龙泉岩乡	8461	4389	4072	2221	4372	4061	1504	5862	1095	8306
修溪乡	11831	6101	5730	3451	5935	5663	1734	8708	1389	11557

表18 续表 43 单位：人、户

地　区	总人口			家庭户	家庭户总人口		分年龄人口			居住本地，户口在本地
	合　计	男	女	户　数	男	女	0-14岁	15-64岁	65岁及以上	
伍家湾乡	5215	2858	2357	1605	2848	2351	767	3664	784	5171
柿溪乡	14193	7334	6859	3717	7247	6782	2283	10150	1760	13963
谭家场乡	8307	4488	3819	2586	4407	3769	1485	5549	1273	8134
溆浦县	**741014**	**379487**	**361527**	**216608**	**370494**	**356411**	**140249**	**517816**	**82949**	**692970**
卢峰镇	134987	67989	66998	37855	64224	64117	24511	99559	10917	110269
江口镇	31035	16100	14935	9759	15313	14630	5482	22847	2706	26951
低庄镇	38438	19516	18922	12271	19218	18791	8093	25813	4532	36141
桥江镇	46818	23654	23164	11973	23548	23071	8358	33813	4647	46123
龙潭镇	27325	13753	13572	7338	13466	13316	5471	18952	2902	23624
均坪镇	19882	10550	9332	5388	10280	9169	3785	13984	2113	19478
观音阁镇	29627	15446	14181	7906	15142	14026	5064	21450	3113	29244
双井镇	30798	15562	15236	8930	15524	15216	5871	21329	3598	29910
水东镇	17185	8601	8584	4491	8576	8571	3071	12269	1845	16910
两丫坪镇	11771	6205	5566	3520	5628	5278	1933	8263	1575	11647
黄茅园镇	30910	15773	15137	8236	15482	15057	5706	21516	3688	29645
祖市殿镇	18933	9833	9100	5395	9831	9100	3396	13465	2072	18718
葛竹坪镇	20094	10478	9616	5888	10379	9557	3861	13863	2370	19429
谭家湾镇	13745	7033	6712	4352	6988	6699	2869	9378	1498	13347
洑水湾乡	14144	7086	7058	4568	7057	7050	2809	9582	1753	13416
小江口乡	7682	4016	3666	2612	3739	3621	1548	5107	1027	7085
思蒙乡	13686	7055	6631	3572	7036	6615	2444	9590	1652	13360
木溪乡	8092	4316	3776	2212	4307	3776	1496	5412	1184	8028
舒溶溪乡	9773	5133	4640	2884	5099	4636	1984	6578	1211	9575
仲夏乡	14130	7057	7073	4176	6937	7020	2637	10108	1385	13885
水隘乡	7968	4079	3889	2850	4034	3871	1677	5253	1038	7800
让家溪乡	6285	3243	3042	2152	3240	3042	1066	4373	846	6194
大渭溪乡	5435	2859	2576	1794	2784	2565	1104	3511	820	5305
岩家垅乡	16147	8130	8017	4734	8021	7979	3585	10468	2094	15672
水田庄乡	6398	3300	3098	2068	3299	3098	1329	4230	839	6347
油洋乡	16168	8246	7922	5074	8174	7899	3075	10730	2363	15829
新田乡	5125	2684	2441	1744	2663	2428	954	3371	800	5047
岗东乡	7145	3645	3500	2653	3572	3470	1274	4769	1102	7046
两江乡	10219	5328	4891	3147	5222	4869	1963	6992	1264	10096
善溪乡	5336	2799	2537	1791	2797	2537	1146	3369	821	5214
桐木溪乡	15461	7950	7511	4166	7799	7433	3135	10666	1660	14972
小横垅乡	13102	6825	6277	3682	6682	6219	2476	8861	1765	12760
统溪河乡	9747	5065	4682	2810	5060	4678	1810	6582	1355	9498
龙王江乡	7048	3680	3368	2387	3563	3359	1300	4691	1057	6793
陶金坪乡	7030	3619	3411	2218	3564	3392	1439	4566	1025	6890
中都乡	7284	3764	3520	2559	3739	3502	1500	4654	1130	6867
沿溪乡	9232	4897	4335	2852	4767	4285	1727	6310	1195	8952
九溪江乡	6695	3452	3243	2355	3360	3213	1292	4332	1071	6383
北斗溪乡	5113	2626	2487	1680	2580	2470	930	3495	688	4919
横板桥乡	12098	6261	5837	3309	6046	5778	2335	8188	1575	11815
温水乡	6136	3147	2989	2070	3132	2981	1231	4084	821	5926
大华乡	8984	4650	4334	2809	4598	4322	1795	6048	1141	8612
龙庄湾乡	7803	4082	3721	2378	4024	3705	1717	5395	691	7248
会同县	**318686**	**165023**	**153663**	**92809**	**160832**	**151508**	**55849**	**229833**	**33004**	**299625**
林城镇	59129	29806	29323	18872	28613	28383	10058	44522	4549	46479
坪村镇	21792	11309	10483	5867	10530	10332	3699	15753	2340	20416

表18　续表 44　　　　单位：人、户

地　　区	总人口			家庭户	家庭户总人口		分年龄人口			居住本地，户　口在本地
	合　计	男	女	户　数	男	女	0-14岁	15-64岁	65岁及以　上	
堡子镇	14651	7449	7202	4043	7250	7067	2518	10547	1586	14303
团河镇	12090	6345	5745	3536	6245	5698	2197	8578	1315	11467
若水镇	11306	5832	5474	3282	5806	5467	1800	7969	1537	11004
朗江镇	10461	5304	5157	3423	5302	5156	1841	7376	1244	10362
广坪镇	18687	9885	8802	5540	9880	8798	3617	13314	1756	18437
马鞍镇	11138	5826	5312	3314	5570	5273	1891	7996	1251	10677
沙溪乡	12280	6436	5844	3358	6266	5752	2123	8773	1384	12193
金子岩侗族苗族乡	11090	5785	5305	2824	5781	5303	2166	7733	1191	10963
王家坪乡	9754	5208	4546	2507	5166	4526	1706	6878	1170	9582
长寨乡	7030	3713	3317	1733	3511	3281	1097	5074	859	6758
高椅乡	7924	4138	3786	2226	3990	3717	1285	5647	992	7700
黄茅乡	6285	3229	3056	1699	3103	2977	919	4632	734	6071
肖家乡	7817	3992	3825	2321	3985	3813	1246	5717	854	7710
金龙乡	9242	4718	4524	2956	4707	4516	1510	6640	1092	9042
宝田侗族苗族乡	8766	4646	4120	2507	4320	3867	1597	6247	922	8623
漠滨侗族苗族乡	11706	6108	5598	3927	6108	5598	2222	8355	1129	11572
蒲稳侗族苗族乡	8465	4505	3960	2306	4456	3954	1660	5938	867	8337
青朗侗族苗族乡	8718	4565	4153	2119	4251	3972	1797	6056	865	8567
炮团侗族苗族乡	11210	5975	5235	3040	5942	5211	2130	7893	1187	11102
地灵乡	8160	4381	3779	2539	4381	3779	1430	5893	837	8034
连山乡	12300	6278	6022	3536	6086	5983	2213	8844	1243	11728
岩头乡	10561	5427	5134	3099	5427	5134	1873	7495	1193	10514
洒溪乡	8124	4163	3961	2235	4156	3951	1254	5963	907	7984
麻阳苗族自治县	**343309**	**178108**	**165201**	**86067**	**171786**	**161105**	**63476**	**244855**	**34978**	**322632**
锦和镇	17061	8846	8215	4401	8302	7889	3176	12030	1855	16496
江口墟镇	16559	8576	7983	4234	8488	7960	3256	11521	1782	16068
岩门镇	19221	10183	9038	4650	9467	8924	3583	13870	1768	18262
兰里镇	22803	11955	10848	5176	11789	10783	4137	16169	2497	22748
吕家坪镇	16219	8445	7774	3953	8421	7751	3142	11335	1742	15378
高村镇	66887	33893	32994	18517	32019	31416	11649	50130	5108	51188
郭公坪乡	14254	7501	6753	3745	7413	6341	2764	9995	1495	14237
长潭乡	8589	4417	4172	2187	4368	4161	1719	5930	940	8406
拖冲乡	8972	4779	4193	2267	4694	4158	1575	6416	981	8965
尧市乡	10070	5264	4806	2629	5177	4690	1783	7198	1089	9976
文昌阁乡	9363	4845	4518	2432	4715	4433	1720	6482	1161	9106
大桥江乡	9763	5037	4726	2388	5037	4726	1844	6888	1031	9725
舒家村乡	9634	5034	4600	2371	4761	4395	1834	6683	1117	9608
隆家堡乡	11411	5858	5553	2678	5656	5451	2128	8051	1232	11215
谭家寨乡	9974	5189	4785	2694	4922	4618	1910	6774	1290	9925
石羊哨乡	10015	5285	4730	2440	4992	4656	1718	7261	1036	9677
板栗树乡	10716	5695	5021	2521	5512	4963	2033	7463	1220	10709
谷达坡乡	7946	4141	3805	1936	3789	3507	1529	5461	956	7801
兰村乡	7535	3972	3563	2002	3617	3519	1484	5234	817	7132
栗坪乡	11429	6009	5420	2572	5887	5371	2045	8201	1183	11338
绿溪口乡	16676	8466	8210	3962	8298	8008	3128	11777	1771	16608
和坪溪乡	13276	7062	6214	3185	6929	6167	2553	9327	1396	13180
黄桑乡	14936	7656	7280	3127	7533	7218	2766	10659	1511	14884
新晃侗族自治县	**244322**	**131267**	**113055**	**69183**	**128435**	**111658**	**40835**	**174538**	**28949**	**230077**
新晃镇	35117	17716	17401	12295	17067	16894	5483	25965	3669	25582
波洲镇	11593	6104	5489	3531	6093	5484	1975	8463	1155	11454

表18 续表 45 单位：人、户

地区	总人口			家庭户	家庭户总人口		分年龄人口			居住本地，户口在本地
	合计	男	女	户数	男	女	0-14岁	15-64岁	65岁及以上	
兴隆镇	20116	10499	9617	5394	10125	9371	3148	14930	2038	18333
鱼市镇	12091	6460	5631	3557	6223	5531	2031	8651	1409	11895
凉伞镇	12313	6692	5621	3008	6527	5557	1996	8680	1637	12187
扶罗镇	13302	7172	6130	3360	7131	6127	2403	9300	1599	13088
中寨镇	11463	6320	5143	3199	6313	5143	1946	8030	1487	11361
步头降苗族乡	10555	5679	4876	2914	5523	4798	1717	7591	1247	10471
洞坪乡	8100	4319	3781	2301	4258	3758	1435	5617	1048	7976
大湾罗乡	8617	4649	3968	2484	4469	3933	1425	6224	968	8089
方家屯乡	14393	7543	6850	4186	7382	6784	2517	10343	1533	13791
晏家乡	5553	3076	2477	1475	3072	2474	889	3940	724	5537
林冲乡	6289	3483	2806	1692	3466	2803	1088	4472	729	6226
天堂乡	6006	3414	2592	1600	3362	2557	977	4218	811	5981
黄雷乡	5774	3246	2528	1486	3208	2522	975	4030	769	5664
凳寨乡	7259	3959	3300	1787	3913	3293	1142	5150	967	7213
茶坪乡	4166	2274	1892	1002	2244	1882	731	2858	577	4143
新寨乡	9033	4986	4047	2368	4880	4002	1554	6369	1110	8995
贡溪乡	10819	6088	4731	3086	5993	4710	1887	7398	1534	10690
李树乡	8713	4790	3923	2219	4592	3849	1557	6075	1081	8579
禾滩乡	7751	4236	3515	2177	4236	3515	1283	5376	1092	7711
碧朗乡	6676	3802	2874	1879	3802	2874	1216	4772	688	6653
米贝苗族乡	8623	4760	3863	2183	4556	3797	1460	6086	1077	8458
芷江侗族自治县	**339161**	**174104**	**165057**	**97841**	**167713**	**159870**	**62371**	**240872**	**35918**	**310173**
芷江镇	78451	38115	40336	23958	35494	37066	13220	58218	7013	57058
罗旧镇	14979	7673	7306	4157	7540	7237	2695	10827	1457	14264
新店坪镇	17195	9044	8151	4822	8296	7732	3241	12179	1775	16323
碧涌镇	13496	7398	6098	4205	7262	6027	2563	9449	1484	13085
公坪镇	8106	4278	3828	2248	3899	3631	1576	5839	691	6674
牛牯坪乡	6901	3621	3280	2093	3613	3277	1170	4992	739	6867
艾头坪乡	7194	3711	3483	2237	3654	3452	1277	5114	803	7028
岩桥乡	20753	10728	10025	5963	10421	9806	3552	15102	2099	20172
水宽乡	9663	5126	4537	2685	4735	4404	1754	6802	1107	9467
木叶溪乡	7058	3736	3322	2158	3632	3267	1191	5054	813	6858
五郎溪乡	4136	2177	1959	1141	2070	1932	701	2947	488	4067
麻缨塘乡	13579	7011	6568	3499	6791	6440	2514	9557	1508	13309
竹坪铺乡	9539	4654	4885	2646	4645	4878	1794	6767	978	9330
土桥乡	14365	7295	7070	4530	7131	6972	2782	9997	1586	13847
上坪乡	10198	5394	4804	2656	5306	4781	1988	6983	1227	10100
大树坳乡	8638	4599	4039	2229	4501	4008	1819	5817	1002	8312
大洪山乡	4912	2563	2349	1476	2519	2317	880	3444	588	4860
杨公庙乡	8125	4231	3894	2249	4137	3832	1592	5554	979	7775
梨溪口乡	9081	4829	4252	2466	4777	4242	1617	6399	1065	8993
洞下场乡	8604	4484	4120	2661	4292	4032	1627	5994	983	8445
罗岩乡	3151	1689	1462	1267	1647	1447	720	1898	533	3072
板山乡	4343	2369	1974	1330	2369	1974	920	2971	452	4314
大垅乡	6096	3283	2813	1680	3262	2805	1290	4194	612	6000
梨坳乡	9339	4827	4512	2479	4728	4474	1990	6268	1081	9213
冷水溪乡	11605	5950	5655	2917	5907	5623	2297	7970	1338	11473
楠木坪乡	11698	6146	5552	3331	6019	5490	2323	7905	1470	11430
晓坪乡	9581	4866	4715	2378	4848	4699	1693	6807	1081	9506
罗卜田乡	8375	4307	4068	2380	4218	4025	1585	5824	966	8331

表18 续表 46 单位：人、户

地区	总人口			家庭户	家庭户总人口		分年龄人口			居住本地，户口在本地
	合计	男	女	户数	男	女	0-14岁	15-64岁	65岁及以上	
靖州苗族侗族自治县	**245116**	**127674**	**117442**	**65402**	**123139**	**116407**	**43043**	**180501**	**21572**	**221167**
渠阳镇	92777	47812	44965	27422	45623	44376	16095	69470	7212	73326
甘棠镇	19615	10049	9566	5034	9873	9505	3015	14568	2032	19143
大堡子镇	16930	8808	8122	4258	8791	8122	3410	12014	1506	16758
坳上镇	15901	8317	7584	4004	8317	7584	2718	11850	1333	15645
新厂镇	18185	9467	8718	4615	9386	8716	3348	13055	1782	17742
平茶镇	9351	4898	4453	2424	4883	4448	1763	6654	934	9126
太阳坪乡	13163	6890	6273	3321	6500	6178	2245	9739	1179	12600
三锹乡	5975	3199	2776	1524	3130	2755	1071	4361	543	5901
文溪乡	8848	4606	4242	2360	4606	4242	1632	6266	950	8763
寨牙乡	7452	4355	3097	1683	3282	3015	1154	5670	628	6254
横江桥乡	10162	5249	4913	2422	5085	4803	1887	7406	869	10019
铺口乡	14717	7718	6999	3426	7468	6972	2416	10849	1452	14056
藕团乡	12040	6306	5734	2909	6195	5691	2289	8599	1152	11834
通道侗族自治县	**206651**	**107082**	**99569**	**55333**	**103959**	**98248**	**39427**	**147188**	**20036**	**191303**
双江镇	38131	19116	19015	11241	18337	18238	6985	28143	3003	28846
县溪镇	17142	8645	8497	4982	8592	8479	3379	11976	1787	15699
播阳镇	14398	7478	6920	3781	7403	6906	2982	10029	1387	14177
临口镇	11615	5946	5669	2935	5663	5622	1993	8507	1115	11229
牙屯堡镇	17321	9235	8086	4579	9206	8081	3519	12372	1430	16814
菁芜洲镇	14412	7521	6891	3689	7484	6861	2561	10587	1264	14052
溪口镇	8780	4509	4271	2613	4379	4197	1714	6015	1051	8456
陇城镇	8905	4659	4246	2170	4496	4210	1708	6225	972	8521
江口乡	6705	3483	3222	1722	3442	3211	1112	4879	714	6589
戈冲苗族乡	1180	598	582	342	581	578	244	781	155	1155
大高坪苗族乡	3069	1639	1430	700	1622	1419	786	2049	234	3035
独坡乡	13067	6783	6284	3531	6717	6256	3139	8588	1340	12930
杉木桥乡	6142	3422	2720	1427	2671	2578	926	4697	519	5144
木脚乡	3674	1882	1792	1002	1839	1764	603	2693	378	3596
下乡乡	7751	4053	3698	1941	3904	3683	1393	5618	740	7491
马龙乡	7171	3798	3373	1723	3613	3346	1360	5128	683	6855
传素瑶族乡	1120	600	520	342	598	520	201	770	149	1102
黄土乡	4309	2300	2009	1228	2281	2006	811	2938	560	4280
坪坦乡	7497	3867	3630	1882	3828	3623	1490	5095	912	7452
坪阳乡	7309	3869	3440	1656	3627	3398	1209	5266	834	6997
甘溪乡	6730	3568	3162	1762	3568	3162	1271	4673	786	6669
通道县地连林场	63	36	27	24	33	25	9	51	3	58
通道县播阳农场	160	75	85	61	75	85	32	108	20	156
洪江市	**477996**	**242745**	**235251**	**152504**	**231094**	**227248**	**69533**	**352031**	**56432**	**413340**
河滨路街道	15131	7467	7664	5493	7062	7349	1821	11414	1896	11349
沅江路街道	7512	3822	3690	2815	3420	3458	776	5532	1204	6110
新街街道	16456	8117	8339	6467	7943	8289	1945	12370	2141	11860
高坡街街道	10243	4993	5250	3931	4870	5153	1283	7524	1436	7779
黔城镇	46180	23446	22734	14830	21907	21609	7290	34939	3951	33203
安江镇	74695	37875	36820	24802	31814	31599	9016	58923	6756	46140
托口镇	24682	12490	12192	8040	11801	12068	4304	17667	2711	23353
雪峰镇	16007	8183	7824	4692	7956	7669	2314	11808	1885	15596
双溪镇	18470	9415	9055	5207	9366	8958	2801	13587	2082	17388
江市镇	17702	9140	8562	5474	8802	8537	2980	12447	2275	16915
沅河镇	9359	4787	4572	3020	4767	4570	1558	6516	1285	9112

表18 续表47

单位：人、户

地区	总人口			家庭户	家庭户总人口		分年龄人口			居住本地，户口在本地
	合计	男	女	户数	男	女	0-14岁	15-64岁	65岁及以上	
塘湾镇	11786	6124	5662	3358	5837	5614	2033	8344	1409	10904
硖州乡	24907	12304	12603	7540	12272	12583	3516	18424	2967	24445
龙田乡	16128	8239	7889	4542	8185	7855	2198	12013	1917	15756
岔头乡	11797	6119	5678	3484	5998	5621	1557	8579	1661	11551
茅渡乡	7031	3613	3418	2101	3613	3418	954	5095	982	6844
大崇乡	10246	5255	4991	2940	5237	4983	1346	7715	1185	10204
熟坪乡	11978	6213	5765	3769	6202	5762	1594	8745	1639	11793
铁山乡	9218	4746	4472	2781	4609	4387	1260	6755	1203	9087
群峰乡	8221	4247	3974	2753	4148	3938	1381	5713	1127	8212
湾溪乡	7651	4050	3601	2343	3957	3592	1257	5306	1088	7270
洗马乡	13236	6705	6531	4363	6654	6497	2469	8893	1874	12761
沙湾乡	16306	8092	8214	5178	8073	8214	2440	11435	2431	15826
深渡苗族乡	8134	4177	3957	2798	4177	3957	1468	5549	1117	7999
龙船塘瑶族乡	6106	3171	2935	2141	3170	2933	1087	4125	894	5937
太平乡	13157	6690	6467	3692	6563	6399	1918	9517	1722	12854
土溪乡	6607	3450	3157	1746	3336	3103	1008	4738	861	6465
红岩乡	9089	4737	4352	2733	4640	4334	1418	6570	1101	8686
岩垅乡	14343	7372	6971	4507	7197	6946	2347	10192	1804	13648
横岩乡	3347	1650	1697	998	1528	1642	548	2438	361	2997
常青乡	4141	2070	2071	1370	2004	2068	536	3101	504	3550
桂花园乡	8130	3986	4144	2596	3986	4143	1110	6057	963	7746
娄底市	**3784634**	**1950231**	**1834403**	**1091845**	**1860405**	**1770310**	**726705**	**2681733**	**376196**	**3347466**
娄星区	**496744**	**253303**	**243441**	**154935**	**224563**	**219036**	**84051**	**374754**	**37939**	**328248**
乐坪街道	92616	44526	48090	27824	37828	38296	15242	72463	4911	47761
花山街道	47126	24356	22770	15659	23440	22018	8955	35447	2724	25434
黄泥塘街道	62471	32985	29486	21430	28957	27515	9415	47914	5142	48347
长青街道	82846	44077	38769	27052	38218	37343	14061	63322	5463	41411
大科街道	45236	22452	22784	9433	13905	13784	5547	37399	2290	22362
涟滨街道	37669	19440	18229	11574	18221	17306	7514	28496	1659	21908
大埠桥街道	19724	9600	10124	6239	9463	10090	3658	13588	2478	18411
杉山镇	17738	9006	8732	6400	8807	8665	2892	12779	2067	16763
万宝镇	20481	10324	10157	5424	10217	10113	3712	14286	2483	19573
茶园镇	15181	7794	7387	6156	7501	7304	2724	10401	2056	14389
百亩乡	12970	6633	6337	3688	6394	6225	2232	9322	1416	12046
小碧乡	13715	7106	6609	4103	6811	6463	2536	9699	1480	12651
双江乡	13656	7067	6589	4260	7040	6584	2802	9043	1811	13325
石井乡	15315	7937	7378	5693	7761	7330	2761	10595	1959	13867
双峰县	**854069**	**441065**	**413004**	**233068**	**423872**	**401401**	**155386**	**610005**	**88678**	**812390**
永丰镇	90965	46103	44862	26886	41648	40878	14862	67769	8334	75714
荷叶镇	47967	24864	23103	12064	24223	22869	8944	33451	5572	46764
井字镇	32887	16981	15906	8654	16046	15462	5812	23344	3731	32113
梓门桥镇	61907	32381	29526	16011	30624	28926	9935	45273	6699	60627
杏子铺镇	66528	34224	32304	17940	32810	31102	11610	47514	7404	64154
走马街镇	64830	33382	31448	16900	32978	31206	12564	45641	6625	63566
蛇形山镇	60129	31175	28954	18043	30716	28832	10916	42692	6521	56493
洪山殿镇	43639	22619	21020	12760	21680	20704	7924	30843	4872	42277
甘棠镇	74134	38644	35490	19585	38053	35129	14433	52030	7671	73444
三塘铺镇	38049	19769	18280	10567	19303	18155	7329	26831	3889	35625
青树坪镇	63416	32453	30963	18272	31528	30142	11505	45923	5988	59997
花门镇	57546	30399	27147	14948	29305	26816	11427	40185	5934	56853

表18　续表 48　　　　单位：人、户

地　区	总人口			家庭户	家庭户总人口		分年龄人口			居住本地，户口在本地
	合　计	男	女	户　数	男	女	0-14岁	15-64岁	65岁及以上	
锁石镇	32089	16632	15457	8491	16172	15159	6273	22461	3355	31147
石牛乡	43234	22462	20772	10682	21749	20454	8036	30751	4447	42717
沙塘乡	28777	14852	13925	7585	14462	13745	5156	20653	2968	28311
印塘乡	37636	19308	18328	11049	18681	17976	6961	26679	3996	36954
经济开发区	10336	4817	5519	2631	3894	3846	1699	7965	672	5634
新化县	**1111160**	**572688**	**538472**	**308142**	**554732**	**526993**	**225306**	**770360**	**115494**	**1030953**
上梅镇	119429	59731	59698	35468	56927	56955	21953	87869	9607	88353
石冲口镇	49187	25670	23517	13934	24967	23191	9666	34880	4641	48122
洋溪镇	57783	29826	27957	16177	29227	27605	12481	39240	6062	55476
槎溪镇	24296	12630	11666	7249	12399	11618	5491	15974	2831	24039
水车镇	27931	14249	13682	8608	13856	13446	6843	17856	3232	27195
文田镇	19675	10416	9259	5671	10027	9158	4205	13484	1986	19019
奉家镇	17483	8900	8583	5522	8880	8572	3445	11867	2171	17107
炉观镇	58844	30537	28307	14772	30364	28263	11225	42546	5073	57055
游家镇	55486	28654	26832	14791	28579	26800	11320	37976	6190	53297
西河镇	55291	28714	26577	15234	28106	26419	9854	40055	5382	53791
孟公镇	60207	31490	28717	15046	29466	27470	11525	42558	6124	58225
琅塘镇	46264	23190	23074	12453	22207	22348	9627	31621	5016	43245
白溪镇	51444	25920	25524	15595	25848	25478	11206	33751	6487	50544
圳上镇	47418	24201	23217	13583	24082	23179	9636	31865	5917	46523
吉庆镇	39135	20030	19105	11369	19920	19040	8588	25558	4989	38154
温塘镇	52210	27640	24570	13920	26863	24286	11325	35356	5529	48862
田坪镇	31110	16172	14938	8496	16007	14891	5962	21072	4076	30350
桑梓镇	51582	27048	24534	13431	26467	24196	9734	36792	5056	49724
曹家镇	50651	26482	24169	12706	26037	23778	10641	34529	5481	49007
科头乡	31252	16083	15169	8861	15373	14847	6375	21716	3161	30939
维山乡	25805	13143	12662	7341	13088	12640	6152	16770	2883	25004
天门乡	9642	5034	4608	2986	4728	4498	1908	6527	1207	9286
荣华乡	20756	10677	10079	5667	10030	9678	4524	13865	2367	20220
金凤乡	13091	6840	6251	4012	6698	6206	2541	8990	1560	12345
油溪乡	26173	13445	12728	6705	13162	12595	5768	17515	2890	25491
坐石乡	22279	11732	10547	6000	11708	10534	4976	14632	2671	21895
上渡办事处	40122	20741	19381	10364	16304	16214	7126	30912	2084	21232
大熊山国有林场	3407	1770	1637	1244	1689	1604	650	2265	492	3378
古台山国有林场	3207	1723	1484	937	1723	1484	559	2319	329	3075
冷水江市	**327146**	**168033**	**159113**	**104345**	**160533**	**154754**	**60441**	**238124**	**28581**	**245360**
冷水江街道	95569	47712	47857	31173	44751	45268	16344	72470	6755	59301
锡矿山街道	9001	4544	4457	3345	4432	4317	1503	6286	1212	5531
沙塘湾街道	11974	6061	5913	3312	5719	5562	2130	8771	1073	9169
布溪街道	23968	12272	11696	7979	11954	11598	4491	18110	1367	9285
禾青镇	23249	11928	11321	7166	11084	11027	4299	16742	2208	19446
岩口镇	18120	9665	8455	6071	9195	8403	3576	12898	1646	14828
渣渡镇	13533	7062	6471	4370	7027	6455	2786	9370	1377	12643
铎山镇	20685	10934	9751	6518	10699	9735	4235	14487	1963	18302
毛易镇	12020	6180	5840	3527	6047	5781	2403	8587	1030	10305
三尖镇	14886	7749	7137	4326	7716	7123	3370	9902	1614	14067
潘桥乡	12887	6586	6301	3887	6237	6019	2398	8986	1503	11673
金竹山乡	17468	8998	8470	5996	8893	8421	3277	12328	1863	15445
梓龙乡	8088	4352	3736	2566	3925	3668	1586	5621	881	6972
矿山乡	12151	6389	5762	3536	6389	5762	2287	8641	1223	11467

表18 续表 49

单位：人、户

地 区	总人口			家庭户	家庭户总人口		分年龄人口			居住本地，户口在本地
	合 计	男	女	户 数	男	女	0-14岁	15-64岁	65岁及以 上	
中连乡	20981	11193	9788	6515	10072	9472	3383	15665	1933	17942
同兴乡	12566	6408	6158	4058	6393	6143	2373	9260	933	8984
涟源市	**995515**	**515142**	**480373**	**291355**	**496705**	**468126**	**201521**	**688490**	**105504**	**930515**
蓝田街道	81683	41505	40178	25426	38632	37462	15430	60136	6117	57584
六亩塘镇	57951	29994	27957	17556	28749	27161	11943	40702	5306	50706
石马山镇	68879	35713	33166	18921	33263	31833	12537	49658	6684	60879
安平镇	40867	21270	19597	11759	18889	17497	8341	27157	5369	38648
湄江镇	45212	23416	21796	13359	23068	21628	9665	30808	4739	44207
伏口镇	53244	27699	25545	15623	26864	25169	11893	35773	5578	50736
桥头河镇	96279	49211	47068	28439	47729	45919	19607	66729	9943	93686
七星街镇	68681	35312	33369	20365	35217	33289	14958	46206	7517	66458
杨市镇	70205	36180	34025	18943	35045	33259	13325	49753	7127	67740
枫坪镇	22532	11779	10753	6731	11226	10469	4508	15479	2545	21620
斗笠山镇	47803	25467	22336	15670	24496	22195	9390	33319	5094	45065
水洞底镇	40943	21314	19629	11831	21078	19574	7386	28648	4909	40202
白马镇	35784	18888	16896	9010	17984	16444	7104	24530	4150	35549
茅塘镇	22568	11522	11046	6160	11048	10690	4785	14817	2966	20785
荷塘镇	42406	21736	20670	11874	20701	19948	9531	27867	5008	40659
金石镇	50791	26346	24445	15209	26306	24430	10301	34553	5937	49360
龙塘镇	64513	33641	30872	18712	32894	30422	13250	44555	6708	63531
渡头塘镇	29404	15293	14111	8466	15020	14035	5656	20351	3397	28756
三甲乡	38658	19859	18799	12378	19627	18649	8357	25926	4375	37369
古塘乡	17112	8997	8115	4923	8869	8053	3554	11523	2035	16975
湘西土家族苗族自治州	**2549558**	**1307797**	**1241761**	**658248**	**1251281**	**1197554**	**510134**	**1793027**	**246397**	**2267608**
吉首市	**302065**	**151835**	**150230**	**86317**	**134365**	**132558**	**48978**	**226054**	**27033**	**213376**
峒河街道	68245	33210	35035	20414	29978	29829	10357	53030	4858	39935
乾州街道	50838	25555	25283	13643	22284	22490	8052	39130	3656	33698
镇溪街道	97844	49277	48567	26765	39079	39129	12903	78153	6788	58803
矮寨镇	11411	5847	5564	3419	5691	5502	2677	7342	1392	10995
马颈坳镇	14666	7521	7145	4082	7488	7107	3099	9851	1716	13898
河溪镇	9031	4540	4491	2444	4464	4462	1754	6151	1126	8426
双塘镇	9366	4764	4602	2665	4668	4567	1944	6157	1265	8934
丹青镇	3386	1777	1609	1295	1777	1609	698	2064	624	3263
寨阳乡	8966	4646	4320	2371	4344	4289	1669	6233	1064	8166
已略乡	5043	2595	2448	1605	2578	2444	944	3285	814	4860
社塘坡乡	6778	3531	3247	2002	3527	3246	1320	4501	957	6633
太平乡	3224	1697	1527	1057	1677	1517	642	1998	584	3127
白岩乡	6334	3329	3005	2022	3298	2997	1241	4156	937	6043
排绸乡	3909	1965	1944	1378	1947	1931	1060	2183	666	3685
排吼乡	3024	1581	1443	1155	1565	1439	618	1820	586	2910
泸溪县	**275370**	**140357**	**135013**	**69073**	**137009**	**132303**	**55728**	**193124**	**26518**	**252721**
白沙镇	40275	20431	19844	12433	19423	18681	7403	29933	2939	28723
达岚镇	15590	8080	7510	3501	8044	7487	3026	10939	1625	15185
兴隆场镇	18947	9604	9343	4314	9472	9304	4127	12880	1940	18438
潭溪镇	15833	8112	7721	3862	7847	7604	3419	10811	1603	15261
洗溪镇	11218	5717	5501	2831	5576	5443	2058	7994	1166	10770
武溪镇	26604	13300	13304	7357	12937	13080	5344	19064	2196	22122
浦市镇	51290	25905	25385	13102	25425	24816	9631	36613	5046	48733
合水镇	22899	11738	11161	5050	11376	10927	5291	15391	2217	22645
石榴坪乡	12398	6294	6104	2842	6252	6080	2630	8422	1346	12084

表18 续表 50

单位：人、户

地　　区	总人口			家庭户	家庭户总人口		分年龄人口			居住本地，户口在本地
	合　计	男	女	户　数	男	女	0-14岁	15-64岁	65岁及以上	
永兴场乡	10799	5552	5247	2503	5381	5152	2611	7033	1155	10409
解放岩乡	12522	6451	6071	2709	6373	6042	2423	8715	1384	12165
小章乡	9612	5019	4593	2284	5000	4587	2374	6163	1075	9450
白羊溪乡	8585	4387	4198	1981	4368	4175	2028	5617	940	8220
梁家潭乡	9865	5155	4710	2374	5094	4679	1914	6998	953	9695
八什坪乡	8440	4350	4090	1815	4214	4031	1366	6183	891	8381
军亭界林场	493	262	231	115	227	215	83	368	42	440
凤凰县	**346814**	**179454**	**167360**	**89360**	**174599**	**164209**	**68446**	**245384**	**32984**	**312747**
廖家桥镇	17804	9204	8600	4312	8724	8086	3037	13215	1552	16538
茶田镇	11399	5994	5405	3338	5942	5395	2115	7970	1314	11069
吉信镇	20299	10507	9792	5106	10187	9738	4049	14316	1934	19428
腊尔山镇	16364	8556	7808	3751	8464	7757	3701	11232	1431	15773
禾库镇	13399	6912	6487	3197	6904	6471	3237	8936	1226	12856
沱江镇	69282	34839	34443	19128	32846	32569	11690	52038	5554	47656
阿拉营镇	24504	12766	11738	6334	12406	11653	4375	17845	2284	22760
木江坪镇	16556	8606	7950	4429	8586	7947	3596	11054	1906	16041
山江镇	14280	7616	6664	3630	7525	6625	2959	9870	1451	13938
官庄乡	8446	4320	4126	2210	4121	4082	1563	5879	1004	8029
水打田乡	8846	4666	4180	2432	4638	4168	1669	6258	919	8586
林峰乡	8871	4574	4297	2460	4573	4294	1636	6294	941	8615
都里乡	8643	4544	4099	2291	4428	4077	1777	5966	900	8050
落潮井乡	12081	6202	5879	2878	6051	5812	2250	8719	1112	11268
新场乡	10972	5711	5261	2797	5560	5176	1997	7778	1197	10609
茨岩乡	9794	5038	4756	2574	4999	4749	1822	6906	1066	9505
三拱桥乡	12141	6212	5929	3173	6183	5926	2853	8019	1269	11604
竿子坪乡	9891	5129	4762	2406	4661	4636	1795	7174	922	9027
麻冲乡	8454	4377	4077	1985	4268	4013	1646	5948	860	8323
千工坪乡	11822	6287	5535	3014	6272	5534	2485	8175	1162	11530
木里乡	9600	5027	4573	2318	4978	4545	2198	6521	881	9471
两林乡	11654	6059	5595	2689	6009	5569	2945	7678	1031	11108
柳薄乡	7353	3999	3354	1854	3997	3348	1885	4820	648	6830
米良乡	4359	2309	2050	1054	2277	2039	1166	2773	420	4133
花垣县	**288581**	**148786**	**139795**	**67622**	**141659**	**136110**	**61782**	**200331**	**26468**	**253863**
龙潭镇	14599	7487	7112	3336	6964	6814	3274	9916	1409	12881
民乐镇	15739	8043	7696	3312	7283	7241	3547	10891	1301	13188
团结镇	19278	9904	9374	4523	9577	9237	4214	13333	1731	17338
吉卫镇	15731	8053	7678	3532	7919	7568	3848	10294	1589	14728
麻栗场镇	13640	6954	6686	3351	6877	6631	3147	9063	1430	13191
雅酉镇	7406	3938	3468	1709	3791	3443	1524	5119	763	6976
边城镇	21860	11318	10542	5334	11187	10467	4966	14652	2242	20337
花垣镇	81199	41686	39513	19359	37786	37563	15388	59896	5915	62660
长乐乡	12916	6707	6209	3040	6480	6027	2632	9014	1270	12204
两河乡	9909	5056	4853	2191	5056	4850	2174	6630	1105	9345
排碧乡	8712	4413	4299	2019	4324	4249	1936	5853	923	8326
董马库乡	9970	5201	4769	2441	5083	4719	2334	6669	967	9462
猫儿乡	13933	7082	6851	3118	6975	6789	3372	9347	1214	12700
道二乡	9899	5062	4837	2381	4879	4704	2062	6809	1028	9244
排吾乡	8469	4548	3921	1888	4227	3874	2002	5622	845	7510
排料乡	5373	2826	2547	1388	2800	2535	964	3781	628	5260
雅桥乡	7662	3951	3711	1810	3915	3682	1774	5111	777	6762

表18 续表 51

单位：人、户

地区	总人口			家庭户	家庭户总人口		分年龄人口			居住本地，户口在本地
	合计	男	女	户数	男	女	0-14岁	15-64岁	65岁及以上	
补抽乡	12286	6557	5729	2890	6536	5717	2624	8331	1331	11751
保靖县	**278169**	**144351**	**133818**	**68023**	**136405**	**127821**	**52653**	**196720**	**28796**	**257207**
普戎镇	12256	6379	5877	2824	6320	5836	2133	8865	1258	12085
野竹坪镇	9071	4802	4269	2163	4528	4102	2011	6202	858	8763
复兴镇	15661	8145	7516	3422	7347	7126	2810	11338	1513	14066
迁陵镇	63403	32209	31194	16939	28407	27717	11931	45566	5906	50394
清水坪镇	21700	11249	10451	5425	11238	10446	4511	15093	2096	21021
比耳镇	13898	6996	6902	3309	6859	6817	2609	9663	1626	13709
毛沟镇	26432	13989	12443	6279	13615	12264	5529	18286	2617	26133
水田河镇	19591	10159	9432	4582	10058	9360	4001	13565	2025	18525
葫芦镇	15236	8069	7167	3832	7776	7032	2547	11022	1667	14760
碗米坡镇	19307	10063	9244	4592	9412	8623	3398	13592	2317	18961
水银乡	8083	4184	3899	1900	4135	3870	1442	5711	930	7759
涂乍乡	6858	3635	3223	1734	3505	3128	1161	4823	874	6816
大妥乡	16813	8753	8060	3935	8446	7962	3098	12013	1702	15896
夯沙乡	5246	2727	2519	1422	2624	2431	1142	3442	662	4897
清水乡	7566	3958	3608	1853	3735	3532	1315	5377	874	6987
阳朝乡	16637	8820	7817	3731	8284	7446	2965	11834	1838	16153
扁朝牧场	213	98	115	25	49	57	31	158	24	211
白云山农垦场	74	33	41	24	32	41	17	48	9	71
钟灵山工业园	124	83	41	32	35	31	2	122		
麻风村										
古丈县	**127297**	**66247**	**61050**	**31943**	**64101**	**59607**	**22786**	**91402**	**13109**	**113944**
古阳镇	29945	15063	14882	8314	13794	13768	5576	22018	2351	21333
罗依溪镇	10000	5115	4885	2435	4927	4806	1813	7143	1044	9346
岩头寨镇	12049	6538	5511	2946	6380	5452	1860	8743	1446	11453
默戎镇	13045	6789	6256	3221	6754	6242	2195	9472	1378	12614
红石林镇	11690	6168	5522	3029	6062	5483	2271	8235	1184	10839
断龙山乡	12473	6452	6021	2819	6340	5965	2621	8556	1296	12028
高峰乡	7653	3992	3661	1757	3965	3643	1426	5280	947	7358
河蓬乡	5452	2860	2592	1327	2782	2553	849	3968	635	5241
坪坝乡	9931	5285	4646	2321	5271	4645	1787	7083	1061	9450
山枣乡	5171	2782	2389	1253	2744	2369	896	3676	599	4934
双溪乡	6889	3605	3284	1688	3571	3282	1062	4998	829	6591
高望界乡	2999	1598	1401	833	1511	1399	430	2230	339	2757
永顺县	**429672**	**221250**	**208422**	**113447**	**214017**	**203580**	**95035**	**289262**	**45375**	**392922**
首车镇	9583	4969	4614	2397	4885	4586	2057	6336	1190	9458
芙蓉镇	22261	11582	10679	5971	11468	10583	4133	16002	2126	21437
永茂镇	7156	3757	3399	1995	3607	3323	1554	4862	740	6742
长官镇	5138	2644	2494	1629	2607	2490	1033	3502	603	4833
青坪镇	9981	5417	4564	2572	4927	4493	1933	7079	969	9298
泽家镇	15373	8011	7362	3746	7709	7209	3090	10661	1622	14781
石堤镇	37355	19658	17697	9256	18396	17188	8379	25156	3820	35006
万坪镇	21529	11050	10479	6250	10925	10350	4571	14240	2718	20952
塔卧镇	29481	14822	14659	6872	14609	14521	6895	19512	3074	28857
砂坝镇	19115	9741	9374	4779	9401	9212	4476	12438	2201	18741
灵溪镇	86107	43172	42935	23441	41105	40500	19228	60399	6480	60754
松柏镇	17130	9027	8103	4507	8779	7907	4060	11277	1793	16967
两岔乡	9926	5268	4658	2154	5131	4609	2214	6632	1080	9705
勺哈乡	12312	6258	6054	3126	6154	5975	2666	8263	1383	11813

表18 续表 52

单位：人、户

地　　区	总人口			家庭户	家庭户总人口		分年龄人口			居住本地，户口在本地
	合　计	男	女	户　数	男	女	0-14岁	15-64岁	65岁及以上	
西歧乡	7822	4008	3814	2122	3951	3792	1881	4986	955	7745
对山乡	5726	2931	2795	1593	2828	2761	1412	3473	841	5627
列夕乡	6041	3099	2942	1710	3038	2933	1407	3827	807	5817
高坪乡	12189	6306	5883	3074	6046	5689	2696	8111	1382	12029
回龙乡	6389	3375	3014	1967	3298	3004	1489	4087	813	6172
小溪乡	5138	2679	2459	1512	2613	2445	951	3512	675	5112
朗溪乡	4590	2453	2137	1247	2433	2131	955	3130	505	4436
润雅乡	5806	3017	2789	1763	3015	2788	1364	3673	769	5551
车坪乡	10121	5201	4920	2592	5050	4857	2481	6609	1031	9826
毛坝乡	9344	4780	4564	2509	4690	4504	2200	5890	1254	9214
万民乡	8236	4277	3959	2676	4223	3951	1610	5403	1223	7857
盐井乡	5554	2918	2636	1414	2892	2631	1307	3569	678	5330
抚志乡	7713	4077	3636	2093	3862	3550	1433	5401	879	7429
吊井乡	9038	4711	4327	2449	4613	4273	1850	6108	1080	8695
大坝乡	10104	5143	4961	2623	4987	4876	2199	6719	1186	9629
颗砂乡	13414	6899	6515	3408	6775	6449	3511	8405	1498	13109
龙山县	**501590**	**255517**	**246073**	**132463**	**249126**	**241366**	**104726**	**350750**	**46114**	**470828**
民安街道	87154	43131	44023	24412	40293	40724	17770	64109	5275	65299
华塘街道	17956	8872	9084	4222	8596	8944	3416	13223	1317	16563
新城街道	15139	7488	7651	3645	7441	7643	2953	11017	1169	13439
石羔镇	23432	11751	11681	5709	11556	11559	4638	16684	2110	22905
洗车河镇	8251	4225	4026	2563	4053	3970	1780	5213	1258	7982
隆头镇	5867	3110	2757	1712	3029	2735	1113	3932	822	5731
石牌镇	13272	6626	6646	3449	6535	6574	2800	9163	1309	13054
茨岩塘镇	17722	9168	8554	4776	9033	8497	2973	12977	1772	17220
红岩溪镇	20059	10412	9647	5559	9904	9537	4432	13541	2086	19944
靛房镇	11574	5926	5648	3275	5823	5602	2442	7784	1348	11318
苗儿滩镇	15378	7730	7648	4348	7640	7630	3063	10389	1926	15214
里耶镇	29535	15063	14472	7764	15011	14459	6262	20631	2642	29114
桂塘镇	17646	9097	8549	4265	9001	8497	4132	12053	1461	17328
召市镇	28041	14343	13698	6757	13819	13395	6571	19061	2409	27815
洛塔乡	12016	6247	5769	3309	6035	5715	2504	8089	1423	11640
洗洛乡	13317	6930	6387	3524	6905	6378	3012	9008	1297	13005
湾塘乡	8644	4304	4340	2389	4232	4310	2146	5798	700	8547
白羊乡	9649	4967	4682	2738	4966	4682	1974	6858	817	9561
兴隆街乡	13266	7112	6154	3309	7110	6151	2569	9390	1307	12984
三元乡	12426	6335	6091	3235	6203	6041	2783	8372	1271	12352
桶车乡	11637	6157	5480	3607	6155	5480	2828	7498	1311	11467
大安乡	5801	3036	2765	1647	2958	2744	1004	4054	743	5723
水田坝乡	12622	6712	5910	3097	6587	5877	2178	9197	1247	12541
乌鸦乡	3614	1858	1756	1012	1811	1738	674	2476	464	3539
猛必乡	3789	1983	1806	994	1958	1799	653	2671	465	3692
他砂乡	8301	4181	4120	2218	4066	4075	1749	5615	937	8257
内溪乡	13538	7040	6498	3245	7003	6475	2952	9346	1240	13329
贾市乡	9757	5103	4654	2467	5035	4636	1838	7073	846	9668
塔泥乡	5678	2893	2785	1488	2865	2777	1235	3813	630	5619
农车乡	9204	4693	4511	2570	4690	4509	1849	6317	1038	8996
老兴乡	7489	3816	3673	1804	3816	3673	1762	4930	797	7461
贾坝乡	8591	4327	4264	2005	4259	4247	2074	5762	755	8497
咱果乡	10292	5466	4826	2401	5350	4781	2129	7411	752	10258
茅坪乡	10933	5415	5518	2948	5388	5512	2468	7295	1170	10766

表19　广东省乡、镇、街道人口

单位：人、户

地区	总人口			家庭户	家庭户总人口		分年龄人口			居住本地，户口在本地
	合计	男	女	户数	男	女	0-14岁	15-64岁	65岁及以上	
广东省	**104320459**	**54400538**	**49919921**	**28630609**	**45465958**	**43513347**	**17604030**	**79630279**	**7086150**	**65828074**
广州市	**12701948**	**6639745**	**6062203**	**3785278**	**5160618**	**4980192**	**1456352**	**10398066**	**847530**	**6446148**
荔湾区	**898200**	**456844**	**441356**	**302233**	**399784**	**404227**	**91153**	**712868**	**94179**	**485995**
沙面街道	3397	1699	1698	1152	1439	1586	340	2618	439	2174
岭南街道	27560	13898	13662	10283	12541	12717	2103	21685	3772	17472
华林街道	46309	22795	23514	16739	21104	21869	4291	36404	5614	26753
多宝街道	32581	16569	16012	12079	15049	15320	3062	25313	4206	21238
昌华街道	32778	16101	16677	11607	15351	15906	3191	25181	4406	22391
逢源街道	59337	29530	29807	22507	28486	29103	6049	45771	7517	37087
龙津街道	43518	21463	22055	16354	20157	20737	3751	34171	5596	28346
金花街道	54670	26429	28241	19490	24937	27016	4993	42648	7029	34810
彩虹街道	54348	26510	27838	17696	24723	26228	5299	42569	6480	31084
南源街道	70066	35031	35035	24065	33394	33928	8414	53890	7762	44649
西村街道	45069	23526	21543	13742	18358	18994	3977	36241	4851	27527
站前街道	27431	14179	13252	9031	12168	11912	2332	21435	3664	16090
桥中街道	31643	17072	14571	7637	9771	9214	2923	27302	1418	7103
白鹤洞街道	48238	25645	22593	13862	18791	18332	4416	38649	5173	24924
冲口街道	48097	25162	22935	17297	22040	21198	4747	39134	4216	23921
花地街道	39635	19880	19755	13598	18008	18314	3990	30743	4902	21205
石围塘街道	57192	28672	28520	19810	26466	26353	6299	45791	5102	25311
茶滘街道	54918	27547	27371	17841	25079	25662	6609	43504	4805	25490
东漖街道	35889	18205	17684	11751	15678	15975	4460	28799	2630	14434
海龙街道	31801	17540	14261	8188	11893	11210	3348	27192	1261	11466
东沙街道	29013	15804	13209	9571	12786	12244	3211	23524	2278	14962
中南街道	24710	13587	11123	7933	11565	10409	3348	20304	1058	7558
越秀区	**1157666**	**577859**	**579807**	**366853**	**501163**	**519466**	**122148**	**902670**	**132848**	**790872**
洪桥街道	42258	20495	21763	13318	18350	20118	4480	32201	5577	31433
广卫街道	33984	16915	17069	11145	14871	15776	3187	26073	4724	27536
北京街道	19151	9458	9693	7289	8760	9149	1711	14961	2479	12872
六榕街道	41120	19918	21202	14208	18889	20415	3970	30939	6211	29530
流花街道	17253	8316	8937	4604	5948	6330	2252	13340	1661	11724
东风街道	42876	20639	22237	12915	17093	18324	3618	34139	5119	30144
光塔街道	32734	16293	16441	11705	15612	15912	3294	24842	4598	24572
诗书街道	35394	17357	18037	12443	16926	17455	3101	26882	5411	26533
大新街道	40285	20401	19884	14100	18256	18130	3108	32018	5159	26157
人民街道	28989	14882	14107	10372	13478	13060	2301	23086	3602	19174
东湖街道	74299	36584	37715	24663	33959	35593	9210	56869	8220	60414
农林街道	50152	24083	26069	13470	19004	20734	5140	38913	6099	40770
梅花村街道	85400	41782	43618	27812	38792	41397	11864	63949	9587	63675
黄花岗街道	99569	49317	50252	27775	39092	41777	12147	76975	10447	68918
华乐街道	47126	23825	23301	14340	20231	21317	4977	36102	6047	35574
建设街道	52110	26087	26023	14708	21440	22906	5423	40052	6635	42217
大塘街道	46124	22499	23625	15350	21470	22804	5158	35095	5871	36441
珠光街道	56329	27817	28512	19438	26466	27541	5786	43292	7251	42272
大东街道	83491	40487	43004	26863	37561	40363	9571	63108	10812	64677
白云街道	46768	23070	23698	14767	21093	22348	5170	35391	6207	32199
登峰街道	92218	48422	43796	26551	35133	34017	8119	77628	6471	38594
矿泉街道	90036	49212	40824	29017	38739	34000	8561	76815	4660	25446
海珠区	**1558663**	**799563**	**759100**	**516621**	**666245**	**658202**	**157872**	**1264373**	**136418**	**761843**

表19 续表 1

单位：人、户

地区	总人口			家庭户	家庭户总人口		分年龄人口			居住本地，户口在本地
	合计	男	女	户数	男	女	0—14岁	15—64岁	65岁及以上	
赤岗街道	114978	57321	57657	39883	52304	52332	14129	88788	12061	72387
新港街道	111897	57184	54713	30512	41907	42402	10836	90864	10197	60888
昌岗街道	97986	48261	49725	34480	45684	47108	9533	75706	12747	68388
江南中街道	75220	36878	38342	27133	35737	37213	7566	57132	10522	52681
滨江街道	72324	37696	34628	21821	28484	29018	6268	58514	7542	43165
素社街道	67103	33365	33738	23578	31142	31999	6786	52312	8005	40216
海幢街道	62884	31590	31294	23115	29428	29738	5965	47815	9104	46672
南华西街道	37960	18999	18961	14251	17504	17658	3012	29092	5856	26102
龙凤街道	102561	50853	51708	36784	48556	49978	10109	79779	12673	62399
沙园街道	67322	33265	34057	22701	32443	33375	7814	50275	9233	46451
南石头街道	123043	61152	61891	41172	57372	59137	13544	96202	13297	63349
凤阳街道	162641	87120	75521	48803	60673	55759	13681	141945	7015	43168
瑞宝街道	125399	65991	59408	46664	56195	52872	14944	104307	6148	42720
江海街道	115157	61876	53281	35027	45511	42557	13287	98207	3663	22986
琶洲街道	29851	15771	14080	9695	12127	11574	3239	24308	2304	13926
南洲街道	84726	46114	38612	31055	35687	32441	8365	73876	2485	22398
华洲街道	49742	26222	23520	12354	16433	15469	4062	43727	1953	16050
官洲街道	57869	29905	27964	17593	19058	17572	4732	51524	1613	17897
天河区	**1432426**	**759046**	**673380**	**445078**	**545597**	**512572**	**151445**	**1210962**	**70019**	**598550**
五山街道	131795	72558	59237	24711	33454	32907	10270	113793	7732	75057
员村街道	81831	42506	39325	29698	38116	36671	10336	64704	6791	39352
车陂街道	102787	55007	47780	41270	48133	43152	12950	85841	3996	30759
沙河街道	42814	21822	20992	14468	19820	19225	4789	33169	4856	26303
石牌街道	177198	90902	86296	45656	56631	56237	14696	153406	9096	84202
沙东街道	29522	15471	14051	10140	13522	12901	3703	23771	2048	13543
天河南街道	62912	32553	30359	19542	24296	24819	6019	50992	5901	36870
林和街道	59732	31727	28005	16954	21794	22364	6450	48884	4398	33976
兴华街道	68139	35378	32761	22665	28919	26939	8641	56490	3008	28763
棠下街道	177864	94803	83061	65625	74380	67532	19337	152622	5905	54920
天园街道	54769	28022	26747	20377	26482	25839	10064	41443	3262	34999
猎德街道	22522	11108	11414	7679	10306	10799	2886	17886	1750	11897
冼村街道	51284	28175	23109	13995	17676	17104	4502	44913	1869	16120
元岗街道	30610	15639	14971	8607	9484	7783	2235	27969	406	5616
黄村街道	29501	17116	12385	9606	11982	11001	4145	24352	1004	17457
长兴街道	66098	36322	29776	23171	28365	25019	8626	54893	2579	18886
龙洞街道	70055	32912	37143	13496	15742	14661	5088	63404	1563	25802
凤凰街道	19534	10284	9250	5133	8446	8262	2814	15653	1067	11409
前进街道	59700	32746	26954	21750	27291	25175	9204	49115	1381	16633
珠吉街道	52552	30590	21962	19863	19254	15193	2588	49147	817	8579
新塘街道	41207	23405	17802	10672	11504	8989	2102	38515	590	7407
白云区	**2223150**	**1198119**	**1025031**	**678481**	**873101**	**806412**	**233313**	**1886930**	**102907**	**704608**
三元里街道	100149	52771	47378	34520	41042	38310	8364	85904	5881	34928
松洲街道	106274	57211	49063	36534	45549	42425	10734	89580	5960	21442
景泰街道	82226	41767	40459	26922	36178	36195	9110	66746	6370	26201
同德街道	105310	54799	50511	41644	49362	46384	10950	88018	6342	15884
黄石街道	117339	62178	55161	42159	47371	41885	11734	102443	3162	23443
棠景街道	89895	46759	43136	33195	38729	37103	9491	76353	4051	21519
新市街道	152292	82784	69508	60736	64530	57191	14347	133957	3988	28298
同和街道	89362	48874	40488	31588	37672	34489	10272	76206	2884	16052
京溪街道	91970	47259	44711	32642	40968	38556	13190	75339	3441	24302

表19 续表 2 单位：人、户

地区	总人口			家庭户	家庭户总人口		分年龄人口			居住本地，户口在本地
	合计	男	女	户数	男	女	0-14岁	15-64岁	65岁及以上	
永平街道	124000	67443	56557	45656	52021	46439	13513	106539	3948	16385
嘉禾街道	87696	49043	38653	33659	38027	32271	8964	76560	2172	21177
均禾街道	124909	73093	51816	34266	39178	32621	8122	113995	2792	26918
石井街道	209022	118928	90094	56388	73270	64014	18720	182939	7363	66472
金沙街道	52657	27137	25520	18286	24055	23742	6597	43130	2930	11676
人和镇	127795	67015	60780	27180	45074	45944	15863	103472	8460	67186
太和镇	208589	113471	95118	50456	73717	67116	22043	176265	10281	73985
钟落潭镇	192322	100005	92317	34923	65322	63328	23508	157707	11107	110205
江高镇	161343	87582	73761	37727	61036	58399	17791	131777	11775	98535
黄埔区	**457930**	**252497**	**205433**	**164617**	**209357**	**183162**	**55123**	**380279**	**22528**	**170620**
黄埔街道	64255	33212	31043	22748	30987	30056	9724	49753	4778	40359
红山街道	42127	25189	16938	13910	18254	14979	4810	35345	1972	15686
鱼珠街道	59529	32411	27118	21043	28922	25863	8875	47263	3391	22373
大沙街道	44641	24401	20240	15820	19812	17697	4933	38100	1608	15954
文冲街道	46877	25563	21314	17066	22279	20085	6827	38061	1989	16603
穗东街道	45025	26050	18975	19430	22504	17462	4318	39234	1473	10792
南岗街道	76747	42103	34644	28953	36832	32050	9153	63731	3863	26589
荔联街道	42251	23825	18426	16460	16751	13176	2642	39070	539	4372
长洲街道	36478	19743	16735	9187	13016	11794	3841	29722	2915	17892
番禺区	**1764828**	**908909**	**855919**	**516082**	**682794**	**670658**	**212651**	**1461385**	**90792**	**893341**
市桥街道	168701	83440	85261	54670	74117	75387	23381	131836	13484	129397
沙头街道	35201	17396	17805	9486	13604	13614	4345	29068	1788	18544
东环街道	52965	27228	25737	17525	21238	19958	6127	45182	1656	15929
桥南街道	72695	36602	36093	23193	32416	32779	11466	58267	2962	31180
小谷围街道	131470	73087	58383	4610	4922	4953	1784	128715	971	57810
大石街道	116107	64285	51822	38858	47304	43283	14214	97971	3922	46840
洛浦街道	89294	45171	44123	33212	42444	42721	14660	69312	5322	57118
石壁街道	32989	17792	15197	10952	14388	13569	4928	26227	1834	17888
钟村街道	104598	53673	50925	27522	37300	38376	15490	83704	5404	38774
大龙街道	129515	64435	65080	40003	52727	50952	17520	107803	4192	43097
南村镇	129076	66291	62785	36738	48816	48615	14642	107528	6906	50797
新造镇	27248	13348	13900	8936	11664	12136	3712	21289	2247	12062
化龙镇	53142	26435	26707	11587	15457	16432	5808	44071	3263	27501
石楼镇	90381	45896	44485	27942	39302	38846	11006	72663	6712	62749
东涌镇	147228	76564	70664	52684	63938	60457	15746	124573	6909	66976
大岗镇	125011	64187	60824	39824	55932	54583	15167	101754	8090	77532
榄核镇	73078	37529	35549	22798	30822	30277	8775	59570	4733	47148
沙湾镇	88695	45183	43512	26286	36883	36305	13078	70054	5563	48103
石碁镇	97434	50367	47067	29256	39520	37415	10802	81798	4834	43896
花都区	**945005**	**491802**	**453203**	**210291**	**348228**	**342153**	**113980**	**772467**	**58558**	**592814**
新华街道	381311	199367	181944	103416	158339	156823	53797	305197	22317	251859
梯面镇	9516	5198	4318	2470	4352	3998	1373	7171	972	7459
花山镇	99262	52183	47079	20467	38940	38803	12590	79163	7509	69564
花东镇	118736	61396	57340	27673	53197	52522	17184	92622	8930	100773
炭步镇	55797	30071	25726	15369	23008	22142	6271	44393	5133	40027
赤坭镇	56609	28578	28031	14003	21703	20587	6099	44823	5687	41533
狮岭镇	203254	103929	99325	22421	40415	39463	13925	182452	6877	71411
雅瑶镇	20520	11080	9440	4472	8274	7815	2741	16646	1133	10188
南沙区	**259900**	**142374**	**117526**	**78266**	**108949**	**101678**	**31237**	**213535**	**15128**	**134761**
南沙街道	112151	62823	49328	34806	43015	38154	11249	97376	3526	32230

表19 续表 3

单位：人、户

地　区	总人口			家庭户	家庭户总人口		分年龄人口			居住本地，户口在本地
	合　计	男	女	户　数	男	女	0-14岁	15-64岁	65岁及以上	
珠江街道	28575	14959	13616	9010	13550	12961	3862	22002	2711	17355
万顷沙镇	44891	25687	19204	11317	18409	17602	5193	36789	2909	28818
横沥镇	30492	15899	14593	8796	14179	13772	4375	23779	2338	24385
黄阁镇	43791	23006	20785	14337	19796	19189	6558	33589	3644	31973
萝岗区	**373656**	**202456**	**171200**	**95830**	**136372**	**122784**	**39712**	**319850**	**14094**	**158781**
夏港街道	44528	25333	19195	13244	16185	14023	5003	38724	801	10569
萝岗街道	45717	24352	21365	10311	17157	16247	4991	37941	2785	26794
东区街道	85235	47340	37895	27016	33167	28406	8158	74870	2207	22271
联和街道	49867	25788	24079	7746	11821	11229	3668	44714	1485	16906
永和街道	55044	32620	22424	18339	20297	16185	3430	50619	995	11681
九龙镇	93265	47023	46242	19174	37745	36694	14462	72982	5821	70560
增城市	**1037109**	**544485**	**492624**	**253418**	**427978**	**405614**	**148192**	**821237**	**67680**	**692560**
荔城街道	191777	97258	94519	50576	85372	82356	30893	149067	11817	133641
增江街道	78072	39660	38412	11919	23780	22775	9048	64880	4144	38977
朱村街道	43557	23109	20448	10809	17058	15345	5388	35423	2746	28548
新塘镇	391287	209479	181808	90213	147131	140357	46537	324900	19850	209041
石滩镇	121674	64303	57371	34251	55429	51915	18878	93451	9345	95828
中新镇	78293	40306	37987	17128	34163	32656	13374	59178	5741	64716
正果镇	40387	21154	19233	11200	20322	18777	7500	28407	4480	38028
派潭镇	58337	30945	27392	17151	29660	26683	10465	41861	6011	55288
小楼镇	33725	18271	15454	10171	15063	14750	6109	24070	3546	28493
从化市	**593415**	**305791**	**287624**	**157508**	**261050**	**253264**	**99526**	**451510**	**42379**	**461403**
街口街道	96846	48631	48215	30565	43350	42631	15260	75711	5875	71035
江埔街道	95843	51526	44317	22702	36879	34664	13717	77126	5000	57546
城郊街道	79085	40105	38980	21770	36456	35281	14037	60297	4751	59280
温泉镇	55194	28065	27129	12046	22074	21115	7790	43353	4051	41852
良口镇	32829	16892	15937	8879	15457	15313	6507	23331	2991	29778
吕田镇	23430	12036	11394	7545	11601	11174	4573	16344	2513	21764
太平镇	94369	49971	44398	21382	39406	38116	15189	73180	6000	73514
鳌头镇	111308	56322	54986	31073	53649	52720	21620	78962	10726	102518
流溪河林场	4511	2243	2268	1546	2178	2250	833	3206	472	4116
韶关市	**2826246**	**1439912**	**1386334**	**883871**	**1319541**	**1309181**	**522254**	**2018854**	**285138**	**2244858**
武江区	**294708**	**146016**	**148692**	**90844**	**136954**	**136164**	**46920**	**222984**	**24804**	**195821**
新华街道	119737	59964	59773	38066	56992	57027	19019	91818	8900	76187
惠民街道	86514	42886	43628	29690	41509	41947	12690	64968	8856	55226
西联镇	30451	13452	16999	6305	9247	9132	3726	25459	1266	12651
西河镇	12766	6518	6248	3812	6484	6229	2251	9460	1055	9467
龙归镇	29883	15333	14550	8092	15031	14394	5833	21088	2962	27925
江湾镇	4678	2440	2238	1338	2341	2209	885	3278	515	4377
重阳镇	10679	5423	5256	3541	5350	5226	2516	6913	1250	9988
浈江区	**393521**	**209307**	**184214**	**121762**	**169577**	**164260**	**53523**	**302470**	**37528**	**256810**
东河街道	34739	17426	17313	12303	16792	16841	4409	26123	4207	24691
车站街道	45086	23427	21659	16673	22338	21170	6005	33888	5193	30619
风采街道	65706	31988	33718	24464	30682	31453	7603	49574	8529	50969
新韶镇	42347	21720	20627	8115	12208	11493	4335	36229	1783	20135
乐园镇	61970	32333	29637	18200	28465	26625	10639	46759	4572	32430
十里亭镇	69534	41494	28040	18220	26271	25166	9158	55126	5250	41578
犁市镇	40016	23370	16646	11297	17278	16577	6156	29829	4031	31573
花坪镇	5445	2787	2658	1589	2713	2630	1059	3918	468	5284
田螺冲办事处	5300	2762	2538	1241	1825	1755	644	4258	398	2734

表19　续表 4　　　　单位：人、户

地　区	总人口			家庭户	家庭户总人口		分年龄人口			居住本地，户口在本地
	合　计	男	女	户　数	男	女	0–14岁	15–64岁	65岁及以上	
曲仁办事处	12875	6342	6533	5100	5743	5990	1896	8720	2259	9226
韶关冶炼厂	9592	5208	4384	4247	4968	4302	1513	7243	836	7086
韶关粤北工业开发区	911	450	461	313	294	258	106	803	2	485
曲江区	**303371**	**156042**	**147329**	**92189**	**143865**	**139586**	**51415**	**222828**	**29128**	**240250**
马坝镇	134396	68251	66145	37588	60666	60525	22681	101879	9836	91310
大塘镇	28229	14513	13716	7789	14054	13589	5412	20145	2672	25907
枫湾镇	12088	6216	5872	4076	5902	5707	2128	8377	1583	11168
小坑镇	4737	2523	2214	1351	2218	2098	855	3386	496	4259
沙溪镇	12477	6392	6085	3559	6101	6025	2242	9035	1200	10778
乌石镇	12989	6566	6423	4121	6182	6149	1987	9044	1958	12490
樟市镇	18436	9402	9034	5870	9262	8973	3563	12333	2540	17563
白土镇	20941	10707	10234	5585	9149	9104	3508	15306	2127	17051
罗坑镇	7178	3589	3589	2204	3561	3578	1604	4715	859	6749
韶关钢铁集团有限公司	40108	21696	18412	15348	21010	18304	5760	30334	4014	34569
韶关发电厂	314	186	128	131	120	123	21	250	43	99
曲江区大宝山矿	6853	3682	3171	2698	3344	3110	938	5042	873	5253
韶关十六冶金建设公司	4625	2319	2306	1869	2296	2301	716	2982	927	3054
始兴县	**205452**	**101330**	**104122**	**63178**	**95269**	**99274**	**39882**	**143582**	**21988**	**180262**
太平镇	70422	34362	36060	21404	31777	33017	12460	51334	6628	51865
马市镇	27490	13467	14023	8945	13039	13870	5697	18698	3095	26585
澄江镇	10662	5248	5414	3377	4919	5272	2304	7271	1087	10252
顿岗镇	18763	9223	9540	5613	8832	9338	3945	12669	2149	18140
罗坝镇	14618	7344	7274	4843	7028	7108	2930	9978	1710	13448
司前镇	11372	5803	5569	3283	5381	5360	2245	8023	1104	10738
隘子镇	13354	6613	6741	4413	6598	6736	2849	8990	1515	12769
城南镇	17911	8801	9110	5207	8310	8768	3575	12328	2008	16533
沈所镇	14589	7144	7445	4248	6849	7237	2960	10020	1609	14404
深渡水乡	6271	3325	2946	1845	2536	2568	917	4271	1083	5528
仁化县	**200354**	**101773**	**98581**	**59804**	**92458**	**91637**	**37961**	**141029**	**21364**	**164071**
丹霞街道	59344	29777	29567	16543	25888	25732	9660	44189	5495	46936
闻韶镇	4420	2305	2115	1216	2103	1981	870	2994	556	4233
扶溪镇	9407	4740	4667	3078	4647	4621	1895	6491	1021	8946
长江镇	21293	10943	10350	6140	9878	9910	4828	14261	2204	19727
城口镇	8537	4320	4217	2469	4144	4163	1713	5922	902	7790
红山镇	7346	3882	3464	2272	3712	3395	1488	5224	634	6805
石塘镇	9138	4666	4472	2754	4345	4229	1788	6200	1150	8524
董塘镇	32069	16402	15667	9051	14083	13873	5955	22599	3515	26864
大桥镇	7269	3678	3591	2235	3475	3514	1380	5055	834	6429
周田镇	18929	9649	9280	5718	9091	9084	3806	12854	2269	17163
黄坑镇	8509	4277	4232	2867	4219	4216	1867	5479	1163	8107
中金岭南公司凡口铅锌矿	10893	5575	5318	4135	5328	5281	2132	7760	1001	2541
曲仁矿务局格顶矿区	3200	1559	1641	1326	1545	1638	579	2001	620	6
翁源县	**331320**	**167049**	**164271**	**103451**	**158028**	**156565**	**62600**	**234929**	**33791**	**293574**
龙仙镇	123469	61625	61844	39212	57832	57853	21788	89635	12046	100256
坝仔镇	35580	18041	17539	12036	17180	17077	7377	24235	3968	33884
江尾镇	32034	16219	15815	10639	15455	15452	6439	21650	3945	30709
官渡镇	41069	20461	20608	11295	18744	18705	7664	29493	3912	36417
周陂镇	31268	15662	15606	9956	15518	15522	6387	21324	3557	29670
翁城镇	27269	14014	13255	7909	13099	12589	5041	19676	2552	24646
新江镇	34653	17646	17007	10610	17354	16857	7021	24418	3214	33242

表19 续表 5　　单位：人、户

地区	总人口			家庭户	家庭户总人口		分年龄人口			居住本地，户口在本地
	合计	男	女	户数	男	女	0-14岁	15-64岁	65岁及以上	
铁龙林场	5978	3381	2597	1794	2846	2510	883	4498	597	4750
乳源瑶族自治县	**177471**	**90167**	**87304**	**52371**	**84979**	**83465**	**35148**	**125197**	**17126**	**144718**
乳城镇	76437	38617	37820	20577	35059	34554	13898	56438	6101	54854
一六镇	13578	6958	6620	4222	6796	6543	2875	9256	1447	10232
桂头镇	28628	14498	14130	8857	14093	14004	5713	20094	2821	25446
洛阳镇	5979	3175	2804	1859	3010	2762	1111	4049	819	5518
大布镇	7293	3809	3484	2138	3555	3451	1442	4884	967	6700
大桥镇	23768	11807	11961	7014	11544	11843	6058	15006	2704	21661
东坪镇	7764	4035	3729	2613	3912	3642	1328	5700	736	7250
游溪镇	6864	3504	3360	2483	3451	3335	1538	4715	611	6558
必背镇	3807	2038	1769	1482	2038	1769	694	2747	366	3700
天井山林场	1255	674	581	423	576	543	181	899	175	1066
乳阳林业局	2098	1052	1046	703	945	1019	310	1409	379	1733
新丰县	**206091**	**105214**	**100877**	**61230**	**100519**	**97088**	**43179**	**141782**	**21130**	**175247**
丰城街道	104661	53331	51330	28787	50440	48351	20352	76096	8213	81803
黄磜镇	10947	5610	5337	3669	5583	5325	2358	7290	1299	10189
马头镇	27036	13621	13415	9055	13398	13340	5479	18023	3534	25943
梅坑镇	17440	8946	8494	5551	8478	8320	3754	11537	2149	15826
沙田镇	13835	7087	6748	4478	6812	6629	3017	8958	1860	12893
遥田镇	17161	8901	8260	5540	8789	8210	4318	10350	2493	15798
回龙镇	15011	7718	7293	4150	7019	6913	3901	9528	1582	12795
乐昌市	**397779**	**206751**	**191028**	**130115**	**188629**	**185988**	**80598**	**276775**	**40406**	**332556**
乐城街道	127375	66534	60841	42254	58279	58193	21795	94047	11533	91634
北乡镇	12118	6183	5935	3644	6027	5900	2338	8475	1305	11448
九峰镇	15175	7888	7287	4946	7595	7131	2871	10675	1629	14404
廊田镇	23677	11938	11739	7634	11698	11597	5307	15758	2612	22001
长来镇	18233	9452	8781	5651	9282	8750	3957	12554	1722	17416
梅花镇	35762	18071	17691	10293	17453	17554	10163	22111	3488	32276
三溪镇	6725	3468	3257	2713	3282	3185	1230	4519	976	6352
坪石镇	53388	28976	24412	17120	23672	23342	9417	38864	5107	42871
黄圃镇	11591	5881	5710	4155	5741	5619	2641	7717	1233	10813
五山镇	12074	6417	5657	3885	6255	5608	2636	8250	1188	11344
两江镇	8127	4172	3955	2911	4077	3912	1447	5686	994	7752
沙坪镇	13529	6629	6900	3902	6502	6844	3510	8351	1668	12391
云岩镇	9575	4780	4795	2783	4505	4654	2702	5797	1076	8811
秀水镇	12137	6054	6083	3582	5875	5999	3714	7201	1222	10748
大源镇	7735	4732	3003	2035	3236	2919	864	6209	662	6011
庆云镇	7485	3846	3639	2695	3576	3503	1523	5046	916	7069
白石镇	8832	4523	4309	3663	4477	4294	1690	6009	1133	8513
坪石办事处	7012	3542	3470	3178	3457	3444	1355	4636	1021	5345
梅田办事处	7229	3665	3564	3071	3640	3540	1438	4870	921	5357
南雄市	**316179**	**156263**	**159916**	**108927**	**149263**	**155154**	**71028**	**207278**	**37873**	**261549**
雄州街道	105358	52019	53339	34791	48598	50360	18774	74929	11655	66509
乌迳镇	27850	13825	14025	10092	13642	13957	7516	17258	3076	25426
界址镇	8219	4093	4126	2850	3953	4079	2554	4714	951	7552
坪田镇	12955	6416	6539	4701	6370	6527	3618	7671	1666	12225
黄坑镇	15997	7856	8141	5434	7287	7643	3687	10556	1754	13964
邓坊镇	9210	4541	4669	3382	4480	4649	2331	5622	1257	8664
油山镇	17437	8576	8861	6148	8362	8779	4588	10646	2203	16337
南亩镇	8942	4360	4582	3122	4208	4515	2603	5163	1176	8169

表19 续表 6 单位：人、户

地 区	总人口			家庭户	家庭户总人口		分年龄人口			居住本地，户口在本地
	合 计	男	女	户 数	男	女	0-14岁	15-64岁	65岁及以上	
水口镇	11426	5594	5832	4168	5341	5761	2807	7094	1525	10770
江头镇	6861	3457	3404	2460	3438	3392	1676	4352	833	6442
湖口镇	17294	8342	8952	6329	8182	8837	3881	11088	2325	16422
珠玑镇	23764	11816	11948	8278	11164	11732	5655	14984	3125	21853
主田镇	5781	2860	2921	2017	2748	2874	1124	3843	814	5516
古市镇	11919	5865	6054	3737	5478	5745	2711	7789	1419	10980
全安镇	14898	7412	7486	4861	7141	7391	2987	10118	1793	13987
百顺镇	7281	3703	3578	2601	3530	3525	1836	4454	991	6732
澜河镇	5951	3035	2916	2218	2971	2886	1414	3864	673	5330
帽子峰镇	4899	2393	2506	1738	2370	2502	1266	2996	637	4671
南雄市精细化工基地	137	100	37					137		
深圳市	**10358381**	**5613545**	**4744836**	**3587005**	**3993422**	**3579798**	**1025086**	**9147876**	**185419**	**1747462**
罗湖区	**923421**	**464767**	**458654**	**300373**	**355870**	**374666**	**109968**	**785589**	**27864**	**220328**
桂园街道	82694	40634	42060	29368	30669	33397	7585	71682	3427	24324
黄贝街道	113382	55778	57604	39691	47623	51638	14173	94933	4276	37257
东门街道	90454	43770	46684	25301	32001	35231	10531	77092	2831	14773
翠竹街道	110459	54747	55712	36945	43643	47405	13315	92541	4603	38345
南湖街道	90500	41543	48957	27681	22739	30855	5907	82698	1895	12438
笋岗街道	64004	33568	30436	21649	25300	25312	7096	55298	1610	15315
东湖街道	84556	43387	41169	29164	37902	37283	12758	69163	2635	20692
莲塘街道	85569	42677	42892	28944	34996	36548	11497	71429	2643	24445
东晓街道	100779	53972	46807	31967	42196	40459	14474	84160	2145	16264
清水河街道	101024	54691	46333	29663	38801	36538	12632	86593	1799	16475
福田区	**1317511**	**680575**	**636936**	**390730**	**487936**	**499497**	**156580**	**1116673**	**44258**	**466798**
南园街道	108398	59360	49038	28396	39141	35675	11423	94019	2956	23904
园岭街道	88261	45893	42368	26130	33421	34143	12733	70804	4724	48399
福田街道	234861	118469	116392	69826	79586	88411	25582	204020	5259	62333
沙头街道	226061	117981	108080	73522	77991	79492	21703	200243	4115	46359
香蜜湖街道	89471	45856	43615	24692	36992	38121	11476	74547	3448	48227
梅林街道	168506	86984	81522	53058	67850	67136	20968	141582	5956	51548
莲花街道	168392	84735	83657	50945	68532	71583	23459	136492	8441	84943
华富街道	70834	36889	33945	19110	26504	26376	9457	58279	3098	33574
福保街道	106811	52638	54173	34045	42533	44103	13820	88956	4035	42930
华强北街道	54067	30524	23543	11000	15366	14451	5634	46207	2226	23062
福田保税区	1849	1246	603	6	20	6	325	1524		1519
南山区	**1088345**	**587305**	**501040**	**397574**	**451053**	**412704**	**125886**	**937673**	**24786**	**370739**
南头街道	163237	86967	76270	62765	70633	65617	20241	138656	4340	56225
南山街道	152312	80250	72062	68077	72520	67254	18925	130587	2800	50026
沙河街道	121350	64972	56378	48798	52693	47974	12371	104750	4229	37827
蛇口街道	87304	46310	40994	35319	39701	37046	9966	75192	2146	20605
招商街道	79650	43024	36626	29333	36729	33800	11455	65482	2713	47583
粤海街道	157807	85343	72464	43711	54377	53944	22690	131164	3953	96968
桃源街道	138853	76604	62249	51153	60106	52066	15900	120542	2411	34642
西丽街道	187832	103835	83997	58418	64294	55003	14338	171300	2194	26863
宝安区	**4499284**	**2503891**	**1995393**	**1664298**	**1725424**	**1427107**	**341187**	**4112290**	**45807**	**363273**
新安街道	410056	213674	196382	132580	167467	157952	55426	345865	8765	97322
光明办事处	66549	36542	30007	21291	27409	24016	8534	55739	2276	19365
西乡街道	580736	317094	263642	217750	218703	192742	42168	532291	6277	58212
福永街道	472792	254446	218346	151874	163923	142125	35085	434474	3233	16444
沙井街道	529041	280454	248587	177635	185884	164202	34653	489089	5299	28023

表19 续表 7

单位：人、户

地 区	总人口			家庭户	家庭户总人口		分年龄人口			居住本地，户口在本地
	合 计	男	女	户 数	男	女	0-14岁	15-64岁	65岁及以上	
松岗街道	398153	219700	178453	131942	146961	125908	30000	364510	3643	19130
公明办事处	414358	228877	185481	158367	160692	134591	30286	380389	3683	22781
石岩街道	248139	147992	100147	118438	107606	73571	12740	233485	1914	10448
观澜街道	452598	271207	181391	203029	185332	125027	20276	428950	3372	19866
大浪街道	277689	155851	121838	105313	112856	93410	22617	253193	1879	5902
龙华街道	367521	216034	151487	117426	119709	92440	25811	339239	2471	46678
民治街道	281652	162020	119632	128653	128882	101123	23591	255066	2995	19102
龙岗区	**2320460**	**1263100**	**1057360**	**780624**	**901095**	**798697**	**268155**	**2013788**	**38517**	**295157**
平湖街道	228217	122932	105285	72578	83058	73475	20992	204925	2300	13535
坪地街道	94765	54013	40752	33014	35921	29383	8823	84280	1662	11633
坪山街道	205999	118079	87920	74483	81419	65879	18044	184701	3254	19728
坑梓街道	94801	52784	42017	33869	39712	34011	9931	83400	1470	8238
葵涌街道	61105	32969	28136	22770	25237	21590	6097	53479	1529	9517
大鹏街道	46867	26730	20137	14487	17778	16214	5301	40371	1195	6334
南澳街道	18588	10495	8093	5543	7522	6722	2406	15440	742	6236
南湾街道	197431	101174	96257	66585	77615	74843	24745	169430	3256	22591
坂田街道	221767	122913	98854	81814	86196	71113	22141	197202	2424	12214
布吉街道	359770	185453	174317	125465	157581	154223	61120	290010	8640	50834
龙城街道	260696	141712	118984	73268	90672	81954	36178	219572	4946	79612
龙岗街道	215273	120338	94935	71610	80112	68368	22408	189267	3598	28704
横岗街道	306502	169415	137087	104219	117387	100290	29844	273165	3493	25846
大工业区	8679	4093	4586	919	885	632	125	8546	8	135
盐田区	**209360**	**113907**	**95453**	**53406**	**72044**	**67127**	**23310**	**181863**	**4187**	**31167**
梅沙街道	18063	10875	7188	3254	3915	3753	1079	16664	320	1735
盐田街道	80641	45587	35054	25074	34325	29064	10406	69081	1154	7580
沙头角街道	48798	24874	23924	13903	17374	17988	5557	41864	1377	10129
海山街道	61858	32571	29287	11175	16430	16322	6268	54254	1336	11723
珠海市	**1562530**	**813809**	**748721**	**476615**	**660012**	**626337**	**211970**	**1272348**	**78212**	**815610**
香洲区	**892685**	**459921**	**432764**	**281764**	**372178**	**359243**	**125766**	**726940**	**39979**	**440535**
翠香街道办	106661	53123	53538	33644	48515	49283	17699	82766	6196	65218
梅华街道办	91172	46816	44356	29545	43136	41605	17024	70196	3952	59344
前山街道办	184738	100238	84500	65599	84784	75470	28384	150251	6103	83174
吉大街道办	81088	41802	39286	25450	31822	32299	10679	66440	3969	41868
拱北街道办	105130	51030	54100	35940	41491	44130	13802	87610	3718	49516
香湾街道办	48482	24387	24095	14789	21944	22139	7848	37290	3344	27540
狮山街道办	56956	28551	28405	17420	25123	25304	8184	43662	5110	35875
湾仔街道办	26645	14390	12255	8258	11122	10092	3163	22247	1235	11273
唐家湾镇	109152	54724	54428	25685	31840	29756	8896	96733	3523	38411
南屏镇	70934	38136	32798	21620	27236	24700	8482	60155	2297	24094
横琴镇	6914	3938	2976	1916	2950	2598	1051	5537	326	2947
桂山镇	1745	1026	719	692	779	676	201	1464	80	557
万山镇	1208	662	546	402	548	482	183	946	79	430
担杆镇	1860	1098	762	804	888	709	170	1643	47	288
斗门区	**415882**	**215921**	**199961**	**124629**	**189679**	**180576**	**58227**	**329985**	**27670**	**271185**
莲洲镇	34681	17691	16990	10637	16830	16528	4827	26225	3629	30866
斗门镇	46549	24359	22190	12327	18841	18771	5830	36575	4144	31205
乾务镇	57352	30529	26823	17667	26486	24813	7311	45615	4426	38427
白蕉镇	104568	53561	51007	29293	49003	46526	16674	81242	6652	67603
井岸镇	172732	89781	82951	54705	78519	73938	23585	140328	8819	103084
金湾区	**253963**	**137967**	**115996**	**70222**	**98155**	**86518**	**27977**	**215423**	**10563**	**103890**

表19 续表 8 单位：人、户

地区	总人口			家庭户	家庭户总人口		分年龄人口			居住本地，户口在本地
	合计	男	女	户数	男	女	0-14岁	15-64岁	65岁及以上	
三灶镇	82221	43345	38876	21757	28185	25152	8291	71807	2123	30785
南水镇	36962	21840	15122	10735	13905	11619	3376	32488	1098	8756
红旗镇	67631	36833	30798	17691	25819	22608	7662	57466	2503	28070
平沙镇	67149	35949	31200	20039	30246	27139	8648	53662	4839	36279
汕头市	**5389328**	**2703834**	**2685494**	**1169534**	**2498219**	**2550660**	**1195805**	**3815411**	**378112**	**4481906**
龙湖区	**536356**	**270028**	**266328**	**142872**	**253024**	**252625**	**99146**	**405811**	**31399**	**353708**
金霞街道	69826	34800	35026	23441	32931	32637	12101	53823	3902	30649
珠池街道	136289	69167	67122	40491	65285	64965	24928	103969	7392	73386
新津街道	90471	47044	43427	25500	40940	39269	16666	70316	3489	42567
鸥汀街道	45884	22614	23270	10001	21040	21468	7435	35171	3278	39797
龙祥街道	41795	21039	20756	10872	19253	18926	7254	32859	1682	23722
外砂镇	86659	42814	43845	18982	41857	42891	16894	63286	6479	80676
新溪镇	65432	32550	32882	13585	31718	32469	13868	46387	5177	62911
金平区	**810284**	**402384**	**407900**	**241216**	**388305**	**400312**	**129279**	**604990**	**76015**	**606755**
石炮台街道	72067	34984	37083	21714	33992	36480	9981	52963	9123	61198
金砂街道	76935	38694	38241	23600	37207	37865	11932	57843	7160	51529
金厦街道	55597	27094	28503	17362	26816	28153	8117	41564	5916	45324
东方街道	67818	33012	34806	21212	32629	34592	10674	50564	6580	49472
大华街道	71471	34944	36527	22536	34666	36400	9498	53376	8597	60027
同益街道	27697	13606	14091	9554	13448	14054	3665	20554	3478	19352
光华街道	45094	22690	22404	14630	22318	22268	6763	33728	4603	29680
东墩街道	51424	25772	25652	15114	25340	25340	9954	38369	3101	34276
广厦街道	82825	40988	41837	24142	40778	41623	17570	60391	4864	56106
海安街道	26728	13091	13637	9804	12917	13540	3527	19725	3476	21015
新福街道	26547	13088	13459	9875	12968	13409	3424	19967	3156	19199
乌桥街道	16734	8317	8417	6092	8210	8262	1990	12538	2206	13075
岐山街道	27991	14654	13337	6814	12849	12761	4985	21349	1657	18898
永祥街道	21093	10628	10465	7899	10581	10462	2657	15780	2656	16053
鮀莲街道	51720	25610	26110	11269	24924	25710	9929	37846	3945	47895
鮀江街道	61863	31998	29865	13255	25874	26205	9504	48637	3722	41492
月浦街道	26680	13214	13466	6344	12788	13188	5109	19796	1775	22164
濠江区	**267463**	**129280**	**138183**	**57198**	**120400**	**130852**	**62126**	**186942**	**18395**	**235015**
达濠街道	79470	39982	39488	20978	38289	39008	15660	57946	5864	70838
马滘街道	24019	11416	12603	5727	11246	12563	5700	16631	1688	22216
礐石街道	47775	22257	25518	8747	19599	22932	11094	33438	3243	39775
广澳街道	36619	17598	19021	5840	14468	15676	7347	27298	1974	28103
滨海街道	27895	13213	14682	5490	12626	14078	7240	18744	1911	25113
河浦街道	34442	16877	17565	6713	16440	17397	9900	22191	2351	33162
玉新街道	17243	7937	9306	3703	7732	9198	5185	10694	1364	15808
潮阳区	**1626357**	**819292**	**807065**	**312880**	**758496**	**766743**	**417099**	**1107840**	**101418**	**1454190**
文光街道	132322	67899	64423	40334	62902	62110	29302	93146	9874	113217
棉北街道	56574	28205	28369	13183	25223	26616	11457	41088	4029	46970
城南街道	118784	59469	59315	24648	55094	56043	28350	82773	7661	95547
金浦街道	86000	42539	43461	14740	39991	41598	22614	58495	4891	77819
海门镇	118680	60470	58210	23257	59012	57468	27660	84508	6512	110118
河溪镇	74952	36520	38432	14704	36101	38281	23509	46660	4783	71596
和平镇	183475	93593	89882	27667	81642	81892	46273	127074	10128	162309
西胪镇	153149	76197	76952	29138	74882	76565	42867	100530	9752	148345
关埠镇	114283	56244	58039	24817	55305	57345	30187	76518	7578	111542
谷饶镇	189302	95975	93327	27924	77224	77982	46359	132789	10154	147167

表19 续表 9

单位：人、户

地　区	总人口			家庭户	家庭户总人口		分年龄人口			居住本地，户口在本地
	合　计	男	女	户　数	男	女	0-14岁	15-64岁	65岁及以上	
贵屿镇	155742	80080	75662	24606	72097	71625	43233	103192	9317	137991
铜盂镇	122661	61681	60980	21465	59340	59452	33633	80932	8096	114695
金灶镇	120433	60420	60013	26397	59683	59766	31655	80135	8643	116874
潮南区	**1288165**	**651666**	**636499**	**210072**	**580585**	**592910**	**344107**	**868628**	**75430**	**1111637**
峡山街道	240729	123490	117239	35600	98815	100130	53570	174626	12533	195614
井都镇	81324	39943	41381	14613	39305	40962	23819	52181	5324	75056
成田镇	82986	41398	41588	13995	39646	40688	22922	54217	5847	76380
司马浦镇	136062	69715	66347	19769	60141	60774	34408	94039	7615	115245
陈店镇	138368	71699	66669	20394	55322	55623	33294	98591	6483	101094
两英镇	196117	99571	96546	31326	92012	92712	54152	131002	10963	173091
仙城镇	91109	44867	46242	16334	43311	45323	28919	56707	5483	81131
胪岗镇	141742	71002	70740	23325	66808	68269	39241	93841	8660	128817
红场镇	25297	13177	12120	4853	11906	12034	8230	15402	1665	23126
雷岭镇	34254	17174	17080	6733	16845	16928	11366	21011	1877	31450
陇田镇	120177	59630	60547	23130	56474	59467	34186	77011	8980	110633
澄海区	**800399**	**401469**	**398930**	**186814**	**368594**	**377128**	**135126**	**596177**	**69096**	**664762**
凤翔街道	146928	74304	72624	34463	63810	64990	25225	110664	11039	114198
广益街道	61528	31505	30023	14488	27399	27320	10921	46818	3789	36806
澄华街道	97392	48530	48862	23056	42717	44337	17072	73626	6694	53013
上华镇	35570	17864	17706	7366	16341	16759	6507	25702	3361	32128
隆都镇	72421	35776	36645	17198	35234	36385	11955	52562	7904	70154
莲下镇	117893	59437	58456	24930	53906	55550	19979	88028	9886	106641
莲上镇	55483	27507	27976	12187	26076	27177	8938	41485	5060	52507
溪南镇	64363	32043	32320	15331	31553	32219	9962	48170	6231	62529
东里镇	80521	40154	40367	21628	37887	38730	12201	59961	8359	72205
盐鸿镇	43379	21770	21609	9976	21332	21399	8071	31264	4044	41171
莲华镇	24921	12579	12342	6191	12339	12262	4295	17897	2729	23410
南澳县	60304	29715	30589	18482	28815	30090	8922	45023	6359	55839
后宅镇	36972	18294	18678	11621	17422	18214	5188	27910	3874	33231
云澳镇	14955	7311	7644	4388	7293	7627	2497	10972	1486	14419
深澳镇	8377	4110	4267	2473	4100	4249	1237	6141	999	8189
佛山市	**7197394**	**3876536**	**3320858**	**1984934**	**2807395**	**2670587**	**854964**	**5964237**	**378193**	**3282363**
禅城区	**1101077**	**574102**	**526975**	**312075**	**422489**	**410282**	**125948**	**907461**	**67668**	**502232**
石湾镇街道	286226	148682	137544	94702	126534	122286	38710	231932	15584	130429
张槎街道	241149	126490	114659	53206	74412	70046	24143	209438	7568	64565
祖庙街道	416800	209725	207075	128589	168644	169374	45940	334148	36712	235185
南庄镇	156902	89205	67697	35578	52899	48576	17155	131943	7804	72053
南海区	**2588844**	**1409931**	**1178913**	**660738**	**942110**	**900817**	**292683**	**2172559**	**123602**	**1076587**
桂城街道	542775	285115	257660	164290	221485	215028	71202	447682	23891	206351
罗村街道	177801	99193	78608	43360	63204	58869	22457	148328	7016	65919
九江镇	170179	92430	77749	43920	66667	63514	19261	140497	10421	91700
西樵镇	221670	116844	104826	54883	84202	83757	25752	181180	14738	133390
丹灶镇	154955	87298	67657	38446	53358	50307	15922	130005	9028	73623
狮山镇	432713	247109	185604	94483	137201	126737	40623	374831	17259	155826
大沥镇	614837	327419	287418	164836	233829	224576	74611	511916	28310	243130
里水镇	273914	154523	119391	56520	82164	78029	22855	238120	12939	106648
顺德区	**2464784**	**1329357**	**1135427**	**712515**	**1017034**	**946244**	**297613**	**2051760**	**115411**	**1130710**
伦教街道	184479	98379	86100	59247	82297	75582	25197	151462	7820	77305
勒流街道	252364	136713	115651	76157	102091	93213	27807	214153	10404	102300
大良街道	404309	211644	192665	119329	168475	164319	54883	328092	21334	204384

表19 续表 10

单位：人、户

地区	总人口			家庭户	家庭户总人口		分年龄人口			居住本地，户口在本地
	合计	男	女	户数	男	女	0-14岁	15-64岁	65岁及以上	
容桂街道	449687	239789	209898	145100	195251	179505	50616	380101	18970	190577
陈村镇	135686	72159	63527	37318	56888	55486	17216	109900	8570	70897
北滘镇	270310	152216	118094	74948	105261	95025	28654	231729	9927	106498
乐从镇	259795	144841	114954	63248	94946	87476	33320	215821	10654	98245
龙江镇	221881	124279	97602	69734	96856	84946	25024	188019	8838	90523
杏坛镇	144537	74724	69813	31991	58722	57545	18677	115774	10086	107237
均安镇	141736	74613	67123	35443	56247	53147	16219	116709	8808	82744
三水区	**622645**	**337875**	**284770**	**173980**	**245167**	**238540**	**81884**	**497778**	**42983**	**330399**
西南街道	283819	147270	136549	84742	121529	120871	42960	220623	20236	169157
云东海街道	29953	13304	16649	4763	6109	6277	2090	26764	1099	9191
大塘镇	46704	25805	20899	12794	18234	17232	5319	37159	4226	27248
乐平镇	134508	81504	53004	31649	44256	42321	14825	111810	7873	58174
白坭镇	64425	36784	27641	20797	27076	24245	7823	53781	2821	21385
芦苞镇	40626	21285	19341	12366	17534	17677	5370	31023	4233	28386
南山镇	22610	11923	10687	6869	10429	9917	3497	16618	2495	16858
高明区	**420044**	**225271**	**194773**	**125626**	**180595**	**174704**	**56836**	**334679**	**28529**	**242435**
荷城街道	278454	150865	127589	80297	119134	115367	40030	224102	14322	145983
杨和镇	53224	27365	25859	16390	21317	21390	5812	43704	3708	27889
明城镇	41838	22344	19494	11956	17708	16991	5000	32522	4316	30923
更合镇	46528	24697	21831	16983	22436	20956	5994	34351	6183	37640
江门市	**4450703**	**2276607**	**2174096**	**1303988**	**2051128**	**2029702**	**636185**	**3410392**	**404126**	**3228784**
蓬江区	**719146**	**370667**	**348479**	**210883**	**315447**	**312303**	**104098**	**566403**	**48645**	**392833**
仓后街道	59565	30890	28675	18089	24747	24908	6830	46647	6088	37848
白沙街道	109791	54302	55489	33666	48232	49095	14499	86388	8904	59387
堤东街道	76765	37549	39216	25213	36500	38119	10069	59586	7110	53998
北街街道	58374	30091	28283	18125	26617	26468	8817	45427	4130	31080
潮连街道	29395	15401	13994	7532	10884	10047	3064	24810	1521	11458
环市街道	119423	62284	57139	37991	55807	53999	19760	94347	5316	55113
棠下镇	76021	38368	37653	19208	31990	33286	11063	58560	6398	59943
荷塘镇	88085	47379	40706	19736	32761	32038	12906	70650	4529	42405
杜阮镇	101727	54403	47324	31323	47909	44343	17090	79988	4649	41601
江海区	**254313**	**130501**	**123812**	**66454**	**108999**	**107474**	**35776**	**202800**	**15737**	**142801**
江南街道	31700	15802	15898	10658	15184	15519	4682	24531	2487	17424
滘头街道	35972	18460	17512	9594	15110	14995	5118	29119	1735	14933
滘北街道	9363	4964	4399	2484	3909	3711	1510	7251	602	3708
外海街道	94666	48987	45679	21517	34713	34153	10989	78657	5020	45893
礼乐街道	82612	42288	40324	22201	40083	39096	13477	63242	5893	60843
新会区	**849155**	**432077**	**417078**	**264191**	**398246**	**397902**	**118863**	**650416**	**79876**	**662363**
会城街道	385177	193577	191600	121228	180894	182677	57126	297131	30920	271003
大泽镇	37677	18939	18738	11557	18798	18686	5198	28825	3654	34080
司前镇	69935	35430	34505	20687	31979	32729	10314	53103	6518	57112
罗坑镇	31527	16368	15159	10347	14350	14246	3482	24214	3831	26676
双水镇	87295	44622	42673	30274	41130	40698	11133	65650	10512	71660
崖门镇	37963	19257	18706	11783	17304	17412	4824	28198	4941	32036
沙堆镇	36957	19708	17249	10970	16590	16400	4655	28609	3693	27907
古井镇	42027	21867	20160	12952	19079	18737	5466	32286	4275	33364
三江镇	43113	22130	20983	12992	20848	20344	5037	33290	4786	39433
睦洲镇	42117	21660	20457	12294	19784	19433	6136	31856	4125	37076
大鳌镇	35367	18519	16848	9107	17490	16540	5492	27254	2621	32016
台山市	**941095**	**476691**	**464404**	**283789**	**452856**	**450576**	**128059**	**710500**	**102536**	**787828**

表19 续表 11

单位：人、户

地区	总人口			家庭户户数	家庭户总人口		分年龄人口			居住本地，户口在本地
	合计	男	女		男	女	0-14岁	15-64岁	65岁及以上	
台城街道	246844	124007	122837	76462	116123	115517	35729	193577	17538	162953
大江镇	46674	23200	23474	14273	21836	22843	5459	36404	4811	43153
水步镇	42578	21475	21103	12986	19736	20437	4931	32724	4923	37635
四九镇	37402	18726	18676	11429	17702	18153	4525	28339	4538	33807
白沙镇	52462	25851	26611	16347	24868	26074	7208	38536	6718	47972
三合镇	36215	18123	18092	10883	17551	17785	4901	26508	4806	32401
冲蒌镇	32483	16324	16159	9645	15191	15533	4072	24748	3663	27303
斗山镇	48229	24281	23948	13820	23673	23472	6433	36472	5324	42832
都斛镇	42657	21838	20819	12220	21639	20770	5496	32089	5072	40430
赤溪镇	34450	18677	15773	7603	15242	15302	4908	26243	3299	29410
端芬镇	45729	22789	22940	14045	22428	22816	6658	32963	6108	40640
广海镇	43465	21915	21550	12280	21022	21043	6058	32751	4656	37045
海宴镇	69583	35701	33882	21050	34383	33324	10198	50318	9067	60971
汶村镇	49565	25578	23987	15561	25036	23726	7110	36103	6352	45637
深井镇	52767	27044	25723	15909	26409	25574	6469	39305	6993	50030
北陡镇	28091	14785	13306	7971	14167	13056	4183	20187	3721	26534
川岛镇	28272	14476	13796	9859	13958	13424	3331	20539	4402	26290
华侨农场	3629	1901	1728	1446	1892	1727	390	2694	545	2785
开平市	**699242**	**350451**	**348791**	**197399**	**321449**	**329009**	**109076**	**522023**	**68143**	**497129**
三埠街道	173100	85971	87129	51187	81961	82873	26071	133983	13046	107796
长沙街道	124829	62528	62301	33773	57780	58458	20335	95405	9089	65251
沙塘镇	24667	12211	12456	7048	11465	12230	4182	17343	3142	22630
苍城镇	26750	13412	13338	7509	12544	12954	4629	19122	2999	22980
龙胜镇	26161	13144	13017	7788	12306	12514	5214	17622	3325	22241
大沙镇	22298	11169	11129	6274	10631	10985	4439	14946	2913	20494
马冈镇	30728	15098	15630	9742	14484	15248	5888	20041	4799	28375
塘口镇	22626	10868	11758	6597	10610	11670	3239	16439	2948	20586
赤坎镇	37260	18468	18792	10264	16466	17620	4632	28083	4545	30994
百合镇	17621	8479	9142	5626	7963	8738	2874	12283	2464	13792
蚬冈镇	13280	7163	6117	3993	5295	5619	1502	9871	1907	9983
金鸡镇	16493	8583	7910	4443	7928	7689	2363	12312	1818	14921
月山镇	46700	23857	22843	11052	20755	20935	6876	35267	4557	38654
赤水镇	25894	13194	12700	8111	12588	12467	3762	18605	3527	21810
水口镇	90835	46306	44529	23992	38673	39009	13070	70701	7064	56622
鹤山市	**494938**	**258875**	**236063**	**134148**	**210048**	**205072**	**67348**	**386938**	**40652**	**322794**
沙坪街道	197155	100060	97095	58030	87673	86849	27832	156760	12563	115966
龙口镇	36625	18992	17633	10225	17294	17109	5115	26957	4553	32460
雅瑶镇	38851	20186	18665	10304	16453	15944	4808	30720	3323	25217
古劳镇	35606	17286	18320	9755	14938	14943	4653	27676	3277	22199
桃源镇	25902	13659	12243	5820	10369	10244	3362	20214	2326	18979
鹤城镇	32170	17107	15063	7395	11920	11814	4118	24722	3330	21156
共和镇	41338	22926	18412	8565	13029	12028	3808	35102	2428	18714
址山镇	32009	16919	15090	8946	13815	13586	4575	24567	2867	20404
宅梧镇	26254	13661	12593	7950	13155	12260	5074	17872	3308	23363
云乡镇	5407	2948	2459	1398	2321	2111	822	4054	531	3474
双合镇	16575	8751	7824	5151	8324	7646	2933	11560	2082	14772
营顶茶场	7046	6380	666	609	757	538	248	6734	64	6090
恩平市	**492814**	**257345**	**235469**	**147124**	**244083**	**227366**	**72965**	**371312**	**48537**	**423036**
恩城街道	197788	103454	94334	58541	99337	90786	28805	154547	14436	173911
横陂镇	31694	16930	14764	11694	16457	14652	4721	22642	4331	28682

表19　续表 12

单位：人、户

地　区	总人口			家庭户	家庭户总人口		分年龄人口			居住本地，户口在本地
	合　计	男	女	户　数	男	女	0-14岁	15-64岁	65岁及以上	
圣堂镇	25038	13091	11947	6943	12858	11850	3819	18447	2772	23114
良西镇	20091	10520	9571	5831	10054	9309	3707	14146	2238	17993
沙湖镇	56217	29014	27203	16408	24729	24894	7709	41840	6668	42445
牛江镇	23430	12185	11245	6637	11497	10976	3205	17492	2733	17641
君堂镇	46475	23665	22810	14502	23234	22508	6285	34871	5319	38555
大田镇	27943	14635	13308	8438	13854	13065	4930	19860	3153	25469
那吉镇	19384	10292	9092	5534	9661	8772	2948	14272	2164	18702
大槐镇	18625	9945	8680	5366	9239	8251	3075	13587	1963	14714
东成镇	26129	13614	12515	7230	13163	12303	3761	19608	2760	21810
湛江市	**6994832**	**3651062**	**3343770**	**1784361**	**3476324**	**3199483**	**1608020**	**4769597**	**617215**	**6072399**
赤坎区	**303824**	**152153**	**151671**	**86790**	**136658**	**130782**	**48804**	**229961**	**25059**	**175085**
中华街道	30022	15047	14975	8904	13461	13392	4169	22689	3164	21443
寸金街道	52433	22802	29631	11145	15956	15684	5473	43003	3957	27466
民主街道	46473	23984	22489	15481	22631	21573	7667	35036	3770	26893
中山街道	30550	15478	15072	10537	15361	14969	5158	21959	3433	18976
沙湾街道	25876	13515	12361	7697	12876	12036	5197	18906	1773	10533
调顺街道	7405	3993	3412	2092	3618	3231	1511	5293	601	4616
南桥街道	79189	40961	38228	23180	36925	34775	13295	60001	5893	44870
北桥街道	31876	16373	15503	7754	15830	15122	6334	23074	2468	20288
霞山区	**487093**	**251941**	**235152**	**149502**	**234654**	**220780**	**80894**	**364662**	**41537**	**288195**
解放街道	36666	18276	18390	12234	17700	17356	5703	26411	4552	29076
爱国街道	39505	20680	18825	13027	20346	18715	6196	28982	4327	26959
工农街道	44102	22302	21800	14044	20611	20094	6746	32756	4600	28873
友谊街道	60019	32326	27693	19382	30236	27393	10688	43814	5517	41324
新兴街道	52726	27073	25653	16143	25985	24671	10306	38286	4134	27143
海滨街道	20869	10449	10420	6441	9695	9494	3247	16010	1612	13722
建设街道	46266	24093	22173	13898	23208	21488	8069	33478	4719	27167
东新街道	51908	27362	24546	16649	27043	24404	9674	38946	3288	26297
新园街道	47237	24576	22661	13220	20375	19727	6311	37091	3835	25874
海头街道	17644	9008	8636	4371	8394	7815	3068	13299	1277	14226
泉庄街道	5291	2669	2622	1674	2224	2231	779	4239	273	1995
乐华街道	64860	33127	31733	18419	28837	27392	10107	51350	3403	25539
坡头区	**333239**	**174719**	**158520**	**86607**	**167219**	**153041**	**63036**	**240193**	**30010**	**311563**
南调街道	30675	16022	14653	7099	14790	13697	5436	23039	2200	27069
麻斜街道	10074	5272	4802	2532	5135	4717	1577	7580	917	9249
南三镇	75211	39049	36162	18294	37781	35527	16347	52147	6717	72723
坡头镇	59227	31001	28226	15080	29952	26973	10563	43124	5540	54932
乾塘镇	30116	15437	14679	8094	15060	14364	6335	20885	2896	29015
龙头镇	55159	29286	25873	14416	27697	24905	10285	39932	4942	51968
官渡镇	52526	27762	24764	13130	26172	23531	9909	38199	4418	49018
中国石油南海西部公司	20251	10890	9361	7962	10632	9327	2584	15287	2380	17589
麻章区	**487712**	**254692**	**233020**	**109277**	**223920**	**207419**	**101319**	**348785**	**37608**	**424895**
麻章镇	107819	55151	52668	20243	42099	38006	18217	83220	6382	75410
太平镇	87356	45985	41371	20228	44036	40298	22624	57572	7160	82247
湖光镇	80346	43778	36568	15440	30476	28602	13100	61989	5257	62568
东山镇	59810	30952	28858	14717	30231	28270	13628	41181	5001	58541
东简镇	44037	22777	21260	11144	22200	20871	10518	29811	3708	43484
民安镇	50596	26131	24465	12134	25403	23884	11257	34942	4397	49500
硇洲镇	44674	23114	21560	10964	22888	21400	9217	31623	3834	42163
湖光农场	13074	6804	6270	4407	6587	6088	2758	8447	1869	10982

表19 续表 13 单位：人、户

地区	总人口			家庭户	家庭户总人口		分年龄人口			居住本地，户口在本地
	合计	男	女	户数	男	女	0-14岁	15-64岁	65岁及以上	
遂溪县	**886452**	**460029**	**426423**	**223083**	**432510**	**403161**	**202836**	**595945**	**87671**	**812395**
遂城镇	212903	111607	101296	47923	92297	83473	42188	154779	15936	177484
黄略镇	82349	42941	39408	18475	42090	38897	19632	55003	7714	78584
洋青镇	63578	33045	30533	17005	31941	29858	14857	41879	6842	60544
界炮镇	58437	30316	28121	15963	29667	27742	12826	38291	7320	56717
乐民镇	34895	17869	17026	8132	17788	16937	10277	20912	3706	31944
江洪镇	27260	13917	13343	6196	12992	12756	7212	17220	2828	25664
杨柑镇	80681	41459	39222	20388	40074	38248	19415	52482	8784	77281
城月镇	85668	44926	40742	21799	44145	40226	20225	57368	8075	80124
乌塘镇	14441	7440	7001	4298	7440	7001	3378	9302	1761	13664
建新镇	20415	10805	9610	5533	10620	9504	4968	13460	1987	18647
岭北镇	24482	12867	11615	6633	12434	11289	5725	16450	2307	22337
北坡镇	43904	22773	21131	12912	22674	21058	10194	28790	4920	41096
港门镇	30378	15243	15135	8382	15112	15028	7240	19742	3396	29424
草潭镇	59698	30149	29549	16331	29509	29094	13437	39377	6884	57742
河头镇	31959	16601	15358	7272	15918	14899	8422	20710	2827	28639
广前公司	15404	8071	7333	5841	7809	7151	2840	10180	2384	12504
徐闻县	**698474**	**364865**	**333609**	**176399**	**360201**	**328807**	**148743**	**489150**	**60581**	**621669**
徐城街道办	118712	62324	56388	33915	60205	53009	21309	88892	8511	85878
迈陈镇	57917	30121	27796	13869	29976	27709	12947	39339	5631	54254
海安镇	21810	11517	10293	5848	11295	10103	4031	16110	1669	18368
曲界镇	43476	22718	20758	10388	22620	20664	9576	30425	3475	39615
前山镇	37703	19696	18007	9406	19634	17981	8577	25806	3320	35825
西连镇	36275	18546	17729	8005	18546	17729	9179	23550	3546	34518
下桥镇	38773	20193	18580	9021	20115	18521	8430	27478	2865	36401
龙塘镇	56235	29317	26918	13729	29258	26895	13159	38447	4629	52930
下洋镇	25892	13555	12337	6512	13555	12337	5744	17508	2640	24651
锦和镇	40600	21298	19302	9932	21269	19289	9237	27557	3806	38177
和安镇	33826	17788	16038	7947	17774	16027	8017	23086	2723	32288
新寮镇	26495	13762	12733	6304	13759	12731	6909	17104	2482	25230
南山镇	70233	36872	33361	15931	35845	32770	13741	50790	5702	63461
城北乡	38074	20001	18073	8889	19558	17831	8294	26681	3099	37105
角尾乡	26131	13449	12682	7052	13403	12666	4954	18396	2781	25396
南华农场	6227	3188	3039	2179	3137	3031	1206	4205	816	3997
五一农场	3825	1990	1835	1541	1912	1813	651	2457	717	2687
华海公司	9213	4817	4396	3328	4772	4387	1631	6466	1116	6150
友好农场	2710	1422	1288	1092	1334	1270	419	1776	515	1728
红星农场	4347	2291	2056	1511	2234	2044	732	3077	538	3010
廉江市	**1443099**	**765030**	**678069**	**380332**	**739079**	**660226**	**354357**	**949739**	**139003**	**1290189**
罗州街道办	124088	67148	56940	42853	62840	51733	20921	94289	8878	100180
城南街道办	41180	21832	19348	10668	21580	19127	8872	29105	3203	25132
城北街道办	43452	23155	20297	11283	20834	18195	7996	32757	2699	30808
石城镇	69876	36893	32983	16284	36876	32981	17585	45887	6404	64237
新民镇	42790	22400	20390	10071	21770	20040	11280	26877	4633	39939
吉水镇	75148	40262	34886	15492	35529	32528	17179	52235	5734	63041
河唇镇	82496	43763	38733	21707	42866	38192	19004	55524	7968	76895
石角镇	48404	24972	23432	12534	24918	23404	15119	28349	4936	43218
良垌镇	114012	61050	52962	28098	55720	49825	27049	75043	11920	109336
横山镇	112183	58927	53256	26607	58536	53044	27816	73402	10965	105361
安铺镇	106504	54730	51774	29987	54476	51622	22291	71924	12289	97891

表19 续表 14 单位：人、户

地区	总人口			家庭户	家庭户总人口		分年龄人口			居住本地，户口在本地
	合计	男	女	户数	男	女	0-14岁	15-64岁	65岁及以上	
营仔镇	74573	38225	36348	19729	37334	35856	19522	47016	8035	68868
青平镇	102485	54983	47502	23553	54488	47179	24949	67912	9624	87501
车板镇	39578	20647	18931	10374	20455	18817	10607	24790	4181	38066
高桥镇	31389	16593	14796	9238	15510	14245	8189	20112	3088	29639
石岭镇	96285	51606	44679	28011	48990	43311	24852	61278	10155	89638
雅塘镇	40616	21286	19330	9542	20837	19159	10971	25546	4099	37593
石颈镇	42693	23057	19636	10883	22802	19526	12033	26579	4081	40377
长山镇	51784	27903	23881	14457	27715	23799	16150	29838	5796	47944
塘蓬镇	69652	37849	31803	19251	37319	31519	20230	42875	6547	63474
和寮镇	33911	17749	16162	9710	17684	16124	11742	18401	3768	31051
雷州市	**1427664**	**745887**	**681777**	**358633**	**722966**	**666014**	**377690**	**935337**	**114637**	**1289830**
雷城街道办	82820	44818	38002	24526	40707	34083	15520	60874	6426	68366
西湖街道办	28177	15713	12464	8042	13283	10376	5036	21708	1433	12318
新城街道办	35973	20211	15762	11333	18992	14659	7448	27350	1175	17931
白沙镇	73283	38514	34769	17959	35914	33047	20306	47682	5295	67126
沈塘镇	48122	25040	23082	11923	24823	22947	13548	30735	3839	47095
客路镇	107073	56501	50572	25157	55707	50163	27677	70806	8590	101838
杨家镇	67249	35041	32208	15954	34942	32160	20302	41728	5219	65377
唐家镇	44684	23152	21532	10999	22826	21295	12753	28224	3707	40514
企水镇	41907	21331	20576	11393	21286	20545	11224	26782	3901	39553
纪家镇	91454	47515	43939	21426	46831	43586	22933	60106	8415	85427
松竹镇	58368	29777	28591	14352	29258	28381	17610	36119	4639	55588
南兴镇	82944	42619	40325	20996	42142	39987	22836	53128	6980	77582
雷高镇	42140	21936	20204	12004	21787	20168	11348	27008	3784	39964
东里镇	78693	40699	37994	18604	40182	37795	22674	49335	6684	72865
调风镇	60051	31177	28874	14167	30661	28673	18430	36766	4855	55936
龙门镇	80089	42058	38031	19481	40372	36879	21280	52664	6145	72572
英利镇	73369	38119	35250	17309	37409	34703	18237	49768	5364	66235
北和镇	72099	37447	34652	16983	36718	34262	19739	46188	6172	69510
乌石镇	73730	38198	35532	17094	35420	34350	19123	47974	6633	70680
覃斗镇	47213	24259	22954	11122	24259	22939	13339	29835	4039	45378
附城镇	101199	52079	49120	24145	50860	48499	29179	64785	7235	93560
华侨管理区	5685	2963	2722	1562	2230	2036	887	4209	589	2893
丰收糖业集团有限公司	8972	4772	4200	3611	4717	4182	1674	6267	1031	5391
火炬农场	5978	3308	2670	2229	3146	2641	1202	4269	507	4279
幸福农场	4282	2285	1997	1501	2245	1970	916	2942	424	2671
东方红农场	7261	3831	3430	2842	3750	3371	1466	4843	952	5350
金星农场	4849	2524	2325	1919	2499	2317	1003	3242	604	3831
吴川市	**927275**	**481746**	**445529**	**213738**	**459117**	**429253**	**230341**	**615825**	**81109**	**858578**
梅菉街道	141540	77672	63868	33256	63552	53970	26659	103522	11359	123336
塘尾街道	30774	15765	15009	7021	15254	14602	7619	20361	2794	28570
大山江街道	23964	12780	11184	4851	12120	10887	5426	16824	1714	20846
博铺街道	15612	8304	7308	2970	7887	7053	2769	11765	1078	13826
海滨街道	41745	21679	20066	8590	20200	17693	8035	30810	2900	32370
浅水镇	31296	15961	15335	7202	15693	15115	8936	19445	2915	29513
长岐镇	68655	35365	33290	14710	34854	33118	18817	43916	5922	65046
覃巴镇	65414	33405	32009	15724	32825	31740	16481	43075	5858	62047
王村港镇	19517	10055	9462	5234	9828	9277	4966	12401	2150	18151
振文镇	91867	46501	45366	22447	45924	45134	24094	59027	8746	87850
樟铺镇	38844	19320	19524	9005	19311	19517	12179	22839	3826	36905

表19 续表 15

单位：人、户

地　区	总人口			家庭户	家庭户总人口		分年龄人口			居住本地，户口在本地
	合　计	男	女	户　数	男	女	0-14岁	15-64岁	65岁及以　上	
吴阳镇	80519	41154	39365	18172	40213	38831	21461	51524	7534	76848
塘缀镇	107435	55987	51448	24143	55860	51346	29966	68254	9215	101340
黄坡镇	139160	71695	67465	33291	69698	66234	35730	91445	11985	131769
兰石镇	30933	16103	14830	7122	15898	14736	7203	20617	3113	30161
茂名市	**5817494**	**3023779**	**2793715**	**1505873**	**2860602**	**2673088**	**1504176**	**3762796**	**550522**	**5256549**
茂南区	**820821**	**429699**	**391122**	**215309**	**399779**	**369656**	**168604**	**587167**	**65050**	**668101**
红旗街道办	30888	16451	14437	10725	15864	13919	6201	22456	2231	20689
河西街道办	23849	12590	11259	6897	10638	9518	4838	17382	1629	14863
河东街道办	93590	48723	44867	27577	46796	43084	18394	68010	7186	77771
露天矿街道办	17230	9829	7401	4502	7371	6312	2460	12815	1955	11494
新华街道办	11534	6387	5147	3851	5939	5083	2358	8104	1072	7213
官渡街道办	158808	85956	72852	40055	70252	63624	26645	120593	11570	128145
站前街道办	79575	40175	39400	24218	38590	34784	16639	59809	3127	57672
金塘镇	60774	31304	29470	14853	30510	29157	14220	40536	6018	56467
公馆镇	63792	33042	30750	15081	32445	30649	14167	43688	5937	58437
新坡镇	36699	18932	17767	9577	18485	17547	7083	26386	3230	24920
镇盛镇	53847	27882	25965	12792	27513	25816	12119	36950	4778	49633
鳌头镇	70459	36202	34257	16448	35647	34002	18507	45405	6547	64324
袂花镇	40844	20934	19910	8990	20619	19687	9250	27872	3722	37657
高山镇	16750	8621	8129	4285	8355	7951	3273	12089	1388	13727
山阁镇	31037	16229	14808	7390	15725	14601	6585	21465	2987	28195
茂南开发区	31145	16442	14703	8068	15030	13922	5865	23607	1673	16894
茂港区	**396775**	**204960**	**191815**	**91767**	**202406**	**190276**	**96628**	**265909**	**34238**	**363839**
南海街道	30465	15736	14729	7019	15220	14229	6929	20889	2647	26230
高地街道	31350	16258	15092	7337	16181	15010	6772	21560	3018	29473
羊角镇	120390	61776	58614	26871	61632	58535	30276	81100	9014	107880
坡心镇	66154	34093	32061	17218	33754	31889	16927	43241	5986	61453
七迳镇	61374	31866	29508	14002	31307	29240	14781	41428	5165	58166
小良镇	46801	24297	22504	10590	23549	22132	11572	30879	4350	43062
沙院镇	40241	20934	19307	8730	20763	19241	9371	26812	4058	37575
电白县	**1218716**	**642526**	**576190**	**299236**	**622437**	**560359**	**309920**	**805373**	**103423**	**1131778**
马踏镇	65317	33829	31488	15625	33210	31271	20944	39304	5069	62054
岭门镇	69999	36462	33537	15352	35663	33047	22067	42849	5083	68230
树仔镇	60842	32911	27931	12826	32894	27912	15342	41246	4254	57871
麻岗镇	62216	33483	28733	13468	32954	28410	14889	42533	4794	59428
旦场镇	59457	31364	28093	13298	29946	27329	14145	39695	5617	56346
霞洞镇	85602	44162	41440	21257	43006	40555	22204	55277	8121	80118
观珠镇	80041	42282	37759	20160	40206	36502	22820	49670	7551	73434
沙琅镇	64804	33543	31261	16565	33227	30936	17018	41428	6358	56854
黄岭镇	31655	16519	15136	9192	15988	15060	9617	18634	3404	28323
望夫镇	25121	13302	11819	7462	13270	11813	7884	14479	2758	23761
罗坑镇	27210	14301	12909	6852	13774	12693	7610	17170	2430	25245
那霍镇	49645	26218	23427	15685	25491	23005	14251	30576	4818	46702
水东镇	146032	77360	68672	39956	70680	60602	25402	109858	10772	117471
博贺镇	67333	35940	31393	15501	34700	30544	14730	47334	5269	65040
林头镇	114466	59770	54696	28014	57471	53013	27655	76020	10791	108085
电城镇	149501	79675	69826	33471	79321	69689	40521	97942	11038	145268
陈村镇	49451	25519	23932	10640	25514	23900	10703	34915	3833	47928
曙光农场	5761	3066	2695	2418	3054	2683	1449	3482	830	5550
水丰农场	2177	1189	988	863	1169	952	457	1387	333	2081

表19　续表 16　　　　单位：人、户

地　区	总人口			家庭户	家庭户总人口		分年龄人口			居住本地，户口在本地
	合　计	男	女	户　数	男	女	0-14岁	15-64岁	65岁及以上	
电白盐场	2086	1631	455	631	899	443	212	1574	300	1989
高州市	**1288665**	**672606**	**616059**	**353675**	**621128**	**580352**	**321730**	**828165**	**138770**	**1156394**
石仔岭街道	44090	24114	19976	8469	16729	15481	7791	33266	3033	31555
山美街道	21813	11102	10711	4950	9909	9474	4161	15680	1972	17900
金山街道	41097	21701	19396	9572	18236	17354	8533	28692	3872	34359
潘州街道	157498	84692	72806	44167	71978	62889	31086	115259	11153	115124
宝光街道	68763	35021	33742	18099	33314	30985	15451	46318	6994	62552
谢鸡镇	44317	23316	21001	12403	22799	20726	8996	29480	5841	42817
新垌镇	51038	26596	24442	15488	24477	23026	13131	30967	6940	48005
云潭镇	31854	16492	15362	9871	16485	15353	9762	18412	3680	29535
分界镇	40407	20710	19697	10647	19382	18624	8414	27667	4326	36236
根子镇	50084	25994	24090	15017	25031	23570	12157	31386	6541	47578
泗水镇	46232	23851	22381	12772	23685	22273	10900	29740	5592	44365
镇江镇	35616	18907	16709	9409	17814	16048	10449	21110	4057	33484
沙田镇	27625	14345	13280	8410	13483	12671	7911	16118	3596	25883
南塘镇	44126	23319	20807	12317	21871	20084	11490	27517	5119	40880
荷花镇	32439	16657	15782	9041	15859	15379	10325	18743	3371	29984
石板镇	29812	15196	14616	8180	14650	14303	9595	16819	3398	27160
大井镇	38029	19654	18375	11301	18396	17544	9745	23676	4608	36117
潭头镇	28718	14699	14019	7787	13999	13621	9470	15873	3375	26754
大坡镇	50730	25978	24752	14567	25084	24305	16848	27856	6026	47630
平山镇	26751	13961	12790	7902	13809	12715	7413	16227	3111	25688
深镇镇	20863	10819	10044	6116	10669	9987	5786	12783	2294	19885
马贵镇	25221	13119	12102	6832	12413	11841	7799	14464	2958	23130
古丁镇	24191	12548	11643	6572	11762	11214	7707	13681	2803	23132
曹江镇	54304	28035	26269	14535	26492	25267	11873	36323	6108	51415
荷塘镇	25491	13160	12331	7041	12760	12132	8247	14225	3019	24036
石鼓镇	95183	50429	44754	23355	44752	40889	23147	62487	9549	84814
东岸镇	59220	30455	28765	17192	29220	28201	17157	34939	7124	57176
长坡镇	66916	34409	32507	19507	33000	31639	15265	44185	7466	64332
团结农场	2706	1415	1291	904	1351	1247	482	1877	347	2354
胜利农场	1394	725	669	511	725	667	305	861	228	1182
火星农场	2137	1187	950	741	994	843	334	1534	269	1332
化州市	**1178809**	**611243**	**567566**	**299640**	**575496**	**541288**	**337315**	**725881**	**115613**	**1102743**
河西街道	101925	55332	46593	21048	41003	36076	20094	74805	7026	90512
东山街道	56996	30481	26515	13709	25717	22608	12982	39185	4829	52379
下郭街道	40027	21257	18770	9608	20906	18501	8886	27652	3489	33382
南盛街道	28289	14675	13614	7226	14534	13529	7632	17465	3192	27211
石湾街道	38605	20052	18553	9044	19034	17710	12079	22780	3746	36191
长岐镇	41753	21615	20138	11028	21378	19948	11037	26476	4240	40777
同庆镇	56312	28867	27445	13114	28540	27225	16173	35149	4990	54227
杨梅镇	68451	34593	33858	17651	34583	33847	18800	42909	6742	66088
良光镇	57469	28783	28686	14267	28523	28478	18091	34096	5282	54390
笪桥镇	35398	18527	16871	9384	18276	16729	10306	21358	3734	33628
丽岗镇	39722	20478	19244	9767	20092	19072	12328	23791	3603	39091
新安镇	46571	24255	22316	13934	23590	21728	12166	28958	5447	44676
官桥镇	41564	21561	20003	11221	20869	19471	12912	24416	4236	39515
林尘镇	56048	28806	27242	14640	28023	26686	16390	33880	5778	54327
合江镇	71753	36917	34836	18662	35643	34063	23705	40642	7406	68381
那务镇	55658	28421	27237	16690	27585	26670	17901	31435	6322	52904

表19 续表 17 单位：人、户

地区	总人口			家庭户	家庭户总人口		分年龄人口			居住本地，户口在本地
	合计	男	女	户数	男	女	0-14岁	15-64岁	65岁及以上	
播扬镇	37449	19333	18116	9593	19141	18012	11976	21669	3804	35388
宝圩镇	16418	8426	7992	4632	7964	7731	5397	9110	1911	15115
平定镇	74912	38675	36237	19845	37895	35662	24564	42725	7623	70189
文楼镇	48811	26083	22728	13825	25665	22534	14550	28937	5324	46093
江湖镇	19837	10133	9704	5215	9809	9508	6290	11365	2182	18562
中垌镇	88193	44351	43842	21435	42581	42619	29763	49127	9303	85035
鉴江开发区	39679	20723	18956	8269	15612	15096	9030	27812	2837	29900
新时代农场	3709	1922	1787	1359	1896	1768	884	2187	638	3107
新华农场	1789	907	882	619	907	882	450	1073	266	1564
和平农场	2745	1419	1326	1197	1419	1326	648	1604	493	2595
红阳农场	1424	743	681	608	743	681	256	856	312	1396
红峰农场	3966	2114	1852	1028	1781	1591	1153	2305	508	3362
建设农场	3336	1794	1542	1022	1787	1537	872	2114	350	2758
信宜市	**913708**	**462745**	**450963**	**246246**	**439356**	**431157**	**269979**	**550301**	**93428**	**833694**
东镇街道办	222634	114816	107818	54872	98900	92630	51157	155707	15770	177709
镇隆镇	41546	20716	20830	10879	20014	20375	12759	24391	4396	37630
水口镇	50022	25205	24817	14135	24834	24632	14432	30309	5281	49100
丁堡镇	32005	16050	15955	8873	15666	15645	10240	18644	3121	30013
池洞镇	48955	24482	24473	14396	24462	24458	15089	28454	5412	46774
贵子镇	26723	13422	13301	7073	12926	13082	7654	15857	3212	25688
怀乡镇	56936	28669	28267	16304	28230	28043	17498	33200	6238	52974
茶山镇	18306	9286	9020	4518	8794	8784	5148	10729	2429	17602
洪冠镇	26654	13590	13064	8004	13064	12706	8755	14426	3473	25431
白石镇	41337	20478	20859	11397	19839	20432	14030	22536	4771	38733
大成镇	28233	14310	13923	7824	14034	13771	9424	15175	3634	26896
钱排镇	46416	23921	22495	11094	23732	22360	13786	28612	4018	44849
合水镇	29777	15126	14651	8238	14945	14559	9476	16961	3340	27996
新宝镇	25252	12946	12306	6588	12608	12106	8955	13437	2860	23503
平塘镇	31882	16210	15672	8571	16079	15581	11484	16597	3801	30369
思贺镇	27191	13873	13318	6883	13549	13147	9183	15467	2541	26153
金垌镇	43263	21525	21738	14299	21230	21548	14125	23506	5632	41354
朱砂镇	58383	29160	29223	16239	28420	28856	18492	32551	7340	55145
北界镇	55298	27435	27863	15257	26513	27094	17554	31880	5864	53602
信宜市国营红旗农场	2895	1525	1370	802	1517	1348	738	1862	295	2173
肇庆市	**3916467**	**2005288**	**1911179**	**1070659**	**1814529**	**1804291**	**824335**	**2736534**	**355598**	**3214275**
端州区	**479342**	**242443**	**236899**	**141070**	**209152**	**206836**	**68582**	**373228**	**37532**	**281831**
端州区城东街道	94792	47584	47208	31645	45859	46391	14305	70892	9595	67246
端州区城北街道	117926	59322	58604	35914	52044	52527	17202	89522	11202	77812
端州区城西街道	111123	55558	55565	36058	51956	50954	17369	85371	8383	66421
端州区城南街道	3714	2200	1514	1040	1455	1447	316	2940	458	2817
端州区黄岗镇	88272	44813	43459	20714	32786	31365	11232	72805	4235	36307
端州区睦岗镇	63515	32966	30549	15699	25052	24152	8158	51698	3659	31228
鼎湖区	**164690**	**85271**	**79419**	**43866**	**68920**	**67628**	**23676**	**126275**	**14739**	**122584**
坑口街道	22406	12150	10256	5487	8862	8690	3491	17602	1313	12794
桂城街道	29930	14991	14939	6511	10898	10355	3998	24304	1628	16978
广利街道	25775	12983	12792	7199	10939	11173	3304	19394	3077	22445
永安镇	29732	15716	14016	8428	12517	12604	4044	22626	3062	23625
沙浦镇	15598	8046	7552	5599	7288	7367	2486	10945	2167	14485
凤凰镇	9110	4725	4385	2569	4282	4161	1379	6753	978	7927
莲花镇	32139	16660	15479	8073	14134	13278	4974	24651	2514	24330

表19 续表 18 单位：人、户

地区	总人口			家庭户户数	家庭户总人口		分年龄人口			居住本地，户口在本地
	合计	男	女		男	女	0-14岁	15-64岁	65岁及以上	
广宁县	**423941**	**216765**	**207176**	**126796**	**200977**	**199836**	**87795**	**289196**	**46950**	**386262**
排沙镇	20527	10359	10168	7083	9458	9782	4153	13256	3118	19054
石涧镇	11261	5955	5306	3188	4378	4751	1973	8010	1278	10042
潭布镇	20844	11082	9762	6459	9432	9024	3902	14061	2881	19859
江屯镇	27906	14559	13347	7628	13652	12885	5780	18965	3161	26016
联和镇	15249	7999	7250	4932	7441	7065	3242	9950	2057	13592
螺岗镇	9442	4934	4508	2671	4457	4331	1902	6282	1258	8742
北市镇	16458	8553	7905	4813	8315	7859	3865	10861	1732	15291
坑口镇	21002	10506	10496	7502	10385	10476	4864	13388	2750	19427
赤坑镇	12596	6479	6117	4414	6072	5994	3088	7738	1770	11713
南街镇	118259	60377	57882	33184	57400	55463	20944	87396	9919	101624
宾亨镇	27262	13716	13546	8328	12546	13157	5301	18726	3235	26089
五和镇	17639	8854	8785	4725	8155	8482	3980	11832	1827	16253
横山镇	34355	17292	17063	10207	15921	16456	7127	23583	3645	33208
木格镇	12634	6201	6433	4065	6153	6423	3669	7465	1500	11459
石咀镇	9272	4503	4769	3017	4413	4736	2707	5411	1154	8406
古水镇	35334	18401	16933	10176	16249	16198	7959	23449	3926	32333
洲仔镇	13901	6995	6906	4404	6550	6754	3339	8823	1739	13154
怀集县	**813032**	**400673**	**412359**	**198119**	**380142**	**406398**	**248998**	**498810**	**65224**	**775160**
怀城镇	146839	76601	70238	36527	72358	68851	31756	102656	12427	137303
闸岗镇	17665	8870	8795	4112	8584	8683	5731	10691	1243	17226
坳仔镇	32777	16153	16624	7654	15326	16294	8963	21132	2682	31679
汶朗镇	16542	10234	6308	2999	5527	6108	4003	11323	1216	12143
甘洒镇	17429	8224	9205	5135	7835	9050	5719	9770	1940	16825
凤岗镇	30477	14966	15511	7987	14083	15254	9607	18256	2614	29339
洽水镇	28193	14204	13989	6034	13487	13761	9332	16957	1904	26696
梁村镇	64952	31876	33076	15236	29813	31944	19893	39601	5458	62846
大岗镇	59455	28128	31327	15792	27616	31186	22274	32365	4816	56440
岗坪镇	30116	14487	15629	8667	14326	15597	9813	17772	2531	29453
冷坑镇	95881	45934	49947	23648	43948	49097	31120	57655	7106	93024
马宁镇	38913	17857	21056	9623	17452	20796	12461	23561	2891	38412
蓝钟镇	17593	8774	8819	4775	8523	8796	5303	10674	1616	17552
永固镇	36709	17545	19164	8121	16903	19020	13711	20297	2701	35068
诗洞镇	54347	25857	28490	11306	25328	28443	18809	31562	3976	52035
桥头镇	44647	21601	23046	9945	21010	22846	13260	27811	3576	42985
中洲镇	40524	19996	20528	10108	19451	20364	12996	24114	3414	38180
连麦镇	32394	15599	16795	8299	14995	16555	11844	18145	2405	30471
下帅壮族瑶族乡	7579	3767	3812	2151	3577	3753	2403	4468	708	7483
封开县	**398258**	**200516**	**197742**	**117189**	**197599**	**196745**	**102516**	**251773**	**43969**	**359542**
江口镇	65160	33799	31361	21438	33023	31043	11414	47387	6359	56154
江川镇	8286	4319	3967	2652	4219	3924	1789	5372	1125	7789
白垢镇	12125	6051	6074	3542	5967	6057	3273	7407	1445	10650
大洲镇	12514	6253	6261	3828	6253	6261	3369	7651	1494	11463
渔涝镇	18187	9210	8977	5204	9032	8909	4521	11791	1875	16660
河儿口镇	21483	10865	10618	5543	10865	10618	5626	13953	1904	20017
连都镇	24838	12612	12226	5937	12073	11982	7672	14895	2271	22673
杏花镇	23277	11558	11719	7778	11545	11719	6040	13931	3306	21756
罗董镇	21205	10577	10628	5996	10418	10602	5413	13217	2575	19869
长岗镇	20497	10412	10085	5397	10162	10013	4692	13694	2111	18369
平凤镇	16901	8602	8299	5519	8536	8294	4130	10781	1990	15254

表19 续表 19

单位：人、户

地　　区	总人口			家庭户	家庭户总人口		分年龄人口			居住本地，户口在本地
	合　计	男	女	户　数	男	女	0–14岁	15–64岁	65岁及以上	
南丰镇	71479	35269	36210	20911	35054	36171	21217	42179	8083	65078
大玉口镇	11279	5790	5489	3352	5586	5401	3066	6925	1288	10341
都平镇	8913	4483	4430	2669	4468	4427	2445	5423	1045	7633
金装镇	27247	13239	14008	8136	12921	13934	8096	15881	3270	24408
长安镇	34867	17477	17390	9287	17477	17390	9753	21286	3828	31428
德庆县	**341211**	**175426**	**165785**	**92402**	**168728**	**162025**	**79515**	**227871**	**33825**	**297797**
德城街道	58878	29873	29005	15939	28449	27722	11437	42363	5078	45736
新圩镇	23892	12214	11678	6170	12070	11601	5332	16479	2081	21057
回龙镇	17401	8987	8414	4739	8424	8150	4233	11220	1948	15314
官圩镇	30379	15585	14794	7910	14765	14372	7328	19874	3177	26584
马圩镇	20214	10484	9730	4603	10233	9560	4569	13733	1912	18730
高良镇	28944	15176	13768	7620	14995	13711	6965	19050	2929	25806
莫村镇	28625	14652	13973	8000	13692	13590	6729	19204	2692	26042
永丰镇	19924	10232	9692	5871	9882	9562	5297	12720	1907	17588
武垄镇	14207	7384	6823	4195	7060	6685	3274	9361	1572	13112
播植镇	15308	7807	7501	4417	7394	7292	4113	9548	1647	13667
凤村镇	27344	14257	13087	8397	14245	13085	7170	17356	2818	23937
悦城镇	31544	16193	15351	7594	15682	14931	7129	21116	3299	28375
九市镇	24551	12582	11969	6947	11837	11764	5939	15847	2765	21849
高要市	**753120**	**392874**	**360246**	**192625**	**347870**	**333767**	**129796**	**553842**	**69482**	**664783**
南岸街道	81886	42900	38986	20315	32846	30772	11057	66379	4450	61429
河台镇	33660	17555	16105	8068	17532	16087	7072	23692	2896	31504
乐城镇	24337	12301	12036	6635	11857	11850	4756	17015	2566	23480
水南镇	11598	5898	5700	3406	5699	5680	2008	8318	1272	11355
禄步镇	63488	33308	30180	16389	29522	28552	9923	46847	6718	60655
小湘镇	30964	15898	15066	7309	14669	14392	5450	22486	3028	28356
大湾镇	34535	17564	16971	9037	16684	16560	5735	25220	3580	33004
新桥镇	39265	20465	18800	11251	19235	18381	6720	28457	4088	36639
白诸镇	36977	19080	17897	10068	17801	17216	7010	26142	3825	33952
莲塘镇	58429	30193	28236	14803	28895	27834	10546	41952	5931	56656
活道镇	41358	21219	20139	12477	21179	20122	7643	28704	5011	40271
蛟塘镇	33060	16977	16083	8595	15174	14800	5969	24187	2904	28947
回龙镇	25426	13103	12323	6848	12410	11827	4559	18241	2626	23042
白土镇	71430	36874	34556	17913	33568	32720	12891	51653	6886	63483
金渡镇	43623	22700	20923	12336	19938	19268	8084	30959	4580	37941
金利镇	93792	51171	42621	18747	37191	34762	15009	72713	6070	68082
蚬岗镇	29292	15668	13624	8428	13670	12944	5364	20877	3051	25987
四会市	**542873**	**291320**	**251553**	**158592**	**241141**	**231056**	**83457**	**415539**	**43877**	**326316**
城中街道	101428	55297	46131	28207	44044	43224	14107	79706	7615	64573
东城街道	142577	76231	66346	40890	67300	62329	26407	109022	7148	58108
贞山街道	35922	18445	17477	9067	15729	15554	5685	27208	3029	23007
龙甫镇	17979	9533	8446	4501	6975	6839	2126	14173	1680	12713
地豆镇	18351	9249	9102	6683	8879	8959	2607	12892	2852	17468
威整镇	12047	6048	5999	4203	5916	5977	1986	8611	1450	11472
罗源镇	5945	3063	2882	2134	2669	2716	877	4027	1041	5159
迳口镇	12669	6409	6260	4873	6131	6079	1735	8956	1978	11972
大沙镇	46120	25676	20444	12939	19589	18196	6389	36571	3160	26771
石狗镇	16170	8358	7812	5804	7889	7693	2972	10848	2350	14093
黄田镇	10743	5461	5282	3562	5250	5185	1674	7619	1450	10123
江谷镇	27177	13593	13584	9955	13112	13367	4001	19018	4158	25756

表19 续表 20　　单位：人、户

地区	总人口			家庭户	家庭户总人口		分年龄人口			居住本地，户口在本地
	合计	男	女	户数	男	女	0-14岁	15-64岁	65岁及以上	
下茆镇	24579	12502	12077	8070	11597	11678	3829	17364	3386	22024
肇庆高新技术产业开发区	71166	41455	29711	17704	26061	23260	9062	59524	2580	23077
惠州市	**4598402**	**2421743**	**2176659**	**1209491**	**1963947**	**1857969**	**801573**	**3525037**	**271792**	**2490966**
惠城区	**1579818**	**823019**	**756799**	**455817**	**661766**	**622804**	**254132**	**1251890**	**73796**	**663459**
桥东街道	100374	49970	50404	31255	46392	46251	18149	75589	6636	55405
桥西街道	159591	80095	79496	56001	73737	74371	29445	118941	11205	108836
江南街道	74602	38279	36323	22732	34596	33971	13547	55642	5413	42568
江北街道	104494	53193	51301	28771	42148	40345	17528	83652	3314	35297
龙丰街道	81053	41363	39690	25887	37135	36720	14960	61658	4435	45466
河南岸街道	181755	95016	86739	52651	78901	74914	33207	142660	5888	63934
惠环街道	173852	92633	81219	52441	58051	48275	14817	157084	1951	20299
陈江街道	138694	71913	66781	38895	53764	47697	18155	117347	3192	31483
水口街道	137286	71070	66216	38560	57216	52412	20639	110938	5709	50024
小金口街道	105554	55382	50172	25949	43738	40006	18499	83360	3695	31592
汝湖镇	45990	23906	22084	12110	20239	19675	8645	33334	4011	32583
三栋镇	35410	19517	15893	7554	13539	13053	5468	27954	1988	18158
潼湖镇	35706	19567	16139	9385	16569	15149	6972	26566	2168	22094
沥林镇	57476	31580	25896	16700	24934	22183	8319	47159	1998	19101
马安镇	55414	30705	24709	10361	17150	16682	6634	45639	3141	23494
横沥镇	44488	22872	21616	12296	21745	21067	9933	29138	5417	39425
芦洲镇	15890	8141	7749	5208	7945	7687	3732	9802	2356	14353
潼侨镇	30335	16758	13577	8400	13151	11682	5294	23823	1218	9278
惠州市林场	1854	1059	795	661	816	664	189	1604	61	69
惠阳区	**764816**	**416887**	**347929**	**190948**	**295171**	**274190**	**109373**	**622699**	**32744**	**288122**
淡水街道	226703	118550	108153	61856	99446	95273	41207	176094	9402	80868
秋长街道	81224	46252	34972	19283	29509	25956	9837	68920	2467	23268
大亚湾澳头街道	58766	33355	25411	15207	24286	22602	9162	47070	2534	24971
大亚湾霞涌街道	19304	10647	8657	5819	8976	8144	2971	15069	1264	11166
沙田镇	29276	15293	13983	8109	12411	11336	4576	23418	1282	9954
新圩镇	83283	47010	36273	20454	28287	24960	9772	71374	2137	19787
镇隆镇	46982	25071	21911	9243	16229	15908	5887	38518	2577	24240
永湖镇	25575	12950	12625	6049	11580	11644	4458	18676	2441	20349
良井镇	25043	12644	12399	7410	12045	12029	4438	17711	2894	21989
平潭镇	32271	16669	15602	8636	15121	14744	6147	22795	3329	26878
惠阳经济开发区	21973	12147	9826	4695	6121	5401	1853	19522	598	6166
大亚湾西区街道	114416	66299	48117	24187	31160	26193	9065	103532	1819	18486
博罗县	**1038198**	**547437**	**490761**	**267424**	**440566**	**419992**	**189952**	**775860**	**72386**	**666890**
石坝镇	39149	19628	19521	10629	18650	18827	9387	25584	4178	35649
麻陂镇	21690	10908	10782	6166	10031	10338	5119	14292	2279	17869
观音阁镇	17309	8874	8435	5686	8706	8371	4033	10872	2404	15466
公庄镇	46813	24051	22762	12864	21812	21404	8987	32762	5064	40817
杨村镇	41958	21673	20285	11420	20261	19522	8857	28882	4219	35540
柏塘镇	50013	25754	24259	13971	23267	22814	11500	33039	5474	43441
泰美镇	34169	17457	16712	9103	16090	15916	7159	23404	3606	29212
罗阳镇	208739	108872	99867	54369	86553	82961	34558	161835	12346	119656
湖镇镇	56551	30374	26177	13241	23579	22442	9798	42291	4462	42686
长宁镇	39983	20806	19177	11341	19426	18337	8390	28695	2898	26872
福田镇	38286	19964	18322	9286	17125	16196	7920	28228	2138	28502
龙华镇	26009	13917	12092	6490	11032	10410	5310	19008	1691	17741
龙溪镇	88964	48154	40810	19555	35685	33368	16335	68075	4554	53012

表19 续表 21

单位：人、户

地区	总人口			家庭户	家庭户总人口		分年龄人口			居住本地，户口在本地
	合计	男	女	户数	男	女	0-14岁	15-64岁	65岁及以上	
园洲镇	146053	79712	66341	38237	56076	50505	21230	119242	5581	59892
石湾镇	122802	66444	56358	26524	43701	41068	18355	99272	5175	53601
杨侨镇	29868	15371	14497	9486	14266	13866	6262	20341	3265	21919
横河镇	21421	11083	10338	6598	10580	10047	5170	13847	2404	18911
罗浮山管委会	8421	4395	4026	2458	3726	3600	1582	6191	648	6104
惠东县	**908390**	**476945**	**431445**	**202907**	**417120**	**396199**	**185544**	**659048**	**63798**	**608577**
平山街道	236877	123388	113489	54889	109661	103170	46399	176010	14468	136586
大岭镇	115762	61000	54762	21504	51907	48842	25956	83377	6429	45663
白花镇	63904	32424	31480	13747	28505	28372	12764	45962	5178	52517
梁化镇	44122	22427	21695	10587	21808	21414	11266	28580	4276	40800
稔山镇	63662	32427	31235	14735	31683	30928	13144	44737	5781	58531
铁涌镇	34653	17787	16866	7292	17447	16706	8559	23373	2721	32899
平海镇	60323	31001	29322	15742	28456	28538	12298	42751	5274	50042
吉隆镇	78773	45583	33190	15631	30083	26099	12537	63646	2590	33215
黄埠镇	83756	46986	36770	19292	35057	30400	13103	67444	3209	37429
多祝镇	63039	31656	31383	15259	30899	30630	15349	40846	6844	59703
安墩镇	36297	18342	17955	6899	18301	17939	8353	24350	3594	35493
高潭镇	7399	3743	3656	2146	3715	3652	1581	4862	956	7289
宝口镇	7565	3896	3669	2295	3747	3643	1561	4778	1226	7311
白盆珠镇	12258	6285	5973	2889	5851	5866	2674	8332	1252	11099
龙门县	**307180**	**157455**	**149725**	**92395**	**149324**	**144784**	**62572**	**215540**	**29068**	**263918**
龙城街道	81835	41302	40533	26498	39229	38070	15066	60535	6234	62775
麻榨镇	22128	11425	10703	6994	11202	10603	4856	14771	2501	20350
永汉镇	47680	24453	23227	14722	23155	22412	9409	33874	4397	42987
平陵镇	36533	18888	17645	9132	16976	16798	7956	25197	3380	30485
龙田镇	17810	9081	8729	5220	8802	8571	3615	12372	1823	16089
龙潭镇	22306	11416	10890	6470	11409	10888	4826	15099	2381	21374
地派镇	13991	7240	6751	4562	6895	6563	2810	9689	1492	12230
龙华镇	33423	17336	16087	9773	16296	15870	7469	22638	3316	29899
龙江镇	23167	12059	11108	6433	11347	11003	4787	15681	2699	20651
蓝田瑶族乡	7716	3876	3840	2373	3742	3803	1720	5211	785	6704
龙门县密溪林场	591	379	212	218	271	203	58	473	60	374
梅州市	**4238461**	**2123914**	**2114547**	**1110636**	**1952673**	**2001274**	**871339**	**2928581**	**438541**	**3677846**
梅江区	**380771**	**192903**	**187868**	**100269**	**155378**	**159405**	**57145**	**287646**	**35980**	**227491**
江南街道	103937	54206	49731	33156	45980	47002	17446	77570	8921	74446
金山街道	94473	47908	46565	21972	32982	33086	11304	74121	9048	49399
西郊街道	52150	25618	26532	12621	20947	21506	8046	39054	5050	25166
三角镇	65497	32750	32747	16549	28441	29649	10480	49664	5353	30470
长沙镇	9634	4824	4810	2926	4597	4704	1484	6897	1253	8872
城北镇	55080	27597	27483	13045	22431	23458	8385	40340	6355	39138
梅县	**554745**	**274107**	**280638**	**159941**	**255816**	**268962**	**90121**	**398376**	**66248**	**456548**
新城办事处	69098	33646	35452	18435	30936	32568	13984	49755	5359	18134
城东镇	16239	7984	8255	4054	7348	7950	2421	11956	1862	15163
石扇镇	16355	8168	8187	5121	7918	8111	2201	11627	2527	15742
梅西镇	22110	10918	11192	6606	10917	11190	3609	15869	2632	21610
大坪镇	14286	7147	7139	4259	6676	6900	2151	10338	1797	13829
石坑镇	19027	9482	9545	5707	9230	9485	3224	13443	2360	18730
水车镇	14792	7318	7474	4712	7004	7315	2424	10208	2160	14280
梅南镇	12517	6396	6121	3553	5775	5847	1902	9060	1555	11953
丙村镇	36526	18177	18349	9746	15846	17081	5144	26669	4713	34492

表19　续表 22　　　　　　　　　　　　　　　　　　　　　　　　单位：人、户

地　区	总人口			家庭户	家庭户总人口		分年龄人口			居住本地，户口在本地
	合　计	男	女	户　数	男	女	0-14岁	15-64岁	65岁及以上	
白渡镇	20030	9966	10064	6753	9893	10047	2895	14218	2917	19052
松源镇	26968	13233	13735	8655	12920	13703	4689	18471	3808	26154
隆文镇	15370	7652	7718	5358	7367	7699	2365	10391	2614	15045
桃尧镇	11744	5813	5931	3946	5466	5749	1842	7998	1904	11249
畲江镇	36417	17723	18694	8617	16440	17752	6667	26190	3560	34938
西阳镇	28508	13998	14510	9311	13686	14453	4024	21000	3484	27494
雁洋镇	25355	12658	12697	7251	11454	12182	3892	18131	3332	23168
松口镇	49896	24793	25103	15237	22965	24322	7460	35526	6910	46811
南口镇	53670	26456	27214	14920	24774	26125	8263	38082	7325	50790
程江镇	55224	27421	27803	14473	24446	25262	9281	41629	4314	28216
扶大镇	9356	4518	4838	2785	4154	4609	1498	6893	965	8588
梅西水库	1257	640	617	442	601	612	185	922	150	1110
大埔县	**374666**	**187489**	**187177**	**110381**	**172026**	**177450**	**79573**	**248012**	**47081**	**337978**
湖寮镇	91511	45076	46435	28196	42461	43548	19187	62625	9699	70409
青溪镇	13603	7096	6507	2965	5950	5979	2536	9371	1696	13305
三河镇	17004	8469	8535	4895	7801	8154	2949	11918	2137	16423
银江镇	12947	6412	6535	4423	5905	6249	3097	7712	2138	12021
洲瑞镇	11237	5539	5698	3030	5443	5670	2596	7196	1445	10400
光德镇	19128	9513	9615	5255	8947	9254	4524	12367	2237	18005
桃源镇	9795	4843	4952	2670	4495	4748	2365	6219	1211	9128
百侯镇	17677	8689	8988	6176	7831	8468	3331	11649	2697	16813
大东镇	13955	7191	6764	3669	6437	6390	2987	9385	1583	13314
大麻镇	26650	13386	13264	8379	12724	12867	5377	17350	3923	25463
枫朗镇	30930	15355	15575	8028	13748	14603	7728	19605	3597	29239
茶阳镇	33650	16841	16809	10690	15265	15927	7159	21854	4637	30681
高陂镇	50649	25827	24822	14331	22785	23442	11140	32938	6571	47881
西河镇	24539	12554	11985	7246	11647	11522	4246	16972	3321	23553
丰溪林场	941	456	485	314	422	464	217	599	125	936
洲瑞林场	331	167	164	111	162	161	89	193	49	288
大埔林场	119	75	44	3	3	4	45	59	15	119
丰顺县	**478974**	**237864**	**241110**	**124374**	**228125**	**233730**	**112375**	**314871**	**51728**	**438515**
北斗镇	7366	3686	3680	2154	3595	3626	1960	4403	1003	6853
汤西镇	35170	17494	17676	8456	17059	17363	7833	23231	4106	32916
汤南镇	33408	16664	16744	10510	16233	16571	7599	21948	3861	32546
埔寨镇	22545	11225	11320	5342	10800	11049	5863	13705	2977	22214
建桥镇	15029	7265	7764	4253	7125	7694	4287	9008	1734	13826
龙岗镇	11087	5431	5656	3060	5086	5443	2961	6847	1279	10466
潘田镇	21288	10265	11023	5622	9947	10791	5975	12990	2323	20318
黄金镇	24017	11809	12208	5380	10584	11547	6314	15125	2578	22518
小胜镇	7819	3795	4024	2284	3646	3965	1952	4705	1162	7432
砂田镇	11727	5563	6164	3272	5295	6068	2999	7153	1575	10669
八乡山镇	12039	6150	5889	2742	5828	5765	3038	7650	1351	11087
丰良镇	41230	20379	20851	10462	19986	20532	10328	26435	4467	37463
潭江镇	14664	7157	7507	3745	6965	7425	4413	8608	1643	14076
汤坑镇	146824	74060	72764	38018	69688	68365	27327	105638	13859	124869
留隍镇	62011	30495	31516	15541	30151	31317	16508	39339	6164	59108
大龙华镇	11611	5859	5752	3200	5646	5666	2710	7459	1442	11049
埔寨农场	1139	567	572	333	491	543	308	627	204	1105
五华县	**1050528**	**530612**	**519916**	**225844**	**481773**	**488488**	**278034**	**682722**	**89772**	**998770**
转水镇	51707	25538	26169	11746	24789	25700	12194	35303	4210	50697

表19 续表 23

单位：人、户

地区	总人口			家庭户	家庭户总人口		分年龄人口			居住本地，户口在本地
	合计	男	女	户数	男	女	0-14岁	15-64岁	65岁及以上	
潭下镇	41181	20804	20377	9902	20629	20271	11783	25983	3415	40504
郭田镇	29315	14535	14780	5593	13961	14393	8968	18171	2176	27659
双华镇	27127	13725	13402	5038	13356	13262	7355	17363	2409	26632
梅林镇	36797	18784	18013	8462	18265	17878	9701	23796	3300	35838
华阳镇	38904	19433	19471	8441	19066	19325	12808	22822	3274	34475
华城镇	101165	50060	51105	24069	44059	47207	25424	66899	8842	95594
周江镇	31732	15570	16162	8473	14950	15930	9080	18971	3681	30425
水寨镇	140493	73446	67047	22624	48177	48099	31758	98738	9997	123183
河东镇	101825	52030	49795	19441	48578	47857	27295	66508	8022	96648
岐岭镇	55420	26367	29053	13926	23626	27630	14284	36015	5121	53154
长布镇	52033	26401	25632	9319	24705	24887	15391	31891	4751	49626
横陂镇	78575	39059	39516	16786	35456	37675	20459	50663	7453	75047
安流镇	115560	59387	56173	25748	58787	56010	29391	77543	8626	113001
棉洋镇	68471	34473	33998	20095	33634	33643	20501	40386	7584	68133
龙村镇	80223	41000	39223	16181	39735	38721	21642	51670	6911	78154
平远县	**230045**	**115505**	**114540**	**61926**	**101607**	**106177**	**41345**	**162802**	**25898**	**200343**
石正镇	28593	14119	14474	8201	13725	14398	5770	19291	3532	25869
八尺镇	10689	5260	5429	3689	5101	5393	1674	7493	1522	10161
差干镇	6194	3076	3118	1716	2915	3068	1126	4377	691	5487
河头镇	7162	3418	3744	2142	3340	3718	1280	4808	1074	6697
中行镇	7015	3507	3508	1896	3415	3469	1271	4911	833	6453
上举镇	4289	2093	2196	1409	1991	2171	681	2950	658	4015
泗水镇	6219	2990	3229	2225	2940	3214	981	4230	1008	5844
长田镇	8480	4253	4227	2451	4152	4175	1532	5827	1121	7665
热柘镇	9111	4509	4602	2651	4379	4528	1724	6002	1385	8593
东石镇	30719	15265	15454	7979	14044	14935	5550	21404	3765	28081
仁居镇	17779	8915	8864	5253	7908	8396	3217	12162	2400	16586
大柘镇	93795	48100	45695	22314	37697	38712	16539	69347	7909	74892
蕉岭县	**205849**	**102422**	**103427**	**62761**	**95902**	**99210**	**32706**	**148302**	**24841**	**173274**
三圳镇	13742	6853	6889	4185	6785	6861	1858	9996	1888	12820
文福镇	15662	7904	7758	4661	7238	7548	2443	11308	1911	14720
广福镇	12266	6231	6035	3818	5637	5781	1934	8720	1612	10998
新铺镇	29442	14555	14887	9454	13633	14442	4620	20392	4430	27336
蓝坊镇	12135	6110	6025	4721	5986	6000	1783	8316	2036	11493
南磜镇	11592	5808	5784	4476	5624	5740	1671	8203	1718	11185
蕉城镇	88358	43934	44424	24571	40722	41910	15279	64879	8200	65471
长潭镇	16913	8298	8615	4923	7683	8003	2295	12525	2093	14333
华侨农场	5739	2729	3010	1952	2594	2925	823	3963	953	4918
兴宁市	**962883**	**483012**	**479871**	**265140**	**462046**	**467852**	**180040**	**685850**	**96993**	**844927**
兴田街道	152532	77898	74634	45515	71257	68913	25568	113648	13316	126418
福兴街道	30300	15023	15277	8406	14382	14902	4784	22373	3143	27488
宁新街道	91667	46057	45610	25470	41934	42320	15408	67922	8337	41086
永和镇	34158	17326	16832	9340	16346	16328	5582	24548	4028	32361
新圩镇	34442	17549	16893	9736	17072	16753	6923	24206	3313	32747
罗浮镇	38181	18512	19669	9697	17965	19479	10037	24052	4092	32938
罗岗镇	53777	26502	27275	13768	26494	27266	12325	36447	5005	49234
黄槐镇	31087	15889	15198	7267	14478	15135	5478	23059	2550	29518
龙田镇	34384	16998	17386	10334	16615	17362	6130	24377	3877	32590
石马镇	28968	14332	14636	7847	13888	14479	6031	19717	3220	27271
宁中镇	30225	15099	15126	8650	14850	15035	4536	22221	3468	28024

表19 续表 24

单位：人、户

地区	总人口			家庭户	家庭户总人口		分年龄人口			居住本地，户口在本地
	合计	男	女	户数	男	女	0-14岁	15-64岁	65岁及以上	
径南镇	23813	11934	11879	7664	11771	11845	4517	16111	3185	22928
埌陂镇	62283	31322	30961	15609	30693	30773	12303	43484	6496	60646
水口镇	62321	31591	30730	16768	30858	30625	13290	43121	5910	59531
黄陂镇	59462	29328	30134	13833	28710	30020	11424	43075	4963	56931
合水镇	30551	15761	14790	8062	14860	14622	5443	22120	2988	27738
大坪镇	43653	21481	22172	13843	20976	21942	9631	28764	5258	41574
叶塘镇	60480	30049	30431	16380	29446	30287	10743	42694	7043	57427
新陂镇	29514	14746	14768	8429	14292	14533	4586	21536	3392	28606
刁坊镇	31085	15615	15470	8522	15159	15233	5301	22375	3409	29871
汕尾市	**2935469**	**1504665**	**1430804**	**631063**	**1462571**	**1397645**	**718162**	**2013457**	**203850**	**2628982**
城区	**492262**	**252173**	**240089**	**110403**	**242121**	**229282**	**93300**	**368353**	**30609**	**409846**
新港街道	58055	30389	27666	13119	28812	26891	10195	44648	3212	45710
香洲街道	106512	54657	51855	22377	51921	45635	18516	83720	4276	78246
凤山街道	93268	47971	45297	22222	44799	42724	16034	71885	5349	64528
田墘街道	41534	21022	20512	9630	20540	20317	8496	29536	3502	39170
东洲街道	20208	10164	10044	4614	9528	9977	4300	14475	1433	18802
遮浪街道	23890	12132	11758	5940	12007	11658	5619	16458	1813	21686
马宫街道	15442	7726	7716	3608	7565	7586	2823	11321	1298	14464
红草镇	35539	17981	17558	7375	17261	16909	7037	25736	2766	32913
东涌镇	54477	27886	26591	11505	27451	26495	11533	39200	3744	51641
捷胜镇	43337	22245	21092	10013	22237	21090	8747	31374	3216	42686
海丰县	**793408**	**413354**	**380054**	**194306**	**397503**	**367854**	**155309**	**577590**	**60509**	**650903**
梅陇镇	100887	52531	48356	25174	50070	46984	19615	73471	7801	93832
小漠镇	9377	4794	4583	2278	4785	4578	2045	6489	843	8892
鲘门镇	19611	10071	9540	4920	9638	9277	3904	14302	1405	15961
联安镇	26321	13567	12754	7544	13547	12738	4340	19342	2639	25342
陶河镇	25564	13115	12449	6859	12984	12372	4952	18108	2504	23428
赤坑镇	52458	26971	25487	11748	26583	25418	11341	36280	4837	49551
大湖镇	6342	3364	2978	1501	3098	2862	1279	4422	641	5926
可塘镇	51346	26847	24499	12369	26481	24296	11485	35731	4130	46383
黄羌镇	27280	14014	13266	6719	13977	13260	6431	18137	2712	25982
平东镇	18295	9393	8902	4395	9256	8850	4328	12318	1649	16881
海城镇	168227	88945	79282	46768	86763	77546	27777	129085	11365	137719
鹅埠镇	17183	8844	8339	3477	8032	7961	3822	12109	1252	13274
赤石镇	19421	10038	9383	4512	9571	9219	4075	13756	1590	17536
公平镇	75455	38944	36511	15635	35872	33011	15802	54840	4813	64185
附城镇	81730	42752	38978	19605	41247	37797	15602	60404	5724	47820
城东镇	87626	45884	41742	18828	42378	38703	17269	64415	5942	52507
梅陇农场	6285	3280	3005	1974	3221	2982	1242	4381	662	5684
陆河县	**291534**	**148276**	**143258**	**61266**	**138171**	**136017**	**79678**	**188659**	**23197**	**266867**
河田镇	87677	45669	42008	15703	36739	35561	21888	59576	6213	68320
水唇镇	36381	18293	18088	7473	17618	17549	9471	23912	2998	35413
河口镇	47313	23896	23417	9707	23839	23401	14450	29074	3789	45969
新田镇	34161	17160	17001	6910	17159	17001	9956	21650	2555	33854
上护镇	28581	14494	14087	6666	14409	14068	7908	18174	2499	27474
螺溪镇	28871	14250	14621	7530	13896	14415	8291	17727	2853	27886
东坑镇	18370	9289	9081	4602	9288	9081	5101	11685	1584	17993
南万镇	10180	5225	4955	2675	5223	4941	2613	6861	706	9958
陆丰市	**1358265**	**690862**	**667403**	**265088**	**684776**	**664492**	**389875**	**878855**	**89535**	**1301366**
东海街道	165523	87233	78290	31836	85430	77663	32698	122435	10390	156351

表19　续表 25　　　　　　　　　　　　　　　　　　　　　　　　　　单位：人、户

地　　区	总人口			家庭户	家庭户总人口		分年龄人口			居住本地，户口在本地
	合　计	男	女	户　数	男	女	0-14岁	15-64岁	65岁及以上	
河西街道	34756	17719	17037	5848	17022	16405	9075	23544	2137	34211
城东街道	64430	33291	31139	12811	32862	30956	18789	41417	4224	58132
甲子镇	110026	55334	54692	22197	55286	54663	26384	76702	6940	105178
碣石镇	210454	106645	103809	38822	106546	103554	56652	141704	12098	204011
湖东镇	72495	36441	36054	14838	36161	36011	22089	45396	5010	70513
大安镇	33831	16675	17156	8809	16632	17151	11301	19365	3165	32909
博美镇	52431	27104	25327	12196	26821	25280	16704	32090	3637	51592
内湖镇	23126	11587	11539	4428	11585	11534	7975	13531	1620	22563
南塘镇	102528	51078	51450	18654	50107	50996	34915	61148	6465	94335
陂洋镇	36643	18210	18433	7075	18169	18428	12121	22013	2509	35981
八万镇	18229	9335	8894	4613	9291	8891	6077	10045	2107	17717
金厢镇	33540	16994	16546	7286	16993	16546	10455	20619	2466	33138
潭西镇	53647	27819	25828	10753	27739	25805	14731	34966	3950	52192
甲东镇	66654	32541	34113	12430	32425	34098	24186	38650	3818	62536
河东镇	31229	16086	15143	5248	16086	15143	8939	20139	2151	30887
上英镇	26652	13696	12956	4424	13231	12645	8094	16727	1831	25494
桥冲镇	45386	23114	22272	8402	23100	22258	14571	27706	3109	44552
甲西镇	104778	52972	51806	18831	52964	51800	33929	64789	6060	100650
西南镇	25881	13482	12399	5317	13164	12336	7139	16501	2241	25433
华侨管理区	18473	9365	9108	4859	9241	9075	4850	11896	1727	17218
铜锣湖农场	17419	8819	8600	3123	8747	8556	5573	10799	1047	16485
星都经济开发试验区	7292	3809	3483	1691	3703	3378	1886	4823	583	6508
大安农场	1721	876	845	298	876	845	485	1100	136	1721
罗经嶂林场	197	115	82	47	115	82	43	132	22	197
湖东林场	322	170	152	100	170	152	94	200	28	322
东海岸林场	223	132	91	85	132	91	39	150	34	223
红岭林场	232	136	96	32	102	88	51	162	19	189
畜牧果林场	147	84	63	35	76	62	30	106	11	128
河源市	**2950195**	**1475097**	**1475098**	**711158**	**1325104**	**1352215**	**707831**	**1959722**	**282642**	**2519387**
源城区	**463907**	**236947**	**226960**	**103662**	**196405**	**190116**	**83812**	**352522**	**27573**	**267452**
上城街道	46061	23446	22615	10604	19262	18853	8596	33656	3809	34548
新江街道	42079	22727	19352	8392	17944	17745	7036	31876	3167	26505
东埔街道	139419	71229	68190	34474	61816	59987	26525	105962	6932	86585
源西街道	101440	51949	49491	24926	50119	47730	21143	73728	6569	45753
源南镇	55839	27356	28483	9558	18998	18730	8264	44989	2586	27889
埔前镇	75006	38174	36832	14762	26493	25403	11461	59278	4267	43461
高埔岗农场	4063	2066	1997	946	1773	1668	787	3033	243	2711
紫金县	**640133**	**318132**	**322001**	**145677**	**290736**	**299277**	**171687**	**405051**	**63395**	**574341**
紫城镇	169625	85849	83776	33088	68552	67795	38981	117716	12928	145099
龙窝镇	62236	30669	31567	13073	29103	30506	17977	37677	6582	57445
九和镇	18885	9283	9602	5206	8777	9261	5368	10988	2529	18002
上义镇	14745	7348	7397	3902	7234	7348	4374	8474	1897	13263
蓝塘镇	57439	28333	29106	12955	26193	27234	16317	35357	5765	52562
凤安镇	16091	7827	8264	4362	7518	8022	4741	9280	2070	14547
义容镇	42471	21181	21290	10580	20676	20988	10832	27105	4534	39883
古竹镇	47091	23976	23115	13241	23005	22595	10843	31536	4712	42365
临江镇	30487	15558	14929	7461	14050	14122	7232	20834	2421	25166
柏埔镇	25659	12597	13062	6042	11702	12345	7094	15956	2609	24122
黄塘镇	23063	11265	11798	6170	10845	11528	7065	13217	2781	21305
敬梓镇	22313	10842	11471	4532	10701	11428	7501	12624	2188	20347

表19　续表 26　　单位：人、户

地　区	总人口			家庭户	家庭户总人口		分年龄人口			居住本地，户口在本地
	合　计	男	女	户　数	男	女	0–14岁	15–64岁	65岁及以上	
水墩镇	17431	8602	8829	3534	8238	8658	5157	10368	1906	15553
南岭镇	10804	5206	5598	2672	5147	5565	3415	6111	1278	10024
苏区镇	14987	7275	7712	3117	6960	7545	4533	8733	1721	13520
瓦溪镇	24056	11881	12175	6591	11837	12164	6496	14501	3059	22081
好义镇	10727	5243	5484	2614	5178	5435	2978	6463	1286	9389
中坝镇	32023	15197	16826	6537	15020	16738	10783	18111	3129	29668
龙川县	**694480**	**340861**	**353619**	**167372**	**307242**	**323755**	**183793**	**437043**	**73644**	**642576**
老隆镇	156803	78019	78784	30920	57365	57500	36550	109621	10632	119091
义都镇	19114	9365	9749	4988	9257	9680	6039	10874	2201	18715
佗城镇	33629	15988	17641	7136	13529	14762	7204	22858	3567	31481
鹤市镇	18756	9138	9618	5060	8417	9154	4063	12291	2402	18351
黄布镇	16331	7881	8450	4409	7714	8417	4845	9489	1997	16236
紫市镇	17509	8633	8876	4712	8217	8675	4881	10349	2279	17287
通衢镇	20420	9893	10527	6280	9138	10111	4838	12594	2988	19868
登云镇	18472	9258	9214	4182	8084	8420	3683	12809	1980	17093
丰稔镇	30324	14843	15481	7429	14681	15358	7119	19862	3343	29701
四都镇	13240	6534	6706	3594	6010	6481	3356	8122	1762	13031
铁场镇	52132	25543	26589	12197	24780	26132	14573	32063	5496	50891
龙母镇	36544	17670	18874	8980	17189	18685	10612	21922	4010	36065
田心镇	30232	14432	15800	6801	14176	15677	10186	17079	2967	30067
黎咀镇	21553	10797	10756	5577	10231	10457	5684	13044	2825	21021
黄石镇	10103	4956	5147	3191	4860	5130	2506	5999	1598	9957
赤光镇	31899	15545	16354	7331	14562	15752	10240	18078	3581	30825
回龙镇	20525	10115	10410	5002	9667	10170	6872	11307	2346	20190
新田镇	10974	5379	5595	2815	5079	5486	3391	6217	1366	10676
车田镇	43452	21723	21729	12473	20852	21256	11149	26756	5547	42155
岩镇镇	14359	6882	7477	3753	6544	7334	4128	8540	1691	14084
麻布岗镇	32456	15677	16779	8137	14963	16336	8810	20181	3465	31014
贝岭镇	11513	5711	5802	3177	5282	5643	3352	6627	1534	11267
细坳镇	13885	6883	7002	4108	6870	6995	3903	8285	1697	13612
上坪镇	20255	9996	10259	5120	9775	10144	5809	12076	2370	19898
连平县	**337002**	**168618**	**168384**	**84699**	**152495**	**158394**	**74296**	**229984**	**32722**	**311487**
元善镇	78254	39454	38800	16810	33255	33543	15006	56614	6634	71681
上坪镇	24042	11812	12230	7526	11728	12213	5610	16114	2318	23198
内莞镇	12727	6304	6423	4053	6291	6412	2809	8545	1373	12514
陂头镇	23220	11335	11885	6846	11335	11885	5579	15333	2308	22318
溪山镇	12560	6065	6495	3373	5809	6365	3163	8109	1288	12234
隆街镇	30638	15023	15615	8558	13950	14915	7298	19781	3559	29696
田源镇	9507	4697	4810	2795	4657	4800	2243	6147	1117	9373
油溪镇	29086	14466	14620	6563	13718	14112	6401	19998	2687	28216
忠信镇	57774	29069	28705	12352	25239	25839	12132	40581	5061	49906
高莞镇	16744	8185	8559	4554	8017	8496	4193	10611	1940	15698
大湖镇	16100	7869	8231	4405	7327	8008	3951	10306	1843	14689
三角镇	14070	8274	5796	3230	5136	5621	2842	9979	1249	10267
绣缎镇	12280	6065	6215	3634	6033	6185	3069	7866	1345	11697
和平县	**374709**	**186883**	**187826**	**102852**	**177382**	**180397**	**91835**	**242085**	**40789**	**332426**
阳明镇	97895	48429	49466	25312	45124	44901	20694	69419	7782	73182
大坝镇	31120	15788	15332	7560	15007	15024	6889	21102	3129	28723
长塘镇	12575	6250	6325	3865	6014	6237	2935	7885	1755	11724
下车镇	14165	6999	7166	3914	6640	6993	3407	9019	1739	13206

表19　续表 27

单位：人、户

地　区	总人口			家庭户	家庭户总人口		分年龄人口			居住本地，户口在本地
	合　计	男	女	户　数	男	女	0-14岁	15-64岁	65岁及以上	
上陵镇	17534	8579	8955	5048	7863	8624	4563	10848	2123	16896
优胜镇	10277	5020	5257	2886	4732	5085	2358	6657	1262	9566
贝墩镇	18281	9211	9070	6214	9075	8995	4735	11071	2475	17198
古寨镇	9404	4806	4598	2669	4541	4511	2330	5810	1264	8985
彭寨镇	45132	22493	22639	12459	21218	21877	11310	28533	5289	42070
合水镇	21405	10726	10679	5679	10541	10646	4808	14436	2161	20549
公白镇	8346	4152	4194	2364	4039	4134	2245	5118	983	7676
青州镇	9038	4510	4528	2784	4371	4491	2628	5151	1259	8260
浰源镇	12989	6446	6543	3998	6150	6426	3710	7883	1396	12217
热水镇	12461	6299	6162	3414	5940	6017	2794	8347	1320	11977
东水镇	22663	11433	11230	6605	11051	11067	6718	12859	3086	20836
礼士镇	13806	6986	6820	3181	6878	6764	4120	8186	1500	13100
林寨镇	17618	8756	8862	4900	8198	8605	5591	9761	2266	16261
东源县	**439964**	**223656**	**216308**	**106896**	**200844**	**200276**	**102408**	**293037**	**44519**	**391105**
仙塘镇	65491	34337	31154	11340	20643	19994	10560	51694	3237	38445
灯塔镇	38076	19445	18631	9741	18450	18192	8780	25811	3485	33634
骆湖镇	16192	8174	8018	4393	7971	7932	3742	10726	1724	15080
船塘镇	48623	24072	24551	13754	23749	24346	11431	31582	5610	45788
顺天镇	16371	8095	8276	4330	7485	7891	4104	10444	1823	15991
上莞镇	25614	12933	12681	7137	12708	12577	6392	16238	2984	23615
曾田镇	16100	8223	7877	3926	8038	7818	3463	10671	1966	15457
柳城镇	15365	7970	7395	3638	6630	6681	3476	10128	1761	14230
义合镇	14065	7236	6829	3612	6723	6535	3164	9305	1596	13379
蓝口镇	25972	13091	12881	7059	12526	12720	5768	16880	3324	23970
黄田镇	15351	7857	7494	4248	7591	7387	3971	9583	1797	14349
叶潭镇	20764	10319	10445	5449	10210	10400	6447	11745	2572	20044
黄村镇	34478	17331	17147	7436	16953	17009	11464	19097	3917	32965
康禾镇	16488	8289	8199	4070	8109	8126	4615	9889	1984	15967
锡场镇	6040	3136	2904	1737	2971	2864	1198	4141	701	5863
新港镇	11119	5829	5290	2427	4193	4030	2136	8105	878	9866
双江镇	14750	7571	7179	3014	7310	7023	2983	10427	1340	14671
涧头镇	15201	7673	7528	3418	7203	7315	3407	10559	1235	14667
新回龙镇	3633	1944	1689	1225	1750	1610	729	2480	424	3351
半江镇	5685	2860	2825	1355	2777	2797	1282	3864	539	5659
漳溪乡	14586	7271	7315	3587	6854	7029	3296	9668	1622	14114
阳江市	**2421748**	**1273345**	**1148403**	**695591**	**1204904**	**1106981**	**443689**	**1732975**	**245084**	**2060760**
江城区	**676857**	**348771**	**328086**	**194065**	**331433**	**311380**	**107680**	**505655**	**63522**	**514578**
南恩街道	62033	31240	30793	19420	29090	27490	9946	47580	4507	36455
城南街道	63358	32047	31311	19684	31559	29856	7965	47956	7437	47138
城北街道	48081	24719	23362	12199	23319	21934	7797	37487	2797	18200
中洲街道	35090	18187	16903	9609	17812	16636	6535	25715	2840	25506
城东街道	117744	59969	57775	33839	55489	52300	16718	93028	7998	75069
岗列街道	53432	27803	25629	14671	26213	24488	8646	40170	4616	42344
城西街道	61815	32450	29365	17406	31794	29008	9310	46536	5969	47094
白沙街道	40324	21473	18851	10735	18963	17418	6637	29661	4026	35030
埠场镇	27620	14359	13261	8746	13931	13095	4618	19364	3638	26831
平冈镇	65549	33741	31808	20829	32765	31422	11832	45267	8450	64381
海陵镇	43923	22636	21287	11583	21333	20599	8799	30101	5023	43278
闸坡镇	32159	16526	15633	7864	16300	15485	4216	24948	2995	30023
双捷镇	22121	11658	10463	6224	11179	10230	4193	15413	2515	21130

表19　续表 28　　单位：人、户

地　区	总人口			家庭户	家庭户总人口		分年龄人口			居住本地，户口在本地
	合　计	男	女	户　数	男	女	0-14岁	15-64岁	65岁及以上	
阳江林场罗琴分场	338	198	140	113	161	116	55	242	41	166
平冈农场	1281	736	545	659	736	545	110	821	350	1261
红十月农场	1989	1029	960	484	789	758	303	1366	320	672
阳西县	**452625**	**243120**	**209505**	**118790**	**236103**	**205630**	**84789**	**324537**	**43299**	**421971**
织篢镇	121699	65519	56180	33354	62954	54473	21943	89715	10041	109344
程村镇	54571	28984	25587	15118	28750	25532	9716	38608	6247	52846
塘口镇	36428	19639	16789	9694	19411	16707	7400	24991	4037	34521
上洋镇	62287	33690	28597	15624	31839	27522	12474	43772	6041	58305
溪头镇	73734	39295	34439	19216	39047	34414	14357	52259	7118	70953
沙扒镇	31463	16963	14500	7558	16812	14454	5142	23598	2723	29189
儒洞镇	43754	23493	20261	10703	22888	20024	8079	31785	3890	40245
新圩镇	26486	14333	12153	7129	13715	11910	5342	18259	2885	24786
织篢农场	2069	1111	958	375	664	583	329	1453	287	1658
阳江林场儒洞分场	134	93	41	19	23	11	7	97	30	124
阳东县	**442762**	**240783**	**201979**	**117231**	**215504**	**192941**	**69740**	**330736**	**42286**	**388595**
东城镇	66420	36117	30303	15412	28125	25295	9296	53527	3597	39440
北惯镇	40579	22163	18416	11219	19658	17269	6168	30240	4171	37143
那龙镇	29615	19642	9973	8144	11609	9761	3450	23611	2554	28430
东平镇	42971	23361	19610	9548	20144	19026	6456	33066	3449	37351
雅韶镇	25438	13383	12055	7001	12334	11451	3471	18947	3020	24650
大沟镇	34233	17903	16330	9860	17643	16191	5822	24405	4006	33436
新洲镇	42958	22562	20396	10711	22121	20178	7578	30725	4655	41718
合山镇	44045	23174	20871	11641	22263	20239	8063	32345	3637	36721
塘坪镇	39302	20989	18313	10358	20871	18273	6558	28671	4073	38962
大八镇	32995	18125	14870	11174	18114	14870	5174	23316	4505	32595
红丰镇	40985	21647	19338	10850	20985	18915	7218	29592	4175	36087
红五月农场	2245	1192	1053	932	1132	1031	337	1549	359	1337
鸡山农场	957	512	445	367	492	436	148	724	85	708
阳东林场	19	13	6	14	13	6	1	18		17
阳春市	**849504**	**440671**	**408833**	**265505**	**421864**	**397030**	**181480**	**572047**	**95977**	**735616**
春城街道	243527	125946	117581	64540	114339	107425	43055	179739	20733	181922
河塱镇	30059	15205	14854	9112	15146	14842	8600	18393	3066	26524
松柏镇	40012	22388	17624	12391	18601	17532	8652	27398	3962	34091
石望镇	25483	12951	12532	8699	12948	12527	6592	15692	3199	23945
春湾镇	66166	33650	32516	20637	33273	32257	14792	43918	7456	59780
合水镇	46058	23440	22618	14306	23096	22280	9975	30788	5295	42065
陂面镇	46607	24055	22552	14967	23785	22498	10127	31114	5366	43640
圭岗镇	34147	17929	16218	12641	17892	16211	7669	22017	4461	31895
永宁镇	28479	14716	13763	9691	14620	13755	7857	16678	3944	24836
马水镇	34169	17778	16391	11630	17375	16288	6601	22915	4653	31357
岗美镇	46270	24012	22258	14077	23770	22198	9611	31108	5551	43799
河口镇	21205	11302	9903	7488	11085	9841	4263	13934	3008	20447
潭水镇	56599	29763	26836	18410	28901	26388	11991	37351	7257	51557
三甲镇	42791	22211	20580	15711	21936	20487	10353	26256	6182	38518
双滘镇	38227	19723	18504	14068	19605	18431	9463	22994	5770	35329
八甲镇	49091	25276	23815	16903	25199	23797	11764	31362	5965	45463
三叶农场	614	326	288	234	293	273	115	390	109	448
清远市	**3698412**	**1894516**	**1803896**	**1032291**	**1725951**	**1684608**	**716422**	**2629780**	**352210**	**2907277**
清城区	**811233**	**424151**	**387082**	**209044**	**357996**	**343242**	**132156**	**616601**	**62476**	**504691**
凤城街道	159665	80612	79053	47698	76665	74559	24407	122364	12894	86378

表19 续表 29 单位：人、户

地 区	总人口 合 计	总人口 男	总人口 女	家庭户 户 数	家庭户总人口 男	家庭户总人口 女	分年龄人口 0-14岁	分年龄人口 15-64岁	分年龄人口 65岁及以上	居住本地，户口在本地
东城街道	110720	57080	53640	26516	50122	48103	18976	83871	7873	46584
洲心街道	140523	71359	69164	39087	63665	62570	22468	107882	10173	95312
横荷街道	57928	31458	26470	14216	25148	24526	8438	43915	5575	46711
源潭镇	98855	53160	45695	21360	40761	38879	16825	74343	7687	72477
龙塘镇	93835	50276	43559	21719	39081	35173	14824	73967	5044	51834
石角镇	80773	42897	37876	19652	34280	32541	13925	60011	6837	55712
飞来峡镇	53040	27653	25387	16892	25523	24540	11289	35733	6018	47775
清远市高新技术产业开发区	8666	5248	3418	887	1070	838	410	8144	112	27
清远市国营银盏林场	7228	4408	2820	1017	1681	1513	594	6371	263	1881
佛冈县	**302906**	**154922**	**147984**	**81484**	**143644**	**140652**	**61192**	**213754**	**27960**	**240420**
石角镇	134763	69134	65629	35053	63680	61473	25174	99171	10418	98487
水头镇	21055	10683	10372	6662	10375	10301	4307	14281	2467	18930
汤塘镇	61219	31071	30148	15669	28155	28276	12491	42609	6119	51229
龙山镇	41131	21310	19821	11250	19661	19026	9279	27747	4105	33522
高岗镇	19581	9979	9602	5978	9726	9501	4650	12658	2273	17136
迳头镇	25157	12745	12412	6872	12047	12075	5291	17288	2578	21116
阳山县	**356095**	**178044**	**178051**	**107551**	**171406**	**172960**	**75592**	**237798**	**42705**	**316665**
青莲镇	21635	10759	10876	7196	10680	10821	4859	13730	3046	19836
江英镇	21204	10275	10929	6082	10000	10829	5910	12561	2733	19554
杜步镇	16364	8212	8152	4839	7840	7980	3805	10643	1916	15240
七拱镇	41277	20739	20538	13617	20357	20406	9497	26510	5270	38205
太平镇	25583	13021	12562	8491	12741	12427	6624	15603	3356	22816
杨梅镇	3824	2053	1771	1317	1967	1743	788	2565	471	3395
大崀镇	10081	5147	4934	3215	5001	4892	2282	6496	1303	9286
小江镇	23536	11769	11767	7224	11359	11589	4680	15711	3145	22440
岭背镇	23537	11527	12010	7816	11351	11884	5473	15002	3062	22785
黄坌镇	8676	4360	4316	2803	4298	4301	1725	5547	1404	8281
黎埠镇	45194	22405	22789	12880	21414	22206	9510	29793	5891	42269
阳城镇	103263	51644	51619	28490	48532	48243	18365	75374	9524	81596
秤架瑶族乡	11921	6133	5788	3581	5866	5639	2074	8263	1584	10962
连山壮族瑶族自治县	**90515**	**46835**	**43680**	**27173**	**44569**	**42831**	**19299**	**61749**	**9467**	**77494**
永和镇	16297	8404	7893	4680	8016	7625	3156	11254	1887	15287
吉田镇	27689	14211	13478	8517	13409	13213	5021	20171	2497	20279
太保镇	9142	4823	4319	2994	4623	4254	1678	6390	1074	8319
禾洞镇	5405	2704	2701	1654	2667	2695	1222	3554	629	5002
福堂镇	14903	7754	7149	4225	7594	7080	3693	9692	1518	13618
小三江镇	13171	6763	6408	3922	6525	6293	3588	8158	1425	11954
上帅镇	3163	1614	1549	1056	1603	1544	902	1870	391	2814
连山林场	182	85	97	84	81	89	23	121	38	113
禾洞农林场	563	477	86	41	51	38	16	539	8	108
连南瑶族自治县	**129258**	**65096**	**64162**	**39311**	**62658**	**62720**	**31455**	**85705**	**12098**	**112119**
三江镇	39398	19620	19778	11852	18415	18763	7236	28393	3769	30520
大麦山镇	13230	6521	6709	3887	6365	6642	4398	7934	898	11452
寨岗镇	33876	17024	16852	10602	16315	16648	7910	21719	4247	30180
三排镇	18381	9123	9258	5787	9040	9218	5621	11340	1420	16466
涡水镇	6451	3455	2996	1748	3335	2959	1532	4499	420	6015
大坪镇	8753	4554	4199	3053	4479	4169	2451	5596	706	8511
香坪镇	9169	4799	4370	2382	4709	4321	2307	6224	638	8975
清新县	**698811**	**358132**	**340679**	**179530**	**323754**	**313886**	**139714**	**501220**	**57877**	**524071**
太和镇	189938	97124	92814	43814	78978	76480	36290	143964	9684	64550

表19　续表 30　　　　　　　　　　　　　　　　　　　　　　单位：人、户

地　区	总人口			家庭户	家庭户总人口		分年龄人口			居住本地，户口在本地
	合　计	男	女	户　数	男	女	0-14岁	15-64岁	65岁及以上	
太平镇	67356	34076	33280	16465	30200	29193	11128	50354	5874	53505
山塘镇	48896	24783	24113	13185	23464	23277	7368	35408	6120	44907
三坑镇	41076	21026	20050	12630	20555	19845	6719	29605	4752	38865
龙颈镇	92211	48091	44120	26803	44275	42644	17474	65574	9163	86676
禾云镇	86951	45303	41648	23491	41423	39571	17952	60316	8683	77684
浸潭镇	89457	45479	43978	22951	43673	42593	21618	60453	7386	85578
石潭镇	81413	41458	39955	19630	40439	39574	20950	54414	6049	70882
笔架林场	1513	792	721	561	747	709	215	1132	166	1424
英德市	**941952**	**482827**	**459125**	**264529**	**444315**	**432099**	**187235**	**661071**	**93646**	**815808**
英城街道	169318	88662	80656	38519	64595	63763	25545	129682	14091	110041
沙口镇	35553	18010	17543	11828	17687	17448	8401	23196	3956	32362
望埠镇	51420	26279	25141	15574	25476	24838	9710	37296	4414	46214
横石水镇	27617	14101	13516	6780	13887	13396	6516	18647	2454	25362
桥头镇	30696	15819	14877	8414	15303	14602	7042	20825	2829	28192
青塘镇	32713	16415	16298	7308	16105	16219	8450	21749	2514	28294
白沙镇	28419	14774	13645	8195	14579	13540	6207	19540	2672	26343
大站镇	38039	19455	18584	11315	18293	17715	6501	27865	3673	32896
西牛镇	38520	19582	18938	11496	18649	18336	7616	26792	4112	36479
九龙镇	41056	20965	20091	11536	20720	19950	8560	28470	4026	38327
浛洸镇	58382	29446	28936	17217	28504	28160	11132	41121	6129	52784
大湾镇	54901	27352	27549	18827	27148	27433	14001	33860	7040	50631
石灰铺镇	32793	16750	16043	8853	16257	15697	6490	22932	3371	31742
石牯塘镇	30907	15900	15007	8803	15232	14418	5542	22315	3050	30186
下太镇	9560	5055	4505	2371	4585	4283	2099	6530	931	8906
波罗镇	8401	4265	4136	2766	4166	4108	1986	5145	1270	7731
横石塘镇	22623	11643	10980	7677	11297	10914	4661	15072	2890	20650
大洞镇	8813	4570	4243	2879	4454	4182	1810	5923	1080	8455
连江口镇	30991	15979	15012	9784	15389	14865	5497	22376	3118	28858
黎溪镇	32511	16510	16001	8480	15166	14869	6513	22800	3198	30640
水边镇	11631	5952	5679	3497	5634	5469	2358	7888	1385	11068
英红镇	28119	14463	13656	9855	14086	13540	5967	18907	3245	23383
东华镇	90687	46272	44415	23811	42653	40744	17622	64272	8793	79497
黄花镇	28282	14608	13674	8744	14450	13610	7009	17868	3405	26767
连州市	**367642**	**184509**	**183133**	**123669**	**177609**	**176218**	**69779**	**251882**	**45981**	**316009**
连州镇	153724	75634	78090	46724	71515	72409	25632	112319	15773	112916
星子镇	38774	19509	19265	14214	19310	19211	8324	25605	4845	36877
大路边镇	27536	13977	13559	10017	13518	13280	7072	16473	3991	26169
龙坪镇	22994	11796	11198	8574	11459	11042	4482	15370	3142	21390
西岸镇	26942	13746	13196	9968	13390	13068	5379	17500	4063	25549
保安镇	22396	11319	11077	8041	11173	10970	4860	14195	3341	21685
丰阳镇	16916	8725	8191	5989	8455	8048	3290	11129	2497	16467
东陂镇	18368	9208	9160	6716	9207	9160	3483	12105	2780	17990
九陂镇	18536	9378	9158	6263	8850	8980	3692	12186	2658	17049
西江镇	11481	6093	5388	3664	5706	5257	1980	7941	1560	10480
瑶安瑶族乡	7385	3773	3612	2694	3693	3561	1180	5169	1036	6939
三水瑶族乡	2590	1351	1239	805	1333	1232	405	1890	295	2498
东莞市	**8220207**	**4446224**	**3773983**	**2311534**	**2699748**	**2368340**	**680643**	**7351296**	**188268**	**1594532**
市辖区	**8220207**	**4446224**	**3773983**	**2311534**	**2699748**	**2368340**	**680643**	**7351296**	**188268**	**1594532**
东城街道	492875	263761	229114	136253	167324	152606	47165	432794	12916	89124
南城街道	289255	154901	134354	87139	103617	95297	32608	250360	6287	58827

表19 续表 31

单位：人、户

地 区	总人口			家庭户	家庭户总人口		分年龄人口			居住本地，户口在本地
	合 计	男	女	户 数	男	女	0-14岁	15-64岁	65岁及以上	
万江街道	244765	133516	111249	77491	97772	87626	30476	205702	8587	70410
莞城街道	162116	82316	79800	52479	67895	65322	22124	125316	14676	88320
石碣镇	246960	128410	118550	72503	82993	70725	19481	222327	5152	38952
石龙镇	141850	69865	71985	42174	56076	56038	18970	114700	8180	59906
茶山镇	156522	84574	71948	32225	44805	40687	14776	136508	5238	41314
石排镇	160202	90188	70014	39708	48906	41460	12178	143990	4034	36944
企石镇	121693	69518	52175	23630	35601	31753	12115	105400	4178	39159
横沥镇	204830	111090	93740	56563	63359	53883	15823	185177	3830	33430
桥头镇	166774	88471	78303	32159	42913	38899	12212	150972	3590	37595
谢岗镇	99387	54845	44542	28180	34563	29496	9459	88050	1878	17790
东坑镇	138819	72911	65908	43407	47775	39357	11257	124079	3483	27578
常平镇	386378	197686	188692	96703	105875	100080	29172	349821	7385	68681
寮步镇	418578	227585	190993	118050	134447	113478	33678	377095	7805	63922
樟木头镇	132816	73547	59269	40065	45788	40231	12112	118567	2137	22549
大朗镇	310889	169347	141542	68251	89970	79077	25930	277726	7233	68361
黄江镇	231399	127650	103749	66465	73326	61945	17875	211141	2383	21137
清溪镇	312641	170667	141974	78691	88403	74522	18833	290136	3672	33362
塘厦镇	482067	263559	218508	145935	154044	127395	30711	446604	4752	42282
凤岗镇	318971	173910	145061	92466	104617	91663	27225	288398	3348	22209
大岭山镇	279414	157147	122267	89702	99934	82892	23233	251807	4374	41725
长安镇	664230	358670	305560	211268	210302	178570	33122	625895	5213	40716
虎门镇	638657	344072	294585	192559	224863	198312	51867	573405	13385	118673
厚街镇	438283	238778	199505	83281	111895	97364	29074	399643	9566	92606
沙田镇	177482	102291	75191	59598	68061	56711	16800	156701	3981	35820
道滘镇	143107	79689	63418	40753	51424	46183	13522	123520	6065	51981
洪梅镇	58114	33155	24959	19589	22963	19993	5877	50104	2133	17718
麻涌镇	118062	68213	49849	37591	50177	44251	12750	98521	6791	61420
望牛墩镇	84786	45995	38791	23483	32528	29886	10169	70334	4283	40142
中堂镇	139563	76758	62805	37190	52832	48553	15792	116121	7650	70130
高埗镇	217436	109279	108157	83260	81645	71635	13329	200232	3875	34770
松山湖管委会	37626	21271	16355	2018	2331	1940	799	36712	115	6413
虎门港管委会	1473	1089	384	330	381	302	124	1267	82	562
东莞生态园	2187	1500	687	375	343	208	5	2171	11	4
中山市	**3121275**	**1656632**	**1464643**	**915156**	**1270123**	**1182987**	**365324**	**2617683**	**138268**	**1334939**
市辖区	**3121275**	**1656632**	**1464643**	**915156**	**1270123**	**1182987**	**365324**	**2617683**	**138268**	**1334939**
石岐区街道	208744	104959	103785	63533	89484	92137	28219	162604	17921	138307
东区街道	153930	78729	75201	44936	62342	62640	22453	123113	8364	79460
火炬开发区	227534	121382	106152	54292	71707	66139	21067	200504	5963	57311
西区街道	97673	50479	47194	29474	42882	42472	15438	78128	4107	39232
南区街道	64702	34739	29963	16394	23344	22236	7905	53917	2880	19699
五桂山街道	47999	25199	22800	10305	12382	10411	2970	44153	876	6780
小榄镇	315820	169518	146302	126024	156062	135836	34797	265989	15034	151969
黄圃镇	145340	79137	66203	43892	64186	58121	17718	120200	7422	78359
民众镇	108906	57190	51716	28739	47143	45211	14715	87583	6608	69336
东凤镇	123647	66709	56938	37770	56637	51184	15922	101522	6203	69488
东升镇	117976	64413	53563	16377	34073	33848	12712	100158	5106	65209
古镇镇	147771	83719	64052	31245	50113	45940	15713	125920	6138	64262
沙溪镇	119517	61047	58470	35797	51254	49608	14645	98580	6292	52060
坦洲镇	219876	114461	105415	78001	98664	90928	27139	185829	6908	66206
港口镇	113691	59774	53917	34384	52095	48595	15693	92862	5136	57094

表19　续表 32

单位：人、户

地　区	总人口			家庭户	家庭户总人口		分年龄人口			居住本地，户口在本地
	合　计	男	女	户　数	男	女	0-14岁	15-64岁	65岁及以上	
三角镇	121812	65058	56754	34182	46611	43482	12755	103565	5492	51846
横栏镇	101415	55141	46274	20789	37922	35578	11868	85369	4178	54092
南头镇	130370	73940	56430	45696	57532	48952	12614	114172	3584	39790
阜沙镇	57644	31472	26172	14474	23717	21587	7580	47197	2867	33282
南朗镇	108190	55131	53059	26963	37516	36268	11217	92073	4900	34104
三乡镇	200165	102720	97445	66100	78718	72107	21798	173504	4863	36294
板芙镇	82478	42623	39855	28145	36711	34071	9927	69678	2873	30708
大涌镇	74516	42275	32241	18646	25276	22762	6239	65304	2973	25360
神湾镇	31559	16817	14742	8998	13752	12874	4220	25759	1580	14691
潮州市	**2669466**	**1355495**	**1313971**	**621640**	**1220409**	**1229274**	**489765**	**1953553**	**226148**	**2215994**
湘桥区	**452469**	**222341**	**230128**	**129015**	**203088**	**206017**	**63734**	**351818**	**36917**	**257950**
湘桥街道	14315	7139	7176	5639	6899	7093	1638	10480	2197	11744
西湖街道	17145	8314	8831	6340	8149	8530	2024	12857	2264	12527
金山街道	14918	7213	7705	5229	6963	7200	1651	10971	2296	10611
太平街道	16970	8365	8605	6702	8178	8547	1891	12578	2501	13300
南春街道	35976	17863	18113	11552	17564	17934	5273	27276	3427	22376
西新街道	36865	18246	18619	11976	18138	18515	4798	28007	4060	27832
桥东街道	46200	19605	26595	7374	12707	12836	4199	39514	2487	23623
城西街道	126880	63501	63379	37519	59967	60365	19699	98970	8211	51331
凤新街道	93798	47424	46374	24420	42075	42093	14867	73929	5002	42548
意溪镇	45415	22646	22769	11746	21902	22424	7651	33303	4461	42054
广东潮州经济开发区	3987	2025	1962	518	546	480	43	3933	11	4
潮安县	**1334796**	**691097**	**643699**	**283996**	**599872**	**597942**	**240449**	**988076**	**106271**	**1133224**
古巷镇	88234	46679	41555	13597	30747	31103	13364	69349	5521	62814
登塘镇	37983	19741	18242	8225	17870	17610	7850	27178	2955	34436
凤塘镇	93148	49232	43916	18469	41000	39863	15948	70278	6922	78816
浮洋镇	102012	51961	50051	21351	46275	46639	20043	73067	8902	93607
龙湖镇	60915	30952	29963	11922	28224	28618	12209	43576	5130	56456
金石镇	71240	36719	34521	14242	33402	33297	14266	51579	5395	66217
沙溪镇	57677	29310	28367	12056	28108	27699	12460	40653	4564	54186
彩塘镇	137067	77212	59855	23177	53907	53501	23136	105473	8458	103589
东凤镇	93748	48340	45408	18763	42519	42906	17592	68145	8011	83658
庵埠镇	154784	78903	75881	34395	68593	68779	26222	117829	10733	123229
磷溪镇	71682	35820	35862	16302	34111	34997	13131	51300	7251	69508
铁铺镇	35104	17938	17166	8238	16340	16241	5938	25610	3556	32732
官塘镇	32229	16004	16225	7209	14684	14647	5655	23396	3178	29331
江东镇	69672	34887	34785	15368	34277	34512	13377	49582	6713	67147
归湖镇	21765	11136	10629	6445	10610	10450	4068	14883	2814	20852
文祠镇	13852	7069	6783	3952	6707	6591	2247	9841	1764	13481
凤凰镇	37337	19108	18229	9565	18971	18198	7265	26532	3540	35701
赤凤镇	5703	3031	2672	1834	2788	2574	1098	3712	893	5550
枫溪镇	150138	76774	73364	38720	70514	69501	24498	115764	9876	101411
万峰林场	506	281	225	166	225	216	82	329	95	503
饶平县	**882201**	**442057**	**440144**	**208629**	**417449**	**425315**	**185582**	**613659**	**82960**	**824820**
黄冈镇	215334	108273	107061	48447	102296	102436	40195	156715	18424	191112
上饶镇	46796	23332	23464	11794	23112	23425	12310	30317	4169	45165
饶洋镇	47086	23475	23611	11823	21100	22036	10849	31324	4913	43310
新丰镇	58890	30387	28503	13319	28234	27662	11482	42508	4900	53816
建饶镇	11548	5892	5656	2559	5527	5505	3236	7320	992	10873
三饶镇	47366	23934	23432	10886	22223	22278	10171	33068	4127	45021

表19　续表 33　　　　　　　　　　　　　　　　　　　　　　　　单位：人、户

地　　区	总人口			家庭户	家庭户总人口		分年龄人口			居住本地，户口在本地
	合　计	男	女	户　数	男	女	0-14岁	15-64岁	65岁及以　上	
新塘镇	17100	8628	8472	4396	8570	8470	3743	11614	1743	16556
汤溪镇	7574	3889	3685	2378	3286	3312	1442	5172	960	6652
浮滨镇	18308	9395	8913	5137	8258	8367	3846	12007	2455	17665
浮山镇	22382	11445	10937	6020	10297	10219	4924	14720	2738	21139
东山镇	15972	8205	7767	3848	7726	7515	4128	10244	1600	14792
新圩镇	26352	13125	13227	7095	12557	12977	6194	17107	3051	25086
樟溪镇	13992	7171	6821	3687	7007	6793	2969	9426	1597	13177
钱东镇	88001	44226	43775	19201	39835	40761	18672	61583	7746	82452
高堂镇	18947	9496	9451	4453	9232	9302	4762	12277	1908	18511
联饶镇	28609	14185	14424	7075	13577	14157	6676	18661	3272	27506
所城镇	32936	15961	16975	8381	15126	16590	7725	21599	3612	31700
大埕镇	26608	12654	13954	6780	12190	13895	6424	17359	2825	26177
柘林镇	13316	6533	6783	3511	5998	6562	2104	9757	1455	12424
井洲镇	56296	28022	28274	11868	27788	28179	10054	41669	4573	54163
海山镇	67730	33288	34442	15688	32977	34361	13484	48492	5754	66524
韩江林场	1058	541	517	283	533	513	192	720	146	999
揭阳市	**5884347**	**2994460**	**2889887**	**1178425**	**2856835**	**2796742**	**1439770**	**4018419**	**426158**	**5499113**
榕城区	**746354**	**383432**	**362922**	**159862**	**342742**	**334206**	**133884**	**560632**	**51838**	**655688**
榕华街道	71666	36338	35328	20456	35309	34677	10495	55298	5873	66397
新兴街道	53675	26858	26817	14106	25968	26045	8686	41004	3985	51209
中山街道	22364	11353	11011	6177	10922	10968	2532	16534	3298	21613
西马街道	36469	18524	17945	9089	17562	17502	4868	27565	4036	33827
榕东街道	38474	19528	18946	7608	16880	16596	6419	29759	2296	31443
仙桥街道	128220	66392	61828	22795	58192	55691	27200	93951	7069	110584
梅云街道	68054	35099	32955	12128	31950	31282	15380	48506	4168	61719
东兴街道	63220	32423	30797	13519	24206	23494	9872	49772	3576	46971
东升街道	42071	21763	20308	10018	19995	19254	7170	32275	2626	36827
东阳街道	28186	14569	13617	5852	12686	12416	4820	21551	1815	23462
磐东街道	76550	39800	36750	13551	34181	33039	13780	57792	4978	65795
渔湖镇	117110	60613	56497	24563	54891	53242	22662	86330	8118	105841
东山工业园区管理处	295	172	123					295		
揭东县	**1159118**	**594294**	**564824**	**259769**	**573018**	**553299**	**239137**	**821951**	**98030**	**1121015**
曲溪街道	104265	56721	47544	24077	45519	44313	16932	80150	7183	87983
云路镇	77331	39483	37848	18404	39278	37719	15491	54261	7579	75776
玉窖镇	46361	23635	22726	11391	23527	22689	8790	32918	4653	45579
登岗镇	72638	37033	35605	16069	36342	35328	13960	52370	6308	70911
炮台镇	114400	57682	56718	25002	53653	51895	20821	85361	8218	109514
地都镇	95180	48302	46878	20277	47097	46112	18661	69222	7297	93862
霖磐镇	73722	37704	36018	15417	37104	35764	16249	51341	6132	72465
月城镇	43983	22369	21614	9490	21880	21370	10934	29655	3394	43037
白塔镇	89062	45443	43619	18869	44850	43063	20363	60980	7719	87506
龙尾镇	32436	16799	15637	7940	16572	15558	7287	21950	3199	32106
桂岭镇	64560	33025	31535	13904	32695	31356	15020	44065	5475	63884
锡场镇	108592	55430	53162	23770	54550	52630	22026	77711	8855	106227
新亨镇	98998	50340	48658	21918	49803	48283	21325	69287	8386	97004
玉湖镇	81390	41337	40053	18885	41210	40032	19342	53967	8081	80003
埔田镇	55349	28539	26810	14103	28527	26803	11781	38149	5419	54365
东径茶场	4		4					4		
卅岭农场	793	410	383	252	410	383	155	506	132	793
高新区	54	42	12	1	1	1		54		

表19 续表 34

单位：人、户

地区	总人口			家庭户	家庭户总人口		分年龄人口			居住本地，户口在本地
	合计	男	女	户数	男	女	0-14岁	15-64岁	65岁及以上	
揭西县	**825727**	**423407**	**402320**	**173672**	**402333**	**389146**	**190635**	**559208**	**75884**	**808949**
河婆街道	121221	62726	58495	29516	56820	54656	23370	87096	10755	118801
龙潭镇	32795	17297	15498	7135	16900	15253	6953	22406	3436	32295
南山镇	30733	15452	15281	6080	15070	15060	6607	20947	3179	29974
五经富镇	49087	25752	23335	11046	21696	21441	9700	33896	5491	48632
京溪园镇	42250	21454	20796	9102	20987	20478	8571	29356	4323	41788
灰寨镇	36286	18821	17465	7880	18190	17009	7242	25306	3738	35554
塔头镇	42959	21956	21003	8782	20926	20260	10835	28244	3880	42587
东园镇	32980	16856	16124	6226	16576	16009	8855	21271	2854	32279
凤江镇	69127	35131	33996	12602	33586	32930	18306	45075	5746	68272
棉湖镇	99769	51002	48767	20382	48452	47069	21518	70025	8226	96266
金和镇	65062	33443	31619	12451	32516	31081	16959	42465	5638	64238
大溪镇	23102	11824	11278	4999	11795	11252	6002	14850	2250	22502
钱坑镇	39381	20449	18932	7641	18329	17418	9739	25961	3681	38339
坪上镇	36140	18595	17545	8012	18174	17238	7606	24800	3734	35046
五云镇	47669	23625	24044	9128	23585	24019	11917	31756	3996	46238
上砂镇	44871	22677	22194	10048	22630	22150	13363	27883	3625	44215
良田乡	11731	6001	5730	2417	5855	5659	3064	7405	1262	11490
北山农林场	196	121	75	51	54	24	8	161	27	78
果林场	94	59	35	61	59	35	5	73	16	94
油桐林场	75	44	31	28	35	30		70	5	75
高田农场	104	66	38	35	42	36	15	72	17	104
河鞏农场	25	18	7	20	18	7		24	1	12
县苗圃场	70	38	32	30	38	32		66	4	70
惠来县	**1097596**	**548701**	**548895**	**206805**	**541278**	**545847**	**336060**	**688664**	**72872**	**1048276**
惠城镇	150974	78261	72713	33948	74956	71011	37051	103705	10218	143660
华湖镇	58098	29165	28933	10046	28693	28853	18361	35839	3898	54191
仙庵镇	73033	35397	37636	12647	34831	37493	23847	44274	4912	69592
靖海镇	70991	34959	36032	14650	34363	35826	17370	48208	5413	69300
周田镇	63621	30770	32851	12132	30419	32789	20344	38181	5096	60285
前詹镇	44963	22167	22796	9199	21923	22717	13339	28458	3166	43719
神泉镇	80149	40063	40086	14727	39839	40005	24672	50273	5204	75731
东陇镇	81070	39779	41291	13903	39774	41286	26209	49600	5261	78631
岐石镇	63462	30983	32479	10304	30874	32435	23479	36316	3667	58000
隆江镇	140744	70451	70293	23735	70449	70288	43922	87959	8863	135976
溪西镇	65033	32446	32587	10566	32024	32354	22320	38882	3831	62679
鳌江镇	48039	23835	24204	6113	23475	24038	17406	27764	2869	44790
东港镇	33117	16841	16276	5754	16370	16102	10512	20553	2052	31806
葵潭镇	95717	49226	46491	22800	49008	46435	27779	61722	6216	93333
东埔农场	9699	4796	4903	1846	4795	4903	3497	5494	708	9072
揭阳市大南山华侨管理区	14375	7211	7164	3585	7187	7161	4594	8652	1129	13241
葵潭农场	3420	1798	1622	598	1750	1615	997	2113	310	3278
青坑林场	1091	553	538	252	548	536	361	671	59	992
普宁市	**2055552**	**1044626**	**1010926**	**378317**	**997464**	**974244**	**540054**	**1387964**	**127534**	**1865185**
流沙东街道	108448	55635	52813	19749	51691	48582	24111	77761	6576	92682
流沙南街道	78806	40837	37969	13141	30634	29387	14462	60491	3853	58153
流沙西街道	130606	69625	60981	29920	63738	56774	26246	97847	6513	108115
流沙北街道	103676	55337	48339	22314	46824	42771	19309	79732	4635	76779
池尾街道	79189	41657	37532	13831	33002	31610	17227	58088	3874	62219
赤岗镇	47477	23531	23946	8192	23389	23867	12864	31386	3227	44712

表19 续表 35

单位：人、户

地区	总人口			家庭户	家庭户总人口		分年龄人口			居住本地，户口在本地
	合计	男	女	户数	男	女	0-14岁	15-64岁	65岁及以上	
大坝镇	89469	44809	44660	17576	44807	44647	26179	57571	5719	82923
洪阳镇	144288	72217	72071	27414	71218	70640	36804	98154	9330	135482
南溪镇	97747	49950	47797	18902	49945	47791	25698	65467	6582	95970
广太镇	49114	24191	24923	8903	24175	24905	13875	32311	2928	47470
麒麟镇	99798	50915	48883	14608	49940	48429	31897	61409	6492	95303
南径镇	112005	55897	56108	18744	55879	56078	33631	71286	7088	107336
占陇镇	161439	80931	80508	28682	77851	78546	43215	108299	9925	150665
军埠镇	104599	52238	52361	17171	51998	52065	28436	69974	6189	95717
下架山镇	83822	42677	41145	15041	42471	41094	22661	55944	5217	80068
大南山镇	35343	17790	17553	6425	17233	17233	9097	24175	2071	32813
高埔镇	53925	26695	27230	9988	26695	27230	17858	32680	3387	52486
云落镇	47109	23236	23873	8138	23225	23860	15800	28162	3147	45367
大坪镇	23896	11551	12345	4537	11537	12335	7789	14410	1697	22744
船埔镇	38580	19096	19484	7401	19096	19484	11416	24579	2585	36379
梅林镇	51117	25298	25819	9230	25298	25819	15816	31575	3726	45995
里湖镇	80664	41176	39488	15085	41175	39486	21576	53058	6030	78478
梅塘镇	116059	59111	56948	21648	58826	56656	32324	75146	8589	111060
燎原镇	72234	37157	35077	13145	37091	35063	19541	47862	4831	69144
后溪乡	10146	5018	5128	2023	5018	5128	3216	6064	866	9549
大池农场	6285	3135	3150	1337	3135	3150	1827	3939	519	5929
马鞍山农场	6864	3362	3502	1539	3290	3487	2543	3847	474	6147
大坪农场	6396	3088	3308	1242	3078	3306	1811	4171	414	6150
普侨区	9912	5194	4718	2210	4926	4572	2664	6297	951	8991
三坑农场	337	199	138	97	165	134	55	206	76	320
乌石农场	3143	1381	1762	54	86	78	101	3022	20	19
科技工业园	3059	1692	1367	30	28	37	5	3051	3	20
云浮市	**2367154**	**1210330**	**1156824**	**661506**	**1141903**	**1111993**	**530365**	**1603665**	**233124**	**2107924**
云城区	**318145**	**165958**	**152187**	**84966**	**149337**	**139907**	**55388**	**236106**	**26651**	**248289**
云城街道	164967	86311	78656	42443	78853	73197	27596	127356	10015	122626
高峰街道	29459	15748	13711	8544	14200	12956	4784	21962	2713	20599
河口街道	31154	15371	15783	6225	11401	10695	4008	24923	2223	19902
安塘街道	20096	10793	9303	5830	9480	8837	3591	14133	2372	16828
腰古镇	23672	12122	11550	7209	11907	11487	5065	15697	2910	22847
思劳镇	15863	8485	7378	4865	7348	7104	3425	10236	2202	13839
都杨镇	32934	17128	15806	9850	16148	15631	6919	21799	4216	31648
新兴县	**431635**	**218556**	**213079**	**117078**	**202023**	**199241**	**85033**	**299939**	**46663**	**384510**
新城镇	134914	67754	67160	34000	58899	56630	21833	101863	11218	100425
车岗镇	23432	11889	11543	6608	11118	11247	5380	15302	2750	22141
水台镇	13953	7463	6490	3416	6055	5847	2679	9884	1390	11739
稔村镇	32942	17037	15905	7946	15200	15142	6817	22745	3380	30393
东成镇	24916	12569	12347	6759	12072	12045	5483	16431	3002	24041
太平镇	51080	25912	25168	14262	25282	24963	10472	34398	6210	50289
里洞镇	14105	7207	6898	4337	7113	6855	3483	9066	1556	13719
六祖镇	52501	26407	26094	14691	25857	25939	11366	34760	6375	50904
大江镇	7030	3699	3331	2191	3371	3274	1440	4697	893	6692
天堂镇	45931	22806	23125	13674	22155	22804	9720	30268	5943	45129
河头镇	18050	9318	8732	5433	9068	8632	3814	11909	2327	17523
簕竹镇	12781	6495	6286	3761	5833	5863	2546	8616	1619	11515
郁南县	**388732**	**200097**	**188635**	**121436**	**188640**	**183665**	**80071**	**263039**	**45622**	**350278**
都城镇	85659	44620	41039	25001	41658	38596	12825	65527	7307	71205

表19 续表 36

单位：人、户

地区	总人口			家庭户	家庭户总人口		分年龄人口			居住本地，户口在本地
	合计	男	女	户数	男	女	0-14岁	15-64岁	65岁及以上	
平台镇	22120	11425	10695	6161	10812	10495	5017	14668	2435	20147
桂圩镇	27361	14609	12752	8847	14017	12591	5642	18105	3614	25784
通门镇	13737	7108	6629	4340	6833	6547	2764	9239	1734	12534
建城镇	30020	15847	14173	10101	14483	13684	5281	20470	4269	28008
宝珠镇	10684	5654	5030	3414	5209	4946	2073	7200	1411	9945
大方镇	8793	4540	4253	2967	4292	4152	2004	5526	1263	8259
千官镇	31311	15827	15484	10406	15311	15252	7725	19501	4085	28267
大湾镇	15661	7943	7718	4615	7533	7529	3520	10429	1712	14123
河口镇	20734	10316	10418	7000	9782	10288	5378	12885	2471	19071
宋桂镇	15478	7799	7679	5385	7136	7489	3583	9675	2220	14164
东坝镇	25470	12710	12760	7372	12045	12574	6257	15720	3493	23972
连滩镇	42141	20984	21157	13792	20624	21055	9462	27882	4797	38960
历洞镇	12079	6157	5922	4175	5969	5868	2788	7478	1813	11222
南江口镇	27484	14558	12926	7860	12936	12599	5752	18734	2998	24617
云安县	**269636**	**139095**	**130541**	**69280**	**132212**	**127113**	**59000**	**183493**	**27143**	**248261**
六都镇	44323	23199	21124	10468	19878	18874	7567	32845	3911	39857
高村镇	20222	10547	9675	6587	10174	9604	4523	12736	2963	18905
白石镇	23615	11792	11823	7220	11710	11807	5311	15530	2774	22274
镇安镇	40366	20627	19739	10565	20335	19630	8681	27751	3934	36801
富林镇	46822	23637	23185	10790	23013	23032	12272	30901	3649	41871
南盛镇	32205	16913	15292	7717	16044	14938	7133	21705	3367	30690
前锋镇	19101	9755	9346	5856	9392	9245	3938	12539	2624	18182
石城镇	42982	22625	20357	10077	21666	19983	9575	29486	3921	39681
罗定市	**959006**	**486624**	**472382**	**268746**	**469691**	**462067**	**250873**	**621088**	**87045**	**876586**
罗城街道	110838	59182	51656	31835	52224	47413	21112	81300	8426	87008
素龙街道	104465	52861	51604	25800	51425	50554	25417	70219	8829	91139
附城街道	52001	25800	26201	14374	24285	24199	12794	34843	4364	44663
双东街道	17263	8539	8724	5216	8008	8440	3942	11634	1687	16139
罗镜镇	66144	33251	32893	19252	32371	32525	18302	40797	7045	59699
太平镇	49354	25388	23966	12904	25284	23879	13469	31602	4283	47183
分界镇	20990	10502	10488	6005	10501	10488	6235	12657	2098	19383
罗平镇	68617	34896	33721	16840	34494	33634	20343	42628	5646	63408
船步镇	63305	31956	31349	16029	30435	30542	20092	38331	4882	61029
满塘镇	35365	17814	17551	9157	17225	17335	10495	22063	2807	33036
苹塘镇	34103	17345	16758	9523	16956	16688	9527	21756	2820	33206
金鸡镇	26393	13076	13317	7325	13071	13313	8109	16065	2219	24560
围底镇	37555	19231	18324	9664	18830	18178	10059	24511	2985	35327
华石镇	25058	12621	12437	7278	12621	12437	7043	15677	2338	24437
榃滨镇	40444	20164	20280	11288	20137	20233	10230	26427	3787	38587
黎少镇	39966	19932	20034	13690	19493	19812	10191	25172	4603	38053
生江镇	31885	16155	15730	8994	15541	15444	7878	20860	3147	31357
连州镇	40399	20615	19784	13869	20166	19591	10500	25786	4113	38377
泗纶镇	55642	27936	27706	17732	27486	27618	13929	35479	6234	52647
加益镇	18634	9150	9484	5765	9148	9482	4970	11495	2169	17538
龙湾镇	20093	9948	10145	6064	9755	10042	6063	11510	2520	19391
罗平农场	492	262	230	142	235	220	173	276	43	419

表20　广西壮族自治区乡、镇、街道人口

单位：人、户

地　区	总人口			家庭户	家庭户总人口		分年龄人口			居住本地，户口在本地
	合　计	男	女	户　数	男	女	0-14岁	15-64岁	65岁及以上	
广西壮族自治区	**46023761**	**23924704**	**22099057**	**13151404**	**22733969**	**21236351**	**9990821**	**31780019**	**4252921**	**38793142**
南宁市	**6658742**	**3452717**	**3206025**	**2040955**	**3108272**	**2936062**	**1207648**	**4858397**	**592697**	**4895018**
兴宁区	**398789**	**212365**	**186424**	**115873**	**172357**	**163679**	**57582**	**313339**	**27868**	**216692**
民生街道	117586	60333	57253	35992	46744	47183	13273	96038	8275	55301
朝阳街道	148695	79119	69576	44095	62451	60310	20864	119011	8820	56050
三塘镇	52285	30058	22227	13547	22790	19773	8136	40677	3472	35375
五塘镇	53978	29067	24911	14470	27047	24181	9780	39471	4727	49180
昆仑镇	17238	9114	8124	5174	8985	8083	3774	11311	2153	17007
九曲湾农场	9007	4674	4333	2595	4340	4149	1755	6831	421	3779
青秀区	**709721**	**360628**	**349093**	**222971**	**289675**	**293637**	**90798**	**563837**	**55086**	**382480**
新竹街道	135531	63912	71619	43103	55944	60062	14913	105794	14824	92853
中山街道	126958	59320	67638	40349	50010	53196	13524	103024	10410	66921
建政街道	93360	50779	42581	29088	36413	36184	11299	77492	4569	37960
南湖街道	86806	45318	41488	28363	35394	36141	10975	71873	3958	33910
津头街道	114748	60131	54617	33565	41452	43509	12704	95737	6307	43501
仙葫经济开发区管理委员会	58149	32236	25913	14579	21801	19433	7468	48531	2150	17940
刘圩镇	31185	16086	15099	11397	16042	15086	6323	20381	4481	30140
南阳镇	19246	9935	9311	7017	9874	9292	4371	11863	3012	18497
伶俐镇	23362	12151	11211	8366	12040	11167	5105	15228	3029	21860
长塘镇	20306	10726	9580	7142	10703	9567	4116	13845	2345	18896
青秀山管理委员会	70	34	36	2	2			69	1	2
江南区	**567999**	**297424**	**270575**	**177303**	**263585**	**245645**	**90321**	**437387**	**40291**	**342808**
福建园街道	175532	87350	88182	60982	79556	79485	22043	139886	13603	95204
江南街道	88914	46608	42306	26983	38668	37582	14373	69637	4904	36464
沙井街道	47133	25111	22022	13194	22122	20572	8971	34859	3303	34560
那洪街道	77387	42660	34727	23396	34744	31264	11394	62516	3477	23834
吴圩镇	58937	32172	26765	17140	30522	26015	11742	42680	4515	50551
苏圩镇	52182	27942	24240	16172	27628	24119	10780	37010	4392	48950
延安镇	20776	11254	9522	7104	11183	9491	4361	14340	2075	19264
江西镇	30575	16257	14318	9823	15983	14151	5651	21534	3390	28387
经济技术开发区	9	9						9		1
明阳工业园区管委会	16554	8061	8493	2509	3179	2966	1006	14916	632	5593
西乡塘区	**1153305**	**591325**	**561980**	**353969**	**477543**	**453342**	**144993**	**937767**	**70545**	**597059**
衡阳街道	139414	71217	68197	49607	60487	59567	15471	113588	10355	64641
北湖街道	185509	92501	93008	74813	82712	80195	18259	157611	9639	80823
西乡塘街道	206306	103531	102775	41161	55134	54859	14886	182192	9228	99726
安吉街道	99708	52114	47594	33503	44900	41699	13581	80782	5345	44436
华强街道	28186	13703	14483	9175	12190	12622	3129	22422	2635	14118
新阳街道	103164	52011	51153	35604	48809	48195	13076	81508	8580	57821
上尧街道	70697	37162	33535	21110	26578	23940	8296	59797	2604	18838
安宁街道	48977	27188	21789	12597	20001	17648	7858	39229	1890	16076
石埠街道	39581	21518	18063	8538	16182	14545	6617	30188	2776	28370
心圩街道	51587	25358	26229	13728	20898	19283	7789	41540	2258	24126
金陵镇	48104	25596	22508	14986	25331	22342	10464	32921	4719	40516
双定镇	27902	14990	12912	7711	14481	12807	5795	19814	2293	26789
坛洛镇	64937	34231	30706	19706	34119	30667	14421	44314	6202	62378
那龙矿务局	1582	793	789	732	777	784	243	1154	185	1491
罗文农场	9780	5051	4729	1424	1996	1791	713	8769	298	4933
石埠奶场	2231	1152	1079	614	962	933	421	1682	128	1269
金光农场	9651	5030	4621	3911	4927	4550	1339	7406	906	8203
高新技术开发区管委会	15989	8179	7810	5049	7059	6915	2635	12850	504	2505
良庆区	**344768**	**184507**	**160261**	**108506**	**170929**	**152140**	**69606**	**253019**	**22143**	**180587**
大沙田街道	193140	102833	90307	61260	91188	83101	36045	149845	7250	40386
良庆镇	39203	19994	19209	10447	19376	18925	9726	26705	2772	36413

表20　续表 1　　　　单位：人、户

地　　区	总人口			家庭户	家庭户总人口		分年龄人口			居住本地，户口在本地
	合　计	男	女	户　数	男	女	0-14岁	15-64岁	65岁及以上	
那马镇	23382	12598	10784	6815	11858	10461	4885	16445	2052	20769
那陈镇	24440	13404	11036	7997	13372	11029	4789	16762	2889	23389
大塘镇	37638	20842	16796	12414	20349	16523	8123	25793	3722	34209
南晓镇	26956	14830	12126	9569	14782	12098	6038	17463	3455	25416
良庆经济开发区管委会	9	6	3	4	4	3		6	3	5
邕宁区	**259721**	**136295**	**123426**	**77865**	**130436**	**118496**	**55291**	**179449**	**24981**	**237342**
蒲庙镇	119382	61654	57728	35026	56440	52993	22207	87189	9986	102106
那楼镇	61474	32487	28987	19029	32277	28891	13967	40815	6692	60917
新江镇	21817	11577	10240	6720	11530	10230	4867	14695	2255	21288
百济乡	34935	18885	16050	9773	18589	15997	8977	22770	3188	32196
中和乡	22113	11692	10421	7317	11600	10385	5273	13980	2860	20835
武鸣县	**544478**	**283243**	**261235**	**175328**	**264738**	**247607**	**89930**	**392370**	**62178**	**477917**
城厢镇	120914	61978	58936	37249	55267	52409	17649	92889	10376	85347
太平镇	30486	16152	14334	9708	15750	14140	5026	21725	3735	29394
双桥镇	45478	24168	21310	14512	23428	21018	7003	33328	5147	43563
宁武镇	30596	16086	14510	10617	15441	14146	5033	22234	3329	28636
锣圩镇	44304	22898	21406	14797	22158	20751	7372	31447	5485	42329
仙湖镇	32109	16885	15224	9203	16322	14920	4627	23762	3720	31439
府城镇	38351	20117	18234	13426	19371	17612	6782	26637	4932	36661
陆斡镇	44016	22764	21252	14959	22665	21207	6630	31473	5913	42807
两江镇	26664	13628	13036	9868	13326	12875	4277	18336	4051	25675
罗波镇	23538	11981	11557	7765	10977	10578	3840	16052	3646	21385
灵马镇	28451	14503	13948	8275	14269	13767	8510	17213	2728	26204
甘圩镇	16932	8874	8058	5652	8601	7954	4485	10842	1605	16215
马头镇	15477	7862	7615	5308	7736	7560	2552	10363	2562	15074
百合农场	912	474	438	347	474	438	162	658	92	637
南宁华侨投资区	41612	22419	19193	11870	16541	16056	5230	32206	4176	28490
东风农场	4638	2454	2184	1772	2412	2176	752	3205	681	4061
隆安县	**300215**	**156473**	**143742**	**92345**	**151435**	**140599**	**65103**	**199317**	**35795**	**271824**
城厢镇	60035	31127	28908	17602	28179	26360	11231	42839	5965	47647
南圩镇	46815	24550	22265	14236	23820	22153	9854	30656	6305	44499
雁江镇	17164	8859	8305	6038	8832	8289	3527	11418	2219	15870
那桐镇	41204	21750	19454	12465	21534	19324	9114	27849	4241	38641
乔建镇	29291	15259	14032	8651	15013	13946	7033	18567	3691	27873
丁当镇	24808	13109	11699	7975	12972	11641	4976	17000	2832	23579
古潭乡	21308	11466	9842	5662	11121	9788	5104	14009	2195	19609
都结乡	27618	14064	13554	8870	14053	13539	6831	17147	3640	25423
布泉乡	15434	7718	7716	5059	7704	7716	3575	9488	2371	14904
屏山乡	10674	5349	5325	3655	5295	5295	2757	6187	1730	10024
隆安华侨管理区管理委员会	5864	3222	2642	2132	2912	2548	1101	4157	606	3755
马山县	**390900**	**197481**	**193419**	**116668**	**194008**	**189729**	**96509**	**252548**	**41843**	**366515**
白山镇	71685	35632	36053	19325	33651	33808	15766	49595	6324	59768
百龙滩镇	15216	7567	7649	5003	7555	7641	3873	9696	1647	14426
林圩镇	69420	35384	34036	19554	35318	34014	20414	42917	6089	65675
古零镇	40906	20985	19921	11992	20862	19855	9036	27377	4493	39979
金钗镇	22204	10963	11241	6550	10650	10963	5069	14787	2348	21373
周鹿镇	58020	29061	28959	18746	28337	28078	16321	35174	6525	54888
永州镇	33556	17246	16310	10291	17160	16225	7892	21414	4250	33076
乔利乡	24446	12425	12021	8177	12343	11952	7009	14867	2570	23993
加方乡	22363	11285	11078	6935	11283	11078	4668	14506	3189	21163

表20 续表 2

单位：人、户

地区	总人口			家庭户	家庭户总人口		分年龄人口			居住本地，户口在本地
	合计	男	女	户数	男	女	0-14岁	15-64岁	65岁及以上	
古寨瑶族乡	15725	7922	7803	4661	7877	7785	3078	10339	2308	15146
里当瑶族乡	16494	8548	7946	5149	8534	7936	3197	11293	2004	16192
光明山林场	865	463	402	285	438	394	186	583	96	836
上林县	**343590**	**174973**	**168617**	**105880**	**170799**	**164991**	**74226**	**228894**	**40470**	**320665**
大丰镇	61826	31436	30390	17342	27785	27020	11044	45448	5334	45305
明亮镇	20899	10884	10015	6665	10822	9977	4020	14261	2618	20231
巷贤镇	25444	13464	11980	8317	13425	11954	4744	16976	3724	25197
白圩镇	55094	28117	26977	17394	28096	26970	14670	34657	5767	53446
三里镇	38319	19274	19045	11256	19218	19010	8194	25345	4780	37417
乔贤镇	24714	12547	12167	8123	12499	12142	5263	16373	3078	24187
西燕镇	28574	14304	14270	8892	14225	14240	6554	18185	3835	28090
澄泰乡	27801	14387	13414	8732	14297	13403	6245	18227	3329	26958
木山乡	15784	8100	7684	4567	8023	7646	3037	10868	1879	15639
塘红乡	26372	13066	13306	9162	13026	13278	6218	16240	3914	25832
镇圩瑶族乡	18763	9394	9369	5430	9383	9351	4237	12314	2212	18363
宾阳县	**782255**	**411430**	**370825**	**232153**	**389734**	**359780**	**172837**	**533735**	**75683**	**711301**
宾州镇	208074	112047	96027	54386	99368	90013	38124	153443	16507	173821
黎塘镇	110794	57139	53655	34427	53725	50842	21829	78754	10211	89432
甘棠镇	35630	18371	17259	12164	18213	17092	9166	21495	4969	34899
思陇镇	41193	21890	19303	11887	21330	19013	10124	27057	4012	40770
新桥镇	65983	34771	31212	17778	33821	30305	13068	47709	5206	63205
新圩镇	19142	9785	9357	6101	9733	9331	4868	12370	1904	18769
邹圩镇	30726	15841	14885	9389	15576	14797	8251	19293	3182	30060
大桥镇	53484	27685	25799	16044	27567	25742	13563	34391	5530	52274
武陵镇	38847	20183	18664	12453	19971	18511	9506	25047	4294	38018
中华镇	20795	10960	9835	7016	10777	9794	5637	12656	2502	20357
古辣镇	36569	19104	17465	11640	18781	17407	8676	23646	4247	35491
露圩镇	22920	11976	10944	8724	11892	10906	6300	13543	3077	22413
王灵镇	26780	13980	12800	8534	13682	12690	6493	17509	2778	25063
和吉镇	32096	16495	15601	8966	16228	15567	7901	21244	2951	31260
洋桥镇	22370	11571	10799	6950	11367	10765	5920	14285	2165	21492
陈平乡	13165	7711	5454	4030	5860	5291	2865	8558	1742	11038
廖平农场	3687	1921	1766	1664	1843	1714	546	2735	406	2939
横县	**863001**	**446573**	**416428**	**262094**	**433033**	**406417**	**200452**	**566735**	**95814**	**789828**
横州镇	163053	83343	79710	43862	76799	73537	29228	120735	13090	135692
百合镇	70816	36100	34716	20785	35015	33766	17996	44013	8807	64807
那阳镇	45464	23276	22188	13129	23156	22145	11682	29138	4644	43038
南乡镇	61308	31874	29434	19295	31592	29306	18565	35640	7103	54847
新福镇	33962	17708	16254	10621	17490	16181	9450	20516	3996	32078
莲塘镇	30864	16035	14829	9328	15813	14543	7986	19724	3154	29989
平马镇	26489	13648	12841	8184	13457	12742	6680	17010	2799	25004
峦城镇	37760	19443	18317	12147	18928	18023	7724	24901	5135	33939
六景镇	66879	35068	31811	20268	33563	31479	14687	44122	8070	62104
石塘镇	48030	25112	22918	15408	24852	22765	11098	31571	5361	44403
陶圩镇	53668	27930	25738	17580	26941	25188	13067	33647	6954	52023
校椅镇	66596	34768	31828	20996	34317	31523	15886	42661	8049	64169
云表镇	62163	32596	29567	18639	32349	29260	12923	42749	6491	59178
马岭镇	23081	11715	11366	6600	11665	11309	5194	15735	2152	22329
马山乡	39765	20476	19289	14268	20288	19199	11154	23295	5316	36212
平朗乡	16472	8568	7904	5561	8215	7839	3886	10010	2576	15052

表20 续表 3

单位：人、户

地区	总人口			家庭户	家庭户总人口		分年龄人口			居住本地，户口在本地
	合计	男	女	户数	男	女	0-14岁	15-64岁	65岁及以上	
镇龙乡	10510	5727	4783	3282	5552	4741	2124	6801	1585	10289
良圻农场	6121	3186	2935	2141	3041	2871	1122	4467	532	4675
柳州市	**3758704**	**1960125**	**1798579**	**1116423**	**1813224**	**1714991**	**637313**	**2780356**	**341035**	**2711525**
城中区	**160217**	**82260**	**77957**	**46102**	**65911**	**67823**	**21832**	**125651**	**12734**	**89642**
城中街道	9372	4394	4978	3037	3851	4417	1001	7284	1087	5887
公园街道	16406	7679	8727	5517	7362	8266	1911	12140	2355	12236
中南街道	22923	10874	12049	7446	10044	10896	2360	17990	2573	15358
水上街道	627	612	15	12	13	12	5	618	4	385
潭中街道	59256	32050	27206	15049	21175	21677	6758	48549	3949	34044
河东街道	37799	19137	18662	10769	16876	16468	7259	28781	1759	16185
静兰街道	13834	7514	6320	4272	6590	6087	2538	10289	1007	5547
鱼峰区	**356296**	**182496**	**173800**	**113723**	**164158**	**161569**	**50268**	**280280**	**25748**	**178353**
天马街道	31321	15407	15914	10491	14660	15173	3518	24616	3187	20434
驾鹤街道	31684	15913	15771	10882	14702	14971	3715	24987	2982	17653
箭盘山街道	44323	20976	23347	14025	19760	20401	6007	34893	3423	26668
五里亭街道	55399	28215	27184	19171	27110	26580	8599	42956	3844	27684
荣军街道	75382	38525	36857	24684	34742	35074	9871	59769	5742	41896
白莲街道	32875	17327	15548	10082	15790	14406	5539	25496	1840	11676
麒麟街道	54501	29576	24925	15708	22573	21116	7417	44009	3075	19631
阳和街道	30811	16557	14254	8680	14821	13848	5602	23554	1655	12711
柳南区	**492043**	**255577**	**236466**	**157080**	**233230**	**225998**	**74995**	**378551**	**38497**	**245167**
河西街道	73891	38942	34949	23279	33490	32562	9939	58387	5565	43041
南站街道	60662	30482	30180	20917	28251	28479	7075	45762	7825	38195
鹅山街道	57602	29574	28028	19884	27870	27414	7323	43842	6437	41076
柳南街道	33009	16350	16659	11259	15710	15937	4569	25996	2444	14687
柳石街道	24251	12693	11558	7088	10235	10363	2432	19705	2114	13207
银山街道	78006	38996	39010	24870	37498	37856	12313	60534	5159	36708
潭西街道	62369	33710	28659	20587	29497	27579	10548	47616	4205	25883
南环街道	59464	31599	27865	16956	29597	26773	12684	44699	2081	11530
太阳村镇	42789	23231	19558	12240	21082	19035	8112	32010	2667	20840
柳北区	**428043**	**218727**	**209316**	**139864**	**200223**	**196425**	**60392**	**331302**	**36349**	**245353**
解放街道	44690	21677	23013	14090	19248	20372	4182	35214	5294	27759
雅儒街道	53266	26240	27026	18622	25145	25953	6625	41676	4965	29642
胜利街道	63695	31896	31799	21653	30365	30770	9194	49001	5500	36844
雀儿山街道	42501	21375	21126	13620	19189	18671	5735	33108	3658	25413
钢城街道	39813	21060	18753	13160	19011	18293	5134	30348	4331	32897
锦绣街道	65852	33249	32603	23938	32238	32191	9875	51718	4259	30476
白露街道	21435	11934	9501	6461	10469	9337	3902	16416	1117	8071
石碑坪镇	20086	10575	9511	6767	10135	9379	3392	14545	2149	16119
沙塘镇	30691	15938	14753	7143	11537	10822	4156	24336	2199	16284
长塘镇	39826	21621	18205	12201	19889	17685	7335	30232	2259	16694
洛埠镇	6188	3162	3026	2209	2997	2952	862	4708	618	5154
柳江县	**562351**	**296525**	**265826**	**151892**	**275169**	**254132**	**95638**	**420812**	**45901**	**422792**
拉堡镇	167370	86603	80767	44283	75161	71023	27618	130814	8938	67035
里雍镇	23900	12685	11215	7251	12575	11161	4447	16891	2562	22054
百朋镇	58643	30584	28059	14745	29948	27843	9958	42944	5741	55018
成团镇	44921	23500	21421	11953	23400	21370	7626	32958	4337	43077
洛满镇	27920	14607	13313	8198	14496	13294	4392	20535	2993	26204
流山镇	16516	8650	7866	5303	8637	7860	2196	12295	2025	15825
三都镇	24470	12742	11728	7630	12635	11634	4751	16986	2733	22893

表20 续表 4 单位：人、户

地区	总人口			家庭户	家庭户总人口		分年龄人口			居住本地，户口在本地
	合计	男	女	户数	男	女	0-14岁	15-64岁	65岁及以上	
里高镇	22584	11729	10855	5863	11555	10743	4182	16306	2096	21017
进德镇	49025	25671	23354	12207	24619	22694	8000	36856	4169	44143
穿山镇	63672	33785	29887	16405	32287	29500	12240	47142	4290	57858
土博镇	27640	14555	13085	8686	14475	13064	5076	19013	3551	26747
白沙乡	16071	8464	7607	4886	8461	7605	2731	11735	1605	14989
柳州监狱	8462	6940	1522	1422	1557	1448	374	7730	358	3
广西农垦国有新兴农场	11157	6010	5147	3060	5363	4893	2047	8607	503	5929
柳城县	**353796**	**183776**	**170020**	**103445**	**175618**	**165815**	**59071**	**258960**	**35765**	**313364**
大埔镇	71515	35627	35888	20106	32869	32720	11134	54012	6369	55180
龙头镇	15954	8275	7679	4728	8224	7644	2775	11489	1690	14578
太平镇	40516	21020	19496	10581	20918	19407	7683	28991	3842	38163
沙埔镇	30434	15989	14445	8454	15548	14162	4816	22638	2980	27229
东泉镇	53268	27993	25275	15879	27644	25095	9313	38580	5375	48316
凤山镇	17818	9234	8584	5865	9171	8567	2779	12886	2153	16212
六塘镇	27653	14130	13523	8850	13876	13302	4104	20698	2851	25144
冲脉镇	14017	7145	6872	4290	7096	6848	2124	10122	1771	12797
寨隆镇	13554	6942	6612	4315	6902	6608	2709	9462	1383	12204
古砦仫佬族乡	29770	15421	14349	8759	15303	14289	5675	20609	3486	27697
马山乡	24942	14533	10409	7120	10656	10315	3558	19035	2349	23016
社冲乡	14355	7467	6888	4498	7411	6858	2401	10438	1516	12828
鹿寨县	**421019**	**228205**	**192814**	**117272**	**198256**	**180423**	**70295**	**311151**	**39573**	**335287**
鹿寨镇	120789	61077	59712	35487	55769	54448	19541	90834	10414	88657
雒容镇	80489	43849	36640	18157	32044	30241	12815	62793	4881	52476
中渡镇	32203	17392	14811	9707	16856	14723	5897	22373	3933	30062
寨沙镇	62074	33685	28389	16688	33440	28247	10875	45033	6166	58877
平山镇	37016	20028	16988	10156	19702	16783	6747	27110	3159	35016
黄冕乡	19999	10582	9417	6708	10428	9346	3611	13635	2753	18093
江口乡	10258	5366	4892	3460	5213	4817	1828	7077	1353	9222
导江乡	10888	5840	5048	3845	5730	5007	2092	7445	1351	9660
拉沟乡	6527	3527	3000	2386	3506	2998	1329	4212	986	6165
四排乡	25725	13629	12096	8945	13569	12068	5123	16622	3980	23667
广西桂中监狱	6640	5517	1123	1032	1146	1075	268	5998	374	1986
广西中渡监狱	3134	3116	18	2	2	2	1	3084	49	137
广西鹿州监狱	2756	2389	367	354	442	364	79	2565	112	643
广西桐林监狱	2521	2208	313	345	409	304	89	2370	62	626
融安县	**285641**	**150983**	**134658**	**83825**	**147960**	**131614**	**47047**	**207537**	**31057**	**250936**
长安镇	108218	55310	52908	31884	52943	50217	17313	81698	9207	84537
浮石镇	26207	13960	12247	7425	13773	12165	4481	18842	2884	24473
泗顶镇	17433	9547	7886	5047	9488	7877	3127	12098	2208	16190
板榄镇	20196	10906	9290	6150	10874	9275	3067	14540	2589	18771
大将镇	19891	10640	9251	6280	10620	9237	2866	14330	2695	18685
大良镇	19675	10480	9195	5280	10411	9142	3210	14271	2194	18313
雅瑶乡	12669	6860	5809	3874	6836	5786	1805	9164	1700	11995
大坡乡	11993	6633	5360	3497	6627	5351	1816	8620	1557	11386
东起乡	7406	3927	3479	2242	3925	3474	1290	5133	983	7106
沙子乡	9830	5431	4399	2974	5318	4343	1746	6773	1311	9226
桥板乡	12610	6824	5786	3529	6761	5736	2645	8362	1603	11605
潭头乡	19513	10465	9048	5643	10384	9011	3681	13706	2126	18649
融水苗族自治县	**402054**	**208915**	**193139**	**116295**	**204812**	**189556**	**85689**	**273505**	**42860**	**359125**
融水镇	100331	51173	49158	28153	47774	45798	17383	74953	7995	73319

表20 续表 5 单位：人、户

地区	总人口			家庭户	家庭户总人口		分年龄人口			居住本地，户口在本地
	合计	男	女	户数	男	女	0-14岁	15-64岁	65岁及以上	
和睦镇	21025	11011	10014	5732	10990	10008	4598	14243	2184	18914
三防镇	18596	9535	9061	5259	9497	9043	3245	13152	2199	17879
怀宝镇	14363	7530	6833	4213	7527	6829	2576	10261	1526	14058
永乐乡	21394	11140	10254	6016	11138	10254	5164	13975	2255	19970
四荣乡	13384	7137	6247	4181	7088	6237	2438	9213	1733	12825
香粉乡	10575	5589	4986	3298	5586	4984	2126	7270	1179	10210
安太乡	16195	8470	7725	5000	8444	7718	3043	11045	2107	15826
洞头乡	13268	6928	6340	4043	6902	6329	2790	8762	1716	12881
汪洞乡	13308	6930	6378	4152	6870	6334	2398	9324	1586	12741
同练瑶族乡	9721	5153	4568	2699	5137	4562	1863	6814	1044	9355
滚贝侗族乡	13469	7080	6389	3942	7005	6382	2885	9009	1575	12986
杆洞乡	19501	10176	9325	5837	10170	9324	4357	12574	2570	19113
安陲乡	16601	8866	7735	5360	8711	7719	3560	11093	1948	15536
大浪乡	16739	8944	7795	4591	8896	7779	3582	11240	1917	16128
白云乡	23918	12454	11464	6741	12444	11453	5537	15662	2719	23204
红水乡	16442	8617	7825	4529	8512	7795	4472	10111	1859	15626
拱洞乡	17633	9203	8430	5169	9165	8404	5139	10310	2184	16421
良寨乡	13256	6751	6505	3853	6741	6501	4592	7303	1361	11415
大年乡	12335	6228	6107	3527	6215	6103	3941	7191	1203	10718
三江侗族自治县	**297244**	**152661**	**144583**	**86925**	**147887**	**141636**	**72086**	**192607**	**32551**	**271506**
古宜镇	51228	25831	25397	13761	23557	23179	8980	38100	4148	39377
斗江镇	16825	8619	8206	5340	8573	8199	2971	11759	2095	16297
丹洲镇	14550	7603	6947	4343	7453	6868	2306	10697	1547	13506
独峒乡	35965	18207	17758	10752	18137	17698	10661	21405	3899	33828
八江乡	25015	12828	12187	7743	12745	12160	6404	15420	3191	24141
林溪乡	19861	9952	9909	6430	9894	9867	5010	11873	2978	19317
同乐苗族乡	34505	17970	16535	9611	17430	16446	9390	21814	3301	32702
梅林乡	9765	5033	4732	2956	4875	4645	2875	5754	1136	9199
富禄苗族乡	21727	11149	10578	6242	11130	10558	7367	11997	2363	18729
洋溪乡	13473	6928	6545	3979	6791	6461	3946	7834	1693	13102
良口乡	23206	11945	11261	6502	11814	11234	6456	14193	2557	22597
老堡乡	12396	6474	5922	3679	6474	5922	2590	8450	1356	11975
高基瑶族乡	6783	3745	3038	1858	3212	2966	1148	4851	784	5892
和平乡	5556	2947	2609	1954	2911	2593	957	3838	761	5185
程村乡	6389	3430	2959	1775	2891	2840	1025	4622	742	5659
桂林市	**4747963**	**2456581**	**2291382**	**1448445**	**2323970**	**2186514**	**766591**	**3494811**	**486561**	**3923790**
秀峰区	**156504**	**76958**	**79546**	**52288**	**70631**	**71085**	**21453**	**122626**	**12425**	**71421**
秀峰街道	27922	12633	15289	9014	11406	12705	2656	21482	3784	18440
丽君街道	51641	24055	27586	17235	22272	23390	5902	40678	5061	29378
甲山街道	76941	40270	36671	26039	36953	34990	12895	60466	3580	23603
叠彩区	**170628**	**85297**	**85331**	**58701**	**82452**	**83497**	**23380**	**130919**	**16329**	**106201**
叠彩街道	65940	32509	33431	23559	31334	32773	7938	50774	7228	45894
北门街道	66705	33216	33489	23158	32158	32633	9267	50907	6531	38979
大河乡	37983	19572	18411	11984	18960	18091	6175	29238	2570	21328
象山区	**275284**	**135742**	**139542**	**94355**	**129590**	**133701**	**37555**	**213979**	**23750**	**175398**
南门街道	99923	49342	50581	35062	47570	49418	12101	78596	9226	65508
象山街道	39553	18375	21178	13172	17372	19087	4471	30669	4413	27837
平山街道	116802	58202	58600	41555	55652	56532	17573	90465	8764	68012
二塘乡	19006	9823	9183	4566	8996	8664	3410	14249	1347	14041
七星区	**297029**	**154017**	**143012**	**89952**	**116826**	**119170**	**36543**	**242394**	**18092**	**144624**

表20 续表 6

单位：人、户

地区	总人口 合计	总人口 男	总人口 女	家庭户户数	家庭户总人口 男	家庭户总人口 女	分年龄人口 0-14岁	分年龄人口 15-64岁	分年龄人口 65岁及以上	居住本地，户口在本地
七星区街道	115180	60121	55059	35527	47215	49766	14251	91833	9096	70894
东江街道	79610	41205	38405	18429	24230	25501	7485	66995	5130	35611
穿山街道	79962	41086	38876	30394	36783	35404	11547	65843	2572	25273
朝阳乡	19052	10057	8995	4413	7072	6842	2746	15422	884	10020
桂林华侨旅游经济区管理委员会	3225	1548	1677	1189	1526	1657	514	2301	410	2826
雁山区	**76193**	**34894**	**41299**	**15154**	**25957**	**25561**	**8648**	**61468**	**6077**	**53533**
雁山街道	2779	1374	1405	774	991	1003	348	2242	189	1316
雁山镇	40773	16949	23824	5351	8631	8579	2853	35640	2280	21342
柘木镇	20679	10574	10105	5194	10350	10016	3210	15636	1833	19451
大埠乡	8461	4246	4215	2710	4241	4213	1608	5559	1294	8184
草坪回族乡	3501	1751	1750	1125	1744	1750	629	2391	481	3240
阳朔县	**272223**	**140323**	**131900**	**80758**	**136748**	**127697**	**44166**	**197670**	**30387**	**248022**
阳朔镇	54227	26324	27903	15468	23667	24255	7583	42342	4302	38788
白沙镇	41954	21791	20163	11913	21494	19981	6970	30518	4466	39275
福利镇	36848	19249	17599	11346	19028	17546	6753	25534	4561	35231
兴坪镇	38440	20487	17953	11363	20414	17928	5676	28119	4645	37408
葡萄镇	29937	15842	14095	8484	15775	14027	5168	21337	3432	28952
高田镇	31454	16249	15205	8855	16123	15065	4690	23346	3418	30494
金宝乡	21576	11123	10453	7587	11084	10423	4331	14043	3202	20722
普益乡	8676	4416	4260	2932	4387	4242	1453	6096	1127	8289
杨堤乡	9111	4842	4269	2810	4776	4230	1542	6335	1234	8863
临桂县	**443994**	**233438**	**210556**	**113339**	**216237**	**198140**	**72236**	**328553**	**43205**	**387794**
临桂镇	134519	70403	64116	32467	57076	54731	20639	105345	8535	88546
六塘镇	35630	18754	16876	9194	17984	15891	5564	25744	4322	34310
会仙镇	44002	23147	20855	11354	22972	20787	7157	31952	4893	43032
两江镇	59602	31357	28245	15213	30719	27488	10959	42609	6034	57418
五通镇	46957	24570	22387	12158	23438	21416	7806	33603	5548	44665
南边山乡	24041	12834	11207	6699	12799	11198	3998	17003	3040	23577
四塘乡	39655	20611	19044	9924	20310	18954	6904	28978	3773	38532
茶洞乡	19727	10630	9097	5505	10387	9035	3079	14422	2226	19585
中庸乡	15601	8116	7485	4175	8006	7436	2594	10997	2010	15115
宛田瑶族乡	19557	10263	9294	5317	10233	9282	2882	14363	2312	18953
黄沙瑶族乡	4703	2753	1950	1333	2313	1922	654	3537	512	4061
灵川县	**350832**	**183224**	**167608**	**106949**	**164729**	**158765**	**53506**	**262065**	**35261**	**261769**
灵川镇	115242	58787	56455	36786	54287	53461	18243	88508	8491	66278
大圩镇	46221	23282	22939	13418	22853	22499	7844	33480	4897	43168
定江镇	30144	15848	14296	9327	14814	13868	5035	22956	2153	18358
三街镇	15797	8515	7282	5418	7601	7053	2242	11550	2005	13489
潭下镇	27417	14015	13402	8888	13602	12819	3906	19758	3753	24886
青狮潭镇	29852	15112	14740	9958	14976	14590	4794	20949	4109	28417
潮田乡	19946	10655	9291	6183	9846	9137	3221	13909	2816	17630
大境瑶族乡	9747	5146	4601	3155	5138	4596	1340	7009	1398	9237
海洋乡	18403	9311	9092	5687	9294	9086	2908	13153	2342	17710
灵田乡	33486	20191	13295	6595	9962	9442	3290	27582	2614	18202
兰田瑶族乡	4577	2362	2215	1534	2356	2214	683	3211	683	4394
全州县	**633174**	**332989**	**300185**	**213616**	**327077**	**296134**	**126202**	**436935**	**70037**	**575132**
全州镇	112620	56923	55697	36445	54582	53538	22979	80808	8833	77868
黄沙河镇	20571	10788	9783	7160	10444	9711	4645	13591	2335	18576
庙头镇	22440	11800	10640	7433	11325	10263	4607	14621	3212	20710
文桥镇	43242	22769	20473	14409	22708	20447	9353	28744	5145	41259

表20 续表 7

单位：人、户

地区	总人口			家庭户	家庭户总人口		分年龄人口			居住本地，户口在本地
	合计	男	女	户数	男	女	0-14岁	15-64岁	65岁及以上	
大西江镇	28410	14902	13508	9814	14842	13492	6003	19343	3064	27025
龙水镇	36127	18922	17205	12444	18873	17166	6773	25022	4332	34907
才湾镇	44803	23866	20937	14606	23296	20546	8089	31772	4942	42137
绍水镇	41246	21805	19441	14357	21744	19415	7328	29450	4468	39855
石塘镇	56950	30969	25981	18886	30374	25541	11807	38850	6293	54242
永岁乡	31439	16781	14658	10060	16565	14574	5486	22271	3682	30336
枧塘乡	22460	11940	10520	7722	11837	10493	4340	15266	2854	21725
咸水乡	26529	14038	12491	8867	13907	12446	4646	18967	2916	25096
凤凰乡	44880	24078	20802	15860	24020	20768	8995	30685	5200	43356
蕉江瑶族乡	11317	5971	5346	3759	5887	5302	2224	7771	1322	10685
安和乡	27098	14303	12795	9853	14219	12769	5633	17717	3748	25608
两河乡	27151	14279	12872	10167	14090	12811	5895	18124	3132	26556
白宝乡	12225	6508	5717	4668	6501	5716	2359	8092	1774	11869
东山瑶族乡	23666	12347	11319	7106	11863	11136	5040	15841	2785	23322
兴安县	**329507**	**170084**	**159423**	**104392**	**166331**	**155770**	**48406**	**244687**	**36414**	**293841**
兴安镇	92524	46301	46223	28218	44388	43580	13793	70720	8011	69718
湘漓镇	42354	22325	20029	14389	22283	20004	5773	31567	5014	40068
界首镇	35242	18773	16469	11248	18205	16175	5001	26586	3655	32437
高尚镇	38576	20009	18567	11397	20003	18553	5750	27982	4844	37177
严关镇	17893	9361	8532	5440	9069	8430	2486	13454	1953	16855
溶江镇	49600	25765	23835	14694	25152	23395	6713	37433	5454	47005
漠川乡	15468	8116	7352	5523	8102	7348	2488	10700	2280	14916
白石乡	7871	4023	3848	3004	4011	3847	1405	5088	1378	7550
崔家乡	15772	8133	7639	5691	8106	7618	2677	10878	2217	14909
华江瑶族乡	14207	7278	6929	4788	7012	6820	2320	10279	1608	13206
永福县	**233504**	**122560**	**110944**	**67395**	**119354**	**109602**	**39844**	**167295**	**26365**	**214716**
永福镇	53801	27271	26530	15256	26364	25931	8246	40434	5121	46418
罗锦镇	32701	17086	15615	9553	17036	15569	6367	22268	4066	30765
百寿镇	26661	14131	12530	8424	13863	12271	4517	18804	3340	24719
苏桥镇	26097	14000	12097	6524	12592	11774	4564	19114	2419	22879
堡里乡	21301	11044	10257	6332	10962	10220	3562	15024	2715	20706
广福乡	16150	8367	7783	4750	8319	7773	2603	11555	1992	15504
三皇乡	18130	9594	8536	5991	9524	8502	3487	12391	2252	16960
永安乡	19945	10991	8954	5490	10647	8938	3122	14435	2388	19037
龙江乡	18718	10076	8642	5075	10047	8624	3376	13270	2072	17728
灌阳县	**233598**	**124325**	**109273**	**75326**	**122603**	**107900**	**41629**	**165155**	**26814**	**221467**
灌阳镇	66243	34723	31520	21336	33877	30742	11929	47646	6668	58959
黄关镇	38582	20562	18020	11640	20449	17937	6671	27639	4272	37405
文市镇	29327	15860	13467	9436	15772	13409	5293	20688	3346	28074
洞井瑶族乡	7451	3848	3603	2267	3832	3581	1435	5169	847	7098
观音阁乡	7897	4053	3844	2272	4001	3814	1456	5600	841	7569
西山瑶族乡	10520	5510	5010	3367	5355	4889	1977	7423	1120	10309
新街乡	33723	18131	15592	11183	17773	15348	5826	23442	4455	32716
新圩乡	18831	10322	8509	6695	10252	8481	3400	12922	2509	18596
水车乡	21024	11316	9708	7130	11292	9699	3642	14626	2756	20741
龙胜各族自治县	**154889**	**80221**	**74668**	**45644**	**77245**	**72857**	**23859**	**114393**	**16637**	**135912**
龙胜镇	40194	19971	20223	12256	18679	19011	6254	30599	3341	29036
瓢里镇	13258	6922	6336	3872	6613	6210	1874	9900	1484	12256
三门镇	14589	7849	6740	4280	7052	6553	2105	11039	1445	12366
和平乡	13653	6956	6697	3806	6845	6629	2108	9840	1705	12800

表20 续表 8 单位：人、户

地区	总人口 合计	总人口 男	总人口 女	家庭户户数	家庭户总人口 男	家庭户总人口 女	分年龄人口 0-14岁	分年龄人口 15-64岁	分年龄人口 65岁及以上	居住本地，户口在本地
泗水乡	11977	6145	5832	3139	6010	5789	2038	8745	1194	11028
江底乡	8096	4216	3880	2180	4058	3753	1228	6067	801	7415
马堤乡	9104	4784	4320	2657	4772	4318	1614	6544	946	8517
伟江乡	7485	3959	3526	2199	3871	3511	1108	5514	863	7210
平等乡	21191	11317	9874	6665	11290	9857	3113	15206	2872	20589
乐江乡	15342	8102	7240	4590	8055	7226	2417	10939	1986	14695
资源县	**146824**	**76422**	**70402**	**45527**	**73636**	**68440**	**26028**	**104502**	**16294**	**133532**
资源镇	48908	25278	23630	13953	23039	21881	8372	36361	4175	40447
中峰乡	24385	12552	11833	7649	12157	11664	4485	17150	2750	22557
梅溪乡	24895	13134	11761	7783	13096	11745	4959	16879	3057	23878
瓜里乡	17073	8915	8158	5603	8864	8151	3144	11673	2256	16559
车田苗族乡	19654	10349	9305	6474	10319	9293	3444	13785	2425	18811
两水苗族乡	8184	4239	3945	2812	4213	3937	1142	5899	1143	7790
河口瑶族乡	3725	1955	1770	1253	1948	1769	482	2755	488	3490
平乐县	**370455**	**193282**	**177173**	**107912**	**190000**	**173594**	**65795**	**265132**	**39528**	**347978**
平乐镇	86359	43896	42463	25563	41747	39839	12194	64858	9307	77228
二塘镇	66955	35333	31622	18468	34770	31040	12670	48209	6076	62592
沙子镇	37082	19443	17639	11168	19228	17478	6232	27308	3542	35568
同安镇	38692	20174	18518	10813	20040	18449	7974	26362	4356	37076
张家镇	36175	19021	17154	10029	18984	17133	6958	25226	3991	34738
源头镇	38976	20561	18415	11451	20428	18311	7540	26947	4489	36824
阳安乡	19658	10373	9285	6063	10354	9282	4043	13383	2232	19126
青龙乡	18677	9779	8898	5756	9766	8895	3508	13091	2078	17928
桥亭乡	13841	7231	6610	4283	7230	6609	2544	9626	1671	13466
大发瑶族乡	14040	7471	6569	4318	7453	6558	2132	10122	1786	13432
荔浦县	**352472**	**181777**	**170695**	**100357**	**177388**	**167016**	**53133**	**258864**	**40475**	**317265**
荔城镇	82768	40974	41794	23717	38505	39452	12135	62997	7636	63672
东昌镇	22155	11588	10567	6264	11528	10538	3290	16161	2704	21370
新坪镇	26446	13823	12623	8109	13677	12543	3978	18984	3484	24959
杜莫镇	21323	11035	10288	6091	11015	10281	3394	15067	2862	20345
青山镇	34052	17418	16634	9202	17024	16251	5022	25412	3618	31052
修仁镇	31077	15961	15116	8644	15820	15016	4946	22464	3667	28874
大塘镇	20777	11103	9674	6028	11082	9661	3009	15274	2494	19932
花篢镇	20030	10477	9553	5933	10452	9542	2996	14532	2502	19203
双江镇	27167	14332	12835	7708	13995	12589	4064	19786	3317	25685
马岭镇	39489	20734	18755	10998	20111	18344	6193	28919	4377	36496
龙怀乡	8915	4650	4265	2554	4608	4247	1363	6308	1244	8365
茶城乡	9600	5082	4518	2620	5019	4494	1431	6823	1346	9081
蒲芦瑶族乡	8673	4600	4073	2489	4552	4058	1312	6137	1224	8231
恭城瑶族自治县	**250853**	**131028**	**119825**	**76780**	**127166**	**117585**	**44208**	**178174**	**28471**	**235185**
恭城镇	50583	25678	24905	14819	23960	23510	7948	37447	5188	42684
栗木镇	36764	19008	17756	12381	18777	17452	5663	26209	4892	35196
莲花镇	49740	26209	23531	14628	25515	23181	9839	34796	5105	48342
平安乡	32832	17327	15505	9737	17030	15419	6026	23288	3518	31442
三江乡	12310	6356	5954	3437	6325	5943	2211	8772	1327	11786
嘉会乡	21325	11363	9962	6950	11290	9952	3744	14895	2686	20479
西岭乡	31922	17060	14862	9609	16260	14781	5780	22232	3910	30296
观音乡	7355	3738	3617	2449	3720	3614	1525	4980	850	7131
龙虎乡	8022	4289	3733	2770	4289	3733	1472	5555	995	7829

表20 续表 9

单位：人、户

地 区	总人口			家庭户	家庭户总人口		分年龄人口			居住本地，户口在本地
	合 计	男	女	户 数	男	女	0-14岁	15-64岁	65岁及以上	
梧州市	**2882200**	**1494853**	**1387347**	**790220**	**1439818**	**1342314**	**693499**	**1925351**	**263350**	**2508588**
万秀区	**138842**	**69682**	**69160**	**42154**	**67473**	**67285**	**20936**	**101083**	**16823**	**116808**
城东街道	26786	13126	13660	9309	12851	13328	2851	19858	4077	21348
城南街道	13224	6509	6715	4804	6476	6690	1423	9906	1895	10336
城中办街道	25166	12190	12976	8653	12125	12819	2504	18928	3734	20820
城北办街道	16932	8757	8175	5759	8343	8060	2100	12837	1995	13404
城东镇	17707	8945	8762	3831	7701	7540	3132	13105	1470	14373
旺甫镇	39027	20155	18872	9798	19977	18848	8926	26449	3652	36527
蝶山区	**206880**	**103936**	**102944**	**63476**	**95447**	**94796**	**32094**	**155061**	**19725**	**140220**
角嘴街道	33935	16568	17367	11110	15153	15901	4265	25939	3731	22377
东兴街道	63246	31591	31655	20342	30128	30291	10012	47932	5302	35494
富民街道	60474	30086	30388	17123	24878	25201	7187	48436	4851	36917
龙湖镇	11977	6089	5888	3129	5834	5789	2294	8502	1181	9439
夏郢镇	37248	19602	17646	11772	19454	17614	8336	24252	4660	35993
长洲区	**185574**	**94737**	**90837**	**53851**	**88100**	**87029**	**35525**	**135940**	**14109**	**119587**
大塘街道	70989	35500	35489	22689	33968	34850	12413	53739	4837	35489
兴龙街道	38543	20421	18122	10240	16933	15931	7004	29931	1608	14313
长洲镇	41351	20845	20506	10885	19228	19528	8038	29458	3855	37662
倒水镇	34691	17971	16720	10037	17971	16720	8070	22812	3809	32123
苍梧县	**550368**	**286045**	**264323**	**141795**	**277939**	**256182**	**140147**	**360461**	**49760**	**485027**
龙圩镇	97101	48889	48212	23572	42084	40686	18851	71049	7201	73909
大坡镇	50083	25855	24228	12890	25690	24095	13170	31866	5047	45022
广平镇	62134	33411	28723	15717	32896	28525	17438	39071	5625	54256
新地镇	60361	31597	28764	15272	31392	28722	17149	37591	5621	54848
岭脚镇	50605	26490	24115	12619	26339	24020	13245	32689	4671	45237
京南镇	32506	17337	15169	10020	17289	15139	7902	20784	3820	30014
狮寨镇	17101	9336	7765	4427	9335	7763	3515	11697	1889	15941
六堡镇	21104	11196	9908	6050	11126	9886	5071	13675	2358	19668
梨埠镇	28753	15138	13615	7816	15132	13614	7254	18848	2651	27306
木双镇	12848	6658	6190	3389	6628	6179	3293	8163	1392	11994
石桥镇	56281	28571	27710	14503	28506	27649	15931	35783	4567	50465
沙头镇	61491	31567	29924	15520	31522	29904	17328	39245	4918	56367
藤县	**835470**	**436341**	**399129**	**229215**	**422855**	**389109**	**220719**	**536379**	**78372**	**759500**
藤州镇	146035	75473	70562	37022	67105	63387	32113	102308	11614	118568
塘步镇	53579	28280	25299	14381	27274	25080	14975	33969	4635	50593
埌南镇	38996	20301	18695	10242	20040	18520	10625	24783	3588	37361
同心镇	19655	10424	9231	5380	10232	9150	5818	11799	2038	18234
金鸡镇	58785	30368	28417	17112	30026	28213	16970	35777	6038	55193
新庆镇	30696	16184	14512	9036	15827	14323	8460	18866	3370	29523
象棋镇	34546	17893	16653	10769	17832	16622	9791	21220	3535	31812
岭景镇	33358	17908	15450	9992	17302	15171	9357	20526	3475	30526
天平镇	62598	32881	29717	17650	32186	29417	18041	38337	6220	57673
蒙江镇	64910	33507	31403	17775	33413	31298	18073	40060	6777	60605
和平镇	57440	29455	27985	16630	29342	27951	17010	34815	5615	53683
太平镇	92768	47611	45157	23726	46773	44176	22692	62375	7701	84665
古龙镇	37682	19590	18092	10293	19543	18050	9441	24947	3294	35960
东荣镇	30320	16198	14122	8935	16177	14100	7897	19427	2996	28028
大黎镇	45062	24461	20601	13038	24235	20557	12330	27812	4920	40049
平福乡	29040	15807	13233	7234	15548	13094	7126	19358	2556	27027
蒙山县	**192953**	**101243**	**91710**	**54192**	**98934**	**89840**	**37854**	**134926**	**20173**	**182626**
蒙山镇	53070	26600	26470	13896	25066	25016	9173	39107	4790	47628

表20　续表 10　　　　　　　　　　　　　　　　　　　　单位：人、户

地　区	总人口			家庭户	家庭户总人口		分年龄人口			居住本地，户口在本地
	合　计	男	女	户　数	男	女	0-14岁	15-64岁	65岁及以上	
西河镇	28273	14960	13313	7680	14960	13313	5295	19834	3144	27645
新圩镇	21536	11394	10142	5947	11253	10046	4168	14992	2376	20781
文圩镇	31132	16527	14605	9709	16283	14478	6372	21462	3298	30682
黄村镇	19748	10675	9073	5676	10599	9033	3929	13595	2224	18943
陈塘镇	21084	11283	9801	5736	11066	9686	4824	14101	2159	19623
汉豪乡	11401	6176	5225	3154	6122	5198	2689	7527	1185	10834
长坪瑶族乡	1606	857	749	644	851	747	253	1057	296	1549
夏宜瑶族乡	5103	2771	2332	1750	2734	2323	1151	3251	701	4941
岑溪市	**772113**	**402869**	**369244**	**205537**	**389070**	**358073**	**206224**	**501501**	**64388**	**704820**
岑城镇	172147	90757	81390	42828	80842	72569	37219	124915	10013	138131
马路镇	62999	33277	29722	16096	32641	29425	17121	40530	5348	59241
南渡镇	63188	32565	30623	18843	32188	30271	17392	39425	6371	59925
水汶镇	43231	22281	20950	11311	21885	20599	11715	27079	4437	40455
大隆镇	26897	13829	13068	7396	13716	13044	7406	16747	2744	25829
梨木镇	39877	20564	19313	11064	20518	19274	12445	23799	3633	37493
大业镇	42312	21365	20947	11124	21101	20853	12422	26498	3392	38816
筋竹镇	41997	21557	20440	11304	21206	20217	11540	27049	3408	40594
城谏镇	38757	20653	18104	9927	19603	17571	11789	23516	3452	35166
归义镇	65379	33666	31713	14568	33221	31370	17643	42326	5410	62565
糯垌镇	62905	32682	30223	18340	32594	30179	17587	39934	5384	60299
安平镇	27302	14421	12881	7413	14376	12862	7666	17014	2622	26235
三堡镇	55433	29340	26093	15932	29274	26062	16209	34147	5077	52307
波塘镇	29689	15912	13777	9391	15905	13777	8070	18522	3097	27764
北海市	**1539251**	**800856**	**738395**	**407284**	**760717**	**706939**	**310824**	**1087771**	**140656**	**1251216**
海城区	**348544**	**176469**	**172075**	**98058**	**161083**	**158893**	**52187**	**270551**	**25806**	**204375**
中街街道	57173	28759	28414	16979	25718	26661	7569	44119	5485	40282
东街街道	42575	21446	21129	12584	19933	19948	6443	32640	3492	24737
西街街道	32838	16660	16178	9927	15447	15116	4911	26066	1861	17364
海角街道	39528	19710	19818	11454	19350	19554	5800	30242	3486	26610
地角街道	27797	14567	13230	5845	11933	11237	3883	22108	1806	17173
高德街道	52982	25653	27329	13360	23664	23153	8117	41201	3664	30200
驿马街道	86483	44968	41515	24640	40392	38799	14066	67771	4646	39421
涠州镇	9168	4706	4462	3269	4646	4425	1398	6404	1366	8588
银海区	**176785**	**94416**	**82369**	**45691**	**80507**	**74654**	**33706**	**130079**	**13000**	**116629**
福成镇	72127	37725	34402	20360	37294	34237	16726	48448	6953	65049
银滩镇	72821	39178	33643	17066	28087	26356	10942	58285	3594	27632
平阳镇	13364	7994	5370	3396	5784	5248	2130	10057	1177	11800
侨港镇	18473	9519	8954	4869	9342	8813	3908	13289	1276	12148
铁山港区	**142715**	**74125**	**68590**	**38993**	**72128**	**67512**	**29509**	**98079**	**15127**	**133668**
南康镇	53738	27839	25899	14059	27205	25060	10985	37131	5622	48415
营盘镇	47444	24432	23012	13486	24230	22901	9943	32254	5247	46097
兴港镇	41533	21854	19679	11448	20693	19551	8581	28694	4258	39156
合浦县	**871207**	**455846**	**415361**	**224542**	**446999**	**405880**	**195422**	**589062**	**86723**	**796544**
廉州镇	192813	98440	94373	51027	93978	88368	32609	142516	17688	160272
党江镇	45408	23854	21554	11484	23810	21539	8572	31746	5090	43365
西场镇	80064	42917	37147	21875	42419	36630	17013	54629	8422	75516
沙岗镇	30710	16322	14388	8935	16253	14374	6982	20080	3648	29006
乌家镇	15549	8465	7084	4021	8141	6979	3463	10706	1380	13613
闸口镇	31173	16202	14971	8442	16035	14908	7657	19992	3524	29437
公馆镇	96492	51602	44890	22754	50992	44119	24859	62690	8943	89754

表20 续表 11 单位：人、户

地区	总人口			家庭户	家庭户总人口		分年龄人口			居住本地，户口在本地
	合计	男	女	户数	男	女	0-14岁	15-64岁	65岁及以上	
白沙镇	89759	45974	43785	21590	45797	43712	25290	56420	8049	85636
山口镇	70153	35560	34593	14159	34880	33869	19847	44109	6197	66443
沙田镇	14686	7476	7210	3707	7402	7154	4165	8714	1807	13846
石湾镇	40330	21734	18596	11420	21663	18556	8156	27663	4511	38323
石康镇	64818	34412	30406	16785	33497	29671	13393	44659	6766	59216
常乐镇	62763	33225	29538	17905	32892	29381	15043	41322	6398	58807
曲樟乡	12441	6634	5807	3691	6620	5794	3659	7178	1604	11459
星岛湖乡	24048	13029	11019	6747	12620	10826	4714	16638	2696	21851
防城港市	**866927**	**476343**	**390584**	**224742**	**442815**	**379150**	**188434**	**608829**	**69664**	**668250**
港口区	**155236**	**88780**	**66456**	**39163**	**68167**	**60858**	**27614**	**118621**	**9001**	**93697**
渔州坪街道	40871	23896	16975	9591	16544	14405	6369	33170	1332	15087
白沙万街道	34125	18833	15292	10456	15640	14023	5839	27184	1102	16664
企沙镇	31010	16631	14379	7754	15337	13957	6680	21376	2954	26370
光坡镇	21242	11745	9497	5524	10512	9338	4407	14651	2184	18465
公车镇	27988	17675	10313	5838	10134	9135	4319	22240	1429	17111
防城区	**362888**	**196750**	**166138**	**92818**	**190618**	**163155**	**83099**	**247958**	**31831**	**305360**
防城镇	121079	64213	56866	29922	60103	54561	23958	88538	8583	87350
大菉镇	32456	18263	14193	7850	18232	14179	8522	21015	2919	29357
华石镇	12365	6846	5519	3411	6771	5487	2795	8201	1369	10885
那梭镇	24577	13376	11201	6306	13298	11152	5670	16445	2462	21830
那良镇	41577	22503	19074	11419	22420	19050	10026	27397	4154	39033
峒中镇	22919	12302	10617	6460	12234	10594	5182	15488	2249	21540
茅岭乡	18054	9872	8182	4865	9331	8036	4270	11977	1807	15925
扶隆乡	26432	14499	11933	6649	14432	11908	6425	17568	2439	24198
滩营乡	31970	17803	14167	7885	17334	14060	7993	20894	3083	27816
江山乡	17330	9362	7968	4426	8785	7726	4075	11658	1597	14647
小峰经济作物场	4170	2256	1914	1214	2256	1914	1147	2665	358	4069
荣光农场	455	237	218	160	237	218	104	288	63	389
十万山华侨林场	8549	4709	3840	1901	4695	3836	2738	5231	580	7437
垌美农场	571	291	280	205	281	270	119	359	93	536
那梭农场	384	218	166	145	209	164	75	234	75	348
上思县	**204094**	**112234**	**91860**	**54359**	**110099**	**91227**	**46851**	**139426**	**17817**	**163446**
思阳镇	71468	38944	32524	18829	37608	32081	14841	51313	5314	53159
在妙镇	26849	14682	12167	6873	14502	12155	6422	18056	2371	21730
叫安乡	32070	17789	14281	8712	17668	14248	7741	21216	3113	27212
华兰乡	9944	5510	4434	2662	5471	4405	2680	6289	975	7898
南屏瑶族乡	11942	6683	5259	2853	6647	5250	3123	7935	884	9779
平福乡	17885	9830	8055	4651	9736	8015	4921	11415	1549	13826
那琴乡	14999	8293	6706	4321	8220	6693	3161	10167	1671	12853
公正乡	12733	7202	5531	3515	6964	5480	2715	8711	1307	11707
国有昌菱农场	6204	3301	2903	1943	3283	2900	1247	4324	633	5282
东兴市	**144709**	**78579**	**66130**	**38402**	**73931**	**63910**	**30870**	**102824**	**11015**	**105747**
东兴镇	88607	48208	40399	23730	44032	38360	18950	64797	4860	57066
江平镇	42985	23167	19818	10531	22832	19674	9334	29062	4589	37055
马路镇	13117	7204	5913	4141	7067	5876	2586	8965	1566	11626
钦州市	**3079721**	**1638285**	**1441436**	**824829**	**1585086**	**1410588**	**875151**	**1928899**	**275671**	**2702260**
钦南区	**617047**	**333552**	**283495**	**157381**	**303517**	**268299**	**138585**	**428668**	**49794**	**454282**
向阳街道	59601	30910	28691	16454	27973	26498	10780	45137	3684	34658
水东街道	42570	22976	19594	10236	18454	17241	7605	32760	2205	21662
文峰街道	52192	27055	25137	14155	26434	24735	9633	37986	4573	33994

表20 续表 12　　单位：人、户

地　　区	总人口			家庭户	家庭户总人口		分年龄人口			居住本地，户口在本地
	合　计	男	女	户　数	男	女	0-14岁	15-64岁	65岁及以上	
南珠街道	84867	45603	39264	20246	35127	32761	13388	66817	4662	45995
沙埠镇	33732	18250	15482	7598	17037	14700	7980	23042	2710	27571
康熙岭镇	32546	17553	14993	7302	17158	14869	8034	21639	2873	28946
黄屋屯镇	39468	21650	17818	10186	21412	17746	10331	24763	4374	35719
尖山镇	21704	11545	10159	5044	11497	10151	4986	14882	1836	19683
大番坡镇	15902	8681	7221	4256	8128	7072	4028	10320	1554	13726
龙门港镇	7367	3949	3418	2250	3865	3409	1484	5171	712	6249
久隆镇	31615	17216	14399	8023	17004	14341	9497	19201	2917	28451
东场镇	15337	8267	7070	4236	8202	7052	4407	9187	1743	14165
那丽镇	27002	14968	12034	7012	14552	11845	7491	16730	2781	23252
那彭镇	30920	17120	13800	8708	16867	13653	9055	18541	3324	26600
那思镇	22367	12394	9973	5739	12272	9915	6500	13722	2145	20134
犀牛脚镇	44385	23429	20956	11281	23075	20843	11631	28319	4435	41558
丽光华侨农场	10135	5505	4630	3132	5481	4626	3076	6021	1038	8917
钦州港经济开发区	40093	23761	16332	10202	16268	14325	7340	31091	1662	17912
三娘湾旅游管理区	5244	2720	2524	1321	2711	2517	1339	3339	566	5090
钦北区	**581381**	**319257**	**262124**	**148124**	**313002**	**260139**	**171090**	**358097**	**52194**	**518130**
长田街道	14367	8462	5905	3186	6577	5566	3012	10750	605	7322
大垌镇	27437	15117	12320	6832	14190	12175	7786	17340	2311	22911
平吉镇	71455	39387	32068	16381	39052	31913	21324	44375	5756	65715
青塘镇	41942	22794	19148	9394	22728	19115	12285	26345	3312	38055
小董镇	66774	35949	30825	18085	34665	30265	19938	40603	6233	58269
板城镇	77050	41149	35901	18384	41023	35816	23228	47622	6200	71103
那蒙镇	37066	20345	16721	10564	19907	16616	11409	21862	3795	32989
长滩镇	40140	21901	18239	10728	21816	18217	13210	22695	4235	35428
新棠镇	36819	19879	16940	9357	19872	16938	11745	21644	3430	34031
大直镇	67275	37776	29499	17457	37344	29359	19223	41968	6084	60659
大寺镇	73707	41375	32332	19249	40962	32026	19855	46879	6973	67683
贵台镇	22855	12718	10137	7185	12467	10048	6899	12964	2992	20952
钦州矿务局	4494	2405	2089	1322	2399	2085	1176	3050	268	3013
灵山县	**1152674**	**600232**	**552442**	**320251**	**588683**	**543599**	**371598**	**676434**	**104642**	**1040128**
灵城镇	155604	80545	75059	40950	74534	70439	37445	105635	12524	123071
新圩镇	92176	49094	43082	20640	47595	41611	24522	59925	7729	82411
丰塘镇	30682	15430	15252	9674	15360	15220	9676	17252	3754	29245
平山镇	31900	16103	15797	10151	16002	15762	10416	17668	3816	29661
石塘镇	35251	17994	17257	11827	17653	16984	10886	20136	4229	32471
佛子镇	46169	23807	22362	13504	23653	22287	14652	26559	4958	43785
平南镇	40108	20201	19907	13022	20153	19876	13852	21858	4398	36978
烟墩镇	53864	27858	26006	16207	27626	25856	19072	29268	5524	50987
檀圩镇	81653	42913	38740	21865	42408	38130	26418	48504	6731	76038
那隆镇	83614	43130	40484	24478	42770	40211	31746	44787	7081	76202
三隆镇	48114	24771	23343	13780	24646	23295	17773	26105	4236	43481
陆屋镇	83003	44219	38784	20582	43986	38684	26318	50212	6473	72293
旧州镇	80187	41672	38515	20920	41596	38493	28558	44946	6683	75282
太平镇	89534	46366	43168	25754	46282	43107	32062	49022	8450	85992
沙坪镇	37599	18858	18741	11439	18617	18685	14156	20045	3398	34282
武利镇	59279	31334	27945	16641	30293	27145	20102	34140	5037	52912
文利镇	25887	14031	11856	7586	13906	11790	8124	14978	2785	22993
伯劳镇	73740	39606	34134	19751	39526	34054	24769	42678	6293	68570
国营新光农场	2690	1466	1224	904	1248	1188	612	1727	351	2170

表20 续表 13

单位：人、户

地 区	总人口			家庭户	家庭户总人口		分年龄人口			居住本地，户口在本地
	合 计	男	女	户 数	男	女	0-14岁	15-64岁	65岁及以上	
国营华山农场	1620	834	786	576	829	782	439	989	192	1304
浦北县	**728619**	**385244**	**343375**	**199073**	**379884**	**338551**	**193878**	**465700**	**69041**	**689720**
小江镇	118652	61200	57452	31615	57465	53723	28036	80407	10209	107050
泉水镇	24425	12990	11435	6408	12791	11281	5564	16478	2383	22920
石埇镇	14130	7350	6780	4187	7300	6750	3888	8708	1534	12997
安石镇	23977	12670	11307	7655	12625	11274	6681	14426	2870	23031
张黄镇	69234	37150	32084	19411	36829	31746	15820	46330	7084	65002
大成镇	25899	14141	11758	8115	14104	11748	6136	17041	2722	24890
白石水镇	32885	17918	14967	9137	17913	14964	8892	20995	2998	30921
北通镇	54551	29748	24803	16231	29705	24780	15544	34090	4917	52558
三合镇	29656	15954	13702	7575	15938	13700	8846	18141	2669	28224
龙门镇	79777	42855	36922	20203	42800	36915	20919	51185	7673	77275
福旺镇	53520	27412	26108	15028	27341	26053	17025	30542	5953	49945
寨圩镇	66071	34768	31303	16654	34177	30959	17591	42811	5669	63125
乐民镇	36099	18857	17242	10587	18825	17234	9232	23382	3485	34625
六硍镇	38714	20533	18181	10274	20464	18152	11470	23724	3520	37706
平睦镇	20647	10656	9991	5652	10636	9974	7106	11454	2087	20091
官垌镇	40382	21042	19340	10341	20971	19298	11128	25986	3268	39360
贵港市	**4118808**	**2133891**	**1984917**	**1169045**	**2066688**	**1937204**	**1102160**	**2647900**	**368748**	**3765213**
港北区	**578365**	**297440**	**280925**	**153414**	**278086**	**267954**	**135043**	**399391**	**43931**	**477337**
贵城街道	215220	112266	102954	61604	97511	92830	35583	164108	15529	139377
港城镇	71729	36695	35034	17031	33503	32889	17323	49735	4671	56661
大圩镇	84857	42945	41912	21334	42676	41709	21740	56440	6677	82996
庆丰镇	76173	38410	37763	18668	38255	37685	21438	49136	5599	73358
奇石乡	23802	12300	11502	5720	12287	11490	7338	14415	2049	23409
中里乡	50259	25431	24828	13372	25210	24669	17363	27888	5008	47878
根竹乡	26416	13808	12608	7395	13300	12417	5823	18495	2098	24829
武乐乡	29909	15585	14324	8290	15344	14265	8435	19174	2300	28829
港南区	**507962**	**261049**	**246913**	**149977**	**251287**	**237758**	**127703**	**329723**	**50536**	**454742**
江南街道	51148	26594	24554	13834	22439	21161	8750	39093	3305	22485
桥圩镇	81676	42439	39237	23844	41828	38781	19636	53943	8097	77424
木格镇	77520	40262	37258	22212	39964	36987	19955	49386	8179	73744
木梓镇	45598	24320	21278	13379	24162	21184	12300	28268	5030	44941
湛江镇	42735	21514	21221	14868	21434	21170	12307	25143	5285	41459
东津镇	50102	25363	24739	15403	25315	24680	14063	30898	5141	48707
八塘镇	73512	37379	36133	19734	33984	32146	17766	49940	5806	63939
新塘乡	49575	24908	24667	14012	23891	23826	11863	33066	4646	46698
瓦塘乡	36096	18270	17826	12691	18270	17823	11063	19986	5047	35345
覃塘区	**407547**	**204304**	**203243**	**123351**	**199686**	**199799**	**115573**	**250385**	**41589**	**390337**
覃塘镇	64310	32569	31741	20120	32087	31339	16467	42386	5457	59044
东龙镇	43679	21747	21932	12631	21486	21778	13022	26006	4651	42874
三里镇	48788	24795	23993	13630	24424	23803	12804	31894	4090	47596
黄练镇	34719	17067	17652	10282	16619	17504	10329	20568	3822	33647
石卡镇	55313	27717	27596	16375	26713	26792	13328	35651	6334	52912
五里镇	33767	17204	16563	9359	17144	16530	8501	22313	2953	32418
山北乡	26016	12804	13212	8352	12630	13131	9034	14197	2785	25496
樟木乡	52458	26133	26325	16715	24834	24983	17149	29207	6102	50236
蒙公乡	28524	14024	14500	9069	13844	14367	9493	16124	2907	27650
大岭乡	19973	10244	9729	6818	9905	9572	5446	12039	2488	18464
平南县	**1128030**	**594399**	**533631**	**321795**	**577392**	**524271**	**303575**	**722905**	**101550**	**1057414**

表20　续表 14　　　　单位：人、户

地　区	总人口			家庭户	家庭户总人口		分年龄人口			居住本地，户口在本地
	合　计	男	女	户　数	男	女	0-14岁	15-64岁	65岁及以　上	
平南镇	160660	86691	73969	39766	75987	68912	33524	115618	11518	135218
平山镇	37877	19687	18190	11655	19164	17775	11524	22369	3984	34811
寺面镇	37044	19333	17711	10547	19002	17490	10984	22635	3425	35992
六陈镇	56820	30175	26645	17352	29949	26409	14590	36148	6082	53818
大新镇	67979	34899	33080	20452	34622	32946	21781	39178	7020	65197
大安镇	89188	45900	43288	25174	44101	41800	25028	56451	7709	82864
武林镇	22728	11650	11078	6041	11622	11076	6181	14561	1986	22021
大坡镇	30993	16414	14579	8349	16324	14509	9140	18978	2875	28566
大洲镇	31736	16230	15506	9731	16202	15503	9530	19064	3142	30588
镇隆镇	67599	35888	31711	19055	35008	31178	18422	43448	5729	64221
上渡镇	66386	34721	31665	17789	34388	31459	17664	43253	5469	63840
安怀镇	55456	29729	25727	13733	29639	25684	13992	37008	4456	54467
丹竹镇	78358	39897	38461	23538	39724	38395	22377	48772	7209	74477
官成镇	77344	40838	36506	22556	40810	36485	20333	49874	7137	73534
思旺镇	76301	40751	35550	24291	40103	35059	19195	50227	6879	71493
大鹏镇	34413	19119	15294	9506	18986	15206	9567	21857	2989	33396
同和镇	36100	19121	16979	12341	19094	16970	10415	21571	4114	35154
东华乡	29225	15105	14120	8498	15073	14104	8209	18195	2821	28622
思界乡	24990	13192	11798	7623	12827	11611	7495	15134	2361	24256
国安瑶族乡	13008	6786	6222	4524	6630	6218	4698	6725	1585	11672
马练瑶族乡	33825	18273	15552	9274	18137	15482	8926	21839	3060	33207
桂平市	**1496904**	**776699**	**720205**	**420508**	**760237**	**707422**	**420266**	**945496**	**131142**	**1385383**
木乐镇	61135	32021	29114	14015	31862	28999	18076	39060	3999	55109
木圭镇	60576	31385	29191	15970	31232	29177	17879	37746	4951	58791
石咀镇	44218	22821	21397	12372	22180	20897	12078	28450	3690	42043
油麻镇	42679	22529	20150	12432	22449	20078	13026	25423	4230	40211
社坡镇	64461	33827	30634	17614	33186	30190	17955	41009	5497	61169
罗秀镇	57684	30297	27387	18758	29918	27147	15452	36365	5867	55610
麻垌镇	73597	38208	35389	22817	37665	34941	22219	44383	6995	71085
社步镇	48395	25427	22968	14994	25415	22966	13388	30087	4920	46727
下湾镇	55307	28221	27086	14850	28018	26958	16944	33263	5100	52705
木根镇	43964	22513	21451	12470	22449	21404	15414	24444	4106	42360
中沙镇	43922	22761	21161	13646	22733	21142	13180	26227	4515	41824
大洋镇	56224	28708	27516	16057	28342	27214	18525	32701	4998	54464
大湾镇	47643	24580	23063	13183	24515	23037	14731	28900	4012	43344
白沙镇	61828	31737	30091	16312	31176	29815	17573	39423	4832	57184
石龙镇	61854	31650	30204	17223	31240	29985	17973	38248	5633	59326
蒙圩镇	71028	36856	34172	21151	36485	34036	19277	45360	6391	67557
西山镇	172140	88930	83210	43883	80127	75554	33317	125689	13134	125071
南木镇	90514	47030	43484	26693	46963	43417	25139	57170	8205	85991
江口镇	73618	38951	34667	23351	38299	34170	21815	44421	7382	70331
金田镇	68751	36169	32582	18850	35663	32191	17971	44895	5885	65015
紫荆镇	18773	10172	8601	4987	10017	8533	5017	12017	1739	18490
马皮乡	37798	19406	18392	10167	18964	18152	11474	23343	2981	35663
寻旺乡	52499	27152	25347	14218	26573	24712	13830	34339	4330	49770
罗播乡	34469	17506	16963	9903	17025	16776	11592	19499	3378	33546
厚禄乡	35707	18381	17326	10252	18342	17317	10987	22225	2495	35318
垌心乡	18120	9461	8659	4340	9399	8614	5434	10809	1877	16679
玉林市	**5487368**	**2857653**	**2629715**	**1505095**	**2764360**	**2551688**	**1463592**	**3547029**	**476747**	**4899226**
玉州区	**1056743**	**555743**	**501000**	**254990**	**508740**	**458529**	**211359**	**765357**	**80027**	**826576**

表20 续表 15

单位：人、户

地区	总人口			家庭户	家庭户总人口		分年龄人口			居住本地，户口在本地
	合计	男	女	户数	男	女	0-14岁	15-64岁	65岁及以上	
玉城街道	173656	87992	85664	48017	80514	79209	27991	131331	14334	108436
南江街道	140199	73766	66433	37348	69421	63044	27488	103057	9654	97581
城西街道	69567	36946	32621	16238	31815	28652	12835	52148	4584	37540
城北街道	47614	25084	22530	10999	24732	22288	9596	34431	3587	43621
名山街道	77421	36933	40488	17893	30973	29599	11880	60536	5005	45638
大塘镇	17863	9593	8270	4597	9580	8264	4128	12109	1626	17137
茂林镇	80360	42491	37869	17480	34741	31794	16291	58677	5392	66285
仁东镇	45628	24286	21342	12163	24038	21231	9767	31779	4082	43783
福绵镇	97075	52313	44762	19970	42675	37103	19014	71080	6981	80702
成均镇	72715	40014	32701	16758	38554	32137	16259	50372	6084	68153
樟木镇	79772	43775	35997	18851	40663	33776	17638	55798	6336	73802
新桥镇	53994	28920	25074	11426	28088	24563	12219	37573	4202	51511
沙田镇	50153	26179	23974	11049	26179	23974	13919	32295	3939	45222
石和镇	25699	13826	11873	5693	13291	11586	6419	17236	2044	23021
仁厚镇	25027	13625	11402	6508	13476	11309	5915	16935	2177	24144
容县	**633139**	**322614**	**310525**	**200864**	**314363**	**302974**	**171299**	**396269**	**65571**	**565634**
容州镇	148106	74573	73533	42480	70193	68948	31534	104024	12548	121632
杨梅镇	44506	22665	21841	13128	21152	20641	11955	28275	4276	39171
灵山镇	31921	16377	15544	9798	16286	15476	9078	19332	3511	30219
六王镇	52298	26536	25762	15917	26278	25599	15076	32000	5222	48047
黎村镇	62393	31987	30406	21656	31429	30033	18625	36949	6819	57770
杨村镇	42831	21532	21299	13417	21411	21255	13161	25208	4462	39749
县底镇	41108	21208	19900	14389	21153	19839	12051	24058	4999	37656
自良镇	28875	14826	14049	8929	14802	14019	8187	17755	2933	26427
松山镇	31813	16196	15617	10502	16080	15500	9155	18829	3829	28979
罗江镇	19182	9642	9540	6123	9588	9281	5853	11213	2116	16563
石头镇	42562	21977	20585	15402	21560	20335	13150	24194	5218	38201
石寨镇	27792	14032	13760	9040	13846	13616	7863	17014	2915	25275
容西乡	13635	6971	6664	4441	6863	6552	3716	8590	1329	12623
十里乡	30601	15858	14743	9921	15727	14687	7346	19622	3633	29026
浪水乡	15516	8234	7282	5721	7995	7193	4549	9206	1761	14296
陆川县	**762372**	**395404**	**366968**	**222827**	**389358**	**362142**	**216223**	**480887**	**65262**	**707963**
温泉镇	148687	78104	70583	45063	73938	66501	32884	105391	10412	125597
米场镇	41673	21483	20190	12345	21434	20167	13068	24988	3617	39222
马坡镇	71693	37168	34525	20657	36836	34404	20080	45708	5905	67427
珊罗镇	50974	26490	24484	13155	26160	24439	14111	33612	3251	48967
平乐镇	42700	22347	20353	11561	22197	20284	11765	27969	2966	40823
沙坡镇	56073	28340	27733	17016	28238	27696	17765	33740	4568	52512
大桥镇	36093	18767	17326	11119	18531	17257	10153	22125	3815	34121
乌石镇	88510	46274	42236	25321	46135	42176	26700	53510	8300	84275
良田镇	62718	32489	30229	17830	32468	30218	19460	37519	5739	60464
清湖镇	43469	22293	21176	12799	22152	21060	14072	24989	4408	40120
古城镇	48737	24833	23904	13860	24786	23894	15438	28669	4630	47317
沙湖乡	19579	9980	9599	5701	9830	9480	5571	12046	1962	18905
横山乡	29458	15228	14230	9468	15131	14210	8725	17363	3370	27943
滩面乡	22008	11608	10400	6932	11522	10356	6431	13258	2319	20270
博白县	**1342504**	**703311**	**639193**	**346136**	**690791**	**629579**	**399699**	**830731**	**112074**	**1249287**
博白镇	183102	97174	85928	47054	88893	79037	42880	126425	13797	151495
双凤镇	18962	9822	9140	5459	9745	9101	6107	10904	1951	18068
顿谷镇	39208	20232	18976	10347	20144	18934	12455	23583	3170	38549

表20　续表 16

单位：人、户

地　区	总人口			家庭户	家庭户总人口		分年龄人口			居住本地，户口在本地
	合　计	男	女	户　数	男	女	0-14岁	15-64岁	65岁及以　上	
水鸣镇	54328	28174	26154	13772	27838	26004	16804	33566	3958	53612
那林镇	38636	19626	19010	8803	19534	18955	11010	24161	3465	37643
江宁镇	38048	19682	18366	9643	19666	18357	11410	23085	3553	36262
三滩镇	57250	30027	27223	14479	30002	27211	15112	37778	4360	53997
黄凌镇	24210	12856	11354	5612	12777	11333	6815	15549	1846	23773
亚山镇	59273	30751	28522	16242	30466	28292	18430	36168	4675	56631
旺茂镇	52531	27456	25075	13134	27431	25063	17230	31158	4143	49497
东平镇	86734	45090	41644	23481	44856	41576	27945	50998	7791	78007
沙河镇	53440	27858	25582	13569	27435	25236	16070	32378	4992	49291
菱角镇	30279	15631	14648	8723	15623	14640	9482	17580	3217	29632
新田镇	37849	20590	17259	10875	20474	17229	11774	22529	3546	35207
凤山镇	68445	35462	32983	16340	35325	32886	23098	40685	4662	64570
宁潭镇	44069	22373	21696	12096	22372	21696	15564	24552	3953	39588
文地镇	80001	41127	38874	19689	40875	38665	24463	49371	6167	75972
英桥镇	48420	25695	22725	14299	25690	22723	16899	27004	4517	44361
那卜镇	15485	8463	7022	4674	8335	6919	4737	9117	1631	14904
大垌镇	23263	12941	10322	6386	12723	10186	6500	14337	2426	22235
沙陂镇	34983	18770	16213	8557	18768	16204	10157	22183	2643	33092
双旺镇	29769	15979	13790	7508	15940	13784	9082	18134	2553	28121
松旺镇	31234	16646	14588	7711	16394	14546	8988	19368	2878	30157
龙潭镇	77743	40878	36865	17191	39522	35785	20803	50865	6075	73049
大坝镇	21402	11038	10364	5871	11038	10363	7752	11631	2019	20585
永安镇	29566	15402	14164	7184	15385	14158	9280	18186	2100	28664
径口镇	40648	21079	19569	11122	21052	19559	11854	24878	3916	39086
浪平乡	23626	12489	11137	6315	12488	11137	6998	14558	2070	23239
兴业县	**560394**	**295049**	**265345**	**160442**	**289006**	**261482**	**142529**	**357331**	**60534**	**531365**
石南镇	76862	40785	36077	20680	38641	34531	15451	53837	7574	69642
大平山镇	41656	22609	19047	12016	22167	18740	9437	27987	4232	40043
葵阳镇	63128	33115	30013	17242	31480	29113	15510	41001	6617	61442
城隍镇	47568	24829	22739	14204	24768	22733	12326	29973	5269	45764
山心镇	64090	33885	30205	17004	33285	29819	16572	40511	7007	61225
沙塘镇	46950	24410	22540	13640	24341	22504	12843	29032	5075	44419
蒲塘镇	32137	16306	15831	11238	15856	15580	10051	17677	4409	30764
北市镇	45097	23583	21514	12778	23336	21394	12106	28016	4975	42163
龙安镇	32751	17671	15080	8945	17643	15062	8636	20507	3608	31148
高峰镇	35624	18747	16877	11535	18677	16836	10734	20973	3917	33718
小平山镇	30007	15808	14199	8216	15745	14162	7129	19842	3036	28944
卖酒镇	24881	12906	11975	7577	12830	11895	6538	15911	2432	23106
洛阳镇	19643	10395	9248	5367	10237	9113	5196	12064	2383	18987
北流市	**1132216**	**585532**	**546684**	**319836**	**572102**	**536982**	**322483**	**716454**	**93279**	**1018401**
陵城街道	54124	28429	25695	12492	23294	21668	9166	41603	3355	35034
城南街道	38717	20159	18558	10221	20100	18452	7980	27976	2761	23118
城北街道	24268	12703	11565	5870	11661	10593	4950	17866	1452	13265
北流镇	82660	42422	40238	24446	42305	40166	20559	55990	6111	78195
新荣镇	30807	15803	15004	9676	15757	14964	9481	18405	2921	28560
民安镇	35933	18532	17401	10121	18117	17181	10426	22557	2950	32608
山围镇	26791	13594	13197	8077	13588	13192	8257	15886	2648	25382
民乐镇	62931	32463	30468	18203	32286	30374	16709	40537	5685	60251
西埌镇	47887	24632	23255	13046	24566	23216	13407	30290	4190	43772
新圩镇	53634	27823	25811	14462	26585	24886	13074	35871	4689	51048

表20　续表 17　　　　　　　　　　　　　　　　　　　　单位：人、户

地　区	总人口			家庭户	家庭户总人口		分年龄人口			居住本地，户口在本地
	合　计	男	女	户　数	男	女	0-14岁	15-64岁	65岁及以上	
大里镇	42101	22147	19954	11287	21746	19773	10466	27630	4005	39966
塘岸镇	47513	24727	22786	13668	23665	22051	13253	30597	3663	42823
清水口镇	38749	20193	18556	11300	20032	18480	12255	23227	3267	33907
隆盛镇	67624	34822	32802	18078	34729	32742	19626	42660	5338	62088
大坡外镇	38156	19998	18158	10543	19998	18158	11348	23620	3188	34646
六麻镇	61867	31428	30439	17215	31139	30239	19247	37611	5009	59473
新丰镇	38991	20157	18834	11939	19538	18467	11955	23644	3392	37267
沙垌镇	23294	11563	11731	7490	11563	11730	8391	12602	2301	21403
平政镇	62760	32473	30287	17617	31407	29574	19913	37780	5067	57565
白马镇	41887	21879	20008	11142	21397	19838	13721	24698	3468	40387
大伦镇	31893	16499	15394	9243	16495	15392	10836	18361	2696	29764
扶新镇	18970	9465	9505	5788	9195	9378	7104	10031	1835	17772
六靖镇	62349	32532	29817	18677	31874	29270	19117	38330	4902	56809
石窝镇	49457	25908	23549	14431	25884	23526	15707	29577	4173	47287
清湾镇	48853	25181	23672	14804	25181	23672	15535	29105	4213	46011
百色市	**3466758**	**1782226**	**1684532**	**963356**	**1718446**	**1635619**	**741702**	**2400504**	**324552**	**3059712**
右江区	**372825**	**190232**	**182593**	**101992**	**169493**	**163692**	**57492**	**287465**	**27868**	**287456**
百城街道	145449	71837	73612	42169	58528	58860	17828	117439	10182	86838
龙景街道	64012	33349	30663	17235	28411	27367	9644	50456	3912	47172
阳圩镇	29686	15276	14410	7786	14921	14255	5583	21592	2511	28722
四塘镇	27586	14228	13358	7735	13626	13135	4462	20941	2183	24408
龙川镇	31642	16776	14866	7948	16435	14773	6452	22451	2739	30863
永乐乡	17060	8897	8163	4561	8620	8080	2812	12813	1435	15416
汪甸瑶族乡	25502	13317	12185	6175	12663	11995	4901	18703	1898	23912
大楞乡	22021	11452	10569	5754	11208	10464	3953	15973	2095	20889
泮水乡	9867	5100	4767	2629	5081	4763	1857	7097	913	9236
田阳县	**313253**	**158608**	**154645**	**91020**	**152760**	**150349**	**53246**	**228328**	**31679**	**277145**
田州镇	84050	41610	42440	24313	37756	38979	12960	64739	6351	58751
那坡镇	37318	19237	18081	11015	18338	17767	6024	27820	3474	35274
坡洪镇	31053	15633	15420	9002	15579	15398	5564	21747	3742	29717
那满镇	18572	9357	9215	5468	9297	9117	3104	13347	2121	18110
百育镇	25631	12921	12710	7444	12885	12686	3782	19485	2364	23954
玉凤镇	32641	16765	15876	8819	16493	15788	6838	22666	3137	31418
头塘镇	23432	11924	11508	6769	11691	11417	3662	17716	2054	20878
洞靖乡	24955	12819	12136	7198	12631	12055	4345	17178	3432	24672
巴别乡	16417	8707	7710	4594	8512	7610	2953	11244	2220	15922
五村乡	19184	9635	9549	6398	9578	9532	4014	12386	2784	18449
田东县	**356810**	**181819**	**174991**	**105690**	**173723**	**169676**	**73231**	**251289**	**32290**	**307817**
平马镇	98985	50419	48566	29260	45086	44583	15803	75826	7356	67806
祥周镇	52566	26612	25954	15902	26268	25775	9089	38818	4659	48745
林逢镇	42718	22067	20651	12304	21410	20354	8213	30751	3754	39942
思林镇	44412	22962	21450	13253	22238	21054	10479	29587	4346	41429
印茶镇	17835	9073	8762	5606	8837	8616	4908	11122	1805	16397
江城镇	15282	7616	7666	4588	7522	7630	4067	9464	1751	14472
朔良镇	27628	14109	13519	7687	13962	13446	6194	18778	2656	26109
义圩镇	18969	9680	9289	5532	9420	9220	4673	12202	2094	17831
那拔镇	14164	7325	6839	3968	7199	6784	3061	9837	1266	13381
作登瑶族乡	24251	11956	12295	7590	11781	12214	6744	14904	2603	21705
平果县	**434289**	**222814**	**211475**	**123421**	**215995**	**204656**	**85649**	**308206**	**40434**	**377456**
马头镇	110574	56250	54324	30520	50892	48753	19137	84148	7289	69255

表20　续表 18　　　　　　　　　　　　　　　　　　　　　　　　　　　单位：人、户

地　区	总人口			家庭户	家庭户总人口		分年龄人口			居住本地，户口在本地
	合　计	男	女	户　数	男	女	0-14岁	15-64岁	65岁及以　上	
新安镇	49237	25526	23711	12354	24582	22874	9706	35317	4214	44981
果化镇	44487	23036	21451	12030	22992	21437	9888	30677	3922	43447
太平镇	60562	31099	29463	17576	31033	29426	13199	41519	5844	60038
坡造镇	16011	8254	7757	4770	8233	7742	3631	10669	1711	15438
四塘镇	17895	9509	8386	5271	9452	8352	3661	12666	1568	17204
旧城镇	33988	17830	16158	9266	17729	16122	6343	23694	3951	32287
榜圩镇	24751	12164	12587	8113	12117	12553	4283	16899	3569	23771
海城乡	23317	11881	11436	6984	11853	11429	5615	15134	2568	22443
凤梧乡	22854	11616	11238	6291	11598	11230	4414	15330	3110	22147
黎明乡	10710	5516	5194	3266	5510	5191	1848	7599	1263	10264
同老乡	10492	5359	5133	3278	5359	5133	2107	7266	1119	10102
平果铝	9411	4774	4637	3702	4645	4414	1817	7288	306	6079
德保县	**297907**	**156353**	**141554**	**84565**	**152613**	**138803**	**57443**	**203790**	**36674**	**271661**
城关镇	55545	28349	27196	15652	26199	25043	8815	41972	4758	39638
足荣镇	20269	10643	9626	5626	10516	9519	3255	14570	2444	19809
隆桑镇	16343	8559	7784	4630	8544	7782	2904	11592	1847	16090
敬德镇	26572	14155	12417	6650	14094	12381	5092	18132	3348	25885
马隘镇	32903	17616	15287	8428	17454	15266	6189	22364	4350	32080
都安乡	13117	6862	6255	4066	6542	6167	2900	8035	2182	12389
那甲乡	23428	12491	10937	6110	12203	10838	3896	16339	3193	22989
荣华乡	12648	6473	6175	4004	6393	6148	3262	7608	1778	12082
燕峒乡	23474	12259	11215	7915	12209	11211	4706	15307	3461	22894
龙光乡	24574	12842	11732	6969	12585	11589	6237	15372	2965	23097
巴头乡	14412	7464	6948	4843	7446	6940	3325	8635	2452	14091
东凌乡	31306	16609	14697	8020	16437	14638	6415	21041	3850	30460
德保铝业	3316	2031	1285	1652	1991	1281	447	2823	46	157
靖西县	**498524**	**259434**	**239090**	**135001**	**252610**	**235668**	**113499**	**326988**	**58037**	**458209**
新靖镇	95553	48774	46779	27261	46394	44301	17371	69651	8531	74588
化峒镇	16193	8448	7745	4383	8314	7707	3252	10866	2075	15625
湖润镇	22354	11966	10388	6020	11215	10250	4604	15963	1787	19296
安德镇	27917	14287	13630	8275	13963	13505	6901	16816	4200	26569
龙临镇	26664	14002	12662	6708	13817	12592	6734	16633	3297	25245
渠洋镇	31709	17008	14701	7879	15343	14516	7179	20295	4235	28999
岳圩镇	10426	5353	5073	2872	5252	5010	2265	6974	1187	10186
龙邦镇	16739	8725	8014	4676	8656	7992	4822	10338	1579	16072
同德乡	20395	10765	9630	5459	10662	9597	4152	13811	2432	19978
壬庄乡	16412	8482	7930	4452	8422	7920	4366	10217	1829	16118
安宁乡	13021	6738	6283	3671	6649	6266	3506	8130	1385	12744
地州乡	22937	11823	11114	6248	11822	11111	5517	14663	2757	22133
禄峒乡	38655	20383	18272	9958	20292	18258	8758	24892	5005	36902
南坡乡	20967	10975	9992	5428	10865	9948	4833	13452	2682	20190
吞盘乡	13144	6747	6397	3502	6747	6397	3574	8063	1507	12652
果乐乡	19809	10221	9588	5152	10113	9532	5036	12026	2747	18905
新甲乡	34142	18141	16001	9096	17691	15948	8073	21916	4153	32753
武平乡	33388	17310	16078	9163	17107	16005	8528	20665	4195	31800
魁圩乡	18099	9286	8813	4798	9286	8813	4028	11617	2454	17454
那坡县	**153686**	**79270**	**74416**	**47594**	**77419**	**73533**	**34277**	**100930**	**18479**	**143609**
城厢镇	47865	24638	23227	14337	23395	22548	9422	33585	4858	40978
平孟镇	11450	5908	5542	3579	5810	5497	2493	7473	1484	11058
坡荷乡	9603	5010	4593	3257	4983	4586	2319	5774	1510	9283

表20 续表 19 单位：人、户

地区	总人口			家庭户	家庭户总人口		分年龄人口			居住本地，户口在本地
	合计	男	女	户数	男	女	0-14岁	15-64岁	65岁及以上	
龙合乡	22259	11293	10966	6971	11240	10946	5699	13094	3466	21710
德隆乡	14018	7225	6793	4304	7111	6741	3262	9114	1642	13554
百合乡	11434	5880	5554	3676	5821	5538	2432	7629	1373	10933
百南乡	7726	4108	3618	2454	4043	3614	1829	5093	804	7404
百省乡	14046	7328	6718	4047	7153	6668	3232	9419	1395	13626
百都乡	15285	7880	7405	4969	7863	7395	3589	9749	1947	15063
凌云县	**185869**	**97065**	**88804**	**46449**	**95291**	**87809**	**45378**	**125327**	**15164**	**172241**
泗城镇	49698	25660	24038	12799	24880	23425	11192	34943	3563	41838
逻楼镇	33893	17923	15970	8562	17826	15941	8113	22699	3081	33300
加尤镇	23517	12297	11220	6058	12199	11180	5998	15452	2067	22638
下甲乡	19126	9901	9225	4441	9824	9194	4577	12846	1703	18309
伶站瑶族乡	15298	8115	7183	3716	7566	7005	3883	10276	1139	13792
朝里瑶族乡	7849	4152	3697	1838	4122	3680	1965	5292	592	7459
沙里瑶族乡	15383	7959	7424	3959	7832	7340	4130	9816	1437	14828
玉洪瑶族乡	21105	11058	10047	5076	11042	10044	5520	14003	1582	20077
乐业县	**148504**	**76964**	**71540**	**39248**	**76278**	**71181**	**40226**	**96746**	**11532**	**133371**
同乐镇	42130	21743	20387	11431	21480	20181	10756	28461	2913	34923
甘田镇	13484	6968	6516	3752	6884	6476	3462	8589	1433	12737
新化镇	21472	10989	10483	5421	10976	10482	6090	13619	1763	19784
花坪镇	13313	6944	6369	3435	6895	6352	3704	8711	898	12190
逻沙乡	13977	7275	6702	4088	7160	6651	3803	8771	1403	13423
逻西乡	18943	9917	9026	4784	9912	9021	5395	12122	1426	16668
幼平乡	17092	8921	8171	4324	8838	8158	4724	11184	1184	16299
雅长乡	8093	4207	3886	2013	4133	3860	2292	5289	512	7347
田林县	**225043**	**115089**	**109954**	**62113**	**111876**	**108018**	**55661**	**151210**	**18172**	**198194**
乐里镇	38845	19978	18867	11121	18185	17442	7752	28802	2291	25250
旧州镇	16235	7965	8270	4850	7943	8244	4214	10554	1467	15041
定安镇	11638	5889	5749	3092	5749	5672	2733	7970	935	10930
六隆镇	18098	9291	8807	4947	9223	8786	4184	12569	1345	16094
潞城瑶族乡	24239	12568	11671	6390	11868	11444	5636	16799	1804	21872
利周瑶族乡	14164	7303	6861	3828	7275	6844	3248	9658	1258	13317
平塘乡	10553	5388	5165	3106	5373	5158	2791	6732	1030	9917
浪平乡	24990	12858	12132	7184	12828	12115	7834	14446	2710	24034
八桂瑶族乡	11901	6122	5779	3336	6051	5761	2882	7918	1101	11049
八渡瑶族乡	19591	9881	9710	4988	9768	9661	5289	12873	1429	18642
那比乡	7574	3861	3713	1847	3758	3706	1883	5081	610	6981
高龙乡	8407	4431	3976	2170	4363	3949	2234	5577	596	7368
百乐乡	11222	5815	5407	2944	5753	5389	3038	7293	891	10567
者苗乡	7586	3739	3847	2310	3739	3847	1943	4938	705	7132
西林县	**138647**	**71330**	**67317**	**37437**	**69546**	**66131**	**35358**	**93848**	**9441**	**119281**
八达镇	39489	20349	19140	10653	19025	18211	9391	28034	2064	29682
古障镇	27701	14446	13255	7455	14272	13194	7506	18298	1897	24201
马蚌乡	13900	7211	6689	3650	7203	6683	3831	9033	1036	12647
普合苗族乡	9548	4843	4705	2519	4735	4615	2389	6551	608	8371
西平乡	11263	5656	5607	3247	5638	5601	2752	7552	959	10365
那佐苗族乡	21064	10812	10252	5746	10766	10235	5695	13579	1790	19764
那劳乡	7743	3892	3851	2209	3786	3774	1781	5393	569	6784
足别瑶族苗族乡	7939	4121	3818	1958	4121	3818	2013	5408	518	7467
隆林各族自治县	**341401**	**173248**	**168153**	**88826**	**170842**	**166103**	**90242**	**226377**	**24782**	**313272**
新州镇	53909	27254	26655	14058	25380	24811	10758	40272	2879	44971

表20 续表 20

单位：人、户

地　　区	总人口			家庭户	家庭户总人口		分年龄人口			居住本地，户口在本地
	合　计	男	女	户　数	男	女	0-14岁	15-64岁	65岁及以上	
桠权镇	10239	5174	5065	3040	5139	5064	2710	6701	828	9867
天生桥镇	18977	9342	9635	5437	9338	9634	5417	11889	1671	17595
平班镇	27618	13724	13894	7304	13480	13808	6915	18298	2405	26157
沙梨乡	13692	6709	6983	3545	6639	6945	3538	9042	1112	12604
隆或乡	25092	12753	12339	6533	12748	12332	7244	15733	2115	23515
者保乡	22660	11379	11281	6515	11359	11281	6518	14292	1850	21353
者浪乡	16637	8486	8151	4035	8461	8142	4260	11236	1141	15563
革步乡	18123	9110	9013	5234	9110	9010	5400	11115	1608	17079
金钟山乡	14000	7191	6809	3488	7191	6809	3878	9122	1000	13641
德峨乡	33180	17390	15790	7772	17390	15790	9465	21637	2078	30138
猪场乡	19895	10376	9519	4559	10342	9500	5474	13454	967	18232
蛇场乡	15561	8036	7525	3806	8028	7523	4603	9906	1052	12581
克长乡	22910	11556	11354	5895	11505	11330	6544	14680	1686	22086
岩茶乡	17314	8822	8492	4512	8786	8476	4443	11445	1426	16858
介廷乡	11594	5946	5648	3093	5946	5648	3075	7555	964	11032
贺州市	**1954072**	**1011406**	**942666**	**495468**	**976399**	**917578**	**432392**	**1338647**	**183033**	**1794242**
八步区	**613461**	**312347**	**301114**	**154346**	**295878**	**287240**	**140331**	**420992**	**52138**	**542310**
八步街道	122245	60547	61698	32283	50717	51740	18577	95497	8171	81226
贺街镇	62241	31681	30560	14856	30074	29062	14443	42745	5053	56876
步头镇	28353	14764	13589	6875	13939	13437	7688	18166	2499	25876
莲塘镇	77070	39628	37442	17771	38819	36950	17164	53420	6486	71659
大宁镇	37338	19313	18025	8951	18956	17850	9118	24758	3462	36286
南乡镇	16776	8869	7907	4992	8762	7892	4040	11076	1660	16157
桂岭镇	74249	37909	36340	20076	37618	36061	20683	46399	7167	70270
开山镇	11962	6069	5893	3101	6017	5860	3242	7425	1295	11454
里松镇	16260	8422	7838	4153	8300	7740	3277	11271	1712	15702
信都镇	48236	24898	23338	12101	23549	22689	11151	32865	4220	42976
灵峰镇	6635	3470	3165	1581	3236	3103	1719	4410	506	5654
仁义镇	50409	25300	25109	12804	24621	24780	13158	32829	4422	48181
铺门镇	55597	28228	27369	13205	28100	27285	14947	35732	4918	54459
黄洞瑶族乡	6090	3249	2841	1597	3170	2791	1124	4399	567	5534
平桂管理区	**392029**	**204431**	**187598**	**95018**	**198895**	**184090**	**84618**	**272748**	**34663**	**363910**
西湾街道	28070	14592	13478	8184	12809	12632	4105	20810	3155	22546
黄田镇	71910	37332	34578	17509	36223	34182	13987	51722	6201	63486
鹅塘镇	47532	24692	22840	10751	24448	22725	10966	32824	3742	44349
沙田镇	92851	48213	44638	20653	46697	43086	21480	64074	7297	87531
公会镇	63613	33740	29873	16786	33664	29819	14943	42811	5859	62371
水口镇	10628	5653	4975	2607	5614	4958	2475	7012	1141	10045
望高镇	31286	16191	15095	7474	15885	14836	6549	21966	2771	29232
羊头镇	36432	18981	17451	8242	18526	17186	7749	25342	3341	35665
大平瑶族乡	9707	5037	4670	2812	5029	4666	2364	6187	1156	8685
昭平县	**340647**	**179571**	**161076**	**91041**	**176109**	**158147**	**73589**	**230804**	**36254**	**318384**
昭平镇	73900	37684	36216	18661	35326	33790	13426	53850	6624	60079
文竹镇	8755	4453	4302	2468	4442	4299	1514	6145	1096	8619
黄姚镇	49388	26049	23339	12173	25931	23297	12114	32290	4984	47934
富罗镇	21656	11635	10021	6275	11265	9805	4591	14644	2421	20792
北陀镇	28365	14918	13447	7971	14856	13428	6490	18808	3067	27150
马江镇	29639	15689	13950	8352	15593	13915	5867	20366	3406	28331
五将镇	26306	14224	12082	6946	14205	12021	6106	17242	2958	25665
仙回瑶族乡	10107	5321	4786	3390	5280	4771	1935	6697	1475	9862

表20 续表 21

单位：人、户

地区	总人口			家庭户	家庭户总人口		分年龄人口			居住本地，户口在本地
	合计	男	女	户数	男	女	0-14岁	15-64岁	65岁及以上	
走马乡	24111	12884	11227	6091	12573	11137	4787	16563	2761	23035
樟木林乡	30145	16239	13906	7898	16234	13903	7300	19637	3208	29562
凤凰乡	20503	10947	9556	5903	10926	9550	5370	12883	2250	20073
木格乡	17772	9528	8244	4913	9478	8231	4089	11679	2004	17282
钟山县	**351124**	**182336**	**168788**	**86854**	**173835**	**164899**	**80366**	**236310**	**34448**	**324181**
钟山镇	96582	50442	46140	24516	43957	42707	17870	71050	7662	80485
回龙镇	34766	18005	16761	7820	17685	16618	9278	22507	2981	34028
石龙镇	23635	11999	11636	5538	11951	11629	6314	15074	2247	22232
凤翔镇	23241	12086	11155	5503	11975	11131	6129	14928	2184	22045
珊瑚镇	14158	7289	6869	4090	6836	6754	2744	9734	1680	13316
同古镇	19561	10222	9339	5313	10149	9308	5115	12237	2209	19254
公安镇	43506	22419	21087	9475	22363	21071	10343	28651	4512	42216
清塘镇	38269	19774	18495	10348	19687	18458	10672	22720	4877	36103
燕塘镇	19439	10232	9207	5195	10139	9200	4882	12448	2109	18330
红花镇	18256	9513	8743	4241	9434	8727	3488	12887	1881	17858
花山瑶族乡	5663	2918	2745	1565	2841	2732	963	4014	686	5414
两安瑶族乡	14048	7437	6611	3250	6818	6564	2568	10060	1420	12900
富川瑶族自治县	**256811**	**132721**	**124090**	**68209**	**131682**	**123202**	**53488**	**177793**	**25530**	**245457**
富阳镇	66856	34582	32274	17829	34056	31618	12491	48865	5500	60531
白沙镇	9293	4775	4518	2812	4761	4510	2240	5914	1139	8858
莲山镇	21842	11358	10484	5507	11120	10427	4582	14690	2570	21201
古城镇	19868	10477	9391	5140	10399	9357	4146	13705	2017	19266
福利镇	17803	9217	8586	4795	9217	8586	3717	12188	1898	17202
麦岭镇	19537	10047	9490	4917	10044	9490	4413	13346	1778	19284
葛坡镇	16852	8734	8118	4422	8733	8113	3630	11432	1790	16426
城北镇	16688	8575	8113	4944	8575	8113	3585	11369	1734	16434
朝东镇	25638	12977	12661	7094	12933	12637	5653	17340	2645	24810
新华乡	16180	8179	8001	4040	8045	7897	3543	10801	1836	15739
石家乡	12091	6383	5708	3178	6383	5708	2730	8215	1146	11949
柳家乡	14163	7417	6746	3531	7416	6746	2758	9928	1477	13757
河池市	**3369251**	**1729426**	**1639825**	**988334**	**1676870**	**1604738**	**756299**	**2284401**	**328551**	**2998230**
金城江区	**330131**	**170463**	**159668**	**102593**	**156631**	**149210**	**55027**	**249394**	**25710**	**250041**
金城江街道	139409	71253	68156	44617	60462	60013	20600	109866	8943	83253
东江镇	43363	22024	21339	12796	20843	19691	7775	33055	2533	29614
六圩镇	25110	12848	12262	7623	12754	12251	4651	18484	1975	23103
六甲镇	11312	5834	5478	4114	5804	5468	1806	8578	928	10071
河池镇	22355	11915	10440	6504	11360	10235	3844	16380	2131	20095
拔贡镇	13449	7191	6258	3737	6819	6129	2135	10096	1218	12721
九圩镇	21858	11327	10531	7213	11284	10501	4271	14798	2789	20853
五圩镇	11236	5965	5271	3206	5715	5236	1797	8456	983	10449
白土乡	11450	5793	5657	3918	5774	5648	2664	7563	1223	10799
侧岭乡	10032	5375	4657	2565	4954	4440	1883	7396	753	9407
保平乡	9080	4691	4389	2706	4668	4385	1734	6475	871	8660
长老乡	11477	6247	5230	3594	6194	5213	1867	8247	1363	11016
南丹县	**278350**	**147120**	**131230**	**80329**	**140340**	**128622**	**63964**	**192364**	**22022**	**232052**
城关镇	67804	34985	32819	19345	32752	31317	13899	49390	4515	50001
大厂镇	28109	15216	12893	9612	14052	12599	4881	21095	2133	20115
车河镇	20570	11747	8823	6131	9285	8390	3179	16106	1285	14032
芒场镇	23194	12452	10742	6057	11780	10472	5598	15752	1844	20671
六寨镇	36781	19386	17395	10243	19332	17367	9084	24693	3004	34366

表20　续表 22　　　　　　　　　　　　　　　　　　　　　单位：人、户

地　区	总人口			家庭户	家庭户总人口		分年龄人口			居住本地，户口在本地
	合　计	男	女	户　数	男	女	0-14岁	15-64岁	65岁及以　上	
月里镇	17827	9287	8540	5679	9249	8526	5690	10309	1828	16079
吾隘镇	14936	7937	6999	4390	7922	6997	3704	9866	1366	14053
罗富乡	20596	10679	9917	6296	10645	9897	4683	13825	2088	19447
中堡苗族乡	6468	3493	2975	1815	3475	2972	1716	4171	581	6127
八圩瑶族乡	22173	11589	10584	5706	11512	10543	5982	14285	1906	19908
里湖瑶族乡	19892	10349	9543	5055	10336	9542	5548	12872	1472	17253
天峨县	**155017**	**80464**	**74553**	**40661**	**78180**	**73364**	**41069**	**100520**	**13428**	**127897**
六排镇	47372	24495	22877	12836	22752	21921	11081	33063	3228	28835
向阳镇	23918	12512	11406	5776	12333	11300	6592	15400	1926	21943
岜暮乡	10102	5203	4899	2833	5135	4868	2656	6186	1260	9229
八腊瑶族乡	18082	9397	8685	4779	9356	8655	4662	11389	2031	17129
纳直乡	6584	3437	3147	1787	3425	3145	1812	4189	583	5780
更新乡	13641	6933	6708	3631	6875	6690	3918	8409	1314	12653
下老乡	9780	4994	4786	2357	4896	4762	2906	6087	787	9028
坡结乡	12191	6486	5705	3166	6430	5693	3299	7807	1085	11076
三堡乡	13347	7007	6340	3496	6978	6330	4143	7990	1214	12224
凤山县	**161457**	**82145**	**79312**	**46520**	**81242**	**78961**	**41233**	**104203**	**16021**	**151616**
凤城镇	40467	20634	19833	11546	20343	19679	9191	28100	3176	34838
袍里乡	9271	4713	4558	2752	4612	4510	2447	5596	1228	8835
砦牙乡	12084	6221	5863	3863	6219	5863	2689	7962	1433	11742
长洲乡	16132	8049	8083	5168	8025	8070	4327	9937	1868	15771
乔音乡	24132	12215	11917	7162	12187	11907	5897	15547	2688	23559
金牙瑶族乡	21012	10589	10423	5448	10473	10376	6305	12926	1781	20407
中亭乡	11553	5882	5671	3139	5874	5668	3238	7243	1072	11048
平乐瑶族乡	17155	8835	8320	4985	8775	8302	4483	10936	1736	16330
江洲瑶族乡	9651	5007	4644	2457	4734	4586	2656	5956	1039	9086
东兰县	**213028**	**108307**	**104721**	**68434**	**106332**	**103468**	**56218**	**130992**	**25818**	**191829**
东兰镇	47775	24455	23320	14635	23009	22268	10810	32421	4544	38043
隘洞镇	28780	14841	13939	9455	14811	13923	8033	17342	3405	27063
长乐镇	14051	6946	7105	4774	6915	7084	3913	8338	1800	12873
三石镇	15157	7509	7648	5054	7496	7642	4013	8790	2354	14212
武篆镇	16643	8193	8450	5645	8169	8441	4233	10018	2392	15615
泗孟乡	8497	4286	4211	2872	4256	4196	2437	4892	1168	7937
兰木乡	11000	5640	5360	3525	5600	5339	2801	6544	1655	10271
长江乡	15550	7819	7731	5152	7643	7670	4684	9045	1821	14384
巴畴乡	11343	5867	5476	3395	5851	5475	3391	6721	1231	10550
金谷乡	9114	4777	4337	2714	4756	4335	2257	5679	1178	8502
三弄瑶族乡	3991	2013	1978	1260	1995	1973	1021	2444	526	3677
大同乡	11095	5555	5540	3424	5500	5521	3038	6761	1296	10331
花香乡	14257	7344	6913	4635	7320	6905	3891	8623	1743	13065
切学乡	5775	3062	2713	1894	3011	2696	1696	3374	705	5306
罗城仫佬族自治县	**298261**	**153114**	**145147**	**83935**	**150993**	**143825**	**56761**	**209137**	**32363**	**285576**
东门镇	83675	42186	41489	22975	41382	40754	15109	61139	7427	78051
龙岸镇	40187	20967	19220	10795	20745	18947	7390	28089	4708	39007
黄金镇	16840	8830	8010	5038	8411	7983	3697	11032	2111	16072
小长安镇	28681	14699	13982	8425	14627	13942	6666	18586	3429	27125
四把镇	45051	23204	21847	12192	22936	21782	8165	31875	5011	43753
天河镇	16840	8750	8090	5222	8678	8050	2919	11657	2264	16297
怀群镇	17274	8791	8483	5313	8758	8462	3228	11926	2120	16820
宝坛乡	16830	8882	7948	4488	8689	7834	3171	12005	1654	16422

表20 续表 23

单位：人、户

地区	总人口			家庭户	家庭户总人口		分年龄人口			居住本地，户口在本地
	合计	男	女	户数	男	女	0-14岁	15-64岁	65岁及以上	
乔善乡	17921	9129	8792	4708	9128	8792	3151	12879	1891	17646
纳翁乡	5643	2959	2684	1678	2958	2684	1061	4076	506	5417
兼爱乡	9319	4717	4602	3101	4681	4595	2204	5873	1242	8966
环江毛南族自治县	**272328**	**141653**	**130675**	**90512**	**139022**	**128588**	**58210**	**184917**	**29201**	**246834**
思恩镇	48383	24675	23708	15279	23208	22117	9292	35114	3977	35968
水源镇	28294	14849	13445	9535	14725	13375	5782	19066	3446	27079
洛阳镇	34160	17991	16169	11250	17756	16047	7339	23762	3059	31324
川山镇	36322	19215	17107	10935	19104	17050	8121	24584	3617	34409
明伦镇	25208	12864	12344	9109	12618	12287	5928	16041	3239	23858
东兴镇	18352	9677	8675	5794	9605	8646	3431	12896	2025	17332
大才乡	8846	4455	4391	3176	4424	4376	1738	6025	1083	8417
下南乡	11028	5680	5348	4356	5641	5331	2494	6873	1661	10722
大安乡	14276	7462	6814	4853	7439	6800	3308	9298	1670	13556
长美乡	10149	5245	4904	3448	5217	4891	2660	6373	1116	9436
龙岩乡	13841	7101	6740	4860	6998	6698	2688	9144	2009	13363
驯乐苗族乡	23469	12439	11030	7917	12287	10970	5429	15741	2299	21370
巴马瑶族自治县	**224637**	**114130**	**110507**	**60504**	**110801**	**107940**	**58742**	**145663**	**20232**	**199652**
巴马镇	70525	36017	34508	17926	33285	32194	15673	49737	5115	54167
燕洞乡	18136	8973	9163	5795	8916	9139	5530	10482	2124	16937
甲篆乡	20517	10488	10029	5710	10323	9942	5321	12934	2262	19856
那社乡	14017	7060	6957	3572	7036	6944	4230	8476	1311	13275
所略乡	30241	15320	14921	8033	15287	14913	8375	19062	2804	29249
西山乡	15522	7975	7547	4363	7882	7510	4023	9925	1574	15124
东山乡	11088	5678	5410	2607	5633	5389	3187	7186	715	9015
凤凰乡	8707	4437	4270	2315	4371	4233	2211	5705	791	7770
百林乡	10976	5422	5554	3461	5395	5542	3451	6286	1239	10508
那桃乡	24908	12760	12148	6722	12673	12134	6741	15870	2297	23751
都安瑶族自治县	**516629**	**260223**	**256406**	**152874**	**256750**	**253886**	**133477**	**326624**	**56528**	**483091**
安阳镇	54347	27419	26928	14904	25436	25408	11210	38777	4360	42520
高岭镇	59405	29460	29945	17017	29295	29865	15238	37678	6489	58241
澄江乡	50776	25288	25488	14443	25129	25296	12286	33294	5196	45064
地苏乡	54164	26619	27545	16061	26463	27449	14534	33894	5736	53350
东庙乡	22185	11075	11110	6725	11059	11104	5639	13979	2567	21548
大兴乡	27043	13687	13356	7655	13576	13283	7084	16853	3106	25808
下坳乡	31174	15914	15260	9210	15861	15228	8923	19225	3026	30203
隆福乡	15736	7937	7799	4247	7920	7786	5432	8745	1559	14660
保安乡	25044	13151	11893	7170	13129	11885	6135	15836	3073	24126
板岭乡	24227	12301	11926	8010	12254	11913	6679	14762	2786	23306
永安乡	16815	8577	8238	4997	8548	8225	5126	9778	1911	15882
三只羊乡	13612	6955	6657	4087	6893	6623	3901	8299	1412	12499
龙湾乡	10757	5463	5294	3289	5373	5209	2148	6867	1742	10518
菁盛乡	16464	8365	8099	4991	8334	8096	3803	10316	2345	16024
拉烈乡	25688	13020	12668	8143	12857	12607	6387	16164	3137	24797
百旺乡	22443	11415	11028	7364	11323	10974	5019	14642	2782	21529
加贵乡	14563	7337	7226	4682	7272	7093	3892	8837	1834	13983
拉仁乡	18118	9135	8983	5883	9132	8982	5590	10574	1954	16646
九渡乡	14068	7105	6963	3996	6896	6860	4451	8104	1513	12387
大化瑶族自治县	**360802**	**184012**	**176790**	**102028**	**180449**	**173836**	**81814**	**243225**	**35763**	**328757**
大化镇	91246	46442	44804	26207	43907	42381	18825	64681	7740	74058
都阳镇	21290	11054	10236	6179	10998	10222	4432	14846	2012	20418

表20 续表 24　　　　单位：人、户

地区	总人口			家庭户	家庭户总人口		分年龄人口			居住本地，户口在本地
	合计	男	女	户数	男	女	0-14岁	15-64岁	65岁及以上	
岩滩镇	28396	14561	13835	7899	14540	13833	6052	19956	2388	27019
共和乡	17455	9065	8390	4584	8995	8348	3547	11936	1972	16743
贡川乡	11150	5558	5592	3597	5522	5571	2695	7046	1409	10765
百马乡	14655	7259	7396	4717	7187	7369	3429	9424	1802	14369
古河乡	5147	2575	2572	1696	2502	2524	1090	3316	741	4911
古文乡	8327	4277	4050	2824	4190	4000	1540	5392	1395	7931
江南乡	22004	11169	10835	6597	11148	10824	5158	14603	2243	21085
羌圩乡	15374	7833	7541	4378	7817	7533	3952	10021	1401	14488
乙圩乡	14443	7288	7155	3824	7288	7155	3275	9917	1251	14043
北景乡	25187	12687	12500	6050	12521	12396	5886	17136	2165	24387
板升乡	23559	12241	11318	5649	12158	11284	6621	14664	2274	20395
七百弄乡	16138	8158	7980	4412	8139	7974	5111	9652	1375	13551
雅龙乡	24367	12448	11919	6778	12346	11874	5835	15941	2591	23029
六也乡	22064	11397	10667	6637	11191	10548	4366	14694	3004	21565
宜州市	**558611**	**287795**	**270816**	**159944**	**276130**	**263038**	**109784**	**397362**	**51465**	**500885**
庆远镇	155872	79898	75974	44538	69904	68973	24751	119087	12034	120935
三岔镇	14112	7210	6902	4088	7194	6894	2385	9925	1802	13601
洛西镇	21375	10880	10495	6993	10856	10474	4754	14196	2425	20392
怀远镇	31263	16220	15043	8603	16091	15018	5522	22989	2752	29331
德胜镇	42713	22229	20484	12394	21607	20218	8804	30038	3871	36801
石别镇	28411	14436	13975	7995	14425	13967	6254	19812	2345	27195
北山镇	29042	15091	13951	8122	15047	13937	6286	20353	2403	27745
祥贝乡	13013	6636	6377	4746	6608	6355	2880	8128	2005	12436
刘三姐乡	33808	17418	16390	9411	17311	16323	6642	23898	3268	32469
屏南乡	17102	8355	8747	5833	8342	8743	3815	10898	2389	16416
洛东乡	18720	9630	9090	5960	9450	9038	3603	13025	2092	17704
福龙瑶族乡	32351	17066	15285	8322	16945	15220	6547	22614	3190	31435
北牙瑶族乡	51436	26681	24755	12971	26508	24598	12053	35004	4379	49456
同德乡	17997	9366	8631	5052	9270	8624	3862	12522	1613	17248
安马乡	16013	8176	7837	5543	8169	7836	3518	10544	1951	15506
龙头乡	35383	18503	16880	9373	18403	16820	8108	24329	2946	32215
来宾市	**2099711**	**1087203**	**1012508**	**594341**	**1051518**	**986151**	**435552**	**1460863**	**203296**	**1855097**
兴宾区	**910282**	**470909**	**439373**	**232384**	**452048**	**425443**	**199670**	**634846**	**75766**	**772040**
城东街道	76409	38400	38009	17963	32118	31421	12318	59289	4802	43116
城北街道	37867	19620	18247	10223	18210	17443	7956	27982	1929	20006
河西街道	59033	30631	28402	13831	25949	23772	11211	45207	2615	24703
八一街道	14755	7744	7011	5390	7123	6846	2276	10771	1708	11695
凤凰镇	69607	35832	33775	16853	35646	33692	16205	48414	4988	65918
良江镇	44231	23023	21208	10940	21979	20797	9296	31336	3599	40911
小平阳镇	46639	24047	22592	12195	23790	22553	11220	30953	4466	43937
迁江镇	69211	35927	33284	18906	34710	33022	14329	49262	5620	63589
石陵镇	31831	16311	15520	7882	16290	15512	6770	22461	2600	30193
平阳镇	46129	23937	22192	11888	23581	22164	8637	32797	4695	43520
三五乡	43904	22874	21030	11088	22457	20871	10063	29852	3989	42531
五山乡	21975	11238	10737	5926	11230	10734	5248	14195	2532	20893
陶邓乡	30261	15614	14647	8460	15609	14642	7327	19828	3106	29366
桥巩乡	33872	17556	16316	8167	17438	16253	7335	23925	2612	31795
良塘乡	24212	12428	11784	7146	12412	11783	5571	16125	2516	22501
七洞乡	13930	7265	6665	3831	7217	6650	3242	9019	1669	13335
城厢乡	31968	16967	15001	7576	16269	14784	7188	22440	2340	25987

表20 续表 25

单位：人、户

地区	总人口			家庭户	家庭户总人口		分年龄人口			居住本地，户口在本地
	合计	男	女	户数	男	女	0-14岁	15-64岁	65岁及以上	
蒙村乡	38025	19773	18252	9645	19734	18247	8907	25167	3951	36054
寺山乡	41931	21747	20184	10001	21703	20169	10609	26909	4413	39302
石牙乡	34191	17415	16776	7969	17377	16758	9974	21238	2979	31148
南泗乡	29119	15062	14057	7492	15058	14052	6952	19763	2404	27216
高安乡	12985	6808	6177	3586	6739	6145	3128	8624	1233	12181
大湾乡	28145	14649	13496	7309	14565	13442	7053	18753	2339	26501
正龙乡	18724	9882	8842	4754	9882	8841	4889	12063	1772	17916
红河农场	3873	2197	1676	1308	1777	1589	597	2926	350	2609
来华投资区	7455	3962	3493	2055	3185	3261	1369	5547	539	5117
忻城县	**312441**	**159577**	**152864**	**100060**	**157354**	**150187**	**58115**	**218102**	**36224**	**294809**
城关镇	76919	38676	38243	23649	36884	35760	13293	56535	7091	68231
大塘镇	30612	15717	14895	10143	15548	14812	6871	20104	3637	28753
思练镇	37769	19713	18056	11622	19642	18021	7585	25919	4265	36132
红渡镇	29558	15150	14408	9299	15097	14383	5016	21000	3542	28867
古蓬镇	27779	14035	13744	9356	14025	13744	5072	19370	3337	26977
马泗乡	15899	8141	7758	4758	8122	7749	2619	11629	1651	15531
欧洞乡	13289	6864	6425	3995	6824	6412	2485	9452	1352	12511
安东乡	12282	6390	5892	3859	6374	5890	2686	8149	1447	11912
果遂乡	21241	11197	10044	6404	11184	10037	3879	14811	2551	20252
新圩乡	9424	4685	4739	3365	4669	4729	1783	6283	1358	9064
遂意乡	18532	9517	9015	6331	9510	9011	3101	12618	2813	18122
北更乡	19137	9492	9645	7279	9475	9639	3725	12232	3180	18457
象州县	**285202**	**147990**	**137212**	**86882**	**144104**	**133436**	**54626**	**198081**	**32495**	**255465**
象州镇	53215	26768	26447	15148	24168	23551	8666	40110	4439	37039
石龙镇	21263	11150	10113	6295	10875	10048	4407	15089	1767	19107
运江镇	29096	15336	13760	8665	15172	13629	5863	19416	3817	27950
寺村镇	38672	20002	18670	11350	19663	18195	7168	26860	4644	36090
中平镇	25040	12951	12089	8352	12870	12042	4783	16827	3430	23655
罗秀镇	22793	11955	10838	7326	11861	10784	4317	15670	2806	21394
大乐镇	21496	11164	10332	7101	10980	10290	3822	14684	2990	20341
马坪乡	26242	13803	12439	7490	13734	12426	6061	17639	2542	25110
妙皇乡	17281	9118	8163	5743	9099	8157	3333	11626	2322	16483
百丈乡	13434	6932	6502	4519	6904	6482	2601	8930	1903	12674
水晶乡	16670	8811	7859	4893	8778	7832	3605	11230	1835	15622
武宣县	**353253**	**184468**	**168785**	**100290**	**178967**	**164560**	**80737**	**238177**	**34339**	**319061**
武宣镇	77632	39682	37950	20400	35597	34112	15331	56260	6041	55317
桐岭镇	43919	23387	20532	12922	22653	20391	10465	28849	4605	42157
通挽镇	30313	15502	14811	9223	15344	14725	7683	19190	3440	29557
东乡镇	38275	20682	17593	11622	20651	17583	8424	25251	4600	36629
三里镇	28524	15089	13435	9422	15048	13430	6275	19087	3162	27288
二塘镇	38904	20717	18187	11039	20567	18159	8764	26485	3655	37356
黄茆镇	21794	11436	10358	6044	11358	10331	4430	15326	2038	20640
禄新乡	33968	17312	16656	8298	17281	16639	9487	21563	2918	32697
思灵乡	19385	9863	9522	5194	9847	9518	5210	12268	1907	18606
金鸡乡	16220	8543	7677	4550	8403	7621	3921	10791	1508	15351
黔江农场	4319	2255	2064	1576	2218	2051	747	3107	465	3463
金秀瑶族自治县	**124037**	**64754**	**59283**	**37853**	**62838**	**58237**	**23186**	**86558**	**14293**	**111548**
金秀镇	17624	8901	8723	5179	8240	8114	3062	13090	1472	14389
桐木镇	44830	23382	21448	12619	22819	21183	7898	31876	5056	40681
头排镇	15229	7908	7321	5101	7726	7268	2979	10381	1869	13209

表20　续表 26　　　　单位：人、户

地　区	总人口			家庭户	家庭户总人口		分年龄人口			居住本地，户口在本地
	合　计	男	女	户　数	男	女	0–14岁	15–64岁	65岁及以　上	
三角乡	4420	2304	2116	1344	2259	2107	810	3120	490	4179
忠良乡	7906	4098	3808	2480	4051	3787	1685	5158	1063	7550
罗香乡	9210	5024	4186	3092	4975	4171	2024	6179	1007	8662
长垌乡	4815	2521	2294	1401	2444	2273	985	3315	515	4474
大樟乡	8669	4556	4113	2936	4499	4095	1655	5857	1157	8102
六巷乡	4120	2233	1887	1286	2219	1879	859	2743	518	3892
三江乡	7214	3827	3387	2415	3606	3360	1229	4839	1146	6410
合山市	**114496**	**59505**	**54991**	**36872**	**56207**	**54288**	**19218**	**85099**	**10179**	**102174**
岭南镇	69891	36899	32992	23266	33664	32297	10434	53261	6196	59289
北泗乡	23508	11884	11624	7078	11849	11619	4268	17075	2165	22753
河里乡	21097	10722	10375	6528	10694	10372	4516	14763	1818	20132
崇左市	**1994285**	**1043139**	**951146**	**582867**	**1005786**	**926815**	**379664**	**1416261**	**198360**	**1760775**
江州区	**316738**	**169796**	**146942**	**93294**	**158259**	**140156**	**53985**	**234821**	**27932**	**268987**
太平镇	96412	51804	44608	26744	41925	38490	13597	76600	6215	63918
新和镇	17994	9361	8633	5297	9245	8588	2933	13388	1673	16591
濑湍镇	19499	10534	8965	5909	10359	8944	3761	13795	1943	18351
江州镇	35564	19459	16105	10572	19231	16046	6352	26155	3057	32257
左州镇	31036	16425	14611	9350	16382	14600	5803	22220	3013	29911
那隆镇	27998	15019	12979	8531	14880	12901	5085	19560	3353	26583
驮卢镇	46024	24259	21765	14473	24082	21671	7928	33055	5041	43425
罗白乡	20934	11475	9459	5558	11321	9406	4334	14869	1731	19810
板利乡	11593	6266	5327	3276	5983	5172	2428	8222	943	10606
新和华侨农场	3877	2113	1764	1300	1827	1635	669	2856	352	2734
左江华侨农场	5807	3081	2726	2284	3024	2703	1095	4101	611	4801
扶绥县	**379118**	**201336**	**177782**	**113351**	**190778**	**171175**	**72224**	**271314**	**35580**	**329308**
新宁镇	87839	46249	41590	24860	38071	36088	14278	67329	6232	57740
渠黎镇	44282	23018	21264	14095	22625	21088	8592	31239	4451	41944
渠旧镇	23268	12174	11094	7308	12160	11092	4678	16362	2228	22247
柳桥镇	28590	15513	13077	7828	15090	12889	6063	20034	2493	26496
东门镇	40745	22235	18510	11236	21540	18131	7883	29152	3710	35538
山圩镇	31624	16870	14754	9133	16633	14623	6936	21999	2689	29037
中东镇	31429	16735	14694	9813	16704	14679	6146	21841	3442	29710
东罗镇	28215	14981	13234	8836	14736	13165	5671	19913	2631	26299
龙头乡	20912	11198	9714	6715	11055	9670	3655	14395	2862	20167
岜盆乡	22308	11836	10472	7182	11647	10387	4554	15255	2499	21152
昌平乡	19906	10527	9379	6345	10517	9363	3768	13795	2343	18978
宁明县	**337133**	**177913**	**159220**	**96632**	**176417**	**158652**	**73023**	**234561**	**29549**	**306930**
城中镇	64452	33211	31241	19163	32357	30945	11759	47767	4926	52362
爱店镇	7124	3837	3287	2199	3804	3267	1615	4938	571	6116
明江镇	27369	14178	13191	8676	14096	13170	5149	19731	2489	26083
海渊镇	34627	18444	16183	9821	18358	16145	7953	23610	3064	31377
亭亮乡	28275	15038	13237	7722	15015	13226	5977	19644	2654	26722
寨安乡	17490	9220	8270	5231	9177	8251	3684	12194	1612	16765
峙浪乡	17279	9183	8096	5060	9151	8086	3928	11694	1657	15873
东安乡	14150	7441	6709	4552	7433	6708	2902	9961	1287	13698
板棍乡	17309	9227	8082	4373	9176	8047	3836	11909	1564	16582
北江乡	17643	9594	8049	5120	9521	8046	3658	12421	1564	16680
桐棉乡	34923	18140	16783	8640	18123	16781	8318	23829	2776	33012
那堪乡	30440	16453	13987	8756	16424	13948	7798	19649	2993	27935
那楠乡	20949	11277	9672	5354	11194	9638	5624	13688	1637	19502

表20 续表 27

单位：人、户

地区	总人口			家庭户	家庭户总人口		分年龄人口			居住本地，户口在本地
	合计	男	女	户数	男	女	0-14岁	15-64岁	65岁及以上	
国营宁明华侨农场	3352	1739	1613	1309	1673	1586	528	2272	552	2869
国营天西华侨农场	1751	931	820	656	915	808	294	1254	203	1354
龙州县	**221768**	**112205**	**109563**	**69197**	**108818**	**104935**	**35072**	**162578**	**24118**	**196282**
龙州镇	66566	32709	33857	19937	30018	29625	8991	51680	5895	47070
下冻镇	16497	8475	8022	5525	8406	8001	2967	11512	2018	15724
水口镇	17778	9199	8579	6011	9165	8561	3103	12782	1893	17059
金龙镇	18365	9025	9340	6246	9021	9335	3525	12200	2640	17912
响水镇	12652	6514	6138	3930	6497	6112	1951	9240	1461	12055
八角乡	6472	3357	3115	2376	3352	3112	1081	4420	971	6209
上降乡	6726	3423	3303	2462	3395	3289	1195	4552	979	6474
彬桥乡	15529	8025	7504	4937	7957	7455	2500	11448	1581	14554
上龙乡	16457	8415	8042	4692	8382	8028	2491	12345	1621	16046
武德乡	15480	8008	7472	4467	7881	7392	2734	11219	1527	15063
逐卜乡	14474	7298	7176	4306	7286	7168	2052	10449	1973	13968
上金乡	14772	7757	7015	4308	7458	6857	2482	10731	1559	14148
大新县	**296555**	**151262**	**145293**	**85589**	**148682**	**143361**	**52052**	**208982**	**35521**	**273023**
桃城镇	66869	34097	32772	19528	32505	31255	11698	48880	6291	52474
全茗镇	20002	10257	9745	5696	10237	9732	3643	13662	2697	19517
雷平镇	42278	21521	20757	12431	21427	20699	6641	30940	4697	40823
硕龙镇	10540	5448	5092	2953	5326	5044	1993	7241	1306	9910
下雷镇	24036	12443	11593	6692	11923	11438	4603	16977	2456	21689
五山乡	14256	7010	7246	4341	6999	7235	2719	9249	2288	13768
龙门乡	12647	6603	6044	3716	6581	6022	2308	8600	1739	12350
昌明乡	13623	7017	6606	3868	6987	6597	2940	8828	1855	13206
福隆乡	11598	5890	5708	3104	5820	5672	2223	7644	1731	11170
那岭乡	11512	5901	5611	3531	5901	5611	2048	7839	1625	11185
恩城乡	12117	6095	6022	3433	6087	6019	1835	8818	1464	12018
榄圩乡	24094	12367	11727	7171	12350	11717	4028	17214	2852	23359
宝圩乡	14056	7022	7034	3965	7008	7031	2193	9762	2101	13552
堪圩乡	14802	7414	7388	3929	7385	7362	2262	10589	1951	14478
国营桃城华侨农场	4125	2177	1948	1231	2146	1927	918	2739	468	3524
天等县	**330814**	**170613**	**160201**	**90150**	**167717**	**158518**	**73421**	**219458**	**37935**	**307143**
天等镇	67426	34779	32647	18343	32769	31291	13643	47230	6553	55307
龙茗镇	16664	8522	8142	5010	8478	8124	3444	10981	2239	15977
进结镇	27318	14280	13038	8439	14264	13037	5703	18000	3615	26548
向都镇	37096	19042	18054	9655	18931	17990	9532	23593	3971	34877
都康乡	24197	12397	11800	6439	12359	11777	5130	15870	3197	23266
宁干乡	16813	8700	8113	4487	8665	8083	4029	11156	1628	16096
驮堪乡	27932	14290	13642	7603	14272	13621	6623	18028	3281	26901
福新乡	25040	12793	12247	6640	12590	12172	4615	16959	3466	24295
东平乡	20639	10986	9653	5504	10706	9613	4802	13818	2019	19127
进远乡	8446	4295	4151	2563	4287	4149	1827	5214	1405	8168
上映乡	28901	14988	13913	7336	14913	13884	7109	18757	3035	27581
把荷乡	19178	9831	9347	4995	9821	9341	4727	12443	2008	18190
小山乡	11164	5710	5454	3136	5662	5436	2237	7409	1518	10810
凭祥市	**112159**	**60014**	**52145**	**34654**	**55115**	**50018**	**19887**	**84547**	**7725**	**79102**
凭祥镇	60969	32081	28888	18290	28381	27146	10211	47310	3448	37221
友谊镇	19212	10618	8594	5653	9940	8395	3291	14704	1217	13499
上石镇	13918	7676	6242	4263	7490	6186	2724	9947	1247	12784
夏石镇	18060	9639	8421	6448	9304	8291	3661	12586	1813	15598

表21　海南省乡、镇、街道人口

单位：人、户

地　区	总人口			家庭户	家庭户总人口		分年龄人口			居住本地，户口在本地
	合　计	男	女	户　数	男	女	0-14岁	15-64岁	65岁及以上	
海南省	**8671485**	**4592283**	**4079202**	**2331149**	**4231490**	**3829029**	**1715343**	**6256460**	**699682**	**6661050**
海口市	**2046170**	**1060095**	**986075**	**549454**	**903218**	**863403**	**343663**	**1557567**	**144940**	**1116062**
秀英区	**349541**	**186456**	**163085**	**85573**	**159763**	**148440**	**63360**	**262208**	**23973**	**232203**
秀英街道	55203	27987	27216	15247	23306	21875	8863	43863	2477	18470
海秀街道办	50476	27381	23095	14555	21949	20945	7842	39372	3262	21755
长流镇	39562	21578	17984	8929	18190	17087	6439	30267	2856	31817
西秀镇	36425	19175	17250	8452	17389	16399	6646	26628	3151	32479
海秀镇	36950	21449	15501	7931	12667	11089	5162	30777	1011	8458
石山镇	33649	17838	15811	8434	17394	15609	7245	23455	2949	32243
永兴镇	28556	15555	13001	7054	13975	12398	6069	19971	2516	24539
东山镇	68720	35493	33227	14971	34893	33038	15094	47875	5751	62442
龙华区	**593018**	**303914**	**289104**	**171374**	**265294**	**256124**	**99341**	**454855**	**38822**	**293985**
中山街道	27846	13844	14002	9572	13199	13242	3624	21018	3204	18312
滨海街道	69045	34844	34201	20756	32553	32487	10519	52874	5652	38231
金贸街道	63531	31994	31537	19115	26809	27501	8475	51182	3874	25492
大同街道	69933	34521	35412	18246	26418	27001	9693	56038	4202	30932
海垦街道	91816	47652	44164	27246	40456	38369	15088	72054	4674	32860
金宇街道	91352	47366	43986	28251	41897	39573	15369	72422	3561	25934
城西镇	77904	40580	37324	20478	31444	29662	12347	62318	3239	26165
龙桥镇	15856	8228	7628	4520	8042	7553	3697	10325	1834	14686
新坡镇	30318	15599	14719	7415	15503	14673	6953	20620	2745	29020
遵谭镇	21920	11535	10385	5576	11473	10367	5310	14397	2213	20851
龙泉镇	33497	17751	15746	10199	17500	15696	8266	21607	3624	31502
琼山区	**479958**	**251224**	**228734**	**124464**	**213818**	**199763**	**85914**	**358497**	**35547**	**270346**
国兴街道办	62099	32027	30072	15471	22407	21131	7789	51848	2462	14949
府城镇	240040	126416	113624	59486	100425	94586	40127	187737	12176	99389
龙塘镇	29530	15205	14325	7834	14763	14105	6343	19803	3384	27341
云龙镇	16549	8582	7967	4429	8348	7811	3218	11364	1967	14056
红旗镇	21706	11352	10354	5675	11135	10216	4681	14645	2380	19464
三门坡镇	21828	11349	10479	5774	11227	10399	4880	14636	2312	18317
大坡镇	10044	5225	4819	3071	5209	4808	2148	6586	1310	8576
甲子镇	22273	11779	10494	6706	11586	10435	4988	14503	2782	19217
旧州镇	23243	12240	11003	6225	12160	10964	5460	15230	2553	21492
国营红明农场	17055	8825	8230	4983	8712	8139	3159	11770	2126	15121
国营东昌农场	10717	5631	5086	3266	5416	4977	1984	7151	1582	8523
省岭脚热带作物场	1224	653	571	398	638	565	225	866	133	1015
省长昌煤矿	3650	1940	1710	1146	1792	1627	912	2358	380	2886
美兰区	**623653**	**318501**	**305152**	**168043**	**264343**	**259076**	**95048**	**482007**	**46598**	**319528**
海府街道	79661	38463	41198	22820	32497	33664	11462	63498	4701	33929
蓝天街道	34407	17865	16542	10119	15075	14891	5480	26980	1947	12260
博爱街道	44995	22267	22728	12707	21076	21309	6848	33792	4355	25793
海甸街道	52061	26330	25731	16341	23866	23633	7944	40627	3490	18340
人民路街道	81678	40756	40922	19544	28963	28580	10328	66995	4355	31377
白龙街道	63161	36850	26311	15343	26102	24714	9604	50405	3152	25516
和平南街道	31336	15653	15683	9375	14608	14461	4694	23668	2974	18676
白沙街道	36622	18685	17937	10984	17604	17291	5957	27859	2806	17513
新埠街道	13597	7088	6509	3837	6448	6304	2138	10330	1129	9739
灵山镇	75128	39616	35512	18293	33243	32117	12500	56219	6409	59824
演丰镇	20980	10749	10231	6965	10366	10031	3992	13898	3090	16486
三江镇	14147	7464	6683	4455	7160	6570	2983	9345	1819	10509

表21 续表 1

单位：人、户

地区	总人口			家庭户户数	家庭户总人口		分年龄人口			居住本地，户口在本地
	合计	男	女		男	女	0-14岁	15-64岁	65岁及以上	
大致坡镇	26065	13738	12327	7525	13107	11937	5175	17961	2929	18530
国营桂林洋农场	39221	17431	21790	5685	8887	8608	4093	33303	1825	12582
国营三江农场	9657	5028	4629	3665	4852	4551	1700	6350	1607	8436
罗牛山农场	937	518	419	385	489	415	150	777	10	18
三亚市	**685408**	**362796**	**322612**	**152524**	**294608**	**276377**	**121803**	**531380**	**32225**	**434690**
市辖区	**685408**	**362796**	**322612**	**152524**	**294608**	**276377**	**121803**	**531380**	**32225**	**434690**
海棠湾镇	44618	23161	21457	9981	21787	21067	9941	31859	2818	40062
田独镇	92316	48301	44015	13681	28125	25642	11404	78331	2581	53709
凤凰镇	66801	35661	31140	12284	30077	28188	13877	50146	2778	51977
崖城镇	74779	38842	35937	17007	38330	35718	15375	54154	5250	69591
天涯镇	34774	18193	16581	6892	18034	16513	8587	24234	1953	31818
育才镇	17483	9419	8064	4100	9375	8040	3748	12633	1102	16447
国营南田农场	24260	12682	11578	6490	12204	11310	5154	16951	2155	19652
国营南新农场	16639	9435	7204	4200	7225	6301	2886	13136	617	6538
国营立才农场	16538	8751	7787	4952	8574	7724	3696	11708	1134	12539
国营南滨农场	14736	8012	6724	3802	7421	6544	2967	10806	963	9912
河西区街道办	133950	68154	65796	32479	55927	54865	21429	106557	5964	66017
河东区街道办	148514	82185	66329	36656	57529	54465	22739	120865	4910	56428
省直辖县级行政区划	**5939907**	**3169392**	**2770515**	**1629171**	**3033664**	**2689249**	**1249877**	**4167513**	**522517**	**5110298**
五指山市	**104119**	**55710**	**48409**	**28475**	**47566**	**41833**	**20067**	**77788**	**6264**	**78085**
冲山镇	54046	28600	25446	13837	22027	20055	9250	42159	2637	34933
南圣镇	8277	4417	3860	2349	4278	3777	1925	5813	539	7366
毛阳镇	12723	7008	5715	3892	6905	5683	2780	8991	952	11557
番阳镇	8228	4497	3731	2324	4373	3691	1956	5609	663	7462
畅好乡	5130	2830	2300	1572	2716	2267	1097	3667	366	4478
毛道乡	4802	2621	2181	1555	2582	2156	1130	3328	344	4525
水满乡	3831	2037	1794	1043	1992	1777	932	2664	235	3554
国营畅好农场	7082	3700	3382	1903	2693	2427	997	5557	528	4210
琼海市	**483217**	**255908**	**227309**	**133942**	**235637**	**215474**	**87976**	**341978**	**53263**	**391710**
嘉积镇	165920	88599	77321	40915	75187	68961	27989	124098	13833	112580
万泉镇	26235	14026	12209	7233	13851	12094	5160	18129	2946	24343
石壁镇	14702	7711	6991	3914	7486	6901	3016	9944	1742	12864
中原镇	26886	13878	13008	7997	13281	12533	4575	18329	3982	22410
博敖镇	27155	14315	12840	6833	11836	11982	4233	19362	3560	22416
阳江镇	23792	12599	11193	7228	12320	11037	4493	16146	3153	21005
龙江镇	18385	9768	8617	5799	9642	8547	3439	12411	2535	16882
潭门镇	31322	16733	14589	8025	15877	14096	5985	22063	3274	27671
塔洋镇	25256	13473	11783	7489	13035	11638	4890	17395	2971	22287
长坡镇	44326	23122	21204	12564	22364	20691	8400	30635	5291	40522
大路镇	24923	13226	11697	6955	12904	11488	5072	17101	2750	22218
会山镇	8281	4287	3994	1651	4061	3873	2199	5600	482	7187
国营东太农场	24860	13068	11792	9243	12984	11723	4839	16226	3795	21144
国营东红农场	9718	5097	4621	3725	4931	4501	1676	6570	1472	8244
国营东升农场	5543	2914	2629	2328	2884	2614	894	3919	730	4603
彬村山华侨农场	5913	3092	2821	2043	2994	2795	1116	4050	747	5334
儋州市	**932356**	**506475**	**425881**	**243987**	**484660**	**414721**	**214629**	**649459**	**68268**	**763422**
那大镇	220000	122045	97955	56129	113625	91488	43273	162742	13985	131308
和庆镇	20729	11210	9519	5206	11002	9448	4807	14162	1760	17582
南丰镇	23669	12711	10958	6263	12638	10928	5099	16626	1944	21714
大成镇	30536	16122	14414	6953	16016	14358	8248	20157	2131	24732

表21 续表 2

单位：人、户

地区	总人口			家庭户	家庭户总人口		分年龄人口			居住本地，户口在本地
	合计	男	女	户数	男	女	0-14岁	15-64岁	65岁及以上	
雅星镇	43703	23100	20603	9608	22946	20557	12141	28365	3197	37651
兰洋镇	15456	8271	7185	3877	8036	7061	3776	10508	1172	13661
光村镇	27803	14652	13151	6172	14628	13145	7265	18618	1920	26724
木棠镇	40373	22915	17458	11257	22348	17361	9281	27794	3298	39134
海头镇	34648	18315	16333	8809	18222	16284	9187	22808	2653	31966
峨蔓镇	17317	9830	7487	4974	9818	7480	4268	11553	1496	16773
三都镇	23119	12858	10261	6180	12467	10186	6425	14983	1711	21774
王五镇	24274	12869	11405	5965	12836	11387	5661	16441	2172	22695
白马井镇	59585	31322	28263	15059	31205	28196	16370	39415	3800	54862
中和镇	31646	17021	14625	8752	16961	14603	7394	21514	2738	30771
排浦镇	17577	9295	8282	3912	9170	8257	4536	11796	1245	16752
东成镇	49252	26558	22694	12642	26230	22560	12147	33561	3544	45605
新州镇	67316	35449	31867	15249	35227	31707	17866	44800	4650	65110
国营西培农场	38238	20413	17825	12599	20272	17773	8283	26177	3778	31908
国营西联农场	36652	20140	16512	12869	19993	16451	8000	25023	3629	30887
国营蓝洋农场	8255	4486	3769	2868	4349	3720	1707	5824	724	6123
国营八一农场	32724	17515	15209	10691	16161	14224	5857	23621	3246	24483
洋浦经济开发区	53638	30622	23016	13403	24746	21902	10712	40615	2311	41677
华南热作学院	15846	8756	7090	4550	5764	5645	2326	12356	1164	9530
文昌市	**537426**	**274980**	**262446**	**161537**	**260411**	**248185**	**93238**	**370750**	**73438**	**444354**
文城镇	143759	72144	71615	39655	62601	60542	21382	106721	15656	101538
重兴镇	26974	14086	12888	8480	13856	12721	4754	18239	3981	24519
蓬莱镇	15100	8055	7045	4524	7898	6980	2997	9962	2141	12888
会文镇	30644	15849	14795	9175	15011	14263	5088	21044	4512	24636
东路镇	20874	10739	10135	5549	10606	10070	3982	14306	2586	16692
潭牛镇	32763	17122	15641	10529	16636	15387	5720	22452	4591	27425
东阁镇	20393	10441	9952	6253	10280	9832	3730	13153	3510	17306
文教镇	19065	9755	9310	5970	9415	9025	3473	12532	3060	16110
东郊镇	39850	19985	19865	11920	19842	19737	7000	27318	5532	37074
龙楼镇	20427	10356	10071	5701	10146	9961	3678	14328	2421	19198
昌洒镇	15980	8274	7706	4480	7747	7350	3068	10515	2397	12990
翁田镇	27569	14410	13159	8486	13980	12852	5579	18152	3838	25194
抱罗镇	12893	6652	6241	3968	6518	6161	2476	8369	2048	11778
冯坡镇	11747	6142	5605	3621	5810	5410	2393	7598	1756	9461
锦山镇	35100	17924	17176	10871	17562	16934	6485	23333	5282	30536
铺前镇	34027	17521	16506	11335	17282	16407	6200	23145	4682	31873
公坡镇	9906	5043	4863	3162	4874	4758	1887	6299	1720	8168
国营东路农场	4170	2235	1935	1804	2197	1914	606	2946	618	3422
国营南阳农场	4333	2283	2050	1957	2266	2039	578	3117	638	3624
国营罗豆农场	11852	5964	5888	4097	5884	5842	2162	7221	2469	9922
万宁市	**545597**	**292045**	**253552**	**155939**	**279886**	**247185**	**105959**	**392117**	**47521**	**480809**
万城镇	140015	75479	64536	38522	72022	62584	25358	104075	10582	119836
龙滚镇	22075	11283	10792	6459	10937	10484	3949	15046	3080	19611
和乐镇	57165	30116	27049	15297	29742	26854	11670	40790	4705	54643
后安镇	43845	22940	20905	12058	22922	20901	9415	30608	3822	42247
大茂镇	25309	13667	11642	6700	13396	11495	5726	17610	1973	22085
东澳镇	36401	20660	15741	10489	19015	15501	6889	26358	3154	33466
礼纪镇	38919	21136	17783	9933	19870	17257	8137	28080	2702	35466
长丰镇	30248	16264	13984	8584	15349	13238	6046	21928	2274	26912
山根镇	11691	6059	5632	3004	5937	5568	2483	8129	1079	11102

表21 续表 3 单位：人、户

地区	总人口			家庭户	家庭户总人口		分年龄人口			居住本地，户口在本地
	合计	男	女	户数	男	女	0-14岁	15-64岁	65岁及以上	
北大镇	19856	10377	9479	5455	10214	9284	4679	13701	1476	18463
南桥镇	10582	5867	4715	2839	5742	4651	2191	7659	732	9795
三更罗镇	9901	5404	4497	2525	5371	4493	2312	6891	698	8951
国营东兴农场	21880	11536	10344	7276	11214	10064	3895	14910	3075	19316
国营东和农场	13043	6978	6065	4223	6831	5996	2452	9023	1568	10940
国营新中农场	27642	14765	12877	9384	14153	12348	4840	19767	3035	23411
兴隆华侨农场	36570	19263	17307	13007	16927	16264	5835	27225	3510	24302
地方国营六连林场	455	251	204	184	244	203	82	317	56	263
东方市	**408309**	**215598**	**192711**	**105976**	**210021**	**189354**	**93189**	**287357**	**27763**	**366713**
八所镇	167636	88700	78936	44026	83985	75946	36128	120170	11338	139283
东河镇	21732	11431	10301	5487	11316	10256	4910	15290	1532	20223
大田镇	26743	14002	12741	6373	13801	12639	6241	18882	1620	24234
感城镇	45365	23743	21622	10330	23576	21558	11878	30679	2808	44358
板桥镇	32713	17102	15611	7454	16922	15534	8203	22381	2129	31690
三家镇	27948	14679	13269	7662	14671	13267	6656	19089	2203	27072
四更镇	26952	14557	12395	8159	14555	12383	5521	19103	2328	26085
新龙镇	17047	8783	8264	4325	8718	8251	3965	11815	1267	16345
天安乡	12137	6470	5667	3171	6460	5664	2786	8510	841	11554
江边乡	6234	3314	2920	1488	3304	2912	1526	4294	414	6061
国营广坝农场	15777	8614	7163	5262	8539	7139	3235	11741	801	12777
东方华侨农场	8025	4203	3822	2239	4174	3805	2140	5403	482	7031
定安县	**284614**	**151727**	**132887**	**85321**	**145821**	**130134**	**57102**	**198098**	**29414**	**249691**
定城镇	86367	46832	39535	23769	42339	37615	15275	63336	7756	71101
新竹镇	15863	8402	7461	4852	8254	7379	3557	10520	1786	13788
龙湖镇	17601	9335	8266	5434	9200	8218	3596	11890	2115	16171
黄竹镇	10317	5440	4877	3203	5410	4864	2156	7028	1133	8180
雷鸣镇	25200	13298	11902	8023	12982	11577	4891	17500	2809	23724
龙门镇	19814	10518	9296	6119	10450	9272	4554	13140	2120	16937
龙河镇	26198	13879	12319	6360	13754	12262	5975	17606	2617	24368
岭口镇	21293	11257	10036	6152	11171	10009	5165	13982	2146	19237
翰林镇	14692	7699	6993	4037	7658	6967	3521	9929	1242	13228
富文镇	13841	7361	6480	4567	7143	6385	2966	9179	1696	12356
国营中瑞农场	8970	4798	4172	3092	4705	4086	1586	6205	1179	8169
国营南海农场	19169	9986	9183	7473	9894	9152	3177	13587	2405	17545
国营金鸡岭农场	5289	2922	2367	2240	2861	2348	683	4196	410	4887
屯昌县	**256931**	**135804**	**121127**	**72861**	**132219**	**118998**	**58468**	**175958**	**22505**	**226368**
屯城镇	86474	45758	40716	23064	43969	39407	17967	62213	6294	72395
新兴镇	21902	11394	10508	6388	11157	10409	5593	14054	2255	20255
枫木镇	13452	7193	6259	3719	6953	6148	3154	9281	1017	12401
乌坡镇	16967	8889	8078	4902	8830	8047	4119	11267	1581	15520
南吕镇	24706	12936	11770	6778	12677	11633	6140	16365	2201	23470
南坤镇	29847	15889	13958	7989	15453	13719	7591	19587	2669	26730
坡心镇	10274	5464	4810	2919	5330	4745	2501	6777	996	9210
西昌镇	7584	3950	3634	2030	3782	3557	1916	4827	841	6830
国营中建农场	20831	11011	9820	7066	10899	9803	4381	14015	2435	18227
国营中坤农场	24894	13320	11574	8006	13169	11530	5106	17572	2216	21330
澄迈县	**467161**	**256982**	**210179**	**138454**	**244890**	**205727**	**100850**	**320009**	**46302**	**397257**
金江镇	142948	78740	64208	42927	76353	62920	28870	99998	14080	123119
老城镇	59156	34416	24740	14726	26176	22193	9640	44951	4565	42695
瑞溪镇	26359	14160	12199	7661	14133	12177	6096	16920	3343	23968
永发镇	34274	18548	15726	10334	18284	15586	8367	22289	3618	30301
加乐镇	20016	10842	9174	5338	10819	9169	5514	12278	2224	18170
文儒镇	23393	12555	10838	6671	12524	10824	6334	14379	2680	21709
中兴镇	19843	11077	8766	6483	11040	8751	4926	12607	2310	17334
仁兴镇	7906	4271	3635	2303	4201	3616	2077	5103	726	6361
福山镇	17008	9227	7781	4194	8842	7597	3681	12011	1316	12750

表21　续表 4　　　　　　　　　　　　　　　　　　　　　　　　　　　　　单位：人、户

地　区	总人口			家庭户	家庭户总人口		分年龄人口			居住本地，户口在本地
	合　计	男	女	户　数	男	女	0-14岁	15-64岁	65岁及以上	
桥头镇	19171	10259	8912	5206	10171	8884	4641	12879	1651	17949
大丰镇	13470	7374	6096	3853	7105	6012	2690	9583	1197	12383
国营红光农场	20987	11411	9576	7405	11289	9549	4010	14928	2049	16964
国营西达农场	53122	29044	24078	18555	28904	24008	11503	36134	5485	45421
国营金安农场	9508	5058	4450	2798	5049	4441	2501	5949	1058	8133
临高县	**427873**	**227902**	**199971**	**110638**	**221356**	**195652**	**106863**	**284234**	**36776**	**391948**
临城镇	112640	59811	52829	27240	55884	49831	26606	77490	8544	98370
波莲镇	26712	14109	12603	7194	14015	12575	6758	17408	2546	24865
东英镇	22804	12143	10661	5807	11996	10575	5978	14776	2050	22199
博厚镇	34487	18706	15781	9579	18066	15668	8463	22753	3271	32709
皇桐镇	19753	10686	9067	5328	10381	8928	5020	13016	1717	17422
多文镇	19733	10698	9035	5499	10648	9019	4894	12950	1889	17794
和舍镇	23366	12614	10752	6329	12507	10714	5734	15523	2109	21616
南宝镇	13157	7146	6011	3971	7095	5968	3265	8453	1439	11995
新盈镇	52016	27077	24939	11576	26936	24827	13565	34685	3766	49136
调楼镇	48992	25746	23246	11802	25443	23101	13520	31958	3514	47337
国营红华农场	24768	13487	11281	7918	13309	11156	5729	16443	2596	22354
国营加来农场	29445	15679	13766	8395	15076	13290	7331	18779	3335	26151
白沙黎族自治县	**167918**	**91044**	**76874**	**49856**	**88574**	**75575**	**38132**	**118021**	**11765**	**142610**
牙叉镇	37846	20496	17350	11792	19434	16548	7610	27810	2426	31375
七坊镇	22415	12019	10396	5842	11865	10293	5850	15270	1295	19841
邦溪镇	11110	6141	4969	2676	5579	4803	2465	7922	723	8816
打安镇	13574	7299	6275	3656	7203	6254	3805	8829	940	11618
细水乡	5368	2990	2378	1495	2973	2372	1360	3670	338	4905
元门乡	6384	3523	2861	2194	3501	2849	1299	4583	502	5721
南开乡	4583	2554	2029	1158	2535	2028	1141	3118	324	4241
阜龙乡	4926	2673	2253	1237	2635	2235	1385	3222	319	4222
青松乡	8277	4575	3702	2180	4566	3698	2024	5678	575	7520
金波乡	4015	2157	1858	1099	2151	1857	981	2765	269	3684
荣邦乡	6034	3198	2836	1508	3186	2826	1458	4107	469	5388
国营白沙农场	7616	4094	3522	2532	3931	3456	1457	5646	513	4830
国营龙江农场	25373	13667	11706	8856	13496	11643	5310	17808	2255	21801
国营邦溪农场	10397	5658	4739	3631	5519	4713	1987	7593	817	8648
昌江黎族自治县	**223839**	**119793**	**104046**	**60202**	**113023**	**100591**	**46363**	**159183**	**18293**	**185137**
石碌镇	61258	32634	28624	15012	30141	27256	13055	44615	3588	43363
叉河镇	11965	6662	5303	3426	6215	5195	2399	8619	947	10498
十月田镇	20384	10822	9562	4710	9997	8817	4515	14345	1524	18607
乌烈镇	24204	13057	11147	6823	12670	10975	5342	16556	2306	22762
昌化镇	21011	11346	9665	6305	11105	9522	4042	14718	2251	20129
海尾镇	25568	13588	11980	6386	12677	11790	5883	17666	2019	23426
七叉镇	14937	8189	6748	3662	8019	6660	3075	10906	956	14264
王下乡	2942	1628	1314	695	1559	1308	503	2255	184	2883
国营红林农场	11969	6445	5524	3476	5924	5168	2313	8825	831	7539
国营霸王岭林场	1818	966	852	588	880	803	314	1255	249	1335
海南矿业联合有限公司	27783	14456	13327	9119	13836	13097	4922	19423	3438	20331
乐东黎族自治县	**458875**	**241790**	**217085**	**114859**	**236743**	**214070**	**98729**	**327260**	**32886**	**425820**
抱由镇	58011	31073	26938	14583	28973	25139	10888	43297	3826	49291
万冲镇	24081	12935	11146	6036	12932	11145	5004	17070	2007	22590
大安镇	25239	13266	11973	6424	13128	11955	5061	17807	2371	24003
志仲镇	24759	12985	11774	5274	12975	11752	4825	18157	1777	24109
千家镇	26719	14339	12380	6193	13738	11974	5982	18950	1787	25287
九所镇	74141	39411	34730	18359	38192	34697	16360	52831	4950	70950
利国镇	45366	24067	21299	11517	23986	21204	10084	32273	3009	44105
黄流镇	58628	30138	28490	14158	29806	28109	13213	41179	4236	56991
佛罗镇	33844	17306	16538	7869	17220	16479	8539	22871	2434	32997
尖峰镇	22034	11459	10575	5102	11459	10575	5470	15323	1241	21450

表21　续表 5　　　　单位：人、户

地　区	总人口 合　计	总人口 男	总人口 女	家庭户 户　数	家庭户总人口 男	家庭户总人口 女	分年龄人口 0-14岁	分年龄人口 15-64岁	分年龄人口 65岁及以　上	居住本地，户　口在本地
莺歌海镇	17814	9106	8708	4519	9077	8684	3842	12394	1578	16414
国营山荣农场	9331	4917	4414	2860	4877	4397	1874	6900	557	6945
国营乐光农场	14635	7893	6742	4450	7775	6709	3107	10827	701	10376
国营保国农场	14873	8008	6865	4544	7973	6849	2682	11300	891	12446
国营尖峰岭林业公司	5846	3072	2774	1681	2824	2665	1187	3644	1015	4871
国营莺歌海盐场	3554	1815	1739	1290	1808	1737	611	2437	506	2995
陵水黎族自治县	**320468**	**170071**	**150397**	**74475**	**166691**	**148438**	**64724**	**232119**	**23625**	**294977**
椰林镇	90715	47266	43449	19732	46471	42670	17078	66345	7292	83432
光坡镇	22456	11977	10479	4779	11514	10391	4846	15879	1731	21151
三才镇	12105	6316	5789	2619	6284	5763	2181	8943	981	11432
英州镇	40925	21732	19193	8985	20287	18454	8878	29623	2424	36045
隆广镇	19240	10388	8852	4517	10307	8799	4024	13929	1287	17789
文罗镇	13481	7278	6203	3369	7266	6194	2725	9685	1071	12933
本号镇	29295	16164	13131	7048	16036	13058	5915	21470	1910	27366
新村镇	26574	13786	12788	6131	13702	12737	5274	19372	1928	24875
黎安镇	16257	8623	7634	3754	8602	7626	3925	11397	935	15649
提蒙乡	16154	8796	7358	3950	8727	7345	3301	11521	1332	14937
群英乡	6154	3523	2631	1647	3519	2631	1269	4535	350	5616
国营岭门农场	12874	6777	6097	3665	6683	6043	2512	9523	839	11538
国营南平农场	12532	6537	5995	3768	6428	5931	2449	8796	1287	10797
国营吊罗山林业公司	1706	908	798	511	865	796	347	1101	258	1417
保亭黎族苗族自治县	**146684**	**79174**	**67510**	**41937**	**74630**	**64766**	**27639**	**107971**	**11074**	**120445**
保城镇	33138	17883	15255	8661	15190	13534	5453	25952	1733	24478
什玲镇	13284	7200	6084	3500	7156	6068	2674	9727	883	12082
加茂镇	8842	4838	4004	2661	4805	3993	1856	6322	664	7915
响水镇	11915	6384	5531	3182	6348	5520	2346	8702	867	10910
新政镇	13182	7141	6041	3280	7011	5994	2520	9867	795	11870
三道镇	10358	5678	4680	2926	5029	4283	1777	7940	641	8359
六弓乡	6399	3474	2925	1513	3435	2903	1501	4550	348	5973
南林乡	4619	2606	2013	1219	2585	2006	841	3413	365	4293
毛感乡	3412	1883	1529	948	1827	1505	733	2477	202	3178
国营新星农场	13158	6982	6176	4339	6677	5943	2387	9427	1344	9805
国营金江农场	21732	11609	10123	7649	11178	9938	4261	14813	2658	17033
国营三道农场	6645	3496	3149	2059	3389	3079	1290	4781	574	4549
琼中黎族苗族自治县	**174076**	**93999**	**80077**	**50667**	**91443**	**78508**	**35947**	**124771**	**13358**	**150817**
营根镇	41835	22088	19747	11198	21212	18841	8511	30694	2630	34794
湾岭镇	19208	10307	8901	5129	10122	8860	4521	13282	1405	17741
黎母山镇	16645	8838	7807	4036	8781	7796	3824	11636	1185	15354
和平镇	8452	4523	3929	1996	4495	3922	1965	5981	506	7982
长征镇	6966	3876	3090	1754	3813	3055	1534	4910	522	6498
红毛镇	8153	4655	3498	2030	4584	3473	1637	6003	513	7882
中平镇	7798	4217	3581	2092	4190	3576	1758	5457	583	7265
吊罗山乡	5665	3157	2508	1418	3136	2504	1215	4094	356	5334
上安乡	6113	3442	2671	1590	3333	2645	1385	4316	412	5714
什运乡	4900	2754	2146	1371	2679	2131	963	3618	319	4626
国营阳江农场	19584	10335	9249	6916	9912	8967	3759	13736	2089	14958
国营乌石农场	14287	7964	6323	5877	7673	6251	2392	10158	1737	11605
国营加钗农场	6027	3232	2795	2208	3079	2721	1012	4474	541	4750
国营长征农场	7771	4232	3539	2846	4150	3524	1386	5897	488	5861
国营黎母山林业公司	672	379	293	206	284	242	85	515	72	453
西沙群岛	**444**	**390**	**54**	**45**	**93**	**38**	**2**	**440**	**2**	**135**
永兴岛	444	390	54	45	93	38	2	440	2	135
南沙群岛										
永暑礁										
中沙群岛的岛礁及其海域										
中沙岛礁										

表22　重庆市乡、镇、街道人口

单位：人、户

地　区	总人口			家庭户	家庭户总人口		分年龄人口			居住本地，户口在本地
	合　计	男	女	户　数	男	女	0-14岁	15-64岁	65岁及以上	
重庆市	**28846170**	**14608870**	**14237300**	**10000965**	**13542424**	**13451593**	**4903360**	**20561342**	**3381468**	**23167091**
市辖区	**15693490**	**7947973**	**7745517**	**5373542**	**7123281**	**7135004**	**2131729**	**11810478**	**1751283**	**11421746**
万州区	**1563050**	**779146**	**783904**	**529381**	**725203**	**732955**	**233122**	**1146900**	**183028**	**1307131**
高笋塘街道	103982	51188	52794	34037	46719	49001	11127	82381	10474	72005
太白街道	108387	56591	51796	33516	49735	50465	12130	85285	10972	83636
牌楼街道	104351	52137	52214	31057	44337	45956	13126	83629	7596	62959
双河口街道	33715	16218	17497	10490	13342	13850	3556	27133	3026	22927
龙都街道	36134	19707	16427	8710	12030	11997	3110	30243	2781	20440
周家坝街道	88494	43309	45185	28973	41700	43348	14116	67016	7362	62501
沙河街道	24915	12271	12644	7231	9788	9940	2931	20158	1826	15070
钟鼓楼街道	85873	41970	43903	29047	40052	42282	10818	66095	8960	63626
百安坝街道	91947	42237	49710	24367	35130	36518	12358	73108	6481	58844
五桥街道	20672	10165	10507	7257	9923	10261	2902	15609	2161	17608
陈家坝街道	24745	12049	12696	9214	11781	12598	3179	18544	3022	23841
小周镇	9136	4633	4503	3096	4526	4466	1263	6749	1124	8881
大周镇	12184	6282	5902	4364	6068	5820	1592	9515	1077	11951
新乡镇	6683	3274	3409	2711	3273	3407	1402	4194	1087	6336
孙家镇	9737	4855	4882	4064	4751	4832	2189	6183	1365	9482
高峰镇	19550	9735	9815	7137	9048	9494	2193	14702	2655	17764
龙沙镇	28127	13878	14249	10350	13748	14189	4285	19762	4080	26823
响水镇	16889	8381	8508	6483	8361	8507	2695	11326	2868	16556
武陵镇	24632	11957	12675	9469	11644	12281	4619	16239	3774	23237
瀼渡镇	11613	5926	5687	4432	5897	5676	1323	8832	1458	11549
甘宁镇	30873	14993	15880	12912	14869	15858	4452	20901	5520	29996
天城镇	41762	19081	22681	12416	17498	17298	4799	32948	4015	34316
熊家镇	33176	17176	16000	11663	16828	15717	4268	24865	4043	32691
高梁镇	49357	25045	24312	17174	24856	24240	6472	37746	5139	48041
李河镇	23264	11338	11926	9408	11318	11916	3938	15635	3691	22280
分水镇	60308	29780	30528	23866	29119	29873	12030	39034	9244	59006
余家镇	30454	15295	15159	12990	14858	14785	6778	18318	5358	29662
后山镇	15338	7740	7598	6098	7552	7506	3375	9346	2617	14924
弹子镇	18318	9574	8744	5945	9371	8640	3560	12298	2460	18008
长岭镇	34962	17800	17162	12363	17579	17038	4451	26133	4378	34242
新田镇	34145	17107	17038	12173	16007	15960	4857	24896	4392	31627
白羊镇	38078	19310	18768	13410	19086	18714	6510	26064	5504	36008
龙驹镇	31982	16027	15955	11610	15502	15519	7245	19752	4985	30589
走马镇	26017	13159	12858	9709	12723	12426	5947	15662	4408	25749
罗田镇	27669	14141	13528	8421	14140	13527	5475	19081	3113	26798
太龙镇	14148	7065	7083	6293	7053	7078	2139	9197	2812	13691
长滩镇	17904	8895	9009	7036	8696	8924	4018	10713	3173	17221
太安镇	19583	9731	9852	7383	9727	9852	3958	12282	3343	19094
白土镇	16790	8660	8130	5905	8595	8122	4492	10320	1978	16226
郭村镇	21326	11052	10274	6596	10989	10247	3302	15284	2740	20530
柱山乡	16331	8547	7784	5316	8547	7784	1834	12508	1989	16141
地宝土家族乡	5502	2871	2631	1804	2838	2621	1456	3420	626	5279
铁峰乡	7934	4003	3931	3066	3976	3926	1700	5067	1167	7779
溪口乡	5695	2801	2894	2411	2714	2843	974	3674	1047	5447

表22 续表 1

单位：人、户

地　区	总人口			家庭户	家庭户总人口		分年龄人口			居住本地，户口在本地
	合　计	男	女	户　数	男	女	0-14岁	15-64岁	65岁及以上	
长坪乡	8580	4342	4238	2843	4336	4238	1695	5772	1113	8383
燕山乡	9845	5006	4839	3268	4969	4811	1540	7090	1215	9758
梨树乡	6116	3271	2845	1794	3260	2839	1216	4148	752	5797
普子乡	8295	4270	4025	3099	4248	4020	2101	4900	1294	8120
恒合土家族乡	13606	6858	6748	5354	6729	6683	3557	7728	2321	13134
黄柏乡	10949	5654	5295	3818	5654	5295	1396	7984	1569	10774
九池乡	17705	9100	8605	5056	7030	7193	1685	14139	1881	14620
茨竹乡	5272	2691	2581	2176	2683	2574	988	3292	992	5164
涪陵区	**1066714**	**537905**	**528809**	**334579**	**489432**	**484631**	**169478**	**765086**	**132150**	**895210**
敦仁街道	105296	52212	53084	23826	33032	34746	14915	79642	10739	76851
崇义街道	75746	38589	37157	22503	31993	32906	10648	59136	5962	42632
荔枝街道	156753	77815	78938	49456	71815	74176	24911	118241	13601	91357
江北街道	36538	18138	18400	11544	17924	18340	6405	25242	4891	35389
江东街道	51078	25527	25551	14797	21692	21330	7540	38122	5416	43836
李渡街道	88124	42689	45435	28656	37693	37333	12124	65154	10846	76121
龙桥街道	34541	17593	16948	10423	16023	15776	5217	24676	4648	32173
白涛街道	46160	23875	22285	14547	22572	21547	8205	31889	6066	43102
南沱镇	26447	13329	13118	7776	12651	12787	4726	18032	3689	25302
青羊镇	16197	8294	7903	5873	8272	7892	2651	10720	2826	15610
百胜镇	41114	20851	20263	13977	20849	20263	7537	28253	5324	40317
珍溪镇	50017	24636	25381	17608	24392	25210	10526	31422	8069	48250
清溪镇	29285	15176	14109	9118	14271	13627	4923	20355	4007	27767
焦石镇	23454	12146	11308	7645	11964	11198	4828	15039	3587	21802
马武镇	32360	16581	15779	10664	16438	15756	5134	22124	5102	30944
龙潭镇	36511	18767	17744	11169	18045	17135	6186	25633	4692	35179
蔺市镇	41730	21214	20516	15725	20756	20227	5686	29800	6244	39792
新妙镇	34299	17511	16788	12736	17218	16576	4642	24026	5631	32358
石沱镇	26144	13355	12789	9420	13016	12708	3684	18487	3973	25358
义和镇	37390	19101	18289	11391	18850	18175	5672	26267	5451	36497
罗云乡	14940	7783	7157	4839	7731	7144	3111	9837	1992	14174
大木乡	3200	1749	1451	901	1672	1430	636	2066	498	2893
武陵山乡	6360	3499	2861	1867	3246	2831	1275	4166	919	5714
大顺乡	18844	9789	9055	6841	9739	9043	2934	13199	2711	18470
增福乡	15527	8082	7445	5775	7994	7428	2207	10751	2569	15044
同乐乡	18659	9604	9055	5502	9584	9047	3155	12807	2697	18278
渝中区	**630090**	**312711**	**317379**	**230896**	**277291**	**290299**	**57393**	**509400**	**63297**	**304067**
七星岗街道	68872	33562	35310	26127	31560	33867	5746	55454	7672	36208
解放碑街道	64629	31795	32834	24686	27132	29298	5104	52879	6646	31689
两路口街道	51811	25289	26522	18985	22478	23552	4069	42046	5696	26347
上清寺街道	55903	27728	28175	20934	25195	26133	5025	44265	6613	28900
菜园坝街道	38380	19602	18778	14860	18327	18114	3804	31662	2914	14612
南纪门街道	46862	23003	23859	17407	21407	22614	4115	37676	5071	25955
望龙门街道	41358	20486	20872	15239	19493	20227	4656	33396	3306	16446
朝天门街道	27338	13889	13449	10259	12576	12809	3046	22245	2047	9559
大溪沟街道	66319	32120	34199	23730	29351	31549	6313	51748	8258	37791
大坪街道	81658	39976	41682	30856	36829	38295	8173	65570	7915	36966
化龙桥街道	15806	8539	7267	5561	5591	5562	987	13433	1386	7407
石油路街道	71154	36722	34432	22252	27352	28279	6355	59026	5773	32187

表22 续表 2

单位：人、户

地区	总人口			家庭户	家庭户总人口		分年龄人口			居住本地，户口在本地
	合计	男	女	户数	男	女	0-14岁	15-64岁	65岁及以上	
大渡口区	**301042**	**152964**	**148078**	**109859**	**141005**	**142015**	**33673**	**238311**	**29058**	**173755**
新山村街道	35874	18097	17777	13198	17396	17525	3719	27998	4157	24202
跃进村街道	48031	23977	24054	17015	22733	23010	4653	37550	5828	29339
九宫庙街道	28675	14449	14226	10444	13408	13498	2859	23056	2760	14644
茄子溪街道	19738	10261	9477	7787	9526	9205	1781	15259	2698	13651
春晖路街道	86306	42003	44303	28726	40417	43159	11584	67401	7321	45723
八桥镇	36664	20325	16339	17176	16448	14647	3313	31724	1627	12509
建胜镇	21862	11354	10508	7579	9662	9803	2720	17245	1897	14390
跳磴镇	23892	12498	11394	7934	11415	11168	3044	18078	2770	19297
江北区	**738003**	**375554**	**362449**	**249323**	**319252**	**323845**	**66984**	**600667**	**70352**	**419389**
华新街街道	91158	45575	45583	29295	37785	38385	7342	75671	8145	43166
江北城街道	516	275	241	449	255	233	17	373	126	516
石马河街道	103896	52791	51105	36155	48689	48194	10013	83917	9966	56696
大石坝街道	78730	40362	38368	27134	35284	35607	6974	63432	8324	48171
寸滩街道	42382	21468	20914	14730	18745	19132	5112	33882	3388	25147
观音桥街道	203769	102936	100833	64591	81839	84650	16652	171022	16095	101186
五里店街道	98393	49112	49281	37905	47385	48447	9614	79251	9528	54577
郭家沱街道	29270	14935	14335	10773	14096	13893	2247	22104	4919	25859
铁山坪街道	42242	23724	18518	10103	12443	12618	2985	36157	3100	21077
鱼嘴镇	26748	13433	13315	9622	12547	12834	3260	20146	3342	23952
复盛镇	12127	6223	5904	4702	6064	5869	1669	8712	1746	11214
五宝镇	8772	4720	4052	3864	4120	3983	1099	6000	1673	7828
沙坪坝区	**1000013**	**506426**	**493587**	**301535**	**392405**	**399534**	**91239**	**825991**	**82783**	**562699**
小龙坎街道	35167	17250	17917	11482	14990	15876	3666	28231	3270	22832
沙坪坝街道	73290	40769	32521	18131	22954	23473	5240	62302	5748	50980
渝碚路街道	100012	48240	51772	32617	39806	41437	8935	83526	7551	61715
磁器口街道	18963	9342	9621	7185	9074	9442	1728	15043	2192	12930
童家桥街道	47873	20617	27256	11837	14878	15615	3441	41013	3419	24132
石井坡街道	33184	16673	16511	11745	16155	16272	2826	25314	5044	28169
詹家溪街道	31683	15842	15841	12058	14851	15188	2558	24954	4171	26385
井口街道	25679	12612	13067	8316	10636	10676	2306	21065	2308	13245
歌乐山街道	10950	6488	4462	2544	3096	3113	973	9076	901	4391
山洞街道	3075	1475	1600	1163	1281	1332	261	2361	453	1918
新桥街道	52762	29397	23365	15198	18073	18608	4062	44827	3873	34208
天星桥街道	77470	38085	39385	28631	36560	38314	7902	62058	7510	42756
土湾街道	45144	22134	23010	17332	21583	22744	4326	36459	4359	27428
覃家岗街道	79544	40642	38902	31975	37986	37551	9842	65918	3784	24881
井口镇	27404	15083	12321	9531	12144	11662	2830	23000	1574	10307
歌乐山镇	41674	20629	21045	11140	15086	15095	3711	34601	3362	20757
青木关镇	30469	15281	15188	9541	13906	13890	3970	23670	2829	17871
凤凰镇	19902	10129	9773	6523	9793	9569	2585	15003	2314	15087
回龙坝镇	26582	13123	13459	7754	11873	12165	3059	20285	3238	22875
陈家桥镇	54828	31676	23152	10723	16047	16482	4118	46929	3781	24488
曾家镇	23947	11989	11958	7741	11624	11824	2834	18034	3079	13579
虎溪镇	54079	23764	30315	935	1162	1065	259	53569	251	7755
西永镇	26140	14422	11718	6285	9642	9444	2345	21648	2147	15105
土主镇	18303	9334	8969	5699	8784	8794	2357	13794	2152	15793
中梁镇	17111	8863	8248	6176	8278	7963	1959	13046	2106	14001
联芳园区镇	24778	12567	12211	9273	12143	11940	3146	20265	1367	9111

表22 续表 3

单位：人、户

地区	总人口			家庭户	家庭户总人口		分年龄人口			居住本地，户口在本地
	合计	男	女	户数	男	女	0-14岁	15-64岁	65岁及以上	
九龙坡区	**1084419**	**556280**	**528139**	**376535**	**492171**	**490455**	**123593**	**863202**	**97624**	**601448**
杨家坪街道	111578	54824	56754	38873	51177	53646	11767	88518	11293	71587
黄桷坪街道	64112	33280	30832	20568	26453	26534	5356	52765	5991	35736
谢家湾街道	78227	39085	39142	26201	36184	37074	6740	61452	10035	50958
石坪桥街道	72281	36155	36126	25735	34723	35004	7692	57791	6798	39308
石桥铺街道	143928	73874	70054	47466	61802	62036	17817	116360	9751	59447
中梁山街道	88739	46230	42509	28502	38381	37919	9576	70940	8223	52447
渝州路街道	90840	47448	43392	33875	41179	40360	12907	73909	4024	28435
九龙镇	82052	40748	41304	28307	36260	37870	10621	66346	5085	38227
华岩镇	46677	25827	20850	16672	21077	19150	4920	39096	2661	17265
含谷镇	37175	20158	17017	12267	16194	14563	3899	30972	2304	15165
金凤镇	16305	8384	7921	5854	7873	7738	2008	12005	2292	13679
白市驿镇	74989	39862	35127	28035	35267	33423	8764	60740	5485	36395
走马镇	15632	8054	7578	5714	7719	7463	1931	11230	2471	13645
石板镇	9308	4798	4510	3638	4529	4419	1180	6885	1243	6597
巴福镇	14728	7996	6732	4984	6596	6310	1594	11361	1773	8059
陶家镇	16467	8571	7896	6101	7874	7624	1909	12198	2360	13022
西彭镇	102020	51484	50536	35796	49557	49619	12823	76535	12662	85104
铜罐驿镇	19361	9502	9859	7947	9326	9703	2089	14099	3173	16372
南岸区	**759570**	**386052**	**373518**	**258022**	**317055**	**325346**	**78704**	**617112**	**63754**	**437057**
铜元局街道	49972	24646	25326	19389	23728	24855	6088	38947	4937	29188
花园路街道	98320	50000	48320	34508	43684	43985	10895	78728	8697	58283
南坪街道	113193	58267	54926	38439	47930	50196	11276	92128	9789	69386
海棠溪街道	110310	56692	53618	26447	31347	32417	7301	96952	6057	52927
龙门浩街道	27615	13710	13905	11131	13367	13629	2625	21866	3124	17362
弹子石街道	36299	17782	18517	13564	17048	17653	3565	28767	3967	23361
南山街道	56888	29948	26940	13255	18068	18597	4817	47552	4519	38872
南坪镇	97081	48457	48624	41077	45028	46502	12426	79074	5581	38390
涂山镇	53146	26188	26958	21054	24568	25497	5884	42990	4272	23215
鸡冠石镇	16053	8386	7667	6069	7245	7106	1812	13025	1216	9157
峡口镇	11787	5999	5788	4512	5653	5702	1578	8511	1698	10323
长生桥镇	57960	29982	27978	17038	24069	24407	6628	46243	5089	38174
迎龙镇	16319	8384	7935	6306	8135	7850	2042	11682	2595	15020
广阳镇	14627	7611	7016	5233	7185	6950	1767	10647	2213	13399
北碚区	**680360**	**343858**	**336502**	**224094**	**292474**	**294755**	**67306**	**534747**	**78307**	**491778**
天生街道	124728	60165	64563	29830	37951	40067	8489	105719	10520	79172
朝阳街道	38127	18603	19524	13739	17799	18872	3731	29515	4881	23257
北温泉街道	84847	42318	42529	27195	35572	36958	9695	68365	6787	39219
东阳街道	40143	22159	17984	13170	17448	17460	3484	31963	4696	29582
龙凤桥街道	33981	17161	16820	11793	15764	15363	3622	26841	3518	20908
歇马镇	60933	30927	30006	20431	27478	27157	6710	47596	6627	46194
澄江镇	28056	14451	13605	10650	13516	13050	3001	20924	4131	24147
蔡家岗镇	35564	18654	16910	11931	15642	15898	3565	27777	4222	27652
童家溪镇	21820	11693	10127	6668	9303	9155	2177	17653	1990	12552

表22 续表 4

单位：人、户

地区	总人口			家庭户	家庭户总人口		分年龄人口			居住本地，户口在本地
	合计	男	女	户数	男	女	0-14岁	15-64岁	65岁及以上	
天府镇	30980	15566	15414	11753	15009	15092	2787	23127	5066	27990
施家梁镇	8773	4417	4356	3003	3971	4062	967	6666	1140	7323
水土镇	44551	22612	21939	15267	19890	20009	4524	34635	5392	36684
静观镇	43674	21890	21784	15619	21375	21201	4927	32384	6363	41054
柳荫镇	17505	8990	8515	6842	8915	8493	2192	12356	2957	15915
复兴镇	33621	17130	16491	12773	16463	16063	3504	25736	4381	29976
三圣镇	19305	9757	9548	8088	9671	9504	2278	13472	3555	18141
金刀峡镇	13752	7365	6387	5342	6707	6351	1653	10018	2081	12012
万盛区	**255776**	**128968**	**126808**	**83844**	**121406**	**122837**	**36298**	**187455**	**32023**	**221622**
万盛街道	42419	20840	21579	14992	20149	21084	5223	32043	5153	35127
东林街道	31318	15620	15698	10775	14719	15046	3343	23730	4245	26343
万东镇	40014	19870	20144	13491	19147	19815	5414	30289	4311	31200
南桐镇	46684	23730	22954	14107	20859	21163	5959	34531	6194	42855
青年镇	22162	11172	10990	6980	11106	10966	3754	15754	2654	20557
关坝镇	23898	12220	11678	7232	11119	11298	4639	16790	2469	20915
丛林镇	17053	8957	8096	5802	8088	8022	2428	12382	2243	14361
石林镇	9404	4882	4522	2953	4834	4510	1808	6307	1289	8609
金桥镇	14212	7257	6955	5218	7215	6928	2179	9671	2362	13534
黑山镇	8612	4420	4192	2294	4170	4005	1551	5958	1103	8121
双桥区	**50116**	**25330**	**24786**	**18476**	**24156**	**24349**	**8866**	**36499**	**4751**	**39169**
龙滩子街道	13258	6749	6509	5153	6312	6395	2026	9389	1843	11510
双路镇	26582	13374	13208	9489	12859	12939	4789	19744	2049	18866
通桥镇	10276	5207	5069	3834	4985	5015	2051	7366	859	8793
渝北区	**1345410**	**683644**	**661766**	**462638**	**594875**	**603927**	**165299**	**1053025**	**127086**	**719986**
双龙湖街道	128563	64987	63576	39310	57724	59363	15501	102587	10475	67509
回兴街道	186972	92088	94884	54772	74755	73637	20981	156583	9408	63135
鸳鸯街道	37009	20457	16552	10457	13370	14136	4360	30738	1911	15964
翠云街道	18636	9987	8649	6353	8160	8117	2231	14769	1636	12506
人和街道	61609	31634	29975	19587	26704	27381	7444	50333	3832	24054
天宫殿街道	55848	28200	27648	18977	24324	25742	6752	45440	3656	18172
龙溪街道	140932	70712	70220	45400	61367	62920	13399	116531	11002	49578
龙山街道	117700	58702	58998	39394	53569	56172	14047	95305	8348	46707
龙塔街道	94122	46421	47701	31022	40949	44631	11894	75480	6748	28376
大竹林街道	36925	20753	16172	11815	14745	14692	3683	30596	2646	17148
悦来街道	10654	5748	4906	4330	4984	4762	1203	8078	1373	9016
两路街道	60466	30701	29765	22820	27644	27993	7025	48002	5439	34072
双凤桥街道	67717	35418	32299	17756	25613	26817	7882	56206	3629	29688
王家街道	15451	7995	7456	5811	7249	7165	1895	11432	2124	12434
礼嘉镇	15923	8457	7466	5776	6989	7013	1923	12206	1794	13250
玉峰山镇	23917	12240	11677	9035	11916	11463	2919	17394	3604	22555
龙兴镇	36297	18320	17977	16414	17421	17452	4748	24975	6574	34034
统景镇	30673	15745	14928	12882	15181	14713	4958	20195	5520	28509
大湾镇	22484	11411	11073	10221	11209	11001	4548	13563	4373	21210
兴隆镇	20333	10402	9931	9640	10125	9862	3094	13458	3781	19339
木耳镇	23157	11891	11266	10174	11562	11146	3279	15889	3989	21687
茨竹镇	22996	11648	11348	9437	10850	10719	4113	15051	3832	19709

表22 续表 5 单位：人、户

地区	总人口			家庭户	家庭户总人口		分年龄人口			居住本地，户口在本地
	合计	男	女	户数	男	女	0-14岁	15-64岁	65岁及以上	
古路镇	18669	9638	9031	8829	9521	9008	2567	12459	3643	18014
石船镇	39645	20224	19421	17068	19611	19225	5951	26083	7611	37874
大盛镇	21850	11137	10713	9926	10965	10703	4128	13228	4494	20767
洛碛镇	36862	18728	18134	15432	18368	18094	4774	26444	5644	34679
巴南区	**918692**	**473142**	**445550**	**325113**	**422166**	**414070**	**106389**	**696573**	**115730**	**713242**
龙洲湾街道	42786	21865	20921	15833	19363	19828	5363	33151	4272	30997
鱼洞街道	171363	85443	85920	58401	78820	80247	21184	132640	17539	126942
花溪街道	130637	70482	60155	38083	47374	47684	12340	108868	9429	65756
李家沱街道	89213	45109	44104	28810	37431	38933	8829	72017	8367	47368
南泉街道	53056	27478	25578	16540	22270	22065	6075	41869	5112	39388
一品街道	21648	10968	10680	8894	10693	10551	2593	16113	2942	19063
南彭街道	46786	24157	22629	16698	23671	22229	5465	34771	6550	44640
惠民街道	23017	12088	10929	9958	11682	10736	2903	16340	3774	21159
界石镇	47636	24141	23495	16082	22755	22605	6026	36269	5341	39037
安澜镇	31546	16557	14989	11871	16170	14788	3570	22712	5264	30175
跳石镇	28825	15148	13677	11215	15076	13644	3521	20517	4787	27906
木洞镇	36704	18604	18100	15255	17732	17271	3608	26817	6279	33653
双河口镇	12739	6699	6040	5536	6283	5965	1472	8742	2525	11764
麻柳嘴镇	18847	9540	9307	7836	9465	9289	2842	12554	3451	17773
丰盛镇	13649	7120	6529	6328	6998	6513	1590	9148	2911	13056
二圣镇	16461	8596	7865	6778	8480	7799	1832	11608	3021	15822
东泉镇	29134	14921	14213	11283	14550	13932	3652	20100	5382	27555
姜家镇	16518	8671	7847	6602	8605	7812	1890	11410	3218	16033
天星寺镇	8383	4489	3894	3759	4356	3854	807	5658	1918	8013
接龙镇	48018	24934	23084	16848	24463	22806	6054	34203	7761	46640
石滩镇	11295	5745	5550	4179	5644	5501	1831	7405	2059	10827
石龙镇	20431	10387	10044	8324	10285	10018	2942	13661	3828	19675
黔江区	**445012**	**229691**	**215321**	**151674**	**217076**	**206703**	**103441**	**298883**	**42688**	**372472**
城东街道	71304	36828	34476	24813	33309	31492	14385	53482	3437	43297
城南街道	33844	17523	16321	10548	16968	15977	7674	24346	1824	20490
城西街道	38579	19692	18887	12645	19242	18627	8998	27363	2218	26554
正阳街道	12998	6652	6346	4318	6623	6324	3179	8762	1057	12536
舟白街道	25147	13665	11482	5464	9173	8405	4830	18620	1697	19228
冯家街道	21810	11389	10421	7273	10793	9933	4983	14690	2137	21160
阿蓬江镇	18596	9343	9253	6854	9206	9206	4239	11498	2859	17817
石会镇	15205	7726	7479	5060	7407	7243	3449	9861	1895	14276
黑溪镇	14810	7710	7100	5129	7656	7092	3834	9147	1829	14093
黄溪镇	9862	5102	4760	3433	5038	4739	2851	6027	984	9211
黎水镇	8896	4595	4301	3378	4595	4301	2352	5470	1074	8475
金溪镇	8940	4668	4272	3228	4589	4238	1952	5877	1111	8705
马喇镇	11813	5975	5838	4993	5911	5827	2854	7283	1676	11348
濯水镇	20386	10516	9870	6792	9976	9541	4475	13578	2333	19214
石家镇	9629	4950	4679	3518	4697	4552	2364	5981	1284	8996
鹅池镇	8581	4462	4119	3159	4355	4070	2362	5095	1124	8259
小南海镇	6662	3454	3208	2351	3282	3132	1532	4352	778	6100
邻鄂镇	9942	5124	4818	3337	5007	4807	2530	6351	1061	9482
中塘乡	11324	5706	5618	3970	5675	5597	3149	6765	1410	10595
蓬东乡	6066	3097	2969	2289	3094	2968	1478	3896	692	5886

表22　续表 6　　　　单位：人、户

地　区	总人口			家庭户	家庭户总人口		分年龄人口			居住本地，户口在本地
	合计	男	女	户数	男	女	0-14岁	15-64岁	65岁及以上	
沙坝乡	11414	5951	5463	3946	5761	5359	2801	7160	1453	10936
白石乡	11706	5978	5728	4076	5810	5651	3128	7209	1369	10947
杉岭乡	6753	3520	3233	2419	3500	3223	1862	4137	754	6449
太极乡	8242	4252	3990	3063	4017	3854	1969	5274	999	7746
水田乡	5984	3090	2894	1988	3042	2887	1421	3903	660	5719
白土乡	5188	2732	2456	2019	2726	2449	1189	3274	725	4943
金洞乡	7070	3560	3510	2915	3512	3502	1754	4206	1110	6732
五里乡	8010	4070	3940	3027	3979	3894	2083	4891	1036	7681
水市乡	9170	4708	4462	3183	4558	4419	2065	5898	1207	8810
新华乡	7081	3653	3428	2486	3575	3394	1699	4487	895	6787
长寿区	**770009**	**390060**	**379949**	**296601**	**377310**	**372042**	**114619**	**557851**	**97539**	**699066**
凤城街道	175576	86625	88951	65965	82753	84973	22640	134307	18629	133984
晏家街道	72825	37979	34846	27409	34541	33824	9173	56138	7514	63049
江南街道	21509	11203	10306	7962	9639	9555	2446	16380	2683	19075
渡舟街道	51888	26234	25654	17471	23804	24318	6793	39430	5665	43215
邻封镇	23868	12310	11558	9708	12293	11553	3095	16875	3898	23607
但渡镇	14497	7494	7003	5600	7458	7001	1809	10394	2294	14312
云集镇	27564	14243	13321	10853	14201	13304	4657	18954	3953	27225
长寿湖镇	37839	19534	18305	14418	19516	18302	5083	27156	5600	37128
双龙镇	29213	14527	14686	14021	14178	14418	3946	20493	4774	27388
龙河镇	35561	18063	17498	14551	18045	17494	5374	25083	5104	34846
石堰镇	48193	24316	23877	18869	24145	23796	8871	32447	6875	47678
云台镇	40328	20679	19649	15778	20480	19610	8110	26872	5346	39419
海棠镇	24252	12634	11618	8368	12571	11561	5247	16039	2966	23991
葛兰镇	55938	28317	27621	21591	28072	27413	9757	39091	7090	54964
新市镇	21578	10909	10669	8261	10847	10652	3314	15220	3044	20978
八颗镇	36698	18221	18477	15038	18037	18403	5444	26199	5055	36276
洪湖镇	30426	15657	14769	11748	15652	14769	4906	21362	4158	29940
万顺镇	22256	11115	11141	8990	11078	11096	3954	15411	2891	21991
江津区	**1233149**	**627687**	**605462**	**442040**	**597557**	**584717**	**198925**	**856883**	**177341**	**1087359**
几江街道	196787	95068	101719	70721	91950	98573	28021	148775	19991	132964
德感街道	83950	43026	40924	28422	38402	38314	10802	62877	10271	73022
支坪街道	36680	18763	17917	14242	18589	17882	5448	25452	5780	35342
双福街道	47962	25578	22384	15674	20920	20393	6022	36335	5605	37573
油溪镇	63386	32126	31260	23595	31157	30823	9562	43370	10454	59691
吴滩镇	29206	14808	14398	11576	14615	14256	4449	19353	5404	28210
石门镇	35665	18073	17592	13262	17692	17173	5609	24687	5369	33316
朱杨镇	26335	13114	13221	10272	12506	12628	4868	17499	3968	24767
石蟆镇	69881	35382	34499	24831	33991	32891	13035	45052	11794	65904
永兴镇	32535	16753	15782	11513	16608	15704	6815	20478	5242	31115
塘河镇	13813	7182	6631	4787	6924	6594	2902	8883	2028	12464
白沙镇	115761	58177	57584	38604	53051	53240	19100	80968	15693	102289
龙华镇	27849	14234	13615	10460	14058	13528	4850	17999	5000	26470
李市镇	66620	34774	31846	21689	33709	30950	11297	45346	9977	64290
慈云镇	18551	9407	9144	7628	9200	9026	3632	11599	3320	17504
蔡家镇	43922	22755	21167	15250	21730	20201	8653	28327	6942	42082
中山镇	20509	10634	9875	7244	10403	9725	4431	12809	3269	19326
嘉平镇	18883	10031	8852	6278	9587	8489	3442	12280	3161	17840
柏林镇	38564	20083	18481	13821	19920	18337	8575	23934	6055	35939
先锋镇	48586	25165	23421	18360	24616	23159	7317	33223	8046	46455

表22 续表 7

单位：人、户

地区	总人口			家庭户	家庭户总人口		分年龄人口			居住本地，户口在本地
	合计	男	女	户数	男	女	0-14岁	15-64岁	65岁及以上	
珞璜镇	71515	37098	34417	25516	34161	33203	10913	50999	9603	62205
贾嗣镇	27327	14182	13145	10208	14119	13136	4299	18589	4439	25743
夏坝镇	17486	9093	8393	7528	8661	8061	2161	13105	2220	15943
西湖镇	38386	20095	18291	14086	19856	18102	6660	25050	6676	37037
杜市镇	26879	13791	13088	10693	13464	12832	3570	18797	4512	25324
广兴镇	11222	5731	5491	4172	5375	5349	1595	7641	1986	10135
四面山管理委员会	4889	2564	2325	1608	2293	2148	897	3456	536	4409
合川区	**1293028**	**651531**	**641497**	**481648**	**610514**	**603975**	**200990**	**919676**	**172362**	**1098944**
合阳城街道	186242	88710	97532	57910	74164	79663	22462	148174	15606	109607
钓鱼城街道	47205	23229	23976	20288	22283	23295	6142	34884	6179	38228
南津街街道	143766	71593	72173	51200	65905	69307	19024	108687	16055	106411
盐井街道	24680	13478	11202	9401	11572	10906	3000	18255	3425	21031
草街街道	44237	22025	22212	12889	15501	14883	4297	35187	4753	31999
云门街道	68698	33563	35135	23993	31942	33588	12021	47514	9163	63862
大石街道	61426	31627	29799	23169	30668	29062	9935	42676	8815	58193
沙鱼镇	10117	5113	5004	4489	5096	5002	2065	6359	1693	9426
官渡镇	24913	12603	12310	10275	12567	12295	4488	16006	4419	23594
涞滩镇	24431	12383	12048	10111	12317	12034	4539	15560	4332	23373
肖家镇	16363	8417	7946	6346	8336	7926	3411	10479	2473	15551
古楼镇	19447	10031	9416	7396	9810	9302	3452	13128	2867	18676
三庙镇	35877	18502	17375	13872	18101	17228	6653	23830	5394	34327
二郎镇	17295	8987	8308	6463	8963	8302	3016	11832	2447	16178
龙凤镇	20334	10513	9821	7390	10399	9769	3915	13661	2758	19529
隆兴镇	28746	14850	13896	11215	14841	13891	4971	19410	4365	27871
铜溪镇	29699	14984	14715	12691	14580	14439	3982	20741	4976	27993
双凤镇	33282	17322	15960	12907	17322	15960	4846	23367	5069	32113
狮滩镇	19375	9979	9396	8263	9921	9388	3135	12792	3448	18393
清平镇	21160	10822	10338	7681	10366	9976	2591	15980	2589	18042
土场镇	17221	8835	8386	7306	8775	8358	2152	12713	2356	15994
小沔镇	27154	13844	13310	10497	13160	12706	4058	18716	4380	24471
三汇镇	51413	26741	24672	20172	25613	24596	7591	37916	5906	42635
香龙镇	25006	12868	12138	9694	12798	12085	5422	15545	4039	23667
钱塘镇	65894	34424	31470	28272	33614	30966	12432	43423	10039	62863
龙市镇	56142	28256	27886	21749	26579	25991	10124	37266	8752	51709
燕窝镇	30424	15687	14737	11028	15379	14626	5844	20396	4184	28763
太和镇	66506	33378	33128	25354	32206	31693	11480	45638	9388	61849
渭沱镇	36068	18485	17583	14256	17729	17179	5383	24335	6350	34958
双槐镇	39907	20282	19625	15371	20007	19559	8559	25206	6142	37638
永川区	**1024708**	**518100**	**506608**	**320055**	**452983**	**458808**	**175453**	**733962**	**115293**	**807168**
中山路街道	192954	99353	93601	54436	77852	81626	25813	152861	14280	119177
胜利路街道	134218	67324	66894	38185	55473	57808	18843	103335	12040	91584
南大街街道	88948	42686	46262	23524	33822	33987	11477	70389	7082	60330
茶山竹海街道	42383	24012	18371	5629	7967	7449	2989	37749	1645	16251
大安街道	48371	24579	23792	16445	23642	23133	9185	33189	5997	44141
陈食街道	39863	20330	19533	13117	19998	19363	7141	27432	5290	37886
卫星湖街道	38112	19681	18431	11660	19216	18220	6297	27605	4210	35415
青峰镇	19627	9974	9653	6799	9709	9544	3679	13403	2545	17795
金龙镇	21665	11064	10601	8015	10999	10587	4920	13338	3407	20682
临江镇	25740	12707	13033	10152	12415	12745	5012	16360	4368	23977
何埂镇	38106	18617	19489	13826	18458	19440	8513	23316	6277	35286

表22 续表 8 单位：人、户

地区	总人口 合计	总人口 男	总人口 女	家庭户户数	家庭户总人口 男	家庭户总人口 女	分年龄人口 0-14岁	分年龄人口 15-64岁	分年龄人口 65岁及以上	居住本地，户口在本地
松溉镇	14270	7125	7145	5135	6828	6993	2946	9063	2261	12863
仙龙镇	36561	18146	18415	12799	18057	18386	8702	22097	5762	34301
吉安镇	20978	10658	10320	7061	10426	10276	5013	13051	2914	19342
五间镇	19861	9855	10006	6396	9033	9121	4225	12808	2828	17175
来苏镇	41361	20435	20926	14880	20032	20578	8244	27182	5935	37740
宝峰镇	14007	7057	6950	5091	7028	6937	3025	8900	2082	12912
双石镇	24315	12498	11817	8882	12178	11712	4197	17057	3061	21895
红炉镇	21618	10928	10690	8458	10792	10671	3510	14991	3117	19203
永荣镇	14305	7322	6983	5338	7037	6953	2511	9999	1795	12203
三教镇	46458	23585	22873	15169	23046	22756	9965	30587	5906	42385
板桥镇	22725	11309	11416	8119	11219	11372	4890	14359	3476	21111
朱沱镇	58262	28855	29407	20939	27756	29151	14356	34891	9015	53514
南川区	**534329**	**268924**	**265405**	**177229**	**258950**	**259741**	**99957**	**368255**	**66117**	**470184**
东城街道	84164	41142	43022	28066	40348	41237	13836	62923	7405	70531
南城街道	80485	39927	40558	25540	39552	40437	14411	58895	7179	60191
西城街道	40126	19849	20277	12668	19309	19983	7374	28508	4244	31787
三泉镇	13822	6937	6885	4544	6886	6863	2708	9250	1864	13348
南平镇	32888	16183	16705	9873	15470	15810	6390	22925	3573	29133
神童镇	6781	3319	3462	2434	3300	3456	1346	4330	1105	6403
鸣玉镇	11934	6023	5911	4304	6014	5910	2470	7558	1906	11037
大观镇	20538	10226	10312	6594	8632	8707	3472	14164	2902	17879
兴隆镇	20489	10380	10109	6038	10306	10049	3932	14132	2425	19966
太平场镇	10208	5212	4996	4121	5069	4921	1602	6333	2273	10019
白沙镇	6412	3261	3151	2550	3200	3128	1185	3973	1254	6131
水江镇	50918	27911	23007	15658	23479	22756	8747	37073	5098	43516
石墙镇	6832	3440	3392	2272	3064	3195	1376	4384	1072	6643
金山镇	10609	5394	5215	3232	5242	5138	2591	6781	1237	9866
头渡镇	7255	3710	3545	2513	3709	3545	1728	4678	849	7035
大有镇	10040	4915	5125	3539	4809	5073	2312	6232	1496	9787
合溪镇	6604	3375	3229	2186	3354	3223	1576	4118	910	6348
黎香湖镇	5149	2562	2587	2092	2552	2577	804	3313	1032	5048
石莲乡	5153	2616	2537	1815	2550	2504	930	3296	927	4896
木凉乡	6770	3396	3374	2423	3360	3357	1203	4479	1088	6581
河图乡	5059	2518	2541	2009	2483	2522	935	3147	977	4843
乾丰乡	5174	2627	2547	2051	2613	2545	970	3135	1069	4969
骑龙乡	6249	3185	3064	2200	3145	3056	1200	3847	1202	6113
鱼泉乡	6532	3364	3168	1976	3345	3166	1492	4220	820	6278
中桥乡	7668	3919	3749	2587	3890	3737	1468	5000	1200	7303
铁村乡	7657	3881	3776	2474	3861	3770	1465	5237	955	7463
德隆乡	5279	2698	2581	1812	2683	2580	1170	3359	750	5196
庆元乡	7407	3662	3745	2573	3662	3745	1884	4513	1010	7207
古花乡	7221	3642	3579	2499	3604	3558	1808	4365	1048	6963
峰岩乡	6473	3297	3176	2442	3276	3167	1244	3990	1239	6201
民主乡	7092	3551	3541	2616	3481	3526	1507	4191	1394	6857
冷水关乡	7345	3750	3595	2914	3750	3595	1509	4340	1496	7121
石溪乡	9982	4999	4983	3706	4909	4949	1968	6195	1819	9684
福寿乡	8014	4053	3961	2908	4043	3956	1344	5371	1299	7841
县	**13152680**	**6660897**	**6491783**	**4627423**	**6419143**	**6316589**	**2771631**	**8750864**	**1630185**	**11745345**
綦江县	**801041**	**404511**	**396530**	**295848**	**389808**	**386064**	**132526**	**559240**	**109275**	**709935**
古南街道	86952	42639	44313	30384	38000	39151	11499	65896	9557	67813

表22 续表 9

单位：人、户

地区	总人口			家庭户	家庭户总人口		分年龄人口			居住本地，户口在本地
	合计	男	女	户数	男	女	0-14岁	15-64岁	65岁及以上	
文龙街道	121058	60244	60814	43164	58922	59562	18223	91368	11467	92088
三江街道	39785	20166	19619	16326	19830	19290	4867	29293	5625	36825
石角镇	46097	23219	22878	18216	22787	22567	7489	30189	8419	43639
东溪镇	58169	28958	29211	21042	27862	28369	10130	39205	8834	55216
赶水镇	65994	33521	32473	25575	31865	32118	11113	45210	9671	58751
打通镇	51025	25740	25285	17313	24636	24482	9010	36586	5429	44735
石壕镇	43680	22750	20930	15409	21632	20789	8715	30289	4676	37502
永新镇	49951	25801	24150	20405	25310	23741	7634	33394	8923	48784
三角镇	35486	17996	17490	14257	17875	17408	6360	23312	5814	34291
隆盛镇	30661	15843	14818	10631	15566	14710	5394	20639	4628	29584
郭扶镇	32831	16793	16038	13304	16721	16026	6274	20774	5783	31863
篆塘镇	21048	10511	10537	7695	10175	10427	3628	14048	3372	19438
丁山镇	8396	4411	3985	2740	3979	3906	2164	5099	1133	7368
安稳镇	30553	15693	14860	9964	15196	14767	5936	21135	3482	26690
扶欢镇	25164	12292	12872	8937	12076	12760	4699	16813	3652	23911
永城镇	17634	8841	8793	6123	8667	8734	3452	11375	2807	16136
新盛镇	13872	7244	6628	5732	7097	6567	2092	9325	2455	13297
中峰镇	11622	6073	5549	4569	6013	5512	2164	7636	1822	11263
横山镇	11063	5776	5287	4062	5599	5178	1683	7654	1726	10741
潼南县	**639985**	**323257**	**316728**	**234671**	**312308**	**308329**	**124564**	**429921**	**85500**	**550047**
桂林街道	60294	30674	29620	21043	28733	28617	11200	43054	6040	38209
梓潼街道	152525	76335	76190	52648	71118	71423	25751	113119	13655	104212
上和镇	20654	10698	9956	7433	10486	9888	4623	13163	2868	19660
龙形镇	24526	12425	12101	8191	12406	12098	5160	16236	3130	23661
古溪镇	34633	17272	17361	14299	16710	16835	7262	21284	6087	32517
宝龙镇	14600	7320	7280	5355	7235	7221	2981	9074	2545	13870
玉溪镇	16463	8165	8298	7026	8151	8292	3998	9704	2761	15270
米心镇	13854	7031	6823	5679	7025	6820	2875	8311	2668	13429
群力镇	10951	5614	5337	4208	5411	5229	2373	6676	1902	10517
双江镇	33771	17260	16511	12841	16813	16251	5829	22992	4950	31406
花岩镇	6050	3092	2958	2666	3032	2949	988	3902	1160	5762
柏梓镇	47879	23990	23889	17769	23500	23555	10170	30614	7095	46333
崇龛镇	27745	14050	13695	10069	14033	13695	5561	17900	4284	26912
塘坝镇	45385	23027	22358	15064	22145	21503	9032	30673	5680	42063
新胜镇	15743	8000	7743	6050	7845	7674	3286	9829	2628	15310
太安镇	24258	12358	11900	7872	12200	11825	4411	16696	3151	23247
小渡镇	27469	13844	13625	10877	13710	13509	5411	17714	4344	26923
卧佛镇	24209	12300	11909	9532	12132	11833	5490	14813	3906	23370
五桂镇	8341	4171	4170	3215	4138	4159	1924	5016	1401	7869
田家乡	16368	8316	8052	6885	8281	8037	3413	10297	2658	15719
别口乡	7879	4014	3865	3423	3953	3845	1510	4865	1504	7544
寿桥乡	6388	3301	3087	2526	3251	3071	1316	3989	1083	6244
铜梁县	**600086**	**297588**	**302498**	**227416**	**286662**	**292833**	**103182**	**408531**	**88373**	**509897**
巴川街道	80534	39125	41409	26799	36365	38740	12429	60117	7988	57464
东城街道	78721	38848	39873	24150	34671	35871	12478	59537	6706	45070
南城街道	49265	23965	25300	16658	21741	22917	7667	36313	5285	34485
土桥镇	13496	6574	6922	5621	6520	6894	2540	8495	2461	12733
二坪镇	7806	3984	3822	3661	3943	3819	1324	4981	1501	7545
水口镇	5729	2825	2904	2578	2793	2897	983	3557	1189	5474
安居镇	21000	10269	10731	9910	10260	10730	3241	13689	4070	19983

表22　续表 10　　　　单位：人、户

地　区	总人口 合计	总人口 男	总人口 女	家庭户户数	家庭户总人口 男	家庭户总人口 女	分年龄人口 0-14岁	分年龄人口 15-64岁	分年龄人口 65岁及以上	居住本地，户口在本地
白羊镇	9284	4626	4658	4318	4581	4646	1502	5765	2017	8850
平滩镇	30816	15704	15112	11541	15573	15050	6339	19728	4749	29768
石鱼镇	14050	7054	6996	5499	6981	6965	2332	9490	2228	13024
福果镇	12161	6107	6054	4847	6001	5994	1808	8116	2237	11685
维新镇	10872	5576	5296	4495	5487	5276	1889	6974	2009	10636
高楼镇	6364	3214	3150	3051	3197	3146	1006	4071	1287	6110
大庙镇	16277	8028	8249	6684	7982	8242	3084	10298	2895	15409
围龙镇	14690	7223	7467	5963	7169	7437	2607	9436	2647	13851
华兴镇	9316	4779	4537	3645	4660	4497	1630	6020	1666	8647
永嘉镇	22377	10957	11420	8717	10946	11414	4348	14329	3700	21310
安溪镇	6075	3014	3061	2469	2946	3037	1078	3833	1164	5759
西河镇	12567	6267	6300	4825	6201	6291	2450	8107	2010	11434
太平镇	17909	8964	8945	7262	8906	8919	2865	11989	3055	17377
旧县镇	31499	15800	15699	12898	15524	15601	5948	20111	5440	29663
虎峰镇	30248	14996	15252	12700	14910	15216	5016	20121	5111	29212
少云镇	19174	9506	9668	7890	9449	9656	3617	11942	3615	18249
蒲吕镇	22719	11446	11273	9050	11405	11264	4221	14774	3724	21864
侣俸镇	33968	17061	16907	12849	16848	16841	6140	22580	5248	31965
小林乡	6753	3442	3311	2718	3412	3307	1464	3946	1343	6532
双山乡	7329	3686	3643	2967	3658	3633	1540	4344	1445	7079
庆隆乡	9087	4548	4539	3651	4533	4533	1636	5868	1583	8719
大足县	**671243**	**341724**	**329519**	**224980**	**330667**	**320947**	**121772**	**466026**	**83445**	**598075**
龙岗街道	74605	37079	37526	22623	34961	35706	12472	55407	6726	60798
棠香街道	66325	33157	33168	18580	30266	30583	11220	50092	5013	50783
龙水镇	121609	62316	59293	37010	59032	56634	19999	91592	10018	98085
智凤镇	28467	14522	13945	8821	14289	13787	5822	19007	3638	27166
宝顶镇	17591	9216	8375	6045	9204	8374	3591	11328	2672	16996
中敖镇	31118	15653	15465	11513	15591	15387	6455	19441	5222	29464
三驱镇	28563	14650	13913	10464	14426	13662	5246	18957	4360	26757
宝兴镇	18963	9837	9126	6324	9810	9112	3775	12552	2636	17748
玉龙镇	16072	8349	7723	4701	7846	7380	2948	11339	1785	14752
石马镇	22820	11857	10963	7246	11829	10950	3816	16091	2913	22141
拾万镇	16103	8145	7958	6331	8134	7958	2777	10747	2579	15585
回龙镇	12974	6583	6391	4742	6550	6366	2793	8003	2178	12595
金山镇	11034	5536	5498	4399	5517	5471	2156	6921	1957	10629
万古镇	28871	14525	14346	10876	14421	14303	5122	19280	4469	28082
国梁镇	11392	5839	5553	4524	5833	5551	2200	7090	2102	11220
雍溪镇	15213	7618	7595	5813	7419	7505	3011	9457	2745	14544
珠溪镇	34113	17624	16489	12356	17521	16453	6290	22779	5044	32158
龙石镇	10477	5410	5067	4109	5394	5050	2153	6427	1897	9679
邮亭镇	44363	23008	21355	15907	21916	21002	8037	30809	5517	41293
铁山镇	15669	7905	7764	6043	7865	7750	3083	9933	2653	14824
高升镇	13995	7203	6792	4724	7195	6789	2910	8954	2131	13151
季家镇	10941	5589	5352	4434	5589	5352	1973	7074	1894	10326
古龙镇	6442	3225	3217	2198	3209	3213	1172	4306	964	6236
高坪镇	13523	6878	6645	5197	6850	6609	2751	8440	2332	13063
荣昌县	**661253**	**329366**	**331887**	**251154**	**317175**	**323458**	**117960**	**458633**	**84660**	**586268**
昌元街道	118362	58042	60320	42174	53221	56429	17637	88489	12236	90370
昌州街道	68291	33584	34707	25734	32782	34408	12552	49050	6689	56636
广顺街道	49388	24502	24886	16915	21546	22960	7325	35337	6726	43490

表22 续表 11

单位：人、户

地区	总人口			家庭户	家庭户总人口		分年龄人口			居住本地，户口在本地
	合计	男	女	户数	男	女	0-14岁	15-64岁	65岁及以上	
双河街道	49411	25070	24341	19670	24108	24217	8130	34099	7182	46025
安富街道	40268	19126	21142	16142	18186	20070	7166	27320	5782	35309
峰高街道	31859	15962	15897	12435	15808	15854	5765	21878	4216	30026
直升镇	12750	6485	6265	4882	6411	6250	2337	8740	1673	12280
路孔镇	10626	5428	5198	4433	5382	5162	1965	7132	1529	10030
清江镇	9928	4917	5011	3937	4903	5010	2219	6129	1580	9217
仁义镇	38864	19327	19537	15504	18560	18719	7463	26045	5356	35097
河包镇	27597	14077	13520	10914	14070	13518	5228	18211	4158	25729
古昌镇	18327	9325	9002	7040	9252	8997	3712	12362	2253	17258
吴家镇	34549	17329	17220	13776	17265	17203	6491	23852	4206	32016
观胜镇	13103	6674	6429	5231	6674	6429	2355	8815	1933	12666
铜鼓镇	11222	5795	5427	4718	5787	5425	2190	7466	1566	10597
清流镇	9172	4708	4464	3517	4564	4364	1753	6116	1303	8643
盘龙镇	51177	25796	25381	18922	25773	25371	9973	34206	6998	48625
远觉镇	9629	4922	4707	3826	4899	4705	1895	6418	1316	9178
清升镇	13636	6723	6913	5304	6643	6888	2879	8759	1998	12800
荣隆镇	32983	16474	16509	12247	16288	16469	6786	21805	4392	30814
龙集镇	10111	5100	5011	3833	5053	5010	2139	6404	1568	9462
璧山县	**586034**	**297752**	**288282**	**216168**	**281241**	**277659**	**89102**	**424001**	**72931**	**469233**
璧城街道	204702	103171	101531	66878	93332	95426	29695	158188	16819	129893
青杠街道	78582	39709	38873	28812	36309	36010	10956	58652	8974	60875
八塘镇	23851	12364	11487	9680	12200	11450	3688	16723	3440	22067
七塘镇	21185	10910	10275	8894	10760	10231	3498	14192	3495	19416
大路镇	48145	24642	23503	18343	23244	22570	7856	33646	6643	44072
河边镇	20037	10425	9612	7498	9933	9461	2986	13903	3148	18383
福禄镇	13586	7042	6544	5516	6990	6531	2021	9207	2358	12882
大兴镇	40068	20372	19696	16647	20100	19595	6716	26438	6914	37444
正兴镇	27804	13860	13944	11207	13651	13806	4817	18163	4824	26071
丁家镇	60585	30686	29899	22941	30477	29793	9685	43131	7769	53324
广普镇	18002	9208	8794	7621	9078	8724	2807	11954	3241	16929
三合镇	11336	5911	5425	4608	5868	5417	1757	7516	2063	10743
健龙镇	18151	9452	8699	7523	9299	8645	2620	12288	3243	17134
梁平县	**687525**	**349316**	**338209**	**247037**	**341916**	**331463**	**137578**	**466717**	**83230**	**630658**
梁平县梁山街道	94062	45346	48716	33217	41982	45307	15008	70504	8550	67296
梁平县双桂街道	34340	16935	17405	13266	15035	15572	5721	25266	3353	27304
仁贤镇	21499	10857	10642	8792	10817	10614	4292	14703	2504	20611
礼让镇	19799	10169	9630	6884	10154	9624	4027	13595	2177	19215
云龙镇	29673	15128	14545	10200	15103	14530	6384	19890	3399	28440
屏锦镇	55139	28361	26778	18743	27679	26019	10747	38694	5698	52361
袁驿镇	19804	10271	9533	7721	10153	9480	4140	13452	2212	18031
新盛镇	27741	14460	13281	8728	14458	13277	6032	18703	3006	26922
福禄镇	20225	10090	10135	7350	10033	10074	4368	12764	3093	19422
金带镇	11644	5876	5768	4691	5796	5732	2417	7651	1576	11002
聚奎镇	32971	17293	15678	11496	17271	15671	6605	22787	3579	32204
明达镇	22686	11592	11094	7604	11576	11090	5011	15074	2601	22012
荫平镇	18574	9549	9025	6439	9518	9016	3722	12551	2301	17712
和林镇	19268	10184	9084	6869	10171	9084	3546	13304	2418	18890
回龙镇	32070	16894	15176	11262	16830	15136	7255	20974	3841	30802
碧山镇	18102	9290	8812	6013	9277	8803	4145	11567	2390	17092
虎城镇	24453	12487	11966	9777	12385	11901	5775	14667	4011	23502

表22 续表 12

单位：人、户

地区	总人口			家庭户	家庭户总人口		分年龄人口			居住本地，户口在本地
	合计	男	女	户数	男	女	0-14岁	15-64岁	65岁及以上	
七星镇	7804	4021	3783	3023	4021	3783	2029	4762	1013	7361
龙门镇	19380	10086	9294	6182	10084	9294	4091	12917	2372	18711
文化镇	12435	6431	6004	4470	6412	5992	3045	7832	1558	11670
合兴镇	17098	8648	8450	6078	8524	8411	3469	11402	2227	16228
石安镇	10857	5418	5439	4481	5385	5428	2703	5921	2233	10358
柏家镇	14163	7158	7005	5362	7143	7004	2985	9051	2127	13755
大观镇	10767	5530	5237	4602	5530	5237	1914	6927	1926	10458
竹山镇	5648	2887	2761	2091	2858	2761	1088	3870	690	5433
蟠龙镇	18609	9482	9127	6622	9481	9127	3538	12669	2402	18469
安胜乡	8675	4293	4382	3425	4290	4382	1630	5829	1216	8360
铁门乡	5212	2726	2486	1729	2686	2472	967	3608	637	5140
龙胜乡	6576	3460	3116	2169	3304	3104	1414	4379	783	6227
复平乡	5577	2948	2629	1959	2948	2628	1004	3729	844	5477
城东乡	6519	3288	3231	2916	3265	3230	1234	4173	1112	6313
紫照乡	8791	4389	4402	3123	4383	4397	2069	5292	1430	8615
城北乡	14306	7272	7034	4920	7231	7016	2721	9656	1929	13829
曲水乡	10359	5118	5241	3971	5112	5240	2137	6404	1818	10034
梁平县农场	996	493	503	443	493	503	144	716	136	917
梁平县双桂工业园区	1703	886	817	419	528	524	201	1434	68	485
城口县	**192967**	**98387**	**94580**	**60851**	**96430**	**93799**	**46293**	**128552**	**18122**	**172478**
葛城街道	26649	13269	13380	8352	12663	13011	5358	19694	1597	18801
复兴街道	10663	5276	5387	3089	5217	5365	2455	7469	739	8227
巴山镇	10820	5581	5239	3248	5548	5221	2642	7249	929	10452
坪坝镇	10342	5211	5131	3070	5178	5120	2704	6809	829	9067
庙坝镇	10342	5255	5087	3290	5202	5072	2326	6994	1022	9736
明通镇	6437	3310	3127	2158	3240	3101	1544	4226	667	5482
修齐镇	13874	6941	6933	4430	6882	6908	3604	8928	1342	12903
高观镇	7294	3706	3588	2499	3639	3566	1637	4900	757	6892
高燕乡	11655	6070	5585	3329	5728	5512	2627	7963	1065	10632
龙田乡	6983	3576	3407	2091	3547	3401	1654	4760	569	6752
北屏乡	4964	2506	2458	1547	2484	2452	1243	3180	541	4606
高楠乡	5099	2582	2517	1565	2527	2496	1442	3183	474	4884
左岚乡	4968	2434	2534	1595	2431	2531	1438	2997	533	4749
沿河乡	5444	2827	2617	1748	2797	2601	1496	3292	656	4984
双河乡	7871	4090	3781	2509	4013	3768	1905	5016	950	7348
蓼子乡	8744	4643	4101	2653	4526	4076	2118	5691	935	8303
鸡鸣乡	3701	1906	1795	1168	1871	1786	928	2328	445	3370
咸宜乡	7232	3724	3508	2501	3667	3491	1813	4564	855	6811
周溪乡	4873	2538	2335	1394	2517	2328	1287	3079	507	4697
明中乡	4173	2219	1954	1359	2174	1940	1085	2608	480	3952
治平乡	3334	1717	1617	1147	1687	1600	899	2056	379	3098
岚天乡	2644	1366	1278	834	1349	1274	576	1798	270	2532
厚坪乡	4645	2394	2251	1636	2378	2244	1119	3002	524	4428
河鱼乡	3382	1780	1602	1123	1742	1586	729	2317	336	3154
东安乡	6834	3466	3368	2516	3423	3349	1664	4449	721	6618
丰都县	**649182**	**327027**	**322155**	**227564**	**313725**	**314309**	**146640**	**414981**	**87561**	**596224**
三合街道	140954	69530	71424	45456	65966	69501	28310	99717	12927	114905
名山街道	39897	19456	20441	15125	18918	19847	7692	27878	4327	34604
虎威镇	16951	8371	8580	6629	8371	8580	3599	10595	2757	16548
社坛镇	33452	16854	16598	11940	16671	16406	7679	21020	4753	32364

表22 续表 13

单位：人、户

地区	总人口 合计	总人口 男	总人口 女	家庭户户数	家庭户总人口 男	家庭户总人口 女	分年龄人口 0-14岁	分年龄人口 15-64岁	分年龄人口 65岁及以上	居住本地，户口在本地
三元镇	12943	6598	6345	4439	6222	6090	3029	7752	2162	12664
许明寺镇	11429	5838	5591	4537	5820	5564	2863	6554	2012	11129
董家镇	18727	9251	9476	7998	9247	9476	4489	11013	3225	18333
树人镇	21009	10751	10258	8275	10557	10164	4028	13596	3385	20683
十直镇	29085	14841	14244	11274	14643	14075	6262	18579	4244	28619
高家镇	43944	21769	22175	14518	19867	20546	9909	29081	4954	37205
兴义镇	30629	15450	15179	11195	14822	14460	6708	19697	4224	29221
双路镇	14275	7309	6966	4853	6801	6802	3341	8857	2077	13536
江池镇	12131	6544	5587	4040	5679	5462	2552	7699	1880	10866
龙河镇	35701	18173	17528	12345	17863	17202	8814	21476	5411	34400
武平镇	10800	5553	5247	3975	5319	5191	3017	6160	1623	10281
包鸾镇	21417	11005	10412	7634	10817	10348	5457	12308	3652	20593
湛普镇	8249	4415	3834	2412	3400	3518	1616	5531	1102	7339
南天湖镇	11543	5845	5698	3936	5735	5635	3463	6331	1749	11135
保合镇	18112	9145	8967	6653	9103	8954	3966	11182	2964	17766
兴龙镇	13081	6660	6421	4625	6660	6421	3106	7998	1977	12831
仁沙镇	20054	10354	9700	6304	9633	9306	4577	12297	3180	19884
龙孔镇	19435	9768	9667	7003	9764	9665	4940	11580	2915	19272
暨龙镇	8470	4314	4156	2925	4246	4121	2202	4953	1315	8053
青龙乡	9327	4703	4624	3570	4699	4624	2597	5246	1484	9247
双龙场乡	12372	6287	6085	4576	5975	5903	3197	6972	2203	12134
太平坝乡	3257	1667	1590	1118	1616	1571	833	1936	488	3070
都督乡	3492	1830	1662	1234	1828	1662	891	2107	494	3254
栗子乡	7942	4040	3902	2823	3892	3804	1872	4878	1192	7604
三建乡	9713	5100	4613	3009	4216	4327	2525	5722	1466	8410
三坝乡	10791	5606	5185	3143	5375	5084	3106	6266	1419	10274
垫江县	**704458**	**354462**	**349996**	**228085**	**326391**	**329124**	**167415**	**446563**	**90480**	**617377**
桂溪镇	188980	95163	93817	60620	81406	84266	37109	135769	16102	129382
新民镇	28033	13811	14222	8791	13063	13755	7141	17194	3698	26625
沙坪镇	30928	15350	15578	9789	15015	15407	9129	17573	4226	28752
周嘉镇	32562	16642	15920	11086	15436	14915	7883	19838	4841	30030
普顺镇	21940	10896	11044	7672	10301	10687	6134	12378	3428	21184
永安镇	26390	13288	13102	9297	12819	12798	6716	15130	4544	24975
高安镇	49218	24750	24468	15648	22754	22568	12077	31189	5952	46519
高峰镇	20747	10371	10376	6790	10110	10282	5597	12195	2955	19622
五洞镇	17190	8706	8484	5948	8392	8248	4741	10062	2387	16146
澄溪镇	41321	20515	20806	11409	17649	17968	10988	25730	4603	39432
太平镇	24393	12501	11892	8467	11352	11383	6657	14226	3510	23143
鹤游镇	12374	6072	6302	3968	5006	5162	2298	8290	1786	10034
坪山镇	29409	14864	14545	9228	13263	13159	7660	17274	4475	27194
砚台镇	29695	15061	14634	8654	14531	14354	6696	18927	4072	28874
曹回镇	21028	10876	10152	7363	10822	10147	5090	12666	3272	20285
杠家镇	19072	9671	9401	6443	9401	9233	4948	11005	3119	18244
包家镇	13452	6812	6640	4715	6802	6638	2736	8467	2249	13108
白家镇	19133	9599	9534	6400	9442	9427	4048	12124	2961	18516
永平镇	10315	5246	5069	3269	5106	4975	2506	6202	1607	9861
三溪镇	11327	5780	5547	3485	5608	5466	2851	6794	1682	10755
裴兴镇	10593	5338	5255	3512	5314	5244	2700	5839	2054	10079
长龙乡	16605	8317	8288	5463	8313	8288	4370	9916	2319	16021
沙河乡	6228	3130	3098	2258	3028	3041	1434	3688	1106	6080

表22 续表 14

单位：人、户

地区	总人口			家庭户	家庭户总人口		分年龄人口			居住本地，户口在本地
	合计	男	女	户数	男	女	0-14岁	15-64岁	65岁及以上	
大石乡	9434	4751	4683	3256	4604	4633	2414	5426	1594	8895
黄沙乡	14091	6952	7139	4554	6854	7080	3492	8661	1938	13621
武隆县	**351038**	**180010**	**171028**	**116978**	**175024**	**167529**	**70320**	**234232**	**46486**	**323394**
巷口镇	78225	39340	38885	24943	38072	37794	14665	56141	7419	64354
火炉镇	25818	13448	12370	8107	12984	12072	6017	16460	3341	25379
白马镇	25629	13116	12513	8342	12681	11995	4659	17587	3383	22826
鸭江镇	19636	10019	9617	7080	9538	9201	3427	12895	3314	18319
长坝镇	15286	7703	7583	5444	7304	7253	2665	10179	2442	14461
江口镇	20829	10811	10018	6764	10461	9921	4709	14068	2052	19105
平桥镇	14926	7650	7276	5404	7263	7099	2733	9850	2343	14007
羊角镇	14659	7469	7190	5006	7366	7143	2855	9642	2162	14285
仙女山镇	13808	7300	6508	3965	6951	6219	2761	9227	1820	12805
桐梓镇	8896	4533	4363	3199	4507	4359	2043	5557	1296	8684
土坎镇	8128	4077	4051	2741	4062	4045	1613	5533	982	7802
和顺镇	11899	6347	5552	4262	6272	5526	2182	8100	1617	11214
凤来乡	11036	5630	5406	4099	5594	5400	2131	6828	2077	10802
庙垭乡	8752	4444	4308	3279	4441	4308	1619	5428	1705	8517
石桥苗族土家族乡	8151	4011	4140	2877	4011	4140	1766	5360	1025	7919
双河乡	9826	5254	4572	3024	5219	4544	2077	6349	1400	9441
黄莺乡	7955	4119	3836	2639	4031	3822	1644	5113	1198	7750
沧沟乡	8497	4545	3952	2607	4456	3898	2057	5300	1140	8181
文复苗族土家族乡	6926	3581	3345	2258	3473	3319	1664	4307	955	6567
土地乡	5433	2815	2618	1923	2815	2618	1326	3372	735	5238
白云乡	5457	2768	2689	1932	2739	2675	1088	3474	895	5156
后坪苗族土家族乡	4853	2485	2368	1701	2434	2356	1223	2855	775	4746
浩口苗族仡佬族乡	5475	2838	2637	1675	2799	2627	1188	3700	587	5284
接龙乡	4112	2173	1939	1430	2156	1937	927	2454	731	3968
赵家乡	3616	1895	1721	1196	1808	1697	673	2320	623	3500
铁矿乡	3210	1639	1571	1081	1587	1561	608	2133	469	3084
忠县	**751424**	**378446**	**372978**	**259533**	**369041**	**365277**	**148151**	**499618**	**103655**	**701773**
忠州镇	137467	67898	69569	47975	64070	66272	25669	98017	13781	106070
新生镇	24971	12717	12254	8728	12715	12254	5380	16426	3165	24362
任家镇	16227	8286	7941	5021	8277	7939	3590	10467	2170	15906
乌杨镇	36733	18716	18017	13489	18085	17564	7036	24617	5080	35841
洋渡镇	19309	9687	9622	6280	9372	9411	4338	11979	2992	18445
东溪镇	17864	8957	8907	7530	8865	8872	3432	11751	2681	17347
复兴镇	13386	6811	6575	4700	6808	6574	2530	8966	1890	12855
石宝镇	35862	17698	18164	12340	17091	17689	6743	24328	4791	34935
汝溪镇	34065	17462	16603	10881	17013	16267	7420	22118	4527	32534
野鹤镇	19964	10260	9704	6384	10182	9673	4032	13037	2895	19734
官坝镇	33349	16818	16531	9890	16759	16503	6951	21504	4894	32854
石黄镇	11848	6018	5830	3767	6017	5829	1986	8061	1801	11674
马灌镇	34448	17253	17195	13465	17199	17161	6079	22686	5683	33720
金鸡镇	17411	8918	8493	6590	8916	8493	3655	10709	3047	16849
新立镇	32296	16093	16203	12203	15696	15761	6396	20708	5192	31112
双桂镇	18620	9441	9179	5958	9441	9178	3581	12244	2795	18315
拔山镇	47977	24372	23605	15469	22719	22155	8935	32465	6577	44267
花桥镇	20117	10263	9854	6705	10149	9792	3576	13501	3040	19682
永丰镇	18052	9011	9041	6018	8861	8956	3190	12388	2474	17644
三汇镇	25948	12931	13017	8926	12305	12395	5213	16224	4511	24558

表22 续表 15　　　　单位：人、户

地区	总人口			家庭户	家庭户总人口		分年龄人口			居住本地，户口在本地
	合计	男	女	户数	男	女	0-14岁	15-64岁	65岁及以上	
白石镇	32024	16173	15851	11971	16051	15813	6745	20342	4937	31125
黄金镇	35078	17859	17219	11971	17834	17213	7064	23422	4592	34743
善广乡	10523	5206	5317	3752	5199	5310	2571	6453	1499	10155
石子乡	5773	3001	2772	1918	2925	2760	1188	3859	726	5569
磨子土家族乡	15124	7862	7262	5311	7806	7205	2918	9909	2297	14967
涂井乡	16018	7965	8053	5281	7932	8040	3564	9869	2585	15795
金声乡	9690	4935	4755	3488	4930	4755	2235	5862	1593	9571
兴峰乡	11280	5835	5445	3522	5824	5443	2134	7706	1440	11144
开县	**1160336**	**584846**	**575490**	**420652**	**564836**	**559764**	**273211**	**744671**	**142454**	**1048541**
镇东街道	18819	9240	9579	7432	9227	9576	3981	12839	1999	15042
丰乐街道	19851	9567	10284	6950	9543	10268	4455	13483	1913	15263
白鹤街道	40937	20468	20469	14429	19725	19931	9455	26329	5153	39179
汉丰街道	85107	42122	42985	26493	40179	41430	16406	61833	6868	56099
文峰街道	69747	34410	35337	22492	33191	33793	12540	51250	5957	49666
云枫街道	41674	20396	21278	12113	17129	17283	6344	32293	3037	23682
赵家街道	39910	20288	19622	15921	19748	19133	10087	23712	6111	38455
郭家镇	31394	16161	15233	10903	15698	15038	7046	20609	3739	29203
温泉镇	39402	20121	19281	13328	18803	18405	9102	25763	4537	35913
铁桥镇	42085	21412	20673	14461	20666	20059	9443	27580	5062	40192
南雅镇	28382	14471	13911	10871	14437	13901	6609	17978	3795	27967
和谦镇	20632	10710	9922	7196	10303	9756	4163	14181	2288	19078
镇安镇	15452	7710	7742	6366	7537	7683	4208	9067	2177	14655
竹溪镇	22900	11416	11484	9551	11320	11461	6550	12946	3404	22416
渠口镇	14437	7332	7105	5592	6800	6817	3221	8944	2272	14032
厚坝镇	17358	8716	8642	6531	8478	8481	3910	11027	2421	17077
高桥镇	23608	12015	11593	8364	11754	11462	6204	14902	2502	23175
义和镇	26313	13667	12646	9205	13488	12575	6128	16821	3364	25816
大进镇	32213	16701	15512	11543	16434	15396	8066	20605	3542	31101
长沙镇	47170	23609	23561	19071	22194	22338	10831	29368	6971	44159
临江镇	71149	35136	36013	27315	33938	34813	18130	44473	8546	66393
敦好镇	36863	18994	17869	12959	18147	17502	8877	23690	4296	34775
中和镇	43318	22033	21285	15188	21833	21099	10886	26818	5614	41989
岳溪镇	47802	24035	23767	19435	23824	23640	14290	26197	7315	46452
南门镇	40941	20832	20109	16218	19970	19573	11237	23324	6380	40563
河堰镇	19589	9986	9603	7164	9728	9499	5332	11644	2613	18731
九龙山镇	32696	16361	16335	12835	15762	16056	8680	19480	4536	31870
白桥镇	13796	6929	6867	5595	6814	6828	3659	7786	2351	13274
天和镇	14818	7619	7199	4765	7056	6911	3467	9729	1622	14372
金峰镇	13355	6794	6561	5732	6678	6496	2889	8098	2368	13101
谭家镇	15261	7766	7495	5652	7765	7494	3676	9780	1805	14725
巫山镇	19829	10264	9565	8118	10148	9545	4428	12495	2906	19399
大德镇	31548	15348	16200	12135	14843	15912	7761	19106	4681	30924
白泉乡	8229	4273	3956	2392	4217	3941	2378	5067	784	7901
关面乡	7127	3768	3359	2548	3754	3357	1928	4398	801	6762
满月乡	10057	5169	4888	3300	5098	4886	2604	6361	1092	9595
五通乡	5530	2813	2717	2160	2737	2695	1293	3256	981	5424
麻柳乡	17451	9044	8407	6583	9029	8405	4637	10557	2257	17200
紫水乡	20396	10451	9945	6719	10202	9865	4881	13103	2412	20025
三汇口乡	13190	6699	6491	5027	6639	6461	3429	7779	1982	12896
云阳县	**912912**	**456793**	**456119**	**338885**	**443043**	**444495**	**199479**	**597966**	**115467**	**828050**

表22 续表 16

单位：人、户

地区	总人口 合计	总人口 男	总人口 女	家庭户户数	家庭户总人口 男	家庭户总人口 女	分年龄人口 0-14岁	分年龄人口 15-64岁	分年龄人口 65岁及以上	居住本地，户口在本地
双江街道	77414	37488	39926	24181	36362	37369	13666	57163	6585	49777
青龙街道	94897	47329	47568	30088	45047	45982	16901	69860	8136	69963
龙角镇	13074	6739	6335	5291	6665	6309	2861	8439	1774	12294
故陵镇	16997	8169	8828	6725	7971	8705	4641	10335	2021	16010
红狮镇	25020	12934	12086	9036	12707	11951	5041	17354	2625	24635
路阳镇	13595	6759	6836	5477	6689	6759	3243	7938	2414	13365
农坝镇	13741	6833	6908	5091	6738	6862	3856	7915	1970	13189
渠马镇	10644	5252	5392	4531	5231	5385	2625	6377	1642	10338
黄石镇	8778	4417	4361	3582	4376	4340	1894	5497	1387	8459
巴阳镇	10840	5423	5417	4744	5357	5416	2086	6885	1869	10576
沙市镇	13177	6743	6434	5364	6687	6399	2925	8438	1814	12913
鱼泉镇	13502	6731	6771	5867	6730	6769	3241	7977	2284	12910
凤鸣镇	44846	22447	22399	16045	20408	20319	10006	28475	6365	40520
盘龙镇	30609	15325	15284	12281	14829	14996	6317	19662	4630	28596
宝坪镇	19728	10016	9712	8322	9951	9668	4066	12128	3534	19330
南溪镇	82730	41169	41561	31467	39982	40517	17714	55228	9788	79342
双土镇	19061	9602	9459	7201	9261	9271	4512	11554	2995	18624
桑坪镇	18306	9161	9145	7892	9091	9113	4748	10869	2689	18005
江口镇	88981	44063	44918	30649	41787	43331	20583	59772	8626	83926
高阳镇	23339	11781	11558	9453	11148	11052	5083	14692	3564	21302
平安镇	26155	13443	12712	9766	12587	12196	5858	16581	3716	25256
人和镇	30398	15324	15074	11061	15020	14771	6065	20557	3776	29009
云阳镇	17017	8610	8407	7579	8400	8355	3607	10846	2564	15969
云安镇	13573	6729	6844	6414	6691	6829	2622	8765	2186	13233
栖霞镇	12776	6353	6423	5409	6353	6423	2816	8273	1687	12490
双龙镇	18924	9534	9390	7548	9491	9367	5064	10845	3015	18600
外郎乡	5557	2852	2705	2356	2827	2692	1169	3252	1136	5453
泥溪乡	9007	4647	4360	3796	4635	4355	2204	5191	1612	8834
耀灵乡	7791	3994	3797	2744	3976	3795	2167	4469	1155	7414
票草乡	14637	7340	7297	5267	7220	7227	3859	8644	2134	14276
堰坪乡	9770	5081	4689	3109	4996	4654	2351	6429	990	9349
新津乡	6505	3057	3448	2753	3055	3447	1783	3632	1090	6342
普安乡	7440	3659	3781	3182	3593	3766	1834	4381	1225	7186
龙洞乡	20189	10336	9853	5939	10316	9849	4679	13691	1819	19482
洞鹿乡	8207	4196	4011	2999	4101	3955	1853	5175	1179	7997
石门乡	5260	2683	2577	2261	2644	2572	1280	3209	771	5086
大阳乡	8602	4371	4231	3478	4257	4198	2008	5339	1255	8502
后叶乡	11991	6029	5962	4148	5990	5945	2723	7845	1423	11956
养鹿乡	11987	6000	5987	5029	5973	5981	3078	7006	1903	11418
水口乡	9914	5037	4877	3946	4949	4854	2187	6254	1473	9037
上坝乡	6892	3600	3292	2717	3549	3272	1425	4344	1123	6697
清水土家族自治乡	11041	5537	5504	4097	5403	5479	2838	6680	1523	10390
奉节县	**834259**	**426888**	**407371**	**297314**	**415990**	**399878**	**182273**	**564096**	**87890**	**738597**
永安镇	144314	72080	72234	45395	70081	70324	29105	105102	10107	90045
白帝镇	30251	15622	14629	10539	15559	14609	6608	20878	2765	28157
草堂镇	29647	15375	14272	9574	15117	14167	6940	19624	3083	28633
汾河镇	32059	17069	14990	10847	16075	14811	6920	22131	3008	29323
康乐镇	35521	18454	17067	13031	17982	16719	7241	24863	3417	33072
大树镇	21793	11287	10506	8746	11270	10497	4387	14740	2666	21389
竹园镇	39338	19939	19399	14736	19712	19317	9234	26161	3943	36407

表22 续表 17 单位：人、户

地　　区	总人口			家庭户	家庭户总人口		分年龄人口			居住本地，户口在本地
	合　计	男	女	户　数	男	女	0-14岁	15-64岁	65岁及以上	
公平镇	38852	19852	19000	14984	18169	17948	8576	25917	4359	34478
朱衣镇	55627	28440	27187	18677	26776	25645	11321	39901	4405	49422
甲高镇	24407	12429	11978	10145	12400	11975	6955	14420	3032	23912
羊市镇	10027	5082	4945	4047	5070	4943	2845	5868	1314	9684
吐祥镇	41011	20775	20236	14934	20061	19576	8973	27126	4912	39082
兴隆镇	41411	20934	20477	15079	20782	20404	9012	27485	4914	38540
青龙镇	15335	7919	7416	6267	7757	7399	3755	9363	2217	14611
新民镇	21912	11707	10205	8150	11561	10133	5066	14185	2661	21048
永乐镇	22434	11639	10795	8157	11601	10779	5016	14863	2555	21492
岩湾乡	8682	4570	4112	2880	4497	4104	1897	5859	926	8563
平安乡	13161	6570	6591	4934	6482	6564	2723	8537	1901	12705
红土乡	14483	7219	7264	6278	7195	7259	3328	9043	2112	14093
新政乡	26969	14014	12955	10492	13533	12884	5369	18025	3575	25751
石岗乡	22126	11523	10603	8933	11435	10559	4202	15057	2867	21892
康坪乡	8481	4269	4212	3156	4268	4211	2002	5601	878	8314
五马乡	25919	13576	12343	9013	13517	12314	6274	16114	3531	25540
太和土家族乡	9784	5009	4775	3600	4946	4738	1909	6569	1306	9419
安坪乡	24767	12619	12148	9274	12593	12142	6127	15850	2790	24166
鹤峰乡	10614	5508	5106	3866	5445	5072	2620	6518	1476	10079
冯坪乡	15497	8175	7322	4953	8082	7275	3991	9700	1806	14974
长安土家族乡	11976	6216	5760	3867	6138	5736	2641	7935	1400	11440
龙桥土家族乡	8609	4336	4273	3063	4306	4259	1717	5816	1076	8102
云雾土家族乡	3287	1704	1583	1080	1678	1575	677	2144	466	3144
白帝城风景区管理委员会	25965	12977	12988	8617	11902	11940	4842	18701	2422	21120
巫山县	**495072**	**254793**	**240279**	**168380**	**246249**	**233799**	**104843**	**337677**	**52552**	**450730**
巫峡镇	98743	49432	49311	30177	46245	46011	18301	73969	6473	74875
庙宇镇	34913	18061	16852	11683	18030	16830	8489	22602	3822	33697
大昌镇	36217	17936	18281	12519	16958	17283	8116	23819	4282	32620
福田镇	32340	16385	15955	11613	16332	15938	7837	20921	3582	29310
龙溪镇	16304	8186	8118	5277	8165	8104	4425	9997	1882	15590
双龙镇	18646	9371	9275	6902	9335	9263	4284	11717	2645	17897
官阳镇	14762	7454	7308	4435	7266	7195	3015	10062	1685	14414
骡坪镇	24859	13286	11573	8197	12399	10849	5651	16737	2471	23724
抱龙镇	19472	10102	9370	8303	9924	9314	3632	12921	2919	18964
官渡镇	42766	22023	20743	15575	20853	19829	8557	28930	5279	40859
铜鼓镇	18590	9581	9009	6880	9548	8986	4082	12061	2447	18016
红椿土家族乡	4980	2736	2244	1525	2680	2229	1029	3411	540	4799
龙井乡	19130	9952	9178	6906	9948	9178	4072	13326	1732	18338
两坪乡	16794	9045	7749	5445	8822	7688	3985	11181	1628	15832
曲尺乡	12728	6750	5978	4173	6740	5970	2399	9024	1305	12440
建平乡	10464	5549	4915	3355	5549	4915	2155	7054	1255	10110
大溪乡	7321	3865	3456	2418	3819	3439	1662	4869	790	7003
金坪乡	2954	1569	1385	1065	1533	1372	589	1936	429	2832
平河乡	9990	5064	4926	3422	4988	4898	2016	6620	1354	9514
当阳乡	5160	2640	2520	1706	2522	2464	1007	3484	669	4737
竹贤乡	3928	2081	1847	1351	2061	1840	762	2635	531	3850
三溪乡	18961	10079	8882	6626	10041	8881	3906	13063	1992	18204
培石乡	6460	3293	3167	2541	3280	3158	1441	4158	861	6204
笃坪乡	14965	8376	6589	5030	7396	6528	2767	10650	1548	13602
邓家土家族乡	3625	1977	1648	1256	1815	1637	664	2530	431	3299

表22 续表 18

单位：人、户

地区	总人口			家庭户	家庭户总人口		分年龄人口			居住本地，户口在本地
	合计	男	女	户数	男	女	0-14岁	15-64岁	65岁及以上	
巫溪县	**414073**	**209870**	**204203**	**144066**	**201300**	**197176**	**83983**	**283757**	**46333**	**372139**
城厢镇	89080	44577	44503	28779	40456	40413	16750	65440	6890	62580
凤凰镇	14574	7354	7220	5160	7246	7139	2770	9981	1823	13920
宁厂镇	5068	2712	2356	2349	2670	2343	902	3451	715	4874
上磺镇	25648	12815	12833	8892	12133	12258	5990	17030	2628	23512
古路镇	22331	11193	11138	7822	10926	11004	5135	14545	2651	21246
文峰镇	31338	15724	15614	10416	15152	15164	5833	22030	3475	29958
徐家镇	13461	6831	6630	4779	6677	6561	2642	9507	1312	12541
白鹿镇	14870	7473	7397	5253	7425	7366	3259	9983	1628	14367
尖山镇	17334	8833	8501	6169	7949	7643	3484	11786	2064	15349
下堡镇	14458	7779	6679	4957	7624	6613	2666	10238	1554	14061
峰灵镇	15517	7485	8032	5720	7485	8032	3744	9891	1882	15140
塘坊镇	17065	8417	8648	5787	8371	8615	3274	11669	2122	16616
朝阳镇	13524	7020	6504	4767	6897	6448	2494	9329	1701	13214
田坝镇	9568	5038	4530	3622	4839	4444	2181	6050	1337	9159
通城镇	11741	6072	5669	4503	6062	5664	2361	7752	1628	11161
胜利乡	7328	3707	3621	2785	3670	3608	1254	5001	1073	7039
菱角乡	13364	6525	6839	5023	6428	6760	2608	8840	1916	12889
大河乡	8341	4424	3917	3014	4409	3917	1633	5743	965	8089
天星乡	3121	1706	1415	1248	1645	1387	395	2282	444	2987
长桂乡	4770	2566	2204	1524	2457	2162	847	3348	575	4606
蒲莲乡	9443	4661	4782	3312	4567	4768	2321	5934	1188	8900
鱼鳞乡	5336	2803	2533	2034	2775	2515	1039	3713	584	5160
乌龙乡	5993	3114	2879	2143	3056	2853	1236	3996	761	5656
中岗乡	14567	7583	6984	4571	7411	6903	3475	9291	1801	14297
花台乡	5028	2460	2568	1798	2362	2520	1281	3078	669	4764
兰英乡	2667	1429	1238	918	1409	1230	520	1790	357	2563
双阳乡	2111	1113	998	783	1099	993	354	1463	294	2084
中梁乡	3861	2042	1819	1280	1811	1769	805	2579	477	3403
天元乡	5663	2939	2724	2144	2918	2713	1243	3686	734	5490
土城乡	6245	3120	3125	2321	3058	3092	1403	3818	1024	6012
红池坝经济开发区	658	355	303	193	313	279	84	513	61	502
石柱土家族自治县	**415050**	**210866**	**204184**	**148110**	**194816**	**195373**	**98859**	**264887**	**51304**	**362685**
南宾镇	118597	59743	58854	35878	52986	53774	24408	84402	9787	85042
西沱镇	25585	12464	13121	9711	11226	11804	5089	17610	2886	22202
下路镇	26300	13494	12806	9230	12475	12500	6808	15703	3789	24525
悦崃镇	12298	6085	6213	4719	5890	6066	3279	7457	1562	11595
临溪镇	15869	7926	7943	6514	7760	7875	4350	8921	2598	15066
黄水镇	13563	7394	6169	4558	6253	5800	2587	9800	1176	12325
马武镇	8646	4459	4187	3321	4241	4115	2307	5118	1221	8135
沙子镇	13338	7641	5697	4013	5775	5480	2712	9195	1431	11096
王场镇	10297	4970	5327	4783	4819	5227	2781	5661	1855	10071
沿溪镇	13159	6499	6660	5664	6411	6630	3296	7821	2042	13068
龙沙镇	9648	4738	4910	3889	4637	4844	2918	5240	1490	9302
鱼池镇	10607	5328	5279	3811	5244	5250	2872	6369	1366	9945
三河镇	17335	8836	8499	6075	8358	8350	4648	10459	2228	16489
大歇镇	15466	7776	7690	5709	7622	7609	3989	9086	2391	14821
桥头镇	7744	3916	3828	2987	3582	3616	2224	4262	1258	7547
万朝镇	11718	5999	5719	4727	5507	5629	2954	7125	1639	10306
冷水镇	6234	3383	2851	1799	3104	2808	1383	4191	660	5655

表22　续表 19

单位：人、户

地　区	总人口			家庭户	家庭户总人口		分年龄人口			居住本地，户口在本地
	合　计	男	女	户　数	男	女	0-14岁	15-64岁	65岁及以上	
黎场乡	7943	3867	4076	3508	3769	4069	2306	4236	1401	7913
三星乡	7725	3960	3765	3407	3837	3699	1914	4365	1446	7551
六塘乡	8788	4570	4218	3134	4387	4130	2258	5236	1294	8506
三益乡	2974	1529	1445	1359	1466	1412	859	1588	527	2804
王家乡	5503	2723	2780	2433	2723	2780	1435	3114	954	5447
河嘴乡	6787	3395	3392	2765	3357	3378	1851	3712	1224	6630
石家乡	6312	3193	3119	2547	3181	3116	1506	3967	839	6164
枫木乡	9614	4981	4633	2939	4678	4548	2277	6336	1001	8952
中益乡	5434	2820	2614	2329	2764	2585	1401	3182	851	5272
洗新乡	3541	1875	1666	1303	1831	1656	944	2069	528	3407
黄鹤乡	3740	1907	1833	1387	1841	1793	1078	2217	445	3255
龙潭乡	3510	1824	1686	1217	1734	1665	823	2160	527	3277
新乐乡	3256	1712	1544	1108	1595	1527	754	2101	401	3024
金铃乡	2374	1243	1131	875	1196	1116	590	1448	336	2216
金竹乡	1145	616	529	411	567	522	258	736	151	1077
秀山土家族苗族自治县	**501590**	**255904**	**245686**	**148664**	**249028**	**241227**	**118815**	**328787**	**53988**	**464145**
中和镇	105003	52425	52578	28318	49166	49434	19636	77543	7824	85090
平凯镇	30958	15780	15178	8702	15554	15078	6837	21271	2850	27609
清溪场镇	45338	22749	22589	13772	22244	22392	11565	28493	5280	43911
隘口镇	14956	7648	7308	4571	7603	7299	4399	8646	1911	14495
溶溪镇	20448	10571	9877	6063	10444	9835	5082	13363	2003	19441
官庄镇	28805	14826	13979	7999	14559	13824	6134	19512	3159	27884
龙池镇	21535	10921	10614	6473	10771	10544	5270	13623	2642	20469
石堤镇	7158	3581	3577	2218	3494	3568	1906	4423	829	6388
峨溶镇	18260	9515	8745	4900	9489	8730	4923	11493	1844	17388
洪安镇	12380	6312	6068	3320	6108	5935	3023	7952	1405	11629
雅江镇	11936	6268	5668	3665	6176	5645	2806	7657	1473	11498
石耶镇	9069	4606	4463	2587	4545	4443	2080	6066	923	8699
梅江镇	25651	13124	12527	7755	12884	12437	6594	15924	3133	24911
兰桥镇	12135	6185	5950	3786	6179	5949	3479	7245	1411	11955
官舟乡	6978	3637	3341	2284	3624	3334	1549	4603	826	6729
孝溪乡	9414	5027	4387	3036	4837	4371	2379	5879	1156	8979
塘坳乡	8214	4249	3965	2711	4226	3963	2223	4991	1000	8036
膏田乡	13608	7314	6294	3671	6771	6173	3287	8987	1334	12566
溪口乡	13059	6710	6349	4155	6567	6274	3286	8266	1507	12601
妙泉乡	6874	3437	3437	2212	3346	3407	1744	4217	913	6601
宋农乡	5327	2766	2561	1944	2709	2558	1255	3274	798	5040
海洋乡	5352	2734	2618	1697	2733	2617	1418	3297	637	5236
大溪乡	5956	2979	2977	2151	2895	2957	1602	3602	752	5814
保安乡	6994	3452	3542	2405	3448	3537	1964	4066	964	6837
里仁乡	7245	3654	3591	2324	3579	3558	1836	4441	968	6980
涌洞乡	7643	4012	3631	2326	3901	3588	1821	4778	1044	7502
干川乡	3279	1735	1544	1237	1734	1544	689	2064	526	3193
平马乡	5855	2985	2870	1854	2931	2826	1590	3471	794	5652
中平乡	6003	3072	2931	1991	3012	2910	1591	3566	846	5838
岑溪乡	5611	2926	2685	1965	2926	2684	1350	3479	782	5459
钟灵乡	16530	8698	7832	5374	8604	7818	4348	10161	2021	15855
巴家乡	4016	2006	2010	1198	1969	1995	1149	2434	433	3860
酉阳土家族苗族自治县	**578058**	**296694**	**281364**	**195743**	**288741**	**275021**	**158026**	**352924**	**67108**	**539778**
钟多镇	93928	47686	46242	28129	44502	43123	22343	64833	6752	75037

表22　续表 20　　　　单位：人、户

地　　区	总人口			家庭户	家庭户总人口		分年龄人口			居住本地，户口在本地
	合　计	男	女	户　数	男	女	0-14岁	15-64岁	65岁及以上	
龙潭镇	47406	24140	23266	15217	22768	22197	12090	30751	4565	43346
麻旺镇	33456	17240	16216	11136	17098	16135	9377	20235	3844	32546
酉酬镇	17763	9096	8667	6050	8824	8457	4710	11000	2053	16957
大溪镇	13323	6710	6613	4622	6709	6611	3867	8139	1317	12816
兴隆镇	11543	5922	5621	4233	5920	5621	3096	6802	1645	11203
黑水镇	17180	8878	8302	6183	8737	8222	4747	10144	2289	16073
丁市镇	19543	10042	9501	6356	9834	9152	5702	11505	2336	18733
龚滩镇	17248	8766	8482	5605	8440	8303	4639	10677	1932	16479
李溪镇	24429	12526	11903	8513	12420	11860	7366	14171	2892	23349
泔溪镇	11643	6003	5640	4010	5865	5598	3142	6912	1589	11313
后溪镇	11097	5629	5468	3742	5629	5468	2915	6879	1303	10902
苍岭镇	12723	6516	6207	4587	6508	6191	3687	7444	1592	12208
小河镇	11069	5674	5395	3848	5524	5330	3457	5968	1644	10646
涂市乡	14817	7935	6882	5219	7741	6819	3824	8894	2099	14470
板溪乡	11164	5938	5226	3543	5590	4980	2722	7169	1273	10136
铜鼓乡	19175	9992	9183	7334	9882	9135	5402	10944	2829	18854
江丰乡	10363	5301	5062	3490	5163	4981	2901	6185	1277	9879
可大乡	10206	5131	5075	3492	5123	5073	3256	5814	1136	10032
偏柏乡	10460	5347	5113	3463	5219	5056	2875	6445	1140	10301
五福乡	8410	4240	4170	2802	4240	4170	2542	5086	782	8279
木叶乡	5275	2817	2458	2061	2797	2456	1316	3074	885	5106
毛坝乡	7762	4064	3698	3136	4034	3687	1799	4651	1312	7481
花田乡	6378	3385	2993	2387	3217	2900	1539	3710	1129	6201
后坪乡	9202	4765	4437	3422	4713	4364	2480	5298	1424	8940
天馆乡	8735	4602	4133	3196	4595	4130	2179	5443	1113	8404
宜居乡	13557	6974	6583	4783	6799	6407	4066	7663	1828	13378
万木乡	15220	7738	7482	5302	7665	7462	5459	7972	1789	14700
两罾乡	8673	4368	4305	3015	4293	4261	2325	5288	1060	8479
板桥乡	7249	3794	3455	2862	3789	3455	2016	4199	1034	6980
官清乡	8415	4308	4107	3186	4265	4091	2458	4732	1225	8273
南腰界乡	12156	6225	5931	4354	6165	5898	3959	6544	1653	11890
车田乡	4946	2552	2394	1639	2506	2382	1454	2898	594	4680
腴地乡	6303	3325	2978	2375	3241	2931	1869	3341	1093	6054
清泉乡	5459	2800	2659	1913	2744	2633	1340	3427	692	5255
庙溪乡	10955	5516	5439	3398	5515	5439	3231	6418	1306	10241
浪坪乡	7304	3697	3607	2353	3674	3600	2318	4166	820	6999
双泉乡	8875	4561	4314	3145	4561	4314	2389	5244	1242	8603
楠木乡	4648	2491	2157	1642	2432	2129	1169	2859	620	4555
彭水苗族土家族自治县	**545094**	**282397**	**262697**	**175324**	**274752**	**259065**	**146639**	**339084**	**59371**	**475321**
汉葭镇	108430	54999	53431	34494	53647	52645	27982	72876	7572	67001
保家镇	39738	20496	19242	11702	19067	18092	10591	25267	3880	35497
郁山镇	30981	16234	14747	10160	16145	14665	7795	20018	3168	29688
高谷镇	15522	8017	7505	4807	7835	7414	3627	10002	1893	14834
桑柘镇	26221	13857	12364	7895	13358	12234	7937	15647	2637	23198
鹿角镇	9519	4850	4669	3340	4705	4572	2614	5773	1132	8352
黄家镇	11900	6216	5684	4085	6104	5639	3119	6975	1806	11257
普子镇	18133	9229	8904	6667	8945	8796	4649	10834	2650	17318
龙射镇	17163	9123	8040	5568	8881	7976	4437	10384	2342	15961
连湖镇	15797	8169	7628	4771	8089	7578	5345	8854	1598	14435
万足镇	5200	2806	2394	1762	2516	2333	1119	3511	570	4739

表22 续表 21

单位：人、户

地区	总人口			家庭户	家庭户总人口		分年龄人口			居住本地，户口在本地
	合计	男	女	户数	男	女	0-14岁	15-64岁	65岁及以上	
靛水乡	18288	9410	8878	6164	9349	8860	4991	10855	2442	17529
岩东乡	7334	3821	3513	2403	3755	3473	1882	4491	961	6984
鹿鸣乡	12800	6704	6096	4052	6593	6025	3231	7846	1723	12151
平安乡	8986	4674	4312	2853	4596	4267	2318	5492	1176	8657
棣棠乡	7902	4124	3778	2720	3937	3775	2070	4748	1084	7399
太原乡	7745	3890	3855	2770	3840	3844	2190	4422	1133	7358
三义乡	5153	2723	2430	1719	2656	2423	1293	3217	643	4769
联合乡	11254	6082	5172	3242	5658	5089	3091	6981	1182	10670
石柳乡	7757	3996	3761	2370	3977	3748	2426	4576	755	7406
龙溪乡	12692	6671	6021	3702	6609	5988	3561	7830	1301	12307
走马乡	12699	6592	6107	3936	6512	6088	3941	7440	1318	12105
芦塘乡	6750	3716	3034	2126	3420	2995	1689	4296	765	6284
长滩乡	14396	7303	7093	5147	6932	6948	3446	9067	1883	13428
乔梓乡	8773	4562	4211	2839	4471	4167	2585	5236	952	8467
迁桥乡	7739	4054	3685	2495	4051	3685	2103	4717	919	7517
新田乡	18249	9459	8790	5603	9095	8607	5080	10855	2314	16488
梅子垭乡	9643	5014	4629	3211	4928	4593	2914	5617	1112	9170
诸佛乡	10671	5563	5108	3519	5484	5069	3051	6334	1286	10151
小厂乡	6902	3545	3357	1951	3470	3347	2363	3974	565	5636
桐楼乡	3576	1821	1755	1175	1814	1748	1012	2150	414	3286
鞍子乡	12114	6391	5723	4217	6357	5716	3302	7435	1377	11892
善感乡	5410	2782	2628	1763	2707	2595	1386	3369	655	5177
双龙乡	3620	1843	1777	1250	1789	1750	885	2255	480	3376
石盘乡	2537	1343	1194	847	1311	1186	606	1571	360	2401
大垭乡	3407	1789	1618	1145	1734	1605	772	2149	486	3204
润溪乡	9441	4951	4490	3127	4856	4464	2433	5719	1289	9078
朗溪乡	5372	2800	2572	1764	2787	2565	1442	3218	712	5074
龙塘乡	5280	2778	2502	1963	2772	2501	1361	3083	836	5077

表23　四川省乡、镇、街道人口

单位：人、户

地　区	总人口			家庭户	家庭户总人口		分年龄人口			居住本地，户口在本地
	合　计	男	女	户　数	男	女	0-14岁	15-64岁	65岁及以上	
四川省	**80417528**	**40827834**	**39589694**	**25794161**	**38380622**	**37826552**	**13647123**	**57964898**	**8805507**	**67887450**
成都市	**14047625**	**7138705**	**6908920**	**4547109**	**6159260**	**6195192**	**1536850**	**11146427**	**1364348**	**9297309**
锦江区	**690422**	**344711**	**345711**	**224578**	**290824**	**297886**	**61880**	**563909**	**64633**	**360682**
督院街街道	25687	12825	12862	9394	10967	11476	2443	20247	2997	15048
盐市口街道	11211	5764	5447	2785	3545	3734	675	9342	1194	4310
春熙路街道	22216	10857	11359	7625	9289	9932	1434	17947	2835	12019
书院街街道	48078	23607	24471	16341	20231	21662	3849	38111	6118	30700
合江亭街道	45090	22507	22583	12831	20160	20360	3031	36850	5209	22824
水井坊街道	27265	13756	13509	9290	11562	11982	1972	21718	3575	16800
牛市口街道	46741	24060	22681	15640	20081	20994	3587	37410	5744	29107
龙舟路街道	45260	23233	22027	14880	19039	19980	3852	36646	4762	24071
双桂路街道	24384	13839	10545	7269	9674	9685	1944	19999	2441	13952
莲新街道	59870	29501	30369	22238	27730	28905	5754	48285	5831	35985
沙河街道	13710	7331	6379	4421	5833	5648	1139	11136	1435	6761
东光街道	65616	32461	33155	24581	31484	32632	7235	52085	6296	37070
狮子山街道	64826	28164	36662	11446	14242	14668	3395	57983	3448	30151
成龙路街道	113750	56710	57040	39091	50557	51533	12938	92725	8087	46728
柳江街道	52247	27711	24536	19537	25733	23643	5423	43698	3126	20160
三圣街道	24471	12385	12086	7209	10697	11052	3209	19727	1535	14996
青羊区	**828140**	**407655**	**420485**	**268822**	**333418**	**350602**	**76476**	**668420**	**83244**	**452166**
太升路街道	58834	28860	29974	21052	25654	26960	4227	47506	7101	32209
草市街街道	41221	20222	20999	13623	15131	16446	2663	34321	4237	22105
西御河街道	32568	15197	17371	8788	11070	12169	2490	25835	4243	19164
汪家拐街道	58911	28285	30626	18229	22709	24672	4308	46449	8154	41189
少城街道	58837	28055	30782	21038	26089	28281	5319	45920	7598	39794
新华西路街道	53711	26472	27239	10665	11638	13356	2821	47593	3297	38159
草堂街道	50295	24153	26142	16815	21671	23013	4040	38928	7327	31142
府南街道	105005	51051	53954	38631	47669	50572	10571	83864	10570	57578
光华街道	79765	37920	41845	24573	30015	32118	7579	65606	6580	35101
东坡街道	55421	26746	28675	19932	24709	26693	7735	43743	3943	29157
金沙街道	31100	16135	14965	11164	13425	14041	3499	25592	2009	12565
黄田坝街道	65533	32628	32905	22030	28703	28729	6793	48746	9994	46411
苏坡街道	74268	39297	34971	24420	31839	31145	8660	61691	3917	22215
文家街道	62671	32634	30037	17862	23096	22407	5771	52626	4274	25377
金牛区	**1200776**	**617967**	**582809**	**409518**	**528803**	**523703**	**119694**	**981822**	**99260**	**509920**
西安路街道	87021	42229	44792	29190	36213	38453	6570	69771	10680	47319
西华街道	111596	63433	48163	34585	41156	34941	9352	98566	3678	22235
人民北路街道	77097	37823	39274	27594	34927	36349	6396	59470	11231	47915
荷花池街道	62742	31948	30794	21516	28848	29124	5607	49632	7503	29287
驷马桥街道	116239	59179	57060	41267	55953	55030	10134	93238	12867	64371
茶店子街道	92181	45418	46763	31894	40748	42849	9690	73824	8667	46808
抚琴街道	106754	52556	54198	41824	50327	52023	8197	86387	12170	60888
九里堤街道	68502	35633	32869	19524	26365	27350	6968	56423	5111	39911
五块石街道	51408	26487	24921	17411	24554	23957	6200	42693	2515	13682
黄忠街道	39171	19030	20141	14388	17529	18999	4290	31319	3562	16395
营门口街道	90861	48129	42732	31562	39231	38285	9891	76095	4875	27342
金泉街道	83343	43154	40189	26477	36812	36301	10296	68552	4495	26407
沙河源街道	123727	66029	57698	42661	58039	53752	16604	101563	5560	27979
天回镇街道	85160	44371	40789	27650	35846	33983	8672	70394	6094	38361
凤凰山街道	4974	2548	2426	1975	2255	2307	827	3895	252	1020
武侯区	**1375699**	**707631**	**668068**	**460612**	**567911**	**574123**	**135835**	**1139607**	**100257**	**572018**
浆洗街街道	62804	31841	30963	17244	21751	22996	4522	51486	6796	39153
望江路街道	92647	45954	46693	24837	30864	32148	6483	77238	8926	58512
玉林街道	80734	39159	41575	28685	33841	36437	6539	63730	10465	41609
跳伞塔街道	69153	33682	35471	22360	27404	28465	5955	55412	7786	39534
火车南站街道	72386	35789	36597	25521	30271	32842	7171	60037	5178	35286

表23　续表 1　　单位：人、户

地　区	总人口			家庭户	家庭户总人口		分年龄人口			居住本地，户口在本地
	合　计	男	女	户　数	男	女	0-14岁	15-64岁	65岁及以上	
双楠街道	97700	49531	48169	37021	42853	45780	9528	78732	9440	59575
晋阳街道	75440	37559	37881	25208	33468	34787	9223	59583	6634	27080
红牌楼街道	105770	53545	52225	37783	45233	48286	12084	87360	6326	42371
簇桥街道	83974	43196	40778	16701	24083	24087	8084	72165	3725	16225
机投桥街道	103297	55347	47950	40511	51549	46068	13311	86109	3877	18674
金花桥街道	115097	62706	52391	45723	51492	45608	10542	101103	3452	20029
簇锦街道	77647	41993	35654	29560	36020	33847	8475	65484	3688	17619
华兴街道	47154	25854	21300	18119	21866	19100	4828	40845	1481	8885
芳草街道	96777	46651	50126	34842	42053	45708	9842	76807	10128	62083
肖家河街道	46827	23866	22961	15716	19290	20947	4024	38790	4013	21389
石羊街道	85196	45326	39870	25031	34500	35122	9051	71138	5007	40187
桂溪街道	63096	35632	27464	15750	21373	21895	6173	53588	3335	23807
成华区	**938785**	**483749**	**455036**	**322754**	**431183**	**423634**	**96735**	**752744**	**89306**	**490858**
猛追湾街道	70107	34960	35147	25362	30953	31582	4987	55023	10097	42664
双桥子街道	77541	38072	39469	25476	35222	36538	5980	59033	12528	55358
建设路街道	63956	33172	30784	22036	26438	26637	4974	50610	8372	37444
府青路街道	44834	22504	22330	16557	21126	21583	4463	35438	4933	24353
二仙桥街道	57872	32078	25794	13876	17932	17185	3635	49479	4758	31541
跳蹬河街道	37738	19225	18513	14524	19070	18380	3626	29733	4379	20656
新鸿路街道	61668	30830	30838	21085	28221	28741	4846	48901	7921	39096
双水碾街道	60352	30892	29460	20496	29686	28650	7406	49348	3598	17093
万年场街道	76467	39553	36914	26915	35850	35430	7968	62479	6020	38573
桃蹊路街道	89107	45061	44046	31507	42562	42692	10471	70253	8383	52562
圣灯街道	16600	8415	8185	6424	8129	8084	2110	13257	1233	11078
保和街道	50286	27403	22883	17804	22416	21462	6131	41453	2702	19703
青龙街道	164479	86618	77861	59497	81905	75444	21072	134441	8966	52632
龙潭街道	67778	34966	32812	21195	31673	31226	9066	53296	5416	48105
龙泉驿区	**767203**	**382695**	**384508**	**222360**	**315733**	**317467**	**92260**	**612444**	**62499**	**462454**
龙泉街道	248852	124467	124385	76054	103056	105115	29781	198896	20175	137544
大面街道	129669	61366	68303	33009	46114	46182	13016	108867	7786	60262
十陵街道	110247	56353	53894	30899	45144	44850	13232	88743	8272	60605
同安街道	49592	24092	25500	11883	16074	16245	4688	41233	3671	24382
洛带镇	29182	14617	14565	9729	13780	13880	4096	21844	3242	21025
西河镇	57540	29114	28426	16758	26326	25993	7734	44876	4930	44523
洪安镇	15121	7600	7521	5037	7333	7441	2230	11166	1725	13831
柏合镇	65664	34022	31642	18677	27823	28119	8207	52028	5429	42841
茶店镇	13768	7037	6731	4808	6726	6584	2144	9717	1907	12928
黄土镇	26669	13486	13183	8258	13133	12962	3847	19959	2863	24890
山泉镇	12568	6367	6201	4275	6050	5939	1931	9247	1390	11472
万兴乡	8331	4174	4157	2973	4174	4157	1354	5868	1109	8151
青白江区	**381792**	**192964**	**188828**	**143539**	**181418**	**182948**	**49195**	**290574**	**42023**	**319070**
红阳街道	58213	29924	28289	20332	26717	26998	6736	45993	5484	38415
大弯街道	73749	36981	36768	27454	33662	34489	8809	57707	7233	50649
弥牟镇	30593	15160	15433	11921	14359	14981	3146	23987	3460	27670
大同镇	22528	11470	11058	8254	9825	10148	2594	17466	2468	18190
城厢镇	50971	25501	25470	18893	24800	25319	6402	38449	6120	47428
祥福镇	42432	21411	21021	17742	21047	20923	5811	31781	4840	39829
姚渡镇	16532	8395	8137	6216	8346	8127	2034	12644	1854	15534
清泉镇	30503	15248	15255	12031	14472	14759	4760	21883	3860	27595
龙王镇	20735	10610	10125	7402	10152	9996	3213	15266	2256	19481
福洪乡	23268	11886	11382	8298	11762	11349	3690	16998	2580	22511
人和乡	12268	6378	5890	4996	6276	5859	2000	8400	1868	11768
新都区	**775703**	**392432**	**383271**	**251237**	**354251**	**354218**	**91366**	**610449**	**73888**	**601188**
大丰街道	73397	37707	35690	18550	29421	28495	9275	60198	3924	26728
三河街道	41297	21228	20069	13536	18846	18805	5169	32930	3198	27190
新都镇	241541	122272	119269	85068	108009	108449	26299	192030	23212	176456

表23 续表 2

单位：人、户

地区	总人口			家庭户	家庭户总人口		分年龄人口			居住本地，户口在本地
	合计	男	女	户数	男	女	0-14岁	15-64岁	65岁及以上	
石板滩镇	48927	24807	24120	14711	24207	23758	6939	37503	4485	46782
新繁镇	103658	52006	51652	33694	47316	48070	12473	79671	11514	92926
新民镇	35146	17394	17752	12114	17330	17700	3904	26982	4260	34580
泰兴镇	30814	15537	15277	10454	15073	14918	3800	23853	3161	28345
斑竹园镇	57380	29068	28312	17061	24854	24888	6246	45861	5273	43366
清流镇	29763	14849	14914	11231	14261	14557	3330	22634	3799	27790
马家镇	24623	12445	12178	8696	11946	11941	2768	19121	2734	21879
龙桥镇	31619	16062	15557	9290	14927	14713	3584	25258	2777	23838
木兰镇	39106	19850	19256	11486	19088	18867	5545	30146	3415	34411
军屯镇	18432	9207	9225	5346	8973	9057	2034	14262	2136	16897
温江区	**457070**	**229040**	**228030**	**134259**	**177844**	**182700**	**45521**	**370479**	**41070**	**310973**
柳城街道	144039	71577	72462	41961	51656	54981	13821	118351	11867	88760
公平街道	47939	24293	23646	14008	19733	20211	5279	38282	4378	26438
涌泉街道	23543	12375	11168	7183	9921	9828	2466	19175	1902	13890
天府街道	51933	24189	27744	7939	11580	11787	3223	46549	2161	28398
和盛镇	34419	17105	17314	11917	15628	15741	3676	27039	3704	28769
永盛镇	15191	8098	7093	4126	5951	5838	1488	12323	1380	10397
金马镇	24007	12528	11479	6833	9714	9842	2370	19300	2337	16861
永宁镇	23102	12039	11063	6708	9629	9654	2585	18305	2212	17307
万春镇	57059	28919	28140	20463	26406	27036	6584	44148	6327	46201
寿安镇	35838	17917	17921	13121	17626	17782	4029	27007	4802	33952
金堂县	**717227**	**363823**	**353404**	**257711**	**347024**	**341386**	**124453**	**509826**	**82948**	**664049**
赵镇	154947	77516	77431	54263	70042	71955	21243	118192	15512	131282
三星镇	21458	10715	10743	8299	10024	10053	2918	16006	2534	18911
清江镇	22898	11442	11456	7977	11230	11371	3104	17149	2645	21809
官仓镇	21247	10818	10429	7604	10715	10376	3212	15648	2387	20428
淮口镇	70661	36356	34305	23129	33625	32608	10085	54090	6486	61652
白果镇	29610	15132	14478	11169	14685	14126	5667	20458	3485	29092
五凤镇	20473	10466	10007	8939	10380	9993	3273	14240	2960	19928
高板镇	31529	15820	15709	10772	15414	15202	6023	22092	3414	29438
三溪镇	35653	18115	17538	12822	17916	17454	6782	24968	3903	34943
福兴镇	31490	16116	15374	11771	15273	14878	5979	21457	4054	30063
金龙镇	20863	10861	10002	6712	10656	9918	3554	14899	2410	20400
赵家镇	28341	14373	13968	10193	13836	13605	5118	20238	2985	27239
竹篙镇	38549	19520	19029	13518	18587	17889	8917	25047	4585	36245
广兴镇	23614	11973	11641	8340	11894	11623	5212	15187	3215	22954
隆盛镇	23776	12349	11427	8712	11635	11255	4865	15408	3503	22179
转龙镇	16822	8557	8265	6061	8483	8221	3452	10915	2455	16103
土桥镇	27554	14124	13430	9663	13779	13092	4994	19053	3507	26529
云合镇	21799	11009	10790	7917	10971	10766	5222	13426	3151	20887
又新镇	24786	12555	12231	10199	12281	12093	5663	15760	3363	24062
栖贤乡	19361	10000	9361	7230	9922	9316	2835	14219	2307	18924
平桥乡	31796	16006	15790	12421	15676	15592	6335	21374	4087	30981
双流县	**1279930**	**658746**	**621184**	**410518**	**567895**	**562054**	**150337**	**1018439**	**111154**	**798635**
东升街道	202884	101827	101057	70398	94347	95863	25746	161087	16051	114682
西航港街道	162897	87302	75595	45432	54987	51715	12921	142091	7885	48362
华阳镇街道	201306	102278	99028	64781	86624	88806	22398	162143	16765	114601
中和街道	84936	43805	41131	26824	37522	36884	9775	69261	5900	30762
太平镇	22810	11497	11313	7563	10949	10806	2807	17238	2765	20479
永兴镇	19124	9625	9499	7054	9505	9450	2755	13806	2563	17614
籍田镇	33145	16621	16524	10220	14674	14910	4324	25008	3813	28037
正兴镇	25407	12875	12532	8796	12437	12413	3530	18983	2894	23709
彭镇	44115	22424	21691	14204	20544	20271	5008	34643	4464	34564
大林镇	18197	9202	8995	6875	8939	8938	2757	12503	2937	17144
煎茶镇	26212	13302	12910	8971	12964	12798	3701	19083	3428	24597

表23 续表 3

单位：人、户

地　区	总人口			家庭户	家庭户总人口		分年龄人口			居住本地，户口在本地
	合　计	男	女	户　数	男	女	0-14岁	15-64岁	65岁及以　上	
黄龙溪镇	23410	11855	11555	7918	11285	11275	2962	17054	3394	21158
永安镇	29484	15086	14398	9819	14025	13722	3630	22209	3645	26331
九江镇	101822	55467	46355	31708	42225	39678	11155	85510	5157	34269
黄水镇	33309	17052	16257	10879	16158	15712	3972	25707	3630	27681
金桥镇	37524	19128	18396	11295	18005	17764	4387	28971	4166	33076
黄甲镇	26577	13908	12669	8266	12217	11867	3181	21522	1874	17999
公兴镇	25648	13257	12391	7824	12368	12158	3456	19765	2427	20449
胜利镇	17294	8859	8435	5602	8508	8325	2236	13238	1820	15795
新兴镇	33509	16916	16593	9979	16223	16074	4603	25788	3118	28855
兴隆镇	25460	12912	12548	7915	12597	12419	3340	19234	2886	22807
万安镇	25434	13345	12089	7553	11113	11229	3251	19733	2450	19724
白沙镇	27229	13767	13462	9223	13580	13384	3673	20842	2714	25374
三星镇	16325	8292	8033	5763	8130	7981	2301	11728	2296	15752
合江镇	15872	8144	7728	5656	7969	7612	2468	11292	2112	14814
郫县	**896162**	**478729**	**417433**	**225017**	**302542**	**302338**	**74976**	**756227**	**64959**	**489103**
郫筒镇	129188	67614	61574	39574	51706	53655	12805	103616	12767	85895
团结镇	75350	37775	37575	15559	20585	19565	5060	66667	3623	32267
犀浦镇	123344	63508	59836	26259	35259	34855	8829	108408	6107	50305
花园镇	20409	10106	10303	6554	10032	10236	2393	15431	2585	19324
唐昌镇	46791	23240	23551	16213	22897	23269	5390	35450	5951	43451
安德镇	36660	18466	18194	12486	16443	16911	4159	28209	4292	30424
三道堰镇	19356	9792	9564	6953	9323	9385	2109	14854	2393	16107
安靖镇	106651	56601	50050	22385	28626	27564	8139	94351	4161	23978
红光镇	62787	34180	28607	19970	23436	22903	5337	53243	4207	28926
新民场镇	15899	7986	7913	5508	7710	7764	1896	12065	1938	14192
德源镇	31628	16418	15210	9877	14547	14703	3589	24788	3251	24349
友爱镇	39494	19848	19646	13769	19653	19345	4583	30005	4906	36669
古城镇	26117	10144	15973	5471	8493	8575	2070	22019	2028	15243
唐元镇	22373	11686	10687	7436	10575	10544	2615	17110	2648	20640
合作镇	140115	91365	48750	17003	23257	23064	6002	130011	4102	47333
大邑县	**502199**	**255164**	**247035**	**150735**	**232778**	**233280**	**55877**	**385144**	**61178**	**442066**
晋原镇	152872	78209	74663	43051	61726	64356	15572	121947	15353	117035
王泗镇	52439	26641	25798	14905	25831	25664	5806	40383	6250	49220
新场镇	22762	11394	11368	7054	11284	11319	2788	16791	3183	21314
悦来镇	22778	11743	11035	6760	11053	10389	2250	17049	3479	21222
安仁镇	50548	25210	25338	15751	23949	24415	5907	38553	6088	47811
出江镇	12519	6484	6035	4080	6175	5839	1388	9103	2028	11792
花水湾镇	7189	3616	3573	2206	3413	3384	985	5225	979	6262
西岭镇	5422	2905	2517	1676	2509	2310	630	3945	847	4413
斜源镇	5051	2592	2459	1903	2492	2436	581	3443	1027	4696
董场镇	25557	12784	12773	7883	12712	12748	3056	19259	3242	23594
韩场镇	16780	8448	8332	5427	8182	8135	2173	12730	1877	14474
三岔镇	32164	16178	15986	9478	15682	15630	3792	24618	3754	30731
上安镇	13893	6946	6947	4455	6901	6920	1700	10438	1755	13141
苏家镇	18172	9107	9065	5563	9044	9042	2066	13904	2202	17567
青霞镇	7302	3820	3482	2366	3614	3430	706	5464	1132	6749
沙渠镇	15930	8044	7886	4926	7668	7700	1853	12237	1840	14306
蔡场镇	17103	8649	8454	5701	8448	8391	2369	12533	2201	15066
雾山乡	3599	1874	1725	1163	1817	1709	397	2617	585	3435
金星乡	7979	4247	3732	2773	4228	3729	673	5789	1517	7555
鹤鸣乡	12140	6273	5867	3614	6050	5734	1185	9116	1839	11683
蒲江县	**239562**	**119099**	**120463**	**87059**	**114816**	**117004**	**28401**	**182765**	**28396**	**224133**
鹤山镇	83775	41470	42305	28172	38513	39787	9749	65102	8924	74644
大塘镇	12435	6139	6296	4590	6037	6275	1596	9259	1580	11655
寿安镇	47858	23532	24326	19361	22994	23777	5450	36471	5937	46477

表23　续表 4　　　　　　　　　　　　　　　　　　　　　　　　　　单位：人、户

地　　区	总人口			家庭户	家庭户总人口		分年龄人口			居住本地，户口在本地
	合　计	男	女	户　数	男	女	0-14岁	15-64岁	65岁及以上	
朝阳湖镇	9122	4545	4577	3229	4452	4549	1106	6876	1140	8688
西来镇	26767	13501	13266	10324	13273	13162	3093	20557	3117	25933
大兴镇	16350	8159	8191	5925	8040	8129	2039	12450	1861	15335
甘溪镇	9277	4604	4673	3193	4537	4625	1240	6893	1144	8899
成佳镇	9762	4909	4853	3411	4806	4784	1221	7360	1181	9446
复兴乡	11720	5838	5882	4328	5782	5838	1459	8815	1446	11245
光明乡	4253	2156	2097	1522	2141	2082	467	3087	699	3924
白云乡	4703	2397	2306	1733	2392	2305	543	3330	830	4499
长秋乡	3540	1849	1691	1271	1849	1691	438	2565	537	3388
新津县	**302199**	**151289**	**150910**	**107492**	**140083**	**143069**	**33943**	**233678**	**34578**	**244175**
五津镇	76342	37851	38491	28165	35067	37126	8666	60024	7652	51779
花桥镇	24558	12316	12242	9020	12036	12184	2932	18546	3080	22459
花源镇	36545	18095	18450	9787	13612	13661	3359	29998	3188	24697
金华镇	14068	7096	6972	5584	6902	6905	1655	10561	1852	13052
普兴镇	20312	10271	10041	7478	10062	9979	2355	15518	2439	18821
兴义镇	31205	15558	15647	12171	15336	15570	3528	23526	4151	30176
新平镇	23489	11503	11986	8249	11108	11480	2674	18055	2760	19300
方兴镇	11890	5902	5988	4388	5619	5805	1377	8856	1657	11146
安西镇	12801	6447	6354	4571	6288	6250	1559	9783	1459	11581
永商镇	18762	9520	9242	6571	9219	9129	2181	14258	2323	14690
邓双镇	23458	12270	11188	7973	10597	10719	2626	18091	2741	18419
文井乡	8769	4460	4309	3535	4237	4261	1031	6462	1276	8055
都江堰市	**657996**	**331637**	**326359**	**210521**	**297699**	**303512**	**72391**	**509444**	**76161**	**489705**
灌口镇	66286	32838	33448	22899	28870	30229	6264	51653	8369	41829
幸福镇	139620	69918	69702	45712	58777	62206	15752	108059	15809	66057
蒲阳镇	43539	22586	20953	13582	19944	20239	4927	34290	4322	34373
聚源镇	40521	20270	20251	11017	16603	16908	4446	32372	3703	31142
崇义镇	39952	20251	19701	12662	19412	19338	4932	30335	4685	36784
天马镇	30998	15460	15538	10559	15345	15521	3783	23794	3421	28859
石羊镇	44782	22304	22478	13620	21303	21250	4636	34523	5623	40329
柳街镇	35058	17637	17421	11819	17390	17342	4030	26306	4722	33460
玉堂镇	24872	12501	12371	8205	11731	12030	2941	18856	3075	18229
中兴镇	27969	13817	14152	7951	12372	12606	2951	21972	3046	23495
青城山镇	32970	17612	15358	9121	12932	13226	3307	26321	3342	23587
龙池镇	2306	1173	1133	903	1151	1125	319	1677	310	2135
胥家镇	48556	24360	24196	15891	22296	22840	5405	37733	5418	36486
安龙镇	22449	11249	11200	7558	11084	11139	2395	16869	3185	21057
大观镇	17034	8521	8513	5301	7913	7687	1801	13056	2177	15065
紫坪铺镇	8764	4474	4290	3048	4277	4259	1086	6594	1084	7020
翠月湖镇	14299	7233	7066	4325	6989	7017	1567	11067	1665	13251
向峨乡	12374	6467	5907	4455	6455	5906	1223	9610	1541	11506
虹口乡	5647	2966	2681	1893	2855	2644	626	4357	664	5041
彭州市	**762887**	**383326**	**379561**	**250840**	**364117**	**367509**	**86897**	**588508**	**87482**	**694979**
天彭镇	177179	88383	88796	56902	80229	82637	20047	137644	19488	147432
龙门山镇	10883	5434	5449	3808	5337	5410	1306	8418	1159	9914
新兴镇	18623	10281	8342	6301	7940	7870	1874	14069	2680	18016
丽春镇	66141	33235	32906	21888	32743	32736	7851	50937	7353	63281
九尺镇	26970	13242	13728	9343	13192	13707	2829	20797	3344	25833
蒙阳镇	65771	32544	33227	21831	31236	31963	7158	50599	8014	61495
通济镇	25638	13124	12514	8585	12872	12426	3275	19253	3110	23451

表23　续表 5　　　　单位：人、户

地　区	总人口			家庭户	家庭户总人口		分年龄人口			居住本地，户口在本地
	合计	男	女	户数	男	女	0-14岁	15-64岁	65岁及以上	
丹景山镇	28313	14087	14226	9132	14049	14202	3290	21724	3299	26960
隆丰镇	41524	21348	20176	12759	19877	19945	5119	32086	4319	37856
敖平镇	26633	13299	13334	8857	13236	13316	2972	20620	3041	25887
磁峰镇	14316	7342	6974	4608	7329	6964	1729	10859	1728	13471
桂花镇	26928	13777	13151	8181	13549	13040	3038	20664	3226	25287
军乐镇	27738	13964	13774	9577	12413	12491	2859	21921	2958	23414
三界镇	30395	15151	15244	10485	15011	15136	3073	23447	3875	29339
小渔洞镇	12029	6149	5880	4060	6140	5876	1479	9208	1342	11254
红岩镇	15124	7667	7457	5457	7632	7453	1573	11785	1766	14536
升平镇	29135	14350	14785	9684	14116	14679	3368	22041	3726	27751
白鹿镇	8465	4322	4143	2903	4312	4143	1015	6330	1120	8210
葛仙山镇	31449	15756	15693	12047	15641	15671	3695	23995	3759	30270
致和镇	79633	39871	39762	24432	37263	37844	9347	62111	8175	71322
邛崃市	**612753**	**306862**	**305891**	**203029**	**292050**	**294952**	**70343**	**464131**	**78279**	**568153**
临邛镇	185430	92371	93059	60646	85436	87508	20186	146587	18657	161876
羊安镇	39847	20234	19613	11849	18536	18730	4488	30866	4493	36513
牟礼镇	42538	20512	22026	15068	20317	21986	5057	30665	6816	41435
桑园镇	24749	12249	12500	7761	12185	12469	2920	18940	2889	23709
平乐镇	30937	15334	15603	10065	14524	14810	3698	22786	4453	28844
夹关镇	17374	8929	8445	5723	8289	7984	2307	12721	2346	16856
火井镇	16731	8636	8095	5604	8208	7921	1905	11946	2880	16116
水口镇	19524	10238	9286	6605	10146	9270	2033	14043	3448	18788
固驿镇	29496	14875	14621	9431	14406	14464	3109	22493	3894	28671
冉义镇	25093	12275	12818	8911	11785	12539	3076	18685	3332	24727
回龙镇	20616	10234	10382	6717	10209	10359	2300	15592	2724	20057
高埂镇	19993	9744	10249	6383	8765	9149	2188	15655	2150	17738
前进镇	19105	9629	9476	5542	8567	8404	2067	15195	1843	16412
高何镇	9381	4694	4687	3147	4553	4610	1485	6223	1673	9106
临济镇	15203	7542	7661	5534	7537	7661	2001	11219	1983	14477
卧龙镇	14207	7096	7111	4973	7091	7106	1811	10886	1510	13674
天台山镇	12433	6468	5965	4093	6204	5871	1743	8681	2009	11746
宝林镇	13300	6738	6562	4655	6730	6562	1387	10292	1621	12667
茶园乡	11859	5968	5891	4353	5966	5890	1246	8794	1819	11677
道佐乡	7080	3745	3335	2758	3407	3244	780	4977	1323	6402
油榨乡	10822	5429	5393	3902	5420	5391	1479	7426	1917	10395
南宝乡	3546	1858	1688	1158	1852	1685	536	2449	561	3428
大同乡	13130	6824	6306	4667	6717	6256	1359	9097	2674	12714
孔明乡	10359	5240	5119	3484	5200	5083	1182	7913	1264	10125
崇州市	**661120**	**331186**	**329934**	**206508**	**318871**	**322807**	**70270**	**507817**	**83033**	**602982**
崇阳镇	162977	81350	81627	49419	73232	77376	17367	127364	18246	131569
三江镇	51403	26012	25391	15899	25608	25164	5549	39447	6407	49141
江源镇	28075	14126	13949	8670	14009	13903	3015	21439	3621	26980
羊马镇	41783	20994	20789	14777	20601	20626	4378	32408	4997	37857
廖家镇	18883	9466	9417	5830	9443	9410	1990	14273	2620	17853
元通镇	18962	9358	9604	6137	9170	9526	1925	14573	2464	18119
观胜镇	17952	8989	8963	6170	8927	8928	1960	13390	2602	16796
怀远镇	58218	29070	29148	16806	27643	27425	6360	44780	7078	55258
三郎镇	13382	7003	6379	4815	6999	6376	1286	10093	2003	12858
街子镇	30737	15461	15276	9425	15318	15224	3505	23480	3752	29352
文井江镇	6098	3147	2951	1874	3083	2888	534	4736	828	5683

表23 续表 6 单位：人、户

地区	总人口			家庭户	家庭户总人口		分年龄人口			居住本地，户口在本地
	合计	男	女	户数	男	女	0-14岁	15-64岁	65岁及以上	
王场镇	21003	10443	10560	6965	10325	10477	2086	16117	2800	19971
白头镇	14097	7043	7054	4093	7037	7051	1547	10771	1779	13453
道明镇	19948	10036	9912	6114	10031	9912	1908	15280	2760	19103
隆兴镇	15822	7880	7942	4810	7772	7916	1856	12043	1923	15132
大划镇	19903	9856	10047	6249	9761	10011	2191	14899	2813	19133
崇平镇	17402	8770	8632	6006	8741	8618	1823	13321	2258	15288
梓潼镇	12753	6382	6371	3892	6124	6306	1283	9455	2015	11951
桤泉镇	14433	7380	7053	4611	6907	6892	1528	10969	1936	13684
锦江乡	14387	7107	7280	4286	7101	7274	1552	11022	1813	13774
公议乡	13097	6592	6505	3966	6529	6482	1246	9985	1866	12637
鸡冠山乡	2995	1575	1420	960	1554	1410	370	2207	418	2889
济协乡	12729	6334	6395	3723	6317	6386	1356	9860	1513	11795
燎原乡	21903	10792	11111	7040	10706	11095	2429	16638	2836	20990
集贤乡	12178	6020	6158	3971	5933	6131	1226	9267	1685	11716
自贡市	**2678899**	**1339594**	**1339305**	**836231**	**1285614**	**1297095**	**447127**	**1892482**	**339290**	**2389136**
自流井区	**346403**	**171471**	**174932**	**111218**	**155504**	**164154**	**41384**	**263757**	**41262**	**250028**
五星街街道	51135	24780	26355	15993	21410	23039	4766	40100	6269	33598
东兴寺街道	53633	26099	27534	18448	25298	26916	5812	39295	8526	41341
新街街道	16952	8210	8742	5778	7894	8245	1800	12879	2273	11345
郭家坳街街道	36646	17878	18768	13562	17738	18581	3356	28301	4989	27487
丹桂街道	61032	29515	31517	20740	29202	31284	8250	46264	6518	44668
学苑街道	51148	27280	23868	12114	16828	18036	4770	43306	3072	24011
仲权镇	18160	8959	9201	5952	8940	9184	3426	12259	2475	17555
舒坪镇	16828	8408	8420	5318	8374	8402	2768	11996	2064	15728
荣边镇	11713	5892	5821	3993	5891	5821	1726	8119	1868	11493
红旗乡	8586	4285	4301	3087	3922	4282	1124	6799	663	3375
高峰乡	12034	5975	6059	3342	5860	6029	2032	8586	1416	11229
农团乡	3758	1867	1891	1304	1824	1880	563	2688	507	3651
漆树乡	4778	2323	2455	1587	2323	2455	991	3165	622	4547
贡井区	**260607**	**131440**	**129167**	**79081**	**128313**	**127187**	**34293**	**191389**	**34925**	**234277**
筱溪街道	43312	21293	22019	14691	20614	21833	4863	33431	5018	33070
贡井街道	18753	9054	9699	5636	8127	8747	1788	14498	2467	14411
艾叶镇	17241	8512	8729	5153	8425	8668	2003	12835	2403	15539
建设镇	13646	6774	6872	3569	6694	6840	1841	10022	1783	12745
长土镇	21362	10554	10808	7138	10294	10679	2377	16020	2965	17731
龙潭镇	26781	13539	13242	7996	13450	13231	3773	19427	3581	25718
桥头镇	12629	6446	6183	3668	6379	6171	1813	9015	1801	12123
五宝镇	23833	12246	11587	7423	12157	11575	3438	17108	3287	22905
莲花镇	10209	5385	4824	2898	5334	4821	1549	7295	1365	9914
成佳镇	45604	23332	22272	12794	22688	21712	6951	32391	6262	43851
白庙镇	11609	6043	5566	3435	5962	5549	1719	8196	1694	11304
章佳乡	8574	4509	4065	2457	4466	4060	1275	6064	1235	8229
牛尾乡	7054	3753	3301	2223	3723	3301	903	5087	1064	6737
大安区	**382245**	**189571**	**192674**	**132348**	**186347**	**190415**	**62809**	**269799**	**49637**	**334910**
大安街道	23650	11645	12005	8558	11427	11742	1897	18221	3532	21248
龙井街道	37399	18306	19093	13007	17820	18682	3789	29307	4303	24716
马冲口街道	22696	11243	11453	8795	10980	11245	1905	17062	3729	19950
凉高山街道	11226	5649	5577	3748	5235	5359	1053	8715	1458	9847
大山铺镇	31356	15401	15955	9658	14507	15343	4453	22950	3953	29032
团结镇	12243	6185	6058	3817	6097	6017	1902	8649	1692	11612

表23　续表 7　　　　　　　　　　　　　　　　　　　　　　　　单位：人、户

地　区	总人口			家庭户	家庭户总人口		分年龄人口			居住本地，户口在本地
	合　计	男	女	户　数	男	女	0-14岁	15-64岁	65岁及以上	
三多寨镇	23159	11671	11488	7652	11668	11485	4991	15076	3092	22960
何市镇	27972	14210	13762	9937	14210	13762	6260	17996	3716	27772
新店镇	12686	6431	6255	4100	6409	6252	3067	7879	1740	12386
新民镇	25936	12878	13058	8003	12673	12948	3611	18786	3539	23049
牛佛镇	47719	23556	24163	17089	23444	24091	11207	30373	6139	46969
庙坝镇	15685	7882	7803	6127	7882	7803	3554	9739	2392	15272
回龙镇	26342	13412	12930	8656	13362	12925	5613	17364	3365	25834
永嘉乡	8989	4507	4482	2906	4503	4482	2303	5386	1300	8510
和平乡	16578	7844	8734	7506	7843	8734	2205	12665	1708	15874
凤凰乡	38609	18751	19858	12789	18287	19545	4999	29631	3979	19879
沿滩区	**272809**	**135295**	**137514**	**87420**	**131960**	**135455**	**53909**	**181772**	**37128**	**258987**
沿滩镇	30423	14785	15638	9380	14427	15232	5482	21238	3703	27303
卫坪镇	37394	18673	18721	10382	18191	18502	6329	26696	4369	35482
兴隆镇	15393	7815	7578	4592	7797	7575	2571	10947	1875	15061
富全镇	17074	8514	8560	5255	8427	8543	3679	11036	2359	16654
永安镇	20340	10115	10225	5997	9220	9442	3632	14013	2695	19536
联络镇	13449	6714	6735	4542	6711	6735	3256	8098	2095	13118
邓关镇	15642	7698	7944	5439	6839	7491	2536	10995	2111	13328
王井镇	14115	6814	7301	4830	6763	7298	2922	9214	1979	13360
黄市镇	19921	9938	9983	6855	9741	9958	3819	13063	3039	19304
瓦市镇	31456	15624	15832	11269	15563	15805	7097	19839	4520	30060
仙市镇	25895	12795	13100	8931	12563	12997	5453	16477	3965	25024
刘山乡	11362	5709	5653	3465	5673	5650	2407	7479	1476	11071
九洪乡	20345	10101	10244	6483	10045	10227	4726	12677	2942	19686
荣县	**590640**	**295962**	**294678**	**187304**	**277592**	**279474**	**88010**	**422998**	**79632**	**533698**
旭阳镇	162638	78864	83774	52899	73388	79097	25187	119320	18131	130288
双石镇	32400	16365	16035	9765	15435	15002	5003	22919	4478	29069
望佳镇	16167	8176	7991	4609	5974	6013	2265	11247	2655	15457
鼎新镇	16313	8279	8034	5540	8273	8026	2492	11245	2576	15496
乐德镇	27729	14041	13688	8638	12675	12441	3976	19717	4036	26707
过水镇	17407	8935	8472	5761	8908	8469	2384	12215	2808	16612
古文镇	12702	6510	6192	4500	6379	6105	1631	9146	1925	12131
河口镇	16106	8331	7775	4807	8298	7771	2270	11438	2398	15440
新桥镇	15320	7704	7616	4942	7429	7529	2518	10682	2120	14230
正紫镇	11622	5995	5627	3730	5732	5382	1527	8790	1305	10471
度佳镇	22403	11391	11012	7272	11136	10787	3309	15820	3274	20866
东佳镇	15523	7814	7709	5119	7744	7679	2333	10903	2287	14725
长山镇	31226	15414	15812	10278	14731	15289	4933	22431	3862	26992
保华镇	21482	11067	10415	6402	10445	10120	3158	15529	2795	20324
留佳镇	31590	15951	15639	9904	15819	15572	4940	22355	4295	30754
来牟镇	20638	10140	10498	5931	7182	7810	3166	14200	3272	19576
双古镇	22173	11351	10822	6404	10721	10412	3234	15922	3017	21316
观山镇	14995	7480	7515	4845	6797	6909	2118	10555	2322	14342
高山镇	24869	12841	12028	7539	11902	11278	3469	17933	3467	24174
东兴镇	6872	3574	3298	2189	3381	3243	977	4897	998	6571
铁厂镇	11454	5757	5697	3646	5685	5650	1475	8316	1663	10923
金花乡	4536	2248	2288	1685	2248	2288	712	3068	756	4248
雷音乡	6481	3352	3129	2110	3306	3114	924	4648	909	6277
古佳乡	8275	4269	4006	2585	4154	3972	1137	5852	1286	7915
于佳乡	6503	3304	3199	2051	3172	3136	932	4609	962	6127

表23　续表 8　　单位：人、户

地　区	总人口			家庭户	家庭户总人口		分年龄人口			居住本地，户口在本地
	合　计	男	女	户　数	男	女	0-14岁	15-64岁	65岁及以上	
复兴乡	6280	3220	3060	1810	3148	3039	849	4401	1030	5992
墨林乡	6936	3589	3347	2343	3530	3341	1091	4840	1005	6675
富顺县	**826195**	**415855**	**410340**	**238860**	**405898**	**400410**	**166722**	**562767**	**96706**	**777236**
富世镇	139629	66652	72977	43477	63845	69519	23369	101281	14979	114193
东湖镇	52480	26141	26339	14663	25559	25955	11110	35749	5621	47722
琵琶镇	28903	14818	14085	7654	14814	14085	6029	19552	3322	28190
狮市镇	20142	10254	9888	6455	10182	9874	4467	12808	2867	19167
骑龙镇	44010	22640	21370	11825	22585	21364	8938	29994	5078	43045
互助镇	26560	13590	12970	7479	13551	12964	5153	18119	3288	26018
代寺镇	51284	25559	25725	13003	23647	23330	11077	34106	6101	49200
中石镇	18063	9303	8760	4968	9264	8754	3641	12144	2278	17547
童寺镇	28519	14466	14053	8084	13683	13231	6704	18331	3484	27268
古佛镇	19332	9904	9428	5248	9444	9203	4324	12697	2311	18569
永年镇	39365	19813	19552	11702	19256	19073	7814	26987	4564	38121
彭庙镇	19227	9752	9475	5337	9709	9472	4392	12624	2211	18711
兜山镇	32326	16721	15605	9266	16184	15245	6584	21977	3765	31708
板桥镇	32407	16340	16067	11036	16334	16067	7015	21841	3551	32216
福善镇	27137	13995	13142	7009	13591	12880	5833	18342	2962	26893
李桥镇	24726	12784	11942	6899	12696	11875	5327	16685	2714	24076
赵化镇	31824	16014	15810	9019	15300	14788	6618	21387	3819	30284
安溪镇	31728	16469	15259	9279	16100	15056	5967	21722	4039	30010
万寿镇	19770	10125	9645	5923	10104	9640	4012	12997	2761	19454
飞龙镇	27936	14482	13454	8435	14247	13325	5477	18918	3541	26978
怀德镇	25964	12773	13191	8155	12725	13184	5330	17370	3264	25285
长滩镇	15100	7548	7552	3756	7545	7550	3033	10348	1719	14483
龙万乡	25787	13263	12524	8183	13241	12517	5648	16921	3218	25288
宝庆乡	16687	8507	8180	4417	8442	8157	3374	11304	2009	16148
富和乡	12080	6130	5950	3480	6078	5915	2451	8098	1531	11801
石道乡	15209	7812	7397	4108	7772	7387	3035	10465	1709	14861
攀枝花市	**1214121**	**628899**	**585222**	**378764**	**575676**	**561048**	**203775**	**899496**	**110850**	**880904**
东区	**364326**	**187959**	**176367**	**126168**	**167816**	**165182**	**50557**	**280368**	**33401**	**231720**
大渡口街道	40703	21070	19633	14262	19282	19136	5765	30825	4113	25813
炳草岗街道	130629	67053	63576	39874	53887	54935	17082	103381	10166	82826
南山街道	6178	3050	3128	2333	3022	3113	925	4552	701	4808
向阳村街道	11868	6236	5632	4381	5467	5400	1476	8912	1480	7840
弄弄坪街道	27977	14319	13658	10584	13984	13489	3963	20763	3251	19088
枣子坪街道	22820	11615	11205	8450	11243	10838	3145	17501	2174	17056
长寿路街道	10309	5344	4965	3761	4851	4780	1393	7833	1083	7272
密地街道	21217	10888	10329	7977	10706	10283	3125	15950	2142	13580
瓜子坪街道	38178	19224	18954	13652	18351	18360	5496	28195	4487	30987
银江镇	54447	29160	25287	20894	27023	24848	8187	42456	3804	22450
西区	**162557**	**84571**	**77986**	**56615**	**76649**	**74773**	**25028**	**121759**	**15770**	**106018**
清香坪街道	48017	24232	23785	15525	22138	22233	7949	36639	3429	33139
玉泉街道	25536	13499	12037	8634	11410	11215	3402	19340	2794	14464
河门口街道	7627	3926	3701	3168	3829	3679	1023	5641	963	5043
陶家渡街道	22048	11101	10947	8500	10883	10900	3331	15982	2735	17149
摩梭河街道	14028	7469	6559	5397	7090	6521	2441	10001	1586	8694
大宝鼎街道	14991	8137	6854	5500	7363	6801	2231	10991	1769	10858
格里坪镇	30310	16207	14103	9891	13936	13424	4651	23165	2494	16671
仁和区	**260294**	**136970**	**123324**	**76962**	**122458**	**118584**	**42378**	**195901**	**22015**	**185577**

表23　续表 9　　　　单位：人、户

地　区	总人口			家庭户	家庭户总人口		分年龄人口			居住本地，户口在本地
	合　计	男	女	户　数	男	女	0-14岁	15-64岁	65岁及以上	
大河中路街道	34027	16983	17044	11031	15695	15448	5365	25167	3495	19133
仁和镇	53480	27497	25983	17050	24901	24989	8533	40780	4167	34365
平地镇	13642	6972	6670	3679	6890	6626	2384	9876	1382	13027
大田镇	7999	4086	3913	2368	4002	3882	1236	5871	892	7216
福田镇	4172	2176	1996	1202	1985	1904	785	3020	367	3444
同德镇	13277	6804	6473	3916	6758	6448	2322	9621	1334	11883
金江镇	26179	14940	11239	7544	10886	10323	3653	20781	1745	14297
布德镇	15960	8197	7763	4337	7817	7569	2699	11715	1546	13669
前进镇	26913	13939	12974	8543	13164	12681	4599	20842	1472	16598
大龙潭彝族乡	14312	7433	6879	3860	7118	6823	2490	10398	1424	13297
啊喇彝族乡	8047	4225	3822	2255	4187	3801	1324	5771	952	7697
总发乡	8431	4329	4102	2447	4192	4043	1225	6400	806	7324
太平乡	17050	10645	6405	3906	6538	6066	2788	13504	758	8199
务本乡	7211	3794	3417	2130	3498	3395	1383	5041	787	6429
中坝乡	9594	4950	4644	2694	4827	4586	1592	7114	888	8999
米易县	**219227**	**111941**	**107286**	**61614**	**107689**	**104705**	**41135**	**156748**	**21344**	**180364**
攀莲镇	60202	30254	29948	18007	28123	28096	9582	45183	5437	42860
丙谷镇	24418	12613	11805	7306	12350	11708	3913	17704	2801	20728
得石镇	6387	3298	3089	1693	2977	2985	1424	4373	590	4939
撒莲镇	16995	8725	8270	4615	8654	8246	3416	11863	1716	14147
垭口镇	11269	5892	5377	3143	5541	5295	1717	8467	1085	9191
白马镇	27776	14295	13481	7837	13743	13290	5061	19835	2880	25352
普威镇	13454	6873	6581	3555	6690	6522	3554	8682	1218	11568
草场乡	18967	9637	9330	4964	9370	9211	3466	13428	2073	17656
湾丘彝族乡	16549	8424	8125	4478	8393	8113	3459	11604	1486	13365
白坡彝族乡	8563	4447	4116	2346	4434	4115	2094	5628	841	7902
麻陇彝族乡	7715	3884	3831	1891	3853	3812	2190	4985	540	6135
新山傈僳族乡	6932	3599	3333	1779	3561	3312	1259	4996	677	6521
盐边县	**207717**	**107458**	**100259**	**57405**	**101064**	**97804**	**44677**	**144720**	**18320**	**177225**
桐子林镇	26179	13388	12791	7984	11605	11817	4433	19546	2200	19074
红格镇	14529	7512	7017	3899	6849	6714	2611	10624	1294	12144
渔门镇	20783	10530	10253	5696	9902	9745	4895	14335	1553	16211
永兴镇	20696	10548	10148	5910	10461	10090	4313	14322	2061	19436
益民乡	12229	6337	5892	3742	6143	5863	2521	8620	1088	10807
新九乡	12700	6897	5803	3495	6105	5696	2380	9234	1086	10242
和爱彝族乡	5205	2648	2557	1255	2593	2518	1065	3686	454	4758
红果彝族乡	15359	8524	6835	3810	7080	6709	3571	10824	964	10935
鳡鱼彝族乡	8159	4141	4018	2087	4096	3990	1914	5504	741	7410
共和乡	8992	4653	4339	2318	4493	4294	2150	5936	906	8513
国胜乡	18056	9308	8748	4879	9026	8581	3467	12566	2023	17248
红宝苗族乡	4944	2517	2427	1236	2453	2415	1180	3315	449	4758
惠民乡	14957	7701	7256	4618	7660	7237	3090	10153	1714	14325
箐河傈僳族乡	6362	3295	3067	1675	3240	3057	1558	4238	566	5326
温泉彝族乡	6798	3474	3324	1944	3466	3323	2021	4307	470	5861
格萨拉彝族乡	11769	5985	5784	2857	5892	5755	3508	7510	751	10177
泸州市	**4218427**	**2138060**	**2080367**	**1268324**	**2051255**	**2012005**	**892085**	**2857054**	**469288**	**3705909**
江阳区	**575231**	**284380**	**290851**	**180081**	**262976**	**271330**	**95883**	**415103**	**64245**	**458585**
南城街道	47914	22677	25237	16107	20904	22834	5105	37151	5658	34691
北城街道	44910	20713	24197	14233	17452	19244	4194	36273	4443	27535
大山坪街道	91557	44945	46612	28492	39469	42356	11393	71790	8374	58659

表23 续表 10

单位：人、户

地区	总人口			家庭户	家庭户总人口		分年龄人口			居住本地，户口在本地
	合计	男	女	户数	男	女	0-14岁	15-64岁	65岁及以上	
邻玉街道	19038	9222	9816	6491	8662	9428	2788	14064	2186	15592
蓝田街道	44080	21794	22286	14078	21361	21920	6759	32494	4827	36039
茜草街道	34195	17160	17035	11440	15752	16030	4179	25823	4193	28019
华阳街道	45349	23097	22252	10832	16150	16536	6137	36360	2852	27392
张坝景区	5601	2730	2871	1743	2689	2868	915	4198	488	3530
泰安镇	16365	8246	8119	4996	8100	8092	3065	11242	2058	14252
黄舣镇	33669	16564	17105	10593	16420	17059	7050	22388	4231	30933
弥陀镇	24695	12266	12429	7514	12150	12390	5803	15564	3328	23533
况场镇	34083	17070	17013	10121	16779	16947	7733	22133	4217	31883
通滩镇	34531	16989	17542	11845	16907	17512	8700	21065	4766	32260
江北镇	21452	10928	10524	6931	10888	10517	4896	14135	2421	20225
方山镇	19959	10367	9592	6251	10221	9556	4032	13502	2425	19187
丹林乡	13387	6795	6592	4893	6731	6581	3223	8044	2120	12573
分水岭乡	28796	14811	13985	8809	14524	13849	6391	18509	3896	27471
石寨乡	15650	8006	7644	4712	7817	7611	3520	10368	1762	14811
纳溪区	**451401**	**231411**	**219990**	**138913**	**223540**	**214024**	**83708**	**318880**	**48813**	**403077**
安富街道	33196	16803	16393	11788	16457	16167	4396	25294	3506	18306
永宁街道	50020	24436	25584	16835	20911	22196	6874	38322	4824	28499
大渡口镇	31871	15906	15965	10120	15470	15727	6394	22186	3291	30561
护国镇	54795	28176	26619	15134	26956	25556	11079	37925	5791	52973
打古镇	31038	16282	14756	8605	16095	14692	6438	21072	3528	30174
上马镇	26543	13789	12754	7810	13696	12734	5466	18232	2845	25993
合面镇	33870	17698	16172	9933	17268	15914	7007	23106	3757	33116
棉花坡镇	33738	17046	16692	10662	16757	16480	6257	23818	3663	32561
丰乐镇	33628	17627	16001	10370	17464	15905	6016	23547	4065	32828
白节镇	35996	18806	17190	10890	18798	17189	6866	24684	4446	35533
天仙镇	14952	7619	7333	4299	7587	7327	3034	10430	1488	14733
新乐镇	28090	14415	13675	9394	13392	13314	5137	20273	2680	26537
渠坝镇	17526	9006	8520	5646	8944	8493	3414	12260	1852	16327
龙车镇	26138	13802	12336	7427	13745	12330	5330	17731	3077	24936
龙马潭区	**344601**	**168816**	**175785**	**120304**	**161693**	**167602**	**51832**	**255011**	**37758**	**259561**
小市街道	39914	18803	21111	15035	18658	19800	4861	31188	3865	24095
高坝厂区	24475	12108	12367	8573	10756	11139	2154	18783	3538	20430
红星街道	71701	34699	37002	24385	31638	33041	9248	57607	4846	35560
莲花池街道	27227	13468	13759	10033	13346	13721	4129	21301	1797	13221
罗汉镇	15668	7793	7875	5093	6864	7202	1865	12121	1682	12384
鱼塘镇	21136	10461	10675	6916	10000	10308	2871	16374	1891	16757
石洞镇	35128	17544	17584	11747	17232	17431	6063	24684	4381	32964
胡市镇	21969	10811	11158	7442	10357	10758	4083	14852	3034	20172
特兴镇	18733	9291	9442	6687	9272	9434	3199	12711	2823	18174
安宁镇	25230	12635	12595	8264	12454	12573	4084	18114	3032	23854
双加镇	18847	9280	9567	6624	9249	9564	4025	11974	2848	18257
金龙乡	14163	6854	7309	5761	6812	7299	3032	8664	2467	13834
长安乡	10410	5069	5341	3744	5055	5332	2218	6638	1554	9859
泸县	**840336**	**421097**	**419239**	**256318**	**402485**	**403909**	**174003**	**560280**	**106053**	**777342**
福集镇	131927	66061	65866	37704	60885	61606	24635	93419	13873	112025
嘉明镇	29399	14605	14794	9517	13156	13860	6436	18957	4006	25821
喻寺镇	38260	19047	19213	11992	17635	18136	7927	25439	4894	34423
得胜镇	47334	24291	23043	12798	23890	22946	8807	32569	5958	46345
牛滩镇	35985	17908	18077	11006	15984	16337	6928	24387	4670	31685

表23 续表 11 单位：人、户

地区	总人口			家庭户	家庭户总人口		分年龄人口			居住本地，户口在本地
	合计	男	女	户数	男	女	0-14岁	15-64岁	65岁及以上	
兆雅镇	35341	17289	18052	11183	15894	16543	6900	23954	4487	31462
玄滩镇	69250	34561	34689	20990	32949	33051	14411	46061	8778	64834
太伏镇	58663	29313	29350	19934	29184	29324	14193	36487	7983	56745
云龙镇	41620	20739	20881	12249	17465	17764	7850	28532	5238	34732
石桥镇	33781	17065	16716	10922	16899	16698	6605	22981	4195	31976
毗卢镇	32967	16739	16228	9364	16601	16201	6411	22574	3982	31800
奇峰镇	35734	17897	17837	10980	17867	17831	7555	23107	5072	34567
潮河镇	44826	22952	21874	12836	22492	21633	9540	29388	5898	44137
云锦镇	54385	27040	27345	17472	26838	27017	12642	34787	6956	51877
立石镇	33296	16680	16616	10994	16589	16532	7445	21854	3997	31676
百和镇	33688	16626	17062	11231	16453	16992	8682	20149	4857	31984
天兴镇	21336	10562	10774	6172	10490	10764	4930	13513	2893	20648
方洞镇	37331	19068	18263	10627	18704	18183	7243	25151	4937	35825
海潮镇	25213	12654	12559	8347	12510	12491	4863	16971	3379	24780
合江县	**709476**	**362450**	**347026**	**230204**	**346813**	**338011**	**154652**	**462340**	**92484**	**618916**
合江镇	137437	69386	68051	40927	56466	60358	23568	101438	12431	83957
望龙镇	25604	12929	12675	8509	12893	12665	6376	15818	3410	23551
白沙镇	19818	10052	9766	6468	9554	9452	4675	12690	2453	17588
佛荫镇	25967	13131	12836	8479	13009	12795	6243	15578	4146	24086
先市镇	30008	15255	14753	9236	15093	14667	6709	19064	4235	28218
尧坝镇	21567	11339	10228	6889	11209	10176	4715	13787	3065	20623
九支镇	37662	19260	18402	11879	19056	18218	7846	25767	4049	29372
五通镇	22923	11950	10973	6073	11831	10934	5007	15109	2807	21859
凤鸣镇	27296	14123	13173	8930	14122	13168	6134	17036	4126	26370
榕山镇	40813	20851	19962	14336	20433	19651	8282	27468	5063	36916
白鹿镇	30140	15666	14474	9274	15613	14463	6885	19389	3866	28524
甘雨镇	17391	8892	8499	6325	8857	8492	4548	10049	2794	16380
福宝镇	27458	14203	13255	9851	14201	13255	5581	18005	3872	26678
先滩镇	16992	8756	8236	5915	8746	8229	4516	10220	2256	16489
自怀镇	7659	3938	3721	3076	3936	3721	2091	4256	1312	7359
大桥镇	30719	15150	15569	9742	15095	15550	7314	18903	4502	29373
车辋镇	14856	7743	7113	5457	7716	7109	3361	8987	2508	14333
密溪乡	16047	8204	7843	4830	8194	7843	3482	10259	2306	15657
白米乡	29508	14980	14528	10781	14647	14494	6631	18531	4346	28067
焦滩乡	16759	8545	8214	5479	8508	8209	4110	10549	2100	16060
参宝乡	19508	9883	9625	6355	9821	9563	5098	11711	2699	18175
二里乡	23012	11928	11084	7507	11821	11051	5429	14155	3428	22229
实录乡	18017	9440	8577	5729	9390	8563	3655	11559	2803	17389
虎头乡	21530	10861	10669	6945	10798	10626	4962	13528	3040	20245
榕右乡	11113	5732	5381	4096	5647	5346	2714	6540	1859	10499
南滩乡	11356	5896	5460	3873	5881	5460	2658	7173	1525	10951
石龙乡	8316	4357	3959	3243	4276	3953	2062	4771	1483	7968
叙永县	**584299**	**303796**	**280503**	**167500**	**295278**	**275034**	**145006**	**378723**	**60570**	**532510**
叙永镇	108352	54408	53944	32099	49722	49932	19407	78972	9973	84267
江门镇	30046	15481	14565	8380	15127	14425	7170	19647	3229	28637
马岭镇	29474	15231	14243	8819	14958	14085	7140	19234	3100	28169
天池镇	15245	7988	7257	4796	7816	7226	3958	9457	1830	14359
水尾镇	21662	11281	10381	6484	11175	10315	5798	13645	2219	20664
两河镇	26603	13859	12744	8136	13830	12741	6057	17372	3174	25262
落卜镇	28538	14924	13614	8004	14801	13571	7025	18556	2957	26717

表23 续表 12　　　　单位：人、户

地　区	总人口 合计	总人口 男	总人口 女	家庭户 户数	家庭户总人口 男	家庭户总人口 女	分年龄人口 0-14岁	分年龄人口 15-64岁	分年龄人口 65岁及以上	居住本地，户口在本地
后山镇	21956	11655	10301	6327	11593	10264	5643	14101	2212	21118
分水镇	22665	11864	10801	6376	11629	10657	6600	13587	2478	21025
摩尼镇	27505	14479	13026	7267	14202	12960	7564	17234	2707	25905
赤水镇	23826	12559	11267	6970	12227	11216	6795	14104	2927	21815
向林乡	17647	9155	8492	5287	9080	8435	4632	11024	1991	17094
大石乡	18947	9984	8963	5117	9929	8937	5168	11870	1909	18261
兴隆乡	19429	10146	9283	5788	10074	9248	5128	12274	2027	18514
龙凤乡	25841	13592	12249	7711	13585	12244	6099	16970	2772	25152
震东乡	26188	13942	12246	6570	13166	12017	6546	17303	2339	23868
黄坭乡	18091	9734	8357	5153	9628	8320	4860	11090	2141	17034
营山乡	11545	6025	5520	3324	5966	5497	3036	7363	1146	10877
麻城乡	13748	7197	6551	4043	7078	6504	3852	8420	1476	12730
观兴乡	17765	9262	8503	5061	9170	8462	5034	10782	1949	16503
合乐苗族乡	9046	4831	4215	2476	4728	4166	2451	5635	960	8485
白腊苗族乡	15958	8440	7518	4378	8377	7474	4462	9676	1820	14872
枧槽苗族乡	9019	4700	4319	2618	4590	4251	2754	5331	934	8450
水潦彝族乡	18369	9516	8853	4393	9396	8821	5725	11023	1621	16440
石坝彝族乡	6834	3543	3291	1923	3431	3266	2102	4053	679	6292
古蔺县	**713083**	**366110**	**346973**	**175004**	**358470**	**342095**	**187001**	**466717**	**59365**	**655918**
古蔺镇	116527	59208	57319	27572	55433	53658	22814	84646	9067	103912
龙山镇	23852	12120	11732	6923	12085	11729	6329	15623	1900	21767
永乐镇	31699	16352	15347	8292	16276	15339	8992	19661	3046	29871
太平镇	31258	15913	15345	7746	15839	15318	8242	20566	2450	29462
二郎镇	39951	20224	19727	10241	18861	19049	9895	27096	2960	37348
大村镇	22968	11752	11216	5978	11687	11196	6210	14902	1856	22227
石宝镇	43603	21924	21679	9426	21923	21679	13518	26722	3363	38893
丹桂镇	34501	17661	16840	7638	17412	16789	9878	22108	2515	31950
水口镇	37714	19513	18201	7733	19504	18199	10662	24491	2561	33702
观文镇	27528	14448	13080	7392	14083	13042	7704	17579	2245	24889
双沙镇	38672	20157	18515	10539	20062	18500	9795	25184	3693	36310
德跃镇	15754	8278	7476	4624	8194	7447	3570	10536	1648	14764
护家乡	18212	9639	8573	5149	9473	8568	4437	12062	1713	17153
鱼化乡	24209	12151	12058	5781	11991	12025	7272	15030	1907	21405
石屏乡	30701	15824	14877	7436	15419	14810	8132	20273	2296	27932
东新乡	18669	9417	9252	4759	9396	9240	5643	11406	1620	18347
土城乡	23344	11537	11807	5719	11494	11798	7457	14149	1738	21630
金星乡	37443	19320	18123	8439	19283	18115	9857	24452	3134	35021
白泥乡	12819	6624	6195	2893	6561	6157	3808	7733	1278	11854
椒园乡	20561	10809	9752	4101	10655	9725	6365	12354	1842	18663
马嘶苗族乡	9990	5254	4736	2584	5164	4695	2792	6194	1004	9602
马蹄乡	21859	11486	10373	5370	11486	10373	6303	13390	2166	20378
箭竹苗族乡	12956	6877	6079	3392	6782	6052	3122	8555	1279	11477
大寨苗族乡	5400	2773	2627	1477	2731	2606	1242	3538	620	5019
桂花乡	9101	4798	4303	2672	4712	4273	2208	5860	1033	8751
黄荆乡	3792	2051	1741	1128	1964	1713	754	2607	431	3591
德阳市	**3615758**	**1827143**	**1788615**	**1296585**	**1741409**	**1734606**	**470307**	**2723980**	**421471**	**3137302**
旌阳区	**735070**	**373115**	**361955**	**256764**	**334819**	**339474**	**83986**	**575878**	**75206**	**515063**
旌阳街道	54486	26589	27897	20529	25288	26587	6199	41883	6404	33404
城南街道	102359	51880	50479	37620	47980	48381	12186	78948	11225	66794
城北街道	55906	27879	28027	21147	25928	26793	6738	42584	6584	38474

表23　续表 13　　　　单位：人、户

地　区	总人口			家庭户	家庭户总人口		分年龄人口			居住本地，户口在本地
	合　计	男	女	户　数	男	女	0-14岁	15-64岁	65岁及以上	
旌东街道	81927	40615	41312	27294	36065	37567	9886	65329	6712	36249
工农街道	57054	32535	24519	14703	18464	18213	4450	48646	3958	28812
黄许镇	53997	28565	25432	20443	24930	25311	5524	42095	6378	49998
孝泉镇	35212	17151	18061	12655	16697	17260	3791	27006	4415	31605
八角井镇	28508	14342	14166	9869	13490	13799	3359	22238	2911	25207
柏隆镇	22140	10940	11200	8524	10801	11169	2660	16532	2948	20665
孝感镇	21486	10714	10772	7364	10606	10729	2566	16641	2279	18686
天元镇	43516	22333	21183	14840	20705	20590	5164	34112	4240	35532
扬嘉镇	19339	9613	9726	7125	9576	9716	2050	14931	2358	17904
德新镇	29069	14643	14426	10125	14107	14276	3222	22302	3545	26505
双东镇	20842	10714	10128	8492	10657	10100	2408	15617	2817	19981
新中镇	10099	5286	4813	3955	5021	4696	1325	7396	1378	9108
和新镇	14510	7687	6823	5462	7631	6812	1644	11108	1758	13883
东湖乡	84620	41629	42991	26617	36873	37475	10814	68510	5296	42256
中江县	**1186762**	**607498**	**579264**	**416152**	**594472**	**568327**	**198956**	**844548**	**143258**	**1138608**
凯江镇	94083	46087	47996	29550	40680	42899	11792	74105	8186	68864
南华镇	66656	33247	33409	24202	32179	32057	10330	50177	6149	59280
回龙镇	41187	21232	19955	14227	21181	19952	6620	29519	5048	40535
通济镇	25455	12977	12478	9371	12977	12478	4977	17331	3147	25221
永太镇	37885	19434	18451	14153	19413	18448	6947	26375	4563	37609
黄鹿镇	19088	9853	9235	7562	9840	9220	3529	12937	2622	18827
集凤镇	25485	13352	12133	9329	13203	12011	3851	18323	3311	25110
富兴镇	30189	15906	14283	10803	15778	14209	4539	21810	3840	29792
辑庆镇	34480	17404	17076	12820	17166	16959	6401	23894	4185	33399
兴隆镇	36475	18861	17614	13729	18811	17591	6288	26185	4002	36317
龙台镇	51806	26565	25241	17513	25382	23901	8160	37459	6187	49295
永安镇	26707	13690	13017	10308	13637	13000	4838	18182	3687	26505
双龙镇	18773	9731	9042	6287	9528	8946	3178	13066	2529	18719
玉兴镇	26580	13599	12981	9534	13317	12873	4731	18708	3141	26180
永兴镇	25817	13533	12284	8531	13492	12271	4343	18382	3092	25025
悦来镇	20114	10497	9617	6684	10454	9606	2998	14548	2568	19715
继光镇	21652	11328	10324	7297	11164	10222	3825	15012	2815	21486
仓山镇	68201	33967	34234	22490	33155	33499	12012	47876	8313	66517
广福镇	34087	17244	16843	12637	16698	16435	6132	23291	4664	33896
会龙镇	19819	10091	9728	7707	10087	9725	4022	12883	2914	19582
万福镇	22474	11720	10754	8615	11720	10754	4149	15430	2895	22426
普兴镇	23282	11837	11445	7963	11837	11443	4887	15581	2814	23063
联合镇	19737	10037	9700	7492	9981	9668	3971	13159	2607	19571
冯店镇	39688	20738	18950	13702	20111	18672	7868	26799	5021	39412
积金镇	16261	8161	8100	5970	8148	8097	2918	10968	2375	15930
太安镇	23044	12039	11005	7983	12020	10994	4045	16226	2773	22819
杰兴镇	18240	9357	8883	6125	9354	8880	2487	13730	2023	17974
南山镇	17972	9217	8755	5336	9217	8755	2610	13398	1964	17844
东北镇	38547	19732	18815	12871	18968	18321	5777	28796	3974	36609
古店乡	11966	6362	5604	4377	6319	5595	1658	8791	1517	11907
青市乡	10223	5323	4900	3965	5298	4891	1620	7183	1420	10104
瓦店乡	8042	4248	3794	3100	4233	3778	1116	5709	1217	7886
石泉乡	10963	5675	5288	4029	5599	5245	1593	7990	1380	10827
柏树乡	23885	12526	11359	8199	12117	11236	4113	16244	3528	23797
白果乡	26742	14086	12656	8393	14083	12655	4454	18853	3435	26687

表23　续表 14　　　　　　　　　　　　　　　　　　　　　　　　　　　　单位：人、户

地　　区	总人口			家庭户	家庭户总人口		分年龄人口			居住本地，户口在本地
	合　计	男	女	户　数	男	女	0-14岁	15-64岁	65岁及以上	
清河乡	20599	10768	9831	6877	10521	9694	3416	14984	2199	20445
高店乡	7712	3897	3815	2866	3872	3803	1319	5137	1256	7530
石笋乡	12153	6305	5848	3786	6213	5813	2077	8755	1321	12030
太平乡	21307	11176	10131	7274	11039	10042	3454	15536	2317	21096
民主乡	12646	6641	6005	4262	6641	6005	1893	9005	1748	12532
永丰乡	21349	10750	10599	7573	10750	10599	3769	14932	2648	21296
元兴乡	12289	6136	6153	4898	6136	6153	2423	7844	2022	12212
通山乡	12486	6143	6343	5484	6143	6343	2568	7901	2017	12402
石龙乡	14161	7307	6854	5071	7307	6854	2737	9458	1966	13949
合兴乡	16455	8719	7736	5207	8703	7735	2521	12076	1858	16386
罗江县	**212185**	**106789**	**105396**	**78229**	**101132**	**99740**	**25522**	**161287**	**25376**	**186949**
万安镇	54999	26923	28076	17151	22127	22774	6179	44705	4115	36691
鄢家镇	25284	12890	12394	9517	12806	12351	3093	18632	3559	24449
金山镇	33592	17057	16535	13107	16578	16388	4121	25290	4181	31625
略坪镇	22897	11536	11361	9506	11468	11339	2670	17176	3051	22099
御营镇	10233	5191	5042	3589	5181	5033	1223	7772	1238	9625
慧觉镇	8676	4366	4310	3215	4300	4284	1081	6426	1169	7800
调元镇	10594	5333	5261	4241	5333	5261	1306	7736	1552	10152
新盛镇	25909	13153	12756	9811	13138	12744	3605	18540	3764	25347
蟠龙镇	8718	4551	4167	3580	4545	4160	932	6468	1318	8361
白马关镇	11283	5789	5494	4512	5656	5406	1312	8542	1429	10800
广汉市	**591115**	**296501**	**294614**	**206247**	**278947**	**287322**	**65697**	**457817**	**67601**	**517467**
雒城镇	131283	66892	64391	45361	56222	59546	13202	104264	13817	88172
三水镇	32268	15943	16325	10633	15900	16316	3924	24311	4033	30770
连山镇	36854	18322	18532	12554	18175	18494	4345	27974	4535	34616
高坪镇	22656	11280	11376	7957	11046	11134	2610	17270	2776	20780
南兴镇	42007	21079	20928	15500	19977	20657	4409	32607	4991	39885
向阳镇	33324	16887	16437	11278	15308	15859	3807	25689	3828	28629
小汉镇	42490	21214	21276	15529	20827	21151	4900	32776	4814	40772
金轮镇	18086	8935	9151	6802	8871	9137	2050	13795	2241	17305
新丰镇	61503	30881	30622	20535	29261	29992	7023	47674	6806	53145
兴隆镇	23562	11796	11766	9925	11675	11736	2502	18065	2995	22680
和兴镇	18952	9297	9655	6011	9088	9552	2140	14460	2352	17893
松林镇	18805	9621	9184	5475	9463	9098	2218	14395	2192	18400
金鱼镇	26859	13314	13545	9337	13242	13520	3166	20681	3012	26384
新平镇	13909	6878	7031	5769	6847	7018	1649	10697	1563	13370
南丰镇	19630	9697	9933	6713	9682	9927	2160	15286	2184	19028
西高镇	14958	7512	7446	6171	7370	7417	1563	11448	1947	14697
北外乡	20122	10124	9998	6084	9346	9850	2469	15686	1967	17978
西外乡	13847	6829	7018	4613	6647	6918	1560	10739	1548	12963
什邡市	**412758**	**205319**	**207439**	**147446**	**199223**	**203552**	**43106**	**319632**	**50020**	**365738**
方亭街道	85689	41886	43803	31707	38818	41589	9570	67408	8711	60073
皂角街道	16481	7940	8541	5549	7204	7639	1704	13007	1770	12958
元石镇	17498	8728	8770	6296	8397	8557	1934	13452	2112	13612
回澜镇	21952	10878	11074	7446	10748	11044	2231	16929	2792	21364
洛水镇	34224	17090	17134	12210	16613	17005	3525	26301	4398	31631
禾丰镇	22463	11187	11276	8326	11092	11257	2268	17250	2945	21793
双盛镇	21787	10828	10959	8228	10812	10957	2236	16780	2771	20710
马祖镇	23092	11569	11523	8842	11313	11459	2314	17727	3051	20560
隐丰镇	22221	11064	11157	7418	11023	11146	2190	17131	2900	21604

表23　续表 15

单位：人、户

地　区	总人口			家庭户	家庭户总人口		分年龄人口			居住本地，户口在本地
	合　计	男	女	户　数	男	女	0-14岁	15-64岁	65岁及以上	
马井镇	25010	12424	12586	8785	12324	12521	2411	19324	3275	24222
蓥华镇	11029	5677	5352	3947	5472	5303	1373	8398	1258	10520
南泉镇	26903	13473	13430	9243	13347	13389	2611	20673	3619	25461
湔氐镇	30215	15334	14881	10743	15167	14821	2931	23526	3758	29520
红白镇	5356	2712	2644	1882	2646	2640	635	4129	592	4976
冰川镇	8618	4438	4180	2736	4283	4143	1009	6490	1119	8116
师古镇	40220	20091	20129	14088	19964	20082	4164	31107	4949	38618
绵竹市	**477868**	**237921**	**239947**	**191747**	**232816**	**236191**	**53040**	**364818**	**60010**	**413477**
剑南镇	72222	35337	36885	27339	33579	35411	8294	55852	8076	46127
东北镇	27826	13922	13904	10546	13169	13466	3096	21513	3217	20655
西南镇	21170	10487	10683	8755	10401	10648	2423	16367	2380	15899
兴隆镇	17548	8803	8745	6964	8776	8735	1893	13333	2322	16470
九龙镇	10179	5149	5030	4343	5120	5020	990	7806	1383	9470
遵道镇	19231	9725	9506	8098	9714	9505	1923	14607	2701	17920
汉旺镇	32373	16270	16103	12927	16094	16030	3786	24562	4025	27882
拱星镇	17998	9051	8947	7221	8957	8932	2181	13448	2369	16683
土门镇	24275	12147	12128	10275	12126	12114	2411	18707	3157	23329
广济镇	20179	10071	10108	8730	10002	10088	2109	15198	2872	19224
金花镇	4661	2308	2353	1889	2305	2346	470	3545	646	4327
玉泉镇	18095	9114	8981	7357	9014	8976	2085	13622	2388	16943
板桥镇	15607	7824	7783	6468	7717	7757	1739	11993	1875	14304
新市镇	34603	17133	17470	12982	16162	16260	3611	26887	4105	31174
孝德镇	55781	27697	28084	23247	27336	27860	5958	42571	7252	51947
富新镇	32500	16178	16322	13626	15980	16236	3716	24487	4297	30363
齐天镇	13789	6870	6919	5477	6686	6853	1546	10424	1819	13002
什地镇	22404	11120	11284	8806	11011	11267	2561	16900	2943	21216
绵远镇	12361	6100	6261	4938	6099	6258	1535	9165	1661	11682
清平乡	5062	2612	2450	1755	2565	2428	710	3830	522	4857
天池乡	4	3	1	4	3	1	3	1		3
绵阳市	**4613871**	**2336711**	**2277160**	**1672203**	**2204064**	**2171245**	**636731**	**3439454**	**537686**	**3883507**
涪城区	**866727**	**439046**	**427681**	**301161**	**375102**	**373949**	**99547**	**697059**	**70121**	**527769**
城厢街道	73345	35931	37414	25832	31139	33799	8492	56917	7936	47979
城北街道	68931	32534	36397	22517	27013	28246	6393	55390	7148	39222
工区街道	135592	69838	65754	52210	64437	62899	16189	108437	10966	72367
南山街道	71069	34890	36179	26487	31279	31769	8043	57890	5136	38568
朝阳街道	82110	41887	40223	24023	30725	31168	8737	67433	5940	44180
高新街道	84584	41902	42682	32015	39665	40126	11353	68351	4880	39448
城南街道	35234	17332	17902	10468	13542	13230	3642	29377	2215	21063
创业园街道	28144	14338	13806	9888	12889	12224	3763	22924	1457	16380
丰谷镇	12741	6470	6271	4987	5810	5698	1417	9877	1447	9844
关帝镇	7717	3954	3763	2935	3917	3742	985	5656	1076	7286
塘汛镇	28160	13890	14270	10590	13847	14250	3761	22102	2297	25996
青义镇	50893	28978	21915	8237	11711	11615	3303	45598	1992	25193
龙门镇	13134	6833	6301	3885	6135	6095	1642	10280	1212	11351
石塘镇	21473	11476	9997	8001	10425	9502	2671	17528	1274	12050
吴家镇	16712	8551	8161	7112	8374	8094	2333	12528	1851	15671
杨家镇	11791	6022	5769	5026	5914	5730	1530	8663	1598	11179
金峰镇	8441	4321	4120	3293	4290	4098	1042	6225	1174	7920
玉皇镇	8219	4246	3973	3364	4196	3963	1121	5923	1175	7962
新皂镇	16960	8993	7967	5382	7369	7000	1879	13478	1603	13112

表23 续表 16 单位：人、户

地区	总人口			家庭户	家庭户总人口		分年龄人口			居住本地，户口在本地
	合计	男	女	户数	男	女	0-14岁	15-64岁	65岁及以上	
河边镇	9875	4995	4880	3937	4922	4856	1324	7277	1274	9084
磨家镇	14028	6439	7589	3803	4834	4735	1352	11686	990	8573
永兴镇	34843	18066	16777	14470	16273	15873	4447	27820	2576	22844
城郊乡	26658	14031	12627	10077	13308	12299	3333	21473	1852	14874
石洞乡	6073	3129	2944	2622	3088	2938	795	4226	1052	5623
游仙区	**488604**	**249271**	**239333**	**178901**	**227455**	**224985**	**60185**	**371932**	**56487**	**386461**
涪江街道	47796	23698	24098	17130	21208	21720	5795	38092	3909	28533
科学城春蕾街道	21935	11316	10619	8097	10179	10305	3118	15396	3421	18750
富乐街道	39464	19605	19859	15424	19186	19522	5427	30400	3637	23068
科学城华丰街道	8239	4227	4012	3095	3861	3838	963	5772	1504	7516
科学城松林街道	13349	6735	6614	4529	5495	5535	1338	9151	2860	9136
游仙镇	76652	39612	37040	24161	30963	29730	7957	63980	4715	36060
石马镇	17383	8656	8727	6277	8648	8725	2375	13363	1645	16395
新桥镇	14579	7443	7136	5257	7397	7121	1745	11202	1632	13565
小枧沟镇	24744	13181	11563	8155	10155	10010	2863	20027	1854	19868
魏城镇	31632	16016	15616	12374	15817	15556	4141	23332	4159	30299
沉抗镇	14834	7458	7376	6071	7444	7364	1879	10865	2090	14286
忠兴镇	14068	7066	7002	5668	7038	6999	1807	10148	2113	13492
柏林镇	9449	4788	4661	3985	4635	4545	1202	6700	1547	9118
徐家镇	11672	5952	5720	4522	5861	5686	1562	8426	1684	11464
石板镇	12448	6268	6180	5048	6252	6171	1656	8858	1934	12187
刘家镇	9943	5026	4917	3891	4934	4869	1508	6890	1545	9600
玉河镇	13089	6591	6498	5133	6560	6478	1975	9374	1740	12874
松垭镇	19665	9833	9832	6585	8593	9001	2364	15486	1815	17023
白蝉乡	5592	2786	2806	2470	2776	2797	839	3772	981	5369
观太乡	9430	4847	4583	3716	4844	4581	1229	6822	1379	9271
建华乡	7262	3753	3509	2711	3745	3507	805	5582	875	7135
云凤乡	7887	3981	3906	3069	3981	3906	1001	5806	1080	7669
东林乡	6926	3559	3367	2657	3553	3366	854	5139	933	6693
太平乡	10804	5474	5330	4347	5474	5330	1233	7887	1684	10705
梓棉乡	7074	3573	3501	2959	3572	3498	925	4923	1226	6952
朝真乡	7526	3894	3632	2860	3889	3629	827	5566	1133	7252
东宣乡	7048	3525	3523	2661	3477	3495	888	5052	1108	6921
街子乡	9248	4707	4541	3470	4671	4538	1160	6861	1227	9016
凤凰乡	6418	3255	3163	2577	3244	3163	748	4615	1055	6240
四川省新华劳动教育管理所	2448	2446	2	2	3		1	2445	2	4
三台县	**1042064**	**529098**	**512966**	**378146**	**513627**	**501387**	**165079**	**738879**	**138106**	**957518**
北坝镇	54051	26591	27460	18957	25481	26572	7471	41702	4878	28375
潼川镇	113203	56640	56563	39689	51662	51972	13663	87633	11907	88755
东塔镇	13437	7081	6356	4500	6894	6316	1562	10332	1543	12747
百顷镇	9325	4669	4656	3759	4505	4619	1365	6509	1451	8880
塔山镇	20575	10409	10166	7867	9646	9391	3145	14329	3101	18875
柳池镇	5398	2671	2727	2240	2621	2692	862	3601	935	5132
龙树镇	16791	8818	7973	5639	8770	7947	2317	12506	1968	16302
石安镇	16707	8648	8059	5622	8571	8049	2242	12274	2191	16413
富顺镇	13431	6918	6513	5407	6836	6491	1794	9459	2178	13123
三元镇	12870	6488	6382	5175	6485	6377	1765	8832	2273	12457
秋林镇	14293	7601	6692	4686	7545	6657	1595	10645	2053	14001
永新镇	8082	4207	3875	2703	4181	3867	1078	6001	1003	7835
新德镇	14923	7623	7300	5108	7451	7227	1834	11208	1881	14744

表23 续表 17　　单位：人、户

地区	总人口			家庭户	家庭户总人口		分年龄人口			居住本地，户口在本地
	合计	男	女	户数	男	女	0-14岁	15-64岁	65岁及以上	
新生镇	23165	11795	11370	8328	11325	11133	3620	16219	3326	22080
鲁班镇	23690	12025	11665	8447	11758	11558	3940	16351	3399	22707
景福镇	30718	15866	14852	9890	15840	14841	4848	21774	4096	30065
紫河镇	13676	7131	6545	4174	7131	6545	2434	9604	1638	13299
安居镇	8001	4077	3924	2897	4001	3864	1374	5557	1070	7564
观桥镇	29361	14612	14749	11181	14278	14430	5216	20050	4095	28512
郪江镇	6510	3209	3301	2770	3182	3294	1156	4227	1127	6258
中新镇	15045	7716	7329	5250	7703	7323	2305	10878	1862	14825
古井镇	27377	14117	13260	10185	13942	13193	4056	19583	3738	26838
万安镇	6160	3084	3076	2381	3083	3074	1017	4217	926	5919
西平镇	39711	20391	19320	14248	19580	18654	6323	28116	5272	37758
八洞镇	17559	8769	8790	6462	8638	8709	3877	11311	2371	16827
凯河镇	14551	7323	7228	5385	7246	7207	2659	9753	2139	14164
乐安镇	26761	13844	12917	9520	13257	12723	4892	18089	3780	25512
建平镇	21925	11136	10789	8373	11110	10779	4199	14588	3138	21569
前锋镇	7722	3938	3784	3020	3930	3779	1365	5154	1203	7450
建设镇	8806	4477	4329	3236	4442	4321	1471	6148	1187	8431
光辉镇	10280	5272	5008	3426	5132	4932	1707	7112	1461	10039
中太镇	19131	9586	9545	7045	9504	9512	2993	13480	2658	18729
金石镇	20766	10621	10145	8287	10306	9985	4637	13018	3111	20297
新鲁镇	21500	11085	10415	8660	11084	10415	4131	14502	2867	21195
黎曙镇	7058	3615	3443	3195	3615	3443	1372	4619	1067	6882
刘营镇	30420	15625	14795	10469	14729	14214	5055	21402	3963	28173
灵兴镇	12427	6257	6170	4724	6241	6156	1883	8951	1593	12098
芦溪镇	44810	22496	22314	14566	20165	20255	7308	32512	4990	39093
立新镇	21784	11168	10616	8321	11076	10590	3631	15175	2978	21034
花园镇	24236	12045	12191	9158	12043	12190	3828	17717	2691	23415
永明镇	19352	9719	9633	7230	9536	9587	2854	13791	2707	18259
高堰乡	6692	3461	3231	2492	3436	3221	1053	4635	1004	6436
忠孝乡	5829	2941	2888	2411	2889	2868	987	3825	1017	5656
双胜乡	6216	3218	2998	2659	3193	2996	992	4274	950	6007
金鼓乡	6852	3516	3336	2829	3515	3336	1149	4599	1104	6782
断石乡	7731	3865	3866	3091	3863	3865	1219	5290	1222	7469
玉林乡	8667	4407	4260	2877	4396	4254	1332	6133	1202	8454
乐加乡	9999	5128	4871	3388	5064	4846	1724	6755	1520	9414
曙光乡	7743	3873	3870	2996	3868	3870	1167	5396	1180	7503
建中乡	15493	7853	7640	5586	7784	7602	2992	10142	2359	15153
宝泉乡	6826	3589	3237	2379	3589	3237	1020	4808	998	6765
广利乡	6433	3239	3194	2461	3239	3194	1123	4232	1078	6230
协和乡	7527	3796	3731	2629	3791	3727	1511	4900	1116	7265
双乐乡	8728	4455	4273	3283	4421	4263	1742	5773	1213	8481
菊河乡	7355	3782	3573	3031	3778	3570	1388	4815	1152	7150
幸福乡	9839	4817	5022	3859	4810	5022	1718	6484	1637	9408
下新乡	7011	3582	3429	2876	3582	3429	1164	4824	1023	6830
进都乡	4665	2402	2263	1749	2390	2261	624	3356	685	4526
上新乡	10067	5146	4921	3679	5141	4916	1996	6635	1436	9762
老马乡	10949	5465	5484	3769	5297	5421	1835	7793	1321	10465
里程乡	7220	3633	3587	2653	3592	3571	1136	5075	1009	6963
争胜乡	6197	3135	3062	2474	3032	3030	937	4293	967	5800
云同乡	8437	4432	4005	2795	4432	4005	1426	5913	1098	8368

表23　续表 18　　　　　　　　　　　　单位：人、户

地　　区	总人口			家庭户	家庭户总人口		分年龄人口			居住本地，户口在本地
	合　计	男	女	户　数	男	女	0-14岁	15-64岁	65岁及以　上	
盐亭县	**417221**	**210259**	**206962**	**158687**	**203904**	**201960**	**61063**	**294614**	**61544**	**396746**
云溪镇	72922	37075	35847	26199	34500	33444	9575	56351	6996	62170
玉龙镇	19849	9839	10010	7479	9222	9379	2856	13764	3229	19345
富驿镇	39015	19698	19317	12084	19016	18635	5508	28874	4633	37036
金孔镇	23177	11819	11358	9276	11325	10848	2966	16763	3448	22007
两河镇	15768	7894	7874	6427	7809	7863	2611	10752	2405	15341
黄甸镇	19844	10030	9814	8562	9567	9583	3135	13042	3667	19283
柏梓镇	15944	8094	7850	5719	7706	7619	2328	11494	2122	15575
八角镇	16242	8233	8009	6729	8160	7987	2379	11065	2798	15831
黑坪镇	7652	3900	3752	2972	3822	3712	1166	5423	1063	7429
高灯镇	11327	5623	5704	5071	5593	5703	1620	7180	2527	10816
金鸡镇	11909	5976	5933	4649	5963	5919	2224	7635	2050	11778
安家镇	8974	4583	4391	3478	4558	4383	1525	6285	1164	8739
林农镇	12778	6201	6577	4939	6137	6568	2041	8619	2118	12655
巨龙镇	9383	4822	4561	3395	4822	4561	1247	6946	1190	9276
龙泉乡	5091	2582	2509	2210	2482	2489	708	3268	1115	4976
折弓乡	7322	3593	3729	3040	3592	3729	1379	4768	1175	7036
麻秧乡	6481	3263	3218	2826	3195	3200	1017	4424	1040	6166
三元乡	7271	3637	3634	2948	3620	3634	1028	4989	1254	7168
五龙乡	5382	2658	2724	2406	2625	2718	802	3393	1187	5309
茶亭乡	4911	2455	2456	1995	2388	2417	707	3334	870	4781
金安乡	10022	4939	5083	3166	4895	5068	1522	7266	1234	9885
洗泽乡	14525	7365	7160	5341	7328	7157	1856	10230	2439	14392
毛公乡	8529	4389	4140	3092	4247	4098	1393	5814	1322	8367
冯河乡	7874	3930	3944	3190	3930	3944	1190	5392	1292	7803
石牛庙乡	9146	4572	4574	3730	4571	4574	1337	6277	1532	8878
大兴回族乡	4954	2547	2407	1507	2537	2404	693	3609	652	4867
宗海乡	4404	2136	2268	1981	2130	2268	717	2816	871	4314
两岔河乡	4343	2136	2207	1764	2111	2204	742	2938	663	4126
剑河乡	3317	1705	1612	1271	1681	1605	518	2269	530	3264
来龙乡	3610	1836	1774	1432	1818	1772	530	2537	543	3544
永泰乡	4158	2030	2128	1705	1968	2112	772	2525	861	3994
黄溪乡	4214	2107	2107	1878	2050	2092	727	2538	949	4091
榉溪乡	7130	3635	3495	2434	3607	3483	897	5179	1054	7031
双碑乡	3017	1547	1470	1293	1527	1464	470	2037	510	2899
林山乡	3130	1592	1538	1046	1584	1536	425	2261	444	3093
新农乡	3606	1818	1788	1453	1818	1788	452	2557	597	3481
安县	**366802**	**184754**	**182048**	**143826**	**179449**	**177924**	**60252**	**262934**	**43616**	**315810**
桑枣镇	30016	15106	14910	11916	14588	14521	5206	21211	3599	26302
花荄镇	61807	31132	30675	22668	28744	28490	8862	47562	5383	44575
黄土镇	37406	19153	18253	13483	18842	18123	5466	27659	4281	27969
塔水镇	36618	18207	18411	15507	18133	18385	6332	25425	4861	33874
秀水镇	52783	26066	26717	19976	25242	25831	9615	36931	6237	46954
河清镇	15784	7924	7860	6132	7697	7776	2356	11316	2112	14064
界牌镇	20156	10241	9915	7928	9930	9790	2726	15402	2028	17755
永河镇	13335	6624	6711	5329	6533	6686	2198	9199	1938	12701
雎水镇	17254	8863	8391	7058	8681	8292	2443	12833	1978	14909
清泉镇	11054	5603	5451	4641	5567	5437	1990	7492	1572	10279
宝林镇	10049	5093	4956	4106	4949	4873	1498	7156	1395	9450
沸水镇	10194	5044	5150	4287	5011	5131	1914	6753	1527	9480

表23 续表 19

单位：人、户

地区	总人口			家庭户	家庭户总人口		分年龄人口			居住本地，户口在本地
	合计	男	女	户数	男	女	0-14岁	15-64岁	65岁及以上	
晓坝镇	7292	3692	3600	2652	3648	3581	1228	5079	985	6696
乐兴镇	14636	7440	7196	6418	7440	7196	3520	9275	1841	13941
茶坪乡	5873	3121	2752	2388	3111	2750	1423	3740	710	5740
兴仁乡	7999	4098	3901	3356	4068	3886	1408	5544	1047	7421
高川乡	4227	2191	2036	1572	2172	2033	591	3065	571	4019
迎新乡	10319	5156	5163	4409	5093	5143	1476	7292	1551	9681
梓潼县	**302246**	**153404**	**148842**	**108642**	**150757**	**146356**	**39596**	**226575**	**36075**	**283968**
文昌镇	60821	30084	30737	22085	28108	28547	8484	46522	5815	48533
长卿镇	12342	6105	6237	4468	6081	6225	1718	9302	1322	11936
许州镇	21336	10731	10605	7656	10641	10576	2810	16194	2332	20942
黎雅镇	12860	6584	6276	4236	6461	6259	1539	9706	1615	12392
白云镇	7922	4100	3822	2546	4073	3802	933	6029	960	7718
卧龙镇	10686	5453	5233	3500	5453	5233	1347	8116	1223	10304
观义镇	9492	4962	4530	3463	4952	4525	1165	7257	1070	9370
玛瑙镇	7177	3663	3514	2771	3663	3514	995	5232	950	7048
石牛镇	15181	7792	7389	5300	7763	7383	2036	11236	1909	14697
自强镇	4453	2277	2176	1808	2277	2176	646	3253	554	4386
仁和镇	8528	4380	4148	2971	4380	4148	995	6388	1145	8288
东石乡	6105	3086	3019	2191	3035	2995	844	4433	828	5739
三泉乡	4574	2357	2217	1663	2347	2208	626	3339	609	4399
宏仁乡	6510	3329	3181	2225	3319	3173	831	4884	795	6332
小垭乡	4346	2173	2173	1742	2159	2165	502	3255	589	4291
演武乡	4091	2085	2006	1688	2022	1968	544	2971	576	3988
仙峰乡	5771	2908	2863	2371	2893	2858	706	4209	856	5499
双板乡	9796	4999	4797	3243	4995	4795	1046	7506	1244	9682
豢龙乡	4597	2344	2253	1792	2344	2253	694	3293	610	4479
双峰乡	5473	2808	2665	1926	2782	2651	646	4031	796	5302
交泰乡	4288	2212	2076	1695	2212	2076	537	3124	627	4217
金龙场乡	9321	4827	4494	3275	4739	4458	1130	6950	1241	9194
石台乡	7935	4078	3857	2496	4073	3850	929	6116	890	7786
仙鹅乡	7366	3776	3590	2442	3776	3590	954	5510	902	7183
马鸣乡	8609	4474	4135	2907	4446	4123	1251	6304	1054	8389
马迎乡	5074	2623	2451	1869	2619	2446	699	3761	614	5023
二洞乡	3599	1833	1766	1154	1822	1762	455	2750	394	3473
建兴乡	4084	2065	2019	1550	2055	2015	635	2924	525	3953
宝石乡	6862	3520	3342	2773	3520	3342	943	4925	994	6756
定远乡	5886	3018	2868	2542	3009	2857	800	4188	898	5755
大新乡	8599	4396	4203	3002	4376	4184	1135	6335	1129	8428
文兴乡	8562	4362	4200	3292	4362	4199	1021	6532	1009	8486
北川羌族自治县	**197108**	**101490**	**95618**	**67514**	**96966**	**92197**	**28953**	**145308**	**22847**	**180150**
曲山镇	8745	4531	4214	2953	4527	4213	1395	6438	912	8544
擂鼓镇	15799	8073	7726	5300	7973	7652	2431	11867	1501	14685
通口镇	4882	2482	2400	1763	2452	2385	617	3522	743	4635
永昌镇	16885	8494	8391	4827	6117	6134	1992	13708	1185	11964
安昌镇	47864	24350	23514	19291	23945	23214	6067	35585	6212	41687
永安镇	19276	9870	9406	6641	9726	9322	2855	14110	2311	18253
香泉乡	5619	2890	2729	1955	2890	2729	906	3937	776	5374
陈家坝乡	10067	5275	4792	3326	5262	4791	1631	7228	1208	9910
桂溪乡	9315	4844	4471	2875	4584	4272	1358	6855	1102	8500
贯岭乡	2996	1563	1433	913	1549	1429	433	2237	326	2886

表23 续表 20

单位：人、户

地区	总人口			家庭户	家庭户总人口		分年龄人口			居住本地，户口在本地
	合计	男	女	户数	男	女	0-14岁	15-64岁	65岁及以上	
禹里乡	9633	5052	4581	3519	5050	4579	1518	6935	1180	9406
漩坪乡	5173	2697	2476	1766	2571	2450	773	3656	744	4955
白坭乡	3524	1823	1701	1203	1775	1689	557	2507	460	3366
小坝乡	9226	4879	4347	2808	4733	4313	1555	6663	1008	8871
片口乡	5686	2963	2723	1698	2935	2700	1113	3929	644	5487
开坪乡	2552	1364	1188	898	1361	1188	389	1795	368	2489
坝底乡	5629	2877	2752	1754	2831	2718	1026	4003	600	5405
白什乡	2694	1395	1299	821	1361	1279	448	1909	337	2585
青片乡	3234	1852	1382	682	1121	1056	450	2479	305	3119
都坝乡	2224	1142	1082	698	1142	1082	362	1592	270	2126
桃龙藏族乡	2575	1310	1265	800	1298	1258	479	1797	299	2492
墩上乡	1644	832	812	450	832	811	272	1215	157	1616
马槽乡	1866	932	934	573	931	933	326	1341	199	1795
平武县	**170959**	**88971**	**81988**	**55148**	**86778**	**80771**	**24561**	**128309**	**18089**	**162107**
龙安镇	37722	19175	18547	12453	18302	17756	5077	29174	3471	33225
古城镇	11894	6073	5821	4031	5992	5816	1628	8991	1275	11310
南坝镇	19242	10043	9199	6423	9771	9068	2582	14684	1976	18478
响岩镇	9817	5084	4733	3160	4964	4694	1222	7630	965	9586
平通镇	9820	5126	4694	3367	5079	4665	1484	7372	964	9611
豆叩镇	7550	3960	3590	2390	3943	3584	1120	5591	839	7329
大印镇	6706	3575	3131	2020	3574	3128	885	5106	715	6683
大桥镇	6816	3619	3197	2211	3565	3181	1081	4858	877	6558
水晶镇	11166	5866	5300	3281	5778	5249	1856	8211	1099	10803
高村乡	5334	2815	2519	1717	2815	2519	763	4006	565	5132
水田羌族乡	3045	1607	1438	1082	1554	1426	450	2149	446	2992
坝子乡	7040	3694	3346	2272	3595	3339	1030	5181	829	6745
水观乡	3713	1920	1793	1270	1919	1791	585	2716	412	3674
平南羌族乡	1999	1010	989	623	996	985	312	1443	244	1926
徐塘羌族乡	2257	1184	1073	672	1168	1062	343	1612	302	2206
锁江羌族乡	5348	2804	2544	1803	2804	2543	783	3864	701	5264
土城藏族乡	5650	3021	2629	1659	2971	2616	888	4099	663	5568
旧堡羌族乡	3404	1802	1602	1112	1798	1601	511	2474	419	3326
阔达藏族乡	4242	2164	2078	1333	2144	2065	694	3059	489	4068
黄羊关藏族乡	1553	843	710	406	803	700	217	1171	165	1482
虎牙藏族乡	2004	1054	950	561	1028	941	269	1496	239	1931
泗耳藏族乡	816	497	319	210	347	301	118	624	74	627
白马藏族乡	1369	759	610	347	652	582	201	1076	92	1250
木座藏族乡	1521	783	738	453	751	731	305	1051	165	1475
木皮藏族乡	931	493	438	292	465	428	157	671	103	858
江油市	**762140**	**380418**	**381722**	**280178**	**370026**	**371716**	**97495**	**573844**	**90801**	**672978**
长钢街道	18705	9556	9149	7038	9418	9107	1898	13989	2818	17284
武都长钢街道	18709	9811	8898	6327	8268	7806	1617	15282	1810	16082
含增长钢街道	5752	3069	2683	2456	2802	2589	491	4168	1093	5290
华坪街道	1013	485	528	571	485	528	11	587	415	924
中坝镇	111711	54535	57176	40363	52970	55700	15114	85838	10759	85597
太平镇	78884	39342	39542	27212	37263	37904	9764	61527	7593	63649
三合镇	95912	46734	49178	33885	44008	44303	11337	74765	9810	74598
含增镇	8121	4221	3900	2781	4211	3899	965	6141	1015	7658
青莲镇	14676	7345	7331	5386	7162	7280	1825	11044	1807	13379
彰明镇	14640	7433	7207	4991	7138	7109	1762	11074	1804	13501

表23　续表 21　　　　单位：人、户

地　区	总人口			家庭户	家庭户总人口		分年龄人口			居住本地，户口在本地
	合　计	男	女	户　数	男	女	0-14岁	15-64岁	65岁及以上	
龙凤镇	12913	6536	6377	4757	6519	6368	1420	10001	1492	12617
武都镇	36350	18499	17851	12446	17973	17728	4130	28272	3948	34220
大康镇	18250	9295	8955	6159	9272	8939	2303	13842	2105	17087
新安镇	13569	6788	6781	5263	6756	6771	1651	9913	2005	13435
战旗镇	10554	5324	5230	4436	5299	5224	1311	7485	1758	10294
双河镇	11632	5793	5839	4547	5792	5835	1741	8241	1650	10993
永胜镇	24430	12238	12192	8494	12198	12188	3150	18343	2937	24106
小溪坝镇	13489	6586	6903	5519	6586	6903	1893	9913	1683	12648
河口镇	8549	4299	4250	3353	4291	4240	1127	6127	1295	8337
重华镇	11688	5730	5958	4791	5730	5958	1875	8093	1720	10842
厚坝镇	20135	9735	10400	8289	9651	10370	3029	14534	2572	17508
二郎庙镇	23853	12030	11823	8791	11751	11650	3468	17699	2686	21776
马角镇	11818	5949	5869	4666	5755	5792	1570	8796	1452	10907
雁门镇	8269	4190	4079	3031	4185	4077	1274	6110	885	8008
九岭镇	15655	7877	7778	5364	7863	7759	1954	11936	1765	15046
八一乡	11672	5933	5739	4428	5896	5723	1535	8407	1730	11349
方水乡	10828	5438	5390	4121	5438	5390	1470	7926	1432	10394
西屏乡	14477	7204	7273	5191	7154	7206	1893	10775	1809	13619
香水乡	7154	3636	3518	2545	3626	3517	940	5282	932	6986
大堰乡	12678	6452	6226	4692	6395	6217	1478	9415	1785	12150
东兴乡	7429	3753	3676	3088	3753	3676	966	5376	1087	6839
义新乡	10406	5255	5151	3869	5254	5150	1067	7685	1654	10355
贯山乡	11177	5715	5462	4179	5715	5462	1322	8314	1541	10902
新兴乡	8347	4076	4271	3585	4076	4271	1190	5762	1395	8131
新春乡	9734	4757	4977	3966	4757	4977	1542	6743	1449	9477
东安乡	9492	4823	4669	3635	4804	4658	1278	6943	1271	9087
铜星乡	7204	3544	3660	2974	3516	3658	1208	4806	1190	6950
文胜乡	5656	2721	2935	2510	2721	2935	810	3905	941	5440
重兴乡	6792	3485	3307	2654	3480	3307	978	4834	980	6493
云集乡	6423	3292	3131	2371	3269	3121	1051	4410	962	6238
石元乡	2846	1468	1378	1188	1409	1363	399	2045	402	2657
敬元乡	4987	2511	2476	1965	2497	2470	924	3380	683	4765
六合乡	3388	1772	1616	1459	1737	1598	473	2493	422	3263
枫顺乡	2173	1183	990	842	1183	990	291	1623	259	2097
广元市	**2484122**	**1251498**	**1232624**	**831175**	**1162175**	**1175342**	**412845**	**1794394**	**276883**	**2198740**
利州区	**516424**	**262539**	**253885**	**168056**	**236724**	**238577**	**72805**	**400398**	**43221**	**382366**
东坝街道	111452	56632	54820	38251	48716	49768	15807	87812	7833	74345
嘉陵街道	60974	29906	31068	20939	27699	28894	7433	47474	6067	45900
河西街道	11212	5844	5368	3321	5514	5319	1611	8765	836	9236
荣山镇	27172	15251	11921	8037	12414	11921	3878	20366	2928	26317
大石镇	20440	10345	10095	6332	10305	10084	2990	15697	1753	19745
盘龙镇	18193	9178	9015	5464	9165	9006	2612	14056	1525	16590
宝轮镇	59079	30520	28559	18752	25659	26543	8215	44827	6037	47214
赤化镇	9168	4614	4554	3007	4486	4485	1585	6730	853	8752
三堆镇	21640	10805	10835	7038	10638	10792	3417	16350	1873	20097
工农镇	9242	4779	4463	2619	4618	4431	1656	6814	772	8564
白朝乡	5093	2646	2447	1482	2562	2414	837	3738	518	4919
金洞乡	6403	3233	3170	2006	3151	3130	1057	4593	753	6203
龙潭乡	14557	7699	6858	4072	7057	6761	1926	11199	1432	13673
雪峰街道	17849	9200	8649	4257	6232	6093	1964	14791	1094	9702

表23 续表 22

单位：人、户

地区	总人口			家庭户	家庭户总人口		分年龄人口			居住本地，户口在本地
	合计	男	女	户数	男	女	0-14岁	15-64岁	65岁及以上	
南河街道	54189	27248	26941	19453	26077	26074	8240	43031	2918	22495
回龙河街道	7808	3950	3858	2154	3837	3832	1077	6176	555	6695
上西街道	24053	11664	12389	7908	10729	11004	3466	19060	1527	12997
袁家坝街道	8335	4252	4083	2015	3964	3983	1292	6520	523	7554
杨家岩街道	5070	2545	2525	2041	2495	2519	574	3621	875	4491
下西街道	24495	12228	12267	8908	11406	11524	3168	18778	2549	16877
元坝区	**168489**	**86590**	**81899**	**54405**	**76478**	**76791**	**25986**	**122458**	**20045**	**151318**
元坝镇	26240	13461	12779	6410	9784	9661	3886	20721	1633	19870
卫子镇	7641	4091	3550	2472	3171	3163	1157	5602	882	6179
王家镇	7164	3572	3592	2650	3346	3495	1130	4970	1064	6886
磨滩镇	6618	3363	3255	2350	3038	3160	1182	4449	987	6210
柏林沟镇	4794	2496	2298	1706	2220	2222	618	3445	731	4415
太公镇	7064	3729	3335	2154	3067	3026	1150	5070	844	6135
虎跳镇	6024	3041	2983	2195	2972	2977	999	4369	656	5796
红岩镇	3153	1597	1556	1147	1530	1539	447	2238	468	2961
昭化镇	14774	7669	7105	4562	6956	6941	2283	11146	1345	13287
晋贤乡	4686	2322	2364	1600	2228	2333	827	3189	670	4537
文村乡	3640	1807	1833	1369	1715	1806	574	2474	592	3478
清水乡	6891	3549	3342	2176	3339	3276	1128	4843	920	6606
张家乡	5928	3109	2819	1907	2761	2753	978	4083	867	5481
香溪乡	2354	1207	1147	873	1150	1136	408	1539	407	2185
青牛乡	4504	2247	2257	1538	2096	2172	839	3127	538	4443
陈江乡	3527	1840	1687	1079	1676	1643	593	2497	437	3337
丁家乡	3103	1608	1495	1052	1526	1467	571	2144	388	3007
黄龙乡	4192	2157	2035	1451	2022	1995	621	3059	512	3994
石井铺乡	8586	4481	4105	2821	4124	4013	1154	6384	1048	7872
白果乡	4531	2357	2174	1554	2049	2096	683	3254	594	4133
梅树乡	4339	2181	2158	1521	2011	2092	621	3116	602	4175
明觉乡	5415	2761	2654	1874	2469	2634	783	3951	681	4817
射箭乡	4553	2328	2225	1537	2218	2190	627	3347	579	4336
朝阳乡	3884	2050	1834	1316	1776	1790	574	2806	504	3457
大朝乡	2283	1167	1116	799	1134	1103	384	1629	270	2132
沙坝乡	2846	1436	1410	1019	1399	1389	457	2015	374	2589
柳桥乡	4087	2054	2033	1336	2005	2018	584	2988	515	3769
紫云乡	3772	1976	1796	1124	1765	1739	495	2800	477	3383
拣银岩社区街道	1896	934	962	813	931	962	233	1203	460	1848
朝天区	**174333**	**88162**	**86171**	**52704**	**83517**	**83770**	**32855**	**122902**	**18576**	**164396**
朝天镇	29424	15102	14322	7882	12218	12427	5204	21988	2232	24319
大滩镇	10206	5099	5107	3356	5098	5107	1808	7264	1134	9963
羊木镇	13348	6610	6738	4621	6379	6706	2480	9479	1389	12707
曾家镇	8996	4627	4369	2757	4579	4350	1796	6410	790	8408
中子镇	9152	4548	4604	2835	4535	4573	1724	6469	959	9037
沙河镇	6917	3577	3340	1828	3205	3217	1320	4874	723	6490
陈家乡	5109	2486	2623	1562	2418	2585	994	3552	563	4943
小安乡	3355	1673	1682	990	1673	1682	646	2291	418	3329
鱼洞乡	4304	2178	2126	1299	2136	2112	800	2977	527	4242
东溪河乡	7543	3881	3662	2281	3686	3629	1245	5345	953	7240
花石乡	3388	1759	1629	1056	1756	1628	571	2347	470	3310
蒲家乡	3745	1970	1775	1089	1784	1761	666	2610	469	3498
西北乡	4087	2105	1982	1178	2026	1959	791	2913	383	3881

表23 续表 23

单位：人、户

地　　区	总人口			家庭户	家庭户总人口		分年龄人口			居住本地，户口在本地
	合　计	男	女	户　数	男	女	0-14岁	15-64岁	65岁及以上	
宣河乡	7858	3913	3945	2406	3794	3914	1657	5290	911	7565
转斗乡	4924	2459	2465	1616	2320	2417	1004	3401	519	4616
青林乡	2761	1415	1346	897	1374	1333	439	1939	383	2671
平溪乡	4584	2299	2285	1351	2282	2276	986	3112	486	4416
两河口乡	7779	3909	3870	2536	3885	3870	1622	5114	1043	7540
李家乡	7960	4053	3907	2227	4004	3887	1519	5591	850	7850
汪家乡	5898	2961	2937	1696	2917	2908	1210	4018	670	5790
麻柳乡	6278	3129	3149	2103	3120	3149	1386	4204	688	6108
临溪乡	5609	2778	2831	1639	2761	2825	1192	3862	555	5549
文安乡	4131	2069	2062	1341	2068	2062	658	2950	523	4088
马家坝乡	3342	1688	1654	1125	1664	1644	515	2334	493	3301
柏杨乡	3635	1874	1761	1033	1835	1749	622	2568	445	3535
旺苍县	**385787**	**195002**	**190785**	**124314**	**180530**	**181651**	**73948**	**270533**	**41306**	**351671**
东河镇	81953	40897	41056	24393	32939	33384	12254	63518	6181	66356
嘉川镇	38421	20885	17536	12057	17356	17413	5653	29072	3696	31215
木门镇	16947	8564	8383	5662	8497	8361	3916	11197	1834	16316
白水镇	11044	5509	5535	3635	5228	5422	1813	8033	1198	9964
尚武镇	9842	4975	4867	2985	4480	4737	1748	7115	979	8475
张华镇	10020	4935	5085	3470	4924	5085	1987	6657	1376	9738
黄洋镇	17558	8755	8803	6149	8486	8688	2897	12708	1953	16707
普济镇	22032	10990	11042	7945	10258	10428	4060	15322	2650	20843
三江镇	17807	8941	8866	5884	8805	8857	3994	12103	1710	16620
金溪镇	5896	2896	3000	2252	2851	2989	1437	3787	672	5557
五权镇	13867	7068	6799	4029	6993	6765	3362	9097	1408	13651
高阳镇	7137	3612	3525	2055	3581	3513	1215	5065	857	6962
双汇镇	7957	4020	3937	2351	3924	3905	1379	5657	921	7797
英萃镇	8192	4165	4027	2698	4115	3991	1806	5567	819	7882
国华镇	6947	3376	3571	2623	3362	3553	1783	4395	769	6319
龙凤乡	9295	4671	4624	3066	4648	4624	1899	6041	1355	9195
大河乡	4049	2043	2006	1452	2038	2004	967	2641	441	3825
九龙乡	11224	5630	5594	3913	5579	5577	2664	7201	1359	11124
万家乡	4143	2108	2035	1256	2030	1998	961	2672	510	4077
燕子乡	5678	2905	2773	1632	2866	2771	1149	3877	652	5528
水磨乡	5360	2640	2720	1595	2583	2697	1636	3083	641	5121
鼓城乡	4180	2155	2025	1183	2150	2017	861	2884	435	4099
檬子乡	3117	1623	1494	889	1609	1489	642	2131	344	3062
福庆乡	7628	3850	3778	2449	3834	3776	1596	5152	880	7548
枣林乡	3714	1872	1842	1307	1828	1834	709	2436	569	3547
麻英乡	3948	1974	1974	1183	1974	1974	771	2676	501	3904
柳溪乡	4087	2076	2011	1227	1929	1991	753	2754	580	3976
农建乡	4556	2202	2354	1692	2193	2354	1190	2711	655	4549
化龙乡	6356	3157	3199	2050	3153	3197	1487	4070	799	6206
大两乡	5420	2723	2697	1560	2722	2694	1556	3156	708	5194
万山乡	3026	1539	1487	924	1535	1486	917	1734	375	2962
正源乡	5879	2921	2958	1809	2850	2935	1315	3952	612	5794
天星乡	5644	2938	2706	1739	2866	2684	1145	3846	653	5531
盐河乡	3128	1613	1515	1125	1581	1502	732	1935	461	3014
大德乡	3737	1756	1981	1438	1754	1981	957	2347	433	3683
静乐寺街道	2972	1496	1476	1280	1487	1473	354	1997	621	2520
陈家岭社区街道	2738	1369	1369	1226	1369	1367	342	1720	676	2587

表23 续表 24

单位：人、户

地区	总人口			家庭户	家庭户总人口		分年龄人口			居住本地，
	合计	男	女	户数	男	女	0-14岁	15-64岁	65岁及以上	户口在本地
磨岩社区街道	288	153	135	131	153	135	41	224	23	223
青川县	**222253**	**115117**	**107136**	**76047**	**112167**	**105923**	**33985**	**167237**	**21031**	**208963**
乔庄镇	27557	14227	13330	10617	13493	12782	3688	21988	1881	23863
青溪镇	13984	7131	6853	5561	7022	6815	2122	10455	1407	13402
房石镇	6193	3271	2922	2302	3233	2905	795	4639	759	6082
关庄镇	5083	2670	2413	1840	2586	2394	865	3782	436	4440
凉水镇	7038	3685	3353	2522	3685	3353	1176	5181	681	6880
竹园镇	14395	7267	7128	5286	7149	7005	2514	10700	1181	13644
木鱼镇	6193	3184	3009	1828	3001	2952	990	4719	484	5533
沙州镇	9608	4923	4685	3003	4879	4678	1532	7188	888	8984
姚渡镇	6298	3467	2831	1827	2991	2792	958	4778	562	5590
黄坪乡	5041	2636	2405	1616	2630	2404	734	3854	453	4882
瓦砾乡	3086	1585	1501	1000	1546	1485	452	2342	292	2959
孔溪乡	6707	3476	3231	2106	3449	3221	979	5116	612	6576
茶坝乡	5396	2834	2562	1768	2724	2536	768	4069	559	5266
大坝乡	2513	1301	1212	810	1295	1208	370	1841	302	2443
桥楼乡	5581	2841	2740	1914	2811	2723	842	4169	570	5304
三锅乡	7628	3918	3710	2671	3885	3702	1140	5763	725	6830
蒿溪回族乡	3781	1930	1851	1231	1875	1824	587	2840	354	3592
乐安寺乡	4551	2352	2199	1516	2239	2171	609	3491	451	4196
前进乡	3684	1936	1748	1231	1913	1739	517	2739	428	3521
曲河乡	3786	1939	1847	1337	1887	1823	569	2747	470	3572
马公乡	1138	613	525	426	613	525	149	805	184	1098
石坝乡	3671	1918	1753	1246	1918	1753	513	2708	450	3422
红光乡	2964	1578	1386	1099	1544	1377	437	2251	276	2882
苏河乡	3165	1671	1494	1019	1626	1482	495	2340	330	3036
茅坝乡	4258	2253	2005	1409	2225	1998	667	3124	467	4177
大院回族乡	5097	2619	2478	1759	2572	2440	901	3695	501	4940
楼子乡	2187	1170	1017	729	1170	1017	345	1642	200	2178
金子山乡	2513	1302	1211	1022	1271	1194	469	1828	216	2384
马鹿乡	9942	5092	4850	3232	5083	4849	1640	7433	869	9664
七佛乡	2958	1534	1424	884	1510	1407	491	2148	319	2861
建峰乡	6087	3164	2923	2138	3138	2918	980	4497	610	5886
白家乡	6498	3304	3194	1944	3266	3182	1094	4687	717	6317
板桥乡	6425	3331	3094	2139	3316	3091	1073	4830	522	6214
骑马乡	7174	3808	3366	2141	3557	3319	1173	5281	720	6598
观音店乡	4539	2397	2142	1250	2343	2129	622	3414	503	4417
营盘乡	5513	2773	2740	1624	2722	2730	729	4132	652	5326
唐家河国家级自然保护区	21	17	4					21		4
剑阁县	**457656**	**229939**	**227717**	**164872**	**219055**	**218502**	**79040**	**321747**	**56869**	**419529**
普安镇	42577	21019	21558	14422	18947	19385	6839	32098	3640	28441
龙源镇	10323	5167	5156	3915	5044	5072	1973	6886	1464	9856
城北镇	11490	5721	5769	4090	5591	5694	1985	8076	1429	10463
盐店镇	5531	2814	2717	2179	2740	2676	969	3805	757	5414
柳沟镇	6098	3148	2950	2454	3145	2949	1114	4266	718	5750
武连镇	9665	4838	4827	3843	4612	4667	1627	6920	1118	8727
东宝镇	8657	4388	4269	3111	4271	4187	1573	5932	1152	8295
开封镇	11847	5922	5925	4105	5541	5484	1870	8766	1211	10418
元山镇	20080	10224	9856	7782	10158	9810	3402	14278	2400	19574
演圣镇	6955	3486	3469	2592	3403	3447	1076	4858	1021	6730

表23　续表 25　　　　单位：人、户

地　　区	总人口			家庭户	家庭户总人口		分年龄人口			居住本地，户口在本地
	合　计	男	女	户　数	男	女	0-14岁	15-64岁	65岁及以上	
王河镇	7333	3738	3595	2866	3717	3590	1314	5152	867	7145
公兴镇	8594	4319	4275	3341	4141	4161	1676	5892	1026	7212
金仙镇	5340	2672	2668	2115	2601	2626	880	3625	835	5146
香沉镇	6938	3375	3563	3249	3374	3563	1284	4358	1296	6697
白龙镇	14085	7021	7064	4436	6069	6233	2412	10140	1533	13262
鹤龄镇	16868	8535	8333	5661	7502	7566	2927	11814	2127	16130
杨村镇	8738	4320	4418	2880	4241	4369	1658	6069	1011	8276
羊岭镇	10497	5089	5408	3762	5065	5392	1747	7157	1593	10323
江口镇	9794	4912	4882	3719	4912	4881	1971	6583	1240	9610
木马镇	6882	3489	3393	2793	3488	3393	1223	4666	993	6530
剑门关镇	14236	7174	7062	4345	6433	6420	2558	10159	1519	13288
汉阳镇	10927	5474	5453	3549	5398	5397	1739	7765	1423	10628
下寺镇	32400	16513	15887	8667	13226	12870	5176	25213	2011	24866
江石乡	4367	2266	2101	1720	2263	2100	707	3056	604	4295
田家乡	5039	2548	2491	1721	2477	2449	923	3505	611	4874
闻溪乡	5126	2522	2604	1907	2498	2591	904	3544	678	5030
姚家乡	5755	2954	2801	1933	2928	2791	970	4055	730	5565
北庙乡	5712	2913	2799	2321	2881	2776	1010	3882	820	5532
西庙乡	4915	2502	2413	1796	2449	2380	824	3450	641	4811
义兴乡	5274	2705	2569	1886	2660	2535	883	3630	761	5206
毛坝乡	3716	1922	1794	1348	1922	1794	589	2614	513	3702
凉山乡	5356	2741	2615	1888	2683	2580	957	3670	729	5160
垂泉乡	2936	1536	1400	1089	1508	1386	494	2041	401	2774
秀钟乡	5508	2815	2693	2168	2801	2681	849	3828	831	5338
正兴乡	3912	2003	1909	1480	1959	1883	604	2721	587	3808
马灯乡	3694	1863	1831	1488	1812	1802	575	2564	555	3608
高池乡	4968	2509	2459	1767	2509	2459	836	3498	634	4874
碗泉乡	4429	2283	2146	1714	2235	2139	736	2987	706	4318
迎水乡	5190	2615	2575	1856	2559	2549	841	3653	696	5029
国光乡	5053	2608	2445	1888	2608	2445	751	3610	692	4916
柘坝乡	4603	2342	2261	1803	2291	2236	772	3099	732	4471
公店乡	4423	2215	2208	1723	2185	2197	819	2980	624	4289
吼狮乡	5858	2899	2959	2235	2869	2949	1012	4050	796	5725
长岭乡	5435	2712	2723	2030	2666	2710	925	3624	886	5282
涂山乡	5761	2804	2957	2609	2740	2937	1155	3581	1025	5654
圈龙乡	5224	2599	2625	2251	2558	2614	1045	3338	841	5076
碑垭乡	5635	2764	2871	2163	2747	2862	1052	3665	918	5459
广坪乡	4938	2457	2481	2056	2457	2481	882	3325	731	4887
禾丰乡	5216	2616	2600	2099	2574	2581	1012	3310	894	5006
店子乡	7373	3769	3604	2961	3769	3604	1216	5163	994	7295
摇铃乡	5179	2600	2579	1940	2552	2549	883	3500	796	4953
樵店乡	6196	3009	3187	2258	2976	3176	1280	4096	820	6000
锦屏乡	4880	2383	2497	1822	2377	2491	961	3214	705	4661
柏垭乡	4341	2124	2217	1669	2087	2203	761	2959	621	4141
高观乡	6486	3268	3218	2337	3239	3202	1160	4523	803	6364
张王乡	5708	2881	2827	1978	2842	2807	1027	3929	752	5529
上寺乡	3595	1834	1761	1092	1755	1731	632	2605	358	3116
苍溪县	**559180**	**274149**	**285031**	**190777**	**253704**	**270128**	**94226**	**389119**	**75835**	**520497**
陵江镇	122811	60139	62672	37030	51128	54147	17060	93902	11849	102974
云峰镇	19383	9570	9813	7541	9143	9631	2140	13689	3554	18861

表23 续表 26

单位：人、户

地　区	总人口			家庭户	家庭户总人口		分年龄人口			居住本地，户口在本地
	合　计	男	女	户　数	男	女	0-14岁	15-64岁	65岁及以　上	
东青镇	10550	5070	5480	4067	5002	5436	1715	6879	1956	10290
白桥镇	10007	4813	5194	3760	4803	5189	1986	6420	1601	9663
八庙镇	6585	3234	3351	2381	3009	3172	997	4275	1313	6519
五龙镇	13241	6382	6859	4286	5302	6017	2907	8800	1534	11612
永宁镇	7250	3638	3612	2579	3425	3568	1124	5080	1046	6680
鸳溪镇	7960	3900	4060	3012	3889	4051	1276	5357	1327	7840
三川镇	11129	5148	5981	4333	5088	5962	2218	7052	1859	10915
龙王镇	12141	5799	6342	4436	5630	6200	1774	8671	1696	11498
元坝镇	25552	12221	13331	10079	11569	12915	3665	17860	4027	23995
唤马镇	7859	3684	4175	3021	3658	4161	1564	5150	1145	7744
歧坪镇	24303	11668	12635	8096	10210	11475	3796	17189	3318	22660
白驿镇	15195	7241	7954	5832	7069	7887	2408	10249	2538	14973
漓江镇	13546	6643	6903	5103	6636	6898	2315	9166	2065	13456
文昌镇	17355	8563	8792	5634	7638	7933	3247	11952	2156	15891
岳东镇	16083	7704	8379	5410	7608	8306	2884	10923	2276	15924
石马镇	14090	7054	7036	4510	7053	7036	3139	9040	1911	13677
运山镇	8260	3952	4308	2970	3864	4280	1467	5639	1154	7836
东溪镇	26607	13292	13315	8665	12343	12522	5044	18379	3184	25412
高坡镇	16191	8050	8141	5208	8007	8102	3643	10460	2088	15736
龙山镇	28034	13658	14376	9879	13547	14315	5669	18525	3840	27454
禅林乡	5789	2773	3016	2219	2772	3016	1311	3558	920	5727
亭子乡	6668	3332	3336	2484	3275	3316	1204	4450	1014	6544
白鹤乡	9797	4830	4967	3959	4677	4914	1459	6626	1712	9475
浙水乡	6901	3329	3572	2403	3251	3526	1101	4735	1065	6708
雍河乡	5078	2488	2590	1997	2469	2582	1033	3292	753	4909
新观乡	5412	2619	2793	2005	2572	2757	909	3580	923	5247
中土乡	5679	2739	2940	2310	2639	2890	808	3748	1123	5493
石门乡	8564	4075	4489	2758	3393	3896	1689	5561	1314	8300
月山乡	16007	7829	8178	5328	7806	8172	2362	11536	2109	15892
白山乡	8487	4284	4203	2477	4174	4111	1899	5517	1071	8300
彭店乡	6364	3129	3235	2119	3032	3207	1382	4001	981	6006
桥溪乡	7042	3531	3511	2405	3442	3474	1137	4910	995	6914
龙洞乡	5258	2666	2592	1833	2666	2592	1070	3497	691	5237
黄猫乡	6998	3652	3346	2101	3652	3346	1460	4683	855	6967
石灶乡	5843	2908	2935	2303	2872	2919	1005	4057	781	5756
河地乡	7074	3350	3724	2439	3223	3658	1309	4530	1235	6796
双河乡	4791	2214	2577	1786	2151	2539	1050	2889	852	4596
苍溪九龙山自然保护区管理处	26	16	10	18	16	10		25	1	19
苍溪县三溪口森林经营所	13	13		1	1			13		1
苍溪县良种场	3257	2949	308					3254	3	
遂宁市	**3252619**	**1642115**	**1610504**	**1027409**	**1584536**	**1562002**	**490447**	**2391685**	**370487**	**2977537**
船山区	**656760**	**329342**	**327418**	**208896**	**309466**	**311959**	**96313**	**497964**	**62483**	**526090**
南津路街道	26425	13265	13160	9070	13260	13158	3988	20662	1775	15769
凯旋路街道	46656	23260	23396	14715	20009	20996	5851	35775	5030	39772
高升街街道	23902	12246	11656	7192	10018	10668	2904	18451	2547	19205
镇江寺街道	37516	18501	19015	13247	18493	19014	4402	29331	3783	33808
育才路街道	38856	19292	19564	13204	18571	18815	4878	30589	3389	33164
介福路街道	41454	20477	20977	14313	20027	20733	5603	32228	3623	27406
嘉禾街道	66723	33441	33282	21425	32183	32309	9985	52482	4256	37532
广德街道	14377	7129	7248	4940	7111	7241	2032	10854	1491	11513

表23　续表 27　　　　　　　　　　　　　　　　　　　　　　单位：人、户

地　　区	总人口			家庭户	家庭户总人口		分年龄人口			居住本地，户口在本地
	合　计	男	女	户　数	男	女	0-14岁	15-64岁	65岁及以上	
富源路街道	42214	20892	21322	13891	19671	19748	5882	33218	3114	25382
龙坪街道	14760	7189	7571	4973	7145	7563	2244	11096	1420	14423
灵泉街道	17267	8939	8328	4365	6731	6717	2520	13535	1212	10601
慈音街道	17716	9673	8043	3428	4703	4812	1460	15334	922	8618
九莲街道	24861	12171	12690	7350	11005	11505	3708	19454	1699	15206
南强镇	14457	7178	7279	5430	6988	7205	2390	10663	1404	13878
仁里镇	12806	6462	6344	4187	6442	6342	2095	8986	1725	12339
复桥镇	13989	7169	6820	4899	7169	6820	2422	10109	1458	13663
永兴镇	44906	22647	22259	14442	21838	21385	6846	32794	5266	42457
河沙镇	17442	9131	8311	5730	9126	8308	2981	11936	2525	17093
新桥镇	42433	21331	21102	11318	21319	21087	7113	31066	4254	41270
桂花镇	22327	11017	11310	7421	10835	11149	3958	15537	2832	21607
西宁乡	13262	6709	6553	3917	6635	6522	2082	9625	1555	12905
老池乡	26988	13767	13221	8292	13724	13215	5219	18581	3188	26024
保升乡	11190	5676	5514	3832	5364	5359	1948	7797	1445	10907
唐家乡	14998	7445	7553	4786	7358	7506	2429	10648	1921	14763
北固乡	9235	4335	4900	2529	3741	3782	1373	7213	649	6785
安居区	**639125**	**328405**	**310720**	**186603**	**322509**	**306799**	**102195**	**465710**	**71220**	**630596**
安居镇	51828	26153	25675	15325	24794	24584	8646	37784	5398	48917
东禅镇	44369	22794	21575	13948	22784	21574	7229	32195	4945	44201
分水镇	33132	17104	16028	10446	17009	16003	5408	23928	3796	33002
石洞镇	27077	14050	13027	7119	14013	13014	4188	19679	3210	26842
拦江镇	35886	17530	18356	13038	17471	18338	7067	24418	4401	35304
保石镇	33868	17351	16517	9323	17203	16446	5549	24736	3583	33465
白马镇	33908	17423	16485	11000	17192	16193	5593	24278	4037	33786
中兴镇	21524	11110	10414	5202	11088	10406	3665	15549	2310	21317
横山镇	43734	22369	21365	11987	22282	21336	6359	32639	4736	43155
会龙镇	23066	12003	11063	6920	12002	11060	3195	17468	2403	23003
三家镇	55632	28846	26786	14758	27787	26020	8334	41410	5888	54929
玉丰镇	21470	10834	10636	7567	10657	10579	3875	14805	2790	21172
西眉镇	51176	26635	24541	14447	26113	24032	8348	37290	5538	50617
磨溪镇	25610	13468	12142	6776	13035	11965	3922	18958	2730	25166
聚贤乡	23217	11981	11236	6736	11538	11036	3221	17318	2678	23018
莲花乡	19578	9960	9618	5425	9956	9614	3324	14097	2157	19352
观音乡	16694	8677	8017	4687	8477	7867	2341	12449	1904	16576
步云乡	12315	6294	6021	3520	6214	6007	2401	8460	1454	12112
常理乡	24722	12881	11841	7129	12276	11536	3461	18422	2839	24585
大安乡	25448	13154	12294	7145	12922	12153	3864	18762	2822	25281
马家乡	14871	7788	7083	4105	7696	7036	2205	11065	1601	14796
蓬溪县	**553239**	**282309**	**270930**	**174460**	**274736**	**263981**	**86303**	**395816**	**71120**	**515857**
赤城镇	89105	43803	45302	29913	41574	42752	13262	65398	10445	66759
新会镇	11451	5911	5540	3497	5911	5539	1433	8253	1765	11165
文井镇	26938	13891	13047	8634	13009	12450	3866	19364	3708	26509
明月镇	20009	10249	9760	7198	10143	9685	2959	14264	2786	19650
常乐镇	19928	10267	9661	6075	10240	9644	2656	14393	2879	19563
天福镇	26462	13375	13087	7635	13366	13085	3571	19527	3364	26125
红江镇	17137	8434	8703	4981	8176	8416	2801	12375	1961	16541
宝梵镇	13319	6797	6522	4806	6677	6480	2146	9134	2039	12857
大石镇	21131	10597	10534	7531	10530	10500	3786	14614	2731	19758
吉祥镇	12848	6586	6262	4226	6500	6221	1770	9297	1781	12663

表23　续表 28　　　　　　　　　　　　　　　　　　　　　　　单位：人、户

地　区	总人口			家庭户	家庭户总人口		分年龄人口			居住本地，
	合　计	男	女	户　数	男	女	0-14岁	15-64岁	65岁及以　上	户　口在本地
鸣凤镇	24418	12913	11505	7918	12866	11497	3418	17587	3413	23899
任隆镇	23482	11978	11504	6826	11474	10995	4018	16288	3176	21637
三凤镇	25772	13251	12521	8151	13121	12443	4316	18278	3178	24749
高坪镇	9974	5267	4707	3122	5259	4704	1458	7177	1339	9593
蓬南镇	61938	31533	30405	15343	28967	28108	11093	45032	5813	58470
群利镇	20553	10582	9971	7471	10582	9971	3632	14563	2358	20399
下东乡	9713	5077	4636	3138	5064	4629	1437	6733	1543	9556
新星乡	7374	3814	3560	2143	3695	3426	1173	5168	1033	7177
罗戈乡	4713	2512	2201	1725	2493	2188	657	3368	688	4563
板桥乡	7465	3828	3637	2575	3810	3637	1198	4962	1305	7108
槐花乡	6310	3213	3097	2218	3184	3091	887	4284	1139	6118
吉星乡	12750	6578	6172	4151	6568	6172	2075	8878	1797	12626
黄泥乡	11943	6289	5654	3574	6235	5641	1803	8491	1649	11667
荷叶乡	10753	5486	5267	3912	5401	5135	2032	7380	1341	10530
金龙乡	7628	4007	3621	2169	4004	3621	1180	5533	915	7437
农兴乡	11348	5953	5395	3750	5953	5395	1974	8023	1351	11086
新胜乡	4613	2414	2199	1363	2407	2195	608	3268	737	4439
回水乡	8588	4508	4080	2599	4473	4037	1327	6048	1213	8351
群力乡	7112	3699	3413	2218	3646	3388	986	5170	956	6860
高升乡	10618	5534	5084	3131	5507	5069	1531	7500	1587	10374
金桥乡	7846	3963	3883	2467	3901	3867	1250	5466	1130	7628
射洪县	**924531**	**460531**	**464000**	**307417**	**440672**	**445743**	**131222**	**680688**	**112621**	**857191**
太和镇	244592	119041	125551	75241	107555	113655	33245	188411	22936	200004
大榆镇	43928	21680	22248	13544	20198	20566	5948	33176	4804	40925
广兴镇	30435	15296	15139	10356	15041	15022	4112	22692	3631	29647
金华镇	57516	28644	28872	20773	27354	27532	7846	42349	7321	53552
沱牌镇	55927	27143	28784	17880	25620	27424	8811	40856	6260	51470
太乙镇	30671	15085	15586	10297	14981	15516	5762	21073	3836	29604
金家镇	23943	12179	11764	7997	12021	11693	3805	17419	2719	23535
复兴镇	20971	10864	10107	7251	10668	9952	2775	15438	2758	20103
天仙镇	20896	10552	10344	8582	10508	10289	2399	15423	3074	20698
仁和镇	35092	17663	17429	11647	17374	17280	4347	26012	4733	34616
青岗镇	34908	17739	17169	13117	17170	16840	4259	25678	4971	33650
洋溪镇	38735	19549	19186	14046	19375	19125	5238	28159	5338	38237
香山镇	15762	8006	7756	5202	7955	7734	2332	11414	2016	15595
明星镇	24818	12448	12370	7649	12383	12343	4314	17253	3251	24081
涪西镇	18780	9787	8993	4991	9333	8765	2873	13480	2427	18313
陈古镇	15475	7842	7633	5440	7596	7546	2692	10588	2195	15318
凤来镇	15095	7621	7474	5170	7320	7324	2580	10543	1972	14756
潼射镇	14044	6911	7133	5196	6750	7048	2217	9527	2300	13770
曹碑镇	19532	9762	9770	6984	9761	9770	2838	13852	2842	19413
官升镇	15549	7735	7814	5520	7731	7813	2325	10927	2297	15447
瞿河乡	21894	10926	10968	6586	10863	10935	3377	15928	2589	21472
伏河乡	6181	3228	2953	2172	3154	2910	813	4465	903	5904
青堤乡	7363	3557	3806	2903	3557	3806	1025	5066	1272	7244
双溪乡	13409	6853	6556	4646	6784	6532	1868	9559	1982	13037
文升乡	14397	7287	7110	5232	7257	7097	1988	10202	2207	14128
万林乡	24175	12263	11912	7746	11956	11810	3768	17503	2904	23657
太兴乡	14024	7202	6822	5037	7084	6761	1680	10392	1952	13779
东岳乡	21615	11032	10583	7584	10831	10522	2724	15718	3173	21142

表23 续表 29　　　　单位：人、户

地区	总人口			家庭户	家庭户总人口		分年龄人口			居住本地，户口在本地
	合计	男	女	户数	男	女	0-14岁	15-64岁	65岁及以上	
金鹤乡	11640	5874	5766	4069	5730	5732	1622	7957	2061	11113
玉太乡	13164	6762	6402	4559	6762	6401	1639	9628	1897	12981
大英县	**478964**	**241528**	**237436**	**150033**	**237153**	**233520**	**74414**	**351507**	**53043**	**447803**
蓬莱镇	140948	69994	70954	46007	66628	67582	23056	104421	13471	114658
隆盛镇	62746	30947	31799	19439	30471	31454	10143	44864	7739	61317
回马镇	36899	19023	17876	11457	18804	17777	4868	27996	4035	36267
天保镇	26925	13990	12935	7666	13954	12932	4286	19632	3007	26615
河边镇	60583	30829	29754	18575	30754	29741	9270	44163	7150	59626
卓筒井镇	29271	14976	14295	9951	14854	14234	4703	21160	3408	28906
玉峰镇	39792	20019	19773	13041	19981	19768	6075	29259	4458	39292
象山镇	29743	14878	14865	8636	14856	14852	4366	21739	3638	29416
通仙乡	12874	6738	6136	4154	6736	6136	1870	9577	1427	12768
金元乡	28817	14843	13974	7992	14824	13969	4258	21220	3339	28633
智水乡	10366	5291	5075	3115	5291	5075	1519	7476	1371	10305
内江市	**3702847**	**1878205**	**1824642**	**1203038**	**1834694**	**1788259**	**615740**	**2648468**	**438639**	**3400715**
市中区	**501285**	**252173**	**249112**	**166228**	**243093**	**245945**	**74713**	**365216**	**61356**	**451579**
城东街道	25378	12484	12894	9950	12246	12846	2411	18995	3972	21268
城南街道	25807	12464	13343	8731	12232	13192	3324	19382	3101	21672
城西街道	37997	18335	19662	14191	18134	19506	3871	28867	5259	31577
玉溪街道	33710	16517	17193	11928	16241	16952	4337	25319	4054	26475
牌楼街道	41414	21048	20366	14516	19669	20234	5538	31194	4682	31548
壕子口街道	31626	16375	15251	10062	13108	13659	2991	24902	3733	25227
白马镇	45942	22930	23012	15554	22268	22959	6772	33507	5663	44281
史家镇	15247	7644	7603	5102	7479	7551	2282	11126	1839	14037
凌家镇	32957	16804	16153	10470	16641	16007	6217	22576	4164	32090
朝阳镇	25285	13078	12207	7070	13025	12195	4559	17573	3153	24751
永安镇	38944	19822	19122	11791	19764	19116	7326	27042	4576	38056
全安镇	23315	12051	11264	6749	12015	11261	4062	16489	2764	22120
靖民镇	19791	9876	9915	5991	9876	9915	3320	14215	2256	19401
乐贤镇	13865	7556	6309	4483	5371	5758	1887	10569	1409	11312
沱江乡	17258	9027	8231	5565	8963	8227	2907	12066	2285	16965
交通乡	20423	9725	10698	7618	9725	10697	3179	15168	2076	19547
四合乡	10082	4962	5120	3432	4948	5113	1713	7339	1030	9771
凤鸣乡	20643	10411	10232	5965	10403	10230	3924	14376	2343	20491
伏龙乡	11383	5819	5564	3628	5780	5557	2438	7418	1527	11086
龚家乡	10218	5245	4973	3432	5205	4970	1655	7093	1470	9904
东兴区	**749810**	**377658**	**372152**	**237046**	**365883**	**357276**	**133548**	**530870**	**85392**	**664535**
东兴街道	47939	22198	25741	14620	20733	21529	6872	37027	4040	33018
西林街道	80421	39128	41293	22630	31271	33134	8846	66065	5510	42111
新江街道	23065	11123	11942	7738	10817	11600	3552	17071	2442	19882
田家镇	26055	13183	12872	8307	13082	12815	4566	18761	2728	23991
郭北镇	31490	15730	15760	11517	15561	15573	6912	20394	4184	29554
高梁镇	23525	12000	11525	7284	11962	11486	5101	15537	2887	22008
白合镇	31647	16021	15626	9410	15999	15619	6782	21304	3561	30028
顺河镇	29016	14951	14065	10829	14928	14056	5963	18675	4378	28166
胜利镇	46788	22903	23885	14264	21956	22876	8194	34583	4011	38344
高桥镇	25040	12496	12544	8246	12496	12544	4696	17463	2881	23538
双才镇	37114	19329	17785	10672	19313	17776	6794	25753	4567	36714
小河口镇	26293	13489	12804	8035	13488	12802	4357	18863	3073	25593
杨家镇	17152	8808	8344	5757	8794	8342	3627	11053	2472	16771

表23 续表 30 单位：人、户

地区	总人口			家庭户	家庭户总人口		分年龄人口			居住本地，户口在本地
	合计	男	女	户数	男	女	0-14岁	15-64岁	65岁及以上	
碑木镇	23710	11585	12125	9123	11353	12041	3724	17091	2895	20822
石子镇	19333	9878	9455	7003	9874	9453	3512	13335	2486	18960
太安乡	12494	6443	6051	3714	6434	6051	2555	8395	1544	11906
苏家乡	18209	9391	8818	4999	9373	8811	3281	12609	2319	17895
富溪乡	21718	11297	10421	6505	11069	10297	3617	15199	2902	21265
同福乡	15213	7661	7552	4568	7597	7065	2710	10780	1723	14410
碑南乡	29234	14840	14394	9469	14840	14394	5681	20022	3531	28920
永东乡	30721	16109	14612	10830	16090	14610	5507	21144	4070	30080
永福乡	18279	9362	8917	5166	9353	8915	3393	12497	2389	18072
新店乡	18834	9702	9132	6127	9702	9132	4379	12219	2236	18416
双桥乡	22301	11542	10759	6992	11430	10696	5071	14845	2385	21706
平坦乡	18838	9922	8916	5416	9907	8915	3520	12723	2595	18273
中山乡	15771	7948	7823	5514	7948	7823	2811	10729	2231	15596
大治乡	10652	5573	5079	3488	5552	5073	2156	7112	1384	10422
柳桥乡	18643	9561	9082	5379	9476	9018	3496	12875	2272	18035
三烈乡	10315	5485	4830	3444	5485	4830	1873	6746	1696	10039
威远县	**626482**	**317861**	**308621**	**204600**	**311511**	**304610**	**96504**	**449923**	**80055**	**557937**
严陵镇	142007	69120	72887	50721	67534	71136	21455	104983	15569	111862
铺子湾镇	15977	8181	7796	5287	8150	7783	2274	11665	2038	14717
新店镇	42174	21470	20704	11780	21199	20456	5931	30854	5389	40636
向义镇	30735	15545	15190	9178	15470	15117	4034	22507	4194	28978
界牌镇	22653	11756	10897	6599	11704	10877	3454	15709	3490	21218
龙会镇	27993	13946	14047	9623	13349	13428	4818	18796	4379	25622
高石镇	30411	15752	14659	9398	15570	14548	4407	21599	4405	28648
东联镇	19133	9903	9230	5646	9897	9218	3353	13328	2452	18615
靖和镇	20020	10389	9631	6430	10389	9631	3113	14094	2813	19377
镇西镇	55047	27695	27352	18190	27612	27278	8164	38644	8239	52822
庆卫镇	10352	5308	5044	3884	4997	4986	1794	6953	1605	9305
山王镇	10631	5510	5121	3575	5485	5114	1529	7428	1674	9902
黄荆沟镇	21064	10763	10301	7316	10508	10275	2569	14983	3512	20062
观英滩镇	20479	10706	9773	6682	10663	9763	3405	14190	2884	19235
新场镇	33984	17672	16312	10959	17239	16194	5563	24108	4313	31780
连界镇	61332	31736	29596	19473	30190	28926	9811	45843	5678	50183
越溪镇	17195	8822	8373	5922	8725	8322	3197	11619	2379	15576
两河镇	13398	6926	6472	4205	6731	6351	2164	9840	1394	10752
碗厂镇	10700	5627	5073	3355	5170	5070	1774	7716	1210	9476
小河镇	21197	11034	10163	6377	10929	10137	3695	15064	2438	19171
资中县	**1192060**	**612719**	**579341**	**370430**	**605473**	**573062**	**202375**	**854899**	**134786**	**1132955**
重龙镇	83177	40030	43147	31182	39385	41570	12212	61344	9621	75500
甘露镇	18826	9857	8969	6279	9853	8969	3049	13255	2522	18552
归德镇	28965	15122	13843	9099	14889	13808	4709	20808	3448	28558
鱼溪镇	41050	20813	20237	13414	20754	20226	6561	30113	4376	40431
金李井镇	23396	12070	11326	7344	12037	11323	4109	16634	2653	23056
铁佛镇	30044	15465	14579	9121	15465	14578	4798	22134	3112	29628
球溪镇	48666	25199	23467	15403	24378	22665	7808	35396	5462	46995
顺河场镇	17361	9284	8077	5737	9274	8077	2744	12274	2343	16919
龙结镇	37210	19270	17940	11316	18093	16744	6704	25745	4761	34986
罗泉镇	30994	16271	14723	9707	15886	14563	4784	22226	3984	30616
发轮镇	34357	17837	16520	9453	17777	16518	5914	24425	4018	33494
兴隆街镇	20748	10574	10174	6403	10566	10172	3576	15170	2002	20258

表23　续表 31　　　　单位：人、户

地　区	总人口			家庭户	家庭户总人口		分年龄人口			居住本地，户口在本地
	合　计	男	女	户　数	男	女	0-14岁	15-64岁	65岁及以上	
银山镇	58094	30068	28026	20224	30026	28023	9110	41944	7040	56353
宋家镇	24453	12513	11940	8036	12393	11909	4354	17668	2431	23942
太平镇	40225	20582	19643	11281	20499	19598	7984	27945	4296	38555
骝马镇	26687	13787	12900	7515	13679	12888	4575	18714	3398	26295
水南镇	101280	50020	51260	31620	47826	49221	16450	76124	8706	74840
苏家湾镇	32630	17084	15546	9572	17084	15546	5854	22712	4064	31956
新桥镇	25055	13148	11907	7634	13023	11777	4252	17920	2883	24789
明心寺镇	28506	14564	13942	9314	14561	13941	4831	20438	3237	27420
双河镇	31080	15917	15163	9202	15911	15163	5407	22448	3225	30196
公民镇	47676	24744	22932	14924	24396	22903	8287	34231	5158	44802
龙江镇	45759	23478	22281	14673	23473	22280	9172	31402	5185	44586
双龙镇	48973	25602	23371	15370	25464	23357	8314	35219	5440	48677
高楼镇	35958	18642	17316	9988	18503	17308	6382	25605	3971	34891
陈家镇	31156	16381	14775	10247	16299	14753	5542	21604	4010	30668
配龙镇	24594	12901	11693	7252	12896	11691	3886	17719	2989	24044
走马镇	27204	14132	13072	7397	14082	13067	4837	19141	3226	26643
孟塘镇	45528	23908	21620	12701	23830	21605	7924	32606	4998	44624
马鞍镇	27402	14391	13011	7409	14128	12882	4755	19530	3117	26868
狮子镇	35380	18469	16911	9474	18455	16908	6511	24713	4156	34671
板栗桠乡	24050	12529	11521	7127	12521	11520	4030	17161	2859	23758
龙山乡	15576	8067	7509	5012	8067	7509	2950	10531	2095	15384
隆昌县	**633210**	**317794**	**315416**	**224734**	**308734**	**307366**	**108600**	**447560**	**77050**	**593709**
古湖街道	86860	41972	44888	28876	36888	40086	11234	67031	8595	74904
金鹅镇	75018	36091	38927	26447	34412	36761	11688	56382	6948	60519
山川镇	21285	10536	10749	7218	10509	10714	3378	15310	2597	20852
响石镇	38610	19433	19177	14035	19314	19170	7684	25770	5156	37946
圣灯镇	18854	9437	9417	7101	9099	9368	3346	13020	2488	17923
黄家镇	48774	24697	24077	18014	23908	23240	9965	32104	6705	46416
双凤镇	36240	18806	17434	12755	18749	17427	6775	24749	4716	35036
龙市镇	46904	24182	22722	15540	24131	22718	7299	34072	5533	46232
迎祥镇	34994	18334	16660	11738	18319	16657	5923	25125	3946	34499
界市镇	36688	19256	17432	12296	19180	17426	6317	25636	4735	35793
石碾镇	23584	11792	11792	9532	11696	11777	4547	15651	3386	22617
周兴镇	16004	8122	7882	5797	8071	7872	2921	11059	2024	15194
渔箭镇	11877	5938	5939	4052	5907	5936	2239	8034	1604	11409
石燕桥镇	31428	15739	15689	11763	15405	15661	5260	22080	4088	30489
李市镇	12581	6204	6377	4866	6203	6377	2683	8338	1560	12531
胡家镇	34590	17132	17458	13406	17094	17452	6728	22604	5258	33798
云顶镇	35195	17971	17224	11884	17912	17204	5799	25068	4328	34405
桂花井乡	10539	5524	5015	3841	5362	4973	2051	7125	1363	10352
普润乡	13185	6628	6557	5573	6575	6547	2763	8402	2020	12794
乐山市	**3235759**	**1631205**	**1604554**	**1065594**	**1541590**	**1533888**	**452148**	**2387479**	**396132**	**2791172**
市中区	**662814**	**325113**	**337701**	**210232**	**293713**	**301320**	**69303**	**519481**	**74030**	**485944**
张公桥街道	62555	30302	32253	22316	28229	30591	7187	48393	6975	46143
泊水街道	56222	22139	34083	11836	16380	17691	3089	48003	5130	28794
上河街道	35449	16873	18576	13353	16183	17717	3201	26790	5458	26538
大佛街道	12085	6108	5977	3359	4747	4820	1083	9523	1479	7254
肖坝街道	36850	20435	16415	7800	10014	10478	2526	32324	2000	17505
通江街道	48651	24120	24531	17269	21904	22569	6016	38917	3718	26077
柏杨街道	98395	47836	50559	33947	44308	47235	11939	78518	7938	50963

表23 续表 32

单位：人、户

地 区	总人口			家庭户	家庭户总人口		分年龄人口			居住本地，户口在本地
	合 计	男	女	户 数	男	女	0-14岁	15-64岁	65岁及以上	
牟子镇	22947	11514	11433	7257	10493	10315	2655	18124	2168	16023
土主镇	16186	8214	7972	4727	7872	7563	1843	12648	1695	14160
白马镇	7702	3874	3828	2971	3874	3828	903	5378	1421	7249
茅桥镇	12388	6356	6032	4982	6351	6030	1340	9267	1781	11996
青平镇	9090	4640	4450	3228	4636	4450	965	6588	1537	8948
苏稽镇	37777	18406	19371	10357	15879	16328	3868	29640	4269	30183
水口镇	17727	8715	9012	5548	8606	8969	2023	13270	2434	16824
安谷镇	26791	13308	13483	8408	13173	13468	2914	20209	3668	26218
棉竹镇	12809	6569	6240	4119	6321	6151	1543	9728	1538	11267
全福镇	10574	5308	5266	3425	5296	5261	1138	8149	1287	9786
童家镇	10675	5455	5220	3582	5252	5126	1205	7680	1790	10410
九峰镇	14942	7465	7477	5243	7377	7467	1682	11308	1952	12882
罗汉镇	10967	5510	5457	3519	5397	5421	1244	8234	1489	10315
临江镇	6968	3546	3422	2352	3546	3422	749	5188	1031	6702
车子镇	13284	6630	6654	4206	6618	6646	1432	10315	1537	11814
悦来乡	8572	4412	4160	2834	4332	4119	914	6264	1394	8201
关庙乡	9210	4659	4551	3005	4644	4542	999	6881	1330	8758
石龙乡	6557	3296	3261	2259	3259	3212	589	4940	1028	6304
剑峰乡	11181	5805	5376	3760	5805	5376	1103	8366	1712	10957
凌云乡	10492	5330	5162	3364	5281	5097	1127	8066	1299	9968
迎阳乡	5275	2734	2541	1631	2734	2541	534	4016	725	5139
九龙乡	3485	1819	1666	1228	1819	1664	411	2516	558	3322
普仁乡	3244	1639	1605	1247	1638	1602	390	2256	598	3064
平兴乡	8490	4376	4114	2522	4203	4096	899	6475	1116	7858
杨湾乡	15274	7720	7554	4578	7542	7525	1792	11507	1975	14322
沙湾区	**187180**	**97640**	**89540**	**57649**	**86511**	**84489**	**21975**	**141142**	**24063**	**170828**
沙湾镇	51520	27685	23835	15304	19811	20195	5098	40782	5640	41937
嘉农镇	25816	13162	12654	7240	11950	11984	3047	19752	3017	23733
太平镇	18589	9389	9200	6277	9154	9118	1990	14025	2574	17774
福禄镇	19358	9935	9423	6407	9831	9408	2923	13974	2461	18726
牛石镇	7760	3948	3812	2524	3888	3764	1180	5514	1066	7181
龚嘴镇	4808	2500	2308	1390	2409	2269	712	3460	636	4619
葫芦镇	10711	5542	5169	3022	5310	4919	1445	7754	1512	10447
踏水镇	9439	4919	4520	2826	4799	4480	1111	7123	1205	9221
谭坝乡	7554	3933	3621	2341	3933	3621	958	5507	1089	7389
轸溪乡	4608	2380	2228	1477	2362	2216	704	3155	749	4433
范店乡	3213	1682	1531	1105	1605	1454	356	2214	643	3078
铜茨乡	5814	2952	2862	1749	2917	2841	870	4108	836	5636
碧山乡	11458	5879	5579	3580	5800	5559	1133	8695	1630	11114
沫江办事处	6532	3734	2798	2407	2742	2661	448	5079	1005	5540
五通桥区	**312086**	**156640**	**155446**	**106566**	**153330**	**153721**	**32283**	**238908**	**40895**	**293675**
竹根镇	75431	36745	38686	26363	35784	37969	7665	58013	9753	66997
牛华镇	42370	21128	21242	15016	20593	21032	4042	32534	5794	39519
杨柳镇	18371	9197	9174	6168	8932	8912	1667	14171	2533	17384
桥沟镇	16091	8396	7695	5612	7764	7546	1576	12140	2375	15233
金粟镇	19052	9522	9530	6630	9405	9508	1829	14853	2370	17857
金山镇	22851	11593	11258	7147	11488	11230	2560	17125	3166	21775
辉山镇	11238	5774	5464	3851	5766	5459	1121	8590	1527	10823
西坝镇	23045	11744	11301	7275	11635	11288	2669	17644	2732	22226
冠英镇	36013	17879	18134	13444	17874	18127	4096	27483	4434	35781

表23 续表 33 单位：人、户

地区	总人口			家庭户户数	家庭户总人口		分年龄人口			居住本地，户口在本地
	合计	男	女		男	女	0-14岁	15-64岁	65岁及以上	
蔡金镇	13035	6739	6296	4522	6736	6294	1388	9905	1742	12569
石麟镇	23848	12358	11490	7397	11893	11230	2634	18343	2871	22985
新云乡	10741	5565	5176	3141	5460	5126	1036	8107	1598	10526
金口河区	**49157**	**25552**	**23605**	**15400**	**23442**	**22785**	**7949**	**35623**	**5585**	**41633**
永和镇	19205	10021	9184	6538	8918	8914	2777	14585	1843	14995
金河镇	7097	3681	3416	2360	3573	3386	969	4918	1210	6696
和平彝族乡	10294	5224	5070	2707	4742	4606	1980	7427	887	8463
共安彝族乡	5187	2742	2445	1447	2603	2428	1156	3488	543	4798
吉星乡	3334	1697	1637	1107	1666	1624	541	2292	501	3121
永胜乡	4040	2187	1853	1241	1940	1827	526	2913	601	3560
犍为县	**434409**	**219242**	**215167**	**167063**	**213953**	**211638**	**64339**	**311031**	**59039**	**391733**
玉津镇	93977	46020	47957	35849	44626	46994	13085	71634	9258	74810
孝姑镇	17033	8411	8622	6469	7863	8057	2646	11941	2446	15621
石溪镇	18544	9466	9078	7605	9233	8969	2291	13797	2456	17012
清溪镇	40610	20227	20383	14739	19451	19639	6868	28970	4772	36669
新民镇	19363	10004	9359	8378	9909	9348	3646	12816	2901	18497
罗城镇	36290	17896	18394	14219	17223	17557	4787	26312	5191	31764
芭沟镇	11690	6366	5324	4618	5632	5291	1168	8832	1690	10171
龙孔镇	16963	8535	8428	7060	8484	8413	2995	11125	2843	15972
定文镇	12642	6357	6285	4936	6307	6279	1860	8705	2077	12046
敖家镇	11494	5809	5685	4667	5777	5685	1596	7644	2254	10897
金石井镇	10387	5281	5106	4285	5204	5085	1380	7153	1854	9999
泉水镇	9289	4831	4458	3203	4795	4451	1251	6826	1212	8645
双溪乡	8022	4202	3820	2992	4179	3808	1456	5474	1092	7684
九井乡	5492	2802	2690	2085	2783	2686	1125	3623	744	5036
同兴乡	6733	3572	3161	2406	3457	3142	1122	4759	852	6163
榨鼓乡	8460	4404	4056	3071	4395	4055	1435	5824	1201	8093
铁炉乡	5785	2951	2834	2339	2950	2834	1084	3786	915	5489
大兴乡	7739	4002	3737	2863	3971	3722	1438	5020	1281	7244
南阳乡	5201	2634	2567	2070	2523	2509	784	3563	854	4849
纪家乡	3759	1869	1890	1552	1868	1889	587	2484	688	3568
新盛乡	3863	2004	1859	1399	1968	1847	566	2630	667	3668
寿保乡	9976	5090	4886	3953	5062	4886	1321	6959	1696	9627
舞雩乡	11745	5871	5874	4127	5870	5874	1492	8508	1745	11499
下渡乡	10294	5242	5052	3638	5197	5008	1501	7265	1528	9694
玉屏乡	7534	3914	3620	2761	3870	3600	1035	5308	1191	7293
岷东乡	8588	4335	4253	2697	4308	4249	1053	6647	888	8392
塘坝乡	11904	6170	5734	4961	6157	5731	1664	8734	1506	11176
马庙乡	8491	4642	3849	3062	4591	3841	1110	6352	1029	8099
公平乡	5926	2975	2951	2517	2956	2943	940	3927	1059	5677
伏龙乡	6615	3360	3255	2542	3344	3246	1053	4413	1149	6379
井研县	**282222**	**139153**	**143069**	**105816**	**136539**	**140305**	**45679**	**190992**	**45551**	**249307**
研城镇	64051	30807	33244	22532	29706	31821	9897	47690	6464	44812
马踏镇	20478	9916	10562	6815	9392	9866	3413	14324	2741	17222
竹园镇	12371	5949	6422	4846	5749	6244	2335	7823	2213	11371
研经镇	13976	6969	7007	5607	6879	6990	2485	8441	3050	13285
周坡镇	12974	6496	6478	5177	6433	6406	2075	8824	2075	12138
千佛镇	13405	6584	6821	5329	6555	6803	2111	8902	2392	12658
王村镇	15938	8021	7917	5905	8008	7908	2332	11017	2589	15012
三江镇	10502	5122	5380	3996	5098	5370	2007	6802	1693	9827

表23 续表 34

单位：人、户

地区	总人口			家庭户	家庭户总人口		分年龄人口			居住本地，户口在本地
	合计	男	女	户数	男	女	0-14岁	15-64岁	65岁及以上	
东林镇	7972	4007	3965	3320	4004	3958	1379	4891	1702	7538
磨池镇	7029	3507	3522	2435	3507	3522	1106	4833	1090	6568
集益乡	10575	5225	5350	3711	5225	5349	1881	7084	1610	10290
纯复乡	5621	2817	2804	2275	2777	2793	813	3668	1140	5226
三教乡	5551	2853	2698	1918	2822	2693	819	3900	832	5136
高滩乡	5676	2826	2850	2337	2819	2844	943	3546	1187	5434
宝五乡	6576	3325	3251	2663	3321	3250	878	4418	1280	6296
四合乡	4612	2259	2353	1787	2194	2257	711	2937	964	4315
黄钵乡	6563	3338	3225	2548	3315	3215	1003	4343	1217	6236
胜泉乡	6057	2980	3077	2326	2941	3031	1095	3887	1075	5924
门坎乡	5617	2744	2873	2369	2709	2868	1101	3283	1233	5225
石牛乡	5419	2682	2737	2020	2632	2735	901	3555	963	5238
高凤乡	9526	4759	4767	3889	4752	4767	1747	5825	1954	9144
金峰乡	6016	2988	3028	2292	2984	3024	993	3901	1122	5824
分全乡	4415	2162	2253	1722	2094	2188	573	2961	881	4139
镇阳乡	5960	3043	2917	2194	2980	2865	793	4036	1131	5790
天云乡	4405	2279	2126	1649	2251	2116	506	3100	799	4293
乌抛乡	4420	2243	2177	1784	2229	2172	739	2742	939	4172
大佛乡	6517	3252	3265	2370	3163	3250	1043	4259	1215	6194
夹江县	**338346**	**169533**	**168813**	**110171**	**167005**	**167330**	**38511**	**256120**	**43715**	**315992**
焉城镇	78417	38429	39988	28588	37607	39459	10031	59243	9143	67720
黄土镇	22365	11107	11258	7424	10894	11076	2546	17153	2666	20713
甘江镇	35756	17958	17798	11329	17751	17649	3567	27284	4905	34300
界牌镇	17165	8695	8470	5398	8596	8451	1896	13094	2175	16009
中兴镇	11113	5640	5473	3683	5639	5473	1362	8090	1661	10761
三洞镇	12907	6342	6565	3699	6277	6535	1240	10121	1546	12612
吴场镇	13244	6675	6569	3786	6650	6561	1267	10201	1776	12878
木城镇	14816	7446	7370	5428	7414	7359	1688	10906	2222	14441
华头镇	10213	5348	4865	3234	5293	4843	1583	7249	1381	9859
甘霖镇	15810	7902	7908	4595	7687	7813	1646	12265	1899	14893
新场镇	11657	5888	5769	3438	5454	5467	1178	9143	1336	10600
顺河乡	10964	5487	5477	3365	5477	5477	1117	8504	1343	10686
马村乡	11124	5718	5406	3478	5621	5363	1156	8216	1752	10792
土门乡	10363	5211	5152	2953	5120	5123	1105	8019	1239	9610
青州乡	**8636**	**4351**	**4285**	**2523**	**4333**	**4263**	**851**	**6726**	**1059**	**8312**
梧凤乡	6439	3181	3258	2029	3178	3256	744	4865	830	6151
永青乡	4990	2517	2473	1469	2516	2473	441	3937	612	4880
迎江乡	10373	5273	5100	3260	5205	5076	1095	7711	1567	10075
龙沱乡	5848	3034	2814	1857	3034	2813	677	4301	870	5719
南安乡	9684	5042	4642	3397	4977	4629	960	7310	1414	8863
歇马乡	10975	5578	5397	3343	5571	5395	1502	8032	1441	10732
麻柳乡	5487	2711	2776	1895	2711	2776	859	3750	878	5386
沐川县	**216737**	**113367**	**103370**	**67230**	**108983**	**101117**	**41280**	**150404**	**25053**	**198800**
沐溪镇	42120	21255	20865	12810	19382	18960	7441	30746	3933	34723
永福镇	14120	7292	6828	4237	7238	6806	3027	9406	1687	13530
大楠镇	11187	5921	5266	3788	5901	5266	2254	7310	1623	10768
箭板镇	7805	4110	3695	2654	4098	3689	1553	5183	1069	7288
舟坝镇	14321	7440	6881	4264	7282	6788	2652	10123	1546	13403
黄丹镇	12625	6477	6148	4180	6338	6068	2276	9046	1303	11477
利店镇	12182	6220	5962	3766	6156	5914	2518	8414	1250	10680

表23 续表 35

单位：人、户

地 区	总人口			家庭户	家庭户总人口		分年龄人口			居住本地，户口在本地
	合 计	男	女	户 数	男	女	0-14岁	15-64岁	65岁及以上	
建和乡	8185	4379	3806	2507	4358	3803	1640	5484	1061	7807
幸福乡	12855	6806	6049	3900	6806	6048	2443	8817	1595	12624
新凡乡	9543	4948	4595	2960	4923	4592	1785	6695	1063	9261
富和乡	4572	2347	2225	1569	2347	2225	919	2987	666	4474
炭库乡	6526	3416	3110	2102	3371	3104	1208	4498	820	6342
底堡乡	13478	7127	6351	4291	7099	6351	3133	8618	1727	12980
杨村乡	6906	3656	3250	2020	3594	3218	1214	4660	1032	6554
高笋乡	8120	4311	3809	2394	4289	3809	1601	5733	786	7773
茨竹乡	7257	3835	3422	2448	3773	3415	1332	4817	1108	6882
海云乡	6136	3151	2985	1886	3149	2985	965	4448	723	6015
武圣乡	9298	4945	4353	2798	4945	4353	1817	6391	1090	8896
凤村乡	7109	3670	3439	2393	3601	3437	1447	4813	849	6639
五马坪监狱	2392	2061	331	263	333	286	55	2215	122	684
峨边彝族自治县	**139210**	**72463**	**66747**	**39067**	**69145**	**64853**	**29849**	**96880**	**12481**	**122472**
沙坪镇	40083	20693	19390	12171	18878	18137	7368	29293	3422	30075
大堡镇	10560	5408	5152	2654	5099	4998	2614	7046	900	9516
毛坪镇	10268	5419	4849	2783	5158	4716	1921	7201	1146	9504
五渡镇	8385	4408	3977	2632	4291	3957	1357	5934	1094	7743
新林镇	12949	6599	6350	3203	6597	6348	3114	8792	1043	12491
黑竹沟镇	3786	2070	1716	1153	1897	1649	1031	2562	193	3075
红花乡	3569	1859	1710	1024	1859	1710	570	2514	485	3360
宜坪乡	5717	2984	2733	1681	2983	2732	903	4066	748	5419
杨村乡	5446	2788	2658	1488	2754	2637	1120	3820	506	5099
白杨乡	2636	1341	1295	667	1341	1295	861	1634	141	2555
觉莫乡	2025	1044	981	572	1000	909	570	1322	133	1880
万坪乡	2264	1190	1074	649	1162	1062	668	1470	126	2104
杨河乡	3488	1786	1702	854	1763	1699	1064	2206	218	3232
共和乡	4014	2157	1857	1144	2142	1848	628	2937	449	3837
新场乡	5556	2971	2585	1587	2970	2585	848	4020	688	5239
平等乡	4632	2467	2165	1247	2460	2165	1027	3107	498	4391
哈曲乡	2329	1224	1105	613	1140	1079	696	1528	105	2178
金岩乡	6570	3374	3196	1698	3370	3195	2027	4215	328	6223
勒乌乡	4933	2681	2252	1247	2281	2132	1462	3213	258	4551
马边彝族自治县	**176530**	**90023**	**86507**	**47353**	**88140**	**85559**	**50279**	**112687**	**13564**	**155828**
民建镇	37993	19111	18882	10780	18396	18200	8077	27173	2743	29560
荣丁镇	10922	5610	5312	3409	5486	5252	2529	7208	1185	9710
劳动乡	11054	5607	5447	3029	5525	5418	2526	7494	1034	9823
建设乡	11233	5772	5461	2784	5770	5456	3341	7099	793	10185
石梁乡	3263	1632	1631	1093	1610	1622	755	2110	398	2868
荞坝乡	7628	3942	3686	2685	3893	3682	1668	4928	1032	7319
民主乡	9385	4988	4397	2766	4972	4387	2786	5700	899	8513
老河坝乡	3974	2032	1942	1289	2032	1942	959	2430	585	3860
下溪乡	9346	4707	4639	2830	4707	4639	2247	6048	1051	8709
雪口山乡	10708	5395	5313	2522	5379	5311	3692	6341	675	9330
镇江庙乡	2841	1483	1358	837	1483	1358	705	1852	284	2339
大竹堡乡	3533	1828	1705	933	1825	1705	1189	2124	220	3081
苏坝乡	12052	6196	5856	3066	6057	5846	3860	7474	718	11133
烟峰乡	9099	4608	4491	1944	4403	4457	3251	5445	403	8411
袁家溪乡	3930	2026	1904	867	1987	1890	1423	2331	176	3478
沙腔乡	6368	3198	3170	1393	3189	3166	2587	3502	279	5668

表23　续表 36　　　　　　　　　　　　　　　　　　　　　　　　　　　单位：人、户

地　区	总人口 合　计	总人口 男	总人口 女	家庭户 户　数	家庭户总人口 男	家庭户总人口 女	分年龄人口 0-14岁	分年龄人口 15-64岁	分年龄人口 65岁及以　上	居住本地，户　口在本地
三河口乡	8289	4288	4001	1848	4051	3973	3036	4867	386	7731
梅子坝乡	3631	1866	1765	840	1764	1741	1425	2054	152	3438
高卓营乡	7003	3557	3446	1513	3482	3430	2600	4044	359	6728
永红乡	4278	2177	2101	925	2129	2084	1623	2463	192	3944
峨眉山市	**437068**	**222479**	**214589**	**139047**	**200829**	**200771**	**50701**	**334211**	**52156**	**364960**
绥山镇	130034	64893	65141	41621	55696	58465	16053	100763	13218	97092
高桥镇	13868	7102	6766	4587	7025	6749	1709	10217	1942	12874
罗目镇	23331	11836	11495	7830	11479	11397	2478	17819	3034	21396
九里镇	25203	13164	12039	8381	11973	11598	2690	19241	3272	22760
龙池镇	24467	12675	11792	7568	11841	11444	3484	17856	3127	22968
乐都镇	11951	6048	5903	4584	6024	5896	1476	8940	1535	11048
符溪镇	30361	15038	15323	9046	14059	13898	2895	24127	3339	25946
峨山镇	12857	6049	6808	3919	5324	5447	1308	10289	1260	9740
双福镇	24286	12252	12034	7412	12037	11979	2856	18694	2736	22861
桂花桥镇	44208	22089	22119	14879	21508	21492	4737	33139	6332	38458
大为镇	11961	6302	5659	3615	6040	5562	1740	8240	1981	11490
胜利镇	22282	11182	11100	7682	10582	10926	2686	16939	2657	15817
龙门乡	7594	3920	3674	2578	3888	3648	1140	5175	1279	7137
川主乡	6023	3243	2780	1919	2969	2693	594	4512	917	5860
沙溪乡	4014	2164	1850	1414	2142	1844	356	2809	849	3898
新平乡	9754	4893	4861	3125	4858	4842	1033	7553	1168	9411
普兴乡	10604	5515	5089	3491	5510	5085	1498	7412	1694	10274
黄湾乡	24270	14114	10156	5396	7874	7806	1968	20486	1816	15930
南充市	**6278614**	**3187415**	**3091199**	**2046140**	**3048145**	**2969660**	**1056358**	**4468983**	**753273**	**5691507**
顺庆区	**701927**	**345962**	**355965**	**222144**	**315325**	**317044**	**95311**	**537169**	**69447**	**511046**
中城街道	74005	35933	38072	22434	31247	33090	8063	58752	7190	56486
北城街道	69788	34562	35226	24081	33463	34495	8404	53465	7919	54747
西城街道	71628	34156	37472	24758	33544	35423	9342	55190	7096	48447
东南街道	30900	15276	15624	10759	14694	15388	3865	24037	2998	18849
舞凤街道	53006	27585	25421	17151	23681	24073	6820	41613	4573	34149
新建街道	56380	27239	29141	18129	25047	26218	7263	44461	4656	31768
华凤街道	36958	15488	21470	6691	8497	8352	2152	33249	1557	17063
和平路街道	73822	35373	38449	20876	30016	30957	8610	59411	5801	53174
潆溪镇	71406	36208	35198	20357	32064	29494	10317	55835	5254	38683
共兴镇	6207	3189	3018	2848	3182	3007	1052	3926	1229	5891
金台镇	10188	5205	4983	3736	5201	4983	1986	6660	1542	9794
芦溪镇	14308	7321	6987	4845	7243	6934	2870	9794	1644	13207
李家镇	14610	7262	7348	4821	7253	7347	2874	10077	1659	13788
双桥镇	6248	3193	3055	2191	3099	2990	1315	3977	956	6143
荆溪镇	11777	5853	5924	4063	5831	5914	2062	8284	1431	11601
搬罾镇	19347	10008	9339	6798	9740	9271	3215	13837	2295	18457
新复乡	5237	2743	2494	1874	2706	2490	704	3655	878	5135
同仁乡	4237	2259	1978	1697	2252	1975	600	2970	667	4070
大林乡	6688	3530	3158	2342	3277	3116	1284	4391	1013	6203
梵殿乡	6124	3242	2882	1966	3222	2877	1141	4148	835	5929
顺河乡	6734	3473	3261	2402	3472	3261	1237	4486	1011	6602
灯台乡	6213	3219	2994	2061	3203	2984	1195	4102	916	5978
辉景乡	7999	4076	3923	2697	4063	3920	1607	5233	1159	7779
龙桂乡	8266	4280	3986	2637	4182	3973	1645	5541	1080	7960
永丰乡	10566	5417	5149	3403	5417	5149	2140	7134	1292	10302

表23 续表 37 单位：人、户

地区	总人口			家庭户	家庭户总人口		分年龄人口			居住本地，户口在本地
	合计	男	女	户数	男	女	0-14岁	15-64岁	65岁及以上	
桂花乡	6070	3150	2920	2199	3150	2920	1187	3891	992	5980
凤山乡	6131	3192	2939	1932	3049	2889	952	4352	827	5932
渔溪乡	7084	3530	3554	2396	3530	3554	1409	4698	977	6929
高坪区	**549313**	**282364**	**266949**	**166149**	**263399**	**249968**	**89129**	**405110**	**55074**	**493014**
白塔街道	77213	39465	37748	20554	31314	30051	9568	62932	4713	49105
清溪街道	36180	18553	17627	12073	17723	17482	4572	28419	3189	33648
小龙镇	30688	15545	15143	6137	9932	10006	3358	25431	1899	20016
龙门镇	47479	23312	24167	16572	21232	21789	7528	35471	4480	40198
江陵镇	23431	12348	11083	7242	12347	11083	4011	16898	2522	23378
擦耳镇	12407	6589	5818	4001	6586	5818	2220	8674	1513	12362
老君镇	13365	6928	6437	3791	6709	6419	2379	9437	1549	12882
东观镇	36518	18702	17816	11954	18263	17422	6736	25653	4129	35051
长乐镇	18836	9847	8989	5637	9641	8839	3567	13291	1978	18601
胜观镇	11840	6124	5716	3578	6048	5678	2301	8202	1337	11561
永安镇	9732	4939	4793	3328	4939	4793	1377	7216	1139	9700
阙家镇	9510	4861	4649	3045	4861	4649	1696	6796	1018	9341
石圭镇	9737	4969	4768	2840	4968	4768	1664	6897	1176	9692
青居镇	14494	7353	7141	4319	6876	6715	2664	10223	1607	14413
青莲镇	9129	4597	4532	3172	4597	4532	1691	6534	904	8527
都京镇	12397	5894	6503	4408	5844	6323	1524	9414	1459	11217
会龙镇	15003	7949	7054	4546	7949	7054	2910	10490	1603	14871
螺溪镇	14913	7533	7380	4513	7523	7375	2579	10693	1641	14661
走马乡	17132	8942	8190	5536	8890	8157	2894	12305	1933	16954
喻家乡	6784	3583	3201	2020	3581	3201	1147	4828	809	6656
马家乡	10440	5588	4852	3316	5579	4852	1885	7248	1307	10364
黄溪乡	9643	5116	4527	2837	5112	4527	2023	6501	1119	9396
万家乡	3667	1989	1678	1021	1987	1678	643	2545	479	3610
御史乡	10674	5640	5034	2946	5517	4981	2046	7410	1218	10570
隆兴乡	12965	6723	6242	3868	6722	6242	2576	8841	1548	12742
斑竹乡	10947	5748	5199	3166	5748	5199	2224	7472	1251	10725
鄢家乡	6127	3198	2929	1882	3171	2927	1239	4116	772	6061
浸水乡	15961	8502	7459	4949	8490	7456	2695	11089	2177	15581
溪头乡	13112	6754	6358	3940	6752	6358	2084	9660	1368	13060
青松乡	9548	4878	4670	2917	4487	4461	1454	7117	977	8961
凤凰乡	8859	4731	4128	2930	4661	4104	1582	6234	1043	8782
南江乡	10582	5464	5118	3111	5350	5029	2292	7073	1217	10328
嘉陵区	**607635**	**319655**	**287980**	**188810**	**303635**	**279766**	**100358**	**439690**	**67587**	**542403**
火花街道	91849	48812	43037	25759	38539	38634	13244	73163	5442	46354
曲水镇	13428	7183	6245	4501	7059	6227	2219	9519	1690	13034
李渡镇	23115	11625	11490	6903	9963	9957	5012	15622	2481	16467
吉安镇	16134	8492	7642	4860	8462	7634	3234	11053	1847	15563
龙岭镇	17390	9189	8201	4599	9168	8200	3171	12517	1702	17068
金凤镇	22918	12044	10874	7594	12031	10874	3943	16723	2252	22408
安福镇	16641	8685	7956	5057	8672	7949	2920	12028	1693	16309
安平镇	24629	12866	11763	8376	12527	11446	4588	16933	3108	23090
世阳镇	18665	10059	8606	5786	9742	8461	2667	13600	2398	18465
大通镇	18794	9604	9190	5814	8707	8378	3804	12480	2510	17345
一立镇	13683	7356	6327	4765	7236	6282	2186	9873	1624	13055
龙蟠镇	15272	7914	7358	5128	7902	7357	2137	11235	1900	15119
里坝镇	9845	5233	4612	3341	5219	4612	1568	7093	1184	9689

表23 续表 38

单位：人、户

地区	总人口			家庭户	家庭户总人口		分年龄人口			居住本地，户口在本地
	合计	男	女	户数	男	女	0-14岁	15-64岁	65岁及以上	
集凤镇	9931	5236	4695	3225	5150	4653	1611	7045	1275	9671
金宝镇	11656	6063	5593	3949	6032	5578	1727	8599	1330	11553
三会镇	8629	4581	4048	2574	4574	4043	1260	6348	1021	8425
西兴镇	9871	5209	4662	3311	4882	4610	1509	7109	1253	9126
双桂镇	11114	5962	5152	3763	5961	5152	1552	7915	1647	10943
文峰镇	16036	7879	8157	5371	7563	8071	2435	11518	2083	15837
七宝寺镇	7634	4017	3617	2446	3951	3585	1118	5634	882	7415
龙泉镇	8911	4751	4160	3125	4751	4159	1210	6523	1178	8671
河西乡	12965	6616	6349	4008	6550	6324	2366	9310	1289	12816
移山乡	9428	5062	4366	3150	5062	4366	1661	6532	1235	9082
木老乡	12838	6757	6081	4202	6364	5852	1945	9477	1416	12379
新场乡	11370	5861	5509	3403	5776	5459	2381	7518	1471	11185
土门乡	11704	6074	5630	3427	6017	5619	2297	7953	1454	11455
临江乡	14178	7408	6770	4123	7407	6770	2864	9571	1743	13958
双店乡	13825	7406	6419	4045	7388	6412	2784	9420	1621	13452
白家乡	11315	5961	5354	3354	5905	5333	1995	8088	1232	11138
华兴乡	14023	7555	6468	3633	7381	6375	2094	10328	1601	13850
大同乡	9530	5061	4469	2571	5054	4469	1545	7025	960	9462
盐溪乡	9467	5077	4390	2989	5070	4388	1599	6772	1096	9243
桥龙乡	6142	3347	2795	1715	3166	2689	1057	4287	798	5979
天星乡	6586	3522	3064	2079	3450	3030	983	4745	858	6401
大观乡	8101	4280	3821	2698	4257	3806	1307	5816	978	7959
大兴乡	12863	6726	6137	3996	6697	6119	2116	9050	1697	12555
新庙乡	7397	3990	3407	2427	3947	3391	1101	5481	815	7173
桃园乡	8382	4472	3910	2651	4464	3910	1138	6154	1090	8292
太和乡	6320	3392	2928	2124	3375	2923	840	4574	906	6207
积善乡	9919	5228	4691	3352	5219	4687	1588	7155	1176	9782
石楼乡	6930	3775	3155	2462	3775	3155	847	4985	1098	6839
礼乐乡	9318	4868	4450	3075	4807	4415	1353	6664	1301	9148
花园乡	8889	4457	4432	3079	4413	4412	1382	6255	1252	8441
南部县	**929923**	**459723**	**470200**	**320854**	**442361**	**456061**	**183003**	**621637**	**125283**	**859896**
南隆镇	193069	96242	96827	58072	86222	87962	33497	143449	16123	150295
河东镇	10145	4990	5155	3193	4860	5118	1998	6882	1265	9769
老鸦镇	15782	7787	7995	5182	7746	7981	3416	10173	2193	15528
永定镇	12549	5969	6580	4310	5969	6580	2819	7713	2017	12225
碑院镇	13964	6678	7286	4468	6625	7263	2893	9008	2063	13839
谢河镇	8469	4051	4418	3129	3998	4382	1897	5356	1216	8304
盘龙镇	27138	13334	13804	9780	13068	13547	5060	17720	4358	26442
铁佛塘镇	10029	5056	4973	3556	5052	4970	2154	6484	1391	9715
石河镇	13088	6245	6843	4727	6167	6757	2797	8489	1802	12669
王家镇	15651	7783	7868	5659	7648	7781	3106	10368	2177	15081
富利镇	15343	7397	7946	5082	7354	7936	3154	9846	2343	14960
楠木镇	16489	7977	8512	6206	7295	7626	3882	9867	2740	15918
长坪镇	8716	4327	4389	2747	4142	4288	1836	5525	1355	8517
东坝镇	14673	7380	7293	5078	6423	6518	3419	9080	2174	12151
河坝镇	11998	5864	6134	4784	5863	6134	2920	7174	1904	11775
定水镇	22161	10970	11191	8099	10595	10851	4162	14922	3077	21020
大王镇	8886	4457	4429	2969	4374	4396	1589	6019	1278	8504
黄金镇	13941	7131	6810	4940	6883	6705	2690	9114	2137	13698
流马镇	8641	4401	4240	3478	4326	4206	1579	5616	1446	8416

表23　续表 39　　　　单位：人、户

地　区	总人口			家庭户	家庭户总人口		分年龄人口			居住本地，户口在本地
	合　计	男	女	户　数	男	女	0-14岁	15-64岁	65岁及以上	
建兴镇	31794	15541	16253	12664	14946	15754	6560	20735	4499	28017
三官镇	11006	5416	5590	4176	5416	5590	2131	7119	1756	10382
伏虎镇	20996	10350	10646	6974	9963	10254	3908	14897	2191	19542
双佛镇	10539	5010	5529	3745	5008	5527	2147	7010	1382	10123
花罐镇	8912	4363	4549	2962	4362	4548	1642	6106	1164	8773
大桥镇	13278	6602	6676	4902	6504	6576	2685	8955	1638	13075
大河镇	11793	5844	5949	3692	5814	5923	2127	7978	1688	11428
万年镇	8344	4087	4257	2869	4057	4244	1741	5474	1129	8180
升钟镇	12700	6217	6483	5071	6136	6438	2609	8449	1642	11937
升水镇	5495	2648	2847	2227	2630	2833	1065	3601	829	5207
大坪镇	9502	4811	4691	3121	4016	4220	1537	6722	1243	9042
神坝镇	8429	4148	4281	2704	4148	4281	1475	5799	1155	8288
碾盘乡	7449	3648	3801	2527	3648	3801	1607	4534	1308	7316
火峰乡	9317	4599	4718	3148	4599	4718	1913	6064	1340	8819
群龙乡	10199	5028	5171	3805	4949	5113	1976	6602	1621	10049
大富乡	12671	6294	6377	4511	6285	6375	2689	8047	1935	12489
光华乡	6502	3145	3357	2379	3087	3339	1340	4222	940	6258
碧龙乡	10548	5106	5442	3731	5085	5423	2240	6593	1715	10358
三清乡	10658	5303	5355	3293	5251	5330	2368	6898	1392	10401
中心乡	8514	4263	4251	2861	4188	4223	1692	5318	1504	8221
五灵乡	13759	6982	6777	4040	6699	6617	2860	9073	1826	13412
平桥乡	9384	4620	4764	3427	4616	4764	2102	5749	1533	9282
梅家乡	8094	4001	4093	3258	4001	4093	1877	4750	1467	7940
龙庙乡	4584	2314	2270	1871	2314	2270	1068	2587	929	4506
马王乡	5710	2954	2756	2548	2938	2754	1472	2897	1341	5259
大堰乡	6486	3284	3202	2226	3244	3181	1424	3979	1083	6182
窑场乡	9501	4933	4568	2871	4741	4469	1982	6079	1440	9223
太华乡	7192	3595	3597	2361	3518	3570	1214	4900	1078	6992
兴盛乡	9189	4582	4607	3424	4560	4593	1741	5999	1449	8920
寒坡乡	10626	5322	5304	3896	5208	5271	2068	6839	1719	10359
肖家乡	8303	4131	4172	3149	4122	4165	1778	5438	1087	8217
四龙乡	8770	4483	4287	2576	4483	4287	1576	5897	1297	8593
碾垭乡	8167	3990	4177	3237	3905	4112	1649	5211	1307	8064
千秋乡	6096	3152	2944	2174	3101	2911	954	4117	1025	5948
玉镇乡	4449	2113	2336	1811	2044	2296	904	2670	875	4220
小元乡	11373	5577	5796	3964	5558	5787	2287	7476	1610	11060
柳驿乡	9461	4528	4933	3543	4520	4929	2262	5762	1437	9216
石泉乡	10314	5104	5210	3757	5007	5178	2327	6326	1661	10099
雄狮乡	6629	3250	3379	2560	3203	3363	1695	3965	969	6357
宏观乡	13696	6822	6874	4307	6803	6868	2837	9086	1773	13412
永庆乡	6116	2911	3205	2230	2873	3194	1247	3942	927	5962
永红乡	11676	5645	6031	4272	5581	6011	2507	7420	1749	11313
柳树乡	8742	4209	4533	3034	4129	4496	1611	5814	1317	8521
保城乡	7319	3603	3716	2935	3525	3696	1410	4727	1182	7218
双峰乡	8093	3953	4140	3010	3952	4138	1678	5325	1090	7972
皂角乡	5027	2442	2585	2119	2441	2585	1051	3109	867	4926
丘垭乡	7523	3748	3775	2686	3748	3775	1242	5123	1158	7362
光中乡	7573	3795	3778	2739	3794	3778	1341	5095	1137	7168
铁鞭乡	5502	2706	2796	2053	2678	2790	899	3850	753	5228
太霞乡	4206	2061	2145	1699	2005	2133	757	2791	658	4093

表23 续表 40 单位：人、户

地区	总人口			家庭户	家庭户总人口		分年龄人口			居住本地，户口在本地
	合计	男	女	户数	男	女	0-14岁	15-64岁	65岁及以上	
店垭乡	6125	3057	3068	2290	2996	3018	1021	4254	850	5868
桐坪乡	7448	3681	3767	2764	3677	3767	1222	5091	1135	7131
西河乡	3412	1713	1699	1202	1675	1691	620	2368	424	3142
营山县	**749734**	**381641**	**368093**	**236951**	**375757**	**363370**	**136877**	**517674**	**95183**	**704624**
朗池镇	76077	37551	38526	23547	37142	38072	13682	54307	8088	69809
渌井镇	7887	3953	3934	2692	3931	3933	1485	5160	1242	7735
东升镇	19922	10406	9516	5960	10398	9514	3521	13706	2695	19849
骆市镇	27354	13627	13727	12107	13623	13727	6201	17019	4134	26783
黄渡镇	10626	5420	5206	3255	5410	5200	1959	7284	1383	10319
小桥镇	29723	14648	15075	10612	13934	14497	5839	20500	3384	28475
灵鹫镇	24556	12631	11925	7466	12631	11925	4262	16713	3581	24115
老林镇	12595	6406	6189	4613	6360	6141	2518	8426	1651	12432
木垭镇	12049	6167	5882	3696	6166	5882	2082	8553	1414	11871
消水镇	14403	7443	6960	4726	7436	6959	2545	9912	1946	13723
双流镇	25586	13091	12495	7041	13057	12478	4447	17995	3144	25062
绿水镇	14082	7285	6797	4161	7279	6795	2589	9586	1907	13249
三兴镇	9189	4844	4345	2699	4844	4345	1659	6421	1109	8916
蓼叶镇	7264	3722	3542	2404	3722	3542	1302	4795	1167	7017
新店镇	18208	9426	8782	6009	9399	8771	3299	12447	2462	17916
回龙镇	29502	14821	14681	11621	14813	14678	5957	19986	3559	28923
星火镇	18717	9524	9193	6264	9482	9157	3876	12344	2497	18492
西桥镇	11146	5726	5420	3239	5704	5408	2185	7618	1343	10981
城南镇	78334	39461	38873	22243	36641	36460	14871	57554	5909	53902
济川乡	17057	8796	8261	5134	8787	8261	2900	11979	2178	16982
茶盘乡	8554	4425	4129	2545	4425	4129	1436	5810	1308	8448
双溪乡	12060	6375	5685	3528	6366	5683	2255	8247	1558	11698
带河乡	10219	5235	4984	3213	5184	4942	1600	7000	1619	10068
四喜乡	9194	4731	4463	2350	4669	4437	1723	6346	1125	9018
玲珑乡	6126	3134	2992	1984	3122	2989	1225	4016	885	5956
涌泉乡	8460	4440	4020	2645	4417	4016	1347	5833	1280	8325
木顶乡	9462	4816	4646	2789	4753	4627	1599	6644	1219	9221
清源乡	7489	3924	3565	2314	3924	3565	1159	5267	1063	7400
龙伏乡	8207	4202	4005	2489	4201	4005	1441	5649	1117	8055
双林乡	7703	3982	3721	2344	3964	3710	1393	5188	1122	7591
明德乡	10342	5282	5060	3295	5220	5053	1725	7061	1556	10125
普岭乡	13589	7095	6494	3258	6201	5756	2065	10045	1479	11929
三元乡	9058	4633	4425	2569	4632	4425	1652	6217	1189	8817
太蓬乡	7484	3830	3654	2348	3829	3654	1293	5098	1093	7330
柏林乡	11033	5472	5561	3580	5472	5561	1916	7586	1531	10927
孔雀乡	8365	4273	4092	2220	4272	4092	1404	5820	1141	8171
合兴乡	10741	5408	5333	3542	5399	5332	1844	7253	1644	10613
六合乡	4435	2296	2139	1356	2296	2139	743	3033	659	4351
悦中乡	7996	4130	3866	2714	4124	3863	1452	5462	1082	7808
高码乡	4168	2075	2093	1665	2065	2092	835	2398	935	3903
安固乡	7541	3717	3824	2432	3717	3824	1599	4768	1174	6723
大庙乡	11177	5748	5429	3617	5742	5429	2121	7374	1682	11080
通天乡	11486	5908	5578	3565	5907	5578	2029	7863	1594	11404
安化乡	8014	4165	3849	2436	4145	3843	1316	5512	1186	7839
法堂乡	7986	4244	3742	2166	4193	3722	1320	5532	1134	7881
增产乡	10895	5612	5283	3312	5612	5283	1971	7417	1507	10767

表23 续表 41 单位：人、户

地区	总人口			家庭户	家庭户总人口		分年龄人口			居住本地，户口在本地
	合计	男	女	户数	男	女	0-14岁	15-64岁	65岁及以上	
丰产乡	12402	6225	6177	4142	6225	6177	2050	8714	1638	12387
清水乡	8271	4218	4053	2659	3876	3823	1328	5802	1141	7816
青山乡	7666	3866	3800	2520	3866	3800	1370	5184	1112	7494
福源乡	7455	3728	3727	2356	3726	3727	1183	5121	1151	7295
柏坪乡	5222	2777	2445	1601	2777	2443	845	3627	750	5145
七涧乡	6057	3176	2881	2024	3176	2881	1288	3971	798	6005
凉风乡	6600	3551	3049	1884	3501	3025	1171	4511	918	6483
蓬安县	**567373**	**290390**	**276983**	**193050**	**285774**	**273097**	**98012**	**400059**	**69302**	**543323**
锦屏镇	22467	11359	11108	6562	9679	9550	2842	17348	2277	18282
巨龙镇	14264	7230	7034	5152	7204	7020	2530	10021	1713	13947
正源镇	12721	6513	6208	4579	6509	6208	2178	8941	1602	12463
龙云镇	8269	4249	4020	3137	4245	4016	1280	5660	1329	8048
金溪镇	27316	14056	13260	9005	14047	13259	4143	19388	3785	26675
徐家镇	24944	12752	12192	8571	12747	12187	4551	17190	3203	24641
河舒镇	19202	9582	9620	7008	9498	9579	3415	13692	2095	18972
利溪镇	17130	8977	8153	5563	8956	8145	2537	12519	2074	16868
龙蚕镇	14218	7427	6791	4774	7426	6789	2500	9998	1720	13972
杨家镇	13897	7248	6649	4133	7129	6574	2370	9879	1648	13835
罗家镇	17153	8773	8380	5884	8739	8363	3311	11658	2184	16542
福德镇	14734	7622	7112	4237	7546	7079	3068	9974	1692	14457
银汉镇	12773	6741	6032	3569	6696	6023	2520	8886	1367	12457
兴旺镇	13333	6860	6473	4783	6854	6470	2582	8859	1892	13145
相如镇	100344	50058	50286	40083	48612	48753	17489	73490	9365	88065
高庙乡	9953	5198	4755	2980	5112	4631	1463	7296	1194	9873
群乐乡	9510	4940	4570	2933	4929	4567	1626	6669	1215	9365
长梁乡	16666	8417	8249	5713	8297	8199	2575	12124	1967	16632
两路乡	6610	3404	3206	2238	3404	3206	936	4846	828	6557
睦坝乡	16244	8315	7929	5450	8113	7848	2718	11474	2052	16164
石梁乡	10597	5394	5203	3758	5386	5203	1877	7343	1377	10471
平头乡	9128	4762	4366	3201	4757	4359	1509	6321	1298	9004
鲜店乡	8731	4649	4082	2915	4648	4082	1464	5956	1311	8556
茶亭乡	9001	4489	4512	3320	4489	4512	1719	5864	1418	8857
诸家乡	12004	6178	5826	3694	5923	5663	2240	8207	1557	11722
骑龙乡	6802	3542	3260	1928	3528	3249	1026	4772	1004	6650
金甲乡	12351	6438	5913	3737	6340	5884	1977	8637	1737	12089
新园乡	9230	4734	4496	2802	4734	4496	1666	6397	1167	9019
三坝乡	10333	5211	5122	3494	5089	5070	1885	7254	1194	10213
碧溪乡	10575	5403	5172	3440	5398	5170	1833	7323	1419	10445
柳滩乡	11021	5818	5203	3096	5800	5198	2008	7631	1382	10838
石孔乡	8879	4640	4239	2887	4640	4239	1654	6011	1214	8631
开元乡	3652	1817	1835	1505	1784	1827	813	2128	711	3495
新河乡	9939	5280	4659	2815	5273	4658	1854	6782	1303	9737
南燕乡	11290	5956	5334	3824	5937	5326	2184	7747	1359	11113
天成乡	11068	5749	5319	3405	5749	5319	1843	7777	1448	10975
海田乡	4938	2464	2474	2136	2463	2474	994	2852	1092	4903
济渡乡	8067	3988	4079	2529	3937	4040	1582	5454	1031	7734
凤石乡	8019	4157	3862	2210	4157	3862	1250	5691	1078	7911
仪陇县	**930028**	**481092**	**448936**	**286139**	**463366**	**435282**	**176900**	**647884**	**105244**	**883795**
金城镇	108006	56071	51935	35360	48760	45931	20757	79654	7595	88327
新政镇	65788	33038	32750	23803	32293	32268	12847	44980	7961	58700

表23 续表 42

单位：人、户

地 区	总人口			家庭户	家庭户总人口		分年龄人口			居住本地，户口在本地
	合 计	男	女	户 数	男	女	0-14岁	15-64岁	65岁及以上	
马鞍镇	36949	19334	17615	9500	14722	14275	7024	26337	3588	34575
永乐镇	29646	15441	14205	10630	15439	14202	5396	20507	3743	29448
日兴镇	29955	15293	14662	9710	15291	14661	5656	20930	3369	29171
土门镇	34718	17921	16797	9440	17735	16653	6136	25024	3558	34490
复兴镇	25397	12607	12790	8039	10813	11290	6005	16327	3065	22602
观紫镇	11080	5646	5434	4778	5646	5434	2416	6936	1728	10895
先锋镇	9699	4960	4739	2833	4951	4734	1803	6732	1164	9628
三蛟镇	13573	7145	6428	4006	7145	6427	2601	9451	1521	13368
回春镇	20239	10456	9783	6019	10438	9776	3695	14057	2487	19871
柳垭镇	20742	11028	9714	6424	11022	9711	3776	14793	2173	20460
义路镇	10209	5288	4921	3118	5287	4921	2082	6866	1261	10017
立山镇	31509	16328	15181	9279	16082	15077	5859	22024	3626	30735
三河镇	15959	8026	7933	4428	7403	7051	3291	10817	1851	15401
瓦子镇	9933	5112	4821	2970	5112	4821	2018	6771	1144	9897
大寅镇	15469	8120	7349	5008	7873	7156	2806	10911	1752	14623
二道镇	18126	9459	8667	5722	9430	8654	3245	12538	2343	17796
赛金镇	16337	8505	7832	4819	8269	7622	3242	11284	1811	15913
丁字桥镇	8349	4531	3818	2150	4221	3750	1659	5916	774	7809
大仪镇	14285	7301	6984	4071	7262	6967	2509	9862	1914	14112
张公镇	15514	8027	7487	4364	8022	7483	3162	10553	1799	15219
五福镇	13778	7365	6413	3790	7273	6358	2595	9691	1492	13519
周河镇	6772	3424	3348	2375	3351	3309	1542	4205	1025	6383
杨桥镇	13374	6994	6380	4177	6994	6367	2753	9053	1568	13315
保平镇	18699	9582	9117	5847	9582	9117	3690	12970	2039	18223
文星镇	14431	7376	7055	4823	7376	7055	2646	10100	1685	14107
双胜镇	19613	10265	9348	5628	10123	9270	3556	14003	2054	19314
度门镇	18415	9257	9158	5661	9211	9114	2928	13179	2308	18110
老木乡	10272	5381	4891	2868	5358	4874	1812	7141	1319	10166
檬垭乡	9539	4944	4595	2677	4930	4584	1769	6693	1077	9431
铜鼓乡	17480	8893	8587	4987	8893	8587	3432	12038	2010	17237
中坝乡	10961	5806	5155	3503	5806	5155	1924	7605	1432	10706
双盘乡	8872	4519	4353	2826	4452	4340	1744	5958	1170	8623
凤仪乡	11629	6126	5503	3593	5974	5408	2209	7971	1449	11355
双庆乡	10151	5290	4861	3076	5290	4861	2009	6800	1342	10015
大风乡	11416	5778	5638	3339	5778	5638	2258	7790	1368	11121
福临乡	8568	4356	4212	2598	4356	4212	1816	5641	1111	8244
来仪乡	9468	4905	4563	2839	4894	4556	1644	6562	1262	9253
碧泉乡	9417	4795	4622	2652	4752	4612	1702	6685	1030	9267
乐兴乡	8493	4438	4055	2523	4432	4054	1615	5880	998	8232
石佛乡	11155	5832	5323	3524	5832	5323	2115	7709	1331	11077
思德乡	7441	3953	3488	2486	3953	3488	1373	5141	927	7330
秋垭乡	6597	3525	3072	1664	3472	3047	1210	4587	800	6450
大罗乡	7139	3802	3337	1847	3755	3320	1312	4983	844	7038
义门乡	9349	4965	4384	2525	4965	4384	1742	6547	1060	9142
合作乡	6072	3229	2843	1533	3151	2801	1198	4175	699	5963
龙桥乡	9766	5109	4657	2846	5079	4653	1676	7008	1082	9494
板桥乡	9129	4752	4377	2799	4699	4344	1666	6206	1257	8851
永光乡	9216	4900	4316	3022	4900	4316	1564	6483	1169	8794
炬光乡	6221	3275	2946	2153	3273	2946	1084	4316	821	5975
九龙乡	8535	4429	4106	2421	4326	4063	1475	5817	1243	8305

表23 续表 43

单位：人、户

地区	总人口			家庭户	家庭户总人口		分年龄人口			居住本地，户口在本地
	合计	男	女	户数	男	女	0-14岁	15-64岁	65岁及以上	
芭蕉乡	8132	4242	3890	2335	4204	3872	1419	5460	1253	7814
灯塔乡	9317	4778	4539	2720	4604	4443	1789	6144	1384	9127
武棚乡	10148	5379	4769	2806	5343	4759	2031	6961	1156	10033
柴井乡	18981	9791	9190	5205	9769	9188	3617	13112	2252	18724
西充县	**513746**	**262458**	**251288**	**180955**	**252083**	**243263**	**71996**	**370002**	**71748**	**480138**
晋城镇	102325	52417	49908	33929	48794	46464	13759	80383	8183	79293
太平镇	12262	6282	5980	4751	5932	5666	1629	8813	1820	12010
大全镇	10749	5342	5407	3524	5336	5405	1870	7303	1576	10580
仙林镇	10257	5295	4962	3475	5285	4962	1564	7118	1575	10057
古楼镇	13552	7242	6310	4609	6341	5913	1985	9680	1887	13266
义兴镇	17979	9199	8780	5933	8368	8105	2726	12714	2539	17550
关文镇	8321	4118	4203	3500	4118	4203	1220	5427	1674	8234
凤鸣镇	9721	5003	4718	3899	5000	4717	1249	6957	1515	9562
青狮镇	12739	6386	6353	4898	6217	6218	1676	9033	2030	12421
槐树镇	11040	5642	5398	3383	5627	5394	1407	7756	1877	10416
鸣龙镇	12426	6253	6173	3831	6132	6134	1403	9044	1979	12203
双凤镇	16662	8193	8469	6627	8092	8369	2951	11354	2357	15531
高院镇	12846	6423	6423	4069	6209	6228	1977	8720	2149	12688
仁和镇	12359	6199	6160	4595	5896	5829	1722	8674	1963	12251
多扶镇	16188	8597	7591	5930	7125	6601	1748	12294	2146	15387
常林乡	21214	10663	10551	8450	10404	10367	2922	15593	2699	19333
占山乡	10987	5606	5381	4584	5562	5367	1389	7825	1773	10872
莲池乡	6897	3569	3328	3051	3569	3328	878	4757	1262	6872
宏桥乡	6413	3301	3112	2445	3300	3112	734	4580	1099	6325
金泉乡	7634	3852	3782	2983	3767	3765	990	5419	1225	7470
华光乡	8323	4473	3850	2877	4422	3841	1315	5790	1218	8136
金源乡	9457	4910	4547	3064	4792	4484	1496	6666	1295	9261
岱林乡	6702	3588	3114	1855	3324	2970	887	4802	1013	6635
李桥乡	7223	3764	3459	2830	3685	3418	1096	4874	1253	7087
中岭乡	7984	3946	4038	3316	3714	3882	1182	5453	1349	7924
西碾乡	7328	3813	3515	2756	3738	3489	1310	5019	999	7024
紫岩乡	8625	4360	4265	2887	4131	4071	1231	6190	1204	8500
复安乡	5414	2787	2627	1889	2565	2492	899	3553	962	5252
观凤乡	7651	3848	3803	3242	3848	3803	953	5363	1335	7553
青龙乡	7250	3617	3633	2234	3521	3626	999	5092	1159	7182
双洛乡	5995	3036	2959	2350	3036	2959	882	4062	1051	5703
义和乡	5696	2841	2855	1850	2835	2853	838	3955	903	5622
罐垭乡	9456	4780	4676	2951	4771	4673	1226	6849	1381	9370
中南乡	4474	2205	2269	1470	2200	2265	698	3104	672	4357
双江乡	6098	3052	3046	2124	2913	2939	701	4315	1082	5937
凤和乡	7174	3580	3594	2448	3426	3420	1031	4936	1207	7107
东岱乡	7858	4054	3804	2806	4054	3804	1126	5632	1100	7750
同德乡	7632	3786	3846	2304	3718	3802	1190	5330	1112	7479
祥龙乡	8010	4260	3750	2492	4259	3749	1363	5206	1441	7966
车龙乡	13574	6932	6642	4038	6932	6642	2097	9739	1738	13397
扶君乡	5878	3043	2835	2052	3001	2826	806	4005	1067	5754
东太乡	10725	5499	5226	4025	5424	5162	1447	7467	1811	10339
永清乡	7294	3875	3419	2709	3873	3419	865	5275	1154	7242
金山乡	5354	2827	2527	1920	2827	2527	559	3881	914	5240
阆中市	**728935**	**364130**	**364805**	**251088**	**346445**	**351809**	**104772**	**529758**	**94405**	**673268**

表23　续表 44　　　　单位：人、户

地　区	总人口			家庭户	家庭户总人口		分年龄人口			居住本地，户口在本地
	合　计	男	女	户　数	男	女	0-14岁	15-64岁	65岁及以上	
保宁街道	136273	66712	69561	46309	62056	65989	19599	104459	12215	110407
沙溪街道	29103	14681	14422	10149	13947	14088	3966	22525	2612	22675
七里街道	28237	13779	14458	10304	12837	13768	3887	21768	2582	26288
江南镇	31574	16049	15525	13656	15831	15494	4123	23210	4241	29807
彭城镇	14340	7075	7265	4393	6982	7217	2336	10284	1720	13943
双龙镇	10808	5479	5329	3847	5307	5247	1350	8079	1379	10320
柏垭镇	31235	16151	15084	10332	14794	14141	4286	22613	4336	29839
飞凤镇	9392	4583	4809	3501	4487	4790	1261	6838	1293	9182
思依镇	17636	8930	8706	5131	8500	8407	3153	12772	1711	16913
文成镇	11276	5577	5699	5369	5562	5693	1214	8294	1768	10925
二龙镇	18493	9360	9133	6105	7984	7743	1921	13501	3071	18002
石滩镇	9881	4816	5065	3589	4744	5028	1168	7150	1563	9528
老观镇	20880	10510	10370	7107	9752	9824	2439	15663	2778	20142
龙泉镇	12186	6094	6092	3866	6018	6068	1429	9067	1690	11781
千佛镇	17135	8446	8689	5991	7815	8038	2269	12507	2359	16530
望垭镇	13328	6753	6575	5263	6704	6507	2380	8933	2015	13056
河溪镇	19589	9834	9755	6160	8934	9072	3049	13940	2600	17173
妙高镇	13559	6855	6704	4638	6729	6658	1717	9553	2289	13175
洪山镇	18414	9342	9072	5437	8458	8463	3078	12821	2515	17579
石龙镇	12424	6190	6234	4056	5998	6136	1958	8603	1863	12104
宝马镇	11289	5728	5561	3822	5660	5538	1926	7658	1705	10900
水观镇	22502	11350	11152	7191	10630	10636	3673	15568	3261	21866
金垭镇	17973	9098	8875	5318	8026	7853	2575	12854	2544	16353
玉台镇	5004	2567	2437	1823	2507	2390	930	3189	885	4776
垭口乡	6969	3479	3490	2603	3441	3484	839	5006	1124	6855
治平乡	6170	3067	3103	2249	3005	3084	844	4408	918	5907
天宫乡	5768	2878	2890	2139	2759	2833	988	3755	1025	5310
天林乡	8871	4371	4500	2818	4309	4469	1532	6121	1218	8591
枣碧乡	6744	3467	3277	2131	3381	3234	1112	4652	980	6494
北门乡	5734	2933	2801	1881	2881	2783	971	3911	852	5641
桥楼乡	6697	3390	3307	2217	3319	3278	1222	4679	796	6534
河楼乡	7048	3581	3467	2174	3528	3454	1244	5036	768	6865
木兰乡	6043	3066	2977	1729	3029	2961	1111	4161	771	5838
东兴乡	11764	5769	5995	4372	5596	5836	1344	8449	1971	11598
清泉乡	5800	2959	2841	2024	2922	2831	705	4274	821	5657
博树回族乡	5585	2759	2826	2035	2667	2785	679	3922	984	5129
凉水乡	12858	6446	6412	5212	6341	6364	1900	8991	1967	12310
解元乡	6297	3176	3121	2314	3176	3121	682	4567	1048	6200
西山乡	8470	4149	4321	2814	4119	4306	1033	6321	1116	8284
方山乡	7240	3537	3703	2426	3448	3654	881	5268	1091	7169
金子乡	10339	5250	5089	3729	5166	5044	1724	7024	1591	9617
三庙乡	4862	2474	2388	1486	2436	2365	793	3360	709	4682
峰占乡	8685	4270	4415	3094	4264	4405	1244	6277	1164	8476
鹤丰乡	6561	3271	3290	2307	3213	3249	965	4582	1014	6148
金城乡	5561	2769	2792	2046	2673	2734	706	3837	1018	5399
五马乡	14176	7044	7132	4916	6921	6984	1739	10135	2302	13830
朱镇乡	10269	5123	5146	3198	4948	4994	1820	7091	1358	9788
宝台乡	8689	4390	4299	2778	4323	4251	1458	5883	1348	8575
福星乡	9204	4553	4651	3039	4318	4518	1549	6199	1456	9107
眉山市	**2950545**	**1471587**	**1478958**	**1010659**	**1413859**	**1436469**	**415401**	**2142222**	**392922**	**2618752**

表23 续表 45

单位：人、户

地区	总人口			家庭户	家庭户总人口		分年龄人口			居住本地，户口在本地
	合计	男	女	户数	男	女	0-14岁	15-64岁	65岁及以上	
东坡区	**821853**	**407721**	**414132**	**271941**	**388855**	**398401**	**96669**	**627863**	**97321**	**671991**
通惠街道	69006	34860	34146	23994	30813	32251	9074	54940	4992	33656
大石桥街道	71341	35011	36330	24379	32982	34451	9881	56599	4861	39460
苏祠街道	100332	48501	51831	29052	44865	48173	12059	78838	9435	46900
白马镇	15510	7701	7809	4848	7548	7693	1673	11953	1884	15014
象耳镇	11624	5893	5731	4414	5774	5700	1278	8768	1578	10600
太和镇	31735	15675	16060	11302	15008	15424	3678	23924	4133	29716
悦兴镇	24147	12053	12094	8274	11977	12052	2845	18177	3125	22629
尚义镇	38801	19195	19606	13873	19170	19580	4587	29295	4919	38031
多悦镇	32611	16270	16341	10066	15376	15321	3659	24786	4166	29980
秦家镇	30124	15119	15005	9780	14923	14890	3053	23102	3969	29486
万胜镇	24499	12218	12281	7637	11359	11477	2340	18694	3465	22714
崇仁镇	27597	13885	13712	9923	13224	13238	2549	21163	3885	25833
思蒙镇	40024	19884	20140	13322	18830	18965	4075	31128	4821	37755
修文镇	39152	19650	19502	12992	18838	19087	3939	30224	4989	37665
松江镇	34082	16999	17083	10788	16361	16770	3742	26078	4262	32014
崇礼镇	35729	17855	17874	11837	17719	17827	4226	26845	4658	34406
富牛镇	25657	12713	12944	7710	11338	11111	3196	19612	2849	22285
永寿镇	42935	20831	22104	14251	19703	21058	5261	30929	6745	40670
三苏乡	27784	13724	14060	9324	13569	13935	2912	20799	4073	27133
广济乡	18362	9289	9073	5912	9281	9068	1906	14092	2364	17934
盘鳌乡	14262	7230	7032	5123	7142	6992	1383	10291	2588	13735
土地乡	11851	5852	5999	4305	5838	5996	1353	8763	1735	11569
复盛乡	11674	5850	5824	4038	5770	5799	1618	8521	1535	10994
复兴乡	18086	8888	9198	6283	8877	9192	2644	12708	2734	17503
金花乡	13982	7095	6887	4586	7092	6887	2041	9936	2005	13581
柳圣乡	10946	5480	5466	3928	5478	5464	1697	7698	1551	10728
仁寿县	**1233074**	**617483**	**615591**	**441498**	**598828**	**600887**	**207680**	**855009**	**170385**	**1143249**
文宫镇	31700	15852	15848	11807	14379	14437	4754	22833	4113	30142
禾加镇	19920	10060	9860	8222	10049	9859	3682	13950	2288	19015
龙马镇	20027	10210	9817	7797	10201	9805	3404	13785	2838	19857
方加镇	19357	9653	9704	7053	9633	9702	3219	13347	2791	18933
文林镇	179603	88038	91565	54098	79960	84265	28806	135933	14864	128490
大化镇	23737	11848	11889	8687	11361	11547	3867	16440	3430	23231
高家镇	16673	8287	8386	6862	8286	8383	2902	11194	2577	16366
中农镇	13326	6547	6779	5036	6518	6766	2786	8411	2129	12959
禄加镇	25125	12621	12504	8371	11839	11692	4696	16519	3910	23786
宝飞镇	23060	11649	11411	7756	11497	11310	4415	15149	3496	21786
彰加镇	24774	12283	12491	9842	12274	12485	4419	16030	4325	24412
慈航镇	23162	11543	11619	8587	11416	11611	4248	14834	4080	22478
汪洋镇	55850	28642	27208	21381	27022	26416	9492	40599	5759	49322
钟祥镇	31485	15892	15593	10698	15392	15026	5058	22325	4102	28959
始建镇	29678	15096	14582	10026	15049	14557	4944	20270	4464	29266
满井镇	24808	12401	12407	9222	12090	12361	4865	16230	3713	22858
富加镇	40156	19451	20705	15108	18887	20026	7712	26365	6079	37202
龙正镇	25225	12514	12711	9437	12071	12250	3811	18058	3356	23198
黑龙滩镇	34450	17725	16725	11940	17356	16612	4515	24904	5031	33753
清水镇	20069	9906	10163	7811	9569	9687	2641	14478	2950	18175
视高镇	26359	13436	12923	9953	13367	12835	3410	19764	3185	25520
北斗镇	29908	15158	14750	10443	15146	14745	5668	19963	4277	29564

表23　续表 46　　　　单位：人、户

地　区	总人口			家庭户	家庭户总人口		分年龄人口			居住本地，户口在本地
	合　计	男	女	户　数	男	女	0-14岁	15-64岁	65岁及以　上	
虞丞乡	5540	2845	2695	1981	2608	2544	832	3609	1099	5505
青岗乡	11517	5760	5757	4206	5759	5757	2038	7750	1729	11419
古佛乡	9684	4782	4902	4111	4752	4886	1624	6360	1700	9556
板燕乡	9205	4559	4646	4072	4555	4646	1421	6030	1754	8974
石咀乡	11456	5673	5783	3749	5516	5695	1851	7861	1744	11302
藕塘乡	8729	4276	4453	3368	4240	4438	1652	5509	1568	8487
玉龙乡	14936	7393	7543	4653	7388	7523	2626	10112	2198	14618
合兴乡	7204	3532	3672	2732	3532	3672	1294	4601	1309	6856
促进乡	6732	3394	3338	2432	3346	3315	1119	4264	1349	6609
鸭池乡	9037	4432	4605	3036	4416	4602	1713	6244	1080	9002
双堡乡	14216	7133	7083	5304	7036	7006	2639	9472	2105	13804
河口乡	12402	6245	6157	3885	6220	6154	2254	8389	1759	12321
板桥乡	9270	4670	4600	3412	4654	4599	1681	6083	1506	8999
元通乡	15876	7965	7911	5761	7957	7904	2536	11049	2291	15735
向家乡	14792	7363	7429	5560	7353	7417	2661	10227	1904	14550
里仁乡	14475	7198	7277	4521	7138	7263	1826	10953	1696	14284
兴盛乡	13988	7262	6726	4563	7252	6721	1626	10440	1922	13622
兆嘉乡	7487	3763	3724	2643	3742	3722	1249	5042	1196	7228
宝马乡	20143	10160	9983	7490	9935	9914	3756	13410	2977	19370
珠嘉乡	21055	10701	10354	7805	10624	10328	3694	14188	3173	20706
鳌陵乡	12207	6475	5732	4705	6227	5693	1555	8806	1846	11864
观寺乡	22763	11559	11204	8285	11559	11204	3161	16706	2896	22465
中岗乡	15525	7855	7670	7405	7854	7670	2931	10005	2589	15343
龙桥乡	17890	9036	8854	6023	8934	8787	3594	11546	2750	17563
曲江乡	15716	7911	7805	5803	7664	7568	2838	10207	2671	15615
城堰乡	8825	4391	4434	3482	4390	4433	1857	5716	1252	8735
谢安乡	11362	5639	5723	4276	5614	5721	2444	6990	1928	11113
新店乡	13438	6530	6908	5592	6225	6761	2960	8063	2415	13104
天峨乡	18957	10031	8926	6276	9449	8865	2963	13804	2190	17911
识经乡	12106	6089	6017	4443	6079	6016	2197	8158	1751	11871
凤陵乡	13956	7037	6919	4696	6911	6802	2596	8702	2658	13398
涂加乡	11690	5720	5970	4315	5505	5840	2149	7794	1747	11394
四公乡	11837	6048	5789	4622	6020	5786	1904	7881	2052	11348
松峰乡	13276	6727	6549	4945	6659	6510	1852	9761	1663	13116
曹家乡	17140	8380	8760	6891	8380	8760	2898	11263	2979	16891
景贤乡	7529	3842	3687	2653	3730	3635	1088	4981	1460	7256
农旺乡	20879	10392	10487	7221	10343	10474	3628	13554	3697	20598
洪峰乡	11782	5903	5879	4444	5900	5879	1659	8098	2025	11445
彭山县	**285889**	**143907**	**141982**	**93131**	**134115**	**137064**	**33685**	**212802**	**39402**	**245421**
青龙镇	30124	15426	14698	8745	13767	14112	3271	23089	3764	26924
公义镇	19824	10037	9787	6606	10005	9763	2464	14294	3066	19041
观音镇	22064	11017	11047	7302	10690	10942	2652	16059	3353	20552
彭溪镇	32924	16331	16593	8643	12607	13387	3413	26443	3068	20829
黄丰镇	13305	6738	6567	4720	6725	6560	1667	9600	2038	12852
谢家镇	21696	10915	10781	7421	10704	10722	2496	15882	3318	20663
牧马镇	13671	6817	6854	4506	6789	6839	1724	10125	1822	13349
凤鸣镇	70721	35390	35331	23883	31857	34478	8989	53117	8615	51814
江口镇	14703	7571	7132	4966	7442	7113	1486	10672	2545	14293
保胜乡	10730	5600	5130	3705	5505	5118	1231	7671	1828	10241
义和乡	11675	5848	5827	4019	5848	5827	1316	8566	1793	11247

表23 续表 47

单位：人、户

地区	总人口			家庭户	家庭户总人口		分年龄人口			居住本地，户口在本地
	合计	男	女	户数	男	女	0-14岁	15-64岁	65岁及以上	
武阳乡	14893	7366	7527	5165	7358	7513	1849	10690	2354	14467
锦江乡	9559	4851	4708	3450	4818	4690	1127	6594	1838	9149
洪雅县	**300217**	**149336**	**150881**	**97937**	**142792**	**146613**	**40227**	**218601**	**41389**	**276371**
止戈镇	17945	8859	9086	5489	8683	9060	2127	13490	2328	17089
三宝镇	13133	6466	6667	4407	6379	6636	1853	9306	1974	12794
花溪镇	15055	7506	7549	5578	7494	7534	1902	11034	2119	14480
洪川镇	75800	37491	38309	24832	34735	36010	9664	57453	8683	61879
余坪镇	31382	15379	16003	10981	15031	15866	3911	22141	5330	30602
槽渔滩镇	16895	8483	8412	5382	8071	8141	2257	12153	2485	16312
中保镇	17700	8389	9311	5927	7788	8754	2440	12555	2705	16116
东岳镇	21847	10844	11003	7580	10727	10980	2699	15828	3320	21328
柳江镇	16723	8381	8342	5662	8135	8237	2279	11994	2450	15732
高庙镇	15682	8107	7575	4808	7801	7481	2314	11408	1960	14751
瓦屋山镇	14861	7745	7116	3998	7128	6865	2957	10066	1838	13969
中山乡	12518	6102	6416	3885	6048	6399	1683	9093	1742	12204
将军乡	17797	9043	8754	5192	8437	8426	2364	13036	2397	16611
汉王乡	9113	4619	4494	2982	4500	4451	1174	6489	1450	8935
桃源乡	3766	1922	1844	1234	1835	1773	603	2555	608	3569
丹棱县	**141953**	**70141**	**71812**	**45516**	**68598**	**70541**	**17556**	**105404**	**18993**	**133739**
仁美镇	14090	6904	7186	4648	6897	7183	1897	10066	2127	13701
丹棱镇	42778	20961	21817	13785	19943	20838	5056	33197	4525	37600
杨场镇	26596	13299	13297	8402	13213	13259	3217	19867	3512	25670
双桥镇	26650	13031	13619	8363	12900	13586	3461	19279	3910	25785
张场镇	20675	10362	10313	6696	10105	10129	2521	14998	3156	20180
石桥乡	3761	1909	1852	1173	1886	1831	422	2800	539	3629
顺龙乡	7403	3675	3728	2449	3654	3715	982	5197	1224	7174
青神县	**167559**	**82999**	**84560**	**60636**	**80671**	**82963**	**19584**	**122543**	**25432**	**147981**
汉阳镇	7332	3736	3596	3125	3693	3585	738	5145	1449	7120
河坝子镇	7039	3470	3569	3012	3411	3531	1057	4719	1263	6681
南城镇	18526	9111	9415	6202	8801	9157	2238	13658	2630	14683
青城镇	37039	17726	19313	13692	16764	18277	4867	27911	4261	26098
瑞峰镇	11316	5757	5559	4152	5660	5499	1157	8079	2080	10884
黑龙镇	23595	11622	11973	7961	11429	11892	2690	17213	3692	22179
西龙镇	22543	11434	11109	8000	11105	11075	2280	16802	3461	21565
高台乡	9362	4601	4761	3473	4598	4758	1246	6516	1600	9002
白果乡	17050	8548	8502	6581	8486	8480	2012	12077	2961	16506
罗波乡	13757	6994	6763	4438	6724	6709	1299	10423	2035	13263
宜宾市	**4471896**	**2299731**	**2172165**	**1419153**	**2227473**	**2126019**	**927376**	**3072453**	**472067**	**3888989**
翠屏区	**836340**	**422539**	**413801**	**273323**	**396820**	**394757**	**133439**	**624238**	**78663**	**587550**
北城街道	29870	14534	15336	10533	14372	15240	4046	22390	3434	22862
东城街道	22108	10582	11526	8088	10443	11390	2811	16288	3009	15617
南城街道	22437	11902	10535	7050	9394	10145	2483	17442	2512	12798
西城街道	51938	24417	27521	14497	19876	21098	5670	42005	4263	24557
南岸街道	125192	61295	63897	41186	56392	58439	16901	99105	9186	56601
西郊街道	58834	31296	27538	19662	26484	26371	7760	45563	5511	30891
安阜街道	90513	45938	44575	31146	41604	41383	12101	71002	7410	51185
白沙湾街道	34764	17370	17394	12960	16417	16745	4301	26408	4055	24576
赵场街道	52363	26160	26203	16457	25825	26001	9104	39305	3954	35688
象鼻街道	46326	23853	22473	15709	23043	22289	7796	34971	3559	32675
南广镇	31613	16425	15188	9011	15916	14861	5409	23490	2714	27901

表23　续表 48　　　　单位：人、户

地　区	总人口			家庭户	家庭户总人口		分年龄人口			居住本地，户口在本地
	合　计	男	女	户　数	男	女	0-14岁	15-64岁	65岁及以上	
李庄镇	34819	17577	17242	10883	17258	16927	7213	24072	3534	32094
菜坝镇	29733	14853	14880	8724	14511	14620	5031	22161	2541	27302
金坪镇	20345	10450	9895	7037	10415	9883	4515	13474	2356	18572
高店镇	14900	7688	7212	4848	7638	7205	3618	9496	1786	13876
沙坪镇	31152	15885	15267	10216	15540	15187	6280	21790	3082	28879
牟坪镇	17495	9093	8402	5439	9021	8373	3553	11784	2158	16739
李端镇	20311	10607	9704	6408	10561	9696	4030	13907	2374	19185
宋家乡	19259	9883	9376	6349	9842	9372	4726	12355	2178	17873
明威乡	12018	6237	5781	3990	6210	5776	2500	8156	1362	11308
凉姜乡	13706	7180	6526	4276	7022	6503	2740	9567	1399	12757
邱场乡	18577	9640	8937	6408	9518	8897	4152	12226	2199	17364
思坡乡	20321	10578	9743	6641	10523	9715	3582	14476	2263	19293
宗场乡	17746	9096	8650	5805	8995	8641	3117	12805	1824	16957
宜宾县	**813053**	**416319**	**396734**	**265526**	**405877**	**389327**	**168626**	**555384**	**89043**	**752546**
柏溪镇	88251	44129	44122	29047	41535	42103	14904	66651	6696	61972
喜捷镇	29901	15731	14170	9630	15633	14112	6194	20504	3203	28876
观音镇	63606	31860	31746	19822	30242	29997	11920	44296	7390	59109
横江镇	25647	13575	12072	7966	13242	11837	5460	17444	2743	24637
永兴镇	30963	15741	15222	10053	15494	15031	7369	19812	3782	30261
白花镇	41574	20730	20844	14260	20057	20237	8428	27916	5230	38994
柳嘉镇	39883	20520	19363	13145	19602	18491	7361	27673	4849	37396
泥溪镇	29607	15181	14426	10441	15113	14419	5773	20291	3543	28889
蕨溪镇	43527	22134	21393	14041	21573	20566	8979	30163	4385	40910
商州镇	22259	11295	10964	6877	11288	10964	6016	13684	2559	21294
高场镇	30304	15643	14661	10326	15581	14594	6877	20309	3118	28168
安边镇	23305	12814	10491	7944	10711	10145	3867	17524	1914	17567
双龙镇	44055	22808	21247	13243	22671	21179	10806	29020	4229	42582
李场镇	31526	16260	15266	10143	16180	15189	6971	21047	3508	30955
合什镇	21364	10905	10459	8186	10905	10459	4091	14017	3256	20815
古罗镇	21804	10959	10845	8033	10923	10843	4439	14007	3358	21121
孔滩镇	47125	23825	23300	15593	23355	23196	10589	31132	5404	45833
复龙镇	25269	13273	11996	6932	13240	11986	5308	17425	2536	24726
古柏乡	19509	9931	9578	6313	9851	9540	4031	13381	2097	18991
王场乡	18385	9383	9002	6428	9383	9002	4160	12084	2141	18034
双谊乡	25182	13012	12170	7633	12936	12137	5401	16820	2961	24558
隆兴乡	19031	9886	9145	6551	9882	9140	4056	12550	2425	18416
泥南乡	14889	7530	7359	5135	7486	7328	3266	10004	1619	14390
龙池乡	8972	4828	4144	2806	4766	4128	1955	5952	1065	8546
普安乡	30041	15484	14557	9842	15484	14557	5692	21022	3327	29335
凤仪乡	17074	8882	8192	5136	8744	8147	4713	10656	1705	16171
南溪县	**335811**	**171954**	**163857**	**109279**	**167582**	**160236**	**65230**	**234242**	**36339**	**301949**
南溪镇	96061	47960	48101	32041	44544	44736	15616	71373	9072	72627
罗龙镇	40612	20913	19699	13097	20603	19643	7526	28638	4448	38674
刘家镇	22186	11383	10803	7142	11329	10801	4613	15092	2481	21095
江南镇	17295	9040	8255	5724	9040	8255	3001	12470	1824	17109
大观镇	28080	14209	13871	9209	14080	13786	6682	18096	3302	25686
汪家镇	14761	7710	7051	4142	7646	7039	2923	10303	1535	14578
黄沙镇	11684	5993	5691	3904	5956	5687	2452	7801	1431	11249
仙临镇	24481	12715	11766	7841	12649	11757	5523	15838	3120	23408
长兴镇	19308	10134	9174	6072	10069	9167	4004	13074	2230	18718

表23 续表 49

单位：人、户

地区	总人口			家庭户	家庭户总人口		分年龄人口			居住本地，户口在本地
	合计	男	女	户数	男	女	0-14岁	15-64岁	65岁及以上	
裴石乡	16355	8530	7825	5434	8479	7810	3495	10989	1871	15740
马家乡	9094	4845	4249	2857	4833	4248	1766	6386	942	8679
大坪乡	4487	2249	2238	1572	2200	2233	1095	2846	546	4273
石鼓乡	10281	5272	5009	3548	5186	4956	2066	7117	1098	9612
林丰乡	6269	3234	3035	1878	3201	3028	1386	4188	695	5974
留宾乡	14857	7767	7090	4818	7767	7090	3082	10031	1744	14527
江安县	**399829**	**205986**	**193843**	**131405**	**200240**	**189476**	**81878**	**270751**	**47200**	**362436**
江安镇	67776	33872	33904	21909	31303	31540	11083	50237	6456	48627
红桥镇	22998	11744	11254	7117	11605	11112	4793	15783	2422	21039
桐梓镇	28797	14817	13980	9476	14718	13877	5882	19529	3386	27666
井口镇	13579	7225	6354	5056	7019	6332	2463	9093	2023	12858
怡乐镇	20248	10599	9649	7265	10556	9636	4178	13269	2801	19245
留耕镇	18564	9534	9030	6138	9501	9025	4282	11887	2395	17615
底蓬镇	21610	10980	10630	6909	10782	10461	4991	13925	2694	19351
五矿镇	14809	7669	7140	3955	6762	6452	3558	9845	1406	13440
迎安镇	20398	10459	9939	7422	10285	9856	4757	12834	2807	19362
夕佳山镇	15784	8207	7577	4877	8164	7562	3107	10848	1829	15240
水清镇	12669	6615	6054	4314	6562	6049	2611	8637	1421	11783
铁清镇	24452	12719	11733	8104	12574	11633	4857	16304	3291	23656
四面山镇	29980	15543	14437	10319	15041	14036	6199	19805	3976	27960
大井镇	26602	13706	12896	7764	13690	12889	5752	18245	2605	25521
大妙乡	10794	5632	5162	3595	5546	5114	2572	6794	1428	10174
蟠龙乡	16483	8568	7915	5666	8543	7887	3912	10498	2073	15655
阳春乡	22506	11757	10749	7506	11252	10584	4316	15506	2684	21534
仁和乡	11780	6340	5440	4013	6337	5431	2565	7712	1503	11710
长宁县	**339972**	**177020**	**162952**	**117220**	**174207**	**160799**	**71023**	**229609**	**39340**	**307551**
长宁镇	81248	41189	40059	25989	39023	38211	15104	58448	7696	63288
梅硐镇	16938	9016	7922	6370	9015	7921	4198	10441	2299	15786
双河镇	19806	10425	9381	6719	10424	9381	3858	13466	2482	18812
硐底镇	16469	8554	7915	5541	8516	7885	3099	11574	1796	15178
花滩镇	16057	8325	7732	5494	8305	7727	3888	10263	1906	14976
竹海镇	25890	13293	12597	8824	13209	12549	5238	17847	2805	24574
老翁镇	19844	10532	9312	7990	10526	9307	4411	12891	2542	19241
古河镇	13961	7317	6644	4961	7317	6644	2725	9496	1740	13437
下长镇	21124	11073	10051	7293	10964	9932	4540	13944	2640	19504
龙头镇	18460	9743	8717	6823	9631	8683	3768	12530	2162	17515
铜锣乡	8936	4692	4244	3285	4692	4244	1945	5754	1237	8367
桃坪乡	9215	4878	4337	3080	4851	4325	2018	6191	1006	8966
铜鼓乡	12136	6329	5807	3831	6302	5802	2579	8315	1242	11482
井江乡	12033	6369	5664	4188	6343	5659	2693	7839	1501	11402
三元乡	11052	5683	5369	4258	5649	5366	2738	6804	1510	10498
开佛乡	11924	6310	5614	4068	6254	5609	2574	7942	1408	11206
富兴乡	10137	5616	4521	3385	5514	4491	2317	6409	1411	9695
梅白乡	14742	7676	7066	5121	7672	7063	3330	9455	1957	13624
高县	**411123**	**212080**	**199043**	**127723**	**206179**	**196895**	**88898**	**278278**	**43947**	**382080**
文江镇	68433	34615	33818	21588	34449	33742	13296	47832	7305	63778
庆符镇	56650	30002	26648	15467	25559	24921	10731	41016	4903	46806
沙河镇	39046	20173	18873	12331	20086	18865	8280	26776	3990	37418
嘉乐镇	13728	7002	6726	4311	6928	6709	3386	8766	1576	12999
大窝镇	20733	10873	9860	6599	10799	9853	4543	13613	2577	20216

表23 续表 50

单位：人、户

地区	总人口			家庭户	家庭户总人口		分年龄人口			居住本地，户口在本地
	合计	男	女	户数	男	女	0-14岁	15-64岁	65岁及以上	
罗场镇	26169	13404	12765	8527	13376	12759	6330	17432	2407	25244
蕉村镇	23829	12272	11557	7090	12212	11527	6113	14917	2799	22734
可久镇	14490	7361	7129	4448	7302	7124	3589	9303	1598	14242
来复镇	18752	9554	9198	6732	9402	9044	3816	12767	2169	14086
月江镇	25448	13266	12182	7878	12774	12137	5163	17574	2711	24175
胜天镇	19193	10062	9131	6012	10045	9128	4234	12775	2184	18739
复兴镇	13582	7030	6552	4086	6971	6542	3109	9013	1460	13233
趱滩乡	3174	1598	1576	1099	1592	1575	752	2041	381	2972
羊田乡	10864	5518	5346	3060	5456	5318	2914	6817	1133	10180
落润乡	16915	8645	8270	5180	8603	8268	3494	11661	1760	16586
潆溪乡	7578	3935	3643	2557	3884	3617	1642	4855	1081	7291
庆岭乡	9594	4913	4681	3368	4895	4680	2341	5919	1334	9383
双河乡	9937	5063	4874	3334	5055	4872	2198	6651	1088	9574
四烈乡	13008	6794	6214	4056	6791	6214	2967	8550	1491	12424
珙县	**379798**	**198418**	**181380**	**114379**	**188821**	**178659**	**78593**	**261412**	**39793**	**327349**
珙泉镇	37857	19405	18452	13398	18967	18245	7131	26881	3845	31144
巡场镇	118664	62130	56534	37958	55023	54639	20667	86877	11120	96596
孝儿镇	27762	14674	13088	7950	13629	12883	5457	19326	2979	24683
底洞镇	26064	13774	12290	7246	13629	12256	5374	17954	2736	22769
上罗镇	25873	13470	12403	7430	13378	12369	5580	17130	3163	23208
洛表镇	25315	13027	12288	7115	12911	12258	6742	15934	2639	22604
洛亥镇	18053	9591	8462	4703	9522	8433	4275	12231	1547	16121
王家镇	17878	9094	8784	4827	9040	8771	5294	10840	1744	15028
恒丰乡	9426	4897	4529	2797	4826	4502	1921	6355	1150	8730
沐滩乡	10805	5632	5173	3159	5496	5112	2482	6898	1425	9816
仁义乡	8907	4655	4252	2757	4599	4225	2021	5711	1175	8300
玉和苗族乡	4846	2576	2270	1301	2541	2247	1126	3195	525	4311
下罗乡	15003	7943	7060	4407	7943	7060	2820	10232	1951	13790
罗渡苗族乡	11950	6296	5654	3247	6181	5579	2841	7775	1334	11133
曹营乡	9224	4939	4285	2507	4872	4251	1995	6154	1075	8326
石碑乡	7818	4025	3793	2336	3998	3777	1778	5101	939	7062
观斗苗族乡	4353	2290	2063	1241	2266	2052	1089	2818	446	3728
筠连县	**329053**	**170643**	**158410**	**94035**	**168350**	**157045**	**85894**	**210420**	**32739**	**293180**
筠连镇	80708	40419	40289	24296	39607	39482	19025	54041	7642	70578
腾达镇	20350	10623	9727	5907	10597	9725	5407	12688	2255	18628
巡司镇	41120	21425	19695	11730	20684	19522	10056	27420	3644	34662
双腾镇	16027	8305	7722	4455	8288	7717	4755	9638	1634	14919
沐爱镇	29092	15119	13973	8029	14875	13738	7439	18830	2823	26288
维新镇	19776	10587	9189	5464	10518	9163	5157	12483	2136	17950
镇舟镇	14351	7381	6970	4210	7351	6957	3642	9183	1526	13605
蒿坝镇	14706	7889	6817	3956	7862	6806	4002	9331	1373	12670
大雪山镇	17219	8880	8339	5238	8852	8326	4940	10472	1807	15411
武德乡	22889	12004	10885	5806	11949	10881	6127	14568	2194	21403
塘坝乡	6416	3207	3209	1870	3187	3201	1984	3741	691	6022
龙镇乡	7044	3779	3265	1990	3762	3261	2086	4142	816	6334
孔雀乡	6128	3224	2904	1719	3195	2892	1954	3430	744	5221
乐义乡	11270	6009	5261	3030	5974	5258	2868	7144	1258	10393
高坎乡	4814	2595	2219	1470	2575	2215	1421	2831	562	4523
团林苗族乡	4743	2589	2154	1419	2541	2136	1357	2865	521	4184
联合苗族乡	7351	3936	3415	1942	3910	3408	2317	4426	608	5989

表23 续表 51　　　　单位：人、户

地　区	总人口			家庭户	家庭户总人口		分年龄人口			居住本地，户口在本地
	合　计	男	女	户　数	男	女	0-14岁	15-64岁	65岁及以上	
高坪苗族乡	5049	2672	2377	1504	2623	2357	1357	3187	505	4400
兴文县	**377166**	**196876**	**180290**	**113720**	**193568**	**178345**	**97415**	**239642**	**40109**	**345103**
古宋镇	87882	44943	42939	25903	43204	41598	20180	59581	8121	73484
僰王山镇	43135	22497	20638	12546	22169	20411	11535	27009	4591	40324
共乐镇	30957	16034	14923	10129	15902	14885	9183	18443	3331	29682
莲花镇	19043	10053	8990	6195	9869	8896	5564	11194	2285	18143
九丝城镇	23098	11919	11179	6686	11830	11166	4946	15291	2861	22240
石海镇	14498	7618	6880	4232	7534	6822	3716	9225	1557	13336
太平镇	20302	10646	9656	6350	10627	9650	5950	12332	2020	18655
周家镇	9504	5072	4432	2572	4848	4386	2274	6240	990	8397
大坝苗族乡	24567	12922	11645	7087	12884	11631	6462	15384	2721	23304
毓秀苗族乡	5555	3035	2520	1592	3020	2513	1305	3502	748	5129
玉屏乡	8234	4249	3985	2552	4236	3958	2038	5244	952	7503
大河苗族乡	31984	17079	14905	10191	17073	14903	8211	20261	3512	30445
麒麟苗族乡	24132	12563	11569	7039	12525	11557	6411	15104	2617	23117
仙峰苗族乡	11738	6465	5273	3321	6104	5237	2899	7601	1238	10308
五星乡	22537	11781	10756	7325	11743	10732	6741	13231	2565	21036
屏山县	**249751**	**127896**	**121855**	**72543**	**125829**	**120480**	**56380**	**168477**	**24894**	**229245**
锦屏镇	37636	18823	18813	10493	18286	18263	6801	27307	3528	34207
新市镇	24454	12540	11914	7133	12443	11819	5190	16901	2363	22585
中都镇	21193	10795	10398	6672	10794	10397	4979	13619	2595	20403
龙华镇	17390	9116	8274	5131	9069	8271	4025	11399	1966	15568
大乘镇	17901	9348	8553	5544	9259	8543	3760	12256	1885	16028
福延镇	11468	5945	5523	3395	5901	5515	2538	7809	1121	10676
富荣镇	10733	5509	5224	3151	5330	5141	2390	7205	1138	9666
新安镇	19447	9899	9548	5626	9897	9547	4616	12887	1944	18123
楼东乡	10725	5498	5227	3082	5491	5225	2430	7419	876	10364
鸭池乡	12023	6318	5705	3635	6210	5648	2673	7998	1352	11094
龙溪乡	6204	3276	2928	1857	3254	2926	1560	3883	761	5478
太平乡	11673	5864	5809	3403	5665	5676	2910	7430	1333	11367
夏溪乡	8096	4124	3972	2300	4095	3944	2024	5311	761	7036
屏边彝族乡	7453	3844	3609	2043	3810	3600	2290	4652	511	6160
清平彝族乡	7533	3850	3683	1872	3811	3655	2188	4748	597	6804
新发乡	25822	13147	12675	7206	12514	12310	6006	17653	2163	23686
广安市	**3205476**	**1603068**	**1602408**	**1128089**	**1558202**	**1562788**	**693504**	**2109284**	**402688**	**2932158**
广安区	**858159**	**427981**	**430178**	**302772**	**412721**	**416215**	**190617**	**559026**	**108516**	**755526**
浓洄街道	35163	17064	18099	9183	12474	13487	4707	27524	2932	19385
北辰街道	52243	25584	26659	17551	25505	26650	10929	37362	3952	41281
奎阁街道	6872	3347	3525	2346	3203	3428	1352	4798	722	6151
广福街道	70499	34742	35757	21548	33230	34569	13332	52787	4380	53104
万盛街道	41604	20641	20963	13490	19071	19332	7627	31772	2205	33068
中桥街道	19375	8778	10597	5010	7335	7585	3146	15049	1180	13016
枣山镇	21203	10665	10538	7392	9693	9828	4148	14453	2602	18390
官盛镇	5403	2744	2659	2129	2710	2658	1192	3287	924	5106
协兴镇	27009	13430	13579	9736	13045	13313	5988	17862	3159	25105
浓溪镇	11925	6010	5915	4461	5999	5915	2554	7407	1964	11554
悦来镇	18936	9479	9457	6894	9444	9451	4453	11746	2737	18290
兴平镇	12073	6078	5995	4401	6033	5979	2661	7524	1888	11866
井河镇	15952	7963	7989	5876	7908	7970	3819	9480	2653	15226
花桥镇	23332	11589	11743	8019	11484	11659	5130	15011	3191	20109

表23 续表 52 单位：人、户

地区	总人口			家庭户户数	家庭户总人口		分年龄人口			居住本地，户口在本地
	合计	男	女		男	女	0-14岁	15-64岁	65岁及以上	
龙台镇	28736	14650	14086	10285	14611	14078	6459	17945	4332	27916
肖溪镇	24588	12649	11939	9380	12536	11920	5501	15209	3878	24076
恒升镇	22992	11601	11391	8417	11389	11139	4937	14836	3219	21828
石笋镇	21345	10520	10825	9261	10337	10679	5559	11845	3941	20270
白市镇	14418	7073	7345	6252	7024	7323	4108	7805	2505	13556
大安镇	11430	5745	5685	4507	5745	5685	2766	6898	1766	10721
观阁镇	20163	10307	9856	6792	10233	9849	5419	11950	2794	18714
广兴镇	6551	3313	3238	2903	3307	3234	1919	3539	1093	6128
前锋镇	31817	16088	15729	10644	15148	15488	7347	21244	3226	25701
桂兴镇	15190	8061	7129	5400	7882	7106	3579	9800	1811	13838
代市镇	51114	24815	26299	18535	23463	24931	12497	31831	6786	44085
观塘镇	24806	12119	12687	9286	12069	12668	5978	14914	3914	23308
护安镇	13271	6647	6624	4974	6592	6609	3104	8017	2150	12657
穿石乡	6443	3303	3140	2382	3294	3132	1341	4063	1039	6106
广门乡	9266	4605	4661	3652	4604	4660	1796	5875	1595	9036
广罗乡	9030	4482	4548	3139	4469	4542	1929	5761	1340	8799
方坪乡	15006	7549	7457	5500	7526	7452	3435	9336	2235	14462
化龙乡	8958	4358	4600	3494	4272	4594	2196	5219	1543	8496
大龙乡	9431	4670	4761	4028	4670	4761	2434	5363	1634	9214
崇望乡	6505	3248	3257	2566	3238	3253	1636	3764	1105	6302
龙安乡	9216	4828	4388	3031	4828	4388	1540	6331	1345	9063
彭家乡	9098	4617	4481	3086	4582	4475	1960	5828	1310	8730
杨坪乡	8803	4422	4381	3143	4405	4370	2145	5321	1337	8612
郑山乡	6989	3502	3487	2709	3500	3485	1722	4238	1029	6671
蒲莲乡	6870	3396	3474	2396	3395	3474	1645	4168	1057	6570
大有乡	7197	3525	3672	2715	3519	3672	1866	4087	1244	6672
消河乡	9554	4784	4770	3573	4765	4768	2279	5738	1537	9360
东岳乡	12042	6176	5866	4701	6162	5862	2952	7166	1924	11725
苏溪乡	5091	2576	2515	2220	2542	2483	1210	2826	1055	4857
白马乡	10399	5242	5157	3858	5242	5157	2512	6379	1508	9974
光辉乡	8346	4487	3859	2914	4215	3832	2257	4862	1227	7646
龙滩乡	9493	4872	4621	3311	4775	4594	2775	5278	1440	9103
小井乡	15772	8503	7269	5623	8179	7237	4023	9651	2098	14121
新桥乡	15490	7728	7762	5663	7676	7748	3860	9861	1769	14937
虎城乡	11150	5406	5744	4396	5393	5743	2893	6016	2241	10621
岳池县	**778639**	**387162**	**391477**	**272320**	**378904**	**384556**	**168634**	**507063**	**102942**	**724854**
九龙镇	159363	78193	81170	53331	74731	77418	28784	115981	14598	130285
花园镇	30723	15589	15134	11199	15566	15118	5559	21986	3178	30219
坪滩镇	25631	12712	12919	8405	12666	12875	5856	16377	3398	25007
龙孔镇	16240	8268	7972	6048	8267	7972	3477	10341	2422	15808
镇裕镇	10653	5325	5328	3678	5250	5268	2281	6991	1381	10443
白庙镇	26669	13258	13411	9205	13191	13336	5726	17079	3864	25898
西溪镇	18257	9211	9046	6493	9085	9027	3893	11771	2593	16529
同兴镇	8265	4148	4117	3149	4009	4047	1739	5272	1254	8042
兴隆镇	15420	7937	7483	5720	7579	7331	3428	9579	2413	14879
秦溪镇	12261	6353	5908	3991	6290	5908	2786	7746	1729	11876
顾县镇	29529	14447	15082	10597	13930	14591	6719	18986	3824	25656
苟角镇	34023	17020	17003	12751	16805	16910	8118	21096	4809	32684
天平镇	19477	9694	9783	7099	9647	9774	4675	11721	3081	18867
石垭镇	27090	13250	13840	9261	12576	13266	6164	17055	3871	25278

表23 续表 53

单位：人、户

地区	总人口			家庭户	家庭户总人口		分年龄人口			居住本地，户口在本地
	合计	男	女	户数	男	女	0-14岁	15-64岁	65岁及以上	
乔家镇	20028	9788	10240	6828	9622	10165	4408	12644	2976	19747
罗渡镇	22344	10814	11530	7901	9916	10554	5105	14930	2309	19481
裕民镇	23125	11496	11629	8214	11439	11601	5759	14052	3314	22272
中和镇	20738	10169	10569	7162	10044	10560	5167	12747	2824	19831
新场镇	19338	9745	9593	7170	9710	9590	4025	12336	2977	19126
普安镇	17111	8463	8648	6282	8259	8553	4254	10046	2811	16350
赛龙镇	9957	4935	5022	3752	4815	4979	2496	5704	1757	9452
临溪镇	13450	6605	6845	4485	6590	6841	3449	8182	1819	12892
朝阳乡	10933	5441	5492	3517	5387	5489	2357	7259	1317	10740
北城乡	6832	3277	3555	2434	3267	3549	1599	4129	1104	6455
镇龙乡	7732	3859	3873	2903	3824	3860	1569	5015	1148	7621
粽粑乡	15600	7898	7702	4968	7813	7670	3286	10218	2096	15334
排楼乡	9405	4710	4695	3457	4710	4695	2094	5701	1610	9216
西板乡	13667	6987	6680	4951	6987	6680	2822	8696	2149	13538
嘉陵乡	7233	3665	3568	2547	3630	3564	1669	4469	1095	7024
石鼓乡	7623	3811	3812	2883	3811	3811	1679	4851	1093	7540
平安乡	5337	2694	2643	2019	2694	2643	1122	3323	892	5073
恐龙乡	6592	3351	3241	2630	3351	3241	1510	3975	1107	6439
团结乡	3556	1866	1690	1319	1766	1677	800	2057	699	3319
黄龙乡	4308	2167	2141	1659	2149	2139	972	2526	810	4160
双鄢乡	5986	2867	3119	2226	2860	3119	1430	3504	1052	5669
东板乡	4569	2208	2361	1849	2168	2357	1184	2534	851	4447
长田乡	6635	3287	3348	2130	3196	3285	1367	4306	962	6606
鱼峰乡	7261	3601	3660	2555	3483	3594	1756	4316	1189	7098
大石乡	9567	4804	4763	3138	4801	4763	1873	6320	1374	9408
花板乡	9533	4902	4631	3240	4901	4631	2164	5954	1415	9482
大佛乡	10891	5468	5423	4040	5310	5323	3021	6074	1796	10308
齐福乡	15903	7865	8038	5425	7795	8012	3519	10113	2271	15359
伏龙乡	29784	15014	14770	9709	15014	14770	6973	19101	3710	29396
武胜县	**585624**	**291884**	**293740**	**205758**	**287104**	**289369**	**113424**	**393131**	**79069**	**551201**
沿口镇	108582	53793	54789	36893	52472	53640	19199	78450	10933	90591
中心镇	27296	13542	13754	9796	12853	12938	4809	18213	4274	25440
烈面镇	32374	15661	16713	10640	14854	15696	6796	21274	4304	26199
飞龙镇	19252	9542	9710	6717	9419	9595	3677	13197	2378	18367
乐善镇	18985	9428	9557	6870	9029	9186	4231	12067	2687	17888
万善镇	16193	7843	8350	5615	7360	7838	3433	10695	2065	15600
龙女镇	25090	12404	12686	8847	12388	12683	4854	16261	3975	24772
三溪镇	15617	7770	7847	5641	7770	7847	3266	10069	2282	15527
赛马镇	24982	12485	12497	8526	12349	12441	4738	16800	3444	24436
胜利镇	29644	15437	14207	7434	15300	14148	5067	21139	3438	28995
金牛镇	15025	7396	7629	5721	7323	7618	3137	9535	2353	14695
清平镇	13308	6500	6808	4875	6442	6794	2692	8370	2246	13077
街子镇	15429	7866	7563	7308	7864	7563	3061	10248	2120	15184
万隆镇	14983	7421	7562	6545	7408	7561	3289	9595	2099	14590
礼安镇	10055	4965	5090	3357	4965	5090	2028	6603	1424	9988
华封镇	19381	9764	9617	7418	9593	9526	3864	12886	2631	18965
鸣钟乡	14350	7205	7145	5075	7205	7145	3132	8953	2265	14164
真静乡	8467	4198	4269	3808	4198	4269	1915	5198	1354	8388
猛山乡	10900	5452	5448	3770	5430	5447	2277	6984	1639	10711
双星乡	14758	7669	7089	5146	7648	7070	2646	10151	1961	14690

表23　续表 54　　　　单位：人、户

地　　区	总人口			家庭户	家庭户总人口		分年龄人口			居住本地，户口在本地
	合　计	男	女	户　数	男	女	0-14岁	15-64岁	65岁及以上	
龙庭乡	9567	4824	4743	3568	4824	4743	2073	6003	1491	9410
石盘乡	18462	9275	9187	5954	9275	9187	3273	12612	2577	18333
旧县乡	9376	4734	4642	3806	4692	4638	1818	6133	1425	9212
鼓匠乡	13417	6936	6481	4565	6920	6474	2526	8964	1927	13259
白坪乡	14164	7064	7100	5049	6932	7024	2938	9202	2024	13668
永胜乡	8751	4355	4396	3217	4352	4396	1766	5676	1309	8608
新学乡	9031	4485	4546	4121	4473	4546	1642	5723	1666	8926
宝箴塞乡	14893	7317	7576	5174	7317	7575	2876	9789	2228	14711
金光乡	12249	6013	6236	4258	5970	6217	2676	7842	1731	12130
八一乡	10388	5078	5310	3378	5066	5307	1890	7058	1440	10219
高石乡	10655	5462	5193	2666	5413	5167	1835	7441	1379	10458
邻水县	**704695**	**357032**	**347663**	**253069**	**348571**	**339726**	**163389**	**460579**	**80727**	**646574**
鼎屏镇	113699	56238	57461	34522	54164	54597	20800	84846	8053	84429
城北镇	34671	17766	16905	10784	17550	16775	6888	24043	3740	34560
城南镇	31079	15626	15453	11341	15218	15144	7051	20296	3732	29661
柑子镇	13268	6862	6406	4978	6762	6358	2832	8876	1560	13100
龙安镇	10943	5607	5336	4191	5573	5325	2651	6830	1462	10658
观音桥镇	17351	9017	8334	7064	8988	8324	3659	11545	2147	17049
牟家镇	14851	7626	7225	5403	7626	7225	3606	9482	1763	14376
合流镇	13958	7171	6787	4877	6794	6562	3534	8717	1707	13140
坛同镇	28559	14441	14118	10897	14216	13862	6766	18597	3196	26972
高滩镇	20691	10399	10292	7657	10192	10155	4758	13181	2752	19913
九龙镇	44582	22393	22189	14940	20535	20084	9049	30394	5139	38808
御临镇	18886	9479	9407	7259	9379	9378	4341	11837	2708	18615
袁市镇	19040	9537	9503	7395	9526	9499	5116	11688	2236	18793
丰禾镇	37632	19122	18510	15338	18530	17920	10135	23743	3754	30537
八耳镇	10639	5564	5075	4173	5564	5075	2460	6894	1285	10384
石永镇	20779	10562	10217	7908	10178	9778	5517	12668	2594	19654
兴仁镇	17736	9023	8713	6686	8979	8700	4655	11138	1943	17069
王家镇	16760	8669	8091	5699	8337	7893	4251	10568	1941	16295
太和乡	12457	6548	5909	4751	6525	5902	3045	7794	1618	12198
新镇乡	5353	2697	2656	1955	2661	2642	1505	3242	606	5262
冷家乡	7001	3627	3374	2662	3517	3319	1499	4562	940	6862
长安乡	11746	6075	5671	4265	6051	5663	2598	7757	1391	11523
西天乡	7164	3744	3420	2569	3684	3418	1501	4582	1081	6880
梁板乡	9595	4934	4661	3592	4853	4603	2088	6204	1303	9524
甘坝乡	6668	3382	3286	2365	3370	3284	1698	4166	804	6480
四海乡	8611	4427	4184	2731	4324	4133	1957	5786	868	8436
九峰乡	4033	2016	2017	1483	1934	1985	1156	2236	641	3822
椿木乡	6750	3399	3351	2415	3382	3348	1816	4072	862	6384
华蓥乡	2501	1315	1186	1029	1221	1174	544	1618	339	2245
子中乡	9051	4646	4405	3667	4592	4394	1994	5885	1172	8848
风垭乡	5479	2846	2633	1864	2794	2604	1220	3415	844	5361
黎家乡	8314	4121	4193	3476	4106	4188	1895	5007	1412	8099
龙桥乡	11015	5562	5453	4231	5425	5392	3135	6133	1747	10782
关河乡	7700	3827	3873	2992	3812	3870	2085	4429	1186	7558
两河乡	7057	3601	3456	2922	3586	3454	1840	4203	1014	6859
长滩乡	9690	4857	4833	3716	4822	4811	2472	5939	1279	9559
凉山乡	6950	3383	3567	2820	3276	3524	1856	4027	1067	6820
复盛乡	13460	6967	6493	4981	6750	6398	3472	8354	1634	12979

表23 续表 55 单位：人、户

地区	总人口 合计	总人口 男	总人口 女	家庭户 户数	家庭户总人口 男	家庭户总人口 女	分年龄人口 0-14岁	分年龄人口 15-64岁	分年龄人口 65岁及以上	居住本地，户口在本地
古路乡	5586	2832	2754	1972	2798	2736	1252	3507	827	5353
荆坪乡	8316	4234	4082	3054	4233	4082	2089	5101	1126	8179
柳塘乡	8921	4493	4428	3376	4463	4417	2454	5265	1202	8522
石滓乡	12195	6248	5947	4673	6160	5932	3116	7789	1290	11312
护邻乡	8753	4482	4271	3025	4455	4261	2595	5356	802	8338
同石乡	3626	1819	1807	1415	1818	1807	1035	2001	590	3512
三古乡	11579	5848	5731	3956	5848	5731	3403	6806	1370	10864
华蓥市	**278359**	**139009**	**139350**	**94170**	**130902**	**132922**	**57440**	**189485**	**31434**	**254003**
双河街道	76305	37869	38436	23980	34294	35097	13593	55910	6802	64997
古桥街道	13737	6908	6829	4967	6601	6700	2773	9481	1483	12435
华龙街道	17804	8933	8871	5979	8931	8869	3533	12172	2099	16999
天池镇	14797	7594	7203	5839	7560	7196	2586	10587	1624	13547
禄市镇	15727	7795	7932	5408	7568	7803	3381	10147	2199	15020
永兴镇	18995	9223	9772	6954	9166	9767	3878	12451	2666	18214
明月镇	16668	8047	8621	6453	8020	8616	3973	10308	2387	15947
阳和镇	17413	8515	8898	6173	8281	8761	4673	10337	2403	16578
高兴镇	18667	9548	9119	5909	9359	8996	4380	12371	1916	18176
观音溪镇	19825	10291	9534	6595	9656	9163	3982	13712	2131	17898
溪口镇	22888	11677	11211	6388	9247	9160	4797	15906	2185	21125
庆华镇	22806	11126	11680	8449	10948	11652	5570	14078	3158	21083
红岩乡	2727	1483	1244	1076	1271	1142	321	2025	381	1984
达州市	**5468097**	**2795541**	**2672556**	**1674174**	**2664671**	**2571316**	**1113345**	**3758245**	**596507**	**4878898**
通川区	**478276**	**237498**	**240778**	**147318**	**211007**	**214824**	**77938**	**360611**	**39727**	**327087**
东城街道	109134	53793	55341	34318	47387	49336	14853	84548	9733	64355
西城街道	89985	44555	45430	26456	37302	38585	13424	68486	8075	55297
朝阳街道	99043	49014	50029	29511	43248	42861	15847	77861	5335	47292
西外镇	18965	9490	9475	6123	8877	9188	3331	14180	1454	15709
北外镇	31586	14984	16602	8960	12138	12449	4771	24703	2112	23946
罗江镇	23595	11861	11734	7574	11680	11584	4467	16936	2192	20526
蒲家镇	21467	10912	10555	6939	10476	10385	4971	14141	2355	19255
复兴镇	23046	12100	10946	7120	9970	10265	3940	17230	1876	21780
双龙镇	11212	5723	5489	3719	5467	5346	2337	7698	1177	10431
魏兴镇	12157	6057	6100	4052	5880	5980	2604	8380	1173	11766
盘石乡	21426	10766	10660	7320	10449	10474	4059	14895	2472	20783
东岳乡	11451	5663	5788	3460	5660	5788	2248	8081	1122	10892
新村乡	5209	2580	2629	1766	2473	2583	1086	3472	651	5055
达县	**1111159**	**569383**	**541776**	**332887**	**540223**	**521245**	**224530**	**763789**	**122840**	**968021**
南外镇	182090	91185	90905	58276	83297	84026	31321	140251	10518	89053
亭子镇	30346	15678	14668	8176	14853	14179	6617	20117	3612	29111
福善镇	11830	6028	5802	3667	5939	5752	2844	7437	1549	11230
麻柳镇	33602	17018	16584	9745	15940	15832	7608	22203	3791	30075
檀木镇	18376	9522	8854	6277	9459	8827	3770	12551	2055	18163
大树镇	29874	15437	14437	10329	15298	14430	7213	19312	3349	28399
南岳镇	18972	9736	9236	5858	9642	9187	4603	12133	2236	18573
万家镇	28229	14528	13701	7934	14375	13578	6403	18437	3389	27436
景市镇	24648	12886	11762	7370	12592	11643	5895	15365	3388	23679
百节镇	10749	5463	5286	3306	5348	5197	2449	6948	1352	10058
赵家镇	20222	10259	9963	5494	9103	8945	4289	13644	2289	19036
河市镇	43435	21737	21698	13013	19376	19963	7821	31489	4125	37981
石板镇	19739	10115	9624	6161	8571	8470	3059	14792	1888	16839

表23　续表 56　　　　单位：人、户

地　区	总人口 合计	总人口 男	总人口 女	家庭户 户数	家庭户总人口 男	家庭户总人口 女	分年龄人口 0-14岁	分年龄人口 15-64岁	分年龄人口 65岁及以上	居住本地，户口在本地
金垭镇	12271	6325	5946	3335	6064	5810	1914	8490	1867	11920
渡市镇	25677	13237	12440	6749	12167	11755	4942	17855	2880	25495
管村镇	18773	9549	9224	6301	9216	8981	4247	12424	2102	17356
石梯镇	25206	12738	12468	7251	11293	10925	4908	17209	3089	23676
石桥镇	38116	19362	18754	11112	17717	17422	8277	25855	3984	32996
堡子镇	18314	9484	8830	4561	8876	8199	3460	12775	2079	17850
江陵镇	17233	8904	8329	4632	8654	8149	3162	11599	2472	16723
碑庙镇	23307	12082	11225	6322	11452	10860	5015	16163	2129	22208
大风乡	8734	4476	4258	2786	4411	4225	1892	5864	978	8551
江阳乡	9732	5027	4705	3096	4956	4650	1965	6560	1207	9402
东兴乡	14418	7389	7029	4311	7349	6989	3387	9166	1865	13914
安仁乡	9316	4707	4609	3117	4671	4585	2147	5907	1262	8835
葫芦乡	3721	1878	1843	1221	1839	1826	753	2388	580	3571
大滩乡	7531	3890	3641	2242	3748	3562	1679	4872	980	7374
花红乡	9851	5138	4713	3152	5026	4677	2022	6489	1340	9736
黄庭乡	7290	3696	3594	2031	3633	3570	1864	4630	796	6698
黄都乡	13105	6774	6331	4071	6673	6295	3277	8120	1708	12740
平滩乡	15997	8654	7343	4111	8352	7222	3419	11021	1557	15847
碑高乡	11146	5730	5416	3430	5609	5370	2293	7365	1488	10852
马家乡	14015	7252	6763	4027	6883	6697	2860	9461	1694	13017
木子乡	11603	6026	5577	3510	5979	5553	2215	7595	1793	11220
双庙乡	25163	12916	12247	7320	12601	12019	4469	17331	3363	24665
斌郎乡	15606	7832	7774	4900	7537	7506	3141	10858	1607	13975
幺塘乡	7979	4087	3892	2178	3949	3842	1412	5709	858	7337
陈家乡	9815	4997	4818	3049	4972	4809	2188	6261	1366	9633
龙会乡	8858	4564	4294	3051	4330	4140	2016	5314	1528	8386
罐子乡	15166	7764	7402	4694	7643	7321	3386	9827	1953	14649
申家乡	10139	5229	4910	3153	4998	4817	2112	6728	1299	9749
草兴乡	8582	4563	4019	2114	4442	3941	1603	5811	1168	8473
木头乡	10551	5462	5089	3449	5320	5067	1656	7927	968	9079
金檀乡	11703	5977	5726	3518	5862	5665	2529	7717	1457	11300
大堰乡	11973	6221	5752	3599	6096	5701	2580	8139	1254	10830
赵固乡	13922	7101	6821	4151	7063	6799	3216	8776	1930	13070
九岭乡	12300	6333	5967	3263	6269	5941	2430	8126	1744	11807
桥湾乡	17751	9262	8489	5893	8790	8277	3403	11846	2502	17244
五四乡	10998	5703	5295	3538	5650	5278	2173	7380	1445	10729
银铁乡	6276	3217	3059	2099	3162	3034	1290	3997	989	6031
沿河乡	7373	3818	3555	2232	3762	3532	1251	4969	1153	7148
香隆乡	4905	2589	2316	1331	2557	2312	862	3291	752	4721
永进乡	12469	6395	6074	3652	6280	6029	2352	8661	1456	12126
洛车乡	5810	3008	2802	1686	3000	2798	1000	3898	912	5724
道让乡	5495	2860	2635	1630	2757	2593	1020	3710	765	5340
虎让乡	10454	5461	4993	2524	5417	4975	2030	7100	1324	10017
米城乡	8010	4197	3813	2103	4086	3749	1916	5215	879	7814
龙滩乡	7109	3617	3492	2368	3596	3485	1368	4813	928	6935
梓桐乡	8537	4398	4139	2322	4296	4107	1953	5513	1071	8348
北山乡	16639	8690	7949	4464	8232	7893	3465	11254	1920	15573
金石乡	12837	6914	5923	3370	6053	5733	2683	8544	1610	11515
安云乡	10930	5673	5257	3501	5363	5199	2014	7572	1344	10360
青宁乡	10268	5467	4801	3098	4677	4438	2187	6927	1154	9804

表23　续表 57　　单位：人、户

地　区	总人口			家庭户	家庭户总人口		分年龄人口			居住本地，户口在本地
	合　计	男	女	户　数	男	女	0-14岁	15-64岁	65岁及以上	
樣双乡	6073	3158	2915	1663	3102	2894	1235	4088	750	6025
宣汉县	**1006826**	**518997**	**487829**	**294769**	**495256**	**472380**	**230811**	**669819**	**106196**	**933321**
东乡镇	138434	69446	68988	37141	57446	59057	28113	99217	11104	110420
君塘镇	9650	4892	4758	3090	4873	4749	1667	6486	1497	9287
清溪镇	32492	16771	15721	9108	16514	15675	7170	21586	3736	31814
普光镇	22721	12238	10483	6970	10632	10156	5429	15344	1948	20188
天生镇	19505	10233	9272	5459	8918	8447	3722	13544	2239	18230
柏树镇	15929	8056	7873	5039	7921	7840	3358	10227	2344	15180
芭蕉镇	25059	13085	11974	7062	12924	11909	5484	17025	2550	23520
南坝镇	91491	47306	44185	25989	45540	43017	20896	62406	8189	81243
五宝镇	20519	10827	9692	6691	10701	9647	5046	13077	2396	19868
峰城镇	18763	9809	8954	5752	9797	8948	4689	12061	2013	18208
土黄镇	26984	13965	13019	8375	13965	13019	6972	17559	2453	25747
华景镇	22441	11466	10975	6876	11194	10824	5599	14065	2777	21212
樊哙镇	21935	11207	10728	6449	11174	10703	5564	14460	1911	20678
新华镇	20059	10559	9500	5699	10325	9469	4461	13635	1963	19201
黄金镇	24323	12424	11899	6717	12209	11853	5957	16160	2206	23873
胡家镇	29092	14711	14381	9336	13663	13724	7254	18915	2923	26701
毛坝镇	21070	10903	10167	6243	10562	9894	4412	14559	2099	19688
双河镇	28265	14391	13874	9256	14102	13717	6125	18861	3279	27031
大成镇	26917	13864	13053	7476	13683	12989	5793	18109	3015	26078
明月乡	6837	3502	3335	2125	3358	3288	1193	4488	1156	6697
红岭乡	8679	4483	4196	3219	4430	4181	2015	5280	1384	8371
柳池乡	21690	11261	10429	6413	10564	10228	4460	14586	2644	20815
三河乡	12307	6477	5830	3404	6160	5568	2589	8410	1308	11932
老君乡	11519	5988	5531	3626	5906	5493	2999	7005	1515	11231
黄石乡	9941	5165	4776	3349	5165	4776	2483	6116	1342	9659
七里乡	13689	7181	6508	3518	6799	6452	2497	9630	1562	13030
庙安乡	5586	2932	2654	1593	2820	2585	994	3815	777	5396
天宝乡	6602	3425	3177	1921	3425	3177	954	4782	866	6476
东林乡	6727	3502	3225	2431	3499	3222	1312	4314	1101	6634
下八乡	23189	11969	11220	7483	11960	11217	5637	14795	2757	22542
凉风乡	8416	4562	3854	2451	4500	3845	1880	5585	951	7903
上峡乡	12379	6546	5833	3679	6324	5741	2645	8405	1329	11479
塔河乡	17124	9178	7946	4801	9076	7912	3510	11600	2014	16363
茶河乡	20948	10910	10038	6880	10754	9978	4948	13035	2965	20137
天台乡	6961	3554	3407	2090	3496	3380	1416	4574	971	6744
观山乡	5521	2920	2601	1468	2865	2586	1307	3653	561	5323
南坪乡	4766	2555	2211	1153	2521	2196	1083	3232	451	4662
凤林乡	5667	2998	2669	1457	2996	2669	1273	3823	571	5389
桃花乡	15859	8247	7612	4294	7992	7402	4051	10046	1762	15395
白马乡	12090	6202	5888	3697	6145	5849	3434	7162	1494	11545
漆碑乡	7077	3647	3430	2126	3643	3430	1875	4382	820	6650
三墩土家族乡	12663	6456	6207	3561	6451	6207	3384	8198	1081	12028
漆树土家族乡	5651	2940	2711	1570	2940	2711	1499	3611	541	5319
龙泉土家族乡	9122	4807	4315	2530	4786	4304	2587	5690	845	8487
渡口土家族乡	5561	2881	2680	1691	2864	2677	1447	3472	642	5280
石铁乡	6860	3536	3324	2043	3499	3296	1752	4246	862	6701
厂溪乡	22473	11569	10904	6503	11417	10886	5861	14181	2431	21941
红峰乡	18193	9528	8665	4919	9450	8617	4366	12212	1615	17240

表23 续表 58

单位：人、户

地区	总人口			家庭户	家庭户总人口		分年龄人口			居住本地，户口在本地
	合计	男	女	户数	男	女	0-14岁	15-64岁	65岁及以上	
凤鸣乡	10506	5188	5318	3523	5166	5306	3254	5994	1258	9231
花池乡	9615	4909	4706	2715	4818	4658	2356	6166	1093	9476
土主乡	9698	4899	4799	3214	4734	4716	2290	6308	1100	9298
庆云乡	15534	7954	7580	3910	7802	7504	3855	10132	1547	14909
马渡乡	12309	6285	6024	3840	6190	5990	3523	7627	1159	11796
隘口乡	9418	4688	4730	2844	4598	4696	2371	5968	1079	9075
开江县	**430877**	**221371**	**209506**	**141881**	**215473**	**205566**	**93749**	**288012**	**49116**	**400926**
新宁镇	81582	41383	40199	29164	40057	39176	15059	59298	7225	69692
普安镇	46622	23396	23226	15716	22055	21936	10135	31361	5126	44021
回龙镇	13676	7017	6659	4105	6851	6555	3055	9044	1577	13028
天师镇	10547	5425	5122	3311	5264	5050	2169	7042	1336	10150
永兴镇	31605	16780	14825	9761	16110	14706	6387	22539	2679	30921
讲治镇	21731	11114	10617	7140	10823	10371	4579	14361	2791	20894
甘棠镇	34379	17715	16664	11757	17565	16648	8296	21500	4583	32469
任市镇	38397	19573	18824	11683	18681	17977	8840	25741	3816	35057
广福镇	14854	7639	7215	4286	7536	7138	3580	9493	1781	14010
长岭镇	25302	12847	12455	8032	12809	12449	6489	15582	3231	23708
长田乡	8775	4469	4306	2740	4319	4251	1851	5738	1186	8412
骑龙乡	8059	4199	3860	2559	4189	3860	1682	5404	973	7754
新太乡	11182	5807	5375	3516	5667	5324	2519	7287	1376	10743
灵岩乡	12132	6562	5570	3964	6236	5564	2500	7941	1691	11299
沙坝场乡	9983	5291	4692	3480	5284	4690	1679	6929	1375	9717
梅家乡	10707	5752	4955	3204	5670	4939	2154	7089	1464	10244
宝石乡	13653	7167	6486	4228	7145	6483	2955	8895	1803	13060
靖安乡	16363	8385	7978	5257	8374	7976	4107	10275	1981	15750
新街乡	9041	4580	4461	3647	4580	4461	2552	5075	1414	8512
拔妙乡	12287	6270	6017	4331	6258	6012	3161	7418	1708	11485
大竹县	**876884**	**451961**	**424923**	**283101**	**426629**	**404795**	**175617**	**598287**	**102980**	**800599**
竹阳镇	142972	71124	71848	38826	56785	59927	26329	104352	12291	103113
乌木镇	14535	7485	7050	5394	7403	7036	2672	9662	2201	14090
团坝镇	13085	7068	6017	4846	6341	5920	2695	8406	1984	12508
杨家镇	19504	10147	9357	7927	10018	9320	3665	12865	2974	18652
清河镇	18402	9359	9043	5915	8452	8271	3980	12028	2394	17664
柏林镇	15684	7908	7776	5939	7841	7753	3166	10471	2047	14382
石河镇	31739	16297	15442	9497	13634	12917	5758	22129	3852	28712
双拱镇	7882	4039	3843	2972	3926	3802	1712	4977	1193	7176
石桥铺镇	21368	10987	10381	6150	10892	10306	4507	14430	2431	20094
观音镇	21246	10966	10280	8493	10673	10004	4756	13805	2685	19875
周家镇	36138	18984	17154	11633	18656	16940	9167	23078	3893	34802
石子镇	22826	11954	10872	6789	11892	10815	4647	16211	1968	21869
文星镇	22792	11998	10794	7555	11540	10590	4975	15692	2125	21919
妈妈镇	13165	6929	6236	4663	6929	6236	2536	8845	1784	12984
高穴镇	24346	12914	11432	7197	12577	11207	4396	17038	2912	23825
欧家镇	12679	6594	6085	3741	6588	6084	2467	8848	1364	12243
庙坝镇	29223	15261	13962	10177	14047	12947	5319	20937	2967	25206
清水镇	32516	16903	15613	10016	16902	15613	5252	23820	3444	32086
城西乡	15874	8287	7587	4811	7746	7178	2411	11473	1990	15017
竹北乡	25802	13125	12677	7455	12537	11974	4458	18755	2589	21250
东柳乡	20927	10713	10214	6347	10246	9849	4306	14360	2261	18467
朝阳乡	12338	6347	5991	4709	6300	5981	2545	8242	1551	11908

表23 续表 59　　单位：人、户

地　区	总人口			家庭户	家庭户总人口		分年龄人口			居住本地，户口在本地
	合　计	男	女	户　数	男	女	0-14岁	15-64岁	65岁及以上	
人和乡	9753	5062	4691	3412	5052	4686	1700	6542	1511	9399
中华乡	7225	3730	3495	2586	3698	3487	1293	4839	1093	6983
黄家乡	6215	3227	2988	2069	3211	2976	933	4396	886	6018
柏家乡	7253	3769	3484	2620	3764	3479	1526	4407	1320	6916
李家乡	11498	5975	5523	4107	5974	5523	2112	7200	2186	11289
月华乡	25960	13339	12621	9665	13327	12618	4807	17764	3389	25440
二郎乡	7501	3888	3613	2855	3854	3591	1646	4473	1382	7169
蒲包乡	2496	1238	1258	847	1106	1197	476	1682	338	2360
永胜乡	18439	9667	8772	5430	9466	8623	3592	12589	2258	18068
新生乡	13353	7104	6249	3956	7090	6243	2479	9290	1584	12895
安吉乡	10955	5689	5266	3453	5667	5251	2501	7023	1431	10569
白坝乡	12769	6646	6123	5465	6645	6120	3148	7869	1752	12277
双溪乡	10513	5585	4928	3746	5550	4919	2310	6634	1569	10076
高明乡	22207	11460	10747	5782	11143	10562	5405	14308	2494	21782
八渡乡	9012	4638	4374	3278	4622	4363	2352	5429	1231	8705
中和乡	6437	3373	3064	2253	3223	3007	1647	3741	1049	6136
杨通乡	12367	6435	5932	3997	6284	5858	2619	8461	1287	12166
天城乡	10905	5508	5397	4242	5497	5394	2912	6630	1363	10445
四合乡	11385	5865	5520	3725	5860	5519	2665	7642	1078	11035
张家乡	6672	3516	3156	2268	3468	3128	1536	4479	657	6320
童家乡	21727	11231	10496	6601	11229	10494	4892	14536	2299	21390
神合乡	6834	3484	3350	2616	3461	3339	1852	4053	929	6609
金鸡乡	7132	3692	3440	2255	3681	3431	1430	4682	1020	6993
黄滩乡	6716	3551	3165	2411	3551	3165	1351	4454	911	6403
牌坊乡	10489	5414	5075	3434	5387	5056	1773	7461	1255	10076
姚市乡	6879	3562	3317	2492	3488	3310	1543	4219	1117	6643
莲印乡	11775	5987	5788	3607	5471	5349	2037	8271	1467	11385
川主乡	7374	3937	3437	2877	3935	3437	1361	4789	1224	7210
渠县	**1156481**	**591051**	**565430**	**338056**	**576830**	**554234**	**215780**	**811641**	**129060**	**1096370**
渠江镇	158419	80239	78180	40654	69274	68605	24975	121065	12379	119977
天星镇	26539	13053	13486	8713	12949	13393	5153	19132	2254	24754
临巴镇	33416	17159	16257	10605	17156	16257	6533	23105	3778	32375
土溪镇	39880	20496	19384	10683	20354	19328	7837	28028	4015	37869
三汇镇	43941	21855	22086	16242	21604	21971	7820	30608	5513	42915
文崇镇	16051	8265	7786	6212	8119	7681	2872	10912	2267	15891
涌兴镇	36509	18658	17851	10313	18092	17554	7003	25716	3790	34518
贵福镇	26250	13224	13026	7843	13134	13013	5178	18321	2751	25733
岩峰镇	23347	11960	11387	6514	11960	11384	4355	16499	2493	22335
静边镇	21841	11155	10686	6078	11152	10685	4385	14747	2709	21263
清溪场镇	29872	15348	14524	7935	15295	14515	5947	20644	3281	29334
宝城镇	23510	12128	11382	7102	12087	11377	4687	16330	2493	22996
有庆镇	26096	13384	12712	9481	13383	12712	5422	17801	2873	25964
鲜渡镇	20669	10812	9857	6117	10812	9857	3283	14845	2541	20464
琅琊镇	23334	12013	11321	6131	11771	11229	4626	15862	2846	21874
渠南乡	17985	9214	8771	5229	9174	8737	2973	12881	2131	17804
渠北乡	15719	8030	7689	4638	8012	7670	2813	11051	1855	15620
青龙乡	20388	10414	9974	5928	10409	9974	4212	13527	2649	20205
板桥乡	12570	6525	6045	3899	6463	6014	2377	8476	1717	12478
锡溪乡	13599	7071	6528	4238	7063	6525	2759	9303	1537	13459
龙潭乡	13971	7213	6758	4268	7210	6758	2624	9563	1784	13833

表23　续表 60　　单位：人、户

地　区	总人口 合计	总人口 男	总人口 女	家庭户户数	家庭户总人口 男	家庭户总人口 女	分年龄人口 0-14岁	分年龄人口 15-64岁	分年龄人口 65岁及以上	居住本地，户口在本地
河东乡	11164	5812	5352	3490	5812	5352	2329	7456	1379	10855
李馥乡	26105	13367	12738	8506	13367	12738	4953	17358	3794	25822
青神乡	12945	6560	6385	3689	6558	6385	2522	9012	1411	12745
流溪乡	15224	7991	7233	4437	7946	7231	2861	10558	1805	14729
东安乡	13278	6858	6420	4647	6858	6420	2763	8703	1812	13007
汇东乡	13082	6583	6499	4110	6548	6489	2058	9308	1716	12848
汇南乡	8149	4128	4021	2154	4126	4021	1439	5742	968	8010
汇北乡	10746	5567	5179	2654	5567	5179	1663	7660	1423	10618
丰乐乡	20758	10339	10419	6469	10338	10419	4005	14308	2445	20278
报恩乡	18755	9569	9186	5076	9524	9155	3571	12978	2206	18506
安北乡	12573	6491	6082	3043	6491	6082	2313	8762	1498	12381
平安乡	10680	5473	5207	2970	5473	5207	2198	7248	1234	10473
千佛乡	10620	5425	5195	2733	5377	5174	1882	7455	1283	10461
柏水乡	5961	3058	2903	1839	3057	2903	950	4047	964	5950
大义乡	5202	2663	2539	1623	2663	2539	862	3571	769	5175
义和乡	6321	3281	3040	1818	3281	3040	966	4350	1005	6233
水口乡	21624	10696	10928	6675	10687	10928	4517	14676	2431	21099
三板乡	16907	8557	8350	4498	8529	8337	3218	11861	1828	16760
巨光乡	13304	6854	6450	3697	6854	6450	2483	9244	1577	13168
蔡和乡	5734	3019	2715	1913	3019	2714	1044	3835	855	5691
鹤林乡	11405	5953	5452	3256	5953	5452	2266	7723	1416	11255
白兔乡	9200	4755	4445	2498	4755	4445	1654	6378	1168	9197
青丝乡	7914	4091	3823	2721	4091	3823	1442	5315	1157	7839
万寿乡	6924	3613	3311	1866	3613	3311	1330	4716	878	6855
射洪乡	14676	7554	7122	4083	7529	7116	2986	10026	1664	14505
望江乡	10108	5145	4963	2921	5145	4963	1968	6908	1232	9924
和乐乡	5509	2879	2630	1524	2875	2627	1025	3771	713	5425
龙凤乡	14938	7500	7438	4351	7500	7438	3377	9860	1701	14671
新市乡	13665	7164	6501	3711	7160	6500	2722	9513	1430	13613
宋家乡	11846	6149	5697	3773	6149	5697	2432	7972	1442	11744
拱市乡	11684	6083	5601	3220	6048	5598	2272	8068	1344	11628
中滩乡	14007	7108	6899	4194	7108	6899	2690	9865	1452	14004
屏西乡	12810	6551	6259	3914	6504	6255	2236	9133	1441	12642
定远乡	17927	9016	8911	5162	8938	8858	3664	12513	1750	17736
嘉禾乡	11893	6113	5780	3470	6103	5769	1796	8772	1325	11863
李渡乡	31386	15968	15418	9079	15484	14968	5839	21797	3750	30797
望溪乡	23665	12437	11228	6489	12170	11187	4874	16187	2604	23198
双土乡	14149	7368	6781	4362	7323	6757	2923	9653	1573	13959
卷硐乡	9737	5097	4640	2598	4834	4569	1853	6923	961	9045
万源市	**407594**	**205280**	**202314**	**136162**	**199253**	**198272**	**94920**	**266086**	**46588**	**352574**
太平镇	88968	44700	44268	26357	40471	40682	15939	66589	6440	61767
青花镇	9088	4545	4543	3434	4536	4535	1874	6103	1111	7976
旧院镇	12301	6113	6188	4024	6103	6184	3411	7476	1414	11733
罗文镇	10848	5404	5444	4203	5316	5366	2377	6851	1620	10079
河口镇	6082	2954	3128	2250	2954	3128	1557	3628	897	5437
草坝镇	8671	4212	4459	3009	4212	4459	2522	5112	1037	7608
竹峪镇	8207	3956	4251	3106	3910	4247	2288	4881	1038	7197
大竹镇	13126	6545	6581	4382	6541	6578	3464	7938	1724	11921
黄钟镇	6304	3130	3174	2432	3077	3155	1460	3955	889	5846
官渡镇	11725	6218	5507	3418	5886	5454	2553	8128	1044	9299

表23 续表 61

单位：人、户

地区	总人口			家庭户	家庭户总人口		分年龄人口			居住本地，户口在本地
	合计	男	女	户数	男	女	0-14岁	15-64岁	65岁及以上	
白沙镇	22175	11360	10815	6797	10795	10732	5328	14872	1975	17853
沙滩镇	12791	6528	6263	4665	6476	6258	2648	8684	1459	12019
茶垭乡	7331	3715	3616	1994	3628	3590	1378	5249	704	6742
长石乡	4809	2512	2297	1663	2487	2291	1015	3118	676	4459
白羊乡	6158	2955	3203	2120	2950	3200	1657	3664	837	5941
铁矿乡	5000	2570	2430	1709	2570	2430	1206	3129	665	4766
固军乡	6221	3212	3009	2022	3212	3009	1367	4049	805	5999
井溪乡	7417	3705	3712	2576	3698	3711	2081	4267	1069	7141
堰塘乡	2349	1285	1064	743	1193	1058	557	1443	349	2184
蜂桶乡	3180	1625	1555	849	1618	1552	998	1799	383	2940
花楼乡	8838	4465	4373	3427	4465	4373	1853	5715	1270	8331
长坝乡	7839	3850	3989	3126	3849	3989	1723	5009	1107	7370
曾家乡	6644	3360	3284	2449	3360	3284	1419	4260	965	6324
大沙乡	7059	3557	3502	2702	3556	3501	1809	4175	1075	6584
秦河乡	4173	2094	2079	1477	2094	2079	1168	2367	638	3952
庙垭乡	5104	2528	2576	1848	2528	2575	1576	2841	687	4808
鹰背乡	6585	3335	3250	2080	3335	3250	2034	3833	718	6192
石窝乡	8974	4569	4405	2978	4554	4399	2195	5545	1234	8614
玉带乡	7073	3533	3540	2461	3533	3540	2007	4195	871	6579
新店乡	3281	1644	1637	1133	1644	1637	865	1933	483	3084
魏家乡	7822	3793	4029	2610	3793	4029	2200	4698	924	7381
柳黄乡	3796	1805	1991	1293	1801	1991	1111	2130	555	3554
溪口乡	3344	1629	1715	1302	1629	1715	892	1905	547	3179
永宁乡	3620	1748	1872	1424	1737	1869	908	2162	550	3403
虹桥乡	2827	1327	1500	1158	1320	1493	715	1660	452	2627
康乐乡	1824	903	921	673	903	921	461	1133	230	1708
白果乡	5387	2768	2619	1602	2768	2619	1412	3324	651	4886
钟亭乡	4877	2448	2429	1459	2448	2429	1413	2949	515	4316
庙子乡	5270	2781	2489	1743	2779	2489	1424	3169	677	4750
紫溪乡	1741	924	817	508	924	817	429	1077	235	1600
庙坡乡	5424	2828	2596	1536	2792	2558	1545	3326	553	5031
梨树乡	4787	2564	2223	1567	2564	2223	1012	3305	470	4125
皮窝乡	3148	1620	1528	943	1611	1525	850	1944	354	2804
丝罗乡	3252	1598	1654	1311	1598	1654	729	2010	513	3003
罐坝乡	1854	964	890	743	964	890	299	1205	350	1722
石人乡	2594	1295	1299	1020	1289	1299	618	1550	426	2351
赵塘乡	2618	1314	1304	997	1306	1304	584	1659	375	2494
中坪乡	4275	2175	2100	1565	2118	2063	1091	2474	710	3988
八台乡	8073	4046	4027	3143	4009	4019	1918	5467	688	6817
花萼乡	1339	711	628	438	711	628	299	862	178	1231
曹家乡	2649	1410	1239	857	1410	1239	610	1597	442	2536
石塘乡	8752	4450	4302	2836	4228	4252	2071	5672	1009	8323
雅安市	**1507258**	**766602**	**740656**	**462031**	**723570**	**714146**	**243945**	**1099333**	**163980**	**1326156**
雨城区	**355572**	**178197**	**177375**	**114943**	**160692**	**162051**	**50752**	**263056**	**41764**	**300697**
东城街道	77596	38646	38950	19336	24974	25913	5976	64041	7579	52587
西城街道	22099	10882	11217	8632	10450	10792	2425	16166	3508	17221
河北街道	40997	20499	20498	15222	19505	19683	4739	30202	6056	32347
青江街道	21069	10493	10576	7489	10112	10500	3064	16304	1701	15779
北郊镇	23971	12041	11930	7397	11980	11908	3509	17934	2528	21978
草坝镇	22401	11214	11187	7883	10533	10831	3631	16300	2470	21840

表23　续表 62　　　　　　　　　　　　　　　　　　　　　　　　　　单位：人、户

地　区	总人口			家庭户	家庭户总人口		分年龄人口			居住本地，户口在本地
	合　计	男	女	户　数	男	女	0-14岁	15-64岁	65岁及以上	
合江镇	7929	4082	3847	2352	4075	3846	1301	5625	1003	7739
大兴镇	19206	9653	9553	8111	9649	9553	3291	14035	1880	18715
对岩镇	14155	7037	7118	4228	7014	7110	2290	10253	1612	12494
沙坪镇	3834	1997	1837	1371	1849	1807	685	2534	615	3539
中里镇	11547	5869	5678	3978	5869	5675	2725	7458	1364	11089
上里镇	10207	5032	5175	3570	4837	5055	2590	6431	1186	9708
严桥镇	9474	4724	4750	2545	4479	4577	1957	6349	1168	9229
晏场镇	7294	3662	3632	2243	3591	3582	1439	4701	1154	7024
多营镇	7861	3968	3893	2815	3948	3889	1348	5782	731	7288
碧峰峡镇	8538	4312	4226	2746	4187	4175	1953	5430	1155	7768
南郊乡	14120	7015	7105	4743	6973	7097	2174	10513	1433	12931
八步乡	8049	4094	3955	2414	4067	3944	1414	5639	996	7583
观化乡	4214	2196	2018	1392	2123	1997	688	2854	672	4014
孔坪乡	8603	4337	4266	2639	4161	4163	1499	5907	1197	8066
凤鸣乡	6856	3552	3304	2144	3549	3304	1136	4809	911	6508
望鱼乡	5552	2892	2660	1693	2767	2650	918	3789	845	5250
名山县	**256484**	**130403**	**126081**	**76266**	**125738**	**124136**	**38302**	**189098**	**29084**	**237532**
蒙阳镇	36126	18958	17168	11138	16087	16401	4668	27872	3586	27871
百丈镇	18307	9046	9261	5123	8613	8755	2616	13871	1820	16803
车岭镇	18973	9810	9163	5493	9754	9129	3138	13305	2530	18152
永兴镇	18005	9113	8892	5369	9091	8868	2700	13196	2109	17379
马岭镇	10705	5453	5252	3409	5452	5252	1341	7811	1553	10322
新店镇	19191	9594	9597	5424	9591	9595	3129	14046	2016	18786
蒙顶山镇	12589	6475	6114	3479	5839	5858	1783	9505	1301	11425
黑竹镇	10302	5086	5216	3202	5086	5216	1558	7634	1110	9904
红星镇	12322	6164	6158	3702	6155	6154	1875	9176	1271	11857
城东乡	8390	4218	4172	2761	4183	4162	1195	6254	941	7024
前进乡	13563	7049	6514	4033	6828	6387	2248	9537	1778	13320
中峰乡	12550	6452	6098	3593	6420	6083	1797	9320	1433	12109
联江乡	10153	5061	5092	3033	5050	5085	1439	7597	1117	9810
廖场乡	9303	4682	4621	2903	4653	4610	1328	6955	1020	8823
万古乡	8884	4447	4437	2583	4447	4437	1494	6396	994	8469
红岩乡	5613	2816	2797	1654	2730	2740	996	3896	721	5353
双河乡	9980	5161	4819	2914	5093	4773	1741	6986	1253	9289
建山乡	5806	2986	2820	1885	2947	2795	1009	3972	825	5578
解放乡	8465	4248	4217	2399	4198	4198	1243	6292	930	8208
茅河乡	7257	3584	3673	2169	3521	3638	1004	5477	776	7050
荥经县	**147955**	**75756**	**72199**	**46933**	**72691**	**71670**	**25412**	**106605**	**15938**	**124031**
严道镇	40461	19813	20648	13940	19715	20553	7124	29593	3744	31046
花滩镇	10619	5422	5197	3420	5419	5192	2140	7264	1215	9074
六合乡	9783	4973	4810	3013	4966	4807	1779	7018	986	8110
烈太乡	6699	3352	3347	2036	3352	3347	1166	4823	710	5781
安靖乡	4412	2305	2107	1491	2235	2094	712	3052	648	4052
民建彝族乡	4112	2081	2031	1204	2080	2031	963	2749	400	3591
烈士乡	4382	2310	2072	1288	2137	2054	658	3262	462	3939
荥河乡	5652	2825	2827	1834	2825	2827	986	4036	630	5005
新建乡	2323	1186	1137	684	1186	1137	395	1594	334	2130
泗坪乡	4245	2174	2071	1183	2013	1992	785	2994	466	3829
新庙乡	2773	1411	1362	798	1392	1359	514	1938	321	2624
三合乡	2502	1296	1206	616	1289	1205	447	1722	333	2305

表23 续表 63 单位：人、户

地区	总人口 合计	总人口 男	总人口 女	家庭户 户数	家庭户总人口 男	家庭户总人口 女	分年龄人口 0-14岁	分年龄人口 15-64岁	分年龄人口 65岁及以上	居住本地，户口在本地
大田坝乡	5578	2791	2787	1859	2765	2778	932	4034	612	4574
天凤乡	2815	1531	1284	1057	1531	1284	372	2008	435	2766
宝峰彝族乡	1733	914	819	639	914	819	306	1154	273	1655
新添乡	9536	4942	4594	3252	4940	4594	1614	6694	1228	9127
附城乡	5935	2965	2970	2041	2915	2964	1003	4276	656	4703
五宪乡	5711	2890	2821	1657	2890	2821	880	4226	605	5293
烟竹乡	3007	1539	1468	1055	1534	1466	497	2133	377	2640
青龙乡	6705	3395	3310	1900	3373	3306	1010	5028	667	6126
龙苍沟乡	8972	5641	3331	1966	3220	3040	1129	7007	836	5661
汉源县	**324408**	**166538**	**157870**	**94098**	**159089**	**153929**	**49010**	**243406**	**31992**	**290101**
富林镇	28827	15106	13721	9530	12562	12085	3659	22466	2702	24724
九襄镇	53380	26138	27242	15194	25117	26099	6967	41108	5305	41915
乌斯河镇	8647	4600	4047	2328	3889	3862	1550	6204	893	7693
宜东镇	15969	8118	7851	4571	8001	7787	2781	11683	1505	15467
富庄镇	9710	5081	4629	2622	5058	4610	1724	6996	990	8790
清溪镇	4885	2446	2439	1429	2443	2434	741	3659	485	4624
大树镇	5363	2682	2681	1823	2682	2681	995	3792	576	4817
皇木镇	6847	3491	3356	2001	3426	3331	1218	4981	648	6502
大田乡	13142	6582	6560	3733	6582	6560	1970	9839	1333	10958
唐家乡	15425	7859	7566	4269	7493	7397	2002	11858	1565	13103
富春乡	8234	4077	4157	2575	4047	4142	994	6391	849	8116
河西乡	9756	4963	4793	2592	4831	4732	1410	7475	871	9219
大岭乡	4779	2482	2297	1402	2482	2297	620	3691	468	4575
前域乡	10386	5203	5183	2854	5197	5182	1591	7852	943	9650
后域乡	3680	1911	1769	1020	1888	1761	507	2719	454	3586
大堰乡	7798	3957	3841	2086	3926	3836	1148	5934	716	7675
两河乡	3283	1727	1556	973	1704	1542	520	2373	390	3148
富乡乡	2928	1566	1362	876	1559	1361	406	2149	373	2876
梨园乡	4282	2237	2045	1219	2236	2045	678	3230	374	4216
三交乡	4589	2369	2220	1235	2354	2209	688	3479	422	4456
双溪乡	6964	3548	3416	2033	3505	3410	936	5274	754	6492
西溪乡	3789	2058	1731	1115	2026	1708	627	2676	486	3580
建黎乡	4200	2135	2065	1357	2113	2052	710	3081	409	4082
市荣乡	13708	7596	6112	3396	5844	5775	1897	10827	984	11323
富泉乡	6326	3218	3108	1799	3159	3086	877	4780	669	5797
万工乡	3454	1801	1653	1164	1796	1651	536	2615	303	3390
安乐乡	7959	4143	3816	2528	4141	3816	1159	5933	867	7801
万里乡	4147	2236	1911	1203	2098	1858	549	2952	646	3786
马烈乡	6074	3194	2880	1850	3163	2859	1009	4372	693	5976
白岩乡	7145	3791	3354	2097	3758	3337	1041	5380	724	6708
青富乡	1640	845	795	519	845	795	326	1178	136	1466
桂贤乡	9152	4704	4448	2701	4692	4448	1761	6662	729	8419
河南乡	5436	2800	2636	1544	2800	2636	1001	3899	536	4988
晒经乡	4057	2095	1962	1124	2053	1941	799	2887	371	3728
料林乡	5581	2984	2597	1529	2942	2582	997	4032	552	5398
小堡藏族彝族乡	2226	1164	1062	601	1105	1041	432	1626	168	1722
片马彝族乡	4364	2298	2066	1268	2276	2057	956	2964	444	3826
坭美彝族乡	1805	963	842	480	963	842	503	1193	109	1247
永利彝族乡	3034	1629	1405	967	1592	1387	470	2163	401	2859
顺河彝族乡	1437	741	696	491	741	695	255	1033	149	1403

表23 续表 64

单位：人、户

地　区	总人口			家庭户	家庭户总人口		分年龄人口			居住本地，户口在本地
	合　计	男	女	户　数	男	女	0-14岁	15-64岁	65岁及以上	
石棉县	**123600**	**63632**	**59968**	**39378**	**60331**	**58962**	**23100**	**89099**	**11401**	**105683**
棉城街道	32627	16672	15955	12761	15927	15749	4518	24835	3274	24034
新棉镇	9959	4939	5020	3059	4874	4991	1988	7138	833	9243
安顺彝族乡	8762	4433	4329	2563	4239	4215	1974	6067	721	7767
先锋藏族乡	6531	3320	3211	1890	3205	3136	1292	4670	569	5961
蟹螺藏族乡	3566	1817	1749	1058	1778	1736	740	2450	376	3151
永和乡	4739	2460	2279	1477	2441	2275	904	3386	449	4386
回隆彝族乡	8777	4696	4081	2644	4110	3958	1794	6092	891	7696
擦罗彝族乡	4207	2147	2060	1082	1971	1999	1082	2814	311	3670
栗子坪彝族乡	5207	2679	2528	1118	2406	2483	1721	3274	212	4824
美罗乡	8484	4257	4227	2565	4170	4167	1451	6191	842	7892
迎政乡	6228	3192	3036	1904	3192	3036	1167	4539	522	5477
宰羊乡	4886	2511	2375	1495	2511	2375	875	3587	424	4570
丰乐乡	2686	1437	1249	917	1437	1249	443	1923	320	2487
新民藏族彝族乡	7314	3784	3530	2295	3783	3530	1421	5165	728	6829
挖角彝族藏族乡	4130	2425	1705	894	1470	1446	646	3238	246	2693
田湾彝族乡	3054	1555	1499	890	1514	1483	658	2051	345	2846
草科藏族乡	2443	1308	1135	766	1303	1134	426	1679	338	2157
天全县	**134152**	**67480**	**66672**	**40023**	**64044**	**64337**	**25867**	**93252**	**15033**	**116168**
城厢镇	39361	19339	20022	11793	18295	18807	7080	28761	3520	31121
始阳镇	19251	9559	9692	5463	9385	9593	3946	13373	1932	17074
小河乡	9754	4928	4826	2493	4484	4425	1882	6914	958	8610
思经乡	8495	4411	4084	2566	4327	4076	1589	5751	1155	7875
鱼泉乡	2109	1105	1004	605	1044	994	477	1304	328	1834
紫石乡	3035	1789	1246	647	1041	1108	389	2389	257	1987
两路乡	1773	945	828	505	851	787	329	1263	181	1538
大坪乡	4199	2168	2031	1250	2139	2024	815	2798	586	3789
乐英乡	7550	3787	3763	2293	3647	3689	1542	5088	920	6894
多功乡	3965	2031	1934	1118	1995	1910	821	2702	442	3703
仁义乡	7537	3718	3819	2461	3686	3803	1582	4982	973	7048
老场乡	6049	2929	3120	1900	2828	2979	1324	4031	694	5677
新华乡	5272	2670	2602	1738	2616	2536	1069	3509	694	4837
新场乡	9242	4634	4608	3030	4519	4546	1839	6044	1359	8732
兴业乡	6560	3467	3093	2161	3187	3060	1183	4343	1034	5449
芦山县	**109027**	**55139**	**53888**	**34878**	**54281**	**53640**	**21598**	**75073**	**12356**	**100229**
芦阳镇	28218	14392	13826	9419	14013	13711	5227	20365	2626	24736
飞仙关镇	9629	4695	4934	3399	4666	4918	1933	6637	1059	9241
双石镇	7253	3744	3509	2276	3689	3477	1403	4862	988	7034
太平镇	11006	5663	5343	3160	5519	5322	2061	7434	1511	10413
大川镇	6029	3129	2900	1830	3129	2900	1064	4161	804	5984
思延乡	9455	4625	4830	2968	4593	4813	2125	6377	953	8756
清仁乡	12198	6127	6071	3772	6067	6065	2432	8391	1375	10985
龙门乡	19713	9946	9767	6252	9815	9733	4201	13222	2290	17716
宝盛乡	5526	2818	2708	1802	2790	2701	1152	3624	750	5364
宝兴县	**56060**	**29457**	**26603**	**15512**	**26704**	**25421**	**9904**	**39744**	**6412**	**51715**
穆坪镇	12690	6604	6086	3559	5703	5533	2014	9532	1144	10642
灵关镇	16644	8803	7841	4630	7818	7580	3198	11716	1730	15736
陇东镇	5420	2854	2566	1537	2612	2466	847	3760	813	5017
蜂桶寨乡	4703	2443	2260	1243	2259	2181	858	3245	600	4379
硗碛乡	4563	2405	2158	1173	2189	2083	813	3287	463	4493

表23 续表 65

单位：人、户

地　区	总人口			家庭户	家庭户总人口		分年龄人口			居住本地，户口在本地
	合　计	男	女	户　数	男	女	0-14岁	15-64岁	65岁及以上	
永富乡	1642	893	749	487	800	713	293	1090	259	1483
明礼乡	1379	728	651	438	696	638	241	901	237	1264
五龙乡	5735	2985	2750	1500	2917	2696	1040	3936	759	5544
大溪乡	3284	1742	1542	945	1710	1531	600	2277	407	3157
巴中市	**3283148**	**1669951**	**1613197**	**959993**	**1620944**	**1582586**	**698048**	**2241223**	**343877**	**3026755**
巴州区	**1126167**	**571095**	**555072**	**334439**	**553984**	**544766**	**226598**	**770725**	**128844**	**987096**
东城街道	67444	34128	33316	20694	33792	32814	11794	51219	4431	53687
西城街道	53861	27214	26647	16877	27168	26620	10854	39335	3672	43399
回风街道	73758	36624	37134	21117	34643	35694	16214	53230	4314	34007
江北街道	85418	43673	41745	24743	39032	40082	17202	63216	5000	37858
巴州镇	48213	24661	23552	13647	24562	23468	8367	34357	5489	46727
清江镇	42264	21562	20702	11032	20692	20208	8515	29259	4490	39488
兴文镇	13796	6911	6885	4532	6880	6863	2691	9019	2086	13611
水宁寺镇	19177	9561	9616	5547	9463	9559	4189	12741	2247	18870
化成镇	24361	12445	11916	5999	10888	10575	5255	16226	2880	22634
曾口镇	33930	17327	16603	12282	16865	16410	6931	21685	5314	33762
梁永镇	22379	11320	11059	6544	11132	11001	4824	14491	3064	21797
三江镇	13591	6996	6595	3612	6977	6592	2463	9113	2015	13386
鼎山镇	26624	13971	12653	8906	13596	12377	5322	17805	3497	25788
大罗镇	14071	7157	6914	3975	7035	6832	2922	9335	1814	13906
玉山镇	37283	18818	18465	11492	17904	17653	8447	23689	5147	35746
恩阳镇	66560	33910	32650	19219	32473	31601	12716	46412	7432	60699
渔溪镇	26942	13097	13845	9559	13097	13843	5672	17251	4019	26375
三河场镇	13184	6598	6586	4291	6598	6585	2456	8921	1807	13112
青木镇	14915	7376	7539	4991	7220	7410	3378	9285	2252	14652
花丛镇	26817	13345	13472	8750	13095	13245	5093	17859	3865	26033
柳林镇	28915	15061	13854	7381	14814	13800	5276	20187	3452	27512
下八庙镇	17886	9179	8707	5534	9143	8706	3339	12136	2411	17388
茶坝镇	12807	6427	6380	4195	5832	5929	2564	8304	1939	11936
观音井镇	15629	7872	7757	5108	7508	7678	3621	9527	2481	15138
三汇镇	12085	5969	6116	3851	5962	6111	2631	7890	1564	11800
上八庙镇	14703	7431	7272	4245	7429	7270	2647	10098	1958	14489
枣林镇	10022	5037	4985	3394	4962	4960	2085	6491	1446	9645
平梁乡	38533	19599	18934	10957	18955	18600	7573	26346	4614	37736
光辉乡	12989	6754	6235	3298	6678	6207	2228	9151	1610	12892
花溪乡	10737	5461	5276	2813	5461	5276	2299	7232	1206	10414
大和乡	8026	3884	4142	2692	3781	4115	1827	4982	1217	7853
白庙乡	7727	4020	3707	2341	4020	3707	1396	5351	980	7678
关渡乡	6436	3181	3255	2066	3073	3203	1220	4262	954	6301
凌云乡	8747	4509	4238	2301	4415	4205	1631	6033	1083	8148
寺岭乡	8829	4434	4395	2677	4428	4393	1912	5660	1257	8715
梓桐庙乡	12214	6273	5941	3072	5877	5692	2254	8340	1620	12106
金碑乡	7119	3502	3617	2491	3490	3611	1830	4080	1209	6847
羊凤乡	9140	4701	4439	2653	4699	4439	1959	5846	1335	9119
凤溪乡	13034	6680	6354	4481	6680	6354	3036	8139	1859	12893
龙背乡	7420	3854	3566	1974	3854	3566	1591	4824	1005	7167
三星乡	10065	5307	4758	2654	5283	4745	1928	6860	1277	9939
关公乡	16432	8298	8134	5510	8298	8134	3614	10203	2615	16076
舞凤乡	6908	3499	3409	2116	3499	3409	1559	4424	925	6856
兴隆场乡	13576	6936	6640	3836	6846	6603	2626	9195	1755	13297

表23 续表 66

单位：人、户

地区	总人口 合计	总人口 男	总人口 女	家庭户户数	家庭户总人口 男	家庭户总人口 女	分年龄人口 0-14岁	分年龄人口 15-64岁	分年龄人口 65岁及以上	居住本地，户口在本地
石城乡	13762	7079	6683	3515	7075	6680	2492	9486	1784	13416
九镇乡	9050	4479	4571	2636	4409	4528	1959	5798	1293	8921
尹家乡	7518	3621	3897	2742	3559	3869	1581	4579	1358	6999
双胜乡	17823	9332	8491	3941	8845	8127	3487	12231	2105	17452
群乐乡	12866	6636	6230	3742	6618	6228	2715	8402	1749	12749
万安乡	11398	5823	5575	2967	5817	5569	2479	7440	1479	11214
玉井乡	8169	4158	4011	2322	4158	4011	1639	5462	1068	8075
义兴乡	11014	5405	5609	3125	5404	5609	2295	7318	1401	10788
通江县	**687369**	**351070**	**336299**	**185191**	**337185**	**326342**	**139305**	**478022**	**70042**	**655426**
诺江镇	118519	60243	58276	33330	52531	51961	21396	88956	8167	100245
民胜镇	19065	9570	9495	5437	9477	9382	3307	13492	2266	18901
火炬镇	17465	8792	8673	4705	8613	8520	3351	11804	2310	17256
广纳镇	26362	13176	13186	8357	13006	13088	5148	17896	3318	25999
铁佛镇	32253	15956	16297	10368	15811	16193	8452	20303	3498	31222
麻石镇	9912	4994	4918	3290	4887	4891	2227	6330	1355	9475
至诚镇	18808	9558	9250	4960	8943	8776	4063	13106	1639	18740
洪口镇	13615	7047	6568	4025	7020	6554	2951	9258	1406	13043
沙溪镇	21273	10971	10302	6165	10782	10200	4855	14458	1960	20957
瓦室镇	16088	8020	8068	4547	7387	7536	3579	10560	1949	15576
永安镇	19174	9855	9319	5243	9252	8820	3430	13890	1854	17709
铁溪镇	10867	5821	5046	2685	5521	4928	2106	7643	1118	10467
涪阳镇	15211	7821	7390	4055	7780	7339	2845	11090	1276	14953
诺水河镇	20709	10737	9972	5145	10148	9544	4562	14160	1987	19878
杨柏乡	15475	7809	7666	4430	7700	7604	2842	10574	2059	15189
大兴乡	6313	3143	3170	1744	3135	3165	1278	4220	815	6139
东山乡	6005	3067	2938	1612	3015	2917	980	4323	702	5908
三溪乡	8266	4163	4103	2491	4105	4076	1887	5265	1114	8117
双泉乡	7793	3926	3867	1952	3926	3867	1677	5316	800	7701
文峰乡	11514	5924	5590	2760	5856	5568	2788	7717	1009	11364
春在乡	13126	6704	6422	3352	6596	6384	2106	9537	1483	12552
三合乡	11130	5663	5467	2514	5588	5427	1746	8052	1332	10784
云昙乡	6156	3171	2985	1590	3152	2979	1182	4342	632	6107
唱歌乡	4447	2333	2114	993	2287	2096	833	3141	473	4424
芝苞乡	12067	6259	5808	2832	6197	5789	2194	8613	1260	11981
龙凤场乡	14372	7186	7186	4210	7098	7144	3887	8777	1708	13866
董溪乡	4666	2495	2171	1105	2447	2152	1039	3125	502	4505
澌波乡	5832	3013	2819	1582	2972	2791	1371	3782	679	5685
松溪乡	8982	4604	4378	2285	4503	4339	2106	5895	981	8676
九层乡	6024	3049	2975	1888	3023	2969	1394	3903	727	5813
胜利乡	6159	3268	2891	1516	3203	2876	1335	4147	677	6088
板凳乡	7049	3738	3311	1674	3701	3302	1539	4882	628	6937
文胜乡	8860	4615	4245	2008	4603	4241	1916	5955	989	8789
兴隆乡	13161	6701	6460	3483	6603	6429	2644	9020	1497	12802
毛浴乡	13135	6679	6456	3772	6477	6343	2549	8865	1721	12782
泥溪乡	11689	5979	5710	2962	5927	5691	2243	8196	1250	11553
烟溪乡	10123	5226	4897	2354	5149	4855	1994	7091	1038	9741
沙坪乡	5085	2709	2376	1156	2605	2368	911	3565	609	4880
朱元乡	4242	2132	2110	921	2064	2086	924	2870	448	4139
长坪乡	11127	5802	5325	2670	5698	5289	2227	7837	1063	10970
两河口乡	10468	5381	5087	2464	5274	5042	2107	7308	1053	10256

表23 续表 67

单位：人、户

地区	总人口			家庭户	家庭户总人口		分年龄人口			居住本地，户口在本地
	合计	男	女	户数	男	女	0-14岁	15-64岁	65岁及以上	
空山乡	6966	3544	3422	1619	3402	3361	1568	4696	702	6751
青浴乡	13388	6893	6495	3014	6802	6460	2763	9300	1325	13212
板桥口乡	18244	9517	8727	4406	9373	8683	3938	12467	1839	17917
铁厂乡	3978	2100	1878	1016	1992	1852	776	2745	457	3824
新场乡	16801	8522	8279	4231	8521	8275	3544	11581	1676	16590
陈河乡	12914	6690	6224	3191	6625	6211	2520	9029	1365	12743
草池乡	7537	3865	3672	1961	3861	3672	1333	5478	726	7474
回林乡	4954	2639	2315	1121	2547	2307	892	3462	600	4746
南江县	**606992**	**309836**	**297156**	**175037**	**299899**	**290390**	**136098**	**412970**	**57924**	**563090**
南江镇	94964	47780	47184	25481	42989	43340	19822	68729	6413	71236
沙河镇	19663	10390	9273	6529	10388	9272	4084	13653	1926	19026
乐坝镇	4874	2496	2378	1352	2110	2107	1037	3484	353	3951
长赤镇	34942	17805	17137	10946	17509	16832	8556	23320	3066	31546
正直镇	31278	16323	14955	9754	16197	14810	6473	22323	2482	30572
大河镇	23713	11992	11721	6434	10950	10979	5226	15982	2505	22735
光雾山镇	2503	1300	1203	820	1103	1047	487	1736	280	2283
东榆镇	20328	10237	10091	6124	9777	9801	5104	13187	2037	19065
下两镇	20759	10517	10242	5731	10416	10203	5317	13394	2048	18547
赶场镇	14589	7315	7274	4605	7310	7270	3368	9639	1582	14264
杨坝镇	8205	4317	3888	2354	4289	3885	1688	5684	833	7951
赤溪乡	14238	7269	6969	4228	7230	6964	3034	9856	1348	14160
燕山乡	6931	3577	3354	1891	3513	3305	1622	4525	784	6744
八庙乡	9811	4926	4885	2675	4849	4829	2230	6698	883	9249
高塔乡	12721	6394	6327	4069	6147	6316	3154	8260	1307	12628
团结乡	6972	3498	3474	2274	3467	3456	1596	4559	817	6900
红光乡	17148	8762	8386	5222	8728	8379	3737	11848	1563	16935
傅家乡	8443	4145	4298	2687	4143	4298	2018	5521	904	8266
红四乡	7006	3615	3391	1978	3594	3386	1435	4940	631	6906
天池乡	13385	7001	6384	3717	6944	6373	2795	9255	1335	13189
侯家乡	11241	5585	5656	3353	5475	5640	2508	7485	1248	10909
双桂乡	5627	2901	2726	1553	2871	2716	1273	3751	603	5545
凤仪乡	12996	6810	6186	3253	6740	6158	2577	9179	1240	12788
朱公乡	9729	5055	4674	2620	5016	4646	2003	6615	1111	9413
黑潭乡	11798	6303	5495	3079	6011	5417	2301	8410	1087	11514
和平乡	12229	6231	5998	3593	6188	5985	3153	7672	1404	11364
双流乡	16249	8331	7918	4890	8331	7918	4001	10524	1724	16021
元潭乡	14771	7474	7297	4375	7387	7234	3490	9647	1634	14092
高桥乡	8214	4166	4048	2241	4133	4015	2115	5229	870	7900
平岗乡	5979	2988	2991	1787	2952	2971	1628	3687	664	5882
仁和乡	14506	7397	7109	3863	7233	6969	3401	9414	1691	14267
石滩乡	13038	6736	6302	3835	6729	6299	3193	8548	1297	12981
关门乡	10132	5199	4933	3096	5133	4903	2448	6458	1226	9682
兴马乡	15067	7681	7386	4266	7677	7384	3438	10110	1519	14846
北极乡	4527	2334	2193	1028	2271	2169	924	3094	509	4479
关路乡	9060	4589	4471	2365	4579	4464	1941	6248	871	8785
关田乡	3596	1837	1759	932	1829	1755	766	2443	387	3447
红岩乡	2595	1360	1235	633	1352	1235	492	1786	317	2551
桥亭乡	6807	3464	3343	2006	3464	3343	1351	4742	714	6671
贵民乡	2404	1282	1122	716	1058	1044	488	1598	318	2146
沙坝乡	6032	3075	2957	1765	2953	2910	1204	4287	541	5847

表23 续表 68 单位：人、户

地区	总人口			家庭户	家庭户总人口		分年龄人口			居住本地，户口在本地
	合计	男	女	户数	男	女	0-14岁	15-64岁	65岁及以上	
柳湾乡	5872	3148	2724	1840	2989	2686	1156	4128	588	5381
汇滩乡	3444	1780	1664	842	1737	1653	730	2334	380	3316
上两乡	5243	2666	2577	1604	2567	2543	1319	3376	548	4457
关坝乡	5574	2832	2742	1647	2741	2696	1237	3763	574	5460
寨坡乡	2099	1030	1069	595	1001	1061	492	1412	195	2007
坪河乡	8693	4286	4407	2440	4197	4366	2301	5558	834	8324
流坝乡	6997	3637	3360	1949	3632	3358	1385	4879	733	6862
平昌县	**862620**	**437950**	**424670**	**265326**	**429876**	**421088**	**196047**	**579506**	**87067**	**821143**
江口镇	178396	91163	87233	62352	87001	85450	38936	126625	12835	152177
响滩镇	27456	14108	13348	7380	13531	13028	5912	18856	2688	26425
西兴镇	15950	7925	8025	4964	7748	7883	3269	10754	1927	15638
佛楼镇	13674	7180	6494	4002	7141	6481	2569	9307	1798	13533
白衣镇	24837	12448	12389	8275	12448	12388	5016	16854	2967	23977
涵水镇	14493	7330	7163	3925	7265	7128	3044	9848	1601	14324
岳家镇	10499	5282	5217	3939	5165	5176	2381	6357	1761	9886
兰草镇	19442	9954	9488	5959	9931	9485	4465	12855	2122	19125
驷马镇	40436	20904	19532	12105	20638	19467	8709	27604	4123	39801
坦溪镇	14765	7527	7238	4848	7509	7235	3582	9181	2002	14512
元山镇	29816	15105	14711	9494	14779	14422	6484	20160	3172	29210
云台镇	23216	11784	11432	6250	11770	11423	5129	15669	2418	23029
邱家镇	16875	8269	8606	4781	8227	8594	4795	10573	1507	16647
笔山镇	33630	17062	16568	10893	16881	16487	9381	21315	2934	32301
镇龙镇	23188	11426	11762	6500	11313	11683	6691	14132	2365	21713
得胜镇	17801	9166	8635	5729	8969	8486	3960	11896	1945	17479
鹿鸣镇	11947	6026	5921	3226	5955	5887	2995	7843	1109	11740
青云乡	16153	8198	7955	4330	8110	7914	3618	10664	1871	15543
元石乡	16044	8078	7966	4977	7946	7925	3450	10601	1993	15474
六门乡	11709	5874	5835	3458	5868	5835	2561	7641	1507	11635
大寨乡	15468	7754	7714	4046	7651	7691	3354	10296	1818	15361
龙岗乡	19245	9677	9568	5959	9662	9566	3808	13159	2278	19119
土兴乡	30375	15639	14736	9410	15591	14713	6632	20686	3057	30242
板庙乡	12134	6057	6077	3389	5911	6017	2953	7839	1342	11774
泥龙乡	18087	9184	8903	5525	9017	8852	4686	11739	1662	17977
岩口乡	12243	6273	5970	3154	6172	5947	3296	7959	988	11094
望京乡	12824	6462	6362	3825	6342	6315	3462	8111	1251	12615
喜神乡	9244	4543	4701	2921	4514	4693	2408	5676	1160	9109
土垭乡	13649	6897	6752	4188	6863	6732	2590	9368	1691	13205
石垭乡	12825	6442	6383	3490	6427	6382	2482	9011	1332	12536
青凤乡	11739	5896	5843	3000	5855	5836	2357	8052	1330	11445
澌岸乡	15494	7799	7695	4777	7793	7693	3698	10036	1760	15482
马鞍乡	9506	4972	4534	2703	4914	4523	2585	6127	794	9073
五木乡	12667	6484	6183	4040	6447	6173	2936	8354	1377	12532
灵山乡	11942	6131	5811	3129	6015	5773	2930	7840	1172	11725
界牌乡	7194	3521	3673	2325	3435	3660	1893	4562	739	6981
粉壁乡	12005	6211	5794	3320	6159	5781	2584	8028	1393	11908
澌滩乡	11023	5544	5479	3211	5455	5459	2517	7437	1069	10880
高峰乡	13395	6748	6647	3418	6721	6639	2903	9103	1389	13275
南风乡	14496	7327	7169	4477	7317	7167	3119	9657	1720	14402
福申乡	10322	5256	5066	3098	5231	5063	2062	7019	1241	10073
双鹿乡	10599	5317	5282	2877	5215	5233	2590	6847	1162	10429

表23 续表 69

单位：人、户

地区	总人口			家庭户	家庭户总人口		分年龄人口			居住本地，户口在本地
	合计	男	女	户数	男	女	0-14岁	15-64岁	65岁及以上	
黑水乡	5817	3007	2810	1657	2974	2803	1255	3865	697	5737
资阳市	**3665057**	**1846908**	**1818149**	**1308624**	**1803128**	**1785781**	**670587**	**2497598**	**496872**	**3359622**
雁江区	**905729**	**455859**	**449870**	**335033**	**441820**	**440835**	**152619**	**642252**	**110858**	**783630**
莲花街道	78374	39374	39000	29673	37699	38045	10875	60286	7213	51395
三贤祠街道	51739	25836	25903	17541	24537	25014	8238	40345	3156	22337
资溪街道	83356	40473	42883	33161	38540	40876	11366	64488	7502	52928
狮子山街道	39696	20039	19657	13918	18045	18317	5569	30110	4017	28159
雁江镇	24584	12314	12270	6918	9811	9827	3707	18978	1899	20259
松涛镇	33445	16778	16667	11487	16532	16556	5585	24637	3223	30865
宝台镇	34005	17028	16977	12936	16872	16932	5886	24728	3391	32367
临江镇	34938	17521	17417	13162	17426	17396	5965	24750	4223	33928
保和镇	40978	20717	20261	15436	20467	20061	6918	28136	5924	40293
老君镇	34961	17795	17166	12916	17783	17163	6346	23718	4897	34182
中和镇	43443	22358	21085	14999	21713	20458	7615	30002	5826	42754
丹山镇	39793	20031	19762	16080	19941	19716	7114	26485	6194	37977
小院镇	32555	16516	16039	12426	16513	16034	6305	21640	4610	32398
堪嘉镇	24023	12200	11823	8984	12148	11817	4594	15694	3735	23732
伍隍镇	40004	20132	19872	14396	19996	19783	6882	27326	5796	39452
石岭镇	29390	14807	14583	11043	14766	14577	5570	19462	4358	28876
东峰镇	23396	11624	11772	9406	11601	11764	5340	14223	3833	22503
南津镇	33482	16938	16544	13542	16789	16511	5998	22621	4863	32769
忠义镇	23604	12079	11525	8409	11954	11460	3928	16024	3652	23045
碑记镇	24259	12083	12176	8608	12042	12163	4531	16567	3161	23534
丰裕镇	28233	13973	14260	11058	13820	14205	5234	18925	4074	26968
迎接镇	28424	14356	14068	10023	14323	14049	4933	19818	3673	27837
祥符镇	20629	10218	10411	7574	10203	10410	3992	13468	3169	19989
新场乡	21722	11218	10504	7257	11157	10496	3323	15462	2937	21463
回龙乡	15167	7524	7643	6488	7474	7629	2800	9691	2676	14986
清水乡	19345	9756	9589	7574	9650	9563	3998	12502	2845	18597
四川大堰劳动教养管理所	2184	2171	13	18	18	13	7	2166	11	37
安岳县	**1141347**	**582654**	**558693**	**374046**	**571411**	**552427**	**225596**	**768841**	**146910**	**1080512**
岳阳镇	120993	59996	60997	41377	57927	59198	21185	88873	10935	94312
鸳大镇	17166	8873	8293	5579	8838	8290	2925	11948	2293	16864
石桥铺镇	21979	11208	10771	7394	10890	10667	4024	15689	2266	20897
通贤镇	28053	14216	13837	9927	14159	13826	4702	19313	4038	26868
龙台镇	32548	16143	16405	12292	16075	16372	7098	21844	3606	29058
姚市镇	24541	12629	11912	6983	12330	11696	4443	16948	3150	23793
林凤镇	21964	11006	10958	7214	10827	10938	5053	13973	2938	21750
毛家镇	12390	6310	6080	4278	6264	6055	2713	8108	1569	11806
永清镇	27654	14170	13484	9057	13865	13335	6116	18267	3271	26003
永顺镇	24166	12471	11695	7795	12069	11488	4929	16240	2997	23972
石羊镇	40796	20292	20504	12800	19425	19754	10147	26352	4297	34850
两板桥镇	18525	9593	8932	5559	9415	8838	4503	11546	2476	18082
护龙镇	21965	11306	10659	6606	11101	10550	4725	14461	2779	21534
李家镇	21309	10881	10428	6970	10829	10411	4075	14587	2647	19906
元坝镇	13005	6638	6367	4022	6618	6354	2251	9084	1670	12623
兴隆镇	26161	13241	12920	9260	13102	12726	5297	17529	3335	24796
天林镇	13934	7177	6757	5036	7117	6751	2672	9343	1919	13639
镇子镇	23647	12076	11571	7611	11908	11533	4487	16158	3002	23092
文化镇	19491	9914	9577	5880	9571	9049	3329	13497	2665	18905

表23 续表 70　　单位：人、户

地区	总人口			家庭户	家庭户总人口		分年龄人口			居住本地，户口在本地
	合计	男	女	户数	男	女	0-14岁	15-64岁	65岁及以上	
周礼镇	25767	13129	12638	9482	12871	12527	6195	16565	3007	25238
驯龙镇	22313	11539	10774	8461	10879	10324	3433	15646	3234	21648
华严镇	18476	9481	8995	5532	9425	8937	2927	13223	2326	18296
城北乡	14112	7366	6746	4503	7249	6724	2863	9449	1800	13584
城西乡	9197	4729	4468	3026	4729	4468	1524	6365	1308	9085
思贤乡	12935	6696	6239	4425	6696	6239	2300	8870	1765	12815
石鼓乡	8678	4546	4132	2932	4539	4130	1361	5855	1462	8518
八庙乡	16688	8489	8199	5246	8114	8025	2996	11017	2675	16261
来凤乡	13921	7199	6722	4704	7066	6669	2468	9488	1965	13405
天马乡	12181	6308	5873	3861	5935	5794	1955	8552	1674	11916
人和乡	10115	5444	4671	3108	4895	4604	1478	7182	1455	9379
长河源乡	18489	9576	8913	6287	9102	8738	3130	12489	2870	17627
团结乡	8472	4397	4075	2913	4182	4002	1418	5639	1415	8308
悦来乡	5290	2793	2497	1630	2652	2459	842	3596	852	5121
白水乡	11684	5995	5689	3513	5988	5687	2560	7867	1257	11526
云峰乡	9513	4700	4813	3558	4686	4808	2095	5908	1510	9214
岳新乡	9661	4848	4813	3668	4846	4810	1982	6186	1493	9375
偏岩乡	11205	5736	5469	3511	5711	5465	2182	7502	1521	11021
东胜乡	9927	5007	4920	3059	4973	4897	2251	6484	1192	9893
坪河乡	6351	3246	3105	2258	3176	3088	1287	4095	969	6241
乾龙乡	10447	5277	5170	3304	5269	5163	2410	6735	1302	10269
高升乡	16540	8636	7904	4488	8483	7867	3629	10745	2166	16331
横庙乡	13005	6737	6268	4142	6717	6265	3102	8257	1646	12638
瑞云乡	11547	5909	5638	3537	5705	5518	2660	7388	1499	11388
白塔寺乡	19966	10035	9931	6088	10002	9918	5308	12222	2436	19276
双龙街乡	13160	6717	6443	3923	6704	6438	3148	8159	1853	12790
顶新乡	10807	5712	5095	3056	5584	5055	2392	6930	1485	10590
和平乡	8663	4476	4187	2897	4472	4187	1647	5767	1249	8614
高屋乡	10406	5399	5007	2802	5397	5007	2164	6734	1508	10085
忠义乡	17358	9189	8169	5030	8857	8085	3231	11658	2469	17109
合义乡	12244	6509	5735	3813	6379	5706	2300	8206	1738	12086
努力乡	9998	5142	4856	3549	5128	4855	1759	6609	1630	9862
护建乡	16946	8709	8237	6163	8707	8237	3781	10525	2640	16856
清流乡	11593	5963	5630	3666	5963	5630	2268	7678	1647	11392
共和乡	11713	5974	5739	3681	5959	5736	2042	8037	1634	11583
天宝乡	10483	5430	5053	3710	5428	5052	2118	6874	1491	10335
协和乡	13001	6600	6401	3978	6525	6388	2807	8253	1941	12774
鱼龙乡	6628	3384	3244	2055	3384	3244	1224	4470	934	6500
建华乡	9298	4797	4501	3139	4770	4498	1535	6514	1249	9221
大平乡	19372	9879	9493	6665	9879	9493	3793	12848	2731	19246
九龙乡	8455	4393	4062	2723	4312	4055	1548	5685	1222	8278
岳源乡	7393	3716	3677	2156	3674	3673	1232	5101	1060	7206
龙桥乡	10438	5258	5180	3215	5247	5179	2593	6607	1238	10237
千佛乡	14640	7538	7102	4653	7363	7002	3029	9605	2006	14388
拱桥乡	11771	6162	5609	3517	6139	5591	2295	8110	1366	11596
宝华乡	7909	4136	3773	2604	3893	3709	1655	5203	1051	7620
南薰乡	18275	9305	8970	6025	9238	8964	4067	11588	2620	17551
自治乡	8381	4353	4028	2857	4350	4028	1343	5867	1171	8252
大埝乡	8505	4334	4171	2637	4273	4156	1486	5704	1315	8276
朝阳乡	7143	3621	3522	2656	3566	3502	1109	5024	1010	6942

表23 续表 71 单位：人、户

地区	总人口			家庭户	家庭户总人口		分年龄人口			居住本地，户口在本地
	合计	男	女	户数	男	女	0-14岁	15-64岁	65岁及以上	
乐至县	**546767**	**275888**	**270879**	**207799**	**269291**	**265652**	**89676**	**367481**	**89610**	**504266**
天池镇	119648	59610	60038	40545	54584	55692	17299	89571	12778	88936
石佛镇	25122	12764	12358	9257	12605	12285	3851	16561	4710	24527
回澜镇	22132	11079	11053	9239	10923	10949	3554	14272	4306	21065
石湍镇	21891	11190	10701	8099	11147	10671	3552	14519	3820	21101
童家镇	26488	13380	13108	10432	13250	13057	4494	17241	4753	25523
宝林镇	24967	12554	12413	9420	12463	12385	4457	16160	4350	24317
大佛镇	24613	12397	12216	10028	12134	12014	4480	15721	4412	24018
良安镇	28777	14314	14463	12413	14198	14354	5635	17802	5340	27722
金顺镇	21229	10723	10506	7746	10719	10505	4371	13229	3629	20401
中和场镇	14051	7117	6934	5529	7106	6928	2489	9046	2516	13727
劳动镇	22036	11288	10748	8613	11265	10742	3411	14666	3959	21603
中天镇	17700	8929	8771	7348	8833	8742	2813	11867	3020	17020
佛星镇	18350	9483	8867	7331	9458	8858	2735	12259	3356	17961
蟠龙镇	11198	5657	5541	4255	5651	5538	1814	7498	1886	10930
东山镇	16721	8625	8096	5823	8578	8090	2503	11347	2871	16406
通旅镇	15108	7697	7411	5778	7697	7411	2613	10105	2390	14771
高寺镇	21696	11201	10495	8329	11180	10482	3625	14176	3895	21280
龙溪乡	8725	4430	4295	3291	4413	4291	1551	5590	1584	8593
全胜乡	8752	4354	4398	3236	4299	4359	1754	5511	1487	8553
孔雀乡	11025	5616	5409	4739	5497	5366	1631	7235	2159	10820
龙门乡	13269	6657	6612	5289	6609	6530	2205	8372	2692	12790
双河场乡	13639	7146	6493	4714	7078	6478	2057	9272	2310	13437
放生乡	11071	5468	5603	5091	5437	5589	1848	7036	2187	10734
盛池乡	16507	8225	8282	6074	8225	8281	2999	10511	2997	16225
凉水乡	12052	5984	6068	5180	5942	6055	1935	7914	2203	11806
简阳市	**1071214**	**532507**	**538707**	**391746**	**520606**	**526867**	**202696**	**719024**	**149494**	**991214**
简城镇	163918	79762	84156	59318	75857	79304	23471	123687	16760	125332
石桥镇	61701	30508	31193	22672	29335	30171	10397	42898	8406	56795
新市镇	34049	16870	17179	12411	16670	17065	6708	22300	5041	31769
石盘镇	25992	13018	12974	9464	12919	12912	4475	18158	3359	24617
东溪镇	34639	17481	17158	11677	16129	15866	5835	24493	4311	29179
平泉镇	18849	9259	9590	7481	8896	9338	3540	12493	2816	17027
禾丰镇	28440	13942	14498	10992	13700	14073	6478	17106	4856	27368
云龙镇	26634	13489	13145	9738	13489	13145	5485	17040	4109	25987
三星镇	19028	9523	9505	7759	9044	9039	3717	12540	2771	17182
养马镇	31758	15792	15966	11762	15324	15712	6028	21620	4110	28436
贾家镇	49477	24723	24754	14759	22777	22892	8984	34942	5551	45690
石板凳镇	24004	11839	12165	8581	11643	11985	5048	15774	3182	22311
三岔镇	29366	14584	14782	11821	14075	14240	5192	20454	3720	27806
镇金镇	17393	8607	8786	6385	8604	8780	3196	11465	2732	16894
石钟镇	20676	10579	10097	7161	10568	10091	3759	13806	3111	20309
施家镇	14619	7332	7287	5939	7324	7276	3216	9063	2340	14235
三合镇	14899	7498	7401	5869	7458	7398	3191	9194	2514	14536
平武镇	16400	8207	8193	6368	8207	8193	3612	10247	2541	15960
金马镇	9185	4449	4736	3498	4449	4736	2265	5259	1661	9005
踏水镇	13984	7049	6935	5873	7046	6935	2924	8596	2464	13662
江源镇	16100	7980	8120	6000	7980	8120	3339	10239	2522	15696
涌泉镇	10845	5292	5553	4348	5289	5551	2537	6362	1946	10726
芦葭镇	23470	11825	11645	7931	11824	11645	4795	15478	3197	23268

表23　续表 72

单位：人、户

地　区	总人口			家庭户	家庭户总人口		分年龄人口			居住本地，户口在本地
	合　计	男	女	户　数	男	女	0-14岁	15-64岁	65岁及以　上	
草池镇	35492	17872	17620	12211	17693	17493	6706	23918	4868	34928
太平桥镇	9075	4482	4593	3068	4421	4548	2069	5700	1306	8766
青龙镇	16390	8177	8213	6243	8176	8212	3352	10437	2601	15891
老君井乡	5809	3032	2777	1865	3031	2777	965	3950	894	5609
福田乡	14206	7024	7182	5320	7007	7180	2790	9310	2106	14136
宏缘乡	15996	7952	8044	6511	7949	8044	3649	9785	2562	15399
周家乡	18221	8860	9361	6977	8860	9361	3588	11881	2752	17982
平窝乡	9665	4917	4748	3652	4908	4743	1721	6285	1659	9418
武庙乡	10063	5160	4903	3570	5160	4903	1930	6600	1533	9672
高明乡	10565	5275	5290	3835	5261	5288	2604	6295	1666	10251
玉成乡	29233	14950	14283	9985	14941	14280	5334	20226	3673	28975
丹景乡	6115	3121	2994	2409	3076	2990	1068	4002	1045	5958
望水乡	12178	6252	5926	3804	6249	5917	2267	8456	1455	11864
清风乡	16723	8346	8377	6286	8318	8367	3530	10654	2539	16338
董家埂乡	14086	6865	7221	5136	6576	7059	2685	8951	2450	13886
五星乡	10315	5131	5184	4149	5131	5184	2151	6511	1653	10229
飞龙乡	4680	2339	2341	1863	2339	2341	889	2995	796	4552
灵仙乡	9340	4544	4796	3597	4532	4792	2007	5934	1399	9250
五指乡	6620	3405	3215	2262	3401	3214	1167	4438	1015	6508
新民乡	7044	3512	3532	2450	3353	3443	1397	4586	1061	6876
新星乡	6952	3501	3451	2985	3487	3447	1572	4164	1216	6515
同合乡	8794	4412	4382	3542	4404	4381	2064	5348	1382	8611
老龙乡	6657	3323	3334	2606	3323	3333	1423	4187	1047	6428
壮溪乡	8975	4463	4512	3294	4459	4505	1756	5717	1502	8808
海螺乡	7419	3713	3706	2486	3713	3706	1559	4894	966	7185
坛罐乡	11491	5664	5827	3895	5664	5827	2355	7542	1594	11378
雷家乡	9311	4606	4705	3598	4605	4705	2088	5670	1553	8934
安乐乡	5834	2844	2990	2413	2844	2990	1437	3373	1024	5543
普安乡	8051	4076	3975	2764	4054	3975	1559	5305	1187	7986
平息乡	13798	6758	7040	4979	6744	7030	3210	8568	2020	13232
五合乡	8462	4313	4149	3244	4310	4147	1846	4951	1665	8358
永宁乡	8228	4010	4218	2940	4010	4218	1766	5177	1285	7958
阿坝藏族羌族自治州	**898708**	**467224**	**431484**	**224083**	**416374**	**406120**	**178497**	**654781**	**65430**	**780036**
汶川县	**100771**	**53183**	**47588**	**25595**	**42116**	**40111**	**14442**	**78653**	**7676**	**85914**
威州镇	34460	17308	17152	9382	14413	14155	4359	28114	1987	27883
绵虒镇	7845	4086	3759	2173	3641	3553	1304	5736	805	7606
映秀镇	2468	1587	881	531	824	759	253	2071	144	1494
卧龙镇	2421	1348	1073	606	1003	910	418	1832	171	2149
水磨镇	12574	6940	5634	3057	5160	4704	1701	9783	1090	9648
漩口镇	13597	7716	5881	2962	4503	4026	1660	10739	1198	12540
龙溪乡	3724	1908	1816	973	1816	1735	592	2790	342	3685
克枯乡	3078	1607	1471	769	1516	1400	511	2314	253	2965
雁门乡	7504	3797	3707	1577	3066	2889	1346	5714	444	6094
草坡乡	3826	2006	1820	921	1725	1689	696	2778	352	3557
银杏乡	2302	1155	1147	774	1154	1146	401	1675	226	2221
耿达乡	2857	1563	1294	739	1266	1255	538	2049	270	2364
三江乡	4115	2162	1953	1131	2029	1890	663	3058	394	3708
理县	**46556**	**25275**	**21281**	**11905**	**20663**	**20122**	**7019**	**35920**	**3617**	**37703**
杂谷脑镇	14187	7885	6302	3533	5588	5569	1792	11507	888	9635
米亚罗镇	1730	946	784	734	892	758	227	1309	194	1606

表23 续表 73　　　　　　　　　　　　　　　　　　　　　　　　　　　　　　　　单位：人、户

地区	总人口			家庭户	家庭户总人口		分年龄人口			居住本地，户口在本地
	合计	男	女	户数	男	女	0-14岁	15-64岁	65岁及以上	
古尔沟镇	2063	1080	983	547	905	934	325	1524	214	1787
薛城镇	6178	3616	2562	1345	2517	2442	873	4882	423	4711
夹壁乡	1055	547	508	263	477	487	129	799	127	980
朴头乡	4132	2141	1991	1227	1969	1940	675	3170	287	3385
甘堡乡	2946	1524	1422	680	1434	1414	516	2175	255	2780
蒲溪乡	1506	789	717	345	711	714	303	1083	120	1348
上孟乡	2767	1424	1343	649	1395	1330	522	2005	240	2683
下孟乡	2505	1376	1129	563	1184	1039	476	1853	176	2245
木卡乡	1679	893	786	461	822	765	303	1231	145	1412
通化乡	2858	1446	1412	794	1418	1402	423	2182	253	2670
桃坪乡	2950	1608	1342	764	1351	1328	455	2200	295	2461
茂县	**104829**	**53643**	**51186**	**28517**	**50011**	**48705**	**20927**	**76268**	**7634**	**93654**
凤仪镇	41697	21188	20509	12218	18702	18548	7478	31565	2654	32637
南新镇	7590	3936	3654	2043	3616	3534	1414	5629	547	7147
叠溪镇	2397	1220	1177	643	1120	1146	582	1654	161	2206
渭门乡	3737	1852	1885	1045	1832	1863	824	2664	249	3688
永和乡	3322	1726	1596	836	1702	1580	802	2269	251	3311
沟口乡	3244	1637	1607	849	1597	1604	793	2201	250	3144
光明乡	5718	2873	2845	1364	2851	2832	1212	4020	486	5597
富顺乡	5667	2934	2733	1315	2934	2733	1188	4028	451	5605
土门乡	4073	2100	1973	939	1996	1933	883	2859	331	3867
东兴乡	4105	2158	1947	1001	1940	1871	833	2927	345	3754
黑虎乡	2222	1131	1091	572	1114	1080	516	1510	196	2174
飞虹乡	2006	1020	986	518	952	934	382	1446	178	1988
回龙乡	1919	991	928	532	960	907	378	1393	148	1891
三龙乡	2745	1443	1302	928	1440	1302	492	2015	238	2700
白溪乡	1845	963	882	491	941	872	349	1341	155	1804
洼底乡	1563	792	771	347	779	761	401	1040	122	1517
石大关乡	2011	1056	955	494	1027	934	406	1452	153	1945
太平乡	2343	1241	1102	635	1221	1089	553	1617	173	2247
松坪沟乡	1096	558	538	325	541	530	262	767	67	1047
曲谷乡	1984	1021	963	490	995	947	415	1419	150	1949
雅都乡	3545	1803	1742	932	1751	1705	764	2452	329	3436
松潘县	**72309**	**37686**	**34623**	**17415**	**34717**	**33253**	**14624**	**52497**	**5188**	**60540**
进安镇	9027	4630	4397	2928	4403	4276	1588	6919	520	7149
川主寺镇	6884	3588	3296	1436	2889	2809	1158	5337	389	5124
进安回族乡	7027	3527	3500	1844	3492	3462	1277	5266	484	3484
十里回族乡	3140	1649	1491	763	1649	1491	712	2213	215	2990
青云乡	3660	1898	1762	832	1853	1756	793	2610	257	3460
安宏乡	4033	2084	1949	942	2038	1924	925	2832	276	3819
大寨乡	1832	952	880	315	909	876	422	1258	152	1751
牟尼乡	1576	829	747	351	713	712	295	1167	114	1321
镇江关乡	3315	1682	1633	723	1580	1579	826	2287	202	2968
镇坪乡	3393	1712	1681	803	1677	1661	773	2408	212	3246
岷江乡	3021	1537	1484	659	1508	1453	714	2124	183	2812
大姓乡	1169	609	560	244	590	548	291	797	81	1108
白羊乡	2018	1091	927	641	1016	916	370	1427	221	1863
红土乡	2306	1183	1123	554	1135	1102	468	1632	206	2228
红扎乡	1051	545	506	219	538	502	250	725	76	1016
小姓乡	1581	801	780	406	773	752	356	1098	127	1503

表23　续表 74　　　　　　　　　　　　　　　　　　　　　　　　　　　单位：人、户

地　区	总人口			家庭户	家庭户总人口		分年龄人口			居住本地，户口在本地
	合　计	男	女	户　数	男	女	0-14岁	15-64岁	65岁及以上	
燕云乡	1095	567	528	244	561	521	286	719	90	1052
山巴乡	2081	1057	1024	387	1029	1009	515	1385	181	2004
水晶乡	1832	933	899	306	875	833	333	1300	199	1645
小河乡	3209	1946	1263	652	1277	1142	479	2483	247	2318
施家堡乡	2073	1144	929	546	1050	906	327	1494	252	1917
黄龙乡	1424	769	655	337	507	473	174	1191	59	778
上八寨乡	2220	1224	996	531	1147	978	456	1548	216	1942
下八寨乡	1177	650	527	195	495	504	221	851	105	1001
草原乡	1623	780	843	330	729	835	498	1025	100	1551
松潘县国营牧场	245	121	124	60	121	124	74	150	21	239
松潘林业局	297	178	119	167	163	109	43	251	3	251
九寨沟县	**81394**	**43272**	**38122**	**18021**	**33039**	**32256**	**14101**	**62670**	**4623**	**57097**
永乐镇	23080	12303	10777	5895	9194	9319	3939	18214	927	13058
漳扎镇	14946	7472	7474	2136	3617	3731	1542	12921	483	6251
永丰乡	4997	2501	2496	1161	2464	2449	1085	3592	320	4606
永和乡	3479	1773	1706	840	1773	1706	899	2343	237	3428
安乐乡	3294	1677	1617	785	1675	1615	725	2324	245	2988
白河乡	2486	1271	1215	545	1238	1188	518	1774	194	2364
双河乡	4255	2295	1960	894	2025	1884	740	3227	288	3765
保华乡	3223	1961	1262	617	1277	1235	588	2432	203	2479
罗依乡	2261	1199	1062	540	1182	1053	462	1594	205	2184
勿角乡	2240	1255	985	548	1008	938	485	1610	145	1852
马家乡	1170	646	524	270	575	511	244	834	92	1070
郭元乡	3992	2082	1910	974	1992	1884	799	2835	358	3789
草地乡	1188	668	520	263	573	494	252	842	94	1042
陵江乡	1452	790	662	407	684	625	247	1066	139	1273
黑河乡	2855	1506	1349	783	1387	1345	598	2031	226	2580
玉瓦乡	2049	1160	889	473	851	804	363	1499	187	1660
大录乡	3575	2240	1335	552	1214	1217	546	2759	270	2392
九寨沟国营牧场	28	15	13				3	23	2	
九寨沟风景名胜管理局	824	458	366	338	310	258	66	750	8	316
金川县	**65976**	**33495**	**32481**	**17408**	**32087**	**31807**	**12418**	**47403**	**6155**	**61167**
金川镇	15830	8250	7580	4441	7352	7152	2757	12068	1005	12983
观音桥镇	2282	1150	1132	544	1088	1090	440	1620	222	2129
沙耳乡	5631	2836	2795	1466	2810	2784	1005	4056	570	5275
庆宁乡	1940	948	992	595	906	989	301	1365	274	1780
咯尔乡	4711	2289	2422	1331	2283	2421	810	3431	470	4670
勒乌乡	2698	1356	1342	773	1356	1342	523	1896	279	2493
万林乡	1619	809	810	444	804	807	324	1090	205	1530
河东乡	1046	486	560	283	486	560	191	723	132	1018
河西乡	2779	1364	1415	812	1363	1414	497	1952	330	2637
集沐乡	1659	858	801	413	729	783	235	1211	213	1514
撒瓦脚乡	925	446	479	270	446	479	152	663	110	919
卡拉足乡	985	504	481	218	497	476	160	713	112	947
俄热乡	2908	1463	1445	646	1463	1445	642	2023	243	2894
太阳河乡	643	334	309	144	302	290	129	444	70	581
二嘎里乡	2599	1345	1254	522	1326	1253	606	1749	244	2517
阿科里乡	1602	819	783	354	801	771	555	961	86	1557
安宁乡	3633	1851	1782	892	1768	1709	583	2640	410	3432
卡撒乡	4082	2130	1952	985	2119	1943	794	2881	407	4069

表23 续表 75

单位：人、户

地区	总人口			家庭户	家庭户总人口		分年龄人口			居住本地，户口在本地
	合计	男	女	户数	男	女	0-14岁	15-64岁	65岁及以上	
曾达乡	2571	1274	1297	701	1257	1268	430	1891	250	2500
独松乡	1442	759	683	439	708	666	241	1038	163	1365
马尔邦乡	1262	645	617	356	645	617	236	900	126	1260
马奈乡	895	451	444	261	451	443	173	634	88	873
毛日乡	2234	1128	1106	518	1127	1105	634	1454	146	2224
小金县	**77731**	**40537**	**37194**	**21423**	**39076**	**36392**	**14080**	**57693**	**5958**	**71481**
美兴镇	13669	6951	6718	4219	6195	6116	2000	10771	898	10040
日隆镇	3503	1825	1678	1086	1680	1641	704	2612	187	3120
老营乡	2961	1515	1446	752	1487	1435	594	2172	195	2893
崇德乡	2460	1262	1198	604	1260	1195	508	1775	177	2382
新桥乡	4271	2284	1987	1209	2281	1984	772	3103	396	4200
美沃乡	3868	2051	1817	965	2038	1806	768	2824	276	3750
沙龙乡	2325	1244	1081	635	1244	1081	462	1704	159	2281
宅垄乡	2746	1443	1303	707	1412	1279	530	1984	232	2733
新格乡	2489	1286	1203	654	1286	1203	594	1695	200	2404
达维乡	4470	2366	2104	1229	2330	2092	813	3337	320	4200
日尔乡	3274	1734	1540	894	1638	1518	583	2397	294	3035
结斯乡	2458	1276	1182	707	1276	1182	453	1778	227	2378
沃日乡	3470	1745	1725	905	1730	1710	615	2607	248	3269
木坡乡	3682	1891	1791	1003	1860	1779	607	2751	324	3631
两河乡	5098	2627	2471	1481	2617	2468	949	3769	380	5069
抚边乡	4716	2480	2236	1291	2480	2236	956	3426	334	4604
八角乡	3228	1660	1568	848	1660	1568	560	2372	296	3121
双柏乡	2362	1239	1123	665	1239	1123	448	1729	185	2233
窝底乡	2641	1416	1225	684	1383	1219	467	1928	246	2503
汗牛乡	2072	1093	979	453	1093	979	369	1496	207	1985
潘安乡	1968	1149	819	432	887	778	328	1463	177	1650
黑水县	**60704**	**31358**	**29346**	**15566**	**27949**	**28421**	**13198**	**43488**	**4018**	**53854**
芦花镇	13942	7304	6638	4200	6101	6193	2241	10910	791	10764
卡龙镇	1108	573	535	256	513	523	241	795	72	977
沙石多乡	1837	980	857	372	775	824	360	1337	140	1607
红岩乡	3698	1842	1856	858	1695	1802	915	2517	266	3431
麻窝乡	3087	1599	1488	811	1380	1465	656	2196	235	2841
双溜索乡	2169	1257	912	440	908	848	410	1631	128	1744
瓦钵梁子乡	2820	1440	1380	660	1399	1377	718	1930	172	2686
色尔古乡	2813	1486	1327	618	1227	1243	642	1981	190	2366
石碉楼乡	3989	2012	1977	961	2006	1977	1049	2662	278	3804
龙坝乡	2603	1369	1234	564	1187	1203	655	1804	144	2310
洛多乡	2188	1074	1114	574	1064	1102	591	1449	148	2115
木苏乡	4476	2166	2310	1145	2155	2310	1042	3086	348	4277
维古乡	3670	1994	1676	831	1607	1603	781	2706	183	3205
知木林乡	3912	2016	1896	1125	1892	1854	861	2735	316	3704
扎窝乡	4281	2142	2139	1101	2106	2124	1074	2905	302	4180
晴朗乡	3123	1601	1522	781	1451	1489	727	2175	221	2914
慈坝乡	988	503	485	269	483	484	235	669	84	929
马尔康县	**58437**	**30678**	**27759**	**16505**	**26115**	**25349**	**8992**	**44790**	**4655**	**46301**
马尔康镇	29535	15463	14072	9351	12092	11847	3899	24147	1489	19586
卓克基镇	1012	491	521	325	491	521	160	710	142	991
松岗镇	2104	1052	1052	564	989	1034	323	1533	248	1980
梭磨乡	2795	1596	1199	663	1212	1164	402	2154	239	2277

表23　续表 76　　　　单位：人、户

地　　区	总人口			家庭户	家庭户总人口		分年龄人口			居住本地，户口在本地
	合　计	男	女	户　数	男	女	0-14岁	15-64岁	65岁及以上	
白湾乡	2990	1709	1281	629	1312	1209	413	2278	299	2350
党坝乡	2698	1469	1229	659	1223	1197	377	1960	361	2386
木尔宗乡	1359	688	671	299	680	671	270	959	130	1314
脚木足乡	3302	1654	1648	786	1643	1634	625	2293	384	3274
沙尔宗乡	2126	1093	1033	613	1081	1026	371	1517	238	2050
龙尔甲乡	1527	764	763	445	758	763	270	1078	179	1477
大藏乡	1067	568	499	351	568	499	180	762	125	976
康山乡	1599	810	789	407	800	787	310	1121	168	1529
草登乡	2953	1618	1335	675	1576	1330	572	2052	329	2842
日部乡	3370	1703	1667	738	1690	1667	820	2226	324	3269
壤塘县	**39173**	**19939**	**19234**	**8998**	**19377**	**19021**	**10221**	**26079**	**2873**	**37277**
壤柯镇	3832	2064	1768	1549	1879	1719	573	3138	121	2952
蒲西乡	2655	1355	1300	732	1331	1297	552	1867	236	2498
宗科乡	2865	1402	1463	595	1397	1460	626	1999	240	2857
石里乡	1928	940	988	403	933	985	530	1254	144	1887
吾依乡	2745	1384	1361	605	1384	1361	639	1872	234	2660
岗木达乡	4168	2120	2048	754	2072	2011	1187	2586	395	4022
上杜柯乡	3561	1806	1755	813	1784	1753	843	2403	315	3466
茸木达乡	1970	971	999	451	946	981	527	1270	173	1865
南木达乡	4435	2292	2143	796	2238	2086	1501	2652	282	4320
尕多乡	4611	2315	2296	796	2315	2296	1383	2904	324	4604
中壤塘乡	3870	2020	1850	861	1828	1809	1094	2508	268	3624
上壤塘乡	2533	1270	1263	643	1270	1263	766	1626	141	2522
阿坝县	**72391**	**37662**	**34729**	**14582**	**35342**	**34315**	**18928**	**48307**	**5156**	**66592**
阿坝镇	14282	8314	5968	4110	6305	5745	2283	11352	647	9513
哇尔玛乡	3917	2009	1908	610	1994	1886	1009	2542	366	3813
麦昆乡	3492	1798	1694	567	1743	1675	995	2216	281	3386
河支乡	3020	1561	1459	505	1492	1450	903	1931	186	2966
龙藏乡	2673	1354	1319	453	1334	1288	681	1764	228	2586
求吉玛乡	2639	1348	1291	540	1329	1279	791	1713	135	2587
甲尔多乡	3035	1570	1465	437	1548	1447	878	1912	245	2985
各莫乡	3065	1498	1567	502	1497	1567	909	1901	255	3039
德格乡	1879	959	920	280	956	919	537	1135	207	1875
四洼乡	2587	1299	1288	405	1274	1258	689	1701	197	2517
安斗乡	1823	897	926	301	879	912	484	1178	161	1773
柯河乡	1480	744	736	210	744	736	368	975	137	1477
垮沙乡	1353	651	702	253	611	687	425	828	100	1306
安羌乡	2099	1044	1055	454	1044	1055	493	1435	171	2082
查理乡	3569	1810	1759	725	1810	1759	970	2317	282	3503
茸安乡	2854	1396	1458	597	1396	1458	862	1764	228	2841
洛尔达乡	4935	2457	2478	871	2436	2461	1363	3137	435	4824
麦尔玛乡	4735	2391	2344	992	2391	2344	1341	3027	367	4666
贾洛乡	5840	2986	2854	1148	2983	2851	1896	3591	353	5782
若柯河农场	1155	588	567	240	588	567	364	723	68	1119
贾柯河牧场	1959	988	971	382	988	971	687	1165	107	1952
若尔盖县	**74619**	**37675**	**36944**	**15442**	**35096**	**35863**	**19395**	**50044**	**5180**	**69382**
达扎寺镇	10007	5305	4702	3246	4734	4273	1721	7909	377	7210
班佑乡	5741	2901	2840	1115	2872	2832	1617	3694	430	5653
阿西乡	5855	2937	2918	1052	2823	2882	1683	3812	360	5697
唐克乡	5565	2815	2750	1260	2673	2718	1482	3757	326	5229

表23 续表 77 单位：人、户

地区	总人口			家庭户	家庭户总人口		分年龄人口			居住本地，户口在本地
	合计	男	女	户数	男	女	0-14岁	15-64岁	65岁及以上	
辖曼乡	5950	2950	3000	1116	2827	2951	1647	3920	383	5818
红星乡	6592	3531	3061	1339	2898	3032	1792	4379	421	5888
麦溪乡	5323	2684	2639	987	2542	2565	1475	3485	363	5243
嫩哇乡	3061	1570	1491	615	1494	1466	904	1967	190	2977
冻列乡	2576	1202	1374	402	1054	1224	646	1703	227	2452
崇尔乡	2463	1055	1408	446	1055	1408	777	1445	241	2440
热尔乡	2218	995	1223	379	961	1199	625	1402	191	2168
占哇乡	2659	1373	1286	341	1349	1275	852	1601	206	2631
降扎乡	2849	1442	1407	373	1312	1373	824	1830	195	2567
巴西乡	1522	729	793	346	684	749	317	1032	173	1356
阿西茸乡	3031	1564	1467	540	1426	1442	715	2066	250	2928
求吉乡	3251	1624	1627	590	1454	1521	735	2212	304	3218
包座乡	3132	1588	1544	671	1528	1539	799	1990	343	3119
白河牧场	1267	616	651	314	616	651	352	823	92	1231
辖曼牧场	1557	794	763	310	794	763	432	1017	108	1557
红原县	**43818**	**22821**	**20997**	**12706**	**20786**	**20505**	**10152**	**30969**	**2697**	**39074**
邛溪镇	13493	7362	6131	5134	6240	5784	2191	10685	617	10699
刷经寺镇	1268	653	615	618	653	615	138	1055	75	1163
安曲乡	3830	1868	1962	833	1868	1962	1129	2414	287	3687
龙日乡	2060	1049	1011	583	1011	1000	547	1358	155	1936
江茸乡	1212	624	588	312	624	588	330	786	96	1177
查尔玛乡	2035	1049	986	374	938	970	539	1339	157	1889
瓦切乡	6102	3037	3065	1553	2927	2957	1773	3987	342	5807
阿木乡	3304	1885	1419	736	1388	1419	841	2232	231	2717
壤口乡	976	523	453	259	473	453	210	653	113	809
麦洼乡	3707	1901	1806	835	1794	1796	947	2520	240	3490
色地乡	5831	2870	2961	1469	2870	2961	1507	3940	384	5700
甘孜藏族自治州	**1091872**	**563642**	**528230**	**251861**	**511142**	**497384**	**253348**	**767522**	**71002**	**931486**
康定县	**130142**	**70276**	**59866**	**30089**	**52630**	**50452**	**20743**	**102492**	**6907**	**92188**
炉城镇	41399	22478	18921	12668	17222	16912	5032	34224	2143	29845
姑咱镇	18649	8315	10334	3353	4793	4674	1922	16166	561	5500
新都桥镇	7681	4542	3139	1485	2935	2835	1298	6074	309	5258
雅拉乡	3893	2096	1797	818	1603	1467	649	3050	194	2772
时济乡	2330	1344	986	546	970	949	393	1790	147	1770
前溪乡	1844	964	880	394	881	851	355	1372	117	1680
舍联乡	3396	2288	1108	407	894	948	463	2847	86	1819
麦崩乡	2593	1581	1012	513	1039	962	429	1999	165	1926
三合乡	2894	1561	1333	671	1400	1294	472	2206	216	2656
金汤乡	3089	1624	1465	827	1568	1423	689	2117	283	2795
捧塔乡	3698	2439	1259	627	1294	1133	525	2937	236	2362
沙德乡	3538	1822	1716	686	1673	1687	758	2556	224	3144
贡嘎山乡	2981	1562	1419	545	1421	1392	681	2131	169	2898
普沙绒乡	2370	1207	1163	499	1155	1154	644	1559	167	2264
吉居乡	2127	1108	1019	412	1076	1016	507	1410	210	1981
瓦泽乡	4043	2137	1906	855	1996	1880	851	2968	224	3760
呷巴乡	3755	1941	1814	796	1906	1802	951	2566	238	3588
甲根坝乡	2537	1295	1242	497	1263	1222	599	1786	152	2387
朋布西乡	2942	1571	1371	489	1418	1286	586	2168	188	2653
塔公乡	8984	4781	4203	2061	4275	4092	2346	6040	598	8127
孔玉乡	5399	3620	1779	940	1848	1473	593	4526	280	3003

表23　续表 78　　　　　　　　　　　　　　　　　　单位：人、户

地　　区	总人口			家庭户	家庭户总人口		分年龄人口			居住本地，户口在本地
	合　计	男	女	户　数	男	女	0-14岁	15-64岁	65岁及以上	
泸定县	**83386**	**43136**	**40250**	**24833**	**40078**	**38995**	**16907**	**58932**	**7547**	**69748**
泸桥镇	25300	12997	12303	7660	11298	11591	4485	18592	2223	18082
冷碛镇	8121	4153	3968	2800	4077	3938	1505	5806	810	6679
兴隆镇	9181	4654	4527	2675	4483	4371	1740	6550	891	8407
磨西镇	7390	4020	3370	2085	3470	3182	1510	5275	605	6003
岚安乡	2265	1165	1100	721	1165	1100	500	1535	230	2174
烹坝乡	4053	2117	1936	1026	1968	1913	880	2855	318	3686
田坝乡	4498	2422	2076	1250	2222	2025	894	3144	460	3876
杵坭乡	2801	1443	1358	866	1437	1354	580	1949	272	2506
加郡乡	3858	2020	1838	1135	1990	1834	869	2654	335	3437
德威乡	4072	2114	1958	1227	2107	1954	842	2813	417	3774
新兴乡	4838	2475	2363	1305	2371	2320	1223	3191	424	4426
得妥乡	7009	3556	3453	2083	3490	3413	1879	4568	562	6698
丹巴县	**59696**	**30622**	**29074**	**14847**	**28090**	**27879**	**12223**	**42341**	**5132**	**53201**
章谷镇	10621	5589	5032	3289	5057	4712	1731	8187	703	7113
巴底乡	4609	2325	2284	1150	2144	2212	871	3187	551	4378
巴旺乡	2609	1299	1310	764	1296	1310	492	1833	284	2533
聂呷乡	3310	1606	1704	880	1550	1669	695	2268	347	3281
革什扎乡	5163	2640	2523	1102	2188	2370	1019	3650	494	4649
边耳乡	2078	1137	941	407	879	857	419	1495	164	1670
丹东乡	1311	663	648	341	612	629	399	820	92	1222
东谷乡	3638	1971	1667	877	1698	1621	765	2602	271	3136
水子乡	3495	1819	1676	797	1684	1609	820	2423	252	3116
格宗乡	4043	2048	1995	932	1851	1873	867	2833	343	3815
梭坡乡	3266	1602	1664	714	1568	1641	723	2258	285	3208
中路乡	2694	1321	1373	604	1281	1347	518	1925	251	2607
岳扎乡	4071	2072	1999	1004	1951	1930	913	2802	356	3911
半扇门乡	4673	2443	2230	1005	2296	2109	1055	3202	416	4505
太平桥乡	4115	2087	2028	981	2035	1990	936	2856	323	4057
九龙县	**62133**	**33646**	**28487**	**16185**	**29282**	**27385**	**17608**	**40815**	**3710**	**50627**
呷尔镇	14986	8025	6961	4091	6913	6573	3494	10746	746	9852
汤古乡	1909	956	953	441	896	913	491	1307	111	1795
斜卡乡	1717	1149	568	246	479	475	297	1377	43	923
三岩龙乡	2349	1200	1149	646	1177	1140	587	1566	196	2286
上团乡	714	429	285	139	288	272	142	516	56	548
八窝龙乡	1128	601	527	285	573	524	263	752	113	1087
乃渠乡	2991	1612	1379	927	1428	1362	765	2020	206	2639
乌拉溪乡	3894	2407	1487	808	1486	1317	846	2829	219	2617
烟袋乡	4738	2520	2218	1408	2508	2212	1436	2967	335	4280
魁多乡	5360	2874	2486	1269	2424	2287	1562	3479	319	3974
子耳彝族乡	3528	1843	1685	915	1807	1665	1111	2168	249	3279
三垭彝族乡	2443	1273	1170	757	1271	1170	894	1396	153	2343
俄尔彝族乡	2136	1150	986	603	1123	973	843	1169	124	2109
小金彝族乡	2324	1220	1104	554	1156	1089	787	1400	137	2131
朵洛彝族乡	1231	686	545	332	575	530	438	718	75	1072
踏卡彝族乡	3772	2003	1769	1047	1967	1766	1247	2269	256	3616
湾坝彝族乡	5888	3118	2770	1469	2832	2715	2184	3377	327	5364
洪坝乡	1025	580	445	248	379	402	221	759	45	712
雅江县	**50225**	**26732**	**23493**	**10061**	**23006**	**22175**	**12247**	**35023**	**2955**	**44023**
河口镇	9868	5250	4618	2455	3801	3775	1757	7611	500	7696

表23 续表 79

单位：人、户

地区	总人口 合计	总人口 男	总人口 女	家庭户户数	家庭户总人口 男	家庭户总人口 女	分年龄人口 0–14岁	分年龄人口 15–64岁	分年龄人口 65岁及以上	居住本地，户口在本地
呷拉乡	5504	3548	1956	768	1706	1683	833	4391	280	3267
八角楼乡	3650	1847	1803	755	1843	1798	901	2515	234	3499
普巴绒乡	1867	932	935	542	932	935	547	1204	116	1861
祝桑乡	3383	1768	1615	630	1746	1597	806	2362	215	3347
米龙乡	2048	1083	965	306	1083	963	520	1373	155	1988
八衣绒乡	2636	1359	1277	442	1331	1271	702	1741	193	2538
波斯河乡	1162	605	557	180	578	537	259	795	108	1108
恶古乡	2168	1101	1067	384	1062	1053	529	1478	161	1994
牙衣河乡	998	503	495	173	467	483	259	644	95	894
西俄洛乡	3043	1563	1480	582	1527	1450	815	2067	161	2683
麻郎错乡	1838	989	849	302	895	825	472	1260	106	1686
德差乡	1534	783	751	254	733	735	424	1035	75	1332
红龙乡	3256	1697	1559	608	1675	1550	1098	2019	139	3171
柯拉乡	3141	1618	1523	669	1587	1511	1200	1817	124	2966
瓦多乡	2113	1055	1058	604	1035	1032	582	1389	142	2095
木绒乡	2016	1031	985	407	1005	977	543	1322	151	1898
道孚县	**55396**	**28522**	**26874**	**13405**	**26962**	**26309**	**13569**	**38164**	**3663**	**50594**
鲜水镇	10718	5696	5022	4082	5183	4897	1833	8120	765	7859
八美镇	5516	2919	2597	1381	2756	2564	1353	3843	320	5119
格西乡	3201	1569	1632	650	1524	1499	689	2329	183	2985
麻孜乡	3805	1817	1988	667	1801	1869	873	2729	203	3640
孔色乡	2618	1330	1288	421	1291	1257	636	1821	161	2551
葛卡乡	2214	1117	1097	412	1091	1079	540	1551	123	2126
亚卓乡	1918	963	955	422	923	955	467	1289	162	1845
仲尼乡	1154	594	560	235	556	549	290	775	89	1112
红顶乡	959	499	460	193	469	460	272	616	71	946
扎拖乡	1287	646	641	230	617	637	326	862	99	1276
下拖乡	1103	591	512	209	549	507	248	778	77	1060
瓦日乡	1652	852	800	375	836	791	363	1170	119	1529
木茹乡	1103	555	548	224	528	543	262	767	74	1071
甲斯孔乡	2167	1098	1069	361	1034	1055	633	1376	158	2130
甲宗乡	1167	677	490	401	537	490	245	815	107	1013
七美乡	1985	1007	978	409	993	977	652	1221	112	1964
银恩乡	2412	1174	1238	497	1171	1237	793	1463	156	2359
维它乡	1440	726	714	308	704	708	493	858	89	1360
龙灯乡	2186	1106	1080	468	1067	1078	708	1343	135	2175
协德乡	2401	1256	1145	541	1234	1137	657	1603	141	2295
色卡乡	3378	1818	1560	733	1633	1541	986	2169	223	3226
沙冲乡	1012	512	500	186	465	479	250	666	96	953
炉霍县	**46558**	**24172**	**22386**	**10006**	**21030**	**20887**	**10871**	**32595**	**3092**	**41003**
新都镇	11553	6508	5045	3020	4436	4270	1766	8887	900	8274
泥巴乡	2281	1186	1095	431	1123	1058	570	1549	162	2164
雅德乡	2567	1289	1278	537	1286	1270	593	1846	128	2479
洛秋乡	2081	1090	991	369	1090	991	613	1315	153	2023
斯木乡	2718	1250	1468	495	1136	1143	578	1995	145	2300
宜木乡	2967	1495	1472	577	1355	1419	641	2161	165	2857
仁达乡	2529	1350	1179	429	1099	1125	586	1778	165	2256
朱倭乡	2422	1239	1183	469	1154	1159	537	1755	130	2200
旦都乡	2286	1167	1119	419	1088	1084	555	1615	116	2192
充古乡	1802	879	923	313	850	840	385	1325	92	1560

表23 续表 80 单位：人、户

地区	总人口			家庭户	家庭户总人口		分年龄人口			居住本地，户口在本地
	合计	男	女	户数	男	女	0-14岁	15-64岁	65岁及以上	
更知乡	1555	803	752	349	783	747	416	1020	119	1468
卡娘乡	1349	748	601	265	575	578	289	977	83	1139
宗塔乡	2196	1093	1103	505	1060	1086	627	1408	161	2085
宗麦乡	2985	1480	1505	661	1457	1490	957	1787	241	2912
上罗柯马乡	2343	1154	1189	537	1126	1161	737	1456	150	2261
下罗柯马乡	2924	1441	1483	630	1412	1466	1021	1721	182	2833
甘孜县	**68523**	**34555**	**33968**	**14464**	**31451**	**32119**	**15463**	**48962**	**4098**	**55922**
甘孜镇	16920	8763	8157	4694	7311	7185	2644	13485	791	11527
呷拉乡	2186	1069	1117	400	1014	1099	517	1546	123	2035
色西底乡	2168	968	1200	366	954	1023	464	1572	132	1908
南多乡	1423	646	777	252	636	698	319	1009	95	1184
生康乡	2199	1193	1006	416	986	987	442	1630	127	2003
贡隆乡	1511	770	741	265	733	726	391	1061	59	1316
扎科乡	3157	1639	1518	612	1473	1505	763	2199	195	2721
来马乡	3412	1707	1705	572	1606	1689	767	2418	227	2986
昔色乡	2499	1178	1321	418	1115	1197	538	1803	158	2094
卡攻乡	1409	769	640	266	572	633	269	1036	104	1213
仁果乡	1709	847	862	367	847	862	381	1242	86	1421
拖坝乡	3066	1458	1608	530	1399	1483	692	2203	171	2844
斯俄乡	3277	1649	1628	601	1530	1585	715	2382	180	2802
庭卡乡	2282	1048	1234	344	1046	1123	520	1618	144	2247
下雄乡	2879	1426	1453	524	1370	1416	943	1749	187	2492
四通达乡	2650	1380	1270	515	1277	1247	554	1898	198	2503
夺多乡	1329	691	638	267	647	624	263	960	106	1236
泥柯乡	1826	960	866	323	782	856	455	1231	140	1800
茶扎乡	3622	1910	1712	687	1733	1691	1120	2244	258	2763
大德乡	3446	1735	1711	755	1712	1703	1004	2179	263	2262
卡龙乡	2827	1416	1411	663	1416	1411	855	1785	187	2154
查龙乡	2726	1333	1393	627	1292	1376	847	1712	167	2411
新龙县	**50393**	**25514**	**24879**	**9140**	**25374**	**24828**	**13624**	**33115**	**3654**	**47803**
如龙镇	6329	3285	3044	1775	3203	3038	1276	4675	378	5660
沙堆乡	2198	1093	1105	320	1063	1084	636	1434	128	2134
乐安乡	2244	1155	1089	302	1155	1089	570	1477	197	1963
大盖乡	3517	1817	1700	548	1817	1700	906	2322	289	3334
绕鲁乡	2179	1116	1063	361	1116	1063	618	1361	200	2028
色威乡	3024	1554	1470	405	1550	1466	804	2005	215	3002
甲拉西乡	3203	1599	1604	674	1599	1603	909	2091	203	3193
拉日马乡	5325	2711	2614	1092	2711	2614	1818	3167	340	4713
博美乡	2798	1408	1390	364	1408	1390	680	1893	225	2773
尤拉西乡	2243	1125	1118	405	1123	1117	614	1466	163	2178
子拖西乡	2029	987	1042	309	972	1028	615	1280	134	1756
和平乡	2080	1016	1064	327	1016	1064	524	1407	149	2044
洛古乡	1537	794	743	210	794	743	484	926	127	1532
雄龙西乡	3520	1812	1708	601	1812	1708	886	2320	314	3491
麻日乡	1497	751	746	244	746	745	438	982	77	1495
通宵乡	2186	1072	1114	442	1072	1114	654	1368	164	2159
友谊乡	1474	733	741	300	733	741	382	984	108	1466
皮擦乡	1243	610	633	194	608	630	325	835	83	1117
银多乡	1767	876	891	267	876	891	485	1122	160	1765
德格县	**81503**	**41782**	**39721**	**20093**	**40511**	**39428**	**21584**	**54665**	**5254**	**76971**

表23 续表 81　　单位：人、户

地　区	总人口			家庭户	家庭户总人口		分年龄人口			居住本地，户口在本地
	合　计	男	女	户　数	男	女	0-14岁	15-64岁	65岁及以上	
更庆镇	10221	5688	4533	3409	4937	4506	1705	7921	595	9170
达马乡	1970	1012	958	525	956	912	398	1438	134	1890
普马乡	2044	1002	1042	569	1002	1042	478	1397	169	2029
岳巴乡	1814	932	882	366	914	863	459	1233	122	1713
八帮乡	2638	1371	1267	708	1371	1267	457	1997	184	2560
龚垭乡	3517	1737	1780	871	1737	1778	739	2508	270	3446
白垭乡	1744	889	855	404	884	842	318	1298	128	1691
汪布顶乡	2831	1425	1406	793	1411	1397	730	1896	205	2795
柯洛洞乡	4544	2319	2225	1291	2319	2225	1376	2846	322	4479
卡松渡乡	1352	673	679	290	662	666	336	881	135	1322
俄南乡	1456	694	762	326	681	752	385	981	90	1432
竹庆乡	6082	3104	2978	1468	3044	2951	2130	3584	368	5788
俄支乡	4313	2246	2067	893	2246	2067	1158	2868	287	3860
马尼干戈乡	2988	1494	1494	799	1465	1472	920	1913	155	2724
玉隆乡	2128	1090	1038	454	1081	1023	538	1450	140	2017
错阿乡	2358	1184	1174	463	1184	1174	819	1384	155	2358
中扎科乡	4459	2271	2188	906	2159	2169	1283	2962	214	4079
然姑乡	2218	1141	1077	441	1124	1067	779	1334	105	1911
窝公乡	2179	1107	1072	485	1091	1061	731	1348	100	1985
温拖乡	3642	1831	1811	748	1731	1805	1149	2328	165	3258
年古乡	3119	1546	1573	573	1532	1560	988	1928	203	3049
浪多乡	3276	1606	1670	730	1600	1669	914	2150	212	3163
阿须乡	2602	1364	1238	731	1349	1228	588	1822	192	2421
打滚乡	2220	1083	1137	541	1083	1137	610	1439	171	2162
亚丁乡	3915	2027	1888	887	2016	1877	1018	2583	314	3851
所巴乡	1873	946	927	422	932	918	578	1176	119	1818
白玉县	**56290**	**26688**	**29602**	**10596**	**24092**	**24222**	**12009**	**40202**	**4079**	**45259**
建设镇	6508	3540	2968	1979	2998	2827	1249	4966	293	4297
金沙乡	2383	1147	1236	574	1147	1236	652	1602	129	2339
绒盖乡	2041	1013	1028	409	999	1017	538	1371	132	2005
章都乡	2462	1228	1234	548	1224	1232	563	1690	209	2408
麻绒乡	1781	910	871	369	893	855	458	1150	173	1746
河坡乡	3897	1951	1946	677	1883	1917	795	2784	318	3816
热加乡	4643	2272	2371	747	2272	2371	1041	3085	517	4638
登龙乡	1966	946	1020	404	924	1005	465	1342	159	1936
赠科乡	4404	2199	2205	822	2144	2180	854	3262	288	4036
阿察乡	10173	3374	6799	883	1848	1708	916	8451	806	2757
麻邛乡	3238	1790	1448	667	1509	1423	973	2093	172	2750
辽西乡	1109	546	563	255	546	563	172	803	134	1089
纳塔乡	3636	1781	1855	585	1759	1845	1148	2251	237	3599
安孜乡	2544	1264	1280	468	1219	1265	744	1617	183	2471
盖玉乡	3421	1696	1725	713	1696	1725	897	2341	183	3367
沙马乡	1105	542	563	280	542	563	285	742	78	1056
山岩乡	979	489	490	216	489	490	259	652	68	949
石渠县	**80834**	**41299**	**39535**	**21824**	**40891**	**39396**	**23682**	**52272**	**4880**	**76501**
尼呷镇	6971	3786	3185	2359	3542	3116	1675	5075	221	4869
洛须镇	4056	2097	1959	1281	2088	1956	1057	2781	218	3405
真达乡	2390	1217	1173	569	1213	1173	699	1501	190	2332
奔达乡	1476	754	722	320	743	718	478	914	84	1439
正科乡	2800	1428	1372	636	1428	1372	881	1742	177	2606

表23 续表 82　　单位：人、户

地　区	总人口			家庭户	家庭户总人口		分年龄人口			居住本地，户口在本地
	合　计	男	女	户　数	男	女	0-14岁	15-64岁	65岁及以上	
麻呷乡	1788	938	850	449	919	842	557	1139	92	1638
德荣马乡	3769	1929	1840	1035	1929	1840	1212	2327	230	3715
俄多马乡	7201	3612	3589	2077	3612	3589	2250	4509	442	6943
长沙贡马乡	3732	1998	1734	972	1932	1725	1090	2470	172	3614
呷衣乡	5169	2599	2570	1598	2599	2570	1398	3435	336	5140
格孟乡	3628	1863	1765	960	1848	1760	1130	2286	212	3595
蒙宜乡	3762	1980	1782	1031	1980	1781	962	2530	270	3757
新荣乡	3252	1652	1600	860	1652	1600	1037	2007	208	3181
宜牛乡	2225	1129	1096	609	1114	1083	756	1336	133	2195
虾扎乡	3753	1868	1885	1041	1867	1884	1388	2168	197	3662
起坞乡	3845	1950	1895	910	1950	1895	1296	2327	222	3748
阿日扎乡	4930	2389	2541	1217	2376	2526	1323	3286	321	4839
长须贡马乡	3112	1580	1532	736	1575	1525	911	1985	216	3106
长沙干马乡	3084	1529	1555	694	1529	1555	917	1973	194	3078
长须干马乡	2968	1545	1423	603	1539	1419	1004	1750	214	2808
温波乡	3556	1785	1771	992	1785	1771	923	2355	278	3536
瓦须乡	3367	1671	1696	875	1671	1696	738	2376	253	3295
色达县	**58606**	**29143**	**29463**	**13140**	**26127**	**25072**	**14264**	**40462**	**3880**	**49828**
色柯镇	9358	5110	4248	2796	4643	4169	2105	6853	400	7574
翁达镇	1925	1012	913	441	993	890	435	1337	153	1782
泥朵乡	3909	1955	1954	993	1955	1954	1283	2404	222	3903
克戈乡	2378	1255	1123	564	1167	1113	846	1413	119	2279
然充乡	2947	1459	1488	709	1459	1488	829	1918	200	2867
康勒乡	2431	1217	1214	569	1217	1214	820	1483	128	2406
大章乡	2889	1435	1454	799	1435	1454	842	1897	150	2868
大则乡	3149	1540	1609	776	1528	1601	997	1977	175	3081
亚龙乡	3360	1704	1656	879	1700	1648	985	2148	227	3254
塔子乡	2795	1414	1381	757	1399	1374	812	1808	175	2723
年龙乡	2353	1229	1124	668	1229	1124	583	1615	155	2342
洛若乡	9355	3759	5596	659	1395	1344	666	7832	857	3318
霍西乡	4802	2456	2346	1094	2456	2346	1272	3170	360	4787
旭日乡	2244	1181	1063	430	1134	1059	559	1521	164	2034
杨各乡	2469	1272	1197	500	1272	1197	673	1595	201	2421
甲学乡	1377	707	670	329	707	670	349	899	129	1348
歌乐沱乡	865	438	427	177	438	427	208	592	65	841
理塘县	**69046**	**36037**	**33009**	**15591**	**34924**	**32481**	**16804**	**48603**	**3639**	**53601**
高城镇	26478	14324	12154	7682	13771	11990	4983	20245	1250	13372
君坝乡	2255	1156	1099	451	1156	1099	692	1415	148	2024
哈依乡	769	408	361	131	364	341	231	498	40	691
觉吾乡	1725	861	864	265	829	850	443	1163	119	1654
莫坝乡	778	380	398	137	367	388	212	512	54	755
亚火乡	1377	679	698	215	665	690	377	926	74	1313
绒坝乡	1102	550	552	160	533	540	383	678	41	1046
呷柯乡	2013	1029	984	395	999	965	571	1342	100	1962
奔戈乡	2749	1366	1383	475	1343	1372	701	1874	174	2704
村戈乡	2663	1364	1299	560	1298	1261	787	1737	139	2386
禾尼乡	3048	1553	1495	561	1553	1495	961	1920	167	2969
曲登乡	3427	1791	1636	636	1774	1626	969	2274	184	3332
喇嘛垭乡	1720	865	855	308	836	831	501	1112	107	1596
章纳乡	1189	599	590	212	599	590	345	783	61	1110

表23 续表 83 单位：人、户

地区	总人口			家庭户	家庭户总人口		分年龄人口			居住本地，户口在本地
	合计	男	女	户数	男	女	0-14岁	15-64岁	65岁及以上	
上木拉乡	1523	809	714	259	785	692	425	1026	72	1363
下木拉乡	2108	1069	1039	357	1055	1019	555	1438	115	2021
中木拉乡	2105	1084	1021	338	1051	1003	487	1494	124	2009
雄坝乡	2358	1226	1132	414	1192	1091	643	1590	125	2182
甲洼乡	1655	877	778	334	845	760	427	1128	100	1531
藏坝乡	1174	603	571	242	575	558	327	784	63	1097
格木乡	2049	1063	986	477	1043	977	496	1454	99	1963
拉波乡	1942	954	988	411	909	952	484	1322	136	1827
麦洼乡	1097	547	550	224	522	539	281	741	75	1043
德巫乡	1742	880	862	347	860	852	523	1147	72	1651
巴塘县	**48649**	**24572**	**24077**	**10929**	**23981**	**23480**	**11795**	**34063**	**2791**	**43448**
夏邛镇	13176	6577	6599	3694	6163	6084	2474	9964	738	9603
拉哇乡	1471	764	707	319	764	707	393	978	100	1443
党巴乡	2575	1323	1252	483	1317	1249	665	1772	138	2514
竹巴龙乡	1633	828	805	337	819	797	398	1113	122	1499
中心绒乡	1984	970	1014	427	970	1014	446	1415	123	1867
苏哇龙乡	2889	1401	1488	568	1398	1480	642	2007	240	2736
昌波乡	1735	909	826	320	909	826	438	1167	130	1677
地巫乡	1799	874	925	397	874	925	431	1252	116	1731
中咱乡	4713	2437	2276	918	2429	2276	1118	3353	242	4355
亚日贡乡	3275	1669	1606	667	1641	1593	968	2180	127	3157
波密乡	1810	975	835	362	970	833	568	1170	72	1794
莫多乡	1570	782	788	284	759	779	443	1042	85	1476
松多乡	2045	1066	979	334	998	959	447	1486	112	1984
波戈溪乡	2061	1037	1024	413	1010	1005	669	1272	120	1990
甲英乡	664	345	319	139	345	319	229	389	46	642
措拉乡	1445	738	707	393	738	707	392	972	81	1307
茶洛乡	1319	635	684	294	635	684	340	918	61	1273
列衣乡	834	435	399	209	435	399	222	554	58	785
德达乡	1651	807	844	371	807	844	512	1059	80	1615
乡城县	**33170**	**17763**	**15407**	**5560**	**15340**	**14952**	**7246**	**24157**	**1767**	**28453**
香巴拉镇	8974	4937	4037	2089	4143	3887	1457	7171	346	6632
尼斯乡	2479	1381	1098	360	1116	1053	497	1842	140	2036
沙贡乡	1702	1102	600	140	573	529	281	1333	88	1094
水洼乡	2824	1611	1213	384	1290	1176	641	2020	163	2371
青德乡	2735	1436	1299	383	1258	1272	641	1912	182	2448
青麦乡	2501	1262	1239	318	1133	1200	617	1711	173	2306
然乌乡	1936	946	990	320	915	964	460	1363	113	1920
洞松乡	1460	733	727	235	684	721	381	961	118	1344
热打乡	3521	1804	1717	517	1789	1701	940	2412	169	3482
定波乡	1553	837	716	236	767	710	420	1067	66	1469
正斗乡	2127	1017	1110	372	997	1093	551	1451	125	2039
白依乡	1358	697	661	206	675	646	360	914	84	1312
稻城县	**31113**	**15780**	**15333**	**6442**	**14751**	**14856**	**7052**	**22196**	**1865**	**27954**
金珠镇	7553	4008	3545	2158	3518	3349	1456	5785	312	5629
香格里拉镇	3031	1508	1523	519	1323	1442	664	2181	186	2667
桑堆乡	2580	1308	1272	477	1255	1239	623	1813	144	2492
省母乡	1712	844	868	337	828	849	388	1205	119	1585
傍河乡	1552	796	756	244	748	732	335	1112	105	1495
色拉乡	1785	890	895	331	876	879	427	1251	107	1715

表23 续表 84

单位：人、户

地区	总人口			家庭户	家庭户总人口		分年龄人口			居住本地，户口在本地
	合计	男	女	户数	男	女	0-14岁	15-64岁	65岁及以上	
巨龙乡	1957	981	976	347	934	958	492	1358	107	1877
邓波乡	980	505	475	163	474	464	307	629	44	977
木拉乡	1775	910	865	307	910	865	461	1192	122	1686
赤土乡	2665	1351	1314	449	1312	1292	658	1824	183	2532
蒙自乡	1961	941	1020	441	899	995	433	1358	170	1899
各卡乡	806	396	410	153	387	401	174	566	66	762
吉呷乡	1442	705	737	270	668	715	329	1011	102	1367
俄牙同乡	1314	637	677	246	619	676	305	911	98	1271
得荣县	**26209**	**13403**	**12806**	**4656**	**12622**	**12468**	**5657**	**18463**	**2089**	**24362**
松麦镇	4726	2513	2213	1325	2242	2148	875	3634	217	3782
斯闸乡	1219	595	624	232	595	624	295	815	109	1214
徐龙乡	1537	825	712	230	816	707	343	1040	154	1491
日龙乡	1312	678	634	196	644	619	279	915	118	1248
曲雅贡乡	1538	771	767	220	738	742	324	1063	151	1475
奔都乡	2120	1023	1097	318	997	1077	459	1461	200	2065
八日乡	1390	722	668	229	692	644	322	920	148	1320
古学乡	2672	1391	1281	362	1280	1248	584	1801	287	2504
子庚乡	1891	963	928	316	859	863	426	1311	154	1699
贡波乡	1277	627	650	207	602	636	259	909	109	1257
白松乡	3694	1838	1856	559	1814	1819	797	2614	283	3646
茨巫乡	2833	1457	1376	462	1343	1341	694	1980	159	2661
凉山彝族自治州	**4532809**	**2344030**	**2188779**	**1182922**	**2252841**	**2143601**	**1238659**	**2972335**	**321815**	**3790860**
西昌市	**712434**	**365946**	**346488**	**203918**	**331204**	**324958**	**139356**	**511682**	**61396**	**436811**
北城街道	33442	16206	17236	11408	14028	14773	4577	24839	4026	15703
西城街道	65079	31896	33183	25517	30776	32206	9747	48078	7254	26557
东城街道	40977	19380	21597	14473	17752	18294	5122	30798	5057	16837
长安街道	25513	16192	9321	7326	8502	8785	2675	20813	2025	8408
新村街道	16227	8376	7851	3429	5280	5150	1914	13359	954	2494
长宁街道	5830	3078	2752	2419	2871	2720	717	4366	747	4124
马道镇	19427	10068	9359	6886	9300	8870	2853	14343	2231	14233
礼州镇	23551	11795	11756	6643	11178	11019	4223	17141	2187	18526
安宁镇	34979	18781	16198	7109	11960	11610	4723	28201	2055	20190
川兴镇	29167	14585	14582	6882	12671	12674	5737	21145	2285	22142
黄联关镇	13621	6891	6730	3190	6759	6590	3325	9406	890	10298
佑君镇	14501	7525	6976	3994	7275	6924	2909	10277	1315	11968
太和镇	16912	8700	8212	5007	8595	8178	3146	12142	1624	13534
安哈镇	5762	2928	2834	1476	2909	2831	2155	3366	241	3951
西郊乡	56902	29198	27704	20047	26816	26325	9275	42512	5115	15075
高枧乡	17978	9192	8786	5207	8575	8542	3441	12903	1634	12611
小庙乡	23359	12117	11242	6443	11333	10947	4281	17237	1841	17040
四合乡	11923	6243	5680	2905	6242	5679	4218	7317	388	8245
月华乡	15835	8011	7824	4367	7978	7796	3402	11010	1423	13064
兴胜乡	18634	9507	9127	4934	9449	9080	3821	13053	1760	15840
琅环乡	7067	3621	3446	1938	3621	3446	1361	4916	790	6068
民胜乡	9905	5144	4761	2349	5135	4753	3564	5833	508	7182
西乡乡	20383	10392	9991	5250	10214	9900	3952	14679	1752	16742
樟木箐乡	13285	6995	6290	3788	6941	6249	2682	9262	1341	10641
响水乡	9408	4768	4640	2204	4751	4633	3306	5684	418	6581
开元乡	9504	4830	4674	2070	4803	4659	3239	5874	391	6277
大兴乡	6425	3283	3142	1727	3281	3138	1443	4405	577	5277

表23 续表 85

单位：人、户

地　区	总人口			家庭户	家庭户总人口		分年龄人口			居住本地，户口在本地
	合　计	男	女	户　数	男	女	0-14岁	15-64岁	65岁及以上	
海南乡	7179	3679	3500	2123	3594	3443	1336	5137	706	6120
大箐乡	6112	3075	3037	1368	3075	3037	2146	3682	284	5109
经久乡	15026	8280	6746	3384	6342	6112	2742	11204	1080	10443
西溪乡	16604	8487	8117	4450	8371	8076	3860	11341	1403	9111
黄水乡	7076	3582	3494	1807	3542	3476	1716	4791	569	5211
洛古波乡	11283	5742	5541	2349	5667	5489	4086	6810	387	7456
裕隆回族乡	16125	8306	7819	4033	7952	7647	2880	11646	1599	14409
高草回族乡	13658	6979	6679	3404	6781	6531	2454	9923	1281	12183
中坝乡	9549	4885	4664	2518	4858	4629	2022	6659	868	7444
阿七乡	6797	3496	3301	1808	3463	3271	1534	4609	654	4926
荞地乡	7003	3618	3385	1393	3565	3350	2662	4070	271	3764
磨盘乡	12186	6232	5954	2780	6232	5953	4350	7284	552	7515
巴汝乡	3910	2033	1877	850	1931	1843	1211	2493	206	3088
银厂乡	3233	1726	1507	678	1699	1490	1063	1945	225	2920
白马乡	4960	2973	1987	801	2056	1875	1370	3399	191	3318
马鞍山乡	6137	3151	2986	1184	3081	2965	2116	3730	291	4186
木里藏族自治县	**131726**	**70102**	**61624**	**29229**	**63318**	**60346**	**31363**	**92486**	**7877**	**115895**
乔瓦镇	20256	10324	9932	5828	9533	9539	3965	15304	987	15494
瓦厂镇	5424	2914	2510	1314	2765	2488	1074	3993	357	5119
茶布朗镇	3148	1574	1574	793	1523	1548	671	2270	207	2940
博科乡	4517	2386	2131	1049	2293	2115	1040	3165	312	4309
宁朗乡	2097	1088	1009	434	1066	1001	575	1368	154	1982
依吉乡	3300	1717	1583	554	1713	1583	999	2091	210	3182
俄亚乡	5741	3001	2740	951	2959	2732	1542	3797	402	5541
水洛乡	6593	3755	2838	942	2737	2756	1285	4895	413	5363
牦牛坪乡	3167	1631	1536	851	1631	1536	973	2024	170	3003
屋脚乡	2201	1110	1091	459	1080	1081	651	1383	167	2136
项脚乡	3124	1618	1506	707	1616	1503	810	2143	171	3060
李子坪乡	3811	1922	1889	965	1922	1889	1041	2603	167	3707
列瓦乡	3694	1906	1788	893	1902	1781	1025	2447	222	3555
芽租乡	3085	1593	1492	709	1565	1475	905	2024	156	2744
下麦地乡	3163	1596	1567	794	1584	1563	1025	1940	198	3021
西秋乡	2552	1302	1250	664	1265	1212	569	1766	217	2458
克尔乡	3656	1901	1755	839	1830	1721	950	2477	229	3463
白碉乡	5721	3012	2709	1190	3012	2709	1596	3757	368	4985
三桷桠乡	4384	2330	2054	898	2318	2053	1171	2901	312	4177
倮波乡	7041	4029	3012	1634	3175	2808	1648	5032	361	5310
卡拉乡	4592	2558	2034	919	2104	1980	917	3394	281	3969
后所乡	5432	2826	2606	1271	2784	2582	1548	3529	355	5124
沙湾乡	5647	3198	2449	1061	2436	2388	1172	4192	283	4725
固增乡	3352	1742	1610	737	1662	1590	735	2396	221	3173
麦日乡	2778	1390	1388	499	1348	1378	655	1937	186	2664
东朗乡	2591	1279	1312	463	1259	1303	653	1750	188	2453
唐央乡	6692	4342	2350	896	2285	2155	1309	5119	264	4372
博窝乡	1703	889	814	351	837	801	374	1184	145	1638
麦地龙乡	2264	1169	1095	564	1114	1076	485	1605	174	2228
盐源县	**350176**	**185425**	**164751**	**85378**	**173110**	**160970**	**94185**	**234490**	**21501**	**296815**
盐井镇	47380	24371	23009	12750	22130	20876	10750	34275	2355	30498
卫城镇	22213	11316	10897	5399	11187	10833	5733	15000	1480	20831
梅雨镇	23975	12560	11415	6213	12534	11404	5849	16661	1465	21695

表23　续表 86　　　　单位：人、户

地　区	总人口			家庭户	家庭户总人口		分年龄人口			居住本地，户口在本地
	合　计	男	女	户　数	男	女	0-14岁	15-64岁	65岁及以　上	
白乌镇	16692	8590	8102	4300	8529	8088	5608	10129	955	15400
树河镇	8835	4769	4066	2325	4487	3948	2267	5910	658	7860
黄草镇	10075	5172	4903	2440	5169	4903	3261	6151	663	9000
平川镇	16270	8763	7507	4419	7756	7222	4940	10499	831	13400
泸沽湖镇	10731	5278	5453	2703	5274	5452	2856	7059	816	9906
双河乡	20824	10761	10063	5120	10690	10041	4736	14545	1543	18414
干海乡	17141	8862	8279	4149	8769	8226	3853	11973	1315	15336
下海乡	13378	6914	6464	3421	6911	6464	3562	8833	983	11784
棉桠乡	16268	8358	7910	3685	8350	7908	5223	10139	906	15281
甘塘乡	6266	3401	2865	1617	3389	2862	1526	4223	517	5928
马鹿乡	3000	1672	1328	746	1656	1321	656	2011	333	2901
藤桥乡	3052	1689	1363	783	1669	1357	718	1977	357	2855
田湾乡	3043	1668	1375	720	1625	1365	800	1966	277	2667
德石乡	3632	1917	1715	812	1892	1712	1166	2274	192	3490
大河乡	11149	5679	5470	2809	5678	5466	3884	6648	617	9643
盐塘乡	7335	3874	3461	1812	3545	3388	2413	4561	361	5998
巫木乡	5614	2925	2689	1225	2925	2689	1941	3338	335	5227
大草乡	3530	1867	1663	783	1726	1633	1121	2233	176	3152
博大乡	7284	3864	3420	1940	3759	3394	2383	4511	390	6205
金河乡	9471	4904	4567	2278	4781	4539	2905	5980	586	8328
右所乡	6807	3627	3180	1639	3608	3177	1973	4423	411	6603
巴折乡	5906	3226	2680	1198	2918	2622	1928	3727	251	5175
阿萨乡	2418	1259	1159	619	1247	1159	731	1536	151	2334
长柏乡	8721	4634	4087	1985	4598	4075	2410	5641	670	8464
桃子乡	5041	2664	2377	1197	2488	2349	1629	3128	284	4525
盖租乡	4505	2300	2205	1053	2266	2182	1409	2789	307	4235
前所乡	6132	3081	3051	1268	3058	3047	1719	3998	415	6014
沃底乡	4863	2575	2288	1068	2509	2264	1539	3072	252	4468
大坡蒙古族乡	3458	1828	1630	701	1807	1623	864	2352	242	3364
洼里乡	12459	9626	2833	1547	2762	2107	953	11227	279	3386
梅子坪乡	2708	1431	1277	654	1418	1274	879	1701	128	2448
德昌县	**214405**	**109364**	**105041**	**57443**	**105866**	**102667**	**44920**	**152326**	**17159**	**182625**
德州镇	62952	31605	31347	19069	29856	29900	11561	46237	5154	46615
永郎镇	9220	4802	4418	2525	4388	4178	1960	6468	792	7118
乐跃镇	10483	5324	5159	2682	5225	5100	2405	7222	856	9913
麻栗乡	8745	4464	4281	2235	4325	4198	1785	6241	719	7244
阿月乡	8751	4472	4279	2122	4457	4270	1651	6318	782	7897
王所乡	12310	6192	6118	3167	6110	6060	2177	9058	1075	11609
六所乡	11194	5771	5423	2739	5644	5338	1761	8377	1056	10681
巴洞乡	9283	4840	4443	2432	4749	4415	1740	6708	835	8313
宽裕乡	10190	5157	5033	2459	5020	4935	1977	7340	873	9450
茨达乡	12366	6281	6085	3341	6194	6052	2750	8664	952	11367
小高乡	11657	5966	5691	2804	5882	5650	2604	8097	956	10390
锦川乡	7606	3994	3612	2130	3757	3547	1540	5373	693	5844
老碾乡	6746	3537	3209	1841	3527	3199	1362	4726	658	6449
大湾乡	2459	1289	1170	594	1289	1170	704	1620	135	2236
马安乡	3104	1571	1533	784	1571	1533	1057	1923	124	2939
铁炉乡	5598	2893	2705	1372	2864	2698	1767	3571	260	4582
前山乡	3449	1761	1688	774	1706	1657	1081	2179	189	3057
大山乡	2273	1166	1107	541	1151	1100	710	1436	127	2070

表23 续表 87

单位：人、户

地　区	总人口			家庭户	家庭户总人口		分年龄人口			居住本地，户口在本地
	合　计	男	女	户　数	男	女	0-14岁	15-64岁	65岁及以上	
大六槽乡	2357	1233	1124	590	1233	1124	701	1542	114	2109
热河乡	4895	2550	2345	1187	2500	2317	1217	3346	332	4441
南山傈僳族乡	1839	947	892	424	947	892	436	1290	113	1811
金沙傈僳族乡	3017	1574	1443	668	1547	1433	749	2119	149	2977
银鹿乡	3911	1975	1936	963	1924	1901	1225	2471	215	3513
会理县	**430066**	**221839**	**208227**	**117342**	**212743**	**202207**	**85176**	**301879**	**43011**	**381899**
城关镇	30180	14654	15526	10783	13083	13986	4169	22438	3573	18261
鹿厂镇	16226	8182	8044	4533	8154	8024	3261	11315	1650	14907
黎溪镇	15603	8150	7453	4171	7491	7144	3079	10947	1577	13615
通安镇	12102	6215	5887	3205	6012	5749	2397	8526	1179	11237
太平镇	12979	6915	6064	3452	6881	6042	2690	8849	1440	12384
益门镇	11699	6073	5626	3912	6019	5609	2161	8316	1222	9979
果元乡	38385	19417	18968	9577	16249	16177	6300	29037	3048	26843
南阁乡	13927	7156	6771	3710	7029	6687	2730	9964	1233	13204
内东乡	9822	5093	4729	2389	5090	4728	1835	7057	930	9377
老街乡	16490	8244	8246	4343	8108	8154	3279	11700	1511	14545
外北乡	11623	5939	5684	2870	5937	5682	2416	8110	1097	11163
彰冠乡	14756	7653	7103	3883	7561	7040	2755	10550	1451	14260
爱民乡	10273	5374	4899	2617	5374	4899	2023	7240	1010	9955
爱国乡	3671	1929	1742	969	1925	1741	740	2513	418	3493
凤营乡	5503	2843	2660	1415	2795	2643	998	3886	619	5373
白鸡乡	4072	2119	1953	1008	2118	1953	730	2894	448	3998
矮郎乡	3429	1835	1594	944	1832	1592	632	2442	355	3207
小黑箐乡	6414	3278	3136	1419	2951	3077	1798	4306	310	5237
河口乡	8653	4442	4211	2543	4403	4191	2073	5540	1040	8434
中厂乡	6061	3172	2889	1788	3147	2884	1269	4158	634	5909
关河乡	10238	5293	4945	3102	5171	4915	1843	7141	1254	9608
鱼鲊乡	3765	2025	1740	923	1888	1722	629	2751	385	3508
绿水乡	11455	6310	5145	3110	5061	4817	1961	8555	939	9408
黎洪乡	3439	1814	1625	919	1791	1623	650	2431	358	3374
金雨乡	2747	1463	1284	786	1462	1284	485	1907	355	2656
树堡乡	5870	3030	2840	1792	3030	2840	1261	4031	578	5675
江竹乡	3870	2004	1866	1142	2004	1866	794	2686	390	3788
新安傣族乡	3735	1912	1823	1284	1910	1823	761	2597	377	3667
普隆乡	3984	1999	1985	1187	1958	1963	887	2648	449	3756
竹箐乡	7172	3755	3417	1790	3701	3391	1533	4904	735	6811
新发乡	15996	8249	7747	4089	8076	7647	3281	10869	1846	15491
杨家坝乡	8806	4493	4313	2347	4430	4282	1826	5812	1168	8494
江普乡	3617	1856	1761	937	1822	1754	745	2368	504	3480
木古乡	9091	4835	4256	2226	4792	4239	1780	6321	990	8609
富乐乡	11184	5844	5340	2739	5784	5306	2326	7662	1196	10709
海潮乡	6308	3277	3031	1687	3271	3030	1305	4314	689	6000
芭蕉乡	3516	1902	1614	938	1866	1608	753	2339	424	3302
横山乡	8094	4290	3804	2083	4265	3794	1693	5446	955	7786
马宗乡	2209	1188	1021	647	1171	1010	496	1399	314	2124
法坪乡	1853	1009	844	479	1002	842	416	1203	234	1807
槽元乡	3557	1883	1674	932	1859	1666	942	2264	351	3394
黄柏乡	1312	680	632	291	676	632	488	760	64	1171
云甸乡	15858	8115	7743	4584	7938	7663	3200	11210	1448	13576
仓田乡	7293	3787	3506	1733	3664	3463	2153	4730	410	6335

表23　续表 88　　单位：人、户

地　区	总人口			家庭户	家庭户总人口		分年龄人口			居住本地，户口在本地
	合　计	男	女	户　数	男	女	0-14岁	15-64岁	65岁及以　上	
白果湾乡	7836	4146	3690	2197	4067	3651	1530	5598	708	7281
下村乡	5910	3117	2793	1653	3091	2781	1302	3996	612	5587
龙泉乡	3512	1738	1774	771	1738	1774	1072	2282	158	3344
六华乡	3309	1730	1579	735	1700	1575	962	2171	176	3202
三地乡	904	486	418	247	486	418	238	596	70	855
六民乡	1758	926	832	461	910	826	529	1100	129	1720
会东县	**362944**	**193624**	**169320**	**97243**	**188803**	**167305**	**90945**	**236766**	**35233**	**330391**
会东镇	44948	22967	21981	13575	21792	21027	10482	31461	3005	25805
铅锌镇	15014	8018	6996	4935	7967	6960	3484	9976	1554	13231
小岔河乡	11208	5856	5352	2660	5804	5334	2829	7353	1026	10995
撒者邑乡	3679	2062	1617	895	2048	1612	836	2397	446	3670
新云乡	10389	5531	4858	2490	5527	4857	2505	7001	883	9932
长新乡	3928	2173	1755	974	2139	1749	862	2629	437	3872
火山乡	3872	2085	1787	918	2073	1782	1032	2440	400	3675
堵格乡	9312	5135	4177	2160	5081	4148	2174	6037	1101	9091
坪塘乡	4159	2239	1920	989	2223	1918	1240	2411	508	3973
姜州乡	10886	5593	5293	3166	5505	5256	2485	7311	1090	10592
中心乡	7344	3832	3512	1980	3820	3507	1551	5092	701	7299
小坝乡	9575	4992	4583	2641	4970	4562	2105	6488	982	9436
火石乡	3771	2007	1764	1062	1958	1745	819	2532	420	3629
铁柳乡	8442	4436	4006	2057	4321	3958	1998	5688	756	8124
龙树乡	4273	2201	2072	1202	2176	2063	1147	2771	355	4029
可河乡	4649	2385	2264	1356	2342	2247	1131	3015	503	4476
嘎吉乡	10002	5270	4732	2547	5147	4662	2435	6605	962	9350
柏岩乡	9476	5009	4467	2394	4970	4446	2215	6288	973	9321
海坝乡	2890	1535	1355	812	1487	1340	796	1730	364	2615
洛佐乡	6816	3611	3205	1741	3586	3190	1722	4316	778	6591
新马乡	8540	4579	3961	2269	4519	3950	2007	5700	833	8337
淌塘乡	6874	3914	2960	1821	3696	2893	1551	4507	816	6677
普咩乡	4502	2440	2062	1168	2439	2060	1090	2918	494	4500
岩坝乡	4041	2307	1734	988	2281	1729	1069	2537	435	4009
鹿鹤村乡	4462	2440	2022	1091	2340	2005	987	2973	502	4321
新田乡	4154	2462	1692	937	1932	1445	812	2935	407	3362
江西街乡	6596	3564	3032	1641	3519	3014	1718	4173	705	6487
岔河乡	7404	4013	3391	1964	3990	3388	1983	4582	839	7335
双堰乡	10825	5982	4843	2638	5846	4816	3141	6591	1093	10636
发箐乡	7339	4024	3315	1718	3836	3259	2209	4436	694	7039
铁厂沟乡	2998	1747	1251	686	1569	1225	906	1791	301	2711
新街乡	6781	3701	3080	1934	3701	3080	1622	4471	688	6592
马龙乡	5167	2739	2428	1587	2739	2428	1391	3059	717	5006
新龙乡	3228	1723	1505	832	1721	1505	812	2139	277	3142
红岩乡	4420	2415	2005	1286	2373	1997	1126	2774	520	4346
红果乡	5347	2749	2598	1584	2710	2591	1523	3138	686	5218
鲁吉乡	9652	5097	4555	2558	5093	4552	2425	6293	934	9246
溜姑乡	7041	3705	3336	1744	3685	3333	1771	4580	690	6675
大崇乡	14058	7111	6947	4399	7111	6947	3419	9431	1208	13702
黑嘎乡	5126	2839	2287	1258	2839	2287	1360	3306	460	4805
文箐乡	7757	4228	3529	1920	4228	3529	2198	4880	679	7388
野牛坪乡	5242	2771	2471	1455	2771	2471	1410	3310	522	4847
松坪乡	3371	1823	1548	943	1717	1505	824	2200	347	2930

表23 续表89 单位：人、户

地区	总人口			家庭户	家庭户总人口		分年龄人口			居住本地，户口在本地
	合计	男	女	户数	男	女	0-14岁	15-64岁	65岁及以上	
新山乡	3346	1841	1505	856	1799	1495	923	2064	359	3158
小街乡	6160	3640	2520	1423	2878	2475	1497	4091	572	5181
老口乡	6155	3414	2741	1492	3394	2734	1927	3500	728	5850
干海子乡	2822	1584	1238	785	1559	1232	764	1706	352	2686
黄坪乡	4890	2683	2207	1314	2577	2198	1374	2989	527	4651
野租乡	2834	1474	1360	651	1363	1314	818	1855	161	2764
拉马乡	1554	803	751	384	803	751	517	938	99	1535
鲁南乡	1205	591	614	303	591	614	441	680	84	1198
雪山乡	3589	1871	1718	836	1847	1708	1191	2199	199	3538
柏杉乡	831	413	418	224	401	412	291	479	61	813
宁南县	**170673**	**87790**	**82883**	**45960**	**86098**	**82167**	**39427**	**115782**	**15464**	**153800**
披砂镇	30918	15510	15408	10056	15328	15358	5523	22354	3041	24724
松新镇	9435	4811	4624	2497	4521	4415	1887	6692	856	8221
竹寿镇	6054	3155	2899	1591	2949	2783	1211	4237	606	5553
华弹镇	11055	5544	5511	3699	5507	5495	2375	7479	1201	10786
白鹤滩镇	7080	3613	3467	1821	3443	3371	1531	4897	652	6753
葫芦口镇	5685	2914	2771	1519	2907	2765	1270	3982	433	5377
景星乡	10734	5335	5399	3093	5325	5393	2008	7590	1136	10172
俱乐乡	3567	1862	1705	1060	1822	1687	821	2333	413	3058
新村乡	5001	2591	2410	1372	2591	2410	1117	3390	494	4436
幸福乡	5416	2852	2564	1544	2788	2539	1260	3486	670	4698
海子乡	4554	2344	2210	925	2305	2202	1495	2830	229	3908
六铁乡	5954	3078	2876	1288	3075	2876	1811	3794	349	5389
新建乡	3690	1921	1769	772	1902	1768	1125	2361	204	3188
稻谷乡	3308	1701	1607	686	1700	1607	1015	2088	205	3114
新华乡	6009	3209	2800	1596	3150	2784	1267	4109	633	5775
石梨乡	6820	3623	3197	1838	3574	3183	1493	4559	768	6598
松林乡	5328	2792	2536	1496	2738	2526	1032	3691	605	5134
杉树乡	3175	1597	1578	626	1569	1569	978	2014	183	2930
梁子乡	3914	2034	1880	813	2000	1858	1188	2493	233	3611
大同乡	5034	2688	2346	1352	2625	2333	1116	3401	517	4854
西瑶乡	4389	2341	2048	1131	2285	2047	943	3019	427	4175
红星乡	3358	1789	1569	845	1743	1560	816	2202	340	3084
骑骡沟乡	6926	3588	3338	1579	3535	3319	1772	4629	525	6526
倮格乡	5293	2766	2527	1190	2693	2500	1629	3333	331	4930
跑马乡	7976	4132	3844	1571	4023	3819	2744	4819	413	6806
普格县	**155740**	**81515**	**74225**	**39440**	**79844**	**73499**	**51021**	**96011**	**8708**	**126878**
普基镇	22945	12113	10832	6745	11315	10506	5289	16141	1515	16339
荞窝镇	10553	5532	5021	2839	5495	5002	3126	6715	712	7057
螺髻山镇	10466	5410	5056	3090	5353	5020	3255	6571	640	9565
永安乡	6086	3196	2890	1411	3176	2870	1914	3803	369	5115
向阳乡	4294	2235	2059	1028	2227	2053	1653	2468	173	3184
文坪乡	3165	1624	1541	795	1610	1534	1155	1847	163	3001
黎安乡	3632	1947	1685	874	1947	1685	1249	2217	166	3216
花山乡	6526	3473	3053	1831	3204	2915	1572	4390	564	4277
东山乡	5238	2742	2496	1154	2725	2495	1869	3142	227	4639
大坪乡	5987	3164	2823	1369	3121	2808	2069	3622	296	4811
辉隆乡	1660	894	766	350	875	763	635	941	84	1248
洛乌沟乡	1650	882	768	344	873	768	577	1006	67	1290
雨水乡	6877	3652	3225	1638	3633	3219	2417	4139	321	5789

表23 续表 90　　　　单位：人、户

地区	总人口			家庭户	家庭户总人口		分年龄人口			居住本地，户口在本地
	合计	男	女	户数	男	女	0-14岁	15-64岁	65岁及以上	
甘天地乡	1298	685	613	343	685	613	488	742	68	836
洛乌乡	4777	2470	2307	1191	2470	2307	1764	2814	199	3553
孟甘乡	5769	3020	2749	1265	2969	2729	2225	3290	254	4442
特兹乡	3739	1994	1745	857	1980	1742	1304	2274	161	3230
吉乐乡	3605	1871	1734	863	1839	1719	1265	2196	144	2974
特口乡	1099	557	542	243	543	537	416	644	39	877
耶底乡	1352	738	614	292	731	614	461	810	81	1275
夹铁乡	6588	3397	3191	1720	3396	3191	2350	3875	363	6244
瓦洛乡	4542	2351	2191	1058	2329	2181	1673	2616	253	4034
哈力洛乡	2137	1133	1004	494	1115	1000	779	1220	138	1821
菜子乡	3115	1631	1484	733	1631	1484	1144	1790	181	2750
祝联乡	2775	1497	1278	604	1481	1271	1027	1586	162	2630
刘家坪乡	4768	2458	2310	972	2421	2297	1786	2819	163	3475
月吾乡	2140	1128	1012	528	1118	1012	583	1345	212	2118
特补乡	5011	2561	2450	1280	2552	2442	1736	2994	281	4703
五道箐乡	3232	1638	1594	850	1594	1559	1208	1851	173	2968
特尔果乡	3001	1544	1457	752	1529	1442	1067	1759	175	2608
大槽乡	3338	1718	1620	806	1688	1609	1261	1946	131	2969
马洪乡	1343	680	663	354	675	663	545	722	76	1125
洛甘乡	1459	756	703	340	738	701	547	832	80	1306
红莫依达乡	1573	824	749	427	806	748	612	884	77	1409
布拖县	**160151**	**82105**	**78046**	**39927**	**81749**	**77917**	**58056**	**93280**	**8815**	**138723**
特木里镇	25565	13187	12378	7118	12959	12290	8527	15916	1122	19170
龙潭镇	6629	3513	3116	1680	3436	3096	2344	3922	363	5752
拖觉镇	12059	6066	5993	3131	6063	5993	4222	7194	643	11101
木尔乡	5526	2795	2731	1544	2795	2731	2039	3185	302	5196
九都乡	6065	2949	3116	1498	2949	3116	2288	3429	348	5980
拉达乡	3660	1858	1802	930	1858	1802	1355	2117	188	3099
乌科乡	1863	951	912	486	951	912	637	1112	114	1588
沙洛乡	4659	2382	2277	950	2382	2277	1807	2606	246	3737
洛古乡	2458	1268	1190	634	1268	1190	981	1330	147	2241
补尔乡	6488	3247	3241	1492	3247	3241	2292	3728	468	5388
觉撒乡	2600	1295	1305	616	1293	1301	979	1455	166	1978
美撒乡	3488	1764	1724	856	1764	1724	1252	2034	202	2946
拉果乡	3417	1786	1631	840	1786	1631	1182	1982	253	3192
乌依乡	2703	1377	1326	676	1367	1320	1098	1443	162	2399
浪珠乡	1904	980	924	382	980	924	763	1043	98	1576
包谷坪乡	4037	2113	1924	959	2106	1923	1488	2326	223	3454
合井乡	6359	3379	2980	1357	3379	2980	2390	3642	327	6190
罗家坪乡	3578	1926	1652	771	1912	1649	1327	2071	180	3512
牛角湾乡	6654	3514	3140	1443	3514	3140	2569	3737	348	5837
补洛乡	4591	2290	2301	1259	2290	2301	1742	2591	258	4302
火烈乡	6584	3338	3246	1608	3338	3246	2247	3957	380	6102
乐安乡	8449	4276	4173	1993	4276	4173	2865	5063	521	7612
四棵乡	1787	909	878	444	909	878	652	1025	110	1679
地洛乡	10659	5593	5066	2477	5578	5059	4190	5958	511	8476
俄里坪乡	4091	2161	1930	1180	2161	1930	1481	2366	244	3515
瓦都乡	2455	1232	1223	653	1232	1223	951	1357	147	2126
采哈乡	2281	1166	1115	568	1166	1115	828	1325	128	2110
委只洛乡	2606	1322	1284	706	1322	1284	1027	1417	162	2297

表23　续表 91　　　　　　　　　　　　　　　　　　　　　　单位：人、户

地　区	总人口			家庭户	家庭户总人口		分年龄人口			居住本地，户口在本地
	合　计	男	女	户　数	男	女	0-14岁	15-64岁	65岁及以上	
联补乡	3115	1560	1555	786	1560	1555	1225	1673	217	2818
基只乡	3821	1908	1913	890	1908	1913	1308	2276	237	3350
金阳县	**165121**	**85119**	**80002**	**37448**	**81845**	**78166**	**58566**	**98728**	**7827**	**139087**
天地坝镇	17031	8898	8133	4595	8655	8011	4990	11353	688	12818
派来镇	8736	4606	4130	2204	4603	4130	3059	5288	389	8163
芦稿镇	4485	2379	2106	1310	2318	2063	1228	2988	269	4014
对坪镇	10546	5435	5111	2617	5296	5026	3503	6450	593	8761
桃坪乡	5946	3013	2933	1258	2959	2918	2276	3405	265	5186
热水河乡	4175	2142	2033	913	2109	2024	1474	2523	178	4020
马依足乡	7088	3572	3516	1444	3538	3510	2965	3827	296	5765
红峰乡	1985	977	1008	399	956	993	773	1129	83	1797
尔觉西乡	3558	1801	1757	869	1788	1749	1388	1970	200	2961
热柯觉乡	3416	1726	1690	826	1691	1675	1131	2108	177	3120
甲依乡	3836	2027	1809	792	2001	1806	1473	2182	181	3018
木府乡	4096	2054	2042	913	2035	2037	1481	2457	158	3396
寨子乡	2659	1388	1271	577	1368	1267	1034	1497	128	1944
则祖乡	2209	1109	1100	463	1089	1097	869	1232	108	1795
基觉乡	5950	2992	2958	1297	2992	2958	2340	3345	265	5090
小银木乡	5692	2952	2740	1148	2928	2734	2377	3113	202	4798
春江乡	4036	2134	1902	1002	2086	1873	1186	2630	220	3697
红联乡	5382	2838	2544	1092	2680	2475	2116	2983	283	4220
青松乡	4507	2260	2247	822	2233	2233	1769	2574	164	3435
放马坪乡	5362	2804	2558	1073	2643	2514	2052	3078	232	4788
梗堡乡	3726	1931	1795	722	1918	1795	1494	2088	144	2876
山江乡	2485	1294	1191	660	1237	1111	964	1360	161	2049
洛觉乡	6413	3323	3090	1260	2889	2836	2257	3856	300	5312
向岭乡	3903	2027	1876	797	1870	1809	1483	2248	172	3482
谷德乡	2446	1222	1224	531	1100	1139	892	1452	102	2030
高峰乡	2645	1449	1196	569	1181	1098	846	1661	138	2486
老寨子乡	4202	2105	2097	917	1929	1936	1609	2359	234	3679
德溪乡	6334	3210	3124	1389	2848	2888	2123	3925	286	5722
南瓦乡	6222	3199	3023	1212	2842	2801	1882	4058	282	5714
依莫合乡	2008	1075	933	455	1054	930	809	1074	125	1530
土沟乡	3769	1925	1844	813	1924	1843	1476	2089	204	2853
丙底乡	4122	2108	2014	1029	2070	1985	1365	2533	224	3270
依达乡	3303	1682	1621	886	1664	1607	947	2166	190	2808
丝窝乡	2848	1462	1386	594	1351	1295	935	1727	186	2490
昭觉县	**251836**	**128378**	**123458**	**65123**	**127236**	**122742**	**86933**	**153215**	**11688**	**226135**
新城镇	28421	15048	13373	8483	14611	13016	7622	20018	781	21674
城北乡	7631	3792	3839	2071	3788	3837	2549	4723	359	7139
树坪乡	1916	970	946	542	969	946	672	1153	91	1799
谷曲乡	6759	3361	3398	1779	3350	3396	2602	3852	305	6303
达洛乡	2021	1021	1000	612	1007	982	774	1131	116	1857
龙恩乡	3909	2027	1882	1043	2005	1873	1550	2180	179	3110
美甘乡	3138	1501	1637	779	1499	1637	1200	1735	203	2616
四开乡	13585	6795	6790	3467	6774	6787	4559	8375	651	13053
大坝乡	6525	3297	3228	1664	3297	3228	2385	3836	304	5638
地莫乡	11232	5601	5631	2568	5567	5622	4034	6592	606	10735
柳且乡	6396	3222	3174	1557	3201	3164	2408	3720	268	5878
博洛乡	5492	2858	2634	1325	2858	2634	2135	3112	245	4779

表23 续表 92

单位：人、户

地　　区	总人口			家庭户	家庭户总人口		分年龄人口			居住本地，户口在本地
	合　计	男	女	户　数	男	女	0-14岁	15-64岁	65岁及以上	
库莫乡	2931	1533	1398	675	1524	1398	1104	1725	102	2748
解放乡	5771	2836	2935	1510	2802	2928	1977	3458	336	5573
三岗乡	3860	1991	1869	1076	1986	1869	1331	2345	184	3816
洒拉地坡乡	7675	3875	3800	2112	3867	3793	2711	4564	400	7390
三岔河乡	4477	2312	2165	1089	2312	2165	1720	2563	194	3725
尼地乡	1898	960	938	491	960	938	655	1148	95	1727
碗厂乡	2748	1398	1350	785	1379	1343	1095	1519	134	2423
普诗乡	6136	3022	3114	1463	2964	3079	2125	3756	255	5446
玛增依乌乡	5660	2867	2793	1350	2867	2793	2086	3393	181	5316
塘且乡	2850	1431	1419	767	1377	1393	1029	1651	170	2669
久特洛古乡	2601	1325	1276	766	1302	1271	934	1503	164	2477
齿可波西乡	8197	4188	4009	2171	4154	3996	3068	4712	417	7568
特口甲谷乡	2965	1523	1442	838	1514	1432	1017	1753	195	2579
竹核乡	11198	5539	5659	2683	5364	5534	3770	6865	563	10788
阿并洛古乡	7012	3496	3516	1775	3474	3494	2416	4273	323	6525
格吾乡	1944	1025	919	543	1025	919	678	1161	105	1766
特布洛乡	5895	3060	2835	1532	3038	2824	1926	3695	274	5725
庆恒乡	6718	3478	3240	1703	3476	3239	2197	4203	318	5830
拉一木乡	5206	2669	2537	1193	2669	2537	1777	3156	273	4786
色底乡	1888	1014	874	453	1013	874	675	1114	99	1606
补约乡	2550	1369	1181	580	1341	1175	958	1467	125	2203
比尔乡	7981	3986	3995	1967	3971	3981	2963	4710	308	7705
库依乡	7789	3919	3870	1815	3918	3870	3030	4402	357	6442
金曲乡	3126	1567	1559	716	1567	1559	1263	1732	131	2664
宜牧地乡	2763	1424	1339	666	1424	1339	995	1666	102	2450
波洛乡	2356	1178	1178	552	1174	1177	808	1444	104	2103
央摩租乡	2717	1374	1343	642	1351	1335	1025	1566	126	2342
则普乡	5171	2668	2503	1121	2668	2503	1749	3172	250	4547
永乐乡	2528	1292	1236	569	1272	1228	903	1514	111	2102
且莫乡	3239	1661	1578	955	1661	1578	977	2015	247	2826
甘多洛古乡	1869	1041	828	487	1041	828	522	1237	110	1687
支尔莫乡	2486	1307	1179	674	1303	1179	816	1528	142	2345
龙沟乡	1833	978	855	573	973	855	602	1133	98	1700
日哈乡	4541	2362	2179	1331	2362	2179	1395	2890	256	4114
哈甘乡	6232	3217	3015	1610	3217	3015	2146	3755	331	5841
喜德县	**165906**	**85414**	**80492**	**43072**	**84155**	**79887**	**56775**	**100911**	**8220**	**145265**
光明镇	25119	13048	12071	7224	12662	11834	6991	16794	1334	19289
冕山镇	14596	7449	7147	3879	7244	7089	4870	8882	844	12604
红莫镇	10951	5754	5197	2747	5750	5193	3468	6947	536	9639
两河口镇	11008	5571	5437	2872	5526	5416	3926	6465	617	10611
米市镇	6338	3208	3130	1622	3060	3015	2278	3709	351	5918
洛哈镇	4646	2392	2254	1337	2359	2240	1684	2730	232	4392
尼波镇	7131	3737	3394	1791	3732	3393	2810	3996	325	6400
拉克乡	8667	4316	4351	2147	4243	4314	2744	5365	558	7198
则约乡	3191	1647	1544	791	1617	1537	1156	1846	189	2812
贺波洛乡	9375	4788	4587	2405	4787	4587	3405	5505	465	8750
鲁基乡	9906	5071	4835	2497	5071	4835	3403	6147	356	8907
李子乡	9626	4915	4711	2395	4904	4705	3522	5748	356	7978
北山乡	4745	2551	2194	1227	2527	2188	1645	2870	230	4299
西河乡	2120	1153	967	532	1125	960	724	1304	92	1957

表23　续表 93　　　　单位：人、户

地区	总人口			家庭户	家庭户总人口		分年龄人口			居住本地，户口在本地
	合计	男	女	户数	男	女	0-14岁	15-64岁	65岁及以上	
东河乡	7397	3795	3602	1782	3729	3562	2643	4456	298	5597
且拖乡	4003	2066	1937	1032	2056	1937	1390	2379	234	3745
博洛拉达乡	2212	1162	1050	576	1161	1050	810	1299	103	1914
沙马拉达乡	4669	2359	2310	1126	2264	2289	1678	2784	207	4326
巴久乡	4155	2116	2039	998	2087	2032	1660	2316	179	3946
洛莫乡	2755	1397	1358	746	1396	1358	1037	1608	110	2704
依洛乡	3288	1725	1563	808	1698	1555	1226	1923	139	3010
热柯依达乡	2020	1055	965	545	1044	953	749	1152	119	1899
额尼乡	2327	1211	1116	638	1185	1112	830	1388	109	2160
乐武乡	5661	2928	2733	1355	2928	2733	2126	3298	237	5210
冕宁县	**351245**	**180449**	**170796**	**89744**	**177339**	**169398**	**98578**	**225938**	**26729**	**303191**
城厢镇	44550	22391	22159	12521	21739	21551	11073	30352	3125	32712
漫水湾镇	12498	6412	6086	3133	6169	5981	2988	8599	911	9450
大桥镇	12689	6444	6245	3124	6359	6224	4725	7295	669	12104
复兴镇	18249	9242	9007	4833	9203	8996	4105	12528	1616	16931
泸沽镇	27962	14303	13659	7991	13841	13527	6471	19449	2042	21446
沙坝镇	26415	13628	12787	6108	13371	12666	7477	17220	1718	22027
回坪乡	12525	6494	6031	3144	6481	6028	2873	8497	1155	11264
回龙乡	11057	5742	5315	2704	5686	5289	2750	7292	1015	10202
哈哈乡	7889	4075	3814	1830	4063	3811	2892	4516	481	7041
森荣乡	13182	6712	6470	3030	6706	6459	4964	7427	791	11934
林里乡	5263	2735	2528	1432	2672	2521	1262	3546	455	4622
石龙乡	13734	7038	6696	3508	7037	6696	2985	9519	1230	12512
铁厂乡	9600	4851	4749	2198	4751	4733	3474	5597	529	7808
河边乡	12533	6478	6055	3090	6441	6034	2753	8538	1242	11869
河里乡	5592	2818	2774	1297	2818	2774	2100	3148	344	4900
冶勒乡	1056	533	523	285	533	523	382	633	41	977
拖乌乡	3715	1951	1764	870	1834	1746	1302	2212	201	3309
彝海乡	5772	2968	2804	1323	2859	2766	2172	3320	280	5115
曹古乡	6666	3410	3256	1514	3405	3254	2565	3761	340	5784
惠安乡	8415	4395	4020	2103	4386	4016	2425	5216	774	7723
后山乡	13411	6894	6517	3218	6851	6498	4202	8288	921	11968
宏模乡	14636	7412	7224	4115	7406	7224	3836	9321	1479	13142
先锋乡	15890	8106	7784	3842	7997	7676	4123	10447	1320	13904
泽远乡	12343	6228	6115	3220	6172	6087	3975	7574	794	11939
里庄乡	2327	1241	1086	691	1236	1085	644	1500	183	2004
金林乡	1269	668	601	309	646	590	432	753	84	1180
腊窝乡	1764	922	842	453	911	837	597	1060	107	1580
联合乡	3487	1912	1575	865	1683	1531	1025	2213	249	2924
麦地沟乡	2787	1457	1330	653	1418	1324	1085	1527	175	2455
锦屏乡	4059	2221	1838	1186	2220	1838	922	2637	500	3867
南河乡	2345	1401	944	616	1182	932	471	1545	329	1977
青纳乡	3221	1752	1469	851	1728	1457	770	2080	371	3136
和爱藏族乡	2387	1289	1098	629	1262	1094	763	1360	264	2213
棉沙湾乡	2512	1264	1248	658	1231	1248	958	1383	171	2166
马头乡	1733	913	820	425	913	820	703	938	92	1624
窝堡乡	3866	2000	1866	911	1998	1866	1482	2148	236	3743
新兴乡	1948	1084	864	549	1066	863	433	1239	276	1859
健美乡	1898	1065	833	515	1065	833	419	1260	219	1780
越西县	**269896**	**137100**	**132796**	**69549**	**135705**	**132394**	**97060**	**158415**	**14421**	**243993**

表23 续表 94　　　　单位：人、户

地　区	总人口			家庭户	家庭户总人口		分年龄人口			居住本地，户口在本地
	合　计	男	女	户　数	男	女	0-14岁	15-64岁	65岁及以　上	
越城镇	34986	17699	17287	10551	17536	17236	8941	23576	2469	31461
中所镇	8932	4458	4474	2703	4458	4473	2327	5797	808	8055
新民镇	10203	5272	4931	2659	5272	4931	3194	6374	635	9052
乃托镇	7278	3731	3547	1828	3526	3469	2825	4143	310	6140
普雄镇	19485	10305	9180	5082	9856	9133	6909	11828	748	15513
新乡乡	2586	1301	1285	657	1301	1285	1070	1410	106	2370
马拖乡	11011	5406	5605	2681	5406	5605	4458	6049	504	10311
大瑞乡	10294	5141	5153	2972	5137	5151	3274	6196	824	9820
南箐乡	9264	4641	4623	2254	4641	4622	3625	5159	480	8471
丁山乡	5725	2908	2817	1677	2901	2815	1574	3675	476	5140
大花乡	6633	3294	3339	1576	3292	3339	2562	3744	327	6161
河东乡	7944	3988	3956	2014	3988	3956	2704	4788	452	7260
西山乡	6065	3040	3025	1442	3040	3025	2462	3350	253	4807
板桥乡	7175	3619	3556	1637	3576	3525	2638	4163	374	6660
瓦岩乡	7394	3787	3607	1582	3753	3602	2865	4253	276	6475
大屯乡	8733	4397	4336	2366	4353	4307	2713	5455	565	8180
保安藏族乡	3355	1723	1632	793	1721	1627	1329	1828	198	3130
白果乡	4829	2439	2390	1168	2437	2387	1995	2573	261	4316
梅花乡	3400	1763	1637	734	1646	1598	1264	1966	170	2980
拉普乡	6279	3160	3119	1458	3113	3105	2613	3412	254	5834
铁西乡	4596	2356	2240	1075	2340	2240	1818	2570	208	4323
尔觉乡	5520	2830	2690	1270	2758	2655	2123	3202	195	4832
四甘普乡	4630	2356	2274	1148	2345	2273	1839	2589	202	4366
贡莫乡	6077	3099	2978	1426	3050	2961	2235	3530	312	5763
拉白乡	2605	1338	1267	643	1338	1267	1089	1408	108	2445
乐青地乡	6238	3167	3071	1474	3167	3071	2448	3434	356	5671
德吉乡	2088	1075	1013	536	1066	1011	869	1139	80	1688
依洛地坝乡	7877	4012	3865	2219	4012	3865	3293	4230	354	7407
尔赛乡	4928	2615	2313	1188	2590	2304	1894	2806	228	4189
古二乡	3609	1852	1757	897	1837	1751	1485	1910	214	3440
竹阿觉乡	3345	1770	1575	829	1755	1571	1437	1790	118	3139
保石乡	3135	1617	1518	740	1617	1518	1262	1743	130	2846
五里箐乡	6371	3160	3211	1530	3160	3211	2633	3452	286	5959
书古乡	6836	3448	3388	1621	3445	3388	2857	3683	296	6519
瓦普莫乡	3514	1791	1723	814	1761	1716	1432	1950	132	3481
申果乡	3116	1606	1510	830	1606	1510	1317	1674	125	2983
瓦曲觉乡	2855	1419	1436	751	1419	1436	1230	1498	127	2579
申普乡	4169	2081	2088	1016	2072	2083	1753	2215	201	3891
瓦曲乃乌乡	393	196	197	103	196	197	150	224	19	357
瓦里觉乡	3478	1758	1720	901	1736	1712	1346	2006	126	3262
拉吉乡	2945	1482	1463	704	1482	1463	1208	1623	114	2717
甘洛县	**195100**	**102037**	**93063**	**48124**	**100565**	**92629**	**62404**	**122433**	**10263**	**162539**
新市坝镇	52671	27236	25435	14170	26650	25207	14586	35604	2481	36144
田坝镇	15643	8153	7490	4310	8135	7481	3456	10793	1394	15049
海棠镇	4036	2069	1967	1089	2053	1964	1327	2466	243	3692
吉米镇	4995	2712	2283	1416	2680	2282	1965	2844	186	4783
斯觉镇	5912	3070	2842	1266	3070	2842	2491	3215	206	4910
普昌镇	13863	7266	6597	3157	7266	6597	5232	8063	568	10505
玉田镇	6404	3300	3104	1512	3300	3104	2141	3941	322	5922
前进乡	6102	3148	2954	1559	3148	2954	1816	3875	411	5800

表23 续表 95 单位：人、户

地区	总人口			家庭户	家庭户总人口		分年龄人口			居住本地，户口在本地
	合计	男	女	户数	男	女	0-14岁	15-64岁	65岁及以上	
胜利乡	5187	2688	2499	1349	2664	2486	1592	3210	385	4713
新茶乡	2601	1380	1221	645	1359	1207	750	1600	251	2355
两河乡	1669	896	773	456	889	771	521	996	152	1591
里克乡	5304	2773	2531	1029	2748	2516	2177	2943	184	4419
尼尔觉乡	4617	2341	2276	920	2339	2276	1852	2583	182	3861
拉莫乡	1785	946	839	464	925	836	689	1009	87	1445
波波乡	1575	826	749	427	826	749	584	895	96	1484
阿嘎乡	3621	1940	1681	925	1855	1666	1395	2043	183	3403
阿尔乡	9807	5105	4702	2155	5101	4691	3724	5716	367	8741
石海乡	8036	4149	3887	1810	4149	3887	3038	4708	290	7135
团结乡	5499	2904	2595	1269	2803	2543	1496	3656	347	4898
嘎日乡	7697	4091	3606	1355	3995	3586	2756	4617	324	6823
则拉乡	3004	1568	1436	624	1567	1435	1036	1814	154	2642
坪坝乡	3312	1728	1584	883	1728	1584	1150	1941	221	2877
蓼坪乡	3687	1909	1778	918	1893	1778	1267	2191	229	3123
阿兹觉乡	3465	1824	1641	822	1819	1641	1040	2235	190	3215
乌史大桥乡	3641	1953	1688	802	1932	1673	1038	2388	215	3433
黑马乡	4467	2471	1996	1213	2418	1990	1323	2893	251	4021
沙岱乡	2685	1473	1212	733	1473	1212	869	1683	133	2350
苏雄乡	3815	2118	1697	846	1780	1671	1093	2511	211	3205
美姑县	**221505**	**111616**	**109889**	**53981**	**110576**	**109569**	**78318**	**132996**	**10191**	**204428**
巴普镇	19463	9870	9593	5541	9502	9462	6006	12788	669	15552
觉洛乡	5573	2675	2898	1342	2675	2898	1937	3381	255	5271
井叶特西乡	7128	3599	3529	1629	3592	3529	2295	4502	331	6710
合姑洛乡	4735	2376	2359	1132	2376	2359	1739	2752	244	4442
巴古乡	6739	3410	3329	1572	3410	3329	2499	3948	292	6428
农作乡	5333	2630	2703	1266	2614	2699	1998	3046	289	4961
佐戈依达乡	8904	4552	4352	2144	4513	4346	3398	5147	359	8246
子威乡	3988	2020	1968	921	2003	1967	1212	2599	177	3384
依洛拉达乡	3544	1805	1739	896	1795	1738	1159	2211	174	3256
典补乡	6875	3430	3445	1601	3410	3431	2566	3960	349	5783
哈洛乡	2658	1337	1321	603	1337	1321	1007	1519	132	2532
牛牛坝乡	13320	6766	6554	3297	6766	6554	4678	8053	589	12447
尔合乡	4528	2304	2224	1057	2298	2223	1675	2649	204	4445
竹库乡	4772	2521	2251	1140	2521	2251	1668	2877	227	4504
候古莫乡	8756	4353	4403	1971	4353	4403	3092	5276	388	8597
候播乃拖乡	7941	4033	3908	1755	3977	3908	2996	4584	361	7505
采红乡	3663	1824	1839	828	1807	1834	1349	2147	167	3473
苏洛乡	3844	1984	1860	904	1974	1859	1441	2218	185	3606
九口乡	10338	5207	5131	2448	5196	5131	3743	6156	439	9503
洛俄依甘乡	7479	3715	3764	1928	3713	3764	2567	4518	394	6800
拉木阿觉乡	8056	4065	3991	1882	3919	3915	2737	5012	307	7202
洛莫依达乡	4479	2274	2205	1143	2260	2196	1499	2723	257	4219
柳洪乡	5541	2758	2783	1465	2735	2774	1977	3246	318	5265
乐约乡	3746	1974	1772	882	1850	1761	1431	2116	199	3393
尔其乡	3563	1818	1745	887	1815	1741	1297	2077	189	3458
瓦古乡	3076	1584	1492	838	1584	1492	1005	1892	179	2875
峨曲古乡	5299	2587	2712	1220	2583	2711	1960	3101	238	5054
炳途乡	4472	2223	2249	1112	2223	2249	1632	2638	202	4199
拖木乡	4475	2295	2180	1023	2295	2180	1551	2731	193	4413
尼哈乡	2319	1114	1205	604	1114	1205	925	1278	116	2136
龙门乡	9202	4540	4662	2199	4517	4656	3124	5626	452	8938
依果觉乡	8109	4162	3947	2228	4161	3946	2833	4904	372	7925
洒库乡	8273	4101	4172	1932	4045	4148	2913	4974	386	7960

表23　续表 96　　　　单位：人、户

地　区	总人口			家庭户	家庭户总人口		分年龄人口			居住本地，户口在本地
	合　计	男	女	户　数	男	女	0-14岁	15-64岁	65岁及以上	
瓦西乡	3954	1997	1957	944	1977	1951	1449	2287	218	3737
树窝乡	2743	1390	1353	604	1343	1344	1186	1438	119	2185
龙窝乡	4617	2323	2294	1043	2323	2294	1774	2622	221	4024
雷波县	**223885**	**116207**	**107678**	**60001**	**112685**	**106780**	**65576**	**144997**	**13312**	**202385**
锦城镇	13096	6642	6454	4800	6556	6413	2569	9605	922	10380
西宁镇	7045	3602	3443	1974	3436	3421	2167	4389	489	5651
汶水镇	11417	5960	5457	3172	5906	5439	2959	7751	707	10884
黄琅镇	7403	3752	3651	1948	3748	3646	2051	4832	520	6797
南田乡	9098	4963	4135	2297	3988	4041	1754	6888	456	7726
海湾乡	6825	3413	3412	1743	3211	3109	1456	4957	412	5819
杉树堡乡	3725	1903	1822	1074	1886	1814	1040	2413	272	3406
箐口乡	7469	3873	3596	1897	3860	3591	1995	4985	489	7044
帕哈乡	4729	2444	2285	1178	2444	2285	1482	2982	265	4451
永盛乡	8284	4365	3919	2408	4293	3887	2215	5523	546	7980
溪洛米乡	4952	2591	2361	1491	2588	2359	1406	3198	348	4619
白铁坝乡	3892	2435	1457	961	1450	1328	538	3214	140	2261
顺河乡	2127	1108	1019	692	1106	1019	591	1383	153	1956
渡口乡	6863	3519	3344	1921	3474	3313	2041	4275	547	6322
回龙场乡	5109	2691	2418	1552	2689	2416	1386	3321	402	4765
马湖乡	7574	3936	3638	1953	3934	3638	2251	4763	560	6824
中田乡	5513	2830	2683	1506	2809	2675	1648	3481	384	5008
谷米乡	6307	3196	3111	1482	3196	3111	1906	3927	474	5918
柑子乡	2225	1132	1093	674	1131	1093	618	1425	182	2082
双河口乡	1881	962	919	431	949	914	686	1093	102	1610
罗山溪乡	2973	1506	1467	717	1490	1461	1076	1776	121	2862
桂花乡	3576	1853	1723	953	1810	1718	1215	2179	182	3397
烂坝子乡	2392	1222	1170	605	1180	1156	796	1501	95	2248
沙沱乡	2518	1311	1207	725	1269	1205	713	1586	219	2230
山棱岗乡	5294	2724	2570	1300	2644	2526	1815	3273	206	4828
长河乡	2430	1253	1177	584	1239	1173	869	1423	138	2182
谷堆乡	2608	1347	1261	607	1333	1257	852	1640	116	2427
八寨乡	5350	2722	2628	1410	2665	2614	1817	3307	226	4386
拉咪乡	1535	843	692	457	773	682	459	1004	72	1207
松树乡	3617	1885	1732	838	1809	1725	1278	2164	175	3260
曲依乡	3752	1955	1797	913	1955	1797	1318	2256	178	3469
千万贯乡	3757	1946	1811	990	1939	1810	1266	2275	216	3476
五官乡	5013	2567	2446	1231	2537	2443	1470	3250	293	4614
上田坝乡	4183	2095	2088	1066	2086	2087	1463	2546	174	3962
大坪子乡	1420	760	660	359	756	659	476	855	89	1394
簸箕梁子乡	2134	1102	1032	519	1068	1024	710	1317	107	1892
小沟乡	1015	583	432	318	583	432	333	640	42	830
莫红乡	3303	1711	1592	854	1622	1580	1197	1960	146	2780
克觉乡	492	296	196	119	229	184	122	348	22	404
坪头乡	2577	1356	1221	773	1335	1217	900	1538	139	2350
雷池乡	3909	2070	1839	1045	2070	1839	1281	2406	222	3776
巴姑乡	3549	1758	1791	859	1720	1783	1152	2236	161	3380
咪姑乡	5113	2585	2528	1259	2567	2521	1674	3144	295	5074
一车乡	3529	1856	1673	894	1839	1665	1225	2094	210	3454
斯古溪乡	1978	1030	948	483	1030	948	723	1169	86	1844
卡哈洛乡	5925	3099	2826	1572	3063	2814	1859	3761	305	5621
元宝山乡	8866	4563	4303	2007	4557	4302	2956	5518	392	8339
大岩洞乡	1818	952	866	467	952	866	611	1099	108	1636
岩脚乡	3725	1940	1785	923	1911	1780	1191	2327	207	3560

表24　贵州省乡、镇、街道人口

单位：人、户

地　区	总人口			家庭户	家庭户总人口		分年龄人口			居住本地，户口在本地
	合　计	男	女	户　数	男	女	0-14岁	15-64岁	65岁及以上	
贵州省	**34748556**	**17905471**	**16843085**	**10558461**	**17153547**	**16417761**	**8778242**	**22944133**	**3026181**	**29403067**
贵阳市	**4322611**	**2221896**	**2100715**	**1370555**	**2012552**	**1961126**	**736453**	**3238051**	**348107**	**2723754**
南明区	**829326**	**423080**	**406246**	**274154**	**384404**	**380774**	**126642**	**632583**	**70101**	**410070**
新华路街道	24522	12093	12429	8775	11448	11940	2932	18519	3071	16159
西湖路街道	74283	36613	37670	23269	31687	33180	9253	56935	8095	47617
大南门街道	13769	6706	7063	5092	6222	6605	1579	10713	1477	7030
中华南路街道	4965	2452	2513	1727	2162	2306	515	3926	524	2830
市府路街道	13777	6739	7038	4854	6345	6721	1512	10458	1807	7911
河滨街道	27173	13055	14118	9220	11931	12704	2671	21001	3501	15260
遵义路街道	58801	30194	28607	19377	26099	26897	6757	45754	6290	35237
兴关路街道	58830	29631	29199	21306	28504	28855	7456	44832	6542	36130
沙冲路街道	68798	34604	34194	24323	33365	33464	9642	53124	6032	31161
太慈桥街道	47550	23975	23575	16763	22405	22681	6251	36439	4860	26156
花果园街道	44297	21889	22408	15046	20838	21237	5536	34235	4526	28024
油榨街街道	70421	35380	35041	24152	33758	33951	9441	53598	7382	42566
中曹司街道	32439	16924	15515	11452	15462	15294	4667	24578	3194	17248
二戈寨街道	44424	22629	21795	13992	19197	18796	5569	34078	4777	26122
龙洞堡街道	26551	15117	11434	3236	4638	4501	1639	23683	1229	12908
后巢乡	124924	66381	58543	43325	63988	57558	29955	92268	2701	16183
云关乡	62328	32087	30241	19690	30801	29594	14902	45483	1943	17721
小碧布依族苗族乡	18036	9487	8549	4856	8793	8288	3757	13124	1155	12939
永乐乡	13438	7124	6314	3699	6761	6202	2608	9835	995	10868
云岩区	**956906**	**486084**	**470822**	**317795**	**428853**	**425047**	**131749**	**751145**	**74012**	**450155**
中华中路街道	16052	7721	8331	5474	7358	8002	2244	12131	1677	11229
中山东路街道	51851	25378	26473	18984	24604	25840	6278	39992	5581	29066
中山西路街道	16515	8131	8384	6038	7693	7935	1942	12905	1668	9686
中华北路街道	9046	4424	4622	3327	4140	4405	1010	7029	1007	5831
北京路街道	41879	20541	21338	14777	19663	20817	4626	30816	6437	30536
延安中路街道	21215	10237	10978	7694	9546	10186	2258	16751	2206	12369
市西路街道	33449	16574	16875	12199	16180	16468	4185	26126	3138	15246
普陀路街道	29801	14443	15358	11374	14270	15247	3229	23413	3159	18477
环城北路街道	19540	9894	9646	7165	9112	9450	1999	15270	2271	11407
贵乌路街道	96917	46952	49965	31515	42509	44423	11754	75379	9784	53699
黔灵东路街道	47553	22461	25092	13690	17849	18512	4174	39205	4174	26634
威清路街道	23439	11527	11912	8591	11176	11622	2551	17949	2939	14017
头桥街道	78355	39260	39095	27520	37473	37858	10341	60954	7060	39796
三桥街道	42707	21643	21064	13847	19210	18859	5655	33328	3724	21871
宅吉路街道	68388	33231	35157	16691	22439	23019	6962	57047	4379	39173
金关街道	53280	31247	22033	15194	20814	18778	7749	43266	2265	20026
金鸭街道	83241	45216	38025	24918	37022	34279	12735	64845	5661	39225
金惠街道	9418	4904	4514	2654	4680	4449	2044	6887	487	4540
黔灵镇	214260	112300	101960	76143	103115	94898	40013	167852	6395	47327
花溪区	**358981**	**183442**	**175539**	**90490**	**151360**	**148049**	**60053**	**271850**	**27078**	**266958**
贵筑街道	68866	35978	32888	18057	26793	26992	10080	53831	4955	43053
清溪街道	32378	15976	16402	10124	14973	15368	5472	24133	2773	21286

表24　续表 1　　　　单位：人、户

地　区	总人口			家庭户	家庭户总人口		分年龄人口			居住本地，户口在本地
	合　计	男	女	户　数	男	女	0-14岁	15-64岁	65岁及以上	
溪北街道	70436	36027	34409	12192	18695	18675	7240	59908	3288	38530
青岩镇	30707	15529	15178	8057	15271	14953	6058	22310	2339	27166
石板镇	21538	11078	10460	5682	10692	10188	4101	15461	1976	19278
孟关苗族布依族乡	21885	11148	10737	5927	10841	10576	4594	15812	1479	18465
党武乡	18252	9386	8866	4877	9183	8688	3528	13241	1483	16676
湖潮苗族布依族乡	25376	12233	13143	5799	9489	9431	3707	19386	2283	20126
久安乡	12373	6451	5922	3447	6372	5870	2604	8728	1041	11020
麦坪乡	15960	8249	7711	4472	8080	7630	3286	11304	1370	13950
高坡苗族乡	14197	7265	6932	4022	7143	6891	4116	8636	1445	13074
黔陶布依族苗族乡	8133	4172	3961	2455	4086	3919	1665	5618	850	7299
马铃布依族苗族乡	6683	3531	3152	2038	3493	3137	1274	4611	798	6065
燕楼乡	12197	6419	5778	3341	6249	5731	2328	8871	998	10970
乌当区	**376971**	**196121**	**180850**	**112433**	**172265**	**166625**	**68264**	**281007**	**27700**	**234939**
新添街道	43426	22994	20432	13819	19407	19550	6853	33321	3252	22184
高新路街道	75045	36940	38105	23603	33146	32867	11492	58194	5359	44371
金阳街道	100976	53276	47700	26659	42048	40646	19363	77461	4152	42651
朱昌镇	24281	12635	11646	6884	11890	11581	5170	17165	1946	19824
东风镇	30860	16201	14659	8620	14796	14139	5939	22856	2065	20587
水田镇	12986	6719	6267	3857	6592	6239	2696	9080	1210	11021
羊昌镇	9748	5072	4676	3376	5036	4653	1781	6828	1139	8521
金华镇	41999	22486	19513	12680	19776	19216	7575	30280	4144	32798
下坝乡	11560	6062	5498	3868	6031	5476	2308	7942	1310	10491
新堡布依族乡	4052	2116	1936	1381	2091	1927	805	2769	478	3536
新场乡	11010	5769	5241	3860	5723	5200	2280	7470	1260	9601
百宜乡	8484	4516	3968	3014	4411	3931	1584	5819	1081	7498
偏坡布依族乡	1643	872	771	506	869	767	298	1163	182	1424
贵阳市三江农场	901	463	438	306	449	433	120	659	122	432
白云区	**264496**	**138819**	**125677**	**79747**	**122073**	**118059**	**48662**	**197001**	**18833**	**152754**
大山洞街道	39920	23312	16608	11868	16363	16224	6125	31090	2705	23839
龚家寨街道	39232	19759	19473	15055	19291	19244	5446	29191	4595	29058
艳山红街道	31775	15803	15972	11429	15242	15685	4839	22961	3975	19201
都拉营街道	7045	3607	3438	2881	3456	3209	823	5546	676	5082
艳山红镇	64932	34222	30710	19220	32569	29929	15541	47008	2383	18114
麦架镇	32470	16606	15864	5658	10969	10608	5079	26170	1221	23487
沙文镇	25841	13362	12479	7317	12867	12315	5639	18585	1617	18493
都拉布依族乡	13408	7110	6298	3508	6401	6108	3022	9700	686	7280
牛场布依族乡	9873	5038	4835	2811	4915	4737	2148	6750	975	8200
小河区	**248070**	**129557**	**118513**	**83682**	**118283**	**115682**	**42808**	**185019**	**20243**	**129230**
黄河街道	79465	43057	36408	26217	35529	35545	11903	60454	7108	37000
长江街道	60571	30446	30125	21589	29457	29532	10001	44918	5652	35111
平桥街道	64433	33388	31045	21866	31932	30345	12999	47410	4024	29977
三江街道	24850	13069	11781	8587	12436	11577	4260	18438	2152	15412
金竹街道	18751	9597	9154	5423	8929	8683	3645	13799	1307	11730
开阳县	**358248**	**184470**	**173778**	**115509**	**178698**	**170302**	**71617**	**254722**	**31909**	**310306**
城关镇	92956	46907	46049	29509	45392	44627	19107	68007	5842	64405
双流镇	28656	14966	13690	8766	13838	13069	5485	20598	2573	26109
金中镇	24163	12784	11379	7963	11883	11222	4301	18120	1742	18378
冯三镇	26766	13799	12967	8986	13799	12967	4980	19324	2462	25983

表24 续表 2

单位：人、户

地 区	总人口			家庭户	家庭户总人口		分年龄人口			居住本地，户口在本地
	合 计	男	女	户 数	男	女	0-14岁	15-64岁	65岁及以上	
楠木渡镇	32156	16466	15690	10020	15780	15107	6093	22851	3212	30989
龙岗镇	29359	15101	14258	9181	14846	14045	5974	20582	2803	26746
南龙乡	13259	6891	6368	4510	6856	6352	2605	9267	1387	12866
永温乡	14394	7540	6854	4483	7368	6791	2625	10435	1334	13699
宅吉乡	13050	6784	6266	4100	6752	6258	2888	8814	1348	12596
花梨乡	18444	9409	9035	6323	9340	9001	3957	12543	1944	17616
龙水乡	8517	4337	4180	2991	4211	4123	1772	5773	972	8168
米坪乡	5354	2723	2631	1773	2714	2630	1135	3609	610	5124
禾丰乡	11085	5766	5319	3816	5580	5218	2176	7602	1307	10356
南江乡	14265	7406	6859	4496	7249	6791	2835	9876	1554	13352
高寨乡	17679	9270	8409	5831	8898	8331	3918	11894	1867	16373
毛云乡	8145	4321	3824	2761	4192	3770	1766	5427	952	7546
息烽县	**212897**	**110119**	**102778**	**74010**	**107510**	**101751**	**43918**	**149505**	**19474**	**181091**
永靖镇	60557	30564	29993	20662	29620	29469	12035	44053	4469	45362
温泉镇	17934	9388	8546	6568	9205	8486	3400	12717	1817	15497
九庄镇	22238	11553	10685	7573	11387	10552	4788	15187	2263	20666
小寨坝镇	32020	16684	15336	11241	16148	15149	6305	23123	2592	25130
青山苗族乡	5134	2698	2436	1964	2693	2435	1041	3574	519	4724
西山乡	12980	6749	6231	4592	6617	6187	2641	9035	1304	12087
养龙司乡	18139	9388	8751	6028	9236	8745	3905	12382	1852	16822
石硐乡	17330	9132	8198	6203	8740	8171	3854	11864	1612	16019
鹿窝乡	11133	5929	5204	3900	5856	5170	2386	7442	1305	10372
流长乡	15432	8034	7398	5279	8008	7387	3563	10128	1741	14412
修文县	**248926**	**128905**	**120021**	**80663**	**122536**	**116884**	**49614**	**178162**	**21150**	**208315**
龙场镇	83215	42193	41022	26497	40605	40080	16371	61039	5805	63498
扎佐镇	40719	21091	19628	11253	18349	17888	7242	30463	3014	29822
久长镇	25276	12900	12376	8017	12759	12327	5514	17716	2046	22803
六广镇	19540	10434	9106	6786	9631	8963	3785	13948	1807	17417
谷堡乡	17172	9127	8045	5683	8487	7944	3523	11893	1756	15852
六屯乡	10099	5190	4909	3477	5095	4860	2135	6732	1232	9515
小箐乡	15698	8227	7471	5312	8198	7462	3256	10970	1472	14783
洒坪乡	10932	5772	5160	4123	5682	5127	2197	7567	1168	10326
大石布依族乡	8339	4407	3932	3157	4335	3911	1939	5557	843	7851
六桶乡	17936	9564	8372	6358	9395	8322	3652	12277	2007	16448
清镇市	**467790**	**241299**	**226491**	**142072**	**226570**	**217953**	**93126**	**337057**	**37607**	**379936**
青龙街道	133053	68411	64642	39894	59946	59762	24046	100564	8443	84344
红枫湖镇	43763	22394	21369	13045	21670	20866	8995	30694	4074	35175
站街镇	71328	36545	34783	20871	34029	33117	14292	52071	4965	60872
卫城镇	46825	24133	22692	14613	23172	22069	9755	32838	4232	41645
新店镇	39196	20061	19135	12564	19878	19102	7953	27625	3618	35693
百花湖乡	16448	8391	8057	4852	8155	7779	3420	11478	1550	14574
麦格苗族布依族乡	16422	8630	7792	5032	8532	7724	3185	11632	1605	15054
暗流乡	15494	8330	7164	5383	7904	7089	3007	10731	1756	14003
王庄布依族苗族乡	17512	9201	8311	5054	8736	8151	3496	12380	1636	15713
流长苗族乡	37384	19599	17785	11761	19033	17568	8426	25670	3288	34536
犁倭乡	30365	15604	14761	9003	15515	14726	6551	21374	2440	28327
六盘水市	**2851332**	**1493973**	**1357359**	**889146**	**1433124**	**1327042**	**700990**	**1933912**	**216430**	**2412391**
钟山区	**616210**	**320668**	**295542**	**187383**	**297530**	**280832**	**147834**	**432658**	**35718**	**406571**
黄土坡街道	188405	96340	92065	64128	91546	88474	42917	134619	10869	109724
荷城街道	128650	67022	61628	40103	63277	59662	29830	91462	7358	82018

表24　续表 3　　　　单位：人、户

地　　区	总人口 合　计	总人口 男	总人口 女	家庭户户　数	家庭户总人口 男	家庭户总人口 女	分年龄人口 0-14岁	分年龄人口 15-64岁	分年龄人口 65岁及以　上	居住本地，户　口在本地
凤凰街道	76580	39443	37137	21365	34010	32709	16248	57037	3295	40574
德坞街道	22834	11476	11358	5936	10163	9635	5780	16111	943	13412
老鹰山镇	42149	22526	19623	13094	20026	18513	9721	28894	3534	32051
大河镇	33835	18067	15768	9791	17377	15652	9353	22114	2368	28381
汪家寨镇	51869	27817	24052	14804	25649	23433	13131	35242	3496	42917
大湾镇	55745	29523	26222	13628	27513	25359	16396	36550	2799	44928
月照彝族回族苗族乡	16143	8454	7689	4534	7969	7395	4458	10629	1056	12566
六枝特区	**495162**	**255140**	**240022**	**152304**	**248497**	**237530**	**141165**	**305876**	**48121**	**434613**
平寨镇	138826	70657	68169	43839	66398	66045	32409	93171	13246	108680
郎岱镇	28121	14578	13543	8695	14125	13458	7941	17320	2860	25710
岩脚镇	39730	20149	19581	12324	20047	19558	12130	23450	4150	36107
木岗镇	16553	8571	7982	5532	8562	7977	4479	10162	1912	15002
大用镇	18143	9526	8617	6347	9426	8614	4895	11202	2046	16117
新窑乡	31417	16324	15093	8825	15880	15033	9532	19008	2877	28645
落别布依族彝族乡	21660	11239	10421	6543	10992	10403	6702	12422	2536	19626
折溪彝族乡	9448	4847	4601	3110	4847	4601	3200	5053	1195	8798
牛场苗族彝族乡	15732	8255	7477	4793	8186	7470	4865	9406	1461	14411
新场乡	25386	12990	12396	7613	12981	12394	7834	15168	2384	24675
中寨苗族彝族布依族乡	31646	16589	15057	9685	16229	15002	9137	19496	3013	28632
堕却乡	18514	9689	8825	5596	9620	8821	5411	11388	1715	17267
箐口彝族仡佬族布依族乡	10034	5323	4711	2726	5202	4698	2885	6318	831	9137
洒志彝族布依族苗族乡	11950	6239	5711	3581	6223	5698	3983	6785	1182	10272
毛口布依族苗族乡	7587	3893	3694	2282	3814	3674	2200	4689	698	6882
龙场乡	29447	14944	14503	8573	14887	14485	10176	16846	2425	27935
新华乡	19015	9901	9114	5390	9689	9088	6101	11327	1587	16101
梭戛苗族彝族回族乡	14479	7538	6941	4287	7514	6928	4855	8412	1212	13636
陇脚布依族乡	7474	3888	3586	2563	3875	3583	2430	4253	791	6980
水城县	**704615**	**374281**	**330334**	**202425**	**361103**	**325800**	**185742**	**465832**	**53041**	**634445**
滥坝镇	46948	24664	22284	11709	21684	20147	11927	32848	2173	26991
董地乡	18758	9822	8936	5494	9528	8642	4901	12578	1279	16628
陡箐乡	19563	10245	9318	5837	10013	9269	5166	12922	1475	17960
比德乡	24793	12938	11855	7507	12826	11840	7033	15967	1793	23250
化乐乡	24429	12921	11508	7343	12508	11483	7251	15352	1826	21499
南开乡	39391	20451	18940	10691	20351	18892	10747	25987	2657	37800
青林乡	14807	7609	7198	4603	7609	7198	4645	9092	1070	13794
保华乡	21836	11444	10392	6288	11012	10209	5602	14739	1495	20297
金盆乡	25005	12973	12032	6653	12906	12011	8410	15112	1483	21805
木果乡	32554	17251	15303	8609	16731	15189	8919	21370	2265	28937
发箐乡	8684	4623	4061	2429	4520	4042	1916	6113	655	8026
双戛乡	10162	5383	4779	2593	5237	4741	2646	6876	640	8485
玉舍乡	33787	18038	15749	9476	17561	15680	8474	22812	2501	30110
勺米乡	22688	12518	10170	5539	11162	10020	5737	15405	1546	19507
纸厂乡	10880	5828	5052	2853	5646	5025	2563	7503	814	10101
坪寨乡	8199	4400	3799	2460	4374	3794	2100	5348	751	7949
发耳乡	37729	20328	17401	10343	19010	17146	9428	25772	2529	32374
都格乡	23314	12549	10765	7397	12242	10701	5672	15756	1886	21953
鸡场乡	23311	12697	10614	7417	11989	10546	6020	15452	1839	22046
龙场乡	16718	8843	7875	5600	8806	7862	4189	10903	1626	16028
营盘乡	17333	9774	7559	5198	8639	7248	3927	11924	1482	16003
顺场乡	16769	8938	7831	5030	8752	7772	4291	10849	1629	15909

表24 续表 4

单位：人、户

地　区	总人口			家庭户	家庭户总人口		分年龄人口			居住本地，户口在本地
	合　计	男	女	户　数	男	女	0-14岁	15-64岁	65岁及以上	
花嘎乡	13344	7128	6216	3991	6988	6148	3425	8824	1095	13020
杨梅乡	23027	12073	10954	6527	11997	10933	6294	14872	1861	21327
新街乡	10185	5401	4784	3093	5401	4784	2888	6336	961	9985
野钟乡	16015	8511	7504	4482	8472	7500	4555	10033	1427	14513
果布嘎乡	12400	6541	5859	3571	6524	5854	3165	8068	1167	12177
米箩乡	23453	12472	10981	8011	12446	10968	5964	15259	2230	22822
阿戛乡	28612	15057	13555	7810	14333	13389	7371	19107	2134	26779
盐井乡	18996	10337	8659	5116	10253	8621	4778	12742	1476	18463
蟠龙乡	32963	17535	15428	10348	17066	15305	8523	21733	2707	31425
猴场乡	15528	8365	7163	4727	7971	7041	4041	10038	1449	14773
红岩乡	12434	6624	5810	3680	6546	5800	3174	8140	1120	11709
盘县	**1035345**	**543884**	**491461**	**347034**	**525994**	**482880**	**226249**	**729546**	**79550**	**936762**
红果镇	112261	58731	53530	36922	54128	50128	22964	83628	5669	84246
城关镇	47712	24372	23340	15833	20473	20590	7880	36133	3699	32345
板桥镇	36281	18821	17460	12478	18448	17070	7590	25367	3324	34477
水塘镇	26666	13972	12694	10240	13911	12675	6012	17711	2943	25908
民主镇	25710	13432	12278	9182	13416	12269	6489	16710	2511	25273
大山镇	34657	18372	16285	11444	18169	16245	8686	23274	2697	32470
保田镇	17285	8961	8324	6124	8898	8306	4151	11514	1620	16447
老厂镇	21769	11364	10405	7598	11299	10397	5450	13981	2338	20449
玛依镇	15666	8365	7301	5070	8336	7301	3821	10382	1463	15312
石桥镇	17706	9410	8296	6228	9179	8280	3905	12389	1412	16590
平关镇	24190	12928	11262	7694	12704	11237	4837	17951	1402	23473
响水镇	24389	12745	11644	8338	12644	11621	6138	16438	1813	22251
火铺镇	23731	12729	11002	8069	12502	10963	4826	17652	1253	18567
乐民镇	44621	23573	21048	13911	22995	20982	10483	31241	2897	41999
西冲镇	20062	10545	9517	6194	10349	9474	4008	14490	1564	19438
断江镇	36000	18900	17100	12854	18447	16952	6757	27031	2212	30414
盘江镇	28694	15136	13558	8975	14640	13382	5889	20851	1954	25286
柏果镇	69355	36163	33192	22374	36003	33146	15111	49900	4344	66759
洒基镇	24005	12666	11339	8518	12559	11319	4987	17808	1210	18529
刘官镇	27302	14213	13089	9679	13965	13014	6295	18574	2433	25399
忠义乡	16047	8465	7582	5614	8448	7580	3583	10844	1620	15870
新民乡	29614	15419	14195	9786	15168	14138	7974	18892	2748	28840
普田回族乡	10982	5701	5281	3626	5698	5279	2505	7509	968	10954
珠东乡	19971	10453	9518	7113	10394	9483	4463	13560	1948	19189
两河乡	17383	9260	8123	5386	8921	8023	3745	12278	1360	16231
滑石乡	21494	11389	10105	7489	10986	10022	4610	14875	2009	20507
鸡场坪彝族乡	35949	18873	17076	10495	18195	16798	7699	25756	2494	34443
松河彝族乡	27200	14965	12235	8404	12971	12009	5518	20172	1510	23222
坪地彝族乡	30425	16079	14346	9945	15936	14330	6800	21372	2253	29779
四格彝族乡	19261	10237	9024	6609	10211	9020	4324	13248	1689	18889
淤泥彝族乡	27257	14504	12753	8215	13297	12394	5493	19861	1903	24790
普古彝族苗族乡	20029	10527	9502	7155	10506	9494	4266	13807	1956	19503
旧营白族彝族苗族乡	17608	9122	8486	6872	9106	8475	4063	11433	2112	17258
羊场布依族白族苗族乡	27950	14691	13259	10117	14437	13227	6233	19043	2674	26894
保基苗族彝族乡	11356	5992	5364	3868	5939	5350	2596	7694	1066	11111
英武乡	14366	7406	6960	4970	7331	6933	3348	9630	1388	13618
马场彝族苗族乡	10391	5403	4988	3645	5385	4974	2750	6547	1094	10032
遵义市	**6127082**	**3116640**	**3010442**	**1944757**	**2998746**	**2933188**	**1444276**	**4097340**	**585466**	**5124512**

表24 续表 5

单位：人、户

地区	总人口			家庭户	家庭户总人口		分年龄人口			居住本地，户口在本地
	合计	男	女	户数	男	女	0-14岁	15-64岁	65岁及以上	
红花岗区	**656592**	**332083**	**324509**	**223641**	**311055**	**310636**	**118921**	**488338**	**49333**	**397109**
老城街道	54976	27989	26987	19654	24183	25572	7188	42188	5600	43444
万里路街道	36917	17935	18982	11466	15478	16397	5415	28020	3482	21542
中华路街道	44320	21676	22644	16573	21342	22329	7108	33917	3295	25371
南门关街道	39545	20036	19509	14551	19088	19215	6724	29444	3377	21582
延安路街道	49680	24366	25314	17542	22424	23395	6944	38562	4174	32317
舟水桥街道	31671	16417	15254	12365	15295	14792	5267	22878	3526	20771
中山路街道	31145	15079	16066	10913	14171	15134	4801	23480	2864	21132
北京路街道	22180	10949	11231	10014	10785	11166	3569	16837	1774	14004
长征镇	128744	66067	62677	42760	64588	62101	30283	93959	4502	37582
巷口镇	11368	5835	5533	3758	5772	5513	2196	8143	1029	10128
南关镇	45802	23424	22378	14381	22851	22260	9332	33763	2707	22932
忠庄镇	46872	23356	23516	14696	20977	20587	7968	35605	3299	26829
海龙镇	12748	6416	6332	4098	6242	6218	2288	9253	1207	11367
深溪镇	27951	14366	13585	8191	13808	13178	5351	20131	2469	25620
金鼎山镇	26820	13656	13164	9145	13458	13024	5569	18545	2706	24817
新蒲镇	45853	24516	21337	13534	20593	19755	8918	33613	3322	37671
汇川区	**438279**	**222175**	**216104**	**142614**	**203918**	**201839**	**84151**	**321096**	**33032**	**264883**
上海路街道	76983	40210	36773	24760	32909	34122	11803	59686	5494	37647
洗马路街道	45580	21601	23979	14722	17994	18882	5458	36098	4024	22955
大连路街道	71361	35411	35950	24023	31034	31063	12107	54786	4468	36246
高桥镇	81228	41730	39498	26847	40498	38827	18856	59590	2782	23868
董公寺镇	27004	13883	13121	9081	13257	12926	5253	19772	1979	19516
团泽镇	35527	18259	17268	12054	17934	16965	8365	23131	4031	32624
高坪镇	55117	27977	27140	16052	27417	26734	11868	38101	5148	49960
板桥镇	19226	9695	9531	6570	9584	9505	4423	12575	2228	17663
泗渡镇	26253	13409	12844	8505	13291	12815	6018	17357	2878	24404
遵义县	**942904**	**483010**	**459894**	**297652**	**461923**	**446748**	**210870**	**640839**	**91195**	**825114**
南白镇	127190	64684	62506	38193	58455	57077	25008	94083	8099	88666
龙坑镇	49934	25738	24196	14562	23512	22930	9971	36515	3448	35583
三岔镇	27147	13907	13240	8712	13648	13190	5491	18899	2757	25114
苟江镇	16530	8454	8076	5197	8233	7949	3940	10566	2024	15655
三合镇	50658	25929	24729	16157	25805	24699	11577	33933	5148	48426
乌江镇	15635	7988	7647	5173	7270	7211	3420	10806	1409	12795
虾子镇	50000	25569	24431	16853	25389	24294	11820	33128	5052	46285
三渡镇	13904	7092	6812	4874	6955	6741	3339	8917	1648	13085
新舟镇	54030	26923	27107	17021	25680	25816	11616	36788	5626	49047
永乐镇	29309	14928	14381	9803	14857	14368	6713	19304	3292	28106
龙坪镇	28227	14249	13978	9036	13805	13643	5865	19187	3175	26447
喇叭镇	15406	7782	7624	5333	7624	7560	3615	9911	1880	14844
团溪镇	41125	20552	20573	12839	19661	19625	9008	28176	3941	37022
铁厂镇	11227	5750	5477	3756	5645	5430	2500	7556	1171	10583
西坪镇	25105	12729	12376	8520	12304	12213	5262	17082	2761	24167
尚嵇镇	33587	17356	16231	9424	15670	15446	7225	23440	2922	28738
茅栗镇	19643	10025	9618	6273	9731	9486	4806	12733	2104	18375
新民镇	14564	7462	7102	4928	7425	7095	3537	9448	1579	13655
鸭溪镇	54847	28071	26776	16883	26604	25922	12307	38021	4519	47243
石板镇	25326	13006	12320	8189	12945	12301	5768	16667	2891	23411
乐山镇	17798	9161	8637	5753	8856	8516	4167	11760	1871	16414
枫香镇	30270	15809	14461	9678	15276	14401	6518	20820	2932	27305

表24　续表 6　　　　单位：人、户

地　　区	总人口			家庭户	家庭户总人口		分年龄人口			居住本地，户口在本地
	合　计	男	女	户　数	男	女	0-14岁	15-64岁	65岁及以上	
泮水镇	31965	16657	15308	10387	16257	15246	7720	20736	3509	28004
马蹄镇	27085	14154	12931	8559	13713	12834	6553	17592	2940	25079
沙湾镇	17389	9065	8324	5679	8929	8279	3852	11531	2006	16374
松林镇	19337	10123	9214	6247	9774	9145	4340	12726	2271	16982
毛石镇	14538	7706	6832	4727	7326	6784	3110	9619	1809	13526
山盆镇	44279	22755	21524	13243	21812	21315	12466	27392	4421	40529
芝麻镇	12870	6742	6128	3803	6575	6044	3432	8031	1407	11785
平正乡	16056	8553	7503	5362	8100	7361	3802	10550	1704	14492
洪关乡	7923	4091	3832	2488	4087	3827	2122	4922	879	7377
桐梓县	**521840**	**267311**	**254529**	**163546**	**260952**	**252153**	**129035**	**340212**	**52593**	**460085**
娄山关镇	137405	68736	68669	44847	67166	67479	30641	96986	9778	99449
楚米镇	21807	11321	10486	6403	10772	10332	5014	14716	2077	19520
新站镇	19636	10032	9604	6593	9820	9526	4546	12588	2502	18010
松坎镇	15745	8270	7475	5301	7975	7424	3252	10673	1820	14278
高桥镇	19901	10084	9817	6434	10070	9813	5329	12382	2190	19135
水坝塘镇	16494	8385	8109	4947	8183	8066	4349	10224	1921	15179
官仓镇	25965	13356	12609	8376	13205	12571	6747	16427	2791	24508
花秋镇	35964	18396	17568	10707	17867	17498	10524	21877	3563	34452
羊磴镇	15125	7742	7383	4701	7603	7337	4045	9297	1783	14570
九坝镇	24052	12488	11564	6789	12407	11551	5895	15913	2244	22977
大河镇	8015	4268	3747	2662	4134	3724	1829	5217	969	7471
夜郎镇	15334	7956	7378	5354	7870	7335	3614	9572	2148	14415
木瓜镇	20681	10796	9885	5954	10505	9758	5048	13323	2310	19517
坡渡镇	15887	8027	7860	4741	7982	7855	4187	9773	1927	14857
燎原镇	19081	9970	9111	5136	9502	8999	4718	12861	1502	17169
狮溪镇	25151	12868	12283	7577	12188	12071	6815	15336	3000	23840
茅石乡	11958	6359	5599	3593	6169	5570	2876	7836	1246	11195
风水乡	15335	7863	7472	4895	7804	7462	4445	9134	1756	14915
容光乡	13173	6820	6353	3922	6417	6285	3420	8171	1582	12038
小水乡	8419	4396	4023	2835	4324	4003	2072	5103	1244	7946
天坪乡	17043	8816	8227	5516	8751	8205	4174	10709	2160	16475
黄莲乡	5933	3113	2820	1671	3057	2813	1869	3502	562	5079
芭蕉乡	8006	4128	3878	2690	4128	3878	2230	4881	895	7706
马鬃苗族乡	5730	3121	2609	1902	3053	2598	1396	3711	623	5384
绥阳县	**380083**	**192736**	**187347**	**119374**	**188904**	**185464**	**97899**	**244259**	**37925**	**339783**
洋川镇	83401	41705	41696	26311	40927	40985	19128	57908	6365	64200
郑场镇	28745	14383	14362	9596	14355	14328	6710	19155	2880	27109
旺草镇	42848	21615	21233	14001	21200	20992	12509	25872	4467	40391
蒲场镇	29947	15195	14752	9324	14599	14594	6789	20067	3091	26815
风华镇	34229	17240	16989	10361	16709	16684	7986	22804	3439	30567
茅垭镇	20167	10158	10009	6544	10130	10000	5848	11864	2455	19152
枧坝镇	18162	9669	8493	5210	9215	8429	4530	11613	2019	16526
宽阔镇	17009	8888	8121	5137	8649	8049	4360	10863	1786	16072
黄杨镇	18646	9482	9164	5789	9387	9156	5445	11347	1854	17817
青杠塘镇	16254	8183	8071	5201	8062	8005	4690	9618	1946	15379
太白镇	15861	8147	7714	4646	7929	7641	4706	9530	1625	13889
温泉镇	19516	9985	9531	6171	9829	9453	5641	11699	2176	18408
大路槽乡	10006	5072	4934	3252	5040	4927	2712	6098	1196	9640
小关乡	13495	6947	6548	4021	6837	6501	3456	8737	1302	12639
坪乐乡	11797	6067	5730	3810	6036	5720	3389	7084	1324	11179

表24　续表 7　　单位：人、户

地　区	总人口 合　计	男	女	家庭户户　数	家庭户总人口 男	女	分年龄人口 0-14岁	15-64岁	65岁及以　上	居住本地，户　口在本地
正安县	**389634**	**197953**	**191681**	**126238**	**193360**	**189221**	**102406**	**243859**	**43369**	**363263**
凤仪镇	53767	26900	26867	17368	25554	25927	12651	37083	4033	40045
瑞溪镇	20730	10594	10136	6837	10452	10103	5089	13197	2444	20222
和溪镇	23533	12108	11425	7536	11971	11358	7114	13708	2711	22466
安场镇	47375	23836	23539	14466	22960	22976	12867	29462	5046	44690
土坪镇	27206	13950	13256	9262	13478	12937	6915	16802	3489	26233
流渡镇	19399	9948	9451	6896	9796	9381	4791	12069	2539	18977
格林镇	20277	10337	9940	6624	10165	9888	5890	11817	2570	19722
新州镇	19741	9803	9938	6451	9642	9851	5457	11921	2363	19383
庙塘镇	15921	7905	8016	5014	7857	7991	4421	9666	1834	15154
小雅镇	22677	11427	11250	7164	11277	11190	6366	13579	2732	22100
中观镇	17968	9249	8719	6040	9085	8701	4490	11368	2110	17123
碧峰乡	15865	8168	7697	5006	8112	7674	4213	9960	1692	15516
乐俭乡	8413	4349	4064	2912	4280	4049	2238	5118	1057	7989
谢坝乡	8722	4502	4220	2932	4406	4180	2262	5516	944	8303
市坪乡	12222	6187	6035	4067	6155	6018	3182	7705	1335	11799
俭坪乡	13905	7075	6830	4460	7060	6823	4101	8028	1776	13433
杨兴乡	11024	5609	5415	3701	5449	5353	2694	6997	1333	10709
桴焉乡	12481	6473	6008	3909	6369	5990	3125	7942	1414	11864
班竹乡	18408	9533	8875	5593	9292	8831	4540	11921	1947	17535
道真仡佬族苗族自治县	**244159**	**121338**	**122821**	**80896**	**117003**	**120135**	**62768**	**154132**	**27259**	**214464**
玉溪镇	82111	39967	42144	25736	38203	40387	21130	54266	6715	60694
三江镇	7343	3825	3518	2502	3613	3460	1787	4654	902	6795
隆兴镇	19896	10197	9699	6606	9798	9583	5148	12417	2331	18781
旧城镇	16137	8206	7931	5524	7919	7832	4349	9916	1872	15020
忠信镇	12845	6136	6709	4665	5973	6651	3411	7783	1651	12164
洛龙镇	14989	7583	7406	5117	7403	7358	3414	9575	2000	14260
阳溪镇	8110	4282	3828	2834	4196	3803	1913	4971	1226	7789
三桥镇	16910	8148	8762	6331	7927	8675	4444	9962	2504	16340
大矸镇	15676	7707	7969	5043	7495	7859	3925	9724	2027	15165
平模镇	9424	4712	4712	3079	4423	4601	2576	5647	1201	8868
上坝土家族乡	12521	6239	6282	4021	6092	6215	3309	7920	1292	11749
棕坪乡	8013	4179	3834	2702	4074	3789	2132	4887	994	7530
桃源乡	6572	3404	3168	2221	3306	3149	1622	4147	803	6151
河口乡	13612	6753	6859	4515	6581	6773	3608	8263	1741	13158
务川仡佬族苗族自治县	**321657**	**163808**	**157849**	**99106**	**159167**	**155415**	**91709**	**196927**	**33021**	**290754**
都濡镇	76108	38708	37400	22009	36191	35697	20310	50277	5521	55650
丰乐镇	25006	12705	12301	7164	12390	12213	6739	15863	2404	23937
黄都镇	21930	11147	10783	6394	11051	10759	6073	13591	2266	21148
涪洋镇	24535	12253	12282	8076	12133	12212	7329	14324	2882	23736
镇南镇	17669	8883	8786	6103	8710	8718	4872	10688	2109	16904
砚山镇	8495	4356	4139	3169	4341	4132	2280	4947	1268	8288
濯水镇	25399	13048	12351	7970	12725	12111	7547	14720	3132	24241
茅天镇	18362	9611	8751	5723	9560	8728	5600	10439	2323	17342
柏村镇	9995	5171	4824	3375	4715	4752	2695	6134	1166	9170
大坪镇	20035	10108	9927	6677	10069	9923	5941	11848	2246	18962
泥高乡	23783	12082	11701	6954	11846	11668	7073	14458	2252	22741
分水乡	13734	7030	6704	4155	6899	6646	4183	7800	1751	13205
蕉坝乡	17732	9013	8719	5553	8951	8705	5580	10446	1706	17129
红丝乡	9660	4905	4755	3099	4862	4738	3052	5658	950	9390

表24 续表 8 单位：人、户

地 区	总人口			家庭户	家庭户总人口		分年龄人口			居住本地，户口在本地
	合 计	男	女	户 数	男	女	0-14岁	15-64岁	65岁及以上	
石朝乡	9214	4788	4426	2685	4724	4413	2435	5734	1045	8911
凤冈县	**313128**	**158908**	**154220**	**100947**	**155114**	**151602**	**81079**	**202386**	**29663**	**283071**
龙泉镇	62380	31409	30971	19813	29005	28995	13468	45161	3751	43116
进化镇	25557	13005	12552	8085	12866	12479	6013	17111	2433	24456
琊川镇	21545	10921	10624	6903	10791	10537	5355	13768	2422	20483
蜂岩镇	22479	11457	11022	7474	11434	11013	5846	13983	2650	21634
永和镇	16360	8174	8186	5244	8050	8139	4394	10059	1907	15660
花坪镇	16212	8264	7948	5306	8136	7868	4486	9955	1771	15316
绥阳镇	24886	12714	12172	8116	12551	12070	7356	15218	2312	24150
土溪镇	26359	13304	13055	8289	13021	12977	7944	15848	2567	25210
永安镇	18590	9451	9139	5823	9288	9050	4900	12061	1629	17563
何坝乡	18918	9695	9223	5964	9640	9210	4261	12902	1755	18146
天桥乡	17197	8852	8345	5570	8799	8327	4906	10549	1742	16278
王寨乡	16263	8291	7972	5136	8202	7941	4776	9528	1959	15718
石径乡	11941	6033	5908	4250	6022	5904	3152	7500	1289	11538
新建乡	14441	7338	7103	4974	7309	7092	4222	8743	1476	13803
湄潭县	**377358**	**189590**	**187768**	**120089**	**182769**	**181609**	**91712**	**248360**	**37286**	**333422**
湄江镇	92263	45649	46614	26642	40488	41350	18787	66947	6529	64375
永兴镇	39906	19867	20039	13451	19627	19886	8948	26668	4290	37106
复兴镇	23760	12040	11720	8081	11916	11691	6617	14737	2406	22601
马山镇	19626	9830	9796	6668	9800	9786	5205	12361	2060	18404
鱼泉镇	11609	5793	5816	4134	5770	5811	3017	7190	1402	11217
黄家坝镇	35153	17652	17501	11276	17248	17271	8406	22922	3825	32966
高台镇	20112	10384	9728	6432	10223	9664	5413	12193	2506	19253
茅坪镇	8703	4414	4289	2902	4323	4229	2348	5514	841	7991
兴隆镇	25967	13021	12946	8168	12923	12869	6304	16814	2849	24619
西河乡	18619	9509	9110	6127	9416	9060	5194	11457	1968	17634
洗马乡	16934	8583	8351	5730	8568	8343	4777	10249	1908	16380
新南乡	18861	9576	9285	5704	9468	9207	5251	11872	1738	17355
石莲乡	19830	10183	9647	6272	10009	9565	5029	12803	1998	18903
抄乐乡	13080	6601	6479	4428	6584	6470	3181	8330	1569	12304
天城乡	12935	6488	6447	4074	6406	6407	3235	8303	1397	12314
余庆县	**234739**	**118843**	**115896**	**75005**	**112171**	**110882**	**57999**	**152091**	**24649**	**208169**
白泥镇	56330	28439	27891	16373	24903	24785	12461	38856	5013	44033
小腮镇	10714	5495	5219	3723	5459	5203	2831	6602	1281	10228
龙溪镇	30494	15357	15137	9377	14506	14383	8334	19409	2751	26748
构皮滩镇	28042	14551	13491	9139	13460	13161	6954	18100	2988	25192
大乌江镇	24165	12153	12012	8073	12125	11999	6509	14852	2804	23017
敖溪镇	19551	9811	9740	6135	9387	9327	4472	12978	2101	17143
龙家镇	14713	7348	7365	4852	7324	7350	3666	9351	1696	14133
松烟镇	24836	12500	12336	8390	12223	12168	6188	15713	2935	22996
关兴镇	15310	7795	7515	5547	7553	7418	3953	9546	1811	14605
花山苗族乡	10584	5394	5190	3396	5231	5088	2631	6684	1269	10074
习水县	**523180**	**267539**	**255641**	**159394**	**261969**	**252775**	**128219**	**342671**	**52290**	**459838**
东皇镇	106237	54116	52121	30830	52522	51022	24789	75554	5894	73645
土城镇	30109	15345	14764	9695	14877	14209	6701	19685	3723	27101
同民镇	11312	5844	5468	3873	5815	5454	2671	7132	1509	10843
醒民镇	11469	5776	5693	3513	5753	5682	3079	7082	1308	10688
隆兴镇	33366	17223	16143	9706	17056	16112	8030	22377	2959	30984
习酒镇	28045	14623	13422	8583	14031	13188	5815	19591	2639	24818

表24　续表 9　　　　单位：人、户

地　区	总人口			家庭户	家庭户总人口		分年龄人口			居住本地，户口在本地
	合　计	男	女	户　数	男	女	0-14岁	15-64岁	65岁及以上	
回龙镇	23976	12050	11926	6996	11776	11836	6583	15024	2369	22691
桑木镇	16316	8251	8065	4889	8204	8036	4485	10162	1669	15145
永安镇	17370	8810	8560	5280	8794	8547	5602	9811	1957	16928
良村镇	26633	13622	13011	7794	13553	12997	6785	17231	2617	25543
温水镇	37382	18976	18406	11729	18622	18155	8377	25352	3653	32216
仙源镇	18282	9614	8668	5550	9485	8637	4057	12138	2087	16656
官店镇	19665	9939	9726	5853	9833	9697	5296	12222	2147	18723
寨坝镇	17107	8712	8395	5768	8599	8344	3718	10721	2668	16006
民化乡	15069	7805	7264	4312	7591	7216	3333	10272	1464	14385
二郎乡	16143	8220	7923	5030	7988	7843	4789	9456	1898	15362
二里乡	15096	7904	7192	4358	7334	7136	4176	9295	1625	13777
三岔河乡	12507	6521	5986	4321	6346	5895	3103	7706	1698	11810
大坡乡	20014	10148	9866	6339	10026	9803	5122	12609	2283	17606
双龙乡	9539	4868	4671	3063	4774	4651	2380	5957	1202	9194
桃林乡	16376	8346	8030	4718	8325	8024	4330	10271	1775	15736
坭坝乡	9255	4740	4515	3232	4653	4491	2224	5399	1632	8627
程寨乡	11912	6086	5826	3962	6012	5800	2774	7624	1514	11354
赤水市	**237052**	**119810**	**117242**	**83285**	**117768**	**115503**	**52318**	**155193**	**29541**	**210958**
市中街道	42749	20544	22205	15342	19986	21613	7658	30993	4098	32649
文华街道	17042	8428	8614	5493	7960	8146	3366	12149	1527	9789
金华街道	12095	6108	5987	4519	5845	5805	1848	8933	1314	10432
天台镇	15038	7767	7271	4980	7675	7171	3189	9830	2019	14737
复兴镇	15151	7794	7357	5325	7749	7322	3177	10053	1921	14521
大同镇	14917	7671	7246	5174	7662	7242	3039	9877	2001	14362
旺隆镇	15602	8094	7508	5485	8027	7493	3828	9685	2089	14830
葫市镇	12354	6410	5944	4195	6345	5938	2921	7856	1577	11765
元厚镇	12038	6271	5767	4074	6171	5728	3077	7588	1373	11458
官渡镇	19649	10018	9631	7300	9933	9550	5092	11684	2873	18190
长期镇	17166	8565	8601	6448	8543	8598	4545	9917	2704	16733
长沙镇	13715	6879	6836	4756	6828	6800	3446	8423	1846	12750
两河口乡	5230	2803	2427	1660	2781	2392	1141	3483	606	4957
丙安乡	5447	2881	2566	1923	2839	2548	1217	3490	740	5365
宝源乡	6801	3532	3269	2177	3467	3195	1479	4439	883	6676
石堡乡	5167	2631	2536	1987	2578	2510	1377	2923	867	5004
白云乡	6891	3414	3477	2447	3379	3452	1918	3870	1103	6740
仁怀市	**546477**	**281536**	**264941**	**152970**	**272673**	**259206**	**135190**	**366977**	**44310**	**473599**
盐津街道	38233	19696	18537	10710	18642	17713	9130	27593	1510	22322
中枢街道	77874	39815	38059	22187	36772	35250	18547	55821	3506	52741
苍龙街道	24875	12720	12155	6246	12364	11821	6389	16832	1654	22390
茅台镇	46714	23958	22756	12848	23737	22718	9963	33853	2898	41816
坛厂镇	22402	11560	10842	6538	11528	10829	4938	15507	1957	21434
长岗镇	17584	9295	8289	5628	9028	8248	3583	11996	2005	16112
鲁班镇	35407	18455	16952	9201	17082	16122	7927	24625	2855	30952
五马镇	25624	13509	12115	7137	12958	12026	5929	17343	2352	23463
茅坝镇	30027	15631	14396	8670	15283	14178	7247	19871	2909	28855
九仓镇	19264	9934	9330	5703	9883	9307	5227	11756	2281	18401
喜头镇	20888	10767	10121	5381	10648	10086	5221	13843	1824	19476
大坝镇	30197	15388	14809	8338	15238	14756	8157	19073	2967	28565
三合镇	26583	13639	12944	7791	13408	12841	7329	16569	2685	25325
合马镇	15485	7900	7585	4513	7845	7567	4162	9705	1618	14516

表24 续表 10

单位：人、户

地区	总人口			家庭户	家庭户总人口		分年龄人口			居住本地，户口在本地
	合计	男	女	户数	男	女	0-14岁	15-64岁	65岁及以上	
二合镇	21434	11017	10417	5683	10792	10320	4855	14444	2135	19985
龙井乡	13701	7013	6688	3920	6878	6640	3777	8403	1521	12653
后山苗族布依族乡	7811	4275	3536	2329	4160	3482	1759	5225	827	7196
学孔乡	16869	8682	8187	4716	8503	8134	4991	10521	1357	15565
高大坪乡	30059	15216	14843	8002	15088	14822	8744	18710	2605	27478
火石岗乡	16814	8660	8154	4752	8558	8136	5246	9700	1868	16280
沙滩乡	8632	4406	4226	2677	4278	4210	2069	5587	976	8074
安顺市	**2297612**	**1186013**	**1111599**	**667159**	**1138889**	**1091629**	**580431**	**1514531**	**202650**	**1962552**
西秀区	**765399**	**390920**	**374479**	**227975**	**365151**	**362855**	**173409**	**521082**	**70908**	**610189**
南街街道	20946	10178	10768	7995	9879	10543	2863	15702	2381	13083
东街街道	17472	8240	9232	6676	7790	8255	2306	13171	1995	12063
西街街道	20566	10033	10533	7382	9615	9976	2943	15431	2192	12119
北街街道	26774	13211	13563	9780	12529	12823	3955	19959	2860	15808
东关街道	94238	47002	47236	27808	44084	44483	18008	68147	8083	73267
华西街道	79849	43627	36222	22627	35978	35986	14982	59817	5050	51404
西航街道	77191	39878	37313	22802	34273	33700	14482	57765	4944	44934
宋旗镇	18601	9468	9133	5630	9261	9054	5219	11608	1774	15866
幺铺镇	44703	22914	21789	14268	22244	21509	10165	29764	4774	40965
宁谷镇	33305	17023	16282	9299	16831	16209	9162	21429	2714	30057
龙宫镇	18453	9343	9110	5492	9225	9025	5104	11666	1683	17586
双堡镇	25262	12669	12593	7811	12455	12435	6930	15594	2738	21547
大西桥镇	32701	16401	16300	9190	16201	16219	8138	21073	3490	31117
七眼桥镇	42070	21163	20907	11879	20687	20626	11398	25918	4754	39488
蔡官镇	45580	24432	21148	11952	21736	20667	11978	29295	4307	40180
轿子山镇	39551	20709	18842	10712	18624	18346	10215	25556	3780	32471
旧州镇	27724	13879	13845	8405	13832	13806	7657	17280	2787	25833
新场布依族苗族乡	11073	5719	5354	3355	5615	5295	3051	6802	1220	10370
岩腊苗族布依族乡	14195	7226	6969	3753	7150	6944	5001	7966	1228	12597
鸡场布依族苗族乡	12867	6513	6354	3750	6375	6292	3553	8101	1213	11094
杨武布依族苗族乡	17115	8623	8492	5515	8444	8384	4604	10265	2246	15887
东屯乡	24121	12112	12009	5487	12041	11971	6171	15894	2056	23137
黄腊布依族苗族乡	10408	5237	5171	3251	5149	5106	2699	6309	1400	9586
刘官乡	10634	5320	5314	3156	5133	5201	2825	6570	1239	9730
平坝县	**297990**	**154415**	**143575**	**93304**	**146688**	**141211**	**71158**	**198559**	**28273**	**240026**
城关镇	61520	32224	29296	18161	28465	28319	13511	44011	3998	41550
白云镇	32473	16453	16020	11021	16096	15830	7278	21409	3786	28176
高峰镇	23262	11872	11390	7875	11756	11335	5748	14883	2631	19829
天龙镇	20732	10690	10042	5928	10305	9950	5394	13525	1813	17097
夏云镇	33318	16937	16381	10453	16060	15926	7786	22134	3398	25403
马场镇	38714	19969	18745	12527	19616	18491	8357	25977	4380	32994
乐平乡	35500	18869	16631	10659	17532	16550	9399	22959	3142	29449
齐伯乡	12495	6522	5973	4254	6495	5965	3437	7783	1275	10901
十字回族苗族乡	25143	13219	11924	7587	12890	11831	6463	16428	2252	21415
羊昌布依族苗族乡	14833	7660	7173	4839	7473	7014	3785	9450	1598	13212
普定县	**378452**	**197675**	**180777**	**105056**	**191146**	**178569**	**100527**	**247229**	**30696**	**339782**
城关镇	85195	43390	41805	26104	41925	40530	21102	57811	6282	69295
马官镇	44596	24225	20371	12043	21810	20245	11584	29281	3731	38932
化处镇	39959	20750	19209	10284	20416	18942	10724	25706	3529	38797
马场镇	38211	19942	18269	9854	19846	18207	11365	24151	2695	36526
白岩镇	30423	15714	14709	7702	15375	14584	6553	21265	2605	28427

表24 续表 11

单位：人、户

地区	总人口			家庭户	家庭户总人口		分年龄人口			居住本地，户口在本地
	合计	男	女	户数	男	女	0-14岁	15-64岁	65岁及以上	
龙场乡	25805	13537	12268	7454	13227	12243	7212	16219	2374	24015
鸡场坡乡	30726	16067	14659	8236	15496	14585	9276	19317	2133	27528
坪上苗族彝族布依族乡	24680	12858	11822	6417	12699	11737	6912	15756	2012	22777
补郎苗族乡	21021	11123	9898	5755	10837	9825	5733	13605	1683	18982
猴场苗族仡佬族乡	16927	8896	8031	5211	8704	7980	4953	10512	1462	15511
猫洞苗族仡佬族乡	20909	11173	9736	5996	10811	9691	5113	13606	2190	18992
镇宁布依族苗族自治县	**284063**	**146488**	**137575**	**85527**	**144261**	**136205**	**75057**	**182625**	**26381**	**254888**
城关镇	81257	41276	39981	25976	40608	39295	19687	55232	6338	66366
丁旗镇	29397	15140	14257	8245	14958	14168	7974	18764	2659	26829
黄果树镇	15069	7736	7333	4348	7409	7250	3633	9983	1453	13028
江龙镇	18088	9570	8518	5313	9428	8390	4464	11889	1735	16812
大山乡	18330	9513	8817	5065	9473	8778	4438	12172	1720	17056
扁担山乡	10183	5190	4993	2551	5110	4961	2365	6583	1235	9888
募役乡	12100	6291	5809	3973	6206	5758	3279	7667	1154	11217
马厂乡	17143	8987	8156	5271	8946	8142	4305	11121	1717	16171
沙子乡	9194	4738	4456	2870	4658	4382	2734	5641	819	8812
朵卜陇乡	8562	4388	4174	2744	4319	4141	2322	5203	1037	8140
革利乡	10301	5382	4919	2978	5342	4897	3074	6085	1142	9813
本寨乡	13036	6910	6126	3930	6804	6104	4018	7630	1388	12038
六马乡	12432	6442	5990	3996	6329	5959	3670	7375	1387	11884
良田乡	14839	7664	7175	4090	7462	7137	4858	8669	1312	13616
简嘎乡	7988	4031	3957	2323	3998	3935	2541	4759	688	7514
打帮乡	6144	3230	2914	1854	3211	2908	1695	3852	597	5704
关岭布依族苗族自治县	**301363**	**157115**	**144248**	**77535**	**154106**	**143111**	**80211**	**198327**	**22825**	**276580**
关索镇	53235	27407	25828	15597	26358	24989	13103	36737	3395	43719
花江镇	43009	22492	20517	10909	22219	20471	11709	28036	3264	40152
永宁镇	24760	12857	11903	6479	12813	11888	6804	16079	1877	23278
岗乌镇	18130	9362	8768	4273	9353	8762	5280	11420	1430	17223
上关镇	19815	10291	9524	4974	10221	9488	5380	12959	1476	18629
坡贡镇	15286	8045	7241	3650	7634	7199	3827	10107	1352	14398
断桥镇	10739	5585	5154	3024	5575	5153	2514	7399	826	9785
白水镇	13033	6723	6310	3930	6676	6293	3099	8602	1332	12071
八德乡	11849	6288	5561	3035	6250	5542	2831	8034	984	11255
顶云乡	23447	12442	11005	5559	11831	10948	6509	15187	1751	21943
普利乡	15819	8211	7608	3722	8104	7594	4348	10243	1228	15269
板贵乡	16648	8676	7972	4228	8657	7970	5343	9966	1339	15575
新铺乡	17390	9176	8214	3796	9005	8179	4419	11858	1113	16456
沙营乡	18203	9560	8643	4359	9410	8635	5045	11700	1458	16827
紫云苗族布依族自治县	**270345**	**139400**	**130945**	**77762**	**137537**	**129678**	**80069**	**166709**	**23567**	**241087**
松山镇	55242	28161	27081	16425	27070	26135	14182	37182	3878	42529
水塘镇	17316	8807	8509	5198	8781	8487	5363	10290	1663	16279
猴场镇	27713	14229	13484	7959	14143	13435	9156	15955	2602	25466
猫营镇	32084	16604	15480	9705	16494	15433	8904	19769	3411	28819
板当镇	31966	16442	15524	9409	16315	15479	10348	18770	2848	29455
白石岩乡	10908	5577	5331	3381	5537	5303	3343	6580	985	9940
宗地乡	27651	14690	12961	6124	14656	12944	7414	18215	2022	26119
大营乡	18153	9410	8743	5202	9387	8736	6249	10260	1644	16329
四大寨乡	13078	6767	6311	3675	6670	6281	4428	7412	1238	12466
坝羊乡	12765	6544	6221	3861	6440	6182	3737	7797	1231	11600
火花乡	15343	7904	7439	4777	7789	7408	4573	9306	1464	14580

表24　续表 12

单位：人、户

地　　区	总人口			家庭户	家庭户总人口		分年龄人口			居住本地，户口在本地
	合　计	男	女	户　数	男	女	0-14岁	15-64岁	65岁及以　上	
达帮乡	8126	4265	3861	2046	4255	3855	2372	5173	581	7505
铜仁地区	**3093204**	**1577421**	**1515783**	**979494**	**1534595**	**1488430**	**866608**	**1924473**	**302123**	**2855503**
铜仁市	**361670**	**186121**	**175549**	**118338**	**175644**	**167551**	**75267**	**254301**	**32102**	**287171**
市中办事处	28596	13960	14636	10152	12843	13378	4260	21707	2629	22231
环北办事处	67906	34204	33702	23219	32464	32254	13226	50619	4061	42358
河西办事处	94778	48467	46311	29715	43984	43675	17707	71021	6050	62799
谢桥办事处	14541	7633	6908	4590	7443	6872	3105	9998	1438	12891
灯塔办事处	13296	6684	6612	3400	5641	5471	2585	9561	1150	12355
川硐镇	14219	7190	7029	3945	6433	6024	2893	10123	1203	11974
坝黄镇	24719	13013	11706	9055	12998	11693	6194	15441	3084	23563
云场坪镇	2942	1534	1408	1261	1531	1405	529	1895	518	2599
漾头镇	4904	2496	2408	1591	2462	2402	1100	3195	609	4615
茶店镇	15104	8083	7021	4570	7739	6954	3551	10038	1515	14166
桐木坪乡	6464	3440	3024	2168	3296	2934	1500	4129	835	6169
滑石乡	12769	6580	6189	4037	6285	6042	2802	8528	1439	12322
和平乡	13862	7450	6412	4803	7429	6400	3117	9072	1673	13417
瓦屋乡	7721	4002	3719	2458	3940	3702	1765	4860	1096	7494
六龙山乡	2916	1569	1347	1063	1562	1342	581	1899	436	2825
大坪乡	16811	9045	7766	5605	8942	7702	4869	9829	2113	15947
鱼塘乡	20122	10771	9351	6706	10652	9301	5483	12386	2253	19446
江口县	**172761**	**90147**	**82614**	**55264**	**88022**	**81213**	**42006**	**113143**	**17612**	**161167**
双江镇	50952	25967	24985	15061	24960	24201	11025	35966	3961	42823
闵孝镇	19626	10296	9330	6556	10133	9199	4689	12651	2286	19124
太平土家族苗族乡	13392	7049	6343	4328	6701	6106	3056	9012	1324	13037
坝盘土家族侗族苗族乡	18033	9568	8465	5705	9522	8444	4769	11228	2036	17643
德旺土家族苗族乡	12286	6384	5902	4053	6235	5841	2680	8255	1351	11768
民和侗族土家族苗族乡	18751	9816	8935	6071	9630	8850	5049	11542	2160	18269
官和侗族土家族苗族乡	6520	3440	3080	2214	3390	3054	1509	4309	702	6248
桃映土家族苗族乡	19797	10538	9259	6707	10415	9226	5384	12210	2203	19163
怒溪土家族苗族乡	13404	7089	6315	4569	7036	6292	3845	7970	1589	13092
玉屏侗族自治县	**118525**	**62300**	**56225**	**39396**	**60214**	**55456**	**27158**	**78721**	**12646**	**103877**
平溪镇	41903	21490	20413	13855	20920	20004	8772	29584	3547	33770
大龙镇	24120	12831	11289	8487	12563	11207	5370	16020	2730	21318
朱家场镇	14563	7756	6807	5036	7642	6735	3780	8955	1828	13673
田坪镇	22252	11631	10621	7201	11292	10480	5583	14027	2642	20973
新店乡	9433	5340	4093	2800	4603	4051	2029	6262	1142	8289
亚鱼乡	6254	3252	3002	2017	3194	2979	1624	3873	757	5854
石阡县	**304387**	**156067**	**148320**	**96963**	**151126**	**145320**	**81950**	**192073**	**30364**	**288271**
汤山镇	56972	29063	27909	16973	25980	25422	12126	40512	4334	45645
本庄镇	34497	17690	16807	10871	17639	16767	9643	21912	2942	33997
白沙镇	19354	9893	9461	6268	9736	9411	6300	10951	2103	18590
龙塘镇	24452	12133	12319	8261	12021	12267	7593	14419	2440	24238
花桥镇	12770	6624	6146	4330	6587	6127	3346	8007	1417	12683
五德镇	12796	6722	6074	4225	6693	6058	3225	8147	1424	12545
中坝镇	12010	6158	5852	3858	5940	5792	3091	7459	1460	11596
河坝场乡	13596	6944	6652	4671	6841	6638	4001	8166	1429	13249
国荣乡	10185	5128	5057	3312	5122	5052	3056	5853	1276	10094
聚凤仡佬族侗族乡	15778	8176	7602	4712	8058	7578	4431	9867	1480	15531
龙井仡佬族侗族乡	20492	10410	10082	6669	10400	10076	6177	12216	2099	20254
大沙坝仡佬族侗族乡	13884	7097	6787	4577	6715	6703	4181	8100	1603	13697

表24　续表 13　　　　单位：人、户

地　　区	总人口			家庭户	家庭户总人口		分年龄人口			居住本地，户口在本地
	合　计	男	女	户　数	男	女	0-14岁	15-64岁	65岁及以上	
枫香仡佬族侗族乡	6788	3548	3240	2154	3402	3183	1767	4245	776	6569
青阳苗族仡佬族侗族乡	8916	4691	4225	3013	4676	4220	2405	5493	1018	8808
石固仡佬族侗族乡	10311	5374	4937	3157	5347	4922	2524	6660	1127	10047
坪地场仡佬族侗族乡	15245	7853	7392	4758	7820	7385	4065	9467	1713	15171
甘溪仡佬族侗族乡	9787	4985	4802	3305	4973	4795	2518	6149	1120	9563
坪山仡佬族侗族乡	6554	3578	2976	1849	3176	2924	1501	4450	603	5994
思南县	**499336**	**251102**	**248234**	**153879**	**243503**	**242245**	**140605**	**308907**	**49824**	**467624**
思唐镇	80094	40435	39659	22571	36846	36636	16472	58490	5132	58653
塘头镇	35811	17627	18184	11531	17320	17834	9534	22408	3869	34516
许家坝镇	29848	14938	14910	8616	13698	13687	8409	18562	2877	26843
大坝场镇	19218	9737	9481	6431	9593	9422	5088	12020	2110	18823
文家店镇	11521	5793	5728	3373	5541	5559	3376	6910	1235	11222
鹦鹉溪镇	26152	13565	12587	7293	12837	12199	7407	16533	2212	25770
合朋溪镇	13701	6929	6772	4040	6852	6703	4305	8058	1338	13190
张家寨镇	16434	8228	8206	5169	8175	8162	4892	9766	1776	16304
孙家坝镇	13408	6810	6598	4589	6777	6588	3991	7893	1524	13126
青杠坡镇	17440	8868	8572	5654	8856	8561	5587	9880	1973	17269
瓮溪镇	22046	10988	11058	6512	10886	10966	6743	12977	2326	21573
凉水井镇	18867	9534	9333	6548	9478	9296	5381	10989	2497	18525
邵家桥镇	24003	11802	12201	7547	11555	12124	7283	13746	2974	23653
大河坝乡	18123	9299	8824	5645	9214	8750	5007	11249	1867	17948
思林乡	9848	4954	4894	3128	4953	4894	2842	5957	1049	9695
东华乡	9094	4692	4402	2897	4560	4332	2847	5366	881	8974
胡家湾乡	10382	5204	5178	3376	5160	5155	3258	5941	1183	10116
宽坪乡	10733	5328	5405	3407	5314	5393	3492	6155	1086	10565
亭子坝乡	10163	5112	5051	3131	5066	5031	3284	5876	1003	9890
枫芸乡	12195	6121	6074	4004	6047	6053	3741	7177	1277	11949
香坝乡	19512	9707	9805	6078	9693	9795	6149	11514	1849	19319
长坝乡	10141	5123	5018	3110	5119	5015	3164	5981	996	9915
板桥乡	11745	5951	5794	3364	5709	5666	3465	7069	1211	11648
三道水乡	14371	7010	7361	4281	6994	7352	4342	8583	1446	14298
天桥乡	10446	5219	5227	3704	5202	5211	2821	6280	1345	10179
兴隆乡	10312	5180	5132	3485	5175	5127	3239	5831	1242	10088
杨家坳乡	13728	6948	6780	4395	6883	6734	4486	7696	1546	13573
印江土家族苗族自治县	**284220**	**143576**	**140644**	**98739**	**140187**	**138685**	**80127**	**171771**	**32322**	**266814**
峨岭镇	61183	30417	30766	18962	29266	29850	15366	41325	4492	50025
板溪镇	19725	9772	9953	7557	9600	9865	6574	10600	2551	19318
沙子坡镇	16689	8561	8128	5896	8347	8070	5363	9298	2028	15952
天堂镇	16700	8402	8298	6202	8241	8118	4835	9738	2127	16176
木黄镇	19428	9775	9653	6077	9383	9463	5629	11511	2288	18218
合水镇	16964	8561	8403	6205	8349	8281	4947	9836	2181	16481
朗溪镇	13323	6779	6544	4816	6558	6423	3719	7974	1630	13023
缠溪镇	15407	7852	7555	5187	7731	7501	3815	9788	1804	15063
洋溪镇	10798	5628	5170	3605	5602	5166	2690	6851	1257	10448
新寨乡	19999	10032	9967	7318	9946	9939	5881	11438	2680	19622
中坝乡	9006	4445	4561	3549	4418	4551	2660	5146	1200	8847
杉树乡	11634	5749	5885	4499	5712	5866	3755	6328	1551	11464
刀坝乡	19914	10089	9825	7272	10023	9803	5957	11378	2579	19594
新业乡	7364	3852	3512	2606	3588	3436	2034	4352	978	7051
永义乡	8547	4507	4040	2865	4386	3995	2126	5509	912	8361

表24　续表 14　　　　单位：人、户

地　区	总人口			家庭户	家庭户总人口		分年龄人口			居住本地，户口在本地
	合　计	男	女	户　数	男	女	0-14岁	15-64岁	65岁及以上	
罗场乡	8998	4657	4341	3277	4606	4333	2497	5421	1080	8901
杨柳乡	8541	4498	4043	2846	4431	4025	2279	5278	984	8270
德江县	**367920**	**185829**	**182091**	**119250**	**183585**	**180879**	**112691**	**221813**	**33416**	**346143**
青龙镇	76869	38674	38195	22227	38144	37777	20676	51962	4231	63289
煎茶镇	31789	16032	15757	10032	15800	15607	9164	19613	3012	30380
潮砥镇	13089	6474	6615	5220	6395	6598	3986	7502	1601	12839
枫香溪镇	21158	10565	10593	7298	10308	10522	7445	11599	2114	20388
稳坪镇	14030	6994	7036	4868	6899	6979	4639	7941	1450	13433
共和乡	15281	7660	7621	5526	7600	7605	4960	8726	1595	14855
堰塘乡	11851	6021	5830	3906	5962	5813	3509	7093	1249	11719
龙泉乡	9674	4929	4745	3290	4918	4742	2767	6027	880	9587
钱家乡	8525	4305	4220	3021	4242	4191	2361	5144	1020	8441
沙溪乡	9342	4867	4475	2818	4708	4425	2438	5948	956	8934
楠杆乡	12292	6184	6108	3775	6008	5949	3755	7324	1213	11942
平原乡	10699	5419	5280	3565	5417	5274	3270	6284	1145	10361
复兴乡	24902	12566	12336	7731	12531	12327	7922	14745	2235	23937
合兴乡	19210	9721	9489	6493	9704	9474	5613	11593	2004	18822
长堡乡	18582	9216	9366	6170	9101	9321	6295	10171	2116	18263
桶井乡	17078	8506	8572	5917	8455	8549	5680	9624	1774	16832
荆角乡	11112	5660	5452	4141	5586	5421	3460	6517	1135	10894
长丰乡	12506	6435	6071	3969	6385	6049	4151	7210	1145	12242
高山乡	12513	6476	6037	3894	6402	6006	4051	7456	1006	12196
泉口乡	17418	9125	8293	5389	9020	8250	6549	9334	1535	16789
沿河土家族自治县	**449819**	**227345**	**222474**	**135773**	**223038**	**220208**	**156032**	**253584**	**40203**	**430282**
和平镇	56579	28636	27943	16129	26970	26609	14934	38391	3254	44439
沙子镇	20860	10414	10446	6751	10372	10431	6697	11755	2408	20430
谯家镇	37601	19078	18523	11579	18883	18450	13761	20845	2995	37239
夹石镇	27785	13912	13873	8460	13841	13853	9858	14829	3098	27295
淇滩镇	27794	14012	13782	8477	13576	13685	9406	15917	2471	27018
官舟镇	45656	23195	22461	13534	22982	22391	17170	24985	3501	45059
土地坳镇	19048	9658	9390	5254	9416	9336	7607	9783	1658	18272
思渠镇	16877	8554	8323	5249	8382	8265	6148	9076	1653	16602
客田镇	13184	6724	6460	3769	6677	6447	4675	7293	1216	12770
洪渡镇	7871	3965	3906	2251	3871	3848	2442	4727	702	7610
黑獭乡	5966	3044	2922	1879	2849	2859	1785	3508	673	5857
黑水乡	16900	8533	8367	5727	8406	8301	5659	9660	1581	16715
中界乡	14800	7407	7393	5075	7402	7392	4777	8408	1615	14555
晓景乡	10269	5108	5161	3557	5093	5157	3148	5812	1309	10206
甘溪乡	22749	11349	11400	7218	11043	11257	8621	11930	2198	22365
板场乡	24591	12221	12370	7313	12209	12368	9657	12645	2289	24410
泉坝乡	18052	9212	8840	4706	9120	8792	7630	9024	1398	17806
中寨乡	13825	7141	6684	4120	7092	6666	5481	7110	1234	13707
黄土乡	12323	6164	6159	3717	6085	6126	4477	6667	1179	11905
新景乡	12748	6545	6203	3799	6416	6137	4020	7492	1236	12385
塘坝乡	14182	7251	6931	4213	7182	6915	4732	8049	1401	13882
后坪乡	10159	5222	4937	2996	5171	4923	3347	5678	1134	9755
松桃苗族自治县	**486748**	**249823**	**236925**	**144990**	**245156**	**234650**	**140267**	**299354**	**47127**	**462063**
蓼皋镇	60929	31225	29704	17872	29476	28709	14545	42411	3973	48402
盘石镇	15642	8161	7481	3756	8082	7454	5015	9187	1440	15280
盘信镇	22394	11272	11122	6167	11206	11104	6305	14256	1833	21584

表24　续表 15　　　　　　　　　　　　　　　　　　　　　　　　　　　　单位：人、户

地　　区	总人口			家庭户	家庭户总人口		分年龄人口			居住本地，户口在本地
	合　计	男	女	户　数	男	女	0-14岁	15-64岁	65岁及以　上	
大坪场镇	16011	8188	7823	5036	8141	7809	4764	9490	1757	15550
普觉镇	20691	10553	10138	6331	10543	10134	6355	12426	1910	20271
寨英镇	28203	14668	13535	7886	14605	13520	8546	17238	2419	27280
孟溪镇	24919	12880	12039	7567	12476	11936	7135	15600	2184	23657
乌罗镇	19521	10240	9281	6388	10125	9251	5384	12051	2086	19138
甘龙镇	19211	9945	9266	6872	9821	9211	5743	11159	2309	18890
长兴堡镇	18448	9361	9087	5663	9198	8952	5154	11363	1931	17519
迓驾镇	16072	8142	7930	4548	8142	7928	4784	9629	1659	15759
大兴镇	15427	7923	7504	4054	7331	7147	4039	10248	1140	14017
牛郎镇	11382	5795	5587	3783	5754	5572	3353	6864	1165	11140
九江乡	10186	5280	4906	3051	5230	4857	3166	5895	1125	10048
世昌乡	18937	9538	9399	4822	9237	9257	5744	11446	1747	18712
正大乡	14772	7566	7206	4096	7566	7206	4303	8990	1479	14186
长坪乡	10322	5316	5006	2887	5253	4985	3057	6262	1003	10180
太平营乡	16887	8702	8185	4926	8588	8133	5321	9899	1667	16642
平头乡	14359	7338	7021	4387	7142	6964	4582	8452	1325	13822
大路乡	18969	9443	9526	5903	9404	9517	5756	11002	2211	18472
妙隘乡	11806	6079	5727	3829	6079	5727	3475	6905	1426	11581
冷水溪乡	16181	8435	7746	4909	8358	7735	4663	9592	1926	15618
石梁乡	8301	4290	4011	2907	4186	3994	2390	4815	1096	8101
瓦溪乡	6912	3634	3278	2294	3610	3265	1900	4099	913	6794
永安乡	8692	4418	4274	3120	4249	4165	2728	4860	1104	8452
木树乡	13954	7198	6756	3958	7150	6739	4102	8250	1602	13806
黄板乡	20729	10625	10104	5601	10596	10096	5889	12811	2029	20395
沙坝河乡	6891	3608	3283	2377	3608	3283	2069	4154	668	6767
万山特区	**47818**	**25111**	**22707**	**16902**	**24120**	**22223**	**10505**	**30806**	**6507**	**42091**
万山镇	14437	7228	7209	5612	6760	6883	2514	9913	2010	11295
高楼坪侗族乡	11957	6434	5523	3804	6253	5490	2903	7577	1477	10966
黄道侗族乡	9232	4884	4348	3207	4795	4288	2346	5634	1252	8551
敖寨侗族乡	6074	3213	2861	2239	3194	2853	1334	3785	955	5731
下溪侗族乡	6118	3352	2766	2040	3118	2709	1408	3897	813	5548
黔西南布依族苗族自治州	**2804612**	**1439828**	**1364784**	**802666**	**1383763**	**1340494**	**785104**	**1796166**	**223342**	**2476781**
兴义市	**783120**	**406478**	**376642**	**217416**	**378600**	**361131**	**179543**	**545141**	**58436**	**642196**
黄草街道	89371	44534	44837	29877	39154	39729	14532	68682	6157	57594
兴泰街道	22068	11465	10603	5822	9054	8801	3989	17257	822	9890
桔山街道	76415	40876	35539	20755	34624	34046	15428	57477	3510	46943
丰都街道	30488	15375	15113	6806	15082	14911	7475	21138	1875	27487
坪东街道	39798	20591	19207	10332	18097	17512	7959	29870	1969	22272
木贾街道	20259	10466	9793	4794	9756	9316	4792	14031	1436	17532
下五屯街道	27664	14099	13565	7092	13914	13485	6170	19770	1724	22469
万峰林街道	16827	8538	8289	4355	8472	8274	4097	11371	1359	16030
敬南镇	31555	16584	14971	8499	16256	14828	8147	20376	3032	30068
泥凼镇	21002	10946	10056	6386	10870	10041	5493	13312	2197	19905
巴结镇	17897	9128	8769	4945	8986	8694	4743	11554	1600	16983
捧乍镇	26027	13479	12548	7876	13438	12534	6400	17080	2547	25118
鲁布格镇	10347	5389	4958	3370	5380	4955	2313	6964	1070	9912
三江口镇	10860	5690	5170	2783	5566	5129	2837	7192	831	10485
乌沙镇	26876	14098	12778	7163	13409	12578	6712	17748	2416	25073
白碗窑镇	24502	12652	11850	6475	12498	11795	6643	15792	2067	23659
马岭镇	32446	16582	15864	8318	15808	15434	7933	22134	2379	28654

表24 续表 16 单位：人、户

地区	总人口			家庭户	家庭户总人口		分年龄人口			居住本地，户口在本地
	合计	男	女	户数	男	女	0-14岁	15-64岁	65岁及以上	
威舍镇	16633	8762	7871	4891	8306	7646	4405	10999	1229	14166
清水河镇	24970	13740	11230	6552	12031	10899	5669	17143	2158	21699
顶效镇	42836	22502	20334	10376	18921	17982	9388	31123	2325	30648
郑屯镇	22400	11684	10716	6672	11162	10607	5677	14656	2067	20765
万屯镇	38311	20044	18267	9863	19302	17891	10106	25287	2918	36071
鲁屯镇	17504	9035	8469	5547	8970	8460	4408	11656	1440	16415
仓更镇	10031	5123	4908	3153	5077	4885	2409	6612	1010	9638
七舍镇	18154	9530	8624	5279	9492	8618	4598	11867	1689	17507
则戎乡	19186	9843	9343	5122	9838	9342	4724	12389	2073	18217
沧江乡	7850	4147	3703	2214	3954	3603	2210	4906	734	7582
洛万乡	9994	5185	4809	2866	5171	4804	2804	6339	851	9726
猪场坪乡	16768	8932	7836	5087	8810	7769	3983	10967	1818	16283
雄武乡	14081	7459	6622	4146	7202	6563	3499	9449	1133	13405
兴仁县	**417919**	**216241**	**201678**	**121309**	**208693**	**199194**	**127056**	**259108**	**31755**	**369015**
东湖街道	28140	14502	13638	8334	14085	13361	7453	19346	1341	18860
城南街道	16664	8492	8172	4880	8398	8120	4369	11206	1089	13420
真武山街道	20025	10546	9479	5469	9869	9421	5013	13662	1350	16484
城北街道	26750	13894	12856	7735	12024	11519	6043	18937	1770	18915
屯脚镇	25458	13030	12428	7382	12833	12376	8045	15394	2019	23440
巴铃镇	38612	19577	19035	11531	19513	19008	13562	21742	3308	35606
百德镇	26004	13238	12766	7882	13161	12715	8201	15531	2272	24167
雨樟镇	24934	12860	12074	6897	12714	12045	7760	15408	1766	23478
潘家庄镇	25714	14187	11527	6763	12032	11230	7799	16147	1768	21925
回龙镇	30567	15666	14901	9316	15445	14855	10020	17756	2791	28368
下山镇	32145	16862	15283	8586	15892	15170	9935	20154	2056	27909
新龙场镇	21735	11411	10324	6159	10871	10201	6828	13358	1549	20459
大山乡	24110	12384	11726	7066	12371	11719	7994	13962	2154	23252
新马场乡	20787	10628	10159	6147	10623	10156	6365	12638	1784	19115
李关乡	11442	5882	5560	3531	5877	5558	3609	6971	862	10746
田湾乡	19605	9942	9663	5963	9935	9663	6135	11830	1640	18816
鲁础营回族乡	13284	6965	6319	4042	6938	6318	3943	8078	1263	12643
民建乡	11943	6175	5768	3626	6112	5759	3982	6988	973	11412
普安县	**254247**	**131242**	**123005**	**74901**	**127169**	**121194**	**77437**	**157155**	**19655**	**235658**
盘水镇	30256	15637	14619	9224	14235	13490	6918	21630	1708	22882
龙吟镇	14780	7320	7460	4462	7191	7358	4795	8762	1223	14231
罐子窑镇	10972	5708	5264	3450	5643	5237	3323	6640	1009	10563
江西坡镇	21112	10751	10361	6128	10666	10334	6634	12876	1602	19781
三板桥镇	13885	7059	6826	4457	7037	6823	4211	8557	1117	13496
地瓜镇	20049	10408	9641	6094	10273	9629	6537	11937	1575	19114
青山镇	23242	11834	11408	6609	11574	11185	7029	14506	1707	21432
楼下镇	32625	17543	15082	8578	15770	14879	9222	21071	2332	29215
白沙乡	8415	4302	4113	2806	4278	4110	2745	4873	797	8141
高棉乡	11495	5907	5588	3612	5898	5578	3899	6563	1033	11318
窝沿乡	14814	7655	7159	4644	7647	7156	4843	8660	1311	14410
罗汉乡	16068	8341	7727	4425	8328	7720	5232	9504	1332	15624
新店乡	17174	8821	8353	4926	8797	8344	5704	10165	1305	16573
雪浦乡	19360	9956	9404	5486	9832	9351	6345	11411	1604	18878
晴隆县	**246809**	**126475**	**120334**	**70988**	**123098**	**119537**	**76371**	**151650**	**18788**	**230065**
莲城镇	36753	18790	17963	10696	18240	17645	9166	25257	2330	32951
沙子镇	18705	9412	9293	5756	9332	9258	5521	11827	1357	17881

表24 续表 17

单位：人、户

地区	总人口			家庭户	家庭户总人口		分年龄人口			居住本地，户口在本地
	合计	男	女	户数	男	女	0-14岁	15-64岁	65岁及以上	
碧痕镇	15858	8332	7526	4510	7787	7442	4956	9875	1027	14548
大厂镇	18071	9410	8661	5751	9047	8609	4929	11709	1433	16140
鸡场镇	22846	11874	10972	6037	11155	10876	6728	14384	1734	21467
花贡镇	15774	8065	7709	4602	8060	7707	4822	9726	1226	14164
中营镇	16571	8598	7973	4761	8131	7907	5466	9559	1546	15524
光照镇	20584	10421	10163	6209	10296	10119	6342	12474	1768	19397
长流乡	17894	9289	8605	5072	9034	8578	6641	9752	1501	17390
大田乡	11874	6038	5836	3202	6019	5833	4213	6766	895	11438
马场乡	20789	10576	10213	5951	10557	10209	7151	11901	1737	19679
紫马乡	11834	6050	5784	3348	5927	5771	3792	7137	905	11229
安谷乡	14900	7386	7514	4068	7279	7461	5159	8691	1050	13959
三宝彝族乡	4356	2234	2122	1025	2234	2122	1485	2592	279	4298
贞丰县	**303883**	**154306**	**149577**	**85184**	**150285**	**148527**	**99021**	**178898**	**25964**	**266884**
珉谷镇	65792	33368	32424	19294	32857	31951	18074	42301	5417	54424
龙场镇	31321	15921	15400	8504	15436	15376	10631	18242	2448	27485
者相镇	30646	15103	15543	8784	15062	15517	11247	16738	2661	26670
北盘江镇	25773	13014	12759	6920	12818	12589	9106	14564	2103	23701
白层镇	15464	7897	7567	4754	7503	7496	4880	8941	1643	13763
鲁贡镇	17101	8416	8685	4699	8327	8663	5947	9491	1663	14525
连环乡	12385	6287	6098	3459	6242	6086	3978	6964	1443	11468
挽澜乡	14211	7628	6583	3779	6890	6528	4509	8480	1222	11808
小屯乡	28172	14412	13760	7811	13984	13683	9233	16730	2209	25347
长田乡	16116	8188	7928	5093	8077	7912	5403	9304	1409	14739
平街乡	17662	8966	8696	4533	8963	8695	6235	9965	1462	16351
鲁容乡	13530	6834	6696	3745	6735	6682	4651	7668	1211	12997
沙坪乡	15710	8272	7438	3809	7391	7349	5127	9510	1073	13606
望谟县	**251966**	**125400**	**126566**	**68376**	**124752**	**126292**	**80343**	**150175**	**21448**	**233768**
复兴镇	43097	21650	21447	12087	21423	21362	10992	28977	3128	30916
乐元镇	21651	10673	10978	6100	10659	10962	6085	13683	1883	20814
打易镇	20018	9920	10098	5613	9886	10080	6874	11199	1945	19616
乐旺镇	14525	7330	7195	3885	7306	7185	5389	7803	1333	13677
桑郎镇	7779	3854	3925	2321	3801	3902	2380	4706	693	7194
纳夜镇	7972	3886	4086	2175	3838	4071	2876	4512	584	7606
新屯镇	22886	11467	11419	6581	11466	11419	7351	13247	2288	22624
石屯镇	19064	9317	9747	5477	9267	9726	5582	11470	2012	18812
坎边乡	10170	5011	5159	2599	5011	5159	3653	5704	813	9664
岜饶乡	9425	4722	4703	2232	4712	4703	3526	5254	645	9334
郊纳乡	13689	6912	6777	3444	6849	6743	4969	7458	1262	13268
大观乡	12893	6467	6426	3269	6379	6388	4513	7326	1054	12730
蔗香乡	15025	7455	7570	3587	7455	7570	4978	8960	1087	14578
昂武乡	9157	4610	4547	2310	4609	4547	3072	5482	603	9049
油迈乡	10012	4896	5116	2700	4885	5110	3295	5866	851	9895
麻山乡	6607	3328	3279	1789	3323	3277	2239	3799	569	6503
打尖乡	7996	3902	4094	2207	3883	4088	2569	4729	698	7488
册亨县	**190413**	**96503**	**93910**	**55843**	**93557**	**92811**	**52284**	**123060**	**15069**	**172748**
者楼镇	34250	17306	16944	9918	16588	16342	8412	23645	2193	25303
坡妹镇	20151	10302	9849	6243	10227	9810	5937	12026	2188	19102
冗渡镇	15295	7733	7562	5240	7690	7537	4131	9605	1559	14516
丫他镇	15433	7886	7547	4080	7482	7479	4135	10324	974	14467
巧马镇	12954	7098	5856	3267	5934	5716	3350	8686	918	10736

表24　续表 18

单位：人、户

地　区	总人口			家庭户	家庭户总人口		分年龄人口			居住本地，户口在本地
	合　计	男	女	户　数	男	女	0-14岁	15-64岁	65岁及以上	
秧坝镇	12269	6046	6223	3618	6026	6210	3142	8238	889	11823
双江镇	10936	5410	5526	3076	5358	5506	3081	7183	672	10523
岩架镇	15110	7589	7521	3996	7462	7460	4631	9415	1064	14705
八渡镇	7820	3912	3908	2177	3756	3863	2175	5101	544	7378
庆坪乡	12453	6392	6061	4160	6312	6010	3456	7622	1375	11955
达央乡	9276	4616	4660	2700	4597	4649	2626	6066	584	8783
威旁乡	7818	3945	3873	2466	3943	3873	2270	4652	896	7565
弼佑乡	11503	5636	5867	3615	5618	5864	3435	7151	917	11270
百口乡	5145	2632	2513	1287	2564	2492	1503	3346	296	4622
安龙县	**356255**	**183183**	**173072**	**108649**	**177609**	**171808**	**93049**	**230979**	**32227**	**326447**
新安镇	71420	36481	34939	22402	35126	34491	16080	49801	5539	60414
龙广镇	37423	18889	18534	11566	18760	18444	8787	25018	3618	34865
德卧镇	30581	15370	15211	9822	15282	15168	7685	20257	2639	28649
万峰湖镇	11847	6010	5837	3975	5979	5834	3018	7465	1364	11358
木咱镇	15875	8211	7664	4837	7919	7605	4182	10282	1411	15071
洒雨镇	22183	11320	10863	6378	11262	10847	6559	13612	2012	21171
普坪镇	16719	8378	8341	4937	8335	8310	4513	10734	1472	15820
龙山镇	23436	12753	10683	6785	11479	10643	6796	14397	2243	20948
戈塘镇	21266	11113	10153	5986	10916	10112	6635	12891	1740	19885
兴隆镇	22794	11520	11274	7038	11504	11262	6545	14096	2153	22038
新桥镇	18606	9723	8883	5798	8997	8609	4563	12416	1627	16749
海子乡	18560	9749	8811	5077	9408	8754	5258	11883	1419	16854
笃山乡	12896	6767	6129	3893	6502	6076	3715	7822	1359	12093
平乐乡	11524	5882	5642	3623	5780	5604	3294	6781	1449	11204
钱相乡	14996	7501	7495	4731	7442	7491	3993	9395	1608	14241
坡脚乡	6129	3516	2613	1801	2918	2558	1426	4129	574	5087
毕节地区	**6537498**	**3387605**	**3149893**	**1854772**	**3300141**	**3115380**	**2042526**	**4002346**	**492626**	**5875827**
毕节市	**1137383**	**580890**	**556493**	**330388**	**561886**	**547432**	**367789**	**674006**	**95588**	**967642**
市西街道	116981	59017	57964	36939	56599	56212	24675	83174	9132	82384
市东街道	85472	45470	40002	23000	36566	35591	16935	63773	4764	45695
三板桥街道	12647	6448	6199	3164	6292	6086	4032	7763	852	10704
流沧桥街道	26065	14027	12038	6759	12059	11596	6606	18017	1442	19397
大新桥街道	13716	6901	6815	4029	6872	6794	4315	8372	1029	11908
观音桥街道	9562	4764	4798	2400	4661	4686	2730	6243	589	7563
鸭池镇	46222	23789	22433	12991	23299	22298	13140	29277	3805	40948
梨树镇	22005	11445	10560	6235	10937	10455	6436	13810	1759	19436
岔河镇	28711	14695	14016	8869	14518	13939	9123	16704	2884	26717
朱昌镇	33869	17051	16818	10054	17008	16800	11570	19177	3122	31231
田坝镇	16057	8201	7856	4795	8016	7759	5965	8551	1541	15022
长春堡镇	38896	19884	19012	10834	19618	18938	14344	21427	3125	35266
撒拉溪镇	43863	22365	21498	12906	21903	21334	16648	23648	3567	40065
杨家湾镇	36377	18276	18101	9548	18123	18070	15277	18382	2718	32644
放珠镇	21059	10468	10591	5975	10456	10588	8528	10903	1628	19259
青场镇	26509	13310	13199	7430	13268	13171	10187	14277	2045	24151
水箐镇	23023	11864	11159	5955	11744	11123	7816	13845	1362	20726
何官屯镇	32004	16319	15685	8970	16229	15659	10920	18587	2497	29162
对坡镇	20074	10286	9788	5904	10155	9744	6622	11583	1869	17928
大银镇	20572	10706	9866	5553	10694	9863	6973	12076	1523	17676
林口镇	23950	12194	11756	7205	12114	11735	8357	13448	2145	20971
生机镇	24838	12713	12125	7138	12564	12066	8922	13490	2426	22005

表24 续表 19

单位：人、户

地区	总人口			家庭户	家庭户总人口		分年龄人口			居住本地，户口在本地
	合计	男	女	户数	男	女	0-14岁	15-64岁	65岁及以上	
清水铺镇	25107	12664	12443	8207	12604	12386	8426	14035	2646	22933
亮岩镇	16951	8703	8248	5257	8482	8158	6063	9200	1688	15308
燕子口镇	32351	16361	15990	9806	15776	15622	10483	18752	3116	29112
八寨镇	23966	12119	11847	6795	12117	11847	7973	13968	2025	21987
田坝桥镇	14469	7358	7111	3770	7280	7092	4896	8361	1212	12506
海子街镇	50421	25337	25084	15020	25047	24919	16690	28827	4904	46470
小坝镇	29108	14861	14247	8432	14536	14137	10428	15750	2930	25572
层台镇	19985	10000	9985	5726	9953	9953	7805	10187	1993	18042
小吉场镇	38620	19301	19319	11801	19017	19085	15074	19864	3682	34651
普宜镇	19901	10056	9845	6028	10029	9828	6500	11363	2038	17343
龙场营镇	16240	8253	7987	4858	8142	7911	5817	8775	1648	14921
千溪乡	13501	6948	6553	4154	6865	6540	5066	7100	1335	12512
阴底乡	27252	13888	13364	7442	13833	13345	11018	14032	2202	24764
野角乡	16787	8740	8047	5038	8621	7999	5868	9613	1306	15868
大河乡	15219	7863	7356	4349	7847	7355	5762	8198	1259	14433
团结乡	15961	8134	7827	4920	8123	7825	5762	8706	1493	15033
阿市乡	16591	8527	8064	5125	8464	8049	5840	9069	1682	15305
大屯乡	12788	6533	6255	3980	6470	6248	4653	6680	1455	11241
田坎乡	9693	5051	4642	3027	4985	4626	3544	4999	1150	8783
大方县	**776324**	**403863**	**372461**	**239103**	**393804**	**368746**	**221188**	**490355**	**64781**	**705554**
大方镇	99316	51913	47403	29104	48607	45072	23829	69175	6312	72509
双山镇	32074	16355	15719	8827	16200	15628	9925	19442	2707	28733
猫场镇	27266	13938	13328	8088	13855	13315	8791	16704	1771	26810
马场镇	33223	17324	15899	9899	17200	15885	10649	19773	2801	31857
羊场镇	20438	10720	9718	7193	10718	9718	4994	13500	1944	19376
黄泥塘镇	22027	11520	10507	6937	11512	10505	5583	14458	1986	20840
六龙镇	24799	13272	11527	7348	12323	11421	5755	17142	1902	21987
达溪镇	18677	9551	9126	6079	9527	9113	5817	10896	1964	18026
瓢井镇	25133	12664	12469	7482	12611	12459	8128	14892	2113	23387
长石镇	25621	12942	12679	7920	12846	12602	8950	14298	2373	23231
东关乡	21790	11485	10305	6472	10744	10163	6062	14244	1484	18609
竹园乡	15603	7955	7648	4716	7697	7626	4831	9409	1363	14876
响水乡	22555	11459	11096	7391	11403	11084	6891	13343	2321	20766
文阁乡	21668	11188	10480	6272	10874	10337	7107	12627	1934	20956
绿塘乡	11972	6479	5493	3736	5940	5481	3649	7308	1015	10515
鼎新乡	29363	14883	14480	9657	14858	14458	9582	17414	2367	28594
牛场乡	26637	13847	12790	8097	13786	12746	8348	16043	2246	25790
高店乡	17533	9117	8416	6067	8952	8386	4790	10986	1757	16669
小屯乡	16793	8760	8033	6146	8735	8033	4062	11124	1607	16226
理化乡	30346	15744	14602	10103	15715	14577	7381	20016	2949	29266
鸡场乡	22216	11456	10760	6585	11444	10756	6165	14063	1988	21469
凤山乡	16374	8810	7564	5078	8259	7399	3635	11594	1145	13969
安乐乡	10318	5468	4850	3391	5261	4828	2613	6855	850	9682
核桃乡	20641	10511	10130	6429	10355	10126	6096	12530	2015	18926
八堡乡	20752	10558	10194	6998	10547	10187	7031	11572	2149	19598
兴隆乡	16222	8297	7925	5272	8245	7900	6267	8388	1567	15024
果瓦乡	9761	5138	4623	3108	5090	4610	2930	5836	995	9119
大山乡	11616	6066	5550	3534	6051	5535	4073	6588	955	10972
雨冲乡	9261	5184	4077	2639	4771	4040	2290	6235	736	8610
黄泥乡	11261	6022	5239	3414	5805	5194	2867	7418	976	10501

表24　续表 20

单位：人、户

地区	总人口			家庭户	家庭户总人口		分年龄人口			居住本地，户口在本地
	合计	男	女	户数	男	女	0-14岁	15-64岁	65岁及以上	
大水乡	10272	5435	4837	2941	5417	4828	2870	6580	822	9660
沙厂乡	11451	6104	5347	3292	5929	5306	3099	7387	965	10259
普底乡	31367	16792	14575	9197	15857	14477	7791	21202	2374	29153
百纳乡	9557	4960	4597	2672	4797	4496	2142	6847	568	8592
三元乡	12856	6867	5989	4141	6867	5989	3365	8437	1054	12275
星宿乡	9565	5079	4486	2878	5006	4466	2830	6029	706	8722
黔西县	**695947**	**362100**	**333847**	**212068**	**350206**	**328645**	**185002**	**453481**	**57464**	**584439**
城关镇	164403	83941	80462	47074	77925	76286	39103	116064	9236	108364
金碧镇	31765	16322	15443	9823	16188	15352	9035	19980	2750	28965
雨朵镇	18533	9541	8992	6235	9325	8986	4918	11855	1760	16827
大关镇	25591	13153	12438	7712	12794	12376	6494	16725	2372	22754
谷里镇	22074	11754	10320	6794	11142	10161	5558	14610	1906	19295
素朴镇	25808	13388	12420	8070	13335	12404	7629	15667	2512	23061
中坪镇	20552	10719	9833	6582	10712	9830	5772	12693	2087	19612
重新镇	26902	13952	12950	8314	13945	12947	7557	16746	2599	23859
林泉镇	30194	15586	14608	9207	15494	14583	7939	19777	2478	27465
五里乡	14801	7533	7268	4372	7507	7262	4697	8866	1238	13958
沙井乡	25530	13314	12216	7884	13301	12213	7857	15393	2280	22704
羊场乡	14163	7741	6422	4564	7135	6376	4115	8836	1212	12209
绿化乡	17380	8947	8433	5310	8841	8401	4614	11115	1651	15765
新仁乡	15201	8018	7183	4723	8018	7183	4574	9331	1296	13821
钟山乡	19905	10392	9513	6171	9876	9448	5294	12775	1836	16695
铁石乡	12850	6699	6151	4637	6674	6144	3534	7848	1468	12114
协和乡	22087	11651	10436	6628	11146	10377	6010	14348	1729	19610
太来乡	19557	10505	9052	6303	10056	8961	5448	12250	1859	16781
甘棠乡	30539	16093	14446	9567	15738	14379	8203	19657	2679	26816
永燊乡	15712	8283	7429	5427	8283	7429	3909	10048	1755	15067
中建乡	7687	4072	3615	2433	4004	3607	2145	4821	721	6699
花溪乡	10827	5866	4961	3552	5637	4958	3057	6821	949	9343
定新乡	13525	7103	6422	4437	7103	6422	3598	8436	1491	12752
洪水乡	18656	9600	9056	5526	9584	9042	4787	12255	1614	17052
金坡乡	18516	10194	8322	4782	8945	8121	4521	12895	1100	14503
仁和乡	17923	9448	8475	5362	9268	8446	4844	11397	1682	16070
红林乡	15834	8320	7514	4592	8319	7513	3979	10594	1261	14252
锦星乡	19432	9965	9467	5987	9911	9438	5811	11678	1943	18026
金沙县	**560575**	**294677**	**265898**	**177798**	**280299**	**262536**	**150120**	**361424**	**49031**	**460244**
城关镇	116125	59340	56785	36670	56909	55231	28089	80446	7590	83190
安底镇	21788	11176	10612	7383	11126	10564	5747	13936	2105	19147
沙土镇	38346	19892	18454	12071	18834	17928	10032	25294	3020	32191
岩孔镇	31259	16158	15101	10902	15985	15052	8547	19286	3426	28306
禹谟镇	25332	13353	11979	8521	12925	11962	6577	16308	2447	23227
岚头镇	13514	7077	6437	4401	6814	6387	3540	8827	1147	11547
清池镇	18224	9480	8744	5977	9403	8725	6054	10024	2146	15476
平坝乡	19678	10475	9203	5911	10151	9166	5364	12444	1870	18328
西洛乡	28893	15355	13538	8003	13792	13332	7770	18745	2378	21844
石场苗族彝族乡	21527	11219	10308	6974	11149	10265	5728	13478	2321	19384
桂花乡	10882	5716	5166	3308	5649	5118	3183	6642	1057	9566
太平彝族苗族乡	10802	5820	4982	3505	5627	4923	3269	6410	1123	9096
箐门苗族彝族仡佬族乡	4707	2601	2106	1693	2597	2106	1308	2909	490	3999
龙坝乡	9162	4761	4401	3012	4724	4379	2410	5690	1062	8103

表24　续表 21

单位：人、户

地　区	总人口			家庭户	家庭户总人口		分年龄人口			居住本地，户口在本地
	合　计	男	女	户　数	男	女	0-14岁	15-64岁	65岁及以上	
高坪乡	13253	6959	6294	4186	6521	6213	3773	8459	1021	11254
化觉乡	14870	7704	7166	4822	7418	7142	4632	8822	1416	12803
茶园乡	18134	9535	8599	6098	9175	8571	5197	11049	1888	16119
木孔乡	14137	7731	6406	4200	6770	6297	3558	9347	1232	10768
长坝乡	17232	8996	8236	5782	8891	8222	4693	10832	1707	15346
源村乡	19913	10277	9636	6627	10153	9634	5588	12316	2009	18378
官田乡	12236	6236	6000	4694	6219	5989	3388	7353	1495	11230
后山乡	11554	6009	5545	3796	5950	5529	3403	6741	1410	11116
安洛苗族彝族满族乡	19372	10919	8453	5211	9324	8409	4685	13277	1410	15677
新化苗族彝族满族乡	29497	17075	12422	8048	13816	12147	7409	20668	1420	17391
大田彝族苗族布依族乡	8995	4976	4019	2632	4605	3968	2292	6095	608	7324
马路彝族苗族乡	11143	5837	5306	3371	5772	5277	3884	6026	1233	9434
织金县	**784119**	**407997**	**376122**	**237279**	**398462**	**371474**	**235108**	**489769**	**59242**	**736042**
城关镇	120882	62051	58831	36054	58337	55452	31431	82956	6495	94957
桂果镇	21436	11324	10112	6091	11250	10102	5938	13949	1549	21196
牛场镇	27651	14263	13388	9417	13902	13348	8263	16924	2464	26448
猫场镇	31479	16236	15243	9856	16023	15233	9780	19193	2506	29779
化起镇	28561	14906	13655	8284	14820	13644	8006	18201	2354	28043
龙场镇	17596	9236	8360	5859	9202	8353	4843	11062	1691	17176
八步镇	34018	17666	16352	9655	17419	16296	9909	21549	2560	32771
以那镇	25745	13293	12452	8572	13161	12424	7995	15414	2336	24670
三塘镇	31570	16779	14791	8570	15882	14624	9944	19682	1944	30152
阿弓镇	24958	13026	11932	7418	12933	11896	8992	14041	1925	24420
珠藏镇	35416	18568	16848	10229	17981	16805	10392	22506	2518	33759
三甲乡	21221	11155	10066	6787	10852	10048	5921	13771	1529	20214
自强乡	10854	5760	5094	3427	5687	5049	2906	7068	880	10653
大平乡	14248	7382	6866	4033	7366	6866	4365	8711	1172	14107
官寨乡	20287	10426	9861	6535	10336	9844	6383	12315	1589	20028
茶店乡	20633	10685	9948	6538	10603	9888	6809	11930	1894	20020
金龙乡	26790	13876	12914	7613	13815	12901	7868	16666	2256	26429
后寨乡	18399	9610	8789	5286	9410	8740	5924	11215	1260	17826
鸡场乡	31763	16350	15413	8859	16269	15371	11373	17968	2422	31029
中寨乡	16379	8624	7755	4545	8342	7670	5462	9728	1189	15390
绮陌乡	24556	12833	11723	7032	12366	11630	6765	16077	1714	23494
普翁乡	12148	6431	5717	4046	6374	5701	3566	7675	907	11477
实兴乡	13804	7217	6587	4567	7164	6559	4413	8221	1170	13480
马场乡	17328	8974	8354	5679	8846	8342	5063	10958	1307	16488
上坪寨乡	11785	6176	5609	3998	6022	5584	3720	6967	1098	11390
营合乡	10706	5707	4999	3547	5680	4994	3141	6644	921	10422
纳雍乡	13369	7023	6346	4081	7003	6345	3840	8405	1124	13021
板桥乡	16391	8484	7907	5930	8392	7841	4634	10178	1579	16161
白泥乡	19810	10241	9569	5826	9973	9398	7198	11024	1588	19162
少普乡	29841	15570	14271	8122	15254	14221	9920	17740	2181	28287
熊家场乡	18567	9750	8817	5807	9532	8774	5699	11184	1684	18041
黑土乡	15928	8375	7553	5016	8266	7531	4645	9847	1436	15552
纳雍县	**670272**	**345082**	**325190**	**194352**	**338100**	**323571**	**228852**	**391011**	**50409**	**600511**
雍熙镇	85235	44151	41084	24711	42890	40451	24870	54941	5424	65262
猔岭镇	31298	16851	14447	8179	15249	14316	10061	19412	1825	23781
阳长镇	47361	24450	22911	11886	23493	22720	14921	29646	2794	43338
维新镇	22664	11551	11113	6238	11494	11092	7902	12803	1959	20962

表24 续表 22　　　　单位：人、户

地　区	总人口			家庭户	家庭户总人口		分年龄人口			居住本地，户口在本地
	合　计	男	女	户　数	男	女	0-14岁	15-64岁	65岁及以上	
龙场镇	29896	15140	14756	8700	14974	14738	10972	16993	1931	27018
乐治镇	20779	10474	10305	6548	10381	10273	6804	12179	1796	19359
王家寨镇	23930	12237	11693	8489	12186	11673	7437	14061	2432	22432
百兴镇	30499	15280	15219	9508	15135	15189	10122	17662	2715	27390
张家湾镇	28435	14682	13753	8781	14486	13735	9581	16361	2493	25976
勺窝乡	22524	11681	10843	6826	11205	10779	6940	13663	1921	20412
新房乡	29543	15284	14259	7863	14693	14136	10288	17241	2014	27547
库东关乡	13924	7093	6831	4206	7052	6820	5183	7626	1115	13156
董地乡	20216	10259	9957	5634	10211	9938	8215	10656	1345	18958
寨乐乡	28463	14427	14036	8409	14327	14014	10270	16076	2117	26838
化作乡	25386	12853	12533	7511	12767	12520	9942	13588	1856	23051
老凹坝乡	28595	14717	13878	8352	14616	13852	9386	16850	2359	27578
沙包乡	22221	11326	10895	6754	11230	10878	7934	12288	1999	20912
水东乡	18587	9605	8982	5922	9540	8960	6597	10287	1703	17548
曙光乡	30774	15788	14986	9951	15632	14944	10256	17836	2682	27578
姑开乡	22973	11790	11183	6381	11696	11152	8596	12711	1666	21442
羊场乡	23241	12188	11053	6351	12141	11002	9082	12351	1808	22007
锅圈岩乡	20587	10743	9844	5104	10733	9842	8184	10983	1420	19164
昆寨乡	18501	9575	8926	5119	9362	8897	6756	10497	1248	16748
左鸠戛乡	9149	4831	4318	2618	4767	4301	3004	5466	679	8364
猪场乡	15491	8106	7385	4311	7840	7349	5549	8834	1108	13690
威宁彝族回族苗族自治县	**1263521**	**660040**	**603481**	**297651**	**651092**	**599136**	**428088**	**764985**	**70448**	**1225619**
草海镇	148307	76407	71900	37176	73470	69846	45397	95581	7329	132315
么站镇	29782	15576	14206	7748	15563	14201	10853	17088	1841	29259
金钟镇	45712	24253	21459	10678	24061	21392	16999	26231	2482	44151
炉山镇	57902	30175	27727	12162	29884	27609	24018	31547	2337	56331
龙场镇	54134	28773	25361	12083	28203	25138	19159	31857	3118	53370
黑石镇	42422	22581	19841	9828	22431	19781	11261	28345	2816	41365
哲觉镇	40878	21519	19359	10502	21471	19351	11815	26029	3034	40036
观风海镇	33962	17507	16455	7999	17414	16433	11452	20876	1634	33445
牛棚镇	39175	20323	18852	8681	20213	18781	13896	23359	1920	38754
迤那镇	33790	17715	16075	7878	17517	16026	12150	20159	1481	33341
中水镇	40111	20284	19827	9638	20107	19768	13951	23522	2638	39337
龙街镇	43477	22749	20728	11225	22564	20691	13144	28269	2064	43064
雪山镇	43340	22347	20993	10569	22115	20886	14531	26542	2267	42313
羊街镇	48365	24943	23422	10935	24505	23202	18597	27162	2606	47391
小海镇	56205	29032	27173	11902	28837	27065	19988	33619	2598	55363
盐仓镇	28364	14985	13379	6443	14838	13318	10855	16034	1475	27816
东风镇	43168	22179	20989	9349	22152	20968	16440	24940	1788	41729
二塘镇	22324	11472	10852	5209	10946	10728	7880	13232	1212	21411
猴场镇	26845	13657	13188	5774	13494	13144	9883	15470	1492	25833
金斗乡	27743	15109	12634	6595	14972	12595	9135	16666	1942	27487
新发布依族乡	38863	20685	18178	8802	20500	18112	12434	23746	2683	38252
岔河乡	21457	11731	9726	5499	11532	9679	6192	13476	1789	20808
麻乍乡	36341	18751	17590	8349	18681	17563	12099	21790	2452	36157
海拉乡	27817	15237	12580	6369	15145	12526	8440	17042	2335	27422
哈喇河乡	18797	9867	8930	4592	9502	8777	5813	11757	1227	18473
秀水乡	23260	12143	11117	5358	12057	11082	7164	14594	1502	23056
斗古乡	17472	9376	8096	4175	9202	8015	5652	10679	1141	17113
玉龙乡	27566	14408	13158	6937	14340	13111	9020	16735	1811	27134

表24 续表 23　　　　单位：人、户

地区	总人口			家庭户	家庭户总人口		分年龄人口			居住本地，户口在本地
	合计	男	女	户数	男	女	0-14岁	15-64岁	65岁及以上	
黑土河乡	18975	9922	9053	4557	9798	9000	6795	11379	801	18528
石门乡	19072	10115	8957	4669	9882	8877	6494	11610	968	18348
云贵乡	18175	9610	8565	4623	9535	8537	5852	11521	802	17562
兔街乡	30644	15981	14663	7454	15705	14554	9989	18984	1671	30118
双龙乡	27208	13995	13213	6111	13975	13199	10095	15863	1250	27042
板底乡	14235	7298	6937	3449	7250	6922	5327	8080	828	13984
大街乡	17633	9335	8298	4333	9231	8259	5318	11201	1114	17511
赫章县	**649357**	**332956**	**316401**	**166133**	**326292**	**313840**	**226379**	**377315**	**45663**	**595776**
城关镇	60427	31285	29142	17249	29929	28505	17104	39829	3494	45248
白果镇	31861	16077	15784	7021	15908	15686	11227	18563	2071	29026
妈姑镇	36885	19010	17875	9553	18640	17778	12262	22213	2410	34459
财神镇	31525	16099	15426	7910	15595	15060	11666	17536	2323	30354
六曲河镇	24106	12312	11794	6728	12124	11720	8647	13581	1878	22905
野马川镇	35866	18082	17784	10157	17680	17664	11583	20954	3329	33581
达依乡	18473	9389	9084	4553	9325	9071	6745	10462	1266	17524
水塘堡乡	17556	8995	8561	4041	8726	8460	6635	9919	1002	15837
兴发乡	23008	11871	11137	5509	11782	11089	8277	13395	1336	21210
松林坡乡	21385	10892	10493	5774	10600	10443	7548	12268	1569	19874
雉街乡	14483	7643	6840	3459	7509	6812	4742	8843	898	13111
珠市乡	20179	10486	9693	4547	10253	9652	6891	12244	1044	18632
罗州乡	23946	12185	11761	5654	12108	11726	9234	13228	1484	22755
双坪乡	34378	17903	16475	7407	17700	16378	12688	19524	2166	31831
铁匠乡	16156	8247	7909	3474	8086	7845	5921	9229	1006	14587
辅处乡	13187	6780	6407	3451	6687	6366	4733	7458	996	12127
可乐乡	31356	15927	15429	8109	15830	15380	10547	18777	2032	30817
河镇乡	25971	13310	12661	7190	13181	12616	9009	15190	1772	24373
德卓乡	22329	11437	10892	5404	11280	10837	8149	12689	1491	20676
安乐溪乡	11624	5983	5641	3046	5837	5584	4407	6356	861	10257
朱明乡	25354	12992	12362	6269	12679	12228	8744	14721	1889	24103
结构乡	16667	8643	8024	3834	8415	7967	6092	9512	1063	16146
古基乡	19235	9663	9572	4976	9593	9543	7532	10142	1561	17938
哲庄乡	22966	11671	11295	6413	11406	11220	8551	12498	1917	21439
平山乡	20348	10253	10095	5931	9945	10034	7281	11082	1985	19144
古达乡	18466	9689	8777	5338	9580	8745	6172	10501	1793	16954
威奢乡	11620	6132	5488	3136	5894	5431	3992	6601	1027	10868
黔东南苗族侗族自治州	**3481891**	**1817730**	**1664161**	**1072872**	**1753380**	**1627187**	**866439**	**2268101**	**347351**	**3090681**
凯里市	**479011**	**250361**	**228650**	**144686**	**229802**	**215568**	**99771**	**338573**	**40667**	**344374**
城西街道	33180	16431	16749	10426	14829	14614	5435	25301	2444	16883
大十字街道	86718	45528	41190	28324	38405	38605	14718	66493	5507	50590
西门街道	50378	25424	24954	16651	25098	24762	10228	36333	3817	27534
洗马河街道	57575	30712	26863	15928	24246	22967	10281	43631	3663	28607
湾溪街道	24688	12553	12135	7905	12170	11867	5086	17768	1834	14314
鸭塘街道	23206	11859	11347	5375	8755	7862	3469	18186	1551	14931
三棵树镇	46402	24821	21581	12524	24377	21384	11531	30177	4694	44133
舟溪镇	16859	9137	7722	5521	9016	7709	3592	11191	2076	16210
旁海镇	22306	11628	10678	6472	11615	10675	6676	13071	2559	21390
湾水镇	17141	8882	8259	5615	8828	8253	4576	10487	2078	16093
炉山镇	25074	13264	11810	7556	12673	11636	5628	16916	2530	23168
万潮镇	12067	6389	5678	3885	6353	5660	2565	7934	1568	11477
龙场镇	18563	9985	8578	5546	9814	8541	4215	12529	1819	17078

表24 续表 24

单位：人、户

地　　区	总人口			家庭户	家庭户总人口		分年龄人口			居住本地，户口在本地
	合　计	男	女	户　数	男	女	0-14岁	15-64岁	65岁及以　上	
凯棠乡	18394	9789	8605	4411	9782	8602	6091	10775	1528	16446
大风洞乡	26460	13959	12501	8547	13841	12431	5680	17781	2999	25520
黄平县	**263363**	**133487**	**129876**	**84221**	**130297**	**128313**	**72850**	**160829**	**29684**	**245862**
新州镇	52494	26999	25495	17276	25768	25192	12644	34914	4936	42220
旧州镇	37646	18882	18764	12572	18257	18184	10128	23363	4155	35348
重安镇	28791	14692	14099	9234	14324	13922	7463	17771	3557	27616
谷陇镇	38157	18957	19200	10203	18547	18947	13052	21183	3922	37602
平溪镇	10528	5368	5160	3663	5301	5107	2748	6448	1332	10104
野洞河乡	13492	6864	6628	4462	6840	6623	3595	8251	1646	13121
黄飘乡	9752	4873	4879	2897	4782	4853	2863	5566	1323	9572
上塘乡	9952	5167	4785	3561	5090	4760	2355	6271	1326	9567
一碗水乡	9602	4925	4677	3129	4925	4677	2311	6247	1044	9180
纸房乡	7584	3916	3668	2701	3886	3650	1870	4796	918	7312
浪洞乡	12073	6098	5975	4310	5929	5891	3108	7492	1473	11599
翁坪乡	9482	4803	4679	3138	4794	4675	2863	5345	1274	9299
重兴乡	11102	5712	5390	3464	5698	5380	3125	6586	1391	10939
苗陇乡	12708	6231	6477	3611	6156	6452	4725	6596	1387	12383
施秉县	**130464**	**66753**	**63711**	**39148**	**65291**	**62471**	**34077**	**83195**	**13192**	**117806**
城关镇	50885	25678	25207	14836	24553	24083	12345	34470	4070	41709
杨柳塘镇	13926	7073	6853	4077	6985	6826	4254	7975	1697	13465
双井镇	13651	7008	6643	4179	6946	6630	4291	7484	1876	13029
牛大场镇	19367	9983	9384	5685	9956	9370	4577	13033	1757	18417
白垛乡	7228	3845	3383	2149	3814	3367	1722	4780	726	6910
甘溪乡	6995	3697	3298	2290	3689	3291	1715	4518	762	6731
马号乡	13151	6677	6474	4082	6557	6437	3937	7496	1718	12483
马溪乡	5261	2792	2469	1850	2791	2467	1236	3439	586	5062
三穗县	**155735**	**80249**	**75486**	**53569**	**78732**	**74724**	**42894**	**96835**	**16006**	**144116**
八弓镇	58918	29921	28997	19021	28885	28458	14971	39317	4630	50340
台烈镇	16971	8789	8182	6093	8660	8137	5653	9531	1787	16543
瓦寨镇	12371	6273	6098	4656	6220	6051	3403	7522	1446	11792
桐林镇	12741	6678	6063	4454	6665	6057	3198	7950	1593	12260
雪洞镇	9228	4952	4276	3442	4868	4250	2362	5473	1393	8891
滚马乡	8607	4430	4177	3182	4386	4167	2458	5221	928	8409
长吉乡	16308	8328	7980	5774	8268	7950	4841	9702	1765	15718
款场乡	8682	4495	4187	3096	4462	4154	2157	5358	1167	8416
良上乡	11909	6383	5526	3851	6318	5500	3851	6761	1297	11747
镇远县	**203622**	**106356**	**97266**	**63721**	**101379**	**94872**	**51983**	**130927**	**20712**	**178309**
舞阳镇	58630	29620	29010	18169	27668	27426	13015	40616	4999	46773
蕉溪镇	15482	8062	7420	5228	7967	7372	4299	9534	1649	14631
青溪镇	24659	13021	11638	7414	12180	11347	6406	15767	2486	21847
羊坪镇	17945	9557	8388	5546	9286	8320	4625	11309	2011	13914
羊场镇	15755	8540	7215	4713	7918	7088	3818	10259	1678	14155
都坪镇	13530	7049	6481	4680	7002	6457	3529	8262	1739	12933
江古乡	14560	7427	7133	4581	7339	7103	4391	8594	1575	13977
涌溪乡	8809	4615	4194	2669	4471	4162	2306	5524	979	8124
金堡乡	14113	7469	6644	4511	7185	6571	4102	8610	1401	13348
报京乡	6784	3708	3076	2099	3611	3046	2035	4096	653	6433
大地乡	8050	4439	3611	2320	3971	3538	2111	5136	803	7231
尚寨乡	5305	2849	2456	1791	2781	2442	1346	3220	739	4943
岑巩县	**162444**	**84728**	**77716**	**53730**	**83617**	**76935**	**45005**	**99356**	**18083**	**147934**

表24 续表 25

单位：人、户

地区	总人口			家庭户	家庭户总人口		分年龄人口			居住本地，户口在本地
	合计	男	女	户数	男	女	0-14岁	15-64岁	65岁及以上	
思旸镇	38261	19635	18626	12807	18835	17966	9007	25875	3379	28546
水尾镇	13162	6989	6173	4550	6942	6159	4114	7381	1667	12476
天马镇	15670	8274	7396	4865	8258	7380	4406	9569	1695	15252
龙田镇	13828	7030	6798	4559	7019	6790	3804	8373	1651	13485
大有乡	12407	6734	5673	4247	6637	5649	3337	7425	1645	11954
注溪乡	13558	7031	6527	4356	7010	6501	3650	8324	1584	13059
天星乡	9074	4837	4237	3259	4829	4234	2669	5136	1269	8744
羊桥乡	16656	8792	7864	5746	8776	7854	5522	9024	2110	15627
凯本乡	11879	6135	5744	3626	6056	5728	3340	7412	1127	11309
平庄乡	10670	5439	5231	3372	5430	5227	3311	6280	1079	10444
客楼乡	7279	3832	3447	2343	3825	3447	1845	4557	877	7038
天柱县	**263850**	**138200**	**125650**	**91180**	**134958**	**123308**	**59970**	**172108**	**31772**	**238749**
凤城镇	57909	29633	28276	18061	27770	26437	11568	41751	4590	39481
邦洞镇	27096	14203	12893	9199	14144	12877	5686	18006	3404	26111
坪地镇	12894	6915	5979	4628	6909	5978	2795	7907	2192	12464
兰田镇	18886	9998	8888	7164	9943	8862	4578	11729	2579	18370
瓮洞镇	12439	6616	5823	4869	6573	5802	3272	7468	1699	12118
高酿镇	17878	9321	8557	6489	9203	8529	3824	11740	2314	17388
石洞镇	16038	8555	7483	6120	8547	7483	3590	10240	2208	15747
远口镇	17525	8994	8531	5902	8784	8419	4179	11216	2130	17061
坌处镇	9372	4892	4480	3287	4794	4437	2049	6011	1312	9133
白市镇	22780	12207	10573	7581	11832	10433	5782	14210	2788	21604
社学乡	14452	7650	6802	4465	7394	6754	3029	9730	1693	13735
渡马乡	11919	6296	5623	4160	6244	5590	2900	7468	1551	11708
注溪乡	3407	1840	1567	1216	1838	1567	892	2057	458	3266
地湖乡	2464	1273	1191	877	1263	1180	631	1507	326	2359
竹林乡	8060	4144	3916	3011	4096	3895	2179	4752	1129	7877
江东乡	10731	5663	5068	4151	5624	5065	3016	6316	1399	10327
锦屏县	**154869**	**79516**	**75353**	**51161**	**76225**	**73197**	**39015**	**99979**	**15875**	**136384**
三江镇	38425	19591	18834	11561	17393	17048	8016	27622	2787	24981
茅坪镇	3015	1526	1489	1110	1479	1484	632	1927	456	2721
敦寨镇	14859	7748	7111	5036	7683	7074	3567	9755	1537	14051
启蒙镇	15729	8037	7692	5282	7812	7591	4179	9826	1724	15221
平秋镇	9096	4834	4262	3241	4700	4244	2516	5354	1226	8610
铜鼓镇	8377	4244	4133	3057	4226	4125	2274	5104	999	8091
平略镇	8670	4474	4196	2800	4249	4146	2112	5702	856	8234
大同乡	8630	4347	4283	2827	4277	4250	2321	5256	1053	8459
新化乡	6275	3273	3002	2074	3208	2979	1659	3949	667	5995
隆里乡	3753	1902	1851	1394	1890	1846	1052	2279	422	3507
钟灵乡	7078	3544	3534	2411	3527	3511	1925	4427	726	6928
偶里乡	7092	3521	3571	2359	3511	3568	2103	4185	804	6729
固本乡	8210	4265	3945	2549	4203	3922	2302	5114	794	7730
河口乡	9381	4864	4517	3114	4760	4494	2691	5673	1017	9034
彦洞乡	6279	3346	2933	2346	3307	2915	1666	3806	807	6093
剑河县	**180624**	**95935**	**84689**	**55617**	**93562**	**82996**	**48948**	**114604**	**17072**	**162952**
柳川镇	16950	9058	7892	4968	8893	7802	4705	10891	1354	15332
岑松镇	15830	8663	7167	4779	8483	7108	5271	9033	1526	14355
南加镇	14927	7935	6992	5071	7931	6989	3788	9538	1601	14340
南明镇	14700	7748	6952	4911	7700	6936	3534	9273	1893	13908
革东镇	39280	20311	18969	11480	18587	17539	10016	25915	3349	29755

表24　续表 26　　　　单位：人、户

地　区	总人口			家庭户	家庭户总人口		分年龄人口			居住本地，户口在本地
	合　计	男	女	户　数	男	女	0-14岁	15-64岁	65岁及以　上	
久仰乡	16519	8978	7541	4338	8968	7540	4947	10417	1155	15890
太拥乡	13987	7479	6508	4082	7428	6492	3627	9154	1206	13346
南哨乡	10505	5506	4999	3177	5502	4998	2732	6828	945	9855
南寨乡	12495	6687	5808	4145	6648	5798	3227	8045	1223	11887
盘溪乡	9857	5195	4662	3514	5170	4649	2495	6076	1286	9576
敏洞乡	8841	4761	4080	3056	4718	4064	2346	5536	959	8288
观么乡	6733	3614	3119	2096	3534	3081	2260	3898	575	6420
台江县	**112319**	**58745**	**53574**	**34766**	**57679**	**53013**	**31719**	**70057**	**10543**	**103292**
台拱镇	39580	20516	19064	13049	19869	18654	10369	26114	3097	33450
施洞镇	10670	5483	5187	3520	5355	5134	3113	6105	1452	10001
南宫乡	11977	6322	5655	3401	6320	5655	3233	7762	982	11760
排羊乡	5817	3098	2719	1846	3056	2704	1472	3697	648	5561
台盘乡	12954	6794	6160	3457	6679	6116	3862	7909	1183	12085
革一乡	10760	5623	5137	2964	5574	5126	3403	6305	1052	10434
老屯乡	10396	5474	4922	3364	5436	4909	3041	6216	1139	10117
方召乡	10165	5435	4730	3165	5390	4715	3226	5949	990	9884
黎平县	**391047**	**203389**	**187658**	**116686**	**197350**	**184355**	**94595**	**257482**	**38970**	**359658**
德凤镇	62322	31985	30337	18263	29425	27928	12264	46234	3824	42038
高屯镇	20388	10722	9666	6301	10565	9623	4546	13961	1881	19283
中潮镇	22129	11308	10821	6624	11115	10711	5432	14599	2098	21416
孟彦镇	10572	5437	5135	3640	5411	5124	2588	6611	1373	10241
敖市镇	11032	5700	5332	3195	5438	5219	2543	7456	1033	10909
九潮镇	18314	9318	8996	5534	9264	8982	5383	11047	1884	17428
岩洞镇	10506	5437	5069	3251	5404	5048	2741	6333	1432	10287
水口镇	26827	13966	12861	7577	13700	12791	7019	17242	2566	25939
洪州镇	21293	10931	10362	6111	10900	10355	5369	13878	2046	20629
尚重镇	21425	11213	10212	7086	11194	10197	5216	14008	2201	20785
顺化乡	3589	1892	1697	1033	1870	1680	876	2385	328	3569
雷洞乡	9188	4862	4326	2634	4831	4321	2323	5820	1045	9063
永从乡	13670	7347	6323	3660	6706	6194	3438	8873	1359	12435
罗里乡	11521	6048	5473	3527	5917	5427	2578	7657	1286	11352
茅贡乡	12109	6255	5854	3443	6217	5849	3318	7417	1374	11851
坝寨乡	9599	4942	4657	2849	4857	4618	2779	5857	963	9246
口江乡	7477	3938	3539	2012	3886	3517	1814	4756	907	7400
双江乡	16773	9141	7632	4340	8687	7577	3542	11350	1881	16090
肇兴乡	16737	8671	8066	4915	8368	8022	4341	10459	1937	16204
龙额乡	16928	8873	8055	5019	8500	8031	4856	10066	2006	15997
地坪乡	12692	6672	6020	4167	6607	6015	3120	7756	1816	12452
德顺乡	11166	5654	5512	3318	5581	5468	2578	7369	1219	10869
大稼乡	9791	5145	4646	3387	5091	4630	2290	6452	1049	9396
平寨乡	8165	4307	3858	2594	4224	3827	2073	5336	756	8019
德化乡	6834	3625	3209	2206	3592	3201	1568	4560	706	6760
榕江县	**286322**	**151199**	**135123**	**79979**	**145405**	**132758**	**74871**	**187399**	**24052**	**265001**
古州镇	70098	36378	33720	17920	33229	31902	15610	49493	4995	57009
忠诚镇	23478	12283	11195	6472	12226	11182	6273	15073	2132	22826
寨蒿镇	17262	9029	8233	5301	8975	8208	4601	10873	1788	16780
平永镇	14928	7822	7106	4645	7813	7100	4072	9402	1454	14468
乐里镇	19201	10307	8894	6051	10261	8880	5077	12438	1686	18620
朗洞镇	17727	9512	8215	5200	9491	8206	4382	11771	1574	17378
栽麻乡	14102	7321	6781	3847	7229	6765	4088	8742	1272	13752

表24 续表 27 单位：人、户

地区	总人口			家庭户	家庭户总人口		分年龄人口			居住本地，户口在本地
	合计	男	女	户数	男	女	0-14岁	15-64岁	65岁及以上	
崇义乡	8182	4359	3823	2688	4338	3822	2417	4913	852	8075
平江乡	12676	7086	5590	3231	5963	5385	3124	8524	1028	10998
三江乡	12836	7171	5665	3193	6315	5545	3561	8395	880	11657
仁里乡	8402	4456	3946	2492	4385	3906	2384	5247	771	8193
塔石乡	7889	4171	3718	2439	4159	3709	2274	4827	788	7641
八开乡	17426	9055	8371	4711	8880	8320	5179	10906	1341	16825
定威乡	5015	2665	2350	1491	2647	2346	1510	3094	411	4823
兴华乡	8984	4776	4208	2364	4738	4198	2746	5551	687	8565
计划乡	11210	5787	5423	2882	5769	5413	2946	7311	953	10994
水尾乡	3563	1887	1676	957	1887	1676	1213	2107	243	3348
平阳乡	7735	4141	3594	2404	4115	3584	1977	5015	743	7528
两汪乡	5608	2993	2615	1691	2985	2611	1437	3717	454	5521
从江县	**290960**	**153445**	**137515**	**79582**	**149078**	**136301**	**69942**	**192858**	**28160**	**274132**
丙妹镇	30467	15779	14688	9063	14662	13949	6577	21778	2112	22369
贯洞镇	19848	10516	9332	5394	10392	9306	4430	13155	2263	19249
洛香镇	18161	9784	8377	4774	8769	8245	3842	12382	1937	16349
下江镇	28240	14779	13461	7699	14766	13457	7206	18444	2590	27603
宰便镇	11567	6148	5419	3361	6098	5410	2720	7628	1219	11018
西山镇	12213	6223	5990	3525	6194	5984	2965	7979	1269	11898
停洞镇	23321	12054	11267	6178	11923	11235	6153	15305	1863	22709
高增乡	12678	6840	5838	3596	6783	5817	2813	8235	1630	12529
谷坪乡	12702	7023	5679	2893	6488	5611	3393	8307	1002	11958
雍里乡	14627	7607	7020	3602	7491	6976	4025	9275	1327	14424
庆云乡	8758	4747	4011	2253	4729	4003	2159	5533	1066	8707
刚边乡	9547	5011	4536	2567	4917	4519	2382	6188	977	9037
加榜乡	9899	5378	4521	2629	5349	4514	2201	6619	1079	9795
秀塘乡	6298	3318	2980	1803	3303	2971	1382	4100	816	5982
斗里乡	9498	4876	4622	2786	4869	4622	2527	5800	1171	9367
翠里乡	10331	5323	5008	2676	5292	4996	2657	6521	1153	10232
往洞乡	16826	9319	7507	4350	8390	7434	3896	11502	1428	15639
东朗乡	16903	8604	8299	4469	8582	8298	4333	11153	1417	16777
加鸠乡	9163	4804	4359	2920	4798	4359	2201	6071	891	8829
加勉乡	7122	3829	3293	2161	3800	3287	1491	4945	686	6978
光辉乡	2791	1483	1308	883	1483	1308	589	1938	264	2683
雷山县	**117190**	**63372**	**53818**	**35481**	**62145**	**53175**	**30427**	**75211**	**11552**	**104992**
丹江镇	34169	18105	16064	10024	17288	15572	8343	23079	2747	26677
西江镇	19318	10445	8873	5401	10370	8826	4876	12552	1890	18303
永乐镇	18663	10095	8568	5842	10037	8550	5410	11296	1957	17579
郎德镇	6556	3576	2980	2137	3557	2972	1530	4273	753	6226
望丰乡	10163	5632	4531	3201	5567	4513	2469	6481	1213	9791
大塘乡	9927	5513	4414	3016	5456	4399	2597	6206	1124	9514
桃江乡	6899	3797	3102	2186	3746	3088	1849	4239	811	6426
达地水族乡	7519	4008	3511	2365	3929	3480	2358	4515	646	6738
方祥乡	3976	2201	1775	1309	2195	1775	995	2570	411	3738
麻江县	**167641**	**87024**	**80617**	**51233**	**84183**	**78432**	**38451**	**110878**	**18312**	**152590**
杏山镇	43147	22156	20991	12683	20339	19273	9221	30216	3710	34319
谷硐镇	13569	7084	6485	4101	6897	6391	3018	9130	1421	12461
下司镇	25490	13372	12118	7629	13208	12077	5662	17097	2731	23763
宣威镇	24878	12843	12035	7732	12687	11970	6311	15478	3089	23907
碧波乡	18121	9437	8684	5385	9166	8559	4144	12030	1947	17159

表24　续表 28　　　　单位：人、户

地　区	总人口			家庭户	家庭户总人口		分年龄人口			居住本地，户口在本地
	合　计	男	女	户　数	男	女	0-14岁	15-64岁	65岁及以上	
龙山乡	12476	6641	5835	3947	6584	5800	2945	7784	1747	12098
贤昌布依族乡	12394	6392	6002	3828	6335	5970	2862	8034	1498	11984
坝芒布依族乡	11084	5736	5348	3756	5679	5320	2784	6893	1407	10709
景阳布依族乡	6482	3363	3119	2172	3288	3072	1504	4216	762	6190
丹寨县	**122430**	**64971**	**57459**	**38112**	**63677**	**56769**	**31921**	**77810**	**12699**	**114530**
龙泉镇	40094	20913	19181	12789	19904	18609	9905	26437	3752	33818
兴仁镇	24169	12746	11423	6904	12605	11368	6257	15411	2501	23601
排调镇	17851	9754	8097	5587	9712	8078	4617	11405	1829	17551
长青乡	8699	4627	4072	2837	4626	4072	2330	5320	1049	8593
扬武乡	16926	8959	7967	5432	8924	7947	4999	9952	1975	16696
雅灰乡	5824	3213	2611	1907	3212	2611	1580	3706	538	5658
南皋乡	8867	4759	4108	2656	4694	4084	2233	5579	1055	8613
黔南布依族苗族自治州	**3232714**	**1664365**	**1568349**	**977040**	**1598357**	**1533285**	**755415**	**2169213**	**308086**	**2881066**
都匀市	**443721**	**227779**	**215942**	**141586**	**208292**	**202522**	**76530**	**321755**	**45436**	**374793**
广惠办事处	45713	25018	20695	12552	16663	17248	5362	36814	3537	33212
文峰办事处	42952	20901	22051	16516	20069	21162	5710	32103	5139	32782
新华办事处	31989	15544	16445	12561	14889	15737	4282	24116	3591	23430
小围寨办事处	49786	24810	24976	16413	23838	23211	8078	36796	4912	39474
沙包堡办事处	60065	30139	29926	18025	24941	25077	8298	46553	5214	44086
杨柳街镇	10057	5402	4655	3139	5279	4642	1894	7100	1063	9243
甘塘镇	21271	11172	10099	5439	8972	8727	3405	15969	1897	17422
洛邦镇	12248	6407	5841	3473	6365	5832	2230	8755	1263	11813
坝固镇	16025	8342	7683	5406	8333	7678	3683	10407	1935	15735
大坪镇	21337	11130	10207	6046	10688	9977	3879	15317	2141	19972
王司镇	18177	9796	8381	5128	9397	8357	3898	12467	1812	17139
墨冲镇	15744	8067	7677	4946	7944	7620	3210	10776	1758	15088
平浪镇	8605	4366	4239	2949	4366	4239	1993	5555	1057	8299
凯口镇	9078	4640	4438	3063	4639	4438	1913	6041	1124	8755
江洲镇	8513	4353	4160	2996	4353	4160	2023	5461	1029	8107
奉合水族乡	5838	3023	2815	1725	2988	2790	1380	3903	555	5659
阳和水族乡	9441	5019	4422	3084	5019	4422	2328	6163	950	9256
基场水族乡	8731	4715	4016	2950	4637	4013	2187	5633	911	8268
良亩乡	10053	5166	4887	3235	5158	4885	2114	6770	1169	9823
河阳乡	13152	6824	6328	3798	6812	6314	2704	9024	1424	12834
沙寨乡	12013	6246	5767	3937	6243	5759	2817	7806	1390	11777
石龙乡	6473	3331	3142	2221	3331	3142	1608	4038	827	6294
摆忙乡	6460	3368	3092	1984	3368	3092	1534	4188	738	6325
福泉市	**283904**	**147713**	**136191**	**86815**	**141091**	**133316**	**57448**	**203653**	**22803**	**241883**
金山办事处	50670	26267	24403	15965	22818	23045	9177	38892	2601	32241
马场坪办事处	28910	15002	13908	8937	13922	13410	5889	21413	1608	20051
城厢镇	14909	7829	7080	4433	7599	7030	2931	10715	1263	13557
黄丝镇	13884	7263	6621	4231	7227	6612	2766	9545	1573	13236
凤山镇	17182	8864	8318	5145	8741	8272	3656	11780	1746	16221
陆坪镇	14248	7466	6782	4322	7406	6749	2807	9984	1457	13583
地松镇	10349	5488	4861	3537	5334	4809	2062	7144	1143	9560
龙昌镇	20854	10923	9931	6012	10387	9696	3772	15392	1690	19051
牛场镇	33126	16956	16170	9693	16543	15771	6701	24105	2320	28592
道坪镇	19781	10442	9339	6112	10286	9318	4768	13289	1724	18471
高坪镇	11705	6037	5668	3080	5951	5599	2532	8317	856	11274
兴隆乡	6650	3464	3186	2086	3430	3173	1425	4464	761	6254

表24　续表 29

单位：人、户

地　区	总人口			家庭户	家庭户总人口		分年龄人口			居住本地，户口在本地
	合　计	男	女	户　数	男	女	0-14岁	15-64岁	65岁及以上	
藜山乡	10056	5189	4867	3318	5151	4856	2028	6881	1147	9708
岔河乡	3232	1680	1552	1060	1678	1551	609	2341	282	3085
仙桥乡	9006	4712	4294	2646	4683	4288	2123	6058	825	8574
高石乡	11699	6064	5635	3725	5971	5604	2578	8064	1057	11116
谷汪乡	7643	4067	3576	2513	3964	3533	1624	5269	750	7309
荔波县	**144865**	**75193**	**69672**	**44085**	**71602**	**67777**	**33680**	**97260**	**13925**	**128193**
玉屏镇	31170	15786	15384	8795	14245	14042	5685	23419	2066	20837
朝阳镇	9333	4721	4612	2814	4616	4553	2182	6054	1097	8972
茂兰镇	8252	4472	3780	2416	4074	3710	1854	5672	726	7339
立化镇	5012	3012	2000	1630	2468	1967	882	3837	293	2925
甲良镇	16133	8285	7848	5351	8174	7767	4387	9918	1828	15626
佳荣镇	11813	6257	5556	3787	6130	5544	3021	7536	1256	11348
永康乡	4521	2302	2219	1431	2299	2214	1230	2777	514	4429
水尧乡	6200	3181	3019	1648	3015	2993	1640	4045	515	5898
水利乡	4873	2451	2422	1483	2451	2422	1352	3104	417	4742
瑶山乡	5333	2699	2634	1421	2644	2602	1188	3732	413	5071
捞村乡	2965	1553	1412	963	1543	1403	649	1933	383	2868
翁昂乡	3608	1901	1707	1210	1897	1705	761	2383	464	3496
驾欧乡	6331	3298	3033	1971	3179	3013	1616	4104	611	6097
瑶麓乡	1335	718	617	369	718	617	268	912	155	1317
洞塘乡	6359	3348	3011	2138	3308	2988	1379	4260	720	6131
方村乡	6711	3471	3240	2113	3311	3162	1772	4104	835	6637
播尧乡	14916	7738	7178	4545	7530	7075	3814	9470	1632	14460
贵定县	**231118**	**118453**	**112665**	**68303**	**110901**	**109152**	**52387**	**156335**	**22396**	**209211**
城关镇	58779	30053	28726	17648	26422	27132	9573	44507	4699	50099
德新镇	10217	5227	4990	3053	4973	4848	2356	6996	865	9439
新巴镇	8289	4278	4011	2941	4187	3975	1712	5548	1029	7748
盘江镇	11460	5807	5653	3371	5126	5092	2296	7965	1199	10176
沿山镇	14844	7626	7218	4105	6950	7019	3486	9754	1604	13677
旧治镇	11182	5592	5590	3013	5167	5273	2770	7324	1088	10081
昌明镇	16139	8529	7610	4422	7706	7480	3837	10881	1421	13932
云雾镇	14512	7324	7188	4004	7302	7177	3955	9126	1431	13531
新铺乡	12094	6232	5862	3752	6163	5815	3241	7796	1057	11120
落北河乡	9716	4949	4767	2884	4785	4688	2405	6400	911	9219
马场河乡	6010	3130	2880	1835	3094	2865	1441	3903	666	5528
定东乡	5017	2537	2480	1643	2514	2467	1184	3280	553	4682
定南乡	10713	5514	5199	3213	5441	5121	2651	6954	1108	10238
巩固乡	7967	4053	3914	2338	3899	3874	2367	4707	893	7187
都六乡	7992	4137	3855	2356	4003	3759	2143	4893	956	7670
岩下乡	5097	2692	2405	1531	2656	2388	1339	3247	511	4789
猴场堡乡	5292	2659	2633	1464	2541	2562	1381	3318	593	5095
抱管乡	5368	2732	2636	1609	2687	2604	1449	3283	636	5145
铁厂乡	7423	3790	3633	2170	3734	3614	2024	4590	809	7002
窑上乡	3007	1592	1415	951	1551	1399	777	1863	367	2853
瓮安县	**380318**	**195654**	**184664**	**117893**	**189883**	**182322**	**84710**	**265203**	**30405**	**334500**
雍阳镇	89257	46324	42933	27609	41728	41324	17712	66708	4837	58669
平定营镇	21671	11305	10366	5277	11305	10366	4658	15349	1664	20982
草塘镇	31283	15688	15595	9360	15519	15279	6977	21680	2626	28326
中坪镇	18258	9316	8942	6283	9304	8941	3987	12597	1674	17372
建中镇	9823	5119	4704	3176	5075	4699	2476	6400	947	9017

表24 续表 30

单位：人、户

地区	总人口 合计	总人口 男	总人口 女	家庭户 户数	家庭户总人口 男	家庭户总人口 女	分年龄人口 0-14岁	分年龄人口 15-64岁	分年龄人口 65岁及以上	居住本地，户口在本地
永和镇	19271	9918	9353	6211	9812	9309	4370	13090	1811	18115
珠藏镇	20772	10439	10333	6465	10359	10216	4919	14093	1760	19415
玉山镇	17706	9027	8679	5268	8954	8643	3944	12259	1503	16950
天文镇	13511	6889	6622	4751	6873	6615	3119	8995	1397	12865
玉华乡	10617	5628	4989	3377	5471	4969	2260	7371	986	10127
银盏乡	11413	5817	5596	3915	5763	5577	2726	7795	892	10327
松坪乡	17885	9122	8763	5031	9014	8709	3746	12533	1606	17367
小河山乡	5296	2766	2530	1781	2742	2524	1336	3404	556	4981
白沙乡	10479	5437	5042	3409	5358	5021	2502	6993	984	10263
岚关乡	10801	5627	5174	3371	5608	5170	2538	7357	906	10327
老坟嘴乡	7521	3944	3577	2562	3917	3564	1952	4814	755	6871
高水乡	12124	6281	5843	3652	6281	5843	3103	8079	942	11760
木引槽乡	6731	3475	3256	2143	3475	3256	1867	4213	651	6347
铜锣乡	12651	6590	6061	3494	6457	6014	2884	8765	1002	12312
牛场坝乡	5661	2875	2786	1953	2808	2767	1422	3656	583	5476
鱼河乡	10302	5212	5090	3515	5208	5087	2505	6859	938	10010
龙塘乡	7364	3734	3630	2205	3734	3630	1816	4945	603	7176
木老坪乡	9921	5121	4800	3085	5118	4799	1891	7248	782	9445
独山县	**265212**	**135759**	**129453**	**84187**	**132865**	**127370**	**58541**	**177898**	**28773**	**246357**
城关镇	56683	28527	28156	19429	27378	27138	9457	42215	5011	44877
兔场镇	10687	5638	5049	3519	5575	4998	2315	7169	1203	10471
麻万镇	25324	12860	12464	7457	12614	12250	5350	17607	2367	24378
基长镇	28195	14148	14047	8933	14022	13951	7005	17743	3447	27942
上司镇	18275	9465	8810	5495	9329	8678	4161	12088	2026	18110
下司镇	15288	7888	7400	4554	7806	7342	3636	9843	1809	14931
甲里镇	8407	4344	4063	2731	4307	4049	2063	5212	1132	8269
麻尾镇	17781	9212	8569	5264	8647	8242	3931	12128	1722	14926
尧梭乡	12612	6490	6122	3954	6440	6104	2678	8479	1455	12300
羊凤乡	10750	5562	5188	3285	5487	5157	2379	7117	1254	10595
甲定水族乡	1930	994	936	879	994	936	443	1195	292	1908
翁台水族乡	2191	1138	1053	755	1138	1053	557	1399	235	2182
本寨水族乡	18032	9265	8767	5547	9136	8704	5027	11027	1978	17475
水岩乡	7043	3681	3362	2459	3632	3336	1721	4386	936	6844
打羊乡	9817	5005	4812	3110	5005	4812	2300	6368	1149	9606
尧棒乡	8021	4142	3879	2487	4125	3873	1920	5051	1050	7831
黄后乡	7827	4072	3755	2372	4047	3747	2065	4840	922	7616
董岭乡	6349	3328	3021	1957	3183	3000	1533	4031	785	6096
平塘县	**228560**	**117963**	**110597**	**71772**	**116387**	**109580**	**63212**	**138771**	**26577**	**209467**
平湖镇	33318	16818	16500	10209	16217	15775	6495	23927	2896	26664
牙舟镇	14330	7349	6981	4581	7222	6962	4375	8166	1789	13218
通州镇	21848	11295	10553	7134	11238	10539	6259	12970	2619	20296
大塘镇	12346	6525	5821	3793	6495	5810	3748	7328	1270	10932
克度镇	17195	8841	8354	5000	8678	8317	5496	9800	1899	15506
塘边镇	19335	10054	9281	6074	10032	9272	6234	10530	2571	17771
摆茹镇	11047	5699	5348	3619	5630	5332	3411	6286	1350	10543
者密镇	14207	7373	6834	4540	7362	6834	3639	8706	1862	13643
四寨镇	8417	4469	3948	2647	4424	3927	2282	5044	1091	8118
苗二河乡	7407	3791	3616	2366	3775	3614	1703	4854	850	7133
卡蒲毛南族乡	10026	5181	4845	2950	4964	4770	2401	6394	1231	9723
白龙乡	8743	4462	4281	2909	4456	4280	2344	5259	1140	8466
甘寨乡	6396	3285	3111	2029	3279	3110	1866	3833	697	6026
卡罗乡	5992	3101	2891	2074	3073	2875	1654	3444	894	5625
谷硐乡	5420	2810	2610	1548	2733	2568	1565	3245	610	5126
鼠场乡	10168	5362	4806	3323	5361	4806	3092	5937	1139	9691
新塘乡	5532	2905	2627	1774	2875	2619	1463	3372	697	5216

表24 续表 31

单位：人、户

地区	总人口			家庭户	家庭户总人口		分年龄人口			居住本地，户口在本地
	合计	男	女	户数	男	女	0-14岁	15-64岁	65岁及以上	
掌布乡	7939	4115	3824	2363	4061	3807	2432	4707	800	7379
西凉乡	8894	4528	4366	2839	4512	4363	2753	4969	1172	8391
罗甸县	**257236**	**131196**	**126040**	**77193**	**128744**	**124775**	**69365**	**161523**	**26348**	**241015**
龙坪镇	49646	25361	24285	14344	24100	23641	11026	34897	3723	41422
边阳镇	18560	9398	9162	5400	8955	8769	5013	11643	1904	16086
逢亭镇	12806	6447	6359	3734	6407	6344	3473	8219	1114	12188
沫阳镇	12732	6405	6327	3613	6390	6321	3293	8076	1363	12399
茂井镇	8925	4511	4414	3067	4481	4408	2433	5361	1131	8752
罗悃镇	9767	4847	4920	3071	4838	4919	2842	5760	1165	9418
红水河镇	3811	1896	1915	1142	1862	1915	1107	2409	295	3570
板庚乡	10400	5290	5110	3251	5262	5092	2719	6517	1164	10286
云干乡	9048	4713	4335	2627	4684	4333	2382	5684	982	8707
八总乡	5772	2940	2832	1779	2918	2827	1604	3500	668	5677
栗木乡	13457	6932	6525	3713	6810	6462	3867	8086	1504	13044
罗沙乡	10475	5374	5101	3094	5343	5086	3229	6208	1038	10167
交砚乡	6682	3465	3217	2213	3445	3215	1765	4098	819	6519
董王乡	7277	3859	3418	2095	3709	3398	2196	4315	766	6793
木引乡	14893	7677	7216	4511	7664	7211	4326	8965	1602	14488
纳坪乡	3045	1545	1500	926	1533	1496	970	1746	329	2965
董当乡	10687	5334	5353	3303	5304	5344	2691	6592	1404	10527
董架乡	6255	3191	3064	2088	3187	3058	1947	3506	802	5981
平岩乡	5575	2907	2668	1739	2907	2668	1648	3352	575	5495
凤亭乡	6233	3230	3003	1921	3209	2994	1875	3695	663	6147
大亭乡	7284	3739	3545	2081	3723	3543	2007	4483	794	7158
班仁乡	3624	1862	1762	1086	1845	1756	1011	2241	372	3543
罗苏乡	5049	2575	2474	1558	2567	2471	1458	3060	531	4884
罗暮乡	6087	3089	2998	2011	3048	2982	1694	3751	642	5950
沟亭乡	4941	2443	2498	1511	2387	2483	1546	2863	532	4822
罗妥乡	4205	2166	2039	1315	2166	2039	1243	2496	466	4027
长顺县	**191129**	**99147**	**91982**	**57751**	**95780**	**91219**	**48331**	**123381**	**19417**	**176134**
长寨镇	31148	16833	14315	8809	14716	13963	6580	21960	2608	25717
广顺镇	20993	10779	10214	5718	10543	10097	5357	13836	1800	19214
威远镇	14360	7321	7039	4542	7238	7026	3608	9122	1630	13640
摆所镇	9548	4958	4590	2934	4867	4557	2364	6166	1018	8953
代化镇	10093	5073	5020	3187	5019	4997	3257	5876	960	9529
白云山镇	16330	8599	7731	4691	8590	7730	4077	10592	1661	15406
鼓扬镇	14551	7382	7169	4772	7382	7167	3841	9108	1602	14078
马路乡	10010	4986	5024	2928	4898	4992	2756	6213	1041	9529
凯佐乡	6712	3433	3279	2006	3340	3251	1754	4224	734	6253
摆塘乡	6746	3537	3209	2044	3534	3202	1687	4263	796	6573
种获乡	4018	2107	1911	1207	2086	1899	919	2681	418	3877
新寨乡	10584	5600	4984	3271	5227	4915	2524	7010	1050	9468
营盘乡	9168	4660	4508	3044	4645	4500	2320	5755	1093	8720
中坝乡	9128	4690	4438	2883	4653	4415	2426	5626	1076	8682
睦化乡	6553	3354	3199	2056	3342	3194	1842	3977	734	6403
交麻乡	3302	1695	1607	957	1654	1599	1002	2038	262	3152
敦操乡	5288	2791	2497	1670	2752	2489	1568	3216	504	5059
贵州省广顺茶叶果树场	2597	1349	1248	1032	1294	1226	449	1718	430	1881
龙里县	**180865**	**93533**	**87332**	**53721**	**90171**	**85620**	**42467**	**122573**	**15825**	**152951**
龙山镇	51110	26028	25082	14629	24080	23747	10782	36933	3395	36887
三元镇	6109	3189	2920	1894	3019	2808	1271	4197	641	5374
醒狮镇	11854	6226	5628	3571	6171	5592	2572	8250	1032	10780
谷脚镇	15677	8344	7333	4599	7933	7279	3566	10873	1238	13334
羊场镇	13706	6715	6991	3772	6714	6991	4009	8322	1375	12122
洗马镇	17871	9349	8522	6254	9239	8516	3737	12386	1748	16597
草原乡	11039	5657	5382	2860	5645	5376	3462	6539	1038	9507

表24 续表 32　　单位：人、户

地　区	总人口			家庭户	家庭户总人口		分年龄人口			居住本地，户口在本地
	合　计	男	女	户　数	男	女	0−14岁	15−64岁	65岁及以上	
麻芝乡	5878	3010	2868	1791	2943	2852	1333	3903	642	5313
水场乡	5641	3005	2636	1518	2792	2585	1232	3905	504	4689
湾寨乡	7313	3737	3576	2163	3707	3564	2087	4415	811	6693
摆省乡	9345	4759	4586	2460	4612	4571	3058	5527	760	8060
巴江乡	6434	3425	3009	2059	3333	2980	1340	4527	567	5966
谷龙乡	9753	5203	4550	3104	5161	4531	2096	6651	1006	9114
哪嗙乡	9135	4886	4249	3047	4822	4228	1922	6145	1068	8515
惠水县	**342647**	**175514**	**167133**	**95255**	**169917**	**164000**	**87948**	**221540**	**33159**	**309784**
和平镇	63353	31817	31536	17967	29609	29467	13260	45420	4673	47290
高镇镇	25975	13354	12621	7347	12829	12370	5793	17791	2391	22131
三都镇	17928	9108	8820	4574	8762	8729	4201	12079	1648	16879
摆金镇	19640	9907	9733	5022	9791	9702	5399	12769	1472	18508
雅水镇	12704	6393	6311	3552	6390	6309	3766	7623	1315	12172
断杉镇	17122	8836	8286	4749	8649	8234	4963	10341	1818	16533
芦山镇	15065	7621	7444	4645	7470	7374	4211	8916	1938	14430
王佑镇	6804	3425	3379	2201	3370	3363	2174	3760	870	6566
长田乡	9638	5234	4404	2491	4553	4223	2018	6901	719	8344
摆榜乡	7383	3759	3624	2022	3688	3614	2314	4303	766	6786
斗底乡	4218	2201	2017	1314	2177	2014	1223	2478	517	4071
甲烈乡	6897	3657	3240	2014	3573	3215	1731	4456	710	6641
岗度乡	9241	4697	4544	2662	4544	4507	2587	5736	918	8607
宁旺乡	7351	3861	3490	1979	3678	3446	2193	4494	664	6337
鸭绒乡	14335	7347	6988	3695	7223	6953	3958	9213	1164	13909
太阳乡	10770	5562	5208	2914	5473	5189	2902	6741	1127	10489
羡塘乡	15369	7912	7457	4275	7816	7428	4516	9002	1851	14867
甲戎乡	10283	5320	4963	2915	5218	4917	2713	6465	1105	9851
抵季乡	14081	7390	6691	3962	7312	6663	4042	8340	1699	13605
大龙乡	11613	6080	5533	3235	5989	5519	3017	7421	1175	10635
大坝乡	7381	3788	3593	2094	3778	3589	2132	4526	723	6867
抵麻乡	7028	3741	3287	1571	3697	3285	1597	4854	577	6866
长安乡	5602	2870	2732	1938	2799	2710	1422	3353	827	5475
打引乡	6033	3094	2939	1978	3066	2934	1890	3292	851	5860
好花红乡	16833	8540	8293	4139	8463	8246	3926	11266	1641	16065
三都水族自治县	**283139**	**146461**	**136678**	**78479**	**142724**	**135632**	**80796**	**179321**	**23022**	**256778**
三合镇	39204	20308	18896	10835	18830	18252	9067	27513	2624	31172
大河镇	10401	5273	5128	3111	5260	5117	2777	6691	933	9653
合江镇	14520	7474	7046	4675	7440	7033	4045	8911	1564	13897
丰乐镇	17972	9067	8905	5227	9060	8905	4787	11617	1568	17634
普安镇	15915	8484	7431	4630	8107	7404	4069	10117	1729	14959
都江镇	14553	7705	6848	3774	7652	6811	4237	9334	982	13192
中和镇	10419	5303	5116	2692	5293	5109	3418	6235	766	9229
周覃镇	13104	6674	6430	3909	6623	6408	3905	8081	1118	11979
廷牌镇	16374	8218	8156	4793	8144	8143	5220	9631	1523	15473
九阡镇	18455	9286	9169	5017	9274	9164	5959	11038	1458	16640
交梨乡	16147	8344	7803	4295	8323	7792	4464	10329	1354	15655
拉揽乡	3699	1933	1766	1042	1889	1751	1000	2346	353	3555
打鱼乡	10231	5825	4406	2654	5151	4331	2667	6818	746	8969
坝街乡	9892	5167	4725	2469	5149	4718	3201	6059	632	9201
羊福乡	5795	3329	2466	1640	2860	2431	1534	3815	446	4987
巫不乡	4158	2270	1888	1075	2214	1882	1170	2662	326	3885
水龙乡	14783	7605	7178	3694	7591	7166	4596	9169	1018	13361
塘州乡	17651	9072	8579	4508	8934	8544	5724	10680	1247	15709
三洞乡	18197	9201	8996	4788	9069	8930	5317	11399	1481	16765
恒丰乡	7172	3668	3504	2294	3612	3499	2169	4280	723	6581
扬拱乡	4497	2255	2242	1357	2249	2242	1470	2596	431	4282

表25　云南省乡、镇、街道人口

单位：人、户

地　区	总人口			家庭户	家庭户总人口		分年龄人口			居住本地，户口在本地
	合　计	男	女	户　数	男	女	0-14岁	15-64岁	65岁及以上	
云南省	**45966766**	**23856696**	**22110070**	**12339961**	**22391253**	**21235421**	**9526792**	**32934500**	**3505474**	**39295800**
昆明市	**6432209**	**3306182**	**3126027**	**2099403**	**2881746**	**2844451**	**996857**	**4897121**	**538231**	**4319667**
五华区	**855521**	**428426**	**427095**	**282097**	**345266**	**347394**	**93911**	**689537**	**72073**	**463740**
华山街道	81628	38847	42781	19913	28160	29692	6940	65229	9459	55855
护国街道	32185	15817	16368	12322	15023	15676	3310	24671	4204	19938
大观街道	55418	26605	28813	20055	25423	27708	6263	40619	8536	40321
龙翔街道	48828	23433	25395	18313	21730	23152	5135	37401	6292	30369
丰宁街道	92349	45772	46577	38526	42697	43092	9642	73834	8873	50500
莲华街道	136461	69212	67249	41271	49179	48971	12747	113656	10058	79130
红云街道	127434	66522	60912	39945	47283	47308	13101	107962	6371	52735
黑林铺街道	86526	42710	43816	27102	33845	32416	9681	71099	5746	37109
普吉街道	74604	40180	34424	28048	33781	31124	11033	59044	4527	30250
沙朗街道	20132	10575	9557	5320	8929	9272	3952	14513	1667	16591
厂口街道	14197	7179	7018	4762	6902	6934	3257	9355	1585	12901
昆明国家高新技术产业开发区	85759	41574	44185	26520	32314	32049	8850	72154	4755	38041
盘龙区	**809881**	**418353**	**391528**	**289957**	**351516**	**348557**	**102540**	**644053**	**63288**	**400047**
拓东街道	39035	18992	20043	14027	17232	18274	4052	28206	6777	27266
鼓楼街道	44820	22080	22740	17179	20260	21241	4622	34806	5392	26323
东华街道	106522	57197	49325	38811	44056	44253	10621	86390	9511	53842
联盟街道	118962	59444	59518	46220	54474	55930	13971	95488	9503	58968
金辰街道	155659	79432	76227	65692	74152	72969	21044	124886	9729	57640
青云街道	133099	70598	62501	46547	55107	51643	17049	109002	7048	49028
龙泉街道	65673	35496	30177	18692	23284	22094	7199	55712	2762	24313
茨坝街道	62887	33179	29708	18563	23726	22196	7242	51045	4600	26108
双龙街道	11348	6163	5185	2861	4291	4341	2048	8578	722	6913
松华街道	11203	5572	5631	3542	5458	5568	2281	7737	1185	10723
滇源镇	33455	16601	16854	10143	16329	16703	6675	23318	3462	32432
阿子营镇	27218	13599	13619	7680	13147	13345	5736	18885	2597	26491
官渡区	**853371**	**444247**	**409124**	**319979**	**381863**	**373105**	**110048**	**683882**	**59441**	**427876**
关上街道	149039	74689	74350	67449	70201	70550	18892	122326	7821	59738
太和街道	65309	32570	32739	24628	30632	31133	5837	50197	9275	41274
吴井街道	73416	36793	36623	28988	34868	35197	8005	56922	8489	42490
金马街道	125032	64496	60536	51318	59678	57337	16181	98330	10521	60793
小板桥街道	96588	51238	45350	40717	46379	42968	13902	78796	3890	37908
官渡街道	72775	37663	35112	24432	32802	32265	10461	58938	3376	39299
矣六街道	48593	24857	23736	16831	21450	21698	6828	38608	3157	31797
六甲街道	55030	28804	26226	20004	25046	23513	7167	45084	2779	25322
大板桥街道	70349	39598	30751	18215	25926	25073	10756	55610	3983	41455
阿拉街道	58517	33822	24695	17256	22248	21094	8258	46834	3425	25300
昆明经济技术开发区	38723	19717	19006	10141	12633	12277	3761	32237	2725	22500
西山区	**753813**	**385363**	**368450**	**275782**	**337260**	**335049**	**90276**	**597825**	**65712**	**418668**
西苑街道	51558	25770	25788	21693	25317	25527	6248	39970	5340	28077
马街街道	82100	43466	38634	31272	35701	34924	9912	66116	6072	34286
金碧街道	130470	64768	65702	47157	60585	62187	13173	102824	14473	88148

表25　续表 1

单位：人、户

地　　区	总人口 合　计	总人口 男	总人口 女	家庭户 户　数	家庭户总人口 男	家庭户总人口 女	分年龄人口 0-14岁	分年龄人口 15-64岁	分年龄人口 65岁及以　上	居住本地，户　口在本地
永昌街道	53600	26951	26649	20639	25937	26008	5423	41463	6714	37709
前卫街道	58687	29850	28837	20688	27416	27266	8305	47387	2995	22501
福海街道	122060	63269	58791	52872	58177	54928	14466	101307	6287	40125
棕树营街道	52314	25815	26499	18751	22003	22629	5534	40069	6711	37878
碧鸡街道	35705	19005	16700	10384	14292	14302	4769	27741	3195	21781
海口街道	78163	41203	36960	28342	33052	32037	10323	59736	8104	55716
团结街道	31737	16360	15377	8693	14730	14871	6086	22809	2842	28490
昆明滇池国家旅游度假区	57419	28906	28513	15291	20050	20370	6037	48403	2979	23957
东川区	**271917**	**140925**	**130992**	**83337**	**135449**	**129302**	**57801**	**186316**	**27800**	**243814**
铜都镇	127887	64120	63767	40391	62936	62983	25063	89454	13370	110111
汤丹镇	37934	21182	16752	11265	18206	16280	7308	27188	3438	33712
因民镇	12623	6865	5758	3754	6354	5680	2608	9087	928	10761
阿旺镇	30423	15924	14499	8434	15831	14468	7313	20238	2872	29253
乌龙镇	16371	8290	8081	5199	8105	7974	3856	10420	2095	15801
红土地镇	15134	7965	7169	4962	7804	7099	3592	9685	1857	14534
拖布卡镇	25793	13559	12234	7632	13309	12128	6712	16427	2654	24518
舍块乡	5752	3020	2732	1700	2904	2690	1349	3817	586	5124
呈贡县	**310843**	**165133**	**145710**	**78197**	**109986**	**108274**	**39832**	**255230**	**15781**	**170113**
龙城街道	47816	25019	22797	16102	21082	20324	7205	37997	2614	20340
洛龙街道	12955	6970	5985	3436	4967	5068	1801	10372	782	7670
斗南街道	31573	16325	15248	10493	14657	14419	4966	24885	1722	16916
乌龙街道	23544	12882	10662	7128	9833	9799	3214	18852	1478	14566
吴家营街道	57703	30073	27630	4707	6548	6646	2415	54120	1168	25544
雨花街道	22279	11009	11270	3329	4526	4492	1828	19804	647	9868
七甸街道	22244	12256	9988	6783	9776	9432	3803	17082	1359	17173
洛羊街道	37574	21805	15769	9604	13588	12848	5168	30885	1521	14203
大渔街道	21248	10963	10285	7102	9856	10053	3379	16125	1744	17134
马金铺街道	33907	17831	16076	9513	15153	15193	6053	25108	2746	26699
晋宁县	**283784**	**144141**	**139643**	**94838**	**132498**	**131545**	**49138**	**207911**	**26735**	**236800**
昆阳镇	111142	55355	55787	37578	49724	49796	16419	84893	9830	88446
晋城镇	62057	31963	30094	18915	29288	28805	11951	44726	5380	50755
二街镇	15350	8226	7124	5456	7223	7015	2409	11414	1527	12898
新街镇	34510	17355	17155	12526	16834	16950	6045	25048	3417	30861
上蒜镇	33287	17182	16105	11425	16169	15787	6476	23627	3184	28681
六街镇	11374	5725	5649	3801	5584	5607	2757	7225	1392	10775
双河彝族乡	8538	4406	4132	2494	4157	4049	1658	5915	965	7697
夕阳彝族乡	7526	3929	3597	2643	3519	3536	1423	5063	1040	6687
富民县	**145554**	**73853**	**71701**	**42056**	**69988**	**69977**	**29464**	**102141**	**13949**	**131174**
永定镇	79078	40200	38878	23363	37415	37652	15213	56670	7195	68611
罗免乡	13583	6894	6689	3735	6720	6608	2760	9541	1282	13034
赤鹫乡	8984	4474	4510	2606	4344	4452	1887	6110	987	8547
东村乡	12538	6306	6232	3540	6151	6124	2948	8307	1283	11729
款庄乡	21102	10698	10404	5984	10271	10253	4500	14525	2077	19608
散旦乡	10269	5281	4988	2828	5087	4888	2156	6988	1125	9645
宜良县	**419399**	**212571**	**206828**	**122661**	**199608**	**200371**	**80289**	**298216**	**40894**	**367616**
匡远镇	164929	83459	81470	50547	75364	77373	30674	119220	15035	132093

表25 续表 2　　　　单位：人、户

地　区	总人口			家庭户	家庭户总人口		分年龄人口			居住本地，户口在本地
	合　计	男	女	户　数	男	女	0-14岁	15-64岁	65岁及以上	
北古城镇	53604	27170	26434	14903	26229	26054	11286	37064	5254	50738
狗街镇	59589	29757	29832	17199	29136	29431	10981	42835	5773	57731
汤池镇	61605	31363	30242	18404	28857	29046	11155	43531	6919	50429
竹山镇	27731	14460	13271	7230	14063	13083	5114	19747	2870	26939
马街镇	18497	9259	9238	4895	9118	9186	3761	12948	1788	17886
耿家营乡	16630	8506	8124	4742	8473	8089	3632	11416	1582	15897
九乡乡	16814	8597	8217	4741	8368	8109	3686	11455	1673	15903
石林彝族自治县	**246218**	**127137**	**119081**	**72857**	**117250**	**114135**	**49281**	**176520**	**20417**	**211896**
鹿阜镇	104140	53021	51119	32009	48411	47906	19903	76191	8046	84752
石林镇	40420	20603	19817	11540	19046	18806	8099	29198	3123	34687
板桥镇	27621	14151	13470	8787	13659	13378	5690	19216	2715	25922
西街口镇	18804	9907	8897	5644	9701	8847	4489	12739	1576	16968
长湖镇	15753	8064	7689	4137	7773	7591	3084	11253	1416	14858
圭山镇	26000	14366	11634	6427	12081	11262	5115	18836	2049	22415
大可乡	13480	7025	6455	4313	6579	6345	2901	9087	1492	12294
嵩明县	**287095**	**146613**	**140482**	**76658**	**129328**	**131183**	**55246**	**207660**	**24189**	**245767**
嵩阳镇	114966	60139	54827	31422	52082	52586	21963	83890	9113	95163
小街镇	62033	30675	31358	16117	29975	30489	13016	43966	5051	59131
杨林镇	62372	32124	30248	15215	24018	24224	10057	46904	5411	46618
牛栏江镇	47724	23675	24049	13904	23253	23884	10210	32900	4614	44855
禄劝彝族苗族自治县	**396404**	**201405**	**194999**	**116073**	**195644**	**190826**	**81119**	**276413**	**38872**	**369727**
屏山镇	76405	38596	37809	20290	34684	34553	14193	56847	5365	61618
撒营盘镇	38043	19060	18983	11669	18757	18722	7660	26356	4027	36613
转龙镇	28472	14466	14006	8081	14144	13807	5864	19478	3130	27357
茂山镇	30514	15102	15412	9169	14979	15356	6456	21023	3035	29100
团街镇	22056	11078	10978	6492	11062	10968	4456	15457	2143	21407
中屏镇	16769	8630	8139	4985	8497	8116	3348	11584	1837	15866
皎平渡镇	18894	9683	9211	5476	9569	9180	3894	13122	1878	18269
乌东德镇	13005	6807	6198	4119	6695	6158	2743	8822	1440	12344
翠华镇	32597	16631	15966	9325	16502	15914	6603	22967	3027	31007
九龙镇	35444	17760	17684	10320	17595	17603	7566	23966	3912	34439
云龙乡	12162	6032	6130	3993	5979	6102	2535	8311	1316	11849
汤郎乡	13642	6946	6696	3933	6915	6688	3073	9501	1068	13122
马鹿塘乡	14329	7688	6641	4630	7477	6558	2732	9752	1845	13921
则黑乡	22431	11880	10551	6710	11814	10538	4960	15092	2379	21968
乌蒙乡	12991	6542	6449	4205	6523	6441	2817	8642	1532	12614
雪山乡	8650	4504	4146	2676	4452	4122	2219	5493	938	8233
寻甸回族彝族自治县	**457068**	**233492**	**223576**	**128059**	**223320**	**217064**	**101660**	**314407**	**41001**	**425306**
仁德镇	131396	66805	64591	35322	60067	59330	26524	95154	9718	113179
羊街镇	37786	18856	18930	10270	18554	18832	8781	25228	3777	36224
柯渡镇	24054	12126	11928	7626	12025	11911	5463	15600	2991	22997
倘甸镇	36906	18504	18402	10143	18032	17879	7587	25511	3808	35247
功山镇	33461	17410	16051	9845	17300	15977	7540	22834	3087	31884
河口镇	30961	16312	14649	8527	15092	14339	7045	21149	2767	28847

表25 续表 3　　　　单位：人、户

地　区	总人口			家庭户	家庭户总人口		分年龄人口			居住本地，户口在本地
	合计	男	女	户数	男	女	0-14岁	15-64岁	65岁及以上	
七星镇	16462	8269	8193	4537	8257	8183	3833	11068	1561	15939
先锋镇	20304	10724	9580	5439	10175	9508	4985	13596	1723	18938
鸡街镇	26708	13622	13086	7698	13259	13008	5725	18375	2608	25746
凤合镇	31696	15987	15709	8955	15929	15699	7614	20971	3111	30929
六哨乡	17408	9088	8320	4406	8868	8264	4180	12051	1177	16745
联合乡	11117	5867	5250	3255	5847	5249	2521	7513	1083	10893
金源乡	21736	11085	10651	7087	11081	10649	5658	13821	2257	21384
甸沙乡	17073	8837	8236	4949	8834	8236	4204	11536	1333	16354
安宁市	**341341**	**184523**	**156818**	**116852**	**152770**	**147669**	**56252**	**257010**	**28079**	**207123**
连然街道	114810	63201	51609	38560	49750	47902	18694	90053	6063	50223
金方街道	85602	45286	40316	32156	40390	38577	12166	64710	8726	60971
八街镇	31026	15424	15602	11062	14855	15394	5680	21201	4145	26571
温泉镇	10991	5539	5452	3647	5077	5200	1690	8188	1113	9381
青龙镇	11169	6565	4604	3819	5091	4351	1908	8532	729	6146
禄脿镇	13046	6784	6262	4271	5943	6006	2722	8785	1539	9625
草铺镇	23895	14239	9656	6844	9920	9012	4630	17942	1323	11376
太平镇	24823	13815	11008	7770	9924	9462	3808	19331	1684	12299
县街镇	25979	13670	12309	8723	11820	11765	4954	18268	2757	20531
曲靖市	**5855055**	**3074983**	**2780072**	**1618821**	**2942469**	**2701730**	**1397410**	**4023025**	**434620**	**5208392**
麒麟区	**740747**	**379781**	**360966**	**239782**	**350441**	**341258**	**150898**	**534153**	**55696**	**529065**
南宁街道	90975	46180	44795	32504	40484	40697	17683	67626	5666	39870
建宁街道	80925	42510	38415	27385	35919	35473	12771	61532	6622	42348
白石江街道	91952	46706	45246	33363	41823	41789	16949	67664	7339	52962
寥廓街道	102639	49979	52660	39106	46417	48050	17877	76930	7832	58043
西城街道	47177	23847	23330	15426	20737	20124	10486	33741	2950	40139
三宝镇	59301	30295	29006	15781	29599	28738	12911	41870	4520	55521
越州镇	71451	37522	33929	20995	36315	33344	16168	50156	5127	64097
东山镇	81489	44429	37060	22870	41399	36758	20081	56253	5155	67164
珠街乡	45569	22892	22677	12308	22779	22610	10302	31081	4186	43764
沿江乡	40209	20222	19987	11103	20047	19912	9084	27821	3304	37307
茨营乡	29060	15199	13861	8941	14922	13763	6586	19479	2995	27850
马龙县	**184989**	**94608**	**90381**	**52952**	**91023**	**88206**	**43742**	**127421**	**13826**	**165535**
通泉镇	55268	28427	26841	16164	26093	25152	11997	40221	3050	41900
旧县镇	26219	13284	12935	7526	13084	12876	6194	17773	2252	24664
马过河镇	12967	6399	6568	3691	6362	6504	3218	8719	1030	12382
王家庄镇	28662	14429	14233	8137	14237	14173	7259	19233	2170	27585
纳章镇	12868	6590	6278	3468	6454	6202	3089	8659	1120	12182
马鸣乡	12169	6299	5870	3503	6086	5791	2833	8181	1155	11458
大庄乡	12043	6235	5808	3419	6160	5785	2824	8159	1060	11617
月望乡	24793	12945	11848	7044	12547	11723	6328	16476	1989	23747
陆良县	**622397**	**325133**	**297264**	**172510**	**313311**	**287424**	**142701**	**434178**	**45518**	**572733**
中枢镇	125521	64600	60921	34098	58388	55462	26219	92047	7255	92703
板桥镇	86975	45996	40979	24509	44987	40245	19923	60618	6434	85355
三岔河镇	107623	56184	51439	29586	55574	50861	23953	74501	9169	104523
马街镇	100428	52077	48351	27507	50591	46935	23723	68894	7811	98239
召夸镇	31347	16346	15001	8443	15835	14730	7753	21406	2188	29623
大莫古镇	45807	24125	21682	12602	23859	21328	11376	30701	3730	44886
芳华镇	35483	18519	16964	11005	18051	16647	7522	25301	2660	31825
小百户镇	39139	20728	18411	10530	20019	18001	9182	27229	2728	37529
活水乡	21867	11607	10260	6170	11475	10220	6054	14302	1511	20858

表25　续表 4　　　　　　　　　　　　　　　　　　　　单位：人、户

地　区	总人口			家庭户	家庭户总人口		分年龄人口			居住本地，户口在本地
	合　计	男	女	户　数	男	女	0-14岁	15-64岁	65岁及以　上	
龙海乡	25014	13333	11681	6950	12956	11451	6396	16937	1681	24544
陆良华侨管理区(镇)	3193	1618	1575	1110	1576	1544	600	2242	351	2648
师宗县	**392361**	**205979**	**186382**	**96630**	**198982**	**182024**	**101574**	**264129**	**26658**	**360069**
丹凤镇	118696	62491	56205	29326	56790	52636	28696	82666	7334	98872
雄壁镇	54312	28656	25656	12971	28043	25490	15079	35996	3237	50661
葵山镇	36632	19312	17320	9443	19278	17314	9178	24470	2984	35426
彩云镇	39191	20173	19018	9786	19921	18582	10039	26381	2771	37482
竹基镇	48997	25306	23691	11697	25220	23637	13014	32107	3876	47900
龙庆乡	37165	19678	17487	9165	19667	17486	10360	24264	2541	35976
五龙乡	30249	16218	14031	7647	15949	13931	7854	20097	2298	29005
高良乡	27119	14145	12974	6595	14114	12948	7354	18148	1617	24747
罗平县	**549680**	**288488**	**261192**	**143597**	**281105**	**256016**	**142147**	**366517**	**41016**	**499734**
罗雄镇	136431	70522	65909	36248	65533	61723	30235	97268	8928	103971
板桥镇	43825	22969	20856	11896	22893	20819	11110	28860	3855	41148
马街镇	56894	29835	27059	15055	29667	27006	16425	36397	4072	54919
富乐镇	42001	21560	20441	10988	21454	20393	12737	25811	3453	40229
九龙镇	75615	40348	35267	19097	40069	35112	18840	50921	5854	72653
阿岗镇	70288	37450	32838	17462	36346	32456	19772	46118	4398	67563
大水井乡	21606	11439	10167	5933	11271	10048	5608	13774	2224	20798
鲁布革乡	17609	9174	8435	4290	9070	8396	4912	11552	1145	16790
旧屋基乡	10530	5730	4800	2757	5730	4799	2313	7258	959	10152
钟山乡	27832	14568	13264	7177	14499	13224	7026	18452	2354	26655
长底乡	13164	6941	6223	3928	6840	6175	3361	8634	1169	12312
老厂乡	33885	17952	15933	8766	17733	15865	9808	21472	2605	32544
富源县	**722640**	**381260**	**341380**	**189662**	**358461**	**332627**	**202803**	**475565**	**44272**	**652279**
中安镇	125701	66559	59142	35175	58116	55248	29199	89581	6921	105009
营上镇	73541	37729	35812	18520	36410	34892	23234	46430	3877	69374
黄泥河镇	56551	29750	26801	14353	27347	25613	16602	35722	4227	50572
竹园镇	45583	23697	21886	12313	23041	21710	14488	28355	2740	43014
后所镇	68322	35922	32400	18806	34162	31595	19051	45179	4092	61409
大河镇	77198	40522	36676	21328	40510	36672	22481	50219	4498	74280
墨红镇	58840	32265	26575	16164	30520	26322	15246	39896	3698	54559
富村镇	88230	45516	42714	21447	44179	41666	26954	55656	5620	80940
十八连山镇	68522	36754	31768	16323	34395	31614	17900	46151	4471	63169
老厂镇	48533	26526	22007	11585	23869	21738	14172	31351	3010	39130
古敢乡	11619	6020	5599	3648	5912	5557	3476	7025	1118	10823
会泽县	**908292**	**484733**	**423559**	**237329**	**475916**	**417932**	**219591**	**613300**	**75401**	**858616**
金钟镇	154328	78942	75386	41383	72893	70867	31834	110665	11829	133228
娜姑镇	61124	31713	29411	16280	31679	29392	13808	41840	5476	59475
迤车镇	81784	43881	37903	21398	43588	37808	21430	54086	6268	74882
乐业镇	70209	38218	31991	18238	38122	31947	16526	48021	5662	68353
矿山镇	23559	13039	10520	6211	12825	10482	5837	15786	1936	21836
者海镇	92108	47791	44317	25721	47496	44153	21289	63253	7566	87724
大井镇	38243	20647	17596	10542	20484	17526	8401	26350	3492	37206
待补镇	40779	22177	18602	9810	22022	18561	10517	26739	3523	39099
大海乡	24106	13392	10714	6369	13266	10676	5915	16289	1902	23412
老厂乡	19925	10933	8992	5246	10897	8981	5198	12963	1764	19159
五星乡	29498	15940	13558	7919	15530	13381	6983	20158	2357	28860
大桥乡	30816	16961	13855	8295	16835	13806	8989	19624	2203	29826
纸厂乡	16729	9316	7413	4670	9302	7406	4217	11155	1357	15823

表25 续表 5 单位：人、户

地区	总人口			家庭户	家庭户总人口		分年龄人口			居住本地，户口在本地
	合计	男	女	户数	男	女	0-14岁	15-64岁	65岁及以上	
马路乡	26128	14170	11958	7072	14098	11942	7040	16986	2102	25102
火红乡	32223	17252	14971	8394	17143	14921	8951	20446	2826	30878
新街乡	26948	14194	12754	6084	14093	12681	7735	16745	2468	26842
雨碌乡	34478	18788	15690	8018	18647	15622	9227	22015	3236	33798
鲁纳乡	18065	10105	7960	4497	10026	7923	4632	11533	1900	17719
上村乡	33721	18369	15352	8193	18320	15334	8364	22510	2847	33306
驾车乡	22373	12134	10239	5386	11989	10187	5400	15021	1952	21644
田坝乡	31148	16771	14377	7603	16661	14336	7298	21115	2735	30444
沾益县	**431058**	**225792**	**205266**	**109008**	**206059**	**198185**	**88517**	**310322**	**32219**	**387098**
西平镇	124670	66746	57924	32763	54437	54331	23685	92926	8059	97225
白水镇	38740	20336	18404	9324	18753	17773	8288	27392	3060	34524
盘江镇	76483	39285	37198	20229	36237	35866	15083	55837	5563	69570
炎方乡	41937	22063	19874	10479	21509	19663	8994	29447	3496	40480
播乐乡	36268	18997	17271	9360	18802	17184	7739	25617	2912	35807
大坡乡	46737	24092	22645	10660	23117	22118	10504	32490	3743	45771
菱角乡	48694	24795	23899	11561	24214	23262	10562	34295	3837	47363
德泽乡	17529	9478	8051	4632	8990	7988	3662	12318	1549	16358
宣威市	**1302891**	**689209**	**613682**	**377351**	**667171**	**598058**	**305437**	**897440**	**100014**	**1183263**
宛水街道	80106	40540	39566	21739	33627	33867	15016	60822	4268	50891
西宁街道	57452	29482	27970	14892	26813	25376	12081	42209	3162	40271
双龙街道	69853	35748	34105	20450	32819	32144	16102	50627	3124	38113
虹桥街道	15999	8083	7916	4615	7908	7827	3483	11347	1169	15509
来宾镇	69055	36166	32889	21211	34944	32243	15746	48339	4970	65698
格宜镇	48124	25691	22433	14847	24360	21371	11768	32507	3849	44770
田坝镇	63139	33213	29926	19312	33162	29910	14325	43341	5473	60116
羊场镇	53588	28453	25135	17173	27351	24661	11912	37246	4430	50012
板桥镇	63947	32944	31003	18604	30972	29465	13173	45544	5230	58213
倘塘镇	79641	42362	37279	21023	42255	37223	22279	52202	5160	76987
落水镇	36910	19172	17738	10388	18948	17684	8127	25323	3460	35732
务德镇	40155	21702	18453	11852	21383	18248	8548	27638	3969	39779
海岱镇	53861	28379	25482	16458	27520	24776	11909	37261	4691	51422
龙场镇	50996	27379	23617	14980	27273	23547	12088	35149	3759	49774
龙潭镇	51721	28135	23586	15117	27965	23556	12325	35241	4155	50372
热水镇	76135	40368	35767	23180	40364	35765	16578	53088	6469	74861
宝山镇	55388	29820	25568	16423	29142	25406	12823	38328	4237	53144
东山镇	47987	25592	22395	14320	25540	22389	11352	32337	4298	46240
普立乡	29092	15329	13763	8452	15274	13730	8406	17561	3125	28087
西泽乡	35524	18805	16719	9845	18778	16704	7302	24698	3524	35115
得禄乡	32828	17597	15231	9228	17558	15221	7688	22425	2715	31887
杨柳乡	38248	20850	17398	10940	20817	17371	10720	24497	3031	37248
双河乡	27042	14905	12137	7715	14767	12133	7786	17166	2090	26005
乐丰乡	47421	26012	21409	12896	25356	21320	12874	31204	3343	45498
文兴乡	48949	26082	22867	13326	25951	22825	13590	31666	3693	47993
阿都乡	29730	16400	13330	8365	16324	13296	7436	19674	2620	29526
玉溪市	**2303518**	**1181282**	**1122236**	**645607**	**1080992**	**1066141**	**434340**	**1667029**	**202149**	**1917370**
红塔区	**495129**	**249639**	**245490**	**143306**	**221560**	**225170**	**86206**	**364844**	**44079**	**348981**
玉兴路街道	75619	38740	36879	27597	32616	34422	10401	58401	6817	38385
凤凰路街道	76155	36820	39335	23891	30306	30918	10051	60867	5237	36244
玉带路街道	52736	26649	26087	15832	24109	24468	9537	39170	4029	26441
北城镇	59440	29738	29702	15810	28221	28466	11254	42164	6022	52983

表25 续表 6

单位：人、户

地区	总人口			家庭户	家庭户总人口		分年龄人口			居住本地，户口在本地
	合计	男	女	户数	男	女	0-14岁	15-64岁	65岁及以上	
春和镇	59653	30627	29026	14176	27008	27191	11186	42896	5571	50907
李棋镇	36783	18031	18752	9828	16736	17448	7038	26304	3441	29195
大营街镇	49339	25096	24243	13215	23738	23653	10044	34629	4666	42100
研和镇	47959	24672	23287	12622	20937	20862	8909	34298	4752	40071
高仓镇	21970	11232	10738	5700	10486	10471	4578	15339	2053	18867
小石桥乡	5577	2834	2743	1896	2771	2698	1302	3701	574	5410
洛河乡	9898	5200	4698	2739	4632	4573	1906	7075	917	8378
江川县	**280889**	**142213**	**138676**	**80748**	**135259**	**134546**	**55510**	**198400**	**26979**	**257334**
大街镇	86283	43499	42784	25462	40044	40429	16537	61749	7997	70732
江城镇	70812	35777	35035	19859	34516	34288	13630	50034	7148	67890
前卫镇	48166	24233	23933	14252	23741	23538	9577	33702	4887	46170
九溪镇	26760	13501	13259	7709	13185	13111	5393	18752	2615	25640
路居镇	28856	14891	13965	7693	13709	13567	5977	20280	2599	27723
安化彝族乡	9160	4714	4446	2797	4668	4437	1919	6413	828	8865
雄关乡	10852	5598	5254	2976	5396	5176	2477	7470	905	10314
澄江县	**169366**	**85602**	**83764**	**48780**	**80038**	**79682**	**34155**	**120662**	**14549**	**151957**
凤麓镇	25407	12619	12788	8141	12187	12359	4704	18794	1909	18587
龙街镇	56983	28669	28314	16214	26220	26290	11432	40582	4969	52240
阳宗镇	24429	12485	11944	7493	11890	11690	5207	16886	2336	23653
右所镇	39687	19952	19735	10715	18608	18695	7881	28524	3282	36089
海口镇	11192	5835	5357	3077	5463	5180	2452	7767	973	10455
九村镇	11668	6042	5626	3140	5670	5468	2479	8109	1080	10933
通海县	**300800**	**152192**	**148608**	**85270**	**144229**	**144437**	**57502**	**215217**	**28081**	**255712**
秀山镇	80299	40551	39748	23904	36961	37866	13868	59386	7045	60722
杨广镇	48512	24491	24021	13672	24097	23788	8676	35044	4792	45603
九街镇	35822	18010	17812	9583	17545	17631	7248	24944	3630	32098
河西镇	50423	25227	25196	15013	24441	24436	9852	35388	5183	45902
四街镇	44797	22581	22216	12383	21810	21822	8662	31816	4319	40830
纳古镇	16148	8604	7544	4200	7623	7245	4431	11084	633	8102
里山乡	8734	4641	4093	2017	4020	3891	1657	6236	841	7391
高大乡	10547	5332	5215	2868	5067	5067	2132	7375	1040	9810
兴蒙乡	5518	2755	2763	1630	2665	2691	976	3944	598	5254
华宁县	**214650**	**110578**	**104072**	**62827**	**104841**	**100174**	**42540**	**153691**	**18419**	**200519**
宁州镇	83213	42596	40617	25628	39154	37889	16300	59988	6925	76260
盘溪镇	53677	27360	26317	15539	26765	25941	10048	39095	4534	50337
华溪镇	13785	7217	6568	4009	6940	6501	2744	9965	1076	12481
青龙镇	55059	28687	26372	14989	27326	25684	11419	38652	4988	52981
通红甸乡	8916	4718	4198	2662	4656	4159	2029	5991	896	8460
易门县	**177110**	**92755**	**84355**	**48558**	**81202**	**79150**	**29908**	**131020**	**16182**	**153625**
龙泉镇	72752	38209	34543	19304	29921	30235	11440	55762	5550	56075
六街镇	25452	13462	11990	6461	11672	11516	4660	18597	2195	22572
绿汁镇	16410	8497	7913	5776	8363	7869	2651	11933	1826	14819
浦贝乡	16568	8729	7839	4499	8189	7743	2826	11918	1824	15829
十街乡	11651	6009	5642	3114	5680	5508	1924	8412	1315	11326
铜厂乡	21609	11197	10412	5653	10905	10306	3950	15422	2237	21313
小街乡	12668	6652	6016	3751	6472	5973	2457	8976	1235	11691
峨山彝族自治县	**162831**	**83927**	**78904**	**43265**	**74734**	**74730**	**30235**	**117791**	**14805**	**137362**
双江镇	56532	28606	27926	15846	24876	25160	10137	41801	4594	42924
小街镇	26945	13740	13205	6796	12792	12807	5453	19034	2458	23426
甸中镇	18358	9473	8885	5208	8411	8694	3534	12711	2113	16879

表25 续表 7 单位：人、户

地区	总人口			家庭户	家庭户总人口		分年龄人口			居住本地，户口在本地
	合计	男	女	户数	男	女	0-14岁	15-64岁	65岁及以上	
化念镇	11538	6064	5474	3118	5446	5319	1982	8531	1025	9640
塔甸镇	14992	7844	7148	3537	6918	6868	2844	10884	1264	13360
岔河乡	10606	5839	4767	2596	4694	4569	1785	7824	997	9086
大龙潭乡	13148	6866	6282	3482	6422	6217	2301	9552	1295	12194
富良棚乡	10712	5495	5217	2682	5175	5096	2199	7454	1059	9853
新平彝族傣族自治县	**285344**	**151068**	**134276**	**76367**	**133748**	**127516**	**54077**	**208820**	**22447**	**233041**
桂山镇	52194	26458	25736	15067	23257	23799	9448	38268	4478	36488
扬武镇	24761	13380	11381	6165	11168	10669	4686	18325	1750	20185
漠沙镇	35806	18307	17499	9827	17714	17029	6216	26563	3027	30951
戛洒镇	44694	25303	19391	12182	19950	18371	7571	34806	2317	28796
水塘镇	21528	11113	10415	5384	10294	9736	5180	14754	1594	20558
腰街镇	15667	8420	7247	4127	7541	7027	2785	11758	1124	12282
平甸乡	17421	9349	8072	4504	8512	7931	3385	12657	1379	15665
新化乡	21808	11862	9946	5522	10146	9616	3907	15891	2010	19311
建兴乡	13234	7051	6183	3439	6528	5872	3037	8955	1242	12392
老厂乡	15488	7932	7556	4077	7455	7145	3356	10716	1416	14729
者竜乡	11907	6078	5829	3145	5777	5585	2190	8720	997	11135
平掌乡	10836	5815	5021	2928	5406	4736	2316	7407	1113	10549
元江哈尼族彝族傣族自治县	**217399**	**113308**	**104091**	**56486**	**105381**	**100736**	**44207**	**156584**	**16608**	**178839**
澧江镇	72853	37975	34878	19781	32472	32415	13300	55269	4284	46431
因远镇	27853	14544	13309	7541	14227	13249	6083	19631	2139	26677
青龙厂镇	24966	12850	12116	6585	11910	11821	4883	18210	1873	20306
东峨镇	16921	8455	8466	4657	8325	8362	3293	12152	1476	15239
羊岔街乡	11718	6396	5322	2857	6335	5299	2654	8053	1011	10854
羊街乡	16888	8678	8210	3957	8532	8157	3854	11616	1418	16050
那诺乡	15095	7954	7141	3491	7806	7070	3777	10076	1242	13825
洼垤乡	10045	5175	4870	2515	4848	4720	1917	6882	1246	9631
咪哩乡	14047	7544	6503	3313	7344	6421	3046	9714	1287	13205
龙潭乡	7013	3737	3276	1789	3582	3222	1400	4981	632	6621
保山市	**2506491**	**1285247**	**1221244**	**616285**	**1222971**	**1181269**	**519349**	**1769110**	**218032**	**2312686**
隆阳区	**935618**	**470883**	**464735**	**228949**	**444069**	**442810**	**181499**	**671773**	**82346**	**849184**
兰城街道	90841	47059	43782	23811	35094	36303	12444	72224	6173	55048
永昌街道	104137	49816	54321	27806	44318	46331	16249	79870	8018	79481
板桥镇	97512	48257	49255	22744	46579	47779	20002	68267	9243	94215
河图镇	47481	23423	24058	11860	23178	23857	10125	32923	4433	46069
汉庄镇	72675	36726	35949	17635	36235	35681	15647	50347	6681	71213
蒲缥镇	52676	26851	25825	12778	26496	25592	10157	37253	5266	51622
瓦窑镇	37154	19018	18136	9140	18297	17955	7771	26239	3144	35497
潞江镇	73380	37084	36296	18788	36119	35707	13117	53874	6389	70701
金鸡乡	24709	12104	12605	6351	11860	12389	5375	16529	2805	23886
辛街乡	66746	33577	33169	15653	32676	32007	14996	45934	5816	63880
西邑乡	61282	31266	30016	14287	30443	29458	13354	42102	5826	59707
丙麻乡	28027	14039	13988	6327	13696	13752	5884	19457	2686	27301
瓦渡乡	24013	12254	11759	5366	11739	11463	4919	16751	2343	23333
水寨乡	14453	7448	7005	3203	7090	6925	2737	10204	1512	13659
瓦马彝族白族乡	24605	12727	11878	5733	12419	11710	4782	17593	2230	24155
瓦房彝族苗族乡	32507	16586	15921	7582	16369	15798	6573	22922	3012	32120
杨柳白族彝族乡	38704	20132	18572	8921	19652	18387	8263	26551	3890	37249
芒宽彝族傣族乡	44716	22516	22200	10964	21809	21716	9104	32733	2879	40048
施甸县	**305223**	**154971**	**150252**	**79911**	**151786**	**148212**	**64189**	**210551**	**30483**	**286600**

表25 续表 8 单位：人、户

地区	总人口			家庭户	家庭户总人口		分年龄人口			居住本地，户口在本地
	合计	男	女	户数	男	女	0-14岁	15-64岁	65岁及以上	
甸阳镇	45418	22280	23138	12670	21383	22400	8596	32491	4331	39738
由旺镇	33978	16797	17181	9536	16484	16811	6989	22896	4093	31841
姚关镇	35096	18054	17042	8642	17633	16818	7606	24421	3069	32981
仁和镇	47862	23901	23961	11927	23466	23593	9702	32633	5527	45696
太平镇	27347	14151	13196	7641	14122	13191	5885	18520	2942	26515
万兴乡	13836	7211	6625	3428	7189	6622	3081	9532	1223	13337
摆榔彝族布朗族乡	6578	3374	3204	1728	3356	3191	1490	4549	539	6373
酒房乡	24246	12655	11591	5770	12347	11459	5366	16812	2068	23377
旧城乡	15031	7684	7347	4089	7345	7283	3194	10651	1186	13544
木老元布朗族彝族乡	5383	2820	2563	1362	2781	2553	1143	3733	507	5194
老麦乡	20140	10478	9662	4988	10459	9650	4458	13714	1968	19459
何元乡	14462	7477	6985	3716	7422	6979	3312	9670	1480	13976
水长乡	15846	8089	7757	4414	7799	7662	3367	10929	1550	14569
腾冲县	**644765**	**336234**	**308531**	**151771**	**318715**	**300715**	**144832**	**449077**	**50856**	**604753**
腾越镇	127133	65159	61974	31801	57779	58279	23005	93470	10658	106903
固东镇	45528	23997	21531	10063	22948	20939	10561	31616	3351	43531
滇滩镇	28612	15375	13237	6803	13830	12800	6741	20125	1746	25943
猴桥镇	27965	14644	13321	6209	13857	12995	7277	19019	1669	25950
和顺镇	6560	3309	3251	1649	2974	3067	1018	4789	753	5905
界头乡	65843	34162	31681	14378	32622	31105	15098	46075	4670	63987
曲石乡	42380	22256	20124	9647	21822	19934	10260	29107	3013	41428
明光乡	40221	21543	18678	8858	20092	18355	9876	27837	2508	38079
马站乡	27373	14581	12792	6331	14301	12625	6531	18608	2234	26663
北海乡	22668	11649	11019	5288	11471	10908	5397	15271	2000	22064
中和乡	37682	19657	18025	8607	19157	17762	8701	25850	3131	36640
清水乡	14986	7697	7289	3674	7533	7185	3534	10061	1391	14470
芒棒乡	39273	20563	18710	9622	20143	18491	9220	26397	3656	38148
五合乡	32858	17380	15478	7856	16955	15331	7418	22525	2915	31921
新华乡	16336	8576	7760	3994	8338	7642	3970	10952	1414	15786
蒲川乡	27049	14067	12982	6505	13658	12774	6474	18437	2138	26313
团田乡	17484	8976	8508	4246	8761	8438	4219	11823	1442	16924
荷花傣族佤族乡	24814	12643	12171	6240	12474	12085	5532	17115	2167	24098
龙陵县	**277319**	**146526**	**130793**	**68900**	**139561**	**127283**	**61931**	**192078**	**23310**	**248079**
龙山镇	54140	28784	25356	14115	25281	23729	10855	39298	3987	41972
镇安镇	40162	20547	19615	9700	19602	19002	9087	27398	3677	37020
勐糯镇	18627	9771	8856	4784	9193	8614	4190	13420	1017	15909
龙江乡	28116	14723	13393	7043	14095	13146	6453	19041	2622	26555
腊勐乡	20201	10344	9857	4908	10218	9767	4492	13849	1860	19252
碧寨乡	20289	10851	9438	4868	10593	9324	4775	13495	2019	18780
龙新乡	29764	16009	13755	7052	15670	13521	7082	20129	2553	27737
象达乡	33829	18320	15509	8149	17835	15218	7661	23061	3107	31166
平达乡	23983	12720	11263	6193	12674	11236	5504	16682	1797	22173
木城彝族傈僳族乡	8208	4457	3751	2088	4400	3726	1832	5705	671	7515
昌宁县	**343566**	**176633**	**166933**	**86754**	**168840**	**162249**	**66898**	**245631**	**31037**	**324070**
田园镇	64265	32197	32068	16479	28872	29373	11232	46886	6147	55138
漭水镇	28638	15046	13592	7158	14547	13390	5499	20024	3115	27878
柯街镇	30107	15332	14775	8058	14672	14288	6067	21336	2704	28187
卡斯镇	38416	19649	18767	9395	19137	18549	7540	27779	3097	37241
勐统镇	25519	13203	12316	5968	12917	12154	4968	18533	2018	24851
温泉乡	24526	12589	11937	6129	12283	11833	5151	16945	2430	23914

表25 续表 9

单位：人、户

地区	总人口			家庭户	家庭户总人口		分年龄人口			居住本地，户口在本地
	合计	男	女	户数	男	女	0-14岁	15-64岁	65岁及以上	
大田坝乡	20726	10805	9921	5337	10557	9849	4185	14325	2216	20172
鸡飞乡	18456	9507	8949	4625	9201	8771	3793	12938	1725	17931
翁堵乡	14063	7272	6791	3526	7094	6685	2828	9827	1408	13809
湾甸傣族乡	15459	8131	7328	3938	7340	7165	2888	11551	1020	13501
更戛乡	25030	13108	11922	6116	12941	11841	4904	18197	1929	24144
珠街彝族乡	15142	7684	7458	4077	7678	7457	3092	10911	1139	14917
耈街彝族苗族乡	23219	12110	11109	5948	11601	10894	4751	16379	2089	22387
昭通市	**5213521**	**2738001**	**2475520**	**1277565**	**2667349**	**2438991**	**1400567**	**3458001**	**354953**	**4777392**
昭阳区	**787837**	**405836**	**382001**	**217140**	**389008**	**368330**	**203067**	**529948**	**54822**	**665292**
凤凰街道	127995	63257	64738	37120	56794	57645	23702	95818	8475	85906
龙泉街道	84286	43847	40439	25564	40386	39876	16207	60234	7845	61134
太平街道	77949	38826	39123	19323	35554	34410	18220	55216	4513	57331
旧圃镇	57764	29990	27774	17264	29881	27619	13359	40160	4245	55462
永丰镇	38101	19714	18387	11080	19601	18366	9962	25595	2544	35671
北闸镇	49984	26059	23925	12470	25150	23533	13594	33174	3216	45706
布嘎回族乡	27296	13964	13332	6982	13946	13313	9507	16150	1639	25700
守望回族乡	39436	20196	19240	10276	20108	19197	11776	25182	2478	36856
小龙洞回族彝族乡	29392	15344	14048	7409	14774	14006	9480	18322	1590	27190
盘河乡	19773	10406	9367	5356	10176	9303	6109	12110	1554	18353
靖安乡	37533	19862	17671	8585	19349	17580	12699	22699	2135	32954
青岗岭回族彝族乡	21717	11298	10419	5458	11191	10389	7840	12374	1503	19454
洒渔乡	50986	26626	24360	13936	26615	24358	13975	33514	3497	47878
乐居乡	25232	13007	12225	7806	12716	12039	6781	16534	1917	23779
苏家院乡	31994	16623	15371	9467	16616	15369	9271	20398	2325	29767
苏甲乡	20489	11141	9348	5726	10997	9290	5658	13281	1550	18705
大山包乡	12070	6492	5578	3088	6476	5574	4276	7272	522	10996
大寨子乡	10064	5381	4683	3010	5193	4600	2945	6103	1016	8941
炎山乡	15420	8189	7231	4353	8034	7173	4573	9415	1432	14466
田坝乡	10356	5614	4742	2867	5451	4690	3133	6397	826	9043
鲁甸县	**390654**	**204595**	**186059**	**94380**	**199658**	**183769**	**110450**	**257659**	**22545**	**358312**
文屏镇	71943	36811	35132	18630	33595	33353	18215	49947	3781	56926
水磨镇	33810	17904	15906	7937	17882	15882	10051	21957	1802	30753
龙头山镇	48150	25575	22575	11530	25467	22519	14045	31155	2950	46049
桃源回族乡	33503	16914	16589	8126	16854	16554	10497	20903	2103	32193
茨院回族乡	26296	13411	12885	6767	12940	12742	6977	17867	1452	24299
小寨乡	18896	10076	8820	4996	9929	8792	4542	13233	1121	18137
江底乡	26863	14018	12845	6049	13958	12816	7910	17390	1563	25472
火德红乡	19702	10537	9165	4633	10396	9118	5238	13174	1290	18572
龙树乡	31320	16430	14890	7509	16396	14878	9042	20344	1934	30089
新街乡	18872	10081	8791	4273	10008	8766	5773	12213	886	18181
梭山乡	29184	15223	13961	6810	15029	13909	8405	18916	1863	27540
乐红乡	32115	17615	14500	7120	17204	14440	9755	20560	1800	30101
巧家县	**516349**	**280329**	**236020**	**134216**	**276847**	**234674**	**133910**	**341234**	**41205**	**483961**
白鹤滩镇	101175	51972	49203	30092	50374	48130	23119	69182	8874	88980
大寨镇	33866	17947	15919	8848	17904	15913	7556	23218	3092	32757
小河镇	40240	21968	18272	9789	21281	18209	10609	26791	2840	38105
药山镇	43231	23994	19237	11100	23775	19161	11637	28284	3310	41050
马树镇	32220	18274	13946	8024	18255	13939	8934	21096	2190	31041
老店镇	53576	29848	23728	13462	29690	23707	14190	35223	4163	51229
茂租乡	18029	9683	8346	4911	9678	8345	4783	11824	1422	17146

表25 续表 10 单位：人、户

地区	总人口			家庭户	家庭户总人口		分年龄人口			居住本地，户口在本地
	合计	男	女	户数	男	女	0-14岁	15-64岁	65岁及以上	
东坪乡	28149	15290	12859	6996	15287	12858	7033	19114	2002	26955
红山乡	18568	10217	8351	4588	10072	8342	4888	12350	1330	17512
新店乡	29297	16114	13183	6997	15773	13130	7681	19311	2305	27647
包谷垴乡	22512	12518	9994	5718	12501	9980	6217	14603	1692	21631
中寨乡	10658	5875	4783	3064	5794	4776	2888	6664	1106	10077
崇溪乡	32998	18395	14603	7700	18262	14595	9570	20999	2429	30255
金塘乡	15065	8022	7043	4276	8003	7039	4020	9627	1418	14143
炉房乡	19353	10970	8383	4351	10962	8380	5858	12141	1354	18514
蒙姑乡	17412	9242	8170	4300	9236	8170	4927	10807	1678	16919
盐津县	**369881**	**194185**	**175696**	**83540**	**189120**	**172809**	**91683**	**251826**	**26372**	**340611**
盐井镇	63050	32654	30396	15816	30267	28377	13200	45506	4344	53098
普洱镇	61303	32409	28894	13968	32061	28788	16395	40580	4328	57814
豆沙镇	22572	12025	10547	5080	11719	10406	5148	15660	1764	21221
中和镇	32521	17183	15338	6808	16911	15261	8422	21591	2508	31022
兴隆乡	34443	17899	16544	7586	17856	16531	9214	22831	2398	33159
落雁乡	24830	12960	11870	5138	12917	11858	6834	16328	1668	23461
滩头乡	28350	14526	13824	5794	14248	13762	7145	19344	1861	26279
牛寨乡	31678	16487	15191	7181	16251	15150	7440	21879	2359	29704
庙坝乡	46391	24674	21717	10282	24315	21644	12074	31028	3289	42976
柿子乡	24743	13368	11375	5887	12575	11032	5811	17079	1853	21877
大关县	**263225**	**139366**	**123859**	**61862**	**136572**	**122469**	**64705**	**181277**	**17243**	**245852**
翠华镇	42262	22079	20183	11294	20957	19353	9247	30194	2821	35969
玉碗镇	14614	7828	6786	3852	7662	6754	3616	10029	969	13729
吉利镇	17797	9333	8464	4494	9300	8401	3829	12577	1391	16908
天星镇	58221	31376	26845	13568	30849	26692	13508	40911	3802	55258
木杆镇	26877	14076	12801	5845	13926	12769	6242	18732	1903	25687
悦乐镇	32163	16941	15222	7012	16740	15164	8504	21584	2075	30633
上高桥回族彝族苗族乡	19401	10349	9052	4286	10278	9024	5449	12952	1000	18568
寿山乡	27284	14473	12811	6091	14007	12641	7441	18132	1711	25722
高桥乡	24606	12911	11695	5420	12853	11671	6869	16166	1571	23378
永善县	**394267**	**210431**	**183836**	**105050**	**204588**	**181875**	**100731**	**264000**	**29536**	**359956**
溪洛渡镇	95439	50689	44750	28594	46087	43196	22368	66598	6473	78841
桧溪镇	15610	8354	7256	3811	7958	7218	3860	10594	1156	14132
黄华镇	50032	26194	23838	13716	25857	23610	12699	33478	3855	47300
茂林镇	21018	11419	9599	5183	11390	9580	6222	13358	1438	19127
大兴镇	33786	17705	16081	7868	17483	16047	8533	22623	2630	31480
莲峰镇	30833	16582	14251	8297	16467	14213	8322	20014	2497	29556
团结乡	18839	10202	8637	4622	10166	8630	4831	12466	1542	17693
细沙乡	17742	9564	8178	4389	9533	8158	4531	11877	1334	17121
青胜乡	10384	5696	4688	2550	5682	4688	2913	6637	834	9886
务基乡	25852	13299	12553	6965	13284	12548	6693	17204	1955	24634
马楠苗族彝族乡	11973	6334	5639	3201	6334	5639	3223	8014	736	10995
水竹乡	7216	3979	3237	2108	3975	3235	1727	4888	601	6693
墨翰乡	20935	11480	9455	5380	11455	9446	5638	13619	1678	19740
伍寨彝族苗族乡	10484	5746	4738	2674	5743	4738	2585	7194	705	10131
码口乡	24124	13188	10936	5692	13174	10929	6586	15436	2102	22627
绥江县	**153091**	**79693**	**73398**	**36875**	**75490**	**71626**	**33194**	**107978**	**11919**	**140463**
中城镇	75425	38601	36824	19069	36444	35463	15499	54038	5888	68497
南岸镇	13980	7413	6567	3254	7105	6509	3246	9671	1063	13073
新滩镇	22624	12073	10551	4768	10902	10336	4967	16062	1595	20312

表25 续表 11　　　　单位：人、户

地区	总人口			家庭户	家庭户总人口		分年龄人口			居住本地，户口在本地
	合计	男	女	户数	男	女	0-14岁	15-64岁	65岁及以上	
会仪镇	22033	11409	10624	5226	11010	10538	5025	15392	1616	20753
板栗乡	19029	10197	8832	4558	10029	8780	4457	12815	1757	17828
镇雄县	**1328371**	**696342**	**632029**	**302287**	**682578**	**626566**	**395447**	**849638**	**83286**	**1256080**
乌峰镇	132606	68466	64140	34303	65381	62308	36254	88938	7414	113185
泼机镇	114216	58519	55697	25781	57441	55544	35944	70884	7388	109574
黑树镇	26139	13847	12292	5862	13722	12287	6901	17594	1644	24500
母享镇	56276	29583	26693	12962	29265	26588	16451	36028	3797	53705
大湾镇	49133	25667	23466	10407	24741	22818	14316	31876	2941	47151
以勒镇	64207	33450	30757	14515	33281	30682	19473	41060	3674	61487
赤水源镇	58002	30499	27503	14104	30037	27396	19344	35273	3385	55415
芒部镇	43102	22635	20467	9742	22184	20106	13724	26822	2556	41201
雨河镇	40501	21399	19102	8700	21288	19088	11758	26291	2452	38980
罗坎镇	70418	36698	33720	14794	36052	33176	20129	45390	4899	68789
牛场镇	39112	20571	18541	8425	20280	18470	11402	25357	2353	37345
五德镇	60651	31547	29104	13229	31154	28937	18626	38029	3996	59679
坡头镇	62216	33328	28888	15334	33063	28854	17218	40557	4441	58775
以古镇	30255	16179	14076	6497	15941	13983	9113	19291	1851	29379
场坝镇	51934	27342	24592	10581	26959	24470	15570	33020	3344	50543
塘房镇	55135	28954	26181	12738	26939	25799	17508	34006	3621	51669
中屯乡	57726	29815	27911	13574	29091	27668	16434	37086	4206	55984
鱼洞乡	19725	10179	9546	4499	10060	9478	6261	12300	1164	18499
花朗乡	21565	11239	10326	4816	11122	10290	5603	14534	1428	20249
尖山乡	28451	15206	13245	6425	15178	13223	9064	17786	1601	27065
木卓乡	27775	14597	13178	6157	14378	13093	8123	17865	1787	26465
盐源乡	36633	19058	17575	7927	18928	17537	10853	23458	2322	35148
碗厂乡	21015	11252	9763	4676	11187	9752	6209	13466	1340	19598
杉树乡	21635	11720	9915	4993	11611	9882	5889	14366	1380	21082
花山乡	26285	14225	12060	5694	13657	11981	7593	17187	1505	23211
坪上乡	39280	21064	18216	8518	20762	18206	11869	25117	2294	38391
果珠彝族乡	35327	18694	16633	7620	18546	16572	11153	21966	2208	31514
林口彝族苗族乡	39051	20609	18442	9414	20330	18378	12665	24091	2295	37497
彝良县	**521838**	**274000**	**247838**	**124811**	**268899**	**245699**	**145563**	**343753**	**32522**	**491121**
角奎镇	101357	52361	48996	27314	50688	47818	26275	68392	6690	90692
洛泽河镇	60200	31879	28321	13592	30410	28207	18128	38489	3583	55050
牛街镇	34711	18137	16574	8618	17687	16297	9573	22529	2609	32384
龙街苗族彝族乡	42799	22545	20254	9677	22337	20178	13210	27254	2335	40666
奎香苗族彝族乡	45399	23603	21796	9835	23447	21693	13805	29433	2161	44513
树林彝族苗族乡	20787	10782	10005	4808	10649	9984	6531	13106	1150	19582
海子乡	25327	13615	11712	6726	13568	11684	7716	16022	1589	23917
荞山乡	40666	21835	18831	9321	21595	18775	10744	27742	2180	39272
龙安乡	21206	11089	10117	5229	11013	10056	4554	15112	1540	20439
钟鸣乡	17259	9129	8130	4373	9055	8098	4232	11908	1119	16738
两河乡	21334	11351	9983	4840	11342	9983	5497	14278	1559	20704
小草坝乡	23583	12560	11023	5655	12277	10942	6130	16038	1415	22548
龙海乡	20891	11141	9750	4753	11100	9738	5332	14158	1401	19988
柳溪苗族乡	19957	10219	9738	4155	10075	9694	5919	12801	1237	19185
洛旺乡	26362	13754	12608	5915	13656	12552	7917	16491	1954	25443
威信县	**385865**	**199823**	**186042**	**88861**	**196275**	**184576**	**99799**	**258098**	**27968**	**354763**
扎西镇	124458	63267	61191	29332	62086	60042	32762	83925	7771	106909
旧城镇	27314	14395	12919	6136	14284	12876	6473	18355	2486	26242

表25 续表 12 单位：人、户

地区	总人口			家庭户	家庭户总人口		分年龄人口			居住本地，户口在本地
	合计	男	女	户数	男	女	0-14岁	15-64岁	65岁及以上	
双河苗族彝族乡	28364	14653	13711	6690	14498	13697	6867	19227	2270	27136
高田乡	27419	14585	12834	6180	14492	12814	7164	17974	2281	26246
罗布乡	48666	25386	23280	10676	24830	23245	12749	32392	3525	46004
林凤乡	39763	21032	18731	9324	19929	18610	10241	26839	2683	37274
长安乡	27406	14132	13274	6041	14095	13269	6829	18358	2219	26063
庙沟乡	18293	9455	8838	4125	9371	8815	4430	12390	1473	17366
三桃乡	28888	15068	13820	6322	14903	13783	8082	18688	2118	27244
水田乡	15294	7850	7444	4035	7787	7425	4202	9950	1142	14279
水富县	**102143**	**53401**	**48742**	**28543**	**48314**	**46598**	**22018**	**72590**	**7535**	**80981**
向家坝镇	72283	37777	34506	20675	32897	32410	14291	53102	4890	53674
太平乡	14621	7687	6934	3861	7554	6920	3783	9462	1376	13619
两碗乡	15239	7937	7302	4007	7863	7268	3944	10026	1269	13688
丽江市	**1244769**	**642374**	**602395**	**312668**	**583328**	**565050**	**227498**	**921118**	**96153**	**1074861**
古城区	**211151**	**106229**	**104922**	**50832**	**83801**	**83965**	**27791**	**168017**	**15343**	**122212**
西安街道	55708	28640	27068	13157	20431	21150	6456	45182	4070	32065
大研街道	31005	14269	16736	6793	10396	10855	3211	25912	1882	13592
祥和街道	30084	15209	14875	9281	13605	13745	4595	23586	1903	11885
束河街道	34947	16863	18084	6973	11328	11097	3733	29438	1776	11437
金安乡	6332	3631	2701	1370	2604	2401	1011	4805	516	4941
七河乡	18316	9476	8840	4672	8757	8469	3115	13327	1874	16717
大东乡	6261	3244	3017	1715	3103	2967	1159	4491	611	5967
金山白族乡	24961	13016	11945	5890	11870	11662	3898	18733	2330	22303
金江白族乡	3537	1881	1656	981	1707	1619	613	2543	381	3305
玉龙纳西族自治县	**214697**	**112002**	**102695**	**51970**	**101251**	**97792**	**35294**	**159260**	**20143**	**198029**
黄山镇	20136	10731	9405	4298	7761	7879	2809	15700	1627	13276
石鼓镇	21006	10887	10119	5452	10438	9813	3298	15415	2293	20342
巨甸镇	21368	11058	10310	5036	10209	9754	3325	15960	2083	20958
白沙乡	8157	4133	4024	1972	3874	3834	1374	5967	816	7622
拉市乡	16446	8699	7747	3795	7402	7393	2570	12344	1532	15051
太安乡	9288	4779	4509	2266	4549	4364	1752	6762	774	9131
龙蟠乡	10700	5553	5147	2551	5048	4948	1699	7854	1147	9984
黎明傈僳族乡	15344	7930	7414	3890	7649	7268	2650	11297	1397	14715
鲁甸乡	16987	8804	8183	4140	8654	8080	2931	12899	1157	16660
塔城乡	9117	4745	4372	2242	4599	4293	1525	6726	866	8832
大具乡	9481	4829	4652	2507	4413	4358	1706	6784	991	8834
宝山乡	7528	3845	3683	2062	3785	3652	1513	5315	700	7400
奉科乡	7747	4118	3629	1775	3606	3414	1204	5849	694	6986
鸣音乡	8605	4868	3737	1845	3626	3449	1353	6597	655	6818
石头白族乡	9107	4691	4416	2287	4596	4342	1412	6956	739	8923
九河白族乡	23680	12332	11348	5852	11042	10951	4173	16835	2672	22497
永胜县	**392024**	**198580**	**193444**	**98252**	**191446**	**188039**	**73012**	**287424**	**31588**	**377825**
永北镇	60099	29984	30115	14969	27404	27641	10094	45099	4906	51885
仁和镇	24903	12924	11979	6189	12505	11773	4886	18604	1413	23872
期纳镇	36823	18596	18227	8819	17685	17323	5560	27372	3891	35793
三川镇	56345	27948	28397	14898	27337	27946	10510	40241	5594	55707
程海镇	39766	20064	19702	9365	19738	19517	7173	28974	3619	39395
羊坪彝族乡	7312	3703	3609	1883	3607	3560	2064	4856	392	7201
六德傈僳族彝族乡	14446	7456	6990	3566	7130	6806	2906	10593	947	14072
东山傈僳族彝族乡	8310	4312	3998	2180	4223	3951	1958	5998	354	8184
东风傈僳族乡	13008	6738	6270	3442	6590	6217	2770	9523	715	12730

表25　续表 13　　　　单位：人、户

地区	总人口			家庭户	家庭户总人口		分年龄人口			居住本地，户口在本地
	合计	男	女	户数	男	女	0-14岁	15-64岁	65岁及以上	
涛源乡	34655	17432	17223	9261	17125	17044	6573	25444	2638	34115
片角乡	24575	12558	12017	6111	12336	11869	4283	18335	1957	24293
光华傈僳族彝族乡	15221	7721	7500	3513	7515	7373	3119	11076	1026	15069
松坪傈僳族乡	8545	4421	4124	2343	4252	4045	1707	6276	562	8456
大安彝族纳西族乡	15942	8348	7594	3578	7875	7477	3124	11683	1135	15238
顺州乡	32074	16375	15699	8135	16124	15497	6285	23350	2439	31815
华坪县	**168028**	**90061**	**77967**	**45550**	**78964**	**74026**	**28121**	**126380**	**13527**	**137592**
中心镇	51866	27173	24693	14736	23891	23112	8672	39367	3827	38572
荣将镇	32291	16837	15454	8773	15441	14650	5591	24225	2475	26635
兴泉镇	17926	9658	8268	4981	8581	7923	3042	13333	1551	16000
石龙坝彝族傣族乡	20074	11952	8122	4292	7816	7201	2844	15816	1414	14640
新庄傈僳族傣族乡	16064	8487	7577	4513	7977	7447	2548	12137	1379	14914
通达傈僳族乡	7975	4142	3833	2184	4048	3819	1363	5888	724	7703
永兴傈僳族乡	13518	7231	6287	3613	7040	6184	2512	9754	1252	12002
船房傈僳族傣族乡	8314	4581	3733	2458	4170	3690	1549	5860	905	7126
宁蒗彝族自治县	**258869**	**135502**	**123367**	**66064**	**127866**	**121228**	**63280**	**180037**	**15552**	**239203**
大兴镇	52568	27173	25395	14330	25764	24557	11851	37815	2902	43636
拉伯乡	10124	5193	4931	2335	5083	4918	2263	7115	746	9851
永宁乡	20852	10699	10153	4356	9898	10041	4414	15160	1278	19119
翠玉傈僳族普米族乡	16914	9506	7408	3716	7709	7136	3239	12686	989	14389
红桥乡	20060	10378	9682	4911	9684	9364	4955	13775	1330	19083
宁利乡	14263	7377	6886	3442	7146	6793	3522	9800	941	13764
金棉乡	7868	4182	3686	1957	4117	3648	1691	5582	595	7772
西川乡	14928	7798	7130	4170	7737	7103	4318	9797	813	14780
西布河乡	19250	9958	9292	4891	9861	9245	4991	13061	1198	18886
战河乡	23854	12900	10954	6137	11354	10725	6302	16274	1278	21507
永宁坪乡	7583	4142	3441	1825	3701	3407	1856	5332	395	6948
跑马坪乡	10992	5744	5248	3041	5637	5210	2917	7406	669	10714
蝉战河乡	6421	3337	3084	1809	3333	3083	1918	4123	380	6185
新营盘乡	21008	10842	10166	5583	10732	10117	5524	14221	1263	20575
烂泥箐乡	12184	6273	5911	3561	6110	5881	3519	7890	775	11994
普洱市	**2542898**	**1339502**	**1203396**	**689342**	**1286418**	**1175307**	**456130**	**1902145**	**184623**	**2171217**
思茅区	**296565**	**155060**	**141505**	**87385**	**136080**	**129574**	**50649**	**227578**	**18338**	**170028**
思茅镇	100172	49375	50797	33392	44176	44872	15188	77942	7042	53439
南屏镇	97583	51707	45876	27602	42065	40689	15515	77358	4710	44942
倚象镇	40316	21295	19021	11016	20683	18779	8982	28910	2424	28366
思茅港镇	23584	13909	9675	5883	10638	9163	4355	18132	1097	13509
龙潭彝族傣族乡	9585	5135	4450	2413	5086	4430	1905	6867	813	8238
云仙彝族乡	12613	6786	5827	3702	6701	5805	2098	9140	1375	11707
六顺乡	12712	6853	5859	3377	6731	5836	2606	9229	877	9827
宁洱哈尼族彝族自治县	**185719**	**96929**	**88790**	**51160**	**92758**	**87064**	**29785**	**139531**	**16403**	**158658**
宁洱镇	76574	38516	38058	22548	36721	36871	12385	58410	5779	62339
磨黑镇	20962	11032	9930	5822	10572	9845	3244	15900	1818	18433
德安乡	9840	5190	4650	2469	5156	4641	1530	7321	989	9042
德化乡	10455	5626	4829	2949	5565	4818	1752	7661	1042	9566
同心乡	16092	8816	7276	4027	7778	7053	2477	12293	1322	13362
勐先乡	19666	10540	9126	5085	10235	9077	3123	14208	2335	17978
普义乡	11934	6573	5361	3063	6264	5332	1971	8838	1125	9038
黎明乡	10145	5390	4755	2527	5225	4623	1533	7479	1133	9532
梅子乡	10051	5246	4805	2670	5242	4804	1770	7421	860	9368

表25 续表 14

单位：人、户

地 区	总人口			家庭户	家庭户总人口		分年龄人口			居住本地，户口在本地
	合 计	男	女	户 数	男	女	0-14岁	15-64岁	65岁及以上	
墨江哈尼族自治县	**360507**	**193807**	**166700**	**88276**	**190020**	**164554**	**61615**	**269330**	**29562**	**334640**
联珠镇	91879	47595	44284	24212	45673	42923	15753	68438	7688	78522
通关镇	29561	15467	14094	7677	14836	13583	4498	22171	2892	26867
龙坝乡	22286	12200	10086	5547	12177	10077	4133	16581	1572	21691
新安乡	18026	9898	8128	4137	9745	8068	3016	13468	1542	17394
孟弄彝族乡	12171	6866	5305	2874	6628	5275	2052	9175	944	11395
团田乡	15712	8406	7306	3799	8404	7304	3050	11498	1164	15260
新抚乡	19379	10563	8816	5228	10529	8800	3226	14504	1649	18593
景星乡	22201	12024	10177	5531	12024	10177	3438	16625	2138	21539
鱼塘彝族乡	15950	8792	7158	3682	8785	7155	2382	12036	1532	15626
龙潭乡	13019	7308	5711	2874	6896	5681	2013	9897	1109	12162
文武乡	21354	11720	9634	4901	11714	9631	4129	15654	1571	20830
坝溜乡	20474	11224	9250	4506	11187	9230	3684	15234	1556	19632
泗南江乡	21870	11924	9946	5061	11743	9913	3776	16422	1672	20186
那哈乡	15345	8195	7150	3317	8074	7087	2946	11585	814	14472
雅邑乡	21280	11625	9655	4930	11605	9650	3519	16042	1719	20471
景东彝族自治县	**359527**	**186391**	**173136**	**97878**	**183018**	**170715**	**69173**	**261462**	**28892**	**336909**
锦屏镇	64321	32283	32038	17954	30428	30364	11465	47829	5027	54236
文井镇	66141	33623	32518	18666	33174	32164	12931	47792	5418	58245
漫湾镇	19842	10028	9814	5417	10011	9808	4014	14442	1386	19193
大朝山东镇	27806	15229	12577	7425	15017	12550	5244	20571	1991	27308
曼等乡	15974	8412	7562	4404	8410	7561	3076	11476	1422	15743
花山乡	28042	14777	13265	7511	14712	13251	5347	20150	2545	27439
大街乡	22562	11749	10813	5541	11582	10724	4491	16189	1882	22040
太忠乡	22925	12136	10789	5954	12035	10757	4801	16289	1835	22487
龙街乡	20103	10692	9411	5180	10562	9368	3910	14463	1730	19806
文龙乡	18150	9435	8715	4727	9287	8653	3375	13488	1287	17777
安定乡	19011	9849	9162	5469	9746	9133	3909	13714	1388	18547
林街乡	13583	7205	6378	3687	7156	6358	2690	9878	1015	13386
景福乡	21067	10973	10094	5943	10898	10024	3920	15181	1966	20702
景谷傣族彝族自治县	**291672**	**156008**	**135664**	**82158**	**150485**	**133078**	**56522**	**212766**	**22384**	**255138**
威远镇	91536	47669	43867	27122	44664	41876	17178	68318	6040	69249
永平镇	63042	33921	29121	17133	32683	28868	12764	45501	4777	58006
正兴镇	17542	9680	7862	4956	9290	7791	3185	12831	1526	16019
民乐镇	22964	12361	10603	6417	12066	10519	4821	16428	1715	20185
碧安乡	20384	11150	9234	5239	11017	9194	3876	14853	1655	19498
凤山乡	17761	9604	8157	5076	9469	8142	3451	12693	1617	16937
景谷乡	15331	8163	7168	4228	8138	7148	2873	11039	1419	14607
益智乡	12538	6829	5709	3469	6654	5679	2510	9015	1013	11782
半坡乡	11939	6557	5382	3088	6498	5351	2096	8797	1046	11409
勐班乡	18635	10074	8561	5430	10006	8510	3768	13291	1576	17446
镇沅彝族哈尼族拉祜族自治县	**208606**	**110882**	**97724**	**56161**	**107183**	**95573**	**36242**	**154565**	**17799**	**190875**
恩乐镇	33448	17383	16065	9740	15907	15091	5907	25189	2352	25958
按板镇	20810	10995	9815	5987	10657	9612	3538	15460	1812	18487
勐大镇	41343	21653	19690	11158	21159	19297	6836	30678	3829	39079
者东镇	29041	15631	13410	7738	15371	13290	5357	21244	2440	27719
田坝乡	8601	4608	3993	2062	4542	3951	1365	6321	915	8229
古城乡	14720	7887	6833	3654	7608	6704	2625	10849	1246	13682
九甲乡	15579	8332	7247	4345	8230	7198	2696	11442	1441	15054
振太乡	33085	17698	15387	8381	17480	15197	5635	24642	2808	31855

表25 续表 15 单位：人、户

地区	总人口			家庭户	家庭户总人口		分年龄人口			居住本地，户口在本地
	合计	男	女	户数	男	女	0-14岁	15-64岁	65岁及以上	
和平乡	11979	6695	5284	3096	6229	5233	2283	8740	956	10812
江城哈尼族彝族自治县	**121545**	**63831**	**57714**	**33163**	**61575**	**56851**	**22724**	**90920**	**7901**	**90288**
勐烈镇	32306	16639	15667	9806	15552	15056	5841	24598	1867	18519
整董镇	12185	6284	5901	3073	5907	5837	2321	9198	666	9129
曲水乡	16811	9234	7577	4810	9005	7516	3093	12811	907	10830
国庆乡	13898	7141	6757	3653	7116	6749	2332	10456	1110	12800
嘉禾乡	14727	7809	6918	3702	7740	6901	2346	11133	1248	13394
宝藏乡	9102	4768	4334	2300	4640	4289	1554	6825	723	8091
康平乡	22516	11956	10560	5819	11615	10503	5237	15899	1380	17525
孟连傣族拉祜族佤族自治县	**135538**	**69700**	**65838**	**37869**	**68150**	**65250**	**27299**	**101528**	**6711**	**106509**
娜允镇	48028	24642	23386	14136	23562	23029	9132	36559	2337	31957
勐马镇	30486	15766	14720	8113	15502	14618	6202	22707	1577	24165
芒信镇	16939	8812	8127	4491	8734	8097	3273	12922	744	14222
景信乡	12545	6441	6104	3370	6374	6068	2545	9300	700	11257
公信乡	15030	7663	7367	3962	7647	7347	3386	10897	747	13505
富岩乡	12510	6376	6134	3797	6331	6091	2761	9143	606	11403
澜沧拉祜族自治县	**491884**	**259473**	**232411**	**130022**	**250753**	**229106**	**83509**	**376039**	**32336**	**447266**
勐朗镇	86877	45060	41817	24399	40770	39714	13060	68381	5436	61775
上允镇	44918	22805	22113	12114	22400	21900	7870	34106	2942	41866
糯扎渡镇	29703	15772	13931	7643	15495	13828	5733	22192	1778	27697
发展河哈尼族乡	15483	8245	7238	4090	8198	7224	2940	11486	1057	15040
谦六彝族乡	48090	25536	22554	11775	25418	22507	8238	36765	3087	47593
糯福乡	18529	9937	8592	4777	9601	8518	3110	14541	878	16956
东河乡	14771	8131	6640	3956	8050	6626	2486	11126	1159	14344
大山乡	15980	8788	7192	4431	8750	7181	2597	11869	1514	15618
南岭乡	24059	12837	11222	6310	12821	11221	4086	18117	1856	23480
雪林佤族乡	14158	7275	6883	3558	7213	6859	2616	10841	701	12829
木戛乡	16180	8599	7581	4623	8589	7576	2493	12529	1158	15845
酒井哈尼族乡	13716	7250	6466	3544	7208	6454	2637	10239	840	12889
惠民哈尼族乡	17303	9175	8128	4615	8935	8033	3352	12793	1158	15094
东回乡	15380	8110	7270	4323	8064	7266	2588	11933	859	14699
拉巴乡	14636	7698	6938	3891	7476	6906	2501	11296	839	14061
竹塘乡	35766	18994	16772	9010	18132	16617	5675	28023	2068	34141
富邦乡	21828	11647	10181	5537	10538	9847	3499	16734	1595	20512
安康佤族乡	13236	7045	6191	3225	6540	6132	2559	9955	722	12252
文东佤族乡	14517	7561	6956	4112	7547	6951	2732	10503	1282	13969
富东乡	16754	9008	7746	4089	9008	7746	2737	12610	1407	16606
西盟佤族自治县	**91335**	**47421**	**43914**	**25270**	**46396**	**43542**	**18612**	**68426**	**4297**	**80906**
勐梭镇	21307	11233	10074	6131	10551	9781	4139	16222	946	17606
勐卡镇	17054	8900	8154	4777	8788	8109	3272	12850	932	14695
翁嘎科乡	10994	5672	5322	2920	5636	5321	2270	8197	527	9999
力所拉祜族乡	11899	6214	5685	3071	6118	5674	2519	8793	587	10923
岳宋乡	7351	3720	3631	2106	3664	3619	1725	5359	267	6776
中课乡	10941	5666	5275	3198	5634	5270	2219	8174	548	9963
新厂乡	11789	6016	5773	3067	6005	5768	2468	8831	490	10944
临沧市	**2429497**	**1274678**	**1154819**	**596484**	**1207181**	**1119609**	**487533**	**1769399**	**172565**	**2208737**
临翔区	**323708**	**166001**	**157707**	**82213**	**151938**	**143420**	**63328**	**235160**	**25220**	**281604**
凤翔街道	111810	54386	57424	28212	44561	45503	16689	87746	7375	84763
忙畔街道	42775	21973	20802	10360	19899	19377	8826	31019	2930	34495
博尚镇	36764	19223	17541	9467	18832	17319	8264	24651	3849	35086

表25　续表 16　　　　　　　　　　　　　　　　　　　　　单位：人、户

地　区	总人口			家庭户	家庭户总人口		分年龄人口			居住本地，户口在本地
	合　计	男	女	户　数	男	女	0-14岁	15-64岁	65岁及以上	
南美乡	4578	2373	2205	1241	2338	2183	960	3210	408	4428
蚂蚁堆乡	29586	15655	13931	7989	15387	13808	6872	20249	2465	28743
章驮乡	20282	10763	9519	5039	10531	9395	5124	13680	1478	19761
圈内乡	31286	16902	14384	7786	15867	14037	6555	21820	2911	30040
马台乡	24515	12868	11647	6233	12868	11647	5431	17148	1936	23511
邦东乡	13411	7184	6227	3586	7096	6166	2856	9328	1227	12982
平村乡	8701	4674	4027	2300	4559	3985	1751	6309	641	7795
凤庆县	**458322**	**237642**	**220680**	**108034**	**227876**	**215748**	**82418**	**340808**	**35096**	**431266**
凤山镇	79857	39513	40344	20151	37056	37828	12853	60808	6196	70130
鲁史镇	29994	15749	14245	7233	15052	13984	5291	22333	2370	29046
小湾镇	27547	14660	12887	6629	13451	12575	4942	20796	1809	25374
营盘镇	45709	24286	21423	10268	22753	20938	8056	34348	3305	42823
三岔河镇	28708	15292	13416	6516	14773	13190	5328	21361	2019	27339
勐佑镇	51213	26567	24646	11780	26214	24547	9549	37591	4073	49412
雪山镇	30953	16090	14863	7304	16010	14795	5900	22478	2575	29819
洛党镇	40072	20423	19649	8796	19850	19347	7156	29735	3181	38438
诗礼乡	26124	13705	12419	6520	13482	12373	5084	18865	2175	25448
新华乡	27912	14221	13691	6374	13949	13606	5424	20467	2021	26963
大寺乡	38098	20222	17876	9238	19030	17570	6440	28625	3033	36001
腰街乡	9233	4874	4359	2234	4639	4258	1863	6884	486	9024
郭大寨乡	22902	12040	10862	4991	11617	10737	4532	16517	1853	21449
云县	**449460**	**237666**	**211794**	**110900**	**229136**	**208295**	**91774**	**324192**	**33494**	**426605**
爱华镇	106054	54962	51092	26516	49539	48689	19232	79427	7395	91324
漫湾镇	23617	12451	11166	5650	12140	11016	4705	17497	1415	22649
大朝山西镇	17533	9662	7871	4145	9122	7674	3982	12329	1222	16858
涌宝镇	42436	22657	19779	10262	22450	19644	8630	30183	3623	41868
茂兰镇	43925	22754	21171	10352	22722	21151	9269	31687	2969	43563
幸福镇	47479	25087	22392	11749	24594	22230	10696	33852	2931	44981
大寨镇	35767	19053	16714	8673	18776	16502	7837	25014	2916	35467
忙怀乡	17665	9509	8156	4954	9429	8128	3667	12524	1474	17319
晓街乡	39505	20649	18856	9589	20430	18721	8386	28196	2923	38974
茶房乡	34844	18241	16603	8727	18231	16600	6650	24738	3456	34202
栗树乡	21583	12396	9187	5121	11479	9141	4673	15387	1523	20440
后箐乡	19052	10245	8807	5162	10224	8799	4047	13358	1647	18960
永德县	**369702**	**199612**	**170090**	**87771**	**184370**	**165897**	**75687**	**266362**	**27653**	**335855**
德党镇	65842	33797	32045	16774	32068	30533	12302	47949	5591	59011
小勐统镇	56127	31372	24755	12283	27337	23672	11205	40911	4011	49104
永康镇	62850	32631	30219	15866	31129	29570	12101	46233	4516	55281
勐板乡	26987	14460	12527	6526	14391	12489	5760	18839	2388	26276
亚练乡	28601	16093	12508	6096	13536	12351	5988	20781	1832	25890
乌木龙乡	28962	15514	13448	7002	14960	13336	6759	20154	2049	28067
大雪山乡	20644	11194	9450	5005	10096	9173	4354	14932	1358	18365
班卡乡	21910	11896	10014	5374	11779	9984	4843	15346	1721	21438
崇岗乡	34723	19403	15320	7778	17635	15114	8067	24193	2463	31950
大山乡	23056	13252	9804	5067	11439	9675	4308	17024	1724	20473
镇康县	**176356**	**94843**	**81513**	**42391**	**90299**	**79797**	**38576**	**125297**	**12483**	**156383**
凤尾镇	18166	9902	8264	4696	8941	8073	3799	13073	1294	15902
勐捧镇	40417	21706	18711	9254	21334	18516	8684	28612	3121	38141
南伞镇	43097	23031	20066	11087	21507	19239	10237	30545	2315	33155
忙丙乡	22178	12094	10084	4977	11174	9762	4514	15823	1841	20760

表25 续表 17

单位：人、户

地区	总人口			家庭户	家庭户总人口		分年龄人口			居住本地，户口在本地
	合计	男	女	户数	男	女	0-14岁	15-64岁	65岁及以上	
勐堆乡	20636	10794	9842	4785	10642	9779	4519	14721	1396	19041
木场乡	18666	10192	8474	4451	10019	8440	4006	13107	1553	17974
军赛乡	13196	7124	6072	3141	6682	5988	2817	9416	963	11410
双江拉祜族佤族布朗族傣族自治县	**176549**	**92976**	**83573**	**44158**	**87114**	**81270**	**32502**	**132526**	**11521**	**162269**
勐勐镇	47966	24632	23334	13301	23031	22175	9020	35876	3070	42620
勐库镇	35146	18728	16418	8768	17411	16176	6617	26180	2349	32509
沙河乡	31217	16582	14635	7814	14992	14141	5716	23383	2118	26456
大文乡	20908	10983	9925	4825	10867	9862	3648	15829	1431	20563
忙糯乡	22545	12164	10381	5069	11390	10207	4261	16945	1339	21961
邦丙乡	18767	9887	8880	4381	9423	8709	3240	14313	1214	18160
耿马傣族佤族自治县	**296302**	**152517**	**143785**	**72973**	**147468**	**140931**	**68284**	**211617**	**16401**	**259589**
耿马镇	59324	30004	29320	15752	28445	28267	11993	43989	3342	52292
勐永镇	31141	16103	15038	7138	15923	14926	8202	21237	1702	29484
勐撒镇	37299	19153	18146	9421	18966	18069	9199	25838	2262	34458
孟定镇	102992	52733	50259	24843	50930	49307	24022	73629	5341	82150
大兴乡	9249	5023	4226	2253	5015	4219	2230	6344	675	9177
芒洪乡	8522	4550	3972	2058	4409	3884	1871	6092	559	8301
四排山乡	15069	8048	7021	3687	7371	6674	3573	10681	815	13464
贺派乡	18309	9418	8891	4305	9146	8779	4006	13378	925	17417
勐简乡	14397	7485	6912	3516	7263	6806	3188	10429	780	12846
沧源佤族自治县	**179098**	**93421**	**85677**	**48044**	**88980**	**84251**	**34964**	**133437**	**10697**	**155166**
勐董镇	35741	18405	17336	10045	16576	16354	6293	27617	1831	27209
岩帅镇	32486	17057	15429	9444	16616	15367	6104	24255	2127	30555
勐省镇	23530	12518	11012	6882	11493	10862	4225	17858	1447	18064
芒卡镇	13689	7137	6552	3362	6957	6536	2949	9963	777	11936
单甲乡	11080	5827	5253	2730	5780	5224	2460	8052	568	10533
糯良乡	14665	7798	6867	3706	7414	6836	2940	10763	962	13569
勐来乡	14443	7490	6953	3514	7354	6907	2799	10684	960	13548
勐角乡	13990	7154	6836	3583	6995	6817	2671	10458	861	12863
班洪乡	10587	5489	5098	2638	5365	5057	2179	7710	698	9383
班老乡	8887	4546	4341	2140	4430	4291	2344	6077	466	7506
楚雄彝族自治州	**2684169**	**1374454**	**1309715**	**721989**	**1292539**	**1254212**	**474122**	**1981878**	**228169**	**2388517**
楚雄市	**588620**	**300893**	**287727**	**158982**	**263129**	**258173**	**92940**	**450604**	**45076**	**439984**
鹿城镇	221252	113107	108145	63370	90164	89880	30205	174834	16213	126222
东瓜镇	103115	52379	50736	28821	41489	41130	14622	82776	5717	56746
吕合镇	26022	13332	12690	6242	12852	12477	4295	19398	2329	24989
紫溪镇	13341	6859	6482	3628	6507	6312	2386	9822	1133	12327
东华镇	25496	12978	12518	7059	12572	12378	4730	18369	2397	24812
子午镇	31890	16345	15545	7920	15907	15348	5300	23971	2619	31077
苍岭镇	27750	13973	13777	7527	13650	13597	5142	20021	2587	26707
三街镇	22424	11360	11064	5559	11184	11003	4380	16009	2035	22055
八角镇	16317	8333	7984	4064	8089	7919	2778	12075	1464	15939
中山镇	24098	12361	11737	5827	12193	11639	4991	17055	2052	23550
新村镇	14270	7373	6897	3480	7062	6753	2704	10233	1333	14081
树苴乡	18038	9378	8660	4461	9044	8573	3164	13120	1754	17791
大过口乡	15327	7881	7446	3751	7718	7394	2688	11721	918	15116
大地基乡	10832	5601	5231	2580	5447	5121	1964	8121	747	10523
西舍路乡	18448	9633	8815	4693	9251	8649	3591	13079	1778	18049
双柏县	**159867**	**83752**	**76115**	**43150**	**81281**	**74729**	**27113**	**119218**	**13536**	**149532**
妥甸镇	44265	23019	21246	12740	21485	20179	7310	33503	3452	38073

表25 续表 18 单位：人、户

地区	总人口			家庭户	家庭户总人口		分年龄人口			居住本地，户口在本地
	合计	男	女	户数	男	女	0-14岁	15-64岁	65岁及以上	
大庄镇	26880	13918	12962	6927	13729	12893	4588	19880	2412	25946
法脿镇	24656	13051	11605	6909	12987	11596	4050	18268	2338	24079
鄂嘉镇	27235	14300	12935	7092	14238	12914	5088	19893	2254	26138
大麦地镇	10041	5368	4673	2553	5176	4650	1836	7443	762	9525
安龙堡乡	9450	5050	4400	2561	4909	4337	1506	7033	911	9100
爱尼山乡	13195	6865	6330	3312	6642	6215	2067	10024	1104	12631
独田乡	4145	2181	1964	1056	2115	1945	668	3174	303	4040
牟定县	**208726**	**106957**	**101769**	**54774**	**103512**	**99481**	**36949**	**152857**	**18920**	**197312**
共和镇	81667	41003	40664	22189	38881	38758	14494	60421	6752	73582
新桥镇	29294	15237	14057	7803	15158	14039	5200	21199	2895	28454
江坡镇	26447	13746	12701	6637	13413	12582	4695	19318	2434	25937
凤屯镇	17514	8978	8536	4222	8858	8472	3046	12687	1781	17366
蟠猫乡	11756	6012	5744	3058	5636	5664	1938	8825	993	11167
戌街乡	17824	9254	8570	4441	8861	8483	3288	12910	1626	17082
安乐乡	24224	12727	11497	6424	12705	11483	4288	17497	2439	23724
南华县	**236133**	**120161**	**115972**	**60280**	**115916**	**113671**	**46398**	**170720**	**19015**	**222890**
龙川镇	86060	43759	42301	22695	41394	40721	15688	63833	6539	76002
沙桥镇	31810	15998	15812	7759	15223	15522	6600	22240	2970	31160
五街镇	18018	9025	8993	4195	8895	8939	4332	12631	1055	17617
红土坡镇	12457	6386	6071	3483	6340	6064	2554	8655	1248	11994
马街镇	18491	9524	8967	4460	9119	8752	3361	13519	1611	18168
兔街镇	13552	7099	6453	3498	6943	6411	2690	9738	1124	13286
雨露白族自治乡	14176	7219	6957	3336	7098	6912	2752	10372	1052	13893
一街乡	19445	9878	9567	5156	9790	9533	3992	14005	1448	19097
罗武庄乡	12160	6220	5940	3096	6139	5924	2443	8691	1026	11960
五顶山乡	9964	5053	4911	2602	4975	4893	1986	7036	942	9713
姚安县	**197676**	**100091**	**97585**	**52002**	**95803**	**94569**	**33643**	**145204**	**18829**	**189701**
栋川镇	88481	44367	44114	23880	42043	42036	15161	65253	8067	82753
光禄镇	30133	14902	15231	7928	14448	14964	5451	21447	3235	29612
前场镇	17009	8780	8229	4264	8541	8150	2832	12563	1614	16713
弥兴镇	20062	10336	9726	5491	10028	9526	3536	14454	2072	19626
太平镇	9320	4807	4513	2290	4541	4424	1413	7007	900	8998
适中乡	5315	2748	2567	1375	2635	2512	720	4044	551	5237
左门乡	4476	2317	2159	1094	2204	2115	720	3393	363	4387
官屯乡	15432	7974	7458	3893	7713	7352	2607	11485	1340	15046
大河口乡	7448	3860	3588	1787	3650	3490	1203	5558	687	7329
大姚县	**273315**	**139987**	**133328**	**75528**	**135275**	**130074**	**45112**	**203169**	**25034**	**258715**
金碧镇	95639	47527	48112	26253	44853	45548	14930	71004	9705	87931
石羊镇	25718	13373	12345	6968	13207	12243	4112	19048	2558	24909
六苴镇	16591	9191	7400	5714	8424	7170	2471	12784	1336	13224
龙街乡	22653	11754	10899	5944	11741	10898	3828	16661	2164	22438
赵家店乡	15149	7969	7180	4280	7823	7151	2200	11369	1580	14936
新街乡	25273	12994	12279	6732	12994	12279	4287	18418	2568	24851
昙华乡	7549	3837	3712	2385	3837	3712	1219	5674	656	7286
桂花乡	11963	6267	5696	3369	5938	5621	2108	8974	881	11379
湾碧傣族傈僳族乡	17454	9026	8428	4681	8855	8373	3412	12994	1048	17329
铁锁乡	10313	5281	5032	2660	5157	4988	2005	7584	724	10125
三台乡	11790	5999	5791	3066	5761	5689	2173	8820	797	11353
三岔河乡	13223	6769	6454	3476	6685	6402	2367	9839	1017	12954
永仁县	**109304**	**56775**	**52529**	**30641**	**54945**	**51984**	**18189**	**81476**	**9639**	**100721**

表25 续表 19

单位：人、户

地区	总人口			家庭户	家庭户总人口		分年龄人口			居住本地，户口在本地
	合计	男	女	户数	男	女	0-14岁	15-64岁	65岁及以上	
永定镇	32832	16845	15987	10300	16017	15651	5733	24439	2660	28274
宜就镇	16909	8886	8023	4571	8769	8011	2775	12534	1600	16385
中和镇	11447	6116	5331	3027	5514	5239	1751	8669	1027	10414
莲池乡	13566	6884	6682	3648	6765	6606	2597	9913	1056	12631
维的乡	11664	6061	5603	3059	6046	5601	1816	8772	1076	11156
猛虎乡	9601	4940	4661	2536	4933	4655	1493	7229	879	9146
永兴傣族乡	13285	7043	6242	3500	6901	6221	2024	9920	1341	12715
元谋县	**215795**	**110125**	**105670**	**55445**	**104721**	**101388**	**40393**	**156731**	**18671**	**199113**
元马镇	63936	32172	31764	17271	30165	29856	11371	47406	5159	53976
黄瓜园镇	37528	19166	18362	9165	18513	17941	7025	27413	3090	35381
羊街镇	17303	9029	8274	4584	8804	8157	3613	12273	1417	16813
老城乡	27083	13920	13163	6318	13077	12539	5197	19101	2785	25915
物茂乡	16002	8153	7849	4211	8016	7761	2927	11673	1402	14942
江边乡	14760	7458	7302	3744	6721	6551	2727	10420	1613	14288
新华乡	8083	4230	3853	2090	3990	3726	1349	6017	717	7845
平田乡	14135	7284	6851	3593	7133	6798	2658	10334	1143	13493
凉山乡	3661	1882	1779	849	1817	1747	927	2546	188	3440
姜驿乡	13304	6831	6473	3620	6485	6312	2599	9548	1157	13020
武定县	**271963**	**138724**	**133239**	**69758**	**132663**	**130109**	**51752**	**198769**	**21442**	**249475**
狮山镇	92868	47306	45562	23352	42270	42650	17090	69119	6659	77611
高桥镇	33758	16958	16800	8214	16865	16779	6981	23979	2798	32281
猫街镇	26047	13450	12597	6534	13212	12555	5312	18579	2156	24944
插甸乡	22703	11660	11043	5813	11350	10989	4261	16589	1853	21394
田心乡	17360	8739	8621	4451	8596	8582	3202	12733	1425	16901
发窝乡	13110	6716	6394	3540	6677	6379	2476	9563	1071	12281
白路乡	14156	7260	6896	3625	7207	6879	2865	10123	1168	13618
万德乡	14593	7489	7104	4103	7459	7094	2688	10709	1196	14301
己衣乡	14235	7378	6857	3914	7340	6844	2665	10460	1110	13896
环州乡	10189	5169	5020	2842	5156	5015	1770	7419	1000	9867
东坡傣族乡	12944	6599	6345	3370	6531	6343	2442	9496	1006	12381
禄丰县	**422770**	**216989**	**205781**	**121429**	**205294**	**200034**	**81633**	**303130**	**38007**	**381074**
金山镇	95044	49018	46026	28167	43545	42532	16792	70998	7254	75911
仁兴镇	33749	17319	16430	8945	16673	16321	6939	23982	2828	32101
碧城镇	46577	23229	23348	11565	22584	22620	9594	33140	3843	44528
勤丰镇	26149	13570	12579	7595	12737	12416	5282	18810	2057	23830
一平浪镇	45476	23547	21929	15586	22730	21705	7480	32108	5888	40353
广通镇	42306	21806	20500	11876	20613	20016	7971	30852	3483	37593
黑井镇	14900	7661	7239	4402	7475	7148	2847	10270	1783	14351
土官镇	12610	6653	5957	3557	6103	5924	2359	9206	1045	11223
彩云镇	17349	8760	8589	5051	8573	8504	3914	11681	1754	16268
和平镇	21826	11234	10592	6551	10935	10529	4743	15211	1872	20664
恐龙山镇	17103	8796	8307	4676	8408	8118	3864	11677	1562	16236
中村乡	16166	8274	7892	4580	8147	7885	3180	11560	1426	15513
高峰乡	9191	4624	4567	2689	4536	4548	2139	6332	720	8849
妥安乡	24324	12498	11826	6189	12235	11768	4529	17303	2492	23654
红河哈尼族彝族自治州	**4500896**	**2341328**	**2159568**	**1168050**	**2214837**	**2096826**	**966595**	**3200668**	**333633**	**3968859**
个旧市	**459781**	**240531**	**219250**	**137950**	**209763**	**207170**	**77720**	**345196**	**36865**	**334807**
城区街道	174329	85931	88398	59872	76281	81224	19988	134943	19398	138297
锡城镇	29744	16050	13694	8896	14450	13374	6520	22046	1178	12646
沙甸镇	18952	10018	8934	4336	8631	8330	3782	14034	1136	12700

表25 续表 20

单位：人、户

地区	总人口			家庭户	家庭户总人口		分年龄人口			居住本地，户口在本地
	合计	男	女	户数	男	女	0-14岁	15-64岁	65岁及以上	
鸡街镇	56789	29627	27162	16193	27333	26282	11093	41784	3912	44075
大屯镇	77901	42401	35500	21673	33916	33602	12650	59793	5458	54784
老厂镇	21508	12680	8828	6908	10204	8729	5075	15799	634	9219
卡房镇	44202	23991	20211	11150	21367	19571	10777	30990	2435	31780
蔓耗镇	8527	5068	3459	1748	3333	3178	1678	6529	320	4749
贾沙乡	17661	9334	8327	4643	9248	8259	3917	12160	1584	17157
保和乡	10168	5431	4737	2531	5000	4621	2240	7118	810	9400
开远市	**322693**	**165707**	**156986**	**93546**	**151950**	**151124**	**58915**	**239587**	**24191**	**262584**
乐白道街道	96691	50063	46628	28206	43382	43963	15751	75009	5931	73729
灵泉街道	91413	45952	45461	32920	42830	43474	13754	68070	9589	66434
中和营镇	37708	19357	18351	8517	18657	18075	8918	26321	2469	36377
小龙潭镇	24986	13356	11630	7738	11834	11237	4932	18438	1616	18571
大庄回族乡	19453	10008	9445	4273	9154	9151	4109	14148	1196	17739
羊街乡	36653	18530	18123	8642	17984	17980	7919	26344	2390	34368
碑格乡	15789	8441	7348	3250	8109	7244	3532	11257	1000	15366
蒙自县	**417156**	**216229**	**200927**	**109104**	**192468**	**188539**	**77887**	**312136**	**27133**	**334185**
文澜镇	185130	95050	90080	54372	83231	84298	30844	142464	11822	138342
草坝镇	37696	18951	18745	10333	18629	18561	7284	27566	2846	32140
雨过铺镇	24803	13228	11575	6630	11643	11138	4396	18797	1610	20003
新安所镇	43808	22385	21423	8984	17242	16681	6082	34906	2820	31415
芷村镇	39420	20423	18997	9372	19076	18647	8726	28136	2558	35811
鸣鹫镇	19330	9937	9393	4164	9772	9304	5159	13048	1123	17018
冷泉镇	20556	10791	9765	4641	10480	9645	4746	14402	1408	19461
期路白苗族乡	15319	8115	7204	3654	7874	7075	3474	10706	1139	14430
老寨苗族乡	15479	9190	6289	3384	6547	5825	3269	11386	824	10411
水田乡	5486	2956	2530	1488	2917	2505	1145	3855	486	5330
西北勒乡	10129	5203	4926	2082	5057	4860	2762	6870	497	9824
屏边苗族自治县	**153964**	**80750**	**73214**	**39566**	**78884**	**72604**	**28682**	**113717**	**11565**	**140439**
玉屏镇	32822	16998	15824	10120	16090	15463	5859	24679	2284	26591
新现乡	21159	11243	9916	5230	10582	9778	3967	15601	1591	19681
和平乡	27347	14227	13120	6272	14139	13091	4859	19994	2494	26705
白河乡	24113	12736	11377	6470	12658	11355	5062	17564	1487	20661
白云乡	16172	8357	7815	3724	8309	7786	2735	12037	1400	15660
新华乡	18857	10115	8742	4476	10108	8740	3703	13834	1320	18591
湾塘乡	13494	7074	6420	3274	6998	6391	2497	10008	989	12550
建水县	**531456**	**270618**	**260838**	**139463**	**255973**	**252036**	**106623**	**380195**	**44638**	**478198**
临安镇	177303	89014	88289	48518	80964	82547	31077	132032	14194	144484
官厅镇	36884	19637	17247	8294	18104	16963	8410	25677	2797	34314
西庄镇	33094	16298	16796	8799	15786	16225	6680	23205	3209	30797
青龙镇	14716	7525	7191	3747	7244	7022	3214	10177	1325	13593
南庄镇	46696	24059	22637	12798	23339	22359	9592	33728	3376	44274
岔科镇	24105	12456	11649	6412	12395	11592	5583	16341	2181	23080
曲江镇	71402	35809	35593	17638	34847	34695	14918	49999	6485	68239
面甸镇	39033	19567	19466	9707	19375	19315	7645	28128	3260	36937
普雄乡	12963	6823	6140	3167	6578	6085	2919	9060	984	11687
李浩寨乡	15105	7610	7495	4296	7543	7428	3468	10170	1467	14708
坡头乡	22822	12460	10362	5526	11288	10065	5044	16003	1775	20992
盘江乡	10457	5388	5069	2951	5270	5024	2279	7196	982	9791
利民乡	14227	7615	6612	3641	6938	6463	3064	10014	1149	13047
甸尾乡	12649	6357	6292	3969	6302	6253	2730	8465	1454	12255

表25　续表 21　　　　单位：人、户

地　区	总人口			家庭户	家庭户总人口		分年龄人口			居住本地，户口在本地
	合　计	男	女	户　数	男	女	0-14岁	15-64岁	65岁及以　上	
石屏县	**299114**	**150686**	**148428**	**80998**	**147289**	**145853**	**63866**	**209135**	**26113**	**276482**
异龙镇	102923	50834	52089	28421	48724	50203	20194	73992	8737	88032
宝秀镇	49575	24656	24919	13285	24289	24600	10613	34154	4808	47382
坝心镇	27303	13181	14122	7350	13050	14023	5566	19047	2690	26150
龙朋镇	26417	13492	12925	7196	13374	12800	6115	18015	2287	25423
龙武镇	21080	11044	10036	5747	11029	10031	4639	14608	1833	20586
哨冲镇	17223	8815	8408	4748	8710	8377	3953	11709	1561	16699
牛街镇	28343	14923	13420	7134	14509	13359	6859	19317	2167	27062
新城乡	10225	5267	4958	2681	5229	4949	2169	7291	765	9788
大桥乡	16025	8474	7551	4436	8375	7511	3758	11002	1265	15360
弥勒县	**539725**	**277380**	**262345**	**144247**	**265951**	**254714**	**107909**	**389411**	**42405**	**493881**
弥阳镇	162335	82716	79619	44247	76784	74402	30905	119656	11774	135513
新哨镇	58791	30586	28205	15679	29632	27932	12728	41354	4709	51651
虹溪镇	42414	21614	20800	12254	21371	20617	8817	29612	3985	41699
竹园镇	53122	26991	26131	14781	25486	24999	10324	38771	4027	50325
朋普镇	47964	24233	23731	13161	23897	23608	9489	34648	3827	45183
巡检司镇	30159	15440	14719	7889	15242	14636	5924	21886	2349	29046
西一镇	27425	14270	13155	6921	13473	12976	5097	19935	2393	26429
西二镇	40539	21236	19303	10909	21075	19223	8425	28764	3350	39988
西三镇	23980	12536	11444	6034	11792	11292	4483	17354	2143	22720
东山镇	19783	10812	8971	4695	10524	8875	4522	13842	1419	18918
五山乡	18552	9414	9138	4344	9367	9100	3824	13135	1593	18356
江边乡	14661	7532	7129	3333	7308	7054	3371	10454	836	14053
泸西县	**400734**	**212272**	**188462**	**105148**	**204383**	**183750**	**94062**	**274830**	**31842**	**366727**
中枢镇	130672	67862	62810	34907	63375	59356	27348	93215	10109	109136
金马镇	52227	27762	24465	14482	27516	24334	12694	35683	3850	50491
旧城镇	58341	31373	26968	15294	30660	26828	14267	39858	4216	56169
午街铺镇	45669	24083	21586	11849	23584	21488	10519	31129	4021	43423
白水镇	47401	24973	22428	11799	24039	21959	12349	31469	3583	45102
向阳乡	26711	14584	12127	6735	14380	12050	7227	17141	2343	24595
三塘乡	17950	9892	8058	4456	9565	7976	4511	11530	1909	16979
永宁乡	21763	11743	10020	5626	11264	9759	5147	14805	1811	20832
元阳县	**396777**	**212209**	**184568**	**89962**	**208463**	**182865**	**105516**	**263809**	**27452**	**376852**
南沙镇	26476	13896	12580	7399	12910	12109	5790	19337	1349	20369
新街镇	74572	39694	34878	16297	38710	34189	19361	49560	5651	69098
牛角寨乡	28830	15266	13564	6836	15233	13547	7916	18626	2288	28683
沙拉托乡	20005	10959	9046	4285	10848	9031	5863	12676	1466	19688
嘎娘乡	20522	10824	9698	4372	10823	9698	6361	12891	1270	20230
上新城乡	23249	12282	10967	5014	12211	10957	6618	15401	1230	23029
小新街乡	26406	13855	12551	5592	13759	12499	7951	16902	1553	25873
逢春岭乡	34592	18524	16068	7653	18216	15843	8753	23318	2521	34015
大坪乡	26813	14817	11996	6288	14070	11918	6975	18475	1363	22842
攀枝花乡	17089	9133	7956	3795	9130	7956	4879	10800	1410	16812
黄茅岭乡	18732	10118	8614	4088	10105	8612	4689	12709	1334	18090
黄草岭乡	33218	17896	15322	7775	17890	15322	8545	22232	2441	32830
俄扎乡	20314	11009	9305	4791	10809	9271	5294	13667	1353	19918
马街乡	25959	13936	12023	5777	13749	11913	6521	17215	2223	25375
红河县	**296480**	**154754**	**141726**	**66554**	**152526**	**140745**	**85031**	**192456**	**18993**	**286407**
迤萨镇	35767	18272	17495	9584	17479	17183	8083	25308	2376	30732
甲寅乡	26194	13558	12636	5666	13296	12514	7342	16997	1855	25965

表25　续表 22　　　　单位：人、户

地　　区	总人口			家庭户	家庭户总人口		分年龄人口			居住本地，户口在本地
	合　计	男	女	户　数	男	女	0-14岁	15-64岁	65岁及以上	
宝华乡	21891	11319	10572	4929	11202	10550	6443	13796	1652	21277
洛恩乡	23511	11884	11627	5255	11799	11582	7326	14951	1234	22514
石头寨乡	16769	8887	7882	3660	8844	7867	4491	11046	1232	16691
阿扎河乡	39828	21538	18290	8318	21467	18262	12195	25239	2394	39609
乐育乡	23655	12235	11420	5163	12134	11345	6571	15457	1627	23231
浪堤乡	27859	14235	13624	6174	14155	13571	8512	17302	2045	27441
大羊街乡	19175	10100	9075	4571	10049	9054	5835	12056	1284	18785
车古乡	12769	6721	6048	2626	6641	6006	4030	7991	748	12398
架车乡	20941	11054	9887	4121	10691	9713	6085	13796	1060	20277
垤玛乡	14937	7796	7141	3229	7720	7107	4720	9551	666	14767
三村乡	13184	7155	6029	3258	7049	5991	3398	8966	820	12720
金平苗族瑶族傣族自治县	**356227**	**188133**	**168094**	**81579**	**183102**	**165934**	**88093**	**245687**	**22447**	**329687**
金河镇	79658	41076	38582	19539	39361	37629	17984	56497	5177	71195
金水河镇	22295	11639	10656	5089	11450	10591	5815	15357	1123	20195
铜厂乡	30920	16595	14325	6403	16191	14271	8056	20673	2191	29407
勐拉乡	33953	17513	16440	8031	17140	16184	8410	23616	1927	31384
老集寨乡	25510	13821	11689	6034	13691	11652	6610	17209	1691	24900
者米拉祜族乡	22481	11628	10853	4899	11280	10566	6282	15009	1190	20644
阿得博乡	15174	7905	7269	3178	7764	7224	4048	10023	1103	14597
沙依坡乡	20082	10709	9373	4590	10652	9354	5105	13463	1514	19227
大寨乡	16562	8861	7701	3710	8178	7499	3910	11765	887	15754
马鞍底乡	18446	9591	8855	4145	9540	8813	4467	12964	1015	17741
勐桥乡	24750	13567	11183	5872	12962	11051	6020	17600	1130	21826
营盘乡	30034	16312	13722	6522	16052	13676	7299	20361	2374	27483
老勐乡	16362	8916	7446	3567	8841	7424	4087	11150	1125	15334
绿春县	**222180**	**116623**	**105557**	**49442**	**113850**	**104045**	**52691**	**155868**	**13621**	**212392**
大兴镇	51812	26657	25155	12319	25171	24204	12407	36332	3073	47082
戈奎乡	20173	11048	9125	4560	10600	9042	5430	13529	1214	19316
牛孔乡	33557	17708	15849	6826	17415	15628	8526	23091	1940	32727
大水沟乡	18150	9730	8420	4291	9647	8371	3583	13408	1159	17862
大黑山乡	19881	10576	9305	4536	10491	9270	4124	14502	1255	19322
半坡乡	10959	5910	5049	2697	5831	4988	2441	7955	563	9993
骑马坝乡	12758	6753	6005	2901	6640	5991	2639	9164	955	12315
三猛乡	25142	13017	12125	4993	12914	12078	6309	17159	1674	24716
平河乡	29748	15224	14524	6319	15141	14473	7232	20728	1788	29059
河口瑶族自治县	**104609**	**55436**	**49173**	**30491**	**50235**	**47447**	**19600**	**78641**	**6368**	**76218**
河口镇	37074	19532	17542	12203	17075	16676	5563	29114	2397	24583
南溪镇	21217	11245	9972	6497	10172	9476	3850	16100	1267	13498
老范寨乡	4806	2631	2175	1140	2297	2139	958	3624	224	4032
桥头苗族壮族乡	16616	8346	8270	4344	8248	8188	3617	11655	1344	15418
瑶山乡	13231	7344	5887	3321	6701	5791	2818	9772	641	10639
莲花滩乡	11665	6338	5327	2986	5742	5177	2794	8376	495	8048
文山壮族苗族自治州	**3517946**	**1838545**	**1679401**	**815164**	**1768933**	**1633790**	**845801**	**2420795**	**251350**	**3208792**
文山县	**481505**	**247547**	**233958**	**121382**	**220303**	**210631**	**100184**	**346963**	**34358**	**396650**
开化镇	221301	112300	109001	57703	88628	87212	37987	169916	13398	150702
古木镇	22263	11671	10592	5537	11429	10491	4471	16055	1737	21388
平坝镇	31128	16288	14840	7196	16037	14654	6491	21883	2754	29744
马塘镇	34522	18006	16516	8018	16482	16049	9067	23000	2455	30699
德厚镇	33125	16942	16183	7792	16589	16019	8816	22090	2219	30384
小街镇	22180	11928	10252	5377	11689	10164	4383	15783	2014	21546

表25　续表 23　　单位：人、户

地　区	总人口			家庭户	家庭户总人口		分年龄人口			居住本地，户口在本地
	合　计	男	女	户　数	男	女	0-14岁	15-64岁	65岁及以　上	
薄竹镇	27309	14195	13114	6397	14018	13006	7447	17897	1965	26641
追栗街镇	9840	5140	4700	2548	4916	4592	2159	6784	897	8980
东山彝族乡	9458	4881	4577	2222	4842	4546	2064	6652	742	9246
柳井彝族乡	12392	6445	5947	3162	6292	5876	2882	8257	1253	11770
新街乡	11131	5926	5205	3000	5866	5176	2458	7376	1297	10595
喜古乡	9365	4771	4594	2564	4693	4537	2430	6105	830	8963
坝心彝族乡	5288	2808	2480	1594	2742	2454	1195	3569	524	5001
秉烈彝族乡	19871	10061	9810	5026	9956	9756	5246	13231	1394	19454
红甸回族乡	12332	6185	6147	3246	6124	6099	3088	8365	879	11537
砚山县	**463261**	**240194**	**223067**	**108086**	**231707**	**218989**	**112701**	**321518**	**29042**	**420663**
江那镇	79448	41489	37959	20716	36969	36364	16512	58206	4730	60722
平远镇	88103	44702	43401	21221	43860	42756	23668	59446	4989	79187
稼依镇	41917	21710	20207	9799	20999	19650	10305	29371	2241	37482
阿猛镇	53291	27749	25542	11386	27430	25370	13468	36499	3324	51021
阿舍彝族乡	24356	12969	11387	5714	12473	11280	6500	16490	1366	21290
维末彝族乡	51101	26742	24359	11070	26265	24053	13010	34657	3434	48995
盘龙彝族乡	30076	15670	14406	6879	15486	14240	6624	21220	2232	29270
八嘎乡	31697	16517	15180	7363	16142	14981	6539	22553	2605	30963
者腊乡	28874	14874	14000	6290	14551	13790	7354	19680	1840	28138
蚌峨乡	12797	6697	6100	2971	6602	6070	3205	8669	923	12314
干河彝族乡	21601	11075	10526	4677	10930	10435	5516	14727	1358	21281
西畴县	**255286**	**133795**	**121491**	**58833**	**131443**	**119740**	**53251**	**180186**	**21849**	**246398**
西洒镇	45518	23574	21944	11422	22985	21397	8736	32999	3783	41635
兴街镇	51005	26367	24638	11482	25488	23952	10279	36356	4370	49459
蚌谷乡	20946	10961	9985	4890	10955	9982	4316	14599	2031	20713
莲花塘乡	23050	12027	11023	5352	11807	10910	4838	16271	1941	22469
新马街乡	16844	8799	8045	3854	8741	8010	3526	11845	1473	16491
柏林乡	11711	6182	5529	2612	6010	5443	2461	8312	938	11390
法斗乡	29293	15613	13680	6748	15450	13591	5926	20789	2578	29022
董马乡	20001	10563	9438	4461	10391	9287	4508	13636	1857	19266
鸡街乡	36918	19709	17209	8012	19616	17168	8661	25379	2878	35953
麻栗坡县	**277960**	**145557**	**132403**	**65612**	**139797**	**129287**	**60442**	**193552**	**23966**	**257537**
麻栗镇	54511	28236	26275	13486	25497	24301	10266	39819	4426	46284
大坪镇	24568	12878	11690	5982	12418	11575	4947	17345	2276	22960
董干镇	46544	23968	22576	10823	23578	22384	11589	30903	4052	43698
天保镇	20109	10609	9500	4714	9834	9153	3943	14506	1660	18050
猛硐瑶族乡	15303	8169	7134	3589	7724	7020	3483	10617	1203	14090
下金厂乡	10748	5767	4981	2479	5661	4920	2245	7488	1015	10349
八布乡	20387	10800	9587	4724	10572	9499	4339	14364	1684	19397
六河乡	16121	8620	7501	3783	8485	7450	3781	10902	1438	15825
杨万乡	16406	8626	7780	3996	8435	7718	3990	11093	1323	15748
铁厂乡	27914	14444	13470	6307	14290	13406	6205	19056	2653	26562
马街乡	25349	13440	11909	5729	13303	11861	5654	17459	2236	24574
马关县	**367507**	**192380**	**175127**	**91018**	**187188**	**172447**	**76385**	**260443**	**30679**	**332004**
马白镇	79534	40224	39310	21276	37951	37719	15594	58270	5670	59346
八寨镇	43755	23111	20644	11122	22818	20485	8612	31194	3949	41413
仁和镇	30290	15893	14397	6943	15688	14286	6062	21472	2756	29208
木厂镇	24158	12696	11462	5615	12519	11377	5064	16821	2273	23396
夹寒箐镇	36947	19608	17339	8698	19115	17185	8685	25129	3133	35557
小坝子镇	13453	7091	6362	3051	6963	6298	3133	9272	1048	12699

表25 续表 24

单位：人、户

地区	总人口			家庭户	家庭户总人口		分年龄人口			居住本地，户口在本地
	合计	男	女	户数	男	女	0-14岁	15-64岁	65岁及以上	
都龙镇	36961	19307	17654	9242	18765	17497	8904	25716	2341	32897
金厂镇	8589	4495	4094	2166	4443	4079	1999	5962	628	7898
坡脚镇	21953	11736	10217	5409	11457	10134	4646	14977	2330	21156
南捞乡	12939	6973	5966	3102	6553	5835	2655	9207	1077	12368
大栗树乡	30273	16040	14233	7265	15876	14154	5451	21870	2952	29606
篾厂乡	16729	8862	7867	4070	8746	7825	3272	11868	1589	16145
古林箐乡	11926	6344	5582	3059	6294	5573	2308	8685	933	10315
丘北县	**477441**	**252281**	**225160**	**105607**	**247245**	**222288**	**130145**	**315665**	**31631**	**438238**
锦屏镇	71746	36585	35161	18700	34813	33770	17846	49193	4707	53847
曰者镇	33223	17188	16035	7080	17019	15935	8736	21947	2540	31271
双龙营镇	75190	39558	35632	15899	38893	35213	19302	50895	4993	71790
八道哨彝族乡	31345	16572	14773	6844	16411	14693	8290	20987	2068	29733
天星乡	43004	23157	19847	8771	22761	19668	12159	28350	2495	40771
平寨乡	33603	18246	15357	6798	17989	15211	9127	22150	2326	32428
树皮彝族乡	42157	22546	19611	9642	22106	19426	12651	27058	2448	39924
腻脚彝族乡	26576	14072	12504	5994	13952	12419	8341	16459	1776	23561
新店彝族乡	19208	10451	8757	4359	10000	8689	5926	12093	1189	17475
舍得彝族乡	17414	9569	7845	3760	9487	7821	4818	11384	1212	16977
官寨乡	47689	25178	22511	10091	24884	22398	13381	31172	3136	45794
温浏乡	36286	19159	17127	7669	18930	17045	9568	23977	2741	34667
广南县	**787449**	**417462**	**369987**	**169297**	**408246**	**365709**	**208659**	**527530**	**51260**	**746993**
莲城镇	101221	52728	48493	24635	50133	47315	23363	71110	6748	83109
八宝镇	70665	37253	33412	15552	36033	32695	18645	47488	4532	67089
南屏镇	41971	22577	19394	8821	22327	19252	11648	27508	2815	41114
珠街镇	40623	21904	18719	7707	21490	18456	11429	26682	2512	39592
那洒镇	50899	26883	24016	11131	26511	23742	13495	33976	3428	49973
珠琳镇	63314	33431	29883	13340	32662	29509	15606	43444	4264	60826
坝美镇	64188	34305	29883	13912	33683	29738	16055	44014	4119	61834
董堡乡	20903	11137	9766	4605	10798	9717	5410	13906	1587	20121
旧莫乡	59191	30864	28327	11841	30303	28076	15231	39794	4166	57477
杨柳井乡	36533	19713	16820	7690	19308	16642	8861	25037	2635	34574
板蚌乡	14812	7894	6918	3139	7781	6879	4294	9644	874	14183
曙光乡	32601	17166	15435	5920	16963	15338	9514	21078	2009	31740
黑支果乡	51404	27784	23620	10511	27550	23498	14061	34090	3253	49596
篆角乡	22197	11854	10343	5035	11728	10279	6455	14004	1738	21540
五珠乡	26387	14250	12137	5678	14117	12062	6118	18482	1787	25765
者兔乡	37526	19640	17886	8126	19250	17755	11822	23478	2226	36433
者太乡	17781	9585	8196	4194	9455	8138	5244	11597	940	17317
底圩乡	35233	18494	16739	7460	18154	16618	11408	22198	1627	34710
富宁县	**407537**	**209329**	**198208**	**95329**	**203004**	**194699**	**104034**	**274938**	**28565**	**370309**
新华镇	67976	34783	33193	17457	32098	31035	15244	49189	3543	43867
归朝镇	38960	19864	19096	8882	19287	18917	9365	26591	3004	37254
剥隘镇	21171	10655	10516	4808	10406	10406	4758	14994	1419	20338
里达镇	21858	11333	10525	4917	11007	10401	5921	14330	1607	20949
田蓬镇	51985	26979	25006	12673	26661	24818	15249	32491	4245	50388
木央镇	50276	26183	24093	11248	25867	23927	13965	32866	3445	47782
板仑乡	24599	12791	11808	5766	12195	11649	6339	16314	1946	23473
谷拉乡	22499	11337	11162	5192	11228	11120	5558	14887	2054	21895
者桑乡	14345	7363	6982	3388	6921	6901	3462	9925	958	13215
那能乡	18138	9221	8917	4044	9006	8835	4445	12438	1255	17495

表25 续表 25　　　　单位：人、户

地区	总人口			家庭户	家庭户总人口		分年龄人口			居住本地，户口在本地
	合计	男	女	户数	男	女	0-14岁	15-64岁	65岁及以上	
洞波瑶族乡	35702	18237	17465	8077	18051	17328	8789	24386	2527	35045
阿用乡	17906	9238	8668	3807	9079	8628	4641	12176	1089	17503
花甲乡	22122	11345	10777	5070	11198	10734	6298	14351	1473	21105
西双版纳傣族自治州	**1133515**	**587386**	**546129**	**314020**	**557830**	**529394**	**207690**	**855124**	**70701**	**810823**
景洪市	**519935**	**269139**	**250796**	**151937**	**248043**	**237831**	**88384**	**397984**	**33567**	**339161**
允景洪街道	146754	75373	71381	49279	63806	63416	20907	118694	7153	65900
嘎洒镇	73303	37972	35331	20930	34654	33537	11708	55451	6144	54630
勐龙镇	103420	53094	50326	27580	51342	49455	18033	77741	7646	86833
勐罕镇	43965	22744	21221	11723	21719	20777	7961	32903	3101	32048
勐养镇	27448	14243	13205	7451	13037	12429	4947	20746	1755	19038
普文镇	28244	14655	13589	8727	14516	13490	5813	20381	2050	16159
景哈乡	23959	12515	11444	6443	12120	11312	5045	17641	1273	17026
景讷乡	14045	7481	6564	3655	7387	6526	2409	10610	1026	10675
大渡岗乡	19599	10312	9287	5906	10109	9168	4039	14425	1135	10527
勐旺乡	13137	6978	6159	3390	6944	6144	3408	9028	701	8860
基诺乡	14056	7462	6594	3869	7266	6513	2498	10630	928	11053
西双版纳州渡假区管理委员会	7461	4026	3435	1818	2920	2827	891	6257	313	2819
景洪工业园区	4544	2284	2260	1166	2223	2237	725	3477	342	3593
勐海县	**331850**	**171326**	**160524**	**83750**	**167540**	**158848**	**60914**	**248671**	**22265**	**280282**
勐海镇	70828	35985	34843	19643	34169	33959	12265	54146	4417	50391
打洛镇	26770	13723	13047	7031	13546	12961	5112	19985	1673	21401
勐混镇	30944	15702	15242	7108	15622	15210	5598	23300	2046	28318
勐遮镇	63519	32048	31471	15294	31707	31338	10382	48295	4842	56826
勐满镇	19450	10433	9017	5291	10153	8958	3346	14851	1253	17566
勐阿镇	23531	12212	11319	6075	12068	11227	4392	17578	1561	20258
勐宋乡	23015	12100	10915	5257	11818	10824	4597	16795	1623	20983
勐往乡	14631	7748	6883	3636	7677	6835	3059	10693	879	13424
格朗和乡	15173	8018	7155	3936	7964	7112	2427	11334	1412	14184
布朗山乡	20274	10759	9515	4640	10335	9323	5044	14324	906	18131
西定乡	23715	12598	11117	5839	12481	11101	4692	17370	1653	18800
勐腊县	**281730**	**146921**	**134809**	**78333**	**142247**	**132715**	**58392**	**208469**	**14869**	**191380**
勐腊镇	56612	29064	27548	17449	27684	26880	10499	42614	3499	38537
勐捧镇	63205	32708	30497	17973	31975	30124	11853	48039	3313	43263
勐满镇	25782	13301	12481	7095	13166	12447	5131	19269	1382	17556
勐仑镇	26607	13733	12874	7417	13121	12453	5129	19949	1529	18566
尚勇镇	18547	9686	8861	4807	9489	8784	4060	13579	908	13546
勐伴镇	13735	7219	6516	3285	7179	6500	3818	9377	540	10624
关累镇	30438	16032	14406	8494	15543	14220	6596	22519	1323	18429
易武乡	17115	9115	8000	4396	9013	7963	4365	11759	991	12290
象明乡	13564	7270	6294	3406	7215	6282	3237	9566	761	8915
瑶区乡	10572	5807	4765	2650	5311	4722	2608	7547	417	7105
西双版纳磨憨经济开发区	5553	2986	2567	1361	2551	2340	1096	4251	206	2549
大理白族自治州	**3456323**	**1751987**	**1704336**	**918419**	**1668438**	**1648651**	**672380**	**2498498**	**285445**	**3179149**
大理市	**652045**	**325748**	**326297**	**181715**	**293520**	**301562**	**104835**	**492108**	**55102**	**520737**
大理经济开发区天井办事处	45432	22755	22677	13929	19494	19970	6761	36113	2558	21980
大理经济开发区满江办事处	22005	11103	10902	5588	10669	10762	4066	16178	1761	20427
下关镇	235305	119375	115930	73316	102083	104190	31523	184774	19008	160757
大理镇	82566	39702	42864	20069	34442	35792	11094	64457	7015	63733
凤仪镇	61890	31133	30757	14974	28905	29437	11057	45759	5074	56530
喜洲镇	54939	26587	28352	14906	25983	27634	10557	38955	5427	52454

表25 续表 26 单位：人、户

地区	总人口			家庭户	家庭户总人口		分年龄人口			居住本地，户口在本地
	合计	男	女	户数	男	女	0-14岁	15-64岁	65岁及以上	
海东镇	21274	10897	10377	5966	10197	10283	4395	15091	1788	20198
挖色镇	16873	8578	8295	4585	7881	8150	3343	11628	1902	15837
湾桥镇	20784	10142	10642	5811	10040	10582	4269	14284	2231	20295
银桥镇	28002	13930	14072	6705	13043	13651	5061	20172	2769	27328
双廊镇	16472	8451	8021	4421	8112	7899	3370	11607	1495	15924
上关镇	38922	19262	19660	9487	18972	19491	8095	27352	3475	38162
太邑彝族乡	7581	3833	3748	1958	3699	3721	1244	5738	599	7112
漾濞彝族自治县	**102305**	**52684**	**49621**	**29412**	**51370**	**49017**	**18759**	**76135**	**7411**	**97475**
苍山西镇	40456	20475	19981	12121	19995	19636	7343	30118	2995	38052
漾江镇	15272	7842	7430	4235	7757	7417	2860	11243	1169	14717
平坡镇	8494	4379	4115	2180	4231	4071	1612	6249	633	8061
富恒乡	8577	4467	4110	2220	4327	4002	1663	6385	529	8359
太平乡	6717	3527	3190	1856	3460	3182	1260	5048	409	6416
顺濞乡	6522	3512	3010	1702	3152	2933	1167	4939	416	5975
瓦厂乡	5187	2688	2499	1588	2677	2499	903	3873	411	5090
龙潭乡	6204	3252	2952	1978	3252	2952	1141	4631	432	6028
鸡街乡	4876	2542	2334	1532	2519	2325	810	3649	417	4777
祥云县	**455605**	**230990**	**224615**	**118703**	**224053**	**219787**	**97539**	**318632**	**39434**	**432088**
祥城镇	121959	61533	60426	32777	57931	57911	24905	87218	9836	106591
沙龙镇	30843	15606	15237	7746	15540	15199	6923	21032	2888	30238
云南驿镇	93671	47283	46388	24097	46390	45499	20308	64713	8650	91906
下庄镇	53954	27300	26654	13927	26288	25600	11263	38089	4602	51470
普淜镇	25480	13041	12439	6787	12859	12397	5741	17730	2009	25124
刘厂镇	35013	17590	17423	9395	17571	17418	7741	23744	3528	34205
禾甸镇	44661	22605	22056	11130	22316	21939	9944	30679	4038	43984
米甸镇	28011	14505	13506	6869	13805	13377	6131	19706	2174	26973
鹿鸣乡	12689	6752	5937	3467	6587	5903	2594	9120	975	12379
东山彝族乡	9324	4775	4549	2508	4766	4544	1989	6601	734	9218
宾川县	**348754**	**178232**	**170522**	**87316**	**171304**	**165674**	**65449**	**256260**	**27045**	**329118**
金牛镇	96883	49181	47702	25031	47168	45976	18722	71418	6743	86662
宾居镇	36275	18283	17992	9009	18127	17882	6622	26214	3439	35662
州城镇	44990	22996	21994	10562	21910	21389	8065	33279	3646	43796
大营镇	24148	12368	11780	6144	12099	11664	4691	17346	2111	23236
鸡足山镇	28189	14208	13981	6931	13766	13681	5740	20349	2100	27373
力角镇	31425	16031	15394	7692	15875	15277	6389	22813	2223	31186
平川镇	35135	18335	16800	8580	17211	16048	5922	26192	3021	34058
乔甸镇	21674	11111	10563	5494	10938	10519	4368	15742	1564	21147
钟英傈僳族彝族乡	10115	5596	4519	2483	4665	4259	1573	7901	641	8656
拉乌彝族乡	10279	5478	4801	2685	5416	4761	2034	7512	733	10095
彩凤华侨管理区	2583	1312	1271	826	1309	1251	421	1878	284	2023
太和华侨管理区	4201	1954	2247	980	1444	1492	464	3467	270	2953
宾居华侨管理区	2857	1379	1478	899	1376	1475	438	2149	270	2271
弥渡县	**313156**	**158156**	**155000**	**83223**	**153581**	**151141**	**64016**	**222383**	**26757**	**296831**
弥城镇	89144	44239	44905	24214	42585	42807	17711	64230	7203	78286
红岩镇	46607	23452	23155	11960	22853	22843	9416	33150	4041	45542
新街镇	49446	24899	24547	12704	24213	24182	10810	34459	4177	48269
寅街镇	43993	22255	21738	11825	21763	21476	9232	30886	3875	43151
苴力镇	25241	12825	12416	6598	12098	11779	5140	18034	2067	23930
密祉乡	15489	8021	7468	4270	7919	7416	3189	10786	1514	15068
德苴乡	23348	12107	11241	6505	11999	11196	4748	16401	2199	22993

表25　续表 27

单位：人、户

地　区	总人口			家庭户	家庭户总人口		分年龄人口			居住本地，户口在本地
	合　计	男	女	户　数	男	女	0-14岁	15-64岁	65岁及以上	
牛街彝族乡	19888	10358	9530	5147	10151	9442	3770	14437	1681	19592
南涧彝族自治县	**211433**	**107403**	**104030**	**56751**	**104887**	**102249**	**44619**	**150139**	**16675**	**202400**
南涧镇	50083	25392	24691	13282	23925	23298	9618	36817	3648	44438
小湾东镇	18104	9302	8802	4547	8551	8564	4325	12580	1199	17126
公郎镇	29004	14586	14418	8018	14547	14391	6390	20356	2258	28455
宝华镇	29011	14822	14189	7714	14805	14170	6235	20427	2349	28686
无量山镇	34202	17556	16646	9244	17525	16638	7207	24207	2788	33580
拥翠乡	18000	8992	9008	4971	8940	8979	3803	12594	1603	17750
乐秋乡	16198	8234	7964	4539	8198	7948	3367	11422	1409	15858
碧溪乡	16831	8519	8312	4436	8396	8261	3674	11736	1421	16507
巍山彝族回族自治县	**304368**	**153317**	**151051**	**78884**	**150974**	**148973**	**63691**	**217546**	**23131**	**295752**
南诏镇	46468	23096	23372	12770	22303	22425	8193	34217	4058	42466
庙街镇	62540	31461	31079	15092	31107	30856	13400	44361	4779	61811
大仓镇	49667	24889	24778	12252	24643	24594	10195	35563	3909	48393
永建镇	53970	27067	26903	13701	26664	26380	11901	38260	3809	52988
巍宝山乡	11981	6078	5903	3354	6056	5896	2529	8519	933	11770
马鞍山乡	15797	8036	7761	3964	7901	7701	3683	10987	1127	15519
紫金乡	13202	6728	6474	3504	6673	6471	2876	9399	927	12953
五印乡	24401	12500	11901	6784	12467	11893	5091	17584	1726	24092
牛街乡	11639	5903	5736	3112	5638	5636	2475	8481	683	11237
青华乡	14703	7559	7144	4351	7522	7121	3348	10175	1180	14523
永平县	**175163**	**89910**	**85253**	**45619**	**86660**	**83882**	**33969**	**126871**	**14323**	**165849**
博南镇	55685	28341	27344	14263	26725	26496	9994	41154	4537	50360
杉阳镇	37370	18850	18520	9814	18365	18271	7943	25924	3503	36211
龙街镇	22650	11725	10925	5858	11700	10906	4475	16581	1594	22121
龙门乡	11210	5662	5548	2849	5585	5468	2277	7959	974	10931
北斗彝族乡	13371	7247	6124	3624	6396	5991	2408	10012	951	12282
厂街彝族乡	18559	9538	9021	4843	9469	9003	3841	13312	1406	18089
水泄彝族乡	16318	8547	7771	4368	8420	7747	3031	11929	1358	15855
云龙县	**199880**	**105783**	**94097**	**58495**	**98882**	**92063**	**36745**	**146155**	**16980**	**184527**
诺邓镇	26521	13617	12904	8693	12459	12028	3988	20147	2386	22385
旧州镇	36139	20231	15908	9396	16580	15230	6169	26967	3003	30963
漕涧镇	32779	17174	15605	9670	16777	15488	6213	23897	2669	30640
白石镇	12956	6700	6256	4103	6689	6256	2849	9079	1028	12631
宝丰乡	16730	8795	7935	4977	8625	7886	2975	12218	1537	16230
关坪乡	11394	5902	5492	3159	5793	5475	2310	8237	847	11078
团结彝族乡	10720	5565	5155	2832	5363	5041	2100	7857	763	10404
长新乡	20955	10762	10193	6156	10506	10157	4271	14884	1800	20395
检槽乡	14485	7658	6827	4576	7492	6780	2620	10395	1470	13985
表村傈僳族乡	8470	4728	3742	2589	4011	3660	1509	6194	767	7372
民建乡	8731	4651	4080	2344	4587	4062	1741	6280	710	8444
洱源县	**268313**	**135045**	**133268**	**69318**	**128955**	**129885**	**56444**	**190850**	**21019**	**256303**
茈碧湖镇	56246	28080	28166	14369	25883	26567	11408	40565	4273	52666
邓川镇	17730	8812	8918	4265	7863	8047	3238	13228	1264	15424
右所镇	53233	26911	26322	13167	26079	26130	11498	37797	3938	51451
三营镇	36048	18090	17958	9627	17689	17785	7854	25421	2773	34950
凤羽镇	27630	13543	14087	7879	13270	13970	6288	18790	2552	27317
乔后镇	20406	10471	9935	5069	10391	9897	4075	14673	1658	19973
牛街乡	21507	11013	10494	5425	9804	10236	4434	15129	1944	19805
炼铁乡	22806	11588	11218	6159	11458	11090	4723	16373	1710	22162

表25　续表 28　　　　单位：人、户

地　区	总人口			家庭户	家庭户总人口		分年龄人口			居住本地，户口在本地
	合　计	男	女	户　数	男	女	0-14岁	15-64岁	65岁及以上	
西山乡	12707	6537	6170	3358	6518	6163	2926	8874	907	12555
剑川县	**169973**	**85889**	**84084**	**41363**	**81345**	**81899**	**34629**	**120628**	**14716**	**159728**
金华镇	53523	27027	26496	13063	24946	25149	9938	38779	4806	47981
老君山镇	16798	8493	8305	4159	7972	8028	3788	11722	1288	15878
甸南镇	31739	16069	15670	7494	15184	15505	6113	22584	3042	30115
沙溪镇	21761	10906	10855	5147	10703	10732	4341	15385	2035	21334
马登镇	19839	10034	9805	4937	9705	9697	4520	13665	1654	19292
羊岑乡	12670	6379	6291	3200	6089	6202	2904	8861	905	11938
弥沙乡	8503	4324	4179	2055	4185	4132	1788	6095	620	8201
象图乡	5140	2657	2483	1308	2561	2454	1237	3537	366	4989
鹤庆县	**255328**	**128830**	**126498**	**67620**	**122907**	**122519**	**51685**	**180791**	**22852**	**238341**
云鹤镇	27777	13648	14129	8131	12250	12671	4652	20631	2494	20319
辛屯镇	34649	17309	17340	8594	17278	17313	7362	24093	3194	34139
松桂镇	28900	14526	14374	7519	14258	14201	5876	20223	2801	28375
黄坪镇	32992	16956	16036	9822	16893	15982	7225	23436	2331	32215
草海镇	41692	20578	21114	10047	19706	20119	9453	28632	3607	39270
西邑镇	14372	7282	7090	3398	6687	6633	2789	10470	1113	13336
龙开口镇	26457	14036	12421	6771	12092	11881	5069	19320	2068	23695
金墩乡	33123	16536	16587	9211	16187	16426	6595	22638	3890	32176
六合彝族乡	15366	7959	7407	4127	7556	7293	2664	11348	1354	14816
德宏傣族景颇族自治州	**1211440**	**624774**	**586666**	**315547**	**581071**	**564955**	**252174**	**883264**	**76002**	**958968**
瑞丽市	**180627**	**93391**	**87236**	**54187**	**84019**	**83422**	**34072**	**138169**	**8386**	**106284**
勐卯镇	112578	59165	53413	34610	51148	50039	20214	88079	4285	53024
畹町镇	13906	7059	6847	4234	6453	6666	2623	10390	893	10076
弄岛镇	15423	7745	7678	4348	7359	7537	3222	11384	817	11281
姐相乡	17984	8934	9050	5135	8859	9033	3807	13027	1150	15053
户育乡	9141	4579	4562	2783	4542	4526	1924	6606	611	7598
勐秀乡	11595	5909	5686	3077	5658	5621	2282	8683	630	9252
潞西市	**389891**	**200090**	**189801**	**98550**	**183374**	**179024**	**77315**	**286269**	**26307**	**309372**
勐焕街道	99970	50082	49888	28374	39200	41351	13706	80140	6124	59464
芒市镇	46353	24176	22177	10412	22626	21540	9574	33877	2902	37691
遮放镇	51477	26001	25476	12923	25165	25033	10686	37564	3227	45480
勐戛镇	24344	12450	11894	6471	12395	11847	5761	16496	2087	21999
芒海镇	5641	2870	2771	1427	2839	2743	1571	3742	328	4599
风平镇	69586	35647	33939	15674	33930	33337	14486	50425	4675	57104
轩岗乡	21501	11096	10405	5100	10841	10303	5072	14997	1432	19087
江东乡	25240	13400	11840	6270	13239	11772	6005	16867	2368	23996
西山乡	12296	6485	5811	3381	6188	5730	2698	8913	685	9968
中山乡	10170	5472	4698	2620	5294	4651	2364	6945	861	9133
三台山乡	7068	3742	3326	1840	3462	3232	1516	5188	364	5817
五岔路乡	16245	8669	7576	4058	8195	7485	3876	11115	1254	15034
梁河县	**154175**	**80024**	**74151**	**40725**	**76977**	**72655**	**32187**	**109239**	**12749**	**139964**
遮岛镇	22290	11312	10978	6154	9841	9820	3802	17012	1476	15627
芒东镇	29587	15791	13796	7370	14947	13664	6843	20570	2174	27230
勐养镇	17371	9131	8240	4281	8898	8162	3365	12767	1239	16377
平山乡	16209	8442	7767	3959	8353	7735	3513	11294	1402	15577
小厂乡	9415	4932	4483	2362	4923	4479	2079	6490	846	9074
大厂乡	8184	4331	3853	2129	4297	3833	1819	5611	754	7764
九保阿昌族乡	13673	7040	6633	3729	6900	6598	3039	9476	1158	12400
曩宋阿昌族乡	20115	10201	9914	5820	10123	9888	4176	13862	2077	19408

表25 续表 29 单位：人、户

地区	总人口			家庭户	家庭户总人口		分年龄人口			居住本地，户口在本地
	合计	男	女	户数	男	女	0-14岁	15-64岁	65岁及以上	
河西乡	17331	8844	8487	4921	8695	8476	3551	12157	1623	16507
盈江县	**305167**	**158989**	**146178**	**75560**	**148224**	**142529**	**68698**	**219262**	**17207**	**245121**
平原镇	80481	41437	39044	22323	37099	36747	15596	60694	4191	50292
旧城镇	22383	12526	9857	4894	10225	9700	4413	16657	1313	18610
那邦镇	3495	1969	1526	897	1591	1463	720	2668	107	1090
弄璋镇	45270	22898	22372	10874	22362	22232	9821	32931	2518	41500
盏西镇	21515	11094	10421	5264	10903	10364	5190	14964	1361	19679
卡场镇	10111	5392	4719	2212	4936	4560	2928	6783	400	7216
昔马镇	11740	6109	5631	2665	5961	5575	3340	7645	755	9354
太平镇	30032	15185	14847	7354	14682	14714	6590	21572	1870	25494
新城乡	18142	9595	8547	4399	8892	8349	3947	13076	1119	16251
油松岭乡	12142	6541	5601	2983	6477	5569	2905	8228	1009	11631
芒章乡	11583	6025	5558	2781	5856	5479	2768	8114	701	10575
支那乡	13765	7225	6540	3075	6774	6423	3762	9350	653	12158
苏典傈僳族乡	8217	4384	3833	1980	4010	3751	2344	5534	339	6885
勐弄乡	9832	5301	4531	2241	5224	4500	2768	6492	572	8794
铜壁关乡	6459	3308	3151	1618	3232	3103	1606	4554	299	5592
陇川县	**181580**	**92280**	**89300**	**46525**	**88477**	**87325**	**39902**	**130325**	**11353**	**158227**
章凤镇	53370	27043	26327	13514	24678	24789	10485	40155	2730	43084
陇把镇	18474	9411	9063	5395	9003	9007	3437	13153	1884	15774
景罕镇	23536	11718	11818	6595	11701	11801	5691	16315	1530	21286
城子镇	24768	12517	12251	6415	12339	12189	5318	17783	1667	21848
户撒阿昌族乡	22773	11476	11297	5300	10900	11100	5921	15662	1190	21151
护国乡	6181	3291	2890	1574	3265	2880	1553	4200	428	5716
清平乡	11020	5672	5348	2623	5554	5307	2559	7807	654	10110
王子树乡	13976	7260	6716	3172	7235	6707	3167	9906	903	13399
勐约乡	7482	3892	3590	1937	3802	3545	1771	5344	367	5859
怒江傈僳族自治州	**534337**	**282900**	**251437**	**139018**	**253095**	**239063**	**115536**	**386241**	**32560**	**459150**
泸水县	**184835**	**98867**	**85968**	**45543**	**82622**	**77874**	**37859**	**135978**	**10998**	**158065**
六库镇	63013	34542	28471	15124	24552	24351	9678	50360	2975	50462
鲁掌镇	12375	6591	5784	3326	5727	5458	2493	8977	905	10299
片马镇	3246	1777	1469	1046	1560	1380	617	2544	85	1642
上江乡	27525	14230	13295	6756	13470	12931	6979	19017	1529	24428
老窝乡	14007	7436	6571	3586	6858	6316	2713	10006	1288	12855
大兴地乡	16245	8617	7628	4549	7993	7327	3550	11529	1166	15438
称杆乡	19012	10187	8825	4930	9313	8424	4205	13619	1188	17201
古登乡	15783	8327	7456	3410	7102	6376	3845	10926	1012	13964
洛本卓乡	13629	7160	6469	2816	6047	5311	3779	9000	850	11776
福贡县	**98616**	**50541**	**48075**	**26472**	**49517**	**47657**	**24739**	**67553**	**6324**	**88523**
上帕镇	30129	15364	14765	8251	14751	14500	7234	21253	1642	26257
匹河乡	10434	5365	5069	2925	5318	5052	2599	7059	776	9545
子里甲乡	10513	5482	5031	2609	5381	5007	2794	7026	693	8945
架科底乡	13414	6871	6543	2945	6831	6531	3974	8698	742	12260
鹿马登乡	13895	6952	6943	3804	6895	6905	3629	9268	998	13018
石月亮乡	11533	5912	5621	3252	5839	5596	2775	7935	823	10535
马吉乡	8698	4595	4103	2686	4502	4066	1734	6314	650	7963
贡山独龙族怒族自治县	**37894**	**20094**	**17800**	**11152**	**18486**	**17370**	**7348**	**28478**	**2068**	**33190**
茨开镇	14478	7672	6806	4512	6852	6546	2539	11254	685	11614
丙中洛乡	6465	3407	3058	1810	3249	2990	1390	4755	320	5892
捧当乡	6085	3277	2808	1836	3007	2782	1247	4456	382	5556

表25 续表 30

单位：人、户

地区	总人口			家庭户	家庭户总人口		分年龄人口			居住本地，户口在本地
	合计	男	女	户数	男	女	0-14岁	15-64岁	65岁及以上	
普拉底乡	6627	3476	3151	1925	3252	3103	1057	5120	450	6207
独龙江乡	4239	2262	1977	1069	2126	1949	1115	2893	231	3921
兰坪白族普米族自治县	**212992**	**113398**	**99594**	**55851**	**102470**	**96162**	**45590**	**154232**	**13170**	**179372**
金顶镇	53667	27564	26103	13837	24752	24137	10502	40442	2723	39712
啦井镇	13899	7218	6681	4273	7129	6665	3063	9827	1009	12984
营盘镇	37406	21154	16252	9265	16684	15468	7591	27679	2136	30213
通甸镇	23916	12444	11472	6173	11737	11336	5333	16913	1670	21135
河西乡	16991	8922	8069	4375	8725	8043	3772	11970	1249	15096
中排乡	22988	12087	10901	6304	11666	10822	5231	16184	1573	20949
石登乡	26148	14059	12089	6372	12750	11789	6162	18434	1552	23219
兔峨乡	17977	9950	8027	5252	9027	7902	3936	12783	1258	16064
迪庆藏族自治州	**400182**	**213073**	**187109**	**91579**	**182056**	**175982**	**72810**	**301084**	**26288**	**331220**
香格里拉县	**172988**	**91830**	**81158**	**38887**	**75137**	**73813**	**31118**	**131134**	**10736**	**131888**
建塘镇	65189	34634	30555	14934	25100	24851	10333	52830	2026	35555
小中甸镇	10169	5128	5041	2089	4954	4925	2356	7125	688	9885
虎跳峡镇	19922	10358	9564	5000	9235	9097	4320	14255	1347	17151
金江镇	16738	8517	8221	4423	8482	8210	2890	12145	1703	16070
上江乡	10462	5520	4942	2757	5158	4797	1896	7482	1084	9934
三坝乡	18597	10112	8485	4129	8637	8237	3603	13510	1484	16769
洛吉乡	4724	2614	2110	1138	2079	2028	964	3433	327	3901
尼西乡	8111	4623	3488	1266	3341	3298	1217	6223	671	6435
格咱乡	8384	4878	3506	1236	3048	3288	1391	6505	488	6243
东旺乡	6505	3259	3246	1054	3129	3169	1284	4667	554	6117
五境乡	4187	2187	2000	861	1974	1913	864	2959	364	3828
德钦县	**66589**	**35948**	**30641**	**12950**	**28526**	**28582**	**10581**	**51116**	**4892**	**55693**
升平镇	11595	6529	5066	2474	4349	4294	1635	9468	492	7874
奔子栏镇	10837	6118	4719	1672	4530	4457	1570	8374	893	8622
佛山乡	3898	1958	1940	842	1770	1858	715	2862	321	3636
云岭乡	6851	3939	2912	1083	2720	2720	1021	5376	454	5539
燕门乡	7391	3782	3609	1676	3402	3522	1175	5625	591	6862
拖顶乡	9696	4884	4812	2115	4737	4730	1789	7087	820	9174
霞若乡	8258	4236	4022	2033	4116	3982	1506	6080	672	7982
羊拉乡	8063	4502	3561	1055	2902	3019	1170	6244	649	6004
维西傈僳族自治县	**160605**	**85295**	**75310**	**39742**	**78393**	**73587**	**31111**	**118834**	**10660**	**143639**
保和镇	13446	6884	6562	3944	6222	6199	1978	10622	846	8656
叶枝镇	11154	5919	5235	2772	5566	5146	2134	8262	758	10239
塔城镇	16234	8665	7569	3652	7705	7415	2871	12129	1234	14719
永春乡	33804	17660	16144	8682	16899	15993	6794	24666	2344	31815
攀天阁乡	15765	8377	7388	3851	7950	7323	3077	11705	983	14782
白济汛乡	25415	13552	11863	5868	12513	11558	5700	18098	1617	23094
康普乡	10957	5753	5204	2811	5386	5112	2038	8131	788	10014
巴迪乡	9984	5810	4174	2025	3933	3849	1488	7884	612	7459
中路乡	10316	5529	4787	2658	5326	4734	2285	7411	620	9935
维登乡	13530	7146	6384	3479	6893	6258	2746	9926	858	12926

表26　西藏自治区乡、镇、街道人口

单位：人、户

地　区	总人口			家庭户	家庭户总人口		分年龄人口			居住本地，户口在本地
	合　计	男	女	户　数	男	女	0-14岁	15-64岁	65岁及以上	
西藏自治区	**3002165**	**1542652**	**1459513**	**670838**	**1429541**	**1408228**	**731684**	**2117573**	**152908**	**2691210**
拉萨市	**559423**	**287437**	**271986**	**153632**	**244180**	**245900**	**98095**	**435029**	**26299**	**425963**
城关区	**279074**	**144376**	**134698**	**91611**	**113147**	**113354**	**29487**	**239848**	**9739**	**168938**
冲赛康街道	7116	3492	3624	2598	3261	3422	919	5850	347	4623
八廓街道	12744	6388	6356	4886	5691	5836	1322	10940	482	6790
吉日街道	21022	10143	10879	6730	8497	8975	2868	17549	605	12577
吉崩岗街道	29984	15219	14765	10994	13325	13400	3656	25369	959	20187
扎细街道	30820	15665	15155	11457	13629	13425	3005	26543	1272	17933
公德林街道	72247	36399	35848	22971	26900	26459	6693	63518	2036	46778
嘎玛贡桑街道	19472	9651	9821	7064	8560	8858	2103	16169	1200	11959
两岛街道	5754	2822	2932	3110	2527	2722	291	5338	125	1370
蔡公堂乡	8800	4453	4347	2437	4198	4179	1487	6888	425	5866
纳金乡	29575	18769	10806	6672	8693	7977	2261	26675	639	17002
娘热乡	26354	13459	12895	8113	10979	11032	2888	22358	1108	13795
夺底乡	15186	7916	7270	4579	6887	7069	1994	12651	541	10058
林周县	**50246**	**25130**	**25116**	**10435**	**23732**	**24451**	**12314**	**34192**	**3740**	**48290**
甘丹曲果镇	8267	4101	4166	2135	3834	3975	1987	5759	521	7758
春堆乡	4840	2388	2452	893	2282	2396	1185	3224	431	4717
松盘乡	3523	1708	1815	741	1686	1740	884	2372	267	3494
强嘎乡	5318	2540	2778	974	2476	2693	1375	3501	442	5293
卡孜乡	4995	2529	2466	1001	2328	2434	1247	3432	316	4830
边交林乡	4704	2294	2410	1070	2251	2367	1129	3283	292	4597
江热夏乡	5255	2571	2684	1148	2541	2658	1284	3588	383	5159
阿朗乡	3905	1981	1924	789	1925	1912	965	2554	386	3819
唐古乡	4316	2193	2123	802	2163	2070	1144	2826	346	4235
旁多乡	5123	2825	2298	882	2246	2206	1114	3653	356	4388
当雄县	**46463**	**23403**	**23060**	**9312**	**22805**	**22808**	**14294**	**29585**	**2584**	**44959**
当曲卡镇	5202	2668	2534	1388	2327	2420	1266	3722	214	4520
羊八井镇	5017	2542	2475	964	2475	2435	1589	3155	273	4902
格达乡	4301	2133	2168	878	2110	2149	1202	2905	194	4211
宁中乡	9099	4652	4447	1583	4608	4433	2803	5648	648	9024
公塘乡	5898	2940	2958	1214	2876	2931	1774	3713	411	5839
龙仁乡	4686	2312	2374	895	2286	2356	1512	2888	286	4621
乌玛塘乡	7403	3740	3663	1364	3712	3643	2630	4448	325	7234
纳木湖乡	4857	2416	2441	1026	2411	2441	1518	3106	233	4608
尼木县	**28149**	**14279**	**13870**	**5478**	**13438**	**13265**	**7030**	**19271**	**1848**	**27340**
塔荣镇	6393	3222	3171	1634	3012	3024	1490	4508	395	5923
麻江乡	2755	1506	1249	461	1288	1164	745	1850	160	2588
普松乡	2108	1054	1054	311	1008	1032	478	1516	114	2089
卡如乡	1101	580	521	189	544	474	272	742	87	1070
尼木乡	6008	2999	3009	1021	2819	2824	1687	3868	453	5936
续迈乡	4495	2201	2294	867	2187	2281	1084	3093	318	4485
帕古乡	3159	1656	1503	524	1528	1405	786	2191	182	3132
吞巴乡	2130	1061	1069	471	1052	1061	488	1503	139	2117
曲水县	**31860**	**16244**	**15616**	**7434**	**14100**	**14995**	**6953**	**22992**	**1915**	**28927**
曲水镇	8695	4961	3734	1991	3439	3521	1477	6696	522	7276
达嘎乡	7050	3235	3815	1800	3231	3802	1850	4752	448	6821
才纳乡	4471	2247	2224	964	2056	2063	939	3243	289	4066
南木乡	3156	1611	1545	574	1463	1447	723	2264	169	2940
聂当乡	4902	2494	2408	1302	2242	2297	1057	3624	221	4297
茶巴拉乡	3586	1696	1890	803	1669	1865	907	2413	266	3527

表26 续表 1

单位：人、户

地区	总人口			家庭户	家庭户总人口		分年龄人口			居住本地，户口在本地
	合计	男	女	户数	男	女	0-14岁	15-64岁	65岁及以上	
堆龙德庆县	**52249**	**27285**	**24964**	**13635**	**22301**	**23038**	**10403**	**39294**	**2552**	**40910**
东嘎镇	13371	7083	6288	4108	5290	5418	1986	10882	503	8186
乃琼镇	11485	5877	5608	3365	5053	5315	2410	8538	537	9073
羊达乡	4860	2506	2354	1181	1909	2098	966	3693	201	3786
古荣乡	5763	3006	2757	1330	2722	2715	1316	4093	354	5408
柳梧乡	6027	3462	2565	1321	2239	2172	1060	4681	286	4301
马乡	4500	2231	2269	1054	2103	2238	1091	3152	257	4251
德庆乡	6243	3120	3123	1276	2985	3082	1574	4255	414	5905
达孜县	**26708**	**13756**	**12952**	**7131**	**12911**	**12792**	**6225**	**19087**	**1396**	**24962**
德庆镇	9040	4719	4321	2855	4251	4167	1830	6783	427	8031
塔杰乡	2823	1393	1430	713	1388	1429	728	1934	161	2735
章多乡	3958	2152	1806	923	1793	1806	924	2816	218	3662
唐嘎乡	4954	2520	2434	1091	2511	2430	1294	3414	246	4840
雪乡	2633	1317	1316	589	1314	1316	634	1869	130	2510
帮堆乡	3300	1655	1645	960	1654	1644	815	2271	214	3184
墨竹工卡县	**44674**	**22964**	**21710**	**8596**	**21746**	**21197**	**11389**	**30760**	**2525**	**41637**
工卡镇	6493	3339	3154	1874	3215	3110	1273	4942	278	5906
扎雪乡	6939	3566	3373	1056	3476	3351	2090	4362	487	6339
门巴乡	3675	1823	1852	685	1642	1745	1002	2470	203	3271
扎西岗乡	7248	3746	3502	1348	3663	3452	1957	4943	348	6834
日多乡	2370	1203	1167	479	1175	1155	707	1558	105	2341
尼玛江热乡	8086	4081	4005	1437	3846	3840	2037	5524	525	7684
甲玛乡	3622	2028	1594	599	1645	1519	810	2588	224	3254
唐加乡	6241	3178	3063	1118	3084	3025	1513	4373	355	6008
昌都地区	**657505**	**338097**	**319408**	**113833**	**317887**	**313572**	**176256**	**442906**	**38343**	**609915**
昌都县	**116500**	**60517**	**55983**	**24470**	**54112**	**53268**	**24378**	**85256**	**6866**	**102195**
城关镇	45861	24543	21318	11420	18561	18690	7321	36835	1705	32932
俄洛镇	6502	3273	3229	1552	3270	3222	1504	4618	380	6333
卡诺镇	3955	1944	2011	838	1944	2011	826	2865	264	3867
芒达乡	3595	1874	1721	565	1874	1721	931	2407	257	3566
沙贡乡	5079	2540	2539	969	2451	2533	1209	3445	425	4949
若巴乡	3400	1780	1620	690	1714	1617	678	2420	302	3356
埃西乡	4344	2309	2035	705	2309	2035	981	3010	353	4284
如意乡	3403	1707	1696	717	1661	1662	871	2325	207	3210
日通乡	4925	2430	2495	943	2430	2495	1136	3387	402	4649
柴维乡	7338	3693	3645	1315	3534	3635	1401	5348	589	7161
妥坝乡	7386	3815	3571	1091	3761	3546	2314	4613	459	7269
嘎玛乡	3806	1966	1840	623	1966	1840	846	2626	334	3793
面达乡	5995	3063	2932	1213	3057	2930	1447	4149	399	5965
约巴乡	3736	1933	1803	636	1933	1803	808	2631	297	3724
拉多乡	7175	3647	3528	1193	3647	3528	2105	4577	493	7137
江达县	**76026**	**39218**	**36808**	**11883**	**36526**	**36407**	**21252**	**50130**	**4644**	**69947**
江达镇	4255	2123	2132	942	1850	1956	922	3126	207	3759
岗托镇	3484	1768	1716	524	1744	1689	882	2356	246	2917
邓柯乡	6229	3280	2949	906	3041	2945	2037	3928	264	6210
岩比乡	3852	1943	1909	570	1881	1903	915	2684	253	3349
卡贡乡	4175	2243	1932	685	1754	1926	1068	2782	325	3879
生达乡	10219	5229	4990	1679	4824	4983	3440	6232	547	7808
娘西乡	2200	1124	1076	321	1058	1066	619	1453	128	1881
字呷乡	7347	3864	3483	1203	3846	3471	2119	4730	498	7171
青泥洞乡	3998	2270	1728	525	1717	1637	1063	2705	230	3266
汪布顶乡	8670	4379	4291	1231	4341	4283	2393	5723	554	8637
德登乡	6150	3244	2906	970	2816	2894	1630	4168	352	6129
同普乡	8141	4082	4059	1236	3997	4028	2283	5429	429	8132
波罗乡	7306	3669	3637	1091	3657	3626	1881	4814	611	6809

表26 续表 2

单位：人、户

地区	总人口			家庭户	家庭户总人口		分年龄人口			居住本地，户口在本地
	合计	男	女	户数	男	女	0-14岁	15-64岁	65岁及以上	
贡觉县	**40434**	**20534**	**19900**	**6658**	**20221**	**19854**	**10058**	**27511**	**2865**	**39486**
莫洛镇	11026	5773	5253	2079	5570	5218	2685	7625	716	10173
敏都乡	1574	737	837	253	737	837	395	1019	160	1573
则巴乡	2855	1425	1430	420	1384	1427	748	1968	139	2844
罗麦乡	1671	856	815	262	856	815	468	1095	108	1663
沙东乡	2011	1043	968	315	1029	964	583	1261	167	1961
克日乡	901	465	436	167	465	436	148	689	64	901
木协乡	1682	840	842	258	840	842	397	1159	126	1678
阿旺乡	1886	1002	884	346	954	880	437	1277	172	1873
拉妥乡	1934	1012	922	344	1005	922	478	1371	85	1930
雄松乡	1825	865	960	287	865	960	505	1177	143	1824
哈加乡	5812	2878	2934	837	2878	2934	1243	4077	492	5809
相皮乡	7257	3638	3619	1090	3638	3619	1971	4793	493	7257
类乌齐县	**49870**	**25195**	**24675**	**8771**	**23349**	**23336**	**15722**	**31331**	**2817**	**47454**
桑多镇	11747	5945	5802	2399	5212	5150	3863	7406	478	10993
类乌齐镇	6900	3568	3332	1192	3292	3272	2273	4252	375	5921
吉多乡	5251	2648	2603	853	2492	2398	1536	3356	359	5108
岗色乡	1987	1009	978	362	901	867	507	1335	145	1987
宾达乡	2556	1288	1268	485	1073	1107	819	1584	153	2345
卡玛多乡	4713	2349	2364	743	2284	2349	1629	2810	274	4504
尚卡乡	3505	1733	1772	571	1621	1668	955	2342	208	3396
伊日乡	2707	1328	1379	450	1312	1373	777	1781	149	2702
甲桑卡乡	3662	1823	1839	618	1677	1833	952	2473	237	3661
长毛岭乡	6842	3504	3338	1098	3485	3319	2411	3992	439	6837
丁青县	**69888**	**36168**	**33720**	**10310**	**35062**	**33533**	**20857**	**45824**	**3207**	**68397**
丁青镇	10028	5174	4854	2113	4932	4786	2636	7040	352	8833
尺犊镇	9463	4925	4538	1344	4884	4537	3113	5849	501	9364
木塔乡	1362	680	682	196	672	680	489	803	70	1362
布塔乡	2259	1167	1092	291	1137	1092	628	1537	94	2259
巴达乡	2169	1111	1058	384	1081	1054	596	1476	97	2148
甘岩乡	1939	1019	920	289	986	915	611	1241	87	1908
嘎塔乡	3687	1968	1719	537	1933	1718	1218	2326	143	3686
色扎乡	8524	4367	4157	1195	4307	4136	2871	5355	298	8426
协雄乡	7027	3546	3481	1033	3368	3458	2167	4535	325	7027
桑多乡	3797	2020	1777	441	1879	1752	1100	2522	175	3782
当堆乡	5926	2927	2999	798	2903	2988	1584	4021	321	5919
沙贡乡	3794	2087	1707	387	1854	1698	1191	2429	174	3794
觉恩乡	9913	5177	4736	1302	5126	4719	2653	6690	570	9889
察雅县	**56789**	**28517**	**28272**	**9807**	**28256**	**28108**	**14863**	**38116**	**3810**	**53593**
烟多镇	7878	3927	3951	1718	3754	3837	1985	5320	573	7103
吉塘镇	4345	2107	2238	857	2094	2219	1030	2982	333	4172
香堆镇	8302	4159	4143	1434	4159	4143	2269	5517	516	8230
宗沙乡	4726	2486	2240	714	2468	2239	1290	3122	314	3919
肯通乡	2189	1137	1052	488	1137	1052	552	1536	101	2187
扩达乡	6151	3085	3066	962	3083	3061	1903	3835	413	5632
新卡乡	1071	525	546	212	515	537	175	797	99	1071
王卡乡	4709	2319	2390	855	2319	2390	964	3235	510	4709
阿孜乡	1646	902	744	247	893	741	412	1169	65	1646
巴日乡	4592	2355	2237	601	2343	2233	1171	3178	243	4479
荣周乡	5878	2918	2960	843	2918	2960	1767	3783	328	5229

表26 续表 3

单位：人、户

地区	总人口 合计	总人口 男	总人口 女	家庭户户数	家庭户总人口 男	家庭户总人口 女	分年龄人口 0-14岁	分年龄人口 15-64岁	分年龄人口 65岁及以上	居住本地，户口在本地
卡贡乡	3682	1784	1898	639	1761	1891	842	2612	228	3627
察拉乡	1620	813	807	237	812	805	503	1030	87	1589
八宿县	**39021**	**19790**	**19231**	**6999**	**19069**	**19047**	**10499**	**26404**	**2118**	**37096**
白玛镇	6402	3386	3016	1567	2823	2919	1458	4667	277	5518
然乌镇	4335	2140	2195	682	2109	2173	1184	2952	199	4196
帮达镇	2284	1203	1081	350	1187	1079	622	1509	153	2198
同卡镇	4387	2222	2165	771	2199	2151	1163	2934	290	4230
林卡乡	3212	1609	1603	514	1565	1581	817	2182	213	3202
夏里乡	941	455	486	153	438	479	263	631	47	922
拥乡	1176	576	600	176	576	600	345	765	66	1149
瓦乡	651	340	311	108	340	311	176	449	26	627
吉达乡	4370	2133	2237	814	2133	2237	1079	3038	253	4340
卡瓦白庆乡	249	130	119	27	125	117	67	165	17	249
集中乡	1465	795	670	177	773	652	522	872	71	1312
益庆乡	2602	1336	1266	454	1336	1266	820	1644	138	2495
拉根乡	2010	993	1017	373	993	1017	542	1367	101	1939
郭庆乡	4937	2472	2465	833	2472	2465	1441	3229	267	4719
左贡县	**44320**	**22501**	**21819**	**7947**	**21760**	**21577**	**11966**	**29975**	**2379**	**40092**
旺达镇	9130	4644	4486	1993	4497	4388	2416	6301	413	8354
田妥镇	6387	3338	3049	1029	2970	3037	1733	4310	344	5309
扎玉镇	6499	3233	3266	1285	3155	3244	1653	4536	310	6327
东坝乡	2554	1307	1247	375	1284	1241	747	1616	191	2351
中林卡乡	6039	3003	3036	1044	2946	3023	1622	4119	298	6027
美玉乡	3915	1956	1959	623	1940	1892	1308	2375	232	3279
下林卡乡	2661	1370	1291	415	1357	1288	681	1848	132	2385
碧土乡	2233	1091	1142	392	1087	1133	595	1500	138	1844
仁果乡	2907	1555	1352	431	1527	1346	623	2046	238	2485
绕金乡	1995	1004	991	360	997	985	588	1324	83	1731
芒康县	**81399**	**43417**	**37982**	**12666**	**38998**	**37752**	**20862**	**55221**	**5316**	**76308**
嘎托镇	12217	6657	5560	2526	5759	5470	2672	8911	634	10243
如美镇	5055	2766	2289	770	2276	2264	1209	3503	343	4723
曲孜卡乡	3707	1900	1807	617	1796	1794	910	2545	252	3575
木许乡	2504	1310	1194	430	1169	1192	523	1753	228	2443
纳西民族乡	4940	2599	2341	1100	2335	2336	1196	3443	301	4756
朱巴龙乡	4834	2547	2287	721	2413	2287	1330	3157	347	4546
曲登乡	3664	1944	1720	580	1693	1706	1045	2420	199	3609
徐中乡	5409	2914	2495	819	2597	2495	1236	3851	322	5238
帮达乡	8182	4402	3780	1023	4034	3773	2107	5428	647	7640
戈波乡	2800	1496	1304	347	1299	1298	815	1839	146	2737
洛尼乡	3674	1945	1729	461	1788	1726	1044	2375	255	3349
措瓦乡	8646	4459	4187	1140	4110	4149	2460	5636	550	8120
昂多乡	2156	1143	1013	307	1063	1013	640	1411	105	2122
宗西乡	5354	2995	2359	660	2567	2336	1423	3588	343	5035
莽岭乡	3085	1637	1448	448	1516	1445	982	1906	197	3058
索多西乡	5172	2703	2469	717	2583	2468	1270	3455	447	5114
洛隆县	**47491**	**23988**	**23503**	**8070**	**23474**	**23382**	**15565**	**29559**	**2367**	**41769**
孜托镇	10942	5536	5406	2270	5453	5386	3409	7116	417	10073
硕督镇	4944	2503	2441	818	2378	2415	1721	2908	315	4626
康沙镇	5703	2832	2871	870	2806	2856	1905	3591	207	5625
马利镇	4501	2258	2243	579	2258	2243	1635	2594	272	3779

表26 续表 4 单位：人、户

地区	总人口			家庭户	家庭户总人口		分年龄人口			居住本地，户口在本地
	合计	男	女	户数	男	女	0-14岁	15-64岁	65岁及以上	
玉西乡	1216	634	582	203	621	580	394	766	56	1152
新荣乡	3683	1904	1779	502	1814	1768	1212	2184	287	2998
达龙乡	1244	643	601	165	623	597	374	781	89	1241
腊久乡	5354	2677	2677	926	2652	2661	1712	3410	232	4907
俄西乡	6140	3075	3065	1014	2985	3048	1986	3884	270	4336
中亦乡	2999	1541	1458	607	1508	1454	967	1847	185	2289
白达乡	765	385	380	116	376	374	250	478	37	743
边坝县	**35767**	**18252**	**17515**	**6252**	**17060**	**17308**	**10234**	**23579**	**1954**	**33578**
草卡镇	7250	3854	3396	1363	3286	3292	1843	5093	314	6226
边坝镇	5032	2539	2493	853	2376	2472	1442	3296	294	4818
马武乡	2372	1171	1201	469	1144	1194	747	1548	77	2255
热玉乡	1798	924	874	371	880	870	356	1315	127	1735
尼木乡	2535	1283	1252	426	1226	1243	786	1602	147	2442
沙丁乡	3333	1700	1633	487	1665	1623	1144	1988	201	3312
金岭乡	3725	1872	1853	647	1794	1842	970	2518	237	3716
加贡乡	957	496	461	146	433	454	270	637	50	879
马秀乡	2333	1177	1156	380	1130	1142	709	1495	129	2177
都瓦乡	2832	1399	1433	507	1351	1422	809	1835	188	2735
拉孜乡	3600	1837	1763	603	1775	1754	1158	2252	190	3283
山南地区	**328990**	**166270**	**162720**	**87998**	**156954**	**160009**	**69153**	**241313**	**18524**	**305823**
乃东县	**59615**	**30330**	**29285**	**19748**	**28738**	**28696**	**9965**	**46797**	**2853**	**50639**
泽当镇	30370	15822	14548	11833	14289	14008	4085	25346	939	21624
昌珠镇	6621	3273	3348	1779	3245	3340	1262	4920	439	6487
颇章乡	7174	3551	3623	2088	3550	3619	1439	5260	475	7143
结巴乡	4508	2228	2280	1120	2205	2249	908	3278	322	4486
多颇章乡	1725	843	882	385	841	881	331	1263	131	1716
索珠乡	2374	1184	1190	647	1181	1189	462	1760	152	2371
亚堆乡	6843	3429	3414	1896	3427	3410	1478	4970	395	6812
扎朗县	**35473**	**17599**	**17874**	**8158**	**17114**	**17707**	**7698**	**25316**	**2459**	**34557**
扎塘镇	9495	4741	4754	2567	4519	4676	1878	6965	652	9043
桑耶镇	4625	2350	2275	1104	2245	2234	1012	3324	289	4491
阿扎乡	2249	1147	1102	483	1140	1077	551	1583	115	2204
扎其乡	9021	4379	4642	1951	4315	4636	2037	6336	648	8846
吉汝乡	10083	4982	5101	2053	4895	5084	2220	7108	755	9973
贡嘎县	**45708**	**23096**	**22612**	**10142**	**21361**	**21926**	**9904**	**33022**	**2782**	**42820**
吉雄镇	5016	2676	2340	1399	2076	2164	841	3937	238	4607
岗堆镇	6832	3362	3470	1482	3175	3398	1613	4744	475	6583
甲竹林镇	8459	4337	4122	1770	3734	3849	1672	6366	421	7363
江塘镇	4852	2418	2434	1003	2301	2386	1126	3424	302	4683
杰德秀镇	7508	3686	3822	1781	3639	3773	1652	5332	524	7275
朗杰学乡	6382	3209	3173	1338	3185	3147	1293	4668	421	6190
昌果乡	2782	1450	1332	590	1323	1295	615	1982	185	2601
东拉乡	3877	1958	1919	779	1928	1914	1092	2569	216	3518
桑日县	**17261**	**8790**	**8471**	**4397**	**8466**	**8373**	**3716**	**12580**	**965**	**16760**
桑日镇	4720	2491	2229	1467	2403	2219	981	3505	234	4618
增期乡	4339	2170	2169	1030	2170	2169	1039	3090	210	4321
白堆乡	1846	886	960	488	886	960	386	1364	96	1843
绒乡	6356	3243	3113	1412	3007	3025	1310	4621	425	5978
琼结县	**17093**	**8326**	**8767**	**4570**	**8087**	**8695**	**3524**	**12387**	**1182**	**16246**
琼结镇	5155	2584	2571	1667	2374	2528	962	3867	326	4758

表26　续表 5　　　　单位：人、户

地　区	总人口			家庭户	家庭户总人口		分年龄人口			居住本地，户口在本地
	合　计	男	女	户　数	男	女	0-14岁	15-64岁	65岁及以上	
拉玉乡	4450	2143	2307	1059	2134	2295	965	3155	330	4247
下水乡	3158	1553	1605	745	1544	1599	677	2242	239	3059
加麻乡	4330	2046	2284	1099	2035	2273	920	3123	287	4182
曲松县	**14280**	**7188**	**7092**	**4185**	**6957**	**6971**	**3537**	**9980**	**763**	**13891**
曲松镇	6159	3166	2993	1980	2997	2913	1367	4432	360	5862
罗布沙镇	1183	607	576	350	587	563	304	820	59	1169
邱多江乡	2427	1214	1213	666	1204	1212	657	1672	98	2396
堆随乡	2689	1302	1387	703	1273	1372	709	1824	156	2677
下江乡	1822	899	923	486	896	911	500	1232	90	1787
措美县	**13641**	**6775**	**6866**	**3753**	**6532**	**6787**	**2944**	**9880**	**817**	**12808**
措美镇	4926	2480	2446	1541	2346	2396	962	3656	308	4550
哲古镇	5040	2464	2576	1163	2387	2561	1254	3521	265	4746
乃西乡	2254	1120	1134	674	1094	1123	420	1646	188	2172
古堆乡	1421	711	710	375	705	707	308	1057	56	1340
洛扎县	**18453**	**9215**	**9238**	**4696**	**8692**	**9103**	**3938**	**13429**	**1086**	**18118**
洛扎镇	5696	2911	2785	1555	2657	2727	1154	4239	303	5529
拉康镇	1799	878	921	463	852	909	410	1279	110	1783
生格乡	2965	1479	1486	690	1462	1478	640	2160	165	2936
边巴乡	1306	644	662	338	595	648	315	929	62	1296
扎日乡	4460	2193	2267	1128	2117	2247	921	3240	299	4366
色乡	2029	1020	1009	474	924	988	452	1438	139	2010
拉郊乡	198	90	108	48	85	106	46	144	8	198
加查县	**23434**	**12556**	**10878**	**5677**	**10173**	**10388**	**5042**	**17290**	**1102**	**20023**
加查镇	3261	1595	1666	843	1572	1654	789	2309	163	3253
安绕镇	8009	4831	3178	1777	2722	2742	1265	6512	232	4905
拉绥乡	3704	1827	1877	975	1812	1867	906	2580	218	3694
崔久乡	620	315	305	159	301	303	175	419	26	618
坝乡	1271	659	612	283	656	612	394	829	48	1221
冷达乡	2245	1087	1158	618	1072	1151	539	1562	144	2244
洛林乡	4324	2242	2082	1022	2038	2059	974	3079	271	4088
隆子县	**34141**	**17381**	**16760**	**9723**	**16565**	**16683**	**7567**	**24850**	**1724**	**31772**
隆子镇	7778	3990	3788	2521	3720	3753	1464	5936	378	7001
日当镇	8340	4400	3940	2102	3854	3898	1880	6097	363	7470
加玉乡	3341	1607	1734	1025	1607	1734	661	2460	220	3222
列麦乡	2192	1145	1047	664	1145	1047	406	1638	148	2163
热荣乡	3896	1935	1961	1129	1935	1961	951	2813	132	3785
三安曲林乡	2840	1435	1405	844	1435	1405	719	1987	134	2634
准巴乡	435	223	212	128	223	212	89	318	28	430
斗玉乡	592	277	315	174	277	315	156	397	39	556
雪萨乡	4163	2079	2084	956	2079	2084	1087	2819	257	3975
扎日乡	531	272	259	168	272	259	144	362	25	503
玉麦乡	33	18	15	12	18	15	10	23		33
错那县	**15124**	**7438**	**7686**	**4742**	**6989**	**7580**	**2639**	**11450**	**1035**	**14114**
错那镇	3232	1801	1431	1091	1390	1347	497	2616	119	2488
勒门巴民族乡	171	85	86	66	85	86	36	125	10	159
贡日门巴民族乡	190	92	98	68	92	98	36	138	16	184
吉巴门巴民族乡	241	115	126	81	115	126	60	164	17	234
麻玛门巴民族乡	227	108	119	82	105	117	38	183	6	209
库局乡	412	196	216	88	194	216	113	287	12	394
曲卓木乡	3852	1829	2023	1056	1826	2020	857	2747	248	3709

表26 续表 6

单位：人、户

地区	总人口			家庭户	家庭户总人口		分年龄人口			居住本地，户口在本地
	合计	男	女	户数	男	女	0-14岁	15-64岁	65岁及以上	
浪坡乡	327	162	165	118	162	165	67	236	24	320
觉拉乡	4481	2122	2359	1417	2098	2344	669	3393	419	4447
卡达乡	1991	928	1063	675	922	1061	266	1561	164	1970
浪卡子县	**34767**	**17576**	**17191**	**8207**	**17280**	**17100**	**8679**	**24332**	**1756**	**34075**
浪卡子镇	4560	2453	2107	1396	2323	2081	955	3393	212	4273
打隆镇	4672	2317	2355	1192	2297	2346	1154	3302	216	4612
普玛江塘乡	979	492	487	263	492	487	274	685	20	973
多却乡	5628	2828	2800	1205	2813	2794	1481	3871	276	5495
卡龙乡	1950	977	973	482	977	973	450	1373	127	1910
阿扎乡	2016	963	1053	450	936	1044	459	1413	144	2009
工布学乡	6505	3309	3196	1490	3265	3172	1771	4443	291	6505
卡热乡	2542	1263	1279	639	1237	1271	627	1768	147	2513
白地乡	2038	1030	1008	452	1007	1001	451	1445	142	2026
张达乡	3877	1944	1933	638	1933	1931	1057	2639	181	3759
日喀则地区	**703292**	**361611**	**341681**	**145401**	**343675**	**334331**	**177059**	**490526**	**35707**	**669698**
日喀则市	**120374**	**61696**	**58678**	**30132**	**55934**	**56136**	**23854**	**90966**	**5554**	**104750**
城北办事处	13110	5920	7190	4155	5640	7154	2343	10142	625	11912
城南办事处	50857	25947	24910	17336	21066	22550	6612	42301	1944	37017
曲美乡	5998	3272	2726	933	3077	2707	1547	4130	321	5910
聂日雄乡	5119	2766	2353	737	2572	2318	1269	3592	258	4919
曲布雄乡	5428	2862	2566	785	2862	2566	1503	3666	259	5421
联乡	4823	2588	2235	711	2562	2224	1268	3292	263	4771
甲措雄乡	11946	6154	5792	1906	6060	5754	3305	8044	597	11930
纳尔乡	2064	1079	985	327	1079	985	523	1433	108	2058
年木乡	3347	1733	1614	527	1733	1614	894	2264	189	3297
东嘎乡	8625	4604	4021	1377	4578	3997	2168	5964	493	8572
边雄乡	4106	2086	2020	628	2072	2015	1139	2767	200	4070
江当乡	4951	2685	2266	710	2633	2252	1283	3371	297	4873
南木林县	**74930**	**39274**	**35656**	**13825**	**38385**	**35236**	**19915**	**50933**	**4082**	**74227**
南木林镇	10028	5232	4796	2283	4680	4553	2411	7098	519	9651
普当乡	3227	1698	1529	586	1683	1508	871	2161	195	3221
仁堆乡	1356	662	694	318	648	691	326	961	69	1355
拉布普乡	2061	1084	977	374	1078	973	601	1372	88	2061
多角乡	4860	2549	2311	811	2505	2274	1286	3317	257	4816
卡孜乡	5473	2958	2515	958	2945	2500	1504	3717	252	5440
土布加乡	5607	2901	2706	985	2860	2701	1578	3721	308	5593
艾玛乡	9612	4923	4689	1753	4914	4689	2694	6454	464	9594
奴玛乡	2967	1645	1322	493	1621	1322	784	2017	166	2958
达孜乡	4231	2231	2000	771	2226	1997	1163	2813	255	4160
索金乡	3434	1808	1626	533	1802	1622	917	2322	195	3427
茶尔乡	2404	1216	1188	472	1216	1187	700	1553	151	2388
秋木乡	2302	1187	1115	459	1181	1108	608	1588	106	2282
达那乡	2448	1292	1156	440	1243	1137	611	1682	155	2444
芒热乡	2956	1545	1411	579	1520	1409	767	2024	165	2935
热当乡	7310	3921	3389	1233	3887	3380	1913	4955	442	7292
甲措乡	4654	2422	2232	777	2376	2185	1181	3178	295	4610
江孜县	**63503**	**31790**	**31713**	**11987**	**30339**	**31005**	**14913**	**45159**	**3431**	**60638**
江孜镇	11039	5601	5438	2923	4503	4975	1912	8563	564	9991
纳如乡	3998	2008	1990	679	1990	1962	995	2735	268	3798
卡麦乡	5174	2631	2543	788	2611	2517	1315	3520	339	5019

表26 续表 7　　　　　　　　　　　　　　　　　　　　　　　　单位：人、户

地区	总人口			家庭户	家庭户总人口		分年龄人口			居住本地，户口在本地
	合计	男	女	户数	男	女	0-14岁	15-64岁	65岁及以上	
卡堆乡	5042	2507	2535	808	2486	2533	1288	3422	332	4815
藏改乡	2309	1111	1198	403	1099	1191	554	1621	134	2231
日朗乡	1069	520	549	197	509	547	251	750	68	1049
达孜乡	2483	1291	1192	422	1269	1161	654	1715	114	2352
热索乡	3244	1630	1614	595	1609	1598	846	2232	166	3138
重孜乡	4232	2075	2157	799	2040	2138	983	2988	261	4112
龙马乡	1732	900	832	299	885	829	385	1251	96	1665
紫金乡	3424	1712	1712	596	1685	1687	827	2453	144	3312
江热乡	4242	2070	2172	701	2030	2131	1000	3091	151	4106
年堆乡	3314	1615	1699	602	1591	1673	884	2274	156	3204
康卓乡	2198	1089	1109	347	1071	1100	565	1531	102	2122
金嘎乡	2507	1260	1247	507	1248	1245	612	1741	154	2444
日星乡	2226	1188	1038	347	1158	1036	548	1546	132	2166
热龙乡	2043	967	1076	399	959	1076	539	1419	85	1957
车仁乡	2603	1295	1308	456	1276	1302	591	1878	134	2550
加克西乡	624	320	304	119	320	304	164	429	31	607
定日县	**50818**	**25787**	**25031**	**10685**	**25431**	**24866**	**14415**	**34071**	**2332**	**49417**
协格尔镇	9528	4870	4658	2538	4722	4628	2312	6859	357	9051
岗嘎镇	6850	3538	3312	1361	3480	3252	1844	4650	356	6703
加措乡	1319	690	629	249	687	628	355	908	56	1286
绒辖乡	783	385	398	178	368	393	254	485	44	753
尼辖乡	1827	917	910	359	897	902	549	1201	77	1588
盆古乡	1453	729	724	269	705	719	429	932	92	1433
曲当乡	5903	2932	2971	1255	2897	2966	2001	3612	290	5788
扎果乡	2285	1160	1125	461	1159	1125	657	1536	92	2278
扎西宗乡	6722	3342	3380	1265	3312	3347	2132	4260	330	6680
长所乡	3601	1842	1759	721	1842	1759	930	2502	169	3396
曲洛乡	3033	1559	1474	562	1539	1456	850	2051	132	3031
措果乡	3556	1766	1790	747	1766	1790	956	2474	126	3472
克玛乡	3958	2057	1901	720	2057	1901	1146	2601	211	3958
萨迦县	**47304**	**24489**	**22815**	**9025**	**23235**	**22055**	**12039**	**32745**	**2520**	**46902**
萨迦镇	4758	2474	2284	1160	2073	2132	1088	3402	268	4613
吉定镇	6182	3126	3056	1143	2993	2955	1602	4204	376	6134
木拉乡	3184	1700	1484	623	1700	1484	774	2259	151	3183
查荣乡	4002	2087	1915	699	1943	1802	934	2782	286	3976
拉洛乡	3627	1890	1737	718	1865	1728	865	2575	187	3621
赛乡	3457	1855	1602	637	1769	1536	859	2401	197	3446
扯休乡	5111	2639	2472	916	2639	2472	1371	3498	242	5106
扎西岗乡	4509	2275	2234	928	2144	2145	1277	3026	206	4439
雄玛乡	5796	3030	2766	869	2866	2632	1433	4064	299	5766
麻布加乡	4296	2227	2069	848	2057	1973	1145	2934	217	4259
雄麦乡	2382	1186	1196	484	1186	1196	691	1600	91	2359
拉孜县	**49286**	**25245**	**24041**	**9523**	**24464**	**23775**	**13723**	**33211**	**2352**	**48317**
曲下镇	6263	3203	3060	1563	2773	2933	1392	4670	201	5582
拉孜镇	5870	2928	2942	1120	2835	2900	1664	3955	251	5837
扎西宗乡	2737	1416	1321	518	1392	1314	785	1804	148	2729
曲玛乡	4541	2355	2186	723	2333	2182	1400	2931	210	4518
彭措林乡	3714	1937	1777	689	1902	1744	1070	2435	209	3661
扎西岗乡	6358	3312	3046	1088	3279	3039	1845	4181	332	6340
柳乡	3543	1804	1739	662	1768	1728	1001	2345	197	3512

表26　续表 8　　　　单位：人、户

地　区	总人口			家庭户	家庭户总人口		分年龄人口			居住本地，户口在本地
	合　计	男	女	户　数	男	女	0-14岁	15-64岁	65岁及以上	
热莎乡	3445	1792	1653	566	1768	1643	1024	2214	207	3431
芒普乡	3393	1706	1687	676	1665	1679	951	2277	165	3368
锡钦乡	5730	2898	2832	1151	2877	2832	1592	3884	254	5673
查务乡	3692	1894	1798	767	1872	1781	999	2515	178	3666
昂仁县	**51472**	**26113**	**25359**	**11105**	**25765**	**25287**	**13987**	**34473**	**3012**	**49309**
卡嘎镇	8567	4424	4143	2339	4277	4120	1980	6112	475	8187
桑桑镇	4379	2177	2202	992	2166	2180	1094	3086	199	4309
切热乡	1316	649	667	310	649	667	400	854	62	1303
秋窝乡	6707	3406	3301	1387	3379	3295	1776	4457	474	6214
达居乡	4407	2237	2170	772	2196	2150	1273	2868	266	3743
亚木乡	6313	3178	3135	1220	3158	3135	1603	4232	478	6082
贡久布乡	1147	580	567	271	580	567	349	743	55	1115
达若乡	612	285	327	148	285	327	220	365	27	581
措迈乡	1508	753	755	384	745	755	508	936	64	1493
尼果乡	1437	717	720	371	717	720	476	894	67	1430
孔隆乡	728	363	365	190	348	365	205	494	29	727
如萨乡	721	362	359	196	362	359	233	458	30	721
阿木雄乡	857	464	393	202	428	393	281	533	43	819
查孜乡	1187	627	560	325	616	559	322	813	52	1166
日吾其乡	4970	2540	2430	820	2524	2430	1466	3211	293	4874
多白乡	5830	2969	2861	1000	2953	2861	1534	3937	359	5791
雄巴乡	786	382	404	178	382	404	267	480	39	754
谢通门县	**42280**	**22047**	**20233**	**8350**	**21217**	**19891**	**11234**	**28848**	**2198**	**41325**
卡嘎镇	7023	3586	3437	1800	3319	3298	1527	5138	358	6607
达木夏乡	4237	2167	2070	828	2154	2069	1272	2752	213	4215
查布乡	1666	892	774	293	856	764	509	1077	80	1643
春哲乡	1222	628	594	232	596	589	357	793	72	1221
则许乡	700	359	341	152	338	337	215	449	36	683
娘热乡	1308	750	558	209	533	526	339	908	61	1075
措布西乡	1720	857	863	371	852	861	502	1134	84	1717
纳当乡	1410	690	720	278	684	718	430	910	70	1407
青都乡	656	331	325	156	328	320	153	471	32	653
切琼乡	620	301	319	124	295	318	226	376	18	617
美巴切勤乡	1135	590	545	224	567	541	350	747	38	1112
列巴乡	1509	766	743	285	756	716	483	937	89	1500
塔定乡	1824	915	909	400	907	907	366	1335	123	1817
荣玛乡	2306	1249	1057	331	1227	1036	591	1584	131	2299
通门乡	2770	1455	1315	482	1405	1287	681	1939	150	2725
仁钦则乡	5213	2802	2411	902	2766	2389	1397	3513	303	5184
达那普乡	2216	1217	999	436	1212	996	576	1503	137	2202
达那塔乡	3631	1920	1711	647	1857	1681	949	2554	128	3537
南木切乡	1114	572	542	200	565	538	311	728	75	1111
白朗县	**42551**	**22242**	**20309**	**7203**	**21911**	**20073**	**10532**	**29655**	**2364**	**41576**
洛江镇	7243	3794	3449	1546	3626	3330	1671	5191	381	6892
嘎东镇	7601	3788	3813	1200	3753	3799	1865	5415	321	7491
巴扎乡	5134	2640	2494	791	2640	2460	1282	3575	277	5059
玛乡	4632	2430	2202	724	2390	2169	1187	3157	288	4595
旺丹乡	4036	2155	1881	716	2135	1881	1011	2794	231	3927
曲奴乡	3305	1715	1590	488	1714	1582	931	2175	199	3274
杜琼乡	3192	1657	1535	556	1648	1530	865	2113	214	3126

表26 续表 9 单位：人、户

地 区	总人口			家庭户	家庭户总人口		分年龄人口			居住本地，户口在本地
	合 计	男	女	户 数	男	女	0-14岁	15-64岁	65岁及以上	
强堆乡	2369	1302	1067	364	1298	1067	621	1603	145	2326
嘎普乡	1989	1050	939	341	1008	919	444	1442	103	1932
者下乡	1906	1077	829	289	1077	829	428	1323	155	1859
东喜乡	1144	634	510	188	622	507	227	867	50	1095
仁布县	**27826**	**14333**	**13493**	**4872**	**13945**	**13243**	**7309**	**18403**	**2114**	**27457**
德吉林镇	4722	2410	2312	920	2180	2156	1225	3194	303	4478
帕当乡	2947	1527	1420	506	1527	1420	768	1927	252	2945
康雄乡	3353	1733	1620	481	1703	1611	846	2240	267	3342
普松乡	1763	943	820	251	924	810	460	1191	112	1758
然巴乡	2009	1048	961	334	1037	957	507	1330	172	1987
茶巴乡	3876	2025	1851	689	2015	1842	984	2570	322	3853
切洼乡	3605	1827	1778	591	1797	1743	1015	2336	254	3600
姆乡	3067	1552	1515	595	1511	1504	835	2006	226	3032
仁布乡	2484	1268	1216	505	1251	1200	669	1609	206	2462
康马县	**20522**	**10343**	**10179**	**4430**	**10149**	**10137**	**5217**	**14288**	**1017**	**20154**
康马镇	3085	1569	1516	1017	1523	1508	679	2269	137	2889
涅如麦乡	1658	846	812	304	843	811	464	1134	60	1657
涅如堆乡	2075	1062	1013	381	1006	995	592	1423	60	2044
嘎拉乡	3404	1755	1649	688	1745	1649	881	2355	168	3389
萨玛达乡	1944	965	979	395	964	979	498	1356	90	1938
康如乡	1888	924	964	363	908	960	457	1296	135	1855
少岗乡	2344	1130	1214	506	1130	1214	589	1604	151	2331
南尼乡	2232	1119	1113	414	1083	1111	595	1511	126	2186
雄章乡	1892	973	919	362	947	910	462	1340	90	1865
定结县	**20319**	**10785**	**9534**	**3828**	**9593**	**9341**	**5313**	**14250**	**756**	**20056**
江嘎镇	4428	2689	1739	835	1627	1606	833	3463	132	4254
陈塘镇	2043	1067	976	404	1048	976	750	1189	104	1996
日屋镇	1135	542	593	274	523	589	350	764	21	1131
确布乡	1609	817	792	280	809	788	422	1113	74	1608
扎西岗乡	2048	1041	1007	371	1027	1002	579	1394	75	2039
多布扎乡	1606	837	769	286	816	766	421	1131	54	1605
定结乡	1586	833	753	304	818	744	361	1146	79	1574
琼孜乡	2704	1378	1326	453	1360	1300	754	1863	87	2695
萨尔乡	2360	1175	1185	490	1172	1181	620	1662	78	2360
郭加乡	800	406	394	131	393	389	223	525	52	794
仲巴县	**22147**	**11338**	**10809**	**5163**	**10724**	**10635**	**6956**	**14181**	**1010**	**20671**
帕羊镇	2118	1049	1069	545	1026	1059	672	1359	87	1977
拉让乡	1966	1068	898	645	876	846	407	1497	62	1604
帕江乡	2485	1355	1130	439	1172	1112	745	1625	115	2331
仁多乡	1987	1004	983	350	978	978	704	1213	70	1952
吉玛乡	1873	913	960	431	899	954	652	1112	109	1740
隆嘎尔乡	3275	1698	1577	657	1605	1521	1100	2041	134	3094
霍尔巴乡	1341	658	683	342	657	679	407	849	85	1306
吉拉乡	907	456	451	249	455	448	327	523	57	899
纳久乡	1202	602	600	306	590	600	377	768	57	1084
偏吉乡	1706	893	813	414	868	805	517	1100	89	1702
布多乡	630	330	300	138	300	297	215	389	26	561
亚热乡	1342	657	685	302	648	681	452	840	50	1336
琼果乡	1315	655	660	345	650	655	381	865	69	1085
亚东县	**12920**	**6269**	**6651**	**3213**	**5596**	**6440**	**2432**	**9779**	**709**	**11760**

表26 续表 10

单位：人、户

地区	总人口			家庭户	家庭户总人口		分年龄人口			居住本地，户口在本地
	合计	男	女	户数	男	女	0-14岁	15-64岁	65岁及以上	
下司马镇	3341	1713	1628	926	1286	1481	447	2723	171	2770
帕里镇	2554	1156	1398	645	1044	1367	518	1900	136	2399
下亚东乡	1097	532	565	303	498	559	212	822	63	1024
堆纳乡	2746	1374	1372	540	1343	1367	699	1946	101	2621
上亚东乡	1276	555	721	403	519	711	171	959	146	1199
吉汝乡	828	403	425	169	389	422	169	623	36	785
康布乡	1078	536	542	227	517	533	216	806	56	962
吉隆县	**14972**	**7890**	**7082**	**3333**	**7225**	**6990**	**4266**	**10069**	**637**	**14519**
宗嘎镇	4047	2213	1834	1060	1802	1807	943	2977	127	3756
吉隆镇	4863	2554	2309	1042	2329	2263	1372	3199	292	4702
折巴乡	2324	1193	1131	445	1182	1127	762	1496	66	2324
贡当乡	1047	507	540	240	506	540	333	675	39	1047
差那乡	2691	1423	1268	546	1406	1253	856	1722	113	2690
聂拉木县	**17568**	**9330**	**8238**	**3540**	**8170**	**7831**	**4530**	**12305**	**733**	**15428**
聂拉木镇	2986	1566	1420	720	1291	1347	676	2194	116	2687
樟木镇	3469	1950	1519	795	1195	1227	550	2839	80	1801
亚来乡	1555	802	753	293	760	736	450	1031	74	1503
锁作乡	3166	1635	1531	524	1622	1521	904	2090	172	3146
门布乡	2678	1433	1245	514	1397	1237	785	1764	129	2627
乃龙乡	1344	691	653	244	682	646	388	882	74	1311
波绒乡	2370	1253	1117	450	1223	1117	777	1505	88	2353
萨嘎县	**14036**	**7261**	**6775**	**2937**	**6591**	**6427**	**3869**	**9587**	**580**	**13081**
加加镇	3242	1741	1501	696	1187	1232	654	2500	88	2559
夏如乡	2490	1350	1140	417	1320	1129	695	1647	148	2462
旦嘎乡	1505	764	741	291	746	730	435	995	75	1473
达吉岭乡	1169	588	581	285	572	569	334	795	40	1165
如角乡	851	446	405	195	438	399	256	550	45	830
拉藏乡	1495	762	733	361	754	727	466	962	67	1439
雄如乡	1900	925	975	401	906	950	545	1277	78	1815
昌果乡	1384	685	699	291	668	691	484	861	39	1338
岗巴县	**10464**	**5379**	**5085**	**2250**	**5001**	**4963**	**2555**	**7603**	**306**	**10111**
岗巴镇	3417	1797	1620	843	1548	1540	761	2582	74	3153
昌龙乡	2113	1081	1032	386	1020	1019	535	1506	72	2098
直克乡	1226	629	597	262	616	591	338	861	27	1212
孔玛乡	1364	672	692	304	655	682	350	966	48	1350
龙中乡	2344	1200	1144	455	1162	1131	571	1688	85	2298
那曲地区	**462381**	**239023**	**223358**	**98035**	**231758**	**220556**	**141911**	**299297**	**21173**	**436498**
那曲县	**108781**	**56286**	**52495**	**27531**	**54877**	**52183**	**32234**	**72489**	**4058**	**92726**
那曲镇	50530	26774	23756	15622	25566	23497	12350	36648	1532	35387
罗玛镇	6572	3251	3321	1221	3247	3320	1958	4330	284	6303
古露镇	3695	1857	1838	836	1857	1838	1166	2363	166	3695
香茂乡	6402	3226	3176	1416	3190	3153	2027	4118	257	6318
油恰乡	5013	2516	2497	895	2499	2497	1993	2874	146	4881
那玛切乡	7898	3976	3922	1566	3976	3922	2715	4816	367	7841
孔玛乡	4690	2324	2366	1029	2310	2350	1492	2982	216	4643
达萨乡	8098	4134	3964	1690	4134	3964	2707	5056	335	8012
洛麦乡	3127	1632	1495	670	1632	1495	1106	1878	143	3122
色雄乡	4047	2076	1971	831	2076	1971	1642	2245	160	3913
尼玛乡	4175	2154	2021	842	2050	2018	1478	2449	248	4078
达前乡	4534	2366	2168	913	2340	2158	1600	2730	204	4533

表26 续表 11

单位：人、户

地区	总人口			家庭户	家庭户总人口		分年龄人口			居住本地，户口在本地
	合计	男	女	户数	男	女	0-14岁	15-64岁	65岁及以上	
嘉黎县	**32356**	**16473**	**15883**	**6157**	**16172**	**15793**	**11119**	**19760**	**1477**	**31379**
阿扎镇	4879	2590	2289	1334	2388	2246	1415	3280	184	4323
嘉黎镇	3455	1714	1741	617	1692	1723	1273	2019	163	3405
鸽群乡	2292	1150	1142	385	1139	1141	754	1423	115	2280
藏比乡	1886	939	947	283	939	947	719	1091	76	1863
忠玉乡	1897	919	978	365	894	968	477	1327	93	1880
措多乡	4676	2390	2286	737	2378	2276	1836	2632	208	4521
措拉乡	4266	2168	2098	819	2139	2090	1375	2664	227	4217
林堤乡	1666	835	831	364	835	831	584	995	87	1638
夏玛乡	4178	2135	2043	716	2135	2043	1522	2469	187	4151
绒多乡	3161	1633	1528	537	1633	1528	1164	1860	137	3101
比如县	**60179**	**31450**	**28729**	**10426**	**30135**	**28001**	**19758**	**37512**	**2909**	**58924**
比如镇	10709	5864	4845	1543	4725	4214	3048	7239	422	9659
夏曲镇	11478	6173	5305	2346	6163	5301	3474	7544	460	11357
白嘎乡	7431	3784	3647	1279	3784	3647	2403	4588	440	7409
羊秀乡	5307	2762	2545	1088	2697	2491	1707	3314	286	5307
香曲乡	5144	2602	2542	776	2602	2542	1798	3033	313	5144
达塘乡	7025	3532	3493	1099	3517	3490	2680	4037	308	7024
良曲乡	3387	1746	1641	579	1685	1617	1156	2054	177	3364
茶曲乡	5557	2833	2724	864	2833	2724	2065	3198	294	5550
扎拉乡	2674	1367	1307	451	1348	1296	954	1579	141	2644
恰则乡	1467	787	680	401	781	679	473	926	68	1466
聂荣县	**32376**	**16030**	**16346**	**6877**	**15838**	**16206**	**9593**	**21210**	**1573**	**30908**
聂荣镇	4285	2183	2102	1212	2042	2018	1066	3052	167	3871
尼玛乡	4480	2226	2254	956	2216	2238	1186	3064	230	4426
查当乡	2953	1443	1510	538	1419	1502	927	1867	159	2751
当木江乡	2817	1387	1430	539	1386	1429	962	1735	120	2691
永曲乡	1891	930	961	351	919	950	615	1173	103	1768
索雄乡	1841	885	956	331	880	945	582	1166	93	1706
白雄乡	3749	1841	1908	754	1841	1908	1285	2288	176	3544
桑荣乡	1835	908	927	388	908	925	590	1134	111	1763
下曲乡	3383	1663	1720	715	1663	1720	966	2236	181	3352
色庆乡	5142	2564	2578	1093	2564	2571	1414	3495	233	5036
安多县	**37802**	**19200**	**18602**	**8735**	**18613**	**18301**	**10860**	**25257**	**1685**	**36673**
扎仁镇	8507	4302	4205	1968	4302	4205	2454	5623	430	8497
雁石坪镇	2876	1448	1428	618	1371	1348	836	1919	121	2706
强玛镇	4461	2331	2130	953	2316	2128	1362	2875	224	4389
帕那镇	5963	3148	2815	1719	2754	2665	1314	4424	225	5279
措玛乡	3998	1996	2002	988	1973	1972	1177	2630	191	3962
滩堆乡	1143	574	569	267	543	569	319	760	64	1108
扎曲乡	1109	550	559	251	544	555	333	729	47	1097
岗尼乡	1705	835	870	361	826	855	491	1161	53	1705
玛曲乡	2486	1232	1254	446	1218	1247	834	1549	103	2458
色务乡	943	487	456	194	487	456	343	565	35	918
玛荣乡	1003	499	504	216	492	501	317	653	33	979
多玛乡	1685	859	826	327	851	822	507	1104	74	1682
帮麦乡	1923	939	984	427	936	978	573	1265	85	1893
申扎县	**20285**	**10355**	**9930**	**4412**	**10047**	**9884**	**5999**	**13161**	**1125**	**19706**
申扎镇	4296	2197	2099	1147	2088	2068	1208	2909	179	3966
雄梅镇	3437	1744	1693	663	1739	1691	1137	2131	169	3419

表26 续表 12

单位：人、户

地区	总人口			家庭户	家庭户总人口		分年龄人口			居住本地，户口在本地
	合计	男	女	户数	男	女	0-14岁	15-64岁	65岁及以上	
马跃乡	1829	932	897	335	923	897	523	1178	128	1813
买巴乡	1383	710	673	278	710	673	398	904	81	1367
塔尔玛乡	3405	1727	1678	748	1711	1676	1084	2123	198	3366
下过乡	2330	1124	1206	482	1124	1206	749	1458	123	2329
恰乡	1565	823	742	356	818	740	471	1000	94	1550
巴扎乡	2040	1098	942	403	934	933	429	1458	153	1896
索县	**43621**	**22322**	**21299**	**8443**	**21612**	**21061**	**14086**	**27211**	**2324**	**42669**
亚拉镇	9785	5064	4721	2379	4673	4609	3060	6172	553	9174
荣布镇	7214	3574	3640	1341	3565	3635	2523	4303	388	7116
若达乡	2695	1328	1367	501	1310	1355	1027	1487	181	2695
热瓦乡	2566	1270	1296	525	1255	1272	823	1571	172	2532
色昌乡	3130	1639	1491	527	1617	1474	1056	1885	189	3101
嘎木乡	2155	1112	1043	380	1085	1034	799	1264	92	2138
赤多乡	2991	1553	1438	490	1527	1428	977	1863	151	2942
嘎美乡	4947	2601	2346	852	2578	2319	1635	3094	218	4878
加勒乡	4983	2578	2405	910	2419	2388	1351	3413	219	4940
江达乡	3155	1603	1552	538	1583	1547	835	2159	161	3153
班戈县	**36842**	**18269**	**18573**	**8541**	**17787**	**18300**	**10843**	**24076**	**1923**	**35959**
普保镇	6753	3404	3349	1856	3146	3201	1723	4716	314	6256
北拉镇	4656	2283	2373	1122	2255	2372	1361	3056	239	4560
佳琼镇	2926	1396	1530	670	1396	1530	947	1839	140	2921
德庆镇	3698	1844	1854	781	1813	1828	1110	2411	177	3663
马前乡	2187	1083	1104	475	1073	1099	725	1349	113	2157
门当乡	4737	2319	2418	1017	2277	2398	1464	3009	264	4629
保吉乡	2048	990	1058	465	972	1049	599	1315	134	2045
青龙乡	3792	1885	1907	879	1840	1862	1017	2549	226	3776
新吉乡	3703	1891	1812	782	1863	1802	1229	2300	174	3670
尼玛乡	2342	1174	1168	494	1152	1159	668	1532	142	2282
巴青县	**48284**	**27162**	**21122**	**8201**	**27036**	**21085**	**15740**	**30745**	**1799**	**47156**
雅安镇	4802	2621	2181	739	2621	2181	1584	2988	230	4693
拉西镇	8032	4881	3151	1958	4783	3120	2370	5490	172	7462
杂色镇	9375	5380	3995	1439	5380	3995	3496	5614	265	9370
江绵乡	5882	3302	2580	869	3298	2578	2012	3656	214	5734
岗切乡	4089	2203	1886	681	2203	1886	1379	2510	200	4081
巴青乡	2520	1334	1186	392	1310	1182	736	1681	103	2440
阿秀乡	2262	1245	1017	369	1245	1017	753	1376	133	2248
玛如乡	5915	3214	2701	822	3214	2701	1890	3770	255	5758
本塔乡	3670	2093	1577	654	2093	1577	894	2627	149	3657
贡日乡	1737	889	848	278	889	848	626	1033	78	1713
尼玛县	**41855**	**21476**	**20379**	**8712**	**19641**	**19742**	**11679**	**27876**	**2300**	**40398**
尼玛镇	6943	3934	3009	1162	2599	2530	1480	5121	342	6236
措折罗玛镇	2818	1396	1422	475	1296	1391	851	1782	185	2741
文布乡	1850	933	917	443	909	910	475	1237	138	1850
中仓乡	2492	1250	1242	586	1250	1242	730	1604	158	2492
卓瓦乡	1996	1020	976	396	1016	971	614	1279	103	1986
卓尼乡	1791	886	905	336	864	898	561	1140	90	1751
吉瓦乡	1664	816	848	380	802	840	421	1155	88	1643
甲谷乡	1871	914	957	487	891	955	541	1231	99	1857
阿索乡	1584	799	785	376	799	785	400	1091	93	1577
俄久乡	2081	1024	1057	392	977	1041	642	1311	128	2058
荣玛乡	944	474	470	209	474	470	319	584	41	931
达果乡	1649	861	788	312	812	775	497	1064	88	1644
申亚乡	1691	855	836	446	849	831	422	1169	100	1680
来多乡	1902	937	965	372	925	957	521	1245	136	1902
军仓乡	1398	749	649	353	746	649	277	996	125	1373
协德乡	2238	1123	1115	438	1110	1113	815	1332	91	2152

表26 续表 13 单位：人、户

地区	总人口			家庭户	家庭户总人口		分年龄人口			居住本地，户口在本地
	合计	男	女	户数	男	女	0-14岁	15-64岁	65岁及以上	
雅曲乡	1051	524	527	223	494	518	332	680	39	992
嘎措乡	537	266	271	104	257	269	139	358	40	524
措折强玛乡	1092	534	558	187	523	556	404	648	40	1052
多玛乡	2764	1435	1329	660	1303	1288	798	1861	105	2501
巴岭乡	1499	746	753	375	745	753	440	988	71	1456
阿里地区	**95465**	**49802**	**45663**	**22962**	**43802**	**43555**	**25367**	**65576**	**4522**	**87891**
普兰县	**9657**	**5028**	**4629**	**2373**	**4365**	**4537**	**2304**	**6840**	**513**	**8951**
普兰镇	6047	3205	2842	1445	2582	2784	1303	4396	348	5649
巴噶乡	1659	836	823	459	802	800	430	1157	72	1415
霍尔乡	1951	987	964	469	981	953	571	1287	93	1887
札达县	**6883**	**3456**	**3427**	**1698**	**3089**	**3329**	**1662**	**4869**	**352**	**6404**
托林镇	2014	1100	914	504	802	859	375	1566	73	1639
萨让乡	663	331	332	170	302	325	120	511	32	645
达巴乡	1241	627	614	284	616	606	361	815	65	1203
底雅乡	789	360	429	209	354	421	216	527	46	778
香孜乡	1248	581	667	316	563	653	320	841	87	1222
曲松乡	928	457	471	215	452	465	270	609	49	917
噶尔县	**16901**	**9285**	**7616**	**4233**	**6370**	**6404**	**2955**	**13417**	**529**	**13230**
狮泉河镇	10507	6114	4393	2614	3380	3279	1144	9222	141	7051
昆沙乡	1997	981	1016	542	961	993	581	1273	143	1962
左左乡	1343	667	676	362	643	661	374	903	66	1316
门士乡	2193	1097	1096	502	1020	1053	638	1425	130	2087
扎西岗乡	861	426	435	213	366	418	218	594	49	814
日土县	**9738**	**5042**	**4696**	**2357**	**4524**	**4498**	**2675**	**6642**	**421**	**9188**
日土镇	3057	1689	1368	861	1177	1171	496	2446	115	2524
热帮乡	2242	1160	1082	460	1160	1082	853	1294	95	2237
日松乡	1921	958	963	438	958	963	585	1238	98	1920
东汝乡	1278	636	642	317	636	642	385	840	53	1278
多玛乡	1240	599	641	281	593	640	356	824	60	1229
革吉县	**15483**	**8093**	**7390**	**3611**	**7723**	**7253**	**4943**	**9864**	**676**	**14972**
革吉镇	3886	2052	1834	1024	1861	1764	1123	2631	132	3702
雄巴乡	3202	1695	1507	705	1636	1477	1024	2054	124	3127
亚热乡	3345	1725	1620	738	1649	1598	1017	2152	176	3248
盐湖乡	3124	1613	1511	708	1588	1503	1164	1828	132	3046
文布当桑乡	1926	1008	918	436	989	911	615	1199	112	1849
改则县	**22177**	**11297**	**10880**	**5341**	**10675**	**10672**	**7012**	**14025**	**1140**	**21297**
改则镇	5072	2686	2386	1234	2214	2238	1355	3490	227	4385
物玛乡	2315	1137	1178	638	1120	1170	727	1448	140	2315
先遣乡	1825	924	901	475	908	890	612	1139	74	1798
麻米乡	4363	2140	2223	997	2116	2207	1467	2649	247	4298
洞措乡	2571	1299	1272	598	1243	1254	808	1577	186	2508
古姆乡	2312	1204	1108	511	1171	1103	794	1434	84	2298
察布乡	3719	1907	1812	888	1903	1810	1249	2288	182	3695
措勤县	**14626**	**7601**	**7025**	**3349**	**7056**	**6862**	**3816**	**9919**	**891**	**13759**
措勤镇	4190	2267	1923	981	1887	1781	960	3020	210	3597
磁石乡	2498	1280	1218	619	1268	1216	635	1704	159	2456
曲洛乡	2398	1238	1160	600	1162	1149	696	1569	133	2286
江让乡	2924	1490	1434	642	1471	1431	707	1987	230	2921
达雄乡	2616	1326	1290	507	1268	1285	818	1639	159	2499
林芝地区	**195109**	**100412**	**94697**	**48977**	**91285**	**90305**	**43843**	**142926**	**8340**	**155512**
林芝县	**54702**	**28442**	**26260**	**15700**	**23483**	**23280**	**8841**	**44033**	**1828**	**30184**
林芝镇	3267	1679	1588	724	1577	1551	684	2322	261	2464
百巴镇	3748	1869	1879	771	1865	1857	992	2571	185	3502
八一镇	39110	20560	18550	12165	15828	15711	5444	32855	811	17047
鲁朗镇	1588	812	776	426	799	762	282	1210	96	1489
更章门巴民族乡	1614	825	789	392	823	787	422	1104	88	1320

表26 续表 14

单位：人、户

地区	总人口			家庭户	家庭户总人口		分年龄人口			居住本地，户口在本地
	合计	男	女	户数	男	女	0-14岁	15-64岁	65岁及以上	
布久乡	3128	1578	1550	757	1526	1503	548	2367	213	2323
米瑞乡	2247	1119	1128	465	1065	1109	469	1604	174	2039
工布江达县	**29929**	**15061**	**14868**	**7213**	**14564**	**14560**	**7892**	**20672**	**1365**	**27540**
工布江达镇	5451	2719	2732	1784	2442	2543	1080	4174	197	4252
金达镇	4564	2317	2247	912	2264	2217	1321	3034	209	4448
巴河镇	2926	1469	1457	662	1421	1419	759	2019	148	2666
错高乡	2365	1217	1148	520	1191	1133	644	1622	99	2207
朱拉乡	2739	1386	1353	728	1377	1344	674	1907	158	2620
仲莎乡	2560	1265	1295	677	1264	1294	651	1761	148	2473
江达乡	2332	1131	1201	555	1119	1192	604	1617	111	2272
娘蒲乡	2728	1383	1345	487	1332	1335	983	1648	97	2666
加兴乡	4264	2174	2090	888	2154	2083	1176	2890	198	3936
米林县	**22834**	**11589**	**11245**	**5792**	**10884**	**10953**	**5504**	**16176**	**1154**	**18961**
米林镇	5617	2991	2626	1906	2636	2540	1113	4317	187	3694
卧龙镇	4158	2078	2080	969	2013	2039	1120	2845	193	3635
派镇	2334	1218	1116	580	1098	1054	525	1648	161	1984
丹娘乡	1774	870	904	384	856	889	440	1230	104	1672
南伊珞巴民族乡	644	317	327	127	256	300	161	452	31	532
羌纳乡	2717	1337	1380	545	1303	1366	633	1903	181	2553
里龙乡	2038	1023	1015	459	1005	993	589	1339	110	1805
扎西绕登乡	3552	1755	1797	822	1717	1772	923	2442	187	3086
墨脱县	**10963**	**5852**	**5111**	**2317**	**5411**	**5000**	**3009**	**7518**	**436**	**9743**
墨脱镇	3157	1719	1438	865	1548	1410	724	2333	100	2422
甘登乡	330	189	141	61	174	136	89	221	20	326
加拉萨乡	653	343	310	140	329	308	185	439	29	633
达木珞巴民族乡	1263	707	556	241	515	516	316	918	29	917
帮辛乡	1266	659	607	237	659	607	368	811	87	1228
格当乡	585	290	295	106	280	287	192	367	26	563
德兴乡	1473	768	705	284	754	693	453	960	60	1448
背崩乡	2236	1177	1059	383	1152	1043	682	1469	85	2206
波密县	**33480**	**17620**	**15860**	**7414**	**16079**	**15546**	**8386**	**23668**	**1426**	**28792**
扎木镇	9050	4810	4240	2645	4232	4022	1785	6994	271	5514
倾多镇	5402	3146	2256	1042	2419	2238	1342	3850	210	5185
松宗镇	2034	992	1042	408	983	1035	557	1361	116	1964
古乡	1549	778	771	321	753	762	424	1054	71	1186
玉许乡	5569	2835	2734	997	2815	2725	1666	3643	260	5462
多吉乡	3041	1530	1511	546	1508	1490	884	2015	142	3027
康玉乡	1723	873	850	297	873	850	433	1214	76	1678
玉普乡	1587	848	739	394	752	724	396	1147	44	1464
易贡乡	2242	1126	1116	551	1097	1101	527	1524	191	2077
八盖乡	1283	682	601	213	647	599	372	866	45	1235
察隅县	**27255**	**13702**	**13553**	**5715**	**13045**	**13292**	**6682**	**19198**	**1375**	**25362**
竹瓦根镇	6522	3366	3156	1660	2934	3005	1326	4937	259	5476
上察隅镇	3099	1579	1520	680	1545	1495	850	2077	172	2968
下察隅镇	5186	2553	2633	1148	2512	2591	1245	3640	301	5016
古玉乡	2899	1415	1484	553	1376	1470	744	1990	165	2819
古拉乡	2911	1447	1464	498	1393	1450	815	1949	147	2862
察瓦龙乡	6638	3342	3296	1176	3285	3281	1702	4605	331	6221
朗县	**15946**	**8146**	**7800**	**4826**	**7819**	**7674**	**3529**	**11661**	**756**	**14930**
朗镇	4391	2349	2042	1501	2128	1975	895	3354	142	3642
仲达镇	2321	1121	1200	770	1085	1187	516	1669	136	2242
洞嘎镇	2489	1211	1278	734	1209	1278	595	1791	103	2419
金东乡	1743	899	844	545	882	826	377	1266	100	1670
拉多乡	2143	1101	1042	568	1091	1030	519	1515	109	2130
登木乡	2859	1465	1394	708	1424	1378	627	2066	166	2827

表27　陕西省乡、镇、街道人口

单位：人、户

地　区	总人口			家庭户	家庭户总人口		分年龄人口			居住本地，户口在本地
	合　计	男	女	户　数	男	女	0-14岁	15-64岁	65岁及以上	
陕西省	**37327379**	**19287575**	**18039804**	**10718563**	**17556257**	**16905858**	**5489395**	**28654147**	**3183837**	**31180416**
西安市	**8467838**	**4340803**	**4127035**	**2504155**	**3720109**	**3675956**	**1091264**	**6660214**	**716360**	**6068378**
新城区	**589739**	**300510**	**289229**	**196653**	**263231**	**268704**	**62053**	**456976**	**70710**	**411005**
西一路街道	51889	25733	26156	15702	21740	22859	5296	39922	6671	37934
长乐中路街道	96189	48878	47311	31853	44866	46020	11881	71345	12963	74720
中山门街道	49300	24572	24728	18786	23158	23615	4019	38749	6532	42244
韩森寨街道	104762	54239	50523	32055	42829	43691	11096	82146	11520	66617
解放门街道	31684	15526	16158	10813	14774	15567	3774	24066	3844	23633
自强路街道	42347	21833	20514	14624	19292	19455	4087	33397	4863	28229
太华路街道	71510	35803	35707	26782	35364	35482	7664	55477	8369	48901
长乐西路街道	54367	28353	26014	17630	22612	23776	5271	42645	6451	37572
胡家庙街道	87691	45573	42118	28408	38596	38239	8965	69229	9497	51155
碑林区	**614710**	**317020**	**297690**	**192247**	**248763**	**255464**	**57629**	**485378**	**71703**	**412546**
南院门街道	22976	11176	11800	8452	10508	10973	2478	17745	2753	13529
柏树林街道	49949	24643	25306	19179	24076	24685	5197	37451	7301	35843
长乐坊街道	78299	39788	38511	26325	34844	35314	8309	61450	8540	46176
东关南街街道	74648	39701	34947	19979	25429	26132	6008	62147	6493	45531
太乙路街道	121465	65147	56318	36032	47177	49179	11372	95826	14267	87015
文艺路街道	81817	42081	39736	25469	32406	33158	7004	64074	10739	60329
长安路街道	57416	28165	29251	20345	26035	26704	5915	44337	7164	39606
张家村街道	128140	66319	61821	36466	48288	49319	11346	102348	14446	84517
莲湖区	**698513**	**351125**	**347388**	**256672**	**331466**	**336270**	**79864**	**540852**	**77797**	**441007**
青年路街道	57848	28208	29640	21921	27625	29181	6255	43037	8556	40139
北院门街道	79871	39362	40509	29083	38229	39424	8556	61879	9436	54061
北关街道	66430	32961	33469	24989	31734	32580	7781	52016	6633	35296
红庙坡街道	105145	54408	50737	37522	49040	48383	12641	84597	7907	53595
环城西路街道	49571	25232	24339	17071	22891	23096	5382	38023	6166	33547
西关街道	85231	42386	42845	33203	41161	42205	9608	67293	8330	54814
土门街道	79860	40218	39642	29421	37635	38311	9381	60481	9998	53496
桃园路街道	106450	53723	52727	38468	49634	49890	12151	81107	13192	71310
枣园街道	68107	34627	33480	24994	33517	33200	8109	52419	7579	44749
灞桥区	**595124**	**305035**	**290089**	**184334**	**270495**	**268775**	**76593**	**469119**	**49412**	**418336**
纺织城街道	92435	44310	48125	33598	43371	46074	9540	69745	13150	77774
十里铺街道	100867	52713	48154	41304	50213	46927	13643	83209	4015	24532
红旗街道	52139	27475	24664	16076	25024	23985	6737	41242	4160	38878
席王街道	72599	37096	35503	22773	33910	33999	10056	56867	5676	53953
洪庆街道	67703	34162	33541	21281	32891	32631	9639	50142	7922	62592
狄寨街道	59737	32474	27263	9308	15671	15509	4770	52409	2558	32366
灞桥街道	52557	28312	24245	12641	21342	21373	6389	41702	4466	42644
新筑街道	54191	26931	27260	15767	26708	27062	8952	41055	4184	44419
新合街道	42896	21562	21334	11586	21365	21215	6867	32748	3281	41178
未央区	**806811**	**421476**	**385335**	**238677**	**337203**	**329991**	**96691**	**659902**	**50218**	**408713**
张家堡街道	139047	73152	65895	43999	56062	56013	14687	116125	8235	53774
三桥街道	135773	69823	65950	41865	59771	59654	15325	108745	11703	95989
辛家庙街道	50173	26127	24046	16530	22859	22760	6822	39222	4129	27916

表27 续表 1 单位：人、户

地区	总人口			家庭户	家庭户总人口		分年龄人口			居住本地，户口在本地
	合计	男	女	户数	男	女	0-14岁	15-64岁	65岁及以上	
徐家湾街道	46447	23669	22778	15248	22414	22473	5838	34219	6390	38978
大明宫街道	70673	35688	34985	24815	34452	34236	9955	56635	4083	17724
谭家街道	62690	33869	28821	22834	30563	28107	9011	50405	3274	26632
草滩街道	86571	41491	45080	14154	21561	21198	6961	76900	2710	43095
六村堡街道	62333	31975	30358	14553	25503	25482	7739	50663	3931	46582
未央宫街道	76364	39919	36445	27191	37693	35034	11864	61788	2712	23080
汉城街道	76740	45763	30977	17488	26325	25034	8489	65200	3051	34943
雁塔区	**1178529**	**610595**	**567934**	**393151**	**464770**	**450156**	**120177**	**993033**	**65319**	**556602**
小寨路街道	162675	82853	79822	40681	51850	53726	12884	137831	11960	87635
大雁塔街道	99782	49914	49868	35777	43776	43953	12366	78177	9239	51969
长延堡街道	214712	109885	104827	73201	81454	77102	18360	185472	10880	106872
电子城街道	221767	112459	109308	81648	95174	92675	23994	183349	14424	113799
等驾坡街道	89020	47094	41926	30919	39539	38173	10947	73508	4565	38000
鱼化寨街道	127204	64784	62420	43769	46291	43068	9373	112439	5392	45472
丈八沟街道	191873	102954	88919	70117	82973	77984	24618	161144	6111	81914
曲江街道	71496	40652	30844	17039	23713	23475	7635	61113	2748	30941
阎良区	**278604**	**143676**	**134928**	**79279**	**124110**	**124387**	**34783**	**218191**	**25630**	**241824**
凤凰路街道	58060	30648	27412	16843	23020	23086	6788	46126	5146	42374
新华路街道	67827	35842	31985	23096	30125	29912	7834	52595	7398	56609
振兴街道	25418	12707	12711	6758	11939	12444	3389	20005	2024	23101
新兴街道	14343	7171	7172	3712	6974	7028	1795	11222	1326	13938
北屯街道	23641	12440	11201	5157	9898	10068	2797	19133	1711	19779
武屯镇	35767	18067	17700	8998	16740	16541	4416	28206	3145	35237
关山镇	53548	26801	26747	14715	25414	25308	7764	40904	4880	50786
临潼区	**655875**	**330703**	**325172**	**172270**	**308483**	**308406**	**100847**	**499292**	**55736**	**594369**
骊山街道	82337	40565	41772	27188	36011	37771	11208	63462	7667	64736
秦陵街道	28288	14002	14286	7816	13055	13238	4169	21970	2149	24114
新丰街道	38022	19679	18343	10184	17673	17413	5932	28750	3340	34973
代王街道	49037	25071	23966	13919	23864	23484	7604	36493	4940	47244
斜口街道	64266	33310	30956	11617	21880	21851	7660	53199	3407	43082
行者街道	25821	12946	12875	6933	12857	12855	4325	19467	2029	22845
零口街道	31628	15902	15726	8108	15833	15701	5433	23432	2763	30699
相桥街道	31701	15755	15946	8739	15630	15884	5111	23628	2962	30997
雨金街道	20619	10284	10335	5378	10235	10314	3284	15441	1894	19930
新市街道	28153	14184	13969	7085	14033	13831	4643	21244	2266	27764
徐杨街道	21901	10870	11031	5940	10726	10826	3337	16690	1874	20666
西泉街道	22259	11246	11013	5987	11084	10960	3903	16489	1867	21149
栎阳街道	28389	14367	14022	7086	14204	13912	4364	21673	2352	27880
马额街道	20943	10766	10177	5332	10244	9927	3378	15321	2244	20132
何寨街道	29469	14865	14604	7151	14758	14575	5115	21839	2515	28345
交口街道	25480	12817	12663	6167	12583	12542	3987	19377	2116	24946
油槐街道	23321	11645	11676	6012	11554	11594	3414	17998	1909	22776
北田街道	22416	11284	11132	5731	11282	11130	3421	17122	1873	22124
铁炉街道	15995	8086	7909	4084	8007	7868	2778	11774	1443	15257

表27 续表 2

单位：人、户

地　区	总人口			家庭户	家庭户总人口		分年龄人口			居住本地，户口在本地
	合　计	男	女	户　数	男	女	0-14岁	15-64岁	65岁及以　上	
任留街道	21635	10739	10896	5312	10738	10893	3463	16408	1764	21100
穆寨乡	9286	4737	4549	2529	4714	4542	1622	6743	921	9029
小金乡	6288	3206	3082	1743	3200	3081	1257	4432	599	6141
仁宗乡	8621	4377	4244	2229	4318	4214	1439	6340	842	8440
长安区	**1083285**	**547062**	**536223**	**268168**	**459627**	**450541**	**146350**	**861550**	**75385**	**813397**
韦曲街道	223840	110017	113823	59466	85577	87273	27411	181256	15173	118755
郭杜街道	130988	67032	63956	30483	47263	46904	15981	109512	5495	58874
滦镇街道	56975	27694	29281	12824	23231	22360	7290	46087	3598	46226
引镇街道	33543	16950	16593	9701	16617	16345	5041	25203	3299	32291
王寺街道	32940	16831	16109	7833	16504	15880	5554	25344	2042	30891
马王街道	26944	13786	13158	7437	13410	12864	3834	20754	2356	25510
太乙宫街道	32976	14028	18948	5387	9987	9745	3198	28062	1716	22708
东大街道	39554	22960	16594	7680	13610	13121	4205	33081	2268	25760
子午街道	29824	15271	14553	7812	14577	14119	4596	22838	2390	27850
斗门街道	57470	29187	28283	13994	28194	27352	9099	44321	4050	54341
细柳街道	33108	16690	16418	9613	15885	15668	5127	25042	2939	30798
杜曲街道	37437	18760	18677	9519	16962	16673	5473	28853	3111	33873
大兆街道	31287	15937	15350	8423	15365	15131	4951	23925	2411	29857
黄良街道	27883	14332	13551	5001	9109	8918	2757	23645	1481	17221
兴隆街道	45727	25374	20353	10168	19346	18695	5842	36885	3000	36959
王曲街道	51477	24286	27191	9409	17650	17203	5681	42916	2880	34462
鸣犊街道	34101	17608	16493	9252	17236	16304	5163	25985	2953	33366
王莽街道	30394	15591	14803	8170	15342	14531	4947	22798	2649	29493
五台街道	11002	5643	5359	3111	5628	5351	1741	8244	1017	10692
高桥街道	26386	13538	12848	6812	13458	12768	4242	20097	2047	26049
灵沼乡	21002	10688	10314	6539	10547	10256	3488	15348	2166	20393
五星乡	28171	14564	13607	7273	14020	13234	3965	22099	2107	27600
杨庄乡	16710	8418	8292	4777	8408	8288	2795	12338	1577	16341
炮里乡	12336	6216	6120	3922	6152	6077	2063	8828	1445	12045
魏寨乡	11210	5661	5549	3562	5549	5481	1906	8089	1215	11042
蓝田县	**514026**	**261002**	**253024**	**142793**	**242190**	**239033**	**97090**	**368023**	**48913**	**473192**
蓝关镇	73836	36692	37144	17771	26669	27527	13144	55008	5684	57419
泄湖镇	33681	16947	16734	9324	15772	15694	5644	24635	3402	31224
华胥镇	29530	14828	14702	8240	14340	14580	5066	21050	3414	28359
前卫镇	26579	13346	13233	8197	12988	13020	5087	18404	3088	25587
汤峪镇	22798	11778	11020	6566	11382	10809	3894	16932	1972	21883
焦岱镇	20902	10720	10182	5733	10144	9752	3376	15582	1944	19870
玉山镇	23314	12045	11269	6120	11749	11103	4896	16347	2071	22335
三里镇	43364	21786	21578	13108	20215	20696	8348	30821	4195	35312
普化镇	45116	22739	22377	12715	22432	22119	9365	31485	4266	43665
葛牌镇	11451	5765	5686	3599	5715	5661	2451	7724	1276	11224
辋川乡	8575	4270	4305	2628	4253	4301	1750	5972	853	8296
蓝桥乡	8991	4531	4460	2636	4432	4398	2131	5941	919	8524
玉川乡	8610	4528	4082	2393	4424	4064	1596	6186	828	8372

表27　续表 3　　　　　　　　　　　　　　　　　　　　　　　　　　单位：人、户

地　区	总人口			家庭户	家庭户总人口		分年龄人口			居住本地，户口在本地
	合　计	男	女	户　数	男	女	0-14岁	15-64岁	65岁及以　上	
灞源乡	16227	8931	7296	4281	7684	7174	3250	11595	1382	14831
孟村乡	21779	10999	10780	6322	10216	10172	3768	15666	2345	20849
安村乡	26340	13220	13120	7912	13157	13083	5099	18509	2732	25941
史家寨乡	17121	8620	8501	4856	8503	8477	3137	12369	1615	16676
小寨乡	18249	9630	8619	5063	9193	8573	3535	13074	1640	17250
三官庙乡	16193	8308	7885	4113	8308	7885	3280	11468	1445	15830
金山乡	12918	6659	6259	3289	6592	6241	2450	9359	1109	12704
九间房乡	13915	7364	6551	4013	6726	6463	2705	9829	1381	12955
厚镇乡	14537	7296	7241	3914	7296	7241	3118	10067	1352	14086
周至县	**562768**	**291651**	**271117**	**150871**	**267547**	**253562**	**97029**	**415820**	**49919**	**520077**
二曲镇	77775	41002	36773	18305	31810	29663	12004	60774	4997	63063
哑柏镇	45591	23803	21788	10934	21149	19771	7768	33826	3997	43005
终南镇	57054	29166	27888	15351	27825	26841	9625	42603	4826	54367
马召镇	32023	16733	15290	9191	15892	14927	6033	22910	3080	30887
集贤镇	26167	13450	12717	7880	13091	12663	4517	19085	2565	25208
楼观镇	46642	24252	22390	12051	22497	21307	7658	34737	4247	43824
尚村镇	46037	23378	22659	12047	20491	20510	7349	34793	3895	41626
广济镇	35223	18362	16861	9202	16120	15270	6213	25792	3218	31966
厚畛子镇	2512	1414	1098	672	1281	1083	441	1828	243	2320
四屯乡	17266	8926	8340	5217	8772	8259	3365	12134	1767	16967
候家村乡	18491	9518	8973	5293	9416	8886	3634	13013	1844	17786
竹峪乡	18824	9768	9056	5550	9727	9034	3637	13255	1932	17920
青化乡	21204	10991	10213	5792	10989	10211	3956	15202	2046	20757
翠峰乡	20033	10413	9620	6140	10307	9546	3914	13931	2188	19241
九峰乡	23901	11907	11994	7474	11892	11991	4367	17103	2431	23132
富仁乡	17450	9068	8382	4726	8997	8333	2405	13395	1650	17108
司竹乡	21868	11217	10651	5967	11216	10649	4054	15801	2013	21123
辛家寨乡	21405	11084	10321	5132	9007	8525	3570	16208	1627	16781
骆峪乡	5393	2833	2560	1635	2827	2560	1018	3786	589	5275
陈河乡	3332	1836	1496	962	1830	1495	648	2381	303	3308
板房子乡	2264	1230	1034	743	1206	1034	409	1596	259	2221
王家河乡	2313	1300	1013	607	1205	1004	444	1667	202	2192
户县	**556377**	**287369**	**269008**	**149299**	**263169**	**250869**	**77236**	**428198**	**50943**	**504959**
甘亭镇	103106	53026	50080	31376	48286	46931	14976	80033	8097	84316
余下镇	60000	32902	27098	16098	23750	23219	7334	45992	6674	54603
祖庵镇	27642	14428	13214	7107	14275	13163	4170	21161	2311	27293
秦渡镇	51050	23502	27548	11489	21906	21237	5992	40973	4085	43315
大王镇	29315	15018	14297	7296	14423	13919	4261	22145	2909	28731
草堂镇	31237	16357	14880	8524	15474	14541	4467	24089	2681	29774
蒋村镇	32821	16926	15895	9135	16552	15685	5190	24542	3089	31780
庞光镇	26922	14036	12886	7216	13212	12342	3497	20718	2707	25630
涝店镇	32346	16687	15659	8509	16409	15512	4443	24715	3188	31659
甘河镇	27354	14165	13189	6944	12821	12224	3682	21278	2394	24814
石井镇	25584	13292	12292	7346	13224	12240	3714	19168	2702	24003
五竹乡	27796	15221	12575	5957	11296	10633	3755	22160	1881	20572
玉蝉乡	24477	12706	11771	6737	12686	11768	3613	18596	2268	23786
天桥乡	14793	7629	7164	4237	7596	7141	2273	11086	1434	14009
渭丰乡	25157	12983	12174	6536	12768	12028	3553	18873	2731	24239
苍游乡	16777	8491	8286	4792	8491	8286	2316	12669	1792	16435
高陵县	**333477**	**173579**	**159898**	**79741**	**139055**	**139798**	**44922**	**263880**	**24675**	**272351**

表27 续表 4

单位：人、户

地区	总人口			家庭户	家庭户总人口		分年龄人口			居住本地，户口在本地
	合计	男	女	户数	男	女	0-14岁	15-64岁	65岁及以上	
鹿苑镇	71556	35918	35638	17348	28789	29585	10099	55476	5981	63334
通远镇	26159	13109	13050	6633	12531	12686	3782	20090	2287	24908
耿镇	15967	8063	7904	4298	8059	7902	2260	12438	1269	15250
泾渭镇	132305	72665	59640	29323	47524	47262	16070	108674	7561	86198
崇皇乡	23592	11603	11989	5623	10942	11211	3516	18317	1759	21248
湾子乡	15087	7670	7417	4030	7251	7204	2118	11477	1492	14342
榆楚乡	19178	9691	9487	4847	9121	9195	2717	14683	1778	17980
张卜乡	29633	14860	14773	7639	14838	14753	4360	22725	2548	29091
铜川市	**834437**	**432203**	**402234**	**253315**	**396706**	**386149**	**109099**	**647197**	**78141**	**735117**
王益区	**200231**	**101250**	**98981**	**66949**	**93355**	**94506**	**22885**	**153299**	**24047**	**176883**
七一路街道	28007	13756	14251	10039	13507	13846	3248	21278	3481	23707
红旗街道	53592	27254	26338	17223	22864	23482	6362	40837	6393	46121
桃园街道	27529	14225	13304	9611	12980	13131	2909	21275	3345	23487
青年路街道	24535	12367	12168	8256	11869	11882	2497	18517	3521	22154
黄堡镇	33528	16941	16587	10750	16331	16221	3792	26308	3428	32209
王家河乡	21760	11110	10650	7250	10320	10320	2540	16275	2945	20077
王益乡	11280	5597	5683	3820	5484	5624	1537	8809	934	9128
印台区	**217509**	**114550**	**102959**	**67113**	**102618**	**100339**	**27715**	**168077**	**21717**	**188496**
城关街道	35185	17466	17719	10958	15274	15817	5017	27569	2599	28395
三里洞街道	19992	9873	10119	7281	9610	9984	2343	15172	2477	14504
陈炉镇	15642	8045	7597	4807	7729	7533	2136	11593	1913	15103
红土镇	22086	11457	10629	6707	10911	10487	3218	16960	1908	19528
广阳镇	23635	12217	11418	7332	11727	11365	2946	18266	2423	22231
玉华镇	18952	9849	9103	6827	9498	9092	2178	14655	2119	17819
金锁关镇	21718	14231	7487	5026	8059	7377	2087	18090	1541	14636
王石凹镇	19734	10355	9379	7269	9701	9362	2203	14105	3426	18310
阿庄镇	10375	5290	5085	2535	5192	5025	1716	7883	776	9848
印台乡	13984	7085	6899	3912	7014	6869	1970	10935	1079	12725
高楼河乡	16206	8682	7524	4459	7903	7428	1901	12849	1456	15397
耀州区	**325537**	**168278**	**157259**	**92983**	**155073**	**149585**	**45916**	**254705**	**24916**	**284222**
永安路街道	37184	18621	18563	12600	17264	17348	4991	29063	3130	31926
天宝路街道	21642	11214	10428	6557	10017	9915	3464	16512	1666	18475
咸丰路街道	30063	15234	14829	8978	14537	14134	4698	23098	2267	23270
正阳路街道	43614	22097	21517	11497	18073	17867	5815	35315	2484	27631
董家河镇	11502	5943	5559	3184	5493	5390	1566	8959	977	10978
庙湾镇	18277	9965	8312	5970	8817	8112	2357	14632	1288	15986
瑶曲镇	20895	11166	9729	6054	10087	9395	3055	16425	1415	18499
照金镇	8973	5260	3713	2068	3873	3535	1248	7137	588	7330
寺沟镇	17558	9041	8517	4645	8809	8416	2419	13618	1521	17133
坡头镇	14522	7458	7064	3835	7256	6976	1970	11426	1126	14228
小丘镇	27467	14024	13443	7522	13933	13407	4236	21029	2202	27006
孙塬镇	18791	9753	9038	5745	9148	8772	2425	14501	1865	18085
关庄镇	19229	9940	9289	4865	9803	9229	2797	14965	1467	18726
柳林镇	9755	5134	4621	2637	5042	4575	1263	7725	767	9499
演池乡	9808	4999	4809	2622	4912	4805	1229	7729	850	9550
石柱乡	16257	8429	7828	4204	8009	7709	2383	12571	1303	15900
宜君县	**91160**	**48125**	**43035**	**26270**	**45660**	**41719**	**12583**	**71116**	**7461**	**85516**
城关镇	20185	10421	9764	6329	9775	9348	3162	15682	1341	17599
彭镇	12966	6899	6067	3835	6583	5924	1746	9993	1227	12615
五里镇	5999	3206	2793	1872	3122	2719	660	4742	597	5957

表27　续表 5　　　　单位：人、户

地　区	总人口 合 计	总人口 男	总人口 女	家庭户 户 数	家庭户总人口 男	家庭户总人口 女	分年龄人口 0-14岁	分年龄人口 15-64岁	分年龄人口 65岁及以 上	居住本地，户口在本地
太安镇	10201	5573	4628	2861	5156	4520	1395	8016	790	9437
棋盘镇	7596	4022	3574	1997	3765	3435	1116	5848	632	7238
哭泉乡	4579	2407	2172	1237	2327	2112	639	3568	372	4323
云梦乡	10638	5617	5021	2855	5539	4978	1427	8363	848	10244
雷塬乡	5216	2796	2420	1524	2716	2379	633	4137	446	4990
尧生乡	6632	3431	3201	1870	3205	3057	866	5226	540	6405
西村乡	7148	3753	3395	1890	3472	3247	939	5541	668	6708
宝鸡市	**3716737**	**1918290**	**1798447**	**1028578**	**1769696**	**1705888**	**546169**	**2853184**	**317384**	**3355747**
渭滨区	**448189**	**227518**	**220671**	**143405**	**195749**	**194642**	**58870**	**348604**	**40715**	**359455**
金陵街道	37677	18624	19053	14601	17908	18385	4067	28848	4762	31243
经二路街道	49952	25036	24916	14880	18450	19118	6281	38749	4922	41841
清姜街道	58057	29432	28625	21002	26241	27229	7106	43127	7824	52252
姜谭街道	39401	20250	19151	12422	15962	15670	5914	30506	2981	34486
桥南街道	101381	50141	51240	30581	39008	40433	11728	81585	8068	76536
马营镇	56854	29551	27303	16667	26173	24991	8398	44485	3971	42910
石鼓镇	23871	12560	11311	8431	12233	11100	3638	18640	1593	15395
神农镇	23277	11939	11338	8090	11739	11243	3328	18325	1624	15840
高家镇	19988	10366	9622	6673	9990	9431	2727	15612	1649	14602
八鱼镇	26601	13937	12664	6626	12582	11688	4150	20612	1839	23337
晁峪乡	11130	5682	5448	3432	5463	5354	1533	8115	1482	11013
金台区	**394538**	**201594**	**192944**	**126599**	**180771**	**179835**	**52247**	**307299**	**34992**	**306133**
中山东路街道	30781	14926	15855	10641	14211	14567	3838	24113	2830	22129
西关街道	49682	27028	22654	14395	18426	18591	5360	40048	4274	31243
中山西路街道	17260	8534	8726	6757	8495	8715	2584	12951	1725	13089
群众路街道	28501	15459	13042	9197	12359	12478	3994	22003	2504	20232
东风路街道	60395	30461	29934	20408	27237	27668	6819	47056	6520	52625
十里铺街道	49989	25004	24985	18421	24657	24824	7116	38241	4632	39726
卧龙寺街道	23718	12320	11398	6857	9860	9850	3485	18369	1864	19834
陈仓镇	49100	25083	24017	18558	24823	23932	7754	38203	3143	27233
蟠龙镇	37902	18610	19292	8943	17012	16779	4924	29869	3109	34396
陵原乡	13232	6727	6505	3501	6700	6452	1705	10190	1337	12985
金河乡	17233	8694	8539	4252	8345	8017	2394	13383	1456	16100
硖石乡	16745	8748	7997	4669	8646	7962	2274	12873	1598	16541
陈仓区	**595075**	**305929**	**289146**	**150228**	**289346**	**276013**	**87542**	**459460**	**48073**	**557768**
虢镇	121714	62059	59655	38398	57670	56934	17139	93546	11029	105784
阳平镇	42824	22061	20763	10264	21609	20679	6370	32709	3745	41874
千河镇	45793	23823	21970	9965	20556	19982	6718	35497	3578	42411
磻溪镇	44211	22890	21321	10403	22567	21221	6625	33935	3651	43532
天王镇	31365	16416	14949	7142	15188	14154	4300	24621	2444	29326
慕仪镇	36483	18602	17881	9005	18256	17788	5176	28303	3004	35878
周原镇	43025	22201	20824	10105	20977	20304	5933	33505	3587	40940
贾村镇	25795	13093	12702	6479	13030	12661	3615	19974	2206	25477
桥镇	25763	13245	12518	6173	12778	12410	3727	19881	2155	25213
县功镇	49189	23669	25520	10743	21479	19619	6325	39523	3341	41628
新街镇	15679	8118	7561	3972	8028	7526	2709	11829	1141	15458
坪头镇	15161	8035	7126	3746	7348	6843	2257	11483	1421	15134
香泉镇	12244	6442	5802	3005	6245	5763	2251	9221	772	11874
赤沙镇	14194	7453	6741	3565	7319	6709	2880	10483	831	13777
拓石镇	12904	6878	6026	2852	6465	5829	2320	9615	969	12649
凤阁岭镇	10250	5372	4878	2421	5195	4818	1828	7699	723	9925

表27　续表 6　　单位：人、户

地　区	总人口			家庭户	家庭户总人口		分年龄人口			居住本地，户口在本地
	合　计	男	女	户　数	男	女	0-14岁	15-64岁	65岁及以　上	
钓渭镇	38486	20247	18239	9560	19574	18161	5849	30021	2616	36987
胡店乡	9995	5325	4670	2430	5062	4612	1520	7615	860	9901
凤翔县	**483471**	**246773**	**236698**	**129853**	**231646**	**229080**	**71111**	**369065**	**43295**	**460466**
城关镇	100336	51449	48887	28272	45993	44876	15383	77004	7949	84276
虢王镇	31061	15865	15196	7805	15208	14828	4887	23228	2946	30468
彪角镇	31665	16261	15404	8047	15633	15087	4285	24485	2895	30925
横水镇	39802	20204	19598	10587	19112	19022	5691	30285	3826	39388
田家庄镇	22193	11102	11091	6193	10773	11025	3290	16926	1977	21784
糜杆桥镇	32429	16545	15884	8692	15447	15410	4980	24415	3034	32201
郭店镇	25146	12694	12452	7208	12693	12451	3639	19062	2445	24909
南指挥镇	33178	16552	16626	8736	16463	16585	4776	25404	2998	32964
陈村镇	24328	12280	12048	6105	11705	11811	3455	18665	2208	24167
长青镇	24462	13097	11365	5607	10983	11064	3361	19049	2052	22225
柳林镇	28545	14731	13814	7793	13155	13096	3857	22182	2506	28005
姚家沟镇	5958	3298	2660	1871	2732	2494	720	4646	592	5882
尹家务乡	22284	11297	10987	5867	11079	10906	3364	16939	1981	22050
唐村乡	24182	12289	11893	6395	11933	11762	3602	18059	2521	23765
董家河乡	14523	7289	7234	3979	7100	7170	2121	11185	1217	14302
范家寨乡	16325	8192	8133	4694	8096	8094	2505	12310	1510	16202
汉封乡	7054	3628	3426	2002	3541	3399	1195	5221	638	6953
岐山县	**459064**	**236734**	**222330**	**127236**	**224674**	**215020**	**66334**	**350713**	**42017**	**428523**
凤鸣镇	75936	38447	37489	23529	36431	36049	11206	57566	7164	69125
蔡家坡镇	74031	37586	36445	23987	34524	34132	10867	56271	6893	61230
五丈原镇	28328	14784	13544	7799	14257	13190	4607	21760	1961	25792
益店镇	33906	17385	16521	8084	15531	14945	4251	26732	2923	30482
蒲村镇	24236	12589	11647	6276	11848	11415	3348	18255	2633	24005
祝家庄镇	21778	11076	10702	5429	10913	10636	2964	16729	2085	21451
青化镇	26637	14084	12553	6603	13696	12412	3500	20805	2332	26236
枣林镇	32626	16895	15731	8375	16716	15610	5186	24425	3015	31914
雍川镇	48983	25301	23682	12462	24526	23224	7083	37225	4675	48342
安乐镇	26364	13790	12574	6661	13586	12480	3738	20513	2113	26007
曹家镇	19919	11117	8802	5628	9534	8496	3117	15427	1375	18397
大营乡	16846	8502	8344	4536	8390	8291	2453	12628	1765	16568
故郡乡	19565	10014	9551	5377	9663	9430	2573	14862	2130	19164
京当乡	9909	5164	4745	2490	5059	4710	1441	7515	953	9810
扶风县	**416402**	**217612**	**198790**	**103307**	**200399**	**188662**	**65196**	**315554**	**35652**	**397698**
城关镇	89275	46651	42624	22318	40110	37944	13333	68462	7480	83265
天度镇	20948	10893	10055	5371	10594	9947	3086	15835	2027	20650
午井镇	35697	18486	17211	9337	17735	17001	5620	26313	3764	34771
绛帐镇	50679	27264	23415	12903	23849	22135	8387	38248	4044	48113
段家镇	24111	12333	11778	5703	12206	11691	4052	18182	1877	23478
杏林镇	24866	12919	11947	6403	12679	11786	3906	18884	2076	24526
召公镇	31295	15969	15326	8175	15773	15178	5517	23052	2726	30716
法门镇	70852	37391	33461	15932	32350	30295	10445	54685	5722	65532
南阳镇	20880	10859	10021	5604	10646	9909	2884	15864	2132	20482
上宋乡	25762	13474	12288	6114	13216	12197	4343	19441	1978	24839
太白乡	22037	11373	10664	5447	11241	10579	3623	16588	1826	21326
眉县	**299990**	**155871**	**144119**	**79499**	**145183**	**137641**	**43245**	**231422**	**25323**	**278936**
首善镇	65656	33781	31875	17702	30207	29409	9974	51005	4677	54614
横渠镇	29020	15412	13608	7898	15231	13512	4055	22422	2543	28400

表27 续表 7

单位：人、户

地区	总人口			家庭户	家庭户总人口		分年龄人口			居住本地，户口在本地
	合计	男	女	户数	男	女	0-14岁	15-64岁	65岁及以上	
槐芽镇	21487	11085	10402	5581	9960	9635	3029	16558	1900	20567
汤峪镇	36604	19119	17485	9392	18323	17072	4856	28608	3140	35908
常兴镇	27736	14397	13339	7026	13251	12904	4433	21017	2286	26362
金渠镇	33058	17077	15981	8407	16356	15471	4810	25584	2664	31675
营头镇	20415	10891	9524	5010	8873	8322	2656	16155	1604	17478
齐镇	29683	15256	14427	8633	14976	14308	3880	22917	2886	29110
马家镇	19117	9854	9263	5298	9297	8930	2918	14238	1961	18158
青化乡	17214	8999	8215	4552	8709	8078	2634	12918	1662	16664
陇县	**248901**	**129675**	**119226**	**62756**	**122766**	**115720**	**45124**	**186589**	**17188**	**235835**
城关镇	65967	34665	31302	17021	29898	28392	10895	50931	4141	57354
东风镇	18308	9532	8776	4788	8965	8675	3193	13632	1483	17174
八渡镇	8433	4461	3972	2281	4447	3967	1418	6329	686	8385
杜阳镇	13616	6936	6680	3511	6891	6662	2543	10064	1009	13362
东南镇	25848	13394	12454	6332	13258	12400	4771	19257	1820	25184
堎底下镇	14714	7633	7081	3740	7499	7037	2779	10892	1043	14476
温水镇	19808	10244	9564	4628	10032	9525	3888	14698	1222	19462
天成镇	12641	6604	6037	3328	6513	5997	2385	9326	930	12343
曹家湾镇	15835	8181	7654	4100	7835	7510	3335	11415	1085	15526
固关镇	8482	4347	4135	2234	4303	4126	1582	6216	684	8361
火烧寨镇	7630	4047	3583	1804	3850	3533	1380	5744	506	7198
牙科乡	13110	6849	6261	3237	6634	6207	2621	9529	960	12805
河北乡	10256	5354	4902	2417	5335	4893	1706	7854	696	10167
李家河乡	8715	4565	4150	2007	4526	4143	1582	6632	501	8583
新集川乡	5538	2863	2675	1328	2780	2653	1046	4070	422	5455
千阳县	**123959**	**64425**	**59534**	**35123**	**61203**	**58481**	**21181**	**92581**	**10197**	**115224**
城关镇	35511	18303	17208	11178	17575	16859	6491	26408	2612	31202
崔家头镇	8020	4329	3691	1987	3815	3610	1148	6168	704	7379
南寨镇	20234	10382	9852	5324	9880	9684	3339	15089	1806	19563
张家塬镇	8898	4442	4456	2974	4278	4404	1744	6172	982	8598
水沟镇	9220	4966	4254	2359	4539	4176	1429	7136	655	8529
草碧镇	5938	3248	2690	1442	2746	2500	928	4621	389	4855
沙家坳乡	4402	2229	2173	1200	2198	2164	601	3418	383	4298
文家坡乡	8190	4257	3933	2387	4160	3902	1354	6030	806	8025
柿沟乡	9084	4746	4338	2396	4641	4285	1703	6657	724	8751
寇家河乡	10436	5412	5024	2768	5317	4989	1761	7865	810	10122
高崖乡	4026	2111	1915	1108	2054	1908	683	3017	326	3902
麟游县	**90728**	**48415**	**42313**	**24693**	**44494**	**41742**	**14261**	**69970**	**6497**	**78487**
九成宫镇	30180	15986	14194	9571	14876	14080	5120	23257	1803	21992
崔木镇	8369	4843	3526	2011	3769	3422	1183	6596	590	7173
招贤镇	9672	5025	4647	2716	5022	4644	1340	7577	755	9186
两亭镇	6778	3465	3313	1770	3339	3256	1155	5064	559	6468
天堂镇	5908	3554	2354	1169	2411	2206	738	4779	391	4516
常丰乡	8288	4267	4021	2058	4135	3969	1418	6300	570	8204
河西乡	3496	1868	1628	872	1839	1625	601	2602	293	3367
丈八乡	6165	3213	2952	1461	3133	2907	899	4753	513	6018
桑树塬乡	3665	1893	1772	940	1779	1751	483	2865	317	3515
酒房乡	8207	4301	3906	2125	4191	3882	1324	6177	706	8048
凤县	**105492**	**56581**	**48911**	**32773**	**50914**	**47396**	**13861**	**82091**	**9540**	**91572**
双石铺镇	36030	18799	17231	13600	17594	16908	5320	27977	2733	28710
凤州镇	16260	8782	7478	4925	7442	7071	1858	12547	1855	14916

表27　续表 8　　　　单位：人、户

地　　区	总人口			家庭户	家庭户总人口		分年龄人口			居住本地，户口在本地
	合　计	男	女	户　数	男	女	0-14岁	15-64岁	65岁及以上	
黄牛铺镇	6957	3753	3204	1775	3342	3147	802	5545	610	6783
红花铺镇	3729	1955	1774	1017	1791	1714	386	2957	386	3459
河口镇	6506	3403	3103	1613	3306	3041	842	5083	581	6253
唐藏镇	4720	2446	2274	1334	2292	2237	670	3601	449	4491
平木镇	8794	4595	4199	2240	4497	4147	1280	6664	850	8640
坪坎镇	4042	2824	1218	1165	1797	1109	267	3544	231	1855
南星镇	6879	3693	3186	1785	3175	2976	877	5305	697	6294
三岔镇	5512	3036	2476	1683	2574	2329	780	4247	485	4467
岩湾乡	4327	2328	1999	1115	2187	1963	535	3340	452	4092
温江寺乡	1736	967	769	521	917	754	244	1281	211	1612
太白县	**50928**	**27163**	**23765**	**13106**	**22551**	**21656**	**7197**	**39836**	**3895**	**45650**
咀头镇	26948	14316	12632	6756	11142	10880	3959	21187	1802	24035
桃川镇	6106	3161	2945	1533	2935	2848	868	4692	546	5734
鹦鸽镇	6904	3583	3321	1765	3335	3179	945	5329	630	6560
靖口镇	3260	1725	1535	977	1708	1534	494	2503	263	3103
太白河镇	2338	1537	801	571	861	771	256	1978	104	1206
王家塄乡	1460	753	707	407	692	679	188	1123	149	1326
黄柏塬乡	1768	973	795	503	833	766	216	1377	175	1592
高龙乡	2144	1115	1029	594	1045	999	271	1647	226	2094
咸阳市	**5096001**	**2616681**	**2479320**	**1353942**	**2408578**	**2324316**	**772448**	**3890736**	**432817**	**4627777**
秦都区	**507093**	**250518**	**256575**	**147726**	**224102**	**222050**	**63498**	**402135**	**41460**	**402110**
人民路街道	36638	17894	18744	12116	15801	16400	4117	28039	4482	31752
西兰路街道	52384	25415	26969	17403	22504	23132	5680	40463	6241	40100
吴家堡街道	32340	14635	17705	9802	13081	13076	3625	25963	2752	19988
渭阳西路街道	75832	38240	37592	29116	36365	36332	10326	59361	6145	59826
陈杨寨街道	36666	17053	19613	8538	14248	14254	4584	30087	1995	29275
古渡街道	50215	25180	25035	17771	25133	25002	7413	39357	3445	35284
沣东街道	28068	15876	12192	6272	12372	11666	3687	22831	1550	22006
钓台街道	58737	26714	32023	8792	17268	16698	4965	51032	2740	37564
马泉街道	22579	11728	10851	6468	10210	10091	2618	17629	2332	20210
渭滨镇	49837	25203	24634	14735	24804	24365	7211	38149	4477	43555
双照镇	36775	18739	18036	9547	18631	17994	5516	28227	3032	36110
马庄镇	27022	13841	13181	7166	13685	13040	3756	20997	2269	26440
杨陵区	**201172**	**104138**	**97034**	**42918**	**74954**	**72699**	**26003**	**162352**	**12817**	**159388**
杨陵街道	82832	43892	38940	14090	19318	19040	6389	72571	3872	51603
五泉镇	19010	9700	9310	5336	9369	9139	2952	14268	1790	18787
李台乡	32007	16116	15891	6214	12481	12047	4657	25567	1783	23922
杨村乡	20507	10456	10051	4956	9873	9642	3445	15415	1647	19004
大寨乡	15555	7929	7626	4391	7876	7617	2672	11583	1300	15165
揉谷乡	31261	16045	15216	7931	16037	15214	5888	22948	2425	30907
渭城区	**438327**	**223417**	**214910**	**124979**	**188945**	**189444**	**52924**	**348205**	**37198**	**346728**
中山街道	29758	14617	15141	10729	14301	14567	3726	22931	3101	22466
文汇路街道	76473	38651	37822	20762	27454	28001	7411	61138	7924	58719
新兴街道	58778	28235	30543	19401	27576	28951	6812	45000	6966	47061
渭阳街道	105830	52694	53136	31720	42399	42158	13339	85964	6527	71000
渭城镇	23229	12417	10812	6511	10609	10253	3034	18485	1710	18941
窑店镇	22759	11637	11122	6122	11011	10990	2803	17825	2131	22178
正阳镇	38051	19154	18897	10978	18761	18816	5276	29563	3212	36648
周陵镇	32550	17823	14727	8003	15055	14245	4477	25960	2113	27232
底张镇	30663	17923	12740	6026	12099	11875	3380	25373	1910	23388

表27 续表 9

单位：人、户

地区	总人口			家庭户	家庭户总人口		分年龄人口			居住本地，户口在本地
	合计	男	女	户数	男	女	0-14岁	15-64岁	65岁及以上	
北杜镇	20236	10266	9970	4727	9680	9588	2666	15966	1604	19095
三原县	**403524**	**202890**	**200634**	**115781**	**191299**	**191859**	**51239**	**314909**	**37376**	**380029**
城关镇	111190	55211	55979	39428	52338	54173	15296	85192	10702	100589
安乐镇	15772	7890	7882	4392	7439	7532	2202	11924	1646	15349
陂西镇	27314	13973	13341	6724	12445	12508	3588	21392	2334	27024
独李镇	22480	11467	11013	5806	10841	10609	2812	17604	2064	22088
大程镇	24615	12319	12296	6633	11597	11805	3102	19345	2168	23156
西阳镇	22684	11413	11271	5719	10731	10696	2714	17915	2055	22352
鲁桥镇	24871	12537	12334	6258	12176	12105	2920	19824	2127	24133
陵前镇	28536	14475	14061	7072	13618	13516	3275	22673	2588	28213
马额镇	15399	7860	7539	4242	7446	7240	1695	12158	1546	15290
新兴镇	27865	14283	13582	7291	14272	13573	3061	22271	2533	27761
高渠乡	17330	8694	8636	4872	8693	8632	2454	13229	1647	16666
渠岸乡	30928	15347	15581	7754	13297	13397	4023	24403	2502	23460
徐木乡	13535	6860	6675	3721	6684	6528	1712	10533	1290	13285
嵯峨乡	21005	10561	10444	5869	9722	9545	2385	16446	2174	20663
泾阳县	**487749**	**246333**	**241416**	**122431**	**234538**	**231676**	**68312**	**379135**	**40302**	**450343**
泾干镇	100518	50534	49984	25726	46634	46398	14518	78628	7372	77820
永乐镇	31014	16329	14685	7401	13458	13307	3788	24935	2291	27380
云阳镇	54539	27108	27431	12617	25915	25474	7407	43002	4130	51423
桥底镇	28920	14309	14611	7326	13511	13563	3707	23000	2213	26925
王桥镇	24982	12654	12328	6100	12249	12061	3286	19429	2267	24598
口镇	22814	11891	10923	5507	10922	10534	3153	17717	1944	22417
中张镇	21462	10768	10694	5434	10559	10531	3047	16292	2123	21089
三渠镇	39000	19580	19420	10019	19217	18976	5577	29873	3550	37201
高庄镇	28915	14786	14129	6828	14128	13877	4358	22250	2307	28154
兴隆镇	15935	8069	7866	3947	8067	7866	2215	12427	1293	15605
白王镇	19167	9754	9413	5001	9660	9398	2655	14753	1759	18696
太平镇	27853	14154	13699	7248	14036	13611	3868	21274	2711	27209
崇文镇	20515	10197	10318	5031	10176	10308	3059	15778	1678	20290
燕王乡	15650	7778	7872	4468	7719	7840	2372	11809	1469	15448
蒋路乡	18736	9492	9244	4890	9363	9137	2833	14340	1563	18563
龙泉乡	17729	8930	8799	4888	8924	8795	2469	13628	1632	17525
乾县	**527088**	**273065**	**254023**	**133541**	**260384**	**245447**	**88420**	**391176**	**47492**	**514480**
城关镇	91728	48359	43369	20647	39151	36515	13494	71092	7142	82447
薛录镇	26296	13467	12829	6948	12890	12548	4384	19155	2757	26174
梁村镇	32159	16486	15673	7970	16449	15664	6155	22877	3127	32077
临平镇	29029	15142	13887	7185	14608	13605	5099	21617	2313	28747
姜村镇	27813	14229	13584	6868	14175	13548	4651	20651	2511	27448
王村镇	28173	14321	13852	7273	14321	13852	5090	20772	2311	28037
马连镇	26192	13407	12785	6222	13407	12781	4207	19711	2274	26023
阳峪镇	30274	15705	14569	7592	15354	14449	5209	22345	2720	30029
峰阳镇	19783	10427	9356	4934	10427	9356	3801	14425	1557	19690
注泔镇	18040	9406	8634	5354	9345	8610	3027	13134	1879	17903
灵源镇	21852	11177	10675	5730	11153	10648	3388	16210	2254	21688
阳洪镇	20930	10776	10154	5547	10559	10026	3203	15561	2166	20214
大墙乡	12646	6319	6327	3715	6259	6286	2230	8956	1460	12570
周城乡	24764	12807	11957	6931	12319	11804	4631	17738	2395	24676
大杨乡	40359	20927	19432	9811	20359	18976	6178	30169	4012	40016
新阳乡	22406	11818	10588	5896	11623	10553	3831	16460	2115	22379

表27 续表 10　　单位：人、户

地区	总人口			家庭户	家庭户总人口		分年龄人口			居住本地，户口在本地
	合计	男	女	户数	男	女	0-14岁	15-64岁	65岁及以上	
漠西乡	18755	9680	9075	4956	9475	8972	3215	13829	1711	18682
梁山乡	18046	9403	8643	4861	9301	8620	3262	13371	1413	17958
石牛乡	10988	5693	5295	3279	5693	5295	1957	8143	888	10899
关头乡	6855	3516	3339	1822	3516	3339	1408	4960	487	6823
礼泉县	**447771**	**231431**	**216340**	**122839**	**225102**	**211328**	**70603**	**335970**	**41198**	**427936**
城关镇	84142	43626	40516	24535	40211	37181	14720	63904	5518	69422
史德镇	36633	18934	17699	9541	18933	17699	5991	27109	3533	36535
西张堡镇	22887	11720	11167	6399	11692	11157	3539	17088	2260	22538
阡东镇	30862	15881	14981	7974	14962	14312	4458	23587	2817	29968
烽火镇	26624	13645	12979	7204	13628	12979	3686	20444	2494	26342
烟霞镇	27711	14284	13427	8079	14005	13283	4010	20799	2902	26909
赵镇	26901	13786	13115	7433	13352	12765	3744	20189	2968	26440
建陵镇	18993	9923	9070	5345	9847	9030	3002	14059	1932	18656
叱干镇	28574	14955	13619	6955	14761	13560	4711	21414	2449	28561
南坊镇	22654	11951	10703	5960	11911	10687	3966	16986	1702	22419
石潭镇	24135	12705	11430	6895	12391	11286	3630	17855	2650	24072
药王洞乡	25590	13138	12452	6857	12693	12314	4124	19050	2416	24612
新时乡	26553	13661	12892	6931	13661	12892	3985	19863	2705	26495
骏马乡	24986	12682	12304	6751	12529	12216	3964	18568	2454	24552
昭陵乡	20526	10540	9986	5980	10526	9967	3073	15055	2398	20415
永寿县	**184642**	**95810**	**88832**	**47766**	**88669**	**84507**	**33825**	**137998**	**12819**	**177258**
监军镇	58956	30935	28021	14564	26100	24522	10142	45384	3430	54384
店头镇	16214	8309	7905	4250	8175	7825	2632	12234	1348	15991
常宁镇	16657	8555	8102	4227	8212	7997	3361	12213	1083	16376
仪井镇	12502	6387	6115	3388	6116	5982	2335	9060	1107	12127
甘井镇	15539	7881	7658	4234	7787	7571	3305	11235	999	15203
马坊镇	12379	6477	5902	3121	6308	5814	2373	9252	754	12105
豆家镇	8879	4611	4268	2420	4414	4219	1885	6313	681	8447
御驾宫乡	8637	4544	4093	2340	4417	4051	1447	6496	694	8577
渡马乡	5056	2546	2510	1472	2436	2443	1010	3600	446	4863
上邑乡	11157	5739	5418	2772	5558	5391	2199	8195	763	11067
渠子乡	8243	4252	3991	2158	4117	3938	1438	6198	607	8179
永太乡	5728	2966	2762	1589	2847	2738	1021	4199	508	5604
永平乡	4695	2608	2087	1231	2182	2016	677	3619	399	4335
彬县	**323256**	**171462**	**151794**	**85191**	**160234**	**148809**	**58157**	**240812**	**24287**	**291256**
城关镇	81787	44972	36815	23581	38326	34915	15295	62229	4263	60062
北极镇	20648	10728	9920	5169	10014	9668	3567	15186	1895	19829
新民镇	27374	13986	13388	7385	13965	13380	5249	19965	2160	26544
龙高镇	16013	8386	7627	4183	8195	7582	2666	12053	1294	15401
小章镇	19015	9891	9124	4859	9315	9047	3668	13844	1503	18300
永乐镇	17451	9175	8276	4421	8995	8191	2915	12944	1592	16488
义门镇	33968	17893	16075	8547	17513	15978	5771	25249	2948	33310
水口镇	15326	7865	7461	3858	7849	7445	3102	10961	1263	14865
香庙乡	12345	6449	5896	3509	6403	5877	2126	9268	951	11491
炭店乡	15052	8111	6941	3566	7390	6745	2533	11374	1145	14345
西坡乡	14566	7430	7136	3691	7232	7080	2549	10617	1400	14188
车家庄乡	12601	6781	5820	3055	6264	5747	2305	9347	949	11181
韩家乡	4125	2258	1867	1143	2242	1858	610	3122	393	4001
底店乡	10081	5290	4791	2503	5165	4753	1800	7488	793	9849
太峪乡	11513	6226	5287	2923	5650	5215	1983	8634	896	10707

表27 续表 11 单位：人、户

地区	总人口			家庭户	家庭户总人口		分年龄人口			居住本地，户口在本地
	合计	男	女	户数	男	女	0-14岁	15-64岁	65岁及以上	
新堡子乡	11391	6021	5370	2798	5716	5328	2018	8531	842	10695
长武县	**167570**	**89509**	**78061**	**43666**	**79634**	**73843**	**27103**	**125917**	**14550**	**154248**
昭仁镇	35525	18883	16642	8787	14783	13948	5426	27340	2759	29348
相公镇	12399	6472	5927	3383	6348	5898	2107	9177	1115	12094
巨家镇	14647	7746	6901	3736	7314	6736	2631	10705	1311	14316
丁家镇	10228	5579	4649	2812	4651	4509	1518	7828	882	8819
洪家镇	12603	6567	6036	3425	6317	5925	2155	9274	1174	12163
亭口镇	20785	11600	9185	5350	9381	8551	3420	15679	1686	18618
冉店乡	10325	5855	4470	2746	4889	4298	1475	8092	758	8644
芋园乡	9496	5057	4439	2429	4751	4335	1555	7017	924	9283
彭公乡	15224	7911	7313	4121	7764	7262	2554	11225	1445	14960
地掌乡	18426	9687	8739	4789	9399	8649	2885	13780	1761	18291
枣元乡	7912	4152	3760	2088	4037	3732	1377	5800	735	7712
旬邑县	**261566**	**138556**	**123010**	**63696**	**125140**	**116787**	**42839**	**198003**	**20724**	**240223**
城关镇	32451	18439	14012	6957	11389	10353	4430	26220	1801	22331
土桥镇	20795	10872	9923	5277	10085	9516	3338	15855	1602	19471
职田镇	24335	12647	11688	6045	11959	11363	4283	18005	2047	23078
张洪镇	17370	8966	8404	4429	8615	8144	2875	13130	1365	16480
太村镇	33973	17607	16366	7905	17103	16008	6053	25386	2534	32770
郑家镇	19439	10553	8886	4623	9349	8726	3364	14614	1461	17760
湫坡头镇	22495	11701	10794	5773	11372	10638	3916	16547	2032	21586
底庙镇	18212	9633	8579	4450	9380	8498	2833	13706	1673	18005
丈八寺镇	11639	6100	5539	2930	5990	5488	1738	9014	887	11261
马栏镇	12608	6678	5930	3129	5930	5671	2107	9358	1143	11742
清塬乡	10087	5544	4543	2415	4784	4412	1583	7695	809	9057
赤道乡	11463	5986	5477	2907	5862	5387	1953	8610	900	10791
原底乡	14558	7437	7121	3953	7253	7022	2478	10644	1436	14101
排厦乡	12141	6393	5748	2903	6069	5561	1888	9219	1034	11790
淳化县	**193377**	**100008**	**93369**	**55310**	**95032**	**90601**	**27130**	**151214**	**15033**	**185120**
城关镇	32419	16856	15563	12319	15968	14592	4261	26194	1964	29803
官庄镇	17588	9201	8387	4118	8536	8049	2884	13384	1320	16549
马家镇	14688	7609	7079	4773	7275	6952	2034	11381	1273	14338
方里镇	20867	10710	10157	5805	10499	10014	2610	16415	1842	20411
润镇	17457	8950	8507	4213	8146	8107	2327	13649	1481	16594
胡家庙乡	15453	7986	7467	3956	7808	7389	2447	11899	1107	15093
十里塬乡	14904	7430	7474	4221	7389	7461	2167	11432	1305	14829
卜家乡	8371	4309	4062	2177	4188	3993	1216	6448	707	8076
车坞乡	7537	3842	3695	1933	3690	3586	1089	5838	610	7340
大店乡	6211	3267	2944	1764	3114	2884	865	4882	464	5707
石桥乡	6784	3675	3109	1774	3146	2959	859	5337	588	6324
秦河乡	8112	4429	3683	2128	3785	3527	1262	6261	589	7618
铁王乡	7090	3636	3454	2070	3519	3381	1079	5436	575	6841
秦庄乡	7719	3959	3760	1940	3902	3725	1013	6127	579	7544
固贤乡	8177	4149	4028	2119	4067	3982	1017	6531	629	8053
武功县	**411312**	**210433**	**200879**	**98638**	**199385**	**193005**	**71706**	**304912**	**34694**	**401228**
普集镇	64739	33454	31285	15052	28022	27165	10963	48909	4867	60162
苏坊镇	26829	13663	13166	6688	13134	12750	4641	19877	2311	25463
武功镇	43512	22631	20881	10195	21267	20118	6455	33213	3844	43291
游风镇	19077	9386	9691	5308	9315	9621	3570	13744	1763	18913
贞元镇	34178	17703	16475	8074	17232	16176	5991	25599	2588	33905

表27 续表 12　　　　单位：人、户

地区	总人口			家庭户	家庭户总人口		分年龄人口			居住本地，户口在本地
	合计	男	女	户数	男	女	0-14岁	15-64岁	65岁及以上	
长宁镇	31702	16314	15388	6825	15407	14764	5732	23554	2416	31209
小村镇	42122	21311	20811	11148	20272	19996	7087	30664	4371	40664
大庄镇	42074	21550	20524	9919	21550	20523	7396	31056	3622	41678
代家乡	28568	14694	13874	6944	14385	13684	5272	21009	2287	28431
河道乡	26243	13486	12757	6369	13378	12689	4764	19432	2047	26007
南仁乡	22725	11339	11386	5737	10999	11136	4398	16228	2099	22544
普集街乡	29543	14902	14641	6379	14424	14383	5437	21627	2479	28961
兴平市	**541554**	**279111**	**262443**	**149460**	**261160**	**252261**	**90689**	**397998**	**52867**	**497430**
东城街道	111495	58104	53391	33301	51548	49567	16843	85044	9608	86929
西城街道	91816	47429	44387	27481	40634	40302	12734	68378	10704	78827
店张街道	27228	14145	13083	7062	12682	12375	4276	20379	2573	26986
马嵬镇	32115	16493	15622	8343	16493	15622	6030	23198	2887	31739
赵村镇	27980	14446	13534	7191	13987	13270	5606	19667	2707	27495
桑镇	26083	13237	12846	7394	13150	12792	5039	18335	2709	25506
西吴镇	36137	18640	17497	8762	18215	17289	6436	26598	3103	34919
南市镇	33631	17228	16403	8482	16732	16079	5636	25004	2991	32957
庄头镇	28993	15036	13957	7307	14710	13796	4937	21372	2684	28583
南位镇	33982	17469	16513	9214	16960	16267	5906	24714	3362	33466
汤坊乡	26739	13514	13225	7386	13497	13219	5254	18700	2785	26458
田阜乡	18128	9319	8809	4775	8874	8745	3275	12948	1905	17443
丰仪乡	25056	12779	12277	6787	12521	12106	4777	17697	2582	24390
阜寨乡	22171	11272	10899	5975	11157	10832	3940	15964	2267	21732
渭南市	**5286077**	**2682710**	**2603367**	**1445151**	**2495198**	**2484772**	**743257**	**4076063**	**466757**	**4850452**
临渭区	**877142**	**440577**	**436565**	**259353**	**406292**	**412485**	**126541**	**670651**	**79950**	**773213**
杜桥街道	55272	26772	28500	19899	25827	26181	7131	44093	4048	33298
人民街道	66293	34165	32128	26681	30916	31887	9840	51258	5195	51558
解放街道	26614	13273	13341	9986	12924	13046	3478	19999	3137	18552
向阳街道	43049	21425	21624	13109	18359	18905	5734	33179	4136	36135
站南街道	89021	46193	42828	23608	31110	31454	8666	73717	6638	67111
双王街道	30097	14787	15310	8126	14743	14911	4927	22754	2416	29163
良田街道	18020	9262	8758	4765	8240	8093	2735	14025	1260	13556
崇业路街道	31189	16513	14676	8091	11391	11792	4259	25541	1389	18742
桥南镇	21267	10750	10517	6160	10646	10436	3690	15625	1952	20983
阳郭镇	28923	14436	14487	7974	14207	14345	5111	21058	2754	27927
故市镇	28281	14028	14253	8276	14025	14250	4378	21121	2782	27644
下吉镇	43222	20861	22361	13648	20755	22271	6561	31927	4734	42320
三张镇	26809	13472	13337	7205	13208	13206	4234	19950	2625	26369
交斜镇	24668	12265	12403	6637	12156	12315	3794	18529	2345	24448
辛市镇	29179	14618	14561	8441	14533	14517	4427	21936	2816	28169
崇宁镇	27258	13937	13321	6716	12909	12857	3980	20868	2410	26472
孝义镇	21423	10672	10751	5771	10507	10625	3151	15842	2430	19984
蔺店镇	25064	12159	12905	8178	12146	12899	4015	18235	2814	24400
田市镇	21795	10983	10812	6041	10879	10752	3164	16447	2184	21212
官底镇	32240	15948	16292	8518	15632	16127	4586	24606	3048	32055
官路镇	20193	9948	10245	5418	9261	9712	2754	15269	2170	19863
丰原镇	24829	12541	12288	6623	12147	12023	3482	19049	2298	24270
阎村镇	18307	9434	8873	4421	8893	8602	2904	13854	1549	17153
河西乡	9098	4622	4476	2499	4614	4464	1381	6894	823	9026
大王乡	14892	7630	7262	3573	7523	7225	2675	10848	1369	14744
龙背乡	20455	10422	10033	5853	10313	9988	3294	15095	2066	20234

表27 续表 13 单位：人、户

地　区	总人口			家庭户	家庭户总人口		分年龄人口			居住本地，户口在本地
	合　计	男	女	户　数	男	女	0-14岁	15-64岁	65岁及以上	
信义乡	21389	10523	10866	6185	10513	10859	3448	15701	2240	20842
南师乡	18411	9038	9373	5221	8869	9262	2793	13795	1823	18004
凭信乡	13000	6388	6612	3898	6338	6590	1934	9652	1414	12813
官道乡	26884	13512	13372	7832	12708	12891	4015	19784	3085	26166
华县	**322148**	**163629**	**158519**	**92355**	**158153**	**156433**	**40730**	**252776**	**28642**	**302610**
华州镇	44614	23456	21158	13102	19810	20191	5467	35311	3836	35383
杏林镇	26356	13236	13120	8363	12928	13023	3531	20335	2490	22013
赤水镇	19889	9886	10003	5405	9879	9998	2437	15702	1750	19691
高塘镇	25467	12869	12598	6557	12584	12259	3169	19898	2400	24406
大明镇	20737	10445	10292	5489	10445	10292	2557	16393	1787	20659
瓜坡镇	29217	14849	14368	8248	14519	14189	3629	23049	2539	28280
莲花寺镇	25383	12966	12417	7815	12779	12355	2868	20078	2437	24741
柳枝镇	14215	7220	6995	3998	7217	6992	1882	11012	1321	13854
下庙镇	21895	10931	10964	6068	10886	10919	2821	17067	2007	21613
金堆镇	22744	11591	11153	7912	11143	10868	3329	17972	1443	21262
辛庄乡	22053	11174	10879	5921	11173	10879	2519	17509	2025	21778
东阳乡	20610	10469	10141	5492	10406	10109	2574	16037	1999	20470
金惠乡	12717	6461	6256	3563	6452	6248	1659	9876	1182	12530
毕家乡	16251	8076	8175	4422	7932	8111	2288	12537	1426	15930
潼关县	**155463**	**80418**	**75045**	**41336**	**74449**	**73323**	**22626**	**122616**	**10221**	**139550**
城关镇	49802	25094	24708	15130	23736	23511	8107	38581	3114	41544
秦东镇	17866	8959	8907	4436	8928	8891	2543	13923	1400	17519
太要镇	25632	14460	11172	5723	11459	11127	3389	20900	1343	21627
桐峪镇	12628	6583	6045	3600	6236	6005	1708	10090	830	10874
代字营镇	11574	5924	5650	2755	5775	5621	1461	9315	798	11262
安乐乡	10919	5829	5090	2820	4835	4753	1569	8503	847	10031
高桥乡	14662	7253	7409	3819	7165	7351	2180	11497	985	14380
南头乡	12380	6316	6064	3053	6315	6064	1669	9807	904	12313
大荔县	**693392**	**348768**	**344624**	**173241**	**328039**	**327861**	**93394**	**537054**	**62944**	**665593**
城关镇	110725	55145	55580	28801	44498	45148	13489	88656	8580	93423
许庄镇	39860	19655	20205	10345	18603	19168	5186	31153	3521	38800
朝邑镇	21311	10665	10646	5815	10496	10488	2750	16368	2193	20394
安仁镇	31169	15633	15536	7562	15435	15326	3562	24552	3055	30522
两宜镇	20572	10545	10027	5084	9655	9542	2166	16128	2278	19963
羌白镇	35151	18183	16968	7794	16480	16097	4836	27388	2927	33665
官池镇	26659	13481	13178	6054	13057	13027	4512	19902	2245	26172
冯村镇	25236	12651	12585	5921	12028	11966	3349	19665	2222	24922
双泉镇	26875	13545	13330	6609	12882	13029	3379	20808	2688	26538
高明镇	24202	12027	12175	5891	11688	11957	2408	19271	2523	23862
下寨镇	17231	8605	8626	4126	8433	8501	2262	13254	1715	17123
韦林镇	22028	11131	10897	5161	10642	10641	3690	16493	1845	21594
范家镇	27647	13971	13676	7055	13319	13450	3355	21311	2981	27559
户家乡	16740	8287	8453	4377	8270	8436	2170	12912	1658	16285
埝桥乡	27182	13660	13522	6935	13238	13221	3817	20901	2464	26705
伯士乡	15937	7846	8091	4382	7413	7866	2241	11877	1819	15821
步昌乡	18639	9346	9293	4458	9319	9285	2393	14547	1699	18518
段家乡	23469	11988	11481	5761	11655	11331	3102	18245	2122	23297
八鱼乡	21280	11000	10280	5158	10921	10235	2904	16609	1767	21189
张家乡	19736	9888	9848	4437	9773	9788	2781	15297	1658	19577
苏村乡	26916	13553	13363	6623	13226	13196	4227	20282	2407	26766

表27 续表 14

单位：人、户

地区	总人口			家庭户	家庭户总人口		分年龄人口			居住本地，户口在本地
	合计	男	女	户数	男	女	0-14岁	15-64岁	65岁及以上	
西寨乡	13368	6500	6868	3979	6497	6866	2297	9788	1283	12960
石槽乡	31149	16054	15095	7324	15742	14910	4911	23913	2325	30890
沙底乡	14342	7253	7089	3874	7150	7042	1990	11035	1317	14213
赵渡乡	14536	7254	7282	3951	7209	7251	2462	10781	1293	14105
平民乡	15109	7639	7470	3568	7633	7462	2451	11423	1235	15024
国营陕西荔北企业公司	2437	1262	1175	1027	1146	1106	224	1771	442	2058
国营陕西沙苑企业公司	1997	1036	961	723	944	906	259	1426	312	1769
国营陕西黄河企业公司	1889	965	924	446	687	620	221	1298	370	1879
合阳县	**436441**	**219303**	**217138**	**116770**	**204660**	**205735**	**62331**	**335941**	**38169**	**407981**
城关镇	82749	42199	40550	22804	36133	35093	11942	66055	4752	66307
甘井镇	26224	13187	13037	6661	12868	12754	3613	20381	2230	25770
坊镇	41113	20404	20709	10233	19823	20046	6005	31579	3529	39929
洽川镇	8593	4312	4281	2231	4102	4208	1387	6412	794	8421
新池镇	27855	13979	13876	6932	13231	13273	4177	21106	2572	27274
黑池镇	29293	14336	14957	7459	12188	13247	4424	22266	2603	26659
路井镇	38573	18920	19653	11476	17952	18592	4931	29416	4226	37573
和家庄镇	25435	12454	12981	7213	12308	12885	3514	19081	2840	24963
王村镇	28029	14508	13521	8240	13287	13226	3808	21729	2492	25528
皇甫庄镇	8849	4546	4303	2349	4349	4200	1219	6782	848	8589
同家庄镇	20102	10254	9848	5334	9934	9741	2705	15422	1975	19826
百良镇	40398	20497	19901	10212	19804	19367	6278	30588	3532	39230
知堡乡	15964	7866	8098	4231	7866	8098	2297	12227	1440	15825
马家庄乡	18238	9134	9104	4971	8829	8997	2791	13738	1709	17947
防虏寨乡	14980	7583	7397	3841	7102	7179	1874	11412	1694	14495
杨家庄乡	10046	5124	4922	2583	4884	4829	1366	7747	933	9645
澄城县	**386150**	**193216**	**192934**	**112531**	**185382**	**186712**	**57210**	**294417**	**34523**	**340911**
城关镇	105817	51627	54190	36870	49896	52248	19324	79477	7016	72910
冯原镇	28093	14374	13719	7454	14041	13511	4146	21062	2885	27247
王庄镇	24030	12245	11785	5948	10853	10451	3074	18811	2145	20879
尧头镇	20610	11283	9327	7099	10291	9202	2238	16294	2078	18828
赵庄镇	15443	7796	7647	4333	7755	7634	2313	11590	1540	15200
交道镇	18283	8960	9323	5100	8960	9323	2525	13690	2068	17880
寺前镇	31553	15499	16054	7977	14165	14765	3435	24990	3128	29144
韦庄镇	35479	17852	17627	9231	16272	16573	4121	28034	3324	34292
雷家洼乡	16800	8325	8475	4646	8325	8473	2600	12698	1502	16641
善化乡	10004	4986	5018	3327	4903	5000	1455	7206	1343	9796
刘家洼乡	18524	9459	9065	4770	9270	8913	2911	13917	1696	18219
安里乡	23406	11860	11546	5951	11852	11543	3671	17593	2142	22859
罗家洼乡	16970	8339	8631	4543	8296	8613	2528	12719	1723	16688
庄头乡	21138	10611	10527	5282	10503	10463	2869	16336	1933	20328
蒲城县	**743000**	**377647**	**365353**	**188118**	**349667**	**347249**	**107481**	**569456**	**66063**	**688766**
城关镇	97436	51946	45490	22215	33831	33084	13242	77552	6642	67639
罕井镇	45610	23074	22536	14499	22662	22454	6799	33743	5068	42824
孙镇	32371	16491	15880	8180	15734	15395	4836	25134	2401	30328
兴镇	28835	14705	14130	6817	14268	13992	4103	22284	2448	27422
党睦镇	40921	20402	20519	10526	20124	20309	5685	31543	3693	40213
高阳镇	17997	9020	8977	4704	8516	8579	3157	13157	1683	16793
永丰镇	26063	13201	12862	6581	12933	12817	3756	19843	2464	25511
荆姚镇	56650	28631	28019	14309	27469	27347	8376	42940	5334	54767
苏坊镇	30659	15524	15135	8039	15523	15135	4444	23079	3136	30264

表27 续表 15　　　　单位：人、户

地区	总人口			家庭户	家庭户总人口		分年龄人口			居住本地，户口在本地
	合计	男	女	户数	男	女	0-14岁	15-64岁	65岁及以上	
龙阳镇	25218	12891	12327	6045	12049	11956	3311	19642	2265	24430
东陈镇	19822	9967	9855	4530	8730	8744	2487	15714	1621	19239
坡头镇	24579	12366	12213	6094	12257	12111	3897	18669	2013	23644
洛滨镇	27946	14217	13729	8051	13634	13510	3942	21149	2855	27359
陈庄镇	24817	12453	12364	6169	12059	11987	3310	19389	2118	23957
翔村乡	26754	13579	13175	6572	13037	13040	4187	20319	2248	25087
三合乡	22385	11218	11167	5315	11074	11057	3379	17033	1973	21336
贾曲乡	28384	14324	14060	7063	13995	13777	4116	21760	2508	27473
东阳乡	24249	11979	12270	6002	11979	12270	3626	18574	2049	23108
原任乡	17820	8813	9007	4932	8264	8720	2612	13146	2062	16716
龙池乡	33574	16822	16752	8204	16558	16621	4504	25842	3228	32754
椿林乡	32259	16151	16108	8271	15978	15974	4811	24454	2994	31336
平路庙乡	20192	10101	10091	5191	9943	9979	2949	15493	1750	19666
上王乡	21294	10775	10519	5364	10513	10339	3288	16125	1881	20587
大孔乡	17165	8997	8168	4445	8537	8052	2664	12872	1629	16313
白水县	**279679**	**143951**	**135728**	**76864**	**134348**	**129577**	**42748**	**213722**	**23209**	**250019**
城关镇	70848	36251	34597	20098	29843	29621	12014	54740	4094	49440
冯雷镇	19668	10258	9410	5988	9014	9001	2708	14830	2130	17767
尧禾镇	29098	14874	14224	7860	14334	13745	4441	22023	2634	27154
杜康镇	19470	10206	9264	5286	9719	9175	2926	15013	1531	18589
西固镇	16725	8534	8191	4808	8524	8188	2148	13117	1460	16113
林皋镇	21880	11484	10396	5600	10940	10308	3356	16622	1902	21145
史官镇	14674	7574	7100	4019	7524	7089	2207	11039	1428	14542
北井头乡	17572	8829	8743	4611	8823	8742	2287	13753	1532	17266
雷牙乡	11324	5787	5537	3136	5757	5514	1516	8532	1276	11196
雷村乡	14848	7480	7368	3976	7473	7367	2120	11322	1406	14481
收水乡	5813	2974	2839	1688	2949	2834	873	4354	586	5656
云台乡	11134	5797	5337	2622	5586	5287	1895	8232	1007	10546
纵目乡	11495	5965	5530	3042	5925	5514	1914	8634	947	11113
北塬乡	15130	7938	7192	4130	7937	7192	2343	11511	1276	15011
富平县	**743385**	**380206**	**363179**	**193171**	**342863**	**342162**	**99973**	**575334**	**68078**	**699867**
杜村镇	78889	39535	39354	23195	34627	35040	10711	61654	6524	66609
庄里镇	59983	31995	27988	16400	25624	25671	6649	47592	5742	54733
张桥镇	32667	16587	16080	8095	15230	15120	4380	25040	3247	30890
美原镇	47520	24108	23412	11440	22362	22018	7041	36011	4468	46150
流曲镇	35015	17947	17068	8348	16101	16162	4557	27690	2768	33500
淡村镇	24776	12744	12032	5913	11737	11487	2975	19795	2006	23384
王寮镇	24378	12528	11850	5560	10333	10370	3374	18689	2315	21569
留古镇	29642	14477	15165	8040	13754	14142	3961	22932	2749	27874
老庙镇	33657	17489	16168	8084	15571	15511	5617	24810	3230	31882
薛镇	36699	18988	17711	9000	16635	16015	4844	28631	3224	34537
到贤镇	22936	11996	10940	5490	10297	10421	2847	17974	2115	21796
曹村镇	30457	15525	14932	7862	13657	14042	4073	23526	2858	29358
宫里镇	34582	17957	16625	8872	15930	15943	4646	26780	3156	33226
梅家坪镇	30232	16088	14144	8309	14095	13260	3784	23906	2542	28707
刘集镇	40169	20536	19633	10458	17842	18394	5989	29728	4452	37854
齐村镇	32194	16252	15942	8252	15264	15394	3931	25511	2752	31278
南社乡	16987	8634	8353	4676	8306	8072	1956	13491	1540	16474
华朱乡	29668	14989	14679	7466	14622	14520	4116	22771	2781	29188
东上官乡	22644	11182	11462	6218	11108	11413	2985	17650	2009	21991

表27 续表 16

单位：人、户

地区	总人口			家庭户	家庭户总人口		分年龄人口			居住本地，户口在本地
	合计	男	女	户数	男	女	0-14岁	15-64岁	65岁及以上	
峪岭乡	9847	5016	4831	2585	4995	4815	1459	7481	907	9802
底店乡	18784	9563	9221	5196	9462	9177	2976	13914	1894	18479
小惠乡	20600	10346	10254	5510	10179	10154	3122	15606	1872	20217
白庙乡	13614	6825	6789	3613	6822	6785	2098	10256	1260	13473
觅子乡	17445	8899	8546	4589	8310	8236	1882	13896	1667	16896
韩城市	**391164**	**202114**	**189050**	**114475**	**188765**	**183828**	**53581**	**305828**	**31755**	**340006**
新城街道	112936	57500	55436	33233	52484	52231	16034	89395	7507	82260
金城街道	51430	26142	25288	15788	25284	25065	7011	39764	4655	44664
龙门镇	55847	30688	25159	14895	25126	23954	8005	44247	3595	47760
桑树坪镇	20012	11431	8581	6557	10856	8516	2591	15931	1490	19004
龙亭镇	16483	8307	8176	4911	8292	8173	2247	12880	1356	16362
芝川镇	19246	9707	9539	5691	9641	9518	2376	15095	1775	19052
西庄镇	25245	12861	12384	6637	12175	11955	3440	19581	2224	23293
昝村镇	14360	7176	7184	3911	7174	7178	1863	11084	1413	13930
芝阳镇	20121	10156	9965	5760	10155	9964	2549	15731	1841	19852
盘龙乡	5966	3275	2691	1454	2792	2656	689	4688	589	5330
乔子玄乡	7447	3775	3672	2273	3772	3671	1300	5515	632	7194
嵬东乡	11495	5622	5873	3774	5606	5866	1296	8896	1303	11275
板桥乡	9971	4989	4982	3225	4956	4978	1495	7404	1072	9640
薛峰乡	4873	2515	2358	1405	2485	2343	659	3703	511	4830
王峰乡	12665	6423	6242	4121	6420	6240	1588	9588	1489	12527
独泉乡	3067	1547	1520	840	1547	1520	438	2326	303	3033
华阴市	**258113**	**132881**	**125232**	**76937**	**122580**	**119407**	**36642**	**198268**	**23203**	**241936**
太华路街道	50591	26046	24545	15221	23451	22705	7403	39648	3540	45822
岳庙街道	28067	13925	14142	7750	13546	14022	3939	21790	2338	26586
玉泉街道	43084	22944	20140	12870	19017	18153	5369	33792	3923	38742
孟塬镇	24687	12795	11892	7178	12360	11720	3283	18904	2500	24467
桃下镇	26011	13850	12161	9988	13469	12109	3646	18931	3434	24394
夫水镇	28794	14649	14145	7985	12516	12652	4078	21901	2815	26938
华西镇	16989	8694	8295	4651	8599	8198	2772	12999	1218	16482
卫峪乡	10041	4943	5098	2762	4924	5091	1536	7657	848	9706
五方乡	17707	8896	8811	5026	8895	8810	2761	13396	1550	17405
北社乡	10135	4975	5160	2816	4961	5149	1615	7707	813	9900
国营陕西华山企业公司	2007	1164	843	690	842	798	240	1543	224	1494
延安市	**2187009**	**1149068**	**1037941**	**646054**	**1048974**	**981630**	**367783**	**1679704**	**139522**	**1599450**
宝塔区	**475234**	**243604**	**231630**	**148447**	**220660**	**210794**	**75094**	**375078**	**25062**	**297165**
宝塔山街道	67388	34536	32852	18625	25622	24423	7525	56817	3046	42306
南市街道	57320	28855	28465	20085	28003	27855	9949	44265	3106	36833
凤凰山街道	44294	22110	22184	14003	19001	18574	6193	35726	2375	25209
桥沟镇	69345	35254	34091	23399	34974	33875	13663	53202	2480	27768
枣园镇	15835	7941	7894	3955	6083	5711	2137	13020	678	8557
河庄坪镇	19085	9832	9253	7105	9828	9253	2908	15356	821	17659
李渠镇	21167	11177	9990	6607	10584	9863	3446	16479	1242	17460
姚店镇	20012	10408	9604	6965	9980	9477	3426	15428	1158	14838
青化砭镇	10781	5692	5089	3551	5572	5026	1681	8326	774	9698
蟠龙镇	7351	3881	3470	2669	3598	3341	863	5667	821	6416
柳林镇	46991	24656	22335	14032	22827	21320	9243	35982	1766	19991
南泥湾镇	4960	2616	2344	1517	2556	2318	793	3828	339	4630
临镇	7762	4276	3486	2349	3640	3418	1137	5992	633	6198
甘谷驿镇	9167	4727	4440	3351	4616	4344	1309	7137	721	7883

表27 续表 17

单位：人、户

地区	总人口			家庭户	家庭户总人口		分年龄人口			居住本地，户口在本地
	合计	男	女	户数	男	女	0-14岁	15-64岁	65岁及以上	
川口乡	10138	5229	4909	2476	5228	4909	1901	7623	614	8902
松树林乡	3138	1650	1488	1050	1495	1453	533	2361	244	2618
冯庄乡	10135	5190	4945	2599	5160	4938	1686	7727	722	9891
元龙寺乡	4184	2208	1976	1388	2139	1939	486	3140	558	4032
梁村乡	7235	3756	3479	2187	3756	3479	991	5571	673	7201
麻洞川乡	6544	3322	3222	2134	3309	3222	1080	4875	589	6178
贯屯乡	2330	1278	1052	815	1064	1029	307	1706	317	2089
官庄乡	3647	1901	1746	1172	1886	1741	437	2875	335	3557
万花山乡	26425	13109	13316	6413	9739	9286	3400	21975	1050	7251
延长县	**125391**	**64897**	**60494**	**42452**	**63514**	**59166**	**19041**	**96032**	**10318**	**106304**
七里村镇	58832	29751	29081	19778	28933	27904	10320	45139	3373	42349
黑家堡镇	8196	4283	3913	2577	4132	3841	1072	6414	710	7924
郑庄镇	6617	3609	3008	2003	3335	2978	940	5174	503	5942
张家滩镇	11629	6069	5560	4261	6053	5559	1654	8774	1201	11400
交口镇	6648	3516	3132	2263	3474	3122	848	5067	733	6249
安河镇	3620	1924	1696	1315	1923	1694	341	2740	539	3577
郭旗乡	4087	2147	1940	1427	2147	1940	460	3182	445	3922
刘家河乡	4724	2462	2262	1539	2460	2257	584	3669	471	4638
安沟乡	6899	3605	3294	2435	3552	3282	963	5266	670	6629
罗子山乡	4947	2614	2333	1673	2606	2319	714	3717	516	4738
雷赤乡	4978	2630	2348	1668	2616	2344	629	3784	565	4806
南河沟乡	4214	2287	1927	1513	2283	1926	516	3106	592	4130
延川县	**168375**	**88111**	**80264**	**51200**	**86127**	**78910**	**29743**	**127924**	**10708**	**115861**
延川镇	64454	33352	31102	19098	32599	30313	14281	48079	2094	28834
永坪镇	34747	17916	16831	11349	17426	16431	7237	25920	1590	19798
延水关镇	7557	4009	3548	2466	3953	3509	906	5980	671	7525
文安驿镇	4178	2249	1929	1278	2239	1924	473	3288	417	4117
杨家圪台镇	6909	3681	3228	2057	3681	3228	775	5319	815	6827
贾家坪镇	5602	2940	2662	1599	2901	2639	655	4337	610	5504
禹居镇	6897	3668	3229	2054	3668	3229	903	5322	672	6765
关庄镇	7038	3857	3181	2049	3480	3138	725	5511	802	6575
高家屯乡	9173	4838	4335	2768	4719	4329	1292	7137	744	8685
冯家坪乡	4070	2174	1896	1187	2155	1894	459	3240	371	3865
贺家湾乡	3644	1927	1717	1081	1851	1679	324	2893	427	3463
马家河乡	6774	3611	3163	1818	3570	3155	813	5280	681	6675
眼岔寺乡	3944	2104	1840	1239	2104	1840	458	3104	382	3873
土岗乡	3388	1785	1603	1157	1781	1602	442	2514	432	3355
子长县	**216910**	**112882**	**104028**	**63659**	**107108**	**101749**	**41842**	**161266**	**13802**	**152025**
瓦窑堡镇	113698	58912	54786	34050	55493	52854	23949	85401	4348	58246
杨家园子镇	11248	5920	5328	3140	5445	5241	2079	8376	793	9412
玉家湾镇	6331	3256	3075	1875	3220	3069	1061	4464	806	5922
安定镇	11692	6044	5648	3374	5905	5629	2223	8418	1051	10838
马家砭镇	9394	4916	4478	2809	4852	4474	1445	6910	1039	8939
南沟岔镇	8400	4331	4069	2083	4331	4069	1561	6055	784	7536
涧峪岔镇	10857	5572	5285	3065	5478	5271	1901	7765	1191	10059
李家岔镇	11381	5809	5572	3491	5738	5571	2095	8225	1061	10772
热寺湾乡	3231	1747	1484	1077	1747	1484	363	2521	347	3152
史家畔乡	8024	4121	3903	2251	3973	3725	1266	6002	756	7650
栾家坪乡	9969	5371	4598	2771	4814	4587	1816	7475	678	8281
余家坪乡	6659	3701	2958	1979	3153	2941	953	5213	493	5723

表27 续表 18

单位：人、户

地　区	总人口			家庭户	家庭户总人口		分年龄人口			居住本地，户口在本地
	合　计	男	女	户　数	男	女	0-14岁	15-64岁	65岁及以上	
寺湾乡	6026	3182	2844	1694	2959	2834	1130	4441	455	5495
安塞县	**171552**	**91533**	**80019**	**48961**	**81296**	**75880**	**33706**	**128156**	**9690**	**126290**
真武洞镇	57902	29870	28032	17485	27399	25986	12897	42827	2178	30809
砖窑湾镇	11860	6269	5591	3192	6036	5541	2317	8751	792	10753
沿河湾镇	14499	7732	6767	4043	6996	6555	2618	10883	998	13036
招安镇	12779	6686	6093	3395	6421	5971	2560	9396	823	11463
化子坪镇	14939	8121	6818	3837	6653	6181	2909	11233	797	11668
坪桥镇	10497	6114	4383	2751	4460	4032	1849	8030	618	7838
建华镇	14188	7572	6616	4377	7000	6462	2723	10455	1010	11778
高桥乡	6623	3502	3121	1871	3265	3078	1163	4986	474	5815
楼坪乡	5183	2747	2436	1636	2587	2387	824	3964	395	4774
王窑乡	11453	6437	5016	2811	5054	4747	1851	8924	678	8722
镰刀湾乡	7591	4216	3375	2184	3628	3304	1454	5602	535	6287
王家湾乡	4038	2267	1771	1379	1797	1636	541	3105	392	3347
志丹县	**140489**	**75102**	**65387**	**38718**	**65058**	**61215**	**24067**	**108792**	**7630**	**96666**
保安镇	60371	31173	29198	17422	29415	27746	12058	46315	1998	32353
杏河镇	13213	6988	6225	3370	5911	5660	2210	10105	898	10869
顺宁镇	8860	4752	4108	2466	3829	3704	1290	6955	615	6681
旦八镇	10404	5780	4624	2925	4570	4217	1644	8146	614	7119
金丁镇	8895	5057	3838	2269	3901	3688	1170	6979	746	7373
永宁镇	9533	5127	4406	2566	4610	4223	1627	7257	649	8222
双河乡	8384	4598	3786	2165	3469	3197	969	6869	546	6785
纸坊乡	5168	3010	2158	1323	2240	2087	619	4142	407	4170
义正乡	7196	4009	3187	1736	3176	2920	1175	5563	458	5910
吴堡乡	3679	2087	1592	931	1667	1554	510	2899	270	3033
张渠乡	4786	2521	2265	1545	2270	2219	795	3562	429	4151
吴起县	**145061**	**77368**	**67693**	**39893**	**65268**	**61759**	**24494**	**111518**	**9049**	**96444**
吴旗镇	71042	38180	32862	19822	30668	29017	13569	55146	2327	33653
铁边城镇	5879	3203	2676	1498	2547	2350	781	4621	477	4394
周湾镇	5893	3019	2874	1778	3019	2874	781	4402	710	5758
白豹镇	12921	6762	6159	3286	5791	5616	2004	9905	1012	11183
长官庙镇	4614	2416	2198	1389	2053	2022	674	3497	443	3496
长城镇	5449	2832	2617	1532	2741	2575	784	4111	554	5208
吴仓堡乡	7831	4070	3761	2407	3841	3677	1201	5891	739	6834
新寨乡	5933	3330	2603	1522	2468	2251	711	4716	506	4288
王洼子乡	3871	2112	1759	1055	1853	1682	626	2904	341	3181
庙沟乡	5957	3276	2681	1662	2828	2476	773	4568	616	4911
薛岔乡	7390	3869	3521	1849	3482	3411	1243	5561	586	6421
五谷城乡	8281	4299	3982	2093	3977	3808	1347	6196	738	7117
甘泉县	**77188**	**40844**	**36344**	**23680**	**37290**	**35001**	**13546**	**58925**	**4717**	**55648**
城关镇	38142	19674	18468	11518	18430	17646	7370	29208	1564	23670
下寺湾镇	10751	6043	4708	3193	5014	4530	2046	8151	554	7373
道镇	8959	4763	4196	2742	4326	4038	1419	6794	746	7627
桥镇乡	4292	2371	1921	1411	2077	1867	709	3176	407	3568
石门乡	4708	2437	2271	1566	2379	2238	633	3586	489	4364
高哨乡	3569	1845	1724	1227	1840	1724	478	2738	353	3428
劳山乡	4376	2448	1928	1220	2024	1873	615	3423	338	3421
东沟乡	2391	1263	1128	803	1200	1085	276	1849	266	2197
富县	**149727**	**78766**	**70961**	**39941**	**72258**	**66219**	**24952**	**114155**	**10620**	**129515**
富城镇	39593	20285	19308	10132	16309	15464	6829	30557	2207	31238

表27 续表 19

单位：人、户

地区	总人口			家庭户	家庭户总人口		分年龄人口			居住本地，户口在本地
	合计	男	女	户数	男	女	0-14岁	15-64岁	65岁及以上	
羊泉镇	15881	8311	7570	4233	8288	7558	2925	11693	1263	14658
张村驿镇	10748	5839	4909	2871	5420	4817	1446	8428	874	9644
张家湾镇	9865	5382	4483	2478	4713	4282	1715	7591	559	8148
直罗镇	8633	4593	4040	2277	4258	3901	1197	6746	690	7982
茶坊镇	15648	8298	7350	4431	7689	7089	2512	12048	1088	11824
牛武镇	7121	3866	3255	1969	3590	3185	1080	5553	488	6396
交道镇	9963	5145	4818	2675	5122	4788	1710	7448	805	9664
吉子现镇	7287	3863	3424	1887	3784	3375	1152	5564	571	6790
钳二乡	8966	4718	4248	2461	4713	4245	1638	6613	715	8255
南道德乡	3762	2018	1744	905	1952	1715	664	2790	308	3421
寺仙乡	4666	2470	2196	1361	2469	2196	740	3513	413	4450
北道德乡	7594	3978	3616	2261	3951	3604	1344	5611	639	7045
洛川县	**220684**	**116996**	**103688**	**57964**	**108670**	**98823**	**36911**	**168319**	**15454**	**188457**
凤栖镇	55096	28992	26104	15731	24402	22714	10177	42045	2874	35876
旧县镇	15467	8204	7263	3910	7929	7143	2422	11741	1304	14886
交口河镇	13692	7769	5923	3788	5478	5098	1941	11373	378	7603
老庙镇	13927	7376	6551	3448	7148	6392	2207	10613	1107	13140
土基镇	10042	5291	4751	2584	5291	4749	1836	7380	826	9682
石头镇	13035	6965	6070	3617	6964	6070	2293	9813	929	11945
槐柏镇	17638	9241	8397	4455	9061	8298	3003	13222	1413	17344
菩堤乡	6682	3529	3153	1527	3473	3126	1008	5127	547	6599
黄章乡	9286	4868	4418	2239	4788	4370	1586	6924	776	8621
永乡	12293	6497	5796	3115	6497	5795	1902	9370	1021	11895
京兆乡	5729	2997	2732	1523	2891	2690	751	4544	434	5249
杨舒乡	14092	7413	6679	3614	7335	6628	2321	10627	1144	13671
石泉乡	5297	2773	2524	1424	2739	2508	710	4100	487	4963
秦关乡	10277	5522	4755	2473	5273	4732	1612	7849	816	9809
百益乡	8302	4316	3986	1980	4238	3948	1566	6092	644	7762
朱牛乡	9829	5243	4586	2536	5163	4562	1576	7499	754	9412
宜川县	**117203**	**60283**	**56920**	**37280**	**58700**	**55179**	**18232**	**89743**	**9228**	**96241**
丹州镇	47205	23591	23614	16109	22271	21937	8939	35486	2780	29607
秋林镇	8766	4548	4218	2665	4548	4218	1297	6666	803	8267
云岩镇	10896	5631	5265	3447	5611	5258	1531	8414	951	10105
阁楼镇	6776	3549	3227	1882	3549	3227	984	5226	566	6503
集义镇	6983	3586	3397	2166	3571	3391	979	5255	749	6725
英旺乡	5201	2795	2406	1612	2766	2404	624	4152	425	4854
交里乡	6124	3220	2904	1936	3220	2904	724	4771	629	5877
牛家细乡	7467	3871	3596	2205	3864	3596	1078	5762	627	7138
新市河乡	5371	2865	2506	1636	2840	2506	579	4243	549	5235
高柏乡	4186	2172	2014	1131	2172	2014	550	3234	402	4081
壶口乡	4152	2261	1891	1155	2094	1842	502	3284	366	3839
寿峰乡	4076	2194	1882	1336	2194	1882	445	3250	381	4010
黄龙县	**49392**	**25910**	**23482**	**14990**	**24655**	**22836**	**6927**	**38164**	**4301**	**44754**
石堡镇	21028	10831	10197	6093	10280	9782	2974	16438	1616	18955
白马滩镇	4657	2373	2284	1583	2297	2259	597	3514	546	4267
瓦子街镇	1700	952	748	515	795	710	188	1388	124	1444
三岔乡	7795	4174	3621	2167	4050	3588	1321	5929	545	7204
界头庙乡	5146	2686	2460	1624	2654	2444	743	3927	476	4700
范家卓子乡	2417	1297	1120	787	1253	1100	318	1844	255	2320
红石崖乡	969	515	454	329	480	437	98	739	132	850

表27　续表 20　　　　单位：人、户

地　　区	总人口			家庭户	家庭户总人口		分年龄人口			居住本地，户口在本地
	合　计	男	女	户　数	男	女	0-14岁	15-64岁	65岁及以　上	
柏峪乡	1226	655	571	416	620	554	133	942	151	1088
圪台乡	1956	1039	917	654	931	880	216	1494	246	1713
崾先乡	2498	1388	1110	822	1295	1082	339	1949	210	2213
黄陵县	**129803**	**72772**	**57031**	**38869**	**58370**	**54099**	**19228**	**101632**	**8943**	**94080**
桥山镇	45302	25488	19814	12379	18710	17990	7115	35665	2522	34020
店头镇	29676	17076	12600	9411	13345	12030	4081	24250	1345	15006
隆坊镇	14603	7629	6974	4723	7458	6868	2356	10863	1384	13316
田庄镇	5185	2699	2486	1788	2510	2437	930	3670	585	4352
阿党镇	5625	2949	2676	1683	2822	2647	913	4213	499	4701
双龙镇	6435	4300	2135	2112	2661	2039	623	5530	282	3033
太贤乡	5453	2874	2579	1656	2790	2512	852	3954	647	4934
候庄乡	5407	2793	2614	1683	2709	2534	696	4056	655	5016
仓村乡	5585	2865	2720	1794	2851	2717	818	4172	595	5273
腰坪乡	6532	4099	2433	1640	2514	2325	844	5259	429	4429
汉中市	**3416196**	**1756525**	**1659671**	**1093481**	**1647855**	**1599174**	**527919**	**2522041**	**366236**	**3057023**
汉台区	**534923**	**269930**	**264993**	**183324**	**242722**	**248181**	**70756**	**411832**	**52335**	**412610**
北关街道	102960	51522	51438	39065	49752	50205	14127	80446	8387	65181
东大街街道	29407	13376	16031	10194	12542	13258	3412	22395	3600	20507
汉中路街道	59560	29366	30194	22815	28255	29534	8020	45012	6528	43590
中山街街道	34925	16889	18036	12593	15895	16668	4426	26671	3828	23413
东关街道	50687	24913	25774	14543	17985	18863	5490	41153	4044	28799
鑫源街道	15554	8660	6894	4132	6143	6246	1790	12406	1358	12023
舒家营街道	9389	4635	4754	3188	4606	4746	1183	7158	1048	8642
七里街道	38649	19480	19169	12574	18482	18454	5611	29884	3154	30936
铺镇	46300	23007	23293	16662	22407	23049	6580	35007	4713	43896
武乡镇	24861	12653	12208	8869	12519	12162	3701	18354	2806	23881
河东店镇	25588	14250	11338	7322	9559	9676	2699	20501	2388	19224
龙江镇	21616	10707	10909	6984	10573	10803	3164	16293	2159	20573
宗营镇	24909	12635	12274	8013	11558	11885	3304	18715	2890	23531
老君镇	26089	15735	10354	7248	10453	10324	3017	20828	2244	25080
汉王镇	11391	5604	5787	4193	5590	5782	1978	7883	1530	10965
望江乡	7821	3907	3914	2944	3827	3901	1362	5504	955	7380
徐家坡乡	5217	2591	2626	1985	2576	2625	892	3622	703	4989
南郑县	**471634**	**239481**	**232153**	**156109**	**222994**	**221220**	**77442**	**341433**	**52759**	**436795**
城关镇	65546	33069	32477	23575	30711	30255	9951	50073	5522	58889
圣水镇	21947	10905	11042	8116	10751	10977	3422	15606	2919	21521
大河坎镇	68154	35550	32604	19084	25408	26141	9325	53537	5292	50267
协税镇	16676	8346	8330	5468	8310	8326	2890	12099	1687	16432
梁山镇	16178	8010	8168	5365	7872	8094	2568	11936	1674	15710
阳春镇	13271	6511	6760	4630	6510	6760	2319	9268	1684	12907
高台镇	21101	10663	10438	6506	9408	9340	3727	14960	2414	19243
新集镇	32371	16217	16154	11642	16146	16110	6287	21454	4630	31840
濂水镇	14462	7384	7078	4158	7282	7037	2444	10467	1551	13844
黄官镇	16116	8083	8033	5649	7636	7805	3217	10790	2109	14990
青树镇	23386	11614	11772	8350	11599	11770	4407	16291	2688	22869
红庙镇	16687	8725	7962	5082	8503	7898	2865	11874	1948	16372
牟家坝镇	13940	7218	6722	4622	6992	6554	1983	10279	1678	13290
法镇	14174	7190	6984	4917	7083	6957	2176	10140	1858	13927
湘水镇	11389	5896	5493	3833	5823	5467	1812	8121	1456	11262
小南海镇	10297	5354	4943	3293	5210	4900	1589	7113	1595	10019

表27 续表 21　　　　单位：人、户

地　区	总人口			家庭户	家庭户总人口		分年龄人口			居住本地，户口在本地
	合　计	男	女	户　数	男	女	0-14岁	15-64岁	65岁及以　上	
碑坝镇	8416	4285	4131	2470	4027	3984	1622	5821	973	8011
元坝镇	6502	3487	3015	2359	3176	2934	1171	4536	795	6202
胡家营乡	18467	9302	9165	5695	9300	9165	2695	14054	1718	18405
歇马乡	6654	3403	3251	2197	3395	3250	1067	4829	758	6587
郭滩乡	11558	5658	5900	4097	5657	5900	2035	8187	1336	11260
忍水乡	6915	3472	3443	2536	3425	3430	1291	4600	1024	6727
两河乡	6354	3258	3096	2297	3176	3075	1151	4225	978	6172
塘口乡	5733	2898	2835	1923	2881	2833	1063	3736	934	5551
喜神坝乡	5479	2748	2731	1937	2738	2726	1039	3643	797	5349
高家岭乡	8954	4468	4486	3033	4378	4451	1403	6482	1069	8573
西河乡	2686	1380	1306	851	1305	1273	468	1857	361	2526
福成乡	4077	2155	1922	1156	2104	1903	744	2699	634	3983
白玉乡	1969	1053	916	522	1053	916	379	1351	239	1966
魏家桥乡	2175	1179	996	746	1135	989	332	1405	438	2101
城固县	**464903**	**235049**	**229854**	**145855**	**219859**	**220490**	**75018**	**341153**	**48732**	**426821**
博望镇	116375	57251	59124	38114	52377	54251	20040	86344	9991	89419
龙头镇	26277	13599	12678	7497	12535	12277	4003	19686	2588	25680
沙河营镇	16224	8193	8031	4983	7519	7673	2662	11836	1726	15389
文川镇	14660	7540	7120	4098	6797	6766	2358	10660	1642	13922
柳林镇	16963	8533	8430	4857	7751	8017	2680	12663	1620	16777
老庄镇	28605	14553	14052	10156	14341	13990	4268	20952	3385	27502
崔家山镇	18799	9501	9298	6141	8807	9002	2941	14001	1857	17352
桔园镇	33179	16698	16481	10776	15746	16120	5491	24081	3607	32340
原公镇	18859	9381	9478	6786	8999	9315	3287	13294	2278	18499
上元观镇	29395	14810	14585	8642	13650	13960	5158	20644	3593	28823
天明镇	18434	9553	8881	5693	9271	8790	2665	13603	2166	17865
二里镇	17422	8992	8430	5335	8426	8108	2551	12845	2026	16926
五堵镇	10596	5572	5024	3125	5107	4812	1590	7875	1131	10083
孙坪镇	7574	3842	3732	2413	3779	3699	1204	5562	808	7379
双溪镇	2890	1630	1260	822	1414	1193	384	2096	410	2821
水磨镇	3875	2068	1807	1220	1994	1783	529	2808	538	3759
小河镇	4215	2321	1894	1240	1984	1837	578	3085	552	3865
宝山镇	13583	6849	6734	3965	6646	6603	2113	10126	1344	13206
五郎庙乡	11814	6071	5743	3332	5758	5606	1779	8927	1108	11356
三合乡	17142	8677	8465	5477	8334	8300	2708	12593	1841	17003
董家营乡	23704	11833	11871	6976	11371	11702	4002	16968	2734	23060
大盘乡	6556	3443	3113	1905	3370	3099	919	4868	769	6432
盐井乡	5249	2708	2541	1526	2657	2534	798	3850	601	5089
盘龙乡	2513	1431	1082	776	1226	1053	310	1786	417	2274
洋县	**383981**	**198891**	**185090**	**120099**	**189295**	**180794**	**64943**	**279234**	**39804**	**353081**
洋州镇	64349	32490	31859	20784	29298	29623	11516	48454	4379	42461
戚氏镇	23827	12534	11293	7412	12153	11173	3873	17685	2269	23192
贯溪镇	16285	8228	8057	5021	8112	8017	2733	11913	1639	15506
龙亭镇	22856	11903	10953	6547	11666	10876	3504	17228	2124	22562
谢村镇	38466	19676	18790	12619	18168	18202	5872	28100	4494	36560
马畅镇	15552	7890	7662	5462	7523	7525	2674	11040	1838	15000
胥水镇	18332	9361	8971	5767	8610	8730	3127	13043	2162	17804
溢水镇	10796	5659	5137	3600	5558	5087	1879	7589	1328	10659
磨子桥镇	26667	13772	12895	8012	12826	12568	4402	19292	2973	26168
黄家营镇	13035	6772	6263	4542	6737	6255	2375	9188	1472	12933

表27 续表 22 单位：人、户

地区	总人口			家庭户	家庭户总人口		分年龄人口			居住本地，户口在本地
	合计	男	女	户数	男	女	0-14岁	15-64岁	65岁及以上	
黄安镇	15306	7802	7504	4823	7700	7480	2539	10998	1769	14946
黄金峡镇	9788	5159	4629	2917	5155	4629	1692	6929	1167	9684
槐树关镇	25643	13410	12233	7440	13054	12148	4699	18339	2605	25058
金水镇	8889	4781	4108	2656	4546	4033	1482	6430	977	8676
华阳镇	6766	3629	3137	1920	3398	3023	1146	4990	630	6058
茅坪镇	5907	3233	2674	1729	2945	2590	1059	4148	700	5628
白石乡	5886	3093	2793	1916	3061	2792	945	4230	711	5806
长溪乡	6535	3429	3106	2074	3317	3085	1032	4672	831	6459
四郎乡	8283	4391	3892	2593	4391	3892	1436	5890	957	8150
关帝乡	5849	3117	2732	1832	3112	2731	1060	4075	714	5800
窑坪乡	1311	722	589	383	711	588	223	896	192	1260
草庙乡	13696	6965	6731	4109	6844	6713	2213	9974	1509	13494
石关乡	4628	2408	2220	1540	2348	2212	796	3311	521	4518
秧田乡	4482	2384	2098	1321	2373	2096	868	3054	560	4378
桑溪乡	7713	4341	3372	2089	3983	3340	1289	5531	893	7310
八里关乡	3134	1742	1392	991	1706	1386	509	2235	390	3011
西乡县	**341812**	**175533**	**166279**	**115013**	**169720**	**163211**	**59756**	**245154**	**36902**	**303286**
城关镇	99867	49666	50201	34642	46614	47950	17825	73820	8222	72110
杨河镇	25668	13126	12542	8974	13007	12534	4430	18644	2594	24348
柳树镇	20126	10204	9922	6679	10191	9917	3924	14239	1963	19472
沙河镇	25100	12832	12268	8626	12471	12131	4197	18185	2718	23566
私渡镇	8111	4173	3938	2741	4081	3904	1243	5771	1097	7902
桑园镇	9605	4857	4748	3336	4713	4703	1587	6940	1078	9284
白龙塘镇	13488	6776	6712	4770	6737	6710	2147	9818	1523	13328
古城镇	15184	7700	7484	4887	7303	7356	2459	11010	1715	14246
峡口镇	12479	6355	6124	4234	6344	6118	2244	8850	1385	11710
堰口镇	23972	12311	11661	8371	11850	11514	4165	17238	2569	21318
茶镇	9639	5073	4566	3189	4862	4480	1697	6628	1314	9391
高川镇	13153	6985	6168	4191	6834	6120	2485	8768	1900	12744
两河口镇	13058	7113	5945	3994	7070	5940	2557	8690	1811	12810
五里坝镇	7918	4343	3575	2242	4268	3553	1594	5323	1001	7746
大河镇	4716	2560	2156	1400	2528	2152	816	3146	754	4605
罗镇	4786	2586	2200	1336	2586	2200	734	3531	521	4720
骆家坝镇	7892	4215	3677	2738	4135	3659	1337	5459	1096	7777
左溪乡	4297	2342	1955	1233	2274	1936	854	2867	576	4226
司上乡	4289	2392	1897	1280	2239	1878	605	3140	544	3935
马家湾乡	4436	2452	1984	1389	2395	1966	716	3112	608	4354
三花石乡	5896	3143	2753	2083	2890	2688	917	4134	845	5705
子午乡	2169	1168	1001	813	1168	1001	322	1499	348	2074
白勉峡乡	5963	3161	2802	1865	3160	2801	901	4342	720	5915
勉县	**388123**	**197340**	**190783**	**124923**	**188546**	**185101**	**52146**	**291630**	**44347**	**365203**
勉阳镇	84606	42436	42170	30251	39751	40315	11464	65435	7707	75745
武侯镇	18640	9776	8864	4290	6520	5862	1704	15073	1863	13211
周家山镇	19237	9526	9711	5465	9503	9693	2519	14653	2065	18954
同沟寺镇	16649	8312	8337	5447	8297	8320	2419	12357	1873	16445
黄沙镇	9871	4857	5014	3116	4832	5006	1451	7391	1029	9809
新街子镇	21531	10705	10826	6594	10684	10816	2996	16327	2208	21358
老道寺镇	24166	12126	12040	7521	11805	11913	3216	18127	2823	23620
褒城镇	11897	5982	5915	3347	5794	5819	1553	9207	1137	11272
长林镇	9955	4970	4985	3181	4964	4983	1343	7483	1129	9780

表27 续表 23

单位：人、户

地区	总人口			家庭户	家庭户总人口		分年龄人口			居住本地，户口在本地
	合计	男	女	户数	男	女	0-14岁	15-64岁	65岁及以上	
金泉镇	13363	6686	6677	4109	6656	6677	1721	10029	1613	13198
定军山镇	35914	18264	17650	12681	17780	17570	4759	27024	4131	33292
温泉镇	16128	7952	8176	5339	7907	8164	2136	11989	2003	16045
元墩镇	12710	6502	6208	4323	6491	6207	1971	8957	1782	12626
阜川镇	10145	5100	5045	3490	5100	5045	1538	7324	1283	10098
新铺镇	15658	8153	7505	4976	8133	7496	2269	11220	2169	15536
青羊驿镇	7823	3996	3827	2387	3899	3788	1175	5653	995	7528
茶店镇	9426	5179	4247	2723	4480	4076	1097	7147	1182	8379
二道河乡	2221	1220	1001	646	1183	983	309	1600	312	2161
镇川乡	15037	7850	7187	4355	7223	7017	1914	11494	1629	13474
小河庙乡	5858	3073	2785	1783	3069	2785	927	4015	916	5744
漆树坝乡	4913	2635	2278	1711	2598	2263	729	3327	857	4861
土关铺乡	7101	3694	3407	2371	3670	3406	978	5012	1111	7042
小砭河乡	4951	2674	2277	1507	2674	2277	682	3489	780	4848
长沟河乡	4985	2742	2243	1841	2665	2229	516	3531	938	4885
张家河乡	5338	2930	2408	1469	2868	2391	760	3766	812	5292
宁强县	**308885**	**159667**	**149218**	**93288**	**153504**	**144788**	**46055**	**228861**	**33969**	**291079**
汉源镇	50440	25398	25042	15073	22627	22517	7934	38519	3987	40238
高寨子镇	18395	9222	9173	6360	9056	9086	2891	13688	1816	18129
大安镇	22204	11136	11068	7100	10479	10634	3533	15785	2886	21111
代家坝镇	17231	9007	8224	5317	8888	8208	2220	13102	1909	16519
阳平关镇	29487	14850	14637	9448	14355	14078	4115	22089	3283	28808
燕子砭镇	26042	13472	12570	7137	13205	12456	3592	19970	2480	24997
广坪镇	9225	4818	4407	2559	4665	4345	1304	7076	845	8734
青木川镇	6648	3537	3111	1968	3317	3072	939	5046	663	6272
毛坝河镇	11783	6245	5538	3565	6235	5531	1923	8441	1419	11613
铁锁关镇	14818	7704	7114	4666	7512	6998	2323	10821	1674	14353
胡家坝镇	15232	8119	7113	4729	7997	7064	2353	10826	2053	14788
巴山镇	9804	5156	4648	2787	5004	4566	1482	7157	1165	9577
舒家坝乡	7576	3965	3611	2336	3882	3577	1092	5455	1029	7477
庙坝乡	4726	2592	2134	1364	2297	1957	669	3328	729	4522
南屏乡	5349	2922	2427	1546	2859	2405	745	3741	863	5247
宽川乡	6137	3255	2882	1826	3239	2873	932	4474	731	6017
巩家河乡	6160	3241	2919	1714	3186	2896	946	4366	848	5965
东皇沟乡	3604	1933	1671	1043	1933	1671	512	2582	510	3479
曾家河乡	6141	3215	2926	1711	3199	2921	806	4615	720	6057
太阳岭乡	5859	3051	2808	1557	3002	2785	770	4460	629	5782
苍社乡	4061	2128	1933	1102	2086	1928	653	2984	424	3871
巨亭乡	3161	1633	1528	850	1603	1526	413	2395	353	3099
安乐河乡	8419	4438	3981	2357	4351	3970	1104	6390	925	8310
禅家岩乡	5713	3085	2628	1760	3011	2610	978	4013	722	5604
黄坝驿乡	3833	1955	1878	1132	1927	1868	565	2871	397	3787
二郎坝乡	6837	3590	3247	2281	3589	3246	1261	4667	909	6723
略阳县	**201645**	**110877**	**90768**	**58205**	**94657**	**86547**	**25235**	**155002**	**21408**	**166408**
城关镇	67496	35187	32309	22797	32082	30909	9579	51700	6217	50440
接官亭镇	10184	5501	4683	2198	4101	3597	1035	8152	997	7547
横现河镇	6856	3735	3121	1927	3356	2953	863	5397	596	5726
两河口镇	4296	2314	1982	1201	2154	1916	529	3183	584	4115
金家河镇	5424	2951	2473	1629	2821	2441	630	4116	678	5164
徐家坪镇	12496	6618	5878	3560	6485	5810	1685	9588	1223	12172

表27　续表 24

单位：人、户

地　区	总人口			家庭户	家庭户总人口		分年龄人口			居住本地，户口在本地
	合　计	男	女	户　数	男	女	0-14岁	15-64岁	65岁及以上	
白水江镇	10054	5621	4433	2824	4601	4193	1321	7719	1014	8508
硖口驿镇	10587	6152	4435	2701	4988	4270	1336	8007	1244	9472
何家岩镇	4550	2631	1919	1133	1947	1813	601	3515	434	3485
乐素河镇	6892	3657	3235	2060	3317	3141	753	5215	924	6392
郭镇	11337	6090	5247	3285	5694	5151	1550	8463	1324	10495
白石沟乡	9566	6176	3390	1790	3630	3128	778	7935	853	6649
马蹄湾乡	4982	3413	1569	947	1576	1481	410	4211	361	3042
西淮坝乡	3388	1806	1582	972	1751	1565	507	2547	334	3346
九中金乡	4589	2455	2134	1380	2382	2104	545	3369	675	4357
仙台坝乡	3484	1884	1600	1027	1813	1579	374	2578	532	3358
观音寺乡	3207	1738	1469	1012	1703	1456	358	2233	616	3141
鱼洞子乡	6794	4370	2424	1416	2655	2252	653	5427	714	4778
黑河坝乡	5627	3374	2253	1456	2495	2184	609	4343	675	4664
白雀寺乡	7144	3811	3333	2068	3713	3305	783	5366	995	6942
史家院乡	2692	1393	1299	822	1393	1299	336	1938	418	2615
镇巴县	**246817**	**130557**	**116260**	**74025**	**128531**	**115109**	**46623**	**172269**	**27925**	**233285**
泾洋镇	38802	19806	18996	12166	18465	17986	6981	28683	3138	31269
渔渡镇	12433	6441	5992	4004	6441	5992	2782	8300	1351	11563
盐场镇	15466	7997	7469	4437	7996	7469	3536	10646	1284	15398
观音镇	10785	5768	5017	3423	5768	5017	1859	7498	1428	10443
巴庙镇	15111	8243	6868	4645	8229	6865	2709	10496	1906	14795
兴隆镇	11840	6486	5354	3326	6486	5354	1833	8595	1412	11637
长岭镇	13202	6899	6303	3576	6898	6302	2444	9233	1525	13021
三元镇	14256	7686	6570	4157	7686	6570	2768	9648	1840	13711
简池镇	6454	3383	3071	2095	3383	3071	1168	4595	691	5985
碾子镇	10207	5562	4645	3089	5562	4645	1825	7128	1254	9860
小洋镇	9231	4866	4365	2757	4860	4365	1839	6325	1067	8923
青水乡	7183	3967	3216	2034	3852	3177	1290	5024	869	7080
永乐乡	5756	3010	2746	1723	3005	2746	1143	3847	766	5689
陈家滩乡	4449	2351	2098	1333	2324	2088	872	2971	606	4372
杨家河乡	4513	2432	2081	1570	2429	2080	733	3100	680	4330
赤南乡	11276	5713	5563	3719	5713	5563	2595	7450	1231	10943
巴山乡	10561	5800	4761	2666	5305	4676	2064	7320	1177	9884
大池乡	5047	2712	2335	1410	2712	2335	979	3385	683	4925
田坝乡	7227	4003	3224	1893	3985	3222	1222	5105	900	7067
麻柳滩乡	5099	2781	2318	1798	2781	2318	842	3466	791	4985
平安乡	8796	4811	3985	2634	4811	3985	1477	6177	1142	8636
仁村乡	5898	3011	2887	1812	3011	2887	1125	4092	681	5737
黎坝乡	7744	3966	3778	2230	3966	3778	1455	5464	825	7712
三溪乡	5481	2863	2618	1528	2863	2618	1082	3721	678	5320
留坝县	**43398**	**22976**	**20422**	**13432**	**22534**	**20130**	**5645**	**32842**	**4911**	**41299**
城关镇	10746	5501	5245	3991	5410	5168	1548	8277	921	9779
马道镇	5094	2699	2395	1460	2592	2317	650	3794	650	5009
武关驿镇	5145	2782	2363	1548	2729	2330	560	3925	660	5083
留侯镇	2988	1624	1364	847	1555	1322	375	2241	372	2820
江口镇	7171	3758	3413	2040	3757	3413	977	5451	743	6833
青桥驿乡	1947	1059	888	563	1018	873	245	1425	277	1845
火烧店乡	3070	1622	1448	893	1600	1438	393	2274	403	2990
玉皇庙乡	5140	2799	2341	1458	2741	2304	620	3888	632	5007
桑元坝乡	2097	1132	965	632	1132	965	277	1567	253	1933

表27 续表 25 单位：人、户

地区	总人口			家庭户	家庭户总人口		分年龄人口			居住本地，户口在本地
	合计	男	女	户数	男	女	0-14岁	15-64岁	65岁及以上	
佛坪县	**30075**	**16224**	**13851**	**9208**	**15493**	**13603**	**4300**	**22631**	**3144**	**27156**
袁家庄镇	10529	5500	5029	3459	5201	4913	1688	8068	773	8750
陈家坝镇	3365	1810	1555	1049	1767	1547	449	2530	386	3212
大河坝镇	3600	1964	1636	1020	1798	1586	483	2694	423	3173
西岔河镇	3266	1771	1495	993	1769	1492	442	2393	431	3188
长角坝乡	2626	1461	1165	737	1351	1137	345	1956	325	2406
十亩地乡	1830	1045	785	525	1040	784	249	1364	217	1812
石墩河乡	1658	907	751	511	879	740	185	1290	183	1588
栗子坝乡	1713	941	772	496	896	752	258	1248	207	1596
岳坝乡	1488	825	663	418	792	652	201	1088	199	1431
榆林市	**3351436**	**1769701**	**1581735**	**988769**	**1581760**	**1482381**	**533602**	**2569889**	**247945**	**2289189**
榆阳区	**637617**	**328115**	**309502**	**197095**	**284727**	**272749**	**104459**	**496815**	**36343**	**309845**
鼓楼街道	43816	21264	22552	12620	16308	16876	6839	34354	2623	20664
青山路街道	55019	27988	27031	17863	25126	24602	10128	42578	2313	21339
上郡路街道	60304	31053	29251	18558	27176	25647	10489	47116	2699	15587
新明楼街道	27416	13332	14084	8320	10378	10706	4535	20497	2384	15252
驼峰路街道	60124	30402	29722	18477	27801	26868	12617	45238	2269	16514
崇文路街道	51873	26467	25406	12990	18972	17861	7179	43425	1269	13964
航宇路街道	47959	25074	22885	12722	17978	16901	7363	39366	1230	6440
鱼河镇	15728	8102	7626	4860	7958	7533	2865	11895	968	11625
上盐湾镇	6446	3207	3239	2165	3117	3174	812	4864	770	6217
镇川镇	23946	12369	11577	7219	11685	11118	3861	18280	1805	15818
清泉镇	5053	2553	2500	1907	2480	2477	570	3620	863	4902
安崖镇	4537	2362	2175	1583	2286	2158	345	3502	690	4423
麻黄梁镇	9136	5279	3857	2738	4042	3767	1207	7127	802	7227
牛家梁镇	17352	9516	7836	5282	8186	7601	2639	13683	1030	13635
金鸡滩镇	13672	7546	6126	4139	5942	5617	2091	10649	932	10374
马合镇	9435	4945	4490	2895	4944	4490	1318	7363	754	9159
巴拉素镇	7541	3926	3615	2530	3780	3573	1001	5790	750	7036
榆阳镇	73459	38291	35168	26093	36055	33707	13490	57811	2158	20493
鱼河峁镇	8805	4377	4428	3172	4228	4334	1229	6214	1362	8044
余兴庄乡	2032	1025	1007	824	998	987	151	1450	431	1982
刘千河乡	2656	1332	1324	1108	1313	1322	238	1904	514	2640
古塔乡	4628	2393	2235	1757	2393	2235	690	3366	572	4406
青云乡	12772	6610	6162	4197	6470	6117	2258	9733	781	9505
大河塔乡	4353	2368	1985	1818	2160	1945	451	3273	629	3569
孟家湾乡	11186	5862	5324	3297	5846	5321	1913	8336	937	10932
小壕兔乡	8546	4588	3958	3015	4109	3850	1060	6612	874	7585
岔河则乡	5556	2865	2691	1916	2857	2686	740	4280	536	5410
补浪河乡	7640	3933	3707	2665	3877	3685	991	5770	879	7423
红石桥乡	8671	4556	4115	2666	4019	3912	1191	6677	803	7591
小纪汗乡	11232	6183	5049	3236	5134	4806	1551	8931	750	9554
芹河乡	16724	8347	8377	4463	7109	6873	2647	13111	966	10535
神木县	**455493**	**255305**	**200188**	**140179**	**203726**	**182362**	**67596**	**360249**	**27648**	**221938**
神木镇	204525	108490	96035	64642	100411	91035	36980	159486	8059	92638
高家堡镇	8862	4583	4279	3648	4495	4251	878	6593	1391	7912
店塔镇	28581	18438	10143	7492	10585	8680	3147	24408	1026	9604
孙家岔镇	19583	12250	7333	4439	7631	6440	2133	16190	1260	11309
大柳塔镇	59883	36332	23551	16979	25246	21689	9082	49562	1239	14414
花石崖镇	2504	1278	1226	1311	1278	1226	135	1627	742	2454

表27　续表 26　　　　单位：人、户

地　　区	总人口			家庭户	家庭户总人口		分年龄人口			居住本地，户口在本地
	合　计	男	女	户　数	男	女	0-14岁	15-64岁	65岁及以上	
中鸡镇	18004	9820	8184	6357	8300	7404	2823	13783	1398	9058
贺家川镇	3427	1764	1663	1814	1764	1661	232	2315	880	3387
尔林兔镇	10600	5513	5087	3992	5388	5049	1696	7719	1185	9622
万镇	4144	2221	1923	2084	2033	1883	255	2850	1039	3902
大保当镇	15208	8331	6877	4679	6870	6340	2172	11997	1039	12638
马镇	4605	2369	2236	2095	2348	2217	407	3043	1155	4472
栏杆堡镇	4157	2175	1982	2013	2173	1979	293	2798	1066	4119
沙峁镇	5517	2910	2607	2719	2870	2582	526	3730	1261	5367
锦界镇	25561	15452	10109	5687	8978	8055	3136	21119	1306	12074
麻家塔乡	30563	18321	12242	5621	8314	7174	2918	26323	1322	9393
乔岔滩乡	4989	2590	2399	2279	2590	2399	482	3440	1067	4854
太和寨乡	2022	1061	961	977	1061	961	116	1384	522	2006
解家堡乡	2758	1407	1351	1351	1391	1337	185	1882	691	2715
府谷县	**260585**	**149473**	**111112**	**74066**	**112360**	**100690**	**39050**	**203363**	**18172**	**148466**
府谷镇	119394	64596	54798	36295	56457	49946	22250	92697	4447	53437
黄甫镇	7356	4806	2550	1803	2346	2213	447	5934	975	4726
麻镇	3160	1682	1478	1222	1672	1477	332	2244	584	3112
哈镇	5232	2884	2348	1842	2399	2269	521	3702	1009	4623
庙沟门镇	16149	10219	5930	3922	6131	5419	2401	12925	823	7977
新民镇	18371	11886	6485	3832	5656	5134	2086	15425	860	8154
孤山镇	9630	5433	4197	2677	4118	3712	1198	7660	772	7058
清水镇	5279	2888	2391	1717	2343	2253	663	3681	935	4515
大昌汗镇	10466	6746	3720	2059	3250	2943	1122	8814	530	4982
古城镇	5693	3301	2392	1714	2435	2257	542	4308	843	4705
三道沟镇	12137	7682	4455	3006	4328	3739	1469	10046	622	5330
老高川镇	14909	9331	5578	3224	5300	4913	2050	12026	833	9558
海则庙乡	4140	2276	1864	1279	2021	1793	413	3105	622	3738
墙头乡	2397	1240	1157	841	1203	1132	234	1719	444	2336
赵五家湾乡	2975	1531	1444	1128	1478	1415	308	2147	520	2911
田家寨乡	8861	4878	3983	2785	4441	3950	1487	6518	856	8452
木瓜乡	4063	2079	1984	1354	2001	1944	471	2810	782	4004
碛塄乡	4608	2878	1730	1354	1848	1614	399	3549	660	3414
武家庄乡	3018	1667	1351	988	1463	1290	332	2197	489	2707
王家墩乡	2747	1470	1277	1024	1470	1277	325	1856	566	2727
横山县	**288053**	**149964**	**138089**	**75646**	**141562**	**134343**	**51011**	**215470**	**21572**	**242806**
横山镇	86246	45083	41163	23827	43837	40110	18070	63898	4278	59013
石湾镇	12942	6957	5985	3010	5691	5816	2311	9670	961	11431
高镇	17828	9022	8806	4964	8946	8764	3012	13317	1499	17705
武镇	14367	7395	6972	4038	7087	6772	2160	10553	1654	13928
党岔镇	19396	9997	9399	4930	9783	9316	2881	14799	1716	18926
响水镇	10319	5306	5013	2465	5095	4901	1695	7704	920	10230
波罗镇	15539	8066	7473	3469	7258	7042	2571	11695	1273	15043
殿市镇	17172	9068	8104	4113	8095	7841	2883	12777	1512	16084
塔湾镇	8634	4416	4218	2612	4326	4190	1205	6502	927	8496
赵石畔镇	7885	4043	3842	2334	3915	3773	1135	5887	863	7747
魏家楼乡	7798	4036	3762	1890	3817	3691	1432	5769	597	7422
双城乡	4335	2183	2152	1139	2153	2145	632	3292	411	4294
石窑沟乡	8923	4571	4352	2445	4346	4235	1496	6381	1046	8847
白界乡	22170	11927	10243	6009	9983	9281	4188	17005	977	9746
南塔乡	8644	4448	4196	2011	4417	4189	1329	6563	752	8533

表27　续表 27

单位：人、户

地　　区	总人口			家庭户	家庭户总人口		分年龄人口			居住本地，户　口在本地
	合　计	男	女	户　数	男	女	0-14岁	15-64岁	65岁及以　上	
韩岔乡	12226	6414	5812	2984	5781	5680	2012	9259	955	11784
艾好峁乡	5837	3001	2836	1592	3001	2836	879	4372	586	5824
雷龙湾乡	7792	4031	3761	1814	4031	3761	1120	6027	645	7753
靖边县	**355939**	**185611**	**170328**	**91260**	**162595**	**153857**	**63794**	**271885**	**20260**	**227421**
张家畔镇	181354	95023	86331	44223	77256	71960	34916	140095	6343	73482
东坑镇	48001	24391	23610	11869	23939	23341	9124	35913	2964	41796
青阳岔镇	8181	4462	3719	2587	4212	3685	1209	6310	662	7044
宁条梁镇	17542	8986	8556	4580	8426	8234	2946	13249	1347	15660
周河镇	5997	3193	2804	1550	2852	2614	1048	4468	481	5068
红墩界镇	5539	2763	2776	1869	2674	2697	690	4153	696	5290
杨桥畔镇	10749	5447	5302	2783	5273	5231	1970	8054	725	9431
王渠则镇	6937	3608	3329	1679	3543	3316	1066	5240	631	6496
中山涧镇	6535	3265	3270	1812	3249	3270	1123	4753	659	6100
龙洲乡	5572	2834	2738	1695	2834	2738	910	4105	557	5462
海则滩乡	6009	3062	2947	1671	2934	2900	898	4519	592	5561
黄蒿界乡	4465	2308	2157	1532	2208	2121	642	3310	513	4054
席麻湾乡	10177	5250	4927	2901	5229	4910	1710	7637	830	9781
大路沟乡	4107	2390	1717	1111	1744	1485	423	3471	213	2603
乔沟湾乡	3995	2085	1910	1113	1913	1824	579	3059	357	3562
小河乡	5905	3151	2754	1514	2727	2674	937	4514	454	5193
天赐湾乡	2203	1330	873	551	938	848	275	1743	185	1680
高家沟乡	2750	1394	1356	858	1394	1356	327	2073	350	2711
五里湾乡	3479	1885	1594	1025	1691	1482	536	2666	277	2904
杨米涧乡	4357	2433	1924	1188	2032	1845	603	3328	426	3695
新城乡	3825	2078	1747	945	1575	1440	484	3040	301	2881
镇靖乡	8260	4273	3987	2204	3952	3886	1378	6185	697	6967
定边县	**319370**	**167129**	**152241**	**83067**	**157669**	**148812**	**53136**	**245586**	**20648**	**235876**
定边镇	99732	51740	47992	30275	48296	46501	19056	75833	4843	40458
贺圈镇	28096	15067	13029	6977	13847	12813	4916	21795	1385	17816
红柳沟镇	10228	5299	4929	2754	5220	4906	1478	7933	817	10105
砖井镇	15351	7891	7460	3525	7659	7414	2319	12009	1023	14375
白泥井镇	17861	9127	8734	4152	9004	8621	3076	13524	1261	17342
安边镇	16158	8302	7856	4367	8241	7828	2713	12097	1348	13546
堆子梁镇	7279	3693	3586	1972	3693	3586	1083	5464	732	7064
白湾子镇	7825	4183	3642	1784	4039	3632	1254	6068	503	7182
姬塬镇	11341	6088	5253	2429	5518	5015	1537	8969	835	10025
杨井镇	9480	5013	4467	2329	4785	4395	1388	7499	593	8889
新安边镇	6283	3334	2949	1427	3164	2889	1049	4731	503	5905
盐场堡乡	4228	2154	2074	1141	2152	2069	664	3232	332	4013
周台子乡	3966	2035	1931	1142	2035	1930	573	3009	384	3789
石洞沟乡	11437	5838	5599	2604	5836	5599	1570	8824	1043	11338
郝滩乡	14469	7280	7189	3520	7278	7189	2429	10942	1098	13976
油房庄乡	8533	4433	4100	1952	4365	4080	1292	6682	559	8336
纪畔乡	5082	2687	2395	1122	2637	2391	755	4018	309	4962
王盘山乡	4433	2424	2009	952	2082	1945	666	3497	270	3986
冯地坑乡	7843	4802	3041	1318	2525	2205	823	6676	344	4203
武峁子乡	5403	2900	2503	1119	2828	2494	875	4094	434	5245
黄湾乡	5813	3031	2782	1471	2976	2720	1018	4415	380	5774
学庄乡	5712	2947	2765	1611	2940	2755	762	4345	605	5565
张要先乡	5448	2900	2548	1391	2871	2535	799	4194	455	5327

表27 续表 28

单位：人、户

地区	总人口			家庭户	家庭户总人口		分年龄人口			居住本地，户口在本地
	合计	男	女	户数	男	女	0-14岁	15-64岁	65岁及以上	
白马要先乡	3001	1585	1416	752	1583	1416	408	2286	307	2900
樊学乡	4368	2376	1992	981	2095	1884	633	3450	285	3755
绥德县	**296088**	**152075**	**144013**	**94378**	**149086**	**141137**	**46080**	**223032**	**26976**	**246319**
名州镇	55937	27696	28241	19058	26276	26321	10112	42360	3465	27669
薛家峁镇	9540	4941	4599	2774	4936	4596	1253	7223	1064	9392
崔家湾镇	12687	6655	6032	3995	6594	6004	1760	9615	1312	12603
定仙墕镇	6871	3665	3206	2199	3585	3129	874	5304	693	6757
枣林坪镇	8012	4258	3754	2524	4176	3702	1244	6053	715	7828
义合镇	22029	11480	10549	7388	11475	10547	3361	16412	2256	21630
吉镇	10099	5273	4826	2833	4928	4494	1311	7640	1148	9922
薛家河镇	10438	5332	5106	3078	5332	5106	1514	7818	1106	10348
四十铺镇	20177	10339	9838	6408	10121	9790	3278	15047	1852	19620
石家湾镇	14214	7430	6784	3873	7429	6784	2044	10698	1472	14111
田庄镇	10331	5250	5081	3136	5234	5076	1404	7867	1060	10108
辛店乡	29186	14995	14191	9303	14502	13900	5507	21647	2032	17087
白家硷乡	10086	5222	4864	3379	5209	4864	1350	7650	1086	9940
河底乡	5215	2744	2471	1598	2713	2458	743	4045	427	5113
中角乡	9147	4791	4356	3267	4752	4318	1206	6956	985	8896
马家川乡	6738	3503	3235	2191	3503	3235	918	5123	697	6665
赵家砭乡	8775	4568	4207	2266	4562	4196	1334	6574	867	8696
韭园沟乡	6905	3603	3302	2201	3596	3300	927	5062	916	6762
满堂川乡	17750	9304	8446	5611	9298	8445	2478	13380	1892	17651
张家砭乡	21951	11026	10925	7296	10865	10872	3462	16558	1931	15521
米脂县	**154953**	**80196**	**74757**	**46714**	**77149**	**72723**	**21364**	**117495**	**16094**	**129045**
银州镇	61956	31722	30234	19378	29584	28709	9992	48019	3945	39446
桃镇	6698	3504	3194	2164	3455	3169	862	4968	868	6273
龙镇	11365	5796	5569	3537	5728	5524	1329	8406	1630	11060
杨家沟镇	9259	4834	4425	2923	4757	4367	1199	6838	1222	8691
杜家石沟镇	9966	5254	4712	2518	5058	4605	1147	7428	1391	9654
沙家店镇	7727	4110	3617	2024	4074	3582	1065	5635	1027	7571
印斗镇	8503	4480	4023	2540	4279	3897	953	6481	1069	8165
姬家岔乡	6196	3280	2916	1726	3278	2910	832	4584	780	6031
桥河岔乡	8051	4117	3934	2434	4069	3892	920	6115	1016	7782
高渠乡	4939	2669	2270	1480	2658	2263	562	3585	792	4774
李家站乡	3469	1830	1639	1080	1819	1633	358	2564	547	3436
十里铺乡	11248	5711	5537	3148	5671	5522	1531	8618	1099	10951
郭兴庄乡	5576	2889	2687	1762	2719	2650	614	4254	708	5211
佳县	**204666**	**106259**	**98407**	**62785**	**105434**	**97940**	**32120**	**152564**	**19982**	**197842**
佳芦镇	30553	15766	14787	11531	15526	14650	5267	22598	2688	28158
坑镇	11762	6146	5616	3522	6007	5510	1762	8968	1032	11318
店镇	11330	5908	5422	3358	5904	5420	1726	8407	1197	10947
乌镇	15328	8112	7216	4800	8102	7204	2270	11354	1704	15190
金明寺镇	6904	3579	3325	2196	3574	3320	1163	5027	714	6651
通镇	20247	10516	9731	5956	10513	9728	3534	14971	1742	19131
王家砭镇	11050	5750	5300	3383	5638	5282	1820	8175	1055	10309
方塌镇	6379	3308	3071	1793	3213	3024	977	4731	671	6294
刘国具乡	8542	4361	4181	2338	4349	4179	1229	6523	790	8368
峪口乡	6911	3569	3342	2090	3556	3340	1011	5303	597	6758
木头峪乡	8734	4565	4169	2743	4565	4169	1292	6482	960	8666
螅镇乡	9092	4797	4295	2964	4797	4295	1325	6906	861	8951

表27 续表 29

单位：人、户

地区	总人口			家庭户	家庭户总人口		分年龄人口			居住本地，户口在本地
	合计	男	女	户数	男	女	0-14岁	15-64岁	65岁及以上	
大佛寺乡	7595	3830	3765	2506	3826	3765	1097	5606	892	7477
康家港乡	8473	4397	4076	2447	4390	4074	1271	6328	874	8385
上高寨乡	8387	4330	4057	1976	4324	4055	1415	6229	743	8323
刘家山乡	7582	3994	3588	2114	3989	3584	1101	5750	731	7535
兴隆寺乡	5012	2580	2432	1456	2512	2388	820	3574	618	4899
官庄乡	6876	3557	3319	1974	3557	3319	996	5154	726	6798
朱官寨乡	5402	2781	2621	1440	2684	2544	826	3950	626	5262
朱家坬乡	8507	4413	4094	2198	4408	4090	1218	6528	761	8422
吴堡县	**75748**	**39483**	**36265**	**24480**	**36879**	**34691**	**11771**	**57559**	**6418**	**63002**
宋家川镇	36427	19157	17270	11769	16873	15867	6356	28001	2070	25152
辛家沟镇	5671	2962	2709	1844	2835	2634	667	4287	717	5448
郭家沟镇	7876	4088	3788	2307	4060	3755	1130	5949	797	7270
寇家塬镇	7665	3908	3757	2542	3852	3740	1270	5631	764	7573
张家山乡	5382	2793	2589	1740	2769	2570	729	4006	647	5169
岔上乡	3770	1989	1781	1299	1976	1780	445	2896	429	3629
丁家湾乡	4343	2265	2078	1450	2230	2061	586	3305	452	4258
薛下村乡	4614	2321	2293	1529	2284	2284	588	3484	542	4503
清涧县	**128938**	**67435**	**61503**	**44965**	**66248**	**60849**	**14762**	**99883**	**14293**	**114591**
宽州镇	44963	22853	22110	17323	22455	21760	7056	34329	3578	32940
石咀驿镇	7341	3882	3459	2203	3803	3450	719	5618	1004	7145
折家坪镇	9563	5034	4529	3143	4985	4520	1094	7367	1102	9160
玉家河镇	5232	2764	2468	1609	2704	2448	514	4166	552	5098
高杰村镇	7611	4046	3565	2385	3997	3542	588	6142	881	7515
李家塔镇	7615	4105	3510	2596	4097	3503	511	6047	1057	7543
店则沟镇	5704	3047	2657	1969	2951	2608	539	4373	792	5550
解家沟镇	7024	3749	3275	2430	3648	3234	614	5516	894	6833
郝家墕乡	3842	2012	1830	1334	1973	1820	383	2836	623	3772
乐堂堡乡	5556	2930	2626	1755	2819	2565	616	4248	692	5318
下廿里铺乡	5547	2837	2710	1788	2792	2677	529	4288	730	5189
双庙河乡	5139	2731	2408	1667	2702	2399	442	3995	702	4981
老舍窠乡	5446	2872	2574	1907	2837	2559	401	4338	707	5317
二郎山乡	3314	1804	1510	1161	1743	1497	219	2615	480	3271
石盘乡	5041	2769	2272	1695	2742	2267	537	4005	499	4959
子洲县	**173986**	**88656**	**85330**	**54134**	**84325**	**82228**	**28459**	**125988**	**19539**	**152038**
双湖峪镇	40027	20071	19956	12760	17448	17614	8374	29046	2607	23052
何家集镇	11382	5944	5438	2514	5858	5430	1817	8481	1084	10974
老君殿镇	9403	5036	4367	2050	4421	3986	1475	7024	904	8988
裴家湾镇	9402	4718	4684	3148	4717	4682	1623	6573	1206	9244
苗家坪镇	17689	9038	8651	5621	8989	8633	2538	12829	2322	17104
三川口镇	9165	4722	4443	3640	4445	4306	1087	6551	1527	8844
马蹄沟镇	13895	7033	6862	5258	6842	6784	1984	9922	1989	13194
周家硷镇	7118	3603	3515	2639	3531	3504	1268	5047	803	6237
电市镇	5015	2512	2503	1514	2437	2477	794	3600	621	4857
砖庙镇	5617	2880	2737	1725	2831	2721	784	4153	680	5481
驼耳巷乡	5458	2712	2746	1876	2712	2746	762	3705	991	5327
瓜园则湾乡	4129	2125	2004	977	2086	1985	580	3064	485	4060
李孝河乡	3381	1697	1684	1329	1683	1679	414	2366	601	3301
水地湾乡	4681	2393	2288	1245	2387	2287	708	3439	534	4551
马岔乡	8926	4565	4361	2157	4547	4347	1603	6575	748	8759
槐树岔乡	6202	3228	2974	1346	3131	2972	966	4684	552	6071

表27 续表 30

单位：人、户

地　　区	总人口			家庭户	家庭户总人口		分年龄人口			居住本地，户口在本地
	合　计	男	女	户　数	男	女	0-14岁	15-64岁	65岁及以上	
高家坪乡	4208	2205	2003	1214	2130	1986	541	3175	492	4087
淮宁湾乡	8288	4174	4114	3121	4130	4089	1141	5754	1393	7907
安康市	**2629906**	**1389650**	**1240256**	**773547**	**1340427**	**1208375**	**436360**	**1957654**	**235892**	**2418905**
汉滨区	**870126**	**450999**	**419127**	**240371**	**437144**	**404765**	**153127**	**650988**	**66011**	**785194**
老城街道	41388	21194	20194	12910	18639	19179	5702	32099	3587	30711
新城街道	145454	70076	75378	44820	65085	66260	22752	113415	9287	100510
江北街道	53842	27299	26543	18627	27059	26483	7674	41134	5034	45719
关庙镇	42200	21862	20338	10699	21582	20189	7745	31895	2560	38656
张滩镇	28079	14479	13600	6650	13747	13098	4505	21841	1733	27925
瀛湖镇	15759	8267	7492	3867	8191	7466	2809	12021	929	15323
建民镇	40984	20686	20298	9832	19815	19126	6754	32009	2221	36977
五里镇	33812	17283	16529	10087	17044	16383	6958	23983	2871	32445
河西镇	23678	12528	11150	6265	12415	11094	4764	17302	1612	23338
大同镇	37678	19564	18114	9707	18895	17660	6802	27794	3082	37104
恒口镇	57975	30037	27938	16041	29372	27266	10301	43139	4535	53792
梅子铺镇	14665	7921	6744	4018	7908	6739	2724	10675	1266	14471
吉河镇	13367	7120	6247	3330	7002	6219	2230	10205	932	12966
流水镇	11744	6062	5682	3134	6023	5657	2030	8841	873	11453
大竹园镇	10213	5257	4956	3019	5257	4955	2067	7407	739	10010
洪山镇	13807	7435	6372	3481	7286	6329	2585	10184	1038	13585
石转镇	7571	4212	3359	1988	4160	3353	1487	5453	631	7503
茨沟镇	12636	6986	5650	3125	6726	5563	2295	9188	1153	12290
大河镇	17066	9398	7668	4558	8740	7328	3372	11990	1704	16632
沈坝镇	10413	5845	4568	2597	5803	4557	2014	7459	940	10185
双龙镇	14667	8021	6646	3634	8021	6646	2524	10909	1234	14494
叶坪镇	3962	2186	1776	1304	2164	1772	632	2901	429	3914
中原镇	11898	6411	5487	3433	6266	5423	2415	8238	1245	11660
花园乡	15546	8197	7349	3846	8187	7324	2680	11797	1069	15248
早阳乡	14609	7698	6911	3578	7686	6903	2714	10837	1058	14299
共进乡	7884	4315	3569	1920	4291	3553	1446	5823	615	7786
石梯乡	14976	7857	7119	3712	7771	7098	2919	10952	1105	14927
关家乡	15743	8358	7385	4008	8324	7368	3081	11577	1085	15600
迎风乡	10743	5696	5047	2794	5621	5010	2127	7808	808	10683
县河乡	12451	6633	5818	2850	6598	5801	2476	9064	911	12228
田坝乡	9453	5153	4300	2195	5101	4292	1646	7033	774	9287
晏坝乡	8573	4652	3921	2074	4557	3901	1772	6219	582	8452
南溪乡	8619	4517	4102	2362	4492	4088	1801	6172	646	8524
富强乡	7725	4172	3553	2070	4137	3522	1448	5562	715	7482
运溪乡	8446	4515	3931	2087	4515	3931	1691	6077	678	8187
双溪乡	7177	3976	3201	1852	3826	3158	1365	5139	673	6952
谭坝乡	10962	5847	5115	3316	5780	5067	2412	7512	1038	10737
前进乡	6113	3327	2786	1580	3274	2765	1049	4601	463	6087
坝河乡	8437	4410	4027	2612	4408	4026	1755	5958	724	8373
玉岚乡	8103	4305	3798	1977	4305	3798	1576	5934	593	7931
新坝乡	8209	4390	3819	2094	4325	3803	1400	6165	644	7870
香山乡	4196	2284	1912	1072	2284	1912	678	3134	384	4181
牛蹄乡	5999	3220	2779	1569	3169	2758	1418	3966	615	5689
东镇乡	5546	3011	2535	1624	3006	2534	1047	3990	509	5451
沙坝乡	5508	3102	2406	1423	3052	2393	1064	3979	465	5364
荆河乡	2250	1235	1015	630	1235	1015	421	1607	222	2193

表27　续表 31　　　　　　　　　　　　　　　　　　　　　　　　　　　　单位：人、户

地区	总人口			家庭户	家庭户总人口		分年龄人口			居住本地，户口在本地
	合计	男	女	户数	男	女	0-14岁	15-64岁	65岁及以上	
汉阴县	**246147**	**130722**	**115425**	**76618**	**127717**	**113990**	**44897**	**178461**	**22789**	**231447**
城关镇	66926	34511	32415	21315	33234	31829	12003	49502	5421	60338
涧池镇	21048	11064	9984	6423	10934	9957	3979	15204	1865	19408
蒲溪镇	18898	9778	9120	6018	9484	8892	3475	13888	1535	17634
平梁镇	23379	12506	10873	7817	12293	10716	4151	17167	2061	22674
双乳镇	11950	6395	5555	3364	6286	5536	2020	8959	971	11397
铁佛寺镇	9097	4985	4112	2472	4855	4054	1535	6722	840	8764
龙垭镇	8956	4836	4120	2896	4802	4104	1663	6499	794	8641
漩涡镇	24609	13251	11358	7134	12926	11162	4920	17125	2564	23436
汉阳镇	16072	8807	7265	4921	8735	7242	2923	11259	1890	15436
酒店镇	4858	2720	2138	1611	2700	2132	774	3575	509	4653
双河口镇	4039	2142	1897	1357	2139	1897	653	2903	483	3979
上七镇	3667	2030	1637	886	1916	1599	734	2470	463	3501
永宁乡	13311	6876	6435	4487	6854	6430	2645	9450	1216	12950
观音河乡	7292	4031	3261	2328	3961	3249	1276	5230	786	7053
石条街乡	2186	1260	926	681	1210	917	364	1530	292	2141
铜钱乡	1299	728	571	405	688	565	232	902	165	1249
田禾乡	4232	2386	1846	1250	2318	1819	744	3092	396	4059
双坪乡	4328	2416	1912	1253	2382	1890	806	2984	538	4134
石泉县	**171097**	**92101**	**78996**	**52785**	**88183**	**76942**	**23379**	**130972**	**16746**	**154880**
城关镇	53422	27657	25765	17682	25533	24477	7218	41880	4324	42268
饶峰镇	10586	5877	4709	3118	5576	4609	1300	8013	1273	10129
两河镇	8662	4720	3942	2764	4469	3817	1085	6541	1036	8184
迎丰镇	6940	3850	3090	1977	3702	3033	890	5346	704	6591
池河镇	19866	10495	9371	6041	10167	9173	2607	15655	1604	18099
后柳镇	7222	3923	3299	2415	3890	3270	995	5457	770	7014
喜河镇	8010	4464	3546	2398	4316	3494	1207	5847	956	7688
熨斗镇	12491	6838	5653	3309	6747	5614	2263	8774	1454	12022
曾溪乡	5715	3161	2554	1812	3011	2536	730	4294	691	5431
银龙乡	5507	2942	2565	1672	2937	2561	737	4151	619	5394
银桥乡	3661	2049	1612	1092	2028	1607	397	2872	392	3579
红卫乡	5015	2808	2207	1457	2761	2199	624	3874	517	4916
中池乡	10985	6021	4964	3286	5957	4924	1298	8717	970	10735
中坝乡	5992	3366	2626	1679	3223	2555	928	4318	746	5956
长阳乡	7023	3930	3093	2083	3866	3073	1100	5233	690	6874
宁陕县	**70435**	**38345**	**32090**	**21305**	**35792**	**31046**	**9506**	**54104**	**6825**	**63630**
城关镇	20515	10650	9865	6835	10045	9579	3045	15887	1583	17312
四亩地镇	4070	2273	1797	1176	2109	1776	563	3074	433	3701
江口镇	8694	4693	4001	2492	4337	3834	1213	6684	797	8029
汤坪镇	5516	2994	2522	1704	2949	2505	714	4210	592	5376
广货街镇	3734	2162	1572	1029	1775	1482	388	3032	314	3241
龙王镇	4683	2589	2094	1413	2507	2066	682	3489	512	4581
筒车湾镇	5355	2994	2361	1500	2722	2173	613	4222	520	4816
旬阳坝镇	1983	1137	846	574	987	794	246	1547	190	1718
金川镇	3400	1839	1561	1050	1790	1542	466	2523	411	3263
皇冠镇	2791	1591	1200	693	1295	1085	336	2189	266	2193
丰富乡	1234	699	535	412	686	534	138	907	189	1204
梅子乡	2401	1366	1035	702	1360	1033	291	1792	318	2342
新场乡	865	508	357	282	468	345	101	632	132	803
太山庙乡	5194	2850	2344	1443	2762	2298	710	3916	568	5051

表27 续表 32

单位：人、户

地 区	总人口			家庭户	家庭户总人口		分年龄人口			居住本地，户口在本地
	合 计	男	女	户 数	男	女	0-14岁	15-64岁	65岁及以上	
紫阳县	**283947**	**151237**	**132710**	**84485**	**150510**	**132454**	**52107**	**202311**	**29529**	**269422**
城关镇	35496	18386	17110	11965	18075	16988	5970	26062	3464	30328
蒿坪镇	25903	13491	12412	7146	13452	12391	4785	19052	2066	25034
汉王镇	11800	6023	5777	4006	6015	5777	2563	8023	1214	11356
焕古镇	9907	5371	4536	2815	5356	4534	1729	7155	1023	9585
向阳镇	12708	6748	5960	3614	6724	5944	2122	9256	1330	12400
洞河镇	14609	7811	6798	4510	7732	6774	2280	10631	1698	13978
洄水镇	7119	3699	3420	2481	3634	3402	1624	4627	868	6415
斑桃镇	7461	4074	3387	2126	4055	3384	1373	5304	784	7287
双桥镇	11275	6099	5176	3387	6099	5176	2250	7747	1278	10988
高桥镇	18493	9864	8629	5188	9852	8627	3512	13045	1936	17825
红椿镇	14193	7863	6330	4218	7861	6327	2466	10283	1444	13810
高滩镇	14120	7566	6554	4047	7550	6551	2521	10101	1498	13448
毛坝镇	13358	7119	6239	4137	7119	6239	2447	9503	1408	12753
瓦庙镇	11814	6221	5593	3323	6221	5593	2210	8322	1282	11350
麻柳镇	11912	6257	5655	3411	6254	5655	2543	8228	1141	11585
双安乡	10823	5656	5167	3224	5654	5167	2296	7375	1152	10519
金川乡	5314	2818	2496	1801	2810	2494	1015	3634	665	5058
苗河乡	2811	1585	1226	822	1544	1215	426	2042	343	2683
界岭乡	5020	2753	2267	1373	2743	2267	1078	3419	523	4805
芭蕉乡	7564	4189	3375	2127	4131	3355	1297	5469	798	7167
东木乡	8324	4586	3738	2250	4586	3738	1478	6023	823	7980
燎原乡	4244	2382	1862	1185	2375	1855	688	3034	522	4011
广城乡	6923	3832	3091	1913	3832	3091	1077	5024	822	6845
绕溪乡	7106	3810	3296	1862	3804	3294	1307	5019	780	6853
联合乡	5650	3034	2616	1554	3032	2616	1050	3933	667	5359
岚皋县	**154157**	**83023**	**71134**	**48331**	**80910**	**70007**	**23547**	**115270**	**15340**	**143558**
城关镇	35348	18079	17269	11364	17319	16637	6089	26635	2624	28805
佐龙镇	11590	6330	5260	3599	6237	5201	1689	8837	1064	11319
花里镇	6413	3438	2975	2084	3287	2909	1042	4677	694	5969
滔河镇	5902	3192	2710	1777	3052	2652	814	4384	704	5616
官元镇	6590	3699	2891	1854	3655	2887	1180	4674	736	6290
石门镇	9877	5392	4485	3348	5142	4394	1529	7251	1097	9368
民主镇	16696	9069	7627	5047	9020	7618	2601	12233	1862	16377
大道河镇	5396	2876	2520	1916	2874	2520	738	4155	503	5197
蔺河乡	7668	4228	3440	2189	4041	3383	1033	5896	739	7400
溢河乡	5815	3169	2646	1738	3089	2611	719	4448	648	5694
孟石岭乡	9113	4864	4249	2962	4829	4237	1366	6746	1001	8859
漳河乡	3443	1915	1528	993	1865	1511	422	2617	404	3390
四季乡	5410	2957	2453	1704	2899	2422	754	4082	574	5172
横溪乡	3101	1694	1407	904	1666	1400	426	2354	321	2981
堰门乡	8369	4628	3741	2526	4542	3717	1313	6060	996	8139
铁炉乡	9090	5062	4028	2952	4980	4012	1192	6944	954	8846
晓道乡	4336	2431	1905	1374	2413	1896	640	3277	419	4136
平利县	**192959**	**102771**	**90188**	**58541**	**99795**	**88423**	**28302**	**144419**	**20238**	**181832**
城关镇	45493	23263	22230	14610	21755	20962	7008	34312	4173	37939
兴隆镇	11017	6049	4968	2917	5941	4905	1435	8283	1299	10847
老县镇	14150	7570	6580	4320	7275	6463	1945	10864	1341	13614
大贵镇	11294	6134	5160	3488	6083	5147	1498	8565	1231	11097
三阳镇	11318	6344	4974	3155	6250	4950	1533	8406	1379	11094

表27　续表 33

单位：人、户

地　区	总人口			家庭户	家庭户总人口		分年龄人口			居住本地，户口在本地
	合　计	男	女	户　数	男	女	0-14岁	15-64岁	65岁及以上	
洛河镇	13101	7188	5913	4372	7101	5904	1678	9765	1658	12911
广佛镇	20637	11018	9619	5946	10906	9597	3249	15107	2281	20291
八仙镇	24654	12969	11685	7618	12736	11564	4023	17916	2715	23901
长安镇	17406	9469	7937	4884	9175	7882	2670	13075	1661	16596
西河乡	8386	4430	3956	2442	4346	3920	1078	6517	791	8264
正阳乡	7404	3953	3451	2271	3891	3435	1195	5363	846	7311
女娲山乡	8099	4384	3715	2518	4336	3694	990	6246	863	7967
镇坪县	**50966**	**26742**	**24224**	**16768**	**25869**	**23953**	**8413**	**36918**	**5635**	**47984**
城关镇	12932	6812	6120	4753	6401	5963	2194	9682	1056	11685
曾家镇	5997	3175	2822	1833	3084	2812	1032	4223	742	5677
牛头店镇	4386	2270	2116	1543	2100	2082	649	3120	617	4032
钟宝镇	7232	3730	3502	2192	3671	3489	1253	5169	810	6881
洪石乡	3711	1944	1767	1220	1944	1767	533	2648	530	3710
白家乡	2595	1377	1218	801	1343	1212	370	1863	362	2444
上竹乡	3668	1909	1759	1084	1830	1727	607	2651	410	3592
小曙河乡	3636	1953	1683	1238	1948	1683	608	2605	423	3306
曙坪乡	4108	2155	1953	1301	2155	1953	673	3031	404	4047
华坪乡	2701	1417	1284	803	1393	1265	494	1926	281	2610
旬阳县	**426677**	**226565**	**200112**	**123866**	**214496**	**193516**	**65619**	**324629**	**36429**	**393372**
城关镇	67929	34635	33294	20851	32101	31395	10916	52684	4329	51820
棕溪镇	25811	13811	12000	7344	13583	11937	3765	19671	2375	25407
关口镇	14352	7716	6636	4348	7383	6483	2269	10755	1328	13967
蜀河镇	31497	16415	15082	9179	15131	14072	4927	24078	2492	28326
双河镇	16357	8631	7726	4820	8505	7677	2657	12082	1618	15471
小河镇	15420	8112	7308	4380	8014	7294	3196	11096	1128	14685
赵湾镇	16329	8704	7625	4480	7022	6473	2182	12729	1418	14272
麻坪镇	11385	6297	5088	3625	6167	5031	1568	8679	1138	11235
甘溪镇	16106	8747	7359	4397	7903	7166	2041	12753	1312	14889
白柳镇	11166	5956	5210	3479	5818	5178	1611	8662	893	10846
吕河镇	18692	9810	8882	5598	9390	8794	2603	14474	1615	18124
神河镇	18384	9824	8560	5128	8498	7737	2481	14281	1622	16269
赤岩镇	12869	6964	5905	3876	6740	5831	1905	9779	1185	12424
段家河镇	16292	8862	7430	4312	7980	7192	2457	12471	1364	15069
仙河镇	21619	11553	10066	6234	11169	9836	3636	16218	1765	21353
金寨镇	13739	7353	6386	3836	7200	6317	1716	10803	1220	13417
桐木镇	12676	6850	5826	3625	6683	5762	2253	9184	1239	12365
构元乡	11462	6091	5371	3230	5831	5247	1982	8546	934	11019
兰滩乡	5562	2955	2607	1539	2893	2579	852	4223	487	5386
庙坪乡	9814	5155	4659	2837	5071	4628	1463	7369	982	9451
红军乡	10986	5853	5133	3035	5672	5100	1747	8149	1090	10595
公馆乡	8886	4800	4086	2451	4707	4046	1531	6530	825	8644
仁河口乡	6486	3507	2979	1807	3503	2976	1058	4784	644	6305
张坪乡	3318	1841	1477	994	1811	1474	396	2499	423	3265
桂花乡	6814	3734	3080	1996	3653	3072	973	5236	605	6670
石门乡	11553	6272	5281	3298	6104	5211	1677	8748	1128	11250
铜钱关乡	5130	2799	2331	1504	2768	2320	872	3652	606	4961
沙阳乡	6043	3318	2725	1663	3196	2688	885	4494	664	5887
白河县	**163395**	**87145**	**76250**	**50477**	**80011**	**73279**	**27463**	**119582**	**16350**	**147586**
城关镇	32379	16497	15882	9531	14765	14599	5057	24972	2350	26129
中厂镇	12485	6729	5756	3992	6278	5711	2012	9110	1363	11752

表27 续表 34 单位：人、户

地区	总人口			家庭户	家庭户总人口		分年龄人口			居住本地，户口在本地
	合计	男	女	户数	男	女	0-14岁	15-64岁	65岁及以上	
构扒镇	8071	4472	3599	2521	4005	3559	1308	5884	879	7455
卡子镇	9689	5221	4468	3178	4889	4412	1644	6864	1181	9191
茅坪镇	15293	8364	6929	4759	7429	6460	2495	11228	1570	13628
宋家镇	13329	7178	6151	4032	7145	6148	2318	9579	1432	12824
西营镇	12872	7315	5557	3272	5297	4740	2252	9550	1070	10442
仓上镇	13567	7011	6556	4285	6932	6539	2233	9996	1338	12545
冷水镇	10678	5583	5095	3068	5316	4970	1874	7806	998	10394
四新乡	3669	1999	1670	1317	1947	1661	713	2455	501	3546
桃元乡	5396	3095	2301	1783	2661	2260	884	3937	575	4831
双河乡	6977	3613	3364	2352	3481	3328	1236	4903	838	6624
小双乡	5494	2968	2526	1816	2915	2517	983	3888	623	5346
大双乡	5552	2837	2715	1901	2776	2705	998	3834	720	5322
麻虎乡	7944	4263	3681	2670	4175	3670	1456	5576	912	7557
商洛市	**2341742**	**1231944**	**1109798**	**631571**	**1146954**	**1057217**	**361494**	**1797465**	**182783**	**2178378**
商州区	**531696**	**278268**	**253428**	**145069**	**255560**	**237475**	**77797**	**412873**	**41026**	**485861**
城关街道	105851	53488	52363	31054	42677	41574	14102	84862	6887	73527
大赵峪街道	22126	11994	10132	4901	8223	7853	2575	18129	1422	17617
陈塬街道	14937	7744	7193	3803	7124	6754	2211	11794	932	14019
刘湾街道	23579	12096	11483	6954	11771	11247	3560	18227	1792	22198
孝义镇	13754	7207	6547	3629	6977	6475	2227	10379	1148	13320
夜村镇	15163	7876	7287	4237	7618	7192	2252	11601	1310	15033
白杨店镇	18658	9752	8906	4872	9580	8834	2911	14244	1503	18283
张村镇	16146	8621	7525	4262	8494	7484	2335	12550	1261	16084
沙河子镇	27381	14422	12959	7112	13351	12443	3904	21503	1974	26444
杨峪河镇	27971	14548	13423	7507	14124	13260	4235	21583	2153	27456
金陵寺镇	20196	10847	9349	5734	10513	9270	3185	15547	1464	20005
黑山镇	12670	6792	5878	3191	6601	5796	1867	9845	958	12585
杨斜镇	14804	7818	6986	4149	7556	6923	2270	11217	1317	14663
麻街镇	14537	7571	6966	4206	7564	6965	2380	10974	1183	14452
黑龙口镇	17900	9449	8451	4367	9018	8242	2508	13828	1564	17733
牧护关镇	8428	4424	4004	2099	4401	3992	1487	6264	677	8314
大荆镇	26702	14435	12267	6838	12941	12028	3970	20577	2155	25227
腰市镇	20144	10731	9413	5223	10425	9332	3100	15421	1623	19607
板桥镇	11828	6248	5580	3523	5788	5484	1785	8878	1165	11365
北宽坪镇	14386	7752	6634	3898	7311	6487	1859	11241	1286	14202
上官坊乡	4633	2395	2238	1628	2331	2226	830	3294	509	4617
砚池河乡	9421	5092	4329	2377	4990	4300	1392	7214	815	9357
麻池河乡	10981	5821	5160	3002	5694	5117	1713	8414	854	10883
闫村乡	4667	2459	2208	1252	2439	2202	716	3547	404	4623
三岔河乡	11410	5995	5415	3372	5909	5386	1687	8681	1042	11321
红门河乡	7851	4082	3769	2197	4082	3769	1251	5961	639	7796
西荆乡	11651	6037	5614	3097	5964	5583	1900	8764	987	11484
李庙乡	11932	6158	5774	3220	6071	5750	1897	9106	929	11840
蒲峪乡	5441	2843	2598	1549	2771	2580	832	4140	469	5325
龙王庙乡	6548	3571	2977	1816	3252	2927	856	5088	604	6481
洛南县	**441613**	**231291**	**210322**	**115112**	**209072**	**198077**	**63178**	**344941**	**33494**	**421857**
城关镇	89324	46292	43032	22613	37181	36084	13106	70592	5626	82029
景村镇	38721	20063	18658	10111	18664	17767	5320	30404	2997	37814
古城镇	26896	13957	12939	6910	12985	12261	3762	20954	2180	25152
三要镇	14027	7194	6833	3527	6670	6450	2062	10898	1067	13631

表27 续表 35 单位：人、户

地区	总人口			家庭户	家庭户总人口		分年龄人口			居住本地，户口在本地
	合计	男	女	户数	男	女	0-14岁	15-64岁	65岁及以上	
灵口镇	21861	11579	10282	5646	10790	9954	3118	16936	1807	21713
陈耳镇	4700	2705	1995	1056	2039	1927	570	3820	310	3879
寺耳镇	8135	4278	3857	1975	4131	3787	1109	6463	563	7904
巡检镇	8092	4247	3845	2097	3715	3679	1081	6407	604	7726
石坡镇	25086	13098	11988	6480	11985	11471	3308	19562	2216	24140
石门镇	25742	14002	11740	6830	11892	11497	3289	20537	1916	23685
麻坪镇	15763	8054	7709	4516	7967	7632	2075	12417	1271	15469
洛源镇	16672	8815	7857	4306	8387	7735	2797	12599	1276	16375
保安镇	23384	12240	11144	6362	11716	10790	3698	17620	2066	23083
卫东镇	12011	6686	5325	2711	5416	4800	1756	9554	701	11239
永丰镇	21655	11471	10184	5921	10490	9912	3122	16961	1572	20475
庙坪乡	14818	7548	7270	4102	7490	7259	2161	11482	1175	14752
柏峪寺乡	6560	3382	3178	1788	3300	3160	904	5055	601	6425
寺坡乡	10875	5670	5205	2958	5345	5042	1559	8451	865	10540
高耀乡	11081	5648	5433	3014	5461	5291	1768	8397	916	10859
王岭乡	6353	3412	2941	1676	3268	2885	1036	4805	512	6144
庙台乡	3930	2092	1838	997	2001	1812	520	3047	363	3805
上寺店乡	2517	1324	1193	688	1172	1167	330	1915	272	2333
驾鹿乡	7336	3817	3519	1879	3647	3488	1032	5816	488	7095
四皓乡	13484	7067	6417	3550	6834	6359	1972	10407	1105	13146
谢湾乡	12590	6650	5940	3399	6526	5868	1723	9842	1025	12444
丹凤县	**295349**	**154448**	**140901**	**77837**	**144984**	**134491**	**44595**	**229040**	**21714**	**283818**
龙驹寨镇	65934	33576	32358	16783	28785	28265	9673	51990	4271	60759
庾岭镇	15797	8412	7385	4201	8210	7353	2096	12391	1310	15613
蔡川镇	8789	4685	4104	2591	4603	4060	1097	6882	810	8503
峦庄镇	14664	7721	6943	3895	7515	6878	2216	11228	1220	14371
铁峪铺镇	16116	8503	7613	4070	8117	7485	2592	12508	1016	15482
武关镇	13489	7128	6361	3582	7005	6330	2108	10468	913	13251
竹林关镇	22202	11692	10510	5981	11425	10336	3559	17137	1506	21698
土门镇	13293	7070	6223	3448	6976	6166	2077	10292	924	13072
寺坪镇	8652	4622	4030	2369	4455	3998	1213	6698	741	8472
商镇	28728	14841	13887	7550	13003	12620	4291	22196	2241	27313
棣花镇	20521	10703	9818	5835	10070	9566	3152	15576	1793	20049
月日乡	8595	4456	4139	2115	4349	4099	1403	6596	596	8170
双槽乡	7509	4039	3470	1940	3961	3454	1105	5782	622	7346
资峪乡	9287	4806	4481	2233	4692	4432	1611	7104	572	9155
桃坪乡	6380	3304	3076	1739	3257	3064	849	5034	497	6308
花瓶子乡	8879	4799	4080	2344	4707	4022	1414	6802	663	8446
北赵川乡	7453	3993	3460	1976	3927	3441	1046	5873	534	7344
东岭乡	4367	2346	2021	1117	2336	2020	822	3291	254	4204
毛里岗乡	3910	2135	1775	1032	2093	1761	602	3001	307	3744
花园乡	5031	2625	2406	1390	2565	2397	888	3754	389	4865
留仙坪乡	5753	2992	2761	1646	2933	2744	781	4437	535	5653

表27 续表 36 单位：人、户

地区	总人口			家庭户	家庭户总人口		分年龄人口			居住本地，户口在本地
	合计	男	女	户数	男	女	0-14岁	15-64岁	65岁及以上	
商南县	**221569**	**115153**	**106416**	**62657**	**107602**	**101200**	**33499**	**171979**	**16091**	**203235**
城关镇	55837	28377	27460	15765	24145	24003	9281	43696	2860	44478
富水镇	21753	11126	10627	6139	10394	10042	3137	17085	1531	19970
湘河镇	11165	5873	5292	3069	5720	5215	1539	8713	913	10887
白浪镇	6228	3249	2979	1701	3168	2955	1154	4592	482	6101
赵川镇	11700	6195	5505	3246	5798	5188	1641	9048	1011	10840
梁家湾镇	7702	4052	3650	2265	3937	3593	1213	5790	699	7445
太吉河镇	15458	8105	7353	4290	7747	7168	2230	12058	1170	14911
过风楼镇	13443	6953	6490	3880	6800	6389	1897	10587	959	13171
试马镇	15310	7823	7487	4639	7749	7474	2103	11922	1285	15078
清油河镇	11657	6070	5587	3282	5890	5507	1649	9123	885	11286
十里坪镇	11487	6148	5339	3226	6052	5300	1786	8584	1117	11053
青山乡	10153	5311	4842	2879	5144	4781	1412	7924	817	9796
魏家台乡	5780	3147	2633	1653	2964	2596	921	4311	548	5489
白鲁础乡	5535	2950	2585	1474	2837	2554	973	4028	534	5201
水沟乡	6735	3728	3007	1901	3394	2940	974	5254	507	6365
党马乡	11626	6046	5580	3248	5863	5495	1589	9264	773	11164
山阳县	**422255**	**223597**	**198658**	**109958**	**213686**	**192858**	**72987**	**318486**	**30782**	**396872**
城关镇	67194	34987	32207	18026	31333	29760	11464	52080	3650	51605
高坝店镇	29567	15803	13764	7291	15182	13464	4912	22658	1997	29173
长沟镇	11770	6240	5530	2944	6123	5487	2220	8703	847	11331
中村镇	21522	11591	9931	5355	9843	8929	3472	16515	1535	19961
银花镇	14999	8111	6888	3799	7764	6743	2689	11273	1037	14068
西照川镇	11081	5810	5271	2949	5631	5185	1847	8351	883	10538
漫川关镇	17098	8787	8311	4121	7836	7590	2557	13341	1200	15405
南宽坪镇	17112	9092	8020	4625	8994	7961	3217	12472	1423	16896
户家塬镇	19288	10412	8876	4971	9977	8694	3320	14488	1480	18303
杨地镇	21081	11234	9847	5246	11081	9792	3911	15498	1672	20805
牛耳川镇	7879	4334	3545	2057	4265	3512	1332	5920	627	7753
小河口镇	14217	7582	6635	3536	7415	6545	2508	10561	1148	14004
色河铺镇	14728	7759	6969	3949	7425	6782	2315	11324	1089	14287
板岩镇	23458	12573	10885	6490	12410	10814	4157	17416	1885	23159
元子街镇	7616	4012	3604	2111	3936	3576	1281	5681	654	7469
伍竹乡	4662	2437	2225	1277	2407	2202	796	3494	372	4519
十里铺乡	21406	11215	10191	5811	11133	10134	3543	16451	1412	21160
葛条乡	4933	2610	2323	1356	2530	2275	809	3685	439	4828
王庄乡	4413	2286	2127	1303	2267	2123	718	3299	396	4351
申家坪乡	9136	4885	4251	2170	4852	4229	1583	6924	629	9090
两岭乡	10635	5616	5019	2570	5547	4982	2040	7851	744	10422
西泉乡	5576	3073	2503	1344	3002	2489	998	4126	452	5383
王闫乡	5260	2822	2438	1473	2698	2405	945	3821	494	5139
天桥乡	6070	3235	2835	1594	3155	2783	1144	4407	519	6055
石佛寺乡	7988	4262	3726	2067	4198	3706	1320	5952	716	7901
法官乡	17328	8969	8359	4650	8969	8358	3029	13022	1277	17213
延坪乡	5851	3028	2823	1551	3002	2817	1146	4211	494	5820
莲花池乡	8071	4252	3819	2135	4197	3799	1494	5918	659	8022
黄龙乡	6513	3494	3019	1811	3460	3012	1092	4807	614	6478
二峪河乡	5803	3086	2717	1376	3054	2710	1128	4237	438	5734

表27　续表 37　　单位：人、户

地　区	总人口			家庭户	家庭户总人口		分年龄人口			居住本地，户口在本地
	合　计	男	女	户　数	男	女	0-14岁	15-64岁	65岁及以上	
镇安县	**275862**	**147010**	**128852**	**78204**	**140032**	**124850**	**45158**	**204465**	**26239**	**249704**
永乐镇	63859	32783	31076	19278	30113	28670	11428	49110	3321	46170
回龙镇	10464	5785	4679	2611	5132	4483	1588	8052	824	9535
铁厂镇	12368	6750	5618	3250	6645	5560	1851	9189	1328	12188
大坪镇	13257	6891	6366	4332	6696	6282	2584	9105	1568	12788
米粮镇	18795	10052	8743	5076	9795	8592	2549	14455	1791	18497
茅坪回族镇	7991	4267	3724	2075	4211	3693	1434	5780	777	7802
西口回族镇	10842	5671	5171	3020	5558	5105	2188	7634	1020	10501
高峰镇	8951	4673	4278	2651	4619	4255	1572	6383	996	8744
青铜关镇	16548	9207	7341	4282	8074	7126	2745	12258	1545	14622
柴坪镇	10707	5794	4913	2776	5654	4839	1885	7618	1204	10298
达仁镇	11247	6164	5083	3259	5902	4958	1746	8108	1393	11011
木王镇	7320	3946	3374	2260	3877	3342	1088	5250	982	7094
东川镇	5132	2770	2362	1636	2715	2339	637	3800	695	4975
云盖寺镇	13079	6919	6160	3527	6630	5986	1846	9822	1411	12739
灵龙乡	10326	5515	4811	2936	5435	4770	1592	7729	1005	9958
西沟乡	2446	1316	1130	649	1281	1126	397	1793	256	2381
关坪河乡	5587	3004	2583	1460	2962	2563	962	4088	537	5359
张家乡	8756	4701	4055	2376	4472	3979	1648	6237	871	8215
龙胜乡	2930	1638	1292	789	1602	1279	500	2153	277	2828
余师乡	7624	4106	3518	2230	4048	3504	1067	5514	1043	7409
杨泗乡	2236	1277	959	644	1188	934	262	1660	314	2088
月河乡	1993	1146	847	551	999	836	247	1472	274	1810
黄家湾乡	6104	3269	2835	1746	3195	2784	837	4415	852	5981
庙沟乡	8995	4899	4096	2576	4802	4065	1248	6566	1181	8742
结子乡	8305	4467	3838	2214	4427	3780	1257	6274	774	7969
柞水县	**153398**	**82177**	**71221**	**42734**	**76018**	**68266**	**24280**	**115681**	**13437**	**137031**
乾佑镇	27137	14127	13010	8200	13086	12528	4703	20841	1593	20787
营盘镇	7572	4168	3404	2040	3488	3062	1009	5898	665	6613
下梁镇	13916	7599	6317	3269	5574	5013	1744	11135	1037	9909
石瓮镇	6357	3413	2944	1660	3104	2858	941	4840	576	5821
小岭镇	11412	6441	4971	2994	5326	4617	1544	8877	991	9823
凤凰镇	17850	9391	8459	5094	9221	8326	2931	13316	1603	16673
红岩寺镇	13677	7151	6526	4110	6994	6466	2408	9908	1361	13333
曹坪镇	5115	2731	2384	1487	2601	2332	784	3805	526	4903
蔡玉窑镇	6704	3548	3156	1868	3526	3150	1124	4822	758	6563
杏坪镇	17464	9361	8103	4651	9226	8063	2873	12967	1624	17195
两河乡	650	380	270	205	363	265	71	490	89	624
柴庄乡	5513	3078	2435	1455	3022	2419	974	4033	506	5348
马家台乡	5773	3110	2663	1645	3042	2644	974	4215	584	5590
瓦房口乡	7361	3978	3383	2055	3889	3348	1260	5354	747	7151
九间房乡	3369	1748	1621	970	1723	1617	486	2539	344	3318
丰北河乡	3528	1953	1575	1031	1833	1558	454	2641	433	3380

表28 甘肃省乡、镇、街道人口

单位：人、户

地区	总人口			家庭户	家庭户总人口		分年龄人口			居住本地，户口在本地
	合计	男	女	户数	男	女	0-14岁	15-64岁	65岁及以上	
甘肃省	**25575263**	**13064193**	**12511070**	**6900369**	**12141360**	**11911234**	**4644135**	**18825553**	**2105575**	**22191912**
兰州市	**3616163**	**1849819**	**1766344**	**1112369**	**1575016**	**1563771**	**475166**	**2823998**	**316999**	**2421515**
城关区	**1278745**	**648495**	**630250**	**436644**	**555193**	**552585**	**151923**	**1017364**	**109458**	**657353**
酒泉路街道	44767	21879	22888	16288	20538	21553	5166	34905	4696	27278
张掖路街道	54748	29143	25605	16428	20184	22012	5201	44491	5056	35705
雁南街道	101341	52783	48558	39725	46257	42349	12667	83767	4907	24248
临夏路街道	43655	21330	22325	16349	19788	20723	4596	34378	4681	24727
雁北街道	114988	60742	54246	40992	51492	46191	14896	95288	4804	33490
五泉街道	49812	24847	24965	19291	23652	23601	5750	38979	5083	31411
白银路街道	51295	23982	27313	17006	20701	22231	5159	41010	5126	35044
皋兰路街道	54572	27093	27479	19659	25585	26185	5967	41999	6606	37093
广武门街道	51955	25346	26609	19126	23804	25355	6355	39848	5752	33145
伏龙坪街道	13767	7218	6549	5185	6554	6146	1817	10754	1196	7407
靖远路街道	59184	30253	28931	20783	27881	28013	8647	45297	5240	27796
草场街街道	57637	30019	27618	19636	25745	26067	7485	44919	5233	29667
火车站街道	47389	23997	23392	17372	23015	22929	6065	36712	4612	28463
拱星墩街道	85634	42950	42684	27084	34280	33447	11896	69157	4581	31739
东岗街道	56560	28861	27699	14088	18480	18123	5787	47610	3163	29979
团结新村街道	51630	26171	25459	17434	22364	22857	5663	40174	5793	30174
东岗西路街道	36890	17981	18909	12893	16399	17500	4572	27897	4421	25598
铁路东村街道	34849	17095	17754	13045	16423	17199	3648	26467	4734	25197
铁路西村街道	37064	18295	18769	13611	17459	18028	3928	27472	5664	25416
渭源路街道	65128	31556	33572	16944	21845	22498	5575	52759	6794	42448
盐场路街道	47404	25930	21474	16120	21690	20206	6510	37775	3119	18384
嘉峪关路街道	57709	28891	28818	17474	24625	24291	6864	46338	4507	25209
焦家湾街道	33232	16914	16318	10820	13617	13831	4392	26531	2309	14095
青白石街道	11342	6616	4726	2873	4995	4590	1446	9092	804	7555
高新区	16193	8603	7590	6418	7820	6660	1871	13745	577	6085
七里河区	**561020**	**294935**	**266085**	**172885**	**247868**	**244160**	**70771**	**436953**	**53296**	**386925**
西园街道	62655	31762	30893	21740	30340	30082	9198	47650	5807	32269
西湖街道	84163	47979	36184	21248	27791	27894	7149	69734	7280	54902
建兰路街道	51181	25347	25834	19427	24887	25286	6427	39589	5165	35900
敦煌路街道	65614	33228	32386	23606	31756	31931	8753	49451	7410	47427
西站街道	40467	20313	20154	15061	19711	19753	4367	30769	5331	30478
晏家坪街道	26912	14666	12246	8611	11488	11084	2856	21145	2911	18762
龚家湾街道	47779	27225	20554	11648	15991	15577	4256	39919	3604	34283
土门墩街道	32831	17254	15577	11265	15181	14480	4060	25466	3305	19832
秀川街道	37557	19002	18555	11579	17835	17803	5479	28763	3315	24432
阿干镇	20985	10837	10148	6609	10576	10130	2759	15781	2445	18024
八里镇	22593	11689	10904	6206	10875	10571	3380	17219	1994	18076
彭家坪镇	18227	9313	8914	4626	8479	8293	2873	14144	1210	13367
西果园镇	26279	13873	12406	5061	10577	9950	4772	20071	1436	17157
魏岭乡	9774	5091	4683	2653	5046	4681	1706	7198	870	9006
黄峪乡	14003	7356	6647	3545	7335	6645	2736	10054	1213	13010
西固区	**364050**	**187051**	**176999**	**125267**	**171264**	**169110**	**46018**	**279705**	**38327**	**264651**
陈坪街道	40231	21770	18461	12255	18096	16861	5692	32029	2510	21255
先锋路街道	60238	30563	29675	21040	27087	27868	6298	46862	7078	50040
福利路街道	65460	32922	32538	24187	30886	31507	6773	49358	9329	56217
西固城街道	51203	26058	25145	18648	24749	24608	7107	39617	4479	31403
四季青街道	32043	16850	15193	9145	13143	12832	4644	25354	2045	15371
临洮街街道	22427	11526	10901	8145	11193	10858	3160	16920	2347	14446
西柳沟街道	22224	11678	10546	8325	11379	10490	3168	16791	2265	12876
新城镇	18673	9585	9088	6225	9270	9025	2393	14421	1859	15874
东川镇	8696	4393	4303	3051	4361	4286	1173	6706	817	7925
达川乡	5776	2936	2840	1933	2926	2837	906	4314	556	5359
河口乡	12153	6268	5885	3435	5841	5655	1569	9424	1160	10676

表28 续表 1

单位：人、户

地　　区	总人口			家庭户	家庭户总人口		分年龄人口			居住本地，户口在本地
	合　计	男	女	户　数	男	女	0-14岁	15-64岁	65岁及以上	
柳泉乡	6274	3105	3169	1888	3105	3169	782	4782	710	5929
金沟乡	4044	2100	1944	1027	2038	1855	651	2999	394	3536
新安路街道	11709	5816	5893	4771	5794	5857	1403	8090	2216	11150
新和路街道	2899	1481	1418	1192	1396	1402	299	2038	562	2594
安宁区	**288510**	**148362**	**140148**	**64879**	**90360**	**91240**	**27917**	**241798**	**18795**	**181849**
培黎街道	62186	27951	34235	10283	13409	13837	3851	55283	3052	38393
西路街道	79034	44558	34476	16492	21722	22087	5920	66625	6489	56827
沙井驿街道	11381	6029	5352	2491	3253	3312	1274	9316	791	5673
十里店街道	33170	16926	16244	11322	15680	15447	5117	25917	2136	15713
孔家崖街道	28422	14242	14180	9129	13307	13595	4219	22075	2128	16549
银滩路街道	31141	17585	13556	5978	8625	8649	2864	26673	1604	18357
刘家堡街道	22202	10115	12087	4410	6674	6823	2293	18748	1161	16358
安宁堡街道	20974	10956	10018	4774	7690	7490	2379	17161	1434	13979
红古区	**136101**	**70018**	**66083**	**43100**	**65562**	**64246**	**20836**	**104238**	**11027**	**108383**
窑街街道	18123	9187	8936	6027	8967	8919	2952	13364	1807	14033
下窑街道	17149	9190	7959	6179	8436	7946	2657	13046	1446	13805
矿区街道	6357	3325	3032	1576	2673	2582	1026	4898	433	3594
海石湾镇	54936	27981	26955	18630	26236	26243	8056	42650	4230	42071
花庄镇	12950	6704	6246	3473	6256	6039	1882	10030	1038	11474
平安镇	13886	7205	6681	3944	6865	6584	2130	10610	1146	12374
红古乡	12700	6426	6274	3271	6129	5933	2133	9640	927	11032
永登县	**418789**	**210239**	**208550**	**123676**	**199355**	**200634**	**74414**	**307395**	**36980**	**360856**
城关镇	62093	30743	31350	20048	28536	29484	10594	46987	4512	35897
红城镇	19010	9043	9967	5419	8052	8876	3637	13348	2025	16690
中堡镇	19579	9923	9656	6449	9656	9613	3216	14717	1646	16988
武胜驿镇	25847	13239	12608	7307	12687	12449	4416	19257	2174	24554
河桥镇	32432	16795	15637	9437	15958	15353	5342	24839	2251	29416
连城镇	28929	14658	14271	8714	14207	14002	4687	21712	2530	26342
苦水镇	22453	11088	11365	7075	10901	11312	3805	15912	2736	21677
中川镇	33153	16805	16348	9453	16222	16123	6310	24325	2518	30255
秦川镇	36747	18441	18306	10070	17704	17519	7589	26381	2777	33666
大同镇	23852	11942	11910	5532	8813	9129	4252	17232	2368	17227
龙泉寺镇	14400	7031	7369	4504	6918	7312	2758	10051	1591	13812
树屏镇	9565	4887	4678	2760	4869	4660	2003	6633	929	8993
上川镇	19186	9435	9751	5894	9400	9721	3635	13653	1898	17744
柳树乡	17907	8921	8986	5398	8766	8929	3062	13026	1819	16831
坪城乡	9613	4832	4781	2917	4765	4762	1601	7042	970	9245
民乐乡	29478	15107	14371	8234	14836	14285	5192	21583	2703	27657
通远乡	10627	5385	5242	3060	5142	5159	1824	7738	1065	10184
七山乡	3918	1964	1954	1405	1923	1946	491	2959	468	3678
皋兰县	**131785**	**66858**	**64927**	**40003**	**64391**	**63020**	**22044**	**96663**	**13078**	**117869**
石洞镇	45225	22805	22420	14069	21296	20896	7412	34114	3699	35780
西岔镇	28750	14474	14276	8162	14346	14243	5162	20963	2625	27312
忠和镇	11777	6122	5655	3416	5949	5564	2051	8578	1148	11195
什川镇	14546	7544	7002	4440	7482	6983	2202	10557	1787	13920
九合镇	10063	5112	4951	3041	4848	4795	1752	7201	1110	9400
黑石川乡	12804	6515	6289	4072	6218	6224	1946	9278	1580	11962
水阜乡	8620	4286	4334	2803	4252	4315	1519	5972	1129	8300
榆中县	**437163**	**223861**	**213302**	**105915**	**181023**	**178776**	**61243**	**339882**	**36038**	**343629**
城关镇	67563	34061	33502	19033	29113	29181	10367	52280	4916	48266
夏官营镇	38342	21595	16747	4139	6730	6628	2039	34824	1479	12953
高崖镇	9548	4771	4777	3195	4599	4728	1559	6951	1038	8861
金崖镇	23884	12126	11758	5885	11051	10958	3704	18073	2107	21558
和平镇	63323	32105	31218	7339	14197	13579	4777	56137	2409	27736

表28　续表 2　　　　　　　　　　　　　　　　单位：人、户

地　　区	总人口			家庭户	家庭户总人口		分年龄人口			居住本地，户口在本地
	合　计	男	女	户　数	男	女	0-14岁	15-64岁	65岁及以上	
甘草店镇	15176	7781	7395	4210	7490	7233	2166	11484	1526	14753
青城镇	17018	8778	8240	5281	8590	8132	2611	12017	2390	16493
定远镇	16499	8388	8111	4187	7899	7694	2651	12498	1350	14885
来紫堡乡	19171	10021	9150	5187	8965	8848	3082	14533	1556	17130
三角城乡	23235	11841	11394	6200	11289	11228	3588	17597	2050	21821
小康营乡	21398	10306	11092	6340	10073	11041	3596	15484	2318	20955
连搭乡	27365	13813	13552	7727	13741	13521	4633	19933	2799	26963
银山乡	7737	3958	3779	2117	3877	3736	1347	5732	658	7162
马坡乡	14683	7647	7036	4079	7595	7017	2685	10571	1427	14348
新营乡	17018	8806	8212	4516	8610	8134	2863	12434	1721	16329
清水驿乡	16329	8114	8215	4945	8093	8213	2547	11882	1900	15898
龙泉乡	9707	5129	4578	2655	4899	4530	1566	7111	1030	9284
韦营乡	4425	2245	2180	1357	2203	2169	747	3116	562	4289
中连川乡	6600	3316	3284	1966	3310	3273	1420	4539	641	6452
贡井乡	5085	2567	2518	1577	2386	2435	868	3659	558	4717
园子岔乡	5181	2512	2669	1514	2457	2656	1026	3541	614	5072
上花岔乡	4972	2569	2403	1517	2475	2370	853	3513	606	4901
哈岘乡	2904	1412	1492	949	1381	1472	548	1973	383	2803
嘉峪关市	**231853**	**123806**	**108047**	**80320**	**105748**	**101474**	**34160**	**179940**	**17753**	**155351**
市辖区	**231853**	**123806**	**108047**	**80320**	**105748**	**101474**	**34160**	**179940**	**17753**	**155351**
胜利街道	30819	17084	13735	10681	14392	13279	4326	24089	2404	19463
新华街道	19229	10261	8968	7151	9172	8823	2616	14752	1861	14166
五一街道	35694	19165	16529	12705	16702	15715	5718	27663	2313	20867
建设街道	58415	30907	27508	21092	27584	26594	8413	46063	3939	43745
前进街道	20581	11150	9431	8013	9449	9235	2437	15583	2561	16056
峪苑街道	25157	12745	12412	10022	12450	12286	4175	18498	2484	18529
朝阳街道	21644	11794	9850	4792	6412	6104	3244	17565	835	5798
新城镇	7628	3826	3802	2208	3788	3752	1320	5776	532	7069
峪泉镇	5717	3022	2695	1669	2745	2630	933	4420	364	4009
文殊镇	6969	3852	3117	1987	3054	3056	978	5531	460	5649
金昌市	**464050**	**241691**	**222359**	**158043**	**229363**	**218261**	**78378**	**349046**	**36626**	**361163**
金川区	**228561**	**118555**	**110006**	**84836**	**111574**	**107734**	**35932**	**174029**	**18600**	**163303**
滨河路街道	31431	16884	14547	11568	14899	14087	4134	25053	2244	23206
桂林路街道	33525	17109	16416	12110	16278	15766	6143	25630	1752	21028
北京路街道	18653	9688	8965	7253	8930	8759	2156	14932	1565	14926
金川路街道	47749	24396	23353	18314	22991	23068	6960	35294	5495	35590
新华路街道	21688	10950	10738	8128	10219	10423	3464	16787	1437	13822
广州路街道	21623	11117	10506	9087	10651	10358	3246	16180	2197	15144
宁远堡镇	34304	18117	16187	11794	17477	16010	5904	26255	2145	24018
双湾镇	19588	10294	9294	6582	10129	9263	3925	13898	1765	15569
永昌县	**235489**	**123136**	**112353**	**73207**	**117789**	**110527**	**42446**	**175017**	**18026**	**197860**
城关镇	55437	29209	26228	18357	26789	25553	10792	41170	3475	32563
河西堡镇	47395	24471	22924	17138	23244	22469	7559	35672	4164	41544
新城子镇	20624	10826	9798	6003	10787	9781	4058	14854	1712	19559
朱王堡镇	26419	13832	12587	6985	13275	12244	4354	19966	2099	25429
东寨镇	11848	6140	5708	3838	5965	5646	2041	8762	1045	9686
水源镇	16825	8805	8020	4985	8666	7938	2725	12662	1438	16207
红山窑乡	25416	13402	12014	6669	12903	11947	4889	18872	1655	23311
焦家庄乡	15635	8150	7485	4634	8000	7470	2809	11405	1421	15021
六坝乡	12069	6297	5772	3486	6162	5667	2476	8871	722	10782
南坝乡	3821	2004	1817	1112	1998	1812	743	2783	295	3758
白银市	**1708752**	**877941**	**830811**	**447600**	**807749**	**778796**	**293290**	**1278702**	**136760**	**1479306**
白银区	**294400**	**152916**	**141484**	**98692**	**137274**	**133470**	**39943**	**224321**	**30136**	**231541**
人民路街道	43837	22222	21615	15703	20991	20666	5818	33241	4778	33537
公园路街道	66140	33777	32363	24715	32761	31934	9956	49469	6715	52754
四龙路街道	40883	21211	19672	14949	19670	19177	5241	30426	5216	34019

表28　续表 3　　　　　　　　　　　　　　　　　　　　　　　　单位：人、户

地　　区	总人口			家庭户	家庭户总人口		分年龄人口			居住本地，户口在本地
	合　计	男	女	户　数	男	女	0-14岁	15-64岁	65岁及以上	
工农路街道	35599	18206	17393	13172	16769	16583	4493	27396	3710	25675
纺织路街道	36750	20902	15848	10958	15417	15244	5209	29364	2177	29251
水川镇	21689	11048	10641	6345	10816	10230	2939	15946	2804	20232
四龙镇	9274	4720	4554	2766	4594	4345	1390	6958	926	8466
王岘镇	18024	9437	8587	3652	5132	4853	2237	14553	1234	7157
强湾乡	10167	5247	4920	3144	5140	4747	1289	7675	1203	9079
武川乡	12037	6146	5891	3288	5984	5691	1371	9293	1373	11371
平川区	**192399**	**101233**	**91166**	**56535**	**89358**	**84503**	**31484**	**148485**	**12430**	**151359**
长征街道	28604	14686	13918	10709	14268	13622	4273	21834	2497	23125
电力路街道	20899	10907	9992	6173	8101	7628	3236	16782	881	10089
红会路街道	12483	6843	5640	5035	6738	5630	1778	10287	418	9552
兴平路街道	32662	18476	14186	9370	13182	12335	4764	26335	1563	21759
王家山镇	14400	7843	6557	4666	7408	6535	2638	11118	644	11355
水泉镇	32918	16730	16188	8374	16435	15894	5817	24577	2524	31991
共和镇	16075	8259	7816	4038	7764	7728	2975	11909	1191	14748
宝积乡	14667	7553	7114	2948	5585	5388	2490	11234	943	9690
黄峤乡	10121	5117	5004	2516	5082	5004	1866	7490	765	9857
种田乡	4970	2465	2505	1423	2465	2504	923	3542	505	4774
复兴乡	4600	2354	2246	1283	2330	2235	724	3377	499	4419
靖远县	**454925**	**232949**	**221976**	**108398**	**216866**	**206891**	**86023**	**336613**	**32289**	**411756**
北湾镇	36241	18482	17759	9062	18396	17682	6375	26826	3040	35927
东湾镇	37997	19491	18506	9398	19361	18454	7450	27401	3146	35874
乌兰镇	86990	44363	42627	20402	35343	32741	14226	67556	5208	60717
平堡乡	16106	8339	7767	4512	8239	7693	2869	11804	1433	15811
糜滩乡	21342	10883	10459	5208	10546	10127	3984	15565	1793	20995
三滩乡	24821	12891	11930	4952	9824	9437	4139	18742	1940	19149
大芦乡	17870	8951	8919	4175	8411	8410	3238	13163	1469	17546
兴隆乡	9340	4660	4680	2526	4599	4647	2059	6396	885	9134
双龙乡	12923	6689	6234	2938	6505	6146	2995	9018	910	12687
石门乡	12873	6582	6291	2954	6239	6098	2511	9194	1168	12732
刘川乡	29860	15414	14446	7346	15237	14316	5281	22958	1621	28711
高湾乡	25993	13481	12512	5739	13051	12145	4577	19913	1503	25627
靖安乡	11648	5938	5710	3469	5869	5656	2254	8596	798	11403
五合乡	29382	15047	14335	6966	14779	14175	6341	21261	1780	28168
东升乡	23809	12210	11599	5249	11684	11364	5207	17130	1472	21909
北滩乡	42410	21648	20762	9646	21302	20535	9484	30391	2535	40603
永新乡	7673	3945	3728	1921	3884	3696	1719	5215	739	7315
若笠乡	7647	3935	3712	1935	3597	3569	1314	5484	849	7448
会宁县	**541273**	**275590**	**265683**	**124313**	**253502**	**247937**	**97624**	**398750**	**44899**	**499057**
会师镇	68958	35626	33332	19320	28394	26283	10188	55098	3672	44873
郭城镇	34076	17220	16856	7632	14531	14462	6093	25495	2488	30393
河畔镇	25403	12730	12673	5087	10233	9954	4154	19446	1803	21440
头寨子镇	26994	13667	13327	5960	13105	12957	5269	19620	2105	26521
太平店镇	18297	9367	8930	4358	8796	8518	3170	13504	1623	17650
甘沟驿镇	20906	10667	10239	4734	10030	9874	3851	15159	1896	20127
丁家沟乡	17639	9048	8591	4127	8726	8441	2898	12996	1745	17124
中川乡	14729	7457	7272	3361	7142	7079	2551	10769	1409	14447
新添堡回族乡	13055	6638	6417	2841	6400	6277	2810	9046	1199	12693
侯家川乡	11485	5719	5766	2722	5529	5687	2247	8143	1095	11249
党家岘乡	17866	9178	8688	3824	8584	8461	3356	12915	1595	17434

表28　续表 4

单位：人、户

地　区	总人口			家庭户	家庭户总人口		分年龄人口			居住本地，户口在本地
	合　计	男	女	户　数	男	女	0-14岁	15-64岁	65岁及以　上	
杨崖集乡	19980	10060	9920	4594	9914	9896	3869	14153	1958	19644
老君坡乡	21097	10713	10384	4534	10278	10113	3803	15402	1892	20978
翟家所乡	17320	8740	8580	4231	8356	8359	3152	12518	1650	16987
柴家门乡	19340	9833	9507	4401	9529	9352	3090	14279	1971	19044
八里湾乡	16049	8198	7851	3964	7803	7649	2834	11509	1706	15794
平头川乡	10978	5640	5338	2748	5434	5231	1939	7965	1074	10537
韩家集乡	13989	7199	6790	3219	6831	6636	2153	10321	1515	13841
大沟乡	18391	9411	8980	4072	8873	8652	3472	13298	1621	18165
四房吴乡	19911	9883	10028	3851	9693	9910	4098	14279	1534	19830
汉家岔乡	19394	9965	9429	4481	9489	9261	3748	13809	1837	19074
土门岘乡	9105	4700	4405	2017	4491	4317	1712	6615	778	8879
新塬乡	13840	7223	6617	3095	7004	6511	2985	9787	1068	13582
刘家寨子乡	16706	8433	8273	3714	8089	8067	3365	12094	1247	16522
草滩乡	11294	5832	5462	2425	5551	5277	2257	8190	847	10974
土高山乡	10028	5205	4823	1727	3825	3693	1738	7526	764	7598
白草塬乡	21643	10875	10768	4573	10631	10639	4244	15769	1630	21193
新庄乡	12800	6363	6437	2701	6241	6381	2578	9045	1177	12464
景泰县	**225755**	**115253**	**110502**	**59662**	**110749**	**105995**	**38216**	**170533**	**17006**	**185593**
一条山镇	68952	35374	33578	19651	33043	30798	12563	52764	3625	41352
芦阳镇	21708	11063	10645	5393	11063	10645	3523	16384	1801	20697
上沙沃镇	8129	4141	3988	2047	4141	3988	1384	6080	665	7794
喜泉镇	20771	10513	10258	5041	10513	10258	3397	15620	1754	20294
草窝滩镇	19015	9673	9342	4535	9616	9332	3112	14390	1513	18135
红水镇	15222	7709	7513	4115	7708	7513	2792	11318	1112	14075
中泉乡	11461	5866	5595	2989	5787	5558	1668	8570	1223	11169
正路乡	12864	6491	6373	3445	6490	6373	1994	9591	1279	12530
寺滩乡	13231	6723	6508	3670	6660	6503	2146	9723	1362	12869
五佛乡	12852	6489	6363	3420	6489	6363	2000	9725	1127	12680
漫水滩乡	9161	4708	4453	2530	4708	4453	1516	6966	679	8647
条山集团	12389	6503	5886	2826	4531	4211	2121	9402	866	5351
天水市	**3262549**	**1645317**	**1617232**	**815229**	**1536045**	**1546380**	**680064**	**2325120**	**257365**	**3002151**
秦州区	**643906**	**327383**	**316523**	**174306**	**288333**	**287154**	**107800**	**485233**	**50873**	**530233**
大城街道	26022	13547	12475	7659	10275	10333	2987	20911	2124	15574
七里墩街道	55374	29751	25623	17665	22648	22320	5999	44209	5166	39323
东关街道	24427	12680	11747	7152	10087	9870	2832	19483	2112	17890
中城街道	22587	12039	10548	6692	8937	8933	2593	18112	1882	14336
西关街道	40460	20468	19992	12243	16282	16132	4666	32502	3292	27750
石马坪街道	45964	23595	22369	13911	19301	18978	5588	36869	3507	30979
天水郡街道	45209	22429	22780	9204	11841	11381	3385	39287	2537	25789
玉泉镇	44372	23035	21337	13425	21914	20616	7226	34779	2367	31717
太京镇	24387	12458	11929	6559	12443	11922	4557	18008	1822	23447
藉口镇	31956	16417	15539	8047	15961	15306	6283	23151	2522	30829
皂郊镇	32260	16341	15919	7905	16310	15900	6254	23591	2415	31620
汪川镇	32073	16441	15632	7886	16223	15602	7417	21727	2929	31042
牡丹镇	21104	10532	10572	5313	10357	10523	5121	14190	1793	19720
关子镇	24176	12422	11754	6102	12036	11588	5046	17010	2120	22914
平南镇	36181	17645	18536	8963	17530	18486	7873	25939	2369	35234
天水镇	24819	12024	12795	6688	11773	12702	5460	17192	2167	23434
娘娘坝镇	24044	11914	12130	5600	11559	12023	5117	17034	1893	22969
中梁乡	13590	7018	6572	3891	7017	6572	2309	9977	1304	13321

表28 续表 5 单位：人、户

地区	总人口			家庭户	家庭户总人口		分年龄人口			居住本地，户口在本地
	合计	男	女	户数	男	女	0-14岁	15-64岁	65岁及以上	
秦岭乡	11731	6040	5691	3111	5971	5660	2401	8293	1037	11439
杨家寺乡	11510	5863	5647	3049	5697	5586	2578	7850	1082	11027
齐寿乡	14906	6478	8428	4236	6389	8416	3784	9698	1424	14436
华歧乡	18473	9234	9239	4643	8916	9079	4066	12804	1603	17721
大门乡	18281	9012	9269	4362	8866	9226	4258	12617	1406	17722
麦积区	**553268**	**283444**	**269824**	**144344**	**251740**	**248446**	**96762**	**411558**	**44948**	**493453**
道北街道	39101	20251	18850	12622	18040	17116	4531	30271	4299	32991
北道埠街道	35671	18892	16779	9190	11984	11834	3737	29260	2674	20818
桥南街道	46710	24541	22169	12764	17539	17133	5933	37305	3472	31231
社棠镇	29811	15445	14366	8218	13417	13140	3987	23554	2270	26058
马跑泉镇	59730	30524	29206	13386	26881	25933	10621	45577	3532	54056
甘泉镇	39108	19966	19142	9873	19490	18970	8055	28800	2253	37916
渭南镇	33014	16346	16668	9217	16035	16530	6754	22453	3807	32425
东岔镇	9920	5260	4660	2602	5086	4630	1757	7354	809	9790
花牛镇	57360	30248	27112	13126	24750	23679	9501	43818	4041	50272
中滩镇	27813	13605	14208	8433	13388	14117	5565	19060	3188	26941
新阳镇	27592	14058	13534	7226	13627	13381	5662	19367	2563	27215
元龙镇	18938	9663	9275	4749	9179	9078	3801	13884	1253	18401
伯阳镇	22469	11467	11002	5154	11181	10837	4700	16285	1484	22170
麦积镇	18930	9759	9171	4476	9367	8986	3775	13943	1212	18540
石佛乡	32808	16418	16390	8938	15874	16113	6517	23190	3101	31732
五龙乡	20035	9591	10444	5594	9328	10383	4899	13099	2037	19828
琥珀乡	10719	5280	5439	2937	5120	5390	2522	7179	1018	10441
党川乡	4670	2544	2126	1144	2270	2040	749	3409	512	4468
利桥乡	5146	2745	2401	1180	2457	2306	766	3917	463	4723
三岔乡	13723	6841	6882	3515	6727	6850	2930	9833	960	13437
清水县	**266908**	**134311**	**132597**	**69437**	**129681**	**129933**	**64111**	**184522**	**18275**	**253501**
永清镇	55595	28568	27027	14930	25972	24867	11838	40686	3071	47122
红堡镇	20868	10840	10028	5802	10470	9996	5115	14280	1473	19999
白驼镇	15555	7905	7650	3917	7866	7636	3748	10748	1059	15403
金集镇	13250	6733	6517	3709	6648	6496	3095	9140	1015	13009
秦亭镇	13478	6607	6871	3438	6442	6809	3501	9132	845	13195
山门镇	9486	4833	4653	2227	4729	4617	2171	6686	629	9157
白沙乡	14584	6979	7605	3967	6913	7563	3870	9601	1113	13977
松树乡	11581	5636	5945	2942	5569	5914	3151	7560	870	11371
王河乡	12410	6233	6177	3050	6233	6177	3117	8419	874	12144
远门乡	9830	4977	4853	2425	4869	4824	2295	6737	798	9780
土门乡	13487	6669	6818	3476	6600	6789	3177	9227	1083	13132
郭川乡	15276	7707	7569	4339	7596	7533	3424	10405	1447	15197
贾川乡	10587	5324	5263	2788	5282	5245	2240	7537	810	10534
丰望乡	8540	4345	4195	2154	4200	4177	2021	5945	574	8242
草川铺乡	9012	4340	4672	2345	4159	4621	2596	5817	599	8615
陇东乡	10814	5348	5466	2473	5285	5441	2954	7282	578	10566
黄门乡	12194	5824	6370	3123	5821	6370	3230	8132	832	12085
新城乡	10361	5443	4918	2332	5027	4858	2568	7188	605	9973
秦安县	**515423**	**256842**	**258581**	**125226**	**247208**	**252375**	**114930**	**354049**	**46444**	**486681**
兴国镇	95211	48999	46212	24035	43156	41871	19468	69362	6381	75322
莲花镇	34447	17085	17362	7989	16876	17283	8021	23275	3151	33751
西川镇	29394	14654	14740	7747	14548	14673	6421	20165	2808	28411
陇城镇	25055	11945	13110	6091	11922	13110	6234	16675	2146	24524

表28 续表 6

单位：人、户

地区	总人口			家庭户	家庭户总人口		分年龄人口			居住本地，户口在本地
	合计	男	女	户数	男	女	0-14岁	15-64岁	65岁及以上	
郭嘉镇	37008	18560	18448	8817	18176	18279	7228	25813	3967	36362
刘坪乡	21406	10833	10573	4950	10422	10368	4526	15007	1873	21071
五营乡	34509	16985	17524	7643	16861	17477	7608	23923	2978	34030
中山乡	27147	13178	13969	6765	13081	13932	7281	17324	2542	26844
叶堡乡	30091	14876	15215	7514	14561	15061	6606	20354	3131	29235
安伏乡	32146	16119	16027	6651	16068	16010	6794	22112	3240	31344
魏店乡	26896	13684	13212	6430	12612	12437	4898	19229	2769	26241
王甫乡	23414	11639	11775	5405	11351	11700	5198	15977	2239	22835
千户乡	18501	8989	9512	5026	8885	9482	4877	11831	1793	17884
王窑乡	17925	9000	8925	4443	8794	8857	4230	11828	1867	17527
云山乡	16220	8032	8188	3804	7797	8104	3815	11179	1226	15879
王尹乡	22131	10625	11506	5779	10554	11486	5511	14472	2148	21815
兴丰乡	23922	11639	12283	6137	11544	12245	6214	15523	2185	23606
甘谷县	**559713**	**275210**	**284503**	**131984**	**267532**	**281403**	**127625**	**386981**	**45107**	**540401**
大像山镇	103589	53207	50382	28368	49286	49120	20359	75329	7901	94910
磐安镇	70072	34921	35151	15391	34835	35125	15805	49134	5133	68780
新兴镇	97483	47625	49858	23026	45759	48573	21560	67769	8154	92489
安远镇	40828	19557	21271	8916	18252	20919	9785	27630	3413	40400
六峰镇	36718	17479	19239	9190	17411	19184	8517	25206	2995	35728
金山乡	37727	18053	19674	8646	18053	19674	9034	25408	3285	37369
八里湾乡	31856	15889	15967	6788	15887	15967	7503	21883	2470	31558
西坪乡	15165	7055	8110	3486	7055	8110	3938	9783	1444	14990
大庄乡	16156	7720	8436	3569	7720	8436	4613	10324	1219	15997
大石乡	27474	13448	14026	6035	13253	13948	5941	19157	2376	27165
礼辛乡	16753	7996	8757	3975	7996	8757	4081	11195	1477	16579
谢家湾乡	22066	10915	11151	4613	10771	11131	4983	14967	2116	21547
武家河乡	14679	7074	7605	3333	6998	7584	3884	9761	1034	14312
古坡乡	8661	4248	4413	2120	4234	4412	2279	5768	614	8327
白家湾乡	20486	10023	10463	4528	10022	10463	5343	13667	1476	20250
武山县	**437268**	**225321**	**211947**	**108756**	**217362**	**207581**	**96317**	**309450**	**31501**	**424972**
城关镇	68643	37505	31138	21218	34323	29523	11930	52445	4268	63006
洛门镇	89998	47508	42490	22934	43869	40140	16247	68004	5747	89350
鸳鸯镇	26352	13162	13190	6016	13081	13146	6167	18118	2067	25454
滩歌镇	37074	19034	18040	8552	19022	18034	8936	25494	2644	36192
四门镇	27168	13667	13501	6303	13664	13501	6389	18611	2168	26631
马力镇	42260	21716	20544	8940	21348	20442	9914	29489	2857	41526
山丹乡	24235	12493	11742	6505	12485	11738	5116	17323	1796	23750
榆盘乡	14227	7216	7011	3279	7146	6988	3425	9713	1089	13931
咀头乡	16390	8231	8159	3730	8150	8127	3913	11137	1340	16122
桦林乡	16103	7942	8161	3503	7942	8161	3984	10683	1436	15871
高楼乡	18170	8978	9192	3957	8966	9189	5123	11502	1545	17855
杨河乡	13400	6188	7212	3626	6088	7175	3912	8290	1198	12892
沿安乡	13871	6780	7091	3346	6698	7067	3793	9135	943	13592
温泉乡	18314	9476	8838	4107	9161	8713	4229	12647	1438	18037
龙台乡	11063	5425	5638	2740	5419	5637	3239	6859	965	10763
张家川回族自治县	**286063**	**142806**	**143257**	**61176**	**134189**	**139488**	**72519**	**193327**	**20217**	**272910**
张家川镇	62497	31943	30554	13804	29190	28886	14821	43486	4190	56501
龙山镇	37976	19649	18327	7323	16407	16884	7944	27637	2395	34344
恭门镇	23100	11515	11585	5200	11091	11469	5882	15607	1611	22431
刘堡乡	12581	6248	6333	2835	6068	6321	3589	8046	946	12390

表28 续表 7

单位：人、户

地区	总人口 合计	总人口 男	总人口 女	家庭户 户数	家庭户总人口 男	家庭户总人口 女	分年龄人口 0-14岁	分年龄人口 15-64岁	分年龄人口 65岁及以上	居住本地，户口在本地
张棉乡	9379	4711	4668	2058	4495	4627	2622	6144	613	9172
胡川乡	14993	7442	7551	2990	7402	7551	4377	9590	1026	14942
木河乡	16592	8099	8493	3287	7803	8405	4416	10910	1266	16347
大阳乡	21846	10518	11328	4629	10307	11257	5728	14533	1585	21669
川王乡	12519	6279	6240	2615	6084	6180	3372	8188	959	12107
马关乡	22032	10654	11378	4782	10437	11308	5761	14696	1575	21731
连五乡	12261	5850	6411	2685	5665	6371	3304	7896	1061	11903
梁山乡	12894	6233	6661	2853	6091	6638	3685	8185	1024	12553
平安乡	7146	3529	3617	1600	3466	3599	1795	4883	468	7058
阎家乡	8325	4179	4146	1875	3986	4117	2077	5556	692	8040
马鹿乡	11922	5957	5965	2640	5697	5875	3146	7970	806	11722
武威市	**1815059**	**933487**	**881572**	**467040**	**891626**	**856967**	**313373**	**1366856**	**134830**	**1677464**
凉州区	**1010295**	**521047**	**489248**	**262124**	**494021**	**471445**	**167638**	**770490**	**72167**	**920412**
东大街街道	49937	26492	23445	17729	23623	22850	7748	38450	3739	41958
西大街街道	66040	34757	31283	21198	29480	28718	8683	52465	4892	47627
东关街街道	24071	11188	12883	7138	10300	9785	3939	18748	1384	15433
西关街街道	35138	17939	17199	11002	15018	14427	5273	27591	2274	26411
火车站街街道	21422	11144	10278	7310	10247	9928	3339	16697	1386	14780
地质新村街街道	3230	1594	1636	1404	1589	1624	438	2202	590	2898
荣华街街道	9819	5255	4564	2751	4988	4502	2361	7122	336	8606
黄羊镇	63707	33942	29765	14591	28815	27135	10113	49552	4042	55741
武南镇	51025	26000	25025	15388	25434	24673	7031	39286	4708	48231
清源镇	23873	12471	11402	5411	12091	11317	3679	18277	1917	23284
永昌镇	43427	22454	20973	10008	22434	20973	7799	32800	2828	43058
双城镇	34276	17531	16745	7797	17203	16408	5287	26455	2534	33227
丰乐镇	17352	9311	8041	4024	8484	7799	2918	13431	1003	16390
高坝镇	53672	27348	26324	12955	26858	25696	9873	40143	3656	51089
金羊镇	42222	21534	20688	11229	20687	20258	7496	32247	2479	38251
和平镇	24017	12248	11769	4329	9006	8900	3801	18501	1715	16922
羊下坝镇	16117	8207	7910	4158	8146	7901	2741	12134	1242	15716
中坝镇	16446	8355	8091	3972	8355	8091	2856	12477	1113	16269
永丰镇	10326	5338	4988	2611	5101	4886	1709	8073	544	10035
古城镇	24677	12683	11994	5793	12683	11994	4135	18647	1895	23935
张义镇	38264	19495	18769	8760	19077	18475	6939	28064	3261	37940
发放镇	24353	12532	11821	6580	12473	11818	4182	18272	1899	24030
西营镇	24142	12613	11529	5839	12142	11476	4163	18415	1564	23185
四坝镇	13389	6813	6576	3268	6811	6575	1952	10430	1007	13220
洪祥镇	19249	9944	9305	5285	9885	9295	3234	14631	1384	18929
谢河镇	21107	11036	10071	4731	10709	9889	3704	15981	1422	20039
五和乡	11353	5870	5483	2807	5870	5483	1852	8811	690	11151
韩佐乡	9719	4914	4805	2230	4913	4803	1773	7270	676	9415
松树乡	14298	7452	6846	3400	7449	6842	2616	10668	1014	13890
大柳乡	13556	6898	6658	3054	6898	6658	2367	10237	952	13383
长城乡	15592	8096	7496	3736	8026	7490	2612	11740	1240	15000
金沙乡	13829	7070	6759	3126	7055	6759	2520	10488	821	13468
柏树乡	15987	8215	7772	3806	8143	7760	2833	12066	1088	15446
金塔乡	14830	7610	7220	3291	7585	7218	2922	10797	1111	14530
下双乡	11096	5654	5442	2820	5649	5440	1767	8325	1004	10669
九墩乡	8153	4193	3960	1885	4083	3945	1227	6265	661	8109
怀安乡	13628	7024	6604	3379	6914	6539	2439	10374	815	13159

表28 续表 8

单位：人、户

地区	总人口			家庭户	家庭户总人口		分年龄人口			居住本地，户口在本地
	合计	男	女	户数	男	女	0-14岁	15-64岁	65岁及以上	
金山乡	5645	2886	2759	1595	2868	2747	1031	4199	415	5459
清水乡	18860	9703	9157	4884	9703	9157	2967	14341	1552	18646
吴家井乡	6848	3515	3333	1652	3515	3333	1555	4801	492	6600
新华乡	18798	9705	9093	4042	9693	9091	3589	13758	1451	18434
康宁乡	10300	5258	5042	2630	5258	5042	1911	7531	858	9995
东河乡	13122	6731	6391	3108	6731	6391	2162	10081	879	12901
河东乡	15667	8040	7627	3755	8040	7627	2584	12001	1082	15393
九墩滩指挥部	7716	3989	3727	1663	3989	3727	1518	5646	552	7560
民勤县	**241251**	**123635**	**117616**	**68879**	**120340**	**116394**	**39628**	**178372**	**23251**	**224446**
三雷镇	46214	23630	22584	15224	23375	22414	8759	33983	3472	36961
东坝镇	11780	6079	5701	2914	5415	5272	1765	8822	1193	10514
泉山镇	12174	6178	5996	3527	6021	5931	1741	9118	1315	11875
西渠镇	21864	11033	10831	6381	10742	10712	3574	15864	2426	21334
东湖镇	12478	6319	6159	3501	6243	6142	1842	9085	1551	12347
红沙岗镇	1449	1140	309	139	238	239	93	1319	37	494
昌宁乡	8779	4462	4317	2364	4436	4296	1601	6484	694	8335
蔡旗乡	8518	4411	4107	2353	4362	4077	1485	6257	776	8353
重兴乡	7545	3853	3692	2014	3812	3659	1084	5642	819	7354
薛百乡	14272	7329	6943	3887	7273	6940	2279	10547	1446	13950
大坝乡	14641	7461	7180	4258	7346	7158	2318	10922	1401	14156
苏武乡	28363	14689	13674	7574	14531	13638	4649	21174	2540	26795
夹河乡	8091	4089	4002	2109	4020	3983	1452	5849	790	7824
大滩乡	10891	5552	5339	2977	5441	5269	1836	7965	1090	10705
双茨科乡	11405	5804	5601	3101	5716	5566	1899	8355	1151	11205
红沙梁乡	8265	4185	4080	2387	4087	4034	1168	6093	1004	8028
收成乡	12573	6403	6170	3547	6277	6140	1722	9448	1403	12483
南湖乡	1949	1018	931	622	1005	924	361	1445	143	1733
古浪县	**388720**	**198747**	**189973**	**88651**	**193809**	**187911**	**76775**	**285025**	**26920**	**379869**
城关街道	19596	10421	9175	6465	9826	8727	3534	14886	1176	16043
古浪镇	18212	9535	8677	3979	9356	8661	3450	13533	1229	17962
泗水镇	22245	11433	10812	4753	11031	10660	4353	16376	1516	22086
土门镇	39261	20279	18982	8437	19019	18433	7330	29120	2811	38806
大靖镇	40534	20384	20150	10336	20330	20112	8719	29126	2689	40347
裴家营镇	19968	10199	9769	4292	9541	9530	3869	14821	1278	19568
海子滩镇	27862	14023	13839	6137	13919	13791	5587	20684	1591	27832
定宁镇	24064	12400	11664	4852	12400	11664	4628	17687	1749	23939
黄羊川镇	25482	13120	12362	5823	12757	12229	4766	18770	1946	25287
黑松驿镇	21396	11029	10367	4722	10889	10296	4218	15725	1453	21161
永丰滩乡	10857	5503	5354	2114	5260	5293	2172	7996	689	10642
黄花滩乡	17513	8889	8624	3829	8725	8563	3868	12547	1098	16265
西靖乡	4919	2514	2405	1193	2513	2405	1007	3570	342	4853
民权乡	17663	8855	8808	4029	8548	8697	3692	12638	1333	17017
直滩乡	16121	8200	7921	3521	8059	7850	3314	11738	1069	15731
新堡乡	8165	4231	3934	1926	4203	3933	1506	6003	656	8138
干城乡	13479	6803	6676	3353	6795	6674	2681	9658	1140	13390
横梁乡	13807	6917	6890	3168	6842	6854	2777	9921	1109	13537
十八里堡乡	9619	4807	4812	1845	4771	4792	1861	7020	738	9512
古丰乡	17957	9205	8752	3877	9025	8747	3443	13206	1308	17753
天祝藏族自治县	**174793**	**90058**	**84735**	**47386**	**83456**	**81217**	**29332**	**132969**	**12492**	**152737**
华藏寺镇	51603	25948	25655	14599	23474	23607	8416	40085	3102	37186

表28 续表 9

单位：人、户

地区	总人口			家庭户	家庭户总人口		分年龄人口			居住本地，户口在本地
	合计	男	女	户数	男	女	0-14岁	15-64岁	65岁及以上	
打柴沟镇	12636	6375	6261	3324	6255	6212	2230	9566	840	12176
安远镇	7800	4015	3785	2071	3942	3752	1402	5776	622	7593
炭山岭镇	7151	3889	3262	1833	3269	3231	1100	5659	392	6128
哈溪镇	17836	9293	8543	4671	8829	8216	2944	13451	1441	17248
赛什斯镇	9816	5068	4748	2797	4906	4727	1772	7276	768	9433
石门镇	6181	3290	2891	1213	2200	2062	860	4878	443	4242
松山镇	7436	3770	3666	2230	3757	3663	1195	5547	694	7310
天堂镇	9622	5052	4570	2426	4992	4569	1569	7446	607	9493
旦马乡	2617	1327	1290	703	1255	1235	483	1882	252	2566
东坪乡	2956	1507	1449	826	1500	1445	511	2191	254	2764
赛拉隆乡	207	109	98	47	107	98	32	157	18	185
东大滩乡	1792	892	900	550	892	900	324	1286	182	1757
抓喜秀龙乡	3252	1667	1585	886	1520	1565	489	2536	227	3014
西大滩乡	7650	3924	3726	1879	3924	3726	1487	5595	568	7408
朵什乡	8643	4359	4284	2378	4282	4247	1643	6243	757	8416
大红沟乡	6673	3448	3225	1737	3390	3216	1145	4964	564	6562
毛藏乡	971	508	463	240	484	442	164	710	97	954
祁连乡	3890	1974	1916	954	1860	1887	732	2788	370	3799
天祝煤电公司	4178	2245	1933	1600	2120	1932	711	3269	198	3487
天祝建材厂	1883	1398	485	422	498	485	123	1664	96	1016
张掖市	**1199515**	**612594**	**586921**	**359228**	**571401**	**556618**	**206135**	**907398**	**85982**	**1044135**
甘州区	**507433**	**258704**	**248729**	**152169**	**241492**	**231449**	**81800**	**389634**	**35999**	**424311**
东街街道	38331	19591	18740	13894	18272	17973	5939	29968	2424	21917
南街街道	42620	20320	22300	13269	16487	16651	5140	33817	3663	26532
西街街道	46679	22982	23697	14164	18405	18669	6231	37130	3318	31283
北街街道	23780	11837	11943	8505	10908	11183	3632	18517	1631	14565
火车站街道	21057	10621	10436	7344	9122	9065	2945	16038	2074	13401
梁家墩镇	17570	9139	8431	4851	8801	8121	3077	13473	1020	16222
上秦镇	23138	12007	11131	6231	11571	10832	3903	17613	1622	21902
大满镇	29489	15234	14255	8080	14889	14029	4763	22577	2149	28765
沙井镇	34393	17847	16546	9297	17220	16158	6182	26082	2129	33270
乌江镇	24279	12609	11670	7199	12127	11242	4255	18262	1762	22691
甘浚镇	21498	11009	10489	5927	10657	10179	3804	16233	1461	20530
新墩镇	26152	13326	12826	7777	12964	12526	4647	19944	1561	23076
党寨镇	27187	14155	13032	8187	13772	12749	4657	20659	1871	25893
碱滩镇	17558	9071	8487	5153	9003	8473	3049	13200	1309	17247
三闸镇	17606	9088	8518	4351	8676	8142	3183	13198	1225	16769
小满镇	20753	10746	10007	5971	10427	9742	3343	16017	1393	19964
龙渠乡	9063	4681	4382	2922	4679	4382	1495	6737	831	8940
安阳乡	14236	7446	6790	3451	7252	6732	2604	10673	959	14097
花寨乡	6846	3525	3321	1873	3415	3268	1208	5065	573	6691
长安乡	19752	10296	9456	5792	9916	9157	3401	15052	1299	17484
靖安乡	6197	3182	3015	1762	3182	3015	1131	4560	506	6106
明永乡	11681	6069	5612	3537	5971	5545	2067	8914	700	11416
平山湖蒙古族乡	604	375	229	201	240	205	45	517	42	416
国营张掖农场	3219	1588	1631	1094	1584	1629	456	2480	283	2685
省农科院张掖九公里试验场	304	163	141	150	163	141	29	254	21	256
张掖工业园区	3441	1797	1644	1187	1789	1641	614	2654	173	2193
肃南裕固族自治县	**33653**	**17912**	**15741**	**10474**	**14584**	**14312**	**5141**	**26269**	**2243**	**26414**
红湾寺镇	8125	4051	4074	2820	3166	3387	1209	6286	630	5417

表28 续表 10 单位：人、户

地 区	总人口			家庭户	家庭户总人口		分年龄人口			居住本地，户口在本地
	合 计	男	女	户 数	男	女	0-14岁	15-64岁	65岁及以上	
皇城镇	7002	3689	3313	2010	3309	3180	1369	5174	459	6423
马蹄藏族乡	3952	2142	1810	1058	1697	1653	671	3050	231	3372
康乐乡	3046	1595	1451	970	1445	1389	424	2415	207	2694
白银蒙古族乡	565	297	268	174	253	241	92	443	30	440
大河乡	3409	1863	1546	1171	1500	1471	414	2790	205	2807
明花乡	3646	1936	1710	1165	1722	1584	517	2906	223	2618
祁丰藏族乡	3275	2002	1273	839	1175	1115	356	2721	198	2186
甘肃省绵羊育种推广站	495	265	230	227	260	230	69	369	57	457
张掖宝瓶河牧场	138	72	66	40	57	62	20	115	3	
民乐县	**219356**	**113855**	**105501**	**59942**	**105607**	**101679**	**43148**	**161489**	**14719**	**201863**
洪水镇	59659	30984	28675	16802	27115	26310	11145	45195	3319	47945
六坝镇	19457	10033	9424	5522	9809	9347	3960	14108	1389	18760
新天镇	22860	11882	10978	6210	11355	10738	4821	16167	1872	22059
南古镇	22583	11612	10971	6013	11253	10861	4632	16272	1679	21906
永固镇	14383	7429	6954	4069	7197	6903	2726	10697	960	14308
三堡镇	15215	7915	7300	3767	7507	7116	2935	11238	1042	14725
南丰乡	17216	8815	8401	4784	8290	8225	3370	12715	1131	17002
民联乡	19718	10296	9422	5033	9882	9325	3812	14621	1285	19393
顺化乡	13573	6964	6609	3886	6756	6535	2935	9586	1052	13138
丰乐乡	13007	6623	6384	3852	6438	6315	2802	9222	983	12623
高新实用技术开发区	1685	1302	383	4	5	4	10	1668	7	4
临泽县	**134328**	**68441**	**65887**	**40168**	**63427**	**62504**	**22429**	**102242**	**9657**	**123072**
沙河镇	42154	21723	20431	12590	18655	18301	7159	32340	2655	37092
新华镇	15138	7729	7409	4672	7524	7324	2637	11447	1054	14147
蓼泉镇	15185	7663	7522	4582	7309	7289	2596	11448	1141	14290
平川镇	17301	8630	8671	5281	8192	8351	2859	12964	1478	16090
板桥镇	15359	7770	7589	4516	7511	7418	2380	11688	1291	14642
鸭暖乡	18292	9308	8984	5284	8940	8712	3055	13863	1374	17158
倪家营乡	9128	4707	4421	2529	4389	4251	1492	7053	583	8458
国营临泽农场	1514	762	752	599	762	750	212	1233	69	1008
五泉林场	52	37	15	45	37	15	1	50	1	22
沙河林场	1	1		1	1			1		1
小泉子治沙站	23	15	8	4	11	8	5	18		1
园艺场	129	68	61	45	68	61	24	101	4	116
良种繁殖场	52	28	24	20	28	24	9	36	7	47
高台县	**143446**	**72610**	**70836**	**46255**	**70470**	**69822**	**22778**	**109896**	**10772**	**128995**
城关镇	28382	14108	14274	10223	13362	13655	4822	21603	1957	20328
宣化镇	14276	7195	7081	4537	7180	7081	2341	10775	1160	14072
南华镇	16754	8784	7970	5051	8013	7851	2739	12973	1042	14485
巷道乡	23654	11984	11670	7002	11741	11557	3759	18147	1748	22847
黑泉乡	12191	6130	6061	4163	6127	6060	1931	9286	974	11862
罗城乡	10001	5012	4989	3481	4776	4848	1478	7572	951	9576
合黎乡	8609	4340	4269	3060	4321	4268	1352	6527	730	8409
骆驼城乡	12645	6494	6151	3668	6476	6148	1892	10035	718	10912
新坝乡	16934	8563	8371	5070	8474	8354	2464	12978	1492	16504
山丹县	**161299**	**81072**	**80227**	**50220**	**75821**	**76852**	**30839**	**117868**	**12592**	**139480**
清泉镇	69902	35291	34611	20886	31935	31774	13089	52172	4641	51404
位奇镇	17403	8774	8629	5293	8426	8553	3459	12538	1406	16701
霍城镇	11861	5884	5977	3562	5700	5921	2556	8085	1220	11727
东乐乡	11027	5515	5512	3267	5439	5480	2400	7856	771	10495

表28 续表 11 单位：人、户

地区	总人口			家庭户	家庭户总人口		分年龄人口			居住本地，户口在本地
	合计	男	女	户数	男	女	0-14岁	15-64岁	65岁及以上	
大马营乡	11551	5733	5818	3663	5461	5692	2178	8198	1175	11406
陈户乡	17181	8425	8756	5084	8235	8619	3584	12286	1311	16783
老军乡	4473	2264	2209	1429	2070	2189	800	3293	380	4189
李桥乡	5671	2788	2883	1943	2782	2880	1195	3859	617	5574
国营山丹农场	1027	520	507	384	520	506	128	764	135	930
中牧公司山丹马场	11203	5878	5325	4709	5253	5238	1450	8817	936	10271
平凉市	**2068033**	**1040622**	**1027411**	**549633**	**972430**	**985024**	**398005**	**1487254**	**182774**	**1896854**
崆峒区	**504848**	**257813**	**247035**	**133330**	**238846**	**233055**	**88141**	**373855**	**42852**	**457026**
东关街道	64172	30486	33686	17816	26240	25276	8681	51577	3914	52922
中街街道	60467	33724	26743	16812	24020	24192	8187	48045	4235	46894
西郊街道	65073	32467	32606	22977	31291	31226	9389	49211	6473	57121
四十里铺镇	46707	23867	22840	11699	23106	22524	8611	33597	4499	43960
崆峒镇	19362	9963	9399	4434	9733	9281	3674	13838	1850	18324
白水镇	27345	13693	13652	6512	13457	13541	5095	19717	2533	26823
草峰镇	31159	15786	15373	7180	15355	15201	5295	23125	2739	30880
安国乡	13067	6599	6468	3208	6520	6437	2846	8964	1257	12580
柳湖乡	47442	24179	23263	12431	23761	23024	9653	34505	3284	41912
花所乡	14610	7153	7457	4018	6691	7152	2840	10087	1683	14260
索罗乡	11804	5932	5872	2822	5809	5821	2325	8232	1247	11524
香莲乡	6860	3551	3309	1558	3510	3301	983	5091	786	6658
西阳乡	12078	6184	5894	2778	6074	5871	2885	8258	935	11765
大秦乡	10483	5426	5057	2405	5243	4992	2328	7267	888	10240
白庙乡	13356	6853	6503	2767	6726	6457	3010	9378	968	12830
寨河乡	13088	6783	6305	2749	6744	6299	2958	8968	1162	12878
大寨乡	18144	9553	8591	4528	9347	8561	3589	12769	1786	17108
上扬乡	7849	4205	3644	1601	4130	3614	1644	5614	591	7576
麻武乡	4668	2453	2215	1204	2438	2212	686	3522	460	4576
峡门乡	17114	8956	8158	3831	8651	8073	3462	12090	1562	16195
泾川县	**281145**	**139316**	**141829**	**78627**	**129647**	**135428**	**58655**	**194510**	**27980**	**262478**
街道办事处	31349	16707	14642	8563	12150	11280	5004	24433	1912	20483
城关镇	22735	11326	11409	5960	11326	11409	4944	15741	2050	22181
玉都镇	20369	9630	10739	6063	8751	10064	4575	13618	2176	19371
高平镇	28882	14329	14553	8154	13426	14025	5892	19831	3159	28032
荔堡镇	25179	12282	12897	6956	11671	12538	5681	16966	2532	24533
王村镇	22694	11093	11601	5920	10832	11424	4984	15491	2219	22104
窑店镇	13447	6777	6670	3764	6305	6453	2563	9437	1447	13125
汭丰乡	7322	3620	3702	2105	3533	3641	1647	4887	788	7033
罗汉洞乡	10865	5110	5755	3415	4894	5641	2638	6954	1273	10375
泾明乡	8959	4359	4600	2955	4238	4550	1960	5790	1209	8588
红河乡	6021	3002	3019	1831	2936	3003	1254	3919	848	5855
飞云乡	12768	6170	6598	4009	5985	6518	2658	8578	1532	12523
太平乡	13610	7027	6583	3528	6861	6511	2528	9679	1403	13294
丰台乡	22118	10880	11238	5940	10353	11013	4883	15145	2090	21666
党原乡	28219	13639	14580	7835	13397	14457	6161	19303	2755	27556
温泉经济开发区	4831	2436	2395	1138	2060	2053	928	3508	395	4008
张老寺农场	1777	929	848	491	929	848	355	1230	192	1751
灵台县	**183937**	**92652**	**91285**	**56832**	**87807**	**88465**	**35110**	**131553**	**17274**	**168763**
街道办事处	16430	8700	7730	5074	7190	6649	2802	12911	717	9656
中台镇	12148	6253	5895	3587	6184	5866	2292	8759	1097	11197
邵寨镇	11996	6038	5958	3892	5794	5877	2423	8309	1264	11565

表28 续表 12　　单位：人、户

地　区	总人口			家庭户	家庭户总人口		分年龄人口			居住本地，户口在本地
	合计	男	女	户数	男	女	0-14岁	15-64岁	65岁及以上	
独店镇	26133	12958	13175	8374	12584	12996	5336	17979	2818	25070
什字镇	25183	12380	12803	7809	11880	12417	5288	17405	2490	23956
朝那镇	16111	8199	7912	4549	7539	7490	2974	11900	1237	14828
新开乡	6929	3461	3468	2487	3417	3434	1203	4951	775	6591
西屯乡	13359	6560	6799	4381	6402	6705	2612	9305	1442	12769
上良乡	11406	5606	5800	3545	5417	5720	2369	7911	1126	10917
梁原乡	14516	7245	7271	3847	6979	7149	2830	10453	1233	13959
龙门乡	3496	1817	1679	1112	1687	1650	559	2587	350	3214
星火乡	9315	4605	4710	2802	4433	4633	1704	6729	882	9054
百里乡	8150	4392	3758	2472	4047	3637	1218	6055	877	7564
蒲窝乡	8271	4174	4097	2682	3995	4015	1438	5924	909	8006
万宝川农场	494	264	230	219	259	227	62	375	57	417
崇信县	**102116**	**54004**	**48112**	**25072**	**46992**	**45703**	**17086**	**78018**	**7012**	**92751**
锦屏街道办	16677	8395	8282	4517	6822	6800	2812	12960	905	13917
锦屏镇	27234	14185	13049	6690	13357	12887	4734	20341	2159	26317
新窑镇	9914	5113	4801	2563	4997	4754	1713	7532	669	9704
柏树乡	13205	6613	6592	3272	6424	6502	2473	9666	1066	13070
黄寨乡	9871	4982	4889	2342	4953	4873	1789	7251	831	9791
黄花乡	7328	3784	3544	1724	3552	3488	1192	5568	568	7003
木林乡	8899	4535	4364	2225	4378	4297	1642	6602	655	8628
新窑街道办	8306	6043	2263	1468	2155	1774	615	7601	90	3687
五举农场	682	354	328	271	354	328	116	497	69	634
华亭县	**189333**	**99597**	**89736**	**51451**	**87832**	**83899**	**33047**	**143057**	**13229**	**161247**
东华街道	40497	21379	19118	10568	15525	14794	6381	32491	1625	27543
东华镇	28268	15185	13083	7744	13886	13037	5609	21000	1659	21690
安口镇	30221	15815	14406	9835	15146	13799	4529	23132	2560	28752
西华镇	23293	12126	11167	5982	11389	11036	4371	17012	1910	21463
马峡镇	10789	5605	5184	3063	5514	5145	1865	7987	937	10608
策底镇	10450	5717	4733	2460	4548	4469	1717	8053	680	8377
上关乡	8876	4397	4479	2392	4320	4459	1732	6329	815	8661
神峪乡	10261	5283	4978	2766	5081	4868	1970	7461	830	9748
山寨乡	12460	6304	6156	2959	6142	6082	2574	8893	993	12261
河西乡	6232	3040	3192	1740	2956	3164	1194	4347	691	5933
砚峡乡	3973	2453	1520	812	1536	1414	536	3215	222	2791
石堡子开发区管委会	4013	2293	1720	1130	1789	1632	569	3137	307	3420
庄浪县	**382827**	**186211**	**196616**	**93182**	**175859**	**190860**	**84428**	**265815**	**32584**	**362307**
水洛街道	26044	14179	11865	6627	10601	9365	4785	20277	982	13325
水洛镇	33773	16828	16945	7787	16809	16922	7205	24079	2489	33558
南湖镇	22466	10925	11541	5803	9680	10678	4630	15727	2109	19946
朱店镇	32782	15743	17039	7507	15066	16550	7367	22593	2822	31740
万泉镇	24907	12255	12652	5741	11985	12559	5038	17375	2494	24816
韩店镇	19101	9400	9701	4565	8800	9378	4338	13318	1445	18576
岳堡乡	14715	7291	7424	3580	7041	7380	2902	10505	1308	14455
杨河乡	11621	5540	6081	3022	5434	6040	2567	7801	1253	11366
赵墩乡	14691	7357	7334	3632	7063	7276	2946	10233	1512	14553
柳梁乡	19582	9078	10504	4966	8648	10314	4583	13175	1824	19222
卧龙乡	25659	12375	13284	6545	12106	13185	5508	17825	2326	25034
大庄乡	16588	7676	8912	3963	7312	8820	3697	11169	1722	16466
阳川乡	23150	11438	11712	5074	10542	11295	4988	15884	2278	22753
良邑乡	16529	7439	9090	4083	7251	8969	4238	10944	1347	16222

表28 续表 13

单位：人、户

地区	总人口			家庭户	家庭户总人口		分年龄人口			居住本地，户口在本地
	合计	男	女	户数	男	女	0-14岁	15-64岁	65岁及以上	
通化乡	17733	8202	9531	4763	7869	9427	4269	11799	1665	17666
永宁乡	14563	7238	7325	3382	6888	7214	3485	9964	1114	14439
郑河乡	10833	5475	5358	2580	5322	5339	2322	7668	843	10626
南坪乡	16800	7985	8815	4102	7845	8709	4003	11496	1301	16534
盘安乡	21290	9787	11503	5460	9597	11440	5557	13983	1750	21010
静宁县	**423827**	**211029**	**212798**	**111139**	**205447**	**207614**	**81538**	**300446**	**41843**	**392282**
城区街道	37737	18837	18900	10404	16551	15556	7235	28461	2041	21426
城关镇	12791	6496	6295	3330	6481	6289	2514	9251	1026	10365
威戎镇	26464	12774	13690	7196	12667	13644	5326	18492	2646	25792
界石铺镇	21219	10286	10933	6140	10183	10899	4345	14382	2492	20728
八里镇	15710	7846	7864	4164	7593	7763	2884	11242	1584	14845
李店镇	19220	9783	9437	4412	8984	8793	3439	13995	1786	18366
城川乡	16223	7944	8279	4128	7851	8217	3326	11379	1518	15864
司桥乡	10221	5030	5191	2884	4871	5108	2053	6962	1206	9547
曹务乡	17347	8550	8797	4416	8378	8745	3249	12463	1635	16951
古城乡	28364	14033	14331	7610	13881	14274	5313	20279	2772	27527
双岘乡	12322	6152	6170	3260	6151	6170	2305	8710	1307	11844
雷大乡	18570	9452	9118	4796	9324	9058	3432	13239	1899	18163
余湾乡	8603	4240	4363	2232	4180	4339	1898	5780	925	8266
仁大乡	24358	12332	12026	5824	12161	11947	4836	17004	2518	23351
贾河乡	10236	5221	5015	2605	5220	5015	1945	7154	1137	9871
深沟乡	6499	3285	3214	1839	3283	3212	1135	4539	825	6385
治平乡	13929	7092	6837	3444	7070	6830	2846	9666	1417	13394
新店乡	8296	4195	4101	2087	4134	4093	1556	5817	923	8116
甘沟乡	32372	15947	16425	8142	15449	16031	6597	22571	3204	30757
四河乡	20776	10586	10190	4865	10311	10095	3747	15078	1951	20394
红寺乡	15938	7965	7973	4108	7965	7973	2764	11579	1595	15268
细巷乡	15535	7627	7908	4261	7624	7904	3278	10575	1682	15182
三合乡	8818	4392	4426	2399	4378	4412	1562	6252	1004	8637
原安乡	12836	6385	6451	3399	6190	6385	2211	9153	1472	12239
灵芝乡	9443	4579	4864	3194	4567	4862	1742	6423	1278	9004
酒泉市	**1095947**	**565860**	**530087**	**342074**	**522777**	**510117**	**184445**	**831944**	**79558**	**837016**
肃州区	**428346**	**216367**	**211979**	**141232**	**201767**	**202876**	**71031**	**324213**	**33102**	**339679**
东北街街道	26041	12880	13161	9725	12648	13084	4463	19348	2230	16437
东南街街道	61826	31874	29952	21764	27876	28567	9541	47670	4615	41737
工业园街道	11281	6099	5182	746	924	820	460	10588	233	3722
新城街道	22247	11162	11085	7466	9969	10066	3367	17667	1213	13340
西北街街道	30303	15127	15176	11531	13940	14175	4425	23360	2518	19956
西南街街道	19944	9728	10216	7484	9419	9898	2925	15159	1860	14343
西洞镇	8654	4522	4132	2555	4279	4123	1535	6490	629	7490
清水镇	17316	8803	8513	5203	8801	8513	3307	12785	1224	16886
总寨镇	18484	9422	9062	5714	9156	8992	3521	13486	1477	17786
金佛寺镇	14266	7204	7062	4570	7088	7049	2660	10079	1527	13563
上坝镇	18738	9618	9120	6165	9299	9100	3405	13750	1583	17206
三墩镇	20253	10171	10082	6097	10142	10063	3502	14924	1827	19800
银达镇	26952	13693	13259	7367	13650	13253	4452	20437	2063	26524
西峰乡	11237	5670	5567	3370	5617	5560	2128	8508	601	9265
泉湖乡	26740	14044	12696	8741	13879	12646	4828	20444	1468	18271
果园乡	13772	6984	6788	4167	6971	6785	2630	10292	850	12955
下河清乡	7969	4132	3837	2084	4035	3788	1457	6019	493	5831

表28　续表 14　　　　单位：人、户

地　区	总人口			家庭户	家庭户总人口		分年龄人口			居住本地，户口在本地
	合　计	男	女	户　数	男	女	0-14岁	15-64岁	65岁及以上	
黄泥堡乡	1207	612	595	406	590	584	177	900	130	1139
铧尖乡	9644	4858	4786	2658	4829	4757	1813	7007	824	9483
东洞乡	7437	3806	3631	2249	3744	3583	1453	5295	689	7185
丰乐乡	5918	2973	2945	1913	2881	2901	1140	4258	520	5569
东风场区	7655	3096	4559	3413	2208	4027	2335	5094	226	4424
国营下河清农场	2716	1383	1333	968	1383	1332	426	2131	159	1839
玉门油田生活基地街道	37746	18506	19240	14876	18439	19210	5081	28522	4143	34928
金塔县	**147460**	**75783**	**71677**	**44225**	**73058**	**69915**	**26385**	**110090**	**10985**	**128190**
城关街道	30850	15657	15193	10309	13614	13609	5174	23756	1920	21973
中东镇	11921	6166	5755	3400	6145	5750	2013	8953	955	11406
鼎新镇	11054	5595	5459	3299	5536	5434	1913	8144	997	10510
金塔镇	20737	10651	10086	6022	10638	10081	3741	15519	1477	18415
东坝镇	12081	6184	5897	3489	6184	5896	2436	8676	969	11588
航天镇	11207	5802	5405	3153	5784	5396	2138	8156	913	10553
大庄子乡	9130	4721	4409	2668	4708	4405	1666	6805	659	8701
古城乡	11375	5848	5527	3119	5848	5526	2140	8285	950	10665
西坝乡	9753	4928	4825	2875	4915	4822	1822	7039	892	9185
羊井子湾乡	5030	2594	2436	1207	2594	2436	1050	3664	316	4350
甘肃亚盛农工商集团有限责任公司	2972	1541	1431	1064	1528	1427	477	2325	170	2233
工业园区管委会	1812	1122	690	835	601	570	121	1598	93	62
农林场站	141	95	46	79	93	46	1	136	4	5
三合乡	9397	4879	4518	2706	4870	4517	1693	7034	670	8544
瓜州县	**148798**	**79419**	**69379**	**39773**	**71096**	**66274**	**26169**	**112988**	**9641**	**112048**
渊泉镇	29450	15111	14339	9492	12474	12727	5009	22481	1960	19437
柳园镇	7673	5294	2379	1610	1929	1493	625	6790	258	1490
三道沟镇	9716	5138	4578	2902	4884	4533	1668	7470	578	8597
南岔镇	10189	5268	4921	3029	5179	4888	1989	7523	677	9440
锁阳城镇	5426	2856	2570	1647	2676	2482	850	4177	399	4953
河东乡	5580	2909	2671	1708	2807	2652	1049	4182	349	5205
布隆吉乡	4975	3001	1974	1238	2012	1831	620	4048	307	3520
西湖乡	13089	6898	6191	3755	6699	6150	2359	10006	724	11197
瓜州乡	8022	4185	3837	2092	4123	3786	1544	6053	425	7175
腰站子东乡族乡	12735	6814	5921	2806	6543	5852	1741	9761	1233	9546
七墩回族东乡族乡	2924	1619	1305	696	1610	1301	612	2162	150	2873
双塔乡	9878	5297	4581	2268	5201	4523	1876	7406	596	8195
广至藏族乡	8349	4181	4168	1791	4179	4167	1699	6021	629	8300
沙河回族乡	7219	3768	3451	1457	3717	3416	1498	5165	556	5025
梁湖乡	7141	3743	3398	1474	3729	3382	1616	5037	488	5022
国营小宛农场	6432	3337	3095	1808	3334	3091	1414	4706	312	2073
肃北蒙古族自治县	**14979**	**9121**	**5858**	**4181**	**5754**	**5465**	**1707**	**12547**	**725**	**9599**
党城湾镇	9792	5063	4729	3440	4891	4682	1573	7625	594	8509
马鬃山镇	3610	3097	513	301	309	299	53	3523	34	416
石包城乡	1577	961	616	440	554	484	81	1399	97	674
阿克塞哈萨克族自治县	**10545**	**6093**	**4452**	**2618**	**4177**	**3952**	**1765**	**8396**	**384**	**5271**
红柳湾镇	10079	5780	4299	2518	4052	3853	1738	7975	366	5145
阿克旗乡	347	206	141	91	112	91	23	306	18	124
阿勒腾乡	119	107	12	9	13	8	4	115		2
玉门市	**159792**	**84455**	**75337**	**48673**	**76143**	**72249**	**26397**	**120559**	**12836**	**128136**
老市区管理委员会	21839	11986	9853	8354	9580	9249	2164	16453	3222	17931
新市区街道	22944	11728	11216	8197	10687	10644	3769	17738	1437	15773

表28 续表 15 单位：人、户

地区	总人口			家庭户	家庭户总人口		分年龄人口			居住本地，户口在本地
	合计	男	女	户数	男	女	0-14岁	15-64岁	65岁及以上	
玉门东镇	1101	745	356	254	251	216	24	1046	31	138
玉门镇	15612	8452	7160	4130	6772	6085	2719	12031	862	8939
赤金镇	11963	6226	5737	3520	5889	5636	1987	9085	891	11245
花海镇	12636	6452	6184	3608	6411	6172	2638	9174	824	11808
下西号乡	9348	4731	4617	2789	4661	4576	1617	7111	620	8580
玉门市黄闸湾乡	8267	4268	3999	2379	4267	3999	1488	6160	619	7852
柳河乡	10304	5293	5011	2931	5263	5005	1968	7749	587	9453
昌马乡	3970	2074	1896	1157	1890	1863	638	3107	225	3659
清泉乡	3770	2051	1719	1174	1732	1684	622	2866	282	3158
小金湾乡	6177	3254	2923	1299	3248	2917	1510	4262	405	4707
柳湖乡	4181	2157	2024	1030	2155	2024	871	3097	213	3915
独山子乡	7159	3740	3419	1509	3740	3419	1955	4779	425	5301
六墩乡	2245	1213	1032	517	1211	1032	402	1678	165	2099
国营饮马农场	5491	2883	2608	1771	2873	2604	636	4260	595	4353
国营黄花农场	6274	3275	2999	2390	3267	2994	666	4791	817	4834
甘肃农垦裕盛农业公司	2833	1485	1348	812	1115	1092	408	2163	262	1891
甘肃省农垦建筑工程公司	2130	1136	994	681	1016	933	309	1553	268	1576
甘肃矿区	1548	1306	242	171	115	105	6	1456	86	924
敦煌市	**186027**	**94622**	**91405**	**61372**	**90782**	**89386**	**30991**	**143151**	**11885**	**114093**
七里镇	14734	7620	7114	4504	7305	6966	2809	10993	932	10978
沙州镇	44870	22296	22574	15867	20865	21291	7654	34376	2840	28248
肃州镇	20832	10583	10249	5998	10140	9932	4230	15334	1268	17423
莫高镇	12242	6198	6044	3898	6132	6002	2110	9168	964	10860
转渠口镇	17948	9166	8782	5310	9151	8780	3499	13269	1180	15775
阳关镇	4961	2547	2414	1479	2488	2405	925	3689	347	4236
杨家桥乡	9977	5072	4905	3004	5030	4875	1767	7537	673	8200
郭家堡乡	6936	3512	3424	2143	3507	3424	1338	5039	559	6650
黄渠乡	11239	6298	4941	2626	4891	4766	1849	8700	690	9533
国营敦煌农场	2776	1421	1355	862	1413	1354	485	2144	147	1917
青海石油管理局生活基地	39512	19909	19603	15681	19860	19591	4325	32902	2285	273
庆阳市	**2211191**	**1122421**	**1088770**	**595445**	**1037061**	**1025738**	**417169**	**1602207**	**191815**	**1964847**
西峰区	**377528**	**191458**	**186070**	**102754**	**169260**	**165229**	**63395**	**286682**	**27451**	**280912**
北街街道	53915	26346	27569	14296	20539	20084	8588	42221	3106	26806
南街街道	77751	39909	37842	21381	31176	30596	13029	60235	4487	43969
西街街道	23117	12155	10962	7514	10706	10099	4107	18159	851	8226
肖金镇	34955	17547	17408	11186	17221	17211	6387	25134	3434	33654
董志镇	54429	27964	26465	13459	26970	25921	9316	40958	4155	51933
后官寨乡	31778	16566	15212	7767	14399	14099	5175	23994	2609	26656
彭原乡	33668	17097	16571	9079	16703	16330	5909	24931	2828	31837
温泉乡	35366	17465	17901	8369	15268	14842	5217	27776	2373	26419
什社乡	20068	10115	9953	5658	9991	9862	3479	14446	2143	19281
显胜乡	12481	6294	6187	4045	6287	6185	2188	8828	1465	12131
庆城县	**261898**	**134998**	**126900**	**66444**	**122905**	**117001**	**43173**	**200202**	**18523**	**229043**
庆城镇	69025	36004	33021	18096	27090	25267	10333	55599	3093	44553
驿马镇	36736	18758	17978	8909	17551	16989	5928	28059	2749	34286
卅铺镇	19685	10016	9669	5197	9635	9376	3304	14849	1532	18221
马岭镇	20112	10150	9962	5093	10013	9874	3500	15077	1535	19609
玄马镇	15022	7754	7268	3841	7497	7137	2380	11339	1303	14323
赤城乡	14880	7678	7202	3943	7544	7126	2737	10925	1218	14414
白马乡	14047	7291	6756	3354	7037	6600	2432	10641	974	13455

表28　续表 16　　　　　　　　　　　　　　　　　　　　　单位：人、户

地　区	总人口			家庭户	家庭户总人口		分年龄人口			居住本地，户口在本地
	合　计	男	女	户　数	男	女	0-14岁	15-64岁	65岁及以上	
桐川乡	14053	7210	6843	3552	7175	6834	2500	10345	1208	13737
太白梁乡	9448	4824	4624	2210	4626	4493	1752	6869	827	8956
土桥乡	4901	2485	2416	1290	2426	2391	923	3541	437	4615
蔡口集乡	4833	2454	2379	1220	2368	2352	914	3480	439	4558
高楼乡	9648	5060	4588	2472	4885	4506	1466	7427	755	9501
南庄乡	8572	4406	4166	2115	4327	4137	1376	6427	769	8447
翟家河乡	5952	3055	2897	1474	2967	2839	1052	4463	437	5712
蔡家庙乡	14984	7853	7131	3678	7764	7080	2576	11161	1247	14656
环县	**302918**	**155986**	**146932**	**76889**	**148522**	**141031**	**57817**	**221055**	**24046**	**273098**
环城镇	65251	33788	31463	16297	27764	26220	12881	48240	4130	43923
曲子镇	23622	11875	11747	6792	11643	11592	4228	17395	1999	21954
甜水镇	10764	5563	5201	2804	5522	5192	2317	7822	625	9702
木钵镇	18074	9153	8921	4846	9147	8920	3288	13165	1621	17476
天池乡	17187	8967	8220	3924	8775	8149	3247	12491	1449	16915
演武乡	10676	5443	5233	2678	5442	5229	2059	7566	1051	10280
合道乡	18059	9285	8774	4826	9262	8769	3229	12936	1894	17338
樊家川乡	10619	5436	5183	2325	5287	5114	2116	7703	800	10540
八珠乡	10819	5534	5285	2715	5364	5226	2090	7878	851	10460
洪德乡	21015	10668	10347	5164	10615	10318	4420	14940	1655	20408
耿湾乡	9305	4782	4523	2081	4614	4419	2030	6574	701	9167
秦团庄乡	5551	2869	2682	1494	2786	2643	1131	3960	460	5345
山城乡	7843	4118	3725	1993	4115	3722	1449	5804	590	7649
南湫乡	4272	2231	2041	1069	2189	2025	798	3175	299	4055
罗山川乡	6569	3384	3185	1524	3336	3166	1417	4704	448	6464
虎洞乡	11216	5815	5401	2873	5806	5399	2086	8136	994	10643
小南沟乡	9619	5011	4608	2626	5001	4603	1409	7394	816	9364
车道乡	17608	9129	8479	4168	8972	8419	3191	12854	1563	17293
毛井乡	11888	6176	5712	3254	6176	5712	1969	8917	1002	11521
芦家湾乡	8423	4352	4071	2179	4349	4068	1535	6147	741	8272
四合原旅游开发办公室	4538	2407	2131	1257	2357	2126	927	3254	357	4329
华池县	**120875**	**62838**	**58037**	**31494**	**57322**	**54139**	**21560**	**90423**	**8892**	**99676**
悦乐镇	11994	6177	5817	3327	5744	5604	2035	8931	1028	10712
柔远镇	33809	17501	16308	8979	14520	13629	6794	25481	1534	20063
元城镇	5234	2735	2499	1315	2425	2300	925	3890	419	4662
城壕乡	10072	5270	4802	2794	4871	4578	1590	7630	852	9017
五蛟乡	12585	6534	6051	3029	6394	5959	2252	9306	1027	11894
上里塬乡	4647	2328	2319	1284	2228	2281	877	3337	433	4268
王咀子乡	5708	2928	2780	1368	2875	2751	931	4297	480	5535
白马乡	4012	2094	1918	1013	2035	1902	697	2912	403	3767
怀安乡	4789	2497	2292	1296	2428	2265	748	3543	498	4479
乔川乡	5539	2932	2607	1269	2841	2578	819	4188	532	5381
乔河乡	3886	2074	1812	1014	1868	1748	577	2912	397	3469
山庄乡	4552	2373	2179	1196	2274	2137	798	3457	297	4045
南梁乡	5151	2747	2404	1190	2351	2210	901	3928	322	4039
林镇乡	4666	2419	2247	1305	2370	2222	821	3493	352	4357
紫坊畔乡	4231	2229	2002	1115	2098	1975	795	3118	318	3988
合水县	**145722**	**74788**	**70934**	**41336**	**70431**	**68273**	**26423**	**106800**	**12499**	**133858**
西华池镇	43338	22632	20706	12154	19907	18776	7860	32451	3027	35499
老城镇	9994	5133	4861	2871	4867	4710	1751	7324	919	9132
太白镇	7923	4194	3729	2144	3928	3649	1377	6006	540	7202

表28 续表 17

单位：人、户

地　　区	总人口			家庭户	家庭户总人口		分年龄人口			居住本地，户口在本地
	合　计	男	女	户　数	男	女	0-14岁	15-64岁	65岁及以上	
吉岘乡	9822	4944	4878	3306	4893	4847	1905	6860	1057	9429
肖咀乡	10713	5454	5259	3085	5205	5070	2153	7669	891	10337
段家集乡	8476	4170	4306	2529	4127	4285	1671	5934	871	8309
固城乡	7621	3886	3735	2347	3656	3697	1457	5294	870	7253
太莪乡	4890	2494	2396	1462	2398	2363	939	3441	510	4746
店子乡	7781	3864	3917	2236	3679	3847	1520	5454	807	7519
何家畔乡	15565	8016	7549	3893	7910	7486	2469	11812	1284	15335
板桥乡	15486	7876	7610	4101	7810	7573	2612	11520	1354	15169
蒿咀铺乡	4113	2125	1988	1208	2051	1970	709	3035	369	3928
正宁县	**180909**	**90938**	**89971**	**52996**	**86982**	**87597**	**35712**	**128083**	**17114**	**168197**
山河镇	40728	20858	19870	11536	19266	18501	8254	29560	2914	34084
榆林子镇	25804	12839	12965	7421	12462	12783	5060	18470	2274	24817
宫河镇	22375	11004	11371	6738	10389	11034	4294	15504	2577	21029
永和镇	20620	10391	10229	5913	10129	10143	4323	14342	1955	19776
西坡乡	11370	5769	5601	3288	5707	5585	2244	8046	1080	11099
永正乡	18706	9329	9377	5575	9073	9257	3586	13208	1912	17899
周家乡	17484	8737	8747	5486	8368	8615	3204	12340	1940	16656
湫头乡	14085	6963	7122	4075	6784	7045	2957	9739	1389	13598
五顷塬乡	4711	2423	2288	1385	2310	2254	900	3340	471	4508
三嘉乡	5026	2625	2401	1579	2494	2380	890	3534	602	4731
宁县	**405614**	**201394**	**204220**	**112182**	**187472**	**195841**	**84046**	**280947**	**40621**	**385152**
新宁镇	38999	20586	18413	10848	16963	15837	7018	29363	2618	29358
平子镇	27917	13652	14265	7421	13056	13846	5963	19222	2732	26985
早胜镇	28636	13752	14884	8741	12887	14237	5780	19517	3339	27835
长庆桥镇	9103	4838	4265	1673	2663	2789	1484	6957	662	7750
和盛镇	35553	17958	17595	9254	16550	16737	6862	25425	3266	33338
湘乐镇	18510	9254	9256	4932	8832	9092	4183	12469	1858	18167
新庄镇	34282	17579	16703	8409	17126	16569	6354	24838	3090	34168
盘克镇	28465	14067	14398	8040	13589	14233	6665	19013	2787	27910
米桥乡	16886	8146	8740	4767	7954	8636	4052	10989	1845	16574
良平乡	18355	8767	9588	5459	8257	9270	4274	12049	2032	17718
中村乡	25372	12028	13344	8068	11538	13108	5480	16370	3522	25013
太昌乡	13019	6468	6551	3504	6144	6379	2781	8960	1278	12509
焦村乡	36600	18125	18475	10331	16869	17911	7343	25372	3885	35389
南义乡	15565	7723	7842	4397	7519	7755	3258	10678	1629	15289
瓦斜乡	10970	5631	5339	2864	5387	5218	2086	7797	1087	10679
金村乡	5745	2821	2924	1689	2718	2896	1197	4005	543	5517
九岘乡	7565	3701	3864	2129	3590	3809	1617	5283	665	7410
春荣乡	34072	16298	17774	9656	15830	17519	7649	22640	3783	33543
镇原县	**415727**	**210021**	**205706**	**111350**	**194167**	**196627**	**85043**	**288015**	**42669**	**394911**
城关镇	46074	24312	21762	11314	18263	17946	8104	33476	4494	39152
屯字镇	37179	18753	18426	10931	17292	17554	7606	25298	4275	35682
孟坝镇	31991	16152	15839	8840	15271	15321	6549	22447	2995	30789
三岔镇	16684	8528	8156	3960	7252	7360	3181	12069	1434	14695
平泉镇	34870	17255	17615	9394	16156	16885	7225	23905	3740	33358
开边镇	17713	8792	8921	4545	7862	8239	3686	12097	1930	16196
太平镇	24851	12504	12347	7305	12194	12211	4832	17266	2753	24326
临泾乡	25617	12521	13096	7833	12236	12979	5860	16634	3123	24738
南川乡	15740	7823	7917	4515	7624	7827	3243	10432	2065	15371
上肖乡	26686	13103	13583	7810	12740	13398	6473	17344	2869	25913

表28 续表 18

单位：人、户

地 区	总人口			家庭户	家庭户总人口		分年龄人口			居住本地，户口在本地
	合 计	男	女	户 数	男	女	0-14岁	15-64岁	65岁及以 上	
新集乡	17240	8742	8498	4704	8499	8419	3522	11964	1754	16824
方山乡	11762	6005	5757	2854	5867	5719	2347	8268	1147	11327
殷家城乡	6418	3270	3148	1789	3180	3122	1543	4258	617	5785
马渠乡	12333	6305	6028	2975	5998	5922	2522	8738	1073	11926
庙渠乡	15373	7852	7521	3938	7557	7377	3050	10765	1558	14899
武沟乡	12031	6192	5839	2822	5954	5774	2348	8673	1010	11874
郭原乡	13129	6497	6632	3782	6372	6598	2986	8768	1375	12693
中原乡	16926	8462	8464	4631	8003	8339	3668	11635	1623	16516
新城乡	33110	16953	16157	7408	15847	15637	6298	23978	2834	32847
定西市	**2698624**	**1373166**	**1325458**	**702558**	**1328335**	**1297458**	**496242**	**1968964**	**233418**	**2545962**
安定区	**420614**	**214398**	**206216**	**122481**	**202834**	**196436**	**61956**	**318244**	**40414**	**372767**
中华路街道	54857	29129	25728	18923	25141	24257	8497	42353	4007	38391
永定路街道	67890	33016	34874	20889	29699	28642	10277	53296	4317	44767
凤翔镇	32280	16528	15752	9067	16370	15731	4822	24409	3049	30835
内官营镇	50989	26420	24569	13311	25823	24414	7058	39194	4737	49822
巉口镇	22273	11121	11152	6673	10606	10649	2996	16681	2596	20731
称钩驿镇	14312	7308	7004	3953	7097	6882	2196	10338	1778	14012
鲁家沟镇	11614	5881	5733	3501	5720	5650	1631	8650	1333	11351
西巩驿镇	17872	9305	8567	4566	8926	8309	2435	13513	1924	17512
宁远镇	15801	7899	7902	4574	7603	7718	2344	11545	1912	15598
李家堡镇	19500	9820	9680	5561	9800	9664	2900	14377	2223	19173
团结镇	11624	5801	5823	3354	5619	5727	1960	8271	1393	11283
香泉镇	17060	8740	8320	4398	8385	8192	2670	12764	1626	16482
符家川镇	11136	5773	5363	2972	5392	5269	1670	8240	1226	10617
葛家岔镇	9320	4696	4624	2782	4637	4607	1386	6850	1084	9137
白碌乡	3590	1828	1762	1208	1758	1730	609	2497	484	3466
石峡湾乡	7418	3817	3601	2246	3754	3576	1108	5494	816	7259
新集乡	11314	5708	5606	3205	5554	5555	1465	8517	1332	10967
青岚山乡	14849	7628	7221	3978	7444	7148	1920	11244	1685	14750
高峰乡	7092	3738	3354	1854	3595	3297	1062	5378	652	7019
石泉乡	13164	6807	6357	3613	6526	6221	1947	9751	1466	13032
杏园乡	6659	3435	3224	1853	3385	3198	1003	4882	774	6563
通渭县	**349539**	**173686**	**175853**	**91870**	**165794**	**170887**	**73424**	**238960**	**37155**	**332365**
平襄镇	54694	27960	26734	14108	26407	25722	11578	38653	4463	48437
马营镇	33553	16797	16756	8805	15950	16158	6629	23398	3526	32065
鸡川镇	17053	8542	8511	4869	7345	7566	2761	12136	2156	14593
榜罗镇	31373	15477	15896	8060	15128	15745	7508	20522	3343	30762
常家河镇	29716	14351	15365	7419	13560	14821	6702	19846	3168	29007
义岗川镇	17641	8875	8766	4476	8541	8620	3764	12211	1666	17227
陇阳乡	11797	5857	5940	3268	5839	5932	2628	7866	1303	11553
陇山乡	14991	7531	7460	3566	6839	6843	2931	10655	1405	14024
陇川乡	11479	5679	5800	3257	5549	5780	2269	7949	1261	11328
新景乡	9973	5013	4960	2775	4775	4855	2010	6752	1211	9518
碧玉乡	14715	7140	7575	4028	6945	7487	2894	9881	1940	14386
襄南乡	18066	8769	9297	4648	8453	9066	3798	12003	2265	17285
李家店乡	11628	5590	6038	3273	5195	5831	2407	7648	1573	11206
什川乡	16026	8025	8001	4328	7816	7957	3206	11153	1667	15558
第三铺乡	12855	6203	6652	3475	6081	6597	2761	8527	1567	12584
华家岭乡	13850	6985	6865	3612	6788	6789	2792	9624	1434	13547
寺子川乡	12490	6117	6373	3285	5971	6314	2898	8302	1290	12043

表28 续表 19 单位：人、户

地区	总人口			家庭户	家庭户总人口		分年龄人口			居住本地，户口在本地
	合计	男	女	户数	男	女	0-14岁	15-64岁	65岁及以上	
北城铺乡	17639	8775	8864	4618	8612	8804	3888	11834	1917	17242
陇西县	**453259**	**231946**	**221313**	**122784**	**226141**	**218644**	**84872**	**328103**	**40284**	**432099**
巩昌镇	114919	58626	56293	33819	58049	56108	20741	85102	9076	109250
文峰镇	76844	39604	37240	21116	39106	37075	14164	56119	6561	71731
首阳镇	43006	22361	20645	10194	21250	20001	7616	32019	3371	41325
菜子镇	33159	16489	16670	9110	16486	16669	7228	22771	3160	32722
福星镇	30639	15833	14806	8079	15489	14669	5940	21954	2745	29686
通安驿镇	21448	11051	10397	5679	10868	10327	3718	15609	2121	21058
云田镇	19169	9590	9579	5024	9236	9482	3733	13457	1979	18690
碧岩镇	19711	10230	9481	5386	8632	8466	3871	14219	1621	14933
马河镇	11313	5791	5522	3101	5527	5458	1965	8239	1109	11196
渭阳乡	11956	5970	5986	3005	5741	5905	2629	8084	1243	11884
宏伟乡	10875	5532	5343	2930	5423	5301	1887	7840	1148	10748
和平乡	10927	5438	5489	2854	5375	5480	2165	7578	1184	10629
柯寨乡	11289	5920	5369	2875	5831	5347	2150	8053	1086	11037
双泉乡	11345	5793	5552	2789	5601	5472	1979	8272	1094	11018
德兴乡	10019	5161	4858	2362	5157	4858	1962	7114	943	9899
永吉乡	9002	4705	4297	2435	4637	4272	1710	6409	883	8827
权家湾乡	7638	3852	3786	2026	3733	3754	1414	5264	960	7466
渭源县	**324215**	**167031**	**157184**	**82645**	**160650**	**154119**	**55993**	**240237**	**27985**	**316226**
清源镇	50371	25730	24641	13728	23720	23335	8624	37839	3908	48390
莲峰镇	41115	21190	19925	10706	20248	19710	8058	29574	3483	40200
会川镇	41559	21474	20085	11289	21125	19804	6748	31137	3674	40748
五竹镇	13715	7129	6586	4013	6879	6452	2316	10114	1285	12363
路园镇	19027	9540	9487	4678	9180	9259	3444	14037	1546	18926
北寨镇	17436	9038	8398	4148	8516	8153	2830	12993	1613	17157
新寨镇	20377	10470	9907	4825	10388	9875	3432	15206	1739	20293
麻家集镇	15952	8281	7671	3710	8117	7607	3054	11723	1175	15650
锹峪乡	14851	7604	7247	3730	7486	7185	2450	11005	1396	14669
大安乡	10939	5550	5389	2736	5418	5344	1943	8022	974	10842
秦祁乡	8784	4706	4078	2172	4200	4016	1358	6534	892	8214
庆坪乡	14188	7299	6889	3468	7079	6812	2340	10509	1339	13872
祁家庙乡	16566	8732	7834	4009	8620	7780	2761	12330	1475	16310
上湾乡	20266	10378	9888	4906	10118	9751	3386	15038	1842	19934
峡城乡	8242	4227	4015	1976	4081	3974	1497	6035	710	8011
田家河乡	10827	5683	5144	2551	5475	5062	1752	8141	934	10647
临洮县	**507386**	**255502**	**251884**	**132184**	**248110**	**246144**	**82519**	**380747**	**44120**	**471994**
洮阳镇	109300	53689	55611	31519	50614	52537	18057	81940	9303	83903
八里铺镇	31741	15966	15775	8323	15724	15562	5026	23935	2780	30939
新添镇	40324	19841	20483	10986	19343	19862	6649	29743	3932	39204
辛店镇	34268	17616	16652	8661	17335	16496	5706	25654	2908	33376
太石镇	30389	15376	15013	7450	14976	14766	5046	22848	2495	30114
中铺镇	18183	9481	8702	4472	9236	8605	2982	13649	1552	17633
峡口镇	13434	6941	6493	3439	6526	6259	2184	10018	1232	13133
龙门镇	22869	11571	11298	5557	11553	11297	3540	17202	2127	22572
窑店镇	22288	11337	10951	5916	10920	10627	3563	16890	1835	20211
玉井镇	35043	17286	17757	8942	16993	17553	5263	26653	3127	34521
衙下集镇	41454	20774	20680	9585	20618	20550	6607	31440	3407	40901
南屏镇	27598	13875	13723	6697	13586	13591	4661	20578	2359	27165
红旗乡	11665	5736	5929	3096	5595	5845	1905	8600	1160	11444

表28 续表 20

单位：人、户

地区	总人口			家庭户	家庭户总人口		分年龄人口			居住本地，户口在本地
	合计	男	女	户数	男	女	0-14岁	15-64岁	65岁及以上	
上营乡	16055	8351	7704	4210	8286	7698	2833	11764	1458	15658
康家集乡	14022	7293	6729	3611	7264	6720	2336	10514	1172	13741
站滩乡	13356	7049	6307	3323	6850	6212	2033	10136	1187	13074
漫洼乡	10091	5386	4705	2421	4819	4611	1554	7741	796	9365
连儿湾乡	15306	7934	7372	3976	7872	7353	2574	11442	1290	15040
漳县	**192957**	**99716**	**93241**	**43728**	**97914**	**92686**	**39837**	**139537**	**13583**	**188342**
武阳镇	29960	15457	14503	6935	14931	14160	6235	21591	2134	28145
三岔镇	20891	10592	10299	4899	10592	10299	4429	14889	1573	20812
新寺镇	22829	11858	10971	5459	11758	10931	4470	16910	1449	21969
金钟镇	17537	9186	8351	3840	8973	8327	3643	12757	1137	17213
盐井乡	13371	6947	6424	3048	6447	6386	2678	9618	1075	12616
殪虎桥乡	14811	7595	7216	3177	7475	7198	3108	10718	985	14643
大草滩乡	11430	5926	5504	2509	5689	5463	2220	8368	842	11099
马泉乡	9445	4886	4559	2043	4886	4559	2039	6661	745	9393
四族乡	11117	5665	5452	2513	5665	5452	2359	8038	720	10993
石川乡	12436	6398	6038	2891	6389	6032	2609	8931	896	12385
草滩乡	11054	5712	5342	2548	5710	5342	2205	8079	770	11016
武当乡	9753	5035	4718	2036	4941	4673	2139	6877	737	9744
东泉乡	8323	4459	3864	1830	4458	3864	1703	6100	520	8314
岷县	**450654**	**230887**	**219767**	**106866**	**226892**	**218542**	**97641**	**323136**	**29877**	**432169**
岷阳镇	54229	27454	26775	15152	27324	26718	10019	40665	3545	47439
蒲麻镇	22481	11281	11200	5817	11228	11158	5241	15659	1581	21919
西寨镇	18400	9539	8861	4668	9330	8748	3588	13557	1255	17180
梅川镇	43744	22848	20896	8995	21386	20649	9470	31668	2606	41400
西江镇	26862	13558	13304	5793	13421	13245	6017	18983	1862	26695
闾井镇	32980	16681	16299	7674	16408	16161	7856	22904	2220	31832
十里镇	38623	19246	19377	9450	19153	19316	8885	27004	2734	37348
茶埠镇	23137	11789	11348	5356	11305	11237	4880	16643	1614	21995
中寨镇	35441	18153	17288	7705	17946	17207	8725	24748	1968	34580
清水乡	28093	14608	13485	6526	14537	13446	5567	20699	1827	27789
马坞乡	11015	5828	5187	2736	5826	5187	2561	7610	844	10870
寺沟乡	21829	11440	10389	4919	11229	10263	4197	16159	1473	21500
麻子川乡	11772	6123	5649	2710	6123	5649	2384	8643	745	11706
秦许乡	21833	11274	10559	5146	11138	10488	4450	15894	1489	21481
禾驮乡	18835	9705	9130	4188	9705	9130	4065	13490	1280	18571
维新乡	21744	11185	10559	5249	11163	10547	5212	15124	1408	21151
申都乡	8870	4464	4406	2245	4384	4383	2276	5971	623	8756
锁龙乡	10766	5711	5055	2537	5286	5010	2248	7715	803	9957
陇南市	**2567718**	**1336964**	**1230754**	**660598**	**1282451**	**1203309**	**494201**	**1849785**	**223732**	**2422593**
武都区	**555004**	**290388**	**264616**	**144237**	**274418**	**257405**	**100536**	**407684**	**46784**	**507942**
城关镇	85826	44955	40871	28026	40997	39943	14784	65867	5175	65733
安化镇	29916	15282	14634	7689	14842	14246	5414	21923	2579	28627
东江镇	16816	8655	8161	2391	4600	4699	2513	13529	774	8057
两水镇	27281	14075	13206	7743	13733	13172	5092	20076	2113	25950
汉王镇	27674	13937	13737	6307	13159	12417	4887	20584	2203	26359
洛塘镇	25871	13802	12069	6000	12698	11924	4338	19090	2443	24286
角弓镇	19083	9797	9286	4742	9526	9228	4041	13507	1535	18577
马街镇	28369	14395	13974	7212	14259	13923	5851	20330	2188	27559
三河镇	11916	6332	5584	3034	5783	5496	2160	8654	1102	10841
甘泉镇	9372	4866	4506	2810	4829	4462	1792	6609	971	9072

表28　续表 21　　单位：人、户

地　区	总人口			家庭户	家庭户总人口		分年龄人口			居住本地，户口在本地
	合　计	男	女	户　数	男	女	0-14岁	15-64岁	65岁及以　上	
鱼龙镇	15397	8133	7264	4323	8001	7226	2679	11085	1633	15103
琵琶镇	14053	7640	6413	3285	6877	6342	2424	10162	1467	13001
城郊乡	20469	10643	9826	5177	10375	9719	4105	14917	1447	18443
坪垭藏族乡	4808	2330	2478	1119	2282	2462	1157	3232	419	4720
蒲池乡	16272	8489	7783	3816	8448	7775	3478	11436	1358	16032
石门乡	10862	5616	5246	2457	5569	5234	2161	7839	862	10736
汉林乡	10798	5559	5239	2837	5550	5237	2509	7515	774	10564
柏林乡	11144	5717	5427	2983	5714	5424	2030	8169	945	10980
马营乡	16121	8402	7719	4025	8375	7713	3219	11546	1356	15771
池坝乡	5230	2762	2468	1389	2734	2464	1013	3841	376	5127
佛崖乡	12155	6513	5642	2988	6400	5583	2029	9009	1117	11845
黄坪乡	8930	4819	4111	2125	4801	4103	1398	6671	861	8745
隆兴乡	8410	4451	3959	2621	4413	3939	1391	5987	1032	8197
龙坝乡	5111	2732	2379	1401	2695	2350	762	3623	726	4988
龙凤乡	10207	5400	4807	2918	5375	4800	1883	7349	975	9947
桔柑乡	6592	3457	3135	1719	3387	3096	1197	4773	622	6278
磨坝藏族乡	5265	2798	2467	1299	2760	2447	965	3778	522	5102
外纳乡	19394	10353	9041	4598	9780	8949	3190	14305	1899	18559
玉皇乡	8468	4746	3722	1977	4129	3688	1237	6374	857	7685
郭河乡	12585	6547	6038	3119	6535	6035	2176	9140	1269	12400
枫相乡	10665	6113	4552	2186	4927	4492	1732	7983	950	9331
三仓乡	12833	6684	6149	3147	6644	6136	2449	9160	1224	12653
五库乡	11166	5906	5260	2833	5901	5258	2133	7920	1113	10981
月照乡	4663	2450	2213	1090	2409	2200	810	3365	488	4608
五马乡	6743	3658	3085	1606	3589	3064	919	4974	850	6654
裕河乡	4539	2374	2165	1245	2322	2159	618	3362	559	4431
成县	**242343**	**124749**	**117594**	**67172**	**118969**	**112466**	**44813**	**177032**	**20498**	**221222**
城关镇	69427	34978	34449	19763	32129	30945	12705	52477	4245	58337
黄渚镇	9186	4920	4266	2940	4748	4228	1696	6695	795	8160
红川镇	10405	5304	5101	2960	5006	4893	1899	7551	955	9695
小川镇	18098	9254	8844	4637	8543	8203	3313	13329	1456	16644
纸坊镇	11799	6094	5705	3275	6016	5660	2195	8326	1278	11581
抛沙镇	21907	11404	10503	6041	10908	10412	4477	15557	1873	19939
店村镇	14852	7554	7298	4249	7531	7279	2820	10759	1273	14561
王磨镇	8503	4564	3939	2146	4119	3844	1562	6245	696	7863
陈院镇	9571	4906	4665	2672	4875	4654	1698	6931	942	9292
沙坝镇	10107	5128	4979	2690	5085	4957	2082	6971	1054	9813
黄陈镇	10635	5536	5099	3005	5464	5075	1967	7610	1058	10116
鸡峰镇	16273	8539	7734	4292	8493	7707	2713	11838	1722	15927
宋坪乡	5277	2818	2459	1468	2779	2449	776	3905	596	5150
二郎乡	4977	2627	2350	1225	2334	2041	837	3704	436	3580
苏元乡	7295	3750	3545	2034	3676	3505	1441	5115	739	6933
索池乡	9113	4765	4348	2321	4690	4309	1853	6368	892	8898
镡河乡	4918	2608	2310	1454	2573	2305	779	3651	488	4733
文县	**218796**	**113667**	**105129**	**62352**	**110286**	**103561**	**38053**	**159879**	**20864**	**207591**
城关镇	31339	15917	15422	9377	15243	14743	5447	23490	2402	28418
碧口镇	16247	8363	7884	5144	8281	7843	2500	12582	1165	14618
尚德镇	9905	5054	4851	3014	5026	4834	1660	6992	1253	9695
铁楼藏族乡	8244	4165	4079	2540	4160	4077	1510	5759	975	8082
丹堡乡	7252	3784	3468	2383	3757	3461	1195	5190	867	7106

表28　续表 22　　　　单位：人、户

地　区	总人口 合计	总人口 男	总人口 女	家庭户 户数	家庭户总人口 男	家庭户总人口 女	分年龄人口 0-14岁	分年龄人口 15-64岁	分年龄人口 65岁及以上	居住本地，户口在本地
刘家坪乡	2650	1688	962	471	694	625	185	2257	208	1280
玉垒乡	4360	2311	2049	1351	2281	2036	635	3189	536	4181
范坝乡	10542	5540	5002	3113	5530	4998	1370	8085	1087	10463
中庙乡	11851	6192	5659	3324	5867	5622	1817	8993	1041	11224
口头坝乡	6808	3580	3228	2059	3498	3209	1260	4742	806	6599
尖山乡	4413	2267	2146	1365	2257	2145	805	3146	462	4356
临江乡	7583	3985	3598	1942	3780	3502	1389	5498	696	7216
梨坪乡	10287	5317	4970	2954	5307	4960	2154	7065	1068	10140
舍书乡	4238	2199	2039	1138	2163	2035	739	3020	479	4139
天池乡	6196	3162	3034	1655	3106	3017	1288	4258	650	5981
桥头乡	21273	11150	10123	5751	11031	10051	4382	15062	1829	20597
堡子坝乡	12604	6707	5897	3769	6580	5878	1966	9269	1369	12262
石坊乡	9572	5004	4568	2575	4808	4441	1740	6967	865	8631
石鸡坝乡	13791	7251	6540	3466	6910	6487	2476	9998	1317	13226
中寨乡	19641	10031	9610	4961	10007	9597	3535	14317	1789	19377
宕昌县	**274313**	**143554**	**130759**	**67673**	**134428**	**128616**	**55601**	**196640**	**22072**	**261078**
城关镇	31861	16534	15327	8667	14729	14469	5190	24813	1858	28236
哈达铺镇	28292	14989	13303	6489	13599	12861	5830	20470	1992	26560
理川镇	19701	10093	9608	4752	9811	9583	4553	13723	1425	19384
南阳镇	12267	6254	6013	3202	6075	5921	2418	8710	1139	12145
官亭镇	10064	5269	4795	2506	4885	4714	1883	7153	1028	9564
沙湾镇	21551	11351	10200	5598	10084	10012	4848	14936	1767	19853
阿坞乡	9677	5158	4519	2402	4747	4494	2308	6553	816	9132
南河乡	6625	3448	3177	1773	3427	3172	1296	4746	583	6612
八力乡	7101	3619	3482	1873	3618	3482	1873	4665	563	7023
木耳乡	5713	2900	2813	1591	2900	2813	1670	3562	481	5661
庞家乡	7956	4088	3868	1788	4074	3862	1865	5514	577	7920
何家堡乡	5210	2589	2621	1490	2575	2620	1139	3609	462	5078
贾河乡	8258	4243	4015	2095	4176	3967	1661	5774	823	8136
将台乡	7094	3747	3347	1615	3583	3321	1404	5108	582	6901
车拉乡	11045	5986	5059	2553	5710	5015	2314	7821	910	10664
新城子藏族乡	6857	3844	3013	1438	3035	2951	1104	5305	448	6058
临江乡	5798	3142	2656	1364	2490	2606	1066	4278	454	5091
好梯乡	6308	3150	3158	1645	3101	3146	1380	4364	564	6120
韩院乡	11463	5999	5464	2496	5999	5464	2252	8288	923	11436
竹院乡	5634	2969	2665	1169	2896	2636	1024	4149	461	5512
兴化乡	10342	5510	4832	2243	5510	4832	1954	7587	801	10289
甘江头乡	6835	3787	3048	1606	3309	2991	1062	5209	564	6286
新寨乡	11242	5666	5576	2898	5666	5576	2361	7583	1298	11032
狮子乡	5766	2983	2783	1351	2974	2781	963	4319	484	5689
两河口乡	11653	6236	5417	3069	5455	5327	2183	8401	1069	10696
康县	**180061**	**95624**	**84437**	**50812**	**92433**	**82565**	**28322**	**132698**	**19041**	**170102**
城关镇	27027	14216	12811	7951	13068	11940	4306	20655	2066	22468
平洛镇	9658	5135	4523	2806	5053	4490	1624	6904	1130	9377
大堡镇	9601	5161	4440	2757	4946	4325	1464	7097	1040	9400
岸门口镇	8677	4641	4036	2618	4454	3859	1308	6182	1187	8113
两河镇	4240	2210	2030	1368	2167	2021	588	3152	500	4131
长坝镇	12488	6710	5778	3525	6530	5637	2043	9007	1438	11997
云台镇	10962	5964	4998	2970	5861	4969	1440	8473	1049	10672
阳坝镇	11583	6121	5462	3292	5944	5402	1698	8821	1064	11053

表28　续表 23　　　　单位：人、户

地　区	总人口			家庭户	家庭户总人口		分年龄人口			居住本地，户口在本地
	合　计	男	女	户　数	男	女	0-14岁	15-64岁	65岁及以　上	
望关乡	6100	3214	2886	1714	3172	2862	1059	4380	661	5886
寺台乡	5798	3088	2710	1598	3051	2692	893	4362	543	5677
大南峪乡	9520	5002	4518	2620	4949	4508	1485	7056	979	9263
迷坝乡	5175	2720	2455	1347	2643	2433	732	3967	476	5063
王坝乡	7752	4094	3658	2180	4074	3654	1335	5590	827	7537
碾坝乡	9431	4995	4436	2743	4995	4434	1605	6691	1135	9247
豆坝乡	5694	3033	2661	1542	2960	2635	865	4032	797	5425
店子乡	4334	2294	2040	1171	2252	2023	652	3010	672	4282
豆坪乡	12772	6862	5910	3342	6715	5819	2250	9215	1307	12420
白杨乡	5847	3080	2767	1677	2870	2635	864	4233	750	5364
太石乡	3479	1844	1635	923	1812	1626	607	2520	352	3354
铜钱乡	4082	2130	1952	1157	2044	1916	660	3075	347	3871
三河坝乡	5841	3110	2731	1511	2873	2685	844	4276	721	5502
西和县	**393272**	**201756**	**191516**	**87594**	**198992**	**190458**	**88916**	**273757**	**30599**	**387647**
汉源镇	37284	19359	17925	10274	19291	17875	7460	27707	2117	35685
长道镇	23940	12130	11810	5564	11655	11624	5402	16643	1895	23545
何坝镇	32538	16069	16469	6909	15590	16225	7897	22149	2492	32018
姜席镇	27098	14112	12986	5855	13865	12901	5824	19005	2269	26771
石峡镇	11072	5856	5216	2332	5788	5201	2342	7644	1086	11005
洛峪镇	29955	15010	14945	6869	14897	14871	7368	19966	2621	29555
石堡乡	22621	11236	11385	5151	11181	11359	5560	15260	1801	22611
西峪乡	24452	12454	11998	5391	12454	11998	5108	17751	1593	24255
苏合乡	18901	9847	9054	4189	9743	9028	4555	13037	1309	18738
卢河乡	23852	12356	11496	4941	12180	11434	5387	16767	1698	23770
兴隆乡	19803	10290	9513	4021	10290	9513	4400	13912	1491	19705
稍峪乡	18327	9203	9124	3899	9203	9124	4834	12237	1256	18178
马元乡	13336	6997	6339	2867	6928	6329	3086	9014	1236	13245
晒经乡	4361	2315	2046	1055	2276	2038	865	3055	441	4344
十里乡	38961	19888	19073	8168	19666	18979	8922	27296	2743	38449
大桥乡	9593	4958	4635	2144	4877	4602	2161	6543	889	9353
蒿林乡	9531	5045	4486	1927	5041	4480	2142	6433	956	9443
太石河乡	5442	2885	2557	1307	2816	2545	946	3878	618	5386
六巷乡	5655	3101	2554	1134	2613	2427	993	4085	577	5109
西高山乡	16550	8645	7905	3597	8638	7905	3664	11375	1511	16482
礼县	**458237**	**239991**	**218246**	**111345**	**230605**	**213106**	**96524**	**321082**	**40631**	**436069**
城关镇	58300	31199	27101	13129	25406	23151	10473	44177	3650	44530
盐官镇	44954	23171	21783	10468	22494	21509	9616	31956	3382	43293
石桥镇	29050	15467	13583	7666	15196	13445	6017	20262	2771	28581
白河镇	18077	9115	8962	4430	8856	8886	3824	12831	1422	17744
宽川乡	27438	14195	13243	6800	14170	13234	7047	17845	2546	27204
永兴乡	22079	11506	10573	5590	11502	10573	4818	15446	1815	21593
祁山乡	14945	7655	7290	3634	7633	7271	3366	10247	1332	14623
马河乡	10497	5405	5092	2661	5273	5050	2531	7073	893	10273
红河乡	11942	6126	5816	2964	5824	5696	2794	7955	1193	11624
永坪乡	18279	9785	8494	4571	9778	8490	4365	12526	1388	18084
固城乡	11096	5840	5256	2638	5840	5256	2338	7818	940	10972
崖城乡	10267	5447	4820	2627	5421	4814	2038	7183	1046	10176
罗坝乡	9374	4933	4441	2614	4933	4439	2017	6363	994	9083
湫山乡	10310	5435	4875	2647	5336	4844	2304	6996	1010	9803
洮坪乡	12601	6883	5718	3194	6478	5625	2597	8593	1411	11901

表28 续表 24

单位：人、户

地 区	总人口			家庭户	家庭户总人口		分年龄人口			居住本地，户口在本地
	合 计	男	女	户 数	男	女	0-14岁	15-64岁	65岁及以上	
上坪乡	5667	2987	2680	1558	2905	2648	1163	3827	677	5548
江口乡	8363	4287	4076	2274	4230	4054	1770	5728	865	8203
雷王乡	11143	5765	5378	2773	5686	5357	2643	7502	998	10992
龙林乡	18148	9502	8646	4296	9387	8614	4133	12256	1759	17859
中坝乡	16160	8520	7640	4130	8133	7507	3068	11441	1651	15963
白关乡	18129	9550	8579	4133	9544	8579	3518	12973	1638	17994
沙金乡	7558	4023	3535	1861	3914	3522	1332	5498	728	7473
桥头乡	12649	6444	6205	2885	6403	6200	2651	8953	1045	12537
草坪乡	7772	4124	3648	1813	4086	3646	1498	5638	636	7695
雷坝乡	9217	4737	4480	2148	4604	4439	1967	6310	940	9070
王坝乡	10216	5148	5068	2534	5005	5035	2197	6841	1178	9822
肖良乡	7214	3818	3396	1616	3761	3379	1390	5007	817	6840
三峪乡	5593	3095	2498	1217	3019	2477	899	3994	700	5462
滩坪乡	11199	5829	5370	2474	5788	5366	2150	7843	1206	11127
徽县	**200294**	**103111**	**97183**	**56095**	**99244**	**94505**	**35234**	**146429**	**18631**	**188204**
城关镇	39643	19947	19696	11857	19056	18835	7036	29644	2963	33691
伏家镇	23660	11988	11672	6781	11575	11170	4531	17042	2087	22307
江洛镇	19204	9919	9285	5216	9511	8965	3566	13866	1772	18601
泥阳镇	13284	6744	6540	3644	6657	6496	2490	9570	1224	13035
柳林镇	9540	5213	4327	2555	4436	4017	1306	7318	916	8575
嘉陵镇	9957	5299	4658	2482	4932	4442	1503	7402	1052	9709
永宁镇	9999	5113	4886	2919	5083	4865	1760	7217	1022	9727
银杏树乡	14806	7641	7165	4031	7631	7165	2608	10892	1306	14614
水阳乡	13029	6685	6344	3618	6632	6328	2292	9571	1166	12445
栗川乡	12554	6330	6224	3616	6273	6199	2507	8835	1212	12182
麻沿河乡	8497	4408	4089	2393	4198	3962	1485	5975	1037	8152
高桥乡	6061	3185	2876	1741	3083	2860	1035	4249	777	5930
榆树乡	6012	3136	2876	1616	3078	2858	1033	4319	660	5935
大河店乡	8403	4454	3949	2252	4412	3936	1323	6152	928	8207
虞关乡	5645	3049	2596	1374	2687	2407	759	4377	509	5094
两当县	**45398**	**24124**	**21274**	**13318**	**23076**	**20627**	**6202**	**34584**	**4612**	**42738**
城关镇	11477	5875	5602	3223	5303	5132	1625	9099	753	10496
站儿巷镇	3947	2115	1832	1336	2099	1822	512	2959	476	3531
西坡镇	5075	2701	2374	1544	2672	2366	754	3874	447	4740
杨店乡	3695	1963	1732	1033	1823	1663	494	2773	428	3674
左家乡	2501	1344	1157	696	1247	1135	320	1917	264	2369
显龙乡	3313	1784	1529	1012	1764	1528	505	2439	369	3214
鱼池乡	2407	1282	1125	694	1278	1125	349	1798	260	2362
兴化乡	2110	1133	977	578	1132	977	285	1585	240	2043
张家乡	1704	915	789	445	805	733	212	1287	205	1574
云屏乡	2685	1473	1212	841	1462	1212	347	1922	416	2619
泰山乡	1014	586	428	317	580	424	96	781	137	971
金洞乡	5470	2953	2517	1599	2911	2510	703	4150	617	5145
临夏回族自治州	**1946677**	**985235**	**961442**	**446796**	**949154**	**942588**	**422289**	**1365205**	**159183**	**1746988**
临夏市	**274466**	**138883**	**135583**	**73079**	**127737**	**128927**	**48358**	**203087**	**23021**	**182355**
城南街道	14899	7484	7415	4761	6954	7224	2396	11047	1456	9513
城北街道	34365	17082	17283	10892	15957	16539	5192	25946	3227	20607
东关街道	24886	12595	12291	6694	11691	12015	4781	18166	1939	13948
西关街道	40743	21830	18913	10822	18290	18768	6866	30763	3114	25570
八坊街道	13187	6661	6526	2976	5451	5693	2222	9813	1152	8997

表28 续表 25

单位：人、户

地区	总人口			家庭户	家庭户总人口		分年龄人口			居住本地，户口在本地
	合计	男	女	户数	男	女	0-14岁	15-64岁	65岁及以上	
红园街道	22170	11110	11060	7000	10694	10884	3641	16554	1975	12344
城郊镇	42397	20360	22037	9791	18597	18723	7612	31719	3066	23912
枹罕镇	33353	16896	16457	7711	16556	16237	6848	23581	2924	28955
南龙镇	25816	13349	12467	6871	12970	12377	4781	18861	2174	19777
折桥镇	22650	11516	11134	5561	10577	10467	4019	16637	1994	18732
临夏县	**326123**	**164618**	**161505**	**76403**	**162478**	**160178**	**64399**	**231326**	**30398**	**311512**
韩集镇	17970	9166	8804	3988	8011	7887	3760	12687	1523	15491
土桥镇	15567	7873	7694	4010	7653	7548	2471	11707	1389	14527
马集镇	14439	7287	7152	3214	7260	7142	3314	9526	1599	14042
莲花镇	6826	3401	3425	1622	3398	3424	1136	5122	568	6581
新集镇	18594	9364	9230	4438	9305	9189	3665	13248	1681	17705
尹集镇	26729	13354	13375	6288	13237	13306	5399	18607	2723	26137
营滩乡	10890	5575	5315	2359	5563	5315	2446	7430	1014	10468
掌子沟乡	8013	4054	3959	1817	4054	3959	1874	5364	775	7588
麻尼寺沟乡	18195	9099	9096	4174	9045	9091	4102	12356	1737	17637
漠泥沟乡	9768	4792	4976	2317	4771	4976	2340	6405	1023	9491
刁祁乡	20358	10367	9991	4652	10247	9972	4272	14076	2010	19663
漫路乡	16614	8607	8007	3783	8597	8006	3087	11948	1579	16178
榆林乡	13230	6715	6515	2966	6693	6512	2758	9183	1289	12769
井沟东乡族乡	15557	8001	7556	3451	7953	7550	3098	11029	1430	14720
北塬乡	17308	8664	8644	4162	8622	8635	3087	12703	1518	16450
坡头乡	6134	3130	3004	1503	3129	3004	1026	4542	566	5917
桥寺乡	11082	5583	5499	2752	5566	5486	1897	8191	994	10572
先锋乡	14519	7170	7349	3690	7127	7304	2363	10832	1324	14013
河西乡	7835	3798	4037	1769	3762	4019	1679	5472	684	7562
安家坡东乡族乡	9917	4939	4978	2268	4922	4978	2069	7029	819	9524
南塬乡	10008	5074	4934	2512	5074	4934	1693	7520	795	9783
红台乡	14952	7617	7335	3402	7602	7326	2986	10614	1352	14169
黄泥湾乡	9893	4998	4895	2349	4897	4880	1919	7064	910	9281
路盘乡	5454	2805	2649	1313	2805	2649	953	4008	493	5166
民主乡	6271	3185	3086	1604	3185	3086	1005	4663	603	6078
康乐县	**233173**	**116487**	**116686**	**54237**	**114614**	**115719**	**52418**	**161362**	**19393**	**220550**
附城镇	32463	16582	15881	8242	15781	15250	7069	23330	2064	27726
苏集镇	18261	8980	9281	4328	8829	9212	3765	12688	1808	17350
胭脂镇	20845	10358	10487	4724	10311	10486	5372	13581	1892	20247
景古镇	13301	6495	6806	3457	6330	6726	2348	9877	1076	12591
莲麓镇	10208	5142	5066	2492	4807	4957	1891	7583	734	9526
康丰乡	15554	7742	7812	3432	7685	7804	3623	10678	1253	14628
虎关乡	20800	10388	10412	4699	10369	10409	4845	14263	1692	20147
流川乡	14234	7000	7234	3149	6963	7230	3751	9281	1202	13574
白王乡	11809	5934	5875	2624	5891	5864	2837	7927	1045	11090
八松乡	11049	5574	5475	2778	5546	5468	1933	8114	1002	10740
鸣鹿乡	11653	5781	5872	2693	5698	5847	2507	8017	1129	11228
八丹乡	8820	4447	4373	1926	4425	4373	2168	5852	800	8567
上湾乡	18993	9444	9549	3975	9416	9547	4969	12492	1532	18631
草滩乡	15214	7712	7502	3241	7687	7500	3552	10284	1378	14843
五户乡	9969	4908	5061	2477	4876	5046	1788	7395	786	9662
永靖县	**180161**	**92314**	**87847**	**50193**	**85399**	**83904**	**28093**	**135997**	**16071**	**155267**
刘家峡镇	48505	24326	24179	15651	21691	22384	7721	36841	3943	33013
盐锅峡镇	22372	11663	10709	6258	10495	10152	3287	17052	2033	20825

表28 续表 26

单位：人、户

地区	总人口			家庭户	家庭户总人口		分年龄人口			居住本地，户口在本地
	合计	男	女	户数	男	女	0-14岁	15-64岁	65岁及以上	
太极镇	20475	10549	9926	4688	9205	9072	2893	15952	1630	17590
西河镇	10181	5266	4915	2696	5000	4847	1581	7724	876	9599
三塬镇	15803	7965	7838	4390	7660	7650	2545	11951	1307	15373
岘塬镇	7700	3818	3882	2080	3772	3857	1177	5791	732	7501
陈井镇	7865	4101	3764	2265	3837	3676	988	5920	957	7303
川城镇	5246	2760	2486	1307	2731	2476	1113	3680	453	5006
王台镇	5987	3081	2906	1410	2900	2830	1113	4378	496	5449
红泉镇	3939	2052	1887	1024	1970	1853	562	2998	379	3615
关山乡	6530	3465	3065	1893	3328	2992	773	5062	695	6167
徐顶乡	3348	1794	1554	919	1620	1496	414	2530	404	3046
三条岘乡	3266	1658	1608	961	1643	1606	530	2384	352	3170
坪沟乡	4181	2168	2013	1058	2082	1990	654	3136	391	3842
新寺乡	6174	3181	2993	1505	3072	2945	1080	4526	568	5564
小岭乡	5417	2830	2587	1220	2806	2584	1237	3629	551	5244
杨塔乡	3172	1637	1535	868	1587	1494	425	2443	304	2960
广河县	**227466**	**114378**	**113088**	**44640**	**111285**	**112270**	**61344**	**149233**	**16889**	**210287**
城关镇	44392	22992	21400	9429	20902	20707	10951	30512	2929	37686
三甲集镇	43989	21969	22020	8462	21699	21990	12137	28673	3179	40599
祁家集镇	34648	17282	17366	6438	17111	17330	9631	22442	2575	33416
庄禾集镇	21292	10724	10568	4345	10634	10565	5909	13599	1784	20132
买家巷镇	21184	10391	10793	4187	10224	10770	5609	13810	1765	19290
齐家镇	21315	10738	10577	4099	10612	10565	5976	13869	1470	20046
水泉乡	18266	9091	9175	3461	9025	9165	5226	11632	1408	17633
官坊乡	8082	4037	4045	1617	3979	4038	2107	5245	730	7686
阿力麻土东乡族乡	14298	7154	7144	2602	7099	7140	3798	9451	1049	13799
和政县	**185083**	**93536**	**91547**	**42604**	**91369**	**90388**	**38615**	**131213**	**15255**	**172570**
城关镇	30358	15212	15146	7571	13984	14165	5533	22595	2230	25690
三合镇	10026	5084	4942	2292	4919	4899	1921	7290	815	9286
三十里铺镇	18383	9303	9080	3985	9066	9052	4290	12601	1492	16950
马家堡镇	14391	7294	7097	3197	7259	7095	3174	10089	1128	13635
买家集镇	11143	5602	5541	2615	5469	5504	2229	7928	986	10340
梁家寺东乡族乡	12331	6281	6050	2523	6220	6046	3017	8468	846	11701
陈家集乡	11235	5805	5430	2495	5780	5430	2424	7856	955	10627
罗家集乡	11394	5754	5640	2797	5729	5627	2148	8193	1053	10803
卜家庄乡	9643	4796	4847	2181	4784	4847	2169	6607	867	9260
新营乡	12461	6314	6147	2899	6285	6144	2588	8683	1190	11963
新庄乡	16135	8231	7904	3788	8201	7900	3146	11588	1401	15505
吊滩乡	15333	7752	7581	3496	7600	7542	3193	10831	1309	14895
达浪乡	12250	6108	6142	2765	6073	6137	2783	8484	983	11915
东乡族自治县	**284507**	**146485**	**138022**	**55597**	**140193**	**135063**	**71762**	**193380**	**19365**	**271211**
锁南镇	23499	12990	10509	3867	9217	8517	4897	17301	1301	21530
达板镇	24177	11855	12322	4892	11707	12241	5776	16716	1685	23456
河滩镇	29518	14812	14706	6294	14413	14434	5582	21593	2343	28487
那勒寺镇	24101	12564	11537	4483	12386	11491	6700	15909	1492	23100
唐汪镇	12616	6170	6446	2780	6024	6390	2354	9039	1223	12167
春台乡	10400	5403	4997	2015	5346	4976	2441	7205	754	9936
柳树乡	6127	3145	2982	1198	3031	2953	1502	4145	480	5826
东塬乡	14000	7064	6936	2701	6888	6858	3416	9629	955	13511
坪庄乡	12930	6637	6293	2428	6594	6276	3524	8481	925	12481
百和乡	10314	5344	4970	1979	5242	4935	2607	6971	736	9752

表28 续表 27 单位：人、户

地区	总人口			家庭户	家庭户总人口		分年龄人口			居住本地，户口在本地
	合计	男	女	户数	男	女	0-14岁	15-64岁	65岁及以上	
关卜乡	8426	4310	4116	1660	4259	4103	1952	5808	666	7987
赵家乡	9452	4924	4528	1808	4824	4511	2751	6072	629	9089
五家乡	10651	5461	5190	2114	5418	5173	3257	6765	629	10373
果园乡	16579	8550	8029	3071	8443	8000	4682	10782	1115	15741
沿岭乡	5730	2925	2805	1128	2892	2786	1544	3807	379	5375
汪集乡	11714	6045	5669	2372	5915	5625	3305	7721	688	10796
风山乡	5829	3036	2793	1138	3017	2789	1607	3848	374	5537
车家湾乡	3951	2064	1887	744	2001	1873	1136	2568	247	3777
高山乡	3220	1669	1551	638	1658	1549	907	2092	221	3092
大树乡	8355	4381	3974	1504	4347	3961	2382	5473	500	8037
北岭乡	4838	2468	2370	972	2411	2345	1321	3210	307	4653
龙泉乡	13233	6909	6324	2701	6722	6268	3829	8611	793	12409
考勒乡	8930	4614	4316	1878	4429	4280	2548	5794	588	8476
董岭乡	5917	3145	2772	1232	3009	2729	1742	3840	335	5623
积石山保安族东乡族撒拉族自治县	**235698**	**118534**	**117164**	**50043**	**116079**	**116139**	**57300**	**159607**	**18791**	**223236**
吹麻滩镇	26044	13430	12614	6105	12423	12066	5986	18369	1689	21307
大河家镇	27955	13993	13962	5605	13792	13877	7182	18673	2100	26643
居集镇	13134	6597	6537	2743	6525	6522	3169	8884	1081	12601
癿藏镇	14720	7303	7417	3008	7073	7321	3791	9712	1217	13978
刘集乡	15931	8047	7884	3343	7979	7854	3595	11035	1301	15474
石塬乡	9583	4671	4912	2238	4618	4883	2250	6519	814	9212
柳沟乡	10894	5522	5372	2282	5513	5370	2624	7356	914	10524
关家川乡	11211	5659	5552	2474	5558	5517	2618	7671	922	10844
胡林家乡	12457	6272	6185	2632	6195	6165	3128	8292	1037	12036
安集乡	12875	6339	6536	3133	6246	6484	2682	9107	1086	12510
寨子沟乡	13276	6731	6545	2690	6653	6532	3114	9069	1093	12631
郭干乡	6707	3330	3377	1442	3293	3362	1741	4403	563	6462
徐扈家乡	9413	4759	4654	1937	4735	4653	2830	5857	726	8994
中咀岭乡	11433	5742	5691	2355	5673	5671	2836	7600	997	11013
小关乡	10220	5171	5049	2096	5049	5030	2490	6806	924	9775
铺川乡	10601	5295	5306	2212	5178	5282	2573	7194	834	10236
银川乡	19244	9673	9571	3748	9576	9550	4691	13060	1493	18996
甘南藏族自治州	**689132**	**355270**	**333862**	**163436**	**332204**	**324733**	**151218**	**489134**	**48780**	**636567**
合作市	**90290**	**46668**	**43622**	**20815**	**38462**	**38469**	**16445**	**68235**	**5610**	**72253**
当周街道	15629	8202	7427	2469	3923	3904	1669	13498	462	11069
伊合昂街道	12168	6154	6014	3779	5640	5685	2239	9251	678	8988
坚木克尔街道	13441	6898	6543	3795	6425	6392	2827	9779	835	9699
通钦街道	17910	9259	8651	5489	7598	7606	2865	14347	698	12735
卡加曼乡	2986	1479	1507	651	1476	1502	625	2075	286	2898
卡加道乡	2427	1265	1162	415	1137	1132	538	1652	237	2215
佐盖多玛乡	3940	2079	1861	741	1903	1837	830	2773	337	3797
佐盖曼玛乡	5879	2977	2902	1032	2842	2902	1377	3911	591	5724
勒秀乡	9057	4825	4232	1308	4317	4232	1734	6393	930	8815
那吾乡	6853	3530	3323	1136	3201	3277	1741	4556	556	6313
临潭县	**137001**	**70099**	**66902**	**33635**	**68939**	**66519**	**28700**	**98885**	**9416**	**131599**
城关镇	23035	11697	11338	6037	11362	11212	5347	16069	1619	20597
新城镇	20535	10498	10037	5032	10374	9987	4271	14873	1391	20196
冶力关镇	10066	5159	4907	2678	5100	4874	1754	7624	688	9522
初布乡	3377	1764	1613	766	1635	1610	679	2463	235	3297
古战回族乡	4717	2393	2324	1195	2375	2320	1013	3361	343	4554

表28　续表 28　　单位：人、户

地　　区	总人口			家庭户	家庭户总人口		分年龄人口			居住本地，户口在本地
	合　计	男	女	户　数	男	女	0-14岁	15-64岁	65岁及以上	
卓洛回族乡	2100	1067	1033	486	1060	1032	473	1444	183	1977
长川回族乡	10037	5110	4927	2066	5030	4896	2321	7028	688	9823
羊永乡	7849	4000	3849	1964	3995	3845	1821	5557	471	7598
流顺乡	8876	4492	4384	2148	4431	4372	1950	6381	545	8591
店子乡	4722	2437	2285	1058	2377	2265	1030	3425	267	4590
洮滨乡	9060	4624	4436	2243	4608	4426	1826	6652	582	8758
三岔乡	2393	1249	1144	630	1248	1144	454	1757	182	2361
王旗乡	11941	6174	5767	2975	6129	5761	2416	8608	917	11731
石门乡	7156	3719	3437	1722	3719	3437	1318	5348	490	7091
羊沙乡	6042	3122	2920	1439	2995	2861	1125	4509	408	5947
八角乡	5095	2594	2501	1196	2501	2477	902	3786	407	4966
卓尼县	**100522**	**51955**	**48567**	**25021**	**50877**	**48149**	**21963**	**71606**	**6953**	**96341**
柳林镇	17731	9237	8494	5481	8578	8261	3373	13460	898	16007
木耳镇	9430	4889	4541	2321	4866	4535	2103	6808	519	9087
扎古录镇	6369	3310	3059	1566	3310	3059	1591	4301	477	6020
纳浪乡	7275	3849	3426	1714	3770	3369	1470	5384	421	7079
喀尔钦乡	10297	5305	4992	2519	5288	4980	2226	7403	668	10071
刀告乡	4813	2572	2241	1047	2572	2241	1323	3049	441	4628
尼巴乡	5251	2543	2708	1008	2543	2708	1488	3179	584	5195
完冒乡	3804	1926	1878	756	1926	1878	939	2530	335	3687
阿子塘乡	6881	3474	3407	1646	3460	3403	1530	4867	484	6737
申藏乡	7770	3949	3821	1730	3948	3820	1652	5549	569	7651
恰盖乡	3353	1778	1575	785	1755	1574	781	2271	301	3211
康多乡	2348	1223	1125	516	1223	1125	517	1589	242	2264
勺哇土族乡	1808	928	880	416	918	879	408	1285	115	1752
洮砚乡	5329	2765	2564	1544	2744	2542	951	4039	339	5207
藏巴哇乡	8063	4207	3856	1972	3976	3775	1611	5892	560	7745
舟曲县	**132108**	**67790**	**64318**	**33343**	**66649**	**63866**	**29872**	**91811**	**10425**	**126722**
城关镇	21967	11326	10641	5971	11047	10538	4774	15709	1484	20497
大川镇	5723	2953	2770	1502	2843	2698	1076	4103	544	5408
曲瓦乡	4370	2268	2102	1014	2227	2090	926	3071	373	4185
巴藏乡	5040	2601	2439	1168	2547	2422	1095	3576	369	4923
大峪乡	5114	2691	2423	1360	2670	2418	910	3748	456	4938
立节乡	5282	2710	2572	1327	2691	2565	1017	3854	411	5180
憨班乡	4907	2579	2328	1270	2525	2291	934	3622	351	4680
峰迭乡	10945	5698	5247	2719	5545	5164	2122	7908	915	10672
坪定乡	5091	2599	2492	1209	2529	2477	1103	3633	355	4899
江盘乡	5149	2621	2528	1251	2587	2518	1110	3687	352	4882
东山乡	10639	5444	5195	2871	5402	5179	2485	7326	828	10345
南峪乡	4092	2088	2004	1166	2079	2002	858	2785	449	3865
果耶乡	9063	4559	4504	2286	4515	4491	2345	5954	764	8786
八楞乡	4141	2002	2139	1075	1988	2131	973	2797	371	4044
武坪乡	5656	2859	2797	1570	2831	2792	1241	3865	550	5475
插岗乡	3162	1636	1526	821	1636	1526	793	2093	276	3027
拱坝乡	5563	2850	2713	1175	2842	2712	1512	3564	487	5405
曲告纳乡	11581	5905	5676	2550	5767	5636	3330	7386	865	11077
博峪乡	4623	2401	2222	1038	2378	2216	1268	3130	225	4434
迭部县	**52166**	**26711**	**25455**	**12147**	**25719**	**25210**	**12190**	**35788**	**4188**	**50212**
电尕镇	15993	8399	7594	4695	7949	7489	3251	11736	1006	14860
益哇乡	4719	2354	2365	715	2350	2363	1266	3010	443	4587

表28 续表 29 单位：人、户

地区	总人口			家庭户	家庭户总人口		分年龄人口			居住本地，户口在本地
	合计	男	女	户数	男	女	0-14岁	15-64岁	65岁及以上	
卡坝乡	2302	1175	1127	438	1107	1115	546	1539	217	2231
达拉乡	2142	1088	1054	471	1047	1040	550	1364	228	2092
尼傲乡	2197	1085	1112	446	1085	1112	521	1440	236	2192
旺藏乡	6851	3398	3453	1586	3343	3422	1525	4713	613	6720
阿夏乡	1277	629	648	308	594	627	328	820	129	1216
多儿乡	3751	1917	1834	600	1804	1807	887	2481	383	3749
桑坝乡	3525	1798	1727	643	1686	1718	978	2266	281	3429
腊子口乡	3331	1691	1640	743	1641	1636	1014	2152	165	3249
洛大乡	6078	3177	2901	1502	3113	2881	1324	4267	487	5887
玛曲县	**54745**	**29176**	**25569**	**12415**	**25349**	**25048**	**14944**	**37105**	**2696**	**49087**
尼玛镇	17820	9936	7884	5003	8095	7537	3910	13276	634	13786
欧拉乡	5142	2772	2370	925	2462	2361	1434	3428	280	4895
欧拉秀玛乡	3183	1642	1541	670	1566	1505	1025	2009	149	2899
阿万仓乡	6619	3369	3250	1512	3101	3224	1849	4394	376	6271
木西合乡	3578	1854	1724	689	1686	1706	1206	2196	176	3519
齐哈玛乡	5658	2926	2732	1141	2532	2691	1650	3658	350	5498
采日玛乡	5463	2795	2668	1078	2501	2645	1741	3452	270	5138
曼日玛乡	7282	3882	3400	1397	3406	3379	2129	4692	461	7081
碌曲县	**35630**	**18319**	**17311**	**8171**	**16279**	**16620**	**8833**	**24404**	**2393**	**31196**
郎木寺镇	5054	2666	2388	1212	2220	2331	1320	3457	277	4171
玛艾镇	10988	5662	5326	3022	4948	4962	2359	8104	525	9086
尕海乡	5257	2666	2591	1003	2334	2527	1383	3553	321	4730
西仓乡	2927	1598	1329	957	1573	1317	685	1957	285	2423
拉仁关乡	2870	1412	1458	598	1289	1430	783	1874	213	2605
双岔乡	5398	2727	2671	910	2431	2524	1433	3496	469	5212
阿拉乡	3136	1588	1548	469	1484	1529	870	1963	303	2969
夏河县	**86670**	**44552**	**42118**	**17889**	**39930**	**40852**	**18271**	**61300**	**7099**	**79157**
拉卜楞镇	22970	12315	10655	6340	9620	10060	4003	17175	1792	17967
王格尔塘镇	3750	1909	1841	746	1588	1711	692	2744	314	3340
阿木去乎镇	12623	6592	6031	2084	6041	5969	3032	8593	998	12172
桑科乡	7236	3613	3623	1362	3573	3603	1998	4806	432	7173
甘加乡	7334	3617	3717	1432	3497	3674	1619	5219	496	7192
达麦乡	3633	1790	1843	820	1667	1782	712	2626	295	3370
麻当乡	5662	2899	2763	1164	2574	2645	1034	4054	574	5239
曲奥乡	2868	1452	1416	608	1310	1359	477	2161	230	2647
唐尕昂乡	2774	1425	1349	520	1345	1300	524	1964	286	2653
扎油乡	3695	1867	1828	548	1823	1804	862	2454	379	3618
博拉乡	5746	2816	2930	939	2739	2885	1269	3859	618	5583
吉仓乡	4650	2344	2306	649	2291	2280	1116	3075	459	4591
科才乡	3729	1913	1816	677	1862	1780	933	2570	226	3612

表29　青海省乡、镇、街道人口

单位：人、户

地区	总人口			家庭户	家庭户总人口		分年龄人口			居住本地，户口在本地
	合计	男	女	户数	男	女	0-14岁	15-64岁	65岁及以上	
青海省	**5626723**	**2913793**	**2712930**	**1529039**	**2675766**	**2608759**	**1177106**	**4094933**	**354684**	**4418430**
西宁市	**2208708**	**1136779**	**1071929**	**646837**	**1034730**	**1016175**	**375318**	**1667262**	**166128**	**1577760**
城东区	**359688**	**186721**	**172967**	**113526**	**163370**	**163329**	**55158**	**272827**	**31703**	**175898**
东关大街街道	31894	15707	16187	10354	15001	15419	4857	23875	3162	17115
清真巷街道	45320	23401	21919	14131	21375	21668	7118	34294	3908	24860
大众街街道	46179	24449	21730	13493	21243	21402	7841	34140	4198	20832
周家泉街道	29871	15748	14123	9833	14004	13571	4952	22272	2647	11977
火车站街道	31477	16451	15026	10295	14074	14136	4324	24076	3077	17567
八一路街道	69891	35450	34441	22121	29262	29632	9366	53821	6704	32682
林家崖街道	27283	14048	13235	8413	13585	13124	5010	20022	2251	12935
乐家湾镇	35640	18725	16915	11230	14883	15380	4919	28041	2680	16934
韵家口镇	42133	22742	19391	13656	19943	18997	6771	32286	3076	20996
城中区	**296987**	**149025**	**147962**	**101681**	**136613**	**139238**	**40781**	**227671**	**28535**	**171179**
人民街街道	18856	9337	9519	6853	8679	9010	2370	14224	2262	11625
南滩街道	50569	25311	25258	18061	23571	24373	6693	38325	5551	32015
仓门街街道	22008	11318	10690	6513	8665	8841	2366	17743	1899	14353
礼让街街道	24127	11780	12347	9042	11367	11965	2770	18187	3170	15650
饮马街街道	29702	14480	15222	10164	13417	13936	3813	22890	2999	17205
南川东路街道	32175	16279	15896	12307	15644	15598	4256	24573	3346	18098
南川西路街道	70175	35742	34433	24969	32184	32113	9439	54636	6100	29364
总寨镇	49375	24778	24597	13772	23086	23402	9074	37093	3208	32869
城西区	**242627**	**123629**	**118998**	**78129**	**101805**	**104030**	**30624**	**190495**	**21508**	**137197**
西关大街街道	36241	17405	18836	11559	14299	15330	4289	28215	3737	20768
古城台街道	38045	18952	19093	13543	16917	17514	4680	29369	3996	21979
虎台街道	83573	40974	42599	27328	35417	35912	10988	65930	6655	47802
胜利路街道	28600	16016	12584	8812	11598	11598	3207	22621	2772	14665
兴海路街道	30962	15110	15852	10770	14026	14351	3840	24140	2982	20164
彭家寨镇	25206	15172	10034	6117	9548	9325	3620	20220	1366	11819
城北区	**299002**	**155066**	**143936**	**97109**	**134416**	**132676**	**40849**	**233480**	**24673**	**173380**
朝阳街道	72089	38099	33990	25584	34866	33242	9827	56346	5916	33239
小桥大街街道	98501	49933	48568	34256	44228	44177	13241	76990	8270	48985
马坊街道	61229	31136	30093	21864	29271	29479	8426	46449	6354	41697
大堡子镇	26049	13319	12730	7456	12876	12564	4638	19424	1987	22464
廿里铺镇	41134	22579	18555	7949	13175	13214	4717	34271	2146	26995
大通回族土族自治县	**435937**	**223746**	**212191**	**109567**	**216716**	**209062**	**91777**	**320407**	**23753**	**401195**
桥头镇	114712	58662	56050	34131	55848	54618	20704	86834	7174	95156
城关镇	24410	12263	12147	5618	11963	11632	5419	17781	1210	22487
塔尔镇	31453	16191	15262	6872	15896	15247	7533	22544	1376	30046
东峡镇	14262	7396	6866	3598	7267	6727	3004	10500	758	13809
黄家寨镇	34888	18291	16597	9514	17559	16454	6524	26142	2222	32433
长宁镇	39237	20354	18883	8744	19150	18353	8121	29020	2096	36786
景阳镇	24492	12486	12006	5595	12264	11794	5072	17880	1540	23935
多林镇	9546	4927	4619	2178	4919	4610	2051	7053	442	9329
新庄镇	15785	8049	7736	3213	7719	7707	3959	11182	644	14619
青林乡	9721	4785	4936	2442	4751	4923	2274	6989	458	9475
青山乡	15583	8017	7566	3686	8014	7566	3444	11333	806	15398
逊让乡	11998	6192	5806	2814	6192	5805	2694	8758	546	11866
极乐乡	11908	5934	5974	2681	5924	5972	2989	8418	501	11427
石山乡	7116	3611	3505	1663	3598	3505	2000	4800	316	7005
宝库乡	9196	5038	4158	2057	4242	4103	1822	6942	432	8047
斜沟乡	7634	3805	3829	1802	3793	3828	1934	5358	342	7295
良教乡	17040	8663	8377	3807	8657	8377	4180	12071	789	16223
向化乡	6809	3572	3237	1708	3560	3232	1439	4946	424	6682
桦林乡	13049	6701	6348	3196	6672	6344	3076	9248	725	12546
朔北乡	17098	8809	8289	4248	8728	8265	3538	12608	952	16631

表29 续表 1

单位：人、户

地区	总人口			家庭户	家庭户总人口		分年龄人口			居住本地，户口在本地
	合计	男	女	户数	男	女	0-14岁	15-64岁	65岁及以上	
湟中县	**437835**	**228532**	**209303**	**107987**	**213901**	**202820**	**92528**	**318569**	**26738**	**396343**
鲁沙尔镇	67153	36548	30605	15650	28578	27419	11660	52037	3456	51304
西堡镇	23131	11921	11210	5973	11807	11150	4575	16952	1604	22051
上新庄镇	32437	16859	15578	7872	16660	15494	7523	23190	1724	31112
田家寨镇	38229	20272	17957	10102	19906	17624	8042	27540	2647	36911
甘河滩镇	24252	13484	10768	5434	10672	10129	4306	18653	1293	19001
共和镇	29323	14846	14477	7761	14756	14465	6168	21259	1896	28469
多巴镇	66767	33968	32799	16603	32015	31382	13975	48662	4130	57722
拦隆口镇	36601	18916	17685	9657	18561	17326	7744	26513	2344	35035
上五庄镇	27669	14227	13442	6433	14191	13442	7028	19024	1617	26229
李家山镇	24112	12434	11678	6217	12101	11390	5108	17501	1503	22874
群加乡	2151	1074	1077	533	1026	1064	471	1529	151	1998
土门关乡	15328	8064	7264	4059	8038	7251	3288	10793	1247	14634
汉东乡	13916	7053	6863	2937	6787	6821	3553	9449	914	13307
大才乡	23577	11986	11591	5272	11929	11554	6262	16068	1247	22833
海子沟乡	13189	6880	6309	3484	6874	6309	2825	9399	965	12863
湟源县	**136632**	**70060**	**66572**	**38838**	**67909**	**65020**	**23601**	**103813**	**9218**	**122568**
城关镇	43871	21458	22413	14821	20174	21112	6963	33733	3175	32774
大华镇	20888	10976	9912	5398	10807	9878	3723	15891	1274	20228
东峡乡	5931	3180	2751	1542	2949	2716	1033	4481	417	5473
日月乡	13315	7011	6304	3405	6838	6212	2480	10048	787	12813
和平乡	13628	7220	6408	3554	7162	6370	2444	10243	941	13271
波航乡	8478	4481	3997	2175	4481	3995	1487	6418	573	8375
申中乡	14594	7470	7124	3651	7343	7096	2596	11086	912	14230
巴燕乡	9569	4882	4687	2615	4812	4680	1753	7134	682	9237
寺寨乡	6358	3382	2976	1677	3343	2961	1122	4779	457	6167
海东地区	**1396845**	**717019**	**679826**	**346533**	**685117**	**661781**	**305938**	**999083**	**91824**	**1275272**
平安县	**102975**	**52454**	**50521**	**31476**	**49038**	**49198**	**19964**	**74931**	**8080**	**83473**
平安镇	57152	28918	28234	18729	26314	27099	10186	42782	4184	40901
小峡镇	10623	5497	5126	2927	5069	5047	2101	7840	682	9420
三合镇	8411	4309	4102	2625	4278	4082	1587	5906	918	8130
洪水泉乡	2760	1432	1328	774	1432	1328	555	1898	307	2579
石灰窑乡	4849	2472	2377	1399	2466	2376	1111	3311	427	4621
古城乡	8650	4470	4180	2263	4271	4129	2017	5950	683	7842
沙沟乡	7496	3780	3716	1888	3668	3689	1728	5181	587	7065
巴藏沟乡	3034	1576	1458	871	1540	1448	679	2063	292	2915
民和回族土族自治县	**350118**	**181138**	**168980**	**80683**	**175144**	**166539**	**78665**	**248603**	**22850**	**320924**
川口镇	69252	34779	34473	18853	33307	33634	15091	49842	4319	54111
古鄯镇	21856	11523	10333	5010	11303	10228	4729	15823	1304	21264
马营镇	22415	11743	10672	4385	11207	10305	5178	15808	1429	21662
官亭镇	15778	8140	7638	3921	7366	6971	3098	11744	936	13606
巴州镇	18110	9129	8981	3995	9121	8971	4359	12530	1221	17572
满坪镇	14362	7621	6741	3297	7597	6722	3510	9934	918	13919
李二堡镇	16331	8413	7918	3533	8412	7918	3894	11334	1103	15850
峡门镇	12483	6581	5902	3002	6509	5863	2452	9154	877	12043
马场垣乡	19855	10753	9102	4105	9017	8942	4281	14289	1285	16333
北山乡	3408	1772	1636	895	1739	1618	654	2476	278	3311
松树乡	6709	3690	3019	1514	3143	2970	1353	4925	431	5901
西沟乡	19442	9957	9485	4161	9922	9480	4805	13513	1124	18373
总堡乡	12176	6386	5790	2817	6182	5686	2475	8984	717	11886
隆治乡	7636	4012	3624	1861	4006	3623	1385	5634	617	7495
大庄乡	10404	5387	5017	2079	5364	4995	2991	6780	633	9887
转导乡	15074	7852	7222	3093	7809	7213	3857	10235	982	14533
前河乡	8797	4658	4139	1972	4654	4139	2069	6079	649	8464
甘沟乡	11444	5851	5593	2579	5850	5593	2810	7805	829	10983

表29 续表 2

单位：人、户

地区	总人口			家庭户	家庭户总人口		分年龄人口			居住本地，户口在本地
	合计	男	女	户数	男	女	0-14岁	15-64岁	65岁及以上	
中川乡	24130	12296	11834	5048	12243	11834	5031	17436	1663	23970
杏儿乡	4088	2074	2014	874	2010	1997	1057	2782	249	4034
核桃庄乡	9346	4864	4482	2003	4727	4472	2240	6380	726	8902
新民乡	7022	3657	3365	1686	3656	3365	1346	5116	560	6825
乐都县	**260184**	**133142**	**127042**	**71374**	**126958**	**122470**	**47133**	**192951**	**20100**	**235281**
碾伯镇	75934	37974	37960	21753	34272	34797	13833	56873	5228	59468
雨润镇	14515	7335	7180	4585	7137	7115	2498	10877	1140	13720
寿乐镇	22227	11452	10775	6336	11272	10695	3925	16631	1671	21658
高庙镇	23398	11914	11484	5621	11199	10901	4473	17048	1877	21218
洪水镇	16095	8311	7784	4399	7604	7441	3162	11537	1396	15081
高店镇	8388	4232	4156	2373	4050	4079	1402	6299	687	7843
瞿昙镇	18601	9672	8929	4676	9440	8819	3367	13829	1405	18316
共和乡	7473	3832	3641	2124	3832	3638	1346	5449	678	7091
中岭乡	5823	3002	2821	1675	3001	2819	1011	4321	491	5717
李家乡	8132	4318	3814	2014	4318	3814	1421	6090	621	7877
下营藏族乡	3635	1881	1754	1017	1879	1754	692	2533	410	3421
芦化乡	7516	3965	3551	1835	3946	3540	1248	5674	594	7235
马营乡	10189	5415	4774	2814	5406	4766	1793	7583	813	9940
马厂乡	3699	1856	1843	1082	1849	1841	618	2715	366	3531
蒲台乡	11803	6111	5692	3166	6025	5654	2180	8670	953	11423
中坝藏族乡	6689	3504	3185	1692	3380	3117	1262	4923	504	6329
峰堆乡	5102	2628	2474	1401	2608	2455	953	3715	434	4968
城台乡	3656	1949	1707	963	1949	1707	563	2775	318	3545
达拉土族乡	7309	3791	3518	1848	3791	3518	1386	5409	514	6900
互助土族自治县	**356437**	**185777**	**170660**	**89219**	**176017**	**163993**	**70140**	**265639**	**20658**	**335226**
威远镇	66490	34041	32449	17228	29291	28262	11391	51918	3181	54431
丹麻镇	19174	9939	9235	4992	9908	9212	4369	13755	1050	18676
高寨镇	12903	6582	6321	3086	6105	6137	2651	9396	856	11925
南门峡镇	17280	9036	8244	4626	8786	8131	3377	12774	1129	16901
加定镇	7079	3658	3421	1728	3392	3322	1395	5225	459	6537
塘川镇	38407	19970	18437	8937	18976	18028	7700	28408	2299	36586
五十镇	18067	9600	8467	4538	9041	8014	3686	13442	939	16995
五峰镇	22775	12083	10692	5247	11750	10551	4725	16849	1201	22547
台子乡	20425	10738	9687	5105	10610	9624	4139	15133	1153	20125
西山乡	17514	9280	8234	4112	9128	8184	3889	12602	1023	17199
红崖子沟乡	16650	8551	8099	4256	8353	7969	3171	12125	1354	16082
巴扎藏族乡	4430	2244	2186	1208	2160	2167	792	3359	279	4282
哈拉直沟乡	13686	7075	6611	3395	6933	6550	2674	9926	1086	13501
松多藏族乡	5821	3091	2730	1434	2980	2701	1104	4297	420	5663
东山乡	9715	5150	4565	2521	5049	4529	2076	7123	516	9443
东和乡	16337	8656	7681	4065	8327	7529	3021	12447	869	15929
东沟乡	20075	10587	9488	4803	10405	9444	4375	14695	1005	19795
林川乡	22921	12018	10903	6107	11417	10451	4324	17253	1344	22029
蔡家堡乡	6688	3478	3210	1831	3406	3188	1281	4912	495	6580
化隆回族自治县	**203317**	**102123**	**101194**	**47719**	**99080**	**99790**	**56533**	**134598**	**12186**	**187392**
巴燕镇	38315	19390	18925	10713	18662	18564	9334	26934	2047	33771
群科镇	23400	11462	11938	5142	10831	11668	6852	15040	1508	21016
牙什尕镇	13580	6576	7004	3131	6281	6879	3967	8765	848	12370
甘都镇	20536	10040	10496	4514	9926	10448	6629	12454	1453	18890
扎巴镇	19032	9595	9437	4344	9308	9216	5675	12385	972	17795

表29 续表 3 单位：人、户

地区	总人口			家庭户	家庭户总人口		分年龄人口			居住本地，户口在本地
	合计	男	女	户数	男	女	0-14岁	15-64岁	65岁及以上	
昂思多镇	16739	8354	8385	3951	8132	8252	4584	11093	1062	16060
雄先藏族乡	8233	4386	3847	2008	4219	3772	1864	5955	414	7486
初麻乡	5841	2971	2870	1129	2892	2848	1641	3858	342	5672
查甫藏族乡	5555	3002	2553	1431	2949	2521	1255	4021	279	5118
塔加藏族乡	3938	1999	1939	817	1977	1934	950	2700	288	3828
金源藏族乡	6551	3364	3187	1228	3225	3173	1810	4343	398	6286
二塘乡	8244	4095	4149	1888	4053	4119	2331	5394	519	7763
谢家滩乡	6671	3392	3279	1517	3382	3269	1674	4540	457	6385
德恒隆乡	9699	4938	4761	2068	4848	4745	2923	6193	583	9471
沙连堡乡	4106	2061	2045	852	2012	2023	1353	2493	260	3772
阿什奴乡	3881	1981	1900	830	1946	1895	1156	2508	217	3746
石大仓乡	5721	2896	2825	1205	2843	2814	1654	3687	380	5402
李家峡管理委员会	178	85	93	47	85	93	47	119	12	158
公伯峡管理委员会	3097	1536	1561	904	1509	1557	834	2116	147	2403
循化撒拉族自治县	**123814**	**62385**	**61429**	**26062**	**58880**	**59791**	**33503**	**82361**	**7950**	**112976**
积石镇	33022	16884	16138	7692	15275	15474	8303	22820	1899	26589
白庄镇	20919	10516	10403	4276	10101	10234	6058	13419	1442	20363
街子镇	17256	8707	8549	3170	8505	8429	5032	11239	985	16669
道帏藏族乡	11635	5774	5861	2672	5726	5818	2868	7836	931	11324
清水乡	13545	6656	6889	2550	6400	6776	3822	8897	826	12837
岗察藏族乡	1912	999	913	372	894	895	505	1289	118	1804
查汗都斯乡	11679	5787	5892	2313	5442	5797	3687	7226	766	10803
文都藏族乡	8677	4463	4214	1905	4003	3816	1913	6178	586	7646
尕楞藏族乡	5169	2599	2570	1112	2534	2552	1315	3457	397	4941
海北藏族自治州	**273304**	**141316**	**131988**	**74354**	**132637**	**129679**	**60151**	**199494**	**13659**	**238623**
门源回族自治县	**147710**	**76439**	**71271**	**37595**	**72976**	**70829**	**33434**	**106468**	**7808**	**136395**
浩门镇	36515	19468	17047	10712	16685	16652	7547	27001	1967	28165
青石咀镇	28561	14667	13894	6543	14492	13877	6889	20120	1552	28201
泉口镇	18308	9253	9055	4160	9252	9055	4412	12960	936	18025
东川镇	17982	9328	8654	4341	9325	8654	4026	13074	882	17834
北山乡	6219	3039	3180	1646	3038	3180	1439	4452	328	6031
麻莲乡	6050	3019	3031	1376	3019	3031	1600	4093	357	5654
西滩乡	9326	4719	4607	2253	4714	4607	2200	6640	486	9195
阴田乡	7662	3880	3782	1660	3880	3782	2067	5171	424	7471
仙米乡	5586	2948	2638	1427	2809	2638	1142	4158	286	5339
珠固乡	4727	2441	2286	1194	2380	2274	955	3520	252	4585
苏吉滩乡	1519	780	739	407	780	739	301	1118	100	1482
皇城蒙古族乡	1921	1093	828	475	900	824	346	1489	86	1581
门源监狱	1633	921	712	803	829	705	172	1417	44	1338
门源种马场	1701	883	818	598	873	811	338	1255	108	1494
祁连县	**46473**	**23869**	**22604**	**13789**	**22184**	**22163**	**10055**	**34189**	**2229**	**38424**
八宝镇	25603	12928	12675	8304	12570	12474	5684	18699	1220	20126
峨堡镇	2755	1404	1351	823	1304	1316	671	1943	141	2471
默勒镇	6843	3692	3151	1690	3034	3065	1359	5178	306	5794
扎麻什乡	3322	1694	1628	889	1638	1613	714	2410	198	3099
阿柔乡	2799	1423	1376	675	1269	1327	565	2061	173	2573
野牛沟乡	2747	1458	1289	733	1318	1258	524	2124	99	2347
央隆乡	2404	1270	1134	675	1051	1110	538	1774	92	2014
海晏县	**37788**	**19227**	**18561**	**11497**	**17753**	**17341**	**7358**	**28814**	**1616**	**27710**
三角城镇	11196	5833	5363	3408	5161	5038	2029	8642	525	6555

表29 续表 4

单位：人、户

地区	总人口			家庭户	家庭户总人口		分年龄人口			居住本地，户口在本地
	合计	男	女	户数	男	女	0-14岁	15-64岁	65岁及以上	
西海镇(海北州政府驻地)	13161	6524	6637	4401	5857	5767	2438	10434	289	8022
金滩乡	5100	2636	2464	1399	2625	2456	1073	3706	321	5013
哈勒景蒙古族乡	1318	659	659	325	659	659	295	974	49	1295
青海湖乡	2442	1291	1151	659	1167	1134	550	1738	154	2318
甘子河乡	4571	2284	2287	1305	2284	2287	973	3320	278	4507
刚察县	**41333**	**21781**	**19552**	**11473**	**19724**	**19346**	**9304**	**30023**	**2006**	**36094**
沙柳河镇	12964	6641	6323	4036	6304	6260	2793	9601	570	10624
哈尔盖镇	11128	6256	4872	2646	5097	4769	2505	8112	511	9018
伊克乌兰乡	5651	2800	2851	1462	2673	2851	1550	3754	347	5584
泉吉乡	5309	2712	2597	1306	2618	2584	1176	3839	294	5211
吉尔孟乡	3307	1716	1591	913	1607	1584	790	2368	149	3171
青海湖农场	1011	659	352	377	428	332	110	879	22	635
三角城种羊场	1963	997	966	733	997	966	380	1470	113	1851
黄南藏族自治州	**256716**	**130194**	**126522**	**62950**	**121180**	**122413**	**67071**	**174658**	**14987**	**225058**
同仁县	**92601**	**47207**	**45394**	**22488**	**43588**	**43904**	**21658**	**64924**	**6019**	**80424**
隆务镇	35612	18660	16952	10098	15735	15595	7082	26645	1885	25924
保安镇	10771	5332	5439	2462	5266	5421	2441	7396	934	10265
兰采乡	4207	2133	2074	933	2093	2074	1312	2664	231	4044
双朋西乡	3276	1582	1694	759	1537	1681	774	2155	347	3029
扎毛乡	4364	2205	2159	961	2073	2158	1228	2873	263	4169
黄乃亥乡	3152	1592	1560	703	1554	1533	769	2152	231	3024
曲库乎乡	7223	3630	3593	1481	3475	3575	1847	4889	487	6917
年都乎乡	8620	4381	4239	1856	4329	4239	2039	5914	667	8146
多哇乡	6540	3280	3260	1409	3254	3251	1944	4278	318	6394
瓜什则乡	4355	2165	2190	920	2028	2143	1114	2960	281	4245
加吾乡	4481	2247	2234	906	2244	2234	1108	2998	375	4267
尖扎县	**55325**	**27825**	**27500**	**12859**	**23929**	**25041**	**13912**	**38065**	**3348**	**46141**
马克堂镇	19226	9841	9385	4354	7136	7405	5169	13054	1003	12894
康扬镇	8182	4023	4159	2108	3911	4118	2096	5584	502	7190
坎布拉镇	10716	5402	5314	2577	4881	4988	2529	7593	594	9524
贾加乡	1612	789	823	390	743	823	353	1115	144	1508
措周乡	4415	2194	2221	866	2117	2219	991	3105	319	4226
昂拉乡	2449	1250	1199	568	1092	1149	569	1687	193	2349
能科乡	1976	1027	949	441	885	945	422	1385	169	1942
当顺乡	1878	916	962	416	817	916	441	1286	151	1775
尖扎滩乡	4871	2383	2488	1139	2347	2478	1342	3256	273	4733
泽库县	**69416**	**35038**	**34378**	**17092**	**34076**	**34296**	**22070**	**43835**	**3511**	**66315**
泽曲镇	16666	8610	8056	4565	8335	8030	4994	10879	793	14647
麦秀镇	11139	5530	5609	2926	5414	5607	3576	6918	645	10874
宁秀乡	14620	7246	7374	3437	7102	7372	5079	8869	672	14391
和日乡	10881	5563	5318	2479	5493	5314	3354	6983	544	10626
王加乡	4371	2186	2185	1003	2151	2185	1399	2740	232	4278
西卜沙乡	2827	1397	1430	700	1297	1430	951	1742	134	2769
多禾茂乡	8912	4506	4406	1982	4284	4358	2717	5704	491	8730
河南蒙古族自治县	**39374**	**20124**	**19250**	**10511**	**19587**	**19172**	**9431**	**27834**	**2109**	**32178**
优干宁镇	21323	10958	10365	6086	10734	10323	4893	15270	1160	14798
宁木特乡	9677	4865	4812	2302	4857	4810	2619	6552	506	9374
多松乡	2319	1151	1168	566	1111	1161	555	1645	119	2249
赛尔龙乡	3038	1604	1434	781	1389	1407	600	2259	179	2947
柯生乡	3017	1546	1471	776	1496	1471	764	2108	145	2810

表29 续表 5

单位：人、户

地区	总人口			家庭户	家庭户总人口		分年龄人口			居住本地，户口在本地
	合计	男	女	户数	男	女	0-14岁	15-64岁	65岁及以上	
海南藏族自治州	**441691**	**225965**	**215726**	**115358**	**212920**	**211869**	**109262**	**309218**	**23211**	**372660**
共和县	**122966**	**62675**	**60291**	**33140**	**58019**	**58481**	**27630**	**89476**	**5860**	**100831**
恰卜恰镇	52500	26849	25651	15605	23887	24202	10014	40113	2373	35898
倒淌河镇	10437	5455	4982	2264	4765	4888	2678	7257	502	9019
龙羊峡镇	6578	3461	3117	1855	3135	3041	1341	4869	368	5582
塘格木镇	10214	5152	5062	2695	5152	5062	2649	7049	516	9926
黑马河乡	5163	2576	2587	1383	2505	2563	1405	3527	231	4529
石乃亥乡	6571	3287	3284	1605	3208	3280	1730	4506	335	6256
沙珠玉乡	5153	2638	2515	1396	2636	2513	1057	3789	307	4904
铁盖乡	4907	2473	2434	1304	2435	2432	1137	3532	238	4839
廿地乡	4072	2099	1973	1016	1979	1955	930	2887	255	3831
切吉乡	8948	4492	4456	2082	4356	4431	2375	6233	340	8549
江西沟乡	6116	3052	3064	1384	2841	2951	1708	4130	278	5389
湖东种羊场	2007	987	1020	458	987	1020	537	1362	108	1848
巴卡台农场	246	123	123	65	112	120	67	171	8	217
安置农场	29	14	15	19	14	15	1	28		19
铁卜加草改站	25	17	8	9	7	8	1	23	1	25
同德县	**64369**	**33245**	**31124**	**15633**	**31601**	**30760**	**17454**	**43870**	**3045**	**53781**
尕巴松多镇	27742	14401	13341	7053	13586	13062	7573	18976	1193	19773
唐谷镇	11259	5710	5549	2316	5446	5528	3319	7364	576	10829
巴沟乡	8140	4111	4029	1837	4042	4012	1884	5811	445	7670
秀麻乡	7286	3710	3576	1710	3670	3568	2203	4728	355	7005
河北乡	7619	4094	3525	1943	3757	3507	1902	5299	418	6804
省牧草良种繁殖场	2323	1219	1104	774	1100	1083	573	1692	58	1700
贵德县	**101771**	**51849**	**49922**	**27927**	**48999**	**48884**	**22597**	**72388**	**6786**	**88013**
河阴镇	25028	12536	12492	7883	11907	12174	4948	18308	1772	19070
河西镇	21607	10874	10733	5947	10706	10652	4848	15180	1579	19474
拉西瓦镇	7591	4261	3330	2085	3392	3124	1485	5747	359	5477
常牧镇	16703	8324	8379	4122	8125	8357	4433	11226	1044	16160
河东乡	13323	6789	6534	3575	6279	6199	2785	9600	938	11708
新街回族乡	4730	2378	2352	1194	2350	2346	1228	3155	347	4463
尕让乡	12789	6687	6102	3121	6240	6032	2870	9172	747	11661
兴海县	**76025**	**39427**	**36598**	**18636**	**37009**	**36270**	**21512**	**51098**	**3415**	**60238**
子科滩镇	24758	12934	11824	6523	12054	11715	6898	16913	947	14434
河卡镇	14233	7252	6981	3563	6915	6897	3903	9671	659	12873
曲什安镇	5389	2958	2431	1414	2510	2369	1248	3897	244	4499
温泉乡	9179	4866	4313	1902	4383	4287	2785	6012	382	7488
龙藏乡	5916	3010	2906	1387	2947	2905	1844	3782	290	5362
中铁乡	6548	3349	3199	1398	3213	3184	1944	4214	390	6044
唐乃亥乡	8678	4411	4267	2126	4340	4236	2485	5746	447	8304
河卡种羊场	1324	647	677	323	647	677	405	863	56	1234
贵南县	**76560**	**38769**	**37791**	**20022**	**37292**	**37474**	**20069**	**52386**	**4105**	**69797**
茫曲镇	15609	7982	7627	4757	7723	7490	3795	11186	628	13237
过马营镇	14078	6999	7079	3385	6940	7074	3823	9435	820	13432
沙沟乡	7786	3894	3892	1780	3763	3851	1927	5370	489	7533
森多乡	14346	7347	6999	3047	6905	6980	4272	9245	829	13486
茫拉乡	6708	3457	3251	1531	3232	3169	1712	4627	369	6517
塔秀乡	9719	4886	4833	1889	4562	4817	2963	6281	475	8920
贵南草业开发有限责任公司	8314	4204	4110	3633	4167	4093	1577	6242	495	6672

表29 续表 6 单位：人、户

地区	总人口			家庭户	家庭户总人口		分年龄人口			居住本地，户口在本地
	合计	男	女	户数	男	女	0-14岁	15-64岁	65岁及以上	
果洛藏族自治州	**181682**	**95385**	**86297**	**51383**	**88825**	**85009**	**51127**	**121750**	**8805.00**	**150603**
玛沁县	**51245**	**27439**	**23806**	**15205**	**24681**	**23110**	**13399**	**35772**	**2074**	**38316**
大武镇	21612	11749	9863	7549	10390	9380	4677	16396	539	11785
拉加镇	12045	6405	5640	3155	5823	5596	3502	7920	623	10603
大武乡	5148	2865	2283	1115	2162	2157	1364	3575	209	4068
东倾沟乡	2172	1124	1048	581	1124	1048	677	1374	121	2027
雪山乡	1850	916	934	546	916	933	593	1160	97	1677
下大武乡	1663	856	807	546	856	804	433	1121	109	1567
优云乡	2865	1494	1371	798	1445	1371	856	1847	162	2815
当洛乡	3890	2030	1860	915	1965	1821	1297	2379	214	3774
班玛县	**27185**	**14138**	**13047**	**7588**	**13664**	**12956**	**7577**	**17928**	**1680**	**23300**
赛来塘镇	6907	3611	3296	2140	3451	3261	1874	4702	331	4478
多贡麻乡	2142	1102	1040	531	1091	1030	691	1304	147	2015
马可河乡	1685	874	811	439	847	809	571	1017	97	1581
吉卡乡	2211	1142	1069	684	1134	1065	588	1507	116	1902
达卡乡	2755	1456	1299	849	1238	1279	643	1946	166	2548
知钦乡	2349	1256	1093	752	1232	1089	626	1555	168	2141
江日堂乡	3103	1601	1502	743	1600	1502	899	1984	220	3056
亚尔堂乡	2496	1262	1234	644	1262	1234	690	1623	183	2405
灯塔乡	3537	1834	1703	806	1809	1687	995	2290	252	3174
甘德县	**34840**	**18282**	**16558**	**9475**	**17164**	**16404**	**10327**	**22657**	**1856**	**31533**
柯曲镇	9530	5025	4505	2958	4715	4429	2637	6373	520	7559
上贡麻乡	2957	1604	1353	849	1545	1353	829	1927	201	2905
下贡麻乡	4084	2241	1843	881	1769	1771	1112	2718	254	3344
岗龙乡	3971	2038	1933	1048	1954	1933	1256	2499	216	3877
青珍乡	5704	2928	2776	1512	2738	2772	1863	3592	249	5509
江千乡	3462	1702	1760	1055	1702	1760	951	2328	183	3404
下藏科乡	5132	2744	2388	1172	2741	2386	1679	3220	233	4935
达日县	**30995**	**16109**	**14886**	**8665**	**15311**	**14665**	**9176**	**20426**	**1393**	**25675**
吉迈镇	8706	4454	4252	2731	4249	4104	2376	5979	351	4326
满掌乡	2655	1339	1316	600	1337	1314	714	1827	114	2608
德昂乡	2720	1459	1261	716	1420	1252	806	1790	124	2500
窝赛乡	1708	897	811	468	806	800	565	1071	72	1570
莫坝乡	2151	1101	1050	635	1101	1050	626	1433	92	2141
上红科乡	3258	1660	1598	796	1629	1584	970	2127	161	3178
下红科乡	2387	1203	1184	568	1161	1184	744	1518	125	2367
建设乡	3427	1920	1507	1041	1659	1474	1011	2197	219	3147
桑日麻乡	2383	1245	1138	654	1140	1134	815	1493	75	2288
特合土乡	1600	831	769	456	809	769	549	991	60	1550
久治县	**26081**	**13485**	**12596**	**6474**	**12343**	**12521**	**7708**	**17038**	**1335**	**22187**
智青松多镇	6834	3572	3262	2107	3166	3238	1826	4701	307	5305
门堂乡	2680	1365	1315	644	1276	1270	800	1757	123	2308
哇赛乡	3244	1613	1631	774	1613	1629	954	2135	155	2941
索呼日麻乡	4545	2324	2221	1006	2144	2220	1495	2825	225	4092
白玉乡	5323	2917	2406	1238	2450	2403	1421	3567	335	4397
哇尔依乡	3455	1694	1761	705	1694	1761	1212	2053	190	3144
玛多县	**11336**	**5932**	**5404**	**3976**	**5662**	**5353**	**2940**	**7929**	**467**	**9592**
玛查理镇	4316	2370	1946	1605	2137	1897	946	3193	177	2939
花石峡镇	4190	2123	2067	1425	2086	2065	1165	2849	176	3913
黄河乡	1585	809	776	534	809	776	432	1076	77	1525
扎陵湖乡	1245	630	615	412	630	615	397	811	37	1215

表29 续表 7　　单位：人、户

地　区	总人口			家庭户	家庭户总人口		分年龄人口			居住本地，户口在本地
	合　计	男	女	户　数	男	女	0-14岁	15-64岁	65岁及以　上	
玉树藏族自治州	**378439**	**194762**	**183677**	**92091**	**185753**	**181368**	**120574**	**238453**	**19412**	**292529**
玉树县	**120447**	**62085**	**58362**	**31111**	**58956**	**57689**	**36066**	**78261**	**6120**	**85823**
结古镇	63280	32741	30539	18520	31189	30053	17061	43214	3005	31592
隆宝镇	7313	3748	3565	1729	3748	3565	2536	4453	324	6999
下拉秀镇	13494	7092	6402	2594	6511	6339	4869	7951	674	12337
仲达乡	3597	2077	1520	663	1383	1433	731	2631	235	2816
巴塘乡	5377	2729	2648	1389	2729	2648	1805	3223	349	5116
小苏莽乡	12047	5909	6138	2706	5909	6138	4070	7296	681	12047
上拉秀乡	8028	3996	4032	1680	3996	4032	3048	4616	364	8007
哈秀乡	4566	2439	2127	1136	2137	2090	1249	3084	233	4189
安冲乡	2745	1354	1391	694	1354	1391	697	1793	255	2720
杂多县	**58268**	**29714**	**28554**	**12098**	**28847**	**28355**	**21389**	**34124**	**2755**	**41586**
萨呼腾镇	25869	13323	12546	5426	12754	12394	9318	15428	1123	10084
昂赛乡	4451	2310	2141	847	2012	2094	1492	2744	215	3952
结多乡	5743	2883	2860	1145	2883	2860	2232	3217	294	5731
阿多乡	4804	2382	2422	1045	2382	2422	1918	2623	263	4646
苏鲁乡	4891	2398	2493	943	2398	2493	1767	2885	239	4818
查旦乡	4004	2066	1938	859	2066	1938	1390	2404	210	3975
莫云乡	3736	1966	1770	876	1966	1770	1369	2182	185	3708
扎青乡	4770	2386	2384	957	2386	2384	1903	2641	226	4672
称多县	**55619**	**28988**	**26631**	**15231**	**27320**	**26405**	**16356**	**36359**	**2904**	**50260**
称文镇	10659	5712	4947	3237	5019	4822	2481	7586	592	9601
歇武镇	5372	2730	2642	1358	2469	2640	1537	3473	362	5020
扎朵镇	8456	4260	4196	2282	4260	4196	2836	5262	358	7503
清水河镇	7883	4012	3871	2257	3994	3862	2253	5270	360	6766
珍秦镇	11304	5824	5480	3134	5472	5479	3791	7008	505	9942
尕朵乡	7426	3990	3436	1827	3990	3436	2545	4534	347	7354
拉布乡	4519	2460	2059	1136	2116	1970	913	3226	380	4074
治多县	**30037**	**15118**	**14919**	**8486**	**14597**	**14802**	**9372**	**19224**	**1441**	**21051**
加吉博洛格镇	12773	6483	6290	3796	6261	6235	3814	8353	606	4461
索加乡	3585	1739	1846	978	1739	1846	1125	2276	184	3495
扎河乡	5204	2627	2577	1372	2598	2573	1846	3114	244	5015
多彩乡	3881	2027	1854	1046	1757	1850	1067	2626	188	3551
治渠乡	2730	1302	1428	736	1302	1374	881	1714	135	2710
立新乡	1864	940	924	558	940	924	639	1141	84	1819
囊谦县	**85825**	**44307**	**41518**	**16865**	**42060**	**40549**	**28192**	**52663**	**4970**	**72964**
香达镇	32175	16942	15233	6408	15898	14742	10196	20323	1656	22283
白扎乡	8015	4096	3919	1627	4096	3919	2749	4723	543	7398
吉曲乡	10159	5178	4981	1724	4642	4605	3148	6343	668	9473
娘拉乡	3404	1784	1620	537	1784	1620	1041	2179	184	3327
毛庄乡	5763	3139	2624	1193	2472	2522	1761	3616	386	5315
觉拉乡	5676	2858	2818	1166	2858	2818	2147	3171	358	5042
东坝乡	6852	3387	3465	1526	3387	3465	2398	4033	421	6849
尕羊乡	2917	1462	1455	534	1462	1455	1064	1698	155	2903
吉尼赛乡	4718	2388	2330	1039	2388	2330	1548	2890	280	4232
着晓乡	6146	3073	3073	1111	3073	3073	2140	3687	319	6142
曲麻莱县	**28243**	**14550**	**13693**	**8300**	**13973**	**13568**	**9199**	**17822**	**1222**	**20845**
约改镇	10291	5254	5037	3392	5120	4993	3185	6603	503	4565
巴干乡	4076	2211	1865	1027	1890	1847	1375	2530	171	3703
秋智乡	3343	1708	1635	909	1648	1587	1193	2025	125	2953
叶格乡	2664	1370	1294	808	1366	1293	933	1607	124	2344
麻多乡	4353	2216	2137	1108	2159	2124	1377	2827	149	4162
曲麻河乡	3516	1791	1725	1056	1790	1724	1136	2230	150	3118

表29 续表 8

单位：人、户

地区	总人口			家庭户	家庭户总人口		分年龄人口			居住本地，户口在本地
	合计	男	女	户数	男	女	0-14岁	15-64岁	65岁及以上	
海西蒙古族藏族自治州	**489338**	**272373**	**216965**	**139533**	**214604**	**200465**	**87665**	**385015**	**16658**	**285925**
格尔木市	**215214**	**117951**	**97263**	**65134**	**99418**	**93337**	**42357**	**165965**	**6892**	**101934**
昆仑路街道	54330	30420	23910	17728	23671	22605	8648	44254	1428	33195
黄河路街道	26863	14590	12273	9673	12407	11606	4060	21967	836	18214
金峰路街道	39531	20660	18871	11603	20195	18724	10594	27850	1087	10589
河西街道	23958	12160	11798	8452	11522	11401	4840	17819	1299	12008
西藏路街道	12097	6714	5383	4147	5818	5045	2289	9486	322	3921
郭勒木德镇	31941	16768	15173	7832	16046	14968	7606	23208	1127	18141
唐古拉镇	1605	874	731	389	716	706	385	1164	56	1326
大格勒乡	2178	1205	973	519	962	880	374	1724	80	1906
乌图美仁乡	3831	2917	914	543	864	730	247	3458	126	1352
察尔汗工行委	7109	5612	1497	1267	1453	1010	182	6897	30	116
格尔木农垦有限公司	11771	6031	5740	2981	5764	5662	3132	8138	501	1166
德令哈市	**78184**	**41427**	**36757**	**24207**	**37847**	**35596**	**14384**	**60195**	**3605**	**56088**
河西街道	24961	13177	11784	7900	12485	11679	4975	18841	1145	16535
河东街道	21967	11136	10831	7431	10386	10152	3490	17587	890	16379
火车站街道	8366	4952	3414	2647	3537	3133	1187	6811	368	3071
尕海镇	5965	3092	2873	1718	3066	2870	1304	4322	339	5440
怀头他拉镇	2898	1683	1215	727	1273	1155	481	2260	157	2285
柯鲁柯镇	12193	6309	5884	3245	6263	5872	2720	8918	555	10821
蓄集乡	1834	1078	756	539	837	735	227	1456	151	1557
乌兰县	**38272**	**21683**	**16589**	**10790**	**16556**	**15760**	**6400**	**30397**	**1475**	**25320**
希里沟镇	13723	7044	6679	4482	6329	6457	2680	10434	609	8959
茶卡镇	4123	2417	1706	1362	1720	1569	587	3436	100	2216
柯柯镇	12719	6853	5866	3648	6360	5808	2402	9772	545	10450
铜普镇	7214	5070	2144	1134	1991	1760	698	6329	187	3412
海西州莫河畜牧场	493	299	194	164	156	166	33	426	34	283
都兰县	**76623**	**41265**	**35358**	**20580**	**36218**	**34353**	**15993**	**57328**	**3302**	**56389**
察汉乌苏镇	20570	10892	9678	6342	9505	9162	4129	15644	797	13330
香日德镇	25247	13041	12206	6486	12658	12075	5596	18468	1183	21769
夏日哈镇	5387	3007	2380	1308	2502	2346	1122	4053	212	4556
宗加镇	10372	6139	4233	2628	4435	4049	1925	8062	385	3341
热水乡	3731	1943	1788	951	1834	1775	882	2658	191	3592
香加乡	4042	2225	1817	1101	1884	1767	836	3029	177	3464
沟里乡	1989	1227	762	374	702	720	347	1560	82	1402
巴隆乡	5285	2791	2494	1390	2698	2459	1156	3854	275	4935
天峻县	**33923**	**20897**	**13026**	**8282**	**12705**	**12392**	**5476**	**27271**	**1176**	**18310**
新源镇	16585	9776	6809	4942	6557	6367	2584	13469	532	7199
木里镇	6329	5587	742	438	683	579	267	6005	57	985
江河镇	1905	954	951	498	954	951	518	1277	110	1760
快尔玛乡	1879	934	945	500	875	925	395	1356	128	1710
舟群乡	1044	523	521	281	521	519	263	744	37	914
知合玛乡	1551	780	771	392	780	771	379	1097	75	1479
苏里乡	1275	630	645	322	629	645	302	911	62	1204
生格乡	962	504	458	300	504	458	240	673	49	901
阳康乡	1105	570	535	272	567	534	240	798	67	1010
龙门乡	1288	639	649	337	635	643	288	941	59	1148
茫崖行委	**31017**	**17884**	**13133**	**5377**	**6064**	**4733**	**1703**	**29240**	**74**	**23327**
花土沟镇	27825	16085	11740	4066	4462	3371	1165	26606	54	20679
茫崖镇	3192	1799	1393	1311	1602	1362	538	2634	20	2648
大柴旦行委	**13671**	**9523**	**4148**	**4439**	**5079**	**3766**	**1168**	**12378**	**125**	**3584**
柴旦镇	9750	6781	2969	2830	3377	2684	874	8767	109	3305
锡铁山镇	3921	2742	1179	1609	1702	1082	294	3611	16	279
冷湖行委	**2434**	**1743**	**691**	**724**	**717**	**528**	**184**	**2241**	**9**	**973**
冷湖镇	2434	1743	691	724	717	528	184	2241	9	973

表30　宁夏回族自治区乡、镇、街道人口

单位：人、户

地区	总人口			家庭户户数	家庭户总人口		分年龄人口			居住本地，户口在本地
	合计	男	女		男	女	0-14岁	15-64岁	65岁及以上	
宁夏回族自治区	**6301350**	**3227404**	**3073946**	**1882205**	**3015722**	**2954411**	**1348030**	**4550533**	**402787**	**4691550**
银川市	**1993088**	**1030563**	**962525**	**640621**	**908497**	**893125**	**329902**	**1538523**	**124663**	**1212029**
兴庆区	**678306**	**341245**	**337061**	**243931**	**319434**	**318559**	**103205**	**528904**	**46197**	**384376**
凤凰北街街道	41402	20180	21222	15666	19197	20122	5783	31840	3779	28933
解放西街街道	45646	22057	23589	17815	21024	22543	5962	34343	5341	30826
文化街街道	27829	13336	14493	10506	12894	13911	3234	21598	2997	19178
富宁街街道	47793	23551	24242	18653	22557	23156	6293	37018	4482	27952
新华街街道	27877	13716	14161	10611	13214	13575	3852	22100	1925	15252
玉皇阁北街街道	51818	25333	26485	19928	24957	26142	7048	40501	4269	32177
前进街街道	33117	16255	16862	12088	15336	15863	4777	25309	3031	21057
中山南街街道	28996	14261	14735	10934	13482	13803	4181	22688	2127	14293
银古路街道	104038	55467	48571	35578	48558	46631	17224	83337	3477	42641
胜利街街道	62333	29585	32748	21033	26675	26853	8594	49340	4399	32179
丽景街街道	72736	38642	34094	25575	35929	33144	12257	57655	2824	30504
掌政镇	34256	16544	17712	10341	15646	15155	5742	26603	1911	25120
大新镇	76536	39806	36730	27999	38394	36342	12951	59433	4152	43462
通贵乡	13490	6711	6779	4823	6686	6764	2694	9619	1177	12426
月牙湖乡	10439	5801	4638	2381	4885	4555	2613	7520	306	8376
西夏区	**329310**	**168973**	**160337**	**93591**	**132400**	**130687**	**47523**	**260580**	**21207**	**179006**
西花园街道	54370	27613	26757	20123	25156	25699	7892	41077	5401	35147
北京西路街道	36987	18669	18318	13435	17828	17715	5540	28445	3002	21845
文昌路街道	28872	14830	14042	10171	12833	12992	4003	22129	2740	18757
朔方路街道	67480	33682	33798	16415	22085	21652	7502	56390	3588	35211
宁华路街道	30242	15467	14775	11109	14929	14570	5199	22691	2352	16216
贺兰山西路街道	65619	34947	30672	11128	16930	16449	6958	56440	2221	25388
兴泾镇	21034	10952	10082	4665	10252	9843	5279	15015	740	13402
镇北堡镇	24706	12813	11893	6545	12387	11767	5150	18393	1163	13040
金凤区	**282554**	**145948**	**136606**	**91336**	**128637**	**128126**	**45953**	**220185**	**16416**	**157689**
满城北街街道	42797	21496	21301	14981	20051	20289	6383	32599	3815	27115
黄河东路街道	56528	29480	27048	19283	26503	26023	9379	43698	3451	31382
长城中路街道	72606	38148	34458	21715	29456	29503	10154	59029	3423	32226
北京中路街道	32964	16499	16465	11787	15609	16032	4805	26191	1968	18664
上海西路街道	42577	22165	20412	14430	19499	19674	6578	33824	2175	20577
良田镇	22160	11490	10670	5098	11263	10505	6139	15274	747	16952
丰登镇	12922	6670	6252	4042	6256	6100	2515	9570	837	10773
永宁县	**218260**	**112877**	**105383**	**65128**	**104938**	**100798**	**41552**	**163653**	**13055**	**168207**
杨和镇	67901	34557	33344	21522	30395	29902	11474	52569	3858	46231
李俊镇	27723	14103	13620	8411	14076	13614	5126	20383	2214	26515
望远镇	42022	22742	19280	13152	19570	18525	7213	32548	2261	29820
望洪镇	30943	15720	15223	9033	15579	15178	5517	23062	2364	30067
闽宁镇	24696	12912	11784	5348	12910	11784	7356	16712	628	16989
胜利乡	15961	8238	7723	4959	8051	7637	2927	11894	1140	13170
黄羊滩农场	3984	2050	1934	1289	1998	1884	663	2980	341	2893
玉泉营农场	5030	2555	2475	1414	2359	2274	1276	3505	249	2522

表30 续表 1

单位：人、户

地　区	总人口			家庭户	家庭户总人口		分年龄人口			居住本地，户口在本地
	合　计	男	女	户　数	男	女	0-14岁	15-64岁	65岁及以上	
贺兰县	**222981**	**116466**	**106515**	**73583**	**105263**	**103104**	**39293**	**169925**	**13763**	**151388**
习岗镇	112061	59799	52262	37474	50148	49157	18287	88741	5033	55199
金贵镇	29796	15132	14664	9298	14898	14622	5521	21701	2574	27486
立岗镇	24165	12160	12005	8689	11975	11969	4442	17588	2135	22507
洪广镇	17409	9185	8224	5730	8401	8072	3130	13094	1185	13099
常信乡	25095	12769	12326	8299	12588	12280	4486	18672	1937	22994
南梁台子管委会	7810	4043	3767	1780	3987	3757	2339	5243	228	5390
暖泉农场	4578	2304	2274	1534	2254	2262	786	3270	522	3215
宁夏原种场	1471	769	702	567	707	694	197	1162	112	937
京星农牧场	596	305	291	212	305	291	105	454	37	561
灵武市	**261677**	**145054**	**116623**	**73052**	**117825**	**111851**	**52376**	**195276**	**14025**	**171363**
城区街道	52863	26659	26204	18785	25797	25813	11205	38720	2938	29669
东塔镇	22040	11893	10147	5756	9699	9386	4237	16570	1233	14649
郝家桥镇	32507	16720	15787	7936	16442	15730	8267	21982	2258	29123
崇兴镇	41212	21071	20141	10257	20896	20097	10235	27965	3012	38938
宁东镇	48587	29388	19199	14825	20619	17618	8406	39206	975	16948
马家滩镇	8650	6521	2129	1756	2206	1705	672	7771	207	2335
临河镇	16723	12562	4161	1938	3306	3147	1397	14905	421	5552
梧桐树乡	20506	10510	9996	6157	10434	9976	4528	14511	1467	19587
白土岗乡	8640	4727	3913	2148	3900	3812	2041	6133	466	6714
灵武农场	9949	5003	4946	3494	4526	4567	1388	7513	1048	7848
石嘴山市	**725482**	**374579**	**350903**	**248285**	**350555**	**344486**	**120556**	**545172**	**59754**	**526015**
大武口区	**286669**	**149359**	**137310**	**96916**	**137243**	**134608**	**45310**	**218194**	**23165**	**198065**
长胜街道	23069	12157	10912	8268	11451	10762	3348	17698	2023	15509
朝阳街道	49490	24866	24624	16845	24119	24248	7756	37623	4111	38089
人民路街道	37051	18894	18157	12848	17894	17696	5996	28444	2611	22733
长城街道	36932	18469	18463	13020	17386	17754	5890	27883	3159	26638
青山街道	47781	25640	22141	15726	21400	21885	6380	36588	4813	34688
石炭井街道	9748	5559	4189	4393	4861	4101	1071	7890	787	7358
白芨沟街道	8212	5462	2750	2989	3127	2348	463	7563	186	3670
沟口街道	6451	3337	3114	2474	3038	3042	724	4432	1295	4925
长兴街道	10273	5436	4837	3447	4931	4750	1635	7898	740	6575
锦林街道	14907	7336	7571	5192	7238	7535	2105	11178	1624	8553
星海镇(隆湖经济开发区)	42755	22203	20552	11714	21798	20487	9942	30997	1816	29327
惠农区	**185803**	**96302**	**89501**	**67088**	**89377**	**87782**	**29030**	**139168**	**17605**	**121565**
育才路街道	21437	10869	10568	7661	10598	10421	3440	16248	1749	13731
南街街道	26093	12858	13235	10183	12598	13077	3559	18800	3734	18812
中街街道	16595	8358	8237	6391	8348	8219	2646	12434	1515	11477
北街街道	4412	2259	2153	1897	2209	2136	665	3248	499	2993
河滨街道	24254	13388	10866	8871	11355	10483	3429	18997	1828	13882
火车站街道	7470	4149	3321	2852	3402	3141	987	5534	949	3998
红果子镇	21426	11305	10121	7106	10005	9698	3909	16330	1187	11222
尾闸镇	7887	4056	3831	2893	3818	3734	1188	6000	699	6553
园艺镇	27895	14029	13866	9813	13757	13789	4615	20506	2774	14714
庙台乡	5788	2896	2892	2105	2838	2880	848	4351	589	5497
礼和乡	8208	4049	4159	2942	4027	4116	1684	5695	829	7813
燕子墩乡	9166	4730	4436	3134	4696	4425	1540	6678	948	8576
简泉农场	2502	1322	1180	833	1175	1134	394	1925	183	1484

表30 续表 2

单位：人、户

地区	总人口			家庭户	家庭户总人口		分年龄人口			居住本地，户口在本地
	合计	男	女	户数	男	女	0-14岁	15-64岁	65岁及以上	
国营农林牧场	2521	1956	565	354	497	464	111	2309	101	714
良种繁殖场	149	78	71	53	54	65	15	113	21	99
平罗县	**253010**	**128918**	**124092**	**84281**	**123935**	**122096**	**46216**	**187810**	**18984**	**206385**
城关镇	91912	46781	45131	31085	44846	44290	17454	69486	4972	60273
黄渠桥镇	14739	7372	7367	5318	7291	7302	2684	10636	1419	14045
宝丰镇	10552	5300	5252	3416	5299	5252	1973	7561	1018	10243
头闸镇	13546	6796	6750	4316	6773	6709	2245	10060	1241	13331
姚伏镇	16000	7997	8003	5861	7915	7968	2386	12074	1540	15091
崇岗镇	17540	9639	7901	5662	8317	7483	2985	13629	926	12353
陶乐镇	8790	4414	4376	3237	4349	4345	1655	6307	828	7015
高庄乡	15121	7556	7565	5353	7553	7557	2854	10803	1464	14457
灵沙乡	14434	7223	7211	4415	7217	7161	3052	10101	1281	14135
渠口乡	15322	7723	7599	5122	7718	7599	2586	11308	1428	14950
通伏乡	15942	8057	7885	4698	8057	7885	3170	11535	1237	15657
高仁乡	5111	2536	2575	1693	2535	2575	937	3786	388	4823
红崖子乡	6646	3662	2984	1690	2907	2786	1255	4971	420	4900
前进农场	7355	3862	3493	2415	3158	3184	980	5553	822	5112
吴忠市	**1273792**	**650830**	**622962**	**369058**	**625760**	**609270**	**308397**	**892701**	**72694**	**1004670**
利通区	**379346**	**193326**	**186020**	**110868**	**183128**	**180390**	**82517**	**272794**	**24035**	**297938**
金积镇	36092	18476	17616	10305	18264	17517	8074	25444	2574	33553
金银滩镇	28969	14841	14128	8631	14651	14093	7554	19619	1796	25783
高闸镇	21613	12174	9439	4994	9780	9390	4073	16114	1426	18418
扁担沟镇	16921	8790	8131	4511	8525	8063	4441	11654	826	14189
上桥镇	34102	17105	16997	10543	16956	16898	7799	24064	2239	27414
古城镇	38537	19802	18735	11235	17925	17708	8038	28689	1810	25965
金星镇	60086	29845	30241	20347	29174	29780	11712	44793	3581	37866
胜利镇	36937	17993	18944	13334	17732	18657	6417	27400	3120	27161
东塔寺乡	23839	12219	11620	6429	11947	11494	5221	16970	1648	20075
板桥乡	29524	14493	15031	6223	12384	12038	6048	21871	1605	22689
马莲渠乡	21122	10901	10221	5472	10872	10212	5309	14341	1472	20819
郭家桥乡	17620	8891	8729	5121	8843	8718	4755	11634	1231	16648
巴浪湖农场	6966	3512	3454	2306	3468	3453	1697	4717	552	6156
孙家滩管委会	3719	1999	1720	902	1846	1664	1004	2576	139	1126
太阳山开发区	3299	2285	1014	515	761	705	375	2908	16	76
红寺堡区	**165016**	**84836**	**80180**	**40362**	**83021**	**79314**	**47028**	**111600**	**6388**	**123010**
红寺堡镇	73750	38007	35743	18355	37167	35083	20353	50877	2520	50155
太阳山镇	34945	17749	17196	8589	17682	17140	10174	23409	1362	29079
大河乡	25213	13060	12153	5766	12456	12095	7407	16774	1032	19468
南川乡	30760	15732	15028	7600	15670	14982	9094	20197	1469	24293
红寺堡工业园区管委会	348	288	60	52	46	14		343	5	15
盐池县	**146560**	**75974**	**70586**	**51272**	**71376**	**68682**	**31162**	**105982**	**9416**	**101294**
花马池镇	77426	39767	37659	25503	37271	36079	16792	56337	4297	43241
大水坑镇	21114	10753	10361	7840	10403	10289	4888	14830	1396	16295
惠安堡镇	15489	8198	7291	4990	7471	7139	3675	10885	929	11556
高沙窝镇	6045	3080	2965	2476	3066	2965	1229	4302	514	5459
王乐井乡	7786	4024	3762	3479	3888	3745	1348	5606	832	7620
冯记沟乡	7190	4028	3162	2533	3385	3097	1278	5401	511	6168
青山乡	5068	2653	2415	2104	2581	2407	860	3744	464	4912
麻黄山乡	6442	3471	2971	2347	3311	2961	1092	4877	473	6043
同心县	**318153**	**160875**	**157278**	**80683**	**157636**	**154062**	**94672**	**208146**	**15335**	**273119**

表30　续表 3　　　　单位：人、户

地　　区	总人口			家庭户	家庭户总人口		分年龄人口			居住本地，户　口在本地
	合　计	男	女	户　数	男	女	0-14岁	15-64岁	65岁及以　上	
豫海镇	83887	42204	41683	20403	39469	38690	24158	56555	3174	54531
河西镇	40914	20785	20129	10148	20783	20129	12303	26913	1698	38040
韦州镇	22925	11539	11386	6167	11190	11216	6431	15253	1241	18760
下马关镇	21150	10596	10554	5532	10531	10552	5320	14536	1294	19816
预旺镇	20320	10121	10199	5934	10091	10167	6586	12533	1201	19582
王团镇	36729	18592	18137	8830	18590	18136	12518	22696	1515	35376
丁塘镇	39028	20086	18942	8797	20040	18928	11567	25674	1787	34753
田老庄乡	16846	8552	8294	4894	8552	8294	5032	10750	1064	16623
马高庄乡	13853	6985	6868	3867	6985	6868	4149	8829	875	13537
张家塬乡	12657	6445	6212	3574	6443	6210	3544	8223	890	12395
兴隆乡	9844	4970	4874	2537	4962	4872	3064	6184	596	9706
青铜峡市	**264717**	**135819**	**128898**	**85873**	**130599**	**126822**	**53018**	**194179**	**17520**	**209309**
裕民街道	56819	28374	28445	20036	27040	27461	11409	42264	3146	34090
小坝镇	23436	12225	11211	6838	11341	10745	4421	17526	1489	18338
大坝镇	29426	15246	14180	9894	14804	14090	5570	21758	2098	24454
青铜峡镇	41771	21915	19856	14335	20455	19589	7866	31179	2726	30216
叶升镇	15206	7711	7495	4775	7679	7483	3207	10795	1204	14691
瞿靖镇	28086	14402	13684	9390	14175	13637	5670	20277	2139	26303
峡口镇	27866	14285	13581	7867	14126	13555	6553	19510	1803	25996
邵刚镇	18548	9442	9106	5396	9309	9059	3662	13492	1394	15519
陈袁滩镇	16380	8463	7917	4771	8198	7881	3436	11957	987	15487
连湖农场	5181	2643	2538	1789	2508	2455	940	3812	429	3295
树新林场	1998	1113	885	782	964	867	284	1609	105	920
固原市	**1228156**	**619390**	**608766**	**322760**	**592745**	**586896**	**328346**	**817304**	**82506**	**1048684**
原州区	**411854**	**208086**	**203768**	**112117**	**195652**	**191646**	**103208**	**283672**	**24974**	**322279**
中山街道	142505	71361	71144	41053	62446	61982	31012	104158	7335	83544
三营镇	43237	22003	21234	10935	21726	21067	12595	28219	2423	38241
清河镇	37569	18815	18754	9489	16256	16213	8988	26611	1970	23979
开城镇	31516	15987	15529	8262	15811	15492	7919	21475	2122	27991
张易镇	34141	17264	16877	9276	17212	16858	8462	22926	2753	32539
彭堡镇	21652	11081	10571	6193	10997	10522	5415	14498	1739	20452
头营镇	43698	22204	21494	11618	22012	21407	12290	28469	2939	41350
中河乡	24691	12601	12090	6010	12551	12080	7688	15652	1351	23146
河川乡	8591	4428	4163	2733	4427	4161	2057	5814	720	8351
官厅乡	4002	2023	1979	1106	1966	1964	1090	2625	287	3721
炭山乡	9490	4836	4654	2306	4793	4632	2996	5976	518	8692
寨科乡	10762	5483	5279	3136	5455	5268	2696	7249	817	10273
西吉县	**354321**	**177454**	**176867**	**87109**	**173658**	**173859**	**109972**	**221229**	**23120**	**320658**
吉强镇	79348	39867	39481	21102	37271	36871	22575	52743	4030	56294
兴隆镇	35705	17853	17852	8415	17768	17804	11625	21857	2223	34846
平峰镇	17972	8927	9045	4612	8658	8977	4790	11196	1986	17382
新营乡	22428	11325	11103	5850	11150	11019	6060	14635	1733	21327
红耀乡	7160	3578	3582	1824	3545	3563	1942	4604	614	6848
田坪乡	9130	4543	4587	2569	4485	4566	2564	5614	952	8638
马建乡	13961	6951	7010	3451	6951	7010	4612	8287	1062	13359
震湖乡	13632	6609	7023	3955	6585	7010	3661	8605	1366	13225
兴平乡	15633	7901	7732	2986	7890	7729	5152	9635	846	14768
西滩乡	9796	4947	4849	2222	4808	4833	3542	5763	491	9261
王民乡	8638	4413	4225	1780	4316	4204	2753	5249	636	8385
什字乡	16727	8300	8427	3873	8290	8423	5904	9796	1027	16226

表30 续表 4 单位：人、户

地区	总人口			家庭户	家庭户总人口		分年龄人口			居住本地，户口在本地
	合计	男	女	户数	男	女	0-14岁	15-64岁	65岁及以上	
马莲乡	15155	7613	7542	3446	7576	7518	4835	9430	890	14763
将台乡	18564	9114	9450	4565	9051	9415	5703	11421	1440	17493
硝河乡	12932	6527	6405	3026	6507	6402	4262	7857	813	12407
偏城乡	19706	9850	9856	4407	9802	9849	6732	11945	1029	19121
沙沟乡	12500	6333	6167	2997	6283	6149	4657	7233	610	11607
白崖乡	13665	6862	6803	3233	6782	6789	4847	8078	740	13231
火石寨乡	11669	5941	5728	2796	5940	5728	3756	7281	632	11477
隆德县	**160754**	**81348**	**79406**	**42467**	**78201**	**76784**	**35605**	**112423**	**12726**	**141042**
六盘山街道	28271	13842	14429	7964	11618	12137	6041	20663	1567	14340
城关镇	10846	5534	5312	2772	5361	5267	2314	7735	797	10154
沙塘镇	12523	6165	6358	3613	6029	6316	2558	8767	1198	11961
联财镇	9594	4766	4828	2786	4669	4770	2164	6493	937	9130
陈靳乡	5634	2880	2754	1380	2839	2734	1176	4029	429	5497
好水乡	6878	3569	3309	1842	3543	3300	1431	4824	623	6475
观庄乡	17592	9043	8549	4199	9009	8542	3927	12300	1365	16955
杨河乡	10585	5438	5147	2531	5425	5138	3299	6658	628	10079
神林乡	8832	4531	4301	2447	4456	4268	1789	6139	904	8581
张程乡	8170	4174	3996	2111	4131	3981	2249	5319	602	7535
凤岭乡	10598	5460	5138	2878	5410	5121	2126	7547	925	10227
山河乡	6536	3458	3078	1730	3390	3054	1268	4658	610	6318
温堡乡	18308	9197	9111	4554	9097	9075	4043	12689	1576	17692
奠安乡	6387	3291	3096	1660	3224	3081	1220	4602	565	6098
泾源县	**101026**	**50805**	**50221**	**27058**	**49260**	**49590**	**28719**	**64712**	**7595**	**91674**
香水镇	29798	15049	14749	7976	14478	14440	8599	19387	1812	26412
泾河源镇	18147	9177	8970	4714	9115	8945	5667	11108	1372	16513
六盘山镇	13344	6909	6435	3850	6161	6195	2840	9289	1215	12047
新民乡	11667	5699	5968	2961	5678	5958	3806	6937	924	10371
兴盛乡	8486	4212	4274	2120	4195	4274	2689	5132	665	7987
黄花乡	9383	4698	4685	2482	4593	4642	2734	5910	739	8715
大湾乡	10201	5061	5140	2955	5040	5136	2384	6949	868	9629
彭阳县	**200201**	**101697**	**98504**	**54009**	**95974**	**95017**	**50842**	**135268**	**14091**	**173031**
白阳镇	52691	26471	26220	14324	23885	23652	13522	36329	2840	34368
王洼镇	20300	10748	9552	5260	9434	9068	4454	14491	1355	18200
古城镇	22259	11196	11063	5939	10869	10959	6112	14539	1608	20621
新集乡	28095	14310	13785	6788	14086	13700	7846	18430	1819	27184
城阳乡	15352	7509	7843	4413	7468	7823	3902	10217	1233	14890
红河乡	17833	9090	8743	4869	9040	8722	4302	12129	1402	17265
冯庄乡	7174	3693	3481	2010	3507	3451	1713	4805	656	6600
小岔乡	4317	2193	2124	1309	2155	2112	958	2895	464	4105
孟塬乡	11365	5618	5747	3330	5581	5739	2967	7369	1029	10864
罗洼乡	5008	2795	2213	1270	2178	2148	1056	3602	350	4120
交岔乡	4554	2316	2238	1201	2206	2214	1248	2971	335	4258
草庙乡	11253	5758	5495	3296	5565	5429	2762	7491	1000	10556
中卫市	**1080832**	**552042**	**528790**	**301481**	**538165**	**520634**	**260829**	**756833**	**63170**	**900152**
沙坡头区	**378606**	**194023**	**184583**	**119536**	**187960**	**180916**	**76782**	**278206**	**23618**	**303290**
滨河镇	66331	33349	32982	23130	31670	31259	11508	50514	4309	46374
文昌镇	77336	39270	38066	26900	37247	36908	14627	58421	4288	49814
东园镇	30946	16171	14775	9477	16060	14752	5893	23254	1799	26746
柔远镇	23088	11837	11251	7143	11684	11067	4321	17122	1645	21250
镇罗镇	25661	13142	12519	8047	13070	12475	4542	19302	1817	24767

表30 续表 5

单位：人、户

地区	总人口			家庭户	家庭户总人口		分年龄人口			居住本地，户口在本地
	合计	男	女	户数	男	女	0-14岁	15-64岁	65岁及以上	
宣和镇	44594	22892	21702	12916	22545	21413	10390	31466	2738	35830
永康镇	27482	13970	13512	7980	13927	13499	6176	19469	1837	23607
常乐镇	18573	9582	8991	5486	9465	8971	3980	13442	1151	17574
迎水桥镇	24969	13136	11833	7934	12661	11758	4833	18400	1736	22665
兴仁镇	20816	10579	10237	5643	10471	10172	5653	13986	1177	18918
香山乡	8173	4256	3917	2350	4246	3917	1901	5692	580	7977
蒿川乡	7610	3901	3709	1999	3899	3709	2289	4853	468	7329
中卫山羊选育场	1995	998	997	513	998	997	666	1268	61	437
美利工业园区	1032	940	92	18	17	19	3	1017	12	2
中宁县	**312921**	**159134**	**153787**	**86287**	**155231**	**151642**	**70943**	**223022**	**18956**	**240948**
宁安镇	74330	37583	36747	22391	36265	35753	14563	55474	4293	53598
鸣沙镇	19038	9630	9408	5911	9622	9404	3614	13937	1487	18103
石空镇	25608	13698	11910	7341	12298	11716	4479	19359	1770	21782
新堡镇	22356	11302	11054	6240	10430	10203	4044	16730	1582	17689
恩和镇	19276	9697	9579	5678	9690	9577	4085	13705	1486	15370
舟塔乡	23794	12098	11696	6326	12000	11676	4853	17259	1682	22427
白马乡	7118	3615	3503	2165	3605	3496	1372	5216	530	6847
余丁乡	12322	6276	6046	3658	6206	6017	2370	8985	967	11846
大战场乡	49680	25359	24321	11904	25313	24298	14508	33376	1796	25775
喊叫水乡	30913	15464	15449	6511	15431	15443	9782	19503	1628	26798
徐套乡	3915	1958	1957	1183	1948	1956	1071	2553	291	3850
长山头农场	8732	4472	4260	2420	4458	4252	2331	5990	411	6182
渠口农场	15839	7982	7857	4559	7965	7851	3871	10935	1033	10681
海原县	**389305**	**198885**	**190420**	**95658**	**194974**	**188076**	**113104**	**255605**	**20596**	**355914**
海城镇	20844	10680	10164	5023	10680	10164	6081	13618	1145	20536
李旺镇	33126	16925	16201	7970	16665	16039	10440	21043	1643	31894
西安镇	22096	11155	10941	5479	11131	10936	6100	14653	1343	21540
黑城镇	37675	19197	18478	8941	18741	18220	10012	25392	2271	35028
七营镇	26553	13569	12984	6725	13483	12960	7546	17478	1529	24160
史店乡	17754	9164	8590	3934	9151	8588	5319	11456	979	17328
树台乡	23432	11759	11673	5854	11737	11657	7315	14923	1194	22929
关桥乡	24997	12693	12304	6048	12626	12270	6938	16466	1593	24699
高崖乡	23428	11899	11529	5849	11895	11527	7533	14791	1104	22933
郑旗乡	17447	9008	8439	4148	8828	8375	5165	11428	854	17276
贾塘乡	22213	11391	10822	5688	11368	10813	7160	13838	1215	21231
曹洼乡	9955	5131	4824	2562	5082	4813	2780	6698	477	9878
九彩乡	9654	4932	4722	2289	4932	4722	3024	6142	488	9507
李俊乡	11133	5578	5555	2970	5576	5555	3476	7011	646	10821
红羊乡	16838	8846	7992	3848	8380	7769	4594	11338	906	16641
关庄乡	8667	4516	4151	1962	4505	4150	2036	6105	526	8508
甘城乡	7715	3934	3781	2134	3933	3781	1991	5241	483	7464
种羊场	3409	1754	1655	903	1754	1655	769	2410	230	3248
南华山管理处	299	136	163	73	136	163	100	185	14	289
老城管理办公室	52070	26618	25452	13258	24371	23919	14725	35389	1956	30004

表31　新疆维吾尔自治区乡、镇、街道人口

单位：人、户

地　区	总人口			家庭户	家庭户总人口		分年龄人口			居住本地，户口在本地
	合　计	男	女	户　数	男	女	0-14岁	15-64岁	65岁及以上	
新疆维吾尔自治区	**21815815**	**11270147**	**10545668**	**6705607**	**10620499**	**10181750**	**4461802**	**15939934**	**1414079**	**17087295**
乌鲁木齐市	**3112559**	**1610775**	**1501784**	**1133835**	**1417514**	**1375331**	**427911**	**2435571**	**249077**	**1571144**
天山区	**696277**	**348290**	**347987**	**251396**	**310887**	**313534**	**100547**	**540084**	**55646**	**358599**
燕儿窝街道	21806	11508	10298	5491	7197	6963	2086	18426	1294	8536
胜利路街道	59965	28051	31914	15395	21064	21815	6760	48704	4501	43352
团结路街道	71514	37207	34307	24571	30706	30862	11012	56414	4088	34834
解放南路街道	23976	11951	12025	9142	11069	11296	2828	18356	2792	16677
新华南路街道	35464	17639	17825	13655	16775	17101	4536	27389	3539	22202
和平路街道	31220	15930	15290	12156	14682	14332	4018	24896	2306	15330
解放北路街道	24348	11858	12490	9688	11155	11907	2687	18337	3324	19854
幸福路街道	65294	31407	33887	24401	28519	29622	8984	51117	5193	39371
东门街道	39249	18971	20278	15475	17622	19067	4526	29482	5241	27320
新华北路街道	29022	14640	14382	11257	13129	13149	2970	22148	3904	18200
青年路街道	43367	20586	22781	16630	19055	20180	5261	32943	5163	28948
碱泉街道	73446	37256	36190	29177	35232	35345	10942	56309	6195	33963
延安路街道	35770	17929	17841	14402	17471	17548	6593	28259	918	7118
红雁街道	8142	4431	3711	2564	3822	3596	1793	5843	506	2898
黑甲山片区管理	43155	22000	21155	16315	20656	19125	7011	34913	1231	7026
二道桥片区管理	29875	14920	14955	10864	14457	14676	5775	21407	2693	16405
赛马场片区管理	34372	17694	16678	11709	16236	15738	6975	25555	1842	11782
大湾片区管理委	26292	14312	11980	8504	12040	11212	5790	19586	916	4783
沙依巴克区	**664716**	**337162**	**327554**	**238164**	**302070**	**300416**	**88240**	**516363**	**60113**	**335814**
长江路街道	37489	20652	16837	12040	15511	15743	4342	29791	3356	20478
和田街街道	62046	30621	31425	23226	29501	30381	7257	45880	8909	44069
扬子江路街道	44891	22084	22807	17177	21304	22083	5402	33784	5705	27178
友好南路街道	29071	14111	14960	10356	12333	13153	2696	22137	4238	19310
友好北路街道	50901	24250	26651	16266	19104	19991	5283	41787	3831	28874
八一街道	88146	44584	43562	25841	31295	31461	8220	73586	6340	52732
炉院街街道	103134	52993	50141	36187	50255	48836	17255	79358	6521	38333
西山街道	63228	32476	30752	23708	31181	30287	10159	48050	5019	25331
雅玛里克山街道	44273	23117	21156	17466	22381	20928	7024	33473	3776	17908
红庙子街道	101335	51227	50108	41318	49519	48932	14063	78548	8724	42488
兵团农十二师一零四团	35184	18336	16848	12717	17152	16358	5774	26138	3272	16023
兵团十二师西山农场	5018	2711	2307	1862	2534	2263	765	3831	422	3090
新市区	**730307**	**382539**	**347768**	**261185**	**319816**	**309742**	**89905**	**585324**	**55078**	**338625**
北京路街道	83880	42088	41792	27538	32527	32672	8806	68524	6550	43850
二工街道	52100	26645	25455	21049	24934	24161	6543	42042	3515	25145
三工街道	67939	34892	33047	24395	28791	28579	7727	55050	5162	30718
石油新村街道	50022	25438	24584	19410	24559	24309	6386	38022	5614	29997
迎宾路街道	52442	26887	25555	19988	24379	23857	6362	39732	6348	33245
喀什东路街道	49842	30100	19742	12033	15003	14372	4047	42668	3127	16987
北站东路街道	8270	4759	3511	2891	4093	3424	1424	6594	252	1870
天津路街道	28422	15769	12653	10420	13405	11915	4093	23070	1259	7538
银川路街道	77579	39522	38057	29586	35915	35753	10854	61610	5115	33343
南纬路街道	48093	24616	23477	18764	21501	21885	4722	37115	6256	35232
杭州路街道	64416	32491	31925	20568	25095	24595	7492	51887	5037	35115
中亚北路街道	24309	12733	11576	9346	11538	10856	3534	19690	1085	7982
中亚南路街道	34732	17659	17073	13657	16709	16025	4353	27261	3118	15795
友谊路街道	14245	7848	6397	5579	7585	6314	2608	11334	303	2958
嵩山街街道	7699	5504	2195	1486	1719	1612	326	7178	195	153
二工乡	16952	9350	7602	6245	8675	7457	3105	13318	529	5440
地窝堡乡	8984	4951	4033	2534	4213	3782	1908	6737	339	4384
乌鲁木齐高新技术产业开发区	40381	21287	19094	15696	19175	18174	5615	33492	1274	8873

表31 续表 1　　　　单位：人、户

地区	总人口			家庭户户数	家庭户总人口		分年龄人口			居住本地，户口在本地
	合计	男	女		男	女	0-14岁	15-64岁	65岁及以上	
水磨沟区	**390943**	**203951**	**186992**	**150947**	**182746**	**174620**	**52393**	**312791**	**25759**	**152883**
水磨沟街道	48544	23589	24955	18142	21541	22066	6425	37014	5105	26883
六道湾街道	77454	39988	37466	31534	36701	35395	9845	62253	5356	28193
苇湖梁街道	43730	22165	21565	16558	21428	21378	6989	31582	5159	27181
八道湾街道	3326	1752	1574	1190	1631	1551	542	2471	313	1722
新民路街道	66592	32479	34113	25250	30181	30469	8167	54090	4335	34053
南湖南路街道	77316	41227	36089	32713	39061	34926	10696	63549	3071	19624
南湖北路街道	40899	22669	18230	16482	19681	17639	5864	33904	1131	6634
七道湾街道	30358	18672	11686	8327	11165	9892	3307	25980	1071	6326
水磨沟区农村事务管理办公室	2724	1410	1314	751	1357	1304	558	1948	218	2267
头屯河区	**172796**	**92119**	**80677**	**66462**	**82677**	**76626**	**25481**	**131739**	**15576**	**99279**
头屯河街道	55552	29423	26129	23299	26848	25714	7673	41015	6864	47480
火车西站街道	37472	18763	18709	14685	16754	16648	4047	28865	4560	25060
王家沟街道	9967	5647	4320	3345	4586	4104	1630	7944	393	2718
乌昌路街道	5861	3400	2461	1381	1705	1586	589	5067	205	1902
北站西路街道	7167	4057	3110	2720	3749	3060	1385	5531	251	1093
头屯河区乡类似乡镇单位	8343	4603	3740	2754	4174	3629	1756	6334	253	1925
兵团十二师三坪农场	11798	6228	5570	4774	6090	5527	1965	8748	1085	7676
兵团十二师五一农场	12106	6274	5832	3911	5950	5692	2045	8947	1114	6306
新疆兵团十二师头屯河农场	24530	13724	10806	9593	12821	10666	4391	19288	851	5119
达坂城区	**40657**	**22643**	**18014**	**15092**	**20000**	**17584**	**6362**	**30877**	**3418**	**25677**
艾维尔沟街道	8475	4992	3483	3557	4407	3435	1318	7000	157	2280
乌拉泊街道	8112	4130	3982	3857	4069	3950	877	5693	1542	6161
达坂城区盐湖街道	3309	1769	1540	1554	1598	1426	416	2605	288	1982
达坂城镇	5540	3241	2299	1632	2475	2185	849	4363	328	3360
东沟乡	4566	2586	1980	1658	2525	1964	835	3285	446	4144
西沟乡	3154	1689	1465	973	1601	1442	660	2199	295	2466
阿克苏乡	3009	1532	1477	754	1532	1477	729	2125	155	2829
柴窝堡管委会	4492	2704	1788	1107	1793	1705	678	3607	207	2455
米东区	**333676**	**180112**	**153564**	**122567**	**158312**	**144270**	**50182**	**255985**	**27509**	**193998**
石化街道	30769	16247	14522	12559	15076	14277	4196	23998	2575	23083
地磅街道	15372	8493	6879	4938	6631	6219	2051	11828	1493	8117
卡子湾街道	40293	21070	19223	13494	15965	15336	4236	30804	5253	22096
古牧地东路街道	48296	25171	23125	18243	23812	22244	7855	37774	2667	25158
古牧地西路街道	56333	28860	27473	21747	28158	27071	9839	43320	3174	25629
友好路街道	24443	14116	10327	7369	9722	8756	2980	19235	2228	9892
古牧地镇	36066	19435	16631	12206	18101	15926	6800	26959	2307	20797
铁厂沟镇	14111	8601	5510	5109	6010	5052	1914	11099	1098	6611
长山子镇	18773	10307	8466	7709	10276	8455	2983	13656	2134	17358
羊毛工镇	16003	8655	7348	6535	8646	7347	2851	11435	1717	14598
三道坝镇	11460	6294	5166	5242	5951	5113	1349	8825	1286	8926
柏杨河乡	7664	5161	2503	1904	2695	2182	864	6530	270	3757
芦草沟乡	14093	7702	6391	5512	7269	6292	2264	10522	1307	7976
乌鲁木齐县	**83187**	**43959**	**39228**	**28022**	**41006**	**38539**	**14801**	**62408**	**5978**	**66269**
水西沟镇	11208	6049	5159	3834	5221	5029	1861	8725	622	8577
安宁渠镇	19237	9988	9249	6678	9685	9161	3205	14605	1427	15112
青格达湖乡	4314	2190	2124	1612	2167	2106	555	3225	534	3928
六十户乡	7284	3904	3380	2468	3430	3273	1212	5414	658	5662
萨尔达坂乡	9922	5370	4552	3177	4775	4355	1783	7734	405	6848
甘沟乡	6030	3106	2924	1915	3076	2913	1243	4424	363	5399
永丰乡	7098	3742	3356	2680	3702	3348	1363	5097	638	5798
板房沟乡	13657	7307	6350	4191	6685	6229	2649	9941	1067	11108
托里乡	4437	2303	2134	1467	2265	2125	930	3243	264	3837

表31　续表 2　　　　单位：人、户

地　　区	总人口			家庭户	家庭户总人口		分年龄人口			居住本地，户口在本地
	合　计	男	女	户　数	男	女	0-14岁	15-64岁	65岁及以上	
克拉玛依市	**391008**	**203310**	**187698**	**144730**	**184361**	**181627**	**58141**	**303033**	**29834**	**262960**
独山子区	**69361**	**36153**	**33208**	**25308**	**31018**	**31339**	**11278**	**52715**	**5368**	**46721**
金山路街道	26577	13658	12919	10067	12038	12329	4275	19553	2749	14780
西宁路街道	41166	21454	19712	14847	18387	18528	6826	31760	2580	31873
新北区办事处	1618	1041	577	394	593	482	177	1402	39	68
克拉玛依区	**261445**	**135729**	**125716**	**98064**	**124687**	**122136**	**37754**	**202999**	**20692**	**174289**
天山路街道	41277	20471	20806	16403	19290	20143	5144	31347	4786	29493
胜利路街道	52363	26660	25703	21730	26184	25357	6788	39891	5684	32773
昆仑路街道	77979	41007	36972	28216	36465	35658	11948	62005	4026	53685
银河路街道	34505	17635	16870	12700	16732	16410	5907	26821	1777	21200
金龙镇街道	15322	8606	6716	5444	7018	6537	2468	11894	960	7201
五五新镇街道	2067	1119	948	711	1012	928	306	1623	138	1419
小拐乡	1496	896	600	369	527	513	202	1246	48	987
农业开发区	1628	944	684	658	798	607	77	1446	105	44
兵团一二九团	26420	14102	12318	8848	12537	12034	3440	20526	2454	21743
兵团一三六团	8388	4289	4099	2985	4124	3949	1474	6200	714	5744
白碱滩区	**50422**	**26363**	**24059**	**17984**	**23919**	**23570**	**7496**	**40133**	**2793**	**35507**
中兴路街道	45346	23458	21888	16453	21751	21526	6529	36114	2703	33654
三平路街道	5076	2905	2171	1531	2168	2044	967	4019	90	1853
乌尔禾区	**9780**	**5065**	**4715**	**3374**	**4737**	**4582**	**1613**	**7186**	**981**	**6443**
柳树街街道	1339	735	604	455	601	540	223	1069	47	194
乌尔禾乡	989	507	482	312	495	472	185	734	70	788
兵团一三七团	7452	3823	3629	2607	3641	3570	1205	5383	864	5461
吐鲁番地区	**622903**	**327854**	**295049**	**168699**	**296651**	**286082**	**129877**	**457905**	**35121**	**508815**
吐鲁番市	**273385**	**142270**	**131115**	**70427**	**130883**	**128356**	**59177**	**198423**	**15785**	**225086**
老城街道	22808	11284	11524	7067	11115	11356	4614	16915	1279	15425
高昌街道	46992	26645	20347	12892	18167	18574	7335	37622	2035	29262
葡萄沟街道	9041	4530	4511	2003	4481	4495	2146	6415	480	8503
七泉湖镇	10054	5290	4764	3525	5148	4748	1786	7143	1125	7733
大河沿镇	9133	5360	3773	2964	3485	3244	834	7392	907	4743
亚尔乡	53307	26848	26459	12734	26610	26281	13137	37490	2680	44551
艾丁湖乡	18890	9870	9020	4637	9596	8998	4377	13374	1139	17801
葡萄乡	15683	7887	7796	3555	7887	7796	3942	10807	934	14541
恰特喀勒乡	27174	13956	13218	6369	13956	13218	6610	19052	1512	25510
二堡乡	12417	6318	6099	2586	6276	6076	3195	8593	629	11398
三堡乡	15135	7641	7494	3402	7609	7487	3743	10613	779	14449
胜金乡	24246	12339	11907	5756	12306	11895	6053	16795	1398	23645
红柳河园艺场	2313	1158	1155	909	1158	1155	328	1736	249	1832
原种场	2206	1129	1077	555	1109	1074	548	1527	131	2100
兵团二二一团	3986	2015	1971	1473	1980	1959	529	2949	508	3593
鄯善县	**231297**	**122072**	**109225**	**62483**	**107865**	**104738**	**47561**	**172087**	**11649**	**186987**
鄯善镇	44323	23861	20462	13272	18531	18736	7738	34714	1871	30663
七克台镇	16286	8592	7694	4524	7782	7289	2948	12357	981	13915
火车站镇	20053	12120	7933	6324	7005	6391	2388	17093	572	4374
连木沁镇	33635	17250	16385	8408	16714	16096	8004	23994	1637	30704
鲁克沁镇	32497	16486	16011	7658	16403	15936	8057	22793	1647	30763
辟展乡	25994	13144	12850	7191	13096	12821	5457	18954	1583	24366
东巴扎回族民族乡	4529	2303	2226	1443	2289	2225	736	3441	352	3918
吐峪沟乡	23954	12218	11736	6080	12140	11678	6066	16590	1298	23087
达浪坎乡	15009	7577	7432	3824	7534	7416	3619	10501	889	14397

表31　续表 3　　　　单位：人、户

地　区	总人口			家庭户	家庭户总人口		分年龄人口			居住本地，户口在本地
	合　计	男	女	户　数	男	女	0-14岁	15-64岁	65岁及以上	
迪坎乡	8634	4558	4076	2355	4225	4013	1851	6363	420	7316
南山矿区	2021	1772	249	13	20	8	6	2014	1	
园艺场	4362	2191	2171	1391	2126	2129	691	3273	398	3484
托克逊县	**118221**	**63512**	**54709**	**35789**	**57903**	**52988**	**23139**	**87395**	**7687**	**96742**
托克逊镇	29657	15517	14140	10421	14105	13298	5321	22531	1805	17871
库米什镇	1389	813	576	384	584	493	183	1167	39	421
库加依镇	3170	2077	1093	547	1004	934	435	2599	136	1981
阿乐惠镇	3576	2717	859	760	780	439	72	3403	101	3
夏乡	25182	13295	11887	7875	13285	11885	5327	17905	1950	24015
郭勒布依乡	18865	9768	9097	5455	9749	9080	4116	13443	1306	18073
伊拉湖乡	15165	8103	7062	4340	7625	6936	3150	11015	1000	14025
博斯坦乡	21217	11222	9995	6007	10771	9923	4535	15332	1350	20353
哈密地区	**572400**	**300886**	**271514**	**196865**	**270647**	**262671**	**90100**	**434614**	**47686**	**418667**
哈密市	**472175**	**247317**	**224858**	**161355**	**223022**	**217479**	**71888**	**359783**	**40504**	**337679**
东河区街道	67392	33820	33572	24907	32173	32813	10069	50461	6862	46193
西河区街道	43491	21570	21921	15490	20194	20932	6837	33009	3645	28927
新市区街道	58676	29375	29301	23716	28487	28559	6885	43887	7904	42364
丽园街道	39517	20308	19209	13665	18664	18222	5788	30764	2965	24238
石油新城街道	37297	19807	17490	12777	16867	16502	5008	30991	1298	28564
雅满苏镇	2986	2421	565	421	438	312	65	2891	30	178
七角井镇	4343	3424	919	586	737	668	208	4038	97	673
星星峡镇	2175	1845	330	69	81	68	3	2165	7	2
二堡镇	11972	6284	5688	4131	6055	5616	2280	8625	1067	10185
沁城乡	10287	6416	3871	2333	3540	3258	1199	8468	620	6641
乌拉台哈萨克民族乡	810	406	404	222	402	386	190	580	40	558
双井子乡	658	583	75	68	74	50		657	1	4
大泉湾乡	10601	5410	5191	3543	5312	5133	1946	7896	759	8757
陶家宫乡	18718	9696	9022	5607	9562	8989	3256	14009	1453	16195
回城乡	10302	5242	5060	3068	5176	5049	1948	7588	766	6536
花园乡	10330	5853	4477	2599	4649	4363	1782	7714	834	7744
南湖乡	2803	1690	1113	781	1131	1053	392	2162	249	2128
五堡乡	12530	6576	5954	3310	6408	5903	3228	8497	805	11647
德外里都如克哈萨克乡	3500	1746	1754	1023	1744	1754	794	2581	125	2344
西山乡	3301	1734	1567	1098	1734	1566	726	2364	211	3006
天山乡	7442	3920	3522	2378	3873	3513	1596	5379	467	7062
白石头乡	1569	813	756	530	769	745	294	1185	90	1265
柳树沟乡	1439	737	702	432	737	702	370	1008	61	1269
三道岭矿区	30513	15661	14852	11717	14642	14598	3645	23040	3828	26771
巴里坤县山南开发区	1392	706	686	548	706	686	250	1052	90	1
伊吾县山南开发区管委会	1078	545	533	386	533	531	223	748	107	
西戈壁农业综合开发区	3401	1790	1611	982	1754	1605	699	2616	86	1187
哈密伊吾马场	2533	1358	1175	1046	1286	1160	409	1822	302	2145
兵团红星一场	11504	6126	5378	3650	5215	4991	1630	8848	1026	7929
兵团红星二场	6808	3628	3180	2355	3085	3053	928	5043	837	5196
兵团红星四场	7588	3898	3690	2422	3790	3614	1545	5647	396	5959
兵团黄田农场	9257	4764	4493	2993	4737	4473	1789	6564	904	8312
兵团火箭农场	25439	13459	11980	8996	12977	11830	4000	19735	1704	14570
兵团柳树泉农场	10523	5706	4817	3506	5490	4782	1906	7749	868	9129
巴里坤哈萨克自治县	**75442**	**40038**	**35404**	**26826**	**36299**	**34440**	**13838**	**55636**	**5968**	**60619**
巴里坤镇	14313	7201	7112	5288	6678	6821	2851	10503	959	8864

表31　续表 4　　　　单位：人、户

地　　区	总人口			家庭户	家庭户总人口		分年龄人口			居住本地，户口在本地
	合　计	男	女	户　数	男	女	0-14岁	15-64岁	65岁及以上	
博尔羌吉镇	1797	1292	505	48	59	40	58	1715	24	207
大河镇	9784	5001	4783	4251	4993	4779	1398	7107	1279	9143
奎苏镇	6635	3442	3193	2688	3442	3193	967	4956	712	6462
萨尔乔克乡	3662	1826	1836	978	1823	1835	1017	2474	171	3341
海子沿乡	5297	2642	2655	1469	2611	2646	1328	3715	254	5011
下涝坝乡	4335	2177	2158	1273	2157	2151	1207	2987	141	4074
石人子乡	4757	2440	2317	2067	2440	2317	581	3591	585	4403
花园乡	4942	2639	2303	2059	2606	2295	738	3711	493	3989
三塘湖乡	1953	1450	503	353	438	373	85	1735	133	760
大红柳峡乡	3388	2121	1267	1068	1457	1233	628	2637	123	2492
八墙子乡	2037	1070	967	667	1070	967	540	1412	85	1372
良种繁育场	367	177	190	164	177	190	46	269	52	328
黄土场开发区	2109	1147	962	662	1147	962	579	1451	79	1895
兵团红山农场	10066	5413	4653	3791	5201	4638	1815	7373	878	8278
伊吾县	**24783**	**13531**	**11252**	**8684**	**11326**	**10752**	**4374**	**19195**	**1214**	**20369**
伊吾镇	4330	2339	1991	1937	2098	1921	701	3471	158	3698
淖毛湖镇	6847	4209	2638	1900	2329	2231	986	5656	205	3677
苇子峡乡	752	383	369	263	364	363	121	580	51	709
下马崖乡	997	534	463	396	521	457	170	713	114	959
盐池乡	3966	2019	1947	1349	2006	1946	779	2958	229	3943
吐葫芦乡	2582	1335	1247	1070	1330	1247	393	1960	229	2485
前山哈萨克民族乡	3130	1581	1549	938	1574	1544	815	2185	130	2935
兵团淖毛湖农场	2179	1131	1048	831	1104	1043	409	1672	98	1963
昌吉回族自治州	**1428587**	**757038**	**671549**	**543860**	**708966**	**647717**	**220531**	**1080260**	**127796**	**1058774**
昌吉市	**426253**	**221686**	**204567**	**157264**	**202459**	**190769**	**63446**	**329701**	**33106**	**275282**
宁边路办事处	26770	13600	13170	9763	13415	12977	4524	20252	1994	14813
延安北路办事处	55913	26618	29295	21336	24695	24512	7212	43686	5015	32769
北京南路办事处	81044	41332	39712	31438	38486	37966	10322	62769	7953	63871
建国路办事处	43298	22418	20880	16750	21466	20269	7130	34679	1489	16342
中山路街道	30151	17520	12631	8801	11171	10178	3689	25346	1116	11938
绿洲路街道	70012	35956	34056	26152	32330	30992	9232	55029	5751	41036
硫磺沟镇	3761	2286	1475	1738	2046	1448	525	3168	68	913
三工镇	15408	8148	7260	5472	7662	6997	2433	11312	1663	13808
榆树沟镇	13681	7352	6329	4298	6629	6064	2644	10266	771	9916
二六工镇	12329	6538	5791	4197	6499	5774	2706	8814	809	10331
大西渠镇	13916	7410	6506	5257	7137	6363	2546	10086	1284	9997
六工镇	10015	5366	4649	4097	5173	4596	1439	7438	1138	8395
佃坝乡	5213	2785	2428	2264	2774	2410	679	3865	669	4821
滨湖乡	8940	5253	3687	3308	4391	3618	1110	6810	1020	7142
阿什里哈萨克民族乡	8121	4388	3733	2407	4043	3702	1948	5853	320	7501
庙尔沟乡	4087	2062	2025	1255	2062	2025	979	2948	160	4014
新疆昌吉国家农业科技园区管理委员会	1014	604	410	443	523	399	85	881	48	773
昌吉市北部荒漠生态保护管理站	260	148	112	67	98	88	22	228	10	2
兵团共青团农场	7533	4101	3432	3048	4079	3422	1144	5621	768	5985
兵团军户农场	14787	7801	6986	5173	7780	6969	3077	10650	1060	10915
阜康市	**165006**	**87821**	**77185**	**63047**	**79652**	**73654**	**24933**	**125215**	**14858**	**122804**
博峰街办事处	34292	16980	17312	12798	15672	16066	5240	25664	3388	25801
阜新街办事处	16124	8356	7768	5990	7864	7527	2527	12519	1078	9586
准东办事处	16234	8230	8004	6281	7792	7902	2448	12512	1274	13956
甘河子镇	9352	5632	3720	3074	3548	3169	1003	7687	662	4280

表31 续表 5 单位：人、户

地区	总人口			家庭户	家庭户总人口		分年龄人口			居住本地，户口在本地
	合计	男	女	户数	男	女	0-14岁	15-64岁	65岁及以上	
城关镇	18631	9987	8644	6509	8959	8057	2845	14354	1432	12012
九运街镇	14415	8071	6344	6382	7487	6285	1950	10777	1688	12602
滋泥泉子镇	13782	7428	6354	5383	7207	6267	2121	10302	1359	12041
三工河哈萨克民族乡	3926	2232	1694	1582	1825	1611	668	3014	244	3312
上户沟哈萨克民族乡	9695	5360	4335	3490	5040	4257	1774	7259	662	8252
水磨沟乡	4672	2635	2037	1681	2355	1940	777	3628	267	3207
兵团大黄山煤矿	4347	2418	1929	1780	2176	1882	707	3158	482	2389
兵团农六师土墩子农场	5120	2844	2276	1722	2329	2050	810	3946	364	3568
兵团六运湖农场	5672	3077	2595	2647	3016	2580	906	4175	591	4722
兵团二二二团农场	8744	4571	4173	3728	4382	4061	1157	6220	1367	7076
呼图壁县	**210201**	**112628**	**97573**	**84258**	**108177**	**95924**	**33742**	**157566**	**18893**	**163086**
呼图壁镇	43127	21686	21441	15849	21234	21246	7711	32338	3078	27392
大丰镇	11454	6099	5355	3891	5852	5294	2161	8424	869	9606
雀尔沟镇	11380	6348	5032	3862	6046	5024	2104	8793	483	9920
二十里店镇	14320	7552	6768	5135	7027	6326	2307	10808	1205	11651
园户村镇	19650	10411	9239	7290	10302	9224	3663	14510	1477	13700
五工台镇	17899	9630	8269	6998	9366	8120	3061	13286	1552	14825
石梯子哈萨克民族乡	6934	3721	3213	2467	3584	3213	1566	5074	294	6205
县良种繁育场	916	494	422	331	494	422	173	681	62	535
干河子林场	830	426	404	324	423	399	151	606	73	659
呼图壁种牛场	7029	3589	3440	3041	3514	3403	1026	5043	960	5712
兵团一零五团	13902	7567	6335	5956	7413	6178	2061	10583	1258	9686
兵团一零六团	5416	3043	2373	2507	3040	2373	728	4060	628	4960
兵团芳草湖总场	57344	32062	25282	26607	29882	24702	7030	43360	6954	48235
玛纳斯县	**237558**	**126798**	**110760**	**95603**	**120077**	**109012**	**35634**	**176917**	**25007**	**187826**
玛纳斯镇	38077	19279	18798	14176	18468	18522	6624	28320	3133	22469
乐土驿镇	9802	5090	4712	3231	4942	4684	1954	7001	847	8395
包家店镇	12502	6477	6025	4078	6400	5994	2336	9002	1164	11169
凉州户镇	6662	3491	3171	2481	3368	3123	1100	4899	663	5484
北五岔镇	6736	3561	3175	2639	3412	3073	962	5137	637	5843
六户地镇	6357	3384	2973	2571	3203	2822	926	4803	628	5457
兰州湾镇	11932	6335	5597	4831	6118	5530	1872	8980	1080	9037
头工乡	10896	5798	5098	4323	5564	5066	1823	8124	949	6461
广东地乡	5798	3045	2753	2368	2948	2691	853	4328	617	4610
清水河子哈萨克族乡	6820	3986	2834	2216	3298	2765	1162	5307	351	5472
塔西河哈萨克民族乡	3126	1755	1371	960	1545	1322	545	2416	165	2720
旱卡子滩哈萨克民族乡	4475	2416	2059	1588	2307	2035	785	3372	318	3860
玛电工业区	3113	1767	1346	1407	1522	1342	473	2548	92	1693
园艺场	2585	1379	1206	1006	1297	1185	361	2001	223	1452
自治区林业厅玛纳斯平原林场	1796	971	825	683	933	814	278	1320	198	1099
新疆农科院玛纳斯试验站	1528	810	718	590	782	709	183	1184	161	1211
兵团农六师新湖农场	33645	18821	14824	13692	16715	14652	4476	25535	3634	28862
兵团一四七团	14311	7684	6627	6676	7393	6482	1898	10008	2405	12220
兵团一四八团	27302	14765	12537	12646	14158	12232	3137	20676	3489	23360
兵团一四九团	15660	8258	7402	6976	8083	7298	2128	11227	2305	13921
兵团一五零团	14435	7726	6709	6465	7621	6671	1758	10729	1948	13031
奇台县	**210566**	**112513**	**98053**	**79334**	**107841**	**95966**	**33271**	**158116**	**19179**	**168904**
奇台镇	63777	32908	30869	22709	29941	29181	10401	48858	4518	35443
老奇台镇	9906	5354	4552	4168	5352	4552	1313	7499	1094	9006
半截沟镇	16044	8790	7254	6000	8635	7222	2645	11788	1611	15209

表31 续表 6

单位：人、户

地区	总人口			家庭户	家庭户总人口		分年龄人口			居住本地，户口在本地
	合计	男	女	户数	男	女	0-14岁	15-64岁	65岁及以上	
吉布库镇	10640	5811	4829	4020	5811	4829	1746	7801	1093	10404
东湾镇	7024	3784	3240	2902	3780	3237	912	5293	819	6865
西地镇	10880	5857	5023	4469	5856	5022	1491	8215	1174	10471
碧流河乡	7547	4114	3433	3074	4101	3427	982	5742	823	7337
西北湾乡	17979	9635	8344	6613	9528	8320	2884	13416	1679	15722
坎尔孜乡	4262	2317	1945	1387	2317	1945	861	3077	324	3959
五马场乡	7172	3724	3448	2350	3724	3448	1699	5070	403	6774
古城乡	8092	4257	3835	3088	4087	3781	1270	6281	541	5610
乔仁乡	4126	2574	1552	1091	1719	1419	681	3273	172	2905
七户乡	5464	3017	2447	2423	2981	2431	547	4248	669	5324
三个庄子乡	3667	2065	1602	1526	1954	1564	448	2864	355	3177
塔塔尔乡	3726	2020	1706	1152	1972	1698	820	2727	179	3378
兵团奇台农场	26868	14471	12397	11335	14289	12318	3692	19566	3610	24053
兵团农六师北塔山牧场	3392	1815	1577	1027	1794	1572	879	2398	115	**3267**
吉木萨尔县	**113284**	**61674**	**51610**	**42922**	**57603**	**50797**	**17443**	**84907**	**10934**	88765
吉木萨尔镇	35142	17838	17304	12573	17140	17043	6401	26295	2446	20336
三台镇	9273	4849	4424	3474	4744	4406	1478	6713	1082	7661
泉子街镇	7922	4362	3560	3182	4345	3556	1174	5846	902	7575
北庭镇	6363	3545	2818	2938	3442	2785	668	4819	876	5754
二工乡	11556	6313	5243	4585	6119	5196	1735	8611	1210	9925
庆阳湖乡	6392	3424	2968	2441	3379	2958	965	4756	671	5884
老台乡	7216	3999	3217	2736	3825	3147	1070	5456	690	6681
大有乡	10684	6037	4647	4242	6017	4634	1781	7798	1105	10272
新地乡	4726	2826	1900	1673	2352	1844	686	3641	399	3904
五彩湾工业园区	2466	2192	274	5	9	2	4	2456	6	
兵团农六师红旗农场	11544	6289	5255	5073	6231	5226	1481	8516	1547	**10773**
木垒哈萨克自治县	**65719**	**33918**	**31801**	**21432**	**33157**	**31595**	**12062**	**47838**	**5819**	52107
木垒镇	20346	10264	10082	7053	9865	9904	3807	14916	1623	11325
西吉尔镇	4189	2164	2025	1520	2164	2025	488	3089	612	4074
东城镇	7136	3656	3480	2391	3656	3480	1087	5172	877	6902
英格堡乡	3593	1848	1745	1390	1848	1745	403	2655	535	3504
照壁山乡	5234	2709	2525	1807	2689	2522	774	3902	558	4115
新户乡	4929	2546	2383	1778	2531	2378	705	3636	588	4343
雀仁乡	5147	2725	2422	1418	2658	2405	1122	3761	264	4024
白杨河乡	1862	957	905	512	953	905	396	1338	128	1792
大石头乡	5685	2881	2804	1356	2881	2804	1585	3836	264	5504
大南沟乌孜别克乡	2396	1228	1168	599	1228	1168	599	1704	93	2266
博斯坦乡	3926	2139	1787	1239	2134	1786	924	2798	204	3760
良种繁育场	756	383	373	259	383	373	121	571	64	351
克热克库都克牧场	520	418	102	110	167	100	51	460	9	147
博尔塔拉蒙古自治州	**443680**	**229399**	**214281**	**148886**	**220606**	**209897**	**79559**	**332185**	**31936**	348498
博乐市	**235585**	**120952**	**114633**	**76137**	**116042**	**113289**	**42876**	**176028**	**16681**	179050
青得里街道	24891	12450	12441	8902	11865	12184	4513	18685	1693	18172
顾里木图街道	24902	12134	12768	8913	11990	12649	4398	18481	2023	20657
克尔根卓街道	32922	16384	16538	12273	16001	16400	5199	24137	3586	24108
南城区街道办	3012	1808	1204	848	1345	1134	472	2459	81	439
小营盘镇	19108	9963	9145	5659	9963	9141	3690	14065	1353	17612
达勒特镇	13306	7100	6206	3839	6630	6200	2314	10148	844	11513
乌图布拉格镇	15063	7711	7352	3995	7627	7285	3337	10900	826	12187
青得里乡	25663	13073	12590	7115	12964	12557	5890	18424	1349	18205

表31 续表 7　　　　单位：人、户

地区	总人口			家庭户	家庭户总人口		分年龄人口			居住本地，户口在本地
	合计	男	女	户数	男	女	0-14岁	15-64岁	65岁及以上	
贝林哈日莫墩乡	6917	3549	3368	1973	3539	3357	1200	5364	353	4846
阿热勒托海牧场	6823	3475	3348	2078	3460	3328	1397	4911	515	6654
香班哈日根牧场	888	450	438	235	450	438	156	709	23	818
阿拉山口	8525	5511	3014	2555	3099	2478	1021	7447	57	923
兵团八十一团	9977	5081	4896	3353	5047	4874	1659	7582	736	8057
兵团八十四团	7241	3654	3587	2501	3654	3587	1169	5361	711	6128
兵团八十六团	14049	7227	6822	4579	7195	6817	2780	10360	909	9980
兵团八十九团	14041	7171	6870	4525	7060	6836	2422	10509	1110	11677
兵团九十团	8257	4211	4046	2794	4153	4024	1259	6486	512	7074
精河县	**141593**	**73989**	**67604**	**47785**	**70666**	**64932**	**25676**	**106167**	**9750**	**110465**
精河镇	18727	9209	9518	5859	7863	8135	3414	14055	1258	13020
大河沿子镇	28062	14412	13650	8468	13856	13220	5432	20881	1749	25769
茫丁乡	24741	12685	12056	7875	12282	11788	4670	18557	1514	17838
托里乡	19614	10510	9104	6268	9995	8838	3663	14915	1036	12932
托托乡	3476	1990	1486	1525	1909	1453	588	2687	201	2953
阿合其农场	6967	3707	3260	2359	3640	3199	1348	5177	442	6300
八家户农场	14248	7804	6444	5149	7682	6383	2739	10450	1059	9996
兵团八十三团	22133	11802	10331	8973	11598	10171	3167	16764	2202	18742
兵团九十一团	3625	1870	1755	1309	1841	1745	655	2681	289	2915
温泉县	**66502**	**34458**	**32044**	**24964**	**33898**	**31676**	**11007**	**49990**	**5505**	**58983**
博格达尔镇	9370	4642	4728	3267	4405	4596	1767	7067	536	6921
哈日布呼镇	13513	6933	6580	4608	6830	6495	2252	10277	984	11677
安格里格乡	9423	4833	4590	3166	4758	4521	1673	7031	719	8853
查干屯格乡	6161	3196	2965	2295	3192	2963	956	4734	471	5858
扎勒木特乡	3030	1539	1491	1116	1522	1488	594	2331	105	2772
塔秀乡	6093	3234	2859	2430	3191	2828	864	4767	462	5624
呼和托哈种畜场	6124	3253	2871	2476	3221	2855	1005	4604	515	5895
昆得仑牧场	3169	1754	1415	1332	1740	1399	554	2400	215	2881
孟克牧场	225	128	97	103	128	97	58	160	7	180
兵团八十七团	4852	2492	2360	2111	2467	2347	636	3369	847	4428
兵团八十八团	4542	2454	2088	2060	2444	2087	648	3250	644	3894
巴音郭楞蒙古自治州	**1278486**	**664714**	**613772**	**420335**	**619600**	**595492**	**228086**	**966332**	**84068**	**948081**
库尔勒市	**549324**	**281262**	**268062**	**185438**	**259808**	**256435**	**94666**	**417452**	**37206**	**350442**
团结街道	83403	41560	41843	29082	40144	40671	14954	62970	5479	50932
萨依巴格街道	122734	60776	61958	44148	57527	58733	19422	92819	10493	80524
天山街道	35134	17898	17236	12765	17186	17015	5998	26356	2780	20248
新城街道	56134	29813	26321	17003	23355	22827	8277	44483	3374	28124
建设街道	94625	48141	46484	35344	46185	45531	15626	73749	5250	56939
塔什店镇	12789	7255	5534	4583	5645	5141	1420	9964	1405	6913
上户镇	14538	7944	6594	3466	6067	5880	2676	11353	509	8757
库尔勒市西尼尔镇	9444	5189	4255	2912	4156	4006	1670	7273	501	4172
铁克其乡	495	247	248	149	245	248	114	369	12	105
恰尔巴格乡	9361	5036	4325	2689	4580	4244	1819	7161	381	5071
英下乡	10935	5512	5423	2988	5497	5421	2764	7711	460	6453
库尔勒市兰干乡	7575	3904	3671	2062	3854	3625	1760	5410	405	6291
和什力克乡	5905	2986	2919	1594	2958	2917	1366	4221	318	5647
哈拉玉宫乡	8805	4483	4322	2450	4475	4298	2195	6141	469	7958
阿瓦提乡	10818	5576	5242	2868	5481	5168	2782	7512	524	10418
库尔勒市托布力其乡	6492	3264	3228	1777	3181	3170	1545	4592	355	6007
普惠乡	3473	1797	1676	933	1569	1503	700	2646	127	2693

表31　续表 8　　　　单位：人、户

地区	总人口			家庭户	家庭户总人口		分年龄人口			居住本地，户口在本地
	合计	男	女	户数	男	女	0-14岁	15-64岁	65岁及以上	
库尔楚园艺场	3812	1977	1835	1088	1927	1810	832	2823	157	2525
包头湖农场	2235	1139	1096	682	1120	1086	504	1576	155	1723
普惠农场	6822	3617	3205	1827	3190	2907	1401	5200	221	3900
巴州阿瓦提农场	3127	1651	1476	1002	1651	1476	476	2575	76	3115
巴州沙依东园艺场	6757	3477	3280	2070	3474	3280	1604	4834	319	5827
巴州奶牛场	464	234	230	144	234	230	79	354	31	296
普惠牧场	1502	767	735	415	708	647	304	1149	49	851
经济牧场	1185	635	550	283	512	489	213	943	29	835
良种场	516	271	245	176	271	245	82	422	12	392
兵团二十九团	22122	11926	10196	7964	10546	9962	2865	16799	2458	16893
农二师三十团	8122	4187	3935	2974	4070	3905	1218	6047	857	6833
轮台县	**116166**	**61235**	**54931**	**35686**	**57156**	**53511**	**23358**	**87365**	**5443**	**98222**
轮台镇	43314	22623	20691	15596	21620	20415	8045	33124	2145	32861
轮南镇	4077	2692	1385	702	825	725	194	3857	26	244
群巴克镇	13983	7481	6502	3901	6787	6223	2971	10427	585	12478
阳霞镇	12109	6283	5826	3258	6145	5753	2826	8727	556	11601
哈尔巴克乡	11406	5834	5572	3449	5825	5563	2731	8057	618	10885
野云沟乡	3073	1611	1462	860	1590	1453	630	2318	125	3023
阿克萨来乡	5665	2955	2710	1670	2923	2680	1182	4232	251	5562
塔尔拉克乡	4551	2360	2191	1281	2360	2191	922	3357	272	4516
草湖乡	1313	674	639	458	674	639	266	969	78	1293
铁热克巴扎乡	10083	5278	4805	2611	5181	4773	2294	7269	520	9608
策达雅乡	6592	3444	3148	1900	3226	3096	1297	5028	267	6151
尉犁县	**96068**	**50206**	**45862**	**33234**	**47771**	**44931**	**17765**	**71948**	**6355**	**76140**
尉犁镇	22474	11505	10969	7532	10872	10546	4684	16733	1057	13885
塔里木乡	6713	3442	3271	1978	3417	3247	1494	4903	316	6312
兴平乡	10871	5653	5218	3357	5502	5096	2309	8099	463	8906
团结乡	7258	3812	3446	2398	3704	3413	1390	5468	400	5036
墩阔坦乡	4163	2078	2085	1238	2060	2016	862	3091	210	3760
喀尔曲尕乡	3590	1894	1696	1009	1856	1661	762	2601	227	3380
阿克苏普乡	2765	1472	1293	904	1420	1260	603	2023	139	2481
古勒巴格乡	5530	2780	2750	1608	2738	2704	1166	4102	262	5154
兵团三十一团	9291	4842	4449	4003	4766	4378	1306	7156	829	7685
农二师三十三团	12320	6574	5746	4442	5828	5680	1791	9298	1231	9818
兵团三十四团	11093	6154	4939	4765	5608	4930	1398	8474	1221	9723
若羌县	**35580**	**20067**	**15513**	**10494**	**16090**	**14927**	**5796**	**28202**	**1582**	**25600**
若羌镇	9872	5262	4610	3245	4663	4506	1814	7716	342	7274
依吞布拉克镇	800	606	194	223	255	176	27	768	5	34
罗布泊镇	1713	1469	244	77	80	39	1	1704	8	
铁干里克乡	5156	2714	2442	1554	2614	2402	910	3970	276	4452
吾塔木乡	4082	2109	1973	1101	2007	1946	831	3050	201	3433
瓦石峡乡	5886	3133	2753	1603	2922	2655	1197	4485	204	4880
铁木里克乡	457	373	84	83	128	78	15	437	5	99
祁曼塔格乡	14	9	5	4	7	5	2	12		6
兵团三十六团	7600	4392	3208	2604	3414	3120	999	6060	541	5422
且末县	**65572**	**34148**	**31424**	**19216**	**32497**	**30950**	**12709**	**50222**	**2641**	**57339**
且末镇	18893	9577	9316	6417	9422	9187	3545	14578	770	16857
阿热勒乡	2304	1201	1103	697	1201	1103	395	1830	79	2270
琼库勒乡	5455	2746	2709	1432	2739	2702	1024	4174	257	5056
托格拉克勒克乡	8011	4035	3976	2134	4020	3967	1504	6168	339	7045

表31　续表 9　　　　单位：人、户

地　区	总人口			家庭户	家庭户总人口		分年龄人口			居住本地，户口在本地
	合计	男	女	户数	男	女	0-14岁	15-64岁	65岁及以上	
巴格艾日克乡	4235	2154	2081	1256	2154	2081	850	3182	203	4097
英吾斯塘乡	6233	3172	3061	1608	3111	2984	1272	4700	261	5891
阿克提坎墩乡	4081	2115	1966	1128	2113	1964	918	3046	117	3489
阔什萨特玛乡	2982	1553	1429	836	1489	1390	583	2303	96	2728
塔提让乡	4226	2267	1959	1019	1950	1824	775	3304	147	3538
阿羌乡	2064	1102	962	682	1102	962	474	1467	123	2062
库拉木勒克乡	2008	1107	901	672	1092	899	414	1502	92	1897
奥依亚依拉克乡	1853	1017	836	524	852	819	360	1408	85	1523
兵团农二师且末工程支队	1715	1201	514	343	545	477	219	1428	68	886
兵团三十八团	1512	901	611	468	707	591	376	1132	4	
焉耆回族自治县	**127628**	**67101**	**60527**	**40341**	**63305**	**59958**	**23661**	**94408**	**9559**	**106622**
焉耆镇	37649	19098	18551	13597	18498	18345	6624	27976	3049	27787
七个星镇	13352	7074	6278	3977	6701	6167	2529	9985	838	12221
永宁镇	16955	8822	8133	4952	8599	7992	3342	12310	1303	15198
四十里城子镇	8908	5399	3509	2301	3856	3504	1521	6926	461	6939
北大渠乡	10204	5301	4903	2937	5296	4902	2269	7254	681	9848
五号渠乡	18159	9461	8698	5160	9446	8692	3854	13317	988	14947
查汗采开乡	4513	2283	2230	1396	2283	2230	897	3379	237	4271
包尔海乡	5847	3077	2770	1738	3074	2768	1068	4356	423	5740
王家庄牧场	1642	1008	634	429	635	587	220	1325	97	1096
苏海良种场	1771	976	795	622	971	795	332	1333	106	1421
兵团二十七团	8628	4602	4026	3232	3946	3976	1005	6247	1376	7154
和静县	**160804**	**84344**	**76460**	**51512**	**78618**	**74690**	**29080**	**120475**	**11249**	**132588**
和静镇	46382	23242	23140	15069	22232	22182	8699	35054	2629	35497
巴仑台镇	9220	5594	3626	3016	3932	3372	1249	7489	482	4298
巴润哈尔莫墩镇	19369	10137	9232	5428	10006	9170	3876	14586	907	17465
哈尔莫墩镇	17934	9463	8471	5019	8905	8348	3701	13283	950	16382
巴音布鲁克镇	3787	2053	1734	1294	1985	1712	789	2930	68	3386
乃门莫墩乡	7934	4187	3747	2073	4165	3747	1758	5721	455	7483
协比乃尔布呼乡	4852	2493	2359	1323	2493	2359	989	3584	279	4814
克尔古提乡	738	411	327	255	411	327	169	551	18	727
阿拉沟乡	1099	583	516	363	575	516	207	852	40	1079
额勒再特乌鲁乡	2734	1490	1244	860	1350	1233	548	2127	59	2528
巴音郭愣乡	2797	1456	1341	913	1456	1341	666	2062	69	2751
巩乃斯沟乡	2246	1700	546	330	474	484	176	2042	28	888
乌拉斯台农场	7443	3827	3616	2437	3728	3580	1476	5466	501	6308
兵团二十一团	9472	4825	4647	3876	4654	4534	1168	6938	1366	8189
兵团二十二团	16197	8253	7944	6482	8157	7877	2050	11420	2727	14285
兵团二二三团	7640	4113	3527	2369	3628	3477	1485	5578	577	5949
兵团农二师湖光糖厂	960	517	443	405	467	431	74	792	94	559
和硕县	**72556**	**38111**	**34445**	**25992**	**36743**	**33851**	**12049**	**55288**	**5219**	**52102**
特吾里克镇	19520	10140	9380	7704	9728	9227	3368	14843	1309	11968
乌什塔拉回族民族乡	12919	6989	5930	4279	6644	5825	2421	9910	588	9032
曲惠乡	5108	2702	2406	1473	2539	2275	1008	3898	202	3130
塔哈其乡	7818	4206	3612	2650	4034	3485	1342	6037	439	6171
苏哈特乡	3340	1763	1577	1226	1656	1556	442	2712	186	2715
乃仁克尔乡	946	538	408	371	535	407	150	731	65	909
新塔热乡	3110	1583	1527	1205	1568	1510	393	2369	348	2710
清水河农场	7846	4050	3796	2879	4042	3784	1279	5870	697	5208
和硕县马兰公安管区	268	195	73	67	87	65	13	254	1	1

表31　续表 10　　　　　　　　　　　　　　　　　　　　　　　　单位：人、户

地　　区	总人口			家庭户	家庭户总人口		分年龄人口			居住本地，户口在本地
	合　计	男	女	户　数	男	女	0-14岁	15-64岁	65岁及以上	
兵团二师二十四团	11681	5945	5736	4138	5910	5717	1633	8664	1384	10258
博湖县	**54788**	**28240**	**26548**	**18422**	**27612**	**26239**	**9002**	**40972**	**4814**	**49026**
博湖镇	13057	6670	6387	4797	6529	6349	2164	9904	989	10832
本布图镇	9408	4890	4518	2819	4818	4500	1788	6741	879	8660
塔温觉肯乡	7357	3782	3575	2432	3782	3575	1280	5410	667	7000
乌兰再格森乡	2847	1471	1376	922	1468	1373	443	2147	257	2620
才坎诺尔乡	6166	3199	2967	2001	3199	2967	916	4805	445	6104
查干诺尔乡	8933	4654	4279	2798	4553	4268	1597	6662	674	8405
博斯腾湖乡	1857	1030	827	516	744	598	218	1594	45	587
兵团二十五团	5163	2544	2619	2137	2519	2609	596	3709	858	4818
阿克苏地区	**2370809**	**1225608**	**1145201**	**666921**	**1172166**	**1116207**	**542590**	**1697360**	**130859**	**1956832**
阿克苏市	**535657**	**273975**	**261682**	**162040**	**258590**	**250487**	**112023**	**393825**	**29809**	**372803**
栏杆街道	71746	37258	34488	24707	32570	31119	11538	56155	4053	36571
英巴扎街道	43346	21855	21491	13500	19560	19684	8819	31921	2606	28967
红桥街道	31228	15287	15941	9521	13772	14597	6456	22931	1841	21297
新城街道	87368	44150	43218	31202	40687	41008	13904	66429	7035	65255
南城街道	37766	19912	17854	13354	18895	17269	7297	29171	1298	14207
喀勒塔勒镇	36308	18410	17898	8394	18373	17850	9549	25042	1717	34669
阿依库勒镇	39893	20524	19369	8629	20440	19299	11679	26518	1696	33972
依干其乡	40737	20681	20056	10271	20347	19738	10184	29054	1499	28159
拜什吐格曼乡	23798	12082	11716	5796	12033	11671	6453	16090	1255	22765
托普鲁克乡	14587	7633	6954	3651	7562	6879	3545	10382	660	13832
库木巴希乡	21075	10801	10274	4958	10712	10203	6035	14121	919	19635
良种场	5375	2761	2614	1419	2722	2580	1170	3963	242	3872
红旗坡农场	21228	11069	10159	6398	10696	9984	4019	16294	915	14133
实验林场	20161	10476	9685	6076	10423	9676	4396	15149	616	3713
兵团一团	21970	11250	10720	7041	10447	10075	3961	16126	1883	18579
兵团二团	9542	4916	4626	3333	4571	4309	1533	7235	774	8086
西工业园区管理委员会	7480	3836	3644	3070	3761	3633	1148	5608	724	4812
兵团农一师沙井子水利管理处	2049	1074	975	720	1019	913	337	1636	76	279
温宿县	**233933**	**121934**	**111999**	**68194**	**116637**	**110303**	**51880**	**168993**	**13060**	**200598**
温宿镇	42712	23116	19596	14617	20437	19463	7509	32603	2600	34166
吐木秀克镇	10715	5664	5051	3061	5643	5035	2562	7540	613	10049
克孜勒镇	19545	9959	9586	4703	9877	9493	5017	13422	1106	17858
阿热勒镇	23569	12103	11466	6259	11426	10717	6902	15642	1025	20843
佳木镇	18108	9305	8803	4701	9235	8769	4289	13041	778	17291
托乎拉乡	12804	6607	6197	3560	6601	6192	2909	9191	704	11100
恰格拉克乡	15728	8076	7652	4339	8007	7579	3798	11146	784	13907
依希来木其乡	13047	6720	6327	3379	6719	6327	3168	9233	646	11941
古勒阿瓦提乡	17798	9046	8752	4429	8830	8573	4496	12016	1286	16535
博孜墩柯尔克孜族乡	5235	2865	2370	1367	2414	2284	874	4058	303	4470
水稻农场	6143	3135	3008	1858	3130	2999	1472	4378	293	4833
青年农场	6549	3350	3199	2029	3339	3188	1475	4754	320	5376
共青团农场	2111	1117	994	674	1097	985	340	1690	81	1608
塔格拉克牧场	3289	1727	1562	1000	1686	1545	597	2497	195	2717
博孜墩牧场	2664	1464	1200	734	1291	1173	539	2012	113	2365
萨瓦甫齐牧场	2954	1564	1390	764	1521	1367	654	2176	124	2702
恰其力克牧场	1544	786	758	471	724	731	299	1204	41	883
佳木林场	3393	1771	1622	1108	1728	1585	692	2539	162	1800
兵团五团	17786	9319	8467	6196	8851	8364	2961	13496	1329	14022

表31　续表 11　　　　　　　　　　　　　　　　　　　　　　　　　单位：人、户

地　区	总人口			家庭户	家庭户总人口		分年龄人口			居住本地，户口在本地
	合　计	男	女	户　数	男	女	0-14岁	15-64岁	65岁及以上	
兵团六团	8239	4240	3999	2945	4081	3934	1327	6355	557	6132
库车县	**462588**	**240245**	**222343**	**129804**	**229967**	**218902**	**102139**	**333254**	**27195**	**394613**
热斯坦街道	13298	6518	6780	4545	6518	6780	2584	9620	1094	12241
萨克萨克街道	18156	8979	9177	6541	8974	9176	3573	13026	1557	15945
新城街道	44184	22967	21217	16781	21181	20961	8445	32781	2958	29621
东城街道	27114	14483	12631	8871	11714	10463	4196	21989	929	10232
乌恰镇	41557	21116	20441	11417	21112	20436	9097	30697	1763	32984
阿拉哈格镇	38197	19750	18447	9693	19739	18436	9473	26211	2513	37058
齐满镇	35871	18543	17328	9229	18500	17324	8629	25012	2230	35148
墩阔坦镇	17965	9421	8544	4512	9021	8336	4369	12500	1096	16615
牙哈镇	31856	16358	15498	8050	16358	15498	7658	22444	1754	30556
乌尊镇	29243	15055	14188	7225	15037	14176	7338	20356	1549	27586
依西哈拉镇	32132	16461	15671	7940	15843	15453	7324	23387	1421	26221
雅克拉镇	1029	668	361	173	339	305	150	835	44	533
玉奇吾斯塘乡	27355	14220	13135	7310	14185	13125	6261	19239	1855	26353
比西巴格乡	26131	13399	12732	6660	13399	12732	6268	18229	1634	25370
哈尼喀塔木乡	35430	18138	17292	8891	18135	17292	8701	24802	1927	34672
阿克吾斯塘乡	16027	8161	7866	4398	8125	7830	4036	10965	1026	15075
阿格乡	6960	4643	2317	1712	2725	2152	825	5935	200	3502
塔里木乡	3877	2607	1270	680	1158	1066	464	3305	108	1850
水电二处	2260	1133	1127	1102	1133	1127	197	1403	660	2137
二八台农场	4413	2315	2098	1267	2196	2060	871	3207	335	4059
良种繁育场	2678	1402	1276	798	1402	1276	512	2010	156	2452
库孜翁牧场	1551	1126	425	354	490	390	157	1371	23	367
草湖牧场	1136	575	561	310	571	561	251	823	62	979
库车种羊场	3008	1568	1440	948	1549	1437	543	2195	270	2372
库车监狱	360	213	147	167	158	139	37	308	15	176
克其力克农场	800	426	374	230	405	371	180	604	16	509
沙雅县	**257502**	**134552**	**122950**	**72006**	**128573**	**120243**	**56744**	**185368**	**15390**	**218029**
沙雅镇	51806	26635	25171	19865	24743	23297	9575	38995	3236	39796
托依堡勒迪镇	42227	22292	19935	10311	22156	19852	9545	30386	2296	39806
红旗镇	31736	16347	15389	7360	16341	15382	7268	22435	2033	27969
英买力镇	43151	22117	21034	10548	22116	21034	11552	29119	2480	37168
古勒巴格乡	28795	14902	13893	7777	14663	13719	5882	21261	1652	25097
海楼乡	23198	11947	11251	6650	11854	11125	5604	15949	1645	20732
努尔巴格乡	10952	5506	5446	2975	5345	5284	2645	7425	882	9957
塔里木乡	6940	3842	3098	1627	3257	2997	1415	5184	341	5385
盖孜库木乡	8827	4610	4217	2490	4520	4148	1934	6668	225	4747
新垦农场	1684	897	787	571	884	772	332	1331	21	1284
一牧场	1849	933	916	479	893	865	356	1405	88	1635
二牧场	1528	815	713	479	748	713	335	1103	90	1247
沙雅监狱	4429	3460	969	826	943	947	238	3803	388	2909
沙雅县工业集中	380	249	131	48	110	108	63	304	13	297
新和县	**172064**	**88393**	**83671**	**49628**	**87383**	**83309**	**43485**	**118013**	**10566**	**139695**
新和镇	27454	13463	13991	8971	13285	13933	6430	19595	1429	20891
尤鲁都斯巴格镇	21110	10935	10175	5958	10827	10124	5200	14423	1487	17724
依其艾日克乡	35569	18486	17083	10467	18172	16997	8861	24724	1984	28249
排先拜巴扎乡	17838	9232	8606	5056	9198	8593	4658	12018	1162	14936
塔什艾日克乡	17246	8892	8354	5153	8879	8351	4438	11729	1079	13956
渭干乡	19781	10127	9654	4998	9984	9586	5266	13139	1376	16715

表31 续表 12

单位：人、户

地区	总人口			家庭户	家庭户总人口		分年龄人口			居住本地，户口在本地
	合计	男	女	户数	男	女	0-14岁	15-64岁	65岁及以上	
玉奇喀特乡	21800	11264	10536	5668	11207	10513	5617	14708	1475	19030
塔木托格拉克乡	9473	4965	4508	2712	4950	4500	2676	6244	553	7650
桑塔木农场	1793	1029	764	645	881	712	339	1433	21	544
拜城县	**229252**	**118129**	**111123**	**59399**	**107924**	**102934**	**48191**	**168696**	**12365**	**201921**
拜城镇	49207	24258	24949	13585	20964	21548	9712	36924	2571	37563
铁热克镇	6479	3896	2583	2569	3179	2572	808	5495	176	3470
察尔齐镇	18485	9672	8813	4465	8662	8397	3981	13629	875	16201
赛里木镇	15142	7797	7345	4033	7683	7242	3496	10765	881	14540
黑英山乡	12538	6627	5911	3353	6342	5770	2566	9158	814	12021
克孜尔乡	8516	4402	4114	2124	4014	3788	1895	6124	497	7747
托克逊乡	14530	7478	7052	3547	7113	6691	3203	10477	850	14218
亚吐尔乡	16870	8797	8073	4235	8393	7746	3546	12336	988	16320
康其乡	17290	8805	8485	4232	8139	7761	3830	12493	967	15131
布隆乡	9390	4848	4542	2171	4427	4077	1995	6721	674	8959
米吉克乡	14756	7725	7031	3615	6986	6455	3259	10732	765	13107
温巴什乡	15613	8017	7596	3757	7332	7021	3386	11406	821	14957
大桥乡	9963	5147	4816	2493	4670	4587	2290	7235	438	8609
老虎台乡	11997	6205	5792	2705	5835	5484	2565	8840	592	11418
大宛其农场	6515	3409	3106	2039	3319	3003	1339	4812	364	5804
种羊场	1961	1046	915	476	866	792	320	1549	92	1856
乌什县	**197990**	**102254**	**95736**	**49685**	**100653**	**95117**	**54770**	**134169**	**9051**	**188023**
乌什镇	27836	13865	13971	7680	13257	13721	6610	20011	1215	24710
阿克托海乡	22870	12055	10815	5251	11759	10700	6510	15375	985	22198
亚科瑞克乡	17023	8701	8322	4032	8701	8322	5090	11103	830	16591
阿恰塔格乡	17661	9109	8552	4375	8919	8503	5115	11704	842	16773
阿合雅乡	34588	17681	16907	8118	17518	16793	10958	22314	1316	33794
依麻木乡	22669	11827	10842	5697	11822	10838	6751	14874	1044	20909
英阿瓦提乡	17614	9236	8378	4643	9020	8349	4420	12423	771	17143
亚曼苏柯尔克孜族乡	8554	4546	4008	2376	4542	4002	2202	5964	388	8051
奥特贝希乡	23283	12250	11033	5220	12160	10998	6215	16081	987	22723
兵团四团	5892	2984	2908	2293	2955	2891	899	4320	673	5131
阿瓦提县	**237562**	**123417**	**114145**	**65934**	**120206**	**113615**	**60237**	**166056**	**11269**	**201918**
阿瓦提镇	34142	17546	16596	12927	17285	16502	7366	25136	1640	27384
乌鲁却勒镇	41682	21674	20008	10617	21646	19999	11947	27650	2085	36639
拜什艾日克镇	36982	18917	18065	9114	18852	18043	10159	25123	1700	34230
阿依巴格乡	28730	14611	14119	7250	14611	14119	7709	19653	1368	24827
塔木托格拉克乡	19505	9873	9632	5025	9852	9591	5419	13040	1046	18347
英艾日克乡	31209	16103	15106	7759	16102	15104	8886	20959	1364	28017
多浪乡	8740	4536	4204	2490	4492	4180	2178	6168	394	7041
巴格托格拉克乡	3717	1915	1802	964	1836	1727	939	2600	178	2812
天丰种业有限责任公司	2374	1222	1152	700	1202	1142	544	1789	41	1254
新疆华孚恒丰有限责任公司	6331	3326	3005	1869	3307	2991	1321	4762	248	4857
新疆鲁泰棉业有限责任公司	7025	3678	3347	1982	3619	3268	1419	5370	236	5138
博斯坦牧场	468	262	206	131	256	202	123	329	16	369
阿克苏监狱	3093	2751	342	286	339	330	118	2931	44	442
兵团三团	13564	7003	6561	4820	6807	6417	2109	10546	909	10561
柯坪县	**44261**	**22709**	**21552**	**10231**	**22233**	**21297**	**13121**	**28986**	**2154**	**39232**
柯坪镇	8031	4107	3924	2191	3760	3706	2049	5677	305	6280
盖孜力克乡	12686	6466	6220	2797	6453	6220	3825	8176	685	11935
玉尔其乡	11085	5654	5431	2273	5648	5431	3234	7152	699	10142

表31 续表 13

单位：人、户

地区	总人口			家庭户	家庭户总人口		分年龄人口			居住本地，户口在本地
	合计	男	女	户数	男	女	0-14岁	15-64岁	65岁及以上	
阿恰勒乡	7309	3825	3484	1683	3719	3451	2196	4712	401	6646
启浪乡	5150	2657	2493	1287	2653	2489	1817	3269	64	4229
克孜勒苏柯尔克孜自治州	**525570**	**267660**	**257910**	**125540**	**261300**	**254378**	**146343**	**354774**	**24453**	**482721**
阿图什市	**240368**	**121782**	**118586**	**54934**	**118761**	**116282**	**65069**	**164076**	**11223**	**217244**
幸福路街道	21786	10651	11135	6058	9746	9919	5075	15928	783	16052
光明路街道	36316	18192	18124	10796	17021	17275	8476	26535	1305	30680
松他克乡	36849	18660	18189	6963	18604	18169	11385	23892	1572	32269
阿扎克乡	38574	19799	18775	7414	19533	18759	11298	25468	1808	36582
阿湖乡	16189	8265	7924	3603	8264	7924	4252	11036	901	15487
上阿图什乡	45847	23566	22281	10308	23199	22139	11953	31464	2430	43137
格达良乡	16248	8224	8024	3318	8220	8019	4856	10459	933	15458
哈拉峻乡	15931	8084	7847	3600	7870	7811	4237	10785	909	15358
吐古买提乡	9009	4525	4484	1960	4500	4472	2478	6118	413	8933
兵团农三师红旗农场	3619	1816	1803	914	1804	1795	1059	2391	169	3288
阿克陶县	**199065**	**101438**	**97627**	**46861**	**99894**	**96677**	**59956**	**130154**	**8955**	**185044**
阿克陶镇	36270	17960	18310	9580	17539	17568	9398	25633	1239	31477
奥依塔克镇	4520	2414	2106	1199	2277	2086	1179	3086	255	4274
玉麦乡	25832	13165	12667	6334	13121	12645	7696	16886	1250	24331
皮拉力乡	43228	21933	21295	9664	21923	21282	13409	27873	1946	40667
巴仁乡	32909	16874	16035	6917	16871	16033	11931	19714	1264	31366
喀热克其克乡	5299	2743	2556	1230	2743	2556	1592	3502	205	4912
加马铁力克乡	10311	5252	5059	2331	5227	5037	3031	6694	586	9784
木吉乡	3892	1995	1897	889	1995	1897	1196	2513	183	3714
布伦口乡	6922	3743	3179	1562	3403	3164	1918	4718	286	6416
克孜勒陶乡	9259	4808	4451	2068	4436	4368	2647	6091	521	8514
恰尔隆乡	4823	2455	2368	1157	2455	2368	1425	3105	293	4722
库斯拉甫乡	3542	1785	1757	1008	1772	1756	1080	2275	187	3464
塔尔乡	5059	2614	2445	1163	2463	2428	1459	3275	325	4740
托尔塔依农场	3827	1961	1866	935	1934	1853	1094	2494	239	3431
阿克达拉牧场	2527	1304	1223	599	1303	1223	675	1715	137	2462
原种场	602	311	291	143	311	291	173	400	29	565
克孜勒苏柯尔克孜自治州林场	36	18	18	14	18	18	9	27		19
苗圃	207	103	104	68	103	104	44	153	10	186
阿合奇县	**38876**	**19872**	**19004**	**10255**	**19097**	**18809**	**9854**	**27174**	**1848**	**35795**
阿合奇镇	11910	6033	5877	3673	5742	5783	2917	8488	505	9721
库兰萨日克乡	4498	2485	2013	1045	2053	1978	990	3310	198	4007
色帕巴依乡	3004	1541	1463	836	1523	1432	749	2100	155	2929
苏木塔什乡	4093	2081	2012	982	2081	2012	1080	2799	214	4051
哈拉奇乡	8010	4013	3997	1812	3980	3962	2062	5533	415	7815
哈拉布拉克乡	7361	3719	3642	1907	3718	3642	2056	4944	361	7272
乌恰县	**47261**	**24568**	**22693**	**13490**	**23548**	**22610**	**11464**	**33370**	**2427**	**44638**
乌恰镇	9999	5330	4669	3177	4746	4644	2294	7423	282	9129
康苏镇	1585	806	779	601	791	779	463	1075	47	1555
乌鲁克恰提乡	3951	2002	1949	957	1926	1942	926	2767	258	3855
吾合沙鲁乡	1029	534	495	301	521	494	234	721	74	1006
膘尔托阔依乡	7270	3793	3477	1796	3779	3467	2045	4833	392	6840
黑孜韦乡	5405	2746	2659	1660	2722	2657	1209	3881	315	4837
托云乡	1810	946	864	571	946	864	401	1281	128	1803
铁列克乡	3129	1611	1518	813	1589	1508	760	2171	198	3076
巴音库鲁提乡	2225	1198	1027	658	1049	1016	436	1662	127	2082

表31 续表 14

单位：人、户

地 区	总人口			家庭户	家庭户总人口		分年龄人口			居住本地，户口在本地
	合 计	男	女	户 数	男	女	0-14岁	15-64岁	65岁及以上	
波斯坦铁列克乡	7953	4074	3879	2189	4061	3870	2021	5490	442	7662
吉根乡	2090	1116	974	527	1014	968	481	1485	124	2070
兵团托云牧场	815	412	403	240	404	401	194	581	40	723
喀什地区	**3979321**	**2015637**	**1963684**	**968587**	**1969402**	**1925443**	**1048398**	**2738329**	**192594**	**3581796**
喀什市	**506640**	**253082**	**253558**	**132085**	**240701**	**238631**	**120305**	**362254**	**24081**	**385255**
恰萨街道	88540	42408	46132	23788	36983	37480	15808	67557	5175	70528
亚瓦格街道	26617	12994	13623	7635	12873	13461	6165	18782	1670	18195
吾斯塘博依街道	50580	25014	25566	15212	23888	24077	9845	37631	3104	41029
库木德尔瓦扎街	50861	24680	26181	15172	21660	22233	7849	39436	3576	40866
乃则尔巴格镇	61096	30921	30175	13243	29747	30084	17247	41590	2259	47365
夏马勒巴格镇	59769	31198	28571	18393	30556	28314	13413	44627	1729	32770
多来特巴格乡	56003	28257	27746	13962	28099	27625	16397	37671	1935	36077
浩罕乡	33476	16971	16505	7196	16689	16362	9943	22268	1265	25652
色满乡	18851	9716	9135	4180	9352	9092	5014	13026	811	17425
荒地乡	11209	5747	5462	2537	5747	5462	3210	7527	472	10587
帕哈太克里乡	13622	6919	6703	3077	6866	6682	4042	9033	547	12463
伯什克然木乡	36016	18257	17759	7690	18241	17759	11372	23106	1538	32298
疏附县	**311960**	**159435**	**152525**	**73301**	**158149**	**150583**	**86507**	**211485**	**13968**	**294815**
托克扎克镇	34010	16681	17329	8656	15514	15467	8106	24531	1373	27261
乌帕尔乡	34150	17714	16436	8321	17696	16426	9143	23596	1411	33533
塔什米里克乡	27989	14596	13393	6566	14592	13387	8050	18690	1249	27251
铁日木乡	5117	2652	2465	1292	2649	2461	1503	3399	215	5003
布拉克苏乡	38327	19612	18715	8438	19604	18710	11059	25827	1441	37038
萨依巴格乡	22827	11569	11258	5185	11569	11258	6490	15533	804	21891
站敏乡	22539	11559	10980	5595	11559	10980	6030	15493	1016	21843
吾库萨克乡	14795	7544	7251	3769	7511	7233	4021	10090	684	13430
兰干乡	18785	9626	9159	4633	9602	9144	5052	12889	844	17935
木什乡	14671	7518	7153	3332	7502	7144	3955	9927	789	14162
阿瓦提乡	30335	15513	14822	6496	15501	14820	9037	19760	1538	28957
英吾斯塘乡	35747	18346	17401	8164	18345	17394	10280	23420	2047	34633
阿克喀什乡	11313	5800	5513	2470	5800	5509	3428	7376	509	10758
县种畜场	163	76	87	70	76	87	11	140	12	14
县园艺场	472	247	225	115	247	225	155	304	13	458
县林场	408	220	188	98	220	188	101	301	6	359
县良种场	197	103	94	72	103	94	45	143	9	191
县英艾力克大畜场	115	59	56	29	59	56	41	66	8	98
疏勒县	**312455**	**157845**	**154610**	**74838**	**156545**	**152794**	**84045**	**211833**	**16577**	**292458**
疏勒镇	40446	19514	20932	11698	18382	19184	8600	30034	1812	29774
罕南力克镇	24481	12383	12098	5179	12383	12097	6792	16531	1158	23819
牙甫泉镇	25081	12774	12307	5797	12773	12306	6840	16986	1255	24839
巴仁乡	32215	16151	16064	7131	16140	16063	8385	22271	1559	31141
洋大曼乡	17244	8614	8630	3987	8614	8630	4832	11307	1105	16551
亚曼牙乡	15542	7866	7676	3833	7853	7666	4548	10028	966	15302
巴合齐乡	21865	11109	10756	5304	11104	10753	5792	14949	1124	21507
塔孜洪乡	27393	14039	13354	6434	14035	13352	7466	18505	1422	26381
英尔力克乡	20412	10440	9972	4554	10440	9972	6316	13038	1058	20017
库木西力克乡	20355	10471	9884	4573	10457	9867	5401	13798	1156	20233
塔合其乡	9268	4695	4573	2072	4693	4568	2727	6071	470	8913
艾尔木东乡	12393	6355	6038	3038	6355	6038	3337	8352	704	12329
阿拉力乡	11170	5726	5444	2620	5726	5444	3384	7162	624	10725

表31 续表 15　　　　单位：人、户

地　　区	总人口			家庭户	家庭户总人口		分年龄人口			居住本地，户口在本地
	合　计	男	女	户　数	男	女	0-14岁	15-64岁	65岁及以上	
阿拉甫乡	18748	9655	9093	4359	9644	9086	5591	12037	1120	16840
英阿瓦提乡	9936	5028	4908	2252	5028	4908	2908	6545	483	9489
兵团四十一团	5906	3025	2881	2007	2918	2860	1126	4219	561	4598
英吉沙县	**262067**	**134636**	**127431**	**61374**	**132185**	**125353**	**72660**	**177834**	**11573**	**250369**
城镇	31113	15615	15498	7953	14346	14615	7580	22259	1274	25698
城关乡	13058	6757	6301	3057	6744	6298	3163	9285	610	12595
乔勒潘乡	11848	6055	5793	2824	6055	5793	3220	7985	643	11620
龙甫乡	6882	3626	3256	1726	3587	3239	1840	4656	386	6707
芒辛乡	25746	13010	12736	5706	12916	12653	6978	17604	1164	24547
色提力乡	10424	5339	5085	2548	5301	5043	2743	7084	597	10329
萨罕乡	30029	15548	14481	6127	15384	14319	10318	17975	1736	29098
英也尔乡	12593	6586	6007	2945	6582	6007	3611	8254	728	12561
克孜勒乡	24772	12640	12132	5612	12640	12132	7647	16248	877	24092
托普鲁克乡	13860	7228	6632	3437	7205	6610	4017	9477	366	13553
苏盖提乡	23280	12038	11242	5575	11989	11214	5989	16540	751	22188
乌恰乡	42385	21827	20558	9653	21114	19729	11197	29454	1734	41682
艾古斯乡	9371	4887	4484	2408	4883	4483	2520	6473	378	9260
依格孜也尔乡	5114	2676	2438	1270	2656	2438	1483	3407	224	5001
兵团东风农场	1592	804	788	533	783	780	354	1133	105	1438
泽普县	**206936**	**104397**	**102539**	**55408**	**102483**	**100457**	**48073**	**149757**	**9106**	**190712**
泽普镇	31665	15586	16079	8759	14319	14485	6309	24270	1086	26072
奎依巴格镇	10553	5477	5076	3189	5475	5065	2235	8024	294	8005
塔里木油田公司	18173	9396	8777	7149	9300	8704	3134	14127	912	16507
波斯喀木乡	20026	10283	9743	5493	10268	9742	4763	14463	800	19450
泽普县依玛乡	19628	9953	9675	4724	9911	9674	4955	13759	914	19459
古勒巴格乡	18571	9161	9410	4529	9161	9410	4697	12747	1127	17756
赛力乡	16721	8410	8311	3852	8292	8199	4105	11900	716	16100
依肯苏乡	19340	9734	9606	4647	9715	9599	4843	13523	974	18419
图呼其乡	10359	5204	5155	2450	5124	5109	2679	7201	479	9999
奎依巴格乡	12713	6524	6189	3484	6523	6189	3236	8911	566	11657
阿克塔木乡	6652	3383	3269	1563	3288	3180	1645	4730	277	6255
阿依库勒乡	11728	5807	5921	2799	5655	5792	2903	8330	495	11113
布依鲁克塔吉克族乡	3564	1842	1722	999	1831	1717	761	2659	144	3362
农场场部	3776	1918	1858	953	1910	1851	989	2592	195	3242
泽普县良种场	1873	904	969	416	896	962	502	1292	79	1790
园艺场	1314	665	649	324	665	649	238	1038	38	1275
国营林场	280	150	130	78	150	130	79	191	10	251
莎车县	**762385**	**387967**	**374418**	**177495**	**377862**	**369409**	**213601**	**512920**	**35864**	**713549**
莎车镇	128145	64641	63504	32249	57825	59323	30291	93434	4420	104681
恰热克镇	29946	15238	14708	7409	15226	14693	8820	19672	1454	29481
艾力西湖镇	36793	18916	17877	8340	18915	17877	11021	23978	1794	36224
荒地镇	34658	17289	17369	7907	17289	17369	10048	22903	1707	31620
阿瓦提镇	25119	12744	12375	5839	12685	12341	7097	16589	1433	23904
伯什坎特镇	39243	19664	19579	8851	19642	19562	11253	25711	2279	38020
依盖尔其镇	27038	13578	13460	6179	13566	13456	8700	16750	1588	26219
古勒巴格乡	22255	11233	11022	5173	11230	11018	6484	14916	855	18524
阿热勒乡	17398	8884	8514	4019	8884	8512	5174	11321	903	16475
恰尔巴格乡	12972	6600	6372	2982	6600	6372	3603	8703	666	12813
托木吾斯塘乡	29579	15083	14496	6310	15081	14495	8679	19604	1296	29033
英吾斯塘乡	10582	5389	5193	2469	5389	5193	3010	7048	524	9855

表31 续表 16 单位：人、户

地　　区	总人口			家庭户	家庭户总人口		分年龄人口			居住本地，户口在本地
	合　计	男	女	户　数	男	女	0-14岁	15-64岁	65岁及以上	
乌达力克乡	31525	15893	15632	7221	15808	15583	8976	20927	1622	30565
阿热斯兰巴格乡	20018	10147	9871	4415	10147	9871	5709	13334	975	19693
孜热甫普夏提乡	10504	5407	5097	2628	5364	5070	2877	7149	478	9674
亚喀艾日克乡	10204	5307	4897	2378	5280	4861	2840	6932	432	9824
喀群乡	18749	9472	9277	4420	9462	9274	5459	12414	876	18532
霍什拉甫乡	17351	8926	8425	3939	8922	8424	5731	10844	776	16847
达木斯乡	9678	5039	4639	2124	4763	4619	2981	6258	439	9373
米夏乡	32419	16563	15856	7287	16562	15856	9155	21911	1353	31878
伊什库力乡	29930	15357	14573	6539	15340	14560	8596	19929	1405	29487
拍克其乡	19809	10183	9626	4544	10173	9614	6001	12893	915	19672
塔尕尔其乡	34554	17695	16859	8064	17684	16853	9728	23532	1294	34171
阔什艾日克乡	16413	8459	7954	3887	8459	7954	4759	11005	649	15909
墩巴格乡	17579	8762	8817	3751	8757	8805	5172	11429	978	16519
阿拉买提乡	23583	11953	11630	5589	11912	11614	6416	15469	1698	23127
阿扎特巴格乡	15846	7969	7877	3709	7969	7876	4353	10710	783	15770
巴格阿瓦提乡	16951	8644	8307	3803	8644	8307	4969	10903	1079	16359
喀拉苏乡	14756	7443	7313	3606	7443	7313	4395	9535	826	14093
喀什监狱	5506	3808	1698	936	1167	1143	485	4787	234	2610
县良种场	1988	1007	981	550	1007	981	510	1392	86	1619
优质果树苗木繁育基地	270	143	127	87	143	127	72	188	10	231
国营二林场	224	120	104	58	120	104	70	148	6	209
园艺场	186	97	89	41	97	89	47	133	6	186
蚕种场	284	140	144	95	140	144	56	220	8	169
渔苗场	30	18	12	10	18	12	4	26		
农科院莎车农业试验站	300	156	144	87	149	144	60	223	17	183
叶城县	**454328**	**229250**	**225078**	**103901**	**227454**	**224420**	**127321**	**308162**	**18845**	**376538**
喀格勒克镇	75730	37540	38190	20644	36691	37814	18819	54297	2614	56129
恰尔巴格镇	21189	10597	10592	4487	10448	10576	5819	14499	871	19777
乌夏巴什镇	21582	11227	10355	4517	10638	10141	5491	15269	822	18811
洛克乡	20612	10542	10070	4097	10541	10067	6435	13325	852	17036
伯西热克乡	33486	17234	16252	6210	17234	16252	10268	21953	1265	26694
铁提乡	15656	7885	7771	3243	7885	7770	4203	10751	702	14449
恰萨美其特乡	17515	8786	8729	3929	8786	8729	4749	12233	533	11420
吐古其乡	20476	10330	10146	4373	10329	10143	6033	13753	690	17615
江格勒斯乡	18844	9475	9369	4107	9475	9369	5763	12099	982	15178
加依提勒克乡	23374	11621	11753	5026	11612	11750	6726	15559	1089	19720
巴仁乡	10139	5121	5018	2347	5115	5014	2812	6797	530	8984
乌吉热克乡	20763	10551	10212	4942	10551	10212	5707	14102	954	17948
夏合甫乡	18734	9505	9229	4468	9503	9223	5233	12536	965	17143
依力克其乡	14869	7532	7337	3662	7532	7337	4266	9880	723	12919
依提木孔乡	36052	18154	17898	7750	18154	17898	9633	25028	1391	30319
宗朗乡	6247	3214	3033	1473	3214	3033	1780	4222	245	5675
柯克亚乡	19451	9891	9560	4912	9890	9560	5666	12912	873	16807
西合休乡	5535	2816	2719	1267	2667	2701	1682	3508	345	4970
棋盘乡	16224	8327	7897	3763	8322	7897	5150	10380	694	14172
萨依巴格乡	22525	11212	11313	4974	11208	11308	6638	14925	962	19551
公安农场	425	218	207	139	217	206	87	303	35	391
阿克塔什农场	545	304	241	142	304	241	151	373	21	
良种场	1861	921	940	468	921	940	482	1303	76	1408
园艺场	1378	713	665	337	713	665	302	1004	72	1241

表31 续表 17 单位：人、户

地　　区	总人口			家庭户	家庭户总人口		分年龄人口			居住本地，户口在本地
	合　计	男	女	户　数	男	女	0-14岁	15-64岁	65岁及以上	
林场	1148	551	597	242	551	597	290	812	46	918
普萨牧场	1076	558	518	249	558	518	319	696	61	751
种畜场	348	182	166	95	182	166	108	233	7	229
恰其库木管理区	7562	3702	3860	1733	3700	3853	2454	4727	381	5399
兵团叶城牧场	982	541	441	305	513	440	255	683	44	884
麦盖提县	**258978**	**130581**	**128397**	**70027**	**122973**	**121550**	**58291**	**187620**	**13067**	**226110**
麦盖提镇	40926	20169	20757	13428	19256	20069	8423	30240	2263	31647
巴扎结米乡	23308	11671	11637	7009	11634	11590	5297	16955	1056	21428
希依提墩乡	13646	6970	6676	3145	6507	6211	3444	9487	715	11751
央塔克乡	31777	15942	15835	7263	14473	14251	7838	22395	1544	27803
吐曼塔勒乡	24599	12369	12230	6367	12187	12054	6017	17306	1276	22909
尕孜库勒乡	26225	12803	13422	6140	12124	12004	6332	18612	1281	24068
克孜勒阿瓦提乡	25841	13014	12827	6549	12869	12740	6578	18037	1226	23942
库木库萨尔乡	13873	6911	6962	4076	6880	6937	3159	9989	725	12506
昂格特勒克乡	5584	2754	2830	1522	2753	2830	1362	3916	306	4928
库尔玛乡	14410	7314	7096	3814	7075	6838	3377	10399	634	13243
胡杨林场	247	135	112	73	120	107	43	203	1	
园艺场	765	398	367	209	398	367	144	579	42	741
五一林场	1375	683	692	396	672	675	279	1013	83	1244
兵团农三师前进水库管理处	322	161	161	130	159	161	45	235	42	258
兵团四十五团	30945	16554	14391	8177	13281	12366	5191	24065	1689	25481
兵团四十六团	5135	2733	2402	1729	2585	2350	762	4189	184	4161
岳普湖县	**147688**	**74096**	**73592**	**37710**	**73897**	**73502**	**35824**	**101903**	**9961**	**141386**
岳普湖镇	22092	11084	11008	6931	10947	10955	5101	15944	1047	19975
艾西曼镇	14803	7413	7390	3644	7410	7385	3735	9961	1107	14466
岳普湖乡	13461	6644	6817	3445	6644	6817	3155	9222	1084	13204
也克先拜巴扎乡	18771	9311	9460	4177	9290	9439	4702	12572	1497	18517
阿其克乡	21583	10712	10871	4900	10712	10870	5830	14171	1582	20572
色也克乡	18064	9181	8883	4657	9181	8883	4150	12719	1195	17668
铁热木乡	18971	9554	9417	4578	9552	9417	4458	13318	1195	18280
巴依阿瓦提乡	10460	5327	5133	2389	5326	5130	2638	7173	649	9981
阿洪鲁库木乡	2524	1300	1224	660	1294	1222	604	1764	156	2501
岳普湖县农场	1137	590	547	327	590	547	285	803	49	1103
岳普湖县林场	417	200	217	89	200	217	92	303	22	408
岳普湖县奶牛场	469	248	221	168	248	221	87	352	30	303
岳普湖县良种场	824	426	398	238	426	398	228	528	68	798
岳普湖县大畜场	486	237	249	130	237	249	128	310	48	430
兵团四十二团	3626	1869	1757	1377	1840	1752	631	2763	232	3180
伽师县	**381767**	**192930**	**188837**	**91418**	**191534**	**188012**	**109947**	**250601**	**21219**	**365424**
巴仁镇	33971	16701	17270	10573	16236	16789	7276	25275	1420	30100
西克尔库勒镇	1613	1027	586	272	452	467	245	1334	34	837
铁日木乡	15171	7600	7571	3575	7600	7571	4172	9996	1003	14452
英买里乡	30135	15209	14926	7227	15201	14924	7915	20322	1898	29624
江巴孜乡	32704	16618	16086	7534	16471	16044	9393	21464	1847	31673
卧里托格拉克乡	40963	20788	20175	9371	20788	20175	12758	26254	1951	39901
克孜勒博依乡	40228	20324	19904	8952	20288	19883	12072	25907	2249	38735
米夏乡	27000	13552	13448	5952	13516	13405	8961	16437	1602	25589
夏普吐勒乡	28944	14585	14359	7220	14558	14350	8343	18935	1666	27686
和夏阿瓦提乡	45047	22901	22146	10700	22877	22111	13885	28375	2787	43249
克孜勒苏乡	36040	18174	17866	8014	18161	17850	10616	23417	2007	35353

表31 续表 18

单位：人、户

地区	总人口			家庭户	家庭户总人口		分年龄人口			居住本地，户口在本地
	合计	男	女	户数	男	女	0-14岁	15-64岁	65岁及以上	
古勒鲁克乡	22193	11288	10905	5054	11253	10868	6580	14473	1140	21786
玉代克力克乡	15360	7881	7479	3545	7872	7469	4506	10072	782	15133
兵团伽师总场	12398	6282	6116	3429	6261	6106	3225	8340	833	11306
巴楚县	**336274**	**171883**	**164391**	**83219**	**167422**	**163138**	**81733**	**238001**	**16540**	**310956**
巴楚镇	47704	23837	23867	13032	22346	22960	11039	34805	1860	37674
色力布亚镇	44642	22794	21848	9766	22594	21761	11435	30968	2239	42868
阿瓦提镇	22232	11112	11120	5990	11090	11095	5573	15313	1346	21181
三岔口镇	737	424	313	240	382	302	134	591	12	218
恰尔巴格乡	27816	15391	12425	6205	13080	12408	6239	20402	1175	24570
多来提巴格乡	28158	14150	14008	6435	14147	14006	7282	19538	1338	26363
阿纳库勒乡	26408	13558	12850	6042	13499	12803	6228	19139	1041	24278
夏马勒乡	10174	5241	4933	2593	5221	4926	2646	7103	425	9047
阿克萨克玛热勒乡	30858	15902	14956	6833	15884	14950	7602	21575	1681	30815
阿拉根乡	29412	14917	14495	7153	14909	14492	7605	20285	1522	28458
琼库恰克乡	37197	18852	18345	10706	18843	18338	9061	26127	2009	36458
英吾斯坦乡	24480	12382	12098	6238	12264	12024	5852	17186	1442	23672
兵团四十八团	6456	3323	3133	1986	3163	3073	1037	4969	450	5354
塔什库尔干塔吉克自治县	**37843**	**19535**	**18308**	**7811**	**18197**	**17594**	**10091**	**25959**	**1793**	**34224**
塔什库尔干镇	8919	4724	4195	2138	3612	3537	2031	6683	205	6070
塔吉克阿巴提镇	3045	1593	1452	698	1593	1452	928	1997	120	2927
塔什库尔干乡	5345	2694	2651	970	2669	2643	1468	3598	279	5257
塔合曼乡	2904	1504	1400	509	1504	1400	848	1892	164	2872
科克亚尔柯尔克孜族乡	958	483	475	232	481	473	271	638	49	921
提孜那甫乡	2869	1455	1414	507	1455	1414	850	1896	123	2855
达布达尔乡	2718	1374	1344	576	1347	1336	783	1800	135	2635
马尔洋乡	1928	1009	919	356	963	907	557	1239	132	1840
瓦恰乡	2747	1405	1342	512	1405	1342	656	1914	177	2685
班迪尔乡	1589	834	755	272	735	731	389	1108	92	1457
库科西鲁格乡	1873	976	897	407	958	896	512	1239	122	1809
大同乡	1982	977	1005	419	968	1004	511	1324	147	1949
麻扎尔种羊场	629	329	300	126	329	300	195	397	37	620
巴扎达什牧林场	337	178	159	89	178	159	92	234	11	327
和田地区	**2014362**	**1028276**	**986086**	**540974**	**1016703**	**979646**	**528320**	**1398333**	**87709**	**1843824**
和田市	**322300**	**163950**	**158350**	**85364**	**156805**	**154589**	**82262**	**227848**	**12190**	**240182**
奴尔巴格街道	24134	12228	11906	8633	12085	11818	4556	18473	1105	16986
古江巴格街道	34567	17712	16855	10335	16559	16779	7651	25419	1497	23252
古勒巴格街道	27919	14716	13203	7389	10758	11268	4943	22106	870	20507
纳尔巴格街道	37338	18578	18760	10206	18476	18697	9729	26302	1307	22853
拉斯奎镇	25231	12967	12264	5876	12797	12254	7249	16952	1030	20056
玉龙喀什镇	22614	11493	11121	5614	11212	10826	5921	15769	924	18328
肖尔巴格乡	39331	19289	20042	9875	18646	19018	10207	27827	1297	27755
伊里其乡	22646	11560	11086	6380	11546	11072	6666	15113	867	15217
古江巴格乡	13680	6982	6698	3776	6521	6519	3547	9714	419	10147
吐沙拉乡	48468	24686	23782	10976	24596	23761	13950	32664	1854	42779
吉亚乡	22071	11521	10550	5313	11391	10494	6434	14766	871	19190
阿合恰管理区	4301	2218	2083	991	2218	2083	1409	2743	149	3112
和田县	**269941**	**137086**	**132855**	**64186**	**137041**	**132835**	**77578**	**180847**	**11516**	**262107**
巴格其镇	57153	28978	28175	13092	28978	28175	16211	38381	2561	54271
罕艾日克乡	43751	22363	21388	9698	22318	21368	12961	28932	1858	41582
英阿瓦提乡	23624	11812	11812	5621	11812	11812	6745	15916	963	23418

表31　续表 19　　单位：人、户

地　区	总人口			家庭户	家庭户总人口		分年龄人口			居住本地，户口在本地
	合　计	男	女	户　数	男	女	0–14岁	15–64岁	65岁及以上	
英艾日克乡	10253	5242	5011	2179	5242	5011	3166	6627	460	10185
布扎克乡	27137	13861	13276	6693	13861	13276	6888	18907	1342	26865
拉依喀乡	29032	14765	14267	7498	14765	14267	7920	19851	1261	28810
朗如乡	16505	8327	8178	4435	8327	8178	4513	11296	696	16423
塔瓦库勒乡	26983	13748	13235	6229	13748	13235	8514	17554	915	25721
伊斯拉木阿瓦提乡	19828	10075	9753	4646	10075	9753	5868	13208	752	19673
色格孜库勒乡	9576	4901	4675	2241	4901	4675	3143	6001	432	9172
喀什塔什乡	6099	3014	3085	1854	3014	3085	1649	4174	276	5987
墨玉县	**500114**	**256594**	**243520**	**133109**	**255671**	**243142**	**138766**	**340527**	**20821**	**462199**
喀拉喀什镇	31332	16218	15114	10484	16217	15113	7900	21984	1448	29725
喀尔塞乡	40892	20889	20003	11522	20886	19999	11294	27731	1867	40489
奎牙乡	43212	21643	21569	8962	21643	21569	12674	28767	1771	43118
扎瓦乡	52165	26649	25516	12854	26603	25483	15564	34911	1690	51657
阿克萨拉依乡	27352	14023	13329	7489	14011	13319	7660	18435	1257	26831
乌尔其乡	16400	8463	7937	3936	8461	7935	4617	10785	998	15967
托胡拉乡	18800	9542	9258	4751	9542	9258	5034	13015	751	18383
萨依巴格乡	32355	16528	15827	8428	16485	15792	9390	21752	1213	32252
加汗巴格乡	24524	12418	12106	6312	12416	12106	7126	16408	990	23542
普恰克其乡	35142	18071	17071	8816	18071	17071	10477	23227	1438	33316
芒来乡	23408	12001	11407	5489	12000	11406	6674	15862	872	22831
阔依其乡	26346	13592	12754	6525	13588	12750	6679	18593	1074	25803
雅瓦乡	33949	17606	16343	9736	17570	16318	9440	22931	1578	32901
吐外特乡	24685	12613	12072	6305	12613	12072	6537	17091	1057	24417
英也尔乡	11485	5924	5561	2914	5913	5552	2948	8067	470	11227
喀瓦克乡	10992	5741	5251	2717	5731	5249	3223	7268	501	10880
其尼巴格街道	13810	6939	6871	4434	6916	6862	3724	9567	519	5093
波斯坦街道	11877	6257	5620	4532	6008	5574	2698	8679	500	4453
斯孜街道	9522	4942	4580	3104	4784	4459	2367	6754	401	3364
兵团四十七团	3699	1924	1775	1359	1879	1762	738	2588	373	3336
兵团二二四团	8167	4611	3556	2440	4334	3493	2002	6112	53	2614
皮山县	**258210**	**130956**	**127254**	**69708**	**129683**	**125927**	**65428**	**179560**	**13222**	**248972**
街道办事处	18424	8995	9429	5216	8280	8625	4099	13407	918	17476
固玛镇	28163	14061	14102	7165	13930	13809	6850	19992	1321	26537
杜瓦镇	8631	4455	4176	2701	4440	4167	2179	6073	379	7403
县直辖村镇	1199	664	535	342	637	531	281	851	67	1048
阔什塔格乡	15200	7745	7455	4405	7736	7436	3669	10689	842	15087
克里阳乡	6414	3281	3133	1745	3259	3121	1552	4488	374	6361
科克铁热克乡	35414	18059	17355	8254	18055	17354	8990	24849	1575	34916
桑株乡	30906	15883	15023	8674	15849	15013	7627	21409	1870	30451
木吉乡	23273	11816	11457	6203	11758	11436	6168	16124	981	22873
乔达乡	12450	6347	6103	3411	6345	6103	3241	8573	636	12305
木奎拉乡	19591	9927	9664	5023	9878	9612	4710	13774	1107	19180
藏桂乡	13727	7084	6643	4038	7039	6623	3195	9885	647	13554
皮亚勒玛乡	6094	3039	3055	1777	3026	3037	1531	4223	340	6016
皮西那乡	7496	3836	3660	2222	3810	3645	2002	4960	534	7449
巴什兰干乡	4862	2528	2334	1347	2511	2331	1334	3231	297	4745
瑙阿巴提塔吉克民族乡	932	490	442	277	483	442	199	683	50	919
康克尔柯尔克孜民族乡	1902	995	907	572	967	902	484	1304	114	1761
国营牧场	1005	510	495	298	510	495	254	714	37	889
兵团皮山农场	22527	11241	11286	6038	11170	11245	7063	14331	1133	20002

表31　续表 20　　　　单位：人、户

地　区	总人口			家庭户	家庭户总人口		分年龄人口			居住本地，户口在本地
	合　计	男	女	户　数	男	女	0-14岁	15-64岁	65岁及以上	
洛浦县	**232916**	**118966**	**113950**	**62852**	**118742**	**113816**	**61156**	**160999**	**10761**	**215604**
城区街道	19649	9734	9915	5844	9698	9890	5033	13731	885	16308
洛浦镇	18127	9178	8949	4910	9178	8949	4813	12436	878	16752
布牙乡	30257	15420	14837	7432	15419	14837	8013	21046	1198	28665
山普拉乡	29509	15093	14416	7434	15093	14416	8311	19937	1261	26215
恰尔巴格乡	41710	21222	20488	11165	21118	20426	10814	28887	2009	39077
杭桂乡	40496	21007	19489	11496	20990	19478	10231	28332	1933	38753
多鲁乡	32399	16650	15749	8785	16629	15735	8247	22550	1602	30140
纳瓦乡	12961	6615	6346	3464	6588	6335	3613	8771	577	12375
拜什托拉格乡	6119	3174	2945	1814	3156	2934	1613	4173	333	5762
阿其克管理区	1486	767	719	429	767	719	431	979	76	1399
良种场	203	106	97	79	106	97	37	157	9	158
策勒县	**147050**	**74801**	**72249**	**45055**	**74405**	**71598**	**33817**	**105364**	**7869**	**142791**
策勒镇	14562	7402	7160	4343	7390	7159	3326	10429	807	13232
策勒乡	31123	16019	15104	8751	15992	15062	7877	21717	1529	30214
固拉哈玛乡	26621	13521	13100	7588	13513	13094	6225	18840	1556	26457
达玛沟乡	19250	9700	9550	5432	9688	9542	4440	13906	904	19203
恰哈乡	15010	7787	7223	4916	7784	7223	3523	10660	827	14951
乌鲁克萨依乡	4587	2303	2284	1517	2303	2284	998	3347	242	4544
奴尔乡	11581	5983	5598	3872	5976	5593	2692	8216	673	11288
博斯坦乡	6626	3429	3197	2123	3395	3178	1541	4769	316	6479
色日克街道	15684	7620	8064	5719	7329	7494	2859	11985	840	14551
兵团一牧场	2006	1037	969	794	1035	969	336	1495	175	1872
于田县	**249899**	**128584**	**121315**	**69478**	**127098**	**121175**	**61802**	**178148**	**9949**	**239153**
木尕拉镇	30179	15270	14909	7365	15232	14896	7468	21509	1202	28288
先拜巴扎镇	19796	10023	9773	5502	10023	9770	5210	13869	717	19485
加依乡	17612	8868	8744	4490	8868	8744	4275	12678	659	17009
科克亚乡	18582	9547	9035	4807	9547	9035	4602	13350	630	18376
阿热勒乡	17941	9140	8801	4725	9140	8801	4613	12722	606	17695
阿日希乡	7664	3879	3785	2188	3869	3777	1928	5423	313	7564
兰干乡	19524	9944	9580	5300	9940	9564	5023	13929	572	19101
斯也克乡	21862	11207	10655	5666	11196	10644	5938	15176	748	21604
托格日尕孜乡	14573	7504	7069	4125	7484	7060	3564	10454	555	13641
喀拉克尔乡	14294	7177	7117	3914	7177	7116	3460	10265	569	13993
奥依托格拉克乡	18271	9456	8815	4527	9404	8793	4659	12862	750	17889
阿羌乡	8494	4374	4120	2503	4353	4109	2059	5954	481	8247
英巴格乡	9070	4701	4369	2522	4699	4362	2327	6296	447	8815
希吾勒乡	4312	2258	2054	1349	2258	2054	1045	3060	207	4228
达里亚博依乡	1281	698	583	290	698	583	339	893	49	1270
拉依苏良种场	2489	1290	1199	796	1290	1199	558	1803	128	2474
国营（昆仑）种羊场	1580	923	657	680	923	657	296	1160	124	1538
新城区街道	13687	7919	5768	5465	6592	5729	2580	10411	696	10361
老城区街道	6159	3082	3077	2597	3081	3077	1147	4593	419	5120
兰干博孜亚农场	2529	1324	1205	667	1324	1205	711	1741	77	2455
民丰县	**33932**	**17339**	**16593**	**11222**	**17258**	**16564**	**7511**	**25040**	**1381**	**32816**
尼雅镇	3486	1750	1736	1090	1749	1736	688	2654	144	3373
尼雅乡	6373	3256	3117	2105	3253	3115	1380	4694	299	6310
若克雅乡	6895	3536	3359	2129	3523	3359	1605	5057	233	6783
萨勒吾则克乡	4195	2170	2025	1379	2169	2025	983	3046	166	4143
叶亦克乡	3751	1906	1845	1226	1894	1832	794	2718	239	3678

表31　续表 21

单位：人、户

地　　区	总人口			家庭户	家庭户总人口		分年龄人口			居住本地，户口在本地
	合　计	男	女	户　数	男	女	0-14岁	15-64岁	65岁及以　上	
安迪尔乡	343	181	162	126	174	162	62	268	13	315
安迪尔牧场	2165	1129	1036	763	1129	1036	425	1648	92	2161
城镇街道	6724	3411	3313	2404	3367	3299	1574	4955	195	6053
伊犁哈萨克自治州	**2482592**	**1276240**	**1206352**	**746283**	**1228493**	**1169058**	**520941**	**1805413**	**156238**	**2082949**
伊宁市	**515082**	**257515**	**257567**	**160651**	**242790**	**243108**	**104035**	**375875**	**35172**	**369259**
萨依布依街道	57706	28478	29228	22227	27881	28877	8491	42665	6550	46066
墩买里街道	29089	13273	15816	8853	12508	13222	5140	21714	2235	21074
伊犁河路街道	21692	10640	11052	7188	10605	11025	4697	15567	1428	16273
喀赞其街道	28178	13575	14603	8926	13397	14276	6030	20036	2112	22036
都来提巴格街道	21343	10421	10922	5887	9564	10085	4784	15126	1433	14453
琼科瑞克街道	43572	21975	21597	12224	20446	21359	10500	30291	2781	27939
艾兰木巴格街道	66128	32406	33722	21051	29415	29927	11758	50252	4118	39566
解放路街道	42141	20100	22041	14558	17762	17741	5762	33523	2856	24558
伊宁市边境经济合作区管委会	38140	18969	19171	13952	17294	17404	6086	29579	2475	23496
巴彦岱镇	33131	17786	15345	10511	16273	15296	7187	23102	2842	26559
英也尔乡	16038	8344	7694	3715	8281	7678	4029	11307	702	14469
汉宾乡	10407	5375	5032	3230	5347	5029	2555	7300	552	8044
塔什科瑞克乡	17015	8517	8498	4745	8513	8495	4310	11819	886	13252
喀尔墩乡	10232	5157	5075	2642	5146	5074	2772	7069	391	7692
托格拉克乡	8086	4231	3855	2441	4183	3826	2020	5653	413	6894
克伯克圩孜乡	6972	3556	3416	1645	3525	3376	1992	4651	329	5893
达达木图乡	36572	20105	16467	9518	18046	16387	8233	26668	1671	25527
潘津乡	25307	12930	12377	6340	12928	12376	6905	17265	1137	22646
伊犁州农业良种	2011	999	1012	465	999	1012	550	1337	124	1682
伊宁市园艺场	1322	678	644	533	677	643	234	951	137	1140
奎屯市	**166261**	**83979**	**82282**	**60443**	**77620**	**78043**	**23868**	**125343**	**17050**	**102775**
团结路街道	30012	15160	14852	11239	13838	14660	4109	21771	4132	22023
乌东路街道	20010	10495	9515	7600	9637	9348	2804	15040	2166	9989
北京路街道	47576	22693	24883	16464	20433	21327	6610	36502	4464	29285
乌鲁木齐西路街道	8991	4696	4295	3417	4398	4226	1284	6683	1024	4138
火车站街道	7706	4002	3704	3000	3614	3586	1099	6153	454	3588
开干齐乡	1591	838	753	468	754	748	361	1202	28	1317
兵团一三一团	24154	12902	11252	8542	11960	11170	3307	18541	2306	15282
天北新区	26221	13193	13028	9713	12986	12978	4294	19451	2476	17153
伊宁县	**372590**	**192268**	**180322**	**98862**	**190036**	**178995**	**88758**	**263553**	**20279**	**346392**
吉里于孜镇	37238	19169	18069	10952	18116	17304	8207	26882	2149	31942
墩麻扎镇	11932	6243	5689	3274	6225	5684	2927	8434	571	10153
胡地于孜乡	18537	9470	9067	4578	9452	9055	4956	12589	992	16712
吐鲁番于孜乡	13565	7163	6402	3406	7163	6402	3600	9335	630	12361
喀拉亚尕奇乡	11766	6324	5442	2886	5954	5321	2916	8375	475	10660
武功乡	8122	4307	3815	2193	4307	3815	1976	5676	470	7221
萨地克于孜乡	5229	2776	2453	1485	2776	2453	1191	3723	315	4986
愉群翁回族乡	46759	24149	22610	10962	24063	22539	10940	33190	2629	44441
阿热吾斯塘乡	19986	10391	9595	5638	10302	9541	4770	14156	1060	18581
英塔木乡	24761	12709	12052	6886	12708	12051	6248	17466	1047	23996
巴依托海乡	19217	9871	9346	4913	9864	9336	4988	13383	846	17936
维吾尔玉其温乡	18669	9604	9065	5245	9604	9065	4101	13557	1011	17265
萨木于孜乡	19621	10060	9561	5062	10059	9557	4408	14117	1096	19141
喀什乡	23543	12167	11376	5867	12167	11376	5957	16426	1160	22559
麻扎乡	12069	6053	6016	3370	6053	6016	3038	8464	567	11553

表31 续表 22

单位：人、户

地区	总人口			家庭户	家庭户总人口		分年龄人口			居住本地，户口在本地
	合计	男	女	户数	男	女	0-14岁	15-64岁	65岁及以上	
温亚尔乡	26322	13461	12861	6096	13461	12861	6902	18305	1115	25466
阿乌利亚乡	15427	7925	7502	4156	7925	7502	3551	11196	680	14886
曲鲁海乡	10447	5383	5064	2529	5381	5061	2433	7478	536	9912
青年农场	8951	4662	4289	2079	4191	4054	2068	6454	429	7621
多浪农场	7905	4019	3886	2019	4019	3883	2058	5457	390	7536
兵团七十团中心团场	12524	6362	6162	5266	6246	6119	1523	8890	2111	11464
察布查尔锡伯自治县	**179744**	**92866**	**86878**	**54647**	**90737**	**86393**	**37435**	**131143**	**11166**	**158078**
察布查尔镇	22111	11286	10825	6978	10836	10804	4049	16772	1290	17839
爱新舍里镇	8132	4252	3880	2632	4103	3711	1643	5991	498	7724
堆依齐牛录乡	8229	4215	4014	2137	4199	4008	1864	5919	446	7572
孙扎齐牛录乡	9427	4791	4636	2776	4763	4627	1765	7165	497	8219
绰霍尔乡	6984	3589	3395	1934	3589	3395	1363	5336	285	5804
纳达齐牛录乡	5188	2661	2527	1746	2661	2527	965	3889	334	3534
扎库齐牛录乡	13841	7065	6776	4027	7065	6776	2887	10232	722	12783
米粮泉回族民族乡	4796	2412	2384	1338	2412	2384	1120	3432	244	4320
坎乡	11950	6458	5492	2656	5890	5430	2959	8585	406	10633
阔洪奇乡	7796	3866	3930	1913	3866	3930	2105	5419	272	7397
海努克乡	14140	7231	6909	3690	7231	6909	3748	9793	599	13894
加尕斯台乡	13561	6894	6667	3617	6728	6633	3520	9478	563	12744
琼博拉乡	8598	4589	4009	2516	4302	3960	1910	6345	343	8006
托布中心	6558	3463	3095	2374	3428	3087	1281	4864	413	5778
良繁场	2208	1152	1056	856	1152	1056	417	1667	124	1680
伊犁州奶牛场	11663	5897	5766	3857	5850	5747	2334	8477	852	8751
伊犁州平原林场	209	111	98	69	90	80	18	178	13	134
山区林场	702	348	354	199	348	354	112	541	49	568
都拉塔口岸	306	277	29	9	10	6	1	305		90
兵团六十七团	8361	4445	3916	2868	4415	3894	1539	6087	735	7549
兵团六十八团	9088	4797	4291	3806	4760	4270	1099	6602	1387	7698
兵团六十九团	5896	3067	2829	2649	3039	2805	736	4066	1094	5361
霍城县	**352689**	**181327**	**171362**	**106973**	**173589**	**163875**	**69874**	**255316**	**27499**	**306114**
水定镇	27702	13937	13765	7348	11520	11450	5286	20166	2250	24807
清水河镇	46786	24289	22497	15256	23637	21861	9491	34794	2501	37124
芦草沟镇	35394	18417	16977	9535	17586	15966	7219	26009	2166	33332
惠远镇	21371	11074	10297	6196	10978	10121	4839	15176	1356	18865
萨尔布拉克镇	28261	14938	13323	7970	14782	13095	5850	20484	1927	26774
兰干乡	31120	15779	15341	7639	15295	15073	7443	22157	1520	22859
三道河乡	9274	4792	4482	2658	4791	4481	2185	6499	590	8296
伊车嘎善乡	10889	5795	5094	3731	5640	4978	1795	8231	863	9896
三宫乡	14898	7589	7309	3536	7150	6662	3410	10623	865	13754
大西沟乡	10789	5560	5229	2968	5543	5227	2499	7635	655	9880
格干沟牧场	5207	2632	2575	1532	2582	2518	1132	3748	327	4776
莫乎尔牧场	5788	2962	2826	1635	2883	2751	1263	4179	346	5075
果子沟牧场	7534	3778	3756	2049	3631	3607	1598	5503	433	6842
良种繁育中心	2746	1413	1333	880	1411	1333	557	1966	223	2427
霍尔果斯口岸	3927	2150	1777	1324	1601	1546	617	3258	52	1660
煤炭局	2608	1362	1246	1077	1268	1219	356	2082	170	1633
兵团六十一团	12169	6258	5911	4333	6225	5892	2187	8417	1565	11101
兵团六十二团	18689	9612	9077	6706	9327	8779	3003	13464	2222	14847
兵团六十三团	8793	4490	4303	3437	4471	4295	1302	6179	1312	8242
兵团六十四团	23586	11849	11737	7457	10953	10810	4404	16801	2381	22084

表31　续表 23　　　　　　　　　　　　　　　　　　　　　　　　　　单位：人、户

地　区	总人口			家庭户	家庭户总人口		分年龄人口			居住本地，户口在本地
	合　计	男	女	户　数	男	女	0-14岁	15-64岁	65岁及以上	
兵团六十六团（中心团场）	25158	12651	12507	9706	12315	12211	3438	17945	3775	21840
巩留县	**164860**	**84944**	**79916**	**46457**	**83539**	**78510**	**39141**	**117169**	**8550**	**146700**
巩留镇	24745	12303	12442	7169	11157	11260	5085	18451	1209	19693
莫乎尔乡	9737	5019	4718	2800	5019	4718	2231	7014	492	9313
吉尔格郎乡	6597	3384	3213	1903	3384	3213	1651	4652	294	6433
阿尕尔森乡	21508	11109	10399	5378	11091	10383	5339	15166	1003	20580
东买里乡	26917	14061	12856	7166	14061	12856	6538	18998	1381	25223
塔斯托别乡	23325	11926	11399	5991	11896	11382	6062	16228	1035	19229
提克阿热克乡	13770	7222	6548	3961	7222	6548	3488	9619	663	11968
阿克图别克乡	9697	5140	4557	2676	5140	4557	2528	6774	395	8952
综合农场	2912	1475	1437	889	1460	1428	634	2073	205	2428
阔什阿尕什羊场	4489	2292	2197	1321	2292	2197	1147	3124	218	4237
牛场	7952	4179	3773	2394	4078	3637	1933	5647	372	7523
良凡场	4452	2376	2076	1362	2376	2076	984	3257	211	3362
林场	1094	583	511	508	546	483	174	770	150	780
莫乎尔农场	510	268	242	196	268	242	110	347	53	476
兵团七十三团	7155	3607	3548	2743	3549	3530	1237	5049	869	6503
新源县	**282718**	**147620**	**135098**	**84255**	**141087**	**130735**	**57372**	**209437**	**15909**	**241922**
新源镇	51188	25131	26057	14706	22921	22788	9651	39159	2378	34686
则克台镇	24645	13005	11640	7265	11720	10804	4734	18892	1019	18927
阿热勒托别镇	27037	14038	12999	6867	14038	12999	6015	19877	1145	26156
塔勒德镇	23432	12329	11103	6377	12281	11096	5079	17393	960	21759
那拉提镇	27572	14586	12986	8034	14453	12930	6527	19938	1107	25223
肖尔布拉克镇	9338	4916	4422	3520	4899	4409	1658	7059	621	8702
别斯托别乡	28896	15013	13883	8197	14995	13878	5972	21643	1281	24795
坎苏乡	10902	5817	5085	3178	5817	5085	2530	7898	474	10403
喀拉布拉乡	20622	10750	9872	5894	10744	9872	4833	14863	926	19292
阿勒玛勒乡	15972	8432	7540	4821	8410	7536	3502	11491	979	15272
吐尔根乡	11481	6035	5446	3803	6012	5433	2502	8274	705	10737
种羊场	7884	4146	3738	2547	4134	3737	1762	5561	561	7470
公安农场	3229	2893	336	343	366	310	61	3065	103	412
兵团七十一团	10961	5615	5346	4362	5399	5219	1347	7859	1755	9350
兵团七十二团	9559	4914	4645	4341	4898	4639	1199	6465	1895	8738
昭苏县	**148187**	**76774**	**71413**	**46714**	**75235**	**70089**	**32292**	**109632**	**6263**	**137303**
昭苏镇	27896	13941	13955	9543	13443	13310	5371	21480	1045	22513
洪纳海乡	9191	4977	4214	3319	4683	4008	1679	7204	308	8364
乌尊布拉克乡	7720	3994	3726	2151	3994	3726	1734	5697	289	7101
阿克达拉乡	9055	4866	4189	3060	4836	4175	2011	6616	428	8670
萨尔阔布乡	11957	6227	5730	2680	6204	5723	3080	8556	321	11695
喀夏加尔乡	9183	4790	4393	2554	4537	4256	2243	6704	236	8922
喀拉苏乡	11744	5948	5796	3362	5871	5740	3064	8225	455	11422
昭苏县察汗乌苏蒙古民族乡	9815	5345	4470	3258	5331	4458	2117	7368	330	9640
夏特柯尔克孜民族乡	11095	5825	5270	3154	5794	5254	2737	8009	349	10989
胡松图哈尔逊蒙古民族乡	8315	4302	4013	2251	4156	3870	1791	6253	271	8088
种马场	5300	2671	2629	1541	2639	2611	1219	3817	264	4909
天山西部林业局昭苏林场	752	401	351	262	398	349	180	538	34	633
昭苏马场	5452	2764	2688	2068	2764	2688	1190	3950	312	4980
兵团七十四团	2759	1445	1314	1023	1393	1303	496	2020	243	2364
兵团七十五团	2789	1449	1340	1138	1399	1318	418	2196	175	2435
兵团七十六团	8756	4553	4203	3169	4545	4186	1775	6371	610	8364

表31　续表 24　　　　单位：人、户

地　　区	总人口			家庭户	家庭户总人口		分年龄人口			居住本地，户口在本地
	合　计	男	女	户　数	男	女	0-14岁	15-64岁	65岁及以上	
兵团七十七团	6408	3276	3132	2181	3248	3114	1187	4628	593	6214
特克斯县	**142718**	**75088**	**67630**	**39580**	**72505**	**66059**	**33098**	**103422**	**6198**	**134330**
特克斯镇	33740	17337	16403	10202	15913	15125	6457	25770	1513	29690
乔拉克铁热克镇	29335	15387	13948	7702	15314	13871	7412	20781	1142	28872
呼吉尔特蒙古民族乡	6551	3546	3005	2260	3484	2993	1203	5063	285	5627
阔克苏乡	1912	1034	878	570	1028	877	408	1383	121	1801
齐勒乌泽克乡	17004	9068	7936	4288	9002	7867	4329	12158	517	16722
阔克铁热克柯尔克孜民族乡	14237	7545	6692	3667	7535	6683	3741	9855	641	14101
喀拉达拉乡	17784	9311	8473	4521	9272	8439	4561	12444	779	17317
喀拉托海乡	11896	6303	5593	2921	6154	5569	2967	8446	483	11594
特克斯军马场	4803	2809	1994	1437	2069	1931	937	3598	268	3632
科克苏林场	547	283	264	196	279	263	98	424	25	439
兵团七十八团	4909	2465	2444	1816	2455	2441	985	3500	424	4535
尼勒克县	**157743**	**83859**	**73884**	**47701**	**81355**	**73251**	**35068**	**114523**	**8152**	**140076**
尼勒克镇	31907	16289	15618	9501	15448	15014	6627	23357	1923	25037
苏布台乡	6910	3641	3269	1859	3625	3263	1751	4819	340	6313
喀拉苏乡	13468	7165	6303	3708	7165	6303	3350	9549	569	12821
加哈乌拉斯台乡	8536	4593	3943	2750	4593	3943	1944	6170	422	7903
乌赞乡	16303	9331	6972	4308	7796	6961	3417	12135	751	14198
科蒙乡	14646	7882	6764	4949	7882	6764	2991	10703	952	13237
乌拉斯台乡	9821	5288	4533	3321	5284	4533	2272	7115	434	9133
克令乡	11162	5875	5287	3155	5875	5287	2668	8029	465	10983
喀拉托别乡	9101	4973	4128	3220	4973	4128	1791	6879	431	8900
胡吉尔台乡	10314	5513	4801	3265	5512	4801	2306	7507	501	9710
木斯乡	13063	6746	6317	3199	6744	6317	3318	9418	327	10752
尼勒克马场	4142	2196	1946	1409	2116	1946	933	2919	290	3796
种蜂场	3682	1897	1785	1068	1897	1785	865	2660	157	3169
兵团七十九团	4688	2470	2218	1989	2445	2206	835	3263	590	4124
塔城地区	**1219369**	**644316**	**575053**	**455160**	**611787**	**559845**	**201132**	**913298**	**104939**	**997019**
塔城市	**161037**	**83693**	**77344**	**62139**	**80693**	**74365**	**25637**	**121067**	**14333**	**129401**
和平街道	22875	11386	11489	7765	9781	10419	3684	17326	1865	15397
杜别克街道	26302	12889	13413	10843	12281	12195	3754	20162	2386	19963
新城街道	20136	10302	9834	8602	9999	9362	3327	15225	1584	14343
二工镇	22666	12242	10424	9196	12122	10367	3361	17399	1906	15726
喀拉哈巴克乡	9492	4994	4498	3346	4972	4477	1650	7059	783	8811
恰夏乡	10175	5313	4862	3053	5287	4843	1811	7677	687	9681
阿西尔达斡尔民族乡	7833	4213	3620	2694	4173	3591	1153	6080	600	7549
阿不都拉乡	6843	3668	3175	2468	3652	3170	1301	5014	528	6430
也门勒乡	7632	4065	3567	2661	4065	3563	1415	5656	561	6981
恰合吉牧场	2237	1201	1036	849	1187	1031	448	1650	139	2076
博孜达克农场	4447	2404	2043	1794	2403	2042	721	3297	429	4041
窝依加依劳牧场	4044	2141	1903	1452	2141	1903	840	3022	182	3782
地区种牛场	1916	1008	908	703	1001	906	367	1451	98	1657
兵团农九师一六三团	8614	4682	3932	4100	4571	3888	1054	6025	1535	7765
兵团农九师一六四团	5825	3185	2640	2613	3058	2608	751	4024	1050	5199
乌苏市	**298907**	**157248**	**141659**	**106635**	**146995**	**138541**	**47914**	**225425**	**25568**	**242855**
南苑街道	35974	18468	17506	14495	17396	16485	5613	27526	2835	23227
虹桥街道	25019	12590	12429	10571	12363	12074	4036	18743	2240	19287
西城区街道	11594	9195	2399	1841	2441	2217	938	10393	263	1813
白杨沟镇	3506	1870	1636	1366	1844	1628	674	2690	142	2529

表31　续表 25　　　　单位：人、户

地　　区	总人口 合　计	男	女	家庭户 户　数	家庭户总人口 男	女	分年龄人口 0-14岁	15-64岁	65岁及以　上	居住本地，户　口在本地
哈图布呼镇	15827	8253	7574	5211	8182	7508	3196	11561	1070	13035
皇宫镇	10310	5330	4980	3045	5132	4764	2020	7653	637	9845
车排子镇	5834	3197	2637	2276	3167	2614	1086	4405	343	5373
甘河子镇	9072	4798	4274	3083	4740	4245	1563	6934	575	7977
百泉镇	8485	4403	4082	3030	4315	4021	1415	6576	494	7149
四棵树镇	10671	5601	5070	3249	5587	5064	2105	7905	661	9698
古尔图镇	10618	5473	5145	3357	5416	5110	2081	8050	487	9736
西湖镇	7458	3879	3579	2621	3845	3561	1259	5580	619	6743
西大沟镇	7827	4079	3748	2669	4072	3748	1342	5909	576	7320
八十四户乡	13494	7018	6476	4684	7018	6476	2286	10256	952	10930
夹河子乡	3262	1694	1568	1082	1693	1566	595	2371	296	2849
九间楼乡	5749	2947	2802	1750	2945	2800	1092	4277	380	5525
石桥乡	5414	2858	2556	1725	2845	2554	1029	4113	272	5034
头台乡	4435	2259	2176	1544	2219	2130	855	3262	318	3934
吉尔格勒特郭愣蒙古民族乡	5303	2694	2609	1390	2431	2366	1093	3860	350	4843
塔布勒合特蒙古民族乡	1983	1057	926	647	1039	925	368	1490	125	1843
甘家湖牧场	3472	1836	1636	1127	1778	1601	734	2581	157	3264
巴音沟牧场	2486	1281	1205	716	1281	1205	540	1846	100	2320
赛力克提牧场	1424	738	686	444	731	673	251	1090	83	1227
乌苏监狱	199	94	105	76	86	100	16	169	14	135
兵团一二三团	18542	9390	9152	6709	9049	8962	2826	13702	2014	14961
兵团一二四团	17762	9033	8729	7274	8983	8700	2294	13019	2449	14710
兵团一二五团	17499	9002	8497	6533	8603	8145	2016	13198	2285	15826
兵团一二六团	12639	6518	6121	4964	6430	6086	1605	9363	1671	11208
兵团一二七团	11944	6074	5870	4847	5956	5814	1458	8772	1714	10892
兵团一二八团	10758	5440	5318	4217	5271	5267	1476	7858	1424	9318
兵团一三零团	347	179	168	92	137	132	52	273	22	304
额敏县	**187112**	**99894**	**87218**	**74402**	**98975**	**86610**	**33191**	**139285**	**14636**	**154983**
额敏镇	57782	28724	29058	20306	28045	28569	10840	42245	4697	39371
郊区乡	16790	9306	7484	6632	9284	7480	2884	12934	972	12314
上户乡	10093	5390	4703	3345	5390	4703	1976	7633	484	9074
额玛勒郭楞蒙古民族乡	3854	2210	1644	1883	2210	1644	587	3004	263	3572
玉什喀拉苏乡	8061	4548	3513	3463	4548	3513	1507	6188	366	7147
杰勒阿尕什乡	8757	4795	3962	3376	4795	3962	1680	6662	415	7892
玛热勒苏乡	10424	5876	4548	4550	5876	4548	1572	8332	520	9462
喀拉也木勒乡	7417	4135	3282	2751	4102	3266	1541	5644	232	7043
喇嘛昭乡	1745	928	817	615	928	817	376	1318	51	1727
霍吉尔特蒙古民族乡	3527	1971	1556	1567	1971	1556	572	2748	207	3100
二道桥乡	2299	1226	1073	868	1226	1073	496	1718	85	2067
二支河牧场	5148	2721	2427	2202	2710	2424	1060	3815	273	4801
加尔布拉克农场	2789	1543	1246	1381	1536	1246	452	2044	293	2612
阔什比克良种场	2377	1327	1050	1061	1327	1050	389	1860	128	2108
萨尔也木勒牧场	4354	2382	1972	1545	2380	1972	921	3245	188	4039
也木勒牧场	6368	3648	2720	2940	3648	2720	1175	4826	367	6037
塔城地区种羊场	4847	2610	2237	1950	2609	2230	947	3570	330	4627
吾宗布拉克牧场	1400	748	652	452	748	652	379	980	41	1344
兵团农九师一六五团	5510	3123	2387	2824	3112	2374	699	3855	956	5151
兵团农九师一六六团	7284	4137	3147	3695	4080	3118	892	5150	1242	6909
兵团农九师一六七团	5173	2679	2494	2151	2659	2477	706	3634	833	4713
兵团农九师一六八团	8319	4339	3980	3633	4292	3957	1161	5792	1366	7489

表31 续表 26

单位：人、户

地区	总人口			家庭户	家庭户总人口		分年龄人口			居住本地，户口在本地
	合计	男	女	户数	男	女	0-14岁	15-64岁	65岁及以上	
兵团农九师团结农场	2794	1528	1266	1212	1499	1259	379	2088	327	2384
沙湾县	**365196**	**195043**	**170153**	**143477**	**183469**	**164826**	**54308**	**271713**	**39175**	**298049**
三道河子镇	60129	32329	27800	18771	25137	25383	9339	46860	3930	35140
四道河子镇	13877	7500	6377	5668	7408	6319	2202	10532	1143	12639
老沙湾镇	10746	5725	5021	3873	5655	4978	1652	8063	1031	10118
乌兰乌苏镇	14396	7564	6832	5064	7436	6721	2448	10535	1413	13674
安集海镇	15716	8130	7586	5204	8044	7472	3030	11450	1236	13925
东湾镇	10059	5495	4564	3469	5070	4511	1742	7593	724	8269
西戈壁镇	9340	4966	4374	3047	4919	4340	1852	6963	525	8920
柳毛湾镇	7385	3979	3406	2750	3878	3330	1109	5693	583	6506
金沟河镇	12154	6424	5730	4145	6391	5719	2415	8861	878	10996
商户地乡	18944	9964	8980	7202	9804	8908	2590	13860	2494	16354
大泉乡	13075	6827	6248	4519	6788	6210	2569	9623	883	9911
博尔通古乡	8321	4337	3984	2440	4245	3912	1890	6040	391	7874
牛圈子牧场	2526	1348	1178	771	1348	1178	529	1858	139	2373
博尔通古牧场	3277	1681	1596	931	1676	1592	826	2305	146	3147
良种场	1100	602	498	431	602	498	175	816	109	962
兵团一二一团	38320	20805	17515	18968	20338	17194	4320	28006	5994	33545
兵团一三三团	19919	10387	9532	7559	9917	9115	2622	15215	2082	16474
兵团一三四团	18801	10089	8712	8063	9827	8597	2645	14027	2129	14848
兵团一四一团	10023	5340	4683	4326	5153	4525	1388	7346	1289	8098
兵团一四二团	27588	15142	12446	13362	14200	11677	2789	20159	4640	23339
兵团一四三团	37902	20060	17842	17450	19432	17527	4660	27316	5926	31363
兵团一四四团	11598	6349	5249	5464	6201	5120	1516	8592	1490	9574
托里县	**93098**	**47935**	**45163**	**29185**	**46252**	**44795**	**20499**	**68264**	**4335**	**80170**
托里镇	28378	14006	14372	9141	13806	14320	6138	20526	1714	21850
铁厂沟镇	11422	6143	5279	3670	5327	5103	2088	8825	509	8619
庙尔沟镇	5965	3225	2740	1584	2663	2649	1302	4484	179	4898
多拉特乡	11609	6005	5604	3777	5952	5580	2568	8600	441	11339
乌雪特乡	10809	5517	5292	3273	5491	5291	2377	8010	422	9914
库普乡	14561	7654	6907	4475	7654	6905	3678	10300	583	14172
阿克别里斗乡	7650	4027	3623	2344	4027	3623	1805	5580	265	7344
白杨河林场	7	3	4	2	3	4	2	5		7
老风口林场	41	21	20	9	21	20	6	32	3	41
巴尔鲁克山塔斯特林场	1	1		1	1			1		1
兵团一七零团	2655	1333	1322	909	1307	1300	535	1901	219	1985
裕民县	**51919**	**27697**	**24222**	**20249**	**27163**	**24093**	**8900**	**39234**	**3785**	**43406**
哈拉布拉镇	15304	8087	7217	6041	7696	7141	2643	11554	1107	10911
哈拉布拉乡	6674	3638	3036	2747	3638	3036	958	5227	489	5574
新地乡	4834	2587	2247	1810	2586	2247	825	3737	272	4545
阿勒腾也木勒乡	5371	2851	2520	1869	2848	2518	1139	3960	272	5130
吉也克乡	6433	3602	2831	2689	3602	2831	1015	5060	358	5970
江格斯乡	4293	2292	2001	1559	2292	2001	764	3284	245	4102
察汗托海牧场	3111	1642	1469	1238	1642	1469	598	2306	207	2995
兵团农九师一六一团	5899	2998	2901	2296	2859	2850	958	4106	835	4179
和布克赛尔蒙古自治县	**62100**	**32806**	**29294**	**19073**	**28240**	**26615**	**10683**	**48310**	**3107**	**48155**
和布克赛尔镇	13992	7016	6976	4313	6348	6554	2851	10548	593	9509
和什托洛盖镇	12986	6988	5998	4108	5941	5535	2001	10346	639	9845
夏孜盖乡	3093	1629	1464	874	1263	1219	455	2442	196	2598
铁布肯乌散乡	3292	1752	1540	869	1479	1321	591	2566	135	3245

表31 续表 27

单位：人、户

地　　区	总人口			家庭户	家庭户总人口		分年龄人口			居住本地，户口在本地
	合　计	男	女	户　数	男	女	0-14岁	15-64岁	65岁及以上	
查干库勒乡	3581	1834	1747	997	1591	1505	651	2761	169	3531
巴音傲瓦乡	1977	997	980	470	826	801	411	1482	84	1870
莫特格乡	2542	1313	1229	616	1028	976	492	1936	114	2063
伊克乌图布拉格牧场	2857	1512	1345	920	1467	1320	555	2188	114	2824
那仁和布克牧场	2759	1530	1229	1006	1349	1130	377	2205	177	2734
巴尕乌图布拉格牧场	1010	567	443	377	537	420	161	802	47	952
布斯屯格牧场	2040	1050	990	590	997	954	484	1482	74	1927
仓德格矿区	1336	1115	221	184	220	165	26	1303	7	6
查和特生态农业区	689	409	280	280	401	273	121	564	4	
兵团一八四团	6377	3172	3205	1951	2942	2808	1043	4967	367	4480
新疆屯鑫能源开发有限公司	3569	1922	1647	1518	1851	1634	464	2718	387	2571
阿勒泰地区	**603283**	**313716**	**289567**	**197802**	**302510**	**284954**	**120488**	**443429**	**39366**	**520892**
阿勒泰市	**190064**	**96984**	**93080**	**64022**	**93567**	**90416**	**33436**	**139666**	**16962**	**157812**
金山路办事处	22449	11241	11208	7363	9940	10319	3485	17040	1924	18931
解放路办事处	19162	9431	9731	6831	9050	9318	2874	14363	1925	15713
团结路办事处	19504	9628	9876	7013	9443	9760	2971	14752	1781	16685
北屯镇	38496	19204	19292	13722	18226	18164	5766	28030	4700	22219
阿苇滩镇	9622	4904	4718	2580	4904	4718	2195	6914	513	8949
红墩镇	11589	6030	5559	3502	5898	5529	2353	8577	659	10825
切木尔切克乡	12949	6601	6348	3210	6601	6348	3034	9288	627	12199
阿拉哈克乡	9917	4995	4922	2287	4995	4922	2494	7009	414	9531
汗德尕特蒙古族乡	3578	1896	1682	1022	1760	1671	708	2665	205	3413
拉斯特乡	4269	2341	1928	1748	2341	1928	616	3354	299	3807
喀拉希力克乡	5035	2646	2389	1524	2646	2389	1038	3777	220	4948
萨尔胡松乡	5189	2640	2549	1317	2640	2549	1398	3601	190	4864
巴里巴盖乡	4208	2156	2052	1347	2156	2052	876	3112	220	3978
切尔克齐乡	5064	2704	2360	1641	2704	2358	1143	3638	283	4945
喀拉尕什牧场	3106	1642	1464	1372	1642	1464	436	2284	386	2572
阿克吐木斯克牧场	5065	2847	2218	1872	2575	2155	870	3765	430	4452
兵团一八一团	10862	6078	4784	5671	6046	4772	1179	7497	2186	9781
布尔津县	**66758**	**34461**	**32297**	**22466**	**33701**	**31799**	**13602**	**49297**	**3859**	**59823**
布尔津镇	20205	10139	10066	6850	9492	9629	3321	15382	1502	15622
窝依莫克乡	15187	7834	7353	4383	7745	7315	3364	11068	755	14434
杜来提乡	8133	4204	3929	2749	4201	3926	1767	5925	441	7834
阔斯特克乡	4324	2329	1995	1710	2329	1995	850	3210	264	4020
冲乎尔乡	11850	6305	5545	4259	6299	5533	2701	8529	620	11227
也格孜托别乡	4960	2543	2417	1790	2543	2417	1086	3666	208	4744
禾木哈纳斯蒙古民族乡	2099	1107	992	725	1092	984	513	1517	69	1942
富蕴县	**87886**	**45787**	**42099**	**25681**	**44232**	**41811**	**19404**	**64739**	**3743**	**79986**
库额尔齐斯镇	19772	10423	9349	6326	9498	9220	3214	15542	1016	17400
可可托海镇	5120	2541	2579	1822	2541	2579	1019	3784	317	4234
恰库尔图镇	2567	1324	1243	734	1277	1223	641	1860	66	2012
吐尔洪乡	14143	7250	6893	3710	7246	6889	3521	10045	577	13498
杜热乡	15253	7846	7407	4098	7846	7407	3915	10752	586	13805
库尔特乡	10093	5183	4910	2704	5183	4910	2538	7180	375	9762
克孜勒希力克乡	11077	6022	5055	3241	5449	4926	2405	8333	339	9856
铁买克乡	4600	2484	2116	1588	2484	2116	886	3475	239	4349
喀拉布勒根乡	5261	2714	2547	1458	2708	2541	1265	3768	228	5070
福海县	**81845**	**44025**	**37820**	**28132**	**41889**	**37670**	**14423**	**61434**	**5988**	**73220**
福海镇	19913	10807	9106	6398	9091	9064	3097	15400	1416	17286

表31 续表 28

单位：人、户

地区	总人口			家庭户	家庭户总人口		分年龄人口			居住本地，户口在本地
	合计	男	女	户数	男	女	0-14岁	15-64岁	65岁及以上	
解特阿热勒乡	10427	5414	5013	3053	5397	5010	2066	7886	475	9683
阔克阿尕什乡	6815	3463	3352	1933	3462	3352	1570	4937	308	6667
齐干吉迭乡	3801	1996	1805	932	1987	1805	896	2762	143	3724
喀拉玛盖乡	8848	4521	4327	2319	4507	4317	2100	6391	357	8640
阿尔达乡	2701	1516	1185	1088	1482	1174	274	2327	100	2359
地区一农场	2694	1496	1198	1245	1484	1191	367	1994	333	2118
福海监狱	1755	997	758	791	946	755	244	1253	258	1557
兵团一八二团	5498	3018	2480	2223	2982	2452	907	3996	595	4525
兵团一八三团	7010	3884	3126	2732	3774	3108	1198	5207	605	5885
兵团一八七团	5930	3363	2567	2819	3319	2548	805	4425	700	5275
兵团一八八团	6453	3550	2903	2599	3458	2894	899	4856	698	5501
哈巴河县	**82507**	**43559**	**38948**	**25891**	**41607**	**38503**	**18598**	**59596**	**4313**	**72342**
阿克齐镇	19370	9934	9436	6573	9249	9150	3719	14565	1086	15280
萨尔塔木乡	11147	5785	5362	3383	5784	5362	2518	8091	538	10347
加依勒玛乡	11374	6264	5110	4060	6046	5075	2304	8413	657	10345
库勒拜乡	15186	8191	6995	4365	7491	6905	3556	10959	671	13012
萨尔布拉克乡	12795	6713	6082	3680	6536	6068	3420	8828	547	11639
铁热克提乡	2362	1195	1167	595	1193	1167	676	1610	76	2349
齐巴尔乡	7298	3882	3416	2004	3793	3413	1963	5013	322	6756
兵团一八五团	2975	1595	1380	1231	1515	1363	442	2117	416	2614
青河县	**58858**	**30670**	**28188**	**17771**	**29881**	**27781**	**13733**	**42445**	**2680**	**48847**
青河镇	16098	8126	7972	5212	7696	7716	3356	11916	826	12336
塔克什肯镇	3867	1963	1904	976	1902	1859	1009	2692	166	3166
阿热勒乡	12641	6695	5946	4067	6691	5946	2823	9236	582	10776
阿热勒托别乡	9830	5246	4584	2663	5056	4538	2444	6967	419	8647
萨尔托海乡	5138	2710	2428	1491	2663	2422	1352	3596	190	4647
查干郭勒乡	6549	3391	3158	1865	3363	3131	1555	4700	294	5320
阿尕什敖包乡	4735	2539	2196	1497	2510	2169	1194	3338	203	3955
吉木乃县	**35365**	**18230**	**17135**	**13839**	**17633**	**16974**	**7292**	**26252**	**1821**	**28862**
托普铁热克镇	10232	5180	5052	3519	4765	4960	1863	7780	589	7253
吉木乃镇	2418	1203	1215	918	1186	1207	599	1717	102	2230
托普铁热克乡	6347	3256	3091	2306	3245	3091	1340	4727	280	4868
托斯特乡	4524	2375	2149	2102	2373	2146	1005	3283	236	4339
恰勒什海乡	1149	633	516	571	615	500	202	882	65	1055
喀尔交乡	5075	2612	2463	2091	2568	2459	1179	3672	224	4212
别斯铁热克乡	3203	1700	1503	1461	1694	1502	725	2348	130	3046
兵团一八六团	2417	1271	1146	871	1187	1109	379	1843	195	1859
自治区直辖县级行政区划	**770886**	**404718**	**366168**	**247130**	**339793**	**333402**	**119385**	**579098**	**72403**	**504323**
石河子市	**380130**	**193713**	**186417**	**130726**	**166993**	**166837**	**49095**	**284964**	**46071**	**223966**
新城街道	49387	25150	24237	18737	22132	22588	5652	35345	8390	32107
向阳街道	64435	34281	30154	19163	24659	24681	7328	50004	7103	39313
红山街道	66778	32682	34096	22974	28938	29951	8705	48828	9245	40990
老街街道	71881	35477	36404	27473	34048	34819	9456	51865	10560	50598
东城街道	53511	26860	26651	15612	19861	20394	5919	43751	3841	20981
北泉镇	39631	20698	18933	14411	19808	18725	5925	28675	5031	24970
石河子乡	31302	16851	14451	11183	16011	14253	5583	24081	1638	13868
兵团一五二团	3205	1714	1491	1173	1536	1426	527	2415	263	1139
阿拉尔市	**158593**	**85730**	**72863**	**47268**	**66946**	**64838**	**23921**	**126823**	**7849**	**103895**
金银川路街道	8039	4076	3963	2945	3948	3863	1332	6095	612	5422
幸福路街道	21942	11167	10775	3422	4101	4338	1607	19821	514	8561

表31　续表 29　　　　单位：人、户

地　区	总人口 合　计	总人口 男	总人口 女	家庭户 户　数	家庭户总人口 男	家庭户总人口 女	分年龄人口 0-14岁	分年龄人口 15-64岁	分年龄人口 65岁及以　上	居住本地，户　口在本地
青松路街道	4596	2557	2039	1396	1866	1755	660	3676	260	2222
南口街道	6656	3354	3302	2539	3334	3302	1263	4650	743	4557
托喀依乡	3728	1896	1832	1054	1896	1832	1006	2530	192	3433
兵团七团	11260	5802	5458	3561	5249	5053	1804	8785	671	7473
兵团八团	9922	5518	4404	3244	4373	4335	1496	7855	571	6459
兵团十团	15698	7952	7746	5135	7704	7433	2389	12438	871	12341
兵团十一团	9915	5747	4168	2923	4137	4045	1536	7971	408	6880
兵团十二团	12829	8508	4321	2925	4593	4309	1727	10863	239	8568
兵团十三团	18422	10211	8211	6043	8328	8189	2900	14450	1072	13911
兵团十四团	7749	4022	3727	2706	3751	3664	1248	6104	397	5887
兵团十六团	13158	7195	5963	4218	6017	5786	2182	10199	777	8155
兵团农一师水利水电工程处	2544	1343	1201	950	1313	1189	391	2049	104	1739
兵团农一师塔里木灌溉水利管理处	5706	3011	2695	1905	2988	2689	1248	4285	173	3004
阿拉尔农场	6429	3371	3058	2302	3348	3056	1132	5052	245	5283
图木舒克市	**135727**	**73184**	**62543**	**32765**	**62726**	**61357**	**35422**	**94663**	**5642**	**110229**
前海街道	4425	2265	2160	1181	1655	1640	769	3535	121	819
永安坝街道	2321	1842	479	362	461	408	153	2092	76	1428
兵团四十四团	26511	14362	12149	6631	12455	12117	6383	19004	1124	22557
兵团四十九团	14687	8311	6376	3857	6686	6324	2966	11074	647	11595
兵团五十团	18355	10219	8136	4433	8346	7880	4463	13085	807	14855
兵团五十一团	43736	22337	21399	9634	20942	21185	14282	27809	1645	36565
兵团五十三团	21423	11610	9813	5068	10095	9803	5692	14915	816	19181
兵团图木舒克市喀拉拜勒镇	3456	1824	1632	1345	1678	1609	531	2557	368	2531
兵团图木舒克市永安坝	813	414	399	254	408	391	183	592	38	698
五家渠市	**96436**	**52091**	**44345**	**36371**	**43128**	**40370**	**10947**	**72648**	**12841**	**66233**
军垦路街道	28384	14789	13595	11957	13388	13248	3385	20476	4523	22505
青湖路街道	14384	7283	7101	5606	6982	6858	1867	10346	2171	9641
人民路街道	15050	8003	7047	4025	4522	4272	1098	12581	1371	6847
兵团一零一团	7835	4315	3520	3159	4201	3455	1151	6022	662	5243
兵团一零二团	17555	10672	6883	5548	7047	6367	1715	13772	2068	10897
兵团一零三团	13228	7029	6199	6076	6988	6170	1731	9451	2046	11100